Metzler Lexikon Antike

2., überarbeitete und
erweiterte Auflage

Mit 250 Abbildungen
und 40 Karten

Herausgegeben von
Kai Brodersen und
Bernhard Zimmermann

Verlag J. B. Metzler
Stuttgart · Weimar

Bibliografische Information der Deutschen Nationalbibliothek
Die Deutsche Nationalbibliothek verzeichnet diese
Publikation in der Deutschen Nationalbibliografie;
detaillierte bibliografische Daten sind im Internet
über http://dnb.d-nb.de abrufbar.

ISBN 978-3-476-02123-6
ISBN 978-3-476-05461-6 (eBook)
DOI 10.1007/978-3-476-05461-6

© 2006 Springer-Verlag GmbH Deutschland
Ursprünglich erschienen bei J. B. Metzler'sche Verlagsbuchhandlung
und Carl Ernst Poeschel Verlag GmbH in Stuttgart 2006

www.metzlerverlag.de
info@metzlerverlag.de

Vorwort

Was die Herausgeber im Vorwort zur ersten Auflage des vorliegenden Lexikons im Jahr 2000 bemerkten, gilt unverändert: Einen schnellen, zuverlässigen und den neuesten Forschungsstand berücksichtigenden Zugang in die Welt der Antike zu eröffnen, steht als Leitidee hinter der Konzeption des *Metzler Lexikon Antike (MLA)*. Die Erfahrung aus der Praxis des Unterrichts an den Gymnasien wie an den Universitäten hat gezeigt, dass ein modernes einbändiges Nachschlagewerk fehlt, das alle Bereiche der griechisch-römischen Antike von der Frühzeit bis in die Spätantike abdeckt, also die Literatur und Philosophie, Geschichte, Geographie und Archäologie, die Wissenschaften, die Alltags-, Kultur- und Mentalitätsgeschichte und die Mythologie und Religion erschließt – zumal in der Zeit der interdisziplinären Zusammenarbeit ein erster, unkomplizierter Zugriff auf die Antike immer mehr wünschenswert erscheint.

Das Autorenteam aus Historikern, Literaturwissenschaftlern und Archäologen hat Vorkehrungen getroffen, damit auch Nichtfachleute das Lexikon effizient benutzen können: Es wird keine Kenntnis der antiken Sprachen vorausgesetzt, bei jedem Stichwort finden sich Angaben zur Betonung. Die hohe Zahl von Stichwörtern ermöglicht ein rasches Finden des Gesuchten. Wer mehr wissen will, kann den zahlreichen Querverweisen folgen; zudem machen gezielte Literaturhinweise und die Angaben im Anhang Angebote zur Vertiefung des Themas.

Es versteht sich von selbst, dass in einem einbändigen Nachschlagewerk keine Vollständigkeit der Information angestrebt werden kann. Das *MLA* orientiert sich deshalb an den oben skizzierten praktischen Bedürfnissen. Aus diesem Grund haben auch eine Vielzahl kurzer Definitionsartikel insbesondere aus den Bereichen der Rhetorik, Metrik, Textkritik, Epigraphik und Numismatik, des philologischen und historischen Handwerkszeugs also, Eingang in das *MLA* gefunden. Sicher wird dennoch mancher etwas vermissen, eine Sache zu knapp oder zu ausführlich behandelt finden, doch setzte das Ziel, ein einbändiges Lexikon zu erstellen, klare Grenzen. Aus demselben Grund verbot es sich, Informationen unter verschiedenen Lemmata zu wiederholen; daher werden etwa im Bereich der Literatur bei den Autorenartikeln nur die autorenbezogenen Informationen geliefert, während allgemeine Informationen zur Gattung und zur Epoche in umfangreichere »Dachartikel« integriert sind.

Unser erster Dank gilt den Autorinnen und Autoren der Artikel, deren Namen die nachfolgende Übersicht nennt, und insbesondere Nicole Albrecht, Thomas Baier, Beate und Markus Greif, Doris Meyer, Norbert Prack, Antonis Tsakmakis, Sabine Walentowski und Sylvia Zimmermann; ohne ihr Engagement und ihre Bereitschaft, den Ergänzungs- und Umarbeitungswünschen der Herausgeber auch noch kurzfristig nachzukommen, wäre das Unternehmen unmöglich gewesen. Wir danken überdies Nicole Stein für die Erstellung aller Zeichnungen und Pläne und für die Bildredaktion, Richard Szydlak und Anna-Maria Wittke für die Karten sowie Alma und Christiane Brodersen, Edeltraud Dürr, Marcus Preller und Anna-Maria Wittke für das Mitlesen der Korrekturen der 1. Auflage und Anne Schlichtmann für die Hilfe bei der vorliegenden 2. Auflage. Diese Neubearbeitung ist insbesondere in den Bereichen Geschichte, Literatur und v. a. Mythologie erweitert und durchweg überarbeitet worden. Um die Handlichkeit des Bandes zu bewahren, wurde bei den Abbildungen reduziert. Wir bitten um Nachsicht dafür, dass trotz aller Sorgfalt missverständliche Formulierungen und Versehen stehengeblieben sein können, und freuen uns über Verbesserungsvorschläge.

Der größte Dank der Herausgeber gebührt dem Metzler-Verlag, dass er das »Wagnis« Antike weiterhin anzupacken bereit ist, und insbesondere seinem Lektor Oliver Schütze, der das Unternehmen in einem Gespräch über die Situation der Altertumswissenschaft initiiert, mit seinem Sachverstand (und ständiger Aufmunterung der Beteiligten) stets gefördert und nun auch die Neubearbeitung mit aufopferungsvollem Engagement bis zum Erfolg geführt hat.

Kai Brodersen

Seminar für Alte Geschichte
Universität Mannheim
Schloß
68131 Mannheim

Bernhard Zimmermann

Seminar für Klassische Philologie
Universität Freiburg i.Br.
Werthmannplatz, Kollegiengebäude
75095 Freiburg i.Br.

Autorinnen und Autoren

Nicole Albrecht	Doris Meyer
Ulrike Auhagen	Claudia Michel
Andrea Bagordo	Christian Orth
Thomas Baier	Dimitrios Papadis
Kai Brodersen	Natalia Pedrique
Franz-Peter Burkard	Serena Pirrotta
Stelios Chronopoulos	Norbert Prack
Martin Drechsler	Michael Reichel
Giacomo Gazzaniga	Carlo Scardino
Ulrich Gebhardt	Anne Schlichtmann
Volker Gerhardt	Andrea Schludi
Christophoros Gkaras	Rudolf Schmidt
Korbinian Golla	Giada Sorrentino
Beate Greif	Antonis Tsakmakis
Markus Greif	Tobias Uhle
Sarah Henze	Sabine Walentowski
Titus Maria Horstschäfer	Hartmut Westermann
Martin Korenjak	Bernhard Zimmermann
Gudrun Kühne-Bertram	Sylvia Zimmermann
Leo Meissner	Reto Zingg

Hervorgehoben sind die Namen derjenigen Autorinnen und Autoren, die einen Großteil der Artikel beigetragen haben.

Abkürzungen in den Literaturhinweisen

ANRW	Aufstieg und Niedergang der Römischen Welt, hg. v. H. Temporini/W. Haase (1972 ff.)	GLHS	Griechenland: Lexikon der historischen Stätten, hg. v. S. Lauffer (1989)
ASM	Antike Stätten am Mittelmeer: Metzler Lexikon (1999), hg. v. K. Brodersen	HLL	Handbuch der Lateinischen Literatur, hg. v. R. Herzog u. P. L. Schmidt (1989 ff.)
CAH^2	Cambridge Ancient History, New Edition (1970 ff.)	JHS	Journal of Hellenic Studies
DRK	Die römischen Kaiser, hg. v. M. Clauss (1997)	JRS	Journal of Roman Studies
		LACL	Lexikon der antiken christlichen Literatur, hg. v. S. Döpp/W. Geerlings (^{3}2003)
GGGA	Große Gestalten der griechischen Antike (1999), hg. v. K. Brodersen	PECS	Princeton Encyclopedia of Classical Sites, hg. v. R. Stillwell (1976)
GGP	Grundriß der Geschichte der Philosophie: Die Philosophie der Antike, hg. v. H. Flashar (1983 ff.)	RAC	Reallexikon für Antike und Christentum, hg. v. Th. Klauser (1950 ff.)

Im Lemma ist die betonte Silbe durch einen Punkt unter dem Vokal oder Diphthong markiert. Bei den Angaben zur ↗ Metrik bedeutet – eine lange Silbe (Longum), ∪ eine kurze Silbe (Brevis) und × ein Verselement, das lang oder kurz sein kann (Anceps).

A

Aachen (lat. Ạquae Grạn(n)i), röm. Heilbad. Die röm. Besiedlung des an Thermalquellen reichen Ortes begann spätestens um 20 n. Chr. Die Thermenanlagen in A. wurden von röm. Truppen Niedergermaniens errichtet und dienten diesen auch als Heilbad (sog. Kaiserquelle). 69/70 wurde A. im Bataveraufstand zerstört, aber mit neuem Thermalbad (Münstertherme nahe der späteren Pfalzkapelle) als Kurort wieder aufgebaut. Die karoling. Kaiserpfalz wurde mit Wasser der alten Kaiserquelle versorgt, beim Bau von Pfalz und Dom wurden antikes Baumaterial und Architekturfragmente (↗ Spolia) verwendet. Der auf den kelt. Gott Grannus weisende Beiname ist erst für das MA belegt. **Lit.:** H. G. Horn (Hg.), Die Römer in Nordrhein-Westfalen (1987) 321–331.

Ab epịstulis (lat. epịstulae, »Briefe«), Bezeichnung für den Privatsekretär des röm. Kaisers. Das Amt gewann bes. im 2. Jh. n. Chr. an Bedeutung, als nicht mehr Sklaven oder Freigelassene das Amt bekleideten, sondern gebildete Literaten und Offiziere aus dem Ritterstand. Der Amtsträger war für den gesamten kaiserl. Briefverkehr zuständig; dazu gehörte die Versendung der kaiserl. Befehle, die Korrespondenz mit den Provinzstatthaltern sowie die Benachrichtigung der Beamten und Offiziere über ihre Ernennung durch den Kaiser. **Lit.:** G. B. Townend, The Post ab epistulis in the Second Century, in: Historia 10 (1961) 375–381.

Abacus (lat., »Platte«), antikes Rechenbrett. Das seit altägypt. Zeit bekannte Prinzip des Rechenbretts diente in der Antike bes. der oft notwendigen Umrechnung in Münz-, Gewichts- und Maßwesen. Die Römer entwickelten den A. weiter; er erhielt seine bis ins 14. Jh. gebräuchl. Form. Zwei Kolumnenreihen mit acht bzw. neun Kolumnen erlaubten Addition, Subtraktion, Multiplikation und Divisionsberechnungen. **Lit.:** R. Fellmann, Röm. Rechentafeln aus Bronze, in: Antike Welt 14 (1983) 36–40.

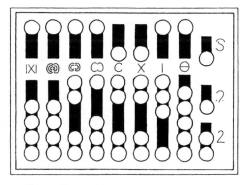

Abacus. Die zur Mitte gerückten Knöpfe zeigen die Zahl 21773 an.

Ạbas (1), myth. König von Argos, Sohn des ↗ Lynkeus und der Hypermestra, Gatte der Aglaia, Vater der Zwillinge Akrisios und Proitos. A. erhält von Hera einen Schild, der ein ganzes Volk zu überwältigen und zu beschwichtigen vermag.

Ạbas (2), Sohn der ↗ Metaneira, von ↗ Demeter in eine Eidechse verwandelt, weil er sie verspottete, als sie, erschöpft von der Suche nach ihrer Tochter, ins Haus seiner Mutter eintrat und ein Gefäß mit Wasser fast austrank, um ihren Durst zu löschen.

Abbreviatụr (lat. abbreviatụra, »Abkürzung«), Begriff der Epigraphik und Paläographie. Abkürzungen finden sich in ant. Inschriften, Papyri und Handschriften in der Form von Suspension (Wegfall von Endungen), Kontraktion (Wegfall von Buchstaben oder ganzen Silben im Wortinneren) und Ligatur (Verbindung von zwei Buchstaben). **Lit.:** B. Bischoff, Paläographie des röm. Altertums und des abendländ. Mittelalters (²1968).

Ạbdera, griech. Stadt östl. der Mündung des Nestos im ägäischen Teil Thrakiens (heute in Griechenland); Heimat des Demokrit und des Protagoras. Nach der ersten Besiedlung um 656 v. Chr. durch Klazomenai wurde A. wohl von Thrakern zerstört, von Teos aus um 545 aber erneut gegründet. Das fruchtbare Umland und die intensiven Handelsbeziehungen zum thrak. Hinterland führten zur Blüte A.s im späten 6. und 5. Jh.; A. wurde 512 von den Persern besetzt und trat 478 dem 1. Att. Seebund bei. Die militär. Niederlage gegen die Triballer 376 führte zum wirtschaftl. Niedergang. In hellenist. Zeit fiel A. von den Makedonen an die Seleukiden und Ptolemäer; 170 v. Chr. Zerstörung der Stadt durch die Römer und den ↗ Attaliden Eumenes II. Ruinen auf dem Kap Bulustra. – Die Bewohner von A. galten in der Antike als ›Schildbürger‹; Chr. M. Wieland verarbeitete den schlechten Ruf der Bürger in seinem Roman *Die Abderiten* (1774) als Parabel auf das Bürgertum seiner Zeit. **Lit.:** PECS (1976). – B. Isaac, The Greek Settlements in Thrace until the Macedonian Conquest (1986) 73–111. – A. J. Graham, Abdera and Teos, in: JHS 112 (1992) 44–73.

Ạbderos, Sohn des ↗ Hermes, Gefährte des ↗ Herakles. Als er von den Stuten des ↗ Diomedes zerrissen wird, gründet Herakles ihm zu Ehren die Stadt Abdera in Thrakien. Nach einer anderen Version ist A. Begleiter des Diomedes und wird zusammen mit seinem Herrn und den menschenfressenden Pferden durch Herakles getötet.

Aberglaube. Im A.n wird ein geheimer Zusammenhang aller Dinge untereinander als gegeben vorausgesetzt. In assoziativem Denken werden einzelne Dinge in einen Kausalzusammenhang gebracht. So können nach der Denkfigur der Analogie – nach dem Prinzip, dass Gleiches durch Gleiches bewirkt werden kann – mag. Handlungen begangen werden. In der Antike bevorzugte Erscheinungsweisen des A.ns sind Schadensabwehr (↗ Apotropaion) und die Erkundung der Zukunft (↗ Omen; ↗ Auguren; ↗ Mantik). Als Begriff für A. findet sich im Griechischen *deisidaimonia,* die ursprünglich positiv die gewissenhafte Einhaltung religiöser Vorschriften beinhaltete, dann aber negativ als Bigotterie und übertriebene Furcht vor den Göttern verstanden wurde. Im Lateinischen findet sich als Begriff *superstitio*, die negativ im Sinne von *prava religio* (verkehrte Religion bzw. Religionsausübung) verstanden wurde. Der Begriff konnte – weit mehr als das deutsche Wort A. – dazu eingesetzt werden, Anhänger anderer Religionen als der röm. auszugrenzen. Vom Christentum wird der Begriff *superstitio* verwendet, um Anhänger der alten heidn. Religion zu verurteilen. **Lit.:** F. Graf, Gottesnähe und Schadenzauber (1996).

Abessinien ↗ Äthiopien

Ablaut, Begriff der Lautlehre. Miteinander verwandte Wortformen haben häufig einen regelmäßigen, für die Bedeutung wesentl. Vokalwechsel, den man A. nennt. Diese Erscheinung gehört der indogerman. Grundsprache an (z. B. gehen, ging, gegangen). Man unterscheidet den quantitativen A. (Grundstufe, d. h. der Vokal hat seine gewöhnl. Stufe; Schwundstufe, d. h. der Vokal oder erste Teil des Diphthongs ist verschwunden; Dehnstufe, d. h. der Vokal wird gedehnt) und den qualitativen A. (d. h. Änderung des Vokals, z. B. gr. logos neben lego).

Abraxas oder **Abrasax,** seit dem 2. Jh. n. Chr. verehrte mag. Macht. Nach Hieronymus (Kommentar zu Amos 1, 3, 9 f.) nennt der Gnostiker Basilides einen Gott seinem siebenbuchstabigen Namen nach »A.«, weil die Addition der Zahlwerte der griech. Buchstaben 365 ergebe. Dasselbe gelte für den Sonnengott ↗ Mithras; die Namen Mithras und A. sind mithin austauschbar. In der Spätantike wurden Dämonendarstellungen mit Hahnenkopf und Schlangenbeinen fälschlich als »A.-Gemmen« bezeichnet. ↗ Gnosis **Lit.:** K. Rudolph, Die Gnosis (1977) 336. – R. Merkelbach, Mithras (1998) 223.

Abrit(t)us, thrak.-röm. Stadt (nahe dem heutigen Razgrad, Bulgarien). Das ursprünglich thrak. Verwaltungszentrum erhielt ca. 45 n. Chr. ein röm. Kastell und wurde später um eine Zivilstadt erweitert. 251 fiel in der Schlacht bei A. Kaiser Decius im Kampf gegen die Goten. Umfangreiche Ausgrabungen. **Lit.:** T. Ivanov, Abritus I (1980).

Abtreibung (lat. abortio). Zwar wurde in Griechenland wie in Rom zwischen ↗ Empfängnisverhütung und A. unterschieden, doch stufte die Antike den Fötus nicht als ungeborenes Leben ein. Nach griech. Auffassung war die Entwicklung des Fötus im Mutterleib ein prozessuale Menschwerdung; eine Unterbrechung in einem frühen Stadium war somit eher Verhütung als A. Nach dem röm. Rechtsverständnis war ein Fötus (*nasciturus*) kein (selbständiger) Mensch und unterstand somit keinem Rechtsschutz; A. war daher prinzipiell erlaubt, es bestanden jedoch rechtl. Regelungen gegen Missbrauch. Medizin. Indikation galt als legitimer Grund für A., kosmet. Gründe galten als verwerflich (Ovid, Amores 2, 14). Das frühe Christentum lehnte die A. entschieden ab. **Lit.:** J. M. Riddle, Contraception and Abortion from the Ancient World to the Renaissance (1992).

Abydos, strategisch wichtige Hafen- und Handelsstadt am Hellespontos (heute Türkei); Schauplatz der Sage von ↗ Hero und Leander. A. wurde im 7. Jh. v. Chr. von Milet an der engsten Stelle der Dardanellen auf asiat. Seite gegründet. 514 geriet A. unter pers. Herrschaft. Xerxes überquerte hier auf einer Schiffsbrücke mit seinem Heer 480 die Meerenge. A. war Mitglied des 1. Att. Seebundes, trat aber im Peloponnes. Krieg 411 auf die Seite Spartas. 387 wurde A. wieder persisch. Nach dem Zug Alexanders d.Gr. wurde die Stadt seleukidisch, um 200 von Philipp V. von Makedonien zerstört. Von Antiochos III. wieder aufgebaut, befestigt und von den Römern vergeblich belagert, fiel A. wohl 188 v. Chr. an Pergamon. In röm. und byzantin. Zeit war A. eine wichtige Zollstation. **Lit.:** J. M. Cook, The Troad (1973).

Acca Larentia, Gattin des legendären Hirten Faustulus, des Ziehvaters von ↗ Romulus und Remus; eine ehemalige Hetäre, lat. *lupa*, »Wölfin«, woher die Sage stammt, eine Wölfin habe die Zwillinge genährt.

Accius, röm. Tragiker und Gelehrter, ca. 170–86 v. Chr. A. verfasste zahlreiche lat. Tragödien nach griech. Vorbildern, bes. nach Euripides, aber auch nach Sophokles und Aischylos. Wo die Vorbilder identifiziert werden können und der fragmentar. Zustand von A.' Werk Vergleiche zulässt, erweist sich die große Selbständigkeit des Nachahmers. Die bisweilen geübte Verbindung mehrerer Vorlagen zu einem neuen Stück (↗ Kontamination) erinnert an die in der kom. Gattung übl. Technik. Mindestens zwei Praetexten (↗ Praetexta) des A. sind bekannt. Im *Brutus* war die Vertreibung der Könige, in dem *Aeneadae vel Decius* betitelten Stück die Selbstopferung des jüngeren Decius in der Schlacht bei Sentinum dargestellt. Grammatikern galt A. als Vertreter des hohen Stils (Urteile referiert bei Horaz, Epistulae 2, 1, 55; Ovid, Amores 1, 15, 19), den er allmählich zu harter Strenge zu reifer Milde entwickelte (vgl. Gellius 13, 2). A. verfasste ferner eine *Didascalica* betitelte literarhistor. Abhandlung über das Drama in gefälliger Dialogform, wobei sich Prosa und verschiedene Versformen abwechseln (sog. Prosimetrum), sowie die ebenfalls von Dichtung und Aufführung handelnden *Pragmatica,* Letztere wohl ganz in Versform. Die Fragmente der *Annales* weisen auf mythograph. und theolog. Inhalt (vielleicht ein Kalendergedicht?). Die *Sotadica* (Stücke in sotad. Versmaß; ↗ Sotadeus) hatten nach Plinius (Briefe 5, 3, 6) erot. oder zumindest sehr unernsten Inhalt. **Lit.:** H. Cancik, A., in: E. Lefèvre (Hg.), Das röm. Drama (1978) 308–347. – St. Faller/G. Manuwald (Hg.), A. und seine Zeit (2002).

Acestes ↗ Aigestes

Achäa (gr. Achaia, lat. Achaea), Landschaft am Nordrand der Peloponnes am korinth. Golf mit schmalem Küstenstreifen und gebirgigem Hinterland (↗ Achäer). Die 27 v. Chr. eingerichtete röm. senator. Provinz A., welche die Peloponnes, Mittelgriechenland sowie die jon. Inseln, die Sporaden und teilweise die Kykladen einschloss, hatte ↗ Korinth als Sitz des Prokonsuls; Athen, Sparta und einige röm. Kolonien blieben von dieser Provinz A. ausgenommen. 67 n. Chr. verkündete Nero die Freiheit der Griechen, also auch der Provinz Achäa, doch wurde dies 70/74 durch Vespasian widerrufen. 395 wurde A. Teil des oström. Reiches, litt aber schwer unter den Gotenzügen dieser Zeit. Unter ↗ Justinian wurde die Provinz wieder gesichert. **Lit.:** A. D. Rizakis (Hg.), Achaia und Elis in der Antike (1991).

Achäer (gr. Achaioi), Name eines um 1900 v. Chr. in Griechenland eingewanderten griech. Stammes. In histor. Zeit besiedelten die A. den SO Thessaliens und die Nordküste der Peloponnes. Von den hier ursprünglich ansässigen Joniern übernahmen sie den Bund der zwölf Poleis. Zwischen 720 und 670 waren die A. aktiv an der Kolonisation Großgriechenlands beteiligt (↗ Magna Graecia). Während des Peloponnes. Krieges gerieten sie 417 unter die Herrschaft Spartas, ihre ursprünglich demokrat. Verfassung wurde oligarchisch. In den folgenden Jahren erlebte der Bund als Verbündeter Spartas seine größte Blütezeit, bis er nach 324 aufgelöst wurde. 281/80 wurde ein neuer ↗ Achäischer Bund gegründet. – In den Epen Homers werden alle Griechen, die vor Troja kämpfen, als A. bezeichnet.

Achäischer Bund, 281/80 v. Chr. in ↗ Achäa als Zusammenschluss peloponnes. Poleis gegründeter Städtebund zum Zweck der Verteidigung gegen feindl. Angriffe und Hegemoniebestrebungen Makedoniens, Spartas und des ↗ Ätol. Bundes. Im 3. ↗ Makedon. Krieg (171–168) brach der Bund infolge Uneinigkeit auseinander. Nach dem Sieg der Römer über Perseus (168) wurden zahlreiche Achäer, darunter ↗ Polybios, nach Italien verschleppt. Das endgültige Ende des A. B. kam 146 v. Chr. mit der Eroberung von Korinth und der Bundesstädte durch L. Mummius. **Lit.:** A. Bastini, Der A. B. als hellenist. Mittelmacht (1987). – H. Nottmeyer, Polybios und das Ende des Achaierbundes (1995).

Achämeniden (gr. Achaimenidai, lat. Achaemenidae), Name der pers. Könige, die ihre Dynastie auf den myth. König Achämenes (Achaimenes) zurückführten. Es sind verschiedene, einander widersprechende Stammbäume des A.-Geschlechtes überliefert. Vor Dareios I. (522–486 v. Chr.) gab es wahrscheinlich acht Könige der A., darunter Kyros II. (559–529) und Kambyses II. (529–522). Auf Dareios I. folgten Xerxes I. (486–465), Artaxerxes I. (464–425), Xerxes II. (425–424), Dareios II. (424–404), Artaxerxes II. (404–358), Artaxerxes III. (358–338), Arses (338–336) und Dareios III. (336–330) mit dessen Tod die Dynastie erlosch. **Lit.:** J. Wiesehöfer, Das antike Persien (²2002).

Acharnai, größter att. ↗Demos nahe dem heutigen Menidi. ↗Aristophanes siedelte hier seine 425 v. Chr. verfasste Komödie Die Acharner an, welche die Sehnsucht nach Frieden im ↗Peloponnes. Krieg thematisierte.

Acheloos, Gott des gleichnamigen Flusses, als ältester aller Flüsse und Vater zahlreicher Nymphen verehrt. Er kämpft in verschiedenen Gestalten gegen Herakles um ↗ Deïaneira, muss sich jedoch geschlagen geben. **Lit.:** H. P. Isler, A. (1970).

Acheron (gr. Acheron) Fluss der Unterwelt, den die Seelen der Toten auf ↗ Charons Kahn überqueren müssen; meist in Epirus, beim heutigen Mesopotamo (mit Totenorakel), lokalisiert.

Achill (gr. Achilleus, lat. Achilles), zentrale Gestalt in Homers *Ilias,* wichtigster griech. Held im ↗ Trojan. Krieg, Sohn des Peleus und der Meeresgöttin Thetis, die ihn mit dem Wasser des Flusses ↗ Styx bis auf eine kleine Stelle an seiner Ferse unverletzlich machte. Von seiner Mutter, die den Orakelspruch erhalten hatte, ihr Sohn werde ein kurzes, ruhmreiches oder aber ein langes, ruhmloses Leben haben, wird er, als Mädchen verkleidet, auf Skyros versteckt. Er verrät seine wahre Natur, als Odysseus und Diomedes Waffen in die Nähe der Mädchen bringen. In der *Ilias* verkörpert er das adelige Ehrverständnis *(time),* da er die Schmach, die ihm Agamemnon mit dem Anspruch auf seine Beutefrau Briseïs antut, zum Anlass nimmt, sich aus dem Kampf zurückzuziehen. Er kehrt erst zurück, als er den Tod seines Freundes Patroklos rächen will. Nachdem er den trojan. Helden Hektor getötet hat, fällt er durch einen von Paris (oder Apollon) abgeschossenen Pfeil, der ihn in die Ferse trifft. **Lit.:** K. C. King, Achilles (1986).

Achilleus Tatios (gr. Achilleus T.) aus Alexandria, spätes 2. Jh. n. Chr. (?), Verf. des griech. Liebesromans *Leukippe und Kleitophon* in 8 Büchern. Der Roman ist durch den spieler., z. T. parodist. Umgang mit den Gattungskonventionen geprägt. A. T. verwendet die Perspektive des Ich-Erzählers Kleitophon, um traditionellen Romanmotiven wie Scheintod oder Keuschheitsprobe Überraschungseffekte abzugewinnen. Der Roman beeinflusste die *Aithiopika* des ↗ Heliodor und war bes. in byzant. Zeit sehr populär. Das *Suda*-Lexikon schreibt A. T. ferner Werke über Astronomie, Etymologie und Geschichte zu. Die *Suda*-Notiz, er sei später Christ und Bischof geworden, ist kaum glaubwürdig. **Lit.:** K. Plepelits (1980) [Übers., Komm.].

Acilius, röm. Gentilname; das plebeische Geschlecht der Acilii ist seit dem 3. Jh. v. Chr. nachweisbar. Die bekanntesten Vertreter waren:

Acilius (1), Manius A. Glabrio, röm. Staatsmann und Feldherr, Anhänger des Scipio Africanus; 201 v. Chr. Volkstribun, 197 Ädil, 196 Prätor. Als Konsul (191) besiegte A. den Seleukidenkönig Antiochos III. bei den Thermopylen und kämpfte gegen die Ätoler.

Acilius (2), Manius A. Glabrio, röm. Staatsmann und Feldherr, 70 v. Chr. Prätor im Repetundenprozess gegen Verres, 67 v. Chr. Konsul mit C. Calpurnius Piso. 66 war A. Prokonsul in Bithynien und Pontus, wo er den Oberbefehl gegen Mithradates übernehmen sollte; da er erfolglos blieb, wurde A. von Pompeius abgelöst. 63 stimmte er gegen die Catilinarier. **Lit.:** M. Dondin-Payre, Exercice du pouvoir et continuité gentilice. Les Acilii Glabriones (1993).

Acis, nach Ovid (*Metamorphosen* 13, 750–897) Sohn des Faunus, Geliebter der Galatea. Vom Kyklopen Polyphem aus Eifersucht mit einem Felsbrocken zerschmettert, wird er in einen Flussgott verwandelt.

Ackerbau. *I. Griechenland:* Lediglich etwa 25%

Achilleus erschlägt Penthesilea (Attische Schale, 5. Jh. v. Chr.)

des griech. Mutterlandes, bes. die Ebenen, waren für den A. geeignet; Gerste, Hirse und Weizen waren die am weitesten verbreiteten Getreidesorten. Seit dem 4. Jh. v. Chr. scheint sich die Dreifelderwirtschaft durchgesetzt zu haben, durch Düngung konnten die Erträge beachtlich gesteigert werden. Die Kultivierung von Oliven und Wein war jedoch rentabler, das Mutterland war somit auf Getreideimport (etwa aus den Kolonien im Schwarzmeergebiet) angewiesen. – *II. Rom:* Durch die Expansion des röm. Reiches veränderte sich die Struktur der ital. Landwirtschaft grundlegend. A., traditionelle Grundlage der Landwirtschaft in Italien, wurde mit Zunahme der Getreideimporte

aus den Provinzen (Sizilien, Nordafrika, Ägypten) unrentabel. Große Gebiete wurden in ↗ Latifundien umgewandelt. Die Methoden des A.s wurden unter röm. Herrschaft weiterentwickelt und kamen in allen Provinzen des Reiches zum Einsatz. Röm. Fachautoren (↗ Cato d.Ä., ↗ Columella, ↗ Varro) fassten antikes Wissen über den A. in ihren Schriften zusammen.
Lit.: D. Flach, Röm. Agrargeschichte (1990).

Ackergesetze (lat. leges agrariae). A. dienten der Verteilung von ↗ ager publicus an röm. Bürger. Militärisch eroberte Gebiete wurden Staatsland, dieses konnte gegen Steuern verpachtet, für Koloniegründungen verwendet oder an Einzelsiedlungen per Gesetz abgegeben werden. Die A. der späten Republik bezogen sich bes. auf das an Privatpersonen verpachtete Land (*ager occupatorius*); so ließ Tiberius ⟋ Gracchus eine Obergrenze von 500 Joch gepachteten Staatslandes gesetzlich festschreiben. A. wurden Teil der popularen Politik der Volkstribune. 111 v. Chr. liquidierte die *lex agraria* die Agrarreform der Gracchen für Italien; Landvergabe fand bes. in Afrika statt. Die Zuteilung von Land, die im 1. Jh. üblich wurde, gehörte zu den innenpolit. Problemen bes. der Bürgerkriegszeit. 59 v. Chr. brachte Caesar die *lex Iulia agraria* ein, um Veteranen und Plebs mit Landzuweisungen zu versorgen. In bestehende Besitzverhältnisse wurde dabei nicht eingegriffen. In der Zeit des Prinzipats spielten A. keine polit. Rolle mehr, für die Regierungszeit ⟋ Nervas ist das letzte bekannte A. überliefert. **Lit.:** D. Flach, Ackergesetzgebung im Zeitalter der röm. Revolution, in: Histor. Zeitschrift 217 (1974) 265–295.

Acta (lat. agere, »etwas betreiben, bewirken«), Sammelbegriff für Verordnungen und Aufzeichnungen aller Art. Die wichtigsten waren die *a. senatus*, die Aufzeichnungen der Senatsbeschlüsse und Protokolle der Senatssitzungen, die *a. urbis*, eine Art Tageszeitung, die über aktuelle Tagesereignisse berichtete, und die *a. principis*, die über sämtl. Regierungshandlungen der Kaiser informierten.

Actium ⟋ Aktion

Actor (lat.), Kläger im röm. Zivilprozess. Prozessunfähige Personen wie gewaltunterworfene Frauen, Sklaven oder Unmündige benötigten einen Vertreter vor Gericht, um Klage einreichen zu können.

Adel. Der antike Adelsbegriff unterscheidet sich grundlegend vom dem des MA und der Neuzeit, da sich erst dann das grundherrschaftl. Prinzip als Basis der Herrschaft über Menschen durchsetzte. – *I. Griechenland:* Besitz und persönl. Leistung (im Krieg, in Wettkämpfen, aber auch Kultiviertheit und Eloquenz) waren Merkmale und Ideale der griech. Führungsschicht (gr. *aristoi*, »die Besten«). Die vornehme Abstammung diente lediglich zur Unterscheidung zwischen den alteingesessenen Mitgliedern (gr. *eugeneis*, »die Wohlgeborenen«) und Aufsteigern. Der ständigen Konkurrenz zwischen den *aristoi* verhinderte die Herausbildung eines aristokrat. Gruppencharakters. Die polit. Rollen, die Mitglieder der griech. Aristokratie in einem Gemeinwesen spielen konnten, waren individuell sehr unterschiedlich. Manche Aristokraten suchten die Alleinherrschaft in einer Polis zu gewinnen (⟋ Tyrannis), während in demokrat. organisierten Gemeinwesen wie Athen durchaus dem ›Adel‹ angehörende Mitglieder (z. B. Kleisthenes, Miltiades, Kimon und Perikles) führende Positionen einnehmen konnten – aber als Führer des Volkes (⟋ demos), nicht als Vertreter der Aristokratie. Die verfassungsrechtl. Entwicklung in Athen verlagerte auch immer mehr Kompetenzen an die Institutionen des Demos und entmachtete etwa den ⟋ Areopag, das alte Organ der Adelsherrschaft. – *II. Rom:* Schon in der Frühgeschichte Roms entwickelten sich die Oberhäupter (pa-

tricii) von Familienverbänden (*gentes*) zu über diese Verbände ausgreifenden Führungspersönlichkeiten, indem sie als Schutzherrn (*patroni*) Verantwortung für ihnen ergebene *clientes*, zu denen keine Verwandtschaft bestand, übernahmen. Nach der Ablösung des schwachen latin. Königtums in Rom konnten die Patrizier nur bedingt ihren gesellschaftl. Führungsanspruch auch politisch umsetzen, jedoch bildeten die Patrizier einen geschlossenen Stand mit umfangreichen Vorrechten in vielen Bereichen. Die ⟋ Ständekämpfe des 5. bis 4 Jh. v. Chr. veränderten Struktur und Bedeutung der patriz. Führungsschicht. Die erstmalige Zulassung eines ›nichtadeligen‹ ⟋ Plebeiers 366 zum höchsten Staatsamt, dem Konsulat, verschmolz die alten Patrizier mit den aufgestiegenen führenden plebeischen Familien zur neuen Elite, der Nobilität (*nobiles*). Persönl. Leistung für die *res publica* wurde wichtiger als die vornehme Abstammung; sog. *homines novi* (»Emporkömmlinge«) wie ⟋ Cicero stiegen bes. in der späten Republik in führende Positionen auf. Mit der Errichtung der Prinzipatsherrschaft unter Augustus schwand die Bedeutung der traditionellen Nobilität dramatisch. Augustus teilte seine Führungselite in den Senatorenstand (*ordo senatorius*) und Ritterstand (*ordo equester*) ein, in den Reichsgemeinden kam noch die munizipale Führungsschicht (*ordo decurionum*) als staatstragende Einheit hinzu. Diese *ordines* waren offen für »Aufsteiger«, die alten Familien der Nobilität schlossen sich gegen diese neuen Eliten weitgehend ab, verloren aber etwa im Senatorenstand die Mehrheit und stellten keine polit. Größe mehr dar. **Lit.:** K.-J. Hölkeskamp, Die Entstehung der Nobilität (1987). – E. Stein-Hölkeskamp, Adelskultur und Polisgesellschaft (1989). – J. Bleicken, Verfassungs- und Sozialgeschichte des röm. Kaiserreiches I (⁴1995).

Adler (gr. aëtos, lat. aquila). Schon im Alten Orient galt der A. als göttl. Symbol der Macht bzw. Wappentier. In der griech. und röm. Religion war der A. Attribut des Göttervaters Zeus bzw. Jupiter und spielte in der antiken Mythologie eine wichtige Rolle. Aristoteles wie Plinius unterschieden sechs verschiedene Arten von A.n. Marius führte um 100 v. Chr. den A. als röm. ⟋ Feldzeichen ein. Der Adler war auch Zeichen des röm. Kaisers und häufiger Gegenstand kaiserzeitl. Ikonographie; diese Symbolik wurde parallel in Ostrom wie auch im Westen durch die Wiederbelebung des Kaisertums unter Karl d.Gr. gepflegt und hält sich bis heute in zahlreichen Staaten als Symbol der Staatsgewalt.

Admet (gr. Admetos, lat. Admetus), thessal. König, Sohn des Pheres, Teilnehmer am Zug der Argonauten und an der kalydon. Eberjagd. Wegen eines Versäumnisses Artemis gegenüber ist sein baldiger Tod beschlossen. Apollon, der ein Jahr bei ihm als Hirte dient, erwirkt von den ⟋ Moiren, dass eine andere Person für A. in den Tod gehen darf. Als die Eltern sich weigern, opfert sich ⟋ Alkestis für ihren Mann (Euripides, *Alkestis*).

Admete, Tochter des ⟋ Eurystheus. Als neunte Aufgabe beschafft ihr ⟋ Herakles den Gürtel der Amazone ⟋ Hippolyte.

Adoneus, Begriff der ↗Metrik, Vers der Form Länge, Doppelkürze, Doppellänge ($-\cup\cup--$), in lyr. Strophen als Klauselvers verwendet.

Adonis (von semit. adon,»Herr«), Fruchtbarkeitsgott oriental. Ursprungs, in Griechenland schon früh, meist zusammen mit Aphrodite, als Gottheit des Kreislaufs von Leben und Tod verehrt. Im griech. Mythos ist A. der Spross eines ungewollten Inzests, der schöne Sohn des kypr. Königs ↗Kinyras und seiner Tochter Myrrha (oder Smyrna). Als Kinyras sein Vergehen erkennt, will er seine Tochter töten, doch verwandelt sie Aphrodite in einen Myrrhebaum, dem A. entsteigt. Von seiner Schönheit beeindruckt, nimmt sich Aphrodite des Jungen an und übergibt ihn Persephone, die sich später weigert, ihn wieder zurückzugeben. Zeus (oder die Muse Kalliope) entscheidet, dass A. ein Drittel des Jahres mit jeder der beiden Göttinnen verbringen und das dritte für sich haben solle; zu Persephones Ärger bleibt er jedoch auch während dieser Zeit bei Aphrodite. A. kommt durch einen wilden Eber ums Leben. Aus seinem Blut wachsen die roten Anemonen. **Lit.:** W. Atallah, A. dans la littérature et l'art grec (1966).

Adoption (lat. adoptio). *I. Griechenland:* Gesetzl. Regelungen zum Wechsel der Zugehörigkeit zu einem Familienverband finden sich detailliert erstmals im Stadtgesetz von ↗Gortyn (5. Jh. v. Chr.). In Athen gab es die A. zu Lebzeiten, durch Testament oder postum; meist sollte so das Aussterben einer Familie verhindert oder aber die Zukunft der Hinterbliebenen abgesichert werden. Der Adoptierte blieb in Athen in seiner natürl. Verwandtschaft zu seiner Mutter und war über sie weiter erbberechtigt. Erst seit den Hellenismus konnten auch Frauen adoptiert werden bzw. selbst A.en durchführen. – *II. Rom:* Die älteste Form der röm. A. war die sog. *arrogatio,* die sakralrechtlich genehmigt werden musste. Der Adoptierte wechselte dabei ohne Einfluss väterl. Gewalt die Familie. Daneben gab es die *adoptio,* bei der der natürl. Vater seinen Sohn symbolisch dreimal an seinen Adoptivvater verkaufte und ihn dessen Gewalt unterstellte. Vor allem in der Kaiserzeit näherten sich die beiden Arten der A. immer mehr an, auch Frauen und Sklaven konnten adoptiert werden. In der röm. Republik wie in der Kaiserzeit spielte die A. immer wieder auch eine polit. Rolle, z. B. im jul.-claud. Kaiserhaus oder bei den sog. Adoptivkaisern von Nerva bis Mark Aurel (Nachfolgeregelung im Kaiseramt durch Adoption des Thronerben).

Adoptivkaiser ↗Adoption

Adrasteia (gr. Adrasteia), Nymphe, Tochter der ↗Amalthea und des Melisseus, Schwester der ↗Ida, Amme des ↗Zeus.

Adrastos (lat. Adrastus), myth. König von Argos, führt im Namen seines Schwiegersohnes ↗Polyneikes die ↗Sieben gegen Theben, die alle außer ihm und Amphiaraos fallen. Zehn Jahre danach führt er deren Söhne, die Epigonen (gr. *epigonoi*), in einem zweiten Zug an und zerstört Theben.

Adrianopolis (auch Hadrianopolis, heute Edirne/Türkei), Stadt in ↗Thrakien. Die bestehende thrak. Siedlung wurde unter ↗Hadrian zur Stadt ausgebaut und nach ihrem Gründer benannt. Die strategisch günstige Lage führte zum Aufschwung in der Spätantike. 313 n. Chr. schlug ↗Konstantin d.Gr. hier Maximinus Daia, 378 fiel hier Kaiser ↗Valens im Kampf gegen die Goten. 586 hielt A. der Belagerung durch die Avaren stand.

Adriatisches Meer (gr. Adrias, lat. Mare superum, Mare Adriaticum), Teil des Mittelmeeres zwischen der Ostküste Italiens und der Westküste Illyriens. Unter *Adrias* verstand man zunächst nur den nördl. Teil des Meeres nahe der Pomündung, der nach dem Ort Atria (heute Adria/Italien) benannt war. Seit dem 4. Jh. v. Chr. erweiterte sich der Begriff auf das Gebiet bis zur Straße von Otranto. Das A. M. galt als für die Seefahrt gefährl. Gewässer. **Lit.:** V. Burr, Nostrum Mare (1932).

Adulterium (lat., »Ehebruch«). Ehebruch war in Rom Gegenstand eines öffentl. Strafverfahrens und wurde durch das Familienoberhaupt (↗*pater familias*) oder durch den Ehemann verfolgt. Die von Augustus eingebrachte *lex Iulia de adulteriis* (etwa 18 v. Chr.) ersetzte die republikan. Gesetze neu. Männl. Täter mussten die Hälfte ihres Vermögens abtreten, Frauen ein Drittel ihrer Habe sowie die Hälfte der Mitgift; sie mussten auch mit ihrer Verbannung rechnen. Die Wiederheirat einer Ehebrecherin war ungesetzlich; in der Spätantike wurden die Regelungen verschärft. **Lit.:** W. Kunkel, Untersuchungen zur Entwicklung des röm. Kriminalverfahrens in vorsullan. Zeit (1962).

Advocatus (lat., »Herbeigerufener«), Rechtsbeistand vor Gericht. In republikan. Zeit wurde ein A. als Beistand herangezogen, um durch sein persönl. Ansehen (und erst nachgeordnet durch seinen jurist. Rat) bei einem Rechtsstreit Unterstützung zu leisten. War etwa in einem Strafprozess ein guter Redner erforderlich, so wandte man sich an einen *orator* (»Redner«); sog. *iuris periti* (»Rechtskundige«) halfen bei komplizierten Rechtsfragen. In der hohen Kaiserzeit (2./3. Jh. n. Chr.) verwischten die Grenzen zwischen A. und Jurisprudenz, eine allg. Professionalisierung setzte ein. – Im Staatsdienst vertraten seit ↗Hadrian *advocati fisci* die Interessen des ↗Fiscus vor Gericht. **Lit.:** J. A. Crook, Legal Advocacy in the Roman World (1995).

Adyton (gr. das »Unbetretbare«) ↗Cella

Ädil (lat. aedes, »Tempel«), röm. Beamter mit einer Art Polizeifunktion; zu den Aufgaben gehörten die Aufsicht über Straßen, Tempel und Märkte, die Getreideversorung und die Ausrichtung der öffentl. Spiele. Der Begriff Ä. leitet sich wahrscheinlich von dem Tempel der Ceres (*aedes Cereris*) her, dem Versammlungsort der plebeischen Gemeinde; ursprünglich konnten nur Angehörige der Plebs (↗Plebeier) das Amt bekleiden. Entsprechend dem Prinzip der Kollegialität gab es stets zwei Ä.en. 367 v. Chr. traten zu den plebeischen Ä.en zwei weitere, nämlich die kurul. hinzu (hergeleitet von der *sella curulis,* dem Amtsstuhl höherer röm. Beamter). Während das Amt der plebeischen Ä.en nur Plebeier bekleiden durften, stand das Amt der kurul. Ä.en auch den Patriziern offen. **Lit.:** W. Nippel, Aufruhr und »Polizei« in der röm. Republik (1988).

Ägäis (gr. Aigaion pelagos, daraus im MA entstellt »Archipelagus«), zwischen Griechenland, Thrakien, Kleinasien und Kreta gelegener Teil des Mittelmeeres. Der Name wurde von Aigeus, dem Vater des ↗ Theseus, bzw. von der Stadt Aigai auf Euböa abgeleitet. Die Ä. stellt als Wirtschafts- und Kulturraum eine der Grundvoraussetzungen der griech. Geschichte von der Frühzeit bis zur Spätantike dar. So spricht man für die Bronzezeit von einer Ägäischen Koine, einem Zusammenleben mehrerer Kulturkreise in diesem Raum, die in der frühen Bronzezeit auf wirtschaftl. Beziehungen beruhte und erst in der mittleren und späten Bronzezeit (↗ Minoische Kultur, ↗ Myken. Kultur) durch territoriale Expansion enger verbunden wurde. **Lit.:** M. Cary, The Geographic Background of Greek and Roman History (1949). – J. Chadwick, Die myken. Welt (1979). – H.-G. Buchholz (Hg.), Ägäische Bronzezeit (1987).

Ägina (gr. Aigina, lat. Aegina, »Ziegeninsel«), Insel im Saron. Golf südwestl. vom Piräus. Hauptort ist heute noch die gleichnamige Stadt im W der Insel. Ä. war schon in archaischer Zeit eine bedeutende Handelsmacht mit Handelsniederlassungen u. a. auf Kreta (Kydonia) und in Ägypten (↗ Naukratis); der äginet. Münzstandard war seit ca. 650 v. Chr. für alle dor. Gebiete maßgebend. Die See- und Handelsmacht Ä. stand lange in Konkurrenz zu Athen (488 Seesieg über die Athener), verlor aber 456 durch den Beitritt zum 1. ↗ Att. Seebund die Unabhängigkeit. 431 wurden die Inselbewohner von Athen vertrieben und durch athen. ↗ Kleruchen ersetzt, erst 405 kehrten die wenigen Überlebenden nach Ä. zurück, doch die Insel blieb in der Folgezeit ohne Bedeutung und wurde im 4. Jh. Piratenstützpunkt. Nach wechselnden Herren kaufte 211 Attalos I. von ↗ Pergamon die Insel, 133 v. Chr. fiel sie mit dem pergamen. Erbe an Rom. Die Ausgrabungen der Stadt Ä. legten u. a. Teile eines Apollon-Tempels frei. Beeindruckend sind die Reste des im dor. Stil erbauten Aphaia-Tempels im NO der Insel; die gut erhaltene Giebelgruppen des Tempels aus dem 5. Jh. v. Chr. sind in der Glyptothek in München ausgestellt (sog. Ägineten). **Lit.:** D. Ohly, Ä., Tempel und Heiligtum der Aphaia (1978). – T. J. Figuera, Athens and Aegina in the Age of Imperial Colonization (1991). – H. Bankel, Der spätarchaische Tempel der Aphaia auf Aegina (1993). – ASM (1999).

Ägina (gr. Aigina) Nymphe, Tochter des Flussgottes ↗ Asopos. Zeus entführt sie und bringt sie zu der später nach ihrer benannten Insel, wo sie ↗ Aiakos zur Welt bringt.

Ägis (gr. Aigis, lat. Aegis, »Ziegenfell«) ↗ Aigis

Ägisth (gr. Aigisthos), Figur der griech. Mythologie, Sohn des ↗ Thyest und von dessen Tochter Pelopeia; Liebhaber der ↗ Klytämnestra, mit der zusammen er den heimkehrenden ↗ Agamemnon ermordet. Er wird von ↗ Orest getötet (Aischylos, *Choëphoren*; Sophokles und Euripides, *Elektra*).

Ägypten, Königreich, später röm. Provinz, am Nil. Ä., dessen Grenzen etwa zwischen dem 1. Katarakt (beim heutigen Assuan) und dem Nildelta anzusetzen sind, gehörte zu den bedeutendsten Hochkulturen des Vorderen Orients und beeinflusste seit der sog. Reichsgründung Anfang des 3. Jt. v. Chr. die Entwicklung des gesamten östl. Mittelmeerraumes. Die jährl. Überschwemmungen des Nils waren Grundlage der Landwirtschaft entlang des Nils. – *I. Pharaonenzeit:* Auf hellenist. Quellen geht die Einteilung der Geschichte Ä.s in 31 Dynastien zurück; diese können gegliedert werden in: Altes Reich (ca. 2700–2159): Reichseinigung, Pyramidenbau, erste Hochblüte; 1. Zwischenzeit (ca. 2159–2040); Mittleres Reich (ca. 2040–1786); 2. Zwischenzeit (ca. 1786–1575): Einfall der Hyksos; Neues Reich (ca. 1575–1087): größte Ausdehnung des ägypt. Reiches (zeitweise bis zum Euphrat), die großen Tempel in Karnak, Luxor entstanden, Pharaonengräber im Tal der Könige, künstler. Blüte unter Echnaton, Reorganisation des Reiches unter Ramses II.; Spätzeit (ca. 1087–332): längere Perioden von Fremdherrschaft (Libyer, Nubier, Assyrer, Perser), nur zeitweise Unabhängigkeit Ä.s. So erreichte Psammetichos I. um 656 die Unabhängigkeit

Giebelfiguren vom Aphaia-Tempel auf Ägina (München, Glyptothek)

Abu Simbel, Fassade des Kleinen Tempels

von Assyrien. Zur Sicherung des Handels förderte er etwa die Gründung der griech. Kolonie Naukratis im Nildelta. Auch waren griech. und kleinasiat. Söldner in ägypt. Diensten. Für das 7.–5. Jh. ist Herodot die wichtigste literar. Quelle zur Geschichte Ä.s. 525 eroberte ⁊ Kambyses das Land, Ä. wurde pers. Satrapie und blieb dies, mit kurzer Unterbrechung, bis zur Eroberung 332 durch Alexander d.Gr. Die innere Ordnung war während der Perserherrschaft nicht verändert worden. – *II. Ptolemäer, Römer:* Nach dem Tode Alexanders d.Gr. proklamierte sich sein Feldherr ⁊ Ptolemaios I. 304 v. Chr. zum König von Ä., Hauptstadt wurde die Neugründung ⁊ Alexandria, die Metropole des Landes in hellenist. und röm. Zeit. Ä. erhielt eine straffe, zentrale Verwaltung aus 40 Gauen, jeweils mit Untereinheiten. Diese effiziente Verwaltungs- und Steuerpraxis machte Ä. zum ertragreichsten Staat dieser Zeit. Unter den ersten drei Ptolemäern gelangten die Kyrenaika, Zypern, Teile Syriens und Kleinasiens an Ä., doch gegen Ende des 3. Jh. brach die ptolemäische Herrschaft in vielen Außenregionen zusammen. Ä. geriet in Abhängigkeit von Rom (das sich später die Kyrenaika und Zypern einverleibte), Oberägypten sagte sich 206 los und wurde erst 186 wieder mit Ä. vereinigt. Im 1. Jh. v. Chr. war Ä. völlig von Rom abhängig; die Politik der Königin ⁊ Kleopatra VII. d.Gr. führte zum Ende des Ptolemäerreiches: 30 v. Chr. wurde Ä. römisch und unterstand als Provinz direkt dem Kaiser, der seine Interessen durch ei-

nen Präfekten, versehen mit drei Legionen, wahrnehmen ließ. Zwar wurde die Wirtschaftspolitik der Ptolemäer fortgesetzt, jedoch nicht deren Integrationspolitik. Die ägypt. Führungsschicht (z. B. die Priesterschaft) wurde nicht einbezogen, die hohen Steuerlasten führten zu Land- und Steuerflucht. Auch die traditionellen Kulte wurden kaum noch gepflegt. Schon früh entwickelte sich in Ägypten das betont nationale kopt. Christentum (⁊ Kopten), das 451 n. Chr. seine Eigenständigkeit auf dem Konzil von ⁊ Kalchedon erhielt. Bis zur arab. Eroberung 642/43 gehörte Ä. zum ⁊ Byzantin. Reich. **Lit.:** N. Lewis, Life in Egypt under Roman Rule (1983). – R. S. Bagnall, Egypt in Late Antiquity (1993). – N. Grimal, Ancient Egypt (1993). – G. Hölbl, Geschichte des Ptolemäerreiches (1994).

Ägyptologie, Wissenschaft vom ägypt. Altertum, begründet 1822 mit der Entzifferung der ⁊ Hieroglyphen auf der Basis des dreisprachigen Steins von Rosetta durch Jean G. Champollion (1790–1832).

Aelian(us) (1) (gr. Ailianos), griech. Autor, 1./2. Jh. n. Chr., Verf. einer militär. Schrift *Taktika*. **Lit.:** H. Köchly/M. Rüstow, Griech. Kriegsschriftsteller (1855).

Aelian(us) (2), Claudius Ae. (gr. Ailianos), aus Praeneste, ca. 170–235 n. Chr., griech. Autor, Vertreter der Zweiten Sophistik. In Rom Schüler des Sophisten Pausanias aus Caesarea und Anhänger des Stoizismus, widmete Ae. sich nach einer kurzen sophist.

Karriere der Schriftstellerei. Die erhaltenen Werke sind: *Tiergeschichten* in 17 Büchern, ein paradoxograph. Gemisch über die Tierwelt; *Bunte Geschichten* in 14 Büchern (größtenteils nur in Auszügen erhalten), Miszellen von histor. und literar. Anekdoten mit moralisierendem Charakter, und *Bauernbriefe* (Zuschreibung fragwürdig). Verloren sind Schriften *Über die Vorsehung* und *Über göttliche Erscheinungen*.FP

Aelius, Quintus Ae. Tubero, röm. Historiker, Rhetor und Jurist des 1. Jh. v. Chr. Ae. trat nach einem Misserfolg gegen Cicero nicht mehr als Redner auf, machte sich aber als Jurist einen Namen; er ist Verf. von fragmentarisch erhaltenen *Historiae,* die in mindestens 14 Büchern die Geschichte Roms von den Anfängen bis wenigstens zu den Pun. Kriegen schilderten.

Aëllo, eine der ↗ Harpyen.

Aëllopous, eine der ↗ Harpyen.

Aemilianus, Marcus Aemilius Ae., 207–253 n. Chr., röm. Kaiser Juli/August – September/Oktober 253 n. Chr. Als Statthalter der Provinz Moesia Superior im Juli/August 253 von den Soldaten zum Kaiser ausgerufen und nach dem Tode des Trebonianus Gallus vom Senat anerkannt, wurde Ae. nach nur 88-tägiger Herrschaft bei Spoletium (heute Spoleto) von den Soldaten ermordet. **Lit.:** D. Kienast, Röm. Kaisertabelle (²1996) 212 f.

Aemilius, röm. Gentilname. Die Aemilii waren ein sehr altes patriz. Geschlecht – bereits im 5. Jh. v. Chr. war ein Ae. Konsul – und bis in die frühe Kaiserzeit eines der angesehensten Geschlechter in Rom; im 1. Jh. n. Chr. starben die führenden Familien der Aemilii aus. Die bekanntesten Vertreter waren:

Aemilius (1), Lucius Ae. Paullus, röm. Staatsmann und Feldherr, ca. 228–160 v. Chr., Vater des Publius Cornelius Scipio Africanus Minor. Ae. erhielt 168 den Oberbefehl im 3. Makedon. Krieg (171–168) und besiegte 168 den König Perseus bei Pydna. In Delphi wurde ein von Perseus gestifteter Pfeiler in ein Reiterdenkmal des Ae. umgewandelt. In Rom feierte Ae. einen dreitägigen Triumph und brachte reiche Kriegsbeute und zahlreiche Kunstschätze in die Stadt. 160 starb er nach schwerer Krankheit. **Lit.:** H. Kähler, Der Fries vom Reiterdenkmal des Ae. Paullus in Delphi (1965). – E. Meissner, Lucius Ae. Paullus Macedonicus und seine Bedeutung für das Röm. Reich (1974). – W. Reiter, Ae. Paullus (1988).

Aemilius (2), Marcus Ae. Scaurus, röm. Staatsmann und Feldherr, ca. 163/62–89/88 v. Chr.; ca. 122 Ädil, 119 Prätor. Als Konsul (115) triumphierte Ae. über die Ligurer und Gantisker. 112 ging er nach Africa, ließ sich von Jugurtha bestechen, konnte sich einer Bestrafung jedoch entziehen. Als Zensor (109) baute er die Via Aemilia aus (ab Genua). A. war einer der einflussreichsten röm. Politiker seiner Zeit.

Aemilius (3), Marcus Ae. ↗ Lepidus

Aemilius (4), Marcus Ae. ↗ Aemilianus

Ämterlaufbahn ↗ Cursus honorum

Aemulatio ↗ Imitatio

Äneas (gr. Aineias, lat. Aeneas), Figur der griech.-röm. Mythologie, Sohn des Anchises und der Aphrodite, nach Hektor wichtigster Held der Trojaner, Stammvater Roms und durch seinen Sohn Ascanius (Julus) Ahnherr der Julier. Seinen greisen Vater auf den Schultern, flieht er, von Hektor ermuntert, der ihm im Traum erscheint, aus dem brennenden Troja; im Getümmel verliert er seine Frau Krëusa. Vom Zorn der Juno durch den ganzen Mittelmeerraum getrieben, sucht er den ihm verheißenen Ort für eine Stadtgründung. Nachdem Versuche auf Kreta und in Thrakien, wo Ä. aufgrund fehlgedeuteter Orakel sich niederzulassen gedenkt, durch schlimme Vorzeichen fehlschlagen, wird ihm durch den trojan. Seher Helenos, den er mit seiner Gattin Andromache, Hektors Witwe, in Buthroton trifft, Italien als das verheißene Land geoffenbart. In Drepanum auf Sizilien stirbt Anchises. Die Troer werden durch einen Sturm nach Libyen verschlagen, wo die phöniz. Königin Dido die Stadt Karthago gegründet hat. Sie werden von ihr freundlich aufgenommen, Äneas und Dido verlieben sich. Durch Merkur an seine Sendung erinnert, verlässt Ä. Karthago. Dido begeht Selbstmord. Auf Sizilien, wo Ä. für seinen Vater Leichenspiele veranstaltet, zünden die trojan. Frauen, der ständigen Irrfahrten müde, die Schiffe an, ohne allerdings die Weiterfahrt verhindern zu können. Ä. lässt einige Trojaner in der neugegründeten Stadt Segesta zurück. In Cumae wird Ä. von der Sibylle in die Unterwelt geführt; dort zeigt ihm sein Vater Anchises die Zukunft Roms. In Latium angelangt, das durch einige günstige Vorzeichen als das verheißene Land offenbar wird, tötet Ascanius einen heiligen Hirsch. Unter der Führung des Turnus greifen die Latiner die Neuankömmlinge an. Von seiner Mutter Venus (Aphrodite) mit neuen Waffen ausgestattet, tötet Ä. den Turnus, heiratet Lavinia, die Tochter des Latinerkönigs Latius, und herrscht über die vereinten Trojaner und Latiner. Vergil macht Ä. zur Hauptfigur seines röm. Nationalepos *Aeneis.* Er wird bei ihm zum Vorbild röm. Tugenden und Qualitäten (*virtutes*), bes. der *pietas,* dem Respekt vor den Göttern und den Ahnherren (Anchises). Die Dido-Ä.-Episode dient ihm dazu, den Ursprung der militär. Konflikte zwischen Karthago und Rom aitiologisch (↗ Aitiologie) zu verankern. In zahlreichen Prophezeiungen wird auf Roms spätere Größe bis zur Zeit des Augustus verwiesen (bes. in der Unterweltsschau im 6. Buch). **Lit.:** G. K. Galinsky, Ae., Sicily and Rome (1969). – J. N. Bremmer/N.M. Horsfall, Roman Myth and Mythography (1987).

Aeneas Tacticus (gr. Aineias Taktikos), griech. Stratege und Militärschriftsteller, 1. Hälfte 4. Jh. v. Chr. Von seinen Traktaten ist eine Schrift über Belagerungstechnik (Poliorketik) erhalten. **Lit.:** D. Whitehead, A. the Tactician (1990).

Äneïs, Hauptwerk Vergils (70–19 v. Chr.) in 12 Büchern, in dem die Geschichte des ↗ Äneas von der Zerstörung Trojas bis zur Landung in Italien und zum Sieg über den Rutulerfürsten Turnus, also die Gründungssage Roms, behandelt wird. Das Werk schließt sich im Eröffnungsvers (*arma virumque cano,* »die Waffen und den Mann besinge ich«) an Homers *Ilias* und *Odyssee* an. Der erste Teil (1–6), die Irrfahrten des Äneas, veranlasst durch den Zorn der Juno, sein Aufenthalt bei der karthag. Königin ↗ Dido und seine rückblickenden Erzählungen über den Fall Trojas sind der *Odyssee* nachgebildet, der zweite Teil (7–12), die Kampfhandlungen in Latium, der *Ilias*. Den Höhepunkt des Werks bildet der Unterweltsgang des Äneas (↗ Katabasis) im 6. Buch mit einem Ausblick auf die röm. Geschichte. Das Werk ist durch Ausblicke auf Roms Sendung geprägt, in Göttersprüchen oder Einlagen wie der Schildbeschreibung des Äneas im 8. Buch, die das 18. Buch der *Ilias* evoziert. **Lit.:** W. Suerbaum, Vergils »Aeneis« (1999).

Äoler (gr. Aioleis), einer der vier griech. Hauptstämme. Die Ä. bewohnten vor der ↗ Dor. Wanderung bes. Gebiete in Thessalien, ↗ Böotien und auf der Peloponnes, verlagerten in dieser Wanderungsbewegung ihren Siedlungsraum im 11. Jh. v. Chr. v. a. nach ↗ Lesbos und an den dieser Insel gegenüberliegenden Teil der kleinasiat. Küste (mit Hinterland), der nach ihren Bewohnern ↗ Äolis genannt wurde. Sie organisierten sich in einem Zwölfstädtebund. Der sog. äol. (oder lesb.) Dialekt war charakteristisch für die Ä. in ↗ Kleinasien und den angrenzenden Inseln (Dichtung: ↗ Sappho, ↗ Alkaios).

Äolis (gr. Aiolis, lat. Aeolis), kleinasiat. Küstenlandschaft und angrenzende Inseln, Siedlungsgebiet der ↗ Äoler. Die Ä. reichte von der Mündung des Bosporus bis zur Mündung des Hermos; die Inseln ↗ Lesbos und ↗ Tenedos gehörten ebenfalls zur Ä. Die südäol. Städte schlossen sich zu einem Zwölfstädtebund zusammen: Kyme, Larisa, Neonteichos, Temnos, Killa, Notion, Aigeirusa, Pitane, Aigaiai, Myrina, Gyrneia und ↗ Smyrna (das aber von Joniern aus ↗ Kolophon erobert wurde). Auch die äol. Städte in der nördl. gelegenen ↗ Troas schlossen sich zusammen. Bereits unter ↗ Kroisos fiel die Region um 546 v. Chr. an Persien. In den ↗ Perserkriegen kämpften die Städte der Ä. auf pers. Seite, traten aber später mehrheitlich dem 1. ↗ Att. Seebund bei. 404 wurde Ä. wieder pers. Besitz. Alexander d. Gr. beendete die pers. Herrschaft. Im Hellenismus wechselten die Städte mehrfach den Besitzer, doch konnte sich das aufstrebende ↗ Pergamon im 3. Jh. in weiten Teilen der Ä. durchsetzen. 129 wurde die Ä. röm. Provinz und in zwei Unterbezirke aufgeteilt. Der in röm. Zeit anhaltende Aufstieg von Smyrna, Pergamon oder Alexandria Troas führte zum wirtschaftl. Niedergang vieler alter Städte der Ä.; die Landwirtschaft bestimmte das wirtschaftl. Leben. Nur Kyme, Myrina und Elaia als Hafen Pergamons behielten überregionale Bedeutung. **Lit.:** E. W. Buisson, Die aiol.-ion. Westküste Kleinasiens (1917). – J. M. Cook, The Greeks in Ionia and the East (1962).

Äolische Inseln (Liparische Inseln, lat. Aeoli Insulae), Inselgruppe im NO Siziliens. Die sieben nach ↗ Äolus, dem Gott der Winde, benannten Inseln vulkan. Ursprungs (u. a. Lipari, Stromboli) waren z. T. seit neolith. Zeit besiedelt; seit myken. Zeit waren die Ä. I. Vorposten des ägäischen Handels (bes. Metall) mit dem westl. Mittelmeer. Die bedeutendste Stadt der

Inselgruppe war die griech. Kolonie Lipara. Schwefel und Alaun zählten zu den wichtigsten Produkten der Inseln.

Äolus (1) (gr. Aiolos), Sohn des Poseidon, Herrscher über die Winde. Er schenkt ↗ Odysseus in einem Beutel alle für die Heimfahrt nach Ithaka ungünstigen Winde.

Äolus (2) (gr. Aiolos), Sohn des ↗ Hellen und der Nymphe Orseïs, Enkel des ↗ Deukalion, Bruder des ↗ Xuthos und ↗ Doros, Stammvater der Äolier. Gemahl der Enarete, der Tochter des Deimachos und Vater von sieben oder acht Söhnen, ↗ Kretheus, ↗ Sisyphos, ↗ Athamas, ↗ Salmoneus, ↗ Deion, Magnes, Perieres, ↗ Makareus, und fünf Töchtern, deren Namen in den Genealogien variieren, Herrscher im thessal. Magnesia.

Aerarium populi Romani (lat. aes, »Bronze«), röm. Staatsschatz, im Tempel des Saturn auf dem ↗ Forum Romanum aufbewahrt. Ursprünglich bestand der Staatsschatz wohl nur aus *aes* (Bronzemünzen). Die Verfügungsgewalt über den Staatsschatz hatte allein der Senat, die ↗ Quästoren waren für Verwaltung und Sicherung verantwortlich. Mit der späten Republik entwickelten sich in den Provinzen unabhängige Finanzwesen mit eigener Kasse (↗ *fiscus*), durch die Eroberungen in den Provinzen bzw. durch deren jährl. Steuerabgaben flossen jedoch der Staatskasse in Rom ganz erhebl. Beträge zu. Mit der Einrichtung weiterer staatl. Kassen wie dem *ae. militare* zur Veteranenversorgung unter Augustus sank die Bedeutung des *ae. populi Romani*, der ↗ *fiscus* gewann immer mehr an Bedeutung (↗ Finanzwesen).

Aërope, in der Mythologie Tochter des kret. Königs Krateus, der sie nach einem Orakelspruch, demzufolge er von einem seiner Kinder ermordet werden würde, in die Sklaverei verkauft. Es kauft und heiratet sie ↗ Atreus, von dem sie ↗ Agamemnon und ↗ Menelaos empfängt. A. betrügt ihren Mann mit Atreus' Bruder ↗ Thyest, den sie in den Besitz des Goldenen Vlieses und damit der Herrschaft über Mykene bringt.

Ärzteschulen. Die antike ↗ Medizin kann historisch grob in unterschiedl. Richtungen unterteilt werden, die auch als Ä. bezeichnet werden. So entwickelte die westgriech. Schule des ↗ Demokedes und Alkmaion (6./5. Jh.) wohl unter Einfluss der Pythagoreer die Lehre von den vier Elementen, die Pneumalehre sowie die Lehre vom Herzen als Zentralorgan des menschl. Körpers. Im klass. Griechenland bildeten sich auf Knidos, bes. aber auf Kos (mit ↗ Hippokrates als wichtigstem Vertreter) im 5./4. Jh. bedeutende Ä. Die empir. Ärzteschule (3. Jh.) versuchte die vorausgegangene Theorielastigkeit zu überwinden. Im Rom des 1. Jh. v. Chr. entstanden die method. Ä. (auf der epikureischen Lehre basierend) sowie die pneumat. Ä., die Lehren der dogmat. Ärzte (4. Jh. v. Chr.) aufgriffen und mit stoischer Gedankenwelt verbanden. ↗ Arzt

Aes grave (lat.), frühe röm. Bronzemünze. Das unter griech. Einfluss entwickelte Geld löste um 290 v. Chr. Rohkupferbarren (*aes rude*) als Währung in Mittelitalien ab und war in sieben Gewichtseinheiten unterteilt. Die großformatigen Münzen wurden wegen Engpässen in den ↗ Pun. Kriegen immer wieder im Gewicht reduziert. Grundeinheit war das ↗ *as*. **Lit.:** A. Burnett, Coinage in the Roman World (1987).

Äskulap (gr. Asklepiọs, lat. Aesculạpius), griech. Gott der Heilkunst, Sohn des Apollon und der ↗ Koronis, beim Kentaurn ↗ Chiron aufgewachsen und in der Medizin unterrichtet. Er wendet seine Befähigung, Tote wieder zum Leben zu erwecken, u. a. bei Hippolytos an und erregt, da er sich damit über die vom Göttervater Zeus festgelegte Weltordnung hinwegsetzt, dessen Zorn und wird mit einem Blitz getötet. Besondere Verehrung wurde Ä. in den Heilorten Epidauros, Kos und Pergamon zuteil. Sein Attribut ist ein von einer Schlange umringelter Stab.

Äsọp (gr. Ạisopos, lat. Aesọpus) aus Thrakien (nach späteren Quellen aus Phrygien), sagenhafter Begründer oder zumindest Hauptvertreter der antiken Fabelliteratur, 6. Jh. v. Chr. Seit dem 5. Jh. v. Chr. wird die Gattung (d. h. kurze fiktive Geschichten, die eine Lebensweisheit illustrieren und in denen häufig Tiere auftreten; der Begriff »Fabel« ist modern) mit Ä. in Verbindung gebracht, doch lassen sich Fabeln schon bei Hesiod und Archilochos nachweisen. Nach den ältesten Zeugnissen (Herodot, Aristoteles) lebte Ä. zunächst als Sklave auf Samos und wurde 564/63 von der Stadt Delphi angeklagt und zum Tode verurteilt. Eine Trennung von histor. und romanhaften Elementen ist bes. in der späteren biograph. Tradition (kaiserzeitl. *Äsoproman*) kaum mehr möglich. Ein A. zugeschriebenes Buch in Prosa war schon im 5. Jh. in Athen in Umlauf, die älteste sicher bezeugte Fabelsammlung ist die des Demetrios v. Phaleron (um 300 v. Chr.); die erhaltenen Sammlungen (alle aus der Kaiserzeit) geben nur noch ein stark verzerrtes Bild der ursprüngl. archaisch-jon. Weisheitsliteratur. **Lit.:** N. Holzberg, Die antike Fabel (²2001). – M. L. West, Entretiens 30 (1984) 105–28.

Äther (gr. Aithẹr), ↗ Personifikation der oberen Himmelsluft, Sohn des ↗ Erebos und der ↗ Nyx, Bruder der ↗ Hemera, nach einer anderen Version Sohn des ↗ Chaos und der Caligo und Bruder der Nox (gr. Nyx), des Erebos und der Dies (gr. Hemera). In der orph. Religion wird Ä. als Weltseele, als feuriges Kernelement aller Lebewesen betrachtet.

Äthiopien (gr. Aithiọpia), griech. Bezeichnung für südl. von ↗ Ägypten liegende Gebiete. Der Mythos von den dunkelhäutigen ›Brandgesichtern‹ am Rande der Welt wurde auf die dunkelhäutige Bevölkerung bes. Nubiens übertragen, die als Aithiopes bezeichnet wurden, wie aber auch die Inder. Die Völker im Gebiet des heutigen Äthiopien hatten mit der griech.-röm. Welt kaum Kontakt. Lediglich das Aksum-Reich (1.–4. Jh. n. Chr.) pflegte engere Verbindungen. Ä. wird bei vielen antiken Autoren erwähnt bzw. literarisch verarbeitet (bes. ↗ Heliodor) **Lit.:** D. Hermingshausen, Herodots Angaben über Äthiopien (1964). – F. M. Snowden, Blacks in Antiquity (1970).

Aẹthlios, Sohn des Zeus und der Protogeneia, der Tochter des ↗ Deukalion, oder Sohn des ↗ Äolus (1), erster König von Elis, durch Kalyke Vater des ↗ Endymion.

Aẹtios aus Amida, griech. Mediziner, 1. Hälfte 6. Jh. n. Chr., Verf. eines medizin. Handbuchs in 16 Büchern, das er vorwiegend aus ↗ Galen und ↗ Oreibasios kompilierte. **Lit.:** V. Nutton, in: J. Scarborough (Hg.), Symposium on Byzantine Medicine (1984) 1–14.

Aẹtius, Flavius A., röm. Reichsfeldherr (gest. 454 n. Chr.). Der Sohn eines hohen Offiziers gewann unter ↗ Valentinian III. Einfluss, wurde, ohne dem Kaiserhaus anzugehören, dreimal Konsul (432, 437, 446) und führte die Kämpfe gegen die Erhebungen in Gallien. 451 schloss er sich den ↗ Westgoten beim Kampf gegen die Hunnen an, konnte aber deren Invasion Italiens 452 nicht aufhalten. **Lit.:** H. Wolfram, Die Goten (⁴2001).

Ätna (gr. Ạitne), Vulkan an der Ostküste ↗ Siziliens, Höhe ca. 3326 Meter. Zahlreiche Ausbrüche zwischen 479 v. Chr. und 40 n. Chr. sind überliefert. Die folgenden Jahrhunderte war die Ä. inaktiv. Der Ä. findet etwa im ↗ Typhon- oder ↗ Hephaistos-Mythos Niederschlag, aber auch in der Literatur (↗ Lukrez, ↗ Seneca) und in der ↗ Vergil zugeschriebenen Schrift *Aetna*. **Lit.:** D. K. Chester u. a., Mount Etna (1985).

Ätolien (gr. Aitoḷia), Landschaft in Mittelgriechenland. Die Grenzen Ä.s sind nur schwer zu ziehen, ebenso die Zuordnung einzelner Stämme zu den Ätolern. Westl. Nachbar war Akarnanien, im O Lokris bzw. Phokis, doch reichte das Einflussgebiet des ↗ Ätol. Bundes, der seit etwa 370 v. Chr. Ä. zu einer polit. Einheit verband, bes. im 3./2. Jh. deutlich über diese Kernregion hinaus. Hauptort Ä.s war Thermos. Haupteinnahmequelle und Wirtschaftsgrundlage dieser Bergregion waren bes. Viehzucht und Jagd, die Annahme von Söldnerdiensten sowie die weit verbreitete Piraterie. **Lit.:** F. Scholten, Aetolian Foreign Policy (1987). – D. Strauch, Die Umgestaltung NW-Griechenlands unter röm. Herrschaft (1993).

Ätolischer Bund. Gegründet kurz vor 367 v. Chr., bildete der Ä. B. ein polit. Gegengewicht zu ↗ Makedonien. 279 v. Chr. leisteten die Ätoler den Kelten erfolgreich Widerstand und retteten ↗ Delphi. Im 3. Viertel des 3. Jh. erlebte der Ä. B. seine größte Blüte und umfasste auch Gebiete außerhalb Ätoliens. Der Niedergang des Bundes begann 219/18, als ↗ Philipp V. in Ätolien einfiel. 212 schlossen die Ätoler ein Bündnis mit den Römern und unterstützten sie 200–197 im Kampf gegen Philipp; nach dem röm.-syr. Krieg gegen ↗ Antiochos III. verloren die Ätoler 189 Ambrakia und weitere Gebiete; außerdem mussten sie die röm. Oberhoheit anerkennen. **Lit.:** P. Funke, Geschichte und Struktur des Ä. B.es (1985).

Afrạnius, röm. Gentilname. Angehörige des plebeischen Geschlechts der Afranii gelangten bereits im 2. Jh. v. Chr. in den Senat. Die bekanntesten Vertreter waren:

Afrạnius (1), Lucius A., röm. Staatsmann und Feldherr im 1. Jh. v. Chr., Anhänger des Pompeius. Als dessen Legat kämpfte A. gegen Sertorius und Mithradates; 60 v. Chr. wurde er mit Unterstützung des Pompeius Konsul. Seit 55 verwaltete A. in dessen Auftrag Spanien. Nach der Schlacht von Ilerda (49) musste er sich Caesar ergeben. 48 kämpfte A. bei Pharsalos. In der Schlacht von Thapsos (46) wurde er gefangengenommen und getötet. **Lit.:** C. F. Konrad, A. Imperator, in: Hispania Antiqua 8 (1978) 67–76.

Afranius (2), Sextus A. Burrus, Prokurator der Livia, des Tiberius und Claudius. A. wurde 51 n. Chr. mit Hilfe der Agrippina (maior) Prätorianerpräfekt und gehörte nach dem Tode des Claudius (54) zu den engsten Beratern Neros.

Afranius (3), Lucius A., bedeutender röm. Komödiendichter aus der Zeit der Gracchen. **Lit.:** J. Dingel, Bruchstück einer röm. Komödie auf einem Hamburger Papyrus (A.?), in: ZPE 10 (1973) 29–44; B. Bader, Ein A.papyrus?, ZPE 12 (1973) 270–276.

Afrika (lat. Africa), röm. Provinz und geograph. Bezeichnung unbekannter Herkunft für den gleichnamigen Kontinent. Die Griechen verwendeten den Begriff ↗ Libyen für Afrika (bis zum Nil; Ägypten war somit auf zwei Kontinente, Afrika und Asien, verteilt). A. bildete mit Europa und Asien die drei in der Antike bekannten Erdteile. Die geograph. Vorstellungen vom S A.s blieben trotz antiker Erkundungsfahrten (etwa um 450 v. Chr. durch den Karthager Hanno, der die Westküste etwa bis Kamerun erforschte) vage. In röm. Zeit bezeichnete A. das pun. Gebiet an der nordafrikan. Küste. Nach der Eroberung Karthagos 146 v. Chr. wurde im NO des heutigen Tunesien die *provincia Africa* errichtet. 46 v. Chr. wurde das numid. Königreich als Provinz Africa nova mit Africa vetus (der vormaligen *provincia Africa*) zur neuen Provinz Africa proconsularis zusammengelegt, 198 n. Chr. die Provinz Numidia ausgegliedert. 40 n. Chr. erfolgte die Eroberung Mauretaniens, das in zwei Provinzen aufgeteilt wurde. – Die wohlhabenden Städte A.s waren Umschlagplatz für die reichen agrar. Erträge (Getreide, Öl) des Landes, einem Kernstück der röm. Wirtschaft. Diokletian fasste die Provinzen der nordafrikan. Küste in einer Diözese zusammen. A. war ein Zentrum des frühen Christentums (↗ Tertullian, ↗ Augustinus). **Lit.:** T. R. S. Broughton, The Romanization of Africa Proconsularis (1929). – L. Teutsch, Das Städtewesen in Nordafrika (1962). – S. Raven, Rome in Africa (1993).

Agalma (gr. agallein, »preisen, schmücken«), jede Art von Weihgabe (Votiv) an eine Gottheit.

Agamedes, in der griech. Mythologie berühmter Architekt, Bruder des ↗ Trophonios.

Agamemnon, myth. König von Mykene, Sohn des Atreus, nach dem Raub der Helena, der Frau seines Bruders Menelaos, Anführer im Krieg gegen Troja, opfert vor dem Antritt der Fahrt seine Tochter ↗ Iphigenie. Der Streit mit ↗ Achill um Briseïs vor Troja bringt seine Herrschaft beinahe zu Fall. Als er nach Trojas Untergang heimkehrt, wird er von seiner Frau ↗ Klytämnestra und ihrem Geliebten ↗ Ägisth erschlagen. Die Heimkehr und der Tod des A. stehen im Zentrum der gleichnamigen Tragödie des Aischylos. **Lit.:**

J. Scholtze, Der Charakter des A. von Homer bis Euripides (1949).

Agasias (gr. Agasias), griech. Bildhauer aus Ephesos, arbeitete um 100 v. Chr. Seine Künstlersignatur steht auf der bekannten, um 90 v. Chr. geschaffenen Marmorstatue des sog. Borghes. Fechters, eines kämpfenden Kriegers. Die Figur (heute im Louvre) lehnt sich an das spätklass. Ideal des Lysipp an. **Lit.:** A. F. Stewart, Greek Sculpture (1990).

Agatharchides (gr. Agatharchides), Historiker und Geograph aus Knidos, ca. 208 – nach 132/31 v. Chr. A. verfasste zwei große histor. Werke über Asien und Europa, von denen nur Fragmente erhalten sind, sowie eine Abhandlung über das Rote Meer, die in Auszügen überliefert ist; von weiteren Werken sind lediglich die Titel bekannt. **Lit.:** H. D. Woelk, A. von Knidos, Über das Rote Meer (1966).

Agathias (gr. Agathias) von Myrina (Kleinasien), ca. 532 – kurz nach 580 n. Chr., griech. Historiker und Dichter. A. wirkte nach einem Rhetorikstudium in Alexandria als Jurist in Konstantinopel. Obwohl er offenbar Christ war, steht sein literar. Werk ganz in der heidn. Tradition. Neben etwa 100 Epigrammen, die stilistisch den Einfluss des Nonnos verraten (von A. selbst mit Gedichten anderer Zeitgenossen zu einer Sammlung, dem *Kyklos* des A., zusammengestellt), ist sein (unvollendetes) Hauptwerk die Forts. von Prokops *Kriegsgeschichte* in 5 Büchern, das die Ereignisse der Jahre 553–559 schildert. Mehr als Prokop, dessen Standard A. nicht erreicht, kann dieses Werk als charakteristisch für die Kultur seiner Zeit gelten: Die Sprache ist voller rhetor. Kunstgriffe und seltener Ausdrücke; die durch Exkurse (z. B. über die Franken und die Sasaniden) und moral. Urteile recht bunte Darstellung orientiert sich an klass. Vorbildern. **Lit.:** A. Cameron, A. (1970).

Agathokles (gr. Agathokles), Tyrann von Syrakus 316–289 v. Chr.; geb. 360 als Sohn des aus Rhegion verbannten Karkinos, der unter Timoleon in Syrakus das Bürgerrecht erhalten hatte. Bereits 339 bewies A. seine militär. Fähigkeiten, als er Timoleon bei der Vertreibung der Karthager von Sizilien unterstützte. Nach dessen Tod musste A. Sizilien zunächst verlassen, durfte aber 322 nach Syrakus zurückkehren. 317/16 beseitigte A. die hier herrschende Oligarchie und ließ sich zum Strategen mit außerordentl. Vollmacht (*strategos autokrator*) ernennen. Damit hatte A. im Prinzip eine Tyrannis errichtet, die sich auf mit dem Bürgerrecht beschenkte Söldner stützte. Als A. 311 versuchte, seine Herrschaft in Sizilien auszudehnen, riefen die betroffenen Städte die Karthager zu Hilfe. A. zog 310–307 nach Nordafrika und errang einen Sieg über die Karthager; ein Teil Siziliens blieb jedoch weiterhin unter karthag. Herrschaft. 304 nahm A. den Königstitel an und heiratete eine Stieftochter des Ptolemaios I. Ab ca. 300 galt A.s Interesse vornehmlich Unteritalien, 298/97 unterstützte er Tarent im Kampf gegen Messapier und Lukaner, ca. 295 eroberte er Kroton. In seinen letzten Jahren rüstete A. noch einmal zu einem Großangriff auf Karthago, starb aber

289. Da sein Versuch, eine Dynastie zu gründen, scheiterte, gab A. kurz vor seinem Tod Syrakus die Freiheit zurück. **Lit.:** H. Berve, Die Herrschaft des A. (1953). – K. Meister, A., in: CAH VII 1² (1984) 384 ff.

Agathon (gr. Agathon), athen. Tragiker, ca. 455–401 v. Chr., dessen Werk in nur 50 Versen bezeugt ist. Der histor. Rahmen des platon. *Symposions* ist die Nachfeier seines Sieges an den ⊅ Lenäen des Jahres 416. Er soll als erster in der att. Tragödie Handlungen und Personen frei erfunden und Chorlieder geschrieben haben, die zwar durch musikal. Vielfalt glänzten, aber keinen Bezug zur Handlung aufwiesen (sog. *Embolima*). **Lit.:** B. Gauly u. a. (Hg.), Musa tragica (1991) 96–109.

Agauë, Tochter des theban. Königs Kadmos und der Harmonia, Mutter des ⊅ Pentheus, den sie auf dem Kithairon in dionys. Rausch in Stücke reißt (Euripides, *Bakchen*).

Agelaos (1) (gr. Agelaos), Sohn des ⊅ Herakles und der ⊅ Omphale.

Agelaos (2) (gr. Agelaos), Sohn des ⊅ Temenos, Bruder des ⊅ Eurypilos (2) und des ⊅ Kallias.

Agelaos (3) (gr. Agelaos), Sklave des ⊅ Priamos, der den Auftrag hat, den kleinen ⊅ Paris auf dem Berg Ida auszusetzen, ihn aber als sein eigenes Kind aufzieht.

Agenor, myth. König von Phönizien, Vater der von Zeus entführten ⊅ Europa.

Agens in rebus (lat.), spätröm. Staatskurier. Mit der Reichsreform unter Konstantin wurden militärisch organisierte Staatskommissare mit weitgehenden Vollmachten und Aufgaben wie Kurierdiensten oder Überwachung der Staatsbetriebe, Häfen und Staatspost eingesetzt. Sie unterstanden dem ⊅ *magister officiorum*. Ihre Spitzeltätigkeit sowie die unter ihnen weit verbreitete Korruption machten diese Amtsträger sehr unbeliebt. Julians Versuch, ihre Zahl zu beschränken, war ohne bleibenden Erfolg. – Die Agentes i.r. gliederten sich in fünf Rangklassen, 430 n. Chr. wurde ihre Zahl im Osten auf 1174 festgelegt. Die Dienstältesten konnten in höchste Reichsämter aufsteigen. Wichtigste Quellen zur Geschichte der Agentes sind die Gesetzessammlungen Theodosians und ⊅ Justinians. **Lit.:** M. Clauss, Der magister officiorum in der Spätantike (1980). – A. Demandt, Die Spätantike (1989).

Ager publicus (lat., »Staatsland«). Durch die Ausdehnung Roms bis zum Ende des 3. Jh. v. Chr. vergrößerte sich der Anteil röm. Staatslandes (bes. durch Konfiskationen in den Gebieten besiegter Gegner; so wurde, als 133 v. Chr. das Königreich Pergamon an Rom fiel, das Königsland zu A.p.). Der A.p. wurde zur Gründungen latin. und röm. Kolonien ebenso herangezogen wie zur Versorgung mittelloser Bürger mit Land; daher wurde er bes. in der späten Republik zum innen- und ständepolit. Brennpunkt. Große Teile des A.p. in Italien wurde an Privatleute verpachtet, populare Politiker wie Tiberius ⊅ Gracchus fordeten immer wieder die Rückgabe und Neuverteilung des Landes

(⊅ Ackergesetze). Das röm. Modell des Staatslandes wurde jedoch inner- und außerhalb Italiens von vielen Munizipien und Städten kopiert. Zur Zeit des frühen Prinzipats war der Großteil des ital. A.p. verteilt, seine polit. Bedeutung in der Kaiserzeit war gering. **Lit.:** L. Zancan, A.p. (1935).

Agesilaos, (gr. Agesilaos), König von Sparta 399–360/59 v. Chr.; geb. ca. 444/43 als Sohn des Archidamos II. Nach dem Tod seines Bruders Agis II. übernahm A. dank der Hilfe des Lysander 399 die Regierung; 396–394 führte er Krieg gegen die Perser in Kleinasien und sicherte die Autonomie der jon. Küstenstädte. Als Sparta im »Korinth. Krieg« (395–386) in Bedrängnis geriet, kehrte A. zurück und besiegte die Thebaner und ihre Verbündeten Athen, Korinth und Argos 394 bei Koroneia. Ein erster Friedenskongress in Sparta (392/91) scheiterte. Erst nach weiteren Erfolgen konnte A. durch den sog. »Königsfrieden« von 387/86 den Einflussbereich Spartas auf Kosten seiner Gegner Theben und Argos sichern und vergrößern. 371 kam es erneut zu einer Konfrontation mit Theben. Die Niederlage der Spartaner bei Leuktra (371) bedeutete das Ende der Hegemonie Spartas. Eine Eroberung der Stadt durch den theban. Feldherrn Epaminondas konnte A. jedoch verhindern. 361 unterstützte A. die Offensive des Pharaos Tachos gegen Phönizien und Syrien, stellte sich dann aber auf die Seite des Usurpators Naktanabis, was schließlich zum Scheitern der Offensive führte. Auf dem Heimweg nach Sparta starb A. 360/59 in Kyrene. Xenophon preist ihn in seinem Enkomion *Agesilaos*. **Lit.:** P. Cartledge, A. and the Crisis of Sparta (1987). – Ch. D. Hamilton, A. and the Failure of Spartan Hegemony (1991).

Agis II., König von Sparta 427/26–399 v. Chr., Sohn des Archidamos II., Bruder und Vorgänger des Agesilaos. 426/25 führte A. das Heer Spartas und seiner Verbündeten gegen Attika. 421 unterzeichnete er zusammen mit seinem Mitregenten Pleistoanax den Nikiasfrieden. 418 errang er bei Mantineia einen Sieg über Argos und dessen Verbündete; 414 besetzte er das att. Dekeleia, das bis 404 sein Hauptquartier wurde. Eine geplante Eroberung Athens misslang. Seine letzten Feldzüge unternahm er 402–400 gegen Elis. Kurz darauf starb A. auf der Rückreise von Delphi.

Aglaia ⊅ Chariten

Aglaope, eine der ⊅ Sirenen.

Aglauros, myth. Tochter des att. Königs Kekrops. Sie öffnet verbotenerweise zusammen mit ihren Schwestern Pandrosos und Herse eine ihnen von Athena anvertraute Kiste, in der sich der kleine ⊅ Erichthonios, ein schreckl. Mischwesen aus Mensch und Schlange, befindet. Sie verfallen dem Wahnsinn und stürzen sich von der Akropolis. Nach Ovid (*Metamorphosen* 2, 708–832) wird A. aus Eifersucht auf ihre von Hermes geliebte Schwester in einen Stein verwandelt.

Agnostizismus (gr. agnoein, »nicht kennen, nicht wissen«), Nichtwissen bzw. Unwissenheit stellt den

Ausgangspunkt des Philosophierens des ↗ Sokrates dar (Platon, Apologie 21b), im ↗ Skeptizismus wird es zum Endziel.

Agon (gr., »Wettkampf«), griech. Überbegriff für Wettkämpfe aller Art. Man unterschied mus., sportl. und pferdesportl. (»hippische«) A.e; diese stellten ein wichtiges Element des öffentl. Lebens in Griechenland dar und waren meist mit religiösen Kultfeiern verbunden. Die Austragungsorte der bedeutendsten sportl. panhellen. (gemeingriech.) A.e waren Olympia, Korinth (Isthmia), Delphi (Pythia) und Nemea. Der bekannteste mus. Wettstreit waren die Theateraufführungen zu Ehren des Dionysos, die Großen ↗ Dionysien in Athen. Ab 186 v. Chr. wurden auch in Rom sportl. und mus. A.e ausgetragen – Bauform der Alten ↗ Komödie.

Agora (von gr. ageirein, »zusammenkommen«), ursprünglich wohl die Heeres- oder Gerichtsversammlung im Freien, seit archaischer Zeit der zentrale Versammlungsplatz (Marktplatz) einer griech. Polis. Die A. bestand in der Regel aus einem freien Platz, der von öffentl. Amtsgebäuden, Tempeln, Markthallen und sonstigen Bauten gesäumt war (bes. prächtig in ↗ Athen). Sie war das Zentrum des polit. und gesellschaftl. Lebens einer Stadt (↗ Polis) und verkörperte diese in ideeller Weise. Hier wurden nicht nur Geschäfte aller Art getätigt, sondern auch Informationen ausgetauscht, polit. Diskussionen geführt und Entscheidungen vorbereitet. Häufig wurden auch polit. Reden gehalten mit dem Ziel, die Volksmeinung im Hinblick auf künftige Volksversammlungen zu beeinflussen. Im röm. Bereich entspricht der A. das ↗ Forum. **Lit.:** F. Kolb, A. und Theater (1981).

Agoranomoi (gr., »Marktaufseher«), Marktbeamte mit Polizeigewalt. Das Amt ist vom 5. Jh. v. Chr. bis zum 3. Jh. n. Chr. in etwa 120 griech. Städten nachweisbar; Funktion und Organisation der A. waren von Stadt zu Stadt unterschiedlich festgelegt. Im Athen der 4. Jh. v. Chr. übten die zehn für je ein Jahr durch das Los ausgewählten A. ihr Amt in der Stadt und am Hafen Piräus aus, beaufsichtigten den gesamten Marktverkehr, Maße, Gewichte, Getreideverkauf, Sauberkeit der Agora am Hafen und übten Polizeifunktionen aus.

Agrarreform ↗ Gracchus (1 und 2)

Agrartechnik. Die große Bedeutung des ↗ Ackerbaus, insbes. des Anbaus von ↗ Getreide, für die antike Landwirtschaft führte kaum zu Fortschritten in der A. Weder die Form des ↗ Pflugs noch die Anschirrung der Zugtiere, bes. des ↗ Pferdes, wurden wesentlich verbessert; ob Ursache hierfür mangelnder Bedarf wegen hinreichender Mengen an Arbeitskräften, mangelnde Kenntnisse oder mangelnde Innovationsbereitschaft waren, ist umstritten. Innovationen in der A. sind v. a. aus Randgebieten bekannt, so ein Räderpflug und eine Erntemaschine aus Nordgallien. **Lit.:** K. D. White, Agricultural Implements of the Roman World (1967).

Agraulos (1), in der Mythologie eine der Töchter des ↗ Kekrops, die zusammen mit ihren Schwestern Pandrosos und Herse die Kiste bewacht, in der

↗ Erichthonios versteckt ist. Nach Ovid (*Metamorphosen* 2, 710–835) wird sie von ↗ Hermes in einen Stein verwandelt, als sie dem in ihre Schwester Herse verliebten Gott aus Neid den Zutritt zu Herse verweigert.

Agraulos (2), nach der athen. Sage des A.-Kultes am Abhang der Akropolis (↗ Aitiologie) eine Jungfrau, die sich freiwillig opfert und von der Akropolis stürzt, als ein Orakel erklärt, dass ein langer Krieg ein Ende habe, wenn ein Bürger sein Leben für die Heimat hingebe. Bei ihrem Heiligtum legten die jungen Epheben zu Beginn ihres Wehrdienstes den Eid ab.

Agricola, Gnaeus Iulius A., röm. Staatsmann und Feldherr, ca. 40–93 n. Chr. Ursprünglich ritterl. Herkunft wurde A. 73 in den Patriziat adlegiert; 77–84 war er Statthalter von Britannien. Bekannt ist A. bes. durch die Biographie des Tacitus, der 77 die Tochter des A. geheiratet hatte. In dem 98 entstandenen Werk lobt Tacitus die vorbildl. Amtsführung und den untadeligen Charakter seines Schwiegervaters. **Lit.:** M. Streng, A. Das Vorbild röm. Statthalterschaft nach dem Urteil des Tacitus (1970).

Agrigentum ↗ Akragas

Agrios, in der Mythologie Sohn des Porthaon und der Euryte, Bruder des Königs von Kalydon ↗ Oineus.

Agrippa, Marcus Vipsanius A., röm. Staatsmann und Feldherr, 64/63–12 v. Chr., Schwiegersohn des Augustus. Bereits in der Rhetorenschule lernte A. den späteren Kaiser Augustus kennen und begleitete ihn nach der Ermordung Caesars 44 nach Rom; 40 schützte er als *praetor urbanus* die Stadt vor Einfällen des Mark Anton und Pompeius. 39/38 war A. Prokonsul der Provinz Gallia Transalpina, 37 Konsul; 36 errang er bei Naulochos einen Seesieg über Pompeius und wurde mit der *corona rostrata* ausgezeichnet; 32/31 befehligte er die Flotte des Octavian in der Schlacht von Actium und nahm 29 an dessen Triumph teil; 28 war A. zum zweiten Mal, 27 zum dritten Mal Konsul; 25 wurde der Tempel des Agrippa, das Pan-

Agrippa

theon, eingeweiht; 23 erhielt A. das *imperium procon-sulare* auf fünf Jahre; 21 musste er sich auf Anordnung des Augustus von seiner Gattin Marcella scheiden lassen und Julia, die Tochter des Augustus heiraten. 20–18 hielt sich A. in Gallien und Spanien auf und beendete die Kriege mit den Kantabrern; 18 erhielt A. das *imperium proconsulare* für weitere fünf Jahre sowie die *tribunicia potestas* für die gleiche Zeit. Nach Abhaltung der Saecularfeiern des Jahres 17 begab sich A. in den Osten (17–13); 13 wurde seine Stellung für weitere fünf Jahre verlängert; Anfang 12 trat A. eine Reise nach Illyrien an, erkrankte und starb im März desselben Jahres in Campanien. **Lit.:** J.-M. Roddaz, Marcus A. (1984).

Agrippa I., Marcus Iulius A., 10 v. Chr. – 44 n. Chr. Der Enkel ↗ Herodes' I. d.Gr. wuchs in Rom auf, wurde 36 n. Chr. von Tiberius gefangengesetzt, aber unter seinem Freund ↗ Caligula als Herrscher über Teile Palästinas eingesetzt. Seine Hilfe bei der Thronbesteigung des ↗ Claudius wurde mit der Hinzufügung Judäas und Samarias zu seinem Reich belohnt. Die Apostelgeschichte (12, 1–23) nennt ihn Herodes und sieht ihn als Verantwortl. für die Hinrichtung des Jakobus und die Gefangensetzung des Petrus. **Lit.:** D.R. Schwartz, Agrippa I., the Last King of Judaea (1990).

Agrippa II., Marcus Iulius A., geb. 27/28 n. Chr. als Sohn des ↗ A. I., blieb nach dessen Tod in Rom, wurde 50 n. Chr. als König von Chalkis (Bekaa-Ebene) eingesetzt und bekam später weitere Gebiete zugewiesen. Als Inhaber des Rechts, die Hohenpriester der Jerusalemer Tempels einzusetzen, gerieten er und sein Schwester Berenike in Streit mit den jüd. Anführern und wurden 66 n. Chr. vertrieben. Seine Unterstützung Roms brachte ihm eine Vergrößerung des Reichs; seine Schwester lebte mit dem späteren Kaiser Titus in Rom. A. starb wohl vor Abschluss der *Jüd. Altertümer* des Historikers ↗ Josephus. **Lit.:** F. Millar, The Roman Near East, 31 B.C. to A.D. 337 (1993).

Agrippina (1), Vipsania A. (A. maior), 14 v. Chr.–33 n. Chr.; Tochter des M. Vipsanius Agrippa und der Julia; heiratete 5 n. Chr. den Germanicus; 14–16 begleitete A. ihren Mann nach Germanien, 17–19 in den Orient; nach dem Tode des Germanicus (19) brachte A. seine Asche nach Rom. 29 ließ Kaiser Tiberius A. im Senat anklagen und nach Pandateria verbannen, wo sie 33 durch Selbstmord starb; 37 wurde die Urne mit ihrer Asche im Mausoleum Augusti beigesetzt. **Lit.:** M.T. Raepsaet-Charlier, Prosopographie des femmes de l'ordre sénatorial (1987) Nr. 812.

Agrippina (2), Iulia A. (A. minor), ca. 15/16–59 n. Chr., Tochter des Germanicus und der Vipsania Agrippina (1), Mutter des Kaisers Nero. 28 heiratete A. den Cn. Domitius Ahenobarbus, dem sie am 15. Dezember 37 Nero gebar. 39 wurde A. auf die Pont. Inseln verbannt, 41 von Kaiser Claudius zurückgeholt; im gleichen Jahr heiratete sie C. Passienus Crispus, vermählte sich aber 49 mit Kaiser Claudius; 54 vergiftete A. ihren Gatten, um ihren Sohn Nero an die Macht zu bringen; 59 wurde A. auf Befehl Neros getötet. **Lit.:** W. Eck, A. – die Stadtgründerin Kölns (1993).

Aguntum, *municipium Claudium A.*, röm. Stadt in Osttirol, durch Metallbergbau und -verarbeitung bis in die Spätantike (Bischofssitz) bedeutend; 452 n. Chr. von den ↗ Hunnen zerstört; Ausgrabungen beim heutigen Dölsach.

Ahenobarbus ↗ Domitius

Ahnenbilder (lat. *imagines maiorum*). In Rom wächserne Gesichtsmasken der verstorbenen Vorfahren mit Inschriften über die Ämterlaufbahn (*cursus*

Patrizier mit Ahnenbildern (1. Jh. v. Chr.)

honorum) des Toten. Bei der Bestattung wurden sie feierlich vorgeführt, ansonsten in speziellen Schreinen im Atrium aufbewahrt.

Aiaia, myth. Wunderland am ↗Okeanos, Heimat ↗Kirkes in Homers *Odyssee*.

Aiakide, Patronym von Personen, die sich auf ↗Aiakos zurückführen (Peleus, Achilleus, Neoptolemos).

Aiakos (lat. Aeacus), Sohn des Zeus und der Aigina, Vater des ↗Telamon und des Phokos. Er wird von seiner Mutter auf einer menschenleeren Insel ausgesetzt. Um sie zu bevölkern, verwandelt Zeus die zahlreichen Ameisen der Insel in Menschen, die A. nach dem griech. Wort für Ameise (»Myrmex«) Myrmidonen nennt. Wegen seines Gerechtigkeitssinns wird A. nach seinem Tod zusammen mit Minos und Rhadamanthys Richter in der Unterwelt.

Aias (lat. Ajax), zwei myth. Krieger, der Große A. und der Kleine A. genannt.

Aias (1), der Große A., Sohn des Königs Telamon von Salamis, ein Held, den nur ↗Achill an Mut und Kraft übertrifft. Als nach Achills Tod nicht ihm, sondern Odysseus die Waffen Achills zugesprochen werden, will er ein Blutbad unter den griech. Heerführern anrichten. Er wird von Athena mit Wahnsinn geschlagen, so dass er nur Herdenvieh niedermetzelt. Als er seine Schmach erkennt, begeht er Selbstmord. Sophokles lässt in seiner Tragödie *A.* in der Person des A. die alte, dem Adelskodex verpflichtete Weltsicht auf eine moderne Auffassung von gegenseitiger Verantwortung der Menschen füreinander treffen, die A.s Geliebte Tekmessa vertritt.

Aias (2), der Lokrer, Sohn des Oileus, nach Achill der schnellste Grieche vor Troja. Da er beim Fall Trojas ↗Kassandra von Athenas Standbild wegreißt und sie vergewaltigt, findet er auf der Heimfahrt in einem von Poseidon gesandten Sturm den Tod.

Aidos, Göttin der Scham (↗Personifikation) bei Hesiod. Als letzte der Götter verlassen A. und ↗Nemesis die Menschen des eisernen Zeitalters. Im platon. Dialog *Protagoras* sendet Zeus ↗Dike und A. zu den Menschen, um überhaupt erst ein Zusammenleben möglich zu machen. Außerdem hütet sie als Göttin der Jungfräulichkeit die »jungfräulichen Blumenwiesen«.

Aietes, myth. König von Aia in Kolchis, Sohn des Helios, Vater der Medea. Er nimmt Phrixos auf und gelangt in den Besitz des Goldenen Vlieses (↗Argonauten).

Aigai (heute Edessa, Griechenland), Residenz und Begräbnisstätte der makedon. Könige. Die beim heutigen Vergina in Nordgriechenland liegende Residenzstadt A. wurde im 4. Jh. v. Chr. von ↗Pella abgelöst, behielt jedoch religiöse Bedeutung: Das archäologisch und historisch wertvolle Grab ↗Philipps II. wurde hier 1977 entdeckt und ausgegraben (»Stern von Vergina«). **Lit.:** M. Andronikos, Vergina. The Royal Tombs and the Ancient City (1984).

Aigestes (auch Akestes), in der Mythologie sizilian. König trojan. Herkunft, Sohn des Flussgottes Krimisos, kämpft im ↗Trojan. Krieg für Priamos.

Nach ihm geben die in Sizilien bleibenden Gefährten des Äneas ihrer neugegründeten Stadt den Namen Segesta.

Aigeus (gr. Aigeus), König von Athen, Vater des ↗Theseus, ältester Sohn des athen. Königs ↗Pandion (2) und der Pylia, der Tochter des megar. Königs Pylas. A. wird in Megara geboren, wo Pandion weilt, nachdem er von den Söhnen Metions entthront wurde. A. und seine Brüder bezwingen nach dem Tod ihres Vaters die Söhne Metions und teilen zunächst Attika in vier Teile. A. übernimmt die Herrschaft über Athen und wenig später nach der Entmachtung seiner Brüder über das ganze Attika. Er heiratet zunächst Meta, dann Chalkiope, bleibt aber kinderlos. Von ↗Pythia erhält er einen ihm unverständl. Orakelspruch. Auf dem Heimweg, in Troizen, wird er von ↗Pittheus, der den Spruch versteht, betrunken gemacht und mit seiner Tochter ↗Aithra verkuppelt, mit der sich in derselben Nacht auch Poseidon verbindet. A. befiehlt Aithra, falls sie einen Sohn bekomme, ihn aufzuziehen, ihm aber den Namen seines Vaters zu verheimlichen. Er versteckt unter einem Felsen sein Schwert und seine Sandalen und befiehlt, der Junge dürfe nur dann den Namen des Vaters erfahren und ihn in Athen aufsuchen, wenn er imstande sei, den Felsen hochzuheben. Als ↗Theseus, der Sohn Aithras, mit 16 Jahren die ihm auferlegte Aufgabe erfüllt und sich auf den Weg nach Athen macht, versucht Medea, die inzwischen Frau des A. ist, erfolglos, Theseus zu töten. A., der seinen Sohn erkennt, verbannt sie und ihren Sohn aus Attika. Um Athen von dem von Minos auferlegten Tribut zu befreien, schickt A. seinen Sohn nach Kreta. Da Theseus bei der Rückkehr nach der Tötung des ↗Minotaurus vergisst, weiße Segel als Signal für seinen Erfolg zu hissen, stürzt sich A. im Glauben, Theseus sei tot, vom Kap Sunion in das nach ihm benannte Ägäische Meer (↗Aitiologie).

Aigialeia, in der Mythologie Tochter des ↗Adrastos und der Amphithea, Gemahlin des ↗Diomedes. Um an Diomedes Rache für die ihr zugefügte Verwundung zu nehmen, bringt ↗Aphrodite A. dazu, ihren Mann zu betrügen.

Aigialeus (1) (gr. Aigialeus), in der Mythologie Sohn des ↗Adrastos und der Amphithea oder Demoanassa. Er ist der einzige unter den ↗Epigonen, der vor Theben getötet wird (von ↗Laodamas).

Aigialeus (2) (gr. Aigialeus), Sohn des ↗Inachos und der Okeanide Melia, Bruder des ↗Phoroneus.

Aigimios, myth. König, Sohn des ↗Doros, des Stammvaters und Gesetzgebers der Dorer. Er erobert Ägina, kämpft mit ↗Herakles gegen die Lapithen und gibt dessen Sohn ↗Hyllos den gleichen Anteil am Erbe wie seinen eigenen Söhnen, Dymas und Pamphylos, nach denen zusammen mit A. die drei dor. Phylen benannt wurden.

Aigina, Aigis, Aigisthos ↗Ägina, Ägis, Ägisth

Aigis, in den homer. Epen Attribut des Zeus und der Athena, ein Schild oder Umhang, der »rundum zottig« ist und Quasten hat. Die A. löst Schrecken und Panik aus, vor allem durch das Gorgonenhaupt (↗Gorgonen), das auf ihr angebracht ist. In klass. Zeit ist die A. Attribut der Athena.

Aigle, eine der ⊅ Hesperiden.

Aigleïs, in der Mythologie Tochter des ⊅ Hyakinthos. Sie wird zusammen mit ihren Schwestern, Lytaia, Orthaia und Antheïs, auf dem Grabhügel des Kyklopen Geraistos geopfert, um Athen vor einer Pest zu bewahren.

Aigospotamoi, Ort auf der thrak. ⊅ Chersones gegenüber von Lampsakos; hier unterlagen im ⊅ Peloponnes. Krieg 405 v. Chr. die Athener den Spartanern unter ⊅ Lysander.

Aigypios, in der Mythologie Sohn des Antheus und der Bulis. Er liebt gegen Bezahlung die Witwe ⊅ Timandra, wird aber von deren Sohn Neophron getäuscht, so dass er sich mit seiner eigenen Mutter vermählt. Als Bulis das bemerkt, will sie sich blenden und ihren Sohn töten. Aus Mitleid verwandelt Zeus sie in einen Wasservogel, Aigypios und Neophron in Geier, Timandra in eine Meise (⊅ Metamorphose).

Aigyptos (gr. Aigyptos), in der Mythologie Sohn des ⊅ Belos und der Anchinoe. Enkel des ⊅ Poseidon und der Libya, Bruder des ⊅ Danaos, König von Aigypten. Er will seine 50 Söhne mit den ⊅ Danaiden verheiraten (Aischylos, *Hiketiden*).

Ailanos ⊅ Aelianus

Aineias ⊅ Äneas

Ainesidemos von Knossos, griech. Philosoph, 1. Jh. v. Chr. A. vertrat im Anschluss an Pyrrhon von Elis, wohl als Reaktion auf die Hinwendung der Akademie zum Dogmatismus, eine radikal skept. Haltung und wurde damit zum Begründer des Pyrrhonismus. Selbst die Unmöglichkeit der Erkenntnis kann, so A., nicht sicher behauptet werden; jedem Argument lässt sich ein gleichwertiges Gegenargument gegenüberstellen. Dazu dienen die zehn von A. aufgestellten Tropen der Urteilsenthaltung. A.' Schriften sind bis auf Paraphrasen in späteren Darstellungen des Skeptizismus (Sextus Empiricus, Diogenes Laertius) und eine Inhaltsangabe der *Pyrrhonischen Darlegungen* bei Photios verloren. **Lit.:** J. Annas/J. Barnes, The Modes of Scepticism (1985).

Aiolis, Aiolos ⊅ Äolis, Äolus

Aipytos, Sohn des ⊅ Kresphontes und der ⊅ Merope, König von Messenien.

Aisakos, Sohn des ⊅ Priamos und der ⊅ Arisbe oder der Alexirrhoë. Sein Großvater Merops lehrt ihn die Traumdeuterei. Er erklärt den beunruhigenden Traum der ⊅ Hekabe, ein Sohn von ihr (⊅ Paris) werde die Zerstörung Trojas verursachen. Als seine Gattin Asterope (oder seine Geliebte Hesperia) an einem Schlangenbiss stirbt, stürzt er sich vor Kummer ins Meer. Aus Mitleid verwandelte ihn ⊅ Thetis in einen Taucher (Wasservogel).

Aischines (gr. Aischines), athen. Politiker und Redner, Rivale des Demosthenes, ca. 390–322/315. Wohl aus einfachen Verhältnissen stammend, begann A. unter Eubulos seine polit. Karriere und setzte sich für eine friedl. Verständigung mit Makedonien ein. 346 war er als Gesandter bei Philipp II. an der Aushandlung des Philokratesfriedens beteiligt, der jedoch wegen Philipps andauernder Expansion erfolglos blieb. Deswegen angegriffen, gelang es ihm in einem Dokimasie-Prozess in der Rede *Gegen Timarchos* (345) einen Parteigänger des Demosthenes, der ihn des Verrates bezichtigt hatte, wegen angeblicher sexueller Verfehlungen kaltzustellen. Erneut von Demosthenes angeklagt, verteidigte er sich erfolgreich in der Rede *Über die Truggesandtschaft* (343), in der er die Ereignisse der Gesandtschaft aus seiner Sicht genau rekonstruierte und sich als Musterbürger darzustellen versuchte. In seiner letzten Rede *Gegen Ktesiphon* (330) klagte er Ktesiphons Vorschlag aus dem Jahre 336, Demosthenes für seine Verdienste zu bekränzen, als gesetzeswidrig an, unterlag ihm jedoch im »Kranzprozess« so deutlich, dass er freiwillig nach Rhodos ins Exil ging, wo er starb. Zwölf erhaltene Briefe gelten als unecht. A.' Redenstil gilt als elegant und zeichnet sich durch eine klare und effektvolle Diktion mit scharfen Pointen aus. Lange als skrupelloser und korrupter Gegner des Demosthenes ohne eigene polit. Ideale angesehen, ist A.' Haltung in neuerer Zeit rehabilitiert und als durchaus patriotisch beurteilt worden. A. gehört zum Kanon der zehn att. Redner. **Lit.:** R. L. Fox, A. and Athenian Democracy, in: Ritual, Finance, Politics, hg. R. Osborne/S. Hornblower (1994) 135–155. – E. M. Harris, A. and Athenian Politics (1995).

Aischrologie (gr., »Aussprechen von Schändlichem«), bes. im Demeter- und Dionysoskult erlaubte aggressive Schmähreden, die in der Alten ⊅ Komödie ihren literar. Ausdruck in der Form der Verspottung bekannter Persönlichkeiten und obszöner Reden finden. **Lit.:** W. Rösler, in: S. Döpp (Hg.), Karnevaleske Phänomene in antiken und nachantiken Kulturen und Literaturen (1993) 75 ff.

Aischylos (gr. Aischylos, lat. Aeschylus), athen. Tragiker, ca. 525–465/64 v. Chr. Nach seinem Debüt 499 und dem ersten Sieg 484 belegte er zwölfmal den ersten Platz im trag. Agon. Er soll den zweiten Schauspieler eingeführt, die Chorpartien reduziert und die

Aischylos

Rede zum wichtigsten Bestandteil seiner Tragödien gemacht haben. Erhalten sind die *Perser* (472), die einzige erhaltene Tragödie histor. Inhalts – dargestellt wird die Reaktion am pers. Königshof auf die Niederlage der Flotte bei Salamis (480) –, die *Sieben gegen Theben* (467), in deren Zentrum der Bruderkampf der Ödipus-Söhne Eteokles und Polyneikes steht, die *Schutzflehenden* (*Hiketiden*, vermutlich 463), in denen die Ankunft der Danaïden in Argos und ihr Asylgesuch auf die Bühne gebracht werden. Der *Gefesselte Prometheus* stammt, jedenfalls in der vorliegenden Form, nicht von A., sondern wahrscheinlich aus den Jahren 430–425. Die *Orestie* (458), bestehend aus den drei Stücken *Agamemnon, Choëphoren* (*Weihgussträgerinnen*) und *Eumeniden,* ist die einzige erhaltene, in einem inhaltl. Zusammenhang stehende Trilogie. In ihr verfolgt A. das Schicksal der Atriden über zwei Generationen: im *Agamemnon* die Ermordung des siegreichen, von Troja heimkehrenden griech. Heerführers durch seine Frau Klytämnestra und deren Geliebten Ägisth, in den *Choëphoren* die Sühnung des Mordes durch Agamemnons Sohn Orest, der auf Apollons Befehl seine Mutter und Ägisth umbringt, in den *Eumeniden* schließlich die Entsühnung des Muttermörders Orest in Athen vor dem eigens zu diesem Zweck von der Stadtgöttin Athena eingesetzten Areopag. Dem Kreislauf der Blutrache wird durch ein ordentl. Gerichtsverfahren ein Ende gesetzt. In dieser aitiolog. Deutung (↗ Aitiologie) des Areopags wird die polit. Dimension der Tragödien des A. deutlich. Indem A. dem Areopag, dem alten Adelsrat, von der Stadtgöttin Pallas Athena exakt den Aufgabenbereich zuweisen lässt, der ihm nach den einschneidenden radikaldemokrat. Reformen des Ephialtes (462 v. Chr.) noch geblieben war, nämlich die Blutgerichtsbarkeit, bezieht er eindeutig Stellung für die demokrat. Reform, stellt aber gleichzeitig den Machtverlust des Adels als bes. Ehre, als Auftrag der Göttin dar. Alle Stücke des A. durchzieht ein theolog. Grundgedanke: Einerseits handeln die Menschen unter einem äußeren Zwang (z. B. dem Geschlechterfluch), andererseits laden sie in ↗ Hybris auch selbst Schuld auf sich und beschleunigen damit ihren Untergang. Diese theolog. Grundkonzeption wird im *Perser* deutlich, in denen der verstorbene Großkönig Dareios, von seiner Frau und dem Chor, dem alten Kronrat, aus der Unterwelt heraufgerufen, eine Erklärung der katastrophalen Niederlage der Perser bei Salamis (480 v. Chr.) gibt: Zwar sei durch Orakelsprüche der Untergang der pers. Großmacht vorausgesagt gewesen, doch erst für eine ferne Zukunft; sein Sohn Xerxes habe das Verderben durch eigenes Zutun, seinem Ehrgeiz und dem Rat falscher Freunde gehorchend, beschleunigt. Insbes. habe er den den Persern von den Göttern zugewiesenen Raum, das Land, verlassen und sich auf die See gewagt; damit habe er sich in seiner Verblendung (*ate*) eine Grenzverletzung (*hybris*) zuschulden kommen lassen, die notwendigerweise eine Strafe nach sich ziehen müsse. Doch im Leid kann der Mensch auch die göttl. Gunst (*charis*) erfahren, das Leid wird geradezu als Erziehung des Menschen zur Einsicht gedeutet (*pathei mathos,* »durch Leiden lernen«). **Lit.:** A. Lesky, Die trag. Dichtung der Hellenen (³1972) 65–168. – B. Zimmermann, Die griech. Tragödie (²1992) 32–62. – J. Latacz, Einführung in die griech. Tragödie (²2003) 86–160. – M. J. Lossau, A. (1998). – B. Zimmermann, Europa und die griech. Tragödie (2000) 65–76.

Aison (lat. Aeson), Vater des ↗ Jason, von seinem Halbbruder ↗ Pelias der Herrschaft beraubt und zum Selbstmord gezwungen.

Aisopos ↗ Äsop

Aisymnet (gr. aisymnetes, von gr. aisa, »das Gebührende« und Wortwurzel mna, »im Gedächtnis tragen«), in den homer. Epen eine Art Schiedsrichter: In Homers *Ilias* tritt ein Fürstensohn als A. auf, in der *Odyssee* wählen die Phäaken neun A.en, die für die Preisverteilung bei den Spielen zuständig sind. ↗ Aristoteles versteht unter A. einen »gewählten Tyrannen«, als Beispiel nennt er u. a. ↗ Pittakos von Mytilene. In einigen Städten wurden aber auch reguläre Beamte als A.en bezeichnet: So hatten in ↗ Megara die A.en eine ähnl. Funktion wie die Prytanen in Athen, in ↗ Naxos und anderen Städten erscheinen sie als eponyme Magistrate.

Aithilla (gr. Aithilla), Tochter des ↗ Laomedon, Schwester des ↗ Priamos, nach der Zerstörung Trojas Gefangene des ↗ Protesilaos. Auf der Rückfahrt verbrennen die gefangenen Trojanerinnen, von A. dazu angestiftet, die Schiffe der Griechen. Protesilaos, nicht weitersegeln kann, gründet die Stadt Skione.

Aithra, Tochter des myth. Königs Pittheus von Troizen, Mutter des ↗ Theseus durch Poseidon, nach einer anderen Tradition durch Aigeus; Wächterin über die von Theseus geraubte Helena. Nach Helenas Befreiung wird sie als Sklavin nach Troja entführt, nach der Eroberung Trojas von ihren Enkeln (↗ Akamas, Demophon) befreit und nach Attika zurückgebracht.

Aithusa, Tochter des Poseidon und der Plejade Alkyone, von Apollon Mutter des Hyrieus, des Gründers von Hyria in Böotien, und des Hyperenor, eines der »Spartoi« (↗ Sparten), ↗ Kadmos.

Aitia (gr. »Ursache«), Ursprungssagen, ↗ Kallimachos, ↗ Aitiologie.

Aitiologie (gr., »Ursachenerklärung«), Erklärung einer Institution, eines Festes, Brauchs usw. durch eine myth. Erzählung. Zur literar. Gattung wird die A. in Kallimachos' *Aitien* und Ovids *Metamorphosen*. Herausragendes Beispiel ist die Liebe zwischen Äneas und Dido und Didos Selbstmord, den Vergil in der *Äneis* als Ursache für die Erzfeindschaft zwischen Rom und Karthago deutet.

Aitolia ↗ Ätolien

Akademie, Schule Platons, von diesem selbst 387/86 v. Chr. gegründet, benannt nach dem Bezirk des Heros Akademos in Athen, in dem Platon seine Schüler versammelte und diese mit ihren Lehrern zusammenlebten. In dieser Lebensgemeinschaft von Philosophen und Forschern war das Schulleben von Diskussionen und Lehrveranstaltungen geprägt. Erster

Nachfolger Platons war ↗ Speusipp. Die Entwicklung der A. lässt sich in fünf Phasen unterteilen: 1. Die Ältere A., vertreten durch ↗ Platon selbst, Speusipp, Xenokrates, Polemon und Krantor (bis ca. 270 v. Chr.). Unter dem Einfluss des ↗ Pythagoreismus wurde bes. die mathemat. Spekulation weiterentwickelt. 2. Die Mittlere A. (bis 214 v. Chr.) weicht vom platon. Dogmatismus ab und nähert sich dem ↗ Skeptizismus und der von ↗ Pyrrhon von Elis vertretenen Position der *epoche* (»Enthaltung jegl. Urteils«) an. Hauptvertreter dieser Phase ist ↗ Arkesilaos. 3. Die Neuere A. (bis 139 v. Chr.) baut die skept. Richtung unter ↗ Karneades aus; der Mensch könne nur das Wahrscheinliche (gr. *eikos*, lat. *verisimile*) erkennen und erforschen. 4. Unter ↗ Philon von Larissa setzt im 1. Jh. v. Chr. eine Rückbesinnung auf den dogmat. Platonismus der ersten Phase ein, wobei der Skeptizismus jedoch beibehalten wird. Die Einheit der Schule wird stark betont. 5. Unter Antiochos von Askalon, dem Schüler Philons, erfogt eine Annäherung des Platonismus an die Lehre des ↗ Peripatos und der ↗ Stoa (↗ Eklektizismus). Die weitere Entwicklung der A. ist vorwiegend an Einzelpersönlichkeiten und nicht mehr an Athen gebunden (z. B. ↗ Plutarch). Am folgenreichsten für die Philosophiegeschichte wurde der von ↗ Plotin begründete Neuplatonismus. Seit 410 n. Chr. gab es eine neuplaton. Schule in Athen, die 529 n. Chr. von Kaiser Justinian geschlossen wurde. Dieses Datum wird häufig als Ende der griech. Antike angesehen. **Lit.:** H. Cherniss, The Riddle of the Early Academy (1945). – W. Theiler, Forschungen zum Neuplatonismus (1966). – H. J. Krämer, in: GGP III (1983) 1–174. – T. Dorandi (Hg.), Filodemo, Storia dei filosofi: Platone e l' Academia (1991).

Akamas, Sohn des Theseus und der Phädra, Kämpfer im ↗ Trojan. Krieg, Gatte der Priamostochter Laodike, später der Phyllis.

Akanthos (gr., lat. Acanthus), Bärenklau, distelartige Pflanze. Zwei Arten dieser Gattung sind bes. häufig in den Ländern rund um das Mittelmeer anzutreffen (*A. mollis* und *A. spinosus*); diese waren in der Antike bereits den Griechen und Römern bekannt. Die schön geformten und gezackten Blätter dienten griech. Architekten Kallimachos als Vorbild für eine künstler. Umsetzung. Er schuf im letzten Drittel des 5. Jh. v. Chr. daraus ein architekton. Schmuckelement, das korinth. ↗ Kapitell. Das Motiv der A.-Blätter diente später auch zur Verzierung von Grabstelen, Gefäßen (z. B. am Henkel) oder Möbeln.

Akarnan (gr. Akarnan), einer der ↗ Epigonen, Sohn des ↗ Alkmeon und der ↗ Kallirhoë, Bruder des Amphoteros. Nach der Rache für die Ermordung ihres Vaters lassen sich die Brüder in dem Gebiet von Epirus nieder, das später nach A. ↗ Akarnanien genannt wird.

Akarnanien (gr. Akarnania, lat. Acarnania), Landschaft und Wohngebiet der Akarnaner im W Mittelgriechenlands. Der Golf von Ambrakia sowie der Golf von Patras begrenzten das landwirtschaftlich geprägte A., das im N an Epirus, im O an Ätolien anschloss. Das im 5. Jh. v. Chr. zum Stammesbund vereinigte A.

gehörte mit Unterbrechungen bis ins 4. Jh. zu den Verbündeten Athens. Die steigende Bedrohung durch die benachbarten ↗ Ätoler führte zur Verfestigung des Bundes, der von einem Bundesrat geleitet wurde. Sieben Strategen hatten den Oberbefehl über das Bundesheer, das mit der Bundesversammlung identisch war. Zentrum des Bundes wurde die Stadt Stratos mit dem Bundesheiligtum. A. wechselte als Bündnispartner zwischen Makedonien, Epirus und Ätolien. Um 253/52 wurde A. aber zwischen Epirus und Ätolien aufgeteilt; erst der Zusammenbruch des epirot. Königtums erlaubte 230 West-A. die Wiederbegründung des Bundes, nun mit ↗ Leukas als Bundeshauptstadt. 218 konnte der alte Bund ohne Stratos wiederhergestellt werden. In den Wirren des 2. und 3. ↗ Makedon. Krieges rückte A. näher an Rom; 167 wurde Thyrrheion auf röm. Druck Bundeshauptstadt und ↗ Aktion Bundesheiligtum. Die Neugründung von ↗ Nikopolis (Actia Nicopolis) bedeutete für viele Städte das Ende der Selbständigkeit. Unter Augustus wurde A. Teil der Provinz ↗ Achäa. **Lit.:** D. Strauch, Die Umgestaltung NW-Griechenlands unter röm. Herrschaft (1993). – P. Berktold (Hg.), A. (1996). – O. Dany, A. im Hellenismus (1999).

Akastos (gr. Akastos), Sohn des ↗ Pelias, einer der ↗ Argonauten und Teilnehmer an der ↗ Kalydon. Jagd. Als ↗ Peleus seinen Schwiegervater Eurytion ohne Absicht tötet, findet er bei A. Zuflucht und wird von ihm rituell gereinigt. Als die Gemahlin des A., ↗ Astydameia, Peleus bei ihm verleumdet, dass er sie verführt habe, versucht A. ihn umzubringen. Mit Hilfe ↗ Chirons wird Peleus gerettet, erobert Jolkos und tötete A. und seine Frau.

Akatalektisch, Begriff der Metrik, mit dem ein vollständiger, d. h. nicht katalekt. Vers bezeichnet wird.

Akephal (gr. akephalos, »kopflos«), Begriff der Metrik, Bezeichnung für einen Vers, in dem das erste Element fehlt.

Akestes ↗ Aigestes

Akklamation (lat. acclamatio, »Zuruf«). Im öffentl. Leben Roms diente die A. als Zeichen der Zustimmung, im Senat ersetzte die A. langsam die förml. Beschlussfassung. Siegreiche Feldherrn wurden im Triumphzug akklamatorisch begrüßt. Im militär. Sinne versteht man unter A. auch die Ausrufung eines siegreichen Feldherrn durch seine untergebenen Truppen zum ↗ Imperator. In der kaiserzeitl. Kunst versteht man bei den sog. Adventusdarstellungen unter A.s-Richtung die Hinwendung mit erhobener Grußhand zum einziehenden Kaiser oder Gott. **Lit.:** E. Künzl, Der röm. Triumph (1988).

Akme (gr., »Blüte«), die Phase der höchsten Leistungskraft eines Menschen, nach griech. Auffassung um das 40. Lebensjahr.

Akontios, ein armer junger Mann, verliebt in die vornehme ↗ Kydippe. Er erobert sie dadurch, dass er ihr auf einem Fest einen Apfel zukommen lässt, in den er den Schwur eingeritzt hat, dass Kydippe ihn und keinen anderen heiraten werde. Kydippe liest die Inschrift ahnungslos laut vor und muss den Schwur unter der Aufsicht der Götter einlösen. Der A.-Stoff wurde u. a. von Kallimachos (*Aitien*) und von Ovid (*Heroides*) behandelt.

Akragas (lat. Agrigentum; heute Agrigento), um 600 v. Chr. gegründete griech. Stadt auf Sizilien. Nahe der SW-Küste gelegen, gehörte A. in griech. Zeit zu den reichsten Städten der Insel. Die Gründung von A. erfolgte im Rahmen der ⁊ Kolonisationsbewegung durch ⁊ Gela und ⁊ Rhodos. Der 10 km lange Mauerring der Stadt umschloss ein Gebiet von 625 ha, das nie vollständig bebaut war. Die Tyrannis war lange Zeit Regierungsform der Stadt. Um 480 unter ⁊ Theron besiegte A. im Bunde mit ⁊ Gelon von Syrakus die Karthager in der Schlacht bei ⁊ Himera entscheidend. Der Einfluss Karthagos blieb daraufhin für 70 Jahre auf Westsizilien beschränkt. Die einsetzende Blüte von A. zeigt sich in den prächtigen Münzen und in den beeindruckenden Tempelbauten dieser Zeit. 406/05 besetzten Karthager die Stadt und zerstörten die Mauer. A. erreichte die alte Bedeutung nicht wieder und wurde 210 v. Chr. von den Römern während des 2. Pun. Krieges besetzt, die Bewohner wurden versklavt. Die wiederbesiedelte Stadt erhielt das latin. Bürgerrecht. Die gut erhaltenen dor. Tempel von A. aus dem 5. Jh. v. Chr. gehören zu den beeindruckendsten griech. Tempelanlagen. **Lit.:** J. A. de Waele, Acragas Graeca I (1971). – PECS (1976). – L. Braccesi/E. De Miro (Hg.), Agrigento e la Sicilia Greca (1992). – ASM (1999).

Akrisios, myth. König von Argos, Sohn des Abas, Zwillingsbruder des Proitos, mit dem er schon im Mutterleib streitet. Im späteren Kampf um die Thronnachfolge, in dem die Kriegswaffe des Rundschildes erfunden wird, siegt A. und vertreibt Proitos. A. heiratet Eurydike und zeugt mit ihr Danaë, die er nach der Weissagung, ihr Sohn werde ihn töten, aus Angst vor einer Schwangerschaft in einem Bronzeturm einsperrt. Später wird A. tatsächlich von Danaës Sohn, dem Helden Perseus, den sie von Zeus empfangen hat, unbeabsichtigt beim Diskuswerfen erschlagen.

Akrolith (gr.), Statue, deren sichtbare nackte Teile (Kopf, Hände, Füße) aus Marmor oder Elfenbein bestehen und deren bekleidete Teile (Haarschopf, Gewand) aus zumeist vergoldetem Bronzeblech oder bemaltem Holz gefertigt sind. **Lit.:** H. G. Martin, Röm. Tempelkultbilder (1987).

Akropolis (gr., »Oberstadt«), burgähnl. Anlage griech. Siedlungen, auf einem steilen, die Unterstadt überragenden Felsplateau errichtet. Auf der A. befanden sich häufig die ältesten Heiligtümer der Stadt, wodurch sie einen besonderen Stellenwert als Tempelbezirk einnahm. Bedeutung hatte sie aber auch als Fluchtburg oder Residenz. **Lit.:** W. Müller-Wiener, Griech. Bauwesen in der Antike (1988). – K. Stemmer (Hg.), Standorte. Kontext und Funktion antiker Skulptur (1995).

Akrostichon, Gedichtform, bei der die Anfangsbuchstaben der einzelnen Verse/Zeilen ein Wort oder einen Satz bilden. Beliebt sind der Name des Autors in der ⁊ Sphragis (Nikander, Theriaka 345–353, Alexi-

pharmaka 266–274) oder Schlüsselworte des poet. Programms (Arat, Phainomena 783–787). **Lit.:** H. Diels, Sibyllin. Blätter (1890) 25–37.

Akroter (gr. Akroterion, »Spitze«), in der Architektur ein schmückender Eckaufsatz aus Ton oder Marmor auf Giebeln bedeutender Tempel sowie auf Grabund Weihreliefs. Zunächst runde ornamentale Scheiben, später plast. Pflanzenornamente (Palmetten- oder Akanthusornament), aber auch figürl. Darstellungen (Nike, Sphinx). **Lit.:** P. Danner, Griech. A.e der archaischen und klass. Zeit (1989).

Akt (lat. actus). Die von Horaz (Ars poetica 189) geforderte Einteilung eines Dramas in fünf Akte war in der Neuen Komödie wohl die Regel: Menanders Stücke sind in den Papyri durch XOPOY-Vermerke (gr. »[sc. Partie] des Chores, d. h. Chorintermezzo bei leerer Bühne) in fünf Akte unterteilt. Schon in den späten Stücken des Aristophanes (*Ekklesiazusen* und *Plutos*), die schon die 5-Akt-Struktur aufzuweisen scheinen, finden sich teilweise statt der Chorlieder XOPOY-Vermerke. **Lit.:** A. H. Sommerstein, Act Division in Old Comedy, in: Bulletin of the Institute of Classical Studies 31, 1984, 139–152.

Aktaion, Sohn des Aristaios und der Autinoë, vom Kentauren ⁊ Chiron zum Jäger erzogen. Artemis verwandelt ihn nach einer Beleidigung in einen Hirsch, der von seinen eigenen Jagdhunden zerfleischt wird. Als Begründung für seine Strafe gilt, dass er Artemis nackt beim Baden gesehen habe oder dass er sich selbst als den besseren Jäger als die Göttin gepriesen habe.

Aktaios, nach einer Version des Mythos soll er und nicht ⁊ Kekrops der erste König von Attika und Vater der ⁊ Agraulos (1), Pandrosos und Herse gewesen sein.

Aktion (lat. Actium), Halbinsel an der Einfahrt zum Golf von ⁊ Ambrakia (Griechenland). Hier befanden sich Tempel und heiliger Hain des Apollon Aktios, um 600 v. Chr. von Anaktorion aus gegründet; später Heiligtum des Akarnan. Bundes (⁊ Akarnanien). 31 v. Chr. hatte Marcus ⁊ Antonius hier sein Lager und unterlag in der »Seeschlacht von Actium« Octavian (Augustus). Augustus gründete auf der gegenüberliegenden Halbinsel ⁊ Nikopolis (Actia Nicopolis), baute das Apollon-Heiligtum aus, errichtete ein Siegesdenkmal und begründete die alle fünf Jahre stattfindenden Aktia-Spiele, die in der Kaiserzeit gleichberechtigt neben den ⁊ Olymp. Spielen und den Pythien (⁊ Delphi) standen. **Lit.:** J. M. Carter, Die Seeschacht bei Actium (1972). – PECS (1976). – GLHS (1989) – ASM (1999).

Aktor, Sohn des ⁊ Myrmidon und der Peisidike, Vater des ⁊ Eurytion durch Phthia und der Philomele.

Akustik (gr. akuein, »hören«). Unter A. verstand man in der Antike alle Fragen der Gehörwahrnehmung (physikal., physiolog. und psycholog. Art). Der Übergang zur Musiktheorie (bes. zur Harmonik) ist ebenso fließend wie der zur Mathematik, da schon von den Pythagoreern Fragen der Harmonik mathematisch betrachtet wurden. Schallentstehung und -übertragung wurden ebenfalls behandelt; so erkannten die Stoiker den wellen- bzw. kreisförmigen Charakter des Schalls. Der Bau von ↗ Musikinstrumenten (↗ Orgel) beeinflusste die Theorie der A. **Lit.:** C. Graf, Theorien der Akustik im griech. Altertum (1894).

Akut ↗ Akzent

Akzent (lat. accentus), Hervorhebung einer Silbe durch die Änderung der Tonhöhe (musikal. A.) oder Lautstärke bzw. Betonung (exspirator. A.). Im Gegensatz zum Deutschen, das nur den exspirator. A. kennt, war der griech.-lat. A. musikalisch. Dies schlägt sich in der ↗ Metrik darin nieder, dass ein Vers sich nicht durch die Abfolge von betonten und unbetonten, sondern von langen und kurzen Silben bildet (↗ Prosodie). Die hellenist. Philologen (↗ Philologie, ↗ Aristophanes von Byzanz, ↗ Aristarch) entwickelten, um die Aussprache festzulegen und gleich oder ähnlich klingende Wörter zu unterscheiden, ein A.-System. Von den verschiedenen Formen haben sich die A.e Akut, Gravis und Zirkumflex erhalten, die dem Vokal bzw. Diphthong der tontragenden Silbe beigegeben werden. Der Akut (von lat. *acutus*, »spitz«) bezeichnet den hohen, »hellen« Ton, der Gravis (von lat. *gravis*, »schwer«) den tieferen, »dumpfen« Ton, der aus Akut und Gravis zusammengesetzte Zirkumflex (von lat. *circumflexus*, »herumgezogen«) drückt die Verschleifung eines zunächst steigenden und dann fallenden Tons aus. Im Griechischen kann der A. nur auf einer der drei letzten Silben stehen. Der Akut (´) kann auf kurzen und langen Silben stehen, auf der letzten Silbe aber nur dann, wenn ein ↗ Enklitikon folgt. Der Gravis (`) kann anstelle des Akuts nur auf der letzten Silbe stehen, wenn kein Satzzeichen folgt. Der Zirkumflex (˜) steht nur auf langen Vokalen, auf der zweitletzten Silbe allerdings nur dann, wenn die Endsilbe kurz ist. In der antiken griech. Grammatik heißt ein Wort mit Akut auf der letzten Silbe Oxytonon, mit Akut auf der vorletzten Silbe Paroxytonon, mit Akut auf der drittletzten Silbe Proparoxytonon, mit Zirkumflex auf der letzten Silbe Perispomenon, mit Zirkumflex auf der vorletzten Silbe Properispomenon.

Ala (lat., »Flügel«), Bezeichnung für die Reiterei an den Flügeln des röm. Heeres. In republikan. Zeit bildeten die Fußtruppen und Reiter der ↗ Bundesgenossen die Alae des röm. Heeres, seit Caesar bestanden sie nur noch aus Reiterei. In der Kaiserzeit wurden die Alae den Hilfstruppen zugeordnet; sie bestanden aus je 500 Reitern und wurden von einem ↗ decurio befehligt. Wohl seit den Flaviern bildeten 1000 Mann eine Reitereinheit. **Lit.:** M. Junkelmann, Die Reiter Roms I-III (1990–92).

Alabastron (gr., pl. Alabastra), Gefäß für Salben oder Duftöle mit breitem, flachem Mündungsteller, engem Hals und länglich-ovalem, beutelförmigem Körper. Die A.a hatten weder Henkel noch in der Regel einen Fuß, waren aber häufig mit einer Öse für ein Tragband versehen. Sie waren von ägypt. Vorbildern aus Alabaster angeregt und in verschiedenen Materialien wie Ton oder Glas hergestellt. **Lit.:** W. Schiering, Die griech. Tongefäße, (²1983). – I. Scheibler, Griech. Töpferkunst (²1995).

Alalia (lat. Aleria), griech. Kolonie an der Ostküste ↗ Korsikas, 564 v. Chr. von Griechen aus ↗ Phokaia gegründet, die aber um 540 v. Chr. in der Seeschlacht von A. gegen die verbündeten Etrusker und Karthager unterlagen; die Griechen zogen sich daraufhin von den Küsten des Tyrrhen. Meeres zurück. 259 v. Chr. eroberten die Römer die Stadt; sie wurde zum Verwaltungszentrum der röm. Provinz und unter Augustus zum Kriegshafen ausgebaut. **Lit.:** ASM (1999).

Alarich I., Alaricus I., König der Westgoten 391–410 n. Chr.; geb. ca. 370. A. kämpfte zunächst als Verbündeter des oström. Kaisers Theodosius I. und dessen Feldherrn Stilicho gegen den Usurpator Eugenius, erlitt aber in der Schlacht am Frigidus 394 eine schwere Niederlage. Nachdem Stilicho nach dem Tod des Theodosius 395 die Regierung im weström. Reich übernommen hatte, führte A. 395 und 397 ergebnislose Kämpfe gegen ihn. 397 schlossen A. und Stilicho ein Bündnis, A. wurde Heermeister in Illyrien für das Ostreich. 401 belagerte A. den weström. Kaiser Honorius in Mailand, wurde aber von Stilicho abgedrängt und zog sich nach einer Niederlage bei Verona (402) in das Gebiet der Save zurück. 405 schloss Stilicho mit A. erneut ein Bündnis und ernannte ihn zum Heermeister von Illyrien für das Westreich. Für Honorius besetzte A. Epirus, erhielt aber wider Erwarten keine Unterstützung. Deshalb zog er Anfang 408 nach Noricum und verlangte die bereits geplante Neuregelung des Bündnisses, was durch die Hinrichtung Stilichos verhindert wurde. A. marschierte daraufhin erneut gegen Italien und belagerte Rom, das er 410 erobern konnte. Noch im selben Jahr wollte A. nach Nordafrika übersetzen, starb aber vor Verwirklichung seiner Pläne bei Cosenza. – Die Eroberung Roms durch A. wirkte prägend auf die christl. Historiographie. Sie veranlasste u. a. Augustinus zur Abfassung seines Werkes *De civitate dei*.

Alarich II., Alaricus II., König der Westgoten 484–507 n. Chr. Die Regierungszeit A.s war geprägt von inneren Spannungen und von der Bedrohung durch die Franken unter Chlodwig. A.s Bemühungen um Ausgleich scheiterten. 507 zwangen Franken und Burgunder A. zum Kampf; A. fiel in der Schlacht bei Poitiers, das ehemals westgot. Gallien fiel an die Franken. – Von Bedeutung für die Rechtsgeschichte ist die *lex Romana Visigotorum*, eine Gesetzessammlung, die A. 506 veröffentlichte. Damit schuf er ein einheitl. Recht für alle röm. Untertanen des Westgotenreiches. **Lit.:** H. Wolfram, Die Goten (³1990).

Alaun, Erdsalz der Schwefelsäure. Schon in Babylonien wurde A. gefördert und zur Imprägnierung von Holz, zum Gerben von Leder und Färben von Wolle, aber auch in der Medizin verwendet. A. wurde bes. in Ägypten, Makedonien und auf einigen griech. Inseln abgebaut; die Nachfrage war sehr groß, der Gewinn somit stattlich.

Alba (lat., »weiße« Stadt), Name mehrerer antiker Städte. Von besonderer Bedeutung ist A. Longa (nahe dem heutigen Castelgandolfo), die legendäre Mutterstadt Roms (↗ Äneas). A. Longa wurde im 7. Jh. v. Chr.

zerstört, ein Teil der Bevölkerung zog nach Rom; die Stadt wurde nicht wieder aufgebaut.

Albaner Berg (lat. Mons Albạnus, heute Monte Cavo), mit 940 m höchster Berg ↗ Latiums (Mittelitalien). Auf dem Gipfel befand sich der Tempel des Jupiter Latiaris, der mit den alljährlich gefeierten *Feriae Latinae* ein kult. Zentrum der umliegenden Gemeinden Latiums bildete. Feldherren, denen ein Triumphzug in Rom versagt blieb, feierten hier ihren Sieg. In der Umgebung des Berges entstanden wegen des gesunden Klimas bes. in der Kaiserzeit zahlreiche Villen. **Lit.:** Chr. Hennig, Latium (1989).

Albanịa (gr.; lat. Albạnia), antike Landschaft in Kaukasien am mittleren und unteren Kyros (heute Kura). Um 80 n. Chr. stießen röm. Truppen unter ↗ Domitian bis A. vor. Der Hauptort Kabala wurde ausgegraben. Das antike A. nahm den Großteil der heutigen Republik Aserbeidschan ein.

Albion, griech. Bezeichnung für ↗ Britannien, z. B. von ↗ Pytheas von Massilia (4. Jh. v. Chr.) verwendet.

Album (lat., »das Weiße«), eine mit Gips geweißte Holztafel, auf der in Rom amtl. Bekanntmachungen aufgezeichnet und veröffentlicht wurden. ↗ Acta, ↗ Tabula

Alchemie (gr. cheimeịa, »Gießen«, über arab. alkimia zu lat. alchemịa), mag. Theorie von der Verwandlung unedler in Edelmetalle. Im 1. Jh. n. Chr. entstand in Ägypten die antike A. und vereinte hellenist., altägypt. und vorderasiat. Vorstellungen zu einer neuen Lehre. Zu den wichtigsten griech. Autoren gehören Ps.-Demokritos, Zosimos aus Panopolis und Stephanos aus Alexandria. Nach antiker alchemist. Theorie musste die »Urmaterie« isoliert werden, um nach Zusatz bestimmter Stoffe die Silber- bzw. Goldstufe zu erreichen. Theorie und Praxis konnten jedoch nicht in Einklang gebracht werden. Die Texte zur antiken A. wurden ins Arabische übersetzt, ab dem 8. Jh. entwickelte sich eine eigene arab. A., vom 12. bis ins 15. Jh. entstand auch im westl. Europa eine A.-Lehre, die auf die arab. Grundlagen zurückgriff. So wurden auch durch Übersetzungen aus dem Arabischen antike griech. Texte erstmals im lat. Westen bekannt. **Lit.:** J. Lindsay, The Origins of Alchemy in Graeco-Roman Egypt (1970).

Alektọ, eine der ↗ Erinyen.

Alemannen (lat. Alamạnni), german. Stamm sueb. Herkunft. Die erstmals in Süddeutschland für das Jahr 213 n. Chr. bezeugten A. durchbrachen 233/34 die röm. Reichsgrenze, drangen bis ↗ Gallien vor, wurden aber wieder vertrieben. Der Einfall des Jahres 260 verlief erfolgreicher: Große Gebiete im Bereich zwischen Rhein, Main, Bodensee, Donau und Iller fielen an die A., die Vorstöße bis nach Italien wagten. Die röm. Grenzlinie wurde zum Rhein zurückverlegt, die Gebietsgewinne der A. de facto anerkannt. Der Sieg des Kaisers ↗ Julian Apostata 357 brachte keine dauernde Sicherung der Grenzen; nach dem Rückzug röm. Legionen 389 aus der Region fielen große Teile Ostgalliens an die A. Erst die ↗ Franken unter Chlodwig drängten die A. am Mittelrhein zurück; 536 wurden

die A. dem Frankenreich angegliedert. **Lit.:** R. Christlein, Die Alamannen (²1979). – Archäolog. Landesmuseum Baden-Württemberg (Hg.), Die Alamannen. Ausstellungskatalog (1997). – D. Geuenich, Geschichte der Alemannen (1997).

Aleos, Enkel des ↗ Arkas, Vater von ↗ Lykurgos (2), ↗ Kepheus (2), der Alkidike, Auge und nach Pausanias auch von ↗ Amphidamas (1), einer der ↗ Argonauten, Gründer der Stadt Alea in Arkadien.

Alẹsia (heute Alise-Sainte-Reine/Frankreich), kelt. ↗ Oppidum in Gallia Celtica. In dieser großen Siedlung auf dem Hochplateau des heutigen Mont Auxois wurde 52 v. Chr. ↗ Vercingetorix von Caesar belagert und musste anschließend kapitulieren. A. wurde erst in der Spätantike aufgegeben. **Lit.:** J. Le Gall, A. (1985). – A. Berthier/A. Wartelle, A. (1990).

Alexạnder (gr. Alẹxandros) ↗ Paris

Alexạnder III. der Große (gr. Alẹxandros), König der Makedonen 336–323 v. Chr.; geb. 356 in Pella als Sohn Philipp II. und der Olympias. Während A. in seiner Kindheit vorwiegend unter dem Einfluss seiner Mutter stand, übernahm ab ca. 342 sein Vater die Erziehung und übergab A. der Obhut des Aristoteles. Die Lehrjahre endeten, als Philipp 340 gegen Byzantion zog und den jungen A. als Stellvertreter in Makedonien zurückließ. In der Schlacht von Chaironeia (338 v. Chr.), in der die Makedonen gegen die verbündeten Griechen kämpften, bewies A. an der Seite seines Vaters erstmals seine militär. Fähigkeiten. Als Philipp 336 ermordet wurde, übernahm A. die Herrschaft. Nachdem er seine Stellung in Makedonien gefestigt hatte, rüstete A. für den Feldzug gegen die Perser, den bereits sein Vater geplant und als »Rachefeldzug« propagiert hatte. Der Krieg gegen Persien führte in einer ersten Etappe (334–331) zur Eroberung der Länder des östl. Mittelmeerraumes. Nach der Schlacht am Granikos (Mai 334) befreite A. zunächst die Ostgriechen von der pers. Herrschaft, eroberte Milet (Sommer 334) und unterwarf Lykien und Pamphylien (Winter 334). Im folgenden Jahr zog er in die phryg. Stadt Gordion. Hier befand sich der alte Königswagen, dessen Deichsel und Joch durch einen kunstvollen Knoten verbunden waren (»Gord. Knoten«). Ein Orakelspruch besagte, dass der die Herrschaft über Asien erhalten werde, der den Knoten lösen könne. A. erfüllte das Orakel, indem er den Knoten entweder mit dem Schwert durchtrennte oder – einer anderen Überlieferung zufolge – die Deichsel entfernte. Anschließend zog er weiter durch Kappadokien nach Kilikien. In der Schlacht bei Issos (November 333) errang A. einen Sieg über den Perserkönig Dareios III. und konnte Syrien und Phönizien besetzen. Der Zug nach Ägypten (332/31), wo sich A. in Memphis zum Pharao krönen ließ, die Stadt Alexandreia gründete und das Ammonsorakel in der Oase Siwah besuchte, bildeten den Abschluss dieser ersten Etappe.

Von Ägypten aus wandte sich A. nach O und errang im Oktober 331 bei Gaugamela am Tigris den entscheidenden Sieg über Dareios, der in Ekbatana Zuflucht suchte. A. konnte ganz Mesopotamien besetzen

*Alexander
auf seinem Lieblings-
pferd Bukephalos*

und hielt Einzug in Babylon (November 331). Im Dezember 331 gewann er die Königsresidenz Susa mit dem Königsschatz, im Frühjahr 330 Persepolis, Pasargadai, Ekbatana und Medien; im Sommer 330 wurde Dareios von dem Perser Bessos ermordet. – In einer dritten Etappe (330–327) eroberte A. die ostiran. Gebiete, zunächst (330/29) Parthien, Areia und Drangiane, anschließend (329–327) Baktrien und Sogdien. Den Abschluss des baktr. Feldzugs bildete seine Heirat mit der baktr. Fürstentocher Roxane (327). Vierte und letzte Etappe des Alexanderzuges war der Feldzug nach Indien (327–325), der A. bis zum Hyphasis führte. Die Erschöpfung seiner Truppen zwang A. schließlich zur Umkehr. Man kehrte an den Indus zurück, der bis zum Ozean befahren wurde. 324 trafen A. und seine Truppen in Susa ein. Hier wurde mit einem großen Hochzeitsfest der Abschluss des Feldzuges gefeiert. A. veranlasste seine Freunde und Soldaten, sich mit Perserinnen zu vermählen (»Massenhochzeit von Susa«). Im Frühjahr 323 zog A. nach Babylon, um eine Expedition nach Arabien vorzubereiten, starb jedoch überraschend am 10. Juni 323 im Alter von nur 32 Jahren. Da A. keinen offiziellen Nachfolger hinterließ, teilten seine Feldherrn das eroberte Weltreich unter sich auf.

A. war einer der erfolgreichsten Feldherrn der Antike, seine Feldzüge in die entlegensten Teile der Erde fanden nicht nur bei den Zeitgenossen Bewunderung. Bereits kurz nach seinem Tod wurden Darstellungen des Alexanderzuges verfasst, aus denen später der sog. A.-Roman entstand, der im Laufe der Zeit in über 20 Sprachen übersetzt wurde. Auch für die bildende Kunst war A. ein beliebtes Motiv. Berühmtestes Beispiel ist das A.-Mosaik aus Pompeji (heute in Neapel). Mit A. breitete sich die griech. Sprache und Kultur im ganzen Orient aus, A. wurde so zum Wegbereiter einer neuen Epoche, der Epoche des Hellenismus. **Lit.:** G. Wirth, A. d.Gr. (1973). – S. Lauffer, A. d.Gr. (1978). – H. J. Gehrke, A. d.Gr. (1996). – GGGA (1999).

Alexander IV. (gr. Alexandros), 323–310/09 v. Chr., nachgeborener Sohn Alexanders d.Gr. und der Roxane, wurde gemäß Beschluss der Heeresversammlung in Babylon mit seiner Geburt zum König ausgerufen. 320 überführte ihn Antipater mit seiner Mutter nach Makedonien, wo er 316 in die Hände Kassanders fiel, der ihn in Amphipolis internierte. Nach den Bestimmungen des allg. Diadochenfriedens 311 wurde er als König bestätigt mit der Maßgabe, dass Kassander ihm bei Volljährigkeit die Regierungsgewalt übergeben sollte. Dieser ließ ihn daraufhin 310/09 zusammen mit seiner Mutter ermorden. Mit A. endet die makedon. Dynastie der Argeaden.

Alexander (1) (gr. Alexandros), Polyhistor aus Milet, »der Vielwissende«, ca. 110–40 v. Chr. Von seinem enormen literar. Werk geograph. und histor. Natur in der Tradition der Paradoxographie sind nur Fragmente erhalten. Er ist eine der Hauptquellen von Plinius d.Ä.

Alexander (2) (gr. Alexandros) von Aphrodisias, 2./3. Jh. n. Chr., griech. Philosoph. Als Peripatetiker (↗ Peripatos) vertrat A. gegenüber Stoikern und Platonikern die Lehren des Aristoteles, durch deren Auslegung er zu einer Systematisierung des aristotel. Gedankenguts beitrug. Neben Kommentaren zu Werken des Aristoteles hinterließ er auch selbständige Abhandlungen eth. und naturwissenschaftl. Inhalts (z.B. *Über die Seele, Über die Vorsehung, Über die Mischung*). Seine Schriften sind nur fragmentarisch erhalten, z.T. sind sie lediglich durch arab. Übertragungen überliefert. **Lit.:** P. Moraux, Der Aristotelismus bei den Griechen 3: A. (2001).

Alexander (3) (gr. Alexandros) von Tralleis (Lydien), griech. Arzt, 6. Jh. n. Chr. A. lebte als angesehener Arzt in Rom und schrieb nach langjähriger Berufspraxis ein medizinisches Handbuch in 12 Büchern, das in 11 Büchern die Pathologie und Therapie innerer Erkrankungen abhandelt, im zwölften die Fieber. Andere Werke über Eingeweidewürmer und Augenkrankheiten sind bekannt. A. kompilierte vornehmlich aus älteren Quellen und stand Wunder- und Volksheilmitteln nicht ablehnend gegenüber.

Alexandermosaik, einer der bedeutendsten Mosaikfunde der Antike (1831 im Haus des Fauns in Pompeji), heute im Archäolog. Nationalmuseum Neapel. Dargestellt ist der Höhepunkt einer Schlacht zwischen Alexander d.Gr. und dem Perserkönig Dareios III. Der siegreiche Alexander (links) durchbohrt einen Krieger, der sich schützend vor Dareios wirft, während dieser auf einem Wagen die Flucht ergreift. Bemerkenswert ist die feine Verwendung der Farben in Anlehnung an die Vierfarbenmalerei (Weiß, Ockergelb, Rot und Braunschwarz). Bei dem Mosaik (5,82 m × 3,13 m) handelt es sich wohl um die Kopie eines Gemäldes aus der Zeit kurz nach dem Tod Alexanders (323 v. Chr.). **Lit.:** B. Andreae, Das A. aus Pompeji (1977). – I. Scheibler, Griech. Malerei der Antike (1994).

Alexanderroman. Die *Taten Alexanders* sind eine weitgehend unhistor., romanhafte Beschreibung seines Lebens, fälschlich Kallisthenes zugeschrieben. Der unbekannte Verf. hat die Erzählung vermutlich im 3. Jh. n. Chr. auf der Grundlage von histor. Schriften und erfundenen Briefen Alexanders zusammengestellt; erhalten sind mehrere Bearbeitungen, die sich z.T. erheblich unterscheiden, und eine große Zahl späterer Übersetzungen. Daneben wurden inhaltlich verwandte Texte getrennt überliefert (z.B. über Alexanders Lebensdauer oder ein Brief an Aristoteles). Der A. wirkte stark auf die mittelalterl. volkssprachl. Literatur. **Lit.:** T. Hägg, Eros und Tyche. Der Roman in der antiken Welt (1987) 156–181. – R. Stoneman, The »Alexander Romance«, in: J.R. Morgan/R. Stoneman (Hgg.), Greek Fiction (1994) 117–129.

Alexandersarkophag, moderne Bezeichnung für einen 1887 in der Königsnekropole von ↗ Sidon gefundenen, reich verzierten Sarkophag aus pentel. Marmor, der sich heute im Archäolog. Museum Istanbul befindet. Auf den Bildflächen sind, von üppigen Ornamentbändern eingefasst, Jagdszenen und eine Schlacht zwischen Griechen und Persern dargestellt. Hierbei dürfte es sich um die Schlacht bei ↗ Issos (333 v. Chr.) handeln; der Reiter links außen wird als Alexander d.Gr. gedeutet. Das um 320 v. Chr. entstandene Werk wurde allerdings nicht für Alexander d.Gr., sondern für den lokalen Regenten Abdalonymos angefertigt; es besticht durch seine starke Dynamik in der Komposition der Figuren. Bemerkenswert sind ferner bedeutende polychrome Farbreste der einstigen Bemalung. **Lit.:** W. Messerschmidt, Histor. und ikonograph. Untersuchungen zum A., in: Boreas 12, 1989.

Alexandra. 1. Anderer Name der ↗ Kassandra. – **2.** Titel eines unter dem Namen des Lykophron überlieferten Werkes, in dem in jamb. Trimetern ein Bote die Prophezeiungen Kassandras berichtet, die sie bei der Ausfahrt des Paris nach Sparta machte.

Alexandria (gr. Alexandreia), bedeutendste hellenist. Stadt ↗ Ägyptens. Unter den zahlreichen nach Alexander d. Gr. benannten Städten überragte das im Nildelta Ägyptens gegründete A. alle Schwesterstädte. Alexander legte 332/31 die Stadt am kanop. Nilarm zwischen Mittelmeer und Mareotissee an; die vorgelagerte Insel ↗ Pharos wurde durch einen 1,2 km langen Damm mit der Stadt verbunden; so entstanden zwei künstl. Häfen. Der Mareotissee diente als geschützter Binnenhafen und war durch einen Kanal mit dem westl. Seehafen verbunden. Deinokrates entwarf die Stadt im Schachbrettmuster. Die Topographie der antiken Stadt ist in vielen Punkten unsicher; die moderne Bebauung verhindert großflächige Ausgrabungen. A. war in ptolemäischer wie in röm. Zeit stets eine selbständige ↗ Polis und gehörte rechtlich nicht zu Ägypten. Dennoch bildete die Residenzstadt der Ptolemäer mit ca. einer Million Einwohner den wirtschaftl. und kulturellen Mittelpunkt Ägyptens. Die Stadt war Zentrum des Getreide-, Papyrus- und Metallhandels sowie des Kunsthandwerks. Museion und Serapion mit ihren großen Bibliotheken (500.000 Rollen) zogen viele berühmte Wissenschaftler an (↗ Eratosthenes u. a.). Die große Bibliothek, eines der Zentren antiker Wissenschaft, wurde während der Belagerung durch Caesar von einem Brand zerstört. In röm. Zeit gehörte A. zu den Metropolen des Reiches; so konnten nur Ägypter mit dem alexandrin. Bürgerrecht das röm. Bürgerrecht erwerben. Anhänger aller antiker Religionen, auch Juden und Christen, hatten in A. Gemeinden. Auch der ↗ Neuplatonismus hatte in A. ein Zentrum. **Lit.:** P.M. Fraser, Ptolemaic A. I-III (1972). – D. Delia, Alexandrian Citizenship during the Roman Principate (1991). – ASM (1999) – M. Clauss, A. (2003).

Alexandriner bezeichnet zumeist weniger die Herkunft aus Alexandria als vielmehr die Zugehörigkeit eines Autors zur alexandrin. Richtung der ↗ Literaturtheorie; Hauptvertreter ist ↗ Kallimachos.

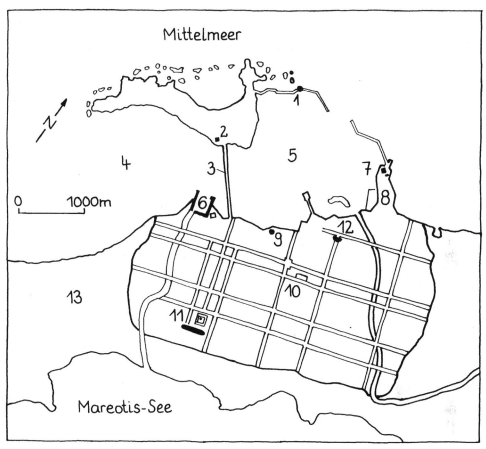

Mittelmeer

Mareotis-See

1 Leuchtturm
2 Insel Pharos
3 Heptastadion
4 Westhafen

5 Osthafen
6 Kibotos-Hafen
7 Königspalast auf
  Lochias

8 Königshafen
9 Museion/
  Bibliothek
10 Sema

11 Serapeion/Pompeius-
   Säule
12 Theater
13 Nekropolis

Alexandria im 1. Jh. v. Chr.

Alexis aus Thurioi (Süditalien), griech. Komödiendichter, ca. 375–275 v. Chr. A. verbindet durch sein langes Leben zwei Phasen der griech. ↗ Komödie, die Mittlere mit der Neuen Komödie. Er soll Lehrer Menanders gewesen sein. Von seinem 240 Titel umfassenden Werk sind 340 Fragmente erhalten. Seine Komödie *Agonis* (330) weist bereits das für die Neue Komödie typ. Handlungsschema auf. **Lit.:** W. G. Arnott, A. (1996).

Alimentation, Geldzuweisungen an röm. Kinder aus Stiftungskassen. Seit dem späten 1. Jh. n. Chr. bis zur Finanzkrise des 3. Jh. richteten die röm. Kaiser oder reiche Privatpersonen Unterstützungskassen für die Kinder in den Städten Italiens ein. Für 52 Städte sind diese *alimenta* belegt. Meist konnten die Eltern nur ein Kind für diese Zahlungen vorschlagen; die A. von Jungen überwog. Mädchen wurden nur dann unterstützt, wenn kein Sohn vorzuweisen war. Die nicht unerhebl. Zahlungen waren für viele Familien ein wichtiger Beitrag zur Existenzsicherung, weil damit meist mehr als ein Kind unterhalten werden konnte.

Alkäische Strophe, Begriff der Metrik, der eine auf den Dichter ↗ Alkaios zurückgehende und bes. von Horaz verwendete Strophenform bezeichnet, die auf dem ↗ Glykoneus basiert:

×–∪–×–∪∪–∪–
×–∪–×–∪∪–∪–
×–∪–×–∪–×
–∪∪–∪∪–∪––

Alkaios von Mytilene, griech. Lyriker, geb. ca. 630 v. Chr. Der Adlige A. war Mitglied eines polit. ›Clubs‹ (*hetaireia*), mit dem er aktiv am polit. Kampf auf Lesbos teilnahm, zunächst gegen den Tyrannen Myrsilos, dann gegen Pittakos, seinen einstigen Weggefährten und neuen Machthaber (590–580), der die Seiten gewechselt hatte. A. wurde mehrmals verbannt und war als Söldner in Ägypten. Er verfasste monod. Lieder im äol. Lokaldialekt, die er im Symposion vor seinen polit. Freunden als Mittel des Kampfes und der Identifikationsstiftung vortrug. Hauptthema ist der polit. Kampf (*stasiotika*, Bürgerkriegslieder) mit Kampfparänesen und Invektiven gegen polit. Gegner (z. B. Pittakos); daneben finden sich Wein- und Trinklieder (*skolia*), in denen auch über die Rolle des Symposions reflektiert wird, und Liebeslieder. Dazu kommen Götterhymnen, z. B. an Apollon, Hermes und die Dioskuren, die zu Beginn des Symposions vorgetragen wurden, und Lieder mit myth. Themen, wobei gewisse myth. Figuren wie der Kleine Aias oder Helena durchaus negativ beurteilt werden. A.' Lieder hatten meist einen aktuellen Bezug, so auch die berühmte Schiffsallegorie (6, 208 Voigt), die wohl nicht für den Staat als Ganzes, sondern für A.' eigene Gruppe steht. Der Ton seiner Lieder ist grimmig-leidenschaftlich. Von den 10 Büchern der Alexandriner sind ca. 400 Fragmente erhalten, davon nur etwa 25 mit mehr als vier Versen. A. war wie seine Zeitgenossin Sappho kein Berufspoet; während ihre Dichtung in den Bereich der weibl. Erziehungstätigkeit gehört, benutzte A. diese als Instrument des polit. Kampfes. Er gehörte zum Kanon der neun griech. Lyriker und war bedeutendes Vorbild für Horaz (carm. 1,32). **Lit.:** E. M. Voigt (1971) [Ausg.]. – W. Rösler, Dichter und Gruppe (1980). - J. Latacz, Die Funktion des Symposions für die entstehende griech. Literatur, in: Erschließung der Antike (1994) 357-395. - GGGA (1999).

Alkamenes (gr., lat. Alcamenes), Bildhauer aus Athen (oder Lemnos), Schüler und Zeitgenosse des Phidias, war mindestens bis zum Ende des 5. Jh. v. Chr. tätig, schuf nach 404/03 für die Stadt Theben ein großes Relief mit Athena und Herakles. Der Schriftsteller Pausanias sah auf der Akropolis eine Gruppe mit Prokne und Itys, die A. geweiht hatte und die wohl auch von seiner Hand stammte. **Lit.:** G. M. A. Richter, The Sculpture and Sculptors of the Greeks (1970). – A. F. Stewart, Greek Sculpture (1990).

Alkestis (gr. Alkestis), Gattin des Königs ↗ Admet, für den sie in den Tod zu gehen bereit ist. Herakles entreißt sie jedoch dem Tod und gibt sie Admet zurück (Euripides, *Alkestis*).

Alkibiades (gr. Alkibiades), athen. Staatsmann und Feldherr, ca. 450–404 v. Chr., Neffe des Perikles, bei dem er nach dem Tod seines Vaters Kleinias (447) aufwuchs. Im Peloponnes. Krieg strebte A. nach dem Tod Kleons 422 die Führung der extremen Demokraten an und versuchte, die Isolierung Spartas zu vollenden. 417/16 zum Strategen gewählt, unterwarf er 416 das neutrale Melos. 415 überredete A. die Athener zu einer Expedition nach Sizilien, die 413 mit einer verheerenden Niederlage Athens endete. Noch bevor die Flotte in See gestochen war, war A. mit der Verstümmelung der Hermen in Athen (»Hermenfrevel«) in

Verbindung gebracht worden. Kaum hatte er Sizilien erreicht, wurde er deswegen zurückbeordert. A. floh nach Sparta, die Athener verurteilten ihn im sog. Hermokopidenprozess in Abwesenheit zum Tode. Als 411 die Oligarchen in Athen an die Macht gerieten, hoffte A. auf seine Rückberufung, die jedoch unterblieb. Deshalb nahm er Kontakt zu der demokratisch gesinnten att. Flotte auf, die ihn zum Strategen wählte. Durch den Sieg bei Kyzikos 410 und die Einnahme von Byzanz 408/07 stellte A. die Macht Athens in diesem Gebiet wieder her. Athen, inzwischen wieder demokratisch, gestattete A. die Rückkehr und wählte ihn zum Hegemon. Die Niederlage der att. Flotte bei Notion führte 407 zu seiner Absetzung, A. zog sich nach Thrakien zurück. Nach der Kapitulation Athens 404 floh A. zu dem pers. Satrapen Pharnabazos, der ihn jedoch auf Geheiß des Lysander und der Dreißig Tyrannen töten ließ. **Lit.:** W. M. Ellis, Alcibiades (1989). – B. Bleckmann, Die letzten Jahre des Peloponnes. Krieges (1996). – GGGA (1999).

Alkidamas (gr. Alkidamas) aus Elaia, griech. Redner, 5./4. Jh. v. Chr., Schüler des ↗Gorgias. A. lehrte die Kunst der Improvisation in der Rhetorik; in der einzigen erhaltenen Rede *Über die Sophisten* wendet er sich gegen die schriftl. Ausarbeitung einer Rede. A. wird auch der *Wettstreit zwischen Homer und Hesiod* zugeschrieben. In der Tradition seines Lehrers Gorgias stehen die *Paradoxen Lobreden*, die wohl mit mytholog. Sujets arbeiteten. **Lit.:** S. Friemann, in: W. Kullmann/M. Reichel (Hg.), Der Übergang von der Mündlichkeit zur Literatur bei den Griechen (1990) 301–315.

Alkimede ↗ Polymede

Alkimedon ↗ Phiale

Alkimenes (gr. Alkimenes), Sohn des ↗Glaukos (2), von seinem Bruder ↗Bellerophon versehentlich getötet.

Alkinoos (1), myth. König der Phäaken, nimmt ↗ Odysseus nach seinem Schiffbruch in seinem Palast auf und lässt ihn auf einem Zauberschiff wieder in die Heimat bringen. Poseidon lässt Zeus das Schiff vor dem phäak. Hafen in einen Stein verwandeln.

Alkinoos (2), griech. Philosoph, 2. Jh. n. Chr. (?), Verf. eines Handbuchs des Platonismus mit dem Titel *Didaskalikos,* der einzigen erhaltenen Schrift des sog. Mittelplatonismus, in der nach der akad. Einteilung der Philosophie Dialektik, theoret. Philosophie und Ethik behandelt werden. Die Identität des A. mit dem Platoniker Albinos, der um 150 n. Chr. in Smyrna lebte, wird inzwischen bestritten. **Lit.:** J. M. Dillon, The Middle Platonists ([2]1966).

Alkiphron (gr. Alkiphron), griech. Autor, wohl 2. Jh. n. Chr. Zusammen mit Aelian und Philostrat gilt A. als Hauptvertreter der Epistolographie. Unter seinem Namen sind 123 fiktive Briefe – darunter einige fragmentarisch – in 4 Büchern erhalten: *Fischerbriefe, Bauernbriefe, Parasitenbriefe* und *Hetärenbriefe.* Die mit Ausnahme der Hetärenbriefe fast allesamt kurzen Briefe spielen im Athen des 4. Jh., das in sehnsüchtiger Verklärung evoziert wird. Bei der Charakterisierung der Figuren greift A. auf die Neue Komödie zurück. Dieser Einfluss wird bes. im fingierten Briefwechsel zwischen dem Komödiendichter Menander und der Hetäre Glykera deutlich. Stilistisch ansprechend ist auch der Brief der Hetäre Lamia an Demetrios Poliorketes. **Lit.:** K. Treu, Aus Glykeras Garten (1982) [Übers.].

Alkippe, Tochter des Ares und der ↗ Agraulos.

Alkman, griech. Chorlyriker, 2. Hälfte 7. Jh. v. Chr. A. wirkte in Sparta, das zu dieser Zeit ein kulturelles Zentrum mit reicher poet. und musikal. Tradition war. Seine Chorlieder, die im dor. Dialekt mit ep. Formen und in daktyl. und jamb. Metren geschrieben sind, wurden bei religiösen Festen der Stadt aufgeführt. Jüngste Papyrusfunde haben zwei lange Abschnitte von *Partheneia,* für Mädchen bestimmte Chorlieder, ans Licht gebracht. Sie beschreiben Tänze von Mädchen, deren Schönheit in einer glänzenden und verführer. Atmosphäre gepriesen wird. Heute interpretiert man allg. die *Partheneia* als Teil eines *rite de passage,* durch den die Mädchen von der Kindheit zur Reife und Hochzeit gelangen. Wegen der Bruchstückhaftigkeit der Texte und unserer ungenügenden Kenntnis der rituellen Situation bleibt jedoch jede Interpretation der Lieder umstritten. **Lit.:** C. Calame, Les choeurs de jeunes filles en Grèce archaïque, 2 Bde. (1977) – C. O. Pavese, Il grande Partenio di Alcmane (1992).

Alkmäoniden (gr. Alkmaionidai), Name eines der angesehensten att. Adelsgeschlechter, das sich auf Alkmaion, einen Urenkel des ↗ Nestor zurückführte. Die A. spielten in archaischer Zeit über einige Generationen hinweg eine wichtige Rolle in der Geschichte Athens. Der Alkmäonide Megakles, ca. 636 v. Chr. ↗ Archon in Athen, belastete das Geschlecht mit schwerer Schuld, als er die Anhänger des ↗ Kylon töten ließ, obwohl sie sich in den Tempel der Athena geflüchtet hatten (»A.frevel«, »Kylon. Frevel«); die A. mussten in die Verbannung gehen. Unter Solon durften sie nach Athen zurückkehren. Alkmaion, der Sohn des Megakles, führte das athen. Heer im sog. 1. Heiligen Krieg um Delphi (Anfang 6. Jh. v. Chr.). Während der Herrschaft des Peisistratos lebten die A. z. T. im Exil, z. T. blieben sie in Athen. Unter Kleisthenes konnten alle nach Athen zurückkehren. Auch Perikles und Alkibiades stammten mütterlicherseits von den A. ab. **Lit.:** K. W. Welwei, Athen (1992) 133–135.

Alkmene, Tochter des Elektryon, Frau des Amphitryon, durch Zeus, der sie in Gestalt ihres Gatten geschwängert hatte, Mutter des Herakles. Eine Nacht später zeugt Amphitryon mit ihr Iphikles; beide Kinder kommen als Halb-Zwillingsbrüder zur Welt. A. wird auf die Nachricht von Herakles' Tod verbannt, kehrt aber in hohem Alter nach Theben zurück. Im ↗ Elysion heiratet sie Rhadamanthys.

Alkmeon (gr. Alkmaion), Sohn des ↗ Amphiaraos und der ↗ Eriphyle, Führer des Zuges der ↗ Epigonen gegen Theben. Er ermordet auf Geheiß seines Vaters Eriphyle und wird von den ↗ Erinyen verfolgt. Er findet bei ↗ Phegeus, dem König von Psophis, Zuflucht und heiratet dessen Tochter ↗ Arsinoë. Als Hochzeitsgeschenk gibt er seiner Braut das Halsband und den Peplos der ↗ Harmonia, die ihm sein Vater vererbt hatte.

Als Dürre Psophis heimsucht und A. als Urheber beschuldigt und verbannt wird, wird er von ↗ Acheloos rituell gereinigt und heiratet dessen Tochter ↗ Kalirrhoë, die von ihm die Hochzeitsgeschenke der Arsinoë verlangt. Bei dem Versuch, sie zurückzugewinnen, wird A. von den Söhnen des Phegeus getötet.

Alkoholismus. Alkohol war in der Antike nur in Form von Getränken mit niedrigem Alkoholgehalt wie Wein, Bier und Met bekannt. Hochprozentiger Alkohol, der nur durch ↗ Destillation zu gewinnen ist, war weitgehend unbekannt. Doch genügte auch schon in der Antike Wein, um in einen Rauschzustand versetzt zu werden; Trunkenheit war auch Teil des ↗ Dionysoskultes. Man unterschied zwischen Trunkenheit und chron. Trunksucht, die als gesellschaftl. Makel galt; so wurden etwa Mark Anton oder Tiberius von ihren Gegnern als Alkoholiker bezeichnet. Zuverlässige Angaben über die Verbreitung des A. in den antiken Gesellschaften fehlen. **Lit.:** K. W. Weeber, Die Weinkultur der Römer (1993).

Alkyone (1) (gr. Alkyone), Gattin des Keyx, die in einen Eisvogel verwandelt wird, entweder aus Strafe, weil sie und ihr Mann sich aus Liebe »Zeus und Hera« genannt hatten (Keyx wird daraufhin in einen Tauchervogel verwandelt), oder aus göttl. Mitleid, weil sie über den Tod ihres Gatten ihrer Wehklage kein Ende setzen kann (Ovid, *Metamorphosen* 11, 416–746)

Alkyone (2) (gr. Alkyone), eine der ↗Plejaden, durch Poseidon Mutter von Hyrieus, Hyperenor und Aithusa.

Alkyoneus (Alkyoneus), einer der ↗ Giganten, wird von ↗ Herakles getötet.

Allegorese, Begriff der Rhetorik und Literaturtheorie. Unter A. versteht man die Auslegung eines Textes, die den eigentl. Text als Ausdruck und Zeichen eines dahinter verborgenen, tieferen Sinnes auffasst. Die A. setzte bereits im 6./5. Jh. v. Chr. mit der allegor. Interpretation der homer. Epen (Theagenes von Rhegion, Anaxagoras) ein und wurde von der Sophistik fortgeführt. Die Stoa entwickelte ein ausgeklügeltes System der Homer-A. Aus der lat. Literatur sind bes. die *Confessiones (Bekenntnisse)* Augustins (Bücher 11–13) zu nennen, der auf der Basis der im Neuplatonismus entwickelten und ihm durch Ambrosius vermittelten A. die *Genesis* allegorisch interpretiert, um dadurch die Anstößigkeit des Textes zu beseitigen. **Lit.:** H. Blumenberg, Die Lesbarkeit der Welt (1981).

Allegorie, Begriff der Rhetorik, um ein durch mehrere ↗ Metaphern ausgeführtes Bild zu bezeichnen (z. B. das Staatsschiff). In der röm. Literatur findet sich bes. als Sonderform der A. die Personifikation (vgl. Vergil, *Aeneis* 4, 173 ff.: Personifikation der Fama, »Gerücht«, »Gerede«). **Lit.:** J. Whitman, Allegory: The Dynamics of an Ancient and Medieval Technique (1987). – H. Lausberg, Elemente der literar. Rhetorik (1990).BZ

Allekto, eine der Erinyen.

Alliteration (lat. alliteratio, der Terminus wurde erst von dem Humanisten Pontanus eingeführt), Begriff der Rhetorik, Wiederholung desselben konsonant. Anlauts, z. B. *Veni, vidi, vici.*

Allobroger, bedeutendster kelt. Stamm in der Provinz Gallia Narbonensis (↗ Gallien). Die erstmals für den 2. Pun. Krieg nachgewiesenen A. (Hannibal durchquerte das Stammesgebiet) wurden 121/20 v. Chr. von den Römern unterworfen. 61 v. Chr. erhoben sich die A. gegen Rom. Caesar schützte die A. vor den Helvetiern. Der Hauptort ↗ Vienna (heute Vienne) wurde unter Augustus zur *Colonia Iulia Augusta Florentia Vienna* mit latin. Bürgerrecht erhoben. Stadt und Gebiet der A. wurden intensiv romanisiert. **Lit.:** A. L. F. Rivet, Gallia Narbonensis (1988).

Almagest ↗ Ptolemaios

Aloaden, zwei Giganten, die »Söhne des Aloeus«, und Nachkommen des Poseidon und der Iphimedea, Otos und Ephialtes. Sie halten bereits als Kinder den Ares 13 Monate gefangen, bis Hermes ihn befreit. Ihr Werben um Hera und Artemis endet für beide tödlich: Artemis läuft in Gestalt einer Hirschkuh zwischen ihnen hindurch; bei dem Versuch, sie zu erlegen, töten sie sich gegenseitig.

Alope, in der Mythologie bildschöne Tochter des Kerkyon von Eleusis. A. bekommt ein Kind vom Meeresgott ↗ Poseidon, das sie aus Furcht vor ihrem Vater aussetzen lässt. Zwei Hirten finden das Kind und geraten wegen des kostbaren Kleides in Streit. Kerkyon, den sie um ein Schiedsurteil bitten, erkennt die Kleidung und verurteilt die Hirten zum Tode. Das Kind wird wieder ausgesetzt und zum zweiten Mal von Hirten gerettet, die ihm den Namen Hippothoos geben und ihn aufziehen. A. wird von Poseidon in eine Quelle verwandelt.

Alpen, Hauptgebirge Mitteleuropas. Genauere histor. Nachrichten über die A. besitzen wir erst seit der Zeit des 2. Pun. Krieges, als ↗ Hannibal 218 v. Chr. die A. überquerte. Sie galten als höchstes Gebirge Europas und als Schutzwall Italiens gegen ↗ Germanen und Gallier im N. Deshalb war auch das Interesse der Römer an den A.pässen bes. groß: Neben den Hauptverkehrswegen wie Radstädter Tauern, Plöckenpass, Brenner, Reschenpass, Maloja, Julier, Großer und Kleiner St. Bernhard und der Seealpenstraße entlang der ligur. Küste gab es noch zahlreiche A.übergänge von lokaler Bedeutung. Unter Augustus wurde 16–12 v. Chr. der A.raum dem röm. Reich eingegliedert, die A.völker schrittweise romanisiert. Die A. waren unterschiedl. Provinzen zugeordnet, lediglich ↗ Noricum bildete als A.region eine größere Einheit. **Lit.:** L. Pauli, Die Alpen in Frühzeit und Mittelalter (²1981). – G. Walser, Studien zur Alpengeschichte in antiker Zeit (1994).

Alphabet (aus phöniz. Aleph, »A«, und Bet, »B«), Gesamtheit der Schriftzeichen. Die Griechen übernahmen das A. wohl um das 9./8. Jh. v. Chr. von den Phöniziern, wobei viele Buchstabennamen und -formen adaptiert, einzelne Zeichen umgestaltet, andere (Phi, Chi, Xi, Psi und Omega) hinzugefügt wurden; insbes. wurden Zeichen, die im Phönizischen für im Griechischen nicht gebrauchte Laute stehen, für die im Phönizischen nicht geschriebenen Vokale verwendet (daraus erklärt sich die unsystemat. Reihenfolge des A.). Das griech. A. kennt viele regionale Varianten,

von denen eine durch Vermittlung griech. Kolonien und der Etrusker in Italien zur Grundlage des lat. A.s wurde. ↗ Schriften **Lit.:** E.Doblhofer, Die Entzifferung alter Schriften und Sprachen (1993).

Alpheios, längster Fluss der ↗ Peloponnes in der Landschaft ↗ Elis. Mit einer Länge von ca. 110 km bildet die A. die Grenze zwischen den Landschaften Elis und ↗ Arkadien. Teile des antiken ↗ Olympia wurden vom A., der mehrfach seinen Lauf änderte, verschüttet. 6 km südwestl. von Pyrgos mündete der A. ins Meer. – Zum Flussgott A. ↗ Ortygia.

Altar (gr. eschara, bomos; lat. ara, »Erhöhung«, »Brandstätte«), im Altertum ein erhöhter Opferplatz oder Opferherd, auf dem das Opfer für Götter, Heroen, Tote oder später für röm. Kaiser dargebracht wurde. Er verdankt seine Entstehung dem prakt. und religiösen Bedürfnis, geweihte Gaben nicht auf den Erdboden zu legen. A.e gab es nicht nur vor Tempeln, sondern auch an Straßen, Plätzen und in Privathäusern, in Heiligtümern und geweihten Quellen. Die Gestaltungsweise der A.e reichte von heiligen Steinen und einfachen Steinsetzungen oder Erdaufschüttungen bis hin zu marmornen Konstruktionen und architekton. Einrahmungen (Rhoikos-A. auf Samos, Pergamon-A.). Der antike A. ist zu unterscheiden von dem der christl. Kirche: In ihr war der A. ursprünglich der Tisch (lat. *mensa*), auf dem die einzelnen Bestandteile des Abendmahls geweiht wurden. **Lit.:** D. Berges, Hellenist. Rund-A.e Kleinasiens (1986). – W. Müller-Wiener, Griech. Bauwesen in der Antike (1988). – H. v. Hesberg, Röm. Grabbauten (1992).

Altes Testament ↗ Bibel

Althaia, in der Mythologie Gattin des ↗ Oineus, die aus Rache ihren eigenen Sohn ↗ Meleager tötet, indem sie das Holzscheit verbrennt, von dem sein Leben abhängt.

Althaimenes (Althaimenes), in der Mythologie Sohn des ↗ Katreus, des Königs von Kreta, dem ein Orakel voraussagt, er werde durch eines seiner Kinder den Tod finden. Obwohl Katreus den Orakelspruch geheim hält, erfährt ihn A. Aus Furcht verlässt er Kreta mit seiner Schwester ↗ Apemosyne und landet auf Rhodos. Die übrigen Töchter, ↗ Aërope und Klymene, übergibt Katreus ↗ Nauplios, damit er sie im Ausland verkaufe. Auf Rhodos wird Apemosyne von Hermes vergewaltigt. A., der ihr nicht glaubt, tötet sie durch einen Fußtritt. Der alte Katreus besucht A. auf Rhodos, um ihm die Königsherrschaft zu übergeben, und wird von A., der ihn nicht erkennt, ermordet. Als A. seine Tat erkennt, wird er auf sein Gebet hin von der Erde verschlungen.

Altphilologie ↗ Klassische Philologie

Alveus (lat.), kleine Mulde, Wanne, speziell die Badewanne im *caldarium* der ↗ Thermen.

Alyattes, König der Lyder ca. 619–560 v. Chr., Vater des Kroisos. A. dehnte das Lyderreich bis an den Halys aus. Deshalb kam es zum Krieg mit dem Mederkönig Kyaxares, der im sechsten Jahr durch die – angeblich von Thales vorhergesagte – Sonnenfinsternis vom 28. Mai 585 beendet worden sein soll.

Amazonomachie: Kampf der Griechen gegen die Amazonen (5. Jh. v. Chr.)

Amalthea (gr. Amaltheia), Nymphe oder die Ziege einer Nymphe, die den eben geborenen Zeus mit Ziegenmilch nährt. Zeus bricht der Ziege ein Horn ab, aus dem Nektar und Ambrosia läuft und das mit Früchten gefüllt ist, das sprichwörtl. Füllhorn, Symbol göttl. Segens (lat. *cornu copiae*).

Amaseia (heute Amasya, Türkei), alte Hauptstadt des Königreichs ↗ Pontos. Bis zur Eroberung und Residenzverlagerung nach Sinope war A. städt. Zentrum des pont. Königreiches, an der Hauptstraße nach Amisos gelegen. Die im Tal des Iris gelegene Stadt wird vom antiken Burgberg, Grablege der pont. Könige, überragt. Die beste Bescheibung der Stadt stammt von dem Geographen Strabon, neben Mithradates VI. Eupator bedeutendster Sohn der Stadt. **Lit.:** ASM (1999).

Amasis, bedeutender att. Vasenmaler, benannt nach dem gleichnamigen Töpfer und wohl mit ihm identisch; außergewöhnlich lange Schaffenszeit von 560/50–520/10 v. Chr. Als Zeitgenosse von Lydos und Exekias trug er zum Höhepunkt der schwarzfigurigen Vasenmalerei bei und schöpfte alle Möglichkeiten, die diese Technik bot, aus. A. liebte es, feingemusterte Gewänder zu malen, war fasziniert von Waffen und Schildzeichen und verwendete häufig Punktierungen für Haare und Bärte sowie für haarige Körper von Satyrn. Seine Originalität und sein Witz spiegeln sich in den bewegten Darstellungen dionys. Treibens und alltägl. Szenen. **Lit.:** D. v. Bothmer, The A. Painter and his World (1985).

Amata, in Vergils *Äneis* Gemahlin des Königs ↗ Latinus und Mutter der ↗ Lavinia. Auf Betreiben der Juno versuchte sie, die Hochzeit ihrer Tochter mit ↗ Äneas zu verhindern. Als Äneas ↗ Turnus erschlägt, erhängt sich A.

Amathus ↗ Ammathus

Amazonen (schon in der Antike falsch abgeleitet von gr. amazos, »brustlos«: Verstümmelung der Brust zur besseren Bogenführung), myth. Volk von krieger. Frauen, das den Kontakt zu Männern nur zu festgelegten Zeiten und ausschließlich zum Erhalt des weibl. Geschlechts zulässt. Die A. dienen ihrem Stammvater Ares und der Artemis. Die A. liefern sich Schlachten gegen mehrere griech. Heroen, darunter ↗ Herakles und ↗ Theseus. Im Trojan. Krieg kämpfen sie auf der Seite der Trojaner; dabei wird ↗ Penthesilea von Achill getötet, der sich in die schöne Tote verliebt. Die A.-Königin Hippolyte wird von Herakles getötet. ↗ Amazonomachie. **Lit.:** W. B. Tyrell, Amazons (1984). – J. H. Blok, The Early Amazons: Modern and Ancient Perspectives on a Persistent Myth (1994).

Amazonomachie, Darstellung des Kampfes der Griechen gegen die ↗ Amazonen auf Vasen und Reliefs. Berühmte Beispiele finden sich auf den Metopen des Schatzhauses der Athener in Delphi, den Friesen des Apollontempels von ↗ Bassai (Phigalia), des Parthenon oder des Mausoleums von Halikarnassos. Das Motiv erscheint bes. häufig auf frühklass. Vasenbildern. **Lit.:** W. Gauer, in: M. Schmidt (Hg.), Kanon (1988).

Ambarvalien (lat., »um die Felder herumgehen«), röm. Marsfeier im Mai, bei der man zur Entsühnung und Reinigung die Opfertiere betend um das Ackerland herumführte. **Lit.:** K. Latte, Röm. Religionsgeschichte (1960) 42 f.

Ambiorix, kelt. Fürst der Eburonen, eines Stammes der Belger im Gebiet zwischen Maas und Rhein. In den Jahren 54–51 v. Chr. führte er einen letztlich erfolglosen Aufstand gegen Caesar und die röm. Besetzung seines Landes an.

Ambrakia (heute Arta), nordwestgriech. Stadt im südl. ↗ Epirus am Fluss Arachthos. Die korinth. Gründung kämpfte in den Perserkriegen auf Seiten der Griechen. Im ↗ Peloponnes. Krieg mit Sparta verbündet, unterlag 426 v. Chr. A. Athen. Im 3. Jh. gelangte A. zu Makedonien und schließlich an ↗ Pyrrhos, König von Epirus, der A. zur Residenzstadt ausbaute. Von 230–189 gehörte A. dem ↗ Ätolerbund an. 189 litt A. unter der röm. Besetzung. A. war am ↗ Synoikismos von Nikopolis (Actia) beteiligt, blieb aber als Stadt bestehen. **Lit.:** N. G. L. Hammond, Epirus (1967). – GLHS (1989) 99–102.

Ambrosia (gr. ambrosía, »Unsterblichkeit«), in der Mythologie die Unsterblichkeit verleihende Speise der Götter. Apollon, mit Nektar und A. genährt, wächst in nur wenigen Tagen zu einem stattl. jungen Mann heran.

Ambrosius, Aulus A., aus Trier, lat. Theologe, Bischof von Mailand, 333/34 bzw. 339/40–397 n. Chr. Aus christl. Hause stammend, lebte A. nach dem Tod des Vaters in Rom, wo er als Rhetor und Jurist ausgebildet wurde, um später die Ämterlaufbahn einzuschlagen. Als Statthalter (*consularis*) von Aemilia und Liguria in Mailand erwarb er sich 374 bei der Vermittlung zwischen Arianern und Katholiken so hohes Ansehen, dass er, obwohl noch nicht getauft, in das Bischofsamt gedrängt wurde. Seine Amtsführung ist durch die Überwindung der arian. Kirchenspaltung, den Kampf gegen das Heidentum und die Behauptung der Unabhängigkeit der Kirche gegen die weltl. Macht gekennzeichnet. Gegen ↗ Symmachus (1) verhinderte er die Wiederaufstellung eines Victoria-Altars in der Kurie. Kaiser Theodosius I. zwang er als Sühne für das von ihm angerichtete Blutbad von Thessalonike (390) zur Kirchenbuße. A.' vielfältiges literar. Werk greift auf heidn. Naturwissenschaft und Philosophie (bes. Platon und den Neuplatonismus) zurück. Die exeget. Schriften (z. B. *Hexameron* [Kommentar zum Sechstagewerk], *Expositio Evangelii secundum Lucam* [Kommentar zum Lukas-Evangelium]) stehen in der Tradition alexandrin. ↗ Allegorese. Die eth. Schrift *De officiis ministrorum* (*Vom pflichtgemäßen Handeln der Priester*) ist eine Verchristlichung des ciceron. Dialogs *De officiis*. Die dogmat. Schriften (*De fide*; *De spiritu*

sancto; *De sacramentis*; *De mysteriis*; *De paenitentia*) verfechten das Bekenntnis von Nizäa (Nikaia). Die literarisch bedeutsamen Trauerreden knüpfen an pagane Vorbilder an. Die Briefe haben pastoralen Charakter. A. ist der Begründer des Hymnengesangs in der Westkirche. Das ambros. Versmaß (sog. *Metrum Ambrosianum*) besteht aus ↗ akatalekt. jamb. Dimetern in vierzeiligen Strophen. Jeder Hymnus hat acht Strophen. Das Adventslied *Veni Redemptor gentium* lebt in Luthers Übersetzung »Nun komm der Heiden Heiland« in heutigen Gesangbüchern weiter. **Lit.:** LACL (³2003).

Amisodaros, myth. König von Lykien oder Karien, der die ↗ Chimäre aufzieht.

Amisos (heute nahe Samsun, Türkei), bedeutende Hafenstadt an der pont. Schwarzmeerküste (↗ Pontos). A. lag am Endpunkt einer wichtigen Handelsverbindung über Amaseia nach Kappadokien. A. wurde Mitte des 8. Jh. v. Chr. von Milet und Phokaia aus gegründet; im 5. Jh. errichtete Athen hier eine Kleruchie (↗ Kleruchen), Mithradates VI. gründete hier die Residenzstadt Eupatoria. A. wurde unter Pompeius Teil der Provinz ↗ Pontus et Bithynia. **Lit.:** A. G. Malloy, The Coinage of Amisus (1970). – PECS (1976).

Ammathus (auch Amathus), antike Stadt an der Südküste ↗ Zyperns, heute 10 km westl. von Limassol. A. war vom 5. Jh. v. Chr. bis zur Eingliederung ins ↗ Ptolemäerreich (↗ Ägypten) Zentrum eines lokalen Fürstentums und nahm beim Jon. Aufstand auf Seiten der Perser teil. In röm. Zeit war A. Hauptstadt eines der vier Verwaltungsbezirke der Insel. **Lit.:** PECS (1976). – ASM (1999).

Ammianus Marcellinus aus Antiochia, röm. Geschichtsschreiber, ca. 330 – nach 395 n. Chr. Zunächst Offizier unter Kaiser Julian, dem er in Gallien vermutlich persönlich begegnete und für den er große Verehrung empfand, zog sich A. später nach Rom zurück und schrieb in Fortsetzung der *Historien* des ↗ Tacitus 31 Bücher *Res gestae,* die in chronolog. Ordnung nach Art der Annalistik (↗ Annales) die Zeit von Nerva bis Valens (96–378 n. Chr.) behandelten. Erhalten sind nur die Bücher 14 bis 31. Packende Berichte eigener Erlebnisse, brillante Charakterzeichnungen und große Unparteilichkeit zeichnen das Werk aus. Umfassende Exkurse zeugen von der Bildung des A. Stilistisch ist Tacitus Vorbild, die griech. Muttersprache des A. klingt bisweilen durch. **Lit.:** K. Rosen, A. M. (1982).

Ammon, ägypt. Sonnengott Amon-Ra, von den Griechen und Römern mit ↗ Zeus bzw. ↗ Jupiter gleichgesetzt.

Ammonios (1), griech. Philologe, 2. Jh. v. Chr. Der Schüler und Nachfolger ↗ Aristarchs in Alexandria arbeitete vorwiegend über Homer, aber auch über Pindar und Platon. In seinen *Komodumenoi* (*Verspottete*) erstellte er vermutlich ein Lexikon der in der Alten ↗ Komödie verspotteten Personen, ein sog. *Onomastikon* (*Namenswörterbuch*).

Ammonios (2), Sohn des Hermeias, griech. Philosoph, 5./6. Jh. n. Chr., Schüler des ↗ Proklos, Lehrer des ↗ Simplikios und Johannes ↗ Philoponos. Durch

Schülermitschriften sind seine Kommentare zu Porphyrios' *Eisagoge* (*Einführung*), zu den aristotel. *Kategorien* und den *Ersten Analytiken* erhalten. **Lit.**: K. Verrycken, in: R. Sorabji (Hg.), Aristotle Transformed (1990) 199–231.

Ammonios Sakkas aus Alexandria, griech. Philosoph, 1. Hälfte 3. Jh. n. Chr., Lehrer ↗ Plotins, der 232–242 bei ihm studierte, und von ↗ Origenes (1) und (2). A. soll als Christ aufgewachsen sein, aber schon als Jugendlicher sich dem Heidentum zugewandt haben. Er hinterließ keine Schriften und wird deshalb auch »der Sokrates des Neuplatonismus« genannt. Seine Lehre ist nicht rekonstruierbar. **Lit.**: M. Baltes, in: RAC Suppl. III (1985) 323–332.

Amnestie (gr. amnestia, »Verzeihung«), in Griechenland Versöhnung nach inneren oder äußeren Streitigkeiten wie Kriegen. Gesetzlich wurde auf strafrechtl. Verfolgungen verzichtet, die inneren oder äußeren Konflikte sollten so überwunden werden, so im athen. A.-Beschluss von 403 v. Chr. oder im Friedensvertrag zwischen Milet und Magnesia von 196 v. Chr.

Amoibaion (gr., »Wechselgesang«), Wechselgesang zwischen Chor und Schauspielern bzw. zwischen zwei Schauspielern (Duett) im att. Drama. Eine Sonderform ist der ↗ Kommos, der Klagegesang. Berühmtestes Beispiel ist das A. zwischen Orest, Elektra und dem Chor am Grab Agamemnons in den *Choëphoren* des ↗ Aischylos.

Amor, röm. Liebesgott, dem gr. ↗ Eros entsprechend.

Ampelius, Lucius A., röm. Schulbuchautor. Der *Liber memorialis* des A. wird aufgrund seiner Sprachform meist ins 4. Jh. datiert. Das »Merkbuch« enthält in knapper Form Schulwissen zu Kosmo- und Geographie, Mythologie und Historie. Die Notizen zur röm. Geschichte gehen kaum über Trajan hinaus. **Lit.**: P. L. Schmidt, in: HLL V (1989) 175–177.

Ampelos ↗ Efeu

Amphiaraos, wie sein Großvater ↗ Melampus ein berühmter myth. Seher. Er nimmt an der ↗ Kalydon. Jagd teil und vertreibt den argiv. König Adrastos von seinem Thron; nach ihrer Aussöhnung heiratet er dessen Schwester Eriphyle. Diese zwingt ihn, von Polyneikes mit dem Halsband und dem Brautkleid der Harmonia bestochen, am Zug der ↗ Sieben gegen Theben teilzunehmen, obwohl er sein Scheitern vorausgesehen hat. A. lässt seinen Sohn Alkmeon schwören, später dafür Rache zu nehmen. Im Kampf wird jedoch sein Leben von Zeus gerettet, der mit einem Donnerschlag die Erde vor ihm spaltet, in die er mitsamt seinem Pferd und Wagen verschwindet. An dieser Stelle entspringt eine Quelle. A. erhält kult. Verehrung im Amphiareion (Attika).

Amphidamas (1) (gr. Amphidamas), einer der ↗ Argonauten, Vater des ↗ Meilanion.

Amphidamas (2) (gr. Amphidamas), Sohn des ägypt. Königs ↗ Busiris.

Amphiktyon, in der Mythologie Sohn des ↗ Deukalion und der ↗ Pyrrha. Nach seiner Ehe mit Kranae, der Tochter des ↗ Kranaos, entthront er seinen Schwiegervater und herrscht für zwölf Jahre in Athen, bevor er seinerseits von ↗ Erichthonios entmachtet wird. Auf ihn soll der griech. Brauch, Wein mit Wasser zu mischen, zurückgehen.

Amphiktyonie (gr. amphiktyones, »Umwohner«), Kultgemeinschaft griech. Stämme oder Poleis, die sich um ein Heiligtum herum bildete. Am bedeutendsten war die pyläisch-delph. A. mit zwei Heiligtümern, dem der Demeter in Anthela nahe den Thermopylen und – spätestens seit dem Ende des 7. Jh. v. Chr. – dem des Apollon in ↗ Delphi. Die pyläisch-delph. A. wurde quasi zu einer »Doppel-A.« und zählte zwölf Stämme zu ihren Mitgliedern. Zweimal jährlich fanden Versammlungen der Amphiktyonen statt, zu denen jeder Stamm zwei Abgeordnete (*hieromnemones*) schickte. **Lit.**: K. Tausend, A. und Symmachie (1992).

Amphilochos, Sohn des ↗ Amphiaraos, myth. Wahrsager. Er tötet zusammen mit seinem Bruder ↗ Alkmeon seine Mutter ↗ Eriphyle.

Amphion und Zethos, in der Mythologie die Zwillingssöhne des Zeus und der Antiope, die Zeus in Gestalt eines Satyrs verführt hatte. Nach ihrer Geburt werden sie vom König Lykos ausgesetzt und von Hirten aufgezogen. Später rächen sie die Untat an Lykos und seiner Frau Dirke, die sie von einem Stier zu Tode schleifen lassen. A. und Z. gründen Theben. Dabei spielt A. so wunderschön auf einer Leier, einem Geschenk des Hermes, dass sich die Steine Thebens verzaubert von selbst zu gewaltigen Mauern zusammenfügen.

Amphipolis, griech. Stadt in ↗ Thrakien (heute Griechenland). Das nahe der thrak. Küste am ↗ Strymon gelegene A. war Straßenknotenpunkt und daher von strateg. Bedeutung. 437 v. Chr. wurde A. athen. Kolonie, im ↗ Peloponnes. Krieg unterlag hier 422 ↗ Kleon den Spartanern. 357 fiel die Stadt an ↗ Makedonien, 168 wurde A. Hauptstadt einer der vier makedon. Teilrepubliken. 148 wurde Makedonien röm. Provinz und A. Hauptstadt des 1. Gerichtsbezirks. In byzantin. Zeit sank mit dem Aufstieg ↗ Thessalonikes die Bedeutung von A. **Lit.**: PECS (1976). – GLHS (1989) 109 f. – ASM (1999).

Amphiprostylos (gr., »vorn und hinten mit Säulen versehen«), Grundrissform des griech. Tempels, bei dem sich an beiden Schmalseiten (Fronten) eine gerade Anzahl von Säulen befanden, welche die gesamte Breite des Bauwerks einnahmen (z. B. der Tempel der Athena Nike in Athen). **Lit.**: G. Gruben, Die Tempel der Griechen (⁴1986). – H. Knell, Grundzüge der griech. Architektur (²1988).

Amphissos (gr. Amphissos), Sohn des Gottes Apollon und der ↗ Dryope.

Amphitheater (gr., »doppeltes Theater«), röm. Theaterbau für Aufführungen von Gladiatorenkämpfen, Tierhetzen und Naumachien (Seeschlachten). Der ellipt. Bau hatte gestufte Sitzreihen, die von allen Plätzen einen ungehinderten Blick auf die Arena boten. Größtes A. ist das ↗ Kolosseum in Rom. **Lit.**: F.-J. Verspohl, Stadionbauten von der Antike bis zur Gegenwart (1976).

*Römisches Amphitheater
in Thysdrus (h. El Djem,
Tunesien)*

Amphitheatrum Flavium ↗ Kolosseum

Amphitrite, eine ↗ Nereïde, Frau Poseidons, den sie zunächst verschmäht. Poseidon schickt ihr auf ihrer Flucht einen Delphin, der sie zur Rückkehr bewegen kann. Sie heiratet Poseidon, der den Delphin als Sternbild in den Himmel versetzt, und wird Mutter des Triton.

Amphitryon (gr. Amphitryon, lat. Amphitruo), in der Mythologie Sohn des Alkaios und Enkel des ↗ Perseus. Seine Frau ↗ Alkmene verweigert sich ihm, bis die Ermordung ihrer Brüder durch die Taphier gerächt sei. A. führt einen erfolgreichen Feldzug. Kurz vor seiner Rückkehr nähert sich Zeus in A.s Gestalt der Alkmene. Nach seiner Heimkehr bemerkt A. die Tat seiner Frau, die sich keiner Schuld bewusst ist. Verzweifelt wendet er sich an den Seher Teiresias, der ihn aufklären und versöhnlich stimmen kann. Alkmene bekommt Zwillinge: von Zeus den Herakles, von A. den Iphikles. Der Stoff wird als Doppelgänger- und Verwechslungskomödie von Plautus (*Amphitruo*) behandelt und hat eine lange lit. Tradition begründet.

Amphore (gr. amphora, von amphoreus, »auf beiden Seiten [zu] tragen«), zweihenkeliges, mit einem Deckel aus Ton verschließbares Transport- und Vorratsgefäß zur Aufbewahrung von Wein, Öl und auch festen Nahrungsmitteln. Ferner fand es Verwendung als Wahlurne und im sakralen Bereich auch als Aschenurne. Man unterscheidet Hals-A.n mit vom Körper klar abgesetztem Hals und Henkeln (Strickhenkel-A., panathenäische A., Spitz-A., ↗ Lutrophoros) und Bauch-A.n, gleichfalls mit Halshenkeln, aber gleitendem Übergang vom Körper in den Hals. **Lit.:** W. Schiering, Die griech. Tongefäße (²1983). – I. Scheibler, Griech. Töpferkunst (²1995).

Amphoteros, in der Mythologie Sohn des ↗ Alkmeon und der Kallirhoë, Bruder der ↗ Akarnan.

Ampurias ↗ Emporiae

Amulius, Bruder des ↗ Numitor, den er entmachtete. Er wird von ↗ Romulus und Remus erschlagen.

Amyklai, vorgriech. Siedlung 5 km südl. von Sparta beim heutigen Tsausi, Heiligtum des ↗ Hyakinthos, seit der Eroberung durch Sparta des ↗ Apollon. In histor. Zeit »Dorf« (*obe*) von Sparta mit eigenen Ephoren. ↗ Sparta.

Amykos, Sohn Poseidons, myth. König der Bebryker in Bithynien, ein großer Boxkämpfer, der sein Land dadurch verteidigt, dass er jeden Ankömmling, so auch die ↗ Argonauten, zum Faustkampf herausfordert. Er wird von Polydeukes besiegt und getötet.

Amymone, eine der Töchter des ↗ Danaos und der ↗ Europe, Mutter des ↗ Nauplios. Von einem Satyr belästigt, wird sie von Poseidon gerettet, mit dem sie Nauplios zeugt.

Amyntor, in der Mythologie Sohn des Ormenos, Vater von Krantor, Euaimon, ↗ Astydameia (3) und ↗ Phönix. Nach Ovid ist er König der Doloper, nimmt an der ↗ Kalydon. Jagd teil und gibt ↗ Peleus seinen Sohn Krantor als Geisel, als er von diesem besiegt wird.

Anabasis (gr., »Weg hinauf/ins Landesinnere«), Titel der autobiograph. Schrift des ↗ Xenophon von Athen und des ↗ Arrian.

Anacharsis, Skythe aus fürstl. Geschlecht; Herodot bezeichnet ihn als Bruder des Skythenkönigs Saulios. A. lebte im 6. Jh. v. Chr. und zeichnete sich durch seine Bildung vor den anderen Skythen aus. Er unternahm mehrere Reisen, u. a. nach Griechenland. Der Versuch, bei seinem Volk griech. Kulte und Sitten einzuführen, kostete ihn das Leben. Später wurde A. zuweilen zu den Sieben Weisen gerechnet. Die unter seinem Namen erhaltenen Briefe stammen wahrscheinlich aus dem 3. Jh. v. Chr. **Lit.:** F. H. Reuters, Die Briefe des A. (1963). – J. F. Kindstrand, A. (1981).

Anadiplose (gr. anadiplosis, lat. geminatio, »Verdoppelung«), Begriff der Rhetorik. Das Schlusswort einer Sinneinheit wird zu Beginn der nächsten wiederholt.

Anadyomene, Beiname der Göttin ↗ Aphrodite (»die dem Meer entsteigende«).

Anagnorisis (gr., »Wiedererkennung«), wichtiges Strukturelement der antiken Literatur. Zwei längere Zeit getrennt lebende Personen finden sich mit Hilfe von unveränderl. Merkmalen oder Gegenständen (*gnorismata*, z. B. die Narbe des Odysseus) wieder. Bes. Euripides zeigt eine Vorliebe für die A., die er häufig mit einer Intrige koppelt. Von Euripides findet die A. ihren Weg in die Neue Komödie.

Anaklasis, Begriff der Metrik, mit dem man das Vertauschen von zwei Elementen bezeichnet, z. B. ∪−∪− (Jambus) wird zu −∪∪− (Chorjambus).

Anakreon (gr. Anakreon) von Teos, ca. 575–490 v. Chr., griech. Lyriker. Beim pers. Angriff auf Teos (ca. 540) floh A. und wurde zunächst vom Tyrannen auf Samos, Polykrates, dann von dem Athens, Hippokrates, am Hofe aufgenommen. Seine sympot. Lyrik, die Aristarchos von Samothrake wohl in fünf Büchern herausgab, ist nur fragmentarisch erhalten und handelt größtenteils von Liebe und Wein, während polit. Themen fehlen. So kam A. schon früh in den Ruf eines sinnenfrohen Sängers und wurde zum Namensgeber einer späteren Sammlung von Liedern gleicher Thematik, den sog. *Carmina Anacreontea,* auf die dann die deutsche Anakreontik des 18. Jh. rekurrierte. A. soll auch Elegien, Jamben, Hymnen und Partheneia geschrieben haben. **Lit.:** B. Gentili, Anacreon (1958). – P. Rosenmeyer, The Poetics of Imitation (1992).

Analphabetismus. Zuverlässige Angaben über den Stand der Alphabetisierung in der griech.-röm. Antike fehlen. Der private Charakter von Schulen in Griechenland wie in Rom ließ nur einer Minderheit eine umfangreiche Bildung zukommen. Bestanden auch zwischen Stadt und Land deutl. Unterschiede, dürften weite Kreise der Bevölkerung zumindest rudimentäre Kenntnisse in Schreiben, Lesen und Rechnen gehabt haben; Alltagsfunde wie die griech. Fluchtafeln oder die Graffiti in Pompeji belegen dies. **Lit.:** W. V. Harris, Ancient Literacy (1989). – A. K. Bowman/G. Woolf (Hg.), Literacy and Power in the Ancient World (1996).

Anamnesis (gr., »Wiedererinnerung«) ↗ Sokrates, Platon, Plotin

Anapäst, Begriff der Metrik, Versfuß der Form Doppelkürze, Länge (∪∪−). Man unterscheidet Marsch-A.e, die bes. beim Einzug des Chors in der Tragödie verwendet werden, von lyr. oder Klage-A.en.

Anapher (gr. anaphora), rhetor. Figur, die dasselbe Wort zu Beginn mehrerer Sinneinheiten wiederholt (entsprechende Figur für die Wiederholung am Ende: Epipher).

Anastasius I., Flavius A., oström. Kaiser 491–518 n. Chr.; geb. um 431 in Dyrrachium (Illyrien). Unter Kaiser Zenon dem Isaurier war A. im Hofdienst aufgestiegen; nach dem Tod Zenons 491 trat A. mit Hilfe der Kaiserwitwe Ariadne, die er bald darauf heiratete, die Herrschaft an. Den daraufhin ausbrechenden Aufstand der Isaurier konnte er 498 niederschlagen. 502

kam es zum Krieg mit den Sasaniden, der 506 durch einen Waffenstillstand vorerst beendet wurde. Innenpolitisch erwies sich A. als fähiger Finanzpolitiker: Am Ende seiner Regierung war die Staatskasse gut gefüllt.

Anastrophe (gr., »Umdrehung«) ↗ Inversion

Anatolien (gr. anatole, »Aufgang, Osten«), seit Herodot verwendete und heute übl. Bezeichnung für Vorderen ↗ Orient, das Land im O, wo die Sonne aufgeht. Im MA wurde A. speziell als Bezeichnung für das gesamte Kleinasien verwendet.

Anatomie (gr. anatome, das »Aufschneiden«). Die ägypt. Wissenschaft beschäftigte sich intensiv mit anatom. Forschung wie auch mit ↗ Chirurgie. Die Mumifizierungspraxis ermöglichte zudem gute Kenntnisse von Lage und Struktur der menschl. Organe, wenn auch religiöse Hemmnisse wissenschaftl. Obduktionen entgegenstanden. Auch bei den Griechen verhinderten religiöse Vorschriften gezielte Sektionen. Chirurg. Erfahrungen sowie Tiersektionen (die oft zu Fehlinterpretationen führten) waren bis ins 3. Jh. v. Chr. die Methoden der anatom. Forschung. Die Blüte griech. Skulptur in Archaik und Klassik belegt anschaulich die eingehenden Kenntnisse der Oberflächen-A. des menschl. Körpers. Das *Corpus Hippocraticum* enthält zahlreiche anatom. Informationen, doch brachte erst die seit dem 3. Jh. v. Chr. in Alexandria (u. a. durch ↗ Herophilos) praktizierte Humansektion detaillierte Kenntnisse zur Human-A. ↗ Celsus berichtet auch von Vivisektionen an verurteilten Verbrechern im ptolemäischen Ägypten. In späthellenist. Zeit wurde Sektionen auch in Alexandria eingestellt, die medizin. Fachautoren der röm. Kaiserzeit stützen sich in anatom. Abhandlungen auf hellenist. Literatur, auch Galen basierte bes. auf dem Studium der tier. Anatomie durch Sektion und auf älteren Quellen zu Humansektion; in seinen Werken fasst er aber das bekannte Wissen systematisch zusammen und bildete durch die aufkommende Rezeption seiner Werke im 16. Jh. die Grundlage moderner A. **Lit.:** F. Kudlien, Funktionelle und deskriptive A. in der Antike (1963). – F. Kudlien/R. Herrlinger, Frühe A. (1967).

Anaxagoras (gr. Anaxagoras) von Klazomenai, 500–428 v. Chr., griech. Philosoph. A. lebte als Perikles' Freund und Lehrer seit ca. 461 in Athen; um 431 wurde er wegen Asebie nach Lampsakos verbannt, wo er eine Schule gründete. A. sieht die Welt aus unterschiedl., in ihrer Anzahl unendl. Grundstoffen aufgebaut, die er selbst »Samen« (*spermata*) und die spätere doxograph. Tradition »Homoiomerien« nannte. Ursprünglich waren diese vermischt, durch eine Rotationsbewegung schieden sich aus den verschiedenen Materiezuständen kalt, feucht, schwer etc. die konkreten Stoffe wie Luft, Wasser, Erde; die jeweils vorherrschende Samenqualität bestimmt die Qualität des entstehenden Stoffes. Initiator und Lenker der Bewegung und Ordnung ist der autarke und ungemischte »Geist« (*nus*), an dem die Lebewesen in unterschiedl. Maß teilhaben. **Lit.:** M. Schofield, An Essay on A. (1980). – C. Pietsch, Die Homoiomerienlehre des A., in: J. Althoff/B. Herzhoff/G. Wöhrle (Hg.), Antike Naturwissenschaft und ihre Rezeption XI (2001) 43–59.

Anaxarchos aus Abdera, griech. Philosoph, Mitte 4. Jh. v. Chr. A. war Schüler ⁊ Demokrits und Lehrer ⁊ Pyrrhons. Im Gefolge Alexanders d.Gr. soll er bis Indien gelangt sein. Als Titel einer (verlorenen) Schrift ist bezeugt *Über die Monarchie.*

Anaxarete, myth. schönes, vornehmes Mädchen aus Zypern, zur Strafe von ⁊ Aphrodite in einen Stein verwandelt, weil sie ⁊ Iphis (2) zurückgewiesen hatte.

Anaximander (gr. Anaximandros) aus Milet, ca. 610–546 v. Chr., jon. Naturphilosoph. Das Urprinzip der Welt ist für A. das zeitlich und räumlich unbegrenzte *apeiron.* Unter seinem Einfluss entsteht zunächst das Heiße und das Kalte; aus dem Konflikt der Gegensätze bildet sich dann der Kosmos, danach auch die Tiere und Menschen. Die widerstreitenden Kräfte sind einander abwechselnd überlegen, so dass eine dynam. Balance entsteht. Das einzige erhaltene Fragment aus A.s Schrift *Über die Natur* spricht vom »Unrecht«, das die Dinge einander tun, und der »Strafe«, die sie einander deshalb zahlen müssen. Im Gegensatz zu seinen Vorgängern gibt A. eine entmythologisierte Erklärung der Welt. A. soll außerdem die Sonnenuhr nach Griechenland gebracht, eine Weltkarte gezeichnet und einen Himmelsglobus gebaut haben. **Lit.:** W. Röd, Geschichte der Philosophie I (1988) 39–46. – H. Schmitz, A. und die Anfänge der griech. Philosophie (1988). – A. Finkelberg, Anaximander's conception of the *apeiron,* Phronesis 38 (1993) 229–256.

Anaximenes (1) (gr. Anaximenes) aus Milet, ca. 580–525 v. Chr., jon. Naturphilosoph. A. soll Schüler des Anaximander gewesen sein. Anders als dieser ließ A. sein Urprinzip nicht unbestimmt, sondern benannte es als die Luft (*aer*). Aus ihr entsteht alles. Durch Verdichtung der Luft entstehen Feuer, Wind, Wolken, Wasser, Festes, und durch Verdünnung verläuft der Prozess in entgegengesetzter Folge. In der Luft haben ferner die Götter ihren Ursprung, aus ihr ist auch die menschl. Seele gemacht. A.' Werk ist nur fragmentarisch erhalten. **Lit.:** W. Röd, Geschichte der Philosophie I (1988) 47–52. – G. Wöhrle, A. aus Milet (1993).

Anaximenes (2) (gr. Anaximenes) aus Lampsakos, griech. Historiker und Rhetor, 4. Jh. v. Chr. Bezeugt sind eine Geschichte Griechenlands von der myth. Zeit bis zur Schlacht von Mantineia und je eine Geschichte Philipps und Alexanders d.Gr. Wahrscheinlich ist A. auch der Verf. der unter dem Namen des Aristoteles überlieferten *Rhetorik an Alexander* (ca. 340 v. Chr.), des einzigen erhaltenen voraristotel. Rhetoriklehrbuchs in sophist. Tradition. **Lit.:** M. Fuhrmann, Das systemat. Lehrbuch (1960) 11–28.

Anceps (lat., »doppeldeutig«, pl. ancipitia) Begriff der Metrik; Element im Vers, bei dem Kürze (*breve*), Länge (*longum*) oder sogar Doppelkürze möglich ist (metr. Zeichen: x).

Anchises, myth. König von Dardanien, mit Aphrodite Vater des ⁊ Äneas. Nachdem er Aphrodites strenges Gebot, ihre Verbindung niemals jemandem zu verraten, übertreten hatte, wird er von Zeus durch einen Blitzschlag gelähmt. Im Alter weigert er sich zunächst, das brennende Troja zu verlassen, bis ihm ein göttl. Zeichen erscheint, wonach er Äneas erlaubt, ihn auf den Schultern aus der Stadt zu tragen. In Vergils *Äneis* wird die Vater-Sohn-Beziehung zum Inbegriff der röm. ⁊ *Pietas.*

Ancile, rituelles Bronzeschild, nach röm. Tradition Unterpfand der röm. Herrschaft. Nach Livius fiel das Schild unter König ⁊ Numa vom Himmel. Dieser ließ elf Kopien dieses göttl. Zeichens anfertigen, um es so vor Raub zu schützen. Die zwölf *ancilia* wurde von den ⁊ Saliern zweimal jährlich in Prozessionen durch die Stadt getragen. Der Mythos wird von mehreren antiken Autoren in Variationen beschrieben. **Lit.:** J. N. Bremmer, in: F. Graf, Mythos in mythenloser Gesellschaft (1993) 160–165.

Ancus Marcius, legendärer vierter König Roms, ein friedl. Herrscher, der in der jungen Stadt durch verschiedene Bau- und Ordnungsmaßnahmen für Sicherheit sorgt, die Infrastruktur verbessert und die Stadtgrenzen erweitert. Das historisch bedeutende, aber ursprünglich plebeische Geschlecht der Marcii, die *gens Marcia,* betrachtet ihn als ihren königl. Ahnherren.

Andokides (gr. Andokides), athen. Politiker und Redner aus wohlhabender Adelsfamilie, ca. 440-391 v. Chr. A.' erste Rede 417/16 (*Gegen Alkibiades*) gilt als unecht. A. war 415 als Mitglied einer Hetairie in den Hermokopidenfrevel und den Mysterienskandal verwickelt und wurde verhaftet. Obwohl er seine Komplizen (Thuk. 6,60) verriet, wurde er verbannt. Seine Versuche, nach Athen zurückzukehren, waren erfolglos (so auch die Rede *Über die eigene Rückkehr* 407, in der er seine Vergehen als Jugendsünden darstellt). Erst 403 konnte A. im Zuge einer allg. Amnestie zurückkehren. 399 erneut wegen des Mysterienskandals angeklagt, konnte er sich in der Rede *Über die Mysterien* erfolgreich verteidigen. Als Gesandter im Korinth. Krieg wurde er nach der Ablehnung seines Friedensvertrags 392/91 wegen Amtsmissbrauchs angeklagt. In der Rede *Über den Frieden mit den Spartanern* versuchte er sich zu rechtfertigen, entzog sich aber der Bestrafung durchs Exil, wo er starb. A. war kein berufsmäßiger Redner, seine Reden sind – vielleicht mit Absicht – kunstlos, wirken ohne rhetor. Schmuck unbeholfen und haben eine einfache, manchmal lose, dafür aber effektvolle argumentative Struktur. A. gehört zum Kanon der zehn att. Redner. **Lit.:** A. Missiou, The Subversive Oratory of A. (1992). - S. Feraboli, Andocide, in: Oratori Attici minori, vol. II (1995) 231–437. – W. D. Furley, A. and the Herms (1996).

Andraimon, Gründer der Stadt Amphissa, Gemahl der Gorge, der Tochter des ⁊ Oineus.

Andriskos, Gerber aus Adramyttion in Kleinasien, gab sich seit 151 v. Chr. als Philippos, Sohn des Makedonenkönigs Perseus, aus (»Pseudophilippos«). 149 drang A. in Makedonien ein und wurde in Pella König. 148 wurde er von Q. Caecilius Metellus geschlagen. A. floh nach Thrakien, wurde aber ausgeliefert. Das Auftreten des A. war für die Römer der Anlass, Makedonien in eine Provinz umzuwandeln.

Androgeos, in der Mythologie Sohn von ↗ Minos und ↗ Pasiphaë. Er stirbt beim Kampf gegen den Stier von Marathon, den er im Auftrag des ↗ Aigeus töten soll. Um seinen Tod zu rächen, erobert Minos Megara und legte Athen den jährl. Tribut von je sieben Jungfrauen und sieben Jünglingen auf. ↗ Theseus befreit durch die Tötung des ↗ Minotauros die Stadt von den Menschenopfern.

Andromache (gr. Andromáche), Frau Hektors, Mutter des Astyanax. Im ↗ Trojan. Krieg verliert sie durch Achills Schwert ihren Vater, ihre sieben Brüder und schließlich ihren Mann. Nach Hektors Tod stürzen die Griechen ihren Sohn von der Stadtmauer, sie selbst wird Sklavin und Geliebte des Neoptolemos. Nach seinem Tod wird A. die Frau des trojan. Sehers Helenos, Gründer der Stadt Buthroton in Epirus, wo ihr Äneas auf seiner Fahrt nach Italien begegnet. Ihre Geschichte schildert Euripides in seiner gleichnamigen Tragödie. Hektors Abschied von A. und Astyanax gehört zu den beeindruckendsten Partien der *Ilias* (Buch 6).

Andromeda, (gr. Androméda), Tochter des myth. Königs Kepheos von Joppa und der Kassiopeia. Als sich ihre Mutter brüstet, sie und A. überträfen mit ihrer Schönheit selbst die Nereïden, schickt Poseidon zur Strafe ein Meeresungeheuer. A. wird von ihrem Vater nach einem Orakelspruch, der den Erhalt des Reiches nur durch die Opferung der Tochter verspricht, an einen Felsen gekettet. Perseus jedoch, der gerade von seinem Zug gegen die ↗ Gorgonen zurückkehrt, rettet sie und nimmt sie zu seiner Frau. Beide werden sie später von Athena als Sternbilder an den Himmel versetzt.

Andronikos von Rhodos, griech. Philosoph, Schulhaupt des Peripatos ca. 70–50 v. Chr. A. gab die Werke des Aristoteles und Theophrast heraus und kommentierte einzelne aristotel. Schriften. Ein eigenes philosoph. Werk (*Über die Einteilung*) wirkte später auf Boethius' Schrift *De divisione*. In einer längeren Abhandlung legte A. ein Verzeichnis der aristotel. und theophrast. Lehrschriften vor und befasste sich mit Fragen ihrer Authentizität und Reihenfolge. **Lit.:** I. Düring, Aristotle in the Ancient Biographical Tradition (1957). – P. Moraux, Der Aristotelismus bei den Griechen I (1973) 97–141.

Andros, zweitgrößte Insel der Kykladen (Griechenland). In der Antike lag der Hauptort an der Westküste beim heutigen Paliopolis. A. gründete um 655 v. Chr. mehrere Kolonien auf der ↗ Chalkidike. Die auf pers. Seite kämpfende Insel wurde von Themistokles belagert und dem 1. ↗ Att. Seebund angegliedert. Im ↗ Peloponnes. Krieg trat A. auf Spartas Seite. Um 200 gelangte die Insel zum Königreich ↗ Pergamon, 133 v. Chr. fiel A. an Rom und wurde Teil der Provinz Asia.

In der Spätantike verlagerte sich die Besiedlung in den NO der Insel. Geringe Reste der antiken Stadt, bes. der Stadtmauer sind erhalten. **Lit.:** PECS (1976). – GLHS (1989) 154–56.

Androtion (gr. Androtíon) aus Gargettos, griech. Historiker, ca. 415/405–344/43 v. Chr., Verf. einer mindestens acht Bücher umfassenden ↗ Atthis.

Angarium (lat.; gr. angareion), bei den Persern Bezeichnung für das Institut der königl. Botenreiter. Die Boten, die ausschließlich im Dienst des Königs standen, wechselten an Stationen, die einen Tagesritt voneinander entfernt lagen (↗ Staatspost). – In der röm. Kaiserzeit ist A. die Bezeichnung für eine gesetzliche Verpflichtung zur unentgeltl. Transportleistung.

Anio (heute Aniene), linker Nebenfluss des ↗ Tiber. Der A. bildete die Grenze zwischen ↗ Latium und dem Gebiet der ↗ Sabiner. Er entspringt östl. des heutigen Trevi, fließt an ↗ Tibur vorbei (dort auch Wasserfall) und mündet bei Antemnae in den Tiber. Der A. war in antiker Zeit von zentraler Bedeutung für die ↗ Wasserversorgung der Stadt Rom. Er speiste die Aqua Claudia und die Aqua Marcia; den beiden Wasserleitungen A. vetus (272 v. Chr.) und A. novus (52 n. Chr.) gab der Fluss den Namen.

Anios, Sohn der Rhoio und des ↗ Apollon, myth. Priesterkönig in Delos, Wahrsager und Vater der ↗ Oinotrophoi.

Anker. In der Antike wurden Steine, aber auch mit Steinen gefüllte Körbe und Blei-A. zum Ankern verwendet. Die heute noch übl. Form des A.s mit seinen Schaufeln zur Befestigung am Meeresboden wurde wohl von Phöniziern zu Beginn des 1. Jt. v. Chr. entwickelt. Mit dem Anker verbundene Metaphorik findet sich seit der Antike: A. als Zeichen des Neptunkultes, der Seefahrt, der Seleukiden-Dynastie, bes. aber in der christl. Symbolik als Zeichen der Hoffnung und des Kreuzes (durch Erweiterung mit einem Querbalken). Zahlreiche A. aus der Antike sind erhalten.

Ankyra (lat. Ancyra; heute Ankara/Türkei), Stadt in Galatien. A. war seit prähistor. Zeit besiedelt und gehörte zu Phrygien. Im 3. Jh. v. Chr. bauten die nach Kleinasien eingewanderten Galater A. zu ihrer Hauptstadt aus. 25 v. Chr. wurde A. Hauptstadt der Provinz Galatia. Nach der Weihung des großen Augustus-und-Roma-Tempels auch Zentrum des Kaiserkults der Provinz; an den Wänden dieses Tempels fand sich das sog. Monumentum Ancyranum, eine Kopie des in griech. und lat. Sprache abgefassten Tatenberichts des Kaisers Augustus (*Res gestae divi Augusti*) – von Th. Mommsen als »Königin der Inschriften« bezeichnet. Die byzantin. Festung gehört zu den wichtigsten erhaltenen Bauwerken der Stadt. **Lit.:** E. Bosch, Quellen zur Geschichte der Stadt A. im Altertum (1967). – S. Mitchell, Anatolia I (1993). – ASM (1999).

Anna, Schwester der ↗ Dido, der myth. Königin von Karthago, in Vergils *Äneis*.

Annalen (lat. annáles, »Jahrestafeln«). Der höchste röm. Priester (*pontifex maximus*) verzeichnete spätestens seit dem 4. Jh. v. Chr. chronikartig die wichtigsten Ereignisse eines Jahres (Amtsinhaber, Teuerungen,

Sonnen- und Mondfinsternisse, Prodigien) auf öffentlich aufgestellten Tafeln. Diese wurden in der Gracchenzeit von P. ↗ Mucius Scaevola in 80 Büchern (*Annales maximi*) veröffentlicht. Daraus entwickelte sich die annalist. Geschichtsschreibung, die – im Unterschied zu monograph. Darstellungen – nicht Einzelereignisse, sondern die Geschichte nach Amtsjahren der Konsuln geordnet, von der Gründung der Stadt Rom bis zur Gegenwart des jeweiligen Autors darstellte. Die ältesten Annalisten (Q. ↗ Fabius Pictor, L. ↗ Cincius Alimentus, C. Acilius, A. Postumius Albinus [3./2. Jh.]) schrieben griechisch, um in der gesamten Oikumene rezipiert zu werden. In der 2. Hälfte des 2. Jh. v. Chr. traten mit Cassius Hemina und Cn. ↗ Gellius die ersten lateinisch schreibenden älteren Annalisten auf. Die Vertreter der jüngeren Annalistik (Q. Claudius Quadrigarius, Valerius Antias, C. Licinius Macer [Sulla-Zeit]) dienten Livius als Quelle, der als letzter die gesamte röm. Geschichte umfassend darstellte und dadurch seine Vorgänger verdrängte. Seit ↗ Sempronius Asellio (Gracchenzeit) wird zwischen A. als Vergangenheits- und Historien als Zeitgeschichte unterschieden. So auch noch bei Tacitus, der jedoch das nach Jahren geordnete Gliederungsschema zugunsten anderer Ordnungsmerkmale weitgehend aufgegeben hat. **Lit.:** B. W. Frier, Libri Annales Pontificum Maximorum (1979).

Anna Perenna, röm. Göttin, in deren Hain am ersten Meilenstein der Via Flaminia am Tiber an den Iden des März ein Neujahrsfest begangen wurde.

Annius, röm. Gentilname. Das plebeische Geschlecht der Annii ist seit dem 3. Jh. v. Chr. nachweisbar. Die bekanntesten Vertreter waren in republikan. Zeit T. Annius Milo, in der Kaiserzeit die Kaiser Mark Aurel und Flavius, die Kaiserinnen Faustina maior und ihre Tochter sowie Appia Regilla, die Gattin des Atticus.

Annona (lat.), Bezeichnung für die Jahresernte bzw. für den jährl. Getreidebedarf der Stadt Rom. Es war Aufgabe der *cura annonae,* diese Lebensmittelversorgung Roms zu garantieren und zu organisieren. Das Anwachsen Roms bes. ab dem 2. Jh. v. Chr. machte die Stadt abhängig von Getreidelieferungen aus den Provinzen: Sizilien (ab 210 v. Chr.) und Afrika (ab 146) zahlten ihre Provinzialsteuern bes. in Getreide. Die prekäre soziale Lage weiter Kreise sowie die populare Politik in der späten Republik ließ die *cura annonae* zu einem zentralen Gegenstand röm. Innen- und Machtpolitik werden. Gaius ↗ Gracchus legte gesetzlich einen niedrigen Festpreis fest und ließ Getreidespeicher errichten. Die öffentl. Getreideverteilung wurde 81–73 eingestellt, doch leistete die *plebs urbana* heftigen Widerstand. 58 führte ↗ Clodius kostenlose Gerteideverteilungen ein, 57 übertrug nach inneren Unruhen der Senat die Aufgabe der *cura annonae* an ↗ Pompeius. Noch unter Augustus erhielten (nach mehrfacher Reduzierung der Empfangsberechtigten) etwa 200.000 Menschen in Rom kostenloses Getreide als Ernährungsgrundlage. Augustus reorganisierte 22 v. Chr. die *cura annonae,* die schließlich

von einem *praefectus annonae* übernommen wurde. Voraussetzung für die Zuteilung war weniger die Bedürftigkeit, vielmehr musste man in Rom ansässig sein. Seit Claudius war Ostia der Getreidehafen Roms, hier und in Rom wurden große Speicheranlagen errichtet, um eine gleichmäßige Verteilung zu garantieren; seit Aurelian wurde Brot statt Getreide ausgegeben. Ab dem 4. Jh. wurde in Konstantinopel nach röm. Vorbild ebenfalls Getreide verteilt. **Lit.:** G. Rickman, The Corn Supply of Ancient Rome (1980).

Anonymi (gr. anonymos, »namenlos«). Die Anonymität mancher antiker und mittelalterl. Schriften rührt entweder von einer bewussten Verschleierungsabsicht des Autors oder von Mängeln der Überlieferung her. Zu den bekanntesten anonymen Schriften zählen der ↗ *Auctor ad Herrenium,* die Schrift *De sublimitate* (fälschlich dem Longinus zugeschriebener griech. Traktat über den hohen Stil, 1. Jh. n. Chr.) und die ↗ *Disticha Catonis* (↗ Pseudepigraphon).

Antaios, Sohn des Poseidon und der Gaia, ein Riese in Libyen, der im Ringkampf, zu dem er jeden Ankömmling nötigt, durch die Berührung des Erdbodens neue Kraft gewinnt. Auf seiner Suche nach den goldenen Äpfeln hebt ihn Herakles in die Luft empor und erwürgt ihn.

Antalkidas (gr. Antalkidas), spartan. Feldherr unter König Agesilaos, gest. 367 v. Chr.; Vermittler des sog. Königsfrieden von 387/86, der deshalb auch als Antalkidas-F. bezeichnet wird.

Antefix (lat.), gebrannte und ornamental verzierte bzw. bemalte Platten, am Dachrand oder am Scheitel der Firstziegel griech., röm. oder etrusk. Tempel befestigt.

Anteia, Name ↗ Stheneboias in den homer. Epen.

Antenor (1), Figur der griech. Mythologie, Trojaner, der im ↗ Trojan. Krieg für den Frieden plädiert; auch nimmt er Odysseus und Menelaos, die als Abgesandte Helenas Rückgabe fordern, als Gäste freundlich auf und wird bei der Plünderung Trojas verschont. Nach Trojas Untergang siedelt er sich mit den Venetern in dem nach diesen benannten Venetien an und gründet Patavium (das heutige Padua).

Antenor (2), möglicherweise Sohn des Eumares, att. Bildhauer der zweiten Hälfte des 6. Jh. v. Chr. Seine Signatur findet sich an einer Statuenbasis auf der Akropolis von Athen, zu der wohl die überlebensgroße, monumentale Kore gehört, die Nearchos der Athena geweiht hatte. A. wird die Bronzegruppe der Tyrannenmörder Harmodios und Aristogeiton zugeschrieben, die von Xerxes verschleppt und nach dem Perserkriegen durch die Bildhauer Kritios und Nesiotes ersetzt worden war. Ferner hat A. vermutlich bei der Schaffung der Giebelskulpturen des Apollon-Tempels in Delphi mitgewirkt. **Lit.:** W. Fuchs/J. Floren, Die griech. Plastik (1987). – A. F. Stewart, Greek Sculpture (1990).

Antentempel ↗ Prostylos, Tempel

Antheïs, Tochter des ↗ Hyakinthos.

Anthemios von Tralleis, Mathematiker und Architekt (gest. um 534 n. Chr.), mit ↗ Isidoros von Milet 532

Anthesterien:
Ein Schiff, das an die
Ankunft des Dionysos
erinnern soll, wird auf
einem Karren während
der Prozession mitgeführt
(um 500 v. Chr.)

maßgeblich am Wiederaufbau der ↗ Hagia Sophia beteiligt.

Anthesterien, ein hauptsächlich aus Athen bekanntes, dreitägiges Frühlingsfest, bei dem der übers Meer gekommene Dinoysos gefeiert wurde. Die ersten zwei Tage waren dem Dionysos, der dritte den Toten geweiht. Am ersten Tag, den Pithoigien, öffnete man die Weinfässer, probierte den neuen Wein und betete zu Dionysos, am zweiten, den Choen, wurde zu Ehren des Gottes ein Wett-Trinken veranstaltet, am dritten Tag, den Chytren, suchte man mit der Darbringung gekochter Speisen die Seelen der Toten und ihren Führer, Hermes Chthonios, gnädig zu stimmen. **Lit.:** W. Burkert, Griech. Religion (1977) 358–364.

Antheus (gr. Antheus) ↗ Kleoboia (2).

Anthologia Graeca, Sammlung griech. Epigramme in 15 Büchern. Seit dem 3. Jh. v. Chr. entstanden Epigrammsammlungen, z. T. unter inhaltl. Gesichtspunkten ausgewählt, z. T. als Blumenlesen einzelner Autoren. Das erste Florilegium, das einen Überblick über die Geschichte der Gattung Epigramm gibt, ist der »Kranz« (*stephanos*) des Meleagros (1. Jh. v. Chr.). Nach seinem Vorbild kompilierte Konstaninos Kephalas in Byzanz eine riesige Sammlung (um 900 n. Chr.), die der Anthologie zugrundeliegt, die in der Regel gemeint ist, wenn von der *AG* die Rede ist. Sie wurde im 16. Jh. in der Heidelberger Bibliotheca Palatina entdeckt, weswegen sie auch den Namen *Anthologia Palatina* (*AP*) trägt. In ihr finden sich, thematisch geordnet, ca. 3700 Gedichte aus 17 Jahrhunderten, darunter Weihe- und Grabepigramme, erot. und sympot. Epigramme, auch Mathematisches und Rätsel. Maximus Planudes legte eine eigene Sammlung an, die sog. *Anthologia Planudea,* die sich z. T. mit der *AP* deckt, aber auch eine Anzahl neuer Gedichte enthält. Diese sind der *AP* in modernen Ausgaben als 16. Buch hinzugefügt (*Appendix Planudea*). **Lit.:** A. Cameron, The Greek Anthology from Meleager to Planudes (1993).

Anthologia Latina, moderner Sammelbegriff für die kleineren, oft anonym überlieferten lat. Gedichte.

Anthologia Palatina ↗ Anthologia Graeca
Anthologia Planudea ↗ Anthologia Graeca

Anthologie (gr., »Blumenlese«, lat. florilegium), Sammlung von unter bestimmten Kriterien (zumeist didaktisch) ausgewählten literar. Texten. In dieser Bedeutung erscheint das Wort A. zum erstenmal im 2. Jh. n. Chr. Hauptvertreter ist ↗ Stobaios, eine wichtige Sammlung sind die *Sentenzen Menanders* (*Menadrou Gnomai*). In der Überlieferungsgeschichte können A.n wie im Falle Menanders die vollständigen Texte aus dem Überlieferungsprozess verdrängen.

Anthropomorphismus, die spätestens seit Homer und Hesiod vorherrschende Vorstellung, dass die Götter eine menschl. Gestalt haben und wie Menschen denken, fühlen und handeln. Sie unterscheiden sich von den Menschen nur durch ihre Unsterblichkeit. Ein Tierkult ist nicht ausgeprägt – vielmehr sind die meisten Götter in der Lage, sich in ein Tier zu verwandeln. Die für das frühe Rom anzunehmende gestaltlose Vorstellung von Göttern, aufgrund derer z. B. das Feuer oder Steine verehrt wurden, wurde im Zuge der Hellenisierung Roms durch den griech. A. verdrängt. **Lit.:** W. Burkert, Griech. Religion (1977) 282–292.

Antidosis (gr.), Vermögenstausch (in Athen). Ein zu einer ↗ Liturgie bestimmter Athener konnte versuchen, diese öffentl. Dienstleistung auf einen reicheren Mitbürger (der keine Liturgie leisten musste, aber auch davon nicht befreit war) abzuwälzen, indem er diesen aufforderte, die Liturgie zu leisten. Stufte der Mitbürger sein eigenes Vermögen geringer ein als das des Antragstellers, so konnte Letzterer auf A., also auf Vermögenstausch bestehen. Die 42. Rede des Demosthenes beschäftigt sich mit einem A.-Prozess. **Lit.:** A. R. W. Harrison, The Law of Athens II (1971) 236 ff.

Antigone (1) (gr. Antigone), Figur der griech. Mythologie, Tochter des ↗ Ödipus und der Jokaste, Schwester des Polyneikes und Eteokles (↗ Sieben gegen Theben), Braut Haimons. Sie begleitet ihren blinden Vater ins Exil nach Athen (Sophokles, *Ödipus auf Kolonos*). Da sie den im Kampf um die Herrschaft in Theben gefallenen und als Vaterlandsverräter geächteten Polyneikes gegen Kreons Verbot bestattet, wird sie in einer Höhle eingemauert (Sophokles, *Antigone*). In der modernen Rezeption wird sie zur myth. Symbolfigur für Zivilcourage und Widerstand gegen die Obrigkeit (Hasenclever, Brecht), nachdem man im 19. Jh. noch eher von der Kollision zweier gleichberechtigter Ansprüche (Staat – Familie) sprach (Hegel). **Lit.:** G. Steiner, Die Antigonen (1990). – C. Zimmermann, Der A.-Mythos in der antiken Literatur und Kunst (1992).

Antigone (2) (gr. Antigone), Tochter von ↗ Eurytion, mit ↗ Peleus verheiratet. Als ↗ Astydameia bei ihr Peleus verleumdet, er wolle Sterope, die Tochter des Akastos heiraten, erhängt sie sich.

Antigoneia, hellenist. Stadt in Epirus (beim heutigen Gjirokastro, Albanien). ↗ Pyrrhos benannte die um 295/90 gegründete Stadt nach seiner ersten Frau. A. lag am Ausgang des Aoostals und kontrollierte den Zugang nach ↗ Epirus. 198 v. Chr. kam es zwischen Philipp V. von Makedonien und dem röm. Konsul T. Quinctius ↗ Flamininus hier zur Schlacht. **Lit.:** N. G. L. Hammond, A., in: JRS 61 (1971) 112–122 – P. R. Franke, Albanien im Altertum (1983).

Antigoneia am Orontes ↗ Antiochia

Antigoniden, hellenist. Dynastie, begründet von Antigonos I. Monophthalmos. Die A. beherrschten nach dem Tod Alexanders d.Gr. 323 v. Chr. zunächst weite Teile des Vorderen Orients (bis 301) und errangen mit Demetrios Poliorketes 294 die Macht in Makedonien, die sein Sohn Antigonos II. Gonatas 277 endgültig für die Dynastie sicherte. Sie regierten das Land bis 168 v. Chr., als sie im militär. Konflikt mit Rom unterlagen (Makedon. Kriege).

Antigonos I. Monophthalmos (gr., »der Einäugige«), 382–301 v. Chr., einer der bedeutendsten Diadochen, wurde 333 von Alexander d.Gr. zum Satrap von Phrygien ernannt. Nach dem Tod des Königs (323) in dieser Stellung bestätigt, verbündete er sich 321 mit Antipater und Krateros gegen den Reichsverweser Perdikkas und wurde 320 zum Strategen von Asien ernannt. Er übernahm den Oberbefehl über das Reichsheer und besiegte bis 316 Eumenes von Kardia, der von Polyperchon zum neuen Befehlshaber ernannt worden war. Die Vertreibung des Seleukos aus Babylon (316) und der Anspruch des A., die Reichsverweserschaft zu übernehmen, führten 315 zum 1. Koalitionskrieg, in dem A. Ptolemaios, Kassander, Lysimachos und Seleukos gegenüberstanden. Nach der Niederlage seines Sohnes Demetrios Poliorketes in der Schlacht bei Gaza (312) bei der Seleukos Babylonien zurückgewinnen konnte, kam es 311 zu einem allg. Friedensschluss auf Grundlage des Status quo. Versuche des A., Seleukos wieder zu verdrängen, scheiterten 309/08. Nachdem sein Sohn Demetrios 306 Zypern Ptolemaios entreißen konnte, nahm A. den Königstitel an, ein Beispiel, dem die übrigen Diadochen bald folgten. Während ein Invasionsversuch in Ägypten 305 misslang, gewann er 304–302 in Griechenland deutlich an Boden, so dass Kassander, der Machthaber in Makedonien, ein Bündnis mit Lysimachos, Seleukos und Ptolemaios gegen ihn zustande brachte. Dieser Koalition erlag A. in der Schlacht bei Ipsos (301), in der er fiel. Sein Reich, das weite Teile

Kleinasiens und des Vorderen Orients umfasste, wurde größtenteils zur Beute der Sieger, sein Sohn Demetrios konnte nur noch vereinzelte Besitzungen behaupten. A. war ein entschiedener Verfechter der Einheit des ehemaligen Alexanderreiches. Erst sein Tod machte endgültig den Weg für die unabhängige Entwicklung der Nachfolgestaaten frei. Die von ihm begründete Dynastie der Antigoniden erlangte später (endgültig 277) die Herrschaft über Makedonien. **Lit.:** R. A. Billows, A. the One-Eyed (1990).

Antigonos II. Gonatas, 319–239 v. Chr., König von Makedonien (277–239), Sohn des Demetrios Poliorketes und Enkel des vorigen, fungierte seit 287 als Statthalter seines Vaters in Griechenland. Nach einem Sieg über die in Makedonien eingedrungenen Kelten (277) wurde er allg. als König anerkannt und festigte seine Herrschaft, nachdem er 274/73 kurzzeitig von Pyrrhos vertrieben worden war. Im Chremonideischen Krieg (267–261) konnte er die makedon. Vormachtstellung in Griechenland erfolgreich behaupten, die erst seit 250 mit dem Aufstieg des Achäischen Bundes und dem Verlust von Korinth wieder erschüttert wurde. A. war vielseitig gebildet und verkehrte u. a. mit Zenon von Kition, dem Begründer der stoischen Philosophie. **Lit.:** H. Bengtson, Herrschergestalten des Hellenismus (1975) 139–164.

Antigonos III. Doson, um 263–221 v. Chr., König von Makedonien (229–221), Neffe des Antigonos Gonatas und Enkel des Demetrios Poliorketes. Nach dem Tod seines Vetters Demetrios II. (229) übernahm er zunächst für dessen unmündigen Sohn Philipp V. die Regentschaft, ließ sich aber 227 selbst zum König proklamieren. Vom Achäischen Bund unter Aratos von Sikyon gegen den spartan. König Kleomenes III. zu Hilfe gerufen, besetzte er 224 große Teile der Peloponnes und besiegte Kleomenes 222 in der Schlacht bei Sellasia. Durch diesen Sieg und die Wiedergewinnung von Korinth festigte A. nach einer längeren Periode der Schwäche die makedon. Macht in Griechenland und hinterließ seinem Mündel Philipp V. einen wiedererstarkten Staat. **Lit.:** S. Le Bohec, Antigone Doson (1993).

Antilabai ↗ Stichomythie

Antike (lat. antiquus, »alt«), Epoche des griech.-röm. Altertums. Über den Streit um die Abgrenzung der geschichtl. Epochen ist so alt wie die Geschichtswissenschaft; noch heute besteht keine Einigkeit. Die für uns »sichtbare« A. beginnt etwa mit den großen Völkerwanderungen der Dorer und Jonier um 1200 v. Chr., die kulturell und anthropologisch das archaische Zeitalter vorbereiten. Mit den homer. Epen um 800 v. Chr. beginnt die histor. Zeit und die Aufzeichnung von Ereignissen, wenn auch in ep. Form. Ebenso strittig ist die Frage der Grenze zum MA. Verschiedene Eckdaten können als Indikatoren einer Epochengrenze gesehen werden: Im Westen die Alleinherrschaft Konstantins d.Gr. (324 n. Chr.) und die Erklärung des Christentums zur Staatsreligion (391), die Teilung des Reiches nach dem Tod des Theodosius (395), das Ende des weström. Reiches durch die Absetzung des

Romulus Augustulus (476), der Einfall der Langobarden in Norditalien (568); im Osten die Schließung der platon. Akademie durch Justinian (529), ferner die Gründung des Benediktinerordens durch ↗ Benedikt von Nursia in Monte Cassino (529), die Flucht Mohammeds und der Beginn der islam. Zeitrechnung (622). Solche Einzeldaten können jedoch keine glatten Zäsuren im histor. Prozess markieren, sondern nur »breite Streifen allmähl. Veränderungen«, die sich über lange Perioden entwickeln und einen tiefgreifenden Wandel zur Folge haben. Vorbereitet wurde die Teilung des röm. Reiches bereits durch die Reform des Diokletian (284–305) mit der Einführung der Tetrarchie, die das riesige Reich durch Dezentralisierung der Verwaltung entlasten sollte. Der Ansturm der Randvölker (Germanen, Sarmaten, Sasaniden, Slaven, Wandalen), Reichsbildungen um 500 n. Chr. (Ostgoten, Franken) bedrohten die Grenzen des Imperium Romanum. Tatsächlich häufen sich zu Beginn des 6. Jh. die Anzeichen für eine grundlegende Umstrukturierung der Mittelmeerwelt, die sich durch den Frieden mit den Sasaniden (628) und die Eindämmung der islam. Expansion (732) wieder konsolidierte.

Antikleia, Mutter des Odysseus. Sie stirbt aus Kummer über die lange Trennung von ihrem Sohn und begegnet ihm nach ihrem Tod noch einmal: in der Unterwelt erblickt er ihren Schatten.

Antilochos, Sohn Nestors, Freund Achills, stirbt im ↗ Trojan. Krieg.

Antimachos aus Kolophon, griech. Philologe und Dichter, Ende 5. bis Mitte 4. Jh. v. Chr. Aufgrund seiner vielfältigen Interessen gilt A. als erstes Beispiel der Figur des ↗ *poeta doctus*, die dann typisch für die hellenist. Zeit wurde. A. erneuerte die ep. Gattung mit der *Thebais*, einem hexametr. Epos, in dem er die Mythen der Stadt Theben einer gelehrten Analyse unterzog, und die Elegie mit der *Lyde*, wohl einer Sammlung unglückl. Liebesgeschichten. Seine philolog. Tätigkeit fand in einer Ausgabe der homer. Epen ihren Niederschlag. Von den erhaltenen Fragmenten können etwa 60 dem Epos zugewiesen werden, keines jedoch mit Sicherheit der Elegie. Die Urteile über A.' Dichtung waren schon in der Antike unterschiedlich: Beliebt bei der Mehrheit der hellenist. Dichter, wurde er von Kallimachos negativ beurteilt. **Lit.:** V. J. Matthews (1996) [Ausg., Übers.].

Antinoos, Anführer der Freier an Odysseus' Hof in Homers *Odyssee*, vom heimkehrenden Odysseus getötet.

Antinoos (1), in der *Odyssee* dreister Anführer der Freier um Penelope.

Antinoos (2), Liebling und Reisegefährte des Kaisers Hadrian, ca. 110–130 n. Chr. A. ertrank bei einer Nilfahrt in der Nähe des Ortes Besa, wo Hadrian ihm zu Ehren die Stadt Antinoopolis gründete. **Lit.:** R. Lambert, Beloved and God. The Story of Hadrian and Antinous (1984). – H. Meyer, A. (1991).

Antiochia (gr. Antiocheia, heute Antakya, Türkei) am Orontes, bedeutende hellenist. Stadt. A. wurde um 307 v. Chr. von ↗ Antigonos I. Monophthalmos als An-

tigoneia gegründet und 300 von ↗ Seleukos I. Nikator zu Ehren seines Vaters in A. umbenannt. Nach dem Tode von Seleukos I. wurde A. zur Hauptstadt des Seleukidenreiches. Die Stadt war ein Verkehrsknotenpunkt und wurde bes. unter Antiochos IV. ausgebaut. Nach der röm. Eroberung des Seleukidenreiches 64 v. Chr. wurde A. zur Hauptstadt der neu errichteten Provinz Syria und gehörte neben Rom, Alexandria und später Konstantinopel zu den Metropolen des röm. Weltreiches. Die von zahlreichen Erdbeben betroffene Stadt erreichte unter Hadrian den Höhepunkt ihrer städtebaul. und wirtschaftl. Entwicklung. So besaß die Stadt eine ↗ Straßenbeleuchtung. Für die Frühgeschichte des Christentums war A. von großer Bedeutung (älteste Gemeinde von Heidenchristen, Patriarchensitz, Ort zahlreicher Kirchenversammlungen). Die Stadt ist heute weitgehend überbaut; bedeutende Funde im Archäolog. Museum. **Lit.:** G. Downey, A history of Antioch in Syria from Seleucus to the Arab Conquest (1961). – J. D. Grainger, The Cities of Seleukid Syria (1990). – ASM (1999).

Antiochos (1), in der Mythologie Sohn des ↗ Pterelaos, Bruder von Chromios, Tyrannos, Chersidamas, Mestor und Eueres. Er fällt zusammen mit seinen Brüdern im Kampf gegen ↗ Elektryon von Mykene, als Taphios versucht, das Reich seines Großvaters Mestor zu erobern.

Antiochos (2), Sohn des Meas, mit seinen Brüdern von Tydeus aus Rache für die Ermordung seines Vaters getötet.

Antiochos III. der Große, um 240–187 v. Chr. (ermordet), König des Seleukidenreiches, folgte 223 seinem Bruder Seleukos III. auf den Thron. Er stellte die königl. Zentralgewalt wieder her und schlug 220 den Aufstand des med. Satrapen Molon nieder. Trotz des Abfalls seines Schwagers Achaios (Statthalter in Kleinasien) unternahm er 217 einen Angriff gegen das Ptolemäerreich in Ägypten, mit dem Ziel, Südsyrien und Palästina unter seleukid. Kontrolle zu bringen. Nach anfängl. Erfolgen unterlag er aber gegen Ptolemaios IV. in der Schlacht bei Raphia (4. Syr. Krieg) und musste auf seine Eroberungen verzichten. 215–213 schlug A. die Erhebung des Achaios nieder, den er gefangennehmen und hinrichten ließ. Nach der endgültigen Konsolidierung seiner Macht unternahm er 212–205 einen Feldzug in den Osten seines Reiches, der ihn bis nach Indien führte und für kurze Zeit die seleukid. Herrschaft in den östl. Teilen des ehemaligen Alexanderreiches wiederherstellte (Anerkennung der seleukid. Oberhoheit durch Baktrer und Parther). In Anlehnung an Alexander nahm er nach seiner Rückkehr (205) den Beinamen »der Große« an. Nach einem Geheimvertrag mit Philipp V. von Makedonien (203) griff A. 202 erneut das Ptolemäerreich an (5. Syr. Krieg, 202–198), eroberte Südsyrien und Palästina und errichtete eine Art Protektorat über Ägypten (Verheiratung seiner Tochter Kleopatra mit Ptolemaios V.). Die Aufnahme des flüchtigen Hannibal (195) und sein militär. Ausgreifen über den Hellespont nach Europa (seit 194) brachte ihn in Gegensatz zu Rom und führte 192 zum Ausbruch des Konflikts (192–188). Nach Anfangserfolgen (Besetzung Thessaliens) unterlag er gegen den Konsul Manius Acilius Glabrio bei den Thermopylen (191) und musste sich nach Kleinasien zurückziehen. Nachdem er infolge zweier Seeniederlagen den röm. Vormarsch nach Kleinasien nicht aufhalten konnte, unterlag er 190/89 gegen L. Cornelius Scipio in der Entscheidungsschlacht bei Magnesia. Im Frieden von Apameia (188) musste A. auf alle Gebiete westl. des Taurus verzichten und hohe Reparationen zahlen. Bei dem Versuch, zu diesem Zweck die Tempelschätze eines Heiligtums bei Susa zu plündern, wurde er von der aufgebrachten Bevölkerung erschlagen (187). A. zählt zu den bedeutendsten Herrschern des Hellenismus. Nach einer Phase des Niedergangs stellte er die alte Macht des Seleukidenreichs wieder her, scheiterte aber mit seinen weitreichenden Plänen am Widerstand Roms. Seine Niederlage gegen Rom läutete den endgültigen Niedergang des Reiches ein. **Lit.:** H. H. Schmitt, Beiträge zur Geschichte A. d.Gr. (1964). – GGGA (1999).

Antiochos IV. Epiphanes, 215–164 v. Chr., jüngster Sohn des ↗ A. III., 189–175 als Geisel in Rom, eroberte 170–168 Zypern und Teile Ägyptens, musste dieses aber auf röm. Druck räumen. Sein Eingriff in innerjüd. Streitigkeiten führte 166 zum Aufstand der ↗ Makkabäer. A. starb auf einem Feldzug in den Osten. **Lit.:** P. F. Mittag, A. IV. Epiphanes: Eine polit. Biographie (2006).

Antiope (1), in der Mythologie Tochter des Nykteus, von Zeus, der sie in der Gestalt eines Satyrs verführt hatte, Mutter der Zwillinge ↗ Amphion und Zethos.

Antiope (2), eine der ↗ Amazonen, Schwester der ↗ Hippolyte. Sie wird von ↗ Theseus entführt, der sie später heiratet. Als die Amazonen in Attika einfallen, kämpft A. mit Theseus und stirbt heldenhaft. Nach einer anderen Version ist A. Tochter des ↗ Ares und wird von Theseus als Folge eines Orakels umgebracht.

Antipater (1) (gr. Antipatros), um 397–319 v. Chr., makedon. Feldherr und Staatsmann, bereits unter Philipp II. in führender Stellung tätig, wurde von Alexander d.Gr. 334 v. Chr. bei Beginn seines Asienfeldzugs als Statthalter in Europa zurückgelassen. 331 unterdrückte er einen Aufstand der Spartaner und kontrollierte in der Folge seinen Machtbereich mit harter Hand. Beim Tode Alexanders (323) in seinem Amt bestätigt, besiegte er die aufständ. Griechen im Lam. Krieg (323–322). 321 setzte A. gemeinsam mit Krateros seine Truppen nach Asien über, um den Reichsverweser Perdikkas zu bekämpfen. Nach dessen Ermordung selbst zum Reichsverweser ernannt, kehrte A. mit den beiden Königen, Alexander IV. und Philipp III., nach Makedonien zurück. Kurz vor seinem Tod (319) ernannte er unter Umgehung seines Sohnes Kassander seinen Weggefährten Polyperchon zu seinem Nachfolger. **Lit.:** H. Bengtson, Die Diadochen (1987).

Antipater (2) (gr. Antipatros) von Sidon, griech. Epigrammatiker, ca. 200–125 v. Chr. Erhalten sind 65

↗ Epigramme, die meisten sind Epitaphien (↗ Epitaph). A. entwickelte die Beschreibung von Grabreliefs zu einer besonderen Form des Epigramms (↗ Ekphrasis). **Lit.:** T. B. L. Webster, Hellenistic Poetry and Art (1964) 204–208.

Antiphanes (gr. Antiphanes), griech. Komödiendichter, 1. Hälfte 4. Jh. v. Chr., Hauptvertreter und produktivster Dichter der att. Mittleren ↗ Komödie. 134 Titel sind bezeugt, ca. 330 Fragmente erhalten. Er errang 13 Siege im kom. ↗ Agon. Wichtig ist ein längeres Fragmente aus der *Poiesis (Dichtung)*, Fr. 189 PCG, in dem er die unterschiedl. Anforderungen an einen trag. und kom. Dichter bei der Konzeption eines Stücks betont. **Lit.:** H.-G. Nesselrath, Die att. Mittlere Komödie (1990) 193 f.

Antiphates (gr. Antiphates), myth. König der menschenfressenden ↗ Laistrygonen, denen Odysseus mit nur einem einzigen Schiff entkommen kann.

Antiphon (gr. Antiphon), griech. Redner und Sophist, ca. 480–411 v. Chr. Unter dem Namen A. ist eine philosoph. Schrift mit dem Titel *Über die Wahrheit* überliefert, in der auf der Basis sophist. Unterscheidung von Natur und Gesetz (*physis – nomos*) die Gesetze als Vereinbarungen der Menschen erklärt werden, die der Stärkere unbeschadet übertreten dürfe. Daneben gibt es Bruchstücke einer Verteidigungsrede in eigener Sache, drei Gerichtsreden und drei Redetetralogien, in denen wohl zu Übungszwecken der Wahrscheinlichkeitsbeweis durchgespielt wird. In der Forschung ist immer noch umstritten, ob A. der Sophist und A. der Redner ein und dieselbe Person sind und wie es um die Identität des 411 v. Chr. hingerichteten oligarch. Politikers A. bestellt ist. Die Annahme liegt nahe, dass es sich um dieselbe Person handelt, die in mehreren Bereichen tätig war. **Lit.:** M. Gagarin, A. The Speeches (1997).

Antisthenes (gr. Antisthenes), griech. Philosoph, ca. 445–365 v. Chr. A. gehörte zunächst zu den Schülern des ↗ Gorgias und stand in freundschaftl. Beziehung zu Hippias und Prodikos, wandte sich aber später dem Kreis um ↗ Sokrates zu. Nach dessen Tod (399 v. Chr.) eröffnete A. im Gymnasion Kynosarges eine eigene Schule (Diog. Laert. 6,13), aus der sich später der Kynismus herausbildete. Seine dialekt. und sprachl. Untersuchungen waren sophistisch geprägt, zentrale Bedeutung hatte für ihn das Hauptbetätigungsfeld des Sokrates, die Ethik. Das Ziel des Lebens war auch für A. das Lebensglück (*eudaimonia*), das nur mit Hilfe der von ihm als lehrbar gehaltenen Tugend (*arete*) zu verwirklichen sei. Da nur sie in wirkl. Gut darstelle, postuliert A. für den Weisen Bedürfnislosigkeit und Autarkie. Dazu gehöre die Bezwingung der Lust und die Hinwendung zu einem einfachen, mühevollen Leben. Nicht die bestehenden Gesetze (*nomoi*), sondern die Vorschriften der Tugend sollen für den Weisen Maßstab sein. Die Ideenlehre Platons lehnte A. ab; ob er Nominalist war, ist umstritten. Von seinem umfangreichen Schriftcorpus, das auch die ersten sokrat. Dialoge enthält, sind nur zwei epideikt. Reden (*Aias* und *Odysseus*) vollständig erhalten. Im *Herakles* wird

das Idealbild des Kynikers gezeichnet, der sich durch rationale Überlegung für die Mühe (*ponos*) entscheidet und die Lust bezwingt. Im *Kyros* stellt A. einen idealen Herrscher vor, der sich vom *nomos* löst. In A.s religiösen Ansichten und seiner allegor. Homerauslegung (↗ Allegorese) kommt die *nomos/physis*-Kontroverse (Gesetz/Natur) der ↗ Sophistik zum Ausdruck. Sein *Protreptikos* hatte für die ganze Literaturgattung Vorbildcharakter. **Lit.:** A. Patzer, A. der Sokratiker (1970). – A. Graeser, in: GGP II (1993) 52–57, 116–119.

Antistius, röm. Gentilname; das plebeische Geschlecht der Antistii ist in Rom bereits im 5. Jh. v. Chr. nachweisbar. Berühmtester Vertreter war der im 1. Jh. v. Chr. tätige Jurist Q. Antistius Labeo.

Antoninianus, röm. Silbermünze. Mit diesem modernen Fachbegriff bezeichnet man die 215 n. Chr. von ↗ Caracalla eingeführte, ca. fünf Gramm schwere Silbermünze, die als Doppeldenar gehandelt wurde. Ab 238 konnte sich der A. als Hauptmünze des röm. Reiches durchsetzen, jedoch wurden im Laufe der Reichskrise im 3. Jh. durch Münzverschlechterung sowohl Silbergehalt als auch Gewicht des A. immer stärker reduziert, bis er lediglich aus einem Kupferkern mit Silbersud-Überzug bestand. Nach der Münzreform des ↗ Aurelian wurde der A. auch als *Aurelianus* bezeichnet, 301 ersetzte ↗ Diokletian den A. durch den ↗ *Follis*.

Antoninus Pius, Titus Aurelius Fulvus Boionius Arrius A., als Kaiser Titus Aelius Caesar A. Augustus Pius, röm. Kaiser 10. Juli 138–7. März 161 n. Chr.; geb. 19.9.86 in Lanuvium als Sohn des Aurelius Fulvus und der Arria Fadilla; ca. 110 Hochzeit mit Annia Galeria Faustina (gest. 141); 110/11 Quästor, 116/17 Prätor, 120 Konsul. Nach dem Konsulat war A. einer der vier Konsulare, die im Auftrage Kaiser Hadrians Italien verwalteten; ca. 133–137 wurde er Prokonsul der Provinz Asia. Nach dem Tod des Aelius Verus wurde A. von Hadrian zum Nachfolger bestimmt und am 25.2.138 adoptiert. A. seinerseits musste den Sohn des Aelius Verus, den späteren Kaiser Lucius Verus, sowie seinen Neffen M. Annius Verus, den späteren Kaiser Mark Aurel, adoptieren. Nach dem Tode Hadrians in Baiae am 10.7.138 übernahm A. die Regierung, setzte gegen den Willen des Senats die Vergöttlichung Hadrians durch und nahm den Beinamen Pius (lat., »der Fromme«) an. Fortan bemühte er sich um ein gutes Verhältnis zum Senat, dem er viele Kompetenzen übertrug; 147/48 veranstaltete er aufwendige Spiele anläßl. seines zehnjährigen Regierungsjubiläums und des 900. Geburtstages der Stadt. Durch seine Legaten ließ er mehrere Kriege führen, u.a. in Britannien, die 142 mit der Errichtung eines neuen Walls, des sog. Antoninuswalls endeten. A. selbst blieb stets in Rom, was ihm in der modernen Forschung zuweilen den Vorwurf schwerer Versäumnisse in der Außenpolitik eingebracht hat; die Zeitgenossen dagegen schätzten seine Milde und Friedensliebe. Am 7.3.161 starb A. – angeblich nach allzu gierigem Genuss von Alpenkäse – in seinem Palast in Lorium. **Lit.:** W. Hüttl, A. P. I-II

(1933/36). – DRK (1997). – S. Walentowski, Kommentar zur Vita A. P. der Historia Augusta (1998).

Antonius, Marcus A., eingedeutscht Mark Anton, 82–30 v. Chr., röm. Feldherr und Staatsmann, begab sich 54 zu Caesar nach Gallien und wurde einer seiner treuesten Anhänger. Nach Ausbruch des Bürgerkriegs (49) wirkte er als Volkstribun in dessen Sinne und vertrat Caesar während seiner Abwesenheit in Spanien. Bei Pharsalos führte er den linken Flügel und war 48/47 als *magister equitum* der fakt. Statthalter Caesars in Rom. 44 bekleidete er gemeinsam mit ihm das Konsulat und versuchte nach dessen Ermordung die polit. Entwicklung zu kontrollieren. Er errang die Kontrolle über den Staatsschatz und sicherte sich ein prokonsular. Imperium für Gallien. Im Sommer 44 überwarf er sich mit dem Senat und dessen Führer Cicero, verließ Rom und versuchte auf eigene Faust die Kontrolle über die Provinz Gallia Cisalpina zu übernehmen, wo er D. Brutus, einen der Caesarmörder, in Mutina belagerte. Der Senat erklärte ihn zum Staatsfeind und beauftragte die Konsuln für 43, Hirtius und Pansa, ihn auszuschalten. In den daraufhin ausbrechenden Kämpfen (Mutines. Krieg) wurde A. besiegt, doch fielen die beiden Konsuln, woraufhin er sich mit Octavian (Augustus), dem Großneffen Caesars, dem er bislang distanziert gegenüberstand, einigte, um künftig gemeinsam vorzugehen. Zusammen mit Lepidus bildeten sie das 2. Triumvirat und eroberten die Macht in Rom (Ende 43). Bei den Proskriptionen, für die A. maßgeblich mitverantwortlich war, kam u.a. Cicero ums Leben. – Nach der Institutionalisierung ihrer Macht nahmen die Triumvirn den Kampf gegen die Caesarmörder Brutus und Cassius auf und besiegten sie 42 bei Philippi. A. erhielt die Verwaltung der östl. Reichshälfte, trennte sich von seiner Frau Octavia, einer Schwester Octavians, und heiratete 37 die Ptolemäerkönigin Kleopatra VII., mit der zusammen er ein röm.-hellenist. Imperium errichten wollte. 36–34 versuchte er, die Parther zu unterwerfen, doch blieb sein Feldzug letztlich ergebnislos. Seine Beziehungen zu Octavian, der die westl. Reichshälfte kontrollierte, waren von Anfang an problembeladen und führten 41/40

Marcus Antonius

sogar zu einer kurzzeitigen militär. Auseinandersetzung, die aber bald wieder beigelegt wurde. A. entfernte sich immer mehr von den traditionellen Grundlagen röm. Politik und adaptierte in beträchtl. Umfang hellenist. Herrschaftsvorstellungen. Dadurch bot er Octavian, dem er sich immer mehr entfremdete, einen willkommenen Anlass, propagandistisch gegen ihn vorzugehen. 32 kam es zum offenen Bruch, woraufhin der Senat Kleopatra und damit auch A. den Krieg erklärte. In der entscheidenden Seeschlacht bei Aktion erlitt er eine schwere Niederlage, versuchte von Ägypten aus den weiteren Widerstand zu organisieren, beging aber nach der Einnahme Alexandrias durch die Truppen Octavians Selbstmord (30).

A. war ein fähiger Feldherr, doch mangelte es ihm bisweilen an Entschlusskraft. Seine eigentl. polit. Ziele bleiben unklar. Er galt als Lebemann und scheiterte nicht zuletzt daran, dass er sich zu sehr hellenist. Vorstellungen zu eigen machte und die Erwartungen seiner röm. Klientel vernachlässigte. Die über ihn verhängte *damnatio memoriae* wurde noch unter Augustus gemildert und von Caligula aufgehoben. **Lit.:** H. Bengtson, Marcus A. (1977). – F. Chamoux, Marcus A., der letzte Herrscher der griech. Ostens (1989).

Antonomasie (gr.,»Namensersatz«), Begriff der Rhetorik. Ein Eigenname wird umschrieben, z. B.»der trojan. Held« für Äneas.

Anubis, ägypt. Gott im Gefolge der ↗ Isis, Totenwächter in der Unterwelt, dargestellt mit einem Hundekopf; in Griechenland mit Hermes Psychopompos identifiziert.

Anyte von Tegea, griech. Dichterin, 1. Hälfte 3. Jh. v. Chr. In der ↗*Anthologia Graeca* sind ca. 20 fiktive Grab- und Weihepigramme der A. überliefert. Eine Neuschöpfung sind vermutlich ihre ↗ Epigramme auf gestorbene Tiere. Epigramme aus weibl. Perspektive verbinden A. mit ↗ Nossis, ihre bukol. Epigramme stehen ↗ Leonidas nahe. **Lit.:** K. Gutzwiller, Poetic Garlands (1998).

Anytos, wohlhabender Athener Ende 5./Anfang 4. Jh. v. Chr.; 403 war A. zusammen mit Thrasybulos maßgeblich am Sturz der Dreißig Tyrannen beteiligt, die seit Ende des Peloponnes. Krieges in Athen regierten. Von 403/02–397/96 war er Stratege. 399 trat A. als Hauptankläger gegen Sokrates auf. Kurz nach 396 soll er in Herakleia am Pontos wegen seiner Beteiligung am Prozess gegen Sokrates gesteinigt worden sein.

Aöde (gr. aoidos,»Sänger«), ep. Sänger, wie er in der *Odyssee* in der Person des Demodokos und Phemios eingeführt wird.

Apameia am Orontes, bedeutende hellenist. Stadt in ↗ Syrien. Der ursprünglich Name Pharnake wurde nach Apame, der Gattin ↗ Seleukos I. Nikator, in A. geändert (wie auch bei anderen Neugründungen des seleukid. Reiches). A. im syr. Kernland des Reiches bildete als Münzstätte und Militärstadt eines der Zentren des ↗ Seleukidenreiches. In röm. Zeit gehörte A. zu den größten Städten der Region. Im 4. Jh. n. Chr. wurde A. zur Hauptstadt der Provinz Syria II., im 7. Jh.

von ↗ Sasaniden zerstört und im 12. Jh. durch ein Erdbeben schwer beschädigt. Bei umfangreichen Ausgrabungen wurden u. a. eine monumentale Kolonnadenstraße und Teile einer Stadtmauer freigelegt. **Lit.:** J. D. Grainger, The Cities of Seleukid Syria (1990). – ASM (1999).

Apaturia, jon. Fest, das in Athen bes. mit der Vorstellung der jungen Athener und Athenerinnen vor den Phratrien und somit mit ihrer Anerkennung als zukünftige Vollbürger verbunden war. Das Fest wurde im Monat Pyanopsion gefeiert und dauerte drei Tage (*Dorpia*, Tag der Abendmahlzeit, *Anarrhysis*, Tag des Opferfests, *Kureotis*, Tag der Jungen und Mädchen). Das Wort A. leitet sich wohl etymolog. von *pater* (»Vater«) ab. In Athen wurde allerdings der Name des Festes mit dem Wort *apate* (»Betrug«) verbunden und mit dem Mythos des durch Betrug erreichten Sieges des Melanthos im Duell gegen Xanthios, den König von Theben.

Apelles aus Kolophon (Jonien), Meister der griech. Monumentalmalerei, Schüler des Ephoros von Ephesos. Sein Werk, von dem nur Titel überliefert sind, umfasste bes. Götterdarstellungen. Neben einem Porträt Alexanders d.Gr. wurde bes. die Statue der Aphrodite Anadyomene (»die aus dem Meer Auftauchende«) gerühmt. A. scheint die Vierfarbenmalerei durch gewagte Schattengebung und perspektiv. Mittel zu ihrem Höhepunkt geführt zu haben. **Lit.:** I. Scheibler, Griech. Malerei der Antike (1994). – GGGA (1999).

Apemosyne (auch Anemosyne), in der Mythologie Tochter des ↗ Katreus, Schwester des ↗ Althaimenes.

Apenninen (lat. Apenninus), Hauptgebirge Italiens. Das ursprünglich waldreiche Kalksteingebirge wurde schon in der Antike abgeholzt und verkarstete.

Apfel (gr. melon, lat. malum). Seit dem Neolithikum wurde der Apfelbaum als Kulturpflanze gepflegt; bis zur röm. Kaiserzeit waren etwa 30 gezüchtete Apfelsorten bekannt (Veredelung durch Pfropfverfahren). Unter der Bezeichnung *malus* (für den Baum) verstand man in der Antike nicht nur den Apfelbaum, sondern generell Kernobstbäume und Zitrusfruchtgewächse. **Lit.:** K. u. F. Bertsch, Geschichte unserer Kulturpflanzen (²1949). – A. Dalby, Essen und Trinken im alten Griechenland (1998).

Aphairesis (gr. »Wegnahme«), Begriff der Grammatik und Lautlehre, gleichbedeutend mit dem lat. Begriff ↗ Elision.

Aphareus (gr. Aphareus), Sohn des myth. messen. Königs Perieres und der Gorgophone, der Tochter des ↗ Perseus. Bruder von ↗ Leukippos, ↗ Tyndareos und ↗ Ikarios (2), Gemahl der Arene, Vater der ↗ Lynkeus, ↗ Idas und Peisos.

Aphorismus (gr. aphorismos, »Abgrenzung«) ↗ Gnome

Aphrodisiaka. A. sollen das auslösen, was sonst nur die Liebesgöttin ↗ Aphrodite bewirkt: sexuelle Erregung und Erektion, Verzögerung der Ejakulation, Verliebtheit, Abenteuerlust und Einfallsreichtum auf dem erot. Gebiet. Innerlich wandte man als A. u.a. Honig, Wein, Mohn (Opium), Nüsse und Kastanien,

Zwiebeln sowie verschiedene Kräuter an, daneben Weichtiere wie Schnecken oder Muscheln (Vulvasymbol), äußerlich u. a. Wildschweingalle und Mäusedreck. Aus einigen der Aphrodite zugeordneten Pflanzen, darunter Rosen, Weihrauch, Minze, Alraune, Brennessel, Eisenkraut und Granatäpfeln (Vulvasymbol) ließen sich A. jegl. Art wie Tees, Räucherkerzen, Liebestropfen und -pulver oder Salböl herstellen. **Lit.:** A. Dierichs, Erotik in der röm. Kunst (1997) 129 ff.

Aphrodite, eine aus dem Orient stammende, wohl der Fruchtbarkeitsgöttin Astarte nachgebildete griech. Göttin der Liebe, Schönheit und Fruchtbarkeit, in Rom der Venus gleichgesetzt. – *I. Mythos:* Nach Homer Tochter des Zeus und der Dione, nach Hesiod die aus dem Schaum des Meeres Geborene, der sich aus dem Glied des ↗ Kronos gebildet hat (gr. *aphros,* »Schaum«). In Homers *Odyssee* (Buch 8) ist sie die untreue Gattin des Hephaistos, die mit ihrem Geliebten Ares neben Eros Harmonia, Deimos und Phobos zeugt; von Dionysos stammt ihr Sohn Priapos, von Hermes der Hermaphrodit. Ein weiterer Geliebter ist Adonis. Mit dem trojan. Helden Anchises zeugt sie Äneas, dem sie auf seiner Fahrt in seine neue Heimat Italien stets schützend zur Seite steht. Ihr Vermögen, Götter und Menschen verliebt zu machen, setzt sie nicht immer nur wohlwollend ein. Einige von ihr gestiftete Liebschaften nehmen einen traurigen Verlauf oder enden tragisch, meist als Strafen für Beleidigungen oder Missachtungen ihres Kults: der Raub der Helena führt zum ↗ Trojan. Krieg, Medea wird für eine andere Frau von Jason verstoßen, Kinyras begeht Inzest mit seiner Tochter Myrrha, und Dido nimmt sich auf dem Scheiterhaufen das Leben. – *II. Kult:* A. wurde zunächst hauptsächlich auf Zypern verehrt und trägt daher den Beinamen Kypris, ebenfalls auf Kythera, wo sie nach ihrer Schaumgeburt an Land gegangen sein soll, mit dem Beinamen Kytheria (lat. Cytherea). ↗ Kallipygos.

Aphthonios aus Antiochia, griech. Rhetor, 4. Jh. n. Chr., Schüler des ↗ Libanios. Von seinem umfangreichen Werk sind die *Progymnasmata (Vorübungen)* erhalten, 14 Stilübungen für den angehenden Rhetor. Das Büchlein zählte zu einem der erfolgreichsten Rhetorikhandbücher bis ins 18. Jh. **Lit.:** G. A. Kennedy, Greek Rhetoric under Christian Emperors (1983) 59–66.

Apicius, bekannter röm. Feinschmecker zur Zeit des Kaisers Tiberius. Die Schrift *De re coquinaria (Über die Kochkunst)* wurde A. erst im Humanismus zugeschrieben, geht aber vielleicht im Kern auf eine Schrift des A. zurück. Sie wurde mehrfach erweitert und erhielt erst im 4. Jh. n. Chr. ihre heutige Form. Die oft sehr anspruchsvollen Rezepte der Schrift spiegeln die Kochkunst in reichen Häusern der Kaiserzeit wider. **Lit.:** E. Alföldi-Rosenbaum, Das Kochbuch der Römer (1970).

Apis, stiergestaltiger Gott aus Ägypten, in Griechenland mit dem Sohn der Io und des Zeus, Epaphos, identifiziert und zusammen mit ↗ Osiris verehrt.

Apocolocyntosis (gr., »Verkürbissung«), gegen Kaiser Claudius gerichtete Satire ↗ Senecas d.J.

Apodyterion (gr.), der »Auskleideraum« in der griech. ↗ Palästra und im ↗ Gymnasion sowie in den röm. ↗ Thermen. **Lit.:** E. Brödner, Die röm. Thermen und das antike Badewesen (1983).

Apoikie (gr. apoikia, »fern vom Haus«), von Kolonisten angelegte Tochter- oder Pflanzstadt, die eine von der gründenden Mutterstadt (↗ Metropolis) selbständige Einheit mit eigenem Bürgerrecht darstellte. Vor allem während der sog. Großen ↗ Kolonisation (ca. 750–500 v. Chr.) prägten oft einzelne Persönlichkeiten (Oikisten) den Charakter solcher Kolonien. Die polit. Beziehungen zwischen Metropolis und A. konnten sehr unterschiedlich sein; sie reichten von völliger Unabhängigkeit bis zur engen polit. und wirtschaftl. Zusammenarbeit. Abzugrenzen von der A. sind zum einen die Kleruchie (↗ Kleruchen), zum anderen das ↗ Emporion, eine reine Handelsniederlassung in fremdem Gebiet ohne Polis-Charakter. **Lit.:** J. Seibert, Metropolis und Apoikie (1963). – A. J. Graham, Colony and Mother City in Ancient Greece (1964). – Ders., in: CAH III 3² (1982) 83–195.

Apokalyptik (gr. apokalyptein, »enthüllen«), meist vielsinniger und symbolträchtiger Bericht eines Auserwählten, dem sich ein Gott in Visionen, Ekstasen oder Träumen offenbart haben will. Die apokalypt. Literatur, in der zumeist die Endzeit und der Untergang der Welt ausgestaltet wird, entstand bes. in Krisenzeiten, um den trostsuchenden Lesern die Gewissheit des allmächtigen und rettenden Gottes zu vermitteln. Zu den berühmtesten Offenbarungsberichten zählt die etwa 100 n. Chr. verfasste *Apokalypsis* des Johannes, die in den Kanon des Neuen Testaments (↗ Bibel) aufgenommen wurde; nach ihr werden die anderen Offenbarungen als »Apokalypsen« bezeichnet. **Lit.:** E. R. Dodds, Pagan and Christian in an Age of Anxiety (1965). – F. Sutter (Hg.), Weltuntergangsgeschichten (1995).

Apokryphen (gr. apokryptein, »verbergen«). Unter A. versteht man seit Hieronymus die im hebr. Kanon des Alten Testaments (↗ Bibel) fehlenden, in griech. Übersetzungen jedoch enthaltenen Schriften. Daneben werden auch nicht-kanon. Schriften des Neuen Testaments (z. B. Petrus-, Paulus-, Thomas-Akten; Paulus-Apokalypse) als A. bezeichnet. **Lit.:** E. Kautzsch, A. und Pseudepigraphen des Alten Testaments I-II (1900).

Apollodor (1) (gr. Apollodoros) aus Athen, griech. Maler der 2. Hälfte des 5. Jh. v. Chr., gilt als Erfinder der Schattenmalerei (die Ausbildung von Schattengebung zur Modelierung von Einzelfiguren). Er bediente sich ferner der perspektiv. Raumvertiefung und begründete damit die eigentl. ↗ Malerei (sog. Scheinmalerei), welche von ↗ Zeuxis weiterentwickelt wurde. Von seinen Werken ist nichts erhalten. **Lit.:** I. Scheibler, Griech. Malerei der Antike (1994).

Apollodor (2) (gr. Apollodoros) aus Athen, griech. Redner, ca. 394/93 – nach 343 v. Chr. Sieben Reden des A. sind unter dem Namen des Demosthenes überliefert; sie geben einen hervorragenden Einblick in die Sozialgeschichte und das gesellschaftl. Leben des 4. Jh. v. Chr. in Athen (bes. die Anklage gegen die frühere Prostituierte Neaira, ›Demosthenes‹, Rede 59). **Lit.:** K. Brodersen, Frauen vor Gericht (2004).

Apollodor (3) (gr. Apollodoros) aus Athen, griech. Philologe, ca. 180–120 v. Chr., war zunächst in Athen Schüler des Stoikers Diogenes von Seleukeia, anschließend Schüler und Mitarbeiter ↗ Aristarchs von Samothrake in der Bibliothek von Alexandria. Offensichtlich im Zusammenhang mit der Gelehrtenvertreibung durch Ptolemaios VIII. Physkon (145/44) flüchtete A. nach Pergamon, wo er in der Folge (Widmungsempfänger seiner *Chronika* ist Attalos II. von Pergamon), später auch in Athen wirkte. Neben wichtigen philolog. Schriften zu Homer, der Komödie und zur Etymologie verfasste A. ›histor.‹ Werke. So stellt er in den *Chronika* (4 Bücher) die Ereignisse von der Zerstörung Trojas (das Jahr 1184/83 übernimmt er von Eratosthenes) bis in seine Zeit (144/43 v. Chr.) dar, außerdem ist ein Nachtrag, der bis 120/19 reicht, erhalten. Die *Chronika* fußen auf ↗ Eratosthenes, bringen in einigen Punkten aber entscheidende Änderungen. Auffällig ist, dass A. für seine Darstellung nicht den Prosastil, sondern, aus mnemotechn. Gründen, das Versmaß des ›komischen‹ (= jambischen) Trimeters wählte. Auch A.s großangelegter Kommentar zum homer. Schiffskatalog (12 Bücher), den er offensichtlich als einen echten, ursprüngl. Teil von Homers Werk ansah, ist in bestimmten Bereichen von Eratosthenes' *Geographika* abhängig, ebenfalls dürfte der *Troikos diakosmos* des Demetrios von Skepsis, eine genaue Aufstellung der trojan. Verbündeten in Kleinasien, als Vorbild gedient haben; die vornehmlich bei Strab. VII-X erhaltenen Fragmente lassen eine gelehrte und philologisch sorgfältige Erklärung homer. Geographie erkennen. In der Schrift *Über die Götter* (24 Bücher) entwickelt A. seine Ansichten zur homer. Religion wie auch seinen eigenen religiösen Standpunkt, indem er die Namen der homer. Götter (nichtgriech. ausgeschlossen) behandelt und mittels etymolog. Analyse des Namens die Natur des jeweiligen göttl. Wirkens erklärt. Ganz in der Tradition der alexandrin. Philologie stellt A.s Beschäftigung mit der Komödie, v. a. der Dorischen, namentlich den *Dramata* Epicharms und den *Mimoi* Sophrons, den zweiten wichtigen Arbeitsbereich neben der Homerphilologie dar. Das unter A.s Namen überlieferte Werk zur Mythographie (*Bibliotheke*) gehört in spätere Zeit. **Lit.:** F. Jacoby, A.s Chronik (1902). – K. Brodersen, A.: Bibliothek (2004).

Apollodoros (4) aus Damaskos, bedeutender Architekt und Ingenieur des frühen 2. Jh. n. Chr., der bes. von Kaiser Trajan mit verschiedenen Bauprojekten beauftragt wurde. Zu seinen Werken zählen u. a. die Donaubrücke bei Dobretae (heute Debrecen/Ungarn), die auf der Trajans-Säule dargestellt ist, ein Odeion, das Trajans-Forum in Rom und wohl auch die Trajansthermen. A. hat ferner eine Schrift über Kriegstechnik verfasst.

Apollon (lat. Apollo, dt. auch Apoll), eine der Hauptfiguren der griech. Mythologie, Sohn des Zeus und der Leto, Zwillingsbruder der Artemis, Gott der Weissagungen, Künste und Wissenschaften, bes. der Musik und der Medizin. – *I. Mythos:* Nach seiner Geburt auf Delos wird A. in den N zu den ↗ Hyperboreern gebracht, wo ihn die Göttin Themis mit Nektar und ↗ Ambrosia nährt; innerhalb weniger Tage ist er erwachsen. A. zieht aus, ein Orakel zu gründen, und gelangt nach Delphi zum Orakel der Erdgöttin Gaia, das von Python, einer furchtbaren Schlange mit prophet. Kräften, bewacht wird. In seinem Anspruch auf das Orakel als Gott der Weissagung tötet A. das Untier und nennt seine Priesterin nach ihm Pythia. Für die Tötung des Python muss A. zur Sühne dem König ↗ Admet als Hirte dienen. A.s Aufgabe ist es, Unrecht zu bestrafen und für Gerechtigkeit zu sorgen, häufig zusammen mit Artemis. Mit ihr kämpft er gegen den Riesen Tityos, der Leto vergewaltigen wollte, erschießt die Kinder der ↗ Niobe, die Leto verhöhnte, und rät ↗ Orest zum Muttermord. Zusammen mit Poseidon baut A. die Stadtmauern um Troja und schickt, weil König Laomedon den Lohn nicht zahlt, eine schlimme Pest in die Stadt. Im ↗ Trojan. Krieg kämpft

Apollon vom Belvedere mit Chlamys, Bogen und Sandalen, ergänzte Kopie

er auf trojan. Seite: Durch eine Pest zwingt er Agamemnon, die Gefangene Chryseïs, die Tochter seines Priesters Chryses, herauszugeben, beschützt Äneas und lenkt Paris' Pfeil, der Achill tötet. Eine seiner weiteren Eigenschaften ist seine Befähigung zu heilen, die er an seinen Sohn ↗ Äskulap weitergibt. Als Zeus diesen nach der Wiederbelebung des Hippolytos tötet, erschlägt A. die ↗ Kyklopen. A. ist Gott der Musik und der schönen Künste und der Lehrer der ↗ Musen. Sein Lieblingsinstrument ist die von Hermes erfundene Leier, die ihm der Götterbote nach dem Raub seiner Herde zur Versöhnung geschenkt hat. Von zahllosen Geliebten wird A. Vater vieler Söhne, darunter von Äskulap, Troilos, Aristaios und nach einer Version von Phaëthon. Seine Liebschaften nehmen aber sehr oft einen unglückl. Verlauf: ↗ Kassandra verschmäht ihn trotz des Geschenks der Prophetie, die kumäische ↗ Sibylle trotz der Aussicht auf ein tausendjähriges Leben, Marpessa entscheidet sich für Jolaos, und ↗ Daphne verwandelt sich auf der Flucht vor ihm in den ihm künftig heiligen Lorbeerbusch. Der Lorbeer als Zeichen des Musengottes wird auf die Dichter übertragen, die mit einem Lorbeerkranz gekrönt werden (*poeta laureatus,* »lorbeerbekränzter Dichter«). Als Sonnengott – dem ↗ Helios gleichgesetzt – mit dem Beinamen Phoibos (»Strahlender«) lenkt er den Sonnenwagen, der seinem Sohn ↗ Phaëthon zum Verhängnis wird. – *II.* Kult: Delphi war das Zentrum des A.-Kultes und das mächtigste Orakel der Griechen. Zu A.s Ehren wurden Wettkämpfe, die »Pyth. Spiele«, gestiftet. Neben dem delph. Orakel (wo A. als A. Pythios verehrt wurde) besaß A. noch eine bedeutende Kultstätte auf seiner Geburtsinsel Delos (verehrt als A. Delios); von diesen beiden Orten aus verbreitete sich sein Kult in ganz Griechenland. Als stets jugendl. Gott hat A. eine bes. Nähe zu den ↗ Epheben und wird von diesen als Schutzgottheit verehrt, in Athen als A. Delphinios. In Rom wird A. spätestens ab dem 5. Jh. als Heilgott kultisch verehrt: 431 v. Chr. wurde ihm als *Apollo medicus* ein Tempel errichtet, und zu seinen Ehren fanden seit 212 v. Chr. die *ludi Apollinares* vom 6.–13. Juli statt. **Lit.:** W. Burkert, Griech. Religion (1977) 225 ff. – J. Solomon, A. (1994).

Apollọnios Dyskolos (gr., »der Mürrische«) aus Alexandria, griech. Philologe, 1. Hälfte 2. Jh. n. Chr., Vater des ↗ Herodian. Von seiner umfangreichen Tätigkeit auf dem Gebiet der ↗ Grammatik sind teilweise die Werke zu den Redeteilen und Konjunktionen und komplett das Werk zur Syntax in vier Büchern erhalten. Ziel seiner syntakt. Arbeit ist zu zeigen, wie man Wörter im Satz verbinden muss, um korrekte Sätze zu bilden. A. übte einen großen Einfluss auf die spätantike ↗ Philologie aus. **Lit.:** F. W. Householder, The Syntax of A. D. (1981).

Apollọnios (1) von Perge, um 260–190 v. Chr., neben Euklid und Archimedes bedeutendster griech. Mathematiker und Astronom. Der aus Pamphylien stammende A. studierte in Alexandria als Schüler des Euklid, lehrte später in Alexandria und Pergamon. Von seinem Hauptwerk *Konika (Kegelschnitte)* sind nur Teile im griech. Original erhalten, weitere Teile in einer arab. Übersetzung des 9. Jh. n. Chr. A. fasst in seinem Werk das mathemat. Wissen seiner Zeit ausführlich zusammen und führt eine neue Methode in die Kegelschnittlehre ein. Während die arab. Mathematik früh die Lehren des A. aufgriff, wurde er im Westen erst im 17. Jh. entstanden sein dürfte u. a. Kepler und Descartes. **Lit.:** B. L. van der Waerden, Die Astronomie der Griechen (1988) 164–172.

Apollọnios (2) von Rhodos, griech. Epiker und Philologe, 3. Jh. v. Chr., Schüler des Kallimachos und Nachfolger Zenodots als Leiter der Bibliothek in Alexandria. Seine *Argonautika,* die in der Zeit zwischen 270 und 245 entstanden sein dürften und vier Bücher umfassen (jeweils 1.400–1.700 Verse), stellen das einzig erhaltene griech. Epos zwischen Homer und der röm. Kaiserzeit dar. Das Epos erzählt die Argonautenfahrt von der Abfahrt über die Erringung des Goldenen Vließes bis zur Rückfahrt und wurde in dieser Form die weitgehend verbindl. Norm. Stilistisch an Homer angelehnt, zeichnet sich A.s Werk durch Originalität aus, doch verstieß es in seiner Form (Epos) und seiner Einheit und Zusammenhang aufweisenden Handlung gegen das herrschende, primär von Kallimachos geprägte literar. Programm. Doch weist es auch typisch hellenist. Mittel der Gestaltung auf: Neben zahlreichen zu erwartende Homer-Bezüge, die Zeugnis von der Gelehrsamkeit des Autors ablegen, treten psychologisch tiefgehende Beschreibungen von Begebenheiten und genrehafte Abschnitte; dabei nimmt die Darstellung seel. Affekte einen breiten Raum ein, und in der Behandlung des Liebesmotivs gewann A. große Bedeutung. Daneben beeindrucken seine breitangelegten Interessen, die neben Naturkunde und Technik auch geograph. Wissen beinhalten und insbes. durch die Verschmelzung verschiedener mythograph. Traditionen von großem Interesse sind. Die *Argonautika* erfuhren eine breite Rezeption u. a. bei Catull, Vergil, Ovid, Lukan und Valerius Flaccus. **Lit.:** H. Fränkel, Das Argonautenepos des A., in: Museum Helveticum 14 (1957) 1–19. – R. Hunter, The Argonautica of A. (1993). – P. Dräger, Die Argonautika des A. (2001).

Apollọnios (3) von Tyana, pythagoreischer Wanderprediger und Wundertäter des 1. Jh. n. Chr., für dessen Leben und Wirken die *Lebensschreibung* des ↗ Philostrat aus dem 3. Jh. n. Chr. die Hauptquelle ist. Neben Briefen sind von A.' Werken eine theolog. Schrift und eine Pythagorasbiographie in Fragmenten erhalten. **Lit.:** V. Mumprecht, Das Leben des A. von Tyana (1983) [Übers.]

Apollọniusroman ↗ Historia Apollonii regis Tyri

Apologe (gr. apọlogoi), Erzählungen des ↗ Odysseus bei den Phäaken (*Odyssee 9–12*) über seine Irrfahrten.

Apologẹtik (gr. apologia, »Verteidigung«), Schriften zur Rechtfertigung und Verteidigung der Religion (Judentum/Christentum). Der bedeutendste jüd. Apologet war ↗ Josephus. Vom 2. bis 5. Jh. n. Chr. bestimmten die A. den Charakter der christl. Literatur entscheidend. Ziel war es, bes. gegenüber der heidn. röm. Oberschicht die gegen die Christen vorgebrachten Anschuldigungen zu widerlegen und das Christentum als glcichwertige oder gar bessere Religion zu präsentieren. Häufig benutzte Form ist der Dialog. Die Existenzberechtigung der christl. Religion war somit zentraler Gegenstand der A.; dazu bedienten sich die christl. Autoren (z. B. ↗ Clemens von Alexandria, ↗ Origenes) tradierter rhetor. Mittel, die auch in der antiken Philosophie Verwendung fanden. Die Wirkung der A. auf das Zielpublikum ist nur schwer einzuschätzen, jedoch bewirkte diese Literaturgattung die Verbindung antiker philosoph. Begriffe und Techniken mit der christl. Theologie.

Apologie (gr. apologia, »Verteidigung«), jurist. Fachbegriff für Verteidigungsrede; als literar. Werke sind bes. die A. des Sokrates von Platon und Xenophon zu nennen. In der christl. Literatur bildet sich die bes. Form der ↗ Apologetik heraus, die Verteidigung des christl. Glaubens gegen pagane Kritik.

Apomnemoneumata (gr., »Denkwürdigkeiten«, lat. Memorabilia). Titel eines Werks von ↗ Xenophon von Athen, dt. *Erinnerungen an Sokrates*.

Aporie (gr. aporia, »Ausweglosigkeit«), bezeichnet allg. die Unlösbarkeit eines anstehenden Problems aufgrund der Gleichwertigkeit widersprüchl. Argumente oder aufgrund unzureichenden Wissens. Bei Sokrates dient die A. als method. Ausgangspunkt, um den Gesprächspartner zur Einsicht in seine Unwissenheit zu führen und damit den Weg frei zu machen für die Suche nach begründetem Wissen (↗ Sokrates, ↗ Platon). Bei Aristoteles findet der Aufweis überlieferter A.n Verwendung, um eigene Problemlösungen vorzubereiten. Im ↗ Skeptizismus dagegen ist das Aufzeigen des »gleichstarken Widerstreites« (*isosthenia*) argumentatives Endziel. Die daraus folgende Urteilsenthaltung (*epoche*) ermöglicht die Seelenruhe. **Lit.:** B. Waldenfels, Das sokrat. Fragen (1987).

Apostolische Väter. Seit J. B. Coteliers Ausgabe (1672) bezeichnet man als A. V. (lat. *patres aevi apostolici*) die Theologen und christl. Autoren zwischen dem Neuen Testament und der Zeit der ↗ Kirchenväter, die noch unter dem direkten Einfluss der urchristl. Literaturformen stehen. Teilweise wurden die Schriften der A.n V. dem Neuen Testament gleichgestellt. Folgende Schriften zählen zum Corpus der A.n V.: erster Clemensbrief (Gemeindebrief der Römer an die Korinther, um 96 n. Chr.); die Abschiedsbriefe des Bischofs Ignatius von Antiochia an sieben Gemeinden Kleinasiens, die er bei seiner Reise zum Martyrium nach Rom verfasste (ca. 110); zwei Briefe des Bischofs Polykarpos von Smyrna an die Philipper (ca. 150); die sog. *Didache* (*Unterweisung*), die älteste Kirchenordnung; der zweite Clemensbrief, die älteste christl. ↗ Homilie (Anfang 2. Jh.); die fünf Bücher *Auslegung der Herrenworte* des Papias (ca. 130); der *Hirt des ↗ Hermas* (ca. 150) und das Martyrium des Polykarpos, der älteste erhaltene Text der Gattung ↗ Märtyrerakten. **Lit.:** J. A. Fischer (Hg.), Die a.n V. (⁹1986). – LACL (1998).

Apostrophe (gr. apostrophe, »Abwendung«), Begriff der Rhetorik. Der Redner wendet sich von den Richtern zu fingierten Zuhörern, zumeist den Göttern.

Apotheke (gr., »Lager«). Eine zentrale Versorgung mit Heilmitteln in A.n gab es in der Antike nicht. Vielmehr fertigten meist die Ärzte selbst die von ihnen verordneten Heilmittel an. Die Grundstoffe dazu beschafften sog. Rhizotomen (gr., »Wurzelschneider«). Zwar verkauften auch Arzneimittelhändler auf dem Markt fertige Medikamente, doch waren diese keinerlei Kontrolle unterworfen.

Apotheose, ursprünglich oriental. Kult, die Vergöttlichung eines Menschen, im Orient auf die Könige bezogen; von den Griechen übernommen und auf ihre Heroen und verdienten Politiker übertragen. Im Hellenismus und in Rom, bes. in der Kaiserzeit, wurde häufig die göttl. Verehrung eines Menschen schon zu Lebzeiten beschlossen (↗ Herrscherkult).

Apotropaion (gr. apotrepein, »abwehren«; lat. amuletum, »Amulett«), Gegenstände verschiedenster Art, z. B. Edelsteine, Abbildungen von Tieren oder Menschen und Körperteilen, die man sich als mit einer Zauberkraft erfüllt dachte und die man als beschützendes Abwehrmittel gegen böse Geister und unheilvolle Mächte einsetzte, meist indem man sie am Körper trug. Das in der Antike berühmteste A. ist das Gorgoneion, das Abbild des Hauptes der Gorgo ↗ Medusa, auf dem Schild der Athena (↗ Ägis).

Apoxyomenos (gr., »der sich Abschabende«), bezeichnet den figürl. Motiv des sich mit dem Schabeisen (↗ Strigilis) reinigenden Athleten, dargestellt in bedeutenden Statuen von ↗ Polyklet und ↗ Lysipp. **Lit.:** H. Beck, Polyklet, der Bildhauer der griech. Klassik (1990).

Appian (gr. Appianos, lat. Appianus), Geschichtsschreiber aus Alexandria, Ende des 1. Jh.–160 n. Chr., lebte seit ca. 120 in Rom und war als Anwalt tätig. A. verfasste eine *Römische Geschichte* (gr. *Rhomaika*) in 24 Büchern, in der er die röm. Geschichte von der Königszeit bis Trajan in geograph. Anordnung des Stoffes behandelte. Etwa die Hälfte des Werkes ist erhalten, darunter eine Darstellung der röm. Bürgerkriege (133–30 v. Chr.) in 5 Büchern. **Lit.:** K. Brodersen, Appian und sein Werk, in: ANRW II 34, 1 (1993) 339–363.

Appius Claudius Caecus, bedeutender röm. Politiker um 300 v. Chr., war 312 Zensor, 307 und 296 Konsul, 292–285 Diktator. Berühmt wurde A. durch seine Zensur, während der er mehrere Reformen durchsetzte; u. a. sorgte er für den Bau einer Wasserleitung nach Rom und einer Straße von Rom nach Capua (Via Appia). Leute ohne Grundbesitz durften sich zunächst in eine beliebige, seit 304 nur in eine der vier städt. Tribus einschreiben; der Senat wurde durch Söhne von Freigelassenen ergänzt. 304 ließ A. durch seinen Schreiber einen Gerichtskalender und Prozessformeln veröffentlichen, deren Kenntnis bisher nur den Priestern vorbehalten war. 280 hielt er – bereits erblindet (daher der Beiname *Caecus*, »der Blinde«) – eine Rede vor dem Senat gegen die von Pyrrhos vorgeschlagenen Friedensbedingungen. **Lit.:** J. Suolahti, The Roman Censors (1963) 220–223.

Appuleius, Lucius A. Saturninus ↗ Saturninus

Apsis (gr., »Bogen«, »Wölbung«), halbkreisförmiger, auch polygonaler Raumteil, in der ägäischen Hausarchitektur bereits früh belegt. In der röm. Architektur kam die A. bes. oft an ↗ Tempeln, ↗ Thermen und ↗ Basiliken vor. Zumeist halbkugelig überwölbt, diente die A. häufig zur Aufnahme von Kult- oder Standbildern. **Lit.:** S. Sinos, Die vorklass. Hausformen in der Ägäis (1971). – H. Lauter, Die Architektur des Hellenismus (1986).

Apsyrtos, Sohn des ↗ Aietes, des myth. Königs von Kolchis und der ↗ Okeanide Asterodeia, Bruder ↗ Medeas. Es gibt viele Versionen über seinen Tod. Nach einer Variante des Mythos wird er als kleines Kind von ↗ Jason und Medea auf der Flucht aus Kolchis mitgenommen und zerstückelt; seine Glieder werden verstreut, um Aietes aufzuhalten.

Apuleius aus Madaura (Nordafrika), lat. Dichter und Rhetor, ca. 125–170 n. Chr. Nach einem Studienaufenthalt in Athen und weiten Reisen arbeitete A. vermutlich einige Zeit in Rom als Anwalt und lebte später wieder in Afrika. Dort wurde 158 ein Prozess gegen ihn angestrengt, der mit Freispruch endete. Die Klage behauptete, er habe seine Frau Aemilia Pudentilla, eine Witwe, die weit älter als er war, durch Zauberei an sich gezogen. Die Verteidigungsrede (*Apologia/Pro se de magia*) ist ein Glanzstück nachklass. Rhetorik. Am bekanntesten sind die *Metamorphosen,* ein phantast. Roman im Stile der *fabula Milesia,* der die Erlebnisse des in einen Esel verwandelten Lucius und schließlich dessen Erlösung und Einweihung in die Isis-Mysterien erzählt (derselbe Gegenstand ist bei ↗ Lukian, *Lukios oder der Esel* dargestellt). In den Roman ist das Märchen von *Amor und Psyche* eingelegt (4, 28–6, 24). Die *Florida* sind eine Auswahl von 23 Stücken aus A.' Reden. A. verstand sich als Platoniker, sein Platonismus trägt jedoch Züge einer Geheimlehre. Überliefert sind u. a. die philosoph. Schriften *De deo Socratis* (*Der Gott des Sokrates*), *De Platone et eius dogmate* (*Platon und seine Lehre*) sowie die in das peripatet. Umfeld gehörende Abhandlung *De mundo* (*Über die Welt*). In ihrer Echtheit umstritten sind die hermet. Traktat *Asclepios* und die Kompilation der aristotel. Logik *Peri hermeneias* (*Über Interpretation*). Ein *Kräuterbuch* des 5. Jh. wird unter seinem Namen überliefert. **Lit.:** K. Sallmann, in: HLL IV (1997) 292–318.

Apulien (lat. Apulia), süditalien. Landschaft am ↗ Adriat. Meer. Der osk. (↗ Osker) Stamm der Apuli, der neben anderen Stämmen in diesem Gebiet siedelte, gab der Landschaft den Namen. Ackerbau war in der Antike wegen Wasserarmut kaum möglich, Wein- und Ölproduktion sowie Viehzucht waren wirtschaftl. Grundlage der erdbebengefährdeten Region. Der sumpfige Küstenstreifen galt als ungesund, zudem gab es nur wenige schiffbare Häfen. Die Apuli schlossen früh ein Bündnis mit Rom und gehörten seit Augustus zur 2. Region Italiens.

Aquae (lat. aqua, »Wasser«), Name zahlreicher röm. Badeorte (mit näherer Bezeichnung). Die Städte waren für ihre (meist heißen) Heilquellen und Bäder berühmt, z. B. A. Mattiacae, heute ↗ Wiesbaden; A. Gran(n)i, heute ↗ Aachen; A. Sulis, heute Bath (↗ Britannien); Aquae Sextiae in der Gallia Narbonensis, heute Aix-en-Provence; A. Helveticae, heute Baden bei Zürich.

Aquädukt ↗ Wasserleitungen, Wasserversorgung

Aquila ↗ Adler, Feldzeichen

Aquileia, röm. Stadt im heutigen Venetien. 181 v. Chr. gründete der ↗ Latin. Städtebund im N der Adria A. als Stützpunkt gegen die Gallier. Die zentrale Lage (Knotenpunkt mehrerer Straßen, Nähe zur Adria) ließen die Bedeutung A.s steigen. 167 n. Chr. wurde A. von den ↗ Markomannen belagert. 238 wurde Maximinus Thrax hier ermordet. Die Stadt wurde im 3. Jh. Bischofssitz, später Patriarchensitz. In der Spätantike gehörte A., das auch als Kaiserresidenz diente, zu den größten Städten Italiens. 452 wurde A. von den Hunnen unter ↗ Attila erobert. 568 wurde der Bischofssitz nach Grado verlagert, A. blieb aber bis in byzantin. Zeit eine reiche Handelsstadt. Neben Resten des Amphitheaters und der spätantiken Stadt finden sich bes. bedeutende frühchristl. Bauten, z. B. unter dem Dom. **Lit.:** H. Kähler, Die spätantiken Bauten unter dem Dom von A. (1957). – S. Piussi, Bibliografia Aquileiese (1978).

Aquincum (heute Budapest), Legionslager und Verwaltungszentrum der Provinz Pannonia Inferior (↗ Pannonien) am rechten Donauufer. Seit 114 n. Chr. war hier die II. Legion Adiutrix über mehrere Jahrhunderte stationiert; A. wurde auch Sitz des Statthalters. Die archäolog. Funde zeugen vom hohen Lebensstandard des Militärs und der Bewohner in der Zivilstadt. Ausgegraben wurden u. a. zwei Amphitheater, der Palast des Statthalters und mehrere Badeanlagen. Funde im Museum beim Statthalterpalast und im Nationalmuseum. **Lit.:** J. Szilágyi, A. (1956). – A. Mócsy, Pannonia and Upper Moesia (1974). – Ders. Das Röm. Budapest (1986).

Aquitanien (lat. Aquitania), südwestl. Teil ↗ Galliens. A. war Heimat mehrerer keltiber. Stämme, die 71 v. Chr. von ↗ Pompeius, 56 von ↗ Crassus geschlagen wurden. Mit der Reichsreform 27 v. Chr. unter Augustus wurden sie unter dem Namen *provincia Aquitania* zusammengefasst. Der Sitz des Statthalters war zuerst Mediolanum (↗ Mailand), später Burdigala (↗ Bordeaux). Im 4. Jh. n. Chr. wurde die Provinz in drei Teile (Aquitania I, II und Novempopulana) aufgeteilt. Bis zum Einfall der ↗ Westgoten im 5. Jh. gehörte A. zu den ruhigen Provinzen des Reiches.

Ara Pacis Augustae (lat., »Altar des Augustusfriedens«), 9 v. Chr. in Rom als Zeichen der Befriedung des röm. Weltreiches eingeweiht. Eine Treppe führte zu einem Podium, welches auf allen vier Seiten von Mauern umgeben war. Zwei große Eingänge öffneten sich ursprünglich in Ost-West-Richtung. Im Inneren befand sich der eigentl., durch Stufen erhöhte Altar. Die gesamte Anlage war mit ornamentalen und figürl.

Relief von der Ara Pacis Augustae, in der Mitte links Augustus

Reliefs geschmückt. Dabei zählen die Reliefs der Außenseite zu den herausragenden Leistungen augusteischer Plastik. Die Anlage steht heute nicht mehr auf ihrem ursprüngl. Platz, sondern etwas weiter östl. zwischen ⟋ Mausoleum Hadriani und Tiberufer. Ursprünglich bildete die A. zusammen mit dem Augustusmausoleum und der ⟋ Sonnenuhr des Augustus (*horologium solarium Augusti*) einen einzigartigen zusammenhängenden Komplex. Dieses muss, ebenso wie die meisten anderen Monumente im Bereich des ⟋ Marsfeldes, in engem Zusammenhang mit dem Bauprogramm des Augustus gesehen werden. **Lit.:** W.-D. Heilmeyer u. a., Kaiser Augustus und die verlorene Republik (1988).

Arabien. Unter A. verstand man in der Antike zuerst nur die nordarab. Wüste; die Bezeichnung wurde erst später auf die gesamte Halbinsel übertragen. Man unterschied dabei zwischen dem nördl. *Arabia deserta* und dem südl. gelegenen *Arabia felix* (»Glückl. A.«); die in Südwest-A. für Landwirtschaft günstigen klimat. Bedingungen werden aus dem Namen deutlich. Während sich Süd-A. lange Zeit selbständig entwickeln konnte, geriet Nord-A. mit seinen Beduinenstämmen immer wieder mit den angrenzenden Staatsgebilden (von den Assyrern bis zu den Persern) in Konflikt. Alexander d. Gr. hegte vor seinem Tode noch Pläne für einen A.-Feldzug. Während der Pers. Golf bis zur Mitte des 2. Jh. v. Chr. von den ⟋ Seleukiden kontrolliert werden konnte (Handelsweg nach ⟋ Indien), konnten die ⟋ Ptolemäer über das Rote Meer bzw. über Süd-A. Handelskontakte mit Ostafrika und Indien pflegen. Diese Mittlerrolle im Orienthandel

(z. B. ⟋ Weihrauch) führte zu erhebl. Wohlstand, erlaubte in Süd-A. die Errichtung aufwendiger Bewässerungssysteme und förderte die Staatenbildung (z. B. Königreich von Saba). 105 n. Chr. wurde der reiche nordwestl. Teil des ⟋ Nabatäerreiches von den Römern besetzt und als Provinz Arabia organisiert. Die wichtigsten Städte der Provinz waren ⟋ Bostra und ⟋ Petra. In spätantiker Zeit wurde die Provinz geteilt: Bostra blieb Hauptstadt der verkleinerten Provinz Arabia, während der Rest an die Provinz Syria Palaestina (⟋ Syrien) fiel. **Lit.:** A. Domaszewski, Die Provincia Arabia I-III (1904–09). – G. W. Bowersock, Roman Arabia (1983). – A. Kurth/S. Sherwin-White, Hellenism in the Near East (1987).

Arabischer Meerbusen (lat. Arabicus sinus) ⟋ Rotes Meer

Arachne, in der Mythologie hervorragende lyd. Weberin, die Athena, die Schutzgöttin der Webkunst, zum Wettkampf herausfordert. Athena warnt sie in Gestalt einer alten Frau vor einem solchen Hochmut. A. stellt in ihrem Werk die Affären der Götter dar und wird von der wütenden Athena geschlagen. Sie erhängt sich, wird aber von der Göttin in eine Spinne verwandelt und so vor dem Tod bewahrt.

Arae Philaenorum (heute Muktar/Libyen), Hafenstadt an der Großen ⟋ Syrte. A. Ph. war lange der östlichste Punkt des karthag. Reiches (⟋ Karthago) und bildete auch in röm. Zeit die Grenze zwischen den Provinzen Africa proconsularis (⟋ Afrika) und Cyrenaica (⟋ Kyrene).

Arat (gr. Aratos) aus Soloi (Kilikien), griech. Dichter, ca. 310–250 v. Chr. Nach ersten Studien bei dem

Grammatiker Menekrates von Ephesos und der intensiven Auseinandersetzung mit der stoischen Philosophie in Athen wurde A. 277 durch Zenon mit Antigonos Gonatas bekannt und von diesem an seinen Hof nach Pella in Makedonien berufen. Später hielt er sich zudem einige Jahre in Syrien am Hof des Antiochos auf. Neben philolog. Arbeiten (u. a. zu Homer) schrieb er Hymnen (z. B. *Hymnos auf Pan* anlässlich der Hochzeit des Antigonos), *Epikedeia* auf Freunde und andere Kleindichtungen (z. B. auch medizin. Inhalts). Vollständig erhalten ist A.s 1154 Verse umfassendes Lehrgedicht *Phainomena* (*Himmelserscheinungen*). Frei nach der Lehre des Eudoxos von Knidos (*Phainomena* und *Enoptron*) behandelt A. hier in dichter. Versmaß Sternbilder und, nach einer wahrscheinlich peripatet. meteorolog. Schrift, Wetterzeichen, und dies mit dem religiösen und philosoph. Empfinden der Stoa (vgl. schon den Eingangshymnus) in einem von Hesiod (*Werke und Tage*) hergeleiteten Stil. Die *Phainomena* erfreuen sich bis heute einer breiten Rezeption: Das Lob des Kallimachos (er bezeichnet sie als *lepton* = fein), die zahlreichen Übersetzungen, Paraphrasen und Exzerpte, u. a. von Varro, Cicero, Manilius, Germanicus (einzige erhaltene latein. Übertragung), zeugen von ihrem hohen Ansehen. **Lit.:** B. Effe, Dichtung und Lehre (1977) 40–46. – G. O. Hutchinson, Hellenistic Poetry (1988) 214–236.

Ar_ator, lat. christl. Dichter, 1. Hälfte 6. Jh. n. Chr., Verf. einer ep. *Historia Apostolica* in 2.300 Hexametern, in der Begebenheiten des Neuen Testaments häufig allegorisierend erzählt werden. **Lit.:** J. Schwind, A.-Studien (1990).

Araxes, Hauptfluss ↗ Armeniens, heute Aras. Er entspringt in der Türkei bei Erzerum, durchquert Armenien und mündet ins Kaspische Meer. Sein Gesamtlauf wurde erst unter Pompeius bekannt. Bis zum Alexanderzug bezeichneten die Griechen mit A. auch den ↗ Oxos.

Arbeit. Antikes Lebensideal war der Grundbesitzer, dessen Erträge jede eigene körperl. Arbeit überflüssig machten. Die verstärkte Einführung von Sklaven bes. seit dem 5. Jh. v. Chr. in den griech. Wirtschaftsprozess sowie die zunehmende Demokratisierung machte es griech. Bürgern nicht leicht, in ein abhängiges Arbeitsverhältnis zu treten, da dies als nicht standesgemäß betrachtet wurde. Aber schon Sokrates trat gegen diese Vorstellung an; bes. im Hellenismus gewannen die Griechen eine positivere Einstellung zur Arbeit. Unabhängig von diesen eher auf den städt. Raum zielenden Überlegungen zum antiken Arbeitsbegriff gab es auf dem Lande zahllose Kleinbauern, deren tägl. Arbeit auch Grundlage der städt. Versorgung bildete. Zwar kam es in der Antike immer wieder zu Landflucht-Bewegungen in die großen Metropolen, doch blieb die Landwirtschaft der Kleinbauern (trotz ↗ Latifundienwirtschaft in röm. Zeit) die dominante Form der Arbeit. ↗ Handwerk

Arbeitslosigkeit. Berichte über antike Landflucht sind dürftige Hinweise auf A., da nur ein Teil der in die Städte geflüchteten Landbevölkerung hier Arbeit fand.

Abhängige Arbeit als Tagelöhner bedeutete bei Ausbleiben neuer Aufträge oft sofortige A. Soziale Absicherung gegen die Folgen der A. gab es in Rom nur indirekt, etwa in Form von Getreideverteilungen (↗ Annona) oder ↗ Alimentationen. Die öffentl. Bautätigkeit war in der Kaiserzeit für den Arbeitsmarkt der Stadt Rom ein entscheidender Faktor und beeinflusste die A. in der Reichsmetropole.

Arbeitszeit. Regelungen zur Wochen-A. gab es in der Antike nicht, es wurde also täglich gearbeitet. Äußerer Rahmen für die A. waren Jahreszeit und Witterung. Prinzipiell wurde täglich von Sonnenaufgang bis -untergang gearbeitet. Unterschiede zwischen freien und unfreien abhängigen Arbeitern gab es nicht; individuell ausgehandelte Arbeitsverträge konnten Regelungen für (unbezahlten) Urlaub festlegen. Bauern waren, wie heute, durch Tierhaltung an tägl. Arbeit gebunden. In Griechenland verschafften lediglich ↗ Feste freie Tage; diese Festkalender variierten von Stadt zu Stadt. Ersatz für fehlende A.- und Urlaubsregelungen bildeten auch in Rom die ↗ *feriae*, die den Göttern gehörenden Feiertage, an denen nicht gearbeitet werden durfte (*dies nefastus*).

Arbog_ast, fränk. Feldherr in röm. Diensten, gest. 394 n. Chr. Im Dienste des oström. Kaiser Theodosius I. besiegte A. den Usurpator Maximus. Anschließend verwaltete er unter Kaiser Valentinian II. die westl. Reichshälfte. Nach dessen Tod 392 erhob A. den Eugenius zum Augustus des Westens. Nach dem Sieg des Theodosius I. über Eugenius 394 beging A. Selbstmord.

Arc_adius, Flavius A., oström. Kaiser 383–408 n. Chr.; geb. um 377 als ältester Sohn des Theodosius I.; 383 zum Augustus erhoben. Bevor Theodosius 394 gegen Eugenius in den Krieg zog, bestimmte er A. zum Herrscher über die Osthälfte des Reiches. Der jüngere Bruder des A., Honorius, erhielt 395 den W. Die Regierung des A., der stets unter dem Einfluss seiner Berater stand, war geprägt von religiösen Auseinandersetzungen und von Kämpfen gegen Westgoten und Hunnen.

Archäologie (gr., »Altertumskunde«), Kunde von der Vergangenheit, schon bei ↗ Thukydides so benannt. Sie erforscht die Vergangenheit der Menschen anhand ihrer kulturellen und materiellen Hinterlassenschaften, nicht aber ihrer literarischen. Im Sinne der Denkmalkunde liegen die Anfänge der A. in der Renaissance; im 18. Jh. entwickelte sie sich durch J. J. Winckelmann zur geistesgeschichtl. und wissenschaftl. Disziplin. Zu diesem Zeitpunkt fanden erste Ausgrabungen in ↗ Pompeji und in ↗ Herculaneum statt, und die Erforschung der noch sichtbaren Bauwerke und Denkmäler in Griechenland wurde (u. a. von den Engländern Stuart und Revett) vorangetrieben. 1829 wurde das Deutsche Archäolog. Institut für archäolog. Korrespondenz in Rom gegründet, die einsetzende Ausgrabungstätigkeit erweiterte die Kenntnisse. Die zahlreichen dadurch zutage geförderten Monumente führten unweigerlich zur Spezialisierung und Bildung unterschiedl. Wissenschaftsbereiche

(z. B. ↗ Numismatik, ↗ Epigraphik). Im 20. Jh. gerieten neben den ästhet. Aspekten in zunehmendem Maße auch die gesellschaftl. Zusammenhänge in den Blickpunkt des Interesses. Durch ein Zusammenwirken der verschiedenen Wissenschaftszweige sowie der immer weiter voranschreitenden techn. Möglichkeiten der Ausgrabungstätigkeiten wurde es möglich, die Forschungsergebnisse mehr und mehr zu einem lebendigen Bild der Kultur und des Alltagslebens vergangener Völker zusammenzufügen. Inzwischen haben sich innerhalb der A. mehrere selbständige Gebiete, z. T. mit weiterer interner Differenzierung, herausgebildet. Neben der klass. A., die den griech. und röm. Kulturbereich im Mittelmeergebiet umfasst, gibt es weitere Unterteilungen wie etwa Etruskologie, provinzialröm., ägypt., vorderasiat., ind., amerikan. oder Ethno-A. Im Laufe der Zeit haben sich verschiedene Ausgrabungs- und Datierungsmethoden entwickelt. Während zunächst der Boden noch recht unsystematisch umgegraben wurde, hat W. Dörpfeld, angeregt durch seine Ausgrabungen in ↗ Olympia (ab 1877) mit der sog. Schichtengrabung (Stratigraphie) die moderne Ausgrabungstechnik begründet. Hierbei werden die einzelnen Kulturschichten (oftmals durch unterschiedl. Färbungen erkennbar) mit dem darin eingeschlossenen Material, wie Mauerteilen, Tonscherben, Werkzeugen oder sonstigen Hinterlassenschaften, angeschnitten, beobachtet und interpretiert. Auch techn. und method. Entwicklungen eröffneten neue Möglichkeiten in der A. So stehen drei verschiedene Verfahren für Prospektionen (Sondierungen) von Fundstätten, die unter der Erdoberfläche verborgen sind, zur Verfügung: a) die Oberflächenbeobachtung, b) die Luftbild-A., mit deren Hilfe die oberird. Auswirkungen unterird. Störungen fotografisch festgehalten und ausgewertet werden können: erkennbar sind Schatten-, Vegetations- oder Bodenmerkmale, und c) naturwissenschaftl. Verfahren. Hier ist zum einen das geomagnet. Messverfahren zu nennen, bei dem mit dem Protonen-Magnetometer unter der Erdoberfläche verborgene Gebäudestrukturen erkundet und dargestellt werden können, zum anderen die geochem. Bodenuntersuchung, mit deren Hilfe sich über den Phosphatgehalt des Bodens Kulturschichten nachweisen lassen. Ferner ermöglicht die sog. Radiokarbonmethode (C-14-Methode) eine Altersbestimmung für organ. Stoffe in einem Zeitraum von ca. 70.000 bis 1000 v. Chr. Für die Zeit von 1000 v. Chr. bis heute müssen weitere Methoden hinzugezogen werden, z. B. die Dendrochronologie, die Datierung von Holz anhand der Jahresringe. Um das hierdurch entstandene Bild noch weiter abzurunden, ist die A. verstärkt auf die Zusammenarbeit mit anderen Wissenschaftszweigen angewiesen, so z. B. Geologie, Chemie, Botanik oder Osteologie (»Knochenkunde«). **Lit.:** R. Bianchi Bandinelli, Klass. A. Eine krit. Einführung (1978). – G. Daniel, Geschichte der A. (1990).

Archaik (gr. archaios, »alt«), Epochenbezeichnung für die vorklass. ↗ griech. Kunst und Gesellschaft (↗ Griech. Geschichte). Sie umfasst etwa den Zeitraum vom 7. Jh. v. Chr. (dem Ende der geometr. Periode, ↗ Vasen) bis zum Anfang des 5. Jh. (dem Beginn der klass. Periode, ↗ Klassik). Sie steht bes. unter dem Einfluss oriental. Vorbilder, die den Anstoß zur Entwicklung der monumentalen Architektur und ↗ Plastik gaben. Kennzeichnend für die plast. Bildwerke, insbes. die Kuroi und Koren (↗ Kuros), sind ihre kompakte, blockartige Gestaltung, ihre Frontalität und Strenge. **Lit.:** J. Boardman (Hg.), Reclams Geschichte der antiken Kunst (1997).

Archaismus, in der Archäologie eine Stilrichtung der griech.-röm. Kunst, die das Altertümliche nachahmt bzw. sich daran anlehnt (↗ Archaik). In der Rhetorik eine Stilfigur, die in Umgangssprache und Prosa veraltete Worte, Formen und Wendungen verwendet.

Archeget (gr. archegetes, »Gründer«). Unter A. versteht man gemeinhin den Begründer einer literar. Gattung. Die antike Literaturgeschichtsschreibung war bestrebt, für die einzelnen literar. Gattungen und literar. oder musikal. Innovationen »Erfinder« zu benennen (gr. *protos heuretes,* lat. *primus inventor,* »Urerfinder«) wie z. B. ↗ Arion für den Dithyrambos, ↗ Thespis für die Tragödie. In der röm. Literatur verschiebt sich der Anspruch, A. zu sein, dahingehend, dass die Autoren mit Stolz für sich in Anspruch nehmen, als erste eine griech. literar. Form in lat. Sprache verwendet und mit röm. Inhalten gefüllt zu haben wie z. B. Lukrez und Cicero für die Philosophie und Horaz für die Lyrik.

Archelaos, König der Makedonen 413–399 v. Chr. Nach dem Tod seines Vaters Perdikkas II. ermordete A. seine Verwandten und wurde so 413 König von ↗ Makedonien, zu dessen Entwicklung er nicht unwesentlich beitrug. Handel und Wirtschaft wurden gefördert, das Heer besser ausgerüstet und reformiert. Ferner suchte A. Anschluss an die griech. Kultur und holte viele griech. Künstler an den Königshof, den er von ↗ Aigai nach ↗ Pella verlegte. 399 wurde A. von einem enttäuschten Freier seiner Tochter getötet. **Lit.:** M. Errington, Geschichte Makedoniens (1986).

Archetypus, Begriff der Textkritik zur Bezeichnung der frühesten erschließbaren Textzeugen.

Archias, Aulus Licinius A., griech. Dichter, seit 102 v. Chr. in Rom, 62 v. Chr. von Cicero verteidigt (*Pro Archia poeta*). Cicero hoffte vergeblich, von A. dafür eine panegyr. Dichtung zu erhalten. Unter seinem Namen sind 37 Epigramme erhalten.

Archidamos, Name mehrerer Könige von Sparta.

Archidamos II., ca. 476–427 v. Chr.; Enkel und Nachfolger Leotychidas II. Nach dem großen Erdbeben 464 verteidigte A. Sparta erfolgreich gegen die Heloten und Messenier; zu Beginn des Peloponnes. Krieges war A. Anführer der spartan. Truppen, die in Attika einfielen. Deshalb wurde die erste Phase des Krieges (431–421) als »Archidam. Krieg« bezeichnet, obwohl A. bereits 427 starb. **Lit.:** D. Kagan, The Archidamian War (1974). – E. F. Bloedow, The Speeches of A. and Sthenelaidas at Sparta, in: Historia 30 (1981) 129–143.

Archidamos III., geb. um 400 v. Chr., König von Sparta ca. 360/59–338 v. Chr., Sohn und Nachfolger Agesilaos II. A. unterstützte 355–346 die Phoker im 3. Heiligen Krieg um Delphi. 344/43 folgte er einem Hilferuf Tarents und fiel 338 im Kampf gegen die Lukanier und Messapier.

Archilochos von Paros, griech. Lyriker, ca. 680–630 v. Chr., A.' relativ gute Datierbarkeit geht auf den Umstand zurück, dass er in seinem Werk den lyd. König Gyges (gestorben 652 v. Chr.) und die (für Paros totale) Sonnenfinsternis vom 6. April 648 (fr. 122 [West]) erwähnt. In ihm tritt uns zum ersten Mal das ›Ich‹ des Dichters entgegen, auch wenn schon Hesiod ansatzweise aus der Anonymität der ep. Dichtung herausgetreten war. A. gilt als Archeget der jamb. Dichtung, einer vorwiegend in (antiheroischen) jamb. Trimetern (fr. 18–87, primär invektiv, sarkastisch, gewaltsame und grobe Sprache aufweisend) und bewegt-aggressiven trochäischen Tetrametern (fr. 68–167) abgefassten Spottdichtung, der Tadel und Verspottung des Lasters als Hauptfunktion zukam. Daneben finden sich auch eleg. Fragmente (fr. 1–17), Epoden (fr. 168–204) und nicht Zuzuordnendes. Sprachlich durch die Verwendung verschiedener Stilebenen gekennzeichnet, stellt A. die unterschiedlichsten Bereiche der Lebenswelt dar, wobei auch seine Profession als Krieger, als der er sich v.a. sah, zum Tragen kommt. Ob die Gedichte allerdings auf Selbsterlebtem beruhen, wie die berühmten Verse über den weggeworfenen Schild nahezulegen scheinen, ist umstritten. In der Antike hatte A.' Dichtung weite Geltung und wurde oft nachgeahmt (Hipponax, Catull, Horaz). Seine hohe Wertschätzung manifestiert sich in dem ihm zu Ehren errichteten Archilocheion auf Paros, wo er kultisch verehrt wurde. Es sind etwa 300 Fragmente erhalten. 1974 kam die sog. Kölner Epode (fr. 196a), die von sexuellem Erleben berichtet, hinzu. **Lit.:** A.F. Burnett, Three Archaic Poets (1983). – J. Latacz, ›Freuden der Göttin gibt's ja für junge Männer mehrere…‹, in: Museum Helveticum 49 (1992) 3–12. – D.E. Gerber (Hg.), A Companion to Greek Lyric Poets (1997).

Archimedes von Syrakus (287–212 v. Chr.), bedeutender Mathematiker und Physiker. Der Sohn des Astronomen Pheidias wurde in Syrakus geboren, studierte in Alexandria, kehrte an den syrakusan. Hof zurück und war mit den Tyrannen Gelon und Hieron II.

befreundet. Er beschäftigte sich mit Fragen der ⁊ Mathematik sowie mit theoret. wie prakt. Physik. So leistete er bei der Belagerung durch die Römer im 2. Pun. Krieg seiner Heimatstadt durch den Bau von Kriegsmaschinen Hilfestellung. Nach der Eroberung von Syrakus wurde A. von einem röm. Soldaten ermordet (»Störe meine Kreise nicht!«). Um keinen anderen antiken Wissenschaftler ranken sich seit der Antike mehr Anekdoten. Seine Erkenntnisse in Mathematik und Physik legte er in zahlreichen Einzelschriften nieder. Zu seinen wichtigsten Lehren gehört das sog. archimed. Prinzip, nach dem der Auftrieb eines Körpers in einer Flüssigkeit dem Gewicht der verdrängten Flüssigkeit entspricht. Er bestimmte auch die Oberfläche einer Kugel im Verhältnis zur Fläche ihres größten Kreises. Die intensive Rezeption seiner Schriften seit dem 16. Jh. war Grundlage der Herausbildung einer modernen Infinitesimalrechnung. **Lit.:** I. Schneider, A. (1979). – GGGA (1999).

Architektur ⁊ Griech. Kunst, Röm. Kunst, Tempel, Theater, Thermen.

Architrav (gr., lat.), auch Epistyl; die in der Gebälkordnung waagerecht über den Säulen liegenden Holz- oder Steinbalken eines Tempels. **Lit.:** G. Gruben, Die Tempel der Griechen (⁴1986).

Archiv (gr. archeion, »Amtsgebäude«). In der Antike wurde nicht nur der Aufbewahrungsort wichtiger Dokumente und Urkunden als A. bezeichnet, sondern auch die Behörde, die Ein- und Ausgang der Akten überwachte. Die Aufbewahrung von Schriftgut in A.en ist bereits für das 2. Jt. v. Chr. in Mesopotamien und auf Kreta nachweisbar. In Athen entwickelte sich ein A.wesen erst relativ spät. Ein Zentral-A. wurde erst im 4. Jh. v. Chr. eingerichtet. Hier wurden Gesetzestexte, Protokolle usw. aufbewahrt. Von den Griechen übernahmen die Römer das A., das sie als *tabularium* bezeichneten. Das Zentral-A. befand sich im Tempel des Saturn, für die Verwaltung waren die Quästoren zuständig. **Lit.:** R. Haensch, Das Statthalterarchiv, in: Zeitschrift für röm. Rechtsgeschichte 109 (1992) 209–317.

Archon (gr., »Regent«), einer der höchsten Beamten in Athen, die zuerst auf Lebenszeit, dann auf 10 Jahre und seit 683/82 v. Chr. jährl. gewählt wurden. Es gab ursprünglich drei A.ten, den A. *Eponymos*, nach dessen Name das Jahr benannt wurde, den A. *Basileus*, der für religiöse Belange zuständig war, und den A. *Polemarchos*, der den Oberbefehl über das Heer innehatte. Dazu kamen später noch sechs weitere A.ten, die ⁊ Thesmotheten, denen die Rechtsprechung oblag. Im 6. Jh. v. Chr. waren die A.ten die bedeutendsten Beamten Athens, im 5. Jh. verloren sie ihre Führungsrolle an die zehn alljährl. gewählten ⁊ Strategen. **Lit.:** B.D. Meritt, Athenian Archons 347/6–48/7 B.C., in: Historia 26 (1977) 161–191. – M.H. Hansen, The Athenian Democracy in the Age of Demosthenes (1991) 225–245.

Archytas von Tarent, griech. Politiker und Philosoph, ca. 400–350 v. Chr. A. hatte siebenmal das Strategenamt inne und sorgte nach Platons Konflikt mit

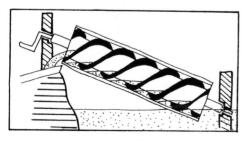

Archimedische Schraube

Dionysios II. von Syrakus für die Freilassung des Philosophen. Antiken Anekdoten zufolge war A. für seine sittl. Lebensweise, sein mildes Wesen und seine Selbstbeherrschung bekannt. Er galt als bedeutendster Vertreter des Pythagoreismus des 4. Jh. Bedeutend waren seine Forschungen in der Mathematik, Mechanik und Harmonielehre. Von seinen Werken sind nur wenige Fragmente erhalten. **Lit.:** H. Thesleff, Pythagorean Texts (1965).

Areion, das berühmte myth. Pferd, auf dem ⟋ Adrastos den Feldzug gegen Theben unternimmt. A. stammt von ⟋ Poseidon und ⟋ Demeter ab. Demeter, von Poseidon verfolgt, verwandelt sich in eine Stute und mischt sich unter die Pferde des Königs Onkos. Poseidon täuscht sie, indem er die Gestalt eines Rosses annimmt, und zeugt mit ihr eine Tochter und A.

Areios (1), A. Didymos, Doxograph aus Alexandria, vielleicht identisch mit Areios (2). A. verfasste Zusammenfassungen verschiedener philosoph. Lehren.

Areios (2), stoischer Philosoph aus Alexandria, ca. 70 v. Chr.–1 n. Chr., Lehrer und Freund des Kaisers Augustus, vielleicht identisch mit Areios (1). Beim Tode des Drusus 9 v. Chr. verfasste A. eine Trostschrift für Livia. **Lit.:** T. Göranson, Albinus, Alcinous, Arius Didymus (1995).

Areios (3), lat. Arius, Presbyter in Alexandria, Gegner des Athanasios; im Gegensatz zu Athanasios lehrte A., dass Christus Gott nicht wesensgleich, sondern ein Geschöpf Gottes sei; 318/19 n. Chr. wurde er exkommuniziert, 325 verurteilt, 327 rehabilitiert. 333 kam es zu einer erneuten Verurteilung durch Kaiser Konstantin I., die Rehabilitierung erfolgte erst kurz vor seinem Tod (337). Seine Anhänger, die Arianer, hielten noch bis ins 5. Jh. an seiner Lehre fest. ⟋ Arianismus **Lit.:** C. Stead, Arius in Modern Research, in: Journal of Theological Studies 45 (1994) 24–36.

Arelate, das heutige Arles in Südfrankreich; A. war seit dem 6. Jh. v. Chr. besiedelt; ca. 120 v. Chr. wurde es römisch und gehörte zur Provinz Gallia Narbonensis; 49 v. Chr. benutzte Caesar A. als Kriegshafen, als er Massilia belagerte; 46 wurde an der Stelle des alten A. eine röm. Kolonie unter dem Namen *Colonia Iulia Paterna A. Sextanorum* gegründet, die unter Augustus ausgebaut wurde. Die heute noch sichtbaren antiken Überreste stammen aus der frühen Kaiserzeit und aus der Zeit Konstantins I. **Lit.:** PECS (1976). – ASM (1999).

Areopag (gr. Areios pagos, »Areshügel«), Hügel nordwestl. der Akropolis von ⟋ Athen, der seit alter Zeit die heilige Stätte war, auf der ein Rat (Bule) unter dem Vorsitz des Archon Basileus (»König«) v. a. über Strafen für vorsätzl. Tötung, Giftmord und Brandstiftung entschied (Blutgerichtsbarkeit); zur Unterscheidung vom Rat der 500 seit Solon bezeichnete man diesen Rat vom A. oft kurz als A. Durch die demokrat. Reformen verlor der Rat vom A. zunehmend an Bedeutung und blieb schließlich auf sakrale Fragen beschränkt (⟋ Aischylos). **Lit.:** R. W. Wallace, The Areopagos Council (1989).

Ares, griech. Kriegsgott, Sohn des Zeus und der Hera, bei Homer ein roher und zerstörer. Krieger, die Personifikation des brutalen Kampfes. Mit seiner Geliebten Aphrodite zeugt er u. a. die Zwillinge Phobos (Angst) und Deimos (Schrecken) sowie Eros. Zwar gehört er zu den zwölf olymp. Göttern, doch ist er als barbar. Kämpfer auch bei jenen verhasst und geschmäht. In Rom wird A. mit Mars gleichgesetzt. **Lit.:** W. Burkert, Griech. Religion (1977) 262–64.

Arestor, in der Mythologie Vater des ⟋ Argos, Gemahl der Mykene, der Tochter des ⟋ Inachos.

Aretaios aus Kappadokien, griech. Arzt und Fachautor, um 50 n. Chr. Seine erhaltene Schrift *Über die Ursachen und Symptome akuter und chronischer Krankheiten* beschreibt detailliert in einer an ⟋ Hippokrates angelehnten Sprache zahlreiche Krankheitsbilder wie Asthma, Diabetes, Diphterie und Lungentuberkulose. Auch in seinen Behandlungsvorschriften lehnt A. sich eng an sein Vorbild Hippokrates an. Seine Verordnungen umfassen Heilpflanzen, Ernährungsvorschriften und Aderlass. **Lit.:** W. Müri (Hg.), Der Arzt im Altertum (1962). – S. Oberhelman, Aretaeus of Cappadocia, in: ANRW II 37, 2 (1994) 941–969.

Aretalogie (gr., »Erzählung der Leistungen«), Teil eines ⟋ Hymnos, in dem die Qualitäten und Wundertaten (*aretai*) einer Gottheit berichtet werden.

Arete, Frau des Phäakenkönigs Alkinoos in Homers *Odyssee*.

Arethusa, im griech. Mythos eine Nymphe, die Alpheios beim Baden erblickt und darauf verliebt verfolgt; auf Ortygia (Insel vor Syrakus) verwandelt Artemis die Gejagte in eine Quelle, die direkt neben dem Meer entspringt.

Argeia (1), in der Mythologie Gemahlin des ⟋ Inachos, Mutter der ⟋ Io.

Argeia (2), in der Mythologie Tochter des ⟋ Adrastos und der Amphithea, Gemahlin des ⟋ Polyneikes.

Argentorate (heute Straßburg/Frankreich), Hauptort der kelt. Triboci. A. lag seit 74 n. Chr. an einer wichtigen Heerstraße zwischen Mogontiacum (Mainz) und Augusta Raurica (Kaiseraugst bei Basel). Nach der Schlacht im ⟋ Teutoburger Wald (9 n. Chr.) wurde das bereits bestehende Lager zum Legionslager ausgebaut und von der Legio II (bis 43) belegt. Ende des 1. Jh. erhielt A. mit der 8. Legion wieder eine permanente Besatzung. 357 siegte hier Kaiser ⟋ Julian Apostata über die ⟋ Alemannen. 496 eroberten die ⟋ Franken A.; von deren König Chlodwig bekam es den heutigen Namen. **Lit.:** J.-J. Hatt, Strasbourg Romain (1980).

Arginusen, kleinere Inselgruppe am Eingang in den Sund von ⟋ Lesbos vor der kleinasiat. Küste. 406 v. Chr. siegten hier in einer Seeschlacht die Athener über die Spartaner im ⟋ Peloponnes. Krieg. Im anschließenden sog. Arginusenprozess wurden die verantwortl. ⟋ Strategen verurteilt, weil sie es unterlassen hatten, im nach der Schlacht aufkommenden Sturm die Schiffbrüchigen und Toten zu bergen. Als einziger Richter erhob ⟋ Sokrates Einspruch gegen das Todes-

Herakles und die Argonauten, sog. Argonautenkrater

urteil. **Lit.:** D. Kagan, Fall of the Athenian Empire (1987).

Argiope, Nymphe am Parnass, mit der Philammon Umgang pflegt. Da er ihr aber die Ehe verweigert, begibt sie sich nach Thrakien, wo sie ↗ Thamyris zur Welt bringt.

Argo, nach dem griech. Mythos das erste Schiff der Menschheit, ↗ Argonauten.

Argolis, heute übl. Gesamtbezeichnung für die nordöstl. Landschaft der ↗ Peloponnes, die aus der Ebene von ↗ Argos, ihren Randgebieten und der gebirgigen argol. Akte (Küste) besteht. Die A., bereits in der Jungsteinzeit besiedelt, war in der Bronzezeit die kulturell bedeutendste Landschaft Griechenlands (↗ Lerna, ↗ Mykene, ↗ Tiryns). Mit der ↗ Dor. Wanderung wird die A. dorisch. In histor. Zeit wird Argos zur mächtigsten Stadt, die sich viele Gemeinden in ihrer Umgebung einverleibt; als Zentralheiligtum fungiert das ↗ Heraion am Ostrand der Ebene. **Lit.:** R. A. Tomlinson, Argos and the Argolid (1972).

Argonauten, 50 legendäre griech. Helden, die auf dem Schiff Argo ausziehen, um das Goldene Vlies zu holen: Pelias, König von Jolkos, schickt den rechtmäßigen Thronerben ↗ Jason nach Kolchis ans Schwarze Meer, um von dort das Goldene Vlies zu holen, das goldene Fell des Widders, auf dem Phrixos vor Ino nach Kolchis geflohen war. Nach einem Aufenthalt auf Lemnos, wo sich Jason in Hypsipyle verliebt, und einem im Land der Bebryker bei Amykos, den Polydeukes im Faustkampf besiegt, gelangen sie nach Thrakien zu König Phineus, einem Hellseher, der zu viel geheimes Wissen ausgeplaudert hat und deshalb von den ↗ Harpyien heimgesucht wird. Kalaïs und Zetes befreien ihn von den Ungeheuern, und Phineus gibt den A. Auskunft über den weiteren Verlauf ihrer Reise. Sie bewältigen die Durchfahrt einer berüchtigten Meerenge zwischen blauen Felsen, den ↗ Symple-

gaden, und gelangen nach Kolchis zum streng das Goldene Vlies bewachenden König Aietes, dessen Tochter ↗ Medea sich durch Aphrodites Einwirkung in Jason verliebt. Sie hilft ihm, an das Vlies zu kommen und begleitet ihn auf der langen Rückfahrt. Im Land der Phäaken, wo sie vor ihrem Verfolger Aietes Zuflucht finden, heiraten Jason und Medea. Da sich der phäak. König Alkinoos weigert, die A. und Medea auszuliefern, gibt sich Aietes geschlagen, und die A. können mit dem Vlies nach Jolkos zurückkehren. Der A.-Stoff ist im Epos des ↗ Apollonios von Rhodos und in seiner Nachfolge von Valerius Flaccus behandelt. **Lit.:** P. Dräger, Argo Pasimelousa. Der A.mythos in der griech. und röm. Literatur I (1993). – R. Hunter, The Argonautica of Apollonius (1993).

Argonautika, zwischen 270 und 245 v. Chr. entstandenes Epos des Apollonios von Rhodos, in dem die Fahrt der ↗ Argonauten geschildert und die Liebesbeziehung von ↗ Jason und ↗ Medea psychologisch ausgelotet wird.

Argos (1), der von Hera eingesetzte vieläugige Bewacher der in eine Kuh verwandelten Io. Er wird von Hermes getötet. Seine Augen setzt Hera in die Federn des Pfaus ein.

Argos (2), Sohn des ↗ Phrixos und der Chalkiope. A. verlässt mit seinen Brüdern Kolchis, um das Erbe seines Großvaters ↗ Athamas anzutreten. Unterwegs erleiden sie Schiffbruch und werden von der ↗ Argonauten zurück nach Kolchis gebracht. Nach anderen Überlieferungen ist A. Erbauer des Schiffes ↗ Argo.

Argos (3), Hund des Odysseus, der ihn als einziger bei seiner Heimkehr sofort wiedererkennt.

Argos, Hauptstadt und Verkehrsknotenpunkt der Landschaft Argolis im O der ↗ Peloponnes (Griechenland). Der Golf von ↗ Nauplia ist nur 5 km entfernt, die Stadt A. liegt am Schnittpunkt mehrerer Straßen nach ↗ Arkadien und ↗ Korinth. Der seit frühhellad. Zeit besiedelte Ort erhielt in ↗myken. Zeit auf dem annähernd 300 m hohen Berg Larissa eine Burganlage. In archaischer Zeit beherrschte das Königtum von A. nicht nur die unterworfene Landschaft Argolis (einschließlich ↗Mykene und ↗Tiryns), das argiv. Gebiet reichte auf der Halbinsel Parnon bis zur Insel ↗Kythera. Die griech. Sagenwelt spiegelt die herausragende Rolle der Stadt in der Frühzeit. Wegen dieser frühen Blüte beteiligte sich A. auch nicht an der Großen ↗Kolonisation. Bald geriet A. aber in eine Jahrhunderte andauernde Konfrontation mit dem expandierenden Sparta. In den ↗Perserkriegen blieb A. neutral; später folgte ein Bündnis mit Athen gegen Sparta. Im ↗Peloponnes. Krieg blieb A. zunächst neutral, trat aber 420 auf die Seite Athens und unterlag 418 in der Schlacht bei ↗Mantinea den Spartanern. Erst im 5. Jh. wurde das Königtum durch die Demokratie als Regierungsform abgelöst. 392 konnte A. sogar kurzzeitig ↗Korinth eingemeinden. Die Zugehörigkeit von A. wechselt im Hellenismus mehrfach, seit 229 gehörte A. dem ↗Achäischen Bund an. In röm. Zeit war der Ort eine zwar wohlhabende, aber unbedeutende Kleinstadt. Im 3. und 4. Jh. n. Chr. wurde A. von den ↗Goten zweimal zerstört, blieb aber wegen seiner zentralen Lage bis in die Gegenwart kontinuierlich besiedelt. Die wichtigsten antiken Reste sind das aus dem Fels gearbeitete Theater, daneben das röm. Odeion und der alte Volksversammlungsplatz. Auf dem Burgberg finden sich Tempelreste sowie Ruinen der Burg. Das bedeutendste Heiligtum der Argiver, das Heraion, befindet sich außerhalb an der Straße nach ↗Mykene (Fundamente verschiedener Tempelbauten erhalten). **Lit.:** R. A. Tomlinson, A. and the Argolid (1972). – GLHS (1989) 128–131. – ASM (1999).

Argyraspides (gr., »Silberschildler«), Elitetruppe der makedon. Infanterie unter Alexander d.Gr.

Ariadne, Tochter des myth. kret. Königs Minos. Sie hilft ↗Theseus durch einen Wollfaden, nach der Tötung des ↗Minotauros den Weg aus dem Labyrinth zurückzufinden (A.-Faden). Sie begleitet ihren Geliebten nach Naxos, wird aber dort von ihm verlassen. Dionysos nimmt sich ihrer an und heiratet sie. Nach ihrem Tod versetzt der Gott ihren Brautkranz als Sternbild Corona Borealis (»Nordkranz«) an den Himmel. Ihre Klage um Theseus behandelt Catull in seinem 64. Gedicht und Ovid im 10. Brief der *Heroides*.

Arianismus, die Lehre des alexandrin. Priesters Arius (ca. 260–336 n. Chr.), der vom Bischof Alexander exkommuniziert und 325 auf dem ersten ökumen. Konzil in Nikaia verurteilt wurde. Danach könne es keine Wesensgleichheit mit dem einzigartigen und unveränderl. Gott geben, mithin sei Christus nicht Gott gleich, sondern dessen Kreatur gewesen.

Ariminum, ital. Hafenstadt an der Adria (heute Rimini), von Umbrern gegründet, dann Sitz der senon. Gallier, 268 v. Chr. Kolonie latin. Rechts und Stützpunkt im Kampf gegen die Gallier, 220 Endpunkt der ↗Via Flaminia und 196/187 Ausgangspunkt der neuen ↗Via Aemilia. Bemerkenswert sind der Ehrenbogen für Augustus (27 v. Chr.) und die von Drusus 12 n. Chr. angelegte Brücke über den Ariminus (heute Marecchia). **Lit.:** ASM (1999).

Arion von Methymna (Lesbos), griech. Dichter und Sänger (↗Kitharodie), um 650–600 v. Chr. A. lebte lange am Hof des Periander in Korinth. Um seine Person ranken sich Legenden: So soll er, von Seeräubern gezwungen, sich ins Meer zu stürzen, von Delphinen gerettet worden sein. A. gilt als Erfinder des ↗Dithyrambos, den er in Korinth eingeführt haben soll (Herodot 1, 23). **Lit.:** B. Zimmermann, Dithyrambos (1992) 24–29.

Ariovist (lat. Ariovistus), Heerkönig eines Germanenstammes, vielleicht der Triboker; 71 v. Chr. half A. den Sequanern im Kampf gegen die Häduer und konnte einen großen Teil des Sequanergebietes für sich gewinnen. 59 schloss A. auf Empfehlung Caesars einen Freundschaftsvertrag mit Rom. Später stand A. jedoch bei der Ausdehnung der röm. Macht ins östl. Gallien im Wege und musste sich zum Kampf stellen; am 14. 9. 58 wurde er von Caesar geschlagen. A. konnte über den Rhein entkommen, starb aber bald darauf. **Lit.:** K. Christ, Caesar und A., in: Chiron 4 (1974) 251–292.

Arisbe, in der Mythologie Tochter des Merops, erste Gattin des ↗Priamos, mit dem sie ↗Aisakos zeugte. Priamos verlässt sie, um ↗Hekabe zu heiraten, und gibt sie Hyrtakos als Gattin.

Aristagoras (gr. Aristagoras), Tyrann von Milet unter Dareios I.; als sein Schwiegervater und Vetter Histiaios von Dareios nach Susa gerufen wurde, überließ er A. seine Herrschaft über Milet; vielleicht von Histiaios angestiftet, empörte sich A. gegen Dareios und wurde so zum Urheber des Aufstandes der jon. Städte (»Jon. Aufstand«). Als die Perser Jonien zurückeroberten, verließ A. Milet und führte Kolonisten nach Thrakien, wo er 497 v. Chr. im Kampf gegen die Edoner fiel.

Aristaios, Sohn Apollons und der Nymphe Kyrene, von Gaia und den ↗Horen (den Göttinnen der Jahreszeiten) aufgezogen und von den Musen in verschiedenen Künsten, u. a. der Bienenzucht, ausgebildet. Er verliebt sich in ↗Eurydike, die auf der Flucht vor ihm auf eine Schlange tritt und stirbt. Daraufhin erkranken alle seine Bienen und sterben; erst nach einigen Opfern und der göttl. Weisung durch den Seher ↗Proteus gelingt es ihm, einen neuen Bienenschwarm zu züchten. A. tritt im Folgenden als Begleiter des Dionysos auf. Den A.-Stoff behandelt Vergil im vierten Buch der *Georgica*.

Aristarch (1) (gr. Aristarchos) von Samos, bedeutender Astronom und Mathematiker, um 310–230 v. Chr. A. versuchte erstmals Größe und Entfernung von Sonne und Mond in Relation zum Erddurchmesser zu setzen. Dabei ging er von einem heliozentr. Weltbild aus. Noch in der Antike wurde dieser Ansatz verworfen, blieb aber bekannt. So kannte auch Kopernikus die Theorie des A. und überwand das geozentr. Weltbild des Ptolemaios. **Lit.:** T. L. Heath, Aristarchus of Samos (1912). – B. Noack, A. von Samos (1992).

Aristarch (2) (gr. Aristarchos) von Samothrake, griech. Philologe, ca. 216–144 v. Chr. A. war Schüler des ↗ Aristophanes von Byzanz, später Leiter der Bibliothek in Alexandria und Prinzenerzieher unter Ptolemaios VI. Philometor (181–146). Kurz vor seinem Tode musste er, offensichtlich im Zusammenhang mit der Gelehrtenvertreibung durch Ptolemaios VIII. Physkon (145/44), aus Alexandria flüchten; er lebte fortan auf Zypern. A.s Schaffen markiert den Höhepunkt der antiken ↗ Philologie; aus seiner Schule sind etwa 40 z. T. sehr namhafte Grammatiker hervorgegangen, darunter z. B. ↗ Apollodor (3) aus Athen. Ein zentraler Punkt, der ihn von seinen Vorgängern unterscheidet, ist der Umstand, dass A. nicht nur Texte edierte – die auf ihn zurückgehende Überlieferung umfasst Autoren der verschiedenen Gattungen (neben Homer, wenigstens die wichtigsten Lyriker Archilochos, Alkaios, Pindar sowie die Dramenautoren des 5. Jh. wie Aischylos, Sophokles, Euripides, Ion, Aristophanes) –, sondern diese auch kommentierte, und das nicht nur für den kleinen Kreis seiner Schüler. Der Suda zufolge soll er allein über 800 Bücher Kommentare geschrieben haben (andere Werke wie z. B. A.s zahlreiche *Syngrammata*, Monographien, meist in polem. Form, werden dort nicht erwähnt). Seine Interpretationen sind sowohl textkrit. als auch exeget. Natur und folgen dem Grundsatz der (inneren) Analogie: Homer könne demzufolge nur aus Homer erklärt werden, eine allegorisierende Deutung, wie sie z. B. die pergamen. Schule betrieb, ist A.s Methode fremd. Durch die konsequente Scheidung der Götter- und Heldengestalten Homers von den Vorstellungen der Folgezeit und die Würdigung von Homers Sprache als Einheit vermochte A. in gewisser Weise zu einem echten histor. Verständnis zu gelangen. Im Bereich der Editionstechnik vollendete er das von seinen Vorgängern ↗ Zenodot und Aristophanes von Byzanz übernommene Zeichensystem (↗ Textkritik). Auch seine grammat. Studien stellen einen derart vollständigen Abschluss dar, dass sein Schüler ↗ Dionysius Thrax sie in Kompendienform darstellen konnte. **Lit.:** A. Ludwich, A.s homer. Textkritik (1884/85). – R. Pfeiffer, Geschichte der Klass. Philologie I (²1978) 258–285.

Aristeas von Prokonnesos (Propontis), griech. Epiker, um 600 v. Chr. Biographisch lassen sich nur wenige verläßl. Angaben zu A.s' Leben machen; Herodot (4, 13 ff.) berichtet, A. habe ein Epos *Arimaspeia* (3 Bücher) verfasst, in dem er von seinen märchenhaften Reisen zu unbekannten Völkern erzählt; außerdem kann ihm eine in Prosa abgefasste Theogonie zugeordnet werden. **Lit.:** J. D. P. Bolton, A. of Proconnesus (1962).

Aristeas-Brief, jüd. Schrift in griech. Sprache, in der das wunderbare Zustandekommen der ↗ Septuaginta, der griech. Übersetzung des Alten Testaments (↗ Bibel), beschrieben wird. Die Schrift, entstanden zwischen 145–127 v. Chr., gibt sich als Brief eines Beamten von Ptolemaios II. (284–247 v. Chr.) an seinen Bruder (↗ Pseudepigraphon). **Lit.:** M. Hadas, A. to Philocrates (1951).

Aristeides (1), athen. Feldherr und Staatsmann, gest. um 467 v. Chr. A. nahm als ↗ Stratege an der Schlacht bei Marathon (490) teil und wurde als konservativer Anhänger des Miltiades zum innenpolit. Hauptgegner des Themistokles. Er lehnte dessen Flottenbauprogramm ab, und erst seine Ostrakisierung 482 (↗ Ostrakismos) ermöglichte Themistokles die Umsetzung seiner Pläne. Nach Ausbruch des großen Perserkriegs (480) kehrte A. im Zuge einer umfassenden Amnestie zurück und führte 479 das athen. Kontingent in der Schlacht bei Plataä. 478 wurde er Flottenbefehlshaber und war 477 maßgeblich an der Gründung des 1. ↗ Att. Seebunds beteiligt. Nach diesen Erfolgen trat er politisch wieder in den Hintergrund, förderte aber den Aufstieg ↗ Kimons.

Aristeides (2) von Milet, griech. Autor, um 100 v. Chr., Verf. von *Milesiaka (Miles. Geschichten)*, die nicht erhalten sind. In der Forschung wird diskutiert, ob die novellist. Einlagen bei ↗ Petron wie die *Witwe von Ephesus* auf A. zurückgehen.

Aristeides (3), Ailios A., aus Mysien, griech. Redner, ca. 117–181 n. Chr. Nach seiner Ausbildung bei bedeutenden Lehrern (u. a. Herodes Atticus) unternahm er Reisen nach Ägypten und Rom. Wegen einer schweren Krankheit suchte er das Asklepiadeum in Pergamon auf. Unter A.' Namen sind 55 Reden mit verschiedenen Themen und zwei rhetor. Schriften überliefert. Zu den berühmtesten seiner Lobreden auf Städte zählen der Preis Athens und der Panegyrikus auf Rom. Von biograph. Interesse sind die sechs *Heiligen Reden*, die seine lange währende Krankheit und deren Behandlung durch Asklepios beschreiben. Ferner sind von A. theoret. Rechtfertigungsschriften, Prosahymnen, Reden aus besonderen Anlässen und Deklamationen über die ältere griech. Geschichte überliefert. **Lit.:** D. Russel, Antonine Literature (1990).

Aristias, athen. Tragiker, Sohn des ↗ Pratinas, 5. Jh. v. Chr.

Aristides ↗ Aristeides

Aristides Quintilianus (gr. Aristeides Q.), griech. Autor, 2. Hälfte 3. Jh. n. Chr., Verf. einer drei Bücher umfassenden Schrift über die ↗ Musik. Er zeigt sich deutlich beeinflusst durch pythagoreische Zahlenspekulation (↗ Sphärenharmonie). **Lit.:** A. Barker, Greek Musical Writings II (1989).

Aristipp (gr. Aristippos) von Kyrene, griech. Philosoph, Sokratiker, ca. 435–355 v. Chr. Ursprünglich zum engeren Kreis um ↗ Sokrates gehörend, machte sich A. bald unabhängig, erteilte gegen Bezahlung Unterricht und führte zeitweise ein Wanderleben. Als Kosmopolit und ›Lebenskünstler‹ kam er schließlich an den Tyrannenhof nach Syrakus. Für diesen Abschnitt seines Lebens und Wirkens existiert eine breite anekdotenhafte Überlieferung. Zentrales Thema von A.s Philosophie ist die *hedone*, die als Grundlage der *eudaimonia* angesehen wird; die Lust wird hierbei als rein körperlich und als unmittelbar verstanden. Ungewiss ist, ob die hedonist. Ethik und sensualist. und agnostizist. Erkenntnistheorie der Kyrenaiker, als deren Archeget A. gilt, von ihm schon theoretisch entwickelt worden sind oder auf seine Anregung hin. Da auch Schriften oder sicher bezeugte Fragmente von A. nicht erhalten sind, muss es als fraglich gelten, inwieweit die v. a. unter dem Titel *Kyrenaikoi* stehende Überlieferung von Aussprüchen und Anekdoten ihm zugeschrieben werden dürfen. **Lit.:** A. Graeser, in: GGP II (1993) 119–124.

Aristobulos aus Kassandreia; A. nahm am Feldzug Alexander d.Gr. teil. Sein Werk, das er später darüber verfasste, wurde von Strabon und Arrian benutzt. **Lit.:** F. Wenger, Die Alexandergeschichte des A. von Kassandrea (1914). – P. A. Brunt, Notes on A. of Cassandria, in: Classical Quarterly 24 (1974) 65–69.

Aristodemos (gr. Aristodemos), Messenier aus dem Herrschergeschlecht der Aipytiden, einer der Protagonisten der ersten messen. Krieges (Ende 8. Jh. v.Chr.). A. erklärte sich bereit, auf Befehl eines Orakels seine Tochter den Unterweltsgöttern zu opfern. Von den Messeniern zum König ernannt, hat er anfangs großen Erfolg im Krieg gegen die Spartaner. Als er jedoch später merkt, dass der Untergang Messenes unmittelbar bevorsteht, nimmt er sich das Leben. Die Gestalt des A. ist höchstwahrscheinlich nicht historisch.

Aristogeiton, Athener aus vornehmem Hause, ermordete an den Panathenäen 514 v. Chr. gemeinsam mit seinem Freund Harmodios den Tyrannen Hipparchos aus dem Geschlecht der Peisistratiden. Während Harmodios noch an Ort und Stelle getötet wurde, wurde A. festgenommen, gefoltert und hingerichtet. Die Tat, die wohl eher persönl. Motiven entsprang, wurde im 5. Jh. v. Chr. durch die demokrat. Tradition zu einem polit. Akt hochstilisiert. Die Tyrannenmörder A. und Harmodios galten seither als Inbegriff wahrer Freiheitskämpfer und wurden vielfach geehrt (Tyrannenmördergruppe des Antenor und Kritias).

Aristokratie ↗ Staatsformen, Adel

Aristonikos, unehel. Sohn des pergamen. Königs Attalos II.; nachdem Attalos III. 133 v. Chr. sein Reich den Römern vererbt hatte, erhob A. Ansprüche auf die Herrschaft. Da ihn die griech. Städte Kleinasiens nicht unterstützten, zog er sich ins Landesinnere zurück und rief die Landbevölkerung zum Freiheitskampf auf. 130 konnte A. einen Sieg über die Römer bei Leukai erringen. Bald darauf gelang es den Römern jedoch, A. in Stratonikeia am Kaikos einzuschließen und zur Kapitulation zu zwingen. A. wurde nach Rom verschleppt und 129 ermordet. **Lit.:** J. Hopp, Untersuchungen zur Geschichte der letzten Attaliden (1977) 121–147.

Aristophanes (1) (gr. Aristophanes) aus Athen, Komödiendichter, ca. 450 – nach 385 v. Chr., einziger überlieferter Vertreter der alten ↗ Komödie des 5. Jh. v. Chr. Von 46 bezeugten Stücken sind elf komplett erhalten: *Acharner* (425), *Ritter* (424), *Wolken* (423), *Wespen* (422), *Frieden* (421), *Vögel* (414), *Thesmophoriazusen* (411), *Lysistrate* (411), *Frösche* (405), *Ekklesiazusen* (393/92), *Plutos* (388). Zentrale Themen der in den Zeitumständen des Aufführungsjahres wurzelnden Komödien sind Krieg und Frieden, die Auseinandersetzung mit den führenden Politikern und

Militärs sowie die Analyse der durch die ↗Sophistik hervorgerufenen geistigen Krise in Athen. Zu den sophistisch beeinflussten Kreisen Athens zählt A. die »Intellektuellen« im weitesten Sinn, die Dichter, Mediziner, Musiker und Redner, die alle an demselben Übel kränkeln: alles und jedes zu hinterfragen und damit die althergebrachten Normen und Regeln des gesellschaftl. Zusammenlebens zu zerstören. In den *Wolken* wird der verderbl. Einfluss der Sophistik exemplarisch an der Person des ↗Sokrates vorgeführt, der nicht als realist. Sokrates, sondern als Verkörperung des Intellektuellen par excellence auf die Bühne gebracht wird. Die Komödien sind insofern politisch, als sie alle Bereiche des Lebens der Polis, der Stadt Athen, beleuchten. Aus der Kritik an den im Argen liegenden Zuständen in der Stadt erwächst dem zumeist mit übermenschl. Fähigkeiten ausgestatteten Protagonisten eine Idee, wie er der Misere Abhilfe verschaffen könnte. Mit Unterstützung des ↗Chors oder gegen ihn setzt er seinen kühnen Plan in die Tat um, bevor er ihn dann in sog. Abfertigungsszenen im zweiten Teil des Stückes verteidigen muss. Die die Alte Komödie von der späteren antiken Komödientradition absetzenden Elemente sind bes. die namentl. Verspottung angesehener Persönlichkeiten (*onomasti komodein*), oft derbe, erot. Scherze (↗Aischrologie) sowie die ↗Paratragodie, die Parodie der zeitgleichen Tragödie (*Acharner*, bes. *Thesmophoriazusen*, *Frösche*). Die Komödien des A. sind in ihrer Grundkonzeption Ausdruck des gesellschaftl. Zustands Athens zur Zeit der Aufführung. Die Stücke der ersten Phase aus der Zeit des sog. Archidam. Kriegs (431–421 v. Chr.) spiegeln einen noch funktionierenden demokrat. Grundkonsens wider. Im Bewusstsein einer gemeinsamen Grundlage und in der Abwehr eines gemeinsamen äußeren Feindes, der Spartaner, werden die missl. Zustände in der Polis angeprangert und die Schuldigen, die Politiker und die sophistisch beeinflussten Kreise, namhaft gemacht. Die Stücke der mittleren Periode (415–405) werden in ihrem Ton zurückhaltender, persönl. Spott findet sich nur noch selten. Dies ist Ausdruck des durch die Gesellschaft gehenden Risses nach der sog. Sizil. Expedition und den oligarch. Umtrieben, die 411 im oligarch. Putsch gipfelten. In den beiden Komödien des 4. Jh., *Ekklesiazusen* und dem *Plutos*, ist die aktuelle Politik kaum noch präsent. Utop. Konzepte (Frauenherrschaft auf kommunist. Basis, gleicher Reichtum für alle) werden auf die Bühne gebracht und ad absurdum geführt. Beide Stücke stehen schon auf der Schwelle zur sog. Mittleren Komödie. **Lit.:** Th. Gelzer, A. der Komiker (1971). – B. Zimmermann, Die griech. Komödie (2006) 61–154.

Aristophanes (2) (gr. Aristophanes) von Byzanz, griech. Philologe, ca. 265–180 v. Chr., Leiter der Bibliothek in Alexandria. Seine umfassende Gelehrsamkeit spiegelt sich in seiner vielseitigen wissenschaftl. Tätigkeit wider. A. erstellte krit. Textausgaben verschiedener Autoren (u. a. Homer, Hesiod, Pindar, Alkaios, Alkman, Aristophanes von Athen) und nahm bei den lyr. Werken eine stroph. Unterteilung vor. Ferner verfasste er zu einzelnen Dramen kurze Inhaltsan-

gaben (*hypotheseis*) mit Bemerkungen aus den Dida-
skalien und kurzen Werturteilen. Wegen seiner Me-
thode der Worterklärungen gilt A. als Urheber der
Lexikographie. **Lit.:** R. Pfeiffer, Geschichte der Klass.
Philologie I (²1978) 213–257. – C. K. Callanan, Die
Sprachbeschreibung bei A. (1987).

Aristoteles (gr. Aristotẹles) aus Stageira, griech.
Philosoph, 384–322 v. Chr.; nach seinem Geburtsort
auch der Stagirite genannt, Sohn des Arztes Nikomachos; 367–347 Schüler Platons in der ↗Akademie.
Nach Platons Tod ging A. nach Kleinasien; von
342–335 war er Lehrer Alexanders d.Gr.; um 335
gründete er eine eigene Schule in Athen, das Lykeion
(↗Peripatos). Da A. nach Alexanders Tod in der Gefahr
stand, als Makedonier in Athen des Hochverrats angeklagt zu werden, floh er 323 nach Chalkis auf Euböa,
wo er ein Jahr später starb. Nur ein Teil seiner Werke ist
überliefert: die sog. esoter., d. h. für den Schulgebrauch
gedachten, Schriften. Im Unterschied zu den nicht erhaltenen exoter., d. h. an ein breiteres Publikum gerichteten, Schriften waren diese nicht zur Herausgabe
bestimmt. Trotz ihres knappen und mitunter brüchigen
Schreibstils bieten sie doch große Präzision im Detail
und ein hohes Maß an log. Stringenz. A.' Werk zeichnet
sich durch eine Vielfalt systematisch differenzierter
Forschungsgebiete aus. Als Ausgangspunkt seiner Untersuchungen dient A. oft der Sprachgebrauch. Durch
log. Analysen der Bedeutungsmannigfaltigkeit einzelner Ausdrücke gelangt er zu tieferliegenden sachl.
Strukturen. Seine Beispiele wählt A. aus der tägl. Erfahrung, wodurch seine Philosophie ein hohes Maß an
Plausibilität gewinnt. In seinem sich durch einen großen Facettenreichtum auszeichnenden Denken begegnet man stets wiederkehrenden Unterscheidungen:
Ding (Substanz, gr. *usia*) und Eigenschaft (Akzidens,
gr. *symbebekos*), Stoff (gr. *hyle*) und Form (gr. *eidos*),
Möglichkeit (gr. *dynamis*) und Verwirklichung (gr.
energeia). Ferner durchzieht sein Gesamtwerk eine
Kritik an Platons Ideenlehre. Anders als Platon sucht
A. das Wesen der Dinge nicht in den von den Sinnendingen losgelöst existierenden Ideen (Formen), sondern in den Sinnendingen selbst. Methodisch geht A.
von der Wahrnehmung des Einzelnen aus, um aus ihr
durch Analyse und Abstraktion zur Erkenntnis der allg.
Gründe zu gelangen. Seinen Vorgängern warf er vor
vor, die Theorie über die Tatsachen gestellt zu haben.
Wissen (*episteme*) ist für A. primär ein Wissen aus Ursachen (vgl. die Vier-Ursachen-Lehre: Stoff-, Form-,
Wirk- und Zweckursache). A. gliedert das Wissen in
drei Bereiche: prakt., herstellendes (»poiet.«) und
theoret. Wissen. Während das Ziel des prakt. Wissens
in der Handlung und das des herstellenden in der Herstellung liegt, besteht das Ziel des theoret. Wissens im
Wissen selbst. Zum prakt. Wissen zählen Ethik und Politik, zum herstellenden Kunst und Technik, und das
theoret. Wissen gliedert A. in die Gebiete Mathematik,
Physik und Metaphysik. Nach der von ↗Andronikos
überlieferten Sammlung gliedert sich das Werk wie
folgt: (1) log. Schriften (später *Organon,* gr., »Werkzeug« genannt): *Kategorien, Lehre vom Satz, Erste*

Aristoteles

*Analytik, Zweite Analytik, Topik, Sophist. Trug-
schlüsse*; (2) naturwissenschaftl. Schriften: *Physik,
Über die Seele, Vom Leben der Tiere, Vom Himmel,*
u. a.; (3) *Metaphysik* (von A. »erste Philosophie« genannt); (4) eth. und polit. Schriften: *Nikomach. Ethik,
Politik* u. a.; (5) ästhet. Schriften: *Rhetorik, Poetik.*

(1) A. gilt als Begründer der formalen ↗Logik. Die
log. Schriften handeln von Begriffen, von deren Zusammensetzungen zu Urteilen und von der Verknüpfung von Urteilen zu Schlüssen. Die gültigen Schlüsse
werden in der von A. in der *Ersten Analytik* begründeten Syllogistik (Lehre vom richtigen Schließen) behandelt, bei der aus zwei Prämissen (Ober- und
Untersatz) auf eine Konklusion geschlossen wird. Die
Zweite Analytik handelt über erkenntnis- und wissen-
schaftstheoret. Fragen. In den *Kategorien* legt A. eine
Differenzierung der Grundbegriffe dar, auf die alles
Seiende zurückzuführen ist. Die Klassifizierung von
Kategorien (von griech. *kategorein,* »aussagen«) ist
eine Klassifikation der Prädikatstypen. Über einen
Gegenstand lassen sich je nach Gesichtspunkt unterschiedl. Aussagen bilden: entweder über das individuelle Ding (Substanz) oder über dessen Qualitäten,
Quantitäten und Relationen zu anderen Dingen. Verschiedene Kategorien bezeichnen verschiedene Seins-
weisen. A. nimmt zehn solcher Kategorien an: Substanz, Quantität, Qualität, Relation, Ort, Zeit, Tun,
Leiden, Haltung, Lage. Von diesen ist die Substanz insofern zentral, als nur sie im Unterschied zu den übrigen Kategorien selbständig zu existieren vermag. –
(2) Gegenstand der *Physik* ist das sich durch Verän-
derlichkeit auszeichnende Naturseiende. A. unterscheidet vier Arten der Veränderung: substantielle,
quantitative, qualitative und räuml. Veränderung.
Ging Platon von der Unerkennbarkeit des Veränderli-
chen aus, so sieht A. die wissenschaftl. Erkenntnis der
Naturdinge in den sie konstituierenden Prinzipien begründet, die als allg. Prinzipien das Bleibende bei einem jeden Werdeprozess darstellen. Ausgangspunkt
der Prinzipienanalyse ist unsere Rede über Naturpro-
zesse. A. nimmt an, dass jedes Werden ein Zugrunde-
liegendes (gr. *hypokeimenon*) erfordert, das im Werde-

prozess eine bestimmte Formung erhält. Von hier aus gelangt A. zur Unterscheidung von Form (als Prinzip der Bestimmtheit, Allgemeinheit und Konstanz) und Stoff (als Prinzip der Unbestimmtheit, Besonderung und Veränderung): z. B. bilden der Stoff Erz und die Statuenform zusammen eine konkrete eherne Statue. Form und Stoff sind keine materiellen, sondern log. Bestandteile des Naturdings. Als solche können sie zwar voneinander unterschieden werden, nicht aber voneinander getrennt existieren. Eine Form existiert nur als die Form dieses oder jenes Einzeldings. Ausnahmen sind das höchste Seiende (das Göttliche), das A. als Form ohne Stoff versteht, und der Grenzbegriff eines ersten Stoffes (gr. *prote hyle*). Das Begriffspaar Stoff und Form findet in der Unterscheidung von Möglichkeit und Verwirklichung eine weitere Erklärung. Ein Erzklumpen ist z. B. der Möglichkeit nach eine Statue. Veränderung ist die Verwirklichung des dem Vermögen nach Seienden als solchen. Wie die Form vor dem Stoff, so hat auch die Aktualität vor der Potentialität einen Vorrang. Eng damit verbunden ist A.' teleolog., d. h. ziel- bzw. zweckorientierte (von griech. *telos*, »Ziel«), Betrachtungsweise der Natur. – (3) In der *Metaphysik* geht A. der Frage nach dem grundlegenden Seienden nach. Er fragt einerseits in einem allg. Sinne nach dem Seienden als Seienden (Ontologie) und andererseits in einem speziellen Sinne nach dem höchsten Seienden (Theologie). Da A. das primär Seiende in der Substanz erblickt, kann er die Frage nach dem Seienden auf eine Frage nach der Substanz reduzieren. Substanz meint dabei weniger das Einzelding, als vielmehr dessen Wesenheit oder Form. Das höchste, göttl. Seiende (gr. *theion*), von dem her und auf das hin alles Seiende Ordnung erhält, liegt als unbewegter Beweger aller Bewegung zugrunde. Seine Tätigkeit besteht im sich selbst denkenden Denken (gr. *noesis noeseos*). – (4) Gegenstand der *Ethik* ist das menschl. Handeln. Sittl. Haltung resultiert für A. nicht schon aus dem Wissen von dem, was gut ist. A. betont, dass das Ziel der Ethik nicht die Erkenntnis, sondern das Handeln sei: »Wir führen die Untersuchung nicht, um zu erkennen, was Gutsein ist, sondern um gute Menschen zu werden« (Nikomach. Ethik 2, 2). Seinem realist. Ansatz folgend fragt A. nicht nach der Idee eines absolut Guten, sondern nach dem menschlich erreichbaren Guten. In der *Niko-mach. Ethik* umkreist A. den Begriff der Tugend (gr. *arete*) und des Glücks (gr. *eudaimonia*). Er unterscheidet zwischen sittl. Tugenden (z. B. Tapferkeit, Gerechtigkeit), die A. als ein Mittleres zwischen zwei zu vermeidenden Extremen versteht, und Tugenden des Verstandes (z. B. Weisheit, prakt. Klugheit), die u. a. dazu dienen, das Richtige im Handeln zu finden. Das Glück, d. h. das gute und gelingende Leben, versteht A. als eine Tätigkeit der Seele in Übereinstimmung mit der Tugend. Als höchstes Ziel ist sie ein Gutes, das von allen Menschen um seiner selbst willen erstrebt wird. Da für A. die Tugend eines jeden Lebewesens in der vollkommenen Ausbildung der ihm eigentüml. Tätigkeit besteht und da sich der Mensch

von anderen Lebewesen durch seine Vernunft auszeichnet, besteht sein Glück bes. in einer Tätigkeit gemäß den Tugenden des Verstandes. In engem Zusammenhang mit der *Ethik* steht die *Politik*. In ihr geht A. vom Menschen als ein in Gemeinschaft mit anderen existierendes Lebewesen (gr. *zoon politikon*) aus. Da diese in verschiedenen Gestalten (Familie, Gemeinde, Staat) auftretenden Gemeinschaften Ausdruck der menschl. Natur sind, ist der Staat als eine natürl. Entität zu betrachten, als welche er ein Ziel hat: die Erhaltung, Sicherung und Vervollkommnung des guten Lebens seiner Bürger. A. fasst auch den Staat realistisch auf: Der Staatsmann darf nie ideale polit. Verhältnisse erwarten, sondern soll mit der bestmögl. Verfassung die Menschen auf bestmögl. Weise regieren. Gute Staatsformen sind Monarchie, Aristokratie, gemäßigte Demokratie; schlechte Staatsformen sind Tyrannis, Oligarchie und Ochlokratie (↗ Staatstheorie). – (5) Zu A.' ästhet. Schriften zählen die *Rhetorik* und die *Poetik* (↗ Rhetorik, ↗ Literaturtheorie). Das Ziel der *Poetik* besteht nicht in der Vermittlung von Kriterien zur Beurteilung eines Kunstwerks, sondern in der Beantwortung der Frage, wie man es herstellt. Zentrale Gedanken der Dichtkunst sind: das Entstehen der Kunst aus dem Antrieb zur Nachahmung (gr. *mimesis*); die Einheit von Handlung, Zeit und Ort; die Reinigung (gr. *katharsis*) der Seele von den sie überwältigenden Affekten als Ziel der Tragödie (↗ Katharsis). Lit.: W. Bröcker, A. (1964). – I. Düring, A. Darstellung und Interpretation seines Denkens (1966). – J. Barnes, A. (1982). – GGGA (1999).

Aristoxenos aus Tarent, griech. Musiktheoretiker, Biograph und Philosoph, geb. ca. 370 v. Chr., Schüler des Aristoteles, den er jedoch als Nachfolger in der Leitung des Peripatos nicht beerben konnte. Von seinen 453 zumeist nur dem Titel nach überlieferten Schriften betrafen viele Musik, Philosophie, *Historia* und »jegliche Form von Gelehrsamkeit« (Suda). Zudem gilt A. als Schöpfer der peripatet. Biographie: Fragmente seiner Lebensbeschreibungen (*Bioi*) von Philosophen, so z. B. des Archytas, Sokrates oder Platon, sind erhalten, wobei diese oft mit hämischer Kritik versehen sind, was ihm schon in der Antike den Ruf des Finsteren und Schmähsüchtigen einbrachte. Mit seinen *Elementen der Harmonik* (drei Bücher, in vermutl. unaith. Form überliefert) und den *Elementen der Rhythmik* (teilw. erhalten) gilt A. auch als Begründer der ›Musikwissenschaft‹. Er erweist sich dabei durchweg als Vertreter der alten, strengen Musik. Lit.: F. Wehrli, Die Schule des Aristoteles II (1945). – A. Barker, Greek Musical Writings II (1989).

Arithmetik ↗ Mathematik

Arius ↗ Areios (3)

Arkadien, Gebirgslandschaft in der Zentralpeloponnes (Griechenland). Hauptorte der Landschaft waren ↗ Tegea, ↗ Mantinea, ↗ Orchomenos und ↗ Megalopolis. A. kämpfte in den ↗ Perserkriegen auf Seiten der Griechen und wurde Mitglied des ↗ Peloponnes. Bundes. Im 5. Jh. v. Chr. bemühte sich A. um Unabhängigkeit von Sparta, unterlag aber mehrfach, zuletzt 418 in der Schlacht bei Mantinea. Die Rivalität der Städte Tegea und Mantinea schwächte zudem die Stellung A.s. Im 4. Jh. v. Chr. erfolge die Gründung des Arkad. Bundes mit der unter Mithilfe ↗ Thebens um 366 gegründeten Bundeshauptstadt Megalopolis. Die andauernde Rivalität zwischen Mantinea und Tegea führte zur Spaltung und 362 zur militär. Konfrontation bei Mantinea. Im 3. Jh. v. Chr. gingen die Städte A.s im ↗ Achäischen Bund auf. Seit den Dichtern des Hellenismus ist die Berglandschaft A. Schauplatz der Hirtenpoesie (↗ Bukolik), mit ↗ Vergil wird A. zum literar. Topos, der gerade in der Kunst der Neuzeit immer wieder verarbeitet wurde (Dichtung, Malerei, Musik). **Lit.:** Ch. Callmer, Studien zur Geschichte A.s (1943). – B. Snell, A., die Entdeckung einer geistigen Landschaft, in: Antike und Abendland 1 (1945) 26–41. – J. A. O. Larsen, Greek Federal States (1968).

Arkas, in der Mythologie Sohn des Zeus und der Kallisto, Ahnherr der Arkader. Er schießt auf seine in einen Bären verwandelte Mutter auf ihrem Weg in einen Zeustempel. Der Gott versetzt sie und A. als die Sternbilder des Großen und des Kleinen Bären an den Himmel.

Arkeisios, in der Mythologie Sohn des ↗ Zeus und Euryodeia, Vater des ↗ Laertes.

Arkesilaos aus Pitane, griech. Philosoph, 316/15–241/40 v. Chr. A. war der Begründer der mittleren Akademie. Von ihm ist nichts Schriftliches überliefert. Um nicht in die Gefahr eines Irrtums zu geraten, forderte A., sich jegl. Urteils (*epoche*) zu enthalten, was seiner Lehre eine skept. Richtung gab (↗ Skeptizismus). Da die Wirklichkeit nicht erkannt werden könne, sei nur die Wahrscheinlichkeit (*eulogon*) erreichbar, die aber für das Handeln des Menschen genüge. **Lit.:** A. A. Long/D. N. Sedley, Die Hellenist. Philosophen (1999).

Armee ↗ Kriegskunst, Legion, Schlachtordnung

Armenien, antiker Staat im Hochland südl. bzw. südwestl. des ↗ Kaukasus. Das Gebiet des antiken A. erstreckte sich über das Gebiet der heutigen Republik A. und über die Grenzregion zum Iran, Irak und zur Türkei. Hauptfluss war der ↗ Araxes, die Nordgrenze bildete etwa der Kyros (heute Kura), der ins ↗ Kaspische Meer mündet. Auch die Oberläufe von ↗ Euphrat und ↗ Tigris lagen auf dem Gebiet A.s. Überragt wurde die Region vom Berg Baris (heute Ararat). Nach dem Untergang ↗ Urartus gehörte A. zu ↗ Medien und zum Großreich der ↗ Achämeniden. Nach der Eroberung Persiens durch Alexander d.Gr. fiel A. an die ↗ Seleukiden und wurde 188 v. Chr. in die beiden Königreiche Groß- und Kleinarmenien aufgeteilt. Unter den Artaxiaden wurde A. hellenisiert und die Hauptstadt ↗ Artaxata gegründet. König ↗ Tigranes II. beherrschte im 1. Jh. v. Chr. große Teile Vorderasiens, wurde aber 66 von ↗ Pompeius geschlagen und musste sich mit Groß-A. begnügen. Das östl. gelegene Klein-A. wurde abgetrennt, wechselte in seiner Zugehörigkeit zu den Staaten bzw. Provinzen ↗ Kappadokien, Galatien und ↗ Pontus und war nur für kurze Zeit selbständig. Seit Diokletian bildete Klein-A. die Provinzen Armenia I und II. Es blieb röm. bzw. byzantin.

bis zum Einfall der Türken im 11. Jh. Groß-A. war seit Pompeius ein Klientelstaat, wechselte aber in der Abhängigkeit zwischen Rom, den Parthern bzw. den Sasaniden. 114 n. Chr. unter Trajan wurde Groß-A. röm. Provinz, die Hadrian aber wieder aufgab. 428 wurde das Königreich Groß-A. Teil Persiens, unter Justinian war ein Teil Groß-A.s Teil der Provinz Armenia IV. **Lit.:** C. Burney/D.M. Lang, Die Bergvölker Vorderasiens (1972). – A. N. Sherwin-White, Roman Foreign Policy in the Near East (1984). – S. Sherwin-White/A. Kuhrt, From Samarkhand to Sardis (1993).

Arminius (»Hermann der Cherusker«), ca. 16 v. Chr.–21 n. Chr., Heerkönig der german. Cherusker, stand ca. 4–6 n. Chr. als Führer der german. Hilfstruppen in röm. Diensten. Zurück in der Heimat überredete er die Germanen, sich von der röm. Herrschaft zu befreien. Im Herbst des Jahres 9 n. Chr. errang er einen glänzenden Sieg über die Legionen des Varus (Schlacht im Teutoburger Wald); die Römer mussten weitere Eroberungspläne in Germanien aufgeben. Nach weiteren Kämpfen gegen Römer und Markomannen wurde A. 21 von Verwandten ermordet. Seine Frau Thusnelda wurde den Römern ausgeliefert und starb in Gefangenschaft. **Lit.:** D. Timpe, A.-Studien (1970). – R. Wiegels/W. Woesler (Hg.), A. und die Varusschlacht (1995).

Arno (lat. Arnus), Hauptfluss Etruriens mit 250 km Länge. Der A. entspringt bei ↗ Arretium, durchbricht die ↗ Apenninen und mündet bei Pisa ins Tyrrhen. Meer. Von Überschwemmungen des A. berichten Livius und Tacitus.

Arnobius, nordafrikan. Rhetor um 300 n. Chr. A. war Konvertit, Verf. einer apologet. Schrift in sieben Büchern *Adversus nationes* (*Gegen die Heiden*), Lehrer des ↗ Laktanz. Er kritisierte aggressiv den Polytheismus und die Unsittlichkeit heidn. Mythen. Sein Stil ist lebhaft und emphatisch, seine Theologie stark synkretistisch. A. überliefert zahlreiche Bruchstücke aus antiken Schriften zur heidn. Religion. Justus Lipsius (gest. 1606) nannte ihn *Varro Christianus*. **Lit.:** A. Wlosok, in: HLL V (1989) 363–375.

Arrephoria, att. Fest zu Ehren der Stadtgöttin Athena Polias (Mai/Juni). Zwei Mädchen (Arrephoren) stiegen nachts von der Akropolis zum ›Aphroditetempel‹ in den Gärten‹, um dort eine Kiste mit Fruchtbarkeitssymbolen zu weihen. Den Vorgang muss man wohl als Initiationsritus an der Schwelle zum Erwachsenenleben deuten. **Lit.:** L. Deubner, Att. Feste (1932) 9 ff. – E. Simon, Festivals of Attica (1983).

Arretium (heute Arezzo), von Etruskern gegründete Stadt im NO ↗ Etruriens im oberen Arnotal. Beim Galliersturm 285 v. Chr. bat die Stadt Rom um Hilfe, im 2. ↗ Pun. Krieg war A. ein Stützpunkt Roms. A. war bekannt für seine Tonwarenindustrie. Aus A. stammte die Familie des ↗ Maecenas. **Lit.:** PECS (1976).

Arrian, Lucius Flavius Arrianos, aus Nikomedeia, griech. Historiker, ca. 86–160 n. Chr., Schüler des ↗ Epiktet, dessen Lehre er aufzeichnete. A. begann seine polit. Karriere unter Hadrian; über 30 Jahre war er Statthalter in Kappadokien. Seine literar. Tätigkeit setzt nach 137 ein. Erhalten sind eine Beschreibung des Schwarzen Meeres (*Periplus*) und eine militär. Schrift (*Taktika*). In der sieben Bücher umfassenden *Anabasis* (in Anlehnung an ⁊ Xenophon [1]) und *Indike* schildert er die Kriegszüge Alexanders d.Gr. Zahlreiche andere Werke sind verloren. Arrian orientierte sich an der klass. Geschichtsschreibung des 5./4. Jh. v. Chr., ohne ein purist. Attizist zu sein. **Lit.:** A. P. Stadter, A. of Nicomedia (1980).

Arsakiden (gr., »Söhne des Arsakes«), Herrscherdynastie des Reichs der Parther, die sich auf Arsakes I. zurückführte.

Arsinoë (1), (gr. Arsinoe), geb. um 316 v. Chr., Tochter des Ptolemaios I., Gattin des Königs Lysimachos von Thrakien, nach dessen Tod Gattin des Ptolemaios Keraunos, schließlich ihres Bruders Ptolemaios II.

Arsinoë (2), (gr. Arsinoe), in der Mythologie Tochter des ⁊ Phegeus und Gemahlin des ⁊ Alkmeon, von dem sie Halsband und Gewand der ⁊ Harmonia erhält. Als sie ihren Brüdern wegen der Ermordung des Alkmeon Vorwürfe macht, wird sie von ihnen in eine Kiste eingeschlossen, nach Tegea gebracht und als Sklavin verkauft.

Arsinoë (3), (gr. Arsinoe), antike Stadt im ⁊ Fayum am antiken Fayum-See (⁊ Moeris-See). Zentrum des dortigen Krokodilkultes, daher auch der Name Krokodilopolis; im 2. Jh. v. Chr. außerdem Ptolemaïs Euergetis genannt. In röm. Zeit war Arsinoitopolis, wie die Stadt nun hieß, Sitz des Statthalters und Gerichtsort des gleichnamigen Gaues Arsinoitis. A. gehört aufgrund der günstigen klimat. Bedingungen (Wüste) zu den bedeutendsten Fundorten antiker ⁊ Papyri.

Artabanos V., letzter König der Parther 213–224 n. Chr., aus dem Geschlecht der Arsakiden, verdrängte seinen Bruder Vologaeses VI. und behauptete sich gegen einen Angriff des röm. Kaisers Caracalla. 224 erlag er dem Aufstand des Perserfürsten Ardaschir, wodurch die Herrschaft im Iran von den Arsakiden auf das Geschlecht der Sasaniden überging.

Artabazos, seit 362 v. Chr. pers. Satrap, begleitete Dareios III. nach der Schlacht von Gaugamela gegen Alexander d.Gr. auf der Flucht, ging nach dem Tod des Perserkönigs zu Alexander über und erhielt die Satrapie Baktrien.

Artaphernes, pers. Feldherr und Neffe Dareios I., befehligte 490 v. Chr. gemeinsam mit Datis die Strafexpedition gegen Athen und Eretria; er fiel in der Schlacht bei Marathon.

Artaxata, antike Stadt in Armenien. Das heutige Artashat südöstl. von Jerewan (Armenien) wurde von Artaxias I. auf Rat Hannibals als Hauptstadt Armeniens 188 v. Chr. gegründet. **Lit.:** PECS (1976).

Artaxerxes I., pers. Großkönig (465–424 v. Chr.), Sohn von Xerxes I., nahm den flüchtigen Themistokles auf und schloss 449 mit Athen den sog. Kallias-Frieden (Historizität umstritten), in dem das Perserreich und der 1. Att. Seebund ihre gegenseitigen Einflusssphären abgrenzten. Im Peloponnes. Krieg (431–404) agierte A. zurückhaltend, obwohl Sparta und Athen Kontakte mit ihm aufnahmen.

Artaxerxes II., pers. Großkönig (404–359 v. Chr.), Sohn von Dareios II., wehrte 401 in der Schlacht bei Kunaxa den Aufstand seines Bruders Kyros d.J. ab, konnte aber den Abfall Ägyptens nicht verhindern. 368–358 wurde seine Herrschaft durch einen Satrapenaufstand schwer erschüttert. A. galt als wenig energ. König, der für den Niedergang des Reiches mitverantwortlich war.

Artaxerxes III., pers. Großkönig (359–338 v. Chr.), Sohn von Artaxerxes II., bemühte sich mit Erfolg, die Königsgewalt wieder zu festigen, und unterwarf 343 Ägypten, das er nach über 60 Jahren wieder der pers. Herrschaft unterstellte. 338 fiel er einem Mordanschlag seines Ministers Bagoas zum Opfer.

Artemidor (1) (gr. Artemidoros) von Ephesos, griech. Geograph des 1. Jh. v. Chr., dessen Werke nur in Fragmenten erhalten sind. Seine als ⁊ Periplus (Küstenbeschreibung) angelegten Werke wurden u. a. von Strabon und Plinius d.Ä. benutzt. **Lit.:** G. Hagenow, Untersuchungen zu Artemidors Geographie des Westens (1932). – B. Kramer, in: Archiv für Papyrusforschung 44 (1998) 189–208.

Artemidor (2) (gr. Artemidoros) von Daldis, ein in der 2. Hälfte des 2. Jh. n. Chr. geb. lyd. Verf. eines Handbuches zur ⁊ Traumdeutung, vermutlich Anhänger der Stoa. **Lit.:** Chr. Walde, Antike Traumdeutung und moderne Traumfoschung (2001).

Artemisia (1) (gr. Artemisia), Tochter des Lygdamis von Halikarnassos. Als Vormund ihres Sohnes hatte sie um 480 v. Chr. die Herrschaft über Halikarnassos inne. A. nahm am Feldzug des Xerxes und an der Schlacht von Salamis teil.

Artemisia (2) (gr. Artemisia), Tochter des Hekatomnos von Mylasa, Schwester und Frau des Mausolos. Nach dessen Tod hatte sie zwischen 353 und 351 v. Chr. die Herrschaft über Karien und Rhodos und trieb den Bau des bereits von ihrem Gatten initiierten Grabmals nach Kräften voran, das Mausoleum von Halikarnassos, das zu den Sieben Weltwundern gerechnet wurde. Nach der antiken Überlieferung liebte A. ihren Mann (und Bruder) so sehr, dass sie ihre Knochen verbrannt, in eine Flüssigkeit gegeben und getrunken haben soll. **Lit.:** S. Hornblower, Mausolus (1982). – K. Stemmer (Hg.), Standorte. Kontext und Funktion antiker Skulptur (1995).

Artemis, Tochter des Zeus und der Leto, Zwillingsschwester des Apollon, Göttin der Jagd und des Bogenschießens, bei den Römern mit ⁊ Diana identifiziert. Die in der freien Natur unter wilden Tieren, bes. Bären und Hirschen, lebende Göttin hält sich von Männern fern und verlangt dies auch streng von den Nymphen in ihrer Begleitung (⁊ Kallisto; ⁊ Aktaion). Als versierte Bogenschützin wird sie bes. von den ⁊ Amazonen verehrt. A. erschießt den Riesen ⁊ Tityos und die Kinder der ⁊ Niobe, die ihre Mutter Leto schmähte. Als Agamemnon eine ihr heilige Hirschkuh erlegt hat, verlangt die gekränkte A. die Opferung seiner Tochter ⁊ Iphigenie, die sie zu den Taurern entrückt und zu ihrer Priesterin macht. Im Kult spielt A. als Jagdgöttin kaum eine Rolle; dagegen wurde sie bes. auf der Peloponnes als

*Kultbild der Artemis,
der Stadtgöttin
von Ephesos*

Natur- und Fruchtbarkeitsgöttin in Reigentänzen und durch Aufhängen ihres Bildes an Bäumen verehrt; als Beschützerin der Mädchen erhielt die Göttin ein Opfer vor der Eheschließung. Der Tod von Wöchnerinnen wurde auf ihren Pfeilschuss zurückgeführt; die Kleider der Toten wurden ihr geweiht. **Lit.:** J.-P. Vernant, Tod in den Augen (1988).

Artemision, Nordkap der Insel ↗ Euböa (Griechenland). In den ↗ Perserkriegen 480 v. Chr. Schauplatz einer bedeutenden Seeschlacht, die gleichzeitig mit der Schlacht an den ↗ Thermopylen ausgetragen wurde. Reste eines Artemis-Tempels wurden gefunden. **Lit.:** PECS (1976). – GLHS (1989) 135 f. – J. F. Lazenby, The Defence of Greece (1993).

Artes liberales (lat., »freie Künste«), spätantiker Bildungskanon, der für einen Freien als standesgemäß

empfunden wurde. Der Kanon umfasst die Disziplinen Grammatik, Rhetorik und Dialektik (seit Horaz als *trivium* bezeichnet) sowie Arithmetik, Geometrie, Astronomie und Musik (von Boethius als *quadrivium* bezeichnet; vermutlich teilte schon ↗Varro (1) in seiner – verlorenen – Schrift *Disciplinarum libri* die A. so ein). Im MA wurde das Bildungsideal der A.l. für die Schulen und Universitäten übernommen. Die A.l. stellen die Basis für das Fachstudium der Theologie, Rechtswissenschaft und Medizin dar. **Lit.:** F. Kühnert, Allgemeinbildung und Fachbildung in der Antike (1961).

Artillerie ↗ Kriegskunst
Arvales ↗ Fratres Arvales
Arverner, bedeutender gall. Stamm im Gebirgsland der heutigen Auvergne (Frankreich). Die A. kämpften um die Vorherrschaft in ↗ Gallien, aber auch gegen die Römer. So wurde nach einer Niederlage 121 v. Chr. Bituit, König der A., von den Römern gefangengenommen. Zwei Generationen später (52 v. Chr.) führte der A. ↗ Vercingetorix den gall. Aufstand gegen Caesar. Nach der Niederlage bei ↗ Alesia behielten die A. den Status einer *civitas libera*. Die wichtigsten Siedlungsplätze waren Augustonementum (heute Clermont-Ferrand), seit Augustus Hauptstadt, und die Festung ↗ Gergovia. **Lit.:** P.-M. Duval, Gallien (1979). – D. Nash, Settlement and Change in Gaul c. 200–50 B.C. (1978). – J. F. Drinkwater, Roman Gaul (1983).

Aryballos (gr.), Salbgefäß meist kugeliger Form mit kurzem, engem Hals und scheibenförmigem Mündungsrand. Ein Henkel diente zur Befestigung eines Bandes. Der A. wurde von Athleten um das Handgelenk getragen. Es gibt Aryballoi in Bronze oder Ton, Letztere häufig mit qualitätsvoller Bemalung. **Lit.:** W. Schiering, Die griech. Tongefäße (²1983). – I. Scheibler, Griech. Töpferkunst (²1995).

Arzt. Der bereits in Mesopotamien gut bezeugte Beruf des A.es galt in der griech.-röm. Welt als Handwerk, das ursprünglich nur von wenigen Familien ausgeübt wurde (7./6. Jh.). Die Erblichkeit des A.-Berufes, der mit hohem Prestige verbunden war, wurde langsam aufgelöst, prägende Einzelpersönlichkeiten wie ↗ Hippokrates bestimmten mit ihren ↗ Ärzteschulen Richtung und Fortgang der ↗ Medizin und des A.-

*Arzt bei einem Kranken
(Marmorrelief aus Athen, 5. Jh. v. Chr.)*

Berufes. Neben freien Ärzten leisteten sich viele Städte gut bezahlte Gemeindeärzte, um die medizin. Grundversorgung im Gemeinwesen zu sichern (z. B. ↗ Demokedes in Ägina, um 500 v. Chr.). Die Weiterentwicklung der antiken Medizin führte auch im Heilberuf zu immer weitergehender Spezialisierung, Fachärzte (z. B. für ↗ Chirurgie, ↗ Augenheilkunde usw.) boten ihre Dienste an. Die ersten griech. Ärzte kamen als Sklaven nach Rom; durch ein Privileg Caesars erhielten sie das begehrte röm. Bürgerrecht, weitere Vorrechte wie Steuerfreiheit folgten. Am röm. Kaiserhof spielten die Leibärzte oft eine gewichtige polit. Rolle. Die große Zahl niedergelassener Ärzte in der hohen Kaiserzeit führte zur Beschränkung mancher Privilegien auf die sog. Gemeindeärzte. Dennoch blieben weite Kreise in der Antike von den Diensten der Ärzte ausgeschlossen, da sie sich die Behandlung nicht leisten konnten; ein flächendeckendes Gesundheitssystem existierte nicht, die Heilungschancen blieben zudem beschränkt. Das in der Theorie Mögliche war nur bedingt in der angewandten Medizin umsetzbar. **Lit.:** W. Müri, Der Arzt im Altertum (1962).

As (lat., »Einser«), röm. Münz- bzw. Maßeinheit. Mit A. wurden der Grundwert eines röm. Pfundes, aber auch der röm. Fuß bzw. ↗ Flächenmaße in ihren einwertigen Einheiten bezeichnet. Vor allem im Münzwesen setzte sich das A. als Bezeichnung für die frühen röm. Kupfermünzen durch, die dem zugrundeliegende Pfundnorm (1 Pfund Kupfer = 1 A.) bleibt aber unklar. Im Laufe der röm. Republik sank das Münzgewicht des A. immer mehr, Augustus reorganisierte das röm. Münzsystem. A. und Quadrans bildeten die kupfernen Kleinmünzen des Reiches, während Sestertius und Dupondius in Bronze geprägt wurden. Die Münzverschlechterungen des 3. Jh. n. Chr. brachten das Ende des aus Kupfer geprägten A., der minderwertige ↗ Antoninian, aus einer Kupfer-Silber-Legierung bestehend, verdrängte weitgehend andere Kleinmünzen auf Reichsebene. **Lit.:** B. Thomsen, Early Roman Coinage I-III (1957–61).

Ascanius, später Julus (Iulus) genannt, in der röm. Mythologie Sohn des ↗ Äneas und der Kreusa. Er begleitet seinen Vater nach Italien und gründet ↗ Alba Longa. Er gilt als Ahnherr der Familie der Julier (Caesar).

Asconius Pedianus, Quintus A. P., röm. Philologe aus Padua, ca. 3–88 n. Chr.; verfasste zu zahlreichen Reden Ciceros Kommentare, von denen fünf erhalten sind: zu *In Pisonem, Pro Scauro, Pro Milone, Pro Cornelio* und *In toga candida*. **Lit.:** B. A. Marshall, A Historical Commentary on A. (1985).

Asebie (gr. asebeia, »Unglaube«), umschreibt in Griechenland die fehlende Achtung vor den Glaubensvorstellungen und vor den Ritualen des Stadtstaats (Polis). A. kann, wie der Fall des Sokrates zeigt, mit dem Tod geahndet werden. Als A. wird erstens die Beeinträchtigung der Götter durch unfromme Handlungen angesehen wie z. B. die Entweihung der Mysterien oder das Fällen eines heiligen Ölbaumes, zweitens die Einführung neuer Kulte und Götter, wozu nur die Polis berechtigt ist, und drittens die Einstellung von Individuen den Göttern gegenüber wie z. B. die des Anaxagoras, der die Sonne als glühenden Stein und den Mond als Erde und nicht als Gottheit bezeichnete. **Lit.:** W. Burkert, Griech. Religion (1977) 467 f.

Asia (gr. Asia), eine der ↗ Okeaniden.

Asia (gr. Asia), röm. Provinz in ↗ Kleinasien, im N an Bithynien, im O an Phrygien bzw. Galatien und im SO an Lykien angrenzend. 133 v. Chr. vermachte ↗ Attalos III. sein pergamen. Reich testamentarisch den Römern, aber erst nach der Niederwerfung des Aristonikos-Aufstandes (132–129) konnte das pergamen. Reich als Provinz A. reorganisiert werden. 116 wurde A. um Phrygien erweitert, das zuvor zu Pontos gehörte. Erschüttert wurde die von Steuerpächtern geplünderte Provinz durch den von ↗ Mithradates VI. niedergeschlagenen Aufstand der kleinasiat. Griechen (Ephesische Vesper) 88 v. Chr. Die Hauptstadt der Provinz war ↗ Ephesos, neun Gerichtsbezirke und das »Koinon Asias«, die Provinzialversammlung, dienten der Verwaltung der Provinz bzw. dem Kaiserkult. Ab 250 n. Chr. wurde A. mehrfach reorganisiert und in Teilprovinzen aufgespalten. Das reiche städt. Leben in A. machte diese Provinz zu einer der wichtigsten des röm. Reiches; ihr kulturelles Leben wirkte in vielen Bereichen auch auf die Kultur in den westl. Teilen des röm. Weltreiches. **Lit.:** D. Magie, Roman Rule in A. Minor I-II (1950). – S. Mitchell, Anatolia I-II (1993).

Asianismus, in den griech. Städten in Kleinasien im 3. Jh. v. Chr. entstandene Stilrichtung der Rhetorik. Im Gegensatz zum att. Stil des 5./4. Jh. wurde ein glanzvoller, ›barocker‹ Stil gepflegt. Cicero unterscheidet im *Brutus* zwischen einem an kurzen Sätzen reichen, oft antithet. und stark rhythmisierten und einem barock-bombast. Stil. **Lit.:** E. Norden, Die antike Kunstprosa (1898, [10]1995).

Asien. Neben Europa und Afrika einer der drei in der Antike bekannten Kontinente. Der Nil (bzw. das Rote Meer) galt als westl. Grenze zu Afrika, während der Tanaïs (Don) meist als Abgrenzung zu Europa angesehen wurde. Die griech. Kolonisationsbewegung, die Perserkriege sowie die Eroberung des Perserreiches durch Alexander d. Gr. vergrößerten schrittweise die Kenntnisse von A.; zwar bestanden indirekte Handelskontakte zu Indien und China, doch blieben die Vorstellungen griech.-röm. Geographen vom östl. A. nur vage.

Asinius Pollio ↗ Pollio

Askalaphos (1), in der Mythologie Sohn des Acheron. Er verrät, dass ↗ Persephone in der Unterwelt Granatapfelkörner aß. Demeter bestraft ihn, indem sie in der Unterwelt einen schweren Felsen auf ihn legt. Nach der Befreiung durch ↗ Herakles verwandelt sie A. in einen Kauz.

Askalaphos (2), Sohn des ↗ Ares und der Astyoche, nimmt mit 30 Schiffen am Trojan. Krieg teil. Er wird von ↗ Deïphobos erschlagen. Nach einer anderen Variante gehört er den ↗ Argonauten an und ist einer der Freier ↗ Helenas.

Asklepiadeischer Vers, Begriff der Metrik, Vers der Form ××–∪∪––∪∪–∪– (*Asclepiadeus minor*) bzw. ××–∪∪––∪∪––∪∪–∪– (*Asclepia-*

deus maior). Horaz verwendet ihn in stich. Form in seinen *Oden*.

Asklepiades (1) aus Samos, griech. Dichter, um 300 v. Chr., einer der wichtigsten Epigrammatiker der sog. Jon.-Alexandr. Schule; nach ihm ist der Asklepiadeische Vers benannt. Ca. 40 Epigramme sind in der *Anthologia Palatina* überliefert. Die Mehrzahl bringt sympot. und erot. Themen, weitere sind Grab- und Widmungsepigramme. Bei A. findet sich erstmals das Motiv des Toten, der aus dem Kenotaph spricht. Auch hymn. und lyr. Dichtung ist nachgewiesen. **Lit.:** A. Dihle/ A.E. Raubitschek (Hg.), L'Epigramme Grecque (EntrHardt 14) (1968). – G.O. Hutchinson, Hellenistic Poetry (1988) 264–276.

Asklepiades (2) aus Kios (Bithynien), griech. Arzt in Rom, 1.Jh. v. Chr. A.' philosoph. Interessen galten vornehmlich der Lehre der Atomistik, die auch seine medizin. Ansichten beeinflusste. So erklärte er eine Krankheit als eine Störung des Flusses der unsichtbaren Partikeln, aus denen der Körper besteht. **Lit.:** J.T. Vallance, The Lost Theory of Asclepiades of Bithynia (1990).

Asklepieion, Heiligtum des ↗ Äskulap

Asklepios ↗ Äskulap

Asopos, Gott des Flusses Asopos, Sohn des ↗ Okeanos und der ↗ Tethys, nach anderen Quellen des ↗ Poseidon und der Pero oder des ↗ Zeus und der Eurynome oder des Poseidon und der Kelusa, Gemahl der Metope, der Tochter des Flussgottes Ladon, mit der er zwei Söhne, Ismenos und Pelagon (oder Pelasgos), und zwölf bzw. 20 Töchter zeugt. Nach der Entführung seiner Tochter ↗ Ägina durch Zeus will er mit dem Gott kämpfen, wird aber von ihm mit einem Blitz in sein altes Flussbett zurückgeschlagen.

Asowsches Meer (gr. Maiotis limne, lat. Maeotis), flaches Seitenbecken des Schwarzen Meeres. Am Ostende des A.M. mündete der ↗ Tanaïs (Don); die Halbinsel Krim (↗ Chersonesos) beschränkte den Zugang zum ↗ Schwarzen Meer. Diese Meerenge, Kimmer. Bosporus genannt, war in der Antike mit zahlreichen Städten besiedelt, darunter Phanagoreia und ↗ Pantikapaion. Das A.M. war zusammen mit der Krim Kerngebiet des ↗ Bosporan. Reiches.

Aspasia (gr. Aspasia) aus Milet, Gattin des Perikles. A. kam ca. 440 v. Chr. nach Athen, wo sie Perikles' zweite Gattin wurde. Die zeitgenöss. Komödie verspottete sie als Hetäre, deren Einfluss auf Perikles großen Schaden für Athen gebracht habe. 433/32 kam es zur Anklage gegen A. wegen Gottlosigkeit (Asebie) und Kuppelei; Perikles konnte nur mit Mühe einen Freispruch erwirken. Nach dem Tod des Perikles 429 heiratete A. zum zweiten Mal und starb später in Athen.

Aspendos ↗ Pamphylien

Asphaltitis limne ↗ Totes Meer

Assarakos, in der Mythologie Trojaner, Sohn des ↗ Tros und der Kallirhöe, Bruder des ↗ Ganymedes.

Assonanz (lat. assonare, »anklingen«), Begriff der Rhetorik, Wiederkehr gleichlautender Vokale in einer Wortfolge.

Assos, griech. Siedlung am Golf von Edremit im S der ↗ Troas in der Nähe des heutigen Dorfes Behram-

kale, etwa 70 km südl. von Troja auf einem über 200 m hohen Trachytkegel. A. gilt als Gründung von Methymna, einer Stadt auf der auf Sichtweite gegenüberliegenden Insel Lesbos. Das Gebiet von A. war bereits seit der Bronzezeit besiedelt. Seit dem 1. Jt. v. Chr. war A. griechisch und unterstand in der Folgezeit häufig wechselnden Herrschern, bis es nach 133 v. Chr. Teil der röm. Provinz Asia wurde. Auf der Akropolis von A. liegen die Überreste des Athenatempels, dem einzigen archaisch-dor. Tempel Kleinasiens. Große Teile des Stadtgebietes sind durch Ausgrabungen erforscht, wenngleich heute z. T. fast nur noch ein Trümmerfeld zu erkennen ist. Bemerkenswert ist die Nekropole mit den Resten aufwendiger Grabbauten und Sarkophage aus hellenist. und röm. Zeit. A. war ein bedeutendes Zentrum der Sarkophagproduktion. **Lit.:** T. Clarke/F.H. Bacon/R. Koldewey, Investigations at A. (1902–21). – U. Finster-Hotz, Der Bauschmuck des Athenatempels von A. (1984). – ASM (1999).

Assyrien, Kernland des assyr. Reiches. (↗ Iran) westl. und v. a. östl. des Tigris (etwa der heutige Nord-Irak); oft auch für alle Gebiete um dieses Kernland herum verwendet. Die Assyrer gehörten wie die Babylonier zu den semit. Akkadern. Die röm. Provinz *Assyria* wurde nach Überschreitung der traditionellen Euphratgrenze durch Trajan 114 n. Chr. errichtet, aber schon 116 brachen Aufstände aus. Unter Hadrian wurden die kurzlebigen Provinzen A. und ↗ Mesopotamia wieder aufgegeben, ↗ Armenien wieder in ein Klientelkönigreich umgewandelt. **Lit.:** D. Magie, Roman Rule in Asia Minor I-II (1950).

Astarte, phöniz.-syr. Göttin der Fruchtbarkeit, die mit ↗ Aphrodite gleichgesetzt wird, Hauptgottheit der Stadt Sidon, überall dort verehrt, wo es phöniz. Siedlungen gab (Sizilien, Sardinien, Zypern).

Asteria ↗ Ortygia

Asterios, myth. Herrscher von Kreta, heiratet ↗ Europa und zieht die Kinder auf, die sie mit ↗ Zeus gezeugt hat.

Astragalos (gr., »Fußwurzelknochen«), Spielstein bzw. Würfel aus tier. Fußwurzelknochen (Kalb, Schaf, Ziege) oder diesen aus Elfenbein oder Edelmetall nachgebildet. Die Würfel wurden als Zählmarken bei Glücks- und Würfelspielen eingesetzt (↗ Knöchelspiel), fanden aber auch für Orakel Verwendung. **Lit.:** G. Rohlfs, Antikes Knöchelspiel im einstigen Großgriechenland (1963).

Astrampsychos (»Sternen-Seele«), Nachfolger des ↗ Zarathustra; nach ihm sollen sich pers. Magier als *astrampsychoi* bezeichnet haben (Diogenes Laërtios 1,2). Unter A.' Namen sind Schriften über Mag. Steine und über Traumdeutung, ein Liebesbindezauber und v. a. ein viel genutztes Orakelbuch überliefert. **Lit.:** K. Brodersen, A. Das Pythagoras-Orakel (2006).

Astrolabium (gr., »Sternnehmer«), Scheibenmodell der Himmelskörper. Alexandrin. Astronomen verwendeten das aus Scheibe und Visierlineal bestehende Instrument zur Messung der Höhe eines Sternes. Die Rückseite des A.s bestand aus der zweidimensionalen Darstellung des ird. Horizontes, über der eine zweite, bewegl. Scheibe mit Darstellung der Himmelskörper (mit Tierkreiszeichen) angebracht war und die tägl. Bewegung der Himmelskörper nachzeichnete. Auf- bzw. Untergangszeiten von Planeten und Fixsternen konnten mit dem A. berechnet werden. Die älteste erhaltene Beschreibung stammt aus dem 6. Jh. n. Chr. Die Araber übernahmen im 8. Jh. das A., das im MA auch im europäischen Westen verbreitet war. Das älteste erhaltene (byzantin.) A. stammt aus dem Jahr 1062.

Astrologie (gr., »Wissenschaft von den Sternen«), Lehre vom Einfluss der Himmelserscheinungen auf das menschl. Dasein und die Vorhersage zukünftiger Ereignisse aus dem Verlauf der Gestirne (Horoskop) anhand von göttergesandten Vorzeichen (*omina*). Die A. gründet auf der Annahme, dass zwischen dem Lauf der Sterne und ird. Vorgängen eine erfassbare, geregelte Beziehung bestehe und alle Dinge miteinander in einem »verwandschaftl.« Verhältnis stehen (Sympathielehre). Die Unterscheidung von A. und Astronomie blieb bis in das 4. Jh. n. Chr. nicht klar. Ebenso wie die Astronomie und die Mathematik bemühte sich die A. um Gewinnung rechner. Anhaltspunkte zur Bestimmung des Sternenlaufs und der Planetenkonstellationen. Die Anfänge der Sterndeutung stammen wohl aus Mesopotamien und Babylonien, doch ist die Beobachtung von *omina* auch für Ägypten, Elam, Syrien und das Hethiterreich ab dem 2. Jt. v. Chr. belegt. Die Blütezeit der A. fällt in das 2. Jh. n. Chr., aus dem sich die Werke einiger Fachschriftsteller ganz oder nahezu ganz erhalten haben, so die Anthologie des Vettius Valens oder das »Werk in vier Büchern« (*Tetrabiblos*) des Claudius Ptolemaios. **Lit.:** W.-E. Peuckert, Geschichte der A. (1961). – W. Gundel, Sterne und Sternbilder im Glauben des Altertums und der Neuzeit (Nd. 1981). – W. Hübner, Die Begriffe A. und Astronomie in der Antike (1989).

Astronomie (gr., Lehre von den »Gesetzmäßigkeiten der Sterne«). Die Grundlagen der antiken A. wurden bes. in Babylonien entwickelt. Ausgangspunkt war die Beobachtung, dass manche Himmelserscheinungen sich periodisch wiederholen. Durch eine systemat. empir. Erforschung erstellten die babylon. Gelehrten Tafeln für die Bewegungen der Sonne, des Mondes und der Planeten. Diese Erkenntnisse befruchteten seit dem 6. Jh. v. Chr. die aufstrebende griech. Wissenschaft maßgeblich. Frühe Gelehrte waren ↗ Anaximander und ↗ Thales, der 585 v. Chr. das Eintreten einer Sonnenfinsternis berechnet haben soll. Das zentrale Problem der A. waren die scheinbar schleifenförmigen Bahnen, die die Planeten am Himmel vollführten, und die Versuche, eine wissenschaftl. Erklärung für dieses Phänomen zu finden. Die ↗ Pythagoreer nahmen eine ruhende, kugelförmige Erde an, um die die Gestirne tägl. Bewegungen vollführten, die durch eine Eigenbewegung auf einer schiefen Kreisbahn überlagert wurden. ↗ Eudoxos von Knidos (um 370 v. Chr.) postulierte ein System konzentr. Sphären; seine These wurde in der Folgezeit noch verbessert, konnte aber nicht alle Probleme der Planetenbahnen erklären. ↗ Aristarch (1) von Samos (um 280 v.

Chr.) vertrat ein heliozentr. Weltbild, demzufolge sich die Planeten einschließlich der Erde um die Sonne drehen. Diese Vorstellungen fanden in der Wissenschaft aber nur geringen Anklang, da sie den Postulaten der antiken Philosophie zuwiderliefen, die die Erde in den Mittelpunkt stellte. In der Folge stagnierten die astronom. Erkenntnisse, teilweise war sogar ein Rückschritt zu verzeichnen. Im 2. Jh. n. Chr. fasste schließlich Claudius ↗ Ptolemaios das Wissen seiner Zeit in einem umfangreichen Werk zusammen. Er vertrat ein geozentr. Weltbild und erklärte die Planetenbewegung durch komplizierte Epizyklen. Seine Theorien galten schon bald als kanonisch und wurden über die Spätantike ins MA tradiert, wo sie bis zur beginnenden Neuzeit nicht mehr in Frage gestellt wurden. **Lit.:** A. Pannekoek, A History of Astronomy (1961). – B. L. van der Waerden, Die A. der Griechen (1988). – W. Hübner, Die Begriffe »Astrologie« und »A.« in der Antike (1989). – J. Evans, The History and Practice of Ancient Astronomy (1998).

Asturien, Landschaft im NW Spaniens zwischen dem Duero und der Biskaya, in der Antike bekannt für ihre Goldminen und ihre Pferdezucht. Der antike Stamm der Asturer wurde wie die benachbarten Kantabrer nach langen Kämpfen 29–19 v. Chr. von den Römern unter Augustus geschlagen. **Lit.:** A. Schulten, Los Cantabros y Astures (1943). – N. Santos Yanguas, La Romanizacion de Asturias (1991).

Astyanax, in der Mythologie einziger Sohn ↗ Hektors und der ↗ Andromache. Er wird bei der Eroberung Trojas von Menelaos oder Neoptolemos auf Anraten des Odysseus von der Stadtmauer gestürzt. Berühmt ist der Abschied Hektors von seiner Frau und seinem Sohn im 6. Buch der *Ilias*.

Astynomen (gr., »Stadtordner«), Beamte einer griech. Stadt, denen die Aufsicht über die öffentl. Ordnung oblag. ↗ Polizei.

Astydameia (gr. Astydạmeia), in der Mythologie Gattin des ↗ Akastos, des Königs von Jolkos. Sie verliebt sich in ↗ Peleus, wird aber von ihm abgewiesen. Aus Rache lässt sie ↗ Antigone (2), der Gattin des Peleus, ausrichten, dieser wolle Sterope heiraten, und verleumdet ihn bei ihrem eigenen Mann mit dem Vorwurf, er habe versucht, sie zu verführen.

Astykrateia (gr. Astykrạteia), eine der sieben Töchter der ↗ Niobe.

Asyl (gr. asylịa, lat. ạsylum), Schutz von Personen und Sachen vor gewalttätigen Übergriffen. Das griech. A. sollte das Ausplündern (gr. *sylan*) von rechtlosen Fremden eindämmen. Heilige Bezirke (Tempel) hatten unverletzl. Bereiche (*hieron asylon*), in die sich Schutzflehende vor Übergriffen flüchten konnten. Dieses Phänomen entwickelte sich bes. im Hellenismus zu einem Mittel zwischenstaatl. Politik: Die Heiligkeit eines Tempels wurde auf die ihn umgebende Stadt ausgedehnt, diese Asylie wurde von fremden Städten oder Herrschern bestätigt; die Sicherheit einer Stadt und ihrer Bürger sollte so gestärkt werden. Diese weiterentwickelten Gedanken der territorialen Unverletzlichkeit wurden im röm. Westen nicht umgesetzt. Asylstätten gewährten Sicherheit vor Verfolgung; nach röm. Tradition war Rom in seiner Frühzeit eine solche Freistatt gewesen, hatte so seine ersten Bürger gewonnen (Livius). Die einzigen Asylstätten in Rom waren der Tempel des vergöttlichten Caesar und das Kapitol. Kultstätten des röm. Kaiserkultes galten als Asylstätten (Statuenasyl) und dienten in der Kaiserzeit als probates Mittel, sich einer Strafe zu entziehen. Das moderne christl. »Kirchenasyl« ist eine Fortführung des röm. Asylverständnisses. **Lit.:** E. Schlesinger, Die griech. Asylie (1933). – K. J. Rigsby, Asylia (1996).

Asynarteten (gr. »nicht verknüpft«), Begriff der Metrik, Verbindung von heterogenen metr. Gliedern, Merkmal der Epodendichtung.

Asyndeton, Begriff der Rhetorik für eine unverbundene Aufzählung.

Atalante, berühmte myth. Jägerin; als Kind ausgesetzt, von einer Bärin gesäugt und von Jägern aufgezogen. ↗ Meleager, der sich in A. verliebt hat, lässt sie an der ↗ Kalydon. Jagd teilnehmen, in der sie als erste dem Eber eine Wunde zufügt. A. lässt alle ihre Freier gegen sie in einem Wettlauf antreten, in dem sie stets gewinnt und die Verlierer tötet. Nur Hippomenes lässt auf Aphrodites Rat drei goldene Äpfel der ↗ Hesperiden fallen, die A. aufhebt und dadurch den Lauf verliert. Als A. und Hippomenes später in einem Zeustempel miteinander schlafen, werden sie zur Strafe in Löwen verwandelt, die sich nicht mit ihresgleichen, sondern mit Leoparden paaren.

Ataraxie (gr. ataraxia, lat. tranquillitas animi), »Ruhe des Gemüts«, »Seelenfrieden«, zentraler Begriff der antiken Ethik (↗ Epikur, ↗ Stoa, ↗ Skeptizismus).

Atargatis, syr. Fruchtbarkeitsgöttin, seit dem 3. Jh. auch im W, bes. von Soldaten und Sklaven, aber auch von Nero, als Dea Syria (»syr. Göttin«) in orgiast. Festen verehrt.

Ate, griech. Göttin, Tochter der ↗ Eris, Personifikation der Verblendung und des Schadens. Sie wird von Zeus im Zorn vom Olymp geschleudert und muss ihr Dasein unter den Menschen fristen.

Atellane (lat. fabula Atellana). Als vorliterar., frühe Form des röm. Theaters, benannt nach der osk. Stadt Atella (bei Neapel) ist die A. eine kom., farceske Gattung mit derbem, obszönem Einschlag. Die Akteure waren Laien, die nicht wie der schlecht beleumdete Schauspielerstand vom Kriegsdienst ausgeschlossen wurden (Livius 7, 2, 12). Die A. hatte feststehende Typen (sog. *personae Oscae*), die an die *Commedia dell'arte* erinnern: Maccus (Clown), Bucco (»der das Maul aufsperrt«, Schwätzer), Pappus (der Alte, der meist düpiert wird), Dossennus (Buckliger oder Fresser, vgl. Horaz, Epistulae 2, 1, 173) und wahrscheinlich Manducus (Fresser). Die A. erhielt früh die dem griech. ↗ Satyrspiel vergleichbare Rolle des Nachspiels. In der Sullazeit wurde die A. literarisiert. Wichtige Vertreter sind Pomponius und Novius. **Lit.:** R. Rieks, in: E. Lefèvre (Hg.), Das röm. Drama (1978) 348–377.

Athamas, Sohn des myth. Königs Äolus (2) von Thessalien, Gatte der Nymphe ↗ Nephele, mit ihr Vater von ↗ Phrixos und Helle. Er zieht mit seiner zweiten Frau ↗ Ino den Zeussohn Dionysos auf. Die eifersüchtige Hera lässt ihn aus Zorn darüber dem Wahnsinn verfallen und seinen Sohn Learchos töten.

Athanasios (295–373 n. Chr.), griech. Theologe, seit 328 Bischof von Alexandria, unversöhnl. Führer der Orthodoxen im Kampf gegen den ↗ Arianismus; fünfmal verbannt. Im Zentrum seiner Lehre steht die Verteidigung des Nicaenums, des Glaubensbekenntnisses des ersten ökumen. ↗ Konzils von Nikaia 325.

Athen (gr. Athenai). *I. Topographie:* Hauptstadt der griech. Landschaft ↗ Attika. In einer Ebene etwa 8 km vom Meer entfernt gelegen und von mehreren Bergen umgeben: im W vom Aigaleos, im NW vom Parnes, im NO vom Pentelikon und im O vom Hymettos; im S lagen das Meer und die Häfen ↗ Piräus und ↗ Phaleron. Ursprünglich beschränkte sich das Stadtgebiet auf den Bereich des Burgfelsens, die ↗ Akropolis, einen mächtigen, steil aus der Ebene aufragenden, annähernd quadrat. Felsen. Keramikfunde belegen, dass dieser seit etwa 5000 v. Chr. kontinuierlich besiedelt war. Die frühesten Spuren einer Bebauung stammen aus myken. Zeit: Reste eines Palastes, der Burgmauer und einer Quelle. Das polit., wirtschaftl. und soziale Zentrum A.s stellte die Agora, der Marktplatz, dar. Die ältere Agora lag wohl am Nordabhang der Akropolis, wurde aber allmählich zu klein und bereits im 7. Jh. v. Chr. durch eine neue und größere, nördl. vom Akropolis und Areopag auf dem Gebiet des Keramikos gelegene Agora ersetzt. Neben dem Töpferviertel befanden sich hier auch die ältesten Friedhöfe mit Gräbern aus myken. Zeit. Während der Herrschaft des ↗ Solon wurden an diesem Ort zahlreiche öffentl. Gebäude errichtet. Unter der Tyrannenherrschaft des ↗ Peisistratos und seiner Söhne verlagerte sich der Schwerpunkt der Bautätigkeit auf den Bereich der Akropolis und das Olympieion (Tempel des Olymp. Zeus). Ferner wurde das sog. Hekatompedon, ein erster großer Athena-Tempel, errichtet und die sog. Heilige Straße, die vom Dipylontor bis zur Akropolis führte, ausgebaut. Im Zuge der Neugliederungen des ↗ Kleisthenes wurde die Bautätigkeit auf der Agora vorangetrieben. Das gesamte Gebiet wurde mit einer Kanalisation ausgestattet und entwässert, auch wurden verschiedene Gebäude und Versammlungsplätze errichtet: das Bouleuterion (für den Rat der Fünfhundert), ein Versammlungsplatz für das Volksgericht (*heliaia*), die sog. Stoa des Basileus (Halle zur Verhandlung von Rechtsfällen) und am Hang der ↗ Pnyx ein Ort für die Volksversammlung (*ekklesia*). Nach der Zerstörung A.s durch die Perser veranlasste ↗ Themistokles die Befestigung der Stadt (sog. Themistokleische Mauer, z. T. aus den Trümmern erbaut). Die Wiederherrichtung der Südmauer der Akropolis sowie die Erweiterungsarbeiten wurden von ↗ Kimon veranlasst (hierfür wurde der sog. Perserschutt verwendet, unter dem sich auch zahlreiche Statuen und architekton. Bauelemente befanden). Kimon sorgte auch für den weiteren Ausbau der Agora: z.B. die ↗ Tholos und die Stoa Poikile (die sog. Bunte Halle

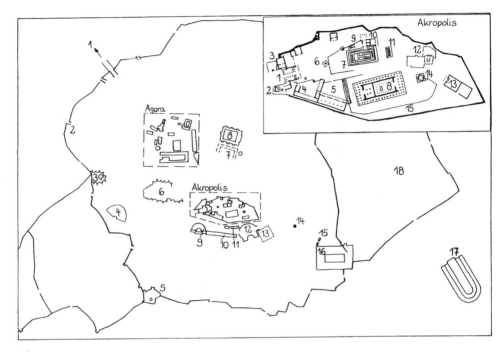

Lageplan von Athen

mit zahlreichen Wandmalereien, ↗ Polygnotos). Später wurde das sog. Theseion, der Tempel des Hephaistos und ein neues Bouleuterion gebaut. Der großartige Aufschwung der Stadt unter Perikles spiegelte sich auch in den neu errichteten Bauten auf der Akropolis wider: Der Neubau des ↗ Parthenon, die ↗ Propyläen, das ↗ Erechtheion oder der Athena-Nike-Tempel. Perikles veranlasste auch den Bau einer Mauer bis nach Piräus und machte A. somit auch zu einer mächtigen Seefestung. Nach seinem Tod wurde A. abermals zerstört, erholte sich aber und wurde wieder aufgebaut;

erreichte aber nie wieder seine herausragende polit. Bedeutung. Auf kultureller Ebene jedoch sollte A. noch lange Zeit im Mittelpunkt stehen. Auch die Bautätigkeit hatte ihren Höhepunkt überschritten. Im mittleren 4. Jh. v. Chr. entstanden das Asklepieion (Asklepiosheiligtum) und das ↗ Lysikratesmonument; auch wurden die zahlreichen att. Grabreliefs aufgestellt. Bis in späthellenist. Zeit wurde die Agora mehrfach umgestaltet; u. a. wurden mehrere Gerichtsgebäude errichtet sowie die östl. Stoa (Halle des Attalos). Unter röm. Herrschaft entstanden in der Kaiserzeit

Athen, Hephaistos-Tempel

verschiedene weitere Bauwerke auf der Akropolis bzw. der Agora wie der Rundtempel der Roma und des Augustus, das ↗ Odeion des Agrippa, der sog. Turm der Winde oder das Theater des Dionysos. A. bes. zugeneigt war Kaiser Hadrian, der der Stadt ein vollständig neues Viertel hinzufügte sowie mehrere größere Bauten veranlasste, darunter einen Marktplatz samt Bibliothek. Ferner sorgte er für die Fertigstellung des Olympieions. In der Folgezeit wurde A. mehrfach geplündert und verwüstet und verlor schließlich in der Spätantike auch seine Bedeutung als kulturelles Zentrum und sank zu dem Status einer Kleinstadt herab. *II. Politische Geschichte:* Die Besiedlung A.s reicht bis ins Neolithikum zurück. Im 13. Jh. v. Chr. wurde die Akropolis von A. von einer stark befestigten myken. Burg beherrscht. An der Spitze standen Könige, beginnend mit dem legendären ↗ Kekrops. Nach Beseitigung des Königtums lag die Macht in den Händen reicher Aristokraten (↗ Eupatriden). Aus ihren Reihen stammten die höchsten Beamten, die ↗ Archonten, die seit 683/82 jährlich gewählt wurden. In der 2. Hälfte des 7. Jh. kam es zu einer innenpolit. Krise. Um der willkürl. Gesetzesauslegung zu begegnen, ließ der Gesetzgeber ↗ Drakon 624 das geltende Recht aufzeichnen. Seine Gesetze sahen harte Strafen für die Verletzung von Eigentum vor (»Drakon. Strafen«), die 594 von ↗ Solon wieder aufgehoben wurden. Durch die Reformen Solons büßten die Eupatriden einen Teil ihrer Privilegien ein. Die erneut ausbrechenden Macht-kämpfe führten zur Herrschaft der Peisistratiden. 546 riss ↗ Peisistratos die Herrschaft an sich und errichtete eine Tyrannis, die er bis zu seinem Tode 528/27 behaupten konnte. Nachfolger wurden seine Söhne ↗ Hippias und ↗ Hipparchos. Nach der Ermordung des Hipparchos 514 und der Vertreibung des Hippias 510 konnte ↗ Kleisthenes 508/07 seine Reformen durchsetzen und die nötigen Voraussetzungen für die Entstehung einer Demokratie schaffen. Um 500 unterstützte A. den Aufstand der Jon. Städte, die sich gegen die pers. Herrschaft erhoben hatten (»Jon. Aufstand«). Um A. dafür zu bestrafen, setzte ↗ Dareios I. mit einem Heer nach Griechenland über, erlitt aber 490 bei ↗ Marathon eine Niederlage gegen ↗ Miltiades. Die Perser gaben ihren Plan jedoch nicht auf: 480 zog ↗ Xerxes nach Griechenland. Die Perser konnten A. kurzzeitig besetzen, mußten sich jedoch nach den Siegen der Athener bei Salamis 480, an dem Themistokles entscheidenden Anteil hatte, und Plataä 479 zurückziehen (↗ Perserkriege). – Es folgte die sog. ↗ Pentekontaëtie (»50 Jahre«), d.h. der rund fünfzigjährige Zeitraum von 479 bis 431, in dem A. den Gipfel seiner Macht und die höchste Blüte seiner Kultur erreichte. Perikles ließ ab 450 zahlreiche neue Bauten errichten, darunter den ↗ Parthenon und die ↗ Propyläen auf der Akropolis. Berühmte Literaten, Musiker und Philosophen zählten zu seinem Kreis. Die Macht A.s beruhte auf dem 478/77 v. Chr. gegründeten 1. ↗ Att. Seebund, dem sich zahlreiche Insel- und Küstenstädte der Ägäis angeschlossen hatten. 454 zählte der Bund über 200 Mitglieder. Ziel des Bundes war es, die Griechenstädte Kleinasiens von der Herrschaft der Perser zu befreien. 449 war das Ziel erreicht, durch den ↗ Kalliasfrieden wurde den Städten Autonomie gewährt. Trotzdem löste A. den Bund nicht auf, sondern baute seine Herrschaft weiter aus. Das führte zum Konflikt mit Sparta und den peloponnes. Poleis, die dem Bund von vornherein ferngeblieben waren. Um einen Ausgleich der Mächte zu erzielen, schlossen A. und Sparta 446 den sog. Dreißigjährigen Frieden, der aber nicht von Dauer war. – 431 kam es zum Ausbruch des ↗ Peloponnes. Krieges zwischen Sparta und seinen Verbündeten einerseits und A. und seinen Verbündeten andererseits. 430 grassierte die Pest in A., die zahlreiche Opfer forderte, darunter Perikles. 415 ließen sich die Athener von ↗ Alkibiades überreden, nach Sizilien überzusetzen und Syrakus zu erobern. Die Expedition endete 413 mit der vollständigen Vernichtung der athen. Streitkräfte. Sparta nutzte diese Schwäche aus und baute mit pers. Hilfe eine eigene Flotte. 405 errang ↗ Lysander den Sieg für Sparta, A. mußte 404 kapitulieren, der Att. Seebund wurde aufgelöst. Die Demokratie wurde beseitigt, kurzzeitig herrschten die ↗ Dreißig Tyrannen (404/03). – In der folgenden Zeit versuchte A., sich von der Abhängigkeit von Sparta zu befreien. Da Sparta seit 400 mit den Persern, ihren ehemaligen Verbündeten, im Krieg lag, konnte der Athener ↗ Konon mit ↗ Pharnabazos Verbindung aufnehmen und 394 bei Knidos einen Sieg über die spartan. Flotte erringen. Sparta trat daraufhin in Verhandlungen mit den Persern und schloss 387/86 den sog. ↗ Königsfrieden, der die kleinasiat. Griechen den Persern auslieferte. Zum Schutz gegen das expandierende Sparta gründete A. 377 den 2. Att. Seebund; nach der Schlacht bei ↗ Chaironeia 338 wurde der Bund aufgelöst, A. schloss ein Bündnis mit ↗ Philipp II.; Versuche, sich von der makedon. Besatzung zu lösen, scheiterten. 317–307 führte ↗ Demetrios von Phaleron im Auftrag des ↗ Kassander die Regierungsgeschäfte in Athen. In der Folgezeit hatte A. nur geringe polit. Bedeutung, seit 146 stand es wie das übrige Griechenland unter röm. Herrschaft. 88 verbündete sich A. mit ↗ Mithradates VI. gegen Rom, wurde aber zwei Jahre später von ↗ Sulla eingenommen, der viele Kunstschätze nach Rom schaffte. – In der röm. Kaiserzeit erlebte A. noch einmal eine Zeit höchster Blüte. Die röm. Kaiser, inbesondere ↗ Hadrian, zeigten sich als Förderer A.s, das zum viel besuchten Bildungszentrum wurde. Nach der Verlagerung der Reichshauptstadt nach Konstantinopel 330 n. Chr. begann der Niedergang A.s, zahlreiche Kunstschätze wurden in die neue Hauptstadt gebracht. Die berühmte Akademie von A. bestand noch bis 529, als sie nach 900-jährigem Bestehen von Kaiser ↗ Justinian endgültig geschlossen wurde. **Lit.:** J. Travlos, Bildlexikon zur Topographie des antiken A. (1971). – F. Brommer, Die Akropolis von A. (1985). – K.-W. Welwei, A. (1992). – H. R. Goette, A., Attika, Megaris (1993). – K.-W. Welwei, Das klass. A. (1999). – ASM (1999).

Athena, auch Pallas Athena genannt, griech. Göttin der Weisheit, der Künste und des Handwerks, Kriegsgöttin und Schutzgottheit Athens, Tochter des Zeus und der Metis, in Rom mit ↗ Minerva identifiziert. – *I. Mythos:* Zeus verschlingt die schwangere Metis nach der Voraussage, dass ein von Metis geborener Junge seinen Vater entmachten werde. Darauf bekommt er unerträgl. Kopfschmerzen und holt Hephaistos zu Hilfe, der ihm seinen Schädel spaltet; aus ihm entspringt die erwachsene A. in voller Kriegsmontur. A. trägt den Beinamen Pallas, den Namen ihrer Freundin, die sie selbst versehentlich mit einem Speer getötet hat. A.s Attribut ist die ↗ Aigis, ein von Hephaistos geschmiedeter Schild, in das sie das Haupt der ↗ Medusa eingesetzt hat. A. ist eine jungfräul. Göttin. Sie lässt ↗ Teiresias erblinden, weil er sie nackt beim Baden erblickt hat, entschädigt ihn aber in Anbetracht der Trauer seiner Mutter mit hellseher. Kräften. Als Hephaistos versucht, sie zu vergewaltigen, kann sie ihn von sich stoßen. Sein Samen tropft auf den Erdboden, der den schreckl. gestalteten ↗ Erichthonios, ein Mischwesen aus Mensch und Schlange, hervorbringt. Als Kriegsgöttin grenzt sie sich völlig von dem aggressiven und blutrünstigen Ares ab und steht vielmehr für kluge Taktik, die bes. dem Schutz des Landes dient. Im ↗ Trojan. Krieg steht sie zwar auf der Seite der Griechen, wird aber auch von den Trojanern ver-

Athena auf einen Grenzstein blickend

ehrt, die ihr Kultbild, das riesige ↗ Palladion, als Symbol für die Unbesiegbarkeit ihrer Stadt betrachten. Um die Schutzherrschaft über Athen zu gewinnen, muss sich A. gegen Poseidon durchsetzen. Dieser schenkt den Athenern eine Quelle, allerdings mit Salzwasser. A. lässt einen Olivenbaum wachsen. In Athen übernimmt A. den Vorsitz des Gerichts auf dem Areopag, wo sie u. a. im Fall ↗ Orest das entscheidende Urteil spricht. Als Schutzgöttin der Weberei bestraft sie ↗ Arachne, die sich mit ihr messen zu können glaubte. – *II. Kult:* Im Kult der A. spielt die als Symbol der Weisheit geltende Eule eine wichtige Rolle; dieser Vogel ist der selbst als eulenäugigen (*glaukopis*) bezeichneten Göttin heilig. Überall in Athen ist sie auf Münzen oder als Kultfigur anzutreffen (daher: »Eulen nach Athen tragen«). Neben der Eule gilt die Ziege als heiliges Tier der A. – Aigis bedeutet eigentl. »Ziegenfell« –, und ein Ziegenopfer ist ein wesentl. Element ihres Kultes. An ihrem Hauptfest, den ↗ Panathenäen, wird ihr als Göttin der Wollarbeit ein prächtiges Gewand, der Peplos, auf dem Götter- und Heldentaten wie der Gigantenkampf dargestellt sind, überreicht. Der Preis der Spiele ist Öl des ihr heiligen Olivenbaumes. Hauptkultstätte ist der ↗ Parthenon auf der Akropolis. **Lit.:** W. Burkert, Griech. Religion (1977) 220 ff. – I. Kaspar-Butz, Die Göttin Athena im klass. Athen (1990).

Athenagoras (gr. Athenagoras), griech. christl. Autor aus Athen, Ende 2. Jh. n. Chr. Erhalten ist eine an die Kaiser Mark Aurel und Commodus gerichtete Verteidigungsschrift mit dem Titel *Presbeia* (ca. 176/77), in der A. zu den traditionellen Vorwürfen gegen das Christentum (Atheismus, Inzest) Stellung nimmt (↗ Apologetik). **Lit.:** W. R. Schoedel, A. (1972).

Athenaios aus Naukratis, griech. Schriftsteller, 2. Jh. n. Chr. In A.' Werk *Deipnosophistai* (*Gelehrte beim Gastmahl*) unterhält sich eine fingierte Gesellschaft von 30 Gelehrten verschiedener Provenienz (Philosophen, Philologen, Juristen, Ärzte und Künstler) beim Gastmahl über Fragen menschl. Kultur, wobei der Hauptakzent auf der Literatur, der Kunst und Malerei liegt. Das Werk, das nicht vollständig überliefert ist, kann somit in die Tradition der sog. Symposialliteratur eingereiht werden, wie sie von Platon, Xenophon und Plutarch bekannt ist. Wegen der in den 15 Büchern versammelten unzähligen Zitate älterer Autoren (vornehmlich aus hellenist. Zeit, Alte, Mittlere und Neue Komödie), die z. T. nur über A. greifbar sind, stellen die *Deipnosophistai* ein Dokument von besonderem Wert dar. **Lit.:** G. Zecchini, La cultura storica di Ateneo (1989). – C. Friedrich/Th. Nothers (1998–2001) [Übers., Komm.].

Athetese (gr. athetesis, »Beseitigung«), Begriff der Textkritik zur Bezeichnung der »Tilgung« eines fälschlicherweise in den Text im Überlieferungsprozess eingedrungenen Wortes, einer Formulierung oder sogar eines Satzes (↗ Interpolation). Als textkrit. Zeichen verwendet man in den wissenschaftl. Ausgaben eckige Klammern.

Athlet (gr., »Preiskämpfer«). Seit der griech. Frühzeit traten A.en bei sportl. Wettkämpfen (↗ Agon) auf. Das umfangreiche Training brachte es mit sich, dass entweder wohlhabende Mitglieder der Oberschicht sich als A.en betätigten, aber auch, dass sich A.en »professionalisierten« und mit den ausgesetzten Preisgeldern, privaten oder staatl. Unterstützungszahlungen ihren Lebensunterhalt bestritten. So bildete sich (ähnlich dem Technitenverband der Bühnenkünstler) im 2. Jh. v. Chr. ein Berufsverband der A.en, der in der röm. Kaiserzeit in Rom seinen Sitz hatte und die Interessen der A.en im Reich vertrat. Von der umfangreichen athlet. Fachliteratur hat sich nur eine Schrift des ↗ Philostratos vollständig erhalten. **Lit.:** W. Decker, Sport in der griech. Antike (1995).

Athos (gr. Akte), Landzunge der Halbinsel ↗ Chalkidike in Nordgriechenland, 45 km lang. Ursprünglich war A. nur die Bezeichnung für den höchsten Berg der Halbinsel und wurde erst später auf die Halbinsel übertragen. 492 v. Chr. erlitt die pers. Flotte unter ↗ Mardonios hier Schiffbruch, ↗ Xerxes baute daraufhin einen 2,4 km langen Kanal durch die Landzunge. 411 erlitt auch die spartan. Flotte hier Schiffbruch. **Lit.:** U. Hübner, Die literar. und archäolog. Zeugnisse über den vorchristl. A., in: Antike Welt 16 (1985) 35–44.

Atimie (gr. atimia, »Wertlosigkeit«, »Ächtung«), im griech. Recht Aberkennung aller bürgerl. Rechte. A. konnte als gerichtl. Strafe bei einer Reihe von Rechtsverstößen verhängt werden (Verstoß gegen einen Volksbeschluss, Bestechung, Fahnenflucht usw.), oder aber, wenn im Rahmen einer Beamtenbestellung festgestellt wurde, dass das Vollbürgerrecht entzogen werden muss (z. B. wegen Geisteskrankheit). Mit einem Volksbeschluss konnte die A. wieder aufgehoben werden. **Lit.:** E. Ruschenbusch, Untersuchungen zur Geschichte des athen. Strafrechts (1968).

Atlant (gr.), in der Architektur ein Stützpfeiler in Gestalt einer kräftigen männl. Figur, benannt nach dem Titanen Atlas, der nach der Mythologie die Aufgabe hatte, den Himmel im Westen zu stützen. **Lit.:** F. Schaller, Stützfiguren in der griech. Kunst (1973). – A. Schmidt-Colinet, Antike Stützfiguren (1977).

Atlantis (gr. Atlantis), nach Platon eine myth., große und mächtige Insel westl. der ↗ Säulen des Herakles, deren anfänglich gütige Könige immer tyrannischer werden und schließlich die Herrschaft über die ganze Welt an sich gerissen hätten (bis auf Athen, das sich erfolgreich verteidigt); ein verheerendes Erdbeben kommt dem jedoch zuvor, das die ganze Insel mitsamt ihrer Einwohner untergehen lässt.

Atlas (1), in der griech. Mythologie ein ↗ Titan, Sohn des ↗ Japetos und der Klymene. Er muss aus Strafe, weil er im Kampf der Titanen als Verbündeter des Kronos gegen Zeus kämpfte, die ganze Welt auf seinen Schultern tragen. Sein Versuch, diese Last mit einer List an Herakles abzugeben, misslingt.

Atlas (2), nordafrikan. Gebirgskette in westöstl. Richtung. Höchste Erhebung 4165 Meter; der A. bildet im heutigen Algerien eine Hochebene. Erst Strabon verwendete den Namen A., aber auch im Periplus des Hanno oder bei Plinius d.J. wird der A. beschrieben. **Lit.:** A.N. Sherwin-White, Geographical factors in Roman Algeria, in: JRS 34 (1944) 1–10.

Atomistik (gr. atomos, »unteilbar«), philosoph. Lehre, derzufolge die Welt aus kleinsten, nicht weiter teilbaren Teilchen (*atoma*) und aus der Leere (*kenon*) zusammengesetzt ist. Alle Zustandsveränderungen in der Natur sind somit auf eine Veränderung zwischen Atomen und der sie umgebenden Leere zu erklären. Die wichtigsten Vertreter waren ↗ Leukipp und ↗ Demokrit sowie mit Modifikationen ↗ Epikur und ↗ Lukrez. **Lit.:** K. Algra, Concepts of Space in Greek Thought (1995).

Atreus (gr. Atreus), Sohn des myth. Königs ↗ Pelops und der Hippodamia, Enkel des Tantalos. Er und sein Bruder Thyest werden nach der Ermordung ihres Halbbruders Chrysippos verbannt und gelangen nach Mykene, wo sie von König Sthenelos die Herrschaft über Midea erhalten. Als A. in seiner Herde ein Schaf mit goldenem Fell entdeckt, bricht er sein Versprechen, der Göttin Artemis immer das schönste Tier zu opfern, und behält das Vlies, das Unterpfand für die Herrschaft über Mykene, für sich. Seine Gattin Aërope jedoch übergibt es ihrem Geliebten Thyest, der nun den Thron besteigt. A. vertreibt ihn wieder, stürzt Aërope ins Meer und setzt bei einer angebl. Versöhnungsfeier Thyest die eigenen Kinder zum Mahle vor (Seneca, *Thyestes*). A. heiratet darauf Pelopia, nicht ahnend, dass sie die Tochter seines Bruders ist, die aus einer inzestuösen Verbindung von ihm schwanger ist. Den Sohn aus dieser Ehe, ↗ Ägisth, schickt er zur Ermordung des Thyest aus. Vater und Sohn erkennen sich jedoch, und Ägisth ermordet A.

Atriden, Patronym für ↗ Agamemnon und ↗ Menelaos, Söhne des myth. Helden ↗ Atreus.

Atrium (lat.), der zentrale Raum des röm. ↗ Hauses mit einer rechteckigen Öffnung im Dach. Darunter befand sich ein Becken zum Auffangen des Regenwassers. Das A. enthielt ursprünglich den Herd. **Lit.:** H. Mielsch, Die röm. Villa (²1997).

Attaleia (heute Antalya), Stadt im Westen der Küstenebene von ↗ Pamphylien, nach dem Gründer ↗ Attalos II. von Pergamon (159–138 v. Chr.) benannt. Im 1. Jh. v. Chr. kam A. unter die Herrschaft der Seeräuber (↗ Piraterie, ↗ Seewesen), die 77 v. Chr. von P. Servilius Vatia vertrieben wurden. Pompeius machte A. wenig später zum Zentrum seines Kampfes gegen die Piraten. **Lit.:** ASM (1999)

Attaliden, Bezeichnung für die Könige von Pergamon, beginnend mit Attalos I. (241–197 v. Chr.). Es folgten Eumenes II. (197–159) Attalos II. (159–138) und Attalos III. (138–133).

Attalos I. Soter, König von Pergamon 241–197 v. Chr.; anders als sein Vorgänger Eumenes I. verweigerte A. den Galatern die Tributzahlungen und schlug sie erfolgreich an den Kaikosquellen. Nach dem Sieg nahm A. den Beinamen Soter und den Königstitel an. 227 konnte er das pergamen. Reich bis zum Taurus ausdehnen, verlor die gewonnenen Gebiete 220 aber an Seleukos III. In den beiden Makedon. Kriegen (215–205 und 200–197) war A. treuer Verbündeter Roms. Anlässlich des Sieges über die Galater, der als Abwehrkampf der Griechen gegen die Barbaren verherrlicht wurde, ließ Attalos zahlreiche Kunstwerke in Pergamon, Athen und Delphi aufstellen, u.a. das sog. »Große Attal. Weihgeschenk«.

Attalos II. Philadelphos, König von Pergamon 159–138 v. Chr.; bevor A. selbst König wurde, unterstützte er seinen regierenden Bruder ↗ Eumenes II.; 190 trug er entscheidend zum Sieg der Römer über ↗ Antiochos III. bei. Im Krieg der Römer gegen ↗ Perseus (171–168) war A. treuer Verbündeter Roms, was er während seiner gesamten Herrschaft blieb. Als Förderer der Kunst setzte A. die Bauten am Zeusaltar fort und schickte Künstler und Geld nach ↗ Delphi.

Attalos III. Philometor, König von Pergamon 138–133 v. Chr., Sohn des Eumenes II.; A. galt als Sonderling, der sich mehr für Botanik und Landwirtschaft als für Politik interessierte. 133 vermachte er sein Reich testamentarisch den Römern, erklärte aber Pergamon und die Griechenstädte für frei. Trotz der Verfügung des A. kam es nach seinem Tod zum Aufstand des Aristonikos. **Lit.:** J. Hopp, Untersuchungen zur Geschichte der letzten Attaliden (1977). – R.E. Allen, The Attalid Kingdom (1983). – H.J. Schalles, Untersuchungen zur Kulturpolitik der pergamen. Herrscher im 3. Jh. v. Chr. (1985).

Atthidographen ↗ Atthis, Androtion, Geschichtsschreibung

Atthis (gr. Atthis), in der Mythologie Tochter des ↗ Kranaos und der Pedias. Nach ihrem Tod benennt Kranaos das Land nach ihr Attika. Nach einer anderen Variante zeugt sie mit ↗ Hephaistos den ↗ Erichthonios.

Atticus, Titus Pomponius A., 110–32 v. Chr., reicher röm. Ritter, Freund Ciceros. Den Beinamen A. erhielt er, weil er ca. 20 Jahre lang (86–65) in Athen lebte und der Stadt große Wohltaten erwies. Anders als Cicero hatte sich A. nicht für eine polit. Karriere entschieden, sondern widmete sein Leben der Kunst und den Wissenschaften. Sein Briefwechsel mit Cicero und Nepos' *Vita* geben Zeugnis von seinem Leben. Er besaß eine große Bibliothek, war selbst schriftstellerisch tätig (Verf. eines *Liber annalis,* einer tabellarisch angeordneten Weltgeschichte) und sorgte für die Veröffentlichung der Werke Ciceros. **Lit.:** D.R. Shackleton Bailey, Cicero's Letters to A. I (1965).

Attika (1), Halbinsel im SO Mittelgriechenlands. Das gebirgige A. grenzte im W an das Gebiet von Megara, im N an Böotien. Marmor, Erze (↗ Laureion) und Töpfererde gehörten zu den in der Antike ausgebeuteten Bodenschätzen A.s; Wein, Öl- und Feigenbäume bestimmten die Landwirtschaft. Athen, Eleusis und Marathon liegen in den einzigen größeren Ebenen der rund 2200 km² großen Halbinsel. Das von ↗ Joniern besiedelte A. wurde ab ca. 1000 v. Chr. von Athen, das unumstrittenes Zentrum der Region wurde, geeint. Wichtige Orte waren ↗ Eleusis, ↗ Dekeleia, ↗ Acharnai, ↗ Rhamnus, ↗ Brauron, ↗ Marathon, ↗ Laureion, Thorikos sowie der Hafen von ↗ Piräus. ↗ Kleisthenes organisierte A. und Athen in ↗ Demen, Dörfer bzw. Stadtteile, und kombinierte dies mit der Gliederung in ↗ Phylen. Die etwa 175 namentlich bekannten Demen A.s unterscheiden sich sehr in Größe und Struktur (Weiler bis Hafenstadt, Landwirtschaft bis Montanindustrie). Im Zentrum des engmaschigen Straßennetzes lag Athen, das auch durch Fernwasserleitungen aus A. versorgt wurde. In hellenist. und röm. Zeit veränderte sich die Struktur des Landes; bes. im S und N wurden zahlreiche Siedlungen aufgegeben, während Athen trotz Bedeutungsverlust in der Kaiserzeit seine Bevölkerungszahl halten konnte. Große Landgüter entstanden in der Kaiserzeit. **Lit.:** R. Osborne, Demos. The Discovery of Classical Attica (1985). – J. Travlos, Bildlexikon zur Topographie des antiken A. (1988). – H. R. Goette, Athen, A., Megaris (1993).

Attika (2) (gr.), niedriger, wandartiger Aufbau über dem Hauptgesims eines Bauwerkes; meist mit Inschriften oder Reliefs, bei Bogenmonumenten auch mit plast. Schmuck versehen.

Attila, König der Hunnen 434–453 n. Chr.; A. regierte zunächst mit seinem Bruder Bleda, den er 445/46 ermorden ließ. Er besetzte die röm. Provinzen auf dem Balkan und zwang den oström. Kaiser Theodosius zu höheren Tributzahlungen. 451 fiel A. in Gallien ein, wurde aber von Aëtius im Bunde mit den Westgoten zum Rückzug gezwungen. Im folgenden Jahr zog er nach Italien, von einer Belagerung Roms konnte ihn Papst Leo jedoch abhalten. 453 starb A. in seinem Standlager in Pannonien. Im Nibelungenlied lebte A. als König Etzel weiter. **Lit.:** A. Altheim, A. und die Hunnen (1951).

Attis, phryg. Frühlingsgott; er wird von der eifersüchtigen Agdistis (↗ Kybele) in Ekstase versetzt und tötet sich durch Selbstentmannung, sein Blut verwandelt sich in Veilchen. A. entsteht neu als Vegetationsgott. In Rom wurde sein Fest Ende März mit Totenklagen und Auferstehungsjubel begangen. Dabei tanzten sich seine Priester, die *Galloi* (»Entmannte«), in Ekstase, peitschten oder entmannten sich. Ebenfalls charakteristisch ist das sog. Taurobolium bzw. Kriobolium, die »Taufe« in einer Grube sitzenden Menschen mit dem Blut eines Stiers bzw. Widders. **Lit.:** M. J. Vermaseren, Cybele and A. (1977).

Attischer Seebund, moderne Bezeichnung für die beiden Bünde, zu denen sich im 5. bzw. 4. Jh. v. Chr. vornehmlich die Insel-und Küstenstädte der Ägäis unter der Führung Athens zusammenschlossen. – Der 1. A. S. wurde von Athen 480/79 v. Chr. nach der erfolgreichen Abwehr der Perser mit dem Ziel gegründet, die kleinasiat. Städte von der Herrschaft der Perser zu befreien. Zahlreiche Insel-und Küstenstädte der Ägäis traten dem Bund bei, Sparta und die anderen peloponnes. Poleis schlossen sich nicht an. Mittelpunkt des Bundes war die Insel Delos, hier, im Heiligtum des Apollon, traf sich die Bundesversammlung, hier befand sich auch die Bundeskasse, bis sie 454 nach Athen verlegt wurde. Die Mitglieder des Bundes – 454 waren es über 200 – stellten, wenn möglich,

Schiffe zur Verfügung oder zahlten Tribute an Athen. Mit dem sog. ↗ Kalliasfrieden 449, der den Griechenstädten Kleinasiens Autonomie zusicherte, war das eigentl. Ziel des Bundes erreicht. Die Athener lösten den Bund aber keineswegs auf, sondern forderten weiterhin Tribute von den Mitgliedern, die jetzt quasi unter der Herrschaft Athens standen. Abfallversuche wurden deshalb immer häufiger. Die Machtausdehnung Athens führte schließlich zum Konflikt mit Sparta und 431 zum Ausbruch des ↗ Peloponnes. Krieges. Nach der Niederlage Athens 404 wurde der Bund aufgelöst, viele der ehemaligen Mitglieder gerieten jetzt unter spartan. oder pers. Herrschaft. – Der 2. A. S. wurde von Athen 378/77 v. Chr. nach der Befreiung Thebens von der spartan. Herrschaft gegründet und richtete sich zunächst gegen Sparta. Um den ↗ Königsfrieden nicht zu verletzen, blieben die kleinasiat. Griechenstädte ausgeschlossen. Nach Spartas Niederlage gegen Theben bei Leuktra 371 wechselte Athen die Fronten und unterstützte Sparta gegen Theben. Einige Staaten hielten Theben die Treue, andere verließen nach dem Bundesgenossenkrieg 356/55 den Bund; aufgelöst wurde der 2. A. S., als Philipp II. von Makedonien 338/37 den ↗ Korinth. Bund gründete. **Lit.:** W. Schuller, Die Herrschaft der Athener im Ersten A. S. (1974). – J. L. Cargill, The Second Athenian League (1981). – K.-E. Petzold, Die Gründung des Del.-Att. Seebundes: Element einer ›imperialistischen‹ Politik Athens?, in: Historia 42 (1993) 418–443 und 43 (1994) 1–31.

Attizismus, klassizist. Strömung seit der hellenist. Zeit. Die Autoren (bes. Redner) des 5./4. Jh. v. Chr. wurden als mustergültig angesehen und nachgeahmt (↗ Asianismus, ↗ Klassik). **Lit.:** E. Norden, Die antike Kunstprosa (1898, [10]1995).

Auctor ad Herennium, unbekannter Autor eines zwischen 87 und 82 v. Chr. verfassten lat. rhetor. Handbuchs mit eher prakt. als theoret. Einschlag, das einem gewissen Herennius gewidmet und unter dem Namen Ciceros überliefert ist. Dieser galt zunächst als Verf., zumal mit dessen Jugendschrift *De inventione* zahlreiche Berührungspunkte erkennbar sind – die popularist. Grundhaltung des A. passtpasst jedoch nicht zu Cicero –, später wurde der Neoteriker ↗ Cornificius als Urheber vermutet. Der A. legt zwar das System des ↗ Hermagoras zugrunde, steht aber in der Tradition der sog. *rhetores Latini,* die an die Stelle des griech. Unterrichts eine lat. Rhetorik mit röm. Vorbildern und eigener Terminologie setzen wollten. Diese Schule, die das Erlernen der Redekunst von der Beherrschung des Griechischen unabhängig machte, war schon 92 v. Chr. aus angeblich polit.-moral. Gründen durch Zensorenedikt aufgehoben worden. **Lit.:** M. Fuhrmann, Das systemat. Lehrbuch (1960) 41–58; 156–162.

Aufidius, röm. Gentilname; das plebeische Geschlecht der Aufidier ist seit dem 2. Jh. v. Chr. in Rom nachweisbar. Bekanntester Vertreter war Aufidius Bassus, ein angesehener Geschichtsschreiber und Epikureer, den Seneca 60 n. Chr. in hohem Alter in Rom traf. A. schrieb ein Werk über den Krieg mit den Germanen sowie Historien. Sein Fortsetzer war Plinius der Ältere.

Aufidus (heute Ofanto), größter Fluss ↗ Apuliens (Süditalien). Er entspringt beim antiken Venusia (heute Compsa) und mündet nach 134 km in das Adriat. Meer. Von Canusium (heute Canesa delle Puglie) bis ↗ Cannae war der Fluss schiffbar. **Lit.:** Città antiche del medio Ofanto (1976).

Auge, Tochter des myth. Königs Aleos von Tegea, der sie nach einem Orakelspruch aus Angst vor einem Enkelsohn zwingt, eine Athenapriesterin zu werden und damit keusch zu bleiben. Sie wird jedoch von Herakles schwanger und bekommt einen Sohn, ↗ Telephos.

Augenheilkunde. Bereits im alten Ägypten wurden Augenkrankheiten weniger durch chirurg. Eingriffe als vielmehr medikamentös (etwa mit Salben) behandelt; zahlreiche Papyri liefern Rezepte zur A. – Die klass. griech. ↗ Medizin nahm zwar bereits kleinere chirurg. Eingriffe im Auge vor, doch erst im Hellenismus erforschte man den anatom. Aufbau des Auges genauer (↗ Optik) und bildete so die Grundlage für die auch in röm. Zeit praktizierte chirurg. und medikamentöse Behandlung von Augenleiden.

Augias (gr. Augeias), myth. König von Elis, Besitzer einer riesigen Herde. Herakles' fünfte Aufgabe besteht darin, den Stall auszumisten, was er dadurch bewerkstelligt, dass er zwei Flüsse hindurchlenkt.

Augment (lat. augmentum, »Vermehrung«), Begriff der Formenlehre. Indogerman. Sprachen, die das A. zur Kennzeichnung von Vergangenheitszeiten (Indikativ Aorist, Indikativ Imperfekt, Indikativ Plusquamperfekt) verwenden (vor den Stamm gesetztes e bei konsonant. Wortbeginn bzw. Längung des anlautenden Vokals), sind das Griech., Phryg., Armen. und Indoiran. Das Latein kennt das A. nicht mehr. **Lit.:** M. Meier-Brügger, Indogerman. Sprachwissenschaft (⁷2000) 170 f.

Auguren, eine anfänglich (nach der Zahl der Tribus) drei-, nach der *lex Ogulnia* (300 v. Chr.) neun-, unter Sulla fünfzehn- und seit Caesar sechzehnköpfige röm. Priesterschaft mit dem *augurium* als Hauptaufgabe, der Erkundung des göttl. Willens durch die Deutung von Vorzeichen, insbes. durch die Auspizien (Vogelschauen; ↗ Auspicium). Sie trafen sich monatlich zur Beratung in ihrem *auguraculum* auf dem Kapitol. Seit 300 v. Chr. wurden in das ursprünglich rein patriz. Kollegium auch Plebeier aufgenommen. Die A. genossen hohes Ansehen, wurden auch in der Kaiserzeit gefördert und behaupteten ihre Existenz noch bis zum späten 4. Jh. n. Chr. **Lit.:** K. Latte, Röm. Religionsgeschichte (1960) 141.

Augurium (lat. augere, »vergrößern, mehren«) Hauptaufgabe der ↗ Auguren. Zunächst handelte es sich dabei um die Bitte um Kraft und Erfolg, bes. in der Landarbeit. Später bekam das A. zunehmend Gewicht als Deutung göttl. Willens und Vorzeichen.

Augusta, Name oder Beiname zahlreicher röm. Städte, der meist auf Gründung bzw. Kolonialrechtsverleihung durch Augustus oder einen anderen Kaiser hinweist, z. B. A. Treverorum (↗ Trier), A. Vindelicum (Augsburg), A. Emerita (Merida).

Augustales ↗ Sodales Augustales

Augustinus, Aurelius A., aus Thagaste (Algerien), lat. Kirchenvater, 13.11.354– 28.8.430 n. Chr. (in Hippo Regius, heute Annaba, Algerien). Der Sohn eines heidn. Beamten und der Christin Monica studierte in Madaura Grammatik und in Karthago Rhetorik. Ciceros rhetor. Schriften waren ihm Vorbild, dessen *Hortensius* ›bekehrte‹ ihn im Alter von 19 Jahren zur Philosophie. 374 wirkte er als Rhetoriklehrer in Thagaste, 375 in Karthago, 383 machte er einen Karrieresprung und wurde nach Rom berufen. Zur Berühmtheit seines Fachs geworden, ging er auf Empfehlung des Stadtpräfekten ↗ Symmachus (1) an den kaiserl. Hof nach Mailand. Noch in Afrika hatte sich A., da ihn der Anthropomorphismus des Alten Testaments abstieß, der Sekte der Manichäer angeschlossen, ihr aber 382 aufgrund von Widersprüchen in deren Lehre und einer enttäuschenden Begegnung mit dem Manichäerbischof Faustus den Rücken gekehrt. Der Weggang nach Rom und die Trennung von der Mutter (383) waren somit auch in der geistigen Entwicklung ein Einschnitt. A. wandte sich zunächst der akadem. Skepsis zu. In Mailand kam er, bes. durch den ihn auch persönlich beeindruckenden Kirchenlehrer und Bischof ↗ Ambrosius, mit Plotins und Porphyrios' Schriften und dem neuplatonist. gefärbten Christentum in Berührung. Die allegor. Deutung des Alten Testaments (↗ Allegorese) nahm in seinen Augen dessen Anstößigkeit. A.' Weg zum christl. Glauben führte zunächst über den Intellekt. Später fand er zu Askese und Weltentsagung. Er trennte sich von seiner Lebensgefährtin, mit der er einen Sohn (Adeodatus) hatte. Auf dem Landgut Cassiciacum pflegte er mit einem kleinen Kreis von Freunden und der Mutter eine neuplaton.-christl. Lebensform; ein entstanden Schriften, die A.' Neubesinnung dokumentieren, wie die *Soliloquia* (*Selbstgespräche*), *Contra Academicos* (Dialog, *Gegen die philosoph. Richtung der Akademiker*). In der Osternacht 387 wurde er zusammen mit seinem Sohn von Ambrosius in Mailand getauft. 388 kehrte A. nach Afrika zurück, 391 wurde er in Hippo Regius zum Presbyter ordiniert, 395 zum Mitbischof geweiht. Hatten bisher philosoph. Schriften und die Nähe zum Platonismus sein literar. Schaffen bestimmt, wandte A. sich nun in Predigten, dogmat. Schriften (z. B. *De trinitate/Über die Dreifaltigkeit*) und polem. Traktaten (bes. gegen die Manichäer, Donatisten, Pelagianer, Arianer) kirchl. Streitfragen zu. Die vier Bücher *De doctrina christiana* sind ein Lehrbuch zu Hermeneutik, Homiletik und schließlich zur Wissenschaftstheorie. Es steht in Anlehnung und Konkurrenz zu Ciceros Schriften *De oratore* und *Orator*. Aus den über 90 Werken des A. ragen zwei an Bedeutung heraus. Die *Confessiones* (*Bekenntnisse*, 13 Bücher, entstanden 396/97–400/01) sind stilisierte ↗ Autobiographie (Buch 1–9) Selbstprüfung (Buch 10) und Exegese (Buch 11–13). *De civitate Dei* (*Über den Gottesstaat*, 22 Bücher) ist entstanden nach der Einnahme Roms durch Alarich (410 n. Chr.) Es verteidigt die christl. Religion gegen den Vorwurf, die Abkehr von den alten Göttern habe Roms Katastrophe heraufbeschworen. Im 1. Teil (Buch 1–10) erfolgt, bes. gestützt auf die Schriften Varros, eine Abrechnung mit dem heidn. röm. Staat auf den Gebieten Geschichte, Staatsreligion und Philosophie, der 2. Teil (Bücher 11–22) zeigt die Weltgeschichte im Spannungsfeld zwischen Gottesstaat und Weltstaat (↗ Staatstheorie). Diese Vorstellung und die von A. entwickelte Abfolge von sechs Weltaltern hat das MA nachhaltig beeinflusst. Das erhaltene literar. Werk des A. ist ein Markstein in der fruchtbaren Zusammenführung antiken und christl. Denkens. **Lit.:** P. Brown, A. of Hippo (1967, dt. ²1982). – LACL (³2003). – Th. Fuhrer, A. (2004).

Augustus, Gaius Octavius; Gaius Caesar, erster röm. Kaiser 27 v. Chr.–14 n. Chr., Begründer des Prinzipats; geb. 63 v. Chr. in Rom als Sohn des C. Octavius und der Atia, einer Nichte Caesars; 46 durfte A. an Caesars afrikan. Triumph teilnehmen, 45 folgte er seinem Großonkel an den Kriegsschauplatz nach Spanien. Da A. auch an dem geplanten Partherfeldzug

Augustus mit Bürgerkrone

Caesars teilnehmen sollte, wurde er 45 nach Apollonia vorausgeschickt. Hier erfuhr er 44 von der Ermordung seines Großonkels, der ihn testamentarisch adoptiert und als Haupterben eingesetzt hatte. A. nahm das Erbe an und nannte sich von nun an C. Caesar (der Name Octavianus wurde von A. selbst nie verwendet). Nach anfängl. Konflikten mit Mark Anton und Lepidus schloß A. 43 ein Bündnis mit ihnen zur Neuordnung des Staates (sog. 2. Triumvirat), musste aber den Proskriptionen und Landverteilungen an die Veteranen zustimmen. Einer der Proskribierten, der Flottenkommandant Sextus Pompeius, besetzte daraufhin Sizilien. A. musste jedoch zunächst den Kampf gegen die Caesarmörder Brutus und Cassius beenden, die 42 in der Schlacht bei Philippi besiegt wurden. Wegen der Landverteilungen an die Veteranen kam es zu erneuten Spannungen zwischen A. und Mark Anton, die 40 durch einen in Brundisium abgeschlossenen Vertrag zunächst bereinigt werden konnten. A. erhielt den Westen, Antonius den Osten des Reiches, Lepidus Afrika. 37 wurde das Triumvirat auf weitere fünf Jahre verlängert. 36 konnte A. durch seinen Feldherrn Agrippa den entscheidenden Sieg über Sextus Pompeius erringen. Als Lepidus daraufhin Sizilien für sich beanspruchte, zwang A. ihn, aus dem Triumvirat auszuscheiden. 35–33 führte A. militär. Unternehmungen im illyr. Raum durch, Mark Anton war wegen seines erfolglosen Feldzuges gegen die Parther in immer größere Abhängigkeit von der ägypt. Königin Kleopatra VII. geraten. Als sich Mark Anton 32 weigerte, seine Triumviralgewalt niederzulegen und zudem sein Testament mit Landschenkungen an Kleopatra und deren Kinder bekannt wurde, konnte A. den Senat dazu veranlassen, Kleopatra den Krieg zu erklären. In der Schlacht von Actium am 2. September 31 errang A. den entscheidenden Sieg, am 1. August 30 kapitulierte Alexandria, Mark Anton und Kleopatra begingen Selbstmord. Damit waren die Kriege beendet, am 11. Januar 29 wurde der Janus-Tempel in Rom geschlossen zum Zeichen, dass im gesamten Reich Frieden herrsche. – Am 13. Januar 27 legte A. alle Vollmachten nieder und gab dem Senat die Verfügungsgewalt über die Republik zurück. Die Senatoren baten ihn jedoch, weiterhin für das Wohl des Staates zu sorgen, statteten ihn mit außerordentlichen Vollmachten – zunächst auf 10 Jahre begrenzt – aus und verliehen ihm den Titel *Augustus.* Damit war der Übergang von der Republik zum Prinzipat vollzogen. Das Wort (lat. *augere,* »vermehren«, gr. *sebastós,* »erhaben«) zeichnete den Träger einer nahezu übermenschl. Macht aus, die Gedeihen und Wachstum verhieß. Die innere Kraft Roms suchte A. am Vorbild »alter Tugenden« zu steigern; Kulte und Tempel wurden erneuert und Gesetze gegen einen »Verfall der Sitten« (Luxus, Ehebruch) in Kraft gesetzt. Die von ↗ Maecenas geförderten Dichter kündeten vom »neuen Zeitalter«, prächtige Bauten veränderten das Stadtbild Roms nachhaltig: Auch deshalb führten alle künftigen Kaiser den Titel A. – Im Sommer 27 begab sich A. nach Gallien, anschließend nach Spanien, wo es zum Krieg mit den Kantabrern kam; nach dem Sieg kehrte A. 24 nach Rom zurück; um republikan. Strömungen im Senat Rechnung zu tragen, legte A. 23 das Konsulat nieder und nahm dafür die *tribunicia potestas* auf Lebenszeit an. Im September 22 brach A. zu einer Reise in den Osten auf, in Syrien traf er 20 mit dem König der Parther zusammen, der ihm die Feldzeichen, die Crassus 53 verloren hatte, zurückgab. Im Oktober 19 kehrte A. nach Rom zurück. 17 adoptierte er die Söhne des Agrippa, C. und L. Caesar als mögl. Nachfolger. Anschließend feierte er vom 1.–3. Juni mit den Säkularspielen den Anbruch eines neuen Zeitalters. ↗ Horaz verfasste dafür das *carmen saeculare*. Unruhen an der Rheingrenze zwangen A. zu einer Reise nach Gallien. Anlässlich seiner Rückkehr am 4. 7. 13 wurde ihm zu Ehren die Ara Pacis gelobt, vier Jahre später erfolgte die Einweihung. 2 v. Chr. wurde A. der Titel *pater patriae*, »Vater des Vaterlandes« verliehen. Als kurz hintereinander L. und C. Caesar starben (2 und 4 n. Chr.), musste sich A. erneut mit dem Problem der Nachfolgeregelung befassen. Er adoptierte Tiberius und Agrippa Postumus, der im Jahre 6 verbannt wurde. Am 13. April 13 verfasste A. sein Testament, das er zusammen mit seinem Tatenbericht, den *Res gestae*, im Vestatempel hinterlegte; am 19. August 14 starb A. in Nola, Tiberius trat die Nachfolge an. – Literarisch ist A., der nach dem Zeugnis des Sueton (Aug. 85) eine Erwiderung auf den *Cato* des Brutus, eine *Ermunterung zur Philosophie*, ein hexametr. Gedicht über Sizilien, eine von ihm selbst vernichtete Tragödie *Ajax* sowie eine Autobiographie verfasst haben soll, durch seine seit Mommsen so genannten *Res gestae divi Augusti*, seinen Rechenschaftsbericht, von Bedeutung. A. verzichtet darin auf jede rhetorische Ausschmückung und jedes Pathos und fokussiert den Bericht auf die Zeit seines Prinzipats; seine Gegner der Triumviratszeit bleiben ungenannt. Auf diese Weise erhält der Bericht zwingenden, monumentalen Charakter. Er war bei seinem Mausoleum aufgestellt worden und fungierte so zugleich als Grabinschrift. Das Original ist verloren, die ausführlichste Abschrift, das sog. ↗ *Monumentum Ancyranum* (in griech. und latein. Fassung), ist 1555 in Ankara auf den Wänden eines Tempels entdeckt worden. **Lit.:** W. Eck, A. und seine Zeit (1998). – J. Bleicken, A.(1998). – D. Kienast, A. Prinzeps und Monarch (³1999).

Aula (lat., gr. aulḗ, »Hofraum«). In Griechenland bezeichnet *aule* den Hofraum eines mehrstöckigen ↗ Hauses und damit das Zentrum des Gebäudes. Der meist gepflasterte Hof konnte vielseitig verwendet werden, auch als Stall. In der röm. Kaiserzeit bezeichnet *aula* (*regia*) den zentralen, repräsentativen Palastraum, der etwa für Staatsakte genutzt wurde. Ein gut erhaltenes Beispiel für eine derartige A. der Spätantike ist die konstantin. Palast-A. in ↗ Trier. **Lit.:** W. Hoepfner/E.-L. Schwandtner, Haus und Stadt im klass. Griechenland (1986).

Aulis, Küstenort in ↗ Böotien (Griechenland), gegenüber der Insel ↗ Euböa gelegen, mit einem Artemis-Heiligtum. In der mytholog. Überlieferung war A.

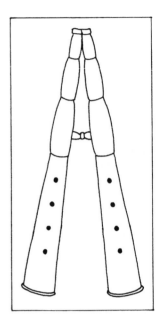

Aulos

der Sammelpunkt der griech. Flotte vor der Ausfahrt nach ↗ Troja. Hier opferte ↗ Agamemnon seine Tochter Iphigenie der Artemis. 396 v. Chr. wählte ↗ Agesilaos A. bewusst als Ausgangspunkt seines Kleinasienzuges. **Lit.:** PECS (1976). – GLHS (1989) 155 f.

Aulos (gr., »Röhre«), griech. Blasinstrument. Das aus Phrygien stammende und in zahlreichen Abbildungen (bes. Vasen) dargestellte Instrument (aus Schilfrohr, Holz, Elfenbein oder Metall) ist der modernen Oboe verwandt. Der A. bestand aus einem langen, meist zylindr. Rohr mit einem doppeleiförmigen Ansatzstück, in das die Zungenplättchen gesteckt wurden. Vier Bohrungen auf der Ober- und eine Bohrung an der Unterseite erlaubten eine erweiterte Tonbildung. Meist wurde das Instrument paarig als Doppel-A. gespielt; eine Mundbinde erleichterte das Spielen. Der Klang des A. wird als ›durchdringend‹ bis ›süß‹ charakterisiert und war wohl sehr variabel (abhängig von Größe, Form, Material). Eines der Rohre war intonierend, das zweite wurde zur Begleitung eingesetzt. Der A. war eng mit dem Dionysoskult verbunden und Begleitinstrument von Dramen- und Dithyrambenaufführungen. **Lit.:** A. J. Neubecker, Altgriech. Musik (1977).

Aurelian, Lucius Domitius Aurelianus, röm. Kaiser September 270-Sept./Okt. 275 n. Chr. Geb. um 214; unter Claudius Gothicus Heerführer; nach dessen Tod und dem Selbstmord seines Bruder Quintillus riefen die Legionen A. im September 270 zum Kaiser aus; A. gab den Besitz Dakiens nördl. der Donau auf und richtete in Mösien die Provinz Dacia ein; die Herrschaft der Zenobia und des Vaballathus in Syrien und Ägypten wurde von A. anerkannt; 271 besiegte er die Germanen und kehrte anschließend nach Rom zurück; er umgab die Stadt mit einer neuen Stadtmauer und führte eine Münzreform durch; 272 kämpfte A. gegen die Goten in der Nähe der Donau, 274 feierte er einen Triumph in Rom; 275 zog A. in die Donauprovinzen, Sept./Okt. 275 wurde er von seinen eigenen Soldaten ermordet. **Lit.:** R. T. Saunders, A Biography of the Emperor A. (1992). – A. Göbl, Die Münzprägung des Kaisers A. (1995). – DRK (1997).

Aureus (lat., »golden«), röm. Goldmünze. Im Gegensatz zur hellenist. Welt sind Goldmünzen in republikan. Zeit selten, die ersten Goldmünzen werden in die 2. Hälfte des 3. Jh. v. Chr. datiert und galten meist als Notmünzung. 196 v. Chr. prägte ↗ Flamininus als röm. Feldherr den A. nach dem att. Münzgewicht (8,73 g). In der späten Republik kam es immer wieder zu A.-Prägungen. Ab 48 ließ Caesar aus der Beute des Gall. Krieges und aus der Staatskasse (↗ Aerarium) größere Mengen an Goldmünzen prägen, die einem Gegenwert von 25 ↗ Denaren entsprachen. Mit dem 2. Triumvirat wurde der A. Reichsprägung und ersetzte im gesamten Imperium noch bestehende Goldprägungen. Augustus machte Rom und ↗ Lugdunum (heute Lyon) zu den einzigen Goldprägestätten und reduzierte das Münzgewicht auf 7,72 g; trotz einiger Münzverschlechterungen blieb das Gewicht bis ins 3. Jh. weitgehend stabil (7,25 g als Untergrenze). Die Münzreform des Caracalla reduzierte Gewicht und Feingehalt des A. Erst Konstantin d. Gr. löste den A. mit Einführung des Solidus als Reichsgoldwährung ab. **Lit.:** J. Kent u. a., Die röm. Münze (1973). – A. Burnett, Coinage in the Roman World (1987).

Aurora, röm. Göttin der Morgenröte, der ↗ Eos entsprechend.

Ausonius, Decimus A. Magnus, aus Bordeaux, lat. Redner und Dichter, ca. 310–400 n. Chr. A. war zunächst nach gründl. Rhetorikausbildung in Bordeaux und Toulouse in seiner Heimat als Lehrer tätig. Wohl um 367 wurde er von Kaiser Valentinian I. als Prinzenerzieher nach Trier berufen. Dort entstand auch der größte Teil seiner Sammlung von unterschiedl. Gelegenheitsgedichten, Epigrammen und metr. Briefen. Aus ihnen ragt das Epyllion über die Mosel (*Mosella*) als das bekannteste heraus. **Lit.:** R. P. H. Green, The Works of A. (1991) [Ausg., Komm.].

Auspicium, wichtige, schon bei Homer erwähnte Technik der Wahrsagekunst in Griechenland und Rom, die aus dem vorderen Orient stammt. Aus dem Flug größerer Vögel wie Adler, Habichte oder Falken wurde die Zukunft gedeutet. Von rechts kommende Vögel waren ein günstiges, von links kommende ein ungünstiges Vorzeichen. Auch die Farbe der Vögel oder der Klang des Flügelschlags konnten ausgedeutet werden. ↗ Auguren, ↗ Augurium **Lit.:** K. Latte, Röm. Religionsgeschichte (1960) 202 ff. – R. Bloch, Les prodiges dans l'antiquité (1963).

Auszeichnungen. Persönl. A. (im Sinne moderner Orden) gab es in der griech. Welt mit ihrem demokrat. Gleichheitsbestreben nicht, lediglich die Sie-

ger in Wettkämpfen (↗ Agon) wurden mit Kränzen geehrt, die oft auch auf Ehreninschriften abgebildet wurden. Militär. A. kannten hingegen die Römer seit der Frühzeit der Republik. Die wichtigsten röm. A. waren die *corona triumphalis* (Lorbeerkranz des Triumphators), die *myrtae corona* (Myrtenkranz für den Feldherrn eines »kleinen Triumphs«), *corona graminea* (Graskrone des Feldherrn), *corona civica* (Eichenlaubkrone für die Rettung eines röm. Bürgers), *corona muralis* (goldene Mauerkrone für die Erstbezwingung einer feindl. Festungsanlage), *phalerae* (Brustschmuck an den Uniformen), *torques* (Halsketten), *hasta pura* (Lanze ohne Spitze) und *armillae* (Armspangen).

Autarkie (gr. autarkeia, »Selbstgenügsamkeit«). Unter A. verstanden die Griechen die Selbstversorgung von Individuen, Hausgemeinschaften oder kleinen Gemeinden durch eigene Arbeit und Erträge. Hesiod beschwört in seinen *Werken und Tagen* die bäuerl. A. des Haushalts. Aristoteles glaubte, A. sei erst auf der Ebene der Polis zu erreichen. So wurde das Streben nach A. auch ein Ziel griech. Staatlichkeit. – In der Philosophie wird das A.-Prinzip vehement von den Sophisten vertreten, nach deren Meinung der Mensch in der Lage sein müsse, alles Lebenswichtige selbst zu verfertigen. Sokrates erreichte (nach Xenophon) seine persönl. A. durch Beschränkung der persönl. Ansprüche und Bedürfnisse; für die Epikureer war A. eine Vorstufe zum Ideal der erstrebten *ataraxia* (Gemütsruhe), Aristoteles bezieht die A. in seine Überlegungen zur Definition der *eudaimonia* (Glückseligkeit) ein. **Lit.:** R. Kraut, Aristotle on the Human Good (1989).

Autobiographie. Der Gattungsbegriff A. ist erst seit dem 18. Jh. belegt. In der Antike wurden Berichte über das eigene Leben seit dem 4. Jh. v. Chr. in vorgeformten literar. Gattungen (z. B. Gerichtsrede, Brief) verfasst, häufig in apologet. Absicht (↗ Apologie). Der Athener Xenophon schreibt in der als histor. Monographie abgefassten *Anabasis* über seine Kriegserinnerungen unter Pseudonym in der 3. Person. Der Redelehrer Isokrates gibt in der *Antidosis* einen Rückblick auf sein Leben in Form einer fingierten Verteidigungsrede. Der Platon zugeschriebene, aber vielleicht von einem Schüler verfasste *7. Brief* verbindet autobiograph. Teile mit philosoph. Erörterungen. Im Hellenismus wurden von vielen Herrschern und Politikern (Demetrios von Phaleron, König Pyrrhos u. a.) Lebensberichte in literarisch schmuckloser Form als Hypomnemata (»Erinnerungen«) verfasst. Die in spätrepublikan. Zeit entstehende röm. A. beruht teils auf griech. literar. Wurzeln (und ist auch z. T. in griech. Sprache verfasst), teils auf einheim. Traditionen (z. B. Feldherrnberichte an den Senat, Amtsjournale). Verloren sind die autobiograph. Schriften der Politiker M. Aemilius Scaurus, Q. Lutatius Catulus, Sulla, Cicero u. a. Caesars *Commentarii* über den Gall. Krieg und den Bürgerkrieg sind in der 3. Person verfasst und dienen propagandist. Zwecken. Die poet. A. Ovids in den *Tristien* 4, 10 geht auf die traditionelle Form der

↗ Sphragis, einer Selbstnennung des Verf.s am Ende eines Gedichts, zurück. Der inschriftl. Tatenbericht eines Herrschers, eine auch von altoriental. Königen sowie dem Karthager Hannibal verwendete Form, liegt vor in den *Res gestae* des Augustus. In der Kaiserzeit tritt das polit. Element in A.n zurück, während das private und religiöse Leben größeren Raum einnimmt. Die *Hieroi logoi (Heilige Reden)* des Rhetors Ailios ↗ Aristeides (2) aus dem 2. Jh. n. Chr. handeln größtenteils von den Krankheiten des Verf.s und ihrer Behandlung nach Anweisung des Gottes Asklepios. Der im 4. Jh. n. Chr. wirkende Redner und Redelehrer Libanios berichtet in der autobiograph. 1. Rede über seinen berufl. Werdegang und seine privaten Schicksalsschläge. Den Höhepunkt der antiken A. stellen die *Confessiones* des ↗ Augustinus dar. In ihnen sind ein auf Introspektion und krit. Distanz zur eigenen Person beruhender Lebensbericht mit philosoph. und theolog. Reflexionen, zu denen auch eine ausführl. Bibelexegese gehört, eine untrennbare Verbindung eingegangen. **Lit.:** G. Misch, Geschichte der A. 1: Das Altertum (³1949/50).

Autochthon (gr. »aus der Erde geboren«), aus der Erde geborenes Lebewesen wie der myth. athen. König ↗ Kekrops (1)

Autochthonen (gr., »die Eingeborenen«), Bezeichnung für ›bodenständige‹, nicht zugewanderte griech. Stämme. Zu unterscheiden ist die vorgriech., d. h. vor der indoeuropäischen Einwanderung ansässige Bevölkerung, sog. Karer (↗ Karien), von den nicht durch die ↗ Dor. Wanderung betroffenen Stämmen. So verstanden sich die ↗ Jonier (also auch die Athener) im Gegensatz zu den erst später zugewanderten Dorern als autochthon.

Autolykos, berühmter myth. Dieb, Sohn des Diebesgottes Hermes. Seine Tochter Antikleia zeugt mit Laërtes, mit dem sie Odysseus zeugt. A. stiehlt u. a. die Stuten des Eurytos und die Herde des Sisyphos. Dieser jedoch überführt ihn und nimmt Rache, indem er Antikleia verführt.

Automat (gr. automatos, »aus eigenem Antrieb«). Automatenbau als Zweig der ↗ Mechanik wurde in der griech.-röm. Welt meist zum Bau von spieler. Vorrichtungen eingesetzt, aber im produzierenden Gewerbe. Einen Höhepunkt erreichte der A.en-Bau im Hellenismus. ↗ Philon von Byzanz und ↗ Heron von Alexandria sind unsere wichtigsten Quellen mit zahlreichen Konstruktionsbeschreibungen. Angetrieben wurden die antiken A.en meist mit Wasser bzw. auslaufendem Sand oder durch andere Gewichte. Bekannte Beispiele antiker A.en sind z. B. Herons Weihwasser-A., der nach Münzeinwurf dem ägypt. Tempelbesucher Weihwasser zuteilte (unsere modernen Münz-A.en arbeiten nach diesem Prinzip), mit Druckkraft getriebene selbstfahrende A.en und aufwendige Theater-A.en mit bewegten szen. Darstellungen. Auch in röm. Zeit wurden A.en bes. für Schaueffekte eingesetzt. **Lit.:** H. Diels, Antike Technik (²1920). – A. Schürmann, Griech. Mechanik und antike Gesellschaft (1991).

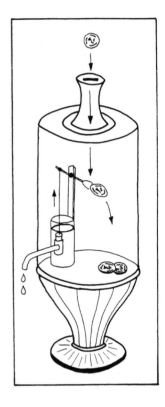

Weihwasser-automat

Autonoë (gr. Autonoë), in der Mythologie Tochter des ↗ Kadmos und der ↗ Harmonia, Gattin des Aristaios, mit dem sie ↗ Aktaion zeugt.

Autonomie (gr. autonomia). In der Politik bezeichnet A. die Selbständigkeit eines Staates oder einer Person, unabhängig von anderen über ihre Angelegenheiten zu entscheiden. In der Philosophie wird darunter die Unabhängigkeit des sich allein seiner Vernunft bedienenden Menschen von fremden Autoritäten verstanden.

Auxilia (lat., »Hilfstruppen«). Seit dem 2. Jh. v. Chr. bezeichneten A. die nichtital. Hilfstruppen (etwa kret. Bogenschützen, balear. Schleuderer), die in röm. Diensten standen. Unter Augustus wurden die A. reorganisiert, einheitlich bewaffnet und fester Bestandteil des röm. Heeres. Die ursprünglich nur leichte Bewaffnung wurde schon in der frühen Kaiserzeit der Ausrüstung der ↗ Legionen angeglichen. Unter Tiberius gab es ebenso viele Soldaten in Legionen wie in Auxiliareinheiten. Eine Auxiliareinheit bestand aus Fußtruppen sowie aus Reitereinheiten, die Dienstzeit betrug 25 Jahre. Nichtrömer (und ihre Nachkommen) erhielten ab dem 2. Jh. n. Chr. prinzipiell nach ihrem Ausscheiden aus den A. das röm. Bürgerrecht; dies förderte die Integration nichtröm. Bevölkerungsteile. **Lit.:** W. Eck/H. Wolff (Hg.): Heer und Integrationspolitik (1986).

Auxo, eine der ↗ Horen.

Avaren (Awaren), mit den ↗ Hunnen verwandter Turkstamm, der im 6. Jh. n. Chr. in oström. Territorium (↗ Byzanz) eindrang, Dalmatien verwüstete und erst durch Karl d.Gr. 790 endgültig geschlagen wurde. **Lit.:** W. Pohl, Die Awaren (1988).

Avaricum (heute Bourges), Hauptort des gall. Stammes der ↗ Bituriges. Caesar eroberte 52 v. Chr. A., zerstörte die Stadt und tötete die hier versammelten Kelten; später wurde A. röm. Verwaltungszentrum, unter Diokletian Hauptstadt der Provinz ↗ Aquitania I. **Lit.:** PECS (1976).

Aventicum, Hauptort der röm. Civitas Helvetiorum im Schweizer Mittelland und polit., religiöses und wirtschaftl. Zentrum der Helvetier; bedeutende Reste beim heutigen Avenches. **Lit.:** H. Bögli, A. (³1996).

Aventin (lat. Aventinus mons), einer der sieben Hügel ↗ Roms. Der A. wurde erst im 2. Jh. v. Chr. in die Stadtbefestigung einbezogen und unter Claudius Teil des ↗ Pomeriums. Das ursprünglich plebeische Wohnviertel beheimatete viele Tempel. Durch die Umgestaltung der Stadt in der Kaiserzeit entwickelte sich der A. zum bevorzugten Wohnviertel der Oberschicht. **Lit.:** H. A. Stützer, Das antike Rom (1979) 209–218. – M. Steinby, Lexicon Topographicum Urbis Romae I (1993) 147–150.

Aventinus, myth. König der Albaner, nach dem einer der sieben Hügel Roms benannt wurde.

Averner See (lat. Avernus lacus), Kratersee nahe ↗ Baiae (Süditalien). Unter Agrippa wurde ein Verbindungskanal zum Lucriner See gebaut. Die Unterweltsbesuche von Odysseus und Äneas wurden in der antiken Literatur u. a. hier angesiedelt.

Avian (Avianus, vielleicht auch Avianius oder Avienus), lat. Dichter, 4. Jh. n. Chr. A. verfasste in enger Anlehnung an ↗ Babrios, den er vielleicht aus einer lat. Paraphrase kannte, eine Sammlung von 42 Fabeln in Distichen, die im MA als Schulbuch weit verbreitet war. **Lit.:** H.C. Schnur, Fabeln der Antike (²1985) [lat.-dt. in Auswahl].

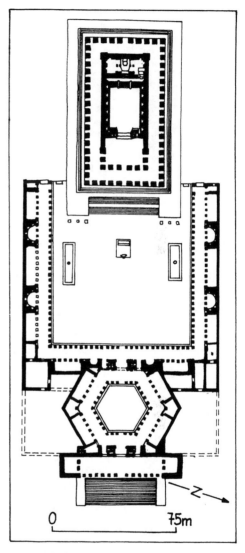

Baalbek, Grundriss des Jupiterheiligtums

B

Baal (semit., »Herr«), alter vorderasiat. und ägypt. Götterbeiname, in Griechenland und Rom, wohin sein Kult durch Soldaten und Kaufleute gelangte, als größter Gott mit Zeus bzw. Jupiter gleichgesetzt.

Baalbek (gr. Heliopolis), phöniz.-hellenist. Stadt in ↗ Syrien, 16 v. Chr. nach der Ansiedlung von Veteranen zur röm. Colonia erhoben. Der Kult des Jupiter Heliopolitanus mit seinem Orakel machte B. zu einem kult. Zentrum der röm. Welt. Im 2. Jh. n. Chr. wurde B. von den röm. Kaisern in monumentaler Weise ausgebaut und zählt heute zu den beeindruckendsten Ruinenstädten der antiken Welt. Nach Schließung des Tempels durch Konstantin d. Gr. blieb B. Zentrum heidn. Widerstandes. Die Stadt wurde 634 arabisch, der Tempelbezirk zur Festung ausgebaut. **Lit.:** Th. Wiegand, B. I-III (1921–25). – N. Jidejian, B., Heliopolis; City of the Sun (1975). – F. Ragette, B. (1980). – ASM (1999).

Babrios, ›griech.‹ Fabeldichter, 2. Jh. n. Chr. B., der im Osten (Syrien) lebte, doch wahrscheinlich ital. Herkunft war (bestimmte Eigentümlichkeiten des Versbaus deuten auf einen Verf. mit latein. Muttersprache hin, ebenfalls sein Name). B. war der Herausgeber einer nach dem Vorbild des Kallimachos in

Choljamben verfassten Sammlung von Fabeln (die Suda erwähnt 10 Bücher), die sich dem Versmaß gemäß eines relativ vulgären, umgangssprachl. Griechisch (Koine) mit jon. Färbung bedienen; sie gehen z. T. auf ↗ Äsop zurück, können andererseits novellist. und anekdotenhaften Ursprungs sein, manche stellen paradoxograph. Notizen dar. B.' Sammlung, von der heute noch 143 Stücke erhalten sind, wurde teilw. schon früh ins Latein. übertragen (sowohl in Prosa als auch in Dichtung) und fand Eingang in den antiken Schulunterricht. **Lit.:** L. Herrmann, B. et ses poèmes (1973) – H. C. Schnur, Fabeln der Antike (²1985) [griech.-dt. in Auswahl].

Babylon (Babillum von akkad. Bab-ili, volksetymolog. »Tor Gottes«, gr. Babylon), am Euphrat gelegene Hauptstadt ↗ Babyloniens, etwa 125 km südl. von Bagdad. Mit dem Namen B. verbindet man bes. die bibl. Erzählungen des »Turmbaus zu Babel« und der »Hängenden Gärten der Semiramis«, eines der Sieben ↗ Weltwunder der Antike. Der gesamte Bereich des Stadtgebietes war allerdings schon in vorgeschichtl. Zeit (im 4. Jt. v. Chr.) besiedelt, und hier erfanden wohl um 3000 v. Chr. die Sumerer die Keilschrift. Die Anfänge der Stadt B. gehen auf akkad. Zeit (letztes Viertel 3. Jt. v. Chr.) zurück. Zu einer ersten polit. und kulturellen Blüte gelangte B. im 2. Jt. (der sog. altbabylon. Periode) unter der Herrschaft des Hammurapi (1792–1750 v. Chr.). Aber bereits 200 Jahre nach dessen Tod wurde B. von den ↗ Hethitern geplündert und zerstört. In der Folgezeit fiel es in die Hände der Kassiten, die etwa 400 Jahre über B. herrschten und dabei die religiöse und polit. Ordnung beibehielten. B. wurde in den folgenden Jahrhunderten mehrfach von Assyrien angegriffen, erobert und zerstört. Um 1160 v. Chr. endete mit dem Einfall der Elamiter die Herrschaft der Kassiten. Der bedeutendste nachfolgende Herrscher war Nebukadnezar I. Um 1100 v. Chr. wurde B. von Tiglatpileser III. eingenommen und stand von da an unter assyr. Gewalt. 689 v. Chr. wurde B. bei der Niederschlagung eines Aufstandes durch Sanherib völlig zerstört, jedoch von dessen Sohn wieder aufgebaut. Nach dem Ende des assyr. Großreichs setzte für B. eine letzte große Blütezeit ein. Unter Nabopolassar (626–605) dem Gründer des neubabylon. Reiches, und seinem Sohn ↗ Nebukadnezar II. (604–562) begann eine rege Bautätigkeit. Mit dem Einzug der pers. ↗ Achämeniden unter König Kyros 539 v. Chr. endete die neubabylon. Periode. B. wurde zur Hauptstadt einer Satrapie (eines Landesteiles) des Achämenidenreiches. Während B. bei der Übernahme durch Kyros noch unversehrt blieb, wurde es 479 v. Chr. bei der Niederschlagung eines Aufstandes durch Xerxes I. bestraft und stark zerstört. Nach der Eroberung Mesopotamiens durch Alexander d.Gr. und der Besetzung B.s 331 sollte es zur Hauptstadt seines Imperiums werden. Alexander starb jedoch 323 vor der Verwirklichung seiner Pläne. Nun wurde ↗ Seleukeia neue Residenzstadt und B. verlor zunehmend an Bedeutung, bis es schließlich im 1. Jh. n. Chr. nahezu verlassen war. Die meisten durch Ausgrabungen zu Tage

geförderten Gegenstände stammen aus der Zeit des neubabylon. Reiches. Damals umschloss eine mächtige doppelte Lehmziegelmauer den Stadtkern; sechs Tore führten in die Stadt, worüber das sog. Ischtar-Tor mit seinen farbigen Glasurziegelreliefs eindrucksvoll Zeugnis ablegt (Teile davon mit einer Rekonstruktion heute im Berliner Pergamonmuseum). Von diesem Tor aus führte die Prozessionsstraße zum heiligen Bezirk. Darin erhob sich die *Ziqqurrat Etemenanki*, der Turm zu Babel (heute nicht mehr zu sehen). Zu den ältesten Bauwerken B.s gehört der Marduk-Tempel (3. Jt.). Es wird vermutet, dass sich in dem riesigen Stadtpalast von Nebukadnezar II. die legendären »Hängenden Gärten« befanden. **Lit.:** K. Kohlmeyer u. a. (Hg.), Wiedererstehendes B. (1991).

Babylonien, so von den Griechen nach der Hauptstadt ↗ Babylon benannt (später auch griech.-röm. Chaldäa); in den frühen Keilschriften erscheinen verschiedene andere Bezeichnungen, wie Schumir, Kengi, Akkad oder Tintir. B. ist eine Alluvialebene, also das untere Schwemmland von Euphrat und Tigris. Seine Grenzen werden neben diesen beiden Flüssen im N und O vom pers. Golf im S und der arab. Wüste im W gebildet (während seiner größten Ausdehnung zählte auch das südl. ↗ Mesopotamien dazu). Zahlreiche bereits in der Antike angelegte Kanäle versorgten das Land kontrolliert mit Wasser und förderten so seine Fruchtbarkeit. Dies hatte zur Folge, dass die Landschaft dicht bevölkert war. B. umfasste in seiner langen Geschichte mehrere kulturelle und polit. Zentren und Dynastien. Zu den ersten größeren Staatenbildungen gehörten Sumer und Akkad (Sumerer und Semiten) mit der Hauptstadt Ur. Weitere bedeutende Städte B.s waren neben Babylon Larsa, Isin, Mari, Kisch, Nippur und Uruk.

Bacchanalien, orgiast. Kultfeier zu Ehren des

Tanzende Mänade mit Schlange, Panther und Thyrsos

*Arbeit in einer Großbäckerei vom Teigmachen bis zum Backen
(Grabmal des M. Vergilius Eurysaces in Rom)*

Dionysos (Kultname: Bakchos; lat. Bacchus), die ausschließlich Frauen, den Bacchantinnen (auch Mänaden, »Rasende«, genannt), vorbehalten war. Diese trafen sich nachts in freier Natur, um in wilder Ekstase, mit Fellen wilder Tiere bekleidet und mit Efeu und Wein geschmückt, dem Gott singend und tanzend zu huldigen. Dabei sollen sie sich, wie Livius berichtet (39, 8 ff.), wüsten Ausschweifungen hingegeben haben, weshalb die B. durch Senatsbeschluss unter Todesstrafe verboten wurden (B.-Dekret, 186 v. Chr.). **Lit.:** K. Latte, Röm. Religionsgeschichte (1960) 270 ff. – J. M. Pailler, La répression de 186 av. J.-C. à Rome et en Italie (1988).

Bacchantinnen ↗ Bacchanalien

Bacchus, in Griechenland ursprünglich nur Anrufung (Epiklese) für Dionysos, in Rom Gott des Weines, mit ↗ Dionysos gleichgesetzt.

Bad ↗ Thermen

Bäckerei. Seit dem 5. Jh. v. Chr. wurde ↗ Brot, das erst zu diesem Zeitpunkt zunehmende Verbreitung fand, in Athen in öffentl. B.en gebacken. In Rom hat es bis etwa zum 2. Jh. v. Chr. wahrscheinlich keine selbständigen B.en gegeben, da das Backen von Brot in der Regel eine Angelegenheit der Hausfrau oder der Sklaven war. In den wohlhabenden Haushalten wurden auch noch in späterer Zeit unfreie Bäcker beschäftigt. Die meisten Bäcker waren gleichzeitig Müller. Pompeji allein beherbergte etwa 40 B.en mit jeweils drei oder vier angeschlossenen Getreidemühlen. Die Regionenverzeichnisse des 4. Jh. n. Chr. geben für Rom etwa 250 B.en an. Ab 270 v. Chr. erfolgte die Ausgabe unentgeltl. staatl. Getreiderationen durch die B.en. Die Verteilung von Brot erfolgte auf den Stufen der B. (daher die lat. Bezeichnung *panis gradilis,* »Stufenbrot«). Der Preis dieses Grundnahrungsmittels war ebenso wie die kostenlosen Getreidezuteilungen immer wieder Gegenstand polit. Streitereien und deshalb vom Staat beaufsichtigt. **Lit.:** K. W. Weeber, Alltag im Alten Rom (1995) 37–39.

Bär (gr. arktos; lat. ursus), in der Mythologie in Verbindung mit Zeus und vor allem ↗ Artemis gebracht. Die jungen Mädchen, die ihr in Brauron dienten, wurden ›Bärinnen‹ genannt.

Baetica ↗ Hispanien

Baetis (auch Tartessos, heute Guadalquivir), Hauptfluss Südspaniens. Der B. gab der röm. Provinz Baetica (↗ Hispanien) den Namen. Die Zahl der Mündungsarme hat sich seit der Antike von vier auf einen reduziert. Der B. war bis ↗ Corduba schiffbar und für die See- und Flussschifffahrt von großer Bedeutung.

Bagauden (kelt., »die Streitbaren«), aufständ. Bauern, die im 3.–5. Jh. n. Chr. in Gallien, Spanien und schließlich in Oberitalien auftraten. 283 führten überhöhte Forderungen des röm. ↗ Fiscus und der Großgrundbesitzer unter Kaiser Carinus in Gallien zu einem Aufstand, dessen Anführer Aelianus und Amandus waren. Diokletians Mitkaiser Maximian warf die Bagauden 286 in Gallien nieder. Unter Kaiser Valentinian III. (425–455) erhoben sich B. erneut in Gallien (435–437) und in Spanien (441). Der letzte gall. Bagaudenführer floh 448 zu den Hunnen.

Baiae (heute Comune di Bacoli, Italien), Hafenstadt in Kampanien. B., der alte Hafen von Cumae (↗ Kyme), war berühmt für seine heißen Quellen, Thermen und Villen reicher Römer. 59 n. Chr. wurde hier Agrippina d. J. ermordet, 138 starb Kaiser Hadrian in B. Im 1. Jh. n. Chr. hatte B. seine Blütezeit mit reger Bautätigkeit, politisch blieb es stets von Cumae abhängig. Zahlreiche archäolog. Funde. **Lit.:** PECS (1976).

Bakcheus, Begriff der Metrik, Versfuß der Form Kürze, Doppellänge ($\cup--$, katalekt. Jambus).

Bakchiaden (gr. Bakchiadai), Adelsgeschlecht, das ca. 748–660 v. Chr. über Korinth herrschte. Als Namensgeber des Geschlechts, das seinen Stammbaum bis auf ↗ Herakles zurückführte, galt Bakchis, der 5. König von Korinth. Nach der Ermordung des letzten Königs (ca. 748) gelang es den B., eine kollektive Herrschaft ihres Geschlechts, zu dem rund 200 Familien gehörten, zu errichten. Aus ihren Reihen ernannten sie jedes Jahr den obersten Beamten, der den Titel ↗ *basileus* (»König«) oder ↗ *prytanis* (»Vorsteher«) trug. Korinth erlebte während ihrer Herrschaft eine Zeit wirtschaftl. und kultureller Blüte, beim Volk wurden die B. jedoch immer unbeliebter; ca. 660 v. Chr. wurden sie von ↗ Kypselos gestürzt und mussten in die Verbannung gehen. **Lit.:** J. B. Salmon, Wealthy Corinth (1984) 55–74.

Bakchos ↗ Dionysos, Bacchanalien, Bacchus

Bakchylides (gr. Bakchylídes), griech. Chorlyriker von der Insel Keos, ca. 520– nach 450 v. Chr., Neffe des ↗ Simonides und Rivale ↗ Pindars. Seit 1897 ist das

Werk des B. durch einen Papyrusfund bekannt. Erhalten sind 14 ⁊ Epinikien und sechs ⁊ Dithyramben, die im Gegensatz zu Pindar keine expliziten Bezüge zum Dionysoskult aufweisen. **Lit.:** B. Gentili, B. (1958). – B. Zimmermann, Dithyrambos (1992) 64–115. – A. Bagordo/B. Zimmermann (Hg.), B. (2000).

Baktrien, oriental. Reich auf dem Gebiet des heutigen Afghanistan. Das wohl im 2. Jt. v. Chr. von iran. Stämmen besiedelte Land entlang des ⁊ Oxos (heute Amu-Darja) war fruchtbares Ackerland, in dem auch Weinbau und Pferdezucht betrieben wurden. Seit ⁊ Dareios I. gehörte B. zum pers. Steuergebiet und war ein vom Großkönig abhängiges Vasallenkönigreich mit der Hauptstadt Baktra. So stellte B. 480 für den Griechenlandzug des ⁊ Xerxes Truppen bereit. Durch die Verfolgung des pers. Satrapen ⁊ Bessos gelangte Alexander d.Gr. nach B., der die Hellenisierung des Landes durch Neugründung einiger Städte einleitete. Im 3. Jh. konnten die ⁊ Seleukiden die Zugehörigkeit B.s zu ihrem Reich zwar sichern, doch musste Antiochos d.Gr. 206 die Selbständigkeit des Königreiches anerkennen. Das anfänglich prosperierende Königreich B. war ab 140 v. Chr. den Einfällen fremder Völker ausgesetzt. Im 1. Jh. ging B. im Reich der Kuschanen auf. Die Ausgrabungen und archäolog. Funde in B. veranschaulichen den besonderen Mischcharakter der griech.-baktr. Kultur. **Lit.:** F. L. Holt, Alexander the Great and Bactria (1989). – P. Bernard, The Greek Kingdoms of Central Asia II (1994). – W. Posch, B. zwischen Griechen und Kuschan (1995).

Baleạres (lat., auch Baliạres, gr. Gymnẹsiai), Inselgruppe der Balearen (heute Spanien). Die heutigen Namen der beiden Hauptinseln Mallorca und Menorca lassen sich von den (seit dem 3. Jh. n. Chr. nachgewiesenen) lat. Bezeichnungen *insula maior* und *insula minor* ableiten. Die Inselgruppe gehörte seit dem 6. Jh. v. Chr. zum pun. Kulturkreis, die Bewohner galten als unzivilisiert, doch perfektionierten sie die Kriegskunst des Schleuderns. Im 2. ⁊ Pun. Krieg besetzte ⁊ Mago 206/05 das heutige Menorca, 123/22 jedoch wurde die Inselgruppe römisch; unter Augustus herrschte auf den B. eine Hungersnot, die Inseln dienten auch als Verbannungsort. Die B. gehörten seit Augustus zur Provinz Hispania Tarraconensis (⁊ Hispania). Im 5. Jh. eroberten die ⁊ Vandalen die Inselgruppe. **Lit.:** A. Schulten, Iberische Landeskunde I (1957) 251–6.

Baḷịos, unsterbl. Pferd Achills.

Ballspiel galt in der Antike als typ. Freizeitbeschäftigung und als körperl. Ausgleich für geistige Tätigkeit und wurde von allen Schichten und Altersklassen betrieben. Plinius d.J. berichtet, dass sogar der 78-jährige Spurinna noch das B. pflegte. Die Griechen schätzten B. nicht nur als Kinderspiel, sondern auch bei Gesang und Tanz. Über Spielarten und Regeln ist so gut wie nichts bekannt. Gespielt wurde einzeln oder mit mehreren Spielern; ein att. Relief des 5. Jh. v. Chr. zeigt zwei Mannschaften, die mit gekrümmten Schlägern einen kleinen Ball bewegen. Eine pompejan. Wandinschrift weist darauf hin, dass man B. auch im Verein organisiert betrieb. Übermäßige Beschäftigung

mit dem B. rügen Seneca und Libanios zusammen mit Würfelspiel und Sonnenbaden als Zeitvergeudung. Man betrieb B. in Rom bes. auf dem Marsfeld, aber auch auf freien Plätzen und Sportplätzen privater Villen. Bes. beliebt für B. waren die Thermen, da dort stets Mitspieler und Balljungen zur Verfügung standen. Es gab nach Größe, Gewicht und Material unterschiedl. Bälle; sie hatten meist bunte Hüllen aus Stoff oder Leder und waren mit Federn, Wolle, Haaren oder Luft gefüllt; auch gläserne Bälle für Artisten werden erwähnt. Der kleinste Ball der röm. Antike war die mit Haaren oder Federn gefüllte *pila,* der größte der mit Luft gefüllte, weiche *follis,* eine aufgeblasene Schweins- oder Rindsblase. **Lit.:** S. Mendner, Das Ballspiel im Leben der Völker ([8]1956). – K. W. Weeber, Alltag im Alten Rom (1995) 43 f. – M. Fittà, Spiele und Spielzeug in der Antike (1998).

Balneation ⁊ Thermen

Balsam (hebr., »Wohlgeruch«), ein aus dem arab. Balsamstrauch gewonnener Saft, der in Verbindung mit Luft ein äther. Öl abgibt und zu Harz wird. B. war im Altertum wegen seines angenehmen Geruchs und seiner medizin. Eigenschaften sehr geschätzt und gelangte deshalb oft verfälscht oder gestreckt in den Handel.

Banause (gr. banausịa, »Handwerk«). B. bezeichnet den seinen Lebensunterhalt durch körperl. ⁊ Arbeit erwirtschaftenden Handwerker. Die noch heute im abwertenden Sinne verwandte Bezeichnung basiert auf der Geringschätzung körperl. Arbeit bei den Griechen (bes. in der Zeit der Klassik).

Bankwesen. Das antike Bankwesen mit Pfändern, ⁊ Darlehen, Depositen, ⁊ Hypotheken und Geldumtausch entwickelte sich nach Einführung des Münzgelds in Griechenland sehr rasch, so dass es im 6. Jh. v. Chr. bereits Tempelbanken (Ephesos) und private Bankeinrichtungen gab. Auf Darlehen wurden ⁊ Zinsen erhoben, die sich nach der Größe des Risikos bei der Investition richteten; so waren für Seedarlehen zur Finanzierung eines riskanten Gütertransports zur See 20 bis 33 % Zinsen fällig. Im Hellenismus entstand eine Art bargeldloser Zahlungsverkehr mit entsprechender Buchführung; Wertpapiere und Giroverkehr im heutigen Sinne waren freilich unbekannt. Der röm. Bankier hieß *argentarius* (lat., »Silberwechsler«), *nummularius* (lat., »Münzprüfer«) oder *coactor* (lat., »Eintreiber«); diese hatten ihre kleinen Ladenlokale am Rand des ⁊ Forum Romanum oder am Forum Boarium, wo sich der »Bogen der Geldwechsler und Gewerbetreibenden« (203/04 n. Chr.) erhalten hat. Auch für ital. Landstädte und Provinzen sind Bankiers inschriftlich belegt. ⁊ Geld, Finanzwesen

Baptisterium (gr., lat., »Tauchbecken«), ursprünglich Bezeichnung für das Kaltwasserbecken in den röm. Thermen. Seit dem 3. Jh. n. Chr. gibt es das B. auch als christl. Taufbecken in Form eines eigenständigen Bauwerkes oder als Anbau einer Kirche, mit überwiegend rechteckigem oder quadrat. Grundriss, aber auch rund oder oktogonal (achteckig). Noch heute finden sich bedeutende Baptisterien des 5. Jh. n.

Chr. in Ravenna. **Lit.:** K. Ohr, Die Baptisterien in Pompeji (1991).

Barbaren (gr. barbaroi, lat. barbari). *I. Griechenland:* Das griech. Wort *barbaros* wurde ursprüngl. in Bezug auf die Sprache verwendet und bedeutete soviel wie »unverständl. Laute hervorbringend«. In der Literatur begegnet es zum erstenmal bei Homer, der es – ohne negativen Beigeschmack – in der Zusammensetzung *barbarophonoi* für die im SW Kleinasiens ansässigen Karer verwendet (Ilias 2, 867). – Einen entscheidenden Einschnitt in der Entwicklung des B.-Begriffs stellen die Perserkriege zu Beginn des 5. Jh. v. Chr. dar. Die Perser wurden im Laufe der Zeit zu *den* B. schlechthin. Das ging soweit, dass das Wort *barbarizein* die Bedeutung »es mit den Persern halten« annehmen konnte. In der Folgezeit wurden nicht nur die Perser, sondern auch alle anderen nichtgriech. Völker unter dem Begriff »B.« subsumiert. Als typ. Eigenschaften von B. galten Rohheit, Dummheit, Feigheit, Grausamkeit, Hemmungslosigkeit, Falschheit, Habgier usw. – Als mit den Eroberungen Alexanders d.Gr. die Hellenisierung des Orients begann, trat der alte Gegensatz zwischen Griechen und B. stark zurück, zumal sich Alexander um eine Verschmelzung der verschiedenen Elemente seines Weltreichs bemühte. Durch die Philosophie kam in hellenist. Zeit noch ein weiterer, eth.-moral. Aspekt hinzu, die Einteilung der Menschen in »gut und schlecht«, »gebildet und roh«, wie sie z.B. ↗ Eratosthenes vertrat. – So hatte das Wort *barbaros* am Ende seiner Entwicklung ein breites Bedeutungsspektrum: derjenige, der eine andere Sprache spricht; Nichtgrieche, Fremder, Ausländer; der Landesfeind, bes. der Perser; kulturloser Wilder; Ungebildeter, Dummer (auch von Griechen); Angehöriger eines fremden Kulturvolkes und (selten) hellenisierter Ausländer. – *II. Rom:* Die Römer haben von sich aus kein dem griech. B.-Begriff entsprechendes Wort geprägt. Auswärtige Völker hießen bei ihnen *nationes exterae* oder *gentes exterae*. Die Angehörigen dieser auswärtigen Völker waren zwar Personen minderen Rechts, aber die Bezeichung *exterus* war nicht mit dem negativen Beigeschmack des Wortes *barbaros* behaftet. – Die lat. Form *barbarus* findet sich in der röm. Literatur zum erstenmal bei Plautus, der interessanterweise seine eigene Sprache und Heimat als »barbarisch« bezeichnet (Asinaria 10/11). Zur Zeit des Plautus schien die abqualifizierende Bedeutung des Wortes den Römern also noch nicht so recht bewusst gewesen zu sein, was sich aber schon bald änderte. Bereits Cato beklagte sich, dass die Griechen auch die Römer zu den B. zählten. Seit Lucilius ist die Absetzung der Römer von den B. fassbar was schließlich seit Cicero zu der Dreiteilung »Griechen – Römer – B.« führte. – Aber nicht nur Fremdvölker wurden von den Römern als B. bezeichnet, sondern auch Einzelpersonen wie röm. Landesfeinde und auch – dank der eth.-moral. Bedeutung, die das griech. *barbaros* im Laufe der Zeit angenommen hatte – einzelne Römer selbst (vgl. z.B. Ciceros Urteil über Verres). Ebenso konnten Angehörige von B.-Völkern aus der Kategorie »Barbar« ausgeklammert werden. *Barbarus* hatte also ein ebenso breites Bedeutungsspektrum wie das griech. *barbaros* am Ende seiner Entwicklung. **Lit.:** J. Jüthner, Hellenen und B. (1923). – W. Nippel, Griechen, B. und »Wilde« (1990).

Barbaria (gr. barbaros, »wild, fremd«), Nordküste Somalias. Zwar hatte der Küstenabschnitt kaum Häfen zu bieten, doch wurden Landeplätze als Handelsstationen benutzt (etwa Malao, das heutige Berbera). B. war Zwischenstation im Indien- und Ostasienhandel und wird im ↗ *Periplus maris Erythrae* beschrieben. Die dortige Bezeichnung der Einwohner als »Wilde« gab der Küste auch den Namen.

Barbier ↗ Bart

Barbitos (gr.), Saiteninstrument mit tiefer Tonlage. Angeblich von ↗ Anakreon erfunden, fand der B. bes. in der jon. und lesb. Lyrik Verwendung.

Bart. In der griech. und röm. Welt trugen erwachsene Männer oft lange Bärte, die Mode brachte unterschiedlichste B.-Formen hervor (Wangen-, Voll-, Schnurrbart). Der in der griech. Klassik weit verbreitete Vollbart mit variierender Länge (z.B. Periklesbüste mit sog. »Strategenbart«) wurde im Hellenismus durch weitgehende Bartlosigkeit abgelöst; Philosophen jedoch pflegten den B. als Attribut weiter. Auch in Rom wurde der in der frühen Republik übl. Vollbart (z.B. Brutusbüste) im Laufe der Republik durch Bartlosigkeit abgelöst und kam erst unter Hadrian wieder in Mode. Von einigen (bartlosen) Moden unterbrochen, hielt sich der Vollbart als männl. Attribut bis in konstantin. Zeit. Münzbildnisse und antike Plastik sind beste Quellen zur Chronologie antiker Bartmoden. – Die Bärte wurden in der Antike meist von professionellen Barbieren gepflegt, Selbstrasur war die Ausnahme. Die Barbiere werden in der antiken Literatur meist als geschwätzig charakterisiert, ihre Stuben waren ein beliebter Treffpunkt der Männer.

Barytonese (gr. »schwere Betonung«), Begriff der Grammatik zur Bezeichnung des zurückgezogenen Akzentes im äol. Dialekt.

Barygaza (heute Broach, Indien), ind. Hafenstadt. B., an das Fernhandelsnetz Ostasiens angeschlossen, war Bindeglied im Handel zwischen griech.-röm. Welt und Ostasien. Im ↗ *Periplus maris Erythrae* finden sich genaue Angaben zu Seeroute und Handel mit B.

Basel (lat. Basilia), kelt.-röm. Siedlung. In der Rheinebene beim heutigen Basel gab es seit dem 2. Jh. v. Chr. eine Siedlung der ↗ Helvetier bzw. der ↗ Rauriker, die aber wohl 58 v. Chr. aufgegeben wurde. Das erste röm. Kastell wurde an anderer Stelle unter Drusus (ca. 15 v. Chr.) errichtet, ein Lagerdorf entwickelte sich. Das spätantike *castrum* nahm etwa die Fläche des heutigen Münsterplatzes ein. Seit dem 4. Jh. n. Chr. führte B. den Namen *Civitas Basiliensium* und wurde im 7. Jh. Bischofssitz. **Lit.:** R. Fellmann, B. in röm. Zeit (1955). – W. Drack/R. Fellmann (Hg.), Die Römer in der Schweiz (1988) 354–360.

Basileios ↗ Basilius d.Gr.

Basileus, griech. Bezeichnung für ↗ König

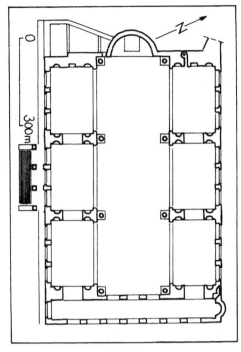

Maxentiusbasilika in Rom

Basilika (gr., lat., »königl. (Halle)«), im 2. Jh. v. Chr. in Italien entstandener Bautypus, gekennzeichnet durch eine große, langgestreckte Halle, die häufig durch Säulenreihen unterteilt war. Das daraus resultierende Mittelschiff ist in der Regel größer als die zwei bzw. vier Seitenschiffe. Die B. diente als Markthalle, Gerichtsstätte, Behördensitz oder als Thronsaal in Palästen. Daraus entwickelte sich der Typus der frühchristl. B. mit seinem über die Seitenschiffe hinausgehenden Mittelschiff, ↗ Apsis, Vorhalle und Vorhof. Bedeutende Beispiele sind die B. in Pompeji, in Rom die Basilica Aemilia, die Maxentius-B., die Villa Hadriana und der Palatin. **Lit.:** E. Langlotz, Der architekturgeschichtl. Ursprung der christl. B. (1972). – A. Nünnerich-Asmus, B. und Portikus (1994).

Basilius d.Gr., bedeutender Bischof und Theologe aus Caesarea, ca. 330–379 n. Chr., neben seinem Bruder ↗ Gregor von Nyssa und ↗ Gregor von Nazianz einer der drei »großen« Kappadokier. Seine Ausbildung erhielt er in Kappadokien, Konstantinopel und Athen. In Caesarea war er als Rhetoriklehrer tätig, bevor er sich einem Leben in Askese und der christl. Philosophie widmete. In seiner *Mahnschrift an die Jugend* spricht er der sorgsam ausgewählten Lektüre auch heidn. Autoren, bes. der der griech. Klassiker wie Homer, Hesiod oder Platon, hohen pädagog. Wert zu. In seinen Briefen bemüht sich B. um die Einheit der Kirche. Seine in den *Asketika* zusammengefassten

Mönchsregeln gelten bis heute als Grundlage des östl. Mönchtums. **Lit.:** P. Fedwick (Hg.), Basil of Caesarea I-II (1981).

Bassai, Stätte im SW Arkadiens, in zerklüftetem Gebirge, etwa 7 km nordöstl. der antiken Stadt Phigalia gelegen. Auf dem Berg Kotilion befinden sich unbedeutende Reste zweier Tempel für Artemis und Aphrodite aus der Zeit um 625 v. Chr. Bemerkenswert gut erhalten ist dagegen der auf den Fundamenten mehrerer Vorgängerbauten errichtete Tempel des Apollon Epikurios. Dieser wurde wohl zwischen 438 und 420 v. Chr. von dem Architekten ↗ Iktinos erbaut und 420 v. Chr. geweiht. Außergewöhnlich ist seine NS-Ausrichtung sowie die Gestaltung des Innenraumes mit einer einzelnen Mittelsäule mit korinth. Kapitell und fünf Nischen bildenden Halbsäulenpaaren entlang der Wände. Vier dieser Säulenpaare haben Jonische, das fünfte korinth. Kapitele. **Lit.:** ASM (1999). – P. Bahn u. a., Wege in die Antike (1999).

Bataver (lat. Batavi), westgerman. Stamm. Die von den ↗ Chatten abgespaltenen B. siedelten um 55 v. Chr. im Gebiet der Rheinmündung. Unter Augustus wurden die B. 12 v. Chr. Bundesgenossen der Römer; B. fanden Aufnahme im röm. Heer, sowohl als Pioniere als auch in Leibgarden (Prätorianer). Bis 69 n. Chr. waren die B. von Steuern befreit. Der sog. B.-Aufstand (69/70), der in die Endphase des Bürgerkrieges nach der Ermordung Neros fällt, begann mit Unruhen wegen Truppenaushebungen bei den B. und benachbarten Stämmen. Auf Betreiben des röm. Präfekten Julius Civilis revoltierten B.-Kohorten (die sich auf dem Weg nach Italien befanden) sowie andere german. Truppenteile, belagerten und zerstörten 70 das röm. Legionslager bei ↗ Xanten und ermordeten die röm. Besatzung. Dies strahlte entlang der Rheingrenze aus, weitere Schlachten (auch in Italien) folgten. Der B.-Aufstand war Bestandteil des vielschichtigen Taktierens der Beteiligten im Kampf um die Kaiserherrschaft in Rom. Mit der Kapitulation der B., erzwungen durch Truppen der in Rom erfolgreichen Flavier, fand der Aufstand sein Ende. **Lit.:** R. Urban, Der »B.-Aufstand« und die Erhebung des Iulius Classicus (1985). – W.J.H. Willems, Romans and Batavians (1986).

Batrachomyomachia (gr., »Froschmäusekrieg«), ca. 300 Hexameter umfassendes Kleinepos, das in der Schilderung des Kampfes zwischen Mäusen und Fröschen und in seiner Art der Darstellung eine Parodie vornehmlich der homer. *Ilias,* aber auch der *Odyssee* ist. Die Tradition der Homerviten und andere antiken Zeugnisse (Martial, Statius) schreiben die B. Homer zu, andere, so auch Plutarch, sehen hierin vielmehr das Werk eines gewissen Pigres von Halikarnassos. Aller Wahrscheinlichkeit nach muss man in der B. ein Werk des Späthellenismus sehen, das sich in stoffl. Hinsicht an das Vorbild ↗ Äsops anlehnt, wobei auch ägypt. Motive ausgemacht werden können. **Lit.:** G. W. Most, Die B. als ernste Parodie, in: W. Ax/R.F. Glei (Hgg.), Literaturparodie in Antike und MA (1993) 27–40.

Battos, myth. Hirte, an dem Hermes die gestohlenen Rinder aus Apollons Herde vorbeitreibt. B. verspricht Stillschweigen, das er jedoch bricht, als ihm Hermes in veränderter Gestalt einen Stier verspricht. Zur Strafe verwandelt ihn Hermes in einen Felsen.

Baubo, Göttin ↗ der altorph. Demetersage, entspricht der ↗ Jambe.

Baukis ↗ Philemon

Baumwolle. Die bei Herodot, Strabon und Plinius d.J. erwähnte B. stammte aus Indien bzw. aus Oberägypten, wurde in der griech.-röm. Welt aus klimat. Gründen aber wohl nicht im Mittelmeerraum angebaut; hier dominierten Wolltextilien.

Bauwesen. In der Antike lag das öffentl. B. in der Regel in der Hand des Staates. In das private B. mischte sich dieser nur ein, wenn öffentl. Interessen tangiert wurden. Zahlreiche erhaltene Inschriften, Rechnungen und literar. Berichte zeugen sowohl von großer Anteilnahme der Bevölkerung als auch von immensem bürokrat. Aufwand für das B. (Beschlüsse in Volksversammlungen, Ausschreibungen, Finanzierungen, Materialbeschaffung usw.). Im Laufe der Zeit bildeten sich verschiedene hochspezialisierte Zuständigkeitsbereiche heraus, so das Ingenieur-B. mit den Bereichen ↗ Kanalisation, öffentl. ↗ Brunnen und ↗ Zisternen, ↗ Straßen, ↗ Brücken, ↗ Tunnel, ↗ Hafen, Befestigungsanlagen u. a. sowie das Sakral- und Profan-B. mit den Bereichen ↗ Tempel, Hallen, Amtsgebäude, ↗ Gymnasion, ↗ Theater, ↗ Thermen, ↗ Stadion, ↗ Palästra usw. Spezielle mechan. Hilfsmittel wurden konstruiert (Baugerüst, ↗ Kran u. ä.); die antiken Quellen berichten auch ausführlich über die verwendeten Baustoffe (Holz, Lehmziegel, Flechtwerk, Glas, verschiedene Steinsorten, ↗ Mauertechnik).

Beamte ↗ Duoviri, Decemviri, Magister

Bedürfnisanstalten (lat. latrinae). Öffentl. B. sind erstmals in hellenist. Zeit in städt. Kontext nachgewiesen. In den röm. Städten verbreiten sich seit der späten Republik B. als Element in der Hausplanung. Die oft prächtig ausgestatteten öffentl. B. mit zahlreichen Sitzen in einem Raum (ausgegraben u. a. in Rom, Ostia, Pompeji), die gegen eine geringe Gebühr benutzt werden konnten und verpachtet waren, fanden in der Kaiserzeit im gesamten Reich Verbreitung. Tuchwalker stellten Fässer zum Urinieren auf; seit Vespasian mussten sie für diese Art der Grundstoffgewinnung sogar Steuern zahlen (»Geld stinkt nicht«).

Begrüßung ↗ Salutatio

Beirut (gr. Berytos), Hafenstadt in ↗ Phönizien. Die Stadt B. wurde wohl im 2. Jt. v. Chr. gegründet und stand unter ägypt. Einfluss. Im 7. Jh. geriet B. in Abhängigkeit zum phöniz. ↗ Sidon, gehörte dann zum Assyr. Reich und zum Perserreich. In hellenist. Zeit gehörte B. bis ca. 200 zum Ptolemäerreich, bis ↗ Antiochos d.Gr. die Stadt für das Seleukidenreich gewann. Um 140 wurde B. bei Kämpfen zerstört, doch konnte die Handels- und Hafenstadt in der Folgezeit ihre Schlüsselstellung zwischen Mittelmeerwelt und Vorderem Orient ausbauen. 14 v. Chr. siedelten röm. Veteranen in B., das zur Colonia erhoben wurde. ↗ Herodes d.Gr. wählte B. als Verwaltungssitz und Residenzstadt. In der Spätantike war B. die bedeutendste

1 Mauerwerk
2 Putz aus Ziegelmehl
3 Abwasserkanal
4 Holzsitze
5 Frischwasser

Rekonstruktion einer römischen Latrinenanlage

Stadt Phöniziens, bis 551 n. Chr. ein Erdbeben samt Flutwelle die Stadt verwüstete. Die alte polit. wie wirtschaftl. Stellung konnte die neubegründete Stadt nicht wieder einnehmen. **Lit.:** N. Jidejian, Beirut through the Ages (1973). – PECS (1976). – ASM (1999).

Belagerungstechnik ↗ Poliorketik

Beleuchtung. Wichtigste Mittel der B. von Räumen bei Dunkelheit waren Fackeln sowie Kerzen, Öl- und Talglampen. Die relativ starke Rauchentwicklung der meisten Leuchtmittel, deren geringe Effektivität sowie der Preis für Brennmittel ließen helle Beleuchtung als luxuriöse Ausnahme erscheinen. ↗ Straßenbeleuchtung.

Belger (lat. Belgae), bedeutende Stammesgruppe in Nordgallien. Die zwischen Rhein, Nordsee, Marne und Seine siedelnden Stämme der B. bildeten nach Caesars berühmter Einteilung Galliens einen der drei Landesteile. Die B., die sich in drei Stammesverbände mit zahlreichen Stämmen aufteilen lassen, wanderten etwa im 3. Jh. v. Chr. aus dem Baltikum zu und verschmolzen mit Völkerschaften der ansässigen Latènekultur. Eigene Stammeskultur innerhalb der kelt. Völkerschaften. Besondere Bedeutung erlangten die ↗ Bellovaker, Eburonen, ↗ Treverer und Nervier. Als Bindeglied zwischen kelt./gall. und german. Kulturkreis verlief die Entwicklung der einzelnen Stämme sehr unterschiedlich. 57 wurden die B. von Caesar in seinem Gallienfeldzug unterworfen, einige Stämme leisteten jedoch bis 46 v. Chr. Widerstand. Bei der Neuordnung Galliens durch Augustus gaben die B. der Provinz Gallia Belgica den Namen, der sich bis heute im Landesnamen gehalten hat. **Lit.:** R. Hachmann u. a., Völker zwischen Germanen und Kelten (1962). – S. Fichtl, Les Gaulois du nord de la Gaule (1994).

Belisar (gr. Belisarios), bedeutender Feldherr unter Kaiser Justinian I., ca. 505–565 n. Chr. Geb. um 505 in Germania an der thrak.-illyr. Grenze, bewährte sich B. zunächst als Gardeoffizier des damaligen *magister militum* Justinian. 526 wurde er zum *dux Mesopotamiae,* 529 zum *magister militum Orientis* ernannt. 532 war er an der Niederwerfung des Nika-Aufstandes beteiligt. Im selben Jahr heiratete er Antonina, die mit der Kaiserin Theodora eng befreundet war. 534 vernichtete B. das Vandalenreich, 535–540 und 544–548 kämpfte er gegen die Ostgoten, 559 gegen die Hunnen. 562 wurde B. wegen einer Verschwörung angeklagt, im Jahr darauf aber freigesprochen. Hauptquelle für B. ist Prokop, der ihn bis 542 auf seinen Feldzügen begleitet hatte. **Lit.:** B. Rubin, Das Zeitalter Justinians I-II (1960–95).

Bellerophon oder **Bellerophontes**, in der Mythologie Sohn des Glaukos oder des Poseidon, Enkel des Sisyphos, fängt das geflügelte Pferd Pegasos. Er weist die Liebe der Gattin des Königs Proitos von Tiryns, Anteia, zurück und soll deshalb von ↗ Jobates getötet werden, besteht jedoch alle ihm auferlegten Prüfungen (u. a. bezwingt er die ↗ Chimäre). B. nimmt an Anteia Rache, indem er sie bei einem Ritt auf Pegasos ins Meer stößt. Als Strafe für seinen Versuch, auf Pegasos den Himmel zu erreichen, lässt Zeus ihn zornig abstürzen. Eine Parodie dieses Himmelsritts gibt uns Aristophanes zu Beginn seiner Komödie *Frieden.*

Bellona (lat. bellum, »Krieg«), röm. Kriegsgöttin mit Tempel auf dem Marsfeld, vor dem die ↗ Fetiales mit einem Lanzenwurf rituell den Krieg ausriefen.

Bellovaker (lat. Bellovaci), kelt. Stamm in der Gallia Belgica. Dieser mächtigste Stamm der ↗ Belger hatte seinen Hauptort in Caesaromagus (heute Beauvais, Frankreich). Zwar wurden die B. 57 v. Chr. von Caesar unterworfen, nahmen aber am Aufstand des ↗ Vercingetorix (52 v. Chr.) teil und leisteten bis 46 v. Chr. immer wieder Widerstand gegen Rom. Erst nach der Niederschlagung dieses letzten Aufstandes traten die B. nicht mehr in Erscheinung.

Bellum iustum (lat., »gerechter Krieg«) ↗ Kriegsrecht

Belos, in der Mythologie Sohn des ↗ Poseidon und der Lybia, Zwillingsbruder des ↗ Agenor, Gatte der Anchinoë, der Tochter des Neilos, die ihm ↗ Aigyptos und ↗ Danaos zeugt.

Bematisten (gr. Bematistai, »Schrittzähler«), Wegmesser im Heere Alexanders d.Gr. Die B. erstellten durch Abschreiten von Wegstrecken systemat. Verzeichnisse über Entfernungen und Wegzeiten. Die Angaben wurden im nach Ländern getrennten B.-Journal gesammelt und um landeskundl. Angaben (Geschichte, Flora, Fauna) ergänzt.

Bendis, griech. Göttin thrak. Ursprungs, der ↗ Artemis gleichgesetzt.

Benedikt (lat. Benedictus) von Nursia (Norcia), Gründer des Klosters Monte Cassino, ca. 480/490–547 n. Chr. Nach dem Abbruch seiner Studien in Rom lebte B. als Einsiedlermönch mit zahlreichen Anhängern in Subiaco (ca. 75 km südöstl. von Rom). Um 530 ließ er sich mit einigen Schülern auf dem Monte Cassino nieder, wo er sich bis zu seinem Tod seiner Aufgabe als Mönch und als Missionar widmete. Hier verfasste B. monast. Mönchsregeltexte, die als *Regula Benedicti* bezeichnet werden. Als Vorbilder und Vorlagen dienten ihm bes. Pachomius, Basilius, Augustinus, Cyprian, Hieronymus, Leo d.Gr. und Ambrosius. Die praxisbezogenen und gut strukturierten Regeln für das mönch. Leben fanden weite Verbreitung, bes. durch die Karolinger, und wurden durch Benedikt von Aniane (750–821) zum entscheidenden Regelwerk des Abendlandes erklärt. Der sich auf B. zurückführende Benediktiner-Orden war der einflussreichste Orden des MA; die einzelnen, voneinander unabhängigen Klöster wurden erst im 14. Jh. zusammengeschlossen. **Lit.:** LACL (³2003).

Beneficiarii, röm. Soldaten mit besonderer rechtl. Stellung. Die seit Caesar nachgewiesenen B. verdankten ihre Beförderung einem *beneficium,* also einer »Wohltat« ihres Vorgesetzten in Form einer Ausnahmeregelung. **Lit.:** J. Ott, Die Beneficarier (1995).

Beneficium (lat., »Wohltat«), Ausnahmeregelung. Je nach Urheber unterschied man zwischen *beneficia principis, b. senatus consulti, b. praetoris* usw. Ein B. konnte generelle Normen aufstellen oder aber sich auf Einzelpersonen oder Verwaltungseinheiten, Stadtgemeinden usw. beziehen. Auch im röm. Schuldrecht waren zahlreiche begünstigende Ausnahmeregelungen üblich.

Beneventum (heute Benevento, Italien), bedeutende samnit. Stadt. Nach der Niederlage des ↗ Pyrrhos legte die Stadt den ursprünglich illyr. Namen Maleventum ab, erhielt den Namen B. und wurde 268 v. Chr. Colonia mit latin. Bürgerrecht. Im 2. ↗ Pun. Krieg stand B. auf Seiten Roms, 89 v. Chr. erhielt B. den Status eines Municipium. Unter Augustus wurden Veteranen in B. angesiedelt; es gehörte zur 2. Region Italiens. Die heutige Stadt deckt sich nur teilweise mit der antiken Anlage. Das bedeutendste antike Monument der Stadt ist der 114 n. Chr. unter Trajan errichtete ca. 16 m hohe Bogen (Porta Aurea oder ›Bogen von Benevent‹), der den Titus-Bogen in Rom zum Vorbild hatte. **Lit.:** PECS (1976). – ASM (1999).

Beredsamkeit ↗ Rhetorik

Berenike, Tochter des kyren. Königs Magas, seit 247 v. Chr. Gattin des Königs ↗ Ptolemaios III. Euergetes. B. weihte der Göttin Aphrodite aus Dankbarkeit, dass ihr Mann 246 wohlauf aus dem Krieg gegen Syrien zurückgekommen war, eine schöne Locke ihres Haares, die der königl Astronom zu einem neuen Sternbild erklärte. Der Geschichte der B. widmeten sich die Dichter Kallimachos (*Aitien,* 4. Buch) und Catull (66. Gedicht).

Bergbau. Bereits die steinzeitl. Gesellschaft förderte systematisch den Rohstoff Feuerstein, im Ägypten des 2. Jt. v. Chr. blühte der Goldabbau, Zypern stellte in der 2. Hälfte des 2. Jt. im östl. Mittelmeerraum das Zentrum der Kupferförderung und -verarbeitung dar. Die griech.-röm. Welt war bes. an der Förderung der Metalle Kupfer, Zinn (beide sind zur

Bronzelegierung nötig), Gold, Silber, Eisen, Blei, Quecksilber, Salzen und weiteren Mineralien wie Gips interessiert. Je nach Vorkommen und geolog. Gegebenheiten unterschieden sich Schwerpunkte und Methodik des antiken B.s. Die Inseln Siphnos und Thasos waren Zentren griech. Gold- und Silber-B.s. Von zentraler Bedeutung für Athen war der Bleisilberbergbau in ⁊ Laureion, Attika: Etwa 2000 rechteckige Förder- und Luftschächte wurden in eine Tiefe von bis zu 50 m vorgetrieben, um das in drei Schichten vorkommende Bleisilber abzubauen. Fundamentale Voraussetzung zum Abbau war die Entwicklung hochwertiger eiserner Förderwerkzeuge, die Schächte wurden mit Holzkonstruktionen gestützt, Gebläse dienten der Versorgung mit frischer Luft. Erzwäsche und Verhüttung fanden in unmittelbarer Nähe der Bergwerke statt. Die in Staatsbesitz befindl. Bergwerke wurden verpachtet, die Einnahmen seit Themistokles (483/82) nicht mehr unter den Bürgern verteilt, sondern in den Aufbau der athen. Flotte investiert. Meist wurden Sklaven im B. eingesetzt (im 4. Jh. v. Chr. in Laureion etwa 30.000); hochspezialisierte und gut bezahlte Fachkräfte waren ebenso im Einsatz, die Gewinnmöglichkeiten der Pächter waren beachtlich. – Etrusk. Eisenerzabbau ist auf Sardinien und Elba nachweisbar, die Verhüttung fand auch auf dem Festland statt, z. B. in ⁊ Populonia; der Apennin ist hingegen ohne nennenswerte Erzlager. Aber erst mit der Eroberung Hispaniens mit seinen reichen Bodenschätzen gelangte Rom in den Besitz großer Erzvorkommen. Kupfer, bes. aber Silber wurden hier schon von Phöniziern und Karthagern abgebaut. Von Interesse waren die Silberminen von Carthago Nova (und in Andalusien, ⁊ Tartessos), die zuerst in röm. Staatsbesitz übergingen, zu Strabons Zeiten aber bereits an Privatleute gefallen waren. Strabon berichtet, dass 40.000 Arbeiter in diesen Silberminen beschäftigt waren und täglich 25.000 Drachmen erwirtschafteten. Jährlich flossen auch enorme Summen in Silber an den Staatsschatz in Rom (194 v. Chr. unter Cato 688.000 Pfund Silber). Neben dem Abbau durch Schacht- und sog. Bruchbau gab es auch erste Tagebaubergwerke. Die Verhüttung großer Erzmengen – Erzexport war kaum rentabel – veränderte schließlich auch die Landschaft. Weniger die Minen als vielmehr der Raubbau an Holz, das in Unmengen zur Raffinierung des Erzes benötigt wurde, entwaldete weite Gebiete Spaniens. Der Abbau und die Verhüttung von Blei und Silber gestaltete sich weit schwieriger als die Gewinnung von Gold, so dass auch die Vernichtung der Landschaft an den Förderorten einen viel größeren Umfang einnahm. Blei wurde etwa für Wasserleitungen benötigt, im Bau für Klammern und schließlich als Grundstoff für Legierungen. Das edlere Zinn wurde zur Herstellung von Bronze benötigt. Die berühmtesten Vorkommen in der Antike fanden sich auf den Brit. Inseln, bes. in Cornwall und auf den vorgelagerten Scilly Isles, sowie in Galizien und Lusitanien. Kupfer, der zweite Grundstoff der Bronzeherstellung, fand sich etwa in der Baetica entlang des Urius (Rio Tinto), wo heute noch Kupfer im Tagebau gewonnen wird. Ei-

sen fand sich in Zentralspanien sowie in Kantabrien. Die in diesen Gebieten gefertigten Metallwaren waren hochwertige Exportprodukte. Mösien und Dalmatien waren weitere Zentren des Gold-B.s. Die schweren Arbeitsbedingungen führten auch in röm. Zeit zur Verwendung von Sklaven, in der Spätantike auch von Strafgefangenen im B. Strenge Pachtverträge und Gesetze reglementierten diesen wichtigen Wirtschaftszweig. **Lit.:** G. D. B. Jones, Mining and Metallurgy in the Greek and Roman World (1978). – J. G. Landels, Die Technik in der antiken Welt (1979). – S. Lauffer, Die Bergwerkssklaven von Laureion (1979). – H. Kalcyk, Der Silberbergbau von Laureion in Attika, Antike Welt 14, 3 (1983) 12–29.

Bernstein (gr. ęlektron, lat. sucinum) ist das Harz von Nadelhölzern aus der Tertiärzeit. Diese pflanzl. Herkunft war bereits im Altertum bekannt, wo man auch erstmals an geriebenem B. elektr. Erscheinungen wahrnahm. Die wohl bekannteste Heimat des B. ist das Ostseegebiet, er wurde aber auch in Ligurien, Sizilien oder Nordafrika gefunden. Der B. der Ostsee gelangte über Fluss-, Land- und Seewege nach S. Funde in myken. Gräbern (um 2000 v. Chr.) zeigen, dass B. schon früh bis nach Griechenland gelangte. Dies bestätigt auch die Sage von ⁊ Phaëthon, dessen in Pappeln verwandelte Schwestern B. weinten. ⁊ Elektron

Beros(s)ọs aus Babylon, griech. Historiker, 4. Jh. v. Chr., Verf. einer nur in Fragmenten erhaltenen babylon. Geschichte in drei Büchern.

Beruf ⁊ Handwerk

Berytọs ⁊ Beirut

Bęssos, unter Dareios III. pers. Satrap in Baktrien. Nach der Schlacht bei Gaugamela (330 v. Chr.) tötete er den flüchtigen Dareios und usurpierte den Thron als »Artaxerxes IV.«. 329 wurde er von Alexander d. Gr. gefangengenommen und hingerichtet. **Lit.:** H. Berve, Alexanderreich II (1926) Nr. 212.

Bestattung. In den B.sriten aller Kulturen spiegeln sich Jenseitsvorstellungen und materielle Kultur der jeweiligen Gesellschaft wider. In der ägypt. Hochkultur war die Sicherung des Weiterlebens nach dem Tode von höchster gesellschaftl. und religiöser Bedeutung. Umfangreiche Grabbeigaben, die Konservierung des Leichnams durch Mumifizierung sowie aufwendige Grabbauten (wie etwa die Pyramiden oder die Totenstadt Theben) sollten die Toten schützen und ihr Weiterleben in der Unterwelt auch materiell sichern. Der Grabfund des Pharaos Tut-anch-amun illustriert die B.sriten und Jenseitsvorstellungen der Ägypter bestens, auch literarisch sind diese Riten gut dokumentiert. Bis in röm. Zeit blieben ägypt. B.ssitten aufwendig und sind ein kontinuierl. Spiegelbild der Entwicklung ägypt. Kunst über drei Jahrtausende. – In den Hochkulturen Vorderasiens waren die B.sriten nicht so aufwendig wie in Ägypten, jedoch dominierte auch hier die Körper-B.; erst im 2. Jt. v. Chr. kam in Anatolien die Feuer-B. auf. – Wie die Schachtgräber in Mykene zeigen, waren in der griech. Frühzeit Körper-B.en mit reichen Grabbeigaben üblich, während in den Epen Homers die Verbrennung der Toten geschildert

Athen, Kerameikos

wird: Der gewaschene Leichnam wird für einige Tage aufgebahrt, der Trauer wird durch Totenklage und Klagelieder Ausdruck gegeben. Ein Leichenzug begleitet daraufhin den Toten zum Scheiterhaufen; Totenopfer, aber auch persönl. Gegenstände werden mit dem Toten verbrannt. Die auch noch in der Archaik aufwendigen B.sriten des Adels wurden nicht zuletzt im Rahmen der »Demokratisierung« vieler griech. Poleis immer weiter eingeschränkt. So war die Totenklage im klass. Athen auf einen Tag beschränkt, aufwendige Leichenzüge waren verboten, Stieropfer untersagt, nur Frauen im Alter über 60 oder nahe Verwandte durften als Klageweiber den Zeremonien beiwohnen. Im 4. Jh. v. Chr. wurden die wieder üppiger ausfallenden athen. B.sriten durch Demetrios von Phaleron weiter eingeschränkt. Die Befleckung (gr. *miasma*) der Trauergäste erforderte eine anschließende rituelle Reinigung. Für im Krieg Gefallene wurden meist Massen- bzw. Ehrengräber errichtet, oft direkt auf dem Schlachtfeld (z.B. Totenhügel von Marathon). In ↗ Athen wurde die Asche der Gefallenen auch in einem Staatsgrab vor dem Dipylon-Tor beigesetzt. Am Kerameikos ist Topographie und Gestaltung griech. Grabbauten gut zu erkennen: Die oft prächtigen Grabmäler reihen sich entlang der Ausfallstraßen außerhalb der Stadtmauer. – Etrusker und ital. Stämme kannten neben der Erd-B. auch die Verbrennung, die Urnen der Verstorbenen wurden in oft reichhaltig ausgestatteten Nekropolen (Grabmalerei, figuraler

Schmuck) beigesetzt. Von besonderer Bedeutung sind die Nekropolen von Caere, Tarquinia und Populonia. Herausragende Beispiele etrusk. Plastik sind die erhaltenen Klinenmonumente: Das beigesetzte Ehepaar wird (oft in Lebensgröße) auf einem Bett liegend dargestellt. – Das B.sritual in röm. Zeit entsprach in Grundzügen den Sitten in Athen: Aufbahrung des Leichnams, Klageweiber, Leichenzug, Verbrennung mit Opfern, Leichenrede, Einsammeln der Asche und Beisetzung der Urne im Familiengrab. Polybios (6, 53) beschreibt eindrucksvoll die bei senator. Familien aufwendige Gestaltung des Leichenzuges: Die Maskenbilder der Ahnen (↗ Ahnenbilder) gingen dem Zug voran, auf dem Forum hielt ein Verwandter die Totenrede (*laudatio funebris*), bevor der Verstorbene außerhalb der Stadt verbrannt wurde. Totenmähler, Leichenspiele, ja Gladiatorenkämpfe konnten die Trauerfeierlichkeiten abschließen. Das Kaiserbegräbnis orientierte sich an dieser Sitte der Patrizier, jedoch wurde der verstorbene Kaiser im Rahmen der Feierlichkeiten meist zum Gott erhoben. Die in Rom zumindest seit der späten Republik allg. übl. Form der Einäscherung wurde seit Mitte des 2. Jh. n. Chr. von der Körper-B. (wie schon im Osten des Reiches) abgelöst, an den B.sriten wurde jedoch festgehalten. Generell war die B. Sache der Hinterbliebenen, jedoch versuchten bes. einfache Leute oder Sklaven ein angemessenes Begräbnis zu Lebzeiten durch Mitgliedschaft in einem Begräbnisverein (lat. *collegium funaticum*) zu garantieren. Mit Aufkommen des Christentums veränderten sich die Jenseitsvorstellungen, die B.sriten wurden modifiziert. Neben den Gräbern reicher Familien (Gräber entlang der Via Appia) waren Columbarien und Katakomben typ. stadtröm. B.sorte. **Lit.:** J. M. C. Toynbee, Death and Burial in the Roman World (1971). – K. Hopkins, Death and Renewal (1983). – D. Kurtz/J. Boardman, Thanatos (1985).

Bett (gr. kline; lat. lectus). Mobiles oder festeingebautes Gestell aus verschiedenen Materialien zum Schlafen (*l. cubicularis*), ab dem 7./6. Jh. v. Chr. zum Speisen (Kline) im *triclinium* oder Ruhen oder als Totenbett (*l. funebris*). Als selbständiges Möbelstück ist das B. seit dem 2. Jt. v. Chr. in Ägypten und den oriental. Reichen belegt. Bei Griechen und Römern bestand das B. meist aus Holz oder Metall, z. T. mit Nackenstützen versehen. Kostbare B.en wurden mit Einlegearbeiten oder schön gedrechselten Füßen hergestellt. Der mit vier oder mehr Füßen versehene rechteckige Rahmen wurde von Gurten oder Riemen zusammengehalten; darauf legte man die Polster mit Bettbezügen, jedoch keine Laken. Die einer Couch ähnl. Kline war essentieller Bestandteil in der Ausstattung eines Privathauses; sie stand in allen Räumen, wo gegessen, geruht oder gelesen wurde. Sarkophage erscheinen in der röm. Kaiserzeit vielfach als Klinenmonumente. Zum Transport auf kürzeren Reisen oder als Krankenbahre diente die Sänfte (↗ Lectica). **Lit.:** A. Richter, The Furniture of the Greek, Etruscans and Romans (1966).

Bevölkerungsgeschichte. Angaben über Dichte, Zusammensetzung oder Entwicklung der Bevölkerung in der griech.-röm. Antike sind aus verschiedenen Gründen nicht leicht zu machen. Vieles, was der modernen Demographie selbstverständlich ist, wie etwa Aussagen über Alters- und Geschlechtsstruktur, Geburtenraten, Lebenserwartung, Mobilität oder Heiratsverhalten, lässt sich für die Antike nur schwer nachvollziehen. Die Antike kannte zwar schon Bürgerlisten, Haushaltsdeklarationen und Steuererhebungen, aber noch keine Einwohnermeldeämter, die Aufschluss über sämtl. (auch nur zeitweise) in der Region ansässige Personen gegeben hätten. Zudem zählten viele Bevölkerungsgruppen in der Antike nicht zu den Vollbürgern (gr. *politai*, lat. *cives*), so dass sie für die B. statistisch unerforschbar bleiben; dazu gehören Frauen, Kinder, Sklaven, ↗ Metöken oder ↗ Periöken, ethn. Minderheiten usw. Zwar sind zahlreiche Daten und Angaben bes. zur röm. Bevölkerung überliefert, doch wurden diese Daten nicht primär zu demograph. Zwecken erhoben, sondern dienten etwa dem Fiscus zur Schätzung der steuerpflichtigen Bürger, der Erfassung der Bevölkerung einer Provinz oder Stadt im Verzeichnis der Wehrpflichtigen (gr. *katalogos*, lat. *tabula togatorum*). Hilfreich ist das reichhaltige Inschriftenmaterial (↗ Epigraphik, ↗ Inschriften) bes. der hellenist. Periode und der röm. Kaiserzeit, wo Grab-, Ehren- oder Weihinschriften Hinweise auf Mobilität oder Zusammensetzung einer Bevölkerung geben. Alters- und Datenangaben auf Inschriften sind oft unge-

nau; zwar kannte das klass. Athen eine Geburtenliste, und auch in Rom mussten Geburten und Sterbefälle, ebenso Einbürgerungen und Heiraten gemeldet werden, doch wurden Altersangaben auf- und abgerundet oder ungenau angegeben; starb ein Grieche oder Römer als Reisender oder Soldat an einem fremden Ort, konnte sein Alter oft nur geschätzt werden. Neben vereinzelten literar. Angaben über Bevölkerungsdichten, die manchmal sicher übertrieben sind, geben auch archäolog. Überreste Hinweise (Ausdehnung der Wohnbebauung, Kanalisationsnetz, Größe des Umlandes, Skelettfunde), die jedoch mit Vorsicht auszuwerten sind.

Generell lassen sich jedoch einige Eckpunkte festmachen: Die Bevölkerungszahl der Antike schwankte stärker als heute. Immer wieder dezimierten Kriege, Seuchen oder Naturkatastrophen die Völker, doch geht die Forschung von einem kontinuierl. Anstieg der Bevölkerung in Griechenland mit regionalen Unterschieden von der homer. Zeit bis ins 4. Jh. v. Chr. aus, von dem die große ↗ Kolonisation seit 800/750 v. Chr. einen beträchtl. Teil abschöpfte. Die Tatsache, dass in vielen Poleis eine bestimmte Anzahl von Bürgern zur Emigration und Koloniegründung gezwungen wurde, lässt sich wohl mit Nahrungsmittelknappheit und Überbevölkerung erklären. In Athen und Attika scheint die Einwohnerzahl aber nach längerer Stagnation etwa seit 780/60 v. Chr. sprunghaft angestiegen zu sein; auch auf erhöhten Bevölkerungsdruck schließen den Expansionsversuch Spartas im 8. Jh. lässt. Neben Siedlungswachstum und Neugründungen werden zugleich abgelegene Siedlungen in Attika und auf den Inseln verlassen – möglicherweise Indizien für eine »Binnenkolonisation«, eine bewusste Zusammenziehung von Siedlungen. Die Siedlungstätigkeit der ↗ Diadochen führte zu einem Bevölkerungsanstieg in Kleinasien. Ein geringer Bevölkerungszuwachs wird in der ausgehenden röm. Republik für die röm. Westprovinzen und Ägypten angenommen, die vor der röm. Eroberung mit Ausnahme der Küstenregionen nur spärlich besiedelt waren. – Anders im röm. Mutterland: Das röm. Bürgergebiet bestand bis zum Ende des 5. Jh. v. Chr. nur aus dem Territorium der Stadt Rom. Nach dem Latinerkrieg war es beträchtlich gewachsen und die Zahl der wehrfähigen röm. Bürger betrug nach Auskunft der uns überlieferten Censusregister im Jahre 218 v. Chr, kurz vor Ausbruch des 2. Pun. Krieges, zwischen 300.000 und 350.000, woraus sich eine Gesamtbevölkerung von etwa 1,2 Millionen Personen schätzen lässt. Über die Zahl der Sklaven lassen sich kaum Angaben machen, doch erforderte das spezialisierte Wirtschaft und Kultur des röm. Staates, später die ausgedehnte Verwaltung, eine Unmenge von Sklaven. Der röm. Senat musste sich seit 133 v. Chr. wiederholt mit der Frage der Ansiedlung von mittellosen Veteranen und mit *leges agrariae* (↗ Ackergesetze) befassen. Daneben stand das Heer der Besitzlosen und staatl. Kostempfänger in den größeren Siedlungen, das für uns namenlos bleibt, aber zur Zeit der Republik nachweislich wuchs. – Die Lebenserwartung, Säuglings- oder Kindersterblichkeit hing sicher – wie heute – vom Wohlstand der ⁊ Familie ab, doch waren die Sterblichkeitsraten generell im Vergleich zu heute sehr hoch, bei Säuglingen und Kleinkindern sicher um 50 %. Die durchschnittl. Lebenszeit betrug etwa 20–30 Jahre, wobei starke regionale Unterschiede zu beobachten sind. In Zeiten verlustreicher Kriege gab es nicht nur Hungersnöte, sondern auch erhebl. Probleme, den Verlust an Menschen auszugleichen. Manche röm. Familie, z. B. die Scipionen, konnte nach den Verlusten des 2. ⁊ Pun. Krieges nur mit Hilfe von ⁊ Adoption erhalten werden. Über das Heiratsalter bei Männern und Frauen geben Grabinschriften Auskunft; Frauen heirateten früher. Die Sterblichkeit im Kindbett auch bei sehr jungen Frauen war hoch. Oft blieben aber nach dem Tod des Mannes junge Frauen mit mehreren Kindern zurück. Augustus versuchte schließlich, die Versorgung dieser Witwen in gewisser Weise durch Gesetze zur Wiederverheiratung zu sichern. Für die röm. Patrizierfamilien lassen sich aus literar. Nachrichten mit Altersangaben und Verwandtschaftsverhältnissen vielfach Stammbäume und Generationszyklen rekonstruieren, die demographisch ausgewertet werden können. **Lit.:** J. Beloch, Die Bevölkerung der griech.-röm. Welt (1886). – J. U. Krause, Witwen und Waisen im röm. Reich I-III (1994). – L. Wierschowski, Die histor. Demographie: Ein Schlüssel zur Geschichte? In: Klio 76 (1994) 355–380.

Bewässerung ⁊ Wasserleitungen, Wasserversorgung

Bewaffnung ⁊ Rüstung

Bia, griech. Gottheit, Personifikation der Gewalt, Tochter des Titanensohns Pallas und der Styx, Schwester der Nike (Sieg), des Zelos (Wetteifer) und des Kratos (Macht), Verbündete des Zeus, an dessen Seite sie gegen die Titanen kämpft.

Bias, in der Mythologie Sohn des ⁊ Amythaos und der ⁊ Eidomene, Bruder des Melampus. Als Dionysos die Frauen von Argos in den Wahnsinn treibt, heilt Melampus sie und erhält für sich und B. die Hälfte des Königreiches.

Bibel (gr. biblos, »Buch«), heiliges Buch der Christenheit, die Zusammenfassung der alt- und neutestamentl. Schriften. Das in hebr. Sprache abgefasste Alte Testament besteht aus verschiedenartigen Schriften über das israelit. Volk und die jüd. Religion, die in griech. Übersetzung (⁊ Septuaginta) von der christl. Kirche übernommen wurden. Bei dem in griech. Sprache abgefassten Neuen Testament handelt es sich um Niederschriften mündl. Überlieferungen über das Leben Jesu (⁊ Evangelien), dann um die Briefe und Schriften der Apostel sowie die Offenbarung des Johannes (⁊ Apokalyptik), die nach und nach zu einem Kanon zusammengefasst wurden. Dieser Vorgang war im 4. Jh. n. Chr. abgeschlossen. Eine lat. Übersetzung der Bibel aus dem 4. Jh. n. Chr. (⁊ Vulgata) stammt von Hieronymus. Die Bibel ist bis heute in etwa 1100 Sprachen und Dialekte übersetzt worden; zu den frühesten Übersetzungen ⁊ auch Vetus Latina, Wulfila.

Nicht in den Kanon aufgenommene frühchristl. Schriften werden als Apokryphen bezeichnet. **Lit.:** D. E. Aune, The New Testament in its Literary Environment (1987). – K. Erlemann u. a. (Hrsg.), Neues Testament und antike Kultur, bisher 2 Bde. (2004/5).

Bibliothek (gr. »Buchsammlung«), Aufbewahrungsort für Bücher in privaten oder öffentl. Gebäuden. Gesicherte Erkenntnisse über Inhalt, Größe und Aufbau von antiken B.en existieren nur spärlich; gerade die griech. Frühzeit bleibt meistens im Dunkeln. Ursprung der B. ist wohl zunächst der Wunsch nach Dokumentation und die Sammlerleidenschaft antiker Herrscher. Schon der Assyrerkönig Assurbanipal soll im 7. Jh. v. Chr. eine umfangreiche B. unterhalten haben, die u. a. eine berühmte Sammlung von Sternbeobachtungen enthielt (⁊ Astrologie). Spätestens am Ende des 5. Jh. waren jedoch Bücher im griech. Kulturkreis allg. bekannt; wie verbreitet sie waren, ist nicht nachweisbar. Es gab Buchhändler in Athen, die ihre Produkte bis ans Schwarze Meer brachten. Gebildete und reiche Privatleute sammelten die bekanntesten Poeten und Philosophen. Literarisch überliefert ist die B. des Aristoteles im Lykeion, die Sulla im 1. Jh. v. Chr. mit nach Cumae gebracht haben soll, von der aber nichts erhalten blieb. Oftmals waren die B.en einem Tempel, einer Stoa, einem Gymnasium oder einer Philosophenschule angegliedert, wo sie einer kleinen Öffentlichkeit zugänglich waren, während die privaten Sammlungen keinen Publikumsverkehr hatten. B.en als öffentlich zugängl. Institutionen entstanden zuerst in frühhellenist. Zeit, aber auch sie blieben für das gebildete Fachpublikum reserviert. Sie bewahrten Prä-

Bestimmungen der Pantainos-Bibliothek (Athen, gebaut um 100 n. Chr.): »Kein Buch darf entfernt werden, denn wir haben einen Eid geschworen. Geöffnet von der 1. bis zur 6. Stunde.«

senzbestände, bes. Sammlungen der hellenist. Herrscher; nur in Ausnahmefällen und nur bestimmten Personen war es erlaubt, etwas auszuleihen. Da es noch kein Papier gab, bestanden Bücher aus ↗ Papyrus oder später aus ↗ Pergament. Man bewahrte Papyrus zusammengerollt und von Hüllen geschützt in hölzernen Bücherschränken (*armaria*) auf. Diener brachten sie zu den Besuchern, gebildete Sklaven kopierten ganze Werke, ein Bibliothekar beaufsichtigte das Ganze. Sicher gab es auch Benutzungsregeln, die jedoch selten, meist inschriftlich, erhalten blieben. Neuanschaffungen wurden mit Hilfe von Spenden oder Schenkungen finanziert; in Athen war z. B. jeder Ephebe verpflichtet, dem Ptolemaion eine stattl. Anzahl von Rollen zu vermachen. Zum Studium der Rollen standen Leseräume zur Verfügung, die in röm. B.en getrennt nach röm. und griech. Autoren zur Verfügung standen. Die von Ptolemaios I. und II. begründete und erweiterte B. in Alexandria (Museion und Serapeion) umfasste schätzungsweise 500.000 Papyrusrollen, vielleicht sogar mehr. Mit ihrer systemat. Manuskriptsammlung verschiedener Autoren stellte sie wohl bis zu ihrer Zerstörung durch Caesar 47 v. Chr. den geistigen »Pool« der griech. Kultur dar. Schon die Antike kannte Kataloge, um die Zugänglichkeit des Bestandes zu erhöhen und eine Systematisierung zu erreichen; überliefert ist der Katalog des ↗ Kallimachos (*Pinakes*) vom Ende des 4. Jh. v. Chr. »mit den Verzeichnissen derer, die in allen Gebieten der Bildung hervorgetreten sind, und dessen, was sie geschrieben haben«. Ähnl. Einrichtungen wie in Alexandria gab es auch in Pella oder Pergamon, wo die von den Attaliden gestifteten B.en bis zur Zeit Mark Antons noch etwa 200.000 Buchrollen beherbergt haben soll. Manche kleinere Städte besaßen B.en angeschlossen an Heiligtümer, Philosophen-, Ärzte-, oder Rednerschulen oder am Sportstätten, zur körperl. gehörte auch die geistige Ertüchtigung, z. B. auf Kos, Rhodos oder in Tauromenion. Die Römer begeisterten sich für gut ausgestattete Privat-B.en, umgaben sich jedoch oft nur zu »Schauzwecken« mit Büchern, wie Lukian witzelt. Von den zahlreichen Eroberungszügen brachten sie Bücher oder gar ganze B.en mit, wie M. Aemilius Paullus die B. des makedon. Königshauses in Pella 167 v. Chr. oder Sulla Teile der aristotel. Sammlung nach der Eroberung Athens. Erfolgreiche Griechen und Römer betätigten sich auch als B.s-Stifter in ihren Heimatorten (z. B. Plinius d. J. in Como); in der röm. Kaiserzeit übernahmen diese Funktion die Kaiser. Die ursprünglich von Caesar geplante B. konnte erst 39 v. Chr. von Asinius ↗ Pollio vollendet werden. Augustus richtete 28 v. Chr. eine öffentl. B., von der archäolog. Reste erhalten sind, auf dem Palatin ein, viele Kaiser taten es ihm später gleich. Manche B.en hatten beträchtl. baul. Ausmaße: Ausgrabungen brachten in Ephesos die stattl. Überreste der zu Ehren des Tiberius Julius Celsus errichteten »Celsus-B.«, in Athen die Baureste der Hadrians-B. aus der 1. Hälfte des 2. Jh. n. Chr. zu Tage, ebenso die Bibliotheca Ulpia auf dem Trajansforum in Rom. Die großen Thermen

Roms besaßen eigene B.en wie die Anlagen Trajans, Caracallas und Hadrians vermuten lassen. Zur Zeit Konstantins soll es in Rom 28 öffentl. B.en gegeben haben, ab dem 2. Jh. n. Chr. überwacht von einem *procurator bibliothecarum*. Einzig *in situ* erhalten ist die B. der sog. *villa dei papyri* in Herculaneum, nach der grob Form und Ausmaß einer röm. Privatsammlung bemessen werden kann. Der röm. Fachautor Vitruv gibt Hinweise auf die ideale Anlage einer B. in seinem Werk *Über die Architektur* (6, 4, 1), um genug Helligkeit zu erhalten und Schaden durch Feuchtigkeit zu vermeiden. **Lit.:** H. Blanck, Das Buch in der Antike (1992).

Bibracte (heute Mont Beuvray, Frankreich), Siedlung der ↗ Häduer in Gallia Celtica. Die befestigte Bergsiedlung war 58 v. Chr. Schauplatz von Caesars Sieg über die ↗ Helvetier; die Siedlung wurde weitgehend aufgegeben. Ausgrabungen der kelt. Siedlungs- und Befestigungsanlagen. **Lit.:** PECS (1976). – O. Büchsenschütz, Neue Ausgrabungen im Oppidum B., in: Germania 67 (1989) 541–550.

Bienenzucht. Wegen der großen Bedeutung des ↗ Honigs für die tägl. Ernährung beschäftigten sich Griechen und Römer intensiv mit der B., was auch in naturkundl. Werken und in landwirtschaftl. Fachschriften Niederschlag fand. Das antike Interesse war dabei auf Wege zur optimalen Honigproduktion konzentriert, weniger auf zoolog. korrekte Untersuchungen der Bienen. Mit ihrer »Staatsbildung« wurden sie zur Metapher für positive soziale Eigenschaften der Menschen, spielten auch in der Mythologie eine Rolle.

Bier. Das meist aus Gerste gebraute Getränk war bereits in den frühen Hochkulturen Ägyptens und Mesopotamiens bekannt. Im 7. Jh. v. Chr. lernten auch die Griechen das B. kennen, doch fand es weder bei ihnen noch bei den Römern große Verbreitung: B. blieb das Getränk der ›Barbaren‹ und fand lediglich in der Medizin Verwendung.

Biga (lat.), Zweigespann. Die zweirädrige, mit einem Wagenkorb ausgestattete und von zwei Pferden an einem Joch gezogene B. wurde bei Wagenrennen, zur Jagd oder bei Umzügen eingesetzt. Bigae sind schon auf minoischen Fresken und Siegelringen abgebildet und bei Homer erwähnt. Zwar war die B. auch im etrusk. Italien von Bedeutung, nicht aber für das röm. Militär. Astrale Gottheiten wie Luna, Aurora und Venus wurden auf einer B. dargestellt, wärend Sol auf einer ↗ Quadriga fuhr. Die Quadriga wurde auch bevorzugt bei Circusspielen eingesetzt.

Bimsstein, vulkan. Eruptivgestein. B. wurde als Baustoff, aber auch in der Kosmetik (zur Glättung der Haut, Zahnpflege) und Medizin (als gebranntes Pulver) eingesetzt.

Biographie. Als B. (als Begriff erst im 6. Jh. n. Chr. belegt, vorher gr. *bios*, lat. *vita*) bezeichnet man die Erzählung der Lebensgeschichte eines Menschen, verbunden mit der Darstellung seiner wesentl. Charakterzüge und Lebensleistung. Die Antike hat die B. nicht zu einer einheitl. Gattung mit festen Normen ausgebildet; sie kann sich mit anderen Gattungen wie der panegyr. Rede oder Geschichtsschreibung überschneiden. In Griechenland entstehen Vorformen der B. seit dem 4. Jh. v. Chr., z. B. Nachrufe in der Geschichtsschreibung; bes. die Gestalt des ↗ Sokrates weckt Interesse. Einen wichtigen Impuls gibt in der Folge der ↗ Peripatos mit seinen anthropolog. Studien, der Klassifizierung der Lebensformen und Charaktertypen (↗ Theophrast). Seit dem 3. Jh. v. Chr. ist die B. im griech. Kulturkreis eine fest etablierte Gattung. – In Rom besteht von altersher ein ausgeprägter Sinn für die Leistungen der Mitglieder der großen Adelsfamilien. Abstammung, Leistungen und Charakter eines Verstorbenen werden in der Totenrede (↗ *laudatio funebris*) gewürdigt, die Erinnerung durch Inschriften (*tituli*) lebendig gehalten. Doch auch der Selbstbehauptungswille eines aufstrebenden Politikers (*homo novus*) kann Anlass sein, die eigene Leistung zum Thema literar. Darstellung zu machen. So entsteht in Rom zunächst – oft mit apologet. Ton – die ↗ Autobiographie. Seit dem 1. Jh. v. Chr. fasst man oft B.n mehrerer Männer zu Sammlungen zusammen (Varro, Nepos, Hyginus) oder stellt Römer und Griechen einander gegenüber (sog. Synkrisis; Nepos, bes. Plutarch). Man kann zwischen der literar., rhetorisch kunstvoll ausgestalteten B. (Nepos) und der sich auf Sachinformationen beschränkenden Materialsammlung (Sueton) unterscheiden. In den meisten antiken B.n wird versucht, die Lebensleistung eines Menschen und seine persönl. Eigenart als sinnvolle Einheit darzustellen. Die charakterl. Qualität eines Menschen hängt von dessen Naturanlage (*physis*) und seiner freien Willensentscheidung (↗ Autonomie) ab; Determination durch das Milieu ist eine der Antike fremde Vorstellung. In der Spätantike entwickeln sich in der christl. Literatur neue Formen von B.n (z. B. Mönchs- und Bischofsvita, Lebensbeschreibung von Märtyrern; ↗ Perpetua, Legende). **Lit.:** A. Dihle, Studien zur griech. B. (²1970). – B. Gentili/G. Cerri, History and Biography in Ancient Thought (1988).

Bion (1) von Borysthenes, griech. Philosoph, ca. 335–245 v. Chr. B. durchlief die Ausbildung mehrerer Philosophenschulen und betätigte sich dann als kyn. Wanderprediger. Man wird ihm eine große Rolle in der Ausbildung der ↗ Diatribe zuschreiben müssen. Um seine Person rankte sich eine Vielzahl von Anekdoten. **Lit.:** J. F. Kindstrand, B. of Borysthenes (1976).

Bion (2) von Smyrna, griech. Dichter, um 100 v. Chr. B. gilt als der letzte uns noch namentlich bekannte griech. Bukoliker, dessen Werke fragmentarisch erhalten sind und kleinere bukol. und erot. Gedichte, abgefasst im daktyl. Hexameter, umfassen; daneben wird ihm der *Epitaphios auf Adonis,* ein hexametr. Gedicht kult.-hymn. Charakters, zugeschrieben; über sein Leben ist nur wenig bekannt. **Lit.:** B. Effe (Hg.), Theokrit und griech. Bukolik (1986).

Birnbaum. Der B. stammte mit seinen Wildarten aus dem Schwarzmeergebiet und wurde schon im Neolithikum durch Kreuzungen zu Kultursorten veredelt. Diese meist aus Asien stammenden Kreuzungen fanden in Griechenland, bes. auf der Peloponnes, Verbreitung und dienten auch der Mostherstellung. Die Birne war mit den Göttinnen Hera/Juno und Aphrodite/Venus verbunden.

Bithynien (lat. Bithynia), fruchtbare Küstenlandschaft, pers. Satrapie und röm. Provinz im NW Kleinasiens mit thrak. Bevölkerung. Das am ↗ Bosporus mit Küstenstreifen an der ↗ Propontis und am ↗ Schwarzen Meer gelegene B. war Durchgangsland für den Seehandel mit der Schwarzmeerküste mit guten Häfen und wichtigen Straßen. Obwohl ein großer Teil B.s bewaldet und bergig war, garantierten die fruchtbaren, vom ↗ Sangarios und seinen Nebenflüssen gebildeten Ebenen gute landwirtschaftl. Erträge (Viehzucht, Obst, Getreide); die zahlreichen sich von der Küste nach O ausdehnenden Täler erleichterten die Kommunikationswege, daneben gab es einige Bodenschätze und gutes Bauholz. Die Griechen gründeten an der Küste die Kolonien ↗ Kalchedon und Astakos. Nachdem B. die pers. Herrschaft abgeschüttelt hatte, wurde es im 4. Jh. v. Chr. unabhängig, ab 298/97 Königreich mit einer einheim. Dynastie, die bis 74 v. Chr. fortbestand; darunter Nikomedes I. (280–250), der 264 ↗ Nikomedeia nahe der Stelle des zerstörten Astakos als Hauptstadt B. errichtete. Die bithyn. Halbinsel bildete das Kernland des Königreiches, bevor die bithyn. Könige bis nach ↗ Paphlagonien expandierten; unter ↗ Prusias I./II. (2. Jh. v. Chr.) mussten Gebietsverluste in Kriegen gegen Pergamon hingenommen werden. Als Nikomedes IV. Philopator 74 starb, hatte er im Testament Rom als Erben eingesetzt; es entstand zunächst die Provinz Bithynia, ab 63 v. Chr. die Doppelprovinz Pontus et Bithynia. Trotz der Ausbeutung durch die röm. Steuerpächter (*publicani*) blühte das Land auch unter röm. Herrschaft. Die Verwaltung erfolgte zunächst durch Prokonsuln, seit Trajan durch kaiserl. Legaten mit konsular. Befugnissen, darunter ↗ Plinius d. J. 111/12 n. Chr., dessen lebhafte Korrespondenz mit dem Kaiser erhalten ist und einen guten Einblick in die bithyn. Lebensverhältnisse zulässt. Schon früh (1. Jh. n. Chr.) wurde in B. das Christentum heimisch; auf bithyn. Boden fand 325 das ökumen. Konzil in ↗ Nikaia statt, dessen Beschlüsse den Charakter der christl. Welt bis heute bestimmen. **Lit.:** D. Magie, Roman Rule in Asia Minor I-II (1950). – M. Lewis, A History of B. under Roman Rule (1973).

Bituriges, bedeutender kelt. Volksstamm. Bis zur Unterwerfung 52 v. Chr. durch Caesar gehörten die B. zu den bedeutendsten Stämmen in Gallien. Die B. Cubi siedelten um den Hauptort ↗ Avaricum, die B. Visci hingegen um Burdigala (heute ↗ Bordeaux) und waren bekannt für ihren Weinbau.

Blei. Das in der Antike u. a. in Attika, Spanien, Sardinien und Britannien geförderte B. konnte von antiken Handwerkern wegen seines niedrigen Schmelzpunktes und seiner geringen Härte vielseitig verwendet werden. In Griechenland war B. noch ein Nebenprodukt der Silbergewinnung (↗ Laureion), in Rom war der B.-Verbrauch jedoch gewaltig: Verklammerungen für das Bauwesen, Wasserleitungen, Schiffsverkleidungen, Schreibtafeln, einfache Votivbilder, Kosmetika u. a. wurden aus B. gefertigt. Allein für den Bau der Porta Nigra in ⁊ Trier wurden etwa 7 t Blei verbraucht, für die röm. Wasserleitung von Lyon sogar 40.000 t. Auch in Medizin und Kosmetik fand B. Verwendung. Die Gefahr der B.-Vergiftung war in der Antike bekannt, die These von der umfassenden Vergiftung der stadtröm. Bevölkerung mit Blei gilt heute aber als überholt.

Blem(m)yes (kopt., »die Blinden«), Nomadenvolk in Unternubien. Die als Räuber bekannten B. überfielen in der Spätantike (3.–6. Jh. n. Chr.) immer wieder den S Ägyptens. Zahlreiche Kämpfe röm. und byzantin. Truppen gegen die B. sind belegt.

Blitz. Als Symbol der Macht war das B.-Bündel Attribut des Göttervaters Zeus/Jupiter, der den B. als Waffe gegen seine Feinde einsetzte. Der B.-Schlag galt als Zeichen des Gottes in der Welt und wurde oft kult. verehrt. Ein wichtiger Teil röm. ⁊ Mantik war die Blitzbeobachtung (*disciplina fulguralis*); sie wurde bes. in der späten Republik auch politisch instrumentalisiert, da mit der Sichtung eines Blitzes durch einen zuständigen Beamten eine Volksversammlung aufgelöst werden musste und so eine Beschlussfassung verhindert werden konnte. ⁊ Jupitersäule

Bodenschätze ⁊ Bergbau, Blei, Bronze, Eisen, Gold, Kupfer, Quecksilber, Silber

Bodensee (lat. lacus Brigantinus), größter Binnensee im röm. Rätien. Der nach den rät. ⁊ Briganten benannte See wurde schon von ⁊ Pomponius Mela in Ober- und Untersee unterteilt. Anwohner waren Räter, kelt. ⁊ Helvetier und Vindeliker. 25 v. Chr. unterwarfen ⁊ Drusus und Tiberius das Gebiet nördl. des B.; Brigantium (heute Bregenz) und Constantia (Konstanz) gehörten zu den wichtigsten röm. Siedlungen am B.

Böhmen (lat. Boiohaemum), Stammland der kelt. Bojer, die dem Land auch den Namen gaben. Wohl im 4. Jh. v. Chr. wanderte der Großteil der ⁊ Bojer nach Norditalien aus, der zurückbleibende Teil des Stammes verließ um 60 v. Chr. auf Druck benachbarter Völker das Land und siedelte im Gebiet der ⁊ Häduer und in ⁊ Pannonien. Um 8 v. Chr. eroberten die ⁊ Markomannen B., das Land behielt aber den alten Namen. Die These, dass der Name Boiohaemum sei namensgebend für die Baiovarii (und damit für Bayern), ist umstritten.

Böotien (gr. Boiotia), Landschaft in Mittelgriechenland mit Grenzen zu Attika und Euböa. Die fruchtbare, von Gebirgszügen umgebene Beckenlandschaft B. stellte die Landverbindung zwischen Nord- und Südgriechenland dar und war in der Antike von großer strateg. Bedeutung. Hauptorte waren u. a. ⁊ Theben, ⁊ Orchomenos, ⁊ Tanagra und ⁊ Chaironeia. Im 6. Jh. v. Chr. organisierten sich die Stämme und Poleis B.s unter der Führung Thebens im 1. Böot. Bund; nach den ⁊ Perserkriegen verlor Theben diese Vormachtstellung; 457–447 geriet der Bund in Abhängigkeit von Athen und wurde zum Bundesstaat umstrukturiert. Elf Distrikte waren an Steuerleistung und Ämterverteilung proportional beteiligt. Theben domi-

nierte in der Folgezeit erneut den Bundesstaat. Im ⁊ Peloponnes. Krieg stand B. auf Seiten Spartas, wechselte im ⁊ Korinth. Krieg (395–387) jedoch zu Athen über. 386 erzwang der sog. ⁊ Königsfrieden die Auflösung des Bundes, doch erreichten ab 379 Pelopidas und bes. ⁊ Epaminondas die Vorherrschaft Thebens in B. (Zerstörung von Orchomenos und Platää). B., Mitglied des 2. ⁊ Att. Seebundes, geriet in Konflikt mit Athen, der theban. Sieg bei ⁊ Leuktra 371 leitete die sog. theban. Hegemonie über Griechenland ein; B. blieb bis zur Niederlage gegen die Makedonen bei Chaironeia (338) Großmacht in Griechenland. Zwar erholte sich der Bund im Hellenismus wieder und expandierte sogar, verlor jedoch nach 146 v. Chr. jegl. polit. Bedeutung. In der Kaiserzeit lag B. an der Peripherie des wirtschaftl. und polit. Lebens im Reich, die Goteneinfälle im 3. und 4. Jh. n. Chr. beschleunigten den Niedergang B.s. **Lit.:** R. J. Buck, A History of Boeotia (1979). – J. Buckler, The Theban Hegemony 371–362 (1980). – H. Beister/J. Buckler (Hg.), Boiotika (1989).

Boëthius, Ancius Manlius Severinus B., röm. Philosoph und Politiker, ca. 480–524 n. Chr. B. stand im Dienst des Ostgotenkönigs Theoderich und bekleidete hohe Staatsämter (510 Konsul, 522 *magister officiorum*), befürwortete aber die Wiederherstellung der oström. Herrschaft in Italien. Deshalb setzte er sich 522 für den Konsular Albinus ein, der wegen Hochverrats angeklagt war. Die Anklage wurde auf B. ausgedehnt, er wurde in Pavia inhaftiert und 524 hingerichtet. Im Kerker verfasste er sein Hauptwerk in fünf Büchern, *Trost der Philosophie* (*De consolatione philosophiae*). Im Stil einer menippeischen Satire (⁊ Satura) in einer Mischung von Versen und Prosa (Prosimetrum) ist das Werk als ein ärztl. Gespräch zwischen der personifizierten Philosophie und einem zu Unrecht zum Tode Verurteilten angelegt. Ziel ist die Erreichung der ⁊ ataraxia (Seelenfrieden) und der Freiheit von allen Affekten (*apatheia*). Dazu gehört ganz im stoischen Sinne bes. die Freiheit von den äußeren, dem Glück und Schicksal ausgesetzten Gütern. Glück kann nur in Gott gefunden werden. Das Werk ist eine beeindruckende Verbindung von antiker Philosophie und christl. Denken. Daneben verfasste B. zahlreiche Übersetzungen (*Organon* des Aristoteles, Aristoteles-Kommentare), befasste sich mit Problemen der ⁊ Logik in einer Reihe log. Traktate und schrieb eine Darstellung des Quadriviums der ⁊ artes liberales, von der die Bücher über Arithmetik und Musik erhalten sind. Die Schriften des B. übten einen enormen Einfluss auf die Philosophie des MA aus, bes. auf Abelard. **Lit.:** J. Gruber, Kommentar zu B. »de consolatione Philosophiae« (1978). – H. Chadwick, B. (1990).

Bogen (gr. toxon, lat. arcus). Zahlreiche bildl. Darstellungen im Alten Orient und in Ägypten zeigen den Herrscher mit B. im Kampf oder auf der Jagd; noch bei Homer spielt der B. eine wichtige Rolle. In der klass. Antike war der B. hingegen von untergeordneter militär. Bedeutung, dominierten doch die Schwerbewaffneten die Taktik; auch im griech. ⁊ Agon konnte sich das B.-Schießen nicht etablieren. Bekannt waren jedoch die kret. B.-Schützen, die vielfach als Söldner angeworben wurden. Die Fertigungstechniken des B.s konnten variieren, mehrteilige Bögen aus unterschiedl. Materialien waren verbreitet. Im röm. Heer treten B.-Schützen (*sagittarii*) erstmals Ende des 3. Jh. v. Chr. auf; es handelte sich dabei um Söldner. Erst unter Marius fanden Pfeil und B. Einzug als Waffe der Auxiliareinheiten (Hilfstruppen, ↗ auxilia). ↗ Kriegskunst

Boiotia ↗ Böotien

Bojer (lat. Boi/Boii), bedeutender Stamm der Kelten in Norditalien. Wohl im 4. Jh. verließ der Großteil der B. die Heimat ↗ Böhmen. Die seit dem 4. Jh. v. Chr. in der Poebene (↗ Padus) ansässigen B. drängten Etrusker und Umbrer zurück, machten Bononia (heute ↗ Bologna) zu ihrem Hauptort, kämpften 283/82 und 238–224 mit Etruskern und anderen Keltenstämmen gegen die Römer und unterstützten Hannibal. 193 besiegten die Römer endgültig die B. Zwar berichtet ↗ Strabon, die B. seien nach Böhmen zurückgekehrt, doch ist dies nicht haltbar. Die in Böhmen verbliebenen B. verließen um 60 v. Chr. ihre Heimat und siedelten im Gebiet der ↗ Häduer und in ↗ Pannonien. **Lit.:** I. Wernicke, Die Kelten in Italien (1991).

Bologna (lat. Bononia), röm. Stadt in Norditalien. Der seit der Bronzezeit besiedelte Ort galt als etrusk. Gründung, war wichtiges kelt. Zentrum und Hauptort der ↗ Bojer. Um 220 v. Chr. erobert, wurde B. 189 zur Colonia erhoben und 187 an die ↗ Via Aemilia angebunden. B. entwickelte sich zum Verkehrs- und Wirtschaftszentrum der 7. Region Italiens. 53 n. Chr. zerstörte ein Brand große Teile der Stadt, die aber erst in der Spätantike an Bedeutung verlor. **Lit.:** PECS (1976).

Bona Copia ↗ Amalthea

Bona Dea (lat., »Gute Göttin«), alte röm. Fruchtbarkeits- und Heilsgöttin, Gattin oder Tochter des Faunus. Zu ihrer im Hause eines hohen Beamten stattfindenden Kultfeier im Dezember waren ausschließlich Frauen zugelassen. **Lit.:** K. Latte, Röm. Religionsgeschichte (1960) 228 ff.

Bonn (lat. Bonna), Siedlung der Ubier und röm. Militärlager. Um 30/20 v. Chr. siedelten die ↗ Ubier in B., das seit ca 16 v. Chr. als röm. Militärlager genutzt wurde. Erst unter Claudius wurde es ständiges Legionslager. Im Bataveraufstand 69/70 n. Chr. zerstört, aber als Steinkastell wiederaufgebaut, blieb B. bis in die Spätantike militär. Stützpunkt. Archäolog. Funde bes. aus der Lagervorstadt; unter dem Münster Reste eines spätantiken Friedhofes. **Lit.:** H. G. Horn (Hg.), Die Römer in Nordrhein-Westfalen (1987) 364–388.

Bononia ↗ Bologna

Bonus Eventus (lat., »Glückl. Ausgang«), röm. Schutzgottheit des Ackerbaus.

Bordeaux (lat. Burdigala), Stadt im kelt. Gallien (später in der röm. Provinz Aquitanien). B. war der Hauptort der ↗ Bituriges Vivisci. Die am Unterlauf der Garumna (heute Garonne) gelegene Stadt diente als Seehafen für den Handel bes. mit Zinn aus Britannien.

Die Siedlung wurde im 3. Jh. v. Chr. gegründet und 56 v. Chr. römisch; die tributpflichtige Gemeinde erhielt im 1. Jh. n. Chr. den Status eines Municipium; im 2. Jh. wurde B. Hauptstadt der Provinz Aquitania, im 4. Jh. der Provinz Aquitania II. Eine Blüte erlebte die reiche Handelsstadt im 3. Jh. und blieb auch nach dem Ansturm der ↗ Alemannen 276 eine bedeutende Provinzstadt. B. war in der Spätantike Bildungszentrum, ↗ Ausonius verherrlichte in seinen Werken seine Heimatstadt. Seit der Mitte des 3. Jh. war B. Mittelpunkt des christl. Lebens in der Region Aquitanien. **Lit.:** PECS (1976). – R. Etienne, B. antique (1962).

Bordell (gr. porneion, lat. lupanarium). Für die griech.-röm. Antike sind B.e literarisch gut belegt. Nach Athenaios soll Solon das erste B. in Athen errichtet haben; zumindest seit dem 5. Jh. v. Chr. dürften B.e in Griechenland größere Verbreitung gefunden haben. Detailliertere Informationen besitzen wir über röm. B.e; B.e und Gasthäuser, in denen ↗ Prostitution betrieben wurde, fanden sich in Rom nahe dem Circus Maximus und in der Subura. In Pompeji sind mehrere B.e erhalten: Kennzeichen sind kleine, manchmal mit erot. Szenen dekorierte Kammern, die lediglich mit einer gemauerten Liege ausgestattet sind; über den Türen der Kammern standen Name und Preis der Prostituierten. Der Besuch der B.e war gesellschaftlich durchaus toleriert. **Lit.:** V. Vanoyeke, La prostitution en Grèce et à Rome (1990). – C. Reinsberg, Ehe, Hetärentum und Knabenliebe im antiken Griechenland (1993).

Boreaden, ↗ Kalaïs und Zetes, in der Mythologie die beiden Zwillingssöhne des Boreas.

Boreas (gr. Boreas, »Nordwind«), Nordwind in Griechenland. Nach Pindar ist der B. der König der Winde. In Mythologie und Dichtung findet der B. auch

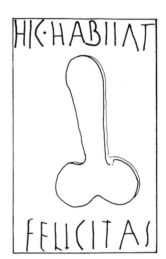

HIC HABITAT FELICITAS,
Pompeji, Relief mit Hinweis auf ein Bordell

in personifizierter Gestalt Niederschlag, etwa als thrak. Gott (Sohn des Astraios und der Eos) des rauhen Nordwindes, der seinem Bruder, dem sanften Westwind Zephyros, gegenübergestellt wird. Zahlreiche bildl. Darstellungen sind erhalten, z. B. auf dem sog. »Turm der Winde« in Athen: ein geflügelter Mann mit wilder Bart- und Haartracht hält eine Muschel in der Hand.

Borysthenes (oder Danapris, heute Dnjepr), einer der größten Flüsse im Gebiet der ↗ Skythen. Der B. mündete – wie heute – zusammen mit dem Hypanis (heute Bug) bei ↗ Olbia ins Schwarze Meer.

Boscoreale, Ort in ↗ Kampanien am südöstl. Abhang des Vesuv, wurde zusammen mit ↗ Pompeji im Jahre 79 n. Chr. beim Ausbruch des Vulkans verschüttet. Zwischen 1896 und 1900 konnten hier bedeutende Reste zweier römerzeitl. Villen ausgegraben werden: die sog. Villa des P. Fannius Sinistor aus der Zeit um 30 v. Chr., die durch ihre hervorragenden Wandmalereien des sog. 2. pompejan. Stils (↗ Malerei) bekannt wurde, und eine sog. Villa rustica, in der der 109 Teile umfassende berühmte Silberschatz (heute im Pariser Louvre) entdeckt wurde.

Bosporanisches Reich (lat. Bosporanum regnum), Gebiet an der Nordküste des Schwarzen Meeres. Das B. R. entstand um 580/70 v. Chr. durch die Vereinigung der griech. Städte westl. und östl. des Kimmer. Bosporus, der heutigen Meerenge von Kertsch. Hauptstadt war Pantikapaion, das heutige Kertsch. Die Herrschaft über das B. R. hatten zunächst die Archeanaktiden, ein miles. Adelsgeschlecht, inne. 438 wurden sie von den Spartokiden, die wahrscheinlich thrak. Herkunft waren, abgelöst. Im 4. Jh. konnten die Spartokiden das B. R. noch erheblich erweitern, in der 2. Hälfte des 3. Jh. v. Chr. kam es jedoch zu wirtschaftl. Problemen, die sich auch auf die militär. Stärke des Reiches ungünstig auswirkten. Schließlich wurde das B. R. in das Königreich ↗ Pontos unter ↗ Mithradates VI. eingegliedert. Mit dem Sieg der Römer über Mithradates (63) geriet das B. R. in Abhängigkeit von Rom. Nach einer neuen Blütezeit im 2. und 3. Jh. n. Chr. wurde das B. R. Ende des 3. Jh. von den ↗ Goten überrannt, im 4. Jh. fielen die ↗ Hunnen ein. **Lit.:** V. F. Gaidukevic, Das B. R. (²1971) [dazu: B. Nadel, Gnomon 47 (1975) 567–577].

Bosporos, Meerenge zwischen Marmarameer und Schwarzem Meer. Der wohl thrak. Name wurde von den Griechen volksetymologisch als »Ochsenfurt« übersetzt. Der ca. 32 km lange B. stellt, zusammen mit dem ↗ Hellespont, die Verbindung zwischen Europa, Asien, Ägäis und Schwarzem Meer dar und war in der Antike als Handelsstraße von größter Bedeutung. Die wichtigsten Handelsplätze waren ↗ Byzanz und ↗ Kalchedon. Der B. behielt seit der Antike seine strateg. Bedeutung.

Bostra (heute Bosra, Syrien), Handelsstadt in Syrien. Die ursprünglich arab. Siedlung gelangte 144 v. Chr. an das Reich der ↗ Nabatäer und war neben ↗ Petra städt. Zentrum des Landes. Mit dem Ende des Nabatäerreiches 105/06 n. Chr. wurde B. Hauptstadt der röm.

Provinz ↗ Arabia. B. stellte als Karawanenzentrum eine wichtige Drehscheibe im Handel mit Persien und Mesopotamien dar. Blüte der Stadt im 3. Jh., 297 wurde B. Hauptstadt der Provinz Arabia Augusta Libanensis. B. beherbergte eine der frühen Christengemeinden in diesem Raum. Sehenswerte Reste: Kolonnaden (heute Marktstraße) und ein röm. Theater, das im 11. Jh. zur Festung umgebaut wurde. **Lit.:** PECS (1976). – ASM (1999).

Botanik ↗ Aristoteles, Theophrast

Botenbericht, Begriff der Dramenanalyse. Längere Rede (Rhesis) im Drama, in der den anderen Personen oder dem Chor hinter- oder außerszenische, vor oder während der dramat. Handlung geschehene Ereignisse, die nach den Möglichkeiten der Konventionen des att. Theaters nicht darstellbar sind, mitgeteilt werden. Diese nach allen Mitteln der Rhetorik ausgestatteten Berichte werden entweder von einer Haupt- oder Nebenfigur (z. B. Sophokles, Elektra 680 ff.), sehr häufig jedoch von eigens zu diesem Zweck eingeführten, namenlosen Boten gegeben. In den Tragödien des Aischylos stehen B.e im Handlungszusammenhang vorwiegend an den Stellen, an denen auf eine langsam aufgebaute bange Erwartung die Gewissheit folgt (z. B. Perser 302 ff. [Niederlage des persischen Heeres], Sieben gegen Theben 375 ff. [Bericht des Spähers, 7 Redenpaare]). Sophokles setzt B.e vor allem in den Schlussszenen ein, um die hinter des Szene abgelaufene Katastrophe zu schildern: (z. B. Antigone 1192 ff. [Tod Antigones und Haimons]). In den Tragödien des Euripides findet sich ebenfalls der Typ des Katastrophenberichts (z. B. Medea 1135 ff. [Tod Kreons und seiner Tochter]). Schlachtenschilderungen in B.en finden sich z. B. in Euripides' Phönizierinnen 1090 ff. In den Komödien des Aristophanes werden B.e in parod. Zusammenhang (Katastrophenbericht: Acharner 1174 ff.) eingesetzt und wie in der Tragödie zur Schilderung hinter- und außerszenischer Ereignisse (z. B. Ritter 624 ff. oder Menander, Dyskolos 666 ff.). **Lit.:** I. J. F. de Jong, Narrative in Drama: The art of the Euripidean messenger-speech (1991).

Bothros (gr., »Grube«), Opfergrube für Spenden an unterirdische Gottheiten.

Boudicca, britann. Fürstin, Gemahlin des Icenerfürsten Prasutagus, führte 60 n. Chr. einen Aufstand gegen Rom an. Um seine Familie und seinen Besitz zu schützen, hatte Prasutagus neben seinen beiden Töchtern den röm. Kaiser Nero als Miterben eingesetzt. Trotzdem kam es nach seinem Tod zur Einziehung seines Vermögens sowie zu Misshandlungen der B. und ihrer Töchter. Dies war der Auslöser für den Aufstand, dem sich mehrere britann. Völkerschaften anschlossen. Nach anfängl. Erfolgen wurden die Britannier durch den Statthalter C. Suetonius Paulinus vernichtend geschlagen, B. beging Selbstmord oder starb an einer Krankheit. **Lit.:** K. Brodersen, Das röm. Britannien (1998).

Boule (gr. »Rat«), in Athen bes. der »Rat der 500«, eines der wichtigsten Verfassungsorgane der athen. Demokratie. Die Einrichtung der B. geht auf die Reformen des ↗ Kleisthenes (508/07 v. Chr.) zurück und baut möglicherweise auf eine ältere Institution auf, die bereits von ↗ Solon geschaffen wurde. – *I. Zusammensetzung und Arbeitsweise:* Die B. zählte 500 Mitglieder (je 50 für jede der 10 ↗ Phylen), die jährlich aus einem Bewerberkreis ausgelost wurden (↗ Losung). Um an diesem Verfahren teilnehmen zu können, musste man das athen. Bürgerrecht besitzen und älter als 30 Jahre sein. Jeder Bürger durfte im Laufe seines Lebens nicht mehr als zweimal dem Rat angehören, und das nie in aufeinanderfolgenden Jahren. Dadurch hatte jeder, der dies wollte, die Chance, auch tatsächlich der B. anzugehören. Die 50 Ratsmitglieder einer jeden Phyle bildeten den zehnten Teil des Jahres als ↗ Prytanie eine Art geschäftsführenden Ausschuss. Mit Ausnahme besonderer Feste trat der Rat an jedem Tag des Jahres zusammen, seine Sitzungen waren in der Regel öffentlich. Jeder Ratsherr erhielt für seine Tätigkeit eine Aufwandsentschädigung (↗ Diäten) und war für die Dauer seines Amtes vom Militärdienst befreit. – *II. Funktion und Bedeutung:* Die wichtigste Aufgabe der B. bestand darin, Anträge an die ↗ Volksversammlung entgegenzunehmen, diese vorab zu beraten und in eine endgültige Form zu bringen, die dem Volk zur Entscheidung vorgelegt werden konnte. Sie musste mindestens 40 Volksversammlungen im Jahr organisieren und die Umsetzung der entsprechenden Beschlüsse kontrollieren. Darüber hinaus überwachte sie die Amtsführung der Beamten und leitete die Außenpolitik, indem sie Gesandte empfing. Die B. erfüllte damit in etwa die Aufgaben einer Regierung, besaß durch das Losverfahren und die ständige Fluktuation ihrer Mitglieder aber kaum ein institutionelles Eigengewicht, das sie von der übrigen Bürgerschaft unterschieden hätte. **Lit.:** P. J. Rhodes, The Athenian Boule (1972). – J. Bleicken, Die athen. Demokratie (⁴1995) 190–203.

Bouleuterion (gr., »Ratsgebäude«), Versammlungsgebäude des Rates (↗ Boule); in griech. Städten seit archaischer Zeit belegt und seit dem 4. Jh. v. Chr. meist in der Nähe der ↗ Agora errichtet.

Bovillae, Stadt in Latium. Das ca. 18 km vor Rom an der Via Appia gelegene B. wurde von Alba Longa gegründet und war Stammort der *gens Iulia* (↗ Julius), für die Tiberius hier auch eine Gedenkstätte errichtete. Reste von Stadtmauern, Theater, Circus, Aquädukt und Gräbern entlang der Via Appia.

Boxen ↗ Faustkampf

Branchidai ↗ Didyma

Branchos, in der Mythologie schöner Sohn des Smirkos, in den sich Apollon leidenschaftlich verliebt. Der Gott schenkt ihm die Gabe der Weissagung. B. gründet das Orakel von Didyma, dessen Priester Branchidai (Nachkommen des Branchos) genannt werden.

Brasidas, spartan. Feldherr im Peloponnes. Krieg. Gegen den Widerstand einflussreicher Kreise in Sparta, die 425 v. Chr. für eine Verständigung mit Athen plädierten, erreichte B. 424 die Erlaubnis für eine Offensive im chalkid.-thrak. Raum. Im Bündnis mit dem Makedonenkönig Perdikkas II. konnte er im Winter 424/23 Amphipolis erobern und einige weitere Städte zum Abfall von Athen bewegen. Kurz darauf überwarf sich B. jedoch mit Perdikkas, der sich daraufhin Athen anschloss und B. vom Nachschub abschnitt. Als im Sommer 422 Kleon mit neuen athen. Streitkräften vor Amphipolis erschien, kam es zur Schlacht, in der Kleon und B. fielen. **Lit.:** H. D. Westlake, Individuals in Thucydides (1968) 148–165. – Ders., Thucydides, B., and Clearidas, in: Studies in Thucydides and Greek History (1989) 78–83.

Brauron (heute Vravrona), bedeutendes Artemis-Heiligtum an der Ostküste Attikas; Heimat des Peisistratos. B. gehörte zu den ältesten Städten Attikas, verlor aber mit der Demenordnung unter Kleisthenes den Status eines Demos. Im 5. Jh. v. Chr. wurde der heute sichtbare Tempel im dor. Stil errichtet. Das teilweise ausgegrabene Heiligtum der Artemis Brauronia wurde schon im 3. Jh. v. Chr. aufgegeben. Wohl in einer benachbarten Höhle befand sich das sog. Grab der ↗ Iphigenie. **Lit.:** PECS (1976). – J. Travlos, Bildlexikon zur Topographie des antiken Attika (1988). – ASM (1999).

Brechmittel. Federkiel, lauwarmes Salz- oder Honigwasser wurden von röm. ›Feinschmeckern‹ als B. eingesetzt, um Platz für weitere Köstlichkeiten zu schaffen. Diese Praxis fand jedoch nur geringe Verbreitung.

Brennus (breton. brennin, »König«), Fürst der Senonen, Anführer der Gallier bei ihrem Einfall in Italien 390 v. Chr.; nach dem Sieg in der Schlacht an der Allia drangen die Gallier in Rom ein und plünderten die Stadt; Livius berichtet ausführlich von diesem für die Römer traumat. Erlebnis. Das Kapitol, auf dem sich die Bevölkerung verschanzt hatte, soll lediglich deshalb verschont geblieben sein, weil die heiligen Gänse der Juno durch ihr Geschnatter rechtzeitig Alarm schlugen (Livius 5, 47, 4). In den folgenden Verhandlungen vereinbarte man ein Lösegeld für das röm. Volk von 1000 Pfund. Als die Gallier falsche Gewichte heranbrachten und der Tribun Einspruch erhob, soll B. sein Schwert auf die Waagschale geworfen haben mit den Worten *vae victis*, »Wehe den Besiegten« (Livius 5, 48, 9). **Lit.:** I. Wernicke, Die Kelten in Italien (1991). – B. Kremer, Das Bild der Kelten bis in augusteische Zeit (1994).

Bretas (gr.), altes, hölzernes Götterbild. Am Vorabend der Großen ↗ Dionysien wurde das B. des Gottes Dionysos aus dem Dorf Eleutherai in einer ↗ Prozession nach Athen überführt.

Brettspiele waren im griech.-röm. Kulturkreis ein populärer Zeitvertreib. Viele Strategie- oder Glücksspiele ähnelten heute übl. Varianten (Mühle, Dame, Mensch-ärgere-dich-nicht). Zahlreiche Abbildungen zeigen Personen am Spieltisch; von der Beliebtheit der B. zeugen auch die gefundenen Spielsteine (↗ Astragalos). Neben dem reinen Würfelspiel, benötigten die Spieler auch bei B.n Würfel (*tesserae*), die in der Regel die Zahlen 1–6 zeigten; auch Würfelbecher aus Leder waren üblich. Überliefert ist etwa das Soldatenspiel (*ludus latrunculorum*), das Zwölfpunktespiel (*lu-*

dus XII scriptorum) oder verschiedene Mühle-Varianten. Tragbare Spielbretter (*lusoriae tabulae*) bestanden aus Holz, die Spielsteine (*calculi*) aus Stein, Glas oder Knochen; bei Bedarf zeichneten oder ritzten Spieler die Anordnung auf Boden oder Tisch. **Lit.:** A. Rieche, So spielten die Alten Römer (1984). – M. Fittà, Spiele und Spielzeug in der Antike (1998).

Breve, Begriff der Metrik, kurzes Element bzw. kurze Silbe im Vers (∪).

Briareos (gr. Briareos), einer der drei ↗ Hekatoncheiren.

Brief (gr. epistole, lat. epistula, litterae). Ein B., an eine Einzelperson oder an eine Gruppe gerichtet, ist, in einer bestimmten Lage und aus einem bestimmten Bedürfnis heraus entstanden, eine typ. unliterar. Gelegenheitsschrift. Die antike rhetor. Theorie des B.s definiert dementsprechend den B. als ein ›halbiertes Gespräch‹. Von der Typologie her muss man Privatbriefe, amtl. Briefe und literar. B.e unterscheiden (↗ Epistolographie). Der Privatbrief wurde ursprünglich auf zusammenlegbaren Holztäfelchen (↗ Diptychon) geschrieben, später überwiegend auf ↗ Papyrus. Der griech.-röm. Privatbrief zeichnet sich bes. durch seine formalen Bestandteile, das sog. Formular, aus, die dazu dienten, Absender und Adressat zu Beginn deutlich zu machen und durch eine abschließende Schlussformel zu ›versiegeln‹. Aus dem hellenist. Ägypten sind zahlreiche derartige, nicht für die Publikation bestimmte B.e erhalten. Die Eröffnungsformel ist zumeist gleichlautend: »XY (schickt) dem AB einen Gruß«, die Schlussformel: »Lebe wohl! An AB von XY«. Dieselben stereotypen Formulierungen finden sich auch in röm. Privatbriefen. – Eine Zwischenstellung zwischen dem privaten und literar. B. nehmen amtl. B.e ein, die in der Regel an ein größeres Publikum gerichtet sind und damit an der Grenze zu Urkunden oder öffentl. Verlautbarungen stehen. Beim literar. Brief schließlich ist die B.-Form eigentlich als Fiktion anzusehen, da der Autor von vornherein nicht an einen speziellen Adressaten, sondern an ein größeres Publikum dachte (↗ Cicero (1) – teilweise –, ↗ Seneca d.J., ↗ Plinius d.J.). Einen Ausnahmefall stellt die Gruppe von B.en dar, die ursprünglich tatsächlich nur an einen bestimmten Adressaten gerichtet waren, vom Autor selbst oder vom Adressaten im Hinblick auf eine spätere Publikation aufbewahrt wurden. Dies gilt für die B.e Ciceros und die der ↗ Kirchenväter (↗ Augustinus). **Lit.:** H. Peter, Der B. in der röm. Literatur (1901). – J. Hengstl (Hg.), Griech. Papyri aus Ägypten (1978).

Briganten, zwei kelt. Stämme. Die Brigantes in Britannien (Nordengland) wurden 77/78 n. Chr. von ↗ Agricola besiegt und als *civitas* mit Zentrum in Isurium Brigantum (heute Aldborough) reorganisiert. Die Brigantii hingegen siedelten am ↗ Bodensee (lat. lacus Brigantinus) und gaben sowohl dem See als auch ihrem Hauptort Bregenz (kelt./lat. Brigantium) den Namen. **Lit.:** B. Hartley/L. Fitts, The Brigantes (1988).

Brigetio (heute Komárom-Szöny, Ungarn) bedeutende röm. Siedlung und Legionslager in ↗ Pannonien. Das Limeskastell am rechten Donauufer in der Pro-

Britannicus

vinz Pannonia Inferior diente mit seinen Grenztruppen dem Schutz der Donaulinie. In B. starb 375 n. Chr. ↗ Valentinian I. Zahlreiche archäolog. Funde (Inschriften, Münzen). **Lit.:** K. S. Póczy, Städte in Pannonien (1976) 56 ff. – Z. Visy, Der pannon. Limes in Ungarn (1988).

Brimos, göttl. Kind bei den ↗ Eleusinischen Mysterien.

Brindisi ↗ Brundisium

Briseis (gr. Briseis), Tochter des Brises, Gefangene und Geliebte ↗ Achills. Sein Zorn wegen Agamemnons Anspruch auf B. ist Leitmotiv in Homers *Ilias*.

Brises, in Homers *Ilias* Vater der Briseis, wie sein Bruder Chryses Priester des Apollon in Lyrnessos. B. erhängt sich, als Achill im ↗ Trojan. Krieg sein Haus zerstört.

Britannicus, Tiberius Claudius Caesar Germanicus, 41–55 n. Chr., Sohn des Kaisers Claudius und von dessen dritter Frau Valeria Messalina; den Beinamen B. erhielt er im Alter von zwei Jahren nach dem erfolgreichen Britannienfeldzug seines Vaters. Nach dem Tod der Messalina heiratete Claudius 49 seine Nichte Agrippina und adoptierte im Jahr darauf deren Sohn Nero. Von nun an wurde B. vor seinem Stiefbruder zurückgesetzt, Agrippina versuchte zudem, ihn als schwachsinnig hinzustellen. Nach der Ermordung des Claudius 54 wurde B. von der Nachfolge ausgeschlossen und Nero übernahm die Regierung; noch vor dem 12. Februar 55, dem Geburtstag des B., ließ Nero ihn durch Gift töten. **Lit.:** B. Levick, Claudius (1990). – R. Amedick, Die Kinder des Kaisers Claudius, in: Röm. Mitteilungen 98 (1991) 373–395.

Britannien (lat. Britạnnia, gr. Prettanikẹ oder auch Ạlbion), röm. Provinz auf der brit. Hauptinsel. B. umfasste England und Wales, nicht aber ganz Schottland oder Irland. Seit dem 5. Jh. v. Chr. wanderten kelt. Stämme aus ↗ Gallien, zuletzt seit dem 1. Jh. Teile der ↗ Belger, zu und keltisierten das Land. Der Reichtum an Bodenschätzen (bes. Zinn) in B. führte schon im späten 4. Jh. zu ersten wirtschaftl. Kontakten mit Völkern der Mittelmeerwelt, doch blieb das Landesinnere bis zum Eroberungsversuch durch Caesar (55–54) unbekannt. Das weitgehend von den Catuvellauni beherrschte Südengland wurde nominell Bundesgenosse Roms. Erst durch die planmäßige Eroberung B.s unter ↗ Claudius wurde Südengland zu einer röm. Provinz. Die anfänglich selbständigen, an die Provinz angrenzenden Stämme wurden sukzessive in die röm. Provinz eingegliedert. Der Aufstand der Iceni unter Königin ↗ Boudicca (61 n. Chr.) richtete sich gegen diese Einverleibung. Bis zum Anfang des 2. Jh. n. Chr. wurde die Nordgrenze der Provinz nach N verschoben (vgl. etwa ↗ Tacitus, *Agricola*; röm. Vorstöße bis nach NO-Schottland), bis als Reaktion auf den Aufstand 118–119 ↗ Hadrian ca. 122 einen Grenzwall zwischen den heutigen Städten Carlisle und Newcastle errichten ließ, den sog. Hadrianswall. Die unter ↗ Antoninus Pius vorgenommene Ausdehnung nach N, die durch den Antoninuswall geschützt werden sollte, musste schon um 165 aufgegeben werden. Der Hadrianswall bildete fortan die Nordgrenze. Etwa 259–268 gehörte B. zum gall. Sonderreich des Postumus, 286–297 bildete Carausius ein britann. Sonderreich, das erst von Constantius Chlorus wieder ins röm. Reich eingegliedert wurde. Ab ca. 360 fielen Pikten, ↗ Schotten und Sachsen ein, 410 wurden die letzten röm. Truppen aus B. abgezogen; so forderte Honorius die *civitates* in B. auf, sich selbst zu schützen. – Ursprünglich Provinzhauptstadt war Camulodunum (heute Colchester), Sitz des Provinziallandtages mit großem Claudius-Tempel. ↗ Septimius Severus teilte B. in zwei Provinzen auf: das kleinere Britannia inferior mit der Hauptstadt ↗ Eboracum (heute York) und Britannia superior mit Londinium (heute ↗ London). In diokletian./konstantin. Zeit erfolgte die Teilung in vier Provinzen mit den Hauptstädten Londinium, Eboracum, Lindum (heute Lincoln) und Corinium (heute Cirenchester). – Neben dem hochkultivierten urbanen Leben in den zahlreichen Städten des Landes, von dem uns z. T. bemerkenswerte

archäolog. Reste (etwa die Thermenanlage in ↗ Aquae Sulis, dem heutigen Bath) einen Eindruck vermitteln, blühte bes. in der späten Kaiserzeit die Landwirtschaft. Zahllose, oft prächtig ausgestattete Landhäuser und Villenanlagen (Lullingston, Fishbourne, St. Albans), Thermen und ehrgeizige Entwässerungsprojekte (bes. im Fenland) bezeugen röm. Leben und Wirken auch auf dem Lande; die Holztäfelchen von Vindolanda geben überdies Einblick in die tägl. Sorgen und Aufgaben röm. Soldaten. Die beeindruckenden Reste des Hadrianswalls sowie die zahlreichen Ausgrabungen und archäolog. Museen im ganzen Land vermitteln ein lebendiges Bild vom Leben in einer Provinz am Rande des röm. Imperiums. **Lit.:** P. Salway, Roman Britain (1981). – S.S Frere, Britannia (³1987). – K. Brodersen, Das röm. B. (1998).

Britomạrtis, kret. Göttin, Tochter des Zeus und der Karme, Begleiterin der Artemis. Sie wird von ↗ Minos neun Monate verfolgt, bis sie sich ins Meer wirft, um ihre Jungfräulichkeit zu retten. Sie wird von Fischernetzen gerettet und erhält den Namen Diktynna (von griech. *diktyon,* »Netz«).

Brọmios, Beiname des ↗ Dionysos, nach dem dunkel klingenden (gr. brẹmein), ↗ Ekstase verursachenden ↗ Aulos.

Brontoskopie ↗ Eingeweideschau

Bronze, Metall-Legierung aus Kupfer und Zinn (im Verhältnis 9:1), welcher oftmals noch Zink oder Blei beigemengt wurde. B. ist hart, korrosionsbeständig und hat eine hohe Festigkeit. Reiche Erzvorkommen führten zu zahlreicher Verwendung von B., insbes. zur Herstellung von Waffen, Werkzeugen, Gefäßen und Skulpturen. Ausgangspunkt der B.-Kunst bildete das Mittelmeergebiet, von wo aus sie eine Ausdehnung bis nach Skandinavien erreichte. Vor allem die Etrusker entwickelten eine außerordentl. B.-Technik, die ihre Ware zu einem begehrten, weit verbreiteten Exportgut werden ließ. – In Europa folgt die Bronzezeit der Steinzeit und wird von der Eisenzeit abgelöst. Sie umfasst dort im Wesentl. den Zeitraum von der Mitte des 3. Jt. bis etwa 900 v. Chr. Dennoch erfreuten sich auch nach dieser Zeit bronzene Gegenstände großer Beliebtheit. **Lit.:** P.C. Bol, Antike B.technik (1985). – G. Zimmer, Griech. B.gußwerkstätten (1990).

Bronzeleber von Piacenza ↗ Eingeweideschau

Brot (gr. ạrtos, lat. pạnis). B., meist aus Weizen mit Sauerteig gebacken, war in Griechenland mindestens seit homer. Zeit bekannt, galt aber bis ins 5. Jh. v. Chr. als Luxus der Reichen. Dem Großteil der Bevölkerung dienten Gerstenfladen als Grundnahrungsmittel. In der Zeit der röm. Republik beherrschten einfache Getreidebreie (lat. *puls*) den Speiseplan der Römer, erst im 2. Jh. v. Chr. setzte sich B. langsam als Grundnahrungsmittel durch; die häusl. Herstellung wurde durch die Großproduktion in ↗ Bäckereien abgelöst. Unterschiedlichste Brotsorten verschiedener Qualitätsstufen (abhängig vom verwendeten Getreide) fanden Verbreitung. Juvenal charakterisierte mit dem Ausdruck »Brot und Spiele« (*panem et circenses,* Satiren

*Bronzegießerei (Trink-
schale um 480 v. Chr.)*

10, 81) die Interessen der entpolitisierten stadtröm. *plebs*, jedoch erst ab 270 n. Chr. wurde Brot statt Getreide an die Stadtrömer vom Staat kostenlos verteilt. Die Legionäre hingegen mussten sich nach dem Selbstversorgungsprinzip *puls* bzw. Brot oft selbst herstellen und führten daher in ihrer Standardausrüstung kleine Getreidemühlen mit. ↗ Annona **Lit.:** J. Wilkins u.a. (Hg.), Food in Antiquity (1995). – M. Junkelmann, Panis militaris (1997).

Broteas (gr. Broteas), ein myth. Jäger. Weil er Artemis nicht verehrt und prahlt, Feuer könne ihm nicht schaden, wird er von der Göttin in den Wahnsinn getrieben, so dass er sich ins Feuer stürzt.

Brücke ↗ Pons

Brukterer (lat. Bructeri), westgerman. Stamm im Lippe-Ems-Gebiet. 12 v. Chr. unterwarf ↗ Drusus die B., doch beteiligten sie sich schon am Aufstand des ↗ Arminius 9 n. Chr. und ebenso 69/70 am Bataveraufstand. 98 wurden sie aus ihrem Siedlungsgebiet vertrieben, siedelten am rechten Rheinufer bei Koblenz und wurden 310 von Konstantin d.Gr. besiegt. Im 4. Jh. gingen sie im fränk. Stammesverband auf. **Lit.:** D. Timpe, Romano-Germanica (1995) 203–228.

Brundisium (gr. Brendesion, heute Brindisi), bedeutende griech.-röm. Hafenstadt im heutigen Kalabrien (Süditalien). Die griech. Besiedlung von B. an der südl. Adriaküste ist schon für das 7. Jh. v. Chr. bezeugt. 266 besetzten die Römer B. und gaben 244 der Stadt den Status einer Colonia mit latin. Bürgerrecht, 89 wurde B. Municipium. Die östl. Endstation der Via Appia war ein wichtiger Hafen für die schnelle Schiffsverbindung nach Griechenland. Die Wirtschaft der Stadt (bes. Metallhandwerk) profitierte von dieser zentralen Lage. Durch die moderne Überbauung finden sich kaum archäolog. Spuren. ↗ Horaz beschreibt in seiner Satire I 5 die beschwerl. Reise nach Brundisium, die noch durch die ↗ Pontin. Sümpfe (Latium) führte. **Lit.:** PECS (1976). – ASM (1999).

Brunnen. Neben Flüssen, ↗ Zisternen, Aquädukten (↗ Wasserleitungen) oder Laufbrunnen dienten den antiken Menschen auch in die Erde gegrabene B. zur Gewinnung und Sammlung von Trinkwasser. Es lassen sich zwei unterschiedl. Arten von B. unterscheiden: Der Kasten- bzw. Schacht-B. und der Rohr-B. Ersterer ist ein Behälter, der in die dicht unter der Erdoberfläche liegende wasserführende Schicht lediglich eintaucht; Letzterer dagegen durchstößt diese Schicht und erschließt sie somit vollständig. Bei den Schachtb. lassen sich drei Hauptgruppen unterscheiden: die in den anstehenden Stein gehauenen Fels-B., die Holz-B. mit einer hölzernen Verschalung, die verschieden gestaltet sein konnte (z.B. in Blockbauweise; mit verblatteten, verzinkten oder verspannten Bohlen; aus übereinander gestapelten Fässern), und die Stein-B.

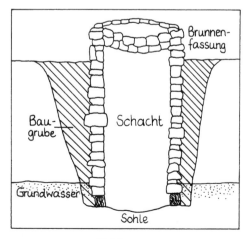

Steinbrunnen

mit einer zumeist runden Steinsetzung. Viele B. waren begehbar und konnten so auch gereinigt werden. Die Vorgehensweisen beim Heben des Wassers reichten vom einfachen Seil mit Eimer über Welle oder Haspel, Schwingbalken, Flaschen- oder Rollenzug bis hin zu ↗ Pumpen. – Archäologisch bedeutsam sind B., weil sich viele in ihnen befindl. Gegenstände unter Luftabschluss bis heute erhalten haben (bes. organ. Materialien wie Holz, Leder, Pflanzenreste). **Lit.:** H. Jacobi, Die Be- und Entwässerung unserer Limeskastelle, in: Saalburg-Jahrbuch 8 (1934). – R. Tölle-Kastenbein, Antike Wasserkultur (1990).

Bruttedius Niger, röm. Redner und Politiker (22 n. Chr. Ädil), 1. Jh. n. Chr., Schüler des Apollodoros von Pergamon. B. verfasste ein histor. Werk, das u. a. Ciceros Ermordung behandelte. Nach Iuvenal wurde er als Anhänger Seians verurteilt.

Bruttii (gr. Brettioi), umbr.-sabell. Stammesverband der Landschaft Bruttium (heute Kalabrien/Süditalien). Die B. widersetzten sich im 4. Jh. v. Chr. mehrfach Übergriffen aus ↗ Tarent, Thurioi und anderen südital. Städten. Zwar besiegten die Römer 282–278 mehrfach die B., doch im 2. ↗ Pun. Krieg kämpften die meisten Teilstämme auf Seiten Hannibals. Nach röm. Strafaktionen löste sich der Bund der B. Ende des 2. Jh. auf. Die Römer gründeten im Stammesgebiet der B., das zur Kornkammer Roms wurde, zahlreiche *coloniae*; röm. Aristokraten besaßen ausgedehnte Latifundien. Das Gebiet gehörte unter Augustus zur 3. Region Italiens. Vor allem in der Umgebung des heutigen Cosenza finden sich archäolog. Überreste der B.

Brutus (1), Lucius Iunius B., der röm. Tradition zufolge Begründer der röm. Republik, der den letzten König Roms, ↗ Tarquinius Superbus, vertrieb; ↗ Röm. Geschichte.

Brutus (2), Marcus Iunius B., der bekannteste der Caesarmörder, 85–42 v. Chr.; nach dem frühen Tod seines Vaters wuchs B. bei seinem Onkel Cato auf, der für seine sorgfältige Ausbildung sorgte. Um 60 begann B. seine polit. Karriere als Münzmeister. 52 war er in Rom als Anwalt tätig und trat für Milo ein. Zunächst Gegner des Pompeius stellte er sich im Bürgerkrieg auf dessen Seite. Nach der Schlacht von Pharsalos 48 wurde B. von Caesar begnadigt und gehörte seitdem zu dessen Freundeskreis. 46 machte ihn Caesar zum Statthalter von Gallia Cisalpina, 44 zum Prätor. Als Caesar die Diktatur auf Lebenszeit übertragen wurde, stellte sich B. gegen Caesar und war mit Cassius einer der Hauptverschwörer, die Caesar am 15. März 44 ermordeten. Danach stellten beide ein Heer auf, B. in Griechenland, Cassius in Asien. 42 kam es bei Philippi zur entscheidenden Schlacht zwischen den Caesarmördern und den Caesarrächern Mark Anton und Octavian. B. und Cassius wurden besiegt und begingen Selbstmord. – Berühmt wurden die angeblich letzten Worte des sterbenden Caesar »Auch Du, mein Sohn?« bei Sueton (Divus Iulius 82, 2) und Cassius Dio (44, 19, 5) bzw. »Auch Du, Brutus?« in Shakespeares Drama *Julius Caesar*.

Bryaxis, bedeutender griech. Bildhauer der zweiten Hälfte des 4. Jh. v. Chr., stammte vermutlich aus Karien. Er war einer der Bildhauer, die am sog. Mausoleum von Halikarnassos mitarbeiteten. Ihm wird auch eine erhaltene Statue des Mausolos zugeschrieben. Ferner gilt die Zuweisung des in zahlreichen röm. Kopien erhaltenen Serapis-Typus, der kleineren Version einer kolossalen Serapisstatue, an B. als sicher. **Lit.:** K. Stemmer, Standorte. Kontext und Funktion antiker Skulptur (1995).

Brygos-Maler, ein nach dem Töpfer Brygos benannter att. Vasenmaler; Zeitgenosse und Kollege von Duris und Makron. Er war hauptsächlich im ersten Viertel des 5. Jh. v. Chr. tätig und bemalte vorzugsweise rotfigurige Schalen. Seine Malweise besticht durch seinen temperamentvollen Strich und seine Spontaneität. **Lit.:** M. Wegner, Der B. (1973). – M. Robertson, The Art of Vase-Painting (1992).

Bucchero (ital.), graue oder schwarze Tonerde, die in der Ägäis und in Etrurien zur Herstellung von Gefäßen verwendet wurde. Die Keramik selbst wird ebenfalls als B. bezeichnet und lässt sich in mehrere Gruppen unterteilen: Der *B. sottile* hat eine sehr dünne Wandung (er zeigt Einfluss von Metallgefäßen), beim *B. a cilindretto* wurden die Reliefs mit Rollsiegeln eingedrückt, und der *B. pesante* macht einen schwerfälligen, barocken Eindruck. Seltener ist der rote B. mit leuchtender Oberfläche und Stempeldekor. **Lit.:** T. B. Rasmussen, Bucchero Pottery from Southern Etruria (1979). – Die Welt der Etrusker (1988).

Bucellarii (lat.), spätantike Leibwachen. Großgrundbesitzer, hohe Offiziere und Beamte leisteten sich in der Spätantike eine private Leibgarde, die einen Treueeid auf Dienstherrn und Kaiser ablegen musste. Die aus Barbaren und Römern zusammengestellten B. stellten ein beachtl. militär. Potential dar und konnten auch als Offiziere in die regulären Truppen übernommen werden.

Buch (gr. biblion; lat. liber). Als Produkt setzte das B. das Vorhandensein von Schrift und geeigneten Schriftträgern voraus. Zunächst wurden Bücher eher zum Zweck der Archivierung oder dauerhaften Erhaltung eines Textes hergestellt; die Produktion eines B.s in hoher Auflage war anfangs nicht beabsichtigt. Schon Sumerer, Babylonier und Assyrer nutzten ab dem 3. Jt. v. Chr. aus Ton gefertigte Tafeln, die sie mit Keilschriftzeichen bedeckten und zu mehreren zusammenfügten; Ägypter ab dem 3.–2. Jh. v. Chr. Griechen und Römer bevorzugten die Fasern der im Niltal heim. Papyruspflanze (↗ Papyrus). Zahlreiche Statuen von Schreibern und Grabmonumente mit Darstellungen von ↗ Schreibgeräten vermitteln einen Eindruck, wie man sich die Entstehung eines B. vorstellen muss. Sollte ein B. kopiert werden, wurde es Zeile für Zeile abgeschrieben, wozu in den ↗ Bibliotheken bestimmte Diener (Sklaven) abgestellt waren. Wie der Vertrieb von Büchern und die kontinuierl. Belieferung der hellenist. Bibliotheken bewerkstelligt wurde, bleibt jedoch unklar. Ende des 5. Jh. v. Chr. ist für Griechenland eine steigende Nachfrage nach Büchern zu

Orange, Bühne des römischen Theaters

beobachten, die den ↗ Buchhandel Athens belebte. Als in reiner Handarbeit in geringer Zahl hergestelltes Produkt war ein B. teuer und sein Kauf blieb Privileg der Wohlhabenden; vereinzelt sind Preise überliefert. Jedes B. erreichte in der Antike jedoch ein größeres Publikum durch die einfache Methode des Vorlesens, die sowohl im privaten, als auch im öffentl. Bereich üblich war. Seit dem 3. Jh. v. Chr. kam in Kleinasien das aus Tierhaut hergestellte ↗ Pergament als neuer Schriftträger auf, das sich in der Spätantike gegen den Papyrus durchsetzte. Auch Holz- oder Wachstäfelchen konnten in B.-Form zusammengeheftet werden. Wachstafeln mit löschbarer Schrift wurden beim Lernen in der Schule benutzt. Im Vergleich zu Papyrus konnte Pergament nicht nur gerollt, sondern auch in Lagen geheftet werden, woraus die spätere rechteckige Buchform entstand (↗ Codex), die ab dem 4. Jh. n. Chr. die Rolle überflüssig machte. **Lit.:** E. G. Turner, Greek Manuscripts of the Ancient World (1987). – H. Blanck, Das B. in der Antike (1992).

Buchhandel. Die Vervielfältigung von Büchern konnte (in Ermangelung jegl. Drucktechnik) in der Antike lediglich durch manuelle Abschriften erfolgen. Diese Aufgabe übernahmen in Griechenland und Rom Schreiber (oft Sklaven). Seit dem 5. Jh. v. Chr. verbreiteten Buchhändler (gr. *bibiliopoles*) Abschriften, urheberrechtl. Vorschriften fehlten. Erst im Hellenismus ermöglichte der B. die Bildung großer ↗ Bibliotheken (z. B. Alexandria). In Rom finden wir erst für das 1. Jh. v. Chr. Nachrichten über den B.; Ciceros Freund ↗ Atticus war gleichzeitig sein Verleger. Für die Kaiserzeit sind Buch-Auflagen von bis zu 1000 Exemplaren bezeugt. Die Zufälligkeit der Überlieferungsgeschichte antiker Literatur ist eng verbunden mit dem spätantiken B. und der damit bedingten Verbreitung und Tradierung antiker Autoren ins MA. **Lit.:** T. Kleberg, B. und Verlagswesen in der Antike (1967). – E. Pöhlmann, Einführung in die Überlieferungsgeschichte und die Textkritik der antiken Literatur I (1994).

Budapest ↗ Aquincum

Bühne (gr. skenę, lat. scąena), ausgestalteter Hintergrund des antiken ↗ Theaters, in Griechenland zunächst noch als provisor. Bau. Erst gegen Ende des 5. Jh. v. Chr. gibt es eine feste, evtl. schon erhöhte B. aus Holz. Bei der B.n-Malerei (Skenographie) handelt es sich wohl um auswechselbare Holzbilder. Im Hellenismus wird die B. stark erhöht. Die Schauspieler agieren nun wie auf einer modernen B. auf dem Proskenion (»Vorbühne«). In Rom waren seit 240 v. Chr. nur provisor. Anlagen gestattet, feste Theaterbauten gibt es seit 55 v. Chr. Die B.nrückwand (*scaenae frons*) war dreistöckig und mit Statuen ausgestattet. **Lit.:** A. W. Pickard-Cambridge, The Theatre of Dionysus in Athens (1946). – M. Bieber, The History of Greek and Roman Theatre ([2]1961). – E. Simon, Das antike Theater (1972). – H. D. Blume, Einführung in das antike Theaterwesen ([3]1991).

Bühnenmusik ↗ Musik, Unterhaltungsmusik

Bürgerkriege, Zeitalter (133–30 v. Chr.) der ↗ Röm. Geschichte

Bürgerrecht. *I. Griechenland:* Der Besitz vollen B.es (gr. *politeia*) war in der griech. Staatenwelt Voraussetzung zur Wahrnehmung polit., sozialer und religiöser Rechte innerhalb eines Staates. Zum Nachweis des B.s wurden meist Bürgerverzeichnisse geführt, zur Aktivierung des vollen B.s für Neubürger war ebenfalls die Einlosung in eine ↗ Phyle o. ä. vorgeschrieben, um in die bestehende Polisorganisation eingegliedert zu werden. Das B. war meist an Abstammung (in Athen mussten seit 451/50 v. Chr. beide Eltern Vollbürger sein, damit auch den Nachkommen das B. zukam) und Grundbesitz gebunden, konnte aber auch an Einzelpersonen und Gemeinden verliehen werden: Durch die ↗ Isopolitie wurde ganzen Poleis das B. übertragen, beide Gemeinwesen blieben aber selbständige Einheiten; die ↗ Sympolitie hingegen war eine Art Eingemeindung mit B.s-Verleihung; der ↗ Synoikismos war die Fusion mehrerer Poleis unter Schaffung einer neuen Einheit, oft verbunden mit der Neugründung einer Stadt (z. B. ↗ Megalopolis). Die große Zahl überlieferter B.s-Verleihungen unterschiedl. Form zeigen, wie groß die Bedeutung des B.s für die Rechtssicherheit des Individuums in der griech. Welt war.
II. Rom: Das röm. B. baute auf dem Geburtsrecht der aus Geschlechtern gebildeten Gemeinde der Frühzeit auf, die in der röm. Republik als erweiterte Bürgergemeinschaft auftrat. Es kannte zunächst nur zwei Kategorien: Bürger und Nichtbürger. Das röm. Volk (*populus Romanus*) bildete die Summe aller freien Bewohner auf dem Territorium der Stadt Rom, unabhängig von den jeweiligen polit. Rechten (auch Frauen und Kinder) mit der offiziellen Bezeichnung »Senat und Volk von Rom« (*SPQR – senatus populusque Romanus*). Die Gemeinschaft der Bürger bestand dagegen aus allen wehrfähigen männl. Vollbürgern, die sich in der Heeresversammlung (*comitia centuriata*) formierte. Das B. erlangte man durch ehel. Geburt, durch Adoption oder durch ein Klientelverhältnis; die Aufnahme von freien Fremden in den Verband der Bürger war nicht vorgesehen, allerdings konnten Bürger latin. Rechts ihr Heimatrecht aufgeben und an dessen Stelle das röm. B. annehmen. Sklaven und Unfreie galten juristisch nicht als Personen und standen deshalb außerhalb der Gesellschaft. Durch die Freilassung (*manumissio*) eines Sklaven konnte dieser jedoch zunächst einen Zwischenstatus mit eingeschränktem B. erreichen; die Nachkommen (*ingenui*) des Freigelassenen (*libertus*) konnten als zweite Generation das volle B. erlangen. Die Verleihung des B.s in Form der Aufnahme in ein Geschlecht kommt in der patriz.-plebeischen Bürgergemeinde seltener vor. Generell konnte das B. aber an einzelne Personen oder ganze Gemeinden (*civitates*) verliehen werden. Verlieren konnte man das B. u. a. durch Eintritt in den Sklavenstand (Verkauf, Schuldsklaverei), durch Kriegsgefangenschaft, Übertritt in das B. eines mit Rom verbündeten Staates oder

Entzug auf Beschluss der Volksversammlung. – Mit dem Wachsen des Bürgergebietes nach dem Latinerkrieg (340–338 v. Chr.), dem Krieg gegen die Samniten und der Eroberung der italien. Halbinsel musste auch das B. angepasst werden, da die eroberten Länder und Völker nicht mehr ohne weiteres in den Verband des Stadtstaates Rom integriert werden konnten. Man unterschied drei Gruppen: Römer (*cives Romani*), »Latiner« (*cives socii nominisve Latini*) und ↗ Bundesgenossen (*socii*). Eine rechtlich abstrakte Konstruktion war das Latin. B. für die weit entfernt vom röm. Territorium (↗ *ager Romanus*) gegründeten selbständigen Städte, die sog. Kolonien latin. Rechts (*coloniae Latinae*); deren Bürger waren röm. Siedler, die ein neues Heimatrecht in der Kolonie erhielten, aber ihr B. in Rom nicht einbüßten. Hinterließen sie einen volljährigen Sohn in der Kolonie, lebte dessen B. nur bei der Rückkehr nach Rom wieder auf; war er nur zeitweise in Rom anwesend, konnte er in einer bes. Abteilung der Tributkomitien abstimmen. 90 v. Chr. erhielten die Kolonien latin. Rechts durch die *lex Iulia* das volle röm. Bürgerrecht. Der ↗ Bundesgenossenkrieg (91–88 v. Chr.) brachte 89 v. Chr. dieses auch den ital. *socii* (*lex Plautia Papiria*); den Bewohnern des Gebiets jenseits des Padus (Po) verlieh Caesar das volle B. Den Schlusspunkt bildete schließlich die Verleihung des röm. Vollbürgerrechts an alle freien Provinzialen durch Kaiser Caracalla (↗ *Constitutio Antoniniana,* 212 n. Chr.); damit war die Reichseinheit vollendet und eine polit. Gleichstellung aller Staatsbürger erreicht. **Lit.:** E. Szanto, Das griech. Bürgerrecht (1892). – A. N. Sherwin-White, The Roman Citizenship (1973). – J. Bleicken, Die Verfassung der Röm. Republik (1995).

Bürgschaft. Schon zu Zeiten Homers kannten die Griechen die B. mit Haftung des Bürgen (mit Leben und Gut) bei Zahlungsunfähigkeit des Schuldners. In klass. Zeit war die B. eine übl. Praxis im griech. Handel und Finanzwesen. Ältestes röm. B.s-Recht findet sich im Zwölftafelgesetz, aus dem sich verschiedene Arten der B. entwickelten, die sich in Haftungsart und Haftungsgrenzen (erbl., nicht erbl. B.), Befristung und rechtl. Zulassung (Bürger, Fremde) unterschieden. **Lit.:** M. Flume, Rechtsakt und Rechtsverhältnis (1990). – R. Zimmermann, The Law of Obligations (1990).

Büste, eine rundplast. Darstellung des Oberkörpers bis zur Schulter oder Brust. Ursprünglich leitete sie sich von der ↗ Hermenform ab und spielte später bes. in der röm. ↗ Porträtkunst eine bedeutende Rolle.

Bukephalos, Lieblingspferd Alexanders d.Gr., starb 326 v. Chr. nach der Schlacht am ↗ Hydaspes. Ihm zu Ehren gründete Alexander die Stadt Bukephala (heute Jalalpur/Jhelum/Ihelum). ↗ Alexander d. Gr. (Abb.)

Bukoliasmọs (gr.), Hirtenwettgesang, volkstüml. Form des ↗ Gesangs, die von Theokrit und – in dessen Nachfolge – von Vergil literarisiert wurde.

Bukọlik (gr., »Hirtendichtung«), im 3. Jh. v. Chr. nach antiker Tradition von ↗ Theokrit begründete Gattung; in ländl. Ambiente angesiedelte Gedichte, in denen das Leben der Hirten in idealisierter Form dargestellt wird. Während bukol. Sujets bei Theokrit nur ein Thema neben vielen anderen sind, werden sie von ↗ Vergil in den *Eklogen* ins Zentrum gestellt. Die *Eklogen* sind für die Folgezeit gattungsprägend: Das Versmaß ist der daktyl. Hexameter, sie sind dem alexandrin. Stilideal verpflichtet (↗ *poeta doctus*), Gegenstand sind Hirten, ihr Leben und ihre Gesänge sowie die Erfahrung einer zumeist unerfüllten Liebe. Die *Eklogen* beeinflussen stark ↗ Calpurnius Siculus und ↗ Nemesian, die christl. B. (Endelechius, um 400) und die neulat. Schäferdichtung. Eine Sonderform ist der bukol. Hirtenroman des ↗ Longos. **Lit.:** B. Effe/G. Binder, Antike Hirtendichtung (²2000).

Bulis ↗ Aigypios

Bulla bezeichnet im Allg. eine Amulettkapsel aus Metall oder Leder. Sie wurde zunächst in Rom von freigeborenen Kindern bis zur Heirat oder Ablegung der ↗ *Toga praetexta* am Hals getragen. Der Brauch, die B. zu tragen, stammt wohl aus Etrurien. Der B. wird apotropäische Bedeutung zugesprochen, d. h., sie sollte Unheil abwehren und vor bösen Geistern schützen.

Bulla Regia (heute Hammam Daradji), karthag.-röm. Stadt im heutigen Tunesien. Die ursprünglich libysche Stadt kam zunächst in karthag. Besitz, wechselte im 2. Jh. v. Chr. an ↗ Massinissa und wurde 46 v. Chr. in die Provinz Africa proconsularis eingegliedert. In hadrian. Zeit wurde B. R. zum Municipium erhoben. Die verkehrstechnisch günstige Lage sowie das fruchtbare Umland förderten den Wohlstand der Stadt. Zahlreiche gut erhaltene antike Bauten. **Lit.:** PECS (1976). – ASM (1999).

Bundesgenossen (lat. socii). Als B. bezeichneten die Römer in der Zeit der Republik die mit ihnen durch Bündnisvertrag (↗ *foedus*) verbündeten ital. Städte, auch *civitates foederatae* genannt. Erst in späterer Zeit wurden auch außerital. Staaten per Senatsbeschluss zu B. erklärt. Nach dem Ende des Latinerkrieges 338 v. Chr. entwickelte sich langsam das röm. B.-System: Selbständige, militärisch nicht unterworfene Gemeinden (*civitates sine suffragio*) wurden durch Beistandsverträge (*foedera*) an Rom gebunden. Die B. mussten auf Anforderung Truppen aufstellen, über die Rom faktisch den Oberbefehl übernahm. Seine Bewährungsprobe erlebte das B.-System im 2. ↗ Pun. Krieg. In der Folgezeit strebten immer mehr B. nach dem röm. ↗ Bürgerrecht, um dessen Vorzüge genießen zu können. Vor allem die popularen Politiker Roms griffen diese Forderungen der B. auf und instrumentalisierten sie für die röm. Innenpolitik. 91 v. Chr. löste das Scheitern des von Livius Drusus eingebrachten Bürgerrechtsgesetzes den sog. ↗ Bundesgenossenkrieg aus. Durch die *lex Iulia* und die *lex Plautia Papiria* der Jahre 90/89 erhielten die meisten B. das gewünsche röm. Bürgerrecht, sukzessive erhielten in den 80er Jahren alle Städte Italiens bis zum Padus (Po) den Status einer Colonia bzw. eines Municipium. **Lit.:** H. Galsterer, Herrschaft und Verwaltung im republikan. Italien (1976). – Th. Hantos, Das röm. B.system in Italien (1983).

Bundesgenossenkrieg (lat. bellum sociale), Aufstand der ital. ↗ Bundesgenossen gegen Rom 91–88 v. Chr. mit dem Ziel, das röm. ↗ Bürgerrecht zu erhalten. Die Italiker stellten zwar für das röm. Heer Hilfstruppen, besaßen aber kein röm. Bürgerrecht. Unter der Führung der ↗ Marser und ↗ Samniten schlossen sie sich – mit Ausnahme der ↗ Umbrer und ↗ Etrusker – in einem Bund zusammen und erkämpften schließlich das röm. Bürgerrecht für alle Italiker südl. des Padus (Po). **Lit.:** H. D. Meyer, Die Organisation der Italiker im B., in: Historia 7 (1959) 74–79. – E. Gabba, Rome and Italy: The Social War, in: CAH IX (²1994) 104–128.

Buntschriftstellerei, Übersetzung von gr. *poikíle historía*. Bereits in der Antike gebräuchl. Begriff zur Bezeichnung von Literatur, in der in lockerer Verknüpfung Wissenswertes, Erstaunliches, Anekdoten usw. berichtet werden. Wichtige Vertreter der vor allem in der Kaiserzeit beliebten Form sind ↗ Aelian, ↗ Athenaios, ↗ Phlegon, ↗ Stobaios, ↗ Clemens von Alexandria in der griech. und ↗ Gellius in der lat. Literatur. **Lit.:** A. Dihle, Die griech. und lat. Literatur der Kaiserzeit (1989).

Burdigala ↗ Bordeaux

Burgunder (lat. Burgundiones), ostgerman. Stamm. Ursprünglich in Hinterpommern ansässig, zogen die B. im 2. Jh. n. Chr. über das Gebiet zwischen Oder und Weichsel nach SW. Unter ↗ Honorius erhielten die B. auf linksrhein. Gebiet (beim heutigen Worms) Siedlungsraum zugewiesen. Auf Druck der Hunnen mussten die B. nach S ins Gebiet des Genfer Sees ausweichen. Die burgund. Niederlage 437 gegen den röm. Feldherrn Aëtius bildete wohl den histor. Kern des Nibelungenliedes. Das B.-Reich dehnte sich bes. entlang der Rhône aus, 461 wurde das heutige ↗ Lyon Hauptstadt des prosperierenden Königreiches. Zwischen den Reichen der ↗ Franken, ↗ Alemannen und ↗ Ostgoten konnten sich die B. nur bis 532/34 halten; ihr Reich wurde aufgeteilt.

Burg. B.n im allg. Sinne von meist auf Anhöhen gelegenen Befestigungsanlagen waren bereits im Vorderen Orient verbreitet und finden sich in allen Epochen der Antike. In Griechenland entsprach dem Begriff B. die ↗ Akropolis, in Rom bezeichnete man eine befestigte Anhöhe als *arx*. Der aus dem Germanischen entlehnte Begriff *burgus* wurde v. a. in der Kaiserzeit für kleine befestigte Anlagen an den Reichsgrenzen im Gegensatz zu den größeren Kastellen verwendet.

Busiris, grausamer ägypt. König, der für den Erhalt seines Reiches dem Zeus jedes Jahr einen Fremden zum Opfer darbringt. B. wird von Herakles erschlagen.

Bustrophedon (gr., »wie der Ochse sich wendet«), abwechselnd rechts- und linksläufige Schreibweise altgriech. ↗ Inschriften.

Butes, in der Mythologie Sohn des Teleon, einer der ↗ Argonauten. Als diese an der Insel der ↗ Sirenen vorbeifahren, übertönt ↗ Orpheus ihren Gesang. Nur B. kann den Sirenen nicht widerstehen und springt ins

Wasser, wird aber von ↗ Aphrodite gerettet und nach Lilybaion (heute Marsala auf Sizilien) getragen.

Butter (gr. boutyron) war in der griech.-röm. Welt, die bevorzugt Olivenöl benutzte, weitgehend unbekannt und wurde bes. von nördl. Völkern wie den Skythen hergestellt. Milch wurde zur Herstellung des weit besser haltbaren Käses verwendet.

Byblis, Tochter des Miletos, verliebt in ihren Zwillingsbruder Kaunos, der vor ihrer Liebe nach Karien flieht und dort die Stadt Kaunos gründet. B. wird vor Kummer wahnsinnig und erhängt sich oder wird in eine Quelle verwandelt.

Byblos (heute Dschebeil), phöniz. Handelsstadt im heutigen Libanon. Das schon für das 3. Jt. belegte B. liegt 30 km nördl. von ↗ Beirut. Die Hafenstadt war wichtiges Bindeglied im Ägypten- wie im Mesopotamien-Handel und Exportzentrum für das wertvolle Zedernholz. Nach der Eroberung durch Alexander d.Gr. verlor B. seine herausragende Stellung. In röm. Zeit war B. für seinen Kult um Adonis bekannt. In der modern überbauten Stadt sind Reste bes. aus der Kaiserzeit zu besichtigen. **Lit.:** PECS (1976). – ASM (1999).

Byzantinische Kultur, nach der Hauptstadt des oström. Kaiserreiches benannte kulturelle Epoche mit den ihr eigenen Merkmalen in Architektur, Kunst, Literatur und Musik. Konstantin I. d.Gr. verlegte 330 n. Chr. den röm. Kaiserthron nach Byzanz, der ehemals griech. Kolonie am »Bosporus, und nannte die Stadt Konstantinopolis (»Stadt des Konstantin«; der heutige Name Istanbul ist eine mundartl. Kurzform); sie blieb bis zum Untergang des byzantin. Reiches 1453 mit kurzer Unterbrechung Hauptstadt im Osten. Obwohl die B.K. von der spätantiken Kultur im weström. Reich und ebenso von der hellenist. Kultur des Ostens stark beeinflusst wurde, lebte sie nach dessen Untergang als völlig eigenständige kulturgeschichtl. Ausprägung weiter. Als erster christlich geprägter Kaiser startete Konstantin für das »Rom des Ostens« ein umfangreiches Bauprogramm und schmückte die Hauptstadt mit Denkmälern und Kirchen. Während die hellenist. Kunst und Kultur heidnisch geprägt war, entstand in der byzantin. Epoche eine Kirchen- und Staatskultur christl. Prägung, zunehmend beeinflusst von oriental. Elementen. Wirtschafts- und Staatsgefüge wurden umstrukturiert unter dem Aspekt der neuen verbindenden christl. Religion, obwohl sich Ostrom organisatorisch und politisch gesehen an den überkommenen Strukturelementen des Imperium Romanum orientierte. Die Stadt Konstantinopel verkörperte mit ihren unermessl. Kunstschätzen, ihren Kirchen und ihrem regen geistigen Leben den kulturellen Mittelpunkt der östl. Mittelmeerwelt und eine der wichtigsten Stätten des Christentums. Die zentrale geograph. Lage begünstigte das Zusammentreffen unterschiedlichster kultureller Einflüsse. – Besonderer Ausdruck dieser Vielfalt ist die byzantin. Literatur, die einerseits durch strenges Festhalten an den klass. Sprachnormen und Kopieren antiker Schriftsteller das kulturelle Erbe der hellenist. Zeit bewahrte und berühmte Autoren hervorbrachte (Prokop, Photios, Johannes Mauropus, Tzetzes, Eustathios, Michael Psellos, Nikophoros Gregoras), andererseits in dem volkssprachl. Stil des Neuen Testaments, das sprachlich auf der griech. Gemeinsprache (Koine) basiert, eine neue Ausdrucksform fand. Grundsätzlich befasste man sich mit allem, was in griech. Sprache abgefasst war, mit christl. und gleichermaßen mit heidn. Gedankengut. Die ↗ Anthologia Palatina etwa vereint erot. Verse der Antike mit christl. Epigrammen. Ein deutl. Einschnitt ist in der Versdichtung zu beobachten: Durch den Gebrauch der Koine verschwanden die Quantitäten, die ein Fortbestehen des antiken metr. Systems (↗ Metrik) ausschlossen. Es entwickelten sich in der Sakral- und Profandichtung im Verlauf des 5./6. Jh. n. Chr. neue Versmaße (Zwölfsilber) und neue literar. Gattungen, wie etwa die Hymnographie. – Die byzantin. Kunst ist keine genuin christl., sondern eher antike Kunst mit christl. Thematik. Das Bilderverbot des Alten Testaments erlaubte keine bildl. oder figürl. Darstellungen und führte zu einer gewissen Abstraktion, doch kamen – bes. in den Randzonen des röm. Reiches – schon im 3. Jh. vereinzelte Darstellungen Christi in Umlauf. Die frühbyzantin. Kunst erlebte eine Blütezeit im 6. Jh. unter Kaiser ↗ Justinian. In der sakralen Architektur trat neben die aus dem heidn. Umfeld übernommene Basilika der orientalisch beeinflusste, zentrale Kirchenbau, der mit der Errichtung der ↗ Hagia Sophia (532–537) wohl seine höchste Vollendung fand. Farbenfrohe Mosaike (wie die Kaisermosaiken von San Vitale) schmücken in den berühmten Kirchen Ravennas die Wände. In der Buchmalerei entstanden prachtvolle Purpurcodices (↗ Codex), die für den Hof gefertigt wurden; das Kunsthandwerk schuf wertvolle Reliquiare, prunkvoll verzierte Messgewänder und liturg. Geräte in aufwendiger Schmelz- und Emailtechnik und Goldschmiedearbeit. Obwohl die byzantin. Kunst in allen Bereichen (Buchmalerei, Glyptik, Fresken, Mosaiken) einerseits zu einem eigenen Formenschatz fand, blieb sie andererseits den traditionellen, griech. Formelementen verhaftet. – Nach der Beilegung des 726 einsetzenden Bilderstreits setzte Mitte des 9. Jh. mit der Regierungszeit Basileios I. (867–886) die »makedon. Renaissance« ein, zu deren Höhepunkten die Malereien des sog. Pariser Psalters um das 10. Jh. zu rechnen sind. Die sakrale Baukunst entwickelte den Typus der Kreuzkuppelkirche mit gleichlangen Kreuzarmen und Christus Pantokrator im Kuppelrund. Die anschließende Epoche des 11. und 12. Jh. der komnen. Kunst stand unter dem Einfluss der Kreuzzüge, und die Hauptstadt litt unter den zahlreichen Plünderungen der Kreuzfahrer, die 1204 Konstantinopel einnahmen. Die verbindl. Bildertheologie des Kircheninnenraums erhielt als Bereicherung die Darstellung des Kreuzweges und die Aufnahme des Lebens Christi in den Heilszyklus. – Die Spätphase der byzantin. Kunst beginnt nach der Rückeroberung 1261 mit einer neuen Stilrichtung der sog. »Palaiologenrenaissance« mit einem verstärkten Rückgriff auf den antiken Formenschatz und erneute Bereicherung der sakralen Dekoration durch neue Farben und Veränderungen in der Mimik der Figuren (Hesychasmus). Die Chora-Kirche in Konstantinopel gehört wohl zu den schönsten Beispielen dieser Spätphase. Die Musik entwickelte ein reichhaltiges Repertoire aus profaner Musik, liturg. Gesängen, Hymnen und Psalmen; eine Vielzahl überlieferter Musiktraktate belegt jedoch das rege musikal. Leben im byzantin. Reich. Die Kirchenmusik ohne begleitendes Instrument ist eine genuine Schöpfung der byzantin. Epoche, die mit der Antike nicht in Verbindung steht. Die B.K. strahlte mit ihrem kanon. Formenschatz, bes. im sakralen Bereich, auf die Kirchenbauten, die Ikonenmalerei, die Musik und Literatur der osteuropäischen Staaten, aber auch auf Maler der italien. Renaissance des 13. und 14. Jh. aus. Von kunsthistor. Warte aus gesehen gehört sie wohl zu den bedeutendsten Epochen der Weltgeschichte. Russland verstand sich lange als Erbe Konstantinopels, Moskau wurde so zum»Dritten Rom«, das byzantin. Erbe ist in vielen Bereichen russ. Kunst und Kultur zu erkennen. **Lit.:** H. Hunger, Byzantin. Geisteswelt (1958). – H.-W. Haussig, Kulturgeschichte von Byzanz (1959). – P. Schreiner, Byzanz (1986).

Byzantinisches Reich, Bezeichnung für das ostiröm. Reich, das 395 n. Chr. endgültig vom weström. Reich getrennt wurde; Hauptstadt des B. R.es war ↗ Konstantinopel, das antike Byzanz (Byzantion; daher der Name B. R.); während das weström. Reich 476 zugrunde ging, hielt sich das B.R. noch bis zur Eroberung Konstantinopels durch die Türken 1453. Seine größte Ausdehnung erreichte es unter Kaiser ↗ Justinian I. (527–565), der Italien und Nordafrika zurückgewinnen konnte. Die Besitzungen gingen jedoch bald wieder verloren. Die folgenden Jahrhunderte waren geprägt von permanenten Auseinandersetzungen, zunächst mit den Arabern, später mit den Türken, die um 1300 fast ganz Kleinasien erobert hatten. **Lit.:** H.G. Beck, Das Byzantin. Jahrtausend (1978).

Byzantinistik. Wissenschaft der Erforschung von Sprache, Kultur und Geschichte des Byzantin. Reiches. Das Ende des oström. Reiches 1453, die Renaissance in Westeuropa sowie das steigende philolog. Interesse ließ im 16. Jh. die B. als Wissenschaftszweig entstehen. Dominierte zunächst das Interesse an der Tradierung antiker Literatur durch Byzanz, trennte sich die B. im 19. Jh. von der Altertumswissenschaft und entwickelte sich zum selbständigen Fach, an den Universitäten oft verbunden mit der neugriech. Philologie. **Lit.:** O. Mazal, Handbuch der B. (1989).

Byzạnz (gr. Byzantion, später gr. Konstantinopolis, lat. Constantinopolis, heute Istanbul), griech. Stadt am Bosporus, in der Spätantike Hauptstadt des ↗ Byzantin. Reiches. Das strategisch günstig am ↗ Bosporus gelegene B. wurde um 660 v. Chr. von ↗ Megara als Hafenstadt gegründet, diente als Umschlagplatz für den Schwarzmeerhandel und wurde von Beginn an zum Schutz gegen die benachbarten Thraker befestigt. 476 gab sich B. eine demokrat. Verfassung und wurde von Kimon für den 1. ↗ Att. Seebund gewonnen. Der Reichtum der Stadt spiegelt sich in den hohen Bundes-

beiträgen, die abgeführt wurden. Im ↗ Peloponnes. Krieg war B. zwischen Athen und Sparta heftig umkämpft. Von 390–356 war B. erneut Seebundsmitglied und wurde 340/39 von Philipp II. von Makedonien vergeblich belagert. In hellenist. Zeit musste B. 279 den Galliern Tribut zahlen und geriet 220 v. Chr. in einen Handelskrieg mit ↗ Rhodos. Die in der Folgezeit romfreundl. Politik wurde mit dem Status eines freien Bundesstaates (*civitas libera et foederata*) belohnt. Erst Vespasian verleibte B. dem Reich ein; von Septimius Severus wurde B. 196 n. Chr. zerstört, von dessen Sohn Caracalla aber wiederaufgebaut. – Nach Angriffen der Goten im 3. Jh. verlegte ↗ Konstantin d.Gr. 330 die Reichshauptstadt in die monumental ausgebaute Stadt, die nun seinen Namen führte und Hauptstadt der östl. Reichshälfte wurde, politisch nach dem Vorbild Roms organisiert (Senat). Mit Konstantin und der Legalisierung des ↗ Christentums wurde es auch zur christl. Reichsmetropole, stand in bewusster Konkurrenz zum ›heidn.‹ Rom und entwickelte sich schnell auch zur wirtschaftl. Drehscheibe des Ostreiches. Während ihrer Blütezeit zählte die Stadt etwa 500.000 Einwohner und war in 14 Regionen unterteilt. Der Hippodromos gehörte neben dem Kaiserpalast und der unter ↗ Justinian errichteten Kirche ↗ Hagia Sophia (noch heute das bedeutendste byzantin. Bauwerk der Stadt) zu den Zentren des öffentl. Lebens in der Stadt. Jahrhundertelang war B./K., nach dem Untergang des weström. Reiches, widerstandsfähig gegen immer neue Einfälle von Bulgaren und slaw. Völkern. Erst ab dem Hoch-MA wurde die Existenz des Byzantin. Reiches von Genuesen und Venezianern substanziell gefährdet, die Eroberung durch die Türken 1453 beendete die Geschichte des oström. Reiches, freilich lebte die Stadt als Metropole des osman. Reiches unter dem Namen Istanbul weiter. Die Rolle von B./K. für die Vermittlung der griech.-röm. Antike kann nicht hoch genug eingeschätzt werden. ↗ Byzantin. Kultur **Lit.:** G. Ostrogorsky, Geschichte des byzantin. Staates (1963). – A. Ducellier (Hg.), Das Reich und die Stadt (1990). – P. Schreiner, B. (1994). – ASM (1999).

Cạcus, in der röm. Mythologie Sohn des ↗ Vulcanus, ein feuerspeiendes Ungeheuer, das sich von Menschenfleisch ernährt. C. wird von Hercules (Herakles) nach seinem Versuch, ihm einige Rinder zu rauben, erschlagen.

Caecịlius Stạtius, röm. Komödiendichter, gest. 168 v. Chr. C., ein kelt. Insubrer aus der Poebene, kam als kriegsgefangener Sklave nach Rom. Bei der Freilassung nahm er den Gentilnamen seines Patrons an. Aus seinem fragmentar. Werk sind 42 Titel bekannt, von denen 16 auf Menander als Vorlage weisen. Gellius (2, 23, 9 ff.) stellt anhand eines Abschnitts aus C.' *Plocium* (*Halsband*) Vorlage und Bearbeitung nebeneinander und zeigt daran C.' Selbständigkeit und seine an Plautus erinnernde Sprachkunst. Der zweite Prolog zur terenz. *Hecyra* lässt darauf schließen, dass C. zu Lebzeiten heftig bekämpft wurde. In der röm. Literaturgeschichtsschreibung bescheinigte man ihm seine gelungene Handlungsführung (Varro), wohl weil er auf Kontamination verzichtete. Volcacius Sedigitus und Cicero hielten C. für den größten kom. Dichter, vermutlich aufgrund der derben, dem Mimus nahestehenden Komik. **Lit.:** H. Juhnke, in: E. Lefèvre (Hg.), Das röm. Drama (1978) 224–227.

Caelius (lat. Caelius mons), einer der sieben Hügel Roms. Der südwestl. des Esquilin gelegene Hügel wurde im 4. Jh. v. Chr. in die Stadt einbezogen und diente in der späten Republik als Quartier ärmerer Schichten. Nach einem Großbrand 27 n. Chr. entwickelte sich das Viertel zum bevorzugten Wohnort reicher Römer. Viele Stadtvillen bzw. Paläste wurden hier errichtet, etwa das *sessorium,* ein Palast der späten Severer. Der Tempel des ↗ Claudius beherrschte den Gipfel im W. Weitere Heiligtümer für Isis, Kybele und Attis, ein Mithräum und mehrere Kasernen waren auf dem C. angesiedelt. **Lit.:** A. Stützer, Das antike Rom (1979) 219–231 – F. Coarelli, Rom. Ein archäolog. Führer (1989).

Caelius Aurelianus aus Numidien, Medizinschriftsteller, 5. Jh. n. Chr. C., Arzt und Anhänger der method. Ärzteschule, übersetzte griech. Schriften zur Medizin, insbes. das doxograph. Werk des ↗ Soranos von Ephesos (2. Jh. n. Chr.). Erhalten sind Teile über akute und chron. Krankheiten. **Lit.:** I. E. Drabkin (1950) [lat.-engl.].

Caere (etrusk. Cisra, gr. Kaireă), Stadt in Südetrurien nahe dem heutigen Cerveteri. Ihre Glanzzeit hatte die Stadt zwischen dem 8. und 6. Jh. v. Chr.; das Kunsthandwerk kam in dieser Zeit zu einer besonderen Blüte. 540 kämpfte das mit Karthago verbündete C. gegen die Phokäer in der Seeschlacht bei Alalia. Der aus Rom vertriebene Tarquinius Superbus soll 509 in C. aufgenommen worden sein. Nach zeitweise guten Beziehungen zum aufstrebenden Rom kam es um 293 zum Konflikt; C. unterlag, Rom halbierte das Territorium der Stadt. Die alte Stellung konnte es nie wieder erreichen und wurde in der Spätantike aufgegeben. Die etrusk. Nekropolen von C. gehören zu den bedeutendsten ihrer Art. **Lit.:** PECS (1976). – ASM (1999).

Caesar, Gaius Iulius C., röm. Feldherr, Politiker und Schriftsteller, 13. Juli 100–15. März 44 v. Chr. – *I. Leben:* Bereits als 16-jähriger vermählte sich C. mit Cornelia, der Tochter Cinnas, und ergriff dadurch Partei für die Popularen. Als Sulla 82 von C. die Scheidung verlangte, lehnte er das ab, wurde aber von Sulla begnadigt. 81–78 hielt sich C. in Bithynien und Kilikien auf, nach dem Tod Sullas kehrte er nach Rom zurück. In den folgenden Jahren widmete sich C. seinen Studien, von der unmittelbaren Politik hielt er sich fern; seine Karriere begann er 73 mit der Bekleidung des Militärtribunats, 68 folgte die Quästur; 65 veran-

Iulius Caesar

staltete er als Ädil aufwendige Spiele, 63 wurde er Pontifex Maximus, 62 Prätor. 62/61 konnte C. als Statthalter der Provinz Hispania Ulterior einige militär. Erfolge erringen. Mitte des Jahres 60 kehrte er nach Rom zurück, um sich um das Konsulat für 59 zu bewerben. Ende 60 gelang es C., Pompeius und Crassus, die beiden mächtigsten Männer im damaligen Rom, zu versöhnen und sie zu einem Bündnis, dem in der modernen Forschung sog. 1. Triumvirat zu überreden. Als Konsul setzte C. 59 sein Ackergesetz, die *lex Iulia,* durch, dem Pompeius gab er seine Tochter Julia zur Frau. Durch die *lex de imperio C. Caesaris* des Volkstribunen P. Vatinius erhielt C. die Provinzen Gallia Cisalpina, Gallia Narbonensis und Illyrien auf fünf Jahre. 56 trafen sich C., Pompeius und Crassus in Lucca, um das Triumvirat zu erneuern. C. erhielt seine Provinzen auf weitere fünf Jahre und konnte 58–51 ganz Gallien erobern. Nach dem Tod der Julia 54 und des Crassus 53 kam es jedoch zu einer Entfremdung zwischen C. und Pompeius. Pompeius wandte sich den Optimaten zu, wurde 52 zum Konsul ohne Amtskollegen gewählt und versuchte mit allen Mitteln, C. aus Gallien abzuberufen. Am 7. Januar 49 forderte der Senat C. auf, sein Heer bis zu einem bestimmten Zeitpunkt zu entlassen. C. blieb keine andere Wahl, als seine Machtstellung mit Gewalt zu behaupten. Mit der Bemerkung *alea iacta est,* »der Würfel ist gefallen«, überschritt er am 10. 1. 49 den Rubikon, der die Grenze zwischen Gallien und Italien bildete. Damit begann der Bürgerkrieg gegen Pompeius und dessen Anhänger; 48 besiegte C. Pompeius bei Pharsalos, 47 den König von Bosporos Pharnakes in einer kurzen Schlacht bei Zela (*veni, vidi, vici,* »ich kam, sah und siegte«), 46 die Anhänger des Pompeius bei Thapsos, 45 die Söhne des Pompeius bei Munda in Spanien. Damit war C. unumschränkter Alleinherrscher. Der Senat übertrug ihm den Imperator-Titel, die Diktatur auf Lebenszeit und den Titel *pater patriae,* »Vater des Vaterlandes«; den Titel *rex,* »König« lehnte C. zwar ab, trotzdem dürfte diese Konzentration der Macht in der Person eines einzelnen die Ursache für die Verschwörung der 60 Senatoren gewesen sein, der C. an den

Iden des März 44 zum Opfer fiel. Kopf der Verschwörung war M. Iunius Brutus, der zum engsten Freundeskreis Caesars gehört hatte. Berühmt wurden die angeblich letzten Worte des sterbenden Caesar »Auch Du, mein Sohn?« bei Sueton und Cassius Dio bzw. »Auch Du, Brutus?« in Shakespeares Drama *Julius Caesar*.

II. Literar. Werke: Zusammen mit Cicero begründet C. den lat. klass. Prosastil; Cicero lobt C.s literar. Leistung ausdrücklich im *Brutus* 262. Nicht erhalten sind Jugendgedichte und eine Tragödie *Oedipus*, die einzige Gestaltung des Ödipus-Stoffs in der röm. Literatur vor Seneca. C. galt als hervorragender Redner, der der attizist. Richtung anhing (↗ Attizismus). Die verlorene Schrift *De analogia* (Mitte 50er Jahre) befasste sich mit grammatikal. Fragen, deren Klärung die Grundlage der Redekunst darstellt. Ebenfalls verloren ist die gegen den jüngeren Cato gerichtete Invektive *Anticatones*. Seine erhaltenen autobiograph. Geschichtswerke *Bellum Gallicum* und *Bellum civile* stellen sich in die Tradition der ↗ *Commentarii* und sind sicherlich angeregt durch Xenophons *Anabasis*. Indem Caesar über sich wie Xenophon in der 3. Person Singular berichtet und die anscheinend objektive Form des Kriegsberichts bzw. der Materialsammlung wählt, betreibt er unter dem Deckmantel der Objektivität eine raffinierte Propaganda in eigener Sache. Im *Bellum Gallicum* werden jahresweise die Eroberungsfeldzüge zwischen 58–52 v. Chr. berichtet, das unvollendete *Bellum civile* berichtet über den Bürgerkrieg der Jahre 49/48. Die Fortsetzungen (*Bellum Alexandrinum, Bellum Africanum, Bellum Hispaniense*) stammen wie das 8. Buch des *Bellum Gallicum*, als dessen Autor A. Hirtius feststeht, nicht von Caesar. Seit dem 16. Jh. wird Caesar aufgrund seines klaren und eleganten Stils zum Schulautor. Erasmus empfiehlt die Lektüre seiner Schriften als Vorbild für das klass. Latein. **Lit.:** F. A. Adcock, C. als Schriftsteller (²1959). – D. Rasmussen (Hg.), C. (³1980). – DRK (1997). – M. Jehne, C. (1997).

Caesarea Maritima (heute Qisarya, Israel), röm. Stadt in ↗ Judäa. Die bedeutende Hafenstadt wurde durch ↗ Herodes d.Gr. zu Ehren des Kaisers Augustus an Stelle einer früher. Siedlung gegründet; 6 n. Chr. war es Sitz des Prokurators der Provinz Judäa und wurde unter Vespasian zur Colonia erhoben, unter Alexander Severus zur *metropolis* der Provinzen Syrien und Palästina. Bis zur arab. Eroberung im 7. Jh. war C.M. ein kulturelles Zentrum sowohl des Judentums als auch des Christentums. Die laufenden Ausgrabungen zeigen Reste einer monumentalen Stadtanlage (Hafenanlage, Augustus-Tempel, röm. Theater). **Lit.:** PECS (1976). – L. I. Levine, Caesarea under Roman Rule (1975). – R. L. Vann (Hg.) Caesarea Papers (1992). – ASM (1999).

Caieta, in der röm. Mythologie Amme des ↗ Äneas; sie stirbt in der Nähe der später nach ihr benannten Stadt Caieta (heute Gaeta).

Calamus (lat., gr. kalamos, »Rohrfeder«). Neben dem Griffel gehörte seit dem 3. Jh. v. Chr. die Rohrfeder zu den wichtigsten Schreibgeräten und diente der Beschriftung von ↗ Papyrus und ↗ Pergament mit ↗ Tinte. Auch Federn aus Metall, die heutigen Schreibfedern in der Form ähneln, sind erhalten; die Verwendung von Vogelfedern kam erst im frühen MA auf. **Lit.:** H. Blanck, Das Buch in der Antike (1992).

Calcatura ↗ Kelter

Caldarium ↗ Thermen

Caligula, Gaius Caesar Germanicus, röm. Kaiser 18. März 37–24. Januar 41 n. Chr.; geb. am 31. August 12 in Antium als Sohn des Germanicus und der älteren Agrippina; im Lager seines Vaters erhielt er von den Soldaten den Spitznamen C., »Stiefelchen«; 30 Übersiedlung nach Capri zu Tiberius, 33 Quästor. Nach dem Tod des Tiberius wurde C. am 16. März 37 in Misenum zum Kaiser ausgerufen und zwei Tage später vom Senat bestätigt. C. machte sich schon bald unbeliebt, da er göttl. Verehrung für sich beanspruchte. Bereits 39 kam es zu einer ersten Verschwörung gegen den Kaiser. Um seine militär. Fähigkeiten zu demonstrieren, führte C. in der 1. Hälfte des Jahres 40 Manöver in Niedergermanien und an der Kanalküste durch und feierte am 31. August desselben Jahres eine Ovatio in Rom. Anfang 41 kam es zu einer erneuten Verschwörung gegen den Kaiser, der er am 24. Januar zum Opfer fiel. **Lit.:** A. A. Barrett, C. The Corruption of Power (1989). – DRK (1997). – A. Winterling, C. (2003).

Calpurnius, röm. Gentilname. Das plebeische Geschlecht der Calpurnier ist seit dem 3. Jh. v. Chr. nachweisbar. Die wichtigsten Vertreter waren:

Calpurnius (1), Lucius C. Piso Frugi, röm. Senator und Historiker des 2. Jh. v. Chr.; 149 schuf C. als Volkstribun durch die *lex Calpurnia de repetundis* den ersten ständigen Gerichtshof (*quaestio perpetua*) in Rom. Als Konsul kämpfte er 133 mit wechselndem Erfolg gegen die aufständ. Sklaven auf Sizilien. C. schrieb *Annales* in mindestens 7 Büchern, in denen er die Geschichte Roms von den Anfängen bis zum Jahr 146 behandelte. **Lit.:** K. Latte, Der Historiker L. C. Frugi (1960) = KS (1968) 837–847. – J. S. Richardson, The Purpose of the Lex Calpurnia de repetundis, in: JRS 77 (1987) 1–12. – G. Forsythe, The Historian L. C. Piso Frugi and the Roman Annalistic Tradition (1994).

Calpurnius (2), Gaius C. Piso, ca. 71 v. Chr. Prätor, 67 Konsul. C. brachte ein Gesetz gegen Amtserschleichung ein, die *lex Calpurnia de ambitu*. 66/65 war er Prokonsul der Gall. Provinzen und kämpfte erfolgreich gegen die ↗ Allobroger. Auf Betreiben Caesars wurde er 63 angeklagt, aber von ↗ Cicero erfolgreich verteidigt.

Calpurnius (3), Lucius C. Piso Caesoninus, der Schwiegervater Caesars; 58 v. Chr. Konsul unterstützte er ↗ Clodius und verhinderte die Rückkehr ↗ Ciceros aus dem Exil. Die langjährige Feindschaft zwischen C. und Cicero gipfelte in dessen Invektive *In Pisonem*. 57–55 war C. Prokonsul von Makedonien. Als Zensor ließ er 50 den Historiker ↗ Sallust aus dem Senat entfernen. Im Bürgerkrieg verhielt sich C. neutral. Als Schwiegervater Caesars leitete er 44 die Feierlichkeit bei dessen Begräbnis; C. starb bald nach 43.

Calpurnius (4) Flaccus, lat. Rhetor um 100 n. Chr. Erhalten ist eine Sammlung von Deklamationen für den Rhetorikunterricht. **Lit.:** L. A. Sussman, The Declamations of C. (1994).

Calpurnius (5), Titus C. Siculus, bukolischer Dichter aus neronischer Zeit. Erhalten sind sieben Eklogen, die mit vier weiteren, Nemesian zugeschriebenen überliefert sind. Die sieben Gedichte geben ein in sich geschlossenes Werk in der Nachfolge Vergils und unter dem Einfluss Theokrits. **Lit.:** W. Friedrich, Nachahmung und eigene Gestaltung in der bukolischen Dichtung des T. C. S. (1976).

Calpurnius (6), Gaius C. Piso, *consul suffectus* unter Claudius, Kopf der sog. »Pison. Verschwörung« des Jahres 65 n. Chr. gegen Kaiser Nero, nach deren Aufdeckung er Selbstmord beging.

Camenen (lat. Camena), urspr. weissagende Quellnymphe, im Plural später mit den griech. ⁊ Musen gleichgesetzt, metonymisch auch für »Lied«, »Gedicht« verwendet.

Camilla, in der *Äneis* Vergils eine volsk. Heldin. Nach einem der Diana und der Jagd gewidmeten Leben schließt sie sich den Truppen des ⁊ Turnus an. In der entscheidenden Schlacht wird sie von Arruns getötet.

Camillus, Marcus Furius C., bedeutendster Römer der Zeit zwischen 400 und 370 v. Chr.; C. war maßgeblich an der Eroberung Veiis 396 beteiligt und verteidigte Rom nach der Plünderung durch die Kelten unter Brennus 390 vor Angriffen benachbarter Stämme. Die Taten des C. wurden in der Überlieferung legendär ausgeschmückt, C. zum größten Held Roms und zum zweiten Gründer der Stadt stilisiert. **Lit.:** E. Burck, Die Gestalt des C., in: Ders. (Hg.), Wege zu Livius (1967) 310–328.

Campus Martius ⁊ Marsfeld

Canabae (lat.), Zivilsiedlungen, die sich in der Nähe röm. Legionslager bildeten, zunächst als Tross aus Marketendern, Händlern und Prostituierten zur Versorgung der persönl. Bedürfnisse der Legionäre. Oft lebten in den C. auch die Frauen und Kinder der Legionäre. In der frühen Kaiserzeit erfuhren viele C. durch den Zuzug von Handwerkern, Landwirten und Großhändlern eine Aufwertung und erhielten eine Siedlungsstruktur; Zivilstädte bildeten sich, die in der hohen Kaiserzeit oft auch den Status einer Colonia erhielten. **Lit.:** R. MacMullen, Soldier and Civilian in the Later Roman Empire (1963).

Candidatus, in erster Linie Bezeichnung für den Amtsbewerber, während seiner Wahlwerbung, in sich der C. persönlich um die Stimmen der Wähler bemühte, trug er eine strahlend weiße Toga, die *toga candida.* Seine Bewerbung musste er dem zuständigen Wahlleiter mitteilen, der darüber entscheiden konnte, ob ihm der C. geeignet erschien oder nicht. War seine Bewerbung erfolgreich, wurde sein Name auf eine Liste gesetzt, die vor der Wahl öffentlich verlesen wurde. Durch die *lex Pompeia* vom Jahre 52 v. Chr.

war der C. verpflichtet, bei der Wahl persönlich in Rom anwesend zu sein. In der Kaiserzeit wurde der C. vom Kaiser vorgeschlagen, seine Wahl zur reinen Formsache.

Canens (lat. »die Singende«), in der röm. Mythologie Gattin des ⁊ Picus, des Sohnes des Saturnus, berühmt wegen ihrer Schönheit und ihres Gesangs. Als ⁊ Kirke Picus in einen Specht verwandelt, sucht Canens vergeblich sechs Nächte nach ihm, bis sie den Tiber erreicht, wo sie nach einem letzten Lied sich in Luft auflöst. Nach ihr wird der Ort Camenae benannt.

Caninius, röm. Gentilname; das plebeische Geschlecht der Caninier ist seit dem 2. Jh. v. Chr. nachweisbar. Bekanntester Vertreter war C. Caninius Rebilus, Legat Caesars im Gall. und Span. Krieg. C. ging als Konsul mit der kürzesten Amtszeit in die Geschichte Roms ein: Am letzten Tag des Jahres 45 v. Chr. starb der amtierende Konsul Q. Fabius Maximus und Caesar bestimmte C. für den Rest des Jahres zu dessen Nachfolger.

Cannae, Ort der röm. Niederlage 216 v. Chr. gegen Hannibal im 2. ⁊ Pun. Krieg. Vermutlich war der heutige Monte di Canne in Apulien Schauplatz der Schlacht. **Lit.:** PECS (1976). – J. Seibert, Hannibal (1993) 187 ff. – ASM (1999).

Cantabrer ⁊ Kantabrer

Canticum (lat., »Gesang«), solist. Szene im Drama, die – im Gegensatz zur gesprochenen Partie (*diverbium,* »Wechselrede«) – als Arie gesungen oder zur Flöte rezitativisch vorgetragen wurde. Bei ⁊ Plautus nimmt das metrisch kunstvoll ausgeführte C. breiten Raum ein und verleiht den Stücken Singspielcharakter. ⁊ Gesang, Unterhaltungsmusik **Lit.:** G. E. Duckworth, The Nature of Roman Comedy (1952).

Capetus, myth. König von Alba Longa.

Capitolinus mons, Capitolium ⁊ Kapitol

Capri (lat. Capreae), Insel im Golf von Neapolis (heute ⁊ Neapel), der Küste Kampaniens vorgelagert. Frühe griech. Besiedlung mit zwei Orten (heute Capri und Anacapri). 29 v. Chr. erwarb Augustus die Insel von Neapolis im Tausch gegen Aenaria (Ischia, Pithekussai). Tiberius wählte C. zehn Jahre lang als Residenz und erbaute zwölf Villen; die Reste der sog. *Villa Iovis* könnten zu diesen Bauten gehören. An der NW-Spitze finden sich Reste der frühkaiserzeitl. *Villa Damecuta.* Die zahlreichen Grotten der Inseln fanden in röm. Zeit als Nymphäen Verwendung. In nachtiberian. Zeit diente C. als Verbannungsort. **Lit.:** A. Maiuri, C. in Prehistoric Times and in Classical Antiquity (1959).

Caprotina, Beiname der ⁊ Juno.

Capua, bedeutendste Stadt im N Kampaniens. Die um 800 v. Chr. wohl von ⁊ Oskern gegründete Stadt wurde im 6. Jh. von Etruskern umgestaltet (zwei Stadtteile für Osker und Etrusker). 438 endete die etrusk. Herrschaft, 424 eroberten die Samniten C.; 314 wurde ein Aufstand gegen Rom, die neue Stadtherrin, niedergeschlagen, ab 312 verband die Via Appia Rom mit C. Hannibal gewann C. als Verbündete im 2. ⁊ Pun. Krieg und bezog dort Winterlager. 211 eroberte Rom C. zurück: als Strafaktion wurden die Senatoren der Stadt hingerichtet, die Gemeinde aufgelöst, das Territorium der Stadt, der *ager Campanus,* wurde zum röm. Staatsbesitz (↗ *ager publicus*), die Stadt direkt der Verwaltung eines Präfekten unterstellt. Im 1. Jh. v. Chr. erhielt C. mehrfach den Status einer Colonia. Der Sklavenaufstand des ↗ Spartacus nahm in der Gladiatorenschule von C. seinen Anfang. Durch den Bau der ↗ Via Domitia 91 n. Chr. wurde C. von der Haupthandelsstraße zum Golf von Neapel abgeschnitten, behielt aber bis in die Spätantike Bedeutung als Verwaltungssitz. Nach der Zerstörung durch Vandalen (456) erfolgte im 6. Jh. eine erneute Blüte. **Lit.:** W. Johannowsky, C. antica (1989). – ASM (1999).

Caracalla, Lucius Septimius Bassianus, später Imp. Caesar Marcus Aurelius Antoninus Augustus. Röm. Kaiser 4. Februar 211–8. April 217 n. Chr. Den Spitznamen C. erhielt er wegen des kelt. Mantels, den er zu tragen pflegte; geb. am 4. April 186 in Lugdunum als Sohn des Septimius Severus und der Julia Domna; Mitte 195 oder 196 Erhebung zum Caesar, ca. Herbst 197 Erhebung zum Augustus; April 202 Hochzeit mit Publia Fulvia Plautilla (205 verbannt, 211 ermordet); Frühjahr 208 Aufbruch nach Britannien mit seinem Vater Septimius Severus und seinem Bruder Geta. Nach dem Tod des Septimius Severus am 4. Februar 211 übernahm C. in Eboracum (heute York) die Herrschaft zusammen mit seinem Bruder Geta, den er aber bereits im Februar 212 ermorden ließ. Geleitet von seinen Weltherrschaftsideen erließ C. 212/13 die *Constitutio Antoniniana,* durch die fast alle Reichsbewohner das röm. Bürgerrecht erhielten. Durch Siege über die Alemannen und Carpen (213/14) sicherte C. die Donaugrenze. Ein Friedensangebot der Parther wies er ab (215) und stieß bis Arbela vor (216) musste dann aber in Edessa überwintern. Noch vor einer neuen Offensive ließ ihn sein Prätorianerpräfekt Macrinus am 8. April 217 ermorden. **Lit.:** H. B. Wiggers, Das röm. Herrscherbild. C., Geta, Plautilla (1971). – DRK (1997).

Caratacus (auch Caractacus), brit. Stammesführer, am Widerstand gegen die röm. Eroberung ↗ Britanniens 43 n. Chr. beteiligt. Tacitus (*Annalen* 12, 33–37) legt ihm eine Rede vor Kaiser ↗ Claudius in den Mund, in der die röm. Eroberungspolitik kritisiert wird. **Lit.:** K. Brodersen, Das röm. Britannien (1998).

Carcer (lat., »Kerker«). Zwar verwendeten die Römer das Gefängnis als Ort der Sicherungsverwahrung im Sinne einer Untersuchungshaft, Gefängnishaft als Strafmittel der Rechtsprechung war aber weitgehend unbekannt. Inhaftierte wurden somit meist bis zur Freilassung oder Vollstreckung der verhängten Strafe im C. interniert. Das bekannteste derartige Bauwerk ist der sog. *C. Mamertinus* in Rom; dieser Bau geht im Kern auf das 4. Jh. v. Chr. zurück und wurde mehrfach umgebaut. Der C. am Forum Romanum ist nach christl. Überlieferung Ort der Gefangenschaft von Petrus und Paulus. **Lit.:** J.-U. Krause, Gefängnisse im Röm. Reich (1996).

Cardo (lat.), bezeichnet die waagerecht verlaufenden Linien in der röm. Landvermessung (↗ Feldmesser). Als *c. maximus* wird die in Nord-Süd-Richtung verlaufende Hauptstraße eines röm. Lagers oder einer röm. Stadt bezeichnet, der rechtwinklig vom ↗ *Decumanus maximus* geschnitten wird. **Lit.:** W. Hübner, Himmel- und Erdvermessung (1992).

Carinus, Marcus Aurelius C., röm. Kaiser Frühjahr 283-Aug./Sept. 285 n. Chr.; geb. ca. 250 als Sohn des Carus, Ende 282 zum Caesar erhoben, im Frühjahr 283 zum Augustus. Im Herbst 283 unternahm C. einen Feldzug gegen die Quaden und feierte Anfang 284 einen Triumph in Rom. Anfang 285 besiegte er den Usurpator Julian. Im August oder September desselben Jahres errang er einen Sieg über den als Gegenkaiser aufgestellten Diokletian, wurde aber danach von seinen eigenen Soldaten ermordet. **Lit.:** D. Kienast, Röm. Kaisertabelle (²1996) 261 f.

Caritas Romana ↗ Pero (2)

Carmenta, arkad. Nymphe, mit ↗ Themis identifiziert; in Rom wegen ihrer seher. Fähigkeiten nach dem lat. Wort *carmen* (»Lied«, auch: »Orakel«) C. genannt.

Carmina Priapea ↗ Priapos

Carnuntum (heute Petronell und Deutsch-Altenburg, Österreich), bedeutender röm. Militärstützpunkt mit Zivilstadt in der Provinz ↗ Pannonien. Das östl. vom heutigen ↗ Wien gelegene Militärlager C. wurde um 40 n. Chr. gegründet, als Steinkastell mehrfach umgebaut und erweitert. C. war zusätzlich Stützpunkt der röm. Donauflotte sowie anderer Hilfstruppen, für die ein eigenes Kastell errichtet wurde. Um dieses Auxiliarlager entstand eine eigene Zivilstadt mit Forum, Amphitheater und Tempelbezirk. Die weiter im W gelegene Zivilstadt des Legionslagers (beim heutigen Petronell) wurde ummauert und mit einer großen Thermenanlage (sog. Palastruine) versehen. Das Amphitheater bot ca. 13.000 Besuchern Platz, das sog. Heidentor gehört zu den spätantiken Monumentalbauten in C. 106 wurde C. Hauptstadt der neu aufgeteilten Provinz Pannonia superior und hatte den Rechtsstatus eines Municipium. In den Kriegen gegen die Markomannen unter Mark Aurel war C. Hauptquartier. 193 usurpierte Septimius Severus in C. den Kaiserthron und erhob C. zur Colonia. Nach 350 verfiel C., 395 wurde es bei einem Germaneneinfall zerstört. **Lit.:** A. Obermayer, Römerstadt C. (1967). – W. Jobst, Provinzhauptstadt C. (1983).

Carthago ↗ Karthago

Carthago Nova (heute Cartagena), strategisch wichtige Hafenstadt an der span. Mittelmeerküste. 225 wurde C. N. von Hasdrubal gegründet und zu einer der bedeutendsten karthag. Städte in ↗ Hispanien ausgebaut. Hannibals Zug nach Italien begann 218 in C.N., das als Nachschubbasis im 2. ↗ Pun. Krieg diente. Die Eroberung der Stadt 209 durch Scipio Africanus brachte für die röm. Kriegsführung in Spanien die Wende. Unter Caesar zur Colonia erhoben, entwickelte sich C. N. im 1. Jh. n. Chr. wegen seines Hafens und der Wirtschaft im Hinterland rasch zu einer florierenden Provinzstadt des röm. Spanien. In der Spätantike wurde C. N. von Vandalen, Byzantinern und ↗ Westgoten besetzt, bis 711 die Araber die Stadt eroberten. **Lit.:** PECS (1976). – M. Koch, in: F. Heidermanns u. a. (Hg.), Sprachen und Schriften des antiken Mittelmeerraumes (1993) 191–242.

Carus, Marcus Aurelius C., röm. Kaiser Aug./Sept. 282-Juli/Aug. 283 n. Chr.; geb. ca. 224 in Narbo (Gallien), unter Probus Prätorianerpräfekt, Aug./Sept. 282 in Sirmium zum Augustus erhoben. 283 führte C. Krieg gegen Sarmaten und Perser. Im Juli oder August desselben Jahres starb C. bei Ktesiphon infolge einer Krankheit oder durch Blitzschlag. **Lit.:** D. Kienast, Röm. Kaisertabelle (^{2}1996) 258 f.

Cassiodor, Flavius Magnus Aurelius Cassiodorus, röm. Senator und Schriftsteller, ca. 490–583 n. Chr.; C. stand im Dienste des ostgot. Kaisers Theoderich und bekleidete 514 das Konsulat. Nach der Kapitulation der Goten in Ravenna 540 kam C. wahrscheinlich als Gefangener nach Konstantinopel. Etwa zwölf Jahre später kehrte er nach Italien zurück und gründete das Kloster Vivarium in Kalabrien. Hier widmete sich C. nicht nur der Sammlung und Erhaltung antiker Werke, sondern war auch selbst schriftstellerisch tätig. Seine bedeutendsten Werke waren ein enzyklopäd. Lehrbuch für die Mönche (*Institutiones*), eine Geschichte der Goten (*Getica*), eine Sammlung von amtl. Erlassen und Schriftstücken (*Variae*) sowie eine Chronik von der Erschaffung der Welt bis ins Jahr 519 (*Chronica*). **Lit.:** S. Krautschick, C. und die Politik seiner Zeit (1983).

Cassius, Gaius C. Longinus, einer der Caesarmörder, gest. 42 v. Chr. C. nahm 53 am Partherfeldzug des Crassus teil und konnte nach der Niederlage der Römer bei Carrhae den Rest des Heeres retten. Im Bürgerkrieg stand C. zunächst auf der Seite des Pompeius, 49/48 diente er in dessen Flotte. Nach der Niederlage bei Pharsalos 48 wurde C. von Caesar begnadigt und in dessen Dienste aufgenommen. Für das Jahr 44 ernannte ihn Caesar zum Prätor. Trotzdem wandte sich C. von Caesar ab und war zusammen mit Brutus maßgeblich an der Verschwörung gegen ihn beteiligt; am 15. März 44 wurde Caesar von den Verschwörern ermordet. In den darauffolgenden Auseinandersetzungen mit den Caesarrächern Mark Anton und Octavian unterlagen C. und Brutus 42 in der Schlacht bei Philippi und begingen beide Selbstmord.

Cassius Dio, Lucius Cl(audius) C. D. Cocceianus aus Nikaia in Bithynien, röm. Politiker und griech. Historiker, 155/164–235 n. Chr. Ab 180 in Rom polit. tätig, wurde C. D. Senator und Konsul, dann Statthalter von Africa, Dalmatien und Oberpannonien. Wegen seiner Strenge bei den Truppen verhasst, zog er sich nach dem zweiten Konsulat 229 auf Rat des Kaisers Severus Alexander in seine Heimat zurück. Auf zeitgeschichtl. Vorarbeiten fußend, umfasste C.D.' annalistisch strukturierte *Röm. Geschichte* (*Rhomaïke historia*) urspr. 80 Bücher, die in Dekaden eingeteilt sind: 1–50 Aeneas bis zum Bürgerkrieg; 51–80 Oktavian bis zu C.D.s zweitem Konsulat. Erhalten sind die Bü-

cher 36–60 (68 v. Chr. bis 47 n. Chr.) und Reste aus den B. 79–80 (216–218 n. Chr.). Als Quellen verarbeitete er neben den Annalisten auch Polybios und Livius, vielleicht Tacitus. Wenig Wert auf einen anschaul. Stil und das Detail legend, jedoch farbiger und unmittelbarer in der Zeitgeschichte, versah er die rhetorisch ausgearbeiteten Reden nach dem Vorbild des Thukydides mit eigenen Gedanken (so spiegelt Maecenas' Plädoyer für die Monarchie 52, 14 ff. den Geist seiner Zeit wider). In seinem aus der Optik der reichen Senatsaristokratie geschriebenen Werk erscheint er als loyaler Anhänger der Monarchie. **Lit.:** M. Hose, Erneuerung der Vergangenheit: Die Historiker im Imperium Romanum von Florus bis C. D. (1994). – G. Martinelli, L'ultimo secolo di studi su Cassio Dione (1999).- B. Kuhn-Chen: Geschichtskonzeptionen griech. Historiker im 2. und 3. Jh. n. Chr. (2002).

Castellum (lat.), kleines ↗ Lager des röm. Heeres. Diese oft nur kurzfristig angelegten Lager sind von den permanent besetzten Auxiliarlagern zu unterscheiden.

Castor und Pollux ↗ Dioskuren

Castrum ↗ Lager

Catania ↗ Katane

Catilina, Lucius Sergius C., Kopf der sog. Catilinar. Verschwörung, 108–62 v. Chr. Nachdem sich C. bereits mehrfach vergeblich um das Konsulat bemüht hatte, wurde er für das Jahr 63 endlich als Kandidat aufgestellt. Er scheiterte jedoch an seinen Mitwerbern C. Antonius und Cicero, der C. seine dubiose Vergangenheit vorwarf. Ob C. tatsächlich an einen Staatsstreich dachte, wie Cicero es darlegte, ist unklar. Cicero konnte sich jedenfalls durchsetzen, C. wurde zum Staatsfeind erklärt, seine Anhänger in Rom verhaftet und hingerichtet. C. selbst floh nach Etrurien, wo er ein Heer aufstellte. Anfang 62 wurde er bei Pistoria geschlagen und kam ums Leben. **Lit.:** J. v. Ungern-Sternberg, Das Verfahren gegen die Catilinarier, in: U. Manthe/J. v. Ungern-Sternberg (Hg.), Große Prozesse der röm. Antike (1997) 85–99.

Cato (1), Marcus Porcius C. Censorius, röm. Staatsmann und Schriftsteller aus Tusculum, 234–149 v. Chr.; 217 nahm C. an der Schlacht am Trasimen. See gegen Hannibal teil, 204 begleitete er Scipio nach Afrika. C. durchlief die übl. Ämterlaufbahn (*cursus honorum*), war 204 Quästor, 199 Ädil, 198 Prätor, 195 Konsul. 191 war er entscheidend am Sieg der Römer über Antiochos III. beteiligt. Als Zensor ging C. 184 gegen bestechl. Senatoren vor und erließ ein Luxusgesetz, um den altröm. Tugenden zu neuem Ansehen zu verhelfen (daher sein Beiname *Censorius*). Die größte Gefahr für Rom sah C. in der immer mächtiger werdenden Stadt Karthago. Deshalb soll er seine Reden stets mit den Worten *Ceterum censeo Carthaginem esse delendam,* »im Übrigen bin ich der Meinung, dass Karthago zerstört werden muss«, beendet haben. Obwohl er durchaus in der griech. Kultur und Literatur gebildet war, lehnte er sie ab, da er in ihr eine Gefahr für Rom sah. Er versuchte, eine eigenständige lat. Literatur zu schaffen. Vollständig erhalten ist sein Werk

*Cato
d. Jüngere*

De agri cultura (*Über die Landwirtschaft*); von seinem Hauptwerk, den *Origines* (*Ursprünge*), die die Geschichte Roms von den Anfängen bis in seine Zeit behandelten, sind nur Fragmente überliefert. **Lit.:** D. Kienast, C. der Zensor (1954, Nd. 1979). – A. E. Astin, C. the Censor (1978).

Cato (2), Marcus Porcius C. Uticensis, Urenkel von (1), überzeugter Republikaner, Anhänger der stoischen Philosophie, 95–46 v. Chr. 72 kämpfte C. unter Crassus gegen Spartacus, 62 stimmte er als Volkstribun für die Hinrichtung der Catilinarier; als überzeugter Republikaner war C. ein erbitterter Gegner Caesars. Zu Beginn des Bürgerkrieges floh er nach Utica (Nordafrika), wo er nach dem Sieg Caesars bei Thapsos (46) Selbstmord beging. Bald darauf veröffentlichte Cicero eine Lobschrift auf C., auf die Caesar mit seinen *Anticatones* antwortete. Durch seine Haltung und seinen Freitod wurde C. zum Vorbild für alle Gegner der Alleinherrschaft. **Lit.:** R. Fehrle, C. Uticensis (1983).

Catull, Gaius Valerius Catullus, aus Verona, röm. Lyriker, ca. 84–54 v. Chr. Der aus einem patriz. Geschlecht stammende C. ist der am besten überlieferte ↗ Neoteriker. Er lebte in Rom, spielte in der Dichtung aber immer wieder auf die norditalien. Heimat an. 57/56 war im Gefolge des Proprätors C. Memmius in der Provinz Asia Minor. Sein Werk umfasst 116 Gedichte, die sich in drei Gruppen einteilen: 1–60: kleine polymetr. Gedichte, 61–68: große Gedichte (die alle mit dem Thema ›Hochzeit‹ oder ›Erfüllung und Trennung einer Verbindung‹ zu tun haben), 69–116: Epigramme; ob sie von C. selbst als ein Buch herausgegeben wurden, ist sehr umstritten. Das Widmungsge-

dicht (1) stellt die Sammlung in die alexandrin. Dichtungstradition des ↗ Kallimachos (kleine, ausgefeilte Gedichte). Liebe, Liebesleid und Trennung von der Geliebten, die C. aus Verehrung für die griech. Dichterin Sappho aus Lesbos ›Lesbia‹ nannte (nach Apuleius, *Apologie* 10, war sie Clodia, die Schwester des Cicero-Gegners Clodius Pulcher), nehmen breiten Raum ein; die *Passer*-Gedichte könnten auf die *struthoi* (lat., gr., »Sperling«) anspielen, die im ersten Sappho-Gedicht (ed. Lobel-Page) den Wagen Aphrodites ziehen. In der kunstfertigen Bearbeitung hellenist. Vorbilder, die um persönl. Erleben bereichert werden, erweist er sich C. einerseits als ↗ *poeta doctus*, andererseits als Meister der subjektiven Dichtung. Das sog. *Peleus-Epos* (64) ist ein ↗ Epyllion über die Hochzeit von Peleus und Thetis, in das im Stile zweier ausführl. Ekphraseis (↗ Ekphrasis) die Beschreibung einer Decke mit der Geschichte der verlassenen Ariadne und ein Parzenlied eingefügt sind. In der Zusammenstellung verschiedener hellenist. Vorbilder zeigt C. den Kontrast zwischen erfüllter und unerfüllter Liebe. *Carmen* 66 ist eine Nachdichtung der *Locke der Berenike* des Kallimachos mit eigenen Einfügungen, *carmen* 65 ein dazugehöriges Begleitgedicht, das dem Werk einen persönl. Rahmen (Tod des Bruders) gibt. *Carmen* 51 ist eine Übertragung von Sappho (31 Lobel-Page), erweitert durch einen überraschenden röm. Schluss, in dem C. seinen Zustand als *otium*, als Lähmung, Nichtstun, bezeichnet. Das ist ein Kontrast zu Sappho, aber auch zum philosoph.-polit. *otium*-Begriff eines Cicero (1). Von dem durch diesen verkörperten staatstragenden Ethos setzten sich die Neoteriker demonstrativ ab. C. ironisiert Cicero (49). Caesar und dessen Anhänger greift er in Gedichten und Epigrammen scharfzüngig an. Die Nachwirkung C.s ist bis heute beträchtlich (u. a. Carl Orff, *Catulli carmina* [Vertonung 1943], Thornton Wilder, *Ides of March* [1948]). **Lit.:** T. P. Wiseman, C. and his World (1985). – E. A. Schmidt, C. (1985). – N. Holzberg, C. (2002).

Catulus ↗ Lutatius

Caudium (heute Montesarchio, Italien), Hauptort des samnit. Stammes der Caudini. 321 v. Chr. siegten die ↗ Samniten hier über die Römer und schickten die Gefangenen (als Zeichen der Unterwerfung und Erniedrigung) durch das sog. »Caudin. Joch«. Die von mehrerern Mauerringen umgebene Stadt war Straßenstation an der ↗ Via Appia zwischen ↗ Capua und Beneventum.

Cavea (lat. cavus, »gewölbt«), muschelförmiges Zuschauerrund des antiken Theaters mit terrassenartig angeordneten Sitzreihen; in mehrere Stockwerke unterteilt: *c. ima/prima* – erster Rang, *c. media* – mittlerer Rang, *c. ultima/summa* – letzter Rang.

Cebenna mons (heute Cévennes), Gebirgszug in Gallien, der das Gebiet der Arverner von den Helvetiern trennte.

Celeia, röm. Stadt in ↗ Noricum. Die günstige Lage an einem Hauptzugang zur illyrisch-ital. Pforte führte zu einer Blüte der Stadt bis in die Spätantike (Bischofssitz); heute Célje in Slowenien.

Cella (lat.), der Raum im ↗ Tempel, in dem das Götter- oder Kultbild stand; im röm. Haus eine Kammer oder ein Vorratsraum. In der C. befanden sich in der Regel keine Fenster, so dass lediglich durch die Tür etwas Licht einfallen konnte. **Lit.:** G. Gruben, Die Tempel der Griechen (⁴1986).

Celsus (1), Aulus Cornelius C., lat. Enzyklopädist zur Zeit des Tiberius (14–37 n. Chr.). C. ist der Verf. eines Werkes über die *Artes* (»Künste«, »Wissenschaften«), in dem er Landbau, Kriegshandwerk, Rhetorik, Medizin, vielleicht auch Jurisprudenz und Philosophie darstellte. Erhalten sind nur die acht Bücher *De Medicina (Über die Medizin),* an deren Anfang ein kenntnisreicher Überblick über die Geschichte der griech. Heilkunst steht. Das Werk behandelt u. a. Fragen der Diätetik, Pharmakologie und Chirurgie in literarisch ansprechender Form. Das erste Buch ist eine Art ›Gesundheitsratgeber‹. C. lässt sich auf keine bestimmte medizin. Schule festlegen. Die Frage, ob er selbst Arzt war, wird meist verneint. Columella und Plinius d. Ä. haben C. benutzt. In der Renaissance genoss er hohes Ansehen. **Lit.:** J. Ilberg, C. und die Medizin in Rom, in: H. Flashar (Hg.), Antike Medizin (1971) 308–360.

Celsus (2) (gr. Kelsos), griech. Philosoph, Platoniker, 2. Hälfte 2. Jh. n. Chr. C.' Werk *Wahre Lehre (Alethes logos)* ist die erste uns bekannte Streitschrift gegen den jüd.-christl. Glauben. Der Theologe Origenes erhielt zwischen 244 und 248 den Auftrag, diese zu widerlegen. Seine Apologie *Gegen Celsus* konserviert deshalb große Teile der Schrift des C. **Lit.:** K. Pichler, Streit um das Christentum. Der Angriff des Kelsos und die Antwort des Origenes (1980).

Cena (lat.), Hauptmahlzeit der Römer. Die ursprünglich gegen Mittag eingenommene C. verschob sich durch den Einfluss griech. Esskultur in den frühen Abend, während mittags das *prandium* eingenommen wurde. Das zweigängige einfache Mahl wurde seit spätrepublikan. Zeit von der röm. Oberschicht durch eine bis zu sieben Gänge umfassende, immer umfangreichere Tafel ersetzt; umrahmt wurde das Mahl von mehreren Götteropfern. Das einfache Volk hingegen aß meist sehr bescheiden, in den Städten dienten bes. Garküchen der Versorgung der breiten Bevölkerung. ↗ Küche, Mahlzeiten, Wirtshäuser **Lit.:** Chr. Neumeister, Das antike Rom (1993) 170 ff. – J. Wilkins u. a. (Hg.), Food in Antiquity (1995).

Cena Trimalchionis (lat., »Gastmahl des Trimalchio«) ↗ Petron.

Censor ↗ Zensor

Censorinus, sonst nicht bekannter lat. Autor, Verf. eines Geburtstagsgedichts *De die natali* für Q. Carellius für das Jahr 238 n. Chr. In einem ersten Teil behandelt C. die anthropolog. Zusammenhänge des Geburtstags, im zweiten Teil reflektiert er über die Zeit. **Lit.:** K. Sallmann, in: Hermes 111 (1983) 233–248.

Census ↗ Zensus

Cento (lat., »aus Lappen bestehendes Flickwerk«), Gedicht, das aus Versen und Versteilen anderer Dichtungen (oft Homers und Vergils) zusammengesetzt ist, im Griechischen seit hellenist. Zeit, im Lateinischen ab dem 2. Jh. n. Chr. zu finden. Dahinter steht meist spieler. oder parodist. Absicht. Bekanntes Beispiel der griech. Literatur: ↗ *Batrachomyomachia,* in der lat.: der C. *nuptialis* des ↗ Ausonius. **Lit.:** G. Polara, I centoni, in: Lo spazio letterario di Roma antica III (1990) 245–275.

Centumviri (lat., »Hundertmänner«), Bezeichnung für ein Gericht in Rom, dessen Entstehungszeit umstritten ist. Erstmals belegt ist die Institution für die Zeit des ↗ Marius und ↗ Sulla, doch dürfte sie wesentlich älter sein. Der Name rührt von der Zusammensetzung des Gerichtes her. Aus jeder der 35 ↗ Tribus wurden drei Männer als Mitglieder gewählt. Die C. waren also genaugenommen 105 Männer, die der Einfachheit halber als 100 Männer bezeichnet wurden. Der Name wurde auch beibehalten, als die Zahl der Mitglieder zu Beginn des 2. Jh. n. Chr. auf 180 angestiegen war. Zuständig waren die C. in erster Linie für Eigentums- und Erbschaftsangelegenheiten. Im 3. Jh. n. Chr. wurde die Institution der C. abgeschafft.

Centuria (lat., »Hundertschaft«), polit. und militär. Einteilung der Bürgerschaft. In der Frühzeit eine militär. Einheit im Sinne einer Hundertschaft, verkörperte eine C. in der röm. Republik einen Wahlkörper der ↗ Volksversammlung (*comitia centuriata*). Mit der Heeresreform des Marius bestand jede Legion aus zehn ↗ Kohorten, von denen sich jede aus sechs *centuriae* mit einer Sollstärke von ca. 80 Mann unter dem Kommando eines ↗ Centurio zusammensetzte. **Lit.:** A. Rosenberg, Untersuchungen zur röm. Zenturienverfassung (1911). – J. Kromayer/G. Veith, Heerwesen und Kriegsführung der Griechen und Römer (1928). – L. Keppie, The Making of the Roman Army (1984).

Centurio (lat.), röm. Offiziersrang, Befehlshaber einer ↗ *centuria.* Der C. war wichtigster Träger des röm. Berufssoldatentums; die militär. Laufbahn eines C. mit ihren Aufstiegschancen war auch für Mitglieder des Ritterstandes von Interesse. Seiner militär. Bedeutung entsprechend betrug der Sold eines C. im 1. Jh. n. Chr. etwa das Fünfzehnfache eines einfachen Dienstgrades.

Cerberus ↗ Kerberos

Ceres, alte ital. Agrargöttin. Ihr Fest, die *Cerialia* oder *Ludi Ceriales,* an dem man um gesundes Wachstum der Ähren bat, fand am 19. April statt. 493 v. Chr. wurde ihr zusammen mit Liber und Libera – der Göttertrias Demeter, Dionysos und Kore entsprechend – nach einer Hungersnot ein Tempel errichtet. C. wurde später mit ↗ Demeter gleichgesetzt, weshalb der Entführung der ↗ Persephone (in Rom Proserpina genannt) und ihrer Rückgewinnung alljährlich mit dem Opfer der ersten Ähren feierlich gedacht wurde. **Lit.:** K. Latte, Röm. Religionsgeschichte (1960) 101.

Cerialia ↗ Ceres, Feste

Cerveteri ↗ Caere

Cestius, Gaius C. Epulo, röm. Beamter der spätrepublikan. oder frühaugusteischen Zeit, gest. vor 12 v. Chr., dem Todesjahr des Agrippa, der von C. als Erbe eingesetzt war. Berühmt wurde C. bes. durch sein Grabmal, die C.-Pyramide an der *Porta Ostiensis* in Rom. Die ca. 27 m hohe Pyramide war mit Marmor verkleidet, die Grabkammer mit Wandmalereien geschmückt. **Lit.:** L. Richardson, A New Topographical Dictionary of Ancient Rome (1993) 353 f.

Cetium, röm. Siedlung in ↗ Noricum am Schnittpunkt wichtiger Straßen, unter Kaiser ↗ Hadrian zum *municipium Aelium C.* erhoben, trotz Zerstörung im ↗ Markomannenkrieg bis in die Spätantike bedeutend; heute St. Pölten. **Lit.:** S. Jilek u. a., Leben in Aelium C. (2005).

Cetius Faventinus, röm. Fachschriftsteller wohl des 3. Jh. n. Chr., verfasste ein Buch über den Privathausbau, ein Auszug v. a. aus dem Werk des ↗ Vitruv. **Lit.:** M.-Th. Cam, C. F. (2001).

Chaironeia (gr., lat. Chaironeia), bedeutende Stadt in ↗ Böotien. An der Westgrenze Böotiens zu Phokis gelegen, war Ch. bis ca. 424 v. Chr. von Orchomenos abhängig. 387/86 beteiligte sich Ch. am Böot. Bund, der unter der Hegemonie Thebens wiederbegründet wurde. Ch. blieb bis zur Auflösung des Bundes 146 v. Chr. Mitglied und bestand auch in röm. Zeit als Provinzstadt fort. Die strategisch wichtige Lage ließ Ch. Schauplatz mehrerer entscheidender Schlachten werden. 338 v. Chr. besiegte Philipp II. von Makedonien hier die antimakedon. Allianz und errang damit die Vorherrschaft in Griechenland. Das berühmte Löwendenkmal für die gefallenen Thebaner (↗ Löwe) erinnert an diese Schlacht. 245 v. Chr. schlugen bei Ch. die ↗ Ätoler den Böot. Bund; 86 v. Chr. siegten hier die Truppen ↗ Sullas über Mithradates VI. 551 n. Chr. wurde Ch. durch ein Erdbeben zerstört. **Lit.:** PECS (1976). – GLHS (1989) 160–162. – ASM (1999).

Chaldäer (gr. Chaldaioi), ursprünglich Bezeichnung für einen aramäischen Volksstamm, der seit dem 1. Jt. v. Chr. in ↗ Babylonien ansässig war. Die C. waren eine wichtige Stütze des Widerstandes der Babylonier gegen die assyr. Vorherrschaft. Die eigentl. Ch.-Dynastie trat Ende des 7. Jh. mit Nabopolassar, ↗ Nebukadnezar II. und ihren Nachfolgern auf. Im Laufe der Zeit erfuhr der Begriff eine Bedeutungswandel. Griechen und Römer verstanden unter den Ch.n die babylon. Astrologen, Magier und Wahrsager, was zeigt, wie sehr Astrologie und Wahrsagekunst als Merkmale babylon. Kultur empfunden wurden.

Chalkedon ↗ Kalchedon

Chalkidike (gr. Chalkidike), größte Halbinsel in ↗ Makedonien. Die Halbinsel Ch., südöstl. von Thessaloniki gelegen, setzt sich in den drei Halbinseln Pallene (heute Kassandra), Sithonia und Akte (heute Athos) fingerartig fort. Die griech. Besiedlung der Halbinsel erfolgte im 6.–5. Jh. v. Chr.; die wichtigsten Städte waren Poteidaia, Mende, Olynthos und Torone. Nach den Perserkriegen traten die Städte dem 1. ↗ Att. Seebund bei, 432 fielen die meisten Poleis der Ch. unter Führung Olynths von Athen ab und bildeten den Chalkid. Bund, der im 4. Jh. zeitweise sogar zur Bedrohung für den makedon. Staat wurde. 382–379 musste die Auflösung des Bundes militärisch durchge-

setzt werden. Der verkleinerte Staat der Chalkider mit Zentrum Olynth trat ca. 375 dem 2. Att. Seebund bei. 357/56 verbündete sich der gestärkte Bund der Chalkider mit Philipp II. von Makedonien und erhielt große Gebiete auf der Ch. Schon 349 kam es zum Krieg mit Philipp, Olynth wurde zerstört, die Ch. annektiert. Dem Territorium der 316 neu gegründeten Stadt Kassandreia (↗ Poteideia) wurde ein großer Teil der Ch. zugeschlagen. **Lit.:** M. Zahrnt, Olynth und die Chalkidier (1971).

Chalkis (gr. Chalkis), bedeutendste griech. Handelsstadt auf ↗ Euböa. Ch. war schon in vormyken. Zeit besiedelt, Homer nennt die Stadt in seinem Schiffskatalog (Ilias 2, 537) die Bewohner waren Jonier. Im 8. Jh. war Ch. mit Korinth verbündet und gründetete zusammen mit ↗ Eretria zahlreiche Kolonien (z. B. Kyme, Rhegium und Zankle/Messana). Im Streit um die Ielant. Ebene besetzten schließich athen. ↗ Kleruchen den Landstrich auf Euböa. 490 entging die Stadt der pers. Kriegsmaschinerie, 480 bemannte Ch. 20 Schiffe der Athener im Kampf gegen die Perser; nach den Perserkriegen trat Ch. dem 1. ↗ Att. Seebund bei und verlor immer mehr an Eigenständigkeit. 411 verband ein Damm Ch. erstmals mit dem Festland. Ch., Mitglied auch des 2. Att. Seebundes, geriet in Abhängigkeit von ↗ Theben. Im Hellenismus war Ch. ein strategisch wichtiger makedon. Flottenstützpunkt und bildete unter ↗ Philipp V. zusammen mit den Festungen Akrokorinth und Demetrias eine der »Fesseln Griechenlands«, die in den Jahren nach der röm. Eroberung 197 in den röm.-makedon. Beziehungen eine zentrale Rolle einnahm. 146 wurde Ch. erneut röm. besetzt, doch beteiligte sich die Stadt am Krieg des ↗ Achäischen Bundes; Rom schleifte daraufhin die Mauern der Festung. Unter Justinian wurden sowohl Mauern als auch die Euripos-Brücke zum Festland erneuert. **Lit.:** S. Lauffer, Ch. (1943). – GLHS (1989) 164–166.

Chalyber (lat. Chalybes), Volksstamm an der nordanatol. Schwarzmeerküste. Die Ch. waren in der Antike berühmt für ihre Metallgewinnung und -verarbeitung; sie galten gar als Erfinder des Eisens.

Chaos (gr. chainein, »gähnen, klaffen«), im griech. Schöpfungsmythos ein Zustand gähnender Leere, aus dem die Erde (*gaia*), die Dunkelheit (*erebos*) und die Nacht (*nyx*) hervorgehen.

Chariklo, Nymphe, die mit ↗ Chiron ↗ Okyrrhoë (2) zeugt.

Charisius, Ch. Flavius Sosipater, lat. Philologe, 4. Jh. n. Chr. Ch., vielleicht aus Afrika stammend, kompilierte eine *Ars Grammatica* in fünf Büchern, in der er ältere Quellen (wie Remmius Palaemon, Iulius Romanus) verarbeitete. Sein Werk ist gleichzeitig eine Fundgrube für Zitate aus der älteren Literatur. Er behandelte u. a. grammat. Grundbegriffe, Wortarten, die Lehre vom Verbum, Stilfragen, Metrik. **Lit.:** P. L. Schmidt, in: HLL V (1989) 125–131.

Chariten (gr. charis, »Anmut«; lat. gratiae, »Grazien«), drei Göttinnen im Gefolge der Aphrodite, Töchter des Zeus und der Eurynome, zumeist unter den Namen Aglaia (Glanz), Euphrosyne (Frohsinn) und Thalia (Festesfreude) bekannt. Sie personifizieren die Anmut und die Schönheit.

Chariton (gr. Chariton) von Aphrodisias, Verf. des wahrscheinlich ältesten erhaltenen griech. Liebesromans (1. Jh. v. Chr. oder n. Chr.) mit dem Titel *Kallirhoe* (oder *Chaireas und Kallirhoe?*) in acht Büchern. Chaireas wird durch eigene Schuld von seiner Gemahlin Kallirhoe getrennt und nach vielen Reisen und überstandenen Gefahren wieder mit ihr vereinigt. Eindringlich wird der innere Konflikt der Heldin dargestellt, die um des von Chaireas empfangenen Kindes willen mit einem anderen Mann die Ehe eingeht. Das histor. Kolorit (unter Einfluss des Thukydides und Xenophon) des im späten 5. Jh. v. Chr. in Syrakus und im pers. Reich spielenden Romans ist bei Ch. stärker ausgebildet als bei den späteren Vertretern der Gattung. Daneben prägen zahlreiche Homerzitate und Dramenmotive die literar. Textur des Werks. **Lit.:** Ch. Meckelnborg/K.-H. Schäfer, Ch. (2006) [Ed., Übers.].

Charon, der Fährmann, der die Seelen der Toten über den Totenfluss Styx in die Unterwelt, den Hades, bringt. Da Ch. für diesen Dienst einen Lohn verlangt, wurden die Toten mit einer Münze im Mund (*obolos*) begraben.

Charondas aus Katane, einer der großen Gesetzgeber der westgriech. Kolonien, ca. 2. Hälfte des 6. Jh. v. Chr. Die Gesetze des Ch. wurden in Katane und Rhegium, aber auch anderen griech. Städten Süditaliens und Siziliens eingeführt; wie die Gesetze ursprünglich aussahen, lässt sich nicht mehr rekonstruieren. **Lit.:** M. Mühl, Die Gesetze des Zaleukos und Ch., in: Klio 22 (1929) 105–124 und 432–463.

Charybdis, Tochter der Erde, Gaia, und des Poseidon; ein gefährl. Meeresungeheuer, an dem Odysseus und seine Gefährten vorbeifahren müssen. ↗ Skylla

Chatten, (lat. Chatti), german. Stamm im Gebiet des heutigen Hessen. Die Ch. verloren zwar 58 n. Chr. einen Kriegszug gegen die südl. Nachbarn, die Hermunduren, besiegten aber um 100 die nördl. siedelnden ↗ Cherusker. Die als disziplinierte Krieger bekannten Ch. unternahmen vom 1.–3. Jh. regelmäßige Raubzüge auf röm. Gebiet, die ebenso regelmäßig mit Strafaktionen geahndet wurden (z. B. unter Domitian 83–85). 392 traten die Ch. als Verbündete der ↗ Franken auf; es ist unklar, ob sie im fränk. Stammesverband aufgingen. Im 6. Jh. tritt erstmals der Name Hessi (bzw. Hassii, Hessones) für das heutige Hessen auf. **Lit.:** D. Baatz/F.R. Herrmann (Hg.), Die Römer in Hessen (1982). – A. Becker, Rom und die Ch. (1992).

Cherson(n)esos (1) (gr., »Halbinsel«), thrak. Halbinsel am Hellespont. Durch die geograph. Lage an einer Nahtstelle zwischen Europa und Kleinasien war die sog. Thrak. Chersones stets von großer wirtschaftl. und strateg. Bedeutung und wurde bes. im 7. Jh. v. Chr. griechisch kolonisiert; zu den wichtigsten Siedlungen gehörten Kardia und ↗ Sestos. Miltiades d. Ä., Tyrann der Ch., sicherte die griechisch kolonisierten Teile durch eine Mauer gegen die feindl. thrak.

Stämme, Miltiades d. J. trat 493, nach einem Krieg mit dem gegenüberliegenden Lampsakos, die Halbinsel an die Perser ab. Nach den ↗ Perserkriegen ließ Perikles die Schutzmauer erneuern und entsandte Siedler nach Kallipolis und Sestos. 466 wurde die Ch. Mitglied im 1. ↗ Att. Seebund, bis 387 kämpfte Athen mit Sparta um den Besitz der Halbinsel, die für den Getreideimport nach Athen von fundamentaler Bedeutung war. Die Ch. ging jedoch an die expandierenden thrak. ↗ Odrysai verloren, bis Philipp II. von Makedonien die Ch. unterwarf. Im Hellenismus wechselte die Ch. zwischen Seleukiden, Ptolemäern, Antigoniden und zuletzt Attaliden. 133 fiel die Ch., wie das gesamte Königreich ↗ Pergamon an Rom. Seit 12 v. Chr. war die Thrak. Ch. kaiserl. Domäne. Im 2. Jh. n. Chr. wurde die Provinz Ch. geschaffen, Justinian erneuerte im 6. Jh. die Schutzmauer. **Lit.:** U. Kahrstedt, Beiträge zur Geschichte der Thrak. Ch. (1954). – B. Isaac, The Greek Settlement in Thrace until the Macedonian Conquest (1986).

Cherson(n)esos (2) (heute Krim, Ukraine), größte Halbinsel im Schwarzen Meer. Die sog. Taur. Ch. trennt das ↗ Asowsche Meer vom ↗ Schwarzen Meer ab und wurde seit dem 7. Jh. von ↗ Milet und anderen jon. Städten kolonisiert und geriet in Auseinandersetzungen mit den benachbarten Tauroi und Skythen. Die wichtigsten Städte der Halbinsel waren ↗ Pantikapaion im O und die Stadt Ch. (3) im W; Getreideanbau und Fischfang waren Erwerbsquellen der Siedler. Die thrak. Spartokiden unterwarfen im 5. Jh. die Halbinsel, die einen wirtschaftl. Aufschwung nahm (↗ Bosporanisches Reich). 107 n. Chr. eroberte Mithradates VI. von Pontos das Bosporan. Reich, das in der Folgezeit als Klientelstaat von Rom abhängig war. Im 3. Jh. eroberten Goten und Heruler die Taur. Ch. und siedelten hier, bis sie im 4. Jh. von Hunnen und anderen Völkern verdrängt wurden. Seit dem 6. Jh. gehörte die Halbinsel zum ↗ Byzantin. Reich. **Lit.:** V. E. Gaidukevic, Das Bosporan. Reich (1971).

Cherson(n)esos (3), Handelszentrum auf der Taur. Ch. (heute Krim) beim heutigen Sewastopol (Ukraine). Ch. wurde im 5. Jh. v. Chr. von Siedlern aus Herakleia Pontike als Handelsstation gegründet, entwickelte sich schnell zu einer selbständigen Polis und beherrschte die Westhälfte der Taur. Chersones. Mithradates VI. von Pontos schützte Ch. gegen eindringende Skythen, Asandros gliederte die Stadt dem ↗ Bosporan. Reich ein. Nach der skyth. Belagerung der Stadt 60/61 n. Chr. stationierte Nero eine Flottenabteilung in Ch., die Stadt litt im 4. Jh. unter den Hunneneinfällen.

Cherusker (lat. Cherusci), german. Stamm zwischen Weser und Elbe. Die untereinander zerstrittenen Gruppen der Ch. wurden von Drusus und Tiberius zwischen 12 v. Chr. und 9 n. Chr. unterworfen. Der Ch. ↗ Arminius einte seinen Stamm und verschaffte ihm durch den Sieg über Varus in der Schlacht im ↗ Teutoburger Wald für kurze Zeit überregionale Bedeutung. Innere Unruhen führten zum Niedergang; vor 100 wurden die Ch. von den benachbarten ↗ Chatten vernichtet. **Lit.**: R. Wiegels/W. Woesler (Hg.), Arminius und die Varusschlacht (1995).

Chiasmus (gr. chiasmos, »Kreuzstellung«), Bezeichnung der Rhetorik für die Überkreuzstellung von einander zugeordneten Begriffen (benannt nach dem griech. Buchstaben Chi: X).

Chiliarch (gr. chiliarchos, »Herrscher über 1000 Mann«), Bezeichnung für den Kommandanten einer 1000 Mann starken Einheit in griech. Heeren. Darüber hinaus wurde der Begriff Ch. für den Kommandanten der Leibwache des Perserkönigs verwendet, die 1000 Mann stark war. Bei den ↗ Diadochen war der Ch. ein hoher Beamter, dessen genaue militär. und polit. Kompetenzen nicht bekannt sind.

Chimäre (gr. Chimaira, »Ziege«), legendäres feuerspeiendes Ungeheuer mit Löwenkopf, Ziegenkörper und Drachenschwanz, das Lykien heimsucht. Sie wird von ↗ Bellerophon getötet.

China ↗ Serer

Chione, in der Mythologie Tochter des ↗ Boreas und der ↗ Oreithya, von ↗ Poseidon Mutter des ↗ Eumolpos.

Chios, Insel mit gleichnamiger Stadt vor der kleinasiat. Westküste (zu Griechenland gehörend) mit berühmten Heiligtum des ↗ Apollon. Die ca. 858 km² große, bes. im O fruchtbare Insel galt in der Antike als bes. wohlhabend. Die an der Ostküste liegende Hauptstadt war eine jon. Gründung und bekannt für den Export von Wein und ↗ Mastix-Harz. Wie die meisten Städte an der kleinasiat. Küste gehörte auch Ch. im 5. Jh. v. Chr. zum 1. ↗ Att. Seebund, fiel aber 412 von Athen ab. Im 4. Jh. geriet Ch. unter kar. und dann pers. Herrschaft, im Hellenismus konnte Ch. lange seine Selbständigkeit bewahren. 190 Bündnis mit Rom, aber Beteiligung am Kampf des ↗ Mithradates. 86 v. Chr. erklärte ↗ Sulla Ch. zur *civitas libera.* Kaum antike Reste auf der Insel (Ausgrabung des Apollon-Phanaios-Tempels). **Lit.:** GLHS (1989) 170–174.

Chiron (gr. Cheiron), in der Mythologie neben Pholos der einzige freundl. und weise ↗ Zentaur, Erzieher und Lehrer zahlreicher ↗ Heroen, darunter Jason oder Achill; er unterweist ↗ Apollon in der Musik, ↗ Äskulap in der Medizin. Ch. wird in Herakles' Krieg gegen die Zentauren von einem Giftpfeil getroffen, der ihm eine nicht heilende Verletzung zufügt. Als die Schmerzen unerträglich werden, tritt er seine Unsterblichkeit an ↗ Prometheus ab, um sterben zu können. **Lit.:** M. Vogel, Ch. der Kentaur mit der Kithara I-II (1978).

Chirurgie (gr., »Handarbeit«). Die Ch. gehört zu den ältesten Zweigen der ↗ Medizin und wurde lange vor den ersten Hochkulturen bes. hohes Ansehen genoss die ägypt. Ch., deren Methoden sowohl aus medizin. Schriften als auch archäologisch rekonstruiert werden können. Erste Anhaltspunkte für eine griech. Ch. bieten die Epen Homers, bes. die *Ilias,* in der Wundbehandlungen beschrieben werden. – Wichtigste Quelle griech. Ch. ist das *Corpus Hippocraticum,* eine Sammlung medizin. Fachabhandlungen, etwa über die Behandlung von Wunden, Knochenbrüchen, Repositionen und Kopfverletzungen

(↗ Hippokrat. Schriften). Mit einfachsten Instrumenten konnten beachtl. Erfolge erzielt werden; die große Infektionsgefahr bei allen chirurg. Eingriffen, die man durch das Betupfen der Wunde mit Wein und Essig zu senken versuchte, beschränkte jedoch die Heilungsaussichten. So war oft das Abtrennen von Gliedmaßen mit nekrot. Gewebe der einzige Weg, das Leben des Patienten zu retten. Einen großen Innovationsschub erlebte die Ch. im Hellenismus, als bes. in Alexandria Ärzte wie ↗ Diokles die anatom. Forschung vorantrieben, neuartige Instrumente und Behandlungsmethoden entwickelten und verschiedene Zweige der Ch. ausbildeten. – Wichtigste Quelle zum Stand der röm. Ch. sind die Schriften des ↗ Celsus, der Trepanationen, Blasenoperationen, rektale Eingriffe, kosmet. Gesichtsoperationen, aber auch gefäßchirurg. Techniken beschreibt. Viele Eingriffe wurden von sog. *medicini* durchgeführt, doch gab es auch hochspezialisierte Chirurgen. In der hohen und späten Kaiserzeit wurden die Techniken weiter verfeinert. Die Schriften ↗ Galens enthalten zahlreiche chirurg. Informationen. Antyllos, ein Zeitgenosse Galens, beschreibt Eingriffe in die Gebärmutter oder zur Behandlung von Aneurysmen. Die ps.-galen. Schrift *Introductio* schildert Wege zur Behandlung von Schädelimpressionen, Tumoren, Krampfadern usw. Auch in der Spätantike wurde die Ch. weiterentwickelt, doch bleibt unklar, in welchem Umfang das in der Theorie Mögliche in der angewandten antiken Ch. auch in größerem Umfang umgesetzt werden konnte. Die materiellen Verhältnisse, aber auch die Infektionsgefahr und die drohenden Operationstraumata dürften die Zahl anspruchsvoller chirurg. Eingriffe gering gehalten haben. **Lit.:** E. Gurlt, Geschichte der Ch. I (1898). – M. Michler, Die hellenist. Ch. I (1968).

Chiton (gr., »Hemd«), gegürtetes Untergewand, von Männern und Frauen getragen; lang oder kurz, mit oder ohne Ärmel, aus Leinen oder Wolle. ↗ Kleidung

Chlodwig I. (Chlodovechus), fränk. König 481/82–511 n. Chr.; geb. 466 als Sohn des Childerich; 486/87 besiegte Ch. Syagrius, den Statthalter von Gallien und gelangte so bis an die Loire, der Grenze zu den Westgoten; 497 errang er einen Sieg über die Alemannen; bald darauf ließ er sich katholisch taufen. Nach einem Sieg über die Westgoten (507) konnte Ch. sein Reich erheblich ausdehnen. Ch. unterhielt gute Beziehungen zum oström. Reich, Anastasios verlieh ihm 508 das Ehrenkonsulat. **Lit.:** E. Ewig, Die Merowinger und das Frankenreich (1988). – R. Kaiser, Das röm. Erbe und das Merowingerreich (1993).

Chloris (gr. Chloris), in der Mythologie einzige Tochter der ↗ Niobe, die der Rache von Leto entgeht. Sie heiratet Neleus und zeugt mit ihm eine Tochter, ↗ Pero (1), und sechs Söhne, Tauros, Asterios, Pylaon, Deïmachos, ↗ Nestor, Periklymenos.

Choën-Fest ↗ Anthesterien

Choirilos (1) (gr. Choirilos) aus Athen, Tragiker, 6./5. Jh. v. Chr. Die antike Literaturgeschichte schreibt ihm 160 Titel zu, mit denen er 13mal den ersten Platz im trag. Agon belegt haben soll. Außerdem soll er Innovationen bei der trag. Maske und im Kostüm durch-geführt haben. **Lit.:** B. Gauly u. a. (Hg.), Musa tragica (1991) 37–39.

Choirilos (2) (gr. Choirilos) von Samos, griech. Epiker, Ende 5. Jh. v. Chr, verfasste vermutlich als ers-ter Dichter Epen, die nicht mehr Götter-und Heldensa-gen, sondern aktuell-histor. Stoffe behandelten. Sein Epos *Persika* schildert den Sieg der Athener über die Perser. Daneben verfasste er Enkomien. **Lit.:** R. Häuß-ler, Das histor. Epos I (1976) 70–78.

Choljambus ↗ Hinkjambus

Chor (gr. choros), ursprünglich kult. Gruppentänze, bereits bei Homer und auf Vasen der geometr. Zeit be-zeugt. Sitz im Leben von Ch.-Aufführungen sind die zahlreichen Feste; z. B. sind Chöre für Apollon auf De-los und in Delphi und für Hera in Argos bezeugt. Be-sondere Formen von Ch.-Darbietungen sind Chorlie-der, bes. der ↗ Hymnos, ↗ Dithyrambos, ↗ Paian, ↗ Threnos (Klagegesang) und ↗ Hyporchema (Tanz-lied). Begleitinstrumente waren je nach Anlass ↗ Au-los oder ↗ Kithara. Der Ch. ist der wesentl. Bestandteil des Dramas des 5. Jh. Die Entwicklung der dramat. Formen aus Chorgesängen und -prozessionen ist bis heute umstritten. In der Komödie des 4. Jh. fungierte der Ch. lediglich noch als Akttrenner, ohne an der Handlung Anteil zu haben. **Lit.:** T. B. L. Webster, The Greek Ch. (1970).

Chorege (gr. choregos, »Chorführer«). Der Ch. war offizieller Führer eines dramat. oder lyr. ↗ Chores, musste den Bürgerchor zusammenstellen und die Pro-ben logistisch wie finanziell tragen. Das Amt der Cho-regie, seit ca. 500 v. Chr. eine Sonderform der Liturgie, wurde vom Archonten an wohlhabende Bürger über-tragen. Oft nutzten junge Adelige dieses öffentlich-keitswirksame Amt, um auch polit. Ansehen zu gewinnen. Die Einstudierung des Stückes leitete je-doch entweder der Dichter selbst oder aber ein profes-sioneller *chorodidaskalos*, »Chorlehrer«. Siegte ein Stück in einem dramat. ↗ Agon, so wurde in der Siegerinschrift noch vor dem Dichter der zuständige Ch. für seinen großen finanziellen Einsatz gewürdigt – ein klares Zeichen für das mit dem Amt verbundene soziale Prestige. **Lit.:** H.-D. Blume, Einführung in das antike Theaterwesen (³1991).

Chorizonten (gr. »die Trennenden«), Forschungs-richtung des Hellenismus, die für Homers *Ilias* und *Odyssee* zwei Autoren ansetzte.

Chorjambus, Begriff der Metrik, Vers bzw. Vers-fuß der Form Länge, Doppelkürze, Länge (–∪∪–).

Chorlyrik ↗ Chor, Lyrik

Chosroës I. Anuschirvan (Khosrau I.), bed. König der ↗ Sasaniden 531–579, beendete 562 den langjähri-gen Krieg mit dem oström. Reich, ließ 571 den Jemen erobern und die Aksumiten (Äthiopier) vertreiben. **Lit.:** K. Schippmann, Grundzüge der Geschichte des sasanid. Reiches (1990).

Chosroës II. Abarvez (Khosrau II.), Enkel ↗ Ch.' I., König der ↗ Sasaniden 590–628, führte seit 602 einen langdauernden Krieg gegen Ostrom, eroberte Jerusa-lem (614) und Alexandria (619) und belagerte Kon-stantinopel (626), wurde aber nach dem Sieg Ostroms von ↗ Herakleios abgesetzt und bald ermordet. **Lit.:** K. Schippmann, Grundzüge der Geschichte des sasanid. Reiches (1990).

Christentum (gr. christianismos). *I. Geistiger Hin-tergrund:* Das Ch. ist eine monotheist. Religion, die sich im 1. Jh. n. Chr. in Judäa aus dem Judentum ent-wickelte. Zentrum des Ch.s ist das Leben und Wirken des ↗ Jesus von Nazareth, der als Messias oder auser-wählter Gesalbter (*christos*) verehrt wird. Der Begriff Ch. findet sich um 110 bei Ignatius von Antiochien. Ein wichtiges Zeugnis für den Expansionsprozess des Ch.s im 1. Jh. ist die *Apostelgeschichte*. Entscheidend in der Entwicklung des Ch.s ist die Synthese der christl. Lehre mit der antiken paganen Philosophie (2./3. Jh.), initiiert von Theologen wie Clemens von Alexandria und bes. Origenes, der eine stark durch den Mittelplatonismus geprägte, 535 auf dem fünften öku-men. Konzil verurteilte Theologie schuf. Der Zusam-menhang mit der antiken Tradition wird insbes. in der durch die Stoa beeinflussten allegor. Schriftauslegung deutlich. Im Westteil des Reiches vollzog sich die Ver-bindung des Ch.s mit dem Platonismus erst im späten 4. Jh. (Ambrosius von Mailand, Augustinus, Boë-thius). Die Versöhnung des Ch.s mit der paganen Lite-ratur setzt bereits im 2. Jh. mit Tertullian ein, der das rhetor. System übernimmt, die polit. röm. Traditionen jedoch strikt ablehnt, und erreicht ihren Höhepunkt im Werk des Augustinus und Hieronymus. – *II. Ausbrei-tung:* Sowohl die Missionierungsbemühungen im 1. Jh., bes. durch ↗ Paulus, als auch der Kontakt röm. Bürger (bes. von Soldaten) mit dem Ch. sorgten für eine schnelle Ausbreitung. Im 2. Jh. dürfte der sich zum Ch. bekennende Bevölkerungsanteil in der Stadt Rom bereits auf 10.000, Mitte des 3. Jh. auf maximal 50.000 Personen belaufen haben. Anhänger des Ch.s stammten nicht nur aus der Unterschicht; bereits im 2./frühen 3. Jh. finden sich Personen aus dem Ritter-stand und Freigelassene des Kaisers unter den Anhän-gern. Hauptursache für die schnelle Ausbreitung im 4. Jh. ist der privilegierte Status, den das Ch. durch das Edikt des Kaisers Konstantin (313) erhielt, der es fi-nanziell und durch Landschenkungen unterstützte. Durch die Gesetzgebung unter den Kaisern Gratian und Theodosius wurde das Ch. zwischen 384 und 392 allmählich zur Staatsreligion. Unter Zenon wird die Taufe für den Bürger des röm. Reiches verbindlich (ab 481). **Lit.:** A. von Harnack, Die Mission und Ausbrei-tung des Ch.s in den ersten Jahrhunderten (⁴1924). – H. Chadwick, Early Christian Thought and Classical Tradition (1966). – J. Pelikan, Christianity and Classi-cal Culture (1993).

Christenverfolgung. Aufgrund der Verweigerung des ↗ Kaiserkults und der Ablehnung der röm. Staats-religion zählte das ↗ Christentum nicht zu den tolerier-ten Religionen im röm. Reich. Die monotheist. Christen verwarfen alle röm. Götter und offiziellen Feste, lehnten Volksbelustigungen und den Kriegs-dienst ab. Verfolgungen fanden jedoch zunächst (unter Nero und Domitian, 1. Jh. n. Chr.) nur sporadisch statt.

Wichtiges literar. Zeugnis für das Verhältnis des offiziellen Rom zu den Christen sind zwei Briefe des jüngeren Plinius an Kaiser Trajan (10, 110 und 111). Planmäßige Verfolgungen, verbunden mit der Reichskrise des 3. Jh., setzten unter Decius (nach 249) und Valerian (257/58) ein, die unter Diokletian ihren Höhepunkt fanden (303–305 und 311), bevor Konstantin und Licinius den Christen im sog. Mailänder Toleranzedikt von 313 freie Religionsausübung und Rückerstattung der Kirchengelder verfügten. **Lit.:** C. Moreau, Die Christen im röm. Reich (1961).

Chronograph vom Jahre 354. Ch. ist die Bezeichnung für einen Kodex, der die *fasti* (»Kalender«, *7* Fasten) der Stadt Rom des Jahres 354 enthält, angefertigt für einen christl. Aristokraten namens Valentinus. Dieser Kalender enthält neben Widmungen verschiedene Verzeichnisse (Planeten mit Erläuterungen, Porträts, Konsullisten, Osterfestberechnungen, Namen von Stadtpräfekten, Todestage und Begräbnisstätten von Päpsten und Märtyrern), eine lat. Weltchronik, eine knappe Stadtgeschichte Roms; einige Teile waren illustriert. Solche Almanache wurden offenbar individuell für die jeweiligen Benutzer hergestellt. Das Exemplar aus dem Jahr 354 ist in mehreren Handschriften kopiert. **Lit.:** M. Salzmann, On Roman Time. The Codex-Calendar of 354 (1990).

Chronologie (gr., »Zeitkunde«). Die antike Zeitrechnung richtet sich teils nach dem Mond- (etwa 354 Tage), teils nach dem Sonnenjahr (etwa 365 1/4 Tage). Die griech. Staaten rechnen meist mit 12 Monaten von jeweils 29 oder 30 durchgezählten Tagen; die dadurch notwendigen Schalttage und -monate sind unterschiedlich, ebenso die Monatsnamen. Die röm. Verwaltung rechnet zunächst mit sieben Monaten von jeweils 29 Tagen sowie 4 (nämlich März, Mai, Juli, Oktober; Merkwort MlMO) von 31 und 1 (Februar) von 28; die Tage werden jeweils von den Kalenden (1.), Nonen (5./7.) bzw. Iden (13./15.) zurückgezählt. Das Problem der dadurch notwendigen Schalttage und -monate löst ab 45 v. Chr. die julian. Kalenderreform (*7* Kalender). Die Jahre (der Jahresanfang wird unterschiedlich angenommen, daher ist bei der Umrechnung eine Doppelnennung, etwa »403/02 v. Chr.«, häufig) werden unterschieden durch eponyme Beamte (z. B. Archonten in Athen, Ephoren in Sparta, Stephanephoren in Milet, Konsuln in Rom) oder durch Ären (Olympiadenzählung, Jahre seit Erschaffung der Welt wie im jüd. Kalender 3761 v. Chr., seit Gründung der Stadt wie in Rom *ab urbe condita* 753 v. Chr., bzw. Dynastie wie bei den Seleukiden seit 321/11 v. Chr. oder nach den Regentschaftsjahren eines Herrschers). – Die Umrechnung in unsere Zeitrechnung ermöglichen u. a. erhaltene Eponymen-Listen, deren relative Angaben etwa durch chronolog. Fixpunkte wie Sonnenfinsternisse in absolute umgewandelt werden können. Eine Umrechnung der Olympiadenzählung ermöglicht folgende Formel: Bekannt seien Olympiade x, Jahr y, gesucht Jahr z v. Chr., dann gilt z = 776–4(x–1) – (y–1). **Lit.:** F. K. Ginzel, Handbuch der mathemat. und techn. Ch. II (1911). – E. J. Bickerman,

Chronology of the Ancient World (1968). – W. Leschhorn, Antike Ären (1993).

Chrysaor, in der Mythologie Sohn des Poseidon, der mit Pegasos dem von Perseus abgeschlagenen Haupt der Medusa entspringt, Gatte der Kallirhoë, mit der er Geryon und die Echidna zeugt.

Chryseïs, in Homers *Ilias* Tochter des Apollonpriesters Chryses, Gefangene des Agamemnon, der sie ihrem Vater erst nach einer von Apollon gesandten Pest zurückgeben muss.

Chryses, Priester des Apollon in Homers *Ilias*. Als er seine Tochter Chryseïs aus der Gewalt Agamemnons befreien will, wird er brutal vertrieben. Um die Misshandlung seines Priesters zu rächen, schickt Apollon die Pest über das griech. Heer (Homer, *Ilias* 1).

Chrysipp (gr. Chrysippos) aus Soloi, griech. Philosoph, dritter Leiter der Stoa, ca. 280–206 v. Chr. Ch. systematisierte die Lehren seines Lehrers Kleanthes und des Schulgründers Zenon von Kition und wurde so zum ›zweiten Gründer der Stoa‹. Anders als seine Vorgänger legte er Nachdruck auf Sprachtheorie und Aussagenlogik und führte die Unterscheidung von Bezeichnendem, Bezeichnetem und Objekt ein. In der Physik entwickelte er die Lehre des sich ewig wiederholenden period. Weltentstehens und -vergehens. Das Glück (*eudaimonia*) als höchstes Ziel für den Menschen könne nur in Übereinstimmung mit dem Naturgesetz erreicht werden. **Lit.:** M. Pohlenz, Die Stoa (⁴1970). – P. Steinmetz, in: GGP IV 2 (1994) 584–625.

Chrysippos, in der Mythologie Sohn des Pelops, von König Laios wegen seiner Schönheit nach Theben entführt. Nach der gewaltsamen Trennung von seinem Vater nimmt er sich aus Scham das Leben; nach einer anderen Überlieferung wird er von seinen Halbbrüdern Atreus und Thyest aus Eifersucht ermordet.

Chrysothemis, in der Mythologie Tochter des *7* Agamemnon und der *7* Klytämnestra, Schwester der *7* Iphigenie, *7* Elektra und *7* Orests. In Sophokles’ *Elektra* ist sie die den Durchschnittsmenschen darstellende Kontrastfigur zur Protagonistin.

Chrysostomos *7* Dion Cocceianus, Johannes Ch.

Chthonische Götter, Götter der Erde und der Unterwelt (gr. *chthon*) im Unterschied zu den olymp. oder »himml.« Göttern (*7* Olympier), u. a. Hermes, Demeter, Hekate und Gaia.

Chytren *7* Anthesterien

Cicero (1), Marcus Tullius C., röm. Staatsmann und Literat aus Arpinum, 3. Januar 106–7. Dezember 43 v. Chr. (bei Caieta ermordet). Über C.s Zeit und Leben unterrichtet ein umfangreicher, teils von C.s Privatsekretär Tiro, teils von der Nachwelt herausgegebener Briefwechsel (*Ad familiares* [An unterschiedl. Bekannte, 16 Bücher, darunter 90 Briefe anderer an C.], *Ad Atticum* [an C.s vertrauten Freund *7* Atticus, 16 Bücher], *Ad Quintum fratrem* [*An den Bruder Quintus*, 3 Bücher], Korrespondenz mit dem Caesarmörder Brutus [26 Briefe]). C. hat damit eine kostbare Quelle hinterlassen, die tiefe Einblicke in das polit. Leben der

*Marcus Tullius
Cicero*

ausgehenden Republik und die Gedanken eines der Hauptakteure der Zeit erlauben. Gerade in den Briefen an Atticus legt C. sein Innerstes offen, der glänzende Stilist und souveräne Anwalt tritt dem Leser in schwieriger Zeit als Zaudernder und um Entscheidungen Ringender entgegen; in Schicksalsschlägen fällt es ihm schwer, die Würde zu wahren, im Erfolg ist er nicht frei von Eitelkeit, immer jedoch gilt seine ganze Hingabe mehr als der eigenen Person dem Staat. Petrarca (14. Jh.) war nach Entdeckung der Briefe seines glühend verehrten Vorbildes anfänglich enttäuscht und ›antwortete‹ C. in das Jenseits. An schroffen und nicht selten überhebl. Urteilen ließ es die Nachwelt nicht fehlen. – C. entstammt dem röm. Ritterstand und kommt früh mit griech. Bildung und durch den der Familie nahestehenden Philosophen Diodotus wohl auch mit stoischer Ethik in Kontakt. Seine höhere Ausbildung erhält C. zunächst in Rom bei dem Grammatiker L. Aelius Stilo, den Juristen Q. Mucius Scaevola Augur und dem gleichnamigen Pontifex, dem erfolgreichen Redner L. Crassus, dem Rhetoriklehrer Apollonios Molon aus Rhodos, der in Rom unterrichtete. Philosophisch verdankt C. viel dem Akademiker Philon von Larissa, der, wie später C. selbst, die Rhetorik als Teil der Philosophie ansieht; dem Skeptizismus der jüngeren Akademie bleibt C. ein Leben lang treu. C.s frühe röm. Jahre sind gekennzeichnet von den Grausamkeiten des Bürgerkriegs zwischen Marius und Sulla, die nach dem Sieg des Letzteren (82) in ein Schreckensregiment mit blutigen Proskriptionen münden. So ist es ein Zeichen besonderer Unerschrockenheit, dass der junge Anwalt C. 80 mit der Verteidigung des Sextus Roscius aus Ameria gegen einen mächtigen Günstling Sullas in die Schranken tritt. Dieser, ein gewisser Chrysogonus, war darauf aus, Sextus Roscius vermittels einer falschen Anklage wegen Vatermordes seines Erbes zu berauben. C. versteht es mit Geschick, Sulla als ›Retter des Staates‹ von seinen Paladinen zu trennen. Der Prozess endet mit dem Freispruch des Angeklagten, und C. ist mit einem Schlage ein be-

rühmter Mann. 79–77 unternimmt er zur Verbesserung seiner Redetechnik eine Studienreise nach Griechenland und Kleinasien. Er hört den Stoiker Poseidonios und den Eklektiker Antiochos von Askalon. 75 wird er Quästor in Sizilien und empfiehlt sich der Bevölkerung durch seine korrekte Amtsführung als Patron. 70 vertritt er in einem ↗ Repetundenprozess die Sache der Sizilier gegen Verres, der die Insel 73–71 als Proprätor schamlos ausgeplündert hatte. C. sichert sich zunächst in einer Rede (*Divinatio in Q. Caecilium*) gegen einen von Verres' Anhängern vorgeschobenen Advokaten die Bestellung zum öffentl. Ankläger. Unter der Last der von C. in der Anklagerede (*Actio prima*) vorgebrachten Beweise entschließt sich Verres, es auf einen Fortgang des Prozesses gar nicht ankommen zu lassen und der sicheren Verurteilung durch das Exil zu entgehen. Sein Anwalt, der berühmte Q. Hortensius, verzichtet auf eine formelle Verteidigung. C. ist damit zum ersten Redner Roms avanciert. Die fünf Reden der sog. *Actio secunda* muss er nicht mehr halten, legt sie jedoch ausgearbeitet der Öffentlichkeit vor. 69 bekleidet er das Amt des Ädilen, die dankbaren Sizilier erleichtern die Beschaffung von Getreide; 66 ist er Prätor, 63 Konsul; alle Ämter erlangt er *suo anno*, d. h. frühestmöglich. Als *homo novus*, als einer, der nicht zur Senatsaristokratie gehört, hat er den Aufstieg geschafft. Das Konsulat ist Höhe- und Wendepunkt in seinem Leben. Er deckt den Putschversuch des Catilina auf und erwirkt einen Notstandsbeschluss des Senats (*senatus consultum ultimum*), aufgrund dessen er die Verschwörer hinrichten lässt. Als Retter des Gemeinwesens erhält er den Titel *pater patriae* (»Vater des Vaterlandes«). Die berühmtesten Konsulatsreden sind die vier gegen Catilina, die nachträglich in überarbeiteter Form veröffentlicht werden. Was C. als seine größte Leistung ansieht, wird ihm 58 zum Verhängnis. Sein persönl. Feind, der populare Politiker Clodius, bringt ein auf C. berechnetes rückwirkendes Gesetz ein, dass geächtet sein soll, wer einen röm. Bürger ohne Verurteilung getötet hat. Von keiner Seite unterstützt, geht C. verbittert ins Exil nach Dyrrhachium (heute Albanien). 57 erreichen Freunde seine Rückberufung, die zum Triumph wird. Fortan preist C. seine eigenen Leistungen unablässig. Er verfasst auch einen griech. Rechenschaftsbericht und legt, da er keinen Dichter findet, der ihn besingen will (↗ Archias), selbst zwei ep. Gedichte über sein Konsulat und seine Zeit vor. Bereits in seiner Jugend versucht sich C. in der Dichtung, u. a. mit einem (verlorenen) Epos über den aus seiner Heimat stammenden Marius, einer Nachdichtung der *Phainomena* des ↗ Arat und sogar (verlorener) neoter. Epyllien, einer Art Dichtung, der er später sehr reserviert gegenüberstehen wird. Seit dem Jahr 60 ist der röm. Staat von den Triumvirn Caesar, Pompeius und Crassus beherrscht. Vor diesem Hintergrund muss C.s Oeuvre dieser Zeit gesehen werden. In der Rede *Pro Sestio* (56) ruft er die Gutgesinnten zur gemeinsamen Mitwirkung am Staat auf (*consensus omnium bonorum*); zugleich entwickelt er den Gedanken des *otium cum dignitate,* der »Muße in Würde«. C. leidet an dem ihm von den Verhältnissen aufgezwungenen Mangel an öffentl. Betätigung. Sein Trachten gilt der freien *res publica.* Deren Idealbild entwirft er in *De re publica* (*Über den Staat,* 54–51, sechs Bücher, bruchstückhaft bei Macrobius und in einem von Angelo Mai entdeckten, 1822 herausgegebenen vatikan. ↗ Palimpsest erhalten; es handelt sich um ein platon. Vorbild verpflichtetes, fiktives Gespräch führender Männer des sog. Scipionenkreises 129). An Platon angelehnt ist auch das unvollständig erhaltene Werk *De legibus* (*Über die Gesetze,* nach 52, drei Bücher). Dem idealen Redner widmet sich C. in dem drei Bücher umfassenden Dialog *De oratore* (*Vom Redner,* 55). Die wichtigsten Gesprächsteilnehmer sind die Rhetoren Crassus und Antonius, Hintergrund ist das Jahr 91. Teils greift C. darin auf seine Jugendschrift *De inventione* (*Von der Stoffindung,* 81–80, zwei Bücher) zurück. Nur widerwillig verlässt C. 51 Rom und tritt ein längst überfälliges Prokonsulatsjahr in Kilikien an. Er erringt militär. Erfolge bei kleineren Unruhen durch die Parther. Dafür wird ihm ein Dankfest (*supplicatio*) zugestanden, der erhoffte Triumph bleibt ihm indes verwehrt. 49 überschreitet Caesar den Rubikon, es herrscht Bürgerkrieg. Über die beide Kontrahenten Caesar und Pompeius urteilt C. illusionslos. Nach langem Schwanken schlägt er sich auf Pompeius' Seite, die Partei des Verlierers, wird jedoch später von dem Sieger begnadigt. 46 entstehen die rhetor. Schriften *Brutus* (Geschichte der röm. Beredsamkeit), *Orator* (Wesen und Aufgaben des Redners, ähnlich in der kleinen Schrift *De optimo genere oratorum* [*Von der besten Art des Redners*]), *Paradoxa Stoicorum* (Gemeinplätze der Populärphilosophie, die als ›paradox‹, d.h. der landläufigen Meinung entgegenstehend, betrachtet wurden) und eine (fragmentarisch erhaltene) Preisschrift auf M. Porcius Cato, der aus Protest gegen Caesars Sieg Selbstmord begangen hatte. Caesar versteht die polit. Dimension und antwortet mit einem Pamphlet *Anticatones.* In drei sog. caesar. Reden dankt C. für die Begnadigung ehemaliger Pompeianer (*Pro Marcello,* 46) oder tritt für sie ein (*Pro Ligario,* mit Erfolg, 45, *Pro Deiotaro rege,* ohne Erfolg, 45). C. appelliert dabei an Caesars Großmut und versucht, den Diktator gleichsam auf Milde als Ersatz für die freiheitl. Verfassung zu ›verpflichten‹. C.s letzte Lebensjahre bringen neben dem Gefühl polit. Scheiterns auch persönl. Unglück: 46 lässt er sich von Terentia scheiden und heiratet die sehr viel jüngere Publilia. Die Ehe hat nur kurz Bestand. Bes. hart trifft ihn der Tod der geliebten Tochter Tullia (45). Er spendet sich selbst in einer *Consolatio* (*Trostschrift*) Trost. Viel Zeit widmet C. dem ehrgeizigen Vorhaben, die griech. Philosophie in lat. Sprache darzustellen; darin, die Philosophie in Rom heimisch gemacht zu haben, liegt seine Originalität. Es entstehen *Hortensius* (Aufforderung zur Philosophie, nur wenige Fragmente erhalten), *Academici libri* (*Bücher über die akadem. Philosophie,* zum Erkenntnisproblem), *De finibus bonorum et malorum* (*Über die Grenzen des Guten und Bösen,*

fünf Bücher zur Frage, wonach der Mensch als dem höchsten Gut streben soll), *Tusculanae Disputationes* (*Gespräche in Tusculum* [in Tusculum besaß C. ein Landhaus], fünf Bücher zu Fragen der Ethik), *De natura deorum* (*Vom Wesen der Götter,* drei Bücher), *De divinatione* (*Über Mantik,* zwei Bücher; C. ist selbst Augur; in Fortsetzung entsteht *De fato, Über das Schicksal*), *De officiis* (*Über pflichtgemäßes Handeln,* drei Bücher), *Cato maior de senectute* (*Über das Alter*), *Laelius de amicitia* (*Über die Freundschaft*). Nach der Ermordung Caesars an den Iden des März 44 schöpft C. noch einmal Hoffnung. Gegen den Caesar-›Erben‹ Antonius gerichtete Invektiven – C. selbst nennt sie augenzwinkernd *Philippica,* in Anlehnung an die Reden des ↗ Demosthenes gegen Philipp von Makedonien – verfechten nochmals C.s republikan. Credo, jedoch vergeblich. Die Caesar-Mörder gehen unter, mit ihnen C. Auf der Flucht wird er ermordet, die Häscher des Antonius schlagen ihm Kopf und Hände ab und stellen die schreckl. Spolien auf den Rostra aus. Quintilian (1. Jh. n. Chr.) erhebt C. zum Maßstab des Redners; die Renaissance orientiert sich an C.s Stil, bis heute bestimmt seine Sprache das in der Schule gelehrte ›klass.‹ Latein. **Lit.:** M. Gelzer, C. (1969). – M. Fuhrmann, C. und die röm. Republik (³1991). – G. Gawlick/W. Görler, in: GGP IV 2 (1994) 991–1168.

Cicero (2), Quintus Tullius C., 102 (?) – 43 v. Chr., jüngerer Bruder von C. (1), zwischen 74–69 Quästor, 65 Ädil, 62 Prätor. Aus seiner Feder stammt das *Commentariolum petitionis* (*Kleine Denkschrift zur Bewerbung*), ein Memorandum für die Bewerbung seines Bruders um das Konsulat 63 v. Chr. Er schrieb Lyrik und Dramen und plante die Abfassung eines Epos. **Lit.:** G. Laser (Hg.), Q. T. C., Commentariolum petitionis (2001).

Cincinnatus, Lucius Quinctius C. (»der Lockenkopf«), der aus Livius bekannte Diktator des Jahres 458 v. Chr.; als die Römer Krieg gegen die Aequer führten, soll C., der gerade sein Feld pflügte, von der Arbeit weggeholt und zum Diktator ernannt worden sein. C. soll die Aequer besiegt und sein Amt nach 16 Tagen wieder niedergelegt haben (Livius 3, 26, 6–29, 7). Späteren Generationen galt C. als Beispiel altröm. Tugend und Tapferkeit.

Cincius Alimentus, Lucius C. A., röm. Historiker und Senator, 3./2. Jh. v. Chr. Wie ↗ Fabius Pictor gehört er zur ersten röm. Historikergeneration, die aus apologet. Haltung heraus röm. Geschichte in griech. Sprache schreiben. Er behandelte die Zeit von der Gründung Roms bis zum 2. Pun. Krieg.

Cinna (1), Lucius Cornelius C., mit Marius Führer der Popularen, erbitterter Gegner Sullas, 90 v. Chr. Prätor, 87–84 Konsul. Das Wirken C.s war geprägt von dem Kampf gegen die Optimaten, bes. aber gegen Sulla. 87 stellte C. ein Heer auf, holte den 88 verbannten Marius zurück und nahm Rom ein. Es folgte eine Zeit des Terrors, dem zahlreiche Optimaten zum Opfer fielen. Nach dem Tod des Marius 86 war C. quasi Alleinherrscher in Rom. 85 rüstete er zu einem Feldzug

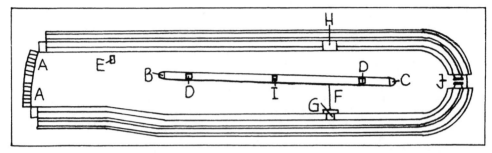

A	Startboxen	D	Rundenzähler für die
B	vordere Wendemarke		Zuschauer
C	hintere Wendemarke	E	Rundenzähler für die
			Rennfahrer

F	Ziellinie	
G	Loge des Kampf-	
	richters	

H	Loge für die Angehöri-
	gen des Kaiserhauses
I	Obelisk des Augustus
J	Titusbogen

Grundriss des Circus Maximus in Rom

gegen Sulla, wurde aber vor der Durchführung Anfang 84 von meuternden Soldaten erschlagen. **Lit.:** C. Meier, Res publica amissa (^{3}1997) 229–237.

Cinna (2), Gaius Helvius C., lat. Dichter, 1. Hälfte 1. Jh. v. Chr. Wie ↗ Catull, mit dem er befreundet war, stammte C. aus Oberitalien. Er gehörte zu den ersten *poetae novi* oder *neoteroi* (»Neuerern«) in Rom, die im Stile der griech. alexandrin. Dichtung ausgefeilte kleine Gedichte meist privaten Inhalts (statt langer Epen mit histor. Stoffen) schrieben (↗ Neoteriker, ↗ poeta doctus). C.s Hauptwerk *Zmyrna* (nicht erhalten) wurde noch zu seinen Lebzeiten kommentiert. Er verfasste ferner ein ↗ *Propemptikon* (*Geleitgedicht*) für Asinius ↗ Pollio sowie erot. Gedichte, Choljamben, Epigramme. **Lit.:** E. Courtney, The Fragmentary Latin Poets (1993) 212–224 [Ausg., Komm.].

Circus (lat., »Kreis«), zunächst runde, später längl. Arena für Wagen- und Pferderennen, Prozessionen oder Triumphzüge. Im Inneren befanden sich an beiden Längsseiten und an einer halbrunden Schmalseite ansteigende Sitzreihen für Zuschauer. Eine kleine Mauer (*spina*) teilte die Bahn; an ihren Enden markierten drei Kegelsäulen auf halbrundem Sockel (*meta*) die Wendepunkte. Der C. war Stätte röm. Volksbelustigung und stellte einen Mittelpunkt des öffentl. Lebens dar. Der Circus Maximus, der älteste und größte C. in Rom, ist der wohl bekannteste. **Lit.:** F. Coarelli, Rom. Ein archäolog. Führer (^{2}1981). – J. H. Humphrey, Roman Circuses (1986).

Cista (lat.), zylinderförmiges Gefäß, meist aus Bronze, aber auch aus anderen Materialien, zur Aufbewahrung von Kleidung, Schmuck, Geld oder Büchern. Cisten wurden bes. in der Po-Ebene, in Etrurien und Latium hergestellt; eine der wohl berühmtesten ist die C. Ficoroni (heute in der Villa Giulia, Rom).

Civilis, Gaius Iulius C., Führer des Aufstandes der Bataver gegen Rom 69 n. Chr.; C. stammte aus fürstl. Geschlecht und war unter Nero Kohortenpräfekt des niederrhein. Heeres. 68 wurde er von dem Statthalter

Fonteius Capito wegen angebl. Aufruhrs gefangengenommen. Von Galba freigelassen fiel C. 69 beinahe den röm. Soldaten zum Opfer. Aus Rache betrieb er nach der Erhebung Vespasians zum Kaiser den Abfall der Bataver von Rom. C. konnte viele Verbündete gewinnen und plante die Errichtung eines german.-gall. Reiches. Nach anfängl. Erfolgen musste sich C. 70 dem röm. Feldherr Petilius Cerialis ergeben. **Lit.:** R. Urban, Der »Bataveraufstand« und die Erhebung des Iulius Classicus (1985). – O. Schmitt, Anmerkungen zum Bataveraufstand, in: Bonner Jahrbuch 193 (1993) 141–160.

Civis Romanus (lat., »röm. Bürger«), Inhaber des röm. ↗ Bürgerrechts.

Civitas (lat., »Bürgerschaft«), **1.** die Gesamtheit der Bürger (lat. *cives*) einer staatl. Gemeinschaft. Die Römer verwendeten den Begriff in erster Linie für fremde Gemeinden, während die röm. Bürger in ihrer Gesamtheit als *populus Romanus*, »röm. Volk«, bezeichnet wurden. Die fremden Gemeinden (*civitates peregrinae*) zerfielen in zwei Gruppen: Die *civitates foederatae* waren mit Rom durch ein Bündnis (↗ *foedus*) verbunden und verfügten über ein hohes Maß an Selbständigkeit; die *civitates sine foedere* standen in keinem Bündnisverhältnis zu Rom, hatten so gut wie keine Selbständigkeit und mussten Rom in der Regel Abgaben zahlen. – **2.** ↗ Bürgerrecht. **Lit.:** H. Galsterer, Herrschaft und Verwaltung im republikan. Italien (1976).

Claudian, Claudius Claudianus, aus Alexandria, ca. 370 – nach 403 n. Chr. C., von Geburt Grieche, führte die lat. Dichtung noch einmal auf einen Höhepunkt. Erste dichter. Proben waren auf Griechisch. Auf sich aufmerksam machte C. durch lat. *Panegyrici* (»Lobreden«) auf Adlige – erstmals in poet. Form. Seit 395 dichtete er im Dienst des Vandalen Stilicho, der nach dem Tod Theodosius d.Gr. die Geschicke des Westreiches bestimmte und für den noch unmündigen Honorius die Regentschaft ausübte. C. verfasste neben kleineren Gedichten drei Bücher *De consulatu Stilichonis* (*Über das Konsulat des Stilicho*) in ep. Form, Invektiven gegen mit Stilicho rivalisierende Machthaber des oström. Reichs (*In Rufinum*, zwei Bücher; *In Eutropium*, zwei Bücher) – in ihrem satir. Ton erinnern Letztere an ↗ Juvenal –, verherrlichte die Politik seines Gönners in zeithistor. Epen (*De bello Gildonico*; *De bello Gotico*). Der *Panegyricus auf das sechste Konsulat des Honorius* (404) ist das letzte datierbare Gedicht. In der panegyr. Dichtung wirkte C. für die gesamte Spätantike bis zu ↗ Venantius Fortunatus stilbildend. Das von direkten Zeitbezügen freie mytholog. Epos *De raptu Proserpinae* (*Über den Raub der Proserpina*) bricht nach dem 3. Buch ab. Es ist handlungsarm, aber reich an Reden und ↗ Ekphraseis. Der spieler., leicht distanzierte Duktus erinnert an Ovid. Die Technik der Bilderreihung und die Betonung des Details vor der Gesamthandlung sind für C. charakteristisch. Alanus ab Insulis (12. Jh.) verfasste einen *Anticlaudianus de Antirufino,* Chaucer (14. Jh.) ließ sich von ihm inspirieren, die italien. Renaissance schätzte ihn. **Lit.:** E. Burck, in: Ders., Das röm. Epos (1979) 359–378. – S. Döpp, Zeitgeschichte in Dichtungen C.s. (1980).

Claudius (1), Tiberius C. Drusus (Nero Germanicus), röm. Kaiser 24. Januar 41–13. Oktober 54 n. Chr. – *I. Leben:* Geb. 10 v. Chr. in Lugdunum als Sohn des älteren Drusus und der Antonia Minor; aus gesundheitl. Gründen bekleidete C. keine höheren Ämter, auch noch in späteren Jahren hinkte er, sprach undeutlich und stotterte, wofür die Zeitgenossen ihn verspotteten. Resigniert widmete sich C. dem Studium der röm. und etrusk. Geschichte und beschäftigte sich mit Problemen der Grammatik. Für die Übernahme der Regierung war er also in keiner Weise vorbereitet, als ihn die Soldaten nach dem Ermordung Caligulas am 24. Januar 41 zum Kaiser ausriefen; C. bemühte sich zunächst, das Verhältnis zum Senat zu verbessern und räumte ihm Mitspracherecht bei allen Entscheidungen ein. 43 führte C. einen Feldzug nach Britannien und feierte einen Triumph in Rom. Vom 1. bis 3. Juni 47 hielt C. Säkularspiele ab anlässlich des 800. Geburtstages der Stadt. 49 heiratete C. seine Nichte, die jüngere Agrippina, die ihn überredete, ihren Sohn Nero zu adoptieren (50). Fortan sorgte Agrippina dafür, dass der leibl. Sohn des Claudius, Britannicus, gegenüber Nero zurückgesetzt wurde. Am 13. Oktober 54 starb C., möglicherweise von Agrippina vergiftet, in Rom. – *II. Literar. Werk:* C. betätigte sich in seiner Jugend als Schriftsteller; belegt sind Schriften über etrusk. und karthag. Geschichte; er war äußerst gut vertraut mit den religiösen Traditionen Roms. Erhalten sind von C. eine Rede und ein Edikt, die beide in einem archaisierenden Stil geschrieben sind. Die im Jahr 48 n. Chr. vor dem Senat gehaltene Rede ist in überarbeiteter Form in die *Annalen* des Tacitus (11, 24) integriert und inschriftlich erhalten (CIL XIII 1668). ↗ Seneca d. J. rächte sich postum an C., der ihn wegen eines angebl. Ehebruchs mit Julia Livilla 41–49 nach Korsika verbannt hatte, mit seiner satir. *Apocolocyntosis (»Verkür-*

Claudius

bissung« statt *Vergöttlichung).* **Lit.:** B. Levick, C. (1990). – V. M. Strocka (Hg.), Die Regierungszeit des C. (1994). – DRK (1997).

Claudius (2), Marcus Aurelius C., auch Claudius II. Gothicus, röm. Kaiser Sept./Okt. 268–Sept. 270 n. Chr.; geb. um 214, Herkunft und Abstammung sind unbekannt; nachdem Galienus bei der Belagerung von Mediolanum (heute Mailand), wo sich sein aufständ. Reiterführer Aureolus verschanzt hatte, den Tod gefunden hatte (268), riefen die Soldaten C. zum Kaiser aus; noch im gleichen Jahr schlug er die Alemannen am Gardasee. Eine größere Bedrohung waren indes die Goten auf dem Balkan, über die C. 269 den entscheidenden Sieg errang; fortan führte er den Beinamen Gothicus; im September 270 starb er in Sirmium an der Pest. **Lit.:** A. Lippold, Kaiser C. II. (Gothicus), Vorfahr Konstantins d. Gr., und der röm. Senat, in: Klio 74 (1992) 380–394. – D. Kienast, Röm. Kaisertabelle (²1996) 231 f.

Clemens (1), Titus Flavius C. aus Alexandria, christl. Philosoph, gest. ca. 215 n. Chr., versuchte christlich-jüd. Offenbarung und griech. Philosophie zu verbinden. Seine wichtigsten erhaltenen Schriften sind der *Protreptikos,* eine Mahnrede an Heiden, die die Torheit der heidn. Religion, bes. der Mysterien, aufzeigt, dessen Forts. *Paidagogos,* eine Paränese zu christl. Lebensführung, und die *Stromateis* (»Teppiche«), in denen C. die Überlegenheit der christl. gegenüber griech. Philosophie darlegt; als Vorstufe der christl. Offenbarung erkennt er jedoch auch der griech. Philosophie einen eigenen Wert zu. Die zahlreichen Zitate aus der griech. Literatur, die ein Zeichen seiner großen literar. und philosoph. Bildung sind, lassen seine Schriften zu einer wichtigen Quelle sonst verlorener Werke werden. **Lit.:** A. van den Hoek, C. of Alexandria and his Use of Philo (1988). – E. F. Osborn, The Emergence of Christian Theology (1993). – E. Procter, Christian Controversy in Alexandria (1995).

Clemens (2) aus Rom, Verf. eines Gemeindeschreibens der röm. Kirche an die Kirche von Korinth wegen durch die Absetzung der korinth. Presbyter entstandener Streitigkeiten. In der Folgezeit wurden C. zahlreiche weitere Schriften zugeschrieben, so der 2. C.-Brief (erste erhaltene christl. Predigt aus dem 2. Jh. n. Chr.) und die (Pseudo-)Clementinen, ein umfangreicher Apostelroman des 4. Jh.. **Lit.:** G. Strecker, Das Judenchristentum in den Pseudo-Clementinen (1958). – K. Beyschlag, C. Romanus (1966).

Clibanarii (lat.), röm. Panzerreiter. Nach pers. Vorbild wurden Ross und Reiter mit Eisen gepanzert; Lanze und ↗ Bogen waren die Hauptwaffen. Die C. lösten im frühen 4. Jh. n. Chr. die seit dem Hellenismus verbreiteten und mit Schuppenpanzern gesicherten *Cataphractarii* ab.

Cloaca Maxima, bereits in der Frühzeit Roms gegründeter Hauptabwasserkanal. Er wurde benötigt, um u. a. mit den Bauarbeiten zum ↗ Forum Romanum beginnen zu können, denn hierfür musste zunächst das sumpfige, als Begräbnisstätte dienende Gebiet trockengelegt werden. Hinter dem Augustus-Forum liegen die Ursprünge der C. M., von wo aus sie dann unter dem Forum Romanum Richtung Velabrum und Forum Boarium verlief und schließlich unterhalb des Pons Aemilius in den Tiber mündete. Die C. M. stellt ein Meisterwerk antiker Technik dar. **Lit.:** F. Coarelli, Rom. Ein archäolog. Führer (²1981). – H.-J. Müller, Rom. Kunst- und Reiseführer (1991).

Clodia, geb. um 95 v. Chr., Schwester des ↗ Clodius, oft mit der Lesbia in den Gedichten des ↗ Catull identifiziert und als sittenlos geschmäht (Cicero, *Pro Caelio*). **Lit.:** T. P. Wiseman, Catullus and his World (1985).

Clodius, Publius C. Pulcher, berüchtigter röm. Bandenführer, Gegner des Milo, 92–52 v. Chr. C., der eigentlich patriz. Abstammung war, trat 59 zur Plebs über, um das Amt des Volkstribunen übernehmen zu können; dabei änderte er seinen patriz. Gentilnamen Claudius in die plebeische Form Clodius. Als Gefolgsmann Caesars setzte C. die Verbannung Ciceros durch. Wegen der Rückberufung Ciceros geriet C. in Streit mit dem Volkstribunen Milo. Es folgten jahrelange Bandenkämpfe in Rom, die 52 mit der Ermordung des C. durch die Bande des Milo endeten. **Lit.:** H. Benner, Die Politik des P. C. Pulcher (1987).

Clodius Albinus, Decimus C. Septimius A., röm. Gegenkaiser 195/96–19. Februar 197; geb. ca. 147 in Hadrumetum; 191–193 Statthalter der Provinz Britannia; im April 193 von Septimius Severus zum Caesar erhoben; 194 zum zweiten Mal Konsul mit Septimius

Severus; nach seinem Sieg über Pescennius Niger erklärte Septimius Severus C. 195 zum Staatsfeind; C. ließ sich von den britann. Truppen zum Augustus ausrufen und fiel in Gallien ein. Am 19. Februar 197 wurde er bei Lugdunum von Septimius Severus geschlagen und auf der Flucht getötet. **Lit.:** D. Kienast, Röm. Kaisertabelle (²1996) 160 f.

Clusium (heute Chiusi), Stadt in Etrurien. Die ursprünglich verstreut angelegte etrusk. Siedlung wurde unter Porsenna vereinigt, zahlreiche archäolog. Funde stammen aus dieser Zeit (z. B. Grabanlagen). Im 3. Jh. Bündnis mit Rom, 87 v. Chr. wurde C. Municipium und Teil der 7. Region Italiens. **Lit.:** PECS (1976).

Codex (lat., »Holzklotz«). **1.** *Buch:* Ursprünglich aus mehreren an der Seite zusammengeschnürten Tafeln (*tabulae*) verschiedenen Materials (z. B. Wachs) bestehendes »Buch«: Meist waren zwei Tafeln zu einem ↗ Diptychon zusammengebunden, doch konnte man die Zahl der oft sehr dünnen Tafeln auch erhöhen und darin wie in einem heutigen Buch blättern. Im 1.– 2. Jh. n. Chr. entwickelte sich daraus der Pergament- oder Papyrus-Codex, der Ende des 4. Jh. den Platz der Rolle (*liber*) in der Buchproduktion übernahm (↗ Buch). – **2.** *Rechtssammlung:* Die Buchform des C. eignete sich bes. für Nachschlagewerke und fand schnell Verwendung in der staatl. Verwaltung und Justiz. C. wurde bald synonymisch für die in Buchform gesammelten *Constitutiones* (kaiserl. Gesetze bzw. Erlasse) verwendet. Die ältesten Beispiele dieser Sammeltätigkeit sind die um 291 n. Chr. entstandenen privaten Rechtssammlungen C. *Gregorianus* und C. *Hermogenianus*; die erste amtl. Konstitutionensammlung stellte der 438 veröffentlichte C. *Theodosianus* dar, der die Constitutiones der Jahre 323–438 in den Bereichen öffentl., Zivil- und Kirchenrecht zusammenfasste, dabei aber auch veränderte. Für den 529 veröffentlichten C. *Iustinianus* sammelte eine Juristenkommission unter dem Minister Tribonianus die geltenden Kaisergesetze. Eine weitere Kommission erarbeitete 533 die sog. ↗ Digesten (gr. Pandekten), eine Sammlung von Auszügen geltender Juristenschriften. Zusammen mit den ebenfalls 533 veröffentlichten *Institutiones* (Lehrbuch für den Rechtsunterricht) und den sog. *Novellae* bildeten C. *Iustinianus* und *Digesten* das sog. *Corpus Iuris Civilis* (dieser Titel wurde erst mit der 1583 gedruckten Sammlung der Rechtsschriften üblich). Diese umfangreichste Sammlung röm. Rechts war auch für den Verlauf der modernen Rechtsgeschichte von größter Bedeutung. **Lit.:** H. Blanck, Das Buch in der Antike (1992). – M. Kaser, Röm. Rechtsgeschichte (²1993).

Codex Iustinianus ↗ Codex (2)

Coelius Antipater, Lucius C. A., röm. Historiker, Redner und Jurist, 2. Jh. v. Chr. C.' Geschichte des 2. Pun. Krieges begründet die histor. Monographie in Rom. Die apolog. und didakt. Funktion der Historiographie tritt bei ihm zugunsten eines rhetorisch ausgestalteten Stils in den Hintergrund. Glanzlichter seines Werks waren Reden und Träume; er scheint im asian. Stil geschrieben zu haben (↗ Asianismus).

Cognomen (lat., »Beiname«), nach dem Vornamen (*praenomen*) und Geschlechternamen (*nomen gentile*) der dritte Bestandteil des röm. Namens; ↗ Personennamen.

Collega, Bezeichnung für den Amtskollegen. Es war ein Grundsatz der Verfassung der röm. Republik, dass öffentl. Ämter stets mit zwei oder mehreren gleichberechtigen Personen besetzt wurden (Prinzip der Kollegialität). Dadurch sollte zu große Machtbefugnis einer einzelnen Person verhindert werden. Eine Ausnahme bildete der Diktator, der in Krisenzeiten ernannt werden konnte und keinen Amtskollegen besaß. **Lit.:** J. Bleicken, Die Verfassung der röm. Republik (1975) 76–79.

Collegium (lat., »Verband«; pl. collegia), Sammelbegriff für alle Arten des röm. ↗ Vereinswesens. Dabei konnte es sich um Berufsvereinigungen von Handwerkern, Kaufleuten (*collegia mercatorum*), kult. Vereine (*sodalitates*) oder um Begräbnisvereine handeln. Wie im modernen Vereinswesen wurde ein C. durch Mitgliedsbeiträge finanziert. Berufsverbände oft großzügig angelegte Vereinshäuser (so in ↗ Ostia); gemeinsame Veranstaltungen prägten das Vereinsleben. Die rechtl. Grundlage geht schon auf das Zwölftafelgesetz zurück. Die C. unterlagen staatl. Aufsicht, der Senat konnte die Zulassung der Vereine durch Beschluss auch zurücknehmen. In der späten Republik unterstützten viele C. populare Politiker wie ↗ Clodius. Caesar löste die meisten Vereine auf, unter Augustus wurden sie erneut verboten, die Neuzulassung durch die *lex Iulia* geregelt. Am weitesten verbreitet waren *collegia funeraticia* (Begräbnisvereine), in der hohen und späten Kaiserzeit gewannen die Berufsverbände wieder an Bedeutung. **Lit.:** F. M. Ausbüttel, Untersuchungen zu den Vereinen im Westen des röm. Reiches (1983).

Colonatus ↗ Colonus
Colonia ↗ Kolonie
Colonia Agrippinensis ↗ Köln
Colonus (lat., »Pächter«), röm. Landpächter, in der Spätantike Bezeichnung für den an die Scholle gebundenen und vom Grundherrn abhängigen Pachtbauern. Die von Diokletian als Mittel gegen die Landflucht auf Staatsgütern angesiedelten Pächter sollten auch das Steueraufkommen des Reiches sichern. Private Großgrundbesitzer übernahmen das System; wurde der Grund verkauft, so musste der Käufer den ansässigen C. übernehmen. Die Freizügigkeit des C. war aufgehoben: Er konnte die Scholle nicht verlassen, seine Eigentumsrechte (etwa zusätzl. privater Grundbesitz) waren stark eingeschränkt. **Lit.:** D. Eibach, Untersuchungen zum spätantiken Kolonat in der kaiserl. Gesetzgebung (1977). – P. W. de Neeve, C. (1984).

Colosseum ↗ Kolosseum
Columbarium (lat., »Taubenschlag«), ursprünglich Nische eines Taubenschlages. Im 1. und 2. Jh. n. Chr. röm. und frühchristl. Gemeinschaftsgrabanlagen. Sie dienten zur Aufbewahrung der Aschenurnen meist ärmerer Menschen, waren teilweise unterirdisch angelegt und konnten bis zu 700 Gräber enthalten.

Columella, Lucius Iunius Moderatus C., aus Gades, röm. Fachschriftsteller, 1. Jh. n. Chr. C. schrieb unter Claudius (41–54 n. Chr.) ein zwölf Bücher umfassendes Werk über den Landbau in gepflegter Prosa, das 10. Buch über den Gartenbau in Hexametern (↗ Lehrgedicht). Die übrigen Bücher behandeln allg. Fragen der Landwirtschaft: Ackerbau, Weinbau, Baumpflanzungen, Viehzucht sowie die Pflichten des Verwalters. C. ist bes. von Cato, Vergil und Celsus (1) beeinflusst. **Lit.:** D. Flach, Röm. Agrargeschichte (1990) 198–204.

Comes (lat., »Begleiter«; pl. comites), ursprünglich Bezeichnung für einen privaten Begleiter bzw. Berater eines Beamten oder Provinzstatthalters. In der Kaiserzeit gehörten die C. zum Gefolge des Kaisers (*comitatus*), ihre Aufgaben lagen bes. im militär. Bereich. In der Spätantike wurden die höchsten Beamten als c. bezeichnet. **Lit.:** H. Halfmann, Itinera Principum (1986) 92–103. – A. Winterling (Hg.), Comitatus (1998).

Comitia ↗ Volksversammlung
Commentarius. Der meist im Plural (*commentarii*) verwendete Begriff ist von dem Verb *comminisci* (lat., »sich etwas ins Gedächtnis zurückrufen«) abgeleitet und bedeutet grundsätzlich »Gedächtnishilfe«. Im weiteren Sinne bezeichnet C. private Notizen wie Redenentwürfe, Grammatikeraufzeichnungen für den Unterricht, Protokolle aller Art. Seit Ciceros Zeit heißen C. die Amtsbücher der Magistrate (z. B. *c. consulares*) und verschiedener Priesterkollegien, der Kaiserzeit Erlasse und Aufzeichnungen über die Tätigkeit des Prinzeps (z. B. *c. principis*). Ursprünglich nur zur Entlastung des Gedächtnisses benutzt, wurden gegen Ende der Republik die Amtsbücher in Archiven aufbewahrt. In der Kaiserzeit entwickelt sich der Beruf des a *commentariis* (»Protokollführer«), seit dem 2. Jh. *commentariensis* genannt. In der Literatur finden sich C. teils als Erläuterungsschriften (Varros *Eisagoge* für Pompeius, Q. Ciceros *Commentariolum petitionis*), teils als autobiograph. Berichte und Darstellungen eigener Taten. Vorbild ist der Form nach das griech.-hellenist. Hypomnema (gr., »Denkschrift«). In Caesars Kriegsberichten sind die C. zu einer eigenständigen Gattung entwickelt. **Lit.:** F. Bömer, in: Hermes 81 (1953) 210–250.

Commius, ein Gallier aus dem Stamm der Atrebaten, von Caesar nach der Unterwerfung seines Volkes 57 v. Chr. als König eingesetzt. C. leistete Caesar militär. Unterstützung, wofür er zahlreiche Privilegien erhielt. 52 beteiligte sich C. aber an dem Aufstand Galliens gegen Rom und wurde ein erbitterter Gegner der Römer. Später ergab er sich Mark Anton unter der Bedingung, sich in Frieden zurückziehen zu dürfen. Mark Anton gewährte ihm seine Bitte und C. gründete ein kleines Königreich in Britannien.

Commodian (lat. Commodianus), christl. lat. Dichter, vermutlich des 3. Jh., vielleicht nordafrikan. Herkunft. Von C. sind zwei Werke überliefert: Die *Instructiones* (*Unterweisungen*) bestehen aus zwei Büchern akrostichisch (↗ Akrostichon) gebildeter Gedichte, deren erstes sich in missionar. Absicht an Heiden und Juden, deren zweites sich an Christen richtet und zur *militia Christi* (»Soldatendienst für Christus«) auffordert. Das *Carmen*, auch *Carmen apologeticum* (*Verteidigungsgedicht*) oder *Carmen de duobus populis* (*Gedicht von den zwei Völkern* [Juden und Christen]) genannt, stellt Gottes Wirken in der Welt dar und schließt mit der Schilderung der Endzeit, die der Autor wohl nahe glaubte. Die in Vulgärlatein abgefassten Verse ähneln Hexametern, sind aber nicht quantitierend. **Lit.:** E. Heck, in: HLL IV (1997) 628–639. – LACL (1998).

Commodus, Lucius Aurelius C., später Marcus Aurelius C. Antoninus Augustus, röm. Kaiser 17. März 180–31. Dezember 192 n. Chr.; geb. 161 bei Lanuvium als Sohn des Mark Aurel und der Faustina (2); 166 Erhebung zum Caesar; Mitte 177 Erhebung zum Augustus; Mitte 178 Hochzeit mit Bruttia Crispina (gest. Herbst 192); nach dem Tode Mark Aurels am 17. März 180 war C. Alleinherrscher; er gab die senatsfreundl. Politik seines Vaters auf und stützte sich ganz auf sein Heer und die Prätorianerpräfekten; bereits 183 gab es eine erste Verschwörung gegen ihn, die blutig unterdrückt wurde; C. verfiel zunehmend dem »Caesarenwahn«, ließ sich als neuer Hercules göttlich verehren; 192 gründete er Rom neu unter dem Namen *Colonia Commodiana*; am 31. Dezember 192 fiel er einer Verschwörung zum Opfer. **Lit.:** M. Gherardini, Studien zur Geschichte des Kaisers Commodus (1974). – DRK (1997).

Concordia, röm. Göttin, die Personifikation der Eintracht unter den Bürgern, bes. zwischen den Patriziern und den Plebeiern.

Confluentes (lat., »Zusammenfluss«) ↗ Koblenz

Conscripti (lat. conscribere, »zusammenschreiben«, »hinzuschreiben«). **1.** Allg. Bezeichnung für Personen, die in ein Verzeichnis eingetragen waren, z. B. die röm. Bürger in den Bürgerlisten. – **2.** In der Verbindung *patres conscripti* (»Senatoren und Beigeordnete«) bezeichnete C. die Gruppe von plebeischen Senatoren, die gegen Ende der ↗ Ständekämpfe zwischen Plebeiern und Patriziern (vor 287 v. Chr.) in den Senat aufgenommen und den patriz. Senatoren, den *patres* beigeordnet wurden.

Consecratio (lat.), »Vergöttlichung« eines Menschen zu Lebzeiten oder nach dem Tod, ↗ Kaiserkult.

Consentes Dei, röm. Bezeichnung für die Gruppe der 12 olymp. Götter, denen ein Tempel auf dem Forum Romanum errichtet war.

Consilium (lat.), Beraterkreis. Nach röm. Tradition konnte der *pater familias* als rechtl. Familienoberhaupt etwa im Familiengericht ein aus Freunden und Verwandten bestehendes C. beiziehen. Diese Praxis, Berater zu berufen, wurde auf das polit. Leben übertragen: Magistrate konnten zu einzelnen Sachfragen ein C. einberufen, Statthalter hielten sich in den Provinzen oft feste Beratergremien. Mit der Errichtung des Prinzipats durch Augustus entwickelte sich ein zuerst vom Senat gestellter, dann vom Kaiser berufener Beraterkreis (*C. principis*), dem oft auch Ritter als Experten angehörten. Seit dem 3. Jh. n. Chr. dominierten Juristen das kaiserl. C. Wohl seit Konstantin d.Gr. trägt das *C. principis* den Namen *consistorium*. **Lit.:** F. Amarelli, Consilia principum (1983).

Consistorium, spätestens seit Konstantin I. (306–337 n. Chr.) Bezeichnung für den Kronrat des Kaisers. Vorläufer war das ↗ *consilium principis*, das bereits seit Augustus bestand, aber erst unter Hadrian zu einer festen Organisation wurde. Die Mitglieder des c. hatten ausschließlich beratende Funktion, die endgültige Entscheidung lag beim Kaiser. **Lit.:** P. B. Weiss, C. und comites consistoriani (1975).

Consolatio (lat. »Trost«), Gattung der hellenist. Philosophie. Ziel der Consolationslit. ist es, durch eine Vielzahl von Argumenten (»Trostgründe«) die Sinnlosigkeit von Trauer und Furcht klarzumachen. Die Philosophie wird dadurch im stoischen und epikureischen System zur Medizin der Seele (*medicina animi*). Berühmt waren in der Antike die Trostschrift des Peripatetikers Krantor (3. Jh. v. Chr.) und ↗ Ciceros (1) Trostschrift an sich selbst, die er nach dem Tod seiner Tochter Tullia (45 v. Chr.) verfasste (beide nicht erhalten). Erhalten sind u. a. Senecas Trostschriften an seine Mutter Helvia, an Polybus und an Marcia und die ↗ Plutarch zugeschriebene Trostschrift an Apollonius. Die Topoi und Methoden der C., die Cicero im 2. und 3. Buch der *Tusculanen* darlegt, wurden von den christl. Autoren in ihren Predigten und Briefen aufgenommen und in der mittelalterl. Rhetorik und der Lit. der Renaissance (Petrarca, *De remediis utriusque fortunae*, »Heilmittel gegen Glück und Unglück«) breit verwendet. **Lit.:** R. Kassel, Untersuchungen zur griech. und röm. Konsolationslit. (1958). – H.-Th. Johann, Trauer und Trost (1968).

Constans, Flavius Iulius C. Augustus, röm. Kaiser 9. September 337–18. Januar 350 n. Chr.; geb. 320 oder 323 als jüngster Sohn des Konstantin I. und der Fausta; 333 in Konstantinopel zum Caesar erhoben, 335 mit der Verwaltung von Italien, Afrika und Illyrien betraut; am 9. September 337 wurde C. zusammen mit seinen älteren Brüdern Konstantin II. und Constantius II. zum Augustus ernannt. Im Juli 338 trafen sich die drei Augusti in Viminacium (Pannonien), um sich über die Aufteilung des Reiches zu verständigen. Als sein älterer Bruder Konstantin II. die Vormundschaft über C. beanspruchte, kam es zum Zerwürfnis zwischen den beiden. C. besiegte Konstantin II. Anfang April 340 bei Aquileia und war jetzt alleiniger Herrscher über die westl. Reichshälfte. In den folgenden Jahren führte C. erfolgreiche Kriege gegen die Franken (341/42) und Pikten (343). Seine Strenge und Härte führten 350 zu einer Verschwörung gegen den Kaiser. Die Soldaten riefen Magnentius zum neuen Kaiser aus. C. wurde gestürzt und auf der Flucht in der Nähe der Pyrenäen getötet. **Lit.:** D. Kienast, Röm. Kaisertabelle (²1996) 312 f. – DRK (1997).

Constantius I., Iulius C. Chlorus, röm. Kaiser 1. März 293–25. Juli 306 n. Chr.; geb. ca. 250 in Illyrien, wahrscheinlich niederer Herkunft; der Beiname Chlorus, »der Blasse« ist erst seit dem 6. Jh. bezeugt; seit ca. 270 lebte C. mit Helena zusammen, die ihm um 272 den späteren Konstantin I. gebar; spätestens 289 heiratete er Theodora, die Tochter des Maximianus; am 1. März 293 wurde C. von Maximianus adoptiert und zum Caesar für Gallien und Britannien ernannt, das er 296/97 zurückgewinnen konnte. 300–304 kämpfte C. gegen die Germanen; am 1. Mai 305 wurde er zum Augustus für Gallien, Britannien und Spanien erhoben. Während einer zweiten Expedition nach Britannien 305/06 starb C. am 25. Juli 306 in Eboracum (heute York). **Lit.:** D. Kienast, Röm. Kaisertabelle (²1996) 280–282.

Constantius II., Flavius Iulius C., röm. Kaiser 9. September 337–3. November 361 n. Chr.; geb. 317 als zweitältester Sohn Konstantins I.; am 8. November 324 zum Caesar ernannt; am 9. September 337 wurde C. zusammen mit seinem älteren Bruder Konstantin II. und seinem jüngeren Bruder Constans zum Augustus erhoben. 338 trafen sich die drei Brüder, um über die Aufteilung des Reiches zu beraten. C. erhielt den Orient, Ägypten und Thrakien. Nach dem Tod seiner Brüder (340 und 350) und dem Sieg über die Gegenkaiser Magnentius (351) war C. Alleinherrscher. Es folgten Kämpfe gegen Germanen und Franken. Ende 355 setzte er seinen Neffen Julian Apostata als Caesar in Gallien ein. 360 musste C. in einen Krieg gegen die Perser aufbrechen. Als Julian in Gallien zum Augustus erhoben wurde, schloss C. Frieden mit den Persern und zog gegen Julian. Noch bevor es zu einer Auseinandersetzung kam, starb er am 3. November 361 in Kilikien. – Wie sein Vater fühlte sich C. stets als Christ. Als Anhänger des Arianismus kam es seit 338 immer wieder zu schweren Auseinandersetzungen mit Athanasios. Gegen die Heiden ging C. äußerst hart vor, 354 ließ er alle heidn. Tempel schließen, die heidn. Kulte wurden verboten. **Lit.:** R. Klein, C. und die christl. Kirche (1977). – D. Kienast, Röm. Kaisertabelle (²1996) 314–317. – DRK (1997).

Constitutio Antoniniana, Erlass des Kaisers ↗ Caracalla 212/13 n. Chr.; durch die C. A. erhielten fast alle Angehörigen des röm. Reiches das röm. ↗ Bürgerrecht. Maßgeblich für den Erlass waren bes. finanzielle Überlegungen. Caracalla erzielte jetzt enorme Einkommen aus der Erbschaftssteuer, die nur röm. Bürger zu zahlen hatten und die er zudem verdoppelte. **Lit.:** H. Wolff, Die C. A. und der Papyrus Gissensis 40 I (1976).

Constitutiones (lat.), Sammlung der röm. Kaisergesetze. Der Fachausdruck C. wird verwendet, um die verschiedenartigen rechtl. Verfügungen der röm. Kaiser zusammenzufassen. In der röm. Republik konnte allein die Volksversammlung *leges*, Gesetze im eigentl. Sinne, beschließen; in der Kaiserzeit ergänzten *edicta* (Anordnungen), *epistulae* (schriftl. Gerichts- oder Verwaltungsbescheide), *mandata* (Dienstanweisungen), *orationes* (Erlasse) und *decreta* (Fallurteile) des Kaisers die Rechts- und Verwaltungspraxis des Reiches. Die C. bekamen immer größere Bedeutung, ab dem 3. Jh. n. Chr. wurden schriftl. C. des Kaisers Gesetz, seit Diokletian wurden C. und *lex* gleichbe-

deutend verwendet. Die Bürgerrechtsverleihung unter Caracalla 212 in der ↗ *Constitutio Antoniniana* ist der bekannteste derartige Kaisererlass. Ein ↗ Codex bildet die schriftl. Sammlung und Bestätigung der C. **Lit.:** H. Wolff, Die Constitutio Antoniniana und der Papyrus Gissensis 40 I (1976).

Consualia ↗ Consus
Consul ↗ Konsul
Consularis ↗ Konsular
Consus (lat. condere, »bergen, verwahren«), röm. Gott, Wächter über das in Gruben aufbewahrte Korn. Seine Feier, die *Consualia*, am 21. August, nach dem Dreschen des Getreides, bzw. am 15. Dezember, nach der letzten Saat, diente dem Erntedank und der Bitte um das Überleben der Feldfrucht im Winter. **Lit.:** K. Latte, Röm. Religionsgeschichte (1960) 72.

Contio, eine bestimmte Form der röm. Volksversammlung. Die C. wurde von einem Beamten einberufen und geleitet. Sie hatte keine beschließende Funktion, sondern diente lediglich der Diskussion von Anträgen o. ä., über die später in den Komitien abgestimmt werden sollte (↗ Volksversammlung). Einem komitialen Gerichtsverfahren mussten sogar drei *contiones* vorausgehen. **Lit.:** L. R. Taylor, Roman Voting Assemblies (1966) 15–33.

Contractus (lat., »Vertrag«). Ursprünglich bedeutete C. »das Eingehen einer Verpflichtung« und war nach dem Rechtsverständnis der Kaiserzeit eng mit der Einigung (*consensus, conventio*) verbunden, ließ aber nach röm. Recht eingeschränkte Vertragsfreiheit nicht aus jeder Einigung einen C. werden. Nach dem Juristen ↗ Gaius konnte ein C. aus der Sache selbst, durch mündl. oder schriftl. Vereinbarung entstehen. Typen röm. Realverträge waren etwa Verpfändung, Leihe und ↗ Darlehen. **Lit.:** S. E. Wunner, C. (1964).

Contubernium (lat., »Gemeinschaftsunterkunft«). Unter C. verstand man sowohl mobile Zeltlager als auch feste Kasernengebäude für röm. Soldaten. Im übertragenen Sinne bezeichnete C. auch die Gruppe der Soldaten, die sich eine Unterkunft teilten (zwischen 8 und 16) sowie das sie verbindende Zusammengehörigkeitsgefühl. Unter C. verstand man auch die eheähnl. Verbindung zweier Personen, die nicht die rechtl. Ehefähigkeit (↗ Conubium) nachweisen konnten. **Lit.:** H. v. Petrokovits, Die Innenbauten röm. Legionslager (1975).

Conubium (lat.), Ehefähigkeit nach dem röm. Recht. Zwar konnten röm. Vollbürger prinzipiell untereinander ohne Auflagen heiraten (seit der *lex Canuleia* 445 v. Chr. auch Patrizier und Plebeier), doch standen Eheschließungen zwischen Römern und Nichtrömern (z. B. Bürger latin. Rechts, Fremden, aber auch Sklaven usw.) bürgerrechtl. Vorbehalte entgegen. Die rechtl. Ehefähigkeit »Ungleicher« wurde nur schrittweise erweitert: So erhielten die Freigelassenen erst unter Augustus das C.; zwar waren stets auch fakt. Eheverbindungen ohne Rücksicht auf das C. üblich (↗ Contubernium), doch bedeutete dies den Bürgerrechtsverlust für etwaige Nachkommen. Wurde

*Corduba, Römische
Brücke über den
Guadalquivir
in mittelalterlicher
Restaurierung*

einem Römer das Bürgerrecht entzogen und ging er somit des C. verlustig, so war dies ein Eheauflösungsgrund.

Convivium (lat., »Gastmahl«). Das abendl. Festmahl, an dem Gäste teilnahmen, wurde mit C. bezeichnet; es entspricht nur teilweise dem griech. ↗ Symposion. Das C. hatte stets privaten Charakter; bewirtet wurden die Gäste beim abendl. Hauptmahl (*cena*), das meist im Triclinium abgehalten wurde; da die Zahl der Liegen damit meist auf drei beschränkt war, konnten nur zwischen neun und zwölf Personen an einem C. teilnehmen. Weitere Personen, etwa die *umbrae* (lat., »Schatten«, Begleiter der offiziellen Gäste), konnten z. B. auf Stühlen am C. teilnehmen. Das gemeinsame Mahl wurde abgerundet durch Gespräche sowie Auftritte von Künstlern (Musikern, Tänzerinnen, Mimen usw.). Die Beschreibung von Gastmählern ist ein beliebtes Thema röm. Literatur (↗ Petron) und Kunst. **Lit.:** J. Marquardt, Das Privatleben der Römer I (1886). – H. Blanck, Einführung in das Privatleben der Griechen und Römer (²1996).

Corbulo, Gnaeus Domitius C., röm. Feldherr unter den Kaisern Claudius und Nero; ca. 45 n. Chr. Konsul, anschließend Befehlshaber über das Heer in Niedergermanien; 54 wurde C. von Nero mit dem Feldzug gegen die Parther betraut. Trotz großer Erfolge beorderte ihn Nero 67 nach Griechenland und trieb ihn zum Selbstmord. Seine Tochter Domitia Longina heiratete später den Kaiser Domitian.

Corduba (lat. auch colonia Patricia, heute Córdoba, Spanien), röm. Stadt in ↗ Hispanien. Die Stadt wurde 152 v. Chr. in den Kriegen gegen die ↗ Keltiberer errichtet, gründet aber auf vorröm. Siedlungen. In der Bürgerkriegszeit 49–45 wechselte C. die Fronten zwischen Caesar und Pompeius. C. wurde Hauptstadt der Provinz Baetica. ↗ Lukan sowie die beiden ↗ Senecae stammten aus C. Die an den fruchtbaren Ufern des

Baetis (heute Guadalquivir) gelegene Stadt war auch als Handelszentrum von Bedeutung; der Fluss war vom Meer bis C. schiffbar. **Lit.:** ASM (1999).

Coriolan, Gnaeus Marcius C., legendärer Held der röm. Frühgeschichte, Sohn der Veturia, Gatte der Volumnia; C. eroberte 493 v. Chr. Corioli, eine Stadt der ↗ Volsker. 491 geriet er mit der Plebs in Konflikt und wurde aus Rom verbannt. Daraufhin stellte er sich auf Seiten der Volsker und marschierte gegen Rom. Um ihre Stadt zu retten, ergriffen die röm. Frauen die Initiative. Unter Führung der Veturia und Volumnia schickten sie eine Gesandtschaft an C. und konnten ihn von der Eroberung Roms abhalten. C. ging ins Exil zurück und wurde von den Volskern ermordet. **Lit.:** A. Reichenberger, Die C.-Erzählung, in: E. Burck (Hg.), Wege zu Livius (1967) 383–391.

Corippus, Flavius Cresconius C., lat. Dichter, 6. Jh. n. Chr., aus Afrika, Verf. eines panegyr. Epos auf Kaiser Justinians Feldherrn Troglita mit dem Titel *Iohannis* im Stil Vergils, eines Panegyricus auf Kaiser Iustinus II. (566/68), eventuell auch Verf. von Bibelepen. **Lit.:** W. Ehlers, Ep. Kunst in C.' Johannis, Philologus 124 (1980) 109–135.

Cornelia, Name der Frauen aus dem berühmten Geschlecht der Cornelier, am bekanntesten die Tochter des P. Cornelius Scipio Africanus, die Mutter des Tiberius und des Gaius Gracchus, geb. ca. 190 v. Chr.; C. galt als hochgebildete Frau, die sich vorbildlich um die Erziehung ihrer Söhne kümmerte. In ihrer Echtheit umstrittene Briefe der C. finden sich im Textcorpus des Cornelius Nepos.

Cornelius, röm. Gentilname. Die Cornelier waren eines der bedeutendsten und größten patriz. Geschlechter in Rom. Die wichtigsten Familien waren die Lentuli und bes. die Scipiones.

Cornelius Nepos ↗ Nepos

Cornificius, Quintus C., röm. Politiker, Redner und

Dichter des 1. Jh. v. Chr.; während des Bürgerkrieges kämpfte C. auf der Seite Caesars, zeichnete sich 48/47 in Illyrien aus, 46 in Kilikien. Nach dem Tod Caesars war er 44–42 Prokonsul in Africa, wo er auf der Seite der Caesarmörder den Tod fand. Als Redner war C. Anhänger des ↗ Attizismus, als Dichter stand er Catull und dem Kreis der ↗ Neoteriker nahe. **Lit.:** E. Rawson, The Identity Problems of Q. C., in: Dies., Roman Culture and Society (1991) 272–288.

Corpus Hermeticum ↗ Hermetische Schriften
Corpus Hippocraticum ↗ Hippokratische Schriften
Corpus Iuris Civilis ↗ Codex (2)
Crassus (1), Lucius Licinius C., röm. Redner, 140–91 v. Chr., Konsul 95 v. Chr. C. war der bedeutendste Redner seiner Zeit und Lehrer Ciceros (1). Dieser charakterisierte ihn im *Brutus* 160–164 und machte ihn zu einem Protagonisten in *De oratore* (*Über den Redner*). Er zeichnete sich durch sorgfältig ausgearbeiteten Stil und jurist. Kenntnisse aus. **Lit.:** H. Malcovati, Oratorum Romanorum Fragmenta I (1955) 237–259.

Crassus (2), Marcus Licinius C., 115–53 v. Chr.; als Anhänger Sullas profitierte C. aus dessen Proskriptionen. Sein Reichtum brachte ihm den Beinamen *Dives,* »der Reiche« ein. 71 besiegte C. das Heer des Sklavenführers Spartacus, 70 bekleidete er das Konsulat zusammen mit Pompeius. 65 war C. Censor, 60 schloss er mit Caesar und Pompeius das 1. Triumvirat. 55 waren C. und Pompeius erneut Konsuln. Anschließend erhielt er als Prokonsul die Provinz Syrien auf fünf Jahre. Während des Feldzuges gegen die Parther fiel C. 53 bei Carrhae. Die von den Parthern erbeuteten Feldzeichen konnte erst Augustus zurückgewinnen. **Lit.:** B. A. Marshall, C. A Political Biography (1976). – A. M. Ward, Marcus C. and the Late Roman Republic (1977).

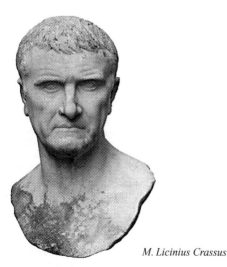

M. Licinius Crassus

Cremona, älteste Colonia Roms nördl. des Po. 218 v. Chr. wurde C. im Gebiet der Cenomani als Stützpunkt gegen die gall. Völker Norditaliens als Colonia mit latin. Bürgerrecht gegründet. 190 erfolgten weitere Ansiedlungen, C. entwickelte sich zur Marktstadt und war Verkehrszentrum an der Via Postumia. 90 zum Municipium erhoben, wurde C. in der Folgezeit Hauptstadt der Provinz ↗ Gallia Cisalpina. Der Abstieg der Stadt begann unter Augustus, der in C. Land beschlagnahmte und an seine Veteranen verteilte. In den Wirren des Vierkaiserjahres 69 n. Chr. wurde C. zerstört, erreichte nach dem Wiederaufbau die alte Stellung aber nicht mehr. Reste der frühchristl. Basilika unter dem Dom, röm. Funde (bes. Mosaike) im Museum der Stadt. **Lit.:** PECS (1976).

Creticus, Begriff der Metrik, Versfuß der Form Länge, Kürze, Länge: $-\cup-$ (akephaler Jambus bzw. katalekt. Trochäus).

Crux (lat., »Kreuz«), Begriff der Textkritik zur Bezeichnung des durch ↗ Konjektur nicht mehr korrekt wiederherstellbaren Wortlauts eines antiken Textes (Zeichen: †).

Cumae ↗ Kyme

Cupido (lat., »Begehren«), röm. Liebesgott, dem ↗ Eros entsprechend.

Curatores (lat. *curare,* »Sorge tragen«), in der röm. Kaiserzeit Bezeichnung für hohe senator. Verwaltungsbeamte mit verschiedenen Aufgabenbereichen. Es gab C. für die Lebensmittelversorgung Roms (*c. annonae*), für die Instandhaltung öffentl. Straßen (*c. viarum*), für die Wasserversorgung (*c. aquarum*) usw.

Curia ↗ Kurie

Curius, Manius C. Dentatus, röm. Staatsmann und Feldherr des frühen 3. Jh. v. Chr.; den Beinamen *Dentatus* (lat. *dens,* »Zahn«) führte C., weil er angeblich mit Zähnen auf die Welt kam; 290 beendete C. den Krieg mit den Samniten, besiegte die Sabiner und 283 die Senonen. Sein wichtigster militär. Erfolg war der Sieg über Pyrrhos 275. 272 leitete C. den Bau der zweitältesten Wasserleitung Roms, starb aber vor deren Fertigstellung 270. Um die Person des C. rankten sich viele Legenden, späteren Generationen galt er als Vorbild röm. Tugend und Tapferkeit. **Lit.:** G. Forni, Manio Curio Dentato uomo democratico, in: Athenaeum 31 (1953) 170–240.

Cursus honorum (lat., »Ämterlaufbahn«). In der röm. Republik entwickelte sich allmählich eine bestimmte Ämterfolge, die 180 v. Chr. durch die *lex Villia Annalis* und 81 v. Chr. durch die *lex Cornelia* ↗ Sullas gesetzlich geregelt wurde. Die Ämterlaufbahn begann mit der Quästur (↗ Quästor), gefolgt von Ädilität (↗ Ädil) oder Volkstribunat (↗ Tribun) und Prätur (↗ Prätor). Den Abschluss bildete das Konsulat (↗ Konsul). Für jedes Amt war ein bestimmtes Mindestalter vorgeschrieben. Zur Zeit ↗ Ciceros musste ein Quästor mind. 31, ein Ädil mind. 37, ein Prätor mind. 40 und ein Konsul mind. 43 Jahre alt sein. In der Kaiserzeit, als die Ämter nach dem Willen des Kaisers vergeben wurden, veränderte sich der C. h.; er begann jetzt mit

dem Vigintivirat und führte über das Militärtribunat zur Quästur, die man bereits mit 25 Jahren bekleiden konnte. Darauf folgten die aus der Republik bekannten Ämter.
Cursus publicus ↗ Staatspost
Curtius Rufus, Quintus C. R., lat. Autor, wahrscheinlich 1. Jh. v. Chr., Verf. einer romanhaften Alexandergeschichte (*Historiae Alexandri Magni*) in zehn Büchern; davon sind acht erhalten. Quellen waren ↗ Ptolemaios, ↗ Kleitarch, ↗ Timagenes und wahrscheinlich ↗ Pompeius Trogus. Die griech.-oriental. Welt ist im Sinne der *interpretatio Romana* (»röm. Umdeutung«) in röm. Färbung dargestellt. Der Stil ähnelt bisweilen dem Senecas, Komposition und Erzähltechnik erinnern an Livius. Psychologisierende Deutungen zeichnen das Werk aus; moralisierende Sentenzen sowie ein allg. Interesse am Alexanderstoff empfahlen es als Schullektüre. Die Rezeption in MA und Renaissance war bedeutend. Der *Alexandreis* des Walter von Châtillon (12. Jh.) liegt C. R. zugrunde. **Lit.:** W. Rutz, in: ANRW II 32, 4 (1986) 2329–2357.
Cycnus (»Schwan«), in der Mythologie Sohn des ↗ Apollon und der ↗ Hyrië, von seinem Vater in einen Schwan verwandelt.
Cyprian, Thascius Caecilius Cyprianus, aus Karthago, lat. Theologe, Apologet (↗ Apologetik), ca. 205–258 n. Chr. C. stammte aus einer reichen heidn. Familie; als angesehener Rhetor konvertierte er 246 und wurde 248 Bischof von Karthago; 258 starb er als Märtyrer. Seine 81 erhaltenen Briefe geben einen hervorragenden Einblick in die religiösen Auseinandersetzungen des 3. Jh.; weiterhin sind drei theolog. Schriften, ein apologet. Traktat und eine Sammlung von Bibelstellen erhalten. **Lit.:** U. Wickert, in: M. Greschat (Hg.), Gestalten der Kirchengeschichte I (1984) 158–75.

D

Dädalion (gr. Daidalion), in der Mythologie Sohn des Heosphoros, Bruder des ↗ Keyx, Vater der ↗ Chione. Als seine Tochter, die damit geprahlt hatte, schöner als ↗ Diana zu sein, von der Göttin getötet wird, stürzt D. sich vom Gipfel des Parnass, wird aber von Apollon in einen Habicht verwandelt.
Dädalus (gr. Daidalos), att. myth. Handwerksmeister und Bildhauer, erfüllt auf Kreta der Gattin des Königs Minos, ↗ Pasiphaë, mit dem Bau einer künstl. Kuh ihren leidenschaftl. Wunsch, sich von einem prächtigen Stier begatten zu lassen. Aus dieser Vereinigung geht der ↗ Minotauros hervor, den Minos in einem von D. entworfenen Labyrinth versteckt. Als D. dem Theseus das Geheimnis verrät, nimmt Minos seinen kleinen Sohn ↗ Ikarus gefangen. Da eine natürl. Flucht nicht mehr möglich scheint, verfertigt D. für sich und

Ikarus Flügel aus Federn und Wachs. Ihnen gelingt die Flucht, doch kommt Ikarus dabei ums Leben.
Dadophoros von Salamis, 5./6. Jh., Diakon und Priester, Autor einer unglaubl. Schrift über das Dadophoria-Fest und zahlreicher liturg. Arbeiten. Kennzeichnend für sein Werk ist die Licht- und Kerzenmetaphorik. **Lit.:** LACL (³2002), 183.
Dämon (gr. daimon, lat. numen), ein göttl. Wesen, aber kein Gott, sondern eine Kraft, die mit Hilfe der Götter wirkt. Ein D. nimmt, wie die ↗ Heroen, den Platz zwischen Göttern und Menschen ein.
Daimonion. Als D. bezeichnet Sokrates in der Überlieferung von Platon und Xenophon eine als Warninstanz fungierende und mit dem Bereich des Göttlichen konnotierte innere Stimme, die ihm von bestimmten Handlungen abrät (↗ Sokrates).
Dakien (lat. Dacia), röm. Provinz nördl. der unteren Donau. Der mit den ↗ Thrakern verwandte Stammesverband der Daker, der aber auch kelt. und illyr. Elemente in sich vereinte, besiedelte etwa das Gebiet des heutigen Rumänien. Die Stämme der Daker wurden erst im 1. Jh. v. Chr. von König Burebista geeint und bildeten einen ernstzunehmenden Machtfaktor auf dem Balkan, der bes. die griech. Städte an der Schwarzmeerküste bedrohte. Mit dem Tod Burebistas ca. 44 v. Chr. zerfiel jedoch das instabile Königreich und formierte sich erst unter ↗ Decebalus (ca. 87–106 n. Chr.), der schon 85/86 Mösien überfallen hatte. Zwar siegten die Römer bei Tapae über die Daker, doch musste sich Rom damit begnügen, nach einem Friedensvertrag in D. ein Klientelfürstentum einzurichten. Anhaltende Übergriffe der Daker führten 101/02 zum 1. Dakerkrieg unter ↗ Trajan, der zu einer Entmilitarisierung D.s führte; nach dem Feldzug 105/06 wurde die Provinz Dacia errichtet. König Decebalus beging Selbstmord. Die Trajanssäule in Rom dokumentiert in beeindruckenden Darstellungen die Geschichte der Dakerkriege. Das Überschreiten der alten Donaugrenze machte die Sicherung der Provinz gegenüber neuen Nachbarvölkern (z. B. ↗ Roxolanen) notwendig. 118 wurde D. in die Provinzen Dacia superior und inferior (später Dacia Maluensis) aufgeteilt, 124 der nördl. Teil von Dacia superior als Dacia Porolissensis erneut abgetrennt, 168 wurden die 3 dak. Provinzen einem einzigen Statthalter unterstellt. – Mitte des 3. Jh. wurde durch die Gotenzüge die Provinz D. unhaltbar, 271 musste Aurelian D. aufgeben und sich auf die Donaulinie zurückziehen, die bis ins 6. Jh. standhielt. Schon vor der röm. Eroberung pflegte D. rege Kontakte zu allen benachbarten Völkerschaften; Landwirtschaft und Erzgewinnung waren Grundlage des Wirtschaftslebens. Ab dem 3. Jh. v. Chr. gewannen griech. und ital. Handelsbeziehungen an Bedeutung. In röm. Zeit. entwickelten sich rasch urbane Strukturen, ↗ Sarmizegetusa (*Colonia Ulpia Traiana*) und Apulum waren die städt. Zentren der Provinz. Der Abbau verschiedener Metalle, bes. von Gold, wurde in röm. Zeit systematisch betrieben. Die röm. Provinz D. spielte als transdanub. Vorposten des Reiches eine besondere Rolle in der Ostverteidigung des röm. Rei-

Trajanssäule mit Szenen aus den Kriegen der Römer gegen die Daker

ches. **Lit.:** K. Strobel, Untersuchungen zu den Daker-kriegen Trajans (1984). – W. Schuller (Hg.), Sieben-bürgen zur Zeit der Römer und der Völkerwanderung (1994).

Dakisch, eine der paläobalkan. Sprachen, die nur trümmerhaft bekannt und fast ausschließlich in Perso-nen- und Ortsnamen überliefert ist. D. war im Karpa-tenbecken verbreitet und steht den Thrakischen nahe. **Lit.:** V. Georgiev, Thrakisch und Dakisch, ANRW II 29,2 (1983) 1148–1194.

Daktylen, zehn Schmiedegötter auf dem Idage-birge, die die Kreter den Gebrauch von Eisen für den Krieg und Ackerbau lehren.

Daktyloepitriten, Begriff der Metrik. Als D. be-zeichnet man ein bes. in der Chorlyrik beliebtes Me-trum, das sich aus daktyl. und kret. Elementen zusammensetzt (↗Creticus, ↗Daktylus). Die Verbin-dung zwischen den einzelnen Elementen wird durch Ancipitia geleistet (↗Anceps). Die regelmäßige Struk-tur der D. wurde erst im Verlauf des 19. Jh. erkannt, in der röm. Antike war sie bereits nicht mehr bekannt, so dass Horaz in *Oden* 4, 2, 11 f. Pindars Verse als freie Rhythmen (*numeri lege soluti*) bezeichnen konnte.

Daktylus, Begriff der Metrik, Versfuß der Form Länge, Doppelkürze (−∪∪). Als Teil des Hexameters ist der D. das Metrum des Epos und Lehrgedichts, au-ßerdem der Satire, Bukolik und Versepistel. Er findet auch im Tetrameter und Pentameter in der Lyrik Ver-wendung.

Dalmatien (lat. Dalmatia, Delmatia), Küstenland-schaft in ↗Illyrien und später gleichnamige röm. Pro-vinz. In der von Illyrern und Kelten besiedelten Küstenregion wurden seit dem 7. Jh. v. Chr. einige griech. Kolonien gegründet, die jedoch mit dem Aus-greifen Roms in der Adria im 1. Illyr. Krieg (229/28) zurückgedrängt und z. T. aufgegeben wurden. Nach zahlreichen krieger. Auseinandersetzungen im 2. und 1. Jh. konnte schließlich Octavian (Augustus) 35–33 D. der Provinz Illyrien einverleiben. Aber erst nach dem pannon. Aufstand 6–9 n. Chr. war die Region dauerhaft befriedet. Um 70 dürfte D. von Illyrien ab-getrennt und als selbständige Provinz organisiert wor-den sein. Hauptstadt wurde ↗Salona, die Save bildete die Grenze zu Illyrien. Unter Gallienus wurde D. wei-ter unterteilt. **Lit.:** G. Alföldy, Bevölkerung und Ge-sellschaft der röm. Provinz D. (1965).

Damascius ↗Damaskios

Damaskios (lat. Damascius), neuplaton. Philo-soph, geb. um 462, seit etwa 515 letzter Leiter der ↗Akademie in Athen, zog nach deren Schließung 529 zu ↗Chosroes I. in das ↗Sasanidenreich, kehrte aber bald wieder ins oström. Reich zurück. **Lit.:** R. von Ha-ehling, in: Jahrbuch für Antike und Christentum 23 (1980) 82–85.

Damaskus (gr. Damaskos), wichtige Handelsstadt in ↗Syrien. D. liegt in einer fruchtbaren Oase am Westrand der syr. Wüste. Die Stadt ist seit dem 15. Jh. v. Chr. belegt, seit dem 13. Jh. gehörte D. zum ägypt. Einflussgebiet, ab etwa 1000 v. Chr. wurde die Stadt von Aramäern beherrscht, bis König David Stadt und

Umland für kurze Zeit seinem Reich angliedern konnte. D. erlangte seine Selbständigkeit zurück, do-minierte im südl. Syrien und geriet in einen Dauerkon-flikt mit den expandierenden Assyrern und Israel. 732 eroberten die Assyrer schließlich D. und machten es zur Provinzhauptstadt. Später gehörte D. zum neuba-bylon. Reich des ↗Nebukadnezar und bis zur Erobe-rung durch Alexander d.Gr. zu Persien. In dieser Zeit erlebte D. eine große Blüte und gehörte zu den reichs-ten Städten des Perserreiches. Nach der makedon. Er-oberung 333 wurde D. ausgebaut, verlor aber seine führende Stellung in Syrien an das aufstrebende ↗An-tiochia am Orontes. D. wechselte zwischen Seleukiden und Ptolemäern, wurde zeitweise seleukid. Provinz-hauptstadt und fiel 85 an die ↗Nabatäer. 66 besetzten die Truppen des Pompeius die Stadt, die zur Provinz Syrien geschlagen wurde. Nach erneuter Zugehörig-keit zum Nabatäerreich gelangte D. 54 n. Chr. endgül-tig zur röm. Provinz Syrien. Größter Bau der Stadt war der Jupiter-Tempel (1. Jh. n. Chr.), von dessen großzü-giger Anlage noch Teile erhalten sind. Im 3. Jh. wurde zur Sicherung der Grenze gegen die ↗Sasaniden ein Militärlager angelegt. 636 wurde D. von den Arabern erobert und Zentrum des Reiches der Omaijaden (bis 750). **Lit.:** W. T. Pitard, Ancient Damascus (1987). – D. Sack, D. (1989).

Damnatio memoriae (lat., »Verurteilung des An-denkens«); die D. m. – ein nicht antiker, sondern der modernen Forschung allg. gebräuchl. Begriff – traf Personen, die vom röm. Senat zum Staatsfeind erklärt worden waren; die D. m. äußerte sich bes. in der Zer-störung von Statuen und Bildnissen des Verurteilten sowie der Tilgung seines Namens auf vor der Verurtei-lung aufgestellten Denkmälern. In der Regel scheint die D. m. erst nach dem Tode des Verurteilten vollzo-gen worden zu sein. **Lit.:** F. Vittinghoff, Der Staats-feind in der röm. Kaiserzeit. Untersuchungen zur »d.m.« (1936).

Damokles (gr. Damokles), Schmeichler am Hofe des Dionysios I. (oder II.), dem Tyrannen von Syra-kus. Berühmt ist die Geschichte, die Cicero erzählt: Als D. den Reichtum und das Glück des Dionysios allzu sehr pries, fragte dieser ihn, ob er daran teilhaben wolle. D. bejahte und der Tyrann ließ ihm ein köstl. Mahl vorsetzen. Über seinem Kopf aber ließ er ein Schwert baumeln, das nur an einem dünnen Rosshaar aufhängt war. Damit wollte Dionysios das wahre »Glück« des Tyrannen demonstrieren. Seitdem ist das »Damoklesschwert« sprichwörtlich für eine auch in größtem Glück stets drohende Gefahr (vgl. Cicero, Tusculanae Disputationes 5, 61 f.).

Damon aus Oa (Attika), Sophist und Musiktheore-tiker, Mitte 5. Jh. v. Chr., stand vermutlich unter pytha-goreischem Einfluss und war Gefährte des Prodikos. Er war Lehrer und Ratgeber des Perikles und wurde wegen seines angebl. Einflusses verbannt. Die Echt-heit der überlieferten Zeugnisse ist umstritten. In einer angeblich vor den Areopagiten gehaltenen Rede (DK 37 B 1–10) vertrat er die Ansicht, die Musik (Rhyth-mus und ›Harmonie‹) habe eine tiefe Wirkung auf die

Seele und das Verhalten des Menschen und könne zu Erziehungszwecken genutzt werden. In diesem Bereich war die Wirkung seiner Lehre auf die nachfolgenden Philosophen, insbes. Platon (*Politeia* 3, 398c-400c), erheblich. **Lit.:** A. Barker, Greek Musical Writings I (1984). – W. Wallace, Damone di Oa ed i suoi successori, in: Harmonia Mundi, Biblioteca di QUCC (1991) 30–53.

Damophon (gr. Damophon) von Messene, griech. Bildhauer des 2. Jh. v. Chr., über den wir mehr wissen als über jeden anderen Bildhauer hellenist. Zeit. Er hat wahrscheinlich ausschließlich auf der Peloponnes gearbeitet und dort Kultstatuen für Lykosura (Tempel der Despoina), Messene und Megalopolis gefertigt, wie Pausanias überliefert. D. wurde durch mehrere Inschriften geehrt und war auserwählt worden, um Restaurierungsarbeiten an Phidias' Zeus von Olympia durchzuführen. **Lit.:** R. R. R. Smith, Hellenistic Sculpture (1991).

Dampfkraft. Zwar war die D. als Energiequelle in der Antike bekannt, doch fand sie keinen Einsatz im Produktionsprozess; allein spieler. Geräte wie Herons Dampfkugel wurden entwickelt: Dieser sog. Herons-

Der sogenannte »Heronsball«

ball wurde durch den von einer Zuleitung in den Ball geführten Dampf angetrieben, der durch zwei Austrittsleitungen aus der Kugel weichen konnte. ↗ Heron von Alexandria ist mit seiner Schrift *Pneumatica* die wichtigste Quelle zur antiken Kenntnis der D. **Lit.:** J. G. Landels, Die Technik in der antiken Welt (1979).

Danaë, Tochter des myth. Königs ↗ Akrisios, der sie nach einem Orakelspruch aus Angst vor einem Enkel einkerkert. Zeus jedoch kommt in Form eines Goldregens über sie und zeugt mit ihr ↗ Perseus. Nach dessen Geburt setzt Akrisios D. mit Perseus in einem Kasten im Meer aus. Sie stranden auf der Insel Seriphos, wo der dortige Herrscher Polydektes D. zur Frau haben will und deshalb Perseus mit der nahezu un-

mögl. Aufgabe fortschickt, ihm das Haupt der ↗ Medusa zu bringen.

Danaïden, die 50 Töchter des myth. Königs Danaos, der mit seinem Zwillingsbruder Aigyptos in Streit gerät, weil dieser seine 50 Söhne mit den D. verheiraten will. Danaos flieht mit seinen Töchtern zu König Pelasgos nach Argos. Da sie jedoch von Aigyptos' Söhnen verfolgt und zur Heirat gezwungen werden, gibt Danaos den Töchtern den Befehl, ihre Ehemänner in der Hochzeitsnacht zu ermorden. Diesem Befehl kommen alle D. bis auf Hypermestra nach, die ihren Gatten Lynkeus verschont. Die übrigen 49 bleiben zur Strafe unvermählt oder werden mit den Siegern eines eigens dafür veranstalteten Wettkampfes verheiratet; einer weiteren Version zufolge werden sie von Lynkeus getötet. Im Totenreich müssen die D. auf ewig Wasser in ein löchriges Fass schöpfen. Dabei handelt es sich um eine Anspielung auf den Hochzeitsritus der *lutrophoria,* der darin besteht, am Brunnen das Wasser für das Bad der künftigen Ehefrau zu holen. Die *Hiketiden* (*Bittflehenden*) des Aischylos haben die Ankunft der D. in Argos und ihre Bitte um Asyl zum Inhalt. **Lit.:** L. Bruit Zaidman/P. Schmitt Pantel, Die Religion der Griechen (1994) 244.

Danaos (gr. Danaos, lat. Danaus), Sohn des myth. Königs Belos, Vater der 50 ↗ Danaïden.

Daphne, wie die Göttin Artemis Jägerin, Tochter des Flusses Peneios oder des Ladon. Auf der Flucht vor ↗ Apollon wird sie in den fortan dem Gott heiligen Lorbeerbaum verwandelt.

Daphnis, in der Mythologie Sohn des Hermes und einer Nymphe; ein von den Nymphen geliebter Hirte, Erfinder der Hirtendichtung (Bukolik). Er hält die einer Nymphe geschworene Treue nicht ein und wird von ihr aus Rache geblendet.

Dardanellen ↗ Hellespontos

Dardani, illyr.-thrak. Volksstamm auf dem Gebiet der heutigen Republik Makedonien. In der Antike war die Region bekannt für ihren Reichtum an Erzen. Um 335 v. Chr. unterwarf ↗ Makedonien Dardania, doch schon 284 vereinten sich die D. unter einem König zum Kampf gegen die Makedonen, die sie 229 auch besiegen konnten. In den röm. Einflussbereich gelangten die D. im 1. Jh.; 29/28 v. Chr. wurde das Land von Crassus besetzt. Dardania wurde Teil der Provinz Moesia Superior (↗ Mösien), D. dienten in röm. Hilfstruppen (↗ Auxilia). Unter Diokletian wurde das Territorium der D. eine eigene Provinz mit Scupi (heute Skopje) als Hauptstadt und urbanem Zentrum des Landes.

Dardanos, in der Mythologie Sohn des Zeus und der Elektra, Gründer der Stadt Dardania, schließlich Erbe des gesamten Reiches seines Schwiegervaters ↗ Teukros (1). Er gilt als Stammvater der trojan. Könige.

Dareikos, griech. Bezeichnung einer nach dem Perserkönig Dareios I. bezeichneten pers. Goldmünze. Der seit 515 v. Chr. geprägte D. wog gut 8 g und war bis zur Einführung des sog. Philippeios durch die Makedonen um 345 v. Chr. die dominierende Goldwährung im Mittelmeerraum. Das Münzbild des D. symbolisierte den bogenschießenden oder den mit Lanze und Dolch bewaffneten Perserkönig.

Dareios I., pers. Großkönig, 522–486 v. Chr., aus einer Nebenlinie der Achämeniden, beseitigte 522 den Usurpator Gaumata und schlug einen Aufstand in Babylonien nieder. Nachdem er seine Macht gefestigt hatte, unterzog er das Reich einer umfassenden Verwaltungsreform und gliederte es in 20 Satrapien. Darüber hinaus führte er ein stabiles Münzsystem ein und erschloss das Land durch den Ausbau eines funktionsfähigen Straßennetzes. 513 unternahm er einen groß angelegten Feldzug gegen die Skythen in der südruss. Ebene, musste sich aber nach anfängl. Erfolgen wieder zurückziehen. Zum ersten größeren Zusammenstoß mit den Griechen kam es im Zuge des Jon. Aufstands (500–494; Perserkriege), den D. erfolgreich niederschlagen konnte. Die Unterstützung der Aufständ. durch Athen und Eretria nahm er zum Anlass, 490 eine Strafaktion gegen die beiden Städte zu befehlen, die jedoch in der Schlacht bei Marathon scheiterte. Er ordnete neue Rüstungen an und plante, einen großangelegten Eroberungsfeldzug gegen das griech. Mutterland zu unternehmen, starb jedoch 486, noch bevor er seine Pläne verwirklichen konnte. Nachfolger wurde sein Sohn Xerxes. D. war nach dem Reichsgründer Kyros der bedeutendste Perserkönig, unter dem das Reich seine größte Ausdehnung erlangte. Er galt als klug, besonnen und tolerant gegenüber den unterworfenen Völkern.

Dareios II., pers. Großkönig, 424–404 v. Chr., Sohn Artaxerxes I., griff in der Endphase des Peloponnes. Krieges (431–404 v. Chr.) auf der Seite Spartas in den Konflikt ein und war maßgeblich an der Niederlage Athens beteiligt.

Dareios III., letzter pers. Großkönig, 336–330 v. Chr., aus dem Hause der Achämeniden, unterlag trotz umfassend organisierter Gegenwehr 334–331 dem Angriff Alexanders d.Gr. und wurde 330 auf der Flucht östl. von Ekbatana von seinem aufständ. Satrapen Bessos ermordet.

Dares Phrygius. Unter diesem Pseudonym sind die *Acta diurna belli Troiani* überliefert, ein lat. Trojaroman aus dem 5. (?) Jh. n. Chr., der wahrscheinlich auf ein verlorenes griech. Original zurückgeht. Die traditionelle, bes. homer. Sagenfassung wird geändert, entheroisiert und rationalisiert. So wird z. B. der Zorn des Achill mit seiner Liebe zur Priamostochter Polyxena in Verbindung gebracht. Die Schrift stellt als angebl. Augenzeugenbericht von trojan. Seite einen Gegenentwurf zur *Ephemeris belli Troiani* des Dictys Cretensis dar. Beide Autoren haben die Rezeption des Trojastoffes in MA und früher Neuzeit maßgeblich geprägt. **Lit.:** A. Beschorner, Untersuchungen zu D. Ph. (1992).

Darlehen. Die ältesten D.s-Verträge gehen in das 3. Jt. zurück und stammen aus Mesopotamien; Gegenstand des D.s konnte dabei Silber, aber auch Getreide sein; 20–30 % Zins waren keine Seltenheit. Das archaische Griechenland kannte bes. Natural-D., doch führte die Schuldkrise der agrar. Gesellschaft Attikas 600 v. Chr. zu großen sozialen Unruhen, Schuldsteine (gr. *horoi*) auf den Feldern kennzeichneten die Belastung der Bauern. Verarmung, Verlust des Landes und Schuldsklaverei waren die Folge; erst der als Schlichter eingesetzte ⟋ Solon hob zur Lösung des Konflikts

Dareios und seine Ratgeber (Volutenkrater des 4. Jh. v. Chr.)

alle Schulden auf und verbot den Zugriff auf die Person des Schuldners. Gefördert wurde das D.s-Geschäft durch das Aufkommen des Münzwesens sowie durch den zunehmenden See- und Fernhandel, der Kapital zum Einkauf von Waren benötigte. D. konnten von Privatleuten, Banken, Stiftungen, Tempeln oder Städten gegen Schuldurkunde, Sicherheitsübereignungen, Bürgen oder aber nur als mündl. Vereinbarung vergeben werden (↗ Bürgschaft). Bekannt war die Tempelkasse von Delos, die in hellenist. Zeit gegen 10 % Zinsen unbefristete D. gewährte. – Das Schuldrecht der röm. Frühzeit entsprach der Härte des frühen griech. Rechts: Zahlungsunfähige Schuldner konnten von ihren Gläubigern als Sklaven verkauft oder aber getötet werden; dieses Zugriffsrecht beschränkte erst die *lex Poetelia* (etwa 326 v. Chr.). Wucherzinsen verhinderte bereits das Zwölftafelgesetz. Vor allem in der späten Republik finanzierten Politiker mit D. ihre polit. Karrieren, die Einnahmemöglichkeiten im Rahmen einer Promagistratur (↗ *cursus honorum*) ermöglichten oft erst die Rückzahlung der Schulden. Immer wieder wurde versucht, den Existenzverlust der Schuldner gesetzlich zu verhindern, etwa indem Zinsobergrenzen festgelegt wurden. Die im Vergleich zur Moderne hohen Zinssätze orientierten sich am Risiko der D.s-Vergabe. **Lit.:** M. I. Finley, Die antike Wirtschaft (³1993). – R. Duncan-Jones, Money and Government in the Roman Empire (1994).

Daunia, Landschaft im nördl. ↗ Apulien, zwischen den Flüssen Aufidus (im S) und Fertor (im N). Die Romanisierung der Region begann mit dem 1. röm.-apul. Bündnis (ca. 326 v. Chr.), doch entstanden erst im 3. Jh. Städte wie Aecae, Ausculum oder Vibinum. Zwei röm. Kolonien lagen in D. (Venusia und Luceria), ebenso das Dorf ↗ Cannae, Schauplatz des karthag. Sieges über Rom. Die ländlich geprägte Region wurde durch die ↗ Via Appia, Via Trajana und Via Litoranea erschlossen.

Decebalus, letzter König der Daker, gest. 106 n. Chr. D. verstand es, das in Stämme zersplitterte Volk der Daker unter seiner Führung zu vereinen; 85/86 fielen die Daker in die röm. Provinz Moesia ein und wurden so zu einer ernsten Bedrohung für Rom. Kaiser Domitian schloss mit D. einen Friedensvertrag, in dem D. die Oberhoheit Roms anerkannte. Trotzdem ging von D. eine permanente Bedrohung aus, bis es Kaiser Trajan gelang, Dakien in zwei Feldzügen (101/02 und 105/06) zu erobern. D. beging Selbstmord, sein Reich wurde zur röm. Provinz Dacia, die sich auf Siebenbürgen, den östl. Teil des Banats und auf Oltenien erstreckte. **Lit.:** K. Strobel, Untersuchungen zu den Dakerkriegen Trajans (1984). – W. Schuller (Hg.), Siebenbürgen zur Zeit der Römer und der Völkerwanderung (1994).

Decemviri (lat., »Zehnmänner«), röm. Beamtenoder Priesterkollegien, die aus zehn Mitgliedern bestanden. Es gab (1) die *d. legibus scribundis* (»zur Aufzeichnung der Gesetze«), ein 451 v. Chr. gewähltes Kollegium zur Ausarbeitung der ↗ Zwölftafelgesetze, (2) die *d. (st) litibus iudicandis* (»zur Schlich-

tung von Streitigkeiten«), eine Gerichtsbehörde, die in republikan. Zeit in Streitigkeiten um den Status der Freiheit entschied, (3) die *d. agris dandis adsignandis* (»zur Zuweisung von Land«), außerordentl. Beamte, die für Landzuweisungen zuständig waren und (4) die *d. sacris faciundis* (»zur Durchführung von Opfern«), ein Priesterkollegium, das bes. für die Sibyllin. Bücher (↗ Sibylle) verantwortlich war.

Decius, Gaius Messius Quintus D. Valerinus, später Gaius Messius Quintus Traianus D. Augustus, röm. Kaiser September/Oktober 249 – Juni 251 n. Chr.; geb. ca. 190 bei Sirmium; 249 Statthalter der Provinzen Mösien und Pannonien, hier im Juni 249 zum Imperator ausgerufen. Nach dem Sieg über Philippus Arabs nahm D. im Sept./Okt. 249 den Kaisertitel an. Ende 249 erließ D. ein nicht zuletzt gegen die Christen gerichtetes Edikt mit der Aufforderung, den Staatsgöttern zu opfern und sich dies bescheinigen zu lassen. 250/51 führte er Krieg gegen die Goten auf dem Balkan; im Juni 251 fiel D. in der Schlacht bei Abrittus in Mösien. **Lit.:** R. Selinger, Die Religionspolitik des Kaisers D. Anatomie einer Christenverfolgung (1995). – D. Kienast, Röm. Kaisertabelle (²1996) 204 f. – DRK (1997).

Decumanus (lat.), bezeichnet bei der röm. Landvermessung (↗ Feldmesser) die senkrecht verlaufenden Linien. Der *d. maximus* bezeichnet die in Ost-West-Richtung verlaufende Hauptstraße eines röm. Lagers oder einer röm. Stadt, rechtwinklig vom ↗ *Cardo maximus* geschnitten. **Lit.:** W. Hübner, Himmel- und Erdvermessung (1992).

Decumates agri (lat.), nur bei Tacitus (Germania 29, 3) verwendete Bezeichnung für den SW Germaniens zwischen Rhein, Main und Neckar. Der Sinn dieser inhaltlich wie sprachlich problemat. Stelle bleibt unklar. Meist wird die Wendung mit »Dekumatland« wiedergegeben und das lat. *decem* in Verbindung gebracht. *Decumates agri* würde demnach soviel wie »zehntpflichtiges Land« bedeuten, also einen steuerrechtl. Status des Gebietes widerspiegeln. Doch ist die Stelle vielfach zu deuten, z. B. auch als »Zehnland«, also als Bezeichnung für eine vorhandene Flureinteilung des Gebietes. **Lit.:** A. A. Lund, in: ANRW II 33, 3 (1991) 1989 – 2222.

Decurio (lat.; pl. decuriones), in erster Linie Bezeichnung für die Mitglieder des Stadtrates (*ordo decurionum*) in den röm. Landstädten (↗ Kolonien; Municipium), vergleichbar den Senatoren in Rom. Obwohl stets mit finanziellen Lasten verbunden, war das Amt des D. ursprünglich sehr begehrt, da die D.nen großes Ansehen und zahlreiche Privilegien besaßen. Das änderte sich im 3. Jh. n. Chr., als die D.nen zunehmend unter dem wirtschaftl. Niedergang der Städte zu leiden hatten und die Ausgaben, für die sie aufkommen mussten, beständig stiegen.

Defensor (lat.), Verteidiger. Im röm. Zivilrecht bezeichnet D. nicht den Verteidiger im Sinne eines professionellen Anwalts, sondern allg. den Sachwalter des Beklagten vor Gericht, insbes. bei Abwesenheit des Beklagten (*indefensus*). Erst in der Spätantike wurde der Begriff D. ins Staatsrecht übernommen. So überwachte der D. *civitatis* Verwaltung und Richter einer Stadtgemeinde.

Defixio ↗ Fluch

Deïanira (gr. Deïaneira), die zweite Frau des Herakles, den sie aufgrund einer List des ↗ Nessos ermordet. Danach nimmt sie sich selbst das Leben. Sophokles behandelt den D.-Stoff in seinem Drama *Die Trachinierinnen*, in denen D. als um die Liebe ihres Mannes kämpfende Frau dargestellt wird.

Deïdamia (gr. Deïdameia), Tochter des myth. Königs Lykomedes von Skyros, Frau Achills, Mutter des Neoptolemos.

Deinarchos aus Korinth, griech. Redner, 361/60-290 v. Chr., ab 342 in Athen, wo er als Logograph tätig war. Im Harpalos-Prozess trat er als Gegner des Demosthenes auf (*Gegen Demosthenes, Gegen Aristogeiton, Gegen Philokles*), wurde später Anhänger des Demetrios von Phaleron. Nach dessen Sturz 307 ging D. ins Exil und durfte erst 292 zurückkehren. Von den 87 bekannten Reden waren nach Dionysios v. Halikarnassos, der D. eine Schrift widmet, 60 echt, wovon die drei oben erwähnten erhalten sind. D. versuchte vor allem Demosthenes' Stil nachzuahmen, ohne diesen jedoch zu erreichen. Trotz z. T. fahriger Komposition, schwerfälliger Syntax und übermäßigem Schimpfen gehört D. zum Kanon der zehn att. Redner. **Lit.:** I. Worthington, A Historical Commentary on Dinarchus (1992). – M. Marzi, Dinarco, in: Oratori Attici minori, vol. II (1995), 439–599.

Deino, eine der ↗ Graien.

Deinostratos (Mitte 4. Jh. v. Chr.), griech. Mathematiker. D. entwickelte eine Kurve (*quadratrix*) zur Berechnung der Quadratur des Kreises, die aber schon von antiken Mathematikern (Sporos) angezweifelt wurde. **Lit.:** O. Becker, Das mathemat. Denken der Antike (1957).

Deion, myth. Sohn der Enarete und des ↗ Äolus (2), König von Phokis, von Diomede Vater der Asterodia und des Ainetos, Aktor, Phylakos und ↗ Kephalos (1).

Deiotaros, Tetrarch der Tolistobogier, eines Stammes der Galater, ca. Ende 2. Jh.–40 v. Chr.; D. unterstützte die Römer in den Kriegen gegen Mithradates; dafür wurde er 63 von Pompeius als Tetrarch anerkannt, durfte den Königstitel führen und erhielt Gebiete am Pontos zugewiesen. Als Cicero 51 Statthalter von Kilikien war, stellte ihm D. sein Heer zur Verfügung. In der Schlacht bei Pharsalos 48 unterstützte D. Pompeius. Da er sich 47 bei Caesar dafür entschuldigte, durfte er die Königswürde behalten. Wegen eines angebl. Anschlags gegen Caesar kam es 45 zu einer Anklage gegen D. durch seinen Enkel Kastor. D. wurde von Cicero verteidigt, dem es in seiner Rede *Pro rege Deiotaro* gelang, den Vorwurf als unberechtigt zu erweisen. Nach dem Tod Caesars konnte D. das Gebiet der Trokmer und der Tektosagen erobern und gewann so die Herrschaft über ganz Galatien. Im Bürgerkrieg unterstützte D. zunächst die Caesarmörder, wechselte nach der Schlacht von Philippi 42 die Fronten und durfte sein Königtum bis zu seinem Tod 40 behalten. **Lit.:** W. Hoben, Untersuchungen zur Stellung kleinasiat. Dynasten in den Machtkämpfen der ausgehenden Republik (Diss. 1969). – H. Botermann, Die Generalabrechnung mit dem Tyrannen. Ciceros Rede für den König D., in: Gymnasium 99 (1992) 320–344.

Deiphobos, Figur der Mythologie, Trojaner, Sohn des Priamos, nach Paris' Tod Gatte Helenas. Er wird von Odysseus und Menelaos getötet. Er erscheint dem Äneas, der ihm ein Denkmal gesetzt hat, im Hades und schildert ihm seinen Tod.

Deisidaimonia (gr., »Ehrfurcht vor den Göttern«) in übertriebener Form ↗ Aberglaube oder konkrete Furcht vor den Göttern (Theophrast, *Charaktere* 16).

Dekadrachme (gr.), moderne Bezeichnung für eine griech. Silbermünze im zehnfachen Wert einer ↗ Drachme und einem Münzgewicht von etwa 43,66 g. D. gelangten wegen ihres hohen Nominalwerts kaum in den gewöhnl. Münzumlauf und wurden nur in geringer Auflage meist zu besonderen Anlässen wie militär. oder sportl. Siegen hergestellt. Bedeutende Stücke wurde in Syrakus, Athen und Akragas geprägt. **Lit.:** M. Rosenbaum-Alföldi, Antike Numismatik I-II (1978).

Dekeleia (heute Tatoi), att. Demos nördl. von Athen an der Grenze zu ↗ Böotien. Die Spartaner besetzten und befestigten 413 v. Chr. den strategisch günstig gelegenen Ort und unterbrachen damit die Getreideversorgung Athens auf dem Landweg; Athen wurde zur belagerten Stadt. Die sich anschließende letzte Phase (413–404) des ↗ Peloponnes. Krieges wird auch als »Dekeleischer Krieg« bezeichnet. **Lit.:** J. S. Traill, Demos and Trittys (1986) 137. – GLHS (1989) 180 f.

Deklamation (lat. declamatio, »Übungsreden«), Fachausdruck der röm. Redekunst für die in griech. Rednerschulen des 3. und 2. Jh. v. Chr. entstandene Form von Übungsreden für die rhetor. Ausbildung. Für die weltfernen, oft mytholog. Stoffe, die als Material dienten, wurden die D. in der Kaiserzeit häufig kritisiert. Zu unterscheiden sind jurist. Übungsreden (*controversiae*) und Deklamationen für die polit. Beratung (*suasoriae*). Tacitus (*Dialogus de oratoribus*) und der ältere Seneca bieten Beispiele. **Lit.:** S. E. Bonner, Roman Declamation (1949). – D. A. Russel, Greek Declamation (1983).

Delia (gr. Delia), Beiname der ↗ Artemis nach ihrem Geburtsort, der Insel Delos.

Deliades ↗ Alkimenes

Delios (lat. Delius), Beiname des Apollon nach seinem Geburtsort, der Insel Delos.

Delos, Insel des Kykladen mit berühmtem Apollonheiligtum. Die nur 3,5 km² große, heute baumlose Insel war seit dem 3. Jt. besiedelt. Wohl zu Beginn des 1. Jt. wurde Apollon zum Hauptgott der von Joniern bewohnten Insel. Nach der Mythologie wurden ↗ Apollon und ↗ Artemis, die ebenfalls auf der Insel verehrt wurde, von Leto auf D. geboren. Im 8. Jh. v. Chr. entstanden die ersten größeren Tempelbauten auf der Insel; Naxos und andere Kykladeninseln stifteten diese

Bauten. Unter dem Tyrannen Peisistratos (2. Hälfte 6. Jh. v. Chr.) begann die athen. Einflussnahme auf D.; die Bundeskasse des 1. Att. Seebundes bekam 477 auf D. ihren Sitz, bis sie 454 nach Athen verlegt wurde. Insel und Heiligtum gerieten unter athen. Verwaltung. In das Jahr 477 fällt wohl auch der Baubeginn am neuen Apollon-Tempel, der erst im 3. Jh. fertiggestellt wurde. 426/25 erfolgte eine weitere ›Reinigung‹ der Insel von Gräbern, ein Bestattungsverbot wurde von Athen erlassen, und die alle fünf Jahre stattfindenden Del.-Spiele wurden gestiftet. 422 wurden alle Bewohner von der Insel vertrieben, doch schon im folgenden Jahr durften sie wieder zurückkehren. Die Episode verdeutlicht die Abhängikeit der Insel und ihrer Bewohner von Athen sowie die religiöse Bedeutung von D.; erst 314 endete die Herrschaft Athens. Das unabhängige Delos wurde Zentrum des »Nesiotenbundes« (ein Bund der Inselgriechen) und erlebte eine große Blüte. Stiftungen zahlloser Wohltäter steigerten den Reichtum von Tempel und Insel, reiches Inschriftenmaterial illustriert diese Epoche. Mitte des 3. Jh. n. Chr. begann D. sich mit dem Zuzug zahlreicher Römer zu verändern; auf Druck Roms und als Gegengewicht zur See- und Handelsmacht Rhodos wurde D. 166 zum Freihafen erklärt, die Bewohner erneut vertrieben und die Insel Athen unterstellt. D. wurde zur Kaufmannsinsel und prächtig ausgestaltet; der berühmte Sklavenmarkt von D. war mit einem Tagesumsatz von oft 10.000 Sklaven der größte seiner Art in Griechenland. Mit der Zerstörung Korinths 146 stieg die Bedeutung von D. als Handelszentrum weiter, die Bevölkerungszahl der kleinen Insel stieg auf ca. 25.000 Einwohner. Der Überfall des Jahres 88 durch Mithradates VI. von Pontos bereitete dem Reichtum der Insel ein abruptes Ende; dabei sollen 20.000 Bewohner ermordet worden sein, die Überlebenden wurden in die Sklaverei verkauft. 87 konnten die Römer unter Sulla D. zwar zurückgewinnen, doch verwüstete 69 v. Chr. Mithradates die Insel erneut. Zwar wurde die Stadt wieder aufgebaut und durch eine Mauer gesichert, doch geriet D. durch die neuen Handelswege in der röm. Kaiserzeit ins Abseits. Die Bewohner verließen die Insel, zur Zeit des Pausanias (um 170 n. Chr.) lebten auf D. nur Tempelwächter. – Umfangreiche Ausgrabungen auf D. legten eine umfangreiche Stadtanlage frei. Das Zentrum der Stadt bildeten die drei neben dem Hafen gelegenen Apollon-Tempel: der sog. Porostempel aus dem 6. Jh., der Peripteraltempel des 5.–3. Jh. sowie der 425–417 von den Athenern erichtete Tempel aus pentel. Marmor. Benachbart finden sich die Reste des hellenist. Artemistempels, Schatzhäuser und die Agora der Italiker; die berühmte Löwenterrasse sowie der Letotempel liegen nördl., im S der Stadt befinden sich eine zweite Agora, Privathäuser, das Theater der Stadt und weitere Heiligtümer. Die Ausgrabungen können in Tagesausflügen vom benachbarten Mykonos aus besucht werden. **Lit.:** Ph. Bruneau/J. Ducat, Guide de Délos (1966). – GLHS (1989) 181–185. – ASM (1999).

Delphi (gr. Delphoi), griech. Stadt in der Landschaft Phokis in der Nähe des Golfs von Korinth und

Delphi, Schatzhaus der Athener

Stätte des berühmten Apollon-Orakels. D. erhebt sich auf einer Hochterrasse am Südhang des ↗ Parnass über einer tiefen Schlucht und unterhalb zweier fast senkrecht emporragender, mächtiger Felswände, der sog. Phaidriaden. Bereits in myken. Zeit (14.–12. Jh. v. Chr.) existierte hier ein kleinere Ansiedlung. Nach deren Zerstörung wurde wohl erst im 8. Jh. v. Chr. an dieser Stelle eine neue Stadt gegründet. Eine »Heilige Straße« führte zu dem weiter oberhalb gelegenen Heiligtum des Apollon. Dort verkündete die Seherin Pythia den Willen des Gottes durch das ↗ Orakel (vielmehr deuteten Priester ihre in Trance gestammelten Worte). Bis zum 7. und 6. Jh. war das delph. Orakel zu großer Berühmtheit gelangt. 590 v. Chr. schlossen sich zwölf griech. Städte zu einer Amphiktyonie (einer Vereinigung zum Schutz des Orakels) zusammen, welche auch seit 582 v. Chr. die Pyth. Spiele (zunächst mus., später auch athlet. Wettbewerb) veranstaltete. 480 v. Chr. wurde D. erfolglos von den Persern angegriffen. 448 wurde es erstmals von den Phokern erobert, die wiederum von den Athenern und Spartanern vertrieben wurden, die Stadt 356 v. Chr. aber erneut einnahmen. Seit 191 v. Chr., als D. unter röm. Herrschaft kam, verlor das Orakel an Bedeutung. Die »Heilige Straße« war gesäumt von zahlreichen Statuen, die siegreiche Athleten gestiftet und aufgestellt hatten, sowie von den Schatzhäusern, die die griech. Städte zur Unterbringung der wertvollen Weihegeschenke hatten errichten lassen. Das Schatzhaus der Athener aus dem 5. Jh. ist inzwischen wieder aufgebaut worden. Daneben befand sich das Buleuterion und der sog. Fels der Sibylle. Das Heiligtum wurde immer wieder geplündert; zahlreiche Statuen aus der Stadt verschleppt (u. a. nach Rom und Konstantinopel). Der Apollon-Tempel aus archaischer Zeit brannte 548/47 v. Chr. ab und wurde von den Alkmaioniden – einem Athener Adelsgeschlecht – wieder aufgebaut.

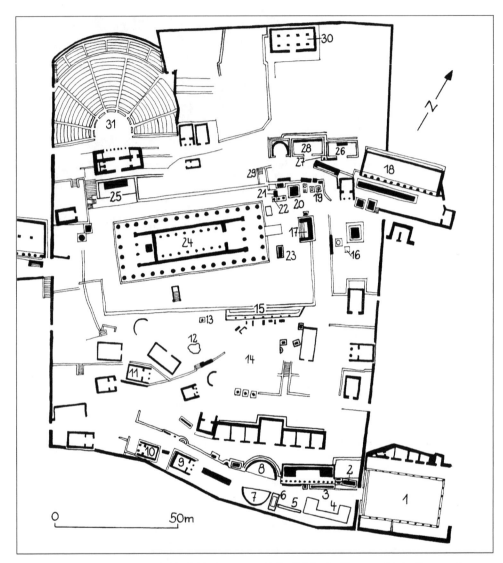

1 Eingang und römische
  Agora
2 Stier von Kerkyra
3 Weihung der Arkader
4 Nauarchenmonument
  der Spartaner
5 Marathonweihgeschenk
  der Athener
6 Trojanisches Pferd der
  Argiver
7 Sieben gegen Theben
  und Epigonen, Weih-
  geschenk der Argiver

8 Mythische Könige von
  Argos
9 Schatzhaus von Sikyon
10 Schatzhaus von
   Siphnos
11 Schatzhaus und
   Marathonweihung der
   Athener
12 Fels der Sibylle
13 Sphinx von Naxos
14 Tenne
15 Halle der Athener
   und Stützmauer des
   Apollontempels

16 Dreifuß für den Sieg
   von Platää
17 Apollonaltar von Chios
18 Halle des Attalos I.
19 Dreifüße des Hieron
   und Gelon von Syrakus
20 Apollon Sitalkes
21 Ehrenpfeiler des
   Prusias
22 Bronzepalme für den
   Sieg am Eurymedon
23 Ehrenpfeiler für Per-
   seus bzw. Aemilius
   Paullus (?)

24 Apollontempel
25 Weihgeschenk des
   Krateros
26 Heiligtum des
   Neoptolemos
27 Akantussäule
28 Weihgeschenk des
   Daochos
29 Quelle Kassotis (?)
30 Lesche der Knidier
31 Theater

Lageplan von Delphi

Dieser Bau wurde 373 durch ein Erdbeben zerstört und bis 330 noch einmal aufgebaut und prächtig ausgestattet. Im Inneren dieses Tempels befand sich der delph. ⏶ Omphalos, der »Nabel der Welt«, ein riesiger Marmorblock, der den Mittelpunkt der Welt darstellen sollte. In D. sind aber noch zahlreiche andere Gebäude, Kultbauten, Hallen und ein Theater ausgegraben worden. Unter den Versammlungshallen ist die sog. Lesche der Knidier erwähnenswert, ein Bau aus dem mittleren 5. Jh. v. Chr., der bes. wegen seiner von Polygnotos angefertigten Wandmalereien große Berühmtheit erreichte. Im NW liegt – das gesamte Heiligtum überblickend – das Theater aus dem 4. Jh. v. Chr., das etwa 5.000 Zuschauern Platz bot. Etwas weiter oberhalb des Heiligen Bezirks befindet sich das Stadion. Es stammt aus dem 5. Jh. v. Chr., fasste 7.000 Zuschauer und bildet mit etwa 175 m Länge ein »pyth. Stadion«. Etwas entfernt liegen unterhalb des Heiligen Bezirks das Gymnasion mit einer Halle und einer Laufbahn sowie in röm. Zeit hinzugekommene Thermen. Folgt man dieser Terrasse noch etwas weiter, so stößt man auf die sog. Marmaria, einen Kultbezirk, der der Athena Pronaia (»vor dem Tempel«) geweiht war. **Lit.:** M. Maaß, Das antike D. (1993). – ASM (1999).

Delphin (gr. delphis, lat. delphinus). Den Griechen galt der D. als »König der Wassertiere«; man rühmte seine Schnelligkeit, Klugheit und Menschenfreundlichkeit (Errettung Schiffbrüchiger) und glaubte, die D.e seien von Dionysos verwandelte Menschen. Der D. war den Griechen heilig, galt als Begleiter Poseidons und wurde von vielen Städten (z. B. Messina, Gades, Tarent) im Wahrzeichen geführt (und deshalb auf Münzen abgebildet). Thrakern und Römern diente der D. jedoch auch als Lebensmittel, z. B. für Würste. Die Beliebtheit des D.s spiegelt sich wider in zahllosen bildl. Darstellungen sowie in seiner Präsenz in der antiken Literatur und Mythologie. Im Circus Maximus in Rom dienten sieben D.e als Symbole der Schnelligkeit auf der sog. *spina* als Rundenzähler. **Lit.:** M. Rabinovitch, Der D. in Sage und Mythos der Griechen (1947).

Delphyne, drachenartiges Ungeheuer, halb Schlange und halb Frau, Wächterin einer Höhle in Kilikien, wo ⏶ Typhon die von ihm im Kampf herausgeschnittenen Sehnen des Zeus aufbewahrt. Sie wird von ⏶ Apollon getötet.

Demades, att. Redner und Politiker, ca. 380-319 v. Chr. Aus einfachen Verhältnissen stammend, war D. zunächst Anhänger des Demosthenes. Nach der Niederlage in Chaironeia 338 vermittelte er einen für Athen günstigen Frieden und wechselte ins promakedon. Lager. In den Harpalos-Prozess verwickelt, wurde er wohl verbannt. Nach seiner Rückkehr und der Niederlage der Aufständischen 322 stellte D. den Antrag zur Verurteilung von Demosthenes und Hypereides. 319 wurde er von Kassander wegen Verrats hingerichtet. D. galt im Gegensatz zu Demosthenes als Naturtalent und war für seine improvisierten und witzigen Formulierungen und Aussprüche (*demadeia*) bekannt. Seine Rede *Über die zwölf Jahre*, die eine

Verteidigung von D.' Politik nach Chaironeia bis zu seiner Verurteilung ist und von der nur Fragmente erhalten sind, gilt als Pseudepigraphon. **Lit.:** V. de Falco, Demade Oratore (²1954). – M. Marzi, Demade, in: Oratori Attici minori, vol. II (1995) 601–689.

Demagoge (gr., »Volksführer«). In der athen. Demokratie wurden die Meinungsführer, bes. in der Volksversammlung, als D.n bezeichnet. Was für Perikles noch ein Ehrentitel war, wurde unter Kleon in der Phase der Radikalisierung der athen. Demokratie und der verschärften Kriegsführung im Peloponnes. Krieg von dessen Kritikern abwertend im Sinne eines »Volksverführers« verwendet.

Demarat (gr. Demaratos oder Damaratos), König von Sparta von ca. 510–491 v. Chr., Mitkönig des Kleomenes I.; 506 scheiterte ein Angriff der Peloponnesier auf Athen wegen Meinungsverschiedenheiten zwischen den beiden Königen, die seitdem verfeindet waren. 491 erreichte Kleomenes, dass D. wegen angeblich illegitimer Geburt abgesetzt wurde. D. ging an den pers. Hof und nahm 480 unter Xerxes an dem Feldzug der Perser gegen Griechenland teil. **Lit.:** J.F. Lazenby, The Defence of Greece 490–479 B.C. (1993).

Demensuratio provinciarum, anonymes spätantikes Werk, das – wie die ⏶ Divisio orbis terrarum – ein summar. Verzeichnis der Provinzen und ihrer Ausdehnung (wohl nach dem geograph. Werk des ⏶ Agrippa) bietet. **Lit.:** K. Brodersen, Plinius d.Ä. VI (1996) 332–341 [lat., dt., Erläuterungen].

Demeter (gr. Demeter), Göttin der Fruchtbarkeit, bes. des Getreides, und des Ackerbaus (in Rom mit Ceres gleichgesetzt), olymp. Göttin und Göttin der ⏶ Eleusin. Mysterien. D. zeugt mit ihrem Bruder Zeus Persephone, die von Hades entführt wird. Auf der Suche nach ihrer Tochter irrt sie verzweifelt neun Tage und neun Nächte rastlos umher. Als sie am 10. Tag von Helios, dem Gott, der stets alles sieht, die Wahrheit erfährt, kehrt sie nicht mehr auf den Olymp zurück, sondern geht nach Eleusis. Zur Strafe schlägt sie die Erde mit Unfruchtbarkeit, bis Zeus als Kompromisslösung anbietet, Persephone dürfe den einen Teil des Jahres bei ihrer Mutter auf dem Olymp verbringen, den anderen Teil müsse sie bei Hades in der Unterwelt verbleiben (womit der Wechsel der Jahreszeiten, des fruchtbaren Sommers und unfruchtbaren Winters erklärt wird). Ihren Sohn Triptolemos schickt D. in die Welt aus, den Menschen das Getreide zu bringen und sie den Ackerbau zu lehren. **Lit.:** W. Burkert, Griech. Religion (1977) 247 ff.

Demetrios von Phaleron, athen. Staatsmann und Schriftsteller, Schüler Theophrasts, ca. 360–280 v. Chr., 317 von Kassander zum Statthalter (Epimeletes) Athens ernannt. Als Demetrios Poliorketes Athen 307 einnahm, wurde D. vertrieben, ging zuerst nach Theben und später nach Ägypten, wo er zum Ratgeber Ptolemaios' I. wurde. Von seiner vielfältigen Produktion sind nur wenige Fragmente erhalten geblieben. D. verfasste zahlreiche historisch-polit. Werke. Daneben ist er als Sammler und Herausgeber von Äsopfabeln und von Sprüchen der Sieben Weisen bekannt. Der unter seinem Namen laufende Traktat *Libellus de elocutione* (*Peri hermeneias*) stammt nach allg. Auffassung nicht von ihm. **Lit.:** F. Wehrli, in: GGP 111 (1983) 559-566.

Demetrios Poliorketes (gr., »der Städtebelagerer«), Sohn des Antigonos I. Monophthalmos, ca. 336–283 v. Chr. Nachdem das asiat. Reich seines Vaters durch Seleukos I. große Gebietsverluste erlitten hatte, versuchte D. in Griechenland Fuß zu fassen. 307 besetzte er Athen und vertrieb Demetrios von Phaleron, der 317–307 im Auftrag des Kassander die Regierungsgeschäfte in Athen geführt hatte. 306 konnte D. einen Sieg über Ptolemaios I. erringen, 305/04 belagerte er Rhodos, allerdings ohne Erfolg. Die lange Belagerung brachte ihm seinen Beinamen Poliorketes ein. Für seinen Kampf gegen Kassander erneuerte er 303/02 den Korinth. Bund. Nach der verlorenen Schlacht bei Ipsos 301, in der sein Vater ums Leben kam, konnte sich D. retten und nach Griechenland übersetzen. Nach dem Tod des Kassander 298/97 plante D. einen Angriff auf Makedonien. 295/94 eroberte er zunächst wieder Athen. Als ihn Alexandros, der Sohn des Kassander, gegen seinen Bruder Antipater zu Hilfe rief, ermordete D. den Alexandros, vertrieb Antipater und wurde so König von Makedonien (294–287). 287 von Lysimachos, Seleukos, Ptolemaios und Pyrrhos vertrieben, ergab sich D. 286 dem Seleukos. 283 starb er in Gefangenschaft in Apameia. **Lit.:** H. Bengtson, Herrschergestalten des Hellenismus (1975) 63–90.

Demiurg (gr. demiurgos, »öffentl. Arbeiter«). In den Epen Homers werden Bürger mit den unterschiedlichsten Berufen als D.en bezeichnet, z.B. Töpfer, Steinmetze, Fischer, aber auch Ärzte, Künstler u.a. – In späterer Zeit wurde der Begriff auch für höhere Beamte verwendet, so z.B. in vielen Staaten des griech. Festlandes und in röm. Zeit auch in zahlreichen Städten Kleinasiens. – In der Philosophie Platons ist der D. der Gott, der wie ein Künstler oder Handwerker aus vorhandenem Material die Welt erschafft. **Lit.:** K. Murakawa, D.os, in: Historia 6 (1957) 385–415.

Demochares, athen. Staatsmann, Redner und Historiker, Neffe des Demosthenes, ca. 350–271 v. Chr.; D. gelangte nach dem Tode des Demetrios von Phaleron, der 317–307 im Auftrage des Kassander die Regierungsgeschäfte in Athen geführt hatte, zu polit. Bedeutung. Im Krieg gegen Kassander (307–304) ließ er die Stadt befestigen und schloss ein Bündnis mit den Böotern. 303 wurde D. verbannt, da er Kritik am Kult des Demetrios Poliorketes geübt hatte; ca. 15 Jahre später kehrte er zurück. 280 erwirkte D. die Aufstellung einer Statue für seinen 322 verstorbenen Onkel Demosthenes. – Von seinem Werk zur Zeitgeschichte in 21 Büchern sind nur wenige Fragmente erhalten. Ihnen lässt sich jedoch noch soviel entnehmen, dass D. als überzeugter Demokrat äußerst negativ über Demetrios von Phaleron urteilte. **Lit.:** R.A. Billows, Antigonus the One-Eyed and the Creation of the Hellenistic State (1990) 337–339.

Demographie ↗ Bevölkerungsgeschichte

Demokedes aus Kroton (um 500 v. Chr.), bedeutender griech. Arzt. Herodot schildert in den *Historien* (3. Buch) den wechselhaften Lebenslauf des D.: Der aus Kroton in Unteritalien stammende D. ging als gut bezahlter Gemeindearzt nach Ägina, wechselte für ein höheres Gehalt nach Athen und von dort nach Samos an den Hof des Polykrates, geriet nach dessen Ermordung als Sklave nach Susa, erwarb sich durch seine überlegenen medizin. Fähigkeiten das Wohlwollen des Perserkönigs, gab seinen Reichtum in Persien aber auf und floh in seine Heimatstadt. Seine Tätigkeit als aus öffentl. Mitteln hochbezahlter Arzt erlaubt Einblicke in die Einbindung der Medizin in das öffentl. Leben einer Polis.

Demokratie ↗ Boule, Staatsformen, Staatstheorie, Volksversammlung

Demokrit (gr. Demokritos) aus Abdera, ca. 460–370 v. Chr., griech. Philosoph, Hauptvertreter der sog. ↗ Atomistik. Nach D. wird unsere Erscheinungswelt durch sinnl. Eindrücke (gr. *eidola*) bestimmt, die wiederum unser Denken steuern. Das Denken ist dabei eine Form der Materie, die auf Atomen basiert. D. erklärte so den Zusammenhang zwischen sinnlicher Wahrnehmung und Rationalität: Alles Sein sei lediglich eine Umgruppierung der unendl., aber unveränderl. Menge an Atomen. **Lit.:** T. Cole, Democritus and the Sources of Greek Anthropology (1967). – GGGA (1999).

Demophon (gr. Demophon), myth. Sohn des Theseus und der Phädra, Bruder des Akamas, Gatte oder Schwager der Phyllis. Er kämpft im ↗ Trojan. Krieg und bringt das ↗ Palladion aus Troja mit nach Athen.

Demos (gr., »Volk«). D. bezeichnet die Gesamtheit der Bürgerschaft (oder aber der Bewohner) eines Staates oder genauer die in einer ↗ Volksversammlung zusammengekommene Bürgerschaft. Daher bezeichnet D. oft auch das Staatsvolk als polit. Größe, in Abgrenzungen zu anderen polit. Einheiten eines griech. Staates, und schließlich das Gebiet jenes Staates. – In Athen diente der Begriff D. auch zur Gliederung der Bürgerschaft in kleinere, topographisch definierte Einheiten, die Demen (gr. *demoi*). Durch die von ↗ Kleisthenes 508/07 durchgeführte Phylenreform bestand Attika aus 139 Demen, die in zehn ↗ Phylen organisiert waren. Jede Phyle bestand wiederum aus drei ↗ Trittyen, Verwaltungsgemeinden der Regionen Stadt, Küste und Binnenland. **Lit.:** J.S. Traill, D. and Trittys (1986).

Demosthenes (gr. Demosthenes), athen. Redner und Politiker, 384/83-322 v. Chr., Sohn eines Waffenfabrikanten und Schüler des Isaios. D. verlor früh den Vater, seine Vormünder veruntreuten das Erbe, das nach mehreren Anklagereden 364/63 und der Verurteilung eines Vormundes nur z.T. zurückerhielt. D. wirkte dann als Anwalt und Logograph. 355 begann er seine polit. Karriere mit drei Prozessreden (*Gegen Androtion, Gegen Leptines*, 353 *Gegen Timokrates*) und einer Staatsrede *Über die Symmorien*, in der er angesichts der athen. Schwäche vor einem Krieg gegen

Demosthenes

Persien warnte. 352 trat er in den Reden *Für die Mega-lopoliten* und *Für die Freiheit der Rhodier* für eine aktive Außenpolitik ein. 351 nahm D. erstmals Philipp II. von Makedonien, mit dem Athen in Nordgriechenland in Konflikt geraten war, ins Visier: In der *1. Philippi-schen Rede* plädierte er für die aktive Eindämmung Philipps und die militär. Aufrüstung Athens; in den drei *Olynthischen Reden* trat er 349/48 vergeblich für die von Philipp belagerte Stadt ein. 346 war D. Unterhändler und zunächst Befürworter des Philokratesfriedens mit Philipp (*Über den Frieden*), von dem er sich aber in der Folge distanzierte. 344 griff D. in der *2. Philippischen Rede* den Makedonenkönig erneut an. In *Über die Truggesandtschaft* 343 klagte er Aischines, der ebenfalls Unterhändler beim Philokratesfrieden gewesen war, erfolglos an. Leidenschaftlich wandte er sich 341 in der *3. Philippischen Rede* gegen Philipp und warb für den Zusammenschluss aller Griechen; in der *4. Philippischen Rede* äußerte er die Hoffnung auf ein Zusammengehen mit Persien. Das

von D. gegen Philipp geschmiedete Bündnis unterlag 338 bei Chaironeia. Sein *Epitaphios* auf die gefallenen Athener ist wohl echt. Auf Antrag des Ktesiphon 336 feierlich für seine Verdienste um das Vaterland bekränzt, verteidigte er 330 in der *Rede vom Kranz* Ktesiphon und seine Politik gegen Aischines' Anklage und errang einen überwältigenden Sieg. In den Skandal um Alexanders geflohenen Schatzmeister Harpalos involviert, entzog er sich 323 der Strafe durch Flucht, kehrte aber nach Alexanders Tod nach Athen zurück und stellte sich an die Spitze der Aufständischen. Nach der Niederlage bei Krannon 322 musste er fliehen und nahm sich im Poseidontempel auf Kalauria das Leben. – Das Corpus umfasst 61 Reden, von denen ein Teil unecht ist, die übrigen wohl überarbeitete Fassungen der gehaltenen Reden sind: 1–17 sind Staatsreden (Demegorien), 18–26 Gerichtsreden für polit., 27–59 für private Prozesse, 60 und 61 Epideixeis; dazu kommen 56 Proömien und 6 wohl unechte apologet. Briefe. Neben dem eingehenden Studium der Rhetorik übte sich D. in Mimik und Stimmführung. Zunächst von Isokrates beeinflusst, entwickelte er nach 355 seinen eigenen Stil, welcher sich durch freiere Wortwahl (aus Poesie und Alltagssprache), Vorliebe für abstrakte substantiv. Diktion (wie sein Vorbild Thukydides), reichl. Gebrauch von Metaphern, freie Wortstellung, meistens Hiatmeidung, maßvolle Verwendung von Klang- und Sinnfiguren und Vielfalt von Wort- und Gedankenfiguren auszeichnet, wobei die Gerichts- eine einfachere Struktur als die Staatsreden aufweisen. Seit der Antike als Freiheitskämpfer verehrt, wurde D. seit der Entdeckung der Hellenismus auch als kurzsichtiger Politiker kritisiert; doch galt er seit jeher als Modell für die polit. Rhetorik (bes. bei Cicero und Dionysios von Halikarnassos), ja schlechthin als ›der Redner‹. **Lit.:** L. Pearson, The Art of D. (1976). – I. Worthington (Hg.), D. Statesman and Orator (2000). – G. A. Lehmann, D. von Athen (2004).

Denar (lat. denarius), röm. Standardsilbermünze. Mit dem Zusammenbruch des alten Münzsystems im 2. ↗ Pun. Krieg führte Rom zwischen 214 und 211 v. Chr. den D. als neue Hauptmünze ein. Teilstücke bildeten den Quinarius (0,5 D.) und der Sestercius (0,25 D.); der D. entsprach 10 (später 16) ↗ As. Ursprünglich betrug das Münzgewicht 4,55 g Silber, verschlechterte sich aber rasch auf etwa 3,8 g. Mit der größeren Verbreitung des ↗ Aureus in der frühen Prinzipatszeit verlor der D. als Leitmünze an Bedeutung; es kam zu zahlreichen Münzverschlechterungen, bis 215 n. Chr. in der Münzreform Caracallas der D. als Standardmünze durch den ↗ Antoninianus (der dem Wert zweier D.e entsprach) abgelöst wurde. **Lit.:** M. H. Crawford, Coinage and Money under the Roman Republic (1985). – A. Burnett, Coinage in the Roman World (1987).

Destillation. Wichtigste Quelle zur antiken D. sind die Schriften des Zosimos aus Panopolis (um 300 n. Chr.), der sich auf eine Alchemistin des 1. Jh. n. Chr. beruft. Die von ihm beschriebenen einfachen Destillierapparate waren aber nur für bestimmte Flüssigkeiten verwendbar. Hochprozentiger Alkohol, der ja nur durch D. gewonnen werden kann, war in der Antike unbekannt; ⟋ Alkoholismus.

Deukalion, (gr. Deukalion), myth. Sohn des Prometheus. Er überlebt zusammen mit seiner Frau Pyrrha als einziger Mensch eine von Zeus als Bestrafung für den menschl. Ungehorsam gesandte Sintflut. D. und Pyrrha verstehen das Gebot des Orakels, die »Gebeine der Mutter« hinter sich zu werfen, richtig und werfen Steine über ihre Schultern, aus denen ein neues Menschengeschlecht entsteht: aus D.s Steinen werden Männer, aus Pyrrhas Frauen.

Deus ex machina, die schon in der Antike sprichwörtlich gewordene Göttererscheinung im Drama. An einem Kran schwebend, gibt eine Gottheit der Handlung neue Impulse oder kann die zu weit vom durch den ⟋ Mythos vorgeschriebenen Ende entfernte Bühnenhandlung (oft gewaltsam) zum vorgegebenen Schluss bringen. Vor allem bei ⟋ Euripides finden sich zahlreiche Szenen dieser Art, die oft – wie im *Orest* – eine krit. Intention haben.

Devotio, in Rom ein zu Kriegszeiten dargebrachtes Opfer für die Unterweltsgötter. Der röm. Feldherr weihte, mit einer Toga praetexta bekleidet, sich selbst und die feindl. Armee den Unterirdischen, indem er sich nach einem Gebet rituell unter die Feinde in den Tod stürzte. **Lit.:** K. Latte, Röm. Religionsgeschichte (1960) 125 f.

Dezimierung ⟋ Disciplina militaris

Diadem (gr.), ein im antiken Griechenland ursprünglich um den Kopf gelegtes Band, das Frauen wie Männern als Haarschmuck diente. Jünglinge und Männer trugen es auch als Siegerbinde, ferner galt es in verschiedenen Bereichen als ein Zeichen der Würde, und fast immer hatte das D. einen religiösen Charakter. So trugen es nicht nur die Priester, sondern auch den Toten wurde es bei der Bestattung beigegeben. Darüber hinaus galt das D. als Zeichen der Herrschaftswürde, Alexander d.Gr. übernahm es von den Perserkönigen. In Rom dagegen galt es als Symbol absoluter Herrschaft und wurde bis zur Zeit des Kaisers Diokletian nicht getragen, erst Konstantin übernahm es als Bestandteil des offiziellen Kaiserornats.

Diadochen (gr., »Nachfolger«), Sammelbegriff für die Feldherren Alexanders d.Gr., die nach seinem Tod 323 v. Chr. sein Reich untereinander aufteilten. Antipater erhielt Makedonien und Griechenland, Lysimachos Thrakien und Pontos, Antigonos Phrygien, Lykien und Pamphylien, Seleukos Babylonien und Syrien. Aus den Machtkämpfen der D. gingen die hellenist. Reiche der Seleukiden, Ptolemäer, Attaliden und Antigoniden hervor. **Lit.:** J. Seibert, Das Zeitalter der D. (1983).

Diäten, Tagegelder, die in Athen für die Ausübung staatl. Funktionen gezahlt wurden und damit in der Praxis die polit. Partizipation ärmerer Bürgerschichten ermöglichten. D. erhielten seit Mitte des 5. Jh. die Mitglieder der ⟋ Boule und der Volksgerichte, später wurde auch die Teilnahme an der ⟋ Volksversammlung sowie an größeren Festen und Theateraufführungen entsprechend honoriert. Die Zahlungen entsprachen etwa dem Einkommen eines Tagelöhners und wurden unabhängig von den sonstigen Vermögensverhältnissen der entsprechenden Person geleistet. Sie galten stets als bes. spezifisch für die Demokratie. **Lit.:** J. Bleicken, Die athen. Demokratie (^{4}1995) 233–241.

Diätetik (gr.), Zweig der griech.-röm. ⟋ Medizin, in Griechenland seit dem 5. Jh. v. Chr. entwickelt; wichtige Vertreter der D. waren u. a. ⟋ Diokles, Chrysippos d.Ä. und Praxagoras (Ende des 4. Jh.); im *Corpus Hippocraticum* finden sich mehrere Abhandlungen zur D.). Die Erkenntnis, dass Ernährungs- und Bewegungsgewohnheiten sich auf die Gesundheit auswirken, führte zur Entwicklung therapeut. Richtlinien, um Krankheiten zu heilen oder im Vorfeld zu verhindern. – Die röm. Medizin griff die griech. D. auf und entwickelte sie weiter. Die Idee des Gleichgewichts der Elemente, Primärqualitäten und Körpersäfte prägte auch ⟋ Galen, der sich mit D. beschäftigte. **Lit.:** A. Krug, Heilkunst und Heilkult (1984).

Dialektik (von griech. dialektike techne, »Kunst der Gesprächsführung«). Die sophist. D. ist als Eristik der Versuch, das Gespräch so zu führen, dass dem Gesprächspartner am Ende die Argumente ausgehen und er sich der Kunst des anderen geschlagen geben muss. Sokrates modifiziert diese Art der Gesprächsführung dahingehend, dass er sie einsetzt, um dem anderen sein Nichtwissen oder Scheinwissen (doxa) deutlich zu machen. Platon versteht unter D. die gemeinsame Erforschung der Wahrheit in der Diskussion. Dadurch erfährt D. einen Bedeutungswandel. Sie wird zur höchsten Wissenschaft, die zum reinen Seienden und zum Guten vordringt. Aristoteles knüpft in seinem Verständnis wieder an die Sophisten und Vorsokratiker an, wenn er unter D. die philosoph. Kunst der Diskussion versteht. Sie steht im Gegensatz zur zwingend beweisenden Syllogistik auf dem Boden der allg. anerkannten Erfahrungswahrheiten. In der Spätantike wird die D. zusammen mit Rhetorik und Grammatik zum Teil des Triviums (»Dreiwegs«) der *septem ⟋ artes liberales*. **Lit.:** E. Kapp, Der Ursprung der Logik bei den Griechen (1965). – P. Stemmer, Platons D. (1992).

Dialog (gr. dialogos, »Gespräch«). Unter D. versteht man ein Gespräch zwischen zwei oder mehreren Personen über theoret., meist philosoph. Themen. Vorformen finden sich in der Geschichtsschreibung (Herodot 3, 80–83: Verfassungsdebatte; Thukydides 5, 84–115: Melierdialog). Die wichtigsten Vertreter sind in der griech. Literatur Platon und Xenophon, in Rom Cicero und Tacitus. Während der platon. D. (⟋ Sokrates), bes. des Frühwerkes, die Gesprächssituationen durch häufige Sprecherwechsel wiederzugeben versucht, weist die aristotel. Ausprägung, der Cicero häufig folgt, eher zusammenhängende Vorträge mit kontroversen Ansichten auf. Daneben findet sich bei Seneca der ›unechte‹ D. Der Autor spricht ein ›Du‹ an, dem er das Werk widmet, und damit zugleich jeden Leser. Ein gedachter Gesprächspartner stellt Fragen und erhebt Einwände (⟋ Diatribe). In der christl. Literatur findet sich der apologet. D. (Minucius Felix), der theolog.-philosoph. D. (Origenes, Augustinus) und der biograph. D. (Palladius, Gregor d.Gr.). **Lit.:** R. Hirzel, Der D. I-II (1895).

Diana, alte röm. Frauen- und Geburtsgöttin sowie Beschützerin der Sklaven mit Kultstätte bei Aricia; dort wie in ihrem Tempel auf dem Aventin begingen die Frauen am 13. August ihr Fest, zu dem auch ein Fackelzug gehörte. Mit ⁊ Artemis identifiziert, erhielt sie kult. Verehrung als Wald- und Jagdgöttin. **Lit.:** K. Latte, Röm. Religionsgeschichte (1960) 169.

Diatheke (gr., »Testament«). Unter D. verstand man im griech. Recht die Möglichkeit, willkürl. Verfügungen für den Todesfall zu verfassen, die sich nicht an gesetzl. Erben richteten; dafür musste Testierfähigkeit (Volljährigkeit, Zurechnungsfähigkeit, rechtl. Unabhängigkeit u. a.) bestehen. Die Schriftform des Testaments war ursprünglich nicht zwingend, doch der mündl. Willenserklärung des Erblassers vor Zeugen deutlich überlegen; sie setzte sich mit Zunahme der Schriftlichkeit schnell durch. Vertrauensleute, aber auch Behörden (u. a. in Ägypten Notare) waren für Verwahrung und Eröffnung der Testamente verantwortlich.

Diatribe (gr. diatribe, »Zeitvertreib«; »philosoph. Ausführung«). Ursprünglich ist D. keine Gattungsbezeichnung, sondern ein Vortragsstil, in dem durch fingierte Zwischenfragen oder Einwände eine Dialogsituation evoziert wird. Als charakteristisch gelten ein pointierter, affekt. Redestil in einer oft vulgären Sprache. Die Tendenz ist oft stoisch oder kynisch: Ablehnung von Luxus, Bekämpfung der Affekte. Hauptvertreter der D. ist ⁊ Menippos von Gadara, der eine Mischung aus Scherz und Ernst (Spoudaiogeloion) in der Mischung von Prosa und Poesie (Prosimetrum) pflegt. Sein Einfluss auf Varro (1) und die röm. Satire (⁊ satura) ist umstritten. In der lat. Literatur ist Seneca durch den Stil der D. geprägt. In bes. Maß beeinflusst die D. die christl. Predigten und Traktate. **Lit.:** H. Cancik, Untersuchungen zu Senecas *epistulae morales* (1976).

Dicta Catonis (*Aussprüche Catos*), Sammlung von Lebensregeln (⁊ Gnome) aus dem 3. Jh. n. Chr. Mit Cato Censorius, auf den der Titel anspielen soll, hat sie nichts zu tun. Die D.C. bestehen aus einer Einleitungsepistel (Prosa), 57 *breves sententiae* (kurze Maximen, in Prosa), vier Büchern eth. Anweisungen in hexametr. Zweizeilern; daher auch der verbreitete Titel *Disticha Catonis* (obschon keine eleg. ⁊ Distichen vorliegen). Es handelt sich um eine weltanschaulich nicht festgelegte, eher opportunist. Gebrauchsethik mit Anklängen an Horaz und Seneca. Daneben sind die sog. *Monosticha* überliefert, 77 Hexameter mit Lebensweisheiten. Die Nachwirkung im MA war beträchtlich. **Lit.:** L. Bieler, in: Lustrum 2 (1957) 226–239.

Dictator ⁊ Diktator

Dictys Cretensis. Unter diesem Pseudonym ist die *Ephemeris belli Troiani* überliefert, ein lat. ⁊ Trojaroman aus dem 4. (?) Jh. n. Chr. Das sechs Bücher umfassende Werk, das angeblich auf dem Augenzeugenbericht eines kret. Kriegsteilnehmers beruht, ist nach einem griech. Original aus dem 1. oder 2. Jh. n. Chr. gearbeitet, von dem nur zwei Papyrusfragmente erhalten sind. Die Abweichungen von Homer und dem ⁊ Ep. Kyklos sind beträchtlich, auf einen Götterapparat wird verzichtet. Die Liebe zwischen Achill und Polyxena stellt eines der Zentralmotive dar. Für die Rezeption des Trojastoffes in MA und früher Neuzeit ist der Roman des Dictys neben dem des ⁊ Dares Phrygius von entscheidender Bedeutung. **Lit.:** S. Merkle, Die Ephemeris belli Troiani des Diktys von Kreta (1989).

Didaskalien (gr. didaskein, »unterrichten«), im Singular allg. »Unterricht«, »Unterweisung«, speziell »Einstudierung eines Chores«; im Plural t.t. für die Listen von Dramen- und Choraufführungen mit den relevanten Informationen: Aufführungsjahr (angegeben durch den Archon eponymos, also den Beamten, der dem Jahr seinen Namen gibt: z.B. »unter Kallias«), Dichter, Titel, Fest, Chorege, Schauspieler. Die Daten wurden wohl in den Archiven der spielleitenden Behörden gespeichert (so jedenfalls in Athen). Aristoteles sammelte dieses Material und fasste es in seinen Werken *Didaskaliai* und *Siege bei den Städtischen Dionysien und Lenäen* zusammen. Auf Aristoteles basieren die peripatet. Forschungen, die vor allem von Dikaiarch betrieben wurden, und die fragmentarisch erhaltenen inschriftl. Aufzeichnungen, die seine Werke teilweise fortführen. **Lit.:** H.J. Mette, Urkunden dramat. Aufführungen in Griechenland (1977). – Tragicorum Graecorum Fragmenta I (ed. B. Snell) (²1986).

Didius Iulianus, Marcus Didius Severus I. Augustus, röm. Kaiser 28. März–1. Juni 193 n. Chr.; geb. ca. 133 in Mediolanum (heute Mailand) als Sohn des Q. Petronius Didius Severus und der Aemilia Clara; 189/90 Prokonsul der Provinz Africa. Nach der Ermordung des Pertinax wurde D. am 28. März von den Prätorianern zum Kaiser ausgerufen und vom Senat anerkannt. Die Provinzarmeen lehnten ihn jedoch ab und riefen zwei Gegenkaiser aus, Septimius Severus in Oberpannonien und Pescennius Niger in Syrien. Septimius Severus zog als »Rächer« des Pertinax gegen Rom, der Senat erkannte ihn als Kaiser an. D. wurde am 1. Juni 193 abgesetzt und am folgenden Tag ermordet. **Lit.:** D. Kienast, Röm. Kaisertabelle (²1996) 154 f.

Dido, auch Elissa genannt. Legendäre Tochter des tyr. Königs Mutto, Frau des Sychaeus, nach anderer Version des Sicharbas. Nach der Ermordung ihres Mannes durch ihren Bruder Pygmalion flieht sie mit ihren Reichtümern nach Afrika, wo sie vom König Jarbas die Erlaubnis erhält, soviel Land zu kaufen, wie sie mit einer Stierhaut umfassen kann. D. schneidet die Haut in feine Streifen und umspannt einen beachtl. Raum, auf dem sie die Burg Byrsa (gr., »Fell«) errichtet. Damit wird sie Gründerin von Karthago. Als König Jarbas sie zur Heirat zwingen will, gibt sie nicht nach, sondern bleibt ihrem Gatten treu, indem sie sich auf einem Scheiterhaufen tötet. Nach Vergil (*Äneis,*

*Didyma,
Apollon-Tempel*

Buch 1–4) nimmt sie ↗ Äneas freundlich auf, erfährt seine Geschichte und verliebt sich leidenschaftlich in ihn. Als er sie dennoch verlässt, tötet sie sich mit seinem Schwert auf einem Scheiterhaufen. D.s Tod wird damit zum myth. Aition (↗ Aitiologie) der Feindschaft zwischen Rom und Karthago.

Didyma (auch Branchidai, heute Didim, Türkei), bedeutendes Apollonheiligtum und Orakelstätte mit Asylrecht, 20 km von Milet entfernt. Bereits in vorgriech. Zeit wurden hier Naturgottheiten verehrt, die ältesten archäolog. Funde datieren um 700 v. Chr. Den Königen Kroisos und Dareios werden Stiftungen bzw. Schutzprivilegien für D. zugeschrieben. Eine bei Herodot erwähnte Zerstörung des Tempels in den Perserkriegen konnte archäologisch nicht nachgewiesen werden. Seit 479 fanden wieder Prozessionen von Milet nach D. statt. Mit Beginn des Hellenismus übernahm ein Priester als Jahresbeamter die Leitung von Orakel und Heiligtum, dessen Neubau begonnen wurde; jedoch bezeichnet noch Pausanias im 2. Jh. n. Chr. den Tempel als unvollendet. Unter den Seleukiden wurde D. weiter gefördert, um 200 das alle fünf Jahre stattfindende Fest der Didymeia eingerichtet. 67 v. Chr. wurde D. von Seeräubern geplündert, Caesar erweiterte den Asylbezirk des Heiligtums. Um 100 n. Chr. baute Kaiser Trajan die prächtige, 5–6 m breite und auf das 6. Jh. v. Chr. zurückgehende Prozessionsstraße von Milet nach D. aus. Der röm. Kaiser Commodus wurde seit 177 n. Chr. in D. kultisch verehrt. – Der um 330 v. Chr. als Dipteros begonnene Apollontempel war im Kern um 170 fertiggestellt. Die an den Wänden erhaltenen Bauzeichnungen aus hellenist.-röm. Zeit sind einzigartig. Eine Freitreppe führte zur Vorhalle, von dort gelangte man durch zwei Tunnelgänge in den Kulthof (Adyton) des Tempels. Dieser freie, nicht gepflasterte oder überdachte Innenhof beherbergte einen Quellbezirk mit Naïskos, dem eigentl.

Heiligtum, in dem auch das Kultbild des Gottes aufbewahrt wurde. An der Heiligen Straße fanden sich auch Reste eines Artemis-Heiligtums sowie zahlreiche Skulpturen, etwa mehrere Sphingen oder die archaischen Branchiden, Sitzstatuen, benannt nach dem gleichnamigen Priestergeschlecht. Im 5./6. Jh. n. Chr. wurde im Hof des Artemistempels eine christl. Basilika errichtet. Ein Brand im 10., ein Erdbeben im 15. sowie der übl. Steinraub im 19. Jh. zerstörten den Tempel, der seit dem 19. Jh. systematisch ausgegraben wird. **Lit.:** PECS (1976). – K. Tuchelt, Branchidai-Didyma (1992). – ASM (1999).

Didymos (1) von Alexandria, griech. Grammatiker der 2. Hälfte des 1. Jh. v. Chr., sammelte und kompilierte in seinen Kommentaren und lexikograph. Werken die Ergebnisse der hellenist. Philologen. Seine Arbeit wurde in spätere philolog. Werke aufgenommen. Die immense Zahl der ihm zugeschriebenen Schriften (3.500–4.000) brachte D. den Beinamen Chalkenteros (»der mit ehernen Eingeweiden«) ein. **Lit.:** R. Pfeiffer, Geschichte der Klass. Philologie I (1978) 331 ff.

Didymos (2), genannt der Blinde, bedeutender Theologe, ca. 313–398 n. Chr. Trotz seiner Erblindung in frühester Jugend wurde D. von ↗ Athanasios zum Leiter der Katechetenschule in Alexandria bestellt. D. folgte der Tradition des ↗ Origenes (1), weshalb er postum als Ketzer verurteilt wurde. Seine Schriften waren fast ganz verloren, bis 1941 in Tura in Ägypten ein bedeutender Papyrusfund ans Tageslicht kam.

Digesten (lat.; gr. Pandekten), Sammlung röm. Juristenschriften. Für den 529 n. Chr. veröffentlichten ↗ Codex Iustinianus sammelte eine Juristenkommission unter dem Minister Tribonianus die geltenden Kaisergesetze; eine weitere Kommission erarbeitete 530–533 die sog. D., eine Sammlung von Auszügen geltender Juristenschriften. Zusammen mit den ebenfalls 533 veröffentlichten *Institutiones* (Lehrbuch für den Rechtsunterricht) und den sog. *Novellae* bildeten *Codex Iustinianus* und *D.* das sog. *Corpus Iuris Civilis* (↗ Codex). Die D. sollten die Rechtsprechung im Reich vereinheitlichen und vereinfachen; auch eine Reform der Juristenausbildung in den Zentren Rom, Konstantinopel (Istanbul) und Berytos (Beirut) wurde angestrebt; andere Rechtsschulen wurden geschlossen. **Lit.:** F. Wieacker, Röm. Rechtsgeschichte (1988) 122 ff. – O. Behrends u. a. (Hg.), Corpus Iuris Civilis II (1995).

Dignitas (lat.), Würde. Bei Autoren der röm. Republik (bes. Cicero) begegnet D. (neben *libertas, pietas, fides, auctoritas, honos* u. a.) als einer der Grundwerte der röm. Gesellschaft. Bei Cicero entspringt die D. eines Individuums aus den ihm von seinen Mitbürgern immer wieder erwiesenen Anerkennungen und Ehren. Die D. eines Bürgers ordnete diesem innerhalb einer Gruppe einen polit.-gesellschaftl. Status zu. Das Streben nach Geltung und Steigerung der D. war Lebensaufgabe des politisch aktiven Römers, der durch seine Ämterlaufbahn (↗ cursus honorum) immer größere Aufgaben übernahm und durch diesen Dienst an der *res publica* auch seine persönl. D. zu steigern suchte. **Lit.:** V. Pöschl, Der Begriff der Würde im antiken Rom und später (1989).

Dihärese (gr. dihairesis, »Auseinanderreißen«), Begriff der Metrik für einen Einschnitt im Vers nach einem ↗ Versfuß, während die Zäsur einen Versfuß »zerschneidet«. Im katalekt. daktyl. Hexameter findet sich die bukol. D. nach dem vierten daktyl. Metrum ($-\cup\cup-\cup\cup-\cup\cup-\cup\cup$).

Dikaiarch (gr. Dikaiarchos) aus Messene (Sizilien), griech. Philosoph und Philologe, 2. Hälfte 4. Jh. v. Chr. D., Schüler des Aristoteles und Zeitgenosse Theophrasts, galt in der Antike als einer der gelehrtesten Männer. Aus dem breiten wissenschaftl. Spektrum seiner Schriften stechen seine kulturhistor. und geograph. Werke heraus; das *Leben Griechenlands*, eine dreibändige Kulturgeschichte, ist sein Hauptwerk. Seine mit Karten versehene *Reise um die Erde*, in der er für die Kugelgestalt der Erde eintritt, war Vorbild für Strabon. **Lit.:** F. Wehrli, in: GGP III (1983) 535–539.

Dikasterion (gr.), Gerichtsstätte in Athen. Aus sakralen Gründen wurde zwischen Gerichtshöfen zur Untersuchung von Tötungsdelikten und Gerichtshöfen zur Verhandlung öffentl. wie privater Klagen unterschieden. Die Gerichtshöfe für Kapitalverbrechen (so der Areopag) mussten am Stadtrand angesiedelt sein und waren nicht überdacht, die anderen Gerichtshöfe lagen an oder nahe der Agora. Der größte Gerichtshof war die ↗ Heliaia. Auch die Volksversammlung konnte in Einzelfällen zur Rechtsprechung herangezogen werden. Weitere Gerichtorte konnten das Odeion oder die Stoa poikile im N der Agora sein. Der Aufbau eines Gerichts entsprach etwa heutigen Gepflogenheiten: Anklage- und Verteidigerbank, Rednerpult, Podest für die den Vorsitz führenden Beamten, Geschworenenbank. – Unter D. verstand man in Athen auch die Gremien der Kollegialgerichte; Einzelrichter waren unbekannt, Stimmengleichheit wurde durch ungerade Mitgliederzahl verhindert. **Lit.:** A. L. Boegehold, The Lawcourts of Athens (1995).

Dike, griech. Göttin, Personifikation des Rechts und der Ordnung.

Diktator, in der röm. Republik in einem Ausnahmezustand höchster Beamter (lat. *dictator rei gerundi causa*). Der D. wurde in einer Notlage auf Vorschlag des Senats durch einen ↗ Konsul für maximal 6 Monate ernannt, hatte die ungeteilte Autorität inne und dankte in der Regel nach Erfüllung seiner Aufgabe, also der Behebung des Ausnahmezustands, ab. Misstrauen gegen die Machtfülle führte dazu, dass 216 v. Chr. letztmals ein eigentlicher D. ernannt wurde, bis 202 noch D.en für Spezialaufgaben. Im Wesen verschieden sind die D.en in der späten Republik (↗ Sulla, ↗ Caesar). **Lit.:** W. Kunkel, Staatsordnung und Staatspraxis der röm. Republik II (1995) 665 ff.

Diktynna, kret. Höhlengöttin, Beiname der ↗ Britomartis, später mit Artemis gleichgesetzt.

Diktys, myth. Bruder des ↗ Polydektes. Mit ihm zusammen gründete D. die Stadt Seriphos. Er findet die Truhe, in der ↗ Danaë und ↗ Perseus eingeschlossen sind, und zieht Perseus auf. Als Perseus den Polydektes mit Hilfe des Hauptes der ↗ Medusa versteinert, übergibt er D. die Herrschaft über Seriphos. Der Stoff ist von Sophokles in seinem Satyrspiel *Diktyulkoi* (*Netzfischer*) behandelt.

Dilectus (lat.), Aushebung für den röm. Heeresdienst. In republikan. Zeit waren die Konsuln (in Vertretung auch der Prätor bzw. Diktator) für die Aufstellung des röm. Milizheeres verantwortlich. Die in einer Stammrolle erfassten Dienstpflichtigen wurden per Edikt zum D. nach Rom beordert, die Aushebung wurde meist auf dem Marsfeld durchgeführt, die ↗ Legionen wurden hier konstituiert, die Militärtribunen bestimmt bzw. gewählt, sowie die Truppen vereidigt. Das Fernbleiben war mit hohen Strafen belegt. Mit der Heeresreform des ↗ Marius veränderte sich die Struktur des röm. Heeres grundlegend, die Anwerbung von Truppen ersetzte den D., an den man sich nur noch formell anlehnte. In der Kaiserzeit war allein der Kaiser berechtigt, einen D. anzuordnen, der von den *dilectatores* durchgeführt wurde. **Lit.:** J. Kromayer/G. Veith, Heerwesen und Kriegsführung der Griechen und Römer (1928).

Dimensuratio ↗ Demensuratio

Dio Cassius ↗ Cassius Dio

Diodor (gr. Diodoros) aus Agyrion (Sizilien), griech. Historiker des 1. Jh. v. Chr., schrieb eine Universalgeschichte vom Anfang der Welt bis in seine Zeit in 40 Büchern. Erhalten sind die Bücher 1–5 (Ursprünge, ↗ Ethnographie der Mittelmeerwelt) und 11–20 (Perserkriege bis Zeitalter der Diadochen) fast vollständig, die übrigen Bücher in Fragmenten. Der histor. Wert seiner Angaben hängt jeweils von den Quellen ab, die D. – durchaus eigenständig gestaltend – verwendet hat. **Lit.:** K. S. Sacks, D. Siculus and the First Century (1990).

Diözese (gr. dioikesis, »Verwaltungsbezirk«), bei der von ⟋ Diokletian durchgeführten Aufteilung des Territoriums des röm. Reiches in über 100 Kleinprovinzen eingeführte Verwaltungsebene mittlerer Größe für die Finanz-, dann auch Rechts- und allgemeine Verwaltung. Seit dem 5. Jh. n. Chr. Bezeichnung in der Westkirche für den bischöfl. Sprengel (zumeist eine Stadt mit ihrem Territorium). **Lit.:** K. L. Noethlichs, Zur Entstehung der D. als Mittelinstanz des spätröm. Verwaltungssystems, in: Historia 31, 1982, 70–81.

Diogenes (1) (gr. Diogenes) von Apollonia, jon. Naturphilosoph und Arzt, 5. Jh. v. Chr. Mit Anaximenes sieht D. die Luft als den Grundstoff der Dinge an, aus der alles durch Verdichtung und Verdünnung entsteht. D. nimmt aber auch Anregungen des Anaxagoras und der Atomistik Leukipps auf. Als Arzt hat D. die Physiologie des Menschen behandelt, wofür sich Aristoteles interessierte.

Diogenes (2) (gr. Diogenes) von Sinope, griech. Philosoph, ca. 412/403–324/321 v. Chr. D., um den sich viele Legenden ranken, vertrat die völlige Unabhängigkeit des Menschen von äußeren Gütern. Den Spottnamen »Hund« (*kyon*) akzeptierte er als treffende Charakterisierung des bedürfnislosen Lebens; seine Nachfolger nannten sich Kyniker. Sein Individualismus, die Missachtung sozialer Normen und Schranken und der Rückzug ins Private verbinden ihn mit den anderen hellenist. Schulen der Stoa und Epikurs. D. verfasste offenbar eine *Politeia* und mehrere Tragödien. **Lit.:** H. Niehues-Pröbsting, Der Kynismus des D. und der Begriff des Kynismus (1988).

Diogenes (3) (gr. Diogenes) aus Oinoanda, griech. Autor des 2./3. Jh. n. Chr., Verf. eines auf einer monumentalen, in Oinoanda aufgefundenen Inschrift aufgezeichneten Textes, der die epikureische Lehre darstellt. Erhalten sind 212 Fragmente, deren Anordnung unsicher ist. **Lit:** M. F. Smith, The Philosophical Inscription of D. of O. (1996).

Diogenes Laertios (gr. Diogenes L.), griech. Schriftsteller, wohl Mitte des 3. Jh. n. Chr. Sein Werk *Philosophenleben und -lehren* in 10 Büchern umfasst nach dem Prinzip der Sukzessionalität der griech. Philosophen und ihrer Schulen Bio- und Doxographie von Thales bis Epikur, die er mit Vorliebe für Sensationelles, manchmal auch Skandalöses, mit zahlreichen Anekdoten ausschmückt. Als philosophiehistor. Quelle geschätzt, sind bes. seine Werklisten wertvoll. Unklar ist D.L.' eigene philosoph. Ausrichtung: Neben dem Skeptizismus wurde wegen der besonderen Gestaltung des 10. Buches, in dem er auch authent. Briefe Epikurs überliefert und sich enthusiastisch über diesen äußert, vermutet, D. L. habe dem Epikureismus nahegestanden, doch spricht vieles dafür, ihn keiner Schule zuzuordnen. **Lit.:** J. Mejer, D. L. and his Hellenistic Background (1978). – ANRW II 36,5–6 (1992) 3556–4307.

Diogenianus (gr. Diogenianos) von Herakleia, griech. Autor, 2. Jh. n. Chr., Verf. geograph. Nachschlagewerke, einer Anthologie von Sprichwörtern

Diokletian

und Epigrammen und eines fünf Bücher umfassenden Lexikons, das er aus früheren Autoren kompilierte und das bis ins 12. Jh. n. Chr. maßgeblich blieb. **Lit.:** R. Reitzenstein, Geschichte der griech. Etymologika (1897) 417 ff.

Diokles (gr. Diokles) von Karystos, griech. Arzt und medizin. Fachautor, Ende des 4. Jh. v. Chr. Die Lebensdaten des D., den die Athener als »zweiten Hippokrates« feierten, sind umstritten. Von der Lehre des Gleichgewichts der vier Elemente und der vier Primärqualitäten ausgehend, entwickelte er die Pneuma-Lehre: Phlegma (Schleim) kann den Pneumafluss in den Arterien verstopfen und so jede gesteuerte Bewegung unterbinden. Epilepsie und Apoplexie versuchte D. so zu erklären. Weitere Forschungsschwerpunkte waren die Embryologie sowie die Prognostik des Krankheitsverlaufs. Er vereinigte in seinem Werk Gedankengut der Hippokratiker wie der westgriech. Heilkunde (Elementelehre, Lehre vom Pneuma). **Lit.:** W. Jaeger, D. von Karystos (1938). – Ph. J. van der Eijk, D. of Carystus, 2 Bde. (2000/1).

Diokletian, C. Aurelius Valerius Diocletianus, röm. Kaiser 20. November 284–1. Mai 305 n. Chr.; geb. ca. 245 als Diocles in Dalmatien, von niederer Herkunft; Kriegsdienst unter Aurelian und Probus. Am 20. November 284 wurde D. in Nikomedeia zum Kaiser erhoben und nach dem Tod des Carinus im Aug./Sept. 285 vom Senat anerkannt. Um seine Regierung zu festigen, die Grenzen zu sichern und Usurpationen vorzubeugen, schuf D. eine neue Regierungsform, die Tetrarchie (gr., »Viererherrschaft«), bei der zwei Augusti und zwei Caesares herrschten. Die Idee war, dass die beiden Augusti nach einer bestimmten Amtszeit zurücktreten und den Caesares Platz machen sollten. Die neuen Augusti sollten dann zwei neue Caesares erhalten. Bereits 286 ernannte er Maximianus zum Augustus für den Westen des Reiches, während er selbst die Osthälfte übernahm. Dass D. dabei immer noch die übergeordnete Rolle spielte, wurde durch die Annahme der Beinamen Iovius für D. und Herculius für Maximianus zum Ausdruck gebracht. Seit 293 wurden die beiden Augusti von den Caesares Constantius I. und Galerius unterstützt. Da die Tetrarchen von verschiedenen Residenzstädten aus regierten, verlor Rom zunehmend seine Bedeutung als Zentrum des Reiches, die Verwaltung wurde weitgehend dezentralisiert. Die Trennung von kaiserl. und senator. Provinzen wurde aufgehoben. Aus den Provinzen wurden ca. 100 kleinere Verwaltungsgebiete geschaffen, die in zwölf Diözesen zusammengefasst wurden. Weitere Reformen galten dem Steuer- und Finanzwesen. Die zunehmende Inflation veranlasste D. 294 zu einer Münzreform und 301 zum Erlass eines Preisediktes, in dem die Höchstpreise für Lebensmittel und Luxusgüter sowie die Löhne für Handwerker festgelegt wurden. Eine Umgestaltung erfuhr auch das Hofzeremoniell. D. ließ sich als *dominus et deus,* »Herr und Gott« anreden und verlangte die *adoratio,* den Fußfall; aus dem Prinzipat wurde der sog. Dominat. Den Christen gegenüber zeigte sich D. zunächst tolerant, 303 änderte er jedoch seine Einstellung, es kam zu einer großen Christenverfolgung. 305 dankten D. und Maximianus ab, die beiden Caesares wurden zu Augusti ernannt und erhielten in Maximinus Daia und Severus II. zwei neue Caesares. D. zog sich in seinen Palast nach Spalatum (heute Split) zurück, wo er um 316 starb. – Das System der Tetrarchie hatte nicht lange Bestand. Noch zu Lebzeiten D.s kam es nach dem überraschenden Tode des Constantius I. 306 zu anhaltenden Streitigkeiten um die Nachfolge, die erst 324 mit der Alleinherrschaft Konstantin I. endeten. **Lit.:** F. Kolb, D. und die erste Tetrarchie (1987). – I. Lukanc, D. Der röm. Herrscher aus Dalmatien (1991). – DRK (1997).

Diolkos (gr., »Durchziehung«), Gleis- oder Schleifstraße zur Beförderung von Schiffen über den (in der Antike noch nicht durch einen Kanal durchstochenen) ↗ Isthmos von Korinth.

Diomedes (1), einer der ↗ Epigonen im Zug gegen Theben und Kämpfer im ↗ Trojan. Krieg, wo er sich als Verbündeter des Odysseus durch seine Tapferkeit und zahlreiche Heldentaten auszeichnet (u. a. tötet er ↗ Pandaros, verwundet Äneas und sogar Aphrodite und schlägt Ares). In Troja gelingt ihm der Raub des ↗ Palladions, eines hölzernen Athenastandbildes, des Symbols für die Unbesiegbarkeit der Stadt.

Diomedes (2), myth. thrak. König. D. besitzt menschenfressende Stuten, die von ↗ Herakles eingefangen werden.

Diomedes (3), lat. Philologe, 4./5. Jh. n. Chr., Verf. einer drei Bücher umfassenden Grammatik, in der er zahlreiche republikan. Autoren als Belege zitiert.

Dion, Schwager und Schwiegersohn Dionysios II., des Tyrannen von Syrakus, ca. 409–354 v. Chr.; als 388 Platon Syrakus besuchte, fand er in D. einen begeisterten Anhänger seiner Lehren. 366 versuchte D. mit Hilfe Platons die Herrschaft des Dionysios II. gemäß dem platon. Staatsideal umzugestalten. Der Versuch misslang, D. musste nach Griechenland in die Verbannung gehen. Als 360 ein erneuter Besuch Platons bei Dionysios II. ebenfalls erfolglos verlief, setzte D. mit einer kleinen Schar von Söldnern nach Sizilien über und marschierte gegen Syrakus. Da das Volk mit der Tyrannis unzufrieden war, gewann D. rasch zahlreiche Anhänger. Zunächst als Befreier begrüßt, geriet er jedoch schon bald in den Verdacht, selbst nach der Tyrannis zu streben. Seine Pläne zur Neuordnung des Staates stießen auf wenig Verständnis, 354 wurde D. ermordet. **Lit.:** H. Berve, D. (1957). – J. Sprute, D.s syrakusan. Politik und die polit. Ideale Platons, in: Hermes 100 (1972) 294–313. – M. I. Finley, Das antike Sizilien (1979) 117–123.

Dion Cocceianus aus Prusa (Bithynien), griech. Philosoph und Redner mit dem postumen Beinamen Chrysostomos (»Goldmund«), ca. 40–120 n. Chr. Nach seiner Verbannung unter Domitian reiste er als ›Wanderprediger‹ und vertrat eine von kyn. und stoischen Grundsätzen geprägte Philosophie der Selbstgenügsamkeit. Unter Nerva kehrt er aus dem Exil zurück und ist z. T. auch politisch aktiv. In den 80 erhaltenen Reden (zwei von seinem Schüler Favorinus von Arelate) behandelt er in schlichtem und gemäßigtem Attisch eth., polit. und literar. Fragen, etwa in dem berühmten *Euboikos (Euboische Idylle)*, das zwei in Armut bescheiden und zufrieden lebende Familien beschreibt. Das alte Hellas erscheint in seinem Werk romantisch verklärt. Sein rhetor. Stil diente für viele spätere Autoren der Zweiten Sophistik als Muster. **Lit.:** C. P. Jones, The Roman World of D. Chrysostom (1978). – A. Momigliano, D. Chrysostomus, in: Ausgew. Schriften 1 (1997) 275–288.

Dione, bei Homer Zeusgattin und Mutter der Aphrodite, wird in Dodona neben Zeus kultisch verehrt.

Dionysien, in Athen Frühjahrsfest zu Ehren des ↗ Dionysos. Die eher volkstüml. »Ländl.« D. wurden im 6. Jh. v. Chr. durch die Religions- und Kulturpolitik des Tyrannen Peisistratos von den »Städt.« oder »Großen« D. (März/April) in den Hintergrund gedrängt. Das repräsentative Fest wurde in der Demokratie vom *archon eponymos*, dem obersten Staatsbeamten, organisiert. Nach einer polit. Eröffnungszeremonie wurden im Theater am ersten Tag 20 ↗ Dithyramben, am zweiten fünf Komödien, am dritten bis fünften je eine trag. Tetralogie (drei Tragödien und ein Satyrspiel) aufgeführt. Die Stücke und Chorlieder durften als Erstlings- bzw. Weihegaben für Dionysos nur einmal aufgeführt werden. Erst ab 386 v. Chr. wurde durch Volksentscheid die Wiederaufführung alter Stücke ermöglicht. ↗ Drama; ↗ Tragödie; ↗ Komödie, ↗ Satyrspiel **Lit.:** A. W. Pickard-Cambridge, The Dramatic Festivals of Athens (²1968).

Dionysios I., Tyrann von Syrakus von 405–367 v. Chr.; geb. um 430; nachdem Akragas in die Hände der Karthager gefallen war, wurde D. 405 in Syrakus zum Strategen mit außerordentl. Befugnissen (*strategos autokrator*) gewählt. Fortan umgab er sich mit einer starken Leibwache, womit der Schritt zur Tyrannis vollzogen war. Im Sommer 405 versuchte D. vergebens, das von den Karthagern belagerte Gela zu befreien. Eine Seuche veranlasste Karthago Ende 405 zum Friedensschluss, D. wurde als Herrscher über Syrakus anerkannt; er baute die Insel Ortygia zu einer Festung aus, in der er sich mit seinen Getreuen verschanzte. Als sich die Demokraten 404 gegen ihn erhoben, wurde D. in seiner Festung eingeschlossen und konnte nur mit Hilfe Spartas gerettet werden. Nach seinem Sieg 403 machte er Syrakus zur größten damals bekannten Festung. 398 begann D. mit seinem Plan, Sizilien von den Karthagern zu befreien. Im Friedensschluss von 392 musste sich Karthago mit einem Viertel der Insel begnügen. D. wandte sich nunmehr Italien zu, eroberte 386 Rhegium und 384/83 Pyrgi. 382 begann er erneut Krieg mit den Karthagern, die er 375 bei Kabala schlug. Im folgenden Jahr erlitt D. seinerseits eine Niederlage, der Halykos wurde als Grenze festgelegt. 368 wurde D. von Athen zum Ehrenbürger ernannt, was zeigt, welch großes Ansehen er in der griech. Welt besaß. Im selben Jahr zog D. erneut gegen die Karthager zu Felde und belagerte Lilybaion, den Hauptstützpunkt der Karthager. Hier starb er im Frühjahr 367. **Lit.:** M. I. Finley, Das antike Sizilien (1979) 101–116. – B. Caven, D. I. War-Lord of Sicily (1990). – GGGA (1999).

Dionysios II., Tyrann von Syrakus von 367–344 v. Chr., Sohn und Nachfolger des D. I.; geb. um 396; nach dem Tode seines Vaters 367 wurde D. als Nachfolger anerkannt, 366 schloss er Frieden mit Karthago. Im selben Jahr holte sein Schwager und Schwiegersohn Dion den Philosophen Platon nach Syrakus. D. zeigte sich den Lehren Platons gegenüber zwar durchaus aufgeschlossen, dem Wunsch der beiden, seine Herrschaft im Sinne des platon. Staatsideal umzugestalten, entsprach er jedoch nicht; Dion musste in die Verbannung gehen. Als 360 ein erneuter Besuch Platons bei D. ebenfalls erfolglos verlief, setzte Dion mit einer kleinen Schar von Söldnern nach Sizilien über und konnte D. vertreiben; D. floh nach Unteritalien. Erst 347 gelang es D., Syrakus zurückzugewinnen. Die erneute Herrschaft war jedoch nicht von langer Dauer. Bereits 344 musste sich D. dem von Korinth gesandten Timoleon ergeben. D. erhielt freien Abzug und lebte noch einige Jahre als Exilant in Korinth. **Lit.:** M. I. Finley, Das antike Sizilien (1979) 117–123. – B. Caven, Dionysios I. War-Lord of Sicily (1990). – GGGA (1999).

Dionysios (1), genannt Thrax, griech. Philologe, ca. 180/70–90 v. Chr., Schüler des Aristarch. Nach seiner Flucht aus Alexandria lebte D. auf Rhodos. Als Homerphilologe führte er die Arbeit seines Lehrers weiter. Seine *Techne grammatike* ist die älteste bekannte Darstellung der alexandrin. Grammatik und wurde zum Standardwerk über Jahrhunderte und zur Grundlage für Grammatiken aller indoeuropäischen Sprachen. **Lit.:** V. Law/I. Sluiter (Hg.), D.Th. and the »Techne grammatike« (1995).

Dionysios (2) von Halikarnassos, griech. Rhetoriklehrer und Historiker, ab 30 v. Chr. in Rom. Von den erhaltenen rhetor. und literaturkrit. Traktaten sind am bedeutendsten: *Über die alten Redner*, eine Einführung zu sechs Monographien, von denen erhalten sind: *Lysias, Isokrates, Isaios* und leicht verstümmelt *Über Demosthenes' Stil*. Einer kurzen Biographie folgt jeweils die mit vielen ›guten‹ und ›schlechten‹ Beispielen versehene Analyse des Stils und der Kompositionstechnik. D. lehnte exzessive formale Ausarbeitung ab, übernahm als Eklektiker peripatet. und stoische Muster und bereitete den Attizismus vor, wobei er nicht Lysias, sondern Demosthenes zum Ideal erklärte und Kritik am Stil des Thukydides (dem er eine Schrift widmet), aber auch Platons äußert. In *Über Deinarchos* befasst er sich mit Echtheitsfragen. In *Über die Fügung der Wörter* behandelt er u. a. die Wirkung der Lautkombinationen (Euphonie und Onomatopoiie) in der Kunstsprache, wobei er viele Beispiele anführt. Der als Epitome erhaltene Traktat *Über die Nachahmung* befasst sich mit Problemen der literar. Abhängigkeit von Stilmustern. D. veröffentlichte 8/7 v. Chr. die *Röm. Urgeschichte* (*Rhomaïke archaiologia*), welche als Ergänzung zu Polybios' Werk Roms Geschichte von den myth. Anfängen bis 264 v. Chr. nachzeichnet. Von den urspr. 20 Büchern sind die ersten 10 erhalten, das 11. lückenhaft (endet 441 v. Chr.); der Rest liegt in Exzerpten vor. Seine von der jüngeren Annalistik beeinflusste Darstellung geht von der These aus, die Römer seien Griechen. Dem eigenen klassizist. Geschmack entsprechend, ist das Werk durch viele rhetorisch ausgearbeitete Reden geschmückt. **Lit.:** ANRW II 30,1 (1982) 799–865. – E. Gabba, D. and the History of Archaic Rome (1991).

Dionysios (3), genannt Periegetes (gr., »der Herumführer«), aus Alexandria, lebte in der Zeit des Kaisers Hadrian und schrieb ein geograph. Lehrbuch in 1186 Hexametern *Herumführung um die bewohnte Welt*, das wahrscheinlich zwischen 130 und 138 verfasst wurde. D. folgt dem Schema des Periplus: die Meere von den Säulen des Herkules; Lybien von den Säulen des Herkules bis Suez; Europa, von der iber. Halbinsel bis zur Donau; die iber. Halbinsel, die ital-ien., die balkan.; die iber. Halbinsel, die ital-ien., die balkan.; die iber. Halbinsel, die ital-ien., die balkan.; Asien. Das Werk wurde in byz. Zeit zum meistgelesenen geograph. Handbuch; es wurde von Avienus (4. Jh. n. Chr) und Priscianus (6. Jh.) ins Latein übertragen und von Eustathios (12. Jh.) ausführlich kommentiert. **Lit.:** K. Brodersen, D. von Alexandria. Das Lied von der Welt (1994).

Dionysios (4), genannt Areopagita, um 500 n. Chr. Das *Corpus Dionysiacum*, eine Sammlung von Schriften des unter dem Pseudonym D. firmierenden neuplatonisch-christl. Autors, war von Beginn an von großer Wirkung und wurde mit seiner Metaphysik von ›Licht

*Dionysos
mit Mänaden*

und Dunkel‹ bestimmend für die Gotik. Der Autor suggeriert in seinem Pseudonym, Schüler des Apostels Paulus und Konvertit zu sein und entwirft in vier Traktaten und zehn Briefen einen myst. Gottesstaat. **Lit.:** W. Beierwaltes, Denken des Einen (1985).

Dionysius Exiguus aus der Scythia Minor, lat. Übersetzer, 1. Hälfte 6. Jh. n. Chr. D. lebte als Mönch in Rom. Er übertrug Väterschriften und Heiligenbiographien aus dem Griechischen, stellte Konzils- und Apostelkanones sowie *Dekretalen* – so hießen in Anlehnung an das röm. Kaiserrecht päpstl. Entscheidungen – zu Sammlungen zusammen (später als *Corpus Canonum* oder *Dionysiana* bezeichnet). Große Wirkung hatten auch die chronolog. Schriften: Der *Libellus de cyclo magno paschae,* im Auftrag der päpstl. Kanzlei verfasst, lieferte die Osterfestberechnung für die Jahre 532–626. D. zählte die Jahre erstmals nicht mehr nach der Diokletian. Ära, sondern nach Christi Geburt; er gab die Rechnung nach Konsuln auf und gebrauchte ebenfalls erstmals die im MA übl. Datierung nach Indiktionen (15-jährige Zyklen). **Lit.:** LACL (³2003).

Dionysos, auch **Bakchos** (lat. **Bacchus**) genannt. *I. Mythos:* Griech. Gott des Weines und der Fruchtbarkeit, Sohn des Zeus und der Semele, die von der eifersüchtigen Hera noch im schwangeren Zustand getötet wird. Zeus trägt den Jungen in seinem Schenkel aus und vertraut ihn der Ino und ihrem Mann Athamas oder den Nymphen an. Obwohl als Mädchen verkleidet, wird er von Hera aufgespürt, die aus Rache die Pflegeeltern in den Wahnsinn treibt. Auf seinen folgenden weiten Reisen wird D. außer von den ↗ Satyrn und den ↗ Silenen auch von den ↗ Mänaden begleitet. D. lässt Lykurgos, der ihn aus seinem Reich verbannt hat, dem Wahnsinn verfallen und seinen Sohn Dryas mit einer Axt, die er für einen Weinstock hält, erschlagen. Auf dieselbe Weise verfährt er mit anderen Gegnern, darunter Pentheus, der die orgiast. Riten verbieten will und darauf von seiner rasenden Mutter Agaue zerrissen wird. Auf Naxos verbindet sich D. mit der von Theseus verlassenen Ariadne. Mit Aphrodite zeugt er den Fruchtbarkeitsgott Priapos. – *II. Kult:* Wie im Mythos sollen sich Frauen, die sich selbst als Mänaden oder Bacchantinnen bezeichneten, nachts mit ↗ Thyrsosstab und Fackeln zu orgiast. Kultfeiern getroffen haben, bei denen sie sich durch ↗ Ekstase in den Zielzustand, den Enthusiasmus (gr. *enthusiasmos,* »das Erfülltsein von Gott«) versetzten. Der ekstat. Zustand soll ihnen sogar die Kraft verliehen haben, wilde Tiere zu zerreißen, die sie dann roh verschlangen. Ob diese orgiast. Omophagie allerdings im offiziellen staatl. Kult geduldet wurde, ist fraglich. Ursprünglich mit dem D.-Kult verbunden ist das Tragen von Masken und – als Fruchtbarkeitssymbol – des oft überdimen-

sionalen Phallos. Das Kultlied des D. ist der ↗ Dithyrambos, in dem in hymn. Form mit dem D.-Mythos in
Verbindung stehende Ereignisse besungen werden.
Eng mit dem D.-Kult verbunden sind Dramenaufführungen. **Lit.:** K. Kerényi, D. (1994). – M. Detienne, D.
(1995).

Dionysos-Techniten, Zusammenschluss profes-
sioneller ↗ Schauspieler in Schauspielergruppen, die
auf Tournee gingen.

Diophantos von Alexandria, griech. Mathematiker, Mitte des 3. Jh. v. Chr. Der in Alexandria wirkende D. knüpfte in seinem Hauptwerk *Arithmetika*
an die babylon. Mathematik an und erarbeitete algebraische (lineare und quadrat.) Gleichungen mit mehreren Unbekannten; D. verwendete dabei feste Abkürzungen für Unbekannte und Potenzen. Von den 13
Büchern des Werks sind sechs in griech., vier in arab.
Sprache überliefert; es beeinflusste im 16./17. Jh. die
Entstehung der modernen Buchstabenalgebra. **Lit.:**
A. Czwalina, Arithmetik des D. aus Alexandria
(1952).

Dioptra (gr.), Visiergerät der ↗ Feldmesser (lat.
agrimensores) zur Landvermessung und zur Baupla-
nung. Das von Heron von Alexandria im gleichnamigen Werk beschriebene Winkelmessgerät bestand aus
einem äußeren festen Kreis mit Gradangaben und einer inneren drehbaren Scheibe mit Visiereinrichtung.
Sein prakt. Einsatz ist nicht belegt.

Dioskuren, die beiden tapferen spartan. Halbbrüder Polydeukes und Kastor (lat. Castor und Pollux),
Söhne der Leda, die mit Zeus und ihrem Mann Tyndareos jeweils einen der beiden empfängt. Polydeukes ist
bekannt für seine Fähigkeiten im Boxkampf, Kastor
ist ein berühmter Pferdebändiger. Die beiden unzer-
trennl. Brüder befreien die von Theseus geraubte Helena, nehmen an der ↗ Kalydon. Jagd und am Zug der
↗ Argonauten teil. Im Streit mit ihren Vettern Idas und
Lynkeus um die ↗ Leukippiden tötet Polydeukes den
Lynkeus, Kastor wird von Idas ermordet. Zeus erschlägt Idas mit einem Blitz und bietet Polydeukes die
Unsterblichkeit an, die dieser jedoch nicht ohne Kastor erhalten will. So leben sie abwechselnd einen Tag
bei den Unsterblichen auf dem Olymp, den anderen
bei den Toten in der Unterwelt. In Rom galten sie als
Schutzpatrone der Ritter in den Schlachten und besaßen einen Tempel auf dem Forum.

Dioskurides (1) (gr. Dioskurides), griech. Epigrammatiker, 3. Jh. v. Chr. Die ca. 40 erhaltenen Epigramme weisen teilweise eine erot. Thematik auf,
teilweise sind sie Grabepigramme. **Lit.:** A. S. F.
Gow/D.L. Page, Greek Anthology II (1965) 235–270.

Dioskurides (2) (gr. Dioskurides) von Samos,
griech. Künstler aus dem 1. Jh. v. Chr. Von ihm sind
zwei Mosaiken signiert, die in der Villa des Cicero in
Pompeji gefunden wurden (heute im Nationalmuseum
von Neapel) und Szenen der neuatt. Komödie wiedergeben. Als Vorbilder hierfür dienten Werke der hellenist. Malerei des 3. Jh. v. Chr.

Dioskurides Pedanios (gr. Dioskurides P.), aus
Anazarbos (Kilikien), griech. Arzt, 1. Jh. n. Chr. Das

*Kastor und Polydeukes bei einer Opferhandlung
(sog. Ildefonso-Gruppe, Madrid)*

Werk *Über Heilmittel* des D. P. referiert in fünf Büchern über die »Präparierung, die Qualitäten und die
Prüfung der Heilmittel« und gliedert diese nach Material und therapeut. Wirkung. Das in einigen Hss. mit
Illustrationen versehene Werk wurde bereits in der
Antike vielfach übersetzt und blieb bis zum Beginn
des 19. Jh. ein einflussreiches pharmakolog. Standardwerk. **Lit.:** O. Mazal, Pflanzen, Wurzeln, Säfte, Samen. Antike Heilkunst in Miniaturen des Wiener D.
(1981). – J. Riddle, Dioscorides on Pharmacy and Medicine (1985).

Diotima, in Platons *Symposion* (*Gastmahl*) Priese-
rin, die Sokrates in der Theorie der Liebe, dem Eros-
Prinzip, unterwiesen haben soll.

Diphilos, griech. Komödiendichter aus Sinope
(Kleinasien), ca. 360/50 – nach 300 v. Chr. (in Smyr-
na/Kleinasien), wichtiger Autor der Neuen ↗ Komödie, Vorbild für die plautin. Komödien *Rudens, Casina*
und wahrscheinlich *Vidularia*. Er scheint nicht die
feine Charakterisierungskunst Menanders, sondern
eher eine turbulente Handlung bevorzugt zu haben.
Lit.: W. H. Friedrich, Euripides und D. (1953).

Diplom (gr. diploma, »das Doppelte«, »Zusam-
mengelegte«), ein gefaltetes und versiegeltes Schriftstück, das auf verschiedenen Schriftträgern aufge-

zeichnet sein konnte (↗ Schreibmaterial, ↗ Diptychon). Am bekanntesten sind die Entlassungsurkunden ausgedienter röm. Soldaten, die sog. Militärdiplome. Sie bestanden aus zwei Bronzetafeln, die mit Schnüren verschlossen waren. Der rechtsverbindl. Text befand sich auf den Innenseiten. Mit Ausstellung ihrer Entlassungsurkunden erhielten die Veteranen das röm. ↗ Bürgerrecht.

Dipteros (gr.), ursprünglich aus Jonien stammender Tempeltypus, dessen ↗ Cella an allen Seiten von zwei Säulenreihen umgeben war (z. B. das ältere Artemision von Ephesos). **Lit.:** G. Gruben, Die Tempel der Griechen (⁴1986).

Diptychon (gr., »das doppelt Gefaltete«), zweiteilige, zusammenklappbare Schreibtafel aus Holz, Elfenbein oder Metall, die durch zwei Schnüre oder Gelenke verbunden war. Die Ränder der Innenseiten waren erhöht, um so in den Hohlraum Wachs einfüllen zu können. Mit der spitzen Seite eines Griffels (↗ Stilus) wurde die Schrift eingeritzt und mit der flachen Seite wieder glattgestrichen. Diptychen wurden für Briefe, Urkunden, Notizen oder Schularbeiten benutzt. Seit dem 4. Jh. n. Chr. wurden sie kunstvoll verziert. Die elfenbeinernen Konsulardiptychen des 5. und 6. Jh. wurden eigens als Geschenke hergestellt und bei Amtsantritt verteilt. Sie sind deshalb wichtige Dokumente für die Datierung spätantiker Kunst. In späterer Zeit wurden sie gerne umgearbeitet und als wertvolle Bucheinbände benutzt. **Lit.:** R. Delbrueck, Die Consulardiptychen und verwandte Denkmäler (1929). – J. Garbsch/B. Overbeck, Spätantike zwischen Heidentum und Christentum (1989).

Dirke, in der Mythologie Gattin des Lykos, der ihr seine Nichte Antiope anvertraut, die sie jedoch als Sklavin hält und grausam misshandelt. Antiopes Söhne ↗ Amphion und Zethos lassen sie aus Rache von einem Stier zu Tode schleifen.

Disciplina militaris (lat., »militär. Zucht«). Die epigraphisch wie literarisch (Plinius d.J., Tacitus, Valerius Maximus u. a.) belegte Wendung D. m. charakterisiert das Gehorsamsverhältnis zwischen Offizier und Mannschaften. Für Flavius Josephus lag darin die militär. Stärke Roms begründet. Geistig-religiöse Grundlage der D. m. stellte der zu Beginn des Dienstes abgelegte Treueid dar. Das Vorbild der Offiziere, Feldherrn und Kaiser war oft prägend für die D.m. der untergebenen Truppen. Für die Durchsetzung waren die ↗ Centurionen verantwortlich; als Strafmittel nutzte man Prügel, unehrenhafte Entlassung oder gar die Auflösung der Einheit oder ↗ Legion; bei bes. schweren Verfehlungen der gesamten Einheit kannte man die sog. Dezimierung (lat. *decimatio*), die Tötung eines jeden zehnten, durch Los bestimmten, Legionärs. **Lit.:** W. Eck u. a., Das senatus consultum de Cn. Pisone patre (1996).

Diskos (gr., »Scheibe«), griech. Sportgerät. In der Bronzezeit waren runde Bronzebarren in Form eines D. gebräuchl. Handelsware, Homers *Ilias* kennt den D. als Sportgerät wie auch als Siegespreis. Die metallene (meist eiserne) oder steinerne Wurfscheibe wurde entweder mit vorhergehender Drehung oder mit Pendelschwung geworfen. Der Diskuswurf wurde meist im Rahmen des Fünfkampfes (Pentathlon) gepflegt und war wegen seiner Dynamik beliebter Gegenstand in der Kunst (Vasenmalerei, Diskobolos des ↗ Myron). Berühmt wurde der Fund des sog. »D. von Phaistos« aus dem minoischen Kreta mit Schriftzeichen in Linear A (↗ Linearschriften). **Lit.:** M. Lavrencic u. a., D. (1991).

Dis Pater, röm. Unterweltsgott, mit dem griech. ↗ Hades gleichzusetzen, Sohn des ↗ Saturn und der ↗ Ops, Bruder des ↗ Jupiter und ↗ Neptun. Ihm und seiner Gattin ↗ Proserpina waren die 249 v.Chr. gegründeten *ludi Tarentini* geweiht.

Dissoi Logoi (gr., »Doppeldeutige Reden«), anonyme, teilweise aus einem größeren Werk exzerpierte griech. Schrift in dor. Dialekt. Das Werk vermittelt sophist. Thesen und betont die Relativität moral. Begriffe. ↗ Sophistik

Disticha Catonis ↗ Dicta Catonis

Distichon (gr., »Zweizeiler«), Begriff der Metrik, um eine aus zwei Versen bestehende Kompositionseinheit zu bezeichnen. Das eleg. D. besteht aus einem katalekt. daktyl. ↗ Hexameter und ↗ Pentameter.

Dithyrambos (gr. Dithyrambos), Lied zu Ehren des Gottes Dionysos, bereits im 7. Jh. v. Chr. bei Archilochos bezeugt. Bedeutung und Herkunft des Begriffs sind nicht geklärt. Als Erfinder der chorlyr. Gattung galt in der Antike Arion. Bes. Bedeutung erlangte der D. in Athen: Am ersten Tag der ↗ Dionysien fand der D.-Agon statt, in dem die zehn Phylen Attikas mit je zwei Chören von 50 Sängern gegeneinander antraten. Dem D. fiel in der att. Demokratie eine identitätsbildende Funktion zu. Hauptvertreter des D. sind Simonides, Pindar und Bakchylides, bei dem das dionys. Element stark zurücktritt. Gegen Ende des 5. Jh. wurde der D. zum Experimentierfeld der musikal. Avantgarde (Timotheos, Kinesias, Philoxenos). Die Komödie (Pherekrates Fr. 155 PCG) und bes. Platon reagierten mit harter Kritik. In der Rezeption wurde der D. und das Dithyrambische zum Inbegriff dionys., ekstat. Dichtung (Horaz, *Oden* 4, 2). **Lit.:** B. Zimmermann, D. (1992).

Dittographie, Begriff der Textkritik, Doppelschreibung eines Buchstabens, einer Silbe oder eines Wortes im Verlauf der Textüberlieferung.

Divinatio, lat. Begriff für ↗ Mantik.

Divisio orbis terrarum, anonymes spätantikes Werk, das – wie die *Demensuratio provinciarum* – ein summar. Verzeichnis der Provinzen und ihrer Ausdehnung (wohl nach dem geograph. Werk des Agrippa) bietet. **Lit.:** K. Brodersen, Plinius d.Ä. VI (1996) 342–349 [lat., dt., Erläuterungen].

Dodekanes (gr., »Zwölf Inseln«), Bezeichnung für die griech. Inselgruppe in der südöstl. Ägäis, bestehend aus Astypalaia, Chalke, Kalymnos, Karpathos, Kasos, Kos, Leros, Lipsos, Nisyros, Patmos, Syme und Telos sowie etwa 40 weiteren, unbewohnten Inseln.

Dodekathlos, die zwölf Aufgaben, die ↗ Herakles lösen muss.

Dodona (gr. Dodona), altes Orakelheiligtum des Zeus und der Dione in Epiros (Nordgriechenland) etwa 22 km südl. vom heutigen Ioannina. Das Heiligtum lag in einem Hochtal am Fuß des Tomarosgebirges, das ab der Bronzezeit besiedelt war. Die Orakelpriester deuteten hier das Rauschen der Eichenblätter und das Klingen bronzener Dreifüße, Priesterinnen den Flug und das Gurren der Tauben, auch ein Losorakel wurde praktiziert. Die Fragen an das Orakel wurden auf Bleitäfelchen geschrieben, von denen zahlreiche gefunden wurden. D. war anscheinend zunächst ein Naturheiligtum; die ersten Steingebäude – darunter ein kleiner Tempel bei der heiligen Eiche – stammen aus der Zeit des 4. Jh. v. Chr. Weitere Baureste sind vom alten und neuen Tempel der Dione, der Stoa und dem Buleuterion erhalten. Am eindrucksvollsten ist jedoch das Theater. Zwischen 297 v. Chr. und dem 4. Jh. n. Chr. erbaut, immer wieder umgebaut und erneuert, war es mit etwa 18.000 Sitzplätzen eines der größten in Griechenland. **Lit.:** GLHS (1989). – ASM (1999).

Dokimasia (gr., »Einschätzung«), Prüfung von Personen und Sachen, um Tauglichkeit bzw. rechtl. Ansprüche nachzuweisen. So gab es die D. von Münzen und Gewichten im Sinne einer Echtheitsprüfung; bei der Einschreibung von Epheben und Neubürgern wurde durch die D. die Berechtigung zum Eintrag in die Bürgerlisten überprüft. Auch vor Amtsantritt der Beamten wurde in Athen deren Vollbürgerrecht und rechtl. Befähigung überprüft. ↗ Bürgerrecht **Lit.:** A. S. Henry, Honours and Privileges in Athenian Decrees (1983).

Dolichenus, ein zum syr. Ort Doliche gehöriger Gott Baal, von der röm. Besatzung mit Jupiter identifiziert. 140 n. Chr. wurde ihm ein Tempel auf dem Aventin errichtet.

Dolon, Sohn des trojan. Herolds Eumedes. Er wird bei dem Versuch, das Lager der Griechen auszukundschaften, von Odysseus und Diomedes gefangen und getötet.

Domitian, Titus Flavius Domitianus; Domitianus Augustus, röm. Kaiser 14. September 81 – 18. September 96 n. Chr.; geb. 51 in Rom als Sohn des Kaisers Vespasian und der Flavia Domitilla; 69 Erhebung zum Caesar im O, einige Monate später Anerkennung als Caesar in Rom; 70 Hochzeit mit Domitia Longina (gest. zwischen 126 und 140); am 13. September 81 wurde D. von den Prätorianern zum Kaiser ausgerufen, am 14. September verlieh ihm der Senat den Augustustitel. 83 feierte D. einen Triumph über die Chatten, 86 über die Daker; vom 1.–3. Juni 88 veranstaltete er aufwendige Säkularspiele. 89 hielt sich D. in Pannonien auf (Aufstand des Saturninus), noch im selben Jahr feierte er einen Triumph über Daker und Germanen in Rom. Das harte Vorgehen gegen seine innenpolit. Gegner (93 Vertreibung der Philosophen aus Rom) und zahlreiche Hinrichtungen (z. B. 95 Hinrichtung seines Vetters T. Flavius Clemens) führten schließlich zu einer Verschwörung gegen den Kaiser, der D. am 18. September 96 zum Opfer fiel; mit D. erlosch die flav. Dynastie. **Lit.:** H. Bengtson, Die Flavier. Vespasian, Titus, D. (1979). – B. W. Jones, The Emperor D. (1992). – DRK (1997).

Domitian

Domitius, röm. Gentilname; das ursprünglich plebeische Geschlecht der Domitii ist seit dem 4. Jh. v. Chr. nachweisbar; 30 v. Chr. wurde die Gens patrizisch. Die wichtigsten Familien waren die Calvini und bes. die Ahenobarbi (lat., »Rotbärte«). Letzter und zugleich bekanntester Vertreter der Ahenobarbi war Kaiser D. Ahenobarbus.

Domus (lat., »Haus«), repräsentatives, palastartiges röm. Stadthaus, umfasste mehrere zusammenhängende Gebäude. ↗ Haus

Don ↗ Tanaïs

Donat, Aelius Donatus, röm. Grammatiker, ca. 310–380 n. Chr. D., Lehrer des Hieronymus, galt als der Grammatiker schlechthin. Seine *Ars grammatica* war das grundlegende Lehrwerk der lat. Sprache des Abendlandes. Die kleine Ausgabe (*Ars minor*) in Frage- und Antwortform war für den Elementarunterricht, die große (*Ars maior*) für Fortgeschrittene bestimmt. Ferner ist ein Terenzkommentar (zu fünf Komödien, ohne *Heautontimorumenos*) sowie in Fragmenten ein Vergilkommentar, jeweils mit Viten (nach Sueton), erhalten. ↗ Grammatik **Lit.:** P. L. Schmidt, in: HLL V (1989) 143–158.

Donatismus, eine vom Bischof Donat zu Beginn des 4. Jh. in Nordafrika begründete häret. Bewegung. Donat bestritt die Gültigkeit der von Unwürdigen gespendeten Sakramente und bestand auf der Wiedertaufe. Die Bewegung wurde durch Augustinus heftig bekämpft. **Lit.:** H. v. Soden/H. v. Campenhausen, Urkunden zur Entstehungsgeschichte des D. (²1950).

Donativum (lat., »Geschenk«), einmalige Geldzuwendung des röm. Feldherrn bzw. Kaisers an seine Soldaten. Erstmals im 3. Jh. v. Chr. verteilte ein röm. Feldherr aus der Kriegsbeute hohe Geldbeträge an seine Soldaten. Diese Sitte wurde durch die Wirren der Bürgerkriegszeit gefördert, band doch das in Aussicht gestellte D. die Soldaten enger an den Feldherrn. Im Prinzipat und bis in die Spätantike stellt das D. einen entscheidenden polit. Faktor dar: Mit hohen Beträgen erkauften sich Kandidaten die Loyalität der Truppen, bes. der Kaisergarde der Prätorianer. Das D. betrug oft ein Vielfaches des Jahressolds. **Lit.:** G. R. Watson, The Roman Soldier (1969).

Donau (thrak./gr. Istros, lat. Hister, später auch kelt./lat. Danuvius, Danubius), zweitlängster Strom Europas, Grenzfluss des röm. Reiches. Die Griechen kannten anfänglich nur den Unterlauf der D., der ja in griech. Siedlungsgebiet ins Schwarze Meer mündete. Doch nennt schon ↗Hesiod die D. einen der großen Flüsse der Welt. Den unter dem kelt. Namen Danuvius bekannten Oberlauf brachte erstmals Sallust mit dem Unterlauf (Hister) in Zusammenhang, wohl eine Erkenntnis der Illyrienexpedition Octavians (Augustus) 35 v. Chr. Bei den Zügen des Tiberius wurde 15 v. Chr. auch die Quellregion der D. entdeckt. In der Kaiserzeit bekam der Fluss strateg. Bedeutung; sein Oberlauf wurde unter Augustus zur Grenze gegen die nördl. gelegenen Germanenstämmen, bis durch die Schaffung des german. ↗Limes die Grenze nach N verschoben wurde. Rhein und Donau, verbunden durch den Limes, bildeten die Reichsgrenze bis zur Mündung ins Schwarze Meer. Die Eingliederung der Provinz Dakien unter Trajan bildete die einzige Überschreitung dieser Grenze. Durch die Germaneneinfälle ab dem 3. Jh. n. Chr. wurde die D.-Grenze immer wieder bedrängt, bis im 4. Jh. die Reichsverteidigung an Rhein und D. endgültig zusammenbrach. Dies konnten auch die beiden auf der D. stationierten röm. Kriegsflotten, die zur Sicherung des D.-Limes eingesetzt wurden, nicht verhindern.

Dorer (gr. Dorieis), einer der vier Hauptstämme der Griechen. Siedlungsgebiet der D. war zum einen die kleine Landschaft ↗Doris, zum anderen die in der ↗Dor. Wanderung erschlossenen Siedlungsräume auf der südl. und östl. Peloponnes, in der südl. Ägäis (Kreta, Teil der Kykladen, Dodekanes) und in ↗Karien an der kleinasiat. Küste (z. B. Knidos, Halikarnassos). Durch die sog. Große ↗Kolonisation, an der auch die dor. Städte teilnahmen, verbreiteten sich die D. im ganzen Mittelmeergebiet. Gemeinsamkeiten der D. sind bes. die Sprache (Dor. Dialekt) sowie Grundzüge in Kult und polit. Ordnung (Kalender, Feste, Phylenordnung). Das Wissen um die gemeinsame Abstammung verband zwar alle D., doch gerieten dor. Städte oft in dauerhafte Konflikte (etwa Sparta und Argos). **Lit.:** S. Deger-Jalkotzy (Hg.), Griechenland, die Ägäis und die Levante während der »Dark Ages« (1983).

Doris (1) (gr. Doris), myth. Tochter des Okeanos, Gattin des Nereus, Mutter der Nereïden.

Doris (2), kleinste Landschaft Mittelgriechenlands. Das von ↗Dorern bewohnte Gebiet war nur gegen O nach Phokis hin offen, nach N, W und S aber von hohen Gebirgsketten umgeben. Die kleine, arme, aber fruchtbare Landschaft hatte nur vier Städte (Pindos, Boion, Erineos, Kytenion); die zentrale Lage in Mittelgriechenland ließ der D. strateg. Bedeutung zukommen. Die D. gehörte zu den ältesten Mitgliedern der Delph. ↗Amphiktyonie, wurde aber von ihren Nachbarn immer wieder bedrängt. Sie trat im 3. Jh. v. Chr. dem ↗Ätol. Bund bei und verlor erst in der Kaiserzeit ihre Selbständigkeit.

Dorisch ↗Griechisch

Dorische Wanderung, Völkerbewegung im 12. oder 11. Jh. v. Chr., in deren Verlauf Stämme der ↗Dorer aus dem nord- und mittelgriech. Raum verdrängt wurden und in Richtung S über die Peloponnes bis nach Kreta und an die Südküste Kleinasiens vorstießen. In der griech. Mythologie spiegelt sich die D. W. in der Sage von der Rückkehr der ↗Herakliden wider, die – drei Generationen nach dem Tod des ↗Herakles – zusammen mit den Dorern die Peloponnes erobert haben sollen. **Lit.:** S. Deger-Jalkotzy (Hg.), Griechenland, die Ägäis und die Levante während der »Dark Ages« (1983).

Dornauszieher, in der griech. Kunst das Motiv eines Knaben, der auf einem Felsblock sitzt und sich einen (nicht sichtbaren) Dorn aus dem Fußballen zieht. Dieser Figurentypus ist in mehreren Varianten erhal-

Dornauszieher, Bronzestatue aus dem 1. Jh. v. Chr.
(Rom, Konservatorenpalast)

ten, von denen der D. aus dem Konservatorenpalast in Rom der wohl bedeutendste ist. Hier wurde auf klassizist. Weise nach dem Geschmack des mittleren 1. Jh. v. Chr. ein beliebtes hellenist. Motiv des späten 3. Jh. v. Chr. mit einem Kopf nach griech. Vorbild aus der Zeit um 460 v. Chr. kombiniert und somit in den streng klass. Stil rückübersetzt. Der D. erfreute sich zu allen Zeiten großer Beliebtheit, was sich nicht zuletzt an den zahlreichen Nachbildungen zeigt. Das Besondere ist ferner, dass das antike Original zwar in Vergessenheit geriet, wahrscheinlich aber nie unter die Erde gekommen ist und bereits im 12. Jh. wieder erwähnt wird. **Lit.:** W. Fuchs, Der D. (1958). – P. Zanker, Klassizist. Statuen (1974). – F. Haskell/N. Penny, Taste and the Antique (^{2}1982).

Doros, myth. Sohn des ↗ Hellen und der Nymphe Orseïs, eponymer Heros der Dorier.

Doryphoros (gr., »Speerträger«), bekannteste Statue des griech. Bildhauers ↗ Polyklet.

Dos (lat.), Mitgift. Nach röm. Recht. gingen die von einer Frau in die Ehe mitgebrachte Mitgift und auch künftige Erwerbungen in den Besitz ihres Ehemannes über. Mögl. Erträge dieser Mitgift sollten den Unterhalt der Ehefrau sichern. Für eine Frau aus dem Senatorenstand musste in der Kaiserzeit eine hohe Mitgift von einer Million Sesterzen aufgebracht werden, was dem Mindestvermögen eines Senators entsprach. Die Zahlungen erfolgten oft in Raten über mehrere Jahre. Kam es zur Scheidung (↗ Ehescheidung), so musste die Mitgift an die Frau rückübertragen werden; für schuldhaft geschiedene Ehen gab es Sonderregelungen. Wenn die Ehefrau vor ihrem Mann verstarb, so blieb die Mitgift meist bei diesem; überlebte die Ehefrau ihren Mann, so konnte sie von dem Erben ihres Mannes ihre Mitgift zurückverlangen. Zur Absicherung gemeinsamer Kinder waren für diese verschiedene Sonderregelungen getroffen. **Lit.:** R. P. Saller, Patriarchy, Property and Death in the Roman Family (1994). – J. F. Gardner, Frauen im antiken Rom (1995) 99 ff.

Doxa (gr. »Schein, Meinung«) ↗ Platon

Doxographie (gr., »Darstellung von (Lehr-)- Meinungen«), in der griech.-röm. Antike beliebte Zusammenstellung von Lehrmeinungen bes. der berühmten Philosophen. Man kann zwei Typen unterscheiden: die Darstellung der Lehrmeinung bestimmter philosoph. Richtungen und die Diadochie-Schriften, d. h. die Darstellung der Philosophenschulen in der Lehrsukzession, bes. im Lehrer-Schüler-Verhältnis. In der zweiten Ausprägung ist häufig anekdot. Material eingestreut.

Drachme (gr.), griech. Silbermünze. Die ältesten D.n beruhten auf dem Münzstandard von ↗ Ägina und hatten ein Gewicht von 6,24 g. In Athen betrug das Münzgewicht 4,36 g und entsprach dem Gegenwert von 6 Obolen (↗ Obolos). Die D. konnte auch in mehrfachen Werten geprägt werden: Didrachmen (2 D.n), Tetradrachmen (4 D.n) und ↗ Dekadrachmen (10 D.n). Die Tetradrachme stellte die Hauptmünze Athens dar. Auch Gold- und Kupfervarianten der D. waren u. a. in

Ägypten verbreitet. **Lit.:** C. M. Kraay, Archaic and Classical Greek Coinage (1976).

Dracontius, Blossius Aemilius D., aus Karthago, lat. christl. Dichter, 5./6. Jh. n. Chr. D. verfasste Gelegenheitsgedichte, mytholog. Kleinepen (z. B. *Hylas*) und ein drei Bücher umfassendes Gedicht *De laudibus Dei* (*Lobpreisungen Gottes:* 1. Buch: Weltschöpfung und Sündenfall, 2. Buch: Erlösung durch Christus, 3. Buch: Beispiele für Opfermut und Gottvertrauen). Eine ep. *Orestis tragoedia* wird ihm zugeschrieben, fraglich ist seine Autorschaft bei dem Epyllion *Aegritudo Perdiccae* (Konflikt des in Liebe zur eigenen Mutter entbrannten Perdiccas zwischen Leidenschaft und sittl. Empfinden). Die Ungnade des Vandalenkönigs Guntamund (484–496) trug ihm eine mehrjährige Kerkerhaft ein, während der ein Bußgedicht (*satisfactio*) entstand, in dem er um Gnade und Befreiung fleht. **Lit.:** J. Bouquet u. a., D., 4 Bde. (1985–96) [Ausg., Übers., Komm.].

Drakon, athen. Gesetzgeber im 7. Jh. v. Chr.; um der willkürl. Rechtsprechung Einhalt zu gebieten, ließ D. 621 das Gewohnheitsrecht schriftlich fixieren und öffentlich aufstellen. Selbst aristokrat. Herkunft war D. bes. daran interessiert, das Eigentum der herrschenden Aristokraten zu schützen. Deshalb sahen seine Gesetze harte Strafen für die Verletzung von Eigentum vor, bereits das Stehlen von Feldfrüchten sollte mit dem Tod bestraft werden. Zwar wurden diese Strafmaßnahmen bereits 594 von Solon wieder reduziert, die Gesetze D.s blieben aber wegen ihrer ungewöhnl. Härte im Gedächtnis (»Drakon. Strafen«). **Lit.:** R. S. Stroud, The Axones and Kyrbeis of D. and Solon (1979). – K.-W. Welwei, Athen (1992) 138–146. – GGGA (1999).

Drama (gr. dran, »handeln«), ursprünglich »Handlung«, »Tat«. Bereits im 5. Jh. v. Chr. wird D. als Fachbegriff verwendet, um Theaterstücke zu bezeichnen. Vorformen dramat. Aufführungen sind für Sikyon auf der Peloponnes bezeugt (Herodot 5, 67). Die Entwicklung zu einer Gattung erfolgte in der zweiten Hälfte des 6. Jh. v. Chr. in Athen und wird mit Thespis in Verbindung gebracht, der dem Chor einen Schauspieler gegenüberstellte und damit eine rudimentäre Handlung ermöglichte. Den zweiten Schauspieler führt Aischylos, den dritten Sophokles ein. In Rom sind Vorformen dramat. Aufführungen seit 364 v. Chr. bezeugt (Livius 7, 2). Der Schritt zum D. im eigentl. Sinne wurde 240 v. Chr. von Livius Andronicus vorgenommen, der als erster ein griech. D. ins Lateinische übersetzte und aufführte. Volkstüml. dramat. Formen haben ihre Spuren in der Komödie hinterlassen. **Lit.:** E. Lefèvre (Hg.), Das röm. D. (1978). – G. A. Seeck (Hg.), Das griech. D. (1979).

Dreifuß (gr. tripous, lat. tripus), dreibeiniger, teils verzierter Untersatz für Geräte, meist Kessel verschiedenster Art. Dreifüße begegnen bes. im kult. Bereich und sind in zahlreichen antiken Heiligtümern nachweisbar. Bekannt war der D. beim Orakel in ↗ Delphi, über dem die ↗ Pythia ihre Weissagungen empfing. In Athen erhielt der beim Dithyramben-Agon siegreiche

*Hoplitodromos:
Rennen für Hopliten,
das bei den Olympi-
schen, Pythischen und
Panathenäischen Spie-
len auf dem Programm
stand.*

↗ Chorege als Preis einen D., der in der Tripodenstraße aufgestellt wurde.

Dreißig Tyrannen (gr. triạkonta), die 30 Oligarchen, die nach der Niederlage Athens im Peloponnes. Krieg 405 v. Chr. die Macht an sich rissen und unter der Führung des Kritias eine Terrorherrschaft über Athen ausübten. Als es zu Streitigkeiten unter den 30 kam, nutzten die Demokraten die Gelegenheit, besetzten unter Führung des Thrasybulos Athen und stellten 403/02 die Demokratie wieder her. **Lit.:** G. A. Lehmann, Die revolutionäre Machtergreifung der »Dreißig« und die staatl. Teilung Attikas (404–401/00 v. Chr.), in: Antike und Universalgeschichte. Festschrift E. Stier (1972) 201–233.

Dreros, dor. Stadt im NO ↗ Kretas (beim heutigen Neapolis). Die Stadt hatte ihre Blütezeit im 8.–6. Jh. v. Chr., der inschriftlich überlieferte »Eid der Drerier« gehört zu den ältesten überlieferten griech. Stadtgesetzen. Ebenso einzigartig sind die im archaischen Tempel des 8. Jh. gefundenen Kultbilder aus Bronze (wohl 7. Jh. v. Chr.), auch die Architektur des kleinen Tempels fällt aus dem übl. Rahmen. Im Hellenismus erlebte die Stadt eine letzte Blüte und verlor im 2. Jh. ihre Selbständigkeit an Lyttos. Bescheidene Reste der Stadt, die aus zwei Akropolen und einer Agora (mit Tempel) bestand; Funde im Archäolog. Museum Heraklion. **Lit.:** R. Speich, Kreta (1984). – GLHS (1989) 202.

Dreschen. Durch das D. wurde schon in der Antike das Getreide, bes. der weit verbreitete Nacktweizen, von seinen Hüllspelzen und Verunreinigungen getrennt. Für den im frühen Rom verwendeten Speltweizen (*far*) kam dieses Verfahren nicht in Betracht. Der Dreschplatz war meist kreisrund, bestand aus einem geebneten, gestampften oder gepflasterten Boden. Die Ähren konnten durch Tiere ausgetreten werden, auch das Schlagen mit Stöcken oder anderen mechan. Hilfsmitteln wie dem im röm. Spanien verbreiteten Dreschwagen (*plostellum Poenicum*) oder dem von ↗ Columella empfohlenen Dreschschlitten (*tribulum*) sind belegt. Der Dreschflegel ist wohl eine nachantike Weiterentwicklung der antiken Stockmethode. Wind trennte nach dem D. die abgetrennte Spreu vom Weizen. **Lit.:** K. D. White, Roman Farming (1970).

Dromos (gr., »Lauf«). Der Wettlauf ist die älteste überlieferte sportl. Disziplin: Die ersten 17 Olymp. Spiele bestanden lediglich aus einem Wettlauf. Die kürzeste Laufstrecke war das Stadion (600 Fuß, ca. 180 m), ein Rennen konnte aber auch über mehrere Stadien gehen. Bei den Spielen in Olympia und Delphi wurden die Starter in zwei Altersklassen unterteilt. Die Teilnehmer liefen unbekleidet; bei Dorern und Äolern durften auch Mädchen, mit einem Chiton bekleidet, an Rennen teilnehmen. Oft war der D. in einen Kult einbezogen. Bei den Römern waren Wettläufe weit weniger beliebt. **Lit.:** I. Weiler, Der Sport bei den Völkern der Alten Welt (1981). – W. Decker, Sport in der griech. Antike (1995).

Druiden (kelt., »die sehr Gelehrten«), kelt. Priesterklasse, die sich in allen Wissenschaften hervortat, darunter Astrologie, Mythologie, Gerichtsbarkeit, Zauberei und Weissagekunst. Der Romanisierung Galliens setzten sie ihren erbitterten Widerstand entgegen (Caesar, *Gall. Krieg* 6).

Drusus, Nero Claudius D., röm. Feldherr, 38–9 v. Chr., Sohn des Tib. Claudius Nero und der Livia Drusilla, jüngerer Bruder des Tiberius; noch vor der Geburt des D. war Livia Anfang 38 eine zweite Ehe mit dem späteren Kaiser Augustus eingegangen, D. wurde so zum Stiefsohn des ersten Princeps. Zusammen mit seinem Bruder Tiberius unterwarf D. 15–13 Rätien; als Statthalter Galliens führte er 12–9 Kriege gegen die Germanen. Ende des Jahres 9 verunglückte D. tödlich, postum wurde ihm der Siegertitel Germanicus verliehen. **Lit.:** D. Kienast, Röm. Kaisertabelle (²1996) 68 f.

Dryaden, Baumnymphen, ↗ Nymphen.

Dryas, in der Mythologie Sohn des ↗ Ares und Bruder des ↗ Tereus, der ihn umbringt, da er ein Orakel erhalten hatte, wonach sein Sohn durch die Hand eines Verwandten sterben solle.

Dryope (gr. Dryope), Geliebte Apollons. Dieser nähert sich ihr in Gestalt einer Schildkröte, mit der das Mädchen ahnungslos spielt. Von ihm wird D. Mutter des Amphissos, des Gründers der Stadt Amphissa.

Dual, Begriff der Formenlehre. Neben dem Singular und Plural hat das Griechische eine weitere Form, um paarweise zusammengehörige Dinge und Personen zu bezeichnen, den D. Im Verlauf der Sprachentwicklung verschwand der D. immer mehr.

Dualismus, Begriff der Philosophie, bezeichnet jede philosoph. Lehre, die zwei letzte, nicht auf einander oder auf ein gemeinsames Drittes rückführbare Prinzipien annimmt. Dualismen sind z.B. die Begriffspaare Welt der Ideen vs. wirkl. Welt (Platon) oder Gott vs. Teufel bzw. gut vs. schlecht im Manichäismus. **Lit.:** S. Pétrement, Le dualisme chez Platon, les gnostiques et les manichéens (1947).

Duilius, röm. Gentilname; das plebeische Geschlecht der Duilii starb bereits im 3. Jh. v. Chr. aus; bekanntester Vertreter war Gaius D., der 260 v. Chr. zusammen mit Scipio Asina das Konsulat bekleidete. Als sein Amtskollege bei Lipara in karthag. Gefangenschaft geraten war, übernahm D. den Oberbefehl über die röm. Flotte und errang einen entscheidenden Sieg über die Karthager. D. war der erste Römer, der einen Triumph aufgrund einer gewonnenen Seeschlacht (*triumphus navalis*) feiern durfte. An seinen Sieg erinnerte eine mit den feindl. Schiffsschnäbeln geschmückte Säule auf dem Forum Romanum, die sog. *columna rostrata*. **Lit.:** L. Richardson, A New Topographical Dictionary of Ancient Rome (1993) 97.

Duoviri (lat., »Zweimänner«), in Rom außerordentl. Beamte mit verschiedenen Funktionen. Es gab die *d. perduellionis*, die für Prozesse wegen Hochverrat zuständig waren, die *d. sacris faciundis*, die auf Beschluss des Senates die Sibyllin. Bücher (↗ Sibylle) einzusehen hatten (eine Aufgabe, die nach 367 v. Chr. den ↗ Decemviri zufiel), die *d. aedi dedicandae*, die für die Weihung eines Tempels zuständig waren usw. – In den röm. Kolonien und Munizipien waren die D. die höchsten Beamten, entsprechend den ↗ Konsuln in Rom (↗ Kolonien, ↗ Municipium).

Dupondius (lat.), röm. Maßeinheit. Mit D. wurde das Zweifache der niedrigsten Maßeinheit bezeichnet: Als Längenmaß entsprach ein D. zwei *pedes* (Fuß), als Gewicht zwei röm. Pfund. Die älteste D.-Münze, eine Bronzemünze mit dem Wertzeichen II, stammt aus der Mitte des 3. Jh. v. Chr. Mit der Einführung der Prägung von ↗ Denaren verschwand der D. und wurde erst im

Zeitalter der Bürgerkriege wieder von einem Präfekten Mark Antons im Osten geprägt. Augustus führte 18 v. Chr. den D. als 12,5 g schwere Messingmünze wieder ein. In dieser Form dient der D. bis Carus der kaiserl. Selbstdarstellung: Auf der Vorderseite waren der Kaiser oder seine Familie dargestellt, auf der Rückseite oft Personifikationen kaiserl. Tugenden. **Lit.:** M.H. Crawford, Coinage and Money under the Roman Republic (1985).

Dura-Europos (heute Qalat es Salihiya), griech., später röm. Stadt am mittleren ↗ Euphrat (heute Syrien). Die um 300 v. Chr. von ↗ Seleukos I. Nikator schachbrettartig angelegte Stadt liegt auf einem nur von W zugängl. Hochplateau und wurde im Hellenismus zu einem wichtigen seleukid. Militärposten am Euphrat. 141 eroberten die ↗ Parther D.-E., die Stadt wurde zur wichtigen Karawanenstation auf der Route nach ↗ Palmyra. Im 2. Jh. n. Chr. wurde D.-E. von röm. Truppen erobert, die die Stadt als Garnison nutzten. 256 wurde D.-E. von ↗ Sasaniden erobert und kurz darauf aufgegeben. Die umfangreichen Ausgrabungen in D.-E. dokumentieren den Mischcharakter dieser Siedlung: Griech., röm., parth. und semit. Elemente, die das Leben der Stadt bestimmten, finden sich hier in einzigartiger Kombination wieder. Die mit gut erhaltenen Malereien ausgestattete Synagoge (mit figürl. Darstellungen) gehört zu den herausragendsten archäolog. Funden in D.-E. **Lit.:** M. Rostovtzeff, D.-E. and its Arts (1928). – PECS (1976). – J. Gutmann, The D.-E. Synagogue, A Reevaluation, (1992). – ASM (1999).

Duris (1), att. Schalenmaler, dessen lange Schaffenszeit von 500 bis etwa 465/60 v. Chr. dauerte, zeichnet sich durch exakte Linienführung und eine gefällige, ausgewogene Komposition aus. Ihm wird des öfteren aber auch eine langweilige Malweise nachgesagt. D. können etwa 300 Vasen zugeschrieben werden, von denen er 39 als Maler signiert hat. Seine Themen sind, dem Geschmack der Zeit entsprechend, Symposion, Palästra und Komos, daneben auch Kämpfe und mytholog. Szenen. Die Lieblingsinschriften, die er auf verschiedenen Werken anbringt, sind eine willkommene Datierungshilfe. **Lit.:** M. Wegner, D. (1968). – K. Vierneisel/B. Kaeser (Hg.), Kunst der Schale – Kultur des Trinkens (1990).

Duris (2) von Samos, griech. Historiker, 350/40–280/70 v. Chr., Schüler Theophrasts, später Tyrann von Samos. Verloren sind seine kunst- und literaturwissenschaftl. Traktate. Seine histor. Schriften sind fragmentarisch erhalten (FGrHist. 76): die lokalhistor. *Samische Chronik*, die *Taten des Agathokles*, des Tyrannen von Syrakus, und die in 23 Büchern verfassten *Makedonika*, welche die Zeit vom Tod des Amyntas bis zum Tod des Lysimachos (370–281 v. Chr.), wohl mit makedonenfeindl. Tendenz, behandeln. D.' Kritik an seinen Vorgängern und die Forderung einer ›mimet.‹ Darstellung sind wohl nicht als Begründung einer auf der Übernahme des aristotel. Mimesis-Begriffs fußenden ›trag.‹ bzw. ›peripatet.‹ Geschichtsschreibung, sondern als Rechtfertigung einer im Gegensatz zum reinen Tatsachenbericht stehenden, auf Sensation und Effekt zählenden Darstellungsweise aufzufassen. **Lit.:** P. Pédech, Trois historiens méconnus. Théopompe, Duris, Phylarque (1989) 257–389. – F. Landucci Gattinoni, Duride di Samo (1997).

Durocọrtum ↗ Reims

Durostọrum (heute Silistra, Bulgarien), röm. Siedlung in ↗ Mösien. Die am rechten Ufer der unteren Donau gelegene Siedlung war als Zoll- und Handelsstation von Bedeutung, 105/06 n. Chr. wurde D. Legionsstützpunkt mit permanenter Besatzung. Die unter Antoninus Pius entstandene Zivilsiedlung wurde von Mark Aurel zum Municipium erhoben, litt jedoch unter Überfällen benachbarter Stämme. Diokletian wählte D. zur Hauptstadt der Provinz Scythia. Die Blüte der Stadt bes. in der Spätantike bezeugen die reichen archäolog. Funde (Bauten, Wandmalereien u. a.). **Lit.:** V. I. Velkov, Die thrak. und dak. Stadt in der Spätantike (1959).

Dux (lat.), spätantike Amtsbezeichnung für den Kommandeur einer Grenztruppe. Ursprünglich bezeichnete D. allg. einen militär. Führer; seit Diokletian wurde D. eine Amtsbezeichnung für den militär. Leiter in der Provinzialverwaltung, während der zivile Teil der Verwaltung den *praesides* unterstand.

Dyrrhạchium ↗ Epidamnos

E

Eborạcum (auch Eburạcum, heute York, Großbritannien), röm. Garnisons- und Provinzhauptstadt in ↗ Britannien. Das erste Legionslager in E. wurde wohl um 71/74 n. Chr. als Holzkastell errichtet und diente der Sicherung Nordenglands. Im 2. Jh. wurde das Lager in Stein befestigt und mehrfach ausgebaut. Ein Eckturm dieser Anlage ist noch heute nahe dem Museum zu sehen. Unter Septimius Severus stieg E. zur Hauptstadt der Provinz Britannia inferior auf, die Zivilstadt florierte. 211 starb Septimius Severus in E., 306 wurde hier Konstantin d. Gr. von seinen Truppen zum Kaiser ausgerufen. E. blieb bis zum Zusammenbruch der röm. Herrschaft in Britannien Zentrum des militär. Widerstandes. Sehenswerte röm. Ausgrabungen unterhalb des Münsters; Funde im Yorkshire Museum. **Lit.:** Royal Commission on Historical Monuments (Hg.), City of York I: Eburacum, Roman York (1962). – P. Ottaway, Roman York (1993).

Ebro (lat. (H)Iberus), Fluss im N Spaniens. Der in WO-Richtung verlaufende Fluss bildete die Nordgrenze des karthag. Territoriums auf der Iber. Halbinsel. Der 226/25 v. Chr. zwischen Hasdrubal und Rom geschlossene Ebrovertrag, den uns u. a. Polybius überliefert, wurde später zu einem der Kriegsgründe des 2. ↗ Pun. Krieges, als Hannibal diese Demarkationslinie überschritt. Die Historizität des Vertrags wurde jüngst wieder angezweifelt. **Lit.:** J. Seibert, Forschungen zu Hannibal (1993) 121–135.

Echịdna, in der Mythologie zur einen Hälfte eine schöne Frau, zur anderen eine grässl. Schlange, von ↗ Typhon Mutter u. a. folgender Ungeheuer: des ↗ Orthros, der ↗ Chimäre, des ↗ Kerberos, der ↗ Hydra, der ↗ Sphinx und des ↗ Nemeischen Löwen.

Echịnos (gr.), in der Säulenordnung Teil des dor. ↗ Kapitells, der sich zwischen Säulenschaft und Deckplatte (*abacus*) befindet; während die E. im 6. Jh. v. Chr. noch wulstartig und ausladend war, straffte er sich im Laufe der Zeit und wurde kräftiger, bis er sich schließlich zu einem Kegelstumpf entwickelte. **Lit.:** G. Gruben, Die Tempel der Griechen (⁴1986).

Ẹcho (gr. Echọ), im griech. Mythos ↗ Nymphe, der Hera aus Eifersucht ihr Sprechvermögen nimmt: nur noch die letzten Silben ihres Gegenübers vermag sie zu wiederholen. Als ↗ Narziss ihre Liebe verschmäht, schwindet sie bekümmert dahin; nur ihre Stimme bleibt von ihr übrig. Einer anderen Version nach weist sie die Liebe des Hirtengottes Pan zurück, der sie daraufhin von wütenden Hirten zerreißen lässt. An den Stellen, wo ihre Gebeine liegen, lässt sich noch heute das E. vernehmen.

Edelsteine. In der gesamten Antike wurden E. als Wertgegenstände geschätzt; die begriffl. Verwendung unterscheidet sich aber teils von der modernen: Mangels mineralog. Kenntnis unterschied man nicht zwischen Edel- und Halbedelsteinen, und oft wurden Varianten desselben Steins mit verschiedenen Namen belegt. E. fanden bes. durch den Handel Eingang in die antike Welt. Die wichtigsten Herkunftsgebiete waren Indien, Innerafrika und Kleinasien. Als wertvollster Stein galt der Diamant, es folgten Smaragd, Rubin und Beryll. Schon früh nahm sich das Kunsthandwerk der E. an. Sie wurden geschliffen und eingefasst und fanden in bearbeiteter Form als ↗ Gemmen und Kameen eine weite Verbreitung. Fälschungen und Nachahmungen kamen vor; in der röm. Kaiserzeit entstanden z. T. regelrechte Fälscherwerkstätten, über die ↗ Plinius d. Ä. berichtet. E. spielten ferner eine große Rolle in der Magie; da man ihnen vielfach heilende Kräfte zuwies, fanden sie Verwendung als Amulette und wurden bes. in der kaiserzeitl. Volksmedizin in pulverisierter Form als Heilmittel eingesetzt. ↗ Steinschneidekunst, ↗ Schmuck **Lit.:** P. Schmidt, E. bei den Kulturvölkern (1948).

Edẹssa ↗ Aigai

Edịkt (lat. edịctum, »Erlass«), die Ankündigung eines röm. Beamten zu Beginn seines Amtsantritts. In dem E. traf der Beamte entweder konkrete Anordnungen oder stellte sein »Regierungsprogramm« vor. Das E. wurde in der Regel auf dem ↗ Album aufgezeichnet und veröffentlicht. In der Kaiserzeit gehörten die E.e zu den kaiserl. Erlassen (*constitutiones principis*), denen spätestens seit Mitte des 2. Jh. n. Chr. Gesetzeskraft zukam. Es handelte sich um Bekanntmachungen verschiedenen Inhalts, die sich direkt an die Öffentlichkeit richteten. Sie behielten ihre Gültigkeit während der gesamten Regierungszeit eines Kaisers und auch darüber hinaus, wenn sie von seinem Nachfolger nicht ausdrücklich aufgehoben wurden. ↗ Mandatum, ↗ Reskript

Editio princeps (lat., »Erstausgabe«). Als E. p. bezeichnet man den Erstdruck eines antiken Autors.

Efeu (gr. kissọs, hẹlix; lat. hẹdera), vor allem dem ↗ Dionysos aufgrund ihres immergrünen Wesens und der eventuellen halluzinogenen Wirkungen ihrer Beeren heilige Pflanze, aber auch anderen Gottheiten wie ↗ Apollon, ↗ Aphrodite, ↗ Artemis und ↗ Athena zugeordnet. Dionysos trug den Beinamen *kissophọros*, »Efeu tragend«. Die ↗ Mänaden werden mit E.kränzen dargestellt, das E.blatt ist Zeichen der dionys. ↗ Mysterien. Der griech. Name des E.s *kissọs* wird aitiologisch von einem gewissen Kisseus abgeleitet, der sich mit dem Liebling des Dionysos Ampelos (»Weinstock«) einließ und verlor. Kissos wird in E., Ampelos in den Weinstock verwandelt (↗ Metamorphose).

Egẹria (1), Figur der röm. Mythologie, Wassernymphe, Gattin des sagenhaften, für seine Weisheit berühmten zweiten röm. Königs Numa Pompilius.

Egẹria (2). Unter dem Namen der E. ist ein von einer Frau verfasster Reisebericht (↗ Itinerar), die Beschreibung einer Pilgerreise ins heilige Land in Briefform, überliefert. Der Bericht stammt wohl vom Ende des 4. Jh. n. Chr. Die Reiseroute führte die gebildete und wohlhabende Frau von Südgallien oder Nordspanien, vermutlich ihrer Heimat, auf dem Landweg über Konstantinopel nach Jerusalem, von wo aus sie zahlreiche weitere Reisen zu den heiligen Stätten bis nach Ägypten und in den Sinai unternahm. Der Bericht enthält zahlreiche Informationen zur Lebensweise, Volksfrömmigkeit und Entwicklung des Christentums im heiligen Land. **Lit.:** J. Wilkinson, E.s Travels (1982).

Ehe. In der griech. und röm. Gesellschaft herrschte in der Regel Monogamie (vereinzelt, bes. in den hellenist. Herrscherfamilien, sind Formen der Polygamie belegt). Die E. beruhte nicht auf der Gleichberechtigung zwischen Mann und Frau, sondern wurde vom Mann dominiert und galt als Voraussetzung für die Zeugung vollbürtiger Nachkommenschaft. In Griechenland kam die E. durch einen Vertrag zwischen dem Bräutigam und dem Vormund der Braut (in der Regel dem Vater) zustande und konnte durch den Mann auf einfache Weise wieder aufgelöst werden (↗ Ehescheidung). Voraussetzung für eine vollgültige E. war entweder das Bürgerrecht beider Ehegatten (so in Athen seit Mitte des 5. Jh.) oder die ↗ Epigamie bei Personen aus unterschiedl. Städten. In Rom war ursprünglich die sog. Manus-E. verbreitet, bei der die Frau vollkommen dem Manne untergeordnet war und über kein eigenes Vermögen verfügte, doch wurde diese Form bis zum Ausgang der Republik allmählich durch eine »gewaltfreie« E. verdrängt, in der Gütertrennung zwischen den Partnern herrschte. Voraussetzung war die beiderseitige Zustimmung der Ehegatten, des Gewalthabers der Frau, sowie die rechtl. Ehefähigkeit (↗ Conubium) beider Partner. Vollgültige Ehen zwischen Sklaven waren dadurch ausgeschlossen. Als Mindestalter war in Rom

Römisches Ehepaar (Grabrelief 1. Jh. v. Chr.)

14 Jahre für den Bräutigam und 12 Jahre für die Braut vorgeschrieben. Erst das Christentum wertete die E. als Sakrament zu einer religiösen Institution auf. ↗ Matrona **Lit.:** W. Erdmann, Die E. im alten Griechenland (1934). – C. Reinsberg, E., Hetärentum und Knabenliebe im antiken Griechenland (1989). – T. Gergen, Die E. in der Antike (1995). – R. Rawson (Hg.), The Family in Ancient Rome (1996).

Ehebruch ↗ Adulterium

Ehescheidung. In Griechenland wie in Rom erfolgte eine E. durch die formelle Verstoßung der Frau durch den Mann, der eine Begründung, z. B. Ehebruch (↗ Adulterium) oder Kinderlosigkeit, geltend machen und die im Ehevertrag festgesetzte Mitgift (↗ Dos) zurückerstatten musste. Eine E. seitens der Frau war nicht möglich, doch kam in Rom seit der ausgehenden Republik häufiger auch die Scheidung im gegenseitigen Einvernehmen vor. Zu einer deutl. Erschwerung der E. kam es erst in der Spätantike unter christl. Einfluss, der die Ehe religiös aufwertete. **Lit.:** T. Gergen, Die Ehe in der Antike (1995).

Eiche (gr. drys, lat. quercus), ein im Mittelmeergebiet in zahlreichen, teils immer-, teils sommergrünen Arten verbreiteter Baum, der in der Antike vielfach mit religiösen Vorstellungen in Verbindung gebracht wurde und daher in der Überlieferung die führende Stellung unter den Bäumen einnimmt. Die beiden wichtigsten Formen waren Stieleiche (*Quercus robur*) und Steineiche (*Quercus ilex*), während die nur im westl. Mittelmeergebiet verbreitete Korkeiche (*Quercus suber*) noch nicht die Bedeutung späterer Zeiten hatte. In Griechenland galten E.n als Wohnstätten von ↗ Nymphen (Dryaden) und begegnen oft in Tempelhainen. Im Zeus-Heiligtum von ↗ Dodona war ihr Rauschen Grundlage für Orakelsprüche; der Baum wurde auch mit ↗ Ares, ↗ Demeter und ↗ Dionysos in Verbindung gebracht. Er galt als Symbol für Hoheit, Beständigkeit und Stärke. Eichenholz fand vielfach bei der Errichtung von Häusern und der Herstellung von ↗ Möbeln Verwendung, ferner beim Schnitzen von Götterkultbildern, hingegen kaum beim Schiffsbau. Sehr verbreitet waren bei Festen Kränze aus Eichenlaub. Eicheln dienten bes. als Futter für Schweine und Wild, wurden aber auch gegessen.

Eid. Im griech. und röm. Recht spielte der E. eine bedeutende Rolle und kam bes. in der Verwaltung, bei privaten Rechtsgeschäften und bei Gerichtsverfahren zur Anwendung. Die Eidesformel bestand aus der Anrufung verschiedener Gottheiten, die als Zeugen fungieren sollten, dem eigentl. Eidesthema, sowie zum Abschluss aus einer Fluch- und Segensformel, die Sanktionen bei Nichterfüllung androhte. Die Bestrafung eines Eidbruchs erfolgte in der Regel nicht von Staats wegen, sondern blieb den Göttern vorbehalten. Der Ursprung des E.s liegt in zauberkräftigen Gebeten, mit denen die Götter veranlasst werden sollten, bestimmte Objekte oder Zustände zu schützen. Eine besondere Bedeutung entwickelte der E. (*ius iurandum*) im röm. Recht als Bekräftigung einer Aussage sowohl bei Prozessen (Zeugeneid) als auch im privaten Bereich; er fand von da über das MA Eingang ins moderne Rechtswesen. **Lit.:** E. v. Lasaulx, Der E. bei den Griechen (1844). – R. Hirzel, Der E. (1902). – K. Latte, Heiliges Recht (1913).

Eid des Hippokrates. In der traditionellen Form des Eids auf die Heilgötter wird die ärztl. Standesethik definiert. Vom Arzt wird Achtung seines Lehrmeisters, Sorge für das Wohl des Patienten, Selbstbeschränkung, Schutz des Lebens und Verschwiegenheit gegen Dritte verlangt. Der im *Corpus Hippocraticum* (Hippokratische Schriften) überlieferte Eid stammt wohl aus der 2. Hälfte des 4. Jh. Im MA mit christl. Gedankengut in Einklang gebracht, erfüllt der Eid, abgesehen von wenigen Modifikationen, bis heute die Funktion einer ärztl. Schwurformel. **Lit.:** K. Deichgräber, Der hippokrat. Eid (^{4}1983).

Eileithyia (ion. Eileithyie), kret. Göttin der Frauen und der Geburt, Tochter der Hera. E. ist häufig auch der Beiname der ↗ Artemis.

Eingeweideschau, schon bei Homer erwähnte, aus dem Orient stammende Form der Wahrsagekunst.

Man unterscheidet die Hepatoskopie (Leberschau, die Leber musste gesund und die Lappen normal ausgebildet sein), die Begutachtung der Innereien, die Untersuchung des brennenden Schwanzes und Kreuzbeins des Opfertiers (der Schwanz musste sich kringeln). Das mangelnde Aufflackern der Opferflamme und spritzende Flüssigkeiten, bes. Galle, wurden als negative Vorzeichen gedeutet. In Rom wurde die E., die sog. *Etrusca disciplina* (»etrusk. Disziplin«, da sie von den Etruskern übernommen worden war), vom staatl., aus 60 Männern bestehenden Kollegium der *haruspices* vorgenommen, die beim Auftreten eines *prodigium* (unerklärl. »Vorzeichens«) aktiv wurden. Neben der Analyse der Leber und Eingeweide nahmen sie auch die Brontoskopie (Analyse von Donner und Blitz) vor und legten die nötigen rituellen Maßnahmen fest. Die »Bronzeleber von Piacenza« zeigt, dass in der röm. E. eine Beziehung zwischen dem Mikrokosmos, der analysierten Leber, und dem Makrokosmos angenommen wurde, die mit der divinator. Technik aufgedeckt werden sollte. **Lit.:** R. Bloch, Les prodiges dans l'antiquité (1963).

Eirenaios ↗ Irenäus

Eirene (gr. »Friede«), die Friedensgöttin, bei Hesiod eine der ↗ Horen.

Eisen (gr. sideros, lat. ferrum), das wichtigste Metall der Antike, erstmals Ende des 2. Jt. v. Chr. belegt, seit dem 9./8. Jh. v. Chr. im gesamten Mittelmeerraum verbreitet. Es wurde aus Erzen ausgeschmolzen, die in dafür konstruierten Öfen durch spezielle techn. Verfahren erhitzt und bearbeitet wurden. Das Rohmaterial war in ganz Europa und Kleinasien reichlich vorhanden. Da E. leistungs- und strapazierfähiger ist als ↗ Bronze, verdrängte es diese bei der Anfertigung von Waffen, Werkzeugen, Ackergeräten und Zubehör; Verwendung fand es auch beim Hausbau und der Anfertigung von Schmuck. Über eine bedeutende Eisenproduktion verfügten bereits die ↗ Etrusker. In Griechenland und Rom wurde die Produktion weiter vervollkommnet, indem man die Schweißtechniken weiterentwickelte, E. zu ↗ Stahl härtete und spezielle Verfahren zur Rostbekämpfung erfand. Als bes. qualitätsvoll galt in der röm. Kaiserzeit das E. aus ↗ Noricum. **Lit.:** R. J. Forbes, Metallurgy in Antiquity (1950).

Ekbatana (heute Hamadan/Iran), Hauptstadt des Mederreiches. Nach Herodot wurde E. um 715 v. Chr. von Deiokes gegründet. 550 eroberten Perser unter Kyros II. (559–529) E.; es wurde zur Residenzstadt der pers. Großkönige ausgebaut. 330 besetzte Alexander d.Gr. E.; in der Stadt wurden die Schätze seines Persienzuges gesammelt. Im Hellenismus wurde E. mit ↗ Medien Teil des Seleukidenreiches, später besetzten die ↗ Parther Medien; die Dynastie der Arsakiden wählte E. erneut zur Sommerresidenz. Die modern überbaute Stadt ist bis heute kaum ausgegraben. **Lit.:** K. Brodersen, in: Archäolog. Mitteilungen aus Iran 24 (1991) 51.

Ekklesia ↗ Volksversammlung

Ekkyklema (gr. ekkyklein, »herausrollen«), Theatermaschine, die aus dem Mitteltor der ↗ Bühne herausrollbar war und mit der Innenszenen oder Tableaus dargestellt wurden.

Eklektizismus (gr. eklegein, »auswählen«), Verfahren, aus der philosoph. Tradition das dem jeweiligen Autor Zusagende auszuwählen und – häufig ohne Rücksicht auf die Kohärenz – zu einem neuen Werk zusammenzufügen. Eine rein eklekt. Schule wurde am Ende des 1. Jh. v. Chr. von Potamon von Alexandria gegründet, ohne Erfolg zu haben. Im weiteren Wortsinn können Ciceros philosoph. Schriften insofern als eklektisch (ohne negativen Beiklang) bezeichnet werden, als Cicero die vor ihm liegenden philosoph. Schulen auswertet und zur Ausbildung seines eigenen Systems verwendet.

Ekliptik (gr., »zur Finsternis gehörende Linie«), die Bahnebene, die die Erde auf ihrem Lauf um die Sonne beschreibt und die bei der astronom. Beobachtung als sphär. Großkreis erscheint (die vermeintl. Linie, die die Sonne am Himmel zeichnet). An den Schnittpunkten der E. mit der Mondumlaufbahn können Sonnenbzw. Mondfinsternisse (↗ Finsternisse) auftreten. In der antiken ↗ Astrologie spielte die E. eine große Rolle, da – von Babylonien ausgehend – an ihrer Führungslinie die zwölf Tierkreiszeichen (↗ Zodiakos) ausgerichtet sind.

Ekloge (gr. ekloge, »Auswahl«). E. bezeichnet nach Varro im engeren Sinne ein »ausgewähltes« lyr. Gedicht aus einer Sammlung bzw. im Plural die Sammlung als ganze. Der Begriff wurde auf horaz. Gedichte und bes. auf Vergils *Bucolica* angewandt und ist seither meist im Sinne von »Hirtengedicht« gebraucht.

Ekphrasis (gr., »Beschreibung«), seit Homers *Ilias* (Buch 18, 468–608: Schild des Achill) eine in allen Gattungen gepflegte literar. Technik der Beschreibung von Gebrauchsgegenständen, Örtlichkeiten (sog. Topothesie) und bes. Kunstwerken. Eine Blüte erreichte die E. im 1./2. Jh. n. Chr. unter dem Einfluss der Rhetorenschulen. **Lit.:** S. Goldhill/R. Osborne (Hg.), Art and Text in Ancient Greek Culture (1994). – G. Boehm/H. Pfotenhauer (Hg.), Beschreibungskunst – Kunstbeschreibung (1995).

Ekstase (gr. ekstasis, »das Aus-sich-Heraustreten«), auch *mania* (»Wahnsinn«). Zustand der Entrückung, der Trennung von Seele und Körper; in der bes. mit dem ↗ Dionysos-Kult verbundenen E. waren die Bacchantinnen (Mänaden) immun gegen Schlangenbisse. E. ist auch Bestandteil von zahlreichen ↗ Mysterien. **Lit.:** W. Burkert, Griech. Religion (1977) 178 ff.

Elaïs ↗ Oinotrophoi

Elagabal, Varius Avitus Bassianus; Marcus Aurelius Antoninus, röm. Kaiser 16. Mai 218–11. März 222 n. Chr.; geb. ca. 203 in der syr. Stadt Emesa als Sohn des Sextus Varius Marcellus und der Julia Soaemias; Priester des Sonnengottes Elagabal, daher später Heliogabalus (in der *Historia Augusta*) oder Elagabalos (bei Zonaras) genannt. Am 16. Mai 218 wurde E. in Emesa zum Kaiser erhoben und nach dem Sieg über Macrinus am 8. Juni 218 vom Senat anerkannt. E. reiste in Begleitung seines Gottes, der in der Form eines schwarzen Steines verehrt wurde, von Antiochia in Syrien nach Rom, wo er ca. Aug./Sept. 219 eintraf. Durch Maßnahmen wie der Erhebung des Gottes Elagabal zum obersten Staatsgott und der Hochzeit mit der Vestalin Aquilia Severa (220/21) machte er sich zusehends unbeliebt. Auf Geheiß seiner Mutter adoptierte er am 26. Juni 221 seinen Vetter Severus Alexander und ernannte ihn zum Caesar. Später wollte er ihm den Titel wieder aberkennen und plante gar seine Ermordung, was ihm den Hass der Prätorianer eintrug; am 11. März 222 wurde E. ermordet, sein Leichnam in den Tiber geworfen. **Lit.:** M. Frey, Untersuchungen zur Religion und zur Religionspolitik des Kaisers E. (1989). – DRK (1997).

Elateia, (heute Elatia, Griechenland), größte Stadt in ↗ Phokis. Die neben ↗ Delphi wichtigste Stadt der Landschaft Phokis lag an der Hauptstraße Mittelgriechenlands und war daher seit myken. Zeit strategisch wie wirtschaftlich von Bedeutung. Im 6. Jh. v. Chr. beteiligte sich E. am Zug der Phoker gegen Thessalien, 480 wurde die Stadt von den pers. Truppen des ↗ Xerxes zerstört. 339 besetzte Philipp II. von Makedonien E. und kontrollierte somit Mittelgriechenland. Nach der Eroberung (198) durch Q. ↗ Flamininus überließen die Römer die Stadt den Ätolern, die 194 die Bürger der Stadt nach Arkadien vertrieben. Nach röm. Intervention 190/91 konnten die Bewohner wieder zurückkehren. Ab dem 1. Jh. v. Chr. gewann die Stadt wieder an Wirtschaftskraft. Im 4. Jh. n. Chr. wurde E. Bischofssitz; die Stadt bestand bis in byzantin. Zeit. Reste der Stadtmauer sowie der Akropolis sichtbar. **Lit.:** GLHS (1989) 208 f.

Elba (etrusk., »Eisen«; gr. Aithale/Aithalia, lat. Ilva), Insel im Tyrrhen. Meer, um 1000 v. Chr. von Etruskern besiedelt, die bes. das Eisenerz abbauten und u. a. im gegenüberliegenden ↗ Populonia dem Festland verarbeiteten. 453 v. Chr. gehörte E. kurzfristig zu ↗ Syrakus, seit etwa 300 v. Chr. zu Rom, das nach der Eroberung Hispaniens die Erzförderung auf E. einstellte.

Elbe (gr./lat. Albis), Fluss in ↗ Germanien. Der Fluss wurde den Römern erst unter Caesar bekannt. Augustus plante die Expansion des röm. Reiches in Germanien bis zur E., die eine natürl. Grenze bilden sollte. 9 und 5 v. Chr. erreichten Drusus bzw. Tiberius ebenfalls die E; L. Domitius Ahenobarbus soll die Elblinie sogar überschritten haben. Doch beendete spätestens die röm. Niederlage im ↗ Teutoburger Wald 9 n. Chr. all diese Pläne; die Rhein-Donau-Grenze wurde festgeschrieben und die E. blieb im freien Germanien. Schon Tacitus kannte die E. nur noch vom ›Hörensagen‹. **Lit.:** K.-P. Johne, Die E. als Ziel röm. Expansion (1982).

Eleaten, griech. Philosophenschule in Elea, vertreten durch ↗ Parmenides, ↗ Zenon und ↗ Melissos. Grundaussage der eleat. Schule ist, dass Nicht-Seiendes nicht existiert. Das Sein dagegen ist nach Parmenides nicht entstanden und unvergänglich, eines, zusammenhängend, unbeweglich und kugelförmig. Die Argumentation der E., bes. des Zenon, ist darauf ausgerichtet, die Sinneseindrücke als unzuverlässige Scheinmeinungen zu entlarven. Die Abwertung der Sinneseindrücke und Alltagserfahrung ist wohl als Kritik an der ⁊ jon. Naturphilosophie anzusehen, die Veränderungen in dem jeweiligen Grundprinzip (gr. *arche*) zuließ. **Lit.:** G. Calogero, Studien über den Eleatismus (1970).

Elefant. Der E., das größte Landtier der antiken Welt, war außer in Indien und Nordafrika ursprünglich auch im Vorderen Orient beheimatet: Bereits in assyr. Inschriften des 11. Jh. v. Chr. wird von königl. E.en-Jagden berichtet. Die griech. Welt wurde erstmals im Zuge der Eroberungen Alexanders d.Gr. mit E.en konfrontiert, die von ind. Fürsten zu militär. Zwecken eingesetzt wurden (Schlacht am Hydaspes, 326). Seit dieser Zeit fand der E. Eingang ins hellenist. Militärwesen und spielte zeitweise eine nicht unbedeutende Rolle; so konnte ⁊ Seleukos mit Hilfe von E.en, die er in Indien erworben hatte, 301 die Schlacht bei ⁊ Ipsos gegen Antigonos Monophthalmos zu seinen Gunsten entscheiden. Durch dieses Beispiel angeregt, zähmten Ptolemäer und Karthager auch afrikan. E.n und setzten sie in ihren Kriegen ein. Berühmt war die Schlacht bei Raphia (217) zwischen Ptolemäern und Seleukiden, als ind. und afrikan. E.en gegeneinander kämpften. Die Römer wurden erstmals im Krieg gegen Pyrrhos (280–275) mit den Tieren konfrontiert (»lukan. Ochsen«), stellten sich aber rasch auf ihre Abwehr ein. Obwohl Hannibal im 2. ⁊ Pun. Krieg 218 mit E.en die Alpen überschritt, spielten sie in den anschließenden Kämpfen keine herausragende Rolle mehr. Da die Abwehr der E.en immer effektiver wurde, fanden sie in Kriegen immer seltener und schließlich gar keine Verwendung mehr. In der Kaiserzeit waren sie bes. als Circustiere beliebt und kamen in den Amphitheatern bei Schaukämpfen zum Einsatz. ⁊ Elfenbein **Lit.:** H. H. Scullard, The Elephant in the Greek and Roman World (1974).

Elegie (gr. elegeia), literar. Gattung, allg. Gedicht im Versmaß des eleg. ⁊ Distichons. *I. Griechenland:* Nachdem das inschriftl. Epigramm zum literar. und das eleg. Distichon sein gebräuchlichstes Metrum wird, sind Epigramm und E.n oft nicht zu unterscheiden. *elegeion* bezeichnet ursprünglich das Metrum, später das ganze Gedicht, das auch *elegeia* heißen kann. Seit dem 5. Jh. v. Chr. wird der Name von *elegos* (»Trauerlied«) abgeleitet, obwohl es kaum Belege für die eleg. Totenklage gibt. Sicher ist nur, dass die alte E. vom ⁊ Aulos begleitet wurde, manche Elegiker waren zugleich Aulosspieler (z.B. Echembrotos). Die aus Jonien stammende E. ist seit ca. 650 v. Chr. auch in Zentralgriechenland belegt. Die ältesten E.n stammen von Archilochos, Kallinos, Mimnermos und Tyrtaios. Übl. Rahmen für den Vortrag von E.n war das aristokrat. Gelage (gr. *symposion*), das auch die Themen bestimmt. Von den Lakoniern Kallinos und Tyrtaios stammen eleg. Appelle an die Kampfgenossen. Die Themen der anderen Dichter von E.n vom 7. bis zum frühen 5. Jh. v. Chr. sind persönl. Spott, Klage und Reflexion über polit. (z. B. Solon) oder erot. Fragen. Ein Großteil der archaischen E. ist unter dem Namen des Theognis überliefert, das *Corpus Theognideum* enthält aber auch E.n aus dem 5. Jh. Ein neuerer Papyrusfund mit Resten von drei E.n auf die griech. Siege von Platää, Artemision und Salamis zeigt Simonides als den bedeutendsten Dichter von E.n in klass. Zeit. Längere eleg. Kompositionen zu Ereignissen der Polisgeschichte sind auch für Tyrtaios, Mimnermos, Semonides und Xenophanes belegt. Im 4. Jh. v. Chr. entsteht das E.n-Buch und damit eine neue Form der E. Antimachos verbindet in der *Lyde* myth. Liebesgeschichten mit dem Trost an sich selbst. Unter dem Titel *Nanno* war eine Sammlung der Mimnermos-E.n bekannt. Die Dichter des 3. Jh. knüpfen an diese Form der erzählenden und katalogartigen E. an. Hauptvertreter der hellenist. E. sind Philitas, Hermesianax, Poseidippos und Kallimachos. Die Äußerungen zur Dichtkunst (in der E. seit dem 5. Jh. belegt) und die Verbindung von Gelehrsamkeit, Mythos und erot. E. in den *Aitia* des Kallimachos sind für die röm. E. vorbildhaft geworden. Durch Kreuzung der Gattungen entstehen neue Formen wie eleg. Hymnus (Kallimachos) und eleg. Lehrgedicht (Nikander; vgl. schon die Distichen in der *Andromeda* des Euripides). Auch die Kaiserzeit kennt die didakt. E. – *II. Rom:* Nach eleg. Versen bei Ennius und Lucilius und den hellenistisch inspirierten Dichtern von Epigrammen ca. 100 v. Chr. sind für Calvus und Varro Atacinus die ersten röm. E.n bezeugt. Wie die griech. ist auch die röm. E. eine vielseitige Gattung, die bes. durch den Gegensatz zum Epos definiert wird. In vielem zeigt sich eine Nähe zum Epigramm. Horaz sieht die E. in der Tradition von Totenklage und Weihepigramm. Wichtigste Errungenschaft ist die röm. Liebes-E. im Zeitraum zwischen Catull und Ovid. Es entstehen Zyklen von ›subjektiven‹ E.n in der 1. Person, in denen die Liebe zu einer mit einem Pseudonym benannten Frau, dazu der Mythos (Properz, Ovid) oder das friedl. Landleben (Tibull) als Gegenwelten zur öffentl. Karriere des röm. Mannes beschworen werden. Röm. Werte wie Krieg, Ruhm und Reichtum werden abgelehnt oder metaphorisch auf den privaten Bereich der Liebe bezogen (*militia amoris*, »Liebe als Kriegsdienst«). Das 1. Buch mit E.n stammt von Gallus (vor 40 v. Chr., nicht erhalten, nur ca. zehn Verse auf einem Papyrus), richtungsweisender Text ist aber Catulls 68. Gedicht, in dem die Themen Liebe, Trauer und Mythos verbunden werden. Das Vorbild einer griech. ›subjektiven‹ Liebes-E., von der älteren Forschung meist bestritten, ist nicht unwahrscheinlich. Die Kaiserzeit entwickelt eine Tendenz zur nicht-subjektiven E. und damit zu neuen Inhalten und Formen. Properz (Buch 4) schafft ein röm. Pendant zur aitiolog. E. des Kallimachos, Ovid kennt neben der subjektiven E. der *Amores* auch die briefartige, didakt., aitiolog. Trauer- und Schmäh-E. Nicht-erotisch sind auch die anonymen E.n *Consolatio ad Liviam* (*Trost für Livia*) und *Elegiae ad Maecenatem* (*E.n an Maecenas*). Von weiteren Verf.n erot. und nicht-erot. E.n sind oft nur die Namen bekannt. Nach Ovid findet sich das eleg. Metrum in Epigrammen und kurzen Gelegenheitsdichtungen. In der Spätantike verwenden heidn. und christl. Dichter das Distichon für verschiedene Themen (Ausonius, Claudian, Rutilius Namatianus, Boëthius, Venantius Fortunatus). **Lit.:** A. W. H. Adkins, Poetic Craft in the Early Greek Elegists (1985). – N. Holzberg, Die röm. Liebeselegie (1990). – A. Cameron, Callimachus and his Critics (1995).

Elektra (1), zentrale Frauengestalt in der griech. Tragödie, Tochter des myth. Königs ↗ Agamemnon, der nach seiner Rückkehr aus dem ↗ Trojan. Krieg von seiner Frau ↗ Klytämnestra und ihrem Liebhaber Ägisth ermordet wird. E. bringt ihren Bruder ↗ Orest vor den Mördern in Sicherheit. Nach seiner Rückkehr als junger Mann nimmt Orest Rache. E.s Rolle dabei wird von den Tragikern verschieden dargestellt. In Aischylos' *Choëphoren* wird die Ermordung der Mutter und des Ägisth von beiden Geschwistern getragen. Bei Sophokles steigert sich E. in der Meinung, ihr Bruder sei tot, derart in ihre Hassgefühle hinein, dass sie bereit ist, die Rachetat selbst zu vollziehen. In Euripides' *E.* ist sie eine von unbändigem Hass getriebene Frau, die den zaudernden Orest zur Tat anstachelt. Die psycholog. Dimensionen der E.-Gestalt (Vater-Beziehung, Haß auf die Mutter) forderte gerade im 20. Jh. zu immer neuen Bearbeitungen heraus (Hofmannsthal, O'Neill, Giraudoux).

Elektra (2), myth. Tochter des Okeanos und der Tethys, Gattin des Titanen Thaumas, mit dem sie die Göttin Iris und die ↗ Harpyien zeugt.

Elektra (3), myth. Tochter des Atlas und der Pleione, durch Zeus Mutter des Dardanos und des Iasion.

Elektron (gr.), Bezeichnung (1) für ↗ Bernstein und (2) für eine Metalllegierung aus Gold und Silber, die in der Natur vorkommt oder künstlich im Verhältnis von etwa 4:1 hergestellt werden kann. Letzteres wurde zur Herstellung von Schmuck, Gefäßen und Münzen verwendet und war bereits in myken. Zeit (um 1600 v. Chr.) bekannt.

Elemente (gr. stoicheia, lat. elementa), Begriff der Philosophie, urspr. »Ergänzungsstück in einer Reihe«, »Teilstück«, »Baustein«. E. sind nicht weiter zerlegbare Substanzen, die durch Mischung zusammengesetzte Substanzen bilden. Nach dem griech. Philosophen ↗ Empedokles gibt es die vier Elemente Erde, Wasser, Luft und Feuer. Diese Vierzahl wird kanonisch für die Folgezeit. In der Nachfolge der Pythagoreer schreibt ↗ Platon jedem kleinsten Element eine eigene, charakterist. geometr. Gestalt zu. ↗ Aristoteles fügt zu den vier Elementen des Empedokles als fünftes den Äther zu. Für ihn ist das Unterscheidungskriterium nicht die Gestalt, sondern die Art der Bewegung; die sublunaren E. sind außerdem durch je zwei der vier Primärqualitäten bestimmt (warm, kalt, trocken, feucht). **Lit.:** G. E. R. Lloyd, The Revolutions of Wisdom (1987) 226–230.

Elenktik (gr. elenchos, »Prüfung«, »Widerlegung«), Methode des ↗ Sokrates, den Wissensanspruch seines Dialogpartners zu prüfen. ↗ Dialektik.

Elephantine, Insel und südlichste Stadt Ägyptens nahe Syene (heute Assuan). Die Gauhauptstadt am 1. Nilkatarakt war seit der 1. Dynastie Grenzfestung zu ↗ Nubien. E. kontrollierte auch den gesamten Nubienhandel Ägyptens; die Steinbrüche der Gegend waren von hoher wirtschaftl. Bedeutung. Als myth. Quellort des Nils war E. auch ein kulturelles Zentrum. Hauptgötter waren Satet und Chnum, an deren Tempelbauten bis in augusteischer Zeit gebaut wurde. Papyrusfunde belegen für die 26./27. Dynastie die Stationierung jüd. Söldner sowie einen Tempel mit Jahwe-Kult.

Eleusinia, alle zwei Jahre in kleinerem und alle vier in größerem Rahmen stattfindende Spiele in Eleusis mit Prozession, Opfer, Sport- und Reiterspielen und mus. Wettkämpfen. Die E. sind nicht mit die ↗ Eleusin. Mysterien zu verwechseln.

Eleusinische Mysterien, seit dem 7. Jh. v. Chr. stattfindende Kultfeier der ↗ Mysterien zu Ehren der Acker- und Getreidegöttin ↗ Demeter in Eleusis (ca. 20 km von Athen), wo sie schon in archaischer Zeit in einem kleinen Heiligtum verehrt wurde, und ihrer Tochter Kore (↗ Persephone), die im Mythos für die eine Hälfte des Jahres aus der Unterwelt entlassen wird und bei ihrer Mutter auf dem Olymp verweilt. In den E.n M. spielen dementsprechend die Verehrung der Fruchtbarkeit und die Überwindung des Todes zentrale Rollen. Die Ausübung der E.n M. lag in der Hand zweier att. Familien, der Eumolpiden, die die Oberpriester (Hierophanten) stellten, und der Keryken. Die Gläubigen unterteilte man nach dem Fortschritt ihrer Einweihung in Mysten und Epopten. Die »kleineren« E.n M. fanden im Monat Anthesterion (Februar/März), die »großen« im Boëdromion (September/Oktober) statt. Bei Letzteren wurde die Einweihung der Lehrlinge vollendet, d. h. die Mysten wurden zu Epopten. Zum Auftakt pilgerten Tausende auf der »Heiligen Straße« von Athen nach Eleusis und dort ins Hauptgebäude (Telesterion); dabei wurden die Kultgegenstände zeremoniell mitgeführt. Wie bei allen Mysterien ging der Einweihung der Mysten in die geheimen Riten ein Reinigungsprozess (↗ Katharsis) voraus, waren das Tragen heiliger Gewänder, die Darbringung von Opfern und das Aussprechen fester Gebetsformeln Pflicht. In der Nacht zeigte ein Hierophant eine Getreideähre und berichtete formelhaft von der Geburt eines göttl. Kindes, Brimos. Im zentralen, dramatisch inszenierten Kultakt wurde die Entführung der Kore, der Schmerz der Mutter und die Heimkehr der Tochter aufgeführt. Nach der Schau der Kultobjekte (u. a. männl. und weibl. Geschlechtssymbole) aus einer heiligen Kiste begann der Myste unter Aussprechen einer heiligen Formel mit den Gegenständen selbst rituell umzugehen. Nach der Vorstellung der Griechen hatte ein Eingeweihter, der zu einem Epopten geworden war, das Geheimnis des Todes gelüftet und damit den Sieg über ihn errungen; es erwartete ihn, dem Schicksal der Kore entsprechend, ein seliges Leben im Jenseits. **Lit.:** W. Burkert, Griech. Religion (1977) 426 ff. – J. N. Bremmer, Götter, Mythen und

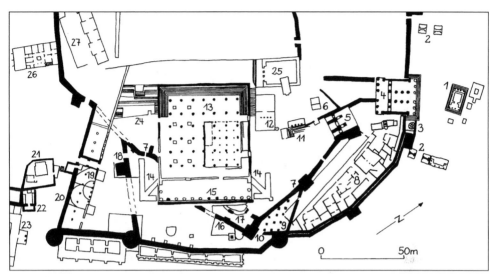

1 Vorhof mit Tempel für
  Athena Propylaia und
  Poseidon Pater
2 Ehrenbögen
3 Archaischer Brunnen
4 Große Propyläen
5 Kleine Propyläen
6 Heiligtum des Hades
7 Stadtmauer des Peisi-
  stratos

8 Kimonische Erweite-
  rung
9 Getreidespeicher
10 Tor der Kimonischen
   Erweiterung
11 Tribüne (?)
12 Schatzhaus (?)
   (um 170)
13 Telesterion

14 Fundamente der
   Peristasis
15 Säulenhalle des Philon
16 Stadtmauer des Peisi-
   stratos und des Kimon
17 Solonische Terrassen-
   mauer
18 Erweiterungsmauer des
   Perikles
19 Bouleuterion

20 Erweiterungsmauer des
   4. Jh. v. Chr.
21 Heiliges Haus
22 Mithraion
23 Gymnasion
24 Römische Treppen-
   anlage
25 Tempel der Sabina (?)
26 Römische Villa
27 Museum

Lageplan von Eleusis

Heiligtümer im antiken Griechenland (1996) 94 ff. –
H. Kloft, Mysterienkulte der Antike (1999) 17 ff.

Eleusis (gr. Eleusis, heute Elefsina), bedeutendstes
Demeter-Heiligtum in Attika. Der Demos E. lag etwa
20 km westl. der Stadt Athen und war mit dieser durch
die »Heilige Straße« verbunden. E. war schon in der
Bronzezeit besiedelt, wohl im 7. Jh. v. Chr. übernahm
Athen die Kontrolle und Organisation der ↗ Eleusin.
Mysterien; Heiligtum und Akropolis wurden Ende des
6. Jh. mit Schutzmauern umgeben, in den Perserkriegen zerstört und im 5. Jh. unter Kimon und Perikles
wieder aufgebaut; eine innere Mauer schirmte das Al-
lerheiligste zusätzlich ab. E. wurde zur Garnisonsstadt
ausgebaut. 295 eroberte Demetrios Poliorketes E., das
ab 255 v. Chr. wieder an Athen fiel. 170 n. Chr. und
395 wurde E. erneut zerstört, der Demeterkult im
4. Jh. eingestellt. – Die »Heilige Straße« führte zu den
Großen Propyläen; auf dem zugehörigen Vorplatz finden sich die Reste eines röm. Artemistempels. Die
sog. Kleinen Propyläen aus dem 1. Jh. v. Chr. unterteil-
ten den heiligen Bezirk, dessen Zentrum das sog. *Telesterion* (gr., »Weihestätte«) war, das Heiligtum von
Demeter und Persephone mit der alljährl. Mysterienfeier. Die Eleusin. Mysterien gehörten zu den bedeutendsten religiösen ↗ Festen Griechenlands. Der Tem-

pel geht zurück auf ein myken. Megaron, wurde mehrfach überbaut und erhielt im 6. Jh. v. Chr. seine quadrat. Form als Versammlungshalle für die Mysterien.
Der unter Kimon begonnene Bau wurde erst im 4. Jh.
durch Iktinos fertiggestellt, mehrfach und zuletzt nach
den Zerstörungen im 2. Jh. n. Chr. wiederhergestellt.
Ferner finden sich Reste röm. Tempel sowie Heiligtum
und Höhle des Plutos. Die gut erhaltenen Reste veranschaulichen den stufenweisen Ausbau des Heiligtums
von der myken. Zeit. bis in die hohe Kaiserzeit. **Lit.:** J.
Travlos, Bildlexikon zur Topographie des antiken Attika (1988). – GLHS (1989) 210–213. – ASM (1999).

Elfenbein. Sammelbezeichnung für bearbeitete
Elefantenstoßzähne, als Ersatz auch für Zähne von
Nilpferden und Ebern. Als Rohmaterial für dekorative
Schnitzarbeiten spielte E. bereits in minoischer und
myken. Zeit eine wichtige Rolle. In die griech.-röm.
Welt gelangte es bes. durch den Handel aus Indien und
Äthiopien über den Vorderen Orient und Ägypten.
Aus E., das als Werkstoff des gehobenen Luxus galt,
wurden bes. Statuetten, Schmuck und Einlegearbeiten
gefertigt.

Elis, Landschaft im NW der Peloponnes. E. wurde
an seiner Ostseite umrahmt von Achäa und Arkadien.
Hauptfluss war der ↗ Peneios, der ↗ Alpheios bildete

lange Zeit die südl. Grenze. Haupterwerb in E. waren Ackerbau und Viehzucht, außerdem war E. bekannt für seine Pferdezucht. Nach Homer bewohnten die Epeier die Landschaft. In histor. Zeit gelangten die Eleer im Rahmen der ↗ Dor. Wanderung nach E., der sie den Namen gaben, siedelten bes. in der flachen und fruchtbaren Küstenlandschaft (Koile Elis) und verdrängten die alte Bevölkerung der Region in die Bergregionen (Akroreia). Beim Vordringen nach S wurden aber auch diese Gebiete unterworfen, um 570 v. Chr. etwa ↗ Olympia mit seinem Heiligtum. Die Eleer übernahmen somit auch die Ausrichtung der ↗ Olymp. Spiele. Die gleichnamige Stadt entstand erst 471 v. Chr. durch einen ↗ Synoikismos, mit demokrat. Verfassung nach athen. Vorbild. Anfänglich stand E. im ↗ Peloponnes. Krieg auf Seiten Spartas, nach einem Konflikt mit der Hegemonialmacht Sparta wechselte es auf athen. Seite und wurde nach dem ↗ Nikiasfrieden Mitglied des ↗ Att. Seebundes. 402/400 unterlag E. Sparta militärisch, trat dem Peloponnes. Bund erneut bei und trat Gebiete an ↗ Periöken ab. 371 nach der Schlacht bei Leuktra wurde E. wieder unabhängig, beanspruchte die verlorenen Gebiete (bes. Tryphilien südl. des Alpheios) zurück und geriet 365–363 in einen militär. Konflikt mit dem Arkad. Bund, Olympia erlangte zeitweise Selbständigkeit. Im 3. Jh. trat E. dem ↗ Ätolerbund bei, 219–217 besetzte Philipp V. von Makedonien in einem Feldzug Teile von E., 191 wurde der Beitritt zum ↗ Achäischen Bund erzwungen, E. verlor seine Selbständigkeit. In röm. Zeit war E. Teil der Provinz ↗ Achäa. **Lit.:** A. D. Rizakis (Hg.), Achaia und E. in der Antike (1991).

Elision, Begriff der Grammatik und Lautlehre, ›Ausstoßung‹, d. h. Auslassung eines kurzen Endvokals vor vokal. Anlaut des folgenden Wortes.

Elissa, anderer Name der ↗ Dido

Ellipse (gr. ekleipsis, »Auslassung«), rhetor. Figur; Auslassung von Wörtern oder Satzgliedern, die zum Verständnis nicht unbedingt nötig sind.

Elpenor, einer der Gefährten des ↗ Odysseus, von ↗ Kirke in ein Schwein und dann wieder in einen Mann verwandelt. Er stürzt vom Dach des Palasts der Kirke und stirbt, ohne begraben zu werden. In der Unterwelt bittet er Odysseus, seinen Leichnam zu bestatten.

Elymais, Landschaft zwischen ↗ Babylonien und Persis (heute Iran). Mit Susiana bezeichnete man die Ebene, E. war die Bergregion. Die beiden Gebiete gehörten seit der Eroberung durch Kyros d.Gr. zu den Kerngebieten des Perserreiches. Das benachbarte ↗ Susa wurde Hauptstadt des Reiches. In hellenist. Zeit behielt die Bergregion E. große Selbständigkeit, doch Antiochos d.Gr. versuchte mehrfach die reichen Tempel zu plündern. Im 2. Jh. v. Chr. war die E. unter einer lokalen Dynastie kurzfristig unabhängig, geriet jedoch bald in Abhängigkeit vom ↗ Partherreich. Im 3. Jh. ging die E. im Reich der ↗ Sasaniden auf. **Lit.:** R. N. Frye, A History of Ancient Iran (1984).

Elysion (lat. elysium), nach Homers *Odyssee* (4, 563 f.) die Inseln der Seligen; ein Totenreich, ↗ Wohnort des ↗ Rhadamanthys, im Gegensatz zum Schattenreich des Hades ein paradies. Ort an den Rändern der Erde, wo die Heroen und die guten Menschen nach ihrem Tod ein sorgenfreies Leben führen. **Lit.:** W. Burkert, Griech. Religion (1977) 305.

Emancipatio, im röm. Recht die Entlassung aus der väterl. Gewalt durch ein spezielles Verfahren, das dazu führte, dass die emanzipierten Söhne die wirtschaftl. und rechtl. Selbständigkeit erhielten und aus dem eigentl. Familienverband ausschieden. Bei Töchtern erfolgte die E. in der Regel, wenn eine Hochzeit bevorstand und die Braut dadurch in die Sippe ihres Gatten aufgenommen wurde. ↗ pater familias **Lit.:** J. F. Gardner, Frauen im antiken Rom (1995).

Embaterion, militär. Marschmusik mit Begleitung durch Blasinstrumente; bes. für Sparta bezeugt. Bei Dramenaufführungen wurde sie häufig für den Einzug der Chöre verwendet.

Embolimon (gr., »Einschub«), Chorlieder im griech. Drama ohne Bezug zur Handlung, als deren Erfinder ↗ Agathon gilt.

Emendatio (lat., »Verbesserung«), Begriff der ↗ Textkritik zur Bezeichnung der Verbesserung einer »verderbten« Stelle (↗ Korruptel) in den Handschriften mittels einer ↗ Konjektur.

Emmeleia ↗ Tanz

Emona (heute Ljubljana/Slowenien), röm. Stadt in ↗ Pannonien. Die seit dem 12. Jh. v. Chr. besiedelte illyr. Ortschaft wurde wohl unter Augustus zum röm. Militärlager ausgebaut, 15 n. Chr. erfolgte die Gründung der *Colonia Iulia Emona*. Die zentrale Lage zwischen Italien und dem Balkan ließ E. zu einer blühenden Handelsstadt (Eisen, Blei, Steinbrüche, kaiserl. Domänen) und wichtigem Militärzentrum aufsteigen. Im 2. Jh. n. Chr. wurde E. der 10. Region Italiens zugeschlagen. 238 wurde die Stadt durch einen Brand zerstört, die wiederaufgebaute E. wurde ein frühchristl. Zentrum und im 6. Jh. Bischofssitz. Ausgrabungen im Stadtgebiet. **Lit.:** PECS (1976).

Empedokles (gr. Empedokles) von Akragas (Agrigent), griech. Philosoph, ca. 500–430 v. Chr.; bereits im 4. Jh. gibt es eine reiche Legendenbildung um seine Person. Fragmentarisch sind zwei hexametr. Werke greifbar. *Über die Natur* (*peri physeos*) kann als Verbindung aus jon. und eleat. Philosophie erklärt werden. Die *Katharmoi* (*Reinigungen*) sind eine Mahnrede an die über verschiedene Stufen aus der göttl. Welt auf die Erde verschlagene Seele. Ziel ist, dass die Menschen durch Askese (bes. durch die Enthaltung von Fleischgenuß) sich den Weg zu besseren Körpern verschaffen, um schließlich die Gemeinschaft mit den Göttern genießen zu können. Die *Katharmoi* weisen eine enge Beziehung zur pythagoreischen Lehre auf; die Beziehung zur naturphilosoph. Schrift *Über die Natur* ist unklar. E.' Naturphilosophie postuliert, dass es kein Werden und Vergehen gibt, sondern nur Mischungen und Trennungen der vier ↗ Elemente Wasser, Feuer, Luft und Erde, verursacht durch die beiden widerstreitenden Kräfte Liebe (*philia*) und Streit (*neikos*). In stetem Wechsel gewinnt bald die trennende, bald die vereinigende Kraft die Oberhand. Streit verursacht eine Reduktion der Dinge auf die vier Grundelemente, während sie Philia zu einer harmon. Kugel (*sphairos*) zusammenfügt. Aus den Fragmenten ist ersichtlich, dass E. ausführlich die Entstehung der Lebewesen, physiolog., anatom. und erkenntnistheoret. Fragen behandelte. Er übte nicht zu unterschätzenden Einfluss auf die späteren griech. Philosophen aus (insbes. auf Platon, Aristoteles, den Stoiker Zenon, Lukrez). **Lit.:** R. Wright, E. The Extant Fragments (1981). – M. L. Gemelli Marciano, La metamorfosi della tradizione (1990). – O. Primavesi, Kosmos und Dämon bei E. (1998).

Empfängnisverhütung. Bereits in der Antike waren verschiedene Möglichkeiten bekannt, ungewollte Schwangerschaften zu verhindern oder zumindest die Wahrscheinlichkeit einer Empfängnis zu vermindern. So führte man vor dem Koitus harzhaltige Öle oder Salzlake in die Vagina ein, wodurch die Wirksamkeit der Spermien verringert wurde; auch waren Vaginalfüllungen oder Pessare – meist aus Wollmaterial – verbreitet, die zuvor in Honig, Olivenöl oder ⁊ Alaun getränkt wurden. Die Praxis des Koitus interruptus diente ebenfalls der E. Ferner waren zahlreiche Formen des Aberglaubens vertreten, die zwar keine konkrete Wirkung hatten, denen aber dennoch vielfach vertraut wurde (so sollte eine am linken Fuß befestigte Katzenleber den Eintritt einer Schwangerschaft verhindern). ⁊ Abtreibung

Emphyteusis (gr., »Bepflanzungsrecht«), eine Form der Erbpacht im röm. Recht. Sie war bes. im Osten des Reiches verbreitet und erscheint verstärkt seit Beginn des 4. Jh. n. Chr. Es handelt sich um die langfristige Verpachtung kaiserl. Dominalguts, oftmals mit dem Ziel, Ödland zur wirtschaftl. Nutzung zu erschließen. Blieb der Pächter drei Jahre lang mit den Zahlungen in Verzug, erlosch sein Anrecht auf die Bewirtschaftung des Bodens. Die E. übte noch Einfluss auf die mittelalterl. Rechtsverhältnisse aus. **Lit.:** L. Mitteis, Zur Geschichte der Erbpacht im Alterthum (1901).

Emporiae (gr. Emporion, heute Ampurias), um 520 v. Chr. von Massilia gegründete Hafenstadt in herrl. Lage im NO Spaniens. Zunächst entstand die sog. Palaiopolis auf einer vorgelagerten Halbinsel. Um 500 verlagerte sich die Siedlung auf das Festland, die Neapolis wurde errichtet. An die griech. Stadt im W angrenzend, aber durch eine Mauer abgetrennt, entstand die von ⁊ Keltiberern besiedelte Stadt Indike. 45 v. Chr. wurde diese Doppelstadt mit der Gründung der röm. Kolonie durch Caesar erweitert. Die Stadt mit ihrem sicheren Hafen wurde zum Ausgangspunkt zahlreicher militär. Operationen in ⁊ Hispanien und entwickelte sich gleichzeitig zu einem wohlhabenden Handelszentrum. Die sehenswerten und umfangreichen Ausgrabungen dieser Stadt spiegeln wie kaum an einem anderen Ort die Völkermischung Hispaniens aus Keltiberern, Griechen und Römern wider. **Lit.:** PECS (1976). – ASM (1999).

Emporion. In griech. Zeit ein Handelsplatz zum Austausch von Waren zwischen Einheimischen und Fernhändlern. Er befand sich meist in Küstennähe und unterstand speziellen zoll- und handelsrechtl. Bestimmungen, die ihn in die Nähe moderner Freihäfen rücken. Die meisten griech. Poleis verfügten über ein E., das ursprünglich außerhalb der Stadtmauern lag, später aber oft einen Sonderbereich innerhalb der Stadtanlage bildete.

Empusa (gr. Ẹmpusa), ein seine Gestalt ständig veränderndes Gespenst im Gefolge der ⁊ Hekate.

Enallage (gr., »Vertauschung«), auch Hypallage, Begriff der Rhetorik. Das sinngemäß zu einem bestimmten Substantiv gehörende Adjektiv wird grammatisch einem anderen Bezugswort zugeordnet.

Endymion, myth. Sohn des Zeus und der Nymphe Kalyke, in den sich die Mondgöttin Selene verliebt und für den sie bei den Göttern Unsterblichkeit erbittet. Er fällt in einen ewigen traumlosen Schlaf. Selene besucht ihn jede Nacht und empfängt von dem Schlafenden 50 Kinder.

Engelsburg. Das Mausoleum des ⁊ Hadrian wurde zwischen 135 und 139 n. Chr. in Rom errichtet. Es hat einen mächtigen quadrat. Unterbau mit strahlenförmig angeordneten Räumen, worüber sich ein zylindr. Bau mit der eigentl. Grabkammer erhebt. Auf den Außenmauern standen wahrscheinlich Statuen; die Bekrönung bildete wohl ein Rundbau mit einer Bronzequadriga und der Statue des Hadrian. Um eine Verbindung zum ⁊ Marsfeld herzustellen, wurde eigens hierfür eine Brücke gebaut (Pons Aelius, heute Engelsbrücke). Das Mausoleum diente als Grabstätte für Hadrian und die nachfolgenden antonin. Herrscher, wurde im weiteren Verlauf der Geschichte aber als militär. Stützpunkt und Gefängnis zweckentfremdet. Seinen heutigen Namen erhielt es 509, als Gregor d. Gr. über dem Mausoleum die Erscheinung des Erzengels

Engelsburg in Rom, Mausoleum des Hadrian

Michael sah, der das Ende der in Rom wütenden Pest verkündete. **Lit.:** F. Coarelli, Rom. Ein archäolog. Führer (^{2}1981). – H.-J. Müller, Rom. Kunst- und Reiseführer (1991).

Enkelados, einer der ↗ Giganten. Im Kampf gegen Zeus und die Olympier wird er von Athene unter der Insel Sizilien begraben.

Enklitikon (gr. enklinein, »anlehnen«), Begriff der griech. Grammatik. Unter E. versteht man ein ein- oder zweisilbiges Wort, das sich so eng an das vorangehende Wort »anlehnt«, dass es mit diesem eine »Toneinheit« bildet und seinen ↗ Akzent verliert oder als Akut an das vorangehende Wort abgibt.

Enkomion, Preislied, Lobpreisung in poet. Form oder Prosa. Eine Sonderform ist das ↗ Epinikion.

Ennius, Quintus E., aus Rudiae (Kalabrien), röm. Epiker und Dramatiker, 239–169 v. Chr. E. bekannte von sich, er habe »drei Herzen«, da er im osk., griech. und röm. Kulturkreis heimisch war. Prägend wurde für ihn der 2. Pun. Krieg, in dem er Cato kennenlernte, der ihn nach Rom brachte. Dort fand er Kontakt zu höheren Kreisen. Zu seinen Gönnern zählten Scipio Africanus und Scipio Nasica. 184 erhielt er das röm. Bürgerrecht. M. Fulvius Nobilior nahm ihn 189 auf seinen ätol. Feldzug mit. E.' nur fragmentarisch erhaltener literar. Nachlass besteht aus 18 Büchern *Annales* (↗ Annalen) in daktyl. Hexametern, vier Büchern Satiren (kleine Gedichte mit bisweilen moralisierendem Unterton, die jedoch nicht im modernen Sinne ›satirisch‹ sind; ↗ satura), mindestens 20 Tragödien (z. T. sind Aischylos [*Eumenides*] oder Euripides [*Hecuba, Iphigenia, Medea Exsul*] als Vorbilder erkennbar), zwei Prätexten (die *Sabinae* handelten vom Raub der Sabinerinnen; die *Ambracia* feierte die Eroberung der gleichnamigen Stadt im ätol. Feldzug, ↗ Praetexta), Palliaten (Komödien mit griech. Stoff) sowie kleineren Gedichten. Die *Annalen* schildern die myth. Anfänge und Geschichte Roms von Äneas' Flucht bis zu E.' Gegenwart. E. dichtete erstmals in lat. Hexametern und stilisierte sich bewusst als Wiedergeburt des Homer, dessen Seele – nach pythagoreischer Vorstellung – in ihn übergegangen sei. Wie diesem waren ihm die (griech.) Musen Quelle der Inspiration. Damit setzte er sich von seinen röm. Vorgängern Livius Andronicus und Naevius ab. Homerisierend ist die Verwendung von Epitheta und Gleichnissen, alexandrin. Technik verdanken sich die Exkurse, z. B. zur Vorgeschichte Karthagos (7. Buch), römisch sind der Gehalt und die würdevolle Schwere der Sprache. Cicero nannte E. *egregium poetam* (»vortreffl. Dichter«), Vergil ehrte ihn durch wörtl. Zitate. **Lit.:** H. D. Jocelyn, in: ANRW I 2 (1972) 987–1026. – M. von Albrecht, in: E. Burck, Das röm. Epos (1979) 33–44.

Ennodius, Magnus Felix E., aus Arelate (Arles), lat. Dichter, 473/74–521 n. Chr., Bischof von Pavia seit 513. In seiner Zeit als Diakon in Mailand verfasste er eine theolog. Streitschrift zur Unterstützung des Papstes Symmachus, 297 Briefe, einen Panegyricus auf Kaiser Theoderich, Biographien des hl. Epiphanius und Antonius. Wichtig sind die unter den *Opus-*

cula (*Kleine Schriften*) überlieferte Autobiographie nach dem Vorbild der *Confessiones* des Augustin (*Opuscula* 5) und eine Einführung in die höhere Bildung (*Opuscula* 6). Daneben schrieb er Übungsreden (*Dictiones*) und Gedichte (Hymnen, Epigramme). **Lit.:** J. Sundwall, Abhandlungen zur Geschichte des ausgehenden Römertums (1919).

Enomotie, die kleinste Unterabteilung der spartan. ↗ Phalanx. Sie bestand in der Regel aus 32–36 Mann, war tief gestaffelt und bildete nur eine schmale Frontlinie.

Entasis (gr., »Spannung«), das in der dor. Ordnung kaum wahrnehmbare konvexe Anschwellen des Säulenschaftes. Es soll darstellen, unter welcher gewaltigen Spannung diejenigen Bauelemente stehen, die das Gebälk stützen. **Lit.:** G. Gruben, Die Tempel der Griechen (^{4}1986).

Ente. Die zahlreichen Arten dieses in der gesamten antiken Welt verbreiteten Wasservogels werden in den Quellen nicht genau unterschieden. Während die E. in Ägypten und dem Vorderen Orient ein beliebtes Jagdwild darstellte und als Delikatesse galt, trat ihre Bedeutung in Griechenland zunächst zurück, wenngleich sie auch hier als Nahrungslieferant erscheint. Neben den traditionellen Jagdmethoden mit Hilfe von Fallen und Netzen wurde schon früh in Ägypten eine systemat. Zucht betrieben. Im Hellenismus wurde diese Einrichtung auch in Griechenland übernommen und gelangte von da nach Rom, wo seit der späten Republik regelrechte Entenfarmen mit Bruthennen angelegt wurden. E.n-Fleisch war in der Kaiserzeit in allen Volksschichten beliebt und wurde häufig verzehrt, wobei Rücken und Brust als besondere Delikatesse galten. In der antiken Kunst sind E.-Darstellungen häufig und begegnen bes. auf Gefäßen, Mosaiken und in der Malerei (Pompeji); auch figürl. Darstellungen in Form von Kleinplastiken waren beliebt.

Entelechie (gr. entelecheia, gebildet aus telos und echein, »ein Ziel haben«), Begriff der aristotel. Philosophie, der die aktuelle Verwirklichung der in einem Seienden angelegten Vermögen bezeichnet. Aristoteles verwendet E. häufig als Synonym von *energeia* (Aktualität). Genau genommen bedeutet E. den Zustand, der das Ergebnis der Aktualisierung ist, d. h. der Begriff deutet an, dass das durch den Vorgang der Aktualisierung angestrebte Ziel bereits erreicht ist.

Enthusiasmos (gr. »Verzückung«, »Begeisterung«), Begriff der ↗ Mantik und ↗ Mysterienreligion zur Bezeichnung von Personen, in die der Gott hineinfährt und die er zur ↗ Ekstase bringt. Später wird der Begriff auch zur Bezeichnung poet. Inspiration verwendet.

Enyalios (gr., »mörderisch«, »kriegerisch«), myken. Gottheit des Nahkampfes, auch Beiname des Ares.

Enyo (1), Kriegsgöttin, Gefährtin des Ares, in Rom mit ↗ Bellona gleichgesetzt.

Enyo (2), eine der ↗ Graien.

Enzyklopädie (gr. enkyklios paideia, lat. artes liberales, »Allgemeinbildung«). Erste Spuren des Strebens nach enzyklopäd. Bildung finden sich schon in der ⟋ Sophistik. E. ist jedoch eine typisch röm. Erscheinung, die bes. in den verlorenen *Antiquitates rerum humanarum et divinarum* (*Menschl. und göttl. Altertümer*) Varros vertreten ist. Auf Varro geht auch die Einteilung der sieben freien Künste (*Artes liberales*) in das sprachl. Trivium (»Dreiweg«) Grammatik, Rhetorik und Dialektik und das mathemat. Quadrivium (»Vierweg«) Musik, Arithmetik, Geometrie und Astronomie zurück. Wichtige Vertreter der Spätantike sind Martianus Capella (4./5. Jh.), Cassiodor (6. Jh.) und Isidor (6./7. Jh.). **Lit.:** I. Marrou, Geschichte der Erziehung im klass. Altertum (⁷1977). – M. Picone (Hg.), L'enciclopedismo medievale (1994).

Eos, griech. Göttin der Morgenröte, in Rom Aurora genannt, Tochter des Hyperion und der Theia, Schwester der Mondgöttin Selene und des Sonnengottes Helios. Die schöne junge Frau vertreibt täglich auf ihrem Triumphwagen die Nacht und kündigt das Erscheinen ihres Bruders an. **Lit.:** W. Burkert, Griech. Religion (1977) 44; 273.

Epaminondas (gr. Epameinondas), theban. Feldherr und Staatsmann, gest. 362 v. Chr.; 379/78 konnten Pelopidas und seine Anhänger Theben von der Herrschaft der Spartaner befreien. E. schloss sich ihnen an und erneuerte zusammen mit Pelopidas den Böot. Bund. Damit war der Grundstein für den Aufstieg Thebens gelegt. 371 verlangte E. von Sparta die Anerkennung des Bundes. König Agesilaos lehnte dies ab und erklärte Theben den Krieg. Bei Leuktra errang E. 371 einen entscheidenden Sieg über die Spartaner, Sparta selbst konnte er 370/69 jedoch nicht einnehmen. 367 konnte E. den in Gefangenschaft geratenen Pelopidas befreien. 365 veranlasste er den Bau von 100 Trieren und konnte 364 vorübergehend Byzanz, Chios und Rhodos auf die Seite Thebens ziehen. 362 kam es zu einer erneuten Schlacht gegen Sparta und dessen Verbündete bei Mantineia. E. fiel in der Schlacht. Mit dem 362/61 geschlossenen allg. Frieden (*koine eirene*) endete die Hegemonie Thebens. **Lit.:** J. Buckler, The Theban Hegemony 371–362 B.C. (1980). – H. Beister, Hegemoniales Denken in Theben, in: Ders./J. Buckler (Hg.), Boiotika (1989) 131–153. – H. Beck, Polis und Koinon (1997).

Epaphos, Sohn des Zeus und der Io, König von Ägypten.

Epaphroditos aus Chaironeia, griech. Grammatiker, 22–97 n. Chr., Verf. eines Kommentars zu Homers *Ilias* und *Odyssee* (in Fragmenten erhalten); besonderen Wert scheint E. auf grammatikal. und inhaltl. Fragen gelegt zu haben, insbes. auf die Erklärung der homer. Ortsnamen. Als weitere Titel unklaren Inhalts sind bezeugt *Lexeis* und *Peri stoicheion.* **Lit.:** J. Christes, Sklaven und Freigelassene als Grammatiker und Philologen im antiken Rom (1979) 103 f.

Epeisodion, Begriff der Dramenanalyse, Partie zwischen zwei ⟋ Stasima. In der Neuen Komödie entwickeln sich aus den Epeisodia Akte, die durch Zwischenaktsmusik (in den Papyri durch XOPOY-Vermerke angezeigt) voneinander getrennt sind.

Epheben (gr. epheboi), in Athen und anderen griech. Städten Bezeichnung für die jungen Männer im 16. und 17. Lebensjahr. Ursprünglich erhielten die E. eine zweijährige militär. Ausbildung, die Voraussetzung für die Erlangung des vollen Bürgerrechts war. Im Laufe der Zeit erfuhr die Institution der Ephebie, die vom 4. Jh. v. Chr. bis ins 3. Jh. n. Chr. bezeugt ist, einige Veränderungen. Die militär. Komponente trat in den Hintergrund, die E. erhielten eine umfassende Ausbildung in Literatur, Philosophie u. a., verbunden mit Spielen und athlet. Wettkämpfen. **Lit.:** L. Burckhardt, Bürger und Soldaten (1996) 26–75.

Ephesos (heute Selçuk, Türkei), bedeutendste griech. Stadt in ⟋ Karien; Zentrum des ⟋ Artemis-Kultes. E. lag in einer (heute verlandeten) Bucht an der Mündung des Kaystros in die Ägäis. Die älteste Siedlung auf dem Burgberg kann ins 3. Jt. datiert werden; die Legende nennt Jonier unter Androklos als Gründer, dabei trafen sie auf Lyder und Karer, das Heiligtum der Artemis Ephesia soll ebenfalls schon bestanden haben. E. gehörte zum jon. Zwölfstädtebund und wurde seit dem 7. Jh. v. Chr. von Tyrannen regiert. ⟋ Kroisos eroberte um 560 die Stadt und verlagerte die Siedlung zum Artemision, dessen Neubau als gigant. Marmortempel er unterstützte; der Bau zählte zu den antiken Weltwundern. 541 nahm ⟋ Harpagos E. für das Perserreich ein, das die Tyrannis wieder errichtete. Am Jon. Aufstand nahm E. nicht teil, 465 wurde es Mitglied des 1. ⟋ Att. Seebundes und wechselte im Verlauf des ⟋ Peloponnes. Krieges zu Sparta. Nach dem ⟋ Königsfrieden kam E. 387 erneut unter pers. Herrschaft. 356 wurde das archaische Artemision durch einen Brand zerstört, von den Ephesiern aber wieder aufgebaut. Im frühen Hellenismus kontrollierte ⟋ Lysimachos die Stadt und errichtete (wegen der zunehmenden Verlandung) 2 km westl. des Artemisions eine neue Stadt, die den Namen seiner Frau Arsinoe trug. 281 wurde die Stadt seleukidisch und erhielt den alten Namen E. zurück, 246–196 kontrollierten die Ptolemäer die Stadt, ab 196 war sie erneut seleukidisch unter ⟋ Antiochos d.Gr., 188 fiel sie mit dem Frieden von Apameia an ⟋ Pergamon. 133 erhielt die Stadt von Rom den Status einer *civitas libera atque foederata.* 89/88 trat E. auf die Seite Mithradates' VI., der in der »Ephes. Vesper« alle Römer in der Stadt ermorden ließ; Sulla entzog daraufhin der Stadt alle Privilegien. Der erneute Aufstieg der Stadt begann 30/29, als sie Pergamon als Hauptstadt der Provinz Asia ablöste. Der Hafen wurde zum größten Umschlagplatz für Exportgüter aller Art, E. eine der größten Städte Asiens. 23 n. Chr. durch ein Erdbeben zerstört, wurde E. mit Hilfe des Kaisers rasch wiederaufgebaut. Bis ins 3. Jh. wurde E. mit immer neuen öffentl. Gebäuden (z. B. Hadrianstempel, Celsusbibliothek) prachtvoll ausgebaut, das Theater fasste 25.000 Besucher. 262 beschädigte erneut ein Erdbeben die Stadt, doch blieb E. auch in byzantin. Zeit bis zur türk. Eroberung 1304 eine blühende Metropole Kleinasiens. Früh bildete sich in E. eine christl. Gemeinde, die von ⟋ Paulus besucht wurde (Epheser-Brief); der erste Bischof soll

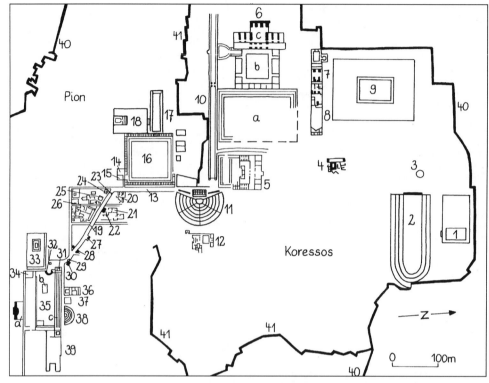

1 Vediusgymnasion
2 Stadion
3 Straßenbrunnen
4 Byzantinisches Gebäude
5 Theatergymnasion
6 Hafengymnasion
 a) Hof
 b) Palaistra
 c) Hafenthermen
7 Marienkirche
8 Bischofspalast
9 Olympieion
10 Arkadiané

11 Theater
12 Statthalterresidenz
13 Marmorstraße
14 Celsusbibliothek
15 Tor des Mazaios und
 Mithradates
16 Agora
17 Prachtstraße
18 Serapistempel
19 Embolos
20 Peristylhaus
21 Scholastikathermen
22 Hadrianstempel
23 Hadrianstor

24 Grabbau
25 Oktagon
26 Hanghäuser
27 Nymphaion
28 Heraklestor
29 Straßenbrunnen
30 Memmius-Monument
31 Sockelbau
32 Monument für
 C. Sextilius Pollio
33 Domitiantempel
34 Brunnen des C. Laecianus Bassus

35 Staatsagora
 a) Brunnen
 b) Fundament eines
 Tempels
 c) Basilika
36 Prytaneion
37 Peristylhof
38 Bouleuterion
39 Thermenanlage
40 Lysimacheische Stadtmauer
41 Byzantinische Stadtmauer

Lageplan von Ephesos

unter Domitian den Märtyrertod gestorben sein. Die Ausgrabungen spiegeln einen Querschnitt der Stadtentwicklung zwischen Hellenismus und später Kaiserzeit. Die aufwendige Infrastruktur und die prachtvolle Ausstattung der Gebäude bezeugen die herausragende Stellung von E. unter den Städten Kleinasiens. **Lit.:** W. Elliger, E. (1985). – A. Bammer, E. (1988). – Ders./U. Muss, Das Artemision von E. (1996). – F. Hueber, E. (1997). – ASM (1999).

Ephialtes ↗ Aloaden

Ephialtes, athen. Politiker im 5. Jh. v. Chr.; Führer der Demokraten, Gegner des Kimon; durch eine Ver-

fassungsreform 462 setzte E. durch, dass dem Areopag zahlreiche Kompetenzen entzogen und auf den Rat der Fünfhundert, die Volksversammlung und das Volksgericht übertragen wurden. Der Versuch Kimons, die Reform rückgängig zu machen, endete mit seiner Ostrakisierung. E. hatte den Sieg errungen, wurde jedoch 461 ermordet. Sein Werk wurde von Perikles fortgesetzt.

Ephoren (gr. ephoroi, »Aufseher«), hohe Beamte in Sparta und anderen dor. Poleis; in Sparta ist die Institution der E. seit 754 v. Chr. nachweisbar, ihre Zahl betrug fünf. Zu den Aufgaben der E. gehörten die Be-

ratung der Könige, Polizeiaufsicht und Rechtsprechung, Leitung der Volksversammlung u. a.; im Laufe
der Zeit dehnten die E. ihre Machtbefugnisse immer
weiter aus. König ↗ Kleomẹnes III. sah sich 226 v. Chr.
veranlasst, die Institution der E. abzuschaffen. Nach
seiner Niederlage gegen Antigonos Doson 222 wurden die E. jedoch wieder eingesetzt und waren noch in
röm. Zeit tätig. **Lit.:** S. Link, Der Kosmos Sparta
(1994) 64–71.

Ẹphoros aus Kyme, griech. Historiker, ca.
405–330 v. Chr. Nach antiker Tradition war E. Schüler
des Isokrates. Er ist Begründer der Universalgeschichte. Sein Geschichtswerk umfasst die Geschichte
der Griechen und der Nicht-Griechen, sofern sie mit
den Griechen in Berührung kamen. E. schrieb ohne
ein polit. oder ideolog. Anliegen, sondern als Literat
mit dem Ziel, Bildung zu vermitteln. Er arbeitete zumeist aus zweiter Hand. Sein Werk ist bei Strabon und
Diodorus Siculus fassbar. **Lit.:** O. Lendle, Einführung
in die griech. Geschichtsschreibung (1992) 136–143.

Epichạrm (gr. Epịcharmos) aus Sizilien, griech.
Komödiendichter, 1. Hälfte 5. Jh. v. Chr., Hauptvertreter der dor. Komödie. E.s Stücke wiesen einen zusammenhängenden Inhalt auf und scheinen kurz gewesen
zu sein, mytholog. Personen und Szenen sind nachweisbar, feste Bauformen wie in der att. Komödie
nicht. Umstritten ist, ob die Komödien einen Chor hatten; plural. Titel scheinen jedoch darauf hinzuweisen.
Die Sprache ist sizil. Dorisch, als Metren erscheinen
der jamb. Trimeter sowie anapäst. und trochäische Tetrameter. **Lit.:** R. Kerkhof, Dor. Posse, Epicharm und
Att. Komödie (2001).

Epidạmnos (später Dyrrachion, lat. Dyrrạchium,
heute Durres, Albanien), Hafenstadt an der illyr.
Küste. Um 626/25 v. Chr. wurde E. von Korinth und
Korkyra aus gegründet und entwickelte sich zu einem
blühenden Handelszentrum. Die Stadt erbaute sich ein
eigenes Schatzhaus in Olympia. 433 wurden innere
Unruhen in E., in die sich neben Athen auch Korinth
und Korkyra einmischten, zu einem Auslöser des ↗ Peloponnes. Krieges. 229 kam E. mit dem Ende des 1. Illyr. Krieges zu Rom, wurde zur *civitas libera* erklärt
und wohl unter Augustus zur Colonia erhoben. E. war
Bindeglied zwischen Italien und Nordgriechenland,
denn der Hafen von E. war das östl. Gegenstück zu
↗ Brundisium. Der z. B. aus Rom über die ↗ Via Appia
kommende Verkehr gelangte über ↗ Brundisium nach
E. und von dort über die ↗ Via Egnatia nach Thessalonike und weiter nach ↗ Byzanz. Als Hafenstadt hatte E.
den Ruf einer ›Lasterhöhle‹. Der in der Spätantike blühende Bischofssitz wurde schließlich im 13. Jh. durch
ein Erdbeben zerstört. Archäolog. Park und Museum
in Durres. **Lit.:** PECS (1976). – P. R. Franke, Albanien
im Altertum (1983). – ASM (1999).

Epidạuros (gr. Epịdauros), Stadt am Saron. Golf
mit großem Asklepiosheiligtum und berühmtem
Theater. Die antike Stadt lag an einer Meeresbucht;
nur geringe Reste sind vorhanden. Die bei Homer er-

Epidauros, Theater

wähnte Stadt beteiligte sich an den Perserkriegen, stand im Peloponnes. Krieg (431–404 v. Chr.) auf spartan. Seite und war Mitglied des Achäischen Bundes. Im 1. Jh. wurden Stadt und Heiligtum mehrfach geplündert. Weit bedeutender als die Stadt war das ca. 9 km entfernt gelegene Asklepiosheiligtum, dessen Anfänge ins 7. Jh. v. Chr. zurückreichen. Ursprünglich wurde hier der Heros Maleatas verehrt, der dann mit Apollon gleichgesetzt wurde. Ende des 6. Jh. trat neben den Kult des Apollon Maleatas der aus Thessalien kommende Kult des Asklepios (↗ Äskulap), des göttl. Arztes, dessen Kult im 4. Jh. v. Chr. in der griech. Welt an Bedeutung gewann. E. wurde Zentrum der Asklepiosverehrung und Kurort. Alle vier Jahre wurden im Stadion athlet. Wettkämpfe, die Asklepieia, abgehalten. Von dem zwischen 380 und 375 errichteten dor. Asklepiostempel sind nur die Fundamente erhalten. Die benachbarte ↗ Tholos, von Polyklet d.J. errichtet, gehörte zu den prächtigsten griech. Kultbauten; die genaue Funktion des Gebäudes bleibt ungeklärt. Heilung suchten die Kranken bes. durch Traumorakel, die sie beim Schlaf im Abaton, einer zweistöckigen Halle, zu erhalten hofften. Gästehaus, Gymnasion, Palästra und Thermen aus hellenist./röm. Zeit finden sich in E. Das in frühhellenist. Zeit begonnene und später erweiterte Theater von E. ist der am besten erhaltene Bau seiner Art in Griechenland, verfügt über eine hervorragende Akustik und wird noch heute für Aufführungen genutzt. Es bot ca. 14.000 Besuchern Platz, die Bühnengebäude sind nur in Resten erhalten. In der Kaiserzeit und Spätantike erlebte E. eine erneute Blüte. Museum mit Funden der Ausgrabung. **Lit.:** GLHS (1989) 219–221. – R. Speich, Peloponnes (1989) 185–203.

Epideixis (gr., »Vorführung«). Als E. bezeichnet man schon im 5. Jh. v. Chr. die rhetor. Performance eines Sophisten, mit der er seine Fähigkeiten und Spezialitäten demonstrieren wollte. Bes. wichtig wurden Epideixeis als sog. Konzertreden in der Zeit der Zweiten Sophistik in der röm. Kaiserzeit (↗ Rhetorik).

Epidosis (gr., »Zugabe«), freiwillige zusätzl. Abgabe, die von griech. Staaten in Notlagen zur Ergänzung der Einnahmen aus ↗ Steuern und ↗ Liturgien erhoben wurde. In Athen seit Mitte des 4. Jh. v. Chr. bezeugt.

Epigamie, in Griechenland die Bezeichnung für das gegenseitige Eherecht zwischen verschiedenen Poleis, das durch einen Staatsvertrag begründet wurde. Die Kinder aus einer solchen Verbindung wurden in beiden Poleis als vollbürtige Bürger anerkannt und genossen alle polit. Rechte. Die E. war ein wichtiges Element bei Bündnisverträgen und kam bes. in hellenist. Zeit verstärkt zur Anwendung. **Lit.:** W. Erdmann, Die Ehe im alten Griechenland (1934). ↗ Conubium

Epigonen (gr. epigonoi, »Nachfahren«), die Söhne der ↗ Sieben gegen Theben, die zehn Jahre später einen zweiten Feldzug gegen Theben führen und mit der Plünderung der Stadt die Niederlage ihrer Väter rächen. Ihr Anführer ist ↗ Adrastos, der einzige Überlebende aus dem ersten Zug gegen Theben. Der Stoff wird von Euripides in den *Hiketiden (Bittflehenden)* behandelt.

Epigramm (gr. epigramma, »Aufschrift«). *I. Griechenland:* Ursprünglich eine metr. Inschrift auf einer Vase, einem Weihobjekt oder Grabmonument, um den Besitzer, Stifter oder Verstorbenen zu bezeichnen; älteste Beispiele stammen vom Ende des 8. Jh. v. Chr. Aus dieser Form, die einen festen ›Sitz im Leben‹ hat, entwickelt sich die literar. Gattung des E.s. Schon im 5. Jh. v. Chr. werden Parodien auf Grab-E.e beim Gelage (Symposion) vorgetragen. Die Verf. selbst weithin bekannter E.e der klass. Zeit (»Wanderer, kommst du nach Sparta ... «) bleiben jedoch anonym. Zuschreibungen an Simonides, den ersten namentlich bekannten Dichter von E.en, erfolgen oft erst später. Seit dem Ende des 4. Jh. v. Chr. gibt es nachweislich professionelle E.-Dichter (Berufsbezeichnung bei Poseidippos; Leonidas von Tarent). Bis ca. 500 v. Chr. sind die meisten E.e hexametrisch, danach dominiert das eleg. Distichon. So bezeichnen antike Dichter ihre E.e auch als Elegien. ↗ Elegie und literar. E., nicht immer streng zu trennen, sind die populärsten Formen der hellenist. Dichtung. Spätestens im 3. Jh. beginnt die antike literaturwissenschaftl. Literatur über das E. (Philochoros, Neoptolemos von Parion, Polemon der Perieget). Aus dem 3. Jh. stammen auch zwei der wichtigsten Papyri mit E.en. Gegen 100 v. Chr. versammelt Meleager insbes. eleg. E. aus den Büchern der frühhellenist. Dichter in seinem *Stephanos (Kranz)*, der den Grundstock der ↗ Anthologia Palatina bildet. Aus ihr kennen wir die meisten unter dem Namen eines Autors überlieferten E.e. Das anonyme inschriftl. E. erlebt im 3./4. Jh. n. Chr. eine zweite Blüte. Mit der Funktion ändern sich im Laufe der Entwicklung auch die Inhalte des E.s: Das inschriftl. E. preist den Gegenstand und bezeugt, meist in Form einer mündl. Rede, die Erfüllung einer Pflicht (Danksagung, Bestattung). Das literar. E. seit dem Ende des 4. Jh. ist entweder fiktiv inschriftlich (Nossis, Anyte, Leonidas) oder von der eleg. Gelagedichtung inspiriert (Asklepiades, Hedylos). Einige Epigrammatiker benutzen beide Formen (Kallimachos, Poseidippos). Liebesthematik und Pointenreichtum werden unter dem Einfluss von ↗ Mimus und ↗ Rhetorik bis in die frühe Kaiserzeit weiter gesteigert. Neue Themen sind die polit. ↗ Invektive (Alkaios von Messene, 2. Jh. v. Chr.) und in der Kaiserzeit das satir. und päderast. E. (Lukillios, Straton). – *II. Rom:* Latein. Versinschriften (bis 133 v. Chr. meist in ↗ Saturniern) sind ab dem 3. Jh. v. Chr. (Scipionengräber) bekannt. Die inschriftl. oder literarisch überlieferten E.e der Frühzeit leiten sich einerseits aus dem röm. Totenlob (↗ laudatio funebris), andererseits aus der literar. Tradition der ↗ Biographie ab. Cicero zitiert eleg. Distichen des Ennius, Gellius E.e des Naevius, Plautus und Pacuvius für die eigenen Gräber. Zumindest Letztere stammen von Biographen und dienten wie die E.e in Varros *Imagines (Bildnisse)* der Porträtierung der jeweiligen Persönlichkeit. Am Ende des 2. Jh. v. Chr. gibt es griech. Epigrammatiker im Umfeld röm. Patrone. Lutatius Catulus, Valerius Aedituus und Porcius Licinus rezipieren das hellenist. Liebes-E. Das erot., humorvolle oder polem. E. in verschiedenen Metren wird zum Zeitvertreib der röm. Oberschicht. In der ausgehenden Republik und frühen Kaiserzeit entstehen E.-Sammlungen des Cinna und Calvus. Der 3. Teil der Gedichtsammlung des ↗ Catull wurde erst später mit »E.e« überschrieben. Catull ist jedoch das lat. Vorbild für die E.e des ↗ Martial, seine Distichen prägen auch die E.e des pseudo-vergil. *Catalepton* (↗ Pseudepigraphon, ↗ Vergil). E.e der Kaiserzeit wie die Serie, die man dem jüngeren Seneca zuschrieb, kehren zur offiziellen Feierfunktion des E.s und zu ernsten Themen zurück. Auch bei Martial, der bes. für das pointenreiche, satir.-polem. E. berühmt wurde, gibt es solch ernste, feierl. E.e. Nach Martials 1. Buch entstand die Sammlung der obszönen *Priapea* in Form fiktiver Weihungen in Catull. Metren. Die Gattung des E.s blieb bis weit über die Antike hinaus als eine für verschiedene Zwecke geeignete Kurzdichtung populär. In der Spätantike dominiert das beschreibende (»ekphrast.«) E. (Ausonius; *Epigrammata Bobiensia*; Claudian; ↗ Ekphrasis). Spätantike E.-Sammlungen sind in der *Anthologia Latina* zusammengefasst. Christl. Autoren des 4./5. Jh. dichten wieder Inschriften für Gebäude und Bilderzyklen (z. B. Damasus). **Lit.:** R. Keydell, in: RAC V (1962) 539–577. – M. Lausberg, Das Einzeldistichon (1982). – K. Gutzwiller, Poetic Garlands (1998).

Epigrammata Bobiensia, Sammlung von spätantiken ↗ Epigrammen, um 400 n. Chr. entstanden. Die Sammlung, ursprünglich in einer Handschrift des Klosters Bobbio (Oberitalien) enthalten, wurde erst 1950 in einer humanist. Kopie in der Vatikan. Bibliothek wiederentdeckt (↗ Naucellius). **Lit.:** W. Speyer, Naucellius und sein Kreis (1959).

Epigraphik (gr. epigraphein, »daraufschreiben«), Lehre von den ›Aufschriften‹. Die E. befasst sich mit allen schriftl. Äußerungen in griech. und lat. Sprache, die nicht in Handschriften, auf Papyri (↗ Papyrologie) oder Münzen (↗ Numismatik) überliefert sind. Ca. 95 % des Materials sind Steininschriften, daneben gibt es Aufschriften auf Holz- oder Bronzetäfelchen und auf Gefäßen. Nach inhaltl. Kriterien lässt sich das epigraph. Material in fünf Gruppen einteilen: 1. Inschriften, die die Weihung eines Gegenstandes oder Gebäudes an einen Gott dokumentieren; 2. Bauinschriften, in denen über Einzelheiten der Entstehung des Gebäudes berichtet wird; 3. Grab- und Ehreninschriften mit Einzelheiten über die betreffende Person (häufig an Statuen); 4. Kleininschriften auf Gebrauchsgegenständen (z. B. Hersteller, Preis usw.) und Graffiti; 5. Urkunden des öffentl. und privaten Bereichs. ↗ Inschriften **Lit.:** E. Meyer, Einführung in die lat. Epigraphik (1973).

Epikaste, in Homers *Odyssee* (11, 271) Name der ↗ Jokaste.

Epikedeion, Rede oder Lied zu Ehren eines Toten. Ursprünglich vor dem Begräbnis vorgetragen, wird E. später synonym mit ↗ Epitaphios oder ↗ Threnos verwendet.

Epiktet (gr. Epiktetos) aus Hierapolis in Phrygien, stoischer Philosoph, 50–120 n. Chr. E. lebte zunächst als Sklave, dann als Freigelassener in Rom, wo er den Philosophen Musonius hörte. Im Jahr 92/93 wurde er zusammen mit anderen Philosophen aus Rom verbannt und lehrte bis zu seinem Tod in Nikopolis bei Actium (Epirus). Seine Philosophie wurde von Arrian in zwei umfangreichen Sammlungen aufgezeichnet (8 Bücher *Diatriben* und 12 Bücher *Homilien*). Erhalten sind 4 Bücher *Diatriben* und das *Handbüchlein* (*Encheiridion*). Er übte große Wirkung auf Marc Aurel und Favorinus von Arles aus. E. orientiert sich, allerdings unter Einbeziehung von Gedanken Platons, des Aristoteles und des Poseidonios, an der alten Stoa. Sein Interesse ist nicht systematisch oder logisch, sondern rein ethisch auf die Erziehung des Individuums zur inneren Freiheit ausgerichtet. Der Mensch soll lernen, zu einem vertrauensvollen Umgang mit dem Schicksal, dem Unabänderlichen zu kommen und darin seine Freiheit finden. **Lit.:** G. Wöhrle, E. für Anfänger (2002). – B. Zimmermann, E. (2005).

Epikur (Epikuros) von Samos, griech. Philosoph, 341–270 v. Chr. E. wurde als Sohn eines athen. Kolonisten namens Neokles auf der Insel Samos geboren. Mit 14 Jahren war er Schüler des Platonikers Pamphilos, zwischen 327 und 324 studierte er auf der Insel Tenos bei dem Demokriteer Nausiphanes und erhielt dort Kenntnis von der demokriteischen Atom- und Lustlehre. Auf den Militärdienst als Ephebe in Athen, wo er mit dem Komödiendichter ↗ Menander (1) zusammentraf, folgten ein Aufenthalt in Kolophon, wo er sein eigenes philosoph. System ausbildete, sowie Lehrtätigkeiten in Mytilene auf der Insel Lesbos (311/310) und Lampsakos (310–306). Viele der in diesen Orten gewonnenen Freunde folgten ihm nach Athen, wo er 306 seine eigene Schule in einem von ihm erworbenen Garten gründete (daher der Name der Schule: *kepos*, »Garten«). 270 starb er nach einem langen, mit großer Tapferkeit ertragenen Unterleibsleiden. – Von den angeblich 300 Buchrollen des philosoph. Werks von E. sind alle Hauptwerke verlo-

Epikur

ren. Erhalten sind durch Zitat bei dem Philosophiehistoriker Diogenes Laertios drei Lehrbriefe: an Herodot mit der Darlegung der Naturphilosophie, an Pythokles (Meteorologie, d. h. Himmelskunde), an Menoikeus (Ethik) sowie die *Lehrsprüche* (*kyriai doxai*), ein Katechismus von 40 von E. wohl selbst autorisierten Kernsätzen seiner Philosophie. Die 81 im sog. Gnomologicum Vaticanum Epicureum erhaltenen Lehrsätze sind wohl später erweitert worden. Die in Herculaneum gemachten Papyrusfunde enthalten Fragmente von E.s Hauptwerk *Über die Natur* (*peri physeos*). Wichtige Quellen für die Rekonstruktion von E.s Lehre sind die ebenfalls in Herculaneum gefundenen Schriften Philodems und vor allem das latein. epikureische Lehrgedicht des Lukrez. E.s Schriften zeichnen sich durch einen bewusst schmucklosen Stil aus; nur der protrept. Lehrbrief an Menoikeus ist der Intention entsprechend kunstvoll ausgestaltet.

Die Wurzeln der epikureischen Erkenntnistheorie (Kanonik) und Naturphilosophie liegen in der Medizin, bei Demokrit und Aristoteles. E. stellte diese Disziplinen in den Dienst seiner philosoph. Seelenpflege und Heilslehre, deren Ziel es ist, den Menschen von den durch Begierden und Leidenschaften verursachten körperl. und seel. Notzuständen zu befreien und ihm insbesondere die das Leben mit steter Unruhe zersetzende Todesfurcht zu nehmen. Dazu gehört vor allem, die Furcht vor Schmerzen oder Strafen nach dem Tod zu beseitigen. Endziel der epikureischen Philosophie ist das Glück der völligen seel. Ausgeglichenheit (gr. *galenismos*, d. h. die Seele ist so glatt und ruhig wie das Meer bei Windstille; *ataraxia* »Ausgeglichenheit«) und ständigen Freude (griech. *hedone*). In der Erkenntnistheorie nimmt E. wie Demokrit an, dass jede Erkenntnis durch Absonderungen von den Atomkonstellationen ausgeht, die durch die menschl. Augen und Poren in die menschl. Seele eindringen und dort Abbilder hinterlassen. Jede Erkenntnis ist ursprünglich wahr, Irrtum entsteht nur durch menschl. Fehldeutung der erhaltenen Abbilder. Als Wahrheitskriterium werden verifizierende Sinneswahrnehmungen, *prolepseis*, angesetzt, die sich durch wiederholte Wahrnehmungen ausgebildet haben, und im Bereich der Ethik Lust- und Unlustgefühle. In der Naturphilosophie führt E. wie Demokrit alles auf Atome und den leeren Raum zurück. Allerdings ist in der epikureischen Lehre im Gegensatz zu Demokrit die Zahl der Atome begrenzt, und die Bewegung der Atome verläuft nicht ungeordnet und richtungslos, sondern von oben nach unten. Dabei entstehen willkürl. Abweichungen (*parenklisis*, lat. *declinatio*), wodurch es zum Zusammenprall und somit zu Neukonstituierungen von Atomen und damit zur Weltbildung kommt. Die Abweichung erklärt auch den freien menschl. Willen, da auch die Seele als aus Atomen bestehend und als frei beweglich gedacht wird. Im Tod löst sich die Seele in ihre Einzelatome auf. Dadurch wird dem Tod jeder Schrecken genommen. Es gibt nach der epikureischen Naturlehre eine unbegrenzte Zahl vergängl. Welten, in deren Zwischenräumen (griech. *metakosmia*, lat. *intermundia*)

die Götter leben. Nach E. sind die Götter zwar menschengestaltige, aber unvergängl. Wesen, die, in den Intermundien weilend, sich nicht um menschl. oder kosm. Angelegenheiten kümmern, sondern ihr unbegrenztes und unvergängl. Glück genießen. Das Glück der Götter ist der Idealzustand, den der sich ganz der epikureischen Philosophie hingebende Mensch gewinnen kann. Die epikureische vollkommene Freude (*hedone*) – der irreführende Begriff »Lust« kommt durch die latein. Übersetzung *voluptas* zustande – als höchstes Ziel seiner Philosophie (griech. *telos*, lat. *summum bonum*) besteht in einem völligen und ständigen Freisein von Schmerz und Angst. Die notwendigen natürl. Bedürfnisse sind schnell zu befriedigen, die nicht notwendigen bringen kein höheres Glück. Deshalb muss der Mensch vor jedem beabsichtigten Genuss eine »Güterabwägung« vornehmen, d. h. überprüfen, ob der angestrebte Genuss notwendig oder nicht notwendig ist. Als Konsequenz dieser Güterabwägung lebt der epikureische Weise zurückgezogen, fern von Politik und öffentl. Aufgaben (Merkspruch *lathe biosas*, »lebe imVerborgenen!«). Einen bes. hohen Wert nimmt in E.s Denken die Freundschaft ein, die zwar von Menschen ursprünglich aus dem Streben nach Sicherheit geschlossen wird, dann aber zu einem absoluten Wert werden kann, da das Glücklichsein, bes. Philosophieren, im Freundeskreis zum Selbstzweck werden und höchstes Glück vermitteln kann. **Lit.:** M. Hossenfelder, E. (1991). – R. Müller, Die epikureische Ethik (1991) – M. Erler, in: GGP IV 1 (1994) 35–202.

Epikureismus, Schule Epikurs, urspr. (wie die platon. Akademie oder der aristotel. Peripatos) als Kultverein (benannt nach dem Ort des Treffens *kepos*, »Garten«) gegründet mit einem gemeinsamen Kultmahl am 20. jeden Monats. Epikur bestimmte dieses Treffen in seinem Testament als Gedächtnisfeier für sich und seinen Schüler Metrodor (Diogenes Laertios 10, 18). Die Schule war als Freundeskreis Epikurs für alle offen, die an der Lehre Epikurs teilhaben wollten, also auch für Frauen und Sklaven. Epikur sah den Zweck seines Kreises darin, geradezu in psychotherapeut. Art und Weise seinen Anhängern Seelenheilung oder -pflege zuteil werden zu lassen. In Gespräch wird die seel. Not durch Selbstprüfung aufgedeckt und damit unter der Leitung des Meisters der Weg zur Heilung gezeigt. Auswärtige Anhänger konnten sich briefl. an Epikur wenden. Die erhaltenen Lehrsprüche (*kyriai doxai*) sind zum Memorieren gedacht, damit die Schüler in jeder Lebenslage stets die Kernsätze des Meisters parat hatten. Die besondere Stellung, die Epikur zu seinen Lebzeiten in seiner Schule einnahm, führte nach seinem Tod zu einem ausgeprägten Epikur-Kult und zu philosoph. Dogmatismus (mit dem ständigen Hinweis auf die Worte des Meisters: »er selbst sagte …«). Von den wichtigsten Schülern Epikurs (Hermarchos, Metrodoros, Idomeneus, Leonteus und seine Frau Themista, Kolotes und Polyainos) überlebte nur Hermarchos den Meister und wurde zu seinem Nachfolger in der Schulleitung.

Wichtige Vertreter des 2. Jh. v. Chr. sind Polystratos, Apollodoros Kepotyrannos, Demetrios Lakon und Zenon von Sidon, die sich auch mit Problemen der Mathematik und Logik befassen und als Herausgeber der Schriften Epikurs betätigen. Im 1. Jh. v. Chr. gewann der E. in den Zeiten der Bürgerkriege und staatl. Auflösung in Rom viele Anhänger. Vermittelt wurde die Lehre vor allem durch Philodem und durch das epikureische Lehrgedicht des Lukrez. Die heftige Auseinandersetzung mit dem E. in Ciceros philosoph. Schriften zeigt die wachsende Bedeutung der epikureischen Philosophie in dieser Zeit. Im 1. Jh. n. Chr. verliert der E. bald an Bedeutung. Schon der Stoiker Seneca weist auf Übereinstimmungen zwischen der stoischen und epikureischen Lehre hin und bedient sich in seinen *Epistulae morales* der Methoden der Seelenheilung Epikurs. Eine kurze Renaissance erlebte der E. im 2. Jh. n. Chr. Lukian betrachtet Epikur und seine Lehre als Verbündete im Kampf gegen obskure Kultpraktiken und Mysterienreligionen. Schon unter Hadrian, dann vor allem unter Mark Aurel wird die Schule in Athen stark gefördert. Das wichtigste Zeugnis für die ungebrochene epikureische Tradition im griechischsprachigen Raum ist die monumentale Inschrift des Diogenes von Oinoanda. Durch das aufkommende Christentum und die neuplaton. Philosophie wird jedoch der E. immer mehr zurückgedrängt; Augustin (Epistulae 118, 12. 21) bezeugt seine Bedeutungslosigkeit in der Spätantike. **Lit.:** M. Erler, in: GGP IV (1994) 205–490.

Epilog (gr. epilogos, lat. conclusio, peroratio), Begriff der Rhetorik, Schlussteil einer Rede.

Epimeletai (pl.; gr., »die Sorgen tragen«), Titel für eine Reihe griech. Beamter mit unterschiedlichen Funktionen und Aufgaben. In Athen waren die E. z. B. für administrative und kult. Aufgaben wie Rechtsprechung, Aufsicht über die Brunnen, Kontrolle über Ein- und Ausfuhr oder Ausrichtung der ↗ Eleusin. Mysterien eingesetzt. ↗ Epistatai.

Epimenides, kret. Wunderpriester des späten 7. Jh. v. Chr., der nach Plutarch sich angeblich jeder Nahrung enthielt, über 50 Jahre in einer Höhle schlief, mehrmals wiederbelebt wurde und seine Seele aus seinem Körper entlassen und nach Belieben wieder zurückrufen konnte. E. werden Theogonien (Götterentstehungslehren), eine Geschichte Kretas und Orakelsprüche zugeschrieben. **Lit.:** M.P. Nilsson, Griech. Religion (1941) 585 f.

Epimetheus (gr. epimetheus, »nachbedacht«), myth. Sohn des Japetos. Er nimmt gegen die Warnung seines Bruders ↗ Prometheus (»vorbedacht«), Geschenke von Göttern anzunehmen, ↗ Pandora zur Frau.

Epinikion, Siegeslied. Nach der antiken Literaturgeschichtsschreibung gilt ↗ Simonides als Erfinder des E.s. Epinikien sind Auftragsdichtungen, die von den zumeist adeligen Siegern bei den panhellen. Spielen in Nemea, Delphi, Korinth und Olympia bei Dichtern wie ↗ Pindar und ↗ Bakchylides bestellt wurden. Neben dem Lobpreis des Siegers enthalten sie zahlreiche Gnomen (Sentenzen) und häufig eine Mythenerzäh-

lung, in der in irgendeiner Weise der Anlass oder das Schicksal des Auftraggebers widergespiegelt wird. **Lit.:** E. Krummen, Pyrsos Hymnon (1990).

Epiparodos, Begriff der Dramenanalyse. Wiedereinzug des Chores nach Auszug aus der Orchestra während eines Stücks (Aischylos, Eumeniden 231. 244; Sophokles, Aias 814. 866; Euripides, Alkestis 746. 861, Helena 385. 515, Rhesos 564. 674; Aristophanes, Ekklesiazusen 310. 478). **Lit.:** O. Taplin, The Stagecraft of Aeschylus (1977) 377–381.

Epiphanie (gr. epiphania) Erscheinung einer Gottheit, die einem einzelnen oder einer Gruppe von Menschen sich offenbarende Macht eines Gottes in Menschen- oder Tiergestalt, als eingebende Stimme, in Träumen, Wundern oder Naturkatastrophen. Die Vorstellung, dass sich die Götter den Menschen in irgendeiner Form offenbaren, durchzieht die gesamte griech. Literatur, bes. die Epen Homers, die hymn. Dichtung und die Tragödie. ↗ Deus ex machina. **Lit.:** J. van der Plas (Hg.), Effigies Dei (1987).

Epiphanios aus Eleutheropolis, griech. Theologe, 315–403 n. Chr., seit 367 Bischof von Salamis (Zypern). E. attackierte Origenes (1), den er als Urheber des ↗ Arianismus ansah. Er war jeder antiken, paganen Bildung abgeneigt. In seinem Hauptwerk (*Panarion/ Brotkasten*) breitet er in 80 Abschnitten einen Überblick über alle häret. Bewegungen einschließlich der griech. Philosophen aus. **Lit.:** A. Pourkier, L'hérésiologie chez É. (1992).

Epipher ↗ Anapher

Epirrhema (gr., »Daraufrede«), Begriff der Dramenanalyse. Unter E. versteht man die auf eine gesungene Partie folgende, in Langversen gehaltene und rezitierte Partie; epirrhemat. Strukturen gibt es in der für die Alte ↗ Komödie typ. Bauform, dem sog. epirrhemat. Agon (der Diskussionsrunde zwischen dem Protagonisten und seinem Widersacher) und in der ↗ Parabase.

Epirus (gr. Epeiros, »Festland«), Landschaft im NW Griechenlands. Von Homer bis ins 5. Jh. v. Chr. verstand man unter E. die Kerkyra (↗ Korfu) gegenüberliegende Landschaft. Erst später wurden die illyr.-griech. Stämme zwischen dem Golf von Ambrakia, Athamanien, Makedonien und Illyrien als Einheit verstanden. Die Grenzziehung war hier sehr ungenau; zu den wichtigsten Stämmen gehörten die Thesprotoi, Chaones, Atintanes und die ↗ Molosser. Das feuchte Klima und die gebirgige Natur des Landes machten E. zu einem Agrarland; die illyr. Bevölkerung, die Rückständigkeit des Landes sowie die abgeschiedene Lage führten dazu, dass die Griechen selbst E. nicht zu Griechenland rechneten. Erst im 4. Jh. entwickelte sich durch die Rivalität der Stämme eine städt. Kultur. Zu den wichtigsten Städten gehörten Buthroton, Antigoneia, Byllis und Dodona mit seinem weit über die Grenzen von E. hinaus bekannten Heiligtum. Nach dem Tod Alexanders d.Gr. schlossen sich die wichtigsten Stämme in E. zusammen, die Könige der Molosser führten den Vorsitz in diesem Bund. Unter ↗ Pyrrhos (297–272) erlebte E. seine Glanzzeit, Ambrakia wurde Hauptstadt, E. ausgedehnt. Ab ca. 232 verfiel E.

zu einem lockeren Stammesbund, war den Überfällen der Ätoler (219) hilflos ausgeliefert und geriet in Abhängigkeit zu Makedonien. 170/69 spaltete sich der Bund: die Molosser unterstützten den Makedonen Perseus, die anderen Stämme hingegen Rom. 167 wurden in einer Strafaktion Teile des Landes von röm. Truppen geplündert, ca. 150.000 Einwohner versklavt und das Land römisch reorganisiert. Später war E. Teil der röm. Provinz Makedonien. 27 v. Chr. erfolgte die Gründung von ↗ Nikopolis (Actia) als städt. Zentrum der Landschaft. Mit der Errichtung der Provinz ↗ Achäa kam der S zur neuen Provinz, der N blieb bei Makedonien. Trajan errichtete die selbständige Provinz E., Diokletian teilte diese in E. Nova mit Dyrrhachium (↗ Epidamnos) und E. Vetus mit Nikopolis als Hauptstadt. **Lit.:** N. G. L. Hammond, E. (1967).

Epischer Kyklos (gr. »Ep. Ring«). Dieser Sammelbegriff bezeichnete zunächst sämtl. Homer zugeschriebenen frühgriech. hexametr. Epen, umfasste seit Aristoteles jedoch nur noch die nicht-homer. Epen. Neben wenigen kurzen Fragmenten ist der E. K. aus späteren Testimonien und Inhaltsangaben bekannt. Daher ist die Nennung von Verf. als reine Spekulation zu betrachten. Neben Werken über die Entstehung der Welt und Göttersagen (*Titanomachia* und *Theogonia*) befassten sich die meisten Epen mit den Mythen aus dem Theban. und dem Troian. Sagenkreis sowie den Taten einzelner Helden. Die Tatsache, dass sich sämtl. Epen des E. K. nicht mit der *Ilias* und der *Odyssee* überschneiden, scheint zu beweisen, dass ihre Abfassungszeit nach *Ilias* und *Odyssee*, wohl zwischen 600 und 500 v. Chr., anzusetzen ist. Während die *Kypria* die Vorgeschichte der *Ilias* und damit die Gründe des troian. Krieges erzählen, bilden die *Aithiopis*, die *Kleine Ilias* und die *Iliupersis* ihre Fortsetzung, wobei die erste die letzten Taten und den Tod des Achilleus, die beiden anderen die Eroberung Troias berichten. An die *Odyssee* schließen sich die *Nostoi*, die von der Rückkehr der griech. Helden in ihre Heimat handeln, und die *Telegonia*, welche die *Odyssee* bis zur Tötung des Odysseus durch seinen Sohn Telegonos fortsetzt, an. Zum Theban. Sagenkreis gehören die *Oidipodeia,* die den Ödipus-Mythos behandelt, die *Thebais,* die sich mit dem Bruderkampf zwischen Eteokles und Polyneikes befasst, sowie die *Epigonoi* und die *Alkmaionis,* deren Protagonisten Söhne der Sieben gegen Theben sind. Herakles sind die Einnahme von *Oichalia* und die *Herakleia,* die einige Arbeiten des Helden schildern, gewidmet. Die Geschichten des E. K. bildeten ein großes myth. Reservoir für die spätere Literatur, insbes. für die Tragödie. **Lit.:** M. Davies, Epicorum Graecorum Fragmenta (1988).

Epistatai (pl.; gr., »Vorsteher«), Titel für verschiedene griech. Beamte, denen die Leitung von Kollegien, Institutionen und Versammlungen oblag. Bezeugt sind E. des Rates und der Volksversammlung, E. der Gesetzgeber (Nomotheten), die neue Gesetze überprüften, E. der Tempel u.a.m. ↗ Epimeletai.

Episteme (gr. »Wissen, Wissenschaft«) ↗ Aristoteles, Platon

Epistolographie, eigentl. nur Gattung des literar. Briefes, wobei die Grenzen zum privaten Brief fließend sind. Die früheste Sammlung sind die in ihrer Echtheit umstrittenen Briefe Platons. In der röm. Literatur sind Ciceros Briefe bedeutsam; Plinius d.J. fasst seine Briefe primär als literar. Kunstwerke auf. Umfangreiche Briefsammlungen sind aus der christl. Zeit erhalten (Hieronymus, Augustinus). Schon früh gibt es den ›offenen Brief‹ (Isokrates, *An Nikokles*; Platon, 7. und 8. Brief; Sallust, *An Caesar* [in der Echtheit umstritten]). Der Lehrbrief hat bes. philosoph. Inhalt (Epikur, Seneca). Aus der Kaiserzeit sind zahlreiche Briefsammlungen erhalten, die entweder fiktive Briefwechsel zwischen berühmten Persönlichkeiten enthalten, z. B. Paulus und Seneca, oder in das Alltagsleben im Stil von Milieuschilderungen einführen (Alkiphron, Aelian, Philostrat). Eine Sonderform ist der poet. Brief (Horaz, *Epistulae; Ars poetica*; Ovid, *Briefe vom Pontos*); in den *Heroïdes* entwickelt Ovid den poet.-mytholog. Brief. **Lit.:** H. Peter, Der Brief in der röm. Literatur (1901). – K. Thraede, Grundzüge griech.-röm. Brieftopik (1978). – N. Holzberg (Hg.), Der griech. Briefroman (1994).

Epistyl ↗ Architrav

Epitaph (gr. epitaphios logos, »Rede am Grab«). Als E. bezeichnet man zunächst die Grabinschrift (↗ Epigramm). Als rhetor. Fachbegriff wird E. für eine Grabrede verwendet, die in Athen alljährlich anlässlich der öffentl. Leichenfeier für die Kriegsgefallenen von einem angesehenen Bürger gehalten wurde. Aus dem 5. Jh. v. Chr. kennen wir neben einem E.-Fragment des Gorgias den E. des Perikles bei Thukydides, aus dem 4. Jh. die E.ien des Lysias, Demosthenes, Lykurg und Hypereides. Das traditionelle Schema (Lob der Toten, Trost der Angehörigen, Ermahnung der Lebenden) zeigt auch der von Sokrates im platon. *Menexenos* zitierte E. **Lit.:** M. Pohlenz, Zu den att. Reden auf die Gefallenen, in: Symbolae Osloenses 26 (1948) 46–74. – R. Garland, The Greek Way of Death (1985)

Epithalamion (gr., »Hochzeitsgedicht, -rede«). Ursprünglich wurde E. für den Gesang bzw. die Rede vor dem Zimmer der Braut verwendet, später allg. für Hochzeitslied (Hymenäus). Die literar. Tradition reicht ungebrochen von Sappho bis Ausonius (*Cento nuptialis*). **Lit.:** E. Contiades-Tsitsoni, Hymenaios and E. (1990).

Epitheta deorum (gr., lat., »Beinamen der Götter«). Die Griechen pflegten ihren Göttern zahlreiche Beinamen zu geben, die der genaueren Charakterisierung dienten (Zeus; der Blitzschleuderer; Eos, der Rosenfingrige) oder in lokalen Kulten ihren Ursprung hatten (Apollo Actius: Apollon, der die Schlacht bei Actium zugunsten des Augustus entschieden haben soll).

Epitome (gr. epitome, »Ausschnitt«), verkürzende Paraphrase umfangreicher Werke (meist Prosa), z. B. der Geschichtsbücher des Livius.

Epoche (gr. epechein, »sich enthalten«) ↗ Aporie, Skeptizismus

Epọde (gr. epode, »Nachgesang«). Unter epod. Konstruktion versteht man in der Metrik eine Komposition, in der auf einen oder mehrere vorangehende Verse ein davon metrisch verschiedener, kürzerer Vers folgt wie im eleg. ↗ Distichon. In der Chorlyrik kann auf zwei metrisch einander entsprechende Strophen eine metrisch davon unterschiedene E. folgen.

Epọna, ursprünglich gall. Schutzgöttin der Pferde und der Ställe, in Rom am 18. Dezember feierlich geehrt.

Eponym (gr. epọnymos, »Namen gebend«), der Gott oder Heros, nach dem Städte oder Regionen benannt werden, z. B. Ikarios, nach dem der Demos Ikaria seinen Namen hat.

Epos, poet. erzählende Gattung der griech.-röm. Literatur im daktyl. Hexameter. *I. Griechenland:* Seit Homers *Ilias* und *Odyssee* weist das E. feste Gattungsmerkmale auf. Die Helden werden mit Beiwörtern (Epitheta) charakterisiert. Formeln, Gleichnisse, Kataloge, typ. Szenen (z. B. Kampf, Tod), direkte Rede und Götter, die in die menschl. Sphäre eingreifen (›Götterapparat‹), sind feste Bestandteile. Ursprünglich wurden in der vorliterar. Phase Epen vom Rhapsoden in immer neuen Improvisationen vorgetragen. Die homer. *Ilias* und *Odyssee* stehen am Wendepunkt zwischen der alten oralen Tradition und den Möglichkeiten der Schrift, die um 800 v. Chr. nach Griechenland eingeführt wurde. So weisen sie einerseits noch Merkmale mündl. Vortragstils (oral poetry), andererseits jedoch auch schon eine schriftl. Gesamtkonzeption auf. Im Anschluss an die homer. Epen wurde von den Dichtern des ↗ Ep. Kyklos versucht, die Lücken, die die beiden Epen offenließen, zu schließen. Epigonen sind im 5. Jh. v. Chr. Panyassis (Herakles-E.) und Antimachos (theban. E.), bevor in der Zeit des Hellenismus eine neue Blüte der Gattung einsetzte. – *II. Rom:* Ep. Dichtung beginnt mit der Übersetzung der homer. *Odyssee* durch Livius Andronicus (*Odusia*). Inhaltlich ging das röm. E. aber zunächst einen anderen Weg und wandte sich histor., der röm. Geschichte entnommenen Gegenständen zu (z. B. Naevius, *Bellum Poenicum* [*Der 1. Pun. Krieg*]). Als Begründer des röm. E. im eigentl. Sinne kann Ennius gelten, der in seinen *Annales* den altmod. Saturnier durch den daktyl. Hexameter ersetzte und einen erhabenen poet. Stil prägte, der sowohl Archaismen wie kühne Neuschöpfungen (↗ Neologismus) gestattet. Seine künstler. Vollendung erreicht das röm. E. in Vergils *Äneis,* die in jeder Hinsicht mit den beiden homer. Gedichten in Wettstreit tritt. Lukans Bürgerkriegsepos *Pharsalia* bricht mit der Gattungsnorm durch vollständige Eliminierung der Götterebene. In der Spätantike wandten sich auch christl. Dichter dem E. zu, bes. in der Form der Bibelepik, indem sie die typ. Elemente der Gattung einer christl. Uminterpretation unterzogen (Prudentius, Juvencus, Sedulius). Einen Sonderfall des röm. E. bilden Ovids *Metamorphosen,* die von der Form her sich als ›normales‹ Groß-E. geben, inhaltlich und strukturell jedoch aus einer Vielzahl von Epyllien bestehen und somit einen Kompromiss zwischen der hellenist.

Poetik der Kleinform und der Gattungsnorm des E. darstellen. **Lit.:** E. Burck (Hg.), Das röm. E. (1979). – J. Latacz (Hg.), 200 Jahre Homer-Forschung (1991). – S. M. Goldberg, Epic in Republican Rome (1995). – J. Latacz, Homer (⁴2003).

Epọpten, ↗ Eleusinische Mysterien.

Epyllion, bes. im Hellenismus und in durch die alexandrin. Poetik (↗ Literaturtheorie) beeinflussten Kreisen gepflegte Form des Kleinepos, in der statt ep. Breite ein ausgefeilter, anspielungsreicher Stil bevorzugt wurde. Catulls 64. Gedicht und viele Episoden der *Metamorphosen* Ovids sind Epyllien.

Epytus, König von Alba Longa.

Equites ↗ Ritter

Erasịstratos von Iulis (Keos), griech. Mediziner, ca. 315–240 v. Chr. E. gilt als Begründer der Physiologie; wie ↗ Herophilos soll er Vivisektion betrieben haben. Sein umfangreiches wissenschaftl. Werk über Anatomie und Physiologie, über Hygiene, Arzneimittel und zahlreiche Krankheiten ist bis auf 293 Fragmente verloren. **Lit.:** G. E. R. Lloyd, in: JHS 95 (1975) 172–175.

Erato, eine der ↗ Musen.

Eratọsthenes (gr. Eratosthénes) von Kyrene, griech. Gelehrter, 295/280 – ca. 200 v. Chr., Schüler des Kallimachos und seit 246 Vorsteher der Bibliothek von Alexandria. E. verfasste, unter stoischem Einfluss stehend, Abhandlungen zur Ethik, mathemat. Schriften sowie Dichtungen, die sich in mytholog. Form mit der platon. Philosophie befassen. Wichtig sind die aus seiner Tätigkeit als Bibliothekar hervorgegangenen histor. und geograph. Werke. In seinen *Chronographien* gab er das Gerüst zur Berechnung der Olympiaden vor, bestimmte die Rechnung in Generationen (33 ½ Jahre) und die Datierung nach der Blütezeit (*akme*) einer Person. E. verdanken wir die Chronologie der archaischen und klass. Geschichte der Griechen. In den *Geographica* entwickelt E. aus der Ablehnung der myth. Weltsicht eine mathemat. und phys. Beschreibung der Erde mit der Einteilung der Welt in Zonen. Als wichtigste Aufgabe des Geographen sah E. die Kartographie an. Aus vorhandenen Straßen- und Küstenvermessungen berechnete er die Länge und Breite jedes Landes neu. Ebenfalls gelang es E., den Erdumfang verhältnismäßig genau zu berechnen. Als Philologe verfasste er zwölf Bücher zu Fragen der att. Komödie, außerdem ein Reallexikon und ein grammatikal. Werk. Die Homer-Auslegung beeinflusste er entscheidend durch seinen Standpunkt, dass die homer. Epen nicht als Lehrwerke, sondern zur Unterhaltung des Publikums verfasst seien. Man dürfe sie demnach nicht als Quellenwerke benutzen. **Lit.:** E. P. Wolfer, E. von Kyrene als Mathematiker und Philosoph (1954). – K. Geus, E. (2002).

Erbrecht. In Griechenland war es üblich, das Erbe zu gleichen Teilen unter den Kindern zu verteilen, wobei eventuelle Mitgiften angerechnet wurden. Um Streitigkeiten vorzubeugen, erfolgte die konkrete Aufteilung in der Regel noch durch den Erblasser oder durch Testament. Ehefrauen erbten nur aufgrund einer

*Erdbeben in Pompeji 62 n. Chr. – Zerstörung des Jupitertempels
(Ausschnitt aus einem Marmorrelief des L. Caecilius Iucundus)*

besonderen Verfügung (↗ Dos). Blieb ein Erblasser kinderlos, entschied das Testament. Die Erben waren für die Totenehren des Verstorbenen zuständig und hafteten grundsätzlich für eventuelle Schulden. Ähnl. Verhältnisse galten auch in Rom, wobei aber dem Testament eine noch größere Bedeutung zukam. Seit Augustus war in gehobenen Kreisen zudem die Sitte verbreitet, das Kaiserhaus bei einer Erbschaft zu berücksichtigen. **Lit.:** H. Kreller, Erbrechtl. Untersuchungen (1919). – F. Wieacker, Hausgenossenschaft und Erbeinsetzung (1940). – A. Watson, The Law of Succession in the Later Roman Repbulic (1971).

Erdbeben. E. wurden in der Antike trotz der seit dem 6. Jh. v. Chr. einsetzenden naturwissenschaftl. Erklärungsversuche als Äußerungen übernatürl. Mächte angesehen (↗ Prodigien). Die Griechen verbanden E. bes. mit ↗ Poseidon, der als E.-Gott mit dem Beinamen Ennosigaios (»Erderschütterer«) oder Aschalios (»der sicher Stehende«) verehrt wurde. Als Verursacher von E. wurden aber auch andere Götter angesehen wie ↗ Zeus (als Wetter- und Donnergott), ↗ Athena, ↗ Hephaistos, ↗ Hekate, ↗ Typhon, die ↗ Titanen und ↗ Kyklopen. In Rom wurden E. als Prodigien angesehen, die eine Störung des Verhältnisses der Menschen zu den Göttern ausdrückten und die deshalb durch bestimmte rituelle Handlungen (↗ Supplikation) wieder beseitigt werden musste (*procuratio prodigiorum*). In der Spätantike wurden vermehrt mag. und astrolog. Praktiken eingesetzt, um E. vorauszusagen oder abzuwehren. **Lit.:** H. Sonnabend, Naturkatastrophen in der Antike (1999). – G. Waldherr in: H. Sonnabend (Hrsg.), Mensch und Landschaft in der Antike (1999) 112–114.

Erdbeerbaum (gr. komaros, lat. arbutum), im Mittelmeerraum in zwei Arten vorkommender baumartiger Strauch. Die essbaren, orangegelb bis roten Früchte, die an Erdbeeren erinnern, dienten wegen ihres herben Geschmacks bes. als Tierfutter; das Holz lieferte gute Kohlen und wurde z. T. zu Geräten verarbeitet.

Erde, Erdbeschreibung ↗ Geographie, Geometrie

Erebos, ein aus dem Chaos entstandener Gott, Personifikation der Finsternis, von seiner Schwester Nyx (Nacht) Vater der Hemera (Tag) und des Aither (obere Atmosphäre, Luft). Der Begriff E. wird auch als Synonym zu Hades im Sinne von »Unterwelt« gebraucht.

Erechtheion, Tempel auf der Akropolis von Athen, der zwischen 421 und 406 v. Chr. an der Stelle eines 480 v. Chr. von den Persern niedergebrannten Vorgängerbaues errichtet worden ist. Das E. hat einen recht ungewöhnl. und komplizierten Grundriss, da in dem Gebäude ein ganzes Konglomerat wichtiger Kulte untergebracht werden sollte. So war es den beiden Göttern Athena und Poseidon geweiht, diente aber auch der Verehrung der att. Urkönige Erechtheus und Kekrops sowie dieses Boutes und Hephaistos, zudem umschloss es den heiligen ↗ Ölbaum der Athena und die Salzquelle des Poseidon. Diese schwierige kult. Situation bewirkte, dass das E. von anderen Tempelbauten abweicht und dass alle vier Seiten des E. völlig unterschiedl. Ansichten bieten. Es ist im jon. Stil erbaut, wobei die Südhalle den wohl berühmtesten Teil darstellt. Hier stehen die sechs Koren, überlebensgroße Mädchenfiguren, die als ↗ Karyatiden das Dach der Halle tragen. **Lit.:** G. Gruben, Die Tempel der Griechen (⁴1986). – U. Muss/C. Schubert, Die Akropolis von Athen (1988).

Erechtheus (gr. Erechtheus), legendärer König von Athen, Sohn des Pandion, bisweilen als Sohn des ↗ Erichthonios angesehen oder mit diesem gleichgesetzt. Im Krieg gegen die Eleusinier erschlägt er ihren Anführer Eumolpos und wird von dessen Vater Poseidon getötet.

Eretria, Stadt auf der Halbinsel Euböa, Griechenland. Die schon bei Homer erwähnte Stadt hatte ihre größte Bedeutung in der Zeit der sog. ↗ Kolonisation, als sie Mutterstadt zahlreicher Kolonien wurde. E. beherrschte in etwa die Südhälfte Euböas. Die Geschichte der Stadt war geprägt von der Konkurrenz mit ↗ Chalkis, der größten Stadt auf Euböa, die von E. nur durch die fruchtbare Lelant. Ebene getrennt war. Ende des 8. Jh. v. Chr. fiel diese Ebene im Lelant. Krieg an Chalkis, später an athen. ↗ Kleruchen. E. unterstützte den Jon. Aufstand, nach der Zerstörung durch die Perser (490) wurden die Bewohner in einer Strafaktion nach Persien verschleppt. E. nahm auch am 2. Perserkrieg 480/79 teil und trat dem ↗ Att. Seebund bei, an den es hohe Beiträge zu entrichten hatte. 446 beteiligte sich die Stadt am Aufstand gegen Athen, das in E. eine Kleruchie errichtete. Im Peloponnes. Krieg lehnte sich E. mit dem Rest der Insel 411 gegen Athen auf, es kam vor der Küste der Stadt zur Seeschlacht. E. war später Mitglied des 2. Att. Seebundes, wurde seit 366 von Tyrannen beherrscht und wechselte im 4. Jh. seine Bundesgenossen (Athen, Makedonien) mehrfach. 198 zerstörten die Römer die Stadt, die zwar zwei Jahre später für frei erklärt wurde, die alte Stellung als Handelszentrum aber nicht wieder erringen konnte. E. wurde wohl schon in der Spätantike aufgegeben, Bauten aus röm. Zeit fehlen fast völlig. Umfangreiche Ausgrabungen mit Stadtmauer, Theater, Tempeln (Apollon, Dionysos) und Akropolis. **Lit.:** P. Auberson/K. Schefold, Führer durch E. (1972). – GLHS (1989) 223 f. – ASM (1999).

Erginos, myth. Sohn des ↗ Klymenos (2). Um den Tod des Vaters zu rächen, führt E. Krieg gegen Theben und legt der Stadt den Tribut auf, ihm zwanzig Jahre lang alljährlich 100 Kühe zu übergeben. Er wird von ↗ Herakles getötet.

Erichthonios, legendärer, aus der Erde geborener König von Athen (sog. Autochthone). Er wird durch Hephaistos gezeugt, dessen Samen bei dem Versuch, Athena zu vergewaltigen, auf den Boden tropft. Athena versteckt den missgestalteten Säugling, der halb Mensch, halb Schlange ist, in einem Körbchen, das sie den Töchtern des Kekrops anvertraut, allerdings unter der strikten Bedingung, nie hineinzusehen. Sie unterliegen jedoch ihrer Neugier und öffnen den Korb. Der Anblick ist für sie so entsetzlich, dass sie sich von der Akropolis in den Tod stürzen. Athena nimmt E. wieder zu sich. Später wird E. König von Athen, wo er den Athenakult fördert und die ↗ Panathenäen gründet. E. wird in der Literatur häufig mit ↗ Erechtheus gleichgesetzt.

Eridanos, in der gr. Mythologie ein Fluss im fernen Nordwesten der Welt, in den ↗ Phaëton gestürzt sei; seine Tränen hätten ↗ Bernstein gebildet.

Erigone (gr. Erigone), myth. Tochter des ↗ Ikarios. Sie erhängt sich an der Stelle, an der sie die Leiche ihres erschlagenen Vaters findet und wird als das Sternbild Jungfrau an den Himmel versetzt.

Erinna (gr. Erinna), aus Telos bei Rhodos, griech. Dichterin, 4. Jh. v. Chr. Erhalten sind einige wenige Zitate bei anderen Autoren und ein Papyrusfragment mit dem Gedicht *Spindel*, wohl der Erinnerung an die Jugend mit der Freundin Baukis gewidmet. Erhalten sind außerdem drei Epigramme in der *Anthologia Palatina* (6, 352; 7, 710 und 712). E. schreibt im dor. Dialekt mit äol. Einschlag, als Metrum verwendet sie den daktyl. Hexameter. Sie gilt als Vorläuferin der hellenist.

Dichtung. **Lit.:** C. Neri, E. Testimonianze e frammenti (2003).

Erinyen (gr. Erinyes), drei griech. Rachegöttinnen (in Rom Furien genannt), Alekto (»die nie Aufhörende«), Megaira (»die Neidische«) und Tisiphone (»die Mordrächende«), dargestellt als Fackeln und Geißeln schwingende, furchterregende und grimmige Wesen mit Schlangen im Haar. Die E. verfolgen erbarmungslos die Menschen, die gegen die naturgegebenen Gesetze verstoßen haben, insbes. Verwandtenmörder. In den *Eumeniden* des ↗ Aischylos verfolgen die E. den Muttermörder ↗ Orest unerbittlich, obwohl Apollon ausdrücklich zur Tat geraten hat. Athena beruft einen Gerichtshof, den Areopag, ein, von dem Orest freigesprochen wird. Die E. sollen nach dem Willen des Areopags als die sog. Eumeniden (»Wohlgesinnte«) in Athen kultisch verehrt werden. **Lit.:** W. Burkert, Griech. Religion (1977).

Eriphyle, Gattin des myth. Sehers Amphiaraos. Von ihrem Schwiegersohn Polyneikes mit dem mag. Halsband und dem Brautkleid der Harmonia bestochen, bewegt sie ihren Mann dazu, am Zug der ↗ Sieben gegen Theben teilzunehmen, obwohl Amphiaraos das Scheitern des Unterfangens und seinen eigenen Tod vorausgesehen hat. Zehn Jahre später überredet E., erneut bestochen, ihren Sohn ↗ Alkmeon, einen weiteren Angriff auf Theben zu führen, diesmal mit Erfolg. Alkmeon erfährt von E.s Rolle und konsultiert entsetzt das Orakel von Delphi, das zum Muttermord rät. Damit erfüllt er das seinem Vater gegebene Versprechen, dessen Tod zu rächen.

Eris, griech. Göttin, Personifikation des Streits, Zwillingsschwester des Kriegsgottes Ares. Als sie als einzige Göttin nicht zur Hochzeit des ↗ Peleus und der Thetis eingeladen wird, entfacht sie einen Streit, der den ↗ Trojan. Krieg auslöst: Sie wirft einen goldenen Apfel mit der Aufschrift »Für die Schönste« unter die Göttinnen Hera, Athena und Aphrodite, die alle drei dieses Prädikat für sich beanspruchen. ↗ Paris fällt das Urteil zugunsten der Aphrodite.

Eristik ↗ Dialektik

Erkenntnistheorie (Noetik, Gnoseologie), wissenschaftl. Untersuchung des Wesens, der Bedingungen, des Umfangs und der Grenzen wahrer Erkenntnis durch den Menschen. Bei den Vorsokratikern entstand E. aus der Feststellung, dass angesichts der Vielfalt der Phänomene und der Vielzahl der darüber geäußerten Meinungen der Mensch nicht in der Lage sei, wahre Erkenntnis zu haben. Deshalb enthülle sich die Wahrheit nicht den Blicken der Masse, sondern nur dem beständig Forschenden. Das heißt: nicht jede Wahrnehmung ist gleichwertig, man muss zwischen Scheinwissen und Wahrheit (*doxa* und *aletheia*) unterscheiden. Die Position der Sophistik, der Mensch sei das Maß aller Dinge (Protagoras), muss man wohl als Wendung gegen die vorsokrat. Spekulation, vor allem der Eleaten, und als Rückkehr zur alltägl. Erfahrung ansehen. Die in der sokrat. Gesprächsführung angelegte Methode der Definition der Dinge wird von Platon zu einem erkenntnistheoret. System ausgebaut.

*Aphrodite mit Eros beim Adonisfest,
Kübel mit Kräutern auf die Dächer stellend*

Platon führt eine Trennung zwischen der sinnlich erfassbaren Welt der Phänomene, die dem Bereich der *doxa* zuzurechnen ist, und der Welt der Ideen durch, an die die unsterbl. Seele des Menschen sich wiedererinnert (Anamnesis-Lehre). Aristoteles hält zwar an dem platon. Gegensatz Wissen – Meinen fest, jedoch nimmt er nicht eine Trennung der diesem Gegensatzpaar zugrunde liegenden Welten vor. Die Welt der Sinne ist nach ihm zugleich Gegenstand der Meinung und der Wissenschaft, die sie von verschiedenen Standpunkten aus untersucht. Stoa und Epikureismus gehen sensualistisch vor. Sinneseindrücke werden in der Seele abgebildet, ihr Wahrheitsgehalt wird an den bereits vorhandenen Eindrücken bemessen. Radikal ist die Position des Skeptizismus, der bestreitet, dass es dem Menschen überhaupt möglich sei, Wahrheit bzw. sicheres Wissen zu erhalten.

Ernährung ↗ Nahrung

Ernte. Die E. spielte in der antiken Gesellschaft als Grundlage der Ernährung eine zentrale Rolle und hatte große Bedeutung in der landwirtschaftl. Fachliteratur (↗ Varro, ↗ Columella, u.a.). Die Getreide-E. begann im griech.-röm. Bereich Mitte Mai und fand im Juli ihren Abschluss. Zu ihrer Organisation kamen auf großen Gütern vielfach Saisonkräfte zum Einsatz, meist in Form von Mietsklaven oder Tagelöhnern, für die feste Arbeitsnormen galten. Die wichtigsten Geräte waren Sichel, Gabel und Harke. In der antiken Literatur, insbes. bei den Agrarschriftstellern, finden sich vielerlei Ratschläge zur Optimierung des Ertrags, insbes. zum richtigen Einsatz des Erntegeräts, zum günstigsten Zeitpunkt des Schnitts der verschiedenen Feldfrüchte und zur effektivsten Arbeitsorganisation. ↗ Ackerbau, Agrartechnik

Eros, griech. Liebesgott, der zusammen mit Gaia (Erde) aus dem Chaos geboren wird; in den späteren Versionen Sohn der Aphrodite und des Kriegsgottes Ares; in Rom wird er als Amor bzw. Cupido bezeichnet. Der Gott der geschlechtl. Liebe und der Fruchtbarkeit schießt, meist in Begleitung seiner Mutter und häufig auf deren Befehl, mit seinen spitzen Pfeilen auf Götter oder Menschen, die sich daraufhin – nicht immer glücklich – verlieben (z.B. Medea und Jason, Dido und Äneas, Apollon und Daphne). In Platons *Symposion* steht E., Sohn des Poros (des Wegs) und der Penia (der Armut), für das Streben nach der Erkenntnis der Idee des Schönen und Guten.

Erykina, Beiname der ↗ Aphrodite.

Erymanthischer Eber ↗ Erymanthos

Erymanthos, wilde Gebirgslandschaft zwischen Arkadien, Elis und Achäa im N der Peloponnes. Der höchste Berg ist mit 2224 m der Olonos. ↗ Herakles fing im E. im Auftrag des Eurystheus den »Erymanth. Eber«, lieferte das Untier lebendig bei seinem Auftraggeber ab und erledigte damit seine vierte Aufgabe.

Erysichthon, Figur der griech. Mythologie. Er fällt trotz der Warnung Demeters einige Bäume in einem der Göttin heiligen Wald und wird dafür von ihr mit einem unstillbaren Hunger bestraft. Als er sein gesamtes Hab und Gut verzehrt hat, verkauft er seine Tochter, die ihre Gestalt ständig verändern kann, täglich in die Sklaverei. Als auch diese Maßnahme nicht ausreicht, seinen Hunger zu stillen, verschlingt er sein eigenes Fleisch.

Erytheia, eine der ↗ Hesperiden.

Erythra thalassa ↗ Rotes Meer

Eryx, Sohn der Aphrodite und des Poseidon. Er gründet die gleichnamige Stadt auf Sizilien und richtet ein berühmtes Heiligtum für seine Mutter ein, das sein Halbbruder Äneas später besucht. Er wird von Herakles, den er zu einem Ringkampf auffordert, getötet.

Erziehung. Erziehungsmethoden, die den besonderen Bedürfnissen der ↗ Kinder angepasst waren, kannte die Antike kaum. Stattdessen legte man großen Wert darauf, den Heranwachsenden die eth. Normen der Erwachsenen zu vermitteln und ihnen eingehende Kenntnisse der wichtigsten Wissenschaften (bes. Rhetorik und Philosophie) zu verschaffen, sowie sie durch Sport und ↗ Gymnastik körperlich zu ertüchtigen. Als ↗ Lehrer fungierten in Griechenland und später auch in Rom spezielle Pädagogen, die häufig Sklaven waren und einen beträchtl. Einfluss auf die Kinder nehmen konnten. Als Methode diente bes. die Lektüre der großen Dichter sowie philosoph., rhetor. und wissenschaftl. Schriften, die die Schüler verarbeiten und in Übungen umsetzen sollten. Der Unterricht fand in vornehmen Familien als Hausunterricht statt, sonst in öffentl. Schulen (↗ Schulwesen), deren Besuch aber nicht obligatorisch war. E. und Ausbildung beschränkten sich in der Antike meist auf die männl. Jugend, während Mädchen nur in Ausnahmefällen zu höherer Bildung gelangten. **Lit.:** S.F. Bonner, Education in Ancient Rome (1977). – H.-I. Marrou, Geschichte der E. im klass. Altertum (1977).

Esel (gr. onos, lat. asinus), eines der wichtigsten Nutz- und Arbeitstiere in der antiken Welt. Der aus dem nub. Wildesel domestizierte Hausesel erscheint in Ägypten bereits im 4. Jt. v. Chr. und kam bes. als Lasttier beim Transport von Gütern zum Einsatz. In der griech. und röm. Landwirtschaft war er das bedeutendste Nutztier und gehört in den literar. Quellen seit dem 6. Jh. v. Chr. zu den meisterwähnten Haustieren. Seine wichtigste Funktion war der Transport von Lasten, bedeutend war aber auch sein Einsatz beim Antreiben von Getreidemühlen. Daneben fungierte der E. bisweilen auch als Reittier und fand vereinzelt als Zugtier beim Pflügen Verwendung, stand in diesen Funktionen jedoch dem ↗ Maultier und dem ↗ Rind nach. Als Opfertier im religiösen Bereich kam er hingegen höchst selten zum Einsatz. Eselsmilch galt als Medikament gegen verschiedene Krankheiten und war ein beliebtes Hautpflegemittel. Der E. galt als zäh, störrisch, geil und dumm und fand durch diese Eigenschaften Eingang in zahlreiche Anekdoten, Sprichwörter und Fabeln. Auch in der Komödie (↗ Plautus, *Asinaria*) und der Romanliteratur (↗ Apuleius, *Der goldene Esel*) ist der Esel prominent vertreten.

Esquilin (lat. Esquiliae, später Esquilinus mons), einer der sieben Hügel Roms. Der im O der Stadt gelegene Hügel besteht eigentlich aus zwei Hügeln, dem *mons Oppius* sowie dem *mons Cispius,* die schon von der sog. Servian. Mauer des 4. Jh. v. Chr. umgeben waren. In republikan. Zeit war der E. ein Arbeiterviertel; vor den Toren lag das alte Gräberfeld der Stadt, wo später die Massengräber der Armen angelegt wurden. Unter Augustus begann sich auch dieses Stadtviertel zu verändern; große Parkanlagen wie der »Garten des Maecenas« entstanden, Nero bezog den *mons Oppius* in die Anlage seines »Goldenen Hauses« ein, später von den Titus- und Trajansthermen überbaut. Der *mons Cispius* hingegen blieb ein dicht besiedeltes Wohnviertel. An den in diesem Stadtviertel in die Stadt führenden Straßen lagen zahlreiche Grabmonumente, mehrere Wasserleitungen aus dem O führten durch den E. in die Stadt. An der Porta Esquilina, an der alten Servian. Mauer., wurde der Triumphbogen für ↗ Gallienus errichtet **Lit.:** F. Coarelli, Rom. Ein archäolog. Führer (1976). – H. A. Stützer, Das antike Rom (1979) 232–238.

Essen ↗ Mahlzeiten

Essener, jüd. Religionsgemeinschaft im 2. Jh. v. Chr. mit Hauptsitz in Engeddi am Toten Meer. Die Mitglieder waren streng gesetzestreu, bes. was Reinigungsgebote betraf, und lebten von ihrem eigenen Land und Vieh. Die Aufnahme in die Sekte erforderte eine dreijährige Prüfungszeit. Ein Teil der in Qumram gefundenen Handschriften ist essen. Ursprungs. **Lit.:** A. Adam/C. Burchard, Antike Berichte über die E. (²1972).

Essig (lat. acetum), die älteste dem Menschen bekannte Säure, ist bereits im pharaon. Ägypten nachweisbar. E. wurde durch Gärung aus Wein, aber auch aus Kernobst, Datteln oder Feigen gewonnen. E. kam bes. bei der Lebensmittel- und Getränkezubereitung zum Einsatz, spielte aber auch eine wichtige Rolle in der Medizin (Behandlung von Wunden und Eiterun-

gen) sowie im handwerkl.-techn. Bereich (Reinigung von Silber, Sprengung von Gestein).

Eteokles (gr. Eteoklẹs), myth. Sohn des Ödipus und der Jokaste, durch einen Fluch seines Vaters Feind seines Bruders ↗ Polyneikes im Streit um die Herrschaft über Theben. Im Einzelkampf töten sie sich gegenseitig. Der Stoff wird von Aischylos in *Sieben gegen Theben* und von Euripides in den *Phönissen* behandelt.

Eteokreter (gr., »echte Kreter«), Volksstamm auf ↗ Kreta. Die schon bei Homer (Odyssee 19, 176) erwähnten E. galten in der Antike als autochthone Ureinwohner der Insel (Diodor). Siedlungsgebiete der E. waren in histor. Zeit bes. der O der Insel um Praisos. Dort und in ↗ Dreros fand man archaische, in griech. Schrift, aber in einer nichtgriech. Sprache verfasste, eteokret. Inschriften. In Spuren hielt sich die eteokret. Sprache bis ins 2. Jh. v. Chr. Die Quellenlage zur Geschichte der E. ist sehr unsicher; die These vom Weiterleben der ↗ Minoischen Kultur in den E. ist aber unwahrscheinlich. **Lit.:** Y. Duhoux, L'eteócrétois (1982).

Ethik (gr. ta ethikạ, »das die Moral Betreffende«). Die E. der archaischen Zeit in Griechenland (vorphilosoph. Phase) ist gekennzeichnet von dem Bestreben, sittl. und gesellschaftl. Wertvorstellungen zu vermitteln. Im Zentrum steht die prakt. Frage, wie man sich bei bestimmten Anlässen zu verhalten hat wie z. B. beim Symposion. Die aufgestellten Regeln werden durch die Tradition (*hoi kathestotes nomoi*) oder durch histor. bzw. mytholog. Beispiele untermauert. Adressatenkreis ist die archaische Adelsgesellschaft. Zentraler Begriff der vorphilosoph. E. ist *sophrosyne,* »das rechte Maß«, »die vornehme Zurückhaltung«. Der Begriff wird in der Folgezeit die Adelstugend par excellence; im platon. *Charmides* wird er kritisch durchleuchtet. Literar. Vertreter dieser Phase sind Hesiod (*Werke und Tage),* Phokylides (»Spruchdichtung«) und bes. Theognis. Die philosoph. E. setzt mit der durch die ↗ Sophistik eingeleiteten Destruktion der traditionellen Normen und Wertvorstellungen ein. Die Erweiterung des geograph. Horizonts trug ebenfalls dazu bei, dass die als unantastbar geltenden Normen ins Wanken gerieten, ebenso die aufkommende Gerichtsrede, die jeden jurist. Fall von verschiedenen Seiten zu betrachten lehrte unter Außerachtlassung höherer Werte (↗ Dissoi Logoi, ↗ Antiphon, *Tetralogien*). Dem sophist. Relativismus versucht ↗ Platon durch die Verankerung der Tugenden und des Guten in der Welt der Ideen entgegenzutreten, während ↗ Aristoteles den prakt. Aspekt in den Vordergrund rückt: Er postuliert, dass man auf die situativ bedingten und stets wechselnden Situationen eingehen müsse, wie der Arzt auch nicht die Gesundheit oder den Menschen im Allg., sondern den speziellen Fall, die Heilung eines einzelnen im Auge habe. Wichtiger Zweig des philosoph. Systems wird die E. in der ↗ Stoa (↗ Chrysipp) und bei den Epikureern (↗ Epikureismus). Letztes Ziel beider Schulen ist bei aller tiefgreifenden Differenz das Glück (*eudaimoinia*) des Menschen: Die Stoiker suchen durch Ablegung aller äußeren Bedürfnisse (*adiaphora*) das Ziel zu erreichen, die Epikureer durch die Lust (*hedone*), wobei allerdings die jeweiligen Konsequenzen des Lustgenusses in ständiger rationaler Überprüfung (›Güterabwägung‹) berücksichtigt werden müssen. In der röm. E. kann man wie in der griech. eine vorphilosoph. und eine philosoph. E. unterscheiden, wobei allerdings die Beispiele (*exempla*) auch in der philosoph. Phase eine große Rolle spielen: der *mos maiorum* (»Tradition«) und die *exempla* (»Modellfälle«) aus der röm. Geschichte sind stets präsent (z. B. Cicero, *De officiis*). Ebenfalls stets präsent ist der Aspekt der prakt. Lebensbewältigung (Seneca, *Epistulae morales*). **Lit.:** E. Howald, Antike E. (1928). – A. Pieper, Pragmat. und eth. Normenbegründung (1979).

Ethnographie (gr., »Volksbeschreibung«). Die E. entwickelte sich aus der geograph. Literatur (›Erdbeschreibungen‹). ↗ Hekataios beschreibt Lebensweise, Bräuche, Tracht, Riten, Besonderheiten und Beschaffenheit des jeweiligen Landes. Das Beschreibungsmodell wird von Herodot übernommen, der sein eigenes Urteil insbes. zu Fähigkeiten und Besonderheiten der jeweiligen Völker anfügt. Das ethnograph. Wissen wurde von den Sophisten eingesetzt, um die Relativität der moral. Vorstellungen (↗ Ethik) zu beweisen. In hellenist. Zeit gewann das bereits bei Hekataios vorhandene Element, Besonderheiten der Völker zu beschreiben, immer mehr an Bedeutung (sog. Paradoxographie: Ktesias, Eudoxos von Knidos). Der Indienfeldzug Alexanders d.Gr. brachte eine Vorliebe für phantast. und exot. Details hinzu, die im ↗ Roman der Kaiserzeit zu einem gattungsprägenden Element wurden. In der röm. E. (bes. Tacitus, *Germania*) wird die Schilderung barbar. Stämme eingesetzt, um in der Vitalität und Unverdorbenheit der Barbaren ein Gegenmodell zur Dekadenz in Rom zu entwerfen. **Lit.:** E. Honigmann, Studien zur Geschichte der griech.-röm. E. (1918) – K. E. Müller, Geschichte der antiken E. I–II (1972–1980).

Ethopoiie (gr. »Charakterdarstellung«), Begriff der Rhetorik, Fähigkeit eines Redners bzw. Logogra-

phen, der Reden im Auftrag anderer schreibt, sich in den Charakter des Auftraggebers hineinzuversetzen.

Ethoslehre, Begriff der Musikwissenschaft. Den verschiedenen Tonarten werden bestimmte Wirkungen auf die menschl. Seele zugeschrieben (↗ Musik).

Etrurien (lat. Etruria), Landschaft im westl. Mittelitalien, Siedlungsgebiet der ↗ Etrusker. Das Tyrrhen. Meer im W, der Tiber im S und O sowie der Arno im N bildeten in etwa die Grenzen E.s, die Insel ↗ Elba wurde ebenfalls zu E. gerechnet; die unter Augustus geschaffene 7. Region Italiens entsprach weitgehend diesem Gebiet bzw. der heutigen Toskana. Die Entwicklung E.s wurde geprägt von der Geschichte der etrusk. Städte, die sich teilweise zu einem Städtebund zusammenschlossen. Zu den wichtigsten Städten gehörten Arretium, Caere, Cortona, Clusium, Perusia, Tarquinia und Veii. Erschlossen wurde das Land durch die Via Claudia, Via Aurelia, Via Aemilia Scauri, Via Cassia und die Via Amerina. 89 v. Chr. hatte E. von Marius das röm. Bürgerrecht erhalten, was unter Sulla zu Strafaktionen führte. Unter Diokletian erhielt die 7. Region den Namen Tuscia et Umbria. **Lit.:** R. Hess/ E. Paschinger, Das etrusk. Italien (1990).

Etrusker (gr. Tyrrhenoi, Tyrsenoi, lat. Etrusci, Tusci), mittelital., bes. in ↗ Etrurien ansässiges Volk. Die – noch heute viel diskutierte – Frage nach der Herkunft der E. wurde bereits in der Antike unterschiedlich beantwortet. Einige glaubten, die E. seien aus Kleinasien eingewandert, andere hielten sie für ein autochthones Volk, das schon immer in Etrurien ansässig gewesen sei. Im 6. Jh. v. Chr. erlebten die E. den Höhepunkt ihrer Macht. Durch ein Bündnis mit ↗ Karthago sicherten sie sich die Kontrolle über das westl. Mittelmeer, um 535 errangen sie einen Sieg über die Phokäer bei Alalia (Korsika). Seit Ende des 7. Jh. stand auch Rom unter etrusk. Herrschaft. Die drei letzten Könige Roms, Tarquinius Priscus, Servius Tullius und Tarquinius Superbus stammten aus dem etrusk. Geschlecht der Tarquinier. Im N reichte der Einfluss der E. bis zur Poebene, im S bis nach Capua. Mit der Ver-

Sarkophag aus Caere
(6. Jh. v. Chr.)

treibung des Tarquinius Superbus aus Rom (um 509) begann der Verfall der etrusk. Herrschaft. Eine Niederlage gegen die Griechen Süditaliens bei ↗ Kyme (Cumae) 474 kostete die E. die Kontrolle über das Tyrrhen. Meer, 421 verloren sie Capua an die ↗ Samniten. Auch von N her wurden die E. bedrängt, als um 400 die Gallier in Italien einfielen. In den folgenden 150 Jahren wurden die E. nach und nach von den Römern unterworfen, im ↗ Bundesgenossenkrieg (91–88) erhielten alle etrusk. Städte das röm. Bürgerrecht. – Die E. waren das Volk mit der am höchsten entwickelten Zivilisation und Kultur in Italien, bis sie von den Römern verdrängt wurden. ↗ Etruskisch. **Lit.:** H. Heres/M. Kunze (Hg.), Die Welt der E. (1988). – F. Prayon, Die E. (1996). – K. v. Welck/R. Stupperich (Hg.), Italien vor den Römern (1996).

Etruskisch. Das E. ist nahezu ausschließlich aus Inschriften aus der Zeit von 700 v. Chr. bis 10 n. Chr. bekannt, die größtenteils in Etrurien selbst gefunden wurden. Die e. Schrift leitet sich aus einem westgriech. Alphabet her und ist daher phonetisch gut lesbar. Da es keine uns bekannte verwandte Sprache gibt, ist die Bedeutung nur über sprachwissenschaftl. Methoden erschließbar. Das einzig erhaltene e. Buch ist der *liber linteus* (»Leinenbuch«), ein mit einem Ritualtext beschriftetes, 340 cm langes Stoffband aus Leinen, das als Mumienbinde gefunden wurde (Zagreber Mumienbinde). **Lit.:** G. Camporeale, Die Etrusker (2003) 246–267.

Etymologie (gr. etymos und logos, »wahrer Sinn«), Lehre von der wahren Bedeutung der Wörter. Seit Homer spielen die Dichter und Philosophen mit etymolog. Deutungen von Begriffen. Die Herakliteer nehmen an, dass die Sprache naturbeschaffen sei, dass also jedes Ding von Natur aus (*physei*) nur einen einzigen richtigen Namen haben könne, den man in der Rückführung der übl. Bezeichnung auf die Urgestalt erkennen könne. Die Sophisten dagegen setzen voraus, dass die Begriffe durch Konvention (*thesei*) zustande kommen. Platon parodiert die etymolog. Spekulationen in seinem Dialog *Kratylos*. Die Theorie, über etymolog. Verfahren Grundworte (»erste Bezeichnungen«) zu ermitteln, wurde von der Stoa systematisch ausgebaut. Auf Philoxenos von Alexandria (1. Jh. n. Chr.) geht die Methode zurück, alte, ursprüngl. Verbalstämme, die dem größten Teil der Sprache zugrunde liegen, aus Wortableitungen und der Ermittlung von alten, einsilbigen Verbalstämmen zu bestimmen und damit eine wissenschaftlich abgesicherte Deutung der Wörter zu gelangen. Philoxenos' Theorie beeinflusste in entscheidendem Maße die etymolog. Spekulation der Spätantike (Orion und Oros) sowie die Lexika bis in die byz. Zeit hinein (Methodios, Hesych). Aus byz. Zeit sind etymolog. Lexika erhalten: 1. das *Etymologicum Genuinum* (9. Jh.), 2. das *Etymologicum Gudianum* (11. Jh.), 3. das *Etymologicum Magnum* (12. Jh.), 4. das *Etymologicum Symeonis* (13. Jh.), 5. das Zonaras-Lexikon (13. Jh.). In Rom wurden etymolog. Studien von Varro (1) betrieben. **Lit.:** R. Reitzenstein, Geschichte der griech. E. (1897).

Euadne (1), myth. Gattin des ↗ Kapaneus, stürzt sich auf den Scheiterhaufen ihres toten Mannes und wird mit ihm verbrannt (Euripides, *Hiketiden*).

Euadne (2), Gattin des ↗ Argos (3).

Euander, in Vergils *Äneis* arkad. Held, Sohn des ↗ Hermes und der ↗ Carmenta und Vater des ↗ Pallas (2). Er wandert mit Gefährten nach Latium aus und lässt sich am Palatin nieder. Äneas wird von ihm unterstützt.

Euböa (gr. Euboia), zweitgrößte Insel Griechenlands. Die 175 km lange Insel liegt der Ostküste Mittelgriechenlands und Attikas gegenüber und ist von dieser nur durch einen an vielen Stellen engen Sund getrennt. Schon früh bildeten sich auf der jonisch besiedelten Insel die städt. Zentren Histiaia (Oreos), ↗ Chalkis und ↗ Eretria heraus. Vor allem der Gegensatz von Chalkis und Eretria bestimmte die Geschichte der Insel. Weitere bedeutende Städte konnten sich nicht mehr bilden, vielmehr gründeten diese Zentren wie auch das kleinere Kyme zahlreiche ↗ Apoikien im Zeitalter der ↗ Kolonisation. 490 besetzten die Perser Teile der Insel. Der Aufstand gegen den Att. Seebund 446 führte zur Ansiedlung athen. ↗ Kleruchen u. a. in der fruchtbaren Lelantin. Ebene. 411 bildete sich mit Unterbrechungen ein Euböischer Bund. Ab dem 4. Jh. v. Chr. wechselte die Bündniszugehörigkeit der Städte auf E. immer wieder. In röm. Zeit gehörte E. zur Provinz ↗ Achäa, Chalkis war nun die bedeutendste Stadt der Insel. Unter Nero bestand ein euböisches *koinon*, ein Inselbund. **Lit.:** F. Geyer, Topographie und Geschichte der Insel E. (1903).

Eubulos (1), athen. Staatsmann und Finanzexperte, ca. 405–330 v. Chr.; E. verwaltete 354–350 die Gelder, die Athen armen Bürgern für den Besuch von Theatern zur Verfügung stellte. Dank E.' Finanzpolitik stiegen die Einnahmen Athens, Heer und Flotte konnten ausgebaut werden. 348 versuchte E. vergeblich, eine gegen Philipp II. von Makedonien gerichtete Koalition zustande zu bringen, 346 befürwortete er den von Philokrates ausgehandelten Frieden mit Philipp. **Lit.:** G. L. Cawkwell, E., in: JHS 83 (1963) 47–67. – H. Leppin, Zur Entwicklung der Verwaltung öffentl. Gelder im Athen des 4. Jh. v. Chr., in: W. Eder (Hg.), Die athen. Demokratie im 4. Jh. v. Chr. (1995) 557–571.

Eubulos (2), athen. Komödiendichter, ca. 380–335 v. Chr. E. ist einer der Hauptvertreter der att. Mittleren ↗ Komödie. Er ließ manche seiner Stücke durch Aristophanes' Sohn Philippos aufführen. Von 57 erhaltenen Dramentiteln (wohl die Hälfte seiner Gesamtproduktion) deutet etwa die Hälfte auf mytholog. Themen, teilweise auch auf Tragödienparodie (Euripides). **Lit.:** R. Hunter, Eubulus (1983) – H.-G. Nesselrath, Die att. Mittlere Komödie (1990) 195 f.

Eudemos (gr. Eudemos) aus Rhodos, Philosoph und Schüler des Aristoteles, 4. Jh. v. Chr. E. gründete auf Rhodos eine Philosophenschule. Wie Theophrast, mit dem er in Kontakt stand (ein Fragment eines Briefes ist bei Simplikios überliefert), versuchte er die gesamte aristotel. Philosophie weiterzuentwickeln. Von den log. (*Analytika*), rhetor. (*Peri lexeos*) und wissenschaftsgeschichtl. Werken sind nur Fragmente erhalten; durch Simplikios überlieferte Auszüge aus den *Physika* erlauben einen Vergleich mit Aristoteles, an den sich E. inhaltlich eng anschließt. **Lit.:** I. Bodnár (Hg.), Eudemus of Rhodes (2002).

Eudoxos von Knidos, griech. Mathematiker, Astronom und Philosoph, ca. 391- ca. 338 v. Chr. E. lehrte nach Studien in Athen und Ägypten ab etwa 362 in Kyzikos, später in Athen; sein Verhältnis zu Platons Akademie ist unklar. Von seinem vielseitigen und originellen Werk sind nur Fragmente überliefert, doch machen ihn wegweisende Entdeckungen bes. in der Mathematik zu einem der größten Wissenschaftler der Antike. Er entwickelte eine auch auf inkommensurable Größen anwendbare Proportionslehre sowie eine »Exhaustionsmethode«, mit der Fläche oder Volumen von nicht geradlinig begrenzten Figuren bzw. Körpern bestimmt werden konnten. Wesentl. Teile von Euklids *Elementen* (so Buch 5, 6 und 12) gehen auf E. zurück. Außerdem wird ihm eine (verlorene) Lösung des Problems der Würfelverdopplung zugeschrieben. In der Astronomie stellte E. ein (bis ins 16. Jh. einflussreiches) Modell zur Erklärung der Planetenbahnen durch um die Erde rotierende homozentr. Sphären auf (*Über Geschwindigkeiten*). Ein deskriptives Werk über Sternkonstellationen (*Phainomena*) diente Arat als Vorlage für sein gleichnamiges Lehrgedicht. Daneben verfasste E. auch eine große Erdbeschreibung (*Ges periodos*). Die hedonist. Ethik des E. diskutiert Aristoteles im 10. Buch der *Nikomachischen Ethik*. **Lit.:** F. Lasserre, Die Fragmente des E. von Knidos (1966).

Euenos ↗ Marpessa

Euergetes (gr., »Wohltäter«), ein seit 480 v. Chr. bezeugter Ehrentitel für Personen, die sich durch besondere Verdienste ausgezeichnet hatten. In hellenist. Zeit war der Titel weit verbreitet, bes. die hellenist. Könige bezeichneten sich gerne als Euergetai. **Lit.:** K. Bringmann, The King as Benefactor, in: A. Bulloch/E.S. Gruen (Hg.), Images and Ideologies (1993) 7–24.

Eugenius, Flavius E., röm. Gegenkaiser 22. August 392–6. September 394, Geburtsdatum und Herkunft unbekannt, Lehrer der Rhetorik in Rom. E. wurde am 22. August 392 von Arbogast in Lyon zum Augustus erhoben. Im Westen wurde er anerkannt, nicht aber von dem oström. Kaiser Theodosius I. Im Frühjahr 393 marschierte E. in Italien ein, am 6. September 394 fiel er in der Schlacht am Frigidus. **Lit.:** D. Kienast, Röm. Kaisertabelle (²1996) 343.

Eugippius, Abt von Lucullanum bei Neapel, frühes 6. Jh. n. Chr., Verf. des *Commemoratorium vitae Severini,* einer Biographie des Heiligen Severin.

Euhemerismus ↗ Euhemeros

Euhemeros von Messene, 4.-3. Jh. v. Chr., Verf. einer romanhaften Reisebeschreibung zur Insel Panachaia im ind. Ozean mit utop. Zügen (*hiera anagraphe,* »Heilige Schrift«), die durch Ennius' Übersetzung vor allem bei den Römern rezipiert und noch von christl. Autoren zur Widerlegung des heidn. Götterbilds benutzt wurde. Erkennbar ist der Inhalt bes. aus zwei umfangreichen Auszügen bei Diodor. Im Mittelpunkt steht offenbar die Sicht der Götter als Menschen, die aufgrund besonderer Verdienste vergöttlicht wurden; daher steht »Euhemerismus« später als Begriff für rationalist. Mythendeutung. Die Form des utop. Romans, die einen Vorläufer schon in Platons *Kritias* hat, lässt sich bis in die Neuzeit verfolgen (z. B. Thomas Morus' *Utopia*). **Lit.:** M. Winiarczyk, E. von Messene (2002).

Euippos (gr. Euippos), Teilnehmer an der ↗ Kalydon. Jagd, Bruder des ↗ Eurypilos (1).

Eukleides aus Megara, Freund des Sokrates und Begründer der ↗ Megar. Schule, ca. 450–380 v. Chr.

Euklid (gr. Eukleides), griech. Mathematiker, Ende des 4. bis Mitte des 3. Jh. v. Chr. Die Informationen über E.s Leben, nach denen er in Alexandria in der Zeit des Ptolemaios I. lehrte, stammen aus späteren Quellen und sind kaum zuverlässig. E.s berühmtestes Werk sind die *Elemente* (*Stoicheia*), die in 13 Büchern die Bereiche der Planimetrie, der Zahlentheorie, der irrationalen Zahlen und der Stereometrie abdeckten und die das geometr. und mathemat. Wissen früherer Mathematiker (bes. ↗ Eudoxos) erweiterten und nach einer axiomatisch-deduktiven Methode systematisierten. Das Werk wurde mehrmals kommentiert, in mehrere Sprachen übertragen und hat bis in die Neuzeit als das Standardlehrbuch für Mathematik gegolten. E. verfasste noch andere Schriften über Geometrie, Astronomie und Optik; die Autorschaft von zwei ihm zugeschriebenen Schriften über Musiktheorie ist umstritten. **Lit.:** T. L. Heath, A History of Greek Mathematics 1 (1921) 354 ff. – W. R. Knorr, The Evolution of the Eucledian Elements (1975).

Eule. Die E. war in der Antike im gesamten Mittelmeerraum und den angrenzenden Gebieten in mehreren Arten verbreitet; die wichtigsten Untergruppen

Bronze aus Knidos (5. Jh. v. Chr.)

waren der Steinkauz, die Ohreule, die Zwergohreule und der Uhu. E.n hatten eine große Bedeutung im Aberglauben: Fliegend galten sie als Glücks-, sitzend und schreiend als Unglücksboten; sie galten ferner als Wetterpropheten und spielten eine Rolle bei der Vogelschau im Auguralwesen (↗ Auguren). Ihre Eingeweide kamen häufig in der Volksmedizin zum Einsatz. In Athen wurde die E. zum Attribut für die Göttin Athena und daher zum Stempelbild der athen. Münzen, die seit dem 5. Jh. v. Chr. in der ganzen griech. Welt Verbreitung fanden (»Eulen nach Athen tragen«).

Eumaios, in Homers *Odyssee* Schweinehirt des Odysseus, Sohn des Königs der Insel Syria, der als Kind geraubt und als Sklave an Odysseus' Vater Laërtes verkauft wird. Er nimmt den als Bettler verkleideten Odysseus auf und wahrt ihm auch im Kampf gegen Penelopes dreiste Freier die Treue.

Eumenes I. (gr. Eumenes), Herrscher von Pergamon 263–241 v. Chr., Nachfolger des Philetairos; nach dem Sieg über Antiochos I. 262/61 bei Sardes begründete E. die Selbstädigkeit des pergamen. Reiches gegenüber den Seleukiden. E. konnte das kleine pergamen. Reich erheblich vergrößern, den Galatern musste er jedoch Tribute zahlen. E. starb 241, Nachfolger wurde Attalos I.

Eumenes II. (gr. Eumenes), König von Pergamon 197–160/59 v. Chr., ältester Sohn und Nachfolger Attalos I.; E. setzte die romfreundl. Politik seines Vaters fort und unterstützte die Römer im Kampf gegen Antiochos III.; als Belohnung erhielt er im Frieden von Apameia 188 fast die gesamten seleukid. Gebiete in Kleinasien. Nach Erfolgen über die Galater und Prusias I. von Bithynien begann E. um 180 mit dem Bau des berühmten Zeusaltars und ließ Pergamon in den folgenden Jahren zu einem Zentrum griech. Kultur und Wissenschaft ausgestalten. 172 warnte E. in Rom vor dem makedon. König Perseus, auf der Rückreise nach Pergamon wurde er im Auftrage des Perseus überfallen. In dem Glauben, sein Bruder sei ums Leben gekommen, übernahm Attalos II. die Herrschaft, trat aber sofort wieder zurück, als sich der Tod des E. als Irrtum herausstellte. Im Krieg der Römer gegen Perseus 171–168 verschlechterte sich das Verhältnis zwischen E. und Rom. Als sich E. 167/66 in Rom rechtfertigen wollte, erhielt er den Befehl, Italien zu verlassen. Darüber hinaus verweigerte ihm Rom die Herrschaft über die Galater und erklärte diese für autonom. E. wandte sich verstärkt den griech. Städten zu, die er durch Stiftungen unterstützte. Als E. 160/59 starb, übernahm sein Bruder Attalos II. die Herrschaft. **Lit.:** R. E. Allen, The Attalid Kingdom (1983). – H.-J. Schalles, Untersuchungen zur Kulturpolitik der pergamen. Herrscher im 3. Jh. v. Chr. (1985). – K. Strobel, Die Galater (1996).

Eumenes (gr. Eumenes) von Kardia, um 360–316 v. Chr., einer der Diadochen, führte als Kanzleisekretär Alexanders d.Gr. bei dessen Feldzug die Hoftagebücher. Nach dem Tod des Königs (323) erhielt er die Satrapie Kappadokien und schloss sich polit. dem Reichsverweser Perdikkas an. Von diesem 321 beauftragt, den Angriff seiner Gegner Krateros und Antipater abzuwehren, besiegte er in Kleinasien Krateros, der in der Schlacht fiel. Da aber gleichzeitig sein Bundesgenosse Perdikkas bei Kämpfen in Ägypten zu Tode kam, wurde er vom neuen Reichsverweser Antipater für vogelfrei erklärt, konnte aber der Umklammerung durch Antigonos, den neuen Oberbefehlshaber in Asien, der ihn in Nora (Taurus) eingeschlossen hatte, entgehen. 318 wurde er von Polyperchon, dem Nachfolger Antipaters und Gegner des Antigonos, an Stelle dessen zum Strategen ernannt und nahm den Kampf um die Vormachtstellung im Vorderen Orient auf. Von Antigonos immer weiter nach O abgedrängt, wurde er im westl. Iran 316 besiegt und von seinen eigenen Truppen an Antigonos ausgeliefert; dieser ließ ihn hinrichten. E. war ein überzeugter Verfechter der Reichseinheit, für die er bis zuletzt eintrat. Um als Grieche seine vorwiegend makedon. Truppen bei der Stange zu halten, führte er einen speziellen Alexanderkult ein und gab vor, von seinem Genius geleitet zu werden.

Eumeniden (gr. Eumenides, die »Wohlgesinnten«), von der Stadtgöttin Pallas Athene überzeugt, wandeln sich die Orest wegen des Muttermords verfolgenden ↗ Erinyen zu Athen wohlgesinnten Schutzgottheiten, denen in dem Demos Kolonos ein Hain geweiht wird (Aischylos, *Eumeniden*; Sophokles, *Ödipus auf Kolonos*).

Eumolpos (gr. Eumolpos), Sohn Poseidons, von seiner Mutter Chione ins Meer geworfen, doch von Poseidon aufgefangen und an seine Halbschwester Benthesikyme weitergegeben. Wegen seiner Untreue wird er nach Thrakien verbannt. Nach einem Umsturzversuch erneut verbannt, gelangt er nach Eleusis. Im Kampf zwischen Athen und Eleusis wird er von Erechtheus getötet. E. gilt als Stifter der ↗ Eleusin. Mysterien und als Ahnherr des eleus. Priestergeschlechts der Eumolpiden, deren Aufgabe darin bestand, die Kultobjekte aufzubewahren und an der Mysterienfeier vorzuzeigen.

Eunapios aus Sardes, griech. Sophist und Historiker, ca. 345 – nach 414 n. Chr, der dem Kreis der Neuplatoniker in Sardes angehörte. Sein fragmentarisch erhaltenes Geschichtswerk setzt das Werk des Herennius Dexippos fort und behandelt in einer zweiten erweiterten Fassung in 14 Büchern die Zeit von 270 n. Chr. bis 404 n. Chr. E. verfasste außerdem, nach dem Vorbild von Philostratos' Werk, die *Philosophen- und Sophistenvitae* (*Bioi Philosophon kai sophiston*), die vollständig überliefert sind. In beiden Schriften lässt sich die feindl. Einstellung des Eunapios gegenüber der christl. Religion klar erkennen. **Lit.:** R.C. Blockley, The Fragmentary Classicising Historians of the Later Roman Empire (1981–83). – R. J. Penella, Greek Philosophers and Sophists in the 4th Century AD (1990).

Eunomia (gr., »gute Ordnung«), eine der ↗ Horen.

Eunus (gr. eunous, »wohlwollend«), Sklave aus dem syr. Apameia, Anführer des 1. Sklavenaufstandes auf Sizilien (141–132 v. Chr.); nach der Eroberung von Enna gewann E. – nicht zuletzt wegen der Glück verheißenden Bedeutung seines Namens – zahlreiche Anhänger. E. ließ sich unter dem Namen Antiochos zum König ausrufen und konnte zeitweise ganz Sizilien unter seine Kontrolle bringen. Die Zahl seiner Anhänger wird mit bis zu 200.000 angegeben. Erst 132 gelang es dem röm. Konsul P. Rupilius, den Aufstand niederzuschlagen. E. wurde gefangengenommen und nach Rom gebracht, wo er bald darauf starb. **Lit.:** F. Kudlien, Sklaven-Mentalität im Spiegel antiker Wahrsagerei (1991). – W. Z. Rubinsohn, Die großen Sklavenaufstände in der Antike (1993).

Eupatriden (gr. »Söhne edler Väter«), Bezeichnung für die Adeligen in Athen, die in archaischer Zeit den obersten der drei Stände bildeten. Maßgeblich für die Zugehörigkeit waren nicht nur Reichtum und Lebensstil, sondern auch – wie der Name besagt – eine vornehme Herkunft. Seit dem 6. Jh. v. Chr. verloren die E. an Bedeutung. ↗ Adel **Lit.:** E. Stein-Hölkeskamp, Adelskultur und Polisgesellschaft (1989).

Euphemismus (gr. euphemismos, »Beschönigung«), Begriff der Rhetorik. Ein negativ besetzter, häufig tabuisierter Begriff wird in beschönigender oder beschwichtigender Absicht durch einen positiven ersetzt, z. B. der Name der Erinyen (Rachegöttinnen) durch Eumeniden (»Wohlgesinnte«).

Euphorion (1) (gr. Euphorion) aus Athen, Tragiker, Sohn des Aischylos. 431 v. Chr. besiegte er Sophokles und Euripides im trag. Agon.

Euphorion (2) aus Chalkis, griech. Dichter und Gelehrter, geb. 275 v. Chr. E. wurde von Antiochos III. (223–187 v.Chr.) zum Leiter der Bibliothek in Antiochia bestellt. Sein philolog. Werk umfasst Monographien über mytholog. Themen (nur als Titel bekannt) und ein Lexikon zu Hippokrates. Sein dichter. Werk besteht aus Epigrammen und hauptsächlich aus hexametr. Gedichten (überliefert sind mehr als 20 Titel und sehr dürftige Fragmente; mindestens vier darunter sind Fluchgedichte), in denen E. als *poeta doctus* der kallimacheischen Tradition der kleinen Form folgt. E. übte großen Einfluss bes. auf die Neoteriker aus. **Lit.:** B. A. van Groningen, Euphorion (1977). – L. Watson, Arae: The Curse Poetry of Antiquity (1991).

Euphranor vom Isthmos, bedeutender Maler und Bildhauer des 4. Jh. v. Chr.; in Original oder Kopie konnte bisher keines seiner Werke sicher nachgewiesen werden, viele sind jedoch literarisch überliefert. An Gemälden werden z. B. die »Schlacht von Mantineia« (362 v. Chr.) und die »Apotheose des Theseus« genannt. **Lit.:** I. Scheibler, Griech. Malerei der Antike (1994).

Euphrat, zusammen mit dem ↗ Tigris Hauptstrom in ↗ Mesopotamien. Der E. entsprang im Bergland Armeniens nordöstl. des heutigen Erzerum (Türkei), durchbrach das Taurusgebirge und bildete den westl. Hauptfluss im Tiefland Mesopotamiens. Ebenso wie der Tigris veränderte der E. hier immer wieder seinen Lauf und beeinflusste so die Siedlungsgeschichte der Region entscheidend. Beim heutigen Basra vereinigten sich E. und Tigris und mündeten nach insgesamt

ca. 1850 km in den Pers. Golf. Der gesamte heutige Mündungsbereich entstand erst in nachantiker Zeit durch Anschwemmungen, so dass der antike Küstenverlauf weiter nördl. anzusetzen ist. Die Hochwasser des E. im Frühjahr waren Grundlage der Bewässerungssysteme im babylon. Schwemmland. Wie auch der Tigris war der E. eine Hauptlinie der Flussschifffahrt, die sich nahtlos an die Seeschifffahrt des Pers. Golfes anschloss und von den Karawanenstraßen gekreuzt wurde.

Euphronios, bedeutender griech. Vasenmaler und Töpfer aus Athen, der zwischen 520 und etwa 500 v. Chr. in rotfiguriger Maltechnik arbeitete. Danach erschien er nur noch als Töpfer. Die von ihm verwendete Lieblingsinschrift »Leagros« dient als Datierungshilfe. E. gehörte zu den Pionieren seiner Zeit, zeichnete sich durch Erfindungs- und Beobachtungsgabe aus und war ein Zeitgenosse und Konkurrent des Euthymides. **Lit.:** I. Wehgartner, E. und seine Zeit (1992).

Euphrosyne (gr., »Freude«), eine der ↗ Grazien, ↗ Chariten

Eupolis, athen. Komödiendichter, ca. 455–nach 412 v. Chr., Zeitgenosse des Aristophanes, Werke nur in Fragmenten erhalten. In der Antike wird ihm Phantasiereichtum und Anmut zugeschrieben. Den Fragmenten und Titeln nach zu schließen, behandelte er ähnl. Themen wie Aristophanes. **Lit.:** B. Zimmermann, Die griech. Komödie (2006) 161–163.

Eurich (Euricus), König der Westgoten 466–484 n. Chr., Sohn Theoderich I.; E. gelangte nach der Beseitigung seines Bruders Theoderich II. zur Herrschaft. Nach einem Konflikt mit Rom 469 löste er 475 das Foedus mit dem weström. Reich; im folgenden Jahr errang E. Siege über die Franken und Burgunder, das westgot. Reich erreichte seine größte Ausdehnung. – E. war auch als Gesetzgeber tätig, er ließ das westgot. Recht in einem Gesetzbuch (*Codex Euricianus*) zusammenstellen. **Lit.:** K. F. Stroheker, E., König der Westgoten (1937). – H. Wolfram, Die Goten ([3]1990) 186–248.

Euripides (gr. Euripides), athen. Tragiker, 485/80–406 v. Chr. Von dem 90 Stücke umfassenden Werk sind 19 Dramen erhalten, darunter der *Rhesos*, der nicht von E. selbst stammt (sog. Pseudepigraphon). Fest datiert sind *Alkestis* (438), *Medea* (431), *Hippolytos* (428), *Troerinnen* (415), *Helena* (412), *Orest* (408), postum wurden *Bakchen* und *Iphigenie in Aulis* aufgeführt. Auf der Basis metr. Analyse lassen sich datieren: *Herakliden* 431–428, *Andromache, Hekabe, Hiketiden* in die 20er Jahre, *Der rasende Herakles, Elektra* 420–416, *Ion, Iphigenie bei den Taurern, Phönissen, Kyklops* zwischen 415–408. Zentral für die Tragödien des E., was schon von dem Komödiendichter Aristophanes in seinen Komödien kritisiert wurde, sind die Frauengestalten. Man findet die sich für ihren Gatten aufopfernde Alkestis, die sich in Liebe zu ihrem Stiefsohn verzehrende Phädra, die von Hass auf ihren treulosen Mann getriebene Medea, die die Ermordung der gemeinsamen Kinder als äußerstes Mit-

Euripides

tel der Rache ansieht, die unter dem Krieg leidende Hekabe, die durch die Grausamkeit der anderen selbst zur Bestie wird. Ein weiteres hervorstechendes Merkmal ist die Verbürgerlichung der Tragödie, die Ansiedelung erhabener Stoffe in einer unheroischen Umgebung (*Elektra*). Durchgängig betont die euripideische Tragödie die Ferne von Gott und Mensch. Die Götter sind wie die Menschen von Emotionen getrieben und degradieren die Menschen zu bloßen Schachfiguren in ihrem undurchschaubaren Spiel, ohne dass der Mensch einen Sinn in seinem Leid sehen könnte. Die durch den Peloponnes. Krieg (431–404 v. Chr.) ausgelöste Krise spiegeln insbes. *Hekabe* und *Troerinnen* wider, die Sieger wie Besiegte als Verlierer des Krieges erscheinen lassen; die *Phönissen* und der *Orest* zeigen die zerrütteten Wirkungen des Krieges im Bereich der zwischenmenschl. Beziehungen. Formal zeichnen sich die Tragödien des E. durch ihre Bühnenwirksamkeit aus, bes. durch eine dem Publikumsgeschmack entgegenkommende Vorliebe des E. für Solo-Arien (Monodien). Die bei E. häufige Kombination der Strukturelemente Anagnorisis (Wiedererkennung) und Intrige wird prägend für die Neue Komödie (Menander, Plautus, Terenz). Zu Lebzeiten war E. nur viermal erfolgreich. Dies mag auch ein Grund dafür sein, dass er 408 Athen auf Einladung des makedon. Königs Archelaos verließ. Im 4. Jh. wurde er allerdings nach der Zulassung der Aufführung alter Stücke (386 v. Chr.) zum beliebtesten Tragiker, dessen Stücke nicht nur die weitere Entwicklung der Gattung prägten, bes. die röm. Tragödie (Ennius, bes. Seneca), sondern auch in der Komödie ihre Spuren hinterließen. Gerade der reflektierte Umgang mit der Tradition und die Auseinandersetzung mit stets aktuellen Themen wie Krieg und Frieden oder der Stellung der Frau in der Gesellschaft verhilft E. auch heute noch zu einer ständigen Bühnenpräsenz. **Lit.:** A. Lesky, Die trag. Dichtung der Hellenen ([3]1972) 275–522. – B. Zimmermann, Die griech. Tragödie ([2]1992) 94–138. –

B. Zimmermann, Europa und die griech. Tragödie (2000) 98–112. – K. Matthiessen, Die Tragödien des E. (2002). – J. Latacz, Einführung in die griech. Tragödie ([2]2003) 250–383. – K. Matthiessen, E. und sein Jahrhundert (2004).

Europa (1) (gr. Europe), in der griech. Mythologie Tochter des phöniz. Königs Agenor und der Telephassa. Sie wird vom verliebten Zeus in Gestalt eines schönen und zutraul. Stieres am Strand entführt und über das Meer nach Kreta gebracht, wo Zeus seine wahre Gestalt wieder annimmt und E. zu seiner Geliebten macht; sie zeugen ⟋ Minos, ⟋ Rhadamanthys und ⟋ Sarpedon.

Europa (2) (gr. Europe), neben Asien und Libyen einer der drei in der Antike bekannten Kontinente. ⟋ Homer verstand unter E. das griech. Festland im Gegensatz zur Halbinsel Peloponnes; mehrere verwandte Ortsnamen (z. B. Europos, Stadt in Makedonien) bezeugen die Verwendung des Begriffes für Mittel- und Nordgriechenland. Durch das Ausgreifen der Griechen im Rahmen der ⟋ Kolonisationsbewegung ins westl. Mittelmeer und ins Schwarzmeergebiet erweiterte sich zwischen 8. und 6. Jh. der Begriff und bezeichnete den gesamten Kontinent nördl. des Mittelmeeres. Der Tanaïs (heute Don) bildete seit Herodot die Landesgrenze im O zwischen E. und Asien. Die Entdeckungsfahrten bes. in der Zeit des Hellenismus erweiterten die geograph. Kenntnisse vom Küstenverlauf E.s im W. Die röm. Eroberung Hispaniens, Galliens und Germaniens dehnten das röm. Reich auf alle bekannten Teile E.s aus, doch waren auch Skandinavien, Ostgermanien oder Teile des heutigen Russlands durchaus bekannt. Zentrale Quellen zum E.-Bild der Antike sind Pomponius ⟋ Mela, Plinius d. Ä. und Strabon. **Lit.:** M. Ninck, Die Entdeckung von E. durch die Griechen (1945). – H. Berve, Der E.-Begriff in der Antike, in: E. Buchner/P.R. Franke (Hg.) Gestaltende Kräfte der Antike (1966) 467–484.

Euros (lat. Eurus, Volturnus), antike Bezeichnung für den SO-Wind, aber auch Bezeichnung für die östl. Himmelsrichtung. In der Mythologie wird E. als Sohn der Eos und des Astraios dargestellt. Auch am Athener »Turm der Winde« ist der E. (als SO-Wind) personifiziert dargestellt.

Eurotas, Hauptfluss ⟋ Lakoniens. Der Fluss durchquerte die Gebirgslandschaft Lakoniens von N nach S. An einigen Stellen bildete der E. Ebenen aus, z. B. bei Sparta, und mündete schließlich in den Lakon. Golf.

Euryale (1) (gr. Euryale), eine der ⟋ Gorgonen, Schwester der ⟋ Medusa und der ⟋ Stheno.

Euryale (2) (gr. Euryale), Mutter des ⟋ Orion.

Euryalos, Sohn des Opheltes, Begleiter des ⟋ Äneas, berühmt für seine Schönheit, findet zusammen mit seinem Freund Nisus den Tod.

Eurydike (1) (gr. Eurydike, lat. Eurydica), in der Mythologie thrak. Dryade, Geliebte des ⟋ Orpheus, die nach einem Schlangenbiss stirbt. Orpheus zieht in die Unterwelt, um sie zurückzuholen, was ihm dank der zauberhaften Kraft seiner Stimme auch gelingt. Da er sich auf dem Rückweg aber nicht an das Verbot hält, sich nach E. umzudrehen, muss sie für immer zurück zu den Toten.

Eurydike (2) (gr. Eurydike, lat. Eurydica), Gattin des ↗ Kreon.

Eurydike (3) (gr. Eurydike, lat. Eurydica), Gattin des Akrisios, Tochter des Spartagründers Lakedaimon.

Euryganeia, Tochter des ↗ Hyperphas, nach einer Version des Mythos durch ↗ Ödipus Mutter des ↗ Polyneikes und ↗ Eteokles und der ↗ Ismene und ↗ Antigone.

Eurykleia (gr. Eurykleia), in Homers *Odyssee* die treue Amme des Odysseus, die ihn nach seiner Rückkehr bei einer Fußwaschung an einer Narbe erkennt.

Eurymede, Mutter des ↗ Bellerophon.

Eurymedon (gr. Eurymedon, »sich weithin erstreckend«), Fluss in der kleinasiat. Landschaft ↗ Pamphylien, heute Köprü Çay (türk., »Brückenfluss«). Der E. entspringt im Taurusgebirge, fließt vorbei an der pisid. Stadt Selge und der pamphyl. Stadt Aspendos und mündet ca. 30 km östl. von Attaleia (heute Antalya) ins Meer. Berühmt wurde der Fluss durch die Schlacht am E., in der der Athener Kimon, der Sohn des Miltiades, um 465 v. Chr. die Perser besiegte.

Eurynome (gr. Eurynome), Tochter des Okeanos und der Tethys, Mutter der Chariten (Grazien).

Euryphaëssa, Gattin des ↗ Hyperion und Mutter des ↗ Helios, der ↗ Selene und der ↗ Eos (Homer, *Hymnos auf Helios*).

Eurypylos (1), myth. Sohn des Thestios und der Eurythemis, Teilnehmer an der ↗ Kalydon. Jagd. Mit seinen Brüdern nimmt er ↗ Atalante das Fell des Ebers weg, das ihr ↗ Meleager geschenkt hatte und wird von Meleager getötet.

Eurypylos (2), einer der drei vernachlässigten Söhne des ↗ Temenos (1), der seine Tochter Hyrnetho und deren Mann Deiphontes den eigenen Söhnen vorzieht. Zusammen mit seinen Brüdern tötet E. den Vater, ohne jedoch die Macht zu erlangen.

Eurystheus (gr. Eurystheus), Gegenspieler des ↗ Herakles. Er wird durch Heras Hilfe zum König von Mykene, und nicht Herakles, wie von Zeus beabsichtigt: Hera veranlasst die Geburtsgöttin Eileithyia dazu, seine Geburt verfrüht einsetzen zu lassen, so dass er kurz vor Herakles zur Welt kommt. Herakles muss ihm später dienen und die von ihm gestellten zwölf Aufgaben erfüllen.

Eurythemis, Mutter der ↗ Leda.

Eurytion (1) (gr. Eurytion), myth. Sohn des Aktor, Teilnehmer an der ↗ Kalydon. Jagd, auf der er mit einem Speer aus Versehen von ↗ Peleus tödlich getroffen wird.

Eurytion (2) (gr. Eurytion), einer der ↗ Zentauren. Bei der Hochzeit des Lapithenkönigs ↗ Peirithoos mit Hippodameia vergreift er sich betrunken an der Braut und gibt damit den Anlass zur Kentauromachie, dem Kampf der Zentauren und Lapithen.

Eurytos (1), myth. König von Oichalia, von ↗ Herakles im Bogenschießen besiegt. Da E. ihm die Hand seine Tochter ↗ Iole als Siegespreis nicht gewährt, tötet Herakles den König und entführte Iole.

Eurytos (2) ↗ Molionen

Eusebios aus Caesarea (Palästina), griech. Kirchenschriftsteller, ca. 260–339 n. Chr. Ausgebildet bei dem Presbyter Pamphilos, wurde er nach 313 dessen Nachfolger als Bischof von Caesarea. E. spielte eine wesentl., jedoch umstrittene Rolle in den kirchl. Auseinandersetzungen seiner Zeit. Er gilt als der Vater der Kirchengeschichtsschreibung; seine bis 324 n. Chr. reichende *Kirchengeschichte* und die *Vita Constantini* führen dieses Genre ein und sind die wichtigsten histor. Quellen für die Zeit Konstantins I. Sein drittes geschichtl. Werk, die *Chronik*, ist verloren. Weiter verfasste E. exeget. Schriften, in denen er die allegor. Methode des Origenes (1) mit seiner eigenen histor. Betrachtungsweise verband. In seinen apologet. Arbeiten, von denen die wichtigsten die *Praeparatio Evangelica* und die *Demonstratio Evangelica* sind, wendet er sich gegen die heidn. Philosophie. **Lit.:** F. Winkelmann, E. von Kaisareia (1991).

Euterpe, eine der ↗ Musen.

Euthymides (gr. Euthymides), griech. Vasenmaler, der im ausgehenden 6. Jh. v. Chr. arbeitete. Er gilt als Lehrer des Kleophrades und Konkurrent des Euphronios, ferner sind von ihm mehrere Lieblingsinschriften bekannt. **Lit.:** J. Boardman, Rotfigurige Vasen aus Athen. Die archaische Zeit (⁴1994).

Euthyne (gr., »Rechenschaft«), in Athen Bezeichnung für die Rechenschaftsablegung eines Beamten am Ende seiner Dienstzeit. Überprüft wurde, ob sich der Beamte des Missbrauchs oder der Unterschlagung von Staatsgeldern, der Bestechung oder eines anderen Vergehens schuldig gemacht hatte. Je nach Ausgang der Prüfung kam es entweder zur Entlastung des Beamten oder zum Prozess vor einem Geschworenengericht. Vergleichbare Verfahren sind auch für andere griech. Poleis bezeugt. **Lit.:** M. Piérart, Les Athéniens, in: Antiquité Classique 40 (1971) 526–573.

Eutropius, röm. Historiker, 4. Jh. n. Chr. E. war Sekretär (*magister epistularum*) und Chef der Staatskanzlei (*magister memoriae*) am Kaiserhof. Er verfasste ein *Breviarium ab urbe condita* (Abriss der Geschichte Roms von der Gründung der Stadt an), in dem er klar gegliedert und stilistisch ansprechend in zehn Büchern die röm. Geschichte von der Geburt des Romulus bis ins Jahr 364 n. Chr. darstellt. Quellen sind u. a. die Livius-Epitome und die Biographien Suetons. Bald ins Griechische übersetzt, fand das Kompendium weite Verbreitung und wurde bis in die Neuzeit in der Schule gelesen. **Lit.:** P. L. Schmidt, in: HLL V (1989) 201–207.

Eutychides von Sikyon, griech. Bildhauer (und Maler) des ausgehenden 4. Jh. v. Chr., Schüler des Lysipp. Von seinen Werken ist das bekannteste die Tyche von Antiochia (am Orontes), eine in mehreren Kopien aus Marmor, Bronze und auf Münzen erhaltene Darstellung. **Lit.:** T. Dohrn, Die Tyche von Antiochia (1960).

Euxanthios, Sohn des ↗ Minos.

Evangelium (gr. euangelion, »frohe Botschaft«), im Hellenismus allg. Bezeichnung für eine (mündl.)

Heilsbotschaft, später zusammenfassender Begriff für die Berichte über ⟋ Jesus von Nazareth, schließlich spezielle Bezeichnung für die vier kanon. Schriften des Neuen Testaments (⟋ Bibel), die sich dem Leben und dem Tode Jesu, dem ›Freudenboten‹ des Neuen Testaments, sowie seiner Lehre widmen. Bei den ältesten Überlieferungsberichten handelt es sich in der Regel um mündlich tradierte Gleichnisse, Aussprüche und (Wunder-)Taten Jesu, die im Laufe der Zeit gesammelt und schriftlich fixiert wurden. Die alle Evangelien einschließlich der Apokryphen enthaltende Sammlung nennt man Evangeliar; die liturg., also für die sonntägl. Lesung und Predigt maßgebende Schrift, Evangelistar genannt, enthält die vier kanon. Evangelien des Neuen Testaments, deren Verf. als Evangelisten bezeichnet werden: Matthäus, Markus, Lukas und Johannes. Die ersten drei nennt man Synoptiker, da ihre Schilderungen offensichtl. Parallelen aufweisen (Synopse). – *I. Das Matthäus-E.:* Das vom Apostel Matthäus, auch Levi genannt, verfasste, innerhalb des neutestamentl. Kanons erste (aber nicht das älteste) E. stammt aus der Zeit um 90 n. Chr. Der zunächst wohl in Hebräisch verfasste, später ins Griechische übersetzte Text gilt als Zusammenstellung der Logien Jesu, außerdem richtet er sich nach einer heute nicht mehr vorliegenden Fassung des Markus-E.s. Deutlich ist die Absicht des Matthäus, Jesus mit dem alttestamentl. Messias zu identifizieren und damit das Unrecht der jüd. Führer durch ihre Glaubensverweigerung hervorzuheben. Inhaltlich hält sich Matthäus nicht streng an die zeitl. Abfolge der Ereignisse, sondern ordnet seine Schilderungen kunstvoll nach rhetor. und literar. Gesichtspunkten. – *II. Das Markus-E.:* Das zweite und älteste E., entstanden nach 70 n. Chr. (Zerstörung Jerusalems), stammt von Johannes Markus, wohl – nach dem Zeugnis des Papias von Hierapolis – dem Dolmetscher des Petrus, und gilt als Wiedergabe von dessen Predigten, worauf die zwanglose Anordnung des Stoffes zurückgeführt wird, die Markus von der kunstvollen Form des Matthäus unterscheidet. Das Markus-E. dient Matthäus und Lukas als Vorlage. Markus, semit. Herkunft, verfasst sein E. in griech. Sprache; seine Schilderungen, die insbes. die übermenschl. Macht Jesu als Gottessohn und Bezwinger der Dämonen hervorheben, sind an ein heidenchristl., vermutlich röm. Publikum gerichtet. – *III. Das Lukas-E.:* Das um 90 n. Chr. verfasste dritte kanon. E., eine Weiterführung des Markus-E.s, stammt möglicherweise – nach dem Zeugnis des Irenäus von Lyon – von dem in Antiochia geborenen Paulus-Begleiter und gebildeten Arzt Lukas. Lukas, kein Augenzeuge Jesu, stützt sich wie Matthäus vor allem auf Markus und die Logienquelle, daneben aber auch wesentlich auf weiteres Material. Lukas ist außerdem Verf. der *Apostelgeschichte* (entstanden zwischen 90 und 100), eine Schilderung der (geograph.) Ausbreitung des ⟋ Christentums allg. und der Reisen des ⟋ Paulus und seiner missionar. Tätigkeit im besonderen. – *IV. Das Johannes-E.:* Die Frage nach den Vorlagen des vierten E., dem des Johannes, ist bis heute nicht eindeutig ge-

klärt. Das Johannes-E. unterscheidet sich wesentlich von den drei synoptischen, deren Inhalt wohl als bekannt vorausgesetzt wird: Johannes beschränkt sich auf wenige Begebenheiten und Reden, um sich ihnen dafür um so ausführl. zu widmen; sie differieren insofern stark von denen bei den Synoptikern, als es sich nicht um eine Aneinanderreihung von Einzelsprüchen, sondern um – thematisch wohlpositionierte – Lehrstücke über den wundertätigen Gottessohn Jesus handelt. Johannes, dessen Identität unsicher ist – möglicherweise war er einer der ersten Jünger Jesu oder der Sohn des Zebedäus –, verfasste sein an eine heidenchristl. Gemeinde gerichtetes E. in hohem Alter, wahrscheinlich zwischen 95 und 110 n. Chr., in Ephesos. Er ist wohl nicht identisch mit dem Verf. der neutestamentl. *Apokalypse* (⟋ Apokalyptik). **Lit.:** R. Bultmann, Die Geschichte der synoptischen Tradition (1921). – P. Vielhauer, Geschichte der urchristl. Literatur (1975). – D. E. Aune, The New Testament in its Literary Environment (1987). – K. Erlemann u. a. (Hrsg.), Neues Testament und antike Kultur, bisher 2 Bde. (2004/5).

Evangelisten, die vier Verf. der in den Kanon des Neuen Testaments aufgenommenen Evangelien: Matthäus, Markus, Lukas und Johannes; ⟋ Evangelium.

Evocatio, im röm. Krieg das rituelle »Herausrufen« der Götter aus einer belagerten Stadt mit der Aufforderung, diese entweder zu verlassen oder nach Rom überzugehen.

Examinatio (lat., »Überprüfung«), Begriff der Textkritik, Überprüfung sämtl. Überlieferungsträger.

Exedra (gr. exedra, »Außensitz«), eine Bank oder Sitzgelegenheit außerhalb des Hauses oder im ⟋ Gymnasion; auch ein Raum, der sich nach einer Seite, meist auf einen Säulenhof oder zu einer Halle hin, öffnet. In der Archäologie auch Fachbegriff für halbkreisförmige Bänke und gerundete Nischen.

Exegese (gr. exegesis, »Auslegung«). Unter E. versteht man allg. die Auslegung eines Textes; der Begriff wird bes. für die Bibelauslegung verwendet.

Exegeten (gr. exegetes, »Ausleger«), in Griechenland, bes. in Athen, zwei Personen, die über sakralrechtl. Angelegenheiten Auskunft gaben. Der eine der E. wurde auf Lebenszeit vom Volk gewählt, der andere vom Orakel in Delphi bestimmt.

Exekias (gr. Exekias), griech. Töpfer und Vasenmaler in der 2. Hälfte des 6. Jh. v. Chr., führender Meister des att. schwarzfigurigen Malstils. Auf seinen Gefäßen finden sich die frühesten erhaltenen ⟋ Lieblingsinschriften. Seine Werke zeichnen sich durch Ernst und Dramatik aus und zeigen vorzügl. Stimmungsbilder. **Lit.:** J. Boardman, Schwarzfigurige Vasen aus Athen (⁴1994).

Exil (lat. exilium), Bezeichnung sowohl für die Verbannung als auch für den Verbannungsort. Das E. wurde ursprünglich nicht als Strafe verhängt, sondern bot einem Angeklagten die Möglichkeit, sich einem Strafverfahren zu entziehen. Erst in der Kaiserzeit wurde das E. zur selbständigen Strafe. Der Verbannte verlor Vermögen und ⟋ Bürgerrecht, auf unbefugte

Rückkehr stand die Todesstrafe. **Lit.:** E. Doblhofer, E. und Emigration (1987).

Exodos (gr. »Ausgang«), Begriff der Dramenanalyse, Schlussteil einer Tragödie.

Ezechiel, hellenist.-jüd. Autor, 3./2. Jh. v. Chr. Erhalten sind 269 Verse einer bibl. Tragödie mit dem Titel *Exagoge (Auszug),* in der der Auszug der Israeliten aus Ägypten unter Moses dargestellt wurde. **Lit.:** B. Gauly u. a. (Hg.), Musa tragica (1991) 216–235.

F

Fabel (lat. fabula, »Erzählung«), kurze, in Prosa oder Versen gehaltene Erzählung, die eine allgemeingültige Wahrheit oder Lebensweisheit vermitteln will. Handelnde Personen können Götter, Menschen und bes. mit menschl. Zügen ausgestattete Tiere sein. Die Erfindung der Gattung wird ↗ Äsop zugeschrieben. F.n erscheinen zunächst im Zusammenhang umfangreicherer Werke (Hesiod, Horaz), F.-Sammlungen gibt es von ↗ Phaedrus (1. Jh. n. Chr.), ↗ Babrios (2. Jh. n. Chr.) und ↗ Avian (4. Jh. n. Chr.). **Lit.:** N. Holzberg, Die antike F. (1993).

Fabius, röm. Gentilname; das patriz. Geschlecht der Fabii ist seit dem 5. Jh. v. Chr. nachweisbar. Die bekanntesten Vertreter waren:

Fabius (1), Quintus F. Maximus Verrucosus (lat., »Warze«) mit dem Spitznamen Cunctator (lat., »Zauderer«), gest. 203 v. Chr. F. durchlief die übl. Ämterlaufbahn, war vor 237 Quästor, um 235 Ädil, 233 Konsul, 230 Zensor. Nach der Niederlage der Römer gegen Hannibal am Trasimen. See 217 wurde F. zum Diktator ernannt. Seine hinhaltende Kriegsführung brachte ihm den Spitznamen Cunctator ein. Noch gegen Ende des 2. Pun. Krieges mahnte F. gegenüber der offensiven Kriegsführung Scipios zur Vorsicht und Zurückhaltung.

Fabius (2), Quintus F. Pictor, röm. Geschichtsschreiber, wurde nach der Niederlage der Römer gegen Hannibal bei Cannae 216 v. Chr. nach Delphi geschickt, um das Orakel zu befragen. F. schrieb als erster Römer eine röm. Geschichte von der Gründung Roms bis zur Gegenwart (2. Pun. Krieg). Er trat damit dem romfeindl. Geschichtswerk des Philinos entgegen. Das Werk, von dem nur wenige Fragmente erhalten sind, war in griech. Sprache verfasst und nach Jahresabschnitten gegliedert (↗ Annalen). **Lit.:** M. Eigler u. a. (Hg.), Formen römischer Geschichtsschreibung von den Anfängen bis Livius (2003) 73–92.

Fabricius, röm. Gentilname; das plebeische Geschlecht der Fabricii ist seit dem 3. Jh. v. Chr. nachweisbar. Bekanntester Vertreter war Gaius F. Luscinus (lat., »der Geblendete«), röm. Feldherr und Staatsmann im 3. Jh. v. Chr. F. durchlief die übl. Ämterlauf-

bahn, als Konsul 282 triumphierte er über die Samniten. 280 führte er erfolgreiche Verhandlungen mit Pyrrhos über die Herausgabe röm. Gefangener. 278 bekämpfte er Lukaner, Bruttier, Tarentiner und Samniten. F. galt späteren Generationen als Inbegriff röm. Tugend, hervorgehoben wurden seine Unbestechlichkeit und Rechtschaffenheit.

Fachschriftstellerei. Die auf Vermittlung bestimmter Sachgebiete angelegte F. zählt in den neusprachl. Philologien im Allg. nur ausnahmsweise zur Literatur. In der Antike weist jedoch auch reine Fachliteratur fast immer eine literar. und rhetor. Ausgestaltung auf. Die ersten Prosaschriften über bestimmte Fachgebiete entstehen in Griechenland bereits in archaischer Zeit in Jonien (2. Hälfte 6. Jh. v. Chr.: Erd- und Küstenbeschreibungen), spätestens im 5. Jh. kommen Medizin, Rhetorik und Mathematik dazu. Vom 4.–2. Jh. v. Chr. bildet sich eine hochdifferenzierte, alle erdenkl. Wissensgebiete umfassende F. heraus, von der außer den Schriften des Aristoteles kaum etwas erhalten ist. In Rom begründete Cato die F. Für seinen Sohn verfasste er eine ↗ Enzyklopädie, aus der nur seine Schrift über die Landwirtschaft (*De agri cultura*) erhalten ist. Bereits in diesem frühesten Beispiel der röm. F. wird die röm. Tendenz zur Orientierung an prakt. Bedürfnissen deutlich; das griech. Streben nach wissenschaftl. Durchdringung, Systematisierung des Gegenstandes und Erforschung von Ursächlichkeiten tritt in den Hintergrund. Inhaltlich ist die röm. F. vollkommen von der griech. abhängig; darüber hinausgehende Erkenntnisfortschritte werden nur in wenigen Spezialgebieten erzielt wie in der Rechtswissenschaft und bestimmten Teilbereichen des Ingenieurwesens (Bau von Wasserleitungen, Feldvermessung u. ä.). Formal dominiert die didakt. Ausrichtung: Der Stoff wird in meist systemat. und übersichtl. Gliederung dargeboten, Sprache und Stil streben in erster Linie nach Klarheit. Allerdings kann man auch in dieser sachorientierten Literaturgattung verschiedene Grade der literar. Durchformung unterscheiden: Das nur für Spezialisten bestimmte ›Fachbuch‹ bietet eine ästhetisch eher anspruchslose Darstellung des Stoffes, während das einen weiteren Leserkreis ansprechende ›Sachbuch‹ auch den Ansprüchen, die an die ↗ Kunstprosa gestellt werden, gerecht werden will. Auf dem Gebiet der rhetor. F. gehören zum ersten Typus Ciceros Jugendschrift *De inventione* und die anonyme *Rhetorica ad Herennium,* zum zweiten Typus Ciceros großer Dialog *De oratore.* Auch auf die philosoph. Literatur der Römer lassen sich für die Spätantike treffen die Kriterien der inhaltl. Abhängigkeit von den Griechen und der didakt., wissenschaftl. Ausrichtung zu. Allerdings zeichnen sich philosoph. Schriften zumeist durch ihre formale Perfektion aus; drei Typen lassen sich unterscheiden: 1. die einen Teilbereich erschöpfend behandelnde, literarisch ausgeformte Lehrschrift (z. B. Cicero, *De officiis*); 2. der nach dem Vorbild des Aristoteles gestaltete ↗ Dialog, in dem mehrere Teilnehmer in Form meist längerer zusammenhängender Vorträge kontroverse Ansichten zu bestimmten Themen vorbringen. Die Dialogsituation wird meist detailreich und anschaulich inszeniert (Gelegenheit, Örtlichkeiten, Teilnehmer, z. B. Cicero, *De re publica, De legibus, De finibus bonorum et malorum*); 3. der unechte oder einseitige Dialog, wie er bei Seneca vorliegt: Der Autor spricht zu einem individuellen ›Du‹, dem er das Werk widmet, und damit zugleich zu jedem Leser. Ein gedachter Gesprächspartner *(interlocutor fictus)* stellt bisweilen Fragen und erhebt Einwände, auf die der Autor eingeht. Nach ihrem griech. Vorbild wird diese Form auch ↗ Diatribe genannt. Allen philosoph. Schriften der Römer gemeinsam ist ein Bemühen um eine allg. verständl. Diktion und ihre Vorliebe für das Anführen von Beispielen (*exempla*). Aus dem Bereich der rhetor. F. ist neben Ciceros Schriften bes. Quintilians *Institutio oratoria* zu nennen. Auch die jurist. F. überzeugt durch formale Eleganz. Auf niedrigerem literar. Niveau stehen zumeist die Schriften zu anderen Gebieten wie Architektur (Vitruv), Medizin (Celsus), Landwirtschaft (Cato, Varro, Columella). Aus dem Rahmen fällt das sich den rhetor. Standards verweigernde anonyme Werk über Veterinärmedizin, die ↗ *Mulomedicina* aus dem 4. Jh. n. Chr. **Lit.:** M. Fuhrmann, Das systemat. Lehrbuch (1960). – B. Deinlein, Das röm. Sachbuch (1975).

Fackel. Der Gebrauch von F.n, bes. zur festl. Beleuchtung, bei nächtl. Kultfeiern, aber auch bei Hochzeiten und religiösen Prozessionen, war bei Griechen und Römern weit verbreitet. Im Gebrauch waren bes. Stabfackeln mit aus Pech bestrichenem Holz und Bündelfackeln, bei denen Reisig oder Stäbe zusammengebunden wurden. Die F. wurde entweder getragen oder fest aufgestellt, begegnet aber auch bei F.-Läufen. Ihre Darstellung auf antiken Grabsteinen ist häufig.

Färberei, Betrieb zur Anwendung und Verarbeitung von ↗ Farben. Das zu färbende Rohmaterial bestand hauptsächlich aus Textilien, aber auch aus Metallen, Glas und Edelsteinen. Textilien wurden in der Regel als Garne durch Eintauchen bzw. Einkochen gefärbt, selten als ganze Stücke; bei Metallen und Glas versuchte man neben dem Bestreichen auch durch Zusätze farbiger Substanzen beim Schmelzprozess und durch Herstellung von Legierungen andere Farben zu erreichen. Die F. erfolgte in speziellen Betrieben durch gut ausgebildete Handwerker, die über beträchtl. chem. Kenntnisse verfügten.

Falerii (heute Civita Castellana), Stadt in Südetrurien, Hauptort der ↗ Falisker. Nach dem 1. ↗ Pun. Krieg erhob sich die Stadt gegen Rom. In einer Strafaktion zerstörten die Römer die Stadt vollständig mit Ausnahme des Junotempels und siedelten die Bewohner im 5 km entfernten F. novi an. Zahlreiche archäolog. Funde in beiden Siedlungen, etrusk. Grabfunde u. a. im Museum der Villa Giulia in Rom. **Lit.:** PECS (1976).

Falernus ager, Landschaft in Nordkampanien, Anbaugebiet des Falernerweines. Die Landschaft wurde 340 v. Chr. römisch und litt unter den Verwüstungen des 2. ↗ Pun. Krieges. Berühmt wurde der F. a. als Weinanbaugebiet; der Falerner gehörte zu den besten und teuersten Rebsorten Italiens in der Antike. Horaz und Martial preisen mehrfach die Qualität des Weines, der für antike Weine ungewöhnlich lange gelagert werden konnte. Nach 15 Jahren Lagerung entfalteten gute Falerner erst den vollen Geschmack, der als ›kräftig‹ charakterisiert wird, je nach Lage des Weinbergs mit unterschiedlichen Geschmacksvarianten. Noch heute wird in Kampanien der Falerner angebaut.

Falisker, ital. Stamm in Südetrurien. Der kleine Stamm der F. wurde von den Etruskern unterworfen. Die F. hatten schon früh ein Bündnis mit Rom, doch kam es nach dem 1. ↗ Pun. Krieg zum Aufstand von ↗ Falerii gegen Rom. Die dem Lateinischen verwandte Sprache ist durch Dialektinschriften bezeugt. Die beiden Städte Falerii und Fescennium bildeten die Zentren der von der Viehzucht geprägten Landschaft. **Lit.:** G. Maetzke (Hg.), La civiltà dei Falisci (1990).

Fama, röm. Gottheit, Personifikation des Gerüchts und der öffentl. Rede. Bei Vergil (*Aeneis* 4, 173 ff.) eine kleine Figur mit Flügeln und zahllosen Augen, Mündern und Ohren, die in kürzester Zeit zu einem riesigen Ungeheuer heranwächst.

Fames, in der röm. Mythologie ein Dämon, Personifikation des Hungers.

Familie. Die F. spielte als kleinste Einheit der menschl. Gesellschaft auch in der Antike eine zentrale Rolle. Zur F. gehörten nicht nur Mann, Frau und Kinder, sondern auch alle zum Hausstand gehörenden Sklaven. An der Spitze einer F. stand sowohl in Griechenland als auch in Rom unangefochten das männl. Oberhaupt (gr. *kyrios*, lat. ↗ *pater familias*), dem alle anderen Mitglieder einschließlich der Ehefrau untergeordnet waren und der die alleinige Verfügungsgewalt über den F.n-Besitz hatte. In Rom konnte der *pater familias* dank der *patria potestas* sogar über Leib und Leben seiner Angehörigen entscheiden. Erst in der späten Republik und frühen Kaiserzeit kam es zu einer gewissen Lockerung dieser starren Formen; dies führte mit einer Aufwertung der Rolle der Frau zu einer F., die heutigen Vorstellungen näherkommt. ↗ Ehe **Lit.:** W. K. Lacey, Die F. im klass. Griechenland (1983). – B. Rawson (Hg.), The Family in Ancient Rome (1986). – S. Dixon, The Roman Family (1992).

Farben. Die Herstellung dauerhafter F. war in der Antike sehr vielseitig und ist ausführlich in der einschlägigen Fachliteratur (bes. bei ↗ Plinius d.Ä.) beschrieben. Wichtiges Rohmaterial waren bes. die aus dem Orient eingeführte Purpurschnecke (↗ Purpur), die Eichenschildlaus (Rot-Töne) und zahlreiche pflanzl. Stoffe wie Blumen aller Art, Beeren und Kräuter. Daneben spielten auch mineral. Produkte wie Kupferverbindungen, Ruß, Kreide und Grünspan eine Rolle. Die Einfärbung von Textilien und sonstigen Produkten erfolgte in der ↗ Färberei.

Fasces ↗ Liktoren

Fass. Fässer aus gebundenen Holzdauben kamen in der Antike erst spät in Gebrauch und waren bes. in Gallien bekannt; von dort aus erlangte das F. in der röm. Kaiserzeit auch in anderen Teilen des Reiches eine gewisse Bedeutung. Sonst wurde zur Aufbewahrung und zum Transport von Flüssigkeiten allg. Keramik, bes. ↗ Amphoren, bevorzugt.

Fasten (lat. fasti), im engeren Sinne eine Bezeichnung für den röm. Amts- und Festkalender, in dem die Feiertage und wichtige Daten der Stadtgeschichte zusammengetragen waren. Dieser geht zurück auf Jahres- und Magistratstafeln, die der Pontifex Maximus seit der frühen Republik führte und in die er wichtige Ereignisse und Feste eintrug. Diese F. wurden durch Hinzufügen immer weiterer Informationen nach und nach erweitert und schließlich zu einer Art Chronik in Buchform ausgebaut, die in die annalist. Geschichtsschreibung einfloß und wertvolle Nachrichten bewahrte. Neben diesen allg. F. gab es spezielle Verzeichnisse über die bislang amtierenden Konsuln (*fasti consulares*) und Triumphzüge (*fasti triumphales*), die mit genauen Daten inschriftlich fixiert wurden und teilweise erhalten sind. Außer in Rom gab es auch in anderen ital. Städten amtl. F., in denen die dortigen Magistrate und Feste verzeichnet waren. – Eine poet. Umsetzung ist Ovids unvollendetes Werk *Fasti*, gleichsam eine Führung durch Roms Festkalender unter aitiolog. Gesichtspunkten. **Lit.:** G. Radke, Fasti Romani (1990).

Fatum (lat., »das Gesagte«), in röm. Vorstellung eine Gottheit, das personifizierte Schicksal, der griech. ↗ Moira entsprechend. Wichtiger Begriff der stoischen Philosophie im Sinne von Vorhersehung .

Fauces (lat., »Schlund«), vor dem ↗ Atrium liegender Eingangsbereich des röm. Wohnhauses.

Fauna ↗ Bona Dea

Faunus (lat. favere, »begünstigen«), ital. Fruchtbarkeitsgott, Beschützer der Viehherden; Sohn des Picus und Enkel des Saturn, Gatte oder Vater der Fauna, die man auch Bona Dea nennt. Er wurde früh mit dem griech. Gott ↗ Pan gleichgesetzt. Wie dieser wohnt er in den Wäldern, wo sich nachts seine prophet. Stimme vernehmen lässt. Mit Lupercus identifiziert, wurde er am Festtag der ↗ Luperkalien am 15. Februar verehrt.

Faustina (1), Annia Galeria F., auch F. maior oder F. mater, 105(?) – 141 n. Chr., Tochter des Annius Verus und der Rupilia Faustina. Um 110 heiratete F. den späteren Kaiser Antoninus Pius; als dieser 138 Kaiser wurde, erhielt F. den Augusta-Titel. Nach ihrem Tod 141 wurde sie vergöttlicht und im Mausoleum Hadrians (Engelsburg) beigesetzt. F. zu Ehren rief Antoninus Pius die Alimentarstiftung der »Faustinamädchen« (*puellae Faustinianae*) ins Leben. **Lit.:** M. T. Raepsaet-Charlier, Prosopographie des femmes de l'ordre sénatorial (1987) 78f, Nr. 62. – D. Kienast, Röm. Kaisertabelle (²1996) 136.

Faustina (2), Annia Galeria F., auch F. minor, ca. 130–175 n. Chr., Tochter des Antoninus Pius und der Faustina (1). 138 wurde F. zunächst mit dem späteren Kaiser Lucius Verus verlobt. Nach dem Tode Hadrians wurde die Verlobung gelöst und F. mit dem späteren Kaiser Mark Aurel verlobt, den sie 145 heiratete. Aus der Ehe gingen zahlreiche Kinder hervor, u. a. der spätere Kaiser Commodus. Während der Kriege mit den Markomannen begleitete F. ihren Mann nach Carnuntum. Nach dem Sieg über die Quaden 174 erhielt sie den Ehrentitel *mater castrorum*. 175 brach Mark Aurel in Begleitung seiner Gattin nach Kleinasien auf. Hier starb F. Ende 175 in Halala, einem Dorf in Kappadokien, das in Faustinopolis umbenannt und zur Stadt erhoben wurde. Außerdem wurde ihr zu Ehren eine Alimentarstiftung der »neuen Faustinamädchen« (*novae puellae Faustinianae*) eingerichtet. **Lit.:** M. T. Raepsaet-Charlier, Prosopographie des femmes de l'ordre sénatorial (1987) 80f. Nr. 63. – D. Kienast, Röm. Kaisertabelle (²1996) 141 f.

Faustinus, in der röm. Mythologie Bruder des ↗ Faustulus, Hirte von Numitors Viehherde auf dem Aventin.

Faustkampf (gr. pygme, lat. pugilatus), eine in der Antike beliebte Sportart, ist bereits in homer. Zeit nachweisbar und war seit dem 7. Jh. v. Chr. Teil der ↗ Olymp. Spiele. Die beiden Kontrahenten trugen Kampfriemen, die die Schläge verstärken sollten, was nicht selten zu Verletzungen führte. Der Kampf wurde beendet, wenn einer der beiden Gegner zu Boden ging oder seine Niederlage eingestand. Der F. und seine speziellen Techniken sind häufig auf Vasenbildern dargestellt. **Lit.:** G. Doblhofer/P. Mauritsch, Boxen (1995).

Faustulus, in der röm. Mythologie Hirte von Amulius' Viehherde auf dem Palatin. Er findet die ausgesetzten Zwillinge ↗ Romulus und Remus und zieht sie zusammen mit seiner Frau Acca Larentia auf.

Favorinus aus Arelate (Arles), 2. Jh. n. Chr., griech. schreibender Rhetor, Vertreter der Zweiten Sophistik. Favorinus bekam seine erste Ausbildung in Massalia, war in Rom Schüler des Dion Chrysostomos und lernte in Athen Plutarch kennen, der ihm die Schrift *De primo frigido* widmete. Favorinus war Lehrer von Herodes Atticus, Alexander Peloplaton, Fronto und Gellius. Von seiner umfangreichen literar. Pro-

Zwei Faustkämpfer mit Schiedsrichter

duktion sind nur 25 Titel, Fragmente (überliefert vor allem von Diogenes Laertios) und drei Reden erhalten: neben zwei im Corpus des Dion Chrysostomos überlieferten Schriften (*Corinthiaca* [37] und *Über das Glück* [64], in Neapel vorgetragen) wurden 1931 große Teile der Rede *Über die Verbannung* auf Papyrus gefunden. Favorinus beschäftigte sich mit Philosophie, er war Anhänger der Akademie. **Lit.:** A. Barigazzi, Favorino, Opere (1966).

Fayum (gr. Arsinoites), moderner Name einer Oasenlandschaft in ⁊ Ägypten, heute südwestl. von Kairo. Dominiert wurde die Landschaft vom in der Antike deutlich größeren ⁊ Moerissee (heute Karunsee), der mit dem Nil verbunden war. Die sumpfige Landschaft wurde in großangelegten Entwässerungsprojekten seit der 12. Dynastie erschlossen; die Ptolemäer setzten dies fort, ⁊ Arsinoë wurde städt. Zentrum der Landschaft. Der Krokodilgott Suchos wurde hier verehrt. Die Landschaft F. mit ihren zahlreichen in röm. Zeit aufgegebenen Siedlungen gehört aufgrund des günstigen Klimas zu den wichtigsten Fundorten antiker ⁊ Mumienporträts und ⁊ Papyri. **Lit.:** PECS (1976). – ASM (1999).

Febris, röm. Gottheit, Personifikation des im frühen Rom häufig ausbrechenden und äußerst gefürchteten Fiebers, mit Altären auf dem Palatin und dem Esquilin.

Feiertag ⁊ Fasten, Feste, Ferien, Wochentage

Feige (gr. sykon, lat. ficus). Im Mittelmeerraum waren in der Antike bes. zwei sommergrüne Arten der F. verbreitet. Ursprünglich stammte die Pflanze wohl aus Indien und gelangte über den Vorderen Orient nach Europa. In der griech. Mythologie wurde die F. als Fruchtbarkeitssymbol häufig mit ⁊ Dionysos in Verbindung gebracht. Die Früchte der F., die unter guten Bedingungen zweimal im Jahr geerntet werden konnten, waren ein wichtiger Ernährungsfaktor und wurden frisch oder gedörrt gegessen. Das Holz der F. wurde in Ägypten zur Herstellung von Mumiensärgen verwendet.

Feldmesser (lat. agrimensores). Über griech. Feldvermessung existieren kaum Nachrichten, erst in röm. Zeit entwickelte sich der Beruf des F. Im kult. Bereich, etwa beim Abstecken von Tempelbezirken, wurde die Aufgabe von ⁊ Auguren wahrgenommen. Die Neuverteilung großer Landmengen und Neugründung von Kolonien seit der späten Republik erforderte die professionelle Vermessung von großen Gebieten, um gerechte Landzuweisungen, aber auch Städteplanung zu ermöglichen. Neben den freien F.n, die per Ausschreibung zu ihren Aufträgen kamen, gab es seit der frühen Kaiserzeit auch offizielle F. der Regierung und des Militärs, die jeder Legion zugeordnet waren. Hauptquelle zu den röm. F.n ist das sog. *Corpus Agrimensorum,* in dem Texte röm. Fachautoren zusammengefasst sind (⁊ Frontin, ⁊ Hygin, Nipsus u. a.). Wichtigstes Instrument zur Landvermessung war die ⁊ Groma, die zum Abstecken zweier sich rechtwinklig kreuzender Vermessungslinien eingesetzt wurde (etwa von *cardo* und *decumanus* in der antiken Stadt- und Lagerplanung). Bei der Vermessung (Limitation) landwirtschaftl. Flächen wurde in der Regel das ⁊ Flächenmaß *centuria* (20 × 20 actus) als Größeneinheit gewählt. Diese sog. Zenturiation lässt sich durch Luftbildarchäologie in vielen Teilen des röm. Reiches nachweisen (z. B. Italien, Nordafrika) und ist Beleg für die planmäßige Organisation von Land und Raum in der röm. Welt. **Lit.:** O. A. W. Dilke, The Roman Land Surveyors (1971). – U. Heimberg, Röm. Landvermessung (1977). – Ch. Schubert, Land und Raum in der röm. Republik (1996).

Feldzeichen (lat. signa, vexilla), standartenartige Symbole militär. Einheiten, waren in Rom seit der Frühzeit verbreitet, während sie in Griechenland nur selten nachweisbar sind. Als Symbole dienten in der Regel Tierbilder (Wolf, Pferd, Eber, Adler), die an einem lanzenartigen Schaft befestigt waren. Jede Einheit hatte ihr eigenes F., das als Integrationssymbol fungierte. Das F. wurde durch einen eigens dafür abkommandierten Soldaten getragen; sein Verlust in der Schlacht galt als schwere Schande. Die ⁊ Legion als größte Einheit führte stets einen Adler mit sich, der so zum Symbol für die röm. Armee schlechthin wurde.

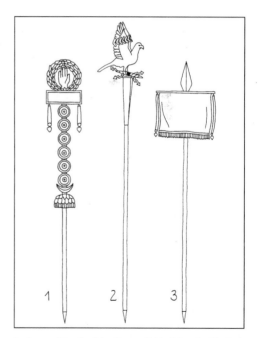

1 signum (Hand auf der Stange, Feldzeichen der Manipel oder Zenturien)
2 aquila (Adler, Feldzeichen der Legion, auch Symbol der römischen Armee überhaupt)
3 vexillum (Fahne, Feldzeichen der Reiterei)

Feldzeichen

Fenster (lat. feṇestra). Freskomalereien und Haus-modelle (kleine tönerne Nachbildungen von Häusern) zeigen, dass das F. bereits im minoischen Kreta be-kannt war, es wurde aber erst viel später von den Grie-chen des Festlandes übernommen; eines der ältesten erhaltenen F. befindet sich im ↗ Erechtheion in Athen. In Italien kannten schon die Etrusker das F., was noch heute in zahlreichen etrusk. Grabbauten zu sehen ist. Kennzeichnend für die F. der frühröm. Zeit ist, dass sie stets auf den Innenhof gingen; die F. der kaiserzeitl. Wohnhäuser dagegen, die oftmals mehrstöckig waren, waren immer zur Straßenseite gerichtet. Verschlossen wurde die F.-Öffnung zunächst mit hölzernen Läden oder einfachen Stoffvorhängen, später zuweilen auch mit lichtdurchlässigen Steinen und schließlich in der röm. Kaiserzeit auch mit in Blei gefassten Glasschei-ben. **Lit.:** D. Papenfuss/V.M. Strocka (Hg.), Palast und Hütte (1982).

Feṛalia, röm. Fest am 21. Februar zu Ehren der Vor-fahren, denen man am Grab ein Opfer darbrachte. **Lit.:** K. Latte, Röm. Religionsgeschichte (1960) 98.

Ferien (lat. feriae), die allg. und verbindl. Festtage, die im röm. Kalender (↗ Fasten) verzeichnet waren. Man unterschied zwischen zeitlich genau terminierten ↗ Festen (f. stativae), variablen Feiertagen (f. concepti-vae) und besonderen Veranstaltungen (f. imperativae), die von den höchsten Beamten angeordnet wurden (u. a. Sühnung von Prodigien). Während der F. musste die Arbeit ruhen, und die Teilnahme an den religiösen Kulthandlungen wurde erwartet. Die Anzahl der F. im Jahresablauf war seit republikan. Zeit im Wesentl. konstant und erfuhr erst in der Kaiserzeit eine Ver-mehrung durch neue Gedenktage zu Ehren des Princeps oder seiner Familie.

Feṛonia, ital. Gottheit, die in ganz Mittelitalien ver-ehrt wurde. Über ihre Funktion ist so gut wie nichts bekannt; sie gilt als Ernte- und als Heilgöttin. Da in ih-rem Heiligtum in Terracina Gefangene in die Freiheit entlassen wurden, wird sie bisweilen mit Libertas gleichgesetzt. **Lit.:** K. Latte, Röm. Religionsge-schichte (1960) 189.

Feste. I. Griechenland: F. sind in der griech. Ge-sellschaft zumeist ein Anlass, bei dem zu Ehren eines Gottes oder Heros durch die gemeinsame Feier, durch Tanz und Chorgesang Gruppenidentität hergestellt wird, von Initiationsfesten von Mädchen- oder Kna-benbünden über F. von Familien, Gemeinden (Demen) und Städten (Poleis) bis hin zu gesamtgriech. F.n. F. bestimmten den Ablauf und Rhythmus des polit. und alltägl. Lebens einer Gemeinschaft. Man kann zwi-schen den alljährl. und an einem bestimmten Da-tum stattfindenden F.n unterscheiden. So feierte man in Athen jeweils am Monatsersten den Tag des Neu-monds (noumenia), am 2. das F. des agathos daimon (des guten Geistes), der 4. war Herakles, Aphrodite und Eros geweiht, am 6. und 7. wurde der Geburtstag der Artemis und des Apollon gefeiert, der 8. war Po-seidon und Theseus gewidmet. Bereits bei den ältesten panhellen. F.n, den 776 v. Chr. gegründeten ↗ Olymp. Spielen, findet sich als herausragendes Element der

Sportwettkampf (↗ agon), ebenfalls bei den zu Ehren Apollons in ↗ Delphi stattfindenden Pyth. Spielen (seit 582), bei den Isthm. Spielen in Korinth (seit 581) und den Nemeischen Spielen (seit 573). Die athen. ↗ Pan-athenäen (seit 566) konnten nie die Geltung der ande-ren panhellen. F. erreichen. Neben sportl. Wettkämp-fen gab es schon früh mus. Agone: an den Pyth. Spielen z. B. den Gesang zur Kithara- oder zur Aulos-begleitung und Aulos-Soli, an den Panathenäen Epos-Rezitationen. Besondere Bedeutung als kultureller Anlass erlangten die Großen (oder Städt.) ↗ Dionysien in Athen. – **II. Rom.** Wie in Griechenland standen auch in Rom die F. (↗ ludi) in enger Verbindung zu den Göt-tern, waren jedoch unter etrusk. Einfluss mit Pferde-und Wagenrennen, Reiterspielen wie dem Trojaspiel, Ring- und Boxkämpfen, später auch Gladiatoren-kämpfen und Volksbelustigungen ausgestattet. Büh-nenspiele (ludi scaenici) nach griech. Vorbild finden sich erst seit 240 v. Chr. In republikan. Zeit fanden gleichmäßig über das Jahr verteilte F. statt: die angeb-lich von Numa gestifteten Saturnalia zu Ehren ↗ Sa-turns; seit 366 v. Chr. die ludi Romani zu Ehren Jupiters (15. 9.), seit 240 mit Theateraufführungen; seit 200 die ludi plebei als plebeisches Gegenstück zu den ludi Romani (Mitte November); die ludi Apollina-res zu Ehren Apollons (Mitte Juli) seit 212, von An-fang an mit Bühnendichtungen; seit 204 die ludi Megalenses (oder Megalesia) zu Ehren Kybeles (der »großen Mutter«, Magna Mater) Anfang April, seit 194 mit Theateraufführungen; die ludi Florales zu Eh-ren der Flora (April/Mai) mit mim. Darbietungen; schließlich seit 201 die Cerealia zu Ehren der Ceres (April). Der Festkalender wird in der Kaiserzeit be-trächtlich durch von den einzelnen Kaisern gestiftete F. erweitert, z. B. durch die ludi Latini oder die Nero-nia. **Lit.:** M. P. Nilsson, Griech. F. von religiöser Be-deutung (1906). – L. Deubner, Att. F. (1932). – Röm. F., in: K. Latte, Röm. Religionsgeschichte (1960), An-hang. – E. Lefèvre, Das röm. Drama (1978). – M. Wörrle, Stadt und F. (1989). – Athen. Festkalender, in: L. Bruit Zaidman/P. Schmitt Pantel, Die Religion der Griechen (1994) 102–105.

Feṣtus, röm. Historiker, ca. 320–390 n. Chr., Verf. einer kurzen Geschichte Roms von den Ursprüngen bis zu Kaiser Valens (Breviarium rerum gestarum po-puli Romani). **Lit.:** W. den Boer, Some Minor Roman Historians (1972) 173–222.

Feszennịnen (lat. Fescennini veṛsus). Mit F. wer-den anzügl. Verse bezeichnet, die man bes. bei ↗ Hoch-zeiten im Wechselgesang aus dem Stegreif zum besten gab. Der Name ist von der falisk. Stadt Fescennium (in Etrurien) abgeleitet. Es gibt nur indirekte Zeugnisse bei späteren Grammatikern. Livius 7, 2, 7 scheint die F. mit dem Beginn des röm. Dramas in Verbindung zu bringen, nach Horaz (Epistulae 2, 1, 139 ff.) ist die Fes-cennina licentia, eine derbe Ausgelassenheit, bei ländl. Erntefesten anzutreffen. **Lit.:** J. Blänsdorf, in: E. Le-fèvre, (Hg.), Das röm. Drama (1978) 91–134, bes. 95 f.

Fetiạles, alte röm. Priesterschaft aus 20 auf Le-benszeit ernannten Mitgliedern, die für die Einhaltung der Riten bei Vertragsschlüssen, Kriegs- oder Friedenserklärungen sorgte. **Lit.:** K. Latte, Röm. Religionsgeschichte (1960) 121.

Feuerwehr. Während in Griechenland die Existenz spezieller F.en nicht nachweisbar ist, wurde in Rom die erste F. im engeren Sinne 22 v. Chr. durch Augustus eingerichtet. Zuvor hatte es lediglich private Löschtrupps gegeben (z. B. der des ↗ Crassus [2]). Sie umfasste rund 600 Mann, die in Kasernen lebten und einem Präfekten unterstanden. Später wurde ihre Stärke beträchtlich erweitert und auf 7.000 Mann aufgestockt. Die F.-Leute (*vigiles*) waren mit Eimern, Leitern, Äxten, nassen Tüchern und Feuerspritzen ausgerüstet. Sie erfüllten aber auch polizeil. Funktionen, indem sie als Nachtwachen die Straßen vor Überfällen schützten.

Fibel (lat. *fibula*) bezeichnet eine Art Spange oder Sicherheitsnadel, die bestimmte Kleidungsstücke und Gewänder zusammenhalten sollte. Die F. bestand in der Regel aus Metall und war oft sehr kunstvoll gestaltet. Ihre Fertigung spielte eine große Rolle im antiken Kunsthandwerk.

Fides, alte röm. Gottheit des Eides mit Heiligtum auf dem Kapitol, wohin die *flamines maiores* (↗ Flamen) auf einem Wagen alljährlich feierlich fuhren. **Lit.:** K. Latte, Röm. Religionsgeschichte (1960) 237.

Fieber. In der Antike wurde F. als typ. Krankheitssymptom häufig für eine eigenständige Krankheit gehalten, wodurch der Blick auf die eigentl. Ursachen der körperl. Beeinträchtigung verstellt wurde. Da F.-Erkrankungen weit verbreitet waren, fanden sie ausführl. Eingang in die medizin. Lehre. Man unterschied zwischen temporären und länger andauernden F.n; Letztere waren wohl meist Formen der Malaria.

Finanzwesen. Einen Staatshaushalt im modernen Sinne gab es in der Antike nur mit großen Einschränkungen. Es existierte bes. keine feste Finanzplanung, die für einen bestimmten Zeitraum im Voraus beschlossen wurde. Alle staatl. Mittel waren grundsätzlich miteinander verbunden und konnten nach Bedarf von einem Posten zum anderen verschoben werden. – In Griechenland entwickelte sich das F. aus der Hauswirtschaft die frühzeitl. Könige, erlebte aber mit der Einführung des ↗ Münzwesens im 6. Jh. v. Chr. einen deutl. Aufschwung. Bis in klass. Zeit wurden die staatl. Einnahmen als Eigentum der Gesamtheit der Bürger einer Polis betrachtet und folgerichtig unter den einzelnen Bürgern verteilt. Erst die Entwicklung des Heer- und Flottenwesens im 5. Jh. v. Chr. machte staatl. Leistungen in größerem Umfang notwendig. Der Staat übernahm die Auszahlung des Solds und kam vielfach für den Unterhalt seiner Bürger auf. In Athen finanzierte er die Mitgieder der ↗ Boule, die Geschworenen und die Teilnahme an Volksversammlungen durch ↗ Diäten. Auch der Bau von Tempeln, Theatern und Befestigungsanlagen erforderte öffentl. Gelder. Staatl. Einnahmequellen waren die Verpachtung von Grundbesitz und Bergwerken, ↗ Zölle, sowie ↗ Steuern und Gebühren verschiedener Art. Eine Besonderheit in Athen bildeten die Beiträge (*phoroi*) der

Mitglieder des ↗ Att. Seebunds, die zunächst in Delos, dann in Athen verwahrt wurden und hauptsächlich athen. Interessen dienten. Die staatl. Schatzbeamten, die die Gelder verwalteten, trugen den Titel ↗ Tamias; sie wurden in der Regel von der Boule beauftragt und waren nach Ablauf ihrer Amtszeit rechenschaftspflichtig. Der gestiegene staatl. Geldbedarf im 4. Jh. v. Chr. führte dazu, dass die Eisphora, eine bislang nur gelegentlich erhobene außerordentl. Sonderabgabe der Bürger, zu einer Art regelmäßigen Vermögenssteuer ausgebaut wurde. Die polit. Umwälzungen im Hellenismus blieben nicht ohne Auswirkungen auf das F. Nun unterstand die gesamte staatl. Finanzverwaltung einem königl. Beamten (in Ägypten Dioiketes), der die vielfältigen Einnahmen (Steuern, Abgaben, Zölle, Gebühren) nicht nur zentral verwaltete, sondern auch erstmals eine geregelte Finanzplanung ermöglichte. – In Rom war die zentrale Staatskasse seit Beginn der Republik das ↗ Aerarium, das unter der Aufsicht des Senats stand und von den ↗ Quästoren verwaltet wurde. Die wichtigste staatl. Einnahmequelle waren die verschiedenen Steuern, die bes. in den Provinzen erhoben wurden. Diese Steuern wurden für einen bestimmten Zeitraum im Auktionsverfahren an Privatpersonen (in der Regel aus dem Ritterstand, ↗ *publicani*) verpachtet, die im Gegenzug eine im Voraus geschätzte Abschlagssumme an den Staat überwiesen. Aus dem Aerarium wurden sämtl. Personal- und Sachkosten gedeckt, die mit dem Staat in Verbindung standen, und der Sold für die Armeeangehörigen finanziert. Neue Ausgaben bedurften der Zustimmung des Senats. Im Zuge der röm. Expansion gewannen separate Finanzrechnungen der Feldherrn eine zunehmende Bedeutung, die einen Teil des Beuteguts und der Kriegsgewinne an die Staatskasse überwiesen, aber auch beträchtl. Summen an die Soldaten ausschütteten. Darüber hinaus beteiligten sich die Feldherrn mit ihrem privaten Gewinn an der Finanzierung gemeinnütziger Zwecke (Getreidespenden, Circusspiele usw.). Im 1. Jh. v. Chr. erreichten diese Separatrechnungen immense Ausmaße (bes. unter Caesar). Diese Entwicklung führte dazu, dass die Beutegelder und Provinzerträge seit Beginn der Kaiserzeit nicht mehr ins Aerarium eingezahlt wurden, sondern eine eigene Kasse, den ↗ Fiscus, bildeten. Dieser unterstand ausschließlich dem Kaiser und wurde zur Grundlage der kaiserl. Finanzverwaltung. In der Kaiserzeit verblieben zwar die Einnahmen der senator. Provinzen beim Aerarium, doch trat seine Bedeutung zunehmend hinter dem Fiscus zurück, der die Erträge der kaiserl. Provinzen und zahlreiche Sondersteuern an sich zog, und seit Claudius zu einer zentralen Organisation ausgebaut wurde. Der Umfang des Staatshaushalts und die damit verbundenen Belastungen für die Bevölkerung erweiterten sich im Verlauf der Kaiserzeit beträchtlich und führten im 3. Jh. n. Chr. zu einer schweren Finanzkrise, die z. T. durch äußere Faktoren (Bedrohung der Grenzen, ständige Kriege) mitverursacht wurde. Nachdem in diesem Zusammenhang das Aerarium seine letzten Funktionen eingebüßt hatte, stellten Diokletian und Konstantin durch umfangreiche Reformen das F. auf eine völlig neue Grundlage. In Fortentwicklung des Fiscus traten an seine Stelle die *largitiones sacrae,* die z. T. beträchtl. Summen für Heer und Verwaltung aufbringen mussten. Um die dafür nötigen Einnahmen zu garantieren, wurden zahlreiche neue Steuern eingeführt, die neben der jährl. *annona* (eine Art Kopfsteuer) bestimmte Bevölkerungsgruppen gezielt belasteten (Grundbesitzer, Ratsherren, Handwerker usw.). Diese Maßnahmen konnten zwar zunächst die staatl. Finanzkrise beheben, führten aber zur Entstehung einer Art Zwangswirtschaft, die eine unabhängige Entwicklung des Wirtschaftslebens nicht mehr zuließ. – Neben dem staatl. F. entwickelten sich seit dem Hellenismus auch private Banken (↗ Bankwesen), die in der röm. Republik und Kaiserzeit eine wichtige Rolle im öffentl. Leben spielten. Sie übernahmen im Voraus verzinsl. Einlagen privater Kunden und gewährten vielfach Kredite. Durch die Vernetzung verschiedener Banken war es möglich, sich durch Kreditbriefe Geldzahlungen auch bei auswärtigen Instituten innerhalb des röm. Machtbereichs anweisen zu lassen. In der Spätantike wurden die Privatbanken zwangsweise in Zünften organisiert. **Lit.:** W. Boochs, Die Finanzverwaltung im Altertum (1985). – R. Duncan-Jones, Money and Government in the Roman Empire (1994).

Finsternisse. Die Deutung von Sonnen- und Mondfinsternissen spielte in allen menschl. Kulturen eine wichtige Rolle und wurde meist mit religiösen und myth. Vorstellungen in Verbindung gebracht. Glaubten die Germanen, die Himmelsgestirne würden von einem Drachen verschlungen, herrschte in Griechenland vielerorts die Ansicht vor, Zauberer würden Sonne oder Mond vom Himmel herabziehen. Auch die Vorstellung, Sonne und Mond würden einen Kampf austragen, war verbreitet. In fast allen Kulturen galten F. als Vorboten eines drohenden Unheils und wurden mit dem Tod bedeutender Persönlichkeiten, mit Seuchen, Kriegen oder sonstigen Schicksalsschlägen in Verbindung gebracht. Die wissenschaftl. Beschäftigung mit F.n begann zwar bereits im Vorderen Orient, wo die Babylonier eine period. Wiederkehr feststellten, gelangte aber erst in Griechenland zum Durchbruch. Thales von Milet (6. Jh. v. Chr.) erkannte als erster die wissenschaftl. Zusammenhänge und deutete die Erscheinung richtig, dass ein Gestirn in den Schatten des anderen tritt. Exakte Himmelsbeobachtungen erlaubten nun die Vorhersage von F.n, womit diese zwar z. T. entmythisiert werden konnten, ohne jedoch den Volksglauben ausrotten zu können. Wichtig sind F. auch für die Synchronisierung antiker Kalendersysteme, da ihre Datierung absolute Bezugspunkte für die Chronologie setzt. **Lit.:** F. K. Ginzel, Handbuch der mathemat. und techn. Chronologie (1911).

Fịrmicus Matẹrnus, Iụlius F. M., röm. Rhetor sizil. Herkunft, 1. Hälfte 4. Jh. n. Chr. F. verfasste eine acht Bücher umfassende Verteidigungsschrift der Astrologie (*Matheseos libri/Lehrbücher*) in lat. Sprache. Nach seiner Bekehrung zum Christentum schrieb er um 347 den polem. Traktat *De errore profanarum religionum* (*Über den Irrtum der heidn. Religionen*), der den Kaisern die Verfolgung nichtchristl. Religionen anempfiehlt. **Lit.:** W. Hübner/A. Wlosok, in: HLL V (1989) 84–93. – LACL (³2003).

Fisch (gr. ichthys, lat. piscis) diente bereits seit ältesten Zeiten dem Menschen als Nahrungsmittel, und alle Völker der Antike waren mehr oder weniger mit dem ↗ Fischereigewerbe vertraut. bes. in den Küstenregionen stellte der Fischfang einen wichtigen Wirtschaftsfaktor dar. Bereits in der Antike unterschied man genau die verschiedenen F.-Arten und verfügte über detaillierte zoolog. Kenntnisse, die bes. für den Fischfang wichtig waren (Wanderungen, Laichgründe) und auch in der Fachliteratur ihren Niederschlag fanden (Plinius d.Ä.). Im religiösen Bereich spielte der F. bes. in Ägypten eine Rolle und war als Opfertier beliebt, während diese Bedeutung in Griechenland und Rom eher in den Hintergrund trat. In Kunst und Kultur begegnet der F. neben Ägypten bereits früh im ägäischen Raum; auch in klass. Zeit waren Darstellungen häufig, oft im Zusammenhang mit der Seefahrt oder mit Bädern. In der Frühzeit des Christentums wurde der F. zu einem heiligen Symbol und diente als Erkennungsmerkmal für die im Verborgenen lebenden Gemeindemitglieder (↗ Ichthys).

Fischereigewerbe. Im berufsmäßig betriebenen Fischfang unterschied man in der Antike zwischen der Hochseefischerei und dem in Flüssen und Seen im Binnenland ausgeübten Gewerbe. Wichtigstes Handwerkszeug waren Angeln und Netze, die auf hoher See auch als Treibnetze verwendet wurden und bisweilen mit mehreren Schiffen gleichzeitig vertäut waren. In hellenist. und röm. Zeit wurden in verstärktem Maße

Teller aus dem 4. Jh. v. Chr.
mit Roter Meerbarbe, Seebarsch, Zitterrochen,
Meerbrasse und Tintenfisch

zusätzlich Fischteiche angelegt, die vereinzelt zu großangelegten Zuchtbetrieben führen konnten. Zum F. gehörte auch die Verarbeitung und Konservierung der Fische (Pökeln, Räuchern, Einlegen) sowie der Vertrieb der Ware auf Fischmärkten. **Lit.:** L. Bohlen, Die Bedeutung der Fischerei im Altertum (1936).

Fiscus, in der röm. Kaiserzeit im Unterschied zum ⟋ Aerarium, der Staatskasse, die unter der Aufsicht des Senats stand, Bezeichnung für die kaiserl. Kasse und Finanzverwaltung, die auf die Reformen des Augustus zurückgeht. Dieser ließ sich zur Sicherung seiner Macht die Verwaltung zahlreicher Staatseinkünfte übertragen, die er durch persönl. Prokuratoren vornehmen ließ. Unter Claudius wurden die bislang bestehenden Einzelkassen (*fisci*) zusammengefasst und einer einheitl. Verwaltung unterstellt, an deren Spitze als oberster Beamter der *a rationibus* stand, meist ein kaiserl. Freigelassener. Haupteinnahmequellen des F. waren Provinzialabgaben, Importzölle, Bergwerkseinkünfte, die Münzprägung und Kriegsbeute. ⟋ Finanzwesen

Fixsterne. Die systemat. Beobachtung von F.n, die erstmals im Vorderen Orient (Ägypten, Mesopotamien) nachweisbar ist, hatte in der Antike eine große Bedeutung für den ⟋ Kalender und die Landwirtschaft, wo der Auf- oder Untergang bestimmter Sterne den Beginn der Aussaat, der Ernte oder period. Überschwemmungen anzeigte. Später wurden die F. auch für die Orientierung in der Seefahrt (⟋ Seewesen) wichtig, bes. bei Fahrten auf offenem Meer. Bereits in Babylonien wurden bestimmte Sterngruppen zu Sternbildern zusammengefasst, denen ein Einfluss auf das menschl. Leben zugesprochen wurde und die eine zentrale Rolle in der ⟋ Astrologie erlangten. Der Fixsternhimmel wurde auch in der antiken Literatur (Eudoxos, Aratos, Ptolemaios) behandelt.

Flächenmaße. Ausgangspunkt aller antiken F. ist das ›Tagwerk‹, die an einem Tage zu bearbeitende Bodenfläche mit einer einheitl. Furchenlänge. Die Griechen bezeichneten diese Maßeinheit als *plethron,* das aus 100 Fuß im Quadrat bestand (je nach Länge des verwendeten Fußmaßes sind dies $729-1225\ m^2$). Dies entsprach dem ital. Maß des *versus* ($757\ m^2$ mit dem osk. Fuß als Grundlage). Die röm. Entsprechung war der *actus quadratus* (120 Fuß im Quadrat, etwa $1262\ m^2$). Zwei *actus quadrati* ergeben ein *iugerum* (120x240 Fuß, etwa $2523\ m^2$), was dem Tagwerk eines röm. Gespannes entsprach. Zwei *iugera* entsprachen bei den ⟋ Feldmessern einem *heredium,* 100 *heredia* wiederum ergaben eine *centuria*. **Lit.:** O. A. W. Dilke, Mathematik, Maße und Gewichte in der Antike (1991).

Flamen (pl. Flamines), in Rom 15 Priester patriz. Herkunft, die dem Dienste eines bestimmten Gottes unterstellt waren: die drei *flamines maiores* waren der F. Juppiters (*f. Dialis*), der des Mars (*f. Martialis*) und der des Quirinus (*f. Quirinalis*). Zehn der zwölf anderen Gottheiten, in deren Dienst die übrigen *flamines minores* standen, sind bekannt (Vulcanus, Volturnus, Palatua, Furrina, Flora, Carmenta, Ceres, Falacer, Portunus, Pomona), jedoch gibt es über die einzelnen Gottesdiensthandlungen keine genauen Kenntnisse. **Lit.:** K. Latte, Röm. Religionsgeschichte (1960).

Flamininus, Titus Quinctius F., röm. Feldherr und Staatsmann, ca. 227–174 v. Chr., 198 Konsul, obwohl er vorher weder Ädil noch Prätor gewesen war. F. erhielt den Oberbefehl im Krieg gegen Philipp V. von Makedonien, den er 197 bei Kynoskephalai in Thessalien besiegte. Im folgenden Jahr erklärte er im Rahmen der Isthm. Spiele alle Griechenstädte für frei. F. hielt sich noch bis 194 in Griechenland auf, u. a. musste er 195 einen Krieg gegen Nabis, den König von Sparta, führen. 194 kehrte F. nach Rom zurück und feierte einen glanzvollen Triumph. In den folgenden Jahren war F. noch mehrmals als Gesandter tätig, z. B. 183 als Führer einer Gesandtschaft an König Prusias von Bithynien, von dem er die Auslieferung Hannibals verlangte und so indirekt dessen Freitod verschuldete. Nach 180 zog sich F. aus der Politik zurück.

Flaminius, röm. Gentilname; das plebeische Geschlecht der Flaminii ist seit dem 3. Jh. v. Chr. nachweisbar. Bekanntester Vertreter war Gaius F., röm. Feldherr und Staatsmann, gest. 217 v. Chr. F. opponierte als Volkstribun 232 und Konsul 223 gegen die Nobilitätsherrschaft und setzte Landzuweisungen an die Plebeier durch. Als Zensor 220 sorgte er für den Bau der Via Flaminia, die von Rom nach Ariminum (heute Rimini) führte, und ließ den Circus F. auf dem Marsfeld errichten. 217 fiel F. in der Schlacht am Trasimen. See gegen Hannibal.

Flavia Solva, röm. Siedlung in ⟋ Noricum am Schnittpunkt wichtiger Straßen, unter Kaiser ⟋ Vespasian zum *municipium F. S.* erhoben, trotz Zerstörung im ⟋ Markomannenkrieg bis in die Spätantike bedeutend; Reste in Wagna bei Leibnitz in der Steiermark. **Lit.:** E. Krenn, Neue Forschungen aus Flavia Solva (2003).

Flavius, röm. Gentilname; das plebeische Geschlecht der Flavii ist seit dem 4. Jh. v. Chr. nachweisbar. Bereits in republikan. Zeit war der Name F. weit verbreitet, bes. häufig wurde er aber erst in der Kaiserzeit durch die flav. Kaiser Vespasian, Titus und Domitian (69–96 n. Chr.) und später durch die 2. flav. Dynastie von Constantius I. bis Theodosius I. (293–395 n. Chr.).

Flavius Josephus ⟋ Josephus

Flöte ⟋ Aulos, Tibia

Flora, ital. Göttin der Pflanzenblüte und der Jugend, als Bewacherin bes. der Getreideblüte eng mit ⟋ Ceres verbunden. Als alte Gottheit besaß sie einen eigenen ⟋ Flamen. Sie wurde an den sog. Floralia verehrt, zu deren Gründung sie einen Tempel beim Circus Maximus erhielt. Die feierl. Spiele (*ludi Florales*), an denen man deftige Farcen (Mimen) aufführte, fanden vom 27. April bis zum 2. Mai statt.

Florenz (lat. Florentia), röm. Stadt am Mittellauf des Arno. Die verkehrstechnisch günstig gelegene Colonia wurde wohl im 2. oder 1. Jh. v. Chr. gegründet und war gut in das röm. Straßennetz einbezogen. Im

*Römisches Kriegs-
schiff mit Rostra und
bewaffneten Legio-
nären an Bord*

2. Jh. n. Chr. scheint die Stadt eine besondere Blüte entfaltet zu haben. Von der röm. Stadtanlage, die dem Schema eines Legionslagers entsprach, sind heute kaum Reste sichtbar. Funde im Archäolog. Museum der Stadt. Im nahegelegenen Fiesole (lat. Faesulae) hingegen fanden sich beachtl. Reste der röm. Stadtmauer sowie eines röm. Theaters. **Lit.:** ASM (1999).

Florilegien ↗ Anthologie

Florus, lat. Literat, Historiker, Redner, 2. Jh. n. Chr. Es ist ungeklärt, ob das unter F.' Namen überlieferte Oeuvre das eines einzigen Autors ist. 1. Publius Annius F. ist der Verf. einer Schrift *Vergilius orator an poeta* (»Vergil – Dichter oder Redner?«); er weist sich im Proömium als aus Afrika stammend und in Tarraco (Spanien) lebend aus. – 2. Aus stilist. Gründen kann dieser F. identisch sein mit dem (aus dem Codex Bambergensis Iulius) unter dem Namen Lucius Annaeus F. bekannten Autor einer wohl als Schulbuch konzipierten Darstellung der röm. Geschichte, die meist nach ihrer Hauptquelle als *Epitome de Tito Livio* (*Auszug aus Titus Livius*) bezeichnet wird. Darin wird die röm. Geschichte den Abschnitten des menschl. Lebens gleichgesetzt. F. stellt wie Livius das röm. Volk und dessen *virtus* (»Mannhaftigkeit«, »Tugend«) in den Mittelpunkt. – 3. Schließlich heißt F. auch ein Korrespondent Hadrians und Verf. von Anakreonteen. Auf den Briefwechsel nimmt Goethe in der 15. *Röm. Elegie* scherzhaft Bezug. **Lit.:** G. Laser, F. (2005) [Ed., Übers.].

Flotten. Größere F. im antiken ↗ Seewesen sind bereits im minoischen Kreta (↗ Minoische Kultur) und bei den ↗ Phöniziern nachweisbar. Auch die frühgriech. ↗ Kolonisation setzt Schiffe voraus, die die Meere im Ensemble befuhren. Zu einem enormen Aufschwung des F.-Wesens kam es im Zusammenhang mit den Perserkriegen und dem damit verbunde-

nen Aufstieg Athens zur führenden Seemacht. Der 1. ↗ Att. Seebund unterhielt eine Bundesflotte, die das gesamte Ägäis- und Pontosgebiet kontrollierte. Eng verbunden mit dem F.-Wesen ist der ↗ Seekrieg, der schon bald großen Einfluss auf den Schiffsbau nehmen sollte. Das wichtigste Wasserfahrzeug der Antike war die ↗ Triere, ein Dreiruderer, der sowohl zivil als auch militärisch genutzt werden konnte. Umfangreiche Kriegsflotten unterhielten die Herrscher im Hellenismus. Im Gegensatz zu Griechenland beschäftigten sich die Römer erst spät mit dem F.-Wesen. Die ersten größeren Kriegsflotten wurden im Zusammenhang mit dem 2. ↗ Pun. Krieg (264–241) errichtet, hatten aber durch militär. Neuerungen so großen Erfolg, dass sie den Römern in der Folgezeit die Seeherrschaft sicherten. In der spätrepublikan. und der Kaiserzeit hatten die Flotten eine zentrale strateg. Bedeutung beim Transport von Truppeneinheiten. Die wichtigsten röm. F.-Stützpunkte waren ↗ Ravenna und ↗ Misenum. **Lit.:** A. Köster, Das antike Seewesen (1923). – D. Kienast, Untersuchungen zu den Kriegsflotten der röm. Kaiserzeit (1966). – H. D. L. Viereck, Classis Romana (1975).

Fluch, eine Verwünschung durch Taten (etwa Gesten oder Rituale) oder Worte. Seit dem 6. Jh. sind bleierne Täfelchen mit festen Fluchtexten belegt (lat. *defixiones*), mit denen man einen Gegner den Unterweltsgöttern übergab. ↗ Magie **Lit.:** W. Burkert, Griech. Religion (1977) 129. K. Brodersen/A. Kropp (Hg.), Fluchtafeln (2004).

Foedus (lat., »Bündnis«), Bezeichnung für einen Vertrag Roms mit anderen Staaten. Man unterschied zwischen dem *f. aequum,* das auf der Basis der Gleichberechtigung beider Vertragspartner geschlossen wurde, und dem *f. iniquum,* bei dem der Vertragspartner die Oberhoheit Roms anerkennen musste. Die Verbündeten wurden als *foederati* (»Verbündete«), *amici* (»Freunde«) oder *socii* (»Bundesgenossen«) bezeichnet. Sie sollten dieselben Freunde und Feinde haben wie Rom und waren in der Regel zur Waffenhilfe (vgl. ↗ Bundesgenossen) verpflichtet.

Follis. In der röm. Kaiserzeit Bezeichnung für einen Beutel mit Münzen, dessen stets gleichbleibender Inhalt durch das Siegel des Vorbesitzers verbürgt war. Die Einrichtung des F. fand bes. infolge der Inflation seit dem 3. Jh. n. Chr. Verwendung und ersetzte bei Bezahlungen das oft fehlende Großgeld. Später wurde häufig auch die in den Beuteln enthaltene einzelne Münze als F. bezeichnet. In der heutigen Terminologie ist F. der Name einer durch die Reform Diokletians eingeführten Kupfermünze, die mit einer dünnen Silberschicht überzogen war.

Folter. In der Antike waren sowohl willkürl. Formen der Züchtigung (meist von Sklaven durch ihren Herrn) als auch staatl. Maßnahmen (bei Tatverdächtigen, meist ebenfalls Sklaven, als Mittel zur Wahrheitsfindung angewandt) verbreitet. Häufige F.-Geräte waren die Riemenpeitsche oder spezielle Konstruktionen (Räder, zusammenpressbare Röhren); auch das Aufhängen mit verdrehten Gliedmaßen wurde häufig angewandt. In Rom wurde die F. als Rechtsmittel definiert und genau geregelt. Ihr Ausmaß bestimmte ein Richter, ihre Durchführung übernahm ein Amtsdiener. Ob das Instrument der F. als Mittel der Wahrheitsfindung zweckdienlich ist, war bei den röm. Juristen dennoch umstritten.

Forstwirtschaft ↗ Holz

Fortuna, ital. Göttin des Glücks bzw. Zufalls, der griech. Tyche entsprechend. Ihre berühmtesten Kultstätten waren die zwei Orakel in Antium und Praeneste. F. wurde zu allen erdenkl. Anlässen in verschiedener Gestalt verehrt und erhielt dementsprechend zahlreiche Beinamen, z. B. *F. publica,* die »öffentl.« F., die jedermann als Hüterin des Gemeinwohls ehrte, die *F. victrix,* die »siegbringende« F. im Krieg oder die *F. virgo,* der die »Jungfrau« an ihrem Hochzeitstag Schmuck schenkte. **Lit.:** K. Latte, Röm. Religionsgeschichte (1960) 176.

Forum (lat., »Marktplatz«), der Marktplatz im Zentrum einer jeden größeren röm. Stadt, entwickelte sich zum Ort polit. Versammlungen und zur Gerichtsstätte, war also Mittelpunkt des polit., gesellschaftl. und kulturellen Lebens. Zunächst war das F. nur ein eingeebneter, rechteckiger Platz mit Ständen und Hallen, wurde dann aber immer prächtiger mit Denkmälern, Triumphbögen, Tempeln und öffentl. Gebäuden ausgestattet. In großen Städten wurde der Platz auf dem F. oftmals so eng, dass zusätzl. Foren gebaut werden mussten (so in Rom die Kaiserforen, das F. Boarium und F. Holitorium). In der griech. Welt entspricht dem F. die ↗ Agora. **Lit.:** K. Stemmer, Standorte. Kontext und Funktion antiker Skulptur (1995).

Forum Romanum, alter Marktplatz und späteres Zentrum des polit., gesellschaftl. und kulturellen Lebens der Stadt Rom (s. Abb. S. 194). In der Frühzeit war das in einer Niederung zwischen ↗ Kapitol und

↗ Palatin gelegene unwirtl. Sumpfgebiet im Gegensatz zu den umliegenden Hügeln nicht bewohnt, sondern diente zunächst als Begräbnisstätte. Mit dem Beginn der Herrschaft der etrusk. Könige und der allmähl. Ausbreitung der Stadt wurde das Areal durch den Bau eines Kanalsystems, der ↗ Cloaca Maxima, trockengelegt; einige Bereiche wurden teilweise gepflastert. In der Folgezeit begann auf diesem Platz eine rege Bautätigkeit, und das F. R. entwickelte sich vom Marktplatz mit kleineren Heiligtümern, Tempeln sowie Versammlungs- und Amtsgebäuden zum repräsentativen und polit. Zentrum Roms. Zu den ältesten monumentalen Gebäuden gehört der 498 v. Chr. erbaute, mehrmals erneuerte Saturn-Tempel, der Tempel der Dioskuren (484 v. Chr.) und der von Camillus 367 errichtete Concordia-Tempel. Aus dem 2. Jh. v. Chr. stammen die zwei ↗ Basiliken (Basilika Aemilia und B. Sempronia), große überdachte Hallen, in denen Gerichtsverhandlungen abgehalten und Geldgeschäfte getätigt wurden. Nördl. an die B. Aemilia schloss sich die Curia, das Senatsgebäude, und das Comitium, der Ort der Volksversammlung, an. Unter Caesar und Augustus wurde damit begonnen, das F. R. umzugestalten. So verlegte Caesar die alte Rednerbühne, die sog. Rostra, an die nordwestl. Schmalseite des Platzes und veranlasste den Bau bzw. die Erneuerung mehrerer Gebäude. Die nachfolgenden Kaiser taten es ihm gleich und ließen weitere Tempel, Triumphbögen o. ä. aufstellen, wobei die von Maxentius begonnene und von Konstantin fertiggestellte Basilika das letzte monumentale Bauwerk des F. R. darstellt, die Phokassäule das letzte Denkmal für einen Kaiser (608 n. Chr.). **Lit.:** F. Coarelli, Rom. Ein archäolog. Führer (²1981).

Fragmenta Vaticana, auf einem Palimpsest der Vatikan. Bibliothek 1821 entdeckte spätantike Handschrift eines unbekannten Autors (entstanden vor 439 n. Chr.) die jurist. Schriften und Gesetzestexte systematisch sammelt und als Vorläufer des ↗ Codex Iustinianus gilt.

Franken (lat. Franci), Stammesverband mehrerer german. Stämme am Niederrhein. Die Bezeichnung Franci wird seit Mitte des 3. Jh. n. Chr. von Römern benutzt und bezog sich auf rechtsrhein. Stämme. Erst 335 traten die F. als akute Bedrohung des röm. Reiches auf; nach Überschreitung der Rheingrenze eroberten sie größere linksrhein. Gebiete, darunter ↗ Köln. Kaiser Julian Apostata konnte die F. 358 jedoch wieder zurückdrängen. Im 5. Jh. siedelten Ripuarier und Salier, die wichtigsten Teilstämme der F., am Mittelrhein. 428 konnte der röm. Feldherr Aetius die Franken unter König Chlodio noch schlagen, doch bedrängten die folgenden Könige immer wieder die röm. Provinzen Germania I und Belgica II. – Der bedeutendste Vertreter der frühen Merowingerdynastie war Chlodwig (König 482–511), der nach dem Sieg 486/87 über Syagrius das Gebiet der Franken bis zur ↗ Garonne im W und durch die Unterwerfung der ↗ Alemannen 496/97 nach SO ausdehnen konnte. Das Frankenreich der Merowinger und Karolinger bildete eine Nahtstelle im Übergang von der Spätantike zum MA. Aus

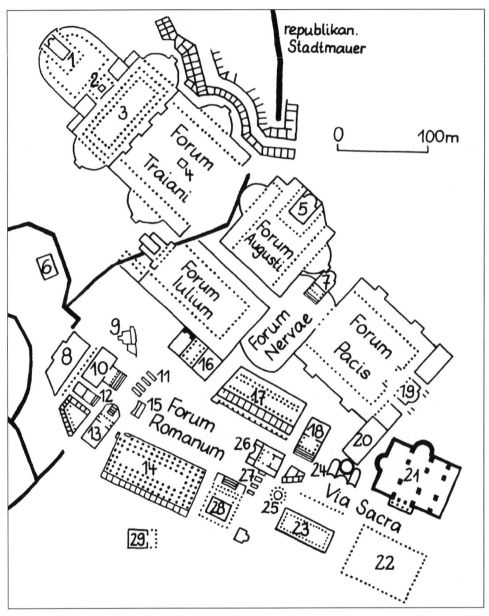

republikan. Stadtmauer

Forum Traiani

Forum Augusti

Forum Iulium

Forum Nervae

Forum Pacis

Forum Romanum

Via Sacra

1 Templum Divi Traiani	7 Templum Minervae	15 Rostra	23 Atrium Vestae
2 Columna Traiani	8 Tabularium	16 Curia	24 Templum Divi Romuli
3 Basilika Ulpia	9 Carcer	17 Basilika Aemilia	25 Templum Vestae
4 Equus Traiani	10 Templum Concordiae	18 Templum Antonii	26 Templum Divi Iulii
5 Templum Martis Ultoris	11 Arcus Severi	19 Aedes Pacis	27 Arcus Augusti
(Mars Ultor)	12 Templum Vespasiani	20 Templum Penatium	28 Templum Castorum
6 Templum Iunonis	13 Templum Saturni	21 Basilika Constantini	29 Templum Divi Augusti
Monetae	14 Basilika Iulia	22 Porticus Neronis	(?)
		Margaritaria	

Rom, Forum Romanum und Kaiserforen

dem Karolingerreich entstanden schließlich auch das Königreich Frankreich sowie das Deutsch-Röm. Kaisertum, das seit der Kaiserkrönung Karls d.Gr. 800 an das röm. Kaisertum anzuknüpfen suchte und dabei in Konkurrenz zum Kaisertum von Byzanz stand. **Lit.:** E. Zöllner, Geschichte der F. (1970). – R. Schneider, Das F.reich (1990). – A. Wieczorek (Hg.), Die F. (1997).

Fratres Arvales (lat., »Ackerbrüder«), ein altes, in republikan. Zeit nicht mehr übl., unter Augustus wieder eingeführtes Priesterkollegium in Rom, dem röm. Mythos nach ursprünglich die zwölf Söhne der Acca Larentia, die die Ackergöttin Dea Dia verehrten: An drei Tagen im Mai baten sie mit Opfern, Mahlen von Korn, Tänzen und Gebeten um Fruchtbarkeit des Saatgutes. **Lit.:** K. Latte, Röm. Religionsgeschichte (1960) 66.

Frau. Ob es in vorgeschichtl. Zeit die Einrichtung eines Matriarchats gab, und wenn ja, wie weit es entwickelt war, ist in der Forschung umstritten. Fest steht aber, dass in histor. Zeit die Gesellschaft ausschließlich von Männern dominiert wurde. Sowohl in Griechenland als auch in Rom war die F. weithin auf den häusl. Bereich (Hauswirtschaft, Kinderbetreuung) beschränkt und vom öffentl. Leben ausgeschlossen. Ihr war nicht nur der Zugang zu Ämtern und in Griechenland auch zu öffentl. Veranstaltungen verwehrt, sondern sie war zudem weitgehend rechtsunfähig und von der höheren Bildung ausgeschlossen. Trat eine F. dennoch in den Vordergrund (z. B. ↗ Aspasia), stieß sie in der von Männern dominierten Umwelt auf Ablehnung. Eine gewisse Gleichberechtigung konnten Frauen bes. im religiösen und kult. Bereich als Priesterinnen und bei Mysterienfeiern erlangen. Erst in hellenist. Zeit gelangten manche Frauen aus dynast. Gründen auch zu polit. Einfluss (u. a. ↗ Kleopatra). Im spätrepublikan. und frühkaiserzeitl. Rom verbesserte sich mit dem allg. Wertewandel die Stellung der F.; sie konnte nun auch gleichberechtigte ↗ Ehen schließen. Auch die Frauen in den Kaiserfamilien konnten z. T. beträchtl. Einfluss auf die Politik gewinnen (↗ Livia, ↗ Agrippina, ↗ Messalina). Die nicht gleichberechtigte Stellung der Frau in der Antike setzt sich auch im Christentum und noch stärker im Islam fort. ↗ Hetäre, Matrona **Lit.:** S. B. Pomeroy, Frauenleben im klass. Altertum (1985). – G. Clark, Women in Late Antiquity (1993). – J. F. Gardner, Frauen im antiken Rom (1995).

Freigelassene (lat. libertus, libertinus). Die Sitte, verdiente Sklaven freizulassen, war in Rom bereits in republikan. Zeit verbreitet und verstärkte sich nochmals in der frühen Kaiserzeit. Die Freilassung erfolgte durch den formellen Akt der ↗ Manumissio und entließ den Sklaven aus der Gewalt seines Herrn. F. verfügten nur über ein eingeschränktes Bürgerrecht, das erst ihren Kindern im vollen Ausmaße zugute kam. Vielfach blieben sie auch nach der Freilassung ihren ehemaligen Herren eng verbunden. Ihr gesellschaftl. Ansehen war gering, doch griffen die Kaiser aus Misstrauen gegen den senator. Adel in der frühen Kaiserzeit häufig auf F. zurück, die dadurch nicht selten zu hohen Staats- und Verwaltungsämtern gelangten und z. T. (so unter Claudius) beträchtl. polit. Einfluss gewinnen konnten. Im Gegensatz zu Rom war die Freilassung von Sklaven in Griechenland weit weniger verbreitet; auch gelangten F. dort nur selten zu gesellschaftl. Anerkennung. **Freilassung** ↗ Manumissio

Fremde (gr. xenoi; lat. hostes). Die Begriffe F.r, Gastfreund und Feind waren im antiken Vokabular mit ähnl. Begriffen belegt. In den antiken »Bürgergesellschaften« waren F. praktisch rechtlos; eine Aufnahme von F.n ins ↗ Bürgerrecht war nicht einfach. – *I. Griechenland:* Hatten Gemeinden entsprechende Regelungen vereinbart, konnte der außerhalb seiner Heimat rechtlose und bei Streitigkeiten (etwa im Handel) einer Pfändung (gr. *sylia*) unterworfene F. sich auf eine vereinbarte *asylia* (ursprünglich »Schutz vor Pfändung«, ↗ Asyl) berufen oder sich an einen ↗ *proxenos* wenden, einen Bürger der von ihm aufgesuchten Stadt, der ihm wie allen Angehörigen seiner Heimatstadt Rechtsbeistand gewährte. Auch weitergehende Rechte für F. – etwa Heirat, Erbschaft, Ansiedlung, Landrecht, Stimmrecht in der jeweils anderen Gemeinde – konnten zwischen Gemeinden vertraglich vereinbart werden (↗ Isopolitie, ↗ Sympolitie). In Athen schuf die Gesetzgebung Solons zu Beginn des 6. Jh. v. Chr. ein Ansiedlungsrecht für fremde Dauersiedler (↗ Metöken); Rechtssätze für durchreisende F. (*xenoi*) entstanden im 5. Jh. War die griech. Gastfreundlichkeit allgemein bekannt, so war auch die F.n-Feindlichkeit ↗ Spartas sprichwörtlich (Thukydides 1, 44, 2; Plutarch, mor. 238e); umgekehrt war den Spartiaten die Auswanderung bei Strafe verboten. Die spartan. Umwohner (↗ Perioiken) besaßen kein Bürger- oder Stimmrecht, galten aber auch nicht als F. Im übrigen griech. Raum galt F.n-Feindlichkeit als barbarisch, also ungriechisch; Bürgerrechtsverleihungen an F. waren aber die Ausnahme (Herodot 9, 35, kannte für seine Zeit nur zwei Fälle). Der Zug Alexanders d.Gr. veränderte das griech. Weltbild grundlegend und brachte Griechen mit nichtgriech. Kulturen (↗ Barbaren) in Kontakt; dieser erweiterte Horizont bewirkte eine Verbesserung des F.n-Rechts in hellenist. Zeit; die ↗ Diadochenreiche, bes. Ägypten, gewährten F.n freundl. Aufnahme und gründeten sogar eigene Interessenverände (*politeumata*) für F. – *II. Rom:* Für Rom waren F. von Anfang an von entscheidender Bedeutung; die Geschichte Roms beginnt mit »Einwanderern«. Livius (4, 3, 13) verwendet diese Gründungsgeschichte, um auf die Offenheit und Unbefangenheit des röm. Volkes gegenüber F.n hinzuweisen, was – wie er meint – den ständigen Machtzuwachs Roms bedingt habe. Das röm. Bürgerrecht machte im Laufe der Zeit einen tiefgreifenden Wandel durch, an dessen Ende die Bürgerrechtsverleihung an alle Provinzen durch die ↗ *Constitutio Antoniniana* 212 n. Chr. stand. Viele »Römer« kamen als F., als Sklaven, Geiseln oder aus den Provinzen nach Rom (so etwa Polybios oder Epiktet). Für seine ↗ Bundesgenossen (*socii*) und die Latiner schuf Rom ein kompliziertes, abgestuftes röm.

Bürgerrecht; Sueton berichtet freilich von dem Versuch des Augustus, fremde Völker oder Abkömmlinge von Sklaven vom röm. Bürgervolk fernzuhalten, Cassius Dio von der Warnung, mit der Verleihung des Bürgerrechts und der Freilassung von Sklaven allzu freigiebig zu sein. Cicero befürwortet die Gründung von Kolonien, um die »Jauche der Stadt« (*sentina urbis*) abzuschöpfen, lehnt aber eine Ausdünnung der Bürgerschaft durch solche Maßnahmen ab. Nach Aussage Senecas bestand die stadtröm. Bevölkerung 41 n. Chr. bereits größtenteils aus F.n – eine Entwicklung, die sich wohl fortsetzte. Im 4. Jh. n. Chr. soll Kaiser Constantius II. laut Ammianus Marcellinus bei einem Besuch Roms die bunte Völkervielfalt der Stadt gelobt haben. **Lit.:** A. Dihle, Die Griechen und die Fremden (1994). – A. Demandt, Mit Fremden leben (1995). – P. Cartledge, Die Griechen und wir (1998).

Friedhof. Gartenartig angelegte Friedhöfe haben sich in der Antike erst recht spät entwickelt. Die am weitesten verbreitete Begräbnisstätte war die Nekropole (»Totenstadt«), in der die Verstorbenen in Nischen oder auf Bänken in regelrechten Totenhäusern beigesetzt wurden. In frühchristl. Zeit waren unterird. Nekropolen, sog. ⟋ Katakomben, und ⟋ Columbarien von Bedeutung. Friedhöfe befanden sich fast immer außerhalb der Stadtmauern, da es antiken Vorstellungen widersprach, die Verstorbenen in der Stadt zu behalten. ⟋ Bestattung, Grab

Friesen (lat. Frisii), german. Stamm an der Nordsee zwischen Ems und Rhein. ⟋ Tacitus unterteilt den Stamm in Groß- und Kleinfriesen. Die F. waren wohl 12 v. Chr. von ⟋ Drusus unterworfen und tributpflichtig gemacht worden. Im 1. Jh. n. Chr. kam es zu einigen Auseinandersetzungen mit röm. Truppen, durch den Rückzug Roms auf die Rheingrenze verblieb nur der linksrhein. Teil der F. im Reich. Die F. im rechtsrhein. Germanien blieben aber in einem lockeren Abhängigkeitsverhältnis zum Reich. In der Völkerwanderungszeit dehnten sich die F. entlang der Nordseeküste aus. **Lit.:** W. Will, Roms »Klientel-Randstaaten« am Rhein? In: Bonner Jahrbücher 187 (1987) 1–61.

Frigidarium ⟋ Thermen

Frisur ⟋ Haartracht

Frontinus, Sextus Iulius F., röm. Magistrat und Fachschriftsteller, 1. Jh. n. Chr. F. war zweimal Konsul (98 und 100) und bereits 97 *curator aquarum* (Bevollmächtigter für die Wasserversorgung). Als solcher verfasste er eine Abhandlung über die Wasserleitungen Roms (*De aquis urbis Romae*). Außerdem liegen vier Bücher *Strategemata* (*Kriegslisten*; das 4. Buch behandelt hervorragende Kriegstaten und ist in der Echtheit umstritten) und Auszüge einer Arbeit über Feldmesskunst vor. **Lit.:** M. Hainzmann (1979) [Ausg., Übers., Komm. *De aquis*]. – R.I. Ireland (1990) [Ausg. *Strat.*].

Fronto, Marcus Cornelius F., aus Cirta (Numidien), röm. Redner, 2. Jh. n. Chr. Antoninus Pius bestellte den angesehenen Redner F. zum Prinzenerzieher für Mark Aurel und L. Verus. 143 wurde F. das Konsulat übertragen. Die Reden sind verloren, als Person wird F. jedoch aus seinem in einem Bobbienser Palimpsest erhaltenen (1815 entdeckten) Briefwechsel mit Mark Aurel greifbar. F. erscheint als liebenswürdiger Erzieher, der von seinen Schülern Respekt und Zuneigung erfuhr. Er schulte seinen Stil an der vorklass. röm. Literatur, hatte über Cicero ein zwiespältiges Urteil und war ein Gegner Senecas. Philosophie lehnte er ab. Sein Archaismus als Suche nach dem Reinen, Ursprünglichen ist eine Parallelerscheinung zu dem gleichzeitigen griech. ⟋ Attizismus; mit dem Attizisten Herodes Atticus war F. befreundet. **Lit.:** K. Sallmann, in: HLL IV (1997) 281–292.

Frosch (gr. batrachos, lat. rana), in der Antike eine Sammelbezeichnung für alle eigentl. Frösche, Kröten und Unken. Zahlreiche Arten waren bekannt und wurden voneinander unterschieden. Der F. galt als Fruchtbarkeitssymbol und Wetterprophet und spielte auch in der griech. Mythologie eine nicht unbedeutende Rolle (⟋ *Batrachomyomachia*, der »Frosch-Mäuse-Krieg«). Vor allem im Volksaberglauben war er weit verbreitet, und es wurden ihm vielfach mag. und zauberabwehrende Kräfte zugesprochen; kleine Froschplastiken erscheinen auch häufig als Votivgaben. Der F. war ein beliebtes Motiv der ⟋ Fabel.

Fuchs (gr. alopex, lat. volpes), das am weitesten verbreitete und in fast allen Gebieten vorkommende Raubtier der antiken Welt. Der F. galt als boshaft, listig und verschlagen und war mit diesen Eigenschaften ein beliebtes Motiv der ⟋ Fabel. Als Schädling für den Menschen, aber auch wegen seines Pelzes, wurde er häufig bejagt, wobei bes. Hunde und Fallen zum Einsatz kamen. Kult. Bedeutung hatte er in Rom, wo beim Cerealienfest (19. April) zum Schutz der Saat Füchse mit brennenden Fackeln am Schwanz gehetzt wurden.

Fünfkampf (gr. pentathlon), eine Sportart, die als Bestandteil der panhellen. ⟋ Agone ausgetragen wurde. Der F. bestand aus den Einzeldisziplinen Diskuswerfen, Weitsprung, Speerwurf, Laufen und Ringkampf. Er ist in Olympia erstmals für das Jahr 708/07 v. Chr. bezeugt und stellte höchste Anforderungen an die Vielseitigkeit der Athleten. Der Sieger wurde vermutlich durch ein fortgesetztes Ausscheidungsverfahren ermittelt, eine Bewertung nach Punkten (wie im modernen Zehnkampf) ist unwahrscheinlich. **Lit.:** J. Ebert, Zum Pentathlon der Antike (1963).

Fulgentius aus Telepte, lat. Theologe, Bischof von Ruspe, 467/68–1.1.533 n. Chr. Aus senator. Familie stammend, wurde F. zunächst Mönch, bevor er sich 507 wider Willen zum Bischof weihen ließ. Der arian. Vandalenkönig Thrasamundus verbannte ihn nach Sardinien; unter dessen Nachfolger Hilderich konnte er 532 zurückkehren. Seine Schriften sind bes. zeitgebunden und richten sich gegen ⟋ Arianismus und Pelagianismus. Über sein Leben berichtet die Vita des Ferrandus. **Lit.:** LACL (1998).

Fulvia, Tocher des M. Fulvius Bambalio und der Sempronia, gest. 40 v. Chr.; bis 52 war F. mit ⟋ Clodius verheiratet, anschließend mit ⟋ Scribonius Curio, seit 49 mit Mark Anton. Nach Caesars Tod 44 beteiligte sich F. aktiv am polit. Geschehen, vertrat 44/43

in Rom die Interessen ihres abwesenden Mannes und engagierte sich 41/40 im Perusin. Krieg. 40 starb F. in Sikyon, Mark Anton heiratete ↗ Octavia. In den antiken Quellen wird F. äußerst negativ als grausame, habgierige und machtbesessene Frau geschildert. Dieses Bild entspricht kaum der histor. Realität, sondern ist bes. von der gegen Mark Anton gerichteten Propaganda Ciceros und Octavians geprägt. **Lit.:** D. Delia, F. Reconsidered, in: S. B. Pomeroy (Hg.), Women's History and Ancient History (1991) 197–217. – K. Christ, Die Frauen der Triumvirn, in: Il triumvirato constituente. Scritti in onore di M. A. Levi (1993) 139–148.

Fulvius, röm. Gentilname; das plebeische Geschlecht der Fulvier trat bes. vom 4. bis zum 2. Jh. v. Chr. hervor. Die bekanntesten Vertreter waren:

Fulvius (1), Quintus F. Flaccus, röm. Feldherr und Staatsmann, gest. um 205 v. Chr.; Konsul 237 und 224. Auf seinem Zug gegen die Kelten 224 überschritt F. als erster Römer den Padus (Po). Während des 2. Pun. Krieges bekleidete F. zahlreiche hohe Ämter, war 216 Pontifex, 215/14 Prätor; in seinem 3. Konsulat 212 eroberte F. das Lager der Karthager bei Benevent und belagerte 211/10 Capua. Ende 210 wurde er zum Diktator ernannt, 208/07 war er Prokonsul in Campanien. Kurz vor seinem Tod um 205 v. Chr. ergriff er im Senat Partei gegen Scipio.

Fulvius (2), Marcus F. Nobilior, röm. Feldherr und Staatsmann, 1. Hälfte des 2. Jh. v. Chr. Nach seiner Prätur 193 kämpfte F. erfolgreich in Spanien und feierte 191 eine Ovatio. Als Konsul übernahm er 189 den Oberbefehl im Krieg gegen die Ätoler. Nach der Eroberung von Ambrakia 189 ließ F. zahlreiche Kunstwerke nach Rom bringen. 188/87 war F. Prokonsul in Griechenland, anschließend feierte er einen glanzvollen Triumph in Rom. Als Zensor 179 zeichnete er sich durch eine vorbildl. Amtsführung aus.

Furien, lat. Name der ↗ Erinyen.

Furius, röm. Gentilname; das patriz. Geschlecht der Furier ist seit dem 5. Jh. v. Chr. nachweisbar. Der berühmteste Vertreter war Marcus F. Camillus.

G

Gabel. Die G. wurde in der Antike vielfach als Arbeitsgerät verwendet, bes. im Haushalt beim Kochen und Servieren der Speisen, war als Esswerkzeug aber kaum gebräuchlich.

Gabii, alte latin. Stadt 19 km östl. von Rom, die gemäß der Legende von Alba Longa aus gegründet worden sein soll; besiedelt seit der Bronzezeit; entwickelte sich rasch ab dem 9. Jh. v. Chr. G. leistete Widerstand gegen Tarquinius Superbus und schloss einen separaten Vertrag mit Rom. Bedeutend war G. we-

gen seiner speziellen Art, Vorzeichen zu deuten (↗ Auguren); nach 493 war es Roms Verbündeter; in der Kaiserzeit ein florierendes Municipium; Bebauung aus hadrian. Zeit. Im 9. Jh. n. Chr. war G. noch Bistum; es existieren zahlreiche Reste aus antiker Zeit. Die Römer übernahmen aus G. den *cinctus Gabinus,* eine bestimmte Art, die Toga bei offiziellen Zeremonien zu tragen. **Lit.:** A. Alföldi, Das frühe Rom und die Latiner (1977). – A. M. Bietti Sestieri, Preistoria e protostoria nel territorio di Roma (1984) 160 ff.

Gabinius, Aulus G., Konsul 58 v. Chr., brachte als Volkstribun 67 v. Chr. das Gesetz durch, mit dem Pompeius den Oberbefehl im Krieg gegen die Seeräuber erhielt. Als Legat des Pompeius (65–63) unterstützte er diesen bei der polit. Neuordnung des östl. Mittelmeerraumes und bekleidete 58 als sein Gefolgsmann das Konsulat. Als Statthalter von Syrien (57–54) führte er Ptolemaios XII. nach Ägypten zurück und wurde deswegen in Rom angeklagt. Wegen vermeintl. Erpressung ins Exil geschickt, kehrte er 49 nach einer Amnestie Caesars zurück und starb 47 als dessen Legat in Illyrien.

Gades (phöniz. Gadir, heute Cádiz), Handelsstadt im SW Hispaniens, nach Strabon von ↗ Phöniziern aus Tyros um 1100 v. Chr. gegründet, um den Handel mit ↗ Tartessos zu unterstützen. Mit der Ausbreitung der karthag. Herrschaft geriet G. in den Machtbereich ↗ Karthagos. Ab 500 blühte G. durch Handel und Industrie auf und diente ab 237 häufig als Ausgangspunkt für Kriegszüge von Hamilkar Barkas auf der Iber. Halbinsel. Durch einen Vertrag mit P. Cornelius ↗ Scipio geriet die Stadt in den röm. Machtbereich, behielt aber ihre städt. Autonomie. G. besaß einen berühmten Tempel des Melqart/Herkules, dessen Abbild auch die Münzrückseite der Stadt zierte, sowie ein hochgeschätztes Orakel. Caesar verlieh den Bewohnern von G. das röm. Bürgerrecht. **Lit.:** J. F. Rodríguez Neila, El municipio romano de Gades (1980). – L. A. Curchin, Roman Spain (1991). – W. Trillmich u. a. (Hg.), Hispania Antiqua (1993).

Gaia, griech. Göttin, die »Mutter Erde«, nach Hesiods *Theogonie* älteste Göttin neben Tartaros (Unterwelt), Nyx (Nacht), Erebos (Finsternis) und Eros (Liebe). Sie bringt Uranos (Himmel), Pontos (Meer) und die Gebirge hervor; mit Uranos zeugt sie die Titanen, die Kyklopen Brontes, Steropes und Arges sowie die drei ↗ Hekatoncheiren. Als ihr Uranos aus Hass auf die Riesen Schmerzen zufügt, lässt sie ihn durch ihren Sohn, den Titanen Kronos, entmannen. Die dabei auf den Boden fallenden Blutstropfen erzeugen die Erinyen und die Giganten, dem Schaum des ins Meer geworfenen Gliedes entsteigt Aphrodite (die »Schaumgeborene«, von griech. *aphros,* »Schaum«). G. gilt außerdem als Gründerin des Orakels in Delphi.

Gaius, röm. Jurist, 2. Hälfte 2. Jh. n. Chr. Die vier Bücher *Institutiones (Unterweisungen),* um 160 verfasst, gelten als das klass. Lehrbuch des röm. Rechts. Sie geben eine systemat. Darstellung des Privatrechts; ihr elementarer Charakter lässt auf eine Verwendung im Anfängerunterricht schließen. Von ihrem Verf.

kennt man nur den Namen. Er selbst nannte die Schrift ↗ *commentarii*. Nachklass. Rechtsbücher hängen von G. ab, so etwa die *Institutiones* Justinians oder das westgot. *Breviarium Alaricianum*. Systematisch sind Einflüsse bis in das Allg. Landrecht für die preuß. Staaten (ALR) und Österreichs Allg. Bürgerl. Gesetzbuch (ABGB) aufzeigbar. **Lit.:** D. Liebs, in: HLL IV (1997) 188–195.

Galatea (gr. Galateia) **(1)**, Nereïde, Geliebte des Acis.

Galatea (gr. Galateia) **(2)**, Gattin des Lampros, der einen Sohn will. Als G. ein Mädchen zur Welt bringt, zieht sie ihre Tochter als Jungen unter dem Namen Leukippos auf.

Galater, Gallierstämme, die 287/77 v. Chr. von dem bithyn. König Nikomedes als Hilfstruppen nach Kleinasien gerufen wurden und sich im O von Großphrygien, dem späteren ↗ Galatien, ansiedelten.

Galatien Landschaft im zentralen Hochland Kleinasiens mit großem Salzsee (Lacus Tatta); die dort entspringenden Flüsse Sangarios und Halys fließen in das ↗ Schwarze Meer. Ursprünglich zu ↗ Phrygien und ↗ Kappadokien gehörig, erhielt das Gebiet nach den im 3. Jh. v. Chr. eingewanderten kelt. Galatern seinen Namen. Die in drei Stämme (Trokmer, Tolistoagier, Tektosagen) gegliederten Galater (lat. Gallier) machten lange Zeit als Söldner und Räuber die angrenzenden Gebiete unsicher, bis sie von den Königen von ↗ Pergamon besiegt wurden. Plastiken wie etwa der »Sterbende Gallier« geben diesen Siegen Ausdruck. Wichtigste Städte in G. waren ↗ Ankyra (heute Ankara), Pessinus, ↗ Gordion und Tavium. 25 v. Chr. entstand unter dem gleichen Namen eine röm. Provinz, die Galatien im engeren Sinne umfasste. Zwischen 6 und 64 n. Chr. wurden mehrmals Gebiete ↗ Paphlagoniens und ↗ Pontus hinzugefügt, unter Vespasian entstand eine Doppelprovinz mit Kappadokien, die in der röm. Kaiserzeit große militär. Bedeutung erlangte. In röm. Zeit wurde die Provinzstruktur mehrmals verändert; die Mehrdeutigkeit des Namens erschwert die Entscheidung, um welche Galater es sich in Paulus' Brief an die Galater im Neuen Testament handelt. **Lit.:** D. Magie, Roman Rule in Asia Minor I-II (1950). – S. Mitchell, Anatolia I-II (1993). – K. Strobel, Die Galater I-II (1996–99).

Galba (Servius Sulpicius G.; Servius G. Augustus), röm. Kaiser 8. Juni 68–15. Januar 69 n. Chr.; geb. am 24. Dezember 3 v. Chr. bei Tarracina als Sohn des Sulpicius Galba und der Mummia Achaica; ca. 30 Prätor, 33 Konsul, 60–68 Statthalter der Provinz Hispania Tarraconensis; zu Beginn des Jahres 68 hatte sich G. mit Hilfe Othos und der span. Legionen gegen Nero erhoben und war zum Imperator ausgerufen worden; der Senat erklärte ihn auf Betreiben Neros zum Staatsfeind; nach dem Tode Neros am 8. Juni 68 wurde G. schließlich vom Senat anerkannt und zum Augustus erhoben; im Sept./Okt. 68 zog er in Rom ein; am 10. Januar 69 adoptierte er L. Calpurnius Piso und ernannte ihn zum Caesar; am 15. Januar 69 fiel G. einer Verschwörung Othos zum Opfer und wurde ermordet.

Lit.: E. P. Nicolas, De Néron à Vespasien (1979). – Ch. L. Murison, G., Otho und Vitellius (1993).

Galen (gr. Galenos) aus Pergamon; griech. Arzt und Philosoph, 129 – ca. 210 n. Chr. Als Sohn eines wohlhabenden Mathematikers und Architekten genoss G. zunächst eine eklekt. philosoph. sowie mathemat. Ausbildung; ab 146 studierte er Medizin in Pergamon, Smyrna und Alexandria. 157 kam er nach Pergamon zurück und war als Gladiatorenarzt tätig. 162–166 hielt er sich in Rom auf und praktizierte dort, kehrte aber 166 nach Pergamon zurück; 169 ließ er sich endgültig in Rom nieder, wo Marc Aurel ihn als Leibarzt berief. Sein Werk umfasst ca. 400 medizin., philosoph. und philolog. Schriften (verzeichnet in zwei eigenen Schriften, nach chronolog. bzw. themat. Ordnung), von denen fast die Hälfte erhalten ist. G. erklärte sich als Anhänger des Hippokrates, kommentierte ausführlich mehrere von dessen Schriften und prägte damit entscheidend die spätere antike, arab. und byz. Rezeption des Hippokrates. G.s medizin. Werk beruht großenteils auf vorherigem Wissen, das er systematisiert und durch eigene empir. Erkenntnisse, log. Schlussfolgerungen und Spekulationen bereichert, und deckt alle Bereiche der Medizin (Physiologie, Anatomie, Embryologie, Therapeutik, Pharmakologie) ab. G.s medizin. System stützt sich auf drei Prinzipien: (a) die Notwendigkeit umfassenden theoret. Wissens (er wendet sich heftig gegen jede Art von Spezialisierung); (b) die Lehre von den vier Körpersäften (Blut, Phlegma, schwarze und gelbe Galle) und drei Körpersystemen (gesteuert jeweils von Gehirn, Herz und Leber), von denen jedes über sein eigenes *Pneuma* [Lebenskraft] verfügt; (c) die Verbindung der Medizin mit der Philosophie. Nach G. muss der Arzt gleichzeitig auch Philosoph sein. In seinen philosoph. Schriften, die seinen ↗ Eklektizismus demonstrieren, befasst er sich hauptsächlich mit log. Problemen; seine Hauptleistung ist die Begründung einer log., auf wissenschaftl. Beweisführung beruhenden Methode. Bis ins MA galt G., dessen weit verbreitetes medizin. Werk auch ins Arab. und Latein. übersetzt wurde, als unerschütterl. Autorität. **Lit.:** V. Nutton (Hg.), G.: Problems and Prospects (1981).

Galerius, Gaius G. Valerius Maximianus, um 250–311 n. Chr., röm. Kaiser, Sohn eines Bauern aus der Gegend von Serdica (heute Sofia), trat unter Aurelian in die röm. Armee ein und diente sich rasch nach oben. 293 ernannte ihn Diokletian im Rahmen der von ihm eingerichteten Tetrarchie zum Caesar und übertrug ihm die Aufgabe, die Donaugrenze zu sichern. G. residierte in Sirmium und kämpfte mit Erfolg gegen Goten und Sarmaten. 296 wurde er in den Osten gerufen und führte Feldzüge in Armenien und Mesopotamien gegen die Sasaniden. 303 initiierte er gemeinsam mit Diokletian die Christenverfolgungen, die er strengstens durchführen ließ. Nach dem Rücktritt Diokletians (305) stieg G. neben Constantius I. zum Augustus auf und fungierte nach dessen Tod (306) als ranghöchster Kaiser. In den Wirren, die auf die Ausrufung Konstantins I. in Britannien und die Erhebung des Maxentius in Rom ausbrachen, versuchte G. die Tetrarchie zu bewahren und erkannte Konstantin als Caesar an. In den von ihm kontrollierten östl. Reichsteilen hielt er zunächst an den Christenverfolgungen fest, erkannte aber letztlich die Aussichtslosigkeit des Unterfangens und erließ 311 ein allgemeines Toleranzedikt. Wenig später erlag er einem Krebsleiden.

Galiläa (hebr. galila, »Kreis«, »Bezirk der Heiden«), die nördlichste Landschaft Palästinas. Der Name G. deutet darauf hin, dass das Gebiet schon nach der Landnahme nicht völlig israelitisiert und später wieder stärker heidnisch durchsetzt wurde (Gegensatz zwischen hellenist. Städten und jüd. Landgemeinden). Anfang des 2. Jh. v. Chr. wechselte G. von ptolemäischem in seleukid. Besitz über, nach dem antigriech. Makkabäeraufstand (164) wurde die jüd. Bevölkerung nach ↗ Judäa umgesiedelt. 104/03 eroberten die ↗ Hasmonäer G. 63 wurde das Hasmonäerreich röm. Klientelstaat, 47 v. Chr. ernannte Antipater seinen Sohn Herodes zum Statthalter von G., das auch Teil des herodian. Königreiches wurde. Unter Herodes Antipas, seinem Nachfolger, wirkte Jesus von Nazareth in G. Bis zur Unterwerfung durch die Römer 67 n. Chr. war G. Zentrum der jüd.-röm. Auseinandersetzungen. Nach der Eroberung ↗ Jerusalems kam G. zur röm. Provinz Judäa und verhielt sich während des Bar-Kochba-Aufstandes (132–135) ruhig. Danach waren verschiedene Städte G.s: Sitz des Synhedriums, ab Mitte des 3. Jh. ↗ Tiberias. G. war Heimat bedeutender Philosophen und Kabbalisten (Masoretenschule). **Lit.:** M. Goodman, State and Society in Roman Galilee, A. D. 132–212 (1983). – L. I. Levine (Hg.), The Galilee in Late Antiquity (1992). – F. Millar, The Roman Near East, 31 B.C.-A.D. 337 (1993).

Galla Placidia, weström. Kaiserin 421–450 n. Chr., geb. nach 390 als Tochter Theodosius I. Zunächst mit dem Sohn Stilichos verlobt, gerät sie 410 in die Geiselhaft der Westgoten; König Athaulf, der Nachfolger des Alarich, ehelicht sie 414. Durch den Vertrag zwischen Römern und Westgoten 416 von ihrem Halbbruder Honorius zurückgewonnen, wird sie 417 Frau des Constantius III. und gebiert ihm Valentinian III. und Honoria. G. P. wird 421 zur Kaiserin (*Augusta*) erhoben, flieht aber bald nach Constantius' Tod in das oström. Reich; 425–427 fungiert sie als Regentin für ihren Sohn Valentinian III. Die orthodoxe Christin sorgte für Bau und Ausschmückung zahlreicher Kirchen v. a. in Ravenna und Rom. **Lit.:** V. A. Sirago, G. P. (1961).

Gallia Cisalpina (↗ Gallien), ursprünglich allg. Bezeichnung der Römer für die Ebene des ↗ Padus (heute Po) nach den seit 400 v. Chr. dorthin eingewanderten Galliern, die den von S kommenden Römern zuerst bekannt wurden; konsular. Provinz im 3. und 2. Jh. v. Chr.; Bezeichnung zunächst nur Gallia (Livius 25, 3, 5), später Ligures et Gallia (Livius 38, 35, 8); Caesar spricht von Gallia citerior. Wann terminologisch der Name G. C. gebräuchlich wird, ist nicht bekannt; älteste Erwähnungen in der *lex Vatinia* (59 v. Chr.) und in Caesars *De bello Gallico* (53). Seit der *lex Iulia* des Jahres 90 v. Chr. waren die Gemeinden südl. des Po mit der *civitas Romana* ausgestattet. Die Verleihung des vollen röm. Bürgerrechts an die Gemeinden nördl. des Po erfolgte 49 v. Chr. mit der *lex Roscia*. **Lit.:** G. E. Chilver, Cisalpine Gaul (1941). – D. Foraboschi, Lineamenti di storia della Cisalpina romana (1992).

Gallien (lat. Gallia), das Land der Gallier oder ↗ Kelten (gr. ↗ Galater) umfasste etwa den westl. Teil der Poebene, die Westschweiz, Frankreich und Belgien. Um etwa 600 v. Chr. besiedelten griech. Kolonisten die Küste, die bedeutendste Gründung ist ↗ Massilia (heute Marseille). 125–120 führte Rom zum erstenmal Krieg gegen die Gallier im S des Landes und gründete nach der Unterwerfung die Provinz Gallia Narbonensis mit ↗ Narbo als Hauptstadt. 58–51 eroberte Caesar G. und schrieb darüber sein Werk *De bello Gallico* (lat., *Der Gall. Krieg*) und führte eine provisor. Ordnung ein, die Augustus 27 v. Chr. endgültig festlegte: Die drei Teile des Landes waren Aquitanien, Lugdunensis mit der Hauptstadt Lugdunum (heute ↗ Lyon) und Belgica. Ende 4. Jh. n. Chr. wurde die Praefectura Galliarum unter Diokletian gegründet; die starke Romanisierung rief erhebl. Widerstand hervor. Es kam zur Blüte von Handel und Gewerbe und Entwicklung großer Landgüter. German. Einfälle verursachten langanhaltende Unruhen, bis G. schließlich 486 n. Chr. vom Frankenkönig Chlodwig erobert wurde. **Lit.:** P. M. Duval, G. (1979). – C. Delaplace/J. France, Histoire des Gaules (1995). – D. Roman, Histoire de la Gaule (1997).

Gallienus, Publius Licinius Egnatius G., röm. Kaiser Sept./Okt. 253–ca. September 268 n. Chr.; geb. um 213 als Sohn des Kaisers Valerian, der ihn Sept./Okt. 253 zum Mitregenten ernannte. Als die Perser 253 Antiochia in Syrien eroberten, brach Valerian in den Osten auf und übergab seinem Sohn die Westhälfte des Reiches; 254–256 hielt sich G. auf dem Balkan auf, 257–260 an der Rheingrenze; im März 260 konnte er einen Sieg über die Juthungen in Rätien erringen. Als Valerian im Juni 260 in pers. Gefangenschaft geriet und dort starb, war G. Alleinherrscher; die folgenden Jahre verbrachte er in Rom; 264/65 reiste G. nach Griechenland und ließ sich in die Eleusin. Mysterien einweihen; anschließend führte er einen Feldzug gegen Postumus, der bereits 260 in Gallien ein Sonderreich errichtet hatte. 268 errang G. einen Sieg gegen Goten und Heruler, die Athen eingenommen hatten. Anfang 268 fiel sein Heerführer Aureolus von G. ab und ließ sich im September in Mailand zum Augustus ausrufen. G. wurde während der Belagerung Mailands von Soldaten des Claudius Gothicus getötet. **Lit.:** D. Kienast, Röm. Kaisertabelle (²1996) 218–220. – DRK (1997).

Gallier ↗ Kelten

Galloi ↗ Kybele

Gallus, Gaius Cornelius G., aus Gallien, röm. Elegiker, 70/69–27/26 v. Chr. In Forum Iulii (vielleicht das heutige französ. Fréjus) als röm. Bürger geboren, durchlief G. unter Caesar und Augustus eine glänzende militär.-polit. Karriere bis zum ersten Präfekten

Ägyptens und Alexandrias. Übertriebene Selbstdarstellung oder polit. Opposition brachten ihn in Gegensatz zu Augustus und führten zu seiner Absetzung und offiziellen Verweisung aus dessen Freundeskreis. G. endete durch Selbstmord. Um das Jahr 40 verfasste er vier Bücher Elegien, in denen er seine Geliebte unter dem Pseudonym Lycoris besang. G. gilt als Archeget der subjektiven röm. Liebeselegie. Parthenios widmete ihm die *Erotika pathemata* (gr., »Liebesleid«), Vergil nahm in den *Bucolica* (bes. in der 10. Ekloge) auf G., auch mit wörtl. Zitaten, Bezug. Die *Georgica* hatten nach dem Zeugnis des Servius ursprünglich mit einem G.-Lob geendet, das Vergil nach dem polit. Fall des Dichters durch das Aristaeus-Finale ersetzte (↗ Vergil). Die gewaltige Wirkung, die Zeitgenossen G. bescheinigten, steht im Kontrast zu der spärl. Überlieferung, die nur zehn teilweise bruchstückhafte Verse auf einem Papyrus gerettet hat. **Lit.:** N. B. Crowther, in: ANRW II 30, 3 (1983) 1622–1648.

Ganges, zweitlängster Strom Indiens, von dem erste, vage Berichte durch Ktesias die Griechen um 400 v. Chr. erreichten. Näheres erfuhren sie erst in frühhellenist. Zeit; Beschreibungen des G.-Delta sind von Pomponius Mela und Ptolemäus überliefert. In christl. Zeit avancierte der sagen- und fabelumwobene G. zu einem der vier Flüsse des Paradieses (= Pheison). Heute ist der G. der heilige Fluss im hinduist. Glauben, der Heilung und Reinheit bringt.

Gans (gr. chen, lat. anser). Die G. war weitverbreitet und allen antiken Völkern bekannt. Die wichtigsten Wildformen waren die Grau- und die Saatgans, die in Griechenland mittels Fallen und Netzen gejagt wurde. Hausgänse wurden erstmals in Ägypten domestiziert und treten dort bereits im Alten Reich (3. Jt. v. Chr.) hervor (Wandmalereien in Gräbern). Von dort wurde sie in die griech.-röm. Welt eingeführt und systematisch gezüchtet. Die G. war ein wertvoller Fleischlieferant; als besondere Delikatesse galt ihre Leber. Ferner diente ihr Fett häufig medizin. Zwecken, und ihre Federn wurden zur Herstellung von Kissen verwendet. Die G. galt als geschwätzig, gefräßig und dumm. Sie war ein beliebtes Opfertier, das bes. in den unteren Volksschichten weite Verbreitung fand. Auch in Kunst und Malerei war die G. ein häufiges Motiv auf Vasenmalereien, aber auch in figürl. Darstellungen. Bekannt ist die Erzählung von den Kapitolin. Gänsen, die durch ihr Geschnatter die Römer 387 v. Chr. vor den angreifenden Galliern unter ↗ Brennus gewarnt und dadurch die Einnahme des Kapitols verhindert haben sollen.

Ganymed (gr. Ganymedes), schöner Sohn des trojan. Königs ↗ Tros und Laomedon. Er wird auf den Olymp entführt, um Zeus als Mundschenk zu dienen. Als Entschädigung schenkt Zeus seinem Vater zwei unsterbl. Pferde.

Garamanten, friedl. Berberstamm im Inneren Libyens südl. der Kleinen ↗ Syrte, der erstmals im 5. Jh. v. Chr. vom griech. Geschichtsschreiber Herodot erwähnt wird. Felsbilder Zentralafrikas aus dem 1. Jt. v. Chr., die bes. in den Wadis des Fezzan und im Tassili-Gebirge gefunden wurden, geben Auskunft über ihre

Herkunft; die Griechen lernten nach Herodot von den G., vierspännig zu fahren. 21 v. Chr. unternahm der Prokonsul der Provinz Africa L. Cornelius Balbus einen Feldzug gegen die G. Im 1. Jh. n. Chr. siedelten sie in der Gegend von ↗ Leptis Magna; sie sind auf den Mosaiken von Zliten dargestellt und es gibt auch spätere Erwähnungen. **Lit.:** E. M. Ruprechtsberger, Die G. (1997).

Garküchen ↗ Küche, Wirtshäuser

Garonne (lat. Garumna), einer der großen, schiffbaren Flüsse Galliens. Der Name ist wohl einheim. Herkunft; eine gute Beschreibung der G. liefert Pomponius Mela. Zur Zeit Caesars bildete der Fluss die Grenze zwischen dem kelt. Gallien und dem iber. Aquitanien.

Gartenbau. Die planmäßige Anlage von Gärten findet sich in der Antike nach Ausweis von Vasen- und Wandmalereien bereits in minoischer und myken. Zeit. Während auf Kreta bes. die Blumenzucht verbreitet war, gewann auf dem griech. Festland und in Italien zunehmend der Obst- und Gemüseanbau an Bedeutung sowie die Errichtung parkähnl. Anlagen mit Zierbäumen (oft im Zusammenhang mit Friedhöfen). Nutzgärten standen häufig in Verbindung mit landwirtschaftl. Betrieben, wo sie bes. der Erweiterung der Ernährungsgrundlage dienten (↗ Gemüseanbau). Bes. seit hellenist. Zeit kam es in Griechenland unter oriental. Einfluss zur Anlage größerer Ziergärten, die meist in Verbindung mit Tempeln, Bildungsstätten und Herrscherpalästen entstanden, zunehmend aber auch von reichen Privatpersonen errichtet wurden und der besinnl. Muße dienten. Diese Sitte verbreitete sich seit dem 2. Jh. v. Chr. auch in Rom, wo in der späten Republik bes. die Gärten des ↗ Lucullus und ↗ Sallust berühmt waren. Die Anlage solch ausgedehnter Lustgärten erforderte ein hohes Maß an Pflege (bes. Bewässerung) und setzte umfangreiches botan. Kenntnisse voraus, die sich auch in der antiken Literatur widerspiegeln.

Garum (gr. garos, lat. auch liquamen), ein in der gesamten antiken Küche verbreitetes Universalgewürz. Es wurde – je nach geograph. Herkunft – aus verschiedenen Fischarten gewonnen, die mit Salz vermengt in großen Gefäßen mehrere Monate lang in der Sonne verfaulten. Die dabei entstehende Flüssigkeit, wurde mehrfach durch ein Sieb gefiltert, in Amphoren abgefüllt und fand in der Küche bei der Herstellung nahezu sämtl. Speisen Verwendung. G. fungierte als preiswerter Ersatz für das teuere Salz. Seit der Kaiserzeit wurde G. in größeren Betrieben fabrikmäßig hergestellt und über Zwischenhändler zum Verkauf gebracht. Die größten Produktionsstätten befanden sich in Campanien, Südspanien und Nordafrika. **Lit.:** R. Curtis, G. and Salsamenta (1991).

Garumna ↗ Garonne

Gasthaus ↗ Wirtshäuser

Gastmahl ↗ Convivium, Cena

Gastrecht. Die Einrichtung der Gastfreundschaft (gr. *proxenia*, ↗ Proxenos) hatte in der antiken Welt eine große Bedeutung. Da in Griechenland ein Reisen-

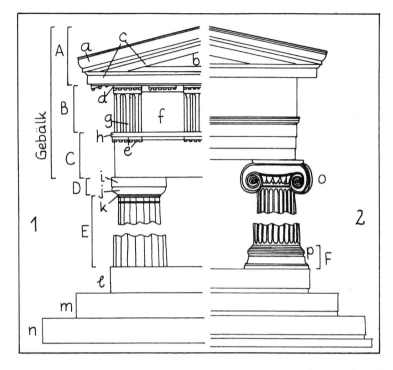

Gebälkordnung:
1 dorische Ordnung
2 ionische Ordnung

A Gesims
B Fries
C Architrav
D Kapitell
E Säulenschaft
F Basis
a Sima
b Tympanon
c Geison
d Mutulus
e Regula mit 6 Guttae
f Metope
g Triglyphe
h Taenia
i Abacus
j Echinus
k Anuli
l Stylobat
m Krepis
n Euthyntheria
o Volute
p Torus

der in einer fremden Stadt keinen Rechtsschutz genoss, war er auf einen Gastfreund angewiesen, der ihm Sicherheit bot und für Unterkunft und Verpflegung sorgte. Gegenseitige Proxenie-Verhältnisse hatten oft formellen Charakter, wurden durch den Austausch eines ↗ Symbolon besiegelt und konnten Generationen überdauern. Eine besondere Einrichtung waren staatl. Gastfreunde, die in ihrer Heimatpolis die Interessen der die Gastfreundschaft gewährenden Stadt verfechten sollten und damit diplomat. Vertretern nahekamen. Private Gastfreundschaft war auch in Rom weit verbreitet, hatte dort aber einen weniger formellen Charakter. ↗ Fremde

Gaugamela (heute Gomal) Ort in Assyrien, heute auf dem Gebiet des Irak, zwischen den antiken Flüssen ↗ Tigris und Lykos, unweit des alten ↗ Ninive; Alexander d.Gr. besiegte hier 331 v. Chr. den pers. König Dareios III. **Lit.:** A. B. Bosworth, Conquest and Empire (1998).

Gaza, ägypt. Verwaltungszentrum im S Palästinas; etwa seit Anfang des 2. Jh. v. Chr. bedeutender Seehafen, wo die von ↗ Petra kommende und die syr.-ägäische Karawanenstraße zusammentrafen.

Gebälkordnung, die architektonisch zusammengefügten und gegliederten Balken eines Gebäudes, die das Mittelglied zwischen Mauer oder Säulen und Dach bilden. Eine G. kann bereits an den frühen dor. Tempeln von Thermos oder Kalydon (Nordgriechenland) rekonstruiert werden. Diese Grundidee, in der Regel durch die verschiedenen Epochen beibehalten, wird bestimmend für alle weiteren Tempelbauten, wobei eine Weiterentwicklung und Verfeinerung, bes. in den Maßverhältnissen verfolgt werden kann. Die generelle Abfolge der einzelnen Bauteile des Gebälks lässt sich wie folgt beschreiben: In langer waagerechter Abfolge überspannen glatte hölzerne Balken (↗ Architrav) die Säulen (oder Mauern). Auf diesen liegen die Querbalken der Decke auf und bilden so eine rhythm. Abfolge von Balkenköpfen, die über den Säulen herausragen, und Zwischenräumen. An den Stirnseiten der Balken befestigte man Platten, die durch senkrechte Schlitze gegliedert waren (↗ Metopen, die mit gemalten oder reliefierten Bildern verziert sein konnten. Das Triglyphon (Metopen und Triglyphen) fußte auf einer schmalen, etwas vorspringenden Leiste, der Taenie. Unter der Taenie war, jeweils in Höhe der Triglyphen, eine weitere kleine Leiste (Regula) angebracht, an deren Unterseite drei oder sechs zylindr. Tropfen (Guttae) hingen. Das Triglyphon wurde nach oben von einer weiteren Leiste und den Dachsparren abgeschlossen, die den überstehenden Dachrand (Geison) stützten. Auch an diesen Sparrenköpfen (Mutuli) hingen wieder drei Reihen mit jeweils sechs Guttae (Tropfen; stilisierte Nagelköpfe). Die Zwischenräume zwischen den Mutuli nennt man Viae. **Lit.:** G. Gruben, Die Tempel der Griechen (⁴1986).

Gebet, die Zwiesprache mit den Göttern; das G. verlief nach einer festgelegten Struktur: Anrufung des für diese Angelegenheit zuständigen Gottes und Berufung auf diese Zuständigkeit, Versicherung der eigenen Frömmigkeit, Vortragen des konkreten Anliegens, schließlich das Gelübde. Die rituell gewaschenen Hände wurden zum Himmel (oder dem Kultbild entgegen) gestreckt; die Anrufung der unterird. Götter erfolgte gebeugt, wobei man auf den Boden schlug. Im Gegensatz zu Griechenland, wo kein formelhafter Wortlaut verbindlich war, wurde in Rom das G. in einem fixierten Text vorgetragen.

Geburt. Als Geburtshelferinnen fungierten in der Antike Hebammen. Kam es zu Komplikationen, wurden unter Umständen Ärzte hinzugezogen, die bei Bedarf auch chirurg. Eingriffe vornahmen. Diese waren insbes. bei Lageanomalien erforderlich, die unmittelbar das Leben von Mutter und Kind bedrohten. Zu den einschlägigen Instrumenten gehörten neben G.s-Haken auch Messer und Scheren. Eine große Rolle im Zusammenhang mit der G. spielten vielfältige religiöse Riten und Zeremonien, die oftmals den Bereich des Aberglaubens berührten. So wurde der Beistand geburtshelfender Gottheiten (u. a. Artemis ↗ Eileithyia, Juno) gesucht, und nach der Niederkunft erfolgten rituelle Waschungen von Mutter und Kind. In Griechenland war es zudem üblich, das Neugeborene im Laufschritt um den Herd des Hauses zu tragen (um ihm den Schutz des Hauses zu vermitteln) und an der Haustür einen Ölkranz (für Jungen) oder eine Wollbinde (für Mädchen) zu befestigen. In Rom war die Sitte verbreitet, das neugeborene Kind auf den Boden zu legen, um es mit der »Mutter Erde« in Berührung zu bringen. Der Vater erkannte es an, indem er es wieder aufhob.

Geburtstag. Man feierte den G. eines Menschen allmonatlich, später alljährlich zu Ehren seiner persönl. Schutzgottheit (in Griechenland des Daimon, in Rom des Genius (*natalis*) für den Mann, der Juno für die Frau) und der Götter, die an diesem Tag ebenfalls G. hatten. Einladungen und Geschenke, darunter literar. Werke (sog. Genethliakon) wie die Geburtstagsschrift des Censorinus (*De die natali*), sowie ein G.-Kuchen waren am G. üblich. In der Kaiserzeit fanden am G. des Kaisers öffentl. Feiern, begleitet von militär. Prozessionen und Spielen, statt.

Gedrosien, Landschaft im SO des heutigen Iran und im SW des heutigen Pakistan (etwa Belutschistan), trockene Bergregion mit eingetieften Tälern; der Antike v. a. durch den mühevollen Rückmarsch der Soldaten ↗ Alexanders d.Gr. unter ↗ Krateros 325 v. Chr. bekannt.

Gefängnis ↗ Carcer

Gefäße ↗ Geschirr

Geflügelzucht. Als Spezialgebiet der Landwirtschaft spielte die G. in der Antike eine bedeutende Rolle. In Ägypten ist die systemat. Haltung von ↗ Enten und ↗ Gänsen bereits im Alten Reich (3. Jt. v. Chr.) nachweisbar (Darstellungen in Gräbern), in Griechenland setzt sie in größerem Umfang erst in klass. Zeit

ein und gelangte von da über Sizilien und Unteritalien nach Rom. Hier entwickelten sich seit der ausgehenden Republik regelrechte Geflügelfarmen, meist im Besitz vornehmer Adliger, später auch staatlicherseits, die als Großbetriebe der Versorgung der Städte dienten. Bevorzugte Vögel waren Hühner (↗ Huhn), ↗ Enten und Gänse (↗ Gans), darüber hinaus spielten aber auch Tauben, Pfauen und Fasane eine gewisse Rolle. Die immer weiter verfeinerten Methoden der G. sind ausführlich in der röm. Fachliteratur (↗ Varro, ↗ Columella) beschrieben. Ferner gab es bes. in der Kaiserzeit vereinzelt Tendenzen, Geflügel (meist Pfauen und Fasane) auch zu rein liebhaber. Zwecken zu züchten. **Lit.:** Hauger, Zur röm. Landwirtschaft und Haustierzucht (1921).

Geier (gr. gyps, lat. voltur), in der antiken Welt in mehreren Arten verbreiteter Greifvogel, von denen der Bartgeier, der Gänsegeier und der Graugeier die wichtigsten waren. Während der G. in Ägypten als heiliges Tier galt, hatte er bei Griechen und Römern nur eine geringe religiöse Bedeutung. Als typ. Aasfresser galt er als anrüchig und unheilvoll, doch wurde ihm auch eine prophet. Gabe zugesprochen, da G. häufig Heereszüge begleiteten.

Geiserich (lat. Geisericus), um 389–477 n. Chr., König der Vandalen, trat 428 die Nachfolge seines Halbbruders Gunderich an und führte 429 sein Volk (ca. 80.000 Personen) aus Südspanien über die Straße von Gibraltar nach Nordafrika. Bis 439 eroberte er die wichtigsten röm. Bastionen und errichtete ein Reich mit der Hauptstadt Karthago, das von der kaiserl. Regierung faktisch unabhängig war (442 durch Valentinian III. anerkannt). Gestützt auf eine starke Flotte unternahm er ausgedehnte Plünderungsfahrten im westl. Mittelmeer, denen u. a. Rom (455) zum Opfer fiel. 467/68 wehrte er einen byzantin. Angriff auf sein Reich ab und hinterließ seinem Sohn Hunerich (477) einen gefestigten und machtvollen Staat.

Gela, um 690 v. Chr. gegründete rhod.-kret. Kolonie an der Südküste Siziliens; seit 1928 wieder G. genannt. 582 begründete G. seinerseits ↗ Akragas, 505 errichtete Kleandros in G. die Tyrannis, die unter Gelon auch ↗ Syrakus unterwarf, das nun neue Residenzstadt wurde; für G. begann damit der langsame Niedergang. Gelon übergab G. seinem Bruder Hieron; dieser wurde 478 Tyrann von Syrakus. Am Sturz des Hieron 466 v. Chr. waren auch Bürger aus G. beteiligt. Aischylos starb vermutlich in G. 409 begann die karthag. Offensive auf Sizilien, 405 wurde auch G. zerstört und erst 338 neu begründet, aber schon um 285 von Phintas, dem Tyrannen von Akragas, erneut zerstört, die Bewohner nach Phinthias (heute Licata) umgesiedelt. Größere Teile der antiken Stadtmauer sind in der modernen Stadt erhalten, Funde im Archäolog. Museum. **Lit.:** G. Giorentini, G. (1985). – A. Prato-Gualteroni, Sizilien (1989). – ASM (1999).

Geld. Die Notwendigkeit, allg. anerkannte Zahlungsmittel zu entwickeln, ergab sich mit der beträchtl. Ausweitung des Handels im 1. Jt. v. Chr., als Geschäfte auf Tauschbasis allein den Erfordernissen nicht mehr genügten. Vorformen des G.es waren wertvolle Metalle (↗ Gold, ↗ Silber), die in Klumpen- oder Barrenform gewogen und zur Bezahlung eingesetzt wurden. Zur Einführung des G.es im engeren Sinne kam es aber erst im griech. Raum, ausgehend von den jon. Gebieten Kleinasiens, seit dem Ende des 7. Jh. v. Chr., in Form der Münzprägung. Von hier verbreitete sich die G.-Wirtschaft rasch im gesamten Mittelmeerraum und Persien, und dehnte sich in hellenist. Zeit bis nach NW-Europa (↗ Kelten) und Indien aus. Antikes G. bestand ausschließlich aus ↗ Münzen, die aus verschiedenen Materialien gefertigt und in verschiedenen Staffelungen hergestellt wurden. Seine Blüte erreichte das antike G.-Wesen im Hellenismus und in der frühen und mittleren röm. Kaiserzeit, bevor die Wirtschaftskrisen der Spätantike zu Inflationstendenzen und durch eine permanente G.-Verschlechterung zu einem spürbaren Vertrauensverlust führten. ↗ Finanzwesen **Lit.:** H. Gebhart, Numismatik und Geldgeschichte (1949). – F. Heichelheim, An Ancient Economic History (1958). – Ch. Howgego, G. in der antiken Welt (2000).

Gellius (1), Lucius G. Poplicola, um 136–55/52 v. Chr., Konsul 72, kämpfte während des Sklavenaufstands gegen Spartacus und diente 67–65 Pompeius als Legat im Seeräuberkrieg. 63 unterstützte er Cicero gegen Catilina und wandte sich noch in den frühen 50er Jahren gegen die polit. Ambitionen Caesars.

Gellius (2), Gnaeus G., röm. Historiker, 2. Jh. v. Chr. G. schrieb ↗ *Annales* von Roms Anfängen bis in seine Zeit; im 33. Buch war das Jahr 116 erreicht. Er gehört mit L. Cassius Hemina zu den ersten röm. Historikern, die lateinisch, statt griechisch schrieben. **Lit.:** E. Badian, in: T. A. Dorey (Hg.), Latin Historians (1966) 11 ff.

Gellius (3), Aulus G., röm. Literat, 2. Jh. n. Chr. G. war ein gebildeter Römer, der ein 20 Bücher umfassendes Miszellenwerk zu den unterschiedl. Wissensgebieten in ansprechender, bisweilen anekdot. Form verfasste, dem er in Erinnerung an einen einjährigen Studienaufenthalt in Athen den Titel *Noctes Atticae* (*Att. Nächte*) gab. Wertvoll sind zahlreiche Zitate aus und Urteile über die z. T. verlorene ältere Literatur. Seine archaisierende Neigung verdankt G. vielleicht Fronto. Für G. war *eruditio institutioque in bonas artes* (»Kultiviertheit und Bildung zu guten Eigenschaften«) (13, 17, 1) Ausdruck höchster Humanität. **Lit.:** K. Sallmann, in: HLL IV (1997) 68–77.

Gelon, Tyrann von Syrakus, riss 491 v. Chr. als Reiterführer des örtl. Herrschers Hippokrates von Gela nach dessen Tod die Macht in seiner Heimatstadt an sich. 485 kam er den syrakusan. Grundbesitzern zu Hilfe, die von ihren Hörigen aus der Stadt vertrieben worden waren, und etablierte seine eigene Herrschaft. Während er die Macht in Gela seinem Bruder Hieron I. übertrug, baute er Syrakus durch die teilweise Umsiedlung der Bevölkerung aus mehreren sizil. Städten (u. a. Kamarina, Megara Hyblaia) zur beherrschenden Metropole aus. Er errichtete eine starke Flotte und stützte seine Macht auf Söldner, denen er z. T. das Bür-

gerrecht verschaffte. 480 trat er den Karthagern, die die Kontrolle über Sizilien erlangen wollten, energisch entgegen und besiegte sie entscheidend in der Schlacht bei Himera. Bei seinem Tod (478) hinterließ er die Herrschaft über Syrakus seinem Bruder Hieron I. **Lit.:** H. Berve, Die Tyrannis bei den Griechen (1967) 140–47. – D. A. Kukofka, Karthago, G. und die Schlacht bei Himera, in: Helikon 33/34 (1993/94) 243–72.

Gemeindeland ↗ Ager publicus

Geminatio (lat., »Verdoppelung«) ↗ Anadiplose

Geminos aus Rhodos, griech. stoischer Philosoph (1. Jh. v. Chr.), Schüler des Poseidonios. Nicht erhalten, aber viel zitiert ist G.' Enzyklopädie der Mathematik. Außerdem schrieb er einen Kommentar zur Meteorologie des Poseidonios. Einzig erhalten ist seine Einführung in die Astronomie. **Lit.:** P. Steinmetz, in GGP IV 2 (1994) 710, 715.

Gemme (lat. gemma), bei den Römern zunächst die Bezeichnung für jeden ↗ Edelstein, später für solche Edelsteine, die mit vertieften oder erhabenen Verzierungen versehen waren. Die G.n mit eingravierten Darstellungen heißen Intaglio, diejenigen mit erhaben herausgearbeiteten Darstellungen Kameen oder auch Skarabäen (↗ Skarabäus). Mit Hilfe der ↗ Steinschneidekunst wurden die G.n nach einem Wachsmodell hergestellt. Die bevorzugten Steine waren u. a. Karneol, Onyx, Jaspis, Amethyst, Lapislazuli und der vielfarbige Achat, dessen obere weiß. Schicht das Relief und dessen untere dunkle den Grund bildete. Intaglios dienten insbes. zum Abdrücken in Wachs oder Ton (↗ Siegel), Kameen dagegen wurden als ↗ Schmuck verwendet. **Lit.:** M.-L. Vollenweider, Die Porträtg.n der röm. Republik (1974). – P. Zazoff, Die antiken G.n (1983).

Gemüseanbau. In der antiken Gesellschaft war Gemüse neben ↗ Getreide und noch vor dem teureren Fleisch das wichtigste Grundnahrungsmittel. Die am weitesten verbreiteten Sorten waren Hülsenfrüchte, Salate, Zwiebeln und Kohl. Daneben spielten auch Kürbisse, Melonen, Gurkengewächse, Spargel, Mangold, Rettich und Rüben eine bedeutende Rolle. Das Gemüse wurde in der Regel gekocht und mit zahlreichen Zutaten garniert gegessen, bisweilen aber auch roh verzehrt. Der G. erfolgte meist in Gärten in enger Verbindung mit dem Wohnhaus eines landwirtschaftl. Betriebes, da eine intensivere Betreuung als bei Getreide notwendig war. Die Methoden des Anbaus sind ausführlich in der Fachliteratur beschrieben (↗ Columella, ↗ Plinius).

Genethliakon (gr., »Geburtstagsgedicht«). Die Tradition, den Geburtstag eines Freundes oder einer hochgestellten Persönlichkeit literarisch zu feiern, setzt mit der röm. Kaiserzeit ein (z. B. Tibull 1, 7; 2, 4; Ovid, Tristien 3, 13; Censorinus). In der Rhetorik entwickelte sich das G. zu einer eigenen Gattung, für die der Rhetor ↗ Menander (2) Regeln entwarf. **Lit.:** T. C. Burgess, Epideictic Literature (1902) 142–146. – K. Burkhard, Das antike Geburtstagsgedicht (1991).

Genethlios aus Petra, griech. Redner, 3. Jh. n. Chr., Verf. epideikt. Reden und vermutlich eines Traktats zu

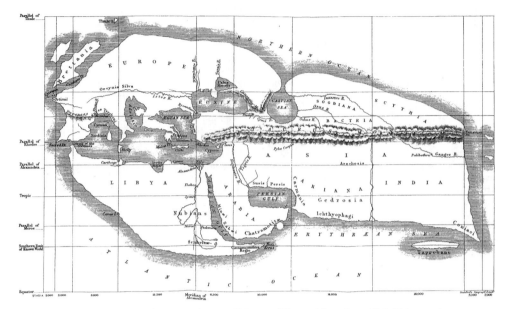

Erdkarte des Eratosthenes mit der vom Weltmeer (Okeanos) bewohnten Welt (Oikumene) –
Versuch einer graphischen Umsetzung der überlieferten Angaben

diesem Genus der Redekunst und eines Demosthenes-Kommentars.

Genfer See (lat. Lemạnnus lạcus, französ. Lac Léman). Der zwischen dem Siedlungsgebiet der ↗ Helvetier und Allobroger gelegene See wird bei Caesar und anderen Autoren mehrfach erwähnt. Im französ. Namen lebt die lat. Bezeichnung weiter.

Gẹnius, im röm. Glauben die vergöttlichte männl. (Zeugungs-)Kraft und persönl. Gottheit eines jeden Mannes, mit diesem als Hausherrn (*pater familias*) auch jeden Hauses (*g. familiaris*). Seine Feier, bei der ihm geopfert wird, findet am Geburtstag des Hausherrn statt. In der Kaiserzeit wird der G. vom Individuum getrennt und wird zu einem Schutzgeist, bes. von Orten (*g. loci*) oder Truppenteilen (*g. exercitus*). **Lit.:** K. Latte, Röm. Religionsgeschichte (1960) 103.

Gens (lat., »Sippe, Geschlecht«) bezeichnet im allg. Sinne ein Volk oder einen Volksstamm. Aus dieser Bedeutung hat sich der Begriff des *ius gentium* (Völkerrecht) entwickelt, das die Beziehungen zwischen den Völkern regeln sollte. Speziell bezeichnet G. aber einen (patriz. bzw. plebeischen) röm. Sippenoder Familienverband, dessen Mitglieder einen gemeinsamen Gentilnamen trugen und sich in der Regel ideell verbunden fühlten. Gegenüber dieser ideellen Bindung traten die in der Frühzeit noch vorhandenen rechtl. (Erbangelegenheiten) und religiösen (gemeinsame Kulte) Bezüge immer mehr zurück, bis sie in ihrer Funktion durch die ↗ Familie ersetzt wurden. Bekannte röm. *gentes* waren die Cornelii, Aemilii, Sempronii und Iulii.

Gẹnua (ital. Genọva), alte ligur. Handelsstadt; 222 v. Chr. von den Römern erobert; im 2. ↗ Pun. Krieg von Karthagern unter Mago zerstört. Unter röm. Herrschaft wurde G. wiedererrichtet als Stadt der Provinz ↗ Gallia Cisalpina, 539 n. Chr. erneut von den Franken zerstört und 650 von Langobarden erobert.

Geographie (gr., »Erdbeschreibung«). Versuche, das Wesen und die Gestalt der Erde zu ergründen, sind seit Beginn der Menschheitsgeschichte nachweisbar, doch bewegten sich die Erkenntnisse fast ausschließlich im spekulativen und religiös-myst. Bereich. Erst die Griechen haben, beginnend mit den jon. Naturphilosophen (↗ Thales, ↗ Anaximenes, ↗ Anaximander), die G. zur Wissenschaft erhoben. Die früheste Vorstellung, die Erde sei eine flache Scheibe auf einem Urozean, wurde mit der Ausweitung der Seefahrt durch neue Erkenntnisse relativiert und umgestaltet (↗ Okeanos; Periplus). Dass die Erde in Wahrheit eine Kugel sei, wurde erstmals von ↗ Parmenides angenommen. ↗ Pytheas von Massalia ergänzte diese Theorie, indem er ein weltumspannendes Meer annahm, auf dem die Kontinente wie Inseln lägen. Schließlich gelang es ↗ Eratosthenes (3. Jh. v. Chr.) nach Beobachtungen des Sonnenstands in Ägypten, den Erdumfang nahezu perfekt zu berechnen. In der Kaiserzeit setzte dann ein Verfall der G. ein, der dazu führte, dass richtige Erkenntnisse wieder aufgegeben und dadurch unzulängl. Vorstellungen ins europäische MA weitergegeben wurden. ↗ Ethnographie **Lit.:** J. O. Thomson, History of Ancient Geography (1948). – Ch. v. Paassen, The Classical Tradition of Geography (1957). – E. Olshausen, Einführung in die histor. G. der Alten Welt (1991). – K. Brodersen, Terra Cognita (1995).

Geometrie (gr., »Erdmessung«), ein Spezialgebiet der ↗ Mathematik. Der Begriff G. entstand ursprünglich aus Versuchen, exakte Karten aus Landvermessungen zu erstellen, befasst sich aber in seiner klass. Form mit der Darstellung und Berechnung abstrakter mathemat. Figuren (Geraden, Kreise, Kugeln, Ebenen, komplexere Figuren). Sie weist manche Berührungspunkte zur Arithmetik auf, deren Verfahren sie als Hilfsmittel verwendet. Die Beschäftigung mit der G. erfolgte bereits im Vorderen Orient (Ägypten, Mesopotamien) und erreichte mit dem Wirken des ↗ Euklid (um 300 v. Chr.), der das gesamte geometr. Wissen seiner Zeit in einem Handbuch zusammenfasste, einen ersten Höhepunkt. Weitere Erkenntnisse wurden durch ↗ Eratosthenes und ↗ Archimedes hinzugefügt. Die G. galt in der Antike als eine der wichtigsten Wissenschaften und wurde in den Kanon der sieben ↗ Artes liberales aufgenommen. **Lit.:** O. Becker, Grundlagen der Mathematik (1964).

Geometrischer Stil ↗ Vasen

Geomoren (gr., »Grundbesitzer«), in ↗ Syrakus die alteingesessene grundbesitzende Oberschicht, die ursprünglich die polit. Macht ausübte, im archaischen Athen Kleinbauern, die einen der drei alten Stände bildeten. Gelegentlich wurden Grundbesitzer auch allg. als G. bezeichnet.

Gephyrismos (gr., »Lied an der Brücke«), bes. Form der ↗ Aischrologie. Während des Festzugs der Eleusin. Mysterien von Athen nach Eleusis wurden an einer Brücke von vermummten Mysten Spottlieder auf die Vorüberziehenden vorgetragen.

Gerasa (heute Djarasch, auch Jerash; Jordanien), von griech. Kolonisten Anfang des 4. Jh. v. Chr. gegründete Stadt. Von Alexander Jannaeus (103–76 v. Chr.) erobert, blieb G. in Händen der Hasmonäer, bis es 63 v. Chr. Teil der Provinz Syria und der Dekapolis wurde. Seit dem 1. Jh. n. Chr. wurde G. völlig erneuert und erweitert; ihre Blüte hatte die Stadt im 2. Jh. n. Chr., zeitweiliger Rückgang des Handels im 3. Jh. und Wiederbelebung unter Justinian; es folgten pers. (614) und arab. (635) Eroberungen. Vom vergangenen Reichtum zeugen gut erhaltene ausgedehnte Ruinen von Theatern, Forum, Triumphbögen, Thermen und Tempeln (Zeus, Artemis); technisch bemerkenswert ist das mit einem flutbaren Becken ausgestattete Theater, wo Naumachien ausgetragen werden konnten. **Lit.:** I. Browning, Jerash and the Decapolis (1982). – D. Kinet, Jordanien (1992) 115–137. – ASM (1999).

Gerberei. Bei Griechen und Römern hatte die G. eine große Bedeutung und erfüllte durch die Bereitstellung von Leder sowohl zivile als auch militär. Zwecke. Die als Rohmaterial benötigten Tierhäute wurden in verschiedenen Verfahren bearbeitet: Sie mussten zunächst abgeschabt und gereinigt werden und wurden dazu längere Zeit in Urin eingeweicht. Das eigentl. Gerben erfolgte mittels Behandlung durch Säuren, die aus Fichten, Erlen, Granatäpfeln oder anderen Pflanzen gewonnen wurden; diese Behandlung führte in mehreren Arbeitsschritten zur Entstehung von Leder, das je nach angewandter Technik verschiedenen Ansprüchen genügte. Der Beruf des Gerbers genoss in der Antike nur geringes Ansehen, und die Betriebe lagen wegen der intensiven Geruchsbelästigung meist am Stadtrand oder außerhalb der Mauern. Eine nahezu vollständig erhaltene G., die in Pompeji ausgegraben wurde, liefert wichtige Informationen über Anlage und Funktionsweise eines antiken Betriebes.

Gergovia (heute Gergovie, Frankreich), Bergstadt der gall. Averner südl. des heutigen Clermont-Ferrand; von ↗ Vercingetorix 52 v. Chr. erfolgreich gegen Caesar verteidigt. **Lit.:** J. Harmand, Vercingétorix (1984).

Gericht ↗ Rechtsprechung

Germanen (lat. Germani), indoeuropäische Sprach- und Völkerfamilie in Skandinavien und Mitteleuropa. Die in einer Stammesstruktur organisierten G. wanderten seit dem 7. Jh. v. Chr. zunächst in Norddeutschland ein, später drängten sie immer weiter nach S. Der Name G. wurde im Röm. durch die Gallier (↗ Gallien) bekannt, die so ihre östl. Nachbarn bezeichneten. ↗ Poseidonios unterschied die G. bereits deutlich von den Kelten; bei Caesar (*De bello Gallico*) und Tacitus (*Germania*) finden sich ausführlichere Berichte über Land und Leute, die nicht selten auf Vorurteilen basieren und kuriose Details enthalten. Als agrarisch geprägte Kultur enthielt die Religion der G. Glaube an Magie, Vegetations- und Fruchtbarkeitskulte (Nerthus, Isis) sowie die Verehrung von Sonne und Mond mit jahreszeitlich bestimmten Riten. Die Heiligtümer lagen in Heiligen Hainen und meist in der Nähe eines Gewässers, da Kulthandlungen oft den Gebrauch von Wasser erforderten. Mit der Ausbildung einer aristokrat. Oberschicht entstanden Vorstellungen vom Jenseits; hier herrschte Odin (Wodan), der in seinem Palast Walhalla die gefallenen Krieger aufnahm und den G. gemäß der *Edda* die Runenschrift gab. Röm. Lehnworte in der Sprache der G. und die Anwendung der lat. Schrift ab dem frühen 1. Jh. n. Chr. bezeugen den kulturellen Einfluss der Römer; ab dem 5. Jh. n. Chr. Einfluss des Christentums. Häufige Kämpfe innerhalb der G. führten immer wieder zur Umstrukturierung der Stämme und im 3. und 4. Jh. n. Chr. schließlich zur Gründung größerer Stammesverbände (↗ Alemannen, ↗ Franken, Sachsen, Bayern). Die Römer drängten zuerst unter ↗ Marius die Kimbern und Teutonen zurück (114–101); 58 v. Chr. Caesar die sueb. Stämmen unter Ariovist. Die vernichtende Niederlage des röm. Heeres im ↗ Teutoburger Wald unter Quintilius ↗ Varus (9 n. Chr.) versetzte Rom einen Schock und führte zur Verstärkung des german. ↗ Limes, der bis ins 3. Jh. n. Chr. standhielt. Rege Handelsbeziehungen entwickelten sich in den Grenzstationen und zahlreiche G. dienten im röm. Heer. Die G. trugen ab dem 5. Jh. n. Chr. wesentlich zur Staatenbildung in West- und Mitteleuropa und zum Untergang des Imperium Romanum bei. **Lit.:** W. Eck, Die Statthalter der german. Provinzen (1985). – A. King, Roman Gaul and Germany (1990).

Germanicus, Gaius Iulius Caesar G., 15 v. Chr.–19 n. Chr., Sohn des Drusus und Neffe des Tiberius, gleichzeitig Enkel der Livia und des Triumvirn Antonius, spielte eine bedeutende Rolle bei den Bestrebungen des Augustus, die Herrschaft seiner Dynastie zu sichern. Dieser veranlasste 4 n. Chr. seinen Stiefsohn Tiberius, G. zu adoptieren und verheiratete ihn 5 n. Chr. mit seiner Enkelin Agrippina d.Ä. In den Jahren 7 und 8 hatte G. großen Anteil an der Niederschlagung eines Aufstands in Pannonien und überbrachte die Siegesnachricht nach Rom. 14 übernahm er den Oberbefehl über die Rheinarmee und leistete nach dem Tod des Augustus (14) sofort den Treueeid auf den neuen Princeps Tiberius; eine Meuterei seiner Truppen, die ihn selbst zum Kaiser ausrufen wollten, konnte er geschickt unterdrücken. 14–16 kämpfte er in Germanien gegen Arminius, um die Niederlage des Varus im Teutoburger Wald (9 n. Chr.) zu kompensieren, doch wurde er nach gewissen Erfolgen von Tiberius wieder abberufen. Er galt nun als potentieller Nachfolger des Kaisers und erhielt 18 den Oberbefehl über den Osten des Reiches, wo er die Verhältnisse in Armenien ordnete sowie Kappadokien und Kommagene als röm. Provinzen einrichtete. Nach einem Privatbesuch in Ägypten erkrankte er im Frühherbst 19 in Antiochia schwer und starb am 10. Oktober. G. hatte sechs Kinder und war u. a. der Vater des späteren Kaisers Caligula. **Lit.**: K. Christ, Drusus und G. (1956). – W. F. Akveld, G. (1961).

Germanien (lat. Germania), waldreiches, unwegsames, von verschiedenen Stämmen der Germanen bewohntes Gebiet und röm. Provinz zwischen Rhein, Alpen und Weichsel. Mit seinen Sümpfen, seinen riesigen Bäumen und den wilden Tieren (Bär, Bison, Elch, Wisent) setzte es die antiken Schriftsteller in furchtsames Erstaunen. Da die Römer von Größe und Ausdehnung G.s keine genaue geograph. Vorstellung hatten, rechneten sie auch Skandinavien im N dazu; auch existierte G. als Bezeichnung für die linksrhein. Gebiete, wo schon vor Caesar german. Stämme siedelten. Mit der Ausbreitung des röm. Reiches zur Donau bildete diese die Grenze zum freien G.; Tacitus kannte bereits die Goten am rechten Weichselufer als östl. Grenze. Der Plan des Augustus, die Germanen bis zur Elbe in die pax Romana einzubeziehen und eine Provinz Germania Magna mit der Hauptstadt ↗ Köln zu errichten, scheiterte mit der ↗ Varus-Schlacht (9 n. Chr.); die rechtsrhein. Gebiete mit Ausnahme der ↗ Decumates agri gingen verloren; nur das Limesvorland geriet unter röm. Einfluss. Als Folge dieses misslungenen Plans sicherten von da an im N und S zwei starke Garnisonen die Limeszone mit Mainz und Köln als Hauptstadt unter der Leitung eines senator. Legaten. Im Rahmen der flav. Reorganisation des Limes entstanden 90 n. Chr. zwei Provinzen, G. superior und inferior, die unter der Aufsicht eines *legatus Augusti pro praetore* standen, denen sowohl die zivile als auch die militär. Amtsgewalt zustand. Die hohe Kaiserzeit bescherte den Provinzen eine Blüte; der Handel sowohl mit dem Imperium Romanum und ↗ Gallien als

auch mit dem freien G. florierte, bis nach einer erneuten Reorganisation G. unter Diokletian die ↗ Alemannen die Grenze im 3/4. Jh. n. Chr. unsicher machten und die Decumates agri besetzten, was letztendlich zur Aufgabe der Rheingrenze führte. **Lit.**: W. Eck, Die Statthalter der germanischen Provinzen (1985). – A. King, Roman Gaul and Germany (1990). – R. Wolters, Röm. Eroberung und Herrschaftsorganisation in Gallien und G. (1990).

Germanisch. Aus den german. Einzelsprachen, die sich bis etwa 500 n. Chr. ausgebildet haben, lässt sich das Urgermanische (500 v. Chr. bis etwa um die Zeitenwende) erschließen. Es gehört wie das Griechische und Lateinische zu den Kentumsprachen innerhalb der indogerman. Sprachen, unterscheidet sich aber von seinen Sprachverwandten durch Neuerungen (German. Lautverschiebung, Akzentverschiebung auf die erste Silbe u. a.). Das Urgermanische ist bei röm. Autoren vielfach schriftlich belegt (z. B. bei Tacitus *glesum* »Bernstein«, nhd. *Glas*). Die german. Einzelsprachen werden meist in drei Untergruppen eingeteilt: Nordgermanisch (Isländisch, Norwegisch, Dänisch, Schwedisch), Westgermanisch (Englisch, Hoch- und Niederdeutsch, Friesisch) und Ostgermanisch (Gotisch, Krimgotisch). **Lit.**: H. Krahe/W. Meid, German. Sprachwissenschaft. 3 Bde. (1965–1969).

Geronten (gr., »Älteste«), die Mitglieder der Gerousia, des Ältestenrates in einer griech. Polis. G. gab es ursprünglich in zahlreichen Städten, wo sie in archaischer Zeit als Ratgeber des Königs fungierten. Neben ihrem Alter waren sie bes. durch ihre hohe gesellschaftl. Stellung oder frühere militär. Leistungen für diese Funktion qualifiziert. Die Einrichtung der G. hat sich nur vereinzelt bis in klass. Zeit gehalten. Das wichtigste histor. Beispiel ist Sparta. Hier gab es 28 G., die auf Lebenszeit bestellt wurden und mindestens 60 Jahre alt sein mussten. Gemeinsam mit den beiden Königen bildeten sie die Gerousia, die Beschlüsse der Volksversammlung vorbereitete und über jurist. Kompetenzen verfügte. Ferner kam den G. eine entscheidende Bedeutung bei Kriegsbeschlüssen und Staatsverträgen zu. Mit dem Niedergang Spartas im 4. Jh. nahm ihre Bedeutung ab, und 265 werden sie im Zusammenhang mit einem Vertrag zwischen Sparta und Athen zum letzten Mal erwähnt. **Lit.**: J. H. Oliver, The Sacred Gerousia (1941).

Geryoneus (gr. Geryoneus, auch Geryones), Sohn des Chrysaor und der ↗ Kallirhoë, dessen Körper aus drei am Bauch zusammengewachsenen Leibern besteht. Er besitzt rote Rinder, die ↗ Herakles, der ihn tötet, als zehnte Aufgabe für ↗ Eurystheus einfangen muss.

Gesang (gr. ọdẹ, lat. cantus). *I. Griechenland:* Bereits der Eröffnungsvers von Homers *Ilias* »Muse, *singe* vom Zorn des Achilleus« unterstreicht die Bedeutung, die dem G. in der griech. Kultur zukommt. Der ep. Sänger, der Aöde, ist von den Musen inspiriert, die durch ihn zu den Menschen singen. *Ilias* (2, 595–600) und *Odyssee* (mit der Person des Sängers Phemios und Demodokos) geben einen Eindruck davon, wie man sich den Epenvortrag vorzustellen hat: Nach dem gemeinsamen Mahl trägt ein Aöde, begleitet auf der viersaitigen ↗ Phorminx, zusammenhängende Stücke der ep. Tradition vor. Die Vortragsart dürfte wohl eher dem Rezitativ entsprochen haben. Mahl und ↗ Symposion bleiben in Griechenland ein wichtiger Ort des G.s und – damit eng verbunden – der Vermittlung und bes. Tradierung von Literatur. So wurde die ↗ Lyrik z. B. eines ↗ Alkaios zunächst bei einem Symposion vorgetragen; bes. beliebte Gedichte wurden als ↗ Skolien immer wieder bei Symposien gesungen. Ein weiterer wichtiger Ort des G.s ist der Kult. Hymnen wurden in der Regel von einem Chor gesungen (↗ Dithyrambos, ↗ Paian, ↗ Partheneion). Eine bes. Stellung erlangte der G. im athen. Drama des 5. Jh. v. Chr. Wie in einer modernen Oper muss man gesprochene, rezitierte und gesungene Partien unterscheiden. G.-Partien wurden entweder nur vom Chor (Chorlieder) als Einzugslied (↗ Parodos) oder Standlied (↗ Stasimon) oder nur von den ↗ Schauspielern als Soloarien (↗ Monodie) oder als Duette vorgetragen. Häufig, vor allem bei ↗ Aischylos, nahmen Chor und Schauspieler einen Wechsel-G. (↗ Amoibaion) auf. Nachdem in der Mitte des 5. Jh. v. Chr. die Schauspieler einen eigenen ↗ Agon an den Großen ↗ Dionysien zugesprochen bekommen hatten, nahm die Bedeutung des G.s kontinuierlich zu. Bes. ↗ Euripides schrieb seinen Schauspielern Glanzpartien auf den Leib, in denen Koloraturen und Falsettpassagen bes. Akzente setzten. Die zeitgenöss. Komödie (↗ Aristophanes, ↗ Pherekrates) und ↗ Platon sahen diese Bestrebungen als Ruin der traditionellen Erziehung an. Über volkstüml. Gesänge sind wir teilweise durch antike Berichte und literar. Imitationen wie z. B. des Hirtenwettgesangs (↗ Bukoliasmos) bei ↗ Theokrit informiert; erhalten ist eine Sammlung von Volksliedern in einfachen Rhythmen, die sog. *Carmina popularia.* – *II. Rom:* Wie in Griechenland hatte auch in Rom der G. seinen »Sitz im Leben« im Kult und im Theater. Die Komödien des ↗ Plautus weisen wie das griech. Drama des 5. Jh. v. Chr. einen opernhaften Charakter durch die Schauspieler-Arien (*Cantica*) auf. In der Kaiserzeit etablierte sich der G. in den subliterar. Gattungen. Im ↗ Pantomimus trug ein Chor zu Musikbegleitung den Text vor, zu dem der Pantomime agierte. Im 1. Jh. n. Chr. erlebte die ↗ Kitharodie eine Hochblüte, bes. weil Kaiser Nero in ihr dilettierte. Beliebt war auch der Vortrag von Glanzpartien aus klass. Dramen, vergleichbar unseren heutigen »Highlights of the Opera«. Das Bindeglied zwischen dem antiken und mittelalterl. G. ist der seit im 4. Jh. n. Chr. entwickelnde Kircheng. (↗ Ambrosius).

Geschäft (gr. kapeleion, lat. taberna). Schon die minoischen Paläste hatten Ladenstraßen mit kleinen Geschäften und Werkstätten, die unter Arkaden angeordnet waren. Sobald ein Austausch von Waren und Dienstleistungen benötigt wurde, etwa durch zunehmende Spezialisierung der Wirtschaft oder erhöhten Wohlstand der Bevölkerung, war die Befriedigung aller Bedürfnisse im Rahmen der Selbstversorgung

nicht mehr möglich, so dass offene Verkaufsstellen und Werkstätten errichtet werden mussten. Das geschah sinnvollerweise in den griech. Handelsniederlassungen (↗ Emporia), im Umfeld der Häfen und Kontore für den Großhandel (Athen, Ostia) und in der Mitte von Städten auf Märkten, wo Käufer und Verkäufer zusammentrafen (↗ Forum, ↗ Agora). In der minoischen Kultur fungierten die Paläste als Zentren eines Redistributivsystems, das die Waren zunächst sammelte und anschließend nach Bedarf wieder verteilte. Ein G. oder Laden erforderte zunächst nicht zwingend das Vorhandensein von Geld, auch Tauschgeschäfte waren möglich, doch gingen der verstärkte Gebrauch von Geld und die Entwicklung des Einzelhandels Hand in Hand. – Für die ausgehende röm. Republik und die Kaiserzeit geben die gewaltigen Reste der großen Märkte Roms (Trajansmärkte, Nervaforum, ↗ Forum Romanum) ein deutliches Bild. Die Waren wurden durch Auslegen vor dem G. angeboten, einem oft winzigen Raum mit einer kleinen Theke. Türpfosten wurden als Werbeflächen und Auslage verwendet, denn man kannte keine Schaufenster. Qualität und Angebot der G.e war vielfältig und unterschiedlich, von einfacher Kost bis zu luxuriösen Textilien. Wie heute war eine Mittagspause üblich, die Läden waren bis zum Einbruch der Nacht geöffnet, auch an Feiertagen, was bei der beachtl. Anzahl röm. Festtage verständlich ist. Verschiedene Lagerhäuser (*horrea*) für Getreide, Gewürze und andere Dinge dienten der Aufbewahrung von Waren. Die Märkte dienten als Einkaufszentren, Spezialmärkte vertrieben nur bestimmte Waren wie Fleisch, Gemüse, Fische oder Wein (*forum boarium, holitorium, piscatorium, vinarium*). Insgesamt überwog das Fachgeschäft gegenüber den Kaufhäusern, nur die Lebensmittelmärkte (*macella*) waren abwechslungsreicher. **Lit.:** R. MacMullen, Markttage im röm. Imperium. In: H. Schneider (Hg.) Sozial- und Wirtschaftsgeschichte der röm. Kaiserzeit (1981).

Geschenk. Der Brauch, an Verwandte und Freunde G.e zu verteilen, war in der Antike weit verbreitet; besondere Anlässe waren Geburten, Hochzeiten oder Gastbesuche. Die verschenkte Ware war sehr vielfältig und reichte von lebenden Tieren über Textilien, Haushaltswaren, Spielzeug und Schmuck bis zu Sklaven und wertvollem Sachbesitz. Eine besondere Einrichtung waren Weihegeschenke bzw. Votivgaben an Tempel und G.e staatlicherseits an verdiente Persönlichkeiten oder bei Gesandtschaften. **Lit.:** S. von Reeden, Exchange in Ancient Greece (1995).

Geschichtsschreibung. *I. Griechenland vor Alexander d.Gr.:* Als Vorstufen der historiograph. Prosa entwickelten sich in Jonien ab 500 v. Chr. neben ↗ Geographie und Genealogie bzw. Mythologie auch ↗ Ethnographie und Lokalgeschichte. ↗ Hekataios von Milet (um 500) ist der erste einer langen Reihe sog. ↗ Logographen, deren Wirken sich bis in die letzten Jahrzehnte des 5. Jh. v. Chr. (↗ Hellanikos) verfolgen lässt. Die Distanzierung von mytholog. Themen und Motiven lässt sich erstmals in Herodots erhaltener

Darstellung der Perserkriege beobachten. Herodots Interesse umfasst zwar alle Aspekte der menschl. Zivilisation, diese werden aber seinem Hauptthema, dem Krieg, untergeordnet. Der Krieg wird in ep. Breite dargestellt, zugleich wird im Geist jon. Naturkunde nach Ursprung und Ursache gefragt. Die Polarisierung zwischen der griech. und barbar. Welt bei Herodot versteht sich als Ausdruck der sich ausbildenden griech. Identität in der Zeit nach den Perserkriegen. Thukydides' Monographie über den Peloponnes. Krieg ist ein Produkt der griech. Aufklärung des ausgehenden 5. Jh. Subjekt der Geschichte ist der in seiner Psychologie und Handlungsweise beobachtete Mensch, der als Polis-Bürger an polit. Entscheidungen und militär. Aktionen aktiv beteiligt ist. Thukydides' Bemühen um Wahrheitsfindung und klare Darstellung der Wahrheit verbindet sich mit der Absicht, ein Werk von andauernder Nützlichkeit zu schaffen. Insbes. die zahlreichen Reden dienen der Analyse histor. Dynamik, oft unter Verwertung sophist. Gedankenguts und Argumentationstechniken. Die Krise der demokrat. Polis schlägt sich in der G. des 4. Jh. nieder. Für den in pers. und spartan. Umgebung lebenden Xenophon steht nicht mehr die einzelne Polis im Mittelpunkt der Entwicklungen, sondern der gesamte hellen., teilweise auch der kleinasiat. Raum. Xenophons Hauptwerk (*Hellenika/Griech. Geschichte,* 411-362) ist eine von mehreren Fortsetzungen des Thukydides, wie u. a. die *↗ Hellenika von Oxyrhynchus.* Es präsentiert den histor. Übergang von einer Welt unabhängiger Städte zur Hegemonie des Stärkeren und zum monarch. Flächenstaat. Das Ideal des pflichtbewussten, angemessen erzogenen Staatsmannes, der in Xenophons Werk immer wieder heraustritt, ist Ausdruck seiner moral.-religiösen Überzeugungen und zugleich eine Antwort auf die immer bedeutendere histor. Rolle der Einzelpersönlichkeit. Antiquar. Interessen zeigen sich seit dem Ende des 5. Jh. bei den sog. Atthidographen (*↗* Atthis) und in der Literatur über Verfassungsgeschichte einzelner Städte (Kritias, Xenophon); eine pers. Geschichte wird von Ktesias von Knidos, eine Geschichte des griech. Westens u. a. von Antiochos von Syrakus geschrieben. – *II. Hellenist. G.:* Die Unmittelbarkeit des Politischen tritt in der nur fragmentarisch dokumentierten G. der 2. Hälfte des 4. Jh. zurück, um so stärker wird der Einfluss der Rhetorik. Theopomps *Philippika (Geschichte Philipps)* stellt einen Abriss der gesamten Menschengeschichte dar, in der Mythisches, Paradoxes und Anekdotenhaftes einen festen Platz hatte, zugleich tritt aus dem Werk die Gestalt des makedon. Königs deutlich hervor. In Theopomps Werk wird einerseits das spätere Interesse an der *↗* Biographie angekündigt, andererseits ein erster Versuch der neuen Form der Universalgeschichte unternommen. Dieser gehört auch das breit angelegte, von späteren Historikern vielbenutzte, verlorene Werk des Ephoros an. Die Paradoxographie (Darstellung von Merkwürdigem und Erstaunlichem) und das Exotisch-Phantastische bekommen in Folge der Eroberungen Alexanders einen Aufschwung (dies ist auch beim

Historiker des griech. Westens, Timaios von Tauromenium, trotz seines krit. Geistes, bes. gegenüber anderen Historikern, festzustellen). Von den zahlreichen Alexandergeschichten (Ende 4. Jh.) und von der reichen Produktion des 3. Jh. ist wenig erhalten; unter den Historikern des 3. Jh. sind Duris und Phylarchos die Hauptvertreter der in peripatet. Kreisen gepflegten ›trag.‹ G. Ihr prominentester Gegner im 2. Jh. ist Polybios, der als erster griech. Historiker lange in Rom lebte und in seinem teilweise erhaltenen Werk den Aufstieg Roms (220–144 v. Chr.) zu erklären versuchte. Durch seine Bemühung um Objektivität und seine polit. und geschichtstheoret. Interessen greift er auf die thukydideische Tradition zurück, nunmehr aus einer weltgeschichtl. Perspektive. Das Werk seines Fortsetzers Poseidonios von Rhodos ist nicht erhalten. Gegen Mitte des 1 Jh. v. Chr. versuchte der ebenfalls im republikan. Rom lebende Diodor die Geschichte der Griechen und Römer nach dem seitdem beliebten Prinzip der Synchronisierung in einer umfassenden Weltgeschichte darzustellen. Das größtenteils erhaltene Werk umfasst auch Darstellungen der Völker des Mittelmeers (*↗* Ethnographie), sein histor. Wert hängt allerdings von den jeweils benutzten Quellen ab. – *III. G. der röm. Republik:* Während griech. Historiker derselben Zeit einem griech. Publikum den Aufstieg Roms zu erklären versuchten (griechisch schrieb noch um 200 v. Chr. der erste röm. Historiker *↗* Fabius Pictor), bestimmt der röm. Innenpolitik den geistigen Hintergrund der röm. Historiker, die fast nur Aristokraten waren, im 2. und 1. Jh. v. Chr. Catos *Origines (Ursprünge,* um die Mitte des 2. Jh. v. Chr.), eines der ersten Werke lat. Kunstprosa, stehen im Dienst seiner patriot., traditionalist. Anschauungen (das Werk enthält auch mehrere Reden Catos) und offenbaren ein für die röm. G. typ. didakt. Anliegen. Die umfangreiche histor. Literatur (größtenteils annalistisch, *↗* Annales) aus der Zeit der Gracchen und der Bürgerkriege ist – trotz des hohen Ansehens von Autoren wie Coelius Antipater, des Verf.s der ersten histor. Monographie (über den 2. Pun. Krieg) in lat. Sprache – nicht erhalten. In der Mitte des 1. Jh. stellt Caesar in *De bello Gallico* und *De bello civili* die eigenen militär. Leistungen dar: beide Werke gehören trotz ihrer langen histor.-geograph. Exkurse zur Gattung der *↗ Commentarii* (nach dem Vorbild von Xenophons *Anabasis),* um der Darstellung den Eindruck von Objektivität zu verleihen und dadurch dem Ansehen und den polit. Absichten ihres Autors zu dienen. Sallust schrieb seine zeitgeschichtl. Monographie über die Verschwörung des Catilina (um 42) aus der Perspektive des Augenzeugen wie sein literar. Vorbild Thukydides. Seine Schrift über den *Krieg gegen Jugurtha (Bellum Iugurthinum,* um 40) bringt die Überzeugung des Historikers zum Ausdruck, dass nach der Vernichtung Karthagos der innere Verfall in Rom unvermeidbar war. Von seinem Hauptwerk, den *Historien,* sind nur Teile (Reden, Briefe) erhalten. Sallust zeichnet sich trotz seines Moralismus und seiner oft tendenziösen Perspektive als begabter Stilist und scharfsinniger Beobachter der röm. Politik aus. Spätere Historiker rühmen den krit. Geist der G. der Republik: trotz häufiger Parteilichkeit der Autoren ermögliche sie einen besseren Einblick in die Ereignisse als die in Abhängigkeit vom Kaiserhof entstandenen Werke der Kaiserzeit. – *IV. Griech.-röm. G. der röm. Kaiserzeit:* Livius' Hauptwerk *Ab urbe condita (Von der Gründung der Stadt,* 142 Bücher; teilweise erhalten) enthält eine auf mehrere Quellen gestützte röm. Geschichte von den Anfängen bis 9 v. Chr. Dialoge, Reden, Prosopographien, exemplar. Geschichten und Einzelepisoden werden eingesetzt, um röm. Identität aus der Warte der augusteischen Zeit historisch zu definieren. Das einzige erhaltene Werk der jul.-claud. Zeit ist die Rom idealisierende *Röm. Geschichte* des Velleius Paterculus; sein positives Bild des Tiberius beruht auf dessen militär. Erfolgen und seiner Effektivität in der Verwaltung und steht in eklatantem Gegensatz zum Tiberius-Bild des Tacitus. Tacitus' Hauptwerke *Historien* und *Annalen* (Anfang 2. Jh. n. Chr.) sind eine literarisch anspruchsvolle Darstellung der nachaugusteischen Geschichte Roms, betrachtet aus einer senator. Perspektive (versehen u. a. mit Reden, Briefen und dramat. Szenen). Klassizist. Attizismus prägt die griech. G. der frühen Kaiserzeit. In der *Röm. Altertümern* des Dionysios von Halikarnassos wird röm. *virtus* (»Tüchtigkeit«) mit griech. literar. Kunst gepriesen. Sein Werk beruht teilweise auf Kompilation mehrerer Quellen, dies gilt auch für Strabons verlorenes histor. Werk. In der Zeit, in der Geschichte mit großen Persönlichkeiten verbunden wird, vereinigen Plutarchs Parallelbiographien griech. und röm. Staatsmänner (um 100 n. Chr.) biograph. Interesse mit der Ansicht, dass die Handlungen großer Männer exemplarisch seien. Die röm. Biographie erreicht kurz darauf ihren Höhepunkt in den *Viten der zwölf Caesaren* Suetons (Caesar bis Domitian). Der etwas jüngere Florus schrieb in gepflegtem Latein eine enkomiast. *Epitome der röm. Geschichte;* seine Hauptquelle war Livius; ähnl., weniger anspruchsvolle Kompilationen und Exempla-Sammlungen entstehen kontinuierlich für den Schulunterricht. Die Hellenisierung der oberen Gesellschaftsklassen unter Hadrian gab der griech. G. in der mittleren Kaiserzeit neuen Schwung. In der Mitte des 2. Jh. verfasste Appian eine röm. Geschichte seit Äneas, in der die sukzessiven Erzählung der Geschichte der von Rom eroberten Völker gegenüber einer chronolog. Anordnung der Vorzug gegeben wird. Arrian aus Bithynien schrieb neben einer (verlorenen) Geschichte seines Heimatlandes eine Alexandergeschichte *(Anabasis,* nach dem Vorbild Xenophons), in der er sich oft kritisch mit den Übertreibungen seiner Quellen auseinandersetzt; dies ist seinem Zeitgenossen Curtius Rufus, der dasselbe Thema auf Latein behandelte nicht gelungen. In der ersten Hälfte des 3. Jh. schrieb auf griechisch Dio Cassius die erste vollständige röm. Geschichte (80 Bücher; 24 erhalten); vielleicht etwas später wird in Herodians Geschichtswerk die Zeit 180–238 n. Chr. in vorbyzantin., rhetor. Stil dargestellt. Die lat. G. wird im 3. Jh. durch die *Historia Augusta* repräsentiert, eine Sammlung von 30 Kaiserbiographien von 117–285. Von den lat. Historikern des 4. Jh. (Aurelius Victor, Eutropius, Festus) heben sich die *Res gestae* des Ammianus Marcellinus in 31 Büchern ab, in denen er Tacitus' *Historien* bis 378 fortsetzt. **Lit.:** V. Pöschl (Hg.): Röm. G. (1969). – C. W. Fornara, The Nature of History in Ancient Greece and Rome (1983). – A. Dihle, Die griech. und lat. Literatur der Kaiserzeit (1989). – K. Meister, Griech. G. (1990). – O. Lendle, Einführung in die griech. G. (1992). – M. Hose, Erneuerung der Vergangenheit (1994).

Geschirr. Gebrauchsg. wurde in der Antike meist aus Ton oder Bronze hergestellt und diente für nahezu alle Zwecke des privaten Haushalts. bes. verbreitet waren Kochtöpfe, Bratpfannen, Trinkschalen, Teller und Mischkrüge, die z. T. kunstvoll verziert, meist aber recht schlicht gehalten waren. Daneben spielten aber auch Schöpfkellen, Einfülltrichter, Ständer und Salbgefäße eine Rolle. In der röm. Kaiserzeit entwickelten sich regelrechte G.-Manufakturen, die Gebrauchsg. (↗ Terra Sigillata) fabrikmäßig herstellten und für eine massenhafte Verbreitung sorgten. Als Vorratsgefäße dienten in der Regel ↗ Amphoren oder Pithoi (↗ Pithos), vasenartige Tongefäße, die z. T. fest im Erdreich verankert waren, aber auch bei längeren Land- und Seetransporten zum Einsatz kamen.

Geschlechtskrankheiten waren der Antike weitgehend unbekannt. Vereinzelt wird von schmerzhaften Entzündungen mit Ausfluss berichtet, die aber nicht ansteckend waren. Die gefürchtete Syphilis ist in Europa erst seit der frühen Neuzeit bekannt.

Geschütze. In der antiken Kriegstechnik (↗ Kriegskunst) kamen, bes. bei Städtebelagerungen, vielfach G. zum Einsatz. Die größte Bedeutung hatte das um 400 v. Chr. auf Sizilien entwickelte Torsionsgeschütz, eine Art Katapult, dessen Durchschlagskraft durch die Verdrehung (Torsion) festgespannter Sehnenbündel erreicht wurde. Dabei wurde der hölzerne Wurfarm, der im Sehnenbündel verankert war, mittels einer Spannvorrichtung soweit als möglich nach unten gezogen, so dass durch die Verdrehung ein enormer Zug entstand. Am oberen Ende des Wurfarms befand sich eine gewöhnl. Steinschleuder. Wurde der Wurfarm aus der Spannung gelöst, schnellte er nach vorne und schlug auf einen Prellbock, wodurch sich das Geschoss in der Schleuder löste und mit größter Wucht und Präzision nach vorne flog. Torsionsgeschütze

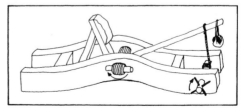

Römisches Torsionsgeschütz, der sogenannte »Onager«

konnten eine 2 kg schwere Kugel bis zu 350 m weit schleudern und wurden bes. eingesetzt, um Stadtmauern zu zertrümmern, aber auch, um Brandsätze zu schleudern. Leichter bewegl. G. waren das Bauchgewehr, das auf dem Bogenprinzip beruhte, und Flammenwerfer, die im unterird. Stollenkrieg zum Einsatz kamen. ↗ Kriegskunst, Poliorketik

Gesellschaftsspiele ↗ Brettspiel, Würfelspiel

Gessius Florus, von Nero 64 n. Chr. zum Procurator von Judäa ernannt, verursachte durch Übergriffe gegen die Juden (u. a. teilw. Plünderung des Tempelschatzes) den großen Jüd. Aufstand (66–70). Nach Ausbruch der Kämpfe musste er sich nach Caesarea zurückziehen, wo sich seine Spur verliert.

Geta, Publius Septimius G. Augustus, röm. Kaiser 4. Februar 211–ca. 19. Februar 212 n. Chr.; geb. am 7. März 189 in Mediolanum (heute Mailand) als Sohn des Septimius Severus und der Julia Domna; ca. Herbst 197 Erhebung zum Caesar; Frühjahr 208 Aufbruch nach Britannien mit seinem Vater und seinem Bruder Caracalla; ca. Sept./Okt. 209 Erhebung zum Augustus. Nach dem Tod des Septimius Severus am 4. Februar 211 in Eburacum (heute York) übernahm G. zusammen mit Caracalla die Herrschaft, wurde aber bereits im Februar 212 von seinem Bruder ermordet. **Lit.:** H. B. Wiggers, Das röm. Herrscherbild. Caracalla, G., Plautilla (1971).

Geten (lat. Getae), thrak. Reitervolk am Unterlauf der Donau; von Dareios auf seinem Skythenfeldzug 513 v. Chr. besiegt. Ihre Jenseitsvorstellungen beschäftigten die Griechen und den ans Schwarze Meer verbannten Dichter Ovid; sie gehörten zum skyth., makedon. und dak. Reich; ab 46 n. Chr. gerieten die südl., ab 107 die nördl. G. unter röm. Herrschaft. In der Spätantike kannte man den Unterschied zwischen G. und Dakern nicht mehr. **Lit.:** D. M. Pippidi, Scythica minora (1975).

Getreide (gr. sitos, lat. frumentum). Der Antike waren verschiedene G.-Sorten bekannt, die nach Vielfalt und Ertrag nicht an moderne Verhältnisse heranreichen. Während im frühen Griechenland und Italien bes. Gerste und Spelzweizen (↗ Weizen) verbreitet waren (kaum jedoch Hafer und Roggen), setzte sich in klass. Zeit immer mehr der ertragreichere Nacktweizen durch, der im Laufe der Zeit die konkurrierenden Sorten weitgehend verdrängte. Gerste und Hirse wurden meist nur noch als Tierfutter und als G. für Notzeiten angebaut. Die Saat erfolgte in der Regel im Herbst, die ↗ Ernte im Frühsommer. Das geschnittene und gedroschene Korn wurde nachgetrocknet, in Scheunen gelagert und bei Bedarf zu Mehl verarbeitet (↗ Dreschen). Einen Überblick über den G.-Anbau in der Antike bietet Plinius d. Ä.

Gewichte. Einheitl. Normen für G. gab es in der Antike nicht, doch setzte sich in Griechenland in klass. und bes. in hellenist. Zeit verstärkt das in Athen gebräuchl. System durch, das allmählich die konkurrierenden Systeme anderer Staaten überlagerte und teilweise verdrängte. Größte Einheit war das Talent (26,196 kg), das in 60 Minen (436,6 g) zu je 100

↗ Drachmen (4,366 g) unterteilt war. Eine Drachme wiederum bestand aus 6 ↗ Obolen (0,73 g). In Italien setzte sich mit der röm. Expansion seit dem 2. Jh. v. Chr. das dort verwendete System durch. Ein Pfund (libra zu 327,45 g) bestand aus 12 Unzen (unciae zu 27,288 g) zu je 6 sextulae (4,548 g). Als kleinste Einheit galt die siliqua (0,189 g), die den 144. Teil einer Unze bildete. Daneben waren noch zahlreiche Zwischenstufen in Gebrauch. Als Materialien für die Grundgewichte dienten meist Blei, Bronze oder Stein, die in feste geometr. Formen gefasst waren. Die Korrektheit der im Geschäftsleben verwendeten Stücke wurde durch spezielle Beamte (↗ Metronomen, ↗ Ädile) überwacht. Die Gewichtssysteme spielten eine bedeutende Rolle bei der Münzprägung, das sich eng an die jeweiligen Normen anlehnte. **Lit.:** O. Viedebantt, Antike Gewichtsnormen und Münzfüße (1923).

Gewürze. Die Verwendung von G.n bei der Zubereitung von Speisen hatte in der antiken Küche eine ähnlich große Bedeutung wie heute. Weit verbreitet waren bes. Knoblauch, Kümmel, Sellerie, Dill, Fenchel, Petersilie und Thymian, ferner die aus dem Orient eingeführten Substanzen Pfeffer, Ingwer und Zimt. Daneben hatte auch das in der Kyrenaika angebaute und mittlerweile ausgestorbene Silphion, bes. in der gehobenen Küche, eine gewisse Bedeutung. G. und Kräuter für den Hausgebrauch wurden meist im heim. Garten (↗ Gartenbau) angebaut, aber auch importiert und auf Märkten erworben. G. wurden bei der antiken Speisezubereitung sehr intensiv eingesetzt, so dass die Gerichte für den heutigen Geschmack häufig überwürzt wirken. **Lit.:** A. Dalby, Essen und Trinken im alten Griechenland (1998).

Gift. Die Wirkung und Zubereitung von G.en war der Antike schon frühzeitig bekannt und wurde bes. aus dem Vorderen Orient nach Griechenland und Rom vermittelt. Sie wurden insbes. aus Pflanzen, bes. Kräutern und Pilzen, vereinzelt auch aus tier. (Kröten, Salamander) und mineral. Substanzen (Arsen, Bleiweiß) gewonnen und kamen vielfältig zum Einsatz, so in der Medizin (der Übergang zu Medikamenten ist fließend) oder als Methode zur Hinrichtung (Schierlingsbecher in Athen). Häufig waren auch wirkl. oder angebl. Versuche, missliebige Personen durch schwer nachweisbares G. zu beseitigen. Aus Angst vor derartigen Anschlägen unterhielten oriental. und hellenist. Herrscher sowie röm. Kaiser Vorkoster, die deren Risiko minimieren sollten. Die Könige Attalos III. von Pergamon und Mithradates VI. von Pontos galten als ausgesprochene Experten, was die Züchtung von G.-Pflanzen betraf. Die Herstellung und Wirkung von G.en, sowie die Zubereitung eventueller Gegengifte wird vielfach auch in der antiken Literatur beschrieben (Dioskurides, Nikander).

Giganten, 24 schreckl. Geschöpfe mit Schlangenschwänzen anstelle von Füßen, Halbbrüder der ↗ Titanen, entstanden aus dem Blut des Uranos, das bei seiner Entmannung auf den Erdboden tropft. ↗ Gaia stiftet die G. an ihrem Wohnsitz, Phlegra, zum Krieg gegen Zeus und die olymp. Götter an (Gigantomachie). Nach Hera gewinnen die Götter, wenn ein Sterblicher in Löwenhaut auf der Seite der Olympier kämpft; diese Aufgabe wird von Herakles übernommen: Im Fell des Nemeischen Löwen tötet er die G. mit seinen mit dem Gift der Hydra getränkten Pfeilen.

Gigantensäule ↗ Jupitersäule

Gigantomachie, der Kampf der ↗ Giganten gegen Zeus und die ↗ Olympier, der nur durch einen Sterblichen (↗ Herakles) entschieden werden kann.

Gildas, ca. 504–569 n. Chr., romanisierter Kelte aus Britannien, verfasste ein stark kirchenpolitisch orientiertes Geschichtswerk, das eine gute Quelle für das nachröm. Britannien darstellt und die Wirren vor der endgültigen angelsächs. Landnahme beleuchtet.

Gildo, um 330–398 n. Chr., ein Maure, wurde 385 zum Comes Africae ernannt und begünstigte den nordafrikan. Donatismus, eine häret. Richtung des Christentums. Nach der endgültigen Teilung des röm. Reiches (395) unterstellte er sich 397, um seine herausgehobene Machtposition zu bewahren, dem Ostkaiser Arcadius, unterlag aber 398 den Truppen Stilichos, die dieser zur Niederwerfung der Revolte entsandt hatte. Bei Thabraka geriet er in Gefangenschaft und wurde hingerichtet.

Gips (gr. gypsos, lat. gypsum) war in der Antike ein überaus wichtiges Baumaterial und ist in Griechenland seit der archaischen Zeit nachweisbar. G. wurde bes. zum Verputzen von Wänden und Decken sowie zum Anbringen von Dekorationen (Stuck) verwendet, in Rom darüber hinaus zum Abnehmen von Totenmasken bzw. zum Anfertigen von Ahnenbildern. Auch in der Kunst, bes. bei Kleinplastiken, spielte G. eine gewisse Rolle, in Ägypten kam er auch bei der Anfertigung von bemalten Mumienporträts zum Einsatz. In Verbindung mit Pech war G. ein wirksames Rostschutzmittel, das auf die Metalloberfläche aufgetragen wurde. Das Rohmaterial (schwefelhaltiger ↗ Kalk) wurde an zahlreichen Orten gewonnen, bes. aber im kleinasiat. Raum.

Giraffe. Während die G. in Ägypten durch die Vermittlung über ↗ Nubien schon seit altersher bekannt und ein beliebtes Jagdwild war, wurde die griech.-röm. Welt erst sehr spät mit diesem Tier konfrontiert. Die G. galt als Inbegriff des Exotischen und wurde bei ihrem ersten Auftreten in Rom, als 46 v. Chr. Caesar ein Exemplar in einem Triumphzug mitführte, vielfach bestaunt. In der Kaiserzeit war die G. bes. als exot. Circustier beliebt. Bildl. Darstellungen sind selten, überraschen aber häufig durch ihre Genauigkeit.

Gladiatoren (lat., »Schwertkämpfer«), in Rom berufsmäßige Fechter, die vor Publikum, meist in ↗ Amphitheatern, Schaukämpfe, aber auch Auseinandersetzungen auf Leben und Tod ausführten. Die Tradition der G.-Kämpfe geht auf etrusk. Ursprünge zurück und

Gladiatoren
mit Aufseher
Fußbodenmosaik
aus Nennig

stand ursprünglich in Verbindung mit Leichenspielen für vornehme Verstorbene. Die ersten verbürgten G.-Spiele in Rom fanden 264 v. Chr. statt, doch verloren sie im Laufe der Republik allmählich ihre sakrale Bedeutung und dienten zunehmend der Volksbelustigung. G. waren meist Sklaven und wurden in eigenen Schulen für ihr Handwerk ausgebildet. Berühmt war die G.-Schule in Capua, von der 74 v. Chr. der Sklavenaufstand des Spartacus seinen Ausgang nahm. Traditionelle Waffen waren Schwert und Schild, daneben Netz und Dreizack. Die Kämpfe in der Arena waren meist Gruppen- oder Zweikämpfe, mitunter aber auch Auseinandersetzungen zwischen Mensch und Tier (Löwen, Bären u. a.). Die Sieger erhielten in der Regel einen Palmzweig, manchmal auch Geld, die Verlierer konnten das Publikum oder den Ausrichter der Spiele um Gnade bitten. Vor allem in der späten Republik und Kaiserzeit erlebten G.-Kämpfe einen enormen Aufschwung; es entstanden gewaltige Arenen, in denen auch ganze Schlachten nachgestellt wurden. Die Ausrichtung einschlägiger Veranstaltungen, die nun dem Kaiser oblag, war ein wichtiges Mittel, die stadtröm. Bevölkerung zufriedenzustellen und von polit. Fragen abzulenken (*panem et circenses*). **Lit.:** Th. Wiedemann, Emperors and Gladiators (1992).

Glanum (heute Saint-Rémy de Provence), Ende des 3. Jh. v. Chr. gegründete griech. Siedlung auf dem Gebiet der gall. Salluvii, die schon im 6./5. Jh. v. Chr. mit der griech. Kolonie Massilia in Verbindung getreten waren. Als früheste Siedlungsspur kann ein kelt.-ligur. Heiligtum, das dem Gott Glan und den Matres geweiht war, angesehen werden. Durch röm. Eroberung (40 v. Chr.) zerstört, erfolgte der Wiederaufbau von G. als röm. Stadt der Provinz Gallia Narbonensis unter Augustus, später Anlage eines christl. Friedhofes nahe den Thermen, 270 n. Chr. Plünderung durch marodierende Barbarenstämme. Danach verfiel die Stadt, eine neue Siedlung entstand weiter südl. (heute St. Rémy-de-Provence). Unter den archäolog. Überresten dominieren die aus röm. Zeit, darunter ein Triumphbogen und ein Mausoleum (Les Antiques), das als Denkmal für C. Iulius Caesar und seinen Bruder Lucius erbaut wurde. **Lit.:** H. Rolland, Le Mausolée de Glanum (1969). – A. L. F. Rivet, Gallia Narbonensis (1988) 198 ff. – P. Seidler, Provence (1992). – ASM (1999).

Glas (gr. kyanos, lat. vitrum) ist im Vorderen Orient seit dem 3. Jt. v. Chr. bekannt und gelangte in minoischer und myken. Zeit nach Europa. Hier spielte es lange Zeit aber nur eine untergeordnete Rolle und wurde hauptsächlich als Schmuckmaterial verwendet. Zu einer größeren Produktion von meist farbigen Gefäßen und Schalen kam es zwar verstärkt in hellenist. Zeit, zur Massenware wurde G. aber erst mit der Erfindung des G.-Blasens im 1. Jh. v. Chr. Zentrum der Herstellung in der röm. Kaiserzeit war Italien, daneben auch Gallien und das Rheingebiet. Weit verbreitet waren neben Krügen, Bechern, Schüsseln und Schalen auch Parfümfläschchen und Schmuck. G. wurde aus Rohmaterialien wie Quarzsand, Pottasche, Blei und Metalloxyden (zur Färbung) in Schmelzöfen herge-

stellt und in der Kaiserzeit auch serienmäßig gefertigt. Seine Qualität in der Antike war unterschiedlich, doch wirkt antikes G. meist milchig-trüb.

Glauke, Tochter des myth. Königs Kreon von Korinth, die Jason, den Gatten der Medea, heiraten soll. Als Hochzeitsgeschenk erhält sie von Medea ein vergiftetes Gewand, in dem sie verbrennt. Ihr Vater stirbt bei dem Versuch, ihr das Leben zu retten.

Glaukos (1), in der griech. Mythologie Fischer in Anthedon, der von einem Zauberkraut kostet und sich in eine weissagende Meeresgottheit verwandelt.

Glaukos (2), myth. Sohn des ↗ Minos. Als Kind fällt G. aus Angst vor einer Maus in ein Honigfass und erstickt. Durch seine Seherkunst bringt ↗ Polyidos ihn ins Leben zurück.

Glaukos (3), myth. König von Korinth, Sohn des Sisyphos und der Merope. In der Hoffnung, dass seine Stuten beim Wagenrennen umso feuriger wären, lässt er keine Hengste zu ihnen; damit macht er sie jedoch so wild, dass er von ihnen im Wettkampf zu Tode gerissen wird.

Glaukos (4) von Rhegion (?), griech. Philosoph, um 400 v. Chr., verfasste ein antiquar.-biograph. Werk über die alten Dichter und Musiker, das später ausgiebig benutzt wurde (einige Zitate in Pseudo-Plutarch, *De musica* erhalten) und dem viele literaturgeschichtl. Informationen zu verdanken sind.

Glevum (heute Gloucester), röm. Militärlager im mittleren W ↗ Britanniens, angelegt unter Claudius im 1. Jh. n. Chr. als Basis für die röm. Eroberung von Wales. Von 49 bis 58 war hier die Legio XX Valeria stationiert; ein Grabstein belegt ebenso die Anwesenheit der cohors VI Thracum als Auxiliareinheit; kurz danach kam die Legio II Augusta, für deren Veteranen der Standort nach 75 zur Colonia umgewandelt wurde (ILS 2365); jedoch konnte die neue Siedlung nicht florieren, da das benachbarte Corinium (heute Cirencester) bedeutender war. **Lit.:** PECS (1976).

Globus bezeichnet in der Antike ein astronom. Gerät zur Verdeutlichung des Sternenhimmels. Es bestand aus einer Kugel, die zunächst mit zwei, später auch mit mehr Ringen, sog. Armillarsphären, für den Horizont, den Meridian, die ↗ Ekliptik usw. versehen war. Auf dieser Kugel waren die verschiedenen Sternbilder des Nachthimmels eingezeichnet. Die ältesten Globen wurden von den jon. Naturphilosophen (6. Jh. v. Chr.) entwickelt. Die mit fortschreitender Erkenntnis immer genaueren Globen kamen aber auch in der ↗ Astrologie (Sterndeutung) zum Einsatz. Im MA entwickelte sich aus dem G. die Idee des Reichsapfels. **Lit.:** O. Muris/G. Saarmann, Globen im Wandel der Zeiten (1961).

Glosse, Begriff der Textkritik: eine in den Text eingedrungene Erklärung.

Glossographie, in der griech. Antike nicht bezeugter Begriff, der die Sammlung und Erklärung seltener und schwer verständl. Wörter (gr. *glossai*) bezeichnet. Früh entstanden Homer-Erklärungen. Auftrieb erhielt die G. durch die sophist. Spracherklärung und Etymologie. In hellenist. Zeit wurden Homer, die frühen Lyriker und bes. die Alte ↗ Komödie bearbeitet. Es entstanden Spezialwörterbücher z. B. zu Fisch-, Wind- und Monatsnamen, oft unter Einarbeitung dialektaler Varianten. Die attizist. Bewegung brachte Zusammenstellung typ. att. Wörter hervor. Eine wissenschaftl. G. entstand in Rom im Zusammenhang der Blüte der röm. Literatur im 1. Jh. v. Chr. (Varro, *De lingua latina*). Die erhaltenen lat. G.n gehen auf das 5./6. Jh. n. Chr. zurück; sie entstanden aus didakt. Bedürfnissen des Lateinunterrichts an den Klosterschulen (bes. Isidor von Sevilla, *Etymologicae*). **Lit.:** R. Reitzenstein, Geschichte der griech. Etymologika (1897).

Glykon, griech. Dichter, nach ↗ Hephaistion der Erfindung des Metrums Glykoneus; sonst ist er unbekannt; seine Existenz ist umstritten.

Glykoneus, Begriff der Metrik, Vers der Form ××−∪∪−∪−, benannt nach dem hellenist. Dichter Glykon, häufig von Catull und Horaz verwendet.

Glyptik ↗ Steinschneidekunst

Gnathia (heute Fasano), Hafenstadt in Apulien (Süditalien). Blütezeit vor der hellenist. Zeit bis in die Spätantike als Drehscheibe des Griechenlandhandels; Fundort der ersten sog. Gnathiavasen, die in Apulien hergestellt wurden und bis Spanien und Alexandria verbreitet waren. Reich ausgestattete Gräber und griechisch beeinflusste Architektur zeugen vom Reichtum der antiken Stadt. **Lit.:** O. Parlangeli, Studi messapici (1960). – E. Greco, Magna Grecia (1981).

Gnome (gr., »Meinung«). Unter G. (lat. *sententia*) versteht man einen Sinn- oder Merkspruch. G.n werden häufig berühmten Persönlichkeiten wie den ↗ Sieben Weisen in den Mund gelegt. Die Dichtungen ↗ Pindars zeichnen sich durch zahlreiche eingestreute G.n aus. Die Vorliebe für G.n bzw. Sentenzen ging in der Spätantike so weit, dass aus für ihre G.n bekannten Autoren die entsprechenden Passagen exzerpiert wurden und somit der gesamte Text nicht mehr überliefert wurde wie im Falle des Komödiendichters ↗ Menander (1), von dem bis zu den Papyrusfunden in diesem Jh. nur die aus seinen Komödien exzerpierten G.n bekannt waren (handschriftlich überliefert als *Menandru Gnomai/Menanders Sinnsprüche*). ↗ Aphorismus

Gnomon (gr., »Anzeiger«), ein auf eine ebene Fläche senkrecht aufgesetzter Stift, dessen im Laufe der Jahreszeiten unterschiedl. Schattenlänge mit Hilfe einer angebrachten und entsprechend geeichten Skala die Bestimmung astronom. Gegebenheiten (Sonnenwende, Tag- und Nachtgleiche, Sternphasen) und damit die Eintritts der Jahreszeiten ermöglichte. Durch eine häufig integrierte zusätzl. Skala war der G. auch als Sonnenuhr zu verwenden.

Gnosis (gr., »Erkenntnis«), eine im 2. Jh. n. Chr. im Osten des röm. Reiches entstehende, vielgestaltige religiöse Strömung. Im Unterschied zur Mystik geht es der G. darum, die Welt und Gott richtig im Diesseits zu erkennen. Gnostiker schließen sich in Gemeinschaften von Personen zusammen, die den Ruf Gottes und der Erkenntnis erfahren haben, so dass sich verschiedene gnost. Schulen herausbilden. Die Gnostiker als Mitglieder solcher religiösen Gruppierungen werden erstmals von Irenäus (*Adversus haereses/Gegen die Häresien*) so genannt. Irenäus nennt Simon Magus als Begründer der jüd. G. Daneben führt er noch zahlreiche weitere gnost. Schulen an, benannt nach ihren Vorreitern (Basilidianer, Valentinianer) oder dem charakterist. Element ihrer Lehre (z. B. ↗ Ophiten). Die christl. Gnostiker blieben als Gruppe von Auserwählten innerhalb der Großkirche dieser verbunden, während etwa die Valentinianer oder Basilidianer eher mit antiken Philosophenschulen vergleichbar waren. In der gnost. Lehre findet sich eine Kosmogonie, eine Anthropogonie, eine Soteriologie und eine Eschatologie. Grundlegend ist das Konzept von einer guten, transzendenten Gottheit (gr. Pleroma, »Fülle«), die als Pneuma (gr., »Geist«, »Hauch«) dem Menschen unerkannt und im Körper gefangen innewohnt, ohne sich selbst daraus befreien zu können; sie kann erst durch einen »Ruf« (in der christl. G.: Christus), die zur Erkenntnis des Göttlichen führt, von der Gefangenschaft durch Körper und Welt erlöst werden. Religiöse Riten wie Taufe oder Salbung waren üblich. Die G. übte einen starken Einfluss auf die frühe Kirche und ihre Theologie aus; insbes. Paulus, der als Gegner der G. auftrat, hat sich immer wieder von gnost. Konzepten inspirieren lassen. Die Erforschung der G. wurde durch die Entdeckung einer in Koptisch verfassten Geheimbibliothek in Nag Hammadi (1945/46) ungemein gefördert. Ihre Fortsetzung hat die G. in der Religion des Manichäismus und in den Mandäern gefunden. **Lit.:** K. Rudolph, Die G. (1977). – W. Foerster (Hg.), Die G. I-III (1995).

Götter. Bevor die Menschen sich G. in anthropomorpher Gestalt vorstellten, verehrten sie Natur- und Fruchtbarkeitsgottheiten in Form ungestalteter Kultmale wie Höhlen, Quellen, Flüsse oder Bäume. Den meisten Völkern der Antike galten die Flüsse als G., denen man heilige Bezirke und sogar Tempel weihte, wie z. B. dem Pamisos in Messenien. Auch die Winde hielt man für G. Man opferte ihnen zumeist, um ihren schädigenden Einfluss abzuwehren, sogar von Menschenopfern wird berichtet. Wind-G. konnten aber auch hilfreich wirken: die Dezimierung der persischen Flotte 480 v. Chr. schrieben die Athener dem thrakischen Nordwind Boreas zu und errichteten ihm zum Dank ein Heiligtum. Kulte für Naturgottheiten bildeten jedoch in historischer Zeit eher die Ausnahme. *I. Griechenland:* Kennzeichnend für die griech. Religion ist ihre anthropomorphe G.-Welt, die bereits in den Epen Homers begegnet. Seit dem 6. Jh. v. Chr. lassen sich zwölf Haupt-G. nachweisen: Zeus, Hera, Poseidon, Demeter (oder Herakles), Apollon, Artemis, Ares, Aphrodite, Hermes, Athene, Hephaistos, Hestia (oder Dionysos). Der ↗ Olymp wurde als ihr Wohnsitz angesehen. Eine der bekanntesten Darstellungen der zwölf Olympier ist jene auf dem Cellafries des Parthenon in Athen von 438 v. Chr. Über die Unterwelt herrschte der düstere Hades. Einzig Elis hat diesem ansonsten verhassten Gott einen Tempel errichtet, der allerdings nur einmal im Jahr betreten werden durfte.

II. Rom: In der Frühzeit verehrten die Römer überwiegend G., die der Vorstellungswelt des bäuerlichen Lebenskreises angehörten. Die Anfertigung von G.-Bildern war ihnen zunächst fremd, im Vordergrund stand das *numen*, die unpersönlich wirkende Kraft und Macht eines Gottes. Erst Etrusker und Griechen verliehen dem römischen G.-Glauben lebensvollere, anthropomorph bestimmte Züge. Auf griech. Einflussnahme, die von Sizilien und Süditalien ausging, wird die Übernahme des Zwölf-G.-Systems durch die Römer zurückgeführt. *III. Kelten und Germanen:* Die G.-Welt nördlich der Alpen ist in röm. Zeit in hohem Maße von Synkretismus geprägt. Im Sinne der Interpretatio Romana verschmolzen einheimische Gottheiten mit röm. G.-Gestalten, gelegentlich wurde dabei der Name der einheimischen Gottheit dem röm. vor- (Lenus-Mars) bzw. nachgestellt (Apollo-Grannus) oder lediglich durch die Beifügung von *deus/dea* romanisiert. Auch hinsichtlich der Darstellungsweise sind Vermischungen feststellbar. Auf den Jupiter-Giganten-Säulen, einem Denkmälertypus, dessen Verbreitung auf die nördl. Teile der Provinz Obergermanien sowie auf das östl. Gebiet der Provinz Belgica beschränkt ist, wird Jupiter in unkanon. Weise als Reiter dargestellt. Dahinter verbirgt sich sehr wahrscheinlich der inschriftlich belegte kelt. Himmels- und Donnergott Taranucnùs (CIL XIII 6094). *(a) Götterpaare/Muttergottheiten:* Bezeichnend für die vormals von Kelten besiedelten röm. Provinzen nördlich der Alpen ist die Verehrung von G.-Paaren. Den weitgehend romanisierten männl. G. sind dabei stets Kultpartnerinnen mit keltischen Namen beigegeben: z. B. Merkur und Rosmerta, Mars und Nemetona, Apollo-Grannus und Sirona. Außerordentlich populär waren mütterl. Gottheiten, die in den Inschriften *matronae, matrae* oder *matres* genannt werden. Sie galten als Spenderinnen von Fruchtbarkeit und Erntesegen. Ihr Kult ist durch über 1.100 Weihinschriften und Bildwerke vor allem aus der Zeit vom 2. bis zum 4. Jh. n.Chr. in vielen keltisch und germanisch besiedelten Provinzen des Römischen Reiches bezeugt. Ein Schwerpunkt der Matronenverehrung ist dabei entlang des Rheins von Mainz bis Xanten fassbar. Die Matronen tragen unterschiedliche lokale Beinamen, deren Bedeutung weitgehend unklar ist. Auf den Reliefs erscheinen sie meist als sitzende Dreiergruppe, oft mit Früchtekörben auf ihrem Schoß oder Kornähren in den Händen haltend. Bedeutende Kultstätten sind in Bonn, Pesch und Nettersheim in der Eifel nachgewiesen. Zu den Muttergottheiten werden auch die Wegegöttinnen (Biviae, Triviae, Quadruviae) gerechnet, denen man an Weggabelungen und Straßenkreuzungen Denkmäler errichtete, ferner die an den befestigten Grenzen in Britannien und Obergermanien verehrten *matres campestres.* Hierbei handelt es sich um Schutzgöttinnen des Exerzierplatzes, zu deren Verehrern ausschließlich Soldaten des röm. Heeres gehörten. *(b) Merkur:* Auffallend ist die große Anzahl von Bildwerken und inschriftl. Weihungen für Merkur. Literar. Hinweise, dass die Kelten diesen Gott am meisten verehrten, wird für die gall. und german. Pro-

vinzen durch zahllose Denkmäler bestätigt. Welcher einheimische Gott dabei in der Gestalt des Merkur verehrt wurde, ist unklar. Inschriftlich sind jedoch eine Vielzahl lokaler Beinamen für Merkur bezeugt, die sich von Bezeichnungen für Stämme, Orte oder auch Heroennamen ableiten: Adsmerius, Artaius, Avernus, Cissonius, Moccus, Quillenius, Visucius. Beispielsweise kommt Cissonius nur in der Germania superior und in der Gallia Belgica vor, ebenso Visucius. Die Fülle top. Namen gallo-röm. Gottheiten wird in der Forschung einerseits auf die starke Zersplitterung Galliens zurückgeführt, andere indes sehen in den gall. Lokal-G. lediglich Sonderformen der großen, allgemein verehrten G. **Lit.:** W. Burkert, Griechische Religion der archaischen und klassischen Epoche (1977). – J.-J. Hatt, Mythes et dieux de la Gaule. I. Les grands divinités masculin (1989). – G. Radke, Die Götter Altitaliens. Münster ²1979.

Gold (gr. chrysós, lat. aurum) galt in der gesamten Antike als seltenstes und kostbarstes Metall. Seine relativ leichte Verarbeitung (Schmelzpunkt 1063 Grad Celsius) führte bereits im 2. Jt. v. Chr. in myken. Zeit (↗ Myken. Kultur) zu einer beachtl. Produktion, die sich in zahlreichen Schmuck- und Kultgegenständen widerspiegelt. Da Griechenland selbst an Goldvorkommen arm war, musste es seinen Goldbedarf aus Ägypten und dem Orient, aus Kleinasien, Skythien und Thrakien decken. Hauptlieferanten für Rom waren Spanien, Gallien und der Donauraum. G. spielte im klass. Griechenland eine nicht unbedeutende Rolle, aber erst in hellenist. Zeit kam es zu einer erhebl. Ausweitung der Produktion und Verarbeitung. G. wurde entweder durch Waschung aus Flüssen oder aus Bergwerken gewonnen, das Rohmaterial musste im letzten Falle aber erst durch komplizierte chem. und mechan. Verfahren behandelt werden. G. hatte in der Antike eine zentrale Bedeutung als Wertanlage und wurde schon früh in der Münzprägung (↗ Münzen) verwendet. Im Kunsthandwerk befriedigte die Goldschmiedekunst (↗ Schmuck) die Nachfrage nach Schmuck- und Repräsentationsstücken des gehobenen Bedarfs. **Lit.:** R. J. Forbes, Metallurgy in Antiquity (1950).

Goldelfenbeinstatue (gr. chryselephantos, »mit Gold und Elfenbein gefertigt«), über einem Holzkern oder -gerüst gearbeitetes Bildwerk, dessen sichtbare nackte Körperteile (Gesicht, Hände und Füße) aus Elfenbeinplättchen und dessen übrige Teile (Gewand, Haare, Schuhe usw.) aus Goldblech gearbeitet waren; ferner wurden andere wertvolle Materialien wie Edelsteine oder Glas für diese Statuen, meist Götterdarstellungen, verwendet. Zu den berühmtesten G.n zählen die Kultstatuen der Athena Parthenos in Athen und die des Zeus von Olympia (beides Werke des Bildhauers ↗ Phidias) sowie die Statue der Hera in Argos (von ↗ Polyklet); keine dieser Statuen ist erhalten. Weniger wertvoll waren die in vergleichbarer Technik gearbeiteten ↗ Akrolithen. **Lit.:** W. Schiering, Die Werkstatt des Pheidias in Olympia (1991).

Goldene Äpfel ↗ Hesperiden, Herakles

Goldenes Vlies, das goldene Fell eines Widders,

den Poseidon mit Theophane gezeugt hat. Auf diesem heiligen Tier flüchten Phrixos und Helle vor ihrer Stiefmutter Ino, die ihnen nach dem Leben trachtet. In Kolchis bei König Aietes opfert Phrixos den Widder dem Zeus und bewahrt das Vlies auf. Die Fahrt der *↗* Argonauten erfolgt, um das G. V. zurück nach Griechenland zu holen.

Goldenes Zeitalter *↗* Weltalter

Goldschmiedekunst *↗* Schmuck

Gordianus (1), Marcus Antonius G. Sempronianus Romanus Africanus, auch Gordian I., röm. Kaiser Januar 238 n. Chr.; geb. um 158/59 als Sohn des Maecius Marullus und der Ulpia Gordiana; zwischen 220 und 222 Suffektkonsul, 237 Prokonsul der Provinz Africa. Im Januar 238 in Thysdrus in Africa zum Kaiser ausgerufen und vom Senat anerkannt, beging G. nach nur 20tägiger Regierung Selbstmord.

Gordianus (2), Marcus Antonius G. Sempronianus Romanus Africanus, auch Gordian II., röm. Kaiser Januar 238 n. Chr.; geb. um 192 als Sohn des Gordianus I.; 237 Legat seines Vaters in Africa. Im Januar 238 zusammen mit seinem Vater zum Augustus erhoben, fiel G. noch im selben Monat im Kampf gegen Capellianus, den Legaten von Numidien.

Gordianus (3), Marcus Antonius G., auch Gordian III., röm. Kaiser Jan./Feb. 238–Anfang 244 n. Chr.; geb. um 225 in Rom als Sohn des Iunius Balbus und der Maecia Faustina; Enkel des Gordianus I., Neffe des Gordianus II. Auf Verlangen des Volkes wurde G. unter den Kaisern Pupienus und Balbinus im März 238 zum Caesar erhoben, nach deren Ermordung am 9. Juli 238 zum Augustus. Da G. noch minderjährig war, führten hohe Beamte die Regierungsgeschäfte. Um 243 zog G. in einen Krieg gegen die Perser unter Schapur I.; Anfang 244 wurde G. bei Dura-Europos am Euphrat von seinem Prätorianerpräfekten Philippus Arabs ermordet. **Lit.:** DRK (1997).

Gordion (beim heutigen Yassıhüyük, südwestl. von Ankara), Hauptstadt Phrygiens. G. war Residenz des legendären *↗* Midas, dessen Reich um 690 v. Chr. von den *↗* Kimmerern zerstört wurde. Um 600 fiel G. an *↗* Lydien, nach der Niederlage des lyd. Königs *↗* Kroisos an die Perser, die in G. eine Satrapensitz einrichteten. Hier stand nach der Legende ein Streitwagen des sagenhaften Königs *↗* Gordios mit dem berühmten Gord. Knoten. 189 v. Chr. wurde G. von röm. Truppen geplündert und existierte in röm. Zeit nur als Dorf weiter. **Lit.:** PECS (1976). – M. M. Voigt u. a., Fieldwork at G. 1993–1995, in: Anatolica 23 (1997) 1–59. – ASM (1999).

Gordios, Figur der griech. Mythologie. Er wird nach einem Orakelspruch auf dem Weg zum Tempel des Zeus zum König über Phrygien gewählt. Seinen Wagen, an dessen Joch ein komplizierter Knoten war, weiht er dem Zeus. Der Weissagung nach sollte derjenige, der den Knoten lösen konnte, König über ganz Asien werden. Diese Aufgabe löste Alexander d.Gr. 334/33 v. Chr., indem er den Gord. Knoten durchschlug.

Gordischer Knoten *↗* Gordios

Gorgo Medusa

Gorgias (gr. Gorgias) von Leontinoi, ca. 480–380 v. Chr., griech. Politiker und Rhetor; ›Vater‹ der *↗* Sophistik. Als Gesandter seiner Heimatstadt kam G. 427 nach Athen, wo er zu einem der berühmtesten Redelehrer wurde. Zentral sind seine kommunikationstheoret. Erörterungen in der Schrift *Über das Nicht-Seiende,* in der er spielerisch – wohl in Auseinandersetzung mit der eleat. Philosophie – über die Grenzen der menschl. Erkennnis- und Kommunikationsfähigkeit reflektiert, und seine Thesen zur Wirkung von Sprache, die er in der Musterrede *Verteidigung der Helena* entwickelt: G. spricht der rhetorisch ausgefeilten Sprache dieselbe Wirkung wie mag. Beschwörungen zu. Sprache ist in der Lage, Affekte zu erregen und zu beseitigen. G. ist damit ein direkter Vorläufer der *↗* Katharsis-Lehre des Aristoteles. In der *Verteidigung des Palamedes* exerziert G. die Möglichkeiten der Wahrscheinlichkeitsbeweises vor. Platon setzt sich polemisch mit G.' Thesen im gleichnamigen Dialog auseinander. **Lit.:** G. B. Kerferd/H. Flashar, in: GGP II 1 (1998) 44–53.

Gorgoneion *↗* Apotropaion

Gorgonen, Sthen(n)o, Euryale und *↗* Medusa, die drei ungeheueren Töchter des *↗* Phorkys und der *↗* Keto. Sie haben Schlangenhaare, eherne Hände, goldene Flügel und so grässliche Gesichter, dass bei ihrem Anblick alles zu Stein erstarrt. Von ihnen ist nur Medusa sterblich, die von *↗* Perseus geköpft wird.

Gorgophone (gr., »Gorgonentöterin«), Tochter des *↗* Perseus.

Gorsium, röm. Lager und Zivilsiedlung in der Provinz Pannonia inferior. Die ursprüngl. kelt. Siedlung wurde im 1. Jh. n. Chr. röm. Militärlager und erlebte im 2.–4. Jh. n. Chr. eine Blütezeit; Zentrum des Provinzialkultes. Die umfangreichen Ausgrabungen liegen bei Tác in der Nähe der alten ungar. Königsstadt Székesfehérvár. **Lit.:** PECS (1976).

Gortyn (heute bei Hg. Deka), dor. Stadt in Zentralkreta in der Mesara-Ebene; bereits von Homer erwähnt. Ab dem 7. Jh. v. Chr. sind Tempel für Apollon

Pythios und Athena belegt; im 3. Jh. v. Chr. beherrschte G. ein ausgedehntes Territorium einschließlich Phaistos und besaß mit Matala und Lebena zwei gute Häfen. Berühmt wurde die umfangreiche Rechtskodifikation des Stadtrechts aus der Mitte des 5. Jh. v. Chr., die in zwölf Inschriftenkolonnen, geschrieben in Boustrophedon (»wie das Rind geht«, also fortlaufend mit einer Wende am Zeilenende), fast alle Bereiche des Personenrechts (Familien-, Erb-, Vermögens-, Straf-, Schulden-, Schadensrecht) regelte. In hellenist. Zeit gewann G. zunehmend an Bedeutung, in röm. Zeit wurde es Hauptstadt der Doppelprovinz Creta et Cyrenae und zur provinzialen Metropole sowie zum Zentrum des Kaiserkultes ausgebaut. Früh bildete sich in G. eine Christengemeinde, Der Apostel Paulus besuchte G., der hl. Titus, der Inselpatron, dem später eine byzantin. Basilika in G. geweiht wurde, galt als erster Bischof der Stadt, der erste nachgewiesene Bischof stammt aus dem 2. Jh. n. Chr. Bis in byzantin. Zeit behielt G. seine herausragende Stellung auf Kreta und wurde erst nach Arabereinfällen 824 aufgegeben. – Bescheidene Reste aus klass. Zeit finden sich auf der Akropolis. Die Reste der umfangreichen, aber nur teilweise ausgegrabenen Stadtanlage stammen weitgehend aus hellenist., röm. und byzantin. Zeit (Theater, Thermen, Nymphäen, Tempelanlagen). Die Inschrift mit dem Stadtrecht von G. befindet sich wohl seit dem 1. Jh. n. Chr. im Umgang des röm. Odeions. Endgültig zerstört wurde G. durch die Araber. **Lit.:** J. Kohler/E. Ziebarth, Das Stadtrecht von G. (1912). – I. F. Sanders, Creta antica (1984). – R. Speich, Kreta (1984). – GLHS (1989) 237–239. – ASM (1999).

Gotarzes II., Partherkönig aus nichtarsakid. Geschlecht (38–51 n. Chr.), usurpierte 38 nach dem Tod Artabanos II. den Thron. Während seiner gesamten Regierungszeit war er in Kämpfe mit dem rechtmäßigen Erben Vardanes, dem er zeitweise weichen musste, und anderen Thronprätendenten verwickelt.

Goten (lat. Goti), größter ostgerman. Stammesverband. Ursprüngl. Siedlungsgebiet der G. war der S Skandinaviens (oder auch Gotland). Um die Zeitenwende verließen sie ihre Heimat, zogen über die Weichselmündung an die N- und NW-Küste des ⁊ Schwarzen Meeres (ca. 150–200 n. Chr.). Zu militär. Auseinandersetzungen mit dem röm. Heer kam es erstmals 238/39, um 248/49 fielen die G. mehrfach in Mösien ein, 270/71 besiegten die Römer die G., die sich in zwei Stammesgruppen aufgespalten hatte. Der Stamm teilte sich nun in ⁊ Westgoten und ⁊ Ostgoten, deren Stammesgeschichte von da an getrennt verlief. **Lit.:** P. Scardigli, Die G. Sprache und Kultur (1973). – H. Wolfram, Die G. (1990) 249–360.

Grab. In den verschiedenen Kulturkreisen haben sich die unterschiedlichsten Bestattungs- und G.-Formen, z. T. parallel, entwickelt. Neben der Brandbestattung, bei der die auf dem Scheiterhaufen verbrannte Asche der Toten in ⁊ Urnen beigesetzt wurde, gab es die Bestattung des Leichnams. Hierbei sind verschiedenartige G.-Formen zu unterscheiden, wie z. B. ⁊ Sarkophag und Pithos-G. (Bestattung in einem Tonge-

fäß), Kuppel-, Schacht- und Kammer-G. In der Regel wurden die Toten außerhalb der Stadtmauern bestattet, wobei sich z. T. ganze Totenstädte (Nekropolen) entwickelten. Das einfache G. schmückte zur Identifizierung zuweilen an der Oberfläche ein Stein (⁊ Stele), ein Gefäß (⁊ Lekythos) oder eine Säule; die monumentalen G.-Bauten dagegen stellten regelrechte architekton. Kunstwerke dar (⁊ Mausoleum von Halikarnassos, ⁊ Engelsburg). Ferner sind die frühchristl. Gemeinschaftsgrabanlagen (⁊ Columbarium, ⁊ Katakomben) und Grabkirchen (Galla Placidia in Ravenna) zu erwähnen. ⁊ Bestattung **Lit.:** F. Prayon, Frühetrusk. Grab- und Hausarchitektur (1975) [Röm. Mitteilungen, Ergänzungsheft 22]. – H. v. Hesberg, Röm. Grabbauten (1992). – K. Stemmer, Standorte. Kontext und Funktion antiker Skulptur (1995).

Gracchus (1), Tiberius Sempronius G., ca. 163–133 v. Chr., Volkstribun 133, zeichnete sich bereits in der Endphase des 3. Pun. Krieges (147/46) militärisch aus. 137 war er als Prätor im Heer des Konsuls Gaius Hostilius Mancinus am Abschluss eines Kapitulationsvertrages mit den Numantinern beteiligt, der die röm. Truppen vor der Vernichtung bewahrte. Deswegen nach seiner Rückkehr aus Spanien angeklagt, brachte ihn die Affäre in einen Gegensatz zu den führenden polit. Kreisen. Er erkannte die verheerende wirtschaftl. Lage des ital. Bauerntums, das durch die permanenten Kriege und die damit verbundene jahrelange Abwesenheit der Hofbesitzer in die Krise geraten war. Viele Bauern hatten ihre Existenz verloren und vergrößerten als entwurzelte Zuwanderer die verarmten Massen in Rom, während ihr Boden von begüterten Großgrundbesitzern übernommen wurde. Deswegen initiierte Ti. G., nachdem er 133 das Amt des Volkstribunen übernommen hatte, eine umfassende Agrarreform, um die früheren wirtschaftl. Zustände, die er rückblickend idealisierte, wiederherzustellen (Ackergesetze). Ansatzpunkt seiner Reform war das röm. Staatsland (*ager publicus*), das seit dem 3. Jh. unbotmäßigen Bundesgenossen abgenommen und an einflussreiche Senatorenfamilien verpachtet worden war. Alle Anteile an diesem Land, die 500 *iugera* (ca. 250 ha) überstiegen, sollten den Grundbesitzern wieder abgenommen, in kleinere Parzellen untergliedert und an landlose Bauern verteilt werden. Zur Entschädigung sollten alle Besitztümer unterhalb dieser Grenze, die rechtlich gesehen ebenfalls Pachtland waren, ins formelle Eigentum der Grundbesitzer übergehen. Eine dreiköpfige Ackerkommission sollte die Ausführung der Maßnahmen überwachen. – Die Pläne des Ti. G. stießen auf den erbitterten Widerstand der führenden Senatskreise, die die Verabschiedung des Gesetzes durch die Volksversammlung mit allen Mitteln verhindern wollten. Um sein Vorhaben dennoch durchzusetzen, musste Ti. G. seinen Kollegen Marcus Octavius, der im Auftrag des Senats ein Veto gegen die Abstimmung eingelegt hatte, von der Volksversammlung absetzen lassen, ein in der röm. Verfassungsgeschichte singulärer Vorgang. Nachdem das Gesetz auf diese Weise verabschiedet war, sannen seine innenpolit. Gegner auf Rache und bereiteten eine Anklage gegen ihn vor. Als Ti. G. einer Verurteilung durch seine Wiederwahl als Volkstribun zuvorkommen wollte, die ihm Immunität gesichert hätte, aber eigentlich untersagt war, griffen seine Feinde zu den Waffen und erschlugen ihn mit etwa 300 seiner Anhänger nach schweren Straßenkämpfen auf dem Kapitol. Das Ackergesetz blieb auch nach seinem Tod bestehen, doch wurde die prakt. Umsetzung größtenteils unterlaufen. Ti. G. verfolgte das primäre Ziel, den ital. Bauernstand in seiner alten Funktion wiederherzustellen und dadurch die sozialen Probleme zu lösen. Er scheiterte indes an seiner Entschlossenheit, das Projekt in kürzester Zeit durchzusetzen und an der Tatsache, dass er die Widerstandskraft seiner Gegner unterschätzte. Mit den Auseinandersetzungen um die Reform, die erstmals zu größeren innenpolit. Gewalttätigkeiten führte, begann in Rom das Zeitalter der Bürgerkriege. **Lit.:** S. Lauffer, Ti. G. und C. G., in: Die Großen der Weltgeschichte I (1971) 820–833. – A. H. Bernstein, Ti. Sempronius G. (1978). – D. Stockton, The Gracchi (1979).

Gracchus (2), Gaius Sempronius G., 153–121 v. Chr., Volkstribun 123/22, war bereits seit 133 Mitglied der dreiköpfigen Ackerkommission, die das Gesetz seines Bruders Tiberius Gracchus (1) umsetzen sollte, und erkannte wie dieser die sozialen und wirtschaftl. Probleme seiner Zeit. Aus dem Scheitern seines Bruders zog er die Schlussfolgerung, dass sich punktuelle Reformen politisch nur schwer umsetzen lassen. Als Volkstribun (123/22) schnürte er deshalb ein umfangreiches Reformpaket, das unterschiedl. gesellschaftl. Interessen verband. Hauptfelder seines Gesetzeswerkes waren die Siedlungspolitik und die Gerichte. Durch die Anlage von Bürgerkolonien außerhalb Italiens wollte er die sozialen Konflikte entschärfen und gleichzeitig den Besitzstand der Bundesgenossen unangetastet lassen. In diesem Zusammenhang gehört die letztlich gescheiterte Gründung der Kolonie Iunonia an Stelle des zerstörten Karthago. Die Kolonisten waren in der Regel verarmte oder besitzlose Bauern, die auf diese Weise neues Land in den Provinzen erwerben konnten. Um polit. Verbündete zu gewinnen, begünstigte G. den Ritterstand, dem er anstelle der Senatoren die Kontrolle über die Geschworenengerichte verschaffte. Dadurch – so hoffte er – würde der Einfluss der reformfeindl. Kreise weiter zurückgedrängt und zudem die Provinzialverwaltung durch Angehörige des Senats effektiver kontrolliert. Um die verarmten Volksmassen in Rom auf seine Seite zu ziehen, ließ er per Gesetz verbilligtes Getreide verteilen. 122 wagte sich Gaius G. an eine Lösung des ital. Bürgerrechtsproblems. Die Spannungen zwischen Rom und den Bundesgenossen hatten in den Jahrzehnten zuvor stetig zugenommen, da die *socii* immer stärker ins röm. Herrschaftssystem eingebunden wurden, ohne dass ihre polit. Rechte erweitert worden wären. Um dieses Problem, dessen Sprengkraft Gaius G. erkannte, zu entschärfen, plante er, den Latinern das röm. Bürgerrecht und den Bundesgenossen das latin. Recht zu ge-

währen. Dadurch entfremdete er sich jedoch einem Teil seiner (röm.) Anhängerschaft, die kein Interesse hatte, ihre Rechte mit Neubürgern zu teilen. Sein Vorhaben scheiterte, und für das kommende Jahr (121) wurde er als Volkstribun nicht wiedergewählt. Als daraufhin einer seiner Nachfolger im Auftrag senator. Kreise die Annulierung der Gesetze beantragte, kam es zu Unruhen, in deren Verlauf der Senat den Notstand (*senatus consultum ultimum*) verkündete und den Konsul L. Opimius beauftragte, die Ordnung wiederherzustellen. Dieser – ein Todfeind des Gaius G. – trieb ihn in schweren Straßenkämpfen in die Enge, so dass er in ausweisloser Situation Selbstmord beging. Sein Gesetzeswerk wurde teilweise wieder aufgehoben. Gaius G. gehört zu den klügsten polit. Köpfen seiner Zeit und erkannte mehr als andere die Ursachen der gesellschaftl. Krise. Durch das Scheitern seiner Reformen wurde die große Chance vertan, die röm. Republik auf evolutionärem Wege zu erneuern und den gewandelten Verhältnissen des 2. Jh. v. Chr. anzupassen. Die eskalierenden Bürgerkriege der Folgezeit waren die log. Konsequenz der Reformunwilligkeit der politisch führenden Kreise. **Lit.:** S. Lauffer, Ti. G. und C. G., in: Die Großen der Weltgeschichte I (1971) 820–833. – D. Stockton, The Gracchi (1979).

Gräzistik ↗ Klassische Philologie

Graffiti (ital. *sgraffiare*, »kratzen«), beiläufig eingeritzte Inschriften auf Wänden, Felsen, Möbeln, Gefäßen oder Tonscherben (Ostraka). G. stellen »Momentaufnahmen« mit häufig alltägl. Äußerungen dar, die Einblicke in das wirtschaftl., polit., religiöse und sozialgeschichtl. Leben geben. So hat man neben Steuerquittungen, diversen Listen oder Schulaufgaben auch Verschwörungsformeln und religiöse Texte gefunden.

Graien, in der Mythologie drei von Geburt an grauhaarige und schrumpelige Weiber (Enyo, Pemphredo, Deino), die drei Schwestern der ↗ Gorgonen, die sich miteinander nur ein Auge und einen Zahn teilen.

Grammateis, Bezeichnung für die gewählten oder erlosten Schriftführer in den griech. Poleis, die die Arbeit der Behörden oder Volksversammlungen unterstützten. Ihre Hauptaufgabe bestand in der Protokollierung, Archivierung und ggf. auch Veröffentlichung einschlägiger Schriftstücke. Auch den Kanzleien der hellenist. Staaten spielten sie eine große Rolle.

Grammatik (gr. grammatikē technē, »Buchstabenlehre«, »Lesefertigkeit«). Ursprünglich ist ein Grammatiker eine Person, die die Buchstaben (*grammata*) kennt. Später unterscheidet man zwischen dem Grammatistes, dem Buchstaben-, d.h. Primarlehrer, und dem Grammatikos (gr. *grammatikos*, dem Literatur-, Sprach- und Grammatiklehrer (etwa unserem heutigen Gymnasiallehrer entsprechend). Seit hellenist. Zeit versteht man unter G. Sprach- und Literaturwissenschaft (↗ Philologie). Grammatikal. und sprachwissenschaftl. Studien beginnen mit der ↗ Sophistik im 5. Jh. v. Chr., die das Verhältnis von Wort und Ding (vgl. dazu bes. Platons Dialog *Kratylos*), Sprachrichtigkeit (↗ Protagoras) und Synonymenlehre betrieben. Bei Platon und Aristoteles trifft man auf die Unterscheidung von Nomen (gr. *onoma*) und Verb/Prädikat (gr. *rhema*); eine eigene Disziplin wird die G. jedoch nicht. Als eigenständige Wissenschaft etabliert sich die G. in der ↗ Stoa, die eine feste Terminologie (z. B. für die Casus-, Tempus- und Flexionslehre) ausbildet, die in der Folge von den alexandrin. Philologen übernommen wird. Griech. G. war in erster Linie wissenschaftlich ausgerichtet (↗ Apollonios Dyskolos, ↗ Herodian). Bevorzugt werden eher Spezialuntersuchungen zu grammatikal. Phänomenen; daneben gibt es jedoch auch das systematisch angelegte Lehrbuch (↗ Dionysios Thrax). In Rom soll die G. durch ↗ Krates von Mallos 169 v. Chr. eingeführt worden sein. ↗ Varros (1) *De lingua Latina* ist das älteste, sich mit grammatikal. Fragen befassende Werk; das älteste Lehrbuch der G. stammt von Remmius Palaemon. In der Spätantike bringt der Bedarf des Schulunterrichts eine Vielzahl von Lehrbüchern der G. hervor, die in der Regel Kompilationen früherer Werke sind. Man trifft nach dem Frage-Antwort-Schema angelegte Katechismen der G. und Regelsammlungen. Einzigartig ist ↗ *Ars minor* und *Ars maior:* die *Ars maior* baut systematisch auf den in der *Ars minor* vermittelten Kenntnissen auf und vertieft sie. **Lit.:** K. Barwick, Remmius Palaemon und die röm. Ars Grammatica (1922). – D. J. Taylor (Hg.), The History of Linguistics in the Classical Period (1987).

Granatapfel (gr. rhoa, side, lat. punica granatum), ein im östl. Mittelmeerraum und im Vorderen Orient verbreiteter baumartiger Strauch mit essbaren Früchten. Nach Italien gelangte er erst über den Umweg aus Karthago. Der G. galt in der Antike wegen seiner zahlreichen Samen als Zeichen der Fruchtbarkeit und lebensspendendes Symbol. Mythologisch wurde er mit ↗ Aphrodite in Verbindung gebracht, die auf Zypern den ersten G.-Baum gepflanzt haben soll. Die Stamm- und Wurzelrinde der Pflanze galt als Heilmittel gegen Bandwürmer, der rote Fruchtsaft wurde vielfach als Färbemittel (↗ Farbstoffe) verwendet. Darstellungen in der religiösen Ornamentik und im Gräberkult sind häufig, bes. ↗ Hera wird oft mit einem G. in der Hand dargestellt. Nach dem G. benannt ist die pamphyl. Stadt ↗ Side, die die Pflanze auch als Stadtsymbol verwendet hat.

Granikos, Fluss im NW Kleinasiens in der Troas. Alexander d. Gr. besiegte hier 334 v. Chr. die Perser unter dem Satrapen Memnon.

Granius Licinianus, lat. Historiker des 2. Jh. n. Chr., verfasste einen Abriss der röm. Geschichte, von dem 1853 geringe Reste auf einem ↗ Palimpsest wiederentdeckt wurden. Als Grundlage seines Werkes diente ↗ Livius, seine Darstellung ist trocken und mit vielen Anekdoten durchsetzt.

Graphe bezeichnet im griech. Rechtssystem die schriftl. Klage bei öffentl. Prozessen, die die gesamte Bürgerschaft betrafen, und ist bes. aus dem att. Recht bekannt. Sie konnte von jedem Bürger namentlich erhoben werden und wurde zur Entscheidung an die Geschworenengerichte verwiesen.

Gratianus, Flavius G., 359–383 n. Chr., röm. Kaiser, Sohn Valentinians I., wurde 367 von seinem Vater zum Augustus ausgerufen und führte nach dessen Tod (375) die Regierung über die Westhälfte des Reiches selbständig. Unter dem Einfluss seines Ratgebers Ausonius war er um gutes Einvernehmen mit dem Senat bemüht und erhob 379 – nach dem Tod seines Onkels Valens – Theodosius zum neuen Mitkaiser im O. Er verteidigte die Rhein- und Donaugrenzen gegen Alemannen, Sarmaten und Westgoten und ging als überzeugter Christ gegen Heiden und häret. Strömungen vor. 383 wurde er durch die Erhebung des Maximus in Britannien überrascht, von seinen Truppen verlassen und auf der Flucht bei Lyon erschlagen. **Lit.:** M. Fortina, L'Imperatore Graziano (1955).

Gravis ↗ Akzent

Grazien (lat. gratiae), röm. Göttinnen der Anmut, den ↗ Chariten entsprechend.

Gregor (1) (gr. Gregorios) von Nazianz, griech. Kirchenschriftsteller, ca. 320–389 n. Chr. G. stammte aus wohlhabender christl. Familie (sein Vater war Bischof von Nazianz) und wurde in Caesarea, Alexandria und Athen rhetorisch ausgebildet. In Athen lernte er Basileios d. Gr. kennen, mit dem ihn eine enge Freundschaft verband. Obwohl seine Umgebung ihn zu einer kirchl. Karriere drängte, zog G. Askese und literar. Beschäftigung vor. Dennoch leitete er ab 379 n. Chr. erfolgreich die nizän. Gemeinde in Konstantinopel und spielte bei der zweiten Ökumen. Synode (381 n. Chr.) gegen den Arianismus eine wichtige Rolle; von der Synode wurde G. zum Patriarchen ernannt, lehnte das Amt jedoch ab. Sein Werk umfasst 44 asianisch geprägte Reden, Predigten, 244 rhetorisch gepflegte, doch lebhafte und authent. Briefe und mehr als 400 Gedichte, in denen seine hohe Bildung und seine Neigung zum Klassizismus zum Ausdruck kommen. **Lit.:** R. Radford Ruether, Gregory of Nazianz, Rhetor and Philosopher (1969). – T. Spidlík, Grégoire de Nazianze: Introduction à l'étude de sa doctrine spirituelle (1971).

Gregor (2) (gr. Gregorios) von Nyssa, griech. Theologe und Kirchenschriftsteller, ca. 335–nach 394 n. Chr., aus Kappadokien stammend, jüngerer Bruder von Basileios d. Gr. G. übte zunächst den weltl. Beruf des Rhetors aus, bevor er in den geistl. Stand eintrat; ab 372 n. Chr. wirkte er als Bischof von Nyssa. G. zählt zu den bedeutendsten christl. Denkern nach Origenes; von dessen Gedanken sowie von der platon. und neuplaton. Philosophie seine exeget. Schriften stark beeinflusst. G. kombinierte die Offenbarungslehre mit philosoph. Argumentation und entwickelte eine asketisch-myst. Theologie. Sein Werk umfasst (a) dogmat. Schriften polem. Charakters gegen die Widersacher der Trinitätslehre, den Neuarianer Eunomios und Apollinaris von Laodikeia, und eine nicht-polem., systemat. Darstellung der Grundlagen christl. Lehre zu katechet. Zwecken, die *Oratio Catechetica Magna* (Große Katechese); (b) exeget. Schriften, in denen G., dem Origenes folgend, die allegor. Methode anwandte und weiterentwickelt, um die grundlegenden Schriften der christl. Lehre zu deuten;

(c) Hagiographien, Reden, Predigten und Briefe. **Lit.:** H. R. Drobner (Hg.), Studien zu G. von Nyssa und der christl. Spätantike (1990). – S. Coakley, Re-thinking Gregory of Nyssa (2003).

Gregor (3) (lat. Gregorius) aus Rom, Gregor I. d.Gr., Papst, 540–604 n. Chr. G. gilt als der letzte lat. Kirchenvater. Er steht an der Grenze zwischen Antike und MA. Aus dem röm. Adel stammend, war G. zunächst 472/73 Stadtpräfekt, lebte jedoch ab 475 als Asket; er stiftete mit seinem Vermögen sechs Klöster in Sizilien und eines in Rom. 579–585 war er als päpstl. Gesandter am byzantin. Kaiserhof in Konstantinopel, 590 wurde er gegen seinen Willen zum Papst gewählt. Wichtigste histor. Leistungen sind die Missionierung Englands und die Sicherung Roms gegen die Langobarden. Neben einem ausführl. Briefwechsel stammen von G. u. a. eine vier Bücher umfassende *Regula pastoralis* (*Handbuch der Seelsorge*), 35 Bücher *Moralia* (*Handbuch der Moraltheologie* anhand eines Kommentars zum Buch Hiob) und vier Bücher *Dialogi* (*Heiligenlegenden*). **Lit.:** LACL (^{3}2003).

Gregor (4) (lat. Gregorius) von Tours, lat. Autor, ca. 540–594 n. Chr., Bischof von Tours seit 573, Verf. der in Vulgärlatein geschriebenen Biographie des hl. Martin von Tours und einer zehn Bücher umfassenden Geschichte der Franken. **Lit.:** M. Heinzelmann, G. (1994).

Greif (gr. gryps, lat. gryphus), in fast allen oriental. Kulturkreisen beheimatetes Fabelwesen, das auf einem geflügelten Löwenkörper einen Adlerkopf trägt (zahlreiche andere Mischungsvarianten). Im griech. Mythos hüten die G.en, gefährl. Raubtiere, die Goldschätze des Nordens im Kampf gegen die einäugigen Arimaspen (Epos des Aristeas aus dem 5. Jh. v. Chr.). In der griech. Kunst ist der G. seit geometr. Zeit ein häufiges Motiv.

Grenze. Der moderne Begriff der (Staats-)grenze ist nicht leicht auf antike Verhältnisse übertragbar. In den altoriental. Reichen des Vorderen Orients hatten Grenzen eher fließenden Charakter und bezeichneten die ungefähre Reichweite des Einflusses der königl. Zentralgewalt. Über festere Grenzen verfügte erst die griech. und ital. Staatenwelt. Jede Polis oder Gemeinde kontrollierte ein bestimmtes Territorium, das oft durch naturräuml. Verhältnisse (Ebenen, Gebirgszüge) vorgegeben und gegenüber den Nachbarstaaten häufig durch spezielle Grenzsteine markiert war. Territoriale Streitigkeiten (z. B. Sparta – Argos, Athen – Megara) konnten zu langwierigen Kriegen führen. Die Großreiche des Hellenismus verfügten über teils festere, teils offenere Grenzen, die sie in ständigem Kampf zu erweitern suchten. Durch die Einteilung in ⁊ Provinzen verfügte die röm. Republik über relativ genau definierte Grenzen, obwohl auch hier in Kampfgebieten (Spanien, Gallien) die Verhältnisse z. T. fließend waren. Die röm. Reichsgrenzen der Kaiserzeit waren über die Jahrhunderte gesehen sehr stabil, da sie sich an die Flusssysteme Rhein/Donau und Euphrat, sowie an starre Befestigungslinien (⁊ Limes) anlehnten. Eine Sonderrolle spielten sakrale Grenzen wie das röm. ⁊ Pomerium, die ursprüngl. Stadtgrenze, innerhalb derer keine Waffen getragen werden durften.

Griechenland (gr. Hellas, lat. Graecia), Sammelbegriff für die in der Antike vor der röm. Eroberung meist politisch unabhängigen Landschaften der Peloponnes, der eigentl. griech. Halbinsel (also ohne Makedonien und Thrakien), der Inseln im W des Festlands und der Inseln in der Ägäis einschließlich Kretas. G. liegt ganz in der Zone des Mittelmeerklimas, doch unterscheiden sich die klimat. Bedingungen der einzelnen Regionen je nach der geograph. Lage im regenreichen W oder im trockenen O. An Bodenschätzen sind Gold- und Silbervorkommen (Laureion), Kupfer (Delos, Chalkis), Eisenerz und v. a. Marmor zu nennen. Die zumeist vegetationsfeindl. Bodenbeschaffenheit und die im Sommer meist trocken fallenden Flüsse ermöglichen Landwirtschaft außerhalb der Täler und Ebenen oft nur unter erschwerten Bedingungen. ⁊ Griech. Geschichte

Griechische Geschichte. Die g. G. umfasst die Geschichte des hellen. Siedlungsgebietes im Mutterland und in den Kolonialgebieten und zeichnet seine polit., gesellschaftl. und kulturelle Entwicklung von den Anfängen bis zur Etablierung als bestimmender Faktor im östl. Mittelmeerraum auf. Mit der Expansion Roms, das stark von der griech. Kultur beeinflusst war, mündet sie im 1. Jh. v. Chr. in die ⁊ Röm. Geschichte, von der sie ein Teil wird. – *I. Frühzeit (bis 800 v. Chr.)*: Die ersten griech. Bevölkerungsgruppen im späteren Hauptsiedlungsgebiet sind seit Beginn des 2. Jt. v. Chr. nachweisbar, als ⁊ Achäer, ⁊ Jonier und ⁊ Äoler in Griechenland einwanderten und die Vorbevölkerung verdrängten bzw. überlagerten. Diese frühe Phase erreichte ihren Höhepunkt in der ⁊ Myken. Kultur, deren Adelsgesellschaft durch gewaltige Burgen und Palastbauten bes. in Südgriechenland und der Peloponnes geprägt war. Ihre Träger verwendeten bereits ein Schriftsystem (Linear B, ⁊ Linearschriften), das dem minoischen Kreta entlehnt war, zu dem vielfältige Kontakte existierten. Die kulturelle Blüte endete abrupt um 1200, als im Zuge größerer Bevölkerungsbewegungen die ⁊ Dorer aus dem nordgriech. Raum nach S wanderten und die Myken. Kultur zerstörten (sog. ⁊ Dor. Wanderung). Die Geschichte der nächsten 300–400 Jahre ist nur ansatzweise fassbar. Eine erste Zunahme der Bevölkerung begünstigte die griech. Expansion in den ägäischen Raum, die zur Besiedlung der meisten Inseln und der gegenüberliegenden kleinasiat. Küstengebiete führte. Es kam zur Herausbildung der noch in späterer Zeit maßgebl. polit. Einheiten, die regional und geographisch klar begrenzt waren. An der Spitze der einzelnen Staaten standen ⁊ Könige, deren polit. Macht aber im Laufe der Entwicklung durch den ⁊ Adel zurückgedrängt und schließlich ganz beseitigt wurde. Anklänge an diese Zeit, die z. T. bis in die myken. Epoche zurückgreifen, finden sich in den Epen ⁊ Homers. Dieses »dunkle Zeitalter« endet gegen 800, als die histor. Entwicklung wieder besser fassbar wird. – *II. Archaische Zeit (um 800–500 v. Chr.)*: Im 8. Jh. v. Chr. setzten folgenschwere gesellschaftl. Wandlungsprozesse ein. Die rasche Zunahme der Bevölkerung führte zu gesellschaftl. Krisen, die sich in inneren Kämpfen entluden und zum Ende der bis dahin dominierenden, in sich abgeschlossenen Adelsherrschaft beitrugen. Diese Verwerfungen führten vielerorts zur Herausbildung der sog. älteren ↗ Tyrannis, die dadurch gekennzeichnet war, dass einzelne Adlige, die sozialen Unruhen für ihre eigenen Zwecke ausnutzten, die Macht ergreifen und z. T. über mehrere Generationen hinweg behaupten konnten. Auf der anderen Seite begünstigten diese Verhältnisse das Einsetzen der großen Kolonisationsbewegung (↗ Kolonisation), die von etwa 800 bis 600 v. Chr. zu einer wesentl. Ausweitung der griech. Siedlungsgebiete führte. In diesem Zusammenhang wurden bes. Sizilien, Unteritalien, die Schwarzmeerküsten, aber auch Teile Nordafrikas (↗ Kyrene) und Zyperns hellenisiert. Durch die Kolonisation wurden einerseits die Probleme der Überbevölkerung abgebaut, andererseits aber auch innenpolit. Konflikte entschärft, indem unzufriedene Gruppen häufig abwanderten. Mit der Übernahme der Schrift von den ↗ Phöniziern setzte ein rasanter Aufschwung von Literatur und Wissenschaft ein, der in den Dichtungen ↗ Homers und ↗ Hesiods sowie den Werken der jon. Naturphilosophen (↗ Thales, ↗ Anaximenes, ↗ Anaximander) einen ersten Höhepunkt erreichte. Eine herausgehobene polit. Stellung in der griech. Welt, die durch die Organisationsform der ↗ Polis dominiert wurde, konnte in dieser Zeit bes. Sparta erlangen, das die gesamte südl. Peloponnes unterwarf und eine Hegemoniestellung über die restl. Gebiete der Halbinsel errichtete. – *III. Klass. Zeit (500–338 v. Chr.)*: Mit der Eroberung des Lyderreiches durch den Achämenidenherrscher ↗ Kyros (546) gerieten die Griechen erstmals in Kontakt mit den Persern, die die g. G. maßgeblich beeinflussen sollten. Ein Versuch der jon. Städte Kleinasiens, die pers. Oberherrschaft abzuschütteln (Jon. Aufstand, 500–494), führte zu den ↗ Perserkriegen (490, 480/79), in denen die Griechen zur Abwehr der äußeren Gefahr erstmals in größerem Rahmen ein gemeinsames Bündnis bildeten. Der Sieg über die pers. Invasionstruppen begünstigte den raschen polit. Aufschwung Griechenlands, in dem neben Sparta bes. Athen die maßgebl. Rolle zu spielen begann. Die Sonderentwicklung Athens setzte Ende des 6. Jh. nach dem Sturz der Tyrannis der Peisistratiden (↗ Peisistratos) mit den polit. Reformen des ↗ Kleisthenes ein (508/07), die zur Herausbildung der antiken Demokratie führten (↗ Staatsformen). Die erfolgreiche Rolle, die die Stadt in den Perserkriegen spielte, und der Aufbau einer schlagkräftigen Kriegsflotte begünstigten ihren Aufstieg zur neben Sparta führenden polit. Macht. Die athen. Herrschaft stützte sich bes. auf den ↗ Att. Seebund, der die Kontrolle über den gesamten Ägäisraum ermöglichte. Diesem gegenüber stand der ↗ Peloponnes. Bund unter der Führung Spartas, der als wichtigste Landmacht Süd- und Teile Mittelgriechenlands dominierte. Die Rivalitäten zwischen beiden Bündnissystemen entluden sich nach einer Phase der Koexistenz im ↗ Peloponnes. Krieg (431–404), der die

gesamte griech. Welt in Mitleidenschaft zog und die Blüte des 5. Jh. schwer beeinträchtigte. In der Endphase des Krieges schaltete sich das Perserreich in die Kämpfe ein und wurde in der Folgezeit wieder zu einem bestimmenden Faktor in der griech. Politik, zumal Sparta nach seinem schwer erkauften Sieg nicht in der Lage war, die Hegemonie auf Dauer zu behaupten. Nachdem ein erster Versuch von Athen, Theben, Korinth und Argos, die spartan. Vorherrschaft zu brechen, im ↗ Korinth. Krieg (395–386) gescheitert war, etablierte der Friedensschluss (↗ Königsfriede) endgültig die Perser als Ordnungsfaktor in der griech. Welt. Der Niedergang Spartas war aber nicht mehr aufzuhalten. Die militär. Niederlage gegen Theben bei ↗ Leuktra (371) beendete die spartan. Hegemonie, das zudem wenig später mit dem Verlust ↗ Messeniens seiner wichtigsten Machtgrundlage beraubt wurde. Doch auch die theban. Vorherrschaft (371–362) war nur eine vorübergehende Erscheinung, die den Niedergang der traditionellen Poliswelt nicht mehr verhindern konnte. Diese Krisensymptome ermöglichten den polit. Aufstieg des nordgriech. ↗ Makedonien unter ↗ Philipp II. (359–336), die bislang als Volksgruppe am Rande Griechenlands nur eine untergeordnete Rolle gespielt hatten. Philipp weitete seine Macht systematisch aus und besiegte 338 die verbündeten Athener und Thebaner in der Schlacht bei ↗ Chaironeia. Dieses Ereignis beendete die Vormacht der griech. Poliswelt und etablierte eine langanhaltende Hegemonie Makedoniens, das für die weitere polit. Entwicklung bestimmend blieb. – *IV. Hellenist. Zeit (338–30 v. Chr.)*: Die Eroberung des Perserreiches durch den Makedonenkönig ↗ Alexander d.Gr. (336–323) leitete eine völlig neue Phase der g. G. ein. In den ehemals pers. Gebieten etablierten sich nach dem Tode Alexanders griech-makedon. geprägte Nachfolgestaaten, von denen das ↗ Ptolemäerreich in Ägypten, das ↗ Seleukidenreich im Vorderen Orient und das makedon. Kernland die bedeutendsten waren. Zahlreiche Griechen strömten in die neu eroberten Gebiete und unterstützten einen Hellenisierungsprozess, der das gesamte ehemalige Perserreich, aber vornehmlich die östl. Mittelmeerregion erfasste. Die griech. Kultur wurde so zur Weltkultur, die zeitweise bis in den Iran und nach Indien ausstrahlte. Während die hellenist. Staaten nach ihrer Konsolidierung vielfältigen Konflikten untereinander ausgesetzt waren, ging im griech. Mutterland die Zeit der Polis als bestimmendes Element endgültig zu Ende. Neben Makedonien, das weiterhin die Hegemonie ausübte, traten in zunehmendem Maße griech. Bundesstaaten (↗ Achäerbund, ↗ Ätolerbund), die phasenweise eine überregionale Bedeutung erlangten. Seit Beginn des 2. Jh. v. Chr. geriet die hellenist. Staatenwelt ins Blickfeld der expandierenden röm. Republik, die sich immer stärker in die polit. Verhältnisse einschaltete. Bis 168 wurden das Seleukidenreich und Makedonien (↗ Makedon. Kriege) militärisch besiegt, das ptolemäische Ägypten geriet infolge seiner inneren Schwäche in die Abhängigkeit Roms. Nach einer Phase der indirekten Herrschaft wurde das griech. Mutterland 148–146 auch formal als röm. Provinz eingerichtet, ein Prozess, der seit 133 auf Kleinasien übergriff und mit der Einverleibung Ägyptens (30) seinen Abschluss fand. Seither stand der gesamte griechisch geprägte Bereich unter röm. Herrschaft und die g. G. wurde ein Teil der röm. Geschichte, die sie nachhaltig beeinflusste. **Lit.:** H. Bengtson, G.G. (⁵1977). – D. Lotze, G.G. (²1997).

Griechische Kunst. Im engeren Sinne die bildende Kunst der Griechen, zunächst unterteilt in verschiedene Zeitstufen. Die ältesten Kunstdenkmäler auf griech. Boden – aber nicht die ältesten Denkmäler überhaupt – sind diejenigen der ↗ Myken. Kultur. – (1) Der erste eigentl. Stil der g. K. ist der *geometrische Stil,* der etwa den Zeitraum von 1100–700 v. Chr. umfasst. In der Architektur ist er von einer einfachen Bauweise gekennzeichnet: die bescheidenen Wohnhäuser in Holz- und Lehmziegelbauweise, die anhand von Fundamentresten und Hausmodellen (kleinen tönernen Nachbildungen) rekonstruiert werden können, lassen sich hier nur schwer von Kultbauten unterscheiden. In der Vasenmalerei (↗ Vasen) werden geometr. Verzierungen aus Linien und Kreisen bevorzugt, selbst figürl. Darstellungen sind in einer völlig abstrakten geometr. Form wiedergegeben und entstammen offenbar nicht dem Bedürfnis, die Natur unmittelbar nachzuahmen; gleiches gilt für die Kleinkunst (z. B. geometr. Bronzearbeiten). Beliebte Themen dieser Zeit sind Totenkult, Jagd, Krieg und Schiffahrt. – (2) Auf den geometr. Stil folgt die ↗ Archaik (etwa 700–500 v. Chr.). Sie ist zunächst geprägt von der sog. orientalisierenden Phase, in der alles Neue und Unbekannte, das durch den zunehmenden Handel mit dem Vorderen Orient auf die Menschen einströmte, begeistert aufgenommen und in der eigenen Formensprache weiterverarbeitet wurde. Dies gab den Anstoß zur Entwicklung der monumentalen Kunst in Griechenland. Das Hauptaugenmerk der archaischen Architektur richtete sich auf die Sakralbauten, wobei oftmals die alten hölzernen Tempelgebäude abgerissen und an gleicher Stelle größer und prächtiger wiederaufgebaut wurden (z.B. Artemis-Tempel in Ephesos). Die rundplast. Werke der Archaik sind gekennzeichnet von einer kompakten, blockhaften und fast gigantisch anmutenden Formengebung (↗ Kuros). Charakteristisch für die Vasenmalerei war nun neben sorgfältig ausgeführten pflanzl. Ornamenten die Darstellung von Tierfriesen. Daraus entwickelte sich ein erzählender Stil, der vermehrt auch Szenen aus dem alltägl. Leben aufgriff. Dabei wurden die Figuren in schwarzfiguriger Technik auf rotem Tongrund aufgemalt. Auch die Künstler selbst traten allmählich selbstbewusster in den Vordergrund, indem sie ihre Werke signierten und mit ↗ Lieblingsinschriften versahen. – (3) In der darauf folgenden Phase, dem *klass. Stil* (etwa 5. und 4. Jh. v. Chr.), erlebte die G. K. ihren Höhepunkt. Sowohl in den Bauwerken wie auch in der bildenden Kunst wurde versucht, eine Ausgewogenheit der einzelnen Glieder innerhalb eines Ganzen zu erreichen. Von den unzähligen in dieser Zeit geschaffenen Kunstwerken ragen in der Architektur der ↗ Parthenon-Tempel in Athen (448–432) mit seinem reichen Skulpturenschmuck, die ↗ Propyläen und das ↗ Erechtheion hervor, im übrigen Griechenland der Poseidon-Tempel auf Kap ↗ Sunion (440), der Apollon-Tempel in ↗ Bassai-Phigalia und der Athena-Tempel in ↗ Milet. In der Plastik zählte der Skulpturenschmuck des Parthenon zu den herausragenden Werken der Klassik, die Arbeiten des Bildhauers ↗ Phidias, außerdem die Werke anderer bedeutender Bildhauer, etwa der sog. Diskuswerfer des ↗ Myron oder der sog. Doryphoros (Speerträger) des ↗ Polyklet. Für die Architektur der Spätklassik (4. Jh. v. Chr.) sind Bauwerke wie der dor. Asklepios-Tempel in ↗ Epidauros oder das jon. Artemision in ↗ Ephesos charakteristisch. Die Kunst stand unter dem Eindruck der außerordentl. Leistungen bedeutender Künstler wie ↗ Praxiteles, ↗ Skopas oder ↗ Lysipp. Auch in der Vasenmalerei löste die Klassik enorme Neuerungen aus; es entwickelte sich ein neues Raumgefühl, die Figuren wurden in rotfiguriger Malweise auf schwarzem Hintergrund ausgespart, beliebt waren aber auch weißgrundige Gefäße. Die Themen nahmen häufig Geschehnisse der Zeitgeschichte auf. – (4) Die Zeit des *Hellenismus* (3.–1. Jh. v. Chr.) ist im Bereich der Kunst von zahlreichen eindrucksvollen Neuerungen gekennzeichnet: ein bewegter, barocker Figurenstil, realist. Genredarstellungen, Landschaftsmalerei und individualisierende Porträts.

Spätgeometrischer Kessel (Krater) aus Athen,
um 750 v. Chr.

*Speerträger
des Polyklet*

Neben der Weiterentwicklung der Tempelarchitektur, die schon immer eine wichtige Rolle spielte, fällt das Hauptaugenmerk vermehrt auf Bau und Ausschmückung von Profanbauten (das korinth. Kapitell wird erfunden); um das dekorative Moment zu steigern, bediente man sich der Technik, unterschiedl. Bauelemente miteinander zu kombinieren. Bemerkenswerte Bildwerke des Hellenismus sind der Demosthenes von Polyeuktos, die Nike von Samothrake oder der Borghes. Fechter. Auch in der Kleinkunst zeichnete sich eine Vielzahl von Veränderungen ab, es entstanden neue Vasenformen mit betont dekorativem und ornamentalem Charakter, und bes. in der Herstellung von Schmuckgegenständen erreichte der Hellenismus eine außerordentl. Kunstfertigkeit. **Lit.:** J. Boardman (Hg.), Reclams Geschichte der antiken Kunst (1997).

Griechische Literatur. Man kann die g. L. in vier größere Epochen untergliedern: (1) Die archaische Literatur setzt bald nach der Übernahme des Alphabets von den Phöniziern mit den homer. Epen ein, die den End- und gleichzeitig Höhepunkt einer vorliterar. Phase mündl. Dichtung darstellen (↗Homer). Die Lehrdichtung (↗Lehrgedicht) wird im 7. Jh. v. Chr. von ↗Hesiod begründet, die monod. ↗Lyrik auf Lesbos von ↗Sappho und ↗Alkaios auf einen ersten Höhepunkt geführt, die Spottdichtung (Jambographie)

und ↗Elegie sind für uns zum erstenmal greifbar in den Fragmenten des ↗Archilochos. In Jonien entsteht Ende des 6. Jh. die ↗Geschichtsschreibung in Prosa (↗Hekataios). – (2) Die klass. Phase der g. L. ist mit Athen als kulturellem Zentrum verbunden und setzt nach den Perserkriegen ein. Zur wichtigsten Gattung wird das ↗Drama, erhalten sind Stücke des ↗Aischylos, ↗Sophokles, ↗Euripides und ↗Aristophanes (↗Tragödie, ↗Komödie, ↗Satyrspiel). Die bereits im 6. Jh. präsente Chorlyrik (↗Simonides) ist durch ↗Pindar und ↗Bakchylides vertreten. Die rhetor. Interessen der ↗Sophistik in Verbindung mit dem att. Prozesswesen bringen die att. Prosa hervor (↗Rhetorik, ↗Antiphon, ↗Lysias); zuvor war Prosa im jon. Dialekt verfasst (↗Griechisch). Die Geschichtsschreibung wird von ↗Herodot, ↗Thukydides und ↗Xenophon (1) weitergeführt. Der Bedeutung des ↗Sokrates ist es zuzuschreiben, dass die Form des philosoph. ↗Dialogs (↗Platon) entstand. Das 4. Jh. brachte ein Vielzahl von Prosaformen hervor (↗Enkomion, ↗Biographie, Rede), verbunden bes. mit den Namen des ↗Xenophon (1) und ↗Isokrates. – (3) Die hellenist. Literatur zeichnet sich durch zwei Tendenzen aus: In der Komödie (↗Menander [1]) wird der polit. Anspruch durch private Themen ersetzt; in der Dichtung tritt uns – im Zusammenhang mit dem Aufkommen der ↗Philologie als Wissenschaft – der Typus des ↗*poeta doctus* entgegen (↗Kallimachos, ↗Apollonios von Rhodos), der große Formen ablehnt und eine raffinierte, anspielungsreiche Dichtung bevorzugt (↗Literaturtheorie). – (4) Die Literatur der Kaiserzeit und Spätantike ist durch den ↗Attizismus und die kaiserzeitl. Rhetorik geprägt (↗Lukian). Als neue Gattung kommt der ↗Roman auf (↗Chariton, ↗Longos, ↗Achilleus Tatios, ↗Heliodor). In Auseinandersetzung mit der heidn. Literatur und aus den Bedürfnissen der Gemeindearbeit heraus entwickelt sich die christl. Literatur (↗Gregor von Nyssa, ↗Gregor von Nazianz). Der Übergang von der griech. zur byzant. Literatur ist fließend. Gemeinhin wird das Ende der antiken griech. Literatur mit der Schließung der ↗Akademie durch Justinian (529) festgesetzt. **Lit.:** A. Lesky, Geschichte der g. L. (³1971). – A. Dihle, Griech. Literaturgeschichte (³1998). – Ders., Die griech. und lat. Literatur der Kaiserzeit (1998). – M. Hose, Kleine griech. Literaturgeschichte (1999). – Th. Paulsen, Geschichte der griech. Literatur (2004).

Griechisch(e Sprache). G. ist ein sich seit ca. 2.000 v. Chr. selbständig entwickelnder Zweig der ↗indogerman. Sprachfamilie (↗myken. Sprache). Das Altgriechische ist etwa zeitgleich mit der Übernahme des ↗Alphabets von den Phöniziern seit dem 8. Jh. v. Chr. fassbar (↗Homer). Durch die Kolonisation wurde das G. im östl. wie westl. Mittelmeerraum bis zum Schwarzen Meer verbreitet. Die größte Verbreitung fand es im Zusammenhang mit den Eroberungen Alexanders d.Gr. und seiner Nachfolger. G. zerfällt in mehrere Dialekte, wobei in der frühen Literatur teilweise bestimmte Gattungen an bestimmte Dialekte gebunden sind (Chorlyrik im dor. Dialekt, medizin. Fachschriften im jon., monod. Lyrik im äol.). Bis in

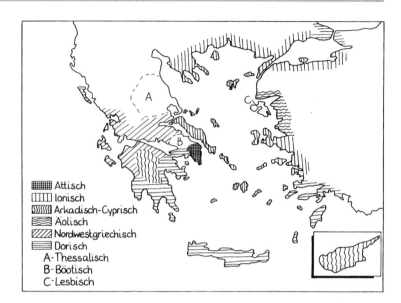

Griechische Dialekte

Legend in map:
- ▦ Attisch
- ▥ Ionisch
- ▨ Arkadisch-Cyprisch
- ▧ Äolisch
- ▨ Nordwestgriechisch
- ☰ Dorisch
- A-Thessalisch
- B-Böotisch
- C-Lesbisch

hellenist. Zeit wurden auf Inschriften auch lokale (sog. epichor.) Dialekte verwendet. Schon in der Antike unterschied man drei literar. Hauptdialekte: Jon.-Attisch, Dorisch, Äolisch. Bei den epichor. Dialekten kann man dagegen folgende Gruppen unterscheiden: 1. Jon.-Attisch, 2. Arkad.-Zyprisch (auch Achäisch bzw. Südachäisch genannt), 3. Äolisch (mit Lesbisch, Thessalisch, Böotisch), 4. Westgriechisch bzw. Dorisch (dazu gehört auch das Pampyhilische von der Südküste Kleinasiens). Der Aufschwung Athens nach den Perserkriegen führte zu einer starken Aufwertung des Attischen, das zuvor nur eine eher altmod. Sonderform des Jonischen war. Durch die ↗ Sophistik und die aufkommende ↗ Rhetorik in der 2. Hälfte des 5. Jh. v. Chr. entwickelte sich das Attische schnell zu der Prosasprache der griech. Literatur. Da die makedon. Könige und die Diadochen das Attische zur Kanzleisprache erhoben, errang es eine allg. Geltung in Griechenland. Es wurde allerdings durch die Aufnahme anderer Dialektmerkmale leicht verändert (↗ Koine). Die sprachpurist. klassizist. Strömung des ↗ Attizismus, die auch mit Mitteln der ↗ Glossographie eine Rückbesinnung auf das 5./4. Jh. v. Chr. postulierte und Lysias und Xenophon zu Vorbildern erkor, konnte die Entwicklung nicht aufhalten. **Lit.:** O. Hoffmann/E. Scherer, Geschichte der griech. Sprache (1969). – H. Rix, Histor. Grammatik des G.en (1976). – M. Meier-Brügger, Griech. Sprachwissenschaft, 2 Bde. (1992).

Groma (lat.). Messinstrument der Landvermesser, das zum Abstecken rechter Winkel benutzt wurde; häufige Verwendung fand es beim Bau von Kastellen, um dort die beiden im Zentrum senkrecht aufeinander stoßenden Hauptachsen, den ↗Decumanus und den ↗Cardo, festzulegen (↗Feldmesser). **Lit.:** A. Johnson, Röm. Kastelle (1987). – K. Brodersen, Terra Cognita (1995).

Grundbesitz war sowohl im antiken Griechenland als auch in Rom ein zentrales Kriterium für gesellschaftl. Ansehen und polit. Einfluss, der denjenigen der Handel- und Gewerbetreibenden bei weitem überragte. In vielen griech. Staaten (bes. Sparta, anfangs aber auch Athen) waren die vollen polit. Rechte an einen hinreichend großen G. gebunden. Auch in der röm. Republik war der polit. Einfluss im Rahmen der ↗ Volksversammlung einem ↗ Zensus unterworfen, der sich am (Grund-)besitz orientierte. Dem Senatorenstand, der z.T. riesige ↗ Latifundien kontrollierte, war es sogar ausdrücklich untersagt, Handel zu treiben und die wirtschaftl. Basis des G.es zu verlassen. Die zunehmende Konzentration des G.es in wenigen Händen führte in der späten Republik zu schweren polit. Krisen, die in zahlreiche Versuche mündeten, Bodenreformen durchzuführen (Tiberius und Gaius ↗ Gracchus), die aber nicht über Ansätze hinauskamen. Seit Einführung der Berufsarmee in Rom durch Marius war es üblich, auch Veteranen nach ihrem Ausscheiden durch G. zu entschädigen.

Gummi (gr. kommi) ist erstmals in Ägypten belegt, hier als Klebstoff bei der Konservierung von Mumien. G. wurde hauptsächlich aus dem Saft der Nilakazie gewonnen und gelangte als Exportartikel auch in die griech. Welt. In klass. Zeit wurde G. erstmals von Herodot erwähnt; eine genaue Beschreibung liefert Plinius d.Ä.

Gyes, einer der drei ↗ Hekatoncheiren.

Gyges, König von Lydien um 680–650 v. Chr., stürzte seinen Vorgänger Kandaules und dehnte seine Macht bis zum Hellespont und auf die griechisch besiedelte Ägäisküste aus. Er soll Weihgeschenke nach Delphi übersandt und gute Beziehungen zu den Griechen unterhalten haben. Um 650 fiel er im Kampf gegen die Kimmerier. – Sein Bild ist durch die Erzählungen Herodots und in dessen Nachfolge (z. B. bei Platon) mit zahlreichen Legenden behaftet: Danach soll er als noch einfacher Hirte einen Ring gefunden haben, der, wenn er ihn drehte, ihn unsichtbar machte. G. nutzte diese Zauberkraft, indem er sich in unsichtbarer Gestalt Zugang zum königl. Palast verschaffte, dann den König tötete, die Königin verführte und schließlich selbst König wurde.

Gylippos, spartan. Feldherr, wurde von seiner Heimatstadt 415 nach Syrakus entsandt, um die dortige Regierung bei der Abwehr des athen. Angriffs zu unterstützen. Er verhinderte die vollständige Einschließung der Stadt und brachte zahlreiche sizil. Gemeinden dazu, die syrakusan. Sache zu unterstützen. 413 leitete er die Verfolgung der abziehenden Athener und setzte sich nach deren Kapitulation vergeblich für die Verschonung der Feldherren Nikias und Demosthenes ein. 412 kehrte er nach Sparta zurück und trat militär. nicht mehr in Erscheinung. **Lit.:** H. Wentker, Sizilien und Athen (1956).

Gymnasion (gr. *gymnos*, »nackt«), bezeichnete im antiken Griechenland die öffentl. Anlage, in der Knaben und Männer ihre Körper durch sportl. Übungen und ihren Geist durch mus. Unterricht trainierten. Körperl. und mus. Erziehung wurde von den Griechen, insbes. den Athenern, gleichermaßen gefördert, aber nur Ersteres stand unter staatl. Leitung. Mit der Zeit entwickelten sich die Gymnasien zu Zentren des geistigen Lebens. Philosophen hielten dort gerne ihre Vorträge. Die Gymnasien bestanden in der Regel aus Hallen und Laufbahnen (überdacht und offen), aber auch Sprunggruben, Wurfkreisen und Ballspielplätzen, ferner gehörten diverse Räume wie Umkleide- und Aufenthaltszimmer, Wasch-, Salb-, Übungs- und Vorlesungsräume dazu. **Lit.:** H. Knell, Architektur der Griechen (²1988).

Gymnastik (gr., »Leibesübungen mit nacktem Körper«) war in Griechenland in Form von Körperschulung seit archaischer Zeit verbreitet. In der antiken Wissenschaftstheorie wurde die G. mit der ↗ Medizin in Verbindung gebracht und zu therapeut.

Zwecken eingesetzt; daneben wurde G. aber auch zunehmend als Sport und zur Unterhaltung betrieben. Ihre konkreten Formen waren meist Laufen, Ringen, Springen, Diskuswerfen und Schwimmen, die häufig wettkampfmäßig durchgeführt wurden, wie bei den panhellen. ↗ Agonen. In Sparta diente die G. zudem der vollwertigen Ausbildung der Jugend zu leistungsfähigen Soldaten. Demgegenüber tritt die G. im röm. Bereich deutlich zurück. **Lit.:** M. Michler, Die Leibesübungen in der griech. Medizin (1958). – W. Rudolph, Olymp. Kampfsport in der Antike (1965).

Gymnosophisten (gr., »nackte Weise«), nach einer legendären Überlieferung zehn ind. Weise, mit denen Alexander d.Gr. diskutiert haben soll; in der kaiserzeitl. Literatur östl. (ind.) Weise bzw. Brahmanen.

Gynaikokratie (gr. »Frauenherrschaft«) ↗ Matriarchat

Gynäkologie. Eine erste medizin. Beschäftigung mit den weibl. Geschlechtsorganen und ihren Erkrankungen ist in Griechenland bereits in frühklass. Zeit nachweisbar und findet ihren Widerhall in den ↗ Hippokrat. Schriften. Die einschlägigen medizin. Kenntnisse wurden freilich hartnäckig durch mag. und abergläub. Vorstellungen überlagert, die eine wirksame Behandlung erschwerten. Prakt. Anwendungen der G. wurden, von schwierigen Fällen abgesehen, in der Regel durch Hebammen durchgeführt. **Lit.:** H. Grensemann, Hippokrat. G. (1982). – N. Demand, Birth, Death, and Motherhood in Classical Greece (1994). – Ch. Schubert/U. Huttner, Frauenmedizin in der Antike (1999).

Haartracht. Die Pflege der Haare bildet seit frühesten Zeiten ein wichtiges Element der menschl. Kulturgeschichte. Im archaischen Griechenland waren zu-

Frauenfrisuren: A römisch, B griechisch

nächst sowohl bei Männern, als auch bei Frauen Lang-
haarfrisuren vorherrschend. Das Haar wurde frei he-
rabfallend getragen, mit Bändern umwunden und
bisweilen schopfartig zusammengeschnürt. Seit dem
6. Jh. v. Chr. setzte sich für Männer immer mehr eine
Kurzhaarfrisur durch, bei der das Haar z. T. in die Stirn
hineingekämmt wurde. Demgegenüber behielten
Frauen die lange Mode bei und entwickelten eine beträchtl. Vielfalt kunstvoller Frisuren, bei denen teils
hochgesteckte Zöpfe, Knoten und aufgebundene
Schöpfe reich vertreten waren. Als Haarschmuck
dienten Diademe, Kränze und spangenartige Ringe. –
Auch in Rom dominierten für Männer zunächst Lang-
haarfrisuren, die aber bereits in der frühen Republik
durch kurz geschorenes Haar ersetzt wurden. Im Gegensatz zu Griechenland waren die einzelnen Formen
der Männerfrisur aber reichhaltiger und stärker der
Mode unterworfen. Sie reichten von einem bürstenar-
tigen Kurzhaarschnitt über glattgekämmtes Haar bis
zu gewellten und lockigen Frisuren, die seit der späten
Republik stärker vertreten waren. Die Frauenmode
orientierte sich hauptsächlich an griech.-hellenist.
Vorbildern und entwickelte eine reiche Vielfalt, wobei
bes. das Schnüren und Aufbinden des Schopfes und
das Einrollen der Haare zum Knoten verbreitet waren.
Beliebt waren auch Tücher, Hauben und Netze, in die
die Frisuren eingearbeitet wurden. Verbreitet war ferner das Färben der Haare, bisweilen auch der Einsatz
von ↗ Perücken. Die Modeformen der antiken H. sind
durch zahlreiche bildl. Darstellungen reichlich belegt
und lassen sich oft bis ins Detail verfolgen.

Hades, griech. Bezeichnung für die ↗ Unterwelt
und deren gleichnamigen Beherrscher, der als verder-
benbringender, aber auch als von unten Gutes zu den
Menschen entsendender Gott (»Pluton«) angesehen
wurde. Im Mythos vereinigt sich H. mit der von ihm
entführten ↗ Persephone. Lit.: C. Sourvinou-Inwood,
Reading Greek Culture (1991) 147–88.

Hadrian, Publius Aelius Sergia Hadrianus; Traianus Hadrianus Augustus, röm. Kaiser 11. August
117–10. Juli 138 n. Chr. – I. Leben: Geb. am 24. Januar 76 wahrscheinlich in Rom als Sohn des P. Aelius
Hadrianus Afer und der Domitia Paulina; ca. 100
Hochzeit mit Vibia Sabina (gest. 137); 101 Quästor;
ca. 105 Prätor; 108 Suffektkonsul; 117 Statthalter der
Provinz Syria; am 9. August 117 erhielt H. die Nachricht von seiner (angebl.?) Adoption durch Kaiser Trajan und wurde am 11. August in Antiochia zum Kaiser
erhoben; am 9. Juli 118 zog er in Rom ein; um den
Frieden im ganzen Reich zu sichern, unternahm H.
zwei große Reisen, die ihn als »Reisekaiser« in die
Geschichte eingehen ließen. Die erste große Reise
(Frühjahr/Sommer 121-Sommer 125) führte ihn über
Gallien nach Britannien, wo er als neue Nordgrenze
der Provinz den sog. Hadrianswall (Limes) bauen ließ;
im Winter 122/23 hielt er sich in Spanien auf, 123/24
besuchte er Kleinasien, 124/25 Griechenland, wo er
sich in die Eleusin. Mysterien einweihen ließ; im Sommer 125 kehrte er nach Rom zurück. Die zweite große
Reise (Herbst 129–Frühjahr 132) führte ihn nach

Hadrian im Brustpanzer
(Rom, Konservatorenpalast)

Griechenland, Kleinasien, Syrien, Arabien und Judäa;
im Juli/Aug. 130 erreichte H. Alexandria; bei einer
Nilfahrt ertrank sein Geliebter und Reisegefährte
Antinoos; ihm zu Ehren gründete H. die Stadt
Antinoopolis; nach einem weiteren Aufenthalt in
Kleinasien und Griechenland (Winter 131/32) kehrte
H. 132 nach Rom zurück; 132–135 kam es in Judäa zu
einem Aufstand (»Bar Kochba-Aufstand«); im Sommer 136 adoptierte H. den als Nachfolger auserwählten L. Aelius Caesar, der jedoch bereits Anfang 138
starb; als neuen Nachfolger wählte H. Antoninus Pius,
den er am 25. Februar 138 adoptierte; am 10. Juli 138
starb Hadrian – des Lebens bereits überdrüssig – in
Baiae; wegen Hinrichtung einiger Senatoren in den
letzten Regierungsjahren des Kaisers wollte der Senat
die *damnatio memoriae* verhängen, was sein Nachfolger Antoninus Pius verhinderte; H. wurde vergöttlicht
und im Mausoleum Hadriani (Engelsburg) beigesetzt.
– II. Literarische Werke: H. werden auch literar. Werke
zugeschrieben. Äußerst umstritten in der Interpretation sind die fünf Verse, die H. auf dem Totenbett ge-
dichtet haben soll und in denen er seine den Körper
verlassende Seele (*animula*) anspricht. Ebenfalls umstritten sind die inschriftlich in der Gallia Narbonensis
erhaltenen Verse in epod. Versmaß, die eine Totenklage um das Pferd des Kaisers enthalten. Lit.: B. W.
Henderson, The Life and Principate of the Emperor H.
(1923, Nd. 1968). – E. Courtney, The Fragmentary Latin Poets (1993) 373–386. – DRK (1997). – A. Birley,
Hadrian (1998).

Hadrianopolis ↗ Adrianopolis
Hadrianswall ↗ Limes
Hadrumetum (heute Sousse, Tunesien), von ↗ Ty-
ros gegründete phöniz. Hafenstadt an der nordafrikan.

Küste; seit dem 4. Jh. v. Chr. zu ⁊ Karthago, nach Zerschlagung des pun. Reiches und der Zerstörung Karthagos (146) zum röm. Einflussbereich gehörend. Die Küstenlage und das fruchtbare Hinterland begünstigten eine wirtschaftl. Blüte im 2. und 3. Jh. n. Chr.; seit Diokletian Hauptstadt der Provinz Byzacena; neu befestigt unter Justinian; Hinweise auf eine frühchristl. Gemeinde. Erhalten sind Privathäuser mit Mosaiken und andere Gebäudereste aus röm. Zeit, Nekropolen und frühchristl. Katakomben. **Lit.:** PECS (1976). – ASM (1999).

Häduer (lat. Haedui), kelt. Volksstamm zwischen Loire und Saone, Hauptstadt ⁊ Bibracte. Die H. galten bereits seit dem 2. Jh. v. Chr. als röm. Bundesgenossen und spielten eine wichtige Funktion als »Brückenkopf« Caesars bei der Eroberung Galliens (58–51). Dennoch schlossen sie sich 52 dem allg. gall. Aufstand unter ⁊ Vercingetorix an, kehrten aber nach dem Fall ⁊ Alesias wieder in röm. Botmäßigkeit zurück. 48 n. Chr. erhielten sie von Kaiser Claudius als erste gall. Völkerschaft das Recht, röm. Ämter zu bekleiden (*ius honorum*).

Häresie (gr. hairesis, lat. secta, »Wahl«, »eingeschlagene Richtung«). H. bedeutet ursprünglich wertneutral die Entscheidung, sich zu einer bestimmten Sache zu bekennen bzw. sich einer bestimmten, bes. philosoph. Richtung anzuschließen. Erst ab dem 2./3. Jh. n. Chr. wird von christl. Autoren der Begriff negativ zur Bezeichnung einer falschen Entscheidung oder eines Irrglaubens verwendet. Im Anschluss an die pagane Doxographie entstehen Häretiker-Kataloge, in denen mit polem. Absicht die »Irrlehrer«, ihr Leben und ihre Meinungen denunziert werden. Archeget der Gattung ist Irenaeus von Lyon mit seinem Werk *Adversus omnes haereses* (*Gegen alle Irrlehren*, ca. 180 n. Chr.).

Hafen (gr. limen, lat. portus). Planmäßige Anlagen antiker Seehäfen sind seit kret.-myken. Zeit (2. Jt. v. Chr.) nachweisbar; zu ihrem systemat. Ausbau kam es aber erst seit dem 8./7. Jh. v. Chr. im Zusammenhang mit dem zunehmenden Aufschwung des ⁊ Seewesens. Häfen wurden in geschützten Buchten angelegt und mit Molen und Kaimauern versehen, um die Schiffe gegen Stürme und hohen Wellengang abzuschirten. Sie standen meist (im westgriech. Kolonialgebiet) mit bestimmten Städten in Verbindung, die oft an entsprechend geeigneten Stellen gegründet wurden. Häfen dienten in erster Reihe dem Handel und fungierten als Umschlagsplätze, in denen Waren eingeladen oder gelöscht wurden. Darüber hinaus boten sie Schiffen, die für den Moment nicht benötigt wurden, sichere Stellplätze (meist in Schiffshäusern). Häfen hatten seit frühester Zeit auch eine militär. Bedeutung und dienten der Kriegsflotte als Stationierungsort, wenn auch spezielle Kriegshäfen für ausschließlich militär. Zwecke erst in der röm. Kaiserzeit angelegt wurden (z. B. ⁊ Misenum). Wichtige Stadthäfen (u. a. Piräus/Athen, Syrakus, Karthago, Alexandria) waren stets befestigt und mit Mauern und Kastellen gegen feindl. Überfälle gesichert. Die Einfahrt wurde nachts oft durch ständig

brennende Leuchtfeuer angezeigt. Besondere Anlagen waren reine Handels- und Umschlagsplätze (z. B. ⁊ Emporion), die nicht befestigt waren, und spezielle Personenhäfen (z. B. Delphi, Eleusis), die nahezu ausschließlich dem Reiseverkehr, meist im Zusammenhang mit überregionalen Heiligtümern dienten. Mit der Expansion des röm. Reiches entstanden an den wichtigsten Wasserstraßen (Rhône, Donau, Rhein) auch bedeutende Flusshäfen, die sowohl zivilen als auch militär. Zwecken dienten. **Lit.:** PECS (1976). – ASM (1999).

Hagesander (gr. Hagesandros), Bildhauer aus Rhodos, der im letzten Viertel des 1. Jh. v. Chr. arbeitete. Gemäß Plinius soll er zusammen mit seinen Söhnen Polydoros und Athanadoros die berühmte Laokoon-Gruppe geschaffen haben. **Lit.:** B. Andreae, Laokoon und die Gründung Roms (1988). – N. Himmelmann, Laokoon, Antike Kunst 34 (1991).

Hagia Sophia (gr., »Heilige Weisheit«), Name zahlreicher Kirchen im O, die berühmteste unter ihnen die Palastkirche in Konstantinopel (⁊ Byzanz). Die Vorgängerbauten von 360 und 415 n. Chr. fielen Bränden zum Opfer. Kaiser Justinian veranlasste daraufhin (um 523) die sofortige Wiederherstellung und engagierte hierfür die beiden Baumeister Anthemios von Tralleis und Isidor von Milet, die ein architekton. Meisterwerk vollbrachten, indem sie Zentralbau und Längsbau miteinander verbanden. Die Kirche wurde 1453 in eine Moschee umgewandelt. Seit 1934 dient sie als Museum. Der eigentl. Baukörper hat allen Widrigkeiten getrotzt, selbst beim Einsturz der riesigen, 32 m messenden Kuppel, nicht jedoch die Innenausstattung, die heute nur noch aus literar. Quellen bekannt ist. **Lit.:** W. Hotz, Byzanz. Konstantinopel. Istanbul. Handbuch der Kunstdenkmäler ([2]1978).

Hagia Triada (neugr., »Heilige Dreifaltigkeit«), Ausgrabungsstätte an der Südküste Kretas, nur etwa 3 km westl. von ⁊ Phaistos, wo Überresten einer in der 1. Hälfte des 16. Jh. v. Chr. erbauten und gegen 1400 v. Chr. zerstörten Palastanlage sowie einer Siedlung aus dem beginnenden 14. Jh. (dem Ende des minoischen Reiches). Die Ausrichtung zum Meer und die zahlreichen ausgegrabenen Magazine lassen vermuten, dass H. T. die zu Phaistos gehörende Hafenstadt war. Bemerkenswert sind die in H. T. entdeckten Fresken, reliefierte Steatitvasen (u. a. die sog. Schnittervase) und der berühmte sog. Totenmahl-Sarkophag von H. T. (⁊ Sarkophag). **Lit.:** S. Marinatos/M. Hirmer, Kreta, Thera und das Myken. Hellas (1986).

Hahnenkämpfe waren in der Antike ein beliebter Unterhaltungssport. In Athen fanden seit den Perserkriegen regelmäßige Wettkämpfe im Dionysos-Theater statt, wobei wehrfähige Männer als Beobachter anwesend sein mussten. Die Hähne wurden vielfach mit Metallsporen ausgestattet und speziell gefüttert, um ihren Kampfinstinkt anzuregen. Dem Besitzer des Siegers winkte ein Geldpreis. H. finden sich oft auf Vasendarstellungen und waren auch in der röm. Kaiserzeit noch weit verbreitet.

Haimon, Sohn des myth. theban. Königs Kreon. Er findet die bei lebendigem Leib eingemauerte ⁊ Antigone (1) tot vor und begeht Selbstmord (Sophokles, *Antigone*).

Haimos ↗ Rhodope (2)

Haliartos, bereits in myken. Zeit besiedelte Stadt in Böotien am Fuß des Helikon; bereits von Homer erwähnt; der Spartaner ↗ Lysander verlor hier sein Leben in der ersten Entscheidungsschlacht des korinth. Krieges (394); während der theban. Hegemonie war H. auf Seiten ↗ Thebens. 171 v. Chr. im 3. Makedon. Krieg von Rom erobert und zerstört, wurde das Areal von H. Athen zugesprochen. Zum Gebiet von H. gehörte das böot. Bundesheiligtum des Poseidon von Onchestos; auf der Akropolis ein Athena-Tempel vom Ende des 6. Jh. v. Chr. **Lit.:** J. Fossey, Topography and Population of Ancient Boeotia (1988).

Halikarnassos (gr. Halikarnassos, eingedeutscht Halikarnass, heute Bodrum, Türkei), dor. Handelskolonie (↗ Emporion) in Karien an der SW-Küste Kleinasiens; gegründet von Troizen i. d. Argolis um 900 v. Chr.; Heimatstadt des Geschichtsschreibers Herodot. Zunächst war H. unter lyd. Herrschaft (560–548) danach wechselnde Zugehörigkeiten zu Persien, Athen, Sparta und Rom. Artemisia I. aus der einheim. Dynastie war zunächst Verbündete der Perser gegen Griechenland; 453 wurde H. Mitglied des 1. ↗ Att. Seebundes. Der pers. ↗ Satrap ↗ Mausolos wählte H. als Residenz (370) und erbaute hier für sich und seine Gemahlin Artemisia II. ein monumentales Grabmal (Mausoleum). Mit seinen Hafenanlagen, der gewaltigen Stadtmauer und dem prachtvollen Mausoleum zählte H. zu den bemerkenswertesten Städten der antiken Welt. Nach der Zerstörung 333 durch Alexander d.Gr. blieb H. bedeutungslos und kam 129 v. Chr. unter röm. Herrschaft. **Lit.:** PECS (1976). – W. Hoepfner, in: Antike Welt 18, 4 (1987) 51–54. – ASM (1999).

Halirrhothios, Sohn des Poseidon und der Nymphe Euryte. In der Nähe der Akropolis in Athen versucht er, Alkippe zu vergewaltigen und wird zur Strafe von ihrem Vater Ares getötet. Die Sache wird von den Göttern vor Ort verhandelt; der Hügel und das Gericht, das sich mit Totschlag befasst, wird danach Areopag (»Areshügel«) genannt. Ares wird freigesprochen.

Halonnesos, kleine Insel der Ägäis südl. von Lemnos; in der Antike als Seeräubernest gefürchtet; später unter dem Namen Hagios Eustratios Deportationsinsel für Strafgefangene.

Halys, Grenzfluss zwischen ↗ Lydien und ↗ Medien, der nach der Unterwerfung Mediens durch Kyros II. (550 v. Chr.) die natürl. Grenze Lydiens nach Persien bildete.

Hamadryaden, ↗ Nymphen der Bäume.

Hamilkar Barkas, gest. 229 v. Chr., karthag. Feldherr, Vater Hannibals, erhielt 247 im 1. Pun. Krieg den Oberbefehl über die karthag. Truppen in Sizilien und unternahm von seinen Stützpunkten im W der Insel Plünderungszüge gegen das röm. Gebiet. Nach der Niederlage der karthag. Flotte bei den Ägat. Inseln (242) musste er – ohne besiegt worden zu sein – kapitulieren und in seine Heimat zurückkehren. Nach Ausbruch des Söldneraufstands und militär. Misserfolgen

seines Rivalen Hanno erneut zum Truppenbefehlshaber ernannt, schlug er die Revolte nieder und stellte die Macht Karthagos in Nordafrika wieder her. 237 ging er als Stratege nach Spanien und baute in den folgenden Jahren ein karthag. Kolonialreich auf, das den südl. und westl. Teil der iber. Halbinsel umfasste, und dem Staat durch die örtl. Silberminen neue Einkünfte ermöglichte. Röm. Forderungen trat er 231 entgegen und fiel 229 im Kampf gegen den Volksstamm der Oretaner. Der Bericht, er habe seinen Sohn Hannibal ewige Feindschaft gegen Rom schwören lassen, ist in der Forschung umstritten und eher unhistorisch. **Lit.:** J. Seibert, Forschungen zu Hannibal (1993) 83–107.

Handel. Obwohl früheste Formen des Güterumlaufs seit der Steinzeit nachweisbar sind, beschränkte sich der H. lange Zeit im Wesentl. auf die nähere Umgebung; ein Warenaustausch über größere Entfernungen hinweg begann im Vorderen Orient mit dem Aufblühen der Stadtkulturen in Mesopotamien und der Entwicklung des Alten Reiches in Ägypten im 3. Jt. v. Chr. und dehnte sich allmählich auf angrenzende Gebiete aus. Dieser Handel fand ausschließlich auf Tauschbasis statt und umfasste bes. Güter des tägl. Bedarfs wie Getreide, Vieh und Keramik, aber auch Metalle (Kupfer, Bronze, Zinn) und Waffen. Zu einer beträchtl. Ausweitung des Fernhandels kam es mit der Entwicklung leistungsfähiger Hochseeschiffe (↗ Seewesen) im 2. Jt. v. Chr. sowie mit der großflächigen Einführung des Münzwesens seit dem 6. Jh. v. Chr., das schon bald den gesamten Mittelmeerraum umfasste und über den Vorderen Orient bis nach Indien reichte. Bes. Griechen und Phönizier entwickelten sich zu bedeutenden Händlern, die, gestützt auf zahlreiche Handelskolonien im Mittelmeer, aber auch im Schwarzmeergebiet, den Warenaustausch in entfernte Räume ausdehnten und dabei auch unbekannte Gegenden erforschten. Seit hellenist. Zeit waren auch zentralasiat. Gebiete, Indien und China bes. für Luxuswaren in den H. eingeschlossen. Der Transport erfolgte neben Schiffen hauptsächlich durch Karawanen. Der Warenaustausch verstärkte sich nochmals in der röm. Kaiserzeit, wobei bes. der Binnenhandel eine große Bedeutung erlangte. Zu einem deutl. Rückgang kam es erst in der Spätantike durch vielfältige krisenhafte Erscheinungen, die in der Völkerwanderungszeit gipfelten und den problemlosen Fluss der Handelsgüter nachhaltig störten. **Lit.:** F. M. Heichelheim, Wirtschaftsgeschichte d. Altertums (1939). – F. de Martino, Wirtschaftsgeschichte des Alten Rom (1985). – F. Vittinghoff (Hg.), Europäische Wirtschafts- und Sozialgeschichte in der Antike. Kaiserzeit (1990).

Handwerk. Das H. geht auf die Steinzeit zurück (Werkzeuge aus Knochen, Stein und Holz) und differenzierte sich zunehmend mit der immer komplexer werdenden menschl. Gesellschaft. In Griechenland entwickelte sich bereits in archaischer Zeit eine Fülle eigenständiger Handwerkszweige, bei denen bes. die Töpferei, die Web-, Steinmetz- und Schmiedekunst die wichtigsten waren. Eigenständige Handwerker waren meist in den Städten ansässig und führten nicht selten kleine Betriebe, in denen weitere Leute beschäftigt waren. Seine größte Blüte erlebte das griech. H. im Hellenismus, wo es nicht nur von einer Ausweitung des ↗ Handels profitierte, sondern auch neue techn. Errungenschaften zum Einsatz kamen. In Rom erlebte das H. bes. seit der späten Republik einen Aufschwung, der durch Übernahme hellenist. Methoden und Fertigkeiten in der frühen Kaiserzeit zu einer Blüte mit regelrechten Großbetrieben führte. In dieser Zeit konnten Handwerker zu beträchtl. Wohlstand gelangen. Erst die Wirtschaftskrisen der Spätantike führten zu einem Niedergang. ↗ Diokletian verfügte die Eingliederung der Handwerker in Zwangskorporationen, die die freie Entfaltung des Gewerbes behinderten und den Weg zu den mittelalterl. Zünften ebneten.

Hạnnibal, 247–183 v. Chr., karthag. Feldherr, Sohn des Hamilkar Barkas, ging 237 mit seinem Vater nach Spanien, wo er in den von den Karthagern neu eroberten Gebieten das Kriegshandwerk kennenlernte. Nach dem Tode seines Schwagers Hasdrubal (221) übernahm er den Oberbefehl über die karthag. Truppen in Spanien und löste durch die achtmonatige Belagerung und Einnahme der mit Rom verbündeten Stadt Sagunt (219) den 2. Pun. Krieg aus. Einem kühnen militär. Plan folgend, die Römer in Italien anzugreifen, überschritt H. 218 die Pyrenäen und Alpen und vereitelte so die röm. Absicht, selbst offensiv zu werden. Durch seine Siege am Ticinus und an der Trebia (beide noch 218) vertrieb er die Römer aus Oberitalien und sicherte sich die Unterstützung der dort lebenden Kelten. Im Jahr darauf (217) eröffnete H. mit Überschreiten des Apennin die Offensive gegen Mittelitalien und vernichtete die Armee des röm. Konsuls C. Flaminius am Trasimen. See. Er verzichtete darauf, Rom direkt anzugreifen, und zog stattdessen nach Unteritalien, wo er seine Absicht verkündete, Italien von der röm. Herrschaft zu befreien. Während dieser Aufruf bei den Bundesgenossen zunächst wirkungslos verhallte, versuchte der in Rom eingesetzte Diktator Q. Fabius Maximus durch eine Hinhaltetaktik eine weitere Schlacht zu vermeiden. Erst 216 stellten die Römer wieder ein Heer von 80.000 Mann ins Feld, das von H. in der strategisch meisterhaft geführten Schlacht bei Cannae eingekesselt und bei nur geringen eigenen Verlusten vollständig vernichtet wurde. Erst jetzt setzte unter den röm. Bundesgenossen (u. a. Capua) eine nennenswerte Abfallbewegung ein, die es H. ermöglichte, in der Folgezeit weite Teile Unteritaliens zu kontrollieren. Doch statt Rom direkt anzugreifen, hielt er an seinem bisherigen Konzept fest, die röm. Macht durch die Zerschlagung des Bundesgenossensystems zu eliminieren. Dadurch jedoch verzettelte er seine Kräfte und ermöglichte es den Römern, sich militärisch zu regenerieren. Während diese in den folgenden Jahren jede weitere Feldschlacht vermieden und sich darauf beschränkten, einzelne abgefallene Bundesgenossen gezielt anzugreifen, verlor H. allmählich die Initiative. Spätestens nach der Rückeroberung Capuas (211), die H. trotz eines Marsches auf Rom nicht verhindern

konnte, geriet er zunehmend in die Defensive. Die Aussicht auf einen letztendl. Sieg wurde vollends zerstört, als das Heer seines Bruders Hasdrubal, der ihm aus Spanien zu Hilfe kommen wollte, am Metaurus vernichtet wurde (207). Seither war der Machtbereich H.s im Wesentl. auf Bruttium beschränkt. 203 wurde er von der karthag. Regierung gegen die inzwischen in Nordafrika gelandeten röm. Invasionstruppen zurückbeordert, wo er 202 gegen P. Cornelius Scipio in der Entscheidungsschlacht bei Zama unterlag. Bei Kriegsende (201) von den Römern zunächst unbehelligt gelassen, wurde H. 196 in Karthago zum Suffeten (Herrscher) gewählt, musste aber nach einer röm. Intervention fliehen und begab sich an den Hof des Seleukidenkönigs Antiochos III., als dessen Militärberater und Flottenbefehlshaber er 190 die Seeschlacht bei Side gegen die Rhodier verlor. Nach der Niederlage des Königs gegen die Römer (189) erneut auf der Flucht, fand er Aufnahme bei Prusias von Bithynien, den er bei dessen Krieg gegen Pergamon beriet. Als Rom ultimativ seine Auslieferung forderte, beging H. in seinem Haus in Libyssa Selbstmord (183). Bereits in der Antike wurde H.s militär. Genie einmütig anerkannt, und er galt als einer der größten Feldherrn. Die neuere Forschung weist darauf hin, dass er allerdings seine Siege auf den Schlachtfeldern politisch nur unzureichend umzusetzen verstand. **Lit.:** J. Seibert, H. (1993). – Ders., Forschungen zu H. (1993). – P. Barceló, H. (1998).

Hạnno (1), karthag. Seefahrer, unternahm um 450 v. Chr. eine Erkundungsfahrt entlang der afrikan. Westküste, die ihn bis in die Gegend des heutigen Sierra Leone, vielleicht sogar bis Kamerun führte. Der antike Bericht über seine Expedition wurde schon bald ins Griechische übersetzt und ist vollständig erhalten. **Lit.:** W. Huß, Geschichte der Karthager (1985) 75–83.

Hạnno (2), karthag. Feldherr, wurde 241 mit der Niederschlagung des Söldneraufstands betraut, aber nach militär. Niederlagen wegen Unfähigkeit durch seinen innenpolit. Rivalen Hamilkar Barkas ersetzt. In der Folgezeit war er der entschiedenste Gegner der Barkiden, warnte vor dem Ausbruch des 2. Pun. Krieges und führte als Haupt der »Friedenspartei« nach der Schlacht bei Zama (202) die Kapitulationsgesandtschaft an P. Cornelius Scipio.

Hapaxlegọmenon (gr., »einmal gesagt«), Begriff der Textkritik: Wort, das nur ein einziges Mal belegt ist. Häufig sind Neologismen (↗ Neologismus) Hapaxlegomena.

Haplographie (gr. »Einfachschreibung«), Begriff der Textkritik: Eine zweifach vorkommende Silbe oder ein doppelt vorkommendes Wort wird nur einmal abgeschrieben.

Harmọdios, Tyrannenmörder, Gefährte des ↗ Aristogeiton.

Harmonịa, Gattin des myth. Königs Kadmos, des Gründers von Theben, Tochter des Ares und der Aphrodite oder des Zeus und der Elektra (3). Von ihrem Mann erhält sie zur Hochzeit ein prachtvolles

Brautkleid und ein von Hephaistos gefertigtes kostbares Halsband.

Harmost, spartan. Statthalter in den Städten der ↗ Periöken, später auch der Verbündeten. Die H.en wurden vom König oder der Volksversammlung ernannt und hatten die Aufgabe, die spartan. Herrschaft zu sichern. Unmut erregten bes. die H.en, die nach Ende des ↗ Peloponnes. Krieges (404) in Städte des nördl. Ägäisraumes entsandt wurden und sich dort zahlreicher Übergriffe gegen die Bevölkerung schuldig machten.

Harpagos, Angehöriger des Königshauses der Meder, erhielt den Befehl, den späteren Perserkönig Kyros umzubringen, führte den Auftrag aber nicht aus. Er wurde dessen Berater und unterwarf nach der Niederlage des Lyderkönigs Kroisos die griech. Städte der kleinasiat. Ägäisküste.

Harpalos, Jugendfreund Alexanders d.Gr., wurde nach der Eroberung des Perserreiches mit der Verwaltung des Königsschatzes betraut und residierte seit 330 in Babylon. Während der Abwesenheit Alexanders (Indienfeldzug) veruntreute er große Summen und warb auf eigene Rechnung Söldner an. Aus Angst, zur Verantwortung gezogen zu werden, floh er 324 noch vor der Rückkehr des Königs unter Mitnahme eines Teils des Schatzes nach Athen. Auf eine entsprechende Forderung Alexanders wurde er verhaftet, entging aber durch die Bestechung führender Politiker seiner Auslieferung und flüchtete nach Kreta, wo er schon bald von seinem Offizier Thibron ermordet wurde. **Lit.:** H. Berve, Alexanderreich II (1926) Nr. 143. – E. Badian, Harpalus, in: JHS 81 (1961) 16–43.

Harpalyke (1), Tochter des ↗ Klymenos, des myth. Königs von Arkadien. Von ihrem Vater vergewaltigt, bringt sie ein Kind zur Welt und setzt es ihrem Vater zum Mahle vor. Als Klymenos das herausfindet, tötet er sie; nach einer anderen Version des Mythos wird sie in einen Vogel verwandelt.

Harpalyke (2), Tochter des Harpalykos, des myth. Königs von Thrakien. Nach dem Tod ihrer Mutter wird H. als Säugling von ihrem Vater mit Kuh- und Stutenmilch gestillt. Später bringt Harpalykos ihr bei, mit der Waffe umzugehen. Zur starken Kämpferin geworden, rettet sie beim Kampf gegen ↗ Neoptolemos ihrem Vater das Leben. Nach der Ermordung ihres Vaters bei einem Aufstand zerstört sie aus Verzweiflung Viehställe und kommt bei einem Kampf mit Hirten ums Leben.

Harpalykos, Vater der ↗ Harpalyke (2).

Harpokration, (gr. Harpokration), Valerius H., aus Alexandria, griech. Philologe, 2. Jh. n. Chr., Verf. eines Lexikons zu den zehn kanon. Rednern, das in gekürzter Form erhalten ist. Das Lexikon enthält wertvolle Informationen zu religiösen, jurist., sozialen und histor. Fakten. Seine *Anthologie gelungener Passagen* ist verloren. **Lit.:** J. J. Keaney (1991) [Ausg.].

Harpyien (gr., »Räuberinnen«), Töchter des Thaumas und der Elektra (2), zwei oder drei weibl. monströse Windgeister in Vogelgestalt mit Flügeln, Federn und Klauen, die dafür verantwortlich gemacht werden, wenn Gegenstände oder Menschen auf rätselhafte Weise verschwinden. Sie beschmutzen mit ihrem Kot das Essen des Propheten Phineus, bis sie von den geflügelten Söhnen des Boreas, Kalaïs und Zetes, vertrieben werden. Der Fluss Harpys auf der Peloponnes soll seinen Namen haben, weil eine der H. auf ihrer Flucht vor den Boreaden in ihn gestürzt sein soll.

Haruspex (lat., pl. haruspices), etrusk. Priester und Seher. Die Haruspices weissagten aus den Eingeweiden von ausschließlich für diesen Zweck geopferten Tieren. Als das wichtigste Organ galt die Leber, als Zentrum der Kraft sollte sie aussagekräftig für den Zustand des Staates sein. In Rom stand man den Haruspices eher distanziert gegenüber; ihre Weissagungen gaben sie dem Senat, der die entsprechenden Sühnezeremonien offiziell beschließen musste (↗ Eingeweidenschau). **Lit.:** K. Latte, Röm. Religionsgeschichte (1960).

Bronzenes Modell einer Schafsleber mit Götternamen (Piacenza, 3.–2. Jh. v. Chr.), gebraucht von etruskischen Haruspices

Hasdrubal (1), gest. 221 v. Chr., karthag. Feldherr, Schwiegersohn des Hamilkar Barkas, übernahm nach dessen Tod 229 v. Chr. den Oberbefehl über die karthag. Truppen in Spanien. In der Folgezeit dehnte er den karthag. Einfluss weiter aus und gründete als Zentrum seiner Macht die Stadt Carthago Nova. 221 fiel er dem Anschlag eines Keltiberers zum Opfer. Nachfolger wurde sein Schwager Hannibal.

Hasdrubal (2), ca. 243/42–207 v. Chr., karthag. Feldherr, zweiter Sohn des Hamilkar Barkas, Bruder Hannibals, übernahm 218 von diesem den Oberbefehl in Spanien und kämpfte dort in der Folge mit wechselhaftem Erfolg gegen die Römer. 209 konnte er die Einnahme von Carthago Nova durch P. Cornelius Scipio (209) nicht verhindern. Nach seiner Niederlage gegen diesen bei Baecula (208) verließ er Spanien und zog mit seinem Heer über die Pyrenäen und Alpen nach Italien, um dort seinem Bruder beizustehen. In der Schlacht am Metaurus (207) erlitt er jedoch eine vollständige Niederlage, sein Heer wurde aufgerieben, er selbst fiel im Kampf. **Lit.:** J. Briscoe, in: CAH VIII² (1989) 55–60. – J. Seibert, Hannibal (1993).

Hase (gr. lagos, lat. lepus), ein im gesamten Mittelmeergebiet, auch auf den Inseln, bereits in antiker Zeit weit verbreitetes Nagetier. Vom echten Hasen, der in zahlreichen Arten vorkam, wurde das Kaninchen (lat. cuniculus, gr. lagideus) unterschieden, das ursprünglich bes. in Spanien verbreitet war und erst in hellenist. Zeit in den griech. Raum gelangte. Der H. war ein beliebtes Jagdwild (Fallen, Treibjagd mit Hunden), und sein Fleisch wurde als wohlschmeckend geschätzt. Er galt einerseits als feige und dumm (bes. in der Fabel), hatte durch seine hohe Fortpflanzungsrate aber auch eine Bedeutung als Fruchtbarkeitssymbol. In der röm. Kaiserzeit ist er gelegentlich als Haustier nachzuweisen. Der H. ist ein beliebtes Motiv in der bildl. Darstellung, wo er bes. im Zusammenhang mit der Jagd erscheint.

Hasmonäer, jüd. Hohenpriester- und Herrschergeschlecht, das seine Herkunft über ↗ Judas Makkabäus und dessen Vater, den Priester Mattathias, bis zu einem sagenhaften Hasmon zurückführte. Die Bibel und ↗ Eusebios von Caesarea bezeichneten sie deshalb auch als Makkabäer. Politisch maßgebend von 165 bis 37 v. Chr., beherrschten die H. ↗ Judäa zwischen 142 und 63 und errichteten ein Königreich, das dem Davids ähnlich war. Der Aufstieg der H. war ebenso militär. Erfolg gegen die ↗ Seleukiden als auch guten diplomat. Beziehungen zu benachbarten Herrscherhäusern zu verdanken. **Lit.:** E. J. Bickermann, Die Makkabäer (1936). – E. Schürer, History of the Jewish People in the Age of Jesus Christ I (1973) 164–242. – Cambridge History of Judaism II (1989) 292–351.

Hastati (lat. hasta, Stoßlanze der röm. Frühzeit), die jüngsten Soldaten der Legion. In der Zeit der Manipulartaktik bildeten sie das erste von drei Treffen der ↗ Schlachtordnung (neben den ↗ Triarii und Principes) und eröffneten in der Regel den Kampf.

Hatra (heute al-Hadr, Irak), stark befestigter Handelsplatz und Hauptstadt eines Oasenstaates im nördl. ↗ Mesopotamien. H. beherrschte ein ausgedehntes, wasserreiches Territorium zwischen der röm. und parth. Einflusssphäre. Die vom ausgehenden 1. Jh. bis ins 3. Jh. n. Chr. blühende Stadt wurde vergeblich von den Römern unter Trajan und Septimius Severus belagert, 241 n. Chr. von den pers. Sasaniden erobert und im 4. Jh. n. Chr. endültig verlassen. Beeindruckende antike Reste und etwa 400 Inschriften in aramäischer Sprache, häufig mit Datierung nach seleukid. Ära, wurden bei zahlreiche Ausgrabungen gefunden. **Lit.:** PECS (1976).

Hattusa ↗ Hethiter

Haus. *I. Griechenland:* Funde im minoischen Kreta lassen bereits ein hochentwickeltes und durchorganisiertes H. mit mehreren, oftmals um einen Innenhof gruppierten Räumen und Fenstern erkennen, wohingegen auf dem Festland in der Regel das einfache H. mit nur einigen wenigen, vermutlich fensterlosen Räumen bevorzugt wurde. Infolge der ↗ Dor. Wanderung begann im Wohnbau in geometr. Zeit (11. Jh.) wieder mit schlichten einräumigen, in Lehmziegelbauweise errichteten Ovalhäusern mit Walmdach. Daneben gab es das sog. *Megaronhaus,* ein langrechteckiger Bau mit oftmals apsidaler Rückseite und Vorhalle, Hauptsaal und zentraler Herdstelle. Seit dem 6. und 5. Jh. v. Chr. kamen zwei weitere H.-Typen, das Pastas-H. und das Peristylhaus, hinzu. Beim *Pastas-H.* gelangte man durch eine Vorhalle, das Prothyron, in einen Innenhof (aule), der an einer oder mehreren Seiten von Säulengängen umgeben sein konnte. An den Hof schloss sich, oftmals die ganze Breite des H.es einnehmend, eine quergelagerte Halle (pastas) an, wobei in einem der beiden Bereiche die Hausaltar aufgestellt war. Um Halle und Hof schlossen sich die verschiedenen Räume mit Hauptraum (oikos), Wohnräumen (diaiteria), Esszimmer der Männer (andron) sowie Küche (optanion) und unter Umständen einem Badezimmer

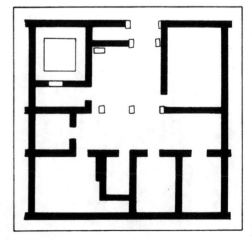

Peristylhaus aus Pompeji (»Haus des Fauns«)

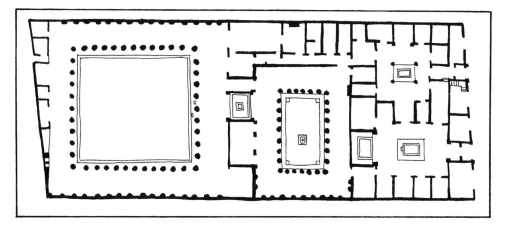

Griechisches Pastas-Haus aus Olynth

(*balaneion*) an. Vom Hof aus gelangte man über eine Treppe in das obere Stockwerk, in dem sich in der Regel die Schlafräume der Frauen (*gynaikonitis*) und Sklaven befanden. – Das *Peristylhaus* besaß einen ähnl. Grundriss und unterschied sich in erster Linie dadurch, dass alle vier Seiten des Hofes von Säulenhallen umschlossen waren. Die Ausstattung der Häuser war zumeist recht schlicht mit gestampftem, später teilweise gepflastertem Fußboden, unverputzten, manchmal mit (bemaltem) Stuck verkleideten oder mit Behängen geschmückten Wänden. Fenster gab es nur wenige, Heizungen keine, lediglich eine Feuerstelle im Boden oder ein Feuerbecken. – *II. Italien und Rom.* In Oberitalien gab es in der Zeit zwischen dem 18. und 11. Jh. v. Chr. die Pfahlbauten der Terramare-Kultur, über einem Unterbau errichtete Holzgerüste, mit Lehmbewurf verkleidet, Kegel- oder Walmdach gedeckt und von in den Boden gerammten Pfählen getragen. In der darauffolgenden Villanova-Kultur (etwa 11.–8. Jh.) war neben den Rund- und Ovalhäusern auch der Rechteckbau vertreten. Die Entwicklung des *Atrium-Hauses* (*cavaedium tuscanicum*) wird den Etruskern zugesprochen. Es bildete den Kern des röm. H.es (*domus*), das bereits im 4. Jh. v. Chr. als vollständig ausgebildeter Wohnhaus-Typus erscheint. Durch den Eingang (*ostium*), gelangte man durch die Vorräume (*vestibulum* und *fauces*) zum Atrium, dem zentralen Raum mit offenem Dach (*compluvium*) und entsprechendem Wasserauffangbecken am Boden (*impluvium*). Es war an beiden Seiten von Zimmern flankiert (*cubicula*). Dem Eingang gegenüber befanden sich im rückwärtigen Teil zwei offene, quergelagerte Räume (*alae*), die den Durchgang zum eigentl. Hauptraum, dem *tablinum* (ursprünglich Schlafzimmer der Eheleute, später repräsentativer Empfangsraum) und seinen beiden Nebenräumen (*triclinia*) freigaben. Als Weiterentwicklung des Atrium-Hauses konnte sich hieran ein Garten, das ⟋ *Peristyl*, anschließen, aus dem

sich wiederum die verschiedenen Varianten der ⟋ *Villa* entwickelten. Die Ausstattung des röm. H.es konnte bei wohlhabenden Familien recht luxuriös sein, mit ⟋ Heizung, Badezimmer mit z. T. fließendem Wasser, mit Marmor und Malereien verkleideten Wänden und aufwendigen Mosaikfußböden. Ebenfalls aus dem vornehmen röm. H. ging seit spätrepublikan. Zeit das – allerdings nicht so komfortable – städt. ⟋ Mietshaus (*insula*) hervor. Die Mietshäuser konnten mehrstöckig (bis zu sechs Stockwerken) sein; die Wohnungen darin wurden an die immer größer werdende Masse der städt. Bevölkerung vermietet. **Lit.:** A. G. McKay, Röm. Häuser, Villen und Paläste (1984). – E. Brödner, Wohnen in der Antike (1989). – W. Hoepfner (Hg.), Geschichte des Wohnens I: 5000 v. Chr.–500 n. Chr. (1998).

Haustiere. Die Anfänge der Domestikation von Haustieren reichen weit in die Steinzeit zurück (10.000–8.000 v. Chr.) und stellen neben dem planmäßigen Anbau von Nutzpflanzen einen wesentl. Faktor bei der Entwicklung einer komplexen menschl. Gesellschaft dar. Dieser Prozess begann wohl im Vorderen Orient, setzte aber schon bald unabhängig davon auch im Mittelmeerraum, in Alteuropa und in Eurasien ein. Bedeutende Marksteine waren die Nutzbarmachung von ⟋ Rind (Auerochse), ⟋ Pferd (Przewalski-Pferd) und ⟋ Esel, daneben auch von ⟋ Schaf und ⟋ Ziege, die eine regelmäßige Fleischversorgung sicherstellten und die landwirtschaftl. Arbeit sowie den Transport erleichterten. Geflügel (⟋ Gans, ⟋ Ente, ⟋ Huhn) trat erst spät zur Gruppe der H. hinzu (3.–1. Jt. v. Chr.), gewann aber schon bald eine wichtige Rolle bei der Ernährung. Eine Sonderrolle spielte der ⟋ Hund, der den Menschen als Gefährte begleitete und bei zahlreichen Aufgaben unterstützte. ⟋ Katzen hingegen hatten in der Antike nur eine untergeordnete Bedeutung. H. wurden in der Antike planmäßig gezüchtet und gehörten zu jedem landwirtschaftl. Betrieb, dessen wirtschaftl. Grundlage (neben dem Ackerbau) sie bildeten. Eine wichtige Rolle spielten sie auch im religiösen Bereich (als Opfertiere oder Verkörperung von Gottheiten) sowie in Kunst und Kultur, wo sie beliebte Motive bildeten (Vasenbilder, Mosaike, Wandmalereien, figürl. Darstellungen u. a.).

Hebe, griech. Göttin der Jugend, Tochter des Zeus und der Hera, Mundschenk der Götter auf dem Olymp. Dort heiratet sie den durch das Blut des Nessos getöteten Herakles.

Hebros (heute bulg. Marica), Hauptfluss Thrakiens, der bei Ainos in die Ägäis mündete. Am H. lagen wichtige Handelsstädte wie etwa ↗ Adrianopolis (heute Edirne) und ↗ Philippopolis (heute Plovdiv), bis wohin der Fluss in der Antike für kleinere Schiffe befahrbar war.

Hedonismus (gr. hedonē, »Lust«) ↗ Ethik, Epikur, Kyrenaiker

Heer ↗ Kriegskunst

Hegemonie (gr., »Führung«), Bezeichnung für die Vormachtstellung eines Staates oder Herrschers in einem bestimmten Gebiet oder polit. System. Im allg. Sinne unterscheidet man einzelne Phasen der griech. Geschichte, die durch eine herausgehobene Stellung verschiedener Mächte geprägt waren. So übte Sparta im 5. Jh. die H. über den ↗ Peloponnes. Bund aus, während Athen die gleiche Funktion im ↗ Att. Seebund erfüllte. Die Zeit nach dem ↗ Peloponnes. Krieg (404–371) gilt als Phase der spartan. H., die 371–362 von einer theban. H. abgelöst wurde. Im speziellen Sinne stand an der Spitze bestimmter Bündnissysteme auch formell ein Hegemon, der die polit. Führung ausübte und den Oberbefehl über die Bundestruppen führte. So übernahm ↗ Philipp II. von Makedonien 337 (nach seinem Sieg bei ↗ Chaironeia 338) als Hegemon die Führung des ↗ Korinth. Bundes und plante in dieser Eigenschaft einen Perserfeldzug. Diese durch Verträge abgesicherte H. in Bündnissystemen wurde in hellenist. Zeit noch vielfach nachgeahmt.

Hegesianax, griech. Gelehrter aus Alexandria (Troas), unter Antiochos III. d.Gr. 193 und 197 n. Chr. als dessen Botschafter beim röm. Senat, 196 bei Flamininus; Verf. stilkrit. und astronom.-myth. Werke sowie des ältesten ↗ Trojaromans.

Heilbäder. Die gesundheitsfördernde Wirkung heißer und kalter, oft schwefelhaltiger Mineralquellen war in der Antike bekannt; H. mit angeschlossenem Kurbetrieb entstanden in größeren Umfang aber erst in der röm. Kaiserzeit. Berühmt waren u. a. Aquae Sulis (Bath) in Britannien, Aquae Sextiae (Aix-en-Provence) in Gallien und Aquae Granni (Aachen) im linksrhein. Germanien. ↗ Aquae

Heilige Hochzeit (gr. hieros gamos), ein auf dem Zeus heiligen Ida-Gebirge vollzogener Fruchtbarkeitsritus, Symbol der Hochzeit und der Vereinigung des den Himmel repräsentierenden Zeus mit der Erdmutter Hera. In Athen feierte man die Hochzeit von Zeus und Hera gegen Ende des Winters mit dem Fest der Theogamia. **Lit.:** W. Burkert, Griech. Religion (1977) 174 ff.

Heilkunst ↗ Medizin

Heiratsalter. Eheschließungen (↗ Ehe) fanden in der Antike im Allg. relativ früh statt und wurden häufig von den Familien arrangiert. In Rom war ein Mindestalter von 14 Jahren für den Bräutigam und 12 Jahren für die Braut vorgeschrieben.

Heizung (lat. hypocaustum, »von unten geheizt«). Die Griechen benutzten in ihren Wohnräumen keine fest installierten Heizvorrichtungen, sondern begnügten sich mit einem einfachen Herdfeuer oder einem Kohlebecken, das – mit einer Hohlwand versehen – auch als Heißwasserbehälter oder Warmwasserspeicher diente. Auch die Römer benutzten zunächst diese Form des Heizens, entwickelten aber wegen der starken Kohlendioxydbelastung und der nur ungenügenden Wärmeleitung dieser Becken das Hypocaustum, eine Art zentrale Fußboden- und Wandheizung, die seit dem 1. Jh. v. Chr. bezeugt ist. Sie war ursprünglich zum Beheizen von Fischbecken gedacht, fand dann aber hauptsächlich in Thermen, aber auch in Wohnhäusern der wohlhabenderen Familien Verwendung. Hierbei wurde der Fußboden der zu beheizenden Räume über mehreren Ziegelpfeilern verlegt, die Wände waren aus Hohlziegeln (Tubuli) oder Tonröhren aufgebaut; von einer zentralen Feuerstelle aus wurde dann die erwärmte Luft durch diese Hohlräume geleitet und heizte so Boden und Wände. **Lit.:** E. Brödner, Die röm. Thermen und das antike Badewesen (1983).

Hekabe (gr. Hekabe, lat. Hecuba), Gattin des trojan. Königs Priamos, mit dem sie 19 Kinder zeugt, darunter Paris, Hektor, Helenos, Deiphobos, Troilos und

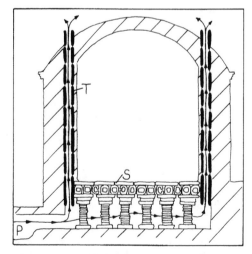

P = Praefurnium (Heizstelle)
S = Suspensura (Oberboden des Hypocaustum)
T = Tubulatur (System von Hohlziegeln in der Wand, Tubulus = Hohlziegel)

Heizung (Hypocaustum)

Kassandra. Nach Trojas Untergang wird sie Sklavin des Odysseus. H. blendet den Mörder ihres Sohnes Polydoros, Polymestor, tötet seine Kinder und wird seiner Prophezeiung nach in eine Hündin verwandelt. Der H.-Stoff wird von Euripides in der *Hekabe* und in den *Troerinnen* behandelt.

Hekataios aus Milet, griech. Historiker, ca. 550–490 v. Chr. H. entstammt einer aristokrat. miles. Kaufmannsfamilie. Während des jon. Aufstands (499–494 v. Chr.) riet er den Bürgern von Milet davon ab, sich gegen die pers. Übermacht aufzulehnen. H. ist der wichtigste jon. Prosaautor des 6./5. Jh. v. Chr. Er verbesserte Anaximanders Weltkarte und schrieb eine Erdbeschreibung (*Perihegesis*) in zwei Büchern, in denen er Europa und Asien behandelte; ca. 300 Fragmente sind erhalten. H. führte mytholog. Geschichten und Stammbäume in rationalist. Erklärung auf histor. Ereignisse oder Personen zurück. H. kann als typ. Vertreter der jon. Philosophie und Welterklärung gelten: Wie die jon. Naturphilosophen (⁊ Thales, ⁊ Anaximenes, ⁊ Anaximander, der sein Lehrer gewesen sein soll) versuchte er, die Vielfalt der Phänomene rationalistisch zu durchdringen und zu systematisieren (⁊ Logograph, ⁊ Geschichtsschreibung). **Lit.:** K. v. Fritz, Die griech. Geschichtsschreibung I (1967) 48–76. – O. Lendle, Einführung in die griech. Geschichtsschreibung (1992) 10–18.

Hekate (gr. Hekate), Unterweltsgöttin, Tochter des Titanen Perses und der Asteria (Hesiod, *Theogonie*); eine hilfreiche, aber oft auch unheilbringende Göttin. Als Fruchtbarkeitsgöttin ist sie eng mit ⁊ Demeter verbunden; wie ⁊ Artemis ist sie nicht nur Fruchtbarkeits-, sondern auch Mondgöttin. Mit ⁊ Medea verbin-det sie die Kunst der Zauberei. H. sucht häufig Dreiwege auf (und wird deshalb manchmal als Frau mit drei Körpern dargestellt) bzw. streift nachts, Fackeln und Geißeln schwingend und von Höllenhunden begleitet, unheilbringend umher. **Lit.:** T. Kraus, H. (1960).

Hekatoncheiren (gr., »Hunderthändige«), Kottos, Briareos und Gyes, drei Riesen mit 100 Armen und 50 Köpfen, Söhne des Uranos und der Gaia. Sie helfen Zeus in seinem Kampf gegen die ⁊ Titanen; nach dem Sieg werden sie als Wächter über die in den Tartaros gesperrten Titanen eingesetzt.

Hektemoroi, im archaischen Athen vor den Reformen des ⁊ Solon die unterste Gruppe der Bauern, die ihren Oberherrn ein Sechstel des Ernteertrags abliefern musste. Die H. sind nur durch spätere Quellen bekannt, und ihre genaue Stellung ist im Einzelnen nicht mehr exakt zu erfassen.

Hektor, der tapferste Verteidiger Trojas, Sohn des Königs Priamos und der Hekabe, Gatte der Andromache, Vater des Astyanax. Im ⁊ Trojan. Krieg ist er ein siegreicher Kämpfer, bis Achill sich entschließt, wieder am Kampf teilzunehmen. H. wird von Achill dreimal um die Stadt gejagt und dann getötet (Homer, *Ilias,* Buch 22–24).

Helena (1) (gr. Helene), die aus dem Ei der in einen Schwan verwandelten Nemesis geborene Tochter des Zeus. Leda hatte das Ei behütet oder aber in ihren Körper aufgenommen, um H. selbst zur Welt zu bringen. H., die schönste aller Frauen, wird von Theseus entführt, von den ⁊ Dioskuren aber befreit und zurückgebracht. Aus einer Unzahl von Freiern, die den Schwur ablegen, ihren Auserwählten anzuerkennen

Priamos bittet Achill um den Leichnam seines toten Sohnes Hektor (unter der Liege)

und zu verteidigen, wählt H. Menelaos. Ihre Entführung durch Paris löst den ↗ Trojan. Krieg aus. Nach Paris' Tod wird sie bis zur Eroberung Trojas zur Frau des Deiphobos. Nach einer auf den Lyriker Stesichoros zurückgehenden Version, der sich Euripides in der *Helena* anschließt, entführt Paris nicht die wirkl. H., sondern ein bloßes Trugbild (*eidolon*) nach Troja, während Zeus H. nach Ägypten entrückt, wo sie unter der Obhut von König Proteus zehn Jahre verbringt. **Lit.:** J.-L. Backé, Le Mythe d'Hélène (1984).

Helena (2), Flavia Iulia H., um 257–337 n. Chr., Mutter Konstantins I., ursprünglich Besitzerin einer Herberge und Konkubine des späteren Kaisers Constantius I., lebte seit 306 am Hof ihres Sohnes. 312 trat sie zum Christentum über und unternahm 330 eine Pilgerfahrt ins Heilige Land, wo sie zahlreiche Kirchen, darunter angeblich die Geburtskirche Jesu, stiftete. In der orthodoxen Kirche wird sie als Heilige verehrt.

Helenos, Sohn des trojan. Königs Priamos und der Hekabe, Zwillingsbruder der Kassandra, wie diese mit seher. Fähigkeiten ausgestattet. Im ↗ Trojan. Krieg kämpft er an Hektors Seite. Der griech. Seher ↗ Kalchas sagt voraus, dass nur H. verraten kann, wie der Krieg zu gewinnen ist. Durch eine List gerät H. in die Hände der Griechen, die ihm die drei Bedingungen entlocken: die Teilnahme des Neoptolemos, Achills Sohn, am Krieg, die Gebeine des ↗ Pelops, der Raub des ↗ Palladions aus Troja; auch soll er zum Bau des Trojan. Pferdes geraten haben. Für diese Weissagungen, die sich später erfüllen, wird H. bei der Plünderung der Stadt verschont und freigelassen. Er heiratet Hektors Witwe Andromache.

Heliaden, Phaëthusa und Lampetië, Töchter des Sonnengottes Helios und der Klymene, Schwestern ↗ Phaëthons. Sie hüten die prächtigen Viehherden ihres Vaters auf Sizilien, an denen sich die Gefährten des ↗ Odysseus vergreifen. Nach dem Tod ihres Bruders werden sie in Pappeln verwandelt, ihre Tränen erstarren zu Bernstein.

Heliaia (gr., »Versammlung«), das von ↗ Solon in Athen eingesetzte Volksgericht. Die Tätigkeit eines Geschworenen konnte jeder athen. Bürger über 30 Jahre ausüben. In klass. Zeit wurden jährlich 6.000 Heliasten erlost, die für ihr Wirken Diäten erhielten. Um konkrete Rechtsfälle zu klären, wurden ebenfalls durch Los aus ihrer Mitte Gerichtshöfe gebildet, die je nach verhandeltem Gegenstand zwischen 201 und 2001 Mitglieder zählten. In bes. schwerwiegenden Fällen konnten auch alle Heliasten gleichzeitig herangezogen werden. Nach Abschluss der Verhandlungen erfolgte die Urteilsfindung in geheimer Abstimmung. Die Einrichtung der H. wurde als besonderes Merkmal der Demokratie empfunden. **Lit.:** H. Hommel, H. (1927).

Helike, Nymphe aus Kreta. Zusammen mit Kynosura kümmert sie sich um den kleinen Zeus, der sie aus Dankbarkeit in zwei Sternbilder, den großen und den kleinen Bären, verwandelt. Nach einer anderen Version ist sie Schwester der ↗ Kallisto und Jagdgefährtin der ↗ Artemis. Von Zeus verführt, gebiert sie

ihm ↗ Arkas. Zur Strafe wird sie von der eifersüchtigen ↗ Hera in eine Bärin verwandelt und später von Zeus als Sternenkonstellation an den Himmel versetzt.

Helikon (lat. Helicon), bis 1748 m hohes Mittelgebirge im westl. Böotien; galt in der Antike als Sitz der Musen, die in der durch den Hufschlag des ↗ Pegasus entstandenen Rossquelle (↗ Hippokrene) badeten. Ausdruck dieses Glaubens waren die Musenfeste des Böot. Bundes. In einem Tal des H. legten Ausgrabungen jon. Tempel, Theater und Säulenhallen frei.

Heliodor (gr. Heliodoros) von Emesa. Verf. des griech. Liebesromans *Aithiopika* in zehn Büchern. Seine Datierung ist unsicher (3. oder 4. Jh. n. Chr.). Der Roman handelt von den Abenteuern und Reisen des Liebespaars Theagenes und Chariklea. Die von der *Odyssee* stark beeinflusste, sehr komplexe Struktur des Romans ist durch eine umfangreiche Rückblende, nachträgl. Enthüllung der Handlungsvoraussetzungen und novellist. Einlagen gekennzeichnet und stellt einen Höhepunkt antiker Erzählkunst dar. Von fragl. Wert ist das Zeugnis des Kirchenhistorikers Sokrates, wonach H. später Bischof von Trikka wurde. Die große Nachwirkung des Romans reicht bis zu Verdis Oper *Aida*. **Lit.:** J. R. Morgan, in: G. Schmeling (Hg.), The Novel in the Ancient World (1996) 417–456.

Heliopolis ↗ Baalbek

Helios, griech. Sonnengott, Titan, Sohn des Hyperion und der Theia, Bruder der Eos und der Selene. In der röm. Mythologie wird er mit Sol gleichgesetzt. Von seinem Wohnsitz im Osten aus fährt er täglich in seinem von Hephaistos angefertigten Triumphwagen über das Himmelsgewölbe. H. ist von verschiedenen Frauen Vater zahlreicher Kinder, u. a. des Aietes, der Kirke, des Phaëthon und der Pasiphaë. H. wird von Zeus und Hera gezwungen, sein Viergespann von West nach Ost zu lenken, damit Atreus den Thyest den Thron von Mykene nehmen kann. Für die Zeugung des Herakles ruht H. zwei Tage lang, so dass die Nacht der Zeugung drei Tage lang andauert.

Hellanikos von Lesbos, griech. Historiker, ca. 480–395 v. Chr. H. betätigte sich in der Tradition des Hekataios in der Mythograhie, indem er verschiedene mytholog. Traditionen sammelte und miteinander zu vereinbaren suchte. In der ↗ Ethnographie behandelte er griech. wie nicht-griech. Stämme. Daneben erstellte er Sieger- und Priesterlisten. Die Teildisziplinen flossen offensichtlich zusammen in seiner Lokalgeschichte Attikas, ↗ Atthis, in zwei Büchern. **Lit.:** O. Lendle, Einführung in die griech. Geschichtsschreibung (1992) 63–71.

Hellanodikai (gr., »Richter über die Hellenen«) waren die offiziellen Aufseher über die Spiele in ↗ Olympia und ↗ Nemea. Sie wurden für eine Olympiade ernannt und verfügten mit dem Hellanodikeion über ein eigenes Amtsgebäude. Sie überwachten die Übungen der Athleten, prüften ihre Qualifikation und fungierten als Kampfrichter. Ferner überreichten sie die Preise und führten die offiziellen Siegerlisten. Darüber hinaus konnten sie bei Regelverstößen Geld- oder Körperstrafen verhängen.

Hẹllas, Hellẹnen. Der griech. Name für das Kerngebiet Griechenlands und die davon abgeleitete Bezeichnung für die Gesamtheit der Griechen ist erstmals in der *Ilias* nachweisbar, wo er allerdings auf ein Gebiet im S ↗ Thessaliens beschränkt ist. Wie und wann die Begriffserweiterung erfolgte, ist nicht mehr genau zu ermitteln, doch scheint sie im 7. Jh. v. Chr. bereits abgeschlossen. Die Bezeichnung *Hellenes* für alle Griechen verwendet erstmals Hesiod.

Hẹlle ↗ Phrixos

Hẹllen, Sohn des ↗ Deukalion und der Pyrrha, Eponym der Hellenen, der Griechen; als Vater des Doros und des Äolus (2) Ahnherr der Dorer und Äoler, als Vater des ↗ Xuthos der der Jonier und Achäer.

Hellenikạ von Oxyrhynchus, griech. histor. Werk (wörtl. *Griech. Geschichte,* Titel, nach Xenophons gleichnamigem Werk) eines unbekannten Autors, fragmentarisch erhalten auf Papyri, die 1906 in Oxyrhynchus (Ägypten) gefunden wurden. Es setzt das Werk des Thukydides fort (auffallend ist die Ähnlichkeit des Datierungssystems) und stellt Ereignisse zwischen 411–394 v. Chr. (Seeschlacht bei Knidos) dar. Die Darstellung ist trocken und sachlich, versehen mit häufigen erläuternden Exkursen. Ungewiss bleibt das Abfassungsdatum (vermutlich nach Xenophons *Hellenika,* ca. 350 v. Chr.). **Lit.:** I. A. F. Bruce, A Historical Commentary on the H. O. (1967). – O. Lendle, Einführung in die griech. Geschichtsschreibung (1992) 131.

Hellenismus. Der im 19. Jh. von der Wissenschaft (u. a. J. G. Droysen) geprägte Begriff des H. bezeichnet die Geschichts- und Kulturepoche des Griechentums, die mit der Eroberung des Perserreichs durch Alexander d. Gr. (336–323 v. Chr.) und der damit verbundenen Ausbreitung der griech. Kultur über weite Teile des Vorderen Orients eingeleitet wird. Politisch ist der H. durch die in den Diadochenkämpfen entstandene Staatenwelt geprägt, die durch monarch. Territorialstaaten auf dynast. Grundlage gekennzeichnet war, während die alten Polisstrukturen endgültig in den Hintergrund traten. Diese Staaten – die wichtigsten waren das Seleukidenreich im Vorderen Orient, das Ptolemäerreich in Ägypten sowie das Antigonidenreich in Makedonien – rivalisierten vielfach miteinander und kämpften um die Vorherrschaft im östl. Mittelmeerraum. Mit Beginn des 3. Jh. v. Chr. geriet die hellenist. Welt zunehmend unter den machtpolit. Einfluss Roms, das nach und nach die Vorherrschaft errang und, ausgehend von Griechenland (146 v. Chr.), bis zum Ende der Republik die gesamte hellenist. Staatenwelt unterwarf und unmittelbar seinem Machtbereich einverleibte. Der polit. Hellenismus endet mit der Annexion des ptolemäischen Ägyptens durch Augustus 30 v. Chr. Im kulturellen Bereich war der H. durch die Ausbreitung der griech. Kultur auf das gesamte östl. Mittelmeergebiet und Teile Zentralasiens sowie durch die Adaption gewisser oriental. Kulturelemente gekennzeichnet. Charakterist. Erscheinungsformen waren Herrscherkult, ausgedehnte Verwaltungsapparate und stehende Söldnerheere. Einen enormen Aufschwung erlebten Wissenschaft, Literatur, Kunst

Gallischer Stammesfürst und seine Frau.
Hellenistische Plastik aus Pergamon

und Philosophie, wobei das durch Ptolemaios I. und seinen Sohn gegründete ↗ Museion in Alexandria eine zentrale Rolle als Katalysator übernahm. Neue Erkenntnisse auf den Gebieten der Mathematik (↗ Archimedes), der Geographie (↗ Eratosthenes) und der Technik (↗ Heron) wurden gewonnen, neue Systeme der Philosophie (↗ Stoa, ↗ Epikureismus) wurden entwickelt; auch die Dichtung (↗ Kallimachos) und bald auch die Geschichtsschreibung (↗ Polybios) erreichten neue Höhepunkte. Die bildende Kunst war durch einen noch nie dagewesenen Formenreichtum geprägt, der phasenweise nahezu »barocke« Züge annahm und zu Kunstwerken von Weltruhm führte (Laokoon-Gruppe, Sterbender Gallier). Auch die Münzprägung erreichte Ausdrucksformen höchster Qualität, die im weiteren Verlauf der Antike nicht wieder erreicht wurden. Die Kultur des H. beeinflusste vielfach die aufstrebende röm. Republik, die zahlreiche Ideen aufgriff und weiterentwickelte und dadurch zu ihrer Sicherung beitrug. Der kulturelle H. überlebte das polit. Ende der griech. Staatenwelt und prägte in der röm. Kaiserzeit nahezu die gesamte östl. Reichshälfte. **Lit.:** J. G. Droysen, Geschichte des H. (1877/78, Nd. 1998). – W. Tarn, Die Kultur der hellenist. Welt (Nd. 1966). – F. W.

Walbank, Die hellenist. Welt (^{4}1994). – H. H. Schmitt/E. Vogt (Hgg.), Lexikon des H. (^{3}2005). – H.-J. Gehrke, Geschichte des H. (^{3}2005).

Hellespont (gr. Hellespontos, heute Dardanellen), langer schmaler Sund zwischen Kleinasien und der thrak. Chersonesos; Übergang des Marmarameeres in die Ägäis, Schauplatz der Sagen um ↗ Phrixos und Helle, nach der der Sund seinen Namen erhielt, sowie um ↗ Hero und Leander. Als Nahtstelle der Handelswege zwischen Ägäis und Schwarzmeer sowie zwischen Europa und Asien kam der Meerenge stets große strateg. wie wirtschaftl. Bedeutung zu.

Heloten (gr. heilotes, »Zusammengedrängte«), die untertänige und leibeigene Bevölkerung in Sparta. Sie geht hauptsächlich auf Bevölkerungsgruppen zurück, die von den dor. Einwanderern bei der Landnahme (seit etwa 1200 v. Chr.) unterworfen wurden (↗ Dor. Wanderung); nach der Eroberung ↗ Messeniens wurde auch dessen Bevölkerung zu H. Die H. waren an eine Scholle gebunden, für die sie abgabepflichtig waren und die sie für ihren spartan. Grundherrn bewirtschaften mussten. Der Staat konnte frei über die H. verfügen, die keine polit. Rechte besaßen, aber zum Militärdienst herangezogen wurden. Die z. T. harte Behandlung hatte wiederholt H.n-Aufstände gegen Sparta (besonders in Messenien) zur Folge, die nur mit Mühe niedergeschlagen werden konnten.

Helvetier, Volk kelt. Ursprungs zunächst im Gebiet zwischen Main, Neckar und Alpen beheimatet, das im Rahmen des Kimbernzuges nach Gallien vordrang. 107 v. Chr. waren sie gegen die Römer unter L. Cassius Longinus an der Garonne siegreich und wurden anschließend im Gebiet zwischen Genfer See und Bodensee sesshaft. Von dort drangen die H. 58 v. Chr. in röm. Gebiet vor und wurden von Caesar zurückgedrängt; in der Folgezeit wurde das Gebiet der H. zur Pufferzone gegen die Germanen. Die Bevölkerung wurde im 1. Jh. n. Chr. stark romanisiert; 259 Verwüstung des Gebiets durch die Alemannen und erneute Befestigung der Grenzstationen (Neviodunum und Aventicum) durch Diokletian. 455 fiel der N an die Alemannen, der S und W an die Burgunder; eine Teilung, die auch heute noch die deutsch-französ. Sprachgrenze in der Schweiz bildet. Der Name des Volkes hat sich nur noch in der lat. Bezeichnung für die Schweiz erhalten (Helvetia). **Lit.:** W. Drack/R. Fellmann, Die Römer in der Schweiz (1988).

Helvidius Priscus, Gaius H. P., bereits unter Kaiser Claudius Quästor, wurde er 66 nach dem Prozess gegen seinen Schwiegervater Thrasea Paetus verbannt, aber 68 unter Galba zurückgerufen, dessen Begräbnis er 69 ausrichtete. Als Haupt der senator. Opposition gegen Vespasian, den er mehrfach angriff, wurde er 75 aus dem Senat entfernt und kurze Zeit später ermordet. Dasselbe Schicksal ereilte 93 seinen gleichnamigen Sohn, der es in einem Theaterstück gewagt hatte, Domitian zu verspotten.

Hemera (gr., »Tag«), nach Hesiods *Theogonie* Tochter des ↗ Erebos und der ↗ Nyx, Göttin des Tages und des Tageslichts, oft mit ↗ Eos gleichgesetzt.

Hemiëpes, Begriff der Metrik zur Bezeichnung der ersten Hälfte des ↗ Pentamters des eleg. ↗ Distichons bis zur Zäsur (–∪∪–∪∪–). Der zweite Vers des eleg. Distichons (Pentameter) setzt sich aus zwei Hemiëpeis zusammen.

Hemithea, Tochter des ↗ Kyknos (2), Schwester des ↗ Ten(n)es.

Hendekasyllabus, Begriff der Metrik, auch Phalaeceus nach dem hellenist. Dichter Phalaikos genannt; Vers der Form ××–∪∪–∪–∪––, d. h. ein Glykoneus mit abschließendem Bakcheus. Der H. findet sich schon bei Sappho und wird bes. von Catull verwendet.

Hendiadyoin (gr., »eins durch zwei«), Begriff der Rhetorik. Zwei selbständige Ausdrücke stehen für einen einzigen Begriff.

Hepatoskopie ↗ Eingeweideschau.

Hephaistion (1) (gr. Hephaistion), engster Freund Alexanders d.Gr., befehligte in der Schlacht bei Gaugamela (331 v. Chr.) die berittene Leibgarde des Königs und zeichnete sich in der Folgezeit durch die Übernahme verschiedener Kommandounternehmen aus. Er überbrückte u. a. den Indus, führte später eine Heeresabteilung flussabwärts zum Meer und war für die Gründung mehrerer Städte verantwortlich. 324 wurde er von Alexander zum Chiliarchen, dem Chef der Reichsverwaltung und zweitmächtigsten Mann nach dem König ernannt. Auf der Massenhochzeit in Susa heiratete er Drypetis, eine Tochter des letzten Perserkönigs Dareios III., starb aber noch im Herbst 324. Alexander, der nie über seinen Tod hinwegkam, ordnete die Verehrung des H. als Heros an. **Lit.:** H. Berve, Alexanderreich II (1926) Nr. 357.

Hephaistion (2) (gr. Hephaistion), griech. Metriker, 2. Hälfte 2. Jh. n. Chr. Von seinem 48 Bücher umfassenden Werk ist ein von H. selbst angefertigter Auszug erhalten (sog. Encheiridion, »Handbuch«). Behandelt werden die verschiedenen Bereiche der ↗ Metrik, bes. die einzelnen Versmaße.

Hephaistos (gr. Hephaistos), griech. Gott des Feuers und der Schmiedekunst, nach Homer Sohn des Zeus und der Hera, nach Hesiods *Theogonie* der Hera allein. Von Zeus nach einem Streit mit Hera, in dem H. ihr zu Hilfe kommt, oder von Hera nach seiner Geburt wegen seiner verkrüppelten Gestalt vom Olymp geworfen, landet er auf seiner künftigen Lieblingsinsel Lemnos. Als künstlerisch geschickter Schmied fertigt er für die olymp. Götter Waffen, Rüstungen und Schmuck an, darunter den prachtvollen Schild des Achill (Homer, *Ilias*, Buch 18). Als H. seine Frau Aphrodite mit Ares in seinem eigenen Bett ertappt, wirft er ein Netz über die beiden, um sie dem Gespött der Götter preiszugeben (Homer, *Odyssee*, Buch 8). Bei seinem vergebl. Versuch, Athene zu vergewaltigen, tropft sein Samen auf den Erdboden, aus dem ↗ Erichthonios geboren wird. **Lit.:** W. Burkert, Griech. Religion (1977) 260–262.

Hephthemimeres, Begriff der Metrik, ↗ Zäsur nach der vierten Länge bzw. dem siebten Element im katalekt. daktyl. Hexameter (–∪∪–∪∪–).

*Hephaistos übergibt Thetis
die neue Rüstung für Achill*

Hera, griech. Göttin, Gattin des höchsten Gottes Zeus, Tochter des Kronos und der Rhea, in Rom mit Juno gleichgesetzt. Im Mythos verfolgt sie eifersüchtig ihren Gatten bei seinen amourösen Eskapaden und bestraft seine Geliebten und ihre Kinder grausam. Nach dem Urteil des ↗ Paris der Aphrodite an Schönheit unterlegen, wird sie im ↗ Trojan. Krieg zur größten Feindin der Trojaner. Ursprünglich wurde H. in Gestalt einer Kuh verehrt – ihr Beiname ist »kuhäugig«; die Kuh gilt daher als der Göttin heilig. H. wurde als Schutzgöttin der Ehe und des Lebens der Frauen kultisch verehrt, bisweilen auch als Geburtsgöttin unter dem Namen der ↗ Eileithyia, die im Mythos ihre Tochter ist. Mit Zeus ist H. durch einen alten Fruchtbarkeitsritus, die ↗ »Heilige Hochzeit« (gr. *hieros gamos*), verbunden. **Lit.:** W. Burkert, Griech. Religion (1977) 208–213.

Heraion, allg. Tempel der Hera; bes. die Heiligtümer in Olympia (7./6. Jh. v. Chr.) und auf der Insel Samos (8. und 6. Jh. v. Chr.). Eine besondere Rolle spielte auch das H. in der Landschaft Argolis, zwischen Argos und Mykene, mit dem der Mythos um Kleobis und Biton verknüpft ist. H. ist auch der Name eines Kaps der Halbinsel Peraion (Perachora) mit Heiligtum der Hera Akraia und Limenia (9. Jh. v. Chr.).

Herakleia Pontike (heute Eregli, Türkei), zwischen 560–550 v. Chr. gegründete, reiche griech. Hafenstadt in Bithynien an der südl. Küste des Schwarzen Meeres; Pflanzstadt von Megara und Tanagra. Der ausgedehnte Handel mit der nördl. Schwarzmeerküste und dem Binnenland führte zu dauerhafter Blüte. H. wurde wiederum Mutterstadt vieler Kolonien und zur wichtigsten Handelsstation zwischen Byzanz und Sinope. Mit dem Aufstieg des pont. und bithyn. Königreiches und der Machtzunahme der Galater im 3. Jh. v. Chr. verlor H. an Bedeutung. Obwohl es nach 188 v. Chr. Verbündeter Roms war, sah die Stadt sich gezwungen, Mithradates IV. Gefolgschaft zu leisten, und wurde infolgedessen im 3. Mithradat. Krieg von röm. Truppen erobert (74). Caesars Versuch, durch eine Koloniegründung den früheren Reichtum wiederzubegründen, scheiterte. H. wurde von Prusias und Amastris an Bedeutung überlagert. Die Geschichte der Stadt in hellenist. Zeit ist ungewöhnlich gut durch die Werke der Lokalhistoriker Nymphis und Memnon belegt. **Lit.:** L. Jinnes, The Inscriptions of Heraclea Pontica (1994).

Herakleides (1), syrakusan. Politiker, Gegner Dionysios II., unterstützte dessen Rivalen Dion bei der Rückeroberung der Macht und wurde 356 Flottenbefehlshaber. Als Führer der Demokraten geriet er wiederholt in Gegensatz zu diesem und bekämpfte mehrfach seine Politik. Dion ließ ihn daraufhin 354 ermorden.

Herakleides (2) aus Pontos (Herakleides Pontikos), griech. Philosoph, Schüler Platons, ca. 388–310

v. Chr. H. betätigte sich in allen Gebieten der Philosophie. Eine besondere Vorliebe scheint er für die myst. Aspekte des Platonismus gehegt zu haben. Für die antike Literatur waren insbes. seine Dialoge wegweisend: Die Proömien sollen äußerst kunstvoll gestaltet gewesen sein; der histor. Hintergrund war minutiös ausgearbeitet, mit Anekdoten und Details angereichert. Cicero (bes. in *De re publica*) war von der Form des histor. Dialogs stark beeinflusst. **Lit.:** F. Wehrli, Die Schule des Aristoteles 7 (²1969).

Herakleides (3) Kritikos, Geograph des 3. Jh. v. Chr. ↗ Peri(h)egese.

Herakles (gr. Heraklḗs, lat. Hḗrcules), berühmtester Held der griech. Mythologie, Sohn des Zeus und der Alkmene, Enkel des Alkaios. Er nimmt eine Zwischenstellung zwischen Gott und Mensch als Heros ein. Die H.-Gestalt setzt sich aus einem Konglomerat zunächst volkstüml. Erzählungen zusammen; oriental. Einfluss (Löwenkampf) ist nicht zu leugnen. – *I. Mythos.* Zeus verfügt, dass der erste Nachkomme aus dem Geschlecht des ↗ Perseus Herrscher über Argos werden solle und schwängert zu diesem Zweck Alkmene in Gestalt ihres Mannes ↗ Amphitryon, des Enkels des Perseus. Die eifersüchtige Hera, die H. sein ganzes Leben hindurch mit ihrem Hass verfolgen wird, verzögert daraufhin H.' Geburt zugunsten des Eurystheus, der später den Thron übernimmt und dem H. als Sklave dienen muss. Als acht Monate altes Kind erwürgt H. zwei von Hera gesandte Giftschlangen und rettet damit auch seinem Halb-Zwillingsbruder Iphikles das Leben. Von Amphitryon lernt er den Umgang mit Pferden und das Wagenlenken, von Eurytos das Bogenschießen. ↗ Autolykos lehrt ihn den Ringkampf, ↗ Polydeukes das Fechten. Linos, Bruder des ↗ Orpheus, gibt ihm Unterricht im Leierspiel, ist aber mit seinem Schüler nicht zufrieden. Zornig nimmt H. die Leier und schlägt Linos kurzerhand den Schädel ein. Des Mordes angeklagt, verteidigt sich der junge H. selbst so redegewandt, dass ihn das Gericht freispricht. Mit 18 Jahren tötet H. auf dem Kithairon bei Theben ohne Waffen einen Löwen, der die Herden des Amphitryon, über die H. wacht, und die des benachbarten Königs Thespios anfallen wollte. Thespios hat zuvor schon seine 50 Töchter mit H. schlafen lassen, die im Weinrausch immer ein und derselben beizuwohnen glaubte; jede von ihnen bringt einen Sohn zur Welt. Auf dem Heimweg nach Theben erfährt H., dass der König von Orchomenos, Erginos, den Thebanern demütigende Zahlungen auferlegt hat. Von Athene bewaffnet, tötet er Erginos, brennt dessen Palast nieder und legt Orchomenos den doppelten Tribut auf. Der theban. König Kreon gibt ihm dafür seine Tochter Megara zur Frau, mit der er drei Söhne zeugt. Hera jedoch treibt H. in den Wahnsinn und lässt ihn seine eigenen Kinder und die seines Bruders, nach einer anderen Version auch Megara, umbringen (Euripides und Seneca, *Der rasende H.*). Aus dem Wahn erwacht, will H. sich von seiner Schuld befreien lassen. Das delph. Orakel rät ihm, sich zu Eurystheus in den Sklavendienst zu begeben und die ihm erteilten Aufträge zu erfüllen; dafür wird ihm Unsterblichkeit verheißen. Euripides gibt in seiner Tragödie *Herakles* eine andere Chronologie der Ereignisse. Danach erledigt H. zuerst die Arbeiten für Eurystheus und tötet danach Frau und Kinder. Eurystheus befiehlt H., zwölf geradezu unlösbare Aufgaben zu erfüllen. Ursprünglich sollen es nur zehn sein, von denen Eurystheus zwei aber nicht gelten lässt. H. wird bei den zwölf Taten, dem Dodekathlos, von Athene unterstützt. Von Apollon erhält er Pfeil und Bogen, von Hephaistos den Brustpanzer und von Poseidon die Pferde. Bei den Aufgaben handelt es sich zumeist um die Überwältigung von schreckl. Ungeheuern, die H. entweder töten oder einfangen und lebendig zu Eurystheus bringen soll: **1. Der Nemeische Löwe.** H. erwürgt das von Hera gesandte, gegen Pfeile und Schwerter unempfindl. Untier und zieht ihm das Fell ab. Als er mit dem Fell bekleidet zu Eurystheus zurückkehrt, erschrickt dieser so sehr, dass er in ein großes Bronzegefäß springt, um sich zu verstecken. **2. Die Lernäische Hydra.** H. tötet die von einer Riesenkrabbe begleitete Wasserschlange mit Hundekörper und einer Vielzahl an Köpfen, von denen einer unsterblich ist. Mit Hilfe seines Neffen Jolaos gelingt es H., auch diesen unsterbl. Kopf abzuschlagen; mit dem Gift der Hydra tränkt H. seine Pfeile. Weil H. von Jolaos unterstützt wurde, erkennt Eurystheus die Erfüllung dieser Aufgabe nicht an. **3. Die Keryneische Hindin.** H. verfolgt die Hindin mit goldenem Geweih ein Jahr lang und fängt sie am Ladon ein, als sie schläft. **4. Der Erymanth. Eber.** H. muss das auf dem Berg Erymanthos hausende Ungetüm einfangen, das er in den tiefen Schnee treibt, wo er es mit einem Netz überwältigt. **5. Die Reinigung der Augiasställe.** Augias, der Sohn des Sonnengottes Helios, besitzt eine riesige Viehherde, deren Stallungen H. an nur einem Tag reinigen muss. H. bewältigt diese Aufgabe, indem er den Fluss Alpheios durch die Ställe hindurchleitet. Augias weigert sich danach, den Lohn, ein Zehntel der Herde, zu zahlen, und auch Eurystheus rechnet die Aufgabe nicht an, weil H. einen Lohn verlangt habe. **6. Die Stymphal. Vögel.** H. verscheucht die menschenfressenden Ungeheuer mit einer von Hephaistos geschmiedeten Klapper. **7. Der Kret. Stier.** H. muss den Stier des kret. Königs Minos einfangen, den er nach Tiryns bringt und dort freilässt. **8. Die Stuten des Diomedes.** Die menschenfressenden Stuten verschlingen H.' geliebten Freund Abderos. H. gründet in seinem Gedenken die Stadt Abdera und verfüttert König Diomedes an seine eigenen Tiere. **9. Der Amazonengürtel.** Die Amazone Hippolyte ist durchaus bereit, H. ihren Gürtel zu überlassen. Hera aber stiftet die Amazonen zu einem Angriff auf H. an. H. muss Hippolyte töten, um an den Gürtel zu gelangen. Auf dem Rückweg beseitigt H. das Seeungeheuer, das Poseidon über Troja geschickt hat, weil sich Laomedon geweigert hatte, den Lohn für den Bau der Stadtmauer zu entrichten. Abermals verweigert Laomedon den vereinbarten Lohn, von Zeus geschenkten Pferde, und H. schwört Rache. **10. Die Rinder des Geryon.** Dreiköpfige Ungeheuer, die H.

Herakles kämpft mit der Keryneischen Hirschkuh

erst nach langer Zeit und nach vielen weiteren Heldentaten einfängt. Auf seinem Weg in Geryons Königreich errichtet H. die Säulen von Gibraltar. **11. Die Äpfel der Hesperiden.** Dabei handelt es sich um ein Hochzeitsgeschenk von Gaia für Hera. ↗ Atlas holt H. die Äpfel, während dieser solange mit Athenes Hilfe den Himmel hält. **12. Der Besuch der Unterwelt.** H. soll den Wächter der Unterwelt, den Höllenhund Kerberos, lebendig zu Eurystheus bringen. Dafür lässt sich H. in die ↗ Eleusin. Mysterien einweihen. Für den Zutritt zum Hades muss H. mit dem Unterweltsgott persönlich ringen. In der Unterwelt erwirkt H. den Freispruch des ↗ Theseus, der Persephone nicht für sich, sondern für seinen Freund Peirithoos rauben wollte; Peirithoos allerdings muss in Hades bleiben. H. stößt auf den Schatten des Meleagros, hört gerührt seine Geschichte an und verspricht ihm, seine Schwester Deïaneira zu heiraten; dann fängt er den Kerberos und bringt ihn zu Eurystheus, der sich wieder in seinem Bronzekrug versteckt hat. – Obwohl H. sich jetzt der verheißenen Unsterblichkeit sicher sein kann, muss er noch weitere Prüfungen bestehen. Er trennt sich von Megara, der er sich – als Mörder ihrer Kinder – für unwürdig erklärt, und verheiratet sie mit seinem Neffen Jolaos. In Oichalia gewinnt H. einen vom König Eurytos veranstalteten Wettkampf im Bogenschießen, doch weigert sich dieser trotz der Fürsprache seines Sohnes Iphitos, den Preis, seine Tochter Iole, an H. herauszugeben. Als man H. auch noch des Viehdiebstahls bezichtigt, tötet er Iphitos im Zorn. In seinem Wunsch nach Heilung und Sühnung des Mordes befragt H. das delph. Orakel, das ihm jedoch die Antwort verweigert. Wütend ergreift er den Dreifuß der Pythia, um das Orakel zu zerstören, und ringt mit Apollon, bis Zeus sie trennt. Schließlich erhält er den Rat, sich drei Jahre in den Sklavendienst zu begeben. H. wird an die lyd. Königin Omphale verkauft. In dieser Zeit fängt er die Kerkopen, zwei Räuber in Ephesos, tötet Syleus, der alle Vorbeiziehenden zwingt, in

seinem Weingarten zu arbeiten, mit dessen eigener Hacke, schlägt die Feinde Omphales, die Itoner, und zerstört deren Stadt. In einigen Überlieferungen beginnen die beiden ein Liebesverhältnis, in dem sie dominiert: H. muss ihr die Keule und das Löwenfell abgeben und selbst in Frauenkleidern Wolle spinnen. – Vom Wahnsinn geheilt, nimmt H. Rache für vergangenes Unrecht. In Troja tötet H. Laomedon und alle seine Söhne bis auf Podarkes und Tithonos, nimmt sich die ihm einst versprochenen Pferde und gibt Hesione dem Telamon zur Frau. Podarkes macht er zum Herrscher über Troja und gibt ihm den Namen Priamos. Im Kampf der Götter gegen die Giganten, der nur durch einen Sterblichen entschieden werden kann, kämpft H. auf der Seite der Olympier. Dann rächt er sich an Augias und setzt dessen Sohn Phyleus auf den Thron. In Olympia opfert er dem Zeus und gründet die ↗ Olymp. Spiele. In Sparta führt er mit Kepheus Krieg gegen Hippokoon, der seinen Bruder Tyndareos vertrieben hat. H.' Bruder Iphikles und Kepheus fallen, aber H. gewinnt zum Schluss den Thron für Tyndareos zurück. H. heiratet, wie er Meleagros in der Unterwelt versprochen hat, dessen Schwester Deïaneira, muss aber zuvor um sie mit dem seine Gestalt ständig verändernden Flussgott Acheloos kämpfen. Acheloos gibt sich schließlich in Stiergestalt geschlagen, als H. ihm ein Horn abbricht. Mit Deïaneira zeugt er Hyllos und Makaria. Zu Gast bei Kalydons König Oineus tötet er versehentlich einen ungeschickten Diener und begibt sich dafür freiwillig in die Verbannung nach Trachis. Als sich auf dem Weg dorthin der Kentaur Nessos an Deïaneira vergreifen will, tötet ihn H. mit einem Giftpfeil. Im Sterben rät Nessos Deïaneira, sein (vergiftetes) Blut aufzubewahren, da es sich um einen Liebestrank handle. In Trachis kämpft H. in mehreren Kriegen erfolgreich für König Keyx. Dafür bietet ihm der Dorerkönig Aigimos einen Teil seines Reiches an, das H. für sich ablehnt, aber für seine Nachkommen annimmt. Im thessal. Itonos tötet H. den Kyknos, der seinen Kopf für einen Tempel aus Schädeln verwenden will, und verwundet den Kriegsgott Ares, der Kyknos zu Hilfe eilt. Schließlich führt H. einen siegreichen Rachefeldzug gegen Eurytos, den er zusammen mit seinen Söhnen erschlägt; Iole macht er zu seiner Geliebten. H. schickt Lichas als Boten zu Deïaneira, um ein reines Gewand für ein Zeusopfer bringen zu lassen. Als Deïaneira von der Konkubine ihres Mannes erfährt, tränkt sie in ihrer Befürchtung, H. könne Iole mehr lieben als sie, den Mantel mit dem Blut des Nessos, das sofort nach dem Anlegen wirkt und H. bei lebendigem Leibe verbrennt. Mit dem Versuch, ihn auszuziehen, reißt sich H. die Haut vom Leibe. In rasendem Schmerz packt H. Lichas und schleudert ihn ins Meer. Nachdem Deïaneira ihre Tat erkannt hat, begeht sie Selbstmord. Im Sterben erinnert sich H. an die Weissagung, er werde nicht durch einen Lebenden, sondern durch einen Toten sterben. Um seiner Qual ein Ende zu setzen, lässt H. nach Befragen des delph. Orakels seinen Sohn Hyllos auf dem thessal. Berg Oita für sich einen Scheiterhaufen errichten und befiehlt seinen Dienern, ihn anzuzünden, was aber niemand wagt. Nur Philoktetes (oder dessen Vater Poias) erfüllt ihm die Bitte, nachdem ihm H. seine Pfeile und den Bogen versprochen hat. Nach seinem Tod steigt H. zum Olymp zu den Göttern auf, versöhnt sich mit Hera und erhält deren Tochter Hebe zur Frau, die dem Jolaos die Jugend wiederschenkt, damit er mit den Nachfahren des H. (Herakliden) gegen Eurystheus kämpfen kann. – *II. Literar. Rezeption:* Die H.-Gestalt wurde vielfach ausgedeutet. In der Chorlyrik Pindars wird er zum Symbol der aristokrat. Wertewelt; in der Tragödie (Sophokles, *Die Trachinierinnen*) wird er zur durch seine übermenschl. Größe die Umwelt in die Katastrophe reißende Kraft, wobei er sich selbst mit in den Untergang zieht; bei Euripides (*H.*) ist er als Wohltäter der Menschheit dargestellt, der unter dem blinden Hass der Hera zu leiden hat; im Satyrspiel (Euripides, *Alkestis*) und der Kömodie (Aristophanes, *Vögel*) wird die H.-Gestalt komisch ausgedeutet als die eines Fressers, Säufers und Draufgängers. In der Philosophie wird er zum Symbol des tugendhaften Menschen, der nicht den einfachen, sondern den beschwerl. Weg wählt (Prodikos, *H. am Scheideweg*); der die Schicksalschläge unerschütterl. tragende H. wird in der Stoa (Seneca, *Der rasende H.*) zur Symbolfigur des Weisen bzw. des Prokopton (des sich um die Weisheit bemühenden Menschen). – *III. Kult.* H.-Kulte verschiedener Ausprägung finden sich in der ganzen griech. Welt, allerdings wird er weniger von Städten (Poleis) als von kleineren Kultgemeinschaften verehrt. Als stets herumziehender, starker Held hat er eine deutl. Affinität zu ⁊ Epheben und ⁊ Initiationsriten. Über die einzelnen Kulte hinaus wird H. als Abwehrer des Bösen angerufen (Alexikakos). Er gehört, wie die zahlreichen Vasenbilder bezeugen, zu den populärsten Gestalten der griech. und röm. Mythologie. **Lit.:** W. Burkert, Griech. Religion (1977) 319–324. – F. Brommer, H. I–II (1953–84). – M. Huttner, Die polit. Rolle der H.gestalt im griech. Herrschertum (1997).

Herakliden, die Nachkommen des Herakles, die nach seinem Tod einen zunächst nicht erfolgreichen Krieg gegen Eurystheus um die Peloponnes führen, in dem sich die Deïaneira-Tochter Makaria selbst opfert (Euripides, *Herakliden*). Die Ausgestaltung der folgenden Abenteuer der H. ist die mytholog. Erklärung der Dor. Wanderung, die die myken. Kultur beendete. Aufgrund eines falsch verstandenen Orakelspruchs zieht ⁊ Hyllos zu früh erneut in den Krieg und wird vom Eurystheus-Nachfolger Echemos getötet. Weitere krieger. Unternehmungen der H. schlagen fehl, bis Temenos, Aristodemos und Kresphontes den Orakelspruch begreifen. Nach der Rückgewinnung der Peloponnes wird das Land aufgeteilt: Kresphontes erhält Messene, Temenos Argos, Aristodemos' Söhne Lakedaimon.

Heraklit (gr. Herakleitos) aus Ephesus, griech. Philosoph, ca. 540–480 v. Chr. Nach H. ist die Welt ewig und geht auf das Feuer als ihr Urprinzip zurück. Zentral ist seine Lehre vom ⁊ Logos im Sinne sowohl eines Weltgesetzes, dem gemäß alles geschieht, als auch eines gemeinsamen Vernunftprinzips, nach dem sich alles menschl. Handeln richten muss. Zwischen dem Einen und Vielen besteht eine dialekt. Einheit, »aus Einem wird alles und aus allem Eines« (DK 22 B 10). Stark nachgewirkt hat seine Lehre von der Identität bzw. Einheit des Gegensätzlichen: die entstehende Spannung kann letztlich zur Harmonie führen (*palintonos harmonia*). Diese Dialektik des Gegensätzlichen hat auf Hegel und die Vertreter des dialekt. Materialismus gewirkt. H. ist allerdings kein Materialist gewesen. H. kann auch als Begründer der philosoph. Anthropologie angesehen werden. Der eth. wie polit. Aspekt seines Denkens sollte nicht außer Acht gelassen werden. Seine Philosophie hat stark auf die stoische, christl. und abendländ. Philosophie überhaupt gewirkt. **Lit.:** M. Marcovich, H. (1967). – C. H. Kahn, The Art and Thought of H. (1979). – GGGA (1999).

Herculaneum, osk. Siedlung und seit 307 v. Chr. röm. Municipium in ⁊ Kampanien am Rande des Vesuvs; wie ⁊ Pompeji durch den Vulkanausbruch von 79 n. Chr. verschüttet. Umfangreiche Ausgrabungen brachten seit 1927 reiche Stadthäuser mit abwechslungsreichen Grundrissen und wertvoller Ausstattung zu Tage. Der regelmäßige Stadtplan mit einer Stadtmauer aus vorsullan. Zeit enthielt nur wenige öffentl. Gebäude aus jul.-claud. Zeit, einen kleinen Hafen und ein Forum, weshalb H. wohl eher als luxuriöser Ferienort als ein ökonom. Zentrum anzusehen ist. Höhere Lavaschichten erschwerten zwar die Ausgrabungen, bedingten aber gleichzeitig den hervorragenden Erhaltungszustand der Funde, bes. des organ. Materials wie Holz oder Papyrus. Bekannt wurde die Villa suburbana dei papiri, mit Seeblick im NW der Stadt; 1785 fand man hier Bronzebildwerke und eine Bibliothek mit Papyrusrollen, die unter anderem Schriften des Epikureers Philodemos von Gadara enthielten. Diese *villa marina* mit einer zum Meer geöffneten Terrasse wurde zum Vorbild für das Getty-Museum in Malibu; aus konservator. Gründen wurde sie wieder verschüttet. Neben exklusiven Wohnhäusern fand man u. a. mehrere Tempel, ein Theater, zwei Thermenanlagen sowie die sog. Basilika, eine ⁊ Porticus (Säulenhalle) mit kostbaren Wandbildern (ebenfalls wieder zugedeckt); jedoch sind bisher erst ein Viertel des Stadtgebietes ausgegraben (etwa 5 ha). Erst kürzlich brachten Ausgrabungen im Hafengebiet Dutzende von Skeletten zu Tage; vermutlich von Einwohnern, die versucht hatten, der Katastrophe über den Seeweg zu entkommen. Berühmt wurden ebenso die Herculanerinnen, eine Statuengruppe von der Bühnenrückwand des Theaters und die Wandmalereien der Basilika (Theseus und Minotauros; Herkules und Telephos, Achill und Chiron). **Lit.:** E. Kusch, H. (1960). – J. J. Deiss, H. (1985). – ASM (1999).

Hercules (lat.) ⁊ Herakles

Herd. Der heim. H. galt in der Antike als Mittelpunkt aller häusl. Kulte: Hier hatten die Hausgötter (⁊ Laren, ⁊ Penaten) ihren Sitz, und hier fanden feierl.

Zeremonien statt (so Eide oder die Geleitung der frischvermählten Braut zum H.). In Griechenland besaßen größere Sippen- oder Stammesverbände oft einen gemeinsamen Kult-H., der in seiner Bedeutung einem ↗ Altar gleichkam und wie dieser einem Schutzsuchenden Zuflucht gewähren konnte. **Hermagoras** (gr. Hermagoras) von Temnos, griech. Rhetor, Mitte 2. Jh. v. Chr., Verf. einer einflussreichen Schrift über die Stasislehre (↗ Rhetorik).

Hermann der Cherusker ↗ Arminius

Hermaphrodit (gr. Hermaphroditos), Sohn des Hermes und der Aphrodite, in den sich die Najade Salmakis leidenschaftlich verliebt. Als er in ihrer Quelle badet, zieht sie ihn zu sich und bittet die Götter, dass sie immer vereint bleiben mögen. Ihre beiden Körper verschmelzen zu einem Zwitter, einem Wesen mit weibl. Brüsten und männl. Genitalien.

Hermas. Unter dem Titel *Der Hirt des H.* ist eine apokalypt.-prophet. christl. Schrift erhalten (ca. 140–155 n. Chr.), die zu den populärsten Werken der christl. Spätantike zählte. **Lit.:** N. Brox, Der Hirt des H. (1991).

Hermeias (1), sonst unbekannter christl. Autor, 2. Jh. n. Chr., Verf. einer satir. Darstellung der heidn. Philosophie, in der er die Widersprüche der verschiedenen Schulen aufdeckt. **Lit.:** R. P. C. Hanson/D. Joussot, H. – Satire des philosophes païens (1993).

Hermeias (2) von Alexandria, griech. Philosoph, 5. Jh. n. Chr., Schüler Syrians im athen. ↗ Akademie, Verf. eines (erhaltenen) Kommentars zu Platons *Phaidros,* in dem er zu beweisen versucht, dass das zentrale Thema des *Phaidros* das Schöne in allen seinen Formen sei. **Lit.:** H. Bernard, H. (1997) (Übersetzung, Erläuterungen).

Hermen (gr. hermai, lat. hermae), ursprünglich viereckige, pfeilerartige Kultsteine, bekrönt von dem bärtigen Kopf des Gottes Hermes, mit seitl. Armstümpfen, ↗ Phallos und zuweilen Inschriften versehen. H. wurden in Griechenland seit dem 6. Jh. v. Chr. an den unterschiedlichsten Orten aufgestellt, wie z. B. an Wegkreuzungen, Eingängen, öffentl. Plätzen, Heiligtümern oder Gräbern. Etwa seit dem 4. Jh. kommen auch andere Götter in H.-Form vor. Eine Herme konnte auch aus drei und vier Büsten gebildet sein, die in jeweils verschiedene Richtungen wiesen. Beliebt bei den Römern war die Porträt-H., oftmals mit paarweise angeordneten Porträts von Dichtern, Philosophen oder Staatsmännern. **Lit.:** H. Wrede, Die antike Herme (1985). – K. Stemmer, Standorte. Kontext und Funktion antiker Skulptur (1995).

Hermenfrevel, die mutwillige Verstümmelung der Hermes-Statuen in Athen 415 v. Chr., kurz vor dem Auslaufen der Flotte zur sizil. Expedition. Der H. wurde von den innenpolit. Gegnern des Alkibiades, der zum Leiter der Flotte bestellt worden war, ausgenutzt, um das Unternehmen zu diskreditieren und ihn selbst politisch auszuschalten. Im sog. Hermokopidenprozess wurden mehrere vermeintl. Täter zum Tode verurteilt. Der ebenfalls bezichtigte Alkibiades entzog sich der Anklage und flüchtete nach Sparta.

Hermes (gr. Hermes), griech. Gott arkad. Herkunft (s. Abb. S. 242). Sein Name leitet sich von den ↗ Hermen ab, dämon. Figur mit Menschenkopf und Phallos, die man auf die die Wege markierenden Steinhaufen (*hermakes*) zu setzen pflegte. Als Gott der Wege ist er Götterbote mit geflügelten Schuhen, Schutzgott der Reisenden, der Kaufleute und der Diebe (schon als kleines Kind stiehlt H. einige Rinder aus Apollons Herde, kann den Gott jedoch durch das Geschenk der Leier wieder versöhnen); daneben ist er auch ein Fruchtbarkeitsgott. H. bringt Hephaistos dazu, den Schädel des Zeus zu spalten, dem Athene entspringt. H. ist Vater des Echion, Autolykos, Daphnis und Myrtilos. Mit Aphrodite zeugt er den ↗ Hermaphroditos. **Lit.:** W. Burkert, Griech. Religion (1977) 243–247.

Hermesianax von Kolophon, griech. Elegiker, Freund des Philitas, frühes 3. Jh. v. Chr. Sein Hauptwerk ist eine drei Bücher umfassende Elegiensammlung (↗ Elegie) mit dem Titel *Leontion,* offensichtlich der Name der eleg. Geliebten. Die Fragmente weisen typisch hellenist. Merkmale auf: eine bes. Vorliebe für sprachl. Besonderheiten, aitiolog. Exkurse (↗ Aitiologie) und gelehrte Anspielungen (↗ *poeta doctus*). H. scheint durch ↗ Antimachos' *Lyde* beeinflusst gewesen zu sein.

Hermetische Schriften, umfangreiche, dem Gott Hermes Trismegistos zugeschriebene Schriften der Spätantike, verfasst in griech., lat. und kopt. Sprache. Die einzelnen Schriften sind dadurch verbunden, dass sie sich als Weisheiten des Hermes Trismegistos, einer Verschmelzung des griech. Gottes Hermes und des ägypt. Gottes Thot, ausgeben, während sie sich inhaltlich stark unterscheiden. Man findet kosmolog., geograph., medizin. und pädagog. Schriften neben Hymnen und religiösen Unterweisungen. Die H. S. sind teilweise durch mittelplaton. und stoische Gedanken geprägt. Das erhaltene Corpus der H. S. wurde in der vorliegenden Form wohl erst im 10./11. Jh. n. Chr. in Byzanz zusammengestellt. **Lit.:** H. Rombach, Der kommende Gott (1991). – R. Liedtke, Die Hermetik (1996). – C. Colpe/J. Holzhausen, Das Corpus Hermeticum deutsch (1997).

Hermias, Tyrann von Atarneus und Assos, Freund des Aristoteles, holte diesen 348/47 v. Chr. gemeinsam mit anderen Schülern Platons an seinen Hof und war auch selbst als Philosoph tätig. 342 schloss er einen Geheimvertrag mit Philipp II. von Makedonien, der diesem einen asiat. Brückenkopf sichern sollte. Er wurde jedoch im Auftrag seines Oberherrn, des Perserkönigs Artaxerxes III., der misstrauisch geworden war, verhaftet und hingerichtet.

Hermione (gr. Hermione), Tochter der Helena und des Menelaos, der sie dem Neoptolemos zur Frau gibt, obwohl sie schon Orest versprochen war. Da H. keine Kinder bekommt, versucht sie vergeblich, Andromache, die trojan. Konkubine ihres Mannes, die sie der Schuld an ihrer Unfruchtbarkeit bezichtigt, zu ermorden. H. flieht zu Orest, der Neoptolemos tötet. Sie wird seine Frau und Mutter des Tisamenos (Euripides, *Andromache*).

*Hermes mit Satyr
und Hirschkuh*

Hermogenes (1) (gr. Hermogenes) aus Tarsos, griech. Redner, 2. Jh. n. Chr. H. errang noch als Knabe großen Ruhm für seine Stegreifreden, Kaiser Mark Aurel soll den 15-jährigen bewundert haben. Nach der Überlieferung hat H. über Nacht seine Redegabe verloren und wandte sich der Rhetoriktheorie zu: Unter den ihm zugeschriebenen Schriften sind eine Abhandlung über die Statuslehre und über Stiltypen sicher echt. Die Schriften über die Stofffindung und über die Mittel eines kraftvollen Stils sowie die für den Schulbetrieb geschriebenen *Vorübungen* (*Progymnasmata*) sind in ihrer Echtheit umstritten. **Lit.:** D. Hagedorn, Zur Ideenlehre des H. (1964).

Hermogenes (2) (gr. Hermogenes), bedeutender griech. Architekt, arbeitete im ausgehenden 3. und beginnenden 2. Jh. v. Chr., erbaute den Artemis-Tempel in Magnesia am Mäander und den Dionysos-Tempel von Teos, gilt als Erfinder des Pseudodipteros bzw. Eustylos, eines Tempeltypus, dem eine bestimmte, auf Säulendurchmesser und -abstand (Intercolumnium) bezogene Maßeinheit (im Verhältnis 1 : 2,25) zugrunde liegt. Die Schriften des H. sind nicht erhalten, die von ⟋ Vitruv überlieferte Beschreibung der jon. Ordnung stützt sich jedoch hierauf. **Lit.:** G. Gruben, Die Tempel der Griechen (⁴1986).

Hermogenianus, röm. Jurist des späten 3. und frühen 4. Jh. n. Chr.; unter ⟋ Diokletian, dann wohl unter ⟋ Maximian als *magister libellorum* für Petitionen zuständig. Seine Reskripten (Antworten) auf diese stellte er wohl um 295 in Mailand mit anderem Material zum sog. *Codex Hermogenianus* zusammen, der bis zum ⟋ *Codex Iustinianus* (528) maßgeblich blieb. **Lit.:** D. Liebs, Die Jurisprudenz im spätantiken Italien (1987).

Hermokopidenprozess ⟋ Hermenfrevel

Hermokrates (gr. Hermokrates), syrakusan. Feldherr und Staatsmann, Führer der gemäßigten Oligarchen, war der Hauptorganisator des syrakusan. Widerstands gegen die athen. Belagerung 415–413 im Peloponnes. Krieg. Nach der Niederlage der Athener unterstützte er die spartan. Kriegsführung in Griechenland an der Spitze eines syrakusan. Flottenkontingents, wurde aber 410, nach der Schlacht bei Kyzikos, seines Postens enthoben und verbannt. 408/07 kehrte er in seine Heimatstadt zurück und versuchte die Macht zu ergreifen, kam aber bei schweren Straßenschlachten ums Leben. **Lit.:** M. I. Finley, Das antike Sizilien (1979).

Hermos, Fluss in Westkleinasien (heute Gdeiz nehri), entspringt am Dindymos (heute Murat Dagi), bildet mit Nebenarmen und -flüssen im Mittel- und

Unterlauf größere Talauen (z. B. Kurupedion), fließt an Sardes und Magnesia (am Sipylos) im N vorbei und mündet in der Bucht von Smyrna.

Hero, eine Priesterin der Aphrodite zu Sestos, zu der ihr Geliebter Leander jede Nacht aus Abydos auf der anderen Seite des schmalen Hellespont hinüberschwimmt. Leander ertrinkt, als eines Nachts Heros Signalfeuer erlischt. Am nächsten Tag erblickt H. den Leichnam ihres Geliebten unter ihrem Fenster und stürzt sich vor Kummer in den Tod.

Herodas (auch Herondas), griech. Dichter, 1. Hälfte 3. Jh. v. Chr. Das Werk des H. ist erst seit der Publikation eines Papyrus des Brit. Museums (1891) bekannt. Sieben ↗ Mimjamben sind fast vollständig erhalten und zwei weitere bruchstückhaft. Das Versmaß ist der ↗ Hinkjambus in der Tradition des ↗ Hipponax. Dargestellt werden in der Form des Miniaturdramas Szenen aus dem Alltag, zumeist aus der Unterschicht (Zuhälter, Dirnen), in jon. Dialekt. Vergleichbar ist Theokrits 2. und 15. Gedicht. Ob die Mimjamben von mehreren Schauspielern aufgeführt oder ob sie von einer einzigen Person nur rezitiert wurden und in welchem Rahmen man sich dies vorstellen muss (öffentlich oder privat), ist in der Forschung nicht geklärt. **Lit.:** G. Mastromarco, The Public of H. (1984).

Herodes Antipas, Sohn ↗ Herodes' I. d.Gr., nach dessen Tod Herrscher über Galiläa; baute ↗ Tiberias zur Hauptstadt aus. In zweiter Ehe mit Herodias, der Mutter der ↗ Salome, verheiratet; 39 n. Chr. von ↗ Caligula nach ↗ Lugdunum verbannt.

Herodes Atticus, Lucius Vibullus Hipparchus Tiberius Claudius H.A., griech. Redner, 101–177 n. Chr. H., ein Zeitgenosse ↗ Frontos, ist einer der bekanntesten Vertreter des ↗ Attizismus der Zweiten ↗ Sophistik. Einer seiner Schüler war ↗ Gellius. Fragmente einer Schrift *Über die Verfassung (Peri Politeias)* sind erhalten. Die Autorschaft von H. ist allerdings umstritten. Seinen gewaltigen ererbten Reichtum verwandte H. zu großzügigen Stiftungen, u. a. in Athen zum Bau eines Tychetempels und des Odeions am Fuß der Akropolis, zur Umgestaltung des Stadions in Marmor; in Olympia ließ er eine Wasserleitung anlegen. **Lit.:** E. Drerup (1908) (Ausgabe). – W. Ameling, H. A. (1983).

Herodes I. d. Gr., um 73–4 v. Chr., König von Judäa, entstammte einer alten idumäischen Familie, die seit Beginn des 1. Jh. v. Chr. polit. einflussreich war. 41 gewann er die Unterstützung des Antonius, mit dessen Hilfe er die Ansprüche des letzten Hasmonäers Antigonos (40–37) der mit den Parthern kooperierte, erfolgreich abwehrte. Daraufhin 37 zum König von Judäa ernannt, sicherte er seine Herrschaft und wechselte 31 nach der Schlacht bei Actium rasch genug auf die Seite des Octavian (Augustus), um in seinem Amt bestätigt zu werden. Seine Herrschaft war nicht sakral, sondern weltlich ausgerichtet und beinhaltete viele hellenist. Elemente. Obwohl er energisch gegen religiöse Eiferer vorging, ließ er dennoch unter Beachtung des jüd. Sakralrechts einen neuen Tempel als religiöses Zentrum errichten. Er förderte den Städte-

Herodot

bau und ließ Jerusalem militärisch befestigen. Obwohl er ein röm. Vasall war, erreichte sein Reich durch eine erfolgreiche Außenpolitik in etwa die Größe, die es zur Zeit König Davids gehabt hatte. Seine letzten Lebensjahre waren durch blutige Familienintrigen überschattet, die Teilen seiner Familie das Leben kosteten. Nach seinem Tod wurde das Reich unter seinen Söhnen geteilt. Die Erzählung des Neuen Testaments, H. habe nach der Geburt Jesu alle neugeborenen Kinder ermorden lassen, ist eine unhistor. Legende. **Lit.:** S. Perowne, H. d.Gr. (1957). – A. Schalit, König H. (1969).

Herodian (1), Aelius Herodianus, aus Alexandria, griech. Philologe, Sohn von ↗ Apollonios Dyskolos, 2. Jh. n. Chr. Hauptwerk ist die allg. Akzentlehre, in der er nach antiken Quellen die Akzente von 60.000 Wörtern angab. **Lit.:** R. Reitzenstein, Geschichte der griech. Etymologika (1897) 299–312.

Herodian (2) aus Alexandria (oder Antiochia), griech. Historiker, geb. 178/80 n. Chr., Verf. einer Kaisergeschichte für die Jahre 180–238 n. Chr. Welche Quellen er benutzte, ist unklar. H. übte großen Einfluss auf ↗ Historia Augusta, ↗ Eutrop, ↗ Aurelius Victor und ↗ Ammianus Marcellinus aus (↗ Geschichtsschreibung) aus. **Lit.:** F. L. Müller, H. (1996).

Herodot (gr. Herodotos) aus Halikarnassos, griech. Historiker, ca. 490–420 v. Chr. Das früheste erhaltene griech. Geschichtswerk knüpft an die Tradition der jon. Ethnographie und Geographie an und setzt umfangreiche Reisen des Autors im Mittelmeerraum voraus, zugleich setzt es neue Maßstäbe für die Geschichtsschreibung aufgrund der Bemühung des H. um Einbeziehung des Geschehens in einen Sinnzusammenhang (darin zeigt sich H.s Vertrautheit mit der Dichtung und den zeitgenöss. geistigen Strömungen). H. hielt sich wohl lange in Athen auf, in engem Kontakt zu Perikles, dessen Familie (die Alkmäoniden) er im Werk gegen feindselige Propaganda verteidigt. Er nahm an der Gründung von Thurioi in Unteritalien teil (444/43). Vorträge von Werkabschnitten an verschiedenen Orten Griechenlands sind vor der endgültigen Veröffentlichung (ca. 425) anzunehmen. Als Ziel seines Werks gibt H. die Erkundung bedeutender menschl. Taten und Werke, die es verdienen, gewürdigt und der Nachwelt überliefert zu werden. H. stellt sich die Aufgabe, die Feindschaft zwischen Griechen und Barbaren von ihren Anfängen an zu verfolgen. Myth. Erklärungsspekulationen werden in Frage gestellt (1, 1–5); H. sucht den Ursprung der Feindschaft in der Eroberung der kleinasiat. Städte durch den Lyderkönig Kroisos, dessen Herrschaft bald durch die Perser abgelöst wird; die pers. Geschichte bis 479 bildet danach den Leitfaden der Darstellung. Als Ursachen für Kroisos' Untergang werden göttl. Vergeltung für ererbte, längst zurückliegende Schuld, Habgier und polit. Fehleinschätzungen parallel angeführt. Dieses typ. Schema multipler Kausalität soll auch Persiens Niederlage erklären. Die sukzessive Expansion des Perserreichs unter Kyros, Kambyses (Buch 2–3, 87) und Dareios (3, 88–7, 4) nimmt den größten Teil des Werkes ein. Der jon. Aufstand (500–494), als unmittelbare Ursache der Perserkriege, der Feldzug von 490 und die Schlacht bei Marathon werden in Buch 6, Xerxes' Feldzug (480/79) und die Kämpfe bei den Thermopylen, am Artemision, bei Salamis, Plataä und Mykale in den Büchern 7–9 geschildert. Die Rolle Athens am Sieg wird hervorgehoben, trotz der geringen Sympathie H.s für den Salamis-Sieger Themistokles. Obwohl H. für ein panhell. Publikum schreibt, unterdrückt er in seiner Darstellung nicht die perserfreundl. Haltung mancher Städte und Adelsfamilien. Ausführl. Exkurse enthalten Informationen zur Geographie, Geschichte, Lebensweise und Kultur der im Werk genannten Völker (Lyder, Babylonier, Ägypter, Skythen u. a.); in ähnl. Weise werden Abschnitte aus der Geschichte griech. Städte angeführt. Neben eigener Anschauung und mündl. Erkundung hat H. wohl schriftl. Quellen benutzt; oft weist er auf Abweichungen seiner Quellen hin und übt Kritik. Märchenhafte Erzählungen über meist private Angelegenheiten (Novellen) zeichnen sich durch ihre Dramatik und Suggestivität aus. H.s Weltbild wird von der Idee der Ordnung geprägt: sie wird wie bei Hesiod, Solon und Aischylos von Gott garantiert; Übertretung des Maßes (*hybris*) führt zum Untergang. Zudem lässt Gott niemanden andauerndes Glück genießen. Hinter dem Schicksal von Individuen und Gruppen ist immer eine höhere Gerechtigkeit zu erkennen. Träume, Orakel, Warnreden dienen regelmäßig der Motivierung oder Deutung des Geschehens. – Die Konsistenz der Geschichtsphilosophie des H. kontrastiert mit der kulturellen Vielfalt der von ihm gezeichneten Welt. Anders als bei seinem Nachfolger Thukydides wird die gemeinsame Basis für eine übergreifende Geschichtsbetrachtung durch die menschl. Abhängigkeit von der göttl. Allmacht gewährleistet. H.s Denken oszilliert zwischen herkömml. Frömmigkeit und bewusster Anerkennung autonomer menschl. Intelligenz und Kreativität. Ähnlich zwiespältig ist seine Einstellung gegenüber den Barbaren: einerseits erfreuen sie sich seines verständnisvollen Blicks und einer angemessenen Würdigung ihrer Leistungen (in Anlehnung an die Tradition der ↗ Logographen), andererseits fallen sie einer durch Vorurteile geprägten Schematisierung zum Opfer, wonach sie als oft paradoxes Gegenbild zu den Griechen erscheinen, denen Freiheit, Tapferkeit, Tugend und Erfindungskraft vorbehalten sind. Dies ist im Kontext einer durch die Perserkriege bedingten Polarisierung zu betrachten. H. wurde wegen seiner traditionellen Weltanschauung, der scheinbaren Naivität seiner Darstellungsmittel, von denen Märchenhaftes nicht ausgeschlossen wird, und der themat. Buntheit seines Werkes in der Neuzeit zu Unrecht als unglaubwürdig disqualifiziert. Neuere Forschungen haben zu einer Aufwertung seiner histor. Zuverlässigkeit geführt, anthropolog.-ethnolog. und mentalitätsgeschichtl. Studien über die Antike sind ihm verpflichtet. **Lit.:** W. Marg (Hg.), H. (1981). – J. Gould, H. (1989). – GGGA (1999). – N. Luraghi (Hg.), The Historian's Craft in the Age of H. (2001).

Heroen (gr. heros, »Held«, Halbgötter, übermenschl. Helden, die meist einen göttl. Elternteil haben; legendäre Stammväter eines berühmten Geschlechts, tapfere Krieger, Städtegründer, verdiente Politiker, überhaupt hervorragende Persönlichkeiten; ↗ Herrscherkult. H. können zu Göttern aufsteigen und umgekehrt Götter zu H. herabsinken. Im Mittelpunkt ihres Kultes stand das die Gebeine des H. bergende tempelförmige Grab (↗ Totenkult), wo man den H. opferte. In der christl. Religion findet der H.-Kult seine Entsprechung in der kult. Verehrung der Heiligen. **Lit.:** W. Burkert, Griech. Religion (1977) 312 ff.

Heron von Alexandria, griech. Mathematiker, 1. Jh. n. Chr. Seinen Werken verdanken wir größtenteils unsere Kenntnisse über antike Mechanik, Physik und Rechenmethoden. Erhalten sind Schriften über die Oberflächenberechnung (*Metrika*), über die Definition geometr. Grundbegriffe (*Horoi*), zur Geometrie, Stereometrie und Optik. Bes. Beachtung verdient seine Abhandlung über die Herstellung von Automaten, worunter insbes. die Herstellung von Wundermaschinen gemeint ist (↗ Mathematik). **Lit.:** A. Schürmann, Griech. Mechanik und antike Gesellschaft (1991).

Herondas ↗ Herodas

Herophilos aus Kalchedon, griech. Mediziner, ca. 330/20–260/50 v. Chr. H. gilt als Begründer der Humansektion, die er nicht nur an Toten, sondern auch an zum Tode verurteilten Verbrechern durchgeführt haben soll. Schon in der Antike wurde er dafür heftig angegriffen, obwohl in der medizin. Literatur durch ihn ermöglichten anatom. Kenntnisse gewürdigt wurden. Neben anatom. Abhandlungen verfasste H. Schriften zur Pulslehre, Hebammenkunst, Diätetik und Therapeutik, evtl. zur Augenheilkunde. **Lit.:** H. von Staden, H. The Art of Medicine in Early Alexandria (1989) (Ausgabe, Kommentar).

Herostratos, ein ruhmsüchtiger Bürger aus Ephesos, zerstörte 356 v. Chr. den ephes. Artemis-Tempel, der als eines der Sieben Weltwunder galt, durch Brandstiftung. Da er nach seiner Ergreifung aussagte, er habe durch seine Tat berühmt werden wollen, beschloss der Rat von Ephesos, dass sein Name niemals genannt werden dürfe (*damnatio memoriae*). Dennoch wurde die *herostrat. Tat* sprichwörtlich.

Herrscherkult. Der H. schließt in Griechenland an die traditionelle Verehrung der ↗ Heroen an, die wie Herakles eine Zwischenstellung zwischen Mensch und Gott innehaben. Unter Alexander d.Gr. und seinen Nachfolgern (Diadochen) wird der H. verbindl. Staatskult. Normalerweise fehlen im griech. H. Gebete. Der H. wurde im 2. Jh. v. Chr. von griech. Städten auf röm. Feldherren wie T. Quinctius Flamininus und Sulla ausgedehnt. C. Iulius Caesar wird 42 v. Chr. als Divus Iulius unter die Staatsgötter aufgenommen. Augustus lehnte eine Verehrung als Gott in Rom ab, duldete sie jedoch zusammen mit der Dea Roma in den Provinzen; seit 7 v. Chr. wurde aber sein ↗ Genius (Schutzgeist) verehrt. Seit dem 1. Jh. n. Chr. wurde jeder Kaiser, der nicht der *damnatio memoriae* verfiel, d.h. an den jede Erinnerung aus dem öffentl. Bewusstsein gestrichen werden sollte, nach dem Tod als *divus* verehrt, seit Aurelian (270–275) wird die Vergöttlichung zu Lebzeiten üblich.

Herse (gr., »Tau«), Tochter des Kekrops, der Athena den Säugling ↗ Erichthonios in einem Körbchen anvertraut, das sie verbotenerweise mit ihren Schwestern Pandrosos und Aglauros öffnet. Sie wird wahnsinnig und stürzt sich in den Tod. Nach einer anderen Version lebt sie weiter und wird eine Geliebte des Hermes, mit dem sie Kephalos zeugt.

Hersilia, Gattin des Romulus, als Hora unter die Götter aufgenommen.

Heruler, ostgerman. Volk, angeblich im 3. Jh. n. Chr. von den Dänen aus Skandinavien nach S vertrieben. Der Stamm teilte sich und zog nach SW an den Niederrhein, von wo aus die H. Raubzüge bis nach Gallien und Spanien unternahmen. Ein anderer Teil zog zum Schwarzen und Asowschen Meer und drängte im Verein mit den Goten im 3. Jh. n. Chr. in röm. Territorium vor.

Hesiod (gr. Hesiodos) aus Askra in Böotien, griech. Dichter um 700 v. Chr., Verf. von Lehrgedichten in daktyl. Hexametern. Die ca. 1200 Verse umfassende *Theogonie* (*Götterentstehung*) stellt in myth. Form die Entstehung der Welt und die Abfolge der Göttergenerationen dar. Insgesamt sind etwa 300 Götter erwähnt. Parallelen zu altoriental. (hethit., hurrit. u.a.) Texten bestehen unter anderem in dem Sukzessionsmythos, der den gewaltsamen Machtwechsel der Weltherrscher Uranos, Kronos und Zeus beschreibt. In dem letztgenannten sieht H. den Garanten einer gerechten Weltordnung. Das Werk hat eine katalogartige, genealog. Struktur, die streckenweise eher assoziativ als systematisch wirkt und durch erzählende Exkurse (Prometheus, Kämpfe der olymp. Götter gegen die Titanen und des Zeus gegen Typhoeus u.a.) aufgelockert wird. Im Proömium der *Theogonie* erzählt Hesiod von seiner Dichterweihe durch die Musen am Berg Helikon. Die *Erga kai hemerai* (*Werke und Tage*, 828 Verse) verbinden autobiograph. Elemente (H.s Streit mit seinem Bruder Perses) mit myth. Teilen (Pandora, Weltzeitaltermythos) und Ratschlägen über das Verhalten gegenüber Menschen und Göttern, Regeln für die Landarbeit und den Seehandel sowie über günstige und ungünstige Zeitpunkte für alltägl. Arbeiten. In den *Erga*, die sich mehrfach direkt oder indirekt auf die *Theogonie* beziehen, berichtet H., dass er mit einem Hymnos (der *Theogonie?*) bei den Leichenspielen für Amphidamas in Chalkis gesiegt habe und sein Vater aus dem äol. Kyme stamme. In seiner Echtheit umstritten ist der in der Überlieferung an die *Theogonie* angeschlossene, aus zahlreichen Fragmenten rekonstruierbare *Frauenkatalog* (auch *Ehoien*, von griech. *e hoie,* »oder diejenige, welche«). In ihm sind die Verbindungen von menschl. Frauen mit Göttern behandelt, aus denen die Heroengeschlechter hervorgingen. Sicher unecht ist die wahrscheinlich aus dem 6. Jh. v. Chr. stammende *Aspis* (*Schild*) in 480 Hexametern, die, ausgehend von der Alkmene-Ehoie, von dem Zweikampf des Herakles mit dem Aressohn Kyknos erzählt und eine ausführl. Schildbeschreibung in Anlehnung an das 18. Iliasbuch enthält (Ekphrasis). Noch verschiedene weitere Werke kursierten in der Antike unter dem Namen H.s. Umstritten ist, ob Hesiod vor oder nach Homer zu datieren ist und in welcher Richtung evtl. literar. Abhängigkeit besteht. Von Homers aristokrat., heroischer Perspektive unterscheidet sich H. durch seine kleinbäuerl., oftmals pessimist. Weltsicht und seine Skepsis gegenüber der Rechtlichkeit der Könige. H. übte einen prägenden Einfluss auf die antike Lehrdichtung (z.B. Arat, Vergil) und die Mythographie aus, wurde aber auch von Philosophen und Tragikern rezipiert. **Lit.:** M.L. West, H. Theogony (1966). – Ders., H. Works and Days (1978). – Ders., The Hesiodic Catalogue of Women (1985). – GGGA (1999). – W. Blümer, Interpretation archaischer Dichtung, 2 Bde. (2001). – M. Hirschberger, Gynaikon Katalogos und Megalai Ehoiai (2004).

Hesione (gr. Hesione), Tochter des myth. trojan. Königs Laomedon, der sie nach einem Ungehorsam gegen Poseidon einem Meeresungeheuer zu opfern bereit ist und sie an einen Felsen kettet. Sie wird von Herakles gerettet, der als Lohn die zwei göttl. Pferde des Tros, des Großvaters des Laomedon, einfordert. Da Laomedon die Zahlung verweigert, vernichtet Herakles die Stadt, tötet alle Söhne des Laomedon bis auf Poderkes, danach Priamos genannt, und übergibt H. dem Telamon, mit dem sie Teukros (2) zeugt.

Hesperiden, die drei Nymphen Hespere, Aigle und Erytheia, Töchter des Atlas und der Pleione oder der Hesperis bzw. des Erebos und der Nyx. Zusammmen mit dem Drachen Ladon bewachen sie den goldenen Apfelbaum, den Gaia der Hera zum Hochzeitsgeschenk gemacht hat. ↗ Herakles' elfte Aufgabe besteht darin, die Äpfel dieses Baumes zu holen.

Hestia (lat. Vesta), olymp. Göttin des Herdfeuers, Tochter des Kronos und der Rhea. Sie weist die Heiratsanträge von Apollon und Poseidon zurück und bleibt Jungfrau. Die Keuschheit ist eines der Gebote ihrer Priesterinnen in Rom, der ⁊ Vestalinnen, wo sie ⁊ Vesta genannt wird.

Hesych (1) (gr. Hesychios), griech. Lexikograph (5./6. Jh. n. Chr.), Verf. eines umfangreichen alphabet. Lexikons, in dem seltene poet. Wörter erklärt werden. Das beinahe komplett erhaltene Werk ist in einer einzigen Handschrift überliefert (Codex Marcianus – Venetus Graecus 851, 15. Jh.). Der Text ist durch zahlreiche Einschübe entstellt. **Lit.:** K. Latte, H. (Edition) I-II (1953–66).

Hesych (2) (gr. Hesychios) Illustrios, griech. Geschichtsschreiber, 6. Jh., Verf. einer röm. und allg. Geschichte in sechs Büchern, einer chronologisch angelegten Beschreibung berühmter Personen, von der ein Auszug erhalten ist.

Hetäre (gr. hetaira, »Gefährtin«), Sammelbezeichnung für Prostituierte verschiedener Herkunft, meist aber aus besser gestellten Kreisen. H.n besaßen oft eine gewisse Bildung und waren im Flötenspiel, Tanz und Kunst bewandert. Der Umgang mit ihnen wurde allg. akzeptiert und galt nicht als anstößig. Oftmals standen sie mit Tempeln in Verbindung, in deren Umkreis sie ihrem Gewerbe nachgingen. Hetärenszenen sind auf Wandmalereien, Vasenbildern und Reliefwerken häufig dargestellt. Berühmte H.n waren ⁊ Aspasia, die spätere Gemahlin des Perikles, und Glykera, die Lebensgefährtin des Komödiendichters ⁊ Menander. **Lit.:** C. Reinsberg, Ehe, H.ntum und Knabenliebe im antiken Griechenland (1989).

Hetairoi (gr., »Gefährten«), in den homer. Epen die Freunde und Gefolgsleute der Heerführer. Im 5. Jh. v. Chr. wird H. zum polit. Schlagwort, mit dem die Mitglieder einer Hetairie bezeichnet werden, eines polit. Clubs, der gegen die offizielle Verfassung eigene Interessen verfolgte. Bei den Makedonen waren die H. die unmittelbaren Ratgeber der Könige.

Hethiter, der Lutherübersetzung des Alten Testaments entnommene Bezeichnung (hebr. Hittim) für ein Volk in Syrien und im südöstl. Kleinasien im 1. Jt. v. Chr.; ursprünglich Bezeichnung für ein indogerman. Volk; Gründer des Hatti-Reiches im 2. Jt. v. Chr. in Zentralanatolien. Im 14./13. Jh. v. Chr. nahm das Reich der H. das gesamte Kleinasien mit der Hauptstadt Hattusa (heute Boghazköy) am ⁊ Halys ein. Zentrum des ersten hethit. Reiches unter Fürst Anitta (ca. 1650–1500 v. Chr.) war die Stadt Kussar, bis um 1600 die fürstl. Residenz nach Hattusa verlegt wurde. Nach der Etablierung in Anatolien stießen die H. nach Syrien und Babylon vor, wo sie die Dynastie der Hammurapi stürzten. Langjährige Kämpfe mit Ägypten um die Vorherrschaft in Syrien endeten in einem Friedensvertrag mit Ramses II. (1269). Thrak. Stämme, bes. die ⁊ Phryger, vernichteten um 1210 das hethit. Großreich; die ⁊ Seevölker drangen in den Vasallenstaat Syrien ein und vernichteten die Stadtkultur. Als Hauptquellen stehen die Archive von Hattusa mit histor. und religiösen Texten auf ca. 25.000 Tontäfelchen, beschrieben mit akkad. Keilschriftzeichen, zur Verfü-

Hattusa, Zwölf-Götter-Relief

gung. Die hethit. Sprache, die mit dem Luwischen und Palaischen verwandt ist, wurde 1915 entziffert und als indoeuropäische Sprache identifiziert. Nach dem Niedergang der H. wurde Hattusa zerstört, und die akkad. Keilschrift verschwand. Neohethit. Stadtstaaten mit Blütezeit vom 10. bis 8. Jh. v. Chr. entstanden auf dem Boden Syriens, bis sie in vorklass. Zeit von den Assyrern unterworfen wurden. **Lit.:** F. Sommer, H. und Hethitisch (1947). – F. Cornelius, Geschichte der H. (1973). – P. Neve, Hattusa (1996). – T. R. Bryce, The Kingdom of the Hittites (1998).

Hexameter, Begriff der Metrik: allg. ein aus sechs Metren bestehender Vers, in der Regel für den katalekt. daktyl. H. verwendet.

Hiat (lat. hiatus, »Kluft«), Begriff der Metrik und Rhetorik. Antike Autoren vermeiden das Zusammenstoßen von zwei Vokalen, da sich dadurch eine ›Kluft‹ auftut und eine flüssige Diktion gestört wird. Eine Methode, den H. zu vermeiden, ist die ↗ Elision.

Hibernia (lat. hiberna, »die Winterliche«; griech. Ierne), antiker Name Irlands; in der geograph. Vorstellung der Antike im N Britanniens oder bei ↗ Hispanien angesiedelt. Von den Römern niemals erobert, drangen von H. im 4. Jh. n. Chr. kelt. Scoti nach ↗ Kaledonien ein, das von ihnen den Namen Schottland erhielt. Der Beginn der Christianisierung im 5. Jh. n. Chr. durch St. Patrick führte zu Klostergründungen und zu Missionierungsfahrten (*peregrinatio religiosa*), im Rahmen derer schott. und ir. Mönche auch in Germanien Klöster gründeten (z. B. Regensburg).

Hiberus ↗ Ebro

Hiempsal II., König der Numider, nahm 88 v. Chr. den flüchtigen Marius auf und vergrößerte seinen Machtbereich durch angrenzende Gebiete. Er verfasste eine numid. Landesgeschichte in pun. Sprache.

Hierapolis (gr., »heilige Stadt«), phryg. Stadt in der Nähe der kar. Grenze im Tal des Lykos mit heißen, kalkhaltigen Quellen, die den Berghang mit strahlend weißen Kalksinterterrassen bedeckt haben; der moderne türk. Ort heißt danach Pamukkale (»Baumwollschloss«). H. war ein Zentrum des Kybelekults und Ort des Apollonkults mit Tempel. Bedeutende Baumaßnahmen erfolgten unter Domitian. In H. existierte eine große jüd. Kolonie. Bereits im 1. Jh. n. Chr. war eine christl. Gemeinde vertreten, später mit Bischofssitz. Die Nekropole von H. gehört zu den besterhaltenen des antiken Kleinasien. **Lit.:** ASM (1999).

Hieroglyphen (gr., »heilige Zeichen«), seit ptolemäischer Zeit die übl. Bezeichnung für die altägypt. Bilderschrift, die vom 3. Jt. v. Chr. bis in die röm. Kaiserzeit im Gebrauch war und sich bes. in Tempeln und Gräbern findet. Während ursprünglich jedes Zeichen einen bestimmten Begriff symbolisierte, erfolgte später durch die Zuordnung fester Silbenwerte der Übergang zur Silbenschrift. Die H. dienten bes. als festl. Schrift zu Ehren der Götter und Pharaonen, waren aber für den tägl. Gebrauch in der Staatsverwaltung nur bedingt geeignet; hier war eine Kursivschrift im Gebrauch, das sog. Hieratische, das aus den H. entwickelt wurde. In der röm. Kaiserzeit war die Kenntnis

der H. nur noch wenigen Priestern bekannt, und mit dem Untergang der altägypt. Religion in der Spätantike ging ihre Kenntnis ganz verloren. Die neuzeitl. Entschlüsselung gelang erst Champollion 1822 mit Hilfe des Steins von Rosetta (heute im British Museum, London). **Lit.:** J. T. Hooker u. a., Reading the Past (1990) 75–136.

Hieron I., Tyrann von Syrakus ca. 478–466 v. Chr., Bruder des Gelon, übernahm von diesem 485 die Herrschaft in Gela und 478 in Syrakus. Er griff in die polit. Verhältnisse in Unteritalien ein und besiegte die Etrusker bei Kyme (474/73). Auch auf Sizilien weitete er seine Macht beträchtlich aus und erlangte u. a. 472 die Kontrolle über Akragas. Er war ein Förderer von Wissenschaft und Kunst und machte Syrakus zum kulturellen Mittelpunkt des Westgriechentums. Unter seiner Herrschaft erreichte die Stadt einen ersten Höhepunkt ihrer Macht. Dennoch brach die Tyrannis nach seinem Tod (466) rasch zusammen; sein Bruder und Nachfolger Thrasybulos wurde bereits nach einem Jahr vertrieben. **Lit.:** H. Berve, Die Tyrannis bei den Griechen (1967) 148–152. – M. I. Finley, Das antike Sizilien (1979).

Hieron II., um 306–215 v. Chr., König von Syrakus, nahm 278–276 am sizil. Krieg des Pyrrhos gegen die Karthager teil und erkämpfte 275/74, gestützt auf seine Söldner, die Macht in Syrakus. Nach einem Sieg über die Mamertiner nahm er 269 den Königstitel an. Ein Angriff gegen Messana (265), den letzten Stützpunkt der Mamertiner, führte zum Eingreifen Roms und 264 zum Ausbruch des 1. Pun. Krieges zwischen Rom und Karthago. H. war zunächst mit Karthago verbündet, wechselte aber nach schweren Niederlagen 263 die Seiten und wurde von Rom in seinem Herrschaftsgebiet bestätigt. Seither war er bis zu seinem Tod (215) ein treuer Bundesgenosse der Römer, da er erkannt hatte, dass ein Abfall zum Untergang von Syrakus führen würde. Erst sein Enkel Hieronymus wechselte unter dem Eindruck der Siege Hannibals im 2. Pun. Krieg 215/14 die Seiten und schloss ein Bündnis mit Karthago, das 212 zur Eroberung der Stadt durch die Römer führen sollte. **Lit.:** H. Berve, König H. II. (1956). – M. I. Finley, Das antike Sizilien (1979).

Hieronymus, lat. Kirchenvater, geb. um 348 in Stridon, gest. 30.9.420 in Bethlehem. *I. Leben:* Als Sohn einer begüterten Familie genoss H. eine traditionelle röm. Ausbildung, vermutlich war ↗ Donat sein Lehrer. Nach der Taufe in Rom und einem kurzen Aufenthalt am Kaiserhof in Trier wandte er sich einem asket. Leben zu. Zwischen 375 und 377 lebte er als Eremit in Syrien, wo er u. a. Griechisch und Hebräisch lernte. Nach der Priesterweihe (379) und dem Besuch des Konzils von Konstantinopel (381) war er in Rom ab 382 Sekretär des Papstes Damasus. Er war der führende Kopf eines Kreises asket. begeisterter Aristokratinnen und Aristokraten. Nach dem Tod des Damasus (384) verließ H. Rom und gründete mit der finanziellen Unterstützung röm. Aristokratinnen in Bethlehem drei Frauen- und ein Männerkloster. – *II. Werk und Bedeutung:* H. war der produktivste der lat. Kirchenväter.

Er betätigte sich als Biograph (Vita des Paulus von Theben, vor 381, des Malchus und Hilarion, vor 392), als theolog. Autor und bes. als Übersetzer: Auf Veranlassung des Papstes Damasus bearbeitete er ältere lat. Versionen des Neuen Testaments im Vergleich mit den griech. Originalen. Seine Hauptleistung war sicherlich die Übersetzung des Alten Testaments aus hebr., aram. und griech. Vorlagen. Seine bis ins 20. Jh. kanon. lat. Übersetzungen (Vulgata) wurden durch eine Fülle exeget. Schriften ergänzt. Von Bedeutung ist ebenfalls H.' Übersetzung der *Chronik* des Eusebios aus dem Griechischen, da er damit die Grundlage einer christl. Chronologie für den westl. Teil des Reiches schuf. Von allgemeinerem literar. und kulturgeschichtl. Interesse sind seine Briefe, die insbes. Einblick in die Vermittlungstätigkeit des H. zwischen antiker paganer Kultur und Literatur und dem Christentum geben. Er revidiert jedoch selbst im Brief 22, 30 in der Schilderung eines Traumes seine Beschäftigung mit der antiken Literatur, in dem er vor Gottes Thron beschuldigt wird, ein Anhänger Ciceros und kein wahrer Christ zu sein. **Lit.:** H. Hagendahl, Latin Fathers and the Classics (1958) 89–328. – P. Brown, Die Keuschheit der Engel (1991) 372–394.

Hierophant (gr., »Heiliges zeigend«), der höchste Priester bei den ⁊ Eleusin. Mysterien, aus dem Geschlecht der Eumolpiden. Er erteilt die Weihen und zeigte die Kultgegenstände vor. **Lit.:** H. Kloft, Mysterienkulte der Antike (1999) 19.

Hierosolyma ⁊ Jerusalem

Hikesie (gr. hikesia), rituelle Handlung, mit der ein Schutzsuchender (*hiketes*) um Hilfe, in der Regel um Aufnahme in eine Gemeinschaft bittet (⁊ Asyl), häufig verbunden mit der Bitte um Reinigung (⁊ Katharsis) von einem ⁊ Miasma. Der Schutzflehende nimmt zu einem Altar oder an dem er sich niederlässt. Sein Anliegen zeigt er durch einen mit Wolle umwundenen Zweig des Ölbaums. Wenn der Schutzsuchende sich direkt an eine bestimmte Person wendet, unterstreicht er sein Anliegen durch rituelle Gebärden: Berühren von Kinn und Händen, Umfassen der Knie. Schutzgott der Bittflehenden ist Zeus Hikesios. In den Tragödien des 5. Jh.s v. Chr. wird die Hikesie zu einem zentralen Element, da die athen. Polis-Ideologie die Stadt als Hort der Schutzflehenden ansah (Aischylos, *Hiketiden*; Sophokles, *Ödipus auf Kolonos*; Euripides, *Hiketiden*). **Lit.:** J. Grethlein, Asyl und Athen (2003).

Hilarius von Poitiers, lat. Philologe, Bischof, ca. 315–367 n. Chr. H. war einer der Hauptgegner des ⁊ Arianismus. 356 vom Kaiser Constantius nach Kleinasien verbannt, machte er sich mit der griech. Sprache und Theologie vertraut. Sein dogmat. Hauptwerk *De trinitate* (*Die Dreieinigkeit*) brachte ihm den Ruhm ein, der »Athanasios des Westens« zu sein. Neben theolog. Abhandlungen – darunter eine allegor. Auslegung des Matthäus-Evangeliums – dichtete er auch Hymnen. **Lit.:** LACL (³2003).

Himation (gr., »Gewand«), die traditionelle mantelartige Oberbekleidung der Griechen. Sie bestand aus einem rechteckigen Tuch aus Wolle oder Leinen, das von hinten über Nacken und Schultern gelegt und unter dem rechten Arm hindurch bis zur linken Schulter geführt wurde. Das H. war vielfach gefärbt und verziert und wurde sowohl von Männern als auch von Frauen über einem Untergewand getragen. Seit der Kaiserzeit wurde der Begriff im griech. Gebiet auch zur Bezeichnung der röm. ⁊ Toga verwendet. ⁊ Kleidung

Himera (gr. Himera), 649 v. Chr. gegründete chalkid.-dor. Kolonie an der Nordküste Siziliens. 482 eroberte Theron von Akragas die Stadt und vertrieb den einheim. Tyrannen. Bekannt wurde der Ort durch den Sieg ⁊ Gelons über die Karthager (480), der eine Etablierung karthag. Herrschaft verhinderte. Die Taten Gelons pries ein Tempel in der Unterstadt, auf einer Ebene darüber ein weiterer Tempelbezirk mit drei Tempeln und ausgedehnten Hausruinen des 5. Jh. v. Chr. Ab 461 war H. unabhängig von Akragas, wurde jedoch 409/08 als Racheakt endgültig von den Karthagern zerstört. In der einige Kilometer westl. gelegenen Neugründung Thermae Himeraeae im karthag. Territorium siedelten die Flüchtlinge aus H.; sie war Geburtsort des ⁊ Agathokles. **Lit.:** PECS (1976). – A. Prato-Gualteroni, Sizilien (1989) 76. – ASM (1999).

Himilkon (1), karthag. Seefahrer, erkundete um 500 v. Chr. die westl. Küsten Europas. Seine Fahrt führte ihn vermutlich an der span. und französ. Atlantikküste vorbei bis nach Südengland, wo er Cornwall und die Kanalinseln erreichte.

Frau mit Himation und Chiton beim Trankopfer

Himilkon (2), karthag. Feldherr, versuchte 406/05 v. Chr. die Kontrolle über Sizilien zu gewinnen, musste aber nach Ausbruch einer Seuche in seinem Heer einen Vergleich mit Dionysios I. von Syrakus schließen. 397/96 landete er erneut auf der Insel, scheiterte aber bei der Belagerung von Syrakus. Sein wiederum durch eine Seuche geschwächtes Heer wurde 396 von Dionysios vernichtet.

Himmelsrichtungen. Die Entwicklung der Schifffahrt bedingte frühzeitig die Markierung der H., da der Sonnenlauf die natürl. Einteilung des Horizonts darstellt. Auf- und Untergangspunkte zur Zeit der Tagundnachtgleiche sind Morgen (O) und Abend (W), während die beiden Richtungen des Meridians (Mittagslinie) S und N angeben. Ein Himmelsglobus, eine Vollkugel mit Sternen und Sternkonstellationen, wurde schon von älteren griech. Astronomen benutzt. ↗ Ptolemaios beschreibt die Montage eines drehbaren Globus, dessen Achse entsprechend der geograph. Breite des Betrachters geneigt werden konnte. Die Einteilung des Hippokrates hatte bereits vier Zwischen-H., die sich aus den Auf- und Untergangspunkten zur Zeit der Solstitien (Sonnwenden) ergeben. Die Winde wurden mit den H. koordiniert und dienen auch ihrer Bezeichnung. Die Einteilung des Hippokrates von Chios war noch wenig exakt; bei Aristoteles und Eratosthenes begegnet eine achtteilige Rose mit vier Diametralwinden, deren architekton. Ausdruck der »Turm der Winde« in Athen ist. Die Namen der Winde sind jedoch den H. noch nicht klar zugeordnet. **Lit.:** A. Podossinov, H., in: RAC XV (1991) 233–286.

Hinkjambus (gr. Skazon oder Choljambus), Begriff der Metrik, jamb. Trimeter (↗ Jambus), in dem das vorletzte Element aus einer Länge besteht, wodurch der Vers aus dem Rhythmus kommt und ›hinkend‹ wirkt. Verwendet wird der H. bes. in der Spottdichtung (↗ Hipponax, ↗ Catull).

Hinrichtung. Da es in der Antike keine Gefängnisstrafen zur Sühne von Verbrechen gab, war die ↗ Todesstrafe bei schweren Vergehen üblich, die weder durch Geldstrafen noch durch Vermögenseinzug und Verbannung geahndet werden konnte. Als Hinrichtungsarten waren im griech. Bereich der Sturz in einen Abgrund, Ertränken, Vergiftung (Schierlingsbecher), Erdrosseln und Enthauptung verbreitet, während Steinigung und Kreuzigung nur in Ausnahmefällen und zur Hinrichtung von Sklaven und Unfreien angewandt wurden. In Rom wurden Bürger durch Enthauptung (Beil, Schwert) oder Erdrosselung hingerichtet, während Sklaven, die sich eines schweren Vergehens schuldig gemacht hatten, meist gekreuzigt wurden (z. B. Massenkreuzigung nach Niederschlagung des Sklavenaufstands unter Spartacus).

Hipparchos, Sohn des Peisistratos, wurde 528/27 v. Chr. gemeinsam mit seinem Bruder Hippias Nachfolger seines Vaters als Tyrann in Athen. Er kümmerte sich bes. um die Kunst und die Ausgestaltung des kulturellen Lebens. An den Panathenäen 514 wurde er von Harmodios und Aristogeiton ermordet.

Hippias (1) (gr. Hippias), Sohn des Peisistratos, wurde 528/27 v. Chr. gemeinsam mit seinem Bruder Hipparchos Nachfolger seines Vaters als Tyrann in Athen. Seine zunächst eher milde Herrschaft wurde nach der Ermordung seines Bruders (514) zunehmend drückender und stieß auf wachsenden Widerstand. Nachdem er sich anfangs erfolgreich seiner Gegner erwehren konnte, führte eine spartan. Intervention 510 zu seinem Sturz. Er floh zu den Persern und nahm noch als alter Mann in ihrem Gefolge an der Schlacht bei Marathon (490) teil, von der er sich vergeblich eine Wiedereinsetzung in Athen erhoffte.

Hippias (2) (gr. Hippias) von Elis, wichtiger Vertreter der Sophistik, 2. Hälfte 5. Jh. v. Chr., weitgereister Diplomat und Gesandter seiner Heimatstadt, Redner und Politiker, Meister der Mnemotechnik. H. war berühmt wegen seines enzyklopäd. Wissens, das er in Schaureden vor großem Publikum zu präsentieren pflegte und im Rahmen eines breit angelegten Sammelwerks – vermutlich unter dem Titel *Synagoge* (gr. »Zusammenstellung«) – veröffentlichte. Platon stellte ihn (in zwei nach H. benannten Dialogen und im *Protagoras*) als arroganten Alleswisser dar, der sich selbst als Verkörperung des Ideals der Autarkie begreift und stolz darauf ist, zu jedem beliebigen Thema eine Stegreifrede halten zu können. In der Literatur der deutschen Aufklärung, bes. in Wielands *Geschichte des Agathon*, wurde H. als Gegenbild des platon. Schwärmers zum lebenspraktisch erfahrenen Mann von Welt, der körperl. und geistige Genüsse gleichermaßen zu kultivieren versteht. **Lit.:** C. J. Classen (Hg.), Sophistik (1976). – C. J. Classen, Bibliographie zur Sophistik, in: Elenchos 6 (1985) 75–140. – A. Patzer, Der Sophist H. als Philosophiehistoriker (1986).

Hippodamia (gr. Hippodameia), Tochter des Oinomaos von Elis, Gattin des ↗ Pelops, Mutter von ↗ Atreus und ↗ Thyest und des Pittheus. Sie lässt Pelops' Sohn Chrysippos von ihren Söhnen ermorden.

Hippodamos von Milet, bedeutender griech. Architekt und Stadtbaumeister des 5. Jh. v. Chr., laut Aristoteles auch Staatstheoretiker. H. gilt als Erfinder des nach ihm benannten (jedoch bereits zuvor in Jonien entwickelten) hippodam. Stadtplans für planmäßig angelegte Städte mit jeweils gleich großen Grundstücken, regelmäßig rechtwinkligem Straßennetz und zentralen, günstig angeordneten öffentl. Plätzen und Gebäuden. Das 479 zerstörte ↗ Milet wurde nach diesem Vorbild neu geplant; H. soll beim Bau der Anlagen des Piräus und von Thurioi mitgewirkt haben; die ihm zugeschriebene Mitarbeit bei der Stadtanlage von Rhodos (408) ist unwahrscheinlich, da H. zu dieser Zeit wohl kaum noch gearbeitet hat. **Lit.:** W. Müller-Wiener, Griech. Bauwesen in der Antike (1988).

Hippodrom (gr. hippodromos, »Pferdelauf«), in Griechenland, Rom und dem oström. Reich eine Bahn für Pferde- und Wagenrennen. Die Teilnehmer der Wettkämpfe mussten hierbei, zunächst an einfachen Küstenstreifen, später an immer aufwendiger gestalteten Rennstrecken, zwei Wendepunkte (*termai*) mehrmals umrunden. Die Römer bezeichneten auch eine parkähnl. Anlage mit Bäumen, Beeten sowie Wegen für Pferde als H., wohingegen der Ort für Rennen und Wagenrennen auch als ↗ Circus oder ↗ Stadion bezeichnet wurde. **Lit.:** W. Hotz, Byzanz. Konstantinopel. Istanbul. Handbuch der Kunstdenkmäler (²1978).

Hippokampos, das Seepferdchen: ein Meereswesen mit Pferdekopf und -oberkörper, hinten in einen Fisch übergehend. Als heiliges, oft geflügeltes Reittier des Poseidon wurde der H. gern auf Münzen, Mosaiken und Vasen abgebildet.

Hippokoon (gr. Hippokoon), Sohn des Oibalos, kämpft auf der Seite des ↗ Neleus gegen Herakles, von dem er getötet wird.

Hippokrates (1) (gr. Hippokrates), Tyrann von ↗ Gela, übernahm 498 v. Chr. mit Hilfe ↗ Gelons die Macht in seiner Heimatstadt und dehnte seine Herrschaft in den folgenden Jahren auch auf angrenzende Gebiete aus. 491 fiel er im Kampf gegen die Sikeler. **Lit.:** H. Berve, Die Tyrannis bei den Griechen (1967) 137–40.

Hippokrates (2) (gr. Hippokrates) aus Chios, Mathematiker und Astronom, 5./4. Jh. v. Chr., ↗ Mathematik.

Hippokrates (3) (gr. Hippokrates) von Kos, geb. ca. 460 v. Chr., Begründer der griech. ↗ Medizin. Um das Leben des berühmten Arztes rankten sich schon bald zahlreiche Legenden (bes. Briefwechsel) mit berühmten Persönlichkeiten der 5. Jh. wurden ihm zugeschrieben. Die Biographie des H. ist hinter den Anekdoten nicht mehr rekonstruierbar. Dieselbe Problematik stellt sich bei der Rekonstruktion der Lehre des H. Es ist methodisch äußerst schwierig, echt Hippokratisches aus den ↗ Hippokrat. Schriften herauszudestillieren. Am ehesten kann man auf H.' Lehre durch einen Vergleich der ältesten Schriften (einige Bücher der *Epidemien* und das *Prognostikon*) mit Inschriften von der Insel Kos schließen. H. scheint die Prognostik begründet zu haben und den Einzelfall unter Vermeidung von Verallgemeinerungen betrachtet zu haben. Ob H. bereits eine entwickelte ›Säfte-Lehre‹ zugeschrieben werden kann, muss fraglich bleiben. **Lit.:** C. Oser-Grote, in: GGP II 1 (1998) 455–485. – GGGA (1999).

Hippokratische Schriften (Corpus Hippocraticum). Die sog. H. S. sind die umfangreichste Sammlung von ↗ Pseudepigrapha der antiken Literatur. Sie umfassen 58, in jon. Dialekt abgefasste medizin. Schriften. Die erste Nachricht über eine Sammlung medizin. Traktate auf Kos stammt aus dem 3. Jh. v. Chr. In der Schulbibliothek wurden echte Schriften des Hippokrates mit solchen seiner Schüler und Nachfolger gesammelt; später kamen Traktate anderer Schulen wie der von Knidos hinzu. Die jüngsten Schriften stammen aus dem 1. Jh. n. Chr.

Hippokrene (gr., »Rossquell«), Quellbrunnen unterhalb des Gipfels des ↗ Helikon im Tal der ↗ Musen, der angeblich durch den Hufschlag des ↗ Pegasos entstanden war und als Quelle dichter. Begeisterung gefeiert wurde. **Lit.:** V. L. Aravantinos, in: A.

Schachter (Hg.), La montagne des Muses (1996) 185–192.

Hippolyte, Amazonenkönigin, Mutter des Hippolytos. Theseus bringt sie aus dem Amazonenkampf als Konkubine mit nach Athen. H. besitzt den Gürtel des Ares, den ↗ Herakles als neunte Aufgabe holen muss.

Hippolytos (1), Figur der Mythologie, Sohn des Theseus und der Amazonenkönigin Hippolyte oder ihrer Schwester Antiope. Er weist die Liebe seiner Stiefmutter Phädra zurück, die sich erhängt und einen ihn belastenden Brief hinterlässt (Euripides, *Hippolytos*; Seneca, *Phaedra*). Theseus lässt H. durch Poseidon ermorden, der ihm drei Wünsche gewährt hatte: Der Gott schickt einen riesigen Stier aus dem Meer, der die Pferde des H. scheuen lässt, so dass er vom Wagen stürzt und zu Tode geschleift wird.

Hippolytos (2) von Rom, griech. Theologe, gest. 235 n. Chr. H. scheint Wortführer der griech. christl. Gemeinde in Rom gewesen zu sein. Von Bedeutung für die Geschichte des Mittleren Platonismus (↗ Akademie) ist seine bei Photios fragmentarisch erhaltene Schrift über Widersprüche in Platons Philosophie.

Hippomenes, Gatte der ↗ Atalante.

Hipponacteus, Begriff der Metrik, Vers der Form ××–∪∪–∪–∪– –.

Hipponax aus Ephesos, griech. Dichter, 2. Hälfte 6. Jh. v. Chr., Verf. von Spottgedichten mit häufig derb-obszönem Inhalt, bevorzugt im Metrum des Choljambus (↗ Hinkjambus). Von der autobiograph. Interpretation insbes. der Invektiven, deren bevorzugtes Opfer ein gewisser Bupalos ist, ist die Forschung inzwischen abgerückt. **Lit.:** E. Degani, Studi su Ipponatte (1984).

Hippo Regius, phöniz. Handelsplatz aus dem 12. Jh. v. Chr. in Nordafrika (heute Ostalgerien); später punisch; nach der Schlacht bei ↗ Zama (201) im 2. Pun. Krieg zweite Residenz der numid. Könige, daher der Beiname »Regius«. Nach Caesars Sieg bei Thapsus (46) römisch, der Provinz Africa Nova zugeteilt (ab 25 v. Chr. Africa Proconsularis) und zum Municipium erhoben, später Colonia. Reger Handel bestand mit ↗ Ostia, daher hatte H. auch viele *horrea* (Getreidespeicher). Die Geschichte der Stadt ist inschriftlich gut dokumentiert; die Ausgrabungen ergaben ein abwechslungsreiches Stadtbild mit öffentl. (Theater, Thermen, Forum, Tempel) und privaten Gebäuden (Villen mit reichen Mosaiken). Christl. Bischöfe sind seit 259 n. Chr. genannt, insbes. ↗ Augustinus, der dort 430 starb. Die sog. Basilica Pacis mit Anbauten (↗ Baptisterium, Consignatorium, Episcopium) wurde ausgegraben. H. R. wurde 431 von ↗ Vandalen erobert und geplündert, von den Byzantinern 533 zurückerobert; die arab. Herrschaft beginnt Mitte des 7. Jh. **Lit.:** PECS (1976). – ASM (1999).

Hippothoos, Sohn der ↗ Alope und des Poseidon, eponymer Heros der att. Phyle Hippothontis.

Hirsch (lat. cervus, gr. elaphos), Wald- und Wiesentier, das im antiken Mittelmeerraum durch die Arten Rothirsch (in allen Gebieten) und Damhirsch (bes. im Vorderen Orient) vertreten war. Der Rothirsch galt als edelstes Jagdwild und wurde bes. wegen seiner ausdauernden Schnelligkeit und seines Sprungvermögens bewundert. Er war nicht nur ein begehrter Nahrungslieferant: Sein Fell wurde häufig zu Decken verarbeitet, aus seinen Knochen fertigte man Mundstücke für Musikinstrumente, und seinem Geweih wurden im Volksglauben vielfältige medizin. Wirkungen zugeschrieben. Der H. galt als in enger Verbindung mit Artemis stehend, bei deren Festen oftmals H.e geopfert wurden.

Hirse, Getreideart, die in der Antike in zwei Arten (Kolben- und Rispenhirse) bes. im Schwarzmeer- und Balkangebiet verbreitet war. Bei Griechen und Römern konnte H. infolge ihres geringeren Ertrags nie ernsthaft mit dem ↗ Weizen konkurrieren, hatte aber eine gewisse Bedeutung als »Aushilfsgetreide«, das noch spät im Jahr gesät werden konnte. H. wurde sowohl als Brei als auch in Brotform verzehrt.

Hirte. Da in Griechenland wie in Teilen Italiens in der Antike die nutzbaren Ackerflächen begrenzt waren, spielte die Viehhaltung und damit das Hirtenwesen eine bedeutende Rolle. Weit verbreitet waren bes. Schafherden (↗ Schaf), daneben auch ↗ Rinder, ↗ Ziegen und auch ↗ Schweine, die in der Regel von H.n beaufsichtigt wurden. Die H.n standen unter dem Schutz des Gottes ↗ Pan und erfüllten nicht nur die Funktion, die Herden gegen Diebstahl oder Raubtiere zu schützen, sondern übernahmen auch das Melken und die Herstellung von ↗ Käse. Vor allem in Griechenland entwickelte sich eine ausgesprochene Hirtenkultur mit einschlägigen Musikinstrumenten (Pan-Flöte), Trachten und Tänzen. In der antiken Literatur wurden das Hirtenleben teilweise idealisiert und fand als Musterbeispiel einer einfachen und natürl. Lebensweise Eingang in die Dichtung (↗ Bukolik).

Hirtius, Aulus H., ein enger Vertrauter und Weggefährte Caesars, wurde noch von diesem gemeinsam mit C. Vibius Pansa für das Jahr 43 v. Chr. zum Konsul designiert. Nach der Ermordung Caesars (44) fügte er sich in die neue Ordnung und nahm den Auftrag des Senats, Antonius in Oberitalien zu bekämpfen, an. Nach dem Tod des zweiten Konsuls Vibius errang er bei Mutina einen Sieg, erlag jedoch zwei Tage später den in der Schlacht erlittenen Verwundungen. Sein Tod machte für Antonius den Weg frei, um gemeinsam mit Octavian (Augustus) in Rom die Macht zu ergreifen. Aus der Feder des H. stammt das 8. Buch von Caesars Monographie über den Gall. Krieg, das er nach dessen Tod dem Werk hinzufügte.

Hispalis ↗ Sevilla

Hispanien (heute Spanien). In griech. Quellen wurde die Pyrenäenhalbinsel auch nach dem dort wohnenden Volk der Iberer Iberien oder Ophiussa (gr. »Schlangenland«) genannt. Neben Iberern wohnten auch Kelten und Ligurer in H.; die Herkunft und ethn. Zugehörigkeit der Basken (lat. Vascones) ist ungeklärt. Die älteste liter. Erwähnung findet sich im Alten Testament, wo Phönizier nach Tarschisch, dem späteren griech. ↗ Tartessos, unterwegs sind. Sie gründeten Faktoreien; deren wichtigste war ↗ Gades (heute Cá-

diz). Den Phöniziern folgten ab dem 7. Jh. v. Chr. die Griechen, die Handelskolonien gründeten (↗ Massalia, ↗ Emporiae). Die ältesten geograph. Erkenntnisse vermittelte ein griech. ↗ Periplus des 5. Jh. v. Chr., eine Erweiterung des Wissens brachte die Expedition des ↗ Pytheas von Massalia im 4. Jh. v. Chr. Ab dem 5. Jh. geriet H. politisch und wirtschaftlich in die Einflusssphäre ↗ Karthagos, das zunächst auf der Insel Ebussus (↗ Baleares) eine Kolonie gründete. Im 3. Jh. v. Chr. unternahm ↗ Hamilkar Barkas den ersten Versuch, durch Besetzung iber. Gebiete den Verlust von Sizilien und Sardinien auszugleichen. Nach dem Tod Hamilkars (228), der von Gades aus den S und SO des Landes erobert hatte, gründete Hasdrubal 226 ↗ Carthago Nova (heute Cartagena) und dehnte die pun. Herrschaft bis zum Ebro aus, der als Grenze zwischen der röm. und karthag. Interessensphäre vertraglich besiegelt wurde. – Mit der Überschreitung dieser Grenze und der Zerstörung Sagunts begann 218 v. Chr. der 2. ↗ Pun. Krieg und der Kampf mit den Römern. Die röm. Eroberung begann mit der Landung in Emporiae des Cn. Cornelius Scipio und seines Bruders, des Konsuls P. Cornelius Scipio, mit Tarraco (heute Tarragona) als militär. Stützpunkt. Nachdem beide Brüder 212 im Tal des Baetis (heute Guadalquivir) starben, führte P. Cornelius Scipio d.Ä. den Kampf fort, schloss mit Gades Frieden (206) und vertrieb die karthag. Truppen aus H. Unaufhaltsam drangen nun die Römer ins Landesinnere vor; 197 errichteten sie die zweiteilige Provinz H. citerior und H. ulterior, 195 schlugen sie einen Aufstand einheim. Stämme durch Cato d.Ä. nieder. Der verlustreiche Lusitan. Krieg gegen Viriathus (154–138) und zwei keltiber. Kriege (153–151; 143–133) enden mit der Zerstörung ↗ Numantias und unterdrücken vorübergehend den Freiheitskampf der span. Stämme. Während des 1. Jh. v. Chr. war H. Schauplatz der röm. Bürgerkriege; zunächst für Q. Sertorius (81–72), dann im Kampf Pompeius gegen Caesar bis zur Schlacht von Munda (45). Unter Augustus wurden im sog. Kantabr. Krieg (26–19) die Asturer und Kantabrer im N unterworfen; H. wurde in drei Provinzen eingeteilt: H. citerior oder Tarraconensis (O), Lusitania (W) und Baetica mit den Hauptstädten Corduba und Augusta Emerita (heute Merida) (SW). Die Romanisierung vollzog sich weiter durch die Gründung zahlreicher röm. Kolonien; z. B. Hispalis (↗ Sevilla). Aus röm. Kolonien in H. stammten etwa Seneca, Lukan, Martial, Columella, Pomponius Mela, Quintilian sowie die Kaiser Trajan, Hadrian und Theodosius I. Unter Claudius erfolgte die Einteilung der Provinzen in Gerichtsbezirke; unter Vespasian erhielt H. latin. ↗ Bürgerrecht; unter Caracalla wurde die Provinz Gallaecia geschaffen (214); eine erneute Umstrukturierung unternahm Diokletian. Über die Küstenstädte, bes. in der Baetica, hielt das Christentum früh Einzug, und die Provinzen brachten einige christl. Schriftsteller hervor (Prudentius, Orosius, Isidor von Sevilla). 409 drangen über die westl. Pyrenäen Sueben, Alanen und Vandalen ein, danach die Westgoten, die ab 470 bis zum Eindringen der Araber 711 in H. herrschten. Der wirtschaftl. Beitrag H.s in der röm. Welt ist nicht hoch genug zu bewerten. Während der röm. Republik verschlangen die häufigen Kriege Edelmetalle und Erze aus dem Abbau der reichen span. Bodenschätze (Gold, Silber, Zinn). **Lit.:** A. Schulten, Iber. Landeskunde (1922–50). – S. Keay, Roman Spain (1988). – W. Trillmich u. a. (Hg.), Hispania Antiqua (1993).

Histiaios, Tyrann von Milet, begleitete 514 v. Chr. den Perserkönig Dareios I. auf seinem Feldzug gegen die Skythen und erhielt als Dank für treue Dienste zusätzlich die Herrschaft über die thrak. Stadt Myrkinos. Sein Streben nach größerer Selbständigkeit erregte jedoch bei den Persern Misstrauen, so dass ihn Dareios unter ehrenvollem Vorwand nach Susa an den Königshof rief. Von dort aus soll er seinen Schwiegersohn Aristagoras, dem er die Herrschaft in Milet übergeben hatte, zum Jon. Aufstand (500–494) angestachelt haben; sein Verhalten ist zumindest undurchsichtig. Nachdem er – wohl zur Vermittlung – 496 zurückgekehrt war, konnte er in Milet nicht mehr Fuß fassen und suchte ein eigene Machtbasis aufzubauen. 493 geriet er in pers. Gefangenschaft und wurde hingerichtet.

Historia Apollonii regis Tyri (*Apolloniusroman*), anonym überlieferter lat. Roman des 5./6. Jh. n. Chr., der in mehreren Textredaktionen vorliegt. Eine griech. Vorlage ist wahrscheinlich. Brüche in der Handlungslogik lassen sich möglicherweise durch Epitomierung einer längeren Romanfassung erklären (↗ Epitome). Erzählt wird in einfacher Sprache die fiktive Lebensgeschichte des Königs Apollonius, die mit anderen Handlungssträngen verflochten ist. Heidn. und christl. Elemente, romanhafte und märchenartige Motive (z. B. Schiffbruch, Scheintod, böse Stiefeltern, zahlreiche Rätsel, Vater-Tochter-Inzest) sind in diesem Werk verbunden. In MA und Renaissance wurde der Apolloniusroman viel gelesen und in zahlreiche Sprachen übersetzt. Shakespeares *Pericles, Prince of Tyre* ist von ihm angeregt. **Lit.:** G. Schmeling, Hist. Ap. regis Tyri, in: Ders. (Hg.), The Novel in the Ancient World (1996) 517–551.

Historia Augusta (lat., »Kaisergeschichte«). Als H. A. wird seit Casaubonus, der die Schrift 1603 edierte, eine Sammlung von 30 Biographien röm. Kaiser, Usurpatoren und Thronanwärter der Jahre 117–285 bezeichnet (vermutlich fehlt der Anfang; Lücken zwischen 244–253 sind wahrscheinlich). Die Überlieferung nennt sechs fingierte Verf.namen. Wahrscheinlich sollte das Werk an Suetons Kaiserbiographien anschließen. Die Frage der Abfassungszeit ist sehr umstritten; die Datierungen reichen von 360 bis 525 n. Chr. **Lit.:** R. Browning, in: E. J. Kenney/W. V. Claussen (Hg.), The Cambridge History of Classical Literature II: Roman Literature (1982) 732–754.

Historiographie ↗ Geschichtsschreibung

Histria (1) (gr. Istros, heute bei Constanza, Rumänien), um 650 gegründete Handelskolonie ↗ Milets an der Schwarzmeerküste südl. der Donaumündung;

wichtiger Umschlagplatz für Produkte der Region (Getreide, Fische, Honig) und griech. Waren; großer Sklavenmarkt. Seit dem 3. Jh. v. Chr. dauerhafte Kämpfe mit Kelten und Bastarnern; die allmähl. Versandung des Hafens führte zum wirtschaftl. Niedergang; 72 v. Chr. Beginn der röm. Zeit; Zugehörigkeit zur Provinz Moesia inferior (↗ Mösien) und später zur Provinz Scythia; Blütezeit bis zur Eroberung durch die Goten 248 n. Chr.; endgültige Zerstörung durch die ↗ Avaren im 7. Jh. n. Chr.; danach unbesiedelt. H. wurde ab 1948 großflächig von rumän. Archäologen ausgegraben. Bisher wurden griech. Tempel, Thermen und eine Basilika freigelegt. **Lit.:** PECS (1976).

Histria (2) ↗ Istrien

Histrio ↗ Schauspieler

Hochzeit. Wie in allen Kulturen spielte die H. in der griech.-röm. Welt eine zentrale Rolle im menschl. Leben und war mit zahlreichen Riten und religiösen Handlungen verbunden. In Griechenland erfolgte in der Regel nach dem Ehevertrag und der offiziellen Registrierung der Verbindung eine Vorfeier mit Opfer und Anrufung der Götter, danach ein rituelles Reinigungsbad für Bräutigam und Braut. Beim eigentl. Festakt erschien die Braut zunächst verschleiert und wurde nach Überreichung der Geschenke vom Bräutigam unter Begleitung in sein mit Kränzen und Girlanden geschmücktes Haus geführt, wo sie von den Eltern des Bräutigams erwartet wurde. In Rom spielten die religiösen Hochzeitsriten noch eine größere Rolle. Am Morgen der Vermählung wurden zunächst die Auspizien eingeholt, danach den Ehegottheiten Tellus und Ceres ein Opfer dargebracht. Bei der eigentl. Feier teilten die Ehegatten einen Hochzeitskuchen und begaben sich in Begleitung der Gäste zu ihrer Wohnung, wo die Braut die Türpfosten salbte und schmückte und sodann ins Haus getragen wurde, ohne dass sie die Türschwellen berühren durfte.

Hohlmaße. Die in der Antike verwendeten H. weisen regional, aber auch systematisch bedingt starke Unterschiede auf. In Griechenland war das wichtigste Maß für Flüssigkeiten der *chus* (Krug) zwischen 2,5 und 4,5 l. 12 *chus* bildeten ein *metretes* (Maß). Daneben gab es den *Xestes* (Holzkrug), etwa 0,48 l, sowie die *Kotyle* (Gefäß) zu 6 *kyathoi* (Becher). Das wichtigste Trockenmaß war der *medimnos* (Scheffel), etwa 50 Liter, zu je 48 *choinikes,* ursprünglich die Tagesration eines Mannes. Die röm. entsprechen in ihrer Struktur im Wesentl. den griech. H.n. Die kleinste Einheit für Flüssigkeiten war das *cochlear* (Löffel) zu 0,0114 l. Die nächstgrößeren Maße waren der *cyathus* (4 cochlearia, 0,0455 l), das *acetabulum* (6 cochlearia, 0,0682 l), der *quartarius* (12 cochlearia, 0,1364 l), die *hemina* (24 cochlearia, 0,2729 l) und der *sextarius* (48 cochlearia, 0,546 l). Größere Maße waren der *congius* (12 heminae, 3,275 l), die *urna* (4 congii, 13,09 l) und der *culleus* (40 urnae, 524 l). Bei Trockengütern bildeten 16 sextarii einen *modius* (8,732 l) und drei modii eine *amphora* (26,196 l).

Holz (gr. xylon, lat. lignum), einer der wichtigsten Werkstoffe in der Antike. Holz wurde beim Bau von

Homer

Häusern, Brücken, Brunnen, Straßenbefestigungen, Bergbauanlagen und Schiffen verwendet, ebenso zur Herstellung von Fahrzeugen, Möbeln, Küchengeräten, Werkzeugen, Waffen und Musikinstrumenten. Ferner diente Holz als Brennmaterial und zur Gewinnung von Holzkohle (↗ Kohle). Die vielseitige Verwendung erforderte eine Vielzahl verschiedener Nutzhölzer und genaue Kenntnisse über ihre unterschiedl. Eigenschaften. Schon früh entwickelte sich ein länderübergreifender Holzhandel, der z. B. zum Import von phöniz. Zedern nach Griechenland oder zur Einfuhr von Nutzholz aus Kleinasien und dem Donaugebiet führte. Der immense Holzbedarf der Antike führte, verbunden mit fehlenden Maßnahmen zur Wiederaufforstung, bes. im griech. Raum, im Laufe der Zeit zur Verödung und Verkarstung breiter Landstriche. Die techn. Erfordernisse der Holzverarbeitung begünstigten die Entwicklung stark differenzierter Berufe, die vom Zimmermann über den Tischler bis zum Kunsthandwerker reichten.

Homer (gr. Homeros). Überlieferter Name des Verf.s der mytholog. (Helden-) Epen *Ilias* und *Odyssee*. Über das Leben H.s ist nichts Sicheres bekannt. Die antike biograph. Überlieferung, darunter sieben Biographien H.s und der *Agon H.s und Hesiods,* hat legendar.-anekdot. Charakter. Wahrscheinlich stammte H. aus dem kleinasiat. Jonien. Umstritten ist die Datierung der homer. Epen (Mitte des 7. Jh. v. Chr.?), ebenso ihr zeitl. Verhältnis zu den Lehrgedichten des Hesiod. Auch die Einteilung beider Epen in je 24 Bücher ist nicht sicher zu datieren; jedenfalls dürfte sie vielfach den alten rhapsod. Vortragseinheiten entsprechen. Die homer. Sprache ist am stärksten durch den jon. Dialekt geprägt, doch kommen auch äol. Formen, Archaismen und rein kunstsprachl. Elemente vor. – *I. Ilias:* Die *Ilias* (ca. 15.700 Hexameter) spielt im neunten Jahr der Belagerung von Troja (Ilios). Achill,

der Hauptkämpfer der Achaier (Griechen), zürnt dem Heerführer Agamemnon wegen der Wegnahme der Kriegsgefangenen Briseïs und zieht sich deshalb vom Kampf zurück. Die Bitte seiner göttl. Mutter Thetis an den Göttervater Zeus, ihm durch eine Niederlage der Achaier Genugtuung zu verschaffen, wird von Zeus gewährt, was den schon vorher bestehenden Gegensatz zwischen den achaierfreundl. (Hera, Athena u. a.) und den trojanerfreundl. (Apollon u. a.) Göttern verstärkt. Als die Achaier ohne Achill zu scheitern drohen, versucht Agamemnon vergeblich, ihn durch Abgesandte zum Wiedereintritt in den Kampf zu bewegen. In bedrohl. Lage schickt Achill allerdings als Stellvertreter seinen Gefährten Patroklos in die Schlacht, der vom trojan. Hauptkämpfer Hektor getötet wird. Daraufhin versöhnt sich Achill mit Agamemnon, kehrt in die Schlacht zurück, um Rache für Patroklos zu nehmen, und tötet Hektor. Das Epos endet mit Achills Herausgabe von Hektors Leichnam an dessen Vater, den trojan. König Priamos. Die *Ilias* stellt eine 51 Tage (von denen nur wenige ausführlich erzählt sind) umfassende Episode aus dem Gesamtverlauf der Trojasage dar, wie sie im ↗ Ep. Kyklos bzw. dessen mündl. Vorläufern erzählt war. Sie nimmt direkt oder indirekt vielfach Bezug auf ältere Sagenelemente (z. B. die Entführung Helenas, den Untergang Trojas). Die Frage, inwieweit sich ein histor. Kern aus der *Ilias* herauskristallisieren lässt, kann auch durch neuere Ausgrabungen in Troja (beim heutigen Hisarlik in der Türkei) und durch hethit. Keilschrifttexte, in denen »Ahhijawa« (wahrscheinlich Achaier, also myken. Griechen) erwähnt sind, nicht sicher entschieden werden. – *II. Odyssee:* Die *Odyssee* (ca. 12.100 Hexameter) spielt im 20. Jahr nach der Abfahrt des Odysseus von Ithaka. Seine Frau Penelope und sein Sohn Telemachos hoffen auf seine Rückkehr, doch wird Penelope von 108 Freiern, die sich im Königspalast aufhalten und dessen Güter aufzehren, zur Wiederheirat gedrängt. Gleichzeitig beschließt Zeus auf Bitte der Athena gegen den Widerstand des Poseidon, Odysseus endlich heimkehren zu lassen. Nach einem Seesturm gelangt Odysseus ins Land der Phäaken, wo er freundlich aufgenommen wird und in einer langen wörtl. Rede von seinen (zeitlich vor Beginn der Epenhandlung liegenden) Irrfahrten und Abenteuern seit dem Ende des Trojan. Krieges berichtet, bei denen er alle seine Gefährten verloren hat. Auf einem Schiff der Phäaken gelangt Odysseus nach Ithaka. Als Bettler verkleidet begibt er sich unerkannt in den Königspalast. Mit Hilfe seines Sohnes und der Göttin Athena tötet er alle Freier und gibt sich dann seiner Gemahlin zu erkennen. Die *Odyssee* stellt die großßep. Form einer Heimkehrsage dar, wie sie in den *Nostoi* (den *Heimfahrten,* einem Epos im Ep. Kyklos) von zahlreichen griech. Helden erzählt wurden. Auch alte Seefahrermärchen und Elemente der Argonautensage sind in die Odysseehandlung eingeflossen. – *III. Verfasserfrage:* Dass derselbe Dichter beide Epen verfasst hat, wurde schon von den antiken Chorizonten (d. h. Gelehrten, die zwei Autoren annahmen) bestritten. Tatsächlich unterscheiden sich *Ilias* und *Odyssee* in ihrem Menschen- und Götterbild so erheblich voneinander, dass sie nach Meinung der meisten Forscher zwei verschiedenen Dichtern zuzuweisen sind. Vom späten 18. bis in die Mitte des 20. Jh. wurde die Homerphilologie, ausgehend bes. von F. A. Wolfs *Prolegomena ad Homerum* (1795) von der sog. ›Homer. Frage‹ bestimmt, ob sich auch innerhalb beider Epen jeweils unterschiedl. Schichten oder Einzellieder identifizieren lassen, die auf verschiedene Dichter (oder Redaktoren, Interpolatoren) zurückgehen. Von Analytikern wurde diese Frage bejaht, während Unitarier die einheitl. Konzeption der Epen betonten. Überwunden wurde der Streit durch die neoanalyt. Richtung, die zwar einen erhebl. Einfluss älterer (mündl.) Epen auf H. anerkennt, aber an jeweils einem Verf. der überlieferten Texte festhält. Lediglich das 10. Buch der *Ilias* wird allg. als eine spätere Zufügung angesehen. Seit der Mitte des 20. Jh. steht die von den Untersuchungen M. Parrys und A. B. Lords angeregte Frage, ob die homer. Epen mündl. Gedichte (›oral poetry‹) oder schriftl. Kompositionen sind, im Zentrum der Forschung. Dass H. in einer langen Tradition formelsprachl. mündl. Epik steht, ist sicher. Die sehr komplexe Erzählstruktur (z. B. zahlreiche Vor- und Rückverweise, zeitl. Koordination vieler Handlungsstränge, Stimmigkeit unzähliger Details in weit entfernten Textpassagen) übertrifft allerdings alle bekannten Beispiele mündl. Epik aus ganz unterschiedl. Kulturen, was für die schriftl. Komposition der homer. Epen spricht. – *IV. Rezeption:* Der Einfluss H.s, für die Griechen ›der Dichter‹ schlechthin, lässt sich kaum überschätzen. Die gesamte antike Epik wurde formal entscheidend von H. geprägt. Tragödie und Lyrik griffen auf homer. Stoffe und Motive zurück. Philosophen (z. B. Xenophanes, Platon) kritisierten das durch die Epik vermittelte Götterbild und bekämpften das auf H. basierende Bildungsideal. Antike Historiker betrieben rationalist. Quellenkritik an H., ohne indessen die Historizität des Trojan. Krieges grundsätzlich in Frage zu stellen. Von den alexandrin. Philologen Zenodotos von Ephesos, Aristophanes von Byzanz und Aristarch von Samothrake wurden die homer. Gedichte kritisch ediert und kommentiert. **Lit.:** J. Latacz (Hg.), Zweihundert Jahre H.-Forschung (1991). – I. Morris/B. Powell (Hg.), A New Companion to H. (1997). – J. Latacz, (Hg.), Homers Ilias. Gesamtkommentar (2002 ff.). – F. Montanari (Hg.), Omero tremila anni dopo (2003). – J. Latacz, H. Der erste Dichter des Abendlands (⁴2003).

Homerische Hymnen. In der Antike wurden neben anderen Werken ca 33 Götterhymnen unter dem Namen Homers überliefert, die allerdings alle als unecht gelten und aus dem 7. (?) bis 4. Jh. v. Chr. stammen. Neben 29 kürzeren (zwischen 3 und 59 V.) stehen vier längere Hymnen mit einem Umfang zwischen 293 und 580 Hexametern auf die Götter Apollon, Aphrodite, Demeter und Hermes. Der Gattungsbegriff *prooimion* für die H. H. deutet darauf hin, dass der Vortrag solcher Hymnen einer längeren ep. Rezitation vorausging. **Lit.:** J. S. Clay, The Politics of Olym-

pus. Form and Meaning in the Major Homeric Hymns (1989).

Homilie (gr. homilía, »freundschaftl. Verkehr«, »Gespräch«). Unter H. versteht man im engeren Sinne im jüd. Gottesdienst die Verlesung bibl. Texte. Der Begriff, synonym zu gr. *logos* (»Wort«, »Gespräch«) und lat. *tractatus* (»Behandlung«) verwendet, wird durch Hieronymus und Rufinus im Westen gebräuchlich, aber bald von lat. *sermo* (»Gespräch«, »Rede«, »Predigt«) verdrängt. Die H. als Schriftauslegung wird zum wesentl. Bestandteil des Gottesdienstes. **Lit.:** LACL (³2003).

Homoioteleuton (gr., »gleichendig«), Begriff der Rhetorik. Mehrere Wörter enden mit demselben Ausklang (Reimeffekt).

Homo-mensura-Satz (lat., »Mensch als Maß aller Dinge«) ↗ Protagoras

Homo novus (lat., »neuer Mann«, »Emporkömmling«), eine ursprünglich abwertende Bezeichnung für einen Mann, der als erster seines Geschlechts (↗ Gens) das Konsulat (↗ Konsul) bekleidete und damit zu den höchsten staatl. Ämtern aufstieg. Ein H. stammte in der Regel aus dem Ritterstand (↗ Ritter) und war häufig Anfeindungen seitens der etablierten Familien ausgesetzt. Bedeutende *homines novi* waren ↗ Marius und ↗ Cicero. ↗ Adel

Homosexualität. Gleichgeschlechtl. Beziehungen waren in der Antike bes. in Griechenland verbreitet und gesellschaftlich weitgehend akzeptiert. Die praktizierte H. wurde durch die militär. Männergemeinschaften der Frühzeit und ihre Initiationsriten begünstigt und lässt sich bereits in den homer. Epen nachweisen. In den Quellen gut belegt ist die Einrichtung der Päderastie, bei der ein älterer Liebhaber einen Knaben umwarb und mit den sexuellen Kontakten gleichzeitig seine geistige und sittl. Erziehung unterstützen sollte. Auch im militär. Bereich begegnen oft Freundespaare, die in einer Schlacht gemeinsam kämpften. Neben diesen (idealisierten) Formen der H. gab es auch gewöhnl. Knabenprostitution, die z. T. von gewerbsmäßigen Vermittlern angeboten wurde. Themen der H. finden sich in griech. Göttermythen (Zeus und Ganymed, Apollon und Hyakinthos) und zahlreich in der griech. Literatur; erot. Darstellungen auf griech. Vasen v. a. des 6.–4. Jh. v. Chr. sind weit verbreitet. – Anders lagen die Verhältnisse in Rom: Hier galt die H. als verpönt und fand erst durch griech. Einfluss eine stärkere öffentl. Verbreitung, ohne jedoch völlig akzeptiert zu werden. **Lit.:** K.-J. Dover, H. in der griech. Antike (1983). – C. Reinsberg, Ehe, Hetärentum und Knabenliebe im antiken Griechenland (1989). – J. J. Winkler, Der gefesselte Eros (1994).

Honig (gr. méli, lat. mel) gehört zu den ältesten Nahrungsmitteln der Menschheit; seine Verwendung ist seit prähistor. Zeiten nachweisbar (Höhlenmalereien). Da Zucker der Antike und bis ins MA prakt. unbekannt war, wurde H. weit intensiver verwendet als heute. Er wurde bei wilden Bienen, später auch bei Zuchtbienen (↗ Bienenzucht) gesammelt und kam bes. beim Süßen von Speisen und Getränken, aber auch

*Ein erwachsener
Mann wirbt um
einen Knaben*

beim Konservieren von Obst und Gemüse zum Einsatz. Darüber hinaus spielte er eine wichtige Rolle bei der Herstellung von Salben und Medikamenten. Eine gewisse Bedeutung hatte H. auch in der Volksreligion, er findet sich häufig als Opfer- und Grabbeigabe und galt als Mittel, den Übergang ins Totenreich angenehmer zu gestalten.

Honorius, Flavius H., 384–423 n. Chr., weström. Kaiser, Sohn Theodosius' I., übernahm 395 beim Tode seines Vaters die Herrschaft über die westl. Reichshälfte und stand zunächst unter der Vormundschaft des Heermeisters Stilicho. 408 ließ er diesen beseitigen, konnte aber anschließend die Eroberung und Plünderung Roms durch die Westgoten (410) unter Alarich nicht verhindern. 411 erhob er Constantius (III.) zum Mitregenten, der verschiedene Usurpationen in Teilen des Reiches niederschlagen, aber nicht verhindern konnte, dass Westgoten und Vandalen bis nach Spanien vordrangen. H., der seine Residenz Ravenna höchst selten verließ, galt als schwacher Herrscher, der Zeit seines Lebens nie eigenständig handelte. Dem Zerfall des weström. Reiches, der immer schneller voranschritt, stand er hilflos gegenüber.

Hoplit (gr. hoplites), der schwerbewaffnete Fußsoldat in einer griech. Armee. Zu seiner Ausrüstung gehörte neben dem Schild (*hoplon*) ein Helm, ein Brustpanzer, Beinschienen, ein Schwert und ein lanzenartiger Speer. Die Hopliten kämpften geschlossen in der ↗ Phalanx und stellten das wichtigste Element des Heeres dar (↗ Kriegskunst). Sie waren in der Regel Bürger und mussten für ihre Ausrüstung selbst aufkommen. Weitgehende polit. Rechte waren ursprünglich an den Militärdienst als H. gekoppelt, während die untersten Volksschichten erst mit der zunehmenden Bedeutung des Flottendienstes politisch zum Zuge kamen. Neben Bürgern dienten seit dem 4. Jh. v. Chr. in

zunehmendem Maße auch Fremde (Metöken, Periöken) und ↗ Söldner als Hopliten.

Hora ↗ Hersilia

Horaz, Quintus Horatius Flaccus, aus Venusia (Apulien), röm. Lyriker, 8. 12. 65–27. 11. 8 v. Chr. – *I. Leben:* Über H.' Leben unterrichten Selbstzeugnisse in den Gedichten und die Biographie Suetons. Als Sohn eines Freigelassenen und einfachen *coactor,* eines Beamten, der bei Versteigerungen als Mittelsmann fungierte, genießt H. trotz niederer Herkunft eine gute Ausbildung durch Grammatik- und Rhetorikunterricht in Rom und ab 45 durch das Philosophiestudium in Athen. Die *Odusia* des ↗ Livius Andronicus wird ihm mit Stockschlägen eingebleut (Epistulae 2, 1, 70). Dankbar erinnert er sich dagegen an das Studium der homer. *Ilias* (Epistulae 2, 2, 41 f.). In Athen wendet er sich der ↗ Akademie zu und befasst sich mit Ethik und Erkenntnistheorie (Epistulae 2, 2, 43–45). Im Bürgerkrieg schließt er sich Brutus an (Epistulae 2, 2, 46–48) und kämpft als Militärtribun bei Philippi (Satiren 1, 6, 47). Nach der verlorenen Schlacht flieht er und stilisiert sich später in Anspielung auf ↗ Archilochos und ↗ Alkaios als *rhipsaspis* (gr., »Schildwegwerfer«) (Carmina 2, 7, 10). Um seinen Lebensunterhalt zu verdienen, schließt er sich in Rom dem Kollegium der *scribae quaestorii* (»Staatsschreiber im Schatzamt«) an (Satiren 2, 6, 36 f.). Als ↗ Vergil und ↗ Varius auf sein Talent aufmerksam werden, stellen sie ihn im Frühjahr 38 ↗ Maecenas vor (Satiren 1, 6, 55), der ihn nach neun Monaten in seinen Kreis beruft und fördert. 32 v. Chr. erhält H. von Maecenas ein Gut im Sabinerland (Carmina 1, 17, Epistulae 1, 18, 104). Octavian lernt er durch Maecenas kennen, er wahrt jedoch seine Distanz und zurückhaltende Lebensweise. – *II. Dichtung:* In den *Satiren* (↗ Satura), deren 1. Buch um 35 und 2. Buch um 30 v. Chr. vollendet werden, stellt sich

H. in die Nachfolge des ↗ Lucilius, dessen in seinen Augen nachlässigen Stil er jedoch ablehnt. Zeitkritik tritt weitgehend zurück hinter gesellschaftl. Themen wie Ehebruch (1, 2) Erbschleicherei (2, 5) Prasserei (2, 8) und popularphilosoph. Lebensweisheit im Stil der kyn. ↗ Diatribe des Bion von Borysthenes (3. Jh. v. Chr.). H. kritisiert die *mempsimoiria* (gr., »Unzufriedenheit mit dem eigenen Los«) (1, 1), lässt sich von seinem Sklaven den Spiegel vorhalten und lernt, dass nur der Weise wirklich frei ist (2, 7), preist in der ↗ Fabel von der Land- und Stadtmaus die Vorzüge des Landlebens (2, 6) und ironisiert die verfeinerte Lebensart derer, die leben, um zu essen (2, 4), anstatt essen, um zu leben (2, 2). Feine Zurückhaltung nach dem Motto *ridentem dicere verum,* »lächelnd die Wahrheit sagen«, lässt H. nie aufdringlich werden; Selbstironie verleiht den Satiren einen gewinnenden Ton. Die *Iambi,* wie H. sie nennt – die Grammatiker bezeichneten sie als ↗ *Epoden* –, weisen zurück auf Archilochos. Dessen Art zu dichten in Rom eingeführt zu haben, gilt H. als Zeichen seiner Originalität und ist ihm noch 20 Jahre später (Epistulae 1, 9, 19–25) eine Erwähnung wert. In den *Iambi* stehen polit.-gesellschaftl. Invektiven neben erot. und sympot. Themen. 23 gibt H. drei Bücher *Carmina (Oden)* heraus, ein 4. Buch entsteht in den Jahren 17–13. Auch damit erhebt er den Anspruch, Neuland zu erobern, da er erstmals »ein äol. Lied nach ital. Weise« gesungen habe (3, 30, 13 f.), d. h. dass er als erster die altgriech. Lyrik in lat. Sprache nachgebildet und mit röm. Inhalten gefüllt habe. Die Rahmengedichte 1, 1 und 3, 30 sind Maecenas gewidmet. Sympot. Themen wechseln mit reflektierenden Gedichten in epikureischem Grundton ab, Poetologisches tritt neben Politisches. Die literar. Meisterschaft dokumentiert H. durch die Vielzahl der lyr. Versmaße und Strophenformen, die er den griech. Vorbildern nachbildet. Die eröffnenden Gedichte des 3. Buchs (1–6), die sog. Römeroden, bilden eine Einheit. In ihnen tritt H. als Musenpriester auf, der zur Rückbesinnung auf die *exempla maiorum* (»Beispiele der Vorfahren«) aufruft. H. sieht sich zu dieser Zeit in Einklang mit dem von Augustus propagierten Programm, *rem publicam restituere,* »die alte Republik wiederherzustellen«. 17 dichtet er für die Säkularfeier das *Carmen saeculare,* das die Grundlagen des röm. Staats besingt. Zwischen 23–20 entsteht das 1. Buch der *Episteln (Briefe).* Die 20 Briefe nähern sich nach der hohen Odendichtung wieder den ›niederen‹ Satiren an. Alte Themen leben auf, werden ohne Schärfe, aber mit Bestimmtheit vorgetragen. 1, 7, an Maecenas gerichtet, bekräftigt den Anspruch auf Unabhängigkeit. Die beiden Briefe des 2. Epistelbuchs und der Brief an die Pisonen (*Ars poetica*) kritisieren den zeitgenöss. Literaturbetrieb, wenden sich gegen Dilettantismus und geben Zeugnis von H.' Ideal einer Dichtung nach alexandrin. Muster (↗ Literaturtheorie). Dabei spart H. nicht mit Tadel an der alten röm. Literatur, der es am *labor limae* (»Mühe des Feilens«) gefehlt habe. Bemerkenswert ist die an Augustus gerichtete *Epistel* 2, 1, in der H. den Adressaten als

Gleichwertigen anspricht und dessen Literaturgeschmack unbefangen kritisiert – ein Zeugnis von H.' stets bewahrter Unabhängigkeit. H.' Nachwirkung bis in die neueste Zeit ist kaum hoch genug einzuschätzen. Insbes. der deutschen und franzöz. Klassik war er Vorbild. **Lit.:** E. Fraenkel, H. (1957, deutsch 1963). – E. Lefèvre, H. Dichter im augusteischen Rom (1993).

Horen (gr., »Jahreszeiten«), drei Töchter des Zeus und der Themis, nämlich Thallo (Frühling), Auxo (Wachstum, also Sommer) und Karpo (Ernte, also Herbst); bei Hesiod tragen die H. polit. Bezeichnungen, nämlich Eunomia (Gesetz und Ordnung), Dike (Recht) und Eirene (Frieden).

Horoi (gr., »Grenzsteine«), Markierungssteine, die die Grenzen zwischen Staatsland, Tempelland und Privatbesitz bezeichneten, aber auch als Grenzmarkierungen zwischen den griech. Staaten fungierten. Sie waren teils unbeschriftet, teils mit Zahlenangaben versehen; auf ihre mutwillige Verrückung standen schwere Strafen. ↗

Horoskop ↗ Astrologie

Horreum (lat., pl. horrea), ein Depot, Magazin oder Lagerhaus für Waren aller Art, insbes. aber ein Lebensmittel-, meist Getreidespeicher für öffentl., zivile oder militär. Zwecke. Die Anlage von H. diente der Sicherung der regelmäßigen Versorgung der Städte und Provinzen, ihre Aufsicht unterstand einem besonderen Verwalter. In der Kaiserzeit finden sich H. auch häufig an den Reichsgrenzen, wo sie die Aufgabe hatten, die Truppenversorgung sicherzustellen.

Hortensius (1), Quintus H., Diktator 287 v. Chr., beendete die neu aufgeflammten Ständekämpfe, indem er ein Gesetz initiierte (*lex Hortensia*), demzufolge Beschlüsse der Plebs (*plebiscita*) für die gesamte Bürgerschaft verbindlich sein sollten. Durch diese Maßnahme erhielten u. a. die Volkstribunen das Recht zur Gesetzesinitiative.

Hortensius (2), Quintus H. Hortalus, 114–50 v. Chr. H. war einer der bedeutendsten Redner seiner Zeit. Er durchlief den *cursus honorum,* die Ämterlaufbahn, bis zum Konsulat (69 v. Chr.). 70 übernahm er gegen Cicero erfolglos die Verteidigung des Verres, 66 opponierte er ebenfalls ohne Erfolg gegen die *lex Manilia,* mit der Pompeius der Oberbefehl gegen Mithradates übertragen werden sollte und für die Cicero in seiner ersten polit. Rede eintrat. Später kam es zur Versöhnung zwischen den beiden Politikern. In der Schrift *Hortensius* lässt Cicero H. den Standpunkt der Rhetorik gegen die Philosophie vertreten. Als Dichter versuchte sich H. vermutlich in neoter. Richtung. **Lit.:** H. Malcovati, Oratorum Romanorum Fragmenta 1 (1955) 310–330. – E. Courtney, The Fragmentary Latin Poets (1993) 230–232.

Horus, falkenköpfiger Gott in Ägypten, symbolisiert den Himmel und die Sonne und spannt seine Flügel schützend über die Welt. In dieser Eigenschaft wurde er mit dem Pharao in Verbindung gebracht, der gleichsam als Gottkönig über die Menschen steht. Später wurde er zum Sohn des Osiris, der mit dessen Mörder Seth um die Nachfolge in der Weltherrschaft kämpft. Sein wichtigster Kultort war Edfu. **Lit.:** J.G. Griffiths, The Conflict of Horus and Seth (1960).

Hostilius, Gaius H. Mancinus, Konsul 137 v. Chr., führte den Oberbefehl im Krieg gegen die Numantiner und wurde mehrfach geschlagen. Als seine Truppen 137 eingekesselt wurden, schloss er einen Kapitulationsvertrag, der sein Heer vor der Vernichtung rettete und Numantia die Unabhängigkeit zugestand. Der Senat lehnte die Vereinbarung ab und bot den Numantinern die Auslieferung des H. an, die diese aber nicht annahmen. Wegen seiner Kapitulation wurde er aus dem Senat ausgeschlossen.

Hotel s. Wirtshäuser

Huhn (gr. alektoris, lat. gallina), einer der bedeutendsten Nutzvögel der Antike. Das Haushuhn stammt ursprünglich aus Indien, wo es im 2. Jt. v. Chr. aus verschiedenen Wildformen (bes. Rotes Dschungelhuhn) domestiziert wurde, und gelangte über Baktrien, den Iran und Mesopotamien in den Mittelmeerraum. In Griechenland ist es erst seit dem 6. Jh. v. Chr. (als »Pers. Vogel«) nachweisbar, verbreitete sich dann rasch über Italien bis nach Mitteleuropa. Seit klass. Zeit gehörte das H. zum elementaren Bestand an Geflügel. Das H. war bes. als preiswerter Fleisch- und Eierlieferant geschätzt; Hähne wurden ferner zur Unterhaltung bei ⁊ Hahnenkämpfen eingesetzt. Durch geograph. Sonderentwicklungen und zielgerichte Züchtungen entstanden verschiedene Hühnerrassen, die in der landwirtschaftl. Fachliteratur beschrieben werden. Seit dem Hellenismus begann man, Hühner für den Massenbedarf in regelrechten Großbetrieben zu züchten (⁊ Geflügelzucht), die in der röm. Kaiserzeit beträchtl. Ausmaße annehmen konnten. Hühner, bes. aber Hähne galten als mutig und streitbar und wurden häufig für Auspizien verwendet (»heilige Hühner«). Darstellungen in Kunst und Malerei sind nicht selten (bes. Kampfszenen), so bes. auf Vasen, Mosaiken und Wandgemälden, aber auch auf Gemmen und Halbedelsteinen. **Lit.:** O.F. Gandert, Zur Abstammungs- und Kulturgeschichte des Hausgeflügels (1953).

Hund (gr. kyon, lat. canis), eines der ältesten und wichtigsten Haustiere der menschl. Gesellschaft. Die Domestizierung des H.s aus dem ⁊ Wolf erfolgte bereits im Neolithikum (um 8.000 v. Chr.). Der H. war seit frühesten Zeiten ein enger Gefährte des Menschen und unterstützte diesen bei der Jagd, bei der Bewachung von Herden sowie beim Schutz von Haus und Hof. Durch gezielte Züchtung entstanden zahlreiche Hunderassen (Molosser, Lakonier, Malteser u.a.), die für spezielle Aufgaben bes. geeignet waren. Neben dem Nutzeffekt wurden in Griechenland und Rom auch Kampfhunde gehalten, die zu gewerbl. Zwecken oder zur Volksbelustigung gegeneinander antraten. Vor allem in der röm. Kaiserzeit wurden auch Schoßhunde als Kuriositäten und zur Unterhaltung von Gesellschaften gezüchtet, die eine erstaunl. Vielfalt hervorbrachten. Neben den eigentl. Haustieren gab es in der Antike auch zahlreiche herrenlose und verwilderte H. e, die in regelrechten Rudeln lebten und pha-

Röm. Plastik, 2. Jh. n. Chr.

senweise eine Bedrohung für landwirtschaftl. Betriebe bildeten. Darstellungen von Hunden in der antiken Kunst sind häufig. Weit verbreitet sind Vasenbilder, Mosaike oder Wandmalereien; auch figürl. Darstellungen sind nicht selten. Hingegen ist die religiöse Bedeutung des H. im Vergleich zu anderen Tieren gering. Erst im Christentum wird der H. zu einem Sinnbild der Treue, der häufig auf Grabsteinen abgebildet wird. **Lit.:** F. Orth, Der H. im Altertum (1910). – E. Hauck, Abstammung, Ur- und Frühgeschichte des Haushundes (1950).

Hunnen, reiternomad. Volk aus Zentralasien, fiel um 375 n. Chr. aus dem Gebiet zwischen Wolga und Don in Europa ein und wurde zum Hauptauslöser der german. Völkerwanderung. Gegen 400 rückten die H. aus dem unteren Donaugebiet nach W vor und errichteten unter ⁊ Attila (434–453) ein mächtiges Reich, das sich vom Rhein bis in die Ukraine erstreckte und die verschiedensten Völker und Sippenverbände umfasste. Sein Zentrum lag in der ungar. Tiefebene zwischen Donau und Theiss. Die Regierungen beider röm. Reichshälften konnten oft nur durch hohe Tributzahlungen hunn. Plünderungszüge vermeiden. Ein Versuch Attilas, in Gallien Fuß zu fassen, scheiterte 451 in der Schlacht auf den ⁊ Katalaun. Feldern. Nach dem Tode Attilas (453) fiel das Reich rasch auseinander und erlag 454 einem Aufstand unterworfener Germanenstämme. Teile der Hunnen hielten sich in der südruss. Ebene noch bis ins 6. Jh. und tauchen häufig als Söldner in byzantin. Diensten auf. **Lit.:** E.A. Thompson, A History of Attila and the Huns (1948). – F. Altheim, Geschichte der Hunnen (1959/62).

Hyaden (gr. hyein, »regnen lassen«) meist fünf Töchter des Okeanos und der Thetys oder des Atlas und der Pleione. Ihre Trauer über ihren beim Jagen getöteten Bruder Hyas ist so groß, dass sie als Regensterne an den Himmel versetzt werden. Nach einer anderen Version werden sie zur Belohnung verstirnt, weil sie den kleinen Dionysos am Berg Nysa gehütet haben.

Hyakinthos (lat. Hyacinthus), schöner Königssohn, in den sich Apollon verliebt. Der Gott tötet ihn beim Diskuswerfen, da Zephyros den Wind aus Eifersucht ablenkt, so dass ihn der Diskus am Kopf trifft. Apollon lässt aus dem Blut seiner Wunde die Hyazinthe wachsen. H. und Apollon werden in Sparta bei den Hyakinthia gefeiert.

Hybris (gr., »Übermut«), in der griech. Religion das Gegenteil zum rechten Maß (*sophrosyne*), ein anmaßendes, übermütiges Verhalten, mit dem der Mensch wissentlich oder unwissentlich seine festgelegten Grenzen überschreitet und dafür von den Göttern bestraft wird. H. ist der zentrale Begriff in der Theologie der Tragödie des ↗ Aischylos und im Geschichtswerk des Herodot. **Lit.:** N. R. E. Fisher, H. (1992).

Hydaspes, westlichster Fluss des »Fünfstromlandes« (Pandschab) östl. des Indus (heute Dschilam); mündete in der Antike in den Akesines. Berühmt wurde der H. durch den Alexanderzug; 326 v. Chr. fand an seinen Ufern eine Entscheidungsschlacht gegen ↗ Poros statt.

Hydra, in der griech Mythologie eine von Typhon und Echidna gezeugte Wasserschlange mit vielen Köpfen, die, sobald ↗ Herakles sie abgeschlagen hat, zweifach wieder nachwachsen. Die Vernichtung dieses Ungeheuers ist Herakles' zweite Aufgabe, die ihm Eurystheus auferlegt.

Hydria ↗ Vasen

Hydrostatik (gr., »Lehre von stehenden Flüssigkeiten«), Spezialdisziplin der techn. Wissenschaften. Um die Erforschung der Eigenschaften schwimmender Körper (Wasserverdrängung, Auftrieb, Gleichgewichtslagen) machte sich bes. ↗ Archimedes verdient.

Hygieia (lat. Hygia), griech. Göttin der Gesundheit, eng mit ↗ Äskulap verbunden. Seit dem 5. Jh. v. Chr. in Griechenland und Rom kultisch verehrt.

Hygiene, die Lehre von der gesunden Lebensführung, wurde im Rahmen der griech. Wissenschaft schon früh zu einem wichtigen Bestandteil der ↗ Medizin. Sie beschäftigte sich mit Körperpflege, Fragen der Ernährung und Reinlichkeit sowie Themen wie phys. Belastung und Entspannung. Auch sind in der medizin. Behandlung Maßnahmen belegt, die Entzündungen und Infektionen vorbeugen sollten. In der prakt. Ausgestaltung fand sie Anwendung beim Wohnungsbau, bei der Wasserversorgung und Kanalisation sowie bei der Anlage öffentl. Toiletten.

Hygin, Gaius Iulius Hyginus, röm. Autor, ca. 60 v. Chr.–10 n. Chr. H. war Freigelassener und Bibliothekar des Augustus. Von seiner vielfältigen Schriftstellerei ist nichts erhalten. Aus dem 2. Jh. n. Chr. stammt ein unter seinem Namen überliefertes Handbuch der Sternsagen in vier Büchern (*De astronomia*) sowie ein mytholog. Handbuch (*Fabulae*) (Pseudepigraphon, d. h. eine fälschl. Zuweisung), das Götter- und Heroengenealogien, knappe Inhaltsangaben von Mythenbearbeitungen aller wichtigen Sagenkreise, daneben Vermischtes zu Literatur, Geschichte, Mythologie und Geographie enthält. **Lit.:** L. Duret, in: ANRW II 30, 3 (1983) 1539–1543. – G. Guidorizzi, Igino, Miti (2000).

Hylas, schöner Sohn des Königs Theiodamas und der Nymphe Menodike, Geliebter des Herakles. Dieser schickt ihn bei seiner Fahrt auf der Argo in Bithynien aus, um Wasser zu holen. Dort wird H. von den Wassernymphen in den Teich gezogen. Herakles sucht, rasend vor Schmerz, nach dem Knaben, ohne ihn wiederzufinden. Der H.-Stoff scheint bes. in hellenist. Zeit beliebt gewesen zu sein (Apollonios von Rhodos; Theokrit).

Hyllos, Sohn des Herakles und der Deïanira. Er kämpft nach dem Tod seines Vaters als Führer der ↗ Herakliden auf Seiten des ↗ Theseus gegen Eurystheus.

Hymenaios oder **Hymen. 1.** Gott der Hochzeit und der Ehe. Der schöne, aber arme junge Mann rettet seine Geliebte aus der Gewalt von Seeräubern und erhält vom Vater der Familie die Erlaubnis, sie zu heiraten. **2.** Hochzeitsgesang, dessen Name sich von dem Ruf der Hochzeitsgäste *o hymen, hymenaie* (der Anrufung des Hochzeitsgottes Hymen) ableitet.

Hymettos, (lat. Hymettus), über 1000 m hoher Gebirgszug der Landschaft Attika in Südgriechenland, der die Ebene von Athen im SO begrenzt. Der H. war im Altertum bewaldet und wegen seines Honigs berühmt. Am H. wurde blauer und weißer Marmor abgebaut.

Hymnos, in der griech.-röm. Antike feierl. Kultlied bzw. Gebet, das in der Regel nach gleichbleibenden Form- und Strukturprinzipien gebaut ist: In der Eröffnung wird die Gottheit im Vokativ, zumeist unter Hinzufügung von verschiedenen Kultnamen, angerufen (Epiklese). Es folgen in der Form des Relativsatzes oder von Partizipien eine Aufzählung der Leistungen und Funktionen oder Aufgabenbereiche der Gottheit (Aretalogie), in die bei längeren Hymnen, wie den homer., mytholog. Erzählungen eingeflochten sein können. Der H. schließt mit der Bitte um ↗ Epiphanie der Gottheit. Hymnen sind seit Beginn der griech. Literatur überliefert (↗ Homer. Hymnen) und werden später vom Christentum übernommen (*Vater unser*). **Lit.:** E. Norden, Agnostos Theos (1913, [7]1996).

Hypallage (gr., »Vertauschung«), rhetor. Figur, ↗ Enallage

Hyparchetypus, Begriff der Textkritik, verlorenes Zwischenglied in der handschriftl. Überlieferung.

Hypatia (gr. Hypatia) aus Alexandria, griech. Mathematikerin und Philosophin, Tochter des Mathematikers Theon, ca. 370–415 n. Chr. Sie überarbeitete Theons Kommentar des Almagests, ihre Kommentare zu Diophantos und Apollonios von Perge sind verloren. Sie war eine einflussreiche Vertreterin des Neuplatonismus in Alexandria und wurde von dem von Bischof ↗ Kyrillos aufgehetzten christl. Mob in Stücke gerissen. **Lit.:** M. Dzielska, H. of Alexandria (1995).

Hyperbaton (gr., »Sperrstellung«), Begriff der Rhetorik, Trennung von grammatikalisch zusammengehörenden Ausdrücken, um Spannung zu erzeugen oder Wörter hervorzuheben.

Hyperbel (gr. hyperbolę, »Übertreibung«), Begriff der Rhetorik, oft unglaubwürdige Übertreibung zur Darstellung des Außerordentlichen und Unerwarteten.
Hyperboreer, ein im äußersten N Griechenlands beheimateter myth. Volksstamm, der friedlich und sittenrein unter ewiger Sonne lebt. Apollon verbringt den Winter im paradies. Land der H., den Sommer in Delphi.
Hypereides aus Athen, griech. Redner und Politiker, 389–322 v. Chr. In der Antike wurden H., der zum Kanon der zehn att. Redner zählte, 77 Reden zugeschrieben, von denen sechs durch Papyrusfunde größtenteils erhalten sind. Er war Schüler des ↗ Isokrates und begann seine Karriere als ↗ Logograph. In der athen. Politik war er Anführer der antimakedon. Partei. In den sog. Harpalos-Prozessen war H. einer der Ankläger des ↗ Demosthenes (323). Im Lam. Krieg 323/22 wurde er zu einem der wichtigsten athen. Politiker, 322 erhielt er die ehrenvolle Aufgabe, den ↗ Epitaph zu halten. Nach der athen. Niederlage ließ ihn Antipater hinrichten. Zu den berühmtesten Reden des H. zählte in der Antike seine Verteidigung der stadtbekannten Hetäre Phryne: als seine rhetor. Anstrengungen fehlzuschlagen drohten, soll er die nackte Phryne den Richtern vorgeführt haben und mit diesem Appell an die Sinne der Richter den Freispruch seiner Mandantin erwirkt haben. **Lit.:** J. Engels, Studien zur polit. Biographie des H. (²1993).
Hyperion (gr. Hyperion), einer der ↗ Titanen. Mit ↗ Theia zeugte er ↗ Eos, ↗ Helios und ↗ Selene.
Hypermnestra (1), Tochter des ↗ Danaos. Sie heiratet ↗ Lynkeus, den Sohn des ↗ Aigyptos. Im Gegensatz zu ihren Schwestern, den ↗ Danaïden, die ihre Männer in der Hochzeitsnacht töten, lässt sie Lynkeus am Leben und wird dafür von ihrem Vater eingesperrt. Wieder freigelassen, kehrt sie zu ihrem Mann zurück und zeugt mit ihm ↗ Abas (1).
Hypermnestra (2), Tochter des Thestios und Mutter des ↗ Amphiaraos.
Hypermnestra (3), Tochter des ↗ Erysichthon (1), auch ↗ Mestra genannt. Von ihrem Geliebten ↗ Poseidon erhält sie die Gabe, sich verwandeln zu können.
Hyperphas, Vater der ↗ Euryganeia.
Hypnos, griech. Gott des Schlafes ohne nennenswerten Kult; Sohn der Nyx (Nacht), Bruder des Thanatos (Tod).
Hypogäum (gr., lat.), unterird., aus mehreren Räumen bestehende Grabanlage oder auch nichtchristliche Kultstätte.
Hypokaustum ↗ Heizung
Hypomnema (pl. hypomnęmata; lat. commentarius), philolog. Kommentar bzw. Materialsammlung als Vorarbeit zu einem stilistisch-rhetorisch ausgefeilten Geschichtswerk.
Hyporchema, chorlyr. Untergattung, ›Tanzlied‹, überliefert sind ein H. von Pratinas und einige Fragmente von Pindar und Bakchylides.
Hypothek (gr., »Unterpfand«), im griech. Rechtswesen die Absicherung eines Darlehenskredits durch den Einsatz von Grundstücken. Die H. entstammte ursprünglich dem Seerecht, wurde später aber bes. bei

Geldgeschäften angewandt. Indem der Schuldner ein Grundstück mit einer H. belastete, verlor er das Recht, ohne Einwilligung des Gläubigers über seinen Besitz zu verfügen. Bei einer Zahlungsunfähigkeit konnte sich der Gläubiger durch ein besonderes jurist. Verfahren in den Besitz des Grundstücks setzen. Durch die Vermittlung über Rom fand die Rechtsfigur der H. Eingang ins moderne Darlehensrecht. **Lit.:** A. Kränzlein, Eigentum und Besitz im griech. Recht (1963).
Hypothesis. Unter H. versteht man die von Philologen der hellenist. Zeit (↗ Aristophanes von Byzanz) verfassten Inhaltsangaben, überwiegend zu Dramen, aber auch zu anderen Texten mit weiteren relevanten Informationen, bes. dem Aufführungsjahr.
Hypsikles (gr. Hypsiklęs) aus Alexandria, griech. Mathematiker und Astronom, 2. Jh. v. Chr., Verf. einer Abhandlung über regelmäßige Körper (Polyeder), die als 14. Buch den *Elementen* Euklids angefügt wurde. In einer weiteren Schrift *Anaphorikos* (*Aufgangszeiten*) berechnet er die Aufgangszeiten der Sternbilder; in dieser Untersuchung wird zum erstenmal der Kreis in 360° eingeteilt (↗ Mathematik).
Hypsipyle (gr. Hypsipyle), Tochter des myth. Königs Thoas. Sie verhilft ihrem Vater zur Flucht, als die Lemnierinnen alle Männer ermorden wollen. Sie wird Königin von Lemnos und nimmt nach einiger Zeit ohne Männer den Halt machenden Jason mit seiner Mannschaft auf ihrer Insel auf. Mit ihm zeugt sie Eunus. Später erfahren die Lemnierinnen von der Rettung des Thoas und verkaufen H. in die Sklaverei an König Lykurgos, dem sie als Amme für seinen Sohn Opheltes dient. Der H.-Stoff wird von Euripides in der gleichnamigen, nicht erhaltenen Tragödie und von Ovid in dem Brief der H. an Jason (*Heroides* 6) behandelt.
Hypsistos (gr., »der Höchste«), Beiname des »höchsten« Gottes Zeus.
Hyrię, Mutter des ↗ Kyknos. Aus Trauer um ihren Sohn verwandelt sie sich in einen See.
Hyrkanien (iran. Varkana, »Wolfsland«), fruchtbare Landschaft im SO des Kasp. Meeres, im S durch das Elbrosgebirge vom übrigen Persien abgetrennt und nur über die »Portae Caspiae«, die Kasp. Pforten, erreichbar.
Hysiai, gr. Stadt in Böotien am Nordhang des ↗ Kithairon.
Hysteron proteron (gr., »das Spätere früher«), Begriff der Rhetorik. In einer Umkehrung der log. Reihenfolge wird der wichtigere Gedanke zuerst gebracht.

Iakchos (lat. Iacchus), ursprünglich ein Jubelruf bei den Mysterien in Eleusis, dann ein griech. Gott, Dionysos gleichgesetzt.

Ialmeos ↗ Jalmeos
Iambe, Iambus ↗ Jambe, Jambus
Iamblichos ↗ Jamblichos
Iamos ↗ Jamos
Ianiculum (heute Monte Gianicolo), einer der sieben Hügel Roms am rechten Tiberufer; wahrscheinlich nach einer alten Kultstätte des ↗ Janus benannt; schon in republikan. Zeit war der Hügel durch Tiberbrücken mit der restl. Stadt verbunden; die älteste Brücke ist der *Pons sublicius*; heute im Stadtteil Trastevere (»jenseits des Tibers«).

Ianitor, in reichen röm. Haushalten der Türhüter, meist ein Sklave, der den Zutritt zum Hause überwachen und unerwünschte Besucher abweisen sollte. Darüber hinaus bestand seine Aufgabe darin, den Eingang zu reinigen und nachts den Schlüssel zu verwahren. In der röm. ↗ Elegie gehört der I. zum stereotypen Personal: Der ausgeschlossene Liebhaber (↗ Paraklausithyron) verflucht den I., der den Zugang zur Geliebten verwehrt.

Ianus ↗ Janus
Iarbas ↗ Jarbas
Iason, Iasos ↗ Jason, Jasos
Iberien ↗ Hispanien
Ibis, der dem ägypt. Weisheitsgott ↗ Thot geweihte Vogel, Titel eines polem. Gedichts des Ovid.

Ibykos aus Rhegion (heute Reggio di Calabria), Mitte 6. Jh. v. Chr. Über sein Leben ist wenig bekannt. Er soll seine Heimat verlassen haben, da er Tyrann werden sollte. Auf Samos lebte er nach Eusebios' Chronik zur Zeit des Tyrannen Polykrates. Er soll durch Räuber erschlagen worden sein. I. verfasste mytholog. Gedichte im Stil des Stesichoros und enkomiast. Dichtungen. Das längste Fragment ist ein Lobpreis der Schönheit des Polykrates, in dem I. sich von den traditionellen ep. Stoffen in der Nachfolge Homers lossagt und neuen, erot. Themen zuwenden will. Die Gedichte des I. zeichnen sich durch eine starke bildl. Sprache aus; sie sind in der chorlyr. Kunstsprache und einer Vielzahl lyr. Metren verfasst. **Lit.:** D. E. Gerber, Euterpe (1970) 207 ff.

Ichtyophagen (gr. »Fischesser«), Sammelname für ethnograph. verschiedene, aber in ihrer Lebensweise ähnl. primitive Völker, bes. an der Westküste des Roten Meeres und an der asiat. Küsten, deren Hauptnahrung Fisch darstellte.

Ichthys (gr., »Fisch«), Akrostichon, Formel für die griech. Worte »Iesus Christos Theou Hyios Soter« (Jesus Christus Gottes Sohn Retter); von Christen benutzt, für die der Fisch als Symbol Christi gilt. Der Fisch war das Geheimzeichen für die in Rom verfolgten Christen.

Ida, Nymphe, Tochter des Melisseus und der ↗ Amalthea. Zusammen mit ihrer Schwester ↗ Adrasteia Amme des Zeus.

Idaia, Tochter des ↗ Dardanos. Sie verleumdet ihre Stiefsöhne bei ihrem Mann ↗ Phineus als Verführer, der sie im Zorn blendet.

Idaios (1), in der griech. Mythologie Sohn des Dardanos und der Chryse, der aus Arkadien auswandert

und sich an dem nach ihm benannten Idagebirge niederlässt. Dort führt er den Kult der ↗ Kybele ein.

Idaios (2), im ↗ Trojan. Krieg ein Herold des Königs Priamos.

Idas, im Mythos Sohn des messen. Königs Aphareus und der Arene, Bruder des Lynkeus, mit dem er an der Fahrt der ↗ Argonauten und der ↗ Kalydon. Jagd teilnimmt. Er gewinnt in einem Wagenrennen mit Poseidons Hilfe gegen Euenos und erhält dessen Tochter Marpessa zur Frau, woraufhin er mit dem ebenfalls von dem Mädchen bezauberte Apollon in einen Streit gerät. Marpessa entscheidet sich für Idas, da dieser – im Gegensatz zu dem ewig jungen Gott – mit ihr altere. Im Kampf gegen die ↗ Dioskuren, die ihm und Lynkeus die Bräute geraubt haben, ermordet er Kastor und wird selbst von Zeus mit einem Blitz getötet.

Idee (gr. idea, eidos) ↗ Platon
Iden (lat. Idus), Monatsmitte im röm. ↗ Kalender. Im ursprüngl. Mondsonnenjahr bezeichneten die I. den Eintritt des Vollmondes und fielen auf den 13. oder (im März, Mai, Juli und Oktober) 15. des Monats. An den Iden des März 44 v. Chr. wurde ↗ Caesar ermordet.

Idmon (gr., »Wissender«), Seher, Sohn des Apollon oder des sterbl. Abas. Er nimmt an der Fahrt der ↗ Argonauten teil, obwohl er seinen eigenen Tod vorausgesehen hat.

Idol (gr. eidolon, »Bild«), ein kleiner, angeblich mit mag. Kraft erfüllter und kultisch verehrter Gegenstand, den man zumeist am Körper trug und der als Glücksbringer fungieren bzw. Unheil abwehren sollte (↗ Apotropaion).

Idomeneus, myth. König von Kreta, bedeutender Kämpfer im ↗ Trojan. Krieg, Sohn des Deukalion und Nachfahre des Minos.

Idylle (gr. eidyllion, »Bildchen«), ursprünglich Bezeichnung der Gedichte Theokrits; seit der Spätantike wird der Begriff generell für die Schilderung eines idealisierten Landlebens verwendet (↗ Bukolik).

Iguvium (heute Gubbio), röm. Stadt im umbr. Bergland an einer wichtigen Verbindungsstraße nach Perugia; erstmals besiedelt in der Bronzezeit; ebenso war es ein bedeutendes eisenzeitliches Zentrum; eigene Münzprägung vor 268 v. Chr.; zunächst *civitas foederata,* später Municipium der *tribus Clustumina* in der 6. Region; Verbannungsort des illyr. Königs Gentius (169). Bekannt wurde I. 1444 durch den Fund von sieben Bronzetafeln in umbr. Sprache, den sog. Iguvin. Tafeln. **Lit.:** V. Blumenthal, Die iguvin. Tafeln (1931). – J. W. Poultney, Bronze Tablets of I. (1959).

Ikarios (1), Vater der Erigone. Er nimmt Dionysos auf und erhält von ihm den Wein, den der att. Landbevölkerung betrunken macht. Im Glauben, I. wolle sie vergiften, töten sie ihn; I. wird als Sternbild an den Himmel versetzt.

Ikarios (2), Vater der Penelope, die er nach ihrer Heirat mit Odysseus in der Heimat zurückhalten will. Penelope jedoch bekundet durch Verhüllen ihres Gesichts ihre Entscheidung, mit nach Ithaka zu gehen.

Ikarisches Meer, Teil des Ägäischen Meeres längs der kleinasiat. Küste zwischen den griech. Inseln Ikaros, ↗ Samos, ↗ Patmos, Leros, Kalymnos und ↗ Kos. Der Name ist literarisch belegt (Strabon und Plinius d.Ä.) und leitet sich von der gleichnamigen Insel ab. An ihm liegen der Latm. Golf, der zum großen Teil verlandet ist sowie der Keram. Golf mit ↗ Jasos und Bargylia, ↗ Milet und ↗ Halikarnassos.

Ikarus (gr. Ikaros), myth. Sohn des Dädalus. Er wird im Labyrinth des kret. Königs Minos gefangengehalten. Nach seiner Befreiung fertigt Dädalus für I. und sich Flügel aus Wachs und Federn an, da eine Flucht über das von Minos kontrollierte Meer nicht möglich ist. I. ignoriert die Warnung seines Vaters vor einem zu hohen Flug und kommt der Sonne zu nahe, worauf das Wachs seiner Flügel schmilzt. Er stürzt ins Meer, das nach ihm Ikar. Meer genannt wird. **Lit.:** A. Auernhammer/D. Martin (Hg.), Mythos I. (1998).

Iktinos, einer der bedeutendsten Architekten der Antike. Er arbeitete im 5. Jh. v. Chr. und erbaute zusammen mit Kallikrates den Parthenon auf der Athener Akropolis, entwickelte Pläne für das Telesterion (Mysterienheiligtum) von Eleusis und den Apollon-Tempel von Phigalia (Bassai). I. begründete ferner die att. Bauordnung, eine Verschmelzung dor. und jon. Bauelemente, sowie eine neue Art der Raumgestaltung mit innerhalb des Tempels umlaufender Säulenstellung. **Lit.:** G. Gruben, Die Tempel der Griechen (⁴1986). – GGGA (1999).

Ilia, anderer Name der ↗ Rhea Silvia, Tochter des Numitor, nach einer älteren Überlieferung Tochter des Äneas, durch Mars Mutter von ↗ Romulus und Remus.

Ilias 1. ↗ Homer. – **2.** Aus der röm. Kaiserzeit ist unter dem Titel *Ilias Latina* eine stark gekürzte Bearbeitung der homer. *Ilias* in 1070 daktyl. Hexametern überliefert. Ihre Abfassungszeit (1. Jh. n. Chr.?) und ihr Verf. sind unsicher.

Ilion, anderer Name Trojas.

Ilione, Tochter des ↗ Priamos und der ↗ Hekabe, Gattin des ↗ Polymestor, des myth. Königs von Thrakien. Ihr wird der kleine ↗ Polydoros von Hekabe anvertraut.

Iliupersis (gr., »Zerstörung Trojas«), Teil des ↗ Ep. Kyklos, einem gewissen Arktinos, Lesches und auch Stesichoros zugeschrieben, in wenigen Fragmenten erhalten. Die I. erzählt die Eroberung Trojas und die damit verbundenen Ereignisse (das hölzerne Pferd, Tod des Laokoon, Flucht des Äneas).

Illyrer, indogerman. Volksstamm im nordwestl. Teil der Balkanhalbinsel, zwischen Adria und Drau. Die I. sind seit etwa 1200 v. Chr. in ihren Wohngebieten nachweisbar und unterhielten vielfältige Kontakte mit der aufstrebenden griech. Welt. Sie waren als Seeräuber berüchtigt und fassten sogar in Italien Fuß, wo die Messapier am südöstl. Ende der Halbinsel illyr. Abstammung waren. Politisch zerfielen die I. in zahlreiche Stämme ohne engeren Zusammenhalt, von denen die wichtigsten die Dardaner, Liburnen, Japuden, Dalmater und Histrer waren. Für ihre Siedlungsweise waren hochgelegene Orte mit Wallanlagen und Holzbau-

ten charakteristisch. Über ihre Religion ist nur wenig bekannt, obwohl einige Götter namentlich überliefert sind; offenbar spielte die Verehrung von Quellen und Naturgewalten eine bedeutende Rolle. Zu größeren polit. Zusammenschlüssen kam es erst im 3. Jh. v. Chr., die sogleich in einen Konflikt mit Rom mündeten, das 229/28 ein Protektorat über Teile der östl. Adriaküste errichtete. Zur Unterwerfung des illyr. Kerngebietes kam es erst unter Augustus, der das Hinterland bis zur Donau eroberte (12 v. Chr.) und die Provinz Illyricum einrichtete. Nach dem Scheitern eines letzten großangelegten Aufstands (9–6 v. Chr.) festigte sich die röm. Herrschaft, und in der Kaiserzeit kam es zu einer raschen Romanisierung der Bevölkerung. Das Christentum fasste im 3. Jh. zunächst an der Küste Fuß und breitete sich dann allmählich ins Hinterland aus. In der Spätantike gewann die romanisierte Provinzialbevölkerung eine große Bedeutung als wichtiges Truppenreservoir und stellte seit dem 3. Jh. mehrere bedeutende Kaiser, von denen Aurelian, Diokletian und Konstantin d.Gr. die wichtigsten waren. Beim Einbruch der Slawen im 6. Jh. flüchtete der Großteil der Bevölkerung in die Küstengebiete, der zurückgebliebene Rest ging allmählich in den Eroberern auf. Ob die heutigen Albaner Abkömmlinge der Illyrer sind bzw. die alban. Sprache eine Fortentwicklung des Illyrischen darstellt, ist in der Forschung umstritten. **Lit.:** H. Krahe, Die Sprache der Illyrier (1955). – J. Wilkes, The Illyrians (1992).

Illyrien (lat. Illyricum, heute Nordalbanien), ursprünglich ein Königreich an der Ostküste der Adria; dann umfassend für den NW der Balkanhalbinsel gebraucht. Die dort ansässigen illyr. Stämme (Dardaner, Istrer, Japuden, Liburner), die als Seeräuber gefürchtet waren, wurden unter ihrer Königin Teuta in zwei Kriegen (229/28, 219 v. Chr.) von den Römern unterworfen. Während des 2. ↗ Pun. Krieges fungierte I. als Pufferzone gegen Makedonien und erhielt nach der Schlacht bei ↗ Kynoskephalai (197 v. Chr.) unter Pleuratus II. (206–180) makedon. Gebiete; sein Nachfolger Gentius (ca. 180–168) schlug sich auf die Seite des ↗ Perseus, wurde nach ↗ Iguvium verbannt und sein Königreich von Rom zerschlagen; seit 168 war es Teil der röm. Provinz Illyricum, die zunächst nur den Küstenstreifen umfasste; die Eroberung des Binnenlandes fand erst unter Augustus statt. Seit 300 n. Chr. gehörte I. zu einer der vier großen Präfekturen des Reiches; seit 476 zum ostgot., ab 537 zum byzantin. Reich. Aus I. stammten Appian und die Kaiser Diokletian und Valens. **Lit.:** J. Wilkes, The Illyrians (1992).

Illyrisch, Sprache der Illyrer, von der lediglich einige Worte erhalten sind. Das heutige Albanisch ist vermutlich mit dem I.en verwandt.

Ilos, Sohn des troj. Königs Tros und der Kallirhoë, Vater des Laomedon. Ihm wird eine Kuh geschickt, die ihm den Platz zeigen soll, an der er eine neue Stadt gründen soll. Die Kuh legt sich am Idagebirge nieder, wo I. die Stadt Ilion gründet, die später Troja genannt wird. Er erhält von Zeus das ↗ Palladion, ein hölzernes Athenastandbild, und errichtet einen Tempel.

Imbros (heute Imroz adasi, Türkei), etwa 225 km² große, hügelige Insel der nördl. ⁊ Sporaden in der Nordägäis, bisher wenig archäologisch erforscht. Die felsige, unfruchtbare Insel besaß nur wenige Häfen und diente Athen als »Sprungbrett« zum ⁊ Hellespont; eine antike Siedlung (heute Kastro) an der Nordküste mit Resten einer Stadtmauer, Theater, Friedhof und Wasserleitungssystem; att. Kulte sind belegt. Die vorgriech. Bevölkerung bestand wohl aus Pelasgern und Tyrrhenern. ⁊ Miltiades eroberte I. von den Persern; Kontakt mit Athen ist ab 490 v. Chr. inschriftlich belegt, das 447 v. Chr. einen ⁊ Kleruchen sandte; die Insel übernahm Institutionen nach athen. Muster; Imbrier kämpften für Athen im ⁊ Peloponnes. Krieg; nach kurzer Unabhängigkeit stand I. unter röm. Oberherrschaft ab 166 v. Chr., Septimius Severus entließ I. in die Unabhängigkeit.

Imitạtio, interpretạtio, aemulạtio. 1. Die Begriffe finden sich in der lat. Literatur, um die Anverwandlung und Aneignung literar. Vorbilder zu bezeichnen, wobei unter *imitatio* meist eine schöpfer. Übernahme, die auch tiefgreifende Umgestaltung nicht ausschließt, unter *interpretatio* dagegen eine nahezu wörtl. ⁊ Übersetzung verstanden wird; *aemulatio* bedeutet allg. die konkurrierende Nachahmung eines Vorgängers. – 2. Im jurist. Sinn ist *interpretatio* die Auslegung und Anwendung der schriftl. Rechtsquellen. Sie spielte in der röm. Rechtsentwicklung eine bedeutende Rolle und führte nicht selten zur Entstehung neuer Rechtskonzeptionen, die über die ursprüngl. Vorlagen hinausgingen. Die Kodifikation des röm. Rechts durch Justinian (⁊ Codex Iustinianus) im 6. Jh. n. Chr. bemühte sich folgerichtig, auch authent. Interpretationen aufzunehmen. – 3. *interpretatio Graeca* ist die bei den Griechen und *interpretatio Romana* entsprechend die bei den Römern übl. Übertragung fremder Götter auf eigene, wenn dies durch Wesensähnlichkeit gerechtfertigt erschien. So identifizierten z. B. die Griechen überragende Göttergestalten (z. B. Ammon) mit Zeus; die Römer verfuhren ebenso. Der Begriff *interpretatio Romana* stammt von Tacitus (Germania 43, 3) und ist auf die Benennung zweier german. Gottheiten als Castor und Pollux bezogen. **Lit.:** A. Reiff, interpretatio, imitatio, aemulatio (1959). – H. Lange/C. Zintzen (Hg.), Zum Problem der Rezeption in den Geisteswissenschaften (1987).

Imperạtor bezeichnet im allg. Sinne in der röm. Republik einen ⁊ Magistrat, der ein militär. Kommando, ein *imperium,* innehatte. Speziell entwickelte sich aber seit dem 2. Jh. v. Chr. die Praxis, dass sich nur derjenige I. nennen durfte, der nach einem Sieg von seinen Soldaten als solcher begrüßt worden ist, eine Ehrung, die in der Regel vom Senat anerkannt werden musste. Da es keine genauen Regeln gab, wie eine derartige Akklamation vor sich zu gehen hatte, ist anzunehmen, dass die Feldherrn ihre Ausrufung zum I. meist selbst inszeniert haben. Der Imperatorentitel war zunächst eine reine Ehrung und hatte in der Praxis keine polit. Konsequenzen. Als im 1. Jh. v. Chr. mit den eskalierenden Bürgerkriegen die militär. Kompo-

nente der röm. Innenpolitik immer stärker wurde, versuchten die führenden Politiker und Feldherrn wie Sulla, Pompeius und Caesar den Titel eines I.s auch in den inneren Auseinandersetzungen geltend zu machen und in die polit. Waagschale zu werfen. Dadurch wurde die ursprünglich nur formelle Bedeutung des Begriffs immer mehr von der Vorstellung verdrängt, dass der Inhaber des Titels als Befehlshaber der Armee auch politisch die maßgebl. Person war. Dieser Bedeutungswandel führte schließlich in der Kaiserzeit zur Praxis, dass mehr und mehr der Princeps selbst mit dem Begriff identifiziert wurde, so dass I. eine Bezeichnung für den ⁊ Kaiser wurde. **Lit.:** D. McFayden, The History of the Title I. under the Roman Empire (1920). – R. Combès, I. (1966).

Impẹrium (lat., »Befehlsgewalt«), die außerhalb der Stadt Rom unumschränkte Amtsgewalt des röm. Befehlshabers. Sie kam den ⁊ Konsuln und den diesen nachrangigen Beamten zu, so den ⁊ Praetoren, ferner den Beamten mit konsular. oder praetor. Gewalt wie Provinzstatthaltern. Der ⁊ Diktator hatte das *summum imperium* inne. Das I. erlaubte seinen Inhabern die Aushebung von Soldaten, die Kriegführung und (das Einverständnis von Senat und Volk vorausgesetzt) den Abschluss von Staatsverträgen, die Verfügung über Kriegsbeute sowie die Rechtsprechung in den Provinzen. Äußeres Zeichen des I. waren die *fasces* (Rutenbündel mit Beilen, ⁊ Liktoren). – Später bezeichnet I. auch das Gebiet (*provincia*), in dem der Beamte seine Amtsgewalt ausübte; metaphorisch bezeichnet *i. Romanum* daher das gesamte Röm. Reich.

Impẹrium Romạnum, röm. Reich, Bezeichnung für den röm. Staat und den von ihm kontrollierten Machtbereich bes. in der Kaiserzeit (1.–5. Jh. n. Chr.). Das I. R. umfasste den gesamten Mittelmeerraum, sowie weite Teile W- und NW-Europas, der Balkanhalbinsel und des Vorderen Orients. Seine größte Ausdehnung erreichte es im 2. Jh. n. Chr. (⁊ Röm. Geschichte).

Ịnachos, Flussgott, Sohn des Okeanos und der Thetis, ältester König von Argos, Vater der ⁊ Io, um die er bei der Quelle seines Flusses weint. Er schlichtet einen Streit zwischen Poseidon und Hera, indem er Hera Argos zuspricht, worauf Poseidon den Flüssen das Wasser wegnimmt.

Ịncubi, im röm. Volksglauben nächtlich erscheinende Geister, meist Waldgötter (Faune), die bei den Schlafenden erschreckende oder obszöne Träume verursachen.

Ịndien (lat. Ịndia), Name bedeutet ursprünglich »Land am Indus«; frühe Handelsbeziehungen mit den Persern, die unter Kyros II. und Dareios I. bis zum Indusgebiet vordrangen. Über den im Auftrag Dareios I. reisenden General ⁊ Skylax von Karyanda erhielten die Griechen um 500 v. Chr. erste Kenntnis von I. Dennoch blieb es bis ins 4. Jh. v. Chr. ein unbekanntes Land voller Fabeln und Wunder wie in der *Indica* des ⁊ Ktesias, seine sagenhafte Bevölkerung wurde oft mit den Äthiopen gleichgesetzt; nach antiker Auffassung bildeten I. und Äthiopien sogar ein zusammenhängendes Gebiet. Die Eroberungen Alexanders d.Gr. (327–325) verdichteten das Wissen um den NW I.s bis zum Fluss Hyphasis und weiter bis zum Ganges. Seleukos I. beherrschte bis 302 den NW I.s; der König Ashoka schickte Gesandtschaften an hellenist. Königshöfe, mit denen reger Handel bestand. Das mächtige Partherreich unterbrach diese Handelswege; jedoch erreichten im 1. Jh. n. Chr. Luxusgüter (Gewürze, Edelsteine, Perlen, Parfüme, Elfenbein) und chines. Seide über I. das röm. Reich, nach Plinius' Angaben etwa 120 Schiffe jährlich zur Zeit des Augustus. Im Austausch exportierten die Römer Glas, irdene Waren, Metalle und Wein in Amphoren. Röm. Reste (Münzen usw.) finden sich sehr vereinzelt auch in Kambodscha und im Mekongdelta. Die genauen geograph. Umrisse I.s wurden jedoch nie bekannt. Die antiken Ortsnamen in I. lassen sich nur selten gesichert mit modernen Namen in Verbindung bringen. **Lit.:** E. H. Warmington, The Commerce between the Roman Empire and India (1974). – L. Casson, The Periplus Maris Erythrai (1989). – V. Begley/R. de Puma, Rome and India (1992).

Indigites, altröm. Gottheiten, die in der Regel nur eine einzige Funktion innehatten, für die die Priester bestimmte liturg. Bücher, die *indigitamenta*, konsultierten; z. B. Nenia als Göttin der Trauerklage oder Somnus als Gott des Schlafes.

Indigo (lat. indicum). Der blaue Farbstoff, der aus dem vorwiegend in Indien beheimateten Indigostrauch gewonnen wurde, gelangte seit etwa 1000 v. Chr. auf dem Handelsweg in den Vorderen Orient und von da seit hellenist. Zeit in den griech.-röm. Raum. Hier war I. bes. wegen seiner leuchtenden Farbe begehrt und wurde vorzugsweise zum Färben von Wolle und in der Malerei verwendet.

Indiktion (lat. indictio, »Ankündigung«), seit ↗ Trajan eine vom Kaiser angesagte außerordentl. Getreidesteuer. Im 3. Jh. wurde häufiger zu diesem Mittel gegriffen, bis die Belastung für die Bevölkerung immer drückender wurde. Erst Diokletian schaffte wieder mehr Rechtssicherheit, indem er die I. in eine reguläre Jahressteuer umwandelte; ihre jeweilige Höhe wurde in einem Zensus ermittelt, der alle fünf Jahre stattfand. Die I. spielte später noch in byzantin. Zeit und im europäischen MA eine Rolle.

Indogermanische Sprachen. Zu den i. (bzw. indoeuropäischen) S. der klass. Antike gehören das Griechische (einschließlich des auf den Linear B-Tafeln bezeugten Mykenischen) und die altital. Sprachen mit der latino-falisk. Gruppe (zu der das Lateinische gehört) und der osk.-umbr. Gruppe. (Nicht indogermanisch ist das Etruskische.) Weitere i.S. bzw. Sprachzweige sind: Altindisch (Vedisch, Sanskrit), Altiranisch (Altpersisch, Avestisch), Altanatolisch (Hethitisch, Luwisch, Lydisch, Lykisch), Germanisch, Keltisch, Baltisch, Slawisch, Armenisch, Albanisch, Tocharisch (in China). Andere Sprachen wie z. B. Makedonisch, Phrygisch oder Thrakisch lassen sich durch die geringe Zahl der Sprachdokumente nicht sicher klassifizieren. Die ältesten schriftlich bezeugten

indogerman. Einzelsprachen sind das Hethitische (ab dem 17. Jh. v. Chr.) und das myken. Griechisch (ab dem 14. Jh. v. Chr.). Aus den indogerman. Einzelsprachen lassen sich durch die Methodik der bes. von F. Bopp im 19. Jh. begründeten historisch-vergleichenden Sprachwissenschaft der Laut- und Formenbestand, der Wortschatz, teilweise auch die Syntax einer indogerman. Grundsprache des 3. Jt. v. Chr. rekonstruieren. Auch die Rekonstruktion der materiellen Kultur, Sozialstruktur, Religion und Dichtersprache der Indogermanen ist Gegenstand der Indogermanistik. **Lit.:** O. Szemerényi, Einführung in die Vergleichende Sprachwissenschaft (⁴1990). – T. V. Gamkrelidze/V.V. Ivanov, Indo-European and the Indo-Europeans (1995). – M. Meier-Brügger, Indogerm. Sprachwissenschaft (⁷2000).

Indus (ind. Sindhu, »Fluss«), schon in der Antike bekannter größter Strom ↗ Indiens; mit Quelle im heutigen Transhimalaia floss er in den Ind. Ozean. Die Griechen erfuhren vom I. durch ↗ Skylax von Karyanda. Alexander d.Gr. überschritt bei seinem ind. Feldzug (327/26 v. Chr.) den I., auf dem er mit einer Flotte flussabwärts bis zum Ind. Ozean fuhr.

Industrie. Eine I. im neuzeitl. Sinne gab es in der Antike nicht, sehr wohl aber stark differenzierte Handwerksberufe (Keramik, Textilien, Schmiedekunst, Holzbearbeitung u. a.), die die Voraussetzung für die Entfaltung des produzierenden Gewerbes bildeten. Während in der klass.-griech. Epoche (abgesehen von der Keramikherstellung) Individualbetriebe dominierten, erschienen mit der Ausweitung des Handels und den gesellschaftspolit. Umwälzungen in hellenist. Zeit erstmals größere Produktionsstätten (Glas, Keramik, Textilien, Baumaterial u. a.), die in den Diadochenstaaten z. T. als Staatsmonopole betrieben wurden (Papyrusherstellung im ptolemäischen Ägypten). Diese Entwicklung führte aber nicht zu einer kapitalorientierten Wirtschaft, wie sie sich in der Neuzeit herausbildete, da es – nicht zuletzt durch die polit. Rahmenbedingungen und die mangelnde Infrastruktur – keinen Verdrängungswettbewerb mit dem Ziel gab, Konkurrenten systematisch auszuschalten. Im Vergleich zur hellenist. Welt entwickelte sich die I. in der röm. Republik zunächst nur zaghaft, weitete sich aber mit der militär. Expansion beträchtlich aus und erreichte in der Kaiserzeit mit den Möglichkeiten, einen das gesamte Mittelmeergebiet umspannenden Handel zu betreiben, einen neuen Höhepunkt. So sind in den ersten Jahrhunderten n. Chr. großangelegte Werkstätten zur serienmäßigen Herstellung von Keramik (*terra sigillata*) und Baumaterial (*Zement*) oder Produktionsbetriebe zur Gewinnung von ↗ Garum nachzuweisen. Professionelle Schreibstuben trugen maßgeblich zur Verbreitung der antiken Literatur bei. In der Spätantike entstanden in großem Umfang Staatsmanufakturen und Korporationen, die ein Indiz für eine zunehmende staatl. Zwangswirtschaft waren, und den Weg zu den mittelalterl. Zünften ebneten.

Infamia (lat., »Rufverlust«), im röm. Recht eine mit Nachteilen verbundene Minderung der persönl.

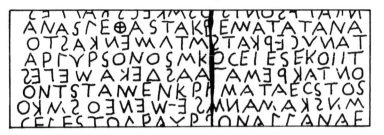

Ausschnitt aus der Gesetzesinschrift im römischen Odeion in Gortyn (Kreta), abwechselnd links- und rechtsläufig geschrieben (bustrophedon)

Ehrenrechte. Ursache war entweder die Ausübung bestimmter Berufe (wie des Schauspieler oder der Prostituierten) oder die Verurteilung wegen einer Straftat, gegebenenfalls auch die Verurteilung in einem Zivilprozess. Darüber hinaus unterlagen unehrenhaft aus der Armee entlassene Soldaten der I. Die Folgen der I. waren das Verbot, Ämter aller Art zu bekleiden, sowie Einschränkungen, vor Gericht aufzutreten.

Infanterie ↗ Kriegskunst

Ingenieur. Den I. als eigenständige Berufsgruppe gab es in der Antike nicht, die Übergänge zum ↗ Handwerker und Architekten sind fließend. Vor allem in Griechenland wurden bedeutende I.-Leistungen erbracht, die von der Entwicklung von Belagerungsmaschinen, Torsionsgeschützen und anderem militär. Gerät über Kräne und Automaten bis zu den Vorläufern der neuzeitl. Dampfmaschine (↗ Dampfkraft) reichten. Trotz solcher genialen Erfindungen kam es meist nicht zu einer umfassenden wirtschaftl. Nutzung der neuen Errungenschaften, die z. T. später wieder in Vergessenheit gerieten. Die Leistungen der griech. Ingenieure wurden seit der mittleren und späten Republik z. T. von den Römern übernommen, die in der Folgezeit bes. die techn. Voraussetzungen zum Bau effektiver Wasserleitungen (Aquädukte) und Heizungsanlagen (Hypokausten) perfektionierten. Die Grundlagen des antiken Ingenieurswesens fanden auch literar. Interesse, so dass sich seit dem Hellenismus eine breitgefächerte Fachliteratur entwickelte, von der jedoch nur ein geringer Teil erhalten ist (z. B. ↗ Frontinus). ↗ Technik **Lit.:** A. G. Drachmann, The Mechanical Technology of Greek and Roman Antiquity (1963).

Ingenuus, Statthalter von Pannonien, wurde 260 n. Chr. von seinen Truppen zum Gegenkaiser des Gallienus ausgerufen. Er wurde bei Mursa besiegt und starb auf der Flucht.

Initiationsriten, Einweihungsriten in die Kulte der ↗ Mysterien. Daneben gab es in allen griech. Gemeinwesen I., in denen die männl. und weibl. Jugendlichen auf das Leben in der Gemeinschaft vorbereitet wurden. I. und die sie reflektierenden literar. Texte wiesen einen Dreischritt auf: Trennung von der Heimat – Durchstehen einer Gefahr – Rückkehr in die Heimat. Während z. B. in Athen die jungen Männer eine zweijährige militär. Ausbildung in den Grenzfestungen ablegten (Aristoteles, *Staat der Athener* 42), dienten die Mädchen als Arrephoren der Stadtgöttin Athene auf

der Akropolis. Myth. Prototyp des ↗ Epheben sind Apollon und Theseus, für die jungen Frauen bes. die Nereïden, die auf der Insel Delos als Kurotrophoi (gr., »die Jugendlichen nährend«) verehrt wurden. In literar. Gestaltungen (z. B. Bakchylides XVII) spiegelt das Motiv des Meersprungs den mit der Initiation verbundenen Identifikationswechsel wider. **Lit.:** P. Vidal-Naquet, Der schwarze Jäger (1989).

Inkrustation (lat.), in der Baukunst die Umkleidung von Wänden und Böden mit verschiedenartigen, bunt gemusterten Stein- oder Marmorplatten, im Kunstgewerbe auch die Verzierung von Plastiken, Vasen o. ä. durch Einlegen von edlen und unedlen Materialien.

Ino, Tochter des myth. Königs ↗ Kadmos von Theben und der Harmonia, von Athamas Mutter des Learchos und des Melikertes. Nach Semeles Tod wird ihr und ihrem Mann der kleine Dionysos anvertraut. Um ihn vor Hera zu schützen, verkleidet sie ihn als Mädchen. Die List jedoch wird aufgedeckt, und Hera lässt Athamas zur Strafe dem Wahnsinn verfallen; er tötet seinen Sohn Learchos. Aus Angst vor ihm springt I. mit Melikertes ins Meer. Zeus verwandelt sie in die Meeresgöttin Leukothea.

Inquilinus (lat. incola, »Bewohner«), in Rom der Mieter oder Untermieter einer Wohnung, vorwiegend in einem Mietshaus (*insula*). Seit der Kaiserzeit wurde der Begriff zunehmend auch für Pachtbauern verwendet, die über keinen weiteren Eigenbesitz verfügten.

Inschriften. *I. Allgemeines:* Schriftdenkmäler, die in unterschiedliche Materialien wie Stein, Metall, Ton, Holz, Leder oder Wachs mit Werkzeugen eingemeißelt, eingeritzt, eingeprägt, erhaben herausgearbeitet, mit Farbstoffen gemalt, mit Steinchen gelegt oder ziseliert und tauschiert worden sind. Im Gegensatz zu literar. Quellen stellen sie unmittelbare schriftl. Zeugnisse der Antike dar. Die moderne Wissenschaft hat zur formalen und inhaltl. Erforschung von I. einen eigenen Wissenschaftszweig, die Inschriftenkunde (↗ Epigraphik) eingerichtet. Hiervon ausgenommen sind I. auf Münzen (↗ Numismatik) sowie die auf verschiedenen Unterlagen mit Tinte gemalten I. (z. B. Papyri), wobei eine exakte Trennung der einzelnen Bereiche nicht immer möglich ist und sich somit oftmals Überschneidungen ergeben. Die Bedeutung der I. liegt darin, dass sie nahezu alle Bereiche antiken Lebens umfassen, angefangen von flüchtig hingekritzelten Zeilen, die eine Augenblickssituation festhalten, über Privat-I., die Auskunft über das wirtschaftl., soziale, religiöse, jurist. und private Leben einer Gesellschaft geben bis hin zu öffentl. I., die in der Regel polit. Absichten verfolgen. – *II. Griech. Inschriften:* Die ältesten griech. I. stammen aus dem mittleren 8. Jh. v. Chr. und bestehen zunächst nur aus in Ton geritzten Namen oder knappen Kommentaren. Die Schreibrichtung war anfangs linksläufig, also von rechts nach links. Bei mehrzeiligen I. schrieb man zuweilen auch abwechselnd links- und rechtsläufig, wodurch die I. wie ein »gepflügtes Feld« aussah (*bustrophedon*, »wie der Ochse sich wendet«, s. Abb.). Wieder andere I. zeigen die Buchstaben sorgfältig in waagerechten und senkrechten Reihen neben- und untereinander gesetzt, wobei sich aber schließlich die rechtsläufige Schreibweise durchsetzte; Satzzeichen oder Worttrennungen kannten die Griechen nicht. – *III. Etrusk. und lat. Inschriften:* Die ältesten erhaltenen etrusk. I. stammen aus dem 1. Viertel des 7. Jh. v. Chr. Da sie die Buchstaben des griech. Alphabets aufweisen, können wir sie zwar lesen, jedoch mit Ausnahme weniger Wörter nicht verstehen, da sie in der uns unbekannten etrusk. Sprache verfasst sind. Die Schreibrichtung war zunächst uneinheitlich, zumeist von rechts nach links. Eine Worttrennung durch Punkte gab es erst vom 5. Jh. v. Chr. an. Mit dem Vordringen des Lateinischen in Etrurien etwa seit dem 1. Jh. v. Chr. wurde die etrusk. Schrift mehr und mehr verdrängt. Die früher als älteste lat. I. geltende Handwerkersignatur auf der sog. Fibula Praenestina, die ins 7. Jh. v. Chr. datiert wurde, hat sich inzwischen als Fälschung herausgestellt, auch von den lat. I. aus der Zeit vor dem 3. Jh. v. Chr. sind nur wenige erhalten, die Mehrzahl stammt aus der frühen Kaiserzeit. Die Worte der lat. I. werden durch einen Zwischenraum oder Interpunktion getrennt, auffallend ist die häufige Verwendung von Abkürzungen und der Hang der Römer zu monumentalen I. **Lit.:** K. Brodersen/W. Günther/H.H. Schmitt, Histor. griech. I. in Übersetzung, I–III (1992–99). – R. Frei-Stolba/H. Lieb, I. – Neufunde, Neulesungen und Neuinterpretation (1995).

Institutiones (lat., »Unterweisungen«), Einführungsschriften, die in Form eines Lehrbuchs einen systemat. Überblick über bestimmte geisteswissenschaftl. Disziplinen geben wollen. Sie begegnen bes. in den Bereichen Rhetorik, Jurisprudenz (↗ Codex) und Theologie. Namentlich zu erwähnen sind die erhaltenen I. des Rhetors ↗ Quintilian (1. Jh. n. Chr.), des Juristen ↗ Gaius (2. Jh.) und die spätantiken I. des ↗ Cassiodor (6. Jh., Bibelexegese, Einführung in die ↗ artes liberales). **Lit.:** M. Fuhrmann, Das systemat. Lehrbuch (1960).

Instrumentum (lat., »Werkzeug«) bezeichnet allg. jede Art von techn. Hilfsmitteln für zahlreiche berufl. Tätigkeiten (Handwerker, Ärzte, Ingenieure), speziell in Rom das Inventar bzw. Zubehör eines Hauses oder Landgutes. Zum I. gehörten dabei alle Arten von Ackergeräten, landwirtschaftl. Maschinen und Vorratsgefäße; die Zuordnung der Arbeitssklaven zum I.

ist bei den röm. Juristen umstritten. Das I. hatte auch eine rechtl. Bedeutung, da es in einem Pachtverhältnis in der Regel als mitverpachtet galt und bei Erbschaften gemeinsam mit den Immobilien hinterlassen wurde, beim Landkauf aber nur berücksichtigt wurde, wenn es ausdrücklich im Vertrag vereinbart war.

Insubrer, im 4. Jh. v. Chr. von N eingewanderter kelt. Stamm in der Provinz ↗ Gallia Cisalpina mit dem Hauptort Mediolanum (↗ Mailand); weitere Orte waren Comum, Ticinum, Novaria und Acerae. Archäolog. Funde bringen sie mit der Golasecca-Kultur in Verbindung. Die I. waren die Hauptgegner Roms in der Schlacht bei Telamon (225) in Etrurien und lieferten den Römern auch 223/22 v. Chr. schwere Kämpfe; sie schlossen sich schließlich ↗ Hannibal bei dessen Italienzug an (218) und blieben bis 203 auf der Seite der Karthager. 194 von den Römern endgültig unterworfen, erhielten sie 89 zunächst das latin., 49 v. Chr. das volle röm. ↗ Bürgerrecht

Insula (lat., »Insel«), im Gegensatz zu *domus* (↗ Haus) bezeichnete man die Häuserblocks der regelmäßig angelegten, schachbrettartigen Städte, die wie Inseln zwischen den Straßen wirkten und in denen in der Regel mehrere Familien wohnten, als *insulae*. Seit dem 2. Jh. v. Chr. hat sich die Bezeichnung I. für das mehrstöckige ↗ Mietshaus durchgesetzt.

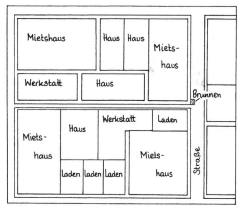

Grundriss einer Insula (›Häuserblock‹)

Intercessio (lat., »Einspruch«), in Rom im staatsrechtl. Sinn das Einlegen eines Vetos gegen eine noch nicht vollzogene Amtshandlung, die daraufhin nicht ausgeführt werden kann. Das Recht, eine I. vorzunehmen, besaßen in der Republik alle ↗ Magistrate (Konsuln, Prätoren, Ädile, Quästoren) im Verhältnis zu ihren gleichrangigen Kollegen sowie höhere Beamte gegenüber untergeordneten. Eine besondere Stellung nahmen die ↗ Volkstribunen ein, die nicht nur gegenseitig, sondern auch gegenüber allen übrigen Beamten mit Ausnahme des ↗ Diktators interzedieren konnten. Die Möglichkeit der I. war ein wesentl. Element der republikan. Staatsordnung und sollte das Gleichgewicht zwischen den Mandatsträgern aufrechterhalten.

Bei sich zuspitzenden Konflikten wurde meist der ↗ Senat als Schiedsrichter angerufen, dessen Entscheidung sich die Beamten in der Regel beugten. Nach dem Zusammenbruch der Republik bildete die *tribunicia potestas* (Amtsgewalt eines ↗ Volkstribunen), die seit Augustus permanent beim Princeps lag, mit ihrem Recht auf I. eine wesentl. Machtgrundlage der röm. Kaiser.

Interdictum (lat., »Untersagung«), im röm. Rechtssystem eine Entscheidung des ↗ Prätors zu Lasten des Beklagten ohne Einleitung eines ordentl. Gerichtsverfahrens. Es diente bes. der Wahrung eines bestimmten Rechtszustands und sollte verhindern, dass durch eine Verzögerung der Entscheidung vollendete Tatsachen geschaffen werden konnten. Beim I. erfolgte keine Beweiserhebung, und das Urteil erging lediglich nach Anhörung des Klägers. Es konnte ein Verbot oder einen Befehl beinhalten und erstreckte sich meist auf vermögens- oder personenrechtl. Angelegenheiten. So konnte der Beklagte dazu verpflichtet werden, widerrechtlich angeeignete Vermögenswerte herauszugeben oder Kinder vor Gericht vorzuführen, um ihre Identifizierung zu ermöglichen. Wurde das I. vom Beklagten nicht angenommen, kam es zu einem Nachverfahren. Im modernen Rechtswesen entspricht dem I. etwa die einstweilige Verfügung.

Interpolation, Begriff der Textkritik. Unter I. versteht man eine bewusste Veränderung des originalen Wortlauts, häufig durch die Einfügung eines oder mehrerer Worte bzw. Verse.

Interpretatio ↗ Imitatio

Interpretatio Romana ↗ Synkretismus

Interrex (lat., »Zwischenkönig«) heißt in der röm. Republik ein bei Bedarf ernannter Beamter, der im Falle der Vakanz oder Verhinderung der obersten Magistrate (Konsul oder Diktator) (Ersatz-)Wahlen durchzuführen hatte. Die Einrichtung geht auf die Königszeit zurück, als nach dem Tode eines Herrschers ein I. bestellt wurde, bis sein Nachfolger durch Akklamation in seinem Amt bestätigt wurde. In republikan. Zeit wurde der I. vom ↗ Senat für fünf Tage ernannt und musste ↗ Patrizier sein. Nach Ablauf dieser Frist bestellte der I. seinen eigenen Nachfolger, der wiederum fünf Tage amtierte. Diese Prozedur wurde so lange fortgeführt, bis die Vakanz durch die fälligen Neuwahlen beendet war. **Lit.:** J. Jahn, Interregnum und Wahldiktatur (1970).

Intrige (gr. mechanema, technema). Bereits in Homers *Odyssee* (19–24) findet sich die enge Verbindung von Anagnorisis (»Wiedererkennung«) und I., wie sie für die att. Tragödie charakteristisch ist. Locus classicus ist Aischylos, *Choephoren* (Rache des Orest). Bei Euripides fehlt die I. in fast keinem Stück, so dass Aristophanes ihn in den *Thesmophoriazusen* (94) zu Recht »Meister des Intrigenspiels« nennt. Vor allem im Spätwerk konzipiert Euripides Anagnorisis-Intrige-Dramen: Nach der Wiedererkennung wird die Rettung durch eine I. bewerkstelligt (z. B. Iphigenie bei den Taurern 1017 ff.). Beeinflusst von Euripides entwickeln die Autoren der Neuen Komödie die I. zu einem handlungsbestimmenden Element, das von der Komödie seinen Weg auch in den Roman findet. **Lit.:** F. Solmsen, Zur Gestaltung des Intrigenmotivs in den Tragödien des Sophokles und Euripides, in: E. R. Schwinge (Hg.), Euripides (1968) 428–68.

Invektive (lat. *invehere,* »anfahren«, »schelten«). Die I. als heftiger verbaler Angriff auf eine Person findet sich bes. in der ↗ Rhetorik. Bekannt sind die *Philipp. Reden* des Demosthenes und die sich im Titel an sie anschließenden *Philippica* Ciceros gegen Mark Anton.

Inversion (lat. inversio, gr. anastrophe, »Umdrehung«), Begriff der Rhetorik, Abweichung von der übl. Wortfolge, häufig um eine emphat. Wirkung zu erzielen.

Inzest (lat. incestum, »Unzucht«), die sexuelle Beziehung zwischen nahen Verwandten, war in der griech. und röm. Welt in der Regel verpönt, im Vorderen Orient häufiger (Geschwisterheiraten der ägypt. Pharaonen). In hellenist. Zeit gingen auch die griech.-makedon. Herrscherdynastien unter oriental. Einfluss vereinzelt dazu über, Verwandte zu heiraten; zu regelmäßigen Geschwisterehen kam es aber nur bei den ↗ Ptolemäern. Bei der einfachen Bevölkerung war dieser Brauch aber weiterhin unüblich. In Rom war die sexuelle Beziehung zwischen Blutsverwandten strengstens verboten, bei einer strafrechtl. Verfolgung drohte den Beschuldigten die ↗ Todesstrafe.

Io, Tochter des Flussgottes Inachos. In ihren Träumen wird sie immer wieder von Zeus verfolgt; nach Befragen eines Orakels schickt sie Inachos aus seinem Reich fort. Io wird in eine Kuh verwandelt, die Hera mit hartnäckigen Bremsen quält, womit sie eine Vereinigung mit Zeus verhindern will. Darüber hinaus setzt sie den hundertäugigen ↗ Argos als Bewacher ein, den Zeus von Hermes töten lässt. Die gequälte Io irrt entlang des nach ihr benannten Jon. Meeres über den Bosporus und gelangt nach Ägypten, wo Zeus sich ihrer erbarmt. Sie erhält ihre menschl. Gestalt zurück und bringt Epaphos zur Welt; später wird sie als ↗ Isis verehrt.

Iobates ↗ Jobates

Iodama ↗ Jodama

Iohannes ↗ Johannes

Iokaste ↗ Jokaste

Iolaos ↗ Jolaos

Iole, Tochter des Eurytos, Geliebte des Herakles, der sie nach dem Sieg über Eurytos im Bogenschießen gewinnt.

Ion (1), myth. Stammvater der Jonier, Sohn der von Apollon vergewaltigten Kreusa. Von Kreusa ausgesetzt, wächst er in Delphi als Tempeldiener auf. Dort findet seine Mutter ihn nach langer Zeit wieder und nimmt ihn zu sich. Später wird I. König von Athen. Die Sage von I. wird von Euripides in seiner gleichnamigen Tragödie behandelt.

Ion (2), griech. Autor von der Insel Chios, ca. 480–421 v. Chr.; sein Werk ist nur fragmentarisch erhalten. I. ist eine Ausnahmeerscheinung unter den Autoren des 5. Jh., da er sich in verschiedenen literar.

Gattungen – Prosa wie Poesie – betätigte (Lyrik, bes. Dithyramben; Elegien, Tragödien; Lokalgeschichte, philosoph. Traktat). Wegweisend ist seine Schrift *Epidemiai*, in der er in anekdot. Stil über das Zusammentreffen mit berühmten Zeitgenossen plaudert. **Lit.:** A. Leurini, I. (1992).

Ionien, Ionisch, Ionicus ↗ Jonien, Jonisch, Jonicus

Iophon, Tragiker aus Athen, Sohn des ↗ Sophokles; verfasste 50 Stücke, siegreich an den Dionysien des Jahres 435 v. Chr. In der Komödie wird er häufig verspottet, dass er nicht die Qualität seines Vaters erreiche oder gar dessen Stücke als seine eigenen aufgeführt habe. Die in der Sophokles-Vita des Satyros überlieferte Geschichte, I. habe seinen Vater wegen Altersschwachsinn entmündigen lassen wollen und Sophokles habe dies durch Rezitation aus seinem *Oidipus auf Kolonos* entkräftet, geht wohl auf den Komödienspott zurück.

Iosephus ↗ Josephus

Iovianus ↗ Jovianus

Iphianassa (1) (gr. Iphianassa), ↗ Iphigenie

Iphianassa (2) (gr. Iphianassa), Tochter des ↗ Proitos und der ↗ Stheneboia. Sie und ihre Schwestern ↗ Lysippe und ↗ Iphinoë irren wahnsinnig im Gebiet von Argos und in Arkadien herum und stecken andere Frauen mit ihrer Raserei an, bis sie von ↗ Melampus und ↗ Bias mit Zaubermitteln geheilt werden. Iphinoë stirbt bei der Behandlung, Iphianassa und Lysippe überleben und heiraten Melampus und Bias.

Iphigenie (gr. Iphigeneia), Tochter des Agamemnon und der Klytämnestra. Sie wird im ↗ Trojan. Krieg von den Griechen bei Aulis geopfert, um die von Agamemnon beleidigte Artemis zu versöhnen, die zur Strafe eine Flaute geschickt hat und das Auslaufen der Flotte verhindert. Nach Euripides wird I. von Artemis gerettet und nach Tauris gebracht, wo sie der Göttin als Priesterin dient und verantwortlich für das heilige Artemiskultbild ist. Jahre später ist sie ihrem Bruder ↗ Orest behilflich, der zur Sühne für die Ermordung seiner Mutter die berühmte Statue aus Tauris holen muss.

Iphikles (gr. Iphikles), Sohn des Amphitryon und der Alkmene, Halb-Zwillingsbruder des von Zeus gezeugten Herakles, dem er in mehreren Kämpfen zur Seite steht. Durch Automedusa wird er Vater des ↗ Jolaos; seine anderen Kinder werden von Herakles in einem Anfall von Wahnsinn getötet. Später erhält I. die jüngste Tochter des Königs Kreon zur Frau und nimmt an der ↗ Kalydon. Jagd teil.

Iphiklos, impotenter Sohn des Phylakos, der von Melampus geheilt wird.

Iphikrates, gest. um 355 v. Chr., athen. Söldnerführer und Feldherr, übernahm 393 das Kommando über die von Konon angeworbenen Truppen und führte im Korinth. Krieg (395–386) mehrere Feldzüge in die Peloponnes, die Sparta nicht unbeträchtl. Probleme bereiteten. Nach Kriegsende verdingte er sich als Söldnerführer in pers. und thrak. Diensten und heiratete eine thrak. Fürstentochter. Berühmt wurde er bes. für seine militär. Neuerungen, indem er den Einsatz

der Leichtbewaffneten (Peltasten) gegenüber den Schwerbewaffneten (Hopliten) aufwertete und ein ständig befestigtes Lager einführte.

Iphimedea (gr. Iphimedeia), Tochter des Triops, Gattin des Aloeus, durch Poseidon Mutter der ↗ Aloaden, Otos und Ephialtes.

Iphinoë ↗ Iphianassa (2)

Iphis (1), König von Argos, Sohn des Alektor. Er rät Polyneikes, Amphiaraos' Frau Eriphyle zu bestechen, damit sie diesen zur Teilnahme am Zug der ↗ Sieben gegen Theben bewegt.

Iphis (2), armer Junge aus Zypern, der sich in ↗ Anaxarete verliebt. Trotz all seiner Versuche, sie zu gewinnen, wird er zurückgewiesen. Aus Verzweiflung erhängt er sich an ihrer Tür.

Iphitos (1), Sohn des Königs Eurytos, Freund des Odysseus, dem er den Bogen seines Vaters schenkt. Er wird von Herakles in einem Anfall von Wahnsinn getötet.

Iphitos (2), König von Elis, der wegen der das Land heimsuchenden Epidemien und krieger. Einfälle der Dorer das Delph. Orakel aufsucht und die ↗ Olymp. Spiele wiedereinsetzt, die nach dem Tod des ↗ Oxylos ausgesetzt worden waren.

Ipsos, antike Stadt in Zentralphrygien (Kleinasien). Die genaue Lage ist umstritten (heute Cay oder Ishakli am Sultan Dag); bekannt wurde I. durch die Schlacht der verbündeten Diadochenkönige Seleukos I., Lysimachos und Kassander gegen Antigonos I. Monophtalmos (301), deren Folge der endgültige Zerfall des Alexanderreiches und die Entstehung der hellenist. Nachfolgestaaten war. Die an der Schlacht beteiligten Elefanten des ind. Königs Chandragupta (↗ Sandracottus) finden sich später als Motive auf seleukid. Münzen.

Iran, moderner Staatsname für das unzugängl., von schroffen Gebirgszügen umgebene Hochland zwischen Kasp. Meer im N und Pers. Golf im SW. Im Verlauf der Geschichte entstanden auf dem Boden des I. mehrere Großreiche: Mitte des 3. Jt. bildete sich im SW der Staat von Elam mit der Hauptstadt ↗ Susa, der erst 639 v. Chr. von den Assyrern überrannt wurde. Im W bildeten schon sein 9. Jh. v. Chr. um Ekbatana die Meder, die unter ↗ Kyaxares (625–585) zur Großmacht aufstiegen. Die südl. davon siedelnden Perser wanderten in die Nähe von Susa und standen zunächst unter med. Oberhoheit, von der sie sich unter Kyros II. (559–529) befreiten und einen bemerkenswerten Eroberungszug nach Kleinasien und Ägypten begannen und Feldzüge bis an die Donau und den Indus führten. Mit dem Eroberungszug Alexanders d.Gr. ab 334 zerbrach das Perserreich; nach dessen Tod entstand im I. das Reich der Seleukiden (↗ Diadochen). Als nächste Großmacht herrschten ab 247 v. Chr. die Parther, später die Sasaniden und Araber (651 n. Chr.). **Lit.:** R. N. Frye, The History of Ancient I. (1983).

Irenäus (gr. Eirenaios), Bischof von Lyon (Lugdunum), aus Kleinasien stammend, ca. 130–200 n. Chr. Im Montanismus-Streit wurde I. eine der wichtigsten Persönlichkeiten des ökumen. Ausgleichs. Von seiner

Schrift *Entlarvung und Widerlegung der falschen Gnosis* in 5 Büchern sind zahlreiche Fragmente bei Eusebios, eine armen. und syr. Teilübersetzung sowie eine vollständige latein. Übersetzung vorhanden. Ebenfalls nur fragmentarisch sind die protrept. Briefe *Gegen Blastus über das Schisma* und *Über die Monarchie oder dass Gott nicht Schöpfer der Übel sei* sowie die Schrift *Über die Ogdoas*. Das Werk *Darstellung apostolischer Verkündung* ist seit 1907 in einer armen. Übersetzung bekannt. I. erweist sich als philosophisch gebildeter Theologe, der im Sinne des Neuplatonismus Gott als Prinzip des Guten ansieht. **Lit.:** A. Benoit, Saint I. Introduction à l'étude de sa théologie (1960).

Iris, Götterbotin mit goldenen Flügeln, Tochter des Thaumas, Gattin des Westwindes Zephyros. Sie personifiziert als Regenbogen das auch in der christl. Religion bekannte Bindeglied zwischen Himmel und Erde.

Iros (1), Sohn des myth. Königs Aktor, Vater von Eurydamas und Eurytion, den Peleus versehentlich tötet. Peleus bietet I. Vieh als Blutgeld an, was I. jedoch ablehnt. Nach einem Orakelspruch lässt Peleus die Herde frei. Als ein Wolf versucht, die Herde zu reißen, wird er an der phok. Grenze in einen Felsen verwandelt.

Iros (2), Bettler am Hof des Odysseus

Isagoras (gr. Isagoras), athen. Politiker, nach dem Sturz der Peisistratiden (511/10 v. Chr.) Führer der Aristokraten und Gegner des Kleisthenes. In den innenpolit. Auseinandersetzungen nach dem Ende der Tyrannis setzte er sich zunächst durch und zwang seinen Rivalen Kleisthenes zur Flucht. Als er jedoch 508/07 die staatl. Macht einem Rat aus 300 Adligen übertragen wollte, wurde er vom empörten Volk auf der Akropolis eingeschlossen und zur Kapitulation gezwungen. Er floh nach Sparta, doch scheiterte ein Versuch des spartan. Königs Kleomenes I., ihn mit Gewalt nach Athen zurückzuführen. I. wurde in Abwesenheit zum Tode verurteilt und trat polit. nicht mehr in Erscheinung.

Isaios, athen. Redner, ca. 420–350 v. Chr., Lehrer des ⁊ Demosthenes. Alle elf erhaltenen Reden befassen sich mit Erbschaftsfragen.

Isaurien, Gerbirgslandschaft im südl. Kleinasien an den Nordausläufern des ⁊ Taurus. Bewohnt wurde I. von einem freien, als räuberisch und kriegerisch geltenden Volk, das die Nachbargebiete ⁊ Kilikien, ⁊ Pisidien und ⁊ Lykaonien unsicher machte; von den Römern unter P. Servilius Vatia (Siegerbeiname Isauricus) unterworfen (76–74 v. Chr.), wurde die Landschaft nie völlig befriedet; die Isaurier stellten Hilfstruppen in der Kaiserzeit; im 5. Jh. n. Chr. Auseinandersetzungen mit byzantin. Kaisern; der Isaurier Zeno bestieg 474–491 kurzzeitig den byzantin. Thron; 498 endgültige Unterwerfung und Vertreibung. Obwohl ohne ausgeprägte Stadtkultur, brachte I. charakterist. lokale Kleinkunst hervor und war ein wichtiges Zentrum des frühen Christentums. **Lit.:** W. D. Burgess, The Isaurians in the Fifth Century AD (1985).

Isca (kelt., »Wasser«), mehrere Flüsse der röm. Provinz ⁊ Britannien: (1) Fluss in Devon (heute Exe/Devon) mit der röm. Siedlung Isca Dumnoniorum (heute Exeter), eingerichtet als Festung der Legio II Augusta ab 55 n. Chr. und Hauptstadt der *civitas Dumnonii* in flav. Zeit. (2) Fluss in Wales (heute Usk) mit der röm. Siedlung Isca Silurum; ebenfalls Standort der Legio II Augusta ab 74/75 n. Chr. I. Silurum war ab dem 3. Jh. n. Chr. eine reine Zivilsiedlung und hatte schon früh eine christl. Gemeinde. Weitläufige Ausgrabungen. **Lit.:** A. L. F. Rivet/C. Smith, The Place-Names of Roman Britain (1979). – (1) P. Bidwell, Roman Exeter (1980). – (2) G. C. Boon, Isca (1972).

Isidor von Milet (gr. Isidoros), Architekt, mit ⁊ Anthemios von Tralleis 532 maßgeblich am Wiederaufbau der ⁊ Hagia Sophia beteiligt.

Isidor (lat. Isidorus) von Sevilla, lat. Autor, Bischof, ca. 560–636 n. Chr. I.s literar. Tätigkeit war vorwiegend didaktisch ausgerichtet: er wollte zur Bildung des heim. Klerus beitragen. Seine *Etymologiae* sind eine aus Cassiodor und Boethius geschöpfte enzyklopäd. Zusammenstellung des gesamten theolog. und profanen Wissens, seine zwölf Bücher *Sententiae* (*Meinungen*) ein aus Augustinus und Gregor d.Gr. kompiliertes Handbuch der Dogmatik und Ethik. Daneben verfasste er eine Weltchronik, eine Geschichte der Westgoten, eine Literaturgeschichte und weitere didakt., bes. grammat. Schriften. I. ist ein wichtiger Vermittler antiker Kultur zwischen Spätantike und MA. Mit seinem Tod wird gemeinhin das Ende der Antike gleichgesetzt. **Lit.:** J. Fontaine, I. de Séville et la culture classique dans l'Espagne wisogothique (1959).

Isis, ägypt. Göttin, Gattin ihres Bruders ⁊ Osiris, früh auch in Griechenland und Rom als Gottesmutter kultisch verehrt. Sie wird häufig mit Kuhhörnern dargestellt, weshalb man ⁊ Io mit ihr gleichgesetzt hat, zumeist aber ist sie eng mit ⁊ Demeter verbunden. Die zahlreichen I.-Darstellungen mit ihrem Sohn ⁊ Horus gelten als Vorbild für spätere Madonnenportraits. Der I.-Kult in Rom, schon in sullan. Zeit äußerst beliebt, war der Regierung ein Dorn im Auge und wurde, bes. in der frühen Kaiserzeit, verboten und politisch verfolgt, jedoch ohne Erfolg. I. erfuhr bis ins 4. Jh. kult. Verehrung.

Ismene, Tochter des Ödipus und der Jokaste, in Sophokles' *Antigone* ihrer Schwester ⁊ Antigone als Durchschnittsmensch gegenübergestellt.

Ismenias, theban. Politiker und Führer der antispartan. Partei in seiner Heimatstadt, unterstützte nach dem Ende des Peloponnes. Krieges den Athener Thrasybulos im Kampf gegen die von Sparta eingesetzten Dreißig Tyrannen und war maßgeblich an der Teilnahme Thebens am Korinth. Krieg (395–386) beteiligt. Nach dem Handstreich der Spartaner gegen die Kadmeia, die Burg von Theben (382), wurde er von diesen verhaftet und wegen angebl. Perserfreundlichkeit hingerichtet.

Isokrates (gr. Isokrates) von Athen, griech. ⁊ Logograph, Redelehrer und polit. Publizist, 436–338 v. Chr.

Erhalten sind 21 Reden, die allerdings größtenteils nicht vorgetragen, sondern schriftlich verbreitet wurden, ferner neun Briefe, darunter Unechtes. Aus wirtschaftl. Not musste I. zunächst als ↗Logograph Gerichtsreden für andere verfassen. Nach 390 leitete I., der selbst ein Schüler des Sophisten ↗Gorgias war, für ein halbes Jahrhundert eine eigene Schule der Redekunst, aus der zahlreiche einflussreiche Pesönlichkeiten hervorgingen. Programmat. Charakter hat seine in dieser Zeit verfasste Rede *Gegen die Sophisten*. I. trat ein für eine rhetor., praxisbezogene Bildung im Gegensatz zum philosoph.-intellektuellen Bildungsideal seines Zeitgenossen Platon. Zu den Voraussetzungen eines guten Redners gehörten für ihn gleichermaßen Naturanlage, Ausbildung und prakt. Übung. Seine Auffassung vom charakterbildenden Wert sprachlich-formaler Ausbildung wirkt über Cicero und Erasmus bis in die Gegenwart nach. – Oberstes polit. Ziel des I. (der freilich nie ein polit. Amt bekleidete), formuliert im *Panegyrikos* (ca. 380) und zahlreichen anderen Schriften, war die Einigung der griech. Städte zum gemeinsamen Kampf gegen Persien. In dem Sendschreiben *Philippos* (346) erhoffte I. sich die Durchsetzung dieser Ziele von dem Makedonenkönig gleichen Namens, dessen monarch. Herrschaft er pries. Seine letzte Schrift, den *Panathenaikos* (339), vollendete er mit 97 Jahren. Der oft gegen I. erhobene Vorwurf mangelnder Originalität ist nicht berechtigt, nicht wenige literar. Gattungen wurden von ihm begründet. Der *Euagoras* (ca. 370), eine idealisierende Kurzbiographie des Königs von Zypern, ist das erste Prosa-Enkomion auf einen Zeitgenossen, wobei diese Schrift zusammen mit *An Nikokles* (ca. 372) zugleich die Funktion eines Herrscherspiegels erfüllt. Die *Antidosis* (353) stellt, in Form einer fingierten Gerichtsrede, die erste eigentl. Autobiographie der Antike dar. Über seine Schüler Ephoros und Theopomp beeinflusste I. das Aufkommen der sog. rhetor. ↗Geschichtsschreibung. Mit seinen polit. Denkschriften bewirkte I. zu Lebzeiten wenig, wurde aber in neuerer Zeit als ›Prophet des Hellenismus‹ gewürdigt. **Lit.:** K. Bringmann, Studien zu den polit. Ideen des I. (1965). – Chr. Eucken, I. Seine Position in der Auseinandersetzung mit den zeitgenöss. Philosophen (1983). – I., Sämtl. Werke, übers. Ch. Ley-Hutton und K. Brodersen, I-II (1993–97). – GGGA (1999) – W. Orth (Hg.), I. (2003).

Isopolitie (gr. isopoliteia, »gleiches Bürgerrecht«), die Verleihung des Bürgerrechts einer ↗Polis an einen oder mehrere ↗Fremde. Die I. ist seit dem 4. Jh. v. Chr. bezeugt und wurde anfangs bes. angewandt, um ortsfremde Persönlichkeiten, die sich um eine bestimmte Stadt verdient gemacht haben, zu ehren. In hellenist. Zeit kamen mehrfach bezeugte Fälle vor, dass die I. einer ganzen Gemeinde zugestanden bzw. dass sie sich von zwei Poleis gegenseitig gewährt wurde. In diesem Fall behielten beide Städte ihre Unabhängigkeit, waren aber auf das engste miteinander verbunden (z. B. Pergamon und Temnos, um 260 v. Chr.). Die I. ist selten literarisch, aber häufig durch Inschriften nachzuweisen. **Lit.:** W. Gawantka, I. (1975).

Israel (hebr. »es streitet Gott«). Gemeinsame Bezeichnung für die zwölf semit. Stämme, die den Jahwekult pflegten, vgl. ↗Judäa, ↗Galiläa, ↗Judentum.

Issos, Küstenstadt in ↗Kilikien am heutigen Golf von Iskenderun östl. von Adana. Der Ort ist berühmt durch die Schlacht bei Issos (333 v. Chr.), in der Alexander d.Gr. einen entscheidenden Sieg über den Perserkönig ↗Dareios III. errang. Der militär. Erfolg öffnete den Makedonen den Weg nach Syrien und Ägypten.

Istanbul ↗Byzanz

Ister (gr. Istros), ursprünglich thrak. Name der unt. ↗Donau.

Isthmien, Isthm. Spiele, die nach den ↗Olymp. Spielen bedeutendsten panhellen. (gemeingriech.) ↗Agone am Isthmos von Korinth. Die I. wurden im 6. Jh. v. Chr. von einer lokalen Veranstaltung in panhellen. Spiele umgewandelt und fanden alle zwei Jahre im Frühjahr zu Ehren des ↗Poseidon statt. Die Wettkämpfe dauerten mehrere Tage und umfassten die Disziplinen Pferde- und Wagenrennen, Laufen, Ringen und Fünfkampf, auch Wettbewerbe in Musik und Malerei. Die Sieger erhielten einen Kranz aus Fichte oder Selleriekraut. Die I. bestanden auch in röm. Zeit fort, doch verloren sie in der späteren Kaiserzeit allmählich an Bedeutung und wurden unter Kaiser Justinian, der die Tempel niederreißen ließ, im 6. Jh. n. Chr. ganz eingestellt.

Isthmos (gr., »Landenge«), spez. die 6 km breite Landenge von ↗Korinth; diese einzige Landverbindung der Peloponnes mit dem griech. Festland war eine strategisch wichtige Verteidigungsstellung; hier wurde 480 v. Chr. deshalb eine Sperrmauer gegen die Perser errichtet. Am I. liegt auch ein Heiligtum des isthm. ↗Poseidon aus dem 7. Jh. v. Chr., der Ort der ↗Isthmien. In der Antike wurde der I. von einer Gleis- oder Schleifstraße (↗diolkos) zur Beförderung von Schiffen überquert. Mehrfache Versuche eines Durchstichs (um 600 v. Chr. durch Periander, um 300 durch Demetrios I.; später durch die röm. Kaiser Caligula und Nero) scheiterten. Der heutige Kanal stammt aus dem Jahr 1893 und bietet die kürzeste Seeverbindung zwischen dem Korinth. und Saron. Golf.

Istrien (lat. Histria/Istria), von illyr. Histriern bewohnte Halbinsel im Adriat. Meer zwischen Illyricum und Venetia. Die größten Siedlungen waren Tergeste (heute Triest) und Pola. Der östl. Streifen der istr. Halbinsel wurde von den Liburnern bewohnt, die in der Antike nicht zu den Histriern gerechnet wurden. Die Bewohner I.s waren als Piraten gefürchtet, jedoch begann der Konflikt mit Rom erst 221 v. Chr. mit dem Überfall auf einen Getreidetransport. Während des 2. ↗Pun. Krieges verhinderten die Histrier eine Etablierung der Römer in I. Mit dem Widerstand gegen die Gründung Aquileias (181) begannen langjährige Konflikte mit Rom; 178/77 wurde I. unterworfen; 129 ergaben sich einige Stämme dem C. Sempronius Tuditanus; unter Caesar erneut Konflikte (52). I. wurde mit der Via Flavia an das röm. Straßennetz angeschlossen. In republikan. Zeit war I. Teil Illyricums und bildete unter Augustus zusammen mit Venetia die 10. Region Italiens. Heute gehört das antike I. teilweise zu Kroatien, Slowenien und Italien.

Istros, Schüler des ↗ Kallimachos und wahrscheinlich Sklave von Geburt, verfasste im 3. Jh. v. Chr. eine Lokalgeschichte Athens in 14 Büchern, die einen Großteil der Überlieferung zu Attika zusammenfasste. Daneben schrieb er noch weitere Lokalgeschichen, sowie religionswissenschaftl. und biograph. Werke. Keine seiner Schriften ist im Original erhalten, doch liegt möglicherweise eine Benutzung durch ↗ Plutarch und ↗ Pausanias vor.

Itala (lat., »die Italienische«), früherer Begriff für die ↗ Vetus Latina, die lat. Übersetzung des Neuen Testaments.

Italica, röm. Kolonie in Südspanien (nahe Santiponce bei Sevilla), 206 v. Chr. von Publius Cornelius ↗ Scipio gegründet und mit Veteranen besiedelt. Seit Caesar Municipium, seit Hadrian Colonia; Heimat der Kaiser Trajan und Hadrian. **Lit.:** A. García y Bellido, Colonia Aelia Augusta I. (1960).

Italien (lat. Italia), fruchtbare, nach S langgestreckte Halbinsel mit angrenzenden Inseln. Die Spuren menschl. Existenz in I. reichen bis ins Paläolithikum zurück. Einer einfachen, bäuerl. Kultur im 6./5. Jt. v. Chr. folgten in der Bronzezeit im 2. Jt. erste Siedlungen an exponierten Punkten im Zentrum der Landmasse. Kontakte mit dem myken. Kulturkreis ab 1400 sind wahrscheinlich (Terranova-Kultur). Um 1000 v. Chr. folgen nach Vorformen die sog. Villanova-Kulturen, auf deren Siedlungsplätzen etrusk. Städte entstehen. Mit Beginn des 8. Jh. setzte die griech. Kolonisation der Küsten und Inseln ein; erste Kontakte mit Etrurien und Latium. Nachdem die von den Italoi (Kult um den vitalus = Jungstier) oder einem sagenhaften König Italos abgeleitete Bezeichnung I. zunächst nur für die Südspitze Kalabriens galt, wurde sie mit der griech. Kolonisation auf ganz Süditalien übertragen; ältere Namen sind Oinotria, Hesperia, Ausonia. Die Griechen führten seit dem 4. Jh. v. Chr. I. auch als Name für Großgriechenland; die ital. Griechen nannten sich selbst Italioten. – Ein buntes Völkergemisch entwickelte sich in der Folgezeit: Entlang der Ostküste siedelten Veneti, Picentes, Praetuttier, Daunii und Messapier. In der gebirgigen Mitte ließen sich Ligurer, Umbrier Sabiner, Samniten, Volsker und Lukaner nieder; im äußersten S die Bruttier. Im N wanderten um 400 v. Chr. kelt. Gallier ein, deren Gebiet an das der Picenter grenzte. An der Westküste lebten Latiner und Etrusker, südl. davon in Kampanien die Osker. Etwa 40 verschiedene Sprachen wurden gesprochen,; der Zivilisationsgrad der Völker war auf unterschiedl. Niveau ohne staatl. Einheit, die auch durch die stark gegliederte Topographie erschwert wurde. Erstmals wurden die Stämme unter der Hegemonie Roms vereint, das sich aus dem ↗ Latin. Städtebund herausgehoben und um 500 v. Chr. die Herrschaft der etrusk. Könige abgeschüttelt hatte. Die polit. Einigung wurde durch gleichzeitige Entwicklung von Infrastruktur (↗ Straßen), Verbreitung der lat. Sprache und Bürgerrechtsverlei-

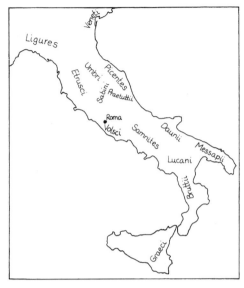

Besiedlung Italiens vor den Römern

hungen erleichtert. Die schleppende Verleihung des röm. Bürgerrechts führte zum ↗ Bundesgenossenkrieg (91–88 v. Chr.); der Begriff I. wurde nun polit. instrumentalisiert und als Gegenbegriff zur Stadt Rom thematisiert (Bundeshauptstadt Italia). Bis zum Ende des 1. Jh. v. Chr. erhielten die meisten *civitates* das volle röm. Bürgerrecht. Die Römer bezeichneten ab der 1. Hälfte des 3. Jh. v. Chr. das gesamte von ihnen beherrschte Gebiet als I.; für Cato sind die Alpen die »Mauern Italiens«, obwohl das kelt. Italien nördl. des Rubikon (Gallia Cisalpina) erst seit 45 v. Chr. zu I. gerechnet wurde. Unter Augustus erfolgte eine Einteilung in elf *regiones,* ab der Severerzeit zerfiel die polit. Einheit I.s wieder. Diokletian verlegte die Hauptstadt nach Mediolanum (↗ Mailand), und die Diözese I. umfasste jetzt auch Sizilien, Sardinien und Korsika. Die Ostgoten vertrieben den letzten weström. Kaiser Romulus Augustulus 476 n. Chr., und die von N eindringenden Lombarden beendeten 568 die Existenz I.s als polit. Einheit. **Lit.:** E. T. The Making of Roman Italy (1982). – S. Dyson, Community and Society in Roman Italy (1991). – T. J. Cornell, The Beginnings of Rome (1995).

Ithaka (heute Ithaki), gebirgige Insel im Jon. Meer an der Westküste Griechenlands zwischen Kephallenia und Leukas; sagenhafte Heimat und Königreich des ↗ Odysseus und der ↗ Penelope. Da geograph. und archäolog. Befunde nicht mit der homer. Beschreibung I.s übereinstimmen, entwickelte W. Dörpfeld (1927) die umstrittene Theorie, das antike I. sei identisch mit der Insel Leukas. **Lit.:** GLHS (1989) 282–284.

Ithome, imposanter, etwa 802 m hoher Kalkberg und gleichnamige Stadt in ↗ Messenien auf der Peloponnes. Der I. erhob sich als natürl. Akropolis aus der Ebene und war hart umkämpft und belagert in den

Messen. Kriegen. Im 5. Jh. v. Chr. wurde I. befestigt und zum Zentrum des Widerstandes der ↗ Heloten gegen Sparta, 369 v. Chr. gründete Epaminondas hier die neue Stadt ↗ Messene. Belegt sind ein Gipfelheiligtum und Kult des Zeus.

Ithyphalloi, Teilnehmer an den Feiern zu Ehren des Dionysos, die als Symbol ihres zeugungskräftigen Gottes ein riesiges erigiertes Glied trugen. Neben Dionysos wurden noch andere Götter ithyphallisch verehrt, darunter Hermes und Apollon.

Itinerarium (lat. itinerarius, »zum Weg gehörig«), schriftl. Fixierung einer oder mehrerer Straßen- bzw. Wegstrecken und -verläufe mit Angabe zu Entfernungen, am Weg liegenden Siedlungen, Qualität der Straßen und Routen sowie Rast- und Pferdewechselstationen (*mansiones* und *mutationes*). Die Entfernungen waren in röm. Meilen angegeben (*milia passuum* = 1,482 km). Der röm. Militärschriftsteller ↗ Vegetius (4. Jh. n. Chr.) unterschied in seiner *Epitome rei militaris* zwischen *itineraria adnotata* und *itineraria picta,* kommentierten Wegbeschreibungen und einer Art Straßenkarten. Bezeugt ist das Wort I. erstmals im 1. Jh. n. Chr., doch kann deren Existenz bereits vorher angenommen werden, denn sie waren für militär. Aktionen und Kaufleute unentbehrlich. Mit dem wachsenden Straßensystem fand das I. immer größere Verbreitung; in der Kaiserzeit dienten sie auch den Pilgern als Orientierungshilfe. Ihre Anfertigung erfolgte entweder mit Hilfe von Meilensteinregistern oder Notizen von Privatreisenden. Handschriftlich überliefert sind vier Itineraria, darunter das *I. provinciarum et maritimum imperatoris Antonini Augusti* aus der Zeit Caracallas (211–217), das *I. Hierosolymitanum sive Burdigalense* (333 n. Chr.) mit der topograph. Beschreibung einer Pilgerfahrt von Bordeaux nach Jerusalem sowie aus dem 7. Jh. die *Ravennatis Anonymi Cosmographia* und *Guidonis Geographia* ohne Entfernungsangaben. Inschriftlich überliefert sind Auszüge aus Itineraren, wie etwa die vier »Silberbecher von Vicarello« aus dem 1. Jh. n. Chr., auf denen die 106 Stationen von Rom bis Gades aufgezeichnet sind, oder die sog. ↗ Peutingertafel mit einem Verzeichnis des Straßennetzes von Hispanien bis Indien. **Lit.:** K. Miller, Itineraria Romana (1916). – K. Brodersen, Terra Cognita (1995). – J. Fugmann, in: RAC XIX (1998) 1–31.

Itys, Sohn des Königs Tereus und der ↗ Prokne, die ihn erdolcht und Tereus zum Mahle vorsetzt.

Iu... ↗ Ju...

Ixion, Vater des ↗ Peirithoos, der erste Mensch, der einen Verwandten ermordet, nämlich Eioneus, den Vater seiner Frau Dia. Keiner der Götter will ein solches Verbrechen entsühnen, bis Zeus sich seiner erbarmt und ihn an seinen Tisch lädt. I. will Hera verführen, wird aber von Zeus durchschaut: Zeus formt aus einer Wolke die wie Hera aussehende Nymphe Nephele, mit der I. die ↗ Zentauren sowie Phrixos und Helle zeugt. Zur Strafe wird I. für immer in den Tartaros verbannt und an ein feuriges Rad gebunden, das sich ununterbrochen dreht.

Izmir ↗ Smyrna

J

Jagd. Die J. zum Erwerb von Nahrungsmitteln gehört zu den ältesten Entwicklungen der menschl. Kulturgeschichte und war auch in der Antike weit verbreitet. Daneben jedoch gewann sie bei den Griechen und seit der Kaiserzeit auch bei den Römern eine wachsende Bedeutung als Sport, Abenteuer oder als Mittel zur Erziehung der Jugend und galt als bes. vornehme Betätigung. Die einzelnen Formen waren sehr unterschiedlich: Verbreitet war die J. allein (zu Pferd oder zu Fuß), mit Hunden, Raubvögeln (Falken) und Locktieren, aber auch Unternehmungen in größerer Gesellschaft (Treib- und Hetzjagden). Zu den wichtigsten Geräten und Hilfsmitteln gehörten Fangnetze und Fallen aller Art (Schlingen, Eisen, Stäbe) sowie Fernwaffen (Pfeil, Bogen, Speer). bes. auf die Ausbildung geeigneter ↗ Hunde wurde großer Wert gelegt. Bevorzugtes Wild waren ↗ Hase, ↗ Hirsch und Wildschwein, ferner Vögel, im Vorderen Orient auch Löwe und Wildesel. Daneben spielten Bär, Wolf, Fuchs und in Nordafrika auch der ↗ Elefant eine Rolle. Schonzeiten für bestimmte Wildarten kannte die Antike nicht, so dass eine intensive Jagd zur Ausrottung bestimmter Tierarten führen konnte (Löwe im Vorderen Orient). Eigene Jagdgehege, die hochgestellten Persönlichkeiten zur Verfügung standen und von Jagdaufsehern überwacht wurden, lassen sich in der röm. Kaiserzeit nachweisen. Die Beliebtheit der J. in der Antike führte zu einer umfangreichen Fachliteratur, aus der u. a. ein Handbuch des ↗ Xenophon erhalten ist. **Lit.:** D. B. Hull, Hounds and Hunting in Ancient Greece (1964).

Jahr. Das J., das sich astronomisch durch den Umlauf der Erde um die Sonne (ca. 365,25 Tage) defi-

Zwei Treiber mit einem erlegten Wildschwein.
Detail aus dem römischen Mosaik
von Piazza Armerina (Sizilien)

niert, spielte mit dem Ablauf der ↗ Jahreszeiten, die den Vegetationszyklus und damit das Leben jeder menschl. Gemeinschaft bestimmten, zu allen Zeiten eine herausragende Rolle. Ablauf und Länge des Jahres wurden durch Naturbeobachtung und astronom. Berechnung ermittelt. Bei Griechen und Römern stand dabei das Bestreben im Vordergrund, das J. mit den Mondmonaten (ca. 29,5 Tage) zu verrechnen, was mathematisch nicht exakt durchzuführen ist. Dies führte zur Entstehung eines Mondsonnenjahres (354 Tage), das mittels verschiedener Schaltmechanismen an die Jahreszeiten angepasst werden musste (↗ Kalender).

Jahreszeiten. Die antiken Vorstellungen über den Ablauf der J. weichen z. T. von der heutigen Einteilung ab. Die Griechen unterschieden ursprünglich lediglich zwischen Sommer (*theros*) und Winter (*cheimon*), und erst in klass. Zeit kamen als Phasen des Übergangs Frühjahr und Herbst hinzu. Grundsätzlich gilt Ähnliches für Rom. Der Beginn der Jahreszeiten wurde in der Regel mit dem Erscheinen oder Verschwinden bestimmter Sternbilder in Verbindung gebracht. Als Frühjahrsbeginn galt ein Termin im Februar; die Angaben der antiken Autoren schwanken zwischen dem 7. (Varro) und 26. (Ovid) des Monats. Entsprechend lassen sich die Anfänge von Sommer, Herbst und Winter auf Mai, August und November festlegen. **Lit.:** F. K. Ginzel, Handbuch der Chronologie II (1911).

Jalmenos, Sohn des Ares und der Astyoche, König vom böot. Orchomenos, schickt mit seinem Bruder Askalaphos im ↗ Trojan. Krieg 30 Schiffe gegen Troja.

Jambe, die Magd der Demeter. Sie reißt Demeter durch ihre Späße aus ihrem Schmerz um ihre Tochter Persephone. Die jamb. Spottdichtung wird aitiologisch (↗ Aitiologie) darauf zurückgeführt.

Jambenkürzung (lat. correptio iambica), Begriff der ↗ Metrik. Unter J. versteht man das in der vorklass. lat. Literatur nachweisbare Phänomen, dass eine jamb. Silbenfolge unter bestimmten Voraussetzungen als Doppelkürze gemessen werden kann. Hauptvoraussetzung ist, dass die Silbe, die gekürzt werden soll, nicht tontragend ist, sondern der Wortakzent der zu kürzenden Silbe vorangeht oder folgt.

Jamblichos (1), griech. Autor, 3. Jh. v. Chr., Verf. eines bei Diodor nur in Auszügen erhaltenen phantast.-utop. Reiseromans, der nachhaltig die utop. Entwürfe der Renaissance prägte (T. Morus, T. Campanella).

Jamblichos (2), Verf. des griech. Liebesromans *Babyloniaka,* von dem nur die Inhaltsangabe des Photios sowie Fragmente erhalten sind. Der lange und verwickelte, streckenweise recht grausame Roman handelte von der Flucht des Ehepaars Rhodanes und Sinonis vor dem babylon. König Garmos bzw. seinen Häschern. Die rasende Eifersucht der Sinonis im weiteren Handlungsverlauf ist ungewöhnlich für diese Gattung. Der Verf., laut Photios ein Syrer, lebte wahrscheinlich im 2. Jh. n. Chr. **Lit.:** S. A. Stephens/J.J. Winkler (Hg.), Ancient Greek Novels. The Fragments (1995) 179–245.

Jamblichos (3) aus Chalkis (Syrien), griech. Philosoph, ca. 280–330 n. Chr., Schüler des ↗ Porphyrios, Begründer einer synkretist. neuplaton. Schule, in der er einen Lehrplan und Kriterien zur Interpretation der platon. Schriften entwickelte. Erhalten sind vier Bücher einer überblicksartigen Geschichte der pythagoreischen Philosophie und eine Schrift *De Mysteriis* (*Über die Mysterien*). **Lit.:** H. Blumenthal (Hg.), The Divine Iamblichus (1993).

Jambographie, Spottdichtung (↗ Archilochos, ↗ Hipponax).

Jambus, Begriff der Metrik, Versfuß der Form Kürze, Länge ◡–. Wichtigste jamb. Versmaße sind der jamb. Trimeter als Sprechvers im Drama und der in der Spottdichtung verwandte ↗ Hinkjambus (Choljambus).

Jamos, Sohn des Apollon und der Euadne, Ahnherr des peloponnes. Prophetengeschlechts der Jamiden.

Janiculum ↗ Ianiculum

Janitor ↗ Ianitor

Janus (lat. Ianus), alter röm. Gott der Türen und Tore. Die Pforte zum Tempel des J. Geminus auf dem Forum war im Krieg geöffnet, zu Friedenszeiten geschlossen. J. wird mit zwei Köpfen, die in die entgegengesetzten Richtungen blicken, dargestellt. **Lit.:** K. Latte, Röm. Religionsgeschichte (1960) 132.

Japetos (gr. Japetos), Titan, Sohn des Uranos und der Gaia, Vater des Prometheus, Epimetheus, Atlas und Menoitios.

Japygen, Volk im äußersten SO Italiens, vermutlich illyr. Herkunft, das bereits von Hekataios von Milet erwähnt wird. Gebiet und Ansiedlungen der J. sind nicht lokalisierbar, das Volk selbst historisch kaum belegt; angeblich vertrieben J. die Ausoner aus Bruttium nach Sizilien; für ↗ Antiochos lag Tarent auf dem Gebiet der J. und er setzte die Grenze zu Italien bei ↗ Metapont an; Pausanias berichtet von Kämpfen zwischen J. und Tarent, bei denen Tarent 473 eine schwere Niederlage erlitt. 413 stellte der japyg. Fürst Artos, dessen Name auch inschriftlich belegt ist, den Athenern Hilfstruppen im ↗ Peloponnes. Krieg. 387 drangen Kelten in japyg. Gebiet ein; am Ende des 4. Jh. war es Schauplatz von Kämpfen der Römer gegen die Samniten. Die Namensgebung der einzelnen Völker ist nicht ganz klar: teilweise werden J. mit Messapiern gleichgesetzt; meist diente der Begriff als Sammelname für Daunier, Apuler, Messapier, Kalabrer und Salentiner.

Japyx (1), Sohn des Lykaon und Bruder des Daunos, dem er bei der Eroberung Süditaliens hilft.

Japyx (2), bei Vergil (*Aeneis,* Buch 8) günstiger Nordwestwind.

Jarbas, in der Mythologie numid. König, der ↗ Dido das Land zur Gründung ihres Reiches (Karthago) gewährt. Aus Eifersucht greift J. die Stadt nach Didos Tod an und vertreibt Didos Schwester Anna.

Jasion, Sohn des Zeus und der Elektra (3), Bruder des Dardanos, Geliebter der Demeter, mit der er auf einem dreimal gepflügten Landstück Plutos zeugt.

Jason (gr. Iason), Sohn des legendären Königs Aison von Iolkos, Anführer der ↗ Argonauten. J. wird vor seinem Onkel Pelias, der J.s Vater vom Thron gestürzt hat, in Sicherheit gebracht und vom Zentauren Chiron aufgezogen. Später schickt ihn Pelias aus, von König Aietes das dem Ares geweihte und von einem feuerspeienden Drachen bewachte ↗ Goldene Vlies zu holen. Zusammen mit den Argonauten fährt J. nach Kolchis. Dort löst er mit Hilfe der Göttinnen Hera und Athena die von Aietes gestellte Aufgabe, mit feuerspuckenden Stieren den Acker zu pflügen. In die Furchen sät er Drachenzähne, aus denen Krieger wachsen, die J. tötet. Aietes' Tochter ↗ Medea verliebt sich in J. und hilft ihm, das Goldene Vlies zu bekommen. Nachdem J. mit Medeas Zauberkräften an Pelias Rache genommen hat, verlässt er sie in Korinth, um die Tochter des korinth. Königs zu heiraten.

Jąsos (1), in der griech. Mythologie Sohn des Lykurgos, Vater der Atalante.

Jąsos (2) (lat. Iąsus), jon. Hafenstadt in Karien (Kleinasien) auf einer Halbinsel am Nordende des jas. Golfes (heute G(K)üllük Körfezi/Türkei); sagenhafte Gründung von Argos; ab Mitte des 5. Jh. v. Chr. Mitglied des 1. ↗ Att. Seebundes; später von Persern unterworfen und 405 von Sparta zerstört. Nach dem Königsfrieden von 387/86 dem Satrapen von Karien angegliedert, wurde J. von Alexander d.Gr. erobert und geriet nach dessen Tod unter seleukid. Einfluss (↗ Diadochen). Nach der Niederlage Antiochos III. wurde J. wahrscheinlich frei, und seine Frau Laodike errichtete eine Stiftung, um bedürftigen Mädchen eine Mitgift

geben zu können; seit 129 n. Chr. war J. Teil der röm. Provinz ↗ Asia und relativ unbedeutend. Die Bewohner lebten vom Handel und dem Ertrag der reichen Fischgründe; Hauptgottheiten waren Artemis und Zeus Megistos. Die heute sichtbaren Reste sind stark zerstört; im W sind umfangreiche Hafenanlagen zu sehen; Mauer und Türme auf dem Festland sowie eine Nekropole im NO auf dem Festland (etwa 4. Jh. v. Chr.). **Lit.:** W. Blümel, Die Inschriften von Iasos I-II (1985).

Jaxartes, ca. 2860 km langer Fluss im westl. Zentralasien (heute Syr-Darja/Kasachstan). Der J. mündete in den bis in die Spätantike unbekannten Aralsee; Alexander d.Gr. gründete an seinen Ufern die Stadt Alexandreia Eschate (gr. »äußerstes Alexandria«), identifizierte den J. fälschlich mit dem Oberlauf des Don und nannte ihn ↗ Tanaïs. Die einheim. ↗ Skythen nannten den J. Silis. Nach der Weltkarte des Ptolemaios gehörte der J. zur antiken Landschaft Sogdiana, berührte jedoch tatsächlich nur den N dieser Landschaft.

Jazygen, iran.-sarmat. Volksstamm am Asowschen Meer östl. des Don. Wohl im 1. Jh. v. Chr. wanderte ein Teil des Stammes nach SW und siedelte sich an der unteren Donau im späteren ↗ Pannonien an. Seit Domitian erscheinen die J. als ständige Feinde Roms. **Lit.:** A. Mócsy, Pannonia and Upper Moesia (1974).

Jerusalem (hebr. Jeruschalajim, griech. Hierosolyma), auf mehreren Hügeln (720–780 m) gelegene Stadt in ↗ Judäa nahe dem Nordende des ↗ Toten Meeres. Die Geschichte J.s reicht bis ins 2. Jt. v. Chr. zu-

Jerusalem, Klagemauer

rück; die Stadt wird bereits in Schriften aus dem 19. und 18. Jh. v. Chr. erwähnt sowie in den späteren ägypt. Amarna-Briefen. J. entwickelte sich zu einem blühenden, einflussreichen Ort in Kanaan; Wasserkanäle, Mauern und Fundamente dieser Zeit sind archäologisch nachweisbar. Um 1000 v. Chr. wählte David J. als königl. Residenz und rückte die Stadt damit in den Mittelpunkt der polit. Geschichte. Die Überführung der Bundeslade und der Tempelbau Salomos machten die Stadt zu einem religiösen und kulturellen Zentrum des ⁊ Judentums; 587 v. Chr. erfolgte die Zerstörung des Tempels durch die Babylonier unter Nebukadnezar II. Nach dem babylon. Exil (587–536) wurde der Bau des zweiten Tempels (520–516) in Angriff genommen. Alexander d.Gr. räumte der Stadt Vorrechte ein; ob er sie selbst besucht hat, ist unsicher. In der Diadochenzeit sah J. zunächst die ⁊ Ptolemäer, später Seleukiden als Herrscher. Antiochos IV. Epiphanes provozierte 167 v. Chr. durch repressive Maßnahmen den Makkabäeraufstand, in dessen Folge Judas Makkabäus die Dynastie der ⁊ Hasmonäer begründete. – Mit der Eroberung J.s durch Pompeius 63 v. Chr. begann die Zeit der röm. Herrschaft. Unter ⁊ Herodes d.Gr. und der Schutzmacht Rom erlebte die Stadt ab 37 v. Chr. eine Friedens- und Glanzzeit, wovon zahlreiche prachtvolle Bauten (Hippodrom, Amphitheater, Herodespalast) zeugen; die beträchtl. Ausweitung des Stadtgebietes machten einen zweiten Befestigungsring notwendig. Als Freund griech. Kultur und Lebensweise trieb Herodes die Hellenisierung J.s voran; er verkörperte das Bild eines hellenist. Herrschers. Ab 66 n. Chr. war J. Teil der röm. Provinz ⁊ Judäa. Jüd. Aufstände (bes. der ⁊ Sikarier) führten zur Zerstörung der Stadt unter ⁊ Titus. Hadrian ließ J. wieder aufbauen und richtete 135 die röm. Militärkolonie *Aelia Capitolina* in der neuen Provinz Syria Palästina ein. Die Erhebung des Christentums zur Staatsreligion und die angebl. Kreuzauffindung unter Kaiser Konstantin im 4. Jh. machte J. als Ursprungsort der Christenheit zum Ziel unzähliger Pilger, deren Berichte gute Beschreibungen sowohl des religiösen Lebens als auch der Stadt und ihrer Sakralbauten geben. 335 wurde die Grabeskirche geweiht und eine zweite Kirche auf dem Ölberg errichtet. Auch für den Islam wurde J. ab dem 7. Jh. eine »Heilige Stadt«. In der Mitte des Tempelplatzes befindet sich heute der Felsendom, im S die El-Aqsa-Moschee, im N der Beginn der *via dolorosa*; unterhalb des Tempelplatzes liegt die herodian. Klagemauer. Die Altertümer der verschiedenen Epochen inmitten der modernen Stadt sind z.T. überbaut, z.T. in neuer Verwendung. **Lit.:** G. Dalman, J. und sein Gelände (1930). – J. Jeremias, J. zur Zeit Jesu (1963). – K.M. Kenyon, J. (1967). – E. Stern (Hg.), The New Encyclopaedia of Archaeological Excavations in the Holy Land (1992). – ASM (1999).

Jesus von Nazareth. *I. Quellen:* Da J. selbst nichts Schriftliches hinterlassen hat, sind wir bei der Rekonstruktion seines Lebens und Wirkens von sekundären, nichtchristl. und christl. Zeugnissen abhängig. Von den paganen Autoren berichtet als erster Flavius Jose-

phus in den *Jüd. Altertümern* (20, 200) dass 62 n. Chr. Jakobus hingerichtet worden sei, ein Bruder Jesu, der auch Christus genannt werde. Ob das in demselben Werk stehende sog. *Testimonium Flavianum* (18, 63 f.) authentisch ist, ist umstritten. Darin wird aus gleichsam christl. Perspektive im Zusammenhang mit der Amtszeit des röm. Statthalters Pontius Pilatus das Leben Jesu in Kurzform referiert. Tacitus erwähnt in den *Annalen* (15, 44) beiläufig, dass J. unter Pontius Pilatus hingerichtet worden sei. Andere Quellen (Plinius d.J., Sueton) gehen auf das aufkommende Christentum, nicht auf J. als histor. Person ein. Die paganen Quellen sind vorwiegend polemisch, belegen jedoch die Historizität von J. Die ältesten christl. Zeugnisse zu J. finden sich in den Briefen des ⁊ Paulus (ca. 50–60 n. Chr.) und in den ⁊ Evangelien (70–100). Weitere nicht-kanon. frühe Quellentexte sind der Papyrus Egerton (ca. 150 n. Chr.), in dem ein Streitgespräch und Wundertaten Jesu berichtet werden, das Thomas-Evangelium (ca. 140 n. Chr.), eine Sammlung von 114 Aussprüchen (Logien) Jesu, und das Petrus-Evangelium (ca. 200 n. Chr.), der Bericht (angeblich des Apostels Petrus) der Passion Jesu. Von den christl. Quellen wird man nach dem derzeitigen Forschungsstand der synopt. Überlieferung (Markus, Matthäus, Lukas) vor dem Johannes-Evangelium und den nichtkanon. Texten, die teilweise von den Synoptikern abhängen, den Vorzug geben müssen. – *II. Leben und Wirken:* J. stammte aus einer jüd., sich auf David zurückführenden Familie; sein Vater war Joseph, seine Mutter Maria (bzw. Mirjam). Markus (6, 3) erwähnt neben Schwestern auch vier Brüder. Geboren wurde er wahrscheinlich vor 4 v. Chr.; er wuchs in Nazareth in Galiläa auf. Aus einer Bauhandwerkerfamilie (Markus 6, 3) stammend, gehörte J. zu den ärmeren Bevölkerungsschichten, die eher jüdisch-konservativ als durch die griech.-hellenist. Kultur geprägt waren. Religiös wurde J. in entscheidendem Maße durch die von Johannes dem Täufer ins Leben gerufene Erneuerungs- und Bußbewegung beeinflusst. Sein erstes öffentl. Auftreten erfolgte wohl auch unmittelbar (und vermutlich als Reaktion) auf die Hinrichtung des Johannes (Markus 1, 14), nach Lukas (3, 23) im 30. Lebensjahr. Sein Auftreten war von Anfang an von Manifestationen übermenschl. Kräfte und Fähigkeiten (Heilungen) begleitet – gleichsam als Legitimationen seiner göttl. Sendung. Ebenfalls von Anfang an sammelte er Jünger und Anhänger um sich (Markus 1, 16ff.), zumeist auch aus der Unterschicht (Fischer), die mit J. eine Lebensgemeinschaft bildeten und dafür ihre Familien verließen. Neben diesem engen Zwölferkreis von Jüngern, die die zwölf Stämme Israels repräsentieren, gab es Anhänger Jesu, darunter auch Frauen, die ortsansässig blieben, J. jedoch unterstützten. Im Zentrum der Lehre Jesu steht das Kommen des ›Gottesreichs‹ und das Nahen der ›Königsherrschaft Gottes‹, die sich in den Wundertaten bereits punktuell ankündigt. Eine Berechnung des Zeitpunkts des Eintretens der Gottesherrschaft ist jedoch ausgeschlossen (Lukas 17, 20). Im Gottesreich wird das Böse besiegt,

Not und Armut beseitigt. Wer sich zu dem neuen Leben in Erwartung des Gottesreichs entschließt, Buße und Umkehr tut, kann daran ohne Rücksicht auf moral. oder soziale Voraussetzungen teilhaben. Daraus resultieren die Auseinandersetzungen mit den ↗ Pharisäern (Schriftgelehrten), die allein die Erfüllung des Gesetzes forderten. – Was seinen Tod anbelangt, kann durch die Analyse der divergierenden Passionsgeschichten der Evangelisten als gesichert gelten, dass J. von dem röm. Statthalter Pontius Pilatus in einem röm. Gerichtsverfahren als Aufständischer zum Tode durch Kreuzigung verurteilt worden ist. Das Todesjahr während der Amtszeit des Pilatus (27–34) ist wohl eher 30 als 33 (nach Johannes), die synopt. Tradition gibt 27. Bald nach Jesu Tod ereigneten sich Visionen unter seinen Jüngern, die dahingehend gedeutet wurden, dass J. von den Toten auferstanden sei und nun als Sohn Gottes im Himmel throne. Gott habe seinen Sohn zur Rettung der Menschheit in die Welt gesandt; J. habe den Sühnetod auf sich genommen; seine Wiederkehr (Parusie) als Richter, Retter und Herrscher der Menschen stehe unmittelbar bevor. **Lit.:** M. Smith, Auf der Suche nach dem histor. J. (1974). – C. A. Evans, Life of J. (1989). – F. F. Bruce, Außerbibl. Zeugnisse über J. und das frühe Christentum (³1993). – E. P. Sanders, Sohn Gottes (1996).

Jobạtes, myth. König von Lykien, der ↗ Bellerophon nach der angebl. Vergewaltigung seiner Tochter Stheneboia mit der scheinbar unerfüllbaren Aufgabe beauftragt, die ↗ Chimäre zu töten. Da Bellerophon diese und noch weitere Aufgaben erfüllt, gesteht J. die Unwahrheit der Anschuldigung ein. Er versöhnt sich mit Bellerophon, gibt ihm seine Tochter Philonoë zur Frau und macht ihn zu seinem Thronfolger.

Jodạma, Tochter des Itonos, Enkelin des Amphiktyon, durch Zeus Mutter der Thebe, Priesterin der Athena Itonia im böot. Koroneia; J. wird von der Göttin versteinert.

Johannes ↗ Evangelium

Johannes Chrysọstomos aus Antiochia, griech. Theologe, Patriarch von Konstantinopel, 334/54–407 n. Chr. Erst als Erwachsener konvertierte J. zum Christentum (372) und zog sich als Eremit in die Einöde bei Antiochia zurück; 381 wurde er zum Diakon, 386 zum Priester geweiht. Die in Antiochia gehaltenen Predigten begründeten seinen Ruhm als Redner (daher auch sein Beiname Chrysostomos, »Goldmund«). 398 wurde er in Konstantinopel zum Bischof geweiht. Seine zahlreichen erhaltenen Predigten sind bes. der Exegese des Alten und des Neuen Testaments gewidmet; bes. die an das Volk von Antiochia gerichteten Reden dokumentieren eine an der Zweiten ↗ Sophistik geschulte Rhetorik. Daneben sind theolog. Abhandlungen erhalten und ein umfangreiches Brief-Corpus (236 Briefe). **Lit.:** C. Baur, Der hl. J. C. und seine Zeit I-II (1929–30).

Johạnnes von Damaskus, griech. Theologe, ca. 680–750 n. Chr., Verf. zahlreicher theolog. Schriften, in denen er das christl. Lehrgut kompilierte und systematisierte. Sein Hauptwerk ist die *Quelle der Erkennt-*

nis, in der er den Versuch unternimmt, nach der Darstellung der Geschichte der Häresien eine systemat. Dogmatik zu entwerfen. **Lit.:** LACL (³2003).

Johạnnes Malạlas ↗ Malalas

Johạnnes Philọponus ↗ Philoponos

Jokạste, Tochter des Menoikeus, Gattin des Laios, Mutter und Gattin des ↗ Ödipus.

Jọlaos, Neffe des Herakles, Teilnehmer am Zug der ↗ Argonauten und an der ↗ Kalydon. Jagd. Im Krieg der ↗ Herakliden gegen Eurystheus erhält der betagte Kämpfer seine früheren Kräfte zurück.

Jọnicus, Begriff der Metrik, Vers bzw. Versfuß der Form Doppelkürze, Doppellänge ($\cup\cup--$) mit vielen Variationsmöglichkeiten. Der jon. Rhythmus scheint mit dem Orient und dem Dionysoskult in Verbindung gebracht worden zu sein (Aischylos, *Perser*; Euripides, *Bakchen,* Catull, Ged. 63).

Jọnien, Landschaft im W Kleinasiens (einschließlich der vorgelagerten Inseln), von Griechen des griech. Mutterlands (Attika, Euboia) während der ↗ Jon. Wanderung besiedelt. Politisch waren zwölf jon. Städte Kleinasiens im Bund des sog. *Panionion* (griech., »ganz Jonien«) zusammengeschlossen: Chios, Erythrai, Teos, Kolophon, Ephesos, Samos, Priene, Milet, Phokaia, Klazomenai, Lebedos, Myus; später trat auch Smyrna dem Bund bei.
J. liegt am Ende der Handelswege aus dem Orient; seine Städte gelangten früh zu großem Wohlstand und waren seit der archaischen Zeit Ort wichtiger kultureller Entwicklungen (Homer). ↗ Kroisos gliederte J. seinem Reich ein, das dann an die Perser überging; gegen diese erhoben sich die Jonier 500–494 v. Chr. im Jon. Aufstand (↗ Perserkriege). Im Hellenismus blühten die Städte J.s erneut auf und waren auch in röm. Zeit von unverminderter Bedeutung. **Lit.:** G. Kleiner, Panionion und Melie (1967). – ASM (1999).

Jọnisch, griech. Dialekt, ↗ Griech. Sprache.

Jonische Naturphilosophie. Hauptvertreter der j. N. sind ↗ Thales, ↗ Anaximander und ↗ Anaximenes, die in den Mittelpunkt ihres Denkens die Frage nach der Ursubstanz (gr. *arche*) stellten. **Lit.:** W. K. C. Guthrie, A History of Greek Philosophy I (1962).

Jonische Wanderung, die Besiedlung und Kolonisierung des mittleren Ägäisraums und des mittleren Abschnitts der gegenüberliegenden kleinasiat. Küste durch Jonier. Sie ging hauptsächlich von Attika aus und erstreckte sich nach dem archäolog. Befund über einen Zeitraum von 200 Jahren (11.–9. Jh. v. Chr.). In der griech. Überlieferung, die bes. bei Herodot fassbar wird, sind diese Ereignisse legendenhaft verfremdet und chronologisch stark verkürzt. Demnach hätten Neleus und Androklos, die Söhne des athen. Königs Kodros, das Kolonisationsunternehmen gezielt vom peloponnes. ↗ Pylos und Athen aus geleitet.

Jonischer Aufstand ↗ Perserkriege.

Jonisches Meer, Teil des Mittelmeeres zwischen Süditalien und Griechenland mit dem Golf von Tarent, der Straße von Otranto und den Jon. Inseln. Der Name umfasste ursprünglich auch das Adriat. Meer; wichtig für den Verkehr zwischen Griechenland und Italien;

Inseln und Küsten mit steilen, hafenarmen Gestaden. In der Antike verband man den Namen J. M. nicht mit Ion, dem Stammvater der Jonier, sondern mit ⊅ Io, die von Hera mit Wahnsinn geschlagen auf dem Meer herumirrte. **Lit.:** H. Treidler, Das Ion. Meer im Altertum, in: Klio 22 (1929) 86–94.

Jordạnes, lat. Autor got. Abstammung, 6. Jh. n. Chr., Verf. einer Geschichte der Goten (*Getica*), die sich als Zusammenfassung von Cassiodors (verlorenem) gleichnamigem Werk gibt, und einer Weltchronik von den Anfängen bis ins Jahr 551 n. Chr. In beiden Werken ergreift J. Partei für Kaiser Justinian, den er als legitimen Nachfolger der röm. Kaiser ansieht. **Lit.:** W. Goffart, The Narrators of Barbarian History (AD 550–800) (1988) 20–101.

Josẹphus, Flạvius Iosẹphus, um 37–100 n. Chr., jüd. Historiker, entstammte einem alten Priestergeschlecht und nahm als Feldherr am Jüd. Aufstand (66–70) gegen die röm. Herrschaft teil. 67 geriet er in Gefangenschaft, wurde aber schon bald von Vespasian freigelassen und war in dessen Begleitung Augenzeuge der Belagerung Jerusalems. Seine vollständig erhaltenen Hauptwerke sind eine *Geschichte des Jüdischen Krieges* (66–70) in sieben Büchern und eine gesamtjüd. Geschichte (*Jüd. Altertümer*) in 20 Büchern, in der er die histor. Gleichwertigkeit seines Volkes mit anderen Völkern nachweisen wollte. Er verfasste ferner eine Autobiographie, in der er seine spätere proröm. Einstellung verteidigte, und ein polit. Traktat *Gegen Apion*, in der er sich mit dem judenfeindl. Verleumdungen des Alexandriners Apion auseinandersetzte. Ziel seiner Geschichtsschreibung war die Versöhnung des Judentums mit der röm.-hellenist. Welt. Er scheiterte mit diesem hohen Anspruch, da er einerseits von seinen Landsleuten als Verräter betrachtet und andererseits als Schriftsteller von den Römern nicht genügend beachtet wurde. Dennoch ist sein Werk die wichtigste Quelle für die jüd. Geschichte in den beiden Jahrhunderten vor und nach Christus und wurde seit dem MA vielfach gelesen. **Lit.:** Fl. Josephus, Der Jüd. Krieg, hg. O. Michel, O. Bauernfeind, I-III (1963–82). – P. Bilde, Flavius Josephus between Jerusalem and Rome (1988).

Joviạnus, Flạvius Joviạnus, um 331–364, röm. Kaiser, wurde 363 nach dem Tode Julians als Befehlshaber der Leibwache zu dessen Nachfolger ausgerufen. Er beendete den Perserkrieg seines Vorgängers auf dem Verhandlungsweg und verzichtete auf den Besitz Armeniens und Mesopotamiens. Als Christ gab er der Kirche ihre Privilegien zurück, übte aber auch gegenüber den Heiden Toleranz. Er starb nach nicht einjähriger Regierung 364 auf dem Rückweg nach Konstantinopel.

Jụba I., König von Numidien in Nordafrika 60–46 v. Chr., als grausam bekannt, besiegte als Anhänger des ⊅ Pompeius i. J. 49 Caesars Verbündeten Gaius Scribonius Curio, floh nach der Niederlage der Pompeius-Anhänger bei ⊅ Thapsus 46 und brachte sich um.

Jụba II., Sohn ⊅ J.s I., von Caesar 46 v. Chr. im Triumphzug mitgeführt, wuchs in Italien auf und wurde

später als König von Numidien eingesetzt; er war Gatte der Kleopatra, der Tochter des Marcus ⊅ Antonius und der ⊅ Kleopatra VII.; gest. um 23 n. Chr. Als gebildeter Autor und Sammler verfasste er zahlreiche (heute verlorene) Werke in griech. Sprache, die etwa ⊅ Plinius d. Ä. auswertete.

Judạä (gr. Iudạia), röm. Provinz und Gebiet um Jerusalem; ursprünglich Territorium eines der zwölf Stämme Israels, die durch König David vereinigt wurden. Nach Beendigung des babylon. Exils 538 v. Chr. umfasste das neue J. die Gebiete der Juda und Benjamin. Seit dem 4. Jh. v. Chr. wurde J. im griech.-röm. Raum die übl. Bezeichnung für Jerusalem und das umgebende Gebiet; Ausweitung J.s unter den ⊅ Hasmonäern. Die röm. Eroberung Syriens 63 v. Chr. brachte eine Quasi-Annexion J.s mit sich. Pompeius entzog dem letzten Vertreter der Hasmonäerdynastie jede Regierungsgewalt, richtete ein röm. Prokurat und Klientelkönigtum ein, mit ⊅ Herodes d. Gr. (37–6 v. Chr.) als wichtigstem König. Ab 66 n. Chr. wurde die Provinz J. eingerichtet und von einem kaiserl. Legaten regiert. Nach den Aufständen der Jahre 66–70 und 135 (Bar Kochba) wurde die jüd. Bevölkerung stark dezimiert und die Provinz in Syria Palaestina umbenannt. **Lit.:** D. Gera, Judaea and Mediterranean Politics (1997).

Jụdas Makkabạios (lat. Maccabaeus, hebr. Jehudah ha makabi, »der Hammer«), Sohn des jüd. Priesters Mattathias, 167–160 v. Chr. Anführer des Aufstands gegen den Seleukidenherrscher ⊅ Antiochos IV. **Lit.:** K. Bringmann, Geschichte der Juden im Altertum (2005).

Judentum. Der Ursprung der jüd. Geschichte liegt in halbnomad. aramäischen Stämmen, die nach ihrer Landnahme in Palästina (14.–12. Jh. v. Chr.) zu einem sakral organisierten Verband zusammenwuchsen. Im Alten Testament wurden dabei Erfahrungen einzelner Stämme zur Geschichte des gesamten jüd. Volkes ausgebaut. Nach Abschluss der Landnahme, die teils friedlich, teils im Zuge bewaffneter Konflikte mit den Kanaanitern erfolgte, erscheinen zwölf Stämme, die durch die gemeinsame Verehrung eines einzigen Gottes (Jahwe) miteinander verbunden waren. Unter dem Druck der Philister, die die Küstengebiete Palästinas bewohnten, kam es im 10. Jh. v. Chr. unter David zur polit. Einigung der Stämme und nach militär. Siegen zur Errichtung eines Großreiches, dessen Macht weit über die engeren Grenzen Israels hinausreichte. Während König Salomon (um 966–926) das Werk seines Vaters fortsetzte und umfangreiche Tempelbauten in Jerusalem errichten ließ, führten innere Rivalitäten nach seinem Tod zur Spaltung des Reiches in eine Nordhälfte (Israel) und eine Südhälfte (Juda). Beide Staaten rivalisierten miteinander und gerieten schon bald in die Abhängigkeit der altoriental. Großmächte Ägypten und Assyrien. Das durch mehrere nichtjüd. Bevölkerungselemente eher heterogene Nordreich war unter rasch wechselnden Königen häufig polit. Instabilitäten ausgesetzt und durch die zeitweilige Ausbreitung phöniz. Kulte auch religiös bedroht. Dies führte Mitte des 8. Jh. zu einer jüd. Gegenreaktion, die die

*Römische Soldaten beim Abtransport der Beute aus dem geplünderten Jerusalem.
Relief vom Titusbogen in Rom*

Ausschließlichkeit der Jahwe-Verehrung wiederherstellte. Als das Reich versuchte, sich der assyr. Oberherrschaft zu entziehen, kam es zu militär. Auseinandersetzungen, die 722 mit der völligen Unterwerfung des Staates und der Deportation der Oberschicht nach Assyrien endeten. – Eine andere polit. Entwicklung nahm das Südreich. Hier hielt man bis zuletzt an der Dynastie Davids fest und konnte eine unmittelbare assyr. Eroberung durch rechtzeitige Unterwerfung und polit. Geschick vermeiden. Nach dem Zusammenbruch der assyr. Macht in der zweiten Hälfte des 7. Jh. versuchte König Josia (639–609) unter Ausnützung der Situation ein neues Großreich zu errichten, scheiterte aber letztlich, so dass Juda in die Abhängigkeit des Neubabylon. Reiches geriet. Versuche, sich daraus zu befreien, endeten 587 mit der Eroberung und Zerstörung Jerusalems durch König ↗ Nebukadnezar II. in einer Katastrophe. Das Land wurde zur babylon. Provinz, und die gesamte jüd. Oberschicht wurde nach Mesopotamien deportiert. Die Zeit des Exils (Babylon. Gefangenschaft) wurde zu einer Phase der religiösen Erneuerung, da sich die Verschleppten – ihrer polit. Macht beraubt – wieder verstärkt auf Glaubensinhalte konzentrierten.
Nach der Einnahme Babylons durch den Perserkönig ↗ Kyros durften die Verbannten wieder in ihre Heimat zurückkehren, wo sie die Verbindung mit den 587 zurückgebliebenen Bevölkerungsteilen wiederherstellten und unter pers. Herrschaft das religiöse Leben erneuerten (Wiederaufbau des Tempels in Jerusalem). 332 wurde Palästina durch Alexander d.Gr. erobert

und geriet 301 unter die Herrschaft der ↗ Ptolemäer. Die religiöse Autonomie des Judentums, an deren Spitze der Hohepriester in Jerusalem stand, war zunächst kaum berührt und geriet erst in Gefahr, als das Land 198 an die ↗ Seleukiden fiel. Die Plünderung der Tempelschätze durch Antiochos IV. (168) führte unter dem Priestergeschlecht der ↗ Hasmonäer (Makkabäer) zu einem allg. Aufstand, der neben der Befreiung von der Seleukidenherrschaft auch eine religiöse Erneuerung zum Ziel hatte. Die Hasmonäer konnten sich militärisch behaupten und traten nach dem endgültigen Zusammenbruch der Seleukidenmacht (129) an die Spitze eines unabhängigen Fürstentums, das aber schon bald in die Abhängigkeit Roms geriet. Seit Mitte des 1. Jh. v. Chr. wurde Palästina durch die röm. Bürgerkriege und dadurch bedingte Parthereinfälle in Mitleidenschaft gezogen. – Diese Wirren nutzte der Idumäer ↗ Herodes aus, um in enger Anlehnung an Caesar und Antonius die Hasmonäer zu verdrängen und 37 v. Chr. als König von Judäa anerkannt zu werden. Sein von Rom abhängiges Reich griff über das engere Palästina hinaus und umfasste in etwa die Gebiete zu Zeiten König Davids. Der stark weltlich ausgerichtete Staat des Herodes verband jüd. mit hellenist. Kulturelementen, doch ließ der König andererseits den Tempel in Jerusalem erneuern. Nach Herodes' Tod (4 v. Chr.) kam es zu einer Reichsteilung unter seinen Söhnen, doch wurde das Zentralgebiet Judäa bereits 7 n. Chr. nach Absetzung des Archelaos einem röm. Prokurator unterstellt. Das mangelnde Verständnis der Römer für die jüd. Religion, die Unfähigkeit der Statthalter und zahlreiche Übergriffe führten zu einer wachsenden Erbitterung unter den Juden, die sich 66 in einem umfassenden Aufstand gegen die röm. Herrschaft entlud (66–70). Die Erhebung konnte erst nach schweren Kämpfen niedergeschlagen werden und endete 70 mit der Eroberung Jerusalems durch den späteren Kaiser Titus und die Zerstörung des Tempels (vgl. Flavius ↗ Josephus). Diese Ereignisse führten zur teilweisen Vertreibung und Auswanderung der Bevölkerung, ein Prozess, der sich nach einem erneuten fehlgeschlagenen Aufstand unter Simon Bar Kochba (132–135) weiter verstärkte. Dadurch entstanden jüd. Diasporagemeinden in weiten Teilen des röm. Reiches (die bedeutendste in Alexandria), während die jüd. Gruppen in Palästina eine immer geringere Rolle spielten. Dies leitete eine Entwicklung ein, die jüd. Kolonien zunächst im Mittelmeerraum und nach dem Ende des röm. Reiches seit dem Frühmittelalter in fast ganz Europa entstehen ließ. Bedeutend war auch die jüd. Gemeinde in Mesopotamien, die unter parth. und sasanid. Herrschaft ein Eigenleben entwickelte, und aus der im 5./6. Jh. der Talmud hervorging. **Lit.:** J. H. Ben Sasson, Geschichte des jüd. Volkes, I-III (1978–80). – P. Schäfer, Geschichte der Juden in der Antike (1983). – H. Metzger, Grundriß der Geschichte Israels (⁶1983). – M. Clauss, Geschichte Israels (1986). – K. Schubert, Jüd. Geschichte (²1996).

Jugurtha, um 160–104 v. Chr., König der Numider, Sohn des Mastanabal und Enkel des Massinissa, unterstützte bereits 134 bei den Kämpfen um Numantia die röm. Truppen mit einem Hilfskontingent und lernte dort ihre Sprache und Lebensart kennen. Nach dem Tode seines Onkels Micipsa (118) übernahm er gemeinsam mit dessen Söhnen Hiempsal und Adherbal die Herrschaft. Nachdem aber schon bald Streitigkeiten ausgebrochen waren, ließ J. Hiempsal ermorden und versuchte, Adherbal aus der Regentschaft zu verdrängen. Dieser suchte nach seiner militär. Niederlage Unterstützung in Rom, das kein Interesse daran hatte, einen mächtigen Alleinherrscher in Nordafrika zu etablieren. Nachdem J. die röm. Weisung, künftig wieder gemeinsam mit Adherbal zu regieren, dadurch unterlief, dass er diesen nach seiner Rückkehr (112) ermorden ließ, erklärte ihm Rom 111 den Krieg (Jugurthin. Krieg, 111–105). In der ersten Phase der Kämpfe (111–110) gelang es J., durch Bestechung der röm. Feldherrn und einflussreicher Senatoren für ihn günstige Friedensbedingungen auszuhandeln, die aber später wieder annuliert wurden. Im zweiten Abschnitt (109–108) übernahm Q. Caecilius Metellus den röm. Oberbefehl, besiegte den König mehrmals und drängte ihn durch eine energ. Kriegsführung zurück, ohne ihn endgültig unterwerfen zu können. In der Endphase (107–105) eroberte Marius die letzten Bastionen J.s und zwang ihn zur Flucht zu seinem Schwiegervater Bocchus von Mauretanien (heute Marokko), der ihn nach zähen Verhandlungen, die auf röm. Seite Sulla führte, 105 auslieferte. Im Jahr danach wurde er im Triumphzug des Marius mitgeführt und anschlie-

ßend hingerichtet. Die Geschichte J.s und des Jugurthin. Krieges ist bes. durch die Monographie des Sallust bekannt, der anhand der Ereignisse und Hintergründe den Sittenverfall in Rom nachzuweisen versuchte.

Julia (1), ca. 76–54 v. Chr., einzige Tochter Caesars, heiratete 59 den um 30 Jahre älteren Pompeius, mit dem ihr Vater gerade ein polit. Bündnis (1. Triumvirat) geschlossen hatte. Die Ehe war sehr glücklich; J. starb 54 im Wochenbett. Ihr Tod begünstigte die Verschlechterung der Beziehungen zwischen Caesar und Pompeius.

Julia (2), 39 v. Chr.–14 n. Chr., Tochter des Augustus aus seiner Ehe mit Scribonia, heiratete 25 ihren Vetter Marcellus und nach dessen frühen Tod (23 v. Chr.) M. Vipsanius Agrippa, mit dem sie fünf Kinder hatte. 2 v. Chr. wurde sie von ihrem Vater wegen unsittl. Lebenswandels verbannt und starb 14 n. Chr. in Rhegion.

Julia Domna, gest. 217 n. Chr., Tochter eines syr. Priesters und zweite Gemahlin des Septimius Severus, von diesem Mutter der späteren Kaiser Caracalla und Geta. Sie begleitete ihren Mann auf Feldzügen und hatte zeitweise großen Einfluss auf die Regierungsgeschäfte. Nach der Ermordung ihres Sohnes Caracalla (217) nahm sie sich das Leben. **Lit.:** A. R. Birley, The African Emperor Septimius Severus (²1988).

Julia Maesa, gest. 225 n. Chr., Schwester der Julia Domna und Großmutter der Kaiser Elagabal und Severus Alexander. Nach der Niederlage des Usurpators Macrinus (218) verschaffte sie ihrem Enkel Elagabal den Thron, zögerte aber 222 nicht, diesen zugunsten des Severus Alexander fallenzulassen, als seine Herrschaft durch vielfältige Exzesse untragbar geworden war.

Julian, Salvius Iulianus, aus Hadrumentum (Nordafrika), röm. Jurist, 2. Jh. n. Chr. J. begann seine polit. Karriere unter Hadrian, 148 wurde er Konsul. Hadrian übertrug ihm die endgültige Redaktion des prätor. Edikts (*edictum praetorium*), das Rechtsschutzverheißungen enthält. Seine Lösungen sind stets sachlich überzeugend und anschaulich. Sein Hauptwerk sind die 90 Bücher umfassenden *Digesta* (*Rechtsfälle*). **Lit.:** D. Liebs, in: HLL IV (1997).

Julian Apostata, Flavius Claudius Iulianus Augustus, röm. Kaiser Februar 360–26./27. Juni 363 n. Chr. *I. Leben:* Geb. um 331 in Konstantinopel als Sohn des Iulius Constantius und der Basilina, Neffe Konstantins I.; nach christl. Erziehung 351/52 Übertritt zum Heidentum; 355 Erhebung zum Caesar; im selben Jahr Hochzeit mit der Schwester des Constantius II., Helena (gest. Ende 360). 356–359 kämpfte J. an der Rheingrenze und errang 357 einen Sieg über die Alemannen bei Straßburg; etwa Februar 360 wurde er in Paris zum Augustus erhoben; nach dem Tod des Constantius II. am 3. November 361 war J. alleiniger Augustus. Am 26. Juni 363 starb er im Kampf gegen die Perser. J.s Politik war von dem Bestreben geprägt, heidn. Traditionen wiederzubeleben und das Christentum zurückzudrängen. Der Restaurationsversuch misslang, die siegreichen Christen gaben ihm nach seinem Tod den Namen Apostata, »der Abtrünnige«. – *II. Literar. Werk:* J. hat ein umfangreiches literar. Werk hinterlassen, das seine kulturellen und philosoph. Interessen widerspiegelt. Von besonderem Interesse ist die Sammlung seiner öffentl. und privaten Briefe. J.s philosoph. Hintergrund ist der Neuplatonismus (↗ Plotin). **Lit.:** G. W. Bowersock, J. the Apostate (1978). – DRK (1997).

Julius, Gaius J. Caesar, gest. 85 v. Chr., Vater des gleichnamigen berühmten Staatsmannes, erreichte um 92 die Prätur und war ein Schwager des Marius. Eine größere polit. Bedeutung erlangte er nicht.

Julius Caesar ↗ Caesar

Julus (lat. Iulus), anderer Name des ↗ Ascanius.

Juniores (lat. »die Jüngeren«) bezeichneten im röm. Milizheer der frühen und mittleren Republik die im Felde dienenden Bürger im Alter von 17 bis 46 Jahren. In der späteren Kaiserzeit (seit dem 3. Jh. n. Chr.) wurden allg. Rekruten mit dem Begriff J. belegt. Schließlich galten auch bei Wahlversammlungen bestimmte Gruppen innerhalb der ↗ Tribus als J., ferner seit augusteischer Zeit ein Teil der ↗ Ritter.

Junius, Lucius J. Silanus, 25–49 n. Chr., Ururenkel des Augustus, wurde bereits im kindl. Alter mit Octavia, der Tochter des späteren Kaisers Claudius, vermählt und begleitete diesen 43 auf seinem Britannienfeldzug. Er geriet in Konflikt mit Agrippina, der dritten Frau des Claudius, die Octavia mit ihrem eigenen Sohn Nero verheiraten wollte und wurde Anfang 49 zum Selbstmord gezwungen.

Juno (lat. Iuno), röm. Hauptgöttin, Gattin Jupiters, mit der griech. ↗ Hera gleichgesetzt. Als Schutzgöttin der Frauen, dem ↗ Genius des Mannes entsprechend, ist sie wie Hera eng mit der Geburtsgöttin Eileithyia verbunden, die in Rom J. Lucina genannt wurde. Ihr Tempel stand auf dem Esquilin, wo ihr bei jeder Geburt geopfert wurde. Ihr Fest, die *Matronalia,* war am 1. März, dem dem Mars geweihten Monat, als deren Mutter sie galt. Darüber hinaus wurde J. neben Jupiter auf dem Kapitol als höchste Göttin und Beschützerin der Stadt verehrt. **Lit.:** K. Latte, Röm. Religionsgeschichte (1960) 166.

Jup(p)iter (lat. Iup(p)iter), röm. Hauptgott, Schutzgott des röm. Volkes, darunter bes. der Bauern, dem griech. ↗ Zeus entsprechend. Als Himmelsgott sendet er Blitze, Donner und Regen; als Gott des Lichts und der Helligkeit sind ihm die Iden, die Monatsmitte, heilig. An der Spitze der Göttertrias J., Juno und Minerva wird er auf dem Kapitol kultisch verehrt. Sein Eigenpriester ist der *Flamen Dialis.* **Lit.:** K. Latte, Röm. Religionsgeschichte (1960) 79 ff.

Jupitersäule (auch Jupitergigantensäule). Säulen- oder Pfeilerdenkmal, das sich in der Regel über einem dreistufigen Unterbau erhebt, auf welchem ein Viergötterstein ruht. Diesen schmückt im allg. auf jeder Seite ein Flachrelief mit einer stehenden Götterfigur; manchmal besitzt er zusätzlich eine Inschrift. Auf den ↗ Viergötterstein folgt der Zwischensockel, der die Säule trägt. Er kann ebenfalls eine Inschrift, Orna-

Jupiter-Gigantensäule

mente oder ein Flachrelief mit symbol. Darstellungen zeigen. Zuweilen befindet sich anstelle des Zwischensockels ein Wochengötterstein mit den Darstellungen der Götter, die den Wochentagen ihren Namen geben. Darauf erhebt sich die Säule, die von unterschiedl. Form sein kann und in der Regel mit einem Ornament, zumeist einem Schuppenmuster, überzogen ist. Das Kapitell, das fast immer von korinth. Typus ist, schmücken die Köpfe der vier Jahreszeiten. Den oberen Abschluss bildet die Reitergruppe, die das Besondere dieser Denkmalgattung ausmacht: Jupiter reitet auf einem Pferd und bezwingt, das Blitzbündel schwingend, einen Giganten. Bes. im obergerman. Raum verbreitet, kommt die J. aber auch in Pannonien vor. Auffallend ist, dass zahlreiche J.n in Brunnenschächten gefunden wurden. **Lit.:** G. Bauchhenß, Jupitergigantensäulen (1976). – Ders., Die Jupitergigantensäulen in der röm. Provinz Germania Superior, Beih. Bonner Jahrbücher 41 (1981).

Justinianus I., 482–565 n. Chr., oström. Kaiser (527–565), trat 527 die Nachfolge seines Onkels Justinus I. an und schlug – unterstützt von seiner Frau Theodora – 532 den Nika-Aufstand der byzantin. Circusparteien nieder. Außenpolitisch verfolgte er das großangelegte Konzept, das röm. Reich unter christl. Vorzeichen in seiner alten Größe wiederherzustellen. Sein Feldherr Belisar eroberte 533/34 das Vandalenreich in Nordafrika und führte seit 535 einen Krieg gegen die Ostgoten in Italien, die nach großen Anfangserfolgen der byzantin. Truppen, auf die beträchtl. Rückschläge folgten, erst 553 unter Anspannung aller Kräfte unterworfen werden konnten. Da J. zudem den Westgoten die Südspitze Spaniens entriss und gleich-

*Kaiser Justinian, Mosaikdarstellung
in San Vitale, Ravenna*

zeitig die Ostgrenze gegen die Sasaniden halten konnte, hatte er gegen Ende seiner Regierung sein außenpolit. Ziel nahezu erreicht. Doch nicht nur die äußere Macht, auch die spätantike Kunst, Literatur und Bautätigkeit erlebten eine letzte Blüte. Innenpolitisch setzte J. eine einschneidende Verwaltungsreform ins Werk und beauftragte den Rechtsgelehrten Tribonianus mit der Herausgabe einer umfassenden Rechtskodifikation, des Codex Iustinianus, der eine große Bedeutung für die Rechtsgeschichte erlangen sollte. Der Kaiser engagierte sich auch kirchenpolitisch und betrachtete sich nicht nur als weltl. Machthaber, sondern auch als von Gott eingesetzter Herr der Kirche. Seine Versuche, einen Ausgleich zwischen Orthodoxen und Monophysiten zu erreichen, scheiterten aber. J. gehört zu den bedeutendsten Herrschern der Spätantike und hat seine Zeit nachhaltig geprägt. Mit seinen Eroberungskriegen hat er jedoch die Kräfte des Reiches überspannt, und seine Nachfolger konnten den neuerl. Bedrohungen nicht mehr Herr werden. Dennoch gilt seine Regierung als glanzvoller Abschluss der spätantiken Epoche des (ost-)röm. Reiches. **Lit.:** W. Schubart, J. und Theodora (1943).

Justinus I., ca. 450–527 n. Chr., oström. Kaiser (518–527) diente sich in der Militärhierarchie nach oben und wurde 518 Nachfolger Anastasius' I. Er verfolgte die Monophysiten und bestellte kurz vor seinem Tod seinen Neffen Justinianus zum Nachfolger.

Justinus II., oström. Kaiser (565–578 n. Chr.), Neffe des Justinianus, verursachte durch diplomat. Fehler den Langobardeneinfall in Italien (568) sowie einen neuen Konflikt mit den Sasaniden. Seine Versuche, einen Ausgleich mit den Monophysiten zu erreichen, scheiterten.

Justinus Martyr aus Flavia Neapolis (Nablus/Palästina), griech. Apologet, ca. 100–165 n. Chr. In seinen theolog. Schriften versucht J. die Gemeinsamkeiten zwischen Christen- und Judentum und der heidn. Philosophie aufzuweisen. Sein *Dialog mit Rabbi Tryphon* ist der erste christl. Versuch, sich die literar. Gattung des philosoph. Dialogs anzueignen. In seinen *Apologien* will er die in der griech. Philosophie bereits angelegten christl. Wahrheiten (den sog. *logos spermatikos*) aufzeigen und nimmt damit Clemens von Alexandria vorweg. Zahlreiche andere Schriften waren wegen seiner Berühmtheit in der Spätantike unter seinem Namen im Umlauf (↗ Pseudepigraphon). **Lit.:** L. W. Barnard, J. Martyr (1967).

Juturna (lat. Iuturna), in der röm. Mythologie eine in Latium verehrte Quell- und Flussnymphe, Schwester des Turnus, auf dessen Seite sie gegen Äneas kämpft.

Juvenal, Decimus Iunius Iuvenalis, aus Aquinum (Campanien), röm. Rhetor und Satiriker, 67–nach 127 n. Chr. J. begann unter Trajan mit seiner Satirendichtung. Er verfasste 16 Satiren in fünf Büchern. Themen sind in der satir. Tradition des Horaz die Sittenverderbnis und die Heuchelei der Gesellschaft, bes. der Oberschicht. J. geißelt das Großstadtleben und polemisiert in der Tradition des ↗ Semonides gegenüber dem weibl. Geschlecht. Maßstab ist das alte, idealisierte Rom. An die Stelle der philosoph. Lebensweisheit des Horaz setzt J. die herkömml. konservative Moral. Statt lächelnd und überlegen die Wahrheit zu sagen, eifert er in einem path. Stil, statt feiner Zurückhaltung bevorzugt er eine derbe und ungeschminkte Direktheit. **Lit.:** E. Courtney, A Commentary on the Satires of J. (1908).

Juvencus, Gaius Vettius Aquilinus Iuvencus, 4. Jh. n. Chr., span. Presbyter, Verf. eines lat. Epos *Evangeliorum libri* (*Evangelien*), in dem in vier Büchern die Lebensgeschichte Christi in vergilian. Stil geschildert wird. Als Quelle sind das Matthäus-, Lukas- und Johannes-Evangelium benutzt; neben der Vetus Latina wurden offensichtlich auch die griech. Originaltexte verwertet. **Lit.:** R. Herzog, Die Bibelepik der lat. Spätantike I (1975).

Juventas (lat. Iuventas), röm. Göttin, Personifikation der Jugend, der griech. ↗ Hebe entsprechend.

Juwelier. Die Beliebtheit von ↗ Edelsteinen als Schmuckstücken führte bereits im Vorderen Orient zur Entstehung des J.s als eigenständiger Berufsgruppe. Vor allem die ägypt. J.s-Kunst war bis in die Spätantike hinein berühmt. Auch in Griechenland und Rom wurden Edelsteine in speziellen Fachwerkstätten geschliffen und kunsthandwerklich bearbeitet (↗ Gemmen, Kameen). **Lit.:** J. A. Black, The Story of Jewelry (1975).

Kabiren, ursprünglich phryg. Fruchtbarkeitsgötter, mit berühmter Mysterienkultstätte in Samothrake, wo sie als Söhne des Zeus und der Kalliope verehrt wurden. Bisweilen wurden die K. mit den ↗ Dioskuren identifiziert. Mit Alexander d.Gr. verbreitete sich der Kult in ganz Griechenland.

Kadmeia ↗ Theben

Kadmos, legendärer Gründer der Stadt Theben. Er sucht auf Befehl seines Vaters, des Königs Agenor, seine von Zeus entführte Schwester Europa. Dabei erhält er vom delph. Orakel den Auftrag, an der Stelle, an der sich eine Kuh mit mandelförmiger Zeichnung niederlegt, eine neue Stadt zu gründen; dies geschieht am Fluss Asopos. K. erschlägt das über die Gegend wachende Ungeheuer und sät die Hälfte von dessen Zähnen in den Boden, dem bewaffnete Männer entsteigen, die sich gegenseitig töten; nur fünf bleiben übrig. Diese *Spartoi* (»Gesäte«) genannten fünf Männer ernennt K. zu den ersten Bürgern seiner Stadt Kadmeia und macht sie damit zu Ahnherren des theban. Adels. Mit seiner Frau Harmonia herrscht Kadmos über die neue, später Theben genannte Stadt. Er lehrt die Böotier, mit phöniz. Buchstaben zu schreiben (mytholog. Widerspiegelung der Übernahme des phöniz. Alphabets durch die Griechen im 8. Jh. v. Chr.). In hohem Alter verlassen K. und Harmonia auf den Rat des Dionysos die Stadt und werden von Ares in Illyrien in zwei Schlangen verwandelt und in die elys. Gefilde entrückt.

Kaenis ↗ Kaineus

Käse (lat. caseus) spielte in der antiken Milchwirtschaft eine bedeutende Rolle, da er im Gegensatz zu den übrigen Milchprodukten länger haltbar war. Verbreitet waren zahlreiche Sorten, die aus Kuh- oder Schafsmilch hergestellt wurden und als besondere Leckerbissen galten. K. wurde häufig zum Frühstück oder als Vorspeise verzehrt, aber auch zum Backen verschiedener Arten von Käsekuchen verwendet. bes. geschätzt war der Alpenkäse, an dessen übermäßigem Genuss der röm. Kaiser ↗ Antoninus Pius gestorben sein soll.

Kaineus (1) (gr. Kaineus), Frau, die in einen unverwundbaren Mann verwandelt wird, nachdem sie mit Poseidon geschlafen hat. Im Kampf bei der Hochzeit des ↗ Peirithoos tötet K. viele Zentauren, wird aber am Ende aber von den übrigen erschlagen.

Kaineus (2) (gr. Kaineus), Sohn des ↗ Koronos, einer der ↗ Argonauten.

Kairos, in der griech. Religion Gottheit des richtigen Zeitpunktes mit Altar in Olympia.

Kaiser (lat. Caesar), neuzeitl. Bezeichnung für den röm. *Princeps*. Mit dem Ende der Republik und der Einrichtung des ↗ Prinzipats durch Augustus ging die fakt. Lenkung des Staates auf eine führende Persönlichkeit über, die, gestützt auf das *imperium proconsulare* (Kontrolle über die Armee) und die *tribunicia potestas* (Amtsgewalt eines Volkstribunen), über die entsprechenden Machtmittel verfügte, ihren Willen durchzusetzen. Während anfangs noch republikan. Remineszenzen fortwirkten, festigte sich die Institution zusehends und nahm in der Spätantike den Charakter einer unumschränkten Herrschaft an. Neben die Bezeichnung Princeps trat im Laufe der Zeit die des Imperators (Oberbefehlshabers), des Augustus (Ehrentitel, seit Octavian für den Princeps üblich) und des Caesar (im Allg. für nachgeordnete oder künftige Herrscher verwendet). Aus diesen Begriffen entwickelte sich die moderne Terminologie (Kaiser/Zar von Caesar; Emperor/Empereur von Imperator). Die Epoche des röm. Prinzipats trat im Laufe der Zeit die des Imperators (Oberbefehlshabers), des Augustus (Ehrentitel, seit Octavian für den Princeps üblich) und des Caesar (im Allg. für nachgeordnete oder künftige Herrscher verwendet). Aus diesen Begriffen entwickelte sich die moderne Terminologie (Kaiser/Zar von Caesar; Emperor/Empereur von Imperator). Die Epoche des röm. Prinzipats und spätantiken Dominats wird daher als *Kaiserzeit* bezeichnet. Mit dem Ende des (west-) röm. Reiches (476) erlosch die Institution des Kaisers in der westl. Hemisphäre, während sie im oström. Byzanz fortbestand. Um eine ideelle Parität zu wahren, strebten die fränk. Karolinger im 8. Jh. auf eine Erneuerung des (röm.) Kaisertums in W, ein Ziel, das sie 800 mit Karl d.Gr. erreichten. Von hier ging der Kaisertitel im Hochmittelalter auf die deutschen Herrscher über, die ihn bis 1806 behaupteten. Auch das Kaisertum Napoleons schloss noch bewusst in Form und universellem Anspruch an die antike röm. Tradition an.

Kaiserkult, Verehrung der röm. Kaiser schon zu Lebzeiten als Gottheit und Bestandteil des ↗ Pantheons. Die kult. Praxis wurde von den hellenist. Herrschern, den Diadochen, den Nachfolgern Alexanders d. Gr., übernommen. Myth. Vorbild der hellenist. Herrscher ist zumeist ↗ Herakles in seiner Funktion als Wohltäter der Menschheit. Der erste griech. polit. Führer, der zu seinen Lebzeiten mit göttl. Ehrungen versehen wurde, war der spartan. Feldherr Lysander (Lysandros), den die Samier 404 v. Chr. mit der Umwidmung des Hera-Festes in Lysandreia ehrten. In Rom wurde 46 v. Chr. eine Statue Caesars im Tempel des Romulus aufgestellt, 44 v. Chr. beschloss der Senat einen Kult für Caesar. Augustus lehnte göttl. Ehren strikt ab, betonte aber stets seine enge Beziehung zu Apollon. Die Einrichtung eines Kultes des *Genius Augusti* (12 v. Chr.) rückte ihn allerdings in die Nähe der Götter. Neben der kult. Ehrung zu Lebzeiten gab es den kult. Ehrung nach dem Tod. So wurde Caesar aufgrund eines im Juli 44 v. Chr. erschienenen Kometen (↗ Prodigium) als Divus Iulius vergöttlicht (*consecratio*) und im Tempel der Venus Genetrix verehrt, die *consecratio* des Augustus (17.9.14 n. Chr.) wurde Vorbild für alle röm. Kaiser bis Diokletian. Seneca verspottet dies in seiner Satire *Apocolocyntosis* (»Verkürbisung des Kaisers Claudius«). **Lit.:** F. Taeger, Charisma. Studien zur Geschichte des ant. Herrscherkultes, 2 Bde. (1957, 1960). – Chr. Habicht, Gottmenschentum und griech. Städte (^{2}1970).

Kalabrien (lat. Calabria), bis 670 n. Chr. Name für den fruchtbaren SO der ital. Halbinsel mit Oliven- und Weinanbau, Bienen- und Schafzucht sowie Wollverarbeitung; in byzantin. Zeit (7. Jh. n. Chr.) Übertragung des Namens auf den SW, das heutige Kalabrien, das antike Gebiet der ↗ Bruttier; um die Wende vom 2. zum 1. Jt. v. Chr. Einwanderung illyr. Stämme über den Seeweg, die ↗ Japygen oder Messapier genannt wurden, die wiederum in Sallentini und Calabri unterteilt wurden. Nach der Gründung ↗ Tarents (706/05) geriet K. unter griech. Einfluss und unterlag 272–266 im Kampf gegen Rom; 244 wurde der Hafen von ↗ Brundisium ausgebaut. Seit Augustus bildete K. mit Apulien die 2. Region Italiens; nach der Neuordnung durch Diokletian war K. Teil der Diözese Italia. Im 7. Jh. geriet K. unter langobard. Herrschaft.

Kalaïs und Zetes, die geflügelten Zwillingssöhne des Nordwindes Boreas, auch Boreaden genannt. Sie nehmen an der Fahrt der ↗ Argonauten teil und erlösen den alten, blinden König Phineus von den ↗ Harpyien.

Kalathos (gr.), ursprünglich ein geflochtener Handkorb, in dem griech. Frauen ungesponnene Wolle in ihren Zimmern aufbewahrten, später benutzten sie ihn auch zur Aufbewahrung von anderen Dingen wie z. B. Käse, Früchte, Blumen oder Hühner; ein K. aus Ton oder Metall konnte auch Flüssigkeiten wie Wein, Öl oder Milch aufnehmen. Der K. hat in der Regel eine charakterist. Form mit engem Boden und einer sich kelchförmig nach oben erweiternden Wandung. – K. ist auch die Bezeichnung für den Kern des korinth. Kapitells sowie für den Kopfschmuck verschiedener Fruchtbarkeit spendender Gottheiten wie Hekate, Artemis oder Serapis. **Lit.:** W. Gaitzsch, Antike Korb- und Seilerwaren (1986).

Kalaureia (heute Insel Poros, Griechenland), ursprünglich Halbinsel im Saron. Golf an der Nordküste der ↗ Argolis. K. gehörte zum Gebiet von ↗ Troizen, war Mittelpunkt einer alten ↗ Amphiktyonie von K. (Mitglieder: Hermione, Epidauros, Ägina, Athen, Prasiai, Nauplia und Orchomenos) und war seit geometr. Zeit besiedelt. Berühmt war die Insel für das um 520 v. Chr. im dor. Stil erbaute Poseidonheiligtum im Inneren der Insel, wo sich das Grab des ↗ Demosthenes befand, der hier 322 v. Chr. Selbstmord beging. **Lit.:** G. Welter, Troizen und Kalaureia (1941). – GLHS (1989) 561.

Kalchas, im griech. Mythos Seher und Vogelschauer, der den Griechen mit vielen wichtigen Voraussagen über den Verlauf des ↗ Trojan. Krieges dienlich ist. Er erkennt die Notwendigkeit der Teilnahme Achills, entnimmt einem Zeichen, dass der Krieg erst nach zehn Jahren enden werde, fordert die Opferung der ↗ Iphigenie und sieht, dass Apollon nur durch die Rückgabe der ↗ Chryseïs an ihren Vater, einen seiner Priester, gnädig gestimmt werden kann. Von ihm (oder Helenos) stammt der Plan, das Trojan. Pferd zu bauen. Einem Orakelspruch gemäß stirbt K. nach einem Seherwettstreit mit ↗ Mopsos, dem er unterliegt.

Kalchedon (auch Chalkedon, heute Kadiköy, ein Vorort von Istanbul), 685 v. Chr. von ↗ Megara gegründete Stadt in Bithynien auf der asiat. Seite des Bosporus; seit Ende des 5. Jh. v. Chr. enge Verbindung mit dem gegenüberliegende thrak. ↗ Byzanz; Teilnahme am Jon. Aufstand und 494/93 Flucht der Bevölkerung

vor den ↗ Persern, die K. dem Erdboden gleichmachten; später kämpfte K. auf pers. Seite gegen Alexander d.Gr. und bewahrte sich in der Folgezeit seine Unabhängigkeit. Im 3. Makedon. Krieg stellte K. Rom Schiffe zur Verfügung. 365 n. Chr. zerstört Valens die Stadt und baute aus den Trümmern das Valensaquädukt in Konstantinopel. Kirchengeschichtl. bedeutsam wurde K. 451 als Tagungsort des 4. ökumen. ↗ Konzils. **Lit.:** PECS (1976).

Kale Akte (gr., lat. Calactae), um 440 v. Chr. von Duketios gegründete Stadt an der Nordküste Siziliens. In röm. Zeit *civitas decumana*, wurde K. A. von Verres ausgeplündert. Geringe antike Reste finden sich bei Caronia 10 km östl. von San Stefano.

Kaledonien (lat. Caledonia), bei Tacitus und Cassius Dio gebrauchter antiker Name für das Gebiet oberhalb des heutigen Edinburgh jenseits der Bodotria (heute Firth of Forth). Geographisch korrekt, aber nur in vagen Umrissen, wurde K. erstmals von Ptolemaios beschrieben. Die vorkelt. Bewohner, wegen ihrer Tätowierungen Pikten (lat. »Bemalte«) genannt, gehörten nicht zum röm. Reich. Die kelt. Kaledonier und die sog. Maeaten wurden von Cn. Iulius ↗ Agricola besiegt, aber nicht unterworfen. 197 n. Chr. brachen die Kaledonier einen mit Rom geschlossenen Vertrag; der Nordfeldzug des Septimius Severus 209 zwang sie zur Kapitulation, die sie nach einem abermaligen Aufstand 210/11 erneuern mussten. Archäolog. Funde beweisen, dass sowohl Agricola als auch Septimius Severus Stützpunkte weit über den Hadrianswall (↗ Limes) hinaus errichteten. Die kelt. (gäl.) Scoten, die K. den modernen Namen gaben (Scotland, Schottland), wanderten erst im 4. Jh. n. Chr. aus Irland ein.

Kalenden (lat. Kalendae oder Calendae), der jeweils erste Tag eines Monats im röm. ↗ Kalender. Im ursprünglich Mondsonnenjahr bezeichnen die K. den Eintritt des Neumonds, der von dem dafür zuständigen ↗ Pontifex ausgerufen wurde (*calare*) und den Monatsbeginn ankündigte. Neben den beiden anderen Fixtagen des röm. Monats (Nonen, Iden) spielten die K. eine wichtige Rolle bei der Datierung einzelner Tage.

Kalender. Das K.-Wesen spielt in allen Kulturen der Menschheitsgeschichte eine herausragende Rolle und ist für die Funktionsfähigkeit einer entwickelten Gesellschaft von größter Bedeutung; überdies ist es die Voraussetzung für jede ↗ Chronologie. Der Kalender versucht, die astronom. Verhältnisse, die das Leben und die Vegetationszyklen beeinflussen, in ein festes System zu ordnen und dadurch die Organisation einer menschl. Gemeinschaft zu erleichtern. Seine wichtigsten Komponenten sind die Erdrotation (Tag), die Drehung der Erde um die Sonne (↗ Jahr, ca. 365,25 Tage) und die Rotation des Mondes um die Erde (Monat, ca. 29,5 Tage). Da diese drei Komponenten sich nicht exakt miteinander verrechnen lassen, sind Hilfskonstruktionen nötig, die in den unterschiedl. Kulturen verschieden gehandhabt wurden. Während man in Ägypten und Mesopotamien ein 365tägiges Jahr kannte, herrschte in der griech. Welt ein Mondsonnenjahr zu 354 Tagen mit zwölf Monaten (29,5 Tage im Durchschnitt) vor. Um eine Übereinstimmung mit dem Erdumlauf und damit zu den Jahreszeiten zu erreichen, bediente man sich verschiedener Schaltmechanismus, die in den einzelnen Poleis und Staaten unterschiedlich gehandhabt wurden. – Ähnliches gilt für die röm. Republik. Hier zählte das Standardjahr 355 Tage. Jahresbeginn war ursprünglich der 1. März (daher ist der September der »Siebenmonat«, der Oktober der »Achtmonat« usw.), erst 153 v. Chr. wurde er auf den 1. Januar verlegt. Um einen Ausgleich mit den Jahreszeiten herbeizuführen, bediente man sich eines komplizierten Systems. Im Rahmen eines Vier-Jahres-Zyklus wurde im zweiten und vierten Jahr ein Schaltmonat zu 22 bzw. 23 Tagen eingeschaltet, so dass sich eine mittlere Jahreslänge von 366,25 Tagen ergab. Der Umstand, dass das Jahr im Vergleich zu den Jahreszeiten um rund einen Tag zu lang war sowie die Tatsache, dass die Schaltung bisweilen aus polit. Gründen unterblieb, führten im Laufe der Zeit zu einer erhebl. Kalenderverwirrung, die für beträchtl. Verschiebungen im Jahresablauf verantwortlich war. Aus diesem Grunde initiierte Gaius Iulius Caesar 46 v. Chr. eine durch alexandrin. Gelehrte berechnete Kalenderreform, die nach ihm benannt wurde (Julian. Kalender): Indem den ursprünglich Mondmonaten Tage hinzugefügt wurden, wurde das Jahr zunächst auf 365 Tage aufgestockt und durch die Schaltung eines zusätzl. Tages im Februar alle vier Jahre eine Übereinstimmung mit den Jahreszeiten sichergestellt (mittlere Jahreslänge 365,25 Tage). Dieser Kalender hat sich allg. durchgesetzt und ist – von einer im 16. Jh. durchgeführten geringfügigen Modifikation (Gregorian. Kalender) abgesehen – noch heute im Gebrauch und hat alle konkurrierenden Systeme (Vorderer Orient, Asien) verdrängt. **Lit.:** A. K. Michels, The Calendar of the Roman Republic (1967). – E. J. Bickerman, Chronology of the Ancient World (1968). – A. E. Samuel, Greek and Roman Chronology. Calendars and Years in Classical Antiquity (1972). – N. Prack, Der röm. Kalender (264–168 v. Chr.) (1996).

Kalk (gr. chalix, lat. calx) ein Mörtel, der in der antiken Architektur und Bauwirtschaft erst recht spät verwendet wurde. In Athen kam K. bei der Errichtung der Langen Mauern (Mitte 5. Jh. v. Chr.) zum Einsatz, beim Hausbau erst im 4. Jh.; in Rom ist er seit dem 3. Jh. v. Chr. nachweisbar. K. wurde in speziellen Öfen gebrannt, die in Rom zu höchster Perfektion gelangten, und diente – mit Wasser gelöscht – bes. als Bindemittel bei der Errichtung von Gebäuden, wobei er häufig mit Sand gemischt wurde. Darüber hinaus fand er beim Tünchen und beim Anbringen von Stuckaturen Verwendung. Auch in der Landwirtschaft kam er vereinzelt als Düngemittel zum Einsatz, bes. bei Obstplantagen.

Kalkriese ⁊ Teutoburger Wald

Kallatis (heute Mangalia, Rumänien), dor. Kolonie in fruchtbarer Umgebung an der Küste der Dobrudscha; Ende des 6. Jh. v. Chr. von ⁊ Herakleia Pontike gegründet; Blütezeit in der 2. Hälfte des 4. Jh. v. Chr.; 313 führend im Aufstand gegen die makedon. Herrschaft; seit 71 v. Chr. römisch. Die heute freigelegten Reste von Gebäuden, Grabanlagen und Stadtmauer stammen aus röm. und byzantin. Zeit. **Lit.:** PECS (1976).

Kallias (1) (gr. Kallias), einer der Söhne des ⁊ Temenos (1).

Kallias (2) (gr. Kallias), wohlhabender athen. Politiker, kämpfte bereits in der Schlacht bei ⁊ Marathon (490 v. Chr.) und wurde 449, nach dem Sieg des Atheners ⁊ Kimon in der Seeschlacht bei Salamis auf Zypern mit der Vollmacht ausgestattet, einen Frieden mit den Persern auszuhandeln. In Susa erreichte er die fakt., aber nicht rechtl. Respektierung der Unabhängigkeit der jon. Griechen durch den Großkönig (sog. *Kallias-Frieden*). In der Forschung ist die Historizität des Vertrages umstritten. Fraglich ist, ob ein verbindl. Dokument unterzeichnet wurde, oder ob es sich nur um eine informelle Absprache handelte. **Lit.:** K. Meister, Die Ungeschichtlichkeit des Kallias-Friedens (1982).

Kallias (3) (gr. Kallias), von Sphettos, durch ein ausführl. Ehrendekret aus Athen bekannter Politiker, der 286 v. Chr. maßgeblich zur Vertreibung der makedon. Besatzungen in Athen beitrug. **Lit:** T. L. Shear, Jr., K. of Sp. and the Revolt of Athens (1978).

Kallidike (gr. Kallidike), Königin der Thesproten, von ⁊ Odysseus Mutter des ⁊ Polypoites.

Kallikrates (1) (gr. Kallikrates), bedeutender Architekt des 5. Jh. v. Chr. Er wird von Plutarch gemeinsam mit Iktinos als Erbauer des Parthenon auf der Athener Akropolis genannt. Sein Name erscheint ferner in Zusammenhang mit der Planung und dem Bau des Athena-Nike-Tempels (dort soll er auch für die Errichtung einer Polizeistation zuständig gewesen sein) und mit den Langen Mauern, unter Perikles fertiggestellten Verbindungsstraße zwischen Athen und dem Hafen Piräus. **Lit.:** H. Svenson-Evers, Die griech. Architekten archaischer und klass. Zeit (1996). – GGGA (1999).

Kallikrates (2) (gr. Kallikrates), gest. 149/48 v. Chr., achäischer Feldherr und Politiker, Gegner des Philopoimen und Lykortas, stand an der Spitze der proröm. Partei des Bundes und verzichtete weitgehend auf eine eigenständige Politik. Er denunzierte seine innenpolit. Rivalen in Rom, was 168 zu größeren Deportationen führte. Beim Aufstand des Achäerbundes gegen die röm. Hegemonie (148) wurden seine Standbilder von der aufgebrachten Menge gestürzt.

Kallimachos aus Kyrene, griech. Dichter und Philologe, ca. 310–240 v. Chr. K. wirkte am Hof der ersten drei Ptolemäer in Alexandria, war Mitglied des ⁊ Museions und Verf. des Katalogs der alexandrin. Bibliothek (sog. Pinakes, »Tafeln«). K. ist der bedeutendste Dichter des Hellenismus und wichtigstes Vorbild für die hellenistisch geprägte röm. Literatur. Von dem umfangreichen Werk, das neben den verschiedenen poet. Gattungen auch gelehrte Prosaschriften zur griech. Kulturgeschichte umfaßte, sind nur sechs Hymnen und ca. 63 Epigramme als Ganzes erhalten. Die *Mailänder Diegesis,* ein Papyrus von ca. 100 n. Chr., gibt Zusammenfassungen anderer Werke, der *Aitia, Jamben,* lyr. Gedichte, *Hekale* und Hymnen. Das Hauptwerk, die vier Bücher der *Aitia (Ursprünge),* vereinigt in sich ↗ Elegien unterschiedl. Typs (epigrammatisch, mytholog.-narrativ) zum gemeinsamen Thema der ›Gründungen‹ von Städten, Festen und religiösen Bräuchen in ganz Griechenland. Das Material wird in der lebhaften Form fiktiver Gespräche präsentiert. Literaturgeschichtlich folgenreich und bis heute diskutiert ist der Prolog der *Aitia,* in dem K. als Reaktion auf gegen ihn vorgebrachte Kritik eine bestimmte Form der heroischen und kontinuierlich erzählenden Elegie ablehnt. Buch 4 endet mit einer epigrammat. Elegie auf die *Locke der Berenike,* die ↗ Catull übersetzt hat. Die 13 *Jamben* in verschiedenen Metren veranschaulichen in scherzhaftem Ton das Prinzip einer vielgestaltigen Dichtkunst (*polyeideia*), in der die alten Gattungen und Metren vermischt werden. K.' *Jamben* verbinden den Jambus des ↗ Hipponax mit verschiedenen Arten der Gelegenheitspoesie. Diese neue Art von Dichtung hat insbes. auf Catull und auf Horaz (*Epoden*) gewirkt. Als Experimente mit den Gattungstraditionen können auch der eleg. 5. Hymnus und das eleg. ↗ Epinikion für Sosibios betrachtet werden. Die hexametr. Mythenerzählung *Hekale* gewinnt ihre Originalität aus der rustikalen Szenerie und den Vögeln in der Erzählerrolle. Dieses für K. charakterist. Spiel mit den Sprecherrollen zeigt sich in konzentrierter Form in seinen erot. und fiktiv-inschriftl. *Epigrammen.* Auch die *Hymnen* orientieren sich in ihrem Aufbau an einer alten Gattung, variieren dabei aber Dialekt und Metrum. Neuartig ist die dramatisierte Darstellung der Rahmenhandlung in den Hymnen 2, 5 und 6 in Form eines literar. ↗ Mimus. Während die ältere Forschung zu K. bes. mit dem poet. Programm und dem vermeintl. Gegensatz zu ↗ Apollonios von Rhodos befasst hat, wird in letzter Zeit vermehrt die Präsentation des Stoffes für Hörer und Leser in den Blick genommen. **Lit.:** G. O. Hutchinson, Hellenistic Poetry (1988). – A. Cameron, Callimachus and his Critics (1995). – GGGA (1999).

Kallinos, ältester erhaltener griech. Lyriker aus Ephesos, Anfang 7. Jh. v. Chr. Ein Fragment einer Elegie fordert zum Abwehrkampf gegen die Kimmerier auf. **Lit.:** H. Fränkel, Dichtung und Philosophie des frühen Griechentums (³1969) 170–179.

Kalliope (gr. Kalliope), eine der ↗ Musen.

Kallipygos (gr., »mit schönem Hintern«), Beiname der Aphrodite. K. ist auch der Name der im Archäolog. Nationalmuseum von Neapel befindl. kaiserzeitl. Marmorkopie einer späthellenist. Skulptur um 100 v. Chr.: Ein Mädchen hebt seinen Chiton und betrachtet, den Blick über die rechte Schulter zurückgewendet, ihre entblößte Rückseite (im Wasserspiegel?). Um die Statue rankt sich die Legende zweier Schwestern, die einen Wettstreit darüber eingehen, wer den schöneren Hintern habe. Sie wollen einen vorbeikommenden

Jüngling entscheiden lassen; dieser verliebt sich in die ältere, sein Bruder aber in die jüngere, woraufhin sie heiraten und die Schwestern aus Dankbarkeit der Aphrodite K. ein Heiligtum in Syrakus errichten und ihr ein Kultbild stiften. **Lit.:** G. Säflund, Aphrodite K. (1963). – F. Haskell/N. Penny, Taste and the antique (²1982).

Kallirrhoë (gr. Kallirrhoë), Tochter des Flussgottes ↗ Acheloos. K. heiratet ↗ Alkmeon und verlangt von ihm das Halsband und den Mantel (Peplos) der ↗ Harmonia, beides urspr. Geschenke an seine erste Frau ↗ Arsinoë. Durch eine List erhält Alkmeon vom Vater der Arsinoë, ↗ Phegeus, die Geschenke zurück. Phegeus entdeckt den Betrug und lässt Alkmeon von seinen Söhnen töten. Als K. vom Tod ihres Mannes erfährt, bittet sie Zeus darum, ihre Söhne ↗ Akarnan und ↗ Amphoteros augenblicklich heranwachsen zu lassen, um den Tod des Vaters zu rächen, was Zeus gewährt.

Kallisthenes (gr. Kallisthenes), um 370–327 v. Chr., griech. Historiker und Philosoph aus Olynth, Großneffe des ↗ Aristoteles, begleitete Alexander d.Gr. als Hofhistoriker bei seinem Perserfeldzug. 327 wandte er sich entschieden gegen die Versuche des Königs, die Proskynese einzuführen, und wurde im Zusammenhang mit der sog. Pagenverschwörung hingerichtet. Sein Geschichtswerk, das nur aus Zitaten späterer Autoren bekannt ist, behandelte den Alexanderzug mindestens bis zur Schlacht bei Gaugamela (331) und verherrlichte die Taten der Makedonen. Alexander wurde als »zweiter Achill« in eine nahezu göttl. Sphäre gerückt. Unter seinem Namen kursiert auch der sog. ↗ *Alexanderroman.* **Lit.:** L. Prandi, Callistene (1985). – O. Lendle, Einführung in die griech. Geschichtsschreibung (1992) 151–160.

Kallisto (gr. Kallisto), griech. Nymphe, Gefährtin der Artemis, als solche an das Keuschheitsgelübde gebunden. Zeus aber verliebt sich in sie und nähert sich ihr in Gestalt der Artemis. Als ihre Schwangerschaft beim Baden zutage tritt, wird sie in einen Bären verwandelt: entweder von Zeus, um sie vor Heras Zorn zu schützen, oder von der über K.s Bruch des Keuschheitsgebots zornigen Artemis selbst. Hera rächt sich, indem sie den Bären erlegen lässt. K. wird als das Sternbild des Großen Bären an den Himmel versetzt.

Kalydonische Jagd. Der griech. Sage nach sendet Artemis aus Zorn einen riesigen, das Land verwüstenden Eber in die Gegend um Kalydon, nachdem König Oineus vergessen hatte, ihr zu opfern. Sein Sohn ↗ Meleager ruft die Heroen Theseus, Jason, die Dioskuren, Telamon und Peleus zusammen; gemeinsam mit ihnen und vielen anderen sowie der Jägerin Atalante erlegt er das Untier. **Lit.:** G. Daltrop, Die K. J. in der Antike (1966).

Kalypso (gr. Kalypso), griech. Nymphe, Tochter des Titanen Atlas. Als es Odysseus auf ihre Insel Ogygia verschlägt, verliebt sie sich in ihn. Sie hält ihn sieben Jahre fest und bietet ihm, um ihn für immer bei sich zu behalten, die Unsterblichkeit an. Da die Sehnsucht nach seiner Heimat in Odysseus jedoch nicht nachlässt, erbarmt sich Zeus seiner und befiehlt durch Hermes K., ihn ziehen zu lassen.

Kamarina, von ↗ Syrakus um 599 v. Chr. gegründete dor. Polis an der Mündung des Hipparis an der Südspitze Siziliens; um 550 Abfall von der Mutterstadt und Zerstörung; 492 Abtretung des Stadtgebietes und Neubesiedlung durch ↗ Hippokrates von Gela. Nach der erneuten Zerstörung durch ↗ Gelon wurden die Bewohner von K. nach Syrakus umgesiedelt; Neugründung von Gela aus nach 466 und Neubesiedlung durch Timoleon 339/38; 258 endgültige Zerstörung durch Rom. **Lit.:** PECS (1976).

Kambyses II., pers. Großkönig (529–522 v. Chr.), Sohn und Nachfolger des Kyros, eroberte 525 Ägypten und beseitigte damit den letzten machtpolit. Rivalen der Achämeniden im Vorderen Orient. Im Gegensatz zu seinem Vater war er wesentlich intoleranter gegenüber fremden Religionen und beging schwerwiegende Übergriffe (Tötung des Apis-Stieres in Memphis). 522 wurde er durch den Aufstand des Magiers Gaumata, der sich als sein ermordeter Bruder Bardiya ausgab, zur Umkehr gezwungen, starb aber auf dem Rückmarsch an einer Fußverletzung.

Kamee ↗ Steinschneidekunst

Kamel (gr. kamelos, lat. camelus), ein wasserarmen Gegenden angepasstes Tier, das erstmals im Vorderen Orient domestiziert wurde und als Reit-, Last und Arbeitstier (Pflug, Antreiben von Schöpfrädern) zum Einsatz kam. In der Antike dominierte das einhöckrige, zähe und selbstgenügsame Dromedar, das lange Zeit ohne Wasseraufnahme auskommen kann und so ideal für den Transport von Waren durch Wüstengegenden ist (Karawanenhandel). Als Reittier fand das K. auch im militär. Bereich Verwendung. Den Griechen ist das Tier seit dem 6. Jh. v. Chr. bekannt, gelangte aber erst in hellenist. Zeit nach der Eroberung des Perserreiches durch Alexander d.Gr. zu größerer Bedeutung. In Rom wurden K.e in der späten Republik eingeführt, galten aber als exot. Tiere, die bes. der Volksbelustigung dienten (↗ Circus).

Kampanien (lat. Campania), fruchtbare Landschaft an der Westküste der ital. Halbinsel; begrenzt vom Fluss Liris, dem Apennin und dem Golf von Sorrent. Der vulkan. Boden war bes. geeignet für Getreide-, Weinanbau und Ölbaumzucht. Daneben gab K. reiche Bodenschätze, etwa Ton und Mineralien aller Art, weshalb sich Töpferei sowie Glas- und Metallverarbeitung entwickelten. Zahlreiche Häfen sorgten für rege Handelsbeziehungen im gesamten Mittelmeer. Die wohlhabenden Städte (↗ Capua, ↗ Herculaneum, ↗ Misenum, Nola, ↗ Pompeji, Stabiae) die griech. Kolonien der Region 8–6. Jh. v. Chr. (↗ Kyme, Neapolis, Puteoli) waren in der späten Republik und frühen Kaiserzeit mit der Hauptstadt eng verbunden. K. wurde im Verlauf der Geschichte von verschiedenen Völkerschaften beherrscht, z. B. von Etruskern und Samniten; seit 338 erweiterten die Römer stetig ihre Einflusssphäre und eine Romanisierung setzte ein: Bau der ↗ Via Appia 312, Gründung röm. Bürger-

kolonien, unter Augustus Ausbau Misenums als Flottenstützpunkt. Bes. die etrusk. Stadt Capua, potentielle Rivalin Roms, stellte sich immer wieder auf die Seite der Feinde Roms, etwa im Hannibal. Krieg (2. ↗ Pun. Krieg). Politisch war der *ager Campanus* immer wieder ein Zankapfel bei der Versorgung der ↗ Veteranen. Der Ausbruch des ↗ Vesuv beendete 79 n. Chr. jäh die Blütezeit; die archäolog. Überreste sind in der gesamten Region von herausragender Qualität. **Lit.:** J. Beloch, Campanien (1890). – L. Cerchiai, I Campani (1995).

Kampe, Ungeheuer, Wächterin des ↗ Tartaros. Zeus tötet sie, um die Titanen zu befreien (↗ Titanomachie).

Kanake (gr. Kanake), Tochter des ↗ Äolus (1), durch Poseidon Mutter des Hopleus, Nireus, Epopeus und Triops. In der verlorenen Tragödie *Aiolos* des Euripides wird K.s inzestuöse Beziehung zu ihrem Bruder Makareus behandelt. Äolus wirft das aus dieser Beziehung entstandene Kind den Hunden zum Fraß vor und zwingt seine Tochter zum Selbstmord.

Kanal. In der antiken Technik begegnen Kanäle in dreierlei Formen: in der Landwirtschaft zur Erleichterung der Bewässerung, als Landdurchstiche in der Seefahrt und als planmäßige Anlagen zur Entwässerung der Städte (↗ Kanalisation). Bewässerungskanäle für den Ackerbau sind in Ägypten und Mesopotamien bereits seit frühester Zeit bekannt und ermöglichten durch Ableiten von Wasser aus den Flüssen Nil, Euphrat und Tigris eine hochentwickelte Landwirtschaft. Auch in Griechenland und Rom wurden diese Techniken übernommen und perfektioniert. So gab es in Thessalien und Böotien größere Kanalanlagen mit dem Ziel, das Wasserniveau einer ganzen Region zu regulieren (z. B. ↗ Kopais-See). Den richtigen Einsatz von Bewässerungskanälen in der Landwirtschaft beschreiben ausführlich die antiken Fachschriftsteller (Cato, Columella u. a.). – Im Zusammenhang mit der Seefahrt sind Kanäle infolge des enormen techn. Aufwands eher selten angelegt worden. Pharao Necho ließ um 600 v. Chr. in Ägypten einen ca. 180 km langen Durchstich zwischen Nil und Rotem Meer anlegen, der von Dareios I. vollendet wurde. Er wurde mehrmals ausgebessert (u. a. durch Trajan) und bis in die Spätantike genutzt, im 8. Jh. n. Chr. unter den Arabern verfiel. Xerxes ließ im Zuge seiner Kriegspläne gegen Griechenland (↗ Perserkriege) in den Jahren vor 480 v. Chr. den Ansatz der Halbinsel Athos durchstechen, um seine Flotte vor den Gefahren der Gewässer der Chalkidike zu schützen. Während in röm. Zeit der von Nero initiierte großangelegte Versuch, den Isthmos von Korinth zu durchstoßen, scheiterte, wurden in Italien, Gallien, Germanien und Britannien kleinere Projekte realisiert, so eine Wasserstraße vom Po nach Padua, ein Umgehungskanal für das Rhône-Delta (unter Marius) sowie eine Verbindung vom Rhein zur Maas. – Ein spezieller Sonderfall von Kanälen waren die Aquädukte, die im röm. Reich die Wasserversorgung der Städte sicherstellten (↗ Wasserleitungen).

Kanalisation. In der Mehrzahl der griech. Städte überließ man es lange Zeit (oft noch im 1. Jh. n. Chr.) dem Regen, die Abwässer von den Straßen zu spülen. Mancherorts gab es offene Straßenkanäle oder gemauerte Abflüsse, nur vereinzelt finden sich bereits zu Beginn des 5. Jh. v. Chr. tiefe Leitungen zur Entwässerung öffentl. Plätze oder Hauptverkehrsstraßen (z. B. Agora in Athen); eine systemat. K. lässt sich erst etwa seit dem 3./2. Jh. v. Chr. in einigen wenigen fortschrittl. Städten nachweisen (z. B. Pergamon oder Delos). – In Rom wird bereits zur Zeit der etrusk. Könige eine K. erwähnt, die zunächst dazu diente, die sumpfige Ebene zwischen Kapitol und Palatin trockenzulegen, die sich später aber zum Hauptabwasserkanal der Stadt, der ↗ Cloaca Maxima, entwickeln sollte. **Lit.:** R. Tölle-Kastenbein, Antike Wasserkultur (1990).

Kanephoren (gr., »Korbträgerinnen«), waren in der griech. Welt junge Frauen, die bei religiösen Prozessionen und Kultfeiern prunkvolle Körbe mit Opfergaben z. T. frei auf dem Kopf trugen. Sie waren ein beliebtes Motiv in der griech. Kunst.

Kaninchen ↗ Hase

Kanneluren, senkrechte Hohlkehlen eines Säulenschaftes; ↗ Säulen

Kanon, ursprünglich »Messwerkzeug«. Vom Bildhauer Polyklet soll die Festlegung der idealen Körperproportionen stammen. Von christl. Autoren wird der Begriff verwendet, um eine allg. akzeptierte Auswahl von Büchern der Bibel zu bezeichnen. Die pagane Literaturgeschichtsschreibung verwendet statt K. die Termini *enkrithentes* (»die Miteinbezogenen«) bzw. *classici* (↗ Klassik). Schon in voralexandrin. Zeit kursierten kanon. Zusammenstellungen wie die Neun Musen oder Sieben Weisen, seit der hellenist. Philologie werden generell Listen kanon. Autoren zusammengestellt. **Lit.:** A. und J. Assmann (Hg.), K. und Zensur (1987).

Kanope (gr.), menschen- oder tierköpfiges Steingefäß zur Beisetzung der Eingeweide mumifizierter Menschen oder Tiere. Der Name leitet sich von der an der Nilmündung liegenden Stadt Kanopos ab. Hier wurde der Gott ↗ Osiris mit einem Kultbild in Form eines bauchigen Kruges mit dem Kopf des Gottes verehrt. In Ägypten wurden (etwa seit 2500 v. Chr.) zusammen mit der Mumie zumeist vier K.n bestattet, wobei jeder dieser K.n eine bestimmte Gottheit und jeder Gottheit bestimmte Organe zugeordnet waren. Auch die Etrusker bezeichneten menschengestaltige Aschenurnen mit abnehmbarem Kopf als Deckel und einem separaten Thronsessel als K.

Kantabrer (lat. Cantabri), kriegerischer Stamm in Nordspanien in der Nachbarschaft von ↗ Asturien; wie die Asturer von den Römern erst nach langen Kämpfen 29–19 v. Chr. unter Augustus geschlagen. **Lit.:** A. Schulten, Los Cantabros y Astures (1943).

Kantharos (griech. Käferart), becherförmiges Trinkgefäß aus Ton oder Metall mit zwei schlaufenförmig geschwungenen, senkrecht über den Rand gezogenen Henkeln, zumeist auf hohem Fuß. Bis ins 5. Jh. v. Chr. wird der K. hauptsächlich als Kultgefäß benutzt

und steht in engem Zusammenhang mit Dionysos und seinen Anhängern. **Lit.:** K. Vierneisel/B. Kaeser (Hg.), Kunst der Schale – Kultur des Trinkens (1990). – I. Scheibler, Griech. Töpferkunst (²1995).

Kapaneus (gr. Kapaneus), Sohn des Hipponoos, einer der ↗ Sieben gegen Theben. K. prahlt, nicht einmal Zeus könne ihn hindern, die Mauer der Stadt zu stürmen, und wird beim Erklimmen der Mauer von einem Blitz des Zeus erschlagen. Seine Gattin ↗ Euadne (1) springt in den brennenden Scheiterhaufen, um mit ihrem Mann zu sterben. Nach anderen Versionen des Mythos zerreißt der Blitz des Zeus K. in Stücke, die in alle Winde zerstreut werden. Der Stoff ist häufig von den Tragikern behandelt (Aischylos, *Sieben gegen Theben;* Euripides, *Phönizierinnen, Hiketiden*).

Kapitell (lat. capitellum, »Köpfchen«), der oberste Teil einer ↗ Säule, eines Pilasters oder eines Pfeilers. Als vermittelndes Glied zwischen dem stützenden Säulenschaft und dem darauf lastenden Gebälk ist das K. von bes. charakterist. Formenbildung und dient wesentlich zur Unterscheidung der verschiedenen Baustile, insbes. der Säulenordnung. **Lit.:** G. Gruben, Die Tempel der Griechen (⁴1986).

Kapitol (lat. Capitolium oder Mons Capitolinus), einer der sieben Hügel Roms und der alte polit. und religiöse Mittelpunkt der Stadt. Auf dem südl. Gipfel des K. soll der Überlieferung zufolge schon das etrusk. Königsgeschlecht der Tarquinier der Göttertrias Jupiter, Juno und Minerva eine Kultstätte errichtet haben. Der von Tarquinius Priscus begonnene Tempel wurde von Tarquinius Superbus vollendet und 509 v. Chr. Jupiter Capitolinus, Juno und Minerva geweiht. Hier opferten die Konsuln bei der Übernahme ihres Amtes, und hier endete der Triumphzug der röm. Feldherren mit einem Opfer. Das K. galt als Zeichen der Stärke und Macht des röm. Staates, und so errichteten in Anlehnung daran auch zahlreiche andere Städte des weström. Reiches ein K. **Lit.:** F. Coarelli, Rom. Ein archäolog. Führer (²1981). – H.-J. Müller, Rom. Kunst- und Reiseführer (1991).

Kappadokien, kleinasiat. Landschaft zwischen dem Schwarzen Meer im N und dem ↗ Taurusgebirge im S zum angrenzenden Kilikien. Ab 280 v. Chr. Teilung ins Königreich ↗ Pontos und das binnenländ. K. Der Name K. ist pers. Herkunft; im 14. Jh. v. Chr. entstand hier das Großreich der ↗ Hethiter; geograph. Bezeichnung uneinheitlich. Seit Mitte des 6. Jh. v. Chr. war K. lyd. Gebiet, dann pers. Satrapie unter dem Achämeniden ↗ Kyros II., nach Alexanders Tod seleukidisch und ab etwa 225 v. Chr. selbständiges Königreich. Um 100 v. Chr. wurde K. von Mithradates VI. besetzt und gelangte schließlich durch Annexion zum röm. Territorium; ab 18 n. Chr. gleichnamige röm. Provinz. Die wasser- und waldreichen Gegenden des Taurus waren trotz scharfer klimat. Gegensätze im Jahreslauf günstig für Viehzucht; die Römer züchteten hier Rennpferde. In Minen wurden Salz, Quarze, Silber und Zinnober gefördert; Handel mit Alabaster ist belegt. Im N K.s überquerte seit ↗ Dareios I. die von Sardes nach Susa führende ↗ Königsstraße, die später auch an das röm. Straßensystem (↗ Straßen) angebunden wurde, den ↗ Halys. **Lit.:** W. E. Gwatkin, K. a Roman province (1930). – R. Teja, in: ANRW II 7, 2 (1980) 1083–1124 – S. Mitchell, Anatolia I (1993).

Kapys, Sohn des ↗ Assarakos, Vater des ↗ Anchises.

Kardinaltugenden, nach ↗ Platon die wichtigsten menschl. Tugenden, aus denen sich alle übrigen Werte ableiten lassen: Weisheit, Tapferkeit, Besonnenheit und Gerechtigkeit. Diese Einteilung wurde später von der ↗ Stoa übernommen; das Christentum fügte Glaube, Liebe und Hoffnung hinzu und stellte den sieben K. die sieben Todsünden (Hochmut, Geiz, Wollust, Neid, Maßlosigkeit, Zorn und Trägheit) entgegen.

Karien, Landschaft mit Bergregion und fruchtbarem Küstenstreifen im SW Kleinasiens (heute Türkei); Heimat der Karer. Da K. reich an natürl. Häfen ist, wurde seine Mittelmeerküste früh von griech. Kolonisten in Besitz genommen (↗ Milet, ↗ Halikarnassos, ↗ Knidos, ↗ Priene). Ebenso entstanden Städte im Binnenland (↗ Magnesia am Mäander, ↗ Mylasa, ↗ Tralleis). Im 6. Jh. v. Chr. unter lyd. Herrschaft (↗ Lydien); ab 545 pers. Satrapie, nach Teilnahme am Jon. Aufstand wurde K. unterworfen und kämpfte in den ↗ Perserkriegen auf pers. Seite (Artemisia I.). Der pers. Satrap ↗ Mausolos regierte K. 377–353 fast wie ein König. Nach Alexander d.Gr. kam K. über ↗ Antigonos I. ans Seleukidenreich, 188 durch Abtretung an röm. Reich. Der südl. Teil mit der Halbinsel Loryma (Rhod. Peraia) gehörte bis 167 v. Chr. zum vorgelagerten ↗ Rhodos; ab 129 wurde K. zur Provinz ↗ Asia geschlagen; unter Diokletian war es eine eigene Provinz. Heute gehört K. zur Türkei, die Inseln vor der kar. Küste jedoch sind griechisch, was immer wieder zu Spannungen führt. **Lit.:** J. und L. Robert, La Carie II (1954). – G. E. Bean, Turkey beyond the Maeander (1971).

Karisch, Sprache der Karer (Kleinasien), bezeugt durch einige Inschriften, die in einem auf dem Griechischen basierenden Alphabet geschrieben, das 1990 entziffert wurde. Die Sprache könnte indogerman. Ursprungs sein.

Karkinos, Tragiker aus Thorikos, Sohn des Tragikers Xenokles, ca. 420/410 – vor 341/40. K. soll 160 Stücke verfasst haben und errang elf Dionysiensiege; erhalten sind nur 32 Verse. In seiner *Medea* hat vermutlich Medea entgegen der Version des Euripides und des Neophron ihre Kinder nicht getötet, sondern in Sicherheit gebracht. **Lit.:** B. Gauly u. a. (Hgg.), Musa tragica (1991) 146–155, 288 f.

Karneades, (gr. Karneades), griech. Philosoph aus Kyrene, ca. 214–129 v. Chr., Begründer und Schulleiter der Neuen ↗ Akademie. K. hat keine Schriften hinterlassen, galt aber als glänzender Redner. Er bestritt entschieden die Existenz eines Kriteriums, um die Wahrheit zu finden; das Disputieren nach beiden Seiten (*disputare in utramque partem*) diente ihm dazu, das Wahrscheinliche aufzuweisen. Gegen die stoische Lehre des vorbestimmten Schicksals trat er für die Willensfreiheit ein. 156/55 nahm er an der sog. Philosophengesandtschaft nach Rom teil. **Lit.:** A. A. Long/D.N. Sedley, Die Hellenist. Philosophen (1999).

Karneen (gr. Karneia), dor. Apollonfest im Monat Karneion (Juli/August). Man nahm ein Kultmahl in einem Hüttenlager ein und jagte rituell einen bekränzten Mann, der dabei Segenssprüche für den Staat ausstieß.

Karpaten. Trotz der bis nach ↗ Dakien ausgedehnten röm. Herrschaft existierten im Altertum keine genauen geograph. Vorstellungen der K. Das bei ↗ Ptolemaios genannte Gebirge Karpates bildete nur einen Teil der heutigen K. Auf der ↗ Peutingertafel sind wohl die »Bastarn. Alpen« mit den K. zu identifizieren.

Karpathisches Meer (lat. Mare Carpathium), nach der zwischen Kreta und Rhodos gelegenen dor. Insel Karpathos benannter SO-Teil der Ägäis.

Karpo, eine der ↗ Horen.

Karthago (phöniz. Quart-Hadascht, griech. Karchedon, lat. Carthago, heute nahe Tunis), im 9. Jh. v. Chr. von ↗ Tyros gegründete phöniz. ↗ Emporion auf einer Halbinsel an der Küste Nordafrikas. Gegründet als Zwischenstation auf dem Handelsweg nach Hispanien, war K. jedoch von Anfang an politisch und wirtschaftlich unabhängig. Die Gesellschaft war aristokratisch organisiert; an der Spitze des Staates standen zwei von der Volksversammlung gewählte Oberbeamte (Suffeten), ursprünglich Ritter, ausgestattet mit militär. Oberbefehl und ziviler Exekutivgewalt. Ihnen zur Seite stand ein Rat aus 300 Mitgliedern der herrschenden Klasse, aus dem sich wiederum die Ältestenversammlung (Gerousia) und der Rat der 104 als oberster Gerichtshof rekrutierten; die Gerousia besaß bes. legislative Befugnisse. Die Volksversammlung war ohne polit. Rechte und trat nur zur Wahl der Oberbeamten zusammen sowie als Schiedsgericht im Falle von Streitigkeiten zwischen Suffeten und Gerousia. Die klimat. Verhältnisse K.s erlaubten intensive Landwirtschaft, die zusammen mit dem ausgedehnten Fernhandel die Grundlage für das Wachstum K.s bildeten; so entwickelte sich die Stadt ab dem 6. Jh. v. Chr. rasch zur blühenden See- und Handelsmacht des westl. Mittelmeeres, die bald expandierte und die Welt erforschte (↗ Hanno, ↗ Himilkon). Einen ersten Handelsvertrag mit Rom belegt Polybios für das Jahr 509 v. Chr., es folgten Kämpfe mit den griech. Kolonien um Sizilien, Sardinien und Korsika ab Anfang des 5. Jh. bis zum Eingreifen der Römer im 1. ↗ Pun. Krieg (264–241). Nach dem Erstarken der Römer und der Aufgabe Siziliens versuchte K. in Südspanien Fuß zu fassen, wo die beiden Großmächte direkt aufeinanderstießen; Festlegung der Interessensphären (226) im Ebrovertrag; nach der Niederlage Hannibals und dem 2. ↗ Pun. Krieg (218–201) Verlust aller außerafrikan. Gebiete. Niedergedrückt durch einen harten Friedensvertrag mit Rom und bedroht durch den numid. König Massinissa gelangte K. dennoch wieder zu Wohlstand. Ein nichtiger Anlass führte zum 3. ↗ Pun. Krieg und zur Zerstörung der Stadt 146 v. Chr., die dann der röm. Provinz Africa zugeschlagen wurde. Mit dem Sied-

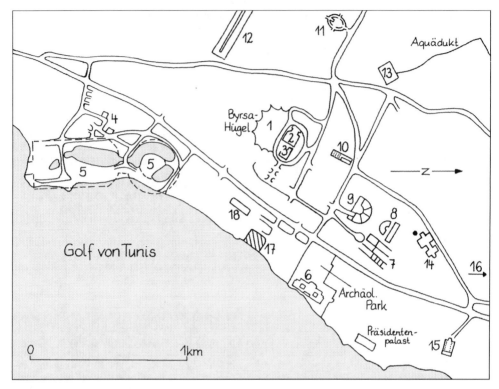

1 Punische Stadt
2 Katholische Kathedrale St. Louis
3 Archäologisches Museum
4 Tophet
5 Häfen
6 Thermen des Antoninus Pius
7 Villen
8 Odeion
9 Theater
10 Gallienusthermen
11 Amphitheater
12 Stadion
13 Zisternen
14 Damous el-Karita
15 St. Cyprian-Basilika
16 Basilika Maiorum
17 Quartier Magon
18 Grabung am Decumanus

Lageplan von Karthago

lungsprogramm der Gracchen entstand 122 eine Kolonie, doch wurde die Stadt erst von Caesar und Augustus als *Colonia Iulia Carthago* neu gegründet und ausgebaut. Zahlreiche Kaiser ließen hier Bauwerke errichten; noch 540 n. Chr. wurde ein Aquädukt aufwendig restauriert. Unter Septimius Severus erhielt K. das *ius Italicum,* wurde im 3. Jh. n. Chr. Bischofssitz und 698 endgültig von den Arabern überrannt. **Lit.:** W. Huß, Geschichte der Karthager (1985). – W. Ameling, K. (1993). – S. Lancel, Carthage (1995).

Kartographie ↗ Geographie

Karyatide (gr.), in der antiken Architektur die mit langen Gewändern bekleideten Mädchenstatuen in ruhiger Haltung, die anstelle von Säulen oder Pfeilern als Stützen des Gebälks verwendet wurden. Der Name stammt möglicherweise von den gefangenen Frauen der Stadt Karyai (im nördl. Lakonien). Eventuell besteht ein Zusammenhang mit den lakedaimon. Jung-

frauen, die bei den festl. Aufführungen zu Ehren der Artemis von Karyai tanzten. Neben den sechs K.n am ↗ Erechtheion in Athen sind auch die K.en am Siphnier-Schatzhaus in Delphi bemerkenswert. Das männl. Pendant ist der ↗ Atlant. **Lit.:** E. Schmidt, Geschichte der K. (1982).

Kaspisches Meer (gr. Kaspia thalassa), größter Binnensee Europas. Der Binnenmeercharakter wurde bereits von Herodot erkannt, während Hekataios von Milet es noch für eine Ausdehnung des nördl. Ozeans hielt; andere Namen – Hyrkan., Alban. oder Skyth. Meer – erhielt das Meer nach den angrenzenden Volksstämmen. Im Auftrag ↗ Seleukos I. Nikator erforschte Patrokles das K. M., Eratosthenes übernahm dessen falsches Forschungsergebnis. Marinos von Tyros und Ptolemaios erkannten, dass das K. M. völlig von Land umgeben war; im MA erneuter Verlust dieses Wissens. Herodot erwähnt das Vorkommen von

Seehunden (*Phoca caspica*). **Lit.:** M. Cary, The Geographic Background of Greek and Roman History (1949).

Kassander (gr. Kassandros), um 350–297 v. Chr., einer der Diadochen, ältester Sohn des Alexandervertrauten und späteren Reichsverwesers Antipater, wurde beim Tode seines Vaters (319) von diesem übergangen, der Polyperchon zu seinem Nachfolger bestellte. K. verbündete sich daraufhin mit Antigonos, Lysimachos und Ptolemaios gegen den Reichsverweser und konnte bedeutende Positionen in Süd- und Mittelgriechenland, darunter Athen, besetzen. 317 wurde er von Eurydike, der Gemahlin des nominellen Königs Philipps III., anstelle von Polyperchon zum neuen Strategen von Europa ernannt und griff diesen in Makedonien an. Er schloss Olympias, die Mutter Alexanders, die von Polyperchon zu Hilfe gerufen worden war und das Königspaar hatte umbringen lassen, in Pydna ein und zwang sie 316 zur Kapitulation. Danach war er der unumschränkte Machthaber in Makedonien und ließ den zweiten nominellen König, Alexander IV., mit seiner Mutter Roxane in Amphipolis internieren. 315–311 beteiligte er sich am Koalitionskrieg gegen Antigonos und gründete auf der Chalkidike die neue Residenzstadt Kassandreia. Um seine Machtansprüche abzusichern, heiratete er Thessalonike, eine Tochter Philipps II., und ließ 309 Alexander IV. beseitigen. 305 nahm er mit den übrigen Diadochen den Königstitel an. Nachdem er bis 302 gegenüber Demetrios Poliorketes, dem Sohn des Antigonos, in Griechenland deutlich an Boden verloren hatte, schloss er ein Bündnis mit Lysimachos und Seleukos, dem Antigonos in der Schlacht bei Ipsos (301) erlag. K. konzentrierte sich in der Folge ganz auf Makedonien und starb 297 an den Folgen einer längeren Krankheit. Er übergab die Regierung an seinen Sohn Philipp IV., doch konnte sein Haus die Herrschaft nicht lange behaupten. K. strebte nie nach der Kontrolle über die asiat. Teile des Alexanderreiches und widmete seine ganze Aufmerksamkeit den Interessen des makedon. Mutterlandes. **Lit.:** M. Errington, Geschichte Makedoniens (1986) 121–135.

Kassandra, auch Alexandra genannt, schöne Seherin, Tochter des Priamos und der Hekabe. Nach Aischylos (*Agamemnon*) verliebt sich Apollon in K. und schenkt ihr die Fähigkeit, Dinge vorauszusagen; da sie jedoch Apollons Liebe verschmäht, bestraft er sie damit, dass ihre Warnungen niemals Gehör finden. So warnt sie die Trojaner vergeblich davor, das Trojan. Pferd in die Stadt zu ziehen. Die im Tempel der Athena Schutz suchende K. wird von Aias (2) vergewaltigt; dabei stürzt die Statue der Göttin um, die entsetzt den Blick abwendet. Athena lässt zur Strafe einen Großteil der Griechen bei ihrer Heimreise untergehen. K. wird Agamemnon als Sklavin zugewiesen. Dieser verliebt sich in sie und nimmt sie mit nach Mykene, wo beide von seiner Frau Klytämnestra und ihrem Geliebten Ägisth ermordet werden. K. als ekstat. Seherin findet sich in zahlreichen Dramen (Aischylos, *Agamemnon*; Seneca, *Agamemnon*; Euripides, *Troerinnen*). **Lit.:** K. Ledergerber, K. (1950). – D. Neblung, Die Gestalt der K. in der antiken Literatur (1997).

Kassetten, in der Baukunst vertiefte Felder in einer gewölbten oder flachen Decke, die von quadrat., runder und später auch rautenförmiger und polygonaler Gestalt sein konnten. Die K. wurden in Holz oder Stein ausgeführt und waren häufig bemalt oder mit Stuck verziert, sie dienten aber nicht nur als Schmuckelement, sondern insbes. bei Tonnen- oder Kuppelgewölben zur Gewichtsentlastung. Ein schönes Beispiel für eine aus K. gebildete Kuppel bietet das Pantheon in Rom. **Lit.:** H.-J. Müller, Rom. Kunst- und Reiseführer (1991).

Kassiope (gr. Kassiopeia), Gattin des myth. Königs Kepheus. Sie prahlt, ihre Tochter ↗ Andromeda sei schöner als die Nereïden. Poseidon schickt daraufhin ein Meeresungeheuer, das Andromeda als Opfer verlangt. Als K. dies zu tun gedenkt, wird sie von Perseus getötet; sie wird als Sternbild der Schlange an den Himmel versetzt, zur Strafe auf dem Rücken und mit den Füßen nach oben.

Kastalia, die kastal. Quelle in Delphi, am Ausgang der Fedriadenschlucht, dem Apollon und den Musen geweiht, häufig als Synonym für Delphi verwendet. Ihrem kalten Wasser wurden in der Antike prophet. und reinigende Wirkungen zugeschrieben, den Dichtern war sie Quelle der poet. Inspiration. Die Quelle wurde 1957 ausgegraben.

Kastor ↗ Dioskuren

Kassiteriden (gr., »Zinninseln«), hießen allgmein alle Zinn produzierenden Gebiete im Nordatlantik; bes. im SW Britanniens (Cornwall, Scillies) und später auf der iber. Halbinsel (Portugal, Galizien). Nach ↗ Herodot waren die K. bereits den Phöniziern bekannt, die Zinn importierten und die Handelswege geheimhielten, weshalb er die Existenz der K. generell bezweifelte. Röm. Zinnexport gab es wohl seit P. Licinius ↗ Crassus, der 96–93 v. Chr. Statthalter von Spanien war. Die unklaren Angaben der Quellen und das Fehlen archäolog. Beweise für vorröm. Handel mit Zinn verleihen den antiken Berichten eine myth. Note. **Lit.:** R. Hennig, Terrae incognitae I (1944) 155–182.

Kastaleia, Quelle im Parnassgebirge bei ↗ Delphi, deren Wasser der kult. Reinigung von Tempel und Besuchern diente.

Kastor (lat. Castor), einer der beiden ↗ Dioskuren

Katabasis (gr., »Abstieg«), in der griech. Religion die Vorstellung, dass es möglich ist, in die ↗ Unterwelt ›hinabzusteigen‹ und dort von den Toten für das ird. Leben relevante Dinge zu erfahren bzw. Kenntnisse über das Vergangene, die Zukunft und das Jenseits zu erhalten. Diese Vorstellung spielt bes. in den Mysterienkulten (↗ Mysterien) und in der ↗ Orphik eine zentrale Rolle. Im Mythos fahren einzelne Götter in die Unterwelt, darunter Demeter und Dionysos, aber auch Heroen wie Theseus, Orpheus, Odysseus (Homer, *Odyssee*, Buch 11) oder Äneas (Vergil, *Aeneis*, Buch 6).

Katachrese (gr. katachresis, »missbräuchl. Verwendung«), Begriff der Rhetorik, uneigentl. Gebrauch eines Worts.

Katakomben (lat. coemeteria), unterird. Anlagen, die in frühchristl. Zeit den Christen als gemeinsame Begräbnisstätte dienten. In Zeiten großer Not wurden die K. auch als Versammlungsstätte verfolgter Christen verwendet. Ursprünglich die Bezeichnung für die zur Kirche St. Sebastian gehörende Grabstätte in einer südl. von Rom gelegenen Talsenke (*ad catacumbas*) an der Via Appia, schließlich für alle unterird. Grabanlagen. K. finden sich im Orient, auf der griech. Insel Melos, auf Malta und Sizilien, in Neapel und in anderen Orten Unteritaliens; die bekanntesten und bedeutendsten sind jedoch die K. in Rom. Sie bestehen aus weit ausgedehnten, mehrere hundert Meter langen Gängen, die sich labyrinthartig verzweigen und oftmals mehrere übereinanderliegende Stockwerke besitzen. An den Wänden der Gänge sind beiderseits über- und nebeneinander die einzelnen Grabstellen zur Aufnahme der Särge eingegraben, die entweder durch Steintafeln oder Ziegelplatten geschlossen wurden und die die Grabinschrift trugen. Neben dieser einfachen Grabform (*loculus*) gab es noch das ebenerdige, mit einem Bogen überwölbte Grab (*arcosolium*), dessen Innenwände mit Malereien verziert waren. Mitunter erweitern sich die Gänge zu größeren, mit Freskomalereien geschmückten Räumen (*cubicula*), die z. T. als Familiengrabstätten dienten. **Lit.:** J. Fink, Die röm. K. (1997).

Katalaunische Felder. Gebiet des kelt. Stammes der Katalaunen in der heutigen Champagne und dem Hauptort Durocatalauni (heute Chalons-sur-Marne). Auf den K. F. besiegte der weström. Feldherr Aetius in der größten Schlacht der Völkerwanderungszeit 451 n. Chr. die Hunnen unter ↗ Attila und zwang sie zum Rückzug.

Katalexe (gr. katalegein, »aufhören«), Begriff der Metrik, um einen Vers zu bezeichnen, dem das letzte Element fehlt (katalekt. Vers).

Katalogdichtung, lit. Terminus technicus zur Bezeichnung von Dichtungsformen, in denen ein bestimmter Sachverhalt durch eine Aufzählung von einschlägigen Beispielen belegt wird, z. B. Hesiods ↗ *Ehoien*, in denen die Verbindung von menschl. Frauen mit Göttern aufgelistet wird.

Katane (heute Catania), um 729 v. Chr. von Naxos gegründete griech. Stadt an der Ostküste ↗ Siziliens am Fuß des Ätna; berühmt durch den Gesetzgeber ↗ Charondas. Nach der Vertreibung durch ↗ Hieron I. von Syrakus und Umbenennung der Stadt in Aitne kehrten die Bewohner 461 zurück, ab 403 gehörte K. zu ↗ Syrakus. Nach der röm. Eroberung 263 wurde K. *civitas decumana*; in der Kaiserzeit Colonia. Die erhaltenen antiken Reste stammen meist aus röm. Zeit; darunter ein Theater, öffentl. Badeanlagen, ein Odeion, Forum und Amphitheater. Ein Teil der antiken Stadt verschwand unter den Lavaströmen des Vulkanausbruchs von 1669. **Lit.:** A. Holm, Catania antica (1925). – R. J. A. Wilson, Sicily under the Roman Empire (1990). – ASM (1999).

Katharmos (gr., »Reinigung«; lat. purificatio), ein im griech. Kult, bes. bei den ↗ Mysterien übl. Reini-

gungsritus, der je nach Anlass in verschiedenen Formen vorgenommen wurde, z. B. als Waschung, Geißelung, Salbung oder Enthaltsamkeit; ↗ Katharsis.

Katharsis (gr., »Reinigung«). Unter K. versteht man die Reinigung von jeder Art von Schmutz, bes. jedoch im religiösen Sinne die Beseitigung einer Befleckung (*miasma*), medizinisch die Entfernung von schädl. Substanzen aus dem Körper. Aristoteles schreibt in der *Poetik* (Buch 6) der Tragödie eine psychotherapeut. Funktion zu, da sie den Rezipienten von den ihn beim Zusehen befallenden Affekten Furcht und Mitleid reinigen könne. Eine Vorstufe der Theorie findet sich bei Gorgias (*Helena*). **Lit.:** M. Fuhrmann, Die Dichtungstheorie der Antike (1992). – F. Hoessly, K.: Reinigung als Heilverfahren (2001).

Katreus (gr. Katreus), Sohn des ↗ Minos, Vater von drei Töchtern, ↗ Aërope, Klymene und ↗ Apemosyne, und einem Sohn ↗ Althaimenes, von dem er, wie ein Orakel es voraussagt, getötet wird.

Katze (gr. ailuros, lat. felis, cattus). Als Haustier ist die K. seit dem 3. Jt. v. Chr. in Ägypten nachweisbar, wo sie aus der nub. Falbkatze domestiziert wurde; sie galt als heiliges Tier der Göttin Bastet und wurde häufig nach ihrem Tode mumifiziert. Von Ägypten aus drang die Hauskatze im 1. Jt. v. Chr. nach Griechenland, Italien und das übrige Mittelmeergebiet vor, hatte dort aber lange nur eine untergeordnete Bedeutung. Ausdrücklich als Haustier bezeugt sie erstmals Martial (1. Jh. n. Chr.); in der Spätantike wird sie zur Bekämpfung von Mäusen und Ratten empfohlen. Die Ausbreitung der K. nach Mitteleuropa, verbunden mit einer beträchtl. Vermehrung, erfolgte erst seit der Völkerwanderungszeit (6. Jh.). Auch die Wildkatze stammt ursprünglich aus Nordafrika; sie drang erst im 1. Jt. v. Chr. ins Mittelmeergebiet und nach Mitteleuropa vor. Als Gefahr für Hühner, Enten u. a. wurde sie vielfach gejagt.

Kaukasus (lat. Caucasus), bis 5630 m hoher, von NW nach SO verlaufender Gebirgszug zwischen Schwarzem und Kasp. Meer. Antike Autoren waren sich bei der Lokalisierung des K. unsicher, vielfach wurde er mit dem Ural oder dem Hindukush verwechselt. Die Griechen siedelten seit Ende des 7. Jh. v. Chr. am Fuß des K. in der miles. Kolonie Dioskurias (↗ Kolchis). An den K. war der Sage nach ↗ Prometheus gefesselt. Genauere Erkenntnisse über den K. gewannen die Römer durch den transkaukas. Heerzug des Pompeius (65 v. Chr.); die Übergänge (Pass von Derbent, Grusin. Heerstraße, Kaukas. Pforte) waren bereits bekannt. **Lit.:** D. C. Braund, Georgia in Antiquity (1994). – A. Miron/W. Orthmann, Unterwegs zum goldenen Vlies (1995).

Kaunos (lat. Caunus), Sohn des ↗ Miletos. Um der Liebe seiner Zwillingsschwester ↗ Byblis zu entfliehen, verlässt K. die Heimat und gründet die Stadt Kaunos in Karien.

Kaution (lat. cautio), im röm. Recht jede Form der verbindl. Zusicherung von Schadenersatzleistungen, falls durch die Nichteinhaltung der Abmachungen eines Rechtsgeschäfts dem Vertragspartner ein Nachteil entstand. Man unterschied zwischen einer *cautio pura* (ohne Bürgen) und einer *satisdatio* (mit Bürgen), wobei Letztere für die Gewährleistung des Schadenersatzes herangezogen werden konnten. Die konkreten Formen der K. waren sehr vielfältig und reichten von der Hinterlegung von Geldwerten über die Lieferung von Naturalien bis zur Belastung von Sachwerten. Bei Streitigkeiten entschieden die Gerichte oder ein ↗ Prätor. Die K. im modernen Vertragsrecht geht unmittelbar auf antike Einflüsse zurück.

Kavallerie ↗ Kriegskunst, Ritter, Clibanarii, Vexillatio

Kaystros, kleinasiat. Fluss in ↗ Lydien, der bei Ephesos in die Ägäis mündete.

Keil (lat. cuneus), eine besondere Form der Schlachtordnung des röm. Heeres. Durch die Konzentration vieler Stoßlanzen auf einen Punkt sollten die Reihen des Gegners durchbrochen und dessen Schlachtordnung gesprengt werden. Zur Abwehr eines K.s diente das Manöver der Schere, bei dem durch eine V-förmige Aufstellung der K. neutralisiert werden sollte.

Kekrops (1), zweiter myth. König von Attika, eine aus dem Erdboden geborene Kreatur (*autochthon*) mit Menschenkopf und Schlangenfüßen. Er heiratet ↗ Aglauros (1), die Tochter des Aktaios, mit der er ↗ Erysichthon und drei Töchter, ↗ Aglauros (2), ↗ Herse und ↗ Pandrosos zeugt. Im Streit zwischen Athena und Poseidon um die Herrschaft über Athen entscheidet sich K. für Athena, weil sie einen Olivenbaum wachsen, Poseidon aber nur eine salzige Quelle entspringen lässt.

Kekrops (2), ältester Sohn des ↗ Erechtheus, der ihm als König von Attika folgt, von Metiadusa Vater des Pandion (2).

Kelaino, eine der ↗ Plejaden, von Poseidon Mutter des Lykos und des Nykteus.

Keleos (gr. Keleós), myth. König von Eleusis, Gatte der Metaneira.

Keller (lat. cellarium), Vorratsraum oder Speisekammer, in griech. oder röm. Häusern oftmals neben der Küche, aber auch unterirdisch gelegen mit zuweilen gewölbter Decke; oft auch als Arbeitsraum zur Herstellung und Lagerung von Öl und Wein benutzt. **Lit.:** W. Müller-Wiener, Griech. Bauwesen in der Antike (1988).

Kelmis, einer der ↗ Daktylen; er wird in Stahl verwandelt, weil er Zeus sterblich genannt hatte.

Kelsos ↗ Celsus

Kelten (gr. Keltoi, Galatai, lat. Celtae, Galli), indogerman. Völkergruppe, die zur Zeit ihrer größten Ausdehnung weite Teile West- und Mitteleuropas besiedelte. Kerngebiete der K. waren ↗ Gallien, Süddeutschland, der Alpenraum, Oberitalien, NW-Spanien und die Brit. Inseln. Einzelne Gruppen (↗ Galater) gelangten über den Balkan bis nach Kleinasien. Die Ethnogenese der K. ist noch nicht vollständig geklärt; sie vollzog sich wohl im 7./6. Jh. v. Chr. im südwestl. Raum Mitteleuropas, von wo eine rasche Ausbreitung erfolgte (Hallstadtzeit, ↗ La-Tène-Kultur). Bis zum

Der sogenannte Battersea-Schild, Beispiel für die ornamentale keltische Kunst

3. Jh. v. Chr. war Gallien keltisiert, während im span. Bereich eine Vermischung mit iber. Volksstämmen zu den ↗ Keltiberern erfolgte. In einer Zeit, da die kelt. Macht in Oberitalien durch die röm. Expansion bereits im Rückzug begriffen war, erfolgte noch der Vorstoß nach Britannien und Irland, der erst im 1. Jh. v. Chr. abgeschlossen war. Die K. bildeten keinen einheitl. Staat oder größere Reiche, sondern zerfielen in eine Vielzahl an Stämmen, die meist oligarchisch verfasst waren. Obwohl z. T. Fürsten und Könige an ihrer Spitze standen, lag die polit. Macht beim Adel, der über ausgedehnten Grundbesitz verfügte. Obwohl die führenden Persönlichkeiten benachbarter Stämme oftmals in engen Verbindungen miteinander standen, waren krieger. Auseinandersetzungen an der Tagesordnung. Die K. in Gallien, über die wir durch Caesar gut informiert sind, bestanden aus einer Hauptgruppe im Zentralgebiet (Galli) und den ↗ Belgern in NO-Frankreich und den Benelux-Staaten. Bedeutende Stämme waren die Averner (»Auvergne«), ↗ Häduer, ↗ Sequaner und ↗ Helvetier, die in den Auseinandersetzungen mit Rom eine wichtige Rolle spielten. – In der kelt. Siedlungsweise dominierten Dörfer und Weiler, die meist in Holz- und Lehmbauweise errichtet waren. Als Schutz vor Feinden dienten *oppida,* mit Ringwällen versehene Fluchtburgen, in die sich die Bevölkerung bei Gefahr zurückziehen konnte. Die wirtschaftl. Grundlagen der kelt. Gesellschaft waren neben dem Ackerbau eine bedeutende Viehzucht, die das Hauptelement der Nahrungsmittelversorgung bildete. Das Handwerk, bes. die Gefäßkeramik und Metallverarbeitung, stand auf hohem Niveau, und durch Handelsbeziehungen wurden intensive Kontakte mit dem mediterranen Gebiet unterhalten. Unter griech. Einfluss übernahmen die K. die Einrichtung der Münzprägung und ahmten z. T. deren Motive nach. Die kelt. Religion verfügte über ein breites Götterpantheon, in

dem überregionale Gottheiten neben zahlreichen lokalen standen. Eine große Rolle spielte die Anbetung der Natur und ihrer Gewalten sowie die Verehrung heiliger Tiere (Hirsch, Eber). Der Kult fand meist unter freiem Himmel statt, bisweilen auch in hölzernen Umgangstempeln. Besondere Bedeutung kam der Priesterkaste der ↗ Druiden zu, die als Träger der kelt. Religion und Kultur eine integrative Funktion über die einzelnen Stämme hinweg ausübten. Sie lehrten die Seelenwanderung. Die Druiden fungierten als Erzieher und Lehrer, und ihr umfangreiches Wissen wurde nur mündlich weitergegeben. Sie verfügten über beträchtl. polit. Einfluss und spielten eine große Rolle beim Widerstand gegen die röm. Expansion. – Seit dem 3. Jh. v. Chr. waren die K. – ungeachtet ihrer weiteren Ausbreitung nach den brit. Inseln und dem Vorstoß in den Balkanraum und nach Kleinasien – einem wachsenden Druck durch Römer und Germanen ausgesetzt. Während das Vorrücken der Germanen die K. nach W abdrängte, erlagen ihre gallischen, oberital. und span. Kerngebiete bis Mitte des 1. Jh. v. Chr. der röm. Expansion (↗ Vercingetorix). Unter Kaiser Claudius wurde schließlich noch das südl. Britannien erobert. Die kelt. Traditionen bestanden auch unter röm. Herrschaft zunächst fort, doch erlag ihre eigenständige Kultur allmählich einem Romanisierungsprozess, der bis in die Spätantike andauerte. Kelt. Volkstum hielt sich nur in einigen Randgebieten, namentlich Irland, Schottland, Wales und der Bretagne, wo kelt. Sprachen z. T. bis in die Gegenwart fortbestehen. **Lit.:** H. Birkhan, K. (1997). – A. Demandt, Die K. (1998).

Kelter (lat. calcatura, »das Treten, Pressen«). Presse, bes. zum Auspressen der Weintrauben. Neben zahlreichen literar. Überlieferungen und archäolog. Funden geben uns auch Darstellungen auf Vasen, Mosaiken oder Reliefs eine gute Vorstellung davon, wie eine Kelter aussehen konnte. Die Trauben wurden in einem Becken (z. B. einem Zuber, Holzkasten oder einer mit Mörtel geglätteten Steinwanne) mit den Füßen ausgetreten. Später benutzte man eine Presse; diese arbeitete anfangs mit einem Pressbaum, der von Seilwinden herabgezogen wurde, dann mit Hilfe einer Schraube (etwa seit dem 1. Jh. v. Chr.). Der dabei gewonnene Saft konnte abgeschöpft oder in ein anderes Gefäß abgelassen werden.

Keltiberer, Sammelname für Volksstämme im zentralspan. Hochland. Die genaue Herkunft dieser Völker (Arevaker, Lusones u. a.) ist nicht endgültig geklärt. Sie lebten in kleinen, befestigten Siedlungen in Familien und Sippen und bildeten keine polit. Einheit; sie besaßen eine eigene Sprache und in Inschriften erhaltene Schrift; Städte waren selten und sind erst im 5.–4. Jh. v. Chr. zu verzeichnen. Die bei antiken Autoren überlieferten Nachrichten haben meist etwas Sagen- und Märchenhaftes; angeblich besaßen die K. z. B. die Angewohnheit, ihre Zähne mit Urin zu reinigen. Die K. waren berühmt für ihre vorzügl., reich geschmückten Waffen und galten als rauh und kriegerisch. In Gold-, Silber-, und Eisenbergwerken förderten sie die Grundstoffe für ihre Ausrüstung. Sie

führten mehrere Kriege mit und gegen die Römer (↗ Cato d. Ä. 195; Numantin. Krieg 143–133; Aufstand des ↗ Sertorius 80–72). Ihre Kenntnisse in der Waffenproduktion machten sich die Römer zunutze (*gladius* und *pilum*). Die *tabula Contrebinesis* und Siedlungen wie Azaila lassen ab dem frühen 1. Jh. n. Chr. eine allmähl. Romanisierung vermuten. **Lit.:** A. Schulten, Die K. und ihre Kriege mit Rom (1914). – M. Salinas, Conquista y romanización de Celtiberia (1986).

Kenchrias (gr. Kenchrias), eponymer Heros eines der Häfen von Korinth, Sohn der ↗ Pirene.

Kenotaph (gr., »leeres Grabmal«), bei den Griechen und Römern ein Monument, das zu Ehren eines Verstorbenen errichtet wurde, dessen Leichnam entweder nicht gefunden oder an einem weit entfernten Ort begraben wurde.

Kentauren ↗ Zentauren

Kentauromachie ↗ Zentauren

Keos ↗ Kykladen

Kephallenia, größte der westgriech. Inseln vor der Westküste des Peloponnes; zwischen ↗ Leukas und ↗ Zakynthos. Die Insel hatte ein bes. mildes Klima, doch war die bebaubare Fläche gering, da K.s Oberfläche von zerklüftetem Kalkstein geprägt ist. K. war seit dem Neolithikum besiedelt; es finden sich Grabstätten aus spätmyken. Zeit. In geschichtl. Zeit bestand die Tetrapolis (Same, Pronnoi, Pale, Krane). 456 v. Chr. wurde K. von Athenern unter Tolmides besetzt; im ↗ Peloponnes. Krieg war es Bundesgenosse Athens; Mitglied im 2. ↗ Att. Seebund. Auf K. wurde der Zeus Ainos verehrt. Nach der Schlacht bei Actium 31 v. Chr. galt die Insel als »frei«, obwohl Hadrian K. angeblich den Athenern zum Geschenk machte. Bei Homer heißen die Gefährten des Odysseus Kephallenes; vielfach wurde K. auch aufgrund der geograph. Beschreibung mit Same oder Dulichion aus Homers Dichtung identifiziert. **Lit.:** GLHS (1989) 319 f.

Kephalos (1) (lat. Cephalus), schöner Gatte der Prokris, in den sich die Göttin Eos verliebt und den sie entführt (Hesiod, *Theogonie*, V. 984–991). K. jedoch sehnt sich nach seiner Frau und kehrt zu ihr nach Attika zurück. Durch eine Äußerung der Eos über seine Ehe misstrauisch geworden, stellt er die Treue seiner Gattin auf die Probe, indem er sie in verkleideter Gestalt bedrängt und sie mit Geschenken überhäuft, bis sie schließlich nachgibt. Als er sich ihr danach zu erkennen gibt, flieht Prokris aus Entsetzen und Scham. Nach einiger Zeit macht K. sie in den Bergen ausfindig. Es gelingt ihm, sie zur Rückkehr zu bewegen, doch ist nun Prokris eifersüchtig. Sie verfolgt ihn bei der Jagd, und wird von K., der ein Rascheln im Busch vernimmt und sie für ein Tier hält, mit einem Speerwurf getötet. K. wird dafür vom Gericht auf dem Areopag aus Athen verbannt. Eine berühmte Version von K. und Prokris findet sich bei Ovid (*Metamorphosen*, Buch 6–8).

Kephalos (2), Sohn des ↗ Hermes und Geliebter der ↗ Eos, die ihm ↗ Tithonos gebiert.

Kepheus (1) (gr. Kepheus), myth. König von Äthiopien, Gatte der Kassiope, Vater der Andromeda.

Kepheus (2) (gr. Kepheus), myth. König von Tegea in Arkadien, Teilnehmer an der Argonautenfahrt und an der ↗ Kalydon. Jagd. Er wird von Herakles zur Teilnahme an einem Überfall auf Sparta überredet, bei dem er und seine Söhne umkommen.

Kephisodotos (der Ältere), griech. Bildhauer aus Athen, der in der 1. Hälfte des 4. Jh. v. Chr. arbeitete; Vater und Lehrer des berühmten Praxiteles. Er schuf fast ausschließlich Götterdarstellungen. Von einem seiner Werke, der 374 in Athen aufgestellten Eirene, der Friedensgöttin mit dem Plutoskind (Reichtum) auf dem Arm, befindet sich eine Marmorkopie in der Münchner Glyptothek. **Lit.:** G. M. A. Richter, The Sculpture and Sculptors of the Greeks (1970). – A. F. Stewart, Greek Sculpture (1990).

Kephis(s)os (lat. Cephis(s)us), Name mehrerer Flüsse in der Antike; die bekanntesten waren der att. und der böot. K. Der att. K. versorgte die Ebene von Athen mit Wasser aus den umliegenden Bergen (↗ Pentelikon) und lieferte den Ton für die athen. Keramik, bevor er bei Phaleron in einem breiten Delta in den Saron. Golf mündete. Der böot. K. entsprang im nördl. Parnassgebirge, durchquerte die Ebenen der ↗ Phokis und mündete in den Kopaissee, der heute ausgetrocknet ist. **Lit.:** J. Knauss, Wasserbau und Siedlungsbedingungen im Altertum (1987).

Kepos (gr., »Garten«), Schule des Epikur (↗ Epikureismus).

Kerambos (lat. Cerambus), Hirte vom Othrysgebirge. Während der Sintflut wird er von den Nymphen in einen Käfer verwandelt.

Kerameikos (gr.,»Töpferquartier«), berühmter antiker Friedhof im NW von Athen, der außerhalb der Stadtmauer am Dipylontor lag. Hier befanden sich auch die Ehrengräber der Gefallenen. Die Ausgrabungen, begonnen 1863, 1913 von Deutschland fortgeführt, geben Aufschluss über Begräbnisriten Athens von der nachmyken. (um 1100 v. Chr.) Periode bis in Spätantike (bis 4./5. Jh. n. Chr.) Zeit. ↗ Bestattung. **Lit.:** U. Knigge, Der K. von Athen (1988).

Keramik ↗ Vasenmalerei, Terra Sigillata, Ton, Töpfer

Kerberos (lat. Cerberus), ein dreiköpfiger Hund mit Schlangenschwanz, gezeugt von Typhon und Echidna. Er hat die Aufgabe, den Eingang zur Unterwelt zu bewachen. Jeden Ankömmling nimmt er schwanzwedelnd-freundlich im Hades auf, lässt aber niemanden mehr hinaus. Lebendige haben keinen Zutritt; ↗ Orpheus muss ihn erst mit seinem Gesang betören, um an ihm vorbeizukommen.

Keren, weibl. Dämonen, die jeden, der ihnen begegnet, ins Verderben stürzen. Sie sind die Trägerinnen jegl. Unglücks, des Alters und bes. des Todes, viel schlimmer als die Furien. Hesiod nennt Ker eine Tochter der Nyx (Nacht).

Kerkopen (gr. Kerkopes), listige Einwohner der ital. Insel Pithecusa, die von ↗ Zeus in Affen verwandelt werden.

Kerkyon (gr. Kerkyon), myth. König von Eleusis, der jeden Vorüberziehenden zu einem Ringkampf nötigt und tötet. Auch Theseus muss sich dieser Aufgabe stellen; er bezwingt K. und erwirbt das Königreich.

Kerkyra, Tochter des Flussgottes ↗ Asopos. Sie wird von ↗ Poseidon entführt und auf die Insel gebracht, die später nach ihr benannt ist (heute Korfu). Dort bringt sie ↗ Phaiax zur Welt.

Kerykes, (gr.»Herolde«) ↗ Eleusinische Mysterien

Kessel (gr. lebes), bes. als Krater (Mischgefäß) benutztes großes, bauchiges Gefäß ohne Fuß, aber mit einem eigens angefertigten Untersatz oder Ständer. Die K. konnten aus Ton oder Metall sein und mitunter eine beträchtl. Größe erreichen (Durchmesser bis zu 1,30 m), waren beliebte Weihgeschenke und Kampfpreise, dienten aber auch als Koch- oder Waschgefäße. Sonderformen stellen u. a. der Hochzeits-K. (*gamikos*) dar, der schön bemalt war und für das Brautbad verwendet wurde, oder der Dreifuß-K., der – häufig mit kunstvollem Schmuck versehen – in Heiligtümern geweiht wurde. **Lit.:** I. Scheibler, Griech. Töpferkunst (²1995).

Keto, Tochter des Pontos (Meer) und der Gaia (Erde), von ihrem Bruder Phorkys Mutter der ↗ Graien und der ↗ Gorgonen; nach Hesiods *Theogonie* auch der ↗ Echidna und des ↗ Ladon.

Keyx, Gatte der ↗ Alkyone, nimmt Herakles gastfreundlich auf. Er wird, weil er sich selbst »Zeus« und seine Gattin »Hera« nennt, in einen Eisvogel verwandelt.

Kikonen, in der Mythologie Volksstamm in Thrakien, wo ↗ Odysseus auf der Heimfahrt von Troja haltmacht. Von ihnen erhält er den Wein, mit dem er später den Kyklopen Polyphem betrunken macht.

Kilikien, Küstenlandschaft im äußersten SO Kleinasiens. Die fruchtbare Küstenebene (Kilikia Pedias) im O wurde schon früh von Griechen besiedelt (↗ Tarsos, Selinus); im W das langgestreckte, unwegsame Taurusgebirge mit der syr.-kilik. Pforte, dessen Ausläufer im S steil ins Mittelmeer abfallen (Kilikia Tracheia; Tracheiotis). K. war ein wichtiger Holzlieferant. Seit dem 6. Jh. v. Chr. war K. persisch; 333 v. Chr. von Alexander d. Gr. in der Schlacht bei Issos erobert; danach seleukidisch. In röm. Zeit war K. ein berüchtigtes Seeräuberversteck; ab 101 v. Chr. röm. Militärbezirk Cilicia. 67 v. Chr. brach Pompeius die Macht der Seeräuber und übertrug die Herrschaft einer lokalen Dynastie. **Lit.:** D. Magie, Roman Rule in Asia Minor I-II (1950).

Kilix, Bruder des ↗ Kadmos und der ↗ Europa. Am Ende der erfolglosen Suche nach seiner Schwester lässt er sich in dem Land nieder, das er selbst nach sich Kilikien benennt.

Kimbern (lat. Cimbri), german. Stamm aus Nordjütland. Überbevölkerung und Landverlust führten um 120 v. Chr. zu Wanderungsbewegungen nach S, teils an die Elbe und weiter bis in die röm. Provinz ↗ Noricum, wo sie 113 bei Noreia die Römer schlugen; anschließend wandten sie sich nach W ins Maingebiet und in das Gebiet der ↗ Helvetier, wo ein Teil sesshaft wurde. Um 110 erreichten die K. das Tal der ↗ Rhône; 109 Zentralgallien; 105 Sieg über die Römer bei Arausio (heute Orange). Nach Misserfolgen in Spanien trafen die K. 101 bei ↗ Vercellae auf die Armee des C. Marius, der sie vernichtend schlug. **Lit.:** D. Timpe, in: B und P. Scardigli (Hg.), Germani in Italia (1994) 23–60.

Kimmerier, aus Südrussland stammendes nomadisier. Reitervolk; zuerst bei Homer erwähnt. Die K. wurden von iran. Skythen in den Kaukasus vertrieben. Über Herkunft, Kultur und Sprache der K. existieren keine gesicherten Nachrichten und kaum eigene schriftl. Überlieferungen. Nach assyr. Quellen des 8./7. Jh. v. Chr. drangen sie in das Reich von ↗ Urartu zur Zeit Sargon II. von Assyrien (714) ein, später überrannten sie um 676 v. Chr. Phrygien und plünderten Lydien (Tod des Gyges; Einnahme von Sardes) und die griech. Städte Joniens. Ihr Name lebt noch heute im sog. Kimmer. Bosporus im Schwarzen Meer fort.

Kimon, um 510–450 v. Chr., athen. Feldherr und Staatsmann, Sohn des Miltiades aus dem Geschlecht der Philaiden, beglich 489 die Geldstrafe, die man seinem Vater auferlegt hatte, und wurde in der Folgezeit zu einem der einflussreichsten Männer Athens. Als Stratege drängte er die Perser seit 478/77 im Ägäisraum weiter in die Defensive und errang einen glänzenden Sieg in der Seeschlacht am Eurymedon (um 469/66). Durch die Festigung des Att. Seebunds und die Besetzung von Positionen am Hellespont weitete er die athen. Macht beträchtlich aus. Durch unglückl. Versuche, sich in die Verhältnisse der Peloponnes einzumischen (462), sank sein polit. Einfluss, und 461 wurde er nach der Ermordung seines innenpolit. Gegners Ephialtes auf Betreiben der radikalen Demokraten ostrakisiert. Nach seiner Rückkehr 452/51 übernahm er den Oberbefehl über die Flotte im neu angefachten Perserkrieg, fiel aber, ohne seinen früheren polit. Einfluss wiedererlangt zu haben, bei Kämpfen auf Zypern. K. gehörte als Angehöriger eines alten Adelsgeschlechts zur Gruppe der konservativen Politiker in Athen. Er stand der uneingeschränkten Demokratie skeptisch gegenüber, behielt aber immer die Interessen seiner Vaterstadt im Auge und gefährdete nie den inneren Frieden. **Lit.:** H. Bengtson, Griech. Staatsmänner (1983) 94–108.

Kind. In der Antike erfolgte die Aufnahme eines Kindes in die Familie nach der ↗ Geburt in der Regel durch die Anerkennung seitens des Vaters. Wurde diese verweigert, kam es häufig zu ↗ Kindesaussetzungen. Die Kinder standen, bes. in Rom, unter strenger väterl. Zucht, unterstützten die Eltern bei der Arbeit und erhielten ab dem siebten Lebensjahr Schulunterricht (↗ Schulwesen). Der Eintritt ins Erwachsenenleben erfolgte in Griechenland mit der Aufnahme in den Kreis der ↗ Epheben (16/17 Jahre), doch waren Kinder gesetzlich verpflichtet, bei Alter oder Krankheit für ihre Eltern zu sorgen. In Rom war die rechtl. Stellung der Kinder durch die Dominanz des ↗ Pater familias innerhalb der ↗ Familie geprägt, der auch über Leib und Leben seiner Angehörigen entscheiden konnte.

Übergabe des Kindes (attische Hydria um 440 v. Chr.)

Doch auch nach der Entlassung aus der väterl. Gewalt durch Gründung eines eigenen Hausstands war der Sohn seinem Vater gegenüber zur ↗ pietas verpflichtet.

Kinderspiele ↗ Spielzeug, Ballspiel

Kindesaussetzung war in der antiken Gesellschaft ein weitverbreitetes Phänomen. Hauptanlässe waren körperl. Gebrechen des Kindes, aber auch materielle Not der Eltern oder Zweifel an der Vaterschaft. Die Entscheidung, ein Kind auszusetzen, stand allein dem Familienoberhaupt zu. Normalerweise wurden die Säuglinge an Orte und Plätze gebracht, wo sie schon bald gefunden wurden und dadurch dem Tod entgingen. Manchmal lag ihnen ein Erkennungszeichen bei, das den Kindern später ermöglichen sollte, ihre leibl. Eltern wiederzufinden. In Rom bestand bis in die späte Kaiserzeit ein Herausgabeanspruch für ausgesetzte Kinder, falls die leibl. Eltern später ihre Elternschaft nachweisen konnten. – Das Schicksal ausgesetzter Kinder ist ein beliebtes Motiv der Neuen Komödie (↗ Menander).

Kinesias (gr. Kinesias) aus Athen, griech. Dithyrambiker, ca. 450–390 v. Chr. Er wird von Aristophanes häufig wegen seines Aussehens und Namens (›Bumsfidel‹) verspottet und gilt als einer der Hauptvertreter der Neuen ↗ Musik. **Lit.:** B. Zimmermann, Die griech. Komödie (2006) 117–119.

Kinyras (gr. Kinyras), myth. König von Zypern. Nachdem er die Göttin Aphrodite beleidigt hat, indem er prahlte, seine Tochter ↗ Myrrha sei schöner als Aphrodite, geht er zur Strafe ohne sein Wissen ein inzestuöses Verhältnis mit Myrrha ein, die er nach der Erkenntnis der Wahrheit umbringen will. Im ↗ Trojan. Krieg verspricht er Agamemnon 50 Schiffe, liefert aber nur ein richtiges und 49 Tonmodelle, die alle untergehen.

Kirchenlehrer (lat. doctores ecclesiae). Als K. bezeichnete noch Papst ↗ Gregor d. Gr. die Apostel. Im 8. Jh. bildete sich jedoch in Analogie zu den vier Evangelisten eine Vierzahl von K.n heraus (↗ Ambrosius, ↗ Augustinus, ↗ Hieronymus und ↗ Gregor d. Gr.), um sie den vier K.n der Ostkirche (↗ Athanasios, ↗ Basilius, ↗ Johannes Chrysostomos und ↗ Kyrillos von Alexandria) an die Seite zu stellen. In der Ostkirche hatte man schon im 6./7. Jh. im Zuge der dogmat. Auseinandersetzungen begonnen, den Nachweis der Orthodoxie durch das Anführen von »Vätersprüchen« zu erbringen (lat. *doctrina patrum*, »Lehre der Väter«). ↗ Kirchenväter; ↗ Apostol. Väter. **Lit.:** LACL (³2003).

Kirchenväter (lat. patres ecclesiae). Mit K. bezeichnet man die Theologen der griech.-röm. Antike, auf die sich die Tradition der Kirche stützt und die seit dem MA als Zeugen in dogmat. Streitereien angeführt werden. Die wichtigsten lat. K. sind ↗ Tertullian, ↗ Cyprian, ↗ Laktanz, ↗ Ambrosius, ↗ Hieronymus, ↗ Augustinus und ↗ Boethius; die wichtigsten griech. K.: ↗ Justinus Martyr, ↗ Irenäus, ↗ Clemens von Alexandria, ↗ Origenes, ↗ Eusebios, ↗ Athanasios, ↗ Basilius, ↗ Gregor von Nyssa, ↗ Gregor von Nazianz, ↗ Johannes Chrysostomos, ↗ Kyrillos von Alexandria. Die umfangreichste Edition der lat. und griech. K. stammt von J. P. Migne, *Patrologiae cursus completus, Series Latina/Graeca*, Paris 1844 ff./1857 ff. Seit 1866 ediert die Wiener Akademie der Wissenschaften sämtl. lat. Kirchenväter im *Corpus scriptorum ecclesiasticorum Latinorum* (*CSEL*). Weitere wichtige Reihen mit Texten der K. sind das *Corpus Christianorum* (1954 ff.), die *Fontes Christianae* (mit dt. Übersetzung) (1990 ff.) und die *Sources Chrétiennes* (mit franz. Übersetzung) (1941 ff.). ↗ Apostol. Väter; ↗ Kirchenlehrer. **Lit.:** H. von Campenhausen, Griech. K. (1986). – Ders., Latein. K. (⁶1986). – LACL (³2003).

Kirke, in Homers *Odyssee* Tochter des Helios, Zauberin auf der Insel Aiaia. Mit einem Zaubertrank verwandelt sie die Gefährten des Odysseus in Schweine, er selbst kann sich jedoch mit am Zauberkraut Moly schützen. K. verliebt sich in Odysseus und gibt seinen Gefährten ihre alte Gestalt zurück. Nach einem Jahr muss K. ihren Geliebten ziehen lassen. Vor dem Aufbruch gibt sie ihm darüber Auskunft, wie er in den Hades zum Schatten des Sehers ↗ Teiresias gelangen kann.

Kirsche (gr. kerasos, lat. cerasus, die etymolog. Ableitung von der Stadt Kerasous in Kleinasien ist unsicher). Während Wildkirschen seit frühester Zeit in ganz Europa verbreitet waren, wurde die veredelte Süßkirsche erst durch den röm. Feldherrn ↗ Lucullus (74 v. Chr.) aus dem Gebiet des ↗ Pontos in Italien eingeführt; demgegenüber scheint sie in Griechenland schon länger bekannt gewesen zu sein. Von Italien aus verbreitete sie sich innerhalb von 120 Jahren rasch in ganz Süd- und Mitteleuropa bis nach Britannien. ↗ Plinius d. Ä. kennt bereits mehrere Arten, die botanisch aber nicht zweifelsfrei zu identifizieren sind. Als Delikatesse war die K. in der gesamten Kaiserzeit beliebt und geschätzt. **Lit.:** A. Dalby, Essen und Trinken im alten Griechenland (1998).

Kissos ↗ Efeu

Kithairon (lat. Cithaeron), noch heute bewaldeter Gebirgszug (Hagios Elias) im N des Isthmos von Ko-

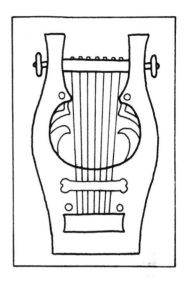

Kithara

rinth, der Böotien gegen die Megaris und gegen Attika abgrenzt.

Kithara, eines der wichtigsten Saiteninstrumente der griech. Antike, z. T. auch bei Etruskern und Römern im Gebrauch. Die K. bestand aus einem hölzernen Schallkasten mit ebenem Boden, der vorne flach und nach hinten ausgebuchtet war, sowie zwei Armen, die zunächst gebogen, dann parallel nach oben liefen, und einem Querholz, das die beiden Arme verband und als Halterung diente, von der sich die Saiten bis zum Ende des Schallkastens spannten. Mit Hilfe von Wirbeln konnte man die Saiten festdrehen und grob stimmen, zur Feinstimmung verwendete man besondere Stimmschlüssel. Die Saitenzahl betrug in klass. Zeit sieben, doch sind später Instrumente mit bis zu zwölf Saiten nachweisbar. Die K., die dem Gott Apollon als heilig galt, wurde stehend gespielt und diente hauptsächlich zur Begleitung von Gesängen; darüber hinaus kam sie auch bei Wettkämpfen (↗ Agon) zum Einsatz.

Kitharodie, Gesang zu Kitharabegleitung, bes. der sog. kitharod. Nomos, ein Lied zu Ehren Apollons. Erhalten sind die *Perser* des Timotheos (ca. 410 v. Chr.).

Klageweiber, die gegen Bezahlung die Totenklage ausführten, waren seit frühesten Zeiten im Vorderen Orient bekannt, begegnen in der griech. Welt vereinzelt aber seit hellenist. Zeit bei der Bestattung wohlhabender Persönlichkeiten. Die allgemeine Totenklage blieb aber in der Regel Sache der Angehörigen.

Klaros, Küstenplatz in Jonien (↗ Kleinasien) nahe der Stadt ↗ Kolophon mit berühmter Kultgrotte und bedeutendem Orakel des Apollon Klarios; erstmals von Thukydides erwähnt und von Strabon ausführlich beschrieben. Hesiod nannte K. als Schauplatz eines myth. Wettstreits zwischen den Sehern Kalchas und Mopsos. Das Heiligtum wurde 1907 entdeckt und von

L. Robert ausgegraben. Es bestand aus einem großen heiligen Bezirk, einem Haupttempel im dor. Stil aus dem 3. Jh. v. Chr., einem jon. Tempel und weiteren Bauten. Zahlreiche Inschriften vom 3. Jh. v. Chr. bis in die röm. Kaiserzeit (3. Jh. n. Chr.) beleuchten den Ablauf der kult. Handlungen, die Antworten des Orakels und die Klientel, die es befragte. **Lit.:** G. E. Bean, Kleinasien I (1987) 190 ff. – H. Parke, The Oracles of Apollo in Asia Minor (1985). – L. Robert, Claros I (1989). – ASM (1999).

Klassik (lat. *classicus*). Der Begriff *classicus* bezeichnet ursprünglich eine der höchsten Steuerklasse zugehörige Person. Im 2. Jh. n. Chr. wird der Begriff im Sinne von ›mustergültige Autoren‹ eingeführt (Gellius, Fronto). Der Gedanke, eine Epoche als klassisch zu bezeichnen, kommt seit der Zeit des Hellenismus auf, deren Autoren sich den großen Dichtungen der Vergangenheit zwar verpflichtet fühlten, ihre Größe aber nicht mehr zu erreichen meinten (Klassizismus). Deutlich klassizistisch ausgerichtet ist die griech.-röm. Literatur des 1. Jh. n. Chr. (Dionysios von Halikarnassos, Quintilian). **Lit.:** M. Fuhrmann, K. in der Antike, in: H.-J. Simm (Hg.), Literar. K. (1988) 101–119.

Klassische Philologie. Die K. P. beschäftigt sich mit der Literatur und Kultur der griech.-röm. ↗ Antike. Bis in die Zeit nach dem Zweiten Weltkrieg wurden unter der Bezeichnung K. P. Gräzistik und Latinistik zusammengefasst. Inzwischen hat sich in der Studienpraxis die enge Verbindung der beiden Fächer so stark gelockert, dass Studierende, die beide Fächer belegen, eher die Ausnahme darstellen. In der universitären Verwaltung hat sich die ehemalige inhaltl. Einheit noch in der Organisationsform des Seminars für K. P. erhalten.

Klausel, Begriff der Metrik, um den abschließenden, katalekt. oder durch ↗ Hiat abgesetzten Vers einer Periode zu bezeichnen.

Klauselrhythmus, Begriff der Rhetorik. Die griech. und röm. Redner (↗ Cicero) pflegten das Ende von Sätzen und Perioden durch bestimmte rhythm. Sequenzen zu markieren. Der häufigste Schluss ist die Verbindung ↗ Creticus und ↗ Trochäus und der Dicreticus (zwei Kretiker, ↗ Creticus).

Klazomenai (heute Klazumen, Türkei), bedeutende Stadt im westl. Kleinasien am Südufer des Golfes von Smyrna; gegründet von ↗ Kolophon; Heimat des ↗ Anaxagoras. Die ursprüngl. Siedlung lag auf dem Festland, bis K. zur Zeit des Jon. Aufstandes (500–494) auf eine vorgelagerte Insel verlegt wurde; seit Alexander d. Gr. war sie durch einen Damm mit dem Festland verbunden. K. besaß ein Schatzhaus in Delphi und war im 5. Jh. v. Chr. Mitglied des Att. Seebundes; 412 Abfall von Athen und 386 pers. Eroberung. In K. und seiner Umgebung wurde eine große Gruppe bemalter Tonsarkophage (6./5. Jh. v. Chr.) gefunden, ebenso eine Reihe schwarzfigurige Vasen aus derselben Zeit. Wenige Reste der antiken Bauwerke, aber viele private und öffentl. Inschriften sind erhalten, außerdem Teile der Hafenanlagen und der antiken Stadtmauer. **Lit.:** G. E. Bean, Aegean Turkey (1980). – G. E. Bean, Kleinasien I (1987) 127 ff.

Kleanthes, griech. Philosoph aus Assos (Troas), Stoiker, ca. 331–232 v. Chr., Schüler und Nachfolger von Zenon von Kition. Er übernahm im Kern die Philosophie seines Lehrers. Erhalten ist ein Zeus-Hymnos, in dem K. den Gott als allmächtiges Naturgesetz und als Weltseele preist. **Lit.:** M. Pohlenz, Die Stoa I (⁷1992) 27 f.

Klearchos (1), spartan. Feldherr und Söldnerführer, brachte 411 im Peloponnes. Krieg Byzanz zum Anschluss an Sparta und verteidigte es 408 gegen einen athen. Gegenangriff. Nach Kriegsende 403 als Harmost in Byzanz eingesetzt, wurde er schon bald wegen Übergriffen gegen die Bevölkerung seines Postens enthoben und floh an den Hof Kyros' d. Jüngeren. Er warb für diesen griech. Söldner an und übernahm 401 das Kommando über das peloponnes. Truppenkontigent, mit dem er sich am Aufstand des Kyros gegen seinen Bruder Artaxerxes II. beteiligte. Nach der Schlacht bei Kunaxa (401) wurde er von Tissaphernes gemeinsam mit den übrigen griech. Strategen in einen Hinterhalt gelockt und ermordet. Einen Nachruf auf K. gibt Xenophon in der *Anabasis* (2, 6).

Klearchos (2) von Soloi, gr. Philosoph des 4. Jh. v. Chr., Schüler des ↗ Aristoteles, popularisierte nach Ausweis der Fragmente die traditionelle peripatet. Lehre, insbes. zur Ethik. Er ist wohl der K., der bis nach ↗ Baktrien (Ai Khanoum) reiste, wo er eine (erhaltene) Inschrift mit etwa 150 »Delph. Maximen« aufstellen ließ. **Lit.:** L. Robert, Opera Minora Selecta V (1989), 510–551; H. Flashar u. a. (Hg.), Grundriss der Geschichte der Philosophie III (2004).

Klebstoffe. In der Antike waren verschiedene Sorten von K.n in Gebrauch. Am weitesten verbreitet waren Leim, der aus Tierhäuten und Knochen gewonnen wurde, Kleister aus Getreideschleim und Milch sowie diverse klebrige Pflanzensäfte wie Papyrus oder Harz. Auch Pech hatte eine gewisse Bedeutung. In der röm. Kaiserzeit wurden K. verstärkt in speziellen Manufakturbetrieben hergestellt und gewerbsmäßig verkauft.

Kleidung. In Griechenland bestand die traditionelle K. der Männer aus dem Chiton, einem meist kurzen einteiligen Untergewand, das gegürtet und auf einer oder beiden Schultern geknüpft getragen wurde. Bei Bedarf wurde als Überwurf ein Mantel (↗ Himation) hinzugefügt. Frauen trugen in der Regel einen langen Chiton mit Ärmeln, der in Falten geworfen werden konnte, mitunter auch ein Schleiertuch. In Rom trugen Männer meist die mit dem Chiton verwandte ↗ Tunika, über die als Festgewand eine ↗ Toga geworfen werden konnte, die in vielfachem Faltenwurf über die Schulter gelegt wurde. Frauen warfen über die Tunika meist eine Stola mit Ärmeln und Gürteln. Antike K. bestand aus Leinen, Wolle oder sonstigen Faserstoffen, die in Webereien hergestellt wurden. Hosen waren bei Griechen und Römern verpönt und galten als barbarisch; sie kamen aus prakt. Gründen lediglich bei Soldaten verstärkt zum Ein-

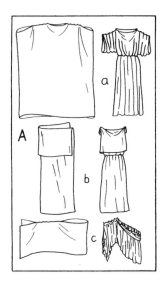

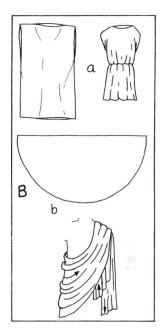

A griechische Kleidungsstücke
a Chiton, b Peplos, c Mantel

B römische Kleidungsstücke
a Tunika, b Toga

satz. **Lit.:** L.H. Wilson, The Roman Toga (1924). – M. Bieber, Griech. Kleidung (1928).

Kleinasien (lat. Asia minor), vielgestaltige, klimatisch sehr unterschiedl. Landmasse zwischen ↗ Ägäis, ↗ Mittelmeer und ↗ Schwarzem Meer. Das durch gewaltige Gebirgsketten in Steppen, Hochebenen und fruchtbare Küstenstreifen gegliederte Land zerfiel in zahlreiche Landschaften, Völkerschaften und Kulturen und war verkehrstechnisch schwer zu erschließen. Die Städte des griech. Mutterlandes erschlossen die Küsten K.s ab dem 8. Jh. v. Chr. durch rege Kolonisationstätigkeit (↗ Milet, ↗ Phokaia, ↗ Sinope). K. bildete ein wichtiges Bindeglied zwischen Asien und Europa für Fernhandel, zivilen und militär. Verkehr. Von ↗ Ephesos bis ↗ Susa durchquerte die ↗ Königsstraße K., und die Römer schlossen K. an ihr ausgedehntes Straßensystem an. ↗ Bithynien, ↗ Kappadokien, ↗ Karien, ↗ Kilikien, ↗ Lydien, ↗ Lykaonien, ↗ Lykien, ↗ Medien, ↗ Mysien, ↗ Pamphylien, ↗ Paphlagonien, ↗ Phrygien, ↗ Pisidien, ↗ Pontos.

Kleisthenes (gr. Kleisthenes), Sohn des Megakles, athen. Staatsmann aus dem Geschlecht der Alkmäoniden, verbrachte die meiste Zeit der Peisistratidenherrschaft im Exil und versuchte durch Einflussnahme auf das Orakel von Delphi, Sparta zum militär. Eingreifen in Athen zu veranlassen. Nach dem Sturz der Tyrannis (511/10 v. Chr.) kehrte er zurück und initiierte 508/07, nach der Ausschaltung seines konservativen innenpolit. Gegners Isagoras, eine umfassende Staatsreform, die zur Grundlage der athen. Demokratie werden sollte. An die Stelle der vier alten Phylen setzte er zehn neue, die – in Trittyen untergliedert – eine gleich-

mäßige geograph. Mischung aus Stadt-, Berg- und Küstenbewohnern darstellten und so das Aufkommen von Partikularinteressen verhinderten. Dabei war jede Phyle gleichberechtigt und paritätisch an der Besetzung der Staatsämter, des Rats der 500 (Boule) und der Wahl der Strategen beteiligt. Die Macht der alten Adelsversammlung, des Areopags, wurde zugunsten des Rates deutlich reduziert. Auch die Einrichtung des Ostrakismos, mit der eine neue Tyrannis verhindert werden sollte, geht wahrscheinlich auf K. zurück. Späteren Zeiten galt er als »Gründungsvater« der att. Demokratie. **Lit.:** W.J. Elliot, Coastal Demes of Attika (1962). – M. Ostwald, Nomos and the Beginnings of the Athenian Democracy (1969). – P. Siewert, Die Trittyen Attikas und die Heeresreform des K. (1982). – GGGA (1999).

Kleitarch (gr. Kleitarchos) aus Alexandria, griech. Historiker, 2. Hälfte 4. Jh. v. Chr., Schüler des Historikers Dinon und Philosophen Stilpon, Verf. einer *Geschichte Alexanders* in zwölf Büchern, von der 52 Fragmente erhalten sind. Das Werk scheint den Grundstock für die späteren Alexandergeschichten gebildet zu haben. **Lit.:** O. Lendle, Einführung in die griech. Geschichtsschreibung (1992) 168–171.

Kleite, Tochter des Königs Merops und Ehefrau des Dolionenkönigs ↗ Kyzikos. Als dieser versehentlich bei einen nächtl. Kampf von Jason getötet wird, erhängt sich K. Die Tränen der Nymphen, die sie beweinen, sollen Ursprung der Quelle K. sein (↗ Aitiologie).

Kleitos, Gefährte Alexanders d.Gr., rettet diesem 334 v. Chr. am Granis das Leben, erhält nach der Hinrichtung des Philotas dessen Kommando und wird 328 zum Satrapen der Grenzprovinz Baktria/Sogdiana bestimmt. Bei einem Gelage fühlte sich Alexander von K. beleidigt und tötete ihn.

Kleoboia (1), eine den Demetermysterien verbundene Jungfrau, die diese von Paros nach Thasos gebracht haben soll. In Delphi war sie auf einem Gemälde des Polygnotos dargestellt: In der Unterwelt sitzend, hält sie eine myst. Kiste auf dem Schoß, die als Symbol der Geheimhaltung der Mysterien gilt.

Kleoboia (2), Frau des miles. Königs Phobios. Sie soll sich in eine Geisel am Königshof, den Jüngling Antheus, verliebt haben. Von ihm abgewiesen, rächt sie sich, indem sie ein Rebhuhn in einen Brunnen wirft und Antheus bittet, es für sie herauszuholen. Beim seinem Abstieg in den Brunnen tötet sie ihn und nimmt sich darauf selbst das Leben.

Kleobulos von Lindos, im 7./6. Jh. v. Chr. Tyrann von Lindos, der mächtigsten Polis auf Rhodos, wird zu den Sieben Weisen gezählt.

Kleomenes I., regierte um 525–488 v. Chr., spartan. König aus dem Haus der Agiaden, war 511/10 maßgebl. am Sturz der Peisistratiden in Athen beteiligt und unterstützte vergeblich ⁊ Isagoras gegen dessen Rivalen ⁊ Kleisthenes. 499 lehnte er eine spartan. Unterstützung des Jon. Aufstands (⁊ Perserkriege) ab und begründete durch einen Sieg über ⁊ Argos die uneingeschränkte Hegemonie Spartas auf der Peloponnes. Innenpolitisch lag er im Konflikt mit dem zweiten König ⁊ Demaratos, der schließlich abgesetzt wurde; auch führte er häufig Auseinandersetzungen mit den ⁊ Ephoren.

Kleomenes III., um 260–220/19 v. Chr., spartan. König aus dem Haus der Agiaden 235–222, griff, nachdem er seine Macht gefestigt hatte, die soziale Reformpolitik Agis IV. wieder auf. Nach einem bedeutenden militär. Sieg über den Achäerbund 227 bei Megalopolis ließ er die Ephoren, die obersten Beamten Spartas, die allen Neuerungen ablehnend gegenüberstanden, überfallen und alle bis auf einen ermorden. Er errichtete eine Alleinherrschaft, enteignete den Großgrundbesitz und verteilte das Land an Periöken, die das volle Bürgerrecht erhielten. Die Ursache für den Niedergang Spartas sah K. bes. in der Verweichlichung der Spartiaten, deren Zahl seit dem 5. Jh. durch die Konzentration des Grundbesitzes drastisch abgenommen hatte (von ca. 6.000 auf 700) und dem Verfall der alten Erziehungsideale. Mit seinen Maßnahmen verfolgte er das Ziel, die früheren Verhältnisse eines homogenen und in der Gesellschaft fest verankerten Vollbürgertums wiederherzustellen, das er als Hauptgrundlage der alten spartan. Macht betrachtete. Gestützt auf die etwa 4.000 Neubürger setzte K. seinen Kampf gegen den Achäerbund mit dem Ziel fort, erneut die Hegemonie Spartas über die Peloponnes zu errichten. 226 schlug er den Bund bei Dyme vernichtend und konnte in der Folgezeit Argos erobern. Seinem polit. Ziel bereits nahe, wendete sich das Blatt, als der achäische Staatsmann Aratos von Sikyon den Makedonenkönig Antigonos III. Doson zu Hilfe rief. In die Defensive gedrängt, musste er Argos wieder räumen und unterlag 222 in der Entscheidungsschlacht bei Sellasia, in der ein Großteil der Neubürger fiel. Während die verbündeten Truppen Sparta besetzten, floh K. nach Ägypten, wo er Zuflucht erhielt. Als ihm jedoch Ptolemaios IV. die polit. Unterstützung verweigerte, initiierte er 220/19 in Alexandria einen Aufstandsversuch, in dessen Verlauf er getötet wurde. Seine polit. Reformen in Sparta wurden nach seinem Sturz (222) wieder annulliert, die ungelösten sozialen Konflikte sollten aber auch die Folgezeit dominieren. Plutarch sieht in K. einen geistigen Vorläufer der Gracchen, die mit einem ähnl. Reformansatz in Rom die sozialen Konflikte entschärfen wollten. **Lit.:** H. Bengtson, Herrschergestalten des Hellenismus (1975) 165–183.

Kleon, athen. Feldherr und Staatsmann, war in der ersten Phase des Peloponnes. Krieges der führende Vertreter der Kriegspartei und innenpolit. Hauptgegner des Nikias. 425 v. Chr. zwang das spartan. Truppenkontigent auf der der Peloponnes vorgelagerten Insel Sphakteria zur Kapitulation und nahm 292 Spartiaten gefangen. Er fiel 422 in Nordgriechenland bei Kämpfen vor Amphipolis. Sein Bild ist durch die Überlieferung (bes. Thukydides), die ihn als Musterbeispiel eines Demagogen darstellte, stark ins Negative verzerrt. **Lit.:** W. R. Connor, The New Politicians of Fifth-century Athens (1971).

Kleopatra (1) (gr. Kleopatra), Tochter des ⁊ Boreas und der Erechtheustochter ⁊ Oreithyia, Schwester der ⁊ Boreaden. Erste Frau des thrak. Königs Phineus, der sie und seine zwei Söhne, als er sich mit ⁊ Idaia vermählt, einsperrt. Von den Argonauten befreit, übernehmen die Söhne die Herrschaft.

Kleopatra (2) (gr. Kleopatra), um 355–309/08 v. Chr., Tochter Philipps II. und Schwester Alexanders d.Gr., heiratete 336 ihren Onkel Alexander I. von Epirus; bei den Hochzeitsfeierlichkeiten wurde ihr Vater ermordet. Nach dem Tod ihres Mannes (331) wurde sie aus der Regentschaft zugunsten ihres Sohnes Neoptolemos II. von ihrer Mutter Olympias verdrängt und ging nach Makedonien. In der Diadochenzeit versuchten mehrere Machthaber, durch eine Ehe mit K. Legitimität zu gewinnen, doch widerstand sie allen diesbezügl. Versuchen. Als sie 309/08 dennoch eine Heirat mit Ptolemaios ins Auge fasste, wurde sie im Auftrag des Antigonos, der in einer solchen Verbindung eine Bedrohung sah, in Sardes ermordet.

Kleopatra I. (gr. Kleopatra), um 204–176 v. Chr., Tochter des Seleukiden Antiochos III. und Gemahlin Ptolemaios V. von Ägypten, führte nach dem Tod ihres Mannes (180) die Regentschaft für ihren Sohn Ptolemaios VI. und ließ Münzen in eigenem Namen prägen.

Kleopatra II. (gr. Kleopatra), um 180–115 v. Chr., Tochter von Ptolemaios V. und Kleopatra I., rang mit ihren Brüdern Ptolemaios VI. und Ptolemaios VIII. um die Herrschaft in Ägypten und regierte phasenweise in wechselnden Konstellationen bis zu ihrem Tod.

Kleopatra VII.

Kleopatra VII. (gr. Kleopatra), 69–30 v. Chr., letzte ptolemäische Königin in Ägypten, wurde nach dem Tode ihres Vaters Ptolemaios XII. (51) von ihrem Bruder Ptolemaios XIII., mit dem sie das Land gemeinsam regieren sollte, von der Macht vertrieben. 48 erlangte sie die Unterstützung Caesars, der in der Verfolgung des Pompeius nach Ägypten gekommen war, und wurde nach der Niederschlagung des alexandrin. Aufstands von diesem als Königin anerkannt. Sie erhielt die Herrschaft über Zypern und begleitete 46 Caesar zusammen mit ihrem gemeinsamen Sohn, Kaisarion, nach Rom, was großes Aufsehen und z. T. heftigen Anstoß erregte. Nach der Ermordung Caesars (44) kehrte sie nach Ägypten zurück und gewann 41 die Gunst des Antonius, der nach der Niederlage der Caesarmörder bei Philippi (42) die Herrschaft über den Ostteil des röm. Reiches übernommen hatte. 37 heiratete sie ihn und erwarb Teile des röm. Machtbereichs als Herrschaftsgebiete für Kaisarion und ihre gemeinsamen Kinder mit Antonius. Dieser proklamierte sie 34 zur »Königin der Könige« und verfolgte den Plan, mit ihr gemeinsam eine Art röm.-hellenist. Weltreich zu gründen. Der Einfluss, den sie auf ihn ausübte, bot Octavian, der die westl. Hälfte des röm. Machtbereichs kontrollierte, die Handhabe, gegen Antonius vorzugehen und die Auseinandersetzung formal als einen Krieg gegen K. darzustellen. Nach der verlorenen Seeschlacht bei Actium (31) floh sie nach Ägypten, wo sie nach dem Selbstmord des Antonius, in der Hoffnung, Königin bleiben zu können, auch die Gunst des Augustus erringen wollte. Als sie keinen Erfolg hatte, nahm sie sich durch einen Schlangenbiss das Leben, um nicht im Triumphzug durch Rom geführt zu werden (30). Mit ihrem Tod endet die Geschichte des Ptolemäerreiches, Ägypten wurde in eine röm. Provinz verwandelt. K. war hochgebildet, zielstrebig und machtbewusst und zählt zu den bedeutendsten Herrscherinnen der Antike. Im Rahmen der röm. Hegemonie versuchte sie die frühere Bedeutung des Ptolemäerreiches wiederherzustellen, scheiterte aber – trotz zeitweise beachtl. Erfolge – letztlich an den innenpolit. Gegensätzen in Rom, auf die sie keinen Einfluss hatte. **Lit.:** H. Bengtson, Herrschergestalten des Hellenismus (1975) 279–320 – M. Clauss, K. (1995). – GGGA (1999).

Kleophrades-Maler, bedeutender att. Vasenmaler, der etwa zwischen 505 und 470 v. Chr. in rotfiguriger Technik malte; benannt nach dem Töpfer K., dessen Signatur auf einer großen Schale steht, die sich heute in Paris (Cabinet de Médailles) befindet. Beliebte Themen des K.-M.s waren anfangs dionys. und Komosszenen, später Genre- und Athletenszenen und schließlich trojan. Szenen. **Lit.:** J.D. Beazley, The Kleophrades Painter (1974).

Klepshydra ↗ Uhr

Kleros (»Landlos«), ein durch Losverfahren erworbener Grundbesitz, der bes. bei der Landnahme der griech. Frühzeit und bei Kolonisationsunternehmungen zur Anwendung kam. Die Parzellen wurden gleichmäßig geteilt, gegen eine unmittelbare Weiterveräußerung geschützt und den einzelnen Siedlern zugewiesen. Die Besitzer eines K. nannte man ↗ Kleruchen.

Kleruchen, allg. die Besitzer eines Landloses (↗ Kleros), die speziell in Athen auch politisch instrumentalisiert wurden. Die att. K. waren Vollbürger, die bes. im 5. und 4. Jh. v. Chr. mit Landzuweisungen bedacht und in Außenbesitzungen angesiedelt wurden, um die athen. Macht zu stabilisieren und gegenüber den Bundesgenossen durchzusetzen. Häufig ging eine vollständige oder teilweise Vertreibung der ursprünglich hier siedelnden Bevölkerung voraus (z. B. ↗ Ägina, ↗ Samos). Im Gegensatz zur ↗ Kolonie (gr. ↗ Apoikia) behielten die Bewohner der Kleruchie das ↗ Bürgerrecht, auch wenn sie es durch die räuml. Distanz zur Mutterstadt in der Praxis nur selten wahrnehmen konnten. Zu Beginn des ↗ Peloponnes. Krieges dürfte es etwa 10.000 att. K. gegeben haben. **Lit.:** J. Cargill, Athenian Settlements of the Fourth Century BC (1995).

Klienten (lat. clientes) hießen in Rom Personen, die sich in die fürsorgl. Obhut eines einflussreichen und wohlhabenden ↗ Patronus begaben, der ihnen Rechtsschutz und Sicherheit gewährte. Im Gegenzug unterstützte der Klient seinen Gönner bei dessen polit. und wirtschaftl. Ambitionen. Verfügte ein Patron über zahlreiche K., erhöhte sich sein öffentl. Ansehen beträchtlich. Das Klientelwesen war in der gesamten Republik weit verbreitet und bildete ein Grundelement der gesellschaftl. Ordnung. Im Zuge der röm. Expansion wurde dieses System auch auf die Außenpolitik übertragen, indem Könige bzw. Staaten, bes. im östl. Mittelmeerraum, in ein offizielles Klientelverhältnis zur röm. Republik aufgenommen wurden.

Klima (gr., »Neigung«) bezeichnet in der griech. Wissenschaft ursprünglich die Neigung der Erdachse zum Horizont, deren period. Änderung für die unterschiedl. Tageslängen im Jahresverlauf verantwortlich ist. Die Beobachtung und wissenschaftl. Untersuchung des wechselnden Klimas erfolgte bes. durch den Mathematiker und Geographen ↗ Eudoxos von Knidos (4. Jh. v. Chr.), dessen Werk indirekt bei ↗ Strabon überliefert ist. Seine Erkenntnisse fanden Eingang in die Kartographie (↗ Pytheas, ↗ Eratosthenes), die ↗ Astrologie und die Berechnung des ↗ Kalenders. In der ↗ Geographie wurden später auch die parallelen Zonen der Erdoberfläche als Klimata bezeichnet, deren im Jahresverlauf ähnl. Wetterverhältnisse mit dem Begriff K. in Verbindung gebracht wurden und zur neuzeitl. Bedeutung des Wortes führten.

Klimax (gr., »Leiter«), Begriff der Rhetorik, Aufzählung sich überbietender Begriffe.

Kline ↗ Bett

Klio, eine der ↗ Musen.

Klitias (gr. Klitias), att. Vasenmaler, der um 570 v. Chr. in schwarzfiguriger Maltechnik arbeitete. Bedeutend ist die von ihm bemalte und nach ihrem Entdecker benannte François-Vase (heute im Archäolog. Museum in Florenz): Überzogen mit mehreren Friesen sind hier 270 Menschen- und Tierdarstellungen sowie 121 Inschriften (auch für Gegenstände) in höchster Präzision und Lebhaftigkeit aufgemalt, und so überträgt K. die eigentlich vorwiegend auf Schalen vorkommende Miniaturmalerei in großartiger Manier auf diesen Krater (großes Mischgefäß). **Lit.:** J. Boardman, Schwarzfigurige Vasen aus Athen (⁴1994).

Klotho (gr. Klotho, »Spinnerin«), eine der ↗ Moiren.

Klymenos (1), König von Arkadien, Vater der ↗ Harpalyke. Er verliebt sich in seine Tochter und vergewaltigt sie. Als sie ihm aus Rache ihren aus dieser Beziehung stammenden Sohn zum Mahle vorsetzt, begeht er Selbstmord.

Klymenos (2), König von Orchomenos und Vater des ↗ Erginos.

Klymenos (3), Beiname des Unterweltgottes Hades in der argiv. Region Hermione.

Klytämnestra (gr. Klytaim(n)estra), Tochter des myth. Königs Tyndareos von Sparta und der Leda, Schwester der Helena, durch Agamemnon Mutter von Iphigenie, Elektra, Chrysothemis und Orest. Zusammen mit ihrem Geliebten Ägisth ermordet sie ihren Mann nach seiner Heimkehr aus dem ↗ Trojan. Krieg, vor dessen Beginn er Iphigenie geopfert hatte. Orest wird nach Phokis zu Strophios gebracht, kehrt aber als junger Mann zurück und bringt mit Elektras Hilfe K. und Ägisth um.

Klytië, Tochter des ↗ Okeanos und der ↗ Tethys, Geliebte des ↗ Helios. Als Helios sich in ↗ Leukothoë verliebt und K. verlässt, verrät diese das Liebesverhältnis an Leukothoës Vater. Nach dem Tod der Leukothoë wird K. von Helios zurückgewiesen. Verzweifelt verbringt sie neun Tage unter freiem Himmel, ohne zu trinken und zu essen, den ganzen Tag mit ihrem Blick den Lauf ihres geliebten Helios verfolgend, bis sie vor Kummer stirbt. Sie wird in eine Blume verwandelt, die Heliotrop (Sonnenblume) heißt, weil sie stets der Bewegung der Sonne folgt.

Knidos (lat. Cnidus), um 900 v. Chr. vielleicht von Spartanern gegründete dor. Hafenstadt in ↗ Kleinasien

Klytämnestra erschlägt Kassandra

in strategisch wichtiger Lage; berühmt durch Ärzteschule und Aphroditeheiligtum mit der sog. Knid. Aphrodite, einer Marmorstatue des att. Bildhauers ↗ Praxiteles. 412 Abfall von Athen, 394 siegte hier der Athener Konon als pers. Admiral über die spartan. Flotte; danach ptolemäisch und rhodisch; ab 129 v. Chr. röm. Reste von Tempeln, Theatern, Stadtmauern und Hafenmolen. **Lit.:** PECS (1976). – W. Blümel, Die Inschriften von K. 1 (1992). – ASM (1999).

Knöchelspiel, ein in der Antike beliebtes Gesellschaftsspiel, bei dem knöchelförmige Spielsteine (↗ Astragalos) geschickt geworfen werden mussten. Bildl. Darstellungen sind nicht selten, so auf Wandgemälden in Herculaneum.

Knossos (gr. Knossos), im nördl. Mittelkreta gelegene Siedlung mit minoischer Palastanlage. Die Gründung wird dem sagenhaften König ↗ Minos zugeschrieben, der den ↗ Dädalus mit dem Bau des Palastes beauftragt haben soll. Die ersten Ausgrabungen fanden 1900 unter der Leitung des Engländers Sir Arthur Evans statt. Bei dieser größten Palastanlage auf Kreta gruppieren sich um einen großen rechteckigen Zentralhof die zahlreichen, z.T. mehrstöckigen Wohn-, Repräsentations-, Kult-, Wirschafts- und Lagerräume sowie Werkstätten und Magazine. Bei dem Palasthügel befand sich eine große Stadt, von der heute wenig bekannt ist. Ferner gehörten zwei Häfen, der Haupthafen Amnisos sowie ein weiterer Hafenplatz in der Nähe der modernen Stadt Iraklion, zu diesem Komplex. Durch ein Erdbeben wurde der Palast um 1450 v. Chr. stark beschädigt, aber von den inzwischen vom Festland eingewanderten Achaiern wiederaufgebaut; bei einem Brand um 1400 wurde er endgültig zerstört. Die Siedlung war zwar weiterhin bewohnt, verlor jedoch zunehmend an Bedeutung, spätestens als ↗ Gor-

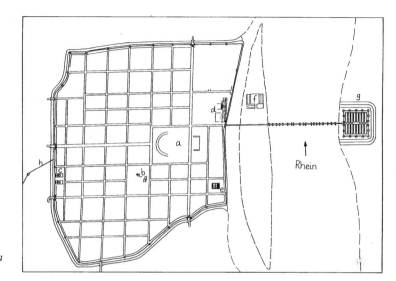

a Forum
b Thermen
c gallorömische
  Tempel
d Praetorium
e Capitolium
f Horrea (Getreide-
  speicher)
g Divitia (Deutz)
h Wasserleitung aus
  der Eifel

*Köln (Colonia Claudia
Ara Agrippinensium)*

tyn zur Hauptstadt Kretas wurde. 67 v. Chr. wurde K. von den Römern erobert und 36 v. Chr. zur *Colonia Iulia Nobilis Cnosus*. **Lit.:** ASM (1999).

Koblenz (lat. Confluentes), Rheinübergang und Hafen mit röm. Kastell. K., am Zusammenfluss von Rhein und Mosel gelegen, war als Handelshafen und Verkehrsknotenpunkt von überregionaler Bedeutung. Seit 49 n. Chr. überquerte eine Holzbrücke den Rhein, aus dem 2. Jh. stammen Reste der Moselbrücke. Im heutigen Koblenz-Niederberg gab es ein Kohortenkastell. Die Zivilsiedlung (im Gebiet der heutigen Altstadt) wurde um 260 n. Chr. zerstört. K. wurde Teil des Rheinlimes und zur Festung ausgebaut. Im 5. Jh. gehörte die Stadt bereits zum fränk. Territorium. **Lit.:** H. Cüppers (Hg.), Die Römer in Rheinland-Pfalz (1990) 418–422.

Koch. Der Spezialberuf des K.s entwickelte sich in Griechenland im Zuge des gesellschaftl. Aufschwungs im 5. und 4. Jh. v. Chr. und ist auch in der Literatur, bes. der Komödie, nachweisbar. Haupttätigkeitsfeld des K.s waren vornehme Familien, die für sich selbst oder ihre Gäste Wert auf erlesene Speisen legten. Köche waren häufig Sklaven, befanden sich als solche aber in einer privilegierten Position und standen oft ihrerseits an der Spitze zahlreicher Küchenbediensteter. Die Einrichtung des K.s wurde in republikan. Zeit auch in Rom übernommen, wo die Kochkunst bes. in der späten Republik und in der Kaiserzeit einen enormen Aufschwung nahm (↗ Lucullus) und einen lebhaften Widerhall in der Literatur fand (↗ Petron, ↗ Apicius, ↗ Kochbuch). **Lit.:** A. Dalby, Essen und Trinken im alten Griechenland (1998).

Kochbuch. Unter dem Namen des Apicius, eines stadtbekannten Schlemmers aus der 1. Hälfte des 1. Jh. n. Chr., ist ein K. (*De re coquinaria*) überliefert, das wohl erst aus dem 3./4. Jh. stammt, vielleicht aber teil-

weise auf Apicius zurückgeht. Neben Kochbüchern im eigentl. Sinne gibt es eine Reihe von kulinar. Literatur: In erhabenem ep. Stil ist unter dem Namen des Philoxenos (Beginn 4. Jh. v. Chr.) die Schilderung eines Gastmahls erhalten (*Deipnon*), aus der Mitte des 4. Jh. v. Chr. stammen die *Hedupatheia* des Archestratos von Gela, ein kulinar. Streifzug durch den Mittelmeerraum, später von Ennius ins Lateinische übertragen. Wichtigste Quelle für kulinar. Fragen sind die *Deipnosophisten* des Athenaios, die viele Zitate sonst verlorener Autoren zu Essensfragen enthalten. **Lit.:** E. Alföldi-Rosenbaum, Das K. der Römer (⁸1988). – O. Montanari, Archestrato di Gela (1983).

Kodros, letzter myth. König von Athen. Nach einem Orakelspruch gibt er sein Leben hin und verhindert damit den Sieg der Peloponnesier über Athen.

Köln (lat. Colonia Agrippinensis), Hauptort der ↗ Ubier (oppidum Ubiorum), röm. Zivilstadt und Militärlager am german. ↗ Limes; Geburtsort ↗ Agrippina d.J., der Mutter Neros und späteren Gemahlin des Claudius. Die Stadt wurde 50 n. Chr. zur Colonia latin. Rechts erhoben und erhielt den Beinamen Agrippinensis. K. war ein wichtiges Verwaltungs- und Militärzentrum der Provinz Germania inferior mit dem Sitz des Statthalters, als Standlager der legiones I et XX Valeria victrix und als Flottenstützpunkt; Kultstätte für Augustus (*ara Ubiorum*). Zur Zeit des Postumus war K. Hauptstadt des gall. Sonderreiches (259–260 n. Chr.), organisiert nach dem Vorbild Roms. 353 wurde K. von Franken und Alemannen zerstört und fiel ab 456 dauerhaft in fränk. Hände. Sehenswert sind Kaiserpalast und Römerturm, Mosaike und Grabdenkmäler sowie die Bestände des Röm.-German. Museums. **Lit.:** P. La Baume, Colonia Agrippinensis (1958). – P. La Baume (u. a.), Führer zu vor- und frühgeschichtl. Denkmälern 37/1 (1980). – W. Eck, K. in röm. Zeit (2004).

König (lat. rẹx, gr. basileus), im Gegensatz zum Tyrannen (↗ Tyrannis) der Träger einer legitimen und traditionellen monarch. Staatsgewalt. Bereits die altoriental. Reiche des Vorderen Orients (Ägypten, Assyrien, Babylonien usw.) wurden von Königen regiert, deren Institution untrennbar mit der jeweiligen Gesellschaft verbunden war. Die konkreten Formen der Herrschaft wiesen jedoch starke Unterschiede auf und reichten von einem Gottkönigtum (Ägypten) über ein Heerkönigtum (Hethiterreich), wo der Herrscher als oberster Kriegsherr keine religiöse Institution war, bis zu Lokalfürsten, die ebenfalls als Könige galten. – Auch in Griechenland wurden in der Frühzeit die einzelnen Staaten von Königen geleitet, ein Umstand, der sich u.a. in der Sagenwelt widerspiegelt. Durch die Herausbildung der typ. Polisstruktur und den polit. Aufstieg des Adels, wurden die Könige bis Mitte des 8. Jh. v. Chr. fast überall beseitigt. Lediglich in griech. Randgebieten (↗ Makedonien, ↗ Epirus), wo ältere Stammesstrukturen intakt geblieben waren, sowie im Sonderfall Sparta, für das spezielle Verhältnisse galten, konnte sich das Königtum behaupten. Obwohl einzelne Adlige in den griech. Poleis zeitweise eine Alleinherrschaft errichten konnten, die z. T. über mehrere Generationen vererbt wurde, galten sie nicht als Könige, sondern als Tyrannen (↗ Tyrannis). Die klass. Zeit (5./4. Jh.) wurde vollends durch die entwickelte Polis dominiert, vom alten Königtum zeugten nur noch geringe Spuren, bes. im sakralen Bereich. Mit der Errichtung der makedon. Hegemonie über Griechenland durch ↗ Philipp II. (359–336) und der Eroberung des Perserreiches durch seinen Sohn Alexander d.Gr. (336–323) wurde das Königtum wieder zur bestimmenden Staatsform der griech.-hellenist. Welt. Da jedoch in den Nachfolgestaaten des Alexanderreiches keine stammesbezogenen Bindungen mehr dominierten, entfernte sich der Königsbegriff mehr und mehr von seinem traditionellen makedon. Vorbild und griff z. T. auf einheim. Traditionen wie das Pharaonentum in Ägypten zurück (↗ Ptolemäer). Da die hellenist. Staaten hauptsächlich durch die Person des K. und seine Dynastie zusammengehalten wurden, wurde dieser immer mehr in den Mittelpunkt gestellt, was zur Ausbildung eines regelrechten ↗ Herrscherkults führte. Die Zeit der hellenist. Könige fand mit der röm. Eroberung des östl. Mittelmeerraumes, die von Augustus (30 v. Chr.) abgeschlossen wurde, im Wesentl. ihr Ende, auch wenn es noch in der Kaiserzeit vereinzelte Vasallenkönige gab. – In Rom sollen der Überlieferung zufolge vor Errichtung der Republik (510 v. Chr.) sieben Könige (*reges*) regiert haben: Romulus, Numa Pompilius, Tullus Hostilius, Ancus Marcius, Tarquinius Priscus, Servius Tullius und Tarquinius Superbus. Da der letzte Herrscher bis zu seinem Sturz ein Schreckensregiment geführt haben soll, war der Königsbegriff während der gesamten Republik politisch diskreditiert. Innere Gegner wurden häufig verleumdet, indem man ihnen unterstellte, nach der Königswürde zu streben. Als die polit. Verhältnisse im 1. Jh. v. Chr. durch die permanenten Krisen und Bür-

gerkriege unhaltbar geworden waren und sich die traditionelle Republik als nicht mehr praktikabel erwies, verbot die Rücksicht auf gesellschaftl. Empfindlichkeiten die Institution des Königs wiedereinzuführen. Mit dem ↗ Prinzipat schuf Augustus eine neue Ordnung, an deren Spitze ein führender Mann (Princeps, ↗ Kaiser) stand, der aber nicht als König betrachtet wurde.

Königsfriede, 387/86 v. Chr. geschlossener Friede zwischen Sparta und den ↗ Persern. Durch diesen Frieden sicherte sich Sparta die Hegemonie in Griechenland. Als Gegenleistung erhielten die Perser die kleinasiat. Griechenstädte und Zypern. Vermittelt wurde der K. durch den spartan. Feldherr ↗ Antalkidas, weshalb er auch als Antalkidasfriede bezeichnet wird. **Lit.:** R. Urban, Der Königsfrieden von 387/86 v. Chr. (1991).

Königsstraße, wichtigste und sicherste Verkehrsverbindung von W nach O durch Kleinasien mit etwa 100 Rast- und Pferdewechselstationen, wahrscheinlich schon von den Persern errichtet. Die sog. K. führte von Ephesos und Smyrna an der Küste der Ägäis, über ↗ Sardes, ↗ Gordion, ↗ Ankyra und Melitene nach ↗ Susa. Herodot beschrieb sie (5, 52–54) ausführlich; ihr genauer Verlauf ist jedoch in der Wissenschaft umstritten. Eine Reise von Sardes nach Susa nahm etwa 111 Tagesreisen in Anspruch (↗ Straßen).

Körperpflege. Schon in der griech. Frühzeit erhielt man seine Gesundheit durch Waschen, Baden und Schwimmen im Meer oder Aufenhalte im Warmbad. Die Poleis des 5. und 4. Jh. v. Chr. hatten öffentl., z. T. auch private Badehäuser, in denen man sich mit einer Mischung aus Kalk und Holzasche oder Tonerde den Schmutz abrieb und Wechselbäder nahm; nach dem Bad wurde der Körper geölt und anschließend mit Tüchern getrocknet. Bei den Römern war die K. zunächst weniger ausgeprägt. Haare und Bart trug man lang, man wusch sich täglich nach der Arbeit Arme und Beine, aber ein Bad nahm der Römer in der Stadt laut Seneca nur an Markttagen. Die Badestuben (*balneae*) in den Innenstädten waren einfach und ungemütlich; erst in der späten Republik (1. Jh. v. Chr.) und der Kaiserzeit entstanden große ↗ Thermen. Anders war die Situation auf dem Lande, wo auf den Landgütern Herrschaft und Gesinde bequemer badeten. Zur Erhaltung der Gesundheit und Pflege des Körpers betrieb man Gymnastik, badete und schwamm. – Zur Hautpflege verwendeten Griechen wie Römer Fette oder parfümierte ↗ Salben, die von Masseuren eingerieben wurden; zuweilen waren auch die Bäder parfümiert. Man härtete sich ab durch Aufenthalt in Schwitz- oder Wechselbädern (*laconica, sudatoria*). Die Herstellung von Seifen war noch unbekannt; man salbte sich und entfernte Schmutz mit dem Schabeisen (↗ strigilis). Haare und Bart behandelte man wie heute mit Kämmen aus Knochen, Elfenbein, Holz oder Horn. Nägel wurden vom Barbier beschnitten, der auch die Rasur und das Auszupfen von Haaren mit der Pinzette übernahm. Der reichen Griechin und Römerin standen vielfältige Kosmetikartikel zur Verfügung, von Gesichtspackungen aus feuchtem Brotteig bis zum Baden in Eselsmilch; geprüft wurde das Aussehen in kostbaren ↗ Spiegeln. Die weibl. ↗ Haartracht wurde mit Schere und Brenneisen traktiert, dessen zu häufiger Gebrauch Schaden anrichtete und manchmal eine ↗ Perücke erforderte. Weibl. Frisuren waren in der Kaiserzeit sehr vielfältig und mod. Trends unterworfen. **Lit.:** E. Paszthory, Salben, Schminken und Parfüme im Altertum (1992).

Kohle (gr. anthrax, lat. carbo). Stein- und Braunkohle waren in Antike zwar nicht unbekannt (»thrak. Stein«), fanden aber kaum Verwendung. Erst in der röm. Kaiserzeit ist in Britannien und Gallien eine vereinzelte Nutzung festzustellen. Große Bedeutung hatte hingegen Holzkohle, die in speziellen Betrieben von Kohlenbrennern (Köhlern) aus ausgesuchten Hölzern hergestellt wurde (eine Art Presskohlebriketts). Sie diente bes. als Brennmaterial und kam bei der Beheizung von Räumen, in der Küche und in der Metallverhüttung zum Einsatz.

Kohorte (lat. cohors), ursprünglich eine militär. Einheit der röm. Bundesgenossen, die in der Regel 500 Mann umfasste. Im Zuge des Übergangs von der Manipulartaktik zur Kohortentaktik (↗ Schlachtordnung) im 2. Jh. v. Chr. wurde auch die röm. Armee entsprechend umstrukturiert, indem je drei ↗ Manipel zu einer K. zusammengefasst wurden. Durch die Heeresreform des ↗ Marius Ende des 2. Jh. v. Chr. wurde diese zur wichtigsten takt. Einheit. Eine ↗ Legion bestand nun aus 10 K.n, die eine Sollstärke von 600 Mann umfassten. Das Kommando führte der rangälteste ↗ Centurio. Darüber hinaus wurden seit Augustus die Hilfstruppen aus nichtröm. Bürgern, die bes. zur Grenzsicherung rekrutiert wurden, in K.n organisiert.

Koile Syria (gr., »hohles Syrien«), geograph., zuerst bei Ps.-Skylax belegter Begriff unklarer Ausdehnung für die Gebiete westl. des ↗ Euphrat (heute Syrien, Libanon und Teile Palästinas). ↗ Strabon zählt K. S. zu den fünf Landschaften Syriens.

Koine, Standardgriech. ca. seit dem 4. Jh. v. Chr., mit sehr engem Bezug zum Jonisch-Att.. Die lokalen Dialekte werden durch die K. (›die allg. Sprache‹) zurückgedrängt, gegen Ende des 2. Jh. v. Chr. sind sie auf Inschriften kaum mehr nachweisbar.

Koios, Sohn des ↗ Uranos und der ↗ Gaia. Zusammen mit der Titanin Phoibe zeugt er ↗ Leto und ↗ Asteria. Er kämpft bei der ↗ Titanomachie.

Kokalos, König von Kamikos auf Sizilien. Er nimmt den von Kreta geflohenen ↗ Dädalus gastfreundlich auf und tötet König Minos.

Kokytos (gr. Kokytos), Fluss in der Unterwelt, ein Seitenarm der Styx.

Kolchis, fruchtbare Landschaft am Schwarzen Meer, Heimat ↗ Medeas.

Kollationieren (lat., collatio, »Vergleich«), Begriff der Textkritik, Vergleich der Überlieferungsträger zur Erstellung eines ↗ Stemmas und des originalen Wortlauts des Textes.

Kollema (»Klebung«), Stelle, an der zwei Papyrusseiten aneinandergeklebt werden.

Kolluthos aus Lykopolis (Ägypten), griech. Dichter, 5./6. Jh. n. Chr., Verf. eines ↗ Epyllions *Raub der Helena,* das stark durch ↗ Nonnos beeinflusst ist. **Lit.:** O. Schönberger, K. (1993) [Übersetzung, Kommentar].

Kolonie (lat. colonia, gr. apoikia), im griech. Bereich eine durch eine Mutterstadt initiierte städt. Neugründung, in Rom ursprünglich eine städt. Siedlung mit röm. Bürgern. – Die Anlage einer griech. Kolonie erfolgte aus polit. oder wirtschaftl. Gründen, ging von einer Mutterstadt aus und konnte beträchtl. Entfernungen überbrücken (↗ Kolonisation). In der Regel wurden die Auswanderer als geschlossene Gruppe unter einheitl. Führung in ein zuvor als geeignet angesehenes Gebiet geschickt, wo ihnen Landlose (↗ Kleros) zugeteilt wurden und sie eine neue ↗ Polis errichteten. Im Gegensatz zu einer Kleruchie (↗ Kleruchen) verloren die Kolonisten das Bürgerrecht ihrer Heimatstadt, blieben dieser aber ideell und meist auch politisch eng verbunden. Der histor. oder halbmyth. Stadtgründer wurde als *Heros ktistes* verehrt (↗ Apoikie). – In Rom wurde das Mittel der Koloniegründung im Zuge der Ausdehnung der röm. Herrschaft auf weite Teile Italiens als gezielte Maßnahme eingesetzt, um die eigene Macht zu festigen. Die K.n waren städt. Neugründungen mit röm. Bürgern, die sich selbst verwalteten, aber das volle Bürgerrecht behielten. Sie wurden in strategisch wichtigen Gebieten angelegt, und ihre Hauptaufgabe bestand ursprünglich darin, die umliegenden röm. Bundesgenossen zu kontrollieren und sicherzustellen, dass keine Aufstandsversuche unternommen würden. Später wurden K.n auch in den Provinzen errichtet und dienten u. a. der Versorgung von ↗ Veteranen. Mit der sukzessiven Ausweitung des röm. ↗ Bürgerrechts verloren sie allmählich ihren herausgehobenen rechtl. Charakter, galten aber noch in der Kaiserzeit ideell höherrangig als andere Formen der städt. Organisation (↗ Municipium). **Lit.:** ↗ Kolonisation.

Kolonisation, allg. die Ausbreitung des Siedlungsgebiets eines bestimmten Volkes in neue Räume, speziell die Auswanderungsbewegung der Griechen und Phönizier vom 9. bis 6. Jh. v. Chr., die zur Gründung neuer Städte im gesamten Mittelmeergebiet sowie an den Küsten des Schwarzen Meeres und zur Durchdringung der neu besiedelten Gebiete mit der griech. bzw. phöniz. Kultur führten. Vorläufer der griech. Kolonisationsbewegung war die Besiedlung der ägäischen Inseln und der angrenzenden kleinasiat. Festlandsgebiete durch das griech. Mutterland seit etwa 1200 v. Chr. Dabei wurde die nordöstl. Ägäis (Lesbos mit Hinterland) von ↗ Äolern, das mittlere Inselgebiet mit dem benachbarten Festland von Joniern (↗ Jon. Wanderung) und die südl. Ägäis von ↗ Dorern besiedelt. – Die griech. Kolonisation im engeren Sinne setzte noch in der archaischen Zeit im 8. Jh. v. Chr. ein und war Ende des 6. Jh. im Wesentl. abgeschlossen. Hauptursache war ein deutl. Bevölkerungswachstum im griech. Mutterland, das zu Engpässen bei der Ernährung und damit verbunden zu sozialen Konflikten führte. Hinzu kamen polit. Krisen, die durch die Rivalität der führenden Adelsgeschlechter in den griech. Poleis ausgelöst wurden. Die gezielte Auswanderung bestimmter Bevölkerungsgruppen trug nicht unwesentlich zum Abbau der inneren Spannungen bei. Voraussetzung für die Realisierung von Kolonisationsprojekten war der Aufschwung der Seefahrt (↗ Seewesen) mit der Möglichkeit, auch große Entfernungen mit Fahrten auf hoher See relativ gefahrlos zu überbrücken. Während die jon. K. (↗ Milet, ↗ Phokaia, u.a.) bes. die Küstengebiete des Schwarzen Meeres erschloss, die für die Getreideversorgung Griechenlands sehr wichtig waren, griff die dor. K. (↗ Korinth, Sparta, dor. Inseln, u.a) bes. nach Sizilien (Gründung von ↗ Syrakus), ins östl. Unteritalien (↗ Tarent) und in die Kyrenaika (↗ Kyrene) aus. Achäische Siedlungen erfolgten bes. im südl. Unteritalien und auf Zypern. Versuche, auch das westl. Mittelmeergebiet zu erschließen, scheiterten – von einzelnen Ausnahmen abgesehen (z.B. ↗ Massilia) – am Widerstand der Etrusker und Karthagos. Mit der Gründung einer ↗ Kolonie entstand eine völlig neue ↗ Polis mit eigenem Bürgerrecht, die aber ideell und politisch meist der Mutterstadt verbunden blieb, auch für den Fall, dass sie diese später an polit. Bedeutung überragte (z.B. Syrakus – Korinth). Die Kolonien wurden fast ausschließlich an Küsten angelegt, begünstigten aber die Ausbreitung der griech. Kultur und die Hellenisierung des Hinterlands, das meist von autochthonen Volksgruppen bewohnt wurde. – In klass. Zeit (5./4. Jh.), als die meisten Siedlungsräume machtmäßig besetzt waren, kam es nur noch vereinzelt zur Gründung neuer Kolonien (z.B. ↗ Thurioi in Unteritalien 444/43); andererseits versuchte bes. Athen, durch die Anlage von Bürgersiedlungen (↗ Kleruchien), denen häufig die Vertreibung der ursprüngl. Bevölkerung vorausging, seine polit. Macht über den ↗ Att. Seebund zu festigen. – Zu einem neuen Aufschwung der K. kam es in hellenist. Zeit, als nach der Eroberung des Perserreiches durch Alexander d.Gr. der gesamte Vordere Orient der griech. Kultur erschlossen wurde. In die Nachfolgestaaten des Alexanderreiches und die von den hellenist. Herrschern neu gegründeten Städte strömten zahlreiche Auswanderer aus dem griech. Mutterland, doch handelt es sich hierbei nicht mehr um eine K. im engeren Sinne.

Neben der griech. ist auch die etwa zeitgleiche phöniz. K. (↗ Phönizier) (9.–7. Jh. v. Chr.) bedeutsam, die sich über große Distanzen bes. im westl. Mittelmeerraum manifestierte und z.T. über die Straße von Gibraltar hinausgriff. Die wichtigsten Kolonisationsgebiete waren Nordafrika (u.a. ↗ Karthago), die südspan. Küste (u.a. ↗ Gades), sowie die Balearen, Sardinien und die westl. Hälfte Siziliens. **Lit.:** F. Vittinghoff, Röm. Kolonisation und Bürgerrechtspolitik (1952). – J. Seibert, Metropolis und Apoikie (1963). – E.T. Salmon, Roman Colonization under the Republic (1969). – J. Boardman, Kolonien und Handel der Griechen (1981). – A.J. Graham, Colony and Mother City in Ancient Greece (²1983). – I. Malkin, Religion and Colonization in Ancient Greece (1987). – Th. Miller, Die griech. Kolonisation (1997).

Kolophon (heute bei Degirmendere, Türkei), alte jon. Handelsstadt südl. von ↗ Smyrna mit dem Hafen Notion; Heimat des Nikander und des Apelles. Nach der Blütezeit im 7./6. Jh. v. Chr. unter pers. und lyd. Herrschaft folgte im 5. Jh. eine Zeit verminderten Wohlstands, worauf der geringe Beitrag im ↗ Att. Seebund hinweist. In den folgenden Jahrhunderten wechselten die Herrscher der Stadt häufig. Ausgedehnte Ruinen der antiken Stadt mit Akropolis, Theater und Tempeln. Auf dem Gebiet von K. lag das berühmte Orakelheiligtum des Apollon Klarios. **Lit.:** PECS (1976). – G. E. Bean, Kleinasien I (1987) 186 ff.

Koloss (gr.-dor. kolossos, »Statue«), ursprünglich nur die Bezeichnung für einfache Statuen, wurde der Begriff, wohl mit der Aufstellung der zu den Sieben Weltwundern der Antike zählenden Statue des Helios von Rhodos, schließlich auch für überlebensgroße Statuen gebraucht. Der sog. K. des Helios von Rhodos wurde nach dem Ende der Belagerung von Rhodos 304 v. Chr. in Auftrag gegeben; aber nicht der berühmte Lysipp, sondern ein Schüler, Chares aus Lindos, bekam den Zuschlag. Zwölf Jahre später (292) war die in mehreren Teilen gegossene bronzene Riesenstatue vollendet und wurde neben der Hafeneinfahrt aufgestellt. Aber auch wenn sie mit mehr als 30 m Höhe kolossal war, so hat sie dennoch die Einfahrt nicht – wie verschiedene Bilder es zeigen – mit den Beinen überspannt. Bei dem großen Erdbeben, das Rhodos 226 v. Chr. erschütterte, stürzte der K. um und wurde nicht wieder aufgestellt. **Lit.:** K. Brodersen, Die Sieben Weltwunder. Legendäre Kunst- und Bauwerke der Antike (³1999).

Kolosseum (lat. Amphitheatrum Flavium), zur Zeit seiner Erbauung das größte und wohl prachtvollste Amphitheater Roms und der Antike, an der südöstl. Seite des Forum Romanum in der Talsenke zwischen dem Palatin, dem Caelius und dem Esquilin gelegen. Es wurde von Vespasian an der Stelle eines zur sog. Domus Aurea (goldenes Haus) des Nero gehörigen künstl. Teiches begonnen, von seinen Söhnen Titus und Domitian fortgeführt und 80 n. Chr. von Titus eingeweiht. Nach dem Geschlecht der Flavier wurde das Amphitheatrum Flavium genannt, der Name K. taucht erstmals bei Beda Venerabilis (im 8. Jh. n. Chr.) auf und wird von der nördl. des Theaters aufgestellten Kolossalstatue des Kaisers Nero abgeleitet. Das ellipt. K. hat einen Umfang von 524 m; die Länge der großen Achse beträgt 188 m, die der kleinen 155 m. Das Gebäude ist aus mächtigen Travertinblöcken erbaut. Seine Außenseite (über 50 m hoch) zeigt vier Stockwerke, von denen die drei untersten aus je 80 Bögen und Pfeilern mit vorgeblendeten dor., jon. und korinth. Halbsäulen bestanden. Die Zugänge der untersten Bogenreihe ermöglichten zusammen mit den vier Haupteingängen ein zügiges Betreten des K.s. Die Zuschauer gelangten durch zahlreiche Gänge und Treppen zu ihren Sitzplätzen, die von fünf nach außen hin zunehmenden Mauerringen getragen wurden. Unter der Arena befanden sich weitere Gänge, Tierkäfige, Aufenthaltsräume und Räume für

Rom, Kolosseum,
Blick ins Innere und
den Unterbau

die verschiedenen Maschinerien. Das K. konnte u. a. mit Sonnensegeln (*vela*) überspannt oder für die Seeschlachten (⁊ Naumachien) unter Wasser gesetzt werden. Hauptsächlich fanden hier allerdings Tierhetzen und Gladiatorenkämpfe statt, die bis ins 6. Jh. veranstaltet wurden, danach verfiel das K. allmählich und wurde als Steinlieferant für zahlreiche andere Gebäude benutzt. **Lit.:** F. Coarelli, Rom. Ein archäolog. Führer (²1981). – H.-J. Müller, Rom. Kunst- und Reiseführer (1991).

Komaitho (1), Tochter des ⁊ Pterelaos, des Königs von Taphos. Aus Liebe zu dem Landesfeind ⁊ Amphitryon schneidet sie die goldene Locke ihres Vaters ab, von der dessen Leben abhängt. Nach der Eroberung der Insel wird sie von Amphitryon getötet.

Komaitho (2), Priesterin der ⁊ Artemis. K. verliebt sich in Melanippos und will ihn heiraten. Da die Eltern die Erlaubnis verweigern, schlafen sie im Tempel miteinander. Um den Zorn der Göttin zu besänftigen, wird das Paar geopfert, woraufhin sich das jährliche Opfer eines Jünglings und einer Jungfrau einbürgert.

Kometen (gr., »die Behaarten«). Unter den Himmelserscheinungen schenkte die antike ⁊ Astrologie und Meteorologie den K. höchste Aufmerksamkeit, ebenso wie Sonnen- und Mondfinsternissen. K. galten wie diese oft als böses Omen und als Vorboten eines bevorstehenden Weltuntergangs oder verlustreicher Kriege. Die Vorsokratiker zählten Kometen zu den Sternen; die Erklärungen für K. waren sehr unterschiedlich: Demokrit vermutete eine zufällige Begegnung mehrerer Himmelskörper, Aristoteles hielt sie für körperlose, atmosphär. Phänomene. Die Schrift Senecas d. J. über die K. in seinen *Naturwissenschaftl. Untersuchungen* (*Naturales quaestiones*) wurde bis ins MA gelesen und ist kulturgeschichtlich von höchster Bedeutung. Die christl. Ikonographie deutete die

K. als Heilsbringer und Verkünder kommender Ereignisse (K. von Bethlehem).

Komitien ⁊ Volksversammlung

Kommagene, wasserreiche, fruchtbare Landschaft im N Syriens (heute Türkei) vom Südhang des ⁊ Taurus bis zum oberen Euphrat. K. war in der Antike mit dichten Wäldern bedeckt und wichtiger Holzlieferant. Die frühe Geschichte K. kann z. T. aus assyr. Quellen rekonstruiert werden; 708 v. Chr. richtete Sargon II. hier eine assyr. Provinz mit der Hauptstadt Kummuh ein. Die einheim. Dynastie der Orontiden (ab 3. Jh. v. Chr.) ging auf pers. Satrapen zurück. K. gehörte nach Alexander d.Gr. Tod zum Reich der Seleukiden; ab 162 v. Chr. war es selbständig, später unter röm. Oberhoheit und ab 72 n. Chr. Teil der Provinz Syria. Hauptstadt war Samosata; daneben war Duliche von Bedeutung, das ein Heiligtum des Jupiter Optimus Maximus Dolichenus beherbergte. Berühmt wurde das prachtvolle Grabmal und die Kultstätte, die sich ⁊ Antiochos I. Epiphanes (69–38 v. Chr.) auf dem Nemrut Dag errichten ließ. Die dort gefundenen Inschriften bezeugen ein friedl. Nebeneinander griech. und kleinasiat. Kulte (Mithras) und die Blüte griech.-oriental. Künste in der Region. **Lit.:** F. K. Dörner (Hg.), K. (1975). – F. Millar, The Roman Near East 31 BC-AD 337 (1993).

Kommos (gr., »das Schlagen«), Trauergesang, abgeleitet vom ekstat. Schlagen der Brust im Trauerritual; Sonderform des Wechselgesangs in der Tragödie (⁊ Amoibaion).

Komödie (gr. komodia, »Gesang anlässlich eines Komos«, d. h. eines dionys. Umzugs). Bereits im 6. Jh. v. Chr. muss es in Griechenland Vorformen der K. im Zusammenhang mit dem Dionysoskult gegeben haben. Auf Vasenbildern sind häufig als Tiere kostümierte Menschen zu sehen, die von einem Aulos-Spieler angeführt werden. Seit 486 v. Chr. gehört die K.

zum offiziellen Festprogramm der att. ↗Dionysien. Man unterscheidet drei Phasen der antiken K.: 1. Die *Alte K.* des 5. Jh. zeichnet sich durch ihren unmittelbaren Bezug auf das Leben der Polis aus und kann insofern politisch genannt werden. Wichtige Elemente sind der Spott auf angesehene Personen, derbe, obszöne Späße, Parodie der erhabenen Gattungen und eine häufig phantast. Handlung. Dem oft mit übermenschl. Eigenschaften ausgestatteten Protagonisten erwächst aus einer krit. Analyse der Gegenwart ein kom. Plan, den er mit der Hilfe des Chors oder gegen ihn durchsetzt und verteidigt. Einzig erhaltener Autor dieser Phase ist Aristophanes. – 2. Als *Mittlere K.* bezeichnet man eine Übergangsphase im 4. Jh. bis etwa zum Tod Alexanders d.Gr. Die Themen werden allgemeiner und verlieren ihren unmittelbaren Bezug zum polit. Alltag. Mythentravestien und -burlesken scheinen bevorzugt worden zu sein. Es liegen nur Fragmente vor. – 3. Die *Neue K.* des Hellenismus ist durch Menander repräsentiert. Die Themen sind ins Private verlagert, es geht um die durch ein Fehlverhalten eines Familienmitglieds gestörte Ordnung, die wiederhergestellt werden muss. Die K.n des Plautus und Terenz sind Adaptionen, Übersetzungen oder Nachdichtungen verlorener griech. Originale. **Lit.:** R. L. Hunter, The New Comedy of Greece and Rome (1985). – H.-G. Nesselrath, Die att. Mittlere K. (1990). – B. Zimmermann, Die griech. K. (2006).

Komos (gr.; lat. comissatio). Im Anschluss an ein festl. Mahl und Trinkgelage (Symposion) zogen in der Antike die Zecher (darunter auch Hetären) oftmals im sog. K. lärmend durch die Straßen, musizierten, tanzten, sangen und trieben dabei allerlei Späße und Unfug. Anlass konnten private Feiern (z.B. Hochzeiten), aber auch öffentl. Feste zu Ehren der Götter, insbes. des Dionysos, sein. Zahllose Darstellungen des K. finden sich auf Vasenbildern des 6. Jh. v. Chr. **Lit.:** K. Vierneisel/B. Kaeser (Hg.), Kunst der Schale – Kultur des Trinkens (1990). – A. Dalby, Essen und Trinken im antiken Griechenland (1998).

Konistra (gr., »mit Sand bedeckt«), (1) unüberdachter Bereich im ↗Gymnasion, der mit Sand bedeckt wurde, damit sich die Athleten nicht verletzten; (2) die oftmals gepflasterte und mit Sand bestreute Orchestra im Theater.

Konjektur (lat. coniectura, »Mutmaßung«), Begriff der ↗Textkritik, Verbesserung von aus Sicht des Herausgebers fälschlich in den Text gelangten Buchstaben oder Wörtern mit dem Ziel, den originalen Wortlaut wiederherzustellen.

Konkubinat. Das K. genannte Zusammenleben zwischen Mann und Frau ohne Eheschließung war bes. bei Angehörigen der röm. Armee verbreitet und als Rechtsinstitution bedingt anerkannt. In der Spätantike wurde das K. unter christl. Einfluss bekämpft.

Konon, vor 444–um 392 v. Chr., athen. Feldherr, floh 405 nach der Vernichtung der athen. Flotte bei Aigospotamoi nach Zypern und trat von dort aus mit den Persern in Verbindung. Als der Konflikt zwischen Sparta und dem Großkönig eskalierte, errichtete er seit 400 mit pers. Hilfe eine neue Flotte, mit dem Ziel, die spartan. Seehoheit zu brechen. Nach wechselnden Erfolgen (u. a. Einnahme von Rhodos, 396) schlug er die spartan. Flotte 394 bei Knidos vollständig und beendete die Seeherrschaft Spartas. Da er danach auf eine Wiederherstellung der früheren athen. Macht hinarbeitete, wurde er 392 bei den Friedensverhandlungen in Sardes von den Persern als Verräter gefangengesetzt, konnte jedoch nach Zypern entkommen, wo er kurze Zeit später starb. **Lit.:** B. Strauss, Athens after the Peloponnesian War (1986). – D. A. March, The Family of K. and Timotheos (1994).

Konstantin I. d. Gr., Gaius Flavius Valerius Constantinus, röm. Kaiser 25. Juli 306–22. Mai 337 n. Chr.; geb. 272 oder 273 in Naissus als Sohn des Constantius I. und der Helena; seit 293 Tribun im O und an der Donau, 306 Teilnahme am Feldzug gegen die Pikten unter Constantius I.; nach dem überraschenden Tode des Constantius I. im selben Jahr geriet das von Diokletian geschaffene System der Tetrarchie ins Wanken. In Eburacum (heute York) ließ sich K. von seinen Soldaten zum Augustus ausrufen, in Rom ↗Maxentius. Auf der Kaiserkonferenz von Carnuntum 308 wurde keiner der beiden als Augustus anerkannt. Als Nachfolger für den 307 verstorbenen Severus II. wurde vielmehr Licinius gewählt. Erst Anfang 311, als Maximinus Daia zum Augustus erhoben wurde, wurde auch K. als solcher anerkannt. 312 besiegte K.

Konstantin der Große

den Usurpator Maxentius in der Schlacht an der Milv. Brücke. Christl. Überlieferung zufolge soll er kurz zuvor zum christl. Glauben übergetreten sein. Nach dem Tod des Maximinus Daia 313 und dem Sieg über Licinius 324 war K. Alleinherrscher. In der Verfassung und Verwaltung des Reiches folgte er den Richtlinien Diokletians. Die Hauptstadt verlegte K. nach ↗ Byzanz, das 330 unter dem Namen Konstantinopel eingeweiht wurde. Seiner christl. Gesinnung gemäß ließ er viele großartige Kirchen errichten, u. a. die Apostelkirche in Konstantinopel, wo er nach seinem Tod 337 beigesetzt wurde. **Lit.:** J. Bleicken, Constantin d.Gr. und die Christen (1992). – B. Bleckmann, K. d.Gr. (1996). – K. Piepenbrink, K. d.Gr. u. seine Zeit (2002).

Konstantin II., Flavius Claudius Constantinus, röm. Kaiser 9. September 337–Anfang April 340 n. Chr.; geb. ca. 316 als ältester Sohn Konstantin I.; bereits am 1. März 317 zum Caesar erhoben, 335 mit der Verwaltung von Gallien, Britannien und Spanien betraut; am 9. September 337 wurde K. zusammen mit seinen jüngeren Brüdern Constantius II. und Constans zum Augustus erhoben. Im Juli 338 trafen sich die drei Augusti in Viminacium, um sich über die Aufteilung des Reiches zu verständigen. Als ältester der drei Brüder beanspruchte K. die Vormundschaft über Constans, was zum Zerwürfnis zwischen beiden führte. Anfang April 340 fiel K. bei Aquileia im Kampf gegen die Truppen seines Bruders. **Lit.:** D. Kienast, Röm. Kaisertabelle (²1996) 310 f.

Konstantinopel ↗ Byzanz

Konsul, der höchste Staatsbeamte der röm. Republik (↗ Magistrat). Die Institution des Konsulats, die stets kollegial mit zwei Personen besetzt wurde, geht auf die Zeit nach dem Sturz der Monarchie zurück, doch ist umstritten, ob sie unmittelbar eingerichtet wurde oder erst nach einer gewissen Übergangsphase. Sein Aufgabenbereich umfasste die oberste Zivilverwaltung des Staates und alle militär. Angelegenheiten. Die K.n hatten das Recht, den Senat und die Volksversammlung einzuberufen, und die Pflicht, die Wahl ihrer Nachfolger durchzuführen. Darüber hinaus besaßen sie die Gerichtshoheit und waren befugt, Gesetzesanträge zu stellen. Ihre Amtsgewalt (*imperium*) galt uneingeschränkt jedoch nur außerhalb der engeren Stadtgrenzen Roms, innerhalb dieses als ↗ Pomerium bezeichneten Gebiets war sie deutlich eingeschränkt. Die K.n wurden jährlich von den Centuriatscomitien (↗ Volksversammlung) gewählt und ihre unmittelbare Wiederwahl war in der Regel verboten. Seit 367 v. Chr. stand das Amt auch ↗ Plebeiern offen, seit 342 musste einer der beiden K.n auf jeden Fall dieser Gruppe angehören. Die *lex Villia annalis* (180 v. Chr.) und spätere Bestimmungen forderten für die Bekleidung des Amtes ein Mindestalter von 43 Jahren und legten fest, dass man vor dem Konsulat erst die Prätur ausüben musste (↗ Prätor). Als äußeres Zeichen ihres Amtes trugen die K.n eine purpurumsäumte Toga und wurden von zwölf ↗ Liktoren begleitet. Sie waren auch wichtig für die röm. Chronologie. Ereignisdatierungen und Datumsangaben erfolgten unter Nennung der jeweiligen Amtsträger des fragl. Jahres. Aus diesem Grund waren ihre Namen in den *fasti consulares* verzeichnet.

Das Amt überdauerte das Ende der Republik, doch verlor es allmählich seine polit. Bedeutung. In der Kaiserzeit hatte es nur noch repräsentative Funktionen. Um möglichst viele verdiente Personen durch die Bekleidung des Konsulats ehren zu können, ging der Kaiser allmählich dazu über, die Amtszeit zu verkürzen und mehrere Konsulpaare pro Jahr zu bestellen. Die ersten Amtsträger gaben als *consules ordinarii* dem Jahr den Namen, während ihnen bereits nach wenigen Monaten die *consules suffecti* folgten. In der Spätantike büßten sie auch den Rest ihrer Funktionen ein, der letzte nichtkaiserl. K. ist für das Jahr 541 bezeugt. **Lit.:** J. Bleicken, Die Verfassung der röm. Republik (⁷1995).

Konsular (lat. consularis), Bezeichnung für einen Mann, der das Konsulat bekleidet hatte (↗ Konsul) oder dem durch die sog. *ornamenta consularia* die Würde eines Konsulars verliehen wurde. Die ehemaligen Konsuln nahmen im ↗ Senat den höchsten Rang ein, sie durften als erste ihre Stimme abgeben. Bestimmte Ämter, z. B. die ↗ Zensur oder die Statthalterschaft in einigen Provinzen, waren ausschließlich den Konsularen vorbehalten.

Kontamination, Begriff aus der röm. Komödiendichtung (lat. *contaminari*, »verderben«). Der Vorwurf der K. galt ↗ Terenz, da er für ein röm. Stück mehrere griech. als Vorlagen verwendet und diese damit für weitere Bearbeitungen unbrauchbar gemacht habe. **Lit.:** W. R. Chalmers, Contaminatio, in: Classical Review 7 (1957) 12–14.

Kontrapost (italien., »Gegensatz«), ein v. a. in der Bildhauerkunst der klass. Zeit angewandtes Gestaltungsprinzip des harmon. Gegeneinanderspielens steigender und sinkender, bewegter und ruhender Kräfte, bes. in der menschl. Skulptur zwischen dem senkrecht stehenden, die Last des Körpers tragenden Standbein und dem unbelasteten, mit leicht angewinkeltem Knie seitwärts- oder vorgesetzten Spielbein.

Konzil (lat. concilium, gr. synodos, »Versammlung«). Unter K.ien versteht man im ↗ Christentum die Zusammenkunft von Bischöfen und anderen kirchl. Repräsentanten, um Entscheidungen in kirchenrechtl. oder dogmat. Streitfragen zu treffen. Da die Entscheidungen als Eingebung des Heiligen Geistes galten, wurde darüber nicht abgestimmt, sondern sie wurden einstimmig erlassen. Wer sich diesen Entscheidungen nicht unterwarf, galt als Häretiker (↗ Häresie). Das erste K. war das sog. Apostelkonzil in Jerusalem (*Apostelgeschichte* 15) das Idealtypus der späteren K.ien wurde. Lokale K.ien sind im 2. Jh. n. Chr. nachweisbar; sie hatten noch keine allgemeinkirchl. Bedeutung, sondern dienten eher der Koordination zwischen den Einzelbischöfen in organisator. Belangen. Erst im 4. Jh. mit der Etablierung des Christentums als Staatsreligion unter Kaiser Konstantin erlangten K.ien ökumen. Geltung. Folgende sieben K.ien der antiken Kirche werden als ökumenisch von

Ost- und Westkirche anerkannt: 1. K. von Nicäa I (325): Formulierung des trinitar. Glaubensbekenntnisses und der Wesensgleichheit Christi mit dem Vater (*Homusia*); 2. K. von Konstantinopel I (381): Anerkennung der Göttlichkeit des Heiligen Geistes; 3. K. von Ephesus (431): Gottesmutterschaft Marias (gegen Nestorius gerichtet); 4. K. von Chalkedon (451): Formulierung der Zweinaturenlehre, nach der Christus eine menschl. und göttl. Natur habe, die weder vermischt noch getrennt seien. Das K. richtete sich gegen die Monophysiten, die in Christus nur eine, die göttl. Natur anerkannten (die kopt., äthiop., armen. und syr. Kirche vertreten noch heute diesen Standpunkt); 5. K. von Konstantinopel II (553): Klärung weiterer christolog. Fragen (sog. Dreikapitelstreit); 6. K. von Konstantinopel III (680/81) nach dem Kuppelsaal im Kaiserpalast auch Trullanum I genannt: Verurteilung der Monotheleten, die aus den Monophysiten hervorgegangen waren und den einen, in Christus wirkenden göttl. Willen, der den menschl. in sich aufgenommen habe, als Lehre vertraten; 7. K. von Nicäa II (787): Erhebung des Bilderdienstes (*Idolatrie, Ikonolatrie*), d. h. die Anbetung von bildl. Darstellungen von Gott, zum Dogma. Damit wird der 726 von Kaiser Leo III (716–741) begonnene Bilderstreit (*Ikonoklasmus*) und kulturfeindl. Bildersturm beigelegt. Der endgültige Sieg der Bilderverehrer (*Ikonodulen*) am 11. 3. 843 wird heute noch als »Fest der Orthodoxie« in der Ostkirche begangen. **Lit.:** H. Dallmayer, Die großen vier K.ien (1961). – A. Franzen, Kleine Kirchengeschichte (1965) 11–90.

Kopaïs-See, großer nach der Stadt Kopai (heute Kastron) benannter See in der böot. Ebene mit unterird. Abflüssen; schon von Homer und Hesiod erwähnt. Gespeist vom Kephissos, teilte der K. die böot. Ebene in zwei Bereiche; der westl. von Orchomenos, der östl. von Theben beherrscht. Aristophanes schwärmte vom Fischreichtum des Sees (Aale) und von dem für den Flötenbau vorzüglich geeigneten Schilfrohr. Weil die Verstopfung der Abflüsse immer wieder zu Überschwemmungen führte, wurden schon in der Antike zwei Versuche unternommen, den See trockenzulegen, was aber erst in der Neuzeit (1883) gelang. **Lit.:** S. Lauffer, Kopais I (1986). – GLHS (1989) 337 f. – J. Knauss, Kopais III (1990).

Kopfbedeckung. Im antiken Griechenland wurden selten Hüte getragen, es sei denn auf Reisen, bei der Arbeit oder auf der Jagd. Der Reisehut (*petasos*) war ein breitkrempiger Filzhut; er gehörte auch zur Tracht der ↗ Epheben. Die sog. phryg. Mütze war eine K. mit nach vorne gebogener Spitze; sie erscheint häufig als Teil der ↗ Amazonentracht. Der *pilos*, eine runde, randlose Filzkappe, wurde häufig von Arbeitern getragen. Auch die Römer kannten den *petasos* (lat. *pilleus*), eine weiche, runde Mütze, die auf Reisen und beim Arbeiten auf dem Land getragen wurde, aber auch während der ↗ Saturnalien. Die Römer benutzten ferner eine Art Kapuze, zuweilen zogen sie sich auch den Mantel bzw. das Gewand über den Kopf, häufig ein Zeichen der Trauer oder der An-

dacht. **Lit.:** M. Bieber, Griech. Kleidung (1928/1977). – A. Pekridou-Gorecki, Mode im antiken Griechenland (1989).

Kopreus (gr. Kopreus), Sohn des ↗ Pelops. Im Auftrag des ↗ Eurystheus fordert K. vom att. König ↗ Demophon die Herausgabe der ↗ Herakliden.

Kopten (arab. kibt aus gr. Aigyptioi, »Ägypter«), Sammelbezeichnung für die einheim. christl. Bevölkerung Ägyptens von der Antike bis zur Gegenwart. Die K. hingen der monophysit. Lehre an und hielten auch nach dem ↗ Konzil von Chalkedon (451) an ihr fest. Dies führte in der Folgezeit zu schweren religionspolit. Konflikten mit der Regierung in Konstantinopel, so dass die K. die arab. Eroberung im 7. Jh. zunächst begrüßten. Im Laufe der Zeit wurde jedoch ein Großteil der kopt. Christen vom Islam aufgesogen. Die K. verfügen über eine eigene Kirchenorganisation und stellen z. Zt. etwa 8–10% der ägypt. Bevölkerung. Die kopt. Sprache, der letzte Ausläufer des altoriental. Ägyptisch (mit zahlreichen griech. Lehnwörtern), geschrieben mit einer eigenen, auf griech. Elementen basierenden Schrift, wurde im Laufe der Zeit fast vollständig durch das Arabische verdrängt und hat nur noch liturg. Bedeutung.

Korax aus Sizilien, griech. Redner, Mitte 5. Jh. v. Chr., nach der antiken Literaturgeschichtsschreibung zusammen mit Teisias Begründer der ↗ Rhetorik.

Kordax ↗ Tanz

Kore (gr., »Mädchen«), griech. Fruchtbarkeitsgöttin, mit ↗ Persephone gleichgesetzt. – Auch Mädchenstatue.

Korfu (gr. Kerkyra, Korkyra), zuerst angeblich von ↗ Eretria kolonisierte, zweitgrößte und nördlichste Insel im Jon. Meer vor NW-Griechenland. Im Altertum wurde K. mit der Insel Scheria, dem Reich des Phäakenkönigs ↗ Alkinoos, identifiziert, auf der ↗ Odysseus Nausikaa traf. Da auf der Westseite nur Steilküste vorhanden war, entstanden Siedlungen in der buchtenreichen Ostküste; 734 v. Chr. wurde K. als Kolonie Korinths wiederbegründet. Das regenreiche, milde Klima mit üppiger Vegetation, Bodenschätze und Fernhandel sicherten K. die Existenz. Die Insel war eine bedeutende Zwischenstation für den Handel im westl. Mittelmeer. Die Konkurrenz mit Korinth führte 664 zur ersten bekannten Seeschlacht der griech. Geschichte, 620 zu einer korinth. Besetzung und trug im 5. Jh. mit zum Peloponnes. Krieg bei. Von dem Artemistempel im dor. Stil sind große Teile der Giebeldekoration erhalten. Bemerkenswert ist bes. ein riesiges dort gefundenes Gorgonenhaupt; sonst spärl. antike Reste. **Lit.:** GLHS (1989) 323–328. – K. Gallas, Korfu (1986).

Korinna (gr. Korinna) aus Tanagra (Böotien), griech. Lyrikerin. Über ihr Leben ist nichts bekannt, selbst ihre Lebenszeit ist umstritten (6./5. oder 3. Jh. v. Chr.). Von dem Werk der in der Antike angesehenen Dichterin – Ovid benannte seine eleg. Geliebte in den *Amores* wohl nach ihr – sind nur wenige Fragmente erhalten. Umfangreichere Bruchstücke besitzen wir aus einem Gedicht über böot. Helden, in dessen Schluss-

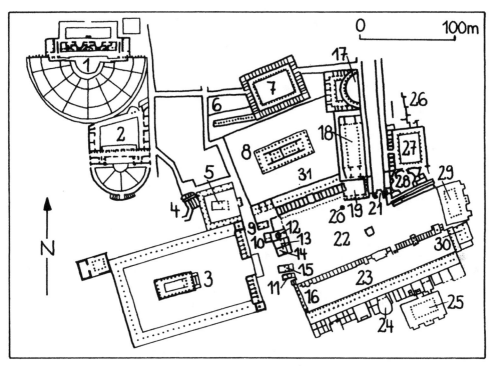

1 Theater	9 Hermes-Tempel	16 Dionysos-Heiligtum	25 Süd-Basilika
2 Odeion	10 Tempel des Apollon	17 Halbrunder Bau	26 Bäder des Eurykles
3 Tempel E (Octavia?)	Klarios	18 römische Basilika	27 Peribolos des Apollon
4 Glauke-Brunnen	11 Tempel der Venus	19 Portikus	28 Peirene-Brunnen
5 Tempel C (Hera	Fortuna	20 Heilige Quelle	29 Basilika Julia
Akraia?)	12 Babbius-Monument	21 Propylon	30 Südostgebäude
6 Nordstoa	13 Neptun-Tempel	22 römische Agora	31 Nordwest-Stoa
7 Nordmarkt	14 Herkules-Tempel	23 Südstoa	
8 Apollon-Tempel	15 Pantheon	24 Curia	

Lageplan von Korinth

teil ein Wettkampf zwischen den (personifizierten) Musenbergen Helikon und Kithairon geschildert wird. **Lit.:** D. L. Page, Corinna (1953).

Korinth (gr. Korinthos), alte dor. Handelsstadt an der Landenge (↗ Isthmos) zwischen griech. Festland und Peloponnes; große Konkurrentin Athens. Das wasserreiche, fruchtbare Gebiet um K. und seine geograph. Lage begünstigten Siedlungen auf den drei zu den Bergen ansteigenden Plateaus; kontinuierl. Siedlungsspuren finden sich auf Akrokorinth seit dem Neolithikum. Um 1100 v. Chr. versuchten die einheim. Bewohner vergeblich ein Vordringen der Dorer zu verhindern. Die dor. Stadt entstand am Fuß von Akrokorinth mit Häfen im Korinth. (Lechaion) und im Saron. Golf (Kenchreai); die moderne Stadt liegt heute direkt an der Küste. Schon im 8. und 7. Jh. blühten Handel und Gewerbe, bes. Keramikexport und Metallverarbeitung; feine, korinth. Keramik fand sich ab dem 8. Jh. in Delphi, wenig später auf Ithaka und in Epirus. Die Handelsbeziehungen reichten bis Ägypten, Kleinasien und in den Orient. K. wurde Mutterstadt vieler Kolonien (↗ Syrakus, ↗ Korfu, ↗ Poteidaia) und zum Zentrum geistigen Lebens (Dichtung, Malerei). K. wurde Ende des 1. Jt. v. Chr. gegründet, vielleicht von Argos. Als Gesetzgeber und Gründer der Stadt galt Pheidon. Nach der Überlieferung wurde K. ab dem 9. Jh. v. Chr. von Königen, ab 750 vom Geschlecht der Bakchiaden regiert, deren letzter Vertreter Kypselos 657 eine Tyrannis errichtete und diese an seinen Sohn Periander (627–585) weitergab, der 582 die Isthm. Spiele einrichtete. – Im ↗ Peloponnes. Krieg auf Seiten Spartas, trat die Stadt im Korinth. Krieg (395–386) mit Athen, Böotien und Argos gegen die Hegemonie Spartas auf; 338 wurde die Stadt Sitz des ↗ Korinth.

Bundes, eines Bündnisses der griech. Staaten mit Philipp II. von Makedonien. In der Diadochenzeit war es makedonisch mit wechselnden Herren. 243 wurde die Stadt nach einem Überfall durch Aratos Mitglied des Achäischen Bundes, der K. an ↗ Antigonos Doson auslieferte. 228 ließen die Korinther Rom zu den Isthm. Spielen zu, betrieben in der Folgezeit aber eine antiröm. Politik, so dass die Stadt 146 von den Römern unter L. Mummius zerstört und geplündert wurde. Caesar gründete 44 v. Chr. K. als röm. Bürgerkolonie unter dem Namen *Colonia Laus Iulia Corinthus* mit lateinisch sprechenden ital. Siedlern neu; später wurde K. Hauptstadt der Provinz Achäa mit Sitz des Statthalters. Früh (50/51 n. Chr.) entstand hier eine von Paulus gegründete christl. Gemeinde; die Korintherbriefe bezeugen ein reges religiöses Leben; ab dem 2. Jh. sind Bischöfe bezeugt. Bis in die Gegenwart blieb K. strategisch und wirtschaftlich (byzantin. Seiden-, Keramik- und Glasindustrie) bedeutend; im 19. Jh. entstand die heutige Stadt direkt an der Küste. Die meisten älteren Bauten fielen der Zerstörung von 146 v. Chr. zum Opfer; die heute sichtbaren Reste stammen vom den. Apollontempel, Stadtmauern und dem Brunnenhaus der Peirene aus dem 6. Jh. und von röm. Anlagen mit Märkten, Tempeln und Theatern. Auf Akrokorinth Reste eines Aphroditeheiligtums, wo angeblich Tempelprostitution betrieben wurde. **Lit.:** J. Benson, Die Geschichte der Korinth. Vasen (1953). – J. Wiseman, Land of the Ancient Corinthians (1978). – J. B. Salmon, Wealthy Corinth (1984). – ASM (1999).

Korinthischer Bund, von ↗ Philipp II. von Makedonien 337 v. Chr. nach der Schlacht bei Chaironeia (338) ins Leben gerufenes Bündnis griech. Staaten zur Herstellung eines allg. Friedens. Dem Bund, dessen Gründung Philipp aus einer Position der Stärke erzwungen hatte, gehörten mit Ausnahme Spartas alle wichtigen griech. Staaten an. Philipp selbst stand als Hegemon an seiner Spitze und führte den Oberbefehl über das militär. Bundesaufgebot. Der K. B. diente bes. der Sicherung der makedon. Vormachtstellung in Griechenland und sollte die Pläne eines Perserfeldzugs begünstigen. Nach der Ermordung Philipps (336) wurde er von seinem Sohn Alexander erneuert.

Korinthischer Krieg (395–386 v. Chr.), Krieg einer Koalition aus Athen, Theben, Korinth und Argos, die von den Persern unterstützt wurde, gegen Sparta, mit dem Ziel, dessen Vormachtstellung in Griechenland zu brechen. Während sich die Kämpfe auf dem Festland ohne Entscheidung hinzogen, unterlag die spartan. Flotte 394 gegen ↗ Konon in der Seeschlacht bei ↗ Knidos, die das zehnjährige Hegemonie der Spartaner in der Ägäis beendete. 386 handelte der spartan. Feldherr ↗ Antalkidas mit den Persern den sog. ↗ Königsfrieden aus, der im Wesentl. den Status quo auf dem griech. Festland bestätigte, aber dem Perserkönig die Rolle eines Schiedsrichters in griech. Angelegenheiten verschaffte.

Kork wurde in der Antike wie heute durch das regelmäßige Abschälen der Rinde der Korkeiche gewonnen, die im gesamten Mittelmeerraum verbreitet war.

K. wurde bes. als Schwimmer für Fangnetze im Fischereiwesen und bei Ankern (»Schwimmkorken«) sowie als Verschlusspfropfen für Gefäße verwendet.

Korkyra ↗ Korfu

Koroibos ↗ Linos

Koroneia, bedeutende Stadt auf einer Bergkuppe in Zentralböotien nahe dem ↗ Kopais-See. Siedlungsspuren reichen bis in vorgeschichtl. und myken. Zeit. Die Stadt prägte eigene Münzen zwischen 550 und 480 v. Chr.; auf ihrem Gebiet befand sich das böot. Bundesheiligtum der Athena Itonia (Itonion). 447 v. Chr. siegten hier Böoter über die Athener unter Tolmides; 394 schlug Sparta unter König ↗ Agesilaos die Böoter und Verbündete Thebens. K. betrieb immer antiröm. Politik und entging 170 v. Chr. nur knapp der Zerstörung, die ein Senatsbeschluss verhinderte. 551 n. Chr. wird K. in Verbindung mit einem Erdbeben erwähnt; später ist es noch Bischofssitz. **Lit.:** GLHS (1989) 345 f.

Koroniden, die zwei Töchter des Orion und der Side, Metioche und Menippe, die sich in einer Hungersnot in Orchomenos den Erinyen opfern. Nach Ovid (*Metamorphosen* 13, 685 ff.) geschieht dies in Theben; aus ihrer Asche entstehen die Coroni, zwei junge Männer.

Koronis (gr. Koronis), Geliebte Apollons, Mutter des Äskulap. Bereits als schwangere Frau betrügt sie Apollon mit Ischys. Als Apollon von einer Krähe die Wahrheit erfährt, lässt er aus Wut deren bisher weißes Gefieder schwarz werden. Er oder Artemis töten K., retten aber den noch ungeborenen Äskulap, der beim Kentauren Chiron aufwächst.

Korruptel (lat. corruptela, »Verderben«), Begriff der ↗ Textkritik, um eine im Verlauf der Überlieferung beschädigte, »verderbte« Textpartie zu bezeichnen, die der Herausgeber durch ↗ Konjektur verbessert oder, wenn sie ihm unheilbar erscheint, markiert: Die verderbten Wörter werden eingegrenzt, indem davor und dahinter ein Kreuz (Crux) gesetzt wird.

Korsika (gr. Kyrnos, lat. Corsica), unwegsame, gebirgige Insel im Tyrrhen. Meer nördl. von Sardinien. Die bis zu 3.000 m hohen Berge fallen auf der Westseite steil zum Meer ab, dagegen ist die Ostküste buchtenreich mit natürl. Häfen. Die einheim. Bevölkerung bestand wahrscheinlich aus Ligurern und Iberern. Griechen aus Phokaia gründeten 564 v. Chr. die Kolonie ↗ Alalia (lat. Aleria), bis sie 540 von Etruskern und Karthagern vertrieben wurden. In der Folgezeit warben die Karthager hier Söldner an. 259 wurde K. von L. Cornelius Scipio erobert, aber erst ab 238 zusammen mit Sardinia senator. Provinz. Die Römer richteten Aleria als Verwaltungsort ein; nach Vespasian wurde K. eine eigene Provinz. Seneca d. J. wurde 41–48 n. Chr. nach K. verbannt. Die reich bewaldete Insel lieferte den Römern Bauholz, Harze, Granit, Wachs, Teer für den Schiffsbau und diente der Viehzucht. **Lit.:** E. Pais, Storia della Sardegna e della Corsica (1923).

Korybanten, Priester der phryg. ↗ Kybele, die ihre Göttin orgiastisch in rituellen Tänzen zu lärmender

Musik verehrten. Catull (Gedicht 63) behandelt den Kult in lyr. Form.

Koryphaios, Anführer des Chors im griech. Drama, Gesprächspartner der Schauspieler in den Trimeterpartien.

Korythos (1), Sohn des ↗ Zeus und Gemahl der Atlas-Tochter Elektra, gründet die etrusk. Stadt Kortona (gr. Korytos). Nach einer röm. Variante des Mythos sollen seine Söhne Jasion und Dardanos von dort aus nach Samothrake und Troja gezogen sein.

Korythos (2), Sohn des ↗ Paris und der ↗ Oinone.

Kos, fruchtbare Insel der ↗ Sporaden vor der SW-Küste Kleinasiens; Heimat des ↗ Philitas und des ↗ Hero(n)das. Die schon in myken. Zeit besiedelte Insel wurde während der ↗ Dor. Wanderung von Dorern, vielleicht aus Epidaurus, besiedelt. K. lag an einer wichtigen Seehandelsroute entlang der kleinasiat. Küste. Während der ↗ Perserkriege stand K. unter Artemisia I. auf pers. Seite; später war es Mitglied im 1. und 2. Att. Seebund, aus dem es 357 v. Chr. austrat; nach einem Konflikt mit Athen kam es zum Friedensschluss (355). Ab 309 war K. ptolemäisch. In röm. Zeit gehörte die Insel zur Provinz Asia. Berühmt waren die Ärzteschule des ↗ Hippokrates und das Asklepiosheiligtum ebenso wie die aus fast durchsichtiger Seide hergestellten »koischen« Gewänder, ein beliebter Exportartikel. Ausgrabungen brachten Anfang des 19. Jh. Reste der antiken Stadt mit mosaikgeschmückten röm. Häusern, Agora und einem Odeion zu Tage. Etwa 4 km entfernt lag das Asklepieion auf drei Terrassen mit mehreren Tempeln, Hallenbauten und Thermen; der jon. Tempel (4. Jh. v. Chr.) auf der mittleren Terrasse mit einem Gemälde des Apelles, daneben ein korinth. Tempel des 2. Jh. n. Chr., auf der obersten der dor. Haupttempel, der später in eine frühchristl. Basilika umgewandelt wurde **Lit.:** P. Schazmann, Asklepieion (1932). – S. Sherwin-White, Ancient Cos (1978). – GLHS (1989) 348–351 – ASM (1999).

Kosmetik (gr. kosmein, »schmücken«), Sammelbezeichnung für die bei der Körperpflege angewandten Mittel, die dem Ideal der Verschönerung dienten. Wichtig waren hierfür Salben, Öle, Parfüme und Färbemittel. Die K. erlebte bes. seit dem Hellenismus einen Aufschwung und gehörte in der röm. Kaiserzeit bes. bei Frauen aus gehobenen Gesellschaftsschichten zum Alltag. Von Ovid ist fragmentarisch ein in eleg. Distichen verfasstes Lehrgedicht der K. erhalten, die *Medicamina faciei femineae (Mittel für das weibl. Gesicht).*

Kosmogonie (gr., »Weltwerden«), die Entstehung der Welt, die in verschiedenen Systemen logisch erklärt wird (Kosmologie); in der griech. Literatur erstmals von ↗ Hesiod (*Theogonie/Entstehung der Götter*). Danach entstehen aus dem Urzustand (Chaos) die Erde (Gaia), die Unterwelt (Tartaros), die Finsternis (Erebos), die Nacht (Nyx) und das Prinzip Liebe (Eros). Die Urmutter Gaia bringt den Himmel (Uranos), das Meer (Pontos) und die Berge hervor. Nyx und Erebos zeugen Hemera (Tag) und Aither (obere Atmosphäre, Luft). Aus der Paarung der Gaia mit Uranos ensteht Okeanos, das die Kontinente umgebende große Weltmeer. Eine entsprechende Version in der röm. Literatur gibt uns Ovid in seinem ersten Buch der *Metamorphosen.* Neben Hesiods myth.-religiösen Erklärungsversuch traten später zunehmend philosoph.-naturwissenschaftl. Ansätze (Heraklit, Epikur, Platon).

Kothon (gr.), einfaches, einhenkeliges Trink- und Schöpfgefäß, diente v. a. Wanderern und Soldaten zum Schöpfen von Quell- und Flusswasser.

Kothurn (gr. kothornos, lat. cothurnus, »Jagdstiefel«). **1.** Hoher Stiefel aus Leder, Fußbekleidung der Jäger. – **2.** Als Fußbekleidung der trag. Schauspieler erhielt der K. um 500 v. Chr. eine höhere Sohle, um die Akteure größer erscheinen zu lassen. In der röm. Kaiserzeit war diese teilweise so hoch, dass sie fast Stelzen glich. Der aus weichem Leder verfertigte K. passte links wie rechts. Spöttisch wurde der häufig die Seiten wechselnde athen. Politiker ↗ Theramenes K. genannt. Den Gegensatz zum K. bildete der *soccus,* der niedrige Schuh der kom. Schauspieler.

Kottabos, ein in geselligen Runden in der gesamten griech. Welt beliebtes Gesellschaftsspiel, das ursprünglich in Sizilien entstanden war. Der Spieler musste liegend oder stehend den Weinrest aus seinem Glas so geschickt gegen eine an der Spitze eines Ständers im Gleichgewicht balancierende Metallscheibe schleudern, dass diese herunterfiel und einen hellen Klang erzeugte. Eine Variante des Spiels bestand darin, mit dem Weinrest auf Schälchen zu zielen, die auf einer Wasserfläche schwammen und bei einem Treffer versenkt wurden.

Kottos, einer der drei ↗ Hekatoncheiren.

Krähe (lat. corvus), ein Sammelbegriff für verschiedene Arten von Rabenvögeln, von denen in der Antike neben der Nebel- und Rabenkrähe auch Dohlen, Eichelhäher und Elstern nachweisbar sind. K.n hielten sich bes. im Winter in der Nähe menschl. Ansiedlungen auf und galten als sehr intelligent (Berichte über die Nachahmung menschl. Stimmen), aber auch als gefräßig und diebisch. Weit verbreitet war die Rolle der K. als Weissagevogel, und auch in der ↗ Fabel und im Sprichwort spielt sie eine Rolle.

Kran (gr. geranos, »Kranich«), eine Vorrichtung zum Heben schwerer Gegenstände. Der feststehende Bock-Kran mit anhängendem Flaschenzug wurde in Griechenland bereits im 8. Jh. v. Chr. erfunden und später zu einer Vorrichtung mit mehreren Rollenzügen weiterentwickelt (*trispastos* mit drei, *pentepastos* mit fünf Zügen). Die größte Perfektion erreichte die K. in hellenist. Zeit Ende des 3. Jh. v. Chr., als ↗ Archimedes einen »Vielrollenzug« (*polypastos*) erfand. Kräne dienten bes. zur Arbeitserleichterung in Häfen (Be- und Entladen der Schiffe), bei der Errichtung privater und öffentl. Gebäude sowie in Steinbrüchen. Im att. Theater wurde der K. als Bühnenmaschine eingesetzt, an der schwebend der ↗ *deus ex machina,* der »Gott am K.«, erschien. Techn. Einzelheiten antiker Kräne und Konstruktionsvorschriften sind bei ↗ Vitruv überliefert. ↗ Abb. S. 312

Baukran mit fünf Flaschenzügen und einem Tretrad neben einem Mausoleum der Familie des Bauunternehmers. Relief vom Grabmal der Haterier in Rom

Kranaos (gr. Kranaos), att. Heros, der dritte myth. König Attikas, der in der Zeit des ↗ Deukalion Herrscher war. Er wird als »von der Erde geboren« (*autochthon*) bezeichnet. Mit der Lakedaimonierin Pedias zeugt er drei Töchter, Kranae, Kramaichme und Atthis, nach der Attika benannt wird. ↗ Amphiktyon entmachtet ihn.

Kranich (gr. geranos, lat. grus), ein vorwiegend in Sumpflandschaften lebender Vogel, der in der Antike bes. wegen der Länge seines Halses, seines Schnabels und seiner Beine Beachtung erregte. K.e fing man mittels Schlingen und Netzen; sie galten bisweilen als besondere Delikatesse. Der K. wurde vielfach mit der Göttin ↗ Demeter in Verbindung gebracht, der er als heilig galt.

Krankenhäuser im modernen Sinne gab es in der Antike nicht, ebensowenig – von seltenen Fällen abgesehen – eine stationäre Behandlung. Vorläufer waren in Griechenland die Asklepiosheiligtümer (↗ Askle-

pios), z. B. in ↗ Kos, ↗ Epidauros und ↗ Knidos, die den Besuchern, die von einem Leiden geheilt werden wollten, meist im Zusammenhang mit Tempelschlaf und ↗ Traumdeutung eine Behandlung anboten. In Rom entwickelten sich krankenhausähnl. Einrichtungen (*valetudinaria*) erst seit augusteischer Zeit im Umfeld des Kaiserhofes, auf großen Gutsbetrieben und in Form von Feldlazaretten für militär. Zwecke. Regelrechte Hospitäler, die neben der Krankenbetreuung auch die Pflege von Alten und Hilfsbedürftigen übernahmen, oft auch als Herberge dienten, entwickelten sich erst in der Spätantike unter christl. Einfluss und wurden meist von Mönchen geführt.

Kranz (gr. stephanos, lat. corona). In der Antike waren Kränze als Zeichen der Weihung, Erhöhung oder des Schmucks für Menschen und Götter weit verbreitet. Sie wurden meist aus Blumen, Zweigen oder Laub (oder entsprechenden metall. Nachbildungen) gefertigt und dienten bestimmten Zwecken, für die die Materialien vorgegeben waren. So gab es Siegerkränze (für herausragende militär. oder sportl. Leistungen im ↗ Agon), Weihekränze für die Götter, Opferkränze und Kränze als Herrscherinsignien. In Rom wurde ein erfolgreicher Feldherr beim Triumphzug durch einen Lorbeerkranz geehrt. Der K. spielte aber auch im Privatleben eine Rolle und kam vielfach bei Geburt, Hochzeit und Tod zur Anwendung. **Lit.:** K. Baus, Der K. in Antike und Christentum (1940).

Krasis (gr. »Mischung«), Begriff der Grammatik und Lautlehre, Kontraktion (d. h. ›Verschmelzung‹) eines auslautenden Vokals oder Diphthongs mit dem anlautenden Vokal oder Diphthong des folgenden Wortes, wodurch zwei Wörter zu einem zusammenwachsen.

Krateros, makedon. Feldherr Alexanders d.Gr., nahm von Anfang an an dessen Feldzug gegen die Perser teil und bewährte sich vielfach bei selbständig geführten Kommandounternehmungen. 325 führte er einen Teil des Heeres vom Indus durch die Wüste Gedrosiens nach Susa zurück und heiratete dort die pers. Prinzessin Amastris. Von Alexander beauftragt, die Veteranen nach Makedonien zu führen und dort Antipater als Strategen von Europa abzulösen, erreichte ihn die Nachricht vom Tode des Königs (323) in Kilikien. Auf die Reichsordnung von Babylon, bei der er zum »Hüter der königl. Belange« (*prostates tes basileias*) ernannt wurde, hatte er keinen unmittelbaren Einfluss. Nach seiner Rückkehr nach Makedonien (322) trug er maßgeblich zum Sieg Antipaters im Lam. Krieg bei und heiratete dessen Tochter Phila. 321 verbündete er sich mit Antipater, Antigonos und Ptolemaios gegen den Reichsverweser Perdikkas, fiel jedoch in Kleinasien im Kampf gegen dessen Verbündeten Eumenes von Kardia. **Lit.:** H. Berve, Alexanderreich II (1926) Nr. 446.

Krates (1) aus Athen, Komödiendichter, Mitte 5. Jh. v. Chr., drei Siege an den Großen Dionysien. Aristoteles berichtet in der *Poetik* (1449b7–9), dass er auf den persönl. Spott (*iambike idea*) verzichtet und sich um die Konsistenz der dramat. Handlung bemüht habe. **Lit.:** B. Zimmermann, Die griech. Komödie (2006) 160 f.

Krates (2) aus Theben, griech. Dichter und Philosoph, ca. 365–285 v. Chr., Anhänger der kyn. Philosophie.

Krates (3) aus Mallos, griech Philologe und Bibliothekar, 2. Jh. v. Chr., bedeutend als Hg. von Homer, Hesiod, Euripides und Aristophanes. Seinen wegen eines Beinbruchs in die Länge gezogenen Rom-Aufenthalt im Jahre 159 soll er nach Sueton dazu benutzt haben, das Interesse der Römer an Grammatik und Rhetorik zu wecken.

Kratinos aus Athen, griech. Komödiendichter, gest. nach 421 v. Chr. Sein Werk ist nur in Fragmenten erhalten. Seine Stücke sind durch scharfe polit. Satire und Mythentravestie charakterisiert. Er stellte sich bewusst in die Tradition des Archilochos, wie der Titel *Archilochoi* belegt. In seiner *Pytine* (*Flasche*) (423 v.

Chr.) reagiert er auf den Vorwurf der Trunksucht, den ihm Aristophanes in den *Rittern* gemacht hatte, und errang damit den ersten Platz im Agon. **Lit.:** B. Zimmermann, Griech. Komödie (2006) 158 f.

Kratippos von Athen, griech. Historiker, angeblich Zeitgenosse des Thukydides, eher aber aus späthellenist. Zeit. K. setzte das Werk des Thukydides fort und schilderte den Peloponnes. Krieg und seine Nachwirkungen bis 394 v. Chr. (nur in Fragmenten erhalten). **Lit.:** O. Lendle, Einführung in die griech. Geschichtsschreibung (1992) 85.

Kratylos (gr. Kratylos) von Athen, Sophist des späten 5. Jh. v. Chr., knüpfte an die Aussagen Heraklits an, indem er sie zuspitzte und den Dingen jegl. Beständigkeit absprach. Platon benannte einen Dialog sprachtheoret. Inhalts nach ihm.

Kreditwesen. Rückzahlbare und verzinsl. Geld- oder Sachanleihen waren in Griechenland bereits in archaischer Zeit verbreitet. Konnte die Schuld nicht beglichen werden, so führte dies für den Betroffenen meist zur Schuldknechtschaft gegenüber dem Gläubiger (gut dokumentiert in Athen durch die Reformen des ↗ Solon). Mit der Ausweitung der Münzwirtschaft entstanden in klass. Zeit regelrechte Banken, die mit den Einlagen ihrer Kunden wirtschafteten und von der Kreditgewährung lebten (Zinssatz für Barkredite 3–10%); aber auch Tempel waren vielfach am K. beteiligt. Bes. gut sind die Verhältnisse durch Papyrusfunde für das ptolemäische Ägypten dokumentiert, wo es eine Art bargeldlosen Zahlungsverkehr gab. In Rom hingegen kam es erst in spätrepublikan. Zeit zu einem entwickelten K., wobei einzelne Gesellschaften teilweise Monopolstellungen erlangen konnten. Erst in der Kaiserzeit wurde das Kreditrecht genauer kodifiziert und einer wirksameren Kontrolle unterworfen.

Krenides ↗ Philippi

Kreon (gr., »Herrscher«) **(1),** Sohn des Menoikeus, Bruder der Jokaste, nach dem Tod des Königs Laios Herrscher über Theben, erneut nach der Selbstblendung des Ödipus. Nach dem Zug der ↗ Sieben gegen Theben, in dem sich Ödipus' Söhne Eteokles und Polyneikes gegenseitig töten, verweigert er Letzterem eine gebührende Bestattung und gerät dadurch in Konflikt mit ↗ Antigone (1), die K.s Befehl missachtet und die er dafür bei lebendigem Leibe einmauern lässt. Haimon, K.s Sohn und Antigones Verlobter, begeht daraufhin Selbstmord.

Kreon (2), König von Korinth, nimmt Jason und Medea nach ihrer Rückkehr von Kolchis freundlich auf. Nach zehn Jahren bietet er Jason seine Tochter Glauke an und verbannt Medea. Vor ihrem Aufbruch schenkt Medea ihrer Rivalin ein verzaubertes Hochzeitskleid, in dem Glauke verbrennt; bei seinem Versuch, sie zu retten, verbrennt K. ebenfalls.

Krepis (gr., »Fundament«, »Sockel«), architekton. Bezeichnung für Sockel, Unterbau, Basis o.ä. von Bauwerken jegl. Art. In der Archäologie ist K. ein Fachbegriff für den in der Regel dreistufigen Unterbau eines griech. ↗ Tempels. **Lit.:** G. Gruben, Die Tempel der Griechen (⁴1986).

Kręsilas, Bildhauer aus Kydonia (Kreta), der zwischen 450 und 420 v. Chr. hauptsächlich für Athen, Ephesos und Delphi tätig war. Einer Überlieferung zufolge soll er im Wettstreit mit Polyklet und Phidias eine Amazone für das Artemision von Ephesos geschaffen und dabei den dritten Platz belegt haben. Die Zuordnung der drei in Kopien aus der Mitte des 5. Jh. erhaltenen Amazonentypen gestaltet sich schwierig. Gesichert ist eine Statue des Perikles, die K. geschaffen hat und von der Kopien in Hermenform gefunden wurden (heute in Museen in London, Rom und Berlin). **Lit.:** H. Beck, Polyklet: der Bildhauer der griech. Klassik (1990).

Kresphọntes, Nachfahre des Herakles, Gatte der ↗ Merope, König von Messenien. Er wird mit zwei seiner Söhne von Polyphontes ermordet. Sein dritter Sohn, Aigyptos, rächt seinen Tod und erschlägt den Mörder.

Kręta, große, süßwasserreiche Insel im Mittelmeer (8247 km²). Die Nordküste ist gut zugänglich mit zahlreichen Buchten, die Südküste unwegsam und bergig mit wenigen natürl. Häfen (Hierapetra und Hagia Triada) und tiefen Schluchten wie etwa der Samaria-Schlucht. Drei Gebirgszüge gliedern die Landschaft in Täler und Ebenen. Berühmt war das Idagebirge (↗ Ida) mit seinen Kulthöhlen, das die fruchtbare Mesara-Ebene nach S begrenzt; im W der Insel finden sich die sog. ›Weißen Berge‹ als höchste Erhebung. Seit etwa 2600 v. Chr. stand K. in Beziehung zu den Hochkulturen Ägyptens und des Vorderen Orients, es entwickelte sich auf der Insel die ↗ Minoische Kultur, deren Charakteristikum eine redistributive Palastwirtschaft darstellte, deren Einfluss weit über K. ausstrahlte. Die Palastruinen von ↗ Knossos, ↗ Phaistos, ↗ Mallia, Kato Zakro und ↗ Hagia Triada belegen eindrucksvoll den hohen Stand der Minoischen Kultur, die um 1200 von der ↗ Myken. Kultur, die vom griech. Festland stammte, abgelöst wurde. Die sog. Dor. Wanderung ab dem 11. Jh. v. Chr. veränderte die Siedlungsstruktur K.s nachhaltig. Neue, befestigte Städte in den Bergen und Küsten (Lato, Kydonia) nach dem Vorbild im griech. Mutterland lösten die alten, unbefestigten Zentren ab. – Die Geschichte des griech. K. ist geprägt von der kleingliedrigen polit. Struktur: zahlreiche (nach Homer etwa 100) meist kleine Poleis achteten auf ihre Selbständigkeit. Die große Zahl völkerrechtl. Verträge kret. Poleis bis zum Anschluss an Rom belegen dieses Bestreben. Die frühen Stadtgesetze von Dreros und Gortyn zeigen den hohen Organisationsgrad der Stadtgemeinden. In der griech. Geschichte der klass. Zeit (5./4. Jh.) spielte K., abseits der polit. Zentren gelegen, eine untergeordnete Rolle. Dies änderte sich im Hellenismus, als K. Schnittpunkt der Interessenssphären der Ptolemäer, Seleukiden und Antigoniden wurde. In der Mitte des 3. Jh. schlossen sich etwa 30 Städte zum sog. Kret. Koinon zusammen, zahlreiche Kreter traten als Söldner (z.B. als Bogenschützen) in fremde Dienste. Piraterie war eine weitere Erwerbsquelle zahlreicher kret. Orte. 69–67 unterwarf Q. Caecilius Metellus die Insel, die unter Augustus zusammen mit ↗ Kyrene eine Provinz bildete. Hauptstadt war nun das in der fruchtbaren Mesera-Ebene gelegene ↗ Gortyn, das auch zum wirtschaftl. Zentrum der Insel wurde. Unter Diokletian wurde K. von Kyrene abgetrennt, fiel an das oström. Reich und wurde im 9. Jh. von den Arabern erobert; danach war es wieder Teil des Byzantin. Reiches. **Lit.:** R. F. Willets, Ancient Crete (1965). – I. F. Sanders, Roman Crete (1982). – R. Speich, K. (1984). – ASM (1999).

Krętheus (gr. Kretheụs), einer der Söhne des ↗ Äolus (2) und der Enarete oder der Laodike. Er vertreibt die Pelasger aus Jolkos und besetzt die Stadt. Von Tyro, der Tochter seines Bruders Salmoneus, hat er die Söhne Aison, Pheres und Amythaon.

Krẹ̈usa (1) (lat. Crẹ̈usa), Tochter des att. Königs Erechtheus, von Apollon Mutter des Ion, von ihrem Mann Xuthos Mutter von Achaios und Doros, den Eponymen der drei griech. Hauptstämme (Jonier, Achäer und Dorer).

Krẹ̈usa (2) (lat. Crẹ̈usa), Tochter des trojan. Königs Priamos und der Hekabe, Gattin des ↗ Äneas, die dieser bei der Flucht aus dem brennenden Troja verliert. Äneas eilt zurück und trifft nur noch ihren Geist, der ihm als seine neue Heimat Italien voraussagt.

Kreuz (lat. *crux*), Symbol und Ornament, das schon seit frühgeschichtl. Zeit in verschiedenen Kulturkreisen erscheint, wobei sich die jeweiligen Bedeutungen allerdings nicht immer klar abgrenzen lassen. Von der eigentl. Grundform mit zwei sich rechtwinklig durchschneidenden Balken haben sich die unterschiedlichsten K.-Formen abgeleitet: (1) das griech. K. mit gleichen Armen, (2) das lat. K. mit einem verlängerten Stamm, (3) das Antonius-K. – gleichzeitig Taw-K. (letzter Buchstabe des hebr. Alphabets) – T-förmig, (4) das Andreas-K. mit sich diagonal kreuzenden Armen, (5) das altägypt. Henkelkreuz (Nilschlüssel) des Gottes Ptah, oben mit einem Henkel oder einer Art Öse, das sich auch bei den kopt. Christen findet, (6) das päpstl. K. mit drei sich nach oben verjüngenden Querbalken, (7) das russ. K. mit zwei Querbalken und einem schrägen Balken am Fuß, (8) das Rad-K. mit einem umschriebenen Kreis, (9) das Haken-K. mit an den Enden rechtwinklig abgewinkelten Armen, (10) das K. als Christusmonogramm. – Das K. kommt als Ornament häufig in verschiedenen Mustern variiert und eingebunden vor; so gab es das Haken-K. bereits in prähistor. Zeit, das als Segens- und Fruchtbarkeitssymbol galt, in griech. geometr. Zeit war es ein beliebtes Ornament (Mäander). Ursprünglich erscheint das K. häufig als Zeichen für Glück, Leben und Fruchtbarkeit sowie als Symbol für die Leben spendenden Elemente (Wasser und Sonne). Durch Christus und seinen Kreuzigungstod erfuhr das K. eine neue Bedeutung als Zeichen des Christentums und der Erlösung. – Zum Kreuz als Zeichen der Textkritik ↗ Crux.

Kreuzigung. Die Hinrichtungsart der K. stammte ursprünglich aus dem Orient und wurde bei den Römern vermutlich nach karthag. Vorbild übernommen. Dabei wurde der Delinquent an einen Pfahl mit Querholz angebunden oder angenagelt und starb nach qual-

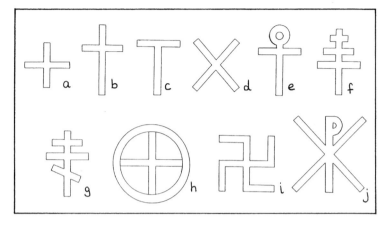

a griechisches Kreuz
b lateinisches Kreuz
c Antonius-Kreuz
d Andreas-Kreuz
e altägyptisches
  Henkelkreuz
f päpstliches Kreuz
g russisches Kreuz
h Radkreuz
i Hakenkreuz
j Chi-Rho

Kreuzformen

vollem Todeskampf in der Regel an Ersticken. Die K. galt in Rom als schändlichste Form der Hinrichtung und fand bes. bei Sklaven und Nichtrömern Anwendung, während sie bei Personen mit Bürgerrecht untersagt war. Bis zu ihrem Verbot durch Kaiser ↗ Konstantin (314 n. Chr.) war sie im gesamten röm. Reich verbreitet. Bekannt sind die Massenkreuzigung der überlebenden 6.000 Sklaven des Aufstandes unter Spartacus (71 v. Chr.) sowie die K. Jesu Christi, die dazu führte, dass das Kreuz zum zentralen religiösen Symbol des Christentums wurde.

Kriobolium, bei den ↗ Mysterien die Taufe des Mysten mit dem Blut eines geopferten Widders.

Kriegskunst. Kennzeichnend für die antike K. war die planmäßig arrangierte Schlacht. Heere wurden nur selten übergangslos im Zuge der Bewegung angegriffen, sondern die Truppen warteten, bis sie komplett aufmarschiert waren und den Angriffsbefehl erhielten (zu Einzelheiten der Aufstellung ↗ Schlachtordnung, ↗ Phalanx). Wichtigstes Ziel einer Schlacht war es, die gegner. Reihen zu durchbrechen, einzuschließen oder zum Rückzug und zum Eingeständnis einer Niederlage zu zwingen. Wesentlich für den Ausgang einer Schlacht war das takt. Geschick des Oberbefehlshabers, der ständig den Überblick behalten musste. Das Rückgrat einer Armee bildeten die schwerbewaffneten Fußtruppen (Stoßlanze, Schwert, Schild, Panzerung), die u. a. von leichtbewaffneten Bogenschützen, Schleuderern und bes. durch die Reiterei unterstützt wurden. Vor allem im Zuge der ↗ Perserkriege gewann neben den Landkämpfen auch der Seekrieg an Bedeutung, bei dem bes. Strategien zum Einsatz kamen (zu Einzelheiten ↗ Seekrieg). Eine besondere Form der antiken Kriegsführung war die ↗ Poliorketik, die »Kunst der Städtebelagerung«. War es in archaischer Zeit üblich, eine Stadt einzuschließen und auszuhungern, versuchte man seit dem 5. Jh. v. Chr., bes. aber im Hellenismus, eine Belagerung aktiv zum Erfolg zu führen; hierbei kam eine breite Palette von Belagerungsgerät zum Einsatz, zu der ↗ Geschütze aller Art, fahrbare und Stadtmauern überragende Turmkon-

struktionen sowie Rammböcke gehörten. Daneben versuchte man, die gegner. Mauern durch Stollen zu unterminieren und zum Einsturz zu bringen. – Zu einer neuen Blüte gelangte die K. bei den Römern, deren Armeen (↗ Legion) durch ihre in damaliger Zeit unübertroffene takt. Diszipin den Gegnern fast immer überlegen waren und den Weg zur röm. Weltherrschaft ebneten. Zur K. im weiteren Sinne gehörte auch der Anmarsch der Truppen, die Errichtung befestigter Marschlager, die Ausspionierung des Gegners (↗ Spionage) sowie die Meisterung logist. Probleme wie der Verpflegung der Soldaten oder ihres Transports über das Meer. Die wirksame Lösung all dieser Anforderungen weist der antiken K. einen Standard zu, der den entsprechenden Verhältnissen im europäischen MA deutlich überlegen war; auch in der Renaissance griff man noch vielfach auf die Vorgaben der antiken K. zurück. **Lit.:** H. Delbrück, Geschichte der K. (1920). – F. Adcock, Greek and Macedonian Art of War (1957).

Kriegsrecht. Ein K. im modernen Sinne kannte die Antike nicht. In Rom war die Kriegserklärung zwar an die Einhaltung bestimmter formaler Voraussetzungen gebunden, die aber allein religiöse Riten und entsprechende Beschlüsse der röm. Staatsorgane umfassten und keine eth.-grundsätzl. Normen beinhalteten. Die Vorstellung eines »gerechten Krieges«, *bellum iustum*, trug kaum zur Entwicklung eines Kriegsrechts bei, da alle Kriege Roms gegen äußere Feinde als gerecht empfunden wurden. Auch die Behandlung von Kriegsgefangenen unterlag keinerlei Konventionen und war allein dem Willen und der Willkür der Kriegsgegner unterworfen. Eine gewisse Vorstufe zu einem K. bildeten aber Friedensverträge, die einen äußeren Konflikt beendeten und – zumindest für eine gewisse Zeit – als rechtsverbindlich akzeptiert wurden.

Krim ↗ Chersonesos

Kriobolium, bei den ↗ Mysterien die Taufe des Mysten mit dem Blut eines geopferten Widders.

Krios (1), Erzieher des ↗ Phrixos, dem er die Pläne der Stiefmutter ↗ Ino verrät. Er flieht mit diesem nach

Kolchis, wo er geopfert wird. Seine vergoldete Haut wird in einem Heiligtum aufgehängt.

Krios (2), einer der ↗ Titanen.

Kritias (gr. Kritias) aus Athen, griech. Politiker und Dichter, Onkel Platons, ca. 460–403 v. Chr. K. war wie ↗ Ion in zahlreichen Gattungen tätig. Fragmentarisch belegt sind Dramen, Elegien, ein Lehrgedicht über Verfassungen und philosoph. Schriften in Prosa. Politisch war er ein extremer Oligarch, der 404 das Terrorregime der 30 Tyrannen in Athen errichtete und 403 im Kampf gegen die Demokraten fiel. **Lit.:** M. Centanni, Atene assoluta (1997).

Kritios, führender Bildhauer des frühen 5. Jh. v. Chr., der bes. zusammen mit Nesiotes in Athen arbeitete. Mindestens sechs seiner Werke sind durch Inschriften bezeugt. K. und Nesiotes haben 477/76 die Gruppe der Tyrannenmörder Harmodios und Aristogeiton ersetzt, die von Antenor für die Athener Agora geschaffen und vom Perserkönig Xerxes geraubt worden war. Hiervon gibt es Kopien im Museum von Neapel. Ferner wird ihm aufgrund stilist. Ähnlichkeiten der sog. K.-Knabe zugewiesen (480 v. Chr.). **Lit.:** G. M. A. Richter, The Sculpture and Sculptors of the Greeks (1970). – A. F. Stewart, Greek Sculpture (1990). – K. Stemmer, Standorte. Kontext und Funktion antiker Skulptur (1995).

Kritischer Apparat, Begriff der Textkritik, Dokumentation der Überlieferungslage in einer wissenschaftl. Ausgabe. ↗ Anhang

Kritolaos aus Phaselis, griech. Philosoph, Peripatetiker des 2. Jh. v. Chr., Mitglied der berühmten Philosophengesandtschaft 156/55 nach Rom. Er erneuerte die naturwissenschaftl. und philosoph. Aktivitäten in der Schule und verteidigte die aristotel. Philosophie gegen Angriffe der Stoa und der Platoniker. **Lit.:** F. Wehrli, Die Schule des Aristoteles 10 (1959) 49–74.

Kroisos, letzter König von Lydien ca. 560–547 v. Chr., ist bes. durch die anekdotenhaften Erzählungen Herodots bekannt. Er dehnte sein Reich auf die griechisch besiedelte kleinasiat. Küste aus, doch konnten die dortigen Poleis weitgehend ihre Selbständigkeit bewahren. 547 begann er einen Präventivkrieg gegen den Perserkönig Kyros, erlitt aber eine vollständige Niederlage unter sein Reich, das unter die Herrschaft seines Gegners geriet. Berühmt war sein unermessl. Reichtum, der sprichwörtlich wurde (Krösus).

Krokodil (gr. krokodilos, lat. crocodilus). Das bis zu 8 m lange, fleischfressende Reptil war der antiken Welt bes. aus Ägypten bekannt, wo es im Niltal weit verbreitet war und eine religiöse Bedeutung hatte (Krokodilgott Sobek). Es wurde bes. mit Netzen und Harpunen gejagt. Im griech.-röm. Bereich hatte das Tier allenfalls eine exot. Bedeutung, dem lediglich gelehrtes Interesse entgegengebracht wurde (Cicero, Plinius d. Ä.). In der Kaiserzeit diente das K. gelegentlich als Circustier.

Krokon, König im Nordwesten Attikas, Sohn des Triptolemos, Halbbruder des Koiron. K. bevölkert als erster den Ort am heiligen Fluss Rheitoi, der die alte Grenze zwischen Athen und Eleusis markiert. Dieser Ort wird nach ihm »Reich des K.« genannt, er selbst wird als Heros verehrt und gilt als Stammvater des Priestergeschlechts der Krokoniden. Einer Tradition nach heiratet er die Tochter des ↗ Keleos, Saisara.

Krone (lat. corona), das Zeichen der Herrscherwürde, das sich seit der Spätantike aus dem Herrscherkranz (↗ Kranz, ↗ Diadem) entwickelt hat und seine Vorläufer in der Strahlenkrone der röm. Kaiser besitzt. Die K. bestand meist aus Metall und war kunstvoll verziert und bearbeitet. Im weiteren Sinne werden auch die Herrscherinsignien der ägypt. Pharaonen als K.n (von Ober- und Unterägypten) bezeichnet.

Kronos, bedeutendster der ↗ Titanen, jüngster Sohn der Gaia und des ↗ Uranos. Gaia bittet ihn gegen ihren brutalen Mann, der sie quält und gefangenhält, um Hilfe und gibt ihm eine Sichel, mit der er Uranos entmannt. Sein Glied wirft er ins Meer. Aus dem Blut entstehen die ↗ Erinyen, ↗ Giganten und ↗ Nymphen, aus dem Schaum die Göttin Aphrodite. K., dem neuen Herrscher, wird prophezeit, dass auch er durch einen seiner Söhne gestürzt werde; deshalb verschlingt er jedes seiner Kinder gleich nach der Geburt. Seine Frau Rhea kann jedoch den kleinen ↗ Zeus retten und der Gaia übergeben; Kronos lässt sich stattdessen einen in Windeln verpackten Stein essen. Zeus besiegt Kronos später und zwingt ihn, seine Geschwister Hestia, Demeter, Hera, Hades und Poseidon wieder auszuspucken. Es folgt ein Krieg, in dem K. mit den Titanen gegen seine Kindern besiegt wird. Zeus verbannt sie in den Tartaros, wo sie von hundertarmigen Riesen (den Hekatoncheiren) bewacht werden. Nach einer anderen Überlieferung ist K. ein gütiger Herrscher, dessen Regierungszeit als Goldenes Zeitalter bezeichnet wird. Nach seiner Ablösung regiert er auf den Inseln der Seligen. Diese Darstellung erklärt die Gleichsetzung mit Saturn in Rom. **Lit.:** W. Burkert, Structure and History in Greek Mythology and Ritual (1979) 20–22.

Krotala, meist aus Metall gefertigte Handklappern, die wie Castagnetten gespielt wurden und in Verbindung mit Blas- und Saiteninstrumenten bes. bei Tänzen, orgiast. Kulten, aber auch beim Kinderspiel angewendet wurden.

Kroton (ital. Crotone), um 710 v. Chr. gegründete achäische Kolonie an der Küste Bruttiums; Sitz der ↗ Pythagoreer von 530–460 v. Chr. Berühmt waren die Ärzte und Athleten aus K.; angeblich sollen bei einer Olympiade nur Krotoniaten gesiegt haben. Die Stadt entwickelte sich zu einer der mächtigsten griech. Kolonien in Italien mit ausgedehnter Einflusssphäre zwischen den Meeren; ab 510 Hegemonie im ital. Bund nach der Zerstörung von Sybaris, der sich im Heiligtum der Hera Lakinia traf. ↗ Dionysios I. von Syrakus eroberte die Stadt 379 nach dem Sieg über K. am Elleporos; seit 277 war K. römisch. Nach den Wirren der ↗ Pun. Kriege, in denen die Stadt schwer zu leiden hatte, entstand 194 eine Colonia. Geringe antike Reste. **Lit.:** P. Larizza, Crotone nella Magna Grecia (1934). – E. Greco, Magna Grecia (1981). – M. Giangiulio, Ricerche su Crotone arcaica (1989).

Krotopos ↗ Linos

Krypteia, in Sparta eine Art Ausbildungsstufe für junge ↗ Spartiaten. Diese mussten in Waffen bei schlechter Verpflegung durchs Land ziehen, sich tagsüber verbergen und durften nur nachts weitermarschieren. Sie sollten sich dabei gute Ortskenntnisse verschaffen und gleichzeitig die abhängigen ↗ Heloten überwachen. Die Institution der K. ist im Einzelnen aber nicht sicher einzuordnen.

Kteatos ↗ Molionen

Ktesias (gr. Ktesias) von Knidos, griech. Arzt und Historiker, lebte seit etwa 415 v. Chr. am pers. Königshof und avancierte 405 zum Leibarzt von Artaxerxes II., dessen Wunden aus der Schlacht bei Kunaxa (401) er geheilt haben soll. 398/97 kehrte er nach Griechenland zurück und fungierte u. a. als Verbindungsmann zwischen den Persern und dem athen. Flottenkommandanten Konon. K. publizierte eine nur durch Exzerpte bekannte *Pers. Geschichte* in 23 Büchern, die stark romanhafte Züge aufwies und deren histor. Zuverlässigkeit eher gering war. Sie hatte dennoch eine große Bedeutung, da sie in der Folgezeit vielen späteren Autoren als Quelle diente. **Lit.:** F. W. König, Die Persika des Ktesias von Knidos (1972). – J. Auberger, Ctésias: Histoire de l'Orient (1991).

Ktesibios, 3. Jh. v. Chr., bedeutender Ingenieur aus Alexandria, dessen Wirken in die Regierungszeit von Ptolemaios II. fällt. Seine wichtigsten Erfindungen waren eine Wasseruhr, die je nach Jahreszeit unterschiedl. Stundenlängen anzeigen konnte, und eine Feuerspritze mit zweizylindriger Saug- und Druckpumpe bei eingebautem Rückschlagventil, die als antikes Vorläufermodell der Dampfmaschine gelten kann. **Lit.:** A. G. Drachmann, The Mechanical Technology of Greek and Roman Antiquity (1963).

Ktesiphon, Stadt in ↗ Babylonien am linken Ufer des ↗ Tigris. Die Herkunft des Namens ist unbekannt. K. ist vielleicht eine makedon. Gründung gleichzeitig mit ↗ Seleukeia am anderen Tigrisufer. Die Stadt war zunächst unbefestigt. Ab 140 v. Chr. diente sie als Residenz der parth. Könige und Bollwerk gegen das hellenist. Seleukeia. Nach Zerstörungen durch die Römer (Verus 165 n. Chr.; Septimius Severus 197) wurde K. Hauptstadt des Sasanidenreiches und erhielt prächtige Paläste, z. B. Taq-e-Kesra; ab 636 begann die arab. Zeit.

Kuchen (gr. plakous, lat. placenta) waren in der Antike weit verbreitet. Wichtigste Zutaten waren Weizenmehl, Milch, Öl, Honig, Käse, Nüsse, Rosinen und Gewürze aller Art. K. wurde meist im Haushalt hergestellt, doch sind auch gewerbsmäßige K.-Bäckereien bezeugt. Antike K.-Arten waren in der Regel extrem süß und unterscheiden sich von heutigem Gebäck bes. durch den nicht seltenen gleichzeitigen Einsatz scharfer Gewürze. Bei ↗ Cato und ↗ Apicius sind einige Rezepte überliefert, die einen guten Einblick in antike Süßspeisen gewähren. **Lit.:** E. Alföldi-Rosenbaum (Hg.), Das Kochbuch der Römer (1988).

Küche, derjenige Raum im Haus, in dem die Speisen zubereitet wurden, als solcher erst seit hellenist.-röm. Zeit gebräuchlich. Bis dahin kochte man entweder im Freien beim Haus oder zum Schutz unter einem Vordach, später verlegte man die Herdstelle in den Hauptraum des Hauses, wofür sich im Dach auch ein Rauchabzug befand. In größeren röm. Städten entwickelten sich daraus regelrechte Garküchen, kleine Straßengeschäfte, in denen – unseren Schnellrestaurants entsprechend – Speisen zubereitet, gewärmt und verkauft werden konnten. ↗ Wirtshäuser

Kult (lat. colere, »pflegen«, »verehren«; cultus, »Verehrung«). Im K. werden die Götter sowie die mit ihnen bes. verbundenen Dinge und Personen verehrt. Kult. Handlungen heben sich in mehrerer Hinsicht von alltägl. ab: Die den K. vollziehenden Personen müssen bestimmte Voraussetzungen erfüllen und sich durch Fasten, Askese oder eine bestimmte Kleidung auf den kult. Akt vorbereiten. K.e sind an heilige Orte gebunden (Tempel, heilige Bezirke); sie finden im Jahreskreislauf zu bestimmten Zeiten statt (↗ Feste), laufen in festgelegten Handlungen (Ritualen) ab und bedürfen einer vermittelnden Instanz zwischen Göttern und Menschen, der ↗ Priester. ↗ Religion.

Kumarbi, hethit. Hauptgott, Vorlage für Hesiods Kronos-Gestaltung in der *Theogonie*. K. verfolgt den Himmelsgott Anu, beißt ihm die Genitalien ab und verschluckt sie. Auf Anus Hinweis, er habe drei Götter verschluckt, speit Kumarbi und bringt den Gott Tasmisu, den Fluss Tigris und den Wettergott hervor. **Lit.:** M. L. West (Hg.), Hesiod: Theogony (1966) 21 f. – W. Burkert, Structure and History in Greek Mythology and Ritual (1979) 20–22.

Kunaxa, Ort in Nordbabylonien zwischen Euphrat und Tigris. Berühmt wurde K. durch die Entscheidungsschlacht zwischen Kyros d. J. und seinem Bruder, dem pers. Großkönig Artaxerxes II. (401 v. Chr.), in der Kyros unterlag und starb. Die Schlacht wird von ↗ Xenophon im ersten Buch der *Anabasis* geschildert.

Kunstgeschichte. Kunstgeschichtl. Darstellungen im eigentl. Sinne gibt es in der Antike nicht. Man findet jedoch zahlreiche Hinweise bei Pausanias, Plinius d. Ä. und Vitruv. Ansätze kunstgeschichtl. Betrachtungsweise bieten bes. die Bildbeschreibungen (↗ Philostratos, ↗ Ekphrasis).

Kunstgewerbe, Begriff, der erst im 19. Jh. aufkam, seit sich infolge der Industrialisierung das K. von Kunst und Handwerk abspaltete; Bezeichnung für alle Zweige der bildenden Kunst, die als angewandte Kunst Gebrauchsgegenständen durch bestimmte Formgebung einen Schönheitswert verleihen. Das K. der Antike kannte diese Unterscheidung nicht, und so zählten sowohl Erzeugnisse aus wertvolleren Materialien wie Edelmetallen, Edelsteine oder Elfenbein, wie auch solche aus einfachen Werkstoffen wie Ton, Glas oder Holz dazu. Dies macht eine klare Differenzierung recht schwierig. Die in großer Anzahl produzierte Reliefkeramik gehört sicher zum K., aber bei der Kleinkunst, etwa Statuetten, gibt es sowohl selbständige Einzelkunstwerke als auch zahlreiche Massenprodukte. **Lit.:** A. Burford, Künstler und Handwerker in Griechenland und Rom (1985).

Kunstprosa. Der Begriff K. geht auf E. Norden zurück, der damit die kunstmäßig, d. h. nach den Regeln der ↗ Rhetorik gestaltete antike Prosa bezeichnete. Da mit wenigen Ausnahmen, wie z. B. der ↗ *Mulomedicina Chironis,* in der Antike auch Fachliteratur sich nach den Regeln der Rhetorik richtet, kann man im Prinzip die gesamte erhaltene Prosaliteratur der griech.-röm. Antike bis in die Spätantike hinein unter die Rubrik K. subsumieren. **Lit.:** E. Norden, Die antike K. I-II (1898, ¹⁰1995).

Kupfer (gr. chalkos, kypros, lat. cuprum), das erste Metall, das der Mensch bearbeiten konnte (seit dem 5. Jt. v. Chr.), spielte auch in der Antike noch eine zentrale Rolle. Es wurde in komplizierten Verfahren aus Erzen ausgeschmolzen, die mehrmals nacheinander durchgeführt werden mussten. Bedeutende Erzlager befanden sich auf Zypern (gr. Kypros, daher der Name), in Unteritalien, Spanien und im ↗ Noricum. Da reines K. ziemlich weich ist und sich für die Herstellung von Geräten, Waffen und Werkzeugen nur bedingt eignet, wurde es durch Zusatz von Zinn zu ↗ Bronze gehärtet, was zu neuen Techniken in der Schmiedekunst führte. Eine große Rolle spielte K. auch in der Münzprägung, da das antike Kleingeld hauptsächlich aus diesem Metall oder aus Bronze gefertigt wurde. **Lit.:** R. J. Forbes, Metallurgy in Antiquity (1950).

Kuppelgrab, in der Bronze- und Eisenzeit bes. im Mittelmeerraum verbreiteter Grabtypus mit Dromos (Gang), einem bienenkorbförmigen, sog. unechten Gewölbe und aufgeschüttetem Hügel (Tumulus). Bedeutend sind die Kuppelgräber von Mykene; daneben aber auch solche in Etrurien und auf den brit. Inseln im W und im Schwarzmeergebiet im O. **Lit.:** S. Marinatos/M. Hirmer, Kreta, Thera und das Myken. Hellas (1986).

Kureten, im Mythos kret. Götter, die mit den Nymphen in einer Grotte den kleinen Zeus vor seinem Vater ↗ Kronos verstecken, der ihn verschlingen will. Sie führen einen lärmenden Waffentanz auf, damit Kronos das Geschrei des Kindes nicht hört.

Kurie (lat. Curia), die älteste Unterabteilung der röm. Bürgerschaft. Die auf die Frühzeit zurückgehende Einteilung in 30 ursprünglich territorial gegliederte K.n diente später als organisator. Grundlage der Curiatscomitien, die im Gegensatz zu den beiden anderen Formen der ↗ Volksversammlung (Centuriatscomitien, Tributscomitien) aber nur untergeordnete Funktionen wahrnahm. Als K. wurde auch das Amtsgebäude des ↗ Senats auf dem ↗ Kapitol bezeichnet. **Lit.:** A. Bartoli, Curia Senatus (1963).

Kuros (gr., »Jüngling«), moderner Begriff für die nackte Statue eines Jünglings der griech.-archaischen Zeit. Das weibl. Pendant dazu ist die Kore. In diesen rundplast. Skulpturen verarbeiteten die griech. Künstler die neuen, aus dem Orient kommenden Einflüsse und begründeten damit die Zeit der monumentalen Kunst. **Lit.:** G. M. A. Richter, Kouroi. Archaic Greek Youths (1970).

Kuss (gr. philema, lat. osculum, basium). Bereits in archaischer Zeit sind Küsse als Zeichen starker Empfindungen bei Begrüßungen oder Abschieden belegt; als ausgesprochener Liebesbeweis hingegen sind sie erstmals in der Att. Komödie bezeugt. Auch im kult. Bereich spielte die K. eine Rolle, so beim Abschied von einem Toten oder beim Küssen eines Standbilds oder Amuletts, um einen Wunsch zu bekräftigen. **Lit.:** J. Henderson, The Maculate Muse (1991) 181 f.

Kyathos (gr.), griech. Wort für Schöpfgefäß, mit dem langstielige Schöpfkellen aus Metall bezeichnet werden. Im Allg. bezeichnet man aber auch dünne tönerne Becher mit steilem Schlaufenhenkel, die an metallene Vorbilder erinnern, als K.; ferner bezeichnet K. ein Hohlmaß (0,045 l). **Lit.:** I. Scheibler, Griech. Töpferkunst (²1995).

Kybele, ursprünglich phryg. Göttin, mit der Zeusmutter Rhea gleichgesetzt, Personifikation der Mutter Erde. Ihr Begleiter im Kult ist der junge, schöne Attis, ihr Geliebter, den sie wahnsinnig werden lässt, als er ihre Liebe verschmäht. Attis entmannt sich und stirbt. Sein Leichnam aber zerfällt nicht: auch als Toter bleibt er jung und schön. Nach einer anderen Überlieferung ist K. die Schutzgöttin der Kinder und der wilden Tiere, begleitet von den ekstatisch tanzenden ↗ Korybanten. In Rom, wo man sie auch als »Große Mutter«

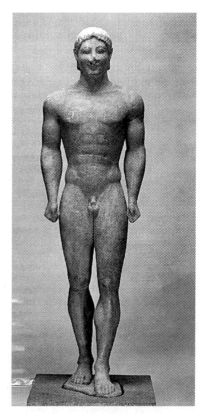

Kuros

(↗ *Magna Mater*) bezeichnete, wurde sie mit Pauken und Zimbeln von den sog. *Galloi* (»Entmannten«) orgiastisch verehrt. Ihr Fest wurde vom 4. bis 10. April begangen; Kultobjekt war ein schwarzer, phallusförmiger Steinfetisch. Ein literar. Reflex findet sich bei Catull, Gedicht 63.

Kychreus (gr. Kychreus), Sohn des ↗ Poseidon und der ↗ Salamis, König der gleichnamigen Insel. K. tötet einen riesigen Drachen, der die Insel verwüstet.

Kydippe (1), Tochter des Ochimos, des Sohns des Helios, des Königs der Insel Rhodos, und der Nymphe Hegetoria. Sie wird mit Kekraphos, dem Bruder des Ochimos, verheiratet und gebiert ihm drei Söhne, Lindos, Jalysos und Kameiros. ↗ Akontios.

Kydippe (2), Mutter von ↗ Kleobis und Biton, Hera-Priesterin in Argos.

Kydonia ↗ Kreta

Kykladen (gr., »Ringinseln«), große Inselgruppe der ↗ Ägäis. Als geolog. Formation gesehen, bilden die K. die Fortsetzung der Gebirge Attikas und Euböas, bestehend aus Schiefer, Marmor, Granit und Gneis, teilweise vulkan. Ursprungs. Die Bewohner der Inseln waren in histor. Zeit jon. (Naxos, Paros, Andros, Tenos, Keos, Mykonos), die restl. von dor. (↗ Melos, ↗ Thera, Astypalaia) Griechen bewohnt. Die Antike nannte als zweifelhafte Erklärung des Namens, dass diese Inseln ringförmig um den heiligen Bezirk der Insel ↗ Delos angeordnet waren im Gegensatz zu den weiter verstreut liegenden Sporaden, zu denen Thukydides auch Melos und Thera (Santorin) rechnete. Obwohl die K. von Natur aus karg waren, dienten Landwirtschaft (Wein, Gerste) und Kleinviehzucht als Haupterwerbszweig. Die Inseln waren reich an Bodenschätzen (Eisen, Kupfer, Silber, Gold), und der feine, qualitätsvolle Marmor von Naxos und Paros war ein wertvolles Exportgut. Im 3/2. Jt. v. Chr. blühte hier die bronzezeitl. Kykladenkultur, von der zahlreiche Idole verschiedener Typen aus heim. Marmor erhalten sind. Sie waren bis nach Kreta und auf das griech. Festland verbreitet. Im 5. Jh. Mitglied des ↗ Att. Seebundes, in hellenist. Zeit eigener Bund der Inselgriechen (Nesiotai) und unter makedon. und ptolemäischem Einfluss. Heute wie damals sind viele der Inseln unbewohnt. **Lit.:** W. König, Der Bund der Nesioten (1910). – W. Ekschmitt, Kunst und Kultur der K. I-II (1986). – N. H. Gale (Hg.), Bronze Age Trade in the Mediterranean (1991).

Kyklopen (gr., »Rundauge«), nach Hesiod ein Riesengeschlecht mit nur einem Auge mitten auf der Stirn, die drei Söhne der Gaia und des Uranos: Arges, Brontes und Steropes, Herren des Lichts, der Donner und der Blitze. Zeus befreit sie aus dem Tartaros, in den ↗ Kronos sie hat einsperren lassen, und erhält dafür Blitz und Donner zum Geschenk. Sie stehen ihm als geschickte Schmiede zur Seite. Nach Homer handelt es sich um ein brutales, in Höhlen hausendes Riesengeschlecht. Der Kyklop ↗ Polyphem verschlingt sechs Gefährten des Odysseus, der ihn betrunken macht und ihm einen Pfahl ins Auge stößt, so dass die Mannschaft vor dem erblindeten Monstrum fliehen

kann. Als *encheirogastores* (Handwerker), die die Mauern von Tiryns, der Geburtsstadt des Herakles, sowie die Mauern und das Löwentor von Mykene gebaut haben sollen, wurden die K. in einem Heiligtum auf dem korinth. Isthmos verehrt. Bei Vergil sind sie Schmiede, die die Donnerkeile für Jupiter und die Rüstungen der Heroen, darunter Äneas, anfertigen.

Kyknos (1), Sohn des ↗ Ares und der Pelopeia oder Pyrene, von ↗ Herakles getötet. K. lauert auf dem Weg nach Delphi den Reisenden auf, überfällt und köpft sie, um aus den Schädeln einen Tempel für seinen Vater zu bauen. Als Herakles mit ihm den Kampf aufnimmt, steht Ares seinem Sohn bei und rettet ihn. Später jedoch wird K. von Herakles getötet. In Hesiods *Aspis* (»Schild«) besiegen Herakles und Jolaos in einer Wagenschlacht K. und Ares in dem Hain Apollons. Während der verwundete Ares zum Olymp gebracht wird, raubt Herakles dem getöteten K. die Waffen.

Kyknos (2), Sohn des ↗ Poseidon und der Kalyke oder nach anderen Traditionen der Skamandrodike oder der Harpale, Hauptfigur in zwei verschiedenen mytholog. Erzählungen. Nach der älteren kämpft K., der zu den Verbündeten der Trojaner gehört, mit ↗ Achill und wird von ihm getötet. Nach der anderen wird das Kind von Poseidon und Skamandrodike heimlich geboren, ausgesetzt und von einem Fischer gefunden. Später wird K. König von Kolonai im Gebiet Trojas. Er heiratet Patrokleia, die Tochter des Klytios, die ihm zwei Kinder, die ↗ Hemithea und den ↗ Ten(n)es, gebiert.

Kyknos (3) ↗ Cycnus

Kylix (gr.), griech. Trinkschale aus Ton oder Metall mit zwei waagrechten Henkeln, niedrigem oder hohem Fuß und flachem Schalenkörper. Kylikes wurden im 6. und 5. Jh. v. Chr. häufig bei Trinkgelagen benutzt, wobei man sie gerne für das dabei veranstaltete Gesellschaftsspiel (↗ Kottabos) benutzte. Die meisten Kylikes waren sowohl innen als auch außen bemalt, wobei die sog. Kleinmeisterschalen bes. qualitätsvolle Malereien aufweisen. **Lit.:** K. Vierneisel/B. Kaeser (Hg.), Kunst der Schale – Kultur des Trinkens (1990).

Kyllene, Mutter oder nach einer anderen Tradition Gattin des ↗ Lykaon.

Kylon, vornehmer Athener im 7. Jh. v. Chr., versuchte um 632 eine Tyrannis zu errichten, wurde aber von den Bürgern abgewehrt und zur Flucht gezwungen. Seine Anhänger wurden im Auftrag des Archonten Megakles, der dem Geschlecht der Alkmäoniden entstammte, ergriffen und hingerichtet, obwohl sie an Altären Zuflucht gesucht hatten. Dieser sog. *Kylon. Frevel* diente später als Mittel der polit. Propaganda im Kampf gegen Angehörige des Alkmäonidenhauses und wurde selbst noch gegen Perikles vorgebracht.

Kymation, in der Architektur und Kunst Blattornament als zierende Abschlussleiste. Man unterscheidet zwischen dem jon. (Abwechslung von eiförmigen und spitzen Gebilden), dem dor. (ein schlichtes, konkaves Ornament) und dem lesb. K. (herzförmige Blätter).

Kymbala (gr., »Metallbecken«), Metallinstrument, das aus zwei hohlen Becken bestand, die zusammengeschlagen wurden und so einen schallenden Laut erzeugten. Sie wurden bei Orgien und namentlich bei den Festen der Kybele und den ↗ Bacchanalien benutzt.

Kyme (lat. Cumae), Stadt in ↗ Kampanien am Golf von Sorrent (*sinus Cumanus*) im Tyrrhen. Meer. Im 8. Jh. v. Chr. vom euböischen Chalkis gegründet, war K. die älteste und nördlichste griech. Kolonie in Italien und übte großen kulturellen Einfluss auf Rom aus. Mitte des 6. Jh. v. Chr. gründete K. Tochterkolonien (↗ Neapel, Dikaiarcheia, Parthenope). 474 v. Chr. erlangte ↗ Hieron I. von Syrakus vor K. einen entscheidenden Seesieg über die Etrusker. Die Samniten eroberten K. 424–21. Ab 338 geriet K. unter röm. Einfluss, wurde 334 *civitas sine suffragio* und *praefectura* und hielt im 2. ↗ Pun. Krieg zu Rom. K. war in dieser Zeit der Getreidelieferant Roms. Augustus ließ K. zum Flottenstützpunkt ausbauen; Plinius d.Ä. war hier Flottenkommandant zur Zeit des Vesuvausbruchs 79 n. Chr. Ausgrabungen brachten auf der Akropolis Reste eines archaischen Tempels zu Tage; wenig unterhalb auf einer nach O gewandten Terrasse findet sich der Stylobat des berühmten Apollontempels. Dahinter lag durch einen Gang verbunden die Grotte der sagenhaften cumäischen Sibylle. K. wurde in Vergils *Aeneis* mit Äneas in Verbindung gebracht und erhielt dadurch eine besondere Stellung im röm. Staatsmythos und der röm. Ideologie unter Augustus. In der Ebene am Fuß der Akropolis befand sich das Forum der röm. Stadt. Reiche Funde wurden auch bei Ausgrabungen in der ausgedehnten Nekropole von Licola gemacht. **Lit.:** PECS (1976). – A. Alföldi, Das frühe Rom und die Latiner (1977). – R. Legler, Der Golf von Neapel (1990). – ASM (1999).

Kyniker, griech. Philosophenschule, die sich auf ↗ Antisthenes und ↗ Diogenes von Sinope zurückführt und absolute Bedürfnislosigkeit vertritt.

Kynortas, einer der Söhne des Lakedaimoniers Amyklas, Bruder des ↗ Hyakinthos.

Kynoskephalai (gr., »Hundsköpfe«), Hügelkette im mittleren ↗ Thessalien. Hier fiel Pelopidas im Kampf gegen Alexander von Pherai (364 v. Chr.). Die Römer siegten an dieser Stelle unter T. Quinctius ↗ Flamininus über Philipp V. im 2. ↗ Makedon. Krieg (197) und besiegelten so das Ende der makedon. Herrschaft in Griechenland.

Kynosoura ↗ Helike

Kyparissos, schöner Sohn des Telephos, in den Apollon sich verliebt. Sein Begleiter war ein von den Nymphen gezähmter heiliger Hirsch, den er versehentlich tötet. In seiner Trauer bittet er darum, ewig weinen zu dürfen, und Apollon verwandelt ihn in die trockene Zypresse, den Baum der Trauer.

Kypris, Beiname der ↗ Aphrodite nach der Insel Zypern.

Kypros ↗ Zypern

Kypselos, Tyrann in Korinth, errang zwischen 657 und 620 v. Chr. die Macht und konnte sie 30 Jahre lang behaupten. In seiner maßvollen Herrschaft trieb er die Kolonisation voran, die u. a. als Ventil für polit. Unzufriedene diente, und führte möglicherweise die Münzprägung ein. Nachfolger wurde sein Sohn Periander.

Kyrenaiker, Name der von ↗ Aristipp von Kyrene begründeten Philosophenschule, die etwa 350 bis 275 v. Chr. existierte. Die K., auch »Hedoniker« genannt, setzten das Streben nach Glück (*eudaimonia*) mit Lust und Genusssucht (*hedone*) gleich und reduzierten damit die Aufgabe der Philosophie darauf, nach Lust zu streben und die Unlust fernzuhalten. Bereits in der Antike wurde dies mit der Lehre Epikurs verwechselt. **Lit.:** K. Döring, Der Sokratesschüler Aristipp und die K. (1988).

Kyrene, Nymphe, vom verliebten Apollon vom Peliongebirge nach Afrika entführt, wo die Stadt K. nach ihr benannt wird.

Kyrene (heute Shahat, Libyen), bedeutende griech., 631 v. Chr. von Thera gegründete Küstenstadt in Nordafrika, die der umgebenden Landschaft Kyrenaika den Namen gab. Mit den im 6. Jh. gegründeten Tochterstädten Barka, Tolmeta, Taucheira und Euesperides bildete K. die sog. afrikan. Pentapolis. Aristoteles, der Führer der Kolonisten, nahm den libyschen Königstitel Battos an. K. blieb die einzige griech. Kolonie, in der sich das Königtum etablieren konnte. Früh bemühte sich K. um Siedler aus anderen Teilen des Mutterlandes, setzte sich 570 militärisch gegen Ägypten durch, musste aber 525 die pers. Oberhoheit anerkennen. 456 wurde das Königtum von einer demokrat. Verfassung abgelöst, Ptolemaios I. konnte K. 322 an Ägypten angliedern. Die Stadt erhielt eine neue Verfassung. Durch das Testament des Ptolemaios Apion (116–96) fiel K. mit der Kyrenaika an Rom, das 74 dieses Gebiet als Provinz einrichtete. In den Bürgerkriegswirren übergab Mark Anton K. seiner Tochter Kleopatra Selene; Augustus, der in mehreren Edikten das Gerichtswesen K.s neu geordnet hatte, errichtete die Doppelprovinz Creta et Cyrenae, Hauptstadt wurde jedoch das kret. ↗ Gortyn. Im Zusammenhang mit dem Judenaufstand von 114 kam es auch in K. zu Zerstörungen; hier wurden in der Folge Veteranen angesiedelt, die Stadt wurde unter Trajan und Hadrian ausgebaut. Getreide, Gewürze und Olivenöl waren Exportgüter und wirtschaftl. Grundlage der Region. Eine Besonderheit stellte das nur in K. angebaute Gewürz Silphion dar. K. beherbergte eine große jüd. Gemeinde; der Dichter Kallimachos sowie der Geograph Eratosthenes gehörten zu den bekanntesten Söhnen der Stadt. Der Philosoph Aristipp begründete die nach seiner Heimatstadt benannte Philosophenschule der ↗ Kyrenaiker. **Lit.:** B. Gentile (Hg.), Cirene (1990). – E. M. Ruprechtsberger, Die röm. Limeszone in Tripolitanien und der Kyrenaika (1993). – J. Reynolds/J.A. Lloyd, Cyrene, in: CAH X² (1996) 619–640. – ASM (1999).

Kyrill(os) (1) von Alexandria, griech. Theologe, Bischof von Alexandria, ca. 375/80–444 n. Chr. K. trat als heftiger Gegner nichtchristl. religiöser Praktiken in Ägypten auf. Den Isis-Kult in Memphis ersetzte er durch die Überführung der Reliquien der Heiligen

Kyros und Johannes. Seine Rolle in der Ermordung der neuplaton. Mathematikerin ↗ Hypatia ist undurchsichtig. Neben ca. 90 Briefen und fünf Homilien ist sein Hauptwerk die (teilweise erhaltene) Widerlegung Julians (↗ Julian Apostata), aus der dessen Werk *Gegen die Galiläer* rekonstruiert werden kann; daneben verfasste er umfangreiche, oft allegor. Kommentare zum Alten und zum Neuen Testament. Das unter K.s Namen, aber sicher nicht von ihm stammende Glossar (Wörterbuch) war im MA weit verbreitet und wurde von den byzant. Lexikographen als Quelle benutzt. **Lit.:** LACL (³2003).

Kyrill(os) (2) von Jerusalem, griech. Theologe, Bischof von Jerusalem, gest. 387 n. Chr. Seine 18 katechet. Unterweisungen und die Prokatechese sind eine wichtige Quelle für die Theologie des 4. Jh. K. betont die theolog. Bedeutung der heiligen Stätten und beansprucht für Jerusalem den ersten Platz unter den christl. Orten. Ob die fünf unter K.s Namen überlieferten *Mystagog. Katechesen* echt sind, ist in der Forschung umstritten. Echt ist dagegen eine Homilie über den Gichtkranken und ein Brief an Kaiser Constantius (350/51). **Lit.:** LACL (³2003).

Kyros II., regierte 559–529 v. Chr., Begründer des pers. Großreichs der Achämeniden, besiegte als Fürst der Persis um 550 seinen Oberherrn, den Mederkönig Astyages, und schuf so die Grundlagen für die Ausweitung seiner Macht. Er drang nach Kleinasien vor und unterwarf 546 das Lyd. Reich unter Kroisos, wodurch auch die jon. Griechen mit den Persern in Berührung kamen. 539 zwang er das Neubabylon. Reich zur Kapitulation und gestattete den dort seit 587 internierten Juden die Rückkehr in ihre Heimat. Auch nach N und NO erweiterte er sein Reich, so dass er über ein Gebiet regierte, das sich von der Ägäis bis zum Indus erstreckte. 529 fiel er bei einem Feldzug gegen die skyth. Massageten und hinterließ die Herrschaft seinem Sohn Kambyses. Sein Grabmal bei Pasargadai ist erhalten. K. zeichnete sich durch eine kluge Herrschaft aus und war um eine effektive Verwaltung bemüht. Seine Toleranz gegenüber den Sitten und Gebräuchen unterworfener Völker, die auch die Achtung vor ihren Religionen einschloss, hob ihn wohltuend von seinen assyr. und babylon. Vorgängern ab und trugen wesentlich zur raschen Akzeptanz seiner Herrschaft bei. In der gesamten Antike wurde K. als verantwortungsbewusster, tugendhafter und gerechter König geschildert, der um das Wohl seiner Untertanen bemüht war. Xenophon sieht ihn in seinem Erziehungsroman *Kyrupädie* als Musterbeispiel eines gebildeten und idealen Herrschers.

Kyros der Jüngere, 423–401 v. Chr., Sohn Dareios' II., wurde 408 von seinem Vater zum Vizekönig von Kleinasien ernannt und unterstützte die Spartaner in der Endphase des Peloponnes. Krieges. 401 warb er griech. Söldner an und erhob sich gegen seinen Bruder Artaxerxes II. (reg. seit 404), fiel aber in der Schlacht bei Kunaxa unweit von Babylon. Das militär. Unternehmen des K. und den Rückmarsch der griech. Söldner schildert Xenophon in seiner *Anabasis*.

Kythera (lat. Cythera), 262 km² große, felsige Insel und gleichnamige Siedlung im S der Peloponnes. Ursprünglich zu ↗ Argos gehörend, ist K. ab Mitte des 6. Jh. v. Chr. als spartan. Periökenstadt belegt. Trotz steiler Felsküsten bot die Insel Schiffen gute Landeplätze und besaß ein fruchtbares Klima; Handelsbeziehungen mit Ägypten sind belegt. Für die Athener war K. von entscheidender strateg. Bedeutung als »Sprungbrett« auf die Peloponnes. 424 wurde K. durch den Athener ↗ Nikias besetzt. Bevorzugte Produkte der Insel waren Feigen, Käse, Wein, Honig und die Purpurfischerei, weshalb sie auch Porphyrusa genannt wurde. Berühmt war das Heiligtum der ↗ Aphrodite Urania. **Lit.:** G. L. Huxley/J.N. Colstream, Kythera (1972). – GLHS (1989) 362 f.

Kytheria, Beiname der ↗ Aphrodite nach der Insel Kythera.

Kytisoros (gr. Kytisoros), einer der Söhne des ↗ Phrixos und der Chalkiope, der Tochter des ↗ Aietes.

Kyzikos, myth. König der Dolionen. Er nimmt die ↗ Argonauten freundlich auf. Als diese jedoch nach ihrer Abfahrt in einen Sturm geraten und gezwungen sind zurückzukehren, halten die Dolionen sie für Piraten und greifen sie an. Im folgenden unbeabsichtigten Kampf wird K. getötet.

Kyzikos (lat. Cyzicus, heute Belkis bzw. Balkız, Türkei), 756 oder 675 v. Chr. gegründete, reiche miles. Handelskolonie am Südufer der Propontis. K. nahm am Jon. Aufstand teil und war Mitglied des Att.-Del. Seebundes. Berühmt ist die Seeschlacht von K. (410 v. Chr.), in der die athen. Flotte unter ↗ Alkibiades die Spartaner vernichtend schlug. Durch den ↗ Königsfrieden kam K. zu Persien, später über das seleukid. Reich zu ↗ Pergamon, mit der pergamen. Erbschaft Attalos III. (133 v. Chr.) in röm. Besitz. In der röm. Provinz ↗ Asia blieb K. bis 25 n. Chr. eine freie Stadt. Der Handel in den beiden Häfen florierte und K. hatte fruchtbares Hinterland; doch zerstörten in der Kaiserzeit mehrere Erdbeben den Reichtum der Kolonie. Erhalten sind Reste von Tempeln, eines Theaters und der Stadtmauer. **Lit.:** F. W. Hasluck, Cyzicus (1910). – PECS (1976).

L

Labarum, aus der röm. Reiterfahne (lat. *vexillum*) entwickelte spätröm.-byzantin. Fahne des Imperium Romanum, die seit Konstantin d.Gr. (324–337 n. Chr.) das Christusmonogramm auf der Schaftspitze trug. Die Herkunft des Wortes ist ungeklärt; wahrscheinlich wurde die Fahne in dieser Gestalt kurz nach dem Sieg Konstantins über Maxentius an der Milv. Brücke (312) eingeführt. Nach Eusebios von Caesarea bestand das L. aus einem hohen Schaft mit Querstange und dem christl. Symbol auf der Spitze, umschlossen von einem Kranz, von der Querstange herabhängend ein quadrat. Tuch, an dem Kaisermedaillons befestigt waren.

Labdakos (lat. Labdacus), König von Theben, Enkel des Kadmos, Vater des Laios.

Labeo, Marcus Antistius L., gest. um 10 n. Chr., gehörte zu den führenden röm. Juristen seiner Zeit. Sein nur in Fragmenten erhaltenes Werk hatte großen Einfluss auf die spätere röm. Rechtsentwicklung.

Laberius (1), Decimus L., röm. Mimendichter, 106–43 v. Chr., ↗ Mimus.

Laberius (2), Manlius L. Maximus, Statthalter von Mösien 100–102 n. Chr., war am Dakerfeldzug des Trajan beteiligt und eroberte 102 die alte Königsburg des Decebalus. 113 kam es zum Zerwürfnis mit dem Kaiser, und Laberius wurde auf eine Insel verbannt. Hadrian lehnte 117 seine Hinrichtung ab.

Labienus (1), Titus L., um 99–45 v. Chr., röm. Ritter etrusk. Herkunft, setzte als Volkstribun 63 eine Gesetzesvorlage durch, die Caesar die Wahl zum Pontifex Maximus ermöglichte. Im Gall. Krieg (58–51) diente er als Legat und wurde einer von Caesars engsten Vertrauten, 50 war er sein Vertreter in der Provinz Gallia Cisalpina. Er lehnte die militär. Lösung der innenpolit. Schwierigkeiten, die Caesar versuchte, ab und wechselte zu Beginn des Bürgerkrieges (49) auf die Seite des Pompeius, ein Verrat, den Caesar persönlich nie überwinden konnte. Nach der Schlacht bei Pharsalos (48) floh er nach Nordafrika, wo er den Widerstand fortsetzte. Bei Ruspina erzielte er zwar gewisse Erfolge, unterlag jedoch gemeinsam mit Metellus Scipio in der Schlacht bei Thapsos. Von Caesar gnadenlos verfolgt, schlug sich L. nach Spanien durch, wo er mit Cn. Pompeius, dem ältesten Sohn des Pompeius Magnus, noch einmal ein Heer aufstellte. Dort fiel er im März 45 in der Schlacht bei Munda. Er galt als tapferer Offizier und fähiger Stratege, der an seinem einmal eingeschlagenen Weg bis zuletzt festhielt.

Labienus (2), Quintus L., Sohn des Titus L., begab sich 43 v. Chr. im Auftrag des Brutus als Gesandter zu den Parthern und veranlasste 42, nach der Schlacht bei Philippi, deren Invasion in Syrien (41). Er nahm den Titel *Imperator* an, musste aber 39 vor dem Gegenangriff des Ventidius zurückweichen und wurde getötet.

Labrum (lat.), Wasserbecken, Becken von Springbrunnen oder Waschbecken im Bad.

Labrys (gr.), Bezeichnung für eine Doppelaxt, eine Art Beil mit zwei Schneiden, das in erster Linie zu handwerkl. Zwecken und als Waffe benutzt wurde. Daneben kommt ihr aber als Attribut der Götter auch eine besondere kult. Bedeutung zu. Im minoischen Kreta (im 2. Jt. v. Chr.) wird sie schließlich zu einem der wichtigsten religiösen Symbole, wobei bemerkenswert ist, dass zu dieser Zeit ausschließlich Göttinnen mit der L. dargestellt werden. Auf dem Gebiet Kleinasiens und auf dem griech. Festland dagegen erscheinen hauptsächlich Männer mit der L. **Lit.:** S. Marinatos/M. Hirmer, Kreta, Thera und das Myken. Hellas (1986).

Labyrinth (gr. labyrinthos), großer Bau oder Irrgarten mit verschlungenen Gängen und Höfen. Der att. Überlieferung zufolge soll ↗ Dädalus für den kret. König Minos in Knossos eine unübersichtl., verwirrende Anlage errichtet haben, aus welcher niemand mehr entkommen sollte. Dort hielt Minos den ↗ Minotauros gefangen, ein seine menschl. Opfer verschlingendes Ungeheuer mit Menschenleib und Stierkopf. Theseus bezwang jedoch den Minotauros und fand mit Hilfe des Garnknäuels der Ariadne (»Ariadne-Faden«) den Weg zurück zum Ausgang. Das Wort ist vielleicht von ↗ Labrys abgeleitet, der Doppelaxt, einem häufig in minoischen Palästen auftauchenden Symbol; dieses sahen auch einwandernde Griechen und gaben den Palästen, nicht zuletzt auch wegen der verwinkelten Architektur, den Namen L. Später wurde er auch auf andere unübersichtl. Bauwerke übertragen, wie z. B. die nicht mehr erhaltenen Gebäude auf Lemnos oder die ägypt. Anlage eines riesigen (250 m × 150 m), 3.000 Räume umfassenden Totentempels, den König Amenemhet III. (1844–1797 v. Chr.) samt Pyramide bei Hawara/El Fayum hatte erbauen lassen. **Lit.:** S. Marinatos/M. Hirmer, Kreta, Thera und das Myken. Hellas (1986).

Laches, athen. Politiker im Peloponnes. Krieg, Vertreter einer gemäßigten Linie, kämpfte 427/26 nicht ohne Erfolg auf Sizilien und war 421 am Abschluss des Nikias-Friedens beteiligt. Er fiel 418 in der Schlacht bei Mantineia, als er die aufständ. Peloponnesier gegen Sparta unterstützte.

Lachesis (gr., »die den Lebensfaden Zuteilende«), eine der ↗ Moiren.

Lachs, der zur Gattung Forelle (*trutta*) gehörende Flussfisch wurde bereits von Hesych erwähnt und war Plinius d.Ä. bekannt; Ausonius beschreibt den L. anschaulich in seinem Werk *Mosella*.

Lacuna (lat., »Lücke«), Begriff der Textkritik, um eine Lücke im überlieferten Text eines antiken Autors zu bezeichnen. Als textkrit. Zeichen verwendet man in wissenschaftl. Ausgaben spitze Klammern.

Ladon, hundertköpfiger Drache, Wächter über die goldenen Äpfel der ↗ Hesperiden; ↗ Herakles.

Laelius (1), Gaius L., um 235 – nach 160 v. Chr., Konsul 190, kämpfte seit 209 im 2. Pun. Krieg und war in Spanien an der Eroberung Neukarthagos beteiligt. Er war ein Freund des Scipio Africanus und übernahm vielfältige diplomat. Aufgaben. Für den Historiker Polybios war er eine wichtige zeitgeschichtl. Quelle zum Leben und Wirken des Scipio.

Laelius (2), Gaius L., um 190–123 v. Chr., Sohn des Gaius L., ein enger Freund und Vertrauter des Scipio Aemilianus, beteiligte sich rege am Geistesleben seiner Zeit und trug nicht unwesentlich dazu bei, der röm. Gesellschaft für die griech. Philosophie zu öffnen. Politisch trat er erst spät in den Vordergrund. 147/46 diente er als Legat im 3. Pun. Krieg, wurde 145 Prätor und erreichte 140 das Konsulat. Er wandte sich gegen die Reformversuche des Ti. Gracchus und verfasste 129 die Leichenrede für seinen Freund Scipio Aemilianus. Späteren Generationen galt er als Musterbeispiel der Freundschaft; Cicero widmete ihm seine philosoph. Abhandlung *Über die Freundschaft (Laelius de amicitia).*

Längenmaße. Grundlage antiker L. sind bes. die Länge des menschl. Armes (und seiner Teilglieder) und des Fußes, die in Terminologie und Größe die antiken L. bestimmten. Die Elle (als Länge des Unterarmes) war eine stets »greifbare« Größe und gehörte in Griechenland zu den wichtigsten L.n, variierte aber naturgemäß bei Abmessungen am Körper. Unterteilt wurde die Elle in zwei Spannen; Handbreiten und Finger waren weitere Untergliederungen. Der schon im Orient verbreitete »Fuß« (gr. *pus,* lat. *pes*) wurde in der griech.-röm. Welt das verbreitetste L.; der Schritt bzw. Doppelschritt, der auf dem Fuß aufbaute, diente auch zur Beschreibung größerer Entfernungen (meist in der Form *mille passus,* 1.000 Doppelschritte). Streckenmaße wie das Stadion wurden mit den »menschl.« L.n in Bezug gesetzt (1 Stadion = 600 Fuß). ↗ Tabelle im Anhang.

Laërtes, bei Homer Vater des Odysseus, Gatte der Antikleia.

Laeten (lat. Laeti), Bezeichnung für verschiedene german. Volksstämme, die von den Römern seit dem 3. Jh. n. Chr. bes. im nördl. Gallien angesiedelt wurden, nachdem sie sich freiwillig unterworfen hatten oder mit Waffengewalt niedergezwungen worden waren. Als Grundhörige arbeiteten sie in der Regel auf ausgedehnten Staatsländereien und wurden zum Militärdienst herangezogen, wo sie z. T. in eigenen Formationen dienten. Als eigenständige Gruppe sind sie bis zum Ende des (west-) röm. Reiches im 5. Jh. fassbar.

Laetitia, röm. Gottheit, ↗ Personifikation der Freude.

Lager (lat. c̣astrum). Befestigte Militärlager waren zwar in Ansätzen bereits in Griechenland vorhanden, doch wurden sie erst in der röm. Armee zu einer festen und charakterist. Einrichtung. Man unterschied zwischen ortsfesten Standlagern, die in ihrer Bedeutung Kasernen glichen und bes. in der Kaiserzeit an den Reichsgrenzen errichtet wurden, und Marschlagern, die kurzfristig erbaut wurden und als temporäre Quartiere auf Feldzügen dienten. Während die Standlager in der Regel aus Stein errichtet waren und neben den eigentl. militär. Bauten auch Tempel, Bäder und Werkstätten enthielten, wurden die Marschlager von Pionieren kurzfristig aus Holz mit Zelten als Truppenunterkünften erbaut. Beide Formen waren grundsätzlich nach demselben Muster angelegt. Die vier Tore des rechteckigen Lagers waren durch die sich im rechten Winkel kreuzenden Hauptstraßen der *via praetoria* und *via principalis* verbunden. Auf dem Platz an der Straßenkreuzung, wo sich die Truppen zum Rapport versammelten, befand sich das *praetorium,* das Hauptquartier des Lagerkommandanten, bzw. bei Standlagern die *principia,* das Stabsgebäude. Die Soldatenquartiere verteilten sich rechtwinklig über das gesamte Areal. Das Lager war durch eine Stein- oder Palisadenmauer und einen angrenzenden Graben gegen feindl. Überfälle gesichert. Seine Größe richtete sich nach der Anzahl der zu beherbergenden Truppen.

Ein Legionslager erreichte Ausmaße von etwa 450 × 600 m, ein Kohortenkastell etwa 130 × 150 m. Das röm. L. war der Mittelpunkt des Soldatenlebens, in dem der Militärangehörige die meiste Zeit seiner Dienstpflicht verbrachte. Die exakte und regelmäßige Anlage, die nach jedem Marsch errichtet wurde, zeugt für die hohe Disziplin der röm. Armee. Im Laufe der Kaiserzeit entwickelten sich im Umfeld von permanenten Lagern durch Zuzug von Zivilisten vielfach regelrechte Städte (z. B. Mainz). **Lit.:** A. Johnson, Röm. Kastelle (1987). – M. Junkelmann, Die Legionen des Augustus ([6]1994).

Laios, myth. König von Theben, Sohn des Labdakos, Gatte der Jokaste. Nach Amphions Usurpation des Throns lebt er bei Pelops im Exil. Auf seiner Rückkehr nach Amphions Tod entführt er Pelops' Sohn Chrysippos, in den er sich verliebt hat. Als ihm später das delph. Orakel weissagt, dass ihn sein eigener Sohn töten werde, lässt er seinen in trunkenem Zustand gezeugten Sohn ↗ Ödipus aussetzen. Der damit beauftragte Hirte lässt das Kind nicht umkommen, sondern übergibt es einem Korinther. Jahre später wird L. vom nichtsahnenden Ödipus erschlagen.

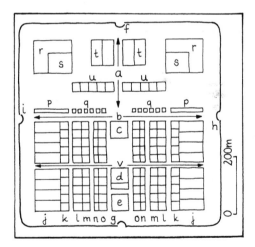

a	Via praetoria
b	Via principalis
c	Praetorium
d	Forum
e	Quaestorium
f	Porta praetoria
g	Porta decumana
h	Porta principalis dextra
i	Porta principalis sinistra
j	Pedites sociorum
k	Equites sociorum

l	Hastati
m	Principes
n	Triarii
o	Equites Romani
p	Praefecti sociorum
q	Tribuni
r	Pedites auxilares
s	Equites auxiliares
t	Pedites extraordinarii
u	Equites extraordinarii
v	Via quintana

Römisches Zwei-Legionenlager mit symmetrischer Anordnung der zwei stationierten Legionen

Laistrygonen, riesenhaftes Kannibalenvolk, das fast die gesamte Flotte des ⁊ Odysseus vernichtet.

Lakedaimon, myth. Stammvater der Lakedämonier, heiratet Sparte und benennt nach ihr die Hauptstadt Sparta.

Lakonien. Die fruchtbare Beckenlandschaft im SO der Peloponnes zwischen dem Parnon- und dem ⁊ Taygetosgebirge, teilte sich in die innere (lakon.) Ebene mit dem Hauptort Sparta am Ufer des Eurotas und die Küstenebene. Von Bedeutung waren bes. das vordor. Heiligtum von ⁊ Amyklai, Sellasia, und der Hafen Gytheion; den Spartiaten gehörte jedoch nur das Eurotastal, das übrige Gebiet den ⁊ Perioken; zur Geschichte ⁊ Sparta.

Laktanz, Lucius Caelius Firmianus Lactantius, lat. Apologet aus Nordafrika, ca. 250–325 n. Chr. L. wirkte unter Diokletian als Redelehrer in Nikomedeia, unterrichtete möglicherweise den späteren Kaiser Konstantin. L. trat wie sein Lehrer ⁊ Arnobius zum Christentum über. Kurz vor Ausbruch der Christenverfolgung gab er 303 den Rhetorikberuf auf und widmete sich der christl. Schriftstellerei. Nach 313 war er im Auftrag Konstantins Erzieher des Prinzen Crispus in Trier. Zwischen 304 und 311 entstand das Hauptwerk, die *Divinae Institutiones* (*Unterweisungen in der Religion*), in sieben Büchern. Als Apologet rechtfertigte L. das Christentum, indem er dokumentierte, dass es das Beste aus der heidn. Kultur sich angeeignet habe. Er schrieb in elegantem ciceron. Latein. **Lit.:** A. Wlosok, in: HLL V (1989) 375–404.

Lakydes aus Kyrene, griech. Philosoph, 3. Jh. v. Chr., Leiter der ⁊ Akademie als Nachfolger des Arkesilaos von 240–215. Er soll den skept. Standpunkt der Akademie (⁊ Skeptizismus) ausgebaut haben.

Lamachos, athen. Feldherr im Peloponnes. Krieg, fungierte 423/22 v. Chr. als Flottenbefehlshaber und war 421 am Zustandekommen des Nikias-Friedens beteiligt. 415 wurde er gemeinsam mit Nikias und Alkibiades zum Führer der Sizil. Expedition gewählt, fiel aber schon bald bei Kämpfen vor Syrakus.

Lambaese (lat. Lambaesis, heute Lambèse, Algerien), Militärlager und ziviles Municipium am Nordabhang des Atlas in ⁊ Numidien/Nordafrika. Unter Titus Bau des ersten Legionslagers 81 n. Chr.; Vollendung des großen Legionslagers 129. Am 1. Juli 128 besuchte Hadrian die dort stationierte Legion; der Text seiner Ansprache ist inschriftlich belegt (CIL VIII 18042). Mit kurzer Unterbrechung im 3. Jh. n. Chr. war L. militär. Mittelpunkt der Provinz ⁊ Africa; seit Septimius Severus (198) Hauptstadt der Provinz Numidia; 256 ist der erste Bischof belegt; in byzantin. Zeit wurde L. zur Festung ausgebaut. Archäolog. Reste von drei Lagern mit Prätorium, Signakapelle, Kasernen und Amphitheater und der Zivilstadt mit Kapitol, zahlreichen Tempeln, Thermen; Funde im Museum von Algier. **Lit.:** PECS (1976). – ASM (1999).

Lamia (1) (gr., »die Gierige«), schöne Geliebte des Zeus, die von Hera aus Eifersucht in den Wahnsinn getrieben wird: Sie verschlingt zuerst ihre eigenen Kinder und entwickelt sich später zu einem schreckl. Monstrum, das sich von Kindern ernährt.

Lamia (2), Stadt in Thessalien an den Ausläufern des ⁊ Othrysgebirges an einem antiken Straßenknotenpunkt. Bekannt wurde L. durch den sog. ⁊ Lam. Krieg 323/22 v. Chr., den Aufstand der Griechen nach dem Tod Alexanders d.Gr. **Lit.:** GLHS (1989) 365 f.

Lamischer Krieg (323/22 v. Chr.), nach der Stadt ⁊ Lamia in Thessalien benannter Konflikt, in dem die meisten griech. Staaten nach dem Tode Alexanders d.Gr. (323) die makedon. Vorherrschaft abzuschütteln versuchten. Hauptursache war ein königl. Dekret (324), nach dem alle Verbannten in ihre Heimat zurückkehren sollten. Die Verwirklichung dieses Vorhabens hätte den sozialen Frieden und die innere Stabilität der meisten griech. Staaten erschüttert. Auf die Nachricht vom Tode Alexanders kam es daher unter der Führung Athens und der ⁊ Ätoler zu einem umfassenden Bündnis, dem zahlreiche griech. Poleis beitraten. Nach Anfangserfolgen der Aufständischen, deren führender Feldherr ⁊ Leosthenes war, musste sich ⁊ Antipater, der makedon. Stratege für Europa, in Lamia verschanzen, wo er von den Griechen belagert wurde. Die Situation änderte sich, als makedon. Truppen unter Leonnatos und ⁊ Krateros aus Kleinasien zu Hilfe eilten. Nachdem das griech. Landheer bei Krannon (Thessalien) und die athen. Flotte bei Amorgos besiegt worden waren, zerfiel die Koalition. Die griech. Staaten versuchten jeder für sich Frieden mit Antipater zu schließen. Athen musste Ende 322 kapitulieren und erhielt eine makedon. Besatzung. Die Demokratie wurde beseitigt, und die führenden Makedonenfeinde (u. a. ⁊ Demosthenes und ⁊ Hypereides) fanden den Tod. Der L. K. war ein letztes Aufbäumen der griech. Polis gegen die Vormacht der Territorialstaaten. Durch seinen Ausgang wurde die makedon. Hegemonie in Griechenland auf Dauer zementiert. **Lit.:** O. Schmitt, Der L. K. (1992).

Lamos (1), Flussgott, Vater der ⁊ Hyaden.

Lamos (2) (auch Lamios), Sohn des ⁊ Herakles und der Omphale, nach dem die thessal. Stadt Lamia benannt wird.

Lamos (3), Sohn des ⁊ Poseidon, alter König der Laistrygonen in Homers *Odyssee.*

Lampadedromia, Fackellauf an verschiedenen kult. Wettkämpfen, bes. den Panathenäen. Das Feuer wurde vom Hain des Akademos über die Agora bis zum Altar der Göttin Athena getragen.

Lampe (gr. lychnos), Gerät zur Beleuchtung, in dem ein meist flüssiger Leuchtstoff (Öl, Talg) mittels eines Dochtes (Hanf, Flachs) verbrannt wurde. L.n waren hervorragend für geschlossene Räume, Häuser, Paläste, Tempel, Thermen o. ä. geeignet, verdrängten dort, bes. im kult. Bereich, die Fackel. Ferner dienten sie häufig als Weihgeschenk und waren ein beliebtes Geschenk anlässlich der kaiserzeitl. Saturnalienfeste. – Man unterscheidet die offene L., die nur aus einer kleinen Schale besteht, zumeist mit eingedrücktem Rand und Tülle für den Docht, und die geschlossene L., die durch ihren geschlossenen L.n-Körper das Verschütten des Öls verhindert. Als Material benutzte man Stein und Marmor, seltener Metalle, bes. Gold und Silber konnten sich nur wenige leisten. Am gebräuchlichsten waren L.n aus Ton. Die Nachfrage nach Ton-L.n war so groß, dass sich eine Lampenindustrie entwickelte. – An der eigentl. Grundkonstruktion dieser L.n änderte sich im Laufe der Zeit wenig, dagegen wandelte sich die äußere Grundform und die Verzierung: Die Tülle oder Schnauzenform veränderte sich (es konnten mehrere Tüllen zur Steigerung der Leuchtkraft hinzukommen), Henkel und Griff, Füße und Ständer wurden hinzugefügt, und die ursprünglich einfache Schalenform verwandelte sich in unterschiedlichste Gestalten wie Schiffe, Köpfe, Gliedmaßen oder Tiere. Die Oberseite, der sog. Spiegel, wurde immer kunstvoller verziert. Die Motive der Darstellungen sind mannigfaltig, von einfachen und komplizierten Ornamenten über mytholog. Gestalten, kult. Gegenstände und Szenen aus dem öffentl. und privaten Leben, Grotesken, Fabeln, Fauna und Flora oder sonstige Gegenstände. **Lit.:** H. Menzel, Antike L.n (1969). – S. Schäfer/L. Marczoch, L.n der Antikensammlung (1990).

Lampetië, eine der ⊅ Heliaden.

Lampsakos (heute Lapseki, Türkei), um 650 v. Chr. vom jon. ⊅ Phokaia gegründete Stadt am kleinasiat. Ufer des Hellespont. Die in der Landschaft ⊅ Troas in strategisch wichtiger Lage gelegene Stadt war Nachbar von Milet. 513 litt sie unter der Tyrannis des Hippokles; 499 beteiligte sie sich am Jon. Aufstand (⊅ Perserkriege). 471 wurde L. von den Persern unterworfen, danach vom pers. König Artaxerxes I. an Themistokles für Athen abgetreten. L. war Mitglied des ⊅ Att. Seebundes und stand nach 405 zeitweise unter Schutzherrschaft Spartas. Ab 362 v. Chr. war L. wieder frei, prägte eigene Münzen und pflegte gute Beziehungen zu Athen. Ab 340 Herrschaft der Hyparchen der Troas, ⊅ Memnon; 334 Eroberung durch Alexander d.Gr. L. hatte einen frühchristl. Bischofssitz. Durch seine Lage war L. auch im MA ein wichtiger

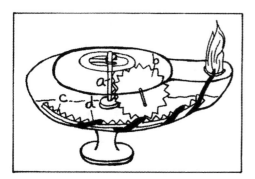

Traditionelle Form einer Öllampe, hier mit einem Automateninneren, das die Länge des Dochtes (d) mit Hilfe eines Schwimmers (a), eines Zahnrades (b) und eines Zahndrahtes (c) reguliert (nach Heron)

Handelsplatz. Archäolog. Reste (Stadtmauer, ausgedehnte Nekropole) sowie Inschriften und Münzen (Lampsakener), Statere aus Elektron, ab dem 4. Jh. v. Chr. Goldstatere mit verschiedenen Darstellungen. **Lit.:** A. Baldwin, The Electrum Coinage of L. (1914). – W. Leaf, Strabo on the Troad (1923). – P. Frisch, Die Inschriften von L. (1978).

Landkarte ⊅ Geographie, Peutingertafel

Landwirtschaft ⊅ Ackerbau, Agrartechnik, Getreide, Gemüseanbau, Obstanbau

Lange Mauern ⊅ Piräus

Langobarden, german. Stamm, vermutlich aus Skandinavien stammend, worauf auch Rechtsbräuche und Namensgebung hinweisen; jedoch keine archäolog. Spuren. Eingewandert um 100 v. Chr., ließen sich die L. unter Augustus an der unteren Elbe nieder, gehörten zeitweise zum Stammesverband Marbods und wurden 5 n. Chr. nach O zurückgedrängt. Im Zuge der Völkerwanderung im 5. Jh. n. Chr. gelangten die L. nach Norditalien, besetzten Teile des Noricums und wurden zum Christentum bekehrt. Justinian machte den L. 546/47 Teile Unterpannoniens zum Geschenk. Nach einem Sieg über die Gepiden zogen die L. unter ihrem König Alboin nach Mittelitalien, zerstörten ⊅ Aquileia und gründeten 568 ein eigenes Reich mit der Hauptstadt Pavia; langobard. Herzogtümer entstanden in Spoleto und Benevent. Im 7. Jh. traten die L. zum Katholizismus mit Mailand als kirchl. Mittelpunkt über und zeichneten ihr Recht in lat. Sprache auf. Das Ende für die L. in Italien kam durch das gegen sie gerichtete Bündnis des Papstes mit dem Frankenkönig Karl (774). Die L. brachten german. Formelemente und Techniken in die christl. Kunst ein; charakteristisch sind die Flechtwerkmuster (Kerbschnitttechnik) in Cividale oder Aquileia. **Lit.:** J. Jarnut, Geschichte der L. (1982).

Laodamas, Sohn des Königs Eteokles von Theben, wird im Kampf gegen die ⊅ Epigonen geschlagen und flieht nach Illyrien.

Laodamia (gr. Laodameia), Frau des ⊅ Protesilaos.

Laodike (1) (gr. Laodike), Figur der Mythologie, Tochter des ⊅ Priamos und der ⊅ Hekabe, Gattin Helikaons. Andere Quellen berichten, dass sie sich in ⊅ Akamas verliebt und mit ihm einen Sohn, Muniton, zeugt, den sie ⊅ Aithra, der Mutter des Theseus, übergibt. Über ihr Schicksal nach der Eroberung Trojas gibt es verschiedene Versionen: Sie wird beim Fall der Stadt getötet oder stirbt aus Gram über den Verlust von Akamas und ihrem Kind, die bei der Jagd von einer Schlange getötet werden.

Laodike (2), erste Gemahlin des Seleukidenkönigs ⊅ Antiochos II. (reg. 261–246 v. Chr.), wurde 253 von ihrem Mann verstoßen, der eine neue Ehe mit Berenike, einer Tochter ⊅ Ptolemaios II., eingegangen war. Später versöhnte sie sich wieder mit Antiochos, der ihren gemeinsamen Sohn, Seleukos II., anstelle des Kindes der Berenike zum Thronfolger bestimmte. Diese behauptete, L. habe das Testament gefälscht und rief ihren Bruder, ⊅ Ptolemaios III., zu Hilfe, um die Rechte ihres eigenen Sohnes zu wahren. Doch noch bevor dieser mit Heeresmacht erschien, ließ L. ihre Rivalin zusammen mit ihrem Kind ermorden. Da sich ihre Hoffnung auf polit. Einfluss nach Abzug des Ptolemaios nur teilweise erfüllte, stachelte sie ihren jüngeren Sohn, Antiochos Hierax, zum Aufstand gegen Seleukos II. an. Sie starb wohl bald nach 240.

Laodike (3) (gr. Laodike), Tochter des Arkaders Agapenor, der nach dem Fall Trojas nach Zypern gelangt, die Stadt Paphos gründet und den Aphrodite-Tempel erbaut.

Laodike (4) (gr. Laodike), nach Homer eine der Töchter des ↗ Agamemnon und der ↗ Klytämnestra, Schwester der Chrysothemis und der Iphianassa. In den trag. Bearbeitungen des Mythos wird sie durch ↗ Elektra (1) ersetzt.

Laodike (5) (gr. Laodike), Tochter der Asterodia, der Schwester der ↗ Penelope.

Laodikeia (1), L. *ad mare* (heute Lattakie, Syrien), von Seleukos I. gegründete Handelsstadt mit gutem Hafen an der Mündung des ↗ Orontes in Syrien. Eine der wichtigsten Städte des Seleukidenreiches; ursprünglich phönizisch, später hellenisiert. Strategisch günstige Lage und fruchtbare Umgebung (Weinanbau) begünstigten ab 150 v. Chr. den Aufstieg der Stadt, einer Rivalin ↗ Antiochias; im 1. Jh. v. Chr. war L. selbständig, bis es durch Pompeius unter röm. Herrschaft geriet. In der von Augustus eingerichteten kaiserl. Provinz Syria behielt L. den Sonderstatus einer freien Stadt; Handelsbeziehungen bis Vorderindien und Ägypten sind nachgewiesen; die Stadt prägte eigene Münzen. 194 n. Chr. startete Septimius Severus eine Strafaktion gegen Antiochia am Orontes, das sich für seinen Rivalen Pescennius Niger engagiert hatte: L. wurde *metropolis* und erhielt das *ius Italicum*. Das Christentum konnte sich hier nicht durchsetzen, und nach dem Ende der Kreuzzüge im 13. Jh. fasste der Islam endgültig Fuß. Der antike Stadtplan von L. besaß vier Kolonnadenstraßen **Lit.:** PECS (1976).

Laodikeia (2), L. am Lykos (heute Goncalı, Türkei), bedeutendes Handelszentrum in Kleinasien im Grenzgebiet von Karien und Phrygien. Gegründet von Antiochos II. (261–246 v. Chr.) anstelle einer älteren Siedlung mit hellenisierter Bevölkerung, die oberhalb des Lykos auf einem flachen Hügel lag, benannt nach seiner Gemahlin Laodike. L. lag an einer wichtigen Handelsroute unweit des Zusammenflusses von Lykos und ↗ Mäander. Am Ende des 1. Jh. v. Chr. war L. eine volkreiche, blühende Stadt. Unter Tiberius und Nero von schweren Erdbeben heimgesucht, blühte sie im 2. Jh. n. Chr. wieder auf und hatte schon früh eine christl. Gemeinde. Diokletian machte L. zur *metropolis* der Provinz Phrygia. **Lit.:** G. E. Bean, Turkey beyond the Maeander (1971) 247–257. – PECS (1976).

Laokoon, Apollon- und Poseidonpriester im ↗ Trojan. Krieg. Er warnt die Trojaner davor, das Hölzerne Pferd in die Stadt zu ziehen. Kurz danach werden er und seine beiden Söhne von zwei ungeheuren Seeschlangen erwürgt. Die Trojaner deuten dieses Zeichen als Strafe für seine Bedenken und ziehen das Pferd in die Stadt, was Trojas Schicksal besiegelt. Eine literar. Gestaltung des Mythos findet sich bei Vergil, *Aeneis* 2, 40 ff. Die 1506 in Rom gefundene L.-Gruppe (heute im Vatikan. Museum) hat in der deutschen Klassik zu heftigen Diskussionen, bes. über das Verhältnis von Bildender Kunst und Literatur (Winckelmann, Lessing, Goethe), geführt. **Lit.:** H. Althaus, L. (1968). – M. Winner/B. Andreae/C. Pietrangeli (Hg.), Il Cortile delle Statue. Der Statuenhof des Vatikan (1998).

Laomedon (gr. Laomedon), trojan. König, Sohn des Ilos und der Eurydike, erbaut mit Apollons und Poseidons Hilfe die Mauer um Troja. Als L. die Zahlung verweigert, schickt Apollon eine Pest und Poseidon ein riesiges Meeresungeheuer über das Land, das die Opferung der Hesione, L.s Tochter, fordert. L. geht darauf ein, aber Hesione wird von Herakles gerettet. L. wird später von Herakles getötet, als er sich weigert, den Lohn, nämlich die Stuten, die Zeus dem Tros gegeben hat, zu zahlen.

Lapis niger (lat., »schwarzer Stein«), in Rom 1899 auf dem Forum Romanum entdeckter schwarzer Marmorblock mit einer fragmentarischen, schwer lesbaren Inschrift aus dem frühen 6. Jh. v. Chr., die eventuell mit dem von Dionysios von Halikarnassos (2,45,2) erwähnten Tatenbericht des Romulus identisch ist. **Lit.:** F. Coarelli, Il Foro Romano I (1983) 178–188.

Lapithen, ein griech. Volk im N Thessaliens. Sie tragen die Kentauromachie, den Kampf gegen die Kentauren, aus, nachdem diese bei der Hochzeit ihres Königs Peirithoos die Braut belästigt haben.

Lappius, Aulus Bucceius L. Maximus, Statthalter von Bithynien 82–84 n. Chr., schlug als Legat von Niedergermanien (88/89) eine Militärrevolte gegen Domitian in Obergermanien nieder. Um ein übertriebenes Strafgericht des Kaisers zu verhindern, ließ er die Papiere der Verschwörer verbrennen.

Lararium (lat.; auch sacrarium, sacellum, aedicula), Hausaltar in Form einer in die Wand eingetieften Nische, eines kleinen Tempels (*aedicula*) oder einfach nur eines auf die Wand aufgemalten Heiligtums. Das L. war Ort tägl. Religionsausübung im röm. Wohnhaus, bei dem die ↗ Laren, die ↗ Penaten oder ein ↗ Genius (eine Haus- oder Familiengottheit) verehrt wurden. Anfangs befand sich das L. im Atrium in der Nähe des Herdes, mit den räuml. Veränderungen im städt. Mietshaus verlagerte sich dann sein Standort in andere Räume (Küche, Schlafzimmer).

Laren, röm. Schutzgötter des Hauses (*lares familiares*), im Gegensatz zu den ↗ Penaten auch des gesamten Hofes und der Flur. Sie galten außerdem als Götter der Kreuzwege (*lares compitales*); ihr Fest, *compitalia*, wurde an den Kreuzungen (*compita*) der Grenzraine der Äcker gefeiert. Jede Familie beanspruchte einen eigenen *lar familiaris*, der als Wächter des Herdes im Hause mit Speiseopfern verehrt wurde. **Lit.:** K. Latte, Röm. Religionsgeschichte (1960) 90 ff.

Largitio (lat., pl. largitiones, »reichl. Gabe(n)«), alle Spenden und Zuwendungen des röm. Staates, der

Laokoon-Gruppe

Magistrate und reicher Privatleute an die Öffentlichkeit. Zu den L.nes zählten die Ausrichtung von Spielen ebenso wie die öffentl. Speisungen, Wahlgeschenke, Verteilung von Geld sowie die unentgeltl. Abgabe von Getreide, Lebensmitteln oder Werkzeugen. Neben einmaligen L.nes (*coniugaria*) und Almosen (*alimenta*) gehörten zu den L.nes bes. regelmäßige Getreidespenden (*annonae*), die seit Gaius ↗ Gracchus bis in die Zeit Sullas üblich waren, der die ermäßigte Abgabe von Getreide aussetzte. Clodius führte 58 v. Chr. wieder kostenlose Getreidespenden ein, doch schon Caesar musste die Zahl der Empfänger fast halbieren (auf 170.000), um die Staatskasse zu entlasten. Die Berechtigten erhielten eine Art Lebensmittelkarte (*tessera*), die sie bei ihrem zuständigen Magazin (*hor-*

reum) einlösen konnten. Verteilungen von Öl waren seit Septimius Severus, von Fleisch seit Aurelian üblich. bes. beliebt waren L.nes als Wahlgeschenke zum Einwerben von Wählerstimmen; gegen diesen Trend des »Stimmenkaufs« wurden Gesetze erlassen (*leges de ambitu*). Staatl. Getreidespenden waren seit Ende des 2. Jh. notwendig geworden, als Marius durch seine Heeresreform die Rekrutierungsbasis veränderte und durch die zahlreichen Kriege der Bauernstand immer mehr verarmte. Als polit. Mittel dienten die L.nes popularen Politikern des 2./1. Jh. v. Chr. und später den Kaisern zur »Überzeugung« der Wähler und zur Ruhigstellung des Volkes.

Larissa, wichtigste griech. Stadt der thessal. Landschaft Pelasgiotis am rechten Ufer des Peneios, begünstigt durch ihre Lage in einer fruchtbaren weiten Ebene. Gegründet von Acrisius, dem Großvater des ↗ Perseus, bekam sie ihren Namen von der Nymphe Larissa, die auf Münzen der Stadt aus dem 4. Jh. v. Chr. abgebildet ist. Aus der frühesten Geschichte ist wenig bekannt; sie ist eng verbunden mit dem Geschlecht der Aleuaden, die L. vom Ende des 6. Jh. v. Chr. bis zum Ende des 4. Jh. v. Chr. beherrschten. Philipp II. von Makedonien baute L. 352 zu seinem Hauptstützpunkt in Thessalien aus; 197 Beginn der röm. Herrschaft; später Hauptstadt des thessal. Bundes. **Lit.:** GLHS (1989) 367–369.

Larṵnda, sabin. Gottheit, nach Ausonius (*Technopaegnion* 8, 9) Mutter der ↗ Laren (*Mater Larum*). Am Fest der ↗ Fratres Arvales wurden ihr Töpfe mit Speisen geopfert.

Lạsos aus Hermione, griech. Dichter, 2. Hälfte 6. Jh. v. Chr., Dithyrambiker (nur in wenigen Fragmenten erhalten). Er soll 508 in Athen den ersten Dithyrambenagon organisiert haben. **Lit.:** B. Zimmermann, Dithyrambos (1992) 39 f.

Lateinische Literatur. Zunächst muss man eine vorliterar. Phase, in der die Schrift nur für zweckgebundene Ziele verwendet wurde, von einer literar. abgrenzen. In der vorliterar. Phase wurden jurist. (*Zwölftafelgesetz*), administrative und kult. Texte aufgezeichnet. Die literar. Phase setzt 240 v. Chr. mit der Übersetzung einer griech. Dramas und der homer. *Odyssee* durch ↗ Livius Andronicus ein und reicht bis zum Tod ↗ Isidors von Sevilla (636 n. Chr.). – (1) Als erste Epoche der l. L. kann man die Zeit von 240 bis zum Tod des ↗ Lucilius (102 v. Chr.) ansehen. Man könnte sie als Phase der ↗ imitatio (»Nachahmung«) bezeichnen, in der röm. Autoren in ständiger Auseinandersetzung mit der griech. Literatur eine eigene Literatursprache schaffen und mit dem Drama (↗ Plautus, ↗ Terenz, ↗ Ennius) und dem Epos (↗ Ennius) zwei wichtige Gattungen in Rom etablieren. Erste Versuche in der ↗ Geschichtsschreibung entstehen aus einer apologet. Haltung gegenüber der griech. Welt; die ↗ Fachschriftstellerei wird von Cato begründet, mit der Satire (↗ Satura) eine neue Gattung kreiert. – (2) Die klass. röm. Literatur reicht vom Tod des Lucilius bis zum Tod Ovids (ca. 17 n. Chr.). ↗ Caesar und ↗ Cicero entwickeln eine den att. Autoren der 4. Jh. v. Chr. ebenbürtige Prosa; Cicero schafft in seinen theoret. Schriften eine lat. rhetor. und philosoph. Fachterminologie. Der Dichterzirkel der ↗ Neoteriker propagiert die Ideale der alexandrin. Poetik (↗ Literaturtheorie), der sich die Autoren der augusteischen Zeit (↗ Tibull, ↗ Properz, ↗ Horaz, ↗ Vergil) verpflichtet fühlen. Die Nachahmung der griech. Literatur, die die erste Epoche charakterisiert, wird durch einen selbstbewussten Umgang mit den griech. Vorbildern abgelöst (*aemulatio*); die Autoren verweisen mit Stolz darauf, den Griechen qualitativ nicht mehr unterlegen zu sein. – (3) Die Phase der Nachklassik (17–240 n. Chr.) kann man in drei Abschnitte untergliedern: zunächst in eine Periode der »Moderne«, die sich bewusst von der Poetik der Klassik absetzt (↗ Seneca, ↗ Lukan, ↗ Petron) und die nach dem Dekadenzschema auch als Silberne Latinität bezeichnet wird, also als die Epoche, die auf die »Goldene Zeit« der augusteischen Klassik folgt. Auf diese reagiert der Klassizismus der zweiten Hälfte des 1. Jh. n. Chr. (↗ Quintilian). Im 2. Jh. schließlich setzt eine Rückbesinnung auf die Literatur der republikan. Zeit ein (↗ Gellius). – (4) Die spätantike L. L. setzt unter Kaiser Diokletian (284–305) ein. Eine erste Phase ist durch die Koexistenz von christl. und heidn. Literatur gekennzeichnet (284–350). Die Blüte der L. L. der Spätantike fällt ungefähr mit der Lebenszeit von ↗ Augustinus zusammen (354–430). Autoren wie ↗ Hieronymus und Augustin entwickeln genuin christl. Gattungen (theolog. Traktate, Briefe, Predigten) und eignen sich die Formen der heidn. röm. Literatur an, die sie mit neuen Inhalten füllen (z. B. Bibelepik; ↗ Ausonius, ↗ Prudentius). Die allmähl. Auflösung des röm. Reiches im 5. Jh. führt zu einem Niedergang der Kultur. Literar. Kreativität wird durch das Bewahren der Tradition ersetzt. Dieser Nachklassik wird durch die Arabereinfälle im 7. Jh. ein Ende gesetzt; erst im 8. Jh. setzt in ir. und angelsächs. Klöstern wieder ein kulturelles Leben ein (»Karoling. Renaissance«). **Lit.:** L. Bieler, Geschichte der röm. Literatur (⁴1980). – K. Büchner, Röm. Literaturgeschichte (⁵1980). – R. Herzog/P.L. Schmidt, HLL (1989 ff.). – M. Fuhrmann (Hg.), Die röm. Literatur (1974). – M. v. Albrecht, Geschichte der röm. Literatur, 2 Bde. (²1994). – M. Fuhrmann, Geschichte der röm. Literatur (1999).

Latein(ische Sprache). L. gehört wie ↗ Griechisch zur indogerman. Sprachfamilie. Zunächst wurde L. (*lingua Latina*, nach der Landschaft Latium) nur im Gebiet von Rom gesprochen. Im Gegensatz zum Griechischen bildete L. keine eigenen Dialekte aus. Beeinflusst wurde die Entwicklung des L.s durch das ↗ Etruskische; zahlreiche Begriffe des Militär-, Bau-, Bühnenwesen und der Staatsverwaltung stammen aus dem Etrusk. (z. B. lat. *populus*, »Volk«, von etrusk. *pupli*; lat. *histrio*, »Schauspieler«, von etrusk. *ister*). Die Etrusker sind wohl auch die Vermittler des aus dem Griechischen stammenden lat. Alphabets. Durch ständigen Kulturkontakt mit den griech. Kolonien Süditaliens drangen auch zahlreiche griech. Wörter in das L. ein (z. B. lat. *scaena*, »Bühne«, von gr. *skene*; lat. *sceptrum*, »Zepter«, von gr. *skeptron*). Früheste erhaltene schriftl. Zeugnisse des L. sind der sog. ↗ Lapis niger (»schwarzer Stein«) aus dem 6. Jh., die rituellen Lieder der Arvalbruderschaft, das *carmen Arvale*, und der Salier (*carmen Saliare*) sowie das *Zwölftafelgesetz* (450 v. Chr., erhalten allerdings in einer umgearbeiteten, ›normalisierten‹ sprachl. Form). Dazu kommen Inschriften aus dem 3./2. Jh. v. Chr., bes. das Bacchanaliendekret von 186 v. Chr. – Die Entwicklung des L.s zur Literatursprache setzt nach 240 v. Chr. ein (↗ Livius Andronicus). ↗ Ennius trug entscheidend zur Ausbildung einer poet. Sprache bei, die von den Dichtern der augusteischen Zeit auf ihren Höhepunkt gebracht wurde; Cicero und Caesar schufen die lat. Kunstprosa. In der Spätantike setzten sich immer mehr volksprachl. Einflüsse durch, bedingt bes. durch die Bedürfnisse des Christentums. Im frühen MA geht L. als gesprochene Sprache immer mehr zurück; es wird nun zur Sprache der Gebildeten (*litterati*). Gleichzeitig setzt die Ausbildung der lat. ›Tochtersprachen‹ ein (Französisch, Italienisch, Spanisch, Portugiesisch, Rumänisch, Katalanisch, Provenzalisch, Rätoromanisch und Ladinisch, Sardisch). **Lit.:** F. Stolz/D. Debrunner/W.P. Schmid, Geschichte der lat. Sprache (⁴1966). – J. Marouzeau, Das L. (³1970). – W. Eisenhut, Die lat. Sprache (⁷1991).

La-Tène-Kultur, eine Kulturperiode der jüngeren Eisenzeit im kelt. Mitteleuropa, die der Hallstatt-Kultur folgt und etwa einen Zeitraum vom beginnenden 5. Jh. v. Chr. bis zum 1. Jh. n. Chr. umfasst. Sie ist benannt nach dem Ort La Tène am Neuenburger See (Schweiz), weil hier die wissenschaftl. bedeutsamsten und für diese Epoche aussagekräftigsten Funde gemacht wurden. Im 5. Jh. erfolgte eine Neustrukturierung der bisherigen Gesellschaftsordnung (führende Adelsschicht, Priesterschaft, Sippengemeinschaften). In Krisenzeiten beschlossen die Sippen, sich zu einem größeren Konglomerat zusammenzuschließen. Wegen des Anstiegs der Bevölkerungszahlen mussten neue Lebensräume gefunden werden, und es begann eine Ausbreitung zunächst nach W und in Richtung Balkan, später bis nach Griechenland, gleichzeitig erfolgten Verbesserungen auf den Gebieten der Landwirtschaft und der Viehzucht. Dies führte unter den neu gewonnenen Einflüssen zur Bildung stadtähnl. Siedlungen. So entstand unter dem Eindruck griech. und etrusk. Handwerkskunst um 450 v. Chr. die kelt. La-Tène-Kunst, die sich in erster Linie durch ihre ansprechenden Metallerzeugnisse auszeichnete (Durchbrucharbeiten, Gefäße, Waffen, Schmuck, Beschläge, Werkzeuge). Diese waren z.T. kunstvoll verziert mit zunächst geometr. Ornamenten, dann vegetabilen Mustern und Pflanzendekors bis hin zu phantasievollen Tierdarstellungen. **Lit.:** R. Wyss, Grabriten, Opferplätze und weitere Belege zur geistigen Kultur der Latènezeit, in: Ur- und frühgeschichtl. Archäologie der Schweiz IV (1974).

Latifundien (lat. *latus fundus*, »ausgedehnter Grundbesitz«), agrar. Großbetriebe in der röm. Republik und Kaiserzeit, die zunächst hauptsächlich von Sklaven bewirtschaftet wurden. Möglich wurde diese Anhäufung von Grundbesitz durch die röm. Gebietsgewinne ab dem Ende des 3. Jh. v. Chr., die den *↗ager publicus* vergrößerten und eine Flut von Sklaven und Kriegsgefangenen nach Rom brachten. Begünstigt wurden die L. durch ein Gesetz des Jahres 218 v. Chr., das Senatoren Handelsgeschäfte verbot (*lex Claudia de nave senatorum*), was zu stärkerem Engagement der Oberschicht in der Landwirtschaft führte. Die L. konnten gegen einen symbol. Pachtzins *↗ager publicus* zum eigenen Land dazugewinnen und mit Hilfe verbesserter Arbeitsmethoden sowie preiswerter Arbeitskräfte in einer Größenord-

nung von über 500 *iugera* (125 ha) besser investieren und rentabler wirtschaften als die bäuerl. Kleinbetriebe. Als Fachausdruck tauchte der Begriff zuerst bei Cato d.Ä. auf (160 v. Chr.). Als die Zufuhr von Sklaven nachließ, ersetzten Kleinpächter (*conductores* und *coloni*) ab dem 1. Jh. n. Chr. die fehlenden Arbeitskräfte auf den privaten Gütern wie auf den kaiserl. Domänen in den Provinzen; zu Neros Zeit teilten sich z.B. nur sechs Grundbesitzer die Hälfte der Provinz Africa.

Latiner, Bewohner Latiums vom Unterlauf des Tiber bis zum Albaner Berg und im Küstengebiet Mittelitaliens. Der Name ist mytholog. Herkunft (Latinos, Sohn des Odysseus); L. war schon in der Antike Sammelbegriff für eine Mischbevölkerung (Umbrer, Ausoner, Tyrrhener u.a.); erstmals namentlich erwähnt werden L. im ersten Vertrag zwischen Rom und Karthago (508 v. Chr.). Die L. bewohnten befestigte Siedlungen und betrieben Ackerbau und Viehzucht. 493 v. Chr. schlossen die L. ein Bündnis mit Rom. Der *↗ Latin*. Städtebund erhielt nach einem Aufstand 340–338 das sog. latin. *↗ Bürgerrecht* (*civitas sine suffragio*). Nach dem Bundesgenossenkrieg (91–88 v. Chr.) erzwangen die L. das volle röm. Bürgerrecht. **Lit.:** P.A. Brunt, Italian Manpower (1971). – A. Alföldi, Das frühe Rom und die L. (1977). – T.J. Cornell, The Beginnings of Rome (1995).

Latini Iuniani, eine jurist. Bezeichnung für *↗ Freigelassene* minderen Rechts, die auf ein Gesetz (*lex Iunia*) der späten Republik oder frühen Kaiserzeit zurückgeht. Wurde ein Sklave formal nicht korrekt freigelassen (*↗ manumissio*), galt er als *Latinus Iunianus*. Dieser war zu Lebzeiten den Bürgern latin. Kolonien gleichgestellt, wurde im Tode aber als Sklave behandelt. Dadurch konnte er kein Testament errichten, und sein Vermögen fiel an seinen ehemaligen Herrn zurück. Er stand damit zwischen einem Freien und einem Sklaven, und nicht wenige Römer nutzten die Möglichkeit der L. I., um »halbe Freilassungen« vorzunehmen, aber dennoch die Kontrolle über ihre früheren Sklaven zu behalten.

Latinischer Städtebund, ein wechselnder und eher lockerer Zusammenschluss latin. Gemeinden, der bis zur endgültigen röm. Eroberung (338 v. Chr.) existierte. Hauptzweck des Bundes, der zeitweise von Rom kontrolliert wurde, war die Abwehr äußerer Feinde und an seiner Spitze stand im 5. Jh. ein *dictator Latinus*. Im Zuge des Galliersturms (387) löste sich der L. S. wieder aus der Umklammerung Roms, musste sich aber bis zur Mitte des Jahrhunderts politisch unterordnen. Nach einem letzten Aufstand (340–338), der mit der endgültigen Unterwerfung endete, löste Rom den L. S. auf und schloss mit den einzelnen Gemeinden gesonderte Verträge. Seine wichtigsten Mitglieder waren Tusculum, Tibur, Aricia, Lanuvium, Norba und Praeneste.

Latinistik *↗* Klassische Philologie

Latinus, nach Vergils *Aeneis* Sohn des Faunus und der Nymphe Marica, Herrscher über Laurentum in Latium. Er nimmt Äneas nach seiner Ankunft in Italien freundlich auf, gibt ihm seine vielumworbene Tochter Lavinia zur Frau und kämpft auf Äneas' Seite gegen den Rutulerkönig Turnus.

Latium, wasserreiche, fruchtbare Landschaft im westl. Mittelitalien; teilweise Stammesgebiet der ⁊ Latiner; relativ spät besiedelt. Funde beweisen Beziehungen zur frühen Villanovakultur. Mit dem Sieg Roms über die Latiner und der röm. Vorherrschaft in Italien wurde L. zum Mittelpunkt des röm. Reiches. **Lit.:** Chr. Hennig, L. (1993).

Lato (heute bei Kritsa), bedeutende dor. Stadt im O Kretas in etwa 400 m Höhe mit dem Hafen Lato Pros Kamarai oder Kamara (bei Agios Nikolaos). Im 8. oder 7. Jh. v. Chr. gegründet, ist L. ein typ. Beispiel für die Siedlungsform der nachminoischen, dor.-griech. Einwanderer: Die z. T. noch sehr hoch erhaltenen Ruinen liegen zwischen zwei Bergkuppen verteilt an den Steilhängen mit herrl. Ausblick auf die Nordküste. Die sichtbaren Gebäudereste stammen aus klass. Zeit (5./4. Jh. v. Chr.). Besiedelt bereits in frühminoischer Zeit, wurde L. später verlassen; myken. Neubesiedlung nicht sicher nachweisbar. Stadtanlage und Haustypen weisen auf ältere dor. Tradition hin. Die Geschichte von L. ist erst in hellenist. Zeit durch Inschriften, die zahlreiche Verträge enthalten, gut belegt. **Lit.:** GLHS (1989) 371 f.

Latona, lat. Name der ⁊ Leto.

Laudatio funebris (lat., »Lobrede am Grab«), im röm. Kulturkreis übl. Totenehrung in Form einer Grabrede, in der die Verdienste und Taten des Toten und der Familie (*gens*) als Vorbild (*bonum exemplum*) für die Öffentlichkeit gepriesen wurden. Die Wurzeln dieser Sitte sind wohl im religiösen Bereich anzusiedeln (*conclamatio*) sowie im Totenlied (*nenia*), den Grabinschriften (*tituli*) und den Sprüchen auf den Ahnenbildern (*elogia*). Die aristokrat. Praxis der Leichenrede empfand den griech. Historiker und Romverehrer Polybios als zutiefst römisch; er beschrieb (6, 53–54) den Ablauf eines Leichenzuges. Ursprünglich im Familienkreis gehalten, fand der Leichenzug später auf dem Forum statt, wo die Rede auf der öffentl. Rednertribüne (⁊ *rostra*) vorgetragen wurde. Gehalten wurde sie vom ältesten Sohn oder vom nächsten männl. Verwandten; beim Staatsbegräbnis von einem Magistrat, der vom Senat bestimmt wurde. Livius berichtet von einer 480 v. Chr. gehaltenen Rede für den Konsul Fabullinus, die wohl nicht historisch ist. Sicher war die L.f. ab dem Ende des 3. Jh. v. Chr. üblich; die älteste uns bekannte ist die des Quintus Caecilius Metellus auf seinen Großvater (221). – Die Quellen spiegeln überwiegend das Verfahren der Familien in der aristokrat. Zeit wider, denn mit der Einführung des Prinzipats verlor die L.f. ihre gesellschaftl. und polit. Funktion; berichtet wird ab dem 1. Jh. n. Chr. nur noch von Reden auf die Kaiserfamilie, in denen der Kaiser selbst oder ein vom Senat bestimmter Festredner sprachen. Die erhaltenen Reste zeigen einen schmucklosen, einfachen Stil und galten ab 102 v. Chr. auch Frauen. Der erste Fall einer L.f. für eine Frau ist die des Q. Lutatius Catulus für seine Mutter Popilia; vgl. auch die in-

schriftlich erhaltene ⁊ Laudatio Turiae. In ihren Inhalten ähnelte die L.f. der Biographie und dient deshalb trotz mögl. Unzuverlässigkeit als histor. Quelle. Sofern aufgezeichnet, wurden die L.f. in den Familienarchiven aufbewahrt. **Lit.:** W. Kierdorf, L.f. (1980).

Laudatio Turiae, die längste bekannte röm. Privatinschrift aus dem 1. Jh. v. Chr. mit der ⁊ *laudatio funebris* eines Witwers auf seine verstorbene Frau. Erhalten ist die zweispaltige Inschrift auf zwei Marmorplatten, von denen nur von der zweiten vier Fragmente im Original erhalten sind; von Teilen der ersten Spalte der ersten Platte liegen Abschriften des 16. und 17. Jh. vor. Die Namen der Beteiligten sind nicht überliefert; die Bezeichnung L.T. erhielt die Grabrede durch die von F. Della Torre (1657–1717) geäußerte, freilich unwahrscheinl. Vermutung, die Verstorbene sei mit der von Appian und Valerius Maximus genannten Turia, der Frau des Quintus Lucretius Vespillo (Konsul 19 v. Chr.) identisch. Gelobt wird eine röm. Matrona, die den Tod ihrer ermordeten Eltern gerächt, eine vorbildl. Ehe geführt und ihren Mann vor den Proskriptionen der Triumvirn bewahrt hatte. **Lit.:** ILS 8393. – D. Flach, Die sog. L.T. (1991).

Laufen ⁊ Dromos

Laureion, antiker Bergwerksbezirk an der SO-Spitze Attikas; mehrere tausend Schächte (25–55 m; einige bis 120 m tief) im Tagebau- und Untertagebau, die mit Hilfe von Sklaven bewirtschaftet wurden. Bereits die Peisistratiden gewannen hier seit dem 6. Jh. v. Chr. Silber aus silberhaltigem Bleiglanz. Die Ausbeute der florierenden Silberbergwerke verwandte ⁊ Themistokles seit 482 v. Chr. für den Bau der athen. Flotte.; die Besetzung ⁊ Dekeleias (103) bewirkte die Flucht der Arbeiter von L. nach Sparta. Ab 1865 begann die Ausbeutung der zink- und bleihaltigen Schlackehalden sowie die archäolog. Dokumentation. **Lit.:** C.E. Conophagos, Le Laurium antique (1980). – GLHS (1989) 372 f.

Lauriacum (heute Lorch, ein Stadtteil von Enns, Oberösterreich), an der Donau gelegene kelt. Siedlung der Provinz Noricum; röm. Eroberung um die Mitte des 1. Jh. n. Chr. und Errichtung eines Auxiliarlagers; strategisch brisante Lage an der Grenze zum freien Germanien. Nach den Markomannenkriegen im 2. Jh. n. Chr. wurde im Rahmen der Neuordnung des german. ⁊ Limes die Legio II Italica in Albing östl. der Enns stationiert. Dieselbe Einheit erbaute 191 oder 205 einen Lagerkomplex im N des Ennser Stadtberges, dessen Umrisse heute noch deutlich zu erkennen sind. Westl. davon die Zivilstadt, die ⁊ Caracalla zum Municipium erhob. In der späten Kaiserzeit gab es neben der Legion *lanciarii,* eine Flottenstation und eine Schildfabrik. Ab dem 4. Jh. n. Chr. sind Aufenthalte mehrerer röm. Kaiser (Constantius II. 341, Valentinian I) belegt. **Lit.:** A. Gaheis, Führer durch die Altertümer von Enns (1937) – G. Winkler, Lorch in der Römerzeit (1981).

Lavinia, in der röm. Mythologie Tochter des Latinus und der Amata. Ihr Mann Äneas gibt seiner Gründung nach ihr den Namen Lavinium.

Leander (gr. Leandros) ↗ Hero

Learchos, Sohn des ↗ Athamas und der ↗ Ino, von seinem durch ↗ Hera in Raserei versetzten Vater getötet. Nach Euripides wird er zusammen mit seinem Bruder von der wahnsinnigen Ino getötet. Nach einer dritten Version springt Ino auf der Flucht vor Athamas ins Meer, L. wird zur Meeresgottheit Melikertes, Ino zu Leukothea.

Lebedos (heute bei Kimituria, Türkei), Hafenstadt an der jon. Küste Kleinasiens. Der um 300 v. Chr. von ↗ Antigonos Monophthalmos geplante ↗ Synoikismos mit der nördl. Nachbarstadt Teos wurde nicht vollzogen. Gegen Ende des 3. Jh. gehörte die Stadt zum ptolemäischen Einflussgebiet und trug den Namen Ptolemais. Im 2. Jh. v. Chr. war L. Sitz des jon. Künstlerverbandes der dionys. Techniten und an das röm. Straßennetz angebunden.

Lebensalter. Im ant. Alltagsdenken teilte man das menschl. Leben meist ähnlich wie heute in zwei bis vier Abschnitte ein: (Kindheit), Jugend, (Erwachsenenalter), Greisenalter. Manche der als fließend verstandenen Übergänge zwischen diesen L.n konnten durch eine Änderung des gesellschaftl. oder polit. Status einer Person genauer bestimmt und stärker akzentuiert werden (z. B. in Rom: Anlegen der *toga virilis* zwischen dem 14. und 17. Lebensjahr; Ende der Wehrpflicht mit 46 oder 50 Jahren). Daneben fehlte es nicht an Versuchen, präzise und allgemeingültige Gliederungen des Lebens vorzunehmen, die sich auf als bedeutsam empfundene Zahlen stützten und/oder Parallelen zu anderen Phänomenen oder Modellvorstellungen zogen. So soll ↗ Pythagoras das Leben in Analogie zu den vier Jahreszeiten in vier Abschnitte zu 20 Jahren eingeteilt haben; die Medizin griff dieses Schema auf und erweiterte es durch Einbezug der vier Körpersäfte (erster Abschnitt: Blut, dann Galle, schwarze Galle, Schleim). ↗ Varro (1) postulierte fünf L. zu 15 Jahren (das letzte blieb zeitlich unbestimmt). ↗ Augustinus kannte sechs, die den sechs Schöpfungstagen und den in Analogie zu diesen postulierten sechs Abschnitten der Weltgeschichte entsprachen. Die hellenist. ↗ Astrologie nahm sieben ungleich lange L. an, die von den sieben der Antike bekannten Planeten Mond, Merkur, Venus, Sonne, Mars, Jupiter und Saturn regiert wurden. Auf ↗ Solon geht eine einflussreiche Einteilung in zehn Perioden zu sieben Jahren zurück. Bewertet wurden die L. z. T. anders als heute: Die Kindheit galt v. a. als Zeit der körperl. und geistigen Defizienz. Die Jugend erschien bei all ihren körperl. Vorzügen von Unbesonnenheit und mangelnder Selbstdisziplin geprägt. Eine *midlife crisis* kannte die Antike nicht, sondern im Gegenteil einen »Lebenshöhepunkt« (*akmé*), der gerne auf das 40. Lebensjahr festgelegt wurde. Als Vorzüge des Alters galten Lebenserfahrung und Autorität, als Nachteile körperl. Verfall, Todesnähe und (bei weithin fehlender staatl. Altersversorgung) die Gefahr der Armut. **Lit.:** F. Boll, Die Lebensalter (1913).

Lebenserwartung. Die durchschnittl. L. dürfte in der Antike aufgrund fehlender Hygiene und mangelhafter medizin. Versorgung weniger als 30 Jahre betragen haben. Diese Faktoren führten neben einem allgemein erhöhten Krankheits- und Sterblichkeitsrisiko v. a. zu erhöhter Säuglings- und Kindersterblichkeit sowie zu häufigem Tod im Kindbett. Die Antike unterscheidet sich hierin kaum von anderen Epochen der Vormoderne. Versuche, zu genaueren Aussagen zu gelangen (insbes. durch die Auswertung von Lebensdaten auf Grabsteinen), scheiterten an der fehlenden statist. Repräsentativität der Daten. **Lit.:** K. Hopkins, Graveyards for Historians, in: F. Hinard (Hg.), La mort, les morts et l'au-delà dans le monde romain (1987) 113–126.

Lebes (gr.), bauchiger Kessel aus Ton oder Metall, mit eigens geformtem Untersatz.

Leches, eponymer Heros eines der Häfen von Korinth, Sohn der ↗ Pirene.

Lectica (lat., »Sänfte, Tragbett«), tragbares Holzgestell mit Matratze und Kopfkissen, in dem eine Person offen (*aperta*) oder mit bogenförmigem Verdeck (*arcus*) meist liegend, seltener sitzend, kürzere oder längere Strecken reisen konnte. Benutzt wurde die L. auch als Tragbahre zum Kranken- oder Totentransport; ebenso diente sie als Parade- und Repräsentationsbett. Schon im Orient verbreitet, war die L. in Griechenland ab dem 4. Jh. v. Chr. bekannt und in den hellenist. Reichen sehr geschätzt; in Rom wurde sie etwa seit dem 1. Jh. v. Chr. verstärkt verwendet. Wegen der hohen Kosten für die zwei bis acht Träger (gr. *phoreis*, lat. *lecticarii*) und der kostbaren Ausstattung mit Gold- und Silberbeschlägen, Perlenschmuck und wertvollen Stoffen blieb die Sänfte ein Tansportmittel der Reichen. Die Verwendung als Krankenbahre ist zweifellos älter als die des Reisetransportmittels. Sonderformen sind die zweisitzige L. aus der Zeit Neros und die von Tieren (*basternarii*) getragene L. (*basterna*) der Spätantike. Um 500 war die L. fast verschwunden und wurde vom Tragstuhl verdrängt.

Lectio difficilior (lat., »schwierigere Lesart«), Begriff der Textkritik. Bei mehreren sinnvollen Varianten in der Überlieferung gilt die schwierigere als die wahrscheinlich originale Version.

Lectisternium, seit 399 v. Chr. röm. Festmahl zu Ehren der Götter, deren Statuen auf Polstern plaziert und bewirtet wurden.

Leda, Tochter des myth. Königs Thestios von Anatolien, vom spartan. König Tyndareos Mutter der Klytämnestra, von Zeus, der sich ihr in Gestalt eines Schwans genähert hat, Mutter der Helena und der Dioskuren, die aus einem Ei schlüpfen. Nach Homer ist Nemesis die Mutter der Helena, die, in eine Gans verwandelt, von Zeus in Gestalt eines Schwans geschwängert wird und das Ei legt, welches zu L. gebracht wird.

Lefkandi (neugriech., andere Transkription Leukante), heutiger Name einer vom 11. bis 8. Jh. v. Chr. genutzten Siedlung auf ↗ Euböa nahe Eretria. Bei neueren Ausgrabungen wurde ein Fürstengrab aus dem 10. Jh. v. Chr. entdeckt, also aus einer sonst kaum belegten Epoche (»Dunkle Jahrhunderte«). Nach dem Untergang der Stadt um 700 v. Chr. ging die Führungsrolle auf Euböa an ↗ Eretria über. **Lit.**: M. R. Popham u. a., Lefkandi I (1980).

Legatum (lat., »Vermächtnis«), das schon dem Zwölftafelgesetz (um 450 v. Chr.) bekannte förml. Vermächtnis des röm. Rechts, mit dem Einzelzuwendungen aus einem Gesamtnachlass von einem Erblasser (*legator*) durch Verfügung im Testament (*testamentum*) an eine dritte Person vergeben werden konnten (als Fachausdruck hat das L. in dieser Bedeutung als »Legat« auch in unser Rechtssystem Eingang gefunden). Im Gegensatz zu dem seit Augustus übl. formlosen *fideicommissum* war das L. an eine bestimmte Form gebunden. Verschiedene Formen sind bekannt, von Bedeutung v. a. das L. *per vindicationem*, bei dem der Begünstigte (*legatarius*) unmittelbar Eigentum an einer Sache des Erblassers gewann und diese vom gesetzl. Erben einfordern konnte; das L. *per damnationem*, bei dem ein Begünstigter mit dem Tod des Erblassers lediglich einen einklagbaren Anspruch gegen den mit dem L. belasteten Erben erhielt. Daneben existierten bis in die Spätantike zahlreiche Mischformen, bis die Rechtskodifikation unter Justinian (↗ Codex Iustinianus) eine einheitl. Form schuf. Die Vergabe von Legaten besaß in Rom hohe soziale Bedeutung und spielte im röm. Rechtssystem eine wichtige Rolle bei der Entwicklung der Regeln für die Auslegung von Willenserklärungen, d. h. für das Vertragsrecht; der verbreiteten Sitte, große Nachlässe durch großzügige Legaten zu zersplittern, wurde in der späten Republik gesetzlich ein Riegel vorgeschoben (*leges Furia et Voconia et Falcidia testamentaria*).

Legatus (lat. legare, »senden«), **1.** Unterhändler in diplomat. Mission; **2.** Hilfsbeamter für außerhalb Roms tätige Magistrate. Den L. als diplomat. Gesandten gab es in Rom bereits seit frühester Zeit. Er hatte vom ↗ Senat verabschiedete Botschaften an fremde Herrscher und Staaten zu übermitteln, musste ggf. Verhandlungen führen und anschließend in Rom Bericht erstatten. Zur Durchführung seiner Mission wurde er entsprechend mit einem Beglaubigungszeichen (Siegelring), Proviant, Geld und Personal ausgestattet. Eine Gesandtschaft (*legatio*) war in der Regel nicht auf einen einzigen L. beschränkt, sondern setzte sich aus einer Gruppe von zwei bis zehn Personen zusammen, die gleichberechtigt die Verhandlungen führten. Der L. galt als unverletzlich, und Übergriffe gegen seine Person zogen schwere Strafen nach sich. – Der L. als Hilfsbeamter der Magistrate erscheint erstmals zu Beginn des 2. Jh. v. Chr. im Krieg gegen den Seleukiden ↗ Antiochos III. als Unterbefehlshaber der Armee. In der Folge wurden einem außerhalb Roms tätigen Beamten je nach Bedarf *legati* beigegeben, die bes. als Stabsoffiziere und Helfer in der Provinzialverwaltung fungierten. Eine neue Qualität erlangte der Begriff in der späten Republik, als Pompeius die ihm zugeteilten span. Provinzen nicht mehr selbst übernahm, sondern durch *legati* verwalten ließ. Dieses

System wurde von Augustus zum Prinzip erhoben, der in diejenigen Provinzen, deren Verwaltung ihm aufgrund des *imperium proconsulare* (↗ Prinzipat) zustand, *legati Augusti pro praetore* entsandte, die als Statthalter fungierten und den Oberbefehl über die örtl. Militäreinheiten führten. Dieses Verwaltungssystem prägte die gesamte frühe und mittlere Kaiserzeit. Daneben gab es auch weiterhin den L. als hohen Armeeoffizier.

Legende (lat. legenda, »Dinge, die gelesen werden müssen«). Die L. als die Darstellung der Lebensgeschichte eines Heiligen ist eine typisch christl. literar. Gattung. Sie entwickelt sich aus der antiken ↗ Biographie und den christl. ↗ Märtyrerakten. Die ältesten L.n finden sich in den apokryphen Evangelien, die erste Sammlung von L.n. stammt von Papst Gregor d. Gr. aus dem 6. Jh. Die antike L. hat eine reiche Nachwirkung im MA (Jacobus de Voragine, *Legenda aurea*). Die im 17. Jh. von Jean Bolland begonne Zusammenstellung von L.n wurde 1902 abgeschlossen und umfasst 63 Bände mit ca. 25.000 L.n.n. **Lit.**: F. Karlinger, L.n-Forschung (1986).

Leges agrariae ↗ Ackergesetze

Leges duodecim tabularum ↗ Zwölftafelgesetz

Legion (lat. legio, von legere, »auswählen«), militär. Einheit im röm. Heer mit Unterabteilungen und hierarch. Struktur. Vor der Entstehung der Republik entsprach die L. dem Milizheer, d. h. dem Gesamtaufgebot des röm. Staates an wehrfähigen röm. Vollbürgern, die per Aufruf (*evocatio*) an den Waffen gerufen wurden und das Gesamtheer (*exercitus*) bildeten. Unter Romulus soll sie etwa 3.000 Mann Infanterie und etwa 300 patriz. Reiter umfasst haben; eine Zahl, die sich unter Servius Tullius auf 4.200–4.300 erhöhte. Mit der Republik kam eine Zweiteilung des Aufgebots, so dass jeder Konsul eine L. befehligte; Ergänzung erfolgte durch Aushebung (*dilectus*) nach Stämmen (*tribus*), die Einreihung in die L. nach Vermögensklassen und Alter. Für die seiner Klasse entsprechende Ausrüstung hatte jeder Soldat selbst zu sorgen. Die Fußsoldaten bestanden in der Regel aus Lanzenkämpfern (*hastati*), etwa 1.200 Soldaten in der zweiten Reihe (*principes*), älteren und erfahrenen Soldaten (*triarii*) in der dritten Reihe und den Steinschleudern bewaffneten Kämpfern (*rorarii*) sowie der Reserve (*accensi*). Im 4. Jh. v. Chr. erfolgte eine dem ↗ Camillus zugeschriebene Heeresreform, die eine Einteilung in zehn ↗ Manipel zu je zwei ↗ Zenturien vornahm; die Reiterei verschwand aus der L. Seit dem 2. ↗ Pun. Krieg wurde die L. aus 4.200–6.200 Fußsoldaten gebildet, die in zehn Kohorten zu je drei Manipeln zu zwei Zenturien eingeteilt waren und von Legionsoffizieren (*tribuni militum*), ↗ Zenturionen und Dekurionen geführt wurden. Es herrschte strenge Disziplin (↗ disciplina militaris). Einberufung und Aufstellung der L. sowie die Ernennung der Offiziere und die Militärgerichtsbarkeit oblag einem Beamten mit militär. Befehlsgewalt (*imperium*), also einem Konsul, Prätor, Diktator oder *magister equitum*. Die Truppenstärke der L. konnte notfalls erhöht werden, so in den

1. Kohorte	2.	3.	4.	5.	6.	7.	8.	9.	10.
Z	Z	Z	Z	Z	Z	Z	Z	Z	Z
Z	Z	Z	Z	Z	Z	Z	Z	Z	Z
	Z	Z	Z	Z	Z	Z	Z	Z	Z
Z	Z	Z	Z	Z	Z	Z	Z	Z	Z
Zenturie	Z	Z	Z	Z	Z	Z	Z	Z	Z
100-150	ca. 80	Z	Z	Z	Z	Z	Z	Z	Z

Reiterei ca. 120

Legion in Parade-aufstellung

Pun. und Makedon. Kriegen (3./2. Jh. v. Chr.). Oft wurden die L.en auch zum Straßenbau herangezogen, wovon zahlreiche Inschriften an Ort und Stelle zeugen. Die Anzahl der L.en nahm stetig zu; in der Kaiserzeit gab es 25–30, die durchnumeriert und später mit Beinamen versehen wurden. Die Heeresreform des Konsuls Gaius ↗ Marius (105 v. Chr.) durchbrach das Prinzip des Milizheeres, indem sie auch Besitzlose in die L. einreihte. Mit der Heranziehung der ↗ Bundesgenossen (*socii*) und später fremder Truppen aus den Provinzen (*auxilia*) zum Wehrdienst wurde dieser Grundsatz aufgegeben.

Lehrer. Der Beruf des L.s war in der Antike eine rein auf Gelderwerb ausgerichtete Tätigkeit. In Rom galt der Beruf für einen Mann von Stand als unwürdig (*res indignissima*); die Personengruppen, aus denen sich L. rekrutierten, waren meist Sklaven, Freigelassene oder Provinzialen aus dem O, die wegen ihrer Kenntnisse des Griechischen beliebt waren. Eine bessere Stellung nahm der Literaturlehrer (*grammaticus*) ein: Er musste des Griechischen mächtig sein, die wichtigsten Klassiker kennen und wurde deshalb besser bezahlt; seit der Zeit Vespasian genoss er Steuerfreiheit, seit dem Preisedikt Diokletians durfte er etwa das Vierfache eines gewöhnl. L.s verlangen. Der Unterricht fand auf der Elementarstufe für Kinder ab 7 Jahren durch einen *magister ludi* oder *primus magister* zunächst privat statt; einen *grammaticus* besuchte man im Alter von 12 bis 15 Jahren, später einen Rhetor meist in einer Schule, nachdem sich das System der griech. Bildung auch auf den röm. Kulturkreis übertragen hatte. Es gab kein staatl. Schulsystem mit geregelter Ausbildung und auch keine staatl. Aufsichtsbehörde, die einen Nachweis der Qualifikation eines L. verlangte; der Unterricht wurde privat organisiert und regelte sich nach Angebot und Nachfrage; »Halbgebildete« (*semidocti*) wurden freilich schnell entlarvt. Der Unterricht in der privaten Schule eines berühmten Rhetors war für den Römer aus gutem Hause ein absolutes Muss; zahlreiche antike Schriftsteller unternahmen Reisen zu diesem Zweck. Das Leben der L. war nicht einfach: Schlechte Arbeitsbedingungen zwischen Lärm und Großstadtstaub, freche Schüler, anspruchsvolle und zahlungsunwillige Eltern erschwerten ihre Arbeit; die Bezahlung sicherte oft nur das Existenzminimum. Viele L. versuchten deshalb durch Nebentätigkeiten wie die Hilfe beim Abfassen von Testamenten, ihr Gehalt aufzubessern.

Lehrgedicht. *I. Allgemeines:* Vom Beginn der griech. Literatur präsente, in der Regel im daktyl. Hexameter gehaltene Gattung. Nach der Intention des Autors kann man drei Formen unterscheiden: 1. L.e im etymolog. Sinn: Der Autor will tatsächlich den behandelten Gegenstand seinen Rezipienten vermitteln (Hesiod; Lukrez). 2. Transparente L.e: Die behandelte Materie ist nicht die eigentl. Lehrgegenstand des Autors, vielmehr will er dadurch eine tiefere, ›durchscheinende‹ Wahrheit vermitteln (Arat; Vergil, *Georgica*). 3. Spieler. L.e: Der Autor wählt sich eine spröde Materie, um daran sein dichter. Talent zu beweisen. Es kommt nicht auf den Stoff, sondern auf die formale Beherrschung der poet. Techniken an (hellenist. L., z. B. Nikander). – *II. Griech. L.:* Schöpfer des antiken L.s ist ↗ Hesiod, dessen in Hexametern gedichtete Werke dem Heldenepos sehr nahe stehen: Die *Theogonie* handelt vom Ursprung der Welt, in den *Werken und Tagen* geht es um prakt. Lebensbewältigung am Beispiel des Landbaus. Im 6. Jh. v. Chr. verfasste Phokylides von Milet Spruchdichtungen (falls authentisch). Xenophanes, Parmenides und Empedokles nutzten das L. für die Darstellung ihrer Philosophie. Im Hellenismus gelangte es zu neuer Blüte, die Dichter griffen zu entlegenen und gesuchten Themen: Arat von Soloi schrieb *Phainomena* (*Himmelserscheinungen*), Nikander von Kolophon verfasste *Theriaka* und *Alexipharmaka*, zwei Werke über Gifte und Gegenmittel. Auch in der röm. Kaiserzeit entstanden L.e in griech. Sprache, z. B. die Weltbeschreibung des ↗ Dionysios Perihegetes und ein L. über Fischfang des Oppian. – *II. Röm. L.:* Über die frühesten röm. L.e ist wenig bekannt; der Einfluss der hellenist. Dichtung ist deutlich: Ennius' nur durch ein Fragment überliefertes Werk *Hedyphagetica* (*Delikatessen*) enthält einen Katalog von Edelfischen, Arats *Phainomena* wurden mehrfach lateinisch nachgedichtet, u. a. von Cicero. Die Höhepunkte des lat. L.s schufen Lukrez mit *De rerum natura,* einer Darstellung der Lehre Epikurs, und Vergil mit den *Georgica,* einem Gedicht über den Landbau: Das harte Leben des Landmanns diente ihm als Sinnbild für das menschl. Leben überhaupt. Ovid parodierte die Form des L.s in seiner *Ars amatoria* (*Liebeskunst*). Ovids Freund Aemilius Macer verfasste in der Nachfolge Nikanders *Theriaka* und *Ornithogonia,* eine Sammlung von Gedichten über Verwandlungen in Vögel. Aus dem 1. Jh. n. Chr. stammen Grattius' *Cynegetica,* ein L. über Jagdhunde, Manilius' *Astronomica* und Columellas *De agricultura,* ein umfangreiches Prosawerk über den Landbau, dessen 10. Buch über Gartenbau in daktyl. Hexametern gehalten ist. Aus dem 2. Jh. stammt ein L. über Grammatik und Verslehre von Terentianus Maurus. **Lit.:** B. Effe, Dichtung und Lehre (1977).

Leichenfeier ↗ Bestattung

Leinen, schon im Altertum verbreitete Stoffart aus Flachs. Der Gebrauch von L. ist bereits für prähistor. Kulturen archäologisch nachweisbar. Auf altägypt. Wandmalereien finden sich Darstellungen der Flachsverarbeitung (Rösten, Bläuen, Brechen, Hecheln); Priester kleideten sich in L., Mumien wurden in Leinwandbinden gewickelt. Ebenso war L. der griech.-röm. Welt seit der Myken. Kultur bekannt; nach Homer spann eine der Schicksalsgöttinnen (Moiren) einen leinenen Faden. Aus L. wurden im Altertum Kleidungsstücke aller Art, Fischnetze, Decken, Segel für die Schifffahrt, Sonnensegel zum Überspannen von Theatern und Brustpanzer hergestellt und mit den Phöniziern über die gesamte Küste des Mittelmeeres verbreitet. Schwierig ist die Lokalisierung der Anbaugebiete. Die röm. Fachliteratur zu agrar. Themen (Cato, Plinius d.Ä., Columella, Varro) erwähnt den Rohstoff Flachs nur am Rande; einzig Plinius (Naturkunde 19, 3–23) widmet Anbau, Verarbeitung und Verwendung von L. einen größeren Abschnitt. Dennoch müssen Produkte aus L. sehr verbreitet gewesen sein; das sog. Preisedikt des Kaisers Diokletian aus dem Jahre 301 n. Chr. enthält zahlreiche Preisfestsetzungen von Leinenprodukten.

Lekythos (gr.), in der Antike der allgemeine Oberbegriff für Salbgefäße, wird inzwischen hauptsächlich für die schlanke und bauchige Form mit abgesetzter Schulter, engem Hals und weiter trompeten- oder tellerförmiger Mündung sowie senkrechtem Henkel verwendet. Es gibt auch Lekythen mit plast. oder figürl.

Weißgrundige Lekythos aus Athen (um 400 v. Chr.)

Schmuckelementen. Die wohl bekanntesten sind die sog. weißgrundigen Lekythen des 5. Jh. v. Chr., die ausschließlich für den Totenkult verwendet wurden und von großer künstler. Bedeutung sind. Etwa seit dem Ende des 5. Jh. stellte man auch riesige Marmor-Lekythen mit Reliefverzierung als Grabsteine auf die Gräber. **Lit.:** I. Scheibler, Griech. Töpferkunst (²1995).

Lemnos, fruchtbare Insel in der Ägäis nahe dem ↗ Hellespont. Die von Karern, Thrakern und seit etwa 550 v. Chr. von Griechen bewohnte Insel wurde zwischen 512–480 von Persern besetzt gehalten und gehörte in klass. Zeit lange Zeit zu Athen, das hier ↗ Kleruchen ansiedelte. Wichtigste Gottheit der Insel war ↗ Hephaistos; auf L. befand sich ein natürl. Erdfeuer. L. spielte auch im Mythos um die ↗ Argonauten eine Rolle. Grundlage der Wirtschaft von L. waren bes. der Getreideanbau und die Viehzucht. – Die Insel hat eine reiche myth. Tradition: Bei der Argonautenfahrt und im Zusammenhang mit dem Trojan. Krieg spielt sie eine große Rolle; auf ihr setzen die Griechen den verwundeten ↗ Philoktet aus. Die lemn. Frauen werden von Aphrodite mit unterträgl. Gestank gestraft, da sie sie nicht ehrten. Ihre Männer leben daraufhin mit anderen Frauen zusammen und werden von den Lemnierinnen getötet. Die Frauen unter ↗ Hypsipyle errichten einen Frauenstaat (↗ Gynaikokratie). Die Argonauten wohnen ihnen bei. Hypsipyle wird durch Jason Mutter des Euneos. L. gilt als bevorzugter Aufenthaltsort des Hephaistos. **Lit.:** GLHS (1989) 377–380. – ASM (1999).

Lemuren, nach röm. Glauben böse Totengeister, die man rituell am 9., 11. und 13. Mai, den Festtagen der *Lemuria,* beschwor und gnädig zu stimmen versuchte.

Lenäen, altes Dionysosfest in Athen am 12. Gamelion (Januar/Februar) unter dem Vorsitz des Archon Basileus mit Aufführungen von Tragödien (seit 430 v. Chr.) und Komödien (seit 440 v. Chr.). ↗ Dionysien

Lentulus (1), Publius Cornelius L., Konsul 162 v. Chr., ein führender Vertreter der Senatsaristokratie, war bereits im 3. Makedon. Krieg als diplomat. Gesandter tätig und handelte nach der Schlacht bei Pydna (168) die Kapitulation des Perseus aus. In den folgenden Jahrzehnten galt er als sehr einflussreicher Politiker und wurde 125 zum *princeps senatus* ernannt. 121 bekämpfte er die Reformen des C. Gracchus.

Lentulus (2), Publius Cornelius L. Sura, Enkel des L. (1), Konsul 71 v. Chr., wurde 70 wegen unsittl. Lebenswandels aus dem Senat gestoßen. Verbittert schloss er sich Catilina an, der einen innenpolit. Umsturz plante. In seinem Auftrag stellte er 63 Verbindungen zu den kelt. Allobrogern her, wurde aber von diesen verraten und verhaftet. Nach einer kurzen Verhandlung im Senat wurde er bereits zwei Tage später auf Veranlassung Ciceros als Hochverräter hingerichtet.

Leochares, att. Bildhauer, der etwa zwischen 370 und 320 v. Chr. tätig war. Verschiedene antike Schriftsteller (z. B. Plinius, Plutarch) berichten u. a., dass er 356 ein Porträt des Redners Isokrates geschaffen hat. Um 350 arbeitete er mit anderen Zeitgenossen, namentlich Skopas, Bryaxis und Timotheos, am Mausoleum von Halikarnassos mit (er war für die Reliefs der Westseite zuständig). In die Zeit nach 338, also nach der Schlacht von Chaironeia, fällt die Statuengruppe der Familie Philipps und Alexanders d.Gr. in Olympia, ferner wurden L.' Götterbilder sowie die Gruppe mit dem Adler, der den Ganymed emporhebt, gerühmt. Neuerl. Vermutungen, er habe den berühmten Apoll vom Belvedere geschaffen, lassen sich jedoch nicht beweisen. **Lit.:** G. M. A. Richter, The Sculpture and Sculptors of the Greeks (1970). – K. Stemmer, Standorte. Kontext und Funktion antiker Skulptur (1995).

Leo I., oström. Kaiser (457–474 n. Chr.) bekämpfte die Monophysiten in Ägypten und war bestrebt, die einheitl. Glaubenslehre des Konzils von Chalkedon (451) durchzusetzen. Außenpolitisch verhielt er sich meist defensiv, ein großangelegter Angriffsversuch gegen die Vandalen (468) scheiterte kläglich. Zu seinem Nachfolger bestellte er seinen Schwiegersohn Zenon.

Leo d. Gr., röm. Papst (440–461 n. Chr.) gab den Ausschlag für die Konzilsentscheidung von Chalkedon (451), mit der die Lehre der Monophysiten verworfen wurde. Er verfocht entschieden den Primat Roms in Kirchenangelegenheiten und ging gegen häret. Strömungen aller Art vor. 452 bewegte er den Hunnenkönig Attila, der in Oberitalien eingefallen war, durch ein persönl. Gespräch zum Abzug und versuchte 455 bei der Plünderung Roms durch die Vandalen die ärgsten Übergriffe zu verhindern.

Leon aus Byzanz, ein Schüler Platons und führender Politiker seiner Heimatstadt, trat den Expansionsbestrebungen Philipps II. von Makedonien entgegen und verteidigte Byzanz 340 v. Chr. erfolgreich gegen dessen Angriff. Von Philipp verleumdet, beging er spätestens 336 bei inneren Unruhen Selbstmord.

Leonidas (1) (gr. Leonídas), spartan. König (488–480 v. Chr.) aus dem Hause der Agiaden, folgte seinem Halbbruder Kleomenes I. auf dem Thron und war um ein gutes Einvernehmen mit den Ephoren bemüht. Beim großen Perserkrieg besetzte er 480 mit rund 7.000 Mann (darunter 300 Spartiaten) die Thermopylen, einen Pass in Mittelgriechenland. Sein Ziel war es, den Vormarsch des pers. Landheeres zu stoppen, bis die griech. Flotte bei Kap Artemision einen entscheidenden Sieg über die feindl. Seestreitkräfte erringen würde. Nachdem seine Stellung am dritten Tag der Kämpfe durch den Verrat des Ephialtes von den Persern umgangen worden war, lehnte er einen Rückzug ab und entließ nur das Bundeskontingent. Um Zeit zu gewinnen und dadurch den gefahrlosen Abzug der griech. Flotte zu decken, deren strateg. Stellung durch den Fall der Thermopylen unhaltbar geworden war, harrte er mit seinen 300 Spartiaten sowie wie 1.100 Thebanern und Thespiern, die bei ihm bleiben wollten, an der Passhöhe aus, und verteidigte die Thermopylen bis auf den letzten Mann. Der erboste Perserkönig Xerxes ließ die Leiche des L. entgegen den Gepflogenheiten verstümmeln. Berühmt wurde das Grabepigramm, das Simonides zu Ehren der Gefallenen dichtete. Der Untergang des L. wurde später heroisch verherrlicht, und seine Tat galt als Musterbeispiel für kompromisslose Opferbereitschaft. **Lit.:** E. Bradford, Leonidas (1984). – GGGA (1999).

Leonidas (2) (gr. Leonídas) von Tarent, griech. Epigrammdichter, 1. Hälfte 3. Jh. v. Chr. ↗ Meleager nahm ca. 100 Epigramme des L. in seinen *Stephanos* auf, von wo sie in die *Anthologie* (↗ Anthologia Graeca) gelangten. Auch die Römer kannten Epigramme des L. Ein vielleicht vom hellenist. Kynismus (↗ Kyniker) inspiriertes Leitmotiv der fiktiven Grabinschriften für Bauern und Handwerker, aber auch eines autobiograph. Epigramms des L. ist die Betonung der Armut. Daneben stehen Epigramme auf Kunstwerke (ekphrast. Epigramme) und idyll. Motive. Charakteristisch für den sehr rhetor. und ornamentalen Stil des L. ist die Verwendung neuer Komposita. **Lit.:** K. Gutzwiller, Poetic Garlands (1998).

Leontinoi (heute Lentini), griech. Stadt im O Siziliens, Heimat des Gorgias. Die südl. des Ätna in der Symaithosebene gelegene Stadt wurde 729 v. Chr. von Naxos gegründet und erlebte im 6. Jh. v. Chr. ihre Blüte, geriet im 5. Jh. in Abhängigkeit zu ↗ Syrakus und verbündete sich mit Athen. 212 eroberten die Römer L., das unter den Wirren der Bürgerkriegszeit litt und in der frühen Kaiserzeit aufgegeben wurde. Kaum archäolog. Reste. **Lit.:** PECS (1976). – A. Prato-Gualteroni, Sizilien (1989) 242.

Leosthenes (gr. Leosthénes), athen. Feldherr, nahm 324/23 v. Chr. zahlreiche Söldner, die aus dem Heer Alexanders d.Gr. entlassen worden waren, für Athen unter Vertrag. Als die Nachricht vom Tode des Königs (323) eintraf, stachelte er gemeinsam mit Hypereides die Griechen zum Abfall von Makedonien an und eröffnete den Lam. Krieg (323/22). Nach Anfangserfolgen fiel er 322 bei der Belagerung von Lamia.

Leotychidas, spartan. König (491–469 v. Chr.), befehligte 479 die griech. Flotte, die bei Mykale die pers. Seestreitkräfte vernichtete. 478/77 führte er einen nur teilweise erfolgreichen Feldzug in Thessalien, der sich gegen die örtl. Perserfreunde richtete, und wurde deswegen in Sparta angeklagt. Er ging ins Exil nach Tegea und starb 469.

Lepidus, Marcus Aemilius L., ca. 90–12 v. Chr., verdankte seinen Aufstieg bes. der Förderung durch Caesar. 49 Prätor, erhielt er 48/47 ein prokonsular. Imperium in Spanien und übte 46–44 als *magister equitum* des inzwischen zum Diktator ernannten Caesar während dessen Abwesenheit die eigentl. Kontrolle in Rom aus. Nach der Ermordung seines Mentors (44) reagierte er zunächst unbeholfen, schloss dann aber ein Bündnis mit Antonius, der seine Wahl zum Pontifex Maximus arrangierte. L. vermittelte in der Folgezeit zwischen Antonius und Octavian, der das Erbe Caesars beanspruchte, und schloss mit diesen Ende 43 das Zweite Triumvirat mit dem offiziellen Auftrag, die Institutionen des Staates wiederherzustellen. Als Provinzen erhielt er Gallia Narbonensis und Hispania ulterior. Nach der Schlacht bei Philippi (42) musste er diese Gebiete gegen Afrika eintauschen, das er 40 in Besitz nahm. Nach der Vertreibung des S. Pompeius versuchte er sich 36 auf Sizilien festzusetzen und dadurch seine Position gegenüber Octavian zu stärken. Er musste sich aber schon bald diesem ergeben, verlor seine Provinz und wurde politisch kaltgestellt. Bis zu

seinem Tod (12) behielt er jedoch das Amt des Pontifex Maximus, das daraufhin ebenfalls Augustus übernahm. L. war ein wenig origineller Politiker ohne Machtinstinkt. Im Zweiten Triumvirat war er von Beginn an das schwächste Glied, und seine polit. Aktionen, die er in der Folgezeit führte, sind nur als dilettantisch zu bezeichnen. **Lit.:** K. E. Welch, The Career of M. Aemilius L., in: Hermes 123 (1995) 443–454.

Leptis Magna, um 600 v. Chr. von ↗ Phöniziern gegründeter Handelsstützpunkt mit fruchtbarem Hinterland in Nordafrika östl. von Oea (heute Tripolis); 110 röm. Kolonie; Geburtsort des röm. Kaisers Septimius Severus. Von der frühen Stadt sind außer einer Nekropole (3./4. Jh. v. Chr.) unter dem Theater nur geringe Reste erhalten; zu sehen sind aber eine Thermenanlage aus hadrian. Zeit und die Reste der prachtvollen Ausstattung mit öffentl. Gebäuden unter Septimius Severus (u. a. Kolonnadenstraße, Hafen, Forum, Basilika, Nymphaeum). Die Olivenölproduktion verhalf der Stadt zu Wohlstand; Tributzahlungen musste sie unter Caesar leisten. Ab 235 n. Chr. verfiel die Stadt; im 4. Jh. n. Chr. erlebte L. M. eine erneute Blüte als Hauptstadt der Provinz Tripolitana. ↗ Justinian ließ die Stadt erneut befestigen; 455 wurde sie von Vandalen und im 7. Jh. von Arabern zerstört. **Lit.:** J. B. Ward-Perkins, The Severan Buildings at Lepcis Magna (1966). – PECS (1976). – ASM (1999).

Lerna, schon in prähistor. Zeit besiedelter Platz nahe Argos auf der Peloponnes mit zahlreichen Quellen und heiligem Hain. Heiligtum der ↗ Demeter Prosymna und des ↗ Dionysos Saotes mit den lernäischen Mysterien; evtl. auch Poseidonkult. Den »halkyon. Teich«, der als Eingang in den Hades galt, hütete der

Leptis Magna, Bogen des Septimius Severus

Sage nach die lernäische Schlange, die erst ↗ Herakles bezwang. **Lit.:** GLHS (1989) 382 f. – ASM (1999).

Lesbonax, griech. Philologe, dessen Werk über grammat. Besonderheiten am Beispiel Homers undatierbar ist. **Lit.:** D. L. Blank, L. (1988).

Lesbos, drittgrößte der ägäischen Inseln vor der SW-Küste Kleinasiens; Heimat des ↗ Alkaios und der ↗ Sappho. In der Antike existierten auf der fruchtbaren Insel fünf größere Siedlungen: ↗ Mytilene, ↗ Methymna, Pyrrha, Antissa und Eresus. **Lit.:** GLHS (1989) 385–388.

Lethaia, zusammen mit ihrem Mann Olenos in Stein verwandelt, weil sie mit ihrer Schönheit prahlt.

Lethe (gr., »Vergessen«), Fluss in der ↗ Unterwelt, aus dem die Toten trinken müssen, um die Erinnerung an ihr ird. Leben zu verlieren.

Leto (lat. Latona), Tochter des Titanen Koios und der Phoibe, vor Hera Geliebte des Zeus. Die eifersüchtige Hera verbietet, dass L. einen Ort findet, um ihre Kinder zur Welt zu bringen. Nur die Insel Delos nimmt sie auf, wo sie Apollon und Artemis zur Welt bringt. Dafür wird die zuvor schwimmende Insel fest im Boden verankert.

Leuchtturm (gr. pharos, lat. pharus), meist auf erhöhten Punkten, auf Wellenbrechern oder am Endpunkt von Stadtmauern stehendes Leuchtfeuer, in der Regel in Form eines Turmes als notwendige Orientierungshilfe für die Schifffahrt bei Dunkelheit, die in der Antike bereits seit Beginn der Navigation üblich waren. Eine Vorform waren wohl die in Homers *Odyssee* beschriebenen Strandfeuer (Säulen mit Leuchtfeuern) oder einfache Seezeichen in Hafeneinfahrten. Als Leuchtmittel nutzte man offenes Feuer, das von einem Wärter ständig kontrolliert und in Gang gehalten werden musste. Berühmt war der zu den Sieben ↗ Weltwundern gehörende L. auf der Alexandria vorgelagerten Insel Pharos, den Sostratos von Knidos 299–79 v. Chr. errichtete. Der 41 m hohe L. von Brigantium (heute La Coruña) in der röm. Provinz Hispania wurde um 100 v. Chr. erbaut und ist noch heute in Betrieb.

Leukas (gr. »Weiße«), im 7. Jh. v. Chr. von Korinth besiedelte Insel und gleichnamige Siedlung vor der Küste ↗ Akarnaniens. Es gibt Spuren prähistor. Besiedlung. L. erhielt seinen Namen nach den beeindruckenden, weißen Kalksteinklippen an der Westküste. Im S das Vorgebirge Leukatas mit einem Apollonheiligtum. Nach Strabon wurden hier Straftäter ins Meer gestürzt; die Dichterin Sappho soll sich hier herabgestürzt haben. 435 v. Chr. kämpfte L. auf Seiten Korinths gegen Korkyra (↗ Korfu). Nachdem L. vor verschiedenen Machthabern beherrscht worden war (Kassander, Agathokles, Pyrrhos), gehörte die Insel zu Akarnanien; ab 250 v. Chr. Hauptstadt des Akarnan. Bundes. Der Archäologe W. Dörpfeld hielt L. für das homer. ↗ Ithaka. **Lit.:** GLHS (1989) 388–391.

Leukippe ↗ Theonoë

Leukippiden, die von den ↗ Dioskuren geraubten Töchter des messen. Königs ↗ Leukippos, Hilaeira und Phoibe.

Leukipp(os) (1), myth. König von Messenien, Vater der Hilaeira und Phoibe (die »Leukippiden«), ↗ Dioskuren.

Leukipp(os) (2), griech. Philosoph, 2. Hälfte 5. Jh. v. Chr., mit seinem Schüler ↗ Demokrit Begründer der atomist. Theorie. Versuche, L.s Beitrag von dem Demokrits zu trennen, sind ohne Erfolg geblieben.

Leukon I., König des Bosporan. Reiches auf der Halbinsel Krim 389–349 v. Chr., dehnte seinen Machtbereich erheblich aus und erlangte eine große Bedeutung bei der Lebensmittelversorgung des griech. Mutterlandes. Gegen die Lieferung beträchtl. Mengen an Getreide erhielt er das att. Bürgerrecht.

Leukothea (gr. Leukothea), Name der vergöttlichten ↗ Ino.

Leuktra, Ebene und Ort in Böotien südwestl. von Theben. Berühmt wurde L. durch den entscheidenden Sieg der Thebaner unter Epaminondas über die Spartaner unter König Kleombrotos 371 v. Chr. durch Anwendung der sog. »schiefen« Schlachtordnung. Die Schlacht beendete zwei Jahrhunderte spartan. Vorherrschaft in Griechenland, an dessen Stelle Theben trat. **Lit.:** GLHS (1989) 391 f.

Lex (lat., »Gesetz«; pl. leges), Oberbegriff für den in einem förml. Verfahren gebildeten Rechtssatz des röm. Rechts. Die antike Theorie verstand die *leges* als Auswahl aus der Gesamtheit der Rechtssatzungen (*ius*). Zu unterscheiden sind Gesetze im privaten (*leges privatae*) und staatsrechtl. Bereich (*leges publicae*). Das Recht der Gesetzgebung hatte zunächst nur die Heeresversammlung (*comitia centuriata*). Mit der *lex Hortensia* (287 v. Chr.) wurden Volksbeschlüsse (*plebiscita*) den Gesetzen (*leges centuriatae*) gleichgestellt. *Leges publicae* wurden entweder auf Antrag eines Magistrats in der Volksversammlung beschlossen (*leges rogatae*) oder einseitig von einem Imperiumsträger erlassen (*leges datae*). In dieser Form erlangten sie sofortige Rechtsgültigkeit und hatten quasi konstitutionellen Charakter. Im gewerbl. oder privaten Bereich gab es die *leges dictae*, den heutigen Verträgen ähnlich. Die *l. rogata* wurde durch vier Akte rechtsgültig gemacht: Als *lator* oder *auctor* gab der Magistrat, meist im Einvernehmen mit dem Senat, den Wortlaut der L. mündlich oder schriftlich bekannt (*promulgatio, legislatio*); die folgende Frist von mindestens drei *nundinae* (drei achttägige röm. Wochen) bis zur Abstimmung diente der Diskussion, denn in der Volksversammlung wurde nicht beraten. Nach Erfüllung der religiösen Pflichten (Auspizien) verlas der betreffende Magistrat die Vorlage (*rogatio*) mit der abschließenden Bitte um Abstimmung, die mit den Worten »wie Du beantragst« (*uti rogas*) bekräftigt oder mit »ich bleibe beim alten« (*antiquo*) abgelehnt wurde. Bis zur Verkündung des Ergebnisses (*renuntiatio*) bestand das Vetorecht. Die erfolgreich rogierte L. wurde meist auf Stein oder Erz festgehalten und öffentlich aufgestellt (*publicatio*). Zahlreiche Gesetze sind in dieser Form erhalten geblieben. Sondergruppen waren die *leges censoriae,* die die Rechtsverhältnisse zwischen Senat und Steuerpächtern regelten, sowie die *le-*

ges contractus, die Vorschriften für Verträge mit Unternehmern enthielten. – Besondere Bedeutung hatten die vom Volk beschworenen *leges sacratae,* die speziellen Schutz gewährten und bei Zuwiderhandlung den Schuldigen den Göttern verfallen ließen. Auch Gutsstatuten oder Bergwerksordungen (z. B. *l. Manciana* aus dem 1. Jh. n. Chr. oder *l. metalli Vipascensis* aus dem 2. Jh. n. Chr.) und Miet- oder Pachtverträge (*leges locationis conductionis*) wurden als leges bezeichnet. – Die *leges rogatae* erhielten in der Regel den Gentilnamen des beantragenden Magistrats und ggf. eine Bezeichnung nach dem sachl. Gegenstand; so erhielt das Gesetz von 218 v. Chr., mit dem Senatoren Handelsgeschäfte verboten wurden, den Zusatz *Claudia* nach dem Volkstribunen Quintus Claudius und *de nave senatorum* (»über das Schiff der Senatoren«) nach dem beantragten Verbot. Das Einbringen sachlich nicht im Zusammenhang stehender Bestimmungen in einer einzigen Vorlage (*l. satura*) war zunächst möglich, bis dies durch die *l. Caecilia Didia* (98 v. Chr.) verboten wurde. ↗ Rechtsprechung **Lit.:** G. Dulckeit u. a., Röm. Rechtsgeschichte (⁹1995).

Lexikographie. Vorformen von L. im Sinne von Worterklärung und -definition finden sich bereits in der Sophistik des 5. Jh. v. Chr. (↗ Prodikos), ihren Höhepunkt erreicht sie in der hellenist. Philologie und bei Didymos Chalkenteros. Seit dem 2. Jh. n. Chr. entstehen im Zusammenhang mit den attizist. Bestrebungen, der Pflege eines reinen Attisch, attizist. Lexika, die die Grundlage für die byzant. L. (↗ Suda, ↗ Photios) bilden.

Libanios aus Antiochia, bedeutendster griech. Rhetor der Spätantike, 314–393 n. Chr. Zu seinen Schülern zählten Johannes Chrysostomos, Basileios und Gregor von Nazianz. Mit Kaiser Julian Apostata war er befreundet. Überliefert sind 64 Reden sowie zahlreiche Schuldeklamationen und Musterreden (*progymnasmata*), darunter manches Unechte. Die 1544 Briefe des L. stellen das umfangreichste Briefcorpus aus der Antike dar. Die autobiograph. 1. Rede ist ein wichtiges Zeugnis über den Rhetorikunterricht des 4. Jh. n. Chr. Der dem heidn. Götterglauben anhängende L. gilt als letzter Repräsentant einer umfassenden griech. Bildung. **Lit.:** H.-U. Wiemer, L. und Julian (1995).

Libanon (gr. Libanos), parallel zum Mittelmeer von N nach S verlaufendes Kalksteingebirge bis 3.000 m Höhe im antiken Syrien. Mit dem im O parallel verlaufenden Antilibanon schloss der L. die ↗ Koile Syria ein. Berühmt war der L. für seine Zedernwälder.

Libation (lat.), Trankopfer, ↗ Opfer

Libellus (lat., pl. libelli, »Büchlein«), das amtl. oder private Schriftstück im röm. Rechtsleben im weitesten Sinne, wobei der Umfang keine Rolle spielte (Papyrusfetzen oder Schriftrolle). Solche *libelli* fanden in verschiedenen Bereichen des Rechtsverkehrs Anwendung: (1) als formelle Schriftsätze im Zivilprozess der späten Kaiserzeit (Klagebegründungen), (2) als Bittschriften (Petitionen) oder andere Art schriftl. Eingabe an den Kaiser oder eine amtl. Stelle, (3) als öffentl. Anschläge wie etwa Theater- und Circuspro-

gramme (*libelli gladiatorum*), (4) als *l. famosus,* der seit dem Prinzipat übl. öffentl. anonymen Schmäh- oder Satireschrift, die als unlauteres polit. Kampfmittel immer wieder mit harten Strafen bedroht wurde, aber nur als Privatdelikt (*iniuria*) galt. (5) Die Zeit der Christenverfolgungen kannte unter L. auch die amtl. Bescheinigungen, die Christen erhielten, die wieder die übl. Götteropfer vollzogen und vor Strafe geschützt waren. (6) Als literarischer terminus technicus bezeichnet L. programmatisch die von den alexandrin. Dichtern bevorzugte Kleinform (↗ *poeta doctus*).

Liber, Libera, Paar altröm. Gottheiten, denen an den Liberalia (17. März) geopfert wurde. Liber wurde früh mit ↗ Dionysos und Libera mit ↗ Persephone/Kore identifiziert, zusammen mit ↗ Ceres bildeten sie eine Göttertrias, die zu der Eleusin. Trias Demeter – Iacchus/Bacchus – Kore äquivalent war.

Libertas, röm. Gottheit, Personifikation der Freiheit mit Kultstätte auf dem Aventin.

Libitina, röm. Begräbnisgöttin. Bei Sterbefällen entrichtete man bei den Leichenbestattern (*libertinarii*) eine Abgabe für ihren Tempel.

Libra (lat., »Waage«). **1.** Instrument zum Abwiegen, Nivellierwaage bes. zum Wiegen des Geldes, das gewogen wurde, da der Nominalwert des Edelmetalls dem Realwert entsprach. – **2.** Röm. Maß- und Geldeinheit, das röm. Pfund (= 0,327 kg), das ursprünglich dem Gewicht des ↗ As entsprach und in zwölf Unzen (*unciae*) eingeteilt wurde (↗ Gewichte); in der Spätantike entsprach eine L. 72 Solidi. Neben der L. gab es zahlreiche andere Normen, etwa das osk. Pfund (= 0,272 kg). Die Abkürzung des röm. Pfundes hat sich im brit. und ir. Pfundzeichen bis heute erhalten. – **3.** Sternbild des zwölfteiligen Tierkreises.

Liburnia, Landschaft an der illyr. Küste mit vorgelagerten Inseln, deren Einwohner als Seeräuber gefürchtet waren; in röm. Zeit Teil der Provinzen Illyricum und Dalmatia. Die Römer bauten nach dem Vorbild der schnellen liburn. Schiffe ab dem 1. Jh. v. Chr. die meisten ihrer Kriegsschiffe; diese leisteten einen entscheidenden Beitrag zum Sieg Octavians bei ↗ Actium.

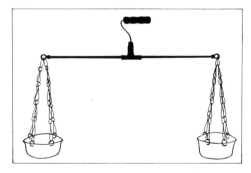

Libra mit zwei Waagschalen (lances),
das Wiegegut (Münzen, Getreide etc.) wird mittels
genormter Gewichte abgewogen

Libyen (gr. Libye), griech. Bezeichnung für verschiedene Teile Afrikas mit wechselnder geograph. Bedeutung; einer der drei Erdteile bei Aristoteles; die einheim. Völker werden allg. Libyer genannt. Homer kannte L. als fruchtbares Nachbarland Ägyptens, später wird der Name auf die griechisch besiedelte ↗ Kyrenaika übertragen; antike Autoren bezeichneten z.T. auch den ganzen Kontinent mit L.; er galt aber auch für den ägypt. Verwaltungsbezirk westl. von Alexandria (Nomos Libya) und ebenso für die beiden unter Diokletian eingerichteten Provinzen L. Inferior und L. superior. Herodot unterteilte L. in drei Teile: den bewohnten (bis zum Vorgebirge Soloeis), den tierreichen (Atlas) und den wüsten (die Sahara). Als östl. Abgrenzung des Erdteils L. zu Asien galt der ↗ Nil.

Lichas, Begleiter des ↗ Herakles, der nach der Eroberung Oichalias ↗ Iole zu ↗ Deianeira bringt (Sophokles, *Trachinierinnen*).

Licinius (1), Valerius L. Licinianus, um 250–325 n. Chr., röm. Kaiser, Sohn eines Bauern aus Dakien, wurde als hoher Offizier der röm. Armee und Freund des Galerius 308 unmittelbar zum Augustus erhoben, doch beschränkte sich sein tatsächl. Machtbereich zunächst auf Rätien und Pannonien. Nach dem Tode des Galerius (311) setzte er sich mit Unterstützung Konstantins I. gegen Maximinus Daia durch und erlangte die Herrschaft über die gesamte östl. Reichshälfte (313). Ein unmittelbar danach ausbrechender Konflikt mit Konstantin endete mit einer Niederlage des L. und der Abtretung des gesamten Balkans mit Ausnahme Thrakiens an den Westkaiser. Trotz des Toleranzedikts von Mailand (313), das L. mitgetragen hatte, begünstigte er in der Folge das Heidentum und nahm 320 die Christenverfolgungen wieder auf. Dies verschlechterte seine Beziehungen zu Konstantin erneut, bis es 324 zum endgültigen Bruch kam. L. wurde in zwei Schlachten besiegt, abgesetzt und in Thessalonike interniert. Im Jahr darauf (325) wurde er nach der Aufdeckung angebl. Pläne, die Herrschaft wiederzuerlangen, von Konstantin hingerichtet.

Licinius (2), Gaius L. ↗ Mucianus

Lictor ↗ Liktoren

Lieblingsinschriften, hauptsächlich in einem Zeitraum zwischen 550 und 450 v. Chr. auf att. Vasen erscheinende Namensinschriften, häufig in Verbindung mit den Zusätzen *kalos, kale* (schön, schöne) oder *pais* (Knabe, Mädchen). Die L. stehen oft im Bildfeld, ohne jedoch auf die eigentl. Figurenszene Bezug zu nehmen; ihre eigentl. Bedeutung bleibt unklar, sie scheinen aber eine Modeerscheinung zu sein, denn sie finden sich auch an Wänden oder Statuen wieder. Zum einen wurden die gerade gefeierten Stadtschönheiten gepriesen, es konnte sich aber zum anderen auch einfach nur um eine spontane, anerkennende Äußerung des Künstlers handeln, der einen Favoriten feierte, wobei die beiden nicht in irgendeiner Beziehung (Kunde, Gönner, Freund o.ä.) zueinander stehen mussten. Quellen bezeugen, dass sich die L. auch auf gereifte Persönlichkeiten beziehen konnten, was bedeutet, dass sich *kalos* offensichtlich nicht direkt auf die Schönheit des Jünglings beziehen musste, sondern auch seine inneren Werte oder Taten preisen konnte. Der Wert der L. liegt in erster Linie darin, dass sie heute gute Datierungshilfen geben. Manche L. konnten mit histor. Persönlichkeiten in Verbindung gebracht und somit absolut datiert werden, einige erscheinen gleichzeitig auf Vasen verschiedener Künstler, was bei der relativen Datierung hilft. Einige der wichtigsten Lieblingsnamen sind: Stesias, Onetorides, Memnon, Leagros, Megakles, Panaitios, Hippodamos, Glaukon, Diphilos, Kleophon. **Lit.:** I. Scheibler, Griech. Töpferkunst (²1995).

Liger (heute Loire), schiffbarer Fluss in Gallien, dessen Verlauf schon ↗ Strabon und ↗ Ptolemaios beschrieben. Seine Quelle lag an der Grenze zur ↗ Gallia Narbonensis beim Mons Cebenna und mündete in einem weiten Delta in den atlant. Ozean. Der L. diente als Handelsverbindung zwischen Italien, Britannien und Gallien (↗ Massilia). Zu Augustus' Zeit bildete der L. in etwa die Grenze zwischen den Provinzen Gallia Lugdunensis und Aquitania.

Ligurer (lat. Ligures), aus verschiedenen Stämmen bestehendes indogerman. Volk mit ursprünglich weit ausgedehntem Siedlungsraum. Die L. siedelten von den ↗ Pyrenäen bis zu den Alpen, in Norditalien und Korsika, bis sie im 4. Jh. v. Chr. von anderen Völkern in die Seealpen und den nördl. Apennin zurückgedrängt wurden. Nach dem 2. ↗ Pun. Krieg wurden die L. im Verlauf des 2. Jh. v. Chr. endgültig von den Römern unterworfen.

Liktoren (lat. lictores), vom Staat gestellte, öffentl. Diener und Begleiter der höheren mit *imperium* versehenen Magistrate, die diesem die *fasces* (Rutenbündel mit Beilen) als Amts- und Hoheitszeichen vorantrugen. Sie mussten von freier Geburt sein, jedoch konnten auch Freigelassene L. werden. L. begleiteten die Magistrate bei Amtsgängen, verschafften ihnen Platz (*plebem* oder *turbam summovere*), hielten die Entgegenkommenden zur Ehrenbezeigung an, erledigten niedere Amtspflichten (Ladung, Verhaftung) und vollzogen die Strafurteile einschließlich von Kapitalstrafen (Geißelung, Hinrichtung). Der vor dem Beamten zunächst gehende war stets dessen engster Vertrauter (*proximus* oder *primus*). Die Zahl der L. schwankte je nach Rang des Magistrats und veränderte sich im Laufe der Zeit: In der röm. Republik hatte der Diktator 24, der Konsul 12, der Prätor 2 (in der Stadt) und bis zu 12 (in der Provinz) L.; in der Kaiserzeit hatten kaiserl. Legaten 5, der Kaiser zunächst 12, seit Domitian 24 L. Auch jede vestal. Jungfrau führte einen Liktor mit sich, allerdings ohne *fasces*. Übertragen bedeutet der Begriff auch allg. Diener oder Gehilfe des Leichenbestatters. Wahrscheinlich ist die Mitführung von L. mit Rutenbündeln und Beilen etrusk. Ursprungs.

Likymnios (1), Sohn des myth. Königs Elektryon von Argos, Freund des Herakles.

Likymnios (2) von Chios, griech. Dithyrambiker, beginnendes 4. Jh. v. Chr., dessen Dithyramben nach Aristoteles eher zur Lektüre als zur Aufführung geeignet gewesen seien.

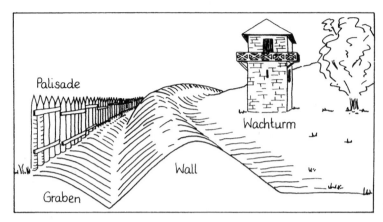

Limes-Anlage

Lilybaion (heute Marsala), wohlhabende karthag. Siedlung an der Westspitze Siziliens. Nach einem vergebl. Kolonisationsversuch von Knidos (596 v. Chr.) gründeten die Karthager 396 nach der Zerstörung Motyas einen neuen befestigten Handels- und Militärstützpunkt, der allen Eroberungsversuchen bis zum Ende des 1. ↗ Pun. Krieges widerstand. Durch den Frieden von 241 wurde L. als *civitas decumana* Teil der röm. Provinz Sicilia und war Sitz einer der Quästoren; Cicero residierte in L. 75 v. Chr. als solcher. Unter Augustus wurde L. Municipium; 193 n. Chr. Kolonie latin. Rechts. Der heutige Name Marsala stammt aus arab. Zeit (ab 827). Aufgrund der Siedlungskontinuität in MA und Neuzeit gibt es nur geringe antike Reste, mit Ausnahme einiger mosaikgeschmückter Privathäuser aus hellenist. und röm. Zeit und der massiven Stadtmauer. **Lit.:** PECS (1976). – ASM (1999).

Limes (lat., »Grenze«, »Grenzweg«). *I. Allgemeines.* Zunächst bezeichneten die Römer sowohl den zwischen zwei Grundstücken verlaufenden Weg als L., als auch eine Vermessungsachse (Limitation). Erst in der späteren Regierungszeit des Kaisers Augustus ging man dazu über, die Grenzen des ↗ Imperium Romanum festzulegen, und nannte daraufhin allg. die Reichsgrenze L. In der Zeit der flav. Herrschaft ging dieser Begriff dann auf die militärisch gesicherten Grenzen des Reiches über. Diese waren befestigt und bestanden aus einem System von Wällen und Gräben, Palisaden, Wachtürmen, Kastellen und Fahrwegen. Zumeist bestand zwischen den Besatzungen der einzelnen Türme Blickkontakt, so dass notfalls Nachrichtenübermitlung möglich war und dadurch schnell reagiert werden konnte; dies setzt allerdings eine ausreichende Truppengröße voraus. Wenngleich sicher eine der Hauptaufgaben des L. darin bestand, die Grenzen des Reiches vor feindl. Übergriffen zu schützen, so muss man sich ihn aber nicht ausschließlich als mächtiges, unüberwindbares und undurchlässiges Bollwerk vorstellen. Dies war zum einen allein aufgrund des immensen Grenzumfanges gar nicht möglich, zum anderen aber auch gar nicht nötig, da nicht immer an allen Grenzen gekämpft wurde oder mit An-

griffen gerechnet werden musste. Zuweilen bestand ein reger Kontakt zwischen den Menschen auf beiden Seiten der Grenze. Waren anfangs die Kastelle oft nur provisor. Anlagen, die nicht lange an einem Standort verblieben und samt ihres mitreisenden Trosses dem voranschreitenden Grenzverlauf folgten, so entwickelten sie sich schließlich zu feststehenden Anlagen mit zugehörigen *vici* (zivilen Siedlungen bei den Kastellen). Dies bedeutet, dass sich hier nicht nur die Soldaten, sondern auch zahlreiche Zivilisten, Familien, Händler, Handwerker usw. aufhielten. Diese wollten natürlich versorgt sein, was zum einen durch das gut ausgebaute Straßennetz gewährleistet wurde, über das Lebensmittel herantransportiert werden konnten, zum anderen dadurch, dass sich die Menschen selbst versorgten, indem sie Landwirtschaft und Viehzucht betrieben, schließlich erfolgte die Versorgung aber auch durch den Handel mit den Menschen »hinter der Grenze«. Der L. besaß bewachte Durchgänge und ermöglichte so einen kontrollierten Grenzbetrieb. – *II. Der obergerman.-rät. L.* ist der mit 548km Länge wohl bedeutendste L.-Abschnitt. Der obergerman. L. begann etwa 25km nordwestl. von Koblenz an der rechten Rheinseite zwischen Rheinbrohl und Bad Hönningen, führte über den Westerwald, Taunus und die Wetterau entlang des Mains und Neckars in Richtung S bis nach Lorsch (an der Rems). Hier schloss sich der rät. L. an, der in östl. Richtung über Aalen nach Gunzenhausen verlief, über die fränk. Alb führte und an der Donau bei Kehlheim endete. – *III. Der Donaulimes.* Er schloss an den rät. L. an und verlief entlang der Donau, über Regensburg, Carnuntum und Aquincum, wo er die Grenze der Provinzen Noricum und Pannonien bildete. Auch hier befanden sich in regelmäßigen Abständen Wachtürme und Kastelle mit einer parallel dahinter liegenden Heerstraße. – *IV. Der L. in Britannien.* Hier sind gleich vier Grenzzonen bekannt. Nach zwei erfolglosen Britannienfeldzügen Caesars (55 und 54 v. Chr.) und der Unterwerfung Englands durch Kaiser Claudius 43 n. Chr. stießen die Römer 78 bis nach Schottland vor und zogen eine vorläufige Grenze (vom Forth zum Clyde), die sie jedoch wieder bis Stanegate zurücknehmen mussten. 122 veranlasste Kaiser Hadrian die Befestigung der von Newcastle-upon-Tyne bis Carlisle verlaufenden Grenzlinie (Hadrianswall), die erst 136 abgeschlossen wurde. Die Grenze wurde drei Jahre später noch einmal nach N vorverlegt. Dieser Antonin. Wall war zwar kürzer, konnte aber ebenfalls nicht optimal mit Nachschub versorgt werden und hielt sich etwa 20 Jahre. Dann musste die Grenze doch wieder bis zur Höhe des Hadrianswalls zurückverlegt werden. – *V. Der L. im Orient.* Die sich ständig ändernde Ausdehnung der Ostgrenzen durch fortwährende kämpfer. Auseinandersetzungen lassen in diesem Gebiet kein stabiles Grenzverteidigungssystem erkennen. – *VI. Der L. in den afrikan. Provinzen.* Als das röm. Militär hier stationiert werden sollte, mussten die klimat., landschaftl. und ökolog. Faktoren berücksichtigt werden. Dementsprechend verzichtete die röm. Außenpolitik auf die Errichtung eines streng befestigten Grenzsystems und beschränkte sich auf die Überwachung der Grenzen mit Hilfe von erschlossenen Straßen, verschiedenen Kontrollpunkten, Kastellen und vereinzelten Mauerabschnitten mit Grabensystem. ↗ Karte im Anhang **Lit.:** D. Baatz, Der röm. L. (²1975). – D. Breeze/B. Dobson, Hadrian's Wall (³1987). – E. M. Ruprechtsberger, Die röm. L.zone in Tripolitanien und der Kyrenaika (1993).

Limitaṇëi (lat., »die an den Grenzen Befindlichen«), Name für die seit der Heeresreform unter dem röm. Kaiser Diokletian üblich gewordenen, permanent an den Grenzen des Imperium Romanum stationierten Truppenkontingente im Gegensatz zum bewegl. Marschheer.

Lịndos, mächtigste der drei Poleis mit beeindruckender Akropolis an der Ostküste der Insel ↗ Rhodos mit dem berühmten Heiligtum der Athena Lindia. L. bildete im ↗ Synoikismos mit Ialysos und Kamiros 408/07 v. Chr. den Rhod. Bund; im 6. Jh. v. Chr. Tyrannis des Kleobulos in L. Die Polis besaß mehrere gut kontrollierbare, ruhige Hafenbuchten. Funde bezeugen eine Besiedlung seit dem Neolithikum und in myken. Zeit(↗Mykene). Siedler aus L. gründeten ↗Gela auf Sizilien und Phaselis in ↗Lykien; L. erscheint in athen. Tributlisten. An der schmalen Südspitze der Akropolis steht der Tempel des 4. Jh. v. Chr. Auf einer Marmorstele fanden Archäologen den Schlüssel zur rhod. Chronologie, die sog.»Tempelchronik«, die Angaben über Weihegeschenke myth. und histor. Spender (Herakles, Alexander, Pyrrhos) und eine Liste der Priesterinnen und Priester der Athena Lindia enthält. Der Philosoph ↗ Panaitios und der Bildhauer Chares, der den Koloß von Rhodos schuf, stammten aus L. Angeblich soll hier der Apostel Paulus auf dem Weg nach Rom gelandet sein. **Lit.:** GLHS (1989) 395–397 – H. Kähler, Lindos (1971). – R. Speich, Rhodos (1987) 153–184.

Lineạrschriften (lat. lịnea, »Strich«). Schriften, die sich aus Bildzeichen (Hieroglyphen, Piktogram-

Diskos von Phaistos mit Linear-A-Schrift

men) zu aus Linien geformeten Zeichen entwickelten. Am weitesten zurückverfolgen lässt sich die Geschichte der L. im ägäischen Raum auf der Insel Kreta, wo z. T. Bild- und Linearschriften nebeneinander existierten. Man unterscheidet grob zwischen zwei Typen von L.: *Linear A* war als Schrift mit etwa 80 Zeichen im minoischen Kreta (»Diskos von Phaistos«) und auf den ägäischen Inseln sowie auf dem frühmyken. griech. Festland verbreitet und findet sich auf Tontafeln, Siegeln, Kultgeräten und Wandinschriften, ist aber bislang unentschlüsselt. In spätminoischer Zeit entstand auf Kreta und dem myken. Festland *Linear B,* eine auf der griech. Sprache basierende L. Überliefert sind Inventarlisten und Notierungen der Palastbuchhaltung überwiegend aus Knossos, Pylos, Mykene und Theben. **Lit.:** J. Chadwick, The Decipherment of Linear B (1958). – J. T. Hooker u. a., Reading the Past (1990) 137–196. – E. Doblhofer, Die Entzifferung alter Schriften und Sprachen (1993).

Linos, nach der argiv. myth. Tradition Sohn des ↗ Apollon und der ↗ Psamathe (2), der Tochter des Königs von Argos, die ihn heimlich zur Welt bringt und aus Furcht vor ihrem Vater aussetzt. L. wird von Hirtenhunden des Königs zerrissen. Der erzürnte Gott schickt zur Strafe ein Ungeheuer (Poine, »Strafe«, »Sühne«), das den Müttern ihre Kinder entreißt. Als der Held Koroibos das Land von dieser Plage befreit, schickt Apollon als weitere Strafe eine Pest, die erst aufhört, als Koroibos freiwillig nach Delphi geht, um der Pythia für die Ermordung der Poine Rechenschaft abzulegen. Nach einer anderen Überlieferung wird L. von Hirten aufgezogen und später von Hunden zerrissen. Die trauernde Psamathe wird von ihrem Vater, der nicht an die göttl. Abstammung des Kindes glaubt, lebendig begraben. Zur Strafe schickt Apollon eine Pest über das Land, die gemäß einem Orakel nur durch Opfer und Klagegesänge zur Versöhnung der Geister der Mutter und des Kindes abgewandt werden konnte. – Nach der theban. Sage ist L. Sohn des Amphimaros und der Muse Urania. Bei einem musikal. Wettstreit wird er von Apollon getötet. Sein Grab war in Theben beim ↗ Helikon, und mit seinem Kult waren die Opfer für die Musen verbunden. Eine andere Überlieferung stellt ihn als Lehrer des ↗ Herakles dar. Beim Musikunterricht ermahnt L. den jungen Herakles wegen seiner Ungeschicklichkeit und wird von ihm mit seiner eigenen Leier erschlagen.

Lipara (heute Lipari), Hauptinsel einer Inselgruppe vulkan. Ursprungs im Tyrrhen. Meer (↗ Äol. Inseln). Um 575 v. Chr. erscheinen Siedler aus Knidos und Rhodos, doch zeigen Funde, dass die Inseln bereits seit dem Neolithikum bewohnt waren. 289 wurde L. karthag. und mit dem 1. ↗ Pun. Krieg römisch.

Lipogramm (gr., »fehlender Buchstabe«), Gedicht, in dem ein bestimmter Buchstabe durchgängig vermieden wird. So soll ↗ Lasos von Hermione Dithyramben geschrieben haben, in denen das S fehlte, da es den Wohlklang störte.

Literaturtheorie. L. in der Antike im Sinne einer Reflexion über Entstehung und Wirkung von Dichtung setzt bereits in Homers *Odyssee* ein (1, 324 ff.), wo Telemach als Reaktion auf die Dichtungskritik seiner Mutter Penelope, die durch den Gesang des Phemios zu Tränen gerührt wird, betont, dass der Dichter bei der Wahl seines Stoffes frei verfahren könne; einziges Ziel des Dichters müsse sein, dem Publikum immer Neues zu bieten. Der Dichter wird als zwischen göttl. und menschl. Sphäre agierendes Medium angesehen; erst durch göttl. Inspiration sei er in der Lage, den Menschen die Welt der Erinnerung (*mnemosyne*) zu eröffnen. Da die Dichter ihr Wissen von einer höheren Instanz verliehen bekommen, kann der Inhalt ihrer Dichtung nur wahr sein, wobei allerdings die Musen ganz bewusst dem Dichter Falsches eingeben können (Hesiod, Theogonie 27 f.). Die in Homers *Odyssee* präsenten dichtungstheoret. Gedanken (psychagog. Wirkung von Dichtung; Selbstverständnis des Dichters) bestimmen die Diskussion bis zu Platon; insbes. das fehlende Fiktionalitätsverständnis führte zu einer ständigen Diskussion, da literar. Fiktion seit Homer unbestreitbar vorhanden war. Die psycholog. Wirkungen der Dichtung beschäftigten vor allem die ↗ Sophistik. In seiner *Helena* schreibt ↗ Gorgias Dichtung eine unmittelbare Beeinflussung der menschl. Seele zu; sie könne alle mögl. Emotionen erregen und habe damit eine der Magie vergleichbare Wirkung. In seiner die aristotel. Funktionsbestimmung der Tragödie vorwegnehmenden Definition schimmert in dem Begriff »Täuschung« (*apate*), mit dem Gorgias Dichtung umschreibt, ein erster Versuch durch, die alte Dichotomie »wahr/falsch« durch einen autonomen Bereich der literar. Fiktion abzulösen. Diese erste Phase der L. wird durch ↗ Platon abgeschlossen: Seine Enthusiasmos-Lehre, die den Dichtern kein tatsächl. Wissen von den Dingen, sondern höchstens ein zufälliges Treffen der Wahrheit zuschreibt, hat ihre Wurzeln in der Vorstellung der Museninspiration; seine Verurteilung der Dichtkunst und der bildenden Künste insgesamt im *Staat* (Bücher 2, 3, 10) ist das Resultat der Reflexion über die psychagog. Wirkungen von Dichtung, die die Ordnung in der Seele des Rezipienten und damit letztlich auch im Staat durcheinanderbringen könne. Die philosoph. Wurzeln der Dichtungskritik Platons sind in seiner Ideenlehre begründet: Kunst als Mimesis (»Nachahmung«) der Phänomene, die ihrerseits bereits ein Abbild der Ideen darstellen, ist wertlos, da sie nichts zur Erkenntnis der Ideen beitrage. – Die weitere griech. L. der Antike kann als Reaktion auf die platon. Ablehnung von Literatur und Kunst verstanden werden. ↗ Aristoteles deutet in der *Poetik* den platon. Mimesisbegriff positiv um und sieht in den mimet. Künsten Darstellungsmöglichkeiten von fiktionalen Welten, die nach dem Prinzip der Wahrscheinlichkeit gebaut sind. Aristoteles trennt die unterschiedl. menschl. Kommunikationssituationen, indem er nach der Intention zwischen belehrender und unterhaltender Kommunikation unterscheidet. Die ↗ Katharsis (»Reinigung«), die er der Tragödie zuschreibt, stellt eine Rehabilitierung der psychagog. Wirkung von Dichtung und Musik dar.

Platons Enthusiasmos-Lehre wird in der *Schrift vom Erhabenen* des Pseudo-Longin (↗ Longinus) positiv zum Ideal des poet. Genies umgedeutet; der platon. Mimesis-Begriff wird bei ↗ Dionysios von Halikarnassos zur klassizist. Imitation der großen literar. Vorbilder. Die platon. Ablehnung der Dichtung führt schließlich zu einer Renaissance der schon vor Platon gepflegten ↗ Allegorese der homer. Epen und von Dichtung überhaupt, die vor allem von den Stoikern, aber auch von Neuplatonikern wie ↗ Plotin und ↗ Proklos betrieben wird. – Neben dieser philosoph., eth.-metaphysisch begründeten Linie der L. gibt es seit dem Hellenismus eine philolog. und produktionsästhet. Ausrichtung, die mit Alexandria und ↗ Kallimachos verknüpft ist. Unabdingbare Voraussetzung für einen Dichter ist eine umfassende Kenntnis der vorangehenden Literatur; Texte sollen in ständigem Bezug auf diese Vorgängertexte geschrieben werden, d. h. ein ↗ *poeta doctus* schreibt für ein ebenso gebildetes Publikum. Formale Gesichtspunkte werden zum wichtigsten Bestandteil des poetolog. Programms: Ästhet. Vergnügen kann nicht die erzählende Großform (Epos) schaffen, sondern nur ein ausgefeiltes, anspielungsreiches und auf keinen Fall umfangreiches Werk. In der poet. Praxis hatte die alexandrin. L. einen unmittelbaren Einfluss auf die röm. ↗ Neoteriker und die augusteische Klassik, insbes. auf die *Ars poetica* (*Dichtkunst*) des Horaz, einer Verbindung des Lehrgedichts mit der plaudernden Form des Versbriefs. Leitbegriffe der *Ars poetica* sind, ganz der hellenist. Tradition entsprechend, Einheit und innere Stimmigkeit der Fiktion. Ein guter Künstler – Maler wie Dichter – zeichnet sich dadurch aus, dass er diese unabdingbaren Grundprinzipien mit der künstler. Freiheit (*audacia*, »Kühnheit«) und dem Streben nach Abwechslung (*variatio*) verbindet, wobei er sich vor allem vom Prinzip der Angemessenheit und des rechten Maßes (*decorum*) leiten lassen soll. Für Horaz gibt es eine doppelte Quelle der Dichtkunst: die Begabung (*ingenium*) und die handwerkl., vor allem rhetor. Kunstfertigkeit (*ars*). Dem doppelten Ursprung der Dichtung entspricht auch ihre zweifache Wirkung, zu nützen (*prodesse*) und zu erfreuen (*delectare*) (Ars poetica 333 f.). Horaz führt in seiner *Ars poetica* nicht nur die alexandrin. Dichtungstheorie auf einen letzten Höhepunkt, ganz der alexandrin. Tradition verpflichtet, in der Verbindung von dichter. Praxis und Theorie, sondern verdrängt mit seinem Werk die ersten zaghaften literaturtheoret. Erörterungen eines ↗ Volcacius Sedigitus oder ↗ Accius. **Lit.:** W. Rösler, Die Entdeckung der Fiktionalität im Antike, in: Poetica 12 (1980) 283–319. – P. Bing, The Well-Read Muse (1988). – M. Fuhrmann, Die Dichtungstheorie der Antike (1992).

Liternum (heute Lago di Patria), 194 v. Chr. gegründete röm. Kolonie 8 km nördl. von Cumae (↗ Kyme), unter Augustus Municipium der 1. Region Italiens. Berühmt war L. durch das Landhaus des ↗ Scipio Africanus, der sich dort zur Ruhe gesetzt hatte. L. hatte eine kurze Blütezeit nach dem An-

schluss an das röm. Straßennetz durch die Via Domitiana im 1. Jh. n. Chr. Ausgrabungen bezeugen die Existenz des Ortes bis ins 4. Jh. n. Chr., danach versumpfte das Gebiet und wurde verlassen.

Litotes (gr., »Schlichtheit«), Begriff der Rhetorik für eine doppelte Verneinung, die eine starke Bejahung bewirkt.

Liturgie (gr. leiturgia, »Staatslast«), ursprünglich jeder freiwillige oder verpflichtende Dienst des griech. Bürgers für die Gemeinschaft. Man unterschied zwischen regelmäßigen und außerordentl. Diensten in allen Bereichen der Polis. Zu Ersteren gehörten z. B. die Ausstattung eines Chores für eine Theaterführung (*choregia*), die Übernahme der Betriebskosten für ein Gymnasion (*gymnasiarchia*), die Bekleidung eines Ehrenamtes (*arche*), die Ausrichtung gemeinsamer Mahlzeiten bei großen Festen (*hestiasis*) oder der Unterhalt eines Pferdes für den Kriegsdienst (*hippotrophia*), zu Letzteren etwa die Ausrüstung und Kommandierung einer Triere (*trierarchia*). Vielerorts wurden Bürger auch zur Ausrichtung der kostspieligen Fackelläufe herangezogen (*lampadarchia*). Zur Vermeidung von Härten oder Mehrfachbelastung wurden L.-Listen geführt. Frei von L.n waren amtierende Archonten, minderjährige Waisen, Kleruchen oder Epheben. Sollte ein Bürger trotz geringeren Vermögens zur L. herangezogen werden, konnte er einen anderen benennen, der aufgrund größeren Vermögens zuerst hätte verpflichtet werden müssen, und einen Vermögenstausch (↗ Antidosis) anbieten, wenn dieser die L. verweigerte. Insgesamt wurde die Übernahme einer L. als patriot. Ehrenpflicht gesehen. Die Diadochenreiche führten im 2. Jh. v. Chr. jedoch Zwangsdienste aller Art ein, etwa die Unterhaltung der ↗ Staatspost. Befreit waren bes. geistig und körperlich beanspruchte Personen (*immunitas*) sowie als Privileg auch begünstigte Gemeinden (*civitates*). Die röm. Kaiserzeit begründete die Amts-L.; da die Amtsträger mit eigenem Vermögen hafteten, flohen auch wohlhabende Bürger aus den Städten, um den L.n zu entgehen. – Seit dem 2. Jh. v. Chr. wurde der Begriff L. auch für kult. Dienste von Priestern und Laien in den Heiligtümern verwendet; die griech. Bibelübersetzung (*Septuaginta*) übertrug L. auf die kult. Handlung des christl. Priesters und die Eucharistiefeier. **Lit.:** F. Oertel, Die L. (1917). – J. K. Davies, in: JHS 87 (1967) 33–44.

Lituus, gebogener Stab ohne Knoten (Livius 1,18,7), mit dem die ↗ Auguren das Blickfeld für das ↗ *augurium* beschrieben; auf Münzen der röm. Republik häufig dargestellt. **Lit.:** A. J. Pfiffig, Religio Etrusca (1975).

Livia Drusilla, Julia Augusta, dritte Frau des Kaisers Augustus, Mutter des Tiberius; geb. 58 v. Chr. als Tochter des M. Livius Drusus Claudianus und der Alfidia; 43 Hochzeit mit Ti. Claudius Nero, dem sie 42 den Tiberius und April 38 den älteren Drusus gebar; noch während ihrer zweiten Schwangerschaft musste sich L. scheiden lassen und im Januar 38 Octavian, den späteren Kaiser Augustus, heiraten. Die Ehe blieb kinderlos. Nach dem Tod des Augustus 14 n. Chr.

Livia

wurde L. per Testament in die Familie der Iulier aufgenommen und nannte sich fortan Iulia Augusta. Sie verhalf ihrem Sohn Tiberius zur Nachfolge, hatte aber unter dessen Regierung nur wenig Einfluss. 29 starb L. hochbetagt in Rom und wurde im Mausoleum Augusti beigesetzt. In der antiken Historiographie wird L. sehr negativ beurteilt. Tacitus und Cassius Dio bezeichnen sie als Intrigantin und machen sie sogar für den Tod der Augustusenkel L. und C. Caesar verantwortlich. **Lit.:** C.-M. Perkounig, L. D. – Iulia Augusta (1995).

Livius Andronicus, erster namentlich bekannter lat. Dichter, gest. wohl vor 200 v. Chr. L., ein gebürtiger Grieche, wahrscheinlich aus Tarent, führte 240 v. Chr. nach Roms Sieg über Karthago das erste Drama in Rom auf. Er verfasste Tragödien, teils aus Stoffen des trojan. Sagenkreises, Komödien und eine Übersetzung der homer. *Odyssee* in lat. ∕ Saturniern. Diese *Odusia* blieb bis zu Horazens Zeit (Epistulae 2, 1, 61 f.) Schulbuch. Sie ist die erste literar. Übersetzung und bemühte sich um Übertragung des Textes in eine röm. Gedankenwelt und ein den Römern vertrautes Versmaß. L. begründete die röm. Literatur als eine von der griech. abgeleitete. 207 v. Chr. erhielt er den staatl. Auftrag, ein Sühnelied für einen Jungfrauenchor zu dichten. Als Dank wird den Dichtern und Schauspielern der Minervatempel auf dem Aventin als Versammlungs- und Kultort zugewiesen. **Lit.:** J. Blänsdorf, in: E. Lefèvre (Hg.), Das röm. Drama (1978) 91–134.

Livius (1), Marcus L. Salinator, Konsul 207 v. Chr., besiegte gemeinsam mit seinem Kollegen C. Claudius Nero den karthag. Feldherrn Hasdrubal in der Schlacht am Metaurus (207); er leitete damit endgültig die Wende im 2. Pun. Krieg ein.

Livius (2), Titus L., röm. Historiker aus Padua, 64 oder 59 v. Chr.–17 n. Chr. L. war im Gegensatz zu früheren Historikern nie politisch oder militärisch tätig. Spätestens 30 v. Chr. zog er nach Rom und verfasste in Zurückgezogenheit – er bereiste weder Schauplätze noch nahm er Primärquellen in Augenschein – eine

Geschichte Roms von den Anfängen – daher der Titel *Ab urbe condita libri* – bis zum Tod des Drusus 9 n. Chr. in 142 Büchern. Davon sind die Bücher 1–10 und 21–45 erhalten. Daneben existieren spätantike Inhaltsangaben (Periochae) des Gesamtwerks (∕ Epitome). Der annalist. Aufbau ist durch Zusammenfassung der ersten Bücher in Fünfergruppen (Pentaden) und später in Zehnergruppen (Dekaden) gegliedert. Buch 1 erzählt knapp die Stadtgründung sowie die Königszeit, 2–5 berichten die Gründung der Republik und ihre Geschichte bis zum Galliereinfall (387 v. Chr.), 6–10 die Ereignisse bis zum 3. Samnitenkrieg (293 v. Chr.). 21–30 sind dem Krieg mit Hannibal, 31–45 der Zeit bis zum Triumph des L. Aemilius Paulus nach der Schlacht von Pydna (168 v. Chr.) gewidmet. – Hauptquellen waren für die frühe Zeit die jüngeren Annalisten (∕ Annalen), für den 2. Pun. Krieg die Monographie des Coelius Antipater, für die Ereignisse im Osten Polybios. Der Stil schwankt zwischen mimet. und moral. Geschichtsschreibung, d. h. zwischen dem Bestreben, durch dramat.-eindrucksvolle Darstellung zu gefallen und durch eth. Exempla zu erziehen. So nennt L. in der *praefatio* (Vorwort) als Motiv für sein Unternehmen die Freude an der Darstellung und die belehrende Absicht. Myth. Geschichten, die die altröm. Tugend illustrieren, vereinen beide Ziele, weswegen L. sie mit viel Liebe einflicht. Hauptheld des Werks ist das Volk, das Volk als Ganzes, das die republikan. Ideale der *libertas* (»Freiheit«) und *concordia ordinum* (»Einigkeit der Stände«) trotz Anfechtungen durch äußere Feinde und innere Zwistigkeiten zu bewahren hat. *Pietas* (»pflichtgemäßes Verhalten gegenüber Göttern und Vorfahren«) und *virtus* (»Tüchtigkeit und Anstand«) seien die Voraussetzung für ein gedeihendes Staatswesen. In stoischem Geist sieht L. in der Geschichte einen sinnvollen Plan; dieser erfüllt sich im Aufstieg Roms zur Weltherrschaft. Histor. Details haben daher bei L. nicht Eigenwert, sondern Beweiskraft im Sinne dieser Teleologie. Als ein Verfechter der *libera res publica,* der freien Republik, stand L. seiner Gegenwart eher skeptisch gegenüber. Augustus nannte ihn in Anspielung auf den Bürgerkrieg zwischen Caesar und Pompeius *Pompeianus,* was gleichbedeutend mit »Anhänger der Republik« ist. Machiavelli (Anfang 16. Jh.) projiziert die Spannungen der röm. Frühgeschichte in seine eigene Zeit und verfasst die *Discorsi sopra la prima deca di Tito Livio.* In der gleichen Zeit erscheint Trissinos Tragödie *Sofonisba,* die ihren Stoff aus dem 30. Buch des L. hat. Shakespeares *Rape of Lucrece* von 1594 und knapp 100 Jahre später Corneilles Drama auf Horatius Cocles mit dem Titel *Horace* haben ihren Stoff aus dem 2. Buch des L. **Lit.:** E. Burck (Hg.), Wege zu L. (²1977).

Locatio conductio (lat.), Vertrag, seit dem 3. Jh. v. Chr. eine der vier klass. Vertragsformen des röm. Rechts. L.c. war der Oberbegriff für eine Reihe von Verträgen, die im heutigen Zivilrecht unterschieden werden und in der Antike faktisch, wenn auch vielleicht nicht terminologisch geschieden wurden: Miet-

und Pachtvertrag (*l. c. rei*), Werkvertrag (*l. c. operis*), Dienstvertrag (*l. c. operarum*) sowie (als Sonderform) Fracht- oder Beförderungsvertrag. Ausgenommen blieb der separat existierende Kaufvertrag (*emptio, venditio*), dem die L.c. jedoch sachlich ähnlich ist. Die Bedingungen der L.c. bestimmte stets der Vermieter oder Überlasser (*locator*); mit der Übergabe oder Überlassung fand auch der Gefahrenübergang auf den Mieter oder Pächter (*conductor*) statt. Bodenpacht wurde meist auf fünf Jahre abgeschlossen; Verlängerungen sind belegt ebenso wie die Erbpacht (*l. in perpetuum*); umstritten sind die zugelassenen Kündigungsmöglichkeiten. Zahlreiche Vertragsbestimmungen und Verträge haben sich inschriftlich erhalten.

Löffel (gr. listros, »Schaufel«, und kochliarion, »Muschel«). L. als Hilfsmittel waren seit dem Neolithikum und die ganze Antike hindurch als Ess-, Schöpf- oder Rührgeräte bekannt und wurden aus Holz, Bein, Horn, Bronze oder kostbaren Metallen (Silber, Gold) gefertigt; in christl. Zeit entstanden kunstvolle Tauf-L. Die Römer unterschieden verschiedene Formen von L.n, so die ovale Form (*ligula*) für das Schöpfen von Suppe und Brei und die spitze Form (*cochlear*) zum Öffnen und Aushöhlen von Schalentieren wie Schnecken oder Muscheln.

Löhne ↗ Preise und Löhne

Löwe (gr. léon, lat. leo). Seit Urzeiten galt der »König der Tiere« durch seine majestätische Erscheinung als Symbol von Stärke, Unverletzlichkeit und Überlegenheit. Als Attribut von Göttern – bes. der Sonnenoder Lichtgötter (ägypt. Götter, Mithras, Kybele/Magna Mater, Dionysos, Ischtar/Artemis, Apollon) – spielte er eine bedeutende, wohl vom Orient geprägte Rolle in Religion und Mythos; viele Darstellungen zeigen ihn als Attribut von Göttern und als Begleiter von Helden. Bildwerke vor Gräbern, Gebäuden und Tempeln betonen seine Rolle als Torhüter oder -wächter (Löwentor in Mykene). – Im Wesentl. treffende Beschreibungen von Gestalt, Lebensweise, Verhalten des L., Gattung und Arten finden sich bei Aristoteles, anschaul. Schilderungen von L.n-Angriffen auf Weidevieh in Homers *Ilias*. Die große Verbreitung des L.n in der Antike über den südl. und östl. Mittelmeerraum, das Nildelta, in Vorderasien, Persien, Indien, Afrika sowie vereinzeltes Vorkommen in Griechenland und Makedonien machten ihn zu einem wichtigen Jagdtier.

Logien (von gr. logion, »Spruch«), zunächst mündlich tradierte, später schriftlich zusammengefasste Aussprüche Jesu (↗ Jesus), neben dem Markus-Evangelium eine der Quellen der Evangelisten Matthäus und Lukas. ↗ Evangelium

Logik. Anders als in der ↗ Mathematik sind oriental. Vorbilder für die griech. L. nicht auszumachen. In ihrem voraristotel., nicht-formalen Stadium zeigt sich die L. bes. im Nachdenken über den begriffl. Aufbau von Argumentationen und im sicheren Gebrauch komplexer log. Verfahren bei ihrer Aufstellung und Widerlegung. So folgert ↗ Zenon von Elea (495–445 v. Chr.) nach Art der *Reductio ad absurdum* aus der Negation der These seines Lehrers Parmenides (»Es gibt nicht

nur Eines«) die nach ihm benannten Paradoxien und beweist so indirekt dessen These. ↗ Platon gibt ein Verfahren der Begriffszergliederung (Dihairesis, insbes. im *Sophistes*) an, das u. a. die Aufstellung von Definitionen erleichtern soll; eine Diskussion der Fehl- und Fangschlüsse im *Euthydemos* gibt Einblick in den log. Aufbau der Argumentationspraxis der Sophisten. – Bei ↗ Aristoteles begegnet erstmals eine systematisch ausgebaute formale Theorie des log. Schließens. Sein *Organon* (*Werkzeug*) genanntes Hauptwerk zur L. besteht aus sechs Teilen, deren Anordnung und Inhalt das Vorbild für die L.-Lehrbücher bis weit in die Neuzeit abgab (Lehre vom Begriff, Urteil, Schluss). In den *Kategorien* (*Categoriae*) teilt er die von Einzeldingen aussagbaren Prädikate (Begriffsworte) in zehn Kategorien genannte Klassen ein: ein Prädikat gibt so z. B. die Substanz (Art, Gattung), Qualität, Quantität oder Relation eines Dinges an. Die *Hermeneutik* (*De interpretatione*) behandelt die grammat. Bestandteile und die log. Struktur von Aussagen (Urteilen) sowie die gegenseitigen Bedingungen ihres Wahrseins: So bilden zwei Aussagen z. B. einen kontradiktor. Gegensatz, wenn die eine genau dann wahr ist, wenn die andere falsch ist. Im Zusammenhang der Auffassung der Aussagen als Wahrheitsträger wird diskutiert (9), ob auch Sätzen über Zukünftiges, z. B. dem Satz »Morgen wird eine Seeschlacht stattfinden«, ein Wahrheitswert zukommt oder nicht. In den *Ersten Analytiken* (*Analytica priora*) wird gezeigt, wie sich log. Schließen mit Hilfe des Syllogismus vollzieht. Ausgangspunkt bilden generelle Aussagen der Form »S sind P«, wobei S, P oder andere Großbuchstaben als Variablen für Begriffsausdrücke stehen, z. B. für Menschen, Lebewesen, sterblich. Durch Quantifizierung der Subjektterme und Negierung entstehen vier Aussageformen: SaP (lies: Alle S sind P, oder: P kommt jedem S zu, oder: $\forall x (Sx \supset Px)$, wobei »…⊃…« bedeutet: wenn…, dann…), SeP (Alle S sind nicht P, $\forall x (Sx \supset \neg Px)$), SiP (Einige S sind P, $\exists x (Sx \wedge Px)$) und SoP (Einige S sind nicht P, $\exists x (Sx \wedge \neg Px)$). Ein Syllogismus, definiert als »eine Argumentation (Logos), bei der aufgrund bestimmter Voraussetzungen etwas anderes als die Vorausgesetzte mit Notwendigkeit folgt« (24b18–24), besteht aus zwei der oben genannten a,e,i,o-Aussageformen mit einem gemeinsamen Mittelterm, z. B. M, als Prämissen und einer als Konklusion, die nur S und P enthält. Beispiele für gültige Syllogismen (Modi): MaP, SaM→SaP (Alle Lebewesen sind sterblich, alle Menschen sind Lebewesen, also/daraus folgt: Alle Menschen sind sterblich) und MeP, SaM→SeP. Durch die vier mögl. Anordnungsfiguren der Terme in den Prämissenpaaren (MP,SM; PM,SM; MP,MS; PM,MS) und die vier Aussageformen ergeben sich 256 Schlussmöglichkeiten; von den 24 gültigen untersucht Aristoteles unter Auslassung der 4. Figur 14 genauer. In der Absicht einer Axiomatisierung führt er zwölf von diesen auf die zwei oben als Beispiele angegebenen Syllogismen (sog. *Modus Barbara* resp. *Modus Celarent*), deren Gültigkeit vorausgesetzt wird, zurück. Bei einer direkten Reduktion benutzt er neben der Vertauschung der Prämissenreihenfolge die folgenden Regeln der Termumkehrung: AeB→BeA, AiB→BiA und AaB→ BiA. Bei einem indirekten Beweis der Gültigkeit macht er sich die kontradiktor. Verhältnisse von SaP-SoP und SeP-SiP zunutze. Dabei wird eine Prämisse durch die Kontradiktion der Konklusion ersetzt und auf die Kontradiktion der ersetzten Prämisse geschlossen. So wird aus PeM, SiM→SoP: PeM, SaP→SEM, der Modus Celarent. Implizit wird dabei von der aussagenlog. Regel $p \wedge q \supset r \rightarrow p \wedge \neg r \supset \neg q$ Gebrauch gemacht. Auch Schlüsse aus modalen Prämissen, d. h. notwendiges oder mögl. Zukommen, werden behandelt und axiomatisiert, wenn auch nicht mit der gleichen Genauigkeit. Die *Zweiten Analytiken* (*Analytica posteriora*) bringen die Anwendung des Syllogismus als Idealform des Beweises wissenschaftl. Erkenntnisse aus ersten und notwendigen Prämissen und eine Definitionslehre. Die *Topik* (*Topica*) stellt den dialekt. Syllogismus vor, dessen Prämissen, wenn nicht wahr, so doch plausibel sein müssen, um mit ihnen im philosoph. Gespräch zu siegen oder sich den ersten Wahrheiten der Wissenschaften anzunähern. Den Trugschlüssen sind die *Sophist. Widerlegungen* (*Sophistici elenchi*) gewidmet. Bei all dem ist immer das Gesetz vom Widerspruch und vom ausgeschlossenen Dritten vorausgesetzt. – Die wenigen Logikfragmente des Aristotelesschülers ⟋ Theophrast beschäftigen sich mit Modallogik und dem hypothet. Syllogismus (wenn A, dann B; wenn B, dann C; wenn also A, dann C), der die Entwicklung der bei Aristoteles ganz fehlenden Aussagenlogik in den Schulen der ⟋ Megariker (insbes. Eubulides, Diodoros Kronos, Philon von Megara im 4. Jh. v. Chr.) und der Stoiker (bes. ⟋ Chrysipp im 3. Jh. v. Chr.) vorbereitete. Nach den Stoikern ist das mit einer einfachen Aussage Gemeinte, das Lekton (≈ Freges »Sinn«), entweder wahr oder falsch. Unter Benutzung von Variablen für Aussagen (»das Erste«, »das Zweite«, heute: p,q,...) setzen sie einfache zu komplexen Aussagen zusammen und definieren die Bedeutungen der so entstandenen Negation (¬p lies: »nicht p«), der einschließenden und ausschließenden Disjunktion (p∨q, d. h. »p oder q« resp. p>–<q, d. h. »entweder p oder q«) oder Konjunktion (p∧q, d. h. »p und q« genau so wie heute über die Wahrheit der Teilaussagen p und q. Strittig war die Definition der Implikation (wenn p, dann q). Nach Philon und Chrysipp ist sie falsch genau in dem Falle, wenn p wahr und q falsch ist und wahr sonst, während sie nach Diodor nur in dem Fall wahr ist, wenn zu keinem Zeitpunkt möglich ist, dass p wahr und q falsch ist (dies ist die Definition der »strict implication« von C. I. Lewis 1918). Im Sinne einer Axiomatisierung versuchte man mit Hilfe von explizit genannten Metaregeln (»Themata«) alle gültigen Schlussschemata auf folgende fünf unbeweisbare Argumentschemata zurückzuführen: 1. $p \supset q$, p also: q; 2. $p \supset q$, ¬q also ¬p; 3. ¬(p∧q), p also ¬q; 4. p>–<q, p also ¬q; 5. p>–<q, ¬q also p. In der Behandlung der Trugschlüsse war

am einflussreichsten die dem Eubulides zugesprochene Aufstellung der sog. Lügner-Antinomie, d. h. der Frage, ob jemand lügt, der von sich sagt: »Ich lüge.« – Von den nachstoischen Logikern sind erwähnenswert lediglich ⟋ Galen, der die 4. aristotel. Figur »entdeckte« und in seiner *Einführung in die L.* eine Synthese aristotel. und megar.-stoische L. anstrebte, der Aristoteleskommentator ⟋ Alexander von Aphrodisias sowie ⟋ Porphyrios, dessen Einleitung in die Kategorienschrift des Aristoteles mit der Lehre von den Prädikabilien (vgl. »arbor Porphyriana«) durch die Vermittlung des Boethius grundlegend für die L. des MA wurde. **Lit.:** J. M. Bochenski, Formale L. (1956). – W. und M. Kneale, The Development of Logic (1962). – G. Patzig, Die aristotel. Syllogistik (³1969). – K. Hülser, Die Fragmente zur Dialektik der Stoiker I-IV (1987–88).

Logograph (gr. logographos) **1.** Redenschreiber, Verf. von Reden als Auftragsarbeit gegen Bezahlung wie ⟋ Lysias. – **2.** Nach Thukydides 1, 21 Autoren histor. Prosaschriften im 5. Jh. v. Chr. Ihre Werke (in jon. Dialekt) befassten sich vorwiegend mit Genealogie (Hekataios von Milet: *Genealogien*, um 500; Akusilaos von Argos; Pherekydes von Athen), Chronographie und Lokalgeschichte (Charon von Lampsakos über seine Heimatstadt Lampsakos, bes. über die Gründung von Städten (sog. Ktisis-Literatur: Kadmos über Milet, Ion von Chios und Hellanikos über Chios), Geographie (Hekataios), Ethnographie (Damastes von Sigeion) und Geschichte nichtgriech. Völker (Dionysios aus Milet, Charon, Hellanikos: Pers. Geschichte; Xanthos: Lyd. Geschichte); eine sizil. Geschichte schrieb u. a. Antiochos von Syrakus. Die früheren L.en gelten als Vorläufer, teilweise auch als Quellen Herodots, und ihre Werke bereiteten die große Geschichtsschreibung der klass. Zeit vor. Mythos war bei den L. nicht immer von Geschichte scharf geschieden, es finden sich jedoch Ansätze krit. Quellenbetrachtung; der Stil der meisten ist parataktisch und unkompliziert. **Lit.:** L. Pearson, Early Ionian Historians (1939). – O. Lendle, Einführung in die griech. Geschichtsschreibung (1992) 10.

Logos (gr. legein, »sammeln, (auf)lesen, (auf)zählen«). Der Begriff hat ein weites Bedeutungsspektrum: 1. Wort, 2. Rede, 3. (Aussage-)Satz, Urteil, Definition, 4. Erzählung, Sage, Darlegung, Rechtfertigung, 5. (Welt-)Vernunft. In diesen seinen unterschiedl. Bedeutungen bezeichnet L. immer die Einheit von Denken und Sprache sowie dem Gegenstand, von dem die Rede und auf den das Denken gerichtet ist. So ist der L. als vernehmbarer und artikulierbarer Sinn das Medium, das den Menschen mit den Mitmenschen und der natürl. und gegenständl. Welt verbindet. Als *l. apophantikos* (»aufweisender L.«) lässt er die Dinge im Licht der Sprache sehen, als *l. semantikos* (»bezeichnender L.«) zeigt er ihre Bedeutung auf und als *orthos l.* (»rechter L.«) meint er ein vernunftgemäßes, ethisch richtiges Handeln. – Eine zentrale Stellung hat der Begriff L. in der Lehre ⟋ Heraklits. L. bezeichnet hier ein kosm. Prinzip, von dem sowohl alles Geschehen als auch das menschl. Denken getragen und bestimmt ist. In Einheit mit dem Begriff des *pyr phronimon* (»besonnenes Feuer«) bedeutet L. für Heraklit das Wissen um die Sinnhaftigkeit des Lebens und der Welt, die in diesen selbst liegt und die im Umgang mit Menschen und Dingen erfahren wird, aber niemals absolut bestimmt und ausgesprochen werden kann. – Während so in Heraklits Begriff des L. Rationales und Nicht-Rationales dialektisch verknüpft sind, wird der Begriff im Laufe seiner Geschichte, bes. seit Aristoteles, immer häufiger auf den Bereich der rein theoret. Erkenntnis und damit auch auf die eindeutige Bestimmung von Gegenständen eingeengt: *l. syllogistikos* (↗ Aristoteles, ↗ Logik). Damit vollzieht sich eine allmähl. Abgrenzung des Begriffs L. von dem des ↗ Mythos, der Doxa (↗ Platon) und der Aisthesis (Sinneswahrnehmung). Dieser einseitige rationale L.-Begriff liegt der Logik als der Lehre vom richtigen Denken und Schließen zugrunde. **Lit.:** A. Aall, Der L. I-II (1896/99). – G. Kühne-Bertram, Logik als Philosophie des L., in: Archiv für Begriffsgeschichte 36 (1993) 260–293.

Loire ↗ Liger

Lokris, zwei räumlich getrennte Landschaften in Griechenland: **1.** Das westl. oder ozol. L. als gebirgiger Küstenstreifen am Korinth. Golf mit den Haupttorten Naupaktos, Amphissa, Oiantheia. L. besaß nur geringe polit. Bedeutung. 371 v. Chr. kämpfte es in der Schlacht bei Leuktra es in der Seiten Thebens gegen Sparta, seit 338 v. Chr. gehörte L. zum Ätolerbund; durch Rom wurde es 167 v. Chr. unabhängig. – **2.** Das östl., an Phokis und Böotien grenzende L. war eine Küstenlandschaft an der Meerenge von Euböa mit den Haupttorten Opus, Larymna, Thronion. Seit 457 v. Chr. stand L. in Abhängigkeit zu Athen, ab 269 zum Ätolerbund. Das östl. L. war nach Geschlechtern gegliedert; Versammlung des Volkes im »Rat der 1.000«.

Lollianus, Publius Hordeonius L., bedeutender Rhetor aus Ephesos, bekleidete zur Zeit ↗ Hadrians einen der beiden Rhetoriklehrstühle in Athen. Er legte großen Wert auf die rhetor. Theorie und gilt als wichtigster Vertreter der sog. Zweiten ↗ Sophistik. Seine Werke wurden bis ins 5. Jh. rege gelesen.

Lollius, Marcus L., um 65 v. Chr.–2 n. Chr., erlitt 16 als Statthalter der Provinz Gallia Comata eine schwere Niederlage gegen über den Rhein vorgedrungene Germanenstämme, die Augustus zum unmittelbaren Eingreifen veranlassten. Er wird als habgierig geschildert und starb bald nach 2 n. Chr., möglicherweise durch Selbstmord.

Lollius Bassus, Epigrammatiker, Anfang 1. Jh. n. Chr. L. stammte aus Smyrna, lebte aber in Rom. Er verfasste Epigramme auf Germanicus, auf die Größe Roms (unter dem Eindruck von Vergils *Aeneis*), auf histor. und mytholog. Themen. **Lit.:** C. Cichorius, Röm. Studien (1922) 308.

London (lat. Londinium), nach 50 n. Chr. entstandene Siedlung britann. Kelten und röm. Municipium an der Themsemündung in Britannien. Der Kern der ursprüngl. Siedlung lag im Gebiet der heutigen London Bridge. Bereits 60/61 n. Chr. beim Aufstand der Boudicca hatte sich L. zu einem Handelszentrum und Verkehrsknotenpunkt entwickelt. **Lit.:** D. Perring, Roman L. (1991). – G. Milne, Roman L. (1995).

Longinus, Cassius L., griech. Philosoph und Rhetoriklehrer, 213–273 n. Chr., bekannt für seine Gelehrsamkeit, von Kaiser Aurelian hingerichtet. In der Überlieferung wurde ihm fälschlicherweise die literaturtheoret. Schrift *Über das Erhabene* zugeschrieben, von der ca. zwei Drittel erhalten sind und die wohl ins 1. Jh. n. Chr. zu datieren ist. Die Schrift zeichnet sich durch ein großes literar. Gespür aus und übte einen enormen Einfluss auf das Stilideal der französ. Klassik und des 18. Jh. aus (↗ Literaturtheorie). **Lit.:** R. Brandt,

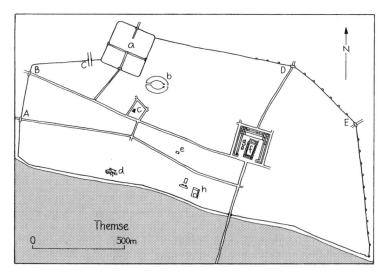

A Ludgate
B Newgate
C Aldersgate
D Bishopsgate
E Aldgate
a Lager
b Amphitheater
c Thermen
d Thermen
e Mithras-Tempel
f Basilika
g Tempel
h Palast des Provinzstatthalters

Lageplan des antiken London

Pseudo-Longinos. Vom Erhabenen (1966). – M. Fuhrmann, Die Dichtungstheorie der Antike (1992).

Longos, Verf. des griech. Liebesromans *Daphnis und Chloe.* Über die Person des L. ist nichts bekannt. Unsicher ist auch die Datierung des Romans (um 200 n. Chr.?). Im Mittelpunkt steht das mit vielen Retardationen erzählte sexuelle Erwachen des naiv-jugendl. Liebespaars. Das bes. dem Einfluss des ↗ Theokrit zuschreibende bukol. Element ist in der griech. Romanliteratur ohne Parallele. Atypisch ist auch der Verzicht auf das Reisemotiv unter Beschränkung auf Lesbos als einzigen Schauplatz. Umstritten ist die Beziehung des dem Eros, Pan und den Nymphen geweihten Romans auf zeitgenöss. Mysterienkulte. **Lit.:** M. Picone/B. Zimmermann (Hg.), Der antike Roman und seine mittelalterl. Rezeption (1997). – O. Schönberger (1998).

Longum, Begriff der Metrik, langes Element bzw. Silbe im Vers (–).

Lorbeer (gr. daphne; lat. laurea/laurus), im Mittelmeerraum seit dem Tertiär verbreiteter Hartlaubbaum, der in der Antike mit Vorliebe in Hainen gepflanzt wurde. Man unterschied nach Form und Größe der Blätter verschiedene Arten, von denen der *laurus Delphica* mit seinen dunkelgrünen Blättern und großen Beeren als bes. schön galt. Der L. fand sowohl im profanen als auch im kult. Bereich vielfach Verwendung: Als Gewürz waren frische oder getrocknete Blätter schon früh beliebt, ebenso das aromat. Öl und das Holz. Überliefert ist der Gebrauch zu medizin. Zwecken; angeblich verwendeten röm. Soldaten L. auch als wirksames Mittel gegen Läuse. Der L. war der heilige Baum des griech. ↗ Apollon; im röm. Kulturkreis war er dem Jupiter zugeordnet. L. hatte im kult. Sinne reinigende Kraft; er diente als Schmuck dieser Götter und ihrer Priester. Um einen L.-Baum rankt sich die Sage von ↗ Daphne und Apollon, um dessen enge Beziehung zum L. zu rechtfertigen. Mit L. wurden Dichter, erfolgreiche Athleten (Olympioniken, Pythioniken) und röm. Triumphatoren bekränzt, ebenso die Ahnenbilder. Siegreiche Feldherren schmückten auch ihre Berichte an den Senat und die Rutenbündel ihrer Liktoren mit dem symbol. Sieges- und Friedenszeichen. Theophrast und Plinius d.Ä. berichten ausführlich über Gestalt, Anbau und Züchtung des L. Häufig sind bildl. Darstellungen des L. auf Münzen oder Gemmen, Vasenbildern und Reliefs als Götterattribute oder Zeichen der Festfreude.

Losung, ursprünglich eine Form zur Ermittlung des göttl. Willens. Hierbei warfen Priester bzw. Orakeldeuter Holzstäbchen, Steinchen oder bestimmte Blätter, aus deren Anordnung oder Bedeutung der Wunsch der Götter abgelesen wurde. Die L. war seit frühesten Zeiten in weiten Teilen der antiken Welt verbreitet und spielte bes. im griech. und röm. Orakelwesen eine nicht unbedeutende Rolle. Als polit. Einrichtung ist die L. bes. aus der Verfassung Athens bekannt. Spätestens seit den Reformen des ↗ Kleisthenes (508/07 v. Chr.) war die L. die wichtigste Form zur Besetzung staatl. Ämter. Sowohl der Rat der 500 (↗ Boule), als auch die

Geschworenengerichte und seit 487/86 die ↗ Archonten wurden durch Los bestimmt; dabei kamen zur prakt. Abwicklung des Verfahrens und um jede Beeinflussung auszuschließen, spezielle Losmaschinen zum Einsatz. Als einziges Wahlamt verblieb lediglich die Strategie (↗ Stratege), deren Besetzung nicht dem Zufall überlassen werden sollte. Durch seine Unbestechlichkeit wurde das Losverfahren schon bald als wesentlich für die Demokratie betrachtet, und alle Angriffe gegen sie bezogen sich nicht zuletzt auf diese Institution. – In eingeschränkter Form gab es die L. auch in der röm. Republik. In den Centuriatscomitien (↗ Volksversammlung) wurde aus der 1. Zensusklasse eine *centuria praerogativa* ausgelost, die bei Wahlen vorab abstimmen durfte und deren Votum eine wichtige Signalfunktion hatte. Auch Zivilrichter, Geschworene und diplomat. Boten wurden in der Regel aus einem festgefügten Personenkreis durch Los bestellt. In der Kaiserzeit verlor das Verfahren zunehmend an Bedeutung, obwohl auch jetzt noch bestimmte Priesterämter auf diese Weise besetzt wurden. **Lit.:** J. Bleicken, Die athen. Demokratie ([4]1995) 265–73.

Lotis, Nymphe, die auf der Flucht vor ↗ Priapos in einen Lotosbaum verwandelt wird.

Lotophagen (gr., »Lotosesser«), Volk in Homers *Odyssee.* Einige Gefährten des Odysseus essen von dem Lotos, der sie die Heimkehr vergessen lässt. Sie müssen zur Rückkehr auf die Schiffe gewaltsam gezwungen werden.

Lucan ↗ Lukan

Lucaria ↗ Ludi

Lucca (lat. Luca), etrusk. Stadt in Ligurien am Fluss Auser; um 180 Gründung einer röm. Stadt latin. Rechts, seit 89 v. Chr. Municipium der Provinz Gallia Cisalpina und Endpunkt der ↗ Via Claudia. Bekannt wurde L. im April 56 v. Chr. als Caesar, Pompeius und Crassus hier das 1. Triumvirat erneuerten. Danach blieb L. eine Station an der Via Claudia, die auch in der Tabula Peutingeriana und in Itinerarien erwähnt wird. Spärl. Reste röm. Bauten (Amphitheater, Theater, röm. Castrum) und Befestigungsanlagen.

Lucceius, Lucius L., Freund Ciceros, unterstützte diesen 63 v. Chr. im Kampf gegen Catilina, unterlag aber 60 mit seiner Bewerbung um das Konsulat und zog sich aus der Politik zurück. Er verfasste eine unvollendet gebliebene Geschichte des Bundesgenossenkrieges (91–88) und der sich anschließenden inneren Kämpfe, sowie eine Zeitgeschichte der Jahre 63–57. Möglicherweise kam er bei den Proskriptionen des Jahres 43 ums Leben.

Lucifer (lat. »Licht bringend«), eigentl. der Morgenstern, dann mit Göttern gleichgesetzt, z. B. dem vergöttlichten Caesar. Die positive Bedeutung in der paganen Religion geht im Christentum verloren, so dass L. seit dem 4. Jh. mit Satan gleichgesetzt wird. **Lit.:** L. Jung, Fallen Angels in Jewish, Christian and Mohammedan Literature (1974).

Lucilia, Nichte des Dichters ↗ Lucilius, heiratete Cn. ↗ Pompeius Strabo und war die Mutter des ↗ Pompeius Magnus.

Lucilius, Gaius L., aus Suessa Aurunca (Campanien), röm. Satirendichter, gest. 103/02 v. Chr. in Neapel. Das Geburtsjahr des L. ist umstritten, ernstzunehmende Datierungen schwanken zwischen den Jahren 180 und 158/57. Der vornehme Ritter aus dem Freundeskreis des Scipio begann nach der Rückkehr von dem Feldzug gegen Numantia (133 zerstört), Satiren (↗ Satura) zu schreiben. Er gab der Gattung erstmals einen ›satir.‹ Charakter, den sie bei den Vorgängern Ennius, Pacuvius, Naevius noch nicht hatte. Sie diente ihm als ein Medium polit.-gesellschaftl. und literar. Zeitkritik, wobei er persönl. Angriffe nicht scheute. Das Werk umfasste 30 Bücher; eine erste Sammlung, die Bücher 26–30 wurde von L. selbst herausgegeben, 1–20 (21) wurde postum ediert und fasste Einzelsatiren zusammen, 21 (22) – 25 enthielt Gedichte nichtsatir. Inhalts. L. experimentierte, der uneinheitl. Gattung der Satire gemäß, zunächst mit unterschiedl. Metren, fand dann aber zum daktyl. Hexameter, der zum kanon. Satirenversmaß wurde. B. 26 eröffnet eine Einleitungssatire, in der L. seine Dichtung gegen das Epos verteidigt (ähnlich Horaz, *Satire* 2, 1). Es finden sich ferner Angriffe auf die Tragödie und bes. auf ↗ Accius, dessen hoher Stil und kleine Gestalt Ziel des Spottes sind. Weitere Themen sind Ehegesetzgebung, Parasitentum, Hetärenwesen, Luxusleben, Gastmähler (vgl. Horaz, *Cena Nasidieni,* Satiren 2, 8; Petron, *Cena Trimalchionis*), eine Reise nach Sizilien (vgl. Horaz, *Iter Brundisinum,* Satiren 1, 5) sowie scharfzüngige Kommentare zur Tagespolitik. L. schrieb *sermo cotidianus* (Alltagssprache), bisweilen auch *sermo castrensis* (Kasernenjargon). Horaz bemängelte seinen ungepflegten Stil, erkannte ihn jedoch als ↗ Archegeten der satir. Gattung in Rom an. **Lit.:** J. Christes, in: J. Adamietz (Hg.), Die röm. Satire (1986) 57–122. – G. Manuwald (Hg.), Der Satiriker L. und seine Zeit (2001).

Lucina, röm. Göttin der Geburt, entspricht der ↗ Eileithyia.

Lucius Verus, L. Ceionius Commodus; L. Aurelius Verus Augustus, röm. Kaiser 7. März 161 – Anfang 169 n. Chr.; geb. am 15. Dezember 130 in Rom als Sohn des L. Ceionius Commodus und der Avidia Plautia; 25. Februar 138 Adoption durch Antoninus Pius, Juli 138 Verlobung mit Annia Galeria Lucilla, der Tochter des Mark Aurel; 153 Quästor; 154 und 161 Konsul; nach dem Tod des Antoninus Pius übernahm Mark Aurel am 7. März 161 die Regierung und ernannte L. V. zum Mitkaiser; im Frühjahr 162 zog L. V. in einen Krieg gegen die Parther und hielt sich bis 166 in Syrien auf; 163 reiste er nach Ephesos und heiratete dort Lucilla (gest. 181); am 12. Oktober 166 feierte er einen Triumph über die Parther; 168 brach L. V. zusammen mit Mark Aurel zu einer Inspektionsreise durch die Donauprovinzen auf; auf der Rückreise nach Rom starb er Anfang 169 in Altinum. **Lit.:** DRK (1997).

Lucretia, in der röm. Mythologie Gattin des Lucius Tarquinius Collatus. Sie wird von Sextus Tarquinius, dem Sohn des letzten röm. Königs, Tarquinius Superbus, vergewaltigt und nimmt sich daraufhin das Le-

ben. Dieser Freitod gilt als Anlass für den Sturz des Königs und die Gründung der Republik. **Lit.:** H. Galinsky, Der L.-Stoff in der Weltliteratur (1932). – I. Donaldson, The Rape of L. (1982).

Lucretius, Quintus L. Ofella, röm. Ritter, zunächst ein Anhänger des Marius, dann des Sulla. 82 v. Chr. zwang er Praeneste zur Kapitulation, das von den Marianern verteidigt wurde. Als er sich 81 gegen den Willen Sullas und ohne bislang polit. Ämter bekleidet zu haben um das Konsulat bewarb, wurde er in dessen Auftrag ermordet.

Lucretius, Titus L. Carus ↗ Lukrez

Lucullus (1), Lucius Licinius L., 117–56 v. Chr., Konsul 74, beteiligte sich als Militärtribun am Bundesgenossenkrieg (91–88) und war in der Folgezeit ein Anhänger Sullas. Als Statthalter von Africa (77/76) zeichnete er sich durch eine gerechte Verwaltung aus. 74 zum Konsul gewählt, übernahm er den Oberbefehl im Krieg gegen Mithradates VI. von Pontos (3. Mithradat. Krieg). Er drängte den König allmählich zurück und besiegte ihn 72/71 bei Kabeira entscheidend. Danach stieß er weiter nach Armenien vor, um auch Tigranes, den Schwiegersohn und Verbündeten des Mithradates, zu unterwerfen und eroberte 69 dessen Hauptstadt Tigranokerta. Obwohl er Tigranes 68 ein weiteres Mal bei Artaxata besiegte, konnte er den Krieg nicht endgültig entscheiden und musste sich nach Meutereien in seinem Heer aus Armenien zurückziehen. Nachdem auch seine Stellung in Rom durch seine innenpolit. Gegner zunehmend erschüttert wurde, musste er 66 das Kommando niederlegen und an Pompeius übergeben. In Rom unterstützte er 63 Cicero gegen Catilina und wandte sich gegen die polit. Ambitionen seines militär. Nachfolgers Pompeius. 56 soll er in geistiger Umnachtung gestorben sein. – L. war ein Förderer von Kunst und Kultur und galt als einer der reichsten Römer seiner Zeit. Als erlesener Feinschmecker soll er seine Gäste mit kulinar. Köstlichkeiten (»lukull. Mahlen«) verwöhnt und zudem die Süßkirsche in Italien heimisch gemacht haben. **Lit.:** A. Keaveney, L. (1992).

Lucullus (2), Marcus Licinius L., 116 – nach 56 v. Chr., Konsul 73, Bruder des vorigen, beteiligte sich 83/82 als Legat Sullas am Bürgerkrieg und trug zu dessen Sieg bei. Als Statthalter von Makedonien (72/71) unterwarf er die thrak. Besser und stieß bis zur unteren Donau vor.

Ludi (lat., »Spiele«), allg. Spiele aller Art zu Zeitvertreib, Körperertüchtigung und Waffenübung. Seit der Königszeit entstanden in Rom zahlreiche öffentl. Spiele und Wettkämpfe zu kult. Zwecken; meist verbunden mit Opfern und Prozessionen (*pompae*) zu Ehren verschiedener Götter. Zu unterscheiden sind drei Typen von Spielen: (1) Die Ursprungsform sind die Circusspiele (*l. circenses*) in Form von Pferde- und Wagenrennen, gehalten im Circus (*circus maximus*) auf dem Marsfeld. (2) Ab 364 v. Chr. existierten die *ludi scaenici,* szen. Darbietungen, die sich wachsender Beliebtheit erfreuten. 240 v. Chr. wurde erstmals ein Stück des Livius Andronicus bei den *ludi Romani* aufgeführt, 200 eine Komödie des Plautus bei den *ludi plebeii* zu Ehren Jupiters; 191 v. Chr. gab es rein szen. *ludi Megalenses* zu Ehren der Weihung des Tempels der Magna Mater (Kybele). (3) Gladiatorenspiele (*ludi gladiatorii*) und Tierhetzen (*venationes*) fanden zunächst auf dem Forum Romanum, ab 80 n. Chr. im flav. Amphitheater (Kolosseum) statt. – Die Ausrichtung von L. fiel in die Zuständigkeit des Staates und der (plebeischen und kurulischen) Ädile, die sich die Kosten teilten und persönl. Prestige erwerben konnten. Die späte Republik sah daher aufwendig ausgestattete Spiele. Der Besuch der L. war kostenlos; Freie wie Sklaven hatten uneingeschränkten Zutritt. Spezielle Plätze in den Theatern gab es für Honoratioren wohl ab dem 1. Jh. v. Chr., spätestens ab Augustus. L. fanden in regelmäßigen Abständen statt (Sonderformen waren die außerplanmäßig stattfindenden »gelobten Spiele«, *l. votivi*, und die heiligen Spiele, *l. sacri*). Zu den ältesten uns bekannten röm. Spielen gehören ab 366 v. Chr. die *l. Romani* (*magni*) zu Ehren des Jupiter Optimus Maximus. Die Zahl von L. nahm ständig zu: Mitte des 4. Jh. n. Chr. betrug die Zahl der Tage mit L. etwa 180 pro Jahr. **Lit.:** J. Rüpke, Die Religion der Römer (2001).

Lugdunum ⁊ Lyon

Lukan, Marcus Annaeus Lucanus, aus Corduba (Spanien), röm. Epiker, 3.11.39–30.4.65 n. Chr. Über L.s Leben unterrichten die Viten des Sueton und eines gewissen Vacca. Sein Vater, M. Annaeus Mela, ist der Bruder des Philosophen Seneca. Jung kommt L. zu rhetor. Studien nach Rom. Zu seinen Lehrern zählt der Stoiker Cornutus, zu seinen Freunden der Satirendichter Persius. Er wird, vor dem vorgeschriebenen Alter, Quästor, später Augur. Sein Debüt als Dichter erlebt er 60 bei den Neronia, den von Nero gestifteten Festspielen. Nero beruft ihn an seinen Hof, belegt ihn jedoch, wahrscheinlich aus Neid auf sein Talent, mit einem Publikations- und Berufsverbot als Anwalt. Aufgrund seiner bekannt gewordenen Teilnahme an der Pison. Verschwörung des Jahres 65 wird er vom Kaiser zum Selbstmord gezwungen. In Verhören soll er Mitverschwörer denunziert und sogar seine Mutter beschuldigt haben. – Von L.s Dichtungen sind nur zehn Bücher eines wahrscheinlich auf zwölf Bücher konzipierten Epos mit dem Titel *Bellum civile* (*Bürgerkrieg,* bisweilen auch *Pharsalia*) über den Bürgerkrieg zwischen Caesar und Pompeius (von 49, Überschreitung des Rubikon, bis 48 v. Chr., Schlacht von Pharsalos) erhalten. Wie die vorvergil. Epiker greift L. auf einen histor. Stoff zurück, anders als alle Epiker vor ihm verzichtet er auf eine Götterhandlung. Das hat ihm schon in der Antike Kritik eingetragen (vgl. Petron 118 ff.). Held des Epos ist der sittenstrenge Stoiker und grundsatzfeste Republikaner Cato, der gegen den dämon. Tyrannen und Günstling der *fortuna,* Caesar, unterliegt. Caesars zweiter Gegenspieler Pompeius ist ambivalent gezeichnet (*magni nominis umbra,* »Schatten eines großen Namens«). Im Sieg der schlechten Seite gegen die gute manifestiert sich L.s pessimist. Weltbild. Zur sprichwörtl. Sentenz wurde der Vers *victrix*

causa diis placuit, sed victa Catoni, »die siegreiche Sache gefiel den Göttern, die besiegte aber dem Cato«. Die Betonung des stoisch-republikan. Ethos gegen die Diktatur Caesars ist zugleich Ausdruck der Opposition gegen Nero. L.s Stil ist rhetorisch und sentenzenhaft; er liebt die Darstellung grausamer und ekelerregender Szenen, die zum einen das Pathos steigern, zum andern die Leidensfähigkeit erprobter Stoiker demonstrieren. Stil und pessimist. Weltdeutung erweisen L. als Antipoden Vergils. **Lit.:** E. Burck/W. Rutz, in: E. Burck (Hg.), Das röm. Epos (1979) 154–199.

Lukas, einer der vier Evangelisten; ⁊ Evangelium.

Lukian (gr. Lukianos), aus Samosata (Syrien) stammender griech. Sophist und Satiriker, ca. 120 – nach 180 n. Chr. Von den 80 unter seinem Namen aufgeführten Werken gelten etwa 70 als echt, Datierung und Chronologie sind unsicher. L. verwendete verschiedene literar. Formen: Übungs- und Prunkreden, Erzählungen, Dialoge, Briefe, menippeische Satiren (⁊ Satura), in denen er den an der Alten Komödie geschulten Spott mit popularphilosoph. Inhalten verbindet. Ein Beispiel für seine sophist. Reden ist das *Iudicium vocale* (*Gericht der Vokale*), das von der Klage des Buchstaben Sigma gegen das Tau vor dem Gerichtshof der Vokale handelt. In seinen menippeischen Satiren bediente sich L. oft phantast. Einkleidungen wie z. B. im *Cataplus* (*Hadesfahrt*) und *Icaromenippus,* wo vom Himmel herab das Leben der Menschen beurteilt wird. Im *Philopseudes* lässt er von Philosophen Spukgeschichten erzählen. Als literar. Parodien auf Abenteuerromane sind die *Verae historiae* (*Wahre Geschichten*) konzipiert. **Lit.:** H.-G. Nesselrath, L.s Parasitendialog (1985). – M. Weißenberger, Literaturtheorie bei L. (1996).

Lukillios, griech. Epigrammdichter, 1. Hälfte 1. Jh. n. Chr. Er wirkte zur Zeit des Nero. Über 100 Epigramme sind in der *Anthologie* (⁊ Anthologia Graeca) erhalten. Seine Scherze über körperl. Defekte und bestimmte Berufe (bes. Ärzte), aber auch seine Inschriftenparodien waren vorbildhaft für das Spottepigramm des ⁊ Martial. **Lit.:** W. Burnikel, Untersuchungen zur Struktur des Witzepigramms bei L. und Martial (1980).

Lukrez, Titus Lucretius Carus, röm. Dichter, 96–53 v. Chr. L. schreibt ein sechs Bücher umfassendes epikureisches ⁊ Lehrgedicht *De rerum natura* (*Über die Natur der Dinge*), in dem er in hexametr. Form die Lehre von den Atomen (Buch 1 und 2), von Lebensprinzip (*anima*), Geist (*animus*) und Sinneswahrnehmung (Buch 3 und 4) und von der Kulturentstehung sowie ird. und himml. Phänomenen (Buch 5 und 6) behandelt. Als Verkünder der epikureischen Philosophie will er die Menschen von der Götter- und Todesfurcht befreien. Dieses geschieht durch die Erkenntnis der epikureischen Physik und Kulturtheorie, deren Studium er dem Leser durch die Versform versüßt wie der Arzt die Medizin durch Honig. Künstler. Vorbild ist das Gedicht *Peri physeos* (*Über die Natur*) des Siziliers Empedokles (um 450 v. Chr.). Archaisierende Züge verleihen der Sprache bisweilen Schwere und Würde. L. fühlt sich einerseits als erster röm. Vermittler der epikureischen Philosophie und Künder eines von Leidenschaften freien, vernunftgelenkten und daher glückl. Lebens, andererseits erhebt er den Anspruch, künstlerisch etwas Neues zu schaffen, indem er die Lehre einer Schule, der dichtungskrit. Epikureer, zum Gegenstand eines *carmen* (›Gedichts‹, d. h. Lehrgedichts) macht. Der von ihm selbst geäußerte Gedanke des Beschreitens unbetretener Pfade (1, 926) wird als Antrieb zur Dichtung bei L. von der Forschung oft unterschätzt. Als Zeitgenosse der ↗ Neoteriker gleicht L. diesen darin, ausgefallene Themen zu einem Gedicht gemacht zu haben. L. soll sich, noch nicht 44 Jahre alt, in einem Anfall geistiger Umnachtung das Leben genommen haben. Sein Werk wurde von Cicero ediert. **Lit.:** C. Bailey I-II (1947) [Ausg., Komm.]. – K. Sallmann, in: Gymnasium 92 (1985) 435–464. – L. Rumpf, Naturerkenntnis und Naturerfahrung (2003).

Luna, röm. Mondgöttin mit Tempeln auf dem Aventin und Palatin, entspricht der ↗ Selene.

Luperkalien, röm. Fest am 15. Februar zu Ehren des Gottes Faunus Lupercus. Die Riten dienten der Abwehr von Unheil und der Bitte um Fruchtbarkeit: Die Priester des Gottes (*luperci*) opferten einen Ziegenbock und einen Hund. Danach liefen sie, bekleidet mit einem Schurz aus Ziegenfell, um den Palatin und schlugen mit Streifen aus dem Fell des geschlachteten Tieres auf die Frauen.

Lusitanien ↗ Portugal

Lusius Quietus, nordafrikan. Maurenführer, trat mit seinen Reitern in die Dienste Domitians und wurde in Anerkennung seiner Leistungen in den Ritterstand erhoben. In den Daker- und Partherkriegen Trajans zeichnete er sich wiederholt durch militär. Sachverstand und kühne Unternehmungen aus. 117 schlug er einen Judenaufstand in Mesopotamien nieder und stellte die Ordnung in Judäa wieder her. Seine machtvolle und einflussreiche Position empfand Hadrian, der 117 die Nachfolge Trajans antrat, als persönl. Bedrohung und enthob ihn seines Kommandos. 118 wurde L. Q. der Verschwörung bezichtigt und nach einem Schnellverfahren hingerichtet.

Lustrum, Zeitraum von fünf Jahren, ursprünglich offizielle Beendigung der Steuerüberprüfung (*census*), bei der man dem Mars auf dem Marsfeld ein Opfer darbrachte.

Lutatius (1), Gaius L. Catulus, Konsul 242 v. Chr., besiegte 241 im 1. Pun. Krieg die karthag. Flotte in der entscheidenden Seeschlacht bei den Ägat. Inseln. Die anschließenden Friedensverhandlungen führte er mit Hamilkar Barkas.

Lutatius (2), Quintus L. Catulus, ca. 150–87 v. Chr., Konsul 102, war gemeinsam mit Marius an der Abwehr der Kimbern und Teutonen beteiligt, doch führte ein Streit mit diesem, wer den größeren Anteil am Siege gehabt habe, zu einem persönl. Zerwürfnis. Im Jahr 100 wandte er sich gegen die Agitation des Volkstribunen L. Appuleius Saturninus, vertrat aber in der Folgezeit eine gemäßigte polit. Richtung. Nach

dem vorläufigen Sieg seines Feindes Marius im Bürgerkrieg (87) kam er einer sicheren Verurteilung durch Selbstmord zuvor. L. galt als bedeutender Redner und trat auch literarisch, u. a. mit einem Geschichtswerk, hervor.

Lutatius (3), Quintus L. Catulus, ca. 121–61/60 v. Chr., Sohn des L. (2), Konsul 78, diente bereits im Krieg gegen die Kimbern und Teutonen (102/01) im Heer seines Vaters. Er nahm am Bundesgenossenkrieg (91–88) teil und konnte sich vor den Nachstellungen des Marius zu Sulla retten, dessen Verfassungsreform er auch nach seinem Tod (78) verteidigte. Er wandte sich gegen die polit. Ambitionen des Pompeius, dem er den Oberbefehl gegen die Seeräuber (66) verweigern wollte, und unterstützte Cicero 63 bei seinem Kampf gegen Catilina. In seinen letzten Lebensjahren verschärften sich seine Gegensätze zu Caesar, dessen Aufstieg er skeptisch gegenüberstand. L. galt als integre Persönlichkeit, die für den Erhalt des traditionellen Senatsregimes eintrat.

Lutetia ↗ Paris

Lutrophoros (gr. lutron, »Bad«; phero, »tragen«), schlankes Tongefäß mit langem Hals und zwei oder drei Henkeln, mit dem ursprünglich das Badewasser, insbes. das der Braut, geholt wurde. Häufig wurden Lutrophoren unverheiratet Verstorbenen als Grabbeigabe mitgegeben oder auf deren Gräber gestellt. So finden sich auf zahlreichen dieser Gefäße Darstellungen von Hochzeits- und Totenklageszenen. **Lit.:** I. Scheibler, Griech. Töpferkunst (²1995).

Luxorius (oder Luxurius) aus Karthago, lat. Dichter, 5./6. Jh. n. Chr., Verf. von ca. 90 Gedichten über verschiedene Themen in unterschiedl. Metren, die Einblick in die vandal. Gesellschaft Nordafrikas geben.

Luxus. L., im Sinne einer Zurschaustellung materiellen Wohlstandes in der Öffentlichkeit im Rahmen privater Feste und Festzüge, durch das Tragen kostbarer Kleidung oder aber durch die aufwendige Ausschmückung des Hauses oder Grabes, wurde in antiken Gesellschaften oft als »Verstoß« gegen die Norm gewertet. So stand der Statusrepräsentation von Privatpersonen immer wieder das staatl. Bemühen entgegen, übertriebenen Luxus auch per Gesetz einzudämmen. Beispiele dafür sind etwa die Beschränkungen des Grab-L. durch ↗ Demetrios von Phaleron um 317/07 v. Chr. (↗ Bestattung, ↗ Grab). In Rom beschränkte bereits seit dem 5. Jh. v. Chr. das Zwölftafelgesetz den Pomp bei Bestattungen, die *lex Oppia* (215) richtete sich erstmals gegen den L. der Frauen bei Schmuck und Kleidung, Cato d. Ä. führte diesen »Kampf« gegen den weibl. L. fort. Zahlreiche Gesetze des 2./1. Jh. richteten sich gegen übertriebenen Tafel-L. bei Gastmählern. Der sich am Kaiserhof in Rom entfaltende Luxus des 1. Jh. n. Chr. (z. B. Tiberius, Caligula, Nero) führte die L.-Gesetzgebung der Republikzeit ad absurdum. Erst mit Domitian und dem Aufstieg provinzialer Familien in höchste Ämter reduzierte sich der L. der röm. Oberschicht wieder. Allen Reglementierungsversuchen des privaten L. ist dauerhafter Erfolg jedoch versagt geblieben. L. konnten aber auch die »einfachen« Römer genießen, etwa in den palastartigen öffentl. Badeanlagen Roms, meist Stifungen der Kaiser für ihr Volk. **Lit.:** J. Engels, Funerum sepulcrorum magnificentia (1998).

Lydien (gr. Lydia) gebirgige Küstenlandschaft und Königreich im W ↗ Kleinasiens mit den fruchtbaren Tälern des Hermos, Kaystros und Mäander zwischen Mysien, Karien und Phrygien. Die durch Gebirge (Timolos, Mimas, Messogis) voneinander getrennten Flussebenen bildeten mit den wichtigsten Städten (Magnesia am Sipylos, Smyrna, Sardes, Larisa, Ephesos, Kolophon; später Priene, Tralleis) das Kernstück L.s. Als Küstenregion besaß L. viele Verkehrsverbindungen ins Landesinnere und die angrenzenden Staaten. Nach dem Zusammenbruch Phrygiens im 7. Jh. v. Chr. begannen die Lyder ihre Macht auszudehnen und eroberten langsam die freien Griechenstädte an der Westküste. Residenz der einheim. Dynastie der Mermnaden (Gyges, Ardys, Alyattes, ↗ Kroisos) wurde ↗ Sardes; nach Kämpfen mit Kimmeriern und Medern im Osten des Reiches konnte Alyattes (605–560) seine Herrschaft bis zum Halys ausdehnen. Kroisos (560–546) geriet in Konflikt mit dem pers. König Kyros II.; berühmt ist die zweideutige Antwort des von Kroisos befragten delph. Orakels. Nach dessen Niederlage bei Pteria wurde L. 546 pers. Satrapie. Ab der Eroberung durch Alexander (334) teilte L. das Schicksal aller kleinasiat. Territorien. Von den Seleukiden wurde es 189 an die Attaliden, 133 an die Römer weitergereicht. Es blieb Teil der Provinz Asia, bis Diokletian eine separate Provinz L. mit Sardes als Metropolis einrichtete. Berühmt sind die Lyder für die Erfindung des Münzgeldes; ihre facettenreiche Kunst, Architektur, Sprache und Musik sind ein Spiegel der vielen in Kleinasien angesiedelten Kulturkreise. Die lyd. Sprache gilt allg. als indoeuropäische, aber stark veränderte Sprache. Die über 100, bes. in Sardes gefundenen, lyd. Inschriften aus dem 5./4. Jh. v. Chr. sind in einem dem griech. verwandten Alphabet abgefasst, doch fehlt bisher eine griech.-lyd. zweisprachige Quelle (Bilingue), um die Sprache zu entschlüsseln. Hauptquelle für die Geschichte L.s bildet Herodot. **Lit.:** G. M. Hanfman, Sardis und Lydien (1960). – R. Gusmani, Lyd. Wörterbuch (1964). – G. M. Hanfman, Sardis from Prehistoric to Roman Times (1983).

Lydus, mit vollem Namen Johannes L., 490–560 n. Chr., griech. Autor mit antiquar. Interesse. Erhalten sind ein Werk über den röm. Kalender, astrolog. Fragmente und eine Geschichte der röm. Ämter. **Lit.:** M. Maas, J. L. and the Roman Past (1992).

Lygdamis von Naxos, ein vornehmer Adliger, unterstützte Peisistratos bei dessen endgültiger Machtergreifung in Athen (546 v. Chr.) woraufhin ihm dieser zur Herrschaft über Naxos verhalf. Er wurde um 524 durch eine spartan. Intervention gestürzt.

Lygdamus, röm. Dichter, wohl aus augusteischer Zeit. Sechs Gedichte eines unter dem Namen oder Pseudonym L. auftretenden Dichters sind zusammen mit Gedichten der Sulpicia im Corpus Tibullianum (3.

Buch, 1–6) überliefert. Es handelt sich um Elegien des L. an seine *coniunx* (Gattin oder Geliebte) Neaera. Berührungen zu Ovid und Tibull sind erkennbar; Person und Lebenszeit des L. bleiben umstritten. **Lit.:** K. Büchner, Die Elegien des Lygdamus, in: Hermes 93 (1965) 65–112.

Lykaion, wald- und quellenreiches Kalksteingebirge ↗ Arkadiens, das Polybios zu den größten Gebirgen Griechenlands rechnete. Der L. galt in der Mythologie als Heimat und Aufenthaltsort des Hirtengottes Pan. Berühmt war der gleichnamige 1420 m hohe nördl. Hauptgipfel des Massivs mit dem arkad. Bundesheiligtum des Zeus Lykaios auf einem Plateau zwischen den beiden Gipfeln, im dem die Lykaia gefeiert wurden. 227 war der L. Schauplatz des entscheidenden Sieges des Spartanerkönigs Kleomenes III. gegen den Strategen des Achäischen Bundes, Aratos von Sikyon. Zur Zeit des Pausanias war das Heiligtum schon verlassen, die Spiele wurden nicht mehr gefeiert; eine Liste der Lykaioniken ist überliefert.

Lykaonien, unwegsame Berglandschaft im Inneren Kleinasiens vom Nordabhang des Taurus bis zum Lacus Tatta (heute Tuz Gölü, Türkei). Zunächst unter pers. Herrschaft, fiel L. nach dem Tod Alexanders d.Gr. (323) an die Seleukiden, danach an Antiochos III. und schließlich an ↗ Pergamon. Als Teil des pergamen. Erbes gelangte es 133 v. Chr. in die Hände Roms, das die Region sofort an das Königreich Kappadokien abtrat. Nach dem Tod des letzten kappadok. Königs war L. führerlos und verkam zum Unterschlupf für Seeräuber und Banditen, weshalb Rom L. zum Militärbezirk Kilikien schlug. Der röm. Klientelkönig in ↗ Galatien, Amyntas, erhielt L. von Antonius 36 v. Chr., später wurde es Teil der Provinz Galatien.

Lykaon, myth. arkad. König. Zeus verwandelt ihn in einen Wolf und schickt die Sintflut, weil er ihm ihn auf die Probe zu stellen, Menschenfleisch serviert hatte, nach einer anderen Überlieferung, weil er am Altar des lykaischen Zeus ein Kind geopfert hatte.

Lykien (gr. Lykia), gebirgige Landschaft in Kleinasien mit größeren Städten (Tlos, ↗ Xanthos, Pinara und Patara) im Tal des Xanthos. Ab 546 v. Chr. gehörte L. zum pers. Großreich, unterwarf sich im 4. Jh. Alexander d.Gr. und geriet nach dessen Tod unter ptolemäische Herrschaft. Der Eroberung durch Antiochos III. (197) folgten 189 die Römer, die L. an Rhodos abgaben. Nach einigen Aufständen, die sich gegen die Härte der rhod. Herren wendeten, konnte sich L. aus dieser Abhängigkeit lösen und blieb bis zur Eingliederung ins röm. Reich (43 n. Chr.) als kaiserl. Provinz unabhängig, organisiert im Lyk. Bund aus 23 Städten. **Lit.:** G. E. Bean, Lycian Turkey (1978). – F. Kolb/B. Kupke, Lykien (1989).

Lykomedes, myth. König von Skyros, versteckt während des ↗ Trojan. Krieges den jungen Achill. Aus Angst um seine Herrschaft stürzt er ↗ Theseus von einem Felsen in den Tod.

Lykon, griech. Philosoph, ca. 300–225 v. Chr., Schuloberhaupt der Peripatetiker für 44 Jahre. Nach der antiken Philosophiegeschichte gilt er als Anfang des Abstiegs der Peripatetiker. Nach Cicero (*De finibus* 5, 13) war er ein gefälliger Redner, der nichts zu sagen hatte. **Lit.:** F. Wehrli, Die Schule des Aristoteles 6 (1968) 1–26.

Lykopeus (gr. Lykopeus), einer der Söhne des ↗ Agrios, die ihren Onkel ↗ Oineus entmachten und die Herrschaft über Kalydon ihrem Vater übergeben. Später werden sie mit, Ausnahme von Onchestos und Thersites, von ↗ Diomedes getötet, der die Macht ↗ Andraimon übergibt. Nach einer anderen Version des Mythos wird L. von ↗ Tydeus, dem Sohn des Oineus, getötet.

Lykophron (gr. Lykophron) aus Chalkis, Tragiker des beginnenden 3. Jh. v. Chr., daneben auch als Philologe tätig, nur in Fragmenten erhalten. Unter dem Namen des L. ist ein Werk mit dem Titel *Alexandra* erhalten, das jedoch wohl erst nach 197/96 v. Chr. entstanden ist. Das Werk, in jamb. Trimetern, schließt sich formal an die Tragödie an. In der Form eines Botenberichts werden die Prophezeiungen der Kassandra mit einer Vision des Untergangs Trojas König Priamos mitgeteilt. Das Werk war schon in der Antike für seine Dunkelheit berüchtigt. **Lit.:** M Fusillo/A. Hurst/G. Paduano, Licofrone, Alessandra (1991).

Lykortas aus Megalopolis, achäischer Feldherr und Staatsmann, Vater des Historikers Polybios, war ein enger polit. Weggefährte des Philopoimen. Er kämpfte gegen Nabis von Sparta (192) und war bestrebt, die Unabhängigkeit des Bundes gegenüber Rom zu wahren. Röm. Forderungen, die spartan. Verbannten wieder aufzunehmen, trat er entgegen. 182 unterwarf er Messenien und stellte die achäische Herrschaft wieder her. Nachdem er zwischenzeitlich durch den Römerfreund Kallikrates von der polit. Führung verdrängt worden war, trat er 170 zu Beginn des 3. Makedon. Krieges für die Neutralität des Bundes ein. Deswegen als Römerfreind verdächtigt, starb er noch vor Ende des Krieges (168). L. war der letzte griech. Staatsmann, der eine von Rom unabhängige Politik zu betreiben versuchte.

Lykos (1) aus Rhegion, griech. Historiker, um 300 v. Chr., Vater des Lykophron. Bezeugt ist ein Werk über Sizilien und Libyen. **Lit.:** O. Lendle, Einführung in die griech. Geschichtsschreibung (1992) 214.

Lykos (2), König von Theben. Er zwingt seine Nichte Antiope, ihre Zwillingssöhne Amphion und Zethos auszusetzen und seiner Frau Dirke als Sklavin zu dienen. Später wird er dafür von den Zwillingen getötet.

Lykos (3), nach Euripides Sohn des obigen und der Dirke. L. ergreift während der Abwesenheit des Herakles in Theben die Macht, nähert sich Herakles' Frau Megara und wird von Herakles dafür erschlagen.

Lykosura, Stadt in Arkadien nahe ↗ Megalopolis. L. nahm für sich in Anspruch, die älteste Stadt der Welt zu sein. Von überregionaler Bedeutung war das Heiligtum der Despoina. Der dor. Prostylos-Tempel entstand im 4./3. Jh., das Kultbild des Bildhauers ↗ Damophon von Messene, das ebenso wie der Tempel in Resten erhalten ist, hingegen im 2. Jh. v. Chr. **Lit.:**

GLHS (1989) 398 – R. Speich, Peloponnes (1989) 252 ff.

Lykurgos (1), myth. thrak. König; er vertreibt die Ammen des jungen Dionysos und wird von Zeus zur Strafe geblendet oder in den Wahnsinn getrieben.

Lykurgos (2), myth. arkad. König, Großvater der Atalante.

Lykurgos (3), myth. Begründer der spartan. Verfassung, meist um 800 v. Chr. datiert. Der Überlieferung zufolge stammte er aus königl. Geschlecht, studierte die polit. Verhältnisse in zahlreichen Städten Griechenlands und Kretas und führte mit Hilfe des Orakels von Delphi nach inneren Konflikten in Sparta die nach ihm benannte Verfassung ein. Deren Hauptelemente waren in histor. Zeit ein Doppelkönigtum mit zwei Dynastien, der Rat der Alten (Gerousia) und die Volksversammlung der spartan. Vollbürger (Spartiaten), zwischen denen ein polit. Gleichgewicht herrschte. In den inneren Auseinandersetzungen im Zuge des Niedergangs Spartas seit Mitte des 4. Jh. v. Chr. war die Berufung auf L. ein beliebtes polit. Kampf- und Propagandamittel. Die Person des L. ist sagenhaft verfremdet, und es ist fraglich, ob er als reale histor. Gestalt überhaupt existiert hat. Wahrscheinlich ist, dass die spartan. Verfassung rückwirkend einer myth. Figur zugeschrieben wurde. Eine Biographie des L. (Zusammenfassung der Überlieferung) verfasste Plutarch. **Lit.:** GGGA (1999).

Lykurgos (4), athen. Politiker und Redner, ca. 390–324 v. Chr., Schüler des Platon und Isokrates. L. zeichnete sich bes. durch seine Bau- und Kulturpolitik aus (offizielle staatl. Abschrift der Werke der drei Tragiker, Neubau des Dionysostheaters). Von 15 Reden ist nur eine Anklageschrift gegen Leokrates erhalten. **Lit.:** W. Will, Athen und Alexander (1983).

Lynkeus (gr. Lynkeus), myth. König von Argos, Gatte der Hypermnestra (↗ Danaiden).

Lyon (lat. Lugdunum bzw. Lugudunum), 43 v. Chr. gegründete röm. Kolonie und seit Augustus Hauptstadt der Provinz Gallia Lugdunesis. Die ursprünglich kelt. Ansiedlung entwickelte sich rasch zum wirtschaftl., polit. und religiösen Zentrum am Schnittpunkt der gall. Provinzen. **Lit.:** A. Audin, Lyon (1979).

Lyra (gr. lyra, lat. fides), neben der ↗ Kithara bedeutendstes Saiteninstrument der griech. Klassik, welches später auch in der etrusk. und röm. Musikwelt sehr beliebt war. Über ihr Aussehen erfahren wir sowohl aus dem Entstehungsmythos, der die Erfindung dem ↗ Hermes zuschreibt, als auch aus den zahlreichen noch heute erhaltenen Darstellungen, z. B. auf Vasen. Demnach bestand die L. aus einer Schildkrötenschale (gr. *chelys*, lat. *testudo*) oder später aus mit Schildpatt verkleidetem Buchsholz als Schallkörper; dieser war auf der Rückseite mit einem Stück Kuhhaut überspannt und trug zwei geschwungene Arme aus Holz oder Horn, die als Saitenhalter dienten und durch ein Querholz miteinander verbunden waren. Vom Körper aus wurden sieben Schafdarmsaiten mit dem Querholz verbunden, und man konnte die Saiten mit den Fin-

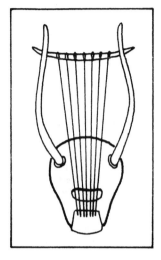

Lyra

gern zupfen oder mit einem Plektron (Blättchen) aus Holz oder Elfenbein anreißen. Zum Stimmen des Instruments dienten kleine Wirbel am Querholz, mit denen man die Saiten entsprechend spannen konnte. Die L. wurde normalerweise im Stehen gespielt. Man begleitete damit den gesungenen Vortrag von homer. Epen oder man rezitierte lyr. Dichtung. Die L. ist Attribut des Musengottes Apollon.

Lyrik. Mit dem Begriff L. wird seit dem Hellenismus jede Art von gesungener Dichtung verstanden, ursprünglich nur zur Lyra- (bzw. Kithara-)Begleitung, dann aber auch zur Aulosmusik. Rezitierte Dichtung wie Epigramme, Elegien oder Jamben zählen nach antikem Verständnis nicht zur L. Vor der hellenist. Zeit findet man den Begriff Melos (Lied). In der modernen Forschung unterteilt man L. in Chorlyrik und monod. L. (Sologesang). In der antiken Theorie bestand diese Unterscheidung nicht, wohl aber in der Aufführungspraxis. Schon Homer nennt lyr. Gattungen wie Hochzeits- und Klagelieder (↗ Epithalamia, ↗ Threnoi), ↗ Paiane, Aulodie (Gesang zum ↗ Aulos) und ↗ Dithyramben. Inhalt und oft auch Form chorlyr. Werke richten sich nach ihrem Sitz im Leben (Kult, Anlass) und nach dem Auftraggeber (bes. beim ↗ Epinikion). Hauptvertreter der Chorlyrik sind Alkman, Stesichoros, Simonides, Pindar und Bakchylides, die monod. L. ist durch Sappho, Alkaios und Anakreon vertreten. In der lat. Literatur wurde die L. durch die Neoteriker (Catull) und bes. durch Horaz (*Oden*) eingeführt. **Lit.:** D. E. Gerber, Euterpe (1970). – G. M. Kirkwood, Early Greek Monody (1974).

Lysander (gr. Lysandros), spartan. Feldherr, übernahm im ↗ Peloponnes. Krieg 408/07 v. Chr. als ↗ Nauarchos den Oberbefehl über die Flotte. In Abwesenheit des ↗ Alkibiades besiegte er die Athener bei Notion und trat, nachdem sein Nachfolger die Seeschlacht bei den ↗ Arginusen (406) verloren hatte, 405/04 erneut an die Spitze der Flotte. Als fakt. Oberbefehlshaber (no-

minell war er nur Stellvertreter) vernichtete er die athen. Seestreitkräfte bei ↗ Aigospotamoi (405), begann mit der Blockade Athens und zwang die Stadt 404 zur Kapitulation. Er löste den ↗ Att. Seebund auf, beseitigte die Demokratie und begünstigte die Einsetzung der ↗ Dreißig Tyrannen. Durch persönl. Vertraute, die er auch in anderen griech. Staaten des ehemaligen Seebunds installierte, sicherte er nicht nur die spartan. Herrschaft, sondern versuchte, sich eine persönl. Machtbasis zu schaffen. Zeitweise verfolgte er Pläne, Sparta in eine Wahlmonarchie umzuwandeln. Diese Ambitionen scheiterten indes am Widerstand der spartan. Könige und der ↗ Ephoren, danach nahm der polit. Einfluss des L. deutlich ab. 396 begleitete er ↗ Agesilaos bei dessen Feldzug gegen die Perser. Nach Ausbruch des ↗ Korinth. Krieges fiel er 395 in der Schlacht bei Haliartos (Böotien). **Lit.:** J. F. Bommelaer, Lysandre de Sparte (1981).

Lysanias (gr. Lysanias). **1.** von Mallos, griech. Lokalhistoriker (undatierbar), der wohl in Auseinandersetzung mit Herodot schreibt. – **2.** Griech. Philologe (2. Jh. v. Chr.), Lehrer des ↗ Eratosthenes, schrieb über die Jambendichtung und Homer.

Lysias (gr. Lysias), athen. Redner, ca. 445–380 v. Chr. L. verbrachte seine Kindheit als Sohn des reichen Metöken Kephalos in Athen, siedelte im Alter von 15 Jahren nach dem Tod des Vaters zusammen mit seinem Bruder in die neu gegründete panhellenische Kolonie Thurioi (Süditalien) über, wo er wohl auch seine rhetorische Ausbildung erhielt. 412 kehrten die Brüder nach Athen zurück. Vor der Terrorherrschaft der 30 Tyrannen (404/403) konnte L. sich ins Exil retten. Sein Bruder kam ums Leben, das Familienvermögen ging größtenteils verloren. Ein nach Wiederherstellung der Demokratie unternommener Vorstoß, L. als Dank für die von den Demokraten geleistete Unterstützung das Bürgerrecht zu verleihen, scheiterte aus formalen Gründen. L. lebte weiter als Metöke in Athen und übte fortan den Beruf des ↗ Logographen aus. Von den 31 vollständig erhaltenen Reden – bezeugt sind 233 – gehören fast alle der gerichtlichen Beredsamkeit an. Angeblich waren die Reden des L. bis auf zwei Fälle immer erfolgreich. Ein Sonderfall ist die 12. Rede, die L. selbst hielt, um einen der ehemaligen 30 Tyrannen für die Ermordung seines Bruders zur Verantwortung zu ziehen. Die Vielfalt der Themen ist groß, von privaten Streitereien über Prozesse mit politischem Hintergrund bis hin zu Fällen, über die heutzutage Verwaltungsgerichte zu entscheiden hätten. L. gelingt es immer, für die durch seine Reden vertretenen Positionen und Personen eine grundsätzlich positive Stimmung zu erzeugen. Seine Sprache ist schlicht und wird vorbildhaft für den attischen Stil in der Attizismus-Asianismus-Auseinandersetzung, berühmt war er für seine Charakterisierungskunst (Ethopoiia, Prosopopoiia). **Lit.:** K. J. Dover, L. and the Corpus Lysiacum (1968). – M. Weißenberger, Die Dokimasiereden des L. (1987). – I. Huber, L. (2004/05) [Ed., Übers.].

Lysikrates-Monument, Denkmal, das in den Jahren 335/34 v. Chr. in Athen von einem reichen Bürger der Stadt an der sog. Tripoden-(Dreifuß-)Straße errichtet worden ist. Hier stellten die siegreichen Choregen (die Chorleiter, die die Kosten für den dionys. Musikwettbewerb zu tragen hatten) ihren Preis, einen bronzenen Dreifußkessel, auf. Das L. ist ein tempelartiger Rundbau mit sechs korinth. Halbsäulen. Der Fries zeigt das Thema der siegreichen Aufführung: Dionysos, auf einem Felsen liegend, verwandelt die Seeräuber in Delphine. Bemerkenswert an diesem Monument sind die unterschiedl. beim Bau verwendeten Steinsorten, die ihm eine besondere Farbigkeit verliehen. **Lit.:** H. R. Goette, Athen, Attika, Megaria (1993).

Lysimachos, um 360–281 v. Chr., einer der Diadochen, nahm seit 334 am Perserfeldzug Alexanders d.Gr. teil und fungierte als Leibwächter (Somatophylax) des Königs. Beim Tode Alexanders (323) erhielt er Thrakien als Satrapie und bekämpfte in der Folgezeit alle Versuche, eine starke Zentralgewalt zu errichten. 321 wandte er sich im Bunde mit Antipater, Antigonos, Krateros und Ptolemaios gegen Perdikkas, 319 gegen den Reichsverweser Polyperchon. Als Antigonos zu mächtig zu werden drohte, schloss sich L. 315 der gegen ihn gerichteten Koalition an. Der allgemeine Friede von 311 bestätigte ihn im Besitz Thrakiens, doch musste er die Autonomie der Griechenstädte anerkennen. Als neue Residenz gründete er 309 die Stadt Lysimacheia am Hellespont und nahm 305 mit den übrigen Diadochen den Königstitel an. 302 war er federführend an einem neuen Bündnis gegen Antigonos beteiligt (L., Kassander, Seleukos) und trug maßgeblich zum Sieg der Koalition in der Schlacht bei Ipsos (301) bei. Aus der Erbmasse des Antigonos-Reiches erwarb er das gesamte westl. Kleinasien (mit Ausnahme Bithyniens) und kontrollierte uneingeschränkt den Hellespont. 289 verbündete er sich mit Pyrrhos und vertrieb 288 gemeinsam mit diesem Demetrios Poliorketes, den Sohn des Antigonos, aus Makedonien. 286 verdrängte er Pyrrhos und wurde als alleiniger makedon. König anerkannt. Sein Machtbereich erstreckte sich nun von der unteren Donau bis zum Taurusgebirge. Streitigkeiten innerhalb seiner Familie führten 283 zu Hinrichtung seines Sohnes Agathokles, dessen Witwe Zuflucht bei Seleukos suchte. Im dadurch erschütterten Reich zeigten sich erste Zerfallstendenzen, als ein Krieg gegen Seleukos ausbrach. L. stellte sich bei Kurupedion (281) zur Schlacht, doch unterlag er und fiel an der Spitze seines Heeres. Den Großteil seines Reiches nahm Seleukos in Besitz. **Lit.:** H. Bengtson, Die Diadochen (1987) 119–136. – H. S. Lund, Lysimachus (1992).

Lysipp (gr. Lysippos), gehörte zu den bedeutendsten Bildhauern des Altertums, stammte wohl aus Sikyon und war etwa zwischen 370 und 310/300 v. Chr. tätig. In dieser langen Schaffensperiode soll er der Überlieferung zufolge mehr als 1.500 Werke an den unterschiedlichsten Orten Griechenlands und Kleinasiens geschaffen haben. Diese große Zahl spricht dafür, dass L. über eine ausgesprochen große Werkstatt und Schule verfügte. Die antiken Quellen berichten ferner, dass L. die Toreutik, die Technik des Bronzegusses, weiterentwickelt und nahezu vervollkommnet hat. L. arbeitete am Ende der klass. Zeit und schlug mit seinen revolutionären Erneuerungen eine Brücke zum Hellenismus, indem er seinen Werken ein neues Proportionsverhältnis zugrundelegte: die Beine wurden länger, die Köpfe kleiner, so dass seine Statuen schlanker und gestreckter wirkten. Zusätzlich betonte er die opt. Wirkung seiner Figuren, indem er den Raum in die Gestaltung miteinbezog. Auch seine Themen und Kompositionen waren mannigfaltig. L. fertigte Statuen, Gruppen, Götterbilder und Porträts in kleinen und in großen Formaten; seine Themen umfassten nahezu alle denkbaren Bereiche von Götterdarstellungen über Staatsmänner bis hin zu Sportlern, myth. Figuren oder Tieren. Zahlreiche dieser Werke sind zwar von antiken Autoren beschrieben (z. B. Alexanderporträts, ein Bildnis des Sokrates, mehrere Heraklesstatuen), aber leider konnten, anhand von Kopien aus röm. Zeit, bis heute nur einige wenige davon (z. T. nur unsicher) zugewiesen werden, wie z. B. der sich schabende Athlet (Apoxyomenos). **Lit.:** R. R. R. Smith, Hellenistic Sculpture (1991). – K. Stemmer, Standorte. Kontext und Funktion antiker Skulptur (1995).

Lysippe ↗ Iphianassa (2)

M

Macellum (lat; gr. makellon, »Lebensmittelmarkt«), der meist von Portiken (Säulenhallen) umgebene Markt, auf dem man Lebensmittel, hauptsächlich Fisch, Fleisch, Gemüse und Delikatessen einkaufen konnte. Das ↗ Forum, das zunächst ebenfalls Marktplatz war, entwickelte sich allmählich zum polit. und gesellschaftl. Zentrum. Ein M. verfügte zumeist über einen zentralen Rundbau mit einem Brunnen, der bisweilen als Fischbecken diente. Die Händler boten ihre Waren und Dienstleistungen in kleinen, umlaufenden Ladengeschäften an; es war hier nicht nur möglich, Nahrungsmittel einzukaufen, man konnte sie auch vor- oder zubereiten lassen oder eigens einen Koch mieten, der dann zu Hause ein Essen, z. B. für große Feste und Gesellschaften, für den Kunden arrangierte. Viele röm. Städte hatten solche Märkte, so Pompeji, Puteoli, Leptis Magna und natürlich Rom. **Lit.:** F. Coarelli, Rom. Ein archäolog. Führer (²1981).

Machaon, berühmter Arzt im ↗ Trojan. Krieg, Sohn des Asklepios.

Machon, griech. Komödiendichter in Alexandria, Mitte 3. Jh. v. Chr. Er soll versucht haben, den bissigen Spott der Alten ↗ Komödie wiederzubeleben. Im jamb. Trimeter verfasste er außerdem eine Anekdotensammlung (*Chreiai*) über athen. Kurtisanen und Parasiten. **Lit.:** A. S. F. Gow, M. (1965).

Macrinus, Marcus Opellius Severus M. Augustus, röm. Kaiser 11. April 217–8. Juni 218 n. Chr.; geb. um 164 in Caesarea Mauretaniae; seit 212 Prätorianerpräfekt des Caracalla, Teilnahme an dessen Partherkrieg. Nach der Ermordung Caracallas am 11. April 217 riefen die Soldaten M. zum Kaiser aus. M. gelang es aber nicht, sich gegen den Einfluss der Julia Maesa, der Schwägerin des Septimius Severus und Großmutter des Elagabal, und Severus Alexander zu behaupten. Am 16. Mai 218 fielen die Truppen in Emesa von M. ab. Am 8. Juni 218 erlitt er eine Niederlage gegen Elagabal und wurde auf der Flucht getötet. **Lit.:** P. Cavuoto, Macrino (1983).

Macro, Quintus Naevius Cordus Sutorius M., wurde 31 n. Chr. von Tiberius zum alleinigen Prätorianerpräfekten ernannt und organisierte in seinem Auftrag den Sturz des Seianus. Während seiner Amtszeit (31–37) übte er großen polit. Einfluss aus und trat als Ankläger gegen führende Senatoren hervor. Die Nachricht des Tacitus, M. habe 37 den greisen Tiberius mit einem Kissen erstickt, um Caligula, dessen Gunst er gewinnen wollte, die Nachfolge zu sichern, ist in der Überlieferung umstritten. Von Caligula noch im Jahr seiner Machtübernahme auf den Posten des *praefectus Aegypti* abgeschoben, beging er Selbstmord, als der Kaiser im Senat schwere Vorwürfe gegen ihn erhob.

Macrobius, Ambrosius Theodosius M., heidn. röm. Schriftsteller und Beamter, 5. Jh. n. Chr. M. verfasste in formaler Nachahmung von Ciceros *De re publica* (*Staat*) 7 Bücher *Saturnalia,* einen – unvollständig erhaltenen – Dialog, in dem ein Kreis literaturbeflissener Adliger grammat., histor., philosoph., kulturgeschichtl. Fragen erörtert und bes. über Vergil als Inbegriff des klass. heidn. Römertums debattiert. Herausragender Gesprächsteilnehmer ist Q. Aurelius ↗ Symmachus; den nach ihm benannten Symmachus-Kreis idealisiert M. ähnlich wie Cicero den sog. Scipionenkreis. Als weitere wichtige Schrift des M. ist ein neuplaton. Kommentar zu Ciceros *Somnium Scipionis* (*Scipios Traum,* dem Schlussmythos von *De re publica*) erhalten, der auch Ciceros Text überliefert. **Lit.:** S. Döpp, in: Hermes 106 (1978) 619–632.

Madauros (heute Madaure), kleine antike Stadt in Numidien/Nordafrika (heute Grenzgebiet Algerien/Tunesien); Zentrum der numid. Reiche des Syphax und Massinissa; später Teil der röm. Provinz ↗ Africa; im 1. Jh. n. Chr. Veteranenkolonie der flav. Kaiser; Geburtsort des röm. Dichters ↗ Apuleius. Zahlreiche Gottheiten wurden in M. verehrt; christl. Bischöfe sind belegt seit 384 n. Chr.

Mäander (gr. Maiandros, heute Menderez, Türkei), windungsreicher Fluss in Kleinasien, dessen Quellflüsse bei Apameia in Phrygien lagen. Er floss über das lyd.-kar. Grenzgebiet, vorbei an Tralleis und Magnesia in den Latm. Golf ins Mittelmeer. Die Griechen übertrugen den Namen auf ein rechtwinklig gebrochenes Zierband.

Maecenas, Gaius Cilnius M., um 70–8 v. Chr., entstammte einer etrusk. Ritterfamilie aus Arretium und nahm 42 an der Seite Octavians, dessen Freund und Vertrauter er wurde, an der Schlacht bei Philippi teil. In der Folge verzichtete er auf eine militär. Laufbahn, übernahm aber zahlreiche diplomat. Missionen. Seine gehobene Stellung erlaubte es ihm, beträchtl. Reichtum anzuhäufen. Zu großer und bleibender Bedeutung gelangte er bes. als Förderer und Entdecker herausragender junger Künstler (↗ Vergil, ↗ Horaz, ↗ Properz, aber auch weiterer Dichter), die er im sog. Maecenaskreis um sich scharte. Er vermittelte seinen Schützlingen geistige Anregungen und griff ihnen auch materiell unter die Arme. Sein Name wurde daher sprichwörtlich für einen Förderer von Kunst und Kultur (»Mäzen«). Darüber hinaus verfasste M. auch eigene Dichtungen, von denen aber nur spärl. Fragmente erhalten sind. Seine Beziehung zu Augustus kühlte seit Mitte der 20er Jahre deutlich ab, so dass seine letzten Lebensjahre zurückgezogen auf seinen Besitzungen verbrachte. **Lit.:** J.-M. André, Mécène (1967).

Maelius, Spurius M., nach der legendenhaften Überlieferung ein reicher Plebeier, der 439 v. Chr. beim Versuch, einen Aufstand zu entfachen, getötet wurde. Während einer Hungersnot soll er das Volk durch Getreidespenden unterstützt haben, mit der Absicht, dessen Hilfe bei der Erlangung der Königswürde zu gewinnen. Der Diktator L. Quinctius Cincinnatus habe jedoch seine Pläne durchschaut und sei gegen ihn vorgegangen. Beim Versuch, M. zu verhaften, sei dieser zu Tode gekommen. Die Erzählung wurde von späteren Autoren ausgebaut und sollte als Rechtfertigung dienen, echte oder vermeintl. innenpolit. Demagogen zu bekämpfen.

Mänade (gr. mainas, »rasend«), Anhängerin des ↗ Dionysos, die, vom Gott ergriffen (↗ *enthusiamos*), in ↗ Ekstase im Verbund (*thiasos*) mit anderen Frauen ins Gebirge ausschwärmen (↗ *oreibasia*), immun gegen Schlangengift, und lebende Tiere zerreißen (*sparagmos*) und verzehren (*omophagia*). Sie sind bekleidet mit dem Fell eines Rehkitzes (*nebris*) und tragen den ↗ Thyrsosstab. ↗ Bacchanalien

Maenius, Gaius M., Konsul 338 v. Chr., unterwarf in seiner Amtszeit endgültig die Latiner und leitete so die röm. Hegemonie in Mittelitalien ein. Nach den an seiner Rednerbühne auf dem Forum Romanum angebrachten Schiffsschnäbeln, die er feindl. Schiffen entnahm, erhielt diese den Namen *rostra.*

Märchen, als typ. mündl. Volksdichtung existierten M. sicherlich, sind aber in ursprüngl. Form aufgrund eben dieses Charakters nicht erhalten. Apuleius (Metamorphosen 4, 28–6, 24) stilisiert seine Geschichte von Amor und Psyche als (Kunst-)M. Ein Begriff für M. fehlt in der Antike, was eine Abgrenzung zu verwandten Gattungen (Fabel, Anekdote) erschwert. M.-Motive (drei Wünsche, Ringen mit dem Tod, Schlaraffenland) finden sich in verschiedenen Gattungen (Herodot, Komödie, Tragödie), wobei teilweise wie beim Schlaraffenlandmotiv kult. Ursprünge berücksichtigt werden müssen. **Lit.:** W. Aly, Volksmärchen, Sage und Novelle bei Herodot und seinen Zeitgenossen (²1969).

Märtyrer (gr. martys, »Zeuge«), im ursprüngl. Sinne in der Antike ein Zeuge vor Gericht. Mit der Ausbreitung des Christentums fand eine Umdeutung des Begriffs statt. M. bezeichnet seitdem einen wegen seines Glaubens Verfolgten, der für seine Überzeugung den Tod erleidet. Zahlreiche M. entstanden im Zusammenhang mit den Christenverfolgungen des 2.– 4. Jh. n. Chr. (bes. unter den Kaisern Decius und Diokletian). Nach altchristl. Vorstellung gehen sie unmittelbar ins Himmelreich ein. Ihre Gräber entwickelten sich häufig zu lokalen Kultstätten, und seit der Spätantike werden sie zunehmend als Heilige und Fürsprecher in Notsituationen verehrt. Durch die Verehrung einschlägiger Reliquien entstand auch für bestimmte Personen ein überregionaler M.-kult, der sich bis ins MA fortsetzte und zu einem integralen Bestandteil der christl. Religionsausübung wurde. **Lit.:** T. Baumeister, Die Anfänge der Theologie des Martyriums (1980).

Märtyrerakten. Der Begriff geht auf Caesar Baronius und seine Ausgabe des *Martyrologium Romanum* (1580/83) zurück. Man unterscheidet die Form der Leidensgeschichte (lat. *passio,* gr. *martyrion*), die oft literarisch anspruchsvoll sein kann wie z. B. die *Passio der heiligen ↗ Perpetua und Felicitas,* von den *Acta,* die im Kern auf Gerichtsprotokolle zurückgehen. Dazu kommt seit dem 4. Jh. n. Chr. die fiktional ausgestaltete Märtyrerlegende (↗ Legende). **Lit.:** LACL (³2003).

Magie. Basis jeder M. ist der Glaube, übernatürl. Kräfte zum Vorteil nutzen oder zum Schaden anderer gebrauchen zu können. Die M. in der Antike wurde erst im 5. Jh. v. Chr. von der Religion geschieden. Aus dem ursprünglich volkstüml. Zauber entwickelte sich ein durch oriental. und ägypt. Einflüsse geprägtes mag. System mit verschiedenen Anwendungsstilen (Schutzzauber, Heilzauber, Schadenzauber, Liebeszauber) und entsprechender Literatur (Zauberpapyri mit Anweisungen zur fachgerechten Ausübung mag. Handlungen oder Fluchformeln (↗ Fluch) auf speziellen Täfelchen, (*tabellae defixionum*). Als »Magier«

Fluchtäfelchen aus Blei (ca. 10 cm breit)

abgestempelt zu werden, konnte im Extremfall zum Verlust der gesellschaftl. Existenz führen. Andererseits gab es Spezialisten (*Magoi*), oft wandernde Weise aus dem östl. Teil des Reiches, die ihre rituellen Künste feilboten. Bei den Neuplatonikern galt die M. als Mittel, Gott zu erfahren (Theurgie). **Lit.:** F. Graf, Gottesnähe und Schadenzauber (1996).

Magier (gr. magoi), Priesterschaft der Meder, durch lange Tradition und gute Ausbildung versiert in Wissenschaften jegl. Art (z. B. Traumdeutung, Astrologie, »Magie«), Anhänger ↗ Zarathustras. Nach ihnen wurden in Griechenland Spezialisten auf dem Gebiet der Magie M. genannt.

Magister (lat. magis, »mehr«), Titel mehrerer röm. Beamter. Am bedeutendsten waren: *magister equitum.* Er wurde vom ↗ Diktator zu Beginn seiner Amtszeit ernannt, war Imperiumsträger und fungierte als dessen rechte Hand und Stellvertreter. Ursprünglich war er der Befehlshaber der Reiterei, während der Diktator das Fußvolk kommandierte. Seine Amtszeit endete gleichzeitig mit der seines Vorgesetzten. Ein polit. Versuch im Jahre 217 v. Chr., den m.e. einem Diktator faktisch gleichzustellen (↗ Fabius, ↗ Minucius), scheiterte. – *magister militum.* In der Spätantike wurde unter Konstantin I. das Amt des m.m. geschaffen. Er war eine Art Reichsfeldherr, der unter Umständen auch großen polit. Einfluss erlangen konnte. Neben den beiden Hauptbefehlshabern (*m. peditum, m. equitum*) gab es seit ↗ Contantius II. auch regionale Feldherrn, die nur für bestimmte Bezirke zuständig waren (*z. B. m. m. per Orientem*). Im 5. Jh. führte der m.m. als Oberbefehlshaber des röm. Heeres in der Regel den Titel Patricius. – *magister officiorum.* Dieses ebenfalls von Konstantin I. geschaffene Hofamt beinhaltete die Leitung der kaiserl. Kanzleien und das Kommando über die Palastwache. Der m.o., der auch Mitglied im ↗ Consistorium (»Kronrat«) war, stand damit, abgesehen von den Finanzen, an der Spitze der zentralen Staatsverwaltung. Das Amt überdauerte den Untergang des Westreiches und erscheint noch unter dem Ostgotenkönig Theoderich.

Magistrat (lat. magistratus), das durch ↗ Wahl bestellte öffentl. Staatsamt bzw. dessen Inhaber in Rom, aber auch in den röm. Kolonien und abhängigen Städten. Die Einrichtung der M.e hatte ihren Ursprung wahrscheinlich in der Königszeit und ist seit Beginn der Republik definitiv nachzuweisen. Das entsprechende Amt wurde stets kollegial besetzt (Ausnahme: ↗ Diktator), eine Iteration war in der Regel verboten. Die wichtigsten M.e waren die ↗ Konsuln, die unter normalen Bedingungen die höchsten Staatsbeamten waren, gefolgt von den ↗ Prätoren, ↗ Ädilen und ↗ Quästoren. Besondere M.e waren die ↗ Volkstribunen als Vertreter der Plebs (↗ Plebeier), die ↗ Zensoren, die nur alle fünf Jahre gewählt wurden, und der ↗ Diktator, der in Fällen einer besonderen Gefahr für sechs Monate an die Stelle der Konsuln treten konnte. – Während in der gesamten Zeit der Republik nie mehr als zwei Konsuln gleichzeitig amtierten, wurde die Anzahl der nachgeordneten M.e sukzessive ausgeweitet und den Erfordernissen des expandierenden äußeren Machtbereichs angepasst. Ein M. verfügte über eine spezielle Amtsgewalt (*potestas*), die es ihm ermöglichte, im Rahmen seiner Kompetenzen Verordnungen zu erlassen und Strafen zu verhängen. Konsuln und Prätoren waren darüber hinaus Imperiumsträger und hatten als solche das Recht, Truppen zu führen und mit dem Senat zu verhandeln. Amtshandlungen der M.e bedurften nicht der Genehmigung übergeordneter Stellen, doch war ein Einschreiten höherer Beamter und ein Veto durch die Volkstribunen möglich. Die Ämter waren streng hierarchisch gegliedert in der Reihenfolge Quästor – Ädil – Prätor – Konsul, was praktisch bedeutete, dass ein Politiker erst ein untergeordnetes Amt bekleiden musste, um zum nächstfolgenden zugelassen zu werden (↗ *cursus honorum*). Die M.e überdauerten das Ende der Republik und existierten auch in der Kaiserzeit, doch hatten sie hier keine polit. Funktionen mehr und wurden im Wesentl. auf repräsentative Aufgaben beschränkt. **Lit.:** J. Bleicken, Die Verfassung der röm. Republik (⁷1995).

Magna Graecia (lat.; gr. Megale Hellas, »Großes Griechenland«), lat. Bezeichnung für Großgriechenland, also die griech. Koloniegründungen in Süditalien und Sizilien ohne das Mutterland (↗ Kolonisation).

Magna Mater (lat., »Große Mutter«), röm. Name der phryg. Göttermutter ↗ Kybele, deren Kultgegenstand, ein schwarzer Steinfetisch, im 2. Pun. Krieg 205 v. Chr. auf Anraten der Sibyllin. Bücher (↗ Sibylle) nach Rom gebracht wurde. **Lit.:** K. Latte, Röm. Religionsgeschichte (1960) 258.

Magnesia (1) am Mäander, alte jon. Stadt im südl. Kleinasien inmitten fruchtbarer Täler. Im 7. Jh. v. Chr. wurde M. von Kimmeriern zerstört und bald wieder aufgebaut, eine blühende Handelsstadt in hellenist. Zeit. 465 war M. Zufluchtsort des hierher verbannten ↗ Themistokles, dessen weibl. Verwandte Priesterinnen der Artemis in M. waren. In röm. Zeit war es an das Straßennetz angeschlossen. Die Grabungen Ende des 19. Jh. brachten zahlreiche antike Reste zu Tage. Berühmt war der Tempel der Artemis Leukophrene, ein Bauwerk des ↗ Hermogenes, aus dessen Schriften ↗ Vitruv schöpfte. **Lit.:** K. Humann, M. am Mäander (1904).

Magnesia (2) am Sipylos, Stadt in Lydien, Kleinasien, in der fruchtbaren ↗ Hermosebene. M. lag verkehrsgünstig an der belebten Straße nach ↗ Smyrna. Hier wurde Antiochos III. 190/89 v. Chr. von den Römern unter L. Cornelius Scipio und Scipio Africanus vernichtend geschlagen und damit das Reich der ↗ Seleukiden zerstört. Der Krieg wurde durch den Frieden von Apameia (188) beendet.

Magnet. Die Antike kannte zwar die anziehende Kraft, die M. auf Eisen oder eisenhaltige Gegenstände ausüben, konnte aber über die Gründe dafür nur spekulieren. Zahlreiche Naturtheoretiker und Philosophen waren von dem Phänomen fasziniert und forschten nach den Gründen (Thales, Empedokles, Demokrit, Diogenes von Apollonia, Theophrast, Lukrez).

Hauptquelle für die philosoph. Lösungsversuche ist Alexander von Aphrodisias; die weiteren Erklärungsversuche bleiben Mutmaßungen, beeinflusst von Magie und Aberglaube (Amulette, Wundergeschichten). Die Medizin schätzte die prakt. Wirkungen; die Technik verwendete M. schon früh als Hilfsmittel. Die streng naturwissenschaftl. Untersuchung der M. begann erst im 16. Jh. mit William Gilbert.

Mago, Sohn des Hamilkar Barkas und jüngster Bruder Hannibals, begleitete diesen 218 v. Chr. auf seinem Zug über die Alpen und nahm an der Schlacht an der Trebia teil. 215–206 kämpfte er in Spanien, konnte aber die röm. Eroberung des Landes durch P. Cornelius Scipio nicht verhindern. Über die Zwischenstation der Balearen setzte er sich 205 im Hinterland von Ligurien fest, um dort röm. Truppen zu binden und Söldner anzuwerben. Gemeinsam mit Hannibal wurde er 203 nach Nordafrika zurückgerufen, starb aber auf der Überfahrt an den Folgen einer Verwundung. **Lit.:** J. Seibert, Hannibal (1993).

Magodia, subliterar. lyr.-mim. Gattung. Bevorzugt waren Themen wie der betrunkene oder ausgesperrte Liebhaber.

Maharbal, ein Unterfeldherr Hannibals, zwang als Befehlshaber der Reiterei nach der Schlacht am Trasimen. See (217 v. Chr.) die röm. Vorhut zur Kapitulation und führte bei Cannae (216) den rechten Flügel. Als Hannibal danach einen Angriff auf Rom ablehnte, soll er zu ihm gesagt haben: »Zu siegen verstehst du, aber nicht, deinen Sieg zu nutzen.«

Mahlzeiten. *I. Griechenland:* In homer. Zeit waren ein Frühstück am späteren Morgen und eine am frühen Abend eingenommene, mehrgängige Hauptmahlzeit üblich; das Essen wurde sitzend eingenommen; später liegen nur die Männer zu zweit bei Tisch. Von archaischer Zeit bis ins 5. Jh. v. Chr. waren die M. in Athen und Sparta einfach, ohne Tischluxus, bis erlesene oriental. Speisegeräte aus Kleinasien nach Griechenland kamen. Man aß mit Löffeln oder den Fingern, die nach jedem Gang in einer am Tisch gereichten Schüssel gespült wurden; Servietten (*mappae*) stammen wahrscheinlich erst aus röm. Zeit. Üblich waren gemeinschaftl. M.; Frauen nahmen nur im Familienkreis und bei Feierlichkeiten am Essen teil; spezielle Männergesellschaften trafen sich am Abend zum Trinkgelage (↗ Symposien, Syssitien). Der extreme Tischluxus an Adelshöfen bes. der hellenist. Periode kann nicht als alltäglich gelten. – *II. Rom:* M. mit Gästen hatten eine streng geregelte Tischordnung im Speiseraum (*triclinium*), die durch den Nomenclator jedesmal neu festgelegt wurde. Man lag bei Tisch und begann mit leichten Speisen (Salaten, Geflügel) und Wein, dann folgte eine reichl. Hauptmahlzeit; nach dem Opfer an die ↗ Laren wurden diverse süße Nachspeisen serviert (↗ cena, ↗ convivium). Der Gebrauch von Besteck veränderte sich mit der Zeit ebenso wie die Tafelgeräte; aus der Kaiserzeit ist wertvolles Tafelsilber mit Messern und Löffeln erhalten (↗ Geschirr).

Maia, Tochter des Atlas, Mutter des Hermes, lebte

als Nymphe und Geliebte des Zeus in einer Höhle am Kyllene-Gebirge.

Maiandros ↗ Mäander

Maiestas (lat., »Erhabenheit«), eine Eigenschaft, die in Rom den Göttern, aber auch dem Staat und seinen Repräsentanten zuerkannt wurde. Bes. häufig war die Form *maiestas populi Romani*, die den Führungsanspruch der Römer gegenüber Bundesgenossen und anderen Völkern, aber auch die Überordnung des Staates über den einzelnen Bürger ausdrücken sollte. Die Schmähung und Herabsetzung der *M. populi Romani* galt als Straftatbestand, war im konkreten Fall aber nicht genau zu definieren und wurde häufig in polit. Auseinandersetzungen unterstellt. In der Kaiserzeit wurde der Princeps höchster Repräsentant des Staates, der diesen symbolisierte und kraft seiner *auctoritas* leitete. Folglich ging auch die M. auf seine Person über, und Angriffe gegen ihn wurden als Verletzung dieser Würde geahndet. Im Laufe der Zeit dehnte sich der Begriff weiter aus und umfasste schließlich auch die kult. Verehrung des Kaisers (Kaiserkult), dessen Ablehnung oder Nichtbeachtung eine Verletzung seiner M. war. Dies war mit ein Grund für religionspolit. Konflikte mit Juden und Christen. Der M.-Begriff wurde in der Spätantike – jetzt unter christl. Vorzeichen – noch einmal erweitert und formalisiert und erstreckte sich zuletzt auf den gesamten kaiserl. Hofstaat. **Lit.:** R. A. Bauman, The Crimen Maiestatis in the Roman Republic and Augustan Principate (1970).

Mailand (lat. Mediolanum), um 390 v. Chr. gegründeter Hauptort der kelt. Insubrer in der Padusebene; 222 und 194 von den Römern erobert und befestigt; 89 v. Chr. Municipium und seit Hadrian Colonia, entwickelte sich M. zu einer bedeutende Stadt in Oberitalien und zu einem Verkehrsknotenpunkt an der ↗ Via Aemilia. Ende des 3. Jh. n. Chr. wurde M. Hauptstadt und Verwaltungszentrum des weström. Reiches, Sitz des Statthalters von Ligurien und des Prätorianerpräfekten, bis es 403 von Ravenna abgelöst wurde.

Mainz (lat. Mogontiacum), ursprünglich kelt. Siedlung und später röm. Stadt und Militärlager am linken Rheinufer auf der Höhe der Mainmündung. Das von Augustus 18–13 v. Chr. für zwei Legionen eingerichtete Holzfort diente als Operationsbasis für Feldzüge gegen die ↗ Germanen; die unterhalb gelegene Zivilstadt wurde unter ↗ Diokletian zum Municipium erhoben und befestigt. Von M. aus kontrollierten die Römer wichtige Routen ins Innere Germaniens; M. war Sitz des Statthalters der Provinz Germania superior. Die röm. Garnison wurde im 4. Jh. aufgelöst; im 5. Jh. ging M. an die ↗ Alemannen verloren. Sichtbar erhalten sind der »Eigelstein«, ein Grabturm, evtl. ein Kenotaph des ↗ Drusus, sowie Pfeiler eines Aquädukts. Dokumentiert ist der Stadtplan mit Thermen, Theater und Rheinbrücke. Die Nero geweihte Jupitergigantensäule stand in der Nähe des Hafens. **Lit.:** L. Schumacher, Röm. Kaiser in Mainz (1982). – W. Selzer, Röm. Steindenkmäler (1988). – G. Bauchhenß, Jupitergigantensäulen (1976).

Maiorianus, weström. Kaiser (457–461 n. Chr.) wurde 457 mit Unterstützung des Heermeisters (*magister militum*) Ricimer zum Augustus erhoben, vom Ostreich aber nicht anerkannt. Als letzter Kaiser des Westens versuchte er, eine selbständige Politik zu betreiben und u. a. das Steuerwesen zu reformieren. Nachdem er Widerstände in Gallien überwunden hatte, plante er einen Feldzug gegen die Vandalen, verlor aber durch Verrat den Großteil seiner Flotte. Ricimer nahm diesen Misserfolg zum Anlass, ihn zu stürzen und hinrichten zu lassen.

Maiotis limne ↗ Asowsches Meer

Maira, treuer Hund der ↗ Erigone.

Ma, kappadok. Kriegsgöttin mit Tempel in Rom (errichtet 48 v. Chr.). Man verehrte sie wild tanzend in orgiast. Festen.

Makareus, Sohn des ↗ Äolus (1), Bruder der ↗ Kanake.

Makaria (gr. Makaria), Tochter des ↗ Herakles und der ↗ Deianeira. Nach der Vergöttlichung des Herakles finden seine von ↗ Eurystheus verfolgten Kinder (↗ Herakliden) in Athen Zuflucht. Da ↗ Theseus sich dem Auslieferungsforderung des Eurystheus nicht beugt, kommt es zum Krieg zwischen den Athenern und den Peloponnesiern, den die Athener einem Orakel gemäß nur dann gewinnen können, wenn sie eines von Herakles' Kindern opfern. M. nimmt freiwillig den Tod auf sich, um ihre Geschwister zu retten und den Athenern den Sieg zu schenken.

Makedonien, fruchtbare Landschaft in Nordgriechenland am Golf von Therme, deren illyr.-phryg.-thrak.-griech. Mischbevölkerung zunächst von Ackerbau (Getreide, Wein, Obst) und Viehzucht lebte. Ebenso reich war die Landschaft an Holz, Harz und Edelmetallen, unentbehrl. Materialien für Schiffbau und Waffenproduktion. Als Bindeglied zwischen Balkan und Griechenland war M. ein wichtiges Durchgangsland mit vielbefahrenen Verkehrsrouten in alle Richtungen. Das ursprüngl. M. umfasste nur die Ebene um die beiden Flüsse Axios (heute Vardar) und Haliakmon (heute Vistritza) und ihre Nebenflüsse; daneben Randgebiete mit separaten Namen (Eordaia, Bottiaia, Mygdonien, Pierien). Die Makedonen galten und betrachteten sich selbst nicht als Griechen, obwohl sie ihnen sprachlich und kulturell sehr nahe standen. Spätestens seit Anfang des 7. Jh. v. Chr. entstand in M. das erbl. Königtum der Argeaden, gestützt auf eine Stammesaristokratie auf militär. Grundlage, die in einer Heeresversammlung das Recht zu Königswahl und -bestätigung hatte. Verwaltet wurde M. zentral; autonome Städte existierten nur in Form der griech. Kolonien an der Küste. Hauptstadt war ↗ Aigai (Edessa, heute Vodena/Vergina), ab dem 4. Jh. v. Chr. ↗ Pella in der Ebene. – Nach kurzzeitiger Perserherrschaft (512–479) gelang es Alexander I. Philhellenos (495–450/440), diese abzuschütteln. In der Folgezeit Hellenisierung und Blüte des Landes: Zulassung zu den Olymp. Spielen; Maler und Dichter am Hof von Pella (↗ Euripides, Choirilos, ↗ Zeuxis); florierender Handel mit Bauholz; Verbesserung der Infrastruktur (Straßen, Städte); Emission qualitätsvoller Münzen.

Nach einer grundlegenden Reform von Verwaltung und Heer durch Archelaos I. (414/13–399) fiel 359 Perdikkas III. gegen die Illyrer und hinterließ einen Thron ohne regierungsfähigen Erben. Nach Thronstreitigkeiten übernahm Philipp II. (359–336), ein Onkel des rechtmäßigen Erben, die Herrschaft und vollendete die polit. und militär. Einigung M.s, indem er die obermakedon. Fürstentümer (Elimeia, Lynkestis, Orestis) integrierte. Er dehnte seinen Herrschaftsbereich bis zum Schwarzen Meer aus und verschaffte M. eine führende Stellung in der griech. Welt. – Sein Sohn Alexander III. d.Gr. (336–323) schuf ein Großreich, das sich einerseits über Syrien nach Ägypten, andererseits über Thrakien, die kleinasiat. Staaten und Mesopotamien bis an die Grenzen Indiens und Pakistans erstreckte. Dieses Universalreich zersplitterte nach seinem Tod in einzelne Königreiche, und die Wirren der Diadochenkämpfe brachten wechselnde Herrscher und eine Schwächung des Mutterlandes, das seine Vormachtstellung über die griech. Staaten aber bis etwa 200 halten konnte. Unter Philipp V. (221–179) begann der Konflikt mit den Römern; nach anfängl. Erfolg in den ⁊ Makedon. Kriegen gab es empfindl. Niederlagen (Kynoskephalai, Pydna). 167 wurde M. in vier selbständige Teile aufgespalten, die ab 148 v. Chr. zusammen mit ⁊ Epirus die gleichnamige röm. Provinz bildeten. Nach der Teilung des röm. Reiches gehörte M. bis 1423 zu Byzanz. **Lit.:** N.G.L. Hammond, A History of Macedonia I-III (1972–88). – R.M. Errington, Geschichte M.s (1986). – R. Billows, Kings and Colonists (1995).

Makedonische Kriege, allgemeine Bezeichnung für die drei Kriege zwischen Rom und Makedonien um die Vorherrschaft in Griechenland, die 168 v. Chr. mit dem Untergang des makedon. Staates endeten. Der *1. M.K.* (215–205 v. Chr.) brach aus, nachdem ⁊ Philipp V. (221–179) nach der Schlacht bei ⁊ Cannae (216) ein Bündnis mit ⁊ Hannibal eingegangen war. Um eine mögl. Invasion in Italien zu verhindern, schloss Rom eine Allianz mit den ⁊ Ätolern, den alten Feinden der Makedonen, und schickte ein Expeditionsheer nach Griechenland. Diese Maßnahme genügte, um Philipp in Schach zu halten. Nachdem die Ätoler 206 einen Sonderfrieden geschlossen hatten, musste auch Rom die Kampfhandlungen beenden und schloss 205 den Frieden von Phoinike, der im Wesentl. den Status quo bestätigte. – Der *2. M.K.* (200–197 v. Chr.) brach aus, weil Philipp angeblich röm. Bundesgenossen angegriffen hatte, in Wahrheit jedoch handelte es sich um einen Rachekrieg der Römer, die das damalige Bündnis mit Hannibal nicht vergessen hatten. Ein erster Direktangriff auf Makedonien von Illyrien aus scheiterte zwar, doch konnte Rom die meisten Verbündeten Philipps allmählich auf seine Seite ziehen. 197 gelang es T. Quinctius ⁊ Flamininus, von S her in Thessalien einzudringen und den König zur Entscheidungsschlacht zu stellen. Bei ⁊ Kynoskephalai erlitt Philipp eine vollständige Niederlage und musste im anschließenden Friedensvertrag hohe Reparationen bezahlen und auf alle außermakedon. Gebiete

verzichten. – Der *3. M.K.* (171–168 v. Chr.) wurde von Rom mit der festen Absicht eröffnet, den makedon. Staat zu zerschlagen. Als Vorwand dienten echte oder vermeintl. Übergriffe des Königs ⁊ Perseus (179–168 v. Chr.), des Sohnes und Nachfolgers Philipps, gegen verschiedene Verbündete Roms (Pergamon, thrak. und illyr. Dynasten). Nach einem überraschenden Anfangserfolg konnte sich Perseus zwei Jahre lang relativ gut behaupten, ehe es den Römern gelang, das Olympmassiv zu überschreiten und in Makedonien einzudringen (169). Der König konnte die Situation zwar noch einmal stabilisieren, unterlag aber 168 gegen L. ⁊ Aemilius Paullus in der Entscheidungsschlacht bei ⁊ Pydna. Auf Veranlassung Roms wurde die Monarchie beseitigt und durch vier schwache Republiken ersetzt, die keine gegenseitigen Beziehungen mehr unterhalten durften. Nach einem erneuten Aufstand (148) wurde Makedonien schließlich als röm. Provinz eingerichtet. **Lit.:** N.G.L. Hammond u.a., A History of Macedonia, I-III (1972–88). – M. Errington, Geschichte Makedoniens (1986).

Makkabaios ⁊ Judas Makkabaios

Makris, Tochter des ⁊ Aristaios, eine der Ammen des ⁊ Dionysos. Als Hera sie von Euböa vertreibt, kommt M. mit dem jungen Dionysos auf die Insel der ⁊ Phäaken.

Malaca (heute Malaga), phöniz. Gründung und ⁊ Emporion an der Südküste Spaniens. Die Bewohner lebten von Handel und Fischzucht und wurden um 205 v. Chr. Verbündete Roms. Mit anderen span. *civitates* erhielt M. im 1. Jh. n. Chr. von Vespasian das latin. ⁊ Bürgerrecht, eine Bronzetafel aus den Jahren 82–84 n. Chr. mit dem Stadtrecht (*lex municipii Malacitani*) ist erhalten. Nach der byzantin. Herrschaft (555–570) folgten die ⁊ Westgoten unter Leovigild. Inschriften, Münzen und andere Funde bezeugen seine weiten Handelsverbindungen. Das Christentum ist bereits für 306 v. Chr. nachgewiesen; ab 711 arab. Zeit. **Lit.:** Th. Mommsen, Die Stadtrechte der latin. Gemeinden Salpensa und Malaca, in: Gesammelte Schriften I (1905).

Malalas, Johannes M., griech. Historiker, ca. 480–570 n. Chr., Verf. einer einflussreichen Weltchronik von der Erschaffung der Welt bis 563 n. Chr. **Lit.:** E. Jeffreys, Studies in John M. (1990).

Malaria (italien. mala aria, »schlechte Luft«). Symptome und Krankheitsverlauf der M. (Splenomegalie, periodisch auftretendes Fieber) wurden in der Antike häufig beschrieben, jedoch als verschiedene Krankheiten angesehen. Den Zusammenhang mit Sumpfgebieten als Ursache der M. sowie das bevorzugte Auftreten im Sommer stellte schon ⁊ Hippokrates fest; Mücken wurden aber nicht eindeutig als Überträger der M. erkannt. Neben der Tuberkulose war die M. wohl die häufigste Todesursache der Antike. Man kannte drei verschiedene Formen (*vivax, falciparum, quartalis*); alle drei existierten im Griechenland des 4. Jh. v. Chr. bes. in den Küsten- und Flussregionen, wobei das Aufkommen des Typs *falciparum* in Attika strittig ist. Viele Küstenstädte wurden wegen Verlandung und der Verbreitung von M. schließlich verlassen.

Mạlchos, König der arab. Nabatäer (um 57–30 v. Chr.), unterstützte Caesar 47 während des Alexandrin. Aufstands und stand später auf der Seite des Antonius. 32 geriet er in Konflikt mit Herodes, der ihn besiegte und nach einer weiteren Verschwörung (30) hinrichten ließ.

Malẹa (gr. Mạleia), südöstlichstes Vorgebirge und Kap der ↗ Peloponnes; bei Seefahrern in der Antike bes. wegen der schroffen Küste und der dort herrschenden Gegenwinde gefürchtet. Trotz ihrer Gefährlichkeit war die Route zwischen Kap M. und der Insel Kythera stark befahren auch nach der Einrichtung des ↗ Diolkos bei Korinth.

Malerei. *I. Allgemeines (1) Quellenlage:* Die antiken literar. Quellen loben die Werke der M. ausführlich, so dass es den Anschein hat, sie seien in der Antike gar höher geschätzt worden als die viel gerühmte Plastik. Zahlreiche z. T. recht ausführl. Beschreibungen vermitteln ein deutl. Bild der antiken M. Es ist nur bedauerlich, dass dieses Bild nicht durch die archäolog. Überlieferung bestätigt werden kann, da die in der Literatur erwähnten Wand- und Tafel-M.en heute leider verloren sind. Erhalten sind lediglich einige Reste der minoischen, myken., etrusk. und röm. Wand-M., griech. Ton- und Holzpinakes (Täfelchen) sowie bemalte Metopen, Stelen und Gräber. Nachwirkungen dieser Malerei finden sich in mehreren röm. Kopien in Form von Wandgemälden und bes. Mosaiken. – *(2) Technik:* Als Malgrund dienten gebrannte Tontafeln, Holz, Stein oder Marmor, aber auch Leinwand, Pergament oder Leder, auf den man mit Pinsel oder Spachtel in der entsprechenden Technik (z. B. Tempera, Fresko-M. mit Wandbewurf oder Enkaustik, einem Wachsschmelzverfahren) die Farbe auftrug; Ritzungen dienten hierbei üblicherweise als Vorzeichnung. Über Material und Herstellung von Farben berichtet Plinius in seiner Naturgeschichte ausführlich. – *II. Minoische und myken. M.:* Bereits im mittleren 2. Jt. v. Chr. erscheinen in diesem Kulturbereich, bes. in den kulturellen Zentren von Kreta oder Thera, Mykene oder Tiryns, qualitativ hochwertige Fresko-M.en. Diese fanden sich hauptsächlich in Palästen und Gräbern und beeindrucken nicht nur durch ihre Farbenfreude, sondern durch ihre Lebendigkeit, ihre Liebe zum Detail und ihre dekorative Wirkung. Beliebte Themen waren neben Jagd, Krieg und Prozessionen bes. in der minoischen M. auch Landschaften, Meeres- und Pflanzenmotive sowie Tierdarstellungen. Mit dem Ende der Minoisch-myken. Kultur und den darauf folgenden »Dunklen Jahrhunderten« geht zunächst auch das Wissen um die hochentwickelte Technik der M. verloren. – *III. Griech. M. (1) Das 7./6. Jh. v. Chr.:* Neben der ↗ Vasen-M., die hier nicht zur eigentl. M. gezählt werden soll, gab es in Griechenland sicherlich auch eine parallel verlaufende Entwicklung in der Wand- und Tafel-M. Erste Hinweise darauf finden sich erst wieder in geometr. und archaischer Zeit, aus der einige Reste von bemalten Tonschilden und -metopen

Fresko auf einer Deckplatte aus dem »Grab des Tauchers«, Paestum (um 480 v. Chr.)

sowie Holz- und Tonpinakes erhalten sind. Hierzu zählen die frühar chaischen Tonmetopen der Tempel von Thermos und Kalydon (Ätolien/Akarnanien). Eines der bekanntesten und vielleicht eindrucksvollsten Zeugnisse dieser frühen Zeit stammt aus einem Heiligtum in Korinth und zeigt die Szene einer Opferprozession. Es ist eines von vier kleinen Holztäfelchen und erinnert in seiner Maltechnik mit Umrisslinien an die schwarzfigurige Vasen-M., seine Ausführung erscheint noch sorgfältiger als die zeitgenöss. korinth. Vasen-M. (7./6. Jh. v. Chr.). Die in dieser Zeit verwendeten Farben sind Weiß, Blau, Rot und Braun; dargestellt werden einfache, geschlossene Szenen. – *(2) Das 5. Jh. v. Chr.:* Eine enorme Wandlung scheint die M. dann etwa in der 2. Hälfte des 5. Jh. zu erfahren, wenngleich auch für diesen Zeitraum wieder die gleichzeitigen Vasen-M. und die literar. Zeugnisse als Vergleichsmaterial dienen müssen. Wichtigster Künstler dieser Zeit war Polygnotos von Thasos, von dem mehrere Werke beschrieben sind (z. B. die Schlacht von Marathon). Kennzeichnend für ihn und seine Zeitgenossen sind Figuren, die in mindestens halber Lebensgröße auf verschiedenen Grundlinien auf einer Fläche verteilt erscheinen. Wichtig ist hier nicht die Perspektive, sondern vielmehr die Wechselbeziehung der Figuren sowie die Darstellung ihres Charakters; die Themen sind historisch und werden mit mytholog. Ereignissen in Zusammenhang gestellt. Dies hält aber nur eine Generation lang an. – *(3) Das 4. Jh. v. Chr.*

und der Hellenismus: Es folgt gegen Ende des 5. Jh. eine geradezu revolutionäre Wandlung. Beeinflusst von der Bühnen- oder Kulissenmalerei entwickelt sich ein Verständnis für die Perspektive, wobei erstmals Schattierungen und geschickte Farbgebung angewendet werden (Schatten-M.). Es entsteht eine Plastizität in den Figuren, eine illusionist. Raumgestaltung. Bis zum späten 4. Jh. erreicht die M. mit dem Hellenismus ihre Blütezeit (aus dieser Zeit stammen die Vorlagen für die röm. Gemäldekopien). Zu der zunächst noch recht strengen Perspektive tritt nun noch die Tiefenwirkung, bei der der Hintergrund in die M. miteinbezogen wurde. Mit Hilfe der Linear-Perspektive entstehen neue Bildtypen und -motive: Porträt, Stilleben, Genrebilder, Landschaften und Schlachten. Noch immer von großer Bedeutung ist die Theater- und Bühnen-M., die mehrere dieser Bildmotive hervorbringt (Landschaft, Fassaden, Wohnhaus, Palast). Der sog. Palaststil sollte für die Gestaltung bürgerl. Wohnhäuser vorbildlich werden und wurde auch von Künstlern in Rom aufgenommen, die die Wandbilder in die Ausschmückung der Privathäuser einbezogen und weiterentwickelten.

IV. Röm. M.: Die Entwicklung der röm. Wand-M. basiert auf einer Kombination verschiedener hellenist. Elemente, die in vier unterschiedl. Stile aufgeteilt werden können. Diese sog. pompejan. Stile beziehen sich jedoch nicht in erster Linie auf die Darstellungsweise der Figuren, sondern auf die Gestaltungsprinzipien der gesamten Wandflächen. – Der *erste pompejan. Stil* (etwa 200–80 v. Chr.) lehnt sich an den hellenist. Palaststil an und wird zuweilen als Inkrustationsstil bezeichnet. Die Bemalung von Stuckfeldern soll hierbei eine Marmorverkleidung nachahmen; bemerkenswert ist die große Farbigkeit. – Der *zweite pompejan. Stil* (80–20 v. Chr.) zeichnet sich durch eine illusionist. Darstellungsweise aus. Durch Säulen und Pilaster mit vorkragendem Gebälk, die sich auf dreidimensionalen Sockeln erheben und den Ausblick auf ein zurückgesetztes Bild freigeben, entsteht der Eindruck räuml. Tiefe. Hier tritt wieder die Technik der Bühnen-M. in den Vordergrund. Eine Übergangsphase zwischen zweitem und drittem Stil stellt den sog. Kandelaberstil dar, bei dem kunstvoll gebildete, aufgemalte Leuchter als gliederndes Element mit einbezogen werden. – Der *dritte pompejan. Stil* (20 v. Chr. – mittleres 1. Jh. n. Chr.) lässt die Architektur flüchtig erscheinen, wobei dennoch die symmetr.-dreiteilige Wandaufteilung beibehalten wird. Aus dem illusionist. Durchblick des vorangegangenen Stils wird jetzt ein einfaches Bildfeld, eine Art Bilderrahmen, so dass manchmal der Eindruck eines an die Wand gehängten Gemäldes entsteht. – Der *vierte pompejan. Stil* (zwischen dem ersten Erdbeben von 63 n. Chr. von Pompeji und dem Vesuvausbruch im Jahre 79) behält die phantast. Architekturgestaltung bei und kombiniert sie mit dem Bild eines perspektivischen, illusionist. Ausblicks, der sich geradezu ins Barocke steigert. – In der Folgezeit scheint sich wieder eine Tendenz zur nicht-architekton. M. abzuzeichnen, Einzeldarstellungen treten ver-

mehrt in den Vordergrund. **Lit.:** I. Scheibler, Griech. M. der Antike (1994). – J. Boardman, Reclams Geschichte der antiken Kunst (1997).

Mallia, Dorf in Kreta, 22 km östl. von ↗ Knossos, in dessen Nähe Ruinen eines minoischen Palastes aus der sog. jüngeren Palastzeit (↗ Kreta) und einer gleichzeitig entstandenen Stadt erhalten sind. **Lit.:** ASM (1999).

Malta (lat. Melita, gr. Melite), 237 km² große Insel mit zwei Nebeninseln, Gaudos (heute Gozo) und Comino zwischen Sizilien und Afrika. Wie alle strategisch wichtigen Inseln hatte M. viele Herren und war ein Schmelztiegel der Kulturen. Besiedelt war die Insel seit dem Neolithikum von einer nicht genau bestimmbaren Urbevölkerung; Bau von Megalith-Tempeln und Glaube an Fruchtbarkeitsgötter. Nach 1000 v. Chr. Handelsplatz der Phönizier, ab dem 6. Jh. karthag. Territorium, wurde M. 218 v. Chr. von Rom beansprucht und der Provinz ↗ Sizilien angegliedert. Die Insel gelangte zu Wohlstand durch Handel mit Öl und Textilien, später auch durch Weinanbau und Steinbrüche. Im 6. Jh. n. Chr. eroberten die ↗ Ostgoten M. von den Byzantinern; ab 870 arabisch; ab Ende des 11. Jh. normannisch. Die maltes. Sprache, die noch von einem kleinen Teil der Bevölkerung gesprochen wird, ist ein arab. Dialekt, geschrieben in lat. Buchstaben. Antike Reste sind aus allen Perioden vorhanden; beeindruckend sind die Megalithtempel ebenso wie die kaiserzeitl. und frühchristl. Katakomben des 4. und 5. Jh. n. Chr. **Lit.:** I. Tetzlaff, M. und Gozo (1977). – M. Buhagiar, Late Roman and Byzantine Catacombs in the Maltese Islands (1986). – J. von Freeden, M. und die Baukunst seiner Megalith-Tempel (1993). – ASM (1999).

Mamertiner (nach Mamers, einer osk. Form des Gottes Mars) hießen den kampan. Söldner des ↗ Agathokles von Syrakus, die sich nach dessen Tod (289) in ↗ Messana festsetzten und von dort Raubzüge ins östl. Sizilien unternahmen. Von ↗ Hieron II. in die Enge getrieben, wandten sie sich 265 zunächst an Karthago, dann an Rom um Unterstützung. Das Eingreifen beider Mächte und die röm. Besetzung von Messana führte 264 zum Ausbruch des 1. ↗ Pun. Krieges.

Mamilius, Octavius M., Herrscher in Tusculum, nahm dem vertriebenen röm. König Tarquinius Superbus, seinen Schwiegervater, bei sich auf und trieb die Latiner in die Auseinandersetzung mit Rom. Bei den daraufhin ausbrechenden Kämpfen fiel er in der Schlacht am Regillus-See (496 v. Chr.).

Mancipatio (lat. manu capere, »mit der Hand ergreifen«, schon im Zwölftafelgesetz (450 v. Chr.) erwähnter, förml. symbol. Akt des röm. Rechts zur Übertragung des Eigentums- oder Verfügungsrechts an Sachen (Grundstücke, Vieh) oder Personen (Kinder, Sklaven), den sog. *res mancipi:* Der Erwerber ergriff dabei vor fünf Zeugen und dem Waagehalter (*libripens*) den zu erwerbenden Gegenstand und machte sein Recht geltend, wozu der Veräußerer schwieg. Mit der Einführung gemünzten Geldes verlor der *libripens,* der den Kaufpreis in bar abwog, seine

Malta, Tempel von Mnaidra (um 3.000 v. Chr.): Trilithon (Setzung aus drei Steinen) mit Punktverzierung

Funktion; der Erwerber schlug nur noch symbolisch mit einem Kupferstück an die Waage. Endgültig verboten wurde die M. vom röm. Kaiser Justinian.

Mandäer, eine nach dem Begriff *manda* (= Gnosis) benannte, am Schatt el Arab (beim pers. Golf) lebende Religionsgemeinschaft mit etwa 15.000 Mitgliedern mit eigener Sprache, einem ostaramäischen Dialekt. Ihre Lehre beruht auf dem aus der Gnostik bekannten Dualismus von Licht und Finsternis: Das Licht der Seele gilt als Gefangener der Erde und wartet auf die Erlösung durch den höchsten Gott, der in menschl. Gestalt auf die Erde gesandt wird. ↗ Gnosis **Lit.:** W. Foerster (Hg.), Die Gnosis (1995).

Mandatum (lat., »Auftrag«), Fachausdruck im Staats-, aber bes. im Privatrecht für die vertragl. Übernahme eines unentgeltl. Dienstes oder der Besorgung eines fremden Geschäfts. Das M. war mit einer Ermächtigung (*iussum*) verbunden, da der Beauftragte oft auch gegenüber Dritten aufzutreten hatte. Mit der ↗ *locatio conductio* gehörte das M. zu den vier sog. Konsensualverträgen (durch übereinstimmende Willenserklärungen) im röm. Recht. Basierend auf den allg. Grundsätzen der *bona fides* (*amicitia et officium*) konnten gegenseitige Ansprüche im Streitfall vor Gericht geltend gemacht werden (*actio mandati, actio mandati contraria*), z. B. bei Nichterfüllung oder bei unvorhergesehenen Kosten oder Schäden für den Beauftragten. **Lit.:** A. Watson, Contract of Mandate (1961).

Manen (lat. *di manes*), nach röm. Glauben Totengeister der Vorfahren in der Unterwelt, die in das Schicksal der Lebenden eingreifen können und deshalb rituell versöhnlich gestimmt werden müssen. **Lit.:** W. F. Otto, Die M. oder von den Urformen des Totenglaubens ([4]1981).

Manethon, ägypt. Priester in Heliopolis, 3. Jh. v. Chr., Verf. einer griechisch geschriebenen Geschichte Ägyptens bis ins Jahr 342 (Fragmente erhalten). Unter dem Namen M.s existiert außerdem ein Lehrgedicht in sechs Büchern über Astrologie, das jedoch erst im 2./3. Jh. n. Chr. entstand (↗ Pseudepigraphon).

Mani aus Ktesiphon, Begründer der gnost. Bewegung des ↗ Manichäismus, 216–276 n. Chr. Der syrisch sprechende M. war zunächst Mitglied einer judenchristl. Täufersekte, die er mit 24 Jahren verließ, da Visionen ihn zur Überzeugung brachten, er sei der von Jesus verheißene Paraklet, der neue Lichtapostel. M. missionierte unter dem toleranten Sasanidenherrscher Schapur I. erfolgreich Mesopotamien, wurde aber unter dessen Nachfolger Bahram I. verhaftet und starb im Gefängnis. Im Gegensatz zu Jesus verfasste M. selbst Bücher auf Aramäisch, in denen er seine Lehre darlegte. Von den neun Schriften, Briefen und Hymnen ist allerdings im Original kaum etwas erhalten. Das heutige Wissen über M.s Lehre stammt aus Aufzeichnungen seiner Schüler. Wichtige Quelle ist der sog. Kölner M.-Codex, der eine Biographie M.s von seinem 4. – 25. Lebensjahr mit der Wiedergabe seiner Worte und Taten enthält. **Lit.:** A. Böhlig, Die Gnosis III (1980). – L. Koenen/C. Römer, M. (1993).

Manichäismus, auf ↗ Mani zurückgehende gnost. religiöse Bewegung. Der M. ist streng dualistisch. Die Welt wird als Mischung von Licht und Finsternis angesehen. Vor der Erschaffung der Welt existierten die beiden Bereiche geschieden voneinander, die Mischung, aus der der Mensch durch Erkenntnis (↗ gnosis) befreit werden kann, ist durch den Kampf zwischen dem Reich der Finsternis und des Lichts entstanden. Die menschl. Seele muss möglichst rein zum Reich des Lichts zurückkehren. Diese Reinheit kann nur erlangt werden, wenn die in allen Lebewesen und Pflanzen vorhandenen Lichtteile nicht verletzt werden; d. h. der Manichäer darf keine Tiere schlachten, Pflanzen abschneiden oder die Erde umpflügen. Auch in der Praxis ist der M. streng dualistisch: Die Gruppe der Erwählten führt ein mönch. Leben und widmet sich nur geistigen Tätigkeiten, insbes. dem Gebet. Die Hörer sind für ihren Unterhalt verantwortlich, können aber durch ihren Einsatz für die Erwählten Nachlass ihrer Sünden erhalten. Der M. wurde von Diokletian als staatsfeindlich verurteilt und von den Neuplatonikern, bes. jedoch von den Christen (↗ Augustinus, der in der Jugend selbst Manichäer war) heftig angegriffen. Durch die Missionierungsarbeit verbreitete sich der M. bis nach China, wo es bis ins 16. Jh. Manichäer gegeben haben soll. Wichtige Funde, bes. kopt. Papyri, haben in diesem Jh. die Kenntnis des M. beträchtlich erweitert. **Lit.:** S. N. C. Lieu, Manichaeism in the Later Roman Empire and Medieval China (1992). – L. Koenen/C. Römer, M. (1993).

Manie ↗ Ekstase.

Manilius (1), Manlius M., unterlag als Prätor 154 v. Chr. den aufständ. Lusitaniern (Beginn des großen Spanienkrieges) und eröffnete als Konsul 149 den 3. Pun. Krieg. 133 warnte er vor den Plänen des Ti. Gracchus, trat politisch aber nicht mehr führend in Erscheinung. M. war ein bedeutender Rechtsgelehrter und gehörte zum Scipionenkreis.

Manilius (2), röm. Autor, 1. Jh. v. Chr./1. Jh. n. Chr., Verf. eines unvollendet gebliebenen, fünf Bücher umfassenden ↗ Lehrgedichts in daktyl. Hexametern mit dem Titel *Astronomica.* Es behandelt Sternbilder innerhalb und außerhalb des Tierkreises und deren Wirkung auf den Menschen. M. erhebt den Anspruch, wie ↗ Lukrez ein Lehrgebäude dichterisch zu vermitteln. Weitere Vorbilder sind Arats *Phainomena* und Vergils *Georgica.* Philosophisch orientiert sich M. an dem Stoiker Poseidonios, von der u die Vorstellung von der göttl. Natur im Menschen übernimmt; der M.-Verehrer Goethe hat diese nachempfunden in den Versen »Wär nicht das Auge sonnenhaft … «. **Lit.:** W. Hübner, in: ANRW II 32, 1 (1984) 126–320.

Manipel (lat. manipulus), eine Unterabteilung der ↗ Legion. Der M. setzte sich aus zwei ↗ Centurien zusammen und war in der Zeit der Manipulartaktik (↗ Schlachtordnung) die leicht manövrierfähige strateg. Grundeinheit der röm. Armee. Später wurden je

drei M. zu einer ↗ Kohorte zusammengefasst, die fortan in kompakter Ordnung kämpfte. Jeder M. verfügte über ein eigenes Feldzeichen und einen Bläser. An seiner Spitze stand in der Regel der ↗ Centurio, der den rechten Flügel kommandierte. **Lit.:** L. Keppie, The Making of the Roman Army (1984).

Manlius (1), Marcus M. Capitolinus, Konsul 392 v. Chr., betrieb, obwohl selbst ein Patrizier, eine plebeierfreundl. Politik, die ihn in Gegensatz zu seinen Standesgenossen brachte. Beim Galliersturm 387 verteidigte er das Capitol, auf dem er seinen Wohnsitz hatte, erfolgreich gegen die Angreifer. Der Überlieferung zufolge soll er 385 die Alleinherrschaft angestrebt haben und sei deshalb im Jahr darauf angeklagt und hingerichtet worden. Eigentl. Hintergrund der Affäre dürften aber innenpolit. Auseinandersetzungen über die von M. befürworteten Gesellschaftsreformen gewesen sein. Nach seinem Tod wurde beschlossen, dass künftig kein Patrizier mehr auf dem Capitol wohnen durfte.

Manlius (2), Titus M. Imperiosus Torquatus, je dreimal Konsul (347, 344, 340 v. Chr.) und Diktator (353, 349, 320), trug seinen Beinamen nach dem kelt. Halsring (*torques*), den er einem Feind abgenommen hatte. 340 besiegte er die Latiner bei Trifanum und bereitete damit die röm. Hegemonie in Mittelitalien vor. Der Bericht, er habe seinen eigenen Sohn hinrichten lassen, da er befehlswidrig gegen den Feind gekämpft hätte, ist vermutlich eine spätere Legende.

Manlius (3), Gnaeus M. Vulso, Konsul 189 v. Chr., führte während seiner Amtszeit in Kleinasien einen Feldzug gegen die kelt. Galater und kehrte mit großer Beute nach Rom zurück. Im Rahmen des Friedensvertrages mit dem Seleukiden Antiochos III. ordnete er die polit. Verhältnisse auf der Halbinsel neu.

Mansio (lat. manere, »halten«), eine Raststation und Herberge an röm. Landstraßen. Die M. ermöglichte dem Reisenden, Lebensmittel- und Wasservorräte aufzunehmen sowie ggf. die Pferde zu wechseln. Ferner verfügte sie über Ställe und Übernachtungsmöglichkeiten. Die übl. Entfernung zwischen zwei *mansiones* betrug eine Tagesreise. Bes. in der Kaiserzeit war ihre Einrichtung flächendeckend.

Mantel ↗ Pallium, Paludamentum, Kleidung

Mantik (gr. mainomai, »rasen«; lat. divinatio), Kunst der Wahrsagung, die einem »rasenden«, d. h. besessenen oder göttlich inspirierten Menschen innegewohnt haben soll. Die M. beruhte auf dem menschl. Glauben, über zukünftige Dinge im Voraus Bescheid wissen zu können, wenn man übernatürl. Zeichen richtig deutete (↗ Aberglaube). Diese fanden sich etwa in Wundern, ungewöhnl. Naturphänomenen, Träumen, im (abnormalem) tier. oder menschl. Verhalten oder in der Sternkonstellation. Der Deuter oder Verkünder dieser göttl. Zeichen wurde *mantis* genannt. In der mündl. Mantik wird ein von den Göttern empfangener Spruch weitergegeben. Diese mant. Technik gilt bes. für die ↗ Orakel und Heiligtümer, an denen Priesterinnen und Priester die speziellen Orakelsprüche auslegten. In der Mythologie ragen bes. Teiresias, Me-

*Divinationszene mit Hoplit, Weisem und
jungem Mann, der die Leber eines Opfers hält
(Amphore um 520 v. Chr.)*

lampus, Amphiaraos, Kalchas, Kassandra und die Sibylle hervor.

Mantinea (gr. Mantineia), Mitte des 6. oder Anfang des 5. Jh. v. Chr. gegründete Stadt in der östl. Hochebene von ↗ Arkadien auf der Peloponnes. Siedlungsspuren bereits aus geometr. Zeit. 418 besiegen die Spartaner unter Agis II. hier die Athener und ihre Verbündeten; 362 schlug ↗ Epaminondas die antitheban. Koalition (Sparta, Athen, M. und Bundesgenossen); 223 wurde M. von ↗ Antigonos III. Doson zerstört und die gesamte Bevölkerung versklavt, verschleppt oder hingerichtet. M. wurde unter dem Namen Antigoneia neu besiedelt, doch blieb der alte Name noch in Gebrauch. **Lit.:** GLHS (1989) 405 f. – ASM (1999).

Mantis (gr. »Seher«) ↗ Mantik

Manto, Seherin, Tochter des Teiresias. Vom Epigonenführer Alkmeon Mutter des Amphilochos und der Tisiphone.

Mantua (heute Mantova), Kleinstadt am Fluss Mincius in der Provinz Gallia Cisalpina. Funde belegen eine Besiedlung bereits durch die Etrusker; der Name stammt aus der etrusk. Sprache (vielleicht benannt nach dem etrusk. Totengott Mantus oder einem myth. Stadtgründer Manto). 41 v. Chr. siedelte Octavian (Augustus) Veteranen an; Gebietsverlust durch Landzuweisungen. Selten erwähnt in der antiken Literatur, wurde die Stadt erst durch den Dichter Vergil berühmt, der in Andes bei M. geboren wurde.

Manubiae (lat. manus, »Hand«), ursprünglich die in einer Schlacht gewonnene Kriegsbeute, die »mit den Händen« weggetragen wurde. Später wurde der Begriff auf den Erlös ausgedehnt, den der Verkauf der Kriegsbeute einbrachte und den der Feldherr teils für sich selbst behielt, teils an seine Soldaten auszahlen ließ. Der Ertrag konnte aber auch ganz oder teilweise für gemeinnützige Zwecke verwendet oder an die Staatskasse (↗ aerarium) überwiesen werden. Im übertragenen Sinne (z. B. bei Cicero) wurden auch ungesetzlich erzielte Gewinne als M. bezeichnet.

Manumissio (lat. manus, »Hand«; mittere, »(fort) schicken«), die Freilassung eines Sklaven aus der Gewalt (↗ Manus) seines Herrn. Sie konnte durch einen offiziellen Akt vor den Magistraten unter Hinzuziehung von Zeugen (m. vindicta) oder aber durch Testamentsverfügung (m. testamento) erfolgen. In beiden Fällen fungierte der Freilasser als ↗ Patron, wobei im letztgenannten Fall de facto keine Patronatsgewalt mehr bestand. Möglich war auch, dass sich ein Sklave mit der offiziellen Erlaubnis seines Herrn bei einer anstehenden Volkszählung (↗ Zensus) als Freier in die Bürgerlisten eintragen ließ (m. censu). Hingegen war eine formlose M., etwa durch einen Freibrief, rechtlich unwirksam, wurde aber z. T. von den Behörden geduldet. Die Bindungen eines ehemaligen Sklaven zu seinem früheren Herrn dauerten auch nach einer M. an. Der Freigelassene war in der Regel weiterhin zu Diensten für seinen ehemaligen Herrn verpflichtet, der nun die Rolle eines Patron übernahm. Außerdem war dieser gegenüber seinem früheren Sklaven erbberechtigt, falls er ohne Nachkommen starb. Die vollen Bürgerrechte wurden meist noch nicht den Freigelassenen selbst, sondern erst ihren Kindern zuteil. Vor allem in der späten Republik und frühen Kaiserzeit erreichte die M. z. T. beträchtl. Ausmaße (↗ Freigelassener). **Lit.:** M. Kaser, Das röm. Privatrecht (²1959).

Manus (lat., »Hand«), im übertragenen Sinne die Hausgewalt des röm. Familienoberhaupts (↗ Pater familias), bes. gegenüber seiner Ehefrau. Diese verlor durch eine M.-Ehe ihre eigene Rechtsfähigkeit, und ihr Vermögen ging in die Verfügungsgewalt ihres Mannes über. Dessen theoret. Recht, sogar über das Leben seiner Frau frei zu entscheiden, war in der Praxis aber erheblich eingeschränkt. Daneben gab es aber auch manus-freie Formen der Eheschließung, bei denen die Frau ihre Rechtsfähigkeit behielt, und die sich bes. seit der frühen Kaiserzeit zunehmend durchsetzten. **Lit.:** M. Kaser, Das röm. Privatrecht (²1959).

Marakanda (heute Samarkand), antike Stadt in der fruchtbaren Ebene des Polytimetos (heute Sarawschan) am Rande des iran. Hochlands; Hauptstadt der ↗ Sogdiane unter den Achämeniden; ab 329 v. Chr. Militärbasis Alexanders d. Gr. für Feldzüge in der Region; bei einem Gelage in der Burg von M. wurde Kleitos ermordet. **Lit.:** H. Rawlinson, History of a Forgotten Empire (1912). – S. Sherwin-White/A. Kuhrt, From Samarkhand to Sardis (1993).

Marathon (gr. Marathon, »Fenchel«), großer Demos an der Nordküste Attikas. Siedlungskontinuität besteht in der Ebene von M. seit dem Neolithikum; der heutige Ort Marathona ist jedoch nicht identisch mit dem antiken. In der Ebene von M. besiegten 490 v. Chr. die Athener unter ↗ Miltiades die Perser unter Artaphernes und Datis (ausführl. Schilderung der Schlacht bei Herodot); ein Grabhügel der gefallenen Athener mitten in der Ebene ist lokalisierbar. Nach ungesicherter Überlieferung überbrachte ein Läufer die Siegesbotschaft in das rund 42 km entfernte Athen, wo er tot zusammenbrach; danach wurde der Marathonlauf benannt, seit 1896 olymp. Disziplin. In M. wurden zahlreiche Kulte gepflegt, bes. für Herakles, Dionysos, Apollon Delios und Pan. Reste von Mauern, Toren und Gräben sowie die Pangrotte sind erhalten. **Lit.:** J. Travlos, Bildlexikon zur Topographie des antiken Attika (1988). – J. F. Lazenby, The Defence of Greece (1993). – ASM (1999).

Marbod (lat. Maroboduus), König der Markomannen (9 v. Chr. – 19 n. Chr.), kam bereits als junger Mann nach Rom und diente zeitweise in der röm. Armee. Nachdem er zu seinem Volk zurückgekehrt war, riss er 9 v. Chr. die Macht an sich und führte die Markomannen, die von Rom umklammert zu werden drohten, aus dem Maingebiet in neue Siedlungsgebiete im heutige Böhmen. Dort schuf er einen mächtigen german. Stammesverband, dem u. a. Quaden und Semnonen angehörten. Durch diese Machtkonzentration bedroht, mobilisierte Augustus 6 n. Chr. zwölf Legionen, um M. zu unterwerfen, musste diese Pläne aber nach einem Aufstand in Pannonien und Illyrien zurückstellen. Obwohl M. nach der Schlacht im Teutoburger Wald (9 n. Chr.) ein Bündnis mit Arminius ablehnte und diesen seit 17 offen bekämpfte, konnte er nicht – wie erhofft – die Gunst Roms wiedererringen. Der Krieg gegen Arminius führte zum raschen Zerfall seines Stammesverbunds, er wurde besiegt und musste 19 im röm. Reich Zuflucht suchen. Tiberius ließ ihn in Ravenna internieren, wo er noch 18 Jahre lebte. **Lit.:** J. Dobias, King Maroboduus as a Politician, in: Klio 38 (1960) 155–66.

Marcellus (1), Marcus Claudius M., ca. 270–208 v. Chr., zwischen 222 und 208 fünfmal Konsul, einer der bedeutendsten röm. Feldherrn im 2. Pun. Krieg. Nachdem er bereits 222 erfolgreich gegen die Kelten in Oberitalien gekämpft hatte, trat er nach der Schlacht bei Cannae (216) erneut hervor und erhielt nach militär. Kommanden in Campanien 213 den Oberbefehl in Sizilien. Bis 211 leitete er die Belagerung von Syrakus, das er trotz der starken Befestigung und eines Entsatzversuchs der Karthager nach zweijährigen Kämpfen einnehmen konnte. Bei der Plünderung der Stadt entführte er gewaltige Mengen an Kunstschätzen und brachte sie nach Rom. Danach wieder in Unteritalien tätig, bekämpfte er Hannibal, geriet aber 208 bei Petelia in einen Hinterhalt und wurde getötet.

Marcellus (2), Marcus Claudius M., Konsul 51 v. Chr., war einer der entschiedensten Gegner Caesars. Er betrieb dessen Enthebung von seinem Kommando in Gallien und zog sich nach der Schlacht bei Pharsalos (48) ins Exil auf die Insel Lesbos zurück. Erst 46 nahm er die Begnadigung durch Caesar an (in diesen Zusammenhang gehört Ciceros Rede *Pro Marcello*), wurde aber noch vor seiner Rückkehr nach Italien in Athen ermordet (45).

Marcellus (3), Marcus Claudius, 42–23 v. Chr., Sohn der Octavia und Neffe des Augustus, nahm am kantabr. Feldzug teil und heiratete 25 seine Cousine Julia, die Tochter des Kaisers. Als Ädil (23) organisierte er prachtvolle Spiele, starb aber noch im gleichen Jahr in Baiae. Er galt als potentieller Nachfolger des Augustus, der ihm ein Staatsbegräbnis ausrichtete und in seinem Namen ein Theater stiftete (Marcellus-Theater in Rom am Tiber).

Marcellus (4) von Ankyra, griech. Theologe, ca. 285/90–374 n. Chr., Gegner des Arius und Eusebios; zwischen 330–337 wurde er verbannt, 341 in Rom jedoch rehabilitiert. Das theolog. Hauptwerk, das auf Anweisung der Synode von Konstantinopel vernichtet wurde, ist in 128 Fragmenten erhalten. Komplett überliefert ist nur der Brief an Julius, in dem M. seine Glaubensüberzeugungen darlegt. M.s theolog. Bedeutung liegt darin, dass er die Einzigartigkeit Gottes in einer Person und die Untrennbarkeit der göttl. Einheit trotz ihrer Ausdehnung in die Dreifaltigkeit betont. **Lit.:** LACL (³2003).

Marcellus (5) ↗ Nonius Marcellus

Marcius, Quintus M. Philippus, Konsul 186 und 169 v. Chr., war in seiner ersten Amtszeit an der Unterdrückung der Bacchanalien, eines ekstat. Geheimkultes, beteiligt, und führte in seiner zweiten Amtszeit den röm. Oberbefehl im 3. Makedon. Krieg. Dadurch, dass es ihm gelang, das Olympmassiv zu überwinden und in Makedonien einzudringen, bereitete er den Boden für den endgültigen röm. Sieg, den sein Nachfolger L. Aemilius Paullus bei Pydna (168) errang.

Marcus Antonius ↗ Antonius

Marcus Aurelius ↗ Mark Aurel

Mardonios, pers. Feldherr und Schwiegersohn Dareios' I, übernahm 492 v. Chr. das Kommando in Kleinasien und konsolidierte die pers. Macht nach dem Jon. Aufstand. Unmittelbar danach unternahm er einen Feldzug nach Thrakien und brachte Makedonien in pers. Abhängigkeit. Nach Herodot (7, 5) war er 480 v. Chr. die treibende Kraft des pers. Angriffs auf Griechenland. Nach der Niederlage der pers. Flotte bei Salamis wurde er von Xerxes als Befehlshaber des Landheeres zurückgelassen und überwinterte in Böotien. Im Jahr darauf (479) unterlag er den vereinigten griech. Truppen bei Platää und fiel in der Schlacht.

Mare Adriaticum ↗ Adriatisches Meer

Mare Germanicum ↗ Nordsee

Mare nostrum ↗ Mittelmeer

Mare Suebicum ↗ Ostsee

Mare Superum ↗ Mittelmeer

Margites, Titelfigur eines griech. kom. (möglicherweise parodist.) Epos, das in der Antike fälschlich Homer (später auch Pigres von Halikarnassos) zugeschrieben wurde. Von dem wahrscheinlich im 6. Jh. v. Chr. entstandenen Gedicht sind nur Fragmente erhalten. Die Hauptfigur (wörtl. ›der Verrückte‹) ist ein

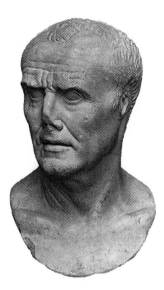

Marius

Tölpel, ›der viele Dinge, aber alle schlecht versteht‹. Ungewöhnlich ist die metr. Form: Hexameter sind mit unregelmäßig eingestreuten jamb. Trimetern vermischt.

Marius, Gaius M., 157–86 v. Chr., röm. Feldherr und Politiker, ein ↗ Homo novus, entstammte dem Ritterstand und nahm als Legat des ↗ Metellus seit 109 am Krieg gegen ↗ Jugurtha teil. Nachdem er 107 zum Konsul gewählt worden war, übernahm er den Oberbefehl und erzwang 105 die Auslieferung des Numiderkönigs. Hierbei geriet er zum erstenmal in Konflikt mit ↗ Sulla. Angesichts der drohenden Gefahr durch die ↗ Kimbern und ↗ Teutonen, die in Südgallien und Oberitalien eingedrungen waren, wurde er für die Jahre 104–100 unter Missachtung der traditionellen Regeln fünfmal in Folge zum Konsul gewählt. Er führte eine umfassende Heeresreform durch und erhöhte die Schlagkraft der Truppen, indem er die bis dahin übl. Milizarmee durch Berufssoldaten ersetzte. Dadurch gelang es ihm, die Teutonen und Kimbern in den Schlachten bei Aquae Sextiae (102) und ↗ Vercellae (101) entscheidend zu schlagen. 100 begünstigte er die polit. Agitation des ↗ Saturninus, musste sich aber auf Druck des Senats von ihm abwenden und nach Verhängung des Notstands (↗ senatus consultum ultimum) seine Verhaftung vornehmen. Da er nicht in der Lage war, Saturninus gegen die aufgebrachte Menge zu schützen, verlor er in der Folge an Ansehen, blieb aber weiterhin politisch einflussreich. Während des ↗ Bundesgenossenkrieges (91–88) führte er erneut ein Kommando, bei dem sich sein persönl. Konflikt mit Sulla weiter verschärfte. Nach Ende des Krieges verbündete er sich mit P. ↗ Sulpicius Rufus und ließ sich anstelle von Sulla den Oberbefehl gegen ↗ Mithradates VI. von Pontos übertragen. Dies veranlasste seinen Gegner, nach Rom zu marschieren und die Stadt militärisch zu besetzen (88). M. wurde für vogelfrei erklärt, konnte jedoch fliehen und zu seinen Veteranen nach Afrika entkommen. Von ↗ Cinna 87 während der Abwesenheit Sullas zurückgerufen, stellte er in Italien ein neues Heer auf, mit dessen Hilfe er die Kontrolle über Rom zurückerlangte. Nachdem er an den Anhängern Sullas Rache genommen hatte, wurde er für das Jahr 86 zum siebenten Mal zum Konsul gewählt, starb aber bereits kurz nach Amtsantritt. – M. gilt als führender Politiker der popularen Richtung (↗ Popularen), sein Verhältnis zur Senatsmehrheit war zeit seines Lebens eher gespannt. Seine größte Leistung besteht in der Heeresreform, mit der er die Armee den Erfordernissen des deutlich ausgeweiteten röm. Machtbereichs anpasste. Seine Beurteilung als Staatsmann hingegen ist zwiespältig. Er war ehrgeizig und skrupellos, doch zeigten bereits die Ereignisse des Jahres 100, dass sein polit. Gespür nicht immer richtig lag. Seine persönl. Feindschaft zu Sulla trug maßgeblich zum verheerenden Bürgerkrieg der 80er Jahre bei und vertiefte die Gegensätze innerhalb der röm. Gesellschaft. **Lit.:** W. Schur, Das Zeitalter des M. und Sulla (1942). – J. van Ooteghem, C. M. (1964). – T. F. Carney, A Biography of C. M. (1970).

Marius Victorinus, Gaius M. V. Afer, röm. Rhetor und Grammatiker, ca. 280 – vor 386 n. Chr. M. V. war Neuplatoniker und wurde erst in hohem Alter (353) Christ. Er verfocht die Vereinbarkeit von Platonismus und Christentum. Sein Beispiel beeinflusste die Konversion Augustins. Das 362 von Kaiser Julian Apostata erlassene Lehrverbot für Christen traf auch ihn. Teils überliefert, teils nur vom Titel her bekannt sind grammat., rhetor., philosoph., theolog. Schriften sowie Übersetzungen (Platon, Aristoteles, Neuplatonisches, kirchl. Literatur). **Lit.:** P. L. Schmidt, in: HLL V (1989) 342–355.

Mark Anton ↗ Antonius

Mark Aurel, Marcus Annius (?) Catilius Severus, später Marcus Aurelius Antoninus Augustus; röm. Kaiser 7. März 161–17. März 180 n. Chr.; geb. am 26. April 121 in Rom als Sohn des M. Annius Verus und der Domitia Lucilla; 136 Verlobung mit Ceionia Fabia, der Tochter des damals zum Nachfolger bestimmten Aelius Caesar; 25. Februar 138 Adoption durch Antoninus Pius; nach dem 10. Juli 138 Lösung der Verlobung mit Ceionia Fabia, Verlobung mit Annia Galeria ↗ Faustina, der Tochter des Antoninus Pius; 145 Hochzeit; nach dem Tode des Antoninus Pius übernahm M. A. am 7. März 161 die Regierung und ernannte Lucius Verus zum Mitkaiser; im Oktober 166 feierten beide einen Triumph über die Parther; 167/68 fielen die ↗ Markomannen und ↗ Quaden in Italien ein, die beiden Augusti unternahmen eine Inspektionsreise durch die Donauprovinzen; auf der Rückreise nach Rom starb Lucius Verus Anfang 169 in Altinum, M. A. brachte seinen Leichnam nach Rom; nach weiteren Einfällen der Barbaren begab sich M. A. erneut in den pannon. Raum, bezog 170–173 Hauptquartier in Carnuntum und 173–175 in Sirmium; 175 fiel Avidius Cassius, dem das Oberkommando im Orient an-

Mark Aurel

vertraut war, von M. A. ab; nach dessen Tod begab sich M. A. in Begleitung des ↗ Commodus in den O; auf der Rückreise nach Italien 176 starb seine Gattin Faustina in Kleinasien; am 23. Dezember 176 feierte M. A. einen Triumph über Germanen und Sarmaten; noch im selben Jahr ernannte er Commodus zum Mitregenten; 178 flammten die Markomannenkriege erneut auf, M. A. brach ins Kriegsgebiet auf; von diesem Feldzug kehrte er nicht mehr lebend zurück; er starb am 17. März in Bononia bei Sirmium (oder in Vindobona, heute Wien) und wurde im Mausoleum Hadriani beigesetzt. – Bereits seit frühester Jugend hatte sich M. A. intensiv mit der stoischen Philosophie beschäftigt, der er sich zeit seines Lebens verbunden fühlte; in Zeiten größter Bedrängnis verfasste er in griech. Sprache seine *Selbstbetrachtungen,* eine Sammlung von Aphorismen und Gesprächen mit sich selbst in zwölf Büchern, die ihn als »Philosophenkaiser« in die Geschichte eingehen ließen. **Lit.:** A. Birley, Marcus Aurelius (²1987). – DRK (1997). – K. Rosen, Marc Aurel (1997).

Markion (gr. Markion), ein reicher Reeder aus Pontos, kam 140 n. Chr. nach Rom, wo er sein Vermögen der christl. Gemeinde zukommen ließ; Autor der verlorenen *Antithesen* und einer krit. Ausgabe des Neuen Testaments. M. gründete die Kirche der Markioniten, die sich von der kathol. Kirche bes. durch gesteigerte Askese und die Beachtung des Zölibats unterschied. Er verwarf die synkretist. Mythologie und die Allegorese des Alten Testaments und erkannte nur Paulus als Apostel an, als einziges Evangelium das des Lukas.

Markomannen (lat. Marcomanni), zu den Sueben gehöriger westgerman. Stamm. Sie stellten eine Hilfstruppe im Heer des ↗ Ariovist gegen Caesar (58 v. Chr.). Besiegt von Drusus d. Ä. (9 v. Chr.), wanderten die M. aus dem Maingebiet nach Böhmen aus, verdrängten die kelt. Bojer und gründeten einen mächtigen Stammesbund unter ihrem König Marbod (8 v. Chr. –19 n. Chr.). Nach dessen Sturz durch Catualda (Katwalda) setzte Drusus d. Ä. den Quaden Vannius

als König ein. Es folgte ein langes Klientelverhältnis zu Rom, begleitet von einer langen Friedenszeit, unterbrochen von Kämpfen 89 und 92; die M. waren zur Stellung von Hilfskontingenten verpflichtet. Zur Zeit Mark Aurels (161–180) nutzten die M. Roms Krieg gegen die Parther und drangen bis nach Oberitalien vor; Darstellungen der M.-Kriege auf der Mark-Aurel-Säule in Rom erhalten. Im Verein mit den Skythen verwüsteten sie 253 die Provinzen Noricum und Pannonien; Ansiedlung durch Gallienus in Pannonia superior. 433 begann die Hunnenherrschaft; die M. begleiteten Attila 451 nach Gallien. Anfang des 6. Jh. n. Chr. wanderten sie nach Bayern ein. Ihr Staatswesen wurde seit Marbod von einem gewählten König geführt, danach von lokalen Fürsten; die Bewohner lebten von Ackerbau und Viehzucht sowie Handel mit dem röm. Reich.

Markt ↗ Agora, Forum, Geschäft

Markus, einer der vier Evangelisten; ↗ Evangelium.

Marmarica, an der Küste Nordafrikas gelegene Landschaft zwischen der Kyrenaika im W und Ägypten im O. Strabon bezeichnet das Gebiet bis zur Oase Siwa als M., seine Bewohner als Marmariden. Nach der Neuordnung des Reiches durch Diokletian gehörte die M. zur Provinz Lybia inferior. Die Region galt immer als unsicher; Justinian ließ wegen des Vordringens libyscher Stämme im 6. Jh. n. Chr. die Festungen erneuern.

Marmor (gr. marmaros, »Stein«), geolog. ein kristallinkörniges Kalkgestein, das vielfach reinweiß ist, aber durch verschiedene Umstände (Verunreinigung, Metalloxyde) gefärbt sein kann. So unterschied man in der Antike u. a. kyklad. M. aus Paros und Naxos (weiß), pentel. (gelblich), hymett. (graublau) oder karyst. (verschiedenfarbig) M. sowie lunens. M. aus Carrara (weiß, leicht bläul.). M. war ein leicht zu bearbeitendes Material, das auch poliert werden konnte. Es wurde vorzugsweise für Bildhauerarbeiten und als Baumaterial verwendet.

Marmor Parium, in Marmor gemeißelte Chronik von der Insel Paros aus dem Jahr 264/63 v. Chr., beginnend mit dem myth. athen. König ↗ Kekrops. Die Chronik enthält auffallend viele kulturhistor. Detailinformationen, vorwiegend auf Athen bezogen. **Lit.:** F. Jacoby, Das M. P. (1904, Nd. 1980). – O. Lendle, Einführung in die griech. Geschichtsschreibung (1992) 280 f.

Maron, in Homers *Odyssee* Priester des ↗ Apollon im thrak. Ismaros. Als ↗ Odysseus das Land der Kikonen zerstört, verschont er M. und seine Familie und bekommt von ihm den Wein, mit dessen Hilfe er ↗ Polyphem trunken macht. M. ist eng mit dem Weingott und dem Weinanbau verbunden, seiner Genealogie nach gilt er als Enkel oder Sohn des ↗ Dionysos. M. ist der Gründer der für ihren Wein berühmten thrak. Stadt Maroneia, die nach ihm benannt ist.

Marpessa, Tochter des Euënos. Der Gott ↗ Apollon wirbt um sie; ↗ Idas aber, der ebenfalls in sie verliebt ist, entführt sie auf seinem geflügelten Wagen. Aus Verzweiflung stürzte Euënos sich in den Fluss Lykor-

1 Sonnenuhr des Augustus
2 Ara Pacis
3 Via Flaminia
4 Stadium des Domitian
5 Thermen des Nero
6 Odeum des Domitian
7 Pantheon
8 Basilica Neptuni
9 Thermen des Agrippa
10 Saepta
11 Heiligtum der Isis und
  des Serapis
12 Tempel der Minerva
  Chalcidica
13 Porticus Divorum
14 Diribitorium
15 Theater und Portikus des
  Pompeius
16 Hecatostylon
17 Theater und Portikus des
  Balbus
18 Tempel des Hercules
  Musarum
19 Porticus Octaviae
20 Tempel des Apollo
  Medicus
21 Theater des Marcellus
A Pons Neronianus
B Pons Agrippae
C Pons Fabricius

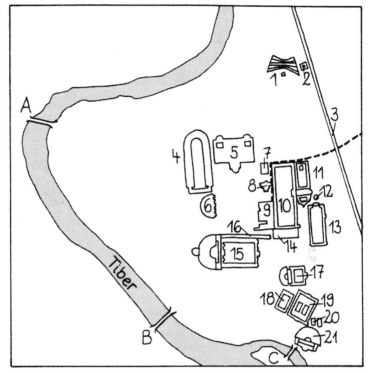

*Marsfeld in Rom,
ca. 100 n. Chr.*

mas, der später nach ihm Euënos benannt wird. In Messene geraten Apollon und Idas in Streit um M. Zeus schlichtet den Streit dadurch, dass M. selbst entscheiden soll, wem sie gehören wolle. Aus Furcht, Apollon werde sie im Alter verlassen, wählt sie Idas zum Mann und zeugt mit ihm ↗ Kleopatra.

Mars, ital. Gott, dem griech. Kriegsgott Ares gleichgesetzt, auch Schutzgott des Ackers und der Vegetation, zweithöchster Gott in der röm. Göttertrias Jupiter – M. – Quirinus; sein Priester war der Flamen Martialis. Nach ihm wurde der erste Monat des röm. Jahres (»März«) benannt. An seinem Fest im März führten seine Priester, die Salier, im Kriegsmantel, mit Helm und Lanze Kriegstänze auf. Seine Heiligtümer lagen auf dem Marsfeld, an der Via Appia und im Circus Flaminius. Als M. Ultor (»Rächer«) erhielt er von Augustus 2 v. Chr. einen Tempel auf dem Forum Romanum. Im Mythos schwängert er Rhea Silvia, die ↗ Romulus und Remus zur Welt bringt.

Marsfeld (Campus Martius), in Rom zunächst die gesamte Ebene zwischen dem Tiber im W, dem Kapitol im S und den Abhängen von Quirinalshügel und Pincius im O und N. Das Gelände ging nach der Vertreibung der Tarquinier 509 v. Chr. in Staatseigentum über. Es wurde ein Altar für Mars errichtet. Hier war die Versammlungsstätte der *comitia centuriata* (↗ Volksversammlung). Das M. wurde von einer Straße, der Via Flaminia, vom Zensor **C.** Flaminius angelegt, durchschnitten. In der Folgezeit wurden im südl. Bereich mehrere öffentl. Gebäude errichtet, u.a. auch der nach seinem Erbauer benannte Circus Flaminius (221 v. Chr.). Der größere nördl. Teil des M.es blieb während der republikan. Zeit unbebaut und diente als Übungs- und Exerzierplatz für die Armee. Pompeius ließ dort zwischen 61 und 55 v. Chr., am Ende der Republik, das erste steinerne Theater in Rom erbauen. Seit dieser Zeit setzte eine rege Bautätigkeit auf dem M. ein: Caesar erneuerte die Komitien, Agrippa ließ die ersten öffentl. Thermen errichten, Augustus sein Mausoleum und den Obelisken, der als Zeiger einer kolossalen ↗ Sonnenuhr diente. Zahlreiche Säulenhallen, z.T. mit Kunstwerken geschmückt und mit Gartenanlagen versehen, verbanden die verschiedenen Prachtbauten, und auch in der späteren Kaiserzeit wurden hier weitere Monumentalbauten errichtet. **Lit.:** F. Coarelli, Rom. Ein archäolog. Führer (²1981). – H.-J. Müller, Rom. Kunst- und Reiseführer (1991).

Marsi (1), krieger., ital. Volk in der Höhenlandschaft um den Fuciner See. Seit Mitte des 4. Jh. v. Chr. Kontakt mit Rom, dessen Verbündete sie 304 wurden; sie leisteten der Stadt 225 Waffenhilfe und erhielten nach dem ↗ Bundesgenossenkrieg (91–88 v. Chr.), der im Gebiet der M. seinen Anfang nahm, das röm.

↗ Bürgerrecht. Das Klima gestattete Obst- und Bohnenanbau; die Kräuterkunde trug den M. den Ruf der Zauberei ein.

Marsi (2), Hauptvolk der Germanen. Noch bis zum 8. Jh. v. Chr. am Rhein, siedelten sie später zwischen Ruhr und Lippe; ↗ Germanicus gelang ein Überraschungssieg (14 n. Chr.) gegen die zu einem Kultfest versammelten M.; 41 n. Chr. gewann ↗ Gabinius den letzen Legionsadler der Varusschlacht (↗ Teutoburger Wald) zurück, danach keine Nachrichten.

Marsyas (gr. Marsyas), phryg. Flussgottheit. Er findet Athenas Flöte, die sie weggeworfen hatte, weil sie angeblich ihr Gesicht entstellte. Nach einiger Zeit beherrscht er das Flötenspiel so virtuos, dass er es wagt, Apollon zum Wettkampf herauszufordern, den er jedoch verliert. Apollon erhängt ihn und zieht ihm die Haut ab. Aus seinem heruntertropfenden Blut – nach Ovid (*Metamorphosen* 6, 382–400) aus den Tränen der trauernden Nymphen – entsteht der Fluss M. **Lit.:** W. Hofmann, M. und Apoll (1973).

Martial, Marcus Valerius Martialis, röm. Dichter aus Bilbilis (Spanien), 38/41–102/104 n. Chr. M. verbrachte einen Teil seines Lebens (ca. 64–98) in Rom und lebte als Literat in der Abhängigkeit von Freunden und Gönnern, u. a. der Familie Senecas. Er verkehrte mit den führenden Intellektuellen seiner Zeit (Silius Italicus, Frontinus, Quintilian, Plinius d.J., Juvenal). Von Titus und Domitian wurde er mit dem Dreikinderrecht (Erlass der Kinderlosensteuer) ausgestattet. Seine Huldigungen an Domitian dürften sich unter dessen Nachfolger Nerva nachteilig ausgewirkt haben, und er kehrte, nicht ohne leises Unbehagen (10, 93), nach Spanien zurück. M. schrieb ausschließlich Epigramme (insges. 15 Bücher) und führte die Gattung zur höchsten Vollendung (↗ Epigramm). Der *Epigrammaton Liber* (*Liber spectaculorum*) geht der postumen Gesamtausgabe ohne Zählung voraus und ist zur Einweihung des Colosseums verfasst (80); er hat die Circusspiele des Kaisers Titus zum Gegenstand. *Xenia* (*Gastgeschenke*) und *Apophoreta* (*Mitzunehmendes*) (Bücher 13–14) sind Begleitverse für Saturnaliengeschenke. Die Bücher 1–12 der Epigramme sind, was Anlass und Thematik der Gedichte, aber auch die metr. Form angeht, äußerst abwechslungsreich. Scharfe Beobachtungsgabe und geistreiche Pointen verschafften dem Autor schon zu Lebzeiten weite Bekanntheit. **Lit.:** N. Holzberg, M. und das antike Epigramm (2002). – J.P. Sullivan, M. The Unexpected Classic (1991).

Martianus Capella, lat. Enzyklopädist, 5. Jh. n. Chr. in Karthago. M. war Anwalt; für seinen Sohn verfasste er ein Kompendium der sieben ↗ *artes liberales* (neun Bücher): Grammatik, Dialektik, Rhetorik, Geometrie, Arithmetik, Astronomie, Harmonie, ergänzt durch Medizin und Architektur (Bücher 3–9). Das Werk ist unter dem Titel *De nuptiis Philologiae et Mercurii* (*Hochzeit von Mercur und der Philologie*) überliefert. Bemerkenswert ist die allegor. Einkleidung des Stoffs. Die Rahmenerzählung ist durch Apuleius' Märchen von *Amor und Psyche* angeregt: Bevor die sterbl. Philologia als Gottes-Braut in den Himmel aufgenommen werden kann, muss sie einen Trank zu sich nehmen, der sie eine Bibliothek aller Wissenschaften erbrechen lässt. Diese wird anschließend von Artes, Disciplinae und Musen geordnet. Apoll führt ihr im Himmel sieben Brautjungfern vor, die als Allegorien der sieben *artes liberales* jeweils ihren Stoff vortragen. Die Mischung von Prosa und verschiedenen Versformen (sog. Prosimetrum) erinnert formal an die Menippeische Satire. **Lit.:** S. Grebe, M. De nuptiis Philologiae et Mercurii (1999).

Masada, schwer zugängl. Festung auf einem 457 m hohen, isolierten Bergplateau in der Wüste ↗ Judäas (heute südöstl. von Hebron). Errichtet von Jonathan oder Alexander Jannai, wurde M. von Herodes d.Gr. ausgebaut. Flavius Josephus gibt eine detaillierte Beschreibung der Bauten M.s, die durch archäolog. Funde bestätigt wurden. Nach dem Fall ↗ Jerusalems im 1. Jh. v. Chr. war M. die letzte Bastion gegen die röm. Eroberung; M. wurde von L. Flavius Silva (73/74) belagert und gestürmt, die Widerstandskämpfer beginnen mit ihrem Führer Eleazar ben Yair Massenselbstmord. **Lit.:** Y. Yadin, M. (1966). – H.M. Cotton/J. Geiger, M. 2: The Latin and Greek Documents (1989). – E. Stern, The New Encyclopaedia of Archaeological Excavations in the Holy Land (1992). – ASM (1999).

Maschinen ↗ Mechanik, Technik

Maske, bei kult. Umzügen, Festen und Tänzen, aber bes. im Theater verwendetes Requisit. ↗ Schauspieler, Tragödie

Massageten, Sammelname für die teils krieger. Nomaden- und Steppenvölker zwischen Kasp. Meer und Aralsee. Die griech. Nachrichten (Herodot, Strabon) sind widersprüchlich; Ackerbau war ihnen unbekannt, sie verehrten die Sonne und brachten angeblich Pferdeopfer dar. 529 v. Chr. erfolgreiche Abwehr der Perser unter Kyros II., 518–516 Niederlage der M. gegen Dareios I. und Eingliederung in die 10. Satrapie. Nach der Einnahme des Gebietes durch ↗ Makedonien (330) gingen die M. in anderen Völkern auf.

Maße ↗ Flächen-, Längen-, Hohlmaße

Massilia (gr. Massalia; heute Marseille; um 600 v. Chr. gegründete Kolonie ↗ der jon. Handelsstadt ↗ Phokaia. Die griech. Kolonie in der Nähe des Rhônedeltas entwickelte sich zum florierenden Handelszentrum im westl. Mittelmeer und trat dabei in Konkurrenz mit Etrurien und ↗ Karthago. Polit. pflegte M. ein freundschaftl. Verhältnis zu den Ligurern und war treuer Verbündeter Roms im 2. ↗ Pun. Krieg. M. gehörte später zur Provinz Gallia Narbonensis. Keramikfunde belegen Handel mit kleinasiat. Häfen, Ägypten (Naukratis), Attika, Korinth und der Peloponnes; M. übte erhebl. kulturellen Einfluss auf Gallien aus; die größte Blüte erlebte M. im 4. und 3. Jh. v. Chr. Berühmte Kaufleute und Seefahrer stammten aus M., wie etwa Euthydemos und ↗ Pytheas. Der Stadtplan ist durch Ausgrabungen gut dokumentiert, jedoch sind wenige antike Reste sichtbar. **Lit.:** ASM (1999).

Massinissa (auch Masinissa), ca. 240–148 v. Chr., König von Numidien, wurde als Fürstensohn in Karthago erzogen. Im 2. Pun. Krieg (218–201) war er zunächst ein Verbündeter der Karthager und kämpfte an ihrer Seite in Spanien gegen Rom. 206 wechselte er nach einer persönl. Begegnung mit Scipio die Fronten, wurde aber von seinem Rivalen Syphax, dem neuen Verbündeten Karthagos, aus Numidien vertrieben. 204 schloss er sich der Invasion Scipios an und wurde bei Kriegsende (201) von Rom als alleiniger König anerkannt. In den folgenden Jahrzehnten sah er in Karthago seinen eigentl. Feind und nahm dem Rumpfstaat nach und nach beträchtl. Territorien ab, wobei er jedesmal die Billigung Roms erhielt. Bei seinem Angriff 150 setzte sich Karthago zur Wehr, was zum Ausbruch des 3. Pun. Krieges (149–146) führte. M. starb bereits wenige Monate nach Kriegsbeginn und hinterließ die Herrschaft seinen Söhnen. Er förderte die Urbanisierung seines Reiches und suchte kulturell Anschluss an die hellenist. Welt des Ostens zu gewinnen. Als treuer Verbündeter Roms hoffte er, die alleinige Hegemonie über Nordafrika zu erlangen, sah sich aber 149 durch die unmittelbare röm. Intervention in seinen Hoffnungen getäuscht.

Mastix (lat.; gr. *mastiche*; vielleicht von *masasthai* »kauen«), wohlriechendes, zähes Harz des im gesamten Mittelmeerraum heim. immergrünen Mastixbaumes oder -strauches (gr. *schinos,* lat. *lentiscus*). Antike Angaben zu Anbau und Kultivierung des erstmals bei Herodot erwähnten M. sind spärlich. M. wurde wegen seiner reinigenden und erfrischenden Wirkung zum Zähneputzen und als Ersatz für Mundwasser benutzt. Aus den Beeren gewann man Öl; ebenso wurden Teile des Baumes in vielfacher Form als Heilmittel verwendet. Das beste Harz stammte im Altertum (wie heute) von der griech. Insel Chios.

Mathematik. Im Unterschied zur M. der Babylonier und Ägypter, die sich mit rezeptartiger Lösung konkreter Aufgaben wie z. B. der Steuerverwaltung oder Landmessung beschäftigten, stellten die Griechen allg. Sätze über Zahlen und geometr. Figuren auf, die sie auch zu beweisen trachteten. So werden ↗ *Thales von Milet* (ca. 625–547 v. Chr.), einem Kenner der genannten Tradition, u. a. die elementargeometr. Einsichten zugeschrieben, dass ein Kreis durch jeden seiner Durchmesser halbiert wird und dass die Basiswinkel in gleichschenkligen Dreiecken gleich sind. Ob der »Satz des Thales« tatsächlich von ihm stammt, ist zweifelhaft. Die ↗ *Pythagoreer* (ca. 550–350 v. Chr.) unterscheiden in der Zahlentheorie, die bei ihnen auf positive ganze Zahlen beschränkt ist, gerade und ungerade Zahlen, nennen Zahlen »befreundet«, wenn die eine jeweils die Summe der Teiler der anderen ist (z. B. 220, 284), »vollkommen«, wenn sie Summe ihrer eigenen Teiler sind (z. B. 6, 28). Sie bemerken, dass Zahlen, die sich anschaulich als Quadrat figurieren lassen, sog. Quadratzahlen, Summen aufeinanderfolgender ungerader Zahlen sind, sog. Dreieckszahlen (1, 3, 6, 10, 15, ...) Summen der natürl., und sog. Rechteckzahlen (2, 6, 12, 20, ...) Summen der vorangehenden

geraden Zahlen sind. In der ebenfalls auf positive ganze Zahlen beschränkten Proportionenlehre definieren sie das arithmet., geometr., harmon. Mittel $(\frac{+\,b}{2}, \sqrt{ab}, \frac{2a\,l}{a\,+})$ und entdecken den goldenen Schnitt $(a:x=x:(a-x))$. Die Entdeckung der Inkommensurabilität, d. h. dass man nicht jeder Strecke eine rationale Zahl zuordnen kann, was z. B. bei der Diagonale des Einheitsquadrates ($\sqrt{2}$) der Fall ist, erschütterte ihren philosoph. Glauben daran, dass sich alle, auch die empir. Größen, durch Verhältnisse natürl. Zahlen darstellen lassen. Folgerichtig verallgemeinerte ↗ *Eudoxos von Knidos* (391–338 v. Chr.) den Begriff der Proportion auf inkommensurable Größen (irrationale Zahlen; vgl. Euklid, *Elemente,* Buch 5). Diese Erweiterung wird oft verglichen mit der Konstruktion der Irrationalzahlen durch Dedekindsche Schnitte. – Eine vollständige und perfekte Darstellung der M. aus der Zeit bis ca. 300 v. Chr. geben ↗ Euklids *Elemente* in 13 Büchern. Dem ganzen Werk stehen Postulate, die die Konstruierbarkeit der geometr. Gebilde gewährleisten (z. B. das berühmte Parallelenpostulat), sowie Axiome voran (z. B. »Was demselben gleich ist, ist auch einander gleich«); jedem Themenkreis sind die entsprechenden Definitionen vorangestellt, mit deren Hilfe Konstruktionsprobleme gelöst oder die Lehrsätze bewiesen werden. Bücher 1–4 behandeln die Planimetrie, 5–7 die Proportionenlehre und ihre Anwendungen (Ähnlichkeit von Figuren), 7–9 die pythagoreische Zahlentheorie, 10 die Irrationalzahlen, 11–13 die Stereometrie mit dem Nachweis der Existenz von genau fünf regelmäßigen Körpern. In Euklids *Data* wird die Frage behandelt, welche weiteren Informationen man aus »gegebenen« erschließen kann. – Schwerpunkt der Werke des ↗ *Archimedes* (287–212 v. Chr.) bilden Untersuchungen krummlinig begrenzter Figuren, deren Flächen- und Rauminhalte er mit Hilfe der von Eudoxos gefundenen Methode der Exhaustion (»Ausschöpfung«), d. h. durch Ein- und Umbeschreibung leichter berechenbarer Figuren bestimmt. Auf diese Weise bestimmt er Inhalt ($\frac{4}{3}4\pi r^3$) und Oberfläche ($4\pi r^2$) einer Kugel mit Hilfe von Kegeln (in: *Über Kugel und Zylinder*), Spiralsektoren durch Kreissektoren (in: *Über Spiralen*), Parabelsektoren durch Dreiecke (in: *Quadratur der Parabel*). Dem Kreis ein- und umbeschriebene 96-Ecke ergeben für π (Verhältnis Umfang: Durchmesser) einen Wert zwischen $3\frac{10}{71}$ und $3\frac{10}{70}$ (in: *Kreismessung*). Des Weiteren berechnet Archimedes Volumina rotierender Kegelschnitte (in: *Über Konoide und Sphäroide*) und gibt Anweisungen zur Darstellung sehr großer Zahlen (in: *Der Sandrechner*). Der *Brief über die Methode* gibt Hinweise zur Auffindung mathemat. Theoreme. – ↗ *Apollonios von Perge* (260–190 v. Chr.) hat in seinem Hauptwerk *Konika* (acht Bücher) in euklid. Strenge das gesamte Wissen über Kegelschnitte zusammengestellt und bedeutend erweitert. Anders als seine Vorgänger (u.a. Menaichmos, Aristaios, beide 4. Jh., und Euklid), die den Schnittwinkel Kegelmantel – Schnittebene mit 90° konstant hielten und die Ellipsen, Parabeln und Hyperbeln durch Variation des Öffnungswinkels erhielten, lässt Apollonios den Kegel unverändert und variiert den Schnittwinkel. Durch Schnitt des Doppelkegels erhält er beide Äste der Hyperbel. Seine weiteren Werke beschäftigen sich mit Geraden, die durch Endpunkte gegebener Strecken gehen (in: *Über den Verhältnisschnitt*) und Kreisen, die gegebene Punkte, Geraden oder Kreise berühren (in: *Über Berührungen*). – In den *Metrika,* den mathemat. Schriften des Technikers ↗ *Heron von Alexandria* (1. Jh. n. Chr.), finden sich prakt. Regeln zur (Ober)Flächenberechnung zwei- und dreidimensionaler Figuren, darunter die nach ihm benannte Dreiecksformel. Die Trigonometrie des ↗ Ptolemaios (2. Jh. n. Chr.) fasst die ebene Trigonometrie des Hipparchos (2. Jh. v. Chr.) und die von Menelaos (1. Jh. v. Chr.) begründete sphär. verbessernd zusammen. Seine Sehnentafel mit einer Schrittweite von 0.5° (bei Hipparch 7.5°) entspricht einer Sinustafel. ↗ *Diophantos von Alexandria* (3. Jh. n. Chr.) behandelt als erster rein algebraische Probleme (in: *Arithmetika*). In unsystemat. Weise löst er Beispielsaufgaben, darunter Gleichungen 1., 2. und höherer Ordnung nach den noch heute übl. Verfahren. Dazu führt er als erster Symbole u.a. für Unbekannte, Gleichheit und Subtraktion ein. – Das Hauptwerk des ↗ *Pappos von Alexandria* (3./4. Jh. n. Chr.), die *Synagoge,* behandelt 700 Jahre griech. M. mit großem Anteil eigener Forschung; bekannt sind das sog. Problem des Pappos, das für die analyt. Geometrie von Descartes wichtig wurde, und der Satz des Pappos aus der projektiven Geometrie. Er verallgemeinert den Satz des Pythagoras auf schiefwinklige Dreiecke, behandelt Spiralen und Schraubenflächen und bestimmt Inhalte von Rotationskörpern (Guldinsche Regeln). Ebenso werden die drei wohl wichtigsten Probleme der griech. M. behandelt, von denen sich erst viel später herausstellte, dass sie entgegen der damaligen Forderung mit Zirkel und Lineal allein nicht lösbar sind. Bezüglich des sog. Del. Problems, d.h. der Verdopplung eines Würfels mit der Kantenlänge a, hatte *Hippokrates von Chios* (ca. 450–400 v. Chr.) die Äquivalenz dieses Problems zur Auffindung zweier mittlerer Proportionalen x und y zu zwei gegebenen Strecken a und 2a gezeigt (formal: $a : x = x : y = y : 2a$, was $x^3 = 2a^3$ entspricht, wobei x die Kantenlänge des gesuchten Würfels ist.). Der Schüler des Eudoxos, *Menaichmos* (Mitte 4. Jh. v. Chr.), führte dieses Problem über die Proportionale zu Kegelschnitten. Das Problem der Quadratur des Kreises, d.h. der Konstruktion eines zu ihm flächengleichen Quadrates, führte Hippokrates auf die Quadratur von durch Kreisbögen begrenzten Figuren, den sog. »Möndchen«. *Antiphon* und *Bryson* (Ende 5. Jh. v. Chr.) versuchten eine Lösung durch Ein- und Umbeschreibung von Polygonen. Die Lösung des Problems der Dreiteilung des Winkels gelang dem Sophisten ↗ *Hippias von Elis* (5. Jh. v. Chr.) durch

eine »Quadratrix« genannte Kurve in einem Quadrat, die es sogar erlaubte, jeden Winkel in beliebig viele gleiche Teile zu teilen. **Lit.:** B. L. van der Waerden, Erwachende Wissenschaft: Ägypt., babylon. und griech. M. (^{2}1966). – H.-J. Waschkies, in: GGP II 1 (1998) 365–453. – H. Gericke, M. in Antike und Orient (1992).

Matidia, 68–119 n. Chr., die Schwiegermutter Hadrians, begleitete Trajan seit 113 auf seinem Orientfeldzug und brachte 117 dessen Asche nach Rom. Nach ihrem Tod (119) wurde sie von Hadrian, der mit ihrer Tochter Sabina verheiratet war, konsekriert und erhielt in Rom einen Tempel.

Matius, Gaius M., geb. um 100 v. Chr., war ein enger Freund Ciceros, mit dem er eine rege Korrespondenz führte. Als gleichzeitiger Anhänger Caesars versuchte er, zwischen beiden Männern zu vermitteln. Nach dessen Ermordung (44) schloss er sich Octavian an.

Matriarchat (gr. »Frauenherrschaft«) *I. Literatur:* In der griech. Literatur finden sich seit dem 5./4. Jh. Überlegungen zur Herrschaft von Frauen (*gynaikokratia),* zuerst belegt bei dem Komödienschriftsteller Aristophanes. In dessen 411 v. Chr. aufgeführten *Lysistrate* zwingen die Frauen ganz Griechenlands ihre Männer durch die Verweigerung des ehel. Beischlafs dazu, dass sie Frieden schließen. In den *Ekklesiazusen* (393/91, »Frauen bei der Volksversammlung«) übernehmen die athen. Frauen in einer Art Staatsstreich wegen des Unvermögens der Männer die Macht und führen eine kommunist. Verfassung ein. – *II. Mythos:* In myth. Erzählungen wird das M. immer wieder thematisiert. So sollen in Athen in Urzeiten die Frauen an den Volksversammlungen teilgenommen und Kinder den Mutternamen getragen haben. ↗ Omphale soll eine Tyrannenherrschaft über die verweichlichten Männer eingerichtet haben. Häufig finden sich Vorstellungen, dass bei weit entfernt, vor allem im Osten lebenden Völkern die Frauen die Macht im Staat ausübten (Herodot 4, 26 über er die Issedonen). Bes. die ↗ Amazonen sind mytholog. Exempel für das M. – *III. Theorie:* Die in feminist. Theorie verfochtenen M.-Vorstellungen einer Gesellschaftsordnung außerhalb patriarchal. Machtverhältnisse, in der ein friedl., herrschaftsfreies Zusammenleben der Menschen möglich sein soll, schließen sich vor allem an Johann Jakob Bachofens (1815–1887) Studie *Das Mutterrecht* (1861) an. Bachofen findet Leitfiguren des Weiblichen in der Hetäre als einem sexuellen Wunschbild des Mannes, in der Amazone als einem sexuellen Angstbild des Mannes und in der hehren und keuschen Mutter, der sexuell neutralisierten Frau. Die modernen feminist. M.-Theorien bauen auf diesen und ähnl. Theorien, die sie als männl. Wissenschaftsphantasien beurteilen, als Negativfolie auf und versuchen, indem die prähistor. oder ant. Gynaikokratien als Beleg angeführt werden, zu beweisen, dass die weibl. Minderstellung histor. und nicht biolog. verursacht ist, da Frauen in der Vorzeit aktiv an der Gestaltung von Politik und Kultur beteiligt gewesen seien. Die feminist. M.-Theorie beinhaltet somit als Vergangenheitsutopie Patriarchatskri-

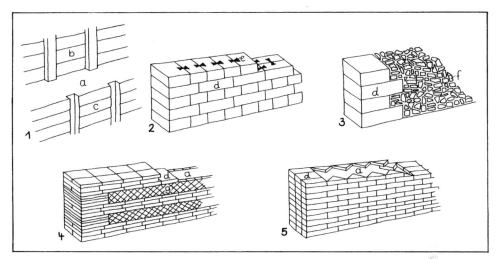

1 opus caementitium	5 opus testaceum	c Abdruck der Holzver-
2 opus quadratum	a caementum	schalung auf der Fassade
3 opus incertum	b Holzverschalung	d Ziegelstein
4 opus reticulatum		

e Schwalbenschwanz-
klammer
f Bruchstein
g Tuff- oder Ziegelrauten

Mauertechniken

tik und einen appellativen Charakter. **Lit.:** J. J. Bachofen, Das Mutterrecht (1861). – H. Göttner-Abend-
roth, Das M., 2 Bde. (1988–1991). – B. Wagner-Hasel
(Hrsg.), Matriarchatstheorien in der Altertumswissenschaft (1992).

Mạtron, griech. Autor, 4. Jh. v. Chr., Verf. eines Homer parodierenden Werks mit dem Titel *Deipnon*
(*Gastmahl*).

Matrọna (lat., »Mutter, Ehefrau«), die freigebo-
rene, in rechtmäßiger ⁊ Ehe verheiratete, ehrbare Römerin von Stand. Als äußeres Zeichen ihres Standes
trug sie eine lange, mit einem Zierstreifen (*instita*)
versehene Stola vom Tag nach der Hochzeit an. Privat-
rechtlich dem *pater familias* zunächst völlig untergeordnet, staatsrechtlich von jeder polit. Tätigkeit ausgeschlossen, beschränkte sich ihr Wirkungsbereich in
der Frühzeit auf die Führung des Hauses und die Kin-
dererziehung, was als sehr ehrenvoll galt. Dennoch
war die M. nicht vom öffentl. Leben ausgeschlossen;
in Begleitung ihres Mannes erschien sie im Theater
und bei Festspielen. Als röm. Vollbürgerin war sie
rechtsfähig (Zeugin, Fürsprecherin, Bürgin). Gerade
durch Heiratspolitik zwischen den *gentes* (⁊ gens)
konnten polit. Allianzen gestärkt oder geschwächt
werden. Mit der späten Republik gewannen gebildete
matronae an Selbstbewusstsein; im 1. Jh. v. Chr. nahmen Scheidungen zu. Nach ihrem Tod erhielt die M.
ein feierl. Begräbnis mit Leichenrede (⁊ *laudatio funebris*). Berühmt als Verkörperung der gebildeten, einflussreichen M. wurde ⁊ Cornelia, die Mutter von
Tiberius und Gaius Gracchus. **Lit.:** J. F. Gardner,
Frauen im antiken Rom (1995).

Matthạus, einer der vier Evangelisten; ⁊ Evangelium.

Mattiạker (lat. Mattiaci), german. Stamm, der das
fruchtbare Gebiet um das heutige ⁊ Wiesbaden (Aquae
Mattiacae) besiedelte.

Matụta, ital. Göttin der Morgenröte mit Tempel auf
dem Forum Boarium. Ihr Fest, die *Matralia,* wurde am
11. Juni begangen.

Mauertechnik. Mauerwerk besteht im Allg. aus
einzelnen Steinen, die entweder in einem Steinverband
oder durch Mörtel zu einem stabilen Ganzen verbunden sind. In griech. und frühröm. Zeit errichtete man
Mauern aus verschieden großen und unterschiedlich
geformten Steinblöcken, die geschickt auf- und zusammengefügt wurden. Hierbei gab es unterschiedl.
M.en, so z. B. die sog. *Kyklopenmauern* aus riesigen,
grob behauenen Steinblöcken, die bes. bei frühgeschichtl. Stadt- und Festungsmauern Verwendung fanden. Sie waren in der Regel zweischalig, wobei der
Hohlraum mit Bruchsteinen und Lehm gefüllt wurde
(Mykene, Tiryns). Auch die aus vielseitig behauenen
Steinen errichtete *Polygonalmauer* kam in der griech.
Frühzeit häufig vor. Die Wohnhäuser und größeren öffentl. Gebäude der ersten griech. Städte wurden nur
mit getrockneten Lehmziegeln errichtet, die teilweise
– ähnlich unserem Fachwerk – mit einer Holzkonstruktion verbunden oder gestützt wurden. Im Zuge
der raschen Entwicklung des Städtebaus und den ersten monumentalen Bauwerken wird eine weitere M.,
das *opus quadratum*, angewandt, bei dem die Mauer
aus regelmäßig behauenen, quadrat. Steinblöcken gebildet war. Etwa seit dem 4. Jh. v. Chr. entwickelte sich

daraus eine Sonderform mit anderer Verbundtechnik: Langrechteckige Steinquader werden abwechselnd als Läufer (Langsseite in der Mauerflucht) und Binder (Schmalseite in der Mauerflucht, Langseite stößt senkrecht dazu in die Tiefe) gesetzt und bilden so einen äußerst stabilen Verbund. Die Steine (oftmals Kalk- oder Tuffstein) waren so bearbeitet, dass die aneinanderstoßenden Seiten exakt zusammenpassten, ferner besaßen sie z. T. Löcher für Dübel oder Klammern, mit denen die einzelnen Steinblöcke verbunden wurden. – Die Römer übernahmen zwar zunächst diese M. von den Griechen, bevorzugten aber etwa ab dem 2. Jh. v. Chr. eine Gussmauertechnik. Hierfür entwickelten sie das sog. *opus caementitium,* ein Gemisch aus Fluss- oder Grubensand, Kalk und Ziegelmehl, das zusammen mit Bruchsteinen in eine Schalung gefüllt wurde. Ohne diese M. wären die von den Römern perfektionierten Bogen-, Gewölbe- und Kuppelkonstruktionen nicht denkbar. Die Schalmauern konnten nun auf die unterschiedlichste Weise gestaltet wurden: Für das *opus incertum* verwendete man kleine ausgewählte Natursteine, deren unregelmäßige Vorderseite meist etwas geglättet wurde. Die Steine wurden sorgfältig verlegt und mit Mörtel verbunden. Das *opus reticulatum,* eine Art Netzmauerwerk, besteht aus pyramidenförmig zugehauenen Tuffsteinen mit quadrat. Grundfläche. Diese Grundfläche stand jeweils auf einer Ecke, wobei die Spitze nach innen gerichtet war (was zur Stabilität beitragen sollte). Man verputzte diese Mauern oftmals nicht, sondern benutzte zur Verzierung gerne Steine von unterschiedl. Farbe. Das *opus testaceum* war ein Ziegelmauerwerk aus horizontal verlegten, gebrannten Ziegel- oder Backsteinen, oftmals im Wechsel mit Natursteinen verwendet und dann *opus mixtum* genannt. Das *opus vittatum* weist abwechselnd aufeinander folgende, horizontal verlaufende Schichten von Ziegeln und Tuffsteinen auf. Beim *opus spicatum* werden die Backsteine in Form eines Fischgrätmusters angeordnet. Schließlich übernahmen die Römer auch gerne erprobte Techniken anderer Kulturkreise, so z. B. das *opus Gallicum,* ebenfalls eine Schalmauertechnik mit einem ausgeklügelten Holzkastensystem, das mit Bruchsteinen und Mörtel aufgefüllt wurde und so eine äußerst stabile Konstruktion bildete. **Lit.:** O. Lamprecht, Opus caementitium – Wie die Römer bauten (1968). – W. Müller-Wiener, Griech. Bauwesen in der Antike (1988).

Maultier (gr. oreus, lat. mulus), eine Kreuzung aus Eselhengst und Pferdestute. Die Unterscheidung zum Maulesel (Kreuzung aus Pferdehengst und Eselstute), der in der Antike eine weitaus geringere Rolle spielte, wurde nicht konsequent durchgeführt, lediglich im Lateinischen gibt es für ihn einen eigenen Begriff (*hinnus*). Beide Arten sind selbst nicht fortpflanzungsfähig und müssen ständig neu gezüchtet werden. Der Ursprung der Züchtung liegt im Vorderen Orient, von wo aus die Tiere nicht vor Ende des 2. Jt. v. Chr. in den Mittelmeerraum gelangten. Den Griechen waren Maultiere seit archaischer Zeit vertraut und dienten bes. als Zugtiere (für Fahrzeuge und für den Pflug) so-

wie als Tragtiere zum Transport von Lasten. Sie wurden bes. wegen ihrer Ausdauer, Zähigkeit und Genügsamkeit geschätzt. In der röm. Kaiserzeit erlangte das M. eine führende Rolle im Transportwesen und kam als Reittier, als Zugtier für den Reisewagen sowie bei der Beförderung der Staatspost zum Einsatz. Seine Unfruchtbarkeit war Gegenstand zahlreicher gelehrter und medizin. Erörterungen.

Mauretanien, von Berberstämmen besiedeltes Gebiet an der NW-Küste Afrikas mit Teil des ↗ Atlasgebirges. Der größte Teil des Landes war gebirgig und bewaldet, im fruchtbaren Tal des Flusses Mulucha (heute Muluya) gediehen Wein, Getreide und Oliven. Exportware waren wertvolle Hölzer, Wein und Purpurwaren. An der Küste gründeten Phönizier, später Karthager Handeskolonien; am Ende des 5. Jh. v. Chr. dienten mauretan. Söldner im karthag. Heer. König Bocchus I. von M. lieferte den numid. König ↗ Jugurtha an Rom aus (105), erhielt als Lohn den Westteil ↗ Numidiens und schloss ein Freundschaftsbündnis mit Rom. Unter dem röm. Klientelkönig Juba II. (25 v. Chr.–23 n. Chr.) Einfluss des Hellenismus auf Kultur und Gesellschaft in M. mit Hauptstadt Caesarea (heute Cherchel). Nach der Ermordung seines Sohnes und Nachfolgers Ptolemaios (23–40 n. Chr.) wurde auf Betreiben des röm. Kaisers Caligula M. um 44 von Claudius unterworfen und in zwei Provinzen geteilt: M. Tingitana mit Tingis und M. Caesariensis mit Caesarea als Hauptstadt (heute Westalgerien). Immer wieder fielen in der Folgezeit unabhängige Stämme in das Provinzgebiet ein; später Reduzierung der Provinzgröße und verwaltungsmäßiger Anschluss der Tingitana an ↗ Hispanien; Abtrennung der Provinz M. Sifitensis. **Lit.:** J. Carcopino, Le Maroc antique (1947).

Mausoleum, Grabmal des ↗ Maussolos. Dieser schrieb noch zu Lebzeiten einen Wettbewerb unter den namhaftesten Künstlern seiner Zeit aus, die ihm ein Grabmal in der Hauptstadt Halikarnassos errichten sollten. Gemeinsame Architekten waren Pytheos und Satyros, die Gestaltung der Friese und Statuen übernahmen die vier bedeutendsten Bildhauer der Zeit ↗ Skopas, ↗ Bryaxis, ↗ Leochares und Timotheos. Zum Zeitpunkt seines Todes (353 v. Chr.) war das M. noch nicht vollendet, der Bau wurde aber von seiner Frau (und Schwester) Artemisia vorangetrieben. Fertiggestellt wurde es erst nach dem Tode der Königin (351 v. Chr.). Aufgrund seiner enormen Ausmaße und der Pracht seiner Ausstattung zählte der Bau bereits in der Antike zu den Sieben ↗ Weltwundern. Das ursprüngliche Aussehen des M.s ist bis heute nicht vollständig rekonstruiert. Einige Fundamentreste sind noch erhalten. Über ihnen muss sich ein Stufenunterbau mit mächtigem Sockel erhoben haben; darauf der Grabtempel mit Ringhalle und Pyramidendach, welches von einer Quadriga (Viergespann) mit Statuen bekrönt wurde. Das M. wurde im 13. Jh. durch ein Erdbeben zerstört und seine Steine im 16. Jh. von den Johannitern zum Bau ihrer Festung benutzt. Jedoch wurde bei Ausgrabungen ein großer Teil der Statuen und Friese

*Grabmal des Mausolos in Halikarnassos
(Rekonstruktion)*

entdeckt (heute im Brit. Museum in London). Seit dem Bau dieses Grabmals bezeichnete man allg. monumentale Grabbauten als M.en. Zu den bekanntesten zählen u. a. das in Rom befindl. Grabmal des Augustus und das des Hadrian (↗ Engelsburg). **Lit.:** K. Stemmer, Standorte. Kontext und Funktion antiker Skulptur (1995).

Mausoleum Hadriani ↗ Engelsburg

Maussollos (auch Mausolos), pers. Satrap von Karien (377–353 v. Chr.), regierte seinen Machtbereich als nahezu unabhängiger Herrscher und verstand es, seinen Einflussbereich auch auf die vorgelagerten Inseln auszudehnen. Er stand stark unter dem Einfluss der griech. Kultur. In seiner Residenz Halikarnassos ließ er sich ein prächtiges Grabmal errichten, das »Mausoleum«. **Lit.:** E. Buschor, M. und Alexander (1950). – S. Hornblower, Mausolos (1982). – GGGA (1999).

Maxentius, Marcus Aurelius Valerius M., ca. 280–312 n. Chr., Sohn des Maximian und Schwiegersohn des Galerius, fühlte sich bei der Abdankung seines Vaters (305) übergangen und ließ sich 306 in Rom mit Unterstützung der Prätorianergarde zum Kaiser ausrufen. Von den übrigen Herrschern der Tetrarchie nicht anerkannt, konnte er sich 307 gegen Galerius behaupten und seine Macht zeitweise nach Spanien und Nordafrika ausdehnen. 312 unterlag er gegen Konstantin I. in der Schlacht an der Milv. Brücke und ertrank auf der Flucht. In seiner sechsjährigen Regie-

rung betonte M. bes. das nationalröm. Element, war aber auch den Christen gegenüber tolerant.

Maximian, Marcus Aurelius Valerius Maximianus Augustus, röm. Kaiser Okt./Dez. 285 – ca. Juli 310 n. Chr.; geb. um 250, niederer Herkunft; Kriegsdienst unter den Kaisern Aurelian, Probus und Carus; im Okt./Dez. 285 wurde M. von Diokletian zum Caesar erhoben, am 1. April 286 zum Augustus für den Westen. Diokletian selbst übernahm die Osthälfte. Dass Diokletian immer die übergeordnete Rolle spielte, wurde durch die Beinamen Iovius für Diokletian und Herculius für M. zum Ausdruck gebracht; 286–288 kämpfte M. erfolgreich gegen die Germanen; seit 293 wurden die beiden Augusti von zwei Caesares unterstützt, Constantius I. und Galerius. Constantius I. gelang es 297, das 286 abgefallene Britannien zurückzuerobern. Am 1. Mai 305 dankten Diokletian und M. planmäßig ab, die beiden Caesares wurden zu Augusti ernannt und erhielten in Maximinus Daia und Severus II. zwei neue Caesares; während sich Diokletian in seinen Palast nach Split zurückzog, wurde M. auf Bitten des Maxentius Ende 306 erneut politisch aktiv; 307 nahm er in Ravenna die Abdankung des Severus II. entgegen. Anschließend begab er sich nach Gallien und ernannte Konstantin I. zum Caesar, der ihn dafür als aktiven Augustus anerkannte. Im April 308 scheiterte der Versuch des M., den Maxentius abzusetzen, im November 308 dankte er erneut ab; im Frühsommer 310 empörte sich M. gegen Konstantin, ca. Juli 310 wurde er in Massilia gefangengenommen und beging Selbstmord. **Lit.:** F. Kolb, Diocletian und die Erste Tetrarchie (1987). – D. Kienast, Röm. Kaisertabelle (²1996) 272–276. – DRK (1997).

Maximianus, lat. Dichter zur Zeit der Gotenherrschaft in Italien, Mitte 6. Jh. n. Chr., Verf. von sechs Elegien verschiedener Länge (insgesamt 686 Verse), aus denen sich einige Angaben zu seinem Leben entnehmen lassen: Name (4, 26), Herkunft aus Italien (5, 5 und 40), Jugendzeit in Rom (1, 37 und 63), polit. Laufbahn (1, 9–10 und 13–14), Teilnahme an einer Gesandtschaft im Ostteil des Reiches (5, 1–4), Beziehungen zum Philosophen Boethius. Sprache und Stil verraten den Einfluss augusteischer Liebeselegiker, während metr. »Verstöße« der Spätzeit zuzurechnen sind. Im MA wurde sein rhetor.-sentenziöser Tonfall geschätzt. **Lit.:** W. Schetter, Studien zur Überlieferung und Kritik des Elegikers M. (1970).

Maximinus Daia, Galerius Valerius M. Augustus, röm. Kaiser 1. Mai 305 – Spätsommer 313 n. Chr.; geb. 270 oder 285 in Illyricum, Neffe des Galerius; 1. Mai 305 Erhebung zum Caesar für den Osten, 1. Mai 310 Erhebung zum Augustus. Nach dem Tod des Galerius Anfang 311 besetzte M. D. Kleinasien; 313 kam es zum Krieg mit Licinius; der am 30. April 313 mit der Niederlage des M. D. endete. Er starb im Spätsommer desselben Jahres in Tarsos. **Lit.:** T. Christensen, C. Valerius M. (1974). – D. Kienast, Röm. Kaisertabelle (²1996) 288 f. – DRK (1997).

Maximinus Thrax, Gaius Iulius Verus M. Augustus, röm. Kaiser Februar/März 235 – ca. Mitte April

238 n. Chr.; geb. um 172 in Thrakien oder Moesia Inferior, nach Angabe der *Historia Augusta* als Sohn des Goten Micca und der Alanin Hababa; unter Septimius Severus Beginn der militär. Laufbahn; unter Severus Alexander Heerespräfekt. Im Febr./März 235 wurde M. T. von den Soldaten in Mainz zum Kaiser erhoben. 235/36 führte er Krieg gegen Sarmaten und Daker. 236 ernannte er seinen Sohn Maximus zum Caesar. Wahrscheinlich Mitte Januar 238 wurde M. T. vom Senat zum Staatsfeind erklärt und Mitte April zusammen mit seinem Sohn Maximus bei Aquileia von den eigenen Soldaten erschlagen. **Lit.:** A. Lippold, Kommentar zur Vita Maximini Duo der Historia Augusta (1991).

Maximus (1), Gaius Iulius Verus M., Sohn des Kaisers Maximinus Thrax; geb. ca. 215 n. Chr.; zwischen dem 7. Januar und 16. Mai 236 Erhebung zum Caesar. M. begleitete seinen Vater auf den Feldzügen gegen die Daker und Sarmaten. Wahrscheinlich Mitte Januar 238 wurden Vater und Sohn zu Staatsfeinden erklärt und Mitte April bei Aquileia von den Soldaten erschlagen.

Maximus (2) von Tyros, griech. Autor, 2. Jh. n. Chr., Verf. von 41 erhaltenen, mit zahlreichen Zitaten bestückten (bes. aus Homer und Platon) Vorträgen (*Dialexeis*) in popularphilosoph. Ton.

Maximus (3), griech. Autor, 2. Jh. n. Chr., Verf. eines erhaltenen astrolog. Lehrgedichts.

Maximus (4) von Ephesos, gest. 370 n. Chr., griech. neuplaton. Philosoph. M. war zwar einerseits angezogen von den myst.-mag. Tendenzen seiner Zeit, verfasste aber auch einen (nicht erhaltenen) wissenschaftl. Kommentar zu den aristotel. Kategorien.

Mechanik (gr., »Maschinenkunst«), in der Antike allg. die Technik und die theoret. Grundlage zum Bau von Maschinen: Enthalten waren darin die Lehren von Gleichgewicht und Schwerpunkt (Statik) und von der Bewegung (Kinetik), der Bau von Kriegsmaschinen, die Herstellung von Automaten und Himmelsmodellen. Die M. war ursprünglich Teil der philosoph. Naturbetrachtung, doch verstärkte sich im Laufe der Zeit der Einfluss der Mathematik. – Begriffe wie Reibung, Bewegung, Schwere oder Verdrängung beschäftigten schon früh die Naturphilosophie; Platon befasste sich ausführlich mit Bewegung und Schwerkraft; auf diesen Einsichten konnte Aristoteles aufbauen, dessen kinet. Lehre als Vorläufer der im 17. Jh. entwickelten, von antiken Irrtümern (gewichtsabhängiges Fallgesetz, Impetustheorie) bereinigten Dynamik gilt (Galilei, Newton). Aristoteles erkannte richtig die Hebelwirkung und das Kräfteparallelogramm; bei der Unterscheidung zwischen natürl. und erzwungener Bewegung beschäftigte er sich bereits mit dem Kraftbegriff. Berühmt wurden ↗ Archimedes von Syrakus als Erfinder des Flaschenzuges und der sog. »archimed. Schraube«, der sich in seinen Werken mit Statik und Hydrostatik befasste und zum Begründer der mathemat. untermauerten Physik wurde. Er erkannte das Prinzip des Auftriebs und der spezif. Dichte schwimmender Körper. **Lit.:** H. Diels, Antike Technik

Mechanisches Tempelwunder: Automatischer Türöffner, der durch die sich erhitzende Luft und das dadurch verdrängte Wasser im Kessel die Türangeln des Tempelportals bewegt (nach Heron)

(^{2}1920). – A. Schürmann, Griech. M. und antike Gesellschaft (1991).

Meda, Gattin des ↗ Idomeneus. Während Idomeneus sich vor Troja aufhält, verführt Leukos, der Sohn des Talos, auf Anstiften des ↗ Nauplios, M. zum Ehebruch und tötet sie dann zusammen mit ihren Kindern.

Medea (gr. Medeia), Nichte der Kirke, Gattin des ↗ Jason, dem sie durch ihre Zauberkräfte dabei hilft, die von ihrem Vater Aietes gestellten Aufgaben zu lösen und das ↗ Goldene Vlies zu rauben. Auf ihrer Flucht aus Kolchis zerstückelt M., um Zeit vor dem Verfolger Aietes zu gewinnen, ihren Bruder Apsyrtos und verstreut die Leichenteile auf dem Fluchtweg. In Jolkos lässt M. die Töchter des Pelias ihren eigenen Vater töten, da dieser dem Jason den Thron – die versprochene Belohnung für den Raub des Vlieses – vorenthält, indem sie ihnen vorspiegelt, ihn jungkochen zu können. M. und Jason fliehen nach Korinth zu Kreon, der Jason mit seiner Tochter Glauke (oder Kreusa) verheiraten will, worauf Jason M. verstößt. M. rächt sich mit einem vergifteten Mantel, in dem ihre Nebenbuhlerin verbrennt, und tötet ihre mit Jason gezeugten Kinder. In Athen versucht sie vergeblich, Theseus, den Sohn ihres neuen Mannes Aigeus, zugunsten ihres eigenen Sohnes Medos umzubringen. Zurück in Kolchis, tötet sie den Usurpator Perses und bringt Aietes oder Medos an die Macht. – M. ist eine der faszinierendsten Frauengestalten der griech. Mythologie, die zu literar. Bearbeitungen herausforderte: In der euripideischen *Medea* (438 v. Chr.) ist sie als liebende und leidende Frau dargestellt, die durch die Untreue ihres Mannes zur gnadenlosen Rächerin wird. In der röm. Literatur (Ovid, *Metamorphosen*, Buch 7; Seneca, *Medea*) wird die dämon. Seite M.s als Hexe und Zauberin herausgestellt, die bereits im Argonautenepos des Apollonios von Rhodos angelegt ist. In der Moderne (Chr. Wolf, *Medea: Stimmen*, 1996; R. Liebermann, *Freispruch für Medea,* Oper, 1995) ist sie nicht mehr die Mörderin, vielmehr wird sie zum Opfer der Karrieresucht ihres Mannes bzw. des Konflikts zwischen der archaischen Welt in Kolchis und der westl. ›Moderne‹. **Lit.:** J.J. Clauss/S. Iles Johnston (Hg.), M. Essays on M. in Myth, Literature, Philosophy and Art (1997).

Medien (lat. Media), durch Gebirge und Wüsten begrenzte Landschaft und Staat zwischen Mesopotamien und dem Kasp. Meer. Die hier beheimateten Meder lebten von Viehzucht und teilweise nomadisch; sprachlich und ethnisch waren sie mit den Persern verwandt; assyr. Inschriften erwähnen die Meder erstmals im 9. Jh. v. Chr. Zunächst wurde M. von den Assyrern beherrscht; im 8. oder Mitte des 7. Jh. v. Chr. Einigung der med. Stämme und Staatsgründung mit der Hauptstadt ↗ Ekbatana; Phraortes (um 647–625) befreite M. endgültig von der assyr. Herrschaft, eroberte Assyrien und ↗ Urartu und wehrte die Skythen ab; im 6. Jh. v. Chr. unter Kyaxares (625–585) Ausdehnung des Reiches bis nach Kleinasien an den ↗ Halys, der die Grenze zu Lydien wurde. Auseinandersetzungen des Astyages (585–550) mit seinem Schwiegersohn Kyros II. führten zur pers. Eroberung und Aufteilung in zwei Satrapien: Großmedien im S mit Ekbatana und Rhaga bildete die 11., Nordmedien mit dem Zagrosgebirge und Assyrien die 18. Satrapie. Alexander d.Gr. setzte bei seinem Siegeszug den Atropates als Satrapen ein (328); in der Diadochenzeit behielt dieser nur den N, genannt Atropatene (heute Aserbeidschan). Die prächtige Hauptstadt Ekbatana blieb Residenz auch unter den Sasaniden.

Mediolanum ↗ Mailand

Medizin (lat. ars medicina, »Heilkunst«), Wissenschaft von den gesunden und kranken Lebewesen, von Ursachen und Wesen ihrer Krankheiten (↗ Pathologie), deren Erkennung (Diagnostik) und Vorhersage ihres Ablaufs (Prognose) sowie der Vorbeugung gegen sie. – Versuche, Krankheiten zu heilen, sind wahrscheinlich so alt wie die Menschheit. Funde aus der Steinzeit zeigen, dass aufgrund empir. gewonnener Kenntnisse Knochenbrüche eingerichtet, Verbände angelegt und teilweise schwierige chirurg. Eingriffe wie Schädelöffnungen (Trepanationen) vorgenommen wurden. Diese frühe M. beruhte ausschließlich auf Erfahrungswerten nach rein äußerl. Diagnostik der Symptome; die inneren Zusammenhänge von Krankheiten blieben im dunkeln. In der M. der frühen Kulturvölker fließen Elemente verschiedener Entwicklungsstufen ein: Antike Hochkulturen (Ägypten, Mesopotamien) sahen Krankheiten als von den Göttern gesandte Dämonen oder als in den Körper eingedrungene Fremdkörper. In den Epen Homers führen die Söhne des Asklepios, Machaon und Podaleirios, medizin. Eingriffe durch. Sachkundige Laien behandeln Kriegsverletzungen (Blutstillen, Entfernen von Speerspitzen, Verbände), die ein beachtl. chirurg. und anatom. Wissen voraussetzen. – Neben der rational-empir. M. existierte die Tempel-M. der Asklepiosheiligtümer, wo Kranke durch Heilschlaf (Inkubation) im Tempelbezirk mit einer heilenden Gottheit in Verbindung traten. Der Beruf des Arztes bildete sich etwa im 7./6. Jh. v. Chr. heraus. ↗ Hippokrates stellte die M. im 5. Jh. v. Chr. erstmals auf eine theoret. Grundlage. Nach der Lehre von den vier Elementen (Feuer, Wasser, Erde, Luft) des Empedokles (490–430 v. Chr.) vertrat er die Auffassung, dass die Gesundheit des Menschen auf der ausgewogenen Mischung (Eukrasie) der vier Körpersäfte beruhe, während eine Abweichung von diesem Idealzustand (Dyskrasie) Krankheit hervorrufe. Angeregt durch die jon. Naturphilosophen beschäftigte Hippokrates sich mit dem Aufbau des Körpers, dokumentierte seine Ergebnisse in theoret. Schriften und gründete die koische Ärzteschule. Der bithyn. Arzt ↗ Asklepiades (1. Jh. v. Chr.) vertrat die Ansicht, die festen Bestandteile des Körpers gerieten bei Krankheiten in Unordnung. Demokrit und Leukipp sahen das Leben als rein mechan. Prinzip, Anaximenes von Milet postulierte ein dynam. Prinzip durch den Einfluss der Atemluft auf den Körper (Pneumatiker). Die Ärzteschule des Erasistratos (3. Jh. v. Chr.) in Alexandria betrieb anatom. und physiolog. Forschungen mit ersten Sektionen. Aus der Säftelehre, die von ↗ Galen (2. Jh. n. Chr.) weiter ausgebaut wurde, entwickelte sich die Humoralpathologie, die von Paracelsus im 16. Jh. modifiziert wurde. **Lit.:** E. Kudlien, Der Beginn des medizin. Denkens bei den Griechen (1967). – A. Krug, Heilkunst und Heilkult (1985). – R. Jackson, Doctors and Diseases in the Roman Empire (1988). – Ph.J. van der Eijk (Hg.), Ancient Histories of Medicine (1999).

Medon, Sohn des myth. Königs Oileus von Lokris und der Rhene, Befehlshaber der Streitmacht aus Methone im ↗ Trojan. Krieg, in dem er von Äneas getötet wird.

Medos, Sohn der ↗ Medea und des ↗ Aigeus, des Königs von Athen, eponymer Heros der Meder, deren Land er erobert. Nach einer anderen Tradition ist er der Sohn der Medea und eines phöniz. Königs, bei dem Medea nach ihrer Vertreibung aus Athen Zuflucht findet.

Medusa (gr. Medusa), die einzige Sterbliche unter den ↗ Gorgonen, im Schlaf von ↗ Perseus geköpft.

Megäre (gr. Megaira), eine der ↗ Erinyen.

Megakles (gr. Megakles), Vater des Kleisthenes, war Mitte des 6. Jh. v. Chr. der polit. Hauptgegner des Peisistratos. In den Machtkämpfen erscheint er als Führer der Küstenbewohner und konnte zeitweilig die polit. Kontrolle in Attika erringen. 546/45 unterlag er dem mit Heeresmacht eingefallenen Peisistratos und musste die polit. Bühne verlassen. **Lit.:** M. Stahl, Aristokraten und Tyrannen im archaischen Athen (1987).

Megalopolis (gr. »große Stadt«), großräumig angelegte Hauptstadt des arkad. Städtebundes in der westarkad. Hochebene an den Ufern des Helisson. Nach der Schlacht bei ↗ Leuktra um 370 durch ↗ Synoikismos gegründet, sollte sie ein Gegengewicht zu Sparta bilden; erfolgreich wehrte sie mehrere spartan. Eroberungsversuche ab, bis sie 223 von Kleomenes III. von Sparta erobert und geplündert wurde, danach Wiederaufbau und Eintritt in den Achäischen Bund. Versammlungsort des Arkad. Bundes. M. war Heimat des ↗ Philopoimen und des Geschichtsschreibers ↗ Polybios. In der Kaiserzeit bescheidene Existenz der Stadt; neben Ruinen auch Neubauten; unter Augustus Erstellung einer Brücke über den Helisson; im MA endgültig aufgegeben. Das für die geringe Einwohnerzahl überdimensionierte Stadtgebiet wurde von einer etwa 8 km langen Mauer aus Lehmziegeln umgrenzt, deren Verlauf sich der Struktur der Landschaft perfekt anpasste. Erhalten sind Reste des Sitzungsgebäudes (Thersileion) des Arkad. Bundes und des Theaters aus dem 4. Jh. v. Chr., das jedoch in der Neuzeit als Steinbruch genutzt wurde. **Lit.:** ASM (1999).

Megara (gr. Megara), die älteste Tochter ↗ Kreons (1), der sie mit ↗ Herakles verheiratet, nachdem dieser ↗ Erginos getötet und die Minyer besiegt hatte. Megara gebiert dem Herakles vier Söhne. Nach Euripides, *Herakles* tötet Herakles, von Hera rasend gemacht, sie und die Kinder, nach einer anderen Version gibt er sie als Gattin ↗ Joalos, bevor er um ↗ Iole wirbt.

Megarische Schule. Der Sokratesschüler Eukleides von Megara (450–380 v. Chr.) begründete die Philosophenschule der sog. Megariker. Wie die Eleaten (↗ Parmenides) erkannten sie nur das Eine als das Gute an, Bewegung und Sinneswahrnehmung lehnten sie als trügerisch ab. Die M. Sch. ist später von der ↗ Akademie Platons zur Bedeutungslosigkeit verurteilt worden. **Lit.:** G. Giannantoni, Socratis et Socraticorum Reliquiae I (1990) 343–388.

Megaron (gr.), griech. Haustypus, Grundlage zahlreicher Kultbauten; ↗ Haus

Megasthenes (gr. Megasthenes), vermutlich aus Jonien stammender Geograph, bereiste zwischen 300 und 290 v. Chr. im Auftrag des Diadochen Seleukos I. Indien und traf dabei mehrmals mit dem Maurya-Herrscher Sandrakottos (Candragupta) zusammen. Über seine Reise verfasste er einen ethnograph. Bericht, der als die beste antike Beschreibung Indiens gilt. Das Werk ist nicht im Original vorhanden, liegt aber der *Indike* des ↗ Arrian zugrunde, der M. als Hauptquelle benutzt. Es enthält eine Beschreibung des ind. Kastenwesens, des Brahmanentums und eine Aufstellung der religiösen Formen, die er in Bezug zur griech. Religion setzt. **Lit.:** A. Dahlquist, M. and Indian Religion (1962, Nd. 1977).

Meile ↗ Passus

Meilensteine (lat. miliaria), an Straßenrändern aufgestellte Steine mit Entfernungsangaben scheinen erstmals im 8. Jh. v. Chr. in Assyrien gesetzt worden zu sein, Griechen und Perser dagegen nutzten sie nur vereinzelt. Schließlich bedienten sich spätestens seit dem 3. Jh. v. Chr. auch die Römer dieser nützl. Erfindung und statteten ihr riesiges öffentl. Straßennetz damit aus. In der Kaiserzeit wurde sogar versucht, die M. in regelmäßigen Abständen (1 Meile = 1481, 5 m) aufzu-

stellen. Die M. waren zumeist 2–3 m hohe Steinsäulen mit quadrat. Sockel oder einfache Stelen, deren Inschrift verschiedene Informationen enthielt: Name und Amt desjenigen, der den Stein aufgestellt hatte; die Streckenbezeichnung; die Entfernungsangabe des Steines. Zumeist ist der Ausgangspunkt der Messung eines der Stadttore Roms. Mehrere Tausend dieser Steine sind bis heute gefunden worden. Kaiser Augustus ließ 20 v. Chr. einen besonderen M. am Forum Romanum aufstellen, den sog. Goldenen M. (Miliarium aureum). Auf diesem waren auf vergoldeter Bronze die wichtigsten Straßenverbindungen, die Ortschaften und ihre ab den Stadtgrenzen Roms gemessene Entfernung eingetragen. **Lit.:** Corpus Inscriptionum Latinarum XVII.

Mela ↗ Pomponius Mela

Melampos, griech. Autor, 3. Jh. n. Chr., Verf. von zwei erhaltenen Werken über die Wahrsagekunst.

Melampus (gr., »Schwarzfuß«), hervorragender Arzt mit hellseher. Fähigkeiten, die Apollon ihm verliehen hat, Ahnherr eines berühmten Prophetengeschlechts und Gründer des Dionysoskultes. Schlangen haben an seinen Ohren geleckt, so dass er Sprache der Tiere, bes. die der Vögel, verstehen kann.

Me(i)lanion (gr. Me(i)lanion), Sohn des ↗ Amphidamas (1). Nach dem Sieg über ↗ Atalante im Wettlauf heiratet M. seine Gegnerin und zeugt mit ihr Parthenopaios.

Melanippe ↗ Hippolyte

Melanippos, Sohn des ↗ Astakos. Im Kampf vor Theben (↗ Sieben gegen Theben) tötet er Mekisteus, einen der Brüder des ↗ Adrastos, und verletzt ↗ Tydeus

Meilenstein aus Isny, elf Meilen vor Cambodunum (Kempten im Allgäu) aufgestellt (201 n. Chr.)

tödlich, bevor er von ihm oder ↗ Amphiaraos getötet wird.

Melanthios, athen. Tragiker des ausgehenden 5. Jh. v. Chr., häufig von den Komödiendichtern wegen seines Appetits verspottet, Verf. einer *Medea*.

Melanthios ↗ Philoitios

Meleager (1) (gr. Meleagros), myth. Sohn des Oineus und der Althaia, mutiger Krieger und begnadeter Speerwerfer. Bei seiner Geburt sind die ↗ Moiren zugegen; eine sagt voraus, er werde sterben, wenn das Holzscheit im Kamin abgebrannt sei. Seine Mutter nimmt das Scheit sogleich aus dem Feuer. M. führt die Heroen bei der ↗ Kalydon. Jagd an. Das Fell des erlegten Ebers schenkt er seiner geliebten ↗ Atalante, woraus ein Streit ausbricht, in dem M. Althaias Brüder tötet. Aus Rache für den Tod ihrer Brüder wirft Althaia das Holz, an dem M.s Leben hängt, wieder ins Feuer.

Meleager (2) (gr. Meleagros) von Gadara, um 140–70 v. Chr., griech. Dichter und Philosoph. Seine in der Nachfolge des Menippos von Gadara stehenden Satiren sind nicht überliefert; erhalten sind etwa 130 Epigramme mit meist erot. Thematik. M. trat bes. als Sammler von Epigrammen älterer Dichter hervor, die er unter dem Titel *Stephanos (Kranz)* zusammenstellte. **Lit.:** S. Tarán, The Art of Variation in the Hellenistic Epigram (1979).

Meletos (1), athen. Tragiker, Vater (oder auch Sohn) von M. (2), Verf. einer *Oidipodeia*.

Meletos (2), zus. mit Anytos Ankläger des Sokrates (399 v. Chr.), evtl. Autor der unter dem Namen des Lysias überlieferten 6. Rede gegen ↗ Andokides.

Meliboia ↗ Chloris

Melikertes, Sohn des theban. Königs Athamas und der ↗ Ino, die sich mit ihm ins Meer stürzt. M. wird in einen Meeresgott, Palaimon, verwandelt.

Melissa, gr. Bezeichnung für die Biene, die bei den Griechen als Symbol für die menschl. Seele galt und kultisch verehrt wurde. Priesterinnen der Demeter übten, ursprünglich vermutlich als Bienen verkleidet, ihren Kult aus und wurden deshalb als Melissai bezeichnet.

Melissos von Samos, griech. Philosoph des 5. Jh. v. Chr., letzter bedeutender Vertreter der ↗ Eleaten. Als Admiral seiner Heimatinsel besiegte er 441 v. Chr. die Athener. M. lehrt, wie ↗ Parmenides, dass das Seiende – im Sinne des Seins überhaupt – eins, ewig, vollendet, ganz, gleichmäßig, unverändert, unbeweglich und unteilbar ist. Im Unterschied zu Parmenides nimmt er an, dass das Seiende sowohl zeitlich als auch räumlich unbegrenzt ist. Denn das ungeworden und unvergänglich ist, muss zeitlich unbegrenzt sein, und wenn es eines ist, muss es auch räumlich unbegrenzt sein. Aus der Einzigartigkeit des Seienden schließt er auf seine Einheit und aus seiner Unveränderlichkeit auf seine Apatheia (›Empfindungslosigkeit‹). Für M. gibt es kein Leeres. Daraus ergibt sich die Unbeweglichkeit des Seienden. Bemerkenswert ist seine Kritik an der Zuverlässigkeit der Sinne, weil diese die Wirklichkeit als Vielheit erscheinen lassen. **Lit.:** R. Vitalis, Melisso di Samo (1973).

Melissus, Gaius Maecenas M., röm. Grammatiker der augusteischen Zeit aus Spoletium. Der Freigelassene und Vertraute des Maecenas stand in der Gunst des Augustus, der ihn zum Leiter der Bibliothek in der Porticus Octaviae machte. M. versuchte erfolglos, die *togata,* die Komödie im röm. Gewand, im Ritterstand als *trabeata* zu etablieren. Die namengebende *trabea* ist eine mit purpurnen Streifen besetzte, von Rittern bei bestimmten Gelegenheiten getragene *toga*. Von einer Anekdotensammlung des M. fehlen ebenso sichere Zitate wie von einem angebl. Vergilkommentar.

Melite ↗ Malta

Melos (ital. Milo), 151 km² große, fruchtbare Insel der südwestl. Kykladen. Die Insel vulkan. Ursprungs war in der Antike die Hauptquelle von ↗ Obsidian und anderen Mineralien in der Ägäis. Der ersten bronzezeitl. Besiedlung folgte eine zweite im Rahmen der dor. Wanderung von ↗ Lakonien aus. M. stellte zwei Schiffe in der Schlacht von Salamis (480 v. Chr.); es konnte sich erfolgreich gegen den Athener Nikias verteidigen (426), musste sich aber dem Athener Alkibiades (416) unterwerfen, der die Bevölkerung tötete oder versklavte und att. Kleruchen ansiedelte. Von den Verhandlungen um M. berichtet der berühmte Melierdialog bei ↗ Thukydides (5, 83–113). 405 wurde die Insel von den Spartanern unter ↗ Lysander befreit und mit den ursprüngl. Bewohnern besiedelt. Vom Reichtum der Insel vermitteln die Nekropolen einen Eindruck. In einheim. Werkstätten wurden die sog. mel. Tonreliefs, die Szenen aus der Mythologie darstellen, angefertigt. Berühmt wurde die Insel 1820 durch den Fund einer Marmorstatuette, der sog. »Venus von Milo«, heute im Louvre, Paris. **Lit.:** GLHS (1989) 418–421. – ASM (1999).

Melpomene, eine der ↗ Musen.

Memmius (1), Gaius M., Volkstribun 111 v. Chr., initiierte die röm. Kriegserklärung an Jugurtha und setzte ein Gesetz durch, das die gerichtl. Verfolgung von Feldherrn ermöglichte. Im Jahre 100 bewarb er sich für das Konsulat, wurde aber auf Anstifung des Saturninus ermordet.

Memmius (2), Gaius M., ca. 98–46 v. Chr., verheiratet mit einer Tochter Sullas, zunächst ein Anhänger des Senatsregimes, bekämpfte die polit. Ambitionen des Lucullus und wechselte 54 ins Lager Caesars. Seine Bewerbung um das Konsulat 53 scheiterte, im Jahr darauf wurde er wegen Schmähungen gegen Pompeius angeklagt und ging nach Athen ins Exil. Seine Hoffnungen auf eine Rückkehr erfüllten sich nicht. M. war bekannt mit Catull, trat selbst als Dichter hervor und gehörte zu den ↗ Neoterikern.

Memnon, im griech. Mythos Sohn des Tithonos und der Eos, ein tapferer Kämpfer im ↗ Trojan. Krieg, in dem er in einer von Hephaistos geschmiedeten Rüstung für seinen Onkel Priamos kämpft. Er wird von Achill getötet. Eos erbittet für ihn bei Zeus Unsterblichkeit. Nach Ovid (*Metamorphosen,* B. 13) wird die Asche seines Scheiterhaufens in Vögel verwandelt.

Memphis, Tochter des Neilos, Gemahlin des ägypt. Königs ↗ Epaphos, Mutter der Libye. Epaphos benennt nach ihr die Stadt Memphis.

Menander (1) (gr. Menandros) aus Athen, griech. Komödiendichter, 342/41–293/90 v. Chr., Hauptvertreter und einzig erhaltener Dichter der Neuen ↗ Komödie. Bis zum Ende des 19. Jh. waren nur M.s *Sentenzen*, einzelne Verse mit einem allg., moralisierenden Inhalt, bekannt (↗ Gnome). Seit 1897 wurden auf Papyrus zahlreiche Stücke wiederentdeckt: Ganz erhalten sind der *Dyskolos* (*Der Schwierige*), große Teile von der *Samia* (*Das Mädchen aus Samos*), *Epitrepontes* (*Das Schiedsgericht*), *Aspis* (*Der Schild*), *Perikeiromene* (*Die ringsum Geschorene*). Die Komödien des M. unterscheiden sich wesentlich von den Stücken des ↗ Aristophanes (1): Der Chor als wichtiges Element der Handlung und der Formenreichtum der Komödie des 5. Jh. sind verschwunden. Die Stücke spielen im privaten Bereich, es geht hauptsächlich um Liebe und die daraus entstehende Störung der familiären Ordnung. Die Handlung wird von einigen stereotypen Charakteren getragen (alter Vater, Erzieher, verliebter Jüngling, raffinierter Sklave, Parasit). Zentral für M.s Kunst ist die Auslotung der zwischenmenschl. Beziehungen, die Darstellung der Möglichkeiten der menschl. Kommunikation mitsamt ihren Fehlschlägen. So steht im *Dyskolos* der asoziale Charakter des alten Hagestolzes Knemon im Mittelpunkt, in der *Samia* werden die Barrieren der zwischenmenschl. Kommunikation ausgelotet, die Vater und Sohn aus allzu großer gegenseitiger Rücksichtsnahme untereinander errichtet haben. – Die Struktur der Stücke ist häufig durch die durch Euripides populär gewordene Verbindung von ↗ Anagnorisis und Intrige geprägt, wie sie exemplarisch im euripideischen *Ion* vorliegt: Aus welchen Gründen auch immer wird ein Kind, häufig ein Mädchen, ausgesetzt oder durch widrige Umstände von seiner Familie getrennt. Das Mädchen lebt in einer ihm unangemessenen sozialen Stellung als Sklavin oder Hetäre. Ein junger Mann aus guter Familie verliebt sich in die junge, schöne Frau, die sich am Ende als seine Schwester oder als Tochter aus ebenfalls gutem Hause entpuppen kann, so dass einem Happy End nichts im Wege steht. M. schreibt, soweit sich dies den erhaltenen Stücken und Fragmenten entnehmen lässt, gegen Rollenklischees: die Sklavin und Hetäre kann entgegen der sonst in der Komödie übl. Rolle einen edlen, hilfsbereiten Charakter besitzen. Der Einfluss der zeitgenöss. Philosophie (↗ Theophrast, ↗ Epikur) ist greifbar, ohne dass sich jedoch eine direkte Abhängigkeit nachweisen ließe. M.s Stücke beeinflussten die röm. Komödie (bes. ↗ Terenz) und bestimmten durch die Vermittlung der röm. Autoren entscheidend das europäische Lustspiel (Shakespeare, Molière) bis in die Gegenwart hinein. **Lit.:** R. L. Hunter, The New Comedy of Greece and Rome (1985). – E. W. Handley/A. Hurst (Hg.), Relire Ménandre (1990). – B. Zimmermann, Die griech. Komödie (2006) 177–206.

Menander (2) (gr. Menandros) aus Laodikeia, Redner des 3. Jh. n. Chr. Überliefert sind zwei Traktate über die Theorie der epideikt. Beredsamkeit. **Lit.:** D. A. Russel/N. G. Wilson, M. (1981).

Mende, Stadt in Nordgriechenland. Gegründet von ↗ Eretria auf Euböa war M. berühmt für seinen Wein, der häufig auf den Münzen thematisiert wurde.

Menedemos von Eretria, griech. Philosoph und Politiker, ca. 339–265 v. Chr. M. studierte an der platon. Akademie und dann bei Phaidon in Elis. Als Verbannter stirbt er in Makedonien, seine philosoph. Leistungen lassen sich auf Basis der Nachrichten nicht einschätzen.

Menekrates (gr. Menekrates), Freigelassener des S. Pompeius und seit 40 v. Chr. einer seiner Flottenführer. Er war führend an der Blockade Italiens beteiligt und fiel 38 in der Seeschlacht bei Cumae.

Menelaos (1) (gr. Menelaos), Sohn des myth. myken. Königs Atreus und der Aërope, Neffe des Thyest, den er und sein Bruder ↗ Agamemnon mit Hilfe des spartan. Königs Tyndareos aus Mykene vertreiben. Agamemnon heiratet Tyndareos' Tochter Klytämnestra, M. deren Halbschwester ↗ Helena; nach dem Tod seines Schwiegervaters übernimmt M. die Herrschaft über Sparta. M. nimmt ↗ Paris, Sohn des Königs Priamos, gastfreundlich auf und lässt ihn sogar, als er nach Kreta reisen muss, trotz der Warnung eines Orakels mit seiner schönen Frau allein zurück; Paris entführt Helena nach Troja. M. und Odysseus versuchen vergeblich, Helena auf diplomat. Wege zurückzugewinnen, wonach sie mit Agamemnon, inzwischen mächtiger König über Mykene, und den ehemaligen Freiern der Helena, Söhne der machthabenden Fürsten Griechenlands, gegen Troja in den Krieg ziehen (↗ Trojan. Krieg). Im zehnten Kriegsjahr führt M. den entscheidenden Zweikampf mit Paris, der nur durch Aphrodites Hilfe der Niederlage entgeht. Nach Trojas Untergang trifft M. seine Gattin wieder, die nach Paris' Tod dessen Bruder Deiphobos versprochen worden ist. M. tötet Deiphobos, Helenas Schönheit aber hält ihn davon ab, dasselbe mit ihr zu tun. Auf ihrer langen Rückfahrt verschlägt es das Paar nach Ägypten, wo es einige Jahre verbleibt und zu großem Reichtum gelangt. Auf der Insel Pharos überwältigt M. den ständig seine Gestalt ändernden Meeresgott Proteus und erfährt den Weg der Rückreise und die von den Göttern erwünschten Opfer. Nach seinem Tod gelangen er und Helena ins Elysium. **Lit.:** J. Busch, Das Geschlecht der Atriden in Mykene (1951).

Menelaos (2) (gr. Menelaos) aus Alexandria, griech. Mathematiker und Astronom, 1. Jh. v. Chr. Sein Werk ist nur in arab. Übersetzung erhalten (↗ Mathematik).

Menestheus (gr. Menestheus), Sohn des Peteos, Urenkel des ↗ Erechtheus, des Königs von Athen. Während ↗ Theseus in der Unterwelt gefangen ist, greifen die ↗ Dioskuren Attika an, um die von Theseus geraubte ↗ Helena zurückzuholen, und setzen den Theseus feindlich gesinnten M. als att. König ein. Nach anderen Versionen des Mythos zählt M. zu den Freiern Helenas. Im ↗ Trojan. Krieg führt M. die athen. Armee an und fällt vor Troja. Nach einer weiteren myth. Variante überlebt er und kehrt als König nach Athen zurück oder landet auf der Insel Melos und übernimmt nach dem Tod des Königs Polyanax die Macht.

Menethon, ägypt. Priester in Heliopolis, 3. Jh. v. Chr., Verf. einer griechisch geschriebenen Geschichte Ägyptens bis ins Jahr 342 (Fragmente erhalten). Unter dem Namen M.s existiert außerdem ein Lehrgedicht in sechs Büchern über Astrologie, das jedoch erst im 2./3. Jh. n. Chr. entstand (↗ Pseudepigraphon).

Menexenos aus Athen, Schüler des Sokrates, Gesprächsteilnehmer in den platon. Dialogen *Phaidon, Menexenos* und *Lysis.*

Menippe ↗ Koroniden

Menippeïsche Satire ↗ Menippos, Satura

Menippos (gr. Menippos) von Gadara, griech. Autor und kyn. Philosoph des 3. Jh. v. Chr., seine Lebensumstände sind umstritten. Er schrieb 13 (nicht erhaltene) Bücher Satiren, in denen er menschl. Schwächen und philosoph. Schulen verspottete. Dabei wählte er phantast. Einkleidungen wie z. B. eine in der Nachfolge Homers und Aristophanes' stehende Travestie einer Reise in die Unterwelt (sog. Katabasis). Charakteristisch für seine Satiren ist die Mischung von Prosa und Versen verschiedener Metra (gr. *poikilometron,* lat. *prosimetrum*); diese literar. Form wird seither »menippeische Satire« genannt. Darin war M. ein maßgebl. Vorbild für Varro (in den *Saturae Menippeae*) und Lukian (z. B. im *Icaromenippus*). **Lit.:** R. Helm, Lukian und M. (1906).

Menoikeus (1) (gr. Menoikeus), Vater des ↗ Kreon.

Menoikeus (2) (gr. Menoikeus), Sohn des Kreon (1), opfert sich für Theben; ↗ Sieben gegen Theben.

Menon, griech. Söldnerführer aus Thessalien, beteiligte sich 401 am Unternehmen Kyros d. J. gegen seinen Bruder Artaxerxes II. Nach der Schlacht bei Kunaxa gehörte er zu den griech. Unterhändlern, wurde aber nach dem Handstreich des Tissaphernes im Gegensatz zu seinen Kollegen verschont. Obwohl bereits ein Jahr später auf Befehl des Großkönigs hingerichtet, galt er schon bald als Verräter, und sein Bild in der Überlieferung ist sehr ungünstig (so z. B. bei Xenophon, Anabasis 2, 6).

Mens, seit in Rom Vergöttlichung des einsichtigen Verstandes, seit 217 v. Chr. mit Tempel auf dem Kapitol.

Mentor, Freund des Odysseus, Erzieher und Gefährte des ↗ Telemachos. Um Odysseus zu helfen, nimmt Athena M.s Gestalt an.

Meriones (gr. Meriones), Sohn des Molos, zusammen mit ↗ Idomeneus Führer der Kreter im ↗ Trojan. Krieg. Er und seine Armee landen nach der Eroberung Trojas auf Sizilien, wo sie von kret. Siedlern aufgenommen werden.

Merkur (lat. Mercurius, nach *merx,* »Ware«), röm. Gott des Handels und Schutzgott der Kaufleute, mit ↗ Hermes gleichgesetzt. 495 v. Chr. wurde ihm ein Tempel beim Circus Maximus geweiht.

Mermeros ↗ Pheres (2)

Merobaudes (1), Flavius M., röm. Offizier fränk. Abstammung, 372 n. Chr. von Valentinian I. zum Heermeister (*magister militum*) ernannt, war 375

maßgeblich an der Ausrufung Valentinians II. beteiligt. Er hatte großen Einfluss auf Gratianus und fiel möglicherweise 383 zum Usurpator Maximus ab.

Merobaudes (2), Flavius M., lat. Dichter, 5. Jh. n. Chr. Der gebürtige Spanier M. erhielt für das Gedicht auf einen Triumph des Aëtius eine Statue auf dem Trajansforum, deren erhaltene Inschrift ihn *vir spectabilis* und *comes sacri consistorii* nennt. Erhalten sind Bruchstücke panegyr. und ekphrast. Kleinkunst.

Meroë (gr. Meroë), Stadt in Ägypten am östl. Nilufer zwischen dem 5. und 6. Katarakt. Nach Plinius d. Ä. lag sie 975 *milia passuum* von Assuan entfernt; bereits Herodot erwähnt einen Sonnentempel des Aspalta in M.; ab 300 v. Chr. Hauptstadt von Nubien und Residenz der nub. Könige. Erhalten sind die Reste eines Amuntempels, einer Kultstätte des Löwengottes Apezemak und eines weiteren Tempels. Die Herrscher des jüngeren Äthiopenreiches wurden hier in einer königl. Nekropole beigesetzt, deren Pyramiden ebenfalls erhalten sind. Im 4. Jh. n. Chr. wurde M. von den Aksumiten erobert. Die nach M. benannte meroit. Sprache wird in einer besonderen, von der ägäischen abgeleiteten Schrift geschrieben, die noch kaum entziffert ist.

Merope (1) (gr. Merope), eine der ↗ Plejaden, Gattin des Sisyphos. Als sie von der Sterblichkeit ihres Mannes erfährt, verdunkelt sie sich und strahlt am Himmel weniger hell als ihre Schwestern.

Merope (2) (gr. Merope), Frau des myth. messen. Königs Kresphontes, von Polyphontes, der Kresphontes und zwei ihrer Söhne ermordet, zur Heirat gezwungen. Ihren jüngsten Sohn Aigyptos kann sie in Sicherheit bringen. Dieser tötet später den König und übernimmt die Herrschaft über Messene.

Merope (3) (gr. Merope), aus Doris. Nach einigen Versionen des Ödipusmythos ist sie Gattin des Königs von Korinth, ↗ Polybos, und Stiefmutter des ↗ Ödipus.

Meropis, ein vom Historiker ↗ Theopomp von Chios entworfenes sagenhaftes Wunderland. M. soll jenseits des großen Ozeans liegen, und seine Bewohner sollen doppelt so alt und doppelt so groß wie normale Menschen werden. Sie verfügen über zwei Städte und leben in einem Zustand des höchsten Glücks. Die stark allegor. Erzählung ist von Platons ↗ Atlantis beeinflusst, den Theopomp durch eine konkretere Behandlung des Themas übertreffen wollte. Sie fungiert in mancher Hinsicht als Vorläufer des griech. ↗ Romans.

Mesambria (heute Nessebar), um 510 v. Chr. von Kalchedon gegründete griech. Kolonie an der westl. Schwarzmeerküste. Der Stadtname ist thrak. Ursprungs. M. überdauerte die wechselnden Herren unbeschadet und wurde auch von den Römern nicht zerstört. In hellenist. Zeit unterhielt M. Handelsbeziehungen u. a. zu ↗ Olbia, ↗ Byzanz und Kallatis, aber auch zu den thrak. Einwohnern im Hinterland und florierte durch Weinanbau und Landwirtschaft. Die Kulte brachten die griech. Kolonisten aus Kalchedon bzw. dessen Mutterstadt ↗ Megara mit; in der Römerzeit drangen oriental. und einheim. thrak. Kulte ein; von

↗ Justinian wurde M. zum Flottenstützpunkt ausgebaut.

Mesopotamien (gr., »Zwischenstromland«), das Land zwischen den Flüssen ↗ Euphrat und ↗ Tigris. Es reicht vom armen. Hochland bis zum Pers. Golf. Dieses Gebiet war bereits seit dem Anfang des 6. Jt. v. Chr. von einer bäuerl. Bevölkerung bewohnt. Im 4./3. Jt. bildeten sich bes. im S die ersten kleineren Staaten. Den Hauptteil der Bevölkerung bilden Sumerer und Semiten. M. erreichte aber weder auf polit. noch auf kultureller Ebene jemals eine homogene Einheit, sondern stand immer unter dem Einfluss zuströmender Völkerschaften wie den Amoritern oder Hurritern, die eigene kleine Stadtstaaten bildeten. Diese kleineren Gruppen wiederum wurden von benachbarten Hochkulturen beeinflusst, die versuchten, ihren Herrschaftsbereich bis nach M. zu erweitern und sich immer größere Gebiete einzuverleiben, so das Reich der ↗ Hethiter, ↗ Assyrien und ↗ Babylonien. Zwischenzeitlich ergriffen aber noch einmal die semit. Amoriter Besitz über M., ebenso die Chaldäer. Nach der Eroberung durch Alexander d.Gr. wurde das Gebiet zur bedeutenden Satrapie M. Im 4. Jh. v. Chr. kam M. unter die Herrschaft der Seleukiden und fiel schließlich 129 v. Chr. an die Parther.

Messalina, Valeria M., dritte Frau des Kaisers Claudius; geb. ca. 25 n. Chr. als Tochter des M. Valerius Messalla und der Domitia Lepida. 39/40 wurde M. mit Claudius verheiratet, mit dem sie im gleichen Jahr Mutter der Octavia und etwa ein Jahr später des Britannicus wurde. M. war bes. für ihre Ausschweifungen, ihre Herrschsucht und ihre Grausamkeit bekannt. Im Oktober 48 ließ Claudius sie hinrichten, M. verfiel der *damnatio memoriae*.

Messalla, Marcus Valerius M. Corvinus, 64 v. Chr.–13 n. Chr., Konsul 31 v. Chr., schloss sich den Caesarmördern an und führte in der Schlacht bei Philippi (42) den rechten, siegreichen Flügel. Er lehnte eine Fortsetzung des Kampfes ab und ergab sich Antonius, in dessen Dienste er trat. Nach 40 wechselte er zu Octavian (Augustus) und war an den Kämpfen gegen S. Pompeius beteiligt. Als einer der Führer der Propagandakampagne gegen Antonius wurde er 31 an dessen Stelle Konsul und befehligte in der Seeschlacht bei Actium ein Flottengeschwader. In den folgenden Jahrzehnten fungierte er als einer der engsten Vertrauten des Augustus und bekleidete zahlreiche zivile und militär. Ämter, die ihn zu einem der einflussreichsten Männer in Rom machten. Als *princeps senatus* beantragte er 2 v. Chr. die Verleihung des Titels *Pater patriae* an Augustus. In seinen letzten Lebensjahren litt er an einer schweren Krankheit, die ihn 13 n. Chr. zum Selbstmord veranlasste. M. galt als einer der größten Redner seiner Zeit und war auch vielfach schriftstellerisch tätig. Er hinterließ umfangreiche, aber nicht erhalten gebliebene Memoiren und sammelte einen Dichterkreis um sich, zu dem u. a. Tibull und Ovid gehörten. Auch seine Leistungen als Staatsmann sind anzuerkennen und trugen wesentlich zur Stabilisierung der polit. Entwicklung bei.

Messana (heute Messina), im 8. Jh. v. Chr. gegründete chalkid. Kolonie an der Nordspitze Siziliens. Ursprünglich Zankle genannt, nahm M. nach dem jon. Aufstand (486) Milesier, Samier und viele Messenier auf, nach denen die Stadt wohl umbenannt wurde. M. gründete die Kolonien Mylae und Himera, wurde jedoch an Bedeutung bald vom gegenüberliegenden ↗ Rhegium überlagert. An der strategisch wichtigen Meerenge zwischen Sizilien und Italien gelegen, wurde M. immer wieder zum Zankapfel zwischen den Mächten: 396 wurde die Stadt von Karthago zerstört, später von Siedlern aus Syrakus neu errichtet. 288 besetzen kampan. Söldner (Mamertiner) des Agathokles von Syrakus M.; das angebl. Hilfegesuch sowohl an Karthago als auch an Rom (264) löste den 1. ↗ Pun. Krieg aus, in dessen Folge M. römisch wurde. Nur geringe antike Reste sind heute sichtbar. **Lit.:** ASM (1999).

Messapia, Landschaft im äußersten SO Italiens. Die Namensgebung der einzelnen Landschaften ist nicht ganz eindeutig; teils wurde M. mit Apulien verwechselt, galt als Teil ↗ Japygiens oder wurde mit diesem gleichgesetzt. Nach den dort ansässigen Sallentinern und Kalabrern, die zusammen die Messapier bildeten, hieß sie auch Sallentina oder Calabria.

Messene, Tochter des Triopas, Enkelin des Phorbas aus Argos. M. bringt ihren Mann Polykaon, den jüngeren Sohn des Lelegos, des ersten Königs Lakoniens, dazu, das Land zu besiedeln, das nach ihr benannt wird.

Messenien, schwer zugängl. Landschaft im äußersten SW der Peloponnes. M. bestand aus einer großen fruchtbaren Küstenebene, der kleineren oberen Alluvialebene (Stenyklaros) und dem Kalksteingebirge im W mit Höhen bis etwa 1200 m. Die drei Flüsse der oberen Ebene vereinigten sich im SW zum Panisos, der auch die untere Ebene mit Wasser speiste. Wichtige Ortschaften waren Kyparissia, Arine und Korone an der Küste, in der oberen Ebene ab 369 v. Chr. die Hauptstadt Messene und das Mysterienheiligtum von Andania. Besiedelt war M. seit dem Neolithikum; in myken. Zeit gehörte M. zu den reichsten Gebieten Griechenlands, deren Blüte um 1200 v. Chr. abrupt endete. Mit der spartan. Eroberung in den Messen. Kriegen (↗ Sparta) erstarb auch alle eigene Tradition, daher wohl auch keine Erwähnung im homer. Schiffskatalog. Die berühmte Darstellung dieser Kriege bei Pausanias beruht wohl auf einer Mixtur verschiedener Quellen der frühen Kaiserzeit. Ein Teil der Bevölkerung wanderte nach Sizilien aus und gründete die Kolonie ↗ Messana. Eine Neubegründung des Staates erfolgte mit Theben. Hilfe auf verkleinertem Territorium 369 v. Chr., wobei die Küstenstädte erst in Etappen wiedergewonnen werden konnten. In den Diadochenkämpfen wechselte M. mehrfach den Besitzer; ab 241 ist M. als Mitglied des Ätolerbundes verzeichnet. Ab der röm. Eroberung 146 v. Chr. existieren nur unklare Nachrichten; Augustus schlug die Städte des SO schließlich zu Sparta.

Messing (gr. oreichalkos, lat. aurichalcum, orichalcum), Legierung aus Kupfer und Zinkoxid mit einem

Zinkanteil von 10–20%. Die Erfindung von M. schrieb die antike Überlieferung den bei Trapezunt beheimateten Mossyoniken zu. Über Griechenland erreichte M. auch die Römer; der griech. Begriff für M. ging als Fremdwort in die lat. Sprache ein. Unter Augustus wurde M. zur Prägung von Münzen verwendet. Schon in der Antike galt M. trotz seines goldähnl. Glanzes als wertlos. Plinius erwähnt für die Provinz Germania *cadmia* (eine Mischung aus Zinkkarbonat, Galmei und Zinkblüte) als Beigabe für flüssiges Kupfer, um M. herzustellen; dies könnte auf eine Produktion von M.-Waren deuten.

Mestra ↗ Hypermnestra (3)

Met (gr. methu; lat. mulsum), ursprünglich ein schon alten Kulturen bekannter, aus Wasser und Honig bereiteter, durch Gärung erzeugter berauschender Trank. Im Laufe des 2. Jt. v. Chr. wird er von dem aus Trauben gegorenen ↗ Wein ersetzt; schon bei Homer steht der Begriff M. für Wein. Im Laufe der Zeit entstanden Mischformen: ↗ Milch und Honig (gr. *melikraton*), Wein und Honig (gr. *oinomeli*, lat. *mulsum*), Wasser und Honig (gr. *hydromeli*, lat. *aqua mulsa*). Columella (12, 12 und 41) macht Angaben zum Ansetzen und Mischverhältnissen der Lösung. Profane wie kult. Verwendung von M. in verschiedenen Formen ist belegt: Die Griechen verwendeten ihn als Tischgetränk, als Süße für bittere Arzneien, mit Öl gemischt auch als Brech- oder Abführmittel. Die Römer nutzten die Mischung von M. mit Milch bes. als Trankopfer, die mit Wein und Wasser als Tisch- und Gesundheitgetränk bes. beim Reichen der Vorspeisen (*gustatio, promulsis*) zum Anregen von Appetit und Verdauung.

Metagenes (gr. Metagenes), athen. Komödiendichter, Ende 5. Jh. v. Chr. Aus seinen *Thuriopersai* ist eine längere Partie mit einer für die Alte ↗ Komödie typ. Schlaraffenlandschilderung erhalten.

Metamorphose (gr. metamorphosis, »Verwandlung der Gestalt«). Verwandlungssagen verschiedener Art gibt es schon bei Homer. Im Hellenismus werden sie in Sammlungen zusammengefasst (Nikander, Parthenios). Wichtigster erhaltener Text sind die ↗ *Metamorphosen* Ovids mit 250 Verwandlungsgeschichten vom Beginn der Welt bis zu Augustus. Die *Metamorphosen* (*Der goldene Esel*) des ↗ Apuleius haben die Verwandlung des Helden Lucius in einen Esel und seine Rückverwandlung in einen Menschen durch Einwirkung der Göttin Isis zum Inhalt. **Lit.:** S. Jannaccone, La letteratura greco-latina delle metamorfosi (1953). – P. M. C. Forbes Irving, Metamorphosis in Greek Myths (1990).

Metamorphosen, mytholog. Epos des ↗ Ovid in 15 Büchern, eine Aneinanderreihung von 250 Verwandlungssagen, in denen Ovid die alexandrin. Tradition der kleinen, ausgefeilten Form mit der Großform des Epos versöhnt, da die einzelnen Verwandlungen in sich geschlossene Kleinepen (Epyllia) darstellen, die durch eine Vielzahl narrativer Techniken miteinander verbunden sind. Die große Bedeutung, die die Liebe in den M. einnimmt, rückt das Werk in die Nähe der Liebesdichtungen Ovids (*Amores*). Im MA wurden die M. als mytholog. Handbuch gelesen und beeinflussten in enormen Maße die Literatur und Bildende Kunst.

Metaneira, (gr. Metaneira), Gattin des myth. Königs Keleos von Eleusis. Sie stellt Demeter, die auf der Suche nach Persephone als alte Frau verkleidet nach Eleusis kommt, als Amme ihres Sohnes Demophon ein. Sie überrascht die Göttin entsetzt bei ihrem Versuch, Demophon mit Feuer unsterblich zu machen, worauf sich Demeter als Göttin zu erkennen geben muss.

Metapher (gr. metaphora, »Übertragung«), Begriff der Rhetorik, Übertragung eines Worts in eine andere, fremde Sphäre. ↗ Aristophanes (1) versteht es, derartige bildl. Ausdrücke wie ›an einem Strang ziehen‹ (für ›sich einig sein‹) in Bühnenhandlung umzusetzen. M.n werden in allen Gattungen eingesetzt, teils um einen Gedanken deutl. zu machen, teils um die mit dem Wort verbundene Assoziation auszunutzen. **Lit.:** A. Haverkamp (Hg.). Theorie der M. (²1996). – H.-J. Newiger, M. und Allegorie (1957). – W. B. Stanford, Greek M. (1936).

Metaphysik (gr. ta meta physika, »diejenigen nach der Physik«), die philosoph. Disziplin, die sich mit den über alle einzelnen Naturerscheinungen hinausgehenden Fragen des Seins beschäftigt. Sie fragt nach den ersten Gründen und letzten Zwecken alles Geschehens und ist somit höchste Disziplin der Philosophie. – Seit dem 1. Jh. v. Chr. ist M. als Titel jener Buchrollen nachweisbar, in denen ↗ Aristoteles die »erste Philosophie« behandelt. Er bezeichnet sie auch als die »gesuchte Wissenschaft«, als »Weisheit« oder »Theologie« und bringt sie sachlich mit vorsokrat. und platon. Theorien in Verbindung (Metaphysik 983a–992a). Bis heute ist herrschende Meinung, der Titel »M.« sei nur durch einen bibliothekstechn. Zufall entstanden: ↗ Andronikos von Rhodos soll die Bücher des Aristoteles, die sich mit keinem bestimmten Naturbereich befassen, hinter (*meta*) den Büchern über die Physik eingeordnet haben. Es gibt aber Gründe, die für einen sachl. Ursprung der Bezeichnung und sogar dafür sprechen, dass der Begriff bereits im Schulzusammenhang des Aristoteles geprägt worden ist; allg. gebräuchlich ist der Titel erst seit dem um 200 n. Chr. geschriebenen Kommentar des Alexander von Aphrodisias. – Metaphys. Spekulationen finden sich bereits in den ältesten literar. Zeugnissen der Kulturen; deutlich ausgeprägt sind sie z. B. in den Lehren des Lao Zi, in den ind. Veden und Upanischaden, den griech. Kosmogonien (↗ Orphik, ↗ Hesiod) sowie in der ↗ jon. Naturphilosophie. Platons Fragen nach dem originalen Wesen (*eidos*) der Erscheinung, seine Suche nach einer allen anderen Hypothesen zugrundeliegenden Hypothese sowie seine späte theolog. und kosmolog. Dialektik entfalten sowohl der Sache wie der Methode nach eine M. Die stoische Philosophie entwickelt, ebenso wie die epikureische Naturlehre, eine Art metaphys. Monismus. Darüber hinaus stellt die ↗ Stoa durch ihre einflussreiche Einteilung der Philosophie in Physik, Ethik und Logik, zu denen bei den frühchristl. Denkern gelegentlich die »Mystik« (Ambrosius, Origenes) hinzukommt, die Weichen für den disziplinären Rang der M. Gleichzeitig mit den epikureischen und stoischen Lehren treten mit den nachsokrat. ↗ Skeptikern aber auch erstmals Ansätze zu einer radikalen Metaphysikkritik in Erscheinung. **Lit.:** H. Reiner, Die Entstehung der Lehre vom bibliothekar. Ursprung des Namens M., in: Zeitschrift für philosoph. Forschung 9 (1955) 77–99. – Ph. Merlan: M. Name und Gegenstand, in: JHS 77 (1957) 87–92. – H. Wagner: Platons Phaidon und der Beginn der M. als Wissenschaft, in: Kritik und M. (1966) 363–382. – F. P. Hager (Hg.): M. und Theologie des Aristoteles, 1969.

Metapontum (gr. Metapontion), Anfang des 7. Jh. gegründete achäische Kolonie am Golf von ↗ Tarent. Die wohlhabende Kolonie besaß ein Schatzhaus in ↗ Olympia und half Athen 415 v. Chr. bei der Ausrüstung seiner Sizil. Expedition. M. kontrollierte ein weites, fruchtbares Umland um die Mündung des Casuentus mit ländl. Ansiedlungen und war Konkurrentin Tarents. Zahlreiche Kulte waren in M. versammelt (Neleiden, Apollon Lykeios, Acheloos, Artemis). Neben ↗ Kroton war M. auch Aufenthaltsort der ↗ Pythagoreer; Pythagoras starb hier um 480 v. Chr. Seit dem 4. Jh. v. Chr. Niedergang der Stadt; ab 370 unter der Oberhoheit Tarents. Nach 60 Jahren Bündnis mit Rom (272–212) und einer kurzfristigen Allianz mit Hannibal (212–207) Zerstörung und Umsiedlung aller Einwohner nach Bruttium. Nach dem 2. ↗ Pun. Krieg verschwindet M. von der histor. Bildfläche; es bestand nur ein röm. Municipium an gleicher Stelle weiter. Umfangreiche Ruinen beim heutigen Metaponto mit Stadtmauer, Theater und Tempeln sowie ein großer Artemistempel am Ufer des Casuentus (sog. Tavole Paladine), von dem noch etwa 15 Säulen stehen. **Lit.:** ASM (1999).

Metaurus (heute Metauro), Fluss in Norditalien, der zwischen Ariminum (Rimini) und Sena Gallica (Senigallia) in das Adriat. Meer mündet. Bekannt wurde der M. durch die entscheidende Niederlage ↗ Hasdrubals gegen die Römer im 2. ↗ Pun. Krieg (23.6.207 v. Chr.), die mit dessen Tod und hohen Verlusten auf beiden Seiten endete. Sein Bruder ↗ Hannibal wurde dadurch von Nachschub und Verstärkung abgeschnitten.

Metellus (1), Quintus Caecilius M. Macedonicus, Konsul 143, gest. 115 v. Chr. M. schlug als Prätor 148 den makedon. Aufstand des Andriskos nieder, der sich als Sohn des letzten Königs Perseus ausgab, und richtete das Land als röm. Provinz ein. Später kämpfte er in Spanien und trat als Gegner der Reformversuche der Gracchen hervor.

Metellus (2), Quintus Caecilius M. Numidicus, Konsul 109 v. Chr., führte 109–107 den Oberbefehl im Krieg gegen Jugurtha, konnte den Numiderkönig aber trotz mehrfacher Siege nicht endgültig unterwerfen. 107 musste er das Kommando an seinen Legaten Marius (Konsul 106) übergeben, dem er politisch und persönlich ablehnend gegenüberstand. Im Jahre 100

bekämpfte er den Volkstribunen L. Appuleius Saturninus und ging danach freiwillig ins Exil.

Metellus (3), Quintus Caecilius M. Creticus, Konsul 69 v. Chr., ein Anhänger des Senatsregimes und Gegner des Pompeius, erhielt 68 den Oberbefehl gegen die Seeräuber auf Kreta und eroberte die Insel bis 65 mit harter Hand. Für seinen Sieg erhielt er 62 einen Triumph und den Ehrennamen Creticus.

Metellus (4), Quintus Caecilius M. Pius ↗ Scipio

Methana, kreisförmige Halbinsel vulkan. Ursprungs und gleichnamige Stadt auf der Peloponnes. Das nördl. von ↗ Troizen in der Argolis gelegene Gebiet war durch einen 300 m breiten Isthmos mit dem Festland verbunden. Strabon berichtet von einem Vulkanausbruch zur Zeit von Antigonos Gonatas (277–240 v. Chr.), der heute noch deutlich erkennbar ist. Die Stadt im SW (bei Megalochorio) mit Resten einer Stadtmauer und Badeanlagen; Ruinen mehrerer antiker Siedlungen und Befestigungen im Umkreis. Im ↗ Peloponnes. Krieg von Athen besetzt, wurde M. im 3. Jh. v. Chr. ptolemäische Garnison und 226 in Arsinoe, zu Ehren von Arsinoe III., umbenannt. Danach blieb M. relativ unbedeutend; aus der Kaiserzeit sind Inschriften und Münzen überliefert.

Methymna, bedeutende Polis an der NW-Küste der Insel ↗ Lesbos; Geburtsort des Dichters ↗ Arion und des Historikers Myrsilos. Früheste Funde stammen aus geometr., spätere aus archaischer Zeit, darunter auch Gebäudereste wie ein theaterähnl. Bauwerk, eine Straße, Nekropolen und Hafenanlagen. Die Stadt besaß bedeutende Kultstätten für ↗ Apollo und ↗ Dionysos; Wein aus M. war eine geschätzte Handelsware. Die Geschichte M.s war von der Rivalität zu ↗ Mytilene, der Hauptstadt der Insel, geprägt. Es beteiligte sich nicht an der Mytilen. Revolte von 428, brach aber mit Athen kurz nach der Sizil. Expedition (412); nach 389 wurde M. Mitglied des 2. Att. Seebundes; danach Spielball verschiedener Mächte. 156 von Prusias II. von Bithynien zerstört, schloss die Stadt 129 ein Bündnis mit Rom. Archäologisch nachgewiesen ist eine kleine, röm. Siedlung; genannt wird M. später regelmäßig in Bischofslisten. **Lit.:** H.-G- Buchholz, M. (1975).

Metis (gr., »Weisheit, kluger Rat«), erste Gattin des Zeus, die zuerst Athena zeugen soll und danach einen Herrscher über alle anderen Götter. Vorsichtshalber verschlingt Zeus die mit Athena schwangere M.; Athena wird aus seinem Kopf geboren.

Metöken (gr. Metoikoi, »Mitwohner«), die freien Fremden in einer griech. Polis, insbes. in Athen, die kein Bürgerrecht besaßen. Für ihr Aufenthaltsrecht und die Möglichkeit, Handel zu treiben oder ein Gewerbe auszuüben, mussten sie eine besondere Abgabe, das *metoikion,* entrichten. Sie beteiligten sich ferner am Kriegsdienst, während ihnen der Erwerb von Grundstücken untersagt war. Obwohl von der polit. Partizipation ausgeschlossen, waren sie ansonsten voll in die Gesellschaft integriert und gelangten oft zu beträchtl. Wohlstand. Ihr zahlenmäßiges Verhältnis zur Bürgerschaft betrug in klass. Zeit etwa 1 zu 2. Zu den

M. gehörte u. a. der berühmte Redner ↗ Lysias. **Lit.:** J. Bleicken, Die athen. Demokratie (⁴1995) 67 ff.

Meton, athen. Astronom, Ende 5. Jh. v. Chr. Er entwickelte vermutlich unter babylon. Einfluss einen aus astronom. Beobachtungen gewonnenen kalendar. Zyklus von 19 Sonnenjahren und 235 Monaten (110 Monate mit 29 und 125 Monate mit 30 Tagen). In den *Vögeln* wird er von ↗ Aristophanes als typ. Intellektueller verspottet.

Metonymie (gr., »Umbenennung«), Begriff der Rhetorik: Benennung einer Sache oder Person nach einem gedanklich zugehörenden Begriff, z. B. Mars statt Krieg (*bellum*), Bacchus statt Wein (*vinum*).

Metope (gr. metopon, »Stirn«), in der griech. Baukunst ein gliederndes Element am Gebälk dor. Tempel. Die M.n waren viereckige Platten, die sich oberhalb des ↗ Architrav befanden und abwechselnd mit den Triglyphen (dreiteiligen senkrechten Deckplatten, die an den Balkenenden befestigt waren) den Fries (Triglyphon) bildeten. Sie waren zumeist etwas zurückgesetzt und markierten ursprünglich die aufgemauerten Flächen (mit dazwischen befindl. Lücken für die Balkenenden des Daches). Die M.n waren aus Holz, Ton oder Stein und konnten unverziert, bemalt oder reliefiert sein. **Lit.:** G. Gruben, Die Tempel der Griechen (⁴1986).

Metragyrten (gr. metragyrtai), Bettelpriester, die unter Berufung auf ↗ Kybele durch Griechenland zogen und ihre Predigten, Weisheiten, Wahrsage- und Heilkünste feilboten.

Metrik (gr. metrike techne, »Messkunst«), Lehre von den Versmaßen (Metren). Da sich die poet. Texte der Griechen und Römer aus der Abfolge von kurzen und langen Silben zusammensetzen, bezeichnet man die Lehre, die diese Zusammensetzungen analysiert, als ›Messkunst‹. Die theoret. Beschäftigung mit dem Versmaßen setzt bereits im 5. Jh. v. Chr. ein. Griech. metr. Handbücher existieren von Hephaistion, lat. von Terentianus Maurus und Marius Victorinus. Für die heutigen Leser griech. dramat. Texte stellt die M. die einzige Basis dar, etwas von der rhythm.-musikal. Gestaltung eines Stückes zu rekonstruieren.

Im Folgenden wird eine Zusammenstellung der wichtigsten in der griech. und röm. Dichtung verwendeten Metren gegeben. Eine lange Silbe (Longum) wird mit – notiert, eine kurze (Brevis) mit ∪. Elemente im Vers, die kurz oder lang sein können (Ancipitia), werden durch × gekennzeichnet.

Adoneus	–∪∪––
Asclepiadeus minor	××–∪∪––∪∪–∪–
Asclepiadeus maior	××–∪∪––∪∪––∪∪–∪–
Anapäst	∪∪–
Bakcheus	∪––
Chorjambus	–∪∪–
Creticus	–∪–
Daktylus	–∪∪
Dochmius	×––×– (zahlreiche Variationen sind möglich)
Enhoplius	(∪)∪–×–∪∪–× (Grundform, zahlreiche Variationen)

Epitritus	–∪–× (als Element in Daktyloepitriten)
Glyconeus	××–∪∪–∪–
Hemiepes	–∪∪–∪∪–
Hipponacteus	××–∪∪–∪––
Hypodochmius	–∪–∪–
Jambus	∪– als Metrum: ×–∪–
Jonicus	∪∪––
Ithyphallicus	–∪–×––
Lekythion	–∪–×–∪–
Molossus	–––
Palimbaccheus	––∪
Paroemiacus	∪∪–∪∪–∪∪––
Phalaeceus (Hendekasyllabus, Elfsilbler)	××–∪∪–∪–∪––
Pherecrateus	××–∪∪––
Prosodiacus	∪–∪∪–∪∪–
Praxilleion	–∪∪–∪∪–∪∪–∪–×
Reizianus	×–∪∪–– (viele Variationen)
Spondeus	––
Telesilleus	×–∪∪–∪–
Trochäus	–∪ als Metrum: –∪–×

Lit.: U. v. Wilamowitz-Moellendorff, Griech. Verskunst (1921). D. Korzeniewski, Griech. M. (1968). – B. Snell, Griech. M. (⁴1982). – M. L. West, Greek Metre (1982). – B. Gentili/L. Lomiento, Metrica e ritmica (2003).

Metrodoros (1) (gr. Metrodoros) aus Lampsakos, Schüler des Anaxagoras (?), Ende 5. Jh. v. Chr., einer der Hauptvertreter der allegor. Homerinterpretation in der Linie des Theagenes von Rhegion. **Lit.:** N. J. Richardson, in: Proceedings of the Cambridge Philological Society (1974) 65–81.

Metrodoros (2) (gr. Metrodoros) von Chios, griech. Philosoph, 4. Jh. v. Chr., Schüler Demokrits. M. scheint den Versuch unternommen zu haben, die atomist. mit der eleat. Theorie zu verbinden. Er verfasste außerdem histor. Werke (trojan. und jon. Chronik).

Metronomen (gr. metronomoi, »Maßregler«), in Athen seit dem 4. Jh. v. Chr. nachweisbare staatl. Aufsichtsbeamte, die als Gehilfen der ↗ Agoranomoi (Marktaufseher) den Umgang mit Maßen und Gewichten überwachten. Je fünf M. für die Stadt und den Piräus waren zuständig für die Eichung neuer Gewichte und die Kontrolle der in Gebrauch befindl., einschließlich der Spezialmaße, die für bestimmte Warenarten Vorschrift waren. Kontrollierte Geräte und Waren wurden mit bleiernen Eichmarken verplombt. Amtslokal der für je ein Jahr durch Los bestimmten M. waren die drei Eichämter (im Hafen Piräus, der Tholos von Delphi, im Heiligtum von Eleusis).

Metroon (gr.) Heiligtum der Göttermutter ↗ Kybele, so in Athen und Olympia. Reste eines kleinen, um 500 v. Chr. errichteten Tempels konnten in Athen an der Westseite der Agora ausgegraben werden. Dieser Bau wurde bei den Persereinfällen von 480 v. Chr. offensichtlich zerstört und nicht wieder aufgebaut. Der Kult wurde in das nahegelegene Bouleuterion, das

Ratsgebäude und spätere Staatsarchiv, verlegt, welches fortan M. genannt wurde. Um 140 v. Chr. erfuhr das Bouleuterion einen Umbau mit völlig neuer Raumgestaltung, wobei in einem der Räume sicherlich die von Phidias bzw. seinem Schüler Agorakritos geschaffene Kultstatue der Göttin aufgestellt war. Das M. von Olympia, ein dor. ↗ Peripteros mit je sechs Säulen an den Schmalseiten und je elf Säulen an den Langseiten, (zwischen 400 und 388 v. Chr.) stand vor der sog. Schatzhaus-Terrasse. Mehrere hier gefundene Porträtstatuen verschiedener Kaiser und ihrer Frauen sprechen dafür, dass das M. seit Kaiser Augustus dem röm. Kaiserkult diente. **Lit.:** S. und S. Brenne, Athen, Attika (1993).

Metropolis (gr., »Mutterstadt«). Während der sog. Großen griech. ↗ Kolonisation (ca. 750–500 v. Chr.) gründeten griech. Mutterstädte zahlreiche Kolonien (auch als ↗ Apoikien bezeichnet). Die polit. Beziehungen zwischen M. und Apoikia konnten sehr unterschiedlich sein; sie reichten von völliger Unabhängigkeit bis hin zur engen polit. und wirtschaftl. Zusammenarbeit. Oft verbanden kult. Gemeinsamkeiten trotz großer geograph. Entfernung die Städte über Jahrhunderte. **Lit.:** J. Seibert, M. und Apoikie (1963). – A. J. Graham, Colony and Mother City in Ancient Greece (1964). – Ders., in: CAH III 3² (1982) 83–195.

Metrum, kleinste Einheit eines Verses. Je nach Anzahl der Metren spricht man von Dimeter (Vers aus zwei Metren), Trimeter usw.

Mezentius, in der röm. Mythologie etrusk. König aus Caere, Verbündeter des ↗ Turnus. Er wird von Äneas getötet.

Miasma (gr., »Befleckung«), das man bes. durch Blutschuld auf sich lädt und das Unheil nicht nur über den Befleckten, sondern über die ganze Gemeinschaft bringt (vgl. Sophokles, *König Ödipus*). Als befleckend werden aber auch Tod, Geburt, Menstruation, Geschlechtsverkehr, Inzest angesehen. Von Priestern (*kathartai*) konnte durch rituelle Reinigungen (↗ Katharsis) das M. entfernt werden. Götter der Reinigung waren Zeus Katharsios und Apollon. **Lit.:** R. Parker, M. Pollution and Purification in Early Greek Religion (²1996).

Midas (1), myth. König Phrygiens, Sohn des Gorgios und der Kybele. Er kümmert sich um den betrunkenen Silenos, den Erzieher des Dionysos. Dieser erfüllt ihm den Wunsch, alles, was er berührt, zu Gold werden zu lassen. Als er nach einiger Zeit dem Hungertod nahe ist, erbarmt sich der Gott und lässt seinen Wunsch durch ein Bad im Fluss Paktolos rückgängig werden, in dem seitdem Gold gefunden wird. Im musikal. Wettstreit zwischen Apollon und Pan spricht sich M. für Pan aus, wofür Apollon ihm Eselsohren wachsen lässt, die er unter einer Mütze versteckt. Sein Barbier jedoch kann das Geheimnis nicht für sich behalten und spricht es in ein Erdloch; hier wächst später Schilf, das es in die ganze Welt hinausflüstert.

Midas (2), König der Phryger (um 738–695 v. Chr.), stellte sich der assyr. Expansion entgegen und schloss zu diesem Zweck Bündnisse mit syr. Fürsten.

Er war angeblich mit einer Griechin aus Kyme verheiratet und stiftete einen Thron als Weihgeschenk für das Heiligtum in Delphi. Um 695 fiel sein Reich dem Ansturm der Kimmerier zum Opfer, er selbst fand den Tod.

Miete, die entgeltl. Überlassung des Gebrauchs einer Sache. Formaljurist. gehörten M.n, Pacht, Dienst- und Werkvertrag im griech.-röm. Rechtsdenken zu einer Kategorie; im röm. Recht zu den sog. Konsensualverträgen und unter dem umfassenden Begriff ↗ *locatio conductio*. Zahlreiche Verträge über die M. von Immobilien (↗ Mietshäuser) oder anderen Überlassungen (Tieren, Sklaven) sind aus der griech.-röm. Antike erhalten. Der Mieter konnte aufgrund des durch einfache Willenserklärungen geschlossenen Vertrages die Überlassung der gemieteten Gegenstände verlangen (*actio conducti*), der Vermieter dafür den Mietzins (*merces*). **Lit.:** H. Kaufmann, Die altröm. M. (1964).

Mietshäuser (lat. insulae). Die Überlassung von Häusern zur Nutzung als Wohn- oder Gewerberaum gegen Entgelt war in der Antike bes. in den Ballungsräumen (Athen, Rom, Antiochia am Orontes, Karthago, Konstantinopel) verbreitet. Schon die Athener des 5. Jh. v. Chr. sahen die Notwendigkeit der Einrichtung von M.n, obwohl sie lieber Hausbesitzer wurden; bestimmten Bevölkerungschichten – etwa den ortsansässigen freien Fremden (↗ Metöken) – war der Grund- und Häuserwerb verboten, so dass sie zwangsläufig zur Miete wohnen mussten. In der röm. Welt ist ein starkes Kostengefälle zwischen Stadt und Land zu konstatieren. Die meisten Wohnungswechsel vollzogen sich zum 1. Juli; die Miete war vierteljährlich fällig; in einer pompejan. Wandinschrift hat sich die »Wohnungsanzeige« eines Vermieters erhalten (CIL IV 138). Der Bauluxus der Kaiser ab dem 1. Jh. n. Chr., die immer mehr kostbaren Platz in Roms Innenstadt für ihre Prachtbauten verbrauchten, trieb allen Verordnungen zum Trotz die röm. Mietpreise in schwindelnde Höhen und führte zu Wohnungsnot. Grundstücksspekulation, Überbevölkerung, Mietwucher usw. taten ein übriges, die Mieten in Rom unerschwinglich werden zu lassen; man wich aufs Land aus. Als Spekulationsobjekte entstanden in den Provinzen Trabantenstädte mit Wohnungen, die zu völlig überhöhten Preisen abgegeben wurden. Die röm. M. waren meist mehrstöckig bis zur erlaubten Höhe von 30 m. Die höchsten Mieten wurden im ersten und zweiten Stock verlangt, die niedrigsten für Keller (Lichtmangel) und Mansarden (Brandgefahr). Oft stürzten M. ein oder es brachen Brände aus; je höher man wohnte, desto gefährlicher. Mehrstöckige Häuser haben sich unter anderem in Rom, Pompeji oder Ostia z. T. bis ins dritte Stockwerk erhalten. ↗ Haus.

Milch (gr. gala; lat. lac). Frische M. von Ziegen, Schafen und Stuten (Kuh-M. war eher selten) gehörte wegen der klimat. Bedingungen und der mangelnden Verträglichkeit nicht zu den bevorzugten Bestandteilen der Nahrung eines Griechen oder Römers; dennoch wird M. seit Homer häufig als Inbegriff des einfachen, ländl. Lebensstils gepriesen. Der Genuss von M. beschränkte sich meist auf die mit ihr verbundenen Produkte (*oxygala*, »Sauermilch«; ↗ Käse; Butter war unüblich). Belegt ist M. als Kindernahrung, als Zutat zum Backen oder Kochen, zu kosmet. Zwecken für Cremes und Salben, als Verdünnungs- und Bindemittel beim Malen und bei kult. Handlungen als Trankspende. Hoch geschätzt wurde M. oder Molke in der Medizin zur inneren und äußeren Anwendung bei Mensch und Tier (z. B. Vergiftungen, Schlangenbisse, Verbrennungen).

Milchstraße (gr. galaxios oder gala ouranion, »Milch des Himmels«), schwach leuchtende, unregelmäßig begrenzte, aus vielen Einzelsternen, Sternhaufen und Nebeln gebildete bandförmige Himmelsformation, die zu den himml. Großkreisen (*kykloi*) zählt. Die Antike fand verschiedene Erklärungen für die M.: Diese sei von Hera beim Stillen des Herakles oder Hermes vergossene Milch oder aber die Feuerspur, die Phaëthon, der mit dem gestohlenen Sonnenwagen in den Eridanos stürzte, hinterlassen habe, oder aber eine frühere Bahn der Sonne. In der Philosophie galt die M. manchen als Weg der Götter, als Seelenpfad (Pythagoras) oder als Wohnsitz der Seele vor und nach dem ird. Dasein. Die Naturwissenschaftler sahen in ihr einen Schatten der Erde (↗ Anaxagoras) oder eine Ansammlung brennender Ausdünstungen der Erde (Aristoteles); ↗ Demokrit sah die M. richtig als Sternhaufen an.

Milesische Novelle, anekdot. Erzählung erot. Inhalts (↗ Petron), die von ↗ Aristeides von Milet begründet und von ↗ Sisenna in Rom heimisch gemacht wurde.

Milet (gr. Miletos; lat. Miletus; heute Balat, Türkei), alte jon. Küstenstadt im südwestl. Kleinasien. Der Name ist vorgriechisch; als sagenhafter Gründer galt Miletos, der von Kreta nach Karien vor ↗ Minos floh (Homer nannte M. deshalb karisch). M. entwickelte sich im 7./6. Jh. v. Chr. zu einem Zentrum von Handel, Wissenschaften und Kultur (Thales, Anaximander, Hekataios, Hippodamos), besaß mehrere Häfen (Löwenbucht, Theaterbucht). Während seiner Blütezeit soll M. zwischen 80 und 90 Kolonien von Ägypten bis zum Schwarzen Meer gegründet haben, darunter so berühmte Städte wie Naukratis, ↗ Sinope, Kyzikos, Abydos, Amisos, Amastris, Olbia, Istria oder ↗ Pantikapaion. Es kam zu Kämpfen mit Lydien am Ende des 6. Jh. und zur Tyrannis des Thrasybulos, ab 546 war M. persisch. Im Jon. Aufstand (500–494) war die Stadt Zentrum des Widerstandes gegen die ↗ Perser, die es 494 v. Chr. in Schutt und Asche legten und die Bewohner in die Sklaverei verkauften. Nach der Schlacht bei Mykale (479) wurde M. nach hippodam. Prinzip (↗ Hippodamos) wiederaufgebaut und gehörte dem Att. Seebund an, danach wieder zum Perserreich unter dem Satrapen Mausolos; 334 v. Chr. wurde M. von Alexander d.Gr. befreit. Den Unruhen der Diadochenzeit, Raubzügen der Galater und den Mithradat. Kriegen folgte eine friedl. Beziehung zu Rom und die Glanzzeit der hohen Kaiserzeit, aus der die heute sichtbaren Ruinen stammen, doch sind alle Epochen durch systemat. Ausgrabungen seit 1899 archäolo-

gisch gut belegt. Im MA entstand über der Theaterbucht das Kastell Palation und M. blieb Bischofssitz bis ins 14. Jh.; danach verödet. **Lit.:** M. Mayer, Die Ruinen von M. (1968). – N. Ehrhardt, M. und seine Kolonien (1983). – ASM (1999).

Miletos (gr. Miletos), Sohn des ↗ Apollon und der Areia, der Tochter des Kleochos, oder der Deione, nach einer anderen Version Sohn des Euxanthios, des Sohnes des Minos. M. muss Kreta verlassen und kommt über Samos nach Karien, wo er die Stadt Milet gründet.

Milo, Titus Annius M., Volkstribun 57 v. Chr., stellte gegen die bewaffneten Gruppen des Clodius eigene Straßenbanden auf und agierte mit ihrer Hilfe im Sinne des Pompeius und Cicero, dessen Rückkehr aus der Verbannung er unterstützte. Deswegen angeklagt, entging er mit Pompeius' Hilfe einer Verurteilung. Er heiratete eine Tochter Sullas und bewarb sich 53 vergeblich um das Konsulat. Nach der Ermordung des Clodius (52) erneut angeklagt, ließ Pompeius ihn fallen, und M. begab sich ins Exil nach Massalia. Von dort kehrte er 48 zurück, fiel aber schon bald bei Kämpfen in Italien.

Milon von Kroton, der berühmteste Athlet der Antike, gewann in der 2. Hälfte des 6. Jh. v. Chr. insge-

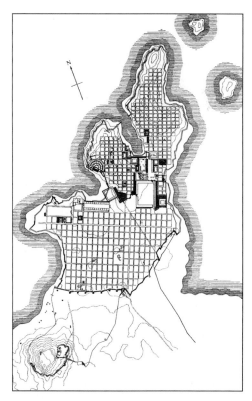

Planskizze von Milet nach dem Wiederaufbau

samt sechs Siege bei den Olymp. Spielen im Ringen und soll zudem bei den anderen großen panhellen. Spielen erfolgreich gewesen sein (sechs Siege bei den pyth., zehn bei den isthm. und neun bei den nemeischen Spielen). Er war ein Schüler des Pythagoras und galt späteren Zeiten als Musterbeispiel des perfekten Athleten. Um seine Person entstanden viele Anekdoten, die sich um seine gewaltigen Körperkräfte rankten.

Miltiades (gr. Miltiades), ca. 550–489 v. Chr., Sohn des Kimon, athen. Adliger aus dem Geschlecht der Philaiden, übernahm um 520 nach dem Tode seines Bruders Stesagoras die Familienbesitzungen an der thrak. Chersonnes. Schon bald musste er sich dem Perserkönig Dareios I. unterwerfen und beteiligte sich 513 an dessen Skythenfeldzug. Da er in den Persern eine ständig wachsende Gefahr sah, nahm er am Jon. Aufstand teil und musste nach dessen Niederschlagung 494 seine Besitzungen aufgeben und in seine Heimatstadt Athen fliehen. Hier wurde er zum Wortführer der antipers. Partei und rief zum entschlossenen Widerstand gegen den zu erwartenden Angriff auf. 490 befehligte er als Stratege das athen. Heer und besiegte die pers. Expeditionstruppen in der Schlacht bei Marathon. Im Jahr darauf unternahm er einen wenig glückl. Angriff auf die Insel Paros und wurde deswegen zu einer hohen Geldstrafe verurteilt. Sein Sohn Kimon beglich die Forderung, doch erlag M. bereits kurze Zeit später den Verwundungen, die er bei den Kämpfen auf Paros erlitten hatte. **Lit.:** H. Bengtson, Griech. Staatsmänner (1983) 21–45. – GGGA (1999).

Milvische Brücke (lat. pons Mulvius), zur ↗ Via Flaminia gehörende Tiber-Brücke außerhalb der Stadtmauern, nördl. von Rom. Über ihren Erbauer erfahren wir außer seinem Namen nichts. Bereits 109 v. Chr. musste die Brücke von dem Zensor Marcus Aemilius Scaurus restauriert werden. Er ließ die alte Holzkonstruktion durch einen Steinbau ersetzen, von dem noch die vier mittleren Bögen erhalten sind. In aurelian. Zeit (zwischen 270 und 282 n. Chr.) erhielt sie einen Festungsturm. Für die Stadt Rom war die Brücke von großer geschichtl. Bedeutung: Am 28. Oktober 312 n. Chr. fand in ihrer Nähe die Entscheidungsschlacht zwischen Konstantin d.Gr. und Maxentius statt, in deren Folge die Ausübung der christl. Religion toleriert wurde (Toleranzedikt von Mailand, 313). **Lit.:** F. Coarelli, Rom. Ein archäolog. Führer (²1981).

Mimesis (gr. »Nachahmung«) ↗ Aristoteles, Literaturtheorie

Mimjamben, literar. Gattung, realist. Schilderungen des Alltagslebens in ↗ Hinkjamben. Hauptvertreter ist ↗ Herodas.

Mimnermos, griech. Elegiker aus Kolophon bzw. Smyrna; 2. Hälfte 7. Jh. v. Chr. Ein Hauptthema seiner Gedichte ist die Vergänglichkeit des Menschen, demonstriert am Gegensatz Jugend-Alter. Er bearbeitete auch myth. und histor. Stoffe (nur wenige Fragmente sind erhalten). Er ist eines der Vorbilder der alexandrin. und röm. Elegiker. **Lit.:** M. L. West, Studies in Greek Elegy and Iambus (1974) 72–76.

Mimus (gr. mimos), Gattung des Stegreiftheaters mit vulgärem Einschlag, die bei den Griechen früh literarisiert wurde (Sophron, 5. Jh. v. Chr.). Herodas (3. Jh. v. Chr.) dichtete Mimen in Hinkjamben (↗ Mimjamben). Ein Papyrus des 2. Jh. v. Chr. überliefert einen als »Des Mädchens Klage« bekannten M. Bei den Römern trat der M. zunächst als subliterar. Gattung in Erscheinung und gehörte zum Floralienfest (27. April/2. Mai), welches, 238 v. Chr. eingeführt, seit 173 jährlich gefeiert wurde. Er ahmte Alltägliches, auch Verbotenes und Obszönes, nach. Ferner sind Mythentravestien bezeugt. Die Schauspieler trugen weder Masken noch Bühnenschuhe (Kothurn, Soccus) und hießen daher *planipedes* (»Flachfüßige«). Weibl. Rollen wurden von Frauen (*mimae*) gespielt, die stark geschminkt und wenig bekleidet auftraten. Zu den typ. Figuren gehörten der *sannio* (Grimassenschneider) und der glatzköpfige *stupidus* (Trottel). Im 1. Jh. v. Chr. erhielt der M. in Rom literar. Rang (Publilius Syrus, Decimus Laberius). **Lit.:** R. Rieks, in: E. Lefèvre (Hg.): Das röm. Drama (1978) 348–377.

Mindaros, spartan. Feldherr, im Peloponnes. Krieg, Oberbefehlshaber (Nauarch) der Flotte 411/10 v. Chr. Er verlegte den Kriegsschauplatz nach dem Hellespont, der für die Getreideversorgung Attikas lebenswichtig war, und griff gezielt die athen. Stützpunkte an. Nach wechselvollen Kämpfen fiel er gegen Alkibiades in der Seeschlacht bei Kyzikos.

Mine ↗ Gewichte

Minerva, ital. Göttin des Handwerks, Schutzgottheit Roms mit Heiligtum auf dem Kapitol. Sie wurde früh mit Athena gleichgesetzt. **Lit.:** K. Latte, Röm. Religionsgeschichte (1960) 163. – R. Pfeiff, M. in der Sphäre des Herrscherbildes (1990).

Minoische Kultur, die nach der Sagengestalt des Königs ↗ Minos benannte vorgriech. Hochkultur auf ↗ Kreta. Sie entwickelte sich im 3. Jt. v. Chr. und erreichte Mitte des 2. Jt. ihren Höhepunkt. Um 1400 v. Chr. wurden die meisten Zentren aus nicht vollständig geklärten Gründen zerstört, die letzte Nachblüte erlosch um 1200. Die M. K. wird in die Phasen Frühminoisch (FM, bis 2000) Mittelminoisch (MM, 2000–1600) und Spätminoisch (SM, 1600–1200) unterteilt. – In der *frühminoischen Zeit* zeigte Kreta enge kulturelle Bindungen zu den übrigen Ägäisinseln, dem kleinasiat. Festland, aber auch zu Ägypten, dem es wertvolle kulturelle Anregungen verdankte. Charakteristisch sind Keramikgefäße mit einer speziellen Oberflächenbehandlung, die Metall nachahmt, sowie in der letzten Phase dieses Abschnitts Spiraldekorationen. Die *mittelminoische Epoche* ist durch die Errichtung der ersten Paläste gekennzeichnet (sog. ältere Palastzeit). Die wichtigsten Zentren waren ↗ Knossos, ↗ Phaistos und ↗ Mallia. Die Anlagen waren nach einem einheitl. Muster gestaltet. Um einen großen rechteckigen Innenhof gruppierten sich zahlreiche Gebäude, die nicht nur als Wohnsitz der Fürsten dienten, sondern auch Funktionen beim Warenaustausch hatten und als Magazine Verwendung fanden. Die Paläste und die umliegenden Zivilsiedlungen waren unbefestigt, was auf eine friedl. Entwicklung im inneren und eine weitgehend fehlende äußere Bedrohung schließen lässt. In diese Phase gehören auch die ersten Schriftdokumente in Linear A (↗ Linearschriften). Nach einer ersten Zerstörung der Paläste um 1700 (durch Erdbeben?), auf die ein rascher Wiederaufbau folgte, endete die mittelminoische Epoche um 1600 mit einem weiteren Zerstörungshorizont (durch Feinde oder Erdbeben). Die *spätminoische Zeit* beginnt mit einer umfassenden Wiedererrichtung der Paläste, bei denen erneut Knossos, Phaistos und Mallia, dazu Kato Zakros, die bedeutendsten sind. In diesem Abschnitt intensivierten sich die Beziehungen zur Myken. Kultur in Griechenland. Doch auch diese Paläste gingen zwischen 1450 und 1400 unter, lediglich Knossos konnte eine gewisse Kontinuität wahren. Zu einem Wiederaufbau kam es nicht mehr. Die früher häufig geäußerte These, ein gewaltiges, durch einen Vulkanausbruch auf Santorin verursachtes Seebeben, sei für den Untergang verantwortlich, reicht allein als Erklärung nicht aus. – Seit 1400 sind myken. Griechen in Knossos nachweisbar, die Teile des Palastes für ihre eigenen Bedürfnisse nutzen. Sie entwickeln das auf dem alten Linear A beruhende Linear B, das aber im Gegensatz zu diesem zur schriftl. Fixierung eines archaischen griech. Dialektes diente (↗ Linearschriften). Diese letzte Phase endet um 1200 v. Chr. mit dem Sturm der sog. ↗ Seevölker, der das gesamte östl. Mittelmeergebiet beinträchtigte. Das kulturelle Leben erneuerte sich erst wieder seit dem 11. Jh. v. Chr. – auf einer neuen Basis – als vom griech. Festland her ↗ Dorer einwanderten. – Die M. K. bildete kein einheitl. Reich, vielmehr ist mit zahlreichen Dynasten zu rechnen, die ihre Zentren in den verschiedenen Palästen hatten und vielfach miteinander verbunden waren. Für die Religion der Minoer spielten Fruchtbarkeitsriten sowie Höhlen- und Gipfelkulte eine bedeutende Rolle. Immer wiederkehrende Symbole sind Stiere, Stierhörner und Doppeläxte. Großangelegte Tempelanlagen gab es offenbar nicht, die religiösen Feiern und Prozessionen, die vornehmlich von Priesterinnen geleitet wurden, fanden hauptsächlich auf Kultplätzen und Prozessionsstraßen statt. – Die M. K. gilt als älteste Hochkultur Europas und hat den Ägäisraum vielfach beeinflusst. Ob ihre Träger Semiten, Indogermanen oder autochthone Bevölkerungselemente waren, ist in der Forschung umstritten. Die Sprache der Minoer, die der Linear A-Schrift zugrundeliegt, konnte noch nicht hinreichend entschlüsselt werden. **Lit.:** S. Marinatos, Kreta und die Myken. Kultur (1959). – S. Alexiou, M. K. (1976). – S. Hiller, Das minoische Kreta (1977).

Minos, myth. König von Kreta, Sohn des Zeus und der Europa, Bruder des Rhadamanthys, Gatte der ↗ Pasiphaë, mit der er u. a. Ariadne, Deukalion und Phädra zeugt. Er behält einen von Poseidon gesandten prächtigen Stier für sich, anstatt ihn dem Gott zu opfern. Zur Strafe lässt Poseidon das Tier wild werden, so dass es das Land verwüstet, bis ↗ Herakles es schließlich ein-

fängt. Auch lässt er Pasiphaë in Liebe zu dem Stier entbrennen. Auf königl. Befehl baut ↗ Dädalus für Pasiphaë eine künstl. Kuh, in der sie sich von dem Stier begatten lässt, und ein Labyrinth für den ↗ Minotauros. Bei seinem Versuch, Dädalus nach seiner Flucht zurückzuholen, wird M. in Sizilien am Hofe des Kokalos getötet.

Minotauros (gr. Minotauros), im griech. Mythos ein Mischwesen aus Mensch und Stier, entstanden aus der Vereinigung der Gattin des kret. Königs Minos, Pasiphaë, und einem Stier. Minos versteckt das Ungeheuer, dem jährl. sieben Jungen und sieben Mädchen aus Athen geopfert werden müssen, in einem Labyrinth, bis es von ↗ Theseus getötet wird.

Minturnae, verkehrsgünstig gelegener Ort in Kampanien an der ↗ Via Appia nahe der Mündung des Liris. Die Herkunft des Namens ist ungeklärt. Vorröm. Siedlungsspuren (Samniten, Aurunci, Ausonii); seit 295 v. Chr. röm. Bürgerkolonie mit Seehafen Portus Lirensis und einem kleinen Castrum. Die sumpfige Gegend war für Landwirtschaft nicht geeignet; Reichtum an Weidenbäumen ist bezeugt. M. expandierte schnell und wurde ein bedeutendes Zentrum für den Schiffbau mit Werften entlang des Liris. Augustus baute die Stadt weiter aus und fügte einen Aquädukt und ein Theater hinzu. Bezeugt ist eine Kultstätte der Göttin Marica, der Mutter des Latinus, in deren Hain Marius Zuflucht fand. Umfangreiche Ausgrabungen mit sichtbaren Resten von Amphitheater, Aquädukt, Tempeln, Badeanlagen und Ladenzeilen. M. blieb ein bedeutender Ort in der Kaiserzeit und wurde 590 v. Chr. von einfallenden Lombarden zerstört. **Lit.:** J. Johnson, Excavations at Minturnae 1 (1935).

Minucius, Marcus M. Rufus, Konsul 221 v. Chr., wurde 217 nach der röm. Niederlage gegen Hannibal am Trasimen. See von Diktator Q. Fabius Maximus zum *magister equitum* ernannt. Im Gegensatz zu Fabius befürwortete M. eine offensive Strategie, was zu internen Streitigkeiten im röm. Lager führte. Nach einem in seiner Wirkung überschätzten Erfolg bei Gereonium wurde M. – ein singulärer Fall – mit den gleichen Amtsvollmachten ausgestattet wie Fabius. Als er jedoch nach einer schweren Krise nur durch das Eingreifen des Fabius vor dem völligen Verlust seines Heeres bewahrt werden konnte, ordnete er sich wieder dem Diktator unter. Er fiel im Jahr darauf in der Schlacht bei Cannae (216).

Minucius Felix, Marcus M. F., lat. Apologet, wohl 1. Hälfte 3. Jh. n. Chr. M. ist der Verf. eines *Octavius* betitelten Dialogs zwischen dem Heiden Caecilius Natalis und dem Christen Octavius Ianuarius mit M. selbst als Schiedsrichter. Caecilius greift zunächst aus skept. Sicht den christl. Glauben an und brandmarkt ihn als unvernünftig und unsittlich, indem er landläufige Vorurteile gegen die Christen vorbringt. Octavius wehrt die Angriffe ab und erweist die Christen als die wahren Weisen, die geradezu stoische Tugenden verkörperten und die antike Bildungstradition hüteten. Letzteres wird eindrücklich durch den ciceronian. Stil des Dialogs und Anklänge an Ciceros *De oratore, Bru-*

tus und *De natura deorum* demonstriert. Spezifisch christl. Topoi fehlen völlig; Octavius argumentiert allein mit der einem Heiden vertrauten Begrifflichkeit und überzeugt damit schließlich Caecilius, der sich am Ende für bekehrt erklärt. Enge Parallelen zu ↗ Tertullians *Apologeticum* (197 n. Chr.) werfen die Frage nach der Priorität auf, die heute eher zugunsten Tertullians entschieden wird. Sicherer Terminus ante quem ist der Tod Cyprians, der Tertullian und M. zitiert. **Lit.:** E. Heck, in: HLL IV (1997) 512–519.

Minyas, legendärer Gründer der Stadt Orchomenos, Eponym der ↗ Minyer.

Minyer, ein nach Minyas benannter böot. Volksstamm, dem nach Homer die Argonauten angehörten.

Misenos, nach Vergils *Aeneis* berühmter Trompeter aus Troja, im ↗ Trojan. Krieg Kämpfer an Hektors Seite, später wird er Trompeter des Äneas. Sein Spiel entfacht die Eifersucht des Meeresgottes Triton, der ihn vor der kampan. Küste vom Schiff ins Meer zieht; M. ertrinkt. Äneas begräbt ihn an dem nach ihm benannten Kap Misenum.

Misenum, Vorgebirge mit Hafen und gleichnamiger Siedlung an der kampan. Küste; nördlichster Ausläufer der Bucht von ↗ Neapel. Hier vermutete man das Grab des ↗ Misenos. Der vorzügl. Hafen lag in einer geschützten Bucht, die zum Gebiet der griech. Kolonie ↗ Kyme gehörte. Nach dem Ausbau durch Augustus wurde der *portus Misenensis* neben ↗ Ravenna zur Hauptflottenbasis der röm. Seestreitkräfte. Westl. des Vorgebirges entstand das Municipium M. Ab dem 2. Jh. v. Chr. errichtete sich die röm. Oberschicht hier prächtige Villen (Marius, Antonius, ↗ Lucullus), später residierten hier die Kaiser (Tiberius). Flottenkommandant am Kap M. war u.a. Plinius d.Ä. (79 n. Chr.), der beim Vesuvausbruch den Tod fand. Die Flotte hinterließ zahlreiche Inschriften und eine riesige Zisterne, die *piscina mirabilis*. Erst kürzlich wurde ein Schrein für die ↗ Sodales Augustales entdeckt. Der Hafen wurde im 5. Jh. n. Chr. aufgegeben.

Missio (lat. »Sendung«), in der röm. Kaiserzeit die Entlassung der Soldaten aus dem röm. Heeresdienst. Sie konnte unter den verschiedensten Voraussetzungen erfolgen: Als M. *honesta* war sie ehrenhaft; die Entlassenen (*veterani*) erlangten nach Ableistung der vollen Dienstzeit ein Versorgungsrecht und ggf. das röm. Bürgerrecht. Als M. *causaria* bezeichnete man die vorzeitige Entlassung aus gesundheitl. Gründen; sie war Ersterer gleichgestellt. Die M. *ignominiosa* dagegen war die unehrenhafte Entlassung als Strafe für ein schweres Vergehen.

Mithradates VI. Eupator (auch Mithridates), ca. 131–63 v. Chr., seit 121 König von ↗ Pontos, vergrößerte, nachdem er um 111 die Alleinregierung übernommen hatte, zielstrebig seine polit. Macht. 107 erlangte er die Kontrolle über das ↗ Bosporan. Reich, wenig später konnte er ↗ Kolchis und Kleinarmenien erwerben. Durch seine Übergriffe gegen ↗ Kappadokien (gemeinsam mit seinem Schwiegersohn ↗ Tigranes von Armenien) geriet er seit 95 in Konflikt mit

Rom, das die Entstehung eines neuen Machtgebildes mit großem Misstrauen verfolgte. Als Nikomedes III. von Bithynien mit röm. Billigung in Pontos einfiel, griff er 88 seinerseits zu den Waffen und eröffnete den *1. Mithradat. Krieg* (88–84). Gestützt auf seine überlegenen Streitkräfte konnte er binnen kürzester Zeit den größten Teil Kleinasiens, einschließlich der röm. Provinz, erobern. Er machte ↗ Ephesos zu seiner Hauptstadt und verfügte die Ermordung aller in Kleinasien lebenden Italiker (angeblich 80.000 Menschen). Gegenüber Rom, das durch den ↗ Bundesgenossenkrieg (91–88) und den anschließenden Bürgerkrieg zwischen ↗ Marius und ↗ Sulla geschwächt war, ergriff er nun vollends die Offensive und fiel in Griechenland ein. Infolge des röm. Gegenangriffs unter Sulla musste sich M. jedoch nach zwei verlorenen Schlachten 85 wieder nach Kleinasien zurückziehen und nach weiteren militär. Niederlagen um Frieden bitten. Durch den Vertrag von Dardanos (84) wurde der Status quo wiederhergestellt, und M. musste auf alle seine Eroberungen verzichten. Nach einer Auseinandersetzung mit dem röm. Statthalter in Asien (sog. *2. Mithradat. Krieg,* 83–81) der ungeachtet des Friedensvertrages in Pontos eingefallen war, kam es 74 mit der Einziehung Bithyniens durch Rom, die M. nicht akzeptieren wollte, zum neuerl. Konflikt. Auch in diesem *3. Mithradat. Krieg* (74–64) ergriff erneut der König die Offensive, er wurde jedoch von ↗ Lucullus zurückgeschlagen und musste nach der Niederlage bei Kabeira (72) Pontos räumen und zu seinem Schwiegersohn Tigranes nach Armenien fliehen. Lucullus griff daraufhin auch Tigranes an, doch musste er sich trotz spektakulärer Anfangserfolge nach Meutereien in seinem Heer wieder zurückziehen. Dies versetzte M. in die Möglichkeit, sein Stammkönigreich Pontos wiederzugewinnen (68). Gegen die neue röm. Offensive unter ↗ Pompeius war er jedoch machtlos und musste nach der Niederlage am Lykosfluss (66) erneut fliehen, diesmal ins Bosporan. Reich, das er 65 erreichte. Von hier aus soll er angeblich einen Einfall in Italien geplant haben, ehe er vom Aufstand seines Sohnes ↗ Pharnakes überrascht wurde und in auswegloser Lage Selbstmord beging (63). – M. war ein skrupelloser Machtpolitiker, der ohne zu Zögern mit harter Hand die Vorteile wahrnahm, die sich ihm boten. Dabei war er umfassend gebildet und betätigte sich auch als Förderer von Kunst und Kultur. Er gilt als einer der bedeutendsten hellenist. Herrscher, der der Konfrontation mit Rom nicht aus dem Wege ging und trotz seines letztendl. Scheiterns der Republik am Tiber mehr zu schaffen machte als jeder andere Potentat des östl. Mittelmeerraumes. **Lit.:** Th. Reinach, M. Eupator (1895). – E. Olshausen, M. VI. und Rom, in: ANRW I 1 (1972) 806 ff. – H. Bengtson, Herrschergestalten des Hellenismus (1975) 251–278 – B.C. McGing, The Foreign Policy of M. VI. (1986).

Mithras, pers. Lichtgott und Schützer des Rechts und der Treue, seit 1400 v. Chr. genannt, seit der frühen Kaiserzeit in Rom als Helfer im Alltag und Erlöser nach dem Tod in ↗ Mysterien kultisch verehrt;

Mithras tötet den Stier.
Relief aus dem Mithras-
Heiligtum Osterburken

Kaiser Commodus ließ sich in die M.-Mysterien einweisen. Der Kult breitete sich über den ganzen Mittelmeerraum und nach Gallien, Germanien und Britannien aus und wurde erst im 4. Jh. vom Christentum verdrängt. Zuvor hatten sich beide Religionen gegenseitig beeinflusst. Im M.-Kult, zu dem man sich in dafür ausgebauten Höhlen (Mithräen) traf, fanden sich auch dem Christentum bekannte Elemente wie Taufe und eine Art Abendmahl. Im Zentrum des Mythos steht die Tötung eines die Menschheit bedrohenden, ungeheuren Stieres. Gemäß dem Auferstehungsmythos des M-Kults trennt sich die Seele nach dem Tod vom Körper und fährt durch sieben Planetensphären zur ewigen Seligkeit; die sieben Weihegrade der Priesterschaft sollen diesen Seelenlauf widerspiegeln. **Lit.:** M. Clauss, M., Kult und Mysterien (1990). – R. Merkelbach, M. (1998).

Mithridates ↗ Mithradates

Mittagessen ↗ Mahlzeiten

Mittelmeer. Die heutige Form des M.s bildete sich allmählich ab dem jüngeren Tertiär heraus. Bei gleichzeitiger Hebung einzelner Landmassen setzte am Ende des Miozäns ein allgemeiner Rückgang des Meeres ein. Vom Pliozän bis zum Quartär brachen die verlandeten Teile um Kreta, das ägäische Festland und der syr. Rand ein; jüngste Meeresbecken sind das Marmarameer und das Ägäische Meer, dabei bildeten sich Bosporus und Dardanellen. Als östl. Seitenbecken entstand das ↗ Schwarze Meer. **Lit.:** V. Burr, Nostrum Mare (1932).

Mnasalkes von Sikyon, griech. Dichter von Epigrammen und vielleicht auch Elegien, 2. Hälfte 3. Jh. v. Chr. 18 Epigramme des M. sind in der *Anthologie* (↗ Anthologia Graeca), zwei weitere auf einem Papyrus des 2. Jh. v. Chr. überliefert. Die fiktiven Grab- und Weihinschriften ahmen Gedichte der Anyte, des Asklepiades und Kallimachos nach, daneben gibt es Berührungspunkte mit den Epigrammen der pseudo-simonideischen Sammlung (↗ Simonides). Der Dichter Theodoridas wirft den Distichen des M. dithyramb. Schwulst und sklav. Simonidesnachahmung vor. **Lit.:** W. Seelbach, Die Epigramme des M. von Sikyon und des Theodoridas von Syrakus (1964). – A. Cameron, The Greek Anthology (1993) 391 f.

Mnemosyne (gr., »Erinnerung«) Titanin, durch Zeus Mutter der ↗ Musen.

Mnemotechnik (gr., »Kunst der Erinnerung«), eine der Hauptaufgaben (lat. *officia*) des Redners. Da Reden in der Antike auswendig vorgetragen wurden, gehörte zu den wichtigsten Lehrgegenständen der ↗ Rhetorik die Technik des Auswendiglernens und Memorierens der Texte (gr. *mneme*, lat. *memoria*).

Klappstuhl
(sella curulis)

Mnesikles, bedeutender att. Architekt des 5. Jh., der Zeit des Perikles. Plutarch nennt ihn als Baumeister der ↗ Propyläen auf der Athener Akropolis (437–431 v. Chr.).

Möbel. Wegen der mangelnden Haltbarkeit organ. Materials sind Informationen zur antiken Wohnungseinrichtung bes. bildl. Darstellungen (Sarkophage, Vasen, Fresken) zu entnehmen, die aber sicher nur einen Teil der Vielfalt an M., Wohntextilien und Accessoires wiedergeben. Antike Wohnräume waren im Allg. spärlich eingerichtet und leichter wandelbar als heute. Es gab nur wenige Grundtypen von M. zum Sitzen, Liegen und Aufbewahren, die sich im Laufe der Jahrhunderte wenig veränderten und meist leicht zu tragen waren. Stühle und Liegen sowie Tische und Truhen bildeten die Einrichtung des griech. Hauses; die Römer kannten auch ↗ Bett (*lectus*) und Schränke (*armaria*). Daneben existierten zahlreiche M. für Spezialzwecke oder Accessoires (Küche, Beleuchtung, Wiegen, Nachtstühle, Gefäße). – Das Bett beschreibt Homer als einfaches, schmuckloses, mit Flechtwerk bespanntes Rechteck; die archaische Zeit entwickelte Liegen (Klinen) mit Kopfstützen und Matratzen und damit eine Form, die sich auch in röm. Zeit kaum wandelte. Die Truhe (*arca, cista*) diente zur Lagerung von Lebensmitteln, Geräten und Kleidern; in kleiner Ausführung als Schmuck- oder Weihrauchkästchen, z. T. mit kostbaren Verzierungen. Als Stühle kannte man Hocker, Lehn-, Trage- und Klappstühle (z. B. ↗ *sella curulis*) sowie Bänke; fein gedrechselte Throne aus Holz oder Elfenbein mit Rücken- und Armlehnen sowie Gold- oder Silberbeschlägen waren Göttern und Königen vorbehalten. Die Tische (*mensae*) waren in Allg. zumindest bei den Griechen niedriger als heute und wiesen mannigfaltige Formen auf: als Dreifuß (*tripodium*) im kult. Bereich, als Vierfuß zum Essen. Erst die Römer führten den Schrank (*armarium*) ein, in dem sie Geräte und Waffen, nicht aber Kleider aufbewahrten, ebenso den Wandschrank und das Regal. **Lit.:** G. M. Richter, The Furniture of the Greeks, Romans and Etruscans (1966).

Moeris (gr. Form von altind. Maharaja (?)), Fürst von Pattala im oberen Indus-Delta, stellte sich 325 v. Chr. Alexander d. Gr. entgegen, wich dem Kampf aber aus und floh mit seinen Anhängern in die Wüste. Alexander baute seine Hauptstadt zur Festung aus.

Moerissee (heute Birket-el-Qarun in Ägypten), 44 m unter dem Meeresspiegel in einer Senke gelegener, fischreicher See im ↗ Fayum (Arsinoitis) südwestl. von Kairo. Der M. wurde vom Bahr Jusuf, teils Kanal und teils Nebenarm des unteren Nil, gespeist. Als der See zur Zeit der 12. Dynastie ausgetrocknet war, ließ Ptolemaios II. Philadelphos durch griech. Kolonisten das Gebiet neu kanalisieren und den fruchtbaren Boden kultivieren. Das unwegsame, abgelegene Sumpfgebiet um den M. wurde in der Kaiserzeit zum Zufluchtsort kleiner Glaubensgemeinschaften (Manichäer, frühes Christentum). Das Klima in der Grenzzone zum ↗ Fayum und die Randlage abseits aller Grabräuber bot hervorragende Bedingungen dafür, dass Papyri, Textilien und Mumienporträts erhalten blieben. **Lit.:** B. Borg, Der zierlichste Anblick der Welt (1998).

Mörtel (lat. mort̲arium, »Mörser«), Gemisch von feinkörnigen mineral. Stoffen, Bindemittel und Wasser zum Zusammenfügen von Mauersteinen oder Verputzen von festen Wohngebäuden; z. T. mit Zusatzstoffen (Trass, Asche, Farbpigmente) versehen. Als Mörtel im weiteren Sinne diente in der griech. Frühzeit Lehm, in Ägypten beim Bau von Tempeln und Pyramiden Gips. Die Griechen verwendeten Kalk-M. z. B. bei den Langen Mauern Athens, die Römer bei Mietshäusern. Bildhauer nahmen mit Leim vermischten, zerstoßenen Marmor, um Steine zu kitten. Cato und Vitruv rieten zu scharfkantigem reinen M. mit Bestandteilen vulkan. Ursprungs ohne färbende Stoffe.

Mösien (lat. Mo̲esia; heute Serbien, Bulgarien, Rumänien), Landschaft und röm. Provinz am Unterlauf der Donau (Istros). M. erstreckte sich zwischen Dalmatien im W, Dakien im N, Makedonien und Thrakien im S mit einem schmalen Streifen zum Schwarzen Meer im O mit freien, griech. Kolonien (↗ Histria, Odessos, Tomis). Die thrak. Bewohner (Moesi) blieben bis zur röm. Eroberung durch M. Licinius Crassus 29 v. Chr. relativ unbekannt. Das fruchtbare Tal der Donau und das Küstengebiet am Schwarzmeer waren geeignet für Getreide und Viehzucht; noch im 3. Jh. n. Chr. galt M. als eine der Kornkammern des Reiches (*horreum Cereris*). Die Gebirge im W bargen Erze. – Zunächst erfolgte die Verwaltung durch den *praefectus* Makedoniens, eine eigene Provinz M. entstand erst 45/46 n. Chr. mit deisen Übernahme in kaiserl. Verwaltung, erste kaiserl. Legaten sind jedoch schon für 6 n. Chr. bezeugt. Als Grenzgebiet des Reiches musste M. permanent von zwei oder drei Legionen militärisch geschützt werden, bes. gegen die transdanub. Völker (Skythen, Bastarner, Daker). Berühmt wurde der Statthalter Tib. Plautius Silvanus 57 n. Chr., der die von ihm besiegten transdanub. Stämme nach M. umsiedelte. Unter Domitian erfolgte die Teilung in die beiden konsular. Provinzen M. superior im W und M. inferior im O mit der Kontrolle der Schiffsrouten im Schwarzmeer (*classis Moesica*). Trajan schlug nach den Dakerkriegen die Gebiete nördl. der Donau zu M. inferior.; erneute Gebietsveränderung unter Diokletian. Die urbane Struktur bildete sich mit Ausnahme der Griechenstädte aus röm. Militärposten, die unter Hadrian zu *municipia* oder *coloniae* nach ital. Muster ernannt wurden. Die ständige Präsenz röm. Truppen begünstigte die Romanisierung und die lat. Sprache vermischte sich mit lokalen Elementen. Die Garnisonen blieben bis in die Spätantike besetzt; die Städte konnten sich bis ins 6./7. Jh. n. Chr. gegen Goten und Heruler zur Wehr setzen. **Lit.:** A. Stein, Die Legaten von M. (1940). – B. Gerov, Landownership in Roman Thracia and Moesia 1st–3rd Cent. (1988).

Mogontiacum ↗ Mainz

Moiren, (gr. moira, »Anteil; Schicksal«) drei Göttinnen, Töchter des Zeus und der Themis, die über das menschl. Schicksal wachen, bei den Römern mit den Parzen identifiziert. Bei Homer werden sie als Spinnerinnen dargestellt: Klotho spinnt den Lebensfaden, Lachesis teilt das Schicksal zu, und Atropos schneidet den Faden ab.

Moiris, griech. Philologe, um 2. Jh. n. Chr., Verf. eines attizist. Lexikons (↗ Lexikographie).

Moiro von Byzanz, griech. Dichterin, 4./3. Jh. v. Chr. Unter den wenigen erhaltenen Versen sind zehn Hexameter eines Epos *Mnemosyne,* die vom Heranwachsen des kleinen Zeus auf Kreta berichten, und zwei Epigramme. Verloren sind die *Flüche (Arai)* und ein Poseidonhymnus. **Lit.:** A. S. F. Gow/D. L. Page, Hellenistic Epigrams II (1965) 413–415 [Einf., Kommentar].

Molionen (gr. Moliones), Eurytos und Kteatos, Zwillingssöhne der Melione und des Aktor. Sie kämpfen gegen Herakles, zerschlagen dessen Armee und töten Iphikles.

Moloch, nach der ↗ Septuaginta ein kanaanit. Gott, dem bei Jerusalem Kinder geopfert worden sein sollen. Wahrscheinlich ist M. aber ein Opferbegriff.

Molon, Apollonios M., griech. Rhetor auf Rhodos, 2./1. Jh. v. Chr., wo ihn Cicero (1) 78 v. Chr. hörte. M. vertrat eine vermittelnde Position zwischen ↗ Attizismus und ↗ Asianismus.

Molosser, Stamm und Königreich im Zentrum von Epirus, das seine Macht im 4. Jh. v. Chr. bis zum Golf von Ambrakia ausdehnte. Das königl. Haus der Aiakiden beanspruchte die direkte Abstammung über Neoptolemos und Andromache von Achilles. Die Stammesmitglieder waren dem König durch einen Treueeid verpflichtet. Die M. nahmen seit dem 5. Jh. eine führende Stellung in Epirus ein. Die frühesten Inschriften stammen aus der Zeit Neoptolemos I. (um 370–360 v. Chr.), dessen Tochter den Makedonen Philipp II. heiratete und Mutter Alexanders d.Gr. wurde. Berühmte Vertreter waren Alexander I. der Molosser und Pyrrhos, der in Italien verlustreiche Siege über die Römer errang (»Pyrrhussiege«). Im Gebiet der M. lag das Orakel des Zeus in ↗ Dodona.

Molossos (1) (gr. Molossos), Beiname des ↗ Apollon.

Molossos (2) (gr. Molossos), ältester Sohn des ↗ Neoptolemos und der ↗ Andromache, Stammvater der Molosser in Epirus. Eine Version des Mythos erzählt, dass sich Neoptolemos nach der Eroberung Trojas, einem Orakel des ↗ Helenos folgend, sich in Epirus niedergelassen und das Land nach M. benannt habe. In der Bearbeitung des Mythos in Euripides' *An-*

dromache hätten ↗ Hermione und ihr Vater ↗ Menelaos M. und Andromache beinahe getötet, wenn ↗ Peleus sie nicht gerettet hätte.

Moly, Wunderkraut, das Odysseus immun gegen Kirkes Zauber macht.

Momos, Sohn der Nyx. Als Personifikation des Nörgelns tritt er in der Mythologie als ständiger Kritiker der Götter auf, im Apollonhymnos des Kallimachos vertritt er die literar. Kritik an der alexandrin. Dichtung.

Mona (heute Anglesey), Insel an der NW-Spitze von Wales. Der Name wurde auch für die Insel Man in der Irischen See verwendet. Hier befand sich ein Zentrum der druid. Priesterschaft und des kelt. Widerstandes gegen die Römer, die 60/61 n. Chr. unter Suetonius Paulinus und 78/79 unter Agricola Eroberungsversuche unternahmen. Neben einem Metallfund der Eisenzeit aus Llyn Cerrig Bach fanden sich nur spärl. Spuren röm. Lebens. Eine spätröm. Siedlung (3. oder 4. Jh. n. Chr.) existierte an Stelle des heutigen Holyhead. Die walis. Tradition berichtet von einer ir. Invasion im 5. Jh., die von Cunedda zurückgeschlagen wurde.

Monarchie ↗ König, Staatsformen, Staatstheorie

Monatsnamen. Wie in vielen Kalendersystemen so waren auch die ↗ Kalender der Griechen und Römer bestimmt von der Dualität lunarer und solarer Systeme. So erkannte man im Sonnenjahr den die Jahreszeiten bestimmenden Zyklus, während man den 30tägigen Mondzyklus als Untereinheit der Zeitrechnung verwandte. Freilich ergaben zwölf Mondmonate kein Sonnenjahr, unterschiedl. Kalendersysteme versuchten diesen Konflikt zu lösen. Die griech. Welt kannte keinen einheitl. Kalender, auch die M. konnten von Stadt zu Stadt wechseln. Jedoch sind etwa sechs verschiedene regionale Namensysteme zur Bezeichnung der Monate voneinander zu trennen. Im att. Kalender wurden die Monate meist nach religiösen Festen oder Göttern bezeichnet, Übereinstimmungen in den Kalendern anderer Stämme (Dorer, Makedonen, Äoler usw.) sind auf gemeinsame Feste und Kultpraxis zurückzuführen. – Der röm. Kalender bildet noch heute die Grundlage unserer M.: Januarius, Februarius, Martius, Aprilis, Maius, Junius, Quintilius (wurde 44 v. Chr. auf Antrag Mark Antons zu Ehren Caesars in Julius umbenannt), Sextilius (später zu Ehren des Kaisers Augustus nach diesem benannt), September, October, November, December. Das röm. Jahr begann ursprünglich mit dem Monat Martius, die Monate wurden einfach durchgezählt oder aber nach Göttern benannt. **Lit.:** A. E. Samuel, Greek and Roman Chronology (1972).

Mondfinsternis ↗ Finsternisse

Moneta (lat. monere, »mahnen«), Beiname der röm. Göttin Juno mit Tempel auf dem Burgberg. Da man darin Münzen prägte, hat M. die Bedeutung »Münzgeld« erhalten.

Monica (333–387 n. Chr.), Mutter des ↗ Augustinus.

Monochord (gr. monochordon, »Einsaiteninstrument«), Versuchsinstrument der griech. Musiktheoretiker, zur Demonstration einzelner Töne und Intervalle eingesetzt. **Lit.:** S. Wantzloeben, Das M. (1911).

Monodie (gr. monodia, »Sologesang«). In der 2. Hälfte des 5. Jh. v. Chr. wird im Zusammenhang mit der Professionalisierung des Schauspielerwesens die Arie zu einem beliebten Bauelement der Tragödie, bes. bei ↗ Euripides. Von ↗ Aristophanes wird diese Tendenz als dekadent kritisiert und als Untergang der traditionellen ↗ Musik angesehen.

Monolog (gr. »Selbstgespräch«, nachantiker Terminus), besondere Form der ↗ Rhesis, die sich in verschiedenen literar. Gattungen findet. Zur Unterscheidung des M. im eigentl. Sinn von anderen Formen der Rheseis wie des ↗ Botenberichts sollte nicht der Umfang, sondern nur das kommunikativ-situative Kriterium gelten: die Einsamkeit bzw. Isoliertheit des Sprechenden, der seine Rede an keinen Ansprechpartner richtet. Bereits in Homers *Ilias* gibt es eine Gruppe von typologisch vergleichbaren M.en in Entscheidungssituationen (Odysseus in *Ilias* 11, 404–410). Der Held sieht sich allein einer Übermacht ausgesetzt, im Selbstgespräch wägt er Vor- und Nachteile von Rückzug und Standhalten ab. M. als Selbstanrede oder Eigenparänese finden sich in der Lyrik und Elegie. Eine zentrale Bedeutung nimmt der M. im att. Drama ein. Er wird dazu eingesetzt, die Isoliertheit des trag. Helden zu unterstreichen oder das Ringen um eine Entscheidung im Widerstreit der Gefühle auszudrücken. Der M. im Dramenprolog dient, teils ans Publikum gerichtet, teils als wirkl. Selbstgespräch, der Informationsvergabe und Exposition. – Eine große Nähe zum inneren M., der unmittelbaren Wiedergabe von Gefühlsregungen als stummer M., weisen die *Heroides* (*Briefe der Heroinen*) Ovids auf. In Senecas Tragödien ist der M. als ein nach den Regeln der Rhetorik ausgestaltetes Glanzstück eine der wichtigsten Bauformen, häufig dazu eingesetzt, ein Selbstporträt des Sprechenden zu geben und insbes. Emotionen und Affekten Ausdruck zu verleihen. In der philosoph. Literatur findet sich monolog. Sprechen bei den Stoikern als Rechenschaftsablegung bzw. Gewissensprüfung (Seneca, *De ira* 3, 36, 1 f.) oder als Wiedergabe des Denkvorgangs im Ringen um die Wahrheit (Augustinus, *Soliloquia*). **Lit.:** F. Leo, Der M. im Drama (1908). – W. Schadewaldt, M. und Selbstgespräch (1926).

Monophysiten ↗ Konzil

Monopol. Der erstmals von Aristoteles gebrauchte Begriff M. bezeichnete die schon in altoriental. Reichen verbreitete Praxis von Herstellungs- und Handelsprivilegien in zumeist staatl. Hand. – Ein typ. Staats-M. war das Münzwesen, Privatleuten war somit die Prägung untersagt. Das att. Münz-M. schrieb den Mitgliedern des Att. Seebundes die Verwendung der att. Münzen, Maße und Gewichte zwingend vor, fremde Münzen mussten zu festgelegten Kursen umgewechselt werden; aus weiteren griech. Städten sind derartige Vorschriften bekannt. Auch das röm. Kaiserreich ließ für Gold- und Silbermünzen nur offizielle sog. Reichsprägungen zu, lediglich lokale Kleingeld-

prägungen in Bronze oder Kupfer wurden den Gemeinden im Reich gestattet. – Handels- und Bankmonopole entstanden bes. in den Großreichen des Hellenismus. Die traditionell zentral gesteuerte Wirtschaft Ägyptens kannte bes. viele Monopole: Papyrus-, Öl-, Salz-, Bier-, Leder- sowie das Bankmonopol bestimmten das Wirtschaftsleben des Landes. In anderen hellenist. Reichen konnten, wenn auch in geringerem Umfang, staatl. M.e aufgebaut werden. In Rom war bes. das Bergwerks-M. von Bedeutung; der Betrieb wurde an Staatspächter übertragen. – Staats-M. waren auch in MA und Neuzeit Bestandteil der Handelssysteme, etwa im Mercantilismus.

Monopteros (gr.), aus Säulen, Gebälk und Dach bestehender, meist runder Bau zur Einfassung heiliger Orte.

Monotheleten ↗ Konzil

Mons sacer (lat. heiliger Berg), ein dem Jupiter geweihter Hügel nördl. des ↗ Anio an der Straße nach Nomentum (Via Nomentana). Hier versammelten sich angeblich bei den Sezessionen der Jahre 494 und 449 v. Chr. die röm. ↗ Plebeier, die durch die Porta Collina ausgezogen war, um mehr Rechte einzufordern (Beginn des Volkstribunats).

Montanismus, häret. religiöse Bewegung, die im 2. Jh. n. Chr. in Phrygien von Montanus und den Prophetinnen Prisca und Maximilia begründet wurde. Zentrale Punkte waren eine strenge Askese, Weltuntergangsprophetie und Ablehnung der Großkirche. **Lit.:** W. Schepelern, Der M. und die phryg. Kulte (1929).

Monumentum Ancyranum, in griech. und lat. Sprache abgefasster Tatenbericht (*res gestae*) des Kaisers ↗ Augustus, der 1555 in Ankara (Türkei) entdeckt wurde.

Mopsos (1), Seher, einer der ↗ Argonauten, der Jason nach dem Flug der Vögel berät. Er stirbt nach einem Schlangenbiss nach der Flucht von Kolchis in Libyen.

Mopsos (2), einer der größten Propheten, besiegt in einem Wettstreit den ↗ Kalchas. Zusammen mit Amphilochos gründet er die Stadt Mallos mit Orakelstätte, über deren Herrschaft sie in Streit geraten. Sie töten sich in einem Zweikampf gegenseitig.

Mora, Abteilung schwerbewaffneter Soldaten (↗ Hopliten) in der spartan. Phalanx, die in der Regel 1024 Krieger umfasste.

Mord (gr. phonos; lat. parricidium oder homicidium) gehörte bereits in der antike zu den mit Todesstrafe oder Verbannung zu belegenden Kapitalverbrechen. Der Tatbestand war bei sichtbarer Tötung eines Mitbürgers gegeben; Motive und Umstände der Tat spielten zunächst keine Rolle, allerdings gab es Rechtfertigungsgründe. M. an Fremden oder Sklaven wurden in archaischer Zeit nicht geahndet, in klass. Zeit mit Verbannung bestraft. Bereits die Gesetzgebung ↗ Drakons unterschied zwischen vorsätzl. und fahrlässiger Tötung; als entschuldbare Gründe galten Notwehr, erlaubte Selbsthilfe (Verteidigung des eigenen Lebens, Blutrache, Tötung von Dieben im eigenen

Haus), Tötung im Wettkampf oder im Krieg, Tötung von vogelfreien oder geächteten Personen. – M. wurde ursprünglich (in Rom bis in das 2. Jh. v. Chr.) von Verwandten des Toten verfolgt und gerächt; später trat eine Verfolgung von Amts wegen an deren Stelle. Übl. Folge eines M. war die Konfiskation von Vermögen und Grundbesitz, die Zerstörung der Wohngebäude und die anschließende Verbannung oder (so bei Drakon) die Todesstrafe, der sich der Mörder nur durch Flucht entziehen konnte. M. verjährte nicht und musste vor den Göttern gesühnt werden; auch nach Einrichtung der Blutgerichte blieben die Angehörigen des Toten als einzige klageberechtigt. **Lit.:** S. Herrlich, Die Verbrechen gegen das Leben nach att. Recht (1883). – W. Kunkel, Untersuchungen zur Entwicklung des röm. Kriminalverfahrens in vorsullan. Zeit (1962).

Mores (lat., »Sitten«), Gesamtheit aller ungeschriebenen Regeln und von den Vorfahren (*maiores*) überlieferten Grundsätze im röm. Denken. Zusammen mit den formellen Gesetzen (↗ *lex*) konstituierten sie außerdem einen großen Teil des Rechts (*ius*). Neben den überlieferten Einrichtungen (*instituta*) und den Präzedenzfällen (*exempla*) gehörten die M. zu den Grundpfeilern der röm. Verfassung. Sie bestimmten mit ihrem Verhaltenskodex sowohl das gesellschaftl. als auch das familiäre Leben. Eine Übertretung der M. hatte keine Strafe im Sinne eines positiven Gesetzes zur Folge, zog aber gesellschaftl. Ächtung oder Ehrverlust nach sich. Bei Vertrag- oder Gesetzesauslegung dienten die M. als moral. Maßstab dessen, was im Rahmen des guten Glaubens (*bona fides*) erwartet wurde. Die normative Kraft der M. konnte sogar höher sein als die eines formell korrekten Gesetzes.

Morgantina, Stadt in Zentralsizilien östl. von Aidone. Der Einwanderung ital. Siedler (Keramikfunde) im 11. Jh. v. Chr. folgten um 560 v. Chr. griech. Kolonisten, vermutlich aus Catania oder Leontinoi, die mit den Einheim. friedlich zusammenlebten, bis Duketios die griech. Siedlung zerstörte (459). Nach dem archäolog. Befund wurde M. unter Timoleon neu befestigt und erlebte unter Agathokles seine größte Blüte; 211 wurde es endgültig von den Römern erobert und span. Siedlern als Lohn für treue Dienste übergeben (Münzlegende *Hispaniorum*). Die systemat. Ausgrabungen seit 1955 (University of Princeton) brachten den gesamten Stadtplan mit öffentl. und privaten Gebäuden zu Tage (Akropolis, Agora, ein Theater, mehrere Heiligtümer, mosaikgeschmückte Wohnhäuser). **Lit.:** S. Raffiotta, M. (1985). – Ders., M. Studies I-IV (1981–93). – ASM (1999).

Mormo, weibl. Gespenst, ein böser Schreck aller Kinder, denen der Dämon nach dem Verlust der eigenen Kinder nachstellt.

Morpheus (gr. Morpheus, von morphe, »Gestalt«), ein Dämon, Gott des Traumes, der dem Menschen in immer verschiedener Gestalt begegnet.

Morsimos, att. Tragiker und Mediziner, Ende 5. Jh. v. Chr., Großneffe des Aischylos, nur wenige Fragmente sind erhalten.

Mos maiorum ↗ Mores

Mosaik (gr.), von oriental. Vorbildern angeregter und von den Griechen und Römern weiterentwickelter ornamentaler und/oder figürl. Fußboden-, Wand- oder Deckenschmuck. Dabei legte man einzelne Flächen mit Steinen, Ton- oder Glasstücken unterschiedl. Form, Farbe und Größe kunstvoll aus. Der Untergrund musste dafür zunächst auf eine bestimmte Art und Weise (mit drei nach oben immer feiner werdenden Fundamentschichten) vorbereitet werden; erst dann konnten die Steinchen in eine Mörtelschicht eingedrückt, verfugt und geschliffen bzw. poliert werden. Die frühesten Zeugnisse aus Griechenland stellen die aus erst schwarzweißen, dann unterschiedlich farbigen Flusskieseln gelegten sog. Kieselmosaiken des ausgehenden 5. und 4. Jh. v. Chr. dar. Sie kommen hauptsächlich in Häusern und Palästen im nördl. Griechenland (Kalydon, Olynth, Pella) vor. Zunächst noch flächenhaft und rein ornamental mit streng geometr. Mustern angelegt, erscheinen schon bald M.en mit Szenen aus Mythologie und Jagd. Bis zum 3. Jh. v. Chr. werden kleine viereckige Natursteine oder Marmor- und Tonstückchen in immer anspruchsvollerer Darstellungsweise, z. T. mit Tiefenwirkung, ausgelegt. Gegen Ende des 2. Jh. kommt die Mode auf, Motive aus der hellenist. griech. Wandmalerei in M.en zu kopieren, wie wir es heute noch in Pompeji sehen können (1. pompejan. Stil). Im röm. Reich entwickelt sich das M. zu dem wohl beliebtesten Fußbodenbelag. Zunächst sind einfallsreiche ornamentale und pflanzl. Muster bes. beliebt. Später herrschten prunkvolle und vielfarbig M.en mit figürl. Motiven vor. Nahezu jedes röm. Haus, sowohl im röm. Reich, als auch in den Provinzen, war mit einem M. geschmückt (Themen: Tiere, Stilleben, Theatermasken, Landschaften, Jagd oder Schlachten). Einen weiteren Höhepunkt erreicht die M.-Kunst noch einmal in der Spätantike durch die Kirchenbauten (z. B. Ravenna) und ihre farbenprächtigen und qualitätsvollen Wand- und Gewölbe-M.en (teilweise besaßen diese M.en Einlagen aus Glas und Gold). **Lit.:** C. Bertelli u. a., Die M.en von der Antike bis zur Gegenwart (1996).

Moschion, att. Tragiker, vermutlich 3. Jh. v. Chr., nur wenige Fragmente sind erhalten. Verf. eines *Telephos* und von zwei histor. Tragödien (*Themistokles, Die Männer von Pherai*), er schrieb in strengem Stil mit einer Vorliebe für Neologismen. **Lit.:** B. Gauly u. a. (Hg.), Musa tragica (1991) 200–206.

Moschos, griech. Dichter aus Syrakus, 2. Jh. v. Chr., neben Bion und Theokrit kanon. bukol. Dichter, Schüler des Aristarch. Herausragend und typisch für die alexandrin. Dichtung ist das ↗ Epyllion *Europa*, in dem Europas Entführung durch Zeus behandelt wird. **Lit.:** N. Hopkinson, A Hellenistic Anthology (1988).

Mosel (lat. Mosella), schiffbarer Nebenfluss des Rheins; zuerst von Tacitus erwähnt. Die M. durchquerte die Provinzen Gallia Belgica und Germania superior; ihre Quelle lag auf dem Berg Vosegus und mündete bei Confluentes (heute ↗ Koblenz) in den Rhein. An der M. lagen die Städte Augusta Treverorum (↗Trier) und Divodurum. ↗Ausonius rühmt in seinem Werk *Mosella* den Fischreichtum mit Fischsorten, die heute z. T. nicht mehr bekannt sind.

Motya, phöniz.-karthag. Handelskolonie an der Westspitze Siziliens, 8 km nördl. von Marsala auf der Insel San Pantaleo. In der Antike war M. durch einen (heute versunkenen) Damm mit dem Festland verbunden. 398 v. Chr. wurde M. von Dionysos I. von Syrakus geplündert, später aufgegeben und durch ↗Lilybaion ersetzt. **Lit.:** J. I. S. Whitaker, M. (1921). – ASM (1999).

Mucianus, Gaius Licinius M., seit 67 n. Chr. Statthalter von Syrien, verbündete sich 69 mit Vespasian, dessen Erhebung gegen Vitellius er unterstützte. Als Befehlshaber der aufständ. Legionen besetzte er nach dem Ende des Vitellius Rom und fungierte bis zum Eintreffen Vespasians als dessen Stellvertreter. Er blieb bis zu seinem Tod (77) einer der wichtigsten Berater des Kaisers.

Mucius (1), Gaius M. Scaevola, sagenhafter Held der röm. Frühzeit aus dem Krieg gegen Porsenna (507 v. Chr.). In der Absicht, den feindl. König zu ermorden, habe sich M. in dessen Zelt geschlichen, aber versehentlich den Schreiber Porsennas getötet. Beim anschließenden Verhör habe er freimütig seine Mordabsichten bekundet und zur Bekräftigung seine rechte Hand in ein Altarfeuer gehalten, die daraufhin verkohlte. Porsenna sei tief beeindruckt gewesen, habe seine Freilassung angeordnet und die Belagerung Roms abgebrochen. M. sei daraufhin in Rom der (Ehren-)Name *Scaevola* (»Linkshänder«) beigegeben wurden. Die wohl kaum histor. Tat wurde später zum Symbol von Standhaftigkeit und Unerschrockenheit hochstilisiert.

Mucius (2), Publius M. Scaevola, Konsul 133 v. Chr., unterstützte die polit. Reformversuche des Ti. ↗Gracchus, konnte sich aber im Senat, wo er für eine gewaltfreie Lösung der Krise plädierte, nicht durchsetzen. 130 wurde er *pontifex maximus* und starb um 115. M. galt als bedeutendster Jurist seiner Zeit und verfasste ein zehnbändiges Werk, das in Auszügen durch spätere Zitate erhalten ist. Als Pontifex Maximus veranlasste er die Redaktion der *Annales maximi* (↗Annalen).

Mucius (3), Quintus M. Scaevola, 140–82 v. Chr., Sohn des P. Mucius Scaevola, Konsul 95, war wie sein Vater Jurist und machte sich um die Ausgestaltung der Zivilgerichtsbarkeit bemüht. Sein Werk galt noch in der hohen Kaiserzeit als grundlegend. Durch die korrekte Verwaltung der Provinz Asia (94) zog er sich die Feindschaft der Steuerpächter aus dem Ritterstand zu, denen er keine Möglichkeit bot, sich illegal zu bereichern. Diese rächten sich, indem sie 92 seinen Legaten P. Rutilius Rufus wegen angebl. Erpressung anklagten. 89 wurde er Pontifex Maximus und entging 86 einem polit. Attentat. In den Wirren des Bürgerkriegs zwischen Sulla und seinen Gegnern wurde er 82 im Vestatempel ermordet. M. galt als ausgezeichneter Redner und förderte die Ausbildung des jungen Cicero.

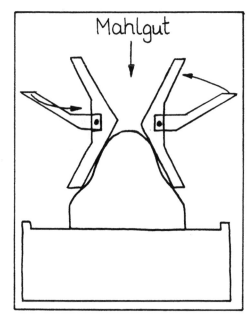

Rotationsmühle: der Mühlendoppeltrichter (catillus), wurde durch seitlich angeschirrte Ochsen angetrieben

Mühle (gr. myle, lat. mola). Getreide musste nach dem Dreschen zur weiteren Verarbeitung gemahlen werden, um die Beimischung von Wasser o. ä. zu ermöglichen (bes. zum Backen). Einfachste M.n bestanden aus Reibsteinen, auf denen ein »Läuferstein« das Getreide zerkleinerte. Das bis in die griech. Klassik weit verbreitete Spelzgetreide wurde hingegen meist in Mörsern zerkleinert, das Aufkommen des ↗Brotes ließ den Bedarf an gemahlenem Getreide steigen. Im 5. Jh. v. Chr. wurden effektivere Mühlen entwickelt, die zweiteilige Drehmühle aus konvex-konkav angepassten Steinen wurde jedoch erst um 200 v. Chr. erfunden. Dieser Typus verbreitete sich in röm. Zeit im ganzen Mittelmeerraum und ist archäologisch bestens belegt (gute Beispiele etwa in Ostia und Pompeji). Diese meist von Pferden, Eseln o. ä. angetriebenen M. fanden in Großbetrieben Einsatz. Die meisten röm. ↗Bäckereien betrieben gleichzeitig eine M. In der Antike dürfte in jedem Haushalt mit eigenem Herd zumindest eine kleine Handmühle oder ein Mörser vorhanden gewesen sein. Selbst für röm. Soldaten gehörte die Handmühle zur Grundausstattung. **Lit.:** L. A. Moritz, Grain-Mills and Flour in Classical Antiquity (1958).

Münze (gr. nomisma, lat. nummus oder moneta), nach festgelegtem Gewichtssystem (»Münzfuß«) abgewogenes Metallstück, das als Schrötling aus verschiedenen Metallen (Elektron, Gold, Silber, Messing, Bronze) mit ↗Stempeln geprägt oder aber gegossen wurde; der Unterstempel auf dem Amboss ergab die Vorderseite (Obvers) mit dem Hoheitszeichen, der

Oberstempel die Rückseite (Revers). Die prägende Institution garantierte durch Aufschrift am Rand (Legende) und Bildsymbol als Inhaberin der Münzhoheit
Gewicht und Feingehalt der M.; dabei entsprach zunächst der Nominal- dem Metallwert. Ferner gab es
sog. Rechnungs-M.n als nicht im Umlauf befindl.
Großeinheiten, die den vielfachen Wert umlaufender
M.n hatten (Talent, röm. Pfund). – Die Erfindung des
gemünzten ↗ Geldes wird von Herodot den kleinasiat.
Lydern im 7./6. Jh. v. Chr. zugeschrieben. M.n verschiedener Größe und Qualität sind aus der Antike erhalten: ↗ Stater, Drachme, Obolos; Aes grave, Antoninianus, As, Aureus, Denar, Dupondius, Sesterz, Solidus; Dareikos; Subaeratus. ↗ Numismatik.

Mulomedicina Chironis, gekürzte lat. Übersetzung (um 400 n. Chr. entstanden) eines griech. Traktats in zehn Büchern über Tierheilkunde (↗ Fachschriftstellerei). Chiron ist Pseudonym des unbekannten Verf.s des Originals. Das Werk stellt eine wertvolle
Quelle für unsere Kenntnis des Vulgärlateins dar. Eine
Umsetzung der M.C. in die Literatursprache ist ein
dem zeitgenöss. Autor ↗ Vegetius zugeschriebenes
Werk (*Mulomedicina 2*).

Mumie (arab. mumiya, aus pers. mum, »Wachs«),
durch natürl. Austrocknung oder spezielle Behandlung aus religiösen Gründen konservierter Leichnam.
Im alten Ägypten betrachtete man die M. als schützen-
des Gehäuse für den Toten, der im Jenseits einen
neuen Körper eintauschen konnte; dies erforderte die
Erhaltung der körperl. Form durch Trockenprozesse in
heißem Sand oder in heißer Luft oder mit chem. Mitteln (Natron). Eingeweide mit Ausnahme des Herzens,
das als Sitz des Denkens galt, und des Gehirns wurden
vorher entfernt und gesondert beigesetzt (↗ Kanope).
Man wusch und salbte den Körper und füllte seine
Hohlräume mit Zedernharz. Anschließend umwi-
ckelte man ihn fest mit Tüchern und Binden als Leinen und legte ihn in einen menschenförmigen ↗ Sarkophag. In der röm. Kaiserzeit (1. – 4. Jh. n. Chr.) legte
man eine farbig bemalte Maske aus Holz, Wachs oder
– seltener – Leinwand über das Gesicht des Toten
(↗ Mumienporträts). Vom Balsamierungsritual berichtet nur ein einziges spätägypt. Papyrusbruchstück; genaue Beschreibungen des Rituals finden sich bei

*Mumienporträt eines Knaben,
vermutlich aus Fayum (Ägypten)*

*Tetradrachme um 450 v. Chr.: Kopf der Athene,
Eule*

Herodot (2, 86–88) und Diodor (1, 91). **Lit.:** W. Seipel
(Hg.), Mumien aus dem Alten Ägypten (1998).

Mumienporträts, meist auf Linden- oder Sykomo-
renholz gemalte ↗ Porträts, die am Kopfende der Mumien befestigt waren. Sie ersetzten in der Zeit
zwischen dem 1. Jh. v. Chr. und dem 4. Jh. n. Chr. die
in altägypt. Zeit gebräuchl. Totenmasken. Die Technik
der Bilder ist verschieden: Sie konnten mit Wachsfarben enkaustisch angefertigt werden, wobei das Wachs
als Bindemittel der Farben diente; verschiedenfarbige
weiche Wachspasten wurden auf das Holz aufgetragen
und mittels eines glühenden Gerätes zum Erweichen
und dadurch auch zu fester Bindung mit dem Untergrund gebracht. Ferner konnten sie mit Temperafarben
(einer Art Ölfarben) oder einer Mischung beider Techniken ausgearbeitet werden. Die Gesichtstypen der
Bilder und die Inschriften, welche auf kleinen um den
Hals der Mumien gebundenen Täfelchen aufgebracht
waren, weisen auf die Herkunft der jeweiligen Bestatteten. Die M. sind von großer Anmut und Schönheit.
In der Trockenheit und Abgelegenheit des ↗ Fayum ha-

ben sich viele Exemplare erhalten. **Lit.:** B. Borg, Der zierlichste Anblick der Welt (1998).

Mummius, Lucius M., kämpfte als Prätor 153 v. Chr. mit wechselndem Erfolg gegen die Lusitanier und erhielt als Konsul 146 den Oberbefehl im Krieg gegen den Achäischen Bund. Er besiegte das letzte Aufgebot des Bundes, eroberte Korinth und ließ die Stadt, um ein Exempel zu statuieren, vollständig zerstören und die Bewohner in die Sklaverei verkaufen. Die meisten Kunstschätze wurden nach Italien abtransportiert und dort auf verschiedene Orte verteilt. Nachdem er auch in anderen Städten Strafgerichte durchgeführt hatte, richtete er in Griechenland die röm. Provinz Achäa ein. 142 zum Zensor gewählt, starb er kurz nach Ablauf seiner Amtszeit.

Munatius (1), Lucius M. Plancus, ca. 90/85–15 v. Chr., diente seit 54 unter Caesar als Legat in Gallien und nahm anschließend an seiner Seite am Bürgerkrieg teil. 46 zum Stadtpräfekten ernannt, war er bes. für die Münzprägung zuständig. Nach der Ermordung Caesars (44) übernahm er die Statthalterschaft der Provinz Gallia Comata. 43 schloss er sich Antonius an und erhielt u. a. die Provinzen Asia (40) und Syrien (35). 32 ließ er diesen aber im Stich und wechselte auf die Seite Octavians, zu dessen Ratgebern er in den nächsten Jahren gehörte. 27 beantragte er im Senat die Verleihung des Titels Augustus an Octavian und bekleidete 22 die Censur. Sein prachtvolles Rundgrab bei Gaeta ist größtenteils erhalten. **Lit.:** G. Walser, Der Briefwechsel des L. M. Plancus mit Cicero (1957). – T. H. Watkins, L. M. Plancus (1997).

Munatius (2), Titus M. Plancus Bursa, Volkstribun 52 v. Chr., Freund des Clodius, entfachte nach dessen Tod (52) Unruhen und betrieb die Verurteilung seines Mörders Milo. Nach Ablauf seiner Amtszeit wurde er von Cicero wegen Aufruhrs angeklagt und trotz der Fürsprache des Pompeius schuldig gesprochen. Er begab sich zu Caesar, mit dem er 49 nach Italien zurückkehrte. Im Mutines. Krieg (43) unterstützte er Antonius.

Munda (heute Montilla), Stadt in der röm. Provinz Baetica (Hispanien). Bekannt wurde Munda als Schauplatz zweier entscheidender Schlachten: Hier siegte Cn. ↗ Scipio im 2. ↗ Pun. Krieg über die Karthager (214 v. Chr.), und 45 v. Chr. schlug Caesar das unter dem Kommando des Q. ↗ Labienus stehende Heer der Pompeianer und sicherte sich damit seine Alleinherrschaft. Die Stadt wurde anscheinend im Verlauf der Schlacht zerstört und nicht wieder aufgebaut.

Munera (lat. munus, »Geschenk«), Pflichtleistungen des röm. Bürgers im öffentl. (m. publica oder civilia) oder privaten (m. privata) Bereich. Die Pflicht, ehrenamtl. Leistungen für die Gemeinschaft zu erbringen, ist uralt (↗ Liturgie); terminologisch erfasst und verwaltungsrechtlich aufgegliedert wurden die M. ab dem 2. Jh. n. Chr. Die M. waren zeitlich befristet oder wurden nur bei Bedarf verlangt (m. extraordinaria). Wegen Gebrechlichkeit, Kinderreichtum oder Armut konnte eine Befreiung (vacatio) gewährt werden; auch waren bestimmte Berufsgruppen von der Ableistung niederer Dienste (m. sordida) grundsätzl. ausgenommen (immunitas); diese konnte auch per Gesetz oder Senatsbeschluss, ab dem 1. Jh. n. Chr. auch durch Privileg des Kaisers verliehen werden. Unterschieden wurden auch die m. possessionum, die u. a. Grundbesitzer zur Stellung von Zugtieren oder zur Instandhaltung der Straßen, etwa für die ↗ Staatspost, verpflichteten.

Munichia, kleiner Hafen und gleichnamiger Hügel mit Kultstätte der Artemis auf dem Gebiet der antiken Hafenstadt ↗ Piräus. Hier wurde alljährlich im Frühjahr ein Fest zu Ehren der Artemis Munichia gegeben, das gleichzeitig an den Sieg von Salamis erinnern sollte. Neben dem Artemiskult entdeckten die Archäologen ein ↗ Asklepieion; weitere Kulte sind nachgewiesen. Der strategisch wichtige Hügel in exponierter Lage über dem Piräus wurde mehrmals befestigt, bes. während der makedon. Besatzung (322–229 v. Chr.).

Municipium (lat. munera capere, »Pflichten übernehmen«), eine ursprünglich nichtröm., eingebürgerte Stadt. Im Gegensatz zur ↗ Kolonie, die als röm. Bürgergemeinde gegründet wurde, handelt es sich bei einem M. um eine ehemals auswärtige Stadt, die erst im Zuge der militär. Expansion unter röm. Herrschaft geriet. Sie übernahm Pflichten und musste bes. Truppenkontingente für die röm. Armee bereitstellen. Nach und nach erhielten die municipia abgestufte Formen des Bürgerrechts und waren in unterschiedl. Weise am röm. Verfassungsleben beteiligt. Man unterschied zwischen Vollbürgergemeinden, die, wie etwa die Städte in ↗ Latium, mit allen Rechten ausgestattet wurden und an röm. Wahlen und Abstimmungen partizipierten, und Halbbürgergemeinden, die nur über eingeschränkte Bürgerrechte verfügten. Diese besaßen entweder volle innere Selbstverwaltung mit eigenen, z. T. lokal variierenden Behörden, oder sie unterstanden – wie viele militärisch unterworfene Gemeinden – einem von Rom eingesetzten Präfekten, der die letzte Entscheidung bei inneren Angelegenheiten traf. Im Laufe der Republik erhielten immer mehr municipia das volle Bürgerrecht, bis es im Zuge des ↗ Bundesgenossenkrieges (91–88 v. Chr.) auf ganz Italien ausgedehnt wurde. Die innere Verfassung eines M. nahm nun immer einheitlichere Formen an. An der Spitze der Verwaltung standen vier, manchmal auch zwei, gewählte Magistrate (quattuorviri, duoviri), denen ein Rat (decuriones) und eine Bürgerversammlung zur Seite stand. Seit Caesar und bes. seit der Kaiserzeit wurden der Begriff und die Rechte eines M. auch auf die röm. Provinzen der westl. Reichshälfte (Gallien, Spanien, Nordafrika usw.) ausgedehnt, während für die hellenisierten Osten (↗ Polis) gesonderte Verhältnisse bestehen blieben. Mit der Aufwertung zum M. erlangten die Bewohner einer provinzialen Stadt in der Regel gleichzeitig das röm. Bürgerrecht, wodurch die allg. Romanisierung gefördert wurde. Da – obwohl rechtlich gleichgestellt – der Rang einer Kolonie gegenüber dem M. als höher galt, versuchten eine Reihe von municipia während der Kaiserzeit den Titel einer Colonia zu erlangen. Das Bürgerrechtsprivileg erlosch mit der *Constitutio Antoniniana* (212 n. Chr.) des Kaisers Caracalla, die allen freien Reichsbewohnern das Bürgerrecht verlieh. **Lit.:** H. Rudolph, Stadt und Staat im röm. Italien (1935, Nd. 1965). – F. Vittinghoff, Röm. Kolonisation und Bürgerrechtspolitik (1951). – M. Humbert, M. et civitas sine suffragio (1978).

Musagetes, Beiname des ↗ Apollon als »Anführer der Musen«.

Musaios (1), Figur der griech. Mythologie, Sohn der ↗ Musen, eng verbunden mit ↗ Orpheus und den Eleusin. ↗ Mysterien. Er gilt als einer der Archegeten von Dichtung und Erfinder des daktylischen Hexameters. Als Orakelprophet werden ihm zahlreiche Orakel, die Onomakritos herausgegeben haben soll, und Jenseitsdichtungen zugeschrieben, außerdem *Ratschläge* (*Hypothekai*) an seinen Sohn Eumolpos, eine kosmo- und theogonische *Eumolpia* und ein Demeterhymnos. **Lit.:** F. Graf, Eleusis und die orphische Dichtung Athens in vorhellenistischer Zeit (1974) 9–21, 93–98.

Musaios (2), griech. Dichter, 3. Jh. v. Chr., Verf. eines Perseus-Epos (verloren).

Musaios (3), griech. Dichter, 5./6. Jh. n. Chr., Verf. des Epyllions *Hero und Leander* in homer. Stil und in Abhängigkeit von Nonnos. **Lit.:** N. Hopkinson, An Imperial Anthology (1994) 136–186.

Museion (gr., lat. museum), ein ursprünglich den ↗ Musen geweihter Ort in Form einfacher Naturheiligtümer (Höhlen, kleine Wäldchen oder Grotten) mit Altar, aber meist ohne Tempel. Während das M. zunächst der kult. Verehrung der Musen diente, wurde es doch bald Stätte allgemeiner Bildung, an der sich Kultstätte und Forschungseinrichtung verbinden sollten. Berühmtestes M. war das um 280 v. Chr. von Ptolemaios I. begründete M. in Alexandria (Ägypten). Hier lebten und arbeiteten zahlreiche Künstler und Gelehrte zusammen unter einem Dach. Sie konnten sich ausschließlich ihren Studien und Forschungen widmen, wobei ihnen alle nur denkbaren Mittel zur Verfügung standen (Bibliothek, Apparaturen, Pflanzen und wilde Tiere o. ä.), es fanden Vorlesungen und Diskussionsrunden statt, und auch die traditionellen gemeinsamen Mahlzeiten dienten dem wissenschaftl. Austausch. Besondere Bedeutung erlangte das M. durch die hier wirkenden Philologen und Dichter wie z. B. ↗ Kallimachos, die in Alexandria eine riesige wissenschaftl. Bibliothek aufbauten.

Musen (gr. musai), ursprünglich drei, nach Hesiod neun geflügelte Schutzgöttinnen der Künste und Wissenschaften, Töchter des Zeus und der Mnemosyne. Die Dichter schreiben ihnen ihre Inspirationen zu. Man unterscheidet nach ihren Wirkungsbereichen folgende M.: Kalliope (»Schönstimmige«: ep. Dichtung), Klio (»Ruf«: Geschichtsschreibung), Euterpe (»Frohsinn«: Flötenspiel), Terpsichore (»Freude am Tanz«), Erato (»Liebliche«: Gesang und Tanz), Melpomene (»Singende«: Tragödie), Thalia (»Festesfreude«: Komödie), Polyhymnia (»viele Lieder«: Pantomime) und Urania (»Himmlische«: Astronomie).

Museum ↗ Museion

Musik. *I. Griechenland:* M. (*musikē tēchne*) stand bis zum Ende des 5. Jh. v. Chr. im Zentrum des griech. Erziehungswesens (*paideia*). Dementsprechend gut ist auch die Quellenlage. Man muss drei Bereiche unterscheiden: 1. Kommentare, Bemerkungen oder Ausführungen in den Texten selbst: Der Autor lässt einen Sänger über seine Kunst reden (Phemios, Demodokos in der *Odyssee*), oder er spricht selbst über seine Kunst als Dichter und Komponist (häufig in der Chorlyrik: Pindar, Bakchylides). 2. Stellungnahmen von Autoren zur musikal. Entwicklung ihrer Zeit aus einer krit. oder deskriptiven Haltung heraus (Aristophanes, Pherekrates, Platon). 3. Abhandlungen zu Fragen der M.: Dies beginnt bereits im 6. Jh. v. Chr. mit der pythagoreischen Schule (Philolaos von Kroton). Auf ↗ Damon, den Musiklehrer des Perikles, geht die Ethoslehre zurück, nach der der M. bestimmte Wirkungen auf die menschl. Seele zugeschrieben werden. Platon baut diese Lehre im 3. Buch des *Staats* in sein Erziehungsprogramm ein: Aus der Integration der M. in die Erziehung erklärt sich auch die scharfe Kritik, die in der Komödie des 5. Jh. und von Platon an der sog. Neuen Musik der 2. Hälfte des 5. Jh. geübt wird. Die Hauptvertreter dieser Richtung (Philoxenos, Timotheos) hielten sich nicht mehr an die traditionellen Kompositionsformen, sondern spielten mit den Normen, indem sie die Tonarten mischten, überraschende Rhythmenwechsel einbauten oder die mit bestimmten Gattungen verbundenen Tonarten von diesen lösten. – Musikhistor. Fragen werden gegen Ende des 5. Jh. von Glaukos von Rhegion behandelt, systematisch von Theophrast in seiner Schrift *Über die Musiker* und von Herakleides Pontikos in *Über die M.* Eine wichtige Stellung in der Musiktheorie nimmt der Aristoteles-Schüler Aristoxenos ein: Er bestimmt in Ablehnung der Pythagoreer die Intervalle nicht als Proportionen, sondern als Strecken. In der Rhythmik weicht er von der Silbenquantität ab, setzt als kleinste rhythm. Einheit den *protos chronos* an und löst somit den engen Zusammenhang zwischen Metrik und Rhythmik. Er rechnet mit Ganz-, Halb-, Viertel- und Dritteltönen und erstellt ein gleichstufiges Tonsystem. Die Diskrepanz zwischen der pythagoreischen zahlentheoret. Auffassung von der M. und der empir. des Aristoxenos durchzieht die folgende Diskussion. Im 2. Jh. n. Chr. versucht Ptolemaios die beiden Auffassungen in seiner *Harmonik* zu verbinden. – Neben diesen histor. oder musiktheoret. Schriften und Fragmenten gibt es eine Reihe von sog. Musikfragmenten, Texten mit musikal. Notierungen. Der früheste Text stammt aus dem 3. Jh. v. Chr. (Papyrus Hibeh). Bes. wichtig sind die delph. und epidaur. Hymnen sowie die Hymnen des Mesomedes aus hadrian. Zeit. Die herausragende Bedeutung, die der M. in der Literatur der klass. Zeit beigemessen wird, hängt mit ihrem Stellenwert im kult. und polit. Leben der einzelnen Poleis zusammen. Jedes Fest war in der Regel mit Chordarbietungen verbunden, teilweise mit Instrumentalsolo wie in Delphi. Bes. wichtig war die M. in den Dramen- und Dithyrambenaufführungen an den athen. ↗ Dionysien. Der Chor und damit die M.

verlieren im 4. Jh. v. Chr. ihren Rang im Rahmen der Dramenaufführungen. Die Komödien entwickeln sich fast zum reinen Sprechtheater, der Chor singt nur noch Intermezzi zwischen den Akten. Im Unterschied dazu scheint im ↗ Dithyrambos das musikal. Element seit dem Ende des 5. Jh. immer wichtiger geworden zu sein. – *II. Rom:* Griech. Musiktheorie in lat. Sprache wurde von M. Terentius Varro in Rom eingeführt. In seinem enzyklopäd. Werk *Disciplinae* behandelte er auch die M. im Zusammenhang mit den ↗ *artes liberales.* Varros verlorene Schrift hat spätere Traktate beeinflusst: Censorinus, *De die natali (Über den Geburtstag,* 238 n. Chr.) und bes. Augustinus, *De musica* sowie Martianus Capella (4./5. Jh. n. Chr.). Das letzte musikwissenschaftl. Werk der lat. Antike ist Boethius, *De musica,* der stark von griech. Quellen (Ptolemaios) abhängig ist. Im Kult der Römer spielten M. und Tanz seit der Königszeit eine große Rolle (bes. bei den Priesterschaften der Salier und *fratres Arvales*). Flötenspiel war Teil der Kulthandlungen. Schon früh formierten sich die aus Etrurien stammenden Flötenspieler (*tibicines*) als Berufsverband. Seit dem 3./2. Jh. v. Chr. wurde das röm. Musikleben nachhaltig vom hellenist. Osten geprägt. Bes. der Kybelekult mit seiner orgiast. M., bestehend aus Becken (*cymbala*), Trommeln (*tympana*), Hörnern und Auloi, faszinierte. Bühnenmusik war seit 240 v. Chr. in Rom präsent. Die Komödien des Plautus weisen gesprochene und gesungene Partien (*cantica*) auf (↗ Canticum), die von Flötenspiel begleitet waren. Seit der Mitte des 2. Jh. v. Chr. gastierten in Italien auch griech. Musiker, die sich in Verbänden organisierten (Dionysostechniten) und zur Ausrichtung von Aufführungen von den zuständigen Beamten engagiert werden konnten. In der Kaiserzeit wurden der Mimus und Pantomimus zu den beliebtesten Theatergattungen. Die oft improvisierten Mimen wurden häufig von Gesangs- und Musikeinlagen unterbrochen; im Pantomimos agierte der Darsteller zu M. – und Chorbegleitung. ↗ Unterhaltungsmusik
Lit.: G. Wille, Musica Romana (1967). – E. Pöhlmann, Denkmäler altgriech. M. (1970). – M. L. West, Ancient Greek Music (1992). – E. Pöhlmann / M. L. West, Documents of Ancient Greek Music (2001).
  Musikinstrumente. *I. Griechenland: 1. Saiteninstrumente:* Schon auf einem minoischen Sarkophag aus Hagia Triada (1550 v. Chr.) ist die Phorminx dargestellt, in den homer. Epen finden sich zahlreiche Erwähnungen. In geometr. Zeit (1100–700 v. Chr.) wird sie mit zwei bis fünf Saiten und einem gerundeten Schallkörper abgebildet. In archaischer Zeit treten neben der Phorminx die ↗ Kithara, die einen kastenförmigen Schallkörper besitzt, der vorne flach und nach hinten ausgebaucht ist, und die ↗ Lyra, deren Schallkörper ein Schildkrötenpanzer (oder eine Imitation des Panzers) ist. In archaischer Zeit ist die Siebenzahl der Saiten die Regel. Neben diesen Leierinstrumenten gab es die Harfe (Pektis) und die Barbitos, eine tiefere Spielart der Lyra. Harfeninstrumente haben von Anfang an mehr als sieben Saiten. Im 5. Jh. v. Chr. scheint die damit verbundene größere Tonbreite auf die Leier-

instrumente übergegriffen zu haben, so dass man seit dieser Zeit Virtuoseninstrumente mit größerer Saitenzahl annehmen muss. – *2. Blasinstrumente:* Als Blasinstrumente sind seit Homer Aulos, Syrinx, und Salpinx belegt. ↗ Syrinx (Pan- bzw. Hermesflöte) und Salpinx (Trompete) spielen im Musikleben keine Rolle, während der ↗ Aulos seit dem 7. Jh. v. Chr. als Begleitinstrument von Elegien und seit dem 6. Jh. auch als Soloinstrument eingesetzt wird. Seit dem 5. Jh. ist der Aulos Begleitinstrument bei Tragödien-, Komödien- und Dithyrambenaufführungen und weist damit eine enge Verbindung zum Dionysoskult auf. Der Aulos besteht in der Regel aus einem Paar von mit fünf Grifflöchern versehenen Rohren von ca. 50 cm Länge. Das jeweils zweite Loch (für den Daumen) liegt an der Innenseite. Das Mundstück weist zwei ineinandergesteckte Teile auf, wobei im letzten das doppelte oder einfache Rohrblatt steckte. Eine Mundbinde verhindert das Aufblähen der Wangen. Seit dem 6. Jh. gibt es Auloi mit bis zu 24 Grifflöchern, die das Spielen in mehreren Tonarten erlaubten. Diese Vergrößerung des Tonspektrums steht im Zusammenhang mit dem am Ende des 5. Jh. v. Chr. aufkommenden Virtuosentum,

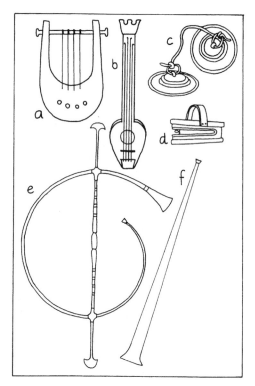

a Phorminx   d Fußklapper
b Laute   e Cornu
c Cymbala   f Tuba

Musikinstrumente

Mykene, Löwentor

dessen berühmtester Vertreter Pronomos aus Theben ist. – *II. Rom:* Wie die röm. Literatur zeichnet sich die röm. Musikkultur durch die Übernahme von M.n anderer Völker aus. Von den griech. Saiteninstrumenten wurden Kithara und Lyra übernommen, z. T. wurde die Saitenzahl erhöht. Durch die Mysterienkulte wurden Rahmentrommeln (*tympana*) und Becken (*cymbala*), Hand- (*crotala*) und Fußklappern (*scabella*) in Rom heimisch. Aus Etrurien stammen die wichtigsten Blasinstrumente: *Tibiae* (Flöten), Trompeten und Hörner (*tuba, lituus, cornu*), die im Kult und Militär Verwendung fanden. **Lit.:** C. Sachs, The History of Musical Instruments (1940). – A. Bains (Hg.), Musical Instruments Through the Ages (1961). – B. Aign, Die M. des ägäischen Raums bis um 700 v. Chr. (1963). – A. Di Giglio, Strumenti delle Muse (2000).

Musonius, Gaius M. Rufus, röm. stoischer Philosoph aus dem Ritterstand, ca. 30–100 n. Chr., Lehrer Epiktets und Dions von Prusa. Bei ↗ Stobaios sind 40 Exzerpte aus M. erhalten, die bes. traditionelle stoische Ethik widerspiegeln. **Lit.:** R. Laurenti, in: ANRW II 36, 3 (1989) 2113–2120.

Muttergottheiten treten als Gottheiten der Erde neben die männlich gedachten Himmelsgötter, bes. als Fruchtbarkeitsgöttinnen, v. a. Demeter, Gaia oder Aphrodite.

Mygdon, phryg. König, führt mit Otreus in Kleinasien einen Krieg gegen die Amazonen, in dem ihn König Priamos als Verbündeter unterstützt.

Mygdonia (gr. Mygdonia), makedon. Landschaft zwischen Axios und Strymon, einst von dem westthrak. Stamm der Mygdonen bewohnt. Teile des Stammes wanderten nach Kleinasien ab und siedelten sich bis nach Mesopotamien an. Daher findet sich der Landschaftsname auch in Bithynien, Phrygien und Mesopotamien.

Mykale (heute Samsun-Dagi), bis 1265 m hohes Vorgebirge an der Westküste Kleinasiens im N der Bucht von ↗ Milet nahe der Mündung des ↗ Mäander. Bekannt wurde M. durch den Land- und Seesieg der Griechen 479 v. Chr. unter dem Spartanerkönig Leotychidas II. und dem Athener Xanthippos über die Perser.

Mykene (gr. Mykenai), auf der Peloponnes in der Landschaft Argolis gelegene Stadt mit Burganlage. Gut geschützt zwischen Bergen und Schluchten, am nordöstl. Rand der argol. Ebene gelegen, konnte von ihrem Burghügel aus sowohl die Ebene bis Argos und zum Golf von Nauplion überblickt als auch die Straße nach Korinth kontrolliert werden. Aufgrund der fehlenden zeitgenöss. schriftl. Überlieferung lässt sich die geschichtl. Entwicklung M.s nur unzureichend rekonstruieren. Der Ort war sehr alt und wohl bereits im 6. Jt. v. Chr. besiedelt. Als myth. Gründer von M. gilt der Sage nach ↗ Perseus. Bis zum beginnenden 2. Jt. v. Chr. entwickelte sich M. zu einer blühenden Stadt, die über die Argolis herrschte und ihren Machtbereich über die gesamte Peloponnes ausdehnte. Unter dem

Einfluss des minoischen Kreta konnte sich M. im 16. Jh. v. Chr. zu einem der Zentren der nach ihr benannten Myken. Kultur entwickeln. Bis zum 15. Jh. hatte M. seinen Machtbereich bis nach Kreta ausgedehnt und eroberte sogar dessen Metropole Knossos (um 1450 v. Chr.). M. wurde zur führenden Seehandelsstadt im östl. Mittelmeer und unterhielt u. a. Handelsbeziehungen mit Zypern, dem Vorderen Orient, dem Schwarzmeergebiet und Ägypten. Im Zuge der Dor. Wanderung kamen die Dorier im mittleren 12. Jh. v. Chr. auch auf die Peloponnes und zerstörten dort u. a. auch M. Zwar war die Stadt daraufhin auch in der sog. geometr. und archaischen Phase noch immer bewohnt, sie nahm aber in der Geschichte nur eine untergeordnete Rolle ein. Als sich M. der Expansion von Argos widersetzte, wurde die Stadt schließlich nach Streitigkeiten 468 v. Chr. erobert und zerstört. – Das Gelände der Burg wurde um 1350/30 von einer mächtigen Mauer umgeben. Das berühmte Löwentor entstand um 1250 v. Chr.; in diesem Bereich befanden sich die sog. Königsgräber, die Schachtgräber unter dem sog. Gräberrund B (1650–1550 v. Chr.) und A (1580–1500 v. Chr.) sowie zahlreiche Kuppelgräber (15./14. Jh. v. Chr.). Eine Rampe führte hinauf zum Palast (14. Jh. v. Chr.) mit Innenhof, Thronsaal und Megaron (rechteckiger Haustyp) mit Herdstelle. Im nördl. Bereich lag, über mehreren Vorgängerbauten errichtet, ein Athena-Tempel aus hellenist. Zeit (3. Jh. v. Chr.). Unterhalb des Palastes wurden mehrere Häuserreste ausgegraben; oberhalb lag das sog. Haus der Säulen, ein von Säulen umgebener Hof, bei dem sich wohl Werkstätten befanden. Ganz im O wurden zwei Ausfallpforten angelegt, die den Zugang zu einer mächtigen unterird. Zisterne sicherten, welche mittels einer Tonröhrenleitung von einer 360 m weit entfernten Quelle gespeist wurde. **Lit.:** H. Schliemann, M. (1878; Nd. 1964). – G. E. Mylonas, M. A Guide to Its Ruins and Its History (1973). – ASM (1999).

Mykenische Kultur, nach dem wichtigsten und namengebenden Zentrum, der griech. Stadt auf der Peloponnes, Mykene, benannt; unter dem Einfluss der älteren, ↗ minoischen Kultur breitete sie sich im gesamten ägäischen Bereich aus und gelangte bis an die Küsten Kleinasiens und Siziliens. Die Epoche der M. K. fällt in die Bronzezeit des griech. Festlandes, die in der Archäologie auch als hellad. Kultur bezeichnet wird, und umfasst deren Spätzeit. Die charakterist. myken. Keramik ermöglichte eine weitere chronolog. Unterteilung in drei Phasen: Späthelladisch (SH) I-III (ca. I: 1600–1500; II: 1500–1400; III: 1400–1125). Die heutigen Erkenntnisse über die M. K. beruhen neben der bedeutenden Keramik in erster Linie von den reichen Grabfunden (Schacht- und Kuppelgräber). Ihre Glanzzeit erreichte die M. K. etwa zwischen 1400 und 1200 v. Chr., wovon die beeindruckenden Überreste der Paläste und befestigten Burgen zeugen. Über die Gründe der Zerstörung herrscht noch keine Klarheit. Neben krieger. Übergriffen von außen tritt immer stärker die These eines gewaltigen Erdbebens und der allmähl. Auflassung der Siedlungen in den Vorder-

grund. **Lit.:** S. Marinatos/M. Hirmer, Kreta, Thera und das Myken. Hellas (1986). – K. Demakopoulou (Hg.), Das myken. Hellas. Heimat der Helden Homers (1988). – R. A. Higgins, Minoan and Mycenaean Art (1997).

Mykenische Sprache. Das Mykenische ist die älteste bekannte Sprachform des Griechischen (14. – 12. Jh. v. Chr.). Bezeugt ist es auf den Linear B-Tafeln (sowie vereinzelt auf Vasen) in einer Silbenschrift, die 1952 von M. Ventris entziffert wurde. Fundorte sind Knossos, Pylos, Mykene, Theben u. a. Bei den erhaltenen Texten handelt es sich größtenteils um Inventarlisten der Palastverwaltung. Das Mykenische hat verschiedene ältere Sprachelemente bewahrt (z. B. Labiovelare) und stellt eine sprachhistorisch wichtige Stufe zwischen dem Gemeinindogermanischen und dem Griechischen der alphabet. Zeit dar. Allerdings ist es nicht mit dem Urgriechischen gleichzusetzen, sondern setzt bereits dessen dialektale Differenzierung voraus. **Lit.:** M. Ventris/J. Chadwick, Documents in Mycenaean Greek (²1973).

Mykonos, felsige, baumlose Insel der mittleren ↗ Kykladen. M. besaß keine eigenen Quellen und wenig fruchtbares Land, so dass die Besiedlung bereits in der Antike spärlich war. Zwei antike Poleis sind belegt, die um 200 v. Chr. einen inschriftlich bezeugten ↗ Synoikismos schlossen. Die Bewohner hatten den Ruf, unwissend, geizig und von Natur aus kahlköpfig zu sein, und wurden deshalb oft verspottet. Das benachbarte ↗ Delos besaß Güter auf M.; viele Mykonier erscheinen dort als Stifter. **Lit.:** GLHS (1989) 448 f.

Mylasa (heute Milas, Türkei), bedeutende, in einer fruchtbaren Hochebene gelegene Stadt in Karien; berühmt für qualitätsvollen Marmor. M. war bereits in vorgriech. Zeit besiedelt. Die Siedlung der archaischen Zeit lag bei dem heutigen Pecin Kale und war Hauptstadt der Hekatomniden, bis ↗ Mausolos die Residenz um 360 v. Chr. nach ↗ Halikarnassos verlegte. Etwa zur gleichen Zeit wurde die ursprüngl. Siedlung aufgegeben und nördl. davon neu errichtet. M. besaß drei Tempel, für Zeus Osogos, Zeus Karios und Zeus Stratios, und einen Hafen (Passala; nicht Physkos, wie Strabon schreibt); der Tempel des Zeus Stratios lag östl. in Labraunda und war mit der Stadt durch eine gepflasterte Straße verbunden. Wie viele andere kleinasiat. Städte wechselte M. häufig den Machthaber: Den Persern folgten Alexander d. Gr. (334), die Seleukiden und schließlich die Römer. Während des röm. Bürgerkrieges 40 v. Chr. widersetzte sich Labienus, der an der Spitze einer parth. Armee die Stadt verwüstete; unter Augustus Wiederaufbau. In der Spätantike wurde die Stadt Bischofssitz; aus dem 5. Jh. n. Chr. sind inschriftlich wichtige Gesetzestexte erhalten. Die heute sichtbaren Gebäudereste stammen hauptsächlich aus hellenist. Zeit. **Lit.:** G. E. Bean, Turkey Beyond the Maeander (1980). – W. Blümel, Die Inschriften von M. (1987).

Myra (heute Dembre, Türkei), Küstenstadt in Lykien mit Hafen Andriake. Eine der sechs größten Städte im Lyk. Bund (1. Jh. v. Chr.), später ↗ Metropolis; Heimatstadt des hl. Nikolaus von M. (4. Jh. n. Chr.). Stadtgöttin war die Artemis Eleuthera mit ihrem berühmten Tempel. M. handelte v. a. mit Getreide; in Andriake ist noch ein Getreidespeicher aus hadrian. Zeit erhalten. Kulte für Zeus, Apollon, Athene und Tyche sind bezeugt. Die meisten Ruinen der antiken Stadt wurden von Schwemmland bedeckt. Frei liegen etwa 100 Felsgräber (4. Jh. v. Chr.) mit Inschriften in lyk. Sprache, die Akropolis und das röm. Theater. **Lit.:** J. Borchardt (Hg.), M. (1974). – G. E. Bean, Lycian Turkey (1978). – ASM (1999).

Myrmidonen (gr. Myrmidones), sagenhafter thessal. Volksstamm, mit dem ↗ Achill in den Trojan. Krieg zieht. Sein Stammvater Myrmidon gilt als Sohn des Zeus.

Myron aus Eleutherai (Attika), griech. Bildhauer, der etwa zwischen 480 und 440 v. Chr. tätig war. Antike Autoren rühmen sein Streben nach einem harmon. Rhythmus in der Darstellung lebhaft bewegter Figuren, während er in Einzelheiten, wie z. B. in der Wiedergabe der Haare, die altertüml. Strenge beibehält. Seine berühmteste, sogar mehrfach besungene Statue war eine bronzene Kuh, die auf der Akropolis aufgestellt worden war und täuschend echt erschien. Zwei

Arbeiten konnten ihm bis heute sicher in Kopien zugewiesen werden: Der Diskuswerfer (Diskobolos) und die Athena-Marsyas-Gruppe. Kennzeichnend für beide ist das Erfassen eines bestimmten Moments in der Bewegung, der trotz des Innehaltens die Dynamik des Gesamtablaufs behält. Der Diskobolos ist in einem Augenblick festgehalten, in dem sich Aushol- und Gegenbewegung die Waage halten. Die Athena-Marsyas-Gruppe zeigt auf der einen Seite Athena, wie sie warnend die Hand in einer abwehrenden Geste erhebt, und ihr gegenüber den nach vorne zur Flöte strebenden, gleichzeitig aber zögernden Marsyas. **Lit.:** G. M. A. Richter, The Sculpture and Sculptors of the Greeks (1970). – K. Stemmer, Standorte. Kontext und Funktion antiker Skulptur (1995).

Myronides, athen. Feldherr, besiegte Mitte des 5. Jh. v. Chr. Korinther und Böoter und trug zur Ausdehnung der athen. Macht in Mittelgriechenland bei. Innenpolitisch war er eher konservativ und galt nicht als Anhänger des Perikles.

Myrrha, Tochter des myth. Königs Kinyras von Zypern, die Aphrodite von einer heftige Liebe zu ihrem Vater erfassen lässt, der mit ihr unerkannt ein Verhältnis eingeht. Als er den Inzest erkennt, will er sie töten. M. wird in den gleichnamigen Baum verwandelt, aus dem Adonis zur Welt kommt.

Myrtilos, Wagenlenker des ↗ Oinomaos. Er wird nach seinem Tod als Sternbild Fuhrmann an den Himmel versetzt.

Myrtoisches Meer, Teil der Ägäis zwischen ↗ Peloponnes und ↗ Kykladen.

Mysien, Küstenlandschaft im NW Kleinasiens (heute Türkei); stark gegliedert durch Gebirgszüge und Flusstäler (Kaikos, Rhyndakos); im O vorgelagert war die Insel ↗ Lesbos. Die Bergregion zwischen den Tälern des Kaikos und des ↗ Hermos galt als Südgrenze M.s, doch ist die Abgrenzung zum benachbarten Phrygien, Bithynien und Lydien nicht eindeutig. Seit 280 v. Chr. war M. Kernland des pergamen. Reiches; ab 133 Teil der röm. Provinz Asia. M. war wichtiges Durchgangsgebiet für Handel und Verkehr in Kleinasien mit reichen Küsten- und Binnenstädten und wichtigen Straßenverbindungen (Adramytteion, Alexandria Troas, Elaia, Pergamon). **Lit.:** D. Magie, Roman Rule in Asia Minor I-II (1950).

Myskelos aus Argos, Gründer der süditalien. Stadt Kroton. Obwohl das delph. Orakel ihn mit der Gründung Krotons beauftragt, will M., von der Schönheit des Gebietes bei Sybaris angezogen, dort die Stadt gründen, was ihm aber ein zweites Orakel untersagt.

Mysterien, geheime Kultfeiern, vom 7. Jh. v. Chr. bis 4. Jh. n. Chr. bekannt. Das griech. Wort *mysteria* bezog sich ursprünglich auf das Fest der Demeter und der Kore in Eleusis (↗ Eleusin. Mysterien), wurde aber später für eine Vielzahl von Kulten verwendet, in denen Einweihung, Geheimhaltung und Überwindung des Todes zentral waren. Im Zentrum aller solcher Religionen stand ein Initiationsritus, der die geistige Wandlung eines Menschen zum Ziel hatte, die ihn ewiges Seelenheil und Unsterblichkeit erlangen ließ.

Diskobolos (Diskuswerfer) von Myron

Diesem gingen Reinigungsriten wie Fasten, Waschungen oder Geißelung voraus (Katharmos). Dann wurden die Kandidaten (Mysten genannt) in die geheimen Riten, Parolen und Symbole eingeweiht. Schließlich folgte der Hauptritus, eine dramatisch inszenierte Schau des Gottes und die Vereinigung mit ihm. Die Teilnehmer, ihre Versammlungsorte und die Namen der Gottheiten mit ihren Legenden waren in der Regel allg. bekannt; verborgen blieb den Nichteingeweihten einzig dieser Ritus und damit auch der Zugang zum Heil. Weitere typ. sakrale Elemente in den M. sind besondere Kleider, Taufen mit Wasser oder dem Blut von Opfertieren und gemeinsame Kultmahlzeiten. Unter den M. ragen bes. die Demeter-M. in Eleusis, die Dionysos-M. und der Kult um ↗ Mithras hervor. **Lit.:** W. Burkert, Antike M. (1990). – H. Kloft, M.kulte der Antike (1999).

Mystik ↗ Hermet. Schriften, Mysterien, Orphik

Mythographie (gr., »Aufzeichnung von Mythen«). Die M. als Aufzeichnung und Systematisierung der überlieferten Mythen setzt in Griechenland mit ↗ Hesiods *Theogonie* und den *Katalogoi* ein. An ihn schließen sich Akusilaos mit seiner *Theogonie* und *Heroengeschichte* an und bes. Hekataios. Die in hellenist. Zeit zusammengestellten Mythensammlungen fließen in der *Bibliothek* des ↗ Apollodor zusammen. Neben diesen umfassenden Mythensammlungen gibt es mytholog. Monographien wie z. B. die *Erotika Pathemata* (*Liebesleid*) des ↗ Parthenios, eine Sammlung von mytholog. Beispielen unglückl. Liebe. Aus der lat. mythograph. Literatur ist ↗ Hygin zu nennen. Das mytholog. »Handbuch« der europäischen Kultur, bes. des MA und der Renaissance, mit einem enormen Einfluss auf die Literatur und bildende Kunst wurden jedoch ↗ Ovids *Metamorphosen*, in denen unter dem Aspekt der Verwandlung ca. 250 Mythen zusammengestellt sind.

Mythographus Homericus ↗ Mythos II

Mythologie, Wissenschaft vom Mythos, auch im Sinne der systemat. Zusammenstellung und Aufzeichnung von Mythen (↗ Mythographie). In der Antike bestand seit jeher das Bedürfnis, die Vielzahl der myth. Erzählungen systematisch darzustellen (Hesiod, *Theogonie*; Ovid, *Metamorphosen*). Mytholog. Nachschlagewerke sind ↗ Apollodors *Bibliothek*, unter erot. Aspekt die *Erotika Pathemata* (*Liebesleid*) des Parthenios.

Mythos. *I. Allg.:* Im eigentl. Wortsinn sind Mythen Erzählungen. Im 5. Jh. v. Chr. wird der Begriff M. unter dem Einfluss der Sophistik verwendet, um unglaubwürdige Geschichten zu bezeichnen; Platon stellt Mythen als häufig erlogene Berichte den Logoi, dialektisch beweisbaren Aussagen, gegenüber. Mythen sind nicht an bestimmte literar. Gattungen gebunden; M. ist der Stoff, ein in groben Zügen festgelegter Handlungsverlauf mit bestimmten Personenkonstellationen, die die Autoren in gewissen Graden variieren können. Daher rührt auch das aristotel. Verständnis vom M. als *plot* (Handlungskern) einer Erzählung, die der Autor nach dem Prinzip der Wahrscheinlichkeit

und des Angemessenen entwickelt (*Poetik* 8). Die Präsenz des M. im griech. Denken ist bedingt durch seine Allgemeingültigkeit. Mythen werden dazu eingesetzt, um das polit., soziale und religiöse Leben der Menschen in einer zeitlosen Ebene widerzuspiegeln und zu deuten. Mythen sind an bestimmte rituelle Anlässe gebunden, an denen sie, wie an den ↗ Dionysien in Athen, entweder mimetisch dargestellt oder aber, wie bei den ↗ Panathenäen, rezitiert werden. – Schon früh setzt die Kritik am M. ein. Bereits Xenophanes erklärt die Göttermythen als Projektionen des menschl. Geistes. Die Rettung des M. versucht die bes. von der Stoa betriebene M.-Allegorese zu leisten, die aus den homer. Erzählungen eine tiefere Wahrheit herausliest. Von der christl., durch den Neuplatonismus beeinflussten Bibelexegese wird die Methode mit derselben Absicht auf das Alte Testament angewandt. Die wissenschaftl. Beschäftigung mit dem M. beginnt in der Moderne mit Chr. G. Heyne (1729–1812), der Mythen als rudimentäre Ausdrucksform der frühen Menschheit betrachtet. Für Goethe (*Dichtung und Wahrheit* 15) sind Mythen göttl. und menschl. Symbole der Welterklärung, wie dies bes. auch von F. Creuzer (1771–1858) vertreten wurde (*Symbolik und Mythologie der alten Völker, bes. der Griechen,* I-IV, 1810–1812). Die Interpretation der Gegenwart ist z. T. durch S. Freuds These geprägt, Träume und Mythen seien formal und inhaltlich eng verwandt, und Mythen seien kollektive Wunschträume von Nationen (*Totem und Tabu,* 1912/13), was C. G. Jung in seiner Archetypenlehre weiterentwickelt. Einflussreich war der Cambridger Kreis um Sir James Frazer und Jane Ellen Harrison, für die Mythen Darstellungen kollektiver Rituale sind, bes. von Initiationsritualen. Die strukturalist. M.-Deutung, vertreten bes. durch Claude Lévi-Strauss, sieht Mythen als Kommunikationssystem an, dessen Grammatik und Strukturen es zu ergründen gilt. Weiterentwickelt und zusammengefasst werden diese Ansätze von W. Burkert, der die unterschiedl. Mythen als Handlungsprogramme erklärt, die ihren Ursprung in kulturellen oder biolog. Konstanten haben.

II. M. und Literatur: Da Mythen nach ant. Auffassung den wesentl. Gegenstand fiktionaler Literatur bilden, sind Texte von ↗ Homer und ↗ Hesiod bis in die Zeit des Hellenismus die Hauptquelle für griech.-röm. Mythen. Grundlegend für Göttermythen sind die homer. Epen und Hesiods *Theogonie* sowie die unter seinem Namen erhaltene sog. Katalogdichtung, die einen ersten Versuch darstellen, die bunte Vielfalt der Götter- und Heroengeschichten zu systematisieren. Bereits im 6. Jh. v. Chr. setzen nach dem Generationsschema angeordnete Prosadarstellungen von lokalen und Heroen-Mythen ein (Akusilaos, Hekataios von Milet, Pherekydes und die sog. Atthidographen, die athen. Lokalhistoriker). Zentral ist die Bedeutung des M. in der Chorlyrik (Simonides, Pindar, Bakchylides). Aktuelle Ereignisse wie z. B. der Sieg eines Adligen bei den panhellen. Festspielen werden in einer myth. Person oder Episode widergespiegelt und dadurch erhöht. Die kult. Liedformen (↗ Hymnos, ↗ Dithyrambos, ↗ Paian) enthalten Episoden aus den mit dem angerufenen Gott in Verbindung stehenden Mythen. Von wenigen Ausnahmen abgesehen, in denen Zeitgeschichte behandelt wird (Aischylos, *Perser*), basieren die Tragödien des 5. Jh.s v. Chr. (↗ Aischylos, ↗ Sophokles, ↗ Euripides) auf Mythen, wobei vor allem den mit dem ↗ Trojan. Krieg zusammenhängenden Mythen eine große Bedeutung zukommt. Aischylos soll seine Tragödien, um seine Abhängigkeit von den homer. Epen zu betonen, als »Scheiben von den großen Mahlzeiten Homers« bezeichnet haben, Sophokles wird »tragischer Homer« genannt. Ein weiterer für die Tragiker wichtiger Sagenkreis sind die theban. Mythen (↗ Ödipus, ↗ Antigone; Aischylos, *Sieben gegen Theben*; Sophokles, *König Ödipus, Ödipus auf Kolonos*; Euripides, *Phönizierinnen*). Dazu kommen Heroenmythen (bes. ↗ Herakles; Sophokles, *Trachinierinnen*; Euripides, *Der rasende Herakles*) und att. lokale Mythen (bes. ↗ Theseus). In der hellenist. Literatur ist eine Vorliebe für ausgefallene, seltene Mythen feststellbar. Wichtigste Werke sind die *Aitia* (*Ursprungssagen*) des Kallimachos (310–240 v. Chr.) und die *Argonautika* des Apollonios von Rhodos (3. Jh. v. Chr.), in denen die Fahrt der ↗ Argonauten unter Jasons Leitung von der Abfahrt über die Erringung des Goldenen Vlieses bis zur Rückfahrt erzählt und bes. die psycholog. Aspekte der Beziehung von Jason und ↗ Medea ausgelotet werden. Angeregt durch die Forschungen in der Philosophenschule des Peripatos entstehen in hellenist. Zeit mytholog. Kompendien (↗ Mythographie), die nach geograph. oder chronolog. Kriterien angelegt oder unter ein bestimmtes Leitthema gestellt sind (↗ Metamorphosen, Sternsagen des Eratosthenes, ca. 295/280–200 v. Chr.). Ebenfalls in dieser Epoche entstehen Kommentare zu mytholog. Dichtung, die in den Scholien, den in den Handschriften enthaltenen erklärenden Notizen, erhalten sind. Durch Papyrusfunde und aus späteren Zitaten lässt sich teilweise ein anonymer Homerkommentar (Mythographus Homericus) rekonstruieren, in dem Material zu den in den homer. Epen vorkommenden Helden (Genealogie, Taten, Stadtgründungen) zusammengetragen wird. Die lat. Literatur schließt sich in der Behandlung von Mythen nahtlos an die griech. an. Mytholog. Gattungen sind das Epos (bes. Vergils ↗ *Äneis*, Ovids ↗ *Metamorphosen*, Statius' *Thebais*), die Tragödie (Seneca) sowie die Elegie (Tibull, Properz, Ovid). Die frühen christl. Autoren verwerfen, gestützt auf die philosoph., platon. Mythenkritik, zunächst die paganen Mythen. Da jedoch auch im christl. Unterricht der mytholog. Literatur (Homer, Vergil) eine herausragende Rolle zufällt, setzen sich bald Rettungsversuche der Mythen durch, die sich vor allem der ↗ Allegorese bedienen, die im MA der Zugang zu ant. Mythen bleiben wird (z. B. im *Ovide moralisé*). So wird z. B. der an einen Mastbaum gefesselte, an den Sirenen vorbeisegelnde Odysseus zum Sinnbild des Christen, der sich von den Verlockungen der Welt nicht von seinem Kurs zum Heil abbringen lässt.

Dem europäischen MA sind ant. Mythen durch lat. Texte (Vergil, Ovid, Statius) bekannt, griech. Quellen werden erst seit dem Frühhumanismus berücksichtigt. Boccaccio erklärt in der *Genealogia deorum gentilium* (1350–1375) voller Stolz, dass er als erster Homer nach Italien zurückgebracht habe (15, 7). In der *Genealogia* trägt Boccaccio das ihm zugängl. mytholog. Material zusammen. Ant. Mythen enthalten seiner Auffassung nach eine tiefe Weisheit, die er mit Hilfe der Allegorese freilegt. Boccaccios Werk wird abgelöst durch drei umfangreiche Handbücher der Renaissance: Lilio Gregorio Giraldi, *De deis gentilium varia et multiplex historia* (1548), Natale Conti, *Mythologia* (1551, 1567) und Vincenzo Cartari, *Imagini colla sposizione degli dei degli antichi* (1556, 1571). Großen Einfluss nicht nur auf die Literatur, sondern vor allem auf die Bildende Kunst üben die Emblembücher aus, in denen die Mythen in bildl. Darstellung moralisierend ausgedeutet werden. In der Auseinandersetzung zwischen den Anhängern der ant. und modernen Literatur im 17. Jh. (*Querelle des Anciens et des Modernes*) werden ant. Mythen von den *Modernes* rationalist. Kritik unterzogen, travestiert und parodiert, während die *Anciens* dem M. eine nur ihm inhärente poet. Kraft zuschreiben, auf die fiktionale Literatur nicht verzichten könne (Racine).

Seit der Renaissance ist der ant. M. in allen Bereichen der Kultur präsent: in der Oper, der Malerei, der Architektur sowie der Literatur. Häufig werden ant. myth. Gestalten zum Symbol eines bestimmten Zeitgeistes oder Epochenbewusstseins, wobei je nach den histor. Umständen verschiedene Seiten eines M. stärker rezipiert werden: So wird Odysseus u. a. zum Symbol für den Heimatlosen, den Kriegsheimkehrer oder den Grenzüberschreiter. **Lit.:** H. Blumenberg, Arbeit am M. (1979). – F. Graf, Griech. Mythologie (⁴1997). – W. Burkert, Kulte des Altertums (1998). – B. Guthmüller, Mythologie, in: Der Neue Pauly Bd. 15/1 (2001) 611–632.

Mytilene, Hauptstadt der Insel Lesbos. Die antike Stadt lag auf einer Insel (heute Appendix des Festlandes), die der Ostküste vorgelagert und durch steinerne Brücken mit dem Festland verbunden war. Der Stadtmauerring hatte in etwa den Umfang wie im klass. Athen (5 km). Nach langer pers. Herrschaft, unterbrochen vom Jon. Aufstand, war M. Verbündeter Athens. Der Abfall von Athen (428 v. Chr.) hatte eine grausame Strafaktion und die Ansiedlung att. Kleruchen zur Folge. Die 357 zurückgekehrten Perser wurden von Alexander d.Gr. vertrieben, später herrschten Antigoniden und Ptolemäer, ab 79 v. Chr. die Römer. Die hellenist. Stadt produzierte Metallwaren, Textilien und Terrakotten und handelte mit ↗ Garum. Vornehme Römer besuchten M. wegen des günstigen Klimas zur Erholung oder Weiterbildung. In der griech. Geisteswelt nahm M. immer eine führende Stellung ein; von hier stammten z. B. Pittakos, die Geschichtsschreiber Hellanikos und Theophanes, die Dichterin Sappho und der Dichter Alkaios. Erhalten sind Reste der Hafenmolen, Nekropolen, Aquädukte, ein Theater sowie ein Heiligtum der Demeter und Kore. **Lit.:** GLHS (1989).

N

Nabatäer (gr. Nabataioi), nordarab. Volk mit gleichnamigem Königreich. Die N. kamen durch Kämpfe mit den Diadochen in Berührung mit der griech. Welt. Um 300 v. Chr. vertrieben sie die Edomiter und gründeten ein Reich mit der Hauptstadt ↗ Petra, das im 1. Jh. v. Chr. seine größte Blüte erreichte. Die N. dehnten ihre Einflusssphäre bis nach Syrien, dem Golf von Akaba und der Sinai-Halbinsel aus und unterhielten rege Handelsbeziehungen, wovon vielerorts Inschriften zeugen (Puteoli, Rom). Ein Angriff ↗ Antigonos I. 312 v. Chr. war erfolglos. Trotz einem Schutzbündnis mit Rom seit 62 v. Chr. konnten die Könige ihre Unabhängigkeit bis in die Zeit Trajans bewahren; 106 n. Chr. wurde das Reich der N. zerschlagen und Teil der röm. Provinz Arabia mit der Hauptstadt Bostra. Noch heute zeugen die Ruinen von Petra sichtbar von der Größe und Reichtum des N.-Reiches. Obwohl die N. wohl eine Art arab. Dialekt sprachen, war für Inschriften die aramäische Sprache in Gebrauch. Beeindruckend sind die Reste der nabatäischen Stadt Petra mit gewaltigen Felsheiligtümern und Gräbern in einem gut geschützten Felsenkessel. **Lit.:** R. Wenning, Die N. (1987). – M. Lindner, Petra und das Königreich der N. (1989). – A. Ivernizzi/J.-F. Salles (Hg.), Arabia Antiqua. Hellenistic Centres around Arabia (1993).

Nabis, letzter selbständiger Herrscher in Sparta 207–192 v. Chr. Als Angehöriger des Königshauses der Eurypontiden gelangte N. 207 zur Macht und errichtete eine Tyrannis. Er setzte die soziale Reformpolitik Agis IV. und Kleomenes III. fort, entmachtete die Spartiaten und verteilte einen Großteil ihres Grundbesitzes an Heloten und Perioken, die zudem das Bürgerrecht erhielten. Seit 205 ein röm. Bundesgenosse, stand er außenpolitisch in scharfem Gegensatz zum Achäerbund, mit dem er um die Herrschaft über die Peloponnes rivalisierte. 197 schloss er ein Bündnis mit Philipp V. von Makedonien, aus dessen Händen er Argos erhielt. Obwohl er sich schon bald wieder der röm. Sache anschloss, erwirkten die Achäer, die einen Export seiner sozialen Reformpolitik fürchteten, 195 bei T. Quinctius Flamininus eine Strafexpedition. N. konnte seine Herrschaft zwar zunächst in geschmälerter Form behaupten, trat aber 192 auf die Seite des Seleukiden Antiochos III. und wurde von einem ätol. Offizier, der an seiner Zuverlässigkeit zweifelte, ermordet. Mit ihm endete die Selbständigkeit Spartas, das nach seinem Tod vom Achäerbund annektiert wurde. **Lit.:** J.-G. Texier, N. (1975).

Nachrichtenwesen. Die Antike kannte eine techn. Übermittlung von Daten oder Mitteilungen weder im öffentl. noch im privaten Bereich. Zwar gab es Brieftauben und ein gut ausgebildetes militär. Signal- und Nachrichtensystem, aber keine regelmäßige und jedermann zugängl. Beförderung schriftl. oder mündl. Nachrichten. Das Militär sandte Läufer oder berittene Boten (berühmt ist der Läufer, der die Nachricht vom Sieg der Athener von ↗ Marathon nach Athen trug); privat bediente man sich der »Gelegenheitsbeförderung« durch reisende Freunde; Briefe waren oft Wochen unterwegs. In der röm. Kaiserzeit entstand eine Art ↗ Staatspost (*cursus publicus*), mit der röm. Beamte reisen und auf dem ›Dienstweg‹ Mitteilungen mitnehmen konnten; man kannte auch schon Mittel zur Ver- und Entschlüsselung von Texten. Die Verbreitung öffentl. Bekanntmachungen erfolgte in Tempeln oder auf öffentl. Plätzen durch Herolde; Gesetze und kaiserl. Edikte wurden als Inschriften auf Bronze- oder Steintafeln aufgestellt.

Nachtwachen ↗ Vigiliae

Nacktheit. Griech. Sportler traten erstmals im 7. Jh. v. Chr. nackt zu ihren Wettkämpfen an, seit dem 5. Jh. verzichteten die männl. Sportler generell auf Kleidung, lediglich in Sparta trieben auch Frauen nackt Sport. Im Alltag war N. bei den Griechen nicht üblich, bei den Römern galt sie prinzipiell als anstößig. Lediglich in der Kunst, etwa in der Plastik, behielt die Darstellung des nackten Körpers in allen Stilrichtungen antiker Kunst von der Archaik bis zur heidn. Kunst der Spätantike ihren festen Platz in der Bilderwelt der Antike. Antike Frauendarstellungen in völliger Nacktheit sind recht selten (Aphrodite/Venus; erot.-pornograph Szenen). **Lit.:** P. Brown, The Body and Society (1988). – A. Richlin (Hg.), Pornography and Representation in Greece and Rome (1992).

Naevius, Gnaeus N., röm. Dramatiker und Epiker, 2. Hälfte 3. Jh. v. Chr., geb. wahrscheinlich in Capua, gest. in Utica (Afrika). N. diente als Soldat im 1. Pun. Krieg, während des 2. Pun. Krieges scheint er sich für Fabius Cunctator gegen Meteller und Scipionen ausgesprochen zu haben. Über Letztere goss er nach Art der aggressiven aristophan. Komödie seinen Spott auf der Bühne aus: *Fato Metelli Romae fiunt consules* (»Durch Verdienst werden die Meteller in Rom Konsuln«), dichtete er, worauf die Angegriffenen entgegneten: *Malum dabunt Metelli Naevio poetae* (»Die Meteller werden dem Dichter Naevius übel mitspielen«), was sie 206 auch taten und N. verhaften ließen. Auch Scipio Africanus wurde Opfer von N.' satir. Ader; N. endete in der Verbannung in Utica. N. dichtete ein nur in wenigen Fragmenten erhaltenes zeitgeschichtl. Epos über den 1. Pun. Krieg in ↗ Saturniern. Darin legte er einen Rückblick auf Roms myth. Ursprünge ein. Als Dramatiker dichtete N. Palliaten (Komödien im griech. Gewand), deren Vorbilder er der Mittleren und Neuen att. ↗ Komödie entlieh. Ferner schrieb er Tragödien nach griech. Art, wobei er Stoffe des trojan. Sagenkreises schätzte, die im weitesten Sinne auf Rom vorauswiesen (*Equos Trojanos, Hector proficiscens*); die Römer sahen sich als Nachkommen der Trojaner. Der *Lucurgus* erzählt vom Widerstand des myth. Thrakerkönigs gegen den Bacchus-Kult und könnte auf das Bacchanalienverbot (186) anspielen. N. gilt als Schöpfer der nationalen *fabula praetexta(ta)* (↗ Praetexta): Der *Lupus* (oder *Romulus*) hatte die Romuluslegende zur Grundlage, das Stück *Clastidium* feierte den Sieg des M. Claudius Marcellus bei der gleichnamigen Stadt und wurde bei dessen Leichenfeiern gegeben. **Lit.:** M. von Albrecht, in: E. Burck, Das röm. Epos (1979) 15–32.

Naevius ↗ Macro

Nahrung. Hauptnahrungsmittel der Griechen in Frühzeit und Klassik waren Getreidebreie, Obst und Gemüse, Öl, Käse und Fisch. ↗ Brot fand erst später weitere Verbreitung, Fleischmahlzeiten (etwa beim Opfermahl) blieben die Ausnahme. Bei den Römern fand (je nach Stand) Fleisch zunehmend Verbreitung in der Nahrung. Einfache Leute in den Städten ernähten sich meist in billigen Garküchen (↗ Küche, ↗ Wirtshäuser); die Luxusküche der reichen Römer fand Niederschlag im Kochbuch des ↗ Apicius. Verdünnter ↗ Wein war das Hauptgetränk der Antike. **Lit.:** A. Dalby, Essen und Trinken im alten Griechenland (1998). – J.-M. André, Essen und Trinken im alten Rom (1998).

Naissus (heute Nis), strategisch wichtige Stadt und Garnison der röm. Provinz Moesia superior im Gebiet der illyr. Dardaner. Berühmt wurde N. als Schauplatz des Sieges Claudius II. (Gothicus) über die Goten (268/69 n. Chr.) als Geburtsort Konstantins d.Gr. und Bischofssitz. In der Spätantike gehörte N. zur Provinz Dacia mediterranea. 441 wurde N. von den Hunnen überrannt. Unter Justinian erlebte N. eine erneute Blüte, wurde im 6. Jh. von Awaren zerstört, blieb jedoch weiter besiedelt.

Najaden ↗ Nymphen der Quellen, Flüsse und Seen. Sie entführen Herakles' schönen Geliebten ↗ Hylas.

Namatianus, Rutilius Claudius N., lat. Autor des 5. Jh. n. Chr., Angehöriger des gallo-röm. Adels, wahrscheinlich aus Toulouse stammend. N. brachte es bis zum Stadtpräfekten Roms (*praefectus urbi,* 414). Sein Hauptwerk ist ein unvollständig erhaltenes eleg. Gedicht mit dem Titel *De reditu suo* (*Über seine Rückkehr*), in dem N. eine wohl 417 unternommene Reise von Rom nach Gallien erzählt und in dem die Beschreibung (↗ Ekphrasis) besichtigter Orte mit persönl. und histor. Überlegungen verbunden ist; bemerkenswert ist die Schrift wegen ihrer romfreundl. und klassizist. Ansichten (das Gedicht wird eröffnet durch eine Lobrede auf Rom) und wegen der Invektive gegen Juden, die Mönche von Capraria und Stilicho. N. war wohl ein Angehöriger des Heidentums im traditionellen Sinne, ohne ein extremer Gegner des Christentums zu sein. Er sympathisierte mit dem Kreis um ↗ Symmachus (1) in Rom. Seine Dichtung und sein eleganter Stil gehören jedenfalls in die beste klass. Tradition, der rhetor. Tonfall ist typisch für seine Zeit. **Lit.:** E. Doblhofer I-II (1972–77) [Ausg., Übers., Komm.].

Namen ↗ Personennamen

Naos (gr., »Schiff«), das Innere eines Tempels, Hauptschiff.

Narbo (heute Narbonne), 118 v. Chr. auf einem alten kelt.-iber. Siedlungsplatz gegründete röm. Kolonie in ↗ Gallien. N. lag an einer strategisch wichtigen Handelsroute nach Hispanien; Caesar stationierte hier die 10. Legion. Unter Augustus wurde N. Hauptstadt der Provinz Gallia Narbonensis, Hauptort des Kaiserkultes und ein blühendes Handelszentrum. Ausgebaut von ↗ Claudius, verlor N. im 2. Jh. n. Chr. gegenüber Nemausus und Arelate an Bedeutung. Spärl. Gebäudereste; erhalten ist eine Anzahl von Inschriften, die das private und öffentl. Leben gut illustrieren. 462 fiel N. in die Hände der Visigothen. **Lit.:** M. Gayraud, Narbonne antique (1981). – A. L. F. Rivet, Gallia Narbonensis (1988).

Narses, ca. 490–574 n. Chr., oström. Hofbeamter und Feldherr armen. Herkunft, besiegte im Auftrag Kaiser Justinians 552–553 die Ostgoten unter Totila und Teja. Von 555–567 fungierte er als byzantin. Statthalter in Italien.

Narziss (gr. Narkissos), Sohn des Flusses Kephisos und der Nymphe Leiriope. Er verschmäht die Liebe der Nymphe ↗ Echo und muss sich zur Strafe für seine Grausamkeit in sein eigenes Spiegelbild verlieben. Nach seinem Tod wird er in die Narzisse verwandelt.

Nashorn. In der Antike war bes. das afrikan. Nashorn bekannt, das erstmals 55 v. Chr. von Pompeius nach Rom gebracht und später wie viele andere exot. Tiere als Sensation bei Circusspielen eingesetzt wurde. Das Horn war eine gefragte Handelsware und wurde etwa als Trinkhorn verwendet.

Naturphilosophie ↗ Anaximander, Anaximenes, Thales

Naturwissenschaft ↗ Aristoteles, Theophrast

Nauarchos, in der griech. Welt die Bezeichnung für den Befehlshaber einer Flotte oder eines einzelnen Schiffes. In Sparta wurde seit Beginn des ↗ Peloponnes. Krieges (431–404 v. Chr.) jährlich ein N. gewählt, der das Oberkommando über die Seestreitkräfte führte. Das Amt, dessen Iteration verboten war, verlieh eine bedeutende Machtposition und begünstigte in der Endphase des Krieges den polit. Aufstieg des ↗ Lysander. In Athen trugen die Kommandanten der Staatsschiffe den Titel N., in Syrakus 389 der Oberbefehlshaber der Flotte. In den hellenist. Staaten bezeichnete N. einen militär. Rang, und auch bei den kaiserzeitl. röm. Seestreitkräften gab es den N. als Chef einer Flotille. Von Antoninus Pius wurde er den Legionscenturionen gleichgestellt und bestand als Amt bis in die Spätantike. **Lit.:** R. Sealey, Die spartan. Nauarchie: in: Klio 58 (1976) 335–58.

Naucellius, Iunius oder Iulius N., aus Syrakus, lat. Autor, 305/310–400/405 n. Chr., Freund des ↗ Symmachus (1) (sieben Briefe an ihn sind erhalten). N. wurde von Symmachus als Nachahmer der klass. Autoren gepriesen. Die von Symmachus bezeugten Werke des N. sind neben einer histor. Schrift eine Sammlung von kleinen Gedichten, die in den ↗ Epigrammata Bobiensia (2–9) überliefert sind. N. verfährt bei der Benutzung seiner Vorbilder frei; in der Verstechnik steht er im Ganzen Ausonius nahe.

Naukraria, eine lokale Einteilung der att. Bürgerschaft in archaischer und frühklass. Zeit. Jede der vier alten ↗ Phylen war in zwölf Naukrarien untergliedert, die zum Schutz der Küsten vor Seeräubern und sonstigen Überfällen je ein Schiff zu unterhalten hatten. An ihrer Spitze stand ein *naukraros*, der dem ↗ Polemarchos unterstellt war. Im 6. Jh. v. Chr. fungierten sie bes. als Verwaltungsbezirke und besaßen auch steuerpolit. Kompetenzen. Sie wurden 508/07 von ↗ Kleisthenes durch die Einrichtung von ↗ Demen ersetzt.

Naukratis, von ↗ Milet um 650 v. Chr. gegründete griech. Handelskolonie im Nildelta. N. war längere Zeit der einzige griech. Handelsplatz in Ägypten, da König Amasis im 6. Jh. N. das Monopol erteilt hatte. Nach der Gründung von ↗ Alexandria verlor N. seine Bedeutung.

Naumachie (gr., »Seeschlacht«), ein Gladiatorenkampf, der ein Seegefecht imitierte. Die N. geht ursprünglich auf hellenist. Vorbilder zurück, wurde aber erst in Rom zu einer festen Einrichtung. Um N.n durchführen zu können, wurden riesige Bassins errichtet oder die Arenen der Amphitheater geflutet. Meist stellten professionelle Gladiatoren oder zum Tode verurteilte Schwerverbrecher histor. Seeschlachten nach. Die erste bekannte N. wurde 46 v. Chr. von Caesar initiiert; bes. im 1. Jh. n. Chr. blieb sie ein sehr beliebtes Schauspiel. So ließ Nero die Seeschlacht bei Salamis (480 v. Chr.) zwischen Griechen und Persern »nachkämpfen«, während Domitian das ↗ Kolosseum unter Wasser setzte, um ein Gefecht zu imitieren.

Naumachios, griech. Autor, vermutlich Anfang 2. Jh. n. Chr., Verf. eines bei Stobaios in Auszügen zitierten Gedichts *Frauenpflichten*.

Naupaktos (ital. Lepanto; gr. »Schiffsbauplatz«), vor dem 7. Jh. v. Chr. gegründete Stadt in der ozol. ↗ Lokris am westl. Eingang des Korinth. Golfes. Der schmale Hafen mit wehrhafter Akropolis lag geschützt in einer schmalen, von Bergen begrenzten Küstenebene. Eine Legende besagte, dass die Dorer hier ihre Schiffe bauten, bevor sie zur Eroberung der Peloponnes aufbrachen. Die Athener erkannten früh die strateg. Brisanz von N.: Sie vergrößerten die Stadt und siedelten vertriebene Messenier (457 v. Chr.) an; im ↗ Peloponnes. Krieg war N. athen. Flottenbasis. Nach der Auflösung des Ätolerbundes wurde N. 183 v. Chr. von ↗ Flamininus besetzt und gehörte unter Augustus zu Patras. Ab 431 n. Chr. Bistum, blieb N. wirtschaftlich wie strategisch interessant. Der Name Lepanto stammt aus venezian. Zeit. Ausgrabungen brachten im O der Stadt Fundamente von röm. Thermen, der Befestigungsmauer und von Gebäudekomplexen aller Epochen zu Tage. **Lit.:** GLHS (1989) 455–457.

Nauplia, seit dem 7. Jh. v. Chr. Hafenstadt von ↗ Argos. Der Name wurde in der Antike von dem Heros Nauplios, Sohn des Poseidon und der Amymone, hergeleitet. Siedlungsspuren seit dem Neolithikum; myken. Nekropole mit Felskammergräbern; in archaischer Zeit war N. Mitglied der Amphiktyonie von ↗ Kalaureia (Poros); venezian. Festung im MA und

von 1824–1834 griech. Regierungssitz. **Lit.:** GLHS (1989) 457–459.

Nauplios (1), Sohn des Poseidon und der Amymone, Gründer der Stadt ↗ Nauplia in der Argolis.

Nauplios (2), Sohn von N. (1), ein hervorragender Seemann, Navigator auf der ↗ Argo, rächt die von Odysseus veranlasste Steinigung seines Sohnes Palamedes in Troja, indem er die Ehefrauen der Griechen zum Ehebruch ermuntert. Außerdem entzündet er auf dem Berg Kaphareus ein falsches Signalfeuer, wodurch viele Schiffe der Griechen an den Felsen zerschellen.

Nausikaa (gr. Nausikaa), Tochter des myth. Königs ↗ Alkinoos, von der Odysseus am Strand des Phäakenlandes gefunden und zu ihren Eltern gebracht wird.

Nausiphanes (gr. Nausiphanes) von Teos, griech. Philosoph, 2. Hälfte 4. Jh. v. Chr., Lehrer Epikurs, Verf. einer Schrift über erkenntnistheoret. Probleme.

Navalia (lat.), Schiffswerft bzw. Schiffshaus. Röm. Schiffswerften zum Bau von Kriegsschifften gab es in Rom, bes. aber in den Flottenstützpunkten Misenum und Ravenna. In griech. wie in röm. Zeit dienten Schiffshäuser für ein bis zwei Schiffe der Trockenlagerung nicht benötigter Kriegsschiffe in den Kriegshäfen.

Navigation. Mit dem Aufschwung des ↗ Seewesens seit Beginn des 1. Jt. v. Chr. waren für die N. fundierte naut. Kenntnisse unerlässlich. Die ursprüngl. Küstenschifffahrt orientierte sich seit frühester Zeit an natürl. Landmarken (Berge, Klippen, Buchten), zu denen in klass. Zeit auch künstl. Bauwerke in Hafeneinfahrten (↗ Leuchttürme) kamen. Die Kunst der Orientierung zur See war in der Antike zum einen bestimmt von der Kenntnis astronom. Gesetzmäßigkeiten, zum anderen von dem individuellen Erfahrungsschatz der Seeleute, der durch zahlreiche Erkundungsfahrten ein erstaunlich detailliertes Bild der Seewege durch die Alte Welt formte. Wichtiges Instrument der Tradierung von Informationen über charakterist. Landmarken, Strömungen, Sonnenstand, aber auch über die zu erwartenden Begegnungen mit den Bewohnern entlang der Küsten wurden in Segelhandbüchern (gr. ↗ *periploi*) festgehalten, etwa im ↗ *Periplus maris Erythrae* oder im Bericht des ↗ Skylax von Karyanda, der zu Beginn des 5. Jh. v. Chr. in pers. Diensten systemat. Erkundungsfahrten unternahm. Naut. Instrumente (wie etwa der Sextant zur genauen Positionsbestimmung) waren weitgehend unbekannt oder nur sehr unzuverlässig, Seekarten im heutigen Sinne existierten nicht. Seit dem 3. Jh. v. Chr. standen zwar in zunehmenden Maße techn. Hilfsmittel zur Verfügung (z. B. ein unter der Wasseroberfläche mitgeführter Entfernungsmesser), doch waren ihre prakt. Auswirkungen begrenzt. So blieben Küsten- und insbes. Hochseeschifffahrt risikoreiche Unternehmen, in der die Kunst und Erfahrung des Steuermannes von höchster Bedeutung war. **Lit.:** G. A. Rost, Vom Seewesen und Seehandel in der Antike (1968). – L. Casson, Ships and Seamanship in the Ancient World (1971).

Naxos (1), fruchtbare, mit über 400 km² größte Insel der ↗ Kykladen. In der Mythologie galt N. als Geburtsort des Dionysos, und war ebenso verbunden mit dem Mythos von Theseus und ↗ Ariadne. Berühmt war die Insel für feinen Statuenmarmor und Wein. N. war schon seit dem Neolithikum und in spätmyken. Zeit besiedelt (Grotta, Aplomata, Kamini). 735 gründeten Bewohner von N. und Euböa die gleichnamige Stadt auf Sizilien. Im 7. Jh. kam es zu langwierigen Kämpfen mit der Nachbarinsel Paros, bei denen um 640 der Dichter ↗ Archilochos den Tod fand. Seit 550 gelangte N. zu Wohlstand und nahm unter der Tyrannis des ↗ Lygdamis (550–524) eine bedeutende Stellung ein, wovon zahlreiche Stiftungen und Weihegaben auf Delos (Naxierhalle und Apollonstatue), in Olympia und Delphi zeugen. Von der Zerstörung der Insel und Versklavung der Bevölkerung durch die Perser Datis und ↗ Artaphernes (490 v. Chr.) konnte sich N. nicht mehr erholen; in der Folgezeit wechselten die Machthaber, bis die Insel im 1. Jh. v. Chr. zum röm. Reich kam. Sie behielt lokale Autonomie, was in eigener Münzprägung bis in die Severerzeit zum Ausdruck kommt. Geringe antike Reste sind erhalten; auf einem durch einen Damm mit N. verbundenen Inselchen beim heutigen Hauptort N. befindet sich ein unvollendeter Tempel aus dem 6. Jh. v. Chr., erbaut aus Marmormonolithen. **Lit.:** GLHS (1989) 461–465.

Naxos (2), 735 v. Chr. von Naxos und Chalkis gemeinsam gegründete griech Kolonie an der Ostküste Siziliens. N. wurde Mutterstadt von Leontinoi, Katane und Kallipolis. Um 476 Umsiedlung der Bewohner durch ↗ Hieron I. von Syrakus nach Leontinoi und Zuzug dor. Siedler, doch kehrten die Naxier nach dem Sturz der Deinomeniden 466 zurück. 415–413 während der Sizil. Expedition Verbündete Athens, ein Bündnis, das zur endgültigen Zerstörung 403 durch ↗ Dionysios I. von Syrakus führte; 358 v. Chr. auf einer Anhöhe darüber Gründung von Tauromenion (Taormina). Münzen und archäolog. Befund weisen auf das Weiterbestehen einer kleinen Siedlung, deren Bewohner sich nach der Münzlegende als »Neustädter« bezeichneten. **Lit.:** GLHS (1989) 461–465. – ASM (1999).

Neaira, gr. ↗ Hetäre, deren Lebensgeschichte durch die »Rede gegen N.« des ↗ Apollodor (2) (Ps.-Demosthenes 59) in exemplar. Weise anschaulich wird. **Lit.:** D. Hamel, Der Fall N. (2004).

Neanthes von Kyzikos, griech. Historiker, 3. Jh. v. Chr., Verf. einer gesamtgriech. Geschichte (Hellenika), einer Geschichte von Kyzikos und von Biographien. **Lit.:** O. Lendle, Einführung in die griech. Geschichtsschreibung (1992) 205.

Neapel (gr. Nea Polis, »Neustadt«; italien. Napoli), um 680 v. Chr. gegründte bedeutende Hafenstadt in Kampanien. Die von Cumae (↗ Kyme) und Syrakus besiedelte griech. Kolonie hieß ursprünglich Parthenope und wurde um 470 großzügig erweitert. Nach dem Fall Cumaes (421) erwarb N. die Vormachtstellung. Es lebte in Frieden mit den einheim. Oskern und gestattete ihnen den Zuzug in die Stadt. 327 wurde N.

Naxos, Türrahmen des unvollendeten Apollon-Tempels

in den Konflikt zwischen Rom und den Samniten verwickelt und kämpfte auf Seiten der Letzteren. Nach einer röm. Belagerung und dem Ausbleiben der von Tarent versprochenen Hilfskontingente handelte eine proröm. Fraktion in der Stadt einen Frieden mit akzeptablen Bedingungen aus. N. blieb während der Kriege mit Pyrrhos und den Karthagern treue Verbündete Roms und wurde 89 v. Chr. Municipium. Sulla zerstörte Stadt und Kriegsflotte 82, doch erholte sie sich und wurde wegen ihres heilsamen Klimas beliebte Erholungsregion wohlhabender Römer, die wohl auch vom Flair griech. Kultur angezogen wurden. Griech. Wettkämpfe (↗ agones) wurden 2 v. Chr. zu Ehren des Augustus eingerichtet; griech. Amts- und Verwaltungsstrukturen blieben bis ins 3. Jh. n. Chr. erhalten, ebenso wie die griech. Sprache. **Lit.:** M. W. Frederiksen, Campania (1984). – R. Legler, Der Golf von N. (1990).

Nearch (gr. Nearchos), Jugendfreund Alexanders d.Gr., ca. 360–312 v. Chr.(?), begleitete diesen seit 334 auf seinem Perserfeldzug bis nach Indien, wurde 326 Flottenkommandant und erhielt 325 von ihm die Leitung der Flottenexpedition von der Indusmündung zum Pers. Golf. 323 sollte er die durch den Tod des Königs nicht mehr realisierte Erkundung der Arab.

Halbinsel leiten. In der Diadochenzeit trat er in die Dienste des Antigonos und führte 314/13 ein Kommando zum Schutze Syriens gegen Ptolemaios. Möglicherweise ist er 312 gefallen. N. verfasste einen nicht im Original erhaltenen Bericht über seine Flottenexpedition, der aber ausgiebig im Geschichtswerk des Arrian zitiert wird. Die nüchtern gehaltene Darstellung zeugt von Authentizität und einer guten Beobachtungsgabe. **Lit.:** O. Lendle, Einführung in die griech. Geschichtsschreibung (1992) 164–167.

Nebris (gr.), Fell eines Rehkitzes, Kleidung der ↗ Mänaden bei der ↗ Oreibasia.

Nebukadnezar II., der bedeutendste König des neubabylon. Reiches, regierte 605–562 v. Chr., verdrängte die Ägypter aus Syrien und Palästina und errang die polit. Vormachtstellung im Vorderen Orient. Nach der zweiten Eroberung Jerusalems (587) deportierte er einen Großteil der jüd. Oberschicht nach Mesopotamien (»Babylon. Gefangenschaft«). Er betrieb eine intensive Baupolitik und machte Babylon zur prächtigsten Metropole des Nahen Ostens. Das Bild, das die Bibel von ihm zeichnet, ist durch spätere Einflüsse verfremdet.

Nechepso-Petosiris, anonymer Autor, ca. 2. Jh. v. Chr., Verf. einer griech. Lehrschrift über Astrologie. **Lit.:** H.G. Gundel, Astrologumena (1966).

Nekropole (gr. nekropolis, »Totenstadt«) ↗ Friedhof

Nektar ↗ Ambrosia

Nekydaimon, umherschweifender Geist eines unnatürlich Verstorbenen, d.h. eines vorzeitig oder gewaltsam zu Tode Gekommenen oder eines nicht Begrabenen, der seine ehemaligen Angehörigen oder seine Mörder oder aber ein Grab sucht.

Neleus (gr. Neleus), Sohn des Poseidon und der Tyro, die ihn zusammen mit seinem Zwillingsbruder Pelias aussetzt. Später üben die Brüder Rache an ihr, doch geraten sie selbst in Streit um die Herrschaft, der in N.' Vertreibung gipfelt. N. erobert Pylos, wo er Chloris heiratet. Von ihr bekommt er zwölf Söhne, die alle bis auf ↗ Nestor von Herakles getötet werden.

Nemausus ↗ Nîmes

Nemea, kleines Tal südwestl. von Korinth in der Landschaft Argolis gelegen. Ursprünglich auf Gebiet des nahen Kleonai, gehörte es seit dem 5. Jh. v. Chr. zu Argos. Berühmt war das Heiligtum des Zeus Nemeios mit dem dor. Tempel des 4. Jh. v. Chr. und dem heiligen Bezirk, in dem alle zwei Jahre die Nemeen gefeiert wurden. In der Mythologie steht N. in Verbindung mit Herakles und dem in der Gegend von N. hausenden Nemeischen Löwen sowie dem Zug der ↗ Sieben gegen Theben. **Lit.:** ASM (1999).

Nemeischer Löwe, ein riesiges Untier mit messerscharfen Krallen. Ihn zu töten ist die erste Aufgabe, die ↗ Herakles zu lösen hat.

Nemeische Spiele ↗ Feste, Opheltes

Nemesian, Marcus Aurelius Olympius Nemesianus, aus Karthago, röm. bukol. Dichter, 3. Jh. n. Chr. Aus N.s Werk sind vier Hirtengedichte (*Eklogen*) erhalten, die in der Tradition von ↗ Vergil und ↗ Calpur-

nius Siculus stehen. Er gilt auch als der Autor eines fragmentarisch erhaltenen Lehrgedichts über die Jagd (*Cynegetica*). **Lit.:** K. Smolak, in: HLL V (1989) 308–315.

Nemesios, Bischof von Emesa, griech. christl. Autor, um 400 n. Chr., Verf. einer christl. Anthropologie unter Einbeziehung paganer Texte (Galen, Porphyrios).

Nemesis (gr. nemein, »zuteilen«), Tochter der Nyx (gr., »Nacht«), Göttin der (gerechten) Bestrafung oder Rache, von Zeus Mutter der ↗ Helena. Ihre bedeutendsten Kultstätten waren in Smyrna und Attika.

Nenia (lat.), röm. Klagelied. Das urspünglich von Familienangehörigen gesungene und von Flöten begleitete Klagelied wurde in späterer Zeit bes. von professionellen ↗ Klageweibern vor dem Hause des Verstorbenen vorgetragen. Später galt dies als unschicklich und geriet außer Mode.

Neokoros, in Griechenland priesterl. Beamter, Küster.

Neologismus, Wortneuschöpfung. Neologismen verleihen einem literar. Werk Glanz und Erhabenheit. Sie werden vor allem in der Chorlyrik (bes. in Dithyramben) eingesetzt.

Neophron (gr. Neophron) ↗ Aigypios

Neoptolemos (1), ursprünglich Pyrrhos genannt, Gatte der Hermione, Sohn ↗ Achills, nach dessen Tod den Griechen vor Troja prophezeit wird, die Stadt könne erst durch seine Teilnahme am Krieg fallen. Odysseus und Phönix holen Pyrrhos nach Troja und geben ihm den Namen N. (»junger Krieger«). Im ↗ Trojan. Krieg gehört er zu den im hölzernen Pferd versteckten Soldaten. Erbarmungslos tötet er ↗ Priamos auf dem Zeusaltar und opfert dessen Tochter Polyxena; als Belohnung erhält er ↗ Andromache als Sklavin. Seinen Tod empfängt er durch ↗ Orest, dem Hermione ursprünglich zugesprochen war, der ihn in Delphi erschlagen lässt (Euripides, *Andromache*).

Neoptolemos (2), Angehöriger des Königshauses von Epirus, erhielt nach dem Tode Alexanders d.Gr. (323) als Satrapie Armenien, wurde jedoch 321 durch Eumenes von Kardia vertrieben. Er schloss sich Antipater und Krateros an, fiel aber noch im selben Jahr in der Entscheidungsschlacht gegen Eumenes.

Neoptolemos (3) von Parium, griech. Autor, 3. Jh. v. Chr., Verf. von Gedichten und literaturtheoret. Schriften, die Horaz in seiner *Ars poetica* (*Dichtkunst*) beeinflussten (↗ Literaturtheorie). **Lit.:** C.O. Brinck, Horace on Poetry (1963).

Neoteriker (gr. neoteroi, »Neuerer«) wird erstmals von Cicero (Brief an Atticus 7, 2, 1; Orator/Redner 161 in lat. Übersetzung: *poetae novi*, »moderne Dichter«) als Sammelbezeichnung für eine Gruppe von Dichtern gebraucht, die sich in der Spätphase der Republik von den traditionellen Stoffen und Formen abwandten und stattdessen kleine Gedichte über private Themen schrieben. Die N. orientieren sich an alexandrin. Vorbildern – Cicero beschimpft sie in den *Tusculanen* (3, 45) als Nachbeter des Alexandriners ↗ Euphorion (*cantores Euphorionis*) und bezichtigt sie der

Abkehr von Ennius. Die N. waren ↗ *poetae docti* (»gelehrte Dichter«), die entlegenene Stoffe bearbeiteten, zahlreiche Anspielungen versteckten und bes. auf eine mühevoll ausgefeilte, hoch artifizielle Form achteten. Ihre Dichtung huldigte dem Prinzip des l'art pour l'art und wandte sich von der ›staatstragenden‹ Literatur der Vorgänger demonstrativ ab. Sie verliehen erstmals der Subjektivität künstler. Ausdruck. Die N. gehörten alle der Bürgerkriegsgeneration an, die die intakte Republik (vor Sulla) nicht mehr und die Friedenszeit unter Octavian/Augustus (nach Actium, 31 v. Chr.) noch nicht erlebt hat. Ihre Hinwendung zu unpolit. Mythen, zu Liebe und Hirtendichtung ist auch aus Überdruss an den Zeitläuften zu erklären. Bevorzugte Gattungen waren Epigramm, Elegie und Epyllion. Vertreter sind u. a. P. Valerius Cato, C. Licinius Calvus, C. Helvius Cinna, M. Furius Bibaculus, P. Terentius Varro Atacinus, Q. Cornificius und bes. C. Valerius ↗ Catullus.

Nephele (gr., »Wolke«), Frau des myth. Königs ↗ Athamas von Theben, Mutter von ↗ Phrixos und Helle.

Nepos, Cornelius N., röm. Schriftsteller, ca. 100–25 v. Chr. N., ein Freund Ciceros, Atticus' und Catulls, der ihm sein Gedichtbüchlein widmet, trieb histor. und biograph. Studien. Verloren sind die *Chronica,* ein Verzeichnis von Ereignissen der griech. und röm. Geschichte. Von der mindestens 16 Bücher umfassenden Biographiensammlung *De viris illustribus* (*Von berühmten Männern*) ist das Buch *De excellentibus ducibus exterarum gentium* (*Von herausragenden fremden Heerführern*) erhalten mit 22 Lebensbeschreibungen, darunter des Miltiades, Themistokles, Hannibal. Aus *De Latinis historicis* (*Von lat. Historikern*) sind die Biographien des Cato und des Atticus erhalten. Die schlichte Form der Darstellung und das einfache Latein sicherten N. die Aufnahme in den Lektürekanon der Schule. **Lit.:** E. Jenkinson, in: ANRW I 3 (1973) 703–719.

Neptun (lat. Neptunus), in Rom der dem griech. ↗ Poseidon entsprechende Fluss- und Meeresgott. An seinem Fest am 23. Juli, die *Neptunalia,* errichtete man Laubhütten. Sein Tempel lag neben dem Circus Flaminius.

Nereïden, Meeresnymphen, die 50 Töchter des ↗ Nereus und der Okeanide Doris, bes. ↗ Thetis, ↗ Amphitrite, die Frau Poseidons, und ↗ Galatea.

Nereus (gr. Nereus), weissagender Meeresgott, Sohn des Pontos (gr., »Meer«) und der Gaia (gr., »Erde«), Vater der ↗ Nereïden.

Nero, Lucius Domitius Ahenobarbus; Nero Claudius Caesar Augustus Germanicus; röm. Kaiser 13. Oktober 54–9. Juni 68 n. Chr.; geb. am 15. Dezember 37 in Antium als Sohn des Cn. Domitius Ahenobarbus und der Julia Agrippina; Ende 39 Tod des Vaters, Verbannung der Mutter; 41 Rückkehr der Mutter aus der Verbannung; Anfang 49 Verlobung mit ↗ Octavia, der Tochter des Claudius; 25. Februar 50 Adoption durch Claudius; 4. März 51 Wahl zum Princeps Iuventutis; Designation zum Konsul für 58; 5. März 51 Aufnahme in alle Priesterkollegien; 53

Nero

Hochzeit mit Octavia. Nach dem Tod des Claudius am 13. Oktober 54 wurde N. zum Kaiser erhoben. Der positive Einfluss des Philosophen ↗ Seneca und des Prätorianerpräfekten Burrus auf N. hielt nicht lange an. 55 vergiftete N. seinen Stiefbruder ↗ Britannicus, 59 ermordete er seine Mutter, 62 seine Gattin. Nach dem Tod des Burrus (62) und dem Rücktritt Senecas von den Regierungsgeschäften geriet N. in den verderbl. Einfluss seines Prätorianerpräfekten Tigellinus. Nach dem großen Brand von Rom (18./19. – 27. Juli 64) wurden Gerüchte laut, N. selbst habe Rom angezündet. N. seinerseits machte die Christen dafür verantwortlich und ließ viele von ihnen hinrichten. 65 kam es zu einer Verschwörung gegen N. (»Pison. Verschwörung«, ↗ Piso), die er grausam niederschlug. Auch Seneca wurde als Mitwisser verdächtigt und zum Selbstmord gezwungen. 66/67 unternahm N. eine Reise durch Griechenland und trat als Kitharöde und Wagenlenker auf. Verstöße gegen die röm. Tradition und zahlreiche Vergehen führten schließlich zur Empörung. Anfang Juni 68 wurde N. vom Senat zum Staatsfeind erklärt, kurz darauf beging er Selbstmord. Mit N. endete die jul.-claud. Dynastie. **Lit.:** M. T. Griffin, N.: The End of a Dynasty (1984). – DRK (1997).

Nerva, Marcus Cocceius Nerva Augustus, röm. Kaiser 18. September 96 – Ende Januar 98 n. Chr.; geb. am 8. November 30 in Narnia (Umbrien) als Sohn des M. Cocceius Nerva und der Sergia Plautilla; 66 Prätor; 71 und 90 Konsul; noch am Tag der Ermordung des Kaisers Domitian am 18. September 96 wurde N. zum Kaiser erhoben; um seine Herrschaft zu konsolidieren, adoptierte er Ende Oktober 97 Trajan, der damals Statthalter von Obergermanien war; N. wurde so zum Begründer des sog. »Adoptivkaisertums«, dem die Idee zugrunde liegt, dass die Herrschaft auf den jeweils Besten übergehen solle; nach einer noch nicht einmal eineinhalbjährigen Regierungszeit starb N. Ende Januar 98 und wurde im Mausoleum Augusti beigesetzt; die Herrschaft ging reibungslos auf Trajan über. **Lit.:** R. Paribeni, N. (1947). – A. Garzetti, N. (1950).

Nesiotes ↗ Kritios

Nessos, Zentaur. Er wird von Herakles bei dem Versuch, dessen Frau ↗ Deïanira zu vergewaltigen, getötet. Im Sterben bittet er Deïanira scheinbar reuevoll, sein Blut als Liebeszaubermittel zu behalten. N. rächt sich so über seinen Tod hinaus an Herakles, denn als Deïanira später aus Angst, Herakles' Liebe verloren zu haben, den angebl. Liebestrank einsetzt, vergiftet und tötet sie ihren Mann damit.

Nestor, in Homers *Ilias* Sohn des ↗ Neleus und der Chloris, überlebt als einziger Sohn Herakles' Angriff auf Pylos und übernimmt den Thron. Im ↗ Trojan. Krieg ist er Agamemnons enger Freund und weiser Berater. Nach dem Untergang der Stadt opfert er mit Agamemnon der Athena und segelt frühzeitig allein davon, was ihn vor dem von der Göttin gesandten Sturm bewahrt, durch den viele Griechen ums Leben kommen.

Nestorios aus Antiochia, griech. Theologe, ca. 381–451 n. Chr. N. wurde 428 auf Veranlassung des Kaisers Theodosius II. zum Bischof von Konstantinopel ernannt. Sein umfangreiches Werk ist weitestgehend verloren, da er auf dem Konzil von Ephesus verurteilt worden war. N. hatte sich für einen Presbyter eingesetzt, der sich gegen die Benennung Marias als »Gottesgebärerin« ausgesprochen hatte. Von mehr als 62 Predigten sind nur vier vollständig erhalten, dazu kommen zehn Briefe, in denen er seine eigene Position verteidigt; nur Fragmente sind von der *Tragoedia,* einer Verteidigung seiner theolog. Meinungen, überliefert, deren Fortsetzung (*Liber Heraclidis*) durch eine syr. Übersetzung bekannt ist. Im Iran besteht bis heute die sich auf N. zurückführende nestorian. Kirche weiter. **Lit.:** LACL (³2003).

Neues Testament ↗ Bibel

Neumagen (lat. Noviomagus), ursprünglich Siedlung der Bataver und ab 70 n. Chr.–100 n. Chr. röm. Militärlager zwischen Trier und Bingen. Die unterhalb der Garnison gelegene Zivilstadt blühte rasch auf. Handel mit Britannien und den nördl. Regionen sind belegt; von Trajan wurde N. zur Colonia erhoben. In den Fundamenten von N. fanden sich zahlreiche Grabmonumente der Zeit von 100–250 n. Chr., die Darstellungen aus dem Alltagsleben der röm. Siedler im Moselgebiet zeigen (Weinbau, Handel, Schulunterricht). **Lit.:** W. v. Massow, Die Grabmäler von Noviomagus (1932). – J. Bogaers (Hg.), Noviomagus (1980).

Neuplatonismus, moderner Begriff der Philosophiegeschichte für die Erneuerung der platon. Philosophie durch ↗ Plotin im 3. Jh. n. Chr., die bis ins 6. Jh. wirksam blieb. Die durch Plotins Schüler verbreitete neuplaton. Lehre beeinflusste in entscheidendem Maß

christl. Denker (Ambrosius, Augustinus, Eusebios, Gregor von Nyssa, Jamblichos). **Lit.:** R. Wallis, Neoplatonism (1972). – C. Zintzen (Hg.), Die Philosophie des N. (1977).

Neupythagoreismus, philosoph. Bewegung seit der hellenist. Zeit, die sich auf Pythagoras und frühe Pythagoreer wie Archytas zurückführte. Der N. ist eine Kombination von pythagoreischer Zahlenspekulation und -symbolik mit platon. und stoischen Gedanken. Die Lebensführung der Pythagoreer war asketisch mit einem Hang zu mag. Praktiken. **Lit.:** H. Thesleff, An Introduction to the Pythagorean Writings of the Hellenistic Period (1961).

Nicaea ↗ Nikaia

Nida (heute bei Frankfurt-Heddernheim), röm. Militärlager an der Nidda am german. ↗ Limes. Mit den Kriegen Domitians gegen die Chatten (83/84 n. Chr.) gewann das Gebiet zunehmend an militär. Bedeutung. Bisher wurden ein Steinkastell und Spuren von sieben Erdlagern nachgewiesen, die zwischen 83 und 88 entstanden sind. Daneben existierten auch zivile Niederlassungen mit Holzhäusern, die Töpfereien und Ziegeleien beherbergten und den gesamten Main-Taunus-Kreis belieferten. Nach der Vorverlegung des Limes auf den Taunuskamm (Saalburg) wurden die Lager um 125 n. Chr. aufgegeben, während die Zivilsiedlung weiterbestand. Die Bewohner gelangten zu einigem Wohlstand; Theater, Thermen, Steinhäuser, Hafen und Lagerhallen sind archäologisch belegt. Als Vorort der *civitas Taunensium* war N. Mittelpunkt der Verwaltung, Kult und Handel. Neben röm. Göttern verehrten die Soldaten Mithras, Jupiter Dolichenus, Deus Cosius und Isis. Mit der Aufgabe des Limes um 250 wurde N. verlassen und zerfiel. **Lit.:** I. Huld-Zetsche, N. (1994).

Nigidius Figulus, Publius N. F., röm. Naturforscher und Grammatiker, ca. 100–45 v. Chr. N., ein Freund Ciceros, unterstützte diesen als Senator 63 beim Kampf gegen die Catilinarier. Im Bürgerkrieg kämpfte er auf Pompeius' Seite; nach Pharsalos (48) lebte in der Verbannung, wo er starb. Cicero lässt ihn als Gesprächspartner im *Timaeus* auftreten. Die überlieferten Titel und Fragmente zeigen Interessen für theolog., naturwissenschaftl., philolog. und antiquar. Fragen und bes. für Magie, Mantik und Horoskopie, z. B. *Sphaera* (über Sternbilder, Sternsagen, Horoskope), *De extis* (*Über Eingeweideschau), De augurio privato* (*Über private Vogelschau), De somniis* (*Über Träume*). Dies brachte N. den Ruf eines Okkultisten ein, der Nachwelt galt er als Pythagoreer und Mystiker. **Lit.:** A. della Casa, N. F. (1962).

Nikaia (lat. Nicaea; heute Iznik, Türkei), seit 280 v. Chr. Stadt in Bithynien an der SW-Küste Kleinasiens. Die ursprünglich von Antigonos I. Monophtalmos (382–301) im 4. Jh. v. Chr. als Antigoneia in Phrygien gegründete Stadt wurde um 300/01 v. Chr. von ↗ Lysimachos zu Ehren seiner Gattin in N. umbenannt. Die frühe Besiedlung des Ortes liegt bisher im Dunkeln; überliefert ist nur der frühe Name Elikore. Nach Strabon soll N. einen regelmäßigen quadrat. Stadtplan besessen haben; in der Mitte lag ein Gymnasion. Die

beeindruckenden Stadtmauern aus röm. und frühbyzantin. Zeit gehören zusammen mit dem Theodosius-
wall in ⁊ Byzanz zu den gewaltigsten spätantiken
Bauwerken Kleinasiens; das ebenfalls erhaltene Theater bezeichnete Plinius d.J. als ein Beispiel schlechter
Bautechnik. Zugunsten Nikomedeias musste N. auf
die Stellung als Hauptstadt verzichten und wurde dessen größte Rivalin. Dennoch zeugen unzählige Inschriften, die z.T. in den Stadtmauern verbaut sind,
und Münzen bes. der röm. Kaiserzeit vom einstigen
Einfluss und Reichtum der Stadt. Die günstige Lage an
einer der Hauptverkehrsadern durch Kleinasien beförderte Handel und Wandel. Nach den Mithradat. Kriegen vermachte Nikomedes IV. Philopator 74 v. Chr.
das Gebiet N. testamentarisch den Römern, die den
Verwaltungssitz der prokonsular. Provinz Bithynia et
Pontus in Nikomedeia einrichteten. – Zahlreiche Kaiser stifteten Bauwerke und weihten Tempel, darunter
das ⁊ Temenos des Augustus (29 v. Chr.) für die Dea
Roma und Caesar. Bemerkenswerte Details der Stadtgeschichte überliefert Dion Chrysostomos (Rede 39);
ebenso interessant ist der Briefwechsel des Plinius mit
Kaiser Trajan. Nachdem N. 193/94 n. Chr. für ⁊ Pescennius Niger im Bürgerkrieg gegen Septimius Severus Partei ergriffen hatte, musste die Stadt Gebietsverluste hinnehmen. Durch Plünderungen und Erdbeben
wurde sie in der Folgezeit immer wieder zerstört. Berühmt wurde N. durch das von Konstantin d.Gr. hierher einberufene erste ökumen. ⁊ Konzil 325 n. Chr.,
das sich gegen den ⁊ Arianismus und für die Lehren
des ⁊ Athanasios entschied und das »Nicän. Glaubensbekenntnis« formulierte, das den Charakter der christl.
Lehre bis heute prägt. 787 tagte in N. ein weiteres
Konzil, das die Bilderverehrung wieder gestattete
(»Bilderstreit«). Nach der Eroberung durch die Kreuzfahrer 1097 erlebte N. eine erneute Blüte, als es unter
den Laskariden kaiserl. Residenz (1204–1261) des
byzantin. Restreiches wurde; ab 1331 war N. türkisch.
Lit.: A.M. Schneider/W. Karnapp, Die Stadtmauer
von Iznik (1938). – A.M. Schneider, Die röm. und byzantin. Denkmäler von Iznik-Nicaea (1943). – S. Sa-
hin, Die Inschriften von N. I-IV (1979–87). – ASM
(1999).

Nikander (gr. Nikandros) aus Kolophon, griech.
Dichter, wohl 2. Jh. v. Chr. N. war vielleicht Priester
des Apollon von Klaros. Von ihm sind zwei Lehrgedichte erhalten: *Theriaka* (über Gifte) in 958 Hexametern und *Alexipharmaka* (über die Gegenmittel) in 630
Hexametern. Von den übrigen zahlreichen Werken
sind nur Fragmente überliefert geblieben, so z.B. eines
Epos über die Landwirtschaft (*Georgika*). Der didakt.
Aspekt der Werke N.s ist reine literar. Fiktion: Durch
die ansprechende dichter. Gestaltung schwieriger und
abstruser Themen wollte der Dichter seine poet. Ge-
wandtheit zur Schau stellen. **Lit.:** B. Effe, Dichtung
und Lehre (1977) 56–65. – H. White, Studies in the
Poetry of N. (1987).

Nikanor (1), Schüler und Schwiegersohn des Aristoteles, wohl ein Jugendfreund Alexanders d.Gr., verkündete 324 v. Chr. im Auftrag des Königs das Dekret

über die Rückführung aller Verbannten, das zum Ausbruch des Lamischen Kriegs (323/22) beitrug. 319
wurde er von Kassander zum Kommandanten der Munichia, der kleineren Hafenanlage Athens, ernannt und
besiegte 318 als sein Flottenbefehlshaber die Seestreitkräfte des Reichsverwesers Polyperchon unter
Kleitos. 316 fiel er bei Kassander in Ungnade und
wurde als Verräter hingerichtet.

Nikanor (2) aus Alexandria, griech. Philologe,
2. Jh. v. Chr., Verf. einer Schrift über Homer-Interpre-
tation.

Nike, griech. Göttin, Personifikation des Sieges. In
der Kunst wird sie als geflügelte Trägerin eines Sie-
geskranzes dargestellt. Berühmt sind die N.-Statuen in
Olympia und Samothrake.

Nikias (1) (gr. Nikias), athen. Feldherr und Politi-
ker, vor 469–413 v. Chr., versuchte nach dem Tode des
Perikles (429) dessen gemäßigte Politik fortzusetzen
und agierte als mehrfacher Stratege im Peloponnes.
Krieg (431–404). Nach dem Tode seines Rivalen
Kleon setzte er 421 den Abschluss eines 50-jährigen
Friedens mit Sparta auf der Grundlage des Status quo
durch (sog. Nikias-Frieden), der in der Praxis eher als
Waffenstillstand empfunden wurde. Seine vorsichtige
Politik der Mäßigung setzte sich in der Folgezeit aber
nicht durch. 415 wurde er trotz seiner Warnungen zu
einem der Führer der Sizil. Expedition gewählt und
leitete – schon bald als alleiniger Oberbefehlshaber –
die athen. Belagerung von Syrakus (415–413). Obwohl sich die strateg. Lage permanent verschlechterte,
versäumte er, das Unternehmen rechtzeitig abzubre-
chen und wurde von seinen Rückzugsmöglichkeiten
abgeschnitten. Im Herbst 413 musste er mit seinen
Truppen kapitulieren und wurde noch im gleichen
Jahr gemeinsam mit seinem Kollegen Demosthenes in
Syrakus hingerichtet. **Lit.:** W.R. Connor, The New Politicians of Fifth-century Athens (1971).

Nikias (2) (gr. Nikias) von Athen, einer der bedeutendsten Maler, arbeitete in der 2. Hälfte des 4. Jh. v.
Chr. Er hat u.a. die Werke des Praxiteles bemalt, galt
als arbeitswütig und gelangte zu solchem Reichtum,
dass er es sich angeblich leisten konnte, einen Auftrag
von Ptolemaios I., dem König über Ägypten, abzuleh-
nen. Seine Bestrebungen gingen dahin, seinen Figuren
durch geschickte Licht- und Schattengebung eine
plast. Wirkung zu verleihen. **Lit.:** I. Scheibler, Griech.
Malerei der Antike (1994).

Nikolaos von Damaskus, griech. Autor, 64 v. Chr. –
nach 4 v. Chr., Verf. einer 144 Bücher umfassenden
Universalgeschichte, einer ethnograph. Studie, einer
Biographie des Augustus, einer Autobiographie und
verschiedener philosoph. Traktate. Das umfangreiche
Werk ist nur in Exzerpten erhalten. **Lit.:** O. Lendle,
Einführung in die griech. Geschichtsschreibung
(1992) 244–246.

Nikomachos (1), Sohn des ⁊ Aristoteles, dem
Aristoteles die *Nikomach. Ethik* widmete.

Nikomachos (2), von Gerasa, griech. Mathematiker, um 100 n. Chr., Verf. einer Einführung in die
Arithmetik und eines Handbuchs der Harmonienlehre.

Die neupythagoreisch geprägten Werke wurden ins Arabische und Lateinische übersetzt und hatten eine starke Wirkung in der Spätantike und im MA.

Nikomędeia (heute Izmit, Türkei), um 265 v. Chr. von ↗ Nikomedes I. gegründete Hauptstadt von ↗ Bithynien und der gleichnamigen röm. Provinz. Die an der fruchtbare Küste der Propontis gelegene Stadt entstand anstelle der von Lysimachos zerstörten griech. Kolonie Astakos, wurde mit dessen Bewohnern besiedelt und erlangte bald eine Vormachtstellung unter den Städten im bithyn. Königreich. Sie besaß gute Häfen im astaken. Meerbusen sowie am Schwarzmeer und beherrschte ein ausgedehntes Gebiet an verkehrsreichen See- und Landrouten. Die im Hellenismus blühende Handelsmetropole hatte unter den Mithradat. Kriegen schwer zu leiden; 85 v. Chr. wurde sie von Fimbria geplündert. Ebenso wie ↗ Nikaia wurde N. häufig von Erdbeben heimgesucht und um 258 n. Chr. von Goten überrannt. N. »sammelte« Titel und Auszeichnungen im Wettstreit mit Nikaia (Metropolis, Asylrecht, *amicus et socius populi Romani*). Diokletian wählte N. 284 n. Chr. schließlich zu seiner Residenz und errichtete zahlreiche Bauwerke (darunter einen kaiserl. Palast), von denen jedoch außer den Stadtmauern kaum Reste vorhanden sind. Ein Großfund gelang 1939 beim Bau einer Papierfabrik im W der modernen Stadt, bei dem ein ganzer antiker Stadtteil aus diokletian. Zeit zu Tage kam (Thermenanlagen, Wohnbezirke, mehrgeschossige Lagerhallen, Inschriften, Diokletianskopf). Nur wenige Quellen berichten über die Geschichte der Königszeit; systemat. Ausgrabungen waren bisher nicht möglich. Die Lebensbedingungen in der spätantike Stadt schildert gut der Briefwechsel Plinius d. J. mit Trajan. Im frühen

Nikomedeia, Grabmal für Erdbebenopfer

1. Jh. v. Chr. etablierte sich in N. schon eine Christengemeinde. **Lit.:** F. K. Dörner, Inschriften aus N. und dem Gebiet von N. (1941). – D. Magie, Roman Rule in Asia Minor I-II (1950).

Nikomędes, griech. Mathematiker, um 200 v. Chr., Entdecker der konchoiden Kurven (↗ Mathematik).

Nikomędes I., König von Bithynien 280–250 v. Chr., behauptete die von seinem Vater Zipoites übernommene Herrschaft gegen den Machtanspruch der ↗ Seleukiden und gründete die Stadt ↗ Nikomedeia als neue Residenz. Er nahm kelt. Söldner in seine Dienste und trug damit ungewollt zur dauerhaften Festsetzung der ↗ Galater in Kleinasien bei.

Nikomędes II. Epiphanes, König von Bithynien 149–128 v. Chr., gelangte nach einem Aufstand gegen seinen Vater Prusias II. an die Macht, den er im Bündnis mit Attalos II. von Pergamon nach längeren Kämpfen besiegte und töten ließ. Bei der Einziehung Pergamons (133) unterstützte er Rom gegen den Thronprätendenten Aristonikos, erhielt aber nicht den erhofften territorialen Gewinn.

Nikomędes III. Euergętes, Sohn von N. II., König von Bithynien 128–94 v. Chr., teilte sich 106 mit Mithradates VI. von Pontos die Herrschaft über Paphlagonien und versuchte, gegen diesen, die Kontrolle über Kappadokien zu erlangen. Auf röm. Einspruch hin musste er 95 seine Eroberungen wieder räumen.

Nikomędes IV. Philopątor, Sohn von N. III., letzter König von Bithynien 94–74 v. Chr., wurde schon bald nach Regierungsantritt von seinem Halbbruder Sokrates Chrestos vertrieben, der die Unterstützung Mithradates' VI. von Pontos genoss. Nach einer röm. Intervention 92 wieder eingesetzt, fiel er 88 im Auftrag des Senats in Pontos ein, wurde aber vollständig besiegt und zu Beginn des 1. Mithradat. Krieges vertrieben. Er floh zunächst in die Provinz Asia, später nach Italien, wurde aber nach Ende des Krieges (84) als König restituiert. Bei seinem Tod (74) vermachte er Bithynien testamentarisch den Römern und löste so indirekt den 3. Mithradat. Krieg aus.

Nikọpolis (1), ad Įstrum (auch ad Haẹmum; gr. »Stadt des Sieges«; heute bei Tàrnova, Bulgarien), nach den dak. Kriegen (102 n. Chr.) von Trajan gegründete röm. Stadt der Provinz Moesia inferior im nördl. Thrakien. Die strategisch günstig gelegene Stadt sollte als Vorposten gegen die Thraker dienen und erlebte ihre größte Blüte unter Septimius Severus. Um 250 n. Chr. wurde N. von Goten belagert; wirtschaftl. Niedergang und zunehmende Verödung im 4. Jh.; Wiederaufbau unter Justinian mit regelmäßigem Stadtplan; im 5. Jh. von Hunnen zerstört. Ausgrabungen brachten ein Forum mit Porticus, Stadtmauer, Odeion u. a. ans Licht; Münzen und Inschriften bes. aus sever. Zeit. Die Stadt war ein Schmelztiegel der Kulturen (Griechen, Thraker, Römer), obwohl in Sprache, Verwaltung und Kultur der griech. Einfluss neben oriental. Elementen dominierte.

Nikọpolis (2) in Epirus (lat. Ạctia Nicọpolis), um 31 v. Chr. gegründete griech. Stadt gegenüber der Kolonie Aktion am Isthmos der Halbinsel Preveza auf der

*Nilmosaik aus Praeneste,
Detail*

Peloponnes. Die Stadt entstand auf Befehl des Augustus anstelle des röm. Truppenlagers, wohl in Erinnerung seines entscheidenden Sieges über M. Antonius nicht als röm. Kolonie, sondern als ↗ Synoikismos älterer epirot. Städte. Zum Stadtgebiet wurden große Teile des südl. Epirus und Akarnaniens geschlagen. Augustus verlegte die Akt. Spiele (Actia) nach N.; die Stadt wurde Mitglied der Delph. Amphiktyonie. Der fruchtbare Küstenstreifen, Fischreichtum der Gewässer und die beiden Häfen am Golf von Ambrakia und am Jon. Meer sicherten die Existenz von N., das sich bald zu einer blühenden, volkreichen Handelsmetropole entwickelte. Als freie Stadt prägte N. eigene Münzen. Seit Nero war N. Hauptstadt der neugegründeten röm. Provinz Epirus; in byzantin. Zeit Bischofssitz und Metropolis. Mehrfachen Barbarenüberfällen (Alarich, Geiserich, Totila) im 3./4. Jh. n. Chr. folgte eine Friedenszeit im 5./6. Jh., in der sich noch einmal rege Bautätigkeit entwickelte; unter Justinian wurde die Stadtmauer neu errichtet, von der eindrucksvolle Reste erhalten sind. Thermen, Stadion, Wasserleitung und vier christl. Basiliken mit prachtvollen Mosaiken sind ebenfalls erhalten. Im N der modernen Stadt liegt der heilige Bezirk der Actia mit Siegesdenkmal und -inschrift. **Lit.:** P. M. Petsas, Octavian's Campsite Memorial for the Actian War (1989). – GLHS (1989) 469–471. – ASM (1999).

Nikothoë (gr. Nikothoë), eine der ↗ Harpyen.

Nil (gr. Neilos; lat. Nilus) größter Strom Ägyptens und einer der längsten der Welt. In den Weltvorstellungen der Antike galt der N. teilweise als Grenze zwischen den Erdteilen ↗ Asien und ↗ Afrika. Der gut schiffbare Fluss trug mit seinen jährl. Überschwemmungen erheblich zur Fruchtbarkeit des Landes bei, die in einem schmalen Talstreifen intensiv betrieben wurde. Als Bestandteile seines Stromgebietes waren im Altertum bereits die beiden Zuflüsse des N. (Astaboras und Astapus) in ↗ Nubien bekannt. Das Mündungsgebiet des Flusses, nach seiner dreieckigen Form entsprechend dem griech. Buchstaben Delta genannt, begann unterhalb der alten Stadt ↗ Memphis und endete in einer breiten Mündung zwischen ↗ Pelusium und Kanopos. Schon früh erwog man eine Verbindung des N. mit dem ↗ Roten Meer; der erste Kanal entstand unter Pharao Necho; später erneuerten der Perser Dareios I., verschiedene Ptolemäer und der röm. Kaiser Trajan diesen Verkehrsweg. Über die Quellgebiete des N. bildeten sich vier verschiedene Theorien. Noch Alexander d.Gr. hielt den Indus für den Oberlauf des N., obwohl sein Lehrer Aristoteles das Nilhochwasser bereits mit dem Sommerregen im Bergland Äthiopiens in Verbindung gebracht hatte. Eine von Kaiser Nero ausgeschickte Expedition kam nicht über die Sumpfgebiete des Bahr-el-Dschebel hinaus. Die christl. Lehre setzte den N. oft mit dem paradies. Fluss Geon (Gihon) gleich.

Nimbus, im röm. Glauben ein wolkenartiges göttl. Strahlen um die Köpfe der Götter und Heroen, in der Kaiserzeit auch der Herrscher.

Nîmes (lat. Nemausus), röm. Stadt im S Galliens. N. erlebte zur Zeit des Augustus einen Aufschwung, wovon die beachtl. Reste antiker Baukunst des 1. Jh. n. Chr. zeugen (Stadtmauer, Foren, Amphitheater, Thermen u. a.). Berühmt wurde der von ↗ Agrippa 19 n. Chr. gestiftete Tempel mit fein gearbeiteten, korinth. Kapitellen und einem schönen Akanthusfries (heute Maison Carrée, ↗ Abb. S. 416). Ein gewaltiger röm. Aquädukt, der die Stadt mit Frischwasser versorgte, überquerte das Tal des Gardon auf einer eindrucksvollen, dreigeschossigen Brücke (heute Pont du Gard). **Lit.:** ASM (1999)

Ninive (assyr. Ninua), im 7. Jh. v. Chr. Hauptstadt des assyr. Reiches. Als Stadtgründer galt nach griech., durch assyr. Texte nicht bestätigter Tradition Ninos, der auch die assyr. Weltherrschaft etabliert haben soll. N. wird im Alten Testament und bei Herodot erwähnt. 612 wurde N. durch Babylonier und Meder zerstört. Erst im 19. Jh. begann die archäolog. Dokumentation des beim heutigen Mosul gelegenen Ruinenfeldes.

Nîmes, Maison Carrée

Niobe (gr. Niobe), Tochter des myth. Königs Tantalos, Frau des Amphion von Theben. Hochmütig brüstet sie sich als Mutter von sieben Töchtern und sieben Söhnen damit, ↗ Leto überlegen zu sein, der Mutter »nur« zweier Kinder, der Artemis und des Apollon. Diese töten aus Rache für N.s Anmaßung ihre Kinder: Artemis die Mädchen, Apollon die Jungen. N. erstarrt in ihrem Schmerz zu Stein. **Lit.:** E. Wiemann, Der Mythos von N. und ihren Kindern (1986).

Nireus, myth. König von Syme, schöner Geliebter oder Sohn des Herakles, einer der Freier der Helena.

Nisibis (heute Nusaybin), Verkehrsknotenpunkt in Mesopotamien an der Grenze zu Syrien. Besiedelt seit dem 1. Jt. v. Chr., gehörte die Stadt seit 163 v. Chr. zum Imperium Romanum. Als Festung und Hauptstadt der Provinz Mesopotamia war N. im 3. und 4. Jh. n. Chr. zwischen Persern und Römern heftig umkämpft; 363 siegten die Perser endgültig.

Nisos (1), myth. König von Megara, dessen Leben und königl. Macht von einer Strähne seines Haares abhängt. Er wird von ↗ Minos entthront: Seine eigene Tochter Skylla verhilft dem von ihr geliebten Angreifer zum Sieg, indem sie ihrem Vater die Locke abschneidet. Minos reagiert auf diese Tat nicht mit Liebe, sondern mit Entsetzen und ertränkt sie. N. wird in einen Seeadler, sie in einen Meeresvogel verwandelt.

Nisos (2) ↗ Euryalos

Nisyros, etwa 35 km² große Insel der Dodekanes südl. von ↗ Kos. Die fruchtbare Insel vulkan. Ursprungs war vielleicht seit prähistor., sicher aber seit archaischer Zeit (7. Jh. v. Chr.) von dor. Kolonisten besiedelt. N. erschien am Beginn des 5. Jh. v. Chr. als Mitglied des ↗ Att. Seebundes und in den Tributlisten Athens zwischen 452 und 427; die Höhe des Tributs und die imposanten archäolog. Reste des antiken Hauptortes beim heutigen Mandraki lassen auf Reichtum der Insel in klass. Zeit (5./4. Jh) schließen. **Lit.:** GLHS (1989) 472 f.

Nizäa ↗ Nikaia

Nobilität ↗ Adel

Nola, alte Stadt in Kampanien, in der Sulla 88 v. Chr. seinen Zug auf Rom begann. 14 n. Chr. starb hier Kaiser Augustus. **Lit.:** ASM (1999).

Nomophylakes (gr., »Gesetzeswächter«), hießen in klass. Zeit in Athen und anderen griech. Poleis Beamte zur Bewahrung von Urkunden und zur Überwachung von Ratssitzungen und Volksbeschlüssen. Wenn auch ihre konkreten Aufgaben in den einzelnen Städten differierten, hatten sie doch im Wesentl. eine Kontrollfunktion gegenüber anderen Staatsorganen wahrzunehmen. In hellenist. Zeit finden sich N. auch im ptolemäischen Ägypten, wo sie Verwaltungsaufgaben mit untergeordneter Zuständigkeit ausführten. **Lit.:** G. L. Cawkwell, Nomophylakia and the Areopagus, in: JHS 108 (1988) 1–12.

Nomos (gr., »Brauch«, »Gesetz«), **1.** allgemeingültige, bindende Grundsätze und Konventionen des Lebens innerhalb einer griech. Polis; von der Volksversammlung beschlossene einzelne ›Gesetze‹ hießen hingegen *psephisma* (»Beschluss«). – **2.** In der Musik bezeichnet N. allg. eine Art des Gesangs, die gewissen Regeln folgt (einer festen Harmonie und einem bestimmten Rhythmus). Als Gattungsbezeichnung versteht man unter N. einen Sologesang zur Kithara- oder Aulosbegleitung. Berühmt war der Aulos-N. des Sakadas von Argos (7./6. Jh. v. Chr.), ein Instrumentalsolo, in dem der Kampf Apollons gegen den Python musikalisch nachgeahmt wurde. *Die Perser* des ↗ Timotheos sind ein kitharod. N. **Lit.:** H. Grieser, N. (1937).

Nomos (gr., »Gau«), griech. Bezeichnung der einzelnen Bezirke Ägyptens.

Nomothetes (gr., »Gesetzgeber«), bezeichnet in seiner allg. Bedeutung Gesetzgeber in jeder Form. Speziell handelt es sich um eine Art Verfassungskommission in Athen, die die Neufassung oder Nachbesserung von Gesetzen vorbereitete. Wurde von der ↗ Volksversammlung ein Handlungsbedarf festgestellt, musste die ↗ Boule die Einsetzung von Nomotheten beantragen, die von der nächsten Volksversammlung gewählt wurden. Ihre Vorschläge wurden öffentlich bekannt gemacht und nach einer Phase intensiver Diskussion dem Volk zur Abstimmung vorgelegt. **Lit.:** M. H. Hansen, Athenian Nomothesia, in: Greek, Roman and Byzantine Studies 26 (1985) 345–71. – J. Bleicken, Die athen. Demokratie (⁴1995) 183–90.

Nonen (lat. nonae), der neunte Tag vor den ↗ Iden (der Monatsmitte) im Monat des röm. ↗ Kalenders, somit der 5. bzw. im März, Mai, Juli und Oktober 7. Tag des Monats.

Nonius Marcellus, lat. Grammatiker der hohen Kaiserzeit, vermutlich 4. Jh. n. Chr. Sein Hauptwerk *De compendiosa doctrina (Abriss der Gelehrsamkeit)* dient dem sprachl. und inhaltl. Verständnis der älteren lat. Autoren. Die eigentl. Bedeutung seiner Schrift liegt aber bes. darin, dass er ausgiebig aus z. T. verlorengegangenen Werken zitiert, die erst dadurch für die Nachwelt kenntlich wurden. So sind z. B. Originalzitate des Satirikers ↗ Lucilius nur durch N. M. überliefert. **Lit.:** D. C. White, Studi Noniani (1980).

Nonnos, griech. Epiker der Kaiserzeit, aus Panopolis (Ägypten), 2. Hälfte 5. Jh. n. Chr. Erhalten sind seine *Dionysiaka,* ein mythol. Epos in 48 Büchern, und eine Versifizierung des Johannesevangeliums in daktyl. Hexametern. Die *Dionysika* wetteifern in jeder Hinsicht mit den homer. Epen. Sie enthalten die Vorgeschichte von Dionysos' Geburt, seine Geburt und sein Kampf um Anerkennung als olymp. Gottheit gegen Heras Widerstand. Bücher 13–40 enthalten als Gegenstück zur homer. *Ilias* die Schilderung des Kampfs des Dionysos und seiner bakchant. Verbände gegen die Inder. **Lit.:** N. Hopkinson (Hg.), Studies in the Dionysiaca of Nonnus (1994).

Norba, im 5. Jh. v. Chr. gegründete bedeutende Stadt der Volsker im SO Roms auf einer Erhebung über den Pontin. Sümpfen. Obwohl immer loyal zu Rom stehend und früh zur Kolonie latin. Rechts erhoben (492/91 v. Chr.), wurde die Stadt 82 v. Chr. von Sulla zerstört und nicht wieder aufgebaut. Zu sehen sind noch Reste polygonaler Mauern aus dem 4. Jh. v. Chr. und mehrerer Tempel, jedoch keine inschriftl. Zeugnisse.

Norbanus, Gaius N., ein *homo novus* aus Norba, Volkstribun 103, trat als Anhänger des Saturninus hervor. 83 Konsul, leistete er Sulla erbitterten Widerstand, wurde aber in zwei Schlachten geschlagen. 82 beging er Selbstmord, als sein Name auf die Proskriptionslisten gesetzt wurde.

Nordsee (Mare Germanicum). Die ⟋ Phönizier kannten bereits den Ärmelkanal durch den Zinnhandel mit Hispanien; um 500 v. Chr. erreichte der karthag. Seefahrer und Entdecker ⟋ Himilkon Britannien; zwischen 330 und 310 v. Chr. segelte ⟋ Pytheas von Massilia entlang der Ostküste Britanniens und soll ⟋ Thule erreicht haben; seine Berichte wurden teilweise ungeprüft angenommen, teilweise kritisch beleuchtet. Die lat. Bezeichnung entstand mit den Eroberungszügen der Römer im 1. Jh. v. Chr. und 1. Jh. n. Chr. unter Caesar und den frühen Kaisern. Der heutige Name war erst seit dem 13. Jh. n. Chr. in Gebrauch.

Noricum, Königreich und später röm. Provinz in den Ostalpen etwa auf dem Gebiet des heutigen Österreich. N. umfasste das Gebiet südl. der Donau zwischen Rätien und Pannonien mit ursprünglich kelt. Bevölkerung, die sich im 2. Jh. v. Chr. zum Königreich vereinte und eigene Münzen prägte. Das an Bodenschätzen (qualitätsvolles Eisen) reiche Land geriet ab 16/15 v. Chr. unter röm. Herrschaft und wurde schnell romanisiert; die Taurisker wurden tributpflichtig; röm. Provinz seit Claudius oder Nero. Aus dem 1. Jh. v. Chr. stammt der Handelsplatz Virunum auf dem Magdalensberg bei Klagenfurt. Im 5. Jh. n. Chr. wurde N. von Germanenstämmen überrannt und 493 von den Goten besetzt, bevor im 6. Jh. die Slawen und Avaren hereinbrachen. **Lit.:** G. Alföldy, N. (1974)

Nossis, griech. Dichterin aus dem epizephyr. Lokroi (Süditalien), ca. 300 v. Chr. Über den *Stephanos* des Meleagros sind zwölf ⟋ Epigramme in die *Anthologie* (⟋ Anthologia Graeca) gelangt. N., die sich selbst mit ⟋ Sappho vergleicht, verbindet in ihren Buchgedichten die Tradition der Gelagedichtung mit der des inschriftl. Epigramms. Die Epigramme beschreiben meist Weihgaben und Kunstwerke (⟋ Ekphrasis), insbes. Frauenporträts (Erinna, Anyte). Daneben steht ein erot., an Sappho angelehntes Epigramm. **Lit.:** K. Gutzwiller, Poetic Garlands (1998).

Nostos (gr. »Heimfahrt«), Heimfahrt der Griechen von dem Trojan. Krieg, in einer Vielzahl von Epen behandelt, von denen ⟋ Homers *Odyssee* erhalten ist.

Notarius (lat., »Zeichenschreiber«) hieß ursprünglich ein Stenograph der röm. Kaiserzeit, meistens ein Sklave oder Freigelassener. In der Spätantike wurde der Begriff auf Geheimsekretäre ausgedehnt (*tribunus et notarius*), bis schließlich alle Kanzleibeamten und die Verf. von Urkunden mit dem Begriff belegt wurden, was dem modernen Notar bereits nahekommt.

Notenschrift, musikal. Notierungen (⟋ Musik), die Texten beigegeben sind. Der früheste Text (Papyrus Hibeh) stammt aus dem 3. Jh. v. Chr.; dazu kommen inschriftlich erhaltene Texte (delph. und epidaur. Hymnen) und die Hymnen des Mesomedes (2. Jh. n. Chr.). **Lit.:** E. Pöhlmann / M. L. West, Documents of Ancient Greek Music (2001).

Notitia Dignitatum, eine Art spätantikes Staatshandbuch, in dem für den internen Gebrauch alle Militär- und Zivilämter des röm. Reiches und die komplette Heersorganisation verzeichnet waren. Das erhalten gebliebene Exemplar bezieht sich auf die Zeit zwischen 425 und 430 n. Chr., greift aber z. T. auf Strukturen des 4. Jh. zurück. Es gliedert sich in zwei Teile (für die westl. und östl. Reichshälfte) und vermittelt wertvolle Erkenntnisse über die spätantiken Verwaltungsstrukturen. Die Informationen sind mit Illustrationen versehen, die bes. die Insignien der Beamten, Schildzeichen der Heeresabteilungen und Waffen enthalten. Die N. D. ist damit eine wichtige Quelle für die spätröm. Kaiserzeit. **Lit.:** R. Goodburn u. a., Aspects of the N. D. (1976).

Notos, Südwind, Bruder des Boreas und des Zephyros.

Novae, röm. Stadt östl. von Svistov (Bulgarien) am Donauufer. Zunächst als Standlager der Legio I Italica eingerichtet, wurde N. 471–488 n. Chr. Hauptstadt des ostgot. Reiches unter Theoderich; Erneuerung der Befestigungen unter Justinian.

Novatianus, röm. Theologe, Gegenpapst zu Papst Cornelius 251 n. Chr., Begründer einer sittenstrengen häret. Bewegung, der Katharoi. Unter den Schriften Cyprians sind zwei seiner Briefe (Nr. 30, 36, evtl. auch 31) erhalten, eine Schrift über die Trinität und jüd. Fastenvorschriften. Die unter Cyprians Namen überlieferten Schriften *De spectaculis* (*Über Schauspiele*) und *De bono pudicitiae* (*Über das Gut der Keuschheit*) könnten von N. stammen. **Lit.:** H. J. Vogt, Coetus Sanctorum (1968).

Noviomagus ⟋ Neumagen

Novus homo ⟋ Homo novus

Nubien, Land beiderseits des Nils südl. von Syene (heute Assuan). N. lieferte an das altägypt. Reich Gold, Elfenbein, Weihrauch und Ebenholz, stellte

Söldner und verkaufte Sklaven. In der 2. Hälfte des 2. Jt. v. Chr. im Neuen Reich war N. Ägypten untertan. Ende des 8. Jh. v. Chr. eroberten die Nubier das ägypt. Reich. Napata zwischen dem 3. und 4. Nilkatarakt war die älteste bekannte Hauptstadt Nubiens, die jedoch um 300 v. Chr. nach ⁊ Meroë verlegt wurde. Einem Feldzug der Römer 23 v. Chr. und der Zerstörung Napatas folgten Eroberungen durch die Blemmyer (3. Jh. n. Chr.) und die Aksumiten im 4. Jh. n. Chr. Die um 292 von Diokletian zum Schutz der Grenze angesiedelten nomad. »Nubatae« stammten aus den Wüstengebieten westl. des Nil und sind von den Nubiern im S zu trennen; diese Trennung besteht noch heute. Gefunden wurden Inschriften, davon die ältesten in ägypt. Sprache, die jüngeren im sog. Meroïtisch. Die Rettungsaktion der UNESCO für den Tempel von ⁊ Philai (1973–80) und die nub. Altertümer im Bereich des Assuan-Stausees machten weltweit Schlagzeilen.

Nuceria (heute Nocera inferiore), röm. Stadt in strategisch wichtiger Lage im Vesuvgebiet (Kampanien). Ursprünglich Siedlung der oskisch sprechenden Alfaterni, wurde sie 308 v. Chr. von Rom erobert, 216 von Hannibal zerstört und blieb Alliierter Roms auch in den Bundesgenossenkriegen (89 v. Chr.). Um die Mitte des 1. Jh. erhielt N. das röm. Bürgerrecht und wurde Veteranenkolonie. 59 n. Chr. ereigneten sich im benachbarten Pompeji Ausschreitungen zwischen den Bürgern von Nuceria und den Pompejanern, der auf einem pompejan. Wandgemälde abgebildet ist. **Lit.:** M. Fresa, N. Alfaterna (1974). – W. J. Peters, Landscape in Romano-Campanian Mural Painting (1963).

Numantia, keltiber. Stadt der Averaker in ⁊ Hispanien im Tal des Duero (heute Kastilien). Berühmt wurde die Stadt als Zentrum des einheim. Widerstandes gegen die röm. Eroberung. ⁊ Scipio Africanus d.J. schlug die Befreiungsbewegung nieder und ließ N. 133 v. Chr. nach langer Belagerung zerstören. Ausgrabungen legten am Beginn des 20. Jh. einen weitläufigen, regelmäßigen Stadtplan mit Ringstraße, Längs- und Quergassen frei, ebenso Scipios Lager und vielerlei Kleinfunde (Werkzeuge, Waffen, Schmuck). **Lit.:** A. Schulten, N. I-IV (1914–29). – ASM (1999).

Numa Pompilius, im Mythos zweiter König Roms sabin. Herkunft, ein gottesfürchtiger, friedfertiger und weiser Herrscher.

Numenios von Apamea, griech. Philosoph, 2. Hälfte 2. Jh. n. Chr., ein Hauptvertreter des Mittleren Platonismus mit starker pythagoreischer Prägung. Er entwickelte ein synkretist. System unter Einbeziehung jüd., gnost. und mag.-myst. Gedanken. In einer Geschichte der ⁊ Akademie legte er dar, dass die platon. Lehre durch Platons Nachfolger verfälscht wurde. **Lit.:** J. Dillon, The Middle Platonists (1977).

Numen ⁊ Dämon

Numerian, Marcus Aurelius Numerius Numerianus Augustus, röm. Kaiser Juli/August 283 – November 284 n. Chr.; geb. ca. 253 als Sohn des Carus; Ende 282 Erhebung zum Caesar. N. begleitete seinen Vater 283 in den Perserkrieg; nach dessen Tod im Juli/Aug. 283 wurde N. zum Augustus erhoben; im März 284

hielt er sich im syr. Emesa auf, im November des gleichen Jahres wurde er auf dem Rückmarsch nach Europa ermordet oder starb an einer Krankheit. **Lit.:** D. Kienast, Röm. Kaisertabelle (²1996) 256.

Numidien (gr. Nomadia, »Nomadenland«; lat. Numidia), fruchtbarer Küstenstreifen Nordafrikas im S und W des karthag. Territoriums (heute Algerien/Tunesien) und später röm. Provinz. Obwohl N. nicht so fruchtbar war wie die benachbarten Gebiete, gediehen in den Ebenen Getreide, Wein und Oliven, in den regenreichen, bewaldeten Hochlagen des Atlas war Viehzucht möglich (Schafe, Ziegen, Rinder, numid. Pferde); Zedern und Terpentinbäume kamen aus der Nähe von Thugga, Marmor aus der späteren Hauptstadt ⁊ Hippo Regius. Ursprünglich wurde N. von hamit. Berberstämmen bewohnt, die den Karthagern tributpflichtig waren. Sie besaßen eine eigene Sprache, waren gute Reiter, bauten auf Rädern stehende Schilfhütten und bestatteten ihre Toten in Hügelgräbern; die Oberschicht sprach und schrieb punisch. – N. galt in der Antike als wildes Land mit Elefanten, Löwen, Leoparden und mag. Kulten seiner Bewohner. Während des 2. ⁊ Pun. Krieges entstanden zwei Stammesbünde unter ⁊ Syphax (Masaesyli) und ⁊ Massinissa (Massyli). 203 v. Chr. einte Letzterer die Stämme, die sesshaft wurden und zu den Römern ein freundschaftl. Verhältnis pflegten. Die von Massinissa (238–148) begründete Dynastie (Micipsa, Adherbal, ⁊ Hiempsal, ⁊ Jugurtha) bestand bis 46 v. Chr., als zur Zeit des Pompeius König Juba I. enthront wurde. Die röm. Provinz umfasste nur einen Bruchteil des einstigen Reiches. Augustus vereinte N. 25 v. Chr. mit Africa vetus zur Africa proconsularis und stationierte die Legio III Augusta in Theveste, später in Lambaesis mit Veteranenkolonien in Thamugadi und Madauros. Eine eigene Provinz N. entstand erst 198 n. Chr. unter Septimius Severus. Die diokletian. Neuordnung teilte das Land in N. Cirtensis mit Cirta und N. Militiana mit Lambaesis als Hauptstadt. Das Christentum breitete sich ab dem 3. Jh. schnell aus; im 4. Jh. wurde N. eine Bastion des ⁊ Donatismus. **Lit.:** C. Rüger, Die Numider (1979). – E. W. Fentress, Numidia and the Roman Army (1979). – H. Ritter, Rom und N. (1987).

Numismatik (gr. nomisma; lat. nummus, »Münze«), Teildisziplin der Altertumswissenschaft. Die N. bestimmt und ordnet Münzen systematisch nach bestimmten Kriterien (z. B. Bild, Aufschrift, Nennwert, Prägeort). Münzfunde dienen als Datierungshilfe; Bild und Aufschrift geben oft Aufschluss über histor. Ereignisse, soziales oder kult. Leben in der betrachteten Zeit. Die wissenschaftl.-systemat. Erfassung antiker Münzen begann mit J. J. Winckelmann; dem MA und der Neuzeit widmete sich die N. erst im 19. Jh.

Numitor, myth. König von ⁊ Alba Longa, Vater der ⁊ Rhea Silvia und Großvater von ⁊ Romulus und Remus. Sein Bruder Amulius stürzt ihn vom Thron; seine Enkel jedoch rächen ihn und stellen seine Königsherrschaft wieder her.

Nummularius (lat. nummulus, »Kleingeld«), Münzprüfer (auch *spectator, probator*), Geldwechsler oder Angestellter eines Bankiers, dessen Hauptaufgabe in der Kontrolle des ein- und ausgehenden Geldes durch Zählen und Sichten bestand. Abgenutzte oder gefälschte Geldstücke sortierte der N. aus, die »guten« zählte er in Behälter, die mit Stäbchen versiegelt wurden und für die Echtheit des Inhalts bürgten. Belegt ist die Tätigkeit des N. seit dem Ende des 2. Jh. v. Chr. durch diese Siegel, die *tesserae nummulariae*, auf denen das Datum, der Name des Prüfers und ein Sichtvermerk verzeichnet waren.

Nyktimene aus Lesbos, Tochter des Klymenos, von Athena aus Mitleid in eine Eule verwandelt, um die Vergewaltigung durch den eigenen Vater zu verhindern.

Nymphaion (gr., lat. nymphaeum), ursprünglich Grottenheiligtum der Nymphen, später Bezeichnung für wasserspendende Brunnen im öffentl. und privaten Bereich.

Nymphen (gr. nymphe, »junge Frau«, »Braut«), weibl. Gottheiten, die die Dinge in der freien Natur (wie Flüsse, Wälder oder Berge) beseelen; schöne junge Frauen, meist Töchter des Zeus. Sie treten als anmutige Begleiterinnen von Göttern, bes. Pan, Hermes, Dionysos, Artemis und Apollon, auf. Verehrt wurden verschiedene Gruppen von N., bes. die der Bäume (Dryaden bzw. Hamadryaden – N., die zusammen mit ihrem Baum sterben), der Quellen und Gewässer (Najaden), des Meeres (↗ Nereïden und Okeaniden) und der Bergwälder (Oreaden).

Nymphidius, Gaius N. Sabinus, Sohn eines Gladiators, wurde 65 n. Chr. nach der Pison. Verschwörung von Nero zum Prätorianerpräfekten ernannt. Während Neros Aufenthalt in Griechenland (67/68) war er zusammen mit seinem Kollegen Tigellinus der eigentl. Machthaber in Rom. Beim Sturz Neros (68) wechselte er rasch die Seiten und versuchte, auch unter Galba eine polit. Rolle zu spielen. Als er sich selbst zum Kaiser ausrufen lassen wollte, wurde er von den Prätorianern ermordet.

Nysa, im Mythos der Ort an dem ↗ Dionysos aufwuchs und an dem er den Weinstock gepflanzt haben soll. Die genaue Lokalisierung dieses Ortes ist nicht möglich und er wurde später auf zahlreiche Orte mit Weinkultur übertragen; vgl. bes. N. in Äthiopien und im Mäandertal in Karien/Kleinasien.

Nysaios (oder Nyseïos), Beiname des ↗ Dionysos nach der Stadt Nysa, dem Ort, wo der Gott geboren sein soll.

Nyseïden (gr. Nyseïdes), Nymphen, Ammen des ↗ Dionysos, die zusammen mit dem kleinen Dionysos von ↗ Lykurgos (1) vertrieben werden.

Nyx (gr., »Nacht«), griech. Göttin, Personifikation der Nacht. Sie bringt eine Reihe bedeutender, meist unheilvoller Gottheiten wie die ↗ Keren, ↗ Momos, ↗ Thanatos, ↗ Eris oder ↗ Nemesis hervor. Von ihrem Bruder Erebos wird sie Mutter der Hemera (»Tag«) und des Aither (»Luft«).

Oase (gr. oasis). Mit O. bezeichnete man in der Antike lediglich die wasserreichen O.n der libyschen Wüste, die unter ägypt. Kontrolle standen: Die erste oder ›Große O.‹ (arab. el-Charge) im W Oberägyptens war für Herodot (3, 26) die ›Insel der Seligen‹. Weiter im N lag die zweite O. (arab. el-Bahrije). Die im äußersten W. des ägypt. Reiches gelegene O. Siwa, mit ihrem Ammonheiligtum von überregionaler Bedeutung, besuchte auch Alexander d.Gr. Als landwirtschaftl. Produktionsstätten, bes. als Stationen des Karawanenhandels und bes. seit der Zeit der pers. Herrschaft in Ägypten, waren die O.n von wirtschaftl. Bedeutung. In altägypt. Zeit dienten sie als Zufluchtstätten, in röm. Zeit hingegen als Verbannungsorte.

Obelisk (gr. obeliskos, »Bratspieß«), bei den Griechen ursprünglich ein Bratspieß aus Eisen oder Bronze, der auch als Zahlungsmittel diente (↗ Obolos), später die griech. Bezeichnung für ägypt. Monumente, die aus einem langgestreckten, viereckigen, monolith. Pfeiler bestehen, welcher sich nach oben verjüngt und in einer besonderen, pyramidenförmigen Spitze ausläuft. Solch eine Steinsetzung markierte bei den

Assuan, unfertiger Obelisk der Hatschepsut von 42 m Länge (15. Jh. v. Chr.)

Ägyptern den zuerst aus der Urflut aufgetauchten Urhügel. Mit der Einführung des Sonnenkultes in Heliopolis bildete ein O. den Mittelpunkt des Sonnentempels. Später wurden die O.en paarweise vor den Eingängen der Tempel aufgestellt. Die röm. Kaiser liebten es, solche Kuriosa nach Rom transportieren und an markanten Plätzen aufstellen zu lassen. Für Augustus diente ein O. als Zeiger seiner monumentalen ⁊ Sonnenuhr, man verwendete sie aber auch als Wendemarke im ⁊ Circus, oder in Zusammenhang mit der kult. Verehrung der Göttin ⁊ Isis.

Obelọs (gr., »Spieß«), textkrit. Zeichen der alexandrin. Philologen: ein waagrechter Strich zur Kennzeichnung unechter Verse.

Obligạtio (lat., »Verpflichtung«). Rechtl. Bindung in Form eines Schuldverhältnisses im klass. röm. Recht. Wesentl. Inhalte der O. waren die Verschaffung von Eigentum (*dare*, »geben«), Verpflichtung zu einem bestimmten Tun oder Unterlassen (*facere*, »tun«) und die Bürgschaft oder Sicherungsleistung (*praestare*, »gewähren«); diese Pflichten konnten aus Verträgen (*o. ex contractu*) und aus Delikten (*o. ex delictu*) entstehen.

Obolọs (gr., »Spieß«), Vorläufer des gemünzten Geldes in Form längl. Stäbe, dann kleine Münze im Wert von 1/6 ⁊ Drachme (»Handvoll«).

Obsẹquens, Julius O., heidn. röm. Schriftsteller, wohl 4. Jh. n. Chr., Verf. eines *Liber prodigiorum*, in dem er Wunderzeichen ab dem Jahr 249 v. Chr. zusammenstellte und bestimmten histor. Ereignissen zuordnete. Quelle war eine ⁊ Epitome des Livius. Erhalten sind die Angaben für die Jahre 190–11 v. Chr. Die apologet. heidn. Tendenz lässt eine Datierung in das 4. Jh. möglich erscheinen. **Lit.:** P. G. Schmidt, Supplemente lat. Prosa in der Neuzeit (1964) 11–13.

Obsidiạn (lat. *obsidianus lapis*), schwarzes, glasartig erstarrtes Vulkangestein, nach antiker Auffassung ein gewisser Obsius aus Äthiopien eingeführt haben soll. Die Hauptvorkommen von O. befanden sich tatsächlich in Äthiopien, aber auch in Indien und Spanien und auf der Insel Melos. Das oft durchsichtige, schichtenartige Gestein wurde in der Antike zur Schmuckherstellung verwendet, bes. für kleine Statuetten, Gemmen und Spiegel.

Obstanbau. Den großflächigen Anbau von Obst kannte die Antike nicht, weshalb die Aussage Varros, ganz Italien sei ein Obstgarten (*pomarium*), wohl übertrieben ist. Die klimat. Bedingungen im Mittelmeerraum begünstigten den O., doch gestalteten sich Transport und Vertrieb aufgrund von Konservierungsproblemen als schwierig. Neben Ölbaum und Weinrebe kannte bereits Homer Apfel, Granatapfel, Birne und Feige. Viele Obstbäume stammten aus dem Nahen Osten, ab dem 7. Jh. v. Chr. bereicherten Pflaumen und Quitten den griech. Speisezettel, ab dem 5./4. Jh. v. Chr. auch Maulbeeren, Mandeln und Pistazien. In Italien waren die meisten Sorten schon früh heimisch; Cato d. Ä. kannte bereits alle genannten Baumsorten. ⁊ Lucullus soll 73 v. Chr. den Kirschbaum aus Kleinasien mitgebracht haben; Pfirsich und Aprikose nennt

Columella. Wirtschaftlich interessant waren Sorten, die durch Trocknen, Kandieren, Salzen oder Säuern haltbar gemacht werden konnten (Weintrauben, Oliven, Feigen). Die Kochrezepte des ⁊ Apicius aber zeigen, dass Frischobst einen wesentl. Nahrungsbestandteil bildete und ebenso als Zutat beim Kochen diente. Datteln und Zitrusfrüchte waren selten, die Bäume aufgrund des Klimas nur in den südl. Provinzen des röm. Reiches heimisch. Der Handel mit Obst blieb jedoch auf lokale Märkte beschränkt; noch im röm. Kaiserreich gehörte der O. zum Garten der *villa*. **Lit.:** A. Dalby, Essen und Trinken im alten Griechenland (1998).

Ochlokratie ⁊ Staatsformen, Staatstheorie

Ocker ⁊ Farben

Ocriculum (heute Otricoli), umbr. Siedlung am linken Tiberufer. Der ursprünglich auf einer Anhöhe befindl. Ort wurde im ⁊ Bundesgenossenkrieg zerstört und weiter unterhalb neu aufgebaut. Reste der röm. Stadtanlage (Amphitheater, Theater, Thermen) sind erhalten. Die Statue des Zeus von Otricoli, heute in den Vatikan. Museen, wurde hier gefunden.

Octavia (1), O. minor, ältere Schwester des Kaisers Augustus; geb. um 70 v. Chr. als Tochter des Octavius und der Atia; vor dem Jahr 54 wurde sie mit C. Claudius Marcellus vermählt, mit dem sie zwei Töchter und einen Sohn hatte. 40 wurde O. mit Mark Anton verheiratet. Ihre Vermittlungsversuche zwischen ihrem Gatten und ihrem Bruder führten 37 zum Vertrag von Tarent. 32 ließ sich Mark Anton von O. scheiden und heiratete Kleopatra. O. lebte fortan zurückgezogen in Rom, wo sie 11 v. Chr. starb.

Octavia (2), erste Gattin des Kaisers Nero; geb. ca. 39/40 n. Chr. als Tochter des Kaisers Claudius und der Messalina; als Claudius 49 Agrippina, die Mutter Neros, heiratete, wurde O. mit Nero verlobt; vier Jahre später fand die Hochzeit statt. Um Poppaea heiraten zu können, schickte Nero seine Frau 62 in die Verbannung nach Pandateria, wo sie am 9. Juni 62 ermordet wurde.

Octaviạn ⁊ Augustus

Octạvius, Gaius O., 101–59 v. Chr., Vater des Augustus, verheiratet mit Atia, einer Nichte Caesars. 61 Prätor, bekämpfte er im Jahr darauf als Statthalter von Makedonien thrak. Stämme und starb bei der Rückkehr nach Rom.

Odaenạthus, Septimius O., Herrscher von Palmyra, übernahm um 250 n. Chr. die Macht und etablierte Palmyra in einer Phase der Schwäche des röm. Reiches als eigenständigen Machtfaktor. Nach der Niederlage des Kaisers Valerian gegen die Perser (260) verhinderte er das weitere Vordringen des Gegners und besiegte im Auftrag des legitimen Kaisers Gallienus den Usurpator Macrianus. Von Gallienus vielfach geehrt (u. a. Titel *corrector totius Orientis*), dehnte er seine fakt. Macht auf Syrien, Mesopotamien und Kilikien aus, ohne allerdings seine Loyalität gegenüber Rom in Frage zu stellen. 267 im Rahmen einer Familienfehde ermordet, hinterließ er die Herrschaft seinem minderjährigen Sohn Vaballathus und

Apollonia (Illyrien),
Odeion aus dem
2. Jh. n. Chr.

seiner Witwe Zenobia. **Lit.:** E. Kettenhofen, Die röm.-pers. Kriege des 3. Jh. n. Chr. (1982).

Ọde (gr. ạdo, »singen«), ursprünglich »Lied«, »Gesang«. In der chorlyr. Komposition folgt auf eine metrisch sich entsprechende O. und Antode eine metr. sich unterscheidende Epode.

Odeịon (gr.; lat. odẹum), zu musikal. und literar. Aufführungen und Wettkämpfen bestimmter Bau, im Unterschied zum ⁊ Theater überdacht. In Athen gab es drei solcher Gebäude, von denen das bedeutendste das um 444 v. Chr. von Perikles am SO-Abhang der Akropolis errichtete O. war. Es besaß einen quadrat. Grundriss von ca. 62 × 68 m und, der Überlieferung zufolge, ein pyramidenförmiges Dach, welches von neun Säulenreihen mit jeweils zehn Säulen getragen wurde. Am Südabhang der Akropolis ließ ⁊ Herodes Atticus nach 150 v. Chr. ein Odeion im röm. Stil errichten, das 5.000 Zuschauern Platz bot. Das 28 m hohe Bühnengebäude war mit Marmor verkleidet, reich gegliedert und von einem bereits in der Antike bewunderten Dach aus Zedernholz gedeckt. **Lit.:** W. Müller-Wiener, Griech. Bauwesen in der Antike (1988).

Odessọs (heute Varna, Bulgarien), Anfang des 6. Jh. v. Chr. von ⁊ Milet gegründete Kolonie in ⁊ Thrakien. Im 3./2. Jh. v. Chr. unterhielt O. rege Handelsbeziehungen zu den griech. Städten im Schwarzmeergebiet, näherte sich im 2. Jh. dem Königreich ⁊ Pontos an und wurde 72 von ⁊ Lucullus erobert. Um 50 zerstörten die ⁊ Geten O., das nun zur röm. Provinz Moesia inferior gehörte. Im 2. und 3. Jh. n. Chr. erlebte die Stadt eine erneute Blüte, wurde dann von den ⁊ Goten zerstört, aber wegen ihrer zentralen Lage nicht aufgegeben und erneut aufgebaut. Im 7. Jh. kam O. zum Bulgar. Reich.

Odoạker, um 430–493 n. Chr., german. Söldnerführer, erhob sich 476 gegen den weström. Heermeis-

ter Orest und stürzte dessen Sohn, den letzten Kaiser Romulus Augustulus. Von seinen Truppen zum König ausgerufen, beendete er die fakt. Existenz des Westreiches. Obwohl er sich de jure dem oström. Kaiser Zenon unterstellte, regierte er Italien und einige angrenzende Gebiete als unabhängiger Herrscher. Er stützte seine Macht bes. auf die german. Söldnertruppen, die Landzuweisungen erhielten, ließ ansonsten aber die spätantike Staatsordnung unangetastet. Da er die Gebiete nördl. der Alpen nicht mehr effektiv schützen konnte, ließ er Ende der 80er Jahre den Großteil der roman. Bevölkerung nach Italien evakuieren. Nachdem sich seine Beziehungen zu Kaiser Zenon seit 486 verschlechtert hatten, veranlasste dieser 488 die Ostgoten unter Theoderich, in Italien einzufallen. In mehreren Schlachten besiegt, verschanzte sich O. in seiner Hauptstadt Ravenna, wurde aber nach Abschluss eines Vertrages, demzufolge Theoderich und er Italien gemeinsam regieren sollten, 493 von diesem eigenhändig ermordet. **Lit.:** M. A. Wes, Das Ende des Kaisertums im Westen (1967).

Odrysai, bedeutender Stammesverband in Thrakien. Mitte des 5. Jh. v. Chr. errichteten die O. ein bis zur Donau und zum Strymon reichendes Staatsgebiet. Zu Beginn des ⁊ Peloponnes. Krieges gehörte das Odrysenreich zu den wichtigsten Verbündeten Athens und erlebte unter König Sitalkes (440–424) seine Blüte. Die Expansionspolitik ⁊ Philipps II. richtete sich auch gegen die O. als östl. Nachbarn des Makedonenreiches. 341 gerieten die O. unter makedon. Oberhoheit. Im frühen Hellenismus zerfiel das Odrysenreich in mehrere Teilfürstentümer, die an die alte Machtposition nicht mehr anknüpfen konnten. Doch hielt sich der Name O. als Bezeichnung für die ostthrak. Völkerschaften bis in die Kaiserzeit. **Lit.:** Z. H. Archibald, The Odrysian Kingdom of Thrace (1998).

Odyssee ⁊ Homer.

Odysseus nackt vor Nausikaa, die von Athene (Mitte) herbeigeführt wurde

Odysseus (gr. Odysseus, lat. auch Ulixes), wichtigster Held im ⁊ Trojan. Krieg, Hauptgestalt in Homers *Odyssee*, König von Ithaka, Sohn des Laërtes (nach anderer Version des Sisyphos) und der Antikleia, Enkel des Autolykos. Auf einer Jagd fügt ihm ein Eber eine Wunde zu, die eine lebenslange Narbe zurücklässt. In Messenien begegnet er dem Eurytos-Sohn Iphitos auf seiner Suche nach dem angeblich von Herakles geraubten Vieh. Sie werden Freunde, und Iphitos schenkt O. den großen Bogen seines Vaters. O., einer der vielen Freier der ⁊ Helena, schlägt deren Vater Tyndareos vor, alle Freier dem Auserwählten ihre Loyalität und ihren Beistand schwören zu lassen. Zur Belohnung für diesen Rat erhält O. Penelope zur Frau, mit der er Telemachos zeugt. Als Helena später von Paris nach Troja entführt wird, sind ihre ehemaligen Freier durch den geleisteten Schwur verpflichtet, sie ihrem Gatten Menelaos zurückzuholen. Um dem zu entgehen, täuscht O. vor, wahnsinnig zu sein, indem er verkündet, Salz in den Boden säen zu wollen, und zu pflügen beginnt. ⁊ Palamedes jedoch durchschaut ihn und legt den kleinen Telemachos vor den Pflug, so dass O. seinen gesunden Verstand offenlegen und mit in den Krieg ziehen muss. Seither ist Palamedes sein Erzfeind. – *I. O. im Trojan. Krieg:* Für den Krieg stellt O. eine Flotte von zwölf Schiffen. Zusammen mit Nes-

tor spürt er Achill, der sich ebenfalls aus dem Unternehmen heraushalten will und der sich in den Frauengemächern des Palasts des Lykomedes versteckt hält, auf und verpflichtet ihn mitzuziehen. Vor Aulis gerät die Flotte in eine Flaute, die Artemis nach einer Beleidigung durch Agamemnon geschickt hat; nun fordert die Göttin Agamemnons Tochter ⁊ Iphigenie zum Opfer. Mit einer Lüge bringt O. Klytämnestra dazu, ihre Tochter Iphigenie nach Aulis zu schicken, wo man sie der Göttin opfert. Vor Troja versuchen O. und Menelaos vergeblich, Helena auf diplomat. Wege zurückzugewinnen, so dass ein offener Krieg nicht mehr zu umgehen ist. Bei einer nächtl. Auskundschaftung des feindl. Lagers stoßen O. und Diomedes auf den trojan. Spitzel Dolon, den sie ausfragen und töten und sodann den eben angekommenen thrak. König Rhesos niedermetzeln. Als Bettler verkleidet, schleicht sich O. zu Helena (Euripides, *Rhesos*) und erhält Auskunft über die feindl. Absichten; auch stiehlt er das ⁊ Palladion, dessen Besitz nach der Weissagung des Sehers ⁊ Helenos eine Voraussetzung für den Sieg ist. Nach Achills Tod lässt O. einen Streit mit Aias um Achills Rüstung das Heer entscheiden, das er als gewandter Redner mühelos überzeugt, worauf Aias sich das Leben nimmt (Sophokles, *Aias*). O. schenkt Neoptolemos die Rüstung seines Vaters und bewegt ihn zur Teilnahme am Krieg; mit Neoptolemos' Hilfe gewinnt er auch Philoktet hinzu (Sophokles, *Philoktet*). Schließlich kommt O. auf die Idee, ein riesiges hölzernes Pferd zu bauen, in dem sich die größten der griech. Helden verstecken. Die anderen Griechen stellen das Pferd vor Troja ab und geben vor heimzusegeln. Die Trojaner ziehen das Pferd tatsächlich in ihre Stadt, die von den Griechen dann eingenommen und geplündert wird. – *II. Die Irrfahrt des O.:* O. tritt nach der Eroberung seine Heimreise an, die zehn Jahre dauern soll: Die Mannschaft verschlägt es zunächst auf die Insel der Lotosesser (Lotophagen), wo die Kundschafter vom Lotos probieren und ihr Gedächtnis verlieren; sie müssen gewaltsam zur Weiterreise in die Heimat gezwungen werden. Danach gelangen sie auf die Insel der ⁊ Kyklopen, wo sich O. Polyphem als Outis (Niemand) vorstellt. Der Riese verspeist einige der Gefährten und sperrt den Rest der Mannschaft in seiner Höhle ein. O. gelingt es, Polyphem betrunken zu machen und ihm einen glühenden Pfahl in das Auge zu rammen (Euripides, *Der Kyklop*). Der nun blinde Kyklop ruft die anderen Riesen zu Hilfe mit den Worten, Niemand töte ihn, und erntet nur Gelächter. Als Polyphem am nächsten Morgen die Höhle öffnet, um seine Herde herauszulassen, können die Männer, unten an den Tieren sich festklammernd, entfliehen. Mit der Blendung und Verspottung des Polyphem zieht O. den Hass des Meeresgottes Poseidon, des Vaters Polyphems, auf sich. – O. gelangt nach Äolien, die Insel des Herrn der Winde, Äolus, der ihm alle ungünstigen Winde, eingeschlossen in einem Sack, schenkt, so dass ihn der günstige Wind nach Hause treiben könne. Kurz vor Ithaka aber öffnet die Mannschaft den Sack mit der Vermutung, es handle sich um einen Schatz, und sie treiben nach Äolien zurück. Sie geraten zu einem menschenfressenden Riesengeschlecht, den Laistrygonen, die alle Schiffe zerstören und die Mannschaft verspeisen; einzig O. kann sein Schiff und seine Besatzung retten. Sie gelangen nach Aiaia, der Insel der Zauberin Kirke, die einen Teil der Mannschaft in Schweine verwandelt. Sie verliebt sich jedoch in O. und gibt seinen Gefährten ihre menschl. Gestalt zurück; O. bleibt ein Jahr bei ihr. Vor seiner Abreise erteilt sie ihm Rat, wie er in die Unterwelt gelangen kann, wo er den Schatten des Sehers ⁊ Teiresias befragen soll. In der Unterwelt sieht O. seine Mutter, Agamemnon, der ihm seine Ermordung durch Klytämnestra schildert, Aias, Tityos, Tantalos, Sisyphos und Herakles. Von Teiresias erfährt er seinen Heimweg und erhält die Warnung vor dem Vieh des Helios auf Trinakria. Als sie an den ⁊ Sirenen vorbeisegeln müssen, verstopft O. nach dem Rat der Kirke seiner Mannschaft die Ohren mit Wachs und lässt sich selbst, da er den betörenden Gesang hören will, an einem Mast festbinden. In der Meerenge von Messenien frisst die ⁊ Skylla sechs seiner Leute. Auf Trinakria schlachtet die Mannschaft entgegen seiner Warnung einige Rinder des Helios; zur Strafe erleiden sie in einem schreckl. Sturm Schiffbruch, den nur O. überlebt. Er kann sich auf die Insel der schönen Kalypso retten, bei

der er einige Jahre verweilt, bis seine Sehnsucht nach der Heimat die Götter erweicht und er mit Kalypsos Erlaubnis auf einem Floß die Heimreise antritt. Erneut gerät O. in einen Sturm, verliert sein Floß und treibt mit Hilfe der Meeresgöttin Leukothea an die Küste des Phäakenlandes, wo er von Nausikaa, der Tochter des Königs Alkinoos, gefunden wird. Alkinoos und seine Frau Arete bringen ihn schließlich zurück nach Ithaka, wo sie ihn schlafend aussetzen. – *III. Die Heimkehr des O.:* Athena verkleidet ihn als Bettler und befiehlt ihm, als erstes den treuen Schweinehirten Eumaios aufzusuchen. Dort erfährt O., dass Penelope in ihrem eigenen Palast von 108 dreisten Freiern belästigt werde, die noch dazu sein Hab und Gut verzehrten. O. trifft auch seinen Sohn Telemach wieder und gibt sich ihm zu erkennen. Am nächsten Tag geht O. in seinem Bettlerkleid in den Palast, wo ihn sein treuer, alter Hund Argos erkennt, noch einmal mit dem Schwanz wedelt und stirbt. Auch seine alte Amme Eurykleia erkennt ihn bei der Fußwaschung an seiner Narbe, muss aber Stillschweigen schwören. O. wird von einigen der Freier, bes. von Antinoos, übel beleidigt. Am Abend schildert Penelope ihrem Mann, der sich noch nicht zu erkennen gibt, dass sie sich ihre Freier seit drei Jahren nur dadurch vom Leibe halten konnte, dass sie vorgab, ein Leichentuch für Laërtes zu weben, das sie nachts wieder auftrennte, damit es nicht fertig würde. O. versichert ihr die baldige Rückkehr ihres Mannes. Am nächsten Morgen lässt Penelope verkünden, sie werde den Freier heiraten, der den Bogen des O. spannen könne. Nachdem es keinem gelungen ist, spannt O. den Bogen und erschießt alle Freier, deren Waffen er mit Telemachos zuvor versteckt hat. Am folgenden Tag begibt sich O. zu Laërtes, mit dem er sich zur Abwehr der erwarteten Angehörigen der Freier rüstet. Laërtes erschießt deren Anführer Euphites, den Vater des Antinoos. Danach befiehlt Athena mit der göttl. Stimme dem Telemachos und gebietet Waffenstillstand. O. will die entsetzt fliehenden Feinde verfolgen, wird aber von Zeus mit einem Blitz daran gehindert. Nach einem Rat des Teiresias opfert nun O. dem Gott Poseidon einen Widder, einen Stier und einen Eber, worauf ihm verziehen wird. O. lebt noch viele Jahre bis zu seinem Tod an Penelopes Seite. Nach einer anderen Version wird er für die Ermordung der Freier für zehn Jahre nach Ätolien verbannt, wo er die Tochter des Königs Thoas heiratet, mit der er Leontophonos zeugt. Nach einer weiteren heiratet er die threspot. Königin Kallidike. Einer vierten Überlieferung nach wird er von Kirkes Sohn Telegonos unwissentlich mit einem Speer getötet, dessen Spitze aus einem Rochen gefertigt ist, womit sich die Prophezeiung erfüllt, O. werde der Tod aus dem Meer ereilen. Penelope begleitet Telegonos nach Aiaia, wo sie O. begräbt. Später heiratet sie Telegonos, Telemachos heiratet Kirke. – In der Rezeption wird vor allem die *polytropia*, die »Vielgewandtheit«, der schillernde Charakter des O. ausgelotet. Er wird zum skrupellosen Machtpolitiker (Sophokles, *Philoktet*; Euripides, *Hekabe*) und zum von Einsicht geleiteten Menschen (Sophokles, *Aias*), zum redegewaltigen

Demagogen (Pindar, Antisthenes, Ovid), er ist der von einem unstillbaren Wissensdurst getriebene Grenzüberschreiter (Cicero, Dante), die Verkörperung des Prinzips Hoffnung (Bloch), in seiner Rationalität und Selbstverleugnung das erste moderne Individuum (Horkheimer/Adorno), er ist der Heimatlose, Entwurzelte, der Kriegsheimkehrer (Foscolo, Kavafis, Seferis) und der große Dulder, der in der stoischen ↗ Allegorese zum Sinnbild des stoischen Weisen, in christl. Deutung zum Ideal des Christen wird, der sein Ziel nicht aus den Augen verliert, mögen die Anfechtungen auch noch so groß sein. **Lit.:** P. Boitani, The Shadow of Ulysses (1994). – B. Zimmermann, Mythos O. (2004).

Ödipus (gr. Oidipus), Sohn des theban. Königs Laios und der Jokaste, von seinem Vater nach einem Orakelspruch, der Laios den Tod durch seinen Sohn weissagt, auf dem Kithairon ausgesetzt. Der mit der Aussetzung beauftragte Hirte aber lässt das Kind nicht umkommen und übergibt es einem Korinther. Ö. wächst beim kinderlosen korinth. König Polybos und seiner Frau Merope auf, die ihm seinen Namen (»Schwellfuß«) geben. Von einem betrunkenen Freund verhöhnt, er sei nicht der leibl. Königssohn, befragt Ö. das delph. Orakel, von dem er erfährt, dass er seinen Vater töten und seine Mutter heiraten werde. Deshalb beschließt er, Korinth zu meiden. Vor Theben gerät Ö. an einem Dreiweg in einen Streit mit seinem Vater Laios, in dem er ihn und alle seine Diener bis auf einen, den damals mit der Aussetzung beauftragten Hirten, der in Theben über den Vorfall Bericht erstattet, ahnungslos tötet. Ö. löst das Rätsel der ↗ Sphinx und zieht als Held nach Theben, wo er von Kreon seine eigene Mutter, Kreons Schwester Jokaste, zur Frau erhält. Wegen der Mordtat bricht nach Jahren in Theben eine Seuche aus, als deren Ursache das delph. Orakel das ungesühnte Verbrechen (↗ Miasma) angibt. In der Manier eines Untersuchungsrichters entdeckt Ö. sich als Schuldigen, blendet sich und geht in die Verbannung. Jokaste nimmt sich das Leben. Im att. Demos Kolonos findet Ö. Zuflucht. Der athen. König Theseus verteidigt ihn gegen Kreon, der ihn nach Theben zurückhaben will. In Kolonos, im Hain der ↗ Eumeniden, wird Ö. vom Gott entrückt. – Der Ö.-Mythos ist zentral für die griech. Tragödie. Verloren ist der *Ödipus* des Aischylos, der in der theban. Trilogie das Schicksal von Laios, Ö. und Eteokles und Polyneikes in den erhaltenen *Sieben gegen Theben* behandelte. Sophokles führt im *König Oedipus* vor, wie der schuldlos Schuldige sich allmählich an die schreckl. Wahrheit herantastet. Bei Sophokles wird Ö. zum Paradigma der Grenzen menschl. Erkenntnisfähigkeit. Im *Oedipus auf Kolonos* lässt er in der Art eines Mysterienspiels den blinden Ö. Erlösung finden. – In der Rezeption werden die verschiedenen Seiten der Ö.-Gestalt ausgelotet: In Senecas *Oedipus* werden die grausigen Aspekte zentral (Vatermord, Inzest, Totenbeschwörung). Kleist stellt den über sich selbst zu Gericht sitzenden Richter im *Zerbrochenen Krug* dar; J. Cocteau führt in der *Höllenmaschine* (1932) einen Menschen vor, dem unerbittlich abrollenden Schicksal nicht entrinnen kann. Pasolini schließlich lotet in *Edipo Re* vor dem Hintergrund der marxist. Theorie die Ö.-Gestalt tiefenpsychologisch aus. **Lit.:** E. Flaig, Oidipus (1998). – B. Gentili/R. Pretagostini (Hg.), Edipo (1986). – B. Zimmermann (Hg.), Sophokles, König Ö. (1999).

Öfen. Die Antike kennt viele Arten von Ö.: Im Wohnbereich z.B. einfache, z.T. mit Ziegeln verkleidete Erd-Ö. zum Kochen und Backen bis hin zu den Ö., die die Wärme für die ↗ Heizung lieferten, im gewerbl. und handwerkl. Bereich die verschiedenen Ö. zum Kalkbrennen, Erzgießen oder zum Brennen von Ton. Die Entwicklung solcher Töpfer-Ö. lässt sich über einen langen Zeitraum verfolgen: von Darstellungen auf korinth. Tontäfelchen aus dem 6. Jh. v. Chr. bis

Ödipus vor der Sphinx
(Vase des 6. Jh. v. Chr.)

hin zu den römerzeitl., bes. in den röm. Provinzen ausgegrabenen und mitunter hervorragend erhaltenen Töpfer-Ö., die eine industrielle Produktion von Keramikgegenständen erlaubten. In der Regel handelte es sich in der Antike dabei um sog. Schachtöfen mit aufsteigender Flamme. Sie wurden mit Reisigbündeln, Holzscheiten und Holzkohle von einem vorgelagerten Schürkanal aus geheizt. Von dort zog die Hitze durch die »Hölle« zur sog. Lochtenne, auf der die Tongefäße gestapelt waren. Die Einfüllöffnung wurde vor dem Brennen zugemauert. Zunächst waren die Ö. noch nicht regulierbar. Etwa seit dem 7. Jh. v. Chr. beherrschte man den Dreistufenbrand. Damit sich verschiedene chem.-physikal. Vorgänge abspielten, mussten Temperaturen von 800–950 °C erreicht werden, durch Zufuhr (Oxidation) und Entzug (Reduktion) von Sauerstoff konnte dann eine entsprechende Rot- oder Schwarzfärbung erzielt werden. **Lit.:** A. Winter, Antike Glanztonkeramik (1978). – I. Scheibler, Griech. Töpferkunst (²1995).

Ölbaum, immergrüne, bis 12 m hohe Nutzpflanze aus der Familie der Ölbaumgewächse (Oleaceae) mit essbaren Früchten und verwertbarem Holz; bereits in der Antike im Mittelmeerraum und im Vorderen Orient verbreitet und intensiv kultiviert. Die Kulturform entstand bereits im 3. oder 2. Jt. v. Chr. Den Griechen war der Ö. seit der Kret.-myken. Kultur bekannt. Die langlebige, gegen Trockenheit unempfindl., aber langsam wachsende Pflanze wurde in Schonungen gezogen und später ausgesetzt, ältere Bäume durch Pfropfen veredelt. Erträge brachte der Ö. alle zwei Jahre. Die Olive (gr. *elaia*, lat. *oliva*) wurde gegessen oder zur Ölherstellung verwendet und sowohl als Speise- oder Salböl wie auch als Brennstoff für Lampen genutzt. Das Holz des Ö. war strapazierfähig und wurde u. a. im Schiffbau verwendet; die Blätter dienten als Ziegenfutter. – Ö.-Pflanzungen hatten einen hohen Wert als Wirtschaftsfaktor; ihre Zerstörung gehörte zu den übl. Kriegshandlungen. Berühmt waren die Oliven und Öle Attikas; die besten Ölsorten Italiens kamen aus dem Gebiet von Venafrum. Archäologisch nachgewiesen sind Geräte zur Ölherstellung, z. B. Ölpressen, aus verschiedenen Epochen im gesamten Mittelmeerraum sowie Darstellungen bei Ernte und Produktion von Olivenöl. – Zahlreiche Mythen weisen auf die hohe Bedeutung des Ö.s in Religion und Kult: Athena schuf den heiligen Ö. auf der Akropolis; der Ölzweig galt als Symbol für Sieg und Frieden; in Olympia bestand der heilige Hain des Zeus aus wilden Ölbäumen. Auch im röm. Kulturkreis blieb der Ö. ein Zeichen des Friedens und des Triumphes; siegreiche Feldherren trugen den Ö.-Kranz; Gesandte führten den Ölzweig als Friedenszeichen mit sich; das Forum Romanum zierte ein Ö. Der christl. Glaube behielt den Ö. als Symbol des Lebens und des Friedens bei. **Lit.:** L. Foxhall: Olive Cultivation in Greek Farming (1995).

Oescus (gr. Oiskos, heute Gigen, Bulgarien), röm. Stadt in ⁊ Mösien. In der Antike lag die Stadt an der Mündung des gleichnamigen Flusses (heute Iskar) in die Donau und am Schnittpunkt wichtiger Straßen.

Olivenernte (6. Jh. v. Chr.)

Seit Vespasian war hier die 5. Legion stationiert, Trajan erhob O. zur Colonia, die im 2. und Anfang des 3. Jh. n. Chr. ihre Blüte erlebte. Die Aufgabe der transdanub. Gebiete Legion unter ⁊ Aurelian sowie die Goteneinfälle trafen die Stadt schwer. ⁊ Konstantin d.Gr. errichtete im N der Stadt eine Donaubrücke, nach Hunneneinfällen wurde die Stadtbefestigung mehrfach ausgebaut, zuletzt von ⁊ Justinian.

Österreich ⁊ Noricum

Ogygia (gr. Ogygia), myth. Insel, Heimat der ⁊ Kalypso in Homers *Odyssee*.

Oidipus ⁊ Oedipus

Oikumene. Der erstmals von den jon. Naturphilosophen eingeführte Begriff der O. bezeichnet die Gesamtheit der bewohnten Welt, im Gegensatz zu den aus klimat. Gründen vermeintlich unbewohnten Zonen. Nach griech. Vorstellungen erstreckte sich die O. vom Atlantik bis nach Indien und war im N durch Frostgebiete, im S durch die Sahara und ansonsten durch das Weltmeer begrenzt. Mit der Ausbreitung des Christentums setzte eine Umdeutung des Begriffs ein. O. bezeichnete nun das gesamte Gebiet, das für die christl. Lehre erschlossen werden sollte. Dies führte zur modernen Bedeutung im Sinne einer Einheit aller Christen.

Oileus (gr. Oileus), König der Lokrer, einer der Argonauten, Vater von ⁊ Aias (2).

Oineus (gr. Oineus), myth. König von Kalydon, vergisst eines Tages bei seinen Opfern Artemis. Die Göttin sendet einen riesigen Eber, der das Land verwüsten soll. Er wird in der sog. ⁊ Kalydon. Jagd, an der die berühmtesten Jäger teilnehmen, erlegt.

Oino ⁊ Oinotrophoi

Oinomaos, myth. König von Pisa in Elis, dem ein Orakel prophezeit, der Mann seiner Tochter ⁊ Hippodamia werde ihn töten. Er fordert all ihre Freier zu einem Wagenrennen auf, in dem er jeden überholt und erstickt. O. wird schließlich von ↗ Pelops bezwungen, der seinen Wagenlenker Myrtilos bestochen hat, die eisernen Radpflöcke des königl. Wagens durch Wachs zu ersetzen, worauf er auseinanderbricht.

Oinone, Wahrsagerin, Tochter des Flusses Kebren, aus Troja und erste Gattin des ↗ Paris. O. warnt Paris vor ↗ Helena und sagt ihm voraus, dass nur sie ihn heilen könne, falls er verwundet werde. Vom Pfeil des ↗ Philoktet während des Trojan. Krieges getroffen, sucht Paris bei O. erfolglos Hilfe und stirbt. O. bringt sich aus Reue um. Nach einer anderen Version verwendet O. aus Eifersucht auf Helena oder aus Scham vor ihrem Vater ihren Sohn, Korythos, als Racheinstrument und beauftragt ihn, die Griechen gegen Troja zu führen.

Oinopion (gr., »Weintrinker«), Sohn des ↗ Dionysos (oder ↗ Theseus) und der Ariadne, König in Chios; galt als einer der Erfinder des Weinbaus.

Oinotrophoi, Spermo, Elais und Oino, die drei Töchter des ↗ Anios, die mit der Fähigkeit begabt sind, Getreide, Öl und Wein hervorzubringen. Sie versorgen die Griechen vor Troja und den fliehenden ↗ Äneas.

Oiskos ↗ Oescus

Okeaniden, in der Mythologie Meeresnymphen, die 3.000 Töchter des Okeanos und der Tethys.

Okeanos (gr. Okeanos), einer der ↗ Titanen, Gott des Ozeans, des kreisförmigen Flusses, der die ganze Erde umgibt und die Quelle aller Meere und aller Flüsse ist. Als einziger Titane nimmt er an der Kastration und Entmachtung von ↗ Kronos nicht teil. Mit ↗ Tethys zeugt er die ↗ Okeaniden, die Flussgötter und nach einer Version des Mythos ↗ Phorkys.

Oknos (gr., »Zögern«, »Verdrossenheit«) eine Gestalt im Hades, die unentwegt aus dem Schilf des Unterweltsflusses ein Seil flicht, das ein Esel hinter ihrem Rücken fortwährend abfrisst.

Oktonar, Begriff der Metrik, der einen aus acht Füßen bestehenden Vers bezeichnet. In den Komödien des Plautus und Terenz finden sich trochäische und jamb. O.e.

Okypete, eine der ↗ Harpyen.

Okyrrhoë (1), Tochter des ↗ Okeanos, Gattin des ↗ Helios, Mutter des Phasis. O. wird von ihrem Sohn getötet, als er sie beim Ehebruch ertappt. Nach dem Muttermord stürzt sich Phasis, von den Erinyen in Raserei versetzt, in den Fluss Skythiens, der nach ihm benannt wird.

Okyrrhoë (2), Nymphe, Tochter des Zentaurs ↗ Chiron und der Nymphe Chariklo, Wahrsagerin, die, während sie dem jungen ↗ Äskulap und ihrem Vater ihr Schicksal verkündet, von den Göttern in eine Stute verwandelt wird.

Okypode, eine der ↗ Harpyen.

Olbia, um 550 v. Chr. gegründete griech. Kolonie ↗ Milets an der Nordküste des ↗ Schwarzen Meeres nahe der Mündung des Hypanus (heute Don). Einige Kilometer östl. mündete auch der Borysthenes (heute Dnjepr) in das Schwarze Meer. Ihre Blütezeit hatte die Stadt im 5. – 3. Jh. v. Chr.; die Hafenstadt war ein wichtiger Umschlagplatz für den Export von Getreide,

Fisch, aber auch Sklaven ins griech. Mutterland sowie für den Import att. Produkte. O. unterhielt anfangs gute Beziehungen zu den im Hinterland lebenden ↗ Skythen, geriet aber im 2. Jh. v. Chr. in deren Abhängigkeit. Den größten Einschnitt in die Geschichte O.s stellte die Zerstörung der Stadt um 60 n. Chr. durch die Geten unter König Burebitsa dar. Zwar wurde die Stadt z. T. wieder aufgebaut, erreichte aber nicht mehr ihre alte Bedeutung; im 4. Jh. wurde O. aufgegeben. – Die russ. Ausgrabungen legten Reste einer Unter- wie einer Oberstadt frei, jedoch sind Teile der Unterstadt heute vom Don abgetragen. Der Zerstörungshorizont des Getenüberfalls ist in der Siedlungsstruktur deutlich nachzuvollziehen. **Lit.:** J. Vinogradov, O. (1981). – Ders./S.D. Kryzickij, O. (1995).

Olenos, Gatte der ↗ Lethaia.

Oligarchie (gr., »Herrschaft weniger«). Zusammen mit Demokratie und Monarchie ist O. eine der drei Grundverfassungsformen. Vor dem 5. Jh. v. Chr. hatten die meisten griech. Staaten eine oligarch. Verfassung. In Athen wurde die demokrat. Verfassung 411/10 durch die Herrschaft der 5.000 und 404/03 durch das oligarch. Terrorregime der 30 Tyrannen kurzfristig gestürzt. ↗ Staatsformen

Oliven ↗ Ölbaum

Olymp (gr. Olympos), höchstes Gebirgsmassiv Griechenlands an der Grenze von Makedonien und Thessalien (2917 m). Auf dem heutigen Gipfel Hagios Antonios ist eine ant. Opferstelle ausgegraben (2817 m) mit Weihinschriften für ↗ Zeus Olympios. Seit Homer gilt der O. als Wohnstätte der Götter. Der gesamte O. ist nach myth. Vorstellung mit Toren versehen und mit Wolken verhüllt. Bei der Teilung der Welt in drei Bereiche erhält Zeus als Wetter- und Donnergott den O., Poseidon das Meer und Hades die Unterwelt. In Hesiods *Werken und Tagen* ist der O. auch der Wohnsitz abstrakter Gottheiten (↗ Personifikation) wie Scham (Aidos), Vergeltung (Nemesis) und Recht (Dike).

Olympia (gr. Olympia), bedeutendes Heiligtum des Zeus in Elis; Austragungsort der ↗ Olymp. Spiele. – *I. Geschichte:* Das am Zusammenfluss von Alpheios und Kladeos gelegene Heiligtum geht bis in myken. Zeit zurück; ↗ Pelops, der Sohn des Tantalos, wurde hier kultisch verehrt und ein Wagenrennen ihm zu Ehren veranstaltet. Der Mythos berichtet, Pelops habe hier Oinomaos im Wagenrennen besiegt. Der Westgiebel des Zeustempels greift diesen Mythos auf. Der Zeuskult wurde erst Ende des 1. Jt. v. Chr. in O. eingeführt, die Olymp. Spiele wurden nach griech. Überlieferung erstmals 776 gefeiert. Die Organisation des Festes wechselte mehrfach zwischen Pisaten und Eleern, doch wurde seit 570 O. zur Landschaft Elis gerechnet. Diese in klass. Zeit wichtigsten panhellen. Spiele erlebten im 2./1. Jh. v. Chr. einen Niedergang, in der frühen und hohen Kaiserzeit eine erneute Blüte, bis 393 n. Chr. Theodosius I. die Spiele verbot, das Kultbild des Zeus nach Konstantinopel bringen ließ und somit den alten Kulten O.s ein Ende setzte. – *II. Bauten:* Keimzelle von O. war der heilige Bezirk (*al-*

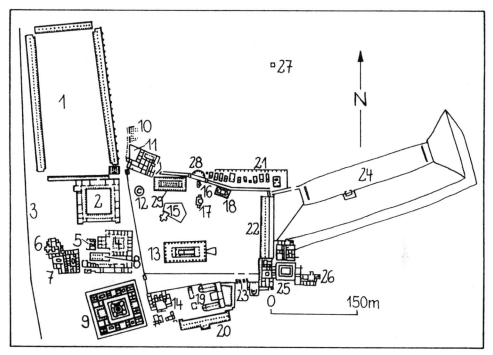

1 Gymnasion
2 Palästra
3 Kladeos-Ufer
4 Theokoleon
5 Heroon
6 Kladeos. Thermen
7 römische Gästehäuser
8 Werkstatt des Phidias

9 Leonidaion
10 römisches Gebäude
11 Prytaneion
12 Philippeion
13 Zeus-Tempel
14 Südthermen
15 Pelopion
16 Hera-Altar

17 Zeus-Altar
18 Metroon
19 Bouleuterion
20 Südhalle
21 Schatzhäuser
22 Echohalle
23 römisches Tor
24 Stadion

25 griechisches Gebäude
26 Ostthermen
27 Altar des Kronos auf
   dem Kronos-Hügel
28 Nymphaion
29 Heraion

Lageplan von Olympia

tis), ein offener Hain. Zentrum war der Zeusaltar, dem jedoch erst im 5. Jh. ein Zeustempel folgte. Schon 200 Jahre zuvor war der erste Heratempel errichtet worden, der nach einem Brand durch den um 600 errichteten und noch heute sichtbaren dor. ↗ Peripteros ersetzt wurde. Der Zeustempel wurde um 456 fertiggestellt, um 430 schuf hierfür Phidias ein etwa 12,5 m hohes Kultbild des Zeus, das bekannteste Kultbild der Antike, das zu den Weltwundern gerechnet wurde. Badegebäude ergänzten das Gelände. Im 4. Jh. wurde der hl. Bezirk im W und S von einer Mauer umgeben, die Südhalle, das Metroon sowie weitere Gebäudekomplexe errichtet bzw. umgebaut. Gegen Ende des 4. Jh. wurde auch das im O gelegene Stadion errichtet, dessen Erdwälle (nicht aber die Steinbauten) erhalten sind. In hellenist. Zeit folgten Gymnasium, das Leonidaion (Gästehaus) und die gut erhaltene Palästra im W außerhalb des hl. Bezirks. Weitere Bauten wurden unter Nero, der 67 n. Chr. an den Wettkämpfen teilnahm, sowie durch Herodes Atticus errichtet; Letzterer stiftete das Nymphaion (Brunnenanlage) am Westende der Schatzhausterrasse. 260/70 wurde mit Steinen abgebochener Gebäude eine Festungsmauer errichtet, die den Zeustempel vor plündernden Herulern schützen sollte. Nach der Aufhebung des Heiligtums 394 wurde nur noch eine byzantin. Kirche in der vormaligen Werkstatt des Phidias errichtet. Eine Ortschaft um das Heiligtum hat sich nie entwickelt. – Die Funde der deutschen Ausgrabungen, darunter auch die Giebelfriese des Zeustempels, finden sich im Museum von O. **Lit.:** A. Hönle, O. in der Politik der griech. Staatenwelt (1968). – A. Mallwitz, O. und seine Bauten (1972). – B. J. Peiser, Das dunkle Zeitalter O.s (1993). – ASM (1999).

Olympias (gr. Olympias), ca. 375–316 v. Chr., Tochter des Molosserkönigs Neoptolemos von Epirus, Gemahlin Philipps II. von Makedonien (seit 357) und Mutter Alexanders d.Gr. Gekränkt in ihrem Stolz verließ sie nach einer neuen Ehe Philipps das Land und war 336 möglicherweise an dessen Ermordung beteiligt. Nach dem Regierungsantritt Alexanders kehrte sie zurück, geriet aber in seiner kriegsbedingten Abwesenheit (seit 334) in Gegensatz zu dessen Stellvertreter Antipater und wurde von diesem politisch kaltgestellt. Nach dem Tode ihres Sohnes (323) mischte sie sich in die Kämpfe der Diadochen ein und ließ sich dabei von ihrem Hass auf die Familie des Antipater leiten. 319 schloss sie sich Polyperchon an, ergriff die Partei ihres Enkels Alexander IV. und vernichtete 317 ihren Stiefsohn Philipp III. Arridaios und dessen ehrgeizige Frau Eurydike. Daraufhin von Kassander, dem Sohn des Antipater, in Pydna eingeschlossen, musste sie 316 kapitulieren und wurde hingerichtet. Von den antiken Quellen wird O. als selbstherrlich, machtbewusst und leidenschaftlich geschildert. Ihr fehlte jedoch das polit. Augenmaß, und dies trug maßgeblich zu ihrem Scheitern bei. **Lit.:** H. Berve, Alexanderreich II (1926) Nr. 381.

Olympier, Bezeichnung für die nach dem griech. Mythos auf dem Olymp lebenden höchsten Götter (Zeus, Poseidon, Apollon, Ares, Hermes, Hephaistos) und Göttinnen (Hera, Hestia, Demeter, Athene, Aphrodite, Artemis).

Olympiodor (1) (gr. Olympiodoros), athen. demokrat. Politiker, Ende 3./Beginn 2. Jh. v. Chr., Gegner der Makedonen.

Olympiodor (2) (gr. Olympiodoros) aus Theben (Ägypten), griech. Historiker, ca. 380 – nach 425 n. Chr., Verf. einer (fragmentarisch erhaltenen) Zeitgeschichte. **Lit.:** O. Lendle, Einführung in die griech. Geschichtsschreibung (1992) 259–261.

Olympische Spiele, bedeutende panhellen. (gemeingriech.) Wettspiele (↗ Agone), die alle vier Jahre für höchstens fünf Tage zu Ehren des Zeus in Olympia abgehalten wurden. Von einem Kultfest mit lokalem Charakter (der Überlieferung zufolge fanden die Spiele zuerst 776 v. Chr. statt) entwickelten sich die O. S. zu einem Höhepunkt des kult. Lebens in Griechenland und darüber hinaus. Kennzeichen dieser Bedeutung ist auch, dass die Datierung nach Olympiaden in ganz Griechenland bekannt war. – Die O. S. wurden friedlich nach bestimmten Regeln abgehalten und deren Einhaltung durch einen Eid beschworen. Festleiter und Kampfrichter wurden von den Pisaten, später dem Eleern gestellt. Kult. Höhepunkt war das Opfer am Altar des Zeus. Der einzige Wettkampf war zunächst der Stadionlauf; andere Disziplinen folgten vom Ende des 8. bis zum 5. Jh., darunter ab 600 v. Chr. das Wagenrennen. Der Sieger erhielt als Preis einen Kranz aus wilden Ölzweigen des Heiligen Hains, wurde in seiner Heimatstadt meist reich beschenkt und mit Privilegien ausgestattet (Steuerfreiheit, kostenlose Speisung, Geldgeschenke). 393 n. Chr. wurden die O. S. vom christl. Kaiser Theodosius I. als heidnisch verboten, 408/426 n. Chr. der Tempel geschleift. – Die Ausgrabungen in Olympia, Begeisterung an der olymp. Idee und der Wunsch nach internationalen Wettkämpfen führten 1896 auf Initiative von P. Baron de Coubertin zur Wiederbelebung der O.n S. **Lit.:** H. Bengtson, Die O. S. in der Antike (1972). – H. W. Pleket, Die O. S. der Antike (1976). – W. Decker, Sport in der griech. Antike (1995) 41 ff. – U. Sinn, O. (2002).

Olympos (1), berühmter Flötenspieler der griech. Mythologie, später als eine histor. Person (um 700 v. Chr.) gedeutet. In der griech. Musiktheorie wird ihm die Einführung kleinasiat. Elemente in die griech. Musik zugeschrieben; bes. soll er den ↗ Aulos eingebürgert haben.

Olympos (2), mit 2918 m höchster Berg Griechenlands. Mit O. wurden in der Antike auch zahlreiche andere Berge bezeichnet, doch galt schon bei Homer und Hesiod das Bergmassiv des O. im Grenzgebiet zwischen Thessalien und Makedonien als Sitz der Götter. Zahlreiche antike Kultstätten sind in dem vielgipfeligen Massiv nachgewiesen bzw. ausgegraben worden. Der beindruckende direkte Anstieg des O.-Massivs ohne Vorgebirge macht verständlich, warum gerade hier der Thron der Götter lokalisiert wurde.

Olynth (gr. Olynthos), Stadt auf der Halbinsel ↗ Chalkidike. Erste Siedlungsspuren reichen ins Neolithikum zurück, im 8. Jh. v. Chr. fand eine Neubesiedlung statt. 480 erzwang ↗ Xerxes die Bereitstellung von Hilfstruppen und Schiffen für seinen Griechenlandfeldzug (↗ Perserkriege), 479 beim pers. Rückzug wurde O. zerstört und trat später dem ↗ Att. Seebund bei. 432 fiel die Stadt von Athen ab, König Perdikkas von Makedonien begründete O. neu, indem er die Bewohner kleinerer Ortschaften der Chalkidike hier ansiedelte. Mit etwa 30.000 Einwohnern wurde O. zur größten Stadt der Region; Anfang des 4. Jh. v. Chr. schlossen sich die Städte der Halbinsel unter der Führung O.s im Chalkid. Bund zusammen und wurden zeitweise eine Bedrohung für Madekonien. Der Wechsel O.s auf die Seite Athens führte zum militär. Konflikt mit ↗ Philipp II., der 348 O. eroberte und vollständig zerstörte (vgl. die drei *Olynth. Reden* von ↗ Demosthenes). Die Stadt wurde nicht mehr besiedelt; für die Archäologie ein Glücksfall, ließ sich doch so die Stadtanlage im Bauzustand des 4. Jh. detailliert untersuchen. Nach den Ausgrabungen 1928–38 wurde das Gelände der Stadt wieder zugeschüttet. Funde im Museum in Thessaloniki. **Lit.:** D. M. Robinson u. a. (Hg.), Excavations at O., I-XIV (1929–52). – M. Zahrnt, O. und die Chalkidier (1971). – ASM (1999).

Omen, im röm. Glauben ein durch die Götter gegebenes Vorzeichen jedweder Art, z. B. Sonnen- und Mondfinsternisse, Naturkatastrophen, Flugrichtung der Vögel, Missbildungen, Sternkonstellationen oder etwa das Rauschen der Bäume.

Omophagia (gr. »Verzehr rohen Fleisches«), Bestandteil der ↗ Oreibasia der ↗ Mänaden.

Omphale, in der Mythologie lyd. Königin, der ↗ Herakles ein Jahr dienen muss. Während seiner Dienstzeit verrichtet er neben seinen Pflichten als Liebhaber u. a. Frauenarbeit in Frauenkleidern, während O. im Löwenfell die Keule schwingt.

Omphalos (gr., »Nabel«), eiförmiges Apollon-Steinmal in Delphi, das die Griechen als den »Nabel der Welt« ansahen. Als literar. Fachbegriff ›Nabel‹ eines Gedichts, der den Einstieg in die Interpretation ermöglicht.

Onasandros, griech. Philosoph, 1. Jh. v. Chr., Verf. einer erhaltenen Schrift über Kriegsführung, in der er die moral. Qualitäten der Heerführer betont.

Onomakritos aus Athen, 2. Hälfte 6. Jh. v. Chr., Orakeldeuter und Herausgeber der Orakel des ↗ Musaios (1), im Umfeld der Peisistratiden tätig, soll an der »Peisistratidischen Homerredaktion« beteiligt gewesen sein. Umstritten ist die Zuweisung von *Orphika*, wahrscheinlicher die Abfassung eines Werkes *Teletaí* (»Weihen«), die O. als Vertreter des Dionysoskultes in Athen ausweisen würden. **Lit.:** M.L. West, The Orphic Poems (1983) 249–251.

Onesimos, att. Vasenmaler, der etwa zwischen 490 und 480 v. Chr. hauptsächlich Schalen in rotfiguriger Technik bemalte. Mehrere Schalen von Euphronios wurden von O. oder Malern seiner Werkstatt bemalt. Mehrere Lieblingsinschriften sind erhalten. Viele seiner Werke behandeln Themen aus den Bereichen Sport und Komos. Kennzeichnend für O. sind sorgfältig ausgeführte, lebhafte Einzelfiguren mit charakterist. Gesichtern, oft in Frontalansicht und mit heruntergezogenen Mundwinkeln. **Lit.:** J. Boardman, Rotfigurige Vasen aus Athen. Die archaische Zeit (⁴1994).

Onomarchos, phokäischer Feldherr und Politiker, bemächtigte sich 355 v. Chr. im sog. Heiligen Krieg der Tempelschätze von Delphi und rüstete mit ihrer Hilfe ein 20.000 Mann starkes Söldnerheer aus. Nach Siegen über Lokrer, Böoter und Kämpfen in Thessalien errang er eine führende Machtposition in Mittel- und Nordgriechenland. 352 unterlag er gegen Philipp II. von Makedonien und fiel in der Schlacht auf dem Krokosfeld. **Lit.:** J. Buckler, The Third Sacred War (1989).

Onomasti komodein (gr. »verspotten unter namentl. Nennung«), auffallende Besonderheit der Komödien des 5. Jh. v. Chr., stadtbekannte Persönlichkeiten wie Sokrates (Aristophanes, *Wolken*) auf der Bühne zu verspotten.

Onomastikon (gr., »Namensliste«). Die hellenist. Philologen (↗ Philologie) stellten zur Erklärung der klass. Literatur Namenslexika auf, insbes. zur Alten ↗ Komödie, in denen sie z. B. die Namen der verspotteten Personen (*Komodumenoi*) auflisteten.

Onomatopoiie, Begriff der Rhetorik, »Lautmalerei«.

Operation ↗ Chirurgie

Opfer, neben ↗ Gebet und ↗ Hymnos war das O. die Äußerungsform, um mit den Göttern zu kommunizieren, um sie gnädig zu stimmen und Unheil abzuwehren, um zu danken oder um etwas nach dem Prinzip *do, ut des* (»ich gebe, damit du gibst«) zu erlangen. Grundsätzlich wurde etwas geopfert, was dem Menschen lieb und teuer war, wobei jedoch immer mehr die Substitution üblich wurde. Sublimierte O. sind die Dithyramben und Dramen, die Dionysos dargebracht und deshalb in klass. Zeit nur einmal aufgeführt werden durften. – *I. Griechenland:* In Griechenland konnten O. von Privatleuten, z. B. anlässlich einer häusl. Feier

wie einer Hochzeit, von Gruppen oder der gesamten Polis dargebracht werden. Man opferte entweder selbst oder zog einen offiziellen Opferdiener (*mageiros*) (»Koch«), in den Heiligtümern den mit dem Ritus betrauten Priester, hinzu. Üblich waren unblutige O. (bes. von Feldfrüchten), O.-Spenden von Flüssigkeiten (Wasser, Milch und Honig und insbes. Wein) neben blutigen O.n. Menschenopfer können in Extremsituationen vorgekommen sein, sind aber nicht eindeutig bezeugt. Häufig waren Tier-O., zumeist von Nutztieren, selten O. von nach griech. Verständnis nicht essbaren Tieren (Hunde für Hekate). Die O.-Tiere mussten einwandfrei sein; den olymp. Göttern wurden weiße oder rötl., den unterird. Göttern und Heroen schwarze Tiere dargebracht. Das Geschlecht der O.-Tiere richtete sich in der Regel nach dem Gott, dem es dargebracht wurde (außer für Demeter und Gaia). Man unterschied zwischen Speise-O.n (*thysia*), bei denen die Götter am rituellen O.-Mahl anwesend gedacht waren, und Brand-O.n (*sphagia*), bei denen die O.-Gaben vollständig verbrannt wurden. – *II. Rom:* Das lat. Wort für O., *sacrificium*, bedeutet ›etwas dem profanen Bereich entziehen‹ (*sacrum facere*). Wie in Griechenland gab es unblutige O., bes. das von den Vestalinnen zubereitete gesalzene Mehl (*mola salsa*) und den Göttern geweihte Mahlzeiten, und blutige O., bes. von Rindern, Schafen und Schweinen, im Großen und Ganzen den griech. Riten entsprechend. Das Christentum lehnte den paganen O.-Kult radikal ab, da der Kreuzestod Jesu Christi als endgültiges O. angesehen wird; Leib und Blut Christi werden als das von der Kirche dargebrachte O. betrachtet. **Lit.:** W. Burkert, Homo necans (1972). – D. Hughes, Human Sacrifice in Ancient Greece (1994). – L. Bruit Zaidman/P. Schmitt Pantel, Die Religion der Griechen (1994) 30 ff.

Opheltes, Sohn des Lykurg von Nemea. Er wird von einer Schlange getötet, als ihn seine Amme Hypsipyle für einen Moment beiseite legt, um den ↗ Sieben gegen Theben den Weg zu einer Quelle zu zeigen. Seinen Tod wertet ↗ Amphiaraos als Vorzeichen für das Schicksal der Sieben. An dem feierl. Begräbnis finden zum erstenmal – so die aitiolog. Erklärung – die Nemeischen Spiele statt, Sportwettkämpfe und Pferderennen zu Ehren des Zeus (ab dem 6. Jh. bezeugt, ↗ Feste).

Ophiten (gr. ophis, »Schlange«), Gruppen der gnost. Schule, u. a. die Naassener, die die Schlange als Symbol der Erkenntnis verehrten und den Gott des Alten Testaments als Demiurgen (Schöpfer) ablehnen.

Opimius, Lucius O., Konsul 121 v. Chr., war im Dienste konservativer Senatskreise der Hauptgegner des C. Gracchus. In seiner Amtszeit erwirkte er die Verhängung des Notstands (*senatus consultum ultimum*), besetzte das Capitol und besiegte C. Gracchus und dessen Anhänger in schweren Straßenkämpfen. Viele seiner innenpolit. Gegner wurden ohne Gerichtsverfahren hingerichtet. 116 leitete er eine Gesandtschaft, die Thronstreitigkeiten in Numidien schlichten sollte, und starb nach 109 in Dyrrhachium. **Lit.:** Ch. Meier, Res publica amissa (³1997).

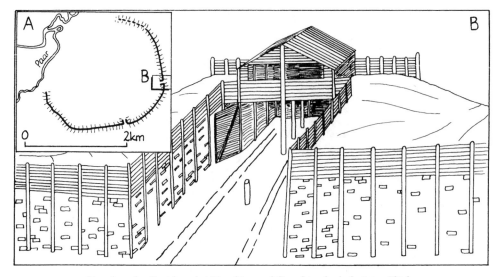

Toranlage des Oppidums bei Manching und Grundriss der befestigten Fläche

Opisthodom (gr.), hintere Halles des ↗ Tempels

Oppian (gr. Oppianos), griech. Autor, Ende 2. Jh. n. Chr., kilik. Verf. eines Lehrgedichts von 3.500 Versen über Meerestiere (*Halieutika*), das dem Kaiser Mark Aurel gewidmet ist; ein zweites späteres, dem Kaiser Caracalla gewidmetes Lehrgedicht über die Jagd (*Kynegetika*) wird von den byzantin. Quellen demselben O. zugeschrieben, obwohl der Autor Apameia in Syrien als seine Heimat angibt. **Lit.:** B. Effe, Dichtung und Lehre (1977) 137–153, 173–184.

Oppidum (lat., »Befestigung«), die mit Wall und Graben geschützte Fluchtburg oder stadtähnl. Siedlung. Oppida konnten Städte unterschiedlichster Rechtsstellungen sein. Seit Caesar wurde der Begriff O. auf die nichtröm. städt. Siedlungen in den Provinzen, hauptsächlich für die größeren Orte der kelt. Stammesgebiete angewandt. Bedeutende Oppida: Alesia, der »Heidengraben« bei Grabenstetten, Magdalensberg oder Manching. **Lit.:** F. Fischer, Der Heidengraben bei Grabenstetten (²1982).

Oppius, Gaius O., ein Angehöriger des Ritterstandes, war einer der engsten Vertrauten Caesars und fungierte – gemeinsam mit L. Cornelius Balbus – seit 54 v. Chr. als sein polit. Bevollmächtigter und Interessenvertreter in Rom. Während des Bürgerkrieges (49–45) diente er als Vermittler zum gegner. Lager (bekannt sind bes. seine Kontakte zu Cicero) und versuchte, einflussreiche Leute zum Anschluss an Caesar zu bewegen. Nach dessen Ermordung (44) schloss er sich Octavian an und starb spätestens um 30 v. Chr.

Opramoas, durch eine umfangreiche Inschrift aus Rhodiapolis in Lykien (Kleinasien) bekannter, sehr reicher Wohltäter (↗ Euergetes). **Lit.:** Ch. Kokkinia, Die O.-Inschrift von Rh. (2000).

Ops, röm. Schutzgöttin der Ernte, später der Fülle und des Reichtums überhaupt, als Rhea Gattin des Kronos.

Optik (gr. opsis, »das Sehen«). Wissenschaft der Antike, die sich mit der Erklärung der Lichtentstehung und der Seh- und Wahrnehmungsvorgänge befasste. Dazu gehörte auch die Lehre von der Lichtbrechung und der Reflexion (Katoptrik). Seitenzweige der O. waren außerdem die Vermessung mit Hilfe opt. Verfahren (Dioptrik, ↗ Dioptra) und die Wissenschaft von der perspektiv. Darstellung (Skenographie), relevant für die Herstellung von Bühnenbildern im Theater. Die O. war zu Zeiten Euklids um 300 v. Chr. bereits eine eingeführte Wissenschaft. Im Gegensatz zu heute war sie kein Teilgebiet der Physik, sondern der angewandten Mathematik oder der Philosophie. Alle Erkenntnisse wurden empirisch mit Hilfe von Naturbeobachtung und Experimenten gewonnen. Grundsätzl. Aussagen und Hypothesen wurden bes. zum Sehvorgang gemacht. Pythagoras von Samos, Aristoteles u. a. stellten die Theorie auf, dass das Auge Sehstrahlen aussendet, die von den Gegenständen reflektiert werden. Verschiedene Varianten dieser These waren im Umlauf, z. B. bei den Stoikern (Seh-Pneuma) und den Platonisten (Wechselwirkung mit der Emanation der Körper).

Optimaten (lat. optimates, »die Besten«) hießen in Rom die Angehörigen des traditionellen Senatsadels. In den polit. Auseinandersetzungen seit Ende des 2. Jh. v. Chr. wurden mit dem Begriff bes. diejenigen Politiker belegt, die im Gegensatz zu den ↗ Popularen ihre Interessen im engen Einvernehmen mit dem Senat bzw. der Senatsmehrheit durchzusetzen suchten. Sie wandten sich bes. gegen polit. Reformbestrebungen,

Orest tötet Ägisth mit
Hilfe von Chrysothemis

die den Status quo des röm. Verfassungsgefüges verändert hätten und wollten die Vormachtstellung der Nobilität (↗ Adel), der sie sich selbst zugehörig fühlten, ungebrochen erhalten. Sie waren aber keine polit. »Partei« im engeren Sinne und verfolgten kein konkret ausgestaltetes Programm. Als O. gelten u. a. Sulla, Cicero und – mit gewissen Einschränkungen – Pompeius.

Opus caementitium ↗ Mauertechnik

Orakel (lat. oraculum, »(Götter-)Spruch«), verbindl. Aussage eines Gottes, meist als offizielle Antwort auf eine rituelle Anfrage einer Privatperson oder des Staates. O. waren in der Antike von höchster Bedeutung, bes. für die Griechen, die über keine heiligen Bücher verfügten, die, wie etwa die Bibel, der religiösen Unterweisung dienten. Die berühmtesten griech. Orakelstätten, die man ebenfalls O. nennt, waren ↗ Delphi, das des Zeus in ↗ Dodona, das als das älteste gilt, ↗ Delos und ↗ Olympia; aber auch in der freien Natur, am Rauschen der Bäume, aus Quellen oder der Sternkonstellation glaubte man das göttl. Walten zu vernehmen. O. waren an bestimmte Zeiten gebunden; der Fragende musste feste Riten (z.B. Reinigung durch Fasten, offizielle Kleidung, festgelegte Fragestellungen und Spenden) einhalten, um eine – nicht

immer eindeutige – Antwort zu erhalten. – Die Römer suchten göttl. Antwort z. B. durch Lose (*sortes*), beschriftete Tontäfelchen, die man mischte und zog, und durch die ↗ Sibyllin. O. Ansonsten war der röm. O.-Glaube nicht mit dem der Griechen vergleichbar; die O.-Funktion übernahmen die ↗ Haruspices und ↗ Auguren mit Eingeweide- oder Vogelschauen (*haruspicium, augurium, auspicium*). Lit.: H. W. Parke, Greek Oracles (1967).

Orcades insulae (heute Orkney-Inseln), Inselgruppe im N von Kaledonien (heute Schottland). Die von Pomponius Mela, Plinius d.Ä., Tacitus und Ptolemaios erwähnten Inseln sind mit der Eroberung ↗ Britanniens unter Claudius an Rom gefallen. Jedoch konnte sich eine röm. Herrschaft weder im N Schottlands noch auf den O. etablieren.

Orchestra (gr., »Tanzplatz«), Raum im griech. und röm. ↗ Theater, der, zwischen Bühnenhaus und der ersten Sitzreihe des Zuschauerraumes (Prohedrie) gelegen, dem feierl. Reigentanz des Chores diente. Hier war auch in der Mitte der Altar für Dionysos (Thymele) aufgestellt. Die O. verlor in röm. Zeit an Bedeutung und wurde zum Sitzplatz für Ehrengäste und Amtsträger (z. B. Senatoren).

Orchomenos, alte Stadt im Kopaisbecken in Böotien. Das seit dem Neolithikum besiedelte O. hatte seine Blüte in der griech. Frühzeit. Das große myken. Kuppelgrab (14. Jh. v. Chr.) von O., literar. Nachrichten (Homer, Strabon, Pausanias) vom Reich des sagenhaften Stammes der ↗ Minyer, dessen Zentrum O. war, sowie Keramikfunde sind zahlreich. Das Anwachsen des ↗ Kopais-Sees im 2. Jt. verkleinerte das Territorium von O. erheblich. Im 5. Jh. v. Chr. war O. neben ↗ Theben die bedeutendste Stadt Böotiens; nach schweren Konflikten zerstörte 364/63 die Rivalin Theben die Stadt, die erst unter ↗ Philipp II. von Makedonien wieder aufgebaut wurde. 335 mit der Zerstörung Thebens wurde O. Hauptort Böotiens, verlor aber bald an Bedeutung. In röm. Zeit war die Siedlung bereits weitgehend aufgegeben. **Lit.:** GLHS (1989) 492–494.

Orcus ↗ Unterwelt

Oreaden, Bergnymphen.

Oreibasia (gr., »Gang ins Gebirge«), Teil des Dionysoskults. Die Mänaden schwärmen in Ekstase in die Wälder, wo sie Tiere zerreißen (*sparagmos*) und das Fleisch roh verzehren (*omophagia*). Euripides macht diese Riten zur Grundlage seiner *Bakchen*.

Oreibasios (lat. Oribasius), griech. Mediziner, ca. 320–400 n. Chr., Leibarzt von Kaiser Julian, Verf. medizin. Handbücher, in denen er die Werke seiner Vorgänger, bes. Galens, zusammenfasste.

Oreithyia, Tochter des Erechtheus von Athen. Sie wird vom Windgott Boreas nach Thrakien entführt und zur Heirat gezwungen. Von ihm wird sie Mutter u. a. der Zwillinge Kalaïs und Zetes. Ihr Versuch, sich an Theseus für die Entführung ihrer Schwester ↗ Antiope zu rächen, scheitert.

Orest (gr. Orestes), Sohn des Agamemnon und der Klytämnestra. O.s Mutter ermordet gemeinsam mit ihrem Geliebten Ägisth ihren Gatten; O. wird von seiner Schwester Elektra (1) in Sicherheit gebracht. Später rächt O. den Tod seines Vaters: Er erschlägt Ägisth und – auf Anraten des delph. Orakels – auch seine Mutter. Er wird deshalb von den ↗ Erinyen verfolgt und verfällt dem Wahnsinn. In Athen wird er, verteidigt von Apollon, vom ↗ Areopag von seiner Schuld freigesprochen. Nach Euripides wird er mit der Hilfe seiner Schwester ↗ Iphigenie bei den Taurern durch den Raub eines alten Artemiskultbildes erlöst. O. heiratet die Menelaos-Tochter Hermione und wird später König von Mykene, Argos und Sparta. Der O.-Stoff ist in der Version aller drei Tragiker erhalten. Im Zentrum der Bearbeitungen steht O.s Verhältnis zu seiner Tat und die Art und Weise, wie er nach dieser weiterleben kann.

Orgel (gr. hydraulis, lat. organum). Ktesibios entwickelte im 3. Jh. v. Chr. ein mechanisch betriebenes Blasinstrument, das mit etwa 50 Pfeifen und mehreren Registern einen Tonumfang von 3–4 Oktaven erreichen konnte und das als Vorläufer moderner Orgeln zu gelten hat, die prinzipiell den antiken Vorbildern im Aufbau gleichen. Betrieben wurde das Gerät mit Wasserkraft, die mit Kolbenpumpen Luft in die Pfeifen drückte (Wasserorgel), auch Blasebalgbetrieb ist belegt. Unklar bleibt, aus welchem Material die Pfeifen

gefertigt waren (Metall, Holz oder Ton); die archäolog. Reste antiker O.n aus Pompeji und Aquincum geben darüber keinen Aufschluss. Neben bildl. Darstellungen (z. B. Mosaik von Nennig) geben bes. die Beschreibungen bei Heron von Alexandria und Vitruv Aufschluss über Aufbau und Funktion des Instruments. Verwendung fand die O. im Theater sowie in Privathäusern, in der christl. Kirchenmusik fand die O. frühestens in karoling. Zeit Verwendung. **Lit.:** H. Degering, Die O. (1905).

Orgetorix, führender Politiker der kelt. Helvetier, veranlasste diese 61 v. Chr., ihre angestammten Wohnsitze zu verlassen und nach einer neuen Heimat am Atlantik Ausschau zu halten. Durch Verträge mit anderen gall. Volksstämmen (Sequaner, Häduer) bereitete er den Plan sorgfältig vor, starb aber noch vor seiner Verwirklichung (60).

Orgia, nächtl. Feier mit geheimen Riten zu Ehren der Demeter und des Dionysos.

Orient (lat. oriens, »aufgehende Sonne«, »Osten«, vgl. gr. anatole, »Aufgang«, daher Anatolien), Bezeichnung für Vorderasien aus der Sicht der griech.-röm. Mittelmeerwelt. Herodot betonte in seinem Geschichtswerk den Dualismus zwischen Asien und Europa, Barbaren und Hellenen, geprägt vom militär. Konflikt der ↗ Perserkriege. Jedoch bestanden auch seit der Bronzezeit verbindende Elemente (Ägäische Koine, ↗ Ägäis). Der Zug Alexanders d.Gr. und die Eroberung des Perserreiches bedeutete die Einbeziehung des O.s in die hellenist. Welt. Die Kultur des O.s beeinflusste die hellenist. wie die röm. Kultur (oriental. Götter wie Isis, Mithras; Mathematik, Astronomie, Astrologie, Medizin u. a.).

Origenes (1) (gr. Origenes), griech. Theologe, 184/85–254/55 n. Chr. Durch die Synthese christl.

Orgelpfeifer und Hornbläser,
Fußbodenmosaik aus Nennig

und platon. Gedanken und die Begründung einer systemat. Theologie prägte O. die Entwicklung der Theologie entscheidend. Seine Schriften wurden durch die lat. Übersetzungen des Hieronymus und Rufinus auch im Westen bekannt. Bedeutend ist die nur fragmentarisch erhaltene *Hexapla (Sechsfach)*, in der O. in sechs Spalten dem hebr. Text des Alten Testaments verschiedene griech. Übersetzungen gegenüberstellte. Einzig erhaltene Schrift ist *Gegen Celsus,* in der O. gegen den mittelplaton. Philosophen die christl. Lehre verteidigt. Da seine Lehre in der Folge als nicht orthodox verurteilt wurde, ist sein 2.000 Schriften umfassendes Werk fast nur fragmentarisch erhalten oder verloren. **Lit.:** M. Berner, O. (1981).

Origenes (2) (gr. Origenes), griech. Philosoph, 3. Jh. n. Chr. Die Identität mit O. (1) gilt inzwischen als widerlegt. O. (2) war wie O. (1) der Schüler des Ammonios Sakkas und verfasste zwei (verlorene) Traktate: *Über die Dämonen* und *Dass der einzige Schöpfer der König ist.* **Lit.:** K.-O. Weber, O. der Neuplatoniker (1962). – H. Chadwick, Early Christian Thought and the Classical Tradition (1966).

Origo (lat., »Ursprung«, »Abstammung«) bezeichnet ursprünglich die geograph. oder stammesbezogene Herkunft von Personen und drückt die anhaltende Bindung an ihr Heimatgebiet aus. Unter dem Einfluss röm. Verwaltungsjuristen erhielt der Begriff in der mittleren Kaiserzeit über seine allgemeine Bedeutung hinaus auch eine verwaltungsrechtl. Komponente. Im Zuge der Reformen des Septimius Severus (193–211 n. Chr.) entwickelte sich das *ius originis,* das die Übernahme von Ehrenämtern und Dienstpflichten (*munera*) in den Städten des röm. Reiches regelte und die Bürger auch rechtlich an ihre Heimatgemeinde band. Die entsprechende O. erwarb man durch Geburt, Adoption, Freilassung oder Verleihung. Die dadurch entstehenden Pflichten verstärkten sich im Laufe der Zeit immer mehr und führten in der Spätantike zur Einschränkung der Freizügigkeit.

Orion, ein schöner, riesiger Jäger, Sohn Poseidons und der Euryale. Er vergewaltigt Merope und wird von ihrem Vater Oinopion zur Strafe geblendet. Auf den Rat eines Orakels geht er nach O, wo er von Helios seine Sehkraft zurückerhält. Er wird durch Artemis' Pfeil getötet und als Sternbild an den Himmel versetzt.

Ornamenta, die äußeren Ehrenprivilegien und Abzeichen, die einer einzelnen Person oder einer bestimmten gesellschaftl. Gruppe vom Senat oder dem Kaiser zuerkannt wurden. In der Republik eher selten, nahm die Gewährung von O. seit Beginn des ⁊Prinzipats deutlich zu. Zu den wichtigsten Formen gehörte u. a. die Verleihung des Rechts, Rangabzeichen von Magistraten zu tragen, ohne selbst einer zu sein (quästor., ädil., prätor. und konsular. O.). Verdiente Feldherrn erhielten in der Kaiserzeit *ornamenta triumphalia,* da der ⁊Triumph im engeren Sinne nur noch dem Kaiser selbst und seinen Familienangehörigen zustand. Auch auf lokaler Ebene wurden O. verliehen und berechtigten zum Tragen der Insignien eines Ratsherrn (*o. decurionalia*) oder eines Bürgermeisters (*o. duumviralia*).

Orpheus (Vase des 5. Jh. v. Chr. aus Gela, Sizilien)

Orontes (heute Nahr-el-assi), längster Fluss Syriens. Der bei ⁊Baalbek entspringende O. floss zwischen Libanon und Antilibanon nach N, passierte dabei Emesa, ⁊Antiochia und mündete südl. von Seleukeia ins Mittelmeer. Zwischen Mittelmeer und der syr. Metropole Antiochia war der O. auch schiffbar.

Oropos, Küstenstadt im NW Attikas. Zu der ⁊Eretria auf Euböa gegenüberliegende Stadt gehörte ein bedeutendes Orakelheiligtum, das Amphiareion (⁊Amphiaraos), einige Kilometer von den bescheidenen Resten der antiken Stadt O. entfernt. Eine etwa 110 m lange Halle diente den Besuchern des Orakels als Ort für den Tempelschlaf. Sehenswerte Reste eines hellenist.-röm. Theaters mit Nebengebäuden sind erhalten. **Lit.:** J. Travlos, Bildlexikon zur Topographie des antiken Attika (1988). – GLHS (1989) 496f.

Orosius aus Braga (Portugal) 4./5. Jh. n. Chr. O. verfasste ein Memorandum (*Commonitorium*) gegen theolog. Irrmeinungen des Priscillian und Origenes, das er 414 Augustinus überreichte. Ferner schrieb O. sieben Bücher gegen die Pelagianer (*Liber apologeticus contra Pelagianos*) und auf Augustins Empfehlung die erste christl. Universalgeschichte (*Historiarum adversus paganos libri VII*) von der Schöpfung bis ins Jahr 417 n. Chr. als eine Antwort auf das heidn. Argument, das Christentum habe den Untergang Roms verursacht. **Lit.:** LACL (³2003).

Orpheus (gr. Orpheus), berühmter Sänger und Dichter, Sohn des Oiagros und der Kalliope, Anhänger des Dionysos. Mit seinem Gesang zähmt er sogar wilde Tiere und rührt hartherzige Menschen. Er nimmt an der Fahrt der ⁊Argonauten teil; in einem in griech. Sprache verfassten kaiserzeitl. Werk, den *Argonautica Orphica*, schildert O. diese Fahrt, bei der er mit seinem Gesang die lockenden Rufe der Sirenen übertönt und das das ⁊ Goldene Vlies bewachende Ungeheuer in den Schlaf singt. Daneben gilt er als Begründer der orph. Lehre vom Seelenheil (⁊ Orph. Dichtung). Als seine Frau Eurydike durch einen Schlangenbiss stirbt, zieht O. in die Unterwelt, um sie zurückzuholen. Dort betört er Charon, Kerberos und die Totenrichter mit seinem Gesang und erhält Eurydike zurück. Da er sich jedoch auf dem Rückweg zu den Lebenden nach ihr umdreht, bricht er die Vereinbarung und verliert sie für immer an die Toten. Nach Aischylos (*Bassariden*) wendet sich O. später vom Dionysoskult ab und wird von den Mänaden zerrissen; nach einer anderen Überlieferung zerreißen ihn die thrak. Frauen, weil er zum Frauenhasser geworden ist. Sein Kopf treibt zur Insel Lesbos, seine Leiche wird von den Musen bestattet. In der literar. Tradition wird O. zum Sinnbild der Kraft der Musik. **Lit.:** J. Warden (Hg.), O. (1982). – W. Storch (Hg.), Mythos O. (1997).

Orphik, eine auf den myth. Sänger Orpheus zurückgeführte Geheimlehre, die sich im 6. Jh. v. Chr. von Thrakien aus über Griechenland, Süditalien und Kleinasien verbreitete. Sie enthält dionys. und myst. Elemente und Gedanken aus verschiedenen philosoph. Richtungen, bes. aus der pythagoreischen. Die sich an Hesiods *Theogonie* anlehnende, mythisch ausgestaltete orph. Kosmogonie enthält auch eine Schöpfungsgeschichte des Menschen (Anthropogonie). Danach sind die Menschen aus dem Rauch der verbrennenden Titanen entstanden, die Zeus mit einem Blitz vernichtet hat, nachdem sie Dionysos zerrissen und von seinem Fleisch gegessen hatten. Neu ist die Vorstellung von der Entstehung der Welt aus einem Ei, dem der zweigeschlechtl. Schöpfergott Phanes entschlüpft, der (in Anlehnung an den Mythos von ⁊ Metis) von Zeus verschluckt wird. In zwei anderen Versionen gilt die nicht alternde Zeit, Chronos ageraos, bzw. die Nacht, Nyx, als Urprinzip. Über die orph. Lehre berichtet bes. Platon (*Staat* 2, 363c ff.; *Kratylos* 400c). Danach sei der menschl. Körper die Bestrafung der in ihm gefangenen Seele. Um Buße zu tun und die Seele zu befreien, opferten die Anhänger nach den Vorschriften des Musaios und des Orpheus. Sühne und Reinigung könne durch Einhaltung der Vorschriften, zu denen z. B. das Verbot des Fleischgenusses zählten, schon zu Lebzeiten und auch nach dem Tode erlangt werden. Diejenigen, die die Opfervorschriften nicht einhielten, müssten im Schlamm in der Unterwelt auf ewig Wasser in einem löchrigen Gefäß tragen, die Frommen hingegen hätten ein Symposion im Hades im Zustand ewiger Trunkenheit zu erwarten. Mit der Vorstellung von einem Leben im Jenseits ist die aus den ⁊ Mysterien bekannte Lehre einer Seelenwanderung verbunden. **Lit.:** M. P. Nilsson, Geschichte der griech. Religion (1941) 642–662.

Orphische Dichtung, umfangreiche pseudepigraph. Literatur, die dem myth. Sänger Orpheus zugeschrieben wird (⁊ Pseudepigraphon). Bes. neuplaton. Autoren zitieren einzelne Verse des ›Orpheus‹, dazu kommen eine Sammlung von 87 Hymnen und ein umfangreicher neuerer Papyrus aus Derveni in Makedonien (bekannt seit 1962). Die frühesten Texte stammen aus dem 5. Jh. v. Chr. Der Hauptteil der orph. Literatur enthält Theogonien, die auf Hesiod zurückgehen, jedoch weiteres, bes. vorderoriental. Material, einbeziehen. Ein Goldblättchen aus Thessalien mit orph. Texten bezeugt die enge Beziehung der Gattung zum dionys. Mysterienkult. Neben dionys. Elementen finden sich eschatolog. Gedanken und Hinweise auf die Eleusin. Mysterien. Der Einfluss der Pythagoreer ist enorm; so soll nach Ion von Chios Pythagoras selbst unter Orpheus' Namen Gedichte in Umlauf gebracht haben. Die Hymnen scheinen der rituellen Praxis zu entstammen; im Mittelpunkt steht Dionysos. In den *Orph. Argonautika* wird die Argonauten-Sage aus orph. Perspektive erzählt, die *Lithika* behandeln die in den Steinen verborgenen Kräfte. **Lit.:** M. L. West, The Orphic Poems (1983).

Orthos (oder **Orthros**), monströser, zweiköpfiger Hund, von ⁊ Echidna und ⁊ Typhon gezeugt, der die Rinder des ⁊ Geryoneus bewacht, von Herakles erschlagen.

Ortygia (1), im griech. Mythos Titanin, Gattin des Perses und Mutter der Hekate. Auf ihrer Flucht vor Zeus verwandelt sie sich in eine Wachtel und springt ins Meer. An dieser Stelle entsteht die Insel Ortygia (von gr. *ortyx,* »Wachtel«), die man später ⁊ Delos nennt.

Ortygia (2), eine kleine Insel vor Syrakus, wohin sich die Nymphe Arethusa vor den Nachstellungen des Flussgottes Alpheios flüchtet; dort wird sie von Artemis in eine Quelle verwandelt, mit der sich die Wasser des Alpheios vermengt.

Oschophoria (gr., »Traubenträgerfest«), att. Erntedank- und Weinlesefest im Frühherbst, auch Pyanopsia genannt. Höhepunkt im kult. Festspiele war eine Prozession vom Dionysostempel in Athen zum Kultbild der Athena Skiras in Phaleron, geführt von zwei Traubenträgern (*oschophoroi*) und Speiseträgerinnen (*deipnophoroi*) mit Tänzen, Wettkampf und Bankett. Die Verbindung zum Dionysos-Kult wird vielfach bezweifelt; vielleicht besteht ein Zusammenhang mit der Sage von Theseus und dem kret. Tribut.

Osiris, ägypt. Hauptgott, Sonnen- und Mondgott, Herrscher über den Nil, das Symbol der jährl. Trockenheit und der Überschwemmung und damit Gott der Erde und der Vegetation, später Totengott mit Hauptkult in Abydos. O. wird von seinem Bruder Seth getötet und seine Gebeine über das Land gestreut; seine Frau und Schwester ⁊ Isis sammelt sie ein und erweckt O. wieder zum Leben. Mit ihm zeugt sie ⁊ Horus, der seinen Vater rächt. O. wurde in Griechenland mit Dionysos gleichgesetzt. Neben Isis wurde er, bes. in Rom, kultisch verehrt.

Osker (lat. Osci), Stamm der Italiker in Süditalien, der osk.-umbr. Sprachfamilie zugehörend. Die mit den ⁊ Samniten verwandten O. bewohnten bes. ⁊ Kampanien, wo sie von der griech. Stadtkultur beeinflusst

wurden. Um 500 v. Chr. wurden die O. von den Etruskern unterworfen, später von den Römern. Die Kultur
der O. lebte bes. in der osk. Sprache bis in die Kaiserzeit fort. **Lit.:** M. Pallottino, Italien vor der Römerzeit
(1987).

Oskisch, bereits im Altertum ausgestorbener
Zweig der ital. indoeuropäischen Sprachen, der eng
mit dem ↗ Latein. verwandt ist. O. ist durch ca. 400 Inschriften dokumentiert. **Lit.:** E. Vetter, Handbuch der
ital. Dialekte (1953).

Osroëne, Landschaft im NW ↗ Mesopotamiens
zwischen Euphrat und Chaboras. Im 2. Jh. v. Chr. löste
sich O. unter der Dynastie der Abgariden als selbständiges Königreich mit Hauptstadt Edessa vom Seleukidenreich ab, fiel aber später unter parth. bzw. sasanid.
Herrschaft.

Ossa (heute Kissavos), Gebirgszug in Nordgriechenland. Das Gebirge liegt, vom Tempetal getrennt,
dem Olymp gegenüber und bildete mit diesem und
dem Pelion die Gebirgskette, die die thessal. Ebene
von der Ägäis trennte.

Ossius, Bischof von Córdoba seit 300, Opfer der
Christenverfolgung unter ↗ Diokletian, dann Berater
↗ Konstantins d.Gr. **Lit.:** LACL (³2002), 537–538.

Ostgoten, ostgerman. Volksstamm, seit dem 3. Jh.
n. Chr. von den ↗ Westgoten getrennt. Ihr Siedlungsgebiet in der südukrain. Ebene wurde um 375 von den
↗ Hunnen überrannt, in deren Abhängigkeit sie gerieten. Nach dem Tode ↗ Attilas (453) wieder frei, wechselten sie z. T. auf (ost-) röm. Reichsgebiet über und
siedelten als Föderaten in ↗ Pannonien. Da sie dort einen ständigen Unruheherd bildeten, veranlasste Kaiser
↗ Zenon 488 ihren König ↗ Theoderich, mit seinem
Volk nach Italien abzuwandern und dort die Herrschaft ↗ Odoakers zu stürzen. Nach seinem endgültigen Sieg (493) regierte Theoderich Italien und die
angrenzenden Gebiete formal im Auftrag des Kaisers,
de facto aber als unabhängiger Herrscher. Das Ostgo-
tenreich, das die inneren Strukturen Italiens weitgehend unangetastet ließ, zählte zu den bedeutendsten
german. Nachfolgestaaten der Spätantike. 507 griffen
die O. auch als Ordnungsfaktor in die Kämpfe zwischen Franken und Westgoten ein. Nach dem Tode
Theoderichs (526) gerieten die O. in Konflikt mit Kaiser ↗ Justinian, der danach strebte, das röm. Reich zu
erneuern. Im Krieg, der 535 ausbrach, errangen die
byzantin. Truppen unter ↗ Belisar zunächst einen raschen Sieg und konnten bis 540 die Hauptstadt der O.,
Ravenna, erobern und König Witigis gefangennehmen. Dennoch gelang es ↗ Totila (541–552) das Reich
in schweren Kämpfen wiederherzustellen, doch unterlag er 552 dem byzantin. Feldherrn Narses. Die letzten
ostgot. Truppen unter Teja wurden 553 bei Neapel vernichtet. – Der Roman *Ein Kampf um Rom* von F. Dahn
(1876) stellt wohl die populärste literar. Bearbeitung
der Geschichte der O. dar. **Lit.:** P. Scardigli, Die Goten, Sprache und Kultur (1973). – H. Wolfram, Die
Goten (³1990) 249–360.

Ostia (lat. os, »Mündung«), Hafenstadt an der Ti-
bermündung westl. von Rom. Der Haupthafen Roms,
in der Kaiserzeit auch Flottenstation, wurde im 4. Jh. v.
Chr. als Colonia gegründete und war bis zu seiner Verlandung und bis zur Aufgabe der Siedlung aufs engste
mit der Geschichte Roms verbunden. Die Bewohner
von O. waren vom Kriegsdienst befreit, im Bürgerkrieg wurde O. 87 v. Chr. von den Truppen des ↗ Marius geplündert. Einen großen Aufschwung erlebte die
Hafenstadt in der Kaiserzeit; ↗ Claudius und ↗ Trajan
ließen die Hafenanlagen ausbauen, ca. 100.000 Einwohner zählte O. in seiner Blütezeit im 2. Jh. n. Chr.;
erst in konstantin. Zeit verlor O. an Bedeutung, da es
die Stadtrechte an das nahe Porto abtreten musste und
der Hafen unbrauchbar wurde. – Die im 19. Jh. aufgenommenen Ausgrabungen lieferten das anschaul. Bild
einer ital. Stadt der hohen Kaiserzeit und ergänzten so
die in Pompeji gewonnenen Erkenntnisse. Gefunden
wurden bei den großflächigen Ausgrabungen u. a. das
Forum mit seinen öffentl. Bauten, Thermen, Märkte,
Geschäftshäuser, Villenanlagen und Mietshäuser. Die
nahegelegene Isola sacra gehört zu den interessantes-
ten röm. Nekropolen Italiens. **Lit.:** R. Meiggs, Roman
O. (1973). – H. A. Stützer, Das antike Rom (1979). –
ASM (1999).

Ostrakismós (gr., »Scherbengericht«), eine Einrichtung im polit. System Athens zur Verbannung von
Personen, die im Verdacht standen, nach der Errichtung einer ↗ Tyrannis zu streben. Der O. wurde möglicherweise durch die Reformen des ↗ Kleisthenes
(508/07 v. Chr.) eingeführt und 488/87 zum erstenmal
praktiziert. Jedes Jahr wurde an die ↗ Volksversammlung die Frage gerichtet, ob ein O. durchgeführt werden solle. Ging die Abstimmung positiv aus, schrieb
jeder teilnehmende Bürger in geheimer Wahl den Na-

Ostraka aus Athen (5. Jh. v. Chr.)

men eines bestimmten Mannes, der seiner Meinung nach verbannt werden sollte, auf eine Tonscherbe (*ostrakon*). Diejenige Person, die die Stimmenmehrheit erzielte, wurde ostrakisiert. Sie behielt ihr Vermögen und ihre gesellschaftl. Stellung, musste aber Athen für zehn Jahre verlassen und war dadurch politisch kaltgestellt. Zur Gültigkeit einer solchen Maßnahme scheint ein Quorum von 6.000 Stimmen nötig gewesen zu sein. Dabei ist jedoch unklar, ob sich so viele Bürger an der Abstimmung beteiligen mussten oder ob dadurch eine Mindestzahl an Bürgern vorgegeben war, die die Verbannung eines bestimmten Mannes befürworten mussten. Im Laufe der Zeit wurde der O. immer mehr eingesetzt, um innenpolit. Gegner zu bekämpfen. Prominente Opfer dieser Maßnahme waren u. a. ⟋ Aristeides und ⟋ Kimon. Da der Missbrauch im Verlauf des 5. Jh. immer gravierender wurde und mit dem ursprüngl. Ziel nichts mehr zu tun hatte, kam man allmählich von dieser Praxis ab. Der letzte O. fand 418/17 statt, danach wurde diese Einrichtung nicht mehr in Anspruch genommen. **Lit.:** R. Thomsen, The Origin of Ostracism (1972).

Ostsee (Mare Suebicum). Trotz des traditionellen Bernsteinhandels zwischen den Ostsee-Anwohnern und der Mittelmeerwelt über den Landweg blieben die geograph. Vorstellungen von diesem Raum lange vage; so galt der Ostseeraum als zu Skythien gehörend. Erst die Expedition des ⟋ Pytheas brachte genauere Nachrichten von der Nordsee und erste Berichte von der Bernsteininsel Basileia in der Ostsee. Im Jahre 4/5 n. Chr. umschiffte die Flottenexpedition des Tiberius Jütland teilweise und drang somit erstmals auf dem Seeweg in die Ostsee ein. Nachrichten über die Völkerschaften im Ostseeraum liefern u. a. Pomponius Mela, Plinius d. Ä., Ptolemaios und Jordanes.

Otacilius, Manlius O. Crassus, Konsul 263, errang zu Beginn des 1. Pun. Krieges einige Erfolge gegen die Karthager, die Hieron II. von Syrakus zum Übertritt auf die röm. Seite veranlassten.

Otho, Marcus Salvius O.; Imp. Marcus O. Caesar Augustus, röm. Kaiser 15. Jan. – 16. April 69 n. Chr.; geb. am 28. April 32 als Sohn des L. Salvius Otho und der Albia Terentia; ca. 57 Quästor, 58/59–68 Statthalter der Provinz Lusitania; O. unterstützte zunächst die gegen Nero gerichtete Erhebung des Galba; da dieser ihn aber bei der Nachfolgeregelung nicht berücksichtigte, ließ er ihn am 15. Januar 69 ermorden und sich selbst zum Kaiser ausrufen; am 14. März 69 verließ O. Rom und zog gegen seinen Rivalen Vitellius, unterlag ihm aber am 14. April in der Schlacht von Bedriacum (bei Cremona) und beging kurz darauf (16. April?) Selbstmord. **Lit.:** E. P. Nicolas, De Néron à Vespasien (1979). – Ch.L. Murison, Galba, O. und Vitellius (1993).

Othrys, Gebirgszug in Achaia Phthiotis (Mittelgriechenland). Der vom Pindusgebirge im W zum Pegasäischen Golf im O verlaufende Gebirgszug erschwerte den Zugang zum nördl. gelegene Thessalien. Die Hauptverbindungslinien über den O. waren im W der Furkapass sowie die Küstenstraße im O.

Otos ⟋ Aloaden

Ovatio, der sog. kleine Triumph, wurde vom Senat genehmigt, wenn die Voraussetzungen für einen echten ⟋ Triumph nicht gegeben waren, eine militär. Leistung aber dennoch belohnt werden sollte. In der Praxis stellte die O. oftmals einen Kompromiss dar, wenn die Ansprüche eines Feldherrn auf polit. Widerstände stießen. Im Gegensatz zum Triumph zog der Heerführer bei der O. nicht im Wagen, sondern zu Fuß oder zu Pferd zum Kapitol, er trug kein Triumphgewand und Szepter, und er war mit Myrte statt mit Lorbeer bekränzt. **Lit.:** H. S. Versnel, Triumphus (1970).

Ovid, Publius Ovidius Naso, aus Sulmo (Abruzzen), röm. Dichter, 43 v. Chr.–17 n. Chr. O., der jüngste der röm. Elegiker entstammte dem Ritterstand. Er zog der ihm vom Vater bestimmten Senatorenlaufbahn den Dichterberuf vor. 8 n. Chr. wurde er von Augustus aus nicht mehr zu rekonstruierenden Gründen – möglicherweise war er Mitwisser bei einem Ehebruchskandal am kaiserl. Hof – nach ⟋ Tomi (heute Constanza, Rumänien) am Schwarzen Meer verbannt, wo er 17 n. Chr. starb. – Am Beginn von Ovids literar. Schaffen stehen drei Bücher Liebeselegien, *Amores* (von O. selbst vorgenommene Auswahl aus ursprünglich fünf Büchern, ⟋ Elegie). Seine Themenwahl begründete O. künstlerisch: Amor habe seinen Versen einen Fuß gestohlen und so den Hexameter zum eleg. Distichon und O. zum Liebesdichter gemacht. Die *Heroides* sind fiktive Briefe verlassener Heroinen an ihre Liebhaber oder Ehemänner. O. rühmt sich selbst, dadurch eine neue Gattung geschaffen zu haben. In ihr mischen sich Elemente des Epos, der Tragödie, der Elegie, des Briefs. Mit der *Ars amatoria* (*Liebeskunst*) schuf O. ein parodist. ⟋ Lehrgedicht in drei Büchern, eine Anleitung zur Liebe für Männer und Frauen. Ratschläge zur Befreiung vom Joch der Liebe finden sich in den *Remedia amoris* (*Heilmittel von der Liebe*). Eine kleinere, nicht komplett erhaltene Schrift, die *Medicamina faciei femineae* (*Über Kosmetik*), ist weibl. Schönheit gewidmet. Die 15 Bücher ⟋ *Metamorphosen* (*Verwandlungen*) im daktyl. Hexameter haben die nachhaltigste Wirkung entfaltet. Sie sind eine Aneinanderreihung von Verwandlungssagen und vereinen die Traditionen der erzählenden Heldenepos und des erklärenden Sachepos. Gleichzeitig kann man sie als den Versuch verstehen, den alexandrin.-neoter. Anspruch der kleinen Form mit der Großform des Epos zu versöhnen, da O. im Rahmen des *carmen perpetuum*, des Großepos, durch eine Vielzahl narrativer Techniken Kleinepen, Epyllia, verbindet. Die große Bedeutung der Liebesthematik rückt das Gedicht in die Nähe der eleg. Poesie. Im MA wurden die *Metamorphosen* als mytholog. Handbuch gelesen; sie haben die bildende Kunst und die Literatur bis in die Gegenwart (Ch. Ransmayr, *Die letzte Welt* 1988) beeinflusst. Die *Fasten* sind ein in der Tradition von Kallimachos' *Aitia* (*Ursprungssagen*) stehendes Gedicht in eleg. Distichen über den röm. Festtagskalender und die röm. Religion. In der Verbannung schrieb Ovid in eleg. Distichen die autobiographisch geprägten *Tri-*

stien (Trauergedichte) und *Epistulae ex Ponto (Briefe vom Schwarzen Meer)*. Indirekt verfolgte er damit seine Rückberufung nach Rom. Diesem Ziel diente auch die Umwidmung der *Fasten* an ↗ Germanicus. Der gewünschte Erfolg blieb O. jedoch versagt. Kleinere Gedichte, darunter auch solche in get. Sprache, sind mit Ausnahme des an Kallimachos angelehnten Schmähgedichts *Ibis* und die in ihrer Echtheit umstrittenen fragmentarisch gebliebenen *Halieutica*, eines Gedichts über den Fischfang, verloren. Schmerzlich ist der Untergang einer *Medea*-Tragödie, deren Qualität Quintilian ausdrücklich lobt. – Mit O. erreicht der Manierismus eine erste Blüte in Rom. O. pflegte die hellenist. Maxime der gelehrten, künstler. ausgefeilten Dichtung. Er huldigte dem Grundsatz des l'art pour l'art, seine Dichtung ist nicht ›welthaltig‹. Insofern war er der unideologischste und ›unaugusteischste‹ der augusteischen Dichter. O.s künstler. Virtuosität ließ selbst das MA über die teilweise lasziven Inhalte hinwegsehen und machte ihn zu einem der wirkungsmächtigsten antiken Dichter. Seine Modernität liegt in der psycholog. Ausleuchtung der Charaktere und der Auseinandersetzung mit dem Problem von Identität und Ich-Spaltung. **Lit.:** H. Fränkel, O., ein Dichter zwischen zwei Welten (1970) [engl. Orig. 1945] – M. Giebel, O. (1991). – M. Picone/B. Zimmermann (Hg.), Ovidius redivivus (1994). – N. Holzberg, O. (³2005).

Ovilavis (auch: Ovilava), röm. Stadt in ↗ Noricum am Traun-Übergang in Oberösterreich, unter Kaiser ↗ Hadrian zum *municipium*, unter ↗ Caracalla *colonia Aurelia Antoniniana* erhoben; heute Wels. **Lit.:** R. Miglbauer, in: Ostbairische Grenzmarken 11 (1995) 59–70.

Oxos (heute Amu-Darja), Fluss in Baktrien. Der im Pamir-Gebirge entspringende Fluss durchquerte Baktrien und mündete in den heutigen Aralsee. In der Antike führte der O. auch dem heutigen Kasp. Meer Wasser zu; bis zum Hellenismus war nur dieser Zufluss den griech. Geographen bekannt, doch sind diese Flussläufe heute trocken. Zahlreiche antike Autoren verwechselten den O. mit dem ebenfalls in das heutige Kasp. Meer mündenden ↗ Araxes; erst mit dem Alexanderzug wurden die geograph. Vorstellungen hier konkreter. 1877 wurde an den Ufern der sog. Oxos-Schatz gefunden, der sich aus etwa 200 qualitativ hochwertigen griech. und skyth. Goldschmiedearbeiten zusammensetzt. **Lit.:** I. R. Pitschikjan, O.-Schatz und O.-Tempel (1992).

Oxylos, Sohn des Haimon. Er tötet versehentlich seinen Bruder Thermios mit einem Diskus, wird aus Ätolien verbannt und gelangt nach Elis. Nach der Zeit seiner Verbannung trifft O., der ein einäugiges Maultier vor sich hertreibt, auf seinem Heimweg auf die ↗ Herakliden, denen ein Orakel geboten hat, bei ihrem Unternehmen, das ihnen versprochene Land, die Peloponnes, einzunehmen, einen Dreiäugigen zu ihrem Führer zu machen. O. führt die Herakliden am fruchtbaren Elis vorbei durch Arkadien gen S und beansprucht nach deren Sieg Elis für sich. Unter seiner Herrschaft entwickelt sich Elis zu seiner vollen Blüte,

und auch die nach Herakles' Tod in Vergessenheit geratenen ↗ Olymp. Spiele, als deren Stifter O. in einer Version gilt, werden wieder ausgetragen.

Oxymoron (gr. oxys, »scharfsinnig«; moros, »töricht«), Begriff der Rhetorik. Sich widersprechende Begriffe werden zu einer spannungsvollen Verbindung zusammengestellt (z. B. »beredtes Schweigen«).

Oxyrhynchos, antike Stadt in Mittelägypten, Hauptort des Gaues Oxyrhynchites. O. lag am sog. Josephskanal, der den Nil mit dem ↗ Fayum verband, und war Ausgangsort des Karawanenweges zur sog. zweiten ↗ Oase (arab. el-Bahrije). In der röm. Kaiserzeit und in byzantin. Zeit stieg O. zur bedeutendsten Stadt Mittelägyptens auf, wurde Bischofssitz und Hauptstadt der von Kaiser Arkadios (395–408 n. Chr.) geschaffenen Provinz Arcadia. Auch in arab. Zeit konnte sich O. als Regionszentrum lange halten. Einzigartig ist der umfangreiche Bestand der seit 1896 hier gefundenen Papyri (P. Oxy.), die bes. aus der röm. Kaiserzeit bzw. aus byzantin. Zeit stammen, darunter das Geschichtswerk der ↗ *Hellenika von O.*

Oxytonon ↗ Akzent

P

Pacht. Pachtverhältnisse sind während des gesamten Zeitraums der Antike nachzuweisen. In der griech. Welt bedurfte ein Pachtvertrag (*misthosis*) keiner bestimmten Form, doch war schriftl. Fixierung üblich. Inhaltlich bestand weitgehende Vertragsfreiheit, und die Erfüllung der eingegangenen Verpflichtungen wurde duch eigene Klauseln gesichert, die im Extremfall zur Konfiszierung des Eigentums oder – in der archaischen Zeit – zur Schuldknechtschaft führen konnten. – In Rom war ein Pachtvertrag (↗ *locatio conductio*) in der Regel auf fünf Jahre angelegt und verpflichtete den Pächter (*conductor*) zu unversehrtem Erhalt des Objekts. Der Eigentümer (*locator*) war verpflichtet, den Pächter im Falle von Naturkatastrophen oder bei Kriegseinwirkung den Pachtzins, der fast stets als Geldzahlung erfolgte, zu reduzieren. Später gewann auch die Einrichtung der Erbpacht immer größere Bedeutung. **Lit.:** A. Kränzlein, Eigentum und Besitz im griech. Recht (1963). – H. Kaufmann, Die altröm. Miete (1964).

Pacuvius, röm. Tragiker aus Brundisium (Brindisi), Neffe des Ennius, 220–130 v. Chr. (gest. in Tarent). P. trat. in Rom als Maler (Plinius, Naturalis Historia 35, 19) und Dichter hervor. Von 13 Tragödien sind Titel und Fragmente erhalten. P. lehnte sich an griech. Vorbilder an, wobei er offenbar Sophokles bevorzugte. Auch mit nicht mehr bekannten nacheuripideischen Tragikern ist als Quelle zu rechnen. Aus Ciceros *Academica posteriora* (1, 10) geht hervor, dass P. sich bei der Übertragung griech. Vorlagen künstler. Freiheiten gestattete. In der *Iliona* (Tochter des Priamos) erscheint in einer Geistersszene der verstorbene Sohn der Titelheldin (vgl. Cicero, Tusculanen 1, 106). In den *Niptra* (*Waschung*) lobt Cicero (Tusculanen 2, 48 ff.) die gegenüber dem sophokleischen Vorbild mannhaftere Gestaltung des Odysseus, da er seinen Schmerz besser zu tragen wisse. Aus dem *Aiax* wurden Partien bei Caesars Leichenfeier vorgetragen. Die ↗ Praetexta *Paulus* hatte wohl den Sieg des Aemilius Paulus über Perseus bei Pydna (168 v. Chr.) zum Gegenstand. Cicero (Brutus 258) kritisiert P.' Latein, Gellius indes bewundert seine *elegantissima gravitas* (»äußerst elegante Würde«). **Lit.:** H. Cancik, in: E. Lefèvre (Hg.), Das röm. Drama (1978) 308–347. – G. Manuwald, P. – summus tragicus poeta (2003).

Padus (heute Po), längster Strom Italiens, der in den Cott. Alpen entspringt und bei Ravenna in die Adria fließt.

Pädagoge ↗ Lehrer

Päderastie (gr., »Knabenliebe«), erot.-sexuelle Beziehung männl. Erwachsener zu Jugendlichen des gleichen Geschlechts; ↗ Homosexualität.

Paeligner, Volk in den Abruzzen mit den Hauptorten Sulmo und Corfinium. Dieser Volksstamm, der seit 343 v. Chr. mit Rom verbündet war, hinterließ Inschriften in einem eigenen, bis in die Kaiserzeit bekannten Dialekt. Im ↗ Bundesgenossenkrieg (91–88 v. Chr.) wurde Corfinium zur Bundeshauptstadt erklärt und in Italia umbenannt.

Paestum (gr. Poseidonia), Stadt in Lukanien, im 7. Jh. v. Chr. vom griech. ↗ Sybaris als achäische Kolonie gegründet, um 400 von Lukanern erobert, ab 273 röm. Kolonie latin. Rechts, die Rom im 2. ↗ Pun. Krieg unterstützte. Die berühmte Tempelanlage im klass. Stil, deren Bauten um 550 (sog. Basilika, Cerestempel) und 460 (sog. Poseidontempel) entstanden sind, zählt zu den besterhaltenen griech. Tempeln. Aus dem 7. Jh. v. Chr. stammt das angeblich von ↗ Jason an der Mündung des Sele gegründete Heiligtum der Hera Argovia bzw. Iuno Argiva mit gut gearbeiteten Metopenreliefs und archaischem Schatzhaus, außerdem lukan. Gräber und die »tomba del tuffatore«, ein griech. Grab mit gut erhaltenen Wandmalereien. **Lit.:** M. Napoli, P. (1970). – ASM (1999).

Pagus (zu lat. pangere, »befestigen«), die älteste Siedlungsform Italiens und Unterabteilung eines Stammes. Ein P. bestand in der Regel aus verstreuten Gehöften ohne städt. Zentrum. Seine Mitglieder hatten eigene Beamte, die für religiöse Angelegenheiten und Verwaltungsaufgaben zuständig waren. Mit der zunehmenden Urbanisierung verloren die *pagi* ihre Autonomie und wurden als Flurbezirke in die Städte einbezogen. Im übertragenen Sinne wurden auch Stammesstrukturen in Gallien und Spanien von den Römern als P. bezeichnet.

Paian (gr., »Nothelfer, Retter«) **(1)**, zu bestimmten feierl. Anlässen übl. Bitt-, Dank- oder Sühnegesang, der von Männerchören in Musikbegleitung zu Ehren Apollons vorgetragen wurde. Zunächst im kult. Bereich angesiedelt, wurden P.e später auch im militär. Umfeld und bei Symposien aufgeführt. Erste Zeugnisse bereits bei Homer; in klass. und hellenist. Zeit stellte der P. neben dem ↗ Dithyrambos die wichtigste Form der griech. Chorlyrik dar. **Lit.:** L. Käppel, P. (1992)

Paian (2), Beiname des ↗ Apollon.

Paideia (gr., »Erziehung«), körperl., geistige und charakterl. Bildung und Erziehung des Kindes und allg. des Menschen zu einem freien, vollwertigen Mitglied der Gesellschaft. Mit P. ist die Vorstellung von der nichtfachbezogenen Allgemeinbildung verbunden, die einen kultivierten Menschen kennzeichnet. Aristoteles sah die P. als wesentl. Merkmal der Aristokratie an. Durch die P. unterschied sich der Hellene von den ungebildeten, des Griechischen unkundigen Barbaren. Der röm. Begriff der *humanitas* knüpft an die griech. Vorstellung von der P. an. **Lit.:** W. Jaeger, Paideia I–III (1954–57). – H.I. Marrou, Geschichte der Erziehung im klass. Altertum (1977). – H.-T. Johann, Erziehung und Bildung in der heidn. und christl. Antike (1977).

Paionios, griech. Bildhauer aus Mende (auf der Halbinsel Chalkidike), der etwa zwischen 450 und 410 v. Chr. tätig war. Berühmt wurde er durch die im Original erhaltene, um 420 v. Chr. geschaffene Nike, die in Olympia vor der Ostseite des Zeus-Tempels aufgestellt war. Sie stand auf einem sich verjüngenden, dreieckigen Pfeiler in einer Höhe von fast 10 m. Dargestellt ist sie im Moment der Landung, aber noch schwebend. Zwischen ihren Füßen fliegt mit ausgebreiteten Schwingen ein Adler hindurch. Die Inschrift besagt, dass es sich um ein Weihgeschenk der Messenier und Naupaktier an den olymp. Zeus handele, welches von P. gemacht worden sei, der auch bei einem Wettbewerb um die Ausführung der Akrotere des Tempels gesiegt habe. **Lit.:** A. F. Stewart, Greek Sculpture (1990).

Paläographie, wissenschaftl. Disziplin, die die Formen der schriftl. Aufzeichnung und ihren histor.

Kentaur. Metopenrelief am Heratempel in Paestum

Wandel untersucht und Bestimmungen von Ort und Zeit von Niederschriften vornimmt.

Palästina, Land zwischen Mittelmeerküste und Totem Meer. P. erhielt seinen Namen nach den Philistern, die sich Ende des 2. Jt. v. Chr. hier niederließen und den sog. ↗ Seevölkern angehörten. Den Namen P. kannte schon Herodot. Seit altchristl. Zeit. wurde P. zur allg. Bezeichnung für das »Heilige Land« und den Schauplatz der bibl. Geschichten, seit 135 n. Chr. trug die röm. Provinz diesen Namen. Mit P. wird heute nur noch das Westjordanland bezeichnet, während in der Antike ↗ Galiläa, ↗ Samaria, ↗ Judäa und andere Teile dazugehörten. Die Briefe von Amarna vom Anfang des 2. Jt. v. Chr. belegen eine Struktur aus Stadtstaaten unter ägypt. Oberherrschaft. Im 12. Jh. v. Chr. begann die Landnahme durch die bibl. zwölf Stämme; um 1200 kämpften diese gegen die Philister und gründeten den Staat Israel mit Jerusalem als Hauptstadt, der durch König David (1010–971) endgültig gefestigt wurde. Nach dem Tod Salomos (971–932), der Infrastruktur und Handel verbesserte, brach das Reich in die Staaten Israel und Juda auseinander. 598 erfolgte die babylon. Eroberung unter ↗ Nebukadnezar II. (»babylon. Gefangenschaft«), später war P. persisch, ab 332 Teil des alexandrin. Großreiches, nach dem Tod Alexanders d.Gr. zunächst ptolemäisch, seit 198 Teil des seleukid. Reiches (↗ Diadochen). Nach der Niederschlagung des Aufstandes unter Judas Makkabäus (166–160) wurde die Dynastie der Hasmonäer begründet. Pompeius eroberte das Land 63 v. Chr. Der Judäische Krieg (66–70 n. Chr.) unter Vespasian und ↗ Titus führte zur Tempelzerstörung; Kaiser Hadrian richtete schließlich die Provinz Syria P. (135) ein. Im Anschluss an die röm. Herrschaft wurde P. byzantinisch (395), dann arabisch (634).

Palästra (gr. palaistra), in Griechenland der Übungs- und Kampfplatz für Ringkämpfe. Als zunächst quadrat., mit Sand bedeckter und meist von einer Säulenhalle umgebener Platz ist die P. oft Teil des ↗ Gymnasion, etwa seit dem 4. Jh. v. Chr. fester Bestandteil desselben und mit ihm gleichbedeutend. Zur P. gehörten neben den verschiedenen Übungsräumen bes. in hellenist. Zeit auch Bäder. Die Römer übernahmen diese Idee, und so wurde die P. zum festen Bestandteil röm. Thermenanlagen. ↗ Sport **Lit.:** E. Brödner, Die röm. Thermen und das antike Badewesen (1983). – W. Müller-Wiener, Griech. Bauwesen in der Antike (1988).

Palaimon ↗ Melikertes, Ino

Palaiphatos, pseudonymer Verf. von 45 Mytheninterpretationen aus dem 4. Jh. v. Chr. **Lit.:** K. Brodersen (Hg.), Die Wahrheit über die griech. Mythen. P.' »Unglaubliche Geschichten« (2002) [Ed., Übers.]

Palamedes, kluger Held, Erfinder verschiedener Würfelspiele und einiger Buchstaben. Er überführt ↗ Odysseus des vorgespielten Wahnsinns und zieht deshalb dessen Hass auf sich. Von Gorgias ist eine Verteidigungsrede des P. erhalten.

Palast, ein von ↗ Palatium, einem der sieben Hügel Roms, auf dem sich die kaiserl. Repräsentationsbauten

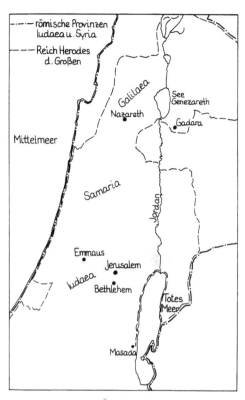

Palästina um die Zeitenwende

befanden, abgeleiteter Begriff für den Amts- und Wohnsitz eines Herrschers. Aufwendige Paläste mit Wirtschafts-, Verwaltungs- und Repräsentationsbauten finden sich bereits in den Hochkulturen des Vorderen Orients (Sumerer, Ägypter, Assyrer, Babylonier, Hethiter) sowie in der kret.-myken. Welt. Die mehrstöckigen Anlagen auf Kreta (Knossos, Phaistos, Mallia) gruppierten sich um einen zentralen Hof und waren die Zentren der ↗ Minoischen Kultur. Das klass. Griechenland und das republikan. Rom kannten infolge ihrer gesellschaftspolit. Strukturen keine Palastanlagen, die erst seit hellenist. Zeit unter oriental. Einfluss errichtet wurden. Der röm. Palast der Kaiserzeit entwickelte sich vermutlich unter dem Vorbild aufwendiger Villen der Aristokratie. Neben der Anlage auf dem Palatium in Rom ist ein bes. gut erhaltenes Beispiel der spätantike Diokletianspalast in Split. **Lit.:** W. Hoepfner/G. Brands, Die Paläste der hellenist. Könige (1996).

Palatin ↗ Palatium

Palatium (heute Palatino) einer der sieben Hügel und ältester bewohnter Teil ↗ Roms. Der etwa 50 m hohe Hügel gehörte gemäß der Gründungssage (753 v. Chr.) zur »Roma quadrata« des ↗ Romulus, was durch archäolog. Grabungen bestätigt werden konnte. Seit im 1. Jh. n. Chr. die Kaiserpaläste errichtet wurden, bedeutete P. auch kaiserl. Residenz, »Palast« im allgemeinen Sprachgebrauch. Verschiedene Reste von Sakral- und Profanbauten aus Republik und Kaiserzeit zeugen von einer regen Bautätigkeit auf dem P. Literarisch belegt sind die Häuser der röm. Nobilität.

Palermo (gr. Panormos, lat. Panormus), bedeutende Stadt an der Nordküste Siziliens. Die phöniz. Gründung des beginnenden 7. Jh. v. Chr. diente den Karthagern ab 480 und bes. in den ↗ Pun. Kriegen Hannibal bei Kämpfen gegen Griechen und Römer als Flottenstützpunkt. 254 wurde P. als *civitas libera et immunis* Teil der röm. Provinz Sicilia (201); unter Augustus (20 v. Chr.) wurde es zur Colonia erhoben. Seine bes. geograph. Lage mit fruchtbarer Umgebung und strategisch günstigem Hafen sicherte P. Prosperität und militär. Bedeutung. P. wurde auch Hauptstadt des mittelalterl., arab., normann., span. und modernen Sizilien. **Lit.:** M. I. Finley, Das antike Sizilien (1979). – ASM (1999).

Pales, röm. Vieh- und Hirtengöttin, der an ihrem Fest am 21. April, den Palilia oder Parilia, für den Erhalt der Herden geopfert wurde.

Palimpsest (gr. palin, »wieder«; psaein, »reiben«), ein aus Kostengründen wiederverwendetes ↗ Pergament, bei dem die ursprüngl. Beschriftung abgeschabt wurde. Durch UV-Strahlen kann sie heute teilweise wieder lesbar gemacht werden. Einem P. ist die Wiederentdeckung großer Partien aus Ciceros *De re publica* (*Staat*) zu verdanken.

Palindrom (gr. palin, »rückwärts«; dromos, »Lauf«), sprachlich sinnvolle Abfolge von Buchstaben, die vorwärts wie rückwärts gelesen einen entweder ident. oder unterschiedl. Sinn ergeben. Häufig entstammen P.e mag. Praktiken. Man unterscheidet das Wort-P. (z. B. Anna) vom Satz-P. Das bekannteste Satz-P. der Antike ist das sog. Sator-Quadrat (↗ Sator-Formel).

Palinodie (gr., »Widerruf«), ein vom demselben Verf. stammendes Gegengedicht zu einem seiner vorangehenden Werke. Die bekannteste P. stammt von dem frühen Lyriker ↗ Stesichoros, der in einem Gedicht Helena des Ehebruchs bezichtigt hatte und daraufhin mit Blindheit geschlagen wurde. In seiner P. nahm er den Vorwurf zurück und entwickelte die mytholog. Variante, dass der Trojaner Paris nur ein Schattenbild (*eidolon*) nach Troja entführt habe, während die richtige Helena von ihrem Vater Zeus nach Ägypten entrückt worden sei. Der Stoff wird von ↗ Euripides in seiner *Helena* dramatisch gestaltet.

Palinurus, in Vergils *Äneis* Steuermann auf dem Schiff des Äneas auf seiner Fahrt von Troja nach Italien. Er schläft auf göttl. Geheiß an Bord ein und fällt ins Meer. Äneas begegnet seinem Schatten in der Unterwelt und erfährt, dass er, an Land gespült, von der Bevölkerung erschlagen wurde. P. wird an dem nach ihm benannten Kap P. südl. von Paestum bestattet.

Palladion, Kultbild der Göttin Pallas Athena mit Schild und erhobener Lanze. Nach dem griech. Mythos ist es vom Himmel gefallen und garantiert den gottgewollten Fortbestand der Stadt. Das P. in Troja wird von Odysseus und Diomedes geraubt, so dass Troja erobert werden kann. In der röm. Version (Vergil, *Äneis*) wird es von Äneas nach Italien mitgebracht und mit den ↗ Penaten identifiziert.

Palladios von Helenopolis, griech. Theologe, ca. 363/64–431 n. Chr. Von 386–397 lebte er als Mönch in Ägypten, ab 400 war er Bischof von Helenopolis in Bithynien. P. schrieb einen *Dialogus* in Erinnerung an ↗ Johannes Chrysostomos, der formal in der Tradition des platon. *Phaidon* steht, und eine lebhafte und ausführl. Sammlung kurzer biograph. Skizzen von 71 Asketen, die er 419/20 auf Anregung des kaiserl. Beamten Lausos verfasste (*Historia Lausiaca*). Literar. Vorbild ist die *Antonius-Vita* des Athanasios. Die Authentizität der Schrift *Über die Völker Indiens und die Brahmanen,* in denen die Beziehungen des christl. röm. Reichs zum Fernen Osten behandelt werden, ist umstritten. **Lit.:** LACL (³2003).

Palladius, Rutilius Taurus Aemilianus P., lat. Agrarschriftsteller, 1. Hälfte 5. Jh. n. Chr. P., selbst Gutsbesitzer, verfasste in der Nachfolge des Columella ein Fachbuch über die Arbeiten des Landmanns. Auf ein Einleitungsbuch über die Grundlagen (Luft, Wasser, Erde, Fleiß) folgen zwölf die Tätigkeiten eines jeden Monats behandelnde Bücher, ein Buch zur Veterinärmedizin sowie ein Buch über Baumveredelung in eleg. Distichen. **Lit.:** D. Flach, Röm. Agrarschriftsteller (1990) 204–215.

Pallas (1), Beiname Athenas.

Pallas (2), Sohn des ↗ Pandion (2), Bruder von ↗ Aigeus, Nisos und Lykos. Nach dem Tod Pandions entmachten die Brüder die Söhne ↗ Metions, stellen ihre Macht in Attika wieder her und teilen zunächst das Königreich in vier Teile, kurz darauf aber beansprucht Aigeus es für sich allein und gewinnt die Macht über ganz Attika. Als ↗ Theseus die Macht übernimmt, widersetzen sich Pallas und seine fünfzig Söhne, die Pallantiden, werden aber von Theseus bezwungen.

Pallene ↗ Chalkidike

Palliata, Begriff für lat. Komödien, die nach griech. Vorbildern gearbeitet sind, so benannt nach dem griech. Mantel, dem *pallium*. ↗ Togata.

Pallium (lat.), röm. Obergewand in Form eines weiten Mantels oder Überwurfes aus Wolle, Leinen oder Seide, der von Männern getragen wurde und in seiner Form dem griech. ↗ Himation entsprach. Zunächst nur von Anhängern der griech. Kultur in Rom übernommen, fanden bald breite Schichten der Bevölkerung Gefallen am P. Augustus versuchte vergeblich, das P. wieder durch die traditionelle ↗ Toga zu ersetzen.

Palmyra (aramäisch, »Palmenstadt«), Oasen- und Karawanenstadt im Zentrum der syr. Wüste (heute Tadmor). Besiedelt seit dem Paläolithikum, fand P. Erwähnung bereits in assyr. und babylon. Keilschrifttexten, jedoch existieren bis in die späthellenist. Zeit keine archäolog. oder literar. Hinweise aus der Antike. P. wurde nach dem vergebl. Eroberungsversuch des ↗ Antonius 41 v. Chr. mit der Ostkampagne des ↗ Ger-

Palmyra, Säulenstraße vor dem Theater

manicus (14–17 n. Chr.) Teil des röm. Reiches, war mit zahlreichen Privilegien ausgestattet und gewann ab dem 1. Jh. n. Chr. an Bedeutung als Handelsknotenpunkt zwischen ↗ Euphrat und Mittelmeer. P. erhielt durch ↗ Hadrian den Beinamen Hadriana (129) wurde von ↗ Caracalla zur Colonia erhoben und Teil der Provinz Syria Phoenicia (211). Das Vordringen der Sasaniden nach Mesopotamien und die Unsicherheit der röm. Grenzen führten in der 2. Hälfte des 3. Jh. n. Chr. zur Staatsbildung unter Septimius Harainos und seinem Sohn ↗ Odaenathus, der den Machtbereich bis Ägypten ausdehnte. Unter Kaiser Aurelian wurde P. zurückerobert, unter Diokletian als Standort einer Legion neu befestigt (272/73) und 634 von den Arabern erobert. Zahlreiche inschriftl. und archäolog. Zeugnisse geben Auskunft über Staat, Gesellschaft, Religion und Handel. P. wurde zum Umschlagplatz wertvoller Güter, und die Kaufleute P.s pflegten Kontakte bis nach China und Ägypten. **Lit.:** A. Schmidt-Colinet, P. (1995). – ASM (1999).

Paludamẹntum, röm., meist purpurner Feldherrn- und Offiziersmantel aus Leinen oder Wolle nach dem Vorbild der griech. Chlamys; in der Kaiserzeit Kennzeichen der kaiserl. Herrschaftswürde. Das P. wurde auf der rechten Schulter geknöpft oder von einer Nadel zusammengehalten und von vorn über die linke Schulter gelegt. Da das P. zur röm. Kriegstracht gehörte, durfte es nicht innerhalb des ↗ pomerium Roms getragen werden. Zahlreiche bildl. Darstellungen bis in die Spätantike zeigen die röm. Kaiser mit P. ↗ Kleidung

Pamphylien (gr., »Land aller Stämme«), fruchtbare Landschaft an der Südküste ↗ Kleinasiens zwischen Lykien und Kilikien. P. wurde nach der Tradition schon früh von Griechen verschiedener Stämme besiedelt unter der Führung von Amphilochos, Kalchas und Mopsos, daher vielleicht der Name P. Wegen seiner verkehrsgünstigen Küstenlage war P. immer sehr begehrt; zunächst war es lydisch, ab dem 6. Jh. v. Chr. persisch und später Zankapfel der Diadochen. Antiochos III. musste es 189 den Römern ausliefern; nach kurzer Zeit der Unabhängigkeit wurde P. pergamen. mit Ausnahme der freien Städte Side und Aspendos (eigene Münzprägung), mit dem pergamen. Erbe fiel es in röm. Hand. Im 2. Jh. v. Chr. hatten hier die ↗ Piraten große Bedeutung, bis die Römer 101 den Militärbezirk ↗ Kilikien einrichteten. 43 n. Chr. wurde P. der von Claudius neugeschaffenen Provinz Lykien zugeordnet, später selbständig. Die wichtigsten Flüsse waren der ↗ Eurymedon und der Melas; die größten Städte Attaleia (heute Antalya), Aspendos, Perge, Side, Sillyon und Olbia. Die Städte P.s besaßen fruchtbares Umland und gute Häfen, die eine gute Wirtschaftsbasis bildeten. Noch heute zeugen die gut erhaltenen antiken Reste vom einstigen Reichtum und regen Leben der Region, das sich bis ins 3. Jh. n. Chr. fortsetzte. **Lit.:** E. Blumenthal, Die altgriech. Siedlungskolonisation im Mittelmeerraum unter bes. Be-

Pan

rücksichtigung der Südküste Kleinasiens (1963). – H. Brandt, Gesellschaft und Wirtschaft P.s und Pisidiens im Altertum (1992).

Pamukkale ↗ Hierapolis

Pan, in Arkadien beheimateter Schutzgott der Hirten, Sohn des Hermes, ein Mischwesen aus Bock und Mensch, in Rom mit Faunus identifiziert. 490 v. Chr. erhält er für seine Hilfe im Krieg gegen die Perser, die er in die sprichwörtl. »Panik« versetzt haben soll, eine Kultstätte. Sein Instrument, die Syrinx (Pan-Flöte), ist aus dem Schilfrohr gefertigt, in das sich die Nymphe Syrinx auf der Flucht vor seinen lüsternen Nachstellungen verwandelt hatte. **Lit.:** R. Herbig, P., der griech. Bocksgott (1949). – P. Borgeaud, The Cult of P. in Ancient Greece (1988).

Panainos aus Athen, Maler des mittleren 5. Jh. v. Chr. Er war Bruder oder Neffe des Phidias und Zeitgenosse Polygnots. Antike literar. Quellen berichten, er habe zusammen mit Phidias am Kultbild des Zeus von Olympia gearbeitet, wobei er die Bemalung des Gewandes sowie einige weitere Gemälde im Tempel übernommen hatte. Ferner soll er für die Stoa Poikile (»bunte Säulenhalle«) in Athen ein Bild der Marathonschlacht geschaffen haben. **Lit.:** I. Scheibler, Griech. Malerei der Antike (1994).

Panaitios von Rhodos, griech. Philosoph, ca. 180–110 v. Chr., Begründer der mittleren Stoa. Zusammen mit Polybios verbrachte er mehrere Jahre in Rom, wo er als Vermittler griech. Kultur und bes. griech. Philosophie wirkte. Die Verbreitung der ↗ Stoa bei den Römern ist in erster Linie auf sein Wirken zurückzuführen. Unter dem Einfluss von Platon und Aristoteles weicht er entschieden von der Lehre der alten Stoa ab; so leugnet er z. B. die Geltung von Astrologie und ↗ Mantik und die asket. Härte (*apatheia*), während er sich in der Psychologie zum Dualismus bekennt und die altstoische Seelenteilungslehre modifiziert. In der Moralphilosophie betont er im Gegensatz zum Idealbild des stoischen Weisen den Wert des normalen, sich um Vervollkommnung bemühenden Menschen (gr. *prokopton,* lat. *proficiscens*). Ciceros *De officiis* (*Über die Pflichten*) sind stark von P.' Vorstellungen abhängig. **Lit.:** J. M. Rist, Stoic Philosophy (1969) 173–200. – E. Lefèvre, Panaitios' und Ciceros Pflichtenlehre (2001).

Panakea, (gr. Panakeia, »Allheilerin«), Tochter des Heilgottes Äskulap.

Panathenäen, Hauptfest der Athena als Schutzgöttin Athens (Juni bis Juli). Die »kleinen« P. fanden jährlich, die »großen« (ab ca. 565 v. Chr.) alle vier Jahre statt. Nach einer abendl. Vorfeier auf der Akropolis mit Fackellauf, Tanz und Gesang fanden neben einer großen Prozession athlet. und mus. Wettkämpfe statt. Die Sieger wurden mit dem der Göttin heiligem Olivenöl in prächtigen Amphoren prämiert. Dem Athenestandbild im Parthenon wurde ein in neun Monaten gewebtes Gewand (Peplos) dargebracht.

Pandareos, Figur der griech. Mythologie. Als Vergeltung für die Ermordung des Jason stiehlt er den goldenen Hund, den Hephaistos zur Bewachung des kleinen Zeus gefertigt hatte, und übergibt ihn dem Tantalos. Er wird von Zeus getötet. Seine Töchter Kleothera und Merope werden von den olymp. Göttinnen aufgezogen, dann aber von den Harpyien entführt und den Erinyen als Sklavinnen übergeben.

Pandaros, Sohn des myth. Königs Lykaon. Von Apoll erlernt er die Kunst des Bogenschießens und kämpft im ↗ Trojan. Krieg für die Troer. Auf Athenas Befehl verkleidet sich P. als Laodokos, Sohn des Antenor, und bricht mit einem Pfeilschuss auf Menelaos den Waffenstillstand.

Pandekten ↗ Digesten

Pandia, Zeusfest in Athen.

Pandion (1) (gr. Pandion), Sohn des ↗ Erichthonios und der Nymphe Praxithea, sechster myth. König Attikas. Mit Zeuxippe zeugt er ↗ Prokne, Philomela, Butes und ↗ Erechtheus, der ihm auf dem Thron folgt.

Pandion (2) (gr. Pandion), neunter myth. König Attikas, Sohn des ↗ Kekrops (2), dem er in der Herrschaft nachfolgt. Er wird von den Söhnen Metions entthront und findet in Megara Zuflucht. Dort heiratet er Pylia, die Tochter des megar. Königs Pylas und übernimmt nach dessen Tod die Herrschaft. Seine Söhne ↗ Aigeus, ↗ Pallas, ↗ Lykos und ↗ Nisos bezwingen die

Söhne Metions und übernehmen wiederum die Herrschaft über Attika.

Pandora, die erste Frau; Zeus lässt sie von Hephaistos als Geißel der Menschheit erschaffen, weil ↗ Prometheus den Menschen das Feuer vom Himmel geholt hatte. Die Götter beschenken P. mit verführer. Schönheit und schicken sie zu Epimetheus, der sie trotz der Warnung seines Bruders Prometheus zur Frau nimmt. P. öffnet neugierig eine ihr mitgegebene Büchse und lässt damit alle Plagen auf die Menschheit los; nur die Hoffnung bleibt ganz unten auf dem Boden zurück.

Panegyrikos, ursprünglich jede vor einer Festversammlung (gr. *panegyris*) gehaltene Rede. Berühmte Beispiele sind der *P.* und der *Panathenaikos* des ↗ Isokrates. Eine Sonderform ist der bei der jährl. Totenfeier in Athen gehaltene ↗ Epitaphios. Der Ursprung der lat. panegyr. Tradition ist in der Totenrede (*laudatio funebris*) der republikan. Zeit zu sehen. Frühe Beispiele sind der Lobpreis des Pompeius in Ciceros *Pro lege Manilia,* Caesars in *Pro Marcello* und in poet. Form der *P.* auf Messalla, der in Tibulls Werk überliefert ist. Stilgebend für die weitere Entwicklung war der *P.* von Plinius d.J. auf Trajan. Die Tradition hielt sich bis ins 4. Jh. n. Chr. Erhalten sind zwölf lat. panegyr. Reden. Den Betrieb der Rhetorenschulen, in denen panegyr. Reden geübt wurden, spiegeln die Vorschriften wider, die der Rhetor Menander (2) gibt.

Panflöte ↗ Syrinx

Panionion ↗ Ionien

Pankrates (1), griech. Dichter, vermutlich der hellenist. Zeit, Verf. eines ↗ Lehrgedichts über Schifffahrt.

Pankrates (2), griech. Dichter, 2. Jh. n. Chr. aus der Umgebung Kaiser Hadrians, Verf. eines Gedichts über die Löwenjagd.

Pankration, Kampfsportart in Form einer Mischung aus Ring- und Fauststreit, die 648/47 v. Chr. ins Programm der ↗ Olymp. Spiele aufgenommen wurde. Als Stand- oder Bodenkampf wurde das P. mit bloßen Fäusten ausgeübt; die Einteilung in Altersklassen sicherte die ungefähre Gleichwertigkeit der Gegner. Das P. hatte keine zeitl. Begrenzung; außer Beißen und Kratzen war alles erlaubt. Ziel war es, den Gegner zur Aufgabe zu zwingen. ↗ Faustkampf, ↗ Ringkampf Lit.: G. Doblhofer (Hg.), P. (1996).

Pannonien (lat. Pannonia), Landschaft und später röm. Provinz zwischen Ostalpen, Donau, Drau und Save, die etwa das Gebiet des heutigen Westungarn, des Burgenlandes und dem Wiener Becken und Teilen des früheren Jugoslawien umfasste. Die illyr.-kelt. Bevölkerung geriet ab 35 v. Chr. mit den Römern in Konflikt, die einen Eroberungskrieg entfachten, in dessen Folge P. als nördl. Teil der Provinz ↗ Illyricum eingegliedert wurde; etwa Mitte des 1. Jh. n. Chr. erfolgte die Einrichtung der Provinzen Dalmatia und Pannonia; unter Tiberius erste Ansiedlung von Veteranen im Gebiet von Scarbantia (heute Sopron), im Plattenseegebiet und in Emona, das unter Tiberius den Rang einer Colonia erhielt. Weitere *coloniae* entstanden in ↗ Sava-

ria (heute Szombathely) unter Claudius, Siscia und Sirmium unter den Flaviern. Obwohl in der strategisch wichtigen Grenzprovinz die militär. Präsenz (Standort mehrerer Legionen) das zivile Leben überlagerte, gelangte die Provinz zu ökonom. und kultureller Blüte bis zur Mitte des 3. Jh. n. Chr. Neben den Militärlagern entwickelten sich meist Zivilstädte, wie etwa in ↗ Carnuntum (heute Deutsch-Altenburg). Erneute Teilung der Provinz in Pannonia superior mit drei Legionen in Carnuntum, ↗ Vindobona und ↗ Brigetio und Pannonia inferior mit einer Legion in ↗ Aquincum (heute Budapest). Seit 350 n. Chr. führten ständige Barbareneinfälle (↗ Vandalen, ↗ Sueben u. a.) zum Niedergang der pannon. Provinzen, die unter Diokletian nochmals geteilt wurden. Im 4. Jh. war P. Kriegsschauplatz und diente den Römern oft als Ausgangsbasis für militär. Unternehmungen. Einfälle der ↗ Hunnen veranlassten die Römer zum allmähl. Rückzug, bis P. Mitte des 5. Jh. aufgegeben wurde. Lit.: A. Mócsy, P. (1974).

Panormos ↗ Palermo

Pansa, Gaius Vibius P. ↗ Vibius

Pantheismus, Begriff der Religionsphilosophie, geprägt von John Toland (1670–1722) in seinem Werk *Pantheisticon* (1720). Unter P. versteht man das Ineinanderfließen von All, d. h. dem Kosmos oder der Natur, und Gott. Die stoische Religionsphilosophie weist pantheist. Züge auf.

Pantheon (1) (gr., »alle Götter«), ein »allen Göttern« geweihter Tempel. Das berühmteste P. in Rom

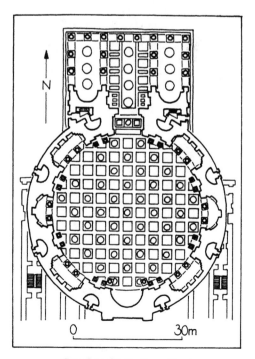

Grundriss des Pantheon (Rom)

verdankt seine gute Erhaltung der Tatsache, dass es 609 in eine Kirche umgewandelt worden ist. Es stammt aus hadrian. Zeit und wurde zwischen 118 und 128 n. Chr. über den Fundamenten eines von Agrippa (27–25 v. Chr.) gestifteten Vorgängerbaus errichtet. So erklärt sich auch die Inschrift, die Agrippa als Bauherrn nennt. Hadrian selbst wollte nicht erwähnt werden. Der Bau besteht aus einer zylinderförmigen ↗ Cella und einem tiefen Pronaos (Vorhalle) mit acht Säulen an der Frontseite. Seine eigentl. Schönheit zeigt sich im Inneren: Die Kuppel, deren Durchmesser und Höhe jeweils 43,3 m beträgt, ist die größte in Mauertechnik errichtete Kuppel der Welt. Sie gliedert sich in fünf Reihen von je 28 Kassetten, die zur Lichtöffnung hin kleiner werden. Die untere Wandzone öffnet sich in sieben Nischen mit abwechselnd rundem und eckigem Grundriss, entsprechend ist der Fußboden mit Marmorplatten dekoriert. **Lit.:** H.-J. Müller, Rom (1991).

Pantheon (2), religionswissenschaftl. Begriff zur Bezeichnung aller in einem geograph. Raum und histor. Kontext verehrten Götter. In Griechenland bezeichnet P. (zuerst bei Aristoteles belegt) den sakralen Ort, an dem alle Götter verehrt wurden.

Panther (gr., lat. panther, pardos), in Afrika und Vorderasien, in der Antike auch in Kleinasien verbreitetes Tier, das in der Kunst von der kret.-myken. Zeit bis in die Spätantike begegnet. Der P., im Mythos mit Rhea-Kybele und Artemis verbunden, galt als Inbild blutgierigen Ungestüms und stand dem ↗ Dionysos bes. nahe. Große Bedeutung hatte der P. auch in den röm. Tierhetzen. **Lit.:** O. Keller, Antike Tierwelt II (1913) 140 ff.

Pantikapaion, bedeutende miles. Kolonie (↗ Milet) an der Küste der östl. ↗ Krim. Die seit dem 6. Jh. v. Chr. besiedelte Stadt prägte wenig später eigene Münzen und florierte durch Weinanbau und Handel mit Fisch und Weizen. Die Vereinigung der Poleis rechts und links des Kimmer. Bosporus führte zur Gründung des ↗ Bosporan. Reiches, dessen Hauptstadt P. wurde. Niedergang durch Barbarenüberfälle ab dem 3. Jh. v. Chr., Zerstörung durch die ↗ Hunnen im 4. Jh., von Justinian wieder aufgebaut. Die seit dem 19. Jh. begonnenen Grabungen brachten Reste von Stadtmauer, Gebäuden und eine Nekropole zu Tage.

Pantomimus, beliebte subliterar. Gattung der röm. Kaiserzeit, die in Rom unter Augustus 22 v. Chr. durch Pylades und Bathyllos eingeführt wurde. Pantomimen sind in Griechenland schon im 5./4. Jh. v. Chr. nachweisbar (Xenophon, *Symposion*). Informationen über den P. liefert Lukians Schrift *Über den P.* (*De saltatione*). Der Stoff des P. entstammte dem ↗ Mythos und der Geschichte. Ein einziger Schauspieler stellte alle Szenen allein durch seinen Tanz und seine Gestik dar; daher trug er eine Maske ohne Mundöffnung. Er wurde von einem Chor und Musikanten sowie *scabillarii* begleitet, die den Takt mit dem *scabillum* angaben, einem hölzernen oder metallenen Rhythmusinstrument, das an der Sandale befestigt war. **Lit.:** V. Rotolo, Il pantomimo (1957).

Panyassis aus Halikarnassos, griech. Epiker, 5. Jh. v. Chr., Onkel oder Vetter Herodots, Verf. eines fragmentarisch erhaltenen Herakles-Epos (*Herakleis*) in 14 Büchern. **Lit.:** V. J. Matthews, P. of Halikarnassos. Text and Commentary (1974).

Panzer ↗ Rüstung

Paphlagonien (gr. Paphlagonia), gebirgige kleinasiat. Küstenlandschaft am Schwarzen Meer zwischen Bithynien, Galatien und Pontos. Die meist griechisch besiedelten Küstenstädte P.s (z. B. ↗ Herakleia Pontike) waren ungeeignet für die Anlage größerer Häfen, mit Ausnahme von ↗ Sinope, das nach Amaseia ab 183 v. Chr. Hauptstadt des Königreichs ↗ Pontos wurde. Bekannt war P. für Holz und Metalle, wurde im 6. Jh. v. Chr. von den Lydern erobert, später (547) pers. Vasallenstaat und stellte unter ↗ Xerxes Truppen gegen Griechenland. In der antiken Literatur war P. kein konkret definierter geograph. Begriff, bildete zu keiner Zeit eine bedeutende polit. Einheit und wurde immer von fremden Mächten beherrscht. Im 4. Jh. v. Chr. gehörte es zum Reich Alexanders d.Gr. und später der ↗ Diadochen. Pompeius ordnete P. neu (63): Die westl. Teile schlug er zur Provinz Bithynia, die Teile östl. des Halys und die Fürstentümer im Binnenland überließ er der einheim. Dynastie der Pylaimeniden. 3/2 v. Chr. leisteten die Bewohner P.s, die nach Lukian als bes. leichtgläubig galten, dem Augustus den Gefolgschaftseid; 5/6 n. Chr. wurde P. der röm. Provinz Galatien zugeschlagen und im Rahmen der diokletian. Reformen zur selbständigen Provinz P. **Lit.:** R. Leonhardt, P. (1915). – D. Magie, Roman Rule in Asia Minor I-II (1950).

Paphos (1), Figur der griech. Mythologie, Tochter des Pygmalion und seiner aus Elfenbein gefertigten Frau, Mutter des Kinyras.

Paphos (2), Alt-P. (Palaipaphos), antike Stadt und Königreich an der SW-Küste Zyperns mit einem berühmten Heiligtum der Aphrodite (dem griech. Mythos zufolge ist P. der Ort, an dem Aphrodite dem Meer entstieg). P. war Sitz der Priesterkönige aus dem Geschlecht der Kinyraden, besiedelt seit myken. Zeit mit eigenständiger Entwicklung und verwendete eine eigene ägäisch-zypriot. Silbenschrift. Ab der 2. Hälfte des 4. Jh. v. Chr. wird die Stadt abgelöst von Neu-P. (Neapaphos), einer etwa 16 km nordwestl. gelegenen Hafenstadt, gegründet 320 vom letzten König Nikokles II. Wegen ihres Hafens und wegen der für den Schiffbau notwendigen Rohstoffe war Neu-P. von hoher militär. Bedeutung für die Ptolemäer. **Lit.:** ASM (1999).

Papias von Hierapolis (Phrygien), griech. Theologe, Bischof von Hierapolis, 1. Hälfte 2. Jh. n. Chr. Sein Einfluss auf spätere Theologen ist wegen seines bekanntesten Werkes, einer fünf Bücher umfassende Darlegung der Worte des Herrn, äußerst groß; P. ist der erste nicht-kanon. Autor, der Informationen zur Entstehung der Evangelien enthält. Er betont den Wert der mündl. Tradition. **Lit.:** LACL (³2003).

Papinianus, Aemilius P., 146–212 n. Chr., bedeutender röm. Jurist und Freund des Septimius Severus, bekleidete mehrere hohe Staatsämter (203 *praefectus praetorio*) und wurde 212 von Caracalla im Zusammenhang mit der Beseitigung des Geta hingerichtet. Er hinterließ ein umfangreiches jurist. Werk, das die röm. Rechtsprechung lange beeinflusste. **Lit.:** W. Kunkel, Herkunft und soziale Stellung der röm. Juristen (1967).

Pappos aus Alexandria, griech. Mathematiker, 1. Hälfte des 4. Jh. n. Chr. Erhalten ist eine Zusammenfassung seiner Lehrschriften (*Synagoge*) in 8 Büchern, eine wichtige Quelle für verlorene, von ihm exzerpierte Vorgänger. Teilweise erhalten ist sein Kommentar zum *Almagest* des Ptolemaios und – auf arabisch – zum 10. Buch der *Elemente* Euklids (↗ Mathematik).

Papyrologie, Wissenschaft von den Papyri. Die P., die jüngste Teildisziplin der Altertumswissenschaft, befasst sich mit allen auf ↗ Papyrus erhaltenen Schriftzeugnissen. Es sind dies bes. Urkundenmaterial und andere Schriftstücke (sog. dokumentar. Papyri). Die überlieferte antike, bes. griech. Literatur erhielt wertvolle Ergänzungen durch die auf Papyri entdeckten Texte (Sappho, Alkaios, Bakchylides, Timotheos, Herondas, Aristoteles, *Staat der Athener*, Kallimachos, Philodem, Gallus). Fundorte sind bes. Oxyrhynchos (Ägypten) und Herculaneum am Fuß des Vesuvs. **Lit.:** E. G. Turner, Greek Papyri (1968). – H.-A. Rupprecht, Kleine Einführung in die Papyruskunde (1994).

Papyrus, wichtiger Beschreibstoff der Antike, der aus dem in schmale Streifen zerteilten Mark der Papyrusstaude hergestellt wurde: Diese wurden in zwei Lagen längs und quer übereinander gelegt, gepresst, geklopft und durch den im Mark enthaltenen natürl. Klebstoff zusammengehalten. Die so entstandenen Blätter klebte man aneinander und verkaufte sie in Rollen von etwa 10 m Länge. P.-Seiten, auf denen die Fasern horizontal verlaufen, bezeichnet man als *recto*, auf denen sie vertikal verlaufen, als *verso*. Die älteste bekannte Papyrusrolle stammt aus Ägypten aus der Zeit um 3.000 v. Chr. **Lit.:** H. Blanck, Das Buch in der Antike (1992) 56–62.

Parabase (gr. parabasis, »Danebentreten«). Die P. ist eine für die att. Alte ↗ Komödie typ. Bauform, in der der Chor sich dem Publikum zuwandte, um in eigener Sache oder als Vertreter des Dichters zu sprechen. Die P. besteht aus dem Kommation (Einleitung), den Anapästen (oder der eigentl. P., vorwiegend im anapäst. Metrum), in dem der Chor über den Dichter, seine Bedeutung und Funktion in der Stadt spricht, dem Pnigos (»Ersticker«), einem abschließenden Fortissimo, und einer paarweise angeordneten Struktur, der sog. epirrhemat. Syzygie, bestehend aus ↗ Ode/Antode und ↗ Epirrhema/Antepirrhema, in denen der Chor über sich, seine Maske und seine Rolle im Stück spricht. **Lit.:** G. M. Sifakis, Parabasis and Animal Choruses (1971). – B. Zimmermann, Die griech. Komödie (2006) 38–41.

Parabel (gr., »Gleichnis«), didakt. literar. Form, die sich als Element in größeren literar. Gattungen findet, aber auch als selbständige Kurzform vorkommt.

Parachoregema ↗ Schauspieler

Paradoxie. Als P. bezeichnet man eine These, die sich als Aufhebung des Selbstverständlichen zu behaupten versucht. In der ↗ Logik versteht man unter P. einen zunächst nicht einleuchtenden Satz, der wider Erwarten doch eine Wahrheit enthält.

Paradoxographie. Unter P. versteht man die Beschreibung von außergewöhnl., erstaunl. und unglaubl. Dingen, bes. in exot. Ländern. Paradoxographisches findet sich in verschiedenen literar. Gattungen (↗ Geschichtsschreibung, ↗ Ethnographie, ↗ Roman), wird jedoch auch als eigenständige literar. Form betrieben.

Paränese (gr. parainesis, »Aufforderung«). Die P. als Aufforderung bzw. Ermahnung findet sich in zahlreichen literar. Gattungen. Häufige Formen sind die Kampf-P. im Epos oder in der Geschichtsschreibung (als Feldherrenrede), die polit. P. bei den Rednern oder in der polit. Dichtung. Bes. die Elegie enthält P.n verschiedener Art – von der Aufforderung zum Kampf (↗ Tyrtaios) über die polit. P. (↗ Solon) bis hin zu allg. Aufforderungen.

Paraklausithyron (gr., »Klage vor der Türe«), lyr. Klage über die Trennung von der Geliebten, die der Liebhaber »bei der geschlossenen Tür« ihres Hauses singt. Sie ist an die Tür (*ianua*), den Türhüter (*ianitor*) oder an die Geliebte selbst gerichtet. Ansätze zur Form des P. gibt es in der hellenist. Dichtung, seine volle Entfaltung erfährt es in der röm. Liebeselegie, bei Properz (z. B. 1, 16) Tibull (1, 2) und Ovid (Amores 1, 6). **Lit.:** F. O. Copley, Exclusus Amator (1956).

Paralia (gr., »Land am Meer«), Südteil Attikas östl. des ↗ Hymettos mit der Mesogeia und dem Gebirge von ↗ Laureion; bezeichnete in der att. Phylenordnung die an der Küste gelegenen Demen. Die Bewohner der P. bildeten eine der drei polit. Kräfte zur Zeit des Peisistratos (↗ Tyrannis).

Parallelismus, Begriff der Rhetorik zur Bezeichnung der gleichlaufenden Struktur mehrerer Sinneinheiten.

Paraphrase (gr., »Umschreibung«). Unter P. versteht man eine erweiternde, teilweise auch erläuternde Wiedergabe eines Textes zur Verdeutlichung des Sinnes. Häufig findet sich die Prosa-P. von poet. Texten.

Parasit (gr. parasitos, »mit/bei einem anderen essend«), typ. Figur der griech. Neuen ↗ Komödie und bei Plautus und Terenz: der Schmarotzer, der anderen schmeichelt und sich alles gefallen lässt, um unentgeltlich speisen zu können. **Lit.:** H.-G. Nesselrath, Lukians P.endialog (1985).

Paratragodie, Tragödienparodie in der Alten ↗ Komödie, ↗ Parodie **Lit.:** P. Rau, Paratragodia (1967).

Parentalia, neuntägige Totenfeier in Rom vom 13. bis 21. Februar, bei der die Familien an den Gräbern opferten. Während der P. blieben die Tempel geschlossen.

Parfüm (französ. Parfum; lat. fumus, »Dampf«), kostbare, an Öle oder ↗ Salben gebundene Duftstoffe auf der Basis pflanzl. (Rose, Narde, Lilie, ↗ Balsam, Myrrhe, Safran, Iris, ↗ Weihrauch, Sandelholz u. a.) oder tier. (Ambra, Moschus, Castoreum) Grundstoffe.

Die meisten Ingredienzien für P. stammten aus dem Nahen und Fernen Osten oder aus Ägypten; Kampanien war berühmt für seine Rosen, Judäa für Balsam, Arabien für Safran. In der griech.-röm. Antike wurde P. bes. im Kultus als Räucherwerk, zum Einbalsamieren, in der Kosmetik und zu medizin. Zwecken verwendet; bevorzugt wurden süße, schwere Düfte. Die Herstellung von P. erfolgte wohl nicht durch Destillation, sondern durch Auspressen in Öl oder Kochen im Wasserbad, dem Gummi oder Harze zugesetzt wurden. Der Luxusartikel P. florierte bes. im Hellenismus und der röm. Kaiserzeit. Das Preisedikt Diokletians (301) setzte für eine Reihe von P.s Preise fest, die für einen einfachen Römer unerschwinglich waren. Bes. Kunstfertigkeit und Vielfalt entwickelte die Antike in der Herstellung von P.-Flakons und Salbgefäßen aus Ton, Alabaster, Metall oder Glas (↗ Alabastron, ↗ Lekythos). **Lit.:** P. Faure, Magie der Düfte (1990). – E. Paszthory, Salben, Schminken und P. im Altertum (1990).

Parilia ↗ Pales

Paris, auch Alexandros, schöner Sohn des trojan. Königs Priamos und der Hekabe, die ihn nach einem Traum, in dem sie Troja brennen sieht, aussetzen lässt. Bei einer Hochzeit lässt Eris, die Göttin der Zwietracht, Hera, Aphrodite und Athena in einen Streit geraten, wer die Schönste sei. P. wird zum Schiedsrichter ernannt. Er entscheidet sich für Aphrodite, die ihm die schönste Frau versprochen hat, und verlässt seine geliebte Nymphe Oinone. Die schönste Frau findet er in ↗ Helena, die er ihrem Gatten ↗ Menelaos raubt und nach Troja entführt, womit er den ↗ Trojan. Krieg auslöst. Im zehnten Jahr soll der Krieg durch einen Zweikampf zwischen P. und Menelaos beigelegt werden, den P. nur durch Aphrodites Hilfe nicht verliert. Später stirbt P. an einem vergifteten Pfeil Philoktets, nachdem ihm Oinone das Gegengift verweigert hat. **Lit.:**

Paris (lat. Lutetia, auch Lutecia Parisiorum), Mitte des 3. Jh. v. Chr. an den Ufern der Sequana (heute Seine) gegründete Siedlung und Hauptort des Stammlandes der Parisii. Erstmals von Caesar namentlich erwähnt. Reste der ursprüngl. Siedlung, die 52 v. Chr. zerstört wurde, finden sich auf einer Seine-Insel. Ufer röm. Zeit entstand auf dem südwestl. Ufer eine neue Stadt, die durch Barbareneinfälle im 3. Jh. n. Chr. erneut zerstört wurde. ↗ Julian Apostata ließ sich hier zum Kaiser ausrufen.

Parmenides (gr. Parmenídes) aus Elea (↗ Eleaten), griech. Philosoph, ca. 515–445 v. Chr., Verf. eines Lehrgedichts *Über die Natur* in daktyl. Hexametern, das sich in drei Teile gliedert: 1. Einleitung, 2. Wahrheitsteil und 3. Teil enthält eine poet., symbol. Wagenfahrt. Im 2. Abschnitt lehrt P.: Es gibt ein wahres Sein, aber kein Nichtsein. Das Sein ist der Wahrnehmung nie zugänglich, sondern allein dem Denken; Sein und Denken sind identisch. Das Sein ist ungeboren und unvergänglich, unveränderlich und unbeweglich. Im 3. Teil stellt P. die Scheinwelt der Menschen dar, deren Irrtum darin besteht, dass sie zwei gegensätzl. Prinzipien (›Licht‹ und ›Nacht‹) anneh-

men. P. prägte entscheidend die nachfolgenden Philosophen (Melissos, Zenon, Empedokles, Anaxagoras). Platon unternimmt im *Sophistes* eine tiefgreifende Auseinandersetzung mit P.' Verständnis des Verhältnisses von Sprache und Welt. **Lit.:** D. Gallop, P. of Elea (1984). – E. Heitsch, P. (²1991).

Parmenion (gr. Parmeníon), makedon. Feldherr, war bereits unter Philipp II. in führender Stellung tätig und galt als sein bester General. Unter Alexander d.Gr. bekleidete er nach dem König die höchste militär. Würde und hatte in dieser Eigenschaft entscheidenden Anteil an den makedon. Siegen am Granikos (334 v. Chr.), bei Issos (333) und bei Gaugamela (331), wo er jeweils den linken Flügel kommandierte. Infolge einer zunehmenden Entfremdung zwischen ihm und Alexander wurde er beim weiteren Vormarsch der Makedonen, dem er skeptisch gegenüberstand, in Ekbatana zurückgelassen und nach der angebl. Verschwörung seines Sohnes Philotas gegen Alexander (330) im Auftrag des Königs ermordet. **Lit.:** H. Berve, Alexanderreich II (1926) Nr. 606.

Parmeniskos, griech. Philologe der hellenist. Zeit. Er befasste sich vorwiegend mit Fragen der Homer- und Euripidesphilologie.

Parmenon von Byzanz, griech. Dichter, 3. Jh. v. Chr. Die wenigen Fragmente lassen die Vermutung zu, dass er in Ägypten tätig war.

Parnass (gr. Parnassós), bis zu fast 2.500 m hohes, unwegsames Kalksteingebirge in Mittelgriechenland, an dessen Fuß der heilige Ort Delphi mit den berühmten Orakel und der den Musen heiligen kastal. Quelle (Kastaleia) lag. Bes. für die röm. Dichter wurde der Gebirgszug neben dem ↗ Helikon zum »Musenberg« und einem Symbol der Dichtkunst. Neben Apollon wurde auf dem P. bes. Dionysos verehrt.

Parnes, Gebirge im N der Landschaft ↗ Attika nahe der Grenze zu ↗ Böotien.

Parodie (gr. parodía, »Gegengesang«, »Nebengesang«). Seit Scaligers *Poetik* (1561) wird P. als Nachahmung eines Originals verstanden, in dem ein äußerst bekanntes Original, sein Autor oder dessen Meinung bzw. Weltanschauung verspottet werden soll. Als ›Nebengesang‹ (d. h. als alternative Version zum Original) muss die P. dem Original nicht unbedingt krit.-polemisch gegenüberstehen. In der antiken Literatur wird P. vorwiegend durch eine Übersteigerung von typ. Merkmalen des Originals oder durch die Diskrepanz von Form und Inhalt bewerkstelligt. Aristoteles in der *Poetik* nennt Hegemon als Erfinder der P. (gemeint ist vermutlich dramat. P.), andere nennen Hipponax als ersten ›Erfinder‹. Der klass. Schultext, die homer. Epen, reizte zur P. (↗ Margites, ↗ Batrachomyomachie), ebenso die Tragödie und der Dithyrambos, die in der Komödie parodiert wurden. Platon parodiert den Stil des Gorgias (Gorgias 198c) und Agathon (Symposion 194e) und die rhetor. Gattung des ↗ Epitaphios im *Menexenos*; ob *Phaidros* 230e als P. von Lysias oder als Zitat zu verstehen ist, lässt sich nicht entscheiden. P. ep. Gelageschilderungen ist das *Deipnon* des Philoxenos in übersteigertem ep., chorlyr. Stil. Wichtigster parod. Text der lat. Literatur ist das *Satyrikon ↗* Petrons, in dem nicht nur andere Gattungen, sondern auch verschiedene Stilebenen parodiert werden. **Lit.:** P. Rau, Paratragodia (1967). – W. Ax/R. Glei (Hg.), Literaturparodie in Antike und MA (1993).

Parodos, Bauform der Tragödie, Einzugslied des Chors, das auf den Prolog folgt. Die *Perser* und *Hiketiden* des Aischylos beginnen mit der Parodos des Chores.

Parömiogrạphen, Sammler von Sprichwörtern. Das Bestreben, die in größeren Zusammenhängen stehenden sprichwörtl. Redensarten und Sentenzen (*gnomai*) zu exzerpieren, beginnt mit der Sammlung (*paroimiai*) des Aristoteles. Das Interesse konnte philosoph.-didaktisch oder literar.-antiquarisch sein. Die erhaltene Sammlung griech. Sprichwörter (*Corpus Paroemiographorum*) geht auf Zenobios (2. Jh. n. Chr.) zurück, enthält aber auch früheres Material. **Lit.:** W. Bühler, Zenobii Athoi proverbia (1982 ff.).

Paronomạsje (gr., »Wortspiel«), Begriff der Rhetorik. Ähnlich klingende, in der Bedeutung aber verschiedene Wörter werden zusammengefügt.

Pạros, durch ihren Marmor berühmte Insel der Kykladen im ägäischen Meer, Heimat des Dichters ↗ Archilochos. Die in der antiken Literatur beschriebene Bewaldung ist verschwunden, die Insel bis auf einen fruchtbaren Küstenstreifen verkarstet und kahl. Neben der gleichnamigen Hauptstadt (heute Paroikia) gab es in der Antike zwei weitere Orte, deren Namen unbekannt sind. Der kostbare Marmor, seit dem 5. und 4. Jh. v. Chr. von thrak. Sklaven am Berg Marpessa systematisch abgebaut, war von bes. feiner Qualität, der in prähistor. Zeit bereits für die Inselidole und später für Statuen und Bildwerke verwendet wurde. Von bes. Bedeutung ist die Par. Marmorchronik (*Marmor Parium*) als Geschichtsquelle.

Paroxytonon ↗ Akzent

Pars pro tọto (lat., »ein Teil anstelle des Ganzen«) ↗ Synekdoche

Partheneion (gr., »Jungfrauenlied«), Form der altgriech. Chorlyrik, ein von Mädchen vorgetragenes Chorlied. Erhalten ist ein Bruchstück von ↗ Alkman und einige Fragmente von ↗ Pindar.

Parthẹnios, griech. Autor aus Nikaia, Ende 2./1. Jh. v. Chr. P. wird 73 v. Chr. als Kriegsgefangener nach Rom gebracht und wird zum Vermittler hellenist. Literaturtheorie in Rom, die die Neoteriker beeinflusste. Er soll Griechischlehrer Vergils gewesen sein. Erhalten ist eine Cornelius Gallus gewidmete Sammlung von 36 myth. Liebesgeschichten (*Erotika pathemata*). **Lit.:** J. L. Lightfoot, P. of Nicaea (1999). – K. Brodersen (Hg.), Liebesleiden in der Antike (2000) [Ed., Übers.]

Parthenon (gr., »Jungfrauengemach«), Tempel der Athena Parthenos, der jungfräul. Athena, der am höchsten Punkt der Akropolis von Athen errichtet ist. Als Architekten werden in den antiken literar. Quellen Iktinos und Kallikrates genannt. Der Bildhauer Phidias gilt als Oberaufseher über den Bau und über die künstler. Gestaltung. Zudem hat er die Statue der

Athena Parthenos geschaffen. Nach der Schlacht von Marathon 490 v. Chr. begannen die Baumaßnahmen zum sog. Vorparthenon. Dieser wurde aber noch vor seiner Fertigstellung – wohl im Zusammenhang mit den Persereinfällen von 480 – zerstört. 447 wurde unter Verwendung der noch vorhandenen Fundamente das Projekt noch einmal aufgegriffen, und bereits 432 v. Chr. war der P. samt seinem Skulpturenschmuck fertiggestellt. Noch im 5. Jh. n. Chr. war der P. gut erhalten und wurde zunächst in eine Kirche, später in eine Moschee umgewandelt. Im 17. Jh. wurde er als Pulvermagazin benutzt und bei der Belagerung Athens durch die Venezianer stark zerstört. Aufgrund der Tatsache, dass der P. keinen Altar besaß, wird heute vermutet, dass der Bau nicht als eigentl. Tempel, sondern als Schatzhaus konzipiert war. Darin befanden sich einerseits das gesamte Vermögen des Athena-Heiligtums und das des Att. Seebundes, andererseits war hier die Statue der Athena, ein Kunstwerk aus Gold und Elfenbein von unschätzbarem Wert, ausgestellt. Auch das Bildprogramm entspricht nicht überall denjenigen anderer Tempel, denn es nimmt Bezug auf aktuelle histor. Begebenheiten: Der Cellafries zeigt Szenen der Prozession bei den ↗ Panathenäen (dem Fest zu Ehren der Athener Stadtgöttin). Die Metopen stellen eine Gigantomachie (Kampf der Griechen gegen Giganten), eine Amazonomachie (Sieg der Griechen über die Amazonen), eine Kentauromachie (Kampf der Kentauren und Lapithen) und Szenen des Trojan. Krieges dar. Am Ostgiebel war die Geburt der Athena, am Westgiebel der Streit zwischen Athena und Poseidon dargestellt. Der Bau selbst ist ein dor. ↗ Peripteros mit je acht Säulen an den Schmalseiten und je 17 Säulen an den Langseiten, seine ↗ Cella durch eine Mauer in zwei ungleiche Räume geteilt. Der östl. Saal ist relativ lang und beherbergte ursprünglich die Athena-Statue, in dem kleineren westl. Saal befand sich die Schatzkammer. Die beiden Vorhallen (Pronaos im O, Opisthodom im W) waren auffallend kurz. **Lit.:** K. Stemmer, Standorte. Kontext und Funktion antiker Skulptur (1995). – E. Berger, Der P. in Basel (1996).

Parthẹnope (1) (gr. Parthenope), Tochter des Stymphalos, von Herakles Mutter des Eueres.

Parthẹnope (2) (gr. Parthenope), Tochter des Acheloos oder des Eumelos, eine der drei ↗ Sirenen in Unteritalien. ↗ Neapel.

Parther, iran. Reitervolk und Gründer eines oriental. Großreiches; Aufbruch unter Arsakes I. in die Provinz Parthia des ↗ Seleukidenreiches; Ausdehnung des Reiches nach O (↗ Baktrien) und W. Mithradates I. (160–137 v. Chr.) aus der Dynastie der Arsakiden beherrschte bereits Mesopotamien; Mithradates II. (123–87 v. Chr.) machte Armenien zum Vasallenkönigtum und geriet im Rahmen von Sullas Kriegsführung in Kleinasien zum erstenmal mit den Römern in Konflikt. 53 v. Chr. folgt eine militär. Auseinandersetzung um die Euphratgrenze (Sieg bei Karrhae); Augustus besiegte die P.; die röm. »Friedenspolitik« (*pax Augustana*) erreichte ihren Höhepunkt unter ↗ Trajan. Die uneinheitl. Struktur mit Unterkönigen führte zu

Parthenon in Athen

Thronstreitigkeiten. Seit Mitte des 2. Jh. n. Chr. führten Gebietsverluste und Nomadeneinfälle zum Niedergang; 226 Tod des letzten Königs ⁊ Artabanos V. bei einem Sasanidenaufstand. In der Verwaltung des Reiches ebenso wie in der Kultur finden sich hellenist. Elemente und die griech. Amtssprache, später auch der Einfluss röm. Traditionen. **Lit.:** K.-H. Ziegler, Die Beziehungen zwischen Rom und dem P.reich (1964). – K. Schippmann, Grundzüge der parth. Geschichte (1980). – R.N. Frye, The History of Ancient Iran (1984).

Parzen ⁊ Moiren

Pasiphaë (gr. Pasiphaë), Tochter des Helios, Gattin des kret. Königs Minos, der es versäumt hat, einen prächtigen Stier dem Poseidon zu opfern. Zur Strafe erfasst P. eine unbändige Begierde nach dem Stier, von dem sie sich in einer von ⁊ Dädalus konstruierten künstl. Kuh begatten lässt. Das Ergebnis dieser Paarung ist der ⁊ Minotauros, ein schreckl. Mischwesen aus Mensch und Stier.

Pass ⁊ Alpen

Passus (lat., »[Doppel-]Schritt«), Grundeinheit des röm. Längen- und Wegemaßes, die etwa 5 Fuß (*pedes*), ca. 1,48 m, entsprach. 1000 P. bildeten eine röm. Meile (die Meilenangabe erfolgte immer im Plural: *milia passuum*), nach der Straßen vermessen und Marschleistungen angegeben wurden. ⁊ Meilensteine sind aus allen röm. Provinzen erhalten und bilden wertvolle Quellen bei der Erforschung antiker Straßenverläufe sowie privater und militär. Mobilität.

Pater familias (lat., »Vater der Familie«), allmächtiges Oberhaupt einer röm. ⁊ Familie mit allen zu ihr gehörenden Menschen und Sachen. Im Rahmen der väterl. Hausmacht (*patria potestas*) konnte der P. f. sogar über Leben und Tod von Familienmitgliedern entscheiden, etwa ein Kind nach der Geburt zurückweisen und aussetzen lassen (⁊ Kindesaussetzung). Volljährige ehel. Kinder und deren Nachkommen unterstanden bis zum Tod des P. f. dessen Hausmacht, wenn ihre Zugehörigkeit nicht zuvor durch Entlassung in eine andere Familie (*capitis deminutio minima*), durch ⚯ Adoption oder ⚯ Emancipatio geendet hatte. Die Macht des P. f. wurde erst in der Kaiserzeit eingeschränkt. **Lit.:** J. F. Gardner, Frauen im antiken Rom (1995).

Pater patriae (lat., »Vater des Vaterlands«), eine Bezeichnung, die in der späten Republik aufkam; sie wurde in der Form *parens patriae* bereits auf Cicero angewandt und später als Ehrenbezeugung an Caesar verliehen. Seit Augustus 2 v. Chr. vom Senat der Titel *pater patriae* übertragen wurde, fand er Eingang in die offizielle Kaisertitulatur und wurde – mit Ausnahme des Tiberius – von allen Kaisern der Folgezeit getragen. In Inschriften und auf Münzen erscheint der Titel unter dem Kürzel PP.

Pathologie (gr., »Lehre vom Leiden«), Lehre von den Krankheiten. Zur P. gehörten die Lehre von den Ursachen einer Krankheit (Aitiologie), die Erkennung und Zuordnung der Symptome zu einem Krankheitsbild (Diagnose) und die Früherkennung des Krankheitsverlaufes (Prognose). Antike Mediziner glaubten, Krankheiten seien das Ergebnis einer schlechten Mischung (Dyskrasie) der Körpersäfte, eine Vorstellung, die sich bis ins 19. Jh. hielt. – Als P. wird in der Klass. Philologie der Text in Thukydides 3, 82 bezeichnet: eine Schilderung der Folgen der Bürgerkriegswirren auf Kerkyra (Korfu), die zu einer Umwertung der bisher akzeptierten Normen des bürgerl. Zusammenlebens führten.

Patmos, kleine, felsige, aus Vulkangestein bestehende Insel der südl. ⚯ Sporaden vor der kleinasiat. Küste. Vom antiken Ort existieren nurmehr wenige Reste auf dem Berg Kastelli. In der Antike war P. unbedeutend und gehörte zu Milet; belegt ist ein Artemiskult. Beliebter Verbannungsort in der Kaiserzeit war P., so u. a. in domitian. Zeit, Exil des Evangelisten Johannes, der hier die Apokalypse verfasst haben soll. 1088 n. Chr. erfolgte die Gründung des Johannesklosters, ausgestattet mit Fresken und einer reichhaltigen Bibliothek, um das sich der moderne Hauptort gruppiert.

Patristik, eigentlich *theologia patristica* oder *Patrologia*, die Wissenschaft von den ⚯ Kirchenvätern.

Patrizier, im Gegensatz zu den ⚯ Plebeiern die Angehörigen des alten ⚯ Adels in Rom. Ursprünglich waren die polit. Funktionen nur ihnen vorbehalten, doch mussten sie die Macht nach den ⚯ Ständekämpfen mit den Plebeiern teilen. Im Laufe der frühen und mittleren Republik verschmolzen die P. mit den vornehmsten Plebeiergeschlechtern zu einer neuen Oberschicht, der Nobilität.

Patrocinium, eine spätantike Wortbildung, bezeichnet die Abhängigkeit von ⚯ Freigelassenen, Kolonen und anderen Bevölkerungsgruppen von einem ⚯ Patron. Der Begriff fand später Eingang in die Rechtssysteme der german. Nachfolgestaaten des röm. Reiches.

Patroklos, engster Freund ⚯ Achills, ein tapferer Kämpfer im ⚯ Trojan. Krieg, in dem er in Achills Rüstung von Hektor getötet wird (Homer, *Ilias* 16). Bei seinem Begräbnis rächt sich Achill für seinen Tod mit der Ermordung von zwölf trojan. Gefangenen und greift darauf wieder in den Kampf ein.

Patron (lat. patronus), Begriff des röm. Rechts. Der P. vertritt seine Klienten (*clientes, clientela*) vor Gericht. Sogar ganze Provinzen konnten sich einen einflussreichen Römer als P. suchen, der ihre Interessen vor Gericht vertrat (⚯ Rechtsprechung). Im erweiterten Sinn kann man auch das literar. Mäzenatentum als eine Sonderform des Verhältnisses P.-Klient erklären (⚯ Maecenas, ⚯ Messalla Corvinus, Asinius ⚯ Pollio). **Lit.:** B. C. Gold (Hg.), Literary and Artistic Patronage in Ancient Rome (1982).

Paulinus, Bischof von Nola 404–415 n. Chr., geb. um 354 in Aquitanien, gest. 22. 6. 431 n. Chr., lat.-christl. Dichter und Asket, Schüler des Ausonius. P. verfasste (13 erhaltene) Geburtstagsgedichte für seinen Schutzpatron Felix und eine Vielzahl von Briefen, z. T. an Ausonius, in denen er sich nicht nur mit aktuellen Themen, sondern mit grundsätzl. Glaubensfragen auseinandersetzt.

Paulos von Ägina, griech. Mediziner, gest. 642 n. Chr. in Alexandria. Erhalten ist eine ⚯ Epitome der Medizin in sieben Büchern, die vorwiegend auf Galen und Or(e)ibasios beruht.

Paulos Silentiarios, griech. Dichter, 6. Jh. n. Chr. Erhalten sind 80 Epigramme, häufig mit erot. Themen. Sein Hauptwerk ist eine hexametr. ⚯ Ekphrasis der Hagia Sophia in Konstantinopel, die anlässlich der Einweihung am 6.1.563 vorgetragen wurde. **Lit.:** P. Friedländer, Johannes von Gaza und P. S. (1912).

Paulus (1), Saulos/Paulos aus Tarsos, ca. 10–62 n. Chr. Durch das in der *Apostelgeschichte* (9, 22, 26) geschilderte ›Damaskuserlebnis‹ wird P. von frommen Juden zum Christentum bekehrt. P. lehnt fortan die strikte Gesetzesbeachtung ab und sieht in der Taufe und den Glauben an Jesus als Heilsweg an. Auf dem sog. Apostelkonzil in Jerusalem setzt er die gesetzesfreie Mission der Heiden durch und begründet damit die Loslösung des Christentums aus dem Judentum. P. beteiligt sich selbst aktiv an der Missionierung durch verschiedene Reisen in Kleinasien, Makedonien und Griechenland. Gegen Ende seines Lebens organisierte er eine Sammlung zugunsten armer Christen in Jerusalem. Nach der christl. Tradition wurde er 62 unter Nero hingerichtet. Seine Briefe dienen der Festigung der von ihm gegründeten Gemeinden bzw. zur Beseitigung von Krisen oder Klärung theolog. Probleme. Von den 13 unter seinem Namen zusammengestellten Briefen gelten sieben als echt (*Römer, 1/2 Korinther, Galater, Philipper, 1 Thessaloniker, Philemon*), die übrigen sind Zeugnisse der frühen P.-Rezeption. In der Theologie hat bes. der *Römerbrief* gewirkt: Augustins Prädestinationslehre und Luthers Verständnis von Gottes Gerechtigkeit gehen auf P.' Brief zurück, ebenso K. Barths Theologie, die in P. das Paradigma christl. Bekehrung sieht. **Lit.:** K. Zimmermann, P. (1962). – O. Kuß, P. (1971). – A. F. Segal, P. the Convert (1990).

Paulus (2), Iulius P., röm. Jurist, ca. 160–230 n. Chr. Unter Kaiser Septimius Severus war er in Rom tätig als Anwalt, Lehrer und jurist. Schriftsteller und leitete die kaiserl. Kanzlei; 220 wurde er von Elagabal verbannt, später aber von M. Aurelius Severus Alexander zurückgerufen. Sein vielseitiges, ca. 80 Titel umfassendes Werk enthält jurist. Kommentare und Elementarschriften, Gutachtensammlungen (*responsa*) und jurist. Monographien; unecht sind die *Lehrmeinungen des Paulus (Pauli sententiae)*. Zur Zeit der justinian. Kompilatoren galt P. als einer der fünf Juristen, deren Werke noch Ansehen genossen. P. ist ein scharfsinniger, in der Kritik anderer Meinungen oft spitzfindiger, von Aristoteles und den Stoikern beeinflusster Jurist. **Lit.:** D. Liebs, in: HLL IV (1997) 150–175.

Pausanias (1) (gr. Pausanias), spartan. Feldherr und Mitglied des Königshauses der Agiaden, führte als Regent für seinen unmündigen Neffen Pleistarchos seit 480 die königl. Amtsgeschäfte und besiegte als Oberbefehlshaber des griech. Heeres 479 die pers. Truppen unter Mardonios in der Schlacht bei Plataä. 478 eroberte er Byzanz, stieß aber durch seinen Hochmut auf die Ablehnung der übrigen Griechen und wurde von Sparta abberufen. Nachdem er Beschuldigungen wegen angebl. Verbindungen zu den Persern zurückweisen konnte, kehrte er 476 nach Byzanz zurück und herrschte dort als Tyrann bis zu seiner Vertreibung 470. Nach Sparta zurückbeordert, nahm er Verbindungen zu den Heloten auf und wurde deswegen unter der Anklage des Hochverrats gestellt. Er suchte Zuflucht im Tempel der Athena Chalkioikos, wo man ihn aber stellte und verhungern ließ (468/67). **Lit.:** M. E. White, Some Agiad Dates, P. and His Sons, in: JHS 84 (1964) 140–52. – H. Bengtson, Griech. Staatsmänner (1983) 77–93. – GGGA (1999).

Pausanias (2) (gr. Pausanias), spartan. König 408–394 v. Chr., Enkel des Siegers von Plataä, trug 403, bevor die Herrschaft der Dreißig Tyrannen in Athen gestürzt worden war, durch Verhandlungen mit den Demokraten maßgeblich zur friedl. Lösung der Krise bei. Nach der Schlacht bei Haliartos (395), in der Lysander fiel, musste P., dem die Niederlage angelastet wurde, aus Sparta fliehen und starb im Exil in Tegea.

Pausanias (3) (gr. Pausanias), Sohn des Kerastos, ein früherer Höfling, ermordete 336 v. Chr. Philipp II. von Makedonien, angeblich aus persönl. Motiven. Da er unmittelbar nach der Tat selbst getötet wurde, blieben die wahren Hintergründe im Dunkeln. Bereits in der Antike gab es Spekulationen, dass er von Olympias, der Frau Philipps, angestiftet worden sein könnte.

Pausanias (4) (gr. Pausanias) aus Magnesia, ca. 110–180 n. Chr., Verf. der Beschreibung Griechenlands in zehn Büchern. Das Werk ist als Beschreibung einer Reise angelegt, die den Autor durch die berühmten Heiligtümer und Städte führt (Buch 1 Attika, Megara, 2 Argolis, 3 Lakonien, 4 Messenien, 5/6 Elis, 7 Achäa, 8 Arkadien, 9 Böotien, 10 Phokis, Delphi). Sein Interesse sind Bauten und Skulpturen der archaischen und klass. Zeit und die mit den Orten verbundenen Feste. Seine Beschreibungen sind durch die rhetor. Praxis der ↗ Ekphrasis geprägt, die Landschaft findet keine Berücksichtigung; sie scheinen auf Autopsie zu beruhen. **Lit.:** Chr. Habicht, P. und seine Beschreibung Griechenlands (1985).

Pavor ↗ Phobos

Pax, in der röm. Religion die göttlich verehrte Personifikation des Friedens, der Augustus einen Altar, die *Ara Pacis Augustae,* Vespasian einen Tempel errichten ließ.

Pegasos, ein geflügeltes Pferd, das mit Chrysaor der Medusa entspringt, als Perseus sie enthauptet. Es wird von ↗ Bellerophon gefangen und gezähmt.

Peirithoos, myth. König der ↗ Lapithen, Sohn des Ixion und der Dia, Freund des Theseus. Er nimmt an der ↗ Kalydon. Jagd teil und führt siegreich den Kampf gegen die ↗ Kentauren, die sich an seiner Hochzeit an seiner Gattin Hippodameia vergreifen. Da er mit Theseus Persephone aus dem Hades rauben will, muss für immer in der Unterwelt auf dem Stuhl der Lethe (Vergessen) sitzen; nach einer anderen Version wird er in der Unterwelt an einen Felsen gekettet.

Peisinoë (gr. Peisinoë), eine der ↗ Sirenen.

Peisistratos, ca. 600–528/27 v. Chr., Tyrann in Athen, nützte soziale Unruhen und regionale Gegensätze aus, um 561/60 die Macht in seiner Heimatstadt zu erringen. Zweimal durch seine polit. Gegner vertrieben, kehrte er 546/45 mit Unterstützung auswärtiger Söldner zurück, ergriff endgültig die Macht und bewahrte sie bis zu seinem Tod. Bei seiner Regierung stützte er sich bes. auf die Landbevölkerung. Er initiierte ein reges Bauprogramm und stiftete vermutlich die Großen Dionysien und den Tragödienwettstreit. Außenpolitisch gelang es ihm, durch gute Beziehungen den athen. Handel zu fördern und Sigeion zurückzuerobern. Nach seinem Tod (528/27) ging die Herrschaft auf seine Söhne Hippias und Hipparchos über. **Lit.:** M. Stahl, Aristokraten und Tyrannen im archaischen Athen (1987). – GGGA (1999).

Peitho, griech. Göttin der Überredung, zumeist Beiname der Liebesgöttin ↗ Aphrodite.

Pelagius, vermutlich aus Irland stammender Theologe des 4./5. Jh. n. Chr. Als entschiedener Gegner der Gnadenlehre Augustins trat er auf der Basis stoischer Gedanken für die durch keine Erbsünde belastete Unverdorbenheit der menschl. Seele ein, so dass der Mensch die freie Entscheidung zum Guten oder Bösen hat. Auf Betreiben Augustins wurde er 411 in Afrika und später im ganzen röm. Reich verurteilt. **Lit.:** J. Ferguson, P. (1956).

Pelasger, myth. Volksgruppe evtl. aus Nordgriechenland, die als Verbündete der Trojaner »aus Larisa« bereits bei Homer auftaucht; zahlreiche Erwähnungen in der antiken Literatur; vielleicht war eine Landschaft in Ostthessalien mit Namen Pelasgiotis Heimat der P., das vollständige Fehlen archäolog. und inschriftl. Zeugnisse macht jedoch eine zeitl. oder geograph. Einordnung unmöglich. Der Begriff P. wurde zur allgemeinen Bezeichnung für die vorgriech. Urbevölkerung der Ägäis. **Lit.:** F. Lochner-Hüttenbach, Die P. (1960).

Pelasgiotis (Landschaft in Ostthessalien) ↗ Pelasger.

Pelasgos, legendärer Stammvater und Eponym der ↗ Pelasger, der Ureinwohner Griechenlands. Nach einer arkad. Sage Sohn des Zeus und der Niobe, nach einer argiv. Version König von Argos, der Demeter bei ihrer Suche nach Persephone gastfreundlich aufnimmt und ihr einen Tempel errichtet, in der thessal. Sage Sohn des Poseidon und der Larissa, der mit seinen Brüdern Achaios und Phthios die Peloponnes verlässt und in Thessalien der Region seinen Namen gibt.

Peleus (gr. Peleus), legendärer König von Phthia in Thessalien, Sohn des Königs Aiakos, Vater Achills. Er wird von seinem Vater zusammen mit seinem Bruder Telamon nach der Ermordung ihres Halbbruders Phokos verbannt. Bei der ↗ Kalydon. Jagd tötet er versehentlich seinen Schwiegervater Eurytion und muss erneut fliehen. Er gelangt nach Jolkos zu König Akastos, dessen Frau ↗ Astydameia sich in ihn verliebt. Da P. sie zurückweist, treibt Astydameia seine Frau Antigone in den Tod und bezichtigt P. bei ihrem Mann der Verführung. P. gelingt es, mit der Hilfe des Kentauren Chiron der Rache des Akastos zu entkommen. Zurück in Phthia erhält er die Nereïde ↗ Thetis zur Frau, mit der er Achill zeugt, der später im ↗ Trojan. Krieg für seinen mittlerweile zu alten Vater kämpft.

Pelias (gr. Pelias), Sohn des Poseidon und der ↗ Tyro. Als Kinder ausgesetzt, wachsen er und sein Bruder Neleus bei König Kretheus auf. Später ermorden sie Sidero, die ihre Mutter misshandelte. Sie bringen ihre Mutter zu Kretheus, der sie heiratet und die Zwillinge adoptiert. Nach dessen Tod verdrängt P. seinen Halbbruder Aison vom Thron und verbannt Neleus. Ein Orakel warnt ihn, er solle sich vor einem Mann mit nur einem Schuh in acht nehmen. P. schickt deshalb Aisons Sohn Jason, der ihm mit nur einem Schuh begegnet ist, aus, das ↗ Goldene Vlies zu holen. Jasons Frau ↗ Medea lässt ihn aus Rache von seinen Töchtern zerstückeln, indem sie ihnen vorspiegelt, den alten Mann jungkochen zu können.

Pelikan (gr. pelekinos), in der Antike relativ unbekannte, heute weltweit verbreitete Gattung der Ruderfüßler, die in der Antike auch im Mittelmeerraum und auf dem Balkan vorkam. Die Griechen kannten den P. allerdings nicht vor Ende des 5. Jh. v. Chr. Im ↗ Physiologus wird angegeben, dass der P. sein Blut für seine Jungen opfere, weshalb der Vogel als Sinnbild für den Opfertod Christi in die christl. Symbolik einging. **Lit.:** O. Keller, Antike Tierwelt II (1913) 237 ff.

Pelike (gr.), die gebräuchl. Bezeichnung für eine Sonderform der Amphore, die gegen Ende des 6. Jh. v. Chr. in Athen aufkam. Dieses Vorratsgefäß mit zwei senkrechten Henkeln hat eine breite wulstige Lippe, einen gedrungenen, beutelförmig durchhängenden Körper und steht auf einem breiten Fuß, der ihm eine hohe Standfestigkeit verleiht. **Lit.:** I. Scheibler, Griech. Töpferkunst (^{2}1995).

Pella, an einem schiffbaren Fluss in Küstennähe des Thrak. Meeres gelegene Hauptstadt des Königreiches Makedonien (heute Agii Apostoli); vom Beginn des 4. Jh. v. Chr. bis zur röm. Eroberung (168) bedeutende Handelsstadt. Von ↗ Archelaos I. anstelle von ↗ Aigai zur Hauptstadt erhoben, wurde P. Heimat ↗ Philipps II. und Alexanders d. Gr. Später war P. Verkehrsknotenpunkt durch Anlage der ↗ Via Egnatia, verlor aber in röm. Zeit an Bedeutung, da der röm. Statthalter seit 148 Thessalonike als Sitz wählte. Jüngste Ausgrabungen brachten neben Nekropolen einen regelmäßigen, großzügig angelegten Stadtplan aus dem 4. Jh. v. Chr. mit Kanalsystem zu Tage. Neben einstöckigen, z. T. mit Mosaiken geschmückten Häusern fanden sich eine mit Säulen umgebene Agora und Überreste eines königl. Palastes. **Lit.:** ASM (1999).

Pelopeia (gr. Pelopeia) (auch Pelopia), Tochter des ↗ Thyest, der mit ihr ↗ Ägisth zeugt. Thyest stiftet zu diesem Inzest an wegen eines Orakels, demzufolge Ägisth Thyests Bruder ↗ Atreus und seinen Nachkommen schaden werde.

Pelopidas (gr. Pelopidas), theban. Feldherr, erzwang 379 v. Chr. den Abzug der spartan. Besatzung aus Theben. In der Folge mehrfach Boiotarch (oberster Beamter des Böot. Bundes), war er 371 am Sieg des Epaminondas in der Schlacht bei Leuktra beteiligt, die der spartan. Hegemonie ein Ende setzte. 370/69 unternahm er mit Epaminondas einen Feldzug in die Peloponnes, der zur Herauslösung Messeniens aus dem spartan. Staatsverband führte. Er fiel 364 bei Kämpfen in Thessalien. **Lit.:** J. Buckler, Theban Hegemony (1980).

Peloponnes (gr., »Insel des Pelops«), die südl. Halbinsel Griechenlands, mit dem Festland verbunden durch den Isthmos von Korinth; ↗ Sparta, ↗ Epirus, ↗ Messenien, ↗ Argolis, ↗ Achäa, ↗ Arkadien, ↗ Lakonien

Peloponnesischer Bund, moderner Begriff für ein Bündnissystem, das in klass. Zeit (6. – 4. Jh. v. Chr.) unter der Hegemonie Spartas den größten Teil der ↗ Peloponnes umfasste. Der P. B. entstand im 6. Jh. v. Chr. durch das spartan. Machtstreben, dem sich die übrigen Poleis und Landschaften der Halbinsel teils freiwillig (Korinth, Sikyon, u. a.), teils gezwungenermaßen (Tegea, u. a.) unterordneten. Außerhalb des Bundes blieben lediglich ↗ Argos, der traditionelle Gegner Spartas, sowie die Landschaft ↗ Achäa, die eigene Wege ging. Die Verfassung des P. B.s war eher locker und regelte bes. eine gemeinsame Kriegsführung. Im Bundesrat war jedes Mitglied formal gleichberechtigt, doch wurden die Abstimmungen durch den Willen Spartas dominiert. Kam ein Kriegsbeschluss zustande, mussten die Bundesgenossen zwei Drittel ihrer Streitkräfte zur Verfügung stellen, die bei gemeinsamen Aktionen unter dem Oberbefehl Spartas standen. Bes. im 5. Jh. bildete der P. B. das zentrale Machtinstrument Spartas, mit dem es dem polit. Hegemonieanspruch Athens (↗ Att. Seebund) entgegentrat. Nach dem Ende des ↗ Peloponnes. Krieges (404) kam es im 4. Jh. durch spartan. Übergriffe gegen die Rechte der Bundesgenossen zur Krise des P. B.s, die nach dem Zusammenbruch der spartan. Vormachtstellung im Zuge der Schlacht bei ↗ Leuktra (371) zu seiner völligen Auflösung führte (366/65). **Lit.:** K. Wickert, Der P. B. (1961).

Peloponnesischer Krieg (431–404 v. Chr.), Krieg um die Vorherrschaft in der griech. Welt zwischen Athen und seinen Bundesgenossen (↗ Att. Seebund) einerseits und Sparta und seinen Bundesgenossen (↗ Peloponnes. Bund) andererseits. Hauptquelle ist das Geschichtswerk des ↗ Thukydides, das die Jahre 431–411 behandelt; die Endphase (411–404) ist durch die *Hellenika* des ↗ Xenophon überliefert, der unmittelbar an Thukydides anschließt. – Anlass des Konflikts waren Übergriffe Athens gegen die Interessen der spartan. Verbündeten ↗ Korinth und ↗ Megara, die Sparta zum Eingreifen zwangen. Tiefere Ursache hingegen war der machtpolit. Gegensatz zwischen Athen und Sparta, der eine Koexistenz immer schwieriger werden ließ. Der Krieg selbst lässt sich in zwei Phasen einteilen, den Archidam. Krieg (431–421) und den Dekeleischen Krieg (413–404) dem die Sizil. Expedition (415–413) vorausging, unterbrochen durch eine Phase eines brüchigen Friedens (sog. Nikiasfrieden, 421). – Im ersten Abschnitt (*Archidam. Krieg*) war es die Strategie der Landmacht Sparta, durch wiederholte Einfälle in Attika den Gegner zu zermürben. Die Bevölkerung Athens musste innerhalb der mit der damaligen Kriegstechnik uneinnehmbaren »Langen Mauern« (↗ Piräus) Schutz suchen. Dies begünstigte 430 den Ausbruch der großen Seuche, die zahlreiche Opfer forderte (darunter Perikles) und der Stadt großen Schaden zufügte. Demgegenüber versuchte Athen, einem Plan des Perikles folgend, gestützt auf seine Seemacht durch gezielte Flottenoperationen gegen die Peloponnes Sparta und seine Bundesgenossen zu treffen und so allmählich in die Knie zu zwingen. Obwohl Sparta dadurch bis 424 in eine schwierige Situation geriet, gelang es dem Feldherrn ↗ Brasidas 424–422, die athen. Position auf der ↗ Chalkidike und in ↗ Thrakien entscheidend zu schwächen. Dadurch wurde der Weg frei zu einem Friedensschluss auf Grundlage des Status quo (sog. *Nikiasfrieden*, 421), der beiden Parteien eine Atempause verschaffte. Während Sparta in der Folgezeit mit Auflösungserscheinungen innerhalb seines Bündnissystems zu kämpfen hatte (421–418), unternahm Athen auf Betreiben des ↗ Alkibiades den Versuch, auf Sizilien Fuß zu fassen und ↗ Syrakus zu erobern (415–413). Diese *Sizil. Expedition* endete 413 mit der vollständigen Vernichtung der athen. Streitkräfte durch die Syrakusaner und ihre Verbündeten. Dadurch ermutigt, unternahm Sparta einen neuen Anlauf, Athen niederzuringen. In diesem sog. *Dekeleischen Krieg* (413–404) (nach ↗ Dekeleia, einem nun ständig besetzten spartan. Vorposten in Attika) begann Sparta, mit pers. Unterstützung eine eigene Flotte aufzubauen und Athen die Seeherrschaft streitig zu machen. Nach wechselvollen Kämpfen gelang es ↗ Lysander, die athen. Flotte bei Aigospotamoi zu vernichten (405). Das dadurch vom Nachschub abgeschnittene Athen musste im Jahr darauf (404) bedingungslos kapitulieren. – Der P. K. wurde unter Anspannung aller Kräfte geführt und hat die griech.

Poliswelt auf Dauer geschwächt. Sparta hatte zwar zunächst die Hegemonie errungen, doch um den Preis einer zunehmenden Einmischung der Perser in die griech. Politik. **Lit.:** D. Kagan, The Outbreak of the Peloponnesian War (1969). – Ders, The Archidamian War (1974). – Ders. The Fall of the Athenian Empire (1987).

Pelops, Sohn des lyd. Königs Tantalos, Vater des ↗ Atreus, Thyest und Chrysippos. Tantalos will die Allwissenheit der Götter auf die Probe stellen, indem er P. tötet und ihnen sein Fleisch zum Mahle vorsetzt. Die Götter durchschauen seinen Plan bis auf Demeter, die in Gedanken an Persephone unachtsam ein Stück seiner Schulter isst. P. wird von den Göttern wieder zum Leben erweckt und erhält als Ersatz ein Schulterstück aus Elfenbein. Später verliebt sich Poseidon in ihn, holt ihn als seinen Mundschenk auf den Olymp und schenkt ihm für den Wettkampf mit ↗ Oinomaos ein geflügeltes Pferdegespann. Nach einer anderen Version gewinnt er das Rennen durch Bestechung des Wagenlenkers, ↗ Myrtilos.

Peltasten (gr. Peltastai), im frühen 4. Jh. v. Chr. von ↗ Iphikrates eingerichtete athen. ↗ Söldnertruppe nach Vorbild der thrak. Leichtbewaffneten. Die P. trugen als Bewaffnung (↗ Rüstung) einen leichten, blattförmigen Schild (*pelte*) aus Flechtwerk oder Holz, ein langes Schwert und eine Stoßlanze; sie wurden sowohl im Nahkampf als auch als Unterstützung der ↗ Hopliten eingesetzt.

Pelusium, gr. Pelusion, am östl. Nildelta gelegene Grenzstadt (heute Tell-el-Farama) an der Schiffsroute nach Memphis. Als strategisch wichtiger Punkt war P. immer ein Zankapfel zwischen den Mächten; der pers. König ↗ Kambyses schlug hier 525 v. Chr. die Ägypter; 342 ergab sich die Stadt Artaxerxes III. Ochos. Alexander d.Gr. eroberte die Stadt kampflos, die nachfolgenden Ptolemäer bauten sie als wichtige Zollstation zur Festung aus. Antiochos IV. Epiphanes gab die bereits eroberte Stadt nach röm. Intervention wieder auf. Bekannt sind die Kulte der ↗ Isis als Seefahrergöttin und die Verehrung der Zwiebel, was zum Angriffspunkt christl. Spottes wurde. In röm. Zeit war P. eine wichtige Straßenstation auf dem Weg zum Roten Meer.

Pemphredo, eine der drei ↗ Graien.

Penaten, alte röm. Götter der Vorratskammer (lat. *penus*), die im Haus neben dem Herd verehrt wurden. Später wurden sie in den Staatskult aufgenommen und im Tempel der Vesta, der Göttin des Herdfeuers, verehrt. **Lit.:** A. Dubourdieu, Les Origines et le développement du culte des Pénates (1989).

Peneios (lat. Peneus), zwei bedeutende Flüsse Griechenlands: **1.** der thessal. Peneios, dessen Quelle im ↗ Pindos liegt und der im Thermaischen Golf in die Ägäis fließt; **2.** Fluss in der Landschaft Elis, der im ↗ Erymanthos entsprang und nach Durchquerung der Ebene um die Stadt Elis ins ↗ Jon. Meer mündete.

Peneleos, Sohn des Hippalkmos, einer der Führer der Böotier im Trojan. Krieg. Er wird von Eurypylos, dem Sohn des ↗ Telephos, getötet.

Penelope (gr. Penelope), Tochter des ↗ Ikarios, Gattin des ↗ Odysseus, des Königs von Ithaka, die zwei Jahrzehnte treu auf ihren Mann wartet. In dieser Zeit macht ihr eine Vielzahl von Freiern den Hof, die sie sich in den letzten drei Jahren durch das Weben eines Leichentuchs, das sie nachts immer wieder auftrennt, vom Leibe hält. In der antiken Literatur (z. B. Ovid, *Heroides* 1) wird sie zum Paradigma unerschütterl., ehel. Treue.

Penesten (gr. Penestai), **1.** unfreie bäuerl. Bevölkerung in Thessalien (die antiken Quellen sehen sie als Halbfreie, ähnlich den spartan. ↗ Heloten). **2.** Illyr. Volksstamm mit Siedlungsgebiet in der Nähe des Ochridasees, erstmals erwähnt 169 v. Chr. als *amici populi Romani* (»Freunde des röm. Volkes«).

Pentakosiomedimnoi (gr., »Fünfhundertscheffler«). Nach den Reformen des ↗ Solon bildeten sie die oberste der vier Zensusklassen in Athen. Sie mussten einen jährl. Ertrag von mindestens 500 Scheffeln Getreide bzw. gleichwertige Einnahmen nachweisen. Nur ihnen stand bis zur Einführung der ↗ Demokratie das Recht zu, Archonten (↗ Archon) zu stellen.

Pentameter, Begriff der Metrik, zweiter Vers des eleg. Distichons, bestehend aus zwei Hemiëpeis (–∪∪–∪∪––∪∪–∪∪–), wobei im zweiten Teil keine Spondeen erlaubt sind.

Pentapolis (gr., »Fünfstadt«), allgem. Bezeichnung für den Zusammenschluss von fünf Städten in der Antike; z. B. in der libyschen Kyrenaika (↗ Kyrene), in Phrygien oder Palästina.

Pentekontaëtie (gr., »Zeitraum von 50 Jahren«), von ↗ Thukydides geprägter Begriff für die Epoche der griech. Geschichte vom Ende der ↗ Perserkriege bis zum Beginn des ↗ Peloponnes. Krieges (479–431). Die P. war durch den Dualismus zwischen Athen und Sparta geprägt, durch ihre jeweiligen Bündnissysteme (↗ Att. Seebund, ↗ Peloponnes. Bund) die polit. Entwicklung beherrschten. Sie gilt als »goldenes Zeitalter« des klass. Griechenland. **Lit.:** W. K. Pritchett, Thucydides' Pentakontaetia and Other Essays (1995).

Pentelikon, bis zu 1.109 m hohes Gebirge nordöstl. von Athen; bekannt bes. durch seine Marmorbrüche, die für die klass. Bauten Athens das Baumaterial lieferten.

Penthemimeres, Begriff der Metrik, Zäsur im daktyl. Hexameter nach fünf halben Metren, d. h. nach dem dritten Longum (–∪∪–∪∪– = Hemiëpes).

Penthesilea (gr. Penthesileia), schöne Königin der ↗ Amazonen, Tochter des Ares. Sie kämpft auf der Seite des Priamos im ↗ Trojan. Krieg, in dem sie durch ↗ Achill umkommt. Als dieser der Toten die Rüstung abnimmt, verliebt er sich leidenschaftlich in sie.

Pentheus (gr. Pentheus), zweiter myth. König von Theben, Sohn der Agaue und des Echion. Als Gegner des Dionysos und des ekstat. Dionysoskultes (↗ Bacchanalien) lässt er den Gott bei dessen Ankunft gefangennehmen und wird dafür mit dem Tode bestraft. Bei seinem Versuch, die ↗ Mänaden, zu denen auch Agaue gehört, bei ihrer kult. Raserei zu beobachten, wird er von ihnen entdeckt und wie ein wildes Tier

Achill tötet Penthesilea
(Vase des Exekias, um 540 v. Chr.)

zerrissen. Agaue trägt triumphierend den Kopf ihres eigenen Sohnes in die Stadt in der Meinung, sie habe einen Löwen erlegt (Euripides, *Bakchen*).

Perdikkas, Feldherr Alexanders d. Gr., einer der Diadochen. Seit 330 Leibwächter des Königs, wurde er nach dem Tode Hephaistions (324) Chiliarch und damit oberster Feldherr; auf dem Totenbett übergab ihm Alexander seinen Siegelring. Von der Heeresversammlung in Babylon nach dem Tode des Königs (323) de facto zum Reichsverweser bestellt, vertrat er in der Folgezeit energisch die Interessen des Gesamtreiches gegen zentrifugale Tendenzen und schlug den Aufstand der Griechen in Baktrien nieder (323/22). Als sich Antipater, Krateros und Ptolemaios, die seine Vormachtstellung ablehnten, gegen ihn verbündeten, überließ er seinem Kampfgefährten Eumenes von Kardia die Verteidigung Kleinasiens, während er selbst Ptolemaios in Ägypten angriff. Nach verlustreichen Kämpfen fiel er einer Verschwörung seiner eigenen Offiziere zum Opfer (321/20). Nachfolger als Reichsverweser wurde Antipater. **Lit.:** H. Berve, Alexanderreich II (1926) Nr. 627. – H. Bengtson, Die Diadochen (1987).

Peregrinus (lat., »Fremder«), ein Freier, der nicht das röm. Bürgerrecht besaß. Er stand außerhalb der engeren röm. Gemeinschaft und lebte nach seinen einheim. Regeln. Bei Rechtsstreitigkeiten mit röm. Bürger war der *praetor peregrinus* zuständig. Durch seine Tätigkeit entwickelte sich im Laufe der Zeit das *ius gentium*, eine Art Völkerrecht, im Gegensatz zum ↗ Bürgerrecht, dem *ius civile*, das später auch auf röm. Bürger Anwendung fand. Mit der Ausweitung des Bürgerrechts in der Kaiserzeit nahm die Bedeutung der P. stetig ab, bis die Unterscheidung zwischen Bürger und P. durch die ↗ *Constitutio Antoniniana* (212) gegenstandslos wurde.

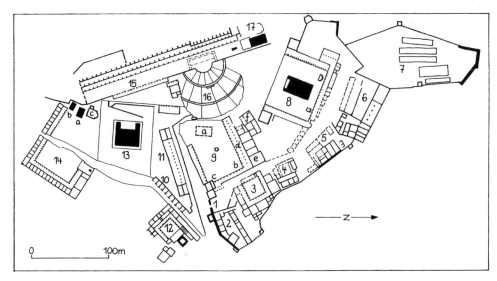

1 Haupttor	8 Traianeum	10 Läden	c) Bau unklarer
2 Quartiere der Torwache	9 Athenaheiligtum	11 Halle	Bestimmung
3 Hellenistisches	a) Athenatempel	12 Heroon	15 Theaterterrassen
Wohnhaus	b) Einschiffige Halle	13 Zeusaltar	16 Theater
4–6 Wohngebäude	c) Propylon	14 Obere Agora	17 Dionysostempel
7 Arsenal	d) Halle an der Nordseite	a) Markttempel	
	e) Bibliothek	b) Hellenistischer	
	f) Museion	Antenbau	

Pergamon, oberer Burgberg

Pergament (gr. diphtera; lat. membrana), stabiler Schriftträger aus enthaarten, mit Bimsstein oder Kreide geglätteten, aber ungegerbten Tierhäuten (Rind, bes. Kalb; Schaf, Ziege), die unter Spannung getrocknet wurden. Das um 180 v. Chr. in Pergamon entwickelte Material diente zunächst dem Eigenbedarf der großen Bibliothek; der Name der Stadt wurde bald zur Sachbezeichnung. Allmählich, ab dem Ende des 3. Jh. n. Chr. verstärkt, setzte sich P. gegen ↗Papyrus durch, da P. zwar gerollt, aber auch in Lagen bis 4 Blatt (Quaternionen) zu größeren Werken zusammengeheftet werden konnte (↗Codex). Die Möglichkeit der Beschriftung auf beiden Seiten sowie Haltbarkeit und Langlebigkeit machten P. ab dem 4. Jh. n. Chr. zum übl. Beschreibstoff für Bücher. **Lit.:** H. Blanck, Das Buch in der Antike (1992) 62 f.

Pergamon (heute Bergama, Türkei), Stadt und Festungsanlage im NW Kleinasiens und ab 283 v. Chr. gleichnamiges Königreich der Attaliden (↗Diadochen); nach der Gründungssage von ↗Telephos gegründet; unter Philetairos polit. Aufstieg des pergamen. Staates durch geschicktes Taktieren während der Diadochenkämpfe; Erweiterung des Reiches unter ↗Eumenes I. (263–241) bis zur Küste und zum Idagebirge bei Troja. ↗Attalos I. (241–197) verteidigte sein Reich erfolgreich gegen die Galater, verlor aber einige Gebiete an die Seleukiden. Der kunstsinnige Monarch

stiftete zahlreiche Weihegeschenke, darunter die berühmten Galliergruppen, errichtete prächtige Bauten in Athen und Delphi und bereitete so den Boden für die Blüte von Wissenschaft und Kunst (»pergamen. Barock«) unter seinem Nachfolger Eumenes II. P. besaß auch eine Kopie der Athena Parthenos des Phidias (↗Parthenon). Attalos III. vermachte sein Reich testamentarisch dem röm. Volk (133 v. Chr.); ab 129 war P. Hauptstadt der Provinz ↗Asia; der Sklavenaufstand unter Aristonikos (132–129) war erfolglos. Im 1. Jh. n. Chr. entstand in P. eine der ersten christl. Gemeinden. P. wurde 713 von den Arabern erobert und zerstört. In byzantin. Zeit wiederaufgebaut, blieb es seitdem bedeutungslos. – Vom einstigen Reichtum der Stadt und ihrer Bedeutung als Zentrum von Handel, Kunst (Wolle, Brokatstoffe, Pergament) und Wissenschaft zeugen die seit 1878 durchgeführten Ausgrabungen. Ältester Bau ist der dor. Athenatempel (3. Jh. v. Chr.), umgeben von einer Säulenhalle (ca. 190 v. Chr.). Der von Eumenes gestiftete sog. »Große Altar« (ca. 160) mit dem berühmten Relieffries (Kampf der Götter gegen die ↗Giganten) ist heute Mittelpunkt des Pergamon-Museums auf der Museumsinsel in Berlin. Neben Überresten monumentaler Bauten aus hellenist. und röm. Zeit (Theater, Tempel, Thermen, militär. Anlagen) mit z. T. gut erhaltenem Mosaikschmuck stehen die Reste der Bibliothek, die im 1. Jh. v. Chr.

etwa 200.000 Schriftrollen beherbergte. Daneben befinden sich noch Marktanlagen, ein Asklepiosheiligtum und ein Gymnasium. P. besaß auch ein Wasserleitungssystem auf hohem techn. Niveau, über dessen Wartung und Beaufsichtigung durch spezielle Beamte die Astynomeninschrift informiert. **Lit.:** E. V. Hansen, The Attalids of P. (1971). – J. Hopp, Untersuchungen zur Geschichte der letzten Attaliden (1977). – W. Radt, P. (1988). – ASM (1999).

Perge, griech. Stadt in Pamphylien, ca. 20 km östl. von ⁊ Attaleia (heute Antalya). P. stand im 3. Jh. v. Chr. unter der Herrschaft der Seleukiden, die die Unterstadt mit einer eindrucksvollen Mauer umgaben. Ab 188 v. Chr. gehörte die Stadt zum pergamen. Reich. 80/79 v. Chr. plünderte der röm. Proquaestor ⁊ Verres den Tempel der seit alters in P. verehrten Artemis. P. gehört zu den ältesten Christengemeinden (⁊ Paulus hielt sich mehrfach hier auf). Viele Bauten aus der röm. Blütezeit sind erhalten (u. a. Theater, Stadion, Stadtmauer, Kolonnaden). **Lit.:** ASM (1999).

Periander (gr. Periandros), Tyrann von Korinth ca. 600–560 v. Chr., Sohn und Nachfolger des Kypselos, galt in der Antike als Musterbeispiel des harten, aber gerechten Herrschers und wurde zu den Sieben Weisen gezählt. Unter seiner Regierung erreichte Korinth den Höhepunkt seiner Bedeutung. Vielfältige Handelsbeziehungen, Kolonisationstätigkeiten, die bis ins westl. Mittelmeer reichten, und eine starke Flotte begründeten den Wohlstand der Stadt. Im Inneren war P. um ein stetiges Gleichgewicht zwischen den verschiedenen Bevölkerungsgruppen bemüht und ging gegen Exzesse aller Art vor. Seine angebl. Pläne, den Isthmos von Korinth zu durchstechen, wurden nicht verwirklicht.

Periboia (1), Tochter des Königs der Giganten Eurymedon, die mit Poseidon den ersten König der ⁊ Phäaken, Nausithoos, zeugt.

Periboia (2), Tochter des Akassamenos, die mit dem Flussgott Axios Pelegon, den König der Päonen, zeugt. Sein Sohn Asteropaios wird von Achill getötet.

Periboia (3), Tochter des Alkathos, Enkelin des ⁊ Pelops, die mit ⁊ Telamon ⁊ Aias (1) zeugt.

Periboia (4), Gattin des ⁊ Polybos, Stiefmutter des ⁊ Ödipus.

Periboia (5), Tochter des Hipponoos, zweite Gattin des ⁊ Oineus, Mutter des ⁊ Tydeus.

Peri(h)egese (gr., »das Herumführen«). Von Herakleides Kritikos im 3. Jh. v. Chr. begründete Literaturgattung, die nach Art eines Reiseführers den Rezipienten in wichtigen Orten und Heiligtümern herumführt. Herausragender Vertreter der Gattung ist ⁊ Pausanias.

Perikles (1) (gr. Perikles), 495/90–429 v. Chr., bedeutender athen. Staatsmann und Feldherr, mütterlicherseits ein Angehöriger der ⁊ Alkmäoniden. Politisch trat er erstmals 463 als Ankläger des ⁊ Kimon hervor und schloss sich den radikalen Demokraten unter ⁊ Ephialtes an. Er unterstützte dessen Reformen (Entmachtung des ⁊ Areopags, 462) und stieg nach der Ermordung des Ephialtes allmählich zum Führer der Demokraten auf. 458/57 war er an der Öffnung des

Perikles

Archontats (⁊ Archon) für ⁊ Zeugiten beteiligt und setzte wenig später die Einführung von ⁊ Diäten durch, die auch ärmeren Volksschichten eine polit. Partizipation ermöglichten. 451/50 initiierte er ein Gesetz, das das athen. Bürgerrecht auf Personen beschränkte, die durch beide Elternteile athen. Abstammung waren. Nach einem Konflikt mit Sparta, der 446/45 mit dem Abschluss eines 30-jährigen Friedens endete, suchte P. die Machtstellung Athens auf friedl. Wege auszuweiten. Er unterstützte die Gründung der panhellen. Kolonie ⁊ Thurioi in Unteritalien (445) und suchte den ⁊ Att. Seebund durch die gezielte Gründung von Kleruchien und die Überführung der Bundeskasse von ⁊ Delos nach Athen in eine Art att. Reich zu verwandeln. Seit der Ostrakisierung (⁊ Ostrakismos) seines Gegners ⁊ Thukydides, Sohn des Melesias (443), hatte er auch innenpolitisch keinen ernsthaften Rivalen mehr zu fürchten. Seine Machtstellung lag dabei in seinem ⁊ Strategenamt begründet, das er 15 Jahre lang ununterbrochen ausübte, sowie in seiner Fähigkeit, als ausgezeichneter Redner die Massen der Volksversammlung in seinem Sinne zu lenken. Um Athen militärisch zu schützen, ließ er den ⁊ Piräus durch Errichtung der Langen Mauern mit der eigentl. Stadt verbinden und schuf so ein für Feinde nahezu uneinnehmbares Bollwerk. Auf der Akropolis setzte er ein umfassendes Bauprogramm ins Werk, das die Stellung Athens als führende Stadt Griechenlands für jedermann sichtbar dokumentieren sollte. Gegen Ende der 30er Jahre hielt er eine neue militär. Auseinandersetzung mit Sparta für unvermeidlich und verfolgte nach Ausbruch des ↗ Peloponnes. Krieges (431) eine Strategie der Preisgabe des flachen Landes bei gleichzeitiger Offensive zur See. Bei Ausbruch der großen Pest (430) wandte sich die Stimmung des Volkes aber gegen ihn, und er wurde seines Strategenamtes entsetzt. Obwohl schon bald rehabilitiert, wurde er selbst ein Opfer der Krankheit und starb 429. – P. war zweimal verheiratet. Aus seiner ersten Ehe mit einer Athenerin hatte er zwei Söhne, aus seiner zweiten Ehe mit ↗ Aspasia (seit etwa 450), die als Nichtbürgerin besonderen Anfeindungen ausgesetzt war, hatte er einen weiteren Sohn. Er gilt als der bedeutendste athen. Politiker, unter dessen Führung seine Heimatstadt den Höhepunkt ihrer Macht erreichte. Durch das von ihm initiierte Bauprogramm veränderte er das Erscheinungsbild Athens grundlegend und schuf sich ein Denkmal, das die Jahrhunderte überdauerte. **Lit.:** H. Bengtson, Griech. Staatsmänner (1983) 109–146. – D. Kagan, P. (1992). – Ch. Schubert, P. (1994). – GGGA (1999).

Perikles (2) (gr. Perikl̦es), um 380–362 v. Chr. Herrscher von Limyra in ↗ Lykien. **Lit.:** A. G. Keen, Dynastic Lycia (1998).

Perimȩle (1), Tochter des ↗ Admet, zeugt mit Argos, dem Sohn des ↗ Phrixos, Magnes, nach dem die thessal. Stadt Magnesia benannt wird.

Perimȩle (2), Tochter des Amythaon, zeugt mit Antion, dem Sohn des Periphas, ↗ Ixion.

Perij̦ocha, lat. für ↗ Epitome, »Kurzfassung«.

Periȫken (gr. periȯikoi, »Umwohner«), unterworfene oder unfreie Bevölkerungsteile verschiedener Gegenden Griechenlands, die in der Regel im Umkreis eines Zentrums wohnten und allg. mit geringeren Rechten und Privilegien ausgestattet waren als dessen Bürger. Im engeren Sinne bezeichnet P. in Sparta die freien, aber gegenüber den Spartiaten rechtlich schlechter gestellten Bewohner der Berg- und Küstenregionen Lakoniens: Zutritt zur Volksversammlung (*apella*), aktive Teilnahme am polit. Leben und Ausübung von Ämtern war den P. verwehrt; zur Heeresfolge waren sie jedoch verpflichtet.

Peripatetiker ↗ Peripatos

Peripatos (gr. peripatȩin, »herumgehen«), Schule des ↗ Aristoteles. Der Name bezieht sich darauf, dass Aristoteles nicht den Schulvortrag, sondern das Unterrichtsgespräch im Gehen bevorzugt haben soll. Schuloberhaupt nach Aristoteles waren ↗ Theophrast, ↗ Straton, ↗ Lykon und Ariston. Nach der Einnahme Athens durch Sulla wurde die peripatet. Bibliothek nach Rom gebracht. Unter Aristoteles und Theophrast wurde im P. enzyklopäd. Wissen gelehrt und in systematisierender Weise alle Wissenszweige behandelt. Nachdem zunächst die für ein breiteres Publikum verfassten Schriften des Aristoteles (sog. exoter. Schriften) populär waren, wurden im 1. Jh. v. Chr. auf verschiedenen Umwegen auch die heute noch erhaltenen Lehrschriften durch die Publikation des ↗ Andronikos bekannt. Cicero schließt sich in seinen philosoph. Schriften

häufig der undogmat. Schule des P. an. **Lit.:** F. Wehrli (Hg.), Die Schule des Aristoteles (²1967–78) [Ausg., Kommentar].

Peripetȩie (gr. peripeteia, »Umschlag«), Begriff der Literaturtheorie. Nach der *Poetik* des Aristoteles ist die P. der Handlungsumschwung in einer Tragödie vom Glück zum Unglück, vom Nichtwissen zur Erkenntnis (Paradebeispiel: Sophokles, *König Ödipus*). Die P. ist Merkmal einer Tragödie, die eine verflochtene Handlung aufweist; sie ist häufig mit der ↗ Anagnorisis verbunden. **Lit.:** D. W. Lucas, Aristotle, Poetics (1968) 291–298.

Periphȩtes (1), Sohn des ↗ Hephaistos und der ↗ Antikleia (2), einer der Räuber, die ↗ Theseus zur Strecke bringt. P. tötet die Reisenden mit seiner eisernen Keule, weswegen er den Beinamen *Korynetes* (»Keulenträger«) hat. Er wird von Theseus mit seiner eigenen Waffe erschlagen.

Periphȩtes (2), König von Mygdonien, der gegen Sithon kämpft, um dessen Tochter Pallene als Gattin zu gewinnen, aber von ihm getötet wird.

Periphrȧse (gr. periphrasis, »Umschreibung«), Begriff der Rhetorik, Umschreibung einer Person oder Sache durch kennzeichnende Eigenschaften oder Tätigkeiten.

Periplus (gr., »das Herumfahren per Schiff«). Eine Schiffsreise erfolgte normalerweise entlang der Küste. Schon früh gibt es aus prakt. Gründen Beschreibungen der wichtigsten Routen und Küstenverläufe (sog. P.-Literatur). Die früheste Küstenbeschreibung soll ↗ Skylax für den pers. Großkönig Dareios angefertigt haben. Unter seinem Namen ist eine Beschreibung des Mittelmeers erhalten (Pseudo-Skylax, 4. Jh. v. Chr.). In hellenist. Zeit wurde die Gattung literarisiert, indem die Autoren die Beschreibung der Wunder unbekannter Länder aufnahmen (↗ Pytheas aus Marseille; ↗ Nearchos) (sog. Paradoxographie). **Lit.:** A. Diller, The Tradition of the Minor Greek Geographers (1952).

Periplus mȧris Erythrȧei, Küstenbeschreibung vom Inneren des heutigen Roten Meeres (gr. Erythra Thalassa) bis in den Ind. Ozean. Das vermutlich im 1. Jh. n. Chr. von einem anonymen Kaufmann geschriebene Werk ist eine hervorragende Quelle für den Orient und seine Beziehungen zum röm. Reich.

Periptȩros (gr.), Ringhallentempel, der bes. in der griech. Architektur geschätzt wurde und den es sowohl in der dor., jon. als auch korinth. Ordnung gab. Der Bau ist dadurch gekennzeichnet, dass die Cella, der Hauptraum des Tempels, an allen vier Seiten von einer einfachen Säulenhalle umgeben ist (z. B. der Zeus-Tempel von Olympia). Entsprechend ist der Dipteros ein allseitig von zwei Säulenreihen umgebener Tempel (z. B. das ältere Artemision von Ephesos). **Lit.:** G. Gruben, Die Tempel der Griechen (⁴1986).

Perispȯmenon ↗ Akzent

Peristyl (gr., »rings mit Säulen umgeben«), zunächst nur die Säulenhalle, die einen Hof oder einen Platz abschloss. Seit späthellenist. Zeit bezeichnete man die gesamte, von Säulenhallen umgebene Hof- oder Platzanlage als P. Sowohl in den Städten Griechenlands wie auch in Rom wurde es gerne als repräsentatives Bauelement an zentralen Orten (z. B. Agora, Bibliothek, Theater, Forum) eingesetzt. In hellenist. Zeit entwickelte sich das P.-Haus, bei dem sich um alle vier Seiten des Hofes Säulenhallen schlossen. Der Hof war häufig kostbar ausgestattet mit Mosaiken, Wasserbecken und Blumenbeeten. Dieses Konzept wurde von den Römern bereitwillig übernommen, die das P. mit dem Atriumhaus verbanden, indem sie den anschließenden Garten zum geschlossenen P.-Hof umfunktionierten. Auch in den röm. Kaiserpalästen fehlte das P. nicht. Dadurch wurden die Höfe zu geschlossenen Anlagen oder öffneten sich zu riesigen Gärten.

Perlen (gr. margaritai; lat. margaritae), Wucherungen im Inneren von See- oder Flussperlmuscheln, die durch Eindringen von Fremdkörpern entstehen. Echte P. kannte man schon im alten Mesopotamien; Meder und Perser schätzten den kostbaren Schmuck ebenso wie die Griechen, die im 4. Jh. v. Chr. durch Alexander d.Gr. mit P. bekannt wurden; auch stellte man bereits Imitationen aus verschiedenen Materialien (Fischschuppen, Wachs, Glimmer u.a.) her. Ursprungsländer für P. waren Indien, Arabien (Insel Stoidis) und Gebiete der ⁊ Serer; nach Tacitus waren P. angeblich auch in Britannien und Schottland zu finden.

Pero (1) (gr. Pero), Tochter des ⁊ Neleus, der seine Tochter nur mit dem verheiraten will, der ihm die Rinder des ⁊ Iphiklos bringe. Melampus gewinnt das Vieh durch die Heilung des impotenten Iphiklos und gibt seinem Bruder Bias Pero zur Frau.

Pero (2) (gr. Pero), Tochter des Mykon, auch Xanthippe genannt. Während der Gefangenschaft ihres Vaters rettet P. ihn vor dem Hungertod, indem sie ihn heimlich stillt; daher ihr Beiname »Caritas Romana«.

Perpetua (Vibia P.), afrikan. Märtyrerin, gest. 202/03 n. Chr. Wir sind über P. durch die *Passio Sanctarum Perpetuae et Felicitatis* (*Das Leiden der heiligen Perpetua und Felicitas*) unterrichtet, die unmittelbar nach ihrem Martyrium entstanden ist (Tertullian ist wahrscheinlich Verf. oder Redaktor dieser ⁊ Märtyrerakte) und einen längeren Bericht enthält, den ursprünglich P. selbst niedergeschrieben haben soll. **Lit.:** P. Habermehl, P. und der Ägypter oder Bilder des Bösen im frühen afrikan. Christentum (1992).

Persephone (gr. Persephone), auch Kore (»Mädchen«) genannt, griech. Unterwelts- und Fruchtbarkeitsgöttin, Tochter des Zeus und der Demeter, Gattin des Hades, in Rom Proserpina genannt. Hades entführt P. mit der Einwilligung des Zeus in sein Reich, wo sie Demeter erst nach langer Suche auffindet und aus dem sie sie nur für eine begrenzte Zeit im Jahr zurückholen kann. Persephone symbolisiert die Neuentstehung des Lebens und den Jahresverlauf. Mit ihrer Mutter wurde sie bes. bei den ⁊ Eleusin. Mysterien verehrt. **Lit.:** H. Anton, Der Raub der Proserpina (1967).

Persepolis, auf einem Felsvorsprung errichtete Residenz der achämenid. Könige nordöstl. von Schiras (heute Iran). Dareios I. gründete die Stadt zwischen 518 und 515 v. Chr. und ließ die Terrassenanlagen mit einer großen Freitreppe aufschütten; ebenso begann er die Arbeiten an Audienzhalle (Apadana), Harem und Schatzkammer, die unter Xerxes I. vollendet wurden. Dieser ließ auch die sog. »Hundertsäulenhalle« und die Propyläen errichten. Weiterer Ausbau der Palastanlagen erfolgte unter den Nachfolgern, bis die Stadt von Alexander d.Gr. niedergebrannt wurde (330/31). Archäolog. Zeugnisse deuten auf sasanid. Besiedlung nach Alexander d.Gr. hin, die sich im benachbarten Naqsch-i Rustam niederließen, wo auch die Gräber der Achämenidenkönige liegen. **Lit.:** H. Arndt, P. (1984). – L. Trümpelmann, P. (1988). – Ders., Zwischen P. und Firuzabad (1992).

Perser, indoeuropäischer Volksstamm im Iran. Das Stammland der P. war die Landschaft Persis (altpers. Parsa) im S des Iran, im N von ⁊ Medien im NW von Susiana begrenzt. Der pers. Vasallenkönig Kyros II. (559–529) aus dem Hause der Achämeniden eroberte 550 v. Chr. das med. Reich und festigte die pers. Herrschaft im Iran. 546 besiegte er auch Kroisos, den König der Lyder, und unterwarf die griech. Städte entlang der kleinasiat. Küste, 539 eroberte er Babylonien und ermöglichte den dort angesiedelten Juden die Rückkehr in ihre Heimat (Ende der »Babylon. Gefangenschaft«). Sein Nachfolger Kambyses II. (529–522) erweiterte 525 das Perserreich um Ägypten. Dessen Nachfolger Dareios I. (521–486) errichtete ein Weltreich: Er warf mehrere Aufstände nieder, unterwarf 513 das Indusgebiet, zog 512 gegen die Skythen, konnte jedoch lediglich Thrakien und Makedonien zu Vasallenstaaten machen. 500–494 schlug er den Aufstand der kleinasiat. Griechen nieder, der mit der Zerstörung Milets 494 endete (Jon. Aufstand, ⁊ Perserkriege). Der als Strafexpedition bzw. als Expansionskrieg geplante Feldzug 490 gegen die Mutterlandsgriechen wurde bei Marathon aufgehalten (⁊ Perserkriege). Erst nach der Niederwerfung innerer Unruhen konnte Xerxes I. die Griechenlandpläne seines Vorgängers aufnehmen, doch scheiterte auch sein Feldzug 480/79 nach vernichtenden Niederlagen (Thermopylen, Salamis, Platää, Mykale). – In der Folgezeit kam es zu zahlreichen Unruhen im Perserreich. Im Peloponnes. Krieg standen die P. unter Dareios II. auf spartan. Seite; 387 gewann Artaxerxes II. im sog. ⁊ Königsfrieden die griech. Städte Kleinasiens zurück. Der Aufstand seines Bruders Kyros d.J. endete 401 mit dessen Tod in der Schlacht bei Kunaxa, von der Xenophon berichtet. Artaxerxes III. (359–338) konnte verlorengegangene Gebiete wie Ägypten zurückerobern, doch unterlag Dareios III. (336–330) dem 334 ins Perserreich eingefallenen Makedonen Alexander d.Gr. in mehreren Schlachten und wurde auf der Flucht von dem Satrapen Bessos ermordet. Das Perserreich fiel an Alexander. Nach dessen Tod traten die Ptolemäer das Erbe in Ägypten an, die Seleukiden versuchten, die Herrschaft über Kleinasien, Syrien, Mesopotamien und den Iran zu sichern, doch etablierten sich bis in röm. Zeit die Parther als polit. Vormacht in diesem Raum, im 3. Jh. n. Chr. abgelöst von den Sasaniden. – Basis der Herrschaft im pers. Großreich des 6.–4. Jh. v. Chr. war die klare Reichsverwaltung. Das Land war in 20 Satrapien (Provinzen) aufgeteilt, eingesetzte Satrapen (Statthalter), meist Angehörige des Herrscherhauses oder lokale Dynasten, waren für Aufstellung des Heeres, Steuerwesen und Verwaltung verantwortlich, überwacht wurde die Verwaltung durch Agenten, sog. »Ohren des Königs«. Logist. Rückgrat der Reichsverwaltung war das gut ausgebaute Straßenwesen (↗ Königsstraße). Der Großkönig stand unumschränkt an der Spitze des Reiches, das oriental. Hofzeremoniell (↗ Proskynese) symbolisiert die Unterwerfung aller Untertanen. Toleranz zeigten die P. jedoch bei der Duldung fremder Religionen (z. B. Judentum), während die P. seit dem 6. Jh. als Anhänger ↗ Zarathustras an Ahura Mazda als Schöpfer glaubten. Herodot ist die wichtigste nicht-pers. Quelle zur Geschichte der P. Die großartigen Reste pers. Architektur und Plastik (z. B. Palastanlagen von Persepolis, Susa) bezeugen auch das hohe kulturell-künstl. Niveau der P., deren Reichsgedanke von der Dynastie Pahlewi im 20. Jh. wieder aufgegriffen und politisch instrumentalisiert wurde. **Lit.:** P. Högemann, Das alte Vorderasien und die Achämeniden (1992). – J. Wiesehöfer, Das antike Persien (1994). – P. Briant, Histoire de l'empire Perse (1996).

Perserkriege. Mit der Unterwerfung des Lyderkönigs ↗ Kroisos (546 v. Chr.) erreichte die militär. Expansion des pers. ↗ Achämenidenreiches unmittelbar das griech. Siedlungsgebiet, wodurch die Städte der kleinasiat. Westküste und einige vorgelagerte Inseln unter pers. Oberhoheit gerieten. Die als drückend empfundenen polit. und wirtschaftl. Beschränkungen führten zum *Jon. Aufstand (500–494)*, dem sich fast alle kleinasiat. Griechenstädte anschlossen. Aus dem Mutterland leisteten lediglich Athen und ↗ Eretria geringfügige militär. Unterstützung. Nach Anfangserfolgen (Eroberung von ↗ Sardes, 499) brach der Aufstand unter der pers. Gegenoffensive rasch zusammen und endete nach der Niederlage der jon. Flotte bei Lade mit der vollständigen Zerstörung der in Jonien führenden Stadt ↗ Milet (494). Eine Vergeltungsexpedition, die der Perserkönig ↗ Dareios I. durch seine Feldherrn Datis und ↗ Artaphernes gegen Eretria und Athen führen ließ, scheiterte jedoch nach der erfolgreichen Eroberung Eretrias auf att. Boden in der Schlacht bei ↗ Marathon (490). Während Athen in den folgenden Jahren aus Angst vor weiteren pers. Angriffen unter dem maßgebl. Einfluss des ↗ Themistokles den planmäßigen Aufbau einer Kriegsflotte betrieb, entschloss sich ↗ Xerxes, der Sohn und Nachfolger des Dareios, das griech. Festland durch eine großangelegte Militäroperation zu unterwerfen. Hauptverantwortlich für seinen Entschluss war die Erkenntnis, dass die kleinasiat. Griechen mit dem freien Mutterland im Rücken nur schwer zu beherrschen waren. Der kombinierte Land- und Seeangriff, zu dessen Abwehr die wichtigsten griech. Staaten, an der Spitze Athen und Sparta, ein Abwehrbündnis (↗ Symmachie) geschlossen hatten, begann 480 mit dem Übergang über den Hellespont und dem Einmarsch in Nordgriechenland. Strateg. Ziel der Verbündeten war es, den pers. Vormarsch an den ↗ Thermopylen, einem Pass in Mittelgriechenland, zu stoppen, bis die griech. Flotte einen entscheidenden Seesieg erringen konnte. Die dreitägige Seeschlacht bei ↗ Artemision führte aber nicht zum gewünschten Erfolg, während die Perser im Gegenzug die Thermopylenstellung durch Verrat umgehen konnten. Um Zeit für einen geordneten Rückzug der Flotte zu gewinnen, deren Stellung durch den Verlust der Thermopylen unhaltbar geworden wäre, harrte der griech. Oberbefehlshaber und Spartanerkönig ↗ Leonidas mit einem Teil seiner Truppen bis zuletzt an den Thermopylen aus und verteidigte den Pass bis auf den letzten Mann. Die Perser stießen nun zügig auf Athen vor, während die griech. Flotte in der Erkenntnis, dass die Stadt nicht zu verteidigen sei, die att. Zivilbevölkerung auf die Insel ↗ Salamis, sowie nach ↗ Epidauros und ↗ Troizen evakuierte. Nach der kampflosen Einnahme und Zerstörung Athens gelang es Themistokles, die pers. Flotte in den engen Sund von Salamis zu locken, wo die kleineren, aber beweglicheren griech. Schiffe den schwerfälligeren pers. überlegen waren. In der sich daraus entwickelnden Seeschlacht errangen die Griechen einen vollständigen Sieg (480). Während sich Xerxes nach dieser Niederlage eilig nach Kleinasien begab, zog sich das pers. Landheer unter ↗ Mardonios zur Überwinterung nach ↗ Böotien zurück. Im Frühjahr ergriff dieser erneut die Offensive und besetzte Athen ein zweites Mal (die Bevölkerung war wiederum evakuiert worden), ehe er vor dem aus der Peloponnes anrückenden Aufgebot des ↗ Peloponnes. Bundes nach NW auswich. Nach wochenlangem Stellungskrieg gelang es dem vereinigten griech. Heer unter dem Oberbefehl des Spartaners ↗ Pausanias, in der Schlacht bei ↗ Plataä (479) den entscheidenden Sieg zu erringen. Nachdem noch im gleichen Jahr die pers. Flotte bei ↗ Mykale erneut besiegt

Griechischer Hoplit schlägt persischen Gegner (um 480 v. Chr.)

werden konnte, war der Angriff endgültig abgewehrt. Während sich Sparta nach diesem Erfolg aus dem Krieg zurückzog, ergriffen Athen und seine Verbündeten nun ihrerseits die Offensive und setzten die Kampfhandlungen so lange fort, bis der Perserkönig 449 (Friede des ↗ Kallias) auch die Freiheit der kleinasiat. Griechenstädte anerkannte. – In den P.n schloss sich erstmals ein Großteil der griech. Staaten zu einem einheitl. Handeln zusammen, wenn das Bündnis auch nach Abwehr der äußeren Bedrohung wieder auseinanderfiel. Für Athen machte der Krieg über die Gründung des ↗ Att. Seebunds (477) den Weg zur Großmacht frei, während Sparta nun ins Hintertreffen zu geraten drohte. In der Neuzeit wurden die P. zeitweilig zum entscheidenden Kampf zwischen Orient und Okzident hochstilisiert und hatten noch zu Beginn des 19. Jh. großen Einfluss bei der Beurteilung des griech. Freiheitskampfes gegen die Türken. **Lit.:** ↗ Griech. Geschichte.

Perses von Theben, griech. Dichter, Ende 4. Jh. v. Chr., Verf. einiger in der ↗ *Anthologia Palatina* erhaltener Epigramme.

Perseus (gr. Perseus), Sohn des Zeus und der Danaë, der Tochter des Königs Akrisios von Argos, der sie nach einem Orakelspruch mit ihrem kleinen Sohn P. in eine Kiste sperren und ins Meer werfen lässt. Sie werden von Diktys bei der Insel Seriphos gefunden und zu König Polydektes gebracht. Um P. loszuwerden, schickt Polydektes ihn aus, um das Haupt der ↗ Medusa zu bringen, bei deren Anblick jedes Lebewesen zu Stein erstarrt. P. nimmt zunächst den ↗ Graien ihr einziges gemeinsames Auge weg und zwingt sie, ihm den Weg zu den Nymphen zu weisen, die ihm geflügelte Sandalen, die Tarnkappe des Hermes und den für das Medusenhaupt bestimmten Beutel mitgeben; von Hermes erhält er noch ein Sichelschwert (Harpe) und von Athena einen spiegelblanken Schild, hinter dem verborgen er sich der schlafenden Medusa nähern und ihr den Kopf abschlagen kann. Ihrem Haupt entspringen Chrysaor und das geflügelte Pferd Pegasos. Auf dem Rückweg befreit er die an einen Felsen gekettete ↗ Andromeda von einem drohenden Ungeheuer und nimmt sie zu seiner Frau.

Perseus (gr. Perseus), ca. 212–165 v. Chr., letzter König von Makedonien 179–168, setzte die Politik seines Vaters Philipp V. fort und versuchte, sich von der röm. Abhängigkeit zu lösen und den makedon. Einfluss im griech. Raum wieder zur Geltung zu bringen. Er knüpfte dynast. Verbindungen mit Bithynien und dem Seleukidenreich und pflegte freundschaftl. Beziehungen mit Böotien. Unterstellungen seines Intimfeindes Eumenes II. von Pergamon, er plane einen Angriff gegen Italien, veranlassten Rom zur Kriegserklärung (3. Makedon. Krieg, 171–168). Obwohl sich P. anfangs gut behauptete, musste er zurückweichen und unterlag gegen L. Aemilius Paullus in der Entscheidungsschlacht bei Pydna (168). P. geriet in Gefangenschaft und wurde in Italien interniert, wo er vermutlich 165 starb.

Persius, Aulus P. Flaccus, aus Volterra, röm. Satirendichter, 34–62 n. Chr. P. kam früh nach Rom, wo er eine sorgfältige Ausbildung bei dem Grammatiker Remmius Palaemon und dem Rhetor Verginius Flavus genoss. Er hatte Zugang zu führenden gesellschaftl. Kreisen. Sein väterl. Freund und Mentor war der Stoiker Annaeus Cornutus; der Stoiker Paetus Thrasea war sein Onkel. Über sein Leben unterrichtet eine auf Valerius Probus zurückgehende Vita. Neben einem kurzen Einleitungsgedicht in Hinkjamben sind sechs hexametr. Satiren erhalten, die nach dem frühen Tod des Dichters von Cornutus und Caesius Bassus herausgegeben wurden. P. hielt die Gesellschaft für verdorben und betrachtete es als Aufgabe der Satire, die Mitbürger auf der Grundlage der stoischen Philosophie moralisch zu bessern. Vorbilder sind bes. die kyn.-stoische ↗ Diatribe und Horaz, aus dessen *Satiren* P. manches entlehnt. Im Ton ist er schneidender als dieser. Seine Sprache ist schwierig, bisweilen dunkel. **Lit.:** U. W. Scholz, in: L. Adamietz (Hg.), Die röm. Satire (1986) 179–230.

Personennamen. *I. Griechenland:* Im griech. Kulturkreis trug eine Person nur den einteiligen Rufnamen. Zur weiteren Unterscheidung von anderen Personen konnte der Vatersname (Patronymikon) im Genitiv sowie eine Stammes- oder Volksbezeichnung (Ethnikon; Demotikon in Athen) angefügt werden. Angehörige vornehmer Familien konnten den P. eines berühmten Vorfahren übernehmen (Alkmaioniden, Peisistratiden), der zum Namen des Geschlechts avancierte. Gebildet wurden P. meist aus den (in fast allen indoeuropäischen Sprachen übl.) zweiteiligen Komposita (Kleo-phas, der »Ruhm-träger«; Niko-machos, »der siegreiche Kämpfer«; Kleo-patra, »berühmt durch den Vater«) oder als einstämmige, nicht abgeleitete P. (Trophe, »die Nährende«). Die Substanz der griech. P. ist in der Regel griechisch, zuweilen fremder Herkunft; in der Frühzeit existierten auch vorgriech. Namen (Odysseus); im Hellenismus übernahm man das röm. System. – *II. Rom:* Während die röm. Könige noch einnamig waren (Romulus, Remus, Numitor), bildeten die Römer wie andere ital. Völker ab dem 5. Jh. v. Chr. ihre P. in einer dreiteiligen Struktur aus Vor- (*praenomen*), erbl. Geschlechter- (*nomen gentile*) und Beinamen (*cognomen*). Der Geschlechtername war der wichtigste; zu ihm traten eine sehr begrenzte Zahl von Vornamen (die immer abgekürzt geschrieben wurden, s. Anhang) sowie Bei- oder Spitznamen aufgrund bestimmter körperl. oder charakterl. Eigenheiten (z. B. Caecus, »der Blinde«; Plautus, »der Plattfüßige«), zur Unterscheidung verschiedener Zweige eines Geschlechts (Publius Cornelius »Scipio«), oder als Erinnerung an berühmte Taten (Publius Cornelius Scipio »Africanus«; Quintus Metellus »Numidicus«). Am Ende der republikan. Zeit enthielt die offizielle Bezeichnung eines Römers in den ↗ Zensuslisten den dreiteiligen Namen, den Vornamen (*praenomen*) des Vaters (Filiation) und die Angabe der ↗ Tribus.

Personifikation (gr. Prosopopoiïa), Begriff der Rhetorik, Einführung abstrakter und kollektiver Begriffe als handelnde Personen.

*Petra, Schaufassade
von ed-Deir*

Pertinax, Publius Helvius P. Augustus, röm. Kaiser 31. Dezember 192–28. März 193 n. Chr.; geb. am 1. August 126 in Alba Pompeia (Ligurien) als Sohn des Freigelassenen Helvius Successus; dank einflussreicher Gönner schaffte P. die Aufnahme in den Ritterstand und brachte es bis zum Stadtpräfekten (189/90–192). Nach der Ermordung des Commodus wurde P. zum Kaiser ausgerufen, der bereits am 28. März 193 von enttäuschten Prätorianern ermordet. **Lit.:** DRK (1997).

Perücke (französ.-italien.; lat. capillamentum oder galerus). Die künstl. ↗ Haartracht als Würdezeichen gab es bereits im alten Ägypten und Mesopotamien. Als Haarersatz in griech.-röm. Zeit für Männer und Frauen bezeugt, dienten P. meist der Eitelkeit oder dem Wunsch, das Aussehen zu verändern. Bei Frauen führte übermäßiges Färben und Brennen oft zu Haarausfall; die in der Kaiserzeit mod. Hochfrisuren erforderten oft P.-Teile.

Perusia (heute Perugia), etrusk. Stadt in Italien. P. wurde 309 v. Chr. röm. und im Verlauf der Auseinandersetzungen zwischen ↗ Antonius und Octavian, dem späteren Augustus, durch Feuer zerstört. Mit dem Beinamen *Augusta* versehen wurde P. später wieder aufgebaut. Reich ausgestattete Nekropolen mit zahlreichen Fundstücken zeugen vom Wohlstand der ant. Stadt. **Lit.:** ASM (1999).

Pervigilium Veneris (*Nachtfeier der Venus*), lat. Gedicht bestehend aus 93 katalekt. trochäischen Tetrametern (↗ Trochäus); die Datierung und Verfasserschaft sind nicht geklärt. Das Werk gehört eher ins 4. Jh. (vielleicht nach 368) als in die Zeit Hadrians; es ist jedenfalls früher als Fulgentius, der aus ihm zitiert. Die Handlung läuft auf Sizilien am Abend vor der Frühlingsfeier zu Venus' Ehren ab, deren Fruchtbarkeit gepriesen wird. Der Tonfall ist oftmals spielerisch, der ernsthafte philosoph. Aspekt (Einfluss von Lukrez) ist allerdings nicht zu unterschätzen. Das Werk ist nicht als ein echter religiöser ↗ Hymnos aufzufassen. **Lit.:** K. Smolak, in: HLL V (1989) 258–262.

Pescennius Niger, Gaius P.N. Iustus Augustus, röm. Gegenkaiser April 193–April 194 n. Chr. Geb. zwischen 135 und 140 als Sohn des Annius Fuscus und der Lampridia; zwischen 183 und 191 Suffektkonsul; 191–193 Statthalter der Provinz Syria. Nach dem Tod des Pertinax wurde P.N. im April 193 von seinen Truppen in Antiochia zum Augustus erhoben; der Senat erklärte ihn zum Staatsfeind. Auf dem Vormarsch nach W erlitt das Heer des P.N. mehrere Niederlagen gegen die Truppen des Septimius Severus, die am 31. März 194 bei Issos den endgültigen Sieg errangen. Ende April 194 wurde P.N. bei Antiochia gefangengenommen und hingerichtet. **Lit.:** D. Kienast, Röm. Kaisertabelle (²1996) 159 f.

Pest (lat. pestis, »Seuche«). Akute, ansteckende, bakterielle Infektionskrankheit, die für die Antike nicht eindeutig nachzuweisen ist. Das Krankheitsbild von Epidemien wird bei antiken Autoren meist nur ungenau beschrieben. Die von Thukydides geschilderte »P.«, die 430/29 v. Chr. in Athen wütete, war wohl eher Fleckfieber. Der Arzt Oreibasios aus Pergamon (4. Jh. n. Chr.) überlieferte den Bericht eines Dionysos (um 280 v. Chr.), der deutlich P.-Symptome beschreibt. Für die P. unter Justinian 531–580 n. Chr. kann Beulen-P. in der später als »Schwarzer Tod« bekannten Form angenommen werden.

Petra (aram. raqmu, »bunter Fels«), Hauptstadt des Nabatäerreiches in beeindruckender Felskulisse in einem Talkessel des Wadi Musa (heute Jordanien). P. lag in der Antike verkehrsgünstig an der Kreuzung wichtiger Karawanenstraßen zwischen Rotem und Totem Meer; Reichtum durch Weihrauchhandel; Hauptstadt des Königreiches der ↗ Nabatäer vom 4. Jh. v. Chr. bis zur röm. Eroberung Arabiens 106 n. Chr.; anschließend war Bostra Zentrum der röm. Verwaltung. P. behielt seine Bedeutung durch Anbindung an die Via Nova Trajana; wurde 114 ↗ Metropolis, erhielt beim Besuch Hadrians 131 den Ehrentitel Hadriane und den Status einer Colonia 218/222. Im 4. Jh. n. Chr. war P. Hauptstadt der Provinz Palaestina Tertia, und seit 347 sind christl. Bischöfe aus P. bezeugt. Mit Verlegung der Karawanenwege zugunsten ↗ Palmyras begann der Rückgang des Fernhandels; Beginn islam. Herrschaft 636. Nach dem endgültigen Niedergang im 7./8. Jh. diente die Stadt noch im 12. Jh. als Kreuzfahrerfestung und verfiel anschließend, bis J. Burckhardt sie 1812 wiederentdeckte. Die meisten architekton. Überreste (Tempel, Theater, Säulenstraße) stammen aus dem 1. Jh. n. Chr. Von monumentaler Schönheit sind die prächtigen, in den Fels gehauenen Gräber, darunter das sog. »Schatzhaus des Pharao« (Hazne al-Fir'un). Die herausragende Grabkunst mit ihren oriental., hellenist. und röm. Elementen (darunter einige nachweislich königl. Gräber) führte zu der Annahme, P. sei nur eine Nekropole gewesen. **Lit.:** G. Dalman, P. und seine Felsheiligtümer (1908). – M. Lindner, P. Der Führer durch die antike Stadt (1985). – Th. Weber/R. Wenning (Hg.), P. (1997). – ASM (1999).

Petron, Gaius (oder Titus) Petronius Arbiter, röm. Beamter und Literat, gest. 66 n. Chr. in Kampanien. P. war hoher Beamter (Statthalter in Bithynien und Konsul) und gehörte zu Neros Vertrauten. Als *elegantiae arbiter* (»Schiedsrichter des guten Geschmacks«) genoss er hohe Autorität am Hof. Durch Intrigen seines Rivalen Tigellinus fiel er in Ungnade und wurde zum Selbstmord getrieben. Tacitus (*Annalen* 16, 18 f.) skizziert ihn als pflichtbewusst, geistreich, kultivierten Vergnügungen zugetan und gelassen angesichts des Todes. Er verfasste den ersten bekannten lat. ↗ Roman, die *Satyrica* (*Satyricon libri*), die nur unvollständig überliefert sind. Aufgrund der Mischung von Prosa und Vers sind sie formal eine Menippeische Satire; sie parodieren die griech. Liebesromane, in denen Liebende getrennt und wieder zusammengeführt werden. Bei P. sind die Liebenden Encolpius und Giton, ein junger Mann und ein schöner Knabe, die, durch die Rache des Gottes Priap getrennt, einige teils schlüpfrige Abenteuer durchlaufen. Eingelegt sind vier ›Miles.‹ Novellen (anekdot. Erzählungen erot. Inhalts mit überraschender Schlusspointe: *Der Ephebe von Pergamon, Die Witwe von Ephesos, Die Matrone von Croton, Die Nymphomanin Circe*) und zahlreiche literar. Anspielungen und Zitate aus der lat. Literatur. Der Dichter Eumolp kritisiert z. B. Lukans histor. Epos *Bellum Civile* und ›äfft‹ dessen Art zu dichten ›nach‹. Das Kernstück des Romans, die *Cena Trimalchionis* (*Gastmahl des Trimalchio*), ist nur durch eine einzige Handschrift (jetzt in Paris) überliefert. Geschildert ist das Gelage einer Gesellschaft von Parvenüs, deren protziger Reichtum in krassem Gegensatz zu ihrer pöbelhaften Unbildung steht. Die *Satyrica* sind das satir. Porträt einer Klasse, glanzvolle Literaturparodie und durch vulgärsprachl. Passagen Zeugnis des gesprochenen Lateins. Fellini hat P. in seinem Film *Satyricon* ein Denkmal gesetzt. **Lit.:** H. Petersmann, in: J. Adamietz, Die röm. Satire (1986) 383–426. – E. Lefèvre, Studien zur Struktur der ›Miles.‹ Novelle bei P. und Apuleius (1997).

Peutingertafel (*Tabula Peutingeriana*), Name für eine um 1200 n. Chr. in Colmar erstellte Handschrift, die eine röm. Karte des 4. Jh. abbildet, deren Original

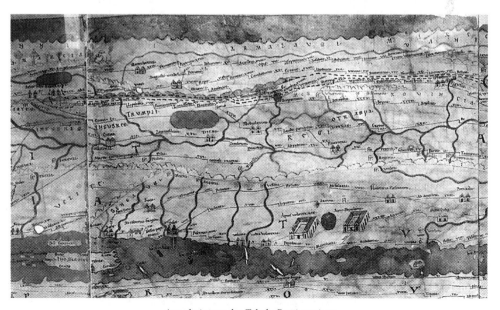

Ausschnitt aus der Tabula Peutingeriana

auf das 2. Jh. zurückgeht. Die P. stellt die bewohnte Welt von Spanien bzw. Britannien bis Indien dar (es fehlt nur ein Bruchstück), wobei die Mittelmeerwelt 5/6 und Italien 1/3 der gesamten Karte bilden. Ihre ausgestreckte Form (Länge 682 cm, Höhe 34 cm) verbietet es, Landschaften und Gewässer mit Genauigkeit zu erkennen; Zweck der Karte ist die Wiedergabe des röm. Straßennetzes. Die Straßen sind rot eingezeichnet, Haken markieren Rastplätze, besser ausgestattete Unterkünfte sind durch bes. Zeichen hervorgehoben (↗ Itinerarium). **Lit.:** K. Miller, Die Peutingersche Tafel (1916, Nd. 1962). – L. Bosio, La Tabula Peutingeriana (1983).

Pfau (gr. taos; lat. pavus), in der Mythologie der ↗ Hera heiliger Vogel, die die 100 Augen des ↗ Argos (1) nach dessen Tod in die Federn des P.en gesetzt hat.

Pfeffer (gr. peperi, lat. piper), trop. Gewürzpflanze, die schon von ↗ Hippokrates als Heilpflanze empfohlen wird. Samen, Früchte oder Fruchtstände eigneten sich unreif, getrocknet oder eingelegt zum Würzen von Speisen oder Wein und wurden bes. in der röm. Kaiserzeit dafür genutzt. Neben dem *piper longum* und *nigrum* kannten die Römer wohl auch eine äthiop. Art des P.s. Wie viele ↗ Gewürze war P. selten und teuer und wurde deshalb vielfach »gestreckt«. Die Stadt Rom hatte eigene Speicher für P. (*horrea piperatoria*). Sprichwörtlich wurde der P. in den Satiren Petrons als Symbol für Schärfe und eine spitze Zunge.

Pferd (gr. hippos; lat. equus). In der griech. Mythologie haben P.e eine enge Beziehung zu ↗ Poseidon mit dem Beinamen Hippianax, »Pferdeherr«. Ihnen wird Weissage- und Heilkraft zugeschrieben. Mischwesen aus Mensch und P. sind die ↗ Zentauren, Seeungeheuer mit P.ekopf die ↗ Hippokampen. Berühmte P.e des Mythos sind ↗ Pegasos (P. des Bellerophon), ↗ Balios (sprechendes P. Achills).

Pferderennen. Bereits Homer schildert P., bei denen die Sieger hohe Preisgelder erhielten. Wie bei Wagenrennen fiel auch bei P. der Preis nicht dem Reiter, sondern – wie heute – dem Eigentümer zu. Wie die Vasenbilder zeigen, war das P. bei den Griechen außerordentlich beliebt und als Disziplin bald bei allen großen Spielen vertreten; in Olympia wurden P. 648 v. Chr. zugelassen; auch kombinierte Reit-Lauf-Wettbewerbe in einer Art »Biathlon« waren bekannt. Im Gegensatz zur Moderne gab es weder Steigbügel noch Hufeisen oder Sättel im heutigen Sinne, weshalb es oft schwer war, sich auf dem Pferderücken zu halten. Die Wettkämpfe wurden in eigens errichteten Hippodromen ausgetragen; die Länge der Wettkampfdistanz ist unbekannt. In röm. Zeit überwog die unterhaltende Komponente den sportl. Aspekt; hier wurden Wetten auf die mögl. Sieger abgeschlossen. **Lit.:** ↗ Pferd

Pflug (gr. arotron; lat. aratrum), landwirtschaftl. Gerät zum groben Lockern des Bodens. Die Erscheinungsform des P.es für die Antike beschreiben Hesiod (Werke und Tage 427 ff.) für den griech. und Vergil (Georgica I 162 ff.) für den röm. Bereich. Der übl. P. bestand aus einer Sohle (gr. *elyma,* lat. *dentale*), einer

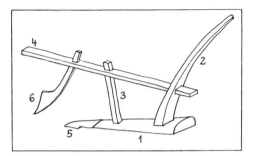

1 Scharbaum	4 Deichsel
2 Sterz	5 Pflugschar
3 Griessäule	6 Sech

Römischer Pflug

Schar aus hartem Holz, später aus Bronze oder Eisen, und einem auf der Sohle befestigten Krummholz, an dem die Deichsel hing. Zum Steuern diente ein Art »Ruder« mit Handgriff, der sog. P.-Sterz (gr. *echetele,* lat. *stiva*). Verschiedene Furchenbreiten konnten durch Schräghalten oder Veränderung der Streichblätter erreicht werden. Als Variante und »Verbesserung« entstand um die Zeitenwende der nur regional (Gallien) verbreitete Räder-P. **Lit.:** H. Behlen, Der P. und das Pflügen bei den Römern (1904). – K. D. White, Agricultural Implements of the Roman World (1967) 123–145.

Phääken (gr. Phaiakes), myth. Seefahrervolk unter König ↗ Alkinoos mit sich von selbst lenkenden Zauberschiffen, bei dem Odysseus Zuflucht findet (Homer, *Odyssee*, Buch 6–12).

Phädra (gr. Phaidra), Tochter des myth. Königs Minos von Kreta, Schwester der Ariadne, Gattin des Theseus. Sie verliebt sich in ihren Stiefsohn ↗ Hippolytos, der sie jedoch entsetzt zurückweist. Ph. beschuldigt ihn bei ihrem Mann der versuchten Vergewaltigung und erhängt sich. Der Ph.-Stoff wird von Euripides im *Hippolytos* und von Seneca in der *Phaedra.* behandelt.

Phaedrus, röm. Fabeldichter griech. Herkunft, Freigelassener des Augustus. Ph. veröffentlichte unter Tiberius, Caligula und Claudius fünf Bücher Fabeln, teils eigener Erfindung, zum größeren Teil nach dem Muster des griech. Dichters ↗ Äsop. Er schrieb in volkstüml., zu seiner Zeit schon etwas antiquierten Senaren. Moralisierende und gesellschaftskrit. Anspielungen auf Zeitereignisse brachten ihn mit Seian in Konflikt. Zu Lebzeiten fand Ph. kaum Anerkennung, wurde aber seit der Spätantike (Prosaparaphrase eines sog. ›Romulus‹, 5. Jh.) bis in die Neuzeit (La Fontaine, Gellert, Lessing) stark rezipiert. **Lit.:** H. MacCurrie, in: ANRW II 32, 1 (1984) 497–513.

Phaëthon (gr. Phaëthon), Sohn des Sonnengottes Helios und der Okeanide Klymene. Von seinem Vater erbittet er für einen Tag den Sonnenwagen, den er nicht in der vorgeschriebenen Bahn zu halten vermag. Ph. verursacht Zerstörungen im Himmel und auf der Erde, bis Zeus ihn mit einem Donner aus dem Wagen schlägt und ihn in den Fluss Eridanos stürzen lässt. Seine Schwestern beobachten den Sturz und werden in ihrer Trauer in Pappeln verwandelt.

Phaëthusa, eine der ⁊ Heliaden.

Phaia, Wildsau im Gebiet von Krommyon (bei Korinth), von ⁊ Theseus erlegt. Sie soll von ⁊ Typhon und ⁊ Echidna abstammen. Einer anderen Überlieferung zufolge ist Ph. eine menschl. Räuberin, die aufgrund ihres Unwesens den Beinamen ›Sau‹ erhält.

Phaiax, Sohn des ⁊ Poseidon und der ⁊ Kerkyra, Vater des Königs der ⁊ Phäaken Alkinoos.

Phaidon von Elis, griech. Philosoph, 5./4. Jh. v. Chr., Schüler des Sokrates, Gründer der Schule von Elis, Erzähler in Platons *Ph.*

Phaidros, um 450–400/390 v. Chr., Gesprächspartner des ⁊ Sokrates im gleichnamigen Dialog des ⁊ Platon. Seine Bindung an diesen ging später in die Brüche; ansonsten ist wenig über ihn bekannt.

Phainias (gr. Phainias) aus Eresos, griech. Philosoph, Ende 3. Jh. v. Chr., Schüler des Aristoteles mit histor. und philolog. Interessen. **Lit.:** F. Wehrli, Die Schule des Aristoteles 9 (²1969).

Phaistos (1), Enkel des myth. Helden Herakles, der der Stadt Ph. seinen Namen gibt.

Phaistos (2), Stadt auf Kreta mit minoischem Palast aus dem 2. Jt. v. Chr., der dreimal zerstört wurde; ein völliger Neubau aus dem Jahre 1400 v. Chr. wurde nach seiner Zerstörung durch einen Brand nicht wieder aufgebaut. Berühmt sind Schriftfunde in Linear-A-Schrift (»Diskos von Ph.«). **Lit.:** ASM (1999).

Phalaeceus, Versmaß (⁊ Hendekasyllabus).

Phalanx (gr.), bereits von Homer erwähnte takt. Nahkampfformation für schwerbewaffnete Infanterie (⁊ Hopliten) in der griech. Schlachtaufstellung. Der dichtgeschlossene Verband wurde in klass. Zeit zunächst *taxis* genannt; erstmals Xenophon verwendete Ph. als Fachbegriff für die ununterbrochene Linienaufstellung in breiter Front. Als Kampftechnik war die Ph. im 5. Jh. v. Chr. im gesamten griech. Raum entwickelt (Sparta, Athen, Makedonien). Durch die große Breite der Aufstellung und den ungeschützten Rücken der Kämpfenden war sie sehr verletzlich, zudem unbeweglich im unwegsamen Gelände, so dass Xenophon und Epaminondas die Tiefe vergrößerten und Sturm-

flügel bildeten, die später durch Reiterei ersetzt wurden. Die Bezeichnung Ph. ging bald auf das gesamte Heer ohne Rücksicht auf die Bewaffnung über. Mit der Legionsstruktur übernahm das röm. ⁊ Heerwesen die Ph.-Technik, ersetzte sie aber in der marian. Heeresreform des 1. Jh. v. Chr. durch die leichter bewegl. Kohorten-Manipulartechnik (⁊ Schlachtordnung).

Phalaris, Tyrann von Akragas ca. 570–554 v. Chr., galt später als Musterbeispiel des grausamen Herrschers. Er betrieb eine Expansionspolitik und sicherte seine Macht durch den Bau von Festungen. Der Überlieferung zufolge soll er seine Feinde im glühend gemachten Bauch eines ehernen Stieres zu Tode geröstet haben.

Phaleas, griech. Staatstheoretiker aus Chalkedon; wohl 5. Jh. v. Chr. Ph. forderte für alle Bürger Gleichheit des Grundbesitzes.

Phalerae (lat; gr. phalera, »Wölbung, Buckel«), kreisförmige Metallzierscheiben am Zaumzeug der Pferde. Ursprünglich bei den Griechen als Preis für sportl. Wettkämpfe (⁊ *agon*) ausgesetzt, als Gast- oder Ehrengeschenke üblich sowie eine bevorzugte Kriegsbeute, dienten sie den Römern außerdem als Standeszeichen der ⁊ Ritter (*equites*) und seit dem 2./1. Jh. v. Chr. zusammen mit Kette (*torques*) und Armreif (*armilla*) auch als militär. ⁊ Auszeichnungen. Ph. wurden bis ins 4. Jh. n. Chr. an einzelne Soldaten bis zum ⁊ Centurio aufwärts oder an Truppenteile verliehen.

Phaleron, seit myken. Zeit benützter, unbefestigter Ankerplatz östl. des heutigen Hafens ⁊ Piräus und vom Beginn des 5. Jh. v. Chr. bis zu den ⁊ Perserkriegen einziger Landeplatz Athens. Von der gleichnamigen Siedlung zeugen nur spärl. antike Reste und eine größere Nekropole aus dem 8.–7. Jh. v. Chr. Der Demos von Ph. muss jedoch eine gewisse Größe besessen haben, denn er beanspruchte in der Boule des ⁊ Kleisthenes neun Sitze. Zur Zeit des Perikles wurde Ph. durch die sog. »Phal. Mauer« in das Festungssystem der »Langen Mauern« Athens einbezogen. Ph. war Geburtsort des Philosophen und Staatsmannes ⁊ Demetrios (ca. 350–280) sowie Standort zahlreiche Kulte (Heraklesheiligtum) und hatte ebenso mytholog. Bedeutung als Ausgangspunkt myth. Seefahrten; z. B. der des ⁊ Theseus nach Kreta. Obwohl Ph. durch den Ausbau des Piräus an Bedeutung verlor, blieb die Reede weiter in Betrieb; möglicherweise begann hier jedes Jahr die athen. Festgesandtschaft (Theoria) nach ⁊ De-

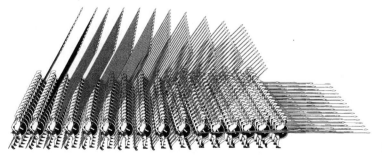

Makedonische Phalanx

los ihre Reise. Noch heute landen in Ph. ausländ. Kriegsschiffe, wenn sie sich zum Flottenbesuch in Griechenland befinden.

Phales ↗ Phallos

Phallos (gr. phallọs), das männl. Glied als Kultobjekt, Inbegriff der Zeugungskraft und Fruchtbarkeit (ein Ph. wurde symbolisch bei der Saat eingegraben). Im Götterkult verbindet man den Ph. bes. mit Dionysos, dessen Begleiter, die ↗ Satyrn, stets mit erigiertem Glied dargestellt werden. An den ↗ Dionysien trugen die Männer, selbst mit einem Ph. umgürtet, in einer Prozession einen riesigen Ph. zur Schau. Literarisch ist der Ph. bes. in der Komödie und im Satyrspiel anzutreffen; die Schauspieler waren häufig mit einem riesigen Ph. ausgestattet. ↗ Priapos

Phanodemos (gr. Phanodẹmos), athen. Geschichtsschreiber, 2. Hälfte 4. Jh. v. Chr., Verf. einer att. Lokalgeschichte (↗ Atthis), die erhaltenen Fragmente stammen aus der myth. Urzeit Athens. **Lit.:** O. Lendle, Einführung in die griech. Geschichtsschreibung (1992) 147.

Phanokles (gr. Phanoklẹs), griech. Dichter, vermutlich 3. Jh. v. Chr., Verf. eines eleg. Sammelgedichts *Liebesgeschichten oder schöne Knaben* (myth. Liebesaffären).

Pharisäer, eine zur Zeit ↗ Jesu mächtige religiöse Laienbewegung, die die Erneuerung der jüd. Religionsgemeinschaft zum Ziel hatte. Hervorgegangen ist sie aus den sog. Chassidim (»Frommen«), einer Widerstandsbewegung gegen die Seleukiden im 2. Jh. v. Chr. Im Zentrum der Religionsausübung stand bei den Ph.n die Auslegung der Tora, was die hohe Anzahl von Schriftgelehrten in ihrer Anhängerschaft erklärt. **Lit.:** G. Iber, Das Buch der Bücher, Neues Testament (1974) 48.

Pharmakologie (gr., »Lehre von den Arzneien«). Die Wirkung pflanzl. und chem. Stoffe auf verschiedene Lebewesen war schon immer Gegenstand des Interesses. In der griech. Frühzeit mischten sich noch viel Aberglaube und Magie in die Erforschung der Heilmittel; erst mit ↗ Hippokrates entwickelte sich eine praxisorientierte, »rationale« Ph. Seit dem 3. Jh. v. Chr. bildete die Ph. einen wichtigen Hilfszweig der ↗ Medizin, wesentlich bereichert durch die Kenntnisse des Orients, die nach den Eroberungen Alexanders d.Gr. nach Griechenland kamen. Berühmt waren das Heilkräuterbuch des ↗ Diokles von Karystos (4. Jh. v. Chr.) und das illustrierte Kräuterbuch des Krateuas (2./1. Jh. v. Chr.), das er als Leibarzt des pont. Königs Mithradates Eupator schrieb. Der Arzt ↗ Dioskurides verfasste im 1. Jh. n. Chr. eine Arzneimittelkunde, in der er etwa 600 Pflanzen und fast 1000 Heilmittel behandelte; dieses bedeutende Werk der Antike wurde in einer lat. Übersetzung des 6. Jh. n. Chr. im MA viel gelesen und bis in die Neuzeit als pharmakol. Lehrbuch verwendet. Galen bemühte sich im 2. Jh. n. Chr. um die Zusammenfassung der bisherigen Ergebnisse griech. Medizin und dabei um eine Systematisierung der Ph. Pharmakolog. Fachbücher in lat. Sprache verfassten u. a. Sextius Niger und ↗ Scribonius Largus zu

Beginn der Kaiserzeit. Plinius widmete der Ph. die Bücher 20–32 seiner Naturkunde. Neben den empir.-rational gewonnenen Heilmitteln hielten sich in der Ph. bis ins MA auch mag. Rezepturen.

Pharnạbazos, pers. Satrap in Kleinasien und Rivale des Tissaphernes. Im Peloponnes. Krieg unterstützte er ab 413 die Spartaner, eine kurzzeitige Zusammenarbeit mit Athen (409) blieb Episode. 404 nahm er den flüchtigen Alkibiades auf, ließ ihn aber schon bald auf Verlangen Lysanders ermorden. Im Kampf gegen den Spartanerkönig Agesilaos stellte er 395 pers. Flottenkontingente dem Athener Konon zur Verfügung, mit deren Hilfe dieser 394 die spartan. Seeherrschaft in der Schlacht bei Knidos brach.

Pharnạkes II. von Pontos, König des Bosporan. Reiches 63–47 v. Chr., Sohn Mithradates VI., erhob sich 63 gegen seinen Vater, der von Pompeius aus Pontos vertrieben worden war, und zwang diesen in Pantikapaion zum Selbstmord. Nachdem er seine Leiche an Pompeius ausgeliefert hatte, wurde er als König des Bosporan. Reiches anerkannt. Im Zuge der Wirren des röm. Bürgerkrieges zwischen Caesar und den Pompeianern versuchte er 47, sein angestammtes väterl. Reich zurückzugewinnen, unterlag aber gegen Caesar in der Schlacht bei Zela (»veni, vidi, vici«). Er konnte zwar flüchten, fiel aber nur wenig später auf der Halbinsel Krim einem Usurpator zum Opfer. **Lit.:** R. Sullivan, Near East Royalty and Rome 100–30 BC (1990).

Pharos, Insel vor Alexandria in Ägypten, die schon von Homer erwähnt wird. Seit Alexander d.Gr. war Ph. durch einen Damm (Heptastadion) mit dem Festland verbunden. Die Bewohner waren hauptsächlich Seeleute; auf Ph. wurde Isis als Seefahrergöttin verehrt. Eine ptolemäische Nekropole (von Anfuschi) zeigt Gräber im ägäisch-ptolemäischen Mischstil. Bekannt wurde die Insel durch ihr Wahrzeichen, den Leuchtturm von Ph., der im 3. Jh. v. Chr. unter Ptolemaios II. von dem Baumeister Sostratos von Knidos errichtet wurde (Plinius, Naturalis Historia 36, 83) und der zu den antiken Weltwundern zählte. Der Turm bestand aus Kalkstein und war etwa 400 Ellen (ca. 110 m) hoch. Auf Münzbildern Alexandrias und in arab. Beschreibungen ist sein Aussehen überliefert: Der Turm war im Grundriss quadratisch und setzte sich in mehreren geometrisch verschieden geformten Abschnitten fort mit einem Statuenschmuck als Abschluss. Das Seezeichen wurde erst im 14. Jh. n. Chr. durch zwei Erdbeben zerstört.

Pharsalos (lat. Pharsalus; heute Fersala, Pharsala) Stadt im südöstl. Thessalien am Rande einer fruchtbaren Ebene und Hauptort der Landschaft Phthiotis. Der seit dem Neolithikum besiedelte Platz wird bei Homer nicht genannt, weshalb man dazu neigte, die Stadt mit dem homer. Phthia, der Heimatstadt des ↗ Achill zu identifizieren. Dennoch galt Ph. bereits in der Antike als Nachfolgerin von Phthia und pflegte die Verbindung zum Sagenkreis um Achilleus durch Kulte der ↗ Thetis und des ↗ Chiron. Im 6. Jh. erlangte sie unter verschiedenen Geschlechtern (Echekratiden, Skopaden) allmählich Bedeutung. Nach den Kämpfen des 2. ↗ Makedon. Krieges sprachen die Römer Ph. 189 dem Thessal. Bund zu. Die antiken Reste sind spärlich. Erhalten sind Teile der unter Justinian im 6. Jh. n. Chr. noch einmal erneuerten Stadtmauer, v. a. an der etwa 200 m hohen, steilen Akropolis. Bekannt wurde Ph. durch den Sieg Caesars in der entscheidenden Schlacht im röm. Bürgerkrieg am 28. Juni 48 v. Chr. gegen Pompeius. Die Lage des Schlachtfeldes ist nicht genau zu lokalisieren, vermutlich lag es östl. von Ph. Der röm. Dichter Lukan behandelte diese Schlacht in seinem unvollendeten Epos *Pharsalia*. Die klass. Walpurgisnacht in Goethes Faust II (2. Akt) spielt sich auf den »Pharsal. Feldern« ab.

Phegeus (gr. Phegeus), Sohn des ↗ Alpheios, König von Psophis in Arkadien. Er entsühnt ↗ Alkmeon vom Mord an dessen Mutter ↗ Eriphyle und gibt ihm seine Tochter ↗ Arsinoë (bzw. Alphesiboia) zur Frau.

Pheidias ↗ Phidias

Pheidippos, Sohn des Thessalos, einer der Freier der ↗ Helena. Er befehligt vor Troja gemeinsam mit seinem Bruder Antiphos 30 Schiffe von der Insel Kos.

Phemios, Gestalt der griech. Mythologie, wie Demodokos Sänger in Homers *Odyssee*.

Pherekrates (gr. Pherekrates), athen. Komödiendichter, ca. 460–420 v. Chr. In der antiken Literaturkritik wird Ph. großer Einfallsreichtum zugeschrieben. Wichtig unter musikhistor. Aspekten ist ein Fragment aus dem *Cheiron* (Fr. 155 PCG) mit einer Liste von avantgardist. Musikern und Komponisten, die als Ruin der traditionellen ↗ Musik angesehen werden. **Lit.:** B. Zimmermann, Die griech. Komödie (2006) 163.

Pherekydes (1) von Skyros, griech. Autor, 2. Hälfte 6. Jh. v. Chr. Nach der antiken Literaturgeschichtsschreibung war Ph. der erste Prosaiker. Er verfasste eine Kosmogonie. **Lit.:** H. Schibli, Ph. of Skyros (1990).

Pherekydes (2) von Athen, griech. Historiker, 2. Hälfte 5. Jh. v. Chr., Verf. von mytholog. und genealog. Darstellungen. **Lit.:** O. Lendle, Einführung in die griech. Geschichtsschreibung (1992) 22–25.

Pheres (1), Sohn des ↗ Kretheus und der ↗ Tyro, Onkel des ↗ Jason, Vater des ↗ Admet und des ↗ Lykurgos (1), Gründer von Pherai in Thessalien.

Pheres (2), einer der Söhne von ↗ Jason und ↗ Medea. Nach dem Mord Medeas an der korinth. Königstochter ↗ Glauke, Jasons zweiter Ehefrau, wird Ph. zusammen mit seinem Bruder Mermeros von den Korinthern im Hera-Tempel gesteinigt und dort beigesetzt. Als Sühne für dieses Verbrechen finden jährl. Trauerriten und Kinderopfer in Korinth statt. Einer anderen Überlieferung zufolge werden Ph. und Mermeros von ihrer Mutter Medea getötet (Eur. *Medea*), während Thessalos, ein weiterer Sohn, dem Tod entgeht.

Phiale, Tochter des Heroen Alkimedon. Von ↗ Herakles auf dem Berg Ostrakina in Arkadien verführt, bringt sie den Aichmagoras zur Welt. Daraufhin wird sie mit ihrem kleinen Sohn von ihrem Vater Alkimedon gefesselt in der Wildnis ausgesetzt, doch Herakles

wird von einer Elster zu ihnen geführt und rettet die beiden.

Phidias (gr. Pheidias) aus Athen, einer der bedeutendsten att. Künstler der klass. Zeit. Über seine Person und seine genauen Lebensdaten ist vieles nur legendär überliefert. Ph. war Bildhauer, Maler und Architekt, Zeitgenosse von Myron und Polyklet, Freund und Berater des Staatsmannes Perikles. Er selbst nannte sich in einer Signatur Sohn des Charmides. Er wurde wohl zwischen 500 und 490 v. Chr. geboren und starb wahrscheinlich um 432 v. Chr. in Olympia. Seine Hauptschaffenszeit lag im mittleren 5. Jh. v. Chr. Gegner des Perikles, die versuchten, auch Ph. anzugreifen, beschuldigten ihn der Veruntreuung von Gold, das für das Standbild der Athene im Parthenon bestimmt war. Nachdem seine Unschuld in diesem Falle bewiesen werden konnte, warf man ihm jedoch Gottlosigkeit vor, weil er Perikles und sich selbst unter den mit den Amazonen kämpfenden Griechen auf dem Schild der Athena Parthenos dargestellt hatte, und ließ ihn ins Gefängnis werfen. Zu seinen berühmtesten Werken zählen mehrere Götterdarstellungen, die Bronzestatue der Athena Promachos (»Vorkämpferin«) auf der Akropolis, die Athena Lemnia (ein Geschenk der Bewohner von Lemnos), das Athena-Standbild im Parthenon und die Kultstatue des Zeus von Olympia (Letztere auf einer Münze abgebildet). Ferner war Ph. Berater und Leiter von Arbeiten an mehreren unter Perikles errichteten Bauten auf der Athener Akropolis. Für deren künstler. Ausstattung lieferte er sicherlich mehrere Vorschläge und Pläne, welche dann auch zum größten Teil von seiner Werkstatt ausgeführt worden sein dürften. Bei Ausgrabungen in Olympia konnten Überreste seiner Werkstatt identifiziert werden. **Lit.:** G. M. A. Richter, The Sculpture and Sculptors of the Greeks (1970). – A. F. Stewart, Greek Sculpture (1990). – W. Schiering, Die Werkstatt des Pheidias in Olympia (1991). – GGGA (1999).

Phigalia, südwestlichste Stadt Arkadiens am Fluss Neda in extremer Gebirgslage. Nördl. über der Stadt in etwa 1130 m Höhe liegen die monumentalen Ruinen von ↗ Bassai mit dem berühmten Tempel für Apollon Epikurios, der zum Gebiet von Ph. gehörte. Die Geschichte der Bergsiedlung ist eng verbunden mit der des nahen ↗ Messenien. Umrahmt von tiefen Schluchten, war Ph. durch seine militärisch unangreifbare Lage der ideale Rückzugsort für messen. Freiheitskämpfer (Aristomenes) gegen Sparta. Im 3. Jh. v. Chr. stand Ph. in ↗ Isopolitie mit dem Ätol. Bund, wechselte jedoch 219/18 zum Achäischen Bund. Aus der frühen Kaiserzeit stammen einige Ehrenbeschlüsse; in der Severerzeit prägte Ph. eigene Münzen. Belegt ist die Besiedlung Ph.s bis ins 7. Jh. n. Chr., wo Ph. in einer vulgärgriech. Ortsliste zum letzten Mal erwähnt wird. Erhalten sind Reste einer gewaltigen Stadtmauer und zweier kleiner Tempel auf dem Berg Kotilion oberhalb von Bassai. **Lit.:** ASM (1999).

Philadelphia, seit der mittleren Bronzezeit archäologisch bezeugte Stadt im Ostjordanland am Oberlauf des Jabboq (heute Amman); schriftlich zuerst erwähnt

Philai, Tempelanlage

im Alten Testament als Rabba oder Rabbat Bene Ammon (»Große der Ammoniter«); Hauptstadt des Ammoniterreiches. Im 10 Jh. von David erobert, unter Ptolemaios II. Philadelphos befreit und hellenisiert, erhielt sie offiziell dessen Beinamen; 218 erneuter Verlust der Unabhängigkeit durch ↗Antiochos III. d.Gr.; 135 unter der Tyrannis des Zenon Kotylas. Pompeius gliederte Ph. 63 v. Chr. in die Dekapolis (»Zehnstadt«) ein; seit 106 n. Chr. gehörte Ph. zur Provinz Arabia und trat in wirtschaftl. Konkurrenz zu ↗Bostra und ↗Gerasa. Ab dem 4. Jh. war Ph. Bischofssitz. Zahlreiche Ruinen des 2. Jh. n. Chr. in der Unterstadt sind erhalten, u.a. Säulenstraße, Theater, Odeion, Nymphäum, Propyläen und zwei Tempel auf der Akropolis.

Philai (lat. Philae), kleine Insel südl. ↗Elephantine mit berühmtem Isistempel aus ptolemäischer Zeit; erhaltene Teile von der Zeit der 30. Dynastie über Augustus bis Trajan; neben Isis wurden hier in diokletian. Zeit auch nub. Gottheiten und Hathor verehrt, da Diokletian den nub. ↗Blemmyern und Nobaden die Benutzung der Kultstätten gewähren musste. Ph. blieb bis in christl. Zeit geöffnet, bis es von Justinian im 6. Jh. n. Chr. geschlossen und zerstört wurde. Im Verlauf der Bauarbeiten am Assuanstaudamm wurde Ph. 1978 abgerissen und ohne die älteren Fundamente auf die benachbarte Insel Agikale verlegt. **Lit.:** ASM (1999).

Phileas von Athen, Geograph um die 2. Hälfte des 5. Jh. v. Chr., Verf. einer Periodos um das Mittelmeer und die damals bekannte Welt; das Werk ist jedoch nur in Fragmenten erhalten. ↗Periplus

Philemon und Baukis, die einzigen frommen Menschen, die Zeus und Hermes bei ihrer Prüfung, ob das gesamte Menschengeschlecht mit einer verheerenden Sintflut bestraft werden müsse, gastfreundlich aufnehmen. Bei dem einfachen, aber liebevoll zubereiteten Mahl geben sich die Götter zu erkennen, indem sich der Weinkrug wie von selbst immer wieder füllt.

Die Sintflut wird über die Erde geschickt, Ph. und B. werden in eine Eiche und Linde verwandelt.

Philemon (gr. Philemon) aus Syrakus, griech. Komödiendichter, ca. 380/60–267/ 63 v. Chr., Verf. von ca. 100 Komödien, von denen 194 Fragmente erhalten sind, neben Menander wichtigster Vertreter der Neuen Komödie, Vorbild für Plautus' *Trinummus, Mercator* und evtl. *Mostellaria*. **Lit.:** E. Lefèvre, Plautus und Ph. (1995).

Phil(h)etairos, Sohn des Attalos, Begründer des Pergamen. Reiches und der Dynastie der Attaliden. Seit 302 v. Chr. stand er in den Diensten des Lysimachos und fungierte als dessen Schatzmeister und Burgkommandant von Pergamon. 282 verließ er seinen Oberherrn und trat auf die Seite des Seleukos, zu dessen Sieg bei Kurupedion er maßgeblich beitrug. Die Herrschaft über Pergamon, die er in der Folgezeit unter der Oberhoheit der Seleukiden nahezu selbständig ausübte, übernahm bei seinem Tod (263) sein Neffe Eumenes I. Das Münzporträt des Ph., eines der ausdrucksvollsten des Hellenismus, erscheint regelmäßig auf den Prägungen seiner Nachfolger. **Lit.:** R. E. Allen, The Attalid Kingdom (1983).

Philippi, 356 v. Chr. von Philipp II. von Makedonien gegründete Kolonie im östl. Makedonien an Stelle der thas. Kolonie Krenides an der alten Via Egnatia, Schauplatz des Sieges des M. ↗Antonius über die Caesarmörder im Herbst 42 v. Chr., danach Veteranenkolonie unter dem Namen *Colonia Augusta Iulia Philippensium*; frühe Christengemeinde, an die der Apostel Paulus Briefe richtete (*Briefe an die Philipper*). Die ansehnl. Ruinen stammen aus röm. Zeit; daneben ein gut erhaltener Mauerring mit separater Akropolis; in der Ebene lag die Stadt mit großem röm. Forum und mehreren angrenzenden Gebäuden, daneben Gymnasium und Markthalle sowie Thermen und ein am Abhang des Burgberges gelegenes Theater. **Lit.:** Ch. Bakirtzis/H. Koester, Ph. at the Time of Paul (1998). – ASM (1999).

Philippikạ ↗ Cicero, Demosthenes

Philippọpolis (bulgar. Plọvdiv), von ↗ Philipp II. von Makedonien 341 v. Chr. gegründete Festung im oberen Hebrostal. Ph. bildete einen Verkehrsknotenpunkt im thrak. Straßensystem an der Verbindung nach Byzanz und zwischen Donau und Ägäis. Die Stadt wechselte in thrak. Besitz, bis Philipp V. von Makedonien sie 183 zurückeroberte; später wieder thrakisch und Sitz der Provinzialversammlung; seit 46 v. Chr. unter dem Namen Trimontium Hauptstadt der röm. Provinz Thracia; Neubefestiung der Stadt 167/68 n. Chr.; Einfälle von Goten und Karpen (250–270) mit anschließender Belagerung und Plünderung; im 4.–6. Jh. Kämpfe mit den Hunnen bes. unter Justinian (551) und erneute Befestigung der Stadt. Seit Domitian besaß Ph. Münzrecht; Münzen sind bis Elagabal bekannt. Ph. war ein kultureller Schmelztiegel mit thrak., griech. und röm. Elementen.

Philipp(os) II., 382–336 v. Chr., König von ↗ Makedonien, verbrachte einen Teil seiner Jugend als Geisel in Theben. 359 übernahm er zunächst die Regentschaft, 356 die unmittelbare Herrschaft über sein Land. Durch den Sieg über die phokäischen Truppen des ↗ Onomarchos erlangte er 352 die Kontrolle über ↗ Thessalien, zu dessen Hegemon er gewählt wurde. 350–48 zerschlug er den Chalkid. Städtebund, der trotz des leidenschaftl. Eintretens des ↗ Demosthenes von Athen, dem Hauptgegener Philipps, nur unzureichend unterstützt wurde. Durch die Ausdehnung seiner Macht nach Thrakien sicherte er sich mit den dortigen Gold- und Silberminen wertvolle Hilfsmittel, die ihm bei seinen Plänen zugute kamen. Nachdem er bis zum Ende der 40er Jahre die Kontrolle über Mittelgriechenland und das panhellen. Heiligtum von Delphi errungen hatte, war die entscheidende Auseinandersetzung mit Athen nicht aufzuschieben. Gegen die vereinten Truppen der Athener und Thebaner errang er 338 bei ↗ Chaironeia den entscheidenden Sieg. Nach der Schlacht initiierte er aus einer Position der Stärke die Gründung des ↗ Korinth. Bundes, dem alle griech. Staaten außer Sparta beitraten. Er selbst wurde zum Hegemon berufen. Um diese Stellung auch für die Zukunft abzusichern, griff er bereits früher erwogene Pläne eines Perserfeldzugs auf (↗ Isokrates), an dem alle Bundesmitglieder teilnehmen sollten. Während jedoch die Vorbereitungen für das Unternehmen noch auf Hochtouren liefen, wurde Ph. 336 bei der Hochzeit seiner Tochter ↗ Kleopatra mit Alexander von Epirus von ↗ Pausanias, einem ehemaligen Höfling, unter nie geklärten Umständen ermordet. Vermutungen, dass seine verstoßene Frau ↗ Olympias oder sein Sohn Alexander, die sich durch eine neue Ehe des Königs bedroht fühlten, hinter der Tat gestanden haben könnten, wurden schon bald geäußert, konnten aber nie bewiesen werden. – Ph. gilt als der Begründer der makedon. Großmachtstellung. Durch geschicktes Ausnützen der innergriech. Rivalitäten und einer beharrl. und systemat. Machtpolitik konnte er die Hegemonie über die griech. Welt erringen, die er mit einer auch im Siege versöhnl. Politik festigte. Dadurch und

mit seinen Plänen, einen Perserfeldzug zu beginnen, wurde er zum Wegbereiter seines Sohnes Alexander d.Gr. **Lit.:** H. Bengtson, Ph. und Alexander (1985). – G. Wirth, Ph. II. (1985). – M. Errington, Geschichte Makedoniens (1986). – GGGA (1999).

Philipp(os) III., eigentlich Arridaios, ein als geistesschwach geltender Halbbruder Alexanders d.Gr., wurde nach dessen Tod (323 v. Chr.) zum König ausgerufen und amtierte nominell gemeinsam mit dem nachgeborenen Sohn Alexanders, Alexander IV. 317 wurde er von Olympias gefangengenommen und hingerichtet. **Lit.:** H. Berve, Alexanderreich II (1926) Nr. 781.

Philipp(os) V., 238–179 v. Chr., König von Makedonien 221–179, versuchte zunächst, die frühere makedon. Hegemonie über Griechenland im Bundesgenossenkrieg gegen die Ätoler (220–217) wiederherzustellen. Nach Teilerfolgen und angesichts des 2. Pun. Kriegs, der Italien erschütterte, beendete er die Kampfhandlungen (Friede von Naupaktos, 217) und schloss 215 nach der Schlacht bei Cannae (216) ein Bündnis mit Hannibal. Im 1. Makedon. Krieg (215–205), der daraufhin mit Rom ausbrach, konnte sich Ph. zwar im Wesentl. behaupten, zog sich aber den dauerhaften Groll der röm. Republik zu. Nachdem Rom durch den endgültigen Sieg über Karthago (202) den Rücken wieder frei hatte, kam es zum 2. Makedon. Krieg (200–197), in dem Ph. vollständig unterlag (Schlacht bei Kynoskephalai 197) und im Friedensvertrag auf sein Kerngebiet beschränkt wurde. Obwohl er im Krieg gegen die Seleukiden Antiochos III. (192–188) ein treuer Bundesgenosse Roms war, konnte er die frühere Machtstellung Makedoniens nicht annähernd wiedergewinnen. Als er 179 starb, folgte ihm sein Sohn Perseus. **Lit.:** F. W. Walbank, Ph. V. (1940). – H. Bengtson, Herrschergestalten des Hellenismus (1975) 211–234. – M. Errington, Geschichte Makedoniens (1986).

Philippos aus Thessaloniki, griech. Epigrammatiker in Rom, 1. Hälfte 1. Jh. n. Chr.

Philippus Ạrabs, Marcus Iulius Ph. Augustus, röm. Kaiser Anfang 244–September/Oktober 249 n. Chr.; geb. um 204 als Sohn des Iulius Marinus; seit 243 Prätorianerpräfekt des Gordian III. Nach der Ermordung Gordians wurde Ph. A. Anfang 244 zum Kaiser erhoben. Von 244–246 führte er Kriege gegen die Karpen und Germanen und feierte im Spätsommer 247 einen Triumph in Rom. Vom 21.–23. April 248 feierte Ph. A. mit aufwendigen Spielen den 1000. Geburtstag Roms. Im Juni 249 ließ sich der Statthalter der Provinzen Mösien und Pannonien Decius zum Kaiser ausrufen und besiegte Ph. A. im September 249 in der Schlacht von Verona. **Lit.:** DRK (1997).

Philịskos von Kerkyra, griech. Tragiker und Dichter, 3. Jh. v. Chr., erhalten ist ein Hymnos auf Demeter in chorjamb. Hexametern.

Philịstos, um 430–356 v. Chr., syrakusan. Staatsmann und Historiker, hatte großen Einfluss unter der Regierung von Dionysios I. Er war ein Gegner Dions I. und missbilligte die polit. Reformpläne ↗ Platons, die dieser in Syrakus umzusetzen suchte. Er fiel 356 als

Flottenkommandant im Kampf gegen Aufständische. Ph. hinterließ ein (nicht erhaltenes) Geschichtswerk über Sizilien (11–13 Bücher), das u. a. von Diodor benutzt wurde. **Lit.:** R. Zoepffel, Untersuchungen zum Geschichtswerk des Ph. (1965). – O. Lendle, Einführung in die griech. Geschichtsschreibung (1992) 206–211.

Philitas (auch: Philetas) von Kos, griech. Dichter und Philologe, ca. 330-275 v. Chr. Ph. ist eine der einflussreichsten Persönlichkeiten der hellenist. Zeit. In Alexandria unter Ptolemaios I. als Lehrer seines Sohnes, des späteren Ptolemaios II., tätig, kehrte er später nach Kos zurück, wo er einen Dichterkreis gründete. Von seinem umfangreichen Corpus sind wenige Fragmente erhalten und nur vier Titel mit Sicherheit bekannt. *Demeter* war ein Werk in eleg. Distichen, das die Gründung des Kultes der Göttin erzählte; *Hermes* war ein Kleinepos; die *Paignia* (»Spielereien«) und die *Epigramme* waren sehr kurze Gedichten in eleg. Distichen. Gänzlich verloren ist eine Sammlung von Elegien, die Ph. seiner Geliebten Bittis widmete. Als Philologe verfasste er unter dem Titel *Ungeordnete Glossen* eine Sammlung von seltenen literar. Wörtern. Ph. galt in der Antike als unübertroffenes poet. Vorbild. **Lit.:** K. Spanoudakis (2002) [Ausg., Kommentar].

Philochoros aus Athen, griech. Historiker, ca. 340–260 v. Chr., letzter bedeutender Verf. einer att. Lokalgeschichte (↗ *Atthis*) in 17 Büchern, die annalistisch, nach den einzelnen Archonten gegliedert war (nur fragmentarisch erhalten). **Lit.:** O. Lendle, Einführung in die griech. Geschichtsschreibung (1992) 147–150.

Philodamos, griech. Dichter, Mitte 4. Jh. v. Chr., Verf. eines in der Tradition der Neuen ↗ Musik stehenden Paian für Delphi (340/35 v. Chr.). **Lit.:** L. Käppel, Paian (1992).

Philodemos aus Gadara (Syrien), griech. epikureischer Philosoph und Dichter, ca. 110–40/35 v. Chr. Er lebte bei seinem Gönner Piso in Herculaneum und gründete dort eine einflussreiche Philosophenschule. Vergil, Horaz und Varius Rufus zählten zu seinen Schülern. In Pisos Villa in Herculaneum wurde eine Bibliothek gefunden, die u. a. Ph.s Schriften enthielt. Er verfasste philosoph. Werke kompilator. und systemat. Charakters und schrieb Epigramme von hoher künstler. Qualität. **Lit.:** J. Annas, Hellenistic Philosophy of Mind (1993). – D. Obbink, Ph. and Poetry (1994).

Philogelos (*Der Lachfreund*). Titel einer griech. Witzsammlung, die stofflich auf das 3.–5. Jh. n. Chr. zurückgeht, aber auch ältere Tradition verarbeitet. Über die in der handschriftl. Überlieferung genannten Verf. Hierokles und Philagrios ist sonst nichts bekannt. Gegenstand der insgesamt 265 ↗ Witze, die zumeist auf die Dummheit der Menschen zielen, sind entweder bestimmte Berufe (am häufigsten der Scholastikos, der weltfremde Gelehrte), Charaktertypen wie der Grobian, Prahlhans, Geizhals, Trunkenbold usw. oder die Bewohner bestimmter Städte wie Abdera, Kyme und Sidon. **Lit.:** A. Thierfelder, Ph. (1968) [Ausg., Übers.].

Philoktet. Römische Silberschale

Philoitios, treuer Rinderhirt des ↗ Odysseus am Hof in Ithaka, hilft seinem Herrn im Kampf gegen die Freier.

Philoktet (gr. Philoktetes), berühmter myth. Bogenschütze, Sohn des thessal. Königs Poias und der Demonessa. Er entzündet den Scheiterhaufen, auf dem Herakles den Tod findet, und erhält dessen Bogen und die Pfeile zur Belohnung. Am ↗ Trojan. Krieg nimmt er mit sieben Schiffen teil. Als ihm ein Schlangenbiss eine schwärende Wunde zugefügt hat, die ihn unentwegt peinigt, wird er von Odysseus auf Lemnos zurückgelassen, später aber zurückgeholt, als Helenos prophezeit, Troja könne nicht ohne Herakles' Bogen erobert werden (Sophokles, *Philoktet*).

Philolaos aus Kroton, griech. Philosoph, ca. 470–390 v. Chr., vermutlich Begründer der pythagoreischen Schule. Sein Verständnis von Natur, Welt, Wesen, Prinzip usw. rückt den Pythagoreismus näher an die Vorsokratiker. Nach Ph. ist die Natur aus grenzlosen und grenzbildenden Teilen zusammengefügt. Die Weltordnung ist nur dadurch möglich, dass zu diesen Prinzipien des Begrenzten und des Unbegrenzten Harmonie hinzukommt. Große Bedeutung kommt in seinem Denken der Zahl 10 zu, der gleichsam göttl. Rang beigemessen wird. Unbegrenztes und Begrenztes sowie die Zahl sind auch die Prinzipien der Erkennbarkeit der Dinge. Was die Seele und ihr Verhältnis zum Leib betrifft, bekennt Ph. sich zum ↗ Dualismus und betrachtet den Leib als Gefängnis der Seele. **Lit.:** W. Burkert, Weisheit und Wissenschaft (1962).

Philologie (gr. philologia, »Liebe zum Wort«). Ph. im Sinne einer wissenschaftl. Auseinandersetzung mit literar. Texten gibt es in Griechenland seit der Zeit des Hellenismus. Bereits im 6. Jh. v. Chr. setzte jedoch eine vorwissenschaftl. Beschäftigung mit literar. Texten ein, deren einziger Gegenstand die homer. Epen waren (Theagenes von Rhegion); Ende des 6. Jh. soll eine erste Homer-Ausgabe (»Peisistratid. Renzension«) erstellt worden sein, deren Historizität allerdings umstritten ist. ↗ Antimachos von Kolophon folgte mit einer Ausgabe um 400. Zu diesen vorwissenschaftl. Ausgaben zählt auch das ›athen. Staatsexemplar‹ der drei Tragiker, das ca. 330 unter Lykurgos entstand und einen offiziellen Text der Tragiker festschreiben wollte, um ihn vor Umdichtungen durch Schauspieler (↗ Interpolation) zu sichern. Die wissenschaftl. Beschäftigung mit Sprache und Literatur hat ihre Ursprünge bei den Sophisten (↗ Sophistik), die sich mit den Wirkungen der Sprache, Grammatik und Synonymik befassten. Im ↗ Peripatos kamen histor. Interessen dazu. Die wissenschaftl. Phase der Ph. setzte zu Beginn des 3. Jh. v. Chr. in Alexandria ein, wo die Ptolemäer die führenden Dichter und Gelehrten versammelten. In den neugeschaffenen Bibliotheken, dem ↗ Museion und Serapeion, lagerten ca. 250.000 Buchrollen. Ziel der alexandrin. Philologen war die Erklärung (↗ Scholion) und Edition der Klassiker, wobei sie das editor. Prinzip verfolgten, mit den Methoden der ↗ Textkritik möglichst den originalen Wortlaut eines Werks zu rekonstruieren. Daneben verfassten sie Einleitungen zu den einzelnen Werken (↗ Hypothesis). Wichtige Vertreter der alexandrin. Ph. sind Kallimachos (310–240 v. Chr.), Apollonios von Rhodos (300–246), Eratosthenes (276–195), der sich als erster mit der Berufsbezeichnung ›Philologe‹ benannte und die Ph. als eine Art Universalwissenschaft betrieb, Aristophanes von Byzanz (255–180) und Aristarch (216–144). Ein zweites Zentrum der Ph. etablierte sich zu Beginn des 2. Jh. v. Chr. in Pergamon, wobei der Schwerpunkt mehr auf grammatikal. Studien und der allegor. Homerauslegung (↗ Allegorese) lag. Die pergamen. Ph. fasste durch die Vermittlung von Krates von Mallos Mitte des 2. Jh. v. Chr. in Rom Fuß. Nach Vorstufen bei Accius und L. Aelius Stilo entwickelte ↗ Varro die Ph. zu einer Spezialwissenschaft. Im 1. Jh. n. Chr. setzte die Tendenz ein, systemat. Lehrbücher als Kompilationen umfangreicherer Werke zu verfassen. Durch den seit dem 2. Jh. n. Chr. vorherrschenden literar. Archaismus (↗ Gellius) entstand eine Vorliebe für die republikan. Literatur Roms (z. B. L. Casellius Vindex, *Antiquae lectiones,* eine Sammlung altertüml. Ausdrücke). In der Spätantike setzten sich immer stärker die Bedürfnisse der Schule durch. Kommentierte Klassiker-Ausgaben (Donat, Servius) und Schulgrammatiken (Nonius Marcellus,

Donat, Priscian) entstanden. Bei Boethius, Cassiodor und Isidor von Sevilla wird die Beschäftigung mit der Ph. von dem Wunsch getragen, die Bildung des Klerus zu gewährleisten. Gleichzeitig bilden diese Autoren die Brücke zu dem wiederauflebenden Interesse an der antiken röm. Literatur im 8. Jh. (›Karoling. Renaissance‹). **Lit.:** R. Pfeiffer, Geschichte der Klass. Ph. 1 (²1978). – P. Riemer/M. Weißenberger/B. Zimmermann, Einführung in das Studium der Latinistik (1998) 12–41.

Philomele, Tochter des myth. Königs Pandion von Athen, von ihrem Schwager Tereus vergewaltigt. Dieser schneidet ihr aus Angst vor Verrat die Zunge ab. Aus einer in ein Kleid gewobenen Darstellung erfährt Ph.s Schwester Prokne dennoch, was geschehen ist. Die Schwestern setzen aus Rache dem Tereus seinen Sohn Itys zum Mahle vor. Auf der Flucht vor Tereus werden sie in eine Nachtigall und eine Schwalbe verwandelt.

Philon (1) aus Alexandria, griech.-jüd. Philosoph, 20/15 v. Chr.–42 n. Chr., Verf. zahlreicher theolog. und philosoph. Werke. Mit Hilfe der von der Stoa entwickelten ↗ Allegorese entschlüsselt Ph. den verborgenen, übertragenen Sinn des Alten Testaments. In einem zweiten Schritt erklärt er dessen philosoph. Gehalt als Quelle der griech. Philosophie überhaupt. Ph. ist in seinem Denken von den wichtigsten philosoph. Richtungen geprägt (Platonismus, Stoa, Neupythagoreer). Er vollzieht die Synthese zwischen dem jüd. Monotheismus und dem transzendentalen Gottesbegriff der platon. Philosophie. Seine Philosophie ist stark dualistisch. Gott und Welt sind so stark getrennt, dass vermittelnde Instanzen vonnöten sind wie der Logos, der Sohn Gottes. Da die Seele des Menschen im Körper wie in einem Kerker gefangen ist, bedarf es der enthusiast., myst. Gottesschau, um diesem Kerker zu entkommen. **Lit.:** S. Sandmel, Ph. of Alexandria (1979).

Philon (2) aus Byblos, griech. Historiker, ca. 70–160 n. Chr., Verf. einer phöniz. Geschichte, die von Eusebios benutzt wird. **Lit.:** A. I. Baumgarten, The Phoenician History of Ph. of Byblos (1981).

Philon (3) aus Byzanz, griech. Autor, 3./2. Jh. v. Chr., Verf. eines Lehrbuches der Mechanik, von dem

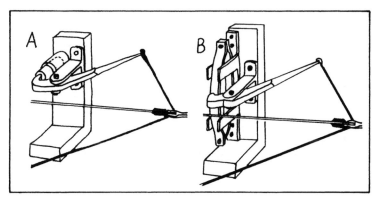

Von Philon von Byzanz beschriebene, dem Ktesibios zugeschriebene Erfindungen von Katapultfedern:
a aerotonos (Luftfeder),
b chalcotonos (Bronzefeder)

das Buch über Belagerungsmaschinen und -techniken sowie Teile der *Pneumatik* auf arabisch erhalten sind. Ph. benutzte den Luft- und Wasserdruck für die Entwicklung von Überraschungsmaschinen. Unter Ph.s Namen ist auch eine Schrift über die Sieben Weltwunder überliefert. **Lit.:** A. Schürmann, Griech. Mechanik und antike Gesellschaft (1991). – K. Brodersen, Reiseführer zu den Sieben Weltwundern (1992).

Philon (4) aus Larissa, griech. Philosoph, 159/58–84/83 v. Chr., Schuloberhaupt der ↗ Akademie. Von seinen zahlreichen Werken sind keine Fragmente oder Titel erhalten. Er scheint einen gemäßigten ↗ Skeptizismus vertreten zu haben. Wie die Stoa verglich er die Tätigkeit des Philosophen mit der des Arztes und teilte die eth. Unterweisung wie einen medizin. Heilungsprozess in fünf Stufen ein. **Lit.:** H. Tarrant, Scepticism or Platonism? (1985).

Philonoë (1) (gr. Philonoë), Tocher des lyk. Königs ↗ Jobates, wird von ihrem Vater mit ↗ Bellerophon verheiratet.

Philonoë (2) (gr. Philonoë), Tochter des ↗ Tyndareos und der ↗ Leda, von Artemis unsterblich gemacht.

Philonome ↗ Ten(n)es

Philopoimen, 253–183, achäischer Staatsmann und Feldherr, gilt als einer der letzten bedeutenden und von Rom unabhängigen Politiker Griechenlands (nach Aussage von Plutarch der »Letzte der Hellenen«). Nachdem er sich bereits im Krieg gegen Kleomenes III. von Sparta (222) ausgezeichnet und zehn Jahre lang als Söldnerführer in Kreta gedient hatte, stieg er seit 209 zum führenden Politiker des Achäerbundes auf. Als achtmaliger Stratege (zwischen 208 und 183) ging er bes. gegen Sparta vor und war bestrebt, die achäische Macht auf die ganze Peloponnes auszudehnen. Gegenüber Rom versuchte er, so gut es ging, die Unabhängigkeit des Bundes zu wahren. 183 geriet er in messen. Gefangenschaft und wurde durch Gift beseitigt. **Lit.:** M. Errington, Ph. (1969).

Philoponos, Johannes Ph., griech. Philosoph, 490–570 n. Chr., Vertreter des christl. Neuplatonismus, Verf. von einflussreichen Kommentaren zu den Schriften des Aristoteles. Ph. setzte sich kritisch mit Proklos und Aristoteles auseinander. Theologisch ist Ph. Vertreter des Tritheismus. Die Trinitätslehre wird in dem Sinne ausgelegt, dass man sich drei selbständige Gottheiten dachte. **Lit.:** R. Sorabji (Hg.), Ph. and the Rejection of Aristotelian Science (1987).

Philosophie (gr. philosophía, »Liebe zur Weisheit«, ↗ Vorsokratiker, ↗ jon. Naturphilosophie, ↗ Eleaten, ↗ Atomistik, ↗ Sophistik, ↗ Pythagoreer, ↗ Akademie, ↗ Peripatos, ↗ Stoa, ↗ Epikureismus, ↗ Sokrates, ↗ Platon, ↗ Aristoteles, ↗ Plotin, ↗ Cicero, ↗ Seneca, ↗ Augustin.

Philostrat (gr. Philostratos). Unter dem Namen des Ph. sind mehrere griech. Werke überliefert, die nach der modernen Forschung auf drei oder gar vier Mitglieder einer Familie von der Insel Lemnos verteilt werden. Von Lucius Flavius Ph. (ca. 170–245 n. Chr.) stammt die Lebensbeschreibung des Apollonius von Tyana, eines pythagoreischen Wanderpredigers

und Wundertäters. Ebenfalls von ihm stammen die *Sophistenbiographien,* in denen er Vertreter der ↗ Sophistik des 5. Jh. v. Chr. und seiner eigenen Zeit, der sog. Zweiten Sophistik, beschreibt. Die Zuweisung der *Eikones* (*Bilder*) an ihn oder einen anderen oder gar an zwei andere Philostratoi ist nicht erklärt. Die Schrift steht in der Tradition der kaiserzeitl. ↗ Ekphrasis und ist als die Führung durch eine imaginäre Galerie angelegt. Daneben gibt es eine Reihe kleinerer Schriften: einen Dialog über Heroen und über athlet. Training. **Lit.:** G. Anderson, The Second Sophistic (1993).

Philotas, makedon. Truppenbefehlshaber, Sohn des Parmenion. In den ersten Jahren des Alexanderzuges Kommandant der Reiterei, wurde Ph. 330 v. Chr. bezichtigt, eine Verschwörung gegen den König angezettelt zu haben. Nachdem er die Tat unter Folter gestanden hatte, wurde er von der Heeresversammlung zum Tode verurteilt und hingerichtet. Die Umstände der Verschwörung sind mysteriös und eröffneten Alexander die Möglichkeit, Parmenion, den Vater des Ph., zu beseitigen. **Lit.:** H. Berve, Alexanderreich II (1926) Nr. 802.

Philoxenos, griech. Dithyrambiker aus Kythera, ca. 435–380 v. Chr., Hauptvertreter der innovativen Strömung im Dithyrambos, der die Gattung anderen literar. Formen öffnen wollte, indem er die chorlyr. Form dramatisierte. Ob das unter dem Namen des Ph. überlieferte *Deipnon* (*Gastmahl*) von ihm oder einem anderen Ph. (von Leukas) stammt, ist unklar. **Lit.:** B. Zimmermann, Dithyrambos (1992) 143 f.

Philyra (gr., »Linde«), Tochter des Okeanos und der Thetys. Sie wird von Kronos in Gestalt eines Pferdes vergewaltigt. Als sie später ihren Sohn, den Zentauren ↗ Chiron zur Welt bringt, ist sie über sein Aussehen so entsetzt, dass sie die Götter um eine andere Gestalt bittet; sie wird in eine Linde verwandelt.

Phineus (gr. Phineus), myth. König von Thrakien, der nach einem Vergehen mit Blindheit geschlagen und von den ↗ Harpyien gequält wird, die ihm das Essen rauben bzw. beschmutzen. Von den Boreaden ↗ Kalaïs und Zetes wird er später von ihnen befreit.

Phlegethon (gr. Phlegethon) (auch Pyriphlegethon), feuriger Unterweltsstrom, fließt zusammen mit dem ↗ Kokytos in den ↗ Acheron. Einer anderen Überlieferung zufolge ergießt er sich in der Nähe des Acherus. Sees in den ↗ Tartaros.

Phlegon von Tralleis, Buntschriftsteller; schrieb unter Hadrian Werke über Olympioniken, über Langlebige, über Geographie und Sensationsgeschichten (u. a. Quelle für Goethes *Braut von Korinth*). **Lit.:** K. Brodersen (Hg.), Ph., Das Buch der Wunder (2002) [Ed., Übers.].

Phlegyas (gr. Phlegyas), Sohn des Ares, Vater des Ixion und der Koronis, der Geliebten Apollons, mit dem sie Äskulap zeugt. Ph. überfällt deshalb das Apollon-Heiligtum in Delphi und wird von dem Gott getötet. Äneas begegnet ihm in der Unterwelt.

*Phlyakenvase aus Paestum:
Jupiter, in Begleitung von Hermes, will zu Alkmene*

Phlyakenposse, subliterar. Gattung, bes. in Süditalien; ihr Hauptvertreter ist Rhinton. Sujet der Ph. scheint bes. Mythentravestie gewesen zu sein. Fragmente sind spärlich erhalten, die Gattung ist allerdings auf zahlreichen südital. Vasen bezeugt (Phlyakenvasen). **Lit.:** O. Taplin, Comic Angels (1993).

Phobos (gr. »Furcht«, lat. »pavor«), ↗ Personifikation des Schreckens vor allem im Krieg, Sohn des Ares und der Aphrodite, Bruder des Deimos.

Phönix (1) (gr. Phoinix), ein ursprünglich ägypt. Vogel, Sinnbild für die Auferstehung und das ewige Leben. Er pflanzt sich durch sich selbst fort, indem er bei seinem Tod sein Nest entzündet; aus der Asche steigt dann ein neuer Ph. hervor.

Phönix (2) (gr. Phoinix), Sohn des Amyntor und der Hippodameia oder Kleobule, Erzieher Achills, den er nach Troja begleitete.

Phönizier, zur semit. Sprachfamilie gehörendes Seefahrervolk des syr. Küstengebietes am Mittelmeer, das vermutlich in der mittleren Bronzezeit einwanderte. Die Angaben Herodots zur Herkunft der Ph. vom Roten Meer sind nicht eindeutig zu belegen. Seit dem 1. Jt. v. Chr. betrieben die Ph. einen ausgedehnten Seehandel und gründeten im gesamten Mittelmeerraum Handelsniederlassungen, die später selbst berühmte Städte mit eigenen Kolonien wurden, z. B. Karthago. Sie beherrschten Purpurfärberei, verstanden Glas und Metall zu bearbeiten, und ihre schnellen, technisch hoch entwickelten Schiffe dienten vielen Völkern als Vorbild (Karthager, Römer). Kult. Verehrung wurde neben dem Wettergott Baal auch dem Stadtgott von Tyros, Melqart, zuteil. Die Ausbreitung

der Griechen im Mittelmeer und die Gründung griech. Handelskolonien sowie die Zerstörungen Alexanders d.Gr. 332 v. Chr. brachten den Fernhandel zum Erliegen; später gehörten die Ph. zum seleukid. und ab 63 v. Chr. zum röm. Reich.

Phönizien (auch Phönikien, gr. Phoinike, sem. Kanaan, »Purpur«), fruchtbare, aber schmale und gebirgige Küstenlandschaft am Mittelmeer, begrenzt von Libanon und Antilibanon. Die durch viele Flusstäler und Gebirgsausläufer stark gegliederte Region war trotz des günstigen Klimas für Landwirtschaft wenig geeignet, aber schon seit der Altsteinzeit besiedelt. Ph. bildete nie eine polit. Einheit, sondern war aristokratisch organisiert in kleinen Stadtstaaten, die meist von lokalen Königen regiert wurden (Byblos, Berytos, Sidon, Tripolis, Tyros). Die Gründung von Handelsfaktoreien entlang der Küsten (Karthago, Gades) und auf den Inseln (Kameiros, Ialysos auf Rhodos, Kition auf Zypern, Itanos auf Kreta) des Mittelmeers brachte Ph. 868 v. Chr. mit den Assyrern in Konflikt, die von Tyros, Sidon und Byblos Abgaben forderten. In achämenid. Zeit stellte Sidon zusammen mit den phöniz. Städten den größten Teil der pers. Flotte. Nach der Eroberung von Tyros durch Alexander d.Gr. (332) sank die Bedeutung Ph.s stetig. Nach der Seleukidenherrschaft ging Ph. in der 64/63 v. Chr. neu eingerichteten röm. Provinz Syria auf. Reich wurde Ph. durch seine Kenntnisse im Schiffsbau, den Handel mit Zedern- und Pinienholz, Purpurstoffen, Metall- und Glaswaren, Wein, Salz und gedörrtem Fisch. Die Handwerkskunst war in Ph. weit verbreitet und bot eine Mixtur aus ägypt., syr. und mesopotam. Elementen. Die phöniz. Schrift entwickelte sich über mehrere Jahrhunderte (12.–10. Jh. v. Chr.) von einer archaischen Form zu einer Kursive und bildete in der von den Griechen im 9. Jh. v. Chr. übernommenen Form die Grundlage vieler Schriftsysteme. Überliefert sind nur wenige Inschriften in einer dem Hebräischen verwandten semit. Sprache.

*Bärtiger Kopf
(Phönizier oder
Karthager).
Griechische
Glasarbeit aus
dem 4./3. Jh.
v. Chr.*

Phoibe, Titanin, Tochter von ↗ Uranos und ↗ Gaia, Schwester und Gattin des Titanen ↗ Koios, von ihm Mutter der ↗ Asteria und der ↗ Leto.

Phoibos, Beiname des ↗ Apollon.

Phokaia, im 8. Jh. v. Chr. an der Mündung des Hermos gegründete jon. Handelsstadt an der Westküste Kleinasiens. Ph. entwickelte im 7/6. Jh. v. Chr. eine rege Kolonisationstätigkeit im westl. Mittelmeer (↗ Massilia, ↗ Alalia). Nach der pers. Eroberung durch ↗ Kyros (540) wanderte ein Teil der Bewohner nach Alalia (Korsika) und weiter nach Italien aus. In frühhellenist. Zeit verlor die florierende Stadt durch die Neugründung von ↗ Smyrna (heute Izmir) an wirtschaftl. Bedeutung und wurde in röm. Zeit Teil der Provinz ↗ Asia. **Lit.:** D. Magie, Roman Rule in Asia Minor I-II (1950).

Phokion (gr. Phokion), 402–318 v. Chr., athen. Politiker und Staatsmann, versuchte als Gegner des Demosthenes gute Beziehungen zu Makedonien herzustellen. Er leitete die Verhandlungen nach der Schlacht bei Chaironeia (338) und führte 322, nach der Kapitulation Athens im Lam. Krieg, eine timokrat. Staatsordnung ein. Als makedon. Truppen 318 den Piräus besetzten, wurde er des Hochverrats angeklagt und trotz seines hohen Alters zum Tode verurteilt. **Lit.:** H. J. Gehrke, Ph. (1976).

Phokis, Landschaft in Mittelgriechenland im S an den Golf von Korinth angrenzend mit dem Parnassgebirge und dem berühmten Heiligtum von Delphi. Ph. wurde seit dem 6. Jh. v. Chr. – es gibt auch Spuren früherer Besiedlungen – von Hirtenstämmen der Phoker bewohnt, die sich in einem Städtebund organisierten und als Mitglied der Delph. ↗ Amphiktyonie auftauchten. Nach der Befreiung von der thessal. Vorherrschaft war Ph. zunächst Verbündeter Athens in den ↗ Perserkriegen, nach der Niederlage an den ↗ Thermopylen (480) zur pers. Gefolgschaft gezwungen, im ↗ Peloponnes. Krieg aber auf Seiten Spartas und immer wieder hart umkämpft, bis die Landschaft 301 v. Chr. unabhängig wurde. Mit der Eroberung Makedoniens durch die Römer wurde Ph. 148 v. Chr. Teil der Provinz Macedonia.

Phokos, jüngster Sohn des ↗ Aiakos, des Königs von Ägina, und der Nereide Psamathe. Aus Furcht vor seinen eifersüchtigen Halbbrüdern ↗ Telamon und ↗ Peleus führt er eine Gruppe äginet. Auswanderer in die nach ihm benannte Region Phokis. Nach seiner Rückkehr ermorden ihn seine Halbbrüder bei einem gemeinsamen Fünfkampf, indem Peleus oder Telamon den Ph. mit einem gezielten Diskuswurf tötet. Einer anderen Überlieferung zufolge handelt es sich bei dem tödl. Diskuswurf des Peleus um einen Unfall. Phokos wird auf Ägina begraben.

Phokylides (gr. Phokylides), **1.** griech. Dichter, 1. Hälfte 6. Jh. v. Chr., Verf. eines hexametr. Gedichts mit Sinnsprüchen (*Gnomai*). – **2.** Unter dem Namen Ph. ist ein hexametr. Gedicht (230 Verse) moralisierenden Inhalts erhalten, das um die Zeitenwende entstanden sein dürfte. **Lit.:** P. W. van der Horst, The Sentences of Pseudo-Ph. (1978).

Pholos, neben ↗ Chiron der einzige freundl. Zentaur, Sohn des Silenos. Er nimmt Herakles auf und gibt ihm von dem Wein, der allen Kentauren gemeinsam gehört. Vom Duft des Weines angelockt, kommen diese herbei, und es entbrennt ein heftiger Kampf, in dem Herakles Ph. versehentlich mit einem seiner Giftpfeile tötet.

Phorkiden, Kinder des ↗ Phorkos (bzw. Phorkys) und der ↗ Keto: die ↗ Graien (Enyo, Pemphredo, Deino) und die ↗ Gorgonen (Sthenno, Euryale, Medusa) sowie ↗ Echidna, eine gewaltige Schlange (wohl zu identifizieren mit dem Drachen ↗ Ladon) und vielleicht ↗ Skylla.

Phorkys, Sohn des ↗ Pontos und der ↗ Gaia, von Keto Vater der ↗ Phorkiden.

Phorminx (gr.), viersaitiges Saiteninstrument der homer. Zeit, bekannt aus literar. Zeugnissen und bildl. Darstellungen. Die meist aus Holz gefertigte Ph. wurde als Begleitung zu Gesang, Reigen oder Tanz verwendet. Die archaische und klass. Zeit bevorzugte die ↗ Kithara. ↗ Musikinstrumente

Phoroi, allgemeine griech. Bezeichnung für Abgaben, insbes. die Beiträge, die die Mitglieder des ↗ Att. Seebunds zum Unterhalt der Flotte entrichten mussten. Nach Überführung der Bundeskasse nach Athen (454) änderten die Ph. allmählich ihren Charakter und wurden mehr und mehr als Tribute empfunden. Die Höhe der zu leistenden Zahlungen war in speziellen Listen festgehalten. Dadurch erhielt der Begriff in der griech. Welt einen betont negativen Beigeschmack und wurde als Zeichen der Unfreiheit gedeutet. Auch in hellenist. Zeit mussten bes. im Seleukidenreich abhängige Städte Ph. entrichten.

Phoroneus, Sohn des Flussgottes Inachos, ursprüngl. wohl Lokalheros von Tiryns. Er gilt wie ↗ Prometheus als Kulturbringer und Erfinder des Feuers. Beim Streit zwischen Poseidon und Hera um Argos fungiert er als Schiedsrichter.

Photios, Patriarch von Konstantinopel, ca. 820–893 n. Chr. Ph. gehört zu den wichtigsten Vermittlern der griech. paganen Literatur. Seine *Bibliotheke* enthält Inhaltsangaben, Deutungen und Hinweise zu 280 antiken Werken, die teilweise heute verloren sind. Wichtig ist sein Lexikon des klass. Griechisch, in dem sich zahlreiche Zitate verlorener Autoren finden. ↗ Lexikographie **Lit.:** N. G. Wilson, Scholars of Byzantium (1983) 89–119.

Phrasios aus Kypros (Zypern), Bruder des Pygmalion. Er rät dem Ägyptenkönig Busiris, jährlich einen Fremden zu opfern, und wird selbst das erste Opfer.

Phratrie (gr., »Bruderschaft«) ist eine Institution, die wohl ursprünglich aus dem Bedürfnis nach gegenseitiger Nachbarschaftshilfe entstand. In histor. Zeiten war sie, insbes. in Athen, ein Mittel zur Organisierung der Bürgerschaft. Die Ph. verfügte über einen gemeinsamen Götterkult, war für Eheschließungen zuständig und überprüfte das Bürgerrecht ihrer Mitglieder. An ihrer Spitze stand ein gewählter Phratriarchos. **Lit.:** S. D. Lambert, The Phratries of Attica (1993).

Phrixos, Sohn des myth. Königs Athamas und der Nephele, Bruder der Helle, mit der er vor dem Hass ihrer Stiefmutter Ino auf einem Widder, der das ↗ Goldene Vlies trägt, flieht. Helle kommt dabei durch einen Sturz ins Meer, das fortan Hellespont heißt, ums Leben. Ph. gelangt nach Kolchis, wo er den Widder opfert und das Vlies aufbewahrt.

Phrygien, geographisch schwer zu erfassende Landschaft und ab dem 8. Jh. v. Chr. Königreich in Zentralkleinasien von den Oberläufen des Rhyndakos bis zum großen Salzsee Lacus Tatta. Keramikfunde und Grabtumuli geben in etwa die Ausdehnung des Reiches an und lassen auf die Herkunft ihrer Bewohner schließen. Um 1200 v. Chr. wanderten aus Thrakien über den Hellespont die nomad. Phryger (Briger, assyr. Muski) nach Kleinasien ein, von wo sie bis zum Euphrat gelangten, um 1116 v. Chr. mit dem assyr. König Tiglatpileser I. in Konflikt gerieten und evtl. auf ihrem Weg das Hethiterreich zerstörten. Der sagenhafte König ↗ Gordios galt als Gründer des phryg. Reiches und der Hauptstadt ↗ Gordion, die den berühmten »Gord. Knoten« beherbergte. Unter ↗ Midas im 8. Jh. erreichte Ph. seine größte Ausdehnung und Blüte, besaß Handelsbeziehungen zu Assur und Urartu und bemühte sich um Kontakte mit Delphi. Wirtschaftl. Grundlage des feudal organisierten Staates bildeten Landwirtschaft und Viehzucht; Entwicklung einer Hochkultur mit Kunsthandwerk, prachtvoller Architektur in den Städten; Gebrauch eines den Griechen adaptierten Alphabets. Das phryg. Haupttheiligtum war Pessinus, wo Kybele mit Attis verehrt wurde, daneben der Mondgott Men und der Weingott Sabazios. Ende des 8. Jh. stritt König Sargon II. von Assur im O mit dem König Mita (Midas) und schlug ihn 715 in Kilikien, im W dehnte sich der Herrschaftsbereich bis auf Lydien aus. Nach Eusebios brach Ph. 696/95, nach Julius Africanus 676 unter dem Ansturm der Kimmerier zusammen. Danach konnte es sich nicht wieder erholen und geriet zunächst unter lyd., Mitte des 6. Jh. v. Chr. unter pers. Oberhoheit. Ende des 5. Jh. erfolgte die Teilung in zwei Verwaltungsbereiche, Kleinphrygien im NW und Großphrygien mit der Grenze südl. von Gordion. Bis zur Eingliederung Restphrygiens in die röm. Provinz Asia 116 v. Chr. teilte Ph. das Schicksal der kleinasiat. Staaten. Im Gefolge Alexanders d.Gr. kamen auch makedon. Siedler, die sich in der anatol. Hochebene, z.B. in Docimium, Philomelium und Lysias, niederließen. Überliefert sind etwa 250 altphryg. (8.–6. Jh. v. Chr.) und etwa 110 kurze neuphryg. Inschriften (1.–3. Jh. n. Chr.), zumeist ↗ Fluchformeln. **Lit.:** C. H. Haspels, The Highlands of Phrygia (1971). – M. Waelkens, Die kleinasiat. Türsteine (1984).

Phrynichos (1), bedeutendster att. Tragiker vor Aischylos, 6./5. Jh. v. Chr., 476 war Themistokles sein Chorege. In seinen Stücken *Eroberung von Milet* und *Phoinissen* dramatisierte er zeitgeschichtl. Stoffe, die Einnahme Milets durch die Perser (494) und den Sieg der Griechen bei Salamis (480). Acht Titel mit mytholog. Stoffen sind bekannt (z.B. *Alkestis*). Ph. soll

weibl. Masken und den trochäischen Tetrameter in die Tragödie eingeführt haben. **Lit.:** B. Gauly u. a. (Hg.), Musa Tragica (1991) 40–49.

Phrynichos (2), athen. Komödiendichter des letzten Viertels des 5. Jh. v. Chr., von den Zeitgenossen als zweitklassiger Plagiator verspottet. Im *Monotropos* (*Einsiedler*, 414 v. Chr.) schafft er den Vorläufer von ↗ Menanders (1) *Schwierigem (Dyskolos)*, in den *Musen* (405 v. Chr.) thematisiert Ph. ähnlich wie Aristophanes in den *Fröschen* die verwaiste trag. Bühne nach dem Tod des Sophokles und Euripides (406 v. Chr.).

Phrynichos (3), attizist. Lexikograph der 2. Hälfte des 2. Jh. n. Chr. Erhalten sind die *Ekloge* (*Auswahl*), ein stilistischer Ratgeber für den Redner, und als ↗ Epitome die *Praeparatio Sophistica* (*Einführung in die Sophistik* bzw. *Rhetorik*), eine Erklärung att. Begriffe. **Lit.:** E. Fischer, Die Ekloge des Ph. (1974).

Phthia, nach späteren Quellen Name der Geliebten des Amyntor, die von dessen Sohn ↗ Phönix (2) auf Anstiften der Mutter verführt wird. In der verlorenen Tragödie *Phoinix* des Euripides weist Phönix Ph. zurück und wird daraufhin von ihr verleumdet.

Phthonos (gr. »Neid«, lat. »invidia«), der Neid der Götter richtet sich vor allem gegen die Menschen, die die gottgesetzten Grenzen überschreiten (↗ Hybris). Die ↗ Personifikation des (literar.) Neides findet sich im Apollonhymnos des Kallimachos.

Phylakos, König von Phylake in Südthessalien. Melampus erhält von ihm die begehrte Rinderherde, nachdem er seinen Sohn Iphiklos von der Impotenz geheilt hat.

Phylas (1), Sohn des Heraklessohns Antiochos und der Leiphile, Tochter des Jolaos, Vater des Hippotes und der Thero.

Phylas (2), König der Thesproter, dessen Stadt Ephyra von ↗ Herakles zerstört wird. Mit Ph.' Tochter Astyoche zeugt Herakles Tlepolemos.

Phyle, größte Unterabteilung der Bürgerschaft in den meisten griech. Poleis, ursprünglich aus stammesmäßigen Bindungen entstanden. Diese Ph.n gentiliz. Charakters lassen sich in archaischer Zeit in weiten Teilen des dor. und jon. Bereichs nachweisen, so auch in Form der vier alten Ph.n in Athen. Später erfüllten die Ph.n polit. Aufgaben. In Athen wurden durch die Reform des ↗ Kleisthenes (508/07) zehn neue Ph.n geschaffen, die zur Grundlage des polit. Lebens wurden. Jede dieser Ph.n setzte sich aus drei ↗ Trittyen zusammen und stellte eine Mischung aus Küstenbewohnern, städt. Bevölkerung und Bewohnern des Berglandes dar, eine Regelung, die Partikularinteressen unterbinden sollte. Dabei war jede Ph. gleichberechtigt und in gleichem Maße an den staatl. Institutionen (↗ Boule, Gerichte usw.) beteiligt. Mit dem Niedergang der griech. Poliswelt nahm die polit. Bedeutung der Ph.n immer mehr ab, bis sie nur noch Verwaltungsaufgaben wahrnahmen und zur Traditionspflege dienten. **Lit.:** J. S. Traill, The Political Organization of Attika (1975). – J. Bleicken, Die athen. Demokratie ([4]1995).

Phyleus (gr. Phyleus), Sohn des ↗ Augias. Als ↗ Herakles den vereinbarten Lohn für die Reinigung der Ställe verlangt, sagt Ph. gegen den Vater aus und geht nach Dulichion in die Verbannung. Sein Sohn Meges nimmt als Führer der Dulichier am ↗ Trojan. Krieg teil.

Phylios, einer der Verehrer des ↗ Cycnus, bewältigt die drei ihm von diesem auferlegten Prüfungen, wendet sich aber dann von ihm ab.

Phyllis, thrak. Prinzessin, verliebt in Demophon. Als er nicht zurückkommt, erhängt sie sich vor Verzweiflung und wird in einen Mandelbaum verwandelt. Nach einer anderen Version ist sie die Braut des ↗ Akamas.

Physik (gr., »Lehre von der Natur«). Die Ph. galt im Rahmen der antiken Wissenschaft als Bestandteil der Philosophie und versuchte eine philosoph.-wissenschaftl. Erklärung von Naturphänomenen. Dadurch unterschied sie sich erheblich von der modernen Ph. mit ihrer empir. Ergründung der Naturgesetze. Mit dem Wesen der Natur setzte sich bereits die jon. Naturphilosophie im 6. Jh. v. Chr. auseinander (↗ Anaximenes, ↗ Anaximander, ↗ Thales); diese verfügte bereits über Kenntnisse der Luftverdünnung und der Wirkung von Magneten. ↗ Empedokles von Akragas (5. Jh. v. Chr.) wies nach, dass die Luft aus Teilchen bestand; diese Erkenntnis führte zur Entstehung der antiken Atomlehre, deren bedeutendster Vertreter ↗ Demokrit von Abdera war. Dieser nahm an, dass sich alle Materie aus kleinsten, unteilbaren und nicht sichtbaren Teilchen zusammensetzte, die durch ihre unterschiedl. Anordnung verschiedene Formen annehmen würden. Neben solch grundsätzl. Fragen traten aber auch konkrete Probleme wie die Kinetik (Bewegungslehre) oder Optik in den Vordergrund. Die Pythagoreer (↗ Pythagoras) entwickelten die besondere Disziplin der Harmonielehre, die sie zur Grundlage ihrer Welterklärung machten. Ganz im philosoph.-spekulativen Sinne behandelten ↗ Platon und ↗ Aristoteles die Ph. Während Platon die Wissenschaft bes. mit seiner Ideenlehre in Verbindung brachte, bemühte sich Aristoteles, die einzelnen Felder der Ph. zu kategorisieren, stellte sie aber in den Dienst seiner Philosophie und vernachlässigte die empir. Methoden. Obwohl bes. in hellenist. Zeit wieder verstärkt Experimente durchgeführt wurden, hatte langfristig Aristoteles den größten Einfluss auf die weitere Entwicklung. Bereits in der röm. Kaiserzeit galten seine Lehren als kanonisch, und im gesamten MA wurden seine einseitig philosophisch ausgerichteten Vorstellungen nicht mehr in Frage gestellt. Erst die beginnende Neuzeit hat durch den Rückgriff auf die lange vernachlässigten empir. Experimente den Weg zur rasanten Entwicklung der modernen Ph. geebnet. **Lit.:** S. Sambursky, Physical World of Later Antiquity (1962). – A. Stückelberger (Hg.), Antike Atomphysik (1979).

Physiognomik, antike Spezialwissenschaft, die von körperl. Merkmalen Rückschlüsse auf den Charakter des Menschen zieht. Als ↗ Archegeten galten ↗ Pythagoras und ↗ Hippokrates. Von deskriptiven Anfängen wurde die Ph. seit der pseudo-aristotel. Schrift normativ, ↗ Galen gab ihr die theoret. Fundierung. **Lit.:** R. Foerster, Die Ph. der Griechen (1884).

Physiologus, anonymes, vielleicht um 200 n. Chr. in Alexandria entstandenes, später häufig bearbeitetes und vielfach verändertes Buch, das wunderbare Eigenschaften von Tieren, Pflanzen und Steinen anführt, die religiös-symbolisch gedeutet werden; von großer Wirkung im MA. **Lit.:** O. Seel, Der Ph. (1960, [7]1995).

Physis (gr., »Natur«), das zur Natur Gehörende, die diesseitige, reale Welt. Ph. bezeichnete außerdem das nicht durch Gesetz und Sitte (↗ nomos) eingeschränkte natürl. Wesen und Verhalten eines Menschen. Ph. war ein zentraler Begriff in der Lehre der ↗ Sophistik und der ↗ Stoa.

Pleonasmus (gr. plenasmos, »Übermaß«), Begriff der Rhetorik zur Bezeichnung eines häufig überflüssigen Zusatzes zu einem Wort. P. kann teilweise ein Stilfehler sein (wie der ›schwarze Rappe‹), kann teilweise aber auch zur emphat. Hervorhebung eingesetzt werden.

Picenum, fruchtbare Landschaft auf der ital. Halbinsel zwischen Adriaküste und Apennin und zwischen Aesis im N und Helvinus im S; Heimat der Picenter, die jedoch nicht die Ureinwohner waren. Berühmt war P. für landwirtschaftl. Erzeugnisse von hoher Qualität (Olivenöl, Wein, Obst). Die meisten Siedlungen befanden sich an oder in der Nähe der Küste (Ancona, Potentia, Nomana, Cupra maritima, Castrum novum, Hadria, Firmum), im Landesinneren Asculum und Urbs Salvia. Neben ital. sind auch starke illyr. und vorital. Elemente sprachlich und archäologisch nachweisbar. Im N lag der von kelt. Senonen nach 400 v. Chr. eroberte *ager Gallicus,* der im 3. Jh. v. Chr. römisch wurde. Mit den Bewohnern P.s (*Picentes*) schlossen die Römer 299 v. Chr. ein Bündnis; es folgten röm. Koloniegründungen (Hadria, Castrum); ein Teil der Picentiner wurde nach 268 v. Chr. in die Nähe von Paestum umgesiedelt (*ager Picentinus*). Unter Augustus gehörte P. zur 5. Region Italiens. Bei der Neuordnung des Reiches unter Diokletian wurde P. mit den nördl. angrenzenden Gebieten zu einer Provinz vereint (Flaminia et P.). Dem antiken P. entspricht in etwa die heutige Landschaft Le Marche. **Lit.:** E.T. Salomon, The Making of Roman Italy (1982).

Picus (lat., »Specht«), ital. Gott, Vater des Faunus, Gründer von Laurentium. Er wird von der beleidigten Kirke in einen Specht verwandelt. Nach einer anderen Version ist P. ein Agrargott und als Specht der Lieblingsvogel des Mars.

Piërien ↗ Makedonien

Pietas (lat., »Frömmigkeit«), eine der Kardinaltugenden der Römer: die respektvolle Haltung gegenüber den Göttern, Mitmenschen und der sozialen Ordnung. P. wurde als röm. Göttin, Personifikation der Frömmigkeit, in verschiedenen Tempeln verehrt und häufig auf Münzen abgebildet. **Lit.:** K. Latte, Röm. Religionsgeschichte (1960) 40.

Pilaster (lat. pila, »Pfeiler«), bes. in der röm. Architektur verwendetes Bauelement. Vor eine Wand geblendete Pfeiler, die zur Verstärkung der Mauern, zur Rahmung von Fenstern und Türen, zur Unterbrechung und Gliederung großer Wandflächen oder – wie Säulen auch – zur Unterstützung von ↗ Architraven dienten. So sind sie entsprechend den Proportionen der Säulenform in Basis, Schaft und Kapitell gegliedert, jedoch ohne die charakterist. Schwellung des Säulenschaftes (Entasis).

Pilatus, Pontius P., röm. Ritter und Prokurator von Judäa 26–36 n. Chr. Seine Versuche, den Kaiserkult durchzusetzen, führten zu schweren Auseinandersetzungen, was seine durchweg negative Beurteilung in der jüd. Historiographie bewirkte. 36 abberufen, musste er sich in Rom wegen Übergriffen gegen die Bevölkerung rechtfertigen und beging vermutlich 39 Selbstmord. Im Prozess gegen Jesus bestätigte er nach röm. Recht das Todesurteil und ordnete seine Vollstreckung an. In der christl. Tradition wurde sein Verhalten teilweise gerechtfertigt und die alleinige Schuld am Tode Jesu den jüd. Behörden zugeschoben. **Lit.:** J. Blinzler, Der Prozess Jesu (³1960).

Pilgerfahrt ↗ Egeria, Reisen

Pilos (gr., »Filz«), spitze Mütze aus Filz.

Pilum (lat., »Speer«), 1,6–2 m langer Wurfspieß der röm. Legionäre; zu unterscheiden von der Lanze (*hasta*). Das P. bestand aus einem hölzernen Schaft und einer eisernen Spitze.

Pinakothek (gr., »Bildersammlung«), Räume, in denen Bilder und später auch andere Kunstwerke untergebracht wurden. Sie sollten möglichst groß und wegen des Lichteinfalls von N her zugänglich sein. So z. B. der nördl. Seitenflügel der ↗ Propyläen auf der Akropolis von Athen, in dem u. a. mehrere Bilder von ↗ Polygnotos aufbewahrt wurden. Auch das ↗ Heraion von Samos diente im 1. Jh. v. Chr. als P.; der Begriff lebt bis heute in unseren Gemäldegalerien fort, wie z. B. bei der Alten und Neuen P. in München.

Pinax (gr., »Tafel«), Schreibtafel, Teller oder Tafelbild; in der Archäologie Fachbegriff für bemalte Holz-, Ton- und Steintafeln, die als Weihgeschenk in Heiligtümern aufgehängt wurden. Kallimachos' Bibliothekskatalog trug den Titel *Pinakes*.

Pindar (gr. Pindaros), griech. chorlyr. Dichter aus Böotien, ca. 518–440 v. Chr. Sein umfangreiches Werk wird durch die vier erhaltenen Bücher von Siegesliedern (↗ Epinikion) repräsentiert, dagegen sind aus weiteren 13 Büchern der Edition des alexandrin. Philologen ↗ Aristophanes von Byzanz nur Fragmente erhalten (bes. aus den Paianen und Dithyramben). Die Epinikien feiern vorwiegend Sieger der Olymp., Pyth. (Delphi), Isthm. (Korinth) und Nemeischen Spiele. P.s Auftraggeber waren oft die sizil. Tyrannen Hieron von Syrakus, Theron von Akragas, ferner Arkesilas von Kyrene und Aristokraten aus dem griech. Mutterland. Aufführungsort war meistens die Heimat des Siegers (öffentl. Feier oder Symposion), häufig wurden Lieder auch am Ort des Sieges aufgeführt. Kontrovers bleibt auch die Aufführungspraxis mancher Lieder (Chor- oder Sologesang). Typ. Elemente der Siegeslieder sind das Lob des Siegers, seiner Familie und seiner Heimat,

die Nennung der Spiele und der Disziplin, in der sich der Sieger auszeichnete; die myth. Erzählung, die in einer Beziehung zum Anlass oder zum Sieger stehen kann und der Erhöhung der Leistung des Auftraggebers dient; die gnom. Weisheit, die entweder mit dem Inhalt des Mythos oder mit dem aktuellen Anlass zusammenhängt und oft als Übergang zwischen verschiedenen Liedteilen fungiert; auch Eigenlob und Kunst des Dichters sind häufig. Die Ideologie der Dichtungen P.s entspricht dem soziokulturellen Rahmen der Gattung: Tyrannen und Aristokraten beanspruchen eine ihnen von den Göttern zugewiesene Sonderstellung in der Gesellschaft; ihre Souveränität manifestiert sich in ihren Werken und Errungenschaften, darunter im athlet. Sieg; eine entsprechend privilegierte Stellung kommt auch dem Dichter zu, der die Taten der Mächtigen rühmen soll. Frömmigkeit, Einhalten des Maßes, Nutzung des angeborenen Potentials sind neben körperl. und psych. Tugend die traditionellen Werte, die in diesem Zusammenhang herausgehoben werden. P.s Stil ist äußerst kunstvoll, sein Satzbau extrem kompliziert. Rhetor. Figuren wie Hyperbaton, Hypallage, Metapher, Priamel und Litotes sind ein Hauptmerkmal seiner sonst häufig ellipt. poet. Sprache. Zu den Techniken seiner Erzählkunst gehören Dramatisierung, Gebrauch von direkter Rede, Rhythmus- und Szenenwechsel, unvorbereitete Wendungen und Unterbrechungen der Erzählung. Bilder, Assoziationen und gesuchtes Vokabular werden häufig als Mittel der Suggestivität eingesetzt. In seiner variationsreichen Verskunst dominieren daktyloepitrit. deutlich vor äol. Metren. Trotz der sprachl. Schwierigkeit genoss P. bereits in der Antike uneingeschränkte Bewunderung und Ansehen (vgl. Horaz, Oden 4, 2). Die antike und byzantin. Philologie hat sich intensiv mit seinem Werk auseinandergesetzt. P.s Dichtung wurde in der Neuzeit oft Gegenstand von Nachahmungen und Übersetzungen (z. B. Goethe, Hölderlin). **Lit.:** W. M. Calder/J. Stern (Hg.), P. und Bakchylides (1970). – A. Köhnken, Die Funktion des Mythos bei P. (1971). – E. Krummen, Pyrsos Hymnon (1990). – D. Bremer, P. (1992). – GGGA (1999).

Pindos, unwegsamer Gebirgszug in Nordgriechenland zwischen Thessalien und Epirus.

Piräus (gr. Peiraieus), großer Kriegs- und Handelshafen Athens auf einer Halbinsel im Saron. Golf. P. besaß drei gute Hafenbuchten mit den Häfen Kantharos, ↗ Munichia und Zea, die durch Themistokles 493/92 v. Chr. erstmals befestigt und durch Perikles nach 460 v. Chr. durch die sog. »Langen Mauern« mit Athen verbunden wurden. Die nach dem Peloponnes. Krieg wiedererrichteten Mauern umschlossen schließlich die gesamte Halbinsel. Der regelmäßige Plan der klass. Anlage des 5. Jh. v. Chr. geht auf ↗ Hippodamos von Milet zurück. Vom P. aus schlug Thrasybulos 404/03 die 30 Tyrannen, 86 v. Chr. wurde der Hafen von Sulla gründlich zerstört, danach blieb er unbedeutend. Der P. hatte für den griech. Handel zentrale Bedeutung, in Kriegszeiten wurden hier zahlreiche Kunstschätze außer Landes gebracht. An der Ostseite des Kantharos befand sich die ummauerte Freihandelszone und das ↗ Emporion mit dem Hafenmarkt; die Umsätze waren mit Steuern belegt. Gehandelt wurde mit allen Arten von Gütern (Getreide, Holz, Rohstoffe, Sklaven, Öl, Feigen, Keramik). Von einem im 2. Jh. n. Chr. gesunkenen Schiff stammen die sog. »Piräus-Reliefs« in der Berliner Antikensammlung, eine Schiffsladung mit wertvollen Bronzen blieb unter Brandschutt erhalten (gefunden 1959). Neben Resten von Schiffshäusern und Getreidespeichern haben sich Teile der Skeuothek (Arsenal zur Aufbewahrung von Schiffsgeräten) des Philon aus dem 4. Jh. v. Chr. sowie die Reste eines hellenist. Theaters erhalten. **Lit.:** R. Garland, The Piraeus (1987). – J. Travlos, Bildlexikon zur Topographie des antiken Attika (1988). – ASM (1999).

Piraterie. Mit der Ausbreitung des Seehandels kam zugleich die P. auf. Einnahmen aus P. zählte Aristoteles zu den drei ehrenhaften Broterwerben; nur der Raub an Mitbürgern war verpönt und wurde hart bestraft. Seeräuber dezimierten wertvolle Transportgüter; Passagiere und Mannschaft gerieten in Sklaverei. Viele Küsten waren wegen ihrer »Piratennester« berüchtigt, so bes. Kilikien und Karien in Kleinasien, Kreta und Illyrien. Mit der Errichtung der röm. Vorherrschaft im Mittelmeer zu Beginn des 2. Jh. v. Chr. setzte eine systemat. Kampf gegen die Seeräuber ein: Kilikien wurde Militärbezirk; Pompeius erhielt 67 v. Chr. ein Sonderkommando (*imperium extraordinarium*) zur Eindämmung der P.; Octavian bekämpfte 35 v. Chr. Piraten. **Lit.:** H. A. Ormerod, Piracy in the Ancient World (1924). – H. Pohl, Die röm. Politik und die P. im östl. Mittelmeer vom 3.–1. Jh. v. Chr. (1993).

Pirene (gr. Peirene), Göttin der gleichnamigen Quelle auf der Agora von Korinth, Tochter des Asopos bzw. Acheloos, Mutter von Leches und Kenchrias, der eponymen Heroen der korinth. Häfen. Als Kenchrias von Artemis versehentlich getötet wird, entsteht aus den Tränen der trauernden Mutter die Quelle. Nach einer anderen Version soll sie durch den Hufschlag des ↗ Pegasus oder Asopos entstanden sein. An ihr fängt Bellerophon Pegasus.

Pisidien (heute Türkei), fruchtbare kleinasiat. Berglandschaft an der Nordgrenze Pamphyliens. Das gebirgige P. lag an den Ausläufern des Taurus mit den Quellen des Eurymedon und des Mylas. Der Wasserreichtum bescherte P. gute Erträge in der Landwirtschaft (Oliven, Wein), ausgedehnte Weidegründe ermöglichten Viehzucht, die Waldgebiete lieferten Holz und andere Produkte. Berühmt war der Storaxbaum um Selge, dessen Harz zu einer wohlriechenden Droge verarbeitet und in alle Welt exportiert wurde. Die Bevölkerung bestand aus Hirten- und Bauernstämmen, die als rauh galten und nie eine polit. Einheit bildeten mit Ausnahme des Tempelstaates von Men Askeanos. Mit Selge, Sagalassos und Termessos besaß P. auch größere städt. Siedlungen. Nach der Schlacht bei Magnesia (189 v. Chr.) verlor Antiochos III. das Gebiet an Pergamon; 133 geriet es mit dem pergamen. Erbe an Rom, das P. dem Königreich Kappadokien anglie-

derte. Mit dem Tod des letzten Königs gab es keine klaren Herrschaftsstrukturen mehr und die ↗ Piraten hatten bedeutenden Einfluss, bis Rom um 100 v. Chr. eingriff und P. zu ↗ Kilikien schlug. **Lit.:** A. H. M. Jones, Cities of the Eastern Roman Provinces (1937). – D. Magie, Roman Rule in Asia Minor I-II (1950). – H. Brandt, Gesellschaft und Wirtschaft Pamphyliens und P.s im Altertum (1992).

Piso ↗ Calpurnius

Pithekus(s)ai (lat. Aenaria), vulkan. Insel vor dem Golf von Neapel (heute Ischia). Im 8. Jh. v. Chr. griech. Kolonie von Siedlern aus ↗ Chalkis, die dann von P. aus Cumae (↗ Kyme) gründen. Nach vulkan. Eruptionen verlassen, wird P. unter ↗ Hieron I. von Syrakus neu besiedelt; im 4. Jh. v. Chr. im Besitz von Neapel, 326 v. Chr. an Rom gefallen, 29 v. Chr. von Octavian im Tausch gegen Capri an Neapel zurückgegeben.

Pithoigia ↗ Anthesterien

Pithos (gr.), ein Vorratsgefäß, das in Griechenland seit vorgeschichtl. (minoischer) Zeit Verwendung fand (ähnl. Gefäße gibt es noch heute in Griechenland). Der P. war groß, bauchig, dickwandig, zuweilen bemalt oder mit Relief verziert. Man bewahrte darin flüssige und feste Lebensmittel, wie z. B. Öl, Wein, Oliven oder Getreide auf. In der Antike diente der P. aber manchmal auch zur Bestattung der Toten. Der P. konnte aus Metall und Holz sein, war aber zumeist ein tönernes Gefäß mit flachem, häufiger spitz zulaufendem Boden und mehreren Henkelösen, mit deren Hilfe

Pithos aus Phaistos, Mittelminoisch II

das Gefäß an Seilen bewegt werden konnte. Da der P. durch seine Proportionen nur eine geringe Standfestigkeit besaß, wurde er häufig etwas in den Boden eingegraben. Viele Pithoi waren mannshoch, und so darf ihre Herstellung als eine techn. Meisterleistung angesehen werden. Sicher konnten sie nicht in einem Zuge auf der Drehscheibe hochgezogen werden (schon allein aufgrund der benötigten Tonmasse und der Armeslänge des ↗ Töpfers), sie mussten vielmehr aus zahlreichen wulstartigen Tonringen zusammengesetzt und geformt werden. Berühmt sind bes. die archaischen Relief-P., die im 8.–6. Jh. v. Chr. in Böotien, auf Kreta und den Kykladen gefertigt wurden. Sie haben häufig erzählenden Charakter, wobei sich die Figurentypen des öfteren wiederholen. Dadurch entwickelte sich die Fertigung von aus Matrizen (Formen) hergestellten Verzierungen, welche dann mit Tonschlicker (der gute Hafteigenschaften besaß) an den Gefäßkörper geklebt wurden (Appliken). Es gab allerdings auch Stempel (und Rollstempel), mit denen Figuren und Ornamente eingedrückt wurden, die sich dann in umlaufenden Friesen wiederholten. **Lit.:** R. Hampe/A. Winter, Bei Töpfern und Töpferinnen in Kreta, Messenien und Zypern (1962). – J. Schäfer, Studien zu den griech. Reliefpithoi des 8.–6. Jh. v. Chr. (1957). – I. Scheibler, Griech. Töpferkunst (²1995).

Pittakos, um 650–570 v. Chr., griech. Staatsmann in Mytilene, beendete eine Phase permanenter innerer Kämpfe in seiner Heimatstadt und erließ die vielleicht ersten schriftl. Gesetze der griech. Welt, die das geordnete Zusammenleben der Bürgerschaft ermöglichen sollten. Durch sein kluges und maßvolles Wirken wurde er später zu den Sieben Weisen gerechnet. Seine Tätigkeit ist u. a. durch die Gedichte seines Landsmanns Alkaios bekannt, der ihm aus persönl. Gründen aber feindselig gegenüberstand.

Pittheus (gr. Pittheus), Sohn des ↗ Pelops, Gründer von Troizen und Orakeldeuter. Er bringt ↗ Aigeus, der ihn um die Deutung eines Orakels wegen seiner Kinderlosigkeit bittet, mit seiner Tochter ↗ Aithra zusammen, die so zur Mutter des ↗ Theseus wird.

Pityusen (gr., »Fichteninseln«), antiker Name der zu den ↗ Balearen gehörenden Inseln Ebusos (heute Ibiza) und Colubraria (heute Formentera).

Plagiat (lat. plagium, »Seelenverkauf«, daraus französ. plagiat), Diebstahl geistigen Eigentums ohne Angabe der benutzten Quelle. Diese Bedeutung erlangt P. erst im Französischen. In der Antike gab es kein Urheberrecht im modernen Sinn: Bezüge auf und Zitate aus Werken literar. Vorgänger waren selbstverständlich; sie ehrten das Vorbild oder aber dienten zur bewussten Absetzung von ihm. Dennoch kam es zu P.-Streitigkeiten: Bereits zwischen den att. Komödiendichtern Aristophanes und Eupolis kam es zu Auseinandersetzungen über die ›Urheberrechtsansprüche‹ auf bestimmte Ideen. **Lit.:** E. Stempflinger, Das P. in der griech. Literatur (1912).

Planeten (gr., »Wandelsterne«), sich (anders als Fixsterne) scheinbar in regelmäßigen Bahnen bewegende Himmelskörper. Die Antike kannte fünf P., sieben mit Sonne und Mond. Aus dem babylon. Kulturkreis übernahm die griech. Antike den Brauch, P. nach Göttern zu benennen (Kronos, Zeus, Ares, Aphrodite, Hermes), deren lat. Entsprechungen diese noch heute bezeichnen (Saturn, Jupiter, Mars, Venus, Merkur). Die Kenntnis vom regelmäßigen Lauf der P. gelangte während des 5. Jh. v. Chr. nach Griechenland. Parmenides beobachtete Morgen- und Abendstern; die Pythagoreer versuchten, die Entfernung zwischen den P. zu bestimmen (Theorie von der Sphärenharmonie), die musikal. Gesetze auf die ↗ Astronomie zu übertragen suchte.

Planktai (gr. »die Zusammenschlagenden«), Felsen bei der ↗ Charybdis, an denen die Schiffe zerschellen.

Plastik (gr. plassein, »formen, bilden«). *I. Allgemeines:* Im weiteren Sinne die Kunst, aus verschiedenen Materialien (Stein, bes. Marmor, Bronze, gebranntem Ton, Holz, Elfenbein, Edelmetall) Gegenstände körperlich nachzubilden, deren Vorbilder in der Natur vorhanden oder der Phantasie entsprungen sind. Diese Nachbildung geschieht, indem die Gegenstände teils in vollkommen freier, abgeschlossener Körperlichkeit (Rund-P.) dargestellt, teils nur durch mehr oder weniger starke Hervorhebung aus der Fläche angedeutet werden (Relief); im engeren Sinne die Bildhauerkunst (Skulptur). Unsere Kenntnis über die antike Plastik ist lückenhaft. Die aus Gold oder Bronze gefertigten Kultbilder sind größtenteils nicht erhalten, da sie z. T. bereits in der Antike wegen ihres kostbaren Materials eingeschmolzen worden sind, andere Skulpturen aus organ. Stoffen wie Holz haben sich in der Regel nicht erhalten. Von der Existenz solcher Werke wissen wir zum einen durch erhaltene, in der Antike gefertigte Kopien in anderem Material (Marmor), zum anderen durch die Schilderungen antiker Schriftsteller, allen voran Pausanias und Plinius. Dazu kommen die bis heute ausgegrabenen Funde, die sicher nur einen Bruchteil dessen darstellen, was ursprünglich vorhanden war. Die Einteilung der P. in verschiedene Epochen entspricht in etwa der durch die Archäologie und Kunstgeschichte eingeführten Gliederung. – *II. Griech. P.:* Zunächst finden sich in geometr. Zeit (etwa 9.–7. Jh. v. Chr.) kleinformatige Plastiken in unterschiedl. Materialien. In strenger Form und Haltung werden hauptsächlich Tiere (Pferde, Vögel o. ä.), Krieger oder Reiter dargestellt. Unter dem Einfluss des Orients beginnen um 800 die Darstellungen an Ausdruckskraft zu gewinnen (Köpfe von ↗ Greifen und Löwen an den Dreifußkesseln aus Olympia), und in archaischer Zeit (von etwa 700 bis 480) wird allmählich eine gewisse Monumentalität entwickelt, die sich in den ersten großformatigen Darstellungen männl. und weibl. Jugendlicher äußert (↗ Kuros, Kore). Anfänglich ist für sie Frontalität und Blockhaftigkeit kennzeichnend (Kopf der Hera aus dem Hera-Tempel in ↗ Olympia), bis Volumen, Gliederung und Proportion als Ausdrucksmittel erkannt und entwickelt werden (sog. »Kritios-Knabe« von der Akropolis in Athen) und damit die Vorstufe zur Klassik (etwa 500 bis um 325) bereiten. Die Starrheit der archaischen Zeit wird überwunden, und die Figuren werden bewegter. Zunächst wurden die Skulpturen noch in starren Achsen komponiert, dann entwickelt sich der Kontrapost (ins Gleichgewicht gebrachtes Gegenspiel der Kräfte; bes. zu erkennen an der Unterscheidung von Stand- und Spielbein) und ein strenges Gesetz einzelner Bewegungen. Am Skulpturenschmuck des Zeus-Tempels von Olympia oder dem des ↗ Parthenon wird dieser Wandel deutlich; führende Bildhauer dieser Zeit waren ↗ Myron, ↗ Phidias oder ↗ Polyklet. Die weitere Entwicklung dieser Epoche ist gekennzeichnet durch die geschickte Verbindung und Einbeziehung von Raum, Bewegung und dem Bewusstwerden der eigenen Existenz, z. B. bei ↗ Praxiteles, ↗ Lysipp und ↗ Skopas (↗ Mausoleum von Halikarnassos). Kennzeichnend für die hellenist. P. ist die Entdeckung des Realismus, des Individuums und des Augenblicks. Hierdurch eröffnen sich neue Themen mit neuen Darstellungsweisen (Frau, Kind, z. B. ↗ Dornauszieher, Genredarstellung, Porträt, Gruppen). Es wird nun auch Mode, Kunstwerke vergangener Zeiten zu kopieren (↗ Archaismus). – *III. Röm. P.:* Die Entwicklung der röm. P. ist von verschiedenen Einflüssen geprägt: Einerseits blieb die Kunst der ↗ Etrusker nicht ohne Auswirkung. Andererseits erschienen schon früh griech. Handwerker und Künstler in Italien und schufen vor Ort ihre P.en (8./7. Jh.). Seit hellenist. Zeit wurden große Mengen an Skulpturen (Kopien) direkt aus Griechenland nach Rom transportiert. Diese Werke wurden in der röm. P. nach eher dekorativen Gesichtspunkten weiterentwickelt. Wichtigste Ausdrucksmittel röm. P. waren das Historienrelief und das ↗ Porträt. Sie sollten zum einen an histor. Ereignisse erinnern und polit. Macht darstellen (Propagandamittel), zum anderen einmalige Persönlichkeiten erfassen und festhalten. Zu den Neuschöpfungen der röm. P. zählt die Togastatue, eine Statue mit faltenreichem Gewand. In der späteren Kaiserzeit entwickelt sich aber auch wieder ein Gefühl für die dekorative und bildl. Wirkung, so in den geradezu erzählenden Darstellungen der Trajans- oder Mark-Aurel-Säule. **Lit.:** J. Boardman, Griech. P.: Die archaische Zeit (1981). – R. R. R. Smith, Hellenistic Sculpture (1991). – J. Boardman, Die klass. Zeit (²1996). – Ders., Reclams Geschichte der antiken Kunst (1997). – Ders., Die spätklass. Zeit und die P. in Kolonien und Sammlungen (1998).

Platää (gr. Plataiai), stark befestigte Stadt in Böotien am Fuß des Kithairongebirges. P. stand im ständigen Gegensatz zu Theben und schloss sich 519 v. Chr. Athen an. Antike Zeugnisse für die Stadt überliefern bes. Herodot und Thukydides. Hier fand die letzte Schlacht der ↗ Perserkriege statt (479 v. Chr.), in der die Griechen unter Pausanias die Perser unter Mardonios und die Thebaner vor den Toren von P. besiegten. Ein Sieg der Griechen im gleichen Jahr in der Seeschlacht bei ↗ Mykale besiegelte das Ende des Krieges (↗ Themistokles). P. blieb mit Athen verbündet, 427 und 374/73 erfolgten erneute Zerstörungen durch Theben. 338 wurde P. von ↗ Philipp II. von Makedo-

nien wiederaufgebaut und bestand bis in byzantin. Zeit.

Platon, griech. Philosoph, 427–347 v. Chr. Als Sohn des Ariston und der Periktione entstammte P. einem angesehenen Athener Adelsgeschlecht. Um 407 wurde P. Schüler des Sokrates. Nach dessen Tod verließ er Athen und unternahm mehrere Reisen. Etwa 40-jährig kam P. nach Syrakus in Sizilien. Mit seiner Ansicht von der Notwendigkeit einer Philosophenherrschaft wurde P. dem dort herrschenden Tyrannen Dionysios zu gefährlich und musste gegen 387 die Stadt verlassen. Zwei weitere Reisen nach Syrakus (367–65 und 361–60) zu Dionysios II. verliefen ebenfalls erfolglos. Ab 360 widmete sich P. ausschließlich der Leitung seiner ↗ Akademie, die er um 387 in Athen gründet hatte. Sein schriftsteller. Werk begann P. nach Sokrates' Tod (399). Vermutlich alle veröffentlichten Schriften, d. h. um die 30 Dialoge und eine Reihe von Briefen, sind überliefert; ein Teil davon gilt als unecht. P. hat seine Werke fast ausschließlich in Dialogform verfasst, in der das Denken seinen Gegenstand in offenen, fragenden Gespräch umkreist. Die Gedanken der am Dialog beteiligten Personen gewinnen so eine große Anschaulichkeit und Lebendigkeit. Gemeinhin gliedert man P.s Werk in drei Teile: (1) Frühdialoge (bis zur 1. sizil. Reise): *Apologie, Protagoras, Euthyphron, Laches, Politeia I* u. a.; (2) Mittlere Dialoge (bis zur 2. sizil. Reise): *Gorgias, Kratylos, Menon, Phaidon, Symposion, Politeia II-X, Phaidros* u. a.; (3) Spätdialoge (nach 365): *Theaitetos, Parmenides, Sophistes, Timaios, Kritias, Nomoi, Politikos, Philebos* u. a. Die Interpretation der Dialoge ist mit zahlreichen Problemen verbunden: So können die gedankl. Anteile des histor. ↗ Sokrates, der in fast allen Dialogen die Hauptperson spielt, und P.s nur schwer voneinander differenziert werden. Auch spiegeln die Dialoge eine über eine lange Entstehungszeit dynamisch sich wandelnde Lehre wieder. Im 7. *Brief,* der in seiner Echtheit allerdings umstritten ist, äußert P. zudem die Ansicht, dass sich philosoph. Wahrheiten – aufgrund der Unterlegenheit der Schrift gegenüber der lebendigen Rede – direkt nur mündlich weitergeben ließen. Dies führte in der Forschung zu einer Trennung von exoter. schriftl. und esoter. mündl. Lehre. – In den

Platon

Frühdialogen wird anhand eth. Begriffsbestimmungen die sokrat. Methode (Maieutik, »Hebammenkunst«) fortgeführt. Durchgängiges Thema ist die Tugend (gr. *arete*). Die Dialoge enden zumeist ohne Ergebnis in ↗ Aporien. In den mittleren Dialogen entfaltet P. seine Ideenlehre, die dann auch den Theorien über den Menschen und den idealen Staat zugrundegelegt wird. In den Spätdialogen diskutiert P. eine Reihe von in den mittleren Dialogen aufgeworfenen Problemen vertiefend weiter und unterzieht seine Ideenlehre in selbstkrit. Weise einer grundsätzl. Revision. Wie jedes Denken ist auch das Denken P.s als Reaktion auf andere Denker zu verstehen. Vor allem parmenideische, herakliteische und pythagoreische Überlegungen beeinflussten P. nachdrücklich. Zugleich steht P. in deutl. Gegensatz zu den Sophisten, die vor dem Hintergrund der Auflösung polit. und moral. Ordnung die Ansicht vertraten, dass es kein objektives Maß für wahre Erkenntnis oder richtiges Handeln gebe. Gegenüber deren Relativierung und Subjektivierung aller Normen (↗ Protagoras) war P. überzeugt, dass Erkenntnis und Moral in einer festen, objektiven Ordnung begründet sein müssen. Dieses Fundament glaubte er in seiner Ideenlehre zu finden. In ihr gelang es P., erkenntnistheoret., ontolog., eth. und ästhet. Fragen zu einer einheitl. Theorie zu verknüpfen. P. unterteilt die gesamte Wirklichkeit in zwei Seinsbereiche (Zwei-Welten-Lehre): eine Welt unveränderl., einheitl. Ideen (*kosmos noetos*) und eine Welt vergängl., vielheitl. Sinnendinge (*kosmos aisthetos*). Der Ausgangspunkt der Ideenlehre ist folgender: In den Frühdialogen fragt Sokrates, was wir eigentlich mit solchen Ausdrücken wie »gerecht«, »schön« oder »gut« meinen. Wir sprechen einer Vielzahl unterschiedl. Dinge diese Eigenschaften zu. Dabei muss es aber doch etwas all diesen z. B. »gut« genannten Dingen Gemeinsames geben. Dieses Gemeinsame nennt P. eine Idee. Im Unterschied zum heutigen Sprachgebrauch ist diese nicht etwas Subjektives, sondern vielmehr das Objektivste überhaupt. Gleichsam als Maßstäbe sind die Ideen das, was eine Sache zu dem macht, was sie ist. Aufgrund ihrer Unveränderlichkeit ist die Idee für P. alleiniger Gegenstand wahrer Erkenntnis und das einzige, dem Wirklichkeit im eigentl. Sinne zukommt. Als Vorbild dient P. die ↗ Mathematik. So sind die eigentl. Objekte der Geometrie ja nicht die gezeichneten, wahrnehmbaren Figuren, sondern die unsichtbaren, nur geistig erfassbaren Strukturen. Die veränderl. Sinnendinge haben nur durch »Teilhabe« (gr. *methexis*) an den unveränderl. Ideen bzw. durch »Nachahmung« (gr. *mimesis*) derselben selbst einen Wirklichkeitsgehalt. Sie stehen in einem Verhältnis von Abbild (gr. *eikon*) und Urbild (gr. *paradeigma*) zueinander. Das auf Wahrnehmung beruhende Erfassen der Sinnendinge ist für P. kein sicheres Wissen (gr. *episteme*), sondern bloßes Meinen (gr. *doxa*). Bezieht sich das unsichere Meinen auf die unbeständigen Sinnendinge, so kann es verlässl., vollkommenes Wissen nur von den unveränderl., vollkommenen Ideen geben. Erkenntnis beginnt zwar anlässlich der Erfahrung beim Sinnlichen, ist aber wesent-

lich Aufstieg der Seele ins Reich des Unsinnlichen und damit zugleich Loslösung (gr. *katharsis*) vom Sinnlichen hin zur rein geistigen Schau (gr. *theoria*) der unstoffl. Ideen. Dieser Aufstieg wird durch das Verlangen (gr. *eros*) der Seele nach Vollkommenheit initiiert. Der Eros der Seele rührt daher, dass sie vor ihrer selbstverschuldeten Verbannung in das »Grab des Leibes« in der reinen Anschauung der Ideen war. Erkenntnis ist so Wiedererinnerung (gr. *anamnesis*) an ein vorgeburtl. Ideenwissen. Die Teilhabe der Seele an den Ideen begründet nach P. zugleich ihre Unsterblichkeit. Innerhalb einer Ordnung der Ideen hat die Idee des Guten den höchsten Rang inne. Mit der Gleichsetzung des vollkommen Erkennbaren und Wirklichen mit dem Guten sind zugleich eth. Implikationen gegeben. Im Höhlengleichnis (Politeia 7) das den Aufstieg von der trüger., schattenhaften Welt der Sinnlichkeit zur verlässl., lichthaften Welt der Ideen bildlich veranschaulicht, ist eine moral. Interpretation der Ideenlehre enthalten. P. ist der Überzeugung, dass eine tiefere Einsicht in die Wirklichkeit zugleich ein moral. Aufstieg sein müsse. Denn der Weg aus der Höhle zum Licht ist zugleich Aufstieg zur Idee des Guten. Sittlichkeit ist für P. wesentlich mit dem Begriff der Tugend verbunden. P. nennt vier ↗ Kardinaltugenden: Weisheit, Tapferkeit, Besonnenheit und Gerechtigkeit. Da Tugend für P. auf Einsicht gründet, muss Tugend lehrbar sein. Das gute Leben als höchstes moral. Ziel ist erreicht, wenn unter der Leitung der Vernunft eine innere Harmonie zwischen den drei Seelenteilen Vernunft, Mut und Begierde besteht. Zum guten Leben gehört neben der inneren auch die äußere Harmonie, das Leben im Staat (gr. *polis*). In der *Politeia* (*Staat*) entwickelt P. vor dem Hintergrund der Ideenlehre seine ↗ Utopie vom idealen Staat. In Analogie zur menschl. Seele besteht dieser aus drei Teilen (den Ständen), die jeweils verschiedene Funktionen erfüllen. Der unterste Stand (Handwerker, Bauern, Kaufleute) sichert die materielle Grundlage des Staates; der zweite Stand (die Wächter) beschützt ihn gegen äußere und innere Feinde; der höchste Stand (die Herrscher) leitet ihn durch die Gesetzgebung. Da die wahre Regierung allein den Einsichten der Vernunft folgt, sollen die Herrschenden Philosophen sein. Gerechtigkeit als die den gesamten Staat auszeichnende Tugend besteht in einer Harmonie zwischen den drei Ständen (↗ Staatstheorie). **Lit.:** P. Friedländer, P., I-III (^{2}1954–60). – G. Martin, P.s Ideenlehre (1973). – W. Wieland, P. und die Formen des Wissens (1982).

Platzanlagen, architektonisch abgeschlossene Freiräume eines Stadtgebietes, die durch systemat. Planung erschlossen wurden (↗ Hippodamos von Milet). In der Regel wurden sie an zentral gelegenen Stellen angelegt, an denen sich Märkte und Foren, aber auch andere Formen gesellschaftl. Zusammentreffens entwickelten. Spätestens in hellenist. Zeit wurde mit der architekton. Ausgestaltung und schließlich mit der Einbindung der P. in die umliegenden Gebäude begonnen. Mit der planmäßigen Gestaltung kaiserzeitl. P. (Kaiserforen) gewannen die P. immer stärkere polit.

schließen, dass er die Vorlage nur fingiert, um das gattungsübl. Kolorit aufzutragen. Auch die *Menaechmi* (*Zwillinge,* Vorbild für Shakespeares farceskes Stück *The Comedy of Errors*) könnten ohne griech. Original entstanden sein; der *Amphitruo,* dem das literarisch reichhaltigste Nachleben beschieden war (u. a. Molière, Kleist, Giraudoux, Kaiser, Hacks), ist eine Tragikomödie oder vielleicht Tragödienparodie auf den Amphitryon-Stoff. Im *Miles Gloriosus* (*Soldat Prahlhans*) – das Stück lehnt sich an den *Alazon* (*Prahlhans*) eines Menandernachahmers an – steht die typ. Figur des angeber., ›bramarbasierenden‹, aber dummen Soldaten im Mittelpunkt. Nicht selten verschmilzt P. mehrere griech. Komödien zu einem lat. Stück (↗ Kontamination). Die *palliatae* des P. geben ein Zerrbild der röm. Gesellschaft: Der *pater familias* (»Hausvater«) wird verhöhnt, listige Sklaven dominieren über ihre Herren, Hetären triumphieren. Die Gattung durchzieht ein surrealist. Zug. Die Verhältnisse der Komödie sind deshalb nicht selten mit den Saturnalien, einem röm. Fest der karnevalesken Umkehr der Zustände, in Bezug gesetzt worden. P. formte die hellenist. Vorlagen, die in der Regel Intrigenstücke mit sentimentalem Einschlag gewesen sein dürften, in Burlesken um. Aus der griech. *agathe Tyche* (»gütiges Schicksal«), die die Guten belohnt und das Stück zu einem ›gerechten‹ Ende führt, ist Fortuna geworden, der blinde Zufall, der meist dem schlauen *machinator* (Intriganten) zu Hilfe kommt. Nicht feine Charakterzeichnung, sondern derber Witz, nicht log. Handlungsaufbau, sondern die Wirkung der Einzelszene und Situationskomik treten als Hauptmerkmale hervor. Die *cantica* (Lieder, ↗ Canticum) erzeugen einen singspielhaften Charakter. Das Latein des P. ist der Umgangssprache nahe, erhebt sich aber bisweilen zum parodistisch gebrauchten Tragödienstil, ist zu lyr. Ausdruck fähig und sinkt nicht selten zur Zote und zum Schimpfwort ab. Das Theaterpublikum goutierte das Volkstümliche an P., antike Grammatiker und moderne Philologen schätzten ihn als kostbare Quelle des Altlateins. Horaz kritisierte das Rohe, Ungefeilte seiner Kunst. **Lit.:** E. Fraenkel, Plautinisches im P. (1922). – J. Blänsdorf, P., in: E. Lefèvre (Hg.), Das röm. Drama (1978) 135–222. – E. Lefèvre u. a., P. barbarus (1991).

Plebejer (lat. plebeii bzw. plebs), im Gegensatz zu den ↗ Patriziern die nichtadlige Bevölkerung Roms. Die P. waren ursprünglich von den polit. Ämtern ausgeschlossen, konnten aber nach und nach in den ↗ Ständekämpfen ihre Partizipation erreichen und seit der mittleren Republik sämtl. ↗ Magistrate bis hinauf zum Konsulat bekleiden. Die P. verfügten über eigene Versammlungen, die *concilia plebis,* auf denen sie als spezielle plebeische Beamte zur Wahrung ihrer Interessen die ↗ Volkstribunen wählten. Im Laufe der Zeit verschmolzen die vornehmsten P. mit den Patriziern zu einer neuen Oberschicht, der Nobilität, die eine deutl. Distanz zum übrigen Volk hielt. Folgerichtig wurden seit der Kaiserzeit nur noch die Angehörigen des niederen Volkes als P. bezeichnet. Versuche der marxist. Geschichtswissenschaft, die P. im Sinne des modernen

Plautus (frühaugusteische Plastik)

Bedeutung. Lit.: K. Stemmer, Standorte. Kontext und Funktion antiker Skulptur (1995).

Plautus, Titus Macc(i)us P., röm. Komödiendichter, ca. 250–184 v. Chr. P., geb. im umbr. Sarsina, kam, wahrscheinlich als Schauspieler, nach Rom. Der Beiname Macc(i)us weist auf eine stereotype Figur der ↗ Atellane. Bekannt wurde P. durch die Bearbeitungen griech. Stücke, vornehmlich aus der griech. Neuen ↗ Komödie, für die röm. Bühne, die sog. *palliatae* (↗ Palliata). Aus ca. 130 unter P.' Namen gespielten Dramen filterte im 1. Jh. v. Chr. der Gelehrte ↗ Varro 21 als echt heraus, die sich bis heute erhalten haben. P.' Vorlagen sind z. T. wenigstens dem Titel nach bekannt. So haben *Aulularia* (Vorlage für Molières *Geizhals*), *Bacchides* (*Zwei Hetären namens Bacchis*), *Cistellaria* (*Kästchenkomödie*) und *Stichus* eine Vorlage des Menander, *Mercator* (*Kaufmann*) und *Trinummus* (*Schatz*) gehen auf Philemon zurück, der *Casina* und dem *Rudens* (*Schiffstau*) hat Diphilos Pate gestanden. Für die *Asinaria* nennt P. im Prolog einen sonst unbekannten Demophilos als Vorbild. Es ist nicht auszu-

Proletariats zu deuten, werden den antiken Verhältnissen nicht gerecht.

Plebiszit (lat. plebiscitum), zunächst nur für die ⟋ Plebs verbindl. Volksbeschluss, der seit 287 v. Chr. durch das von ⟋ Hortensius eingebrachte Gesetz (*lex Hortensia*) für das Gesamtvolk bindend war. ⟋ Volkstribun **Lit.:** J. Bleicken, Die Verfassung der Röm. Republik (1995).

Plebs ⟋ Plebeier

Plejas (gr.), das »Siebengestirn« der trag. Dichter zur Zeit von Ptolemaios Philadelphos (285–246 v. Chr.). Die Namenslisten divergieren (wie bei den Sieben Weisen oder den Sieben Weltwundern): Als feste Namen erscheinen Alexandros Aitolos, Lykophron aus Chalkis, Homeros aus Byzanz, Philikos aus Kerkyra, Sositheos aus Alexandria, dazu kommen Sosiphanes aus Syrakus, Aiantides, Dionysiades aus Tarsos und Euphronios. Mit der Liste wird dem Kanon der klass. trag. Trias Aischylos, Sophokles und Euripides, die bereits in den *Fröschen* des Aristophanes (405 v. Chr.) als unerreichbare Vorbilder hingestellt werden, ein hellenist. Pendant entgegengestellt.

Plejaden (gr. Pleiades), die sieben Töchter des Titanen Atlas und der Okeanide Pleione: Maia, Elektra, Taygete, Kelaino, Alkyone, Sterope und Merope. Sie nehmen sich aus Kummer über den Tod ihrer Schwestern, den ⟋ Hyaden, das Leben und werden von Zeus als eine Sternengruppe an den Himmel versetzt. Nach einer anderen Version werden sie verstirnt, weil der Jäger Orion sie hartnäckig verfolgt.

Plejone (gr. Pleione), Tochter des ⟋ Okeanos und der ⟋ Tethys, Mutter der ⟋ Plejaden.

Plektron (gr. plettein, »schlagen«; lat. plectrum), Stäbchen zum Anschlagen von Saiteninstrumenten (⟋ Phorminx, ⟋ Kithara, ⟋ Lyra, Barbitos).

Pleonasmus (gr. pleonasmos, »Übermaß«), Begriff der Rhetorik zur Bezeichnung eines häufig überflüssigen Zusatzes zu einem Wort. P. kann teilweise ein Stilfehler sein (wie der ›schwarze Rappe‹), kann teilweise aber auch zur emphat. Hervorhebung eingesetzt werden.

Plexippos, Onkel des ⟋ Meleager, von dem er im Streit um das Fell des kalydon. Ebers getötet wird.

Plinius (1), Gaius P. Secundus d. Ä., aus Como, röm. Beamter, Offizier, Schriftsteller, 23/24–24.8.79 n. Chr. P. kam als Flottenkommandant von Misenum beim Vesuvausbruch des Jahres 79 ums Leben. Neben seinen Ämtern widmete sich P. mit gewaltiger Arbeitskraft enzyklopäd. Schriftstellerei. Erhalten sind 37 Bücher *Naturalis historia* (*Naturkunde*), die eine wichtige Quelle zu Kosmologie, Geographie, Zoologie, Botanik, Medizin, Pharmakologie, Mineralogie darstellen. **Lit.:** G. Serbat, in: ANRW II 32, 4 (1986) 2069–2200.

Plinius (2), Gaius P. Secundus d. J., aus Como, röm. Beamter und Schriftsteller, 61/62–112/13 n. Chr. Der jüngere P. erlebte im Alter von 18 Jahren den Vesuvausbruch (79), bei dem sein Onkel und Adoptivvater, der ältere ⟋ P., den Tod fand (vgl. die Briefe 6, 16 und 6, 20). P.' glanzvolle Karriere führte bis zum Suffekt-

konsulat, bei dessen Antritt er eine in überarbeiteter Form erhaltene Dankesrede, verbunden mit einem Herrscherlob, den *Panegyricus* hielt. Darin wird Trajan als idealer Herrscher gepriesen, auf die Ära Domitians fallen dunkle Schatten. 111 wurde er als kaiserl. Legat nach Bithynien entsandt. P.' literar. Ruhm begründeten die Literaturbriefe, neun Bücher Privatbriefe verschiedenartiger Thematik sowie ein Buch, das den (teils offiziellen, teils offiziösen) Briefwechsel mit Trajan enthält. P. tritt uns als Anwalt, Villenbesitzer, Literat und kultivierter Weltmann entgegen; er ist ein Meister des stilisierten Kunstbriefes, der subtilen Form, der geschliffenen Diktion, aber auch der ausladenden ⟋ Ekphrasis und des autobiograph. ›Essays‹. **Lit.:** E. Lefèvre, P.-Studien I-VII, in: Gymnasium 84, 1977; 85, 1978; 94, 1987; 95, 1988; 96, 1989; 103, 1996 [Nr. VI und VII]. – L. Castagna/E. Lefèvre (Hg.), P. der Jüngere und seine Zeit (2003).

Plotin (gr. Plotinos), griech. Philosoph, 205–270 n. Chr., bedeutendster Vertreter des ⟋ Neuplatonismus. Geboren in Lykopolis (Ägypten), war P. von 233 bis 241 in Alexandria Schüler des ⟋ Ammonios Sakkas. Nach seiner Teilnahme am Persienfeldzug Kaiser Gordians III. ließ sich P. um das Jahr 242 in Rom nieder. Dort wurde er Vorsteher einer eigenen Schule. Durch Krankheit gezwungen, seine Lehrtätigkeit einzustellen, zog P. 269 auf ein Landgut in Campanien, wo er wenig später starb. Wie Ammonios Sakkas beschränkte sich P. zunächst auf mündl. Unterweisung; erst auf Drängen seiner Schüler begann er um 253 mit der Niederschrift seiner Gedanken. ⟋ Porphyrios (von 262 bis 267 Schüler P. s) sammelte die Schriften und gab sie nach dessen Tod heraus. Nach inhaltl. Gesichtspunkten geordnet teilte er sie in sechs Bücher mit je neun Kapiteln ein. Diese Bücher wurden später unter der Bezeichnung *Enneaden* (Neunheiten; von griech. ennea, »neun«) bekannt. Die porphyr. Ordnung weist auf eine Aufstiegsbewegung zum Einen hin: *Enneade* 1 umfasst eth., *Enneade* 2 und 3 naturphilosoph. Schriften; *Enneade* 4 enthält Abhandlungen über die Seele, *Enneade* 5 über den Geist und *Enneade* 6 über das Eine. P.s Schriften zeichnen sich durch ein meditatives Umkreisen des Untersuchungsgegenstandes aus. Durch zahlreiche, jeweils neue Perspektiven öffnende Wiederholungen (oft in Form von Frageketten) wird der Leser für die Empfänglichkeit einer höheren Welt eingestimmt. Folgende Grundzüge zeichnen die *Enneaden* aus: ein hierarchisch gestufter Aufbau der Wirklichkeit, ein Auf- und Abstiegsschema auf der Grundlage dieser Stufung, das Eine als Mitte und Ziel plotin. Denkens. P. versteht sein Denken als systemat. Wiedergabe und Interpretation der Philosophie ⟋ Platons, von dem er seine Grundthese der Zweiteilung der Wirklichkeit in eine sinnl. untere Welt (*kosmos aisthetos*) und eine intelligible obere Welt (*kosmos noetos*) übernimmt. Die sinnl. Welt, die nicht die eigentl. Wirklichkeit ist, besteht nur aufgrund ihrer Teilhabe an der höheren intelligiblen Welt. Letztere gliedert sich in die drei Hypostasen (eigenständige Wirklichkeitsgründe, von griech. *hypostasis*,

»Grundlage«): Eines (gr. *hen*), Geist/Vernunft (gr. *nus*) und Seele (gr. *psyche*). Mit seiner Lehre von einer stufenweisen Abfolge aus einem einzigen, letzten Urgrund und der damit verbundenen Intensivierung des Einheitsgedankens stellt P.s Philosophie zugleich eine zu einem neuen System verschmolzene Umgestaltung der Tradition dar. Höchstes Prinzip ist das als vollkommen unterschiedslos gedachte Eine. Als konstitutiver Ursprung, bewahrender Grund und Ziel alles Seienden ist das absolut Eine selbst »jenseits des Seins« (gr. *epekeina tes usias*). Damit ergeben sich method. Probleme: Da Sprache als Phänomen der Differenz immer schon durch Vielheit bestimmt ist, kann sie dieses absolut Eine und Einheit nicht fassen. Das Eine ist unsagbar. Es bleibt einzig die negative Methode der Annäherung an das Eine, d. h. die Absprechung jegl. Prädikate, oder das Reden in Paradoxien. In einem positiven und transzendierenden Sinne lässt sich durch Vorsetzung des Ausdrucks »über« (gr. *hyper*) vor jedes Prädikat (vgl. »das Übergute«) über das Eine reden. Die Entfaltung des Einen ins Viele verdeutlicht P. durch zahlreiche Metaphern und Bilder. Kraft seiner Überfülle geschieht aus dem Einen eine Ausstrahlung (gr. *eklampsis*) bzw. Emanation (lat. *emanare*, »ausfließen«), durch die die weiteren Wirklichkeitsformen in zunehmender Abstufung entstehen. Die Emanation ist nicht als ein zeitl., sondern als ein log. Prozess zu verstehen. Mit dem Bild der Sonne, die Licht und Wärme ausstrahlt, ohne dabei etwas von ihrer Substanz zu verlieren, weist P. auch die Vorstellung zurück, dass die Emanation das Eine irgendwie vermindere. Die erste Emanation (d. h. die zweite Hypostase) ist der Geist. Er umfasst die Gesamtheit der platon. Ideen, die er denkend schaut. In ihm sind Sein, Denken und Leben zu einer größtmögl. Einheit in der Vielheit versammelt. Insofern er aber denkt, stellt er bereits die erste Form von Vielheit dar. Denn in seiner Differenz von Denkendem und Gedachtem ist er schon mit der Zweiheit behaftet. Der Geist erzeugt durch Ausstrahlung die (Welt-)Seele. Als dritte und letzte Hypostase ist sie zugleich die Grenze der intelligiblen Welt; unter ihr liegen die Erscheinungen. Als Vermittlerin zwischen der geistigen und der sinnl. Welt bezeichnet P. die Seele auch als »Amphibium«: Zum einen wendet sie sich den Ideen zu, zum anderen der Materie, aus der sie nach dem Vorbild der Ideen die Sinnenwelt formt. Ziel plotin. Philosophierens ist die Rückkehr zum Einen, für die P. auch die Metapher der »Heimkehr« verwendet. Die menschl. Seele war ursprünglich Teil der (Welt-)Seele und schaute die Ideen, den Geist und das Eine. Aber indem sie aufgrund ihrer Doppelnatur die Materie zu formen suchte, wurde sie mit ihr verbunden und nahm eine leibl. Gestalt an. In Entsprechung zur Emanationsbewegung von »oben nach unten« verläuft der Weg des Aufstiegs in umgekehrter Richtung von »unten nach oben«, d. h. vom Sinnenhaften über Seele und Geist zum Einen. Seiner Aufstiegsbewegung legt P. den Gedanken zugrunde, dass »Gleiches nur durch Gleiches« erkannt werde. Will sich die Seele also dem Göttlichen

nähern, so muss sie selbst zum Göttlichen werden. Folglich gilt es für sie, sich zunächst im Sinne einer Reinigung (gr. *katharsis*) von allen sie vom Einen trennenden, weil unterscheidenden Bindungen an die Leiblichkeit und Sinnlichkeit zu befreien (»Tu alles fort«, gr. *aphele panta*). Diese Abkehr von allem äußeren Sinnlichen wird von P. zugleich als Wendung nach Innen (»Alles in innen«, gr. *eiso panta*) verstanden. Ziel der Bewegung ist die Einigung (gr. *henosis*) mit dem Einen. Aufgrund der absoluten Einheit und der damit verbundenen Undenkbarkeit des Einen werden wir seiner jedoch nicht auf dem Wege des Denkens inne. Der wissenschaftl. Weg ist bloß notwendige Vorstufe zur Einigung. P.s Mystik, welche im »Berühren« (gr. *ephaptesthai*) des Einen zum Ausdruck kommt, ist der Umschlag des Denkens ins Nicht-Denken. Die Liebe (gr. *eros*) ersetzt als Metapher der Verschmelzung das Denken, so dass der reflektierende Geist für P. zum liebenden Geist wird. Zugleich betont P., dass wir es hier mit einem höchst individuellen, persönl. Erlebnis zu tun haben (»Flucht des Einsamen zum Einsamen«, gr. *phyge monu pros monon*). Die Begriffe der Einigung (gr. *henosis*) und des Aus-sich-herausTretens (gr. *ekstasis*) bilden die Grundlage dafür, bei P. von einer *unio exstatica* und *unio mystica* zu sprechen. Über Pseudo-Dionysios hatte P. einen bedeutenden Einfluss auf die abendländ. Mystik. **Lit.:** J. M. Rist, P. The Road to Reality, (1967). – V. Schubert, P. Einführung in sein Philosophieren (1973). – D. J. O'Meara, P. An Introduction to the Enneads (1993).

Plotius, Lucius P. Gallus, röm. Rhetoriklehrer, 1. Jh. v. Chr. P. war ein prominenter Vertreter der sog. *rhetores Latini,* die die Redekunst, eine seit jeher griech. Domäne, erstmals in lat. Sprache und an röm. Gegenständen lehrten. Ein Zensorenedikt hob die Schule, die als Pflanzstätte populärer Politiker verdächtigt wurde, auf. In ihren Umkreis gehört der ⁊ *Auctor ad Herennium,* eine unter Ciceros Werken überlieferte Schrift. P. war mit dem Sulla-Gegner Marius befreundet. **Lit.:** P. L. Schmidt, Die Anfänge der institutionellen Rhetorik in Rom, in: E. Lefèvre (Hg.), Monumentum Chiloniense [Festschrift E. Burck] (1975) 183–216.

Plotius Tucca, Freund ⁊ Vergils und zusammen mit ⁊ Varius Rufus Herausgeber der *Aeneis.*

Plutarch (gr. Plutarchos), griech. Autor, ca. 45/46–nach 120 n. Chr. P. stammte aus einer alteingesessenen Familie aus Chaironeia (Böotien). Er besaß einen großen Kreis einflussreicher Freunde und unternahm ausgedehnte Reisen nach Italien und Ägypten. Seit ca. 90 bekleidete er ein Priesteramt in Delphi. P. gehört zu den produktivsten Autoren der griech. Antike. Von 227 bezeugten Werken sind 78 Schriften verschiedenen Inhalts und 50 Biographien erhalten. Das umfangreiche Werk lässt sich in mehrere Sachgruppen unterteilen: 1. Rhetor. Schriften, die für den öffentl. Vortrag verfasst wurden wie *Der Ruhm Athens*; 2. zahlreiche popularphilosoph. Traktate über verschiedene Themen wie Aberglauben, Affektbeherrschung, Neugierde, Anweisungen für Politiker; 3. mehrere seiner Schriften sind philosoph., in der Tradition des Aristoteles (und Cicero) stehende Dialoge (bes. neun Bücher *Tischgespräche, Erotikos*); 4. philosoph. und exeget. Schriften (Interpretation des platon. *Timaios*; Polemik gegen Stoiker und Epikureer); 5. antiquar. Abhandlungen über röm. und griech. Altertümer. 6. Wichtigste Werkgruppe sind die *Parallelbiographien*; erhalten sind 23 Paare, 19 davon mit anschließendem Vergleich der Personen (*Synkrisis*). Ziel der Biographien ist nicht die Behandlung der polit. Geschichte, sondern die exemplar. Darstellung von Größe und Tüchtigkeit. P. zählte bald zu den Klassikern der griech. Literatur, so dass einige ↗ Pseudepigrapha unter seinen Werken zu finden sind (*Lehren der Philosophen*; *Über die Musik*; *Biographien der zehn Redner*). Die engl. und französ. Übersetzungen der Renaissance übten großen Einfluss auf die europäische Literatur aus (bes. Shakespeare). **Lit.:** K. Ziegler, P. (1964). – D. A. Russel, P. (1972).

Pluton ↗ Plutos

Plutos (gr., »der Reiche«), griech. Gott des Reichtums, der sich in der Fülle des Getreides messen lässt. Dieses wurde in unterird. Behältern aufbewahrt, weshalb man in der Mythologie P. mit der Unterwelt in Verbindung bringt: Dort ist er als Pluton Gatte der Persephone und wird mit Hades identifiziert.

Pnyx (vorgriech. »Fels«), Hügel westl. der Akropolis. Zur Zeit des ↗ Kleisthenes wurde er mit einer Stützmauer und einer Terrasse versehen, auf der bis ins 4. Jh. v. Chr. die Volksversammlung tagte.

Po ↗ Padus

Poeta doctus (lat., »gelehrter Dichter«). Die röm. Literatur ist von der griech. abgeleitet; die Anverwandlung und Umformung von Vorbildern galt nicht als Zeichen von Abhängigkeit, sondern von besonderer Kunstfertigkeit. Die ↗ Neoteriker bearbeiteten auch entlegene Vorlagen, wandelten sie geistreich um und übertrugen sie auf die eigene Lebenswelt. Die intime Kenntnis der griech. Literatur, das Einfügen gesuchter mytholog. Anspielungen sowie das mühevolle Feilen an den eigenen Werken galt als Ausdruck höchster Gelehrsamkeit und trug diesen Dichtern die Bezeichnung P. d. ein. Wichtige Vertreter sind ↗ Catull, ↗ Properz, ↗ Tibull. In Carmen 68 lässt Catull seinen um ein Trostgedicht bittenden Freund Allius wissen, es stehe ihm mangels Zugang zu einer Bibliothek nur wenig Vorbildmaterial zur Verfügung und er müsse deshalb etwas Eigenes dichten. Was aus moderner Sicht als Vorteil erscheint, galt dem p. d., dem es auf ›Originalität‹ nicht ankam, als Hindernis.

Poetik (gr. poietikē technē, »Dichtkunst), Titel der einflussreichen Schrift des Aristoteles (↗ Literaturtheorie).

Poias, Vater des ↗ Philoktet.

Poikilographie ↗ Buntschriftstellerei

Polemarchos (gr., »Kriegsherrscher«) hieß in vielen griech. Städten der Oberbefehlshaber über das militär. Aufgebot. Da das Amt mit einer großen Machtstellung verbunden war und nicht selten als Sprungbrett zur ↗ Tyrannis diente, wurde der P. in klass. Zeit mehr und mehr durch den ↗ Strategen ersetzt. In Athen blieb ihm seit dem 5. Jh. nur noch die Ehrung der Gefallenen.

Poliorketik (gr., »Belagerungstechnik«). Schon ab dem 3. Jt. v. Chr. besaßen Ägypter und semit. Völker des Nahen Ostens eine ausgeklügelte P. Griech. Befestigungen bestanden bis ins 5. Jh. aus Lehm und Holz mit Unterbauten aus Stein. Es fehlten techn. Geräte zur Beschleunigung des Belagerungsvorgang; man hungerte die Belagerten aus. Solche Belagerungen dauerten oft Jahre, und Erfolg war nicht garantiert. Bisweilen bediente man sich der Kriegslist (↗ Trojan. Pferd). Freiwillige Kapitulation war selten; Belagerte entzogen sich oft durch Selbstmord der Eroberung (↗ Masada). Nach dem Sperren aller regulären Zugänge und Nachschubwege durch das Errichten von Gräben und Palisaden erfolgte der Angriff auf die belagerte Stadt oder Festung. Dazu wurde versucht, deren Mauer mit dem Widder (gr. *krios,* lat. *aries*) oder mit einem Bohrer (gr. *trypanos,* lat. *terebra*) zu durchstoßen, mit Hilfsmitteln (Leitern, Belagerungstürmen, Fallbrücken) zu überwinden oder durch Brand oder Steinschleudern (↗ Geschütze) zu zerstören. Die Verteidiger wehrten sich mit Steinwürfen und Feuer oder versuchten, durch weiche Säcke die Wirkung des Rammbocks abzufedern. Ab dem 4. Jh. v. Chr. erreichte die P. ihren Höchststand mit technisch ausgereiften Angriffsmaschinen und fand in dieser Form auch in die röm. P. Eingang. Die Römer schnitten belagerte Städte in der Regel nach griech. Muster von der Außenwelt ab (↗ Karthago, ↗ Numantia), entwickelten jedoch den folgenden Angriff mit der Erfin-

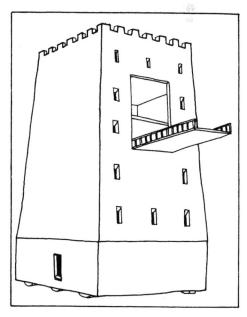

Belagerungsturm mit Fallbrücke

dung einer bewegl. Holzterrasse (*agger*) weiter.
↗ Kriegskunst **Lit.:** J. Kromayer/G. Veith, Heerwesen
und Kriegsführung der Griechen und Römer (1928). –
O. Lendle, Texte und Untersuchungen zum techn. Bereich der P. (1983).

Polis (gr., pl. poleis), die im antiken Griechenland dominierende Siedlungsgemeinschaft, die ↗ Stadt bzw. der Stadtstaat. Eine P. konnte eine Stadt im engeren Sinne sein oder eine eng umgrenzte Landschaft bezeichnen, die über ein urbanes Zentrum verfügte. Die Mitglieder einer P. bildeten eine polit. Einheit mit gemeinsamen Institutionen (↗ Rat, ↗ Magistrat, ↗ Volksversammlung) und einheitl. Bürgerrecht. Die P. stand im Mittelpunkt des griech. Staatsgedankens und wurde zur Hauptträgerin des politischen, gesellschaftl. und kulturellen Lebens. Sie begründete die polit. Identität der Griechen. Die P. war die entwickeltste Stufe der griech. Siedlungs- und Organisationsform, und in klass. Zeit waren die meisten Griechen auf diese Weise organisiert, obwohl es bes. im N und NW des griech. Gebietes auch stammesbezogene Gaue ohne Poleis gab. Im Hellenismus verlor die P. – von einzelnen Ausnahmen (z. B. ↗ Rhodos) abgesehen – nach und nach ihre polit. Bedeutung, blieb aber als Siedlungsgemeinschaft und Wahrerin lokaler Traditionen und Identitäten bis zur Spätantike vorherrschend. **Lit.:** E. Kirsten, Die griech. P. (1956). – K.-W. Welwei, Die griech. P. (²1998).

Politeia (gr. »Staat, Staatsverfassung«), Titel einer zentralen Schrift ↗ Platons (↗ Staatstheorie).

Polizei (gr. politeia, »Staat«). *I. Griechenland:* Eine den heutigen P.-Organen als staatl. Garanten für öffentl. Ordnung und Sicherheit entsprechende Institution gab es in der griech. Antike nicht. Bürger waren in Notfällen auf Selbsthilfe oder den Beistand eines Mitbürgers angewiesen. Die griech. Tyrannen des 6. und 5. Jh. v. Chr. bedienten sich bisweilen angeworbener Söldner auch im Inneren der Stadtstaaten. Für öffentl. Ordnung sorgten sonst meist verschiedene Beamte, etwa ↗ Astynomen, ↗ Agoranomoi (Marktaufseher), ↗ Metronomen (Kontrolle der Maße und Gewichte) oder Sitophylaken (Getreidewächter). Nur die Großpolis Athen besaß skyth. Sklaven als innerstädt. P.-Truppe, die mit Pfeil und Bogen bewaffnet war. – *II. Rom:* Öffentl. Ordnung, Markt- und Tempelaufsicht gehörten zu den Aufgaben der niederen ↗ Magistrate, der curul. und plebeischen Ädile. **Lit.:** W. Nippel, Aufruhr und P. in der röm. Republik (1991).

Pollio, Gaius Asinius P., 76 v. Chr.–4 n. Chr., röm. Staatsmann und Schriftsteller, Konsul 40, nahm an der Seite Caesars und Antonius' am Bürgerkrieg teil und zog sich nach dem Sieg des Augustus aus der Politik zurück. Er verfasste ein Geschichtswerk über den Bürgerkrieg und richtete in Rom die erste öffentl. Bibliothek ein. Von seiner auch sonst recht umfangreichen literar. Tätigkeit sind nur spärl. Fragmente erhalten.

Pollux, lat. Name des Polydeukes, ↗ Dioskuren.

Polyainos aus Makedonien, griech. Autor, 2. Jh. n. Chr., Verf. von *Strategemata* (*Kriegslisten*) in acht Büchern, die er den Kaisern Mark Aurel und Lucius Verus widmete. P. untermauert seine Anweisungen mit zahlreichen histor. Beispielen.

Polybios aus Megalopolis, griech. Historiker, ca. 200–120 v. Chr. Vor der Schlacht bei Pydna (168) diente P. in führenden Ämtern der sog. Achaischen Sympolitie; als Geisel nach Rom gebracht, schloss er sich dort gebildeten aristokrat. Kreisen an und begleitete Scipio auf Reisen und Feldzügen; nach 150 durfte er wieder nach Griechenland reisen, wo er Teile seines übrigen Lebens verbrachte und erneut in der Politik und Diplomatie aktiv wurde. Sein histor. Werk in 40 Büchern umfasst die Periode von 220–144 (etwa ein Drittel davon ist erhalten, nur Bücher 1–5, d. h. das Proömium mit einem Überblick über die unmittelbare Vorgeschichte, komplett). Das Werk ist als Weltgeschichte konzipiert, soll aber bes. den Aufstieg Roms darstellen. P. war ein guter Kenner der röm. Verfassung, auf die er die spektakulären Erfolge der Römer zurückführt. Er betrachtet sie als Beispiel der »gemischten Verfassung«, der er in seiner verfassungstheoret. Diskussion (Buch 6) den Vorzug gibt (↗ Staatsformen). Ziel der ↗ Geschichtsschreibung ist nach P. der Nutzen des Lesers; dagegen polemisiert er scharf gegen rhetorisch und tragisch gefärbte Historiographie, die auf die Erregung von Emotionen abzielt (12. Buch). Der Nutzen wird von P. weniger in der aktiven Mitgestaltung der Geschichte als im Verstehen der histor. Abläufe und der daraus resultierenden Handhabung der eigenen Schicksals gesehen. Im Mittelpunkt seines Programms steht die sachbezogene, objektive, vorwiegend polit. Geschichtsschreibung (*pragmatike historie*): Sie setzt breite Kenntnisse über alle mögl. Formen von Evidenz (schriftl. Quellen, Inschriften, Zeugnisse) voraus, ferner Vertrautheit mit Fragen der Geographie, Psychologie und Staatskunde. Auch bei der Wiedergabe von Reden gibt P. den Anschein, dass er Objektivität anstrebe. Bei seiner Analyse histor. Kausalität räumt er, wie vor ihm ↗ Thukydides, dem Zufall eine prominente Stellung ein. Dies ist im Zusammenhang sowohl mit den raschen weltgeschichtl. Veränderungen des 3. und 2. Jh. als auch mit Tendenzen der Philosophie seiner Zeit zu sehen: Das Studium der Weltgeschichte soll zu besserer Meisterung der im Leben eintretenden Veränderungen beitragen. P. schreibt in einem trockenen, literarisch wenig anspruchsvollen Stil. Sein Werk wurde von Strabon und Poseidonios fortgesetzt und in der Kaiserzeit reichlich benutzt. P.s kleinere Schriften sind verloren. **Lit.:** F. W. Walbank, A Historical Commentary on P. I-III (1957–79). – Ders., P. (1972). – K. Meister, Histor. Kritik bei P. (1975). – GGGA (1999).

Polybos, myth. König von Korinth, der mit seiner Frau Peiroboia (bei Sophokles heißt sie Merope) den Findling Ödipus adoptiert und aufzieht.

Polychromie (gr., »Vielfarbigkeit«), die farbige Bemalung von Keramik (↗ Vasenmalerei), Holz, Skulptur und Architektur. In Griechenland und Ägypten wurden häufig Plastiken und schmückende Bauteile polychrom bemalt. Eine dünne, auf den Untergrund aufgetragene Putzschicht diente als Farbträger.

Eine andere Form der P. wurde durch einen Wechsel des Materials erzeugt; ein Stilmittel, das v. a. in der Architektur und Plastik (so bei ⁊ Goldelfenbeinstatuen) angewandt wurde.

Polydamas (gr. Polydamas), Sohn des Troers Panthoos, Seher und Gefährte ⁊ Hektors.

Polydeukes (lat. Pollux), einer der ⁊ Dioskuren.

Polydektes, König auf der Insel Seriphos, sendet ⁊ Perseus nach dem Haupt der ⁊ Medusa aus, mit dem er von Perseus versteinert wird.

Polydoros (gr. Polydoros), jüngster Sohn des ⁊ Priamos und der ⁊ Hekabe oder der Laothoë. Um ihn zu retten, schickt ihn Priamos, als die Hoffnung auf einen Sieg Trojas schwindet, mit reichen Schätzen zu seinem Gastfreund und Schwiegersohn, dem thrak. König ⁊ Polymestor. Dieser ermordet P. nach dem Untergang Trojas aus Habgier und wirft ihn ins Meer. Sein Leichnam wird von einer Dienerin Hekabes gefunden (Euripides, *Hekabe*).

Polygnot (gr. Polygnotos), griech. Maler (und Erzgießer) aus Thasos, der etwa zwischen 475 und 447 v. Chr. tätig war. Er arbeitete häufig in Athen und bekam aufgrund seiner großen Verdienste das athen. Bürgerrecht verliehen. Bereits in der Antike genoss P. großes Ansehen und wurde gar als Erfinder der Malerei gefeiert. Von seinen Werken selbst ist nichts erhalten geblieben, dafür ist eine größere Anzahl seiner Bilder in literar. Beschreibungen überliefert, so z. B. von Pausanias: Knid. Halle in Delphi; Zerstörung Trojas (*Iliupersis*) und Odysseus in der Unterwelt (*Nekyia*); in Athen in der Stoa Poikile ebenfalls eine Iliupersis und weitere Bilder im Theseion und im Anakeion sowie im Athena-Tempel in Platäa die Darstellung des Odysseus nach dem Freiermord. Diesen Schilderungen zufolge waren die Wandgemälde des P. gekennzeichnet durch eine große Anzahl von Personen (bis zu 70), die durch Andeutung von Geländelinien im Raum gestaffelt waren und z. T. kleine, inhaltsbezogene Gruppen bildeten. Dabei zeichneten sich die einzelnen Figuren durch Ernsthaftigkeit und Würde, aber auch eine gewisse Lebendigkeit aus, die sich u. a. in charakterist. Gesichtszügen ausdrückte. **Lit.:** I. Scheibler, Griech. Malerei der Antike (1994).

Polyhymnia (gr. Polyhymnia), eine der ⁊ Musen.

Polyidos, berühmter Seher und Wundertäter aus dem Geschlecht des ⁊ Melampus.

Polykarp (gr. Polykarpos), griech. Theologe, Bischof von Smyrna, 69–155 n. Chr. Er stand wohl noch in persönl. Kontakt zu den Aposteln und soll von dem Apostel Johannes als Bischof von Smyrna eingesetzt worden sein. 155 verhandelte er mit dem röm. Bischof Anicet über kirchl. Fragen wie die Datierung des Osterfestes. Zurück in Smyrna wurde er als Christ hingerichtet. Die Schilderung seines Todes (*Acta Polycarpi*) ist der älteste erhaltene Text der christl. Gattung der ⁊ Märtyrerakten. Der Text ist in der Form eines Briefs gehalten und soll die Gemeinde zur Nachfolge Christi anhalten; die Schrift ist auffallend judenfeindlich. Erhalten von P. selbst ist ein *Brief an die Philipper,* eine Warnung vor Glaubensabweichungen und

Aufforderung zum rechten, christl. Leben. **Lit.:** LACL (³2003).

Polyklet (gr. Polykleitos) aus Argos, führender Bildhauer, der in der 2. Hälfte des 5. Jh. v. Chr. tätig war. In seinem *Kanon* beschrieb P. seine Gestaltungsprinzipien, welche sich mit dem ausgewogenen Verhältnis der einzelnen Körperteile des Menschen zueinander beschäftigten (Idealproportionen). An Hand dieser Prinzipien konnten zwei seiner berühmtesten, in mehreren kaiserzeitl. Kopien erhaltenen Werke identifiziert werden: der Doryphoros, die Statue eines Speerträgers (relativ gut erhalten in den Museen von Neapel, Florenz, Rom) und der Diadumenos, die Statue eines Jünglings, der sich die Siegerbinde um den Kopf legt (u. a. in den Museen von Athen, Madrid, London). Zu seinen bedeutenden Arbeiten zählte ferner eine große Hera-Statue aus Gold und Elfenbein für das Heraion von Argos, die in Münzbildern und Beschreibungen von Pausanias überliefert ist. Von Plinius erfahren wir auch von einem Wettstreit in Ephesos, bei dem die vier berühmtesten Künstler der Hochklassik (P., Phidias, Kresilas und Phradmon) je eine Amazonenstatue schufen und gleichzeitig die Jury stellten, und aus dem P. als Sieger hervorgegangen sein soll. **Lit.:** H. Beck, P.: Der Bildhauer der griech. Klassik (1990). – GGGA (1999).

Polykrates (gr. Polykrates), Tyrann von Samos 538–522 v. Chr., schwang sich 538 unter Ausnutzung innerer Unruhen zum Alleinherrscher auf. Gestützt auf eine starke Flotte, mit deren Hilfe er Kaperfahrten unternahm, konnte er seine Macht erweitern und zeitweise auch kleinasiat. Küstengebiete beherrschen. Mit seinem Streben nach Macht und Reichtum bei gleichzeitiger Förderung von Wissenschaft und Kultur – an seinem Hofe wirkten u. a. Anakreon, Ibykos und Pythagoras – war er ein typ. Tyrann seiner Zeit. 522 geriet er in einen pers. Hinterhalt und wurde getötet. Bekannt ist Schillers Ballade *Der Ring des Polykrates,* die er nach einer Erzählung Herodots gestaltete. **Lit.:** G. Shipley, History of Samos (1987). – A. Abramenko, P.' Außenpolitik und Ende. Klio 77 (1995) 35–54. – GGGA (1999).

Polymede, Tochter des ⁊ Autolykos, Gemahlin des ⁊ Aison, Mutter des ⁊ Jason, verkörpert List und Klugheit.

Polymestor, myth. König von Thrakien, dem der trojan. König Priamos nach Ausbruch des Krieges seinen Sohn Polydoros anvertraut, dem er seinen Erbteil in Gold mitgegeben hat. P. erschlägt Polydoros aus Habgier.

Polyneikes, Sohn des Ödipus und der Jokaste. Er streitet nach einem von Ödipus auferlegten Fluch mit seinem Zwillingsbruder um die Herrschaft über Theben. Zusammen mit seinem Schwiegervater, dem König ⁊ Adrastos von Argos, zieht er gegen Theben (⁊ Sieben gegen Theben). Im Zweikampf mit Eteokles verwunden sie sich gegenseitig und sterben.

Polyperchon aus Tymphaia, Sohn des Simmias, nahm am Alexanderzug teil und wurde 319 von Antipater zum Nachfolger als Reichsverweser bestellt. Um sich gegen eine Koalition aus Kassander, Antigonos und Lysimachos zu behaupten, unterstützte er die Demokraten in den griech. Staaten, wurde aber bis 316 aus den wichtigsten Positionen in Griechenland verdrängt und konnte sich nur noch in Teilen der Peloponnes behaupten. Seine Spur verliert sich nach 310. **Lit.:** H. Bengtson, Die Diadochen (1987).

Polyphem (gr. Polyphemos), Sohn Poseidons, in Homers *Odyssee* einer der ⁊ Kyklopen, der Odysseus und seine Mannschaft in seiner Höhle einsperrt und sie der Reihe nach aufzufressen gedenkt. Odysseus, der sich ihm als *Outis* (»Niemand«) vorgestellt hat, macht ihn trunken und sticht ihm einen glühenden Pfahl ins Auge. Als der nun blinde P. die anderen Kyklopen um Hilfe ruft, weil »niemand« ihn töte, erntet er nur Spott und Hohn. Odysseus gelingt die Flucht, wird jedoch beinahe von einem riesigen Felsblock getroffen, den P. nach seinem Schiff wirft.

Polystratos, griech. Philosoph, 1. Hälfte 3. Jh. v. Chr. P. ist einer der ersten Anhänger ⁊ Epikurs und Mitbegründer der epikureischen Schule, des Kepos. Auf den in Herculaneum gefundenen Papyri ist eine seiner Schriften teilweise erhalten.

Polysyndeton (gr. »viel verbunden«), Begriff der Rhetorik, Wiederholung derselben Konjunktion in einer Periode.

Polyxena (gr. Polyxena), nach Euripides Tochter des trojan. Königs Priamos und der Hekabe, in die sich Achill heftig verliebt. Die Trojaner nutzen dies aus und können Achill töten. P. wird von Achills Sohn Neoptolemos getötet, nachdem den Griechen Achills Geist erschienen war mit dem Befehl, P. an seinem Grab zu opfern.

Pomerium, die offizielle Stadtgrenze Roms, die durch spezielle Markierungssteine gekennzeichnet war. Militär. Kommanden und Befugnisse röm. Amtsträger besaßen nur außerhalb des P.s Gültigkeit. Mit dem Überschreiten der Grenze erlosch das ⁊ Imperium (die Amtsgewalt) eines ⁊ Magistrats.

Pomona ⁊ Vertumnus

Pompa, in Rom eine Prozession zu Ehren eines Gottes mit anschließender Kulthandlung. Man unterscheidet zwischen dem Triumphzug (*P. triumphalis*), dem Leichenzug (*P. funebris*; ⁊ Bestattung) und der *P. circensis* an den *Ludi Romani* und *plebei* (⁊ Feste), bei der die Götterbilder feierlich vom Kapitol über das Forum bis zum Circus getragen wurden, in dem danach die Rennen stattfanden. **Lit.:** K. Latte, Röm. Religionsgeschichte (1960).

Pompeius (1), Gnaeus P. Strabo, Vater des Pompeius Magnus, Konsul 89 v. Chr., kämpfte an führender Stelle im Bundesgenossenkrieg (91–88) und schuf sich in Picenum eine beträchtl. Hausmacht. Er zeigte Verständnis für die Interessen der Neubürger und agierte im Bürgerkrieg des Jahres 87 vorsichtig. Er griff nur zögernd in die Kämpfe ein und erlag noch im gleichen Jahr einer in seinem Heer ausgebrochenen Seuche.

Pompeius (2), Gnaeus P. Magnus, 106–48 v. Chr., Sohn von P. (1), röm. Feldherr und Staatsmann, hob 83, gestützt auf die Klientelverhältnisse, die er von seinem Vater geerbt hatte, auf eigene Kosten drei Legionen aus und trug damit maßgeblich zum Sieg ⁊ Sullas im Bürgerkrieg bei. 76 vom Senat nach Spanien entsandt und mit der Niederwerfung des ⁊ Sertorius betraut, schlug er nach erfolgreichem Abschluss der Kämpfe bei seiner Rückkehr (71) die letzten Ausläufer des Sklavenaufstands unter ⁊ Spartacus nieder. Als Konsul (70) nahm er einige Bestimmungen der sullan. Verfassung zurück und stellte die Befugnisse der ⁊ Volkstribunen wieder her. 67 mit einem dreijährigen Imperium zur Bekämpfung der Seeräuberplage im östl. Mittelmeer (⁊ Piraterie) betraut, wandte er sich 66 mit einem erweiterten Oberbefehl gegen ⁊ Mithradates VI. von Pontos, den er vollständig besiegte. Nachdem sich auch ⁊ Tigranes von Armenien unterworfen hatte (64), ordnete er die polit. Verhältnisse im östl. Mittelmeerraum neu und richtete u. a. nach Absetzung des letzten ⁊ Seleukiden die Provinz Syrien ein (63). Bei seiner Rückkehr nach Rom (62) entließ er seine Truppen, stieß aber bei der Versorgung der ⁊ Veteranen auf den Widerstand des Senats und schloss 60 gemeinsam mit Caesar und Crassus das 1. ⁊ Triumvirat, eine informelle Übereinkunft zur gegenseitigen Unterstützung (56 erneuert). Während Caesar 58 nach Gallien ging, erhielt P. nach seinem zweiten Konsulat (55) für fünf Jahre die Verwaltung Spaniens übertragen, die er jedoch seinen Legaten überließ, während er selbst in Italien blieb. Nach dem Tod des Crassus (53) und nachdem er 52 im Bündnis mit führenden Senatskreisen zum alleinigen Konsul ohne Kollegen bestellt wurde, verschlechterten sich seine Beziehungen zu Caesar immer mehr, so dass eine militär. Auseinandersetzung näher rückte. Als der Senat Anfang 49 Caesar sämtl. Ämter enthob, worauf dieser in Italien einmarschierte, verfolgte P. die Strategie, nach Griechenland auszuweichen und Caesar unter Aufgabe Italiens in einer Zangenbewegung von Spanien und dem östl. Mittelmeerraum aus niederzuringen. Dieser Plan scheiterte indes am raschen Vorstoß Caesars nach Spanien und an dessen Invasion in Griechenland. Nachdem es P. gelang, Caesar bei Dyrrhachion eine empfindl. Schlappe beizubringen, unterlag er in der Entscheidungsschlacht bei ⁊ Pharsalos (Aug. 48). Er floh nach

Pompeius

Ägypten, wo er im Auftrag der dortigen Regierung, die Caesar gefallen wollte, noch im gleichen Jahr ermordet wurde. – P. gilt als einer der bedeutendsten Staatsmänner und Feldherrn der röm. Republik. Er besaß ein überragendes Organisationstalent und dachte bei seinem strateg. Handeln vielleicht als erster in den Dimensionen eines Weltreiches. Seine Schwäche lag darin, nicht immer alle polit. Möglichkeiten ausgeschöpft und die Machtmittel seiner Gegner unterschätzt zu haben. **Lit.:** M. Gelzer, P. (1959, Nd. 2005). – Ch. Meier, Res publica amissa (³1997).

Pompejus (3), Gnaeus P., ca. 78–45 v. Chr., älterer Sohn des Cn. Pompeius Magnus, setzte nach dem Tod seines Vaters (48) den Widerstand gegen Caesar fort, unterlag aber in der Schlacht bei Munda (45) und wurde auf der Flucht getötet.

Pompejus (4), Sextus P., ca. 68–35 v. Chr., jüngerer Sohn des Cn. Pompeius Magnus, konnte sich nach der Schlacht bei Munda (45) in Südspanien behaupten und erhielt 43, ein Jahr nach der Ermordung Caesars, vom Senat das Oberkommando über die Flotte. Nach Bildung des 2. Triumvirats geächtet, konnte er sich auf Sizilien gegen Octavian erfolgreich behaupten und gestützt auf seine Flotte die Getreideversorgung Italiens erheblich beeinträchtigen. 39 im Vertrag von Misenum durch Octavian im Besitz Siziliens bestätigt, kam es 36 erneut zu Auseinandersetzungen, in deren Verlauf P. bei Mylae gegen die Flotte des M. Vipsanius Agrippa unterlag. Er floh nach Kleinasien, wo er sich eine neue Machtbasis gegenüber Antonius schaffen wollte, wurde aber schon bald gefangengenommen und hingerichtet (35). **Lit.:** M. Hadas, Sextus Pompey (1930).

Pompejus Trogus aus der Gallia Narbonensis, lat. Historiker, 1. Jh. v. Chr., Verf. von (nicht erhaltenen) zoolog. bzw. botan. Werken und einer 44 Bücher umfassenden *Philipp. Geschichte (Historiae Philippicae)*, die nur in Fragmenten und in einer ↗ Epitome des Justinus aus dem 3. Jh. n. Chr. erhalten ist. In den Büchern 1–6 behandelte er die östl. Reiche, in den Büchern 7–12 die Makedonen; es folgte die Geschichte der hellenist. Königreiche bis zur röm. Eroberung (Bücher 13–40) und die parth. Geschichte bis 20 v. Chr. (Bücher 41/42); abgeschlossen wird es durch die Darstellung der röm. Königszeit und der gall. bzw. span. Geschichte bis zu den span. Kriegen des Augustus (Bücher 43/44). Die Quellen von P. T. sind umstritten, es dürfte jedoch bes. Poseidonios' Geschichtswerk gewesen sein. **Lit.:** B. R. von Wickevoord-Crommelin, Die Universalgeschichte des P. T. (1993).

Pompeji, bedeutendste Ausgrabung einer röm. Stadt am Fuß des ↗ Vesuv in Südtalien. Ursprünglich altital. Siedlung der ↗ Osker in ↗ Kampanien, die zunächst etruskisch (470–424), dann samnitisch wurde und schließlich seit 80 v. Chr. dem röm. Machtbereich unter dem Namen *Colonia Veneria Cornelia Pompeianorum* unter P. Cornelius Sulla (Neffe des Diktators ↗ Sulla) angehörte. P. wurde auf einer etwa 40 m hohen Lavazunge des Vesuv am in der Antike noch mit Schiffen befahrbaren Sarno erbaut. Die Stadt gelangte

zu Reichtum durch Handel mit Ölpressen, Bimsstein, Wein und ↗ Garum. Bereits durch ein ↗ Erdbeben 62/63 n. Chr. teilweise zerstört, wurde P. durch den Vulkanausbruch am 24. August 79 mitten aus dem Alltagsleben gerissen und zusammen mit den beiden Städten ↗ Herculaneum und ↗ Stabiae verschüttet. Eine einzigartige Schilderung der Katastrophe überliefert ↗ Plinius d.J. in seinen *Briefen* (6, 16 und 20) der Augenzeuge des Vulkanausbruchs wurde und dort seinen Onkel ↗ Plinius d. Ä. verlor. Wiederaufbauversuche des Titus scheiterten, so dass die Stadt unbesiedelt und der Name nur in Form einer Straßenstation an der Straße ↗ Neapel-Surrentum erhalten blieb. Archäologisch gesehen ist P. ein seltener Glücksfall, denn unter der Vulkanasche wurde die ganze Stadt hervorragend konserviert, bis beim Bau des Sarnokanals (1594–1600) erste Reste gefunden wurden. Systemat.

Leiche eines Maultiertreibers in Pompeji
(Gipsabguss des Hohlraums unter der Lavaschicht)

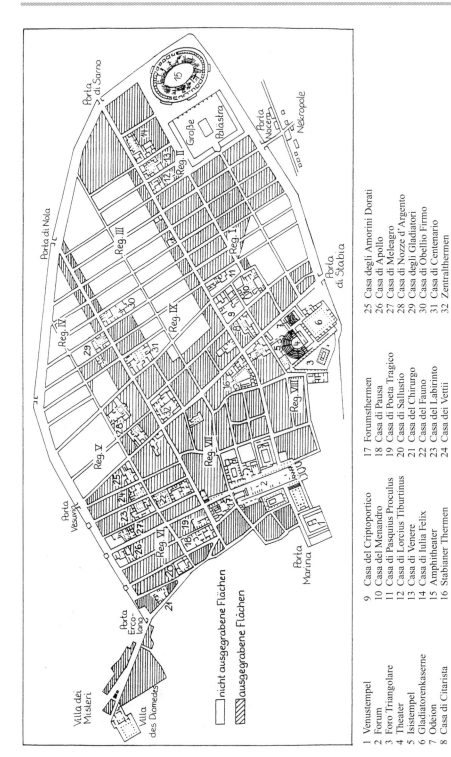

1 Venustempel
2 Forum
3 Foro Triangolare
4 Theater
5 Isistempel
6 Gladiatorenkaserne
7 Odeion
8 Casa di Citarista

9 Casa del Criptoportico
10 Casa del Menandro
11 Casa di Pasquius Proculus
12 Casa di Lorcius Tiburtinus
13 Casa di Venere
14 Casa di Iulia Felix
15 Amphitheater
16 Stabianer Thermen

17 Forumsthermen
18 Casa di Pausa
19 Casa di Poeta Tragico
20 Casa di Sallustio
21 Casa del Chirurgo
22 Casa del Fauno
23 Casa del Labirinto
24 Casa dei Vettii

25 Casa degli Amorini Dorati
26 Casa di Apollo
27 Casa di Meleagro
28 Casa di Nozze d'Argento
29 Casa degli Gladiatori
30 Casa di Obellio Firmo
31 Casa di Centenario
32 Zentralthermen

Lageplan von Pompeji

Grabungen seit 1861 und wieder seit 1950 haben bisher 4/5 der gesamten Stadt freigelegt, und es wurde eine moderne Einteilung in Regionen und ⟋ Insulae als Orientierungshilfe vorgenommen. Zum Zeitpunkt seiner Zerstörung war P. nachweislich von einer aus samnit. Zeit stammenden Ringmauer umgeben, die etwa 63–66 ha bewohnter Fläche mit etwa 20.000 Einwohnern umschloss. Im SW liegt die »Altstadt«, die sich als altital. Gründung von der rechtwinkligen, im hippodam. Stil (⟋ Hippodamos von Milet) erfolgten Stadterweiterung deutlich abhebt. Am Schnittpunkt der beiden Hauptstraßen befand sich das Forum mit verschiedenen Kult- und Verwaltungsbauten, u. a. einem Capitolium, einer augusteischen Markthalle (*macellum*), Larenheiligtum, Tempel des Vespasian, Basilika (1. Jh. v. Chr.). Dahinter befinden sich der Tempel der Stadtgöttin Venus Pompeiana, ein Apollontempel und eine der drei Thermenanlagen. Östl. davon stößt man auf das Forum Triangulare mit den Resten des dor. Tempels (6. Jh. v. Chr.), einer hellenist. Säulenhalle und einer Palästra. Ebenso finden sich hier zwei aus dem frühen 1. Jh. v. Chr. stammende Theater, von denen das kleinere überdacht war (*theatrum tectum*), und eine Gladiatorenkaserne. In der NO-Ecke der Stadt befindet sich ein weiterer Platz mit öffentl. Bauten (Amphitheater, öffentl. Palästra mit Schwimmbecken) sowie zwei weitere Thermenanlagen, die sog. Stabianer Thermen (2. Jh. v. Chr.) und die 79 n. Chr. noch im Bau befindl. Zentralthermen. Eine Vielzahl von Läden, Straßen, Gärten und reich ausgestatteten Privathäusern vermittelt einen Eindruck von der einstigen Schönheit P.s. Viele Bewohner sind anhand von Siegelfunden, inschriftl. Belegen oder einfachen Graffiti namentlich identifiziert. Wandmalereien und Mosaiken sind hier in einzigartiger Form erhalten, und die hier festgestellten vier Dekorationsstile dienen zur Datierung und Klassifizierung anderer Funde (⟋ Malerei). Berühmt wurden das sog »Haus des Fauns« (Casa del Fauno) aus dem 2. Jh. v. Chr., mit der Statue des tanzenden Fauns und dem ⟋ Alexandermosaik, die sog. »Mysterienvilla« oder das Haus der Vettier mit prächtigen Wandmalereien aus flav. Zeit. P. dokumentiert eine Momentaufnahme röm. Lebens im 1. Jh. n. Chr., die unverfälscht die Zeiten überdauert hat, jedoch sind heute infolge von Erdbebenschäden und mangelnder Restaurierung nur noch etwa 12 % des Ausgrabungsgeländes dem Besucher zugänglich. **Lit.:** R. Etienne, P. (1974). – L. Richardson, The Architecture of P. (1988). – P. Zanker, P. Stadtbild und Wohngeschmack (1995). – ASM (1999). – J.-A. Dickmann, P. (2005).

Pompeius, Titus P. ⟋ Atticus

Pomponius Mela, röm. Schriftsteller aus dem span. Tingentera nahe Gibraltar, 1. Jh. n. Chr. P. verfasste 43/44 n. Chr. die älteste erhaltene geograph. Schrift in Latein. Das Werk, aufgrund des frühesten Codex *De chorographia,* in jüngeren Handschriften nach den ersten Worten *De situ orbis* betitelt, gibt in drei Büchern eine Beschreibung der damals bekannten Welt (Europa, Afrika, Asien, umgeben vom Ozean, aus dem Kasp. Meer, Pers. und Arab. Golf und Mittel-

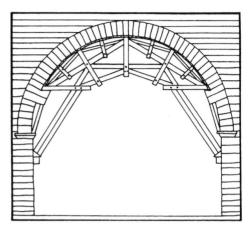

Bau eines Brückenbogens mit Hilfsgerüst

meer in die Landmassen eindringen) in Form eines sog. ⟋ Periplus (Umsegelung der Küstenregionen). **Lit.:** K. Brodersen, P. M., Kreuzfahrt durch die Alte Welt (1994) [lat.-dt., Erl.].

Pons (lat., »Brücke«). Brücken aus Stein sind auf Kreta und dem griech. Festland schon im 2. Jt. v. Chr. belegt; in Italien wurde lange die Holzbrücke bevorzugt (wohl weil sie schnell und leicht demontiert werden konnte), aber auch anspruchsvolle Steinbrücken mit komplizierter Gewölbetechnik o. ä. kamen vor. Viele antike Brücken waren ingenieurtechn. Meisterleistungen, so die Donaubrücke des Architekten ⟋ Apollodoros von Damaskos, und zahlreiche dieser Bauwerke haben sich bis in die Fundamenten oder auch vollständig erhalten. **Lit.:** C. O'Connor, Roman Bridges (1993). – V. Galliazzo, I Ponti Romani. 2 Bde. (1994/95).

Pontifex, lat. Bezeichnung für den Angehörigen des röm. Priesterkollegiums, das mit der Aufsicht über den öffentl. und privaten Kult betraut war. Den zunächst 5, seit 300 v. Chr. 9 (4 Patrizier, 5 Plebeier) und seit Sulla 15 *pontifices* stand der (seit 300 v. Chr. vom Volk gewählte) *p. maximus* vor, der damit Oberhaupt der städt. Religion war. Das hohe Ansehen dieses Amtes zeigt sich auch darin, dass Caesar und alle nachfolgenden röm. Kaiser das Amt übernahmen. **Lit.:** K. Latte, Röm. Religionsgeschichte (1960) 195 ff., 400 ff.

Pontinische Sümpfe (lat. »Pomptinae paludes«), Sumpfgebiet in Latium zwischen dem ⟋ Albaner Berg, den Volsker Bergen und dem ⟋ Tyrrhen. Meer, dessen Trockenlegung bereits in der Antike mehrmals in Angriff genommen wurde, das jedoch in Republik und Kaiserzeit immer wieder versumpfte. Durch das im 4. Jh. v. Chr. den Volskern abgenommene Gebiet wurde ab 312 v. Chr. die Via Appia, die wichtigste Straße von Rom nach S, geführt.

Pontos (gr. »Meer«), 301 v. Chr. von Mithradates I. gegründetes Königreich und später röm. Provinz in

Kleinasien; Heimat des Geographen Strabo. Die fruchtbare, wasserreiche Landschaft erstreckte sich entlang der Südküste des Schwarzen Meeres. Gegliedert von Gebirgszügen (Olgassys, Paryadres) und Flusstälern (Iris, Lykos, Halys), die parallel zur Küste verlaufen, gelangte man über die Route Amisos-Sebasteia am schnellsten ins Landesinnere. Das pont. Kernland bildeten die Flüsse Iris und Lykos mit der königl. Residenz ↗ Amaseia und den Städten ↗ Zela und Komana. Ein mildes, feuchtes Klima in den Küstenregionen ließ Oliven, Wein, verschiedenes Obst, Nüsse, Getreide und Vieh gedeihen. Der Feldherr Lucullus brachte aus dieser Region den Kirschbaum nach Europa. Die Gebirge lieferten Bauholz und Bodenschätze (Eisen, Kupfer, Silber, Salz). Als Anliegerstaat des Schwarzen Meeres und Durchgangsland ins Innere Kleinasien profitierte P. von Handel und Verkehr. Zunächst blieb P. unter pers. Herrschaft in der Satrapie Daskyleion, dann kappadokisch, bis Mithradates I. 301 v. Chr. ein unabhängiges Reich gründen konnte. Die polit. Struktur war in sog. Eparchien organisiert; territorialen Einheiten mit eher dörfl. Charakter unter königl. Zentralverwaltung mit großen Tempelbezirken in Zela und Komana. Die Bergregionen oberhalb von Trapezus blieben unwegsam; die Bewohner weigerten sich bis ins 2. Jh. n. Chr., an Rom Steuern zu entrichten. Die im 6. Jh. v. Chr. gegründeten freien Griechenstädte (Herakleia Pontike, Sinope, Trapezus) fielen nach und nach unter pont. Herrschaft und erhielten königl. Statthalter. Mithradates II. belagerte Sinope (220) und gewann ↗ Phrygien; Mithradates V. verlegte die Hauptstadt in das 183 v. Chr. von Pharnakes eroberte Sinope. Die pont. Könige vergrößerten stetig ihr Territorium, bis es unter Mithradates VI. Eupator die größte Ausdehnung erreichte. Die Machtübernahme Roms erfolgte nach der Niederlage Mithradates VI., der 88 v. Chr. einen Aufstand gegen Rom entfacht hatte (Ephes. Vesper). Nach den Mithradat. Kriegen des 1. Jh. v. Chr. löste Pompeius 63 die Struktur auf, vereinigte den Westen mit Bithynien zur Provinz Pontus et Bithynia, gab den Osten an die lokalen Dynasten Deiotarus und organisierte den Rest als Provinz in Form eines Bundes aus elf Städten. 40 v. Chr. gab Antonius P. an den Enkel Mithradates VI.; der letzte König Polemon wurde 64 n. Chr. abgesetzt; das Gebiet unter Trajan wieder zu Kappadokien geschlagen. **Lit.:** D. Magie, Roman Rule in Asia Minor I-II (1950). – A. H. M. Jones, Cities of the Eastern Roman Provinces (1937).

Pontos Euxeinos ↗ Schwarzes Meer

Poppaea, P. Sabina, zweite Gattin des Kaisers Nero; geb. ca. 30 n. Chr. als Tochter des T. Ollius und der Poppaea Sabina Maior; ca. 47–51 Ehe mit Rufius Crispinus; 58 Ehe mit Otho; 62 heiratete P. Kaiser Nero, mit dem sie seit dem 21. Januar 63 eine Tochter Claudia hatte. Kurz darauf bekam P. den Augusta-Titel. Im Frühsommer 65 starb P. und wurde im Mausoleum Augusti beigesetzt. Nero ließ göttl. Ehren für sie beschließen. – P. galt als schön und ehrgeizig. Tacitus berichtet, sie habe »alles außer einem

anständigen Charakter« besessen (Tacitus, Annales 13, 45).

Populạren (lat. populạres, »Volksmänner«) hießen in der röm. Republik diejenigen Politiker, die ihre Ziele – im Gegensatz zu den ↗ Optimaten – mit Hilfe der ↗ Volksversammlung und nötigenfalls auch gegen die Senatsmehrheit durchzusetzen versuchten. Es handelt sich bei ihnen nicht um die Angehörigen einer »Partei«, wie vielfach behauptet wurde, sondern um Politiker, die eine bestimmte Methode des polit. Handelns bevorzugten. Um das Wohlwollen des Volkes zu gewinnen, griffen sie zu »populären« Maßnahmen, die von einfachen Schmeicheleien über Angriffe gegen missliebige Senatsmitglieder bis zum Erlass von ↗ Ackergesetzen führten. Dabei waren sie zu keiner Zeit bestrebt, das röm. Verfassungsgefüge aus den Angeln zu heben. Häufig kam es auch vor, dass Politiker nur phasenweise, ihres persönl. Vorteils willen, eine populare Politik betrieben, um danach wieder im Einklang mit dem Senat zu handeln. Bedeutende Vertreter der popularen Richtung waren ↗ Marius, ↗ Clodius und ↗ Caesar. **Lit.:** G. Doblhofer, Die P. der Jahre 111–99 (1990).

Populọnia (etrusk. Pupluna oder Pufluna; heute bei Piombino), reiche, etrusk. Hafen- und Eisenverhüttungsstadt an der Westküste der ital. Halbinsel. Die angebl. Gründung von Korsika aus ist archäologisch nicht zu belegen. Die hochgelegene Siedlung mit sicherem Hafen verarbeitete seit dem 5. Jh. v. Chr. die Eisenvorkommen der Region und der benachbarten Inseln (Elba, Korsika) und sorgte für den Export. P. prägte eigene Münzen und pflegte nach Plinius den Jupiterkult. Unter den Schlacken der eingeschmolzenen Erze, die im 1. Weltkrieg noch ausgeschlachtet wurden, fanden sich frühe Grabbauten des 6./7. Jh. v. Chr. (Steintumuli und Grabaedicula). Das Itinerarium Antonini nennt nahe P. eine Straßenstation an der ↗ Via Flaminia. Sichtbare Reste der gewaltigen Stadtmauer, Werkstätten und ausgedehnte Nekropolen. **Lit.:** F. Fedeli, P.: storia e territorio (1983). – ASM (1999).

Porcius Licịnus, röm. Autor, Ende 2. Jh. v. Chr., Verf. einer Literaturgeschichte Roms in trochäischen Septenaren. Ein Fragment enthält eine Attacke auf Terenz, dem er seine Beziehungen zum Scipionen-Kreis vorwirft.

Pọros, ind. König im Pandschab, unterlag trotz des erstmaligen Einsatzes von Kriegselefanten gegen ein griech. Heer 326 v. Chr. gegen Alexander d.Gr. in der Schlacht am Hydaspes. Von diesem im Amt belassen, war er fortan ein treuer Vasallenkönig. Im Zuge der Auseinandersetzungen nach Alexanders Tod wurde er 317 von einem benachbarten Satrapen ermordet. **Lit.:** H. Berve, Alexanderreich II (1926) Nr. 683.

Porphyrion, einer der Giganten. Im Kampf der Giganten gegen Zeus und die Olympier vergreift sich P. an Hera und wird von Zeus mit einem Donnerkeil geschlagen; Herakles tötet ihn mit einem seiner Giftpfeile.

Porphyrios von Tyros, griech. Philosoph, 234–ca. 305 n. Chr. P. studierte in Rom bei ↗ Plotin. Sein

Hauptwerk ist die Edition von Plotins philosoph. Schriften. Erhalten sind außerdem eine Einführung in Aristoteles' Philosophie sowie ein kurzer Kommentar zu den *Kategorien* des Aristoteles, ein umfangreicher Teil eines Kommentars zu Platons *Timaios* und zu Ptolemaios' Harmonienlehre. Von seiner Philosophiegeschichte ist lediglich eine Biographie des Pythagoras als Exzerpt erhalten. Mehrere Schriften befassen sich mit religiösen Fragen, ohne allerdings die Kluft zwischen Philosophie und Theologie zu überbrücken. **Lit.:** H. Dörrie u. a. (Hg.), Porphyre (1966).

Porsęnna, etrusk. König von Clusium, belagerte Rom nach dem Sturz des Königtums, angeblich, um Tarquinius Superbus wieder zurückzuführen. Vom heftigen Widerstand der Römer beeindruckt, ließ er sich aber zum Abzug bewegen. Diese Überlieferung ist von der röm. Geschichtsschreibung schöngefärbt. In Wahrheit dürfte P. die Stadt sehr wohl eingenommen haben.

Pọrtikus (lat. »Säulengang«, gr. stoạ), in der griech. und röm. Architektur die auf Säulen ruhende, überdachte Vorhalle eines Gebäudes, seltener ein eigenständiges Hallengebäude. Sie konnte unterschiedl. Funktionen und Formen haben und einen Hof an einer, zwei, drei oder vier Seiten begrenzen (Letzteres peristyler Säulenhof: quadriporticus, ↗ Peristyl). Der gewölbte Gang unterhalb der P. heißt Kryptoportikus. **Lit.:** A. Nünnerich-Asmus, Basilika und P. (1994).

Porträt (französ.), in der antiken Kunst die bildl. Darstellung einer individuellen Person, die zunächst von einer naturalist. Auffassung getrennt gesehen werden muss. Die griech. P.s der archaischen Zeit waren im Idealfall ganze Statuen. Individuelle Züge fehlten bzw. waren gar nicht beabsichtigt, da man dem göttergleichen Schönheitsideal verpflichtet war. Lediglich Bärtigkeit, Alters- und Berufsmerkmale waren möglich. Erst seit der frühen Klassik werden P.s (z. B. von Dichtern oder Strategen) durch Zutaten, die eine Person von einer anderen unterscheiden, charakterisiert. Aber trotz allmählich stärker werdender realist. Züge erscheint das P. noch immer idealisiert. Eine Individualisierung erfolgt etwa im 4. Jh. v. Chr. und erfährt in hellenist. Zeit, in Auseinandersetzung mit dem röm. P., eine enorme Steigerung hin zur Realitätsnähe mit einer Vielfalt physiognom. Gestaltungsmerkmale. – Die Römer legten in ihren P.s verstärkt Wert auf die Darstellung einer einmaligen Persönlichkeit, weshalb ihnen die P.-Büste völlig ausreichend erschien. Sie vermochten damit in unübertreffl. Weise die unterschiedlichsten Charaktere mit allen zugehörigen realist. Details festzuhalten. Die röm. Statuen dienten infolgedessen mehr zur Identifikation der gesellschaftl. Funktion einer Person (z. B. Toga- und Panzerstatuen). Eine besondere Stellung innerhalb der P.s nahm das Herrscher-P. ein. Die P.s der Kaiser und ihrer Familienmitglieder lehnten an Vorbilder griech. Statuentypen an und tendierten somit wieder zur Idealisierung, allerdings mit individueller Physiognomie. Ein wichtiges Mittel zur Identifikation und zeitl. Einordnung spielt hierbei die jeweilige Frisurenmode

(↗ Haartracht). Bis in spätantike Zeit verlor das P. aber wieder stark an Individualität (die Frisuren der Kaiser wurden z. B. oftmals nur stilisiert wiedergegeben) und wurde mehr und mehr zu einem abstrakten Bildnis. Ein in Ägypten zwischen 30 v. Chr. und dem mittleren 4. Jh. n. Chr. weit verbreiteter Brauch waren die ↗ Mumien-P.s. Dabei wurden die P.s der Verstorbenen entweder mit geschmolzenen Wachsfarben auf Holz oder mit Temperafarben auf Leinwand aufgemalt. **Lit.:** G. M. A. Richter, The Portraits of the Greeks (1965). – M. Bergmann, Studien zum röm. P. des 3. Jh. n. Chr. (1977). – K. Fittschen, Griech. P.s (1988).

Portugal (lat. Lusitạnia), antike Landschaft und röm. Provinz im westl. Iberien mit iber.-kelt. Mischbevölkerung (Lusitani, Vettones, Celtici). Die Lusitani siedelten ursprünglich zwischen Durius (heute Duero) und Tagus und drangen im 2. Jh. v. Chr. bis zum Anas vor, was in etwa dem Gebiet des modernen P. entspricht. Politisch herrschte eine territorial geprägte Stammesstruktur vor, die jedoch nie eine staatl. Einheit bildete. Dennoch setzten sich die Bewohner gemeinsam ab 195/94 v. Chr. hartnäckig gegen die röm. Eroberung zur Wehr (Viriathus 154–139, Sertorius 73–72) und lieferten den Römern erbitterte Kämpfe bis in die Zeit Caesars. Ebenso wie ↗ Hispanien war P. wegen seiner Bodenschätze (↗ Eisen, ↗ Silber) ein Zankapfel zwischen Rom und Karthago, das in P. schon zahlreiche Handelskolonien gegründet hatte. 27 v. Chr. wurde P. endgültig röm. Provinz unter einem *legatus Augusti.* Ob ihres Kampfes galten die Lusitanier als tapfer und freiheitsliebend, aber auch als roh und unkultiviert. Berühmter Exportartikel P. war seine Fischsoße (*garum*). Seit dem 5. Jh. n. Chr. siedelten german. Alanen und Sueben in P., bis 711/12 die Araber P. eroberten. **Lit.:** A. Tovar, Iber. Landeskunde 2: Lusitanien (1976).

Portụnus, alter röm. Schutzgott des Hafens (*portus*) und der Haustüren (*portae*). Sein Fest, die *portunalia,* wurde am 17. August begangen.

Poseidịpp(os) von Pella, griech. Dichter von Epigrammen und Elegien aus der 1. Hälfte des 3. Jh. v. Chr.; der erste Dichter, der in der Antike als Epigrammatiker (*epigrammatopoios*) bezeichnet wird. Etwa 20 von Kallimachos und Asklepiades beeinflusste Epigramme auf die Liebe und das Trinken sind in der *Anthologie* (↗ Anthologia Graeca) erhalten. P. vertritt darin einen rationalen Umgang mit beidem, der an die ↗ Stoa erinnert. Ein neu entdeckter Mailänder Papyrus des 3. Jh. v. Chr. enthält ca. 100 weitere Epigramme des P. auf verschiedene Gegenstände. Auf Holztafeln ist eine Elegie des P. auf das Alter erhalten. **Lit.:** H. Lloyd-Jones, in: JHS 83 (1963) 75–99. – G. Bastianini / C. Gallazzi (Hg.), Posidippo di Pella. Epigrammi (2001). – G. Bastianini / A. Casanova (Hg.), Il papiro di Posidippo un anno dopo (2002)..

Poseịdon (gr. Poseidọn), unberechenbarer und laun. griech. Gott des Meeres, in Rom Neptun genannt. Sein Attribut ist der Dreizack, mit dem er seine Macht über das Wasser ausübt. Im Kampf gegen die ↗ Titanen ist es Zeus von Nutzen, dass P. Meere auf-

Poseidon mit Dreizack. Münze aus Poseidonia
(Paestum) um 500 v. Chr.

wühlen oder Landstriche überfluten lassen und (ursprünglich ein Gott der Erde) Erdbeben auslösen kann. Seine Frau ist Amphitrite, mit der er Triton zeugt. Daneben machen ihn unzählige Affären zum Vater vieler weiterer Kinder, u. a. des Riesen Antaios und des Kyklopen Polyphem. P. wird gern mit Pferden in Verbindung gebracht und hat im Kult auch den Beinamen ›Pferdeherrscher‹: Mit Demeter, die sich auf der Flucht vor ihm in eine Stute verwandelt hat, zeugt er das geflügelte Pferd Arion. Er liebt die schöne Gorgone Medusa in einem Tempel der Athene, die Medusa in ein abscheul. Ungeheuer verwandelt; aus Medusens Haupt, das ihr Perseus abschlägt, entspringt das prächtige Pferd ↗ Pegasos. Seinem Freund Pelops schenkt P. geflügelte Pferde, und Peleus erhält zur Hochzeit die sprechenden Pferde Xanthos und Balios. Das geflügelte Seepferdchen (↗ Hippokampos) ist sein heiliges Reittier. Mit Apollon baut P. die Stadtmauern um Troja; als König Laomedon die Bezahlung verweigert, schickt er ein furchtbares Meeresungeheuer über die Stadt und kämpft im ↗ Trojan. Krieg auf der Seite der Griechen, wenn er auch Odysseus später mit seinem Hass verfolgt, da dieser seinen Sohn Polyphem geblendet hat. Im Streit der Götter um die Schutzherrschaft über Athen verliert P. gegen Athene, die einen Ölbaum spendet, während er nur eine Salzwasserquelle entspringen lässt. Als Gott des Meeres genießt P. bei allen Griechen kult. Verehrung. In Attika war ihm Sunion heilig. Als Herr der Tiefe ist er auch Orakelgott (Totenorakel am Kap Tainaron). **Lit.:** F. Schachermeyer, P. und die Entstehung des griech. Götterglaubens (1950).

Poseidonia ↗ Paestum

Poseidonios aus Apameia (Syrien), griech. Philosoph und Universalgelehrter, ca. 135–51 v. Chr., schloss sich ca. 115 in Athen dem Stoiker ↗ Panaitios an. Als er nach dessen Tod (ca. 110) nicht Schulleiter wurde, ließ er sich nach längeren Forschungsreisen in Rhodos nieder, wo er eine Schule gründete und auch politisch als Prytane und Diplomat aktiv war. – Die

Aufgabe der Philosophie, deren drei Teile – Physik mit Theologie und Kosmologie, Ethik und Logik – ein organ. Ganzes bilden, sieht er darin, erste Ursachen (Prinzipien) zu finden. In der Physik nimmt er zwei das Universum vollständig determinierende Prinzipien an: das aktive Prinzip, das rational und göttlich ist, ist dem passiven Prinzip, der eigenschaftslosen Materie, stets immanent und nur begrifflich von ihm unterscheidbar. Die Seele, die aus sehr feiner Materie besteht, hat ein vernünftiges Vermögen, welchem folgend der Mensch das moralisch Gute erreicht, und zwei unvernünftige Vermögen, ein begehrendes und ein strebendes, aus denen die Affekte stammen, und die unter widrigen äußeren Umständen den Menschen vom Guten abbringen können. Ziel aller Einzelwissenschaften ist die auf Erfahrung gründende Erkenntnis des Ursache-Wirkungsnexus, wobei der von P. behauptete Determinismus und die Ansicht, dass alles mit allem verbunden sei (*syndesmos, sympatheia*), aber auch Prognosen künftiger Ereignisse durch Mantik und Astrologie zulässt. Als Geograph beschäftigte sich P. unter Einbeziehung anthropolog. und ethnolog. Aspekte mit der gesamten Welt und ihren Naturphänomenen (z. B. Erdbeben, Vulkane, Nilschwellen, Klimazonen); er errechnete den Erdumfang aus der Differenz der zugleich in Rhodos und Alexandria gemessenen Höhe des Sternes Canopus (αCarinae) und der Entfernung dieser beiden Städte. Als Meteorologe suchte er Erklärungen für die Kometen, den Regenbogen und andere Wetterphänomene und gab die bis Newton akzeptierte Erklärung der Gezeiten: der Mond verursacht Winde, diese Ebbe und Flut. Der Astronom macht sich Gedanken über Sonne, Mond, ihre Größen, Entfernungen, Auf- und Untergänge und Finsternisse, über die Sterne und die Milchstraße. Als Mathematiker verteidigt er die euklid. Methode. Sein universales Geschichtswerk in 52 Büchern, gedacht als Beispiele liefernde Hilfswissenschaft der Ethik, setzt das Werk des Polybios für die Jahre 146–86 fort. **Lit.:** L. Edelstein/I. G. Kidd, Poseidonios I–III: I. The Fragments (1989), II. The Commentary (1988), III. The Translation (1999). – Steinmetz, GGP 4/2, 670–705.

Post ↗ Staatspost

Postumus, Marcus Cassianus Latinus P. Augustus, Herrscher über das sog. »Gall. Sonderreich« Juli/August 260–Mai/Juni 269 n. Chr.; Geburtsdatum und Laufbahn unbekannt, vermutlich gall. Abstammung; im Juli oder August 260 ließ sich P. zum Augustus erheben und errichtete ein Sonderreich in Gallien; trotz mehrerer Niederlagen gegen Gallienus konnte sich P. behaupten und auch Britannien und Spanien unter seine Kontrolle bringen. Im Mai/Juni 269 wurde er nach der Einnahme von Mainz von seinen Soldaten ermordet. Sein Teilreich überdauerte seinen Tod, erst Aurelian gelang es 274, Gallien für das röm. Reich zurückzugewinnen. **Lit.:** I. König, Die gall. Usurpatoren von P. bis Tetricus (1981). – D. Kienast, Röm. Kaisertabelle (²1996) 243 f. – DRK (1997).

Poteidaia, um 620 v. Chr. von Periander gegründete Handelskolonie Korinths im W der ↗ Chalkidike,

Nordgriechenland; Heimat des Historikers Aristobulos und des Dichters Poseidippos. P. besaß ein Schatzhaus in ↗Delphi und prägte seit dem 6. Jh. v. Chr. eigene Münzen. Trotz der Mitgliedschaft im Att.-Del. Seebund entsandte Korinth jährlich einen Beamten (Epidamiurgos) nach P., was 432 zum Streit mit Athen und zum Austritt aus dem Seebund führte. Die von Athen geforderte Ausweisung des korinth. Beamten und die Stellung von Geiseln war einer der Anlässe für den ↗Peloponnes. Krieg. Es folgte 431–429 eine athen. Belagerung und Entsendung att. Kleruchen. 316 wurde die von Philipp II. von Makedonien 356 zerstörte und entvölkerte Stadt von dem Diadochen Kassander neu gegründet und erhielt den Namen Kassandreia. Im 1. ↗Makedon. Krieg diente P. Rom als Kriegshafen; unter Augustus entstand eine röm. Kolonie; endgültige Zerstörung 539/40 durch slaw. Völker.

Praefatio (lat., »Einleitung«), Begriff der Rhetorik, Einleitung einer Rede bzw. Vorwort eines literar. Werks (↗Proömium).

Präfekt (lat. praefectus), ein Titel, der für die Vertreter von Beamten oder später des Kaisers gebraucht wurde. Er kommt bereits in der Republik vor, setzte sich aber bes. im Rahmen der kaiserl. Staatsverwaltung für hohe Funktionäre aus dem ↗Ritterstand durch. Der politisch bedeutendste P. war der *praefectus praetorio* (Prätorianerpräfekt), der als Befehlshaber der kaiserl. Leibgarde für dessen Sicherheit zuständig war und seinen Dienstherrn gegebenenfalls ins Feld begleitete. Das Amt wurde kollegial besetzt und verlieh seinem Inhaber eine beträchtl. Machtfülle, die unter Umständen sogar dem Kaiser gefährlich werden konnte. Später übernahm er neben seinen militär. Funktionen zunehmend auch zivile Aufgaben. Der *praefectus urbi* (Stadtpräfekt) war seit Augustus für die Aufrechterhaltung der Ordnung in Rom zuständig und verfügte neben der Polizeigewalt auch über richterl. Befugnisse. Er wurde vom Kaiser aus dem Kreis der Senatoren erwählt. Der *praefectus Aegypti* entstammte stets dem Ritterstand (Senatoren waren ausgeschlossen) und verwaltete die strategisch bedeutende kaiserl. Provinz Ägypten, wo er auch das Kommando über die dort stationierten Truppen führte. Daneben gab es *praefecti classis*, Flottenkommandanten, und *praefecti annonae*, die für die Getreideversorgung der Hauptstadt zuständig waren. P. war auch der übl. Titel, den die Befehlshaber von Auxiliareinheiten (Hilfstruppen) führten.

Präfektur (lat. praefectura), das von einem ↗Präfekten verwaltete Amt oder Gebiet. In der Spätantike wurde das Reich in vier P.en eingeteilt (Orient, Illyricum, Italien/Afrika, Gallien/Britannien/Spanien), die die höchste Gliederung der Reichsverwaltung bildeten.

Praefurnium (lat.), Ofen zur Beheizung röm. Thermen; ↗Heizung

Praeneste (heute Palestrina), befestigte Stadt in Latium südöstl. von Rom mit Ruinen eines berühmten Losorakelheiligtums der Fortuna (2.–1. Jh. v. Chr.). Der Tempel besaß Asylrecht und bot polit.

Flüchtlingen Zuflucht. Der Gründungssage zufolge wurde P. von Praenestos, Sohn des Latinus und Enkel des Odysseus, gegründet. Als Kolonie ↗Alba Longas gehörte P. zum Latin. Bund, orientierte sich jedoch bald nach Rom. In vorröm. Zeit war es Zentrum ital. Bronzekunst, wie reiche Funde (altital. Fürstengräber, gravierte Spiegel, »Praenestiner Cisten«) belegen. Die kunstvolle Tempelanlage mit ausgedehnten Terrassen und Treppen am Hang des Monte Ginestro zählt zu den Schmuckstücken röm. Baukunst. Aus einem Apsidensaal des Heiligtums stammt das bekannte »Nilmosaik Barberini«, heute im Museum von P. In der Kaiserzeit wurde P. wegen seines gesunden Klimas zum beliebten Erholungsort der röm. Aristokratie. **Lit.:** Chr. Hennig, Latium (1989). – ASM (1999).

Praetexta. Die *fabula praetexta(ta)* – der Name findet sich in der *Ars Grammatica* des Diomedes – ist die röm. Form der Tragödie, benannt nach dem Amtskleid der röm. Magistrate, der *toga praetextata*. Sie brachte in aitiolog. Absicht patriot. Stoffe aus Zeitgeschichte und myth. Vorzeit auf die Bühne. Hauptvertreter sind ↗Naevius, ↗Ennius, ↗Pacuvius, ↗Accius. Aus dem 1. Jh. n. Chr. ist unter Senecas Namen die P. *Octavia*, die das trag. Schicksal von Neros erster Gattin schildert, überliefert.

Prätor (lat. praetor), der nach dem ↗Konsul höchste reguläre Beamte (↗Magistrat) der röm. Republik. Zur Entlastung der beiden Konsuln wurde seit 367 jährlich ein *p. urbanus* gewählt, der für die innere Rechtsprechung zuständig war, 242 kam der *p. peregrinus* für Prozesse mit Ausländern hinzu (↗Peregrinus). Im Zuge der röm. Expansion wurden 227 für die Verwaltung Siziliens und Sardiniens zwei weitere Prätorenstellen geschaffen, bis sich ihre Zahl 197 (Verwaltung Spaniens) auf sechs erhöhte. ↗Sulla erweiterte das Amt nochmals auf acht P.en, bis schließlich unter Caesar 16 gewählt wurden. Die P.en waren wie die Konsuln Imperiumsträger und besaßen als solche das Recht, ↗Triumphe zu feiern. Sie dienten in der Regel als Statthalter, wurden bisweilen aber auch mit selbständigen militär. Unternehmungen betraut und fungierten seit Sulla als Vorsitzende der Geschworenengerichte. Das P.en-Amt, für das die *lex Villia Annalis* (180 v. Chr.) ein Mindestalter von 40 Jahren forderte, diente vielfach als Sprungbrett für das Konsulat und berechtigte dazu, in den ↗Senat aufgenommen zu werden. In der Kaiserzeit verloren die P.en immer mehr an Bedeutung und waren zuletzt, wie der *p. urbanus* mit der Ausrichtung von Spielen, nur noch mit minderen Aufgaben betraut.

Prätorianer (lat.), von Augustus 2 v. Chr. gebildete schlagkräftige Truppe speziell zum Schutz der röm. Kaiser. Drei ↗Kohorten schützten den Kaiser in Rom, sechs weitere in den ital. Städten. In Rom hatten die P. eine feste Unterkunft, die sog. *castra praetoria*. Der Dienst bei den P.n war sehr ehrenvoll und mit Privilegien verbunden (höherer Sold, kürzere Dienstzeit). Die zwei P.-Präfekten bildeten einen erhebl. Machtfaktor; sie konnten die Wahl des Kaisers durch ihr Eingreifen beeinflussen oder einen Aufstand initiieren (↗ Sejan). Konstantin d.Gr. löste die P. 312 n. Chr. auf.

Praetorium hieß in Kastellen und ↗ Lagern der röm. Armee die Wohneinheit des Feldherrn bzw. des Lagerkommandanten. Auch das kaiserl. Hauptquartier und die Unterkünfte hoher staatl. Beamter wurden als P. bezeichnet.

Pratinas (gr. Pratinas) aus Phleius, griech. Tragiker (Ende 6. Jh. – vor 467 v. Chr.). Von 50 bezeugten Titeln sind 32 ↗ Satyrspiele. In der antiken Literaturgeschichtsschreibung gilt er als Erfinder des Satyrspiels, was nichts anderes bedeuten kann, als dass er als erster Satyrspiele am trag. Agon in Athen aufgeführt hat. Erhalten ist ein Chorstück, in dem – wohl als Reaktion auf die Entwicklung der Instrumentalmusik im 5. Jh. – die Dominanz der Aulos-Musik attackiert wird. Autor und Gattung sind allerdings umstritten. **Lit.:** B. Gauly u. a. (Hg.), Musa tragica (1991) 48–53.

Praxilla aus Sikyon, griech. Lyrikerin, 5. Jh. v. Chr.; nur wenige Fragmente sind erhalten.

Praxiteles (gr. Praxiteles), einer der bedeutendsten Bildhauer Athens, dessen Haupttätigkeit etwa in die Zeit zwischen 370 und 320 v. Chr. fällt. Zahlreiche seiner Werke sind in literar. Beschreibungen überliefert. Die beträchtl. Anzahl der Statuen (über 60) lässt darauf schließen, dass P. über eine große Werkstatt verfügte, die in seinem Sinne arbeitete bzw. dass bereits in der Antike einige seiner Arbeiten mit denen anderer Bildhauer gleichen Namens verwechselt wurden. Mit der Bemalung seiner Statuen beauftragte P. den Maler Nikias. P. schuf neben einigen wenigen Porträtstatuen hauptsächlich Götterbilder. Die bevorzugten Themen stammen aus den Motivkreisen Dionysos und Aphrodite sowie aus dem Bereich der Götter und Mysterien von Eleusis. Bei der vollständig erhaltenen Hermes-Statue (Hermes mit dem Dionysosknaben), die 1877 im Heraion von Olympia gefunden wurde, scheint es sich um ein Original des P. zu handeln. Einige weitere Statuenfragmente werden ihm zugeschrieben; unter den kaiserzeitl. Kopien konnten nur wenige bis heute eindeutig zugeordnet werden, so z.B. die Aphrodite von Knidos, der Apollon Sauroktonos (der »Eidechsentötende«), die Statuen zweier Satyrn und eines Eros. **Lit.:** G. M. A. Richter, The Sculpture and Sculptors of the Greeks (1970). – K. Stemmer, Standorte. Kontext und Funktion antiker Skulptur (1995). – GGGA (1999).

Precarium nannte man in Rom die zeitlich befristete, aber unentgeltl. Überlassung von Immobilien an eine bestimmte Person oder Familie. Das P. begründete kein Rechtsverhältnis und konnte jederzeit widerrufen werden. In der Praxis kam es bes. in Form der Überlassung staatl. Ländereien (↗ ager publicus) an Grundbesitzer vor, sowie bei klientelbedingten Abhängigkeitsverhältnissen zwischen einem Grundherrn (*patronus*) und einem Bauern (*cliens*).

Preise und Löhne. Mit der Einführung der Geldwirtschaft im 6. Jh. v. Chr. begannen sich P. und L. nach den Spielregeln von Angebot und Nachfrage zu richten und lösten das starre System des Tausches in der geldlosen Agrargesellschaft ab. Das Münzwesen ermöglichte erst Fernhandel, der wiederum seltene Importwaren auf den Markt brachte. In Griechenland stiegen die P. bis zum Hellenismus kontinuierlich, während das Lohnniveau nur bedingt diesem Anstieg folgen konnte. Die Schaffung riesiger Wirtschaftsräume durch die Errichtung der hellenist. Großreiche führte zu Beginn des 4. Jh. zu Preissenkungen, zur Mitte des 3. Jh. ist jedoch eine Wirtschaftskrise festzustellen, Preissteigerungen, fast eine erste Inflationswelle waren die Folge, die um die Mitte des 2. Jh. auch die neue Großmacht Rom erreichte. Die sozialen und polit. Unruhen der späten Republik sind nicht zuletzt auf demograph., wirtschaftl. und soziale Verwerfungen zurückzuführen, die nicht zuletzt durch Lohnverfall, Preissteigerungen und Inflation noch verstärkt wurden. Indikator der Labilität der stadtröm. Gesellschaft/Wirtschaft war der Getreidepreis, dessen Kontrolle eine wichtige polit. Aufgabe in der Kaiserzeit wurde (↗ Annona). Nach einer Stabilisierung der Wirtschaft im 2. Jh. n. Chr. brach 193 eine erneute Wirtschaftskrise mit Preissteigerungen, Inflation, Münzverschlechterung usw. aus. und bestimmte das Wirtschaftsleben des 3. Jh. Die Papyri Ägyptens stellen eine wichtige Quelle zur Rekonstruktion von P.n und L.en bes. in der Kaiserzeit dar. Das aus zahlreichen Abschriften bekannte Preisedikt Diokletians von 301 n. Chr. versuchte durch die Festsetzung von Höchstpreisen für einzelne Waren, aber auch durch die Festlegung von Maximallöhnen Preiswucher einzudämmen und die Wirtschaft zu konsolidieren. Zielgruppe dieser Reform waren bes. die durch die Inflation benachteiligten besoldeten Reichsbeamten und Soldaten. Die unterschiedl. wirtschaftl. Lage in den einzelnen Reichsteilen ließ die Reform jedoch schnell scheitern. **Lit.:** M. I. Finley, Die antike Wirtschaft (1977). – F. De Martino, Wirtschaftsgeschichte des Alten Rom (1985). – H.-J. Drexhage, P., Mieten/Pachten, Kosten und L. im röm. Ägypten bis zum Regierungsantritt Diokletians (1991).

Priamel (lat. praeambulum, »Vorauslauf«), rhetor. Figur der Beispielreihung. Zunächst nicht miteinander in Beziehung stehende Dinge, Sachverhalte und Ereignisse werden – häufig in einer Schlusspointe – einer Gemeinsamkeit zugeordnet. Die P. ist in der antiken Literatur von Homer an verbreitet, z. B. bei Sappho und Horaz (Oden 1,1).

Priamos, myth. König von Troja, ursprünglich Podarkes geheißen; Sohn des Laomedon, Gatte der Hekabe. P. vergnügt sich mit zahlreichen Konkubinen, mit denen er 50 Söhne und 50 Töchter zeugt. Im ↗ Trojan. Krieg, in dem er die meisten seiner Söhne verliert, erlebt er als alter Mann. Von Neoptolemos wird er auf den Stufen seines Palastes erbarmungslos getötet.

Priapea ↗ Priapos

Priapos, griech. Fruchtbarkeitsgott kleinasiat. Herkunft, Sohn des Dionysos und der Aphrodite, ein hässl. Zwerg mit einem riesigen Phallus. Ein P. steht vogelscheuchenartig in den Gärten zur Abwehr von

Bodenschäden und Unfruchtbarkeit. Im Mythos gerät er mit dem sprechenden Esel (Symbol der sexuellen Gier) des Dionysos in einen Streit um die Größe ihrer Genitalien und tötet das Tier. Die *Priapea* sind kurze Gedichte im Versmaß des Priapeus, die sich an den Gott wenden oder diesem in den Mund gelegt wurden. Die Gattung wurde in der röm. Literatur weiterentwickelt, wo sie eine besondere Betonung des lasziven und obszönen Aspekts der Gottheit erhielt. In der Kaiserzeit erfreute sie sich besonderer Beliebtheit: berühmte Priapeen sind die des Horaz (*Satiren* 1, 8) Tibull (1, 4) und Martial.

Priene, Stadt in Jonien, etwa 16 km nördl. von Milet. Die genaue Lage der archaischen Stadt ist nicht bekannt. 545 v. Chr. wurde P. von den Persern erobert, die sie nach seiner Teilnahme am Jon. Aufstand zerstörten. In der Mitte des 4. Jh. wurde die Stadt nach einem einheitl. Plan mit sich rechtwinklig kreuzenden Straßen wiederaufgebaut und mit einer mächtigen Mauer umgeben. Von der hellenist. Stadt haben sich bedeutende Überreste erhalten: neben großen Teilen der Stadtmauer mit ihren vier Toren, Resten eines Gymnasions, des Bouleuterions, eines Theaters und zahlreichen Wohnhäusern, ferner mehrere Tempel und Heiligtümer, darunter der von ↗ Pytheos erbaute Athenatempel, der 334 v. Chr. von Alexander d.Gr. geweiht, aber erst viel später vollendet wurde. **Lit.:** ASM (1999).

Priester. *I. Griechenland:* In Griechenland sind für heilige Handlungen, bes. Opfer, nicht notwendigerweise Vermittlungsinstanzen zwischen der göttl. und menschl. Sphäre nötig. Das Gemeinwesen kann jedoch bestimmte Personen mit religiösen Aufgaben betrauen, bes. benötigen die großen Kultstätten zur Erledigung organisator. und kult. Aufgaben P. So gibt es Opfervorsteher, *Epimeleten* (Aufseher), die für die Organisation der Feste, bes. auch für die Finanzierung, zuständig sind, *Epistatai* (Vorsteher), die die finanzielle Kontrolle innehaben. In Athen fungieren die Beamten auch als religiöse Würdeträger. Der *Archon Basileus* ist für die altüberlieferten Kulte zuständig, der *Archon Eponymos,* der höchste Staatsbeamte, für die Großen ↗ Dionysien, der *Polemarch* (Feldherr) für Leichenspiele zu Ehren der Kriegsgefallenen. P. und P.innen gibt es nur im Zusammenhang mit bestimmten Kulten, sie gleichen in ihrer Funktion den Beamten der Polis. In Athen werden sie gewählt bzw. gelost (z.B. Dionysos-P). Daneben gibt es an bestimmte Familien gebundene P.-Ämter, z.B. in Athen die Eteobutaden, die für Athena Polias und Poseidon Erechtheus zuständig sind, für Eleusis die Eumolpiden und Keryken. Die P. in Delphi werden auf Lebenszeit ernannt. – *II. Rom:* Wie in Griechenland, können auch in Rom religiöse Handlungen nicht nur von P.n, sondern auch von Beamten oder dem Hausvorstand (*pater familias*) vorgenommen werden. Bei den P.-Ämtern kann man Sonderp. für eine bestimmte Gottheit wie die ↗ Flamines von P.schaften (*sodalitates, collegia*) unterscheiden wie die *Luperci, Fratres Arvales, Salii.* In der Kaiserzeit werden wegen des ↗ Herrscherkultes wei-

tere P.schaften nötig (z.B. *Sodales Augustales, Sodales Claudiales* usw.). Aufgabe dieser P.schaften ist es, die religiöse Tradition festzulegen und ihre Einhaltung bes. von den Beamten einzufordern. Die ältesten Gruppen sind die *Pontifices* (Oberp.), die die ↗ Vestalinnen unter sich haben, sowie die ↗ *Auguren* (Vogelschauer). Aufsichtsbehörde für fremde Kulte das Zehn-, später Fünfzehnmännerkollegium (*Decemviri/ Quindecimviri sacris faciundis*). Daneben gibt es als Gehilfen der *Pontifices* die *Septemviri Epulones* (Siebenmännerkollegium, das die mit den Festen und Spielen verbundenen Mahlzeiten organisiert), die *Fetiales,* die sich mit dem Sakralrecht befassen, und die *Haruspices* (Eingeweidebeschauer). ↗ Rex sacrorum, Pontifex **Lit.:** K. Latte, Röm. Religionsgeschichte (1960).

Princeps ↗ Kaiser

Princeps senatus (lat., »der Erste des Senats«), von den ↗ Zensoren an die Spitze der Senatorenliste gesetzter und daher bei Abstimmungen als erster aufgerufener ↗ Konsular, immer ein Patrizier (und meist ein früherer oder amtierender Zensor). Seit Sulla war der Platz nicht mehr besetzt worden, seit Augustus nahm ihn der Princeps selbst ein.

Prinzipat (lat. principatus), die von ↗ Augustus begründete Staatsordnung der frühen und mittleren Kaiserzeit. Augustus gelang die Stabilisierung der polit. Verhältnisse nach dem Ende der Bürgerkriege bes. dadurch, dass er einerseits die überkommenen Ämter und Strukturen beibehielt, aber andererseits hinter dieser Fassade neue Mechanismen entwickelte. Rein äußerlich stellte er die republikan. Institutionen wieder her, blieb aber dennoch an der Spitze des Staates unangefochten. Seine Macht gründete verfassungsrechtlich im *imperium proconsulare,* das ihm die Verfügungsgewalt über alle kaiserl. Provinzen und damit über die Truppen verschaffte, sowie in der *tribunicia potestas* (Amtsgewalt eines Volkstribunen), die ihm eine Vetomöglichkeit gegen Beschlüsse anderer Staatsorgane gewährte. Faktisch wurde seine Herrschaft durch die Verfügung über die Armee und die ungebrochene Loyalität der Truppen zu ihrem Oberbefehlshaber gesichert. Ideell führte er den Staat als *princeps* (»erster Mann«, »Kaiser«) durch seine *auctoritas* (beide Begriffe hatten keine staatsrechtl. Bedeutung). Der ↗ Senat war nicht mehr in der Lage, sich gegen den Princeps zu stellen, behielt aber als Wahrer der Tradition eine gewisse moral. Autorität und blieb an Verwaltungsaufgaben beteiligt. Die Bedeutung der Magistrate hingegen (Konsuln, Prätoren usw.) wurde de facto auf die Ausübung reiner Ehrenämter reduziert. Die Volksversammlung schließlich spielte schon bald überhaupt keine polit. Rolle mehr. Dieses komplizierte System, das Prinzipat, wurde im Wesentl. von den Nachfolgern des Augustus übernommen und hatte bis zum Ende des 3. Jh. Bestand, als ↗ Diokletian auf die innere und äußere Krise des Reiches mit der Errichtung einer neuen Ordnung, dem Dominat, reagierte, in der der Kaiser (der frühere Princeps) auch äußerlich zum Alleinherrscher und absoluten Machthaber wurde. **Lit.:** J. Bleicken, Prinzipat und Dominat (1978).

Prisciąn (lat. Prisciạnus), röm. Grammatiker aus Caesarea Mauretaniae, 6. Jh. n. Chr. P. veröffentlichte im ersten Drittel des 6. Jh. n. Chr. eine ausführl. *Institutio de arte grammaticae* (Unterweisung in lat. Grammatik und Syntax, 18 Bücher), der seit der karoling. Renaissance (9. Jh.) eine große Nachwirkung als Schulbuch beschieden war. Erstmals fand darin auch die Syntax Berücksichtigung (Bücher 17/18). Außerdem stammen von P. kleinere Lehrwerke zu Rhetorik und Metrik, eine Analyse der je ersten Verse der *Aeneis*-Bücher in Frage- und Antwortform sowie zwei Gedichte. **Lit.:** M. Fuhrmann, in: L. J. Engels/H. Hofmann (Hg.), Neues Handbuch der Literaturwissenschaft IV: Spätantike (1997) 173–193.

Priscillian(us), lat. Theologe, Bischof von Avila, ca. 345–386/87, Gründer der christl. asket. Bewegung der Priscillianer, die im letzten Viertel des 4. Jh. in Spanien und Aquitanien tätig waren. Die Bewegung fiel unter Verdacht der Ketzerei wegen ihrer Verwandtschaft mit der ↗ Gnosis und dem ↗ Manichäismus, wurde aber 380 in dem Konzil von Saragossa rehabilitiert. Die Ermordung des Kaisers Gratian durch Magnus Maximus (383) hatte für die Priscillianer katastrophale Folgen, die ein Jahr später im Konzil von Bordeaux verurteilt wurden. P. wurde 386/87 wegen Zauberei angeklagt und hingerichtet. Die Bewegung hielt sich trotzdem in Galizien bis ca. 600. P.s Lehre ist schwer zu rekonstruieren; er legte Wert auf eine asket. Weltentsagung, bes. auf den Zölibat, vegetar. Essen, Spiritualität; seine Theologie scheint sich v. a. an den apokryphen Schriften orientiert zu haben. Erst seit dem 19. Jh. sind elf Schriften, die den Priscillianern zugeordnet werden können, bekannt, die allerdings keine häret. Züge aufweisen. **Lit.:** H. Chadwick, P. of Avila (1976). – V. Burrus, The Making of a Heretic (1995).

Priscus ↗ Priskos

Priskos von Panion, gr. Historiker des 5. Jh. n. Chr., nahm im Gefolge des ↗ Maximian an einer Gesandtschaft zu ↗ Attila teil. Verfasser einer *Byzantin. Geschichte* in 8 Büchern, von der Auszüge erhalten sind. **Lit.:** E. Doblhofer, Byzantin. Diplomaten und östl. Barbaren (1955). – R. C. Blockley, The Fragmentary Classicising Historians I (1981).

Proba, Faltọnia Beṭịtia P., christl. Dichterin und Frau des Clodius Celsinus Adelphius (Präfekt Roms 351), ca. 320–379 n. Chr. Sie verfasste ein verlorenes ep. Gedicht über den Bürgerkrieg zwischen Constantius und Magnentius, und einen erhaltenen, 694 Verse umfassenden vergil. ↗ Cento über die Weltschöpfung und das Leben Christi. **Lit.:** LACL (³2003).

Probus (1), Mạrcus Aurẹlius P. Augustus, röm. Kaiser 276–282 n. Chr., kämpfte am Rhein und an der Donau, dann im Orient und in Ägypten; im Herbst 282 nach der Erhebung des ↗ Carus von seinen eigenen Soldaten getötet. **Lit.:** D. Kienast, Röm. Kaisertabelle (²1996) 253–257.

Probus (2), Mạrcus Valẹrius P., aus Berytos, röm. Grammatiker, 2. Hälfte 1. Jh. n. Chr. P. gab nach der

textkrit. Methode der Alexandriner lat. Texte (Terenz, Lucrez, Vergil, Horaz, wahrscheinlich Plautus, Sallust, Persius) heraus und entfachte damit das Interesse an diesen Autoren neu. Er galt als Autorität unter Philologen. Kleinere (z. T. verlorene) Arbeiten zu grammat. Detailfragen stammen aus seiner Feder, in Spätantike und MA wurden ihm zahlreiche Schriften untergeschoben, so z. B. die *Appendix Probi (Anhang des P.)* mit vulgärlat. Wortlisten.

Prọca(s), König von Alba Longa aus dem Geschlecht der Silvier, zwölfter Nachfolger des Äneassohns Ascanius, Sohn des ↗ Aventinus, Vater von Numitor und ↗ Amulius.

Prodịgium (lat.), unerklär., beunruhigendes Vorzeichen, das von ↗ Sehern gedeutet wurde.

Prọdikos von Keos, wichtiger Vertreter der griech. Sophistik, 2. Hälfte 5. Jh. v. Chr., erfolgreicher Diplomat und Gesandter seiner Heimatstadt, seit 431 (oder 421) als gut bezahlter Redner und Weisheitslehrer in Athen. Die Titel zweier nicht überlieferter Schriften sind bezeugt: die *Horen (Jahreszeiten)* und *Über die Natur*. In den *Horen* hat P. eth. und kulturphilosoph. Gedanken vorgestellt und u. a. den Mythos von Herakles am Scheideweg kunstvoll ausgestaltet. P. hat in den *Horen* möglicherweise auch religionsphilosoph. Überlegungen dargelegt und den Götterglauben psychologisch als Ausdruck menschl. Dankbarkeit gedeutet. Gegenstand der Schrift *Über die Natur* war wahrscheinlich P.' Synonymik: ein ambitioniertes Programm, bedeutungsverwandte Begriffe mit Hilfe subtiler Differenzierungen gegeneinander abzugrenzen. Im *Protagoras* präsentiert Platon eine Karikatur der Synonymik, die er mit willkürl. und unnötigen Begriffsunterscheidungen operieren lässt. Der platon. Sokrates bezeichnet sich gerne ironisch als »Schüler« des P., über einen tatsächl. Einfluss der Synonymik auf Platons Dialektik kann nur gemutmaßt werden. Aristoteles kritisierte, die Synonymik schließe allein aus der Verschiedenheit der Bezeichnung auf eine Verschiedenheit in der Sache. Wie viele andere Sophisten wurde auch P. in den Komödien des Aristophanes verspottet. **Lit.:** C. J. Classen (Hg.), Sophistik (1976). – G. B. Kerferd/H. Flashar, in: GGP II 1 (1998) 58–63.

Progymnạsmata (gr.), Begriff der Rhetorik, Vorübungen in der Rhetorenschule (z. B. ↗ Ekphrasis).

Prọhedros (gr., »Vorsitzender«). In Athen wurden seit dem 4. Jh. v. Chr. aus jeder der neun Phylenabteilungen der Boule, die nicht die ↗ Prytanie stellten, Prohedroi ausgelost, die als neunköpfiges Gremium die Rats- und Volksversammlungen organisierten. Der Begriff wurde in allgemeiner Form später auch für andere Institutionen verwendet.

Proitos, Sohn des myth. Königs Abas von Argos und der Aglaia, Zwillingsbruder des Akrisios, mit dem er sich schon im Mutterleib streitet. Von diesem wird er nach der Verführung seiner Nichte Danaë aus Argos verbannt. Er gelangt nach Lykien zu König Jobates, der ihm Stheneboia zur Frau gibt. Mit Jobates' Unterstützung kämpft P. gegen Akrisios und lässt das Reich aufteilen: er selbst erhält Tiryns, Akrisios Argos. Stheneboia verliebt sich in ↗ Bellerophon, den P. töten lassen will, worum er Jobates in einen Brief bittet. Jobates erlegt Bellerophon die gefährlichsten Aufgaben auf, die er jedoch alle erledigen kann.

Proklos aus Konstantinopel, griech. Philosoph, wichtigster Vertreter des Neuplatonismus, 412–485 n. Chr. P. studierte in Athen in der Akademie. Sein umfangreiches philosoph. Werk ist unmittelbar aus dem Lehrbetrieb erwachsen und ist stark systematisierend angelegt. Zentral sind die Theologie und die Reflexion über die Emanation der transzendentalen Einheit in die Vielheit (↗ Plotin). Dichterischer Ausdruck seiner neuplaton. Theologie sind die Hymnen. **Lit.:** J. Pépin/ H.-D. Saffrey (Hg.), Proclus (1987).

Prokne, Tochter des Pandion, Schwester der ↗ Philomele, die von P.s Mann Tereus vergewaltigt wird. Auf der Flucht vor Tereus werden sie und Philomele in Vögel verwandelt.

Prokonsul (lat. *pro consule,* »an Stelle eines Konsuls«); der P. übte konsular. Amtsgewalt aus, ohne selbst Konsul zu sein. In der Regel handelte es sich um ehemalige Konsuln, denen die Amtsgewalt (das *imperium*) verlängert (*prorogiert*) wurde. In der Kaiserzeit ist P. der Titel von Statthaltern senator. Provinzen. Der Kaiser besaß generell ein prokonsular. Imperium. **Lit.:** W. F. Jashemski, Origin and History of Proconsular and Propraetorian Imperium to 27 BC (1950).

Prokopios von Caesarea, oström. Jurist und Historiker, ca. 500–565 n. Chr., war als Sekretär des byzantin. Feldherrn Belisar unmittelbar an der Eroberung des Vandalenreiches (533/34) und der ersten Phase des Krieges gegen die Ostgoten (536–540) beteiligt. Seit 540 lebte er vorwiegend in Konstantinopel und starb bald nach 565. In seinem literar. Hauptwerk, den *Historien,* beschrieb er in acht Büchern sachkundig die Kriege, die Kaiser Justinian (527–565) gegen Vandalen, Ostgoten und Sasaniden führen ließ, wobei er bestrebt war, auch den Feinden des Reiches gerecht zu werden. Er verfasste ferner einen Panegyrikus über die Baupolitik Justinians und eine erst nach seinem Tode bekannt gewordene Geheimgeschichte (*Anekdota),* in der er den Kaiser und seine Gemahlin Theodora mit heftigen Schmähungen überzieht, die in eklatantem Gegensatz zu seinen sonstigen Veröffentlichungen stehen. **Lit.:** B. Rubin, P. von Kaisareia (1954). – A. M. Cameron, Procopius and the Sixth Century (1985).

Prokris, Tochter des myth. Königs Erechtheus, Gattin des ↗ Kephalos, der die Treue seiner Frau auf die Probe stellt und sie verkleidet verführt. Nach ihrer Versöhnung wird sie von ihm versehentlich getötet, da er sie für ein wildes Tier hält.

Prokrustes (gr., »Strecker«), ein Ungeheuer, das an der Straße von Eleusis nach Athen seine Gastfreundschaft anbietet, seine Gäste dann aber im Bett fesselt und sie dem Bett anpasst, indem er sie entweder auseinanderzieht oder ihnen die Gliedmaßen verkürzt. P. wird von ↗ Theseus getötet.

Prokurator (lat., »Fürsorger«) nannte man ursprünglich einen Verwalter von Besitztümern reicher Familien. Seit Augustus wurde der Begriff erweitert

und auf kaiserl. Verwaltungsbeamte ausgedehnt. Die Prokuratoren waren anfangs meist Freigelassene, später in der Regel Ritter. Den Titel führten auch die Statthalter kleinerer Provinzen; am bekanntesten ist Pontius ↗ Pilatus, P. von Judäa (26–36).

Proletarii, diejenige Gruppe innerhalb der röm. Bürgerschaft, deren Einkommen unterhalb der Grenze lag, die zur Abstimmung in den Centuriatscomitien (↗ Volksversammlung) berechtigte. Sie waren außerhalb der Centurienordnung organisiert und mussten keine Steuern entrichten. Ihr einziger nennenswerter »Besitz« war ihre Nachkommenschaft (*proles*). Die Begriffserweiterung im Sinne des modernen »Proletariats« ist neuzeitlich-marxist. Ursprungs.

Prolog (gr. prologos), Begriff der Dramenanalyse, Teil eines Dramas vor dem Einzug des Chors. Zumeist werden entweder in einem Monolog oder Dialog die Handlungsvoraussetzungen gegeben, bisweilen durch eine Gottheit (Euripides, *Troerinnen, Ion*; Menander, *Dyskolos*).

Prometheus (gr. Prometheus, »vorbedacht«), Sohn des Titanen Japetos und der Göttin Themis oder der Okeanide Klymene, Bruder des Epimetheus (»nachbedacht«), des Menoitios und Atlas. Im Kampf der ↗ Titanen gegen Zeus und die olymp. Götter wechselt er auf die Seite der Götter und verhilft so dem Zeus zur Herrschaft über die Götter und Menschen, die P. aus Lehm erschaffen hat. P. täuscht Zeus beim Opfer, indem er ihm durch eine List zugunsten der Menschen das beste Fleisch vorenthält. Zeus will den Menschen erbost das Feuer verweigern, P. jedoch stiehlt es und bringt es den Menschen. Zeus bestraft die Menschheit, indem er ihr ↗ Pandora schickt. P. wird an den Kaukasus gekettet, wo ein Adler täglich seine nachts nachwachsende Leber frisst. Herakles schießt schließlich den Adler ab und befreit P. Später erhält P. vom Zentauren ↗ Chiron die Unsterblichkeit. In der Aischylos

Prometheus (Vasendarstellung des 5. Jh. v. Chr.)

zugeschriebenen Tragödie *P.* ist er der Kulturbringer, der unter dem Hass der Olympier zu leiden hat. *P.* wird zum Symbol des unbeugsamen, autonomen Menschen (Goethe, *P.*). **Lit.:** M. Lebel, Le Mythe de Prométhée dans la littérature ancienne et dans la littérature contemporaine (1961). – W. Storch/B. Damerau, Mythos P. (²1998).

Pronaos (gr.,»vor dem Tempel befindlich«, »Vorhalle«), in der antiken Architektur die der ↗ Cella vorgelagerte Halle eines Tempels. Der P. wurde in der Regel dadurch gebildet, dass die Wände der beiden Langseiten der Cella über die Eingangswand hinausragten. Er war meistens nach O ausgerichtet. An der gegenüberliegenden Seite befand sich an einigen Tempeln der Opisthodom, die hintere Halle des Tempels. **Lit.:** G. Gruben, Die Tempel der Griechen (⁴1986).

Proömium (lat., gr. prooimion, »Eingang«, »Vorrede«), Einleitungsteil eines Gedichts oder Prosatexts. Im Epos beinhaltet das P. traditionell einen Musenanruf und die Angabe des Themas, in der Prosa eine Selbstvorstellung des Autors und eine Darlegung seiner Methode. ↗ Praefatio

Propaganda spielte auch im polit. Leben der Antike eine Rolle. Bereits in den Perserkriegen versuchten die griech. Bundesgenossen, jon. Landsleute, die in den Diensten des Gegners standen, durch öffentl. Botschaften zum Übertritt zu bewegen. Im 4. Jh. stellte ↗ Demosthenes die Makedonen als kulturlose Barbaren dar, um die Athener zum Widerstand gegen Philipp II. zu bewegen. Alexander d.Gr. rechtfertigte seinen Perserfeldzug mit der Absicht, von diesen begangene religiöse Frevel zu sühnen. Auch literar. Schriften waren bedeutsam. So hatte Caesars Werk über den Gall. Krieg die Aufgabe, seine eigene Leistung herauszustellen und sich für eine weitere polit. Laufbahn zu empfehlen. Augustus stellte sein staatsmänn. Wirken in einem Rechenschaftsbericht dar, den er inschriftlich in vielen Teilen des Reiches aufstellen ließ. Während der gesamten Kaiserzeit war die Regierung bestrebt, die Person des Princeps und sein Wirken gebührend herauszustellen, wovon zahlreiche Ehreninschriften und Ehrentitel wie *Germanicus, Britannicus,* usw. zeugen. Auch der Kaiserkult diente nicht zuletzt propagandist. Zwecken. Eine besondere Rolle bei der P. spielte auch die Münzprägung, die geeignet war, einfache Botschaften in alle Schichten der Bevölkerung zu transportieren. So konnte sich der Kaiser als Sieger über Fremdvölker oder Retter des Staates präsentieren. Bisweilen standen auch polit. Botschaften im Vordergrund, wie die Einheit des Heeres oder der Romgedanke. Der Einsatz der Münzprägung für propagandist. Zwecke nahm während der Kaiserzeit stetig zu und erreichte in der Spätantike seinen Höhepunkt. Wenn auch grundsätzlich festzustellen ist, dass sich die antike P. in vielfacher Hinsicht von der neuzeitl. unterscheidet, so stellte sie doch eine nicht zu unterschätzende Komponente des polit. Handelns dar.

Proparoxytonon ↗ Akzent

Propemptikon, Geleit- bzw. Abschiedsgedicht an einen verreisenden Freund. Topisch sind Anrufung der Götter, Schilderung der Gefahren einer Reise und die Verwünschung der Erfindung der Seefahrt. Das P. wurde bes. im Hellenismus und der augusteischen Zeit gepflegt.

Properispomenon ↗ Akzent

Properz, Sextus Propertius, aus Assisi, röm. Elegiker, ca. 47–15 v. Chr. P. stammte aus vornehmer Familie, verzichtete aber selbst auf eine öffentl. Laufbahn. Eine staatsabgewandte Haltung spricht auch aus seinen Elegien, die private Themen behandeln; ›offizielle‹ Literatur lehnte er ab. Zu prägenden Erlebnissen der Kindheit zählte der Perusin. Krieg, sowie der Verlust des Landbesitzes durch Ackerverteilung (41 v. Chr.). Der ›röm. Kallimachos‹, der zu sein P. selbst beanspruchte (4, 1, 64), veröffentlichte um das Jahr 28 seine erste Elegiensammlung (*Monobiblos,* »Einzelbuch«), der 22 v. Chr. Buch 2 und 3 und um 16 v. Chr. Buch 4 folgten. In ihnen besang er die Liebe zu ›Cynthia‹ (der Name leitet sich vom Cynthus, dem Hausberg der del. Apoll her; Apuleius, *Apologie* 10, identifiziert sie als Hostia, eine gebildete, kapriziöse Dame der vornehmen Halbwelt). Die Beziehung des Dichters zur Geliebten ist radikal und bedingungslos, sie ist für ihn *servitium amoris* (»Sklavendienst der Liebe«). Unerfülltes Verlangen, Eifersucht, Klagen über die Untreue Cynthias, der Versuch, ihrer Macht zu entkommen, Überschwang und Verzweiflung sind die Facetten dieser Liebe. Im letzten Buch, das auf Maecenas', vielleicht gar Augustus' Anregung hin geschrieben ist, erscheint Properz gewandelt. Wie Kallimachos besingt er *Aitia* (*Ursprungssagen*), aber aus der röm. Mythologie und Geschichte (↗ Aitiologie). Erot. Themen fehlen auch hier nicht, sind aber distanzierter und humorvoller behandelt. P. hat seit der frühen Neuzeit zahlreiche Verehrer gefunden. Zu seinen Bewunderern zählte Goethe (*Röm. Elegien, Der Besuch,* nach Gedicht 1, 3). **Lit.:** J. P. Sullivan, P. A Critical Introduction (1976). – W. R. Nethercut, in: ANRW II 30, 3 (1983) 1813–1857.

Prophet (gr. prophetes, »Weissager«), Begriff für eine Person, die im Namen eines Gottes aussagt oder dessen Willen interpretierte, bes. für die Ausleger an einem bestimmten ↗ Orakel; ein nicht an ein Orakel gebundener Seher wurden als *mantis* bezeichnet. ↗ Mantik

Propyläen (gr. propyla oder propylaia, »Vorhof«, »Eingang«), in der griech. Architektur ursprünglich Torhallen, die den Eingang zu Tempelbezirken bildeten, später auch zu Profanbauten wie Palästen, Burgen, Gymnasien, der Agora o.ä. Sie bestanden zumeist aus drei oder mehr Durchgängen. So stellten auch die wohl berühmtesten P. den westl. Zugang zur Akropolis von Athen dar. Die Bauarbeiten begannen nach der Fertigstellung des ↗ Parthenon 437 v. Chr. unter dem Architekten ↗ Mnesikles und mussten bei Ausbruch des Peloponnes. Krieges 432 v. Chr. noch vor der Vollendung, eingestellt werden. An einen zentralen Mittelbau schlossen sich Seitenflügel an (↗ Pinakothek). Eine Quermauer teilte den Hauptbau in zwei vorgelagerte Säulenhallen, die durch fünf Tore mitei-

Grafitto aus Pompeji:
NUCEREA QUAERES
AD PORTA ROMANA
IN VICO VENERIO
NOVELLIAM PRIMI-
GENIAM (In Nuceria
wirst du am Römertor im
Venusviertel nach Novel-
lia Primigenia fragen)

nander verbunden waren. Wenngleich der Mittelbau 1640 durch eine Explosion des dort gelagerten Schießpulvers stark zerstört wurde und die P. noch mehrere Umbauten erfuhren, so sind sie doch bis heute recht gut erhalten. **Lit.:** H. R. Goette, Athen, Attika, Megaris (1993). – K. Stemmer, Standorte. Kontext und Funktion antiker Skulptur (1995).

Proserpina, lat. Name der ↗ Persephone.

Prosimetrum. Literar. Form, die sich durch die Mischung von Prosa und Poesie auszeichnet. Wichtige erhaltene, auf die menippeische Satire (↗ Satura) zurückgehende Prosimetra sind die *Apocolocyntosis* ↗ Senecas d. J. und der Roman ↗ Petrons.

Proskenion (gr., »Vorbühne«). Erhöhte, dem Bühnenhaus vorgelagerte ↗ Bühne des hellenist. Theaters, auf der die Schauspieler agierten.

Proskription (lat., »öffentl. Aushang«), die Ächtung des polit. Gegners bei inneren Auseinandersetzungen. Zu den ersten P.en kam es 82/81 v. Chr., nachdem ↗ Sulla die Macht in Rom erobert hatte. Die Namen seiner polit. Gegner wurden auf Tafeln veröffentlicht und durch allg. Aushang bekannt gemacht. Die Geächteten wurden für vogelfrei erklärt, ihr Vermögen verfiel dem Staat, und jeder, der einen Proskribierten tötete, erhielt eine Prämie. Den Säuberungen fielen mehrere Tausend Personen zum Opfer. 43 griffen auch die Triumvirn ↗ Antonius, Octavian (Augustus) und ↗ Lepidus auf dieses Mittel zurück und proskribierten ihre polit. Gegner. In diesem Zusammenhang wurde u. a. ↗ Cicero ermordet. **Lit.:** F. Hinard, Les Proscriptions de la Rome républicaine (1985).

Proskynese bezeichnet die fußfällige Begrüßung des pers. Großkönigs als äußeres Zeichen der Unterordnung und war Bestandteil des achämenid. Hofzeremoniells. Versuche Alexanders d. Gr., die P. nach der Eroberung des Perserreiches auch am makedon. Hof einzuführen, stießen bei den Griechen auf heftigen Widerstand.

Prosodie (gr. prosodia, lat. accentus), die Lehre von der Tonhöhe und Dauer (Quantität) der einzelnen Silben.

Prosodion, Prozessionslied.

Prosopographie (gr., »Personenbeschreibung«), eine Spezialdisziplin der Geschichtswissenschaft. Die P. versucht, aufgrund von literar. Quellen, Inschriften, Münzen usw. möglichst viele Persönlichkeiten einer bestimmten Epoche systematisch zu erfassen. Daraus ergibt sich eine Kette von Biographien, aus der sich Erkenntnisse über die sozialen, wirtschaftl. und administrativen Strukturen des fragl. Zeitabschnitts gewinnen lassen. Bes. für Teilbereiche der Antike, die quellenmäßig gut belegt sind, besitzt die P. eine nicht zu unterschätzende Bedeutung.

Prosopopoiie (gr., »Personendarstellung«), Begriff der Rhetorik zur Bezeichnung der Fähigkeit des Redners bzw. Logographen, sich in die Person seines Mandanten oder Auftraggebers zu versetzen.

Prosper Tiro, lat. Theologe, Chronist und Dichter aus Aquitanien, gest. nach 455 n. Chr. P., mit dem Mönchsnamen Tiro (»Rekrut« im Dienst Christi), stellte sein literar. Oeuvre weitgehend in den Dienst der augustin. Theologie. Er verfasste antihäret. Schriften, Merkverse zur augustin. Gnadenlehre, Epigramme und kleinere Abhandlungen. Ein *Carmen de ingratis* spielt mit dem Begriff *gratia*, der »Dankbarkeit« oder im christl. Sinne »Gnade« bedeutet: »die Undankbaren, die ohne Gnade leben«. Unter P.s Namen ist weiterhin eine Elegie *An meine Gattin* überliefert, die zur Weltentsagung auffordert. Zu Unrecht zugeschrieben wird P. *De providentia Dei* (*Über die Vorsehung Gottes*), worin angesichts der Germaneneinfälle die Theodizee-Frage gestellt wird. Eine *Weltchronik* führte P. bis zur Plünderung Roms durch Geiserich (455). **Lit.:** LACL (³2003).

Prostitution (lat. prostituo, »ich gebe mich öffentl. preis«). »Sakrale« Prostitution in Verbindung mit bestimmten Kulten gab es im Orient und gelegentlich in der griech.-röm. Antike (sog. Hierodulie); gewerbsmäßige sexuelle Dienstleistungen beider Geschlechter waren in größeren Städten und Häfen (Antiochia, Alexandria, Athen, Rom) weiter verbreitet, teils später verboten. Die antike Form der P. war als feste gesellschaftl. Institution etabliert und akzeptiert. Die griech. ↗ Hetären waren oft hochgebildet und aus gutem Hause. In röm. Zeit wurde P. auch in ↗ Bordellen ausgeübt. Zahlreiche Gesetze beschäftigten sich mit der P. Die moral. Verurteilung der P. setzte erst mit dem Aufkommen des Christentums ein. **Lit.:** C. J. Pateman, The Sexual Contract (1988).

Prostylos (gr.), in der griech. Architektur ein Antentempel mit einer Säulenreihe vor der Eingangshalle (Pronaos). Hat ein Tempel an beiden Frontseiten eine vorgelagerte Säulenhalle, so spricht man von einem Amphi-P. **Lit.:** G. Gruben, Die Tempel der Griechen (⁴1986).

Protagoras (gr. Protagoras) von Abdera, griech. Philosoph, Hauptvertreter der Sophistik, ca. 485–415 v. Chr., gut bezahlter und weit gereister Redner und Weisheitslehrer, 450 erstes Auftreten in Athen, Freund des Perikles und des Sophistenmäzens Kallias, Verfassungsgeber der panhellen. Kolonie Thurioi (Süditalien). Die zahlreichen Werke des P. sind nur fragmentarisch überliefert. In der Schrift *Über die Götter* vertrat P. eine agnost. Position, die zur Anklage wegen Asebie (Vorwurf der Gottlosigkeit) und zu P.' Flucht aus Athen geführt haben soll. Die theoret. Grundlagen seiner prakt. ↗ Rhetorik und Eristik (»Kunst des Streitgesprächs«, von griech. *eris,* »Streit«, ↗ Dialektik) legte P. in den *Antilogien:* Über jeden Sachverhalt können zwei sich widersprechende Behauptungen (*logoi*) aufgestellt werden, allein der sophistisch geschulte Rhetor vermag es, seinem Auditorium beide Behauptungen in gleicher Weise glaubwürdig zu machen. In einer Streitschrift gegen die eleat. Philosophie, deren Titel *Über das Seiende* oder *Niederwerfende (Reden)* (*kataballontes [logoi],* ein Ausdruck aus der Ringersprache) gewesen sein dürfte, vertrat P. die als Homomensura-Satz berühmt gewordene Behauptung: »Der Mensch ist das Maß aller Dinge, dessen, was ist, dass/ wie (*hos*) es ist, dessen was nicht ist, dass/wie (*hos*) es nicht ist.« Die für die Deutung des Satzes zentrale Streitfrage, ob hier das griech. *hos* mit »dass« oder besser mit »wie« zu übersetzen ist, muss nach wie vor offen bleiben. Eine relativist. Interpretation des Satzes (sowie eine krit. Auseinandersetzung) findet sich in Platons *Theaitetos,* eine subjektivist. Interpretation bei Sextus Empiricus, ferner wurden sensualist. und skeptizist. Interpretationen vorgelegt. Die polit. Philosophie des P., die den in gesellschaftl. Praxis bewährten Normen hohes Gewicht beimisst, begreift den Menschen als Gemeinschaftswesen und spricht ihm eine Art natürl. Sinn für Recht und Moral zu. Da es diesen Sinn nach P. durch Erziehung zu befördern gilt, kann sich P. selbst als Lehrer der polit. Kunst (*techne*) und Tugend (*arete*) verstehen. Ziel der Erziehung ist die Wohlberatenheit (*euboulia*) im Reden und Handeln. P.' eth. und kulturphilosoph. Überlegungen kritisierte Platon in dem nach P. benannten Dialog, der auch P.' bekannten Kulturentstehungsmythos enthält. Von ↗ Eupolis wurde P. in der Komödie *Die Schmeichler* verspottet. **Lit.:** O. A. Baumhauer, Die sophist. Rhetorik. Eine Theorie sprachl. Kommunikation (1986). – Th. Buchheim, Die Sophistik als Avantgarde normalen Lebens (1986). – G. B. Kerferd/H. Flashar, in: GGP III 1 (1998) 28–43. – GGGA (1999).

Protesilaos, Sohn des thessal. Königs Iphiklos, einer der Anführer im ↗ Trojan. Krieg, in dem er als erster im Kampf gegen Hektor fällt. Seine Frau Laodameia folgt ihm in den Tod.

Proteus (gr. Proteus), griech. Meeresgott, der Poseidons Robben bewacht. Er besitzt die Gabe der Prophetie, was sich Menelaos zunutze machen will, verändert aber auch ständig seine Gestalt. Menelaos gelingt es schließlich, ihm in Robbengestalt aufzulauern und ihn zu überwältigen. Daraufhin muss er ihm den richtigen Weg für die Heimfahrt preisgeben. In Euripides' Tragödie *Helena* und bei Herodot (Buch 2) ist P. ein ägypt. König, dem ↗ Helena anvertraut wird.

Protome (gr.), rundplast. Verzierung in Form von Menschen-, Fabelwesen- oder Tierköpfen; häufig an Vasen, Kesseln o. ä.

Providentia, röm. Gottheit, Personifikation der »Vorsicht«, philosophisch die Vorsehung (gr. *pronoia*).

Provinz (lat. provincia) bezeichnet ursprünglich den Amts- bzw. den Aufgabenbereich eines röm. ↗ Magistrats. Er wurde vom ↗ Senat vergeben und konnte sowohl ein bestimmtes Gebiet als auch eine spezielle Amtstätigkeit umfassen. Im Zuge der röm. Expansion wurde der Begriff immer mehr für außerital. Untertanengebiete verwendet, die einem Imperiumsträger als Amtsbereich zugeteilt wurden. Daraus entwickelte sich die zweite Bedeutung von P. als Verwaltungseinheit innerhalb des röm. Herrschaftsgebietes. An der Spitze einer solchen P. stand in republikan. Zeit ein vom Senat bestellter Statthalter, der die Oberaufsicht über die Verwaltung führte, für die Eintreibung der Steuern zuständig war und die oberste richterl. Gewalt ausübte. Die lokale Verwaltung und niedere Gerichtsbarkeit verblieb hingegen bei den Gemeinden. Da die Statthalter während ihrer Tätigkeit nur unzureichend kontrolliert wurden und oftmals bestrebt waren, sich persönlich zu bereichern, kam es häufig zu Übergriffen gegen die Bevölkerung, die zu ↗ Repetundenprozessen führten. Seit Augustus wurde zwischen kaiserl. und senator. Provinzen unterschieden. Während Erstere durch einen vom Kaiser ernannten *legatus Augusti pro praetore* verwaltet wurden, der auch das Kommando über die örtl. Militäreinheiten besaß, stand an der Spitze der senator. Einheiten ein vom Senat bestellter *Prokonsul,* der aber keine Befehlsgewalt über Truppen hatte. Die Verwaltung dieser Provinzen (z. B. Africa, Asia) war mit hohem Ansehen verbunden, beinhaltete aber keine polit. Machtposition, die dem Kaiser hätte gefährlich werden können. Die Provinzialbevölkerung wurde jetzt vor Übergriffen bes. dadurch geschützt, dass die Statthalter ein festes Gehalt (↗ *salarium*) bekamen und sich Provinziallandtage beim Kaiser beschweren konnten. Eine grundlegende Neuordnung erfolgte erst unter ↗ Diokletian (284–305). Er beseitigte den Unterschied zwischen kaiserl. und senator. Provinzen, verkleinerte die Einheiten und trennte zivile und militär. Gewalt. Diese Ordnung bestand im Wesentl. bis zum Ende des (west-) röm. Reiches fort. **Lit.:** H. Volkmann, Die röm. Provinzialverwaltung (1961). – J. Deininger, Die Provinziallandtage (1965).

Provocatio, in der röm. Republik das Recht eines Bürgers, gegen Strafen, die durch Magistrate verhängt wurden, Berufung beim Volk einzulegen (*provocatio ad populum*). Das Recht war ursprünglich auf Personen im Stadtgebiet von Rom beschränkt und führte zu einer Überprüfung des Urteils durch die ↗ Volksversammlung. Nach Ende der Republik wurde der Kaiser anstelle des Volkes zur obersten Berufungsinstanz.

Lit.: J. Bleicken, Ursprung und Bedeutung der Provocation. SZ 76 (1959) 324–77. – W. Kunkel, Untersuchungen zur Entwicklung des röm. Kriminalverfahrens in vorsullan. Zeit (1962).

Proxenos aus Theben, ein Schüler des ↗ Gorgias, überredete 401 v. Chr. seinen Freund ↗ Xenophon, am Feldzug Kyros d.J. teilzunehmen. Er wurde nach der Schlacht bei Kunaxa von den Persern ermordet.

Prozess ↗ Rechtsprechung, Rhetorik

Prozession (gr. pompe, lat. pompa), regelmäßig oder unregelmäßig stattfindende rituelle Handlungen einer Gruppe in formalisierter und geordneter Abfolge. Sie können im familiären Bereich anlässlich von Schwellenereignissen stattfinden (Hochzeit, Begräbnis). Die wichtigste P. Athens ist die der ↗ Panathenäen, dargestellt auf dem Parthenon-Fries im British Museum in London. Die Großen ↗ Dionysien wurden mit einer P. eröffnet, in der das Holzbild des Gottes Dionysos aus dem Dorf Eleutherai ins Dionysostheater nach Athen überführt wurde. Bei den Ländl. Dionysien fand eine P. zu Ehren des personifizierten Phallos statt. Die wichtigste polit. P. in Rom ist der Triumphzug. Im Christentum sind P. ab dem 4. Jh. bezeugt, vor allem in der Osterzeit.

Prudentius, Aurelius P. Clemens, christl. lat. Dichter aus Spanien, 348–405 n. Chr. P., der ›Christianorum Maro et Flaccus‹ (Bentley), hatte Vergil und Horaz als zentrale Vorbilder. Er gebrauchte außer dem jamb. Dimetern auf der ambrosian. Hymnen weitere lyr. Versmaße zur Darstellung christl. Inhalte, so etwa im *Kathemerinon* (*Tagzeitenbuch*), das zwölf Gedichte zu den Stundengebeten bzw. zum liturg. Jahresablauf enthält. Das *Peristephanon* (*Über Märtyrerkronen*) ist eine Sammlung von Hymnen auf Blutzeugen, deren Schicksal bis in makabre Einzelheiten berichtet wird. In der *Apotheosis* (*Vergöttlichung*) ist u. a. die Trinitätslehre, in der *Hamartigenia* (*Sündenentstehung*) die Sündenlehre dargestellt; beide Gedichte sind in Hexametern abgefasst. Zwei Bücher *Contra Symmachum* (*Gegen Symmachus*) rechtfertigen das Christentum gegen die heidn. Restaurationsbestrebungen des sog. Symmachus-Kreises (↗ Symmachus). Die *Psychomachia* (*Kampf um die Seele*), ein hexametr. Lehrgedicht in antikem Stil, stellt den Kampf der personifizierten Tugenden und Laster um den Menschen dar; das Werk wirkte stilbildend für die Allegorien des MA. Durch Bezüge zu Vergils *Aeneis* – Christus als der wahre Äneas, der sein Volk sicher in die ewige Heimat führt – verknüpft es die heidn. Formenwelt mit dem christl. Glauben. **Lit.:** LACL (³2003).

Prusias I., König von Bithynien ca. 230–182 v. Chr., konnte durch eine geschickte Politik gegenüber den hellenist. Großmächten sein Reich erweitern und festigen. 188 nahm er den flüchtigen Hannibal auf, den er nach einer röm. Intervention 183 ausliefern wollte.

Prusias II., Sohn Prusias' I. und König von Bithynien 182–149 v. Chr. Im Krieg zwischen Rom und Perseus nach anfängl. Neutralität »Freund und Bundesgenosse« der Römer; suchte die Verstimmung zwischen Rom und Pergamon zu seinen Gunsten zu nutzen und führte schließlich 156–154 Kriege gegen Attalos II. Gegen den bald allseits verhassten P. erhob sich sein Sohn Nikomedes II., der ihn töten ließ.

Prytanen (gr., »Vorsteher«) nannte man in Athen die 50 Ratsmitglieder einer ↗ Phyle, die den zehnten Teil des Jahres den Vorsitz in der ↗ Boule, dem Rat der 500, führten. An der Spitze der P. stand ein täglich wechselnder ↗ Epistates, der durch das Los bestimmt wurde. Hauptaufgabe der P. war es, die Regierungsgeschäfte zu führen, Beschlussfassungen vorzubereiten und viermal während ihrer Amtszeit die ↗ Volksversammlung einzuberufen. Das Amtshaus der P., das Prytaneion, war Mittelpunkt der polit. Gemeinschaft und enthielt den heiligen Herd (*hestia*). In mehreren Städten Kleinasiens und der ägäischen Inseln wurden auch die obersten Magistrate als P. bezeichnet. **Lit.:** S. Miller, The Prytaneion (1978).

Prytanis, halbmyth. König von Sparta, Sohn des Euryphon. Über seine Nachkommen bis zu den histor. Eurypontiden schwanken die (konstruierten) Stammbäume.

Psamathe (1), eine der ↗ Nereiden. Sie verwandelt sich in eine Robbe (gr. *phoke*), um dem ↗ Aiakos zu entkommen, wird aber trotzdem von ihm bezwungen und gebiert ihm den ↗ Phokos. Als Phokos von seinen Halbbrüdern ↗ Peleus und ↗ Telamon ermordet wird, schickt sie aus Rache einen Wolf gegen die Herden des Peleus in Phthia. Von ↗ Tethys besänftigt, versteinert sie den Wolf.

Psamathe (2), Tochter des argiv. Königs Kotropos und Mutter des ↗ Linos.

Psekas (gr. Psekas, »Tröpfchen«), Nymphe aus dem Kreis der ↗ Artemis.

Pseudepigraphon (gr., »fälschl. Zuschreibung«). In der antiken Literatur bestand die Tendenz, bekannten Autoren anonyme Werke wie z. B. die in den *Appendix Vergiliana* (↗ Vergil) und *Appendix Tibulliana* (↗ Tibull) überlieferten Gedichte oder Schriften der Schüler ihrem Lehrer zuzuschreiben (z. B. die *Problemata* im Corpus der aristotel. Schriften, ↗ Aristoteles). Die umfangreichste Sammlung von Pseudepigrapha ist das Corpus der ↗ Hippokrat. Schriften. **Lit.:** N. Brox, Pseudepigraphie (1977).

Pseudo-Kallisthenes ↗ Alexanderroman

Pseudo-Longin ↗ Loginus

Pseudo-Plutarch, anonymer Verf. eines Traktats *Über die Musik,* der wohl ins frühe 2. Jh. n. Chr. gehört und eine Art »Geschichte der ↗ Musik« (von den Anfängen bis zum Beginn des Hellenismus) in der Form eines Tischgesprächs ist. Ps.-P. äußert sich kritisch gegenüber der »Neuen Musik« von ↗ Timotheos und seinen Zeitgenossen (2. Hälfte 5. Jh./4. v. Chr.), da die musikal. Avantgarde die alte Schönheit und Würde der Musik verraten habe. Diesen Neuerern stellt er ↗ Lasos und ↗ Damon entgegen, die mit Maßen und behutsam Neuerungen in die Musik eingeführt hätten. Idealbild ist die auf sehr wenige Tonarten beschränkte alte argiv. und spartan. Musik. Der Traktat ist eine wichtige Quelle für die Musik der griech. Antike. Quellen sind eine Vielzahl alter Dichter und antiquar. Autoren (von Glaukos von Rhegion, Ende 5. Jh. v. Chr., bis Alexander Polyhistor, 1. Jh. v. Chr.). **Lit.:** A. Barker, Greek Musical Writings I. (1984).

Pseudo-pythagoreische Schriften, Bezeichnung für die vielfältigen, sich auf ↗ Pythagoras berufende Literatur zwischen dem Ende des Pythagoreismus (etwa 360 v. Chr.) und dem mit Ciceros Freund ↗ Nigidius Figulus einsetzenden ↗ Neupythagoreismus. Die bedeutendsten Werke sind das sog. *Tripartitum (Über Erziehung, Über Politik, Über Physik),* der *Hieros logos (Heilige Rede)* – beide Texte sind als Geheimlehre aufzufassen – und die *Hypomnemata Pythagorika (Pythagoreische Aufzeichnungen),* die stark mit platon. Gedankengut durchsetzt sind. Die Verf. dieser Schriften hielten sich wohl selbst für legitime Nachfolger der pythagoreischen Tradition. Oft hat man in ihren Werken bloße literar. Fiktion bzw. Fälschung zum Zweck der Lebenshilfe gesehen; erst jetzt wird ihre Brückenfunktion zwischen dem alten Pythagoreismus und dem Neupythagoreismus erkannt. **Lit.:** W. Burkert, Lore and Science in Ancient Pythagoreanism (1972).

Pseudo-Xenophon, anonymer Verf. einer Schrift über den Staat der Athener in drei Kapiteln, deren Datierung umstritten ist (wahrscheinlich Mitte 20er Jahre des 5. Jh. v. Chr.). Da der Autor aus oligarch.-aristokrat. Warte über die athen. Demokratie und ihre Auswüchse herzieht, bezeichnet man ihn auch als den Alten Oligarchen (Old Oligarch). Der Autor bietet eine krit., sarkast. Analyse der athen. Demokratie, deren Funktionieren er insbes. durch den Neid der Masse den Reichen und Gebildeten, d. h. den Aristokraten, gegenüber erklärt. Die Intention der Schrift ist ebenso umstritten wie der Adressatenkreis. Man muss sie wohl als ein Pamphlet erklären, das in demokratiekrit. Kreisen zirkulierte und die evtl. bei einem aristokrat. Symposion vorgetragen wurde. Die Schrift ist der früheste erhaltene att. Prosatext. **Lit.:** H. Frisch, The Constitution of the Athenians (1942). – G. de Ste. Croix, The Origins of the Peloponnesian War (1972) App. 6. – S. Cataldi, La democrazia ateniese e gli alleati (1984). – J. T. Roberts, Athens on Trial (1994). – M. Gigante, L'Athenaion politeia dello Pseudo-Senofonte (1997).

Psyche, nach dem Märchen des Apuleius (*Amor und P.*) wunderschöne Königstochter, die man wegen ihrer Schönheit wie eine Göttin verehrt und dabei den Kult der Venus vernachlässigt. Wütend befiehlt diese ihrem Sohn Amor, P. sich in ein hässl. Geschöpf verlieben zu lassen. Amor aber verliebt sich selbst in die Schönheit. Nach vielen Prüfungen heiraten die beiden auf dem Olymp.

Psykter (gr., »Kühler«), bauchiges Gefäß aus Ton, in dem Speisen oder Getränke gekühlt werden konnten. Mit seinem hohen Fuß konnte der Ps. in ein weiteres, mit kühlender Flüssigkeit gefülltes Behältnis gestellt werden.

Pteleon (gr. Pteleon), Liebhaber der ↗ Prokris.

Pterelaos, myth. König der Taphier, durch Taphios von ↗ Poseidon und Hippothoe abstammend. P. erhält von Poseidon ein goldenes Haar, das ihn, solange er es besitzt, unsterblich macht. ↗ Amphitryon, der aus Rache für die durch die Taphier getöteten Söhne Elektryons gegen ihn Krieg führt, kann die Stadt nicht einnehmen, bis ↗ Komaitho (1), die Tochter des P., aus Liebe zu Amphitryon ihrem Vater das goldene Haar ausreißt.

Ptolemäer, hellenist. Dynastie, begründet von Ptolemaios I., die 323–30 v. Chr. über Ägypten und angrenzende Gebiete herrschte. Blütezeit des P.-Reiches war das 3. Jh., als der Staat unter Ptolemaios II. (283–246) und Ptolemaios III. (246–221) eine führende Rolle in der griech.-hellenist. Welt einnahm und auch kulturell in hoher Blüte stand. Der Niedergang des Reiches begann unter Ptolemaios IV. (221–204), der sich nur durch Rückgriff auf einheim. Truppenkontingente gegen die Seleukiden behaupten konnte. Diese Entwicklung führte im 2. Jh. zu langwierigen Aufständen, die nur mit Mühe unterdrückt werden konnten. Politisch gerieten die P. immer mehr in die Abhängigkeit Roms, konnten aber im Gegensatz zu den Seleukiden ihre Stammlande ungeschmälert behaupten. 48 v. Chr. wurde das Reich in den röm. Bürgerkrieg hineingezogen und von Truppen unter Caesar besetzt, der seiner späteren Geliebten, Kleopatra, die Königswürde verschaffte. Nach der Ermordung Caesars (44) schloss sich Kleopatra Antonius an und konnte für die P. nochmals außerägypt. Gebiete gewinnen. Nach der Niederlage des Antonius (31) und der Besetzung Ägyptens durch Octavian beging sie Selbstmord, womit die P.-Herrschaft endete. Das Land wurde in eine röm. Provinz umgewandelt. – Das P.-Reich war ein straff organisierter Zentralstaat, der durch eine stark ausgeprägte Bürokratie verwaltet wurde. bes. die Hauptstadt Alexandria wurde durch königl. Förderung zum Mittelpunkt des hellenist. Kultur und Wissenschaft. Die Könige übernahmen zahlreiche Elemente des Pharaonenreiches in ihr Regierungssystem, die einheim. Bevölkerung blieb aber von der Lenkung des Staates weitgehend ausgeschlossen und trat erst gegen Ende der P.-Herrschaft wieder stärker hervor. **Lit.:** G. Hölbl, Geschichte des P.-Reiches (1994).

Ptolemaios I. Soter, ca. 366–283 v. Chr., einer der bedeutendsten ↗ Diadochen, seit 336 Leibwächter Alexanders d. Gr., trat nach dem Tod des Königs (323) am energischsten für eine Reichsteilung ein. Ihm wurde Ägypten als ↗ Satrapie übertragen, zu dem er 322 die ↗ Kyrenaika hinzuerwarb. 321/20 konnte er sich gegen den Angriff des ↗ Perdikkas behaupten. Nachdem er die Übernahme der Reichsverweserschaft abgelehnt hatte (320), baute er konsequent seine Machtposition in Ägypten aus und vereitelte die Ambitionen des ↗ Antigonos Monophthalmos, das gesamte Alexanderreich zu beherrschen, durch seinen Sieg in der Schlacht bei Gaza (312). 306 musste er zwar Zypern Antigonos überlassen, konnte aber im Jahr darauf dessen Invasionsversuch erfolgreich abwehren, worauf er den Königstitel annahm (305). Nach dem Untergang des Antigonos in der Schlacht bei ↗ Ipsos (301) annek-

Ptolemaios I. Soter

tierte er das südl. Syrien (↗ Koilesyrien), was zu einem dauerhaften Konflikt mit den ↗ Seleukiden führen sollte. 285 erhob er seinen Sohn P. II. zum Mitregenten und sorgte so für einen reibungslosen Regierungswechsel. P. schuf einen effizienten zentralist. Staat und war ein bedeutender Förderer von Wissenschaft und Kultur (Gründung des ↗ Museions in Alexandria). Seine *Geschichte Alexanders d.Gr.*, die er in hohem Alter verfasste, war eine der Hauptquellen Arrians. **Lit.:** J. Seibert, Untersuchungen zur Geschichte P. I. (1969). – H. Bengtson, Herrschergestalten des Hellenismus (1975) 9–36. – Ders., Die Diadochen (1987). – GGGA (1999).

Ptolemaios II. Philadelphos, Sohn P.' I., regierte 283–246 v. Chr., festigte die Machtstellung des Ptolemäerreiches nach innen und außen und konnte den Besitz von Koilesyrien in drei Kriegen gegen die Seleukiden behaupten. Wie sein Vater förderte er Wissenschaft und Kultur und begründete den ptolemäischen Herrscherkult. Durch die Heirat mit seiner Schwester Arsinoe (278) griff er bewusst auf pharaon. Traditionen zurück. **Lit.:** B. J. Müller, Ptolemaeus II. Philadelphus als Gesetzgeber (1968). – H. Bengtson, Herrschergestalten des Hellenismus (1975) 111–138.

Ptolemaios III. Euergetes, Sohn P.' II., regierte 246–221 v. Chr., griff 246 in die Thronwirren im Seleukidenreich ein und unterstützte seine Schwester Berenike, die zweite Frau Antiochos II., gegen Seleukos II., den Sohn des Antiochos aus erster Ehe. Er überschritt mit seinem Heer den Euphrat und konnte zeitweilig Teile Mesopotamiens kontrollieren, ehe ihn ein Aufstand in Ägypten und ein Gegenangriff des Seleukos zum Abbruch des Unternehmens zwangen. Unter seiner Herrschaft erreichte das Ptolemäerreich seine größte Ausdehnung. **Lit.:** B. Beyer-Rotthoff, Untersuchungen zur Außenpolitik P. III. (1993).

Ptolemaios IV. Philopator, Sohn P.' III., regierte 221–204 v. Chr., konnte den Angriff des Seleukiden Antiochos III. in der Schlacht bei Raphia (217) nur durch den Einsatz einheim. Hilfstruppen abwehren. Mit seiner Regierung, die stark unter dem Einfluss mächtiger Ratgeber stand, begann der Niedergang des

Ptolemäerreiches. **Lit.:** W. Huß, Untersuchungen zur Außenpolitik P. IV. (1976).

Ptolemaios, Klaudios/Claudius P., griech. Astronom und Mathematiker, 2. Jh. n. Chr. P. lehrte in Alexandria von 161–180 n. Chr. Sein Hauptwerk ist eine umfassende Darstellung der Astronomie in 13 Büchern, die ins Arabische übersetzt wurde (*Almagest*) und in dem P. seine geometr. Theorie entwickelt. Andere astronom. Werke behandeln die Fixsterne und führen in die Berechnung der Planetenbahnen ein. In der Kanobosinschrift entwickelt er aus den Planetenbahnen die Idee der ↗ Sphärenharmonie, indem er den Planeten die einzelnen Saiten einer Lyra zuweist. Ein musiktheoret. Werk ist die *Harmonik*: Aus der Ablehnung der Lehre des Aristoxenos behandelt P. auf mathemat. Basis Intervalle und Tonleitern. Seine geograph. Studien befassen sich mit der Berechnung von Städten nach der Breiten- und Längenposition und sind als Anleitung einer kartograph. Erfassung gedacht. **Lit.:** G. I. Toomer, Ptolemy's Almagest (1984). – A. Barker, Greek Musical Writings (1989).

Publicani hießen in der röm. Republik diejenigen Personen, die von Staats wegen Geschäfte abwickelten. Zu dieser Gruppe gehörten die Pächter staatl. Besitzes (Baulichkeiten, Bergwerke usw.) sowie Personen, die im Auftrag des Staates öffentl. Aufgaben und Dienstleistungen wahrnahmen (Instandhaltung und Neubau von Gebäuden, Unterhalt der Truppen usw.). Von besonderer Bedeutung waren die staatl. Steuerpächter (↗ Steuern), die die geschätzten Einnahmen vorab an die Staatskasse überwiesen und für die tatsächl. Eintreibung in Eigenverantwortung zuständig waren. Diese lukrativen Befugnisse wurden im Auktionsverfahren an den Meistbietenden versteigert, wobei sich bei größeren Pachten oft mehrere Personen zu Gesellschaften zusammenschlossen. Die P. kamen in der Regel aus dem Ritterstand, da dem Senatorenstand wirtschaftsbezogene Tätigkeiten untersagt waren. Höhepunkt ihrer Tätigkeit war die späte Republik, während in der Kaiserzeit ein deutl. Rückgang zu verzeichnen ist. ↗ Finanzwesen **Lit.:** E. Badian, Publicans and Sinners (1983).

Publilius Syrus, röm. Mimendichter, 1. Jh. v. Chr., kam als syr. Sklave nach Rom und wurde von seinem Herrn Publilius freigelassen. Er dichtete literar. ↗ Mimen. 46 v. Chr. siegte er bei den *ludi Caesaris* im Wettkampf gegen den Ritter Decimus ↗ Laberius. P. zeichnete sich durch eine sentenzenreiche Sprache aus. **Lit.:** H. Reich, Der Mimus, I-II (1903).

Pumpe. Man verwendete P.n in der Regel entweder als Wasserhebevorrichtungen oder als Feuerspritzen. Wenngleich die entsprechenden physikal. Zusammenhänge erst im 17. Jh. n. Chr. durch die Vakuumforschung wissenschaftlich nachgewiesen werden konnten, so waren diese den Griechen und Römern bereits seit hellenist. Zeit bekannt. Die Installation von Hand-P.n in Ziehbrunnen war in der Antike sicher nicht Standard. Die übl. Wasserhebevorrichtungen bestanden entweder aus einfachen Eimern, die an einer Kette oder einem Seil in den Brunnen hinabgelassen wurden, einer Schwingbalkenkonstruktion (*tol-leno*), der Brunnenwelle oder einem Flaschen- bzw. Rollenzug. Dennoch konnten in mehreren römerzeitl. Brunnen nördl. der Alpen (u. a. in Benfeld, Silchester, Trier oder Wederath) Reste von P.n gefunden werden. Dabei handelte es sich um sog. Doppelkolben-Druckpumpen, die sich aus einem Pumpstock (mit Kolben und Druckventilen), Steigleitungen und P.n-Schwengel zusammensetzten. Durch neuzeitl. Nachbildungen solcher P.n wurde inzwischen nachgewiesen, dass das Wasser ohne weiteres bis in eine Höhe von 20 m transportiert werden konnte, wobei ein Mensch eine Förderleistung von bis zu 95 Litern pro Minute erzielen kann. **Lit.:** A. Neyses, Eine röm. Doppelkolben-Druckp. aus dem Vicus Belginum, in: Trierer Zeitschrift 35 (1972) 109 ff. – R. Tölle-Kastenbein, Antike Wasserkultur (1990).

Punier (lat. Poeni) ↗ Karthago

Punische Kriege, allgemeine Bezeichnung für die drei Kriege, die Rom und Karthago um die Vorherrschaft im westl. Mittelmeerraum führten. Der *1. P. K. (264–241 v. Chr.)* entwickelte sich in Sizilien aus einem inneren Konflikt in Messina, in den sich die Römer einschalteten und damit erstmals die Grenzen Italiens überschritten, während Karthago die Insel als eigenen Machtbereich betrachtete. In der ersten Kriegsphase (264–256) eroberten die Römer den größten Teil Siziliens und drängten die Karthager auf einige Stützpunkte im W ab. In der zweiten Phase, nach Errichtung einer Kriegsflotte, unternahm Rom unter ↗ Regulus eine Invasion in Nordafrika (256/55), die aber nach wechselvollen Kämpfen in eine vollständige Niederlage der röm. Truppen mündete. Die dritte Phase (249–241) war durch einen Kleinkrieg auf Sizilien gekennzeichnet und endete mit der entscheidenden Niederlage der karthag. Flotte bei den Ägat. Inseln (242). Der karthag. Befehlshaber ↗ Hamilkar Barkas musste die Insel räumen und Rom überlassen, Karthago musste eine hohe Kriegsentschädigung entrichten. – Der *2. P. K. (218–201 v. Chr.)* begann mit der Eroberung der mit Rom verbündeten span. Stadt Sagunt durch den karthag. Feldherrn ↗ Hannibal (219), die zur röm. Kriegserklärung führte. Durch seinen Marsch über die Alpen und seinen Einfall in Oberitalien durchkreuzte Hannibal die röm. Pläne, selbst die Offensive zu ergreifen. Trotz bedeutender militär. Erfolge (↗ Trebia 218, ↗ Trasimener See 217, ↗ Cannae 216), die Rom an den Rand einer Niederlage brachten und zur Erschütterung des röm. Bundesgenossensystems führten, konnte Hannibal den Krieg nicht siegreich beenden und geriet spätestens seit dem Fall von Capua (211) zunehmend in die Defensive. Im Gegenzug gelang es dem röm. Feldherrn P. Cornelius Scipio in den Jahren 209–206, die karthag. Besitzungen in Spanien zu erobern und den Karthagern mit den dortigen Silberminen die finanziellen Grundlagen ihrer Kriegsführung zu entziehen. Nachdem ein weiterer karthag. Einfall in Italien unter ↗ Hasdrubal scheiterte (↗ Metaurus 207), erfolgte 204 die röm. Invasion in Nordafrika, zu deren Abwehr Hannibal 203 aus Italien

zurückgerufen wurde. Er unterlag jedoch Scipio in der Entscheidungsschlacht bei Zama (202). Durch den Friedensvertrag (201) verlor Karthago alle außerafrikan. Besitzungen und büßte seine polit. Handlungsfähigkeit ein. Als eigenständiger Machtfaktor war es künftig ausgeschaltet. – Der *3. P. K. (149–146 v. Chr.)* entzündete sich an der Weigerung der Karthager, ihre Stadt auf röm. Befehl hin aufzugeben und eine neue Siedlung im Landesinneren zu gründen, und endete nach dreijähriger Belagerung mit der vollständigen Zerstörung Karthagos. **Lit.:** W. Huß, Geschichte der Karthager (1985). – J. Seibert, Hannibal (1993).

Puppen ↗ Spielzeug

Purpur (gr. porphyra, »Purpurschnecke«), wertvoller Farbstoff, der von Schneckendrüsen ausgeschieden wird und sich in Verbindung mit UV-Strahlen von gelb zu rot umfärbt. Als Ursprung der P.-Färberei galt Persien; von hier brachte Alexander d. Gr. die Sitte mit, P.-Gewänder zu tragen. Die Farbe galt als Ausdruck des Reichtums, als Inbegriff von Macht und Luxus und als Vorrecht des Adels. In Rom war P. das Amtskleid der Kaiser; ein P.-Streifen zierte die Toga der röm. Senatoren.

Pydna, Stadt im südl. Makedonien, bekannt durch den Sieg des röm. Befehlshabers Lucius ↗ Aemilius Paullus 168 v. Chr. über ↗ Perseus von Makedonien, das daraufhin endgültig unter röm. Herrschaft kam.

Pygmäen, myth. Zwergvolk in Thrakien, Karien oder Indien, das alljährlich von unheilvollen Kranichen heimgesucht wird.

Pygmalion (1) (gr. Pygmalion), Bruder der ↗ Dido.

Pygmalion (2) (gr. Pygmalion), nach Ovid (*Metamorphosen,* Buch 10) König von Zypern, der sich aus Elfenbein seine Traumfrau schafft, da keine wirkl. Frau seinen Ansprüchen gerecht wird. Aphrodite hat Erbarmen und erweckt die Statue zum Leben, die man später Galatea nennt.

Pylades (gr. Pylades), Sohn des ↗ Strophios, des myth. Königs von Phokis, und der Anaibia, der Schwester Agamemnons. P. wächst mit seinem Vetter ↗ Orest auf; nach der Tötung der Klytämnestra wird er Gatte der Elektra.

Pylos, Stadt in ↗ Messenien an der W-Küste der Peloponnes; auf dem Felsenkap Koryphasion in der Bucht von Navarino gelegen. Im Zusammenhang mit den Geschehnissen des ↗ Peloponnes. Krieges von Bedeutung, als hier 425 v. Chr. die Spartaner von den Athenern auf der vorgelagerten Insel Sphakteria festgesetzt wurden und schließlich kapitulieren mussten. Von der Stadt sind heute lediglich Reste der Stadt- und Akropolismauer sowie eine Zisterne und Teile der Hafenbefestigung erhalten. Erwähnenswert sind die 1939 entdeckten Überreste eines myken. Palastes (»Palast des Nestor«) etwa 9 km nordöstl. von P. bei dem Ort Ano Englianos. Hier wurde neben Wohnräumen, Magazinen und Werkstätten auch ein Archiv ausgegraben. Durch einen Brand waren große Teile des Palastes zerstört worden; die in dem Archiv aufbewahrten Tontafeln jedoch wurden durch die Hitze gebrannt und haben sich so erhalten. Sie sind in der sog.

myken. Linear-B-Schrift (↗ Linearschriften) beschrieben und enthalten wichtige Informationen über die Verwaltung und die Landnutzung von P. **Lit.:** C. W. Blegen u. a. (Hg.), The Palace of Nestor at P. in Western Messenia, I-III (1966–73). – ASM (1999).

Pyramiden (gr. pyramis), in der Baukunst die auf einer quadrat. Grundfläche vierseitig aufgebauten, nach oben spitz zulaufenden monumentalen Grabdenkmäler der altägypt. Pharaonen (etwa 2700 bis 1800 v. Chr.). In der Regel gehörte ein Totentempel dazu. Die bedeutendsten sind heute, wie bereits im Altertum, die in der Nähe des antiken Memphis beim heutigen Giza gelegenen P. (für die Pharaonen Cheops, Chephren und Mykerinos). Über diese P. berichtete bereits der griech. Historiker Herodot um die Mitte des 5. Jh. v. Chr. **Lit.:** R. Stadelmann, Die ägypt. P. (1997).

Pyramos und Thisbe, babylon. Liebespaar, denen der Umgang von ihren Eltern verboten wird. An einem ihrer heiml. Treffen bei einem Maulbeerbaum flieht die früher gekommene Thisbe vor einem Löwen mit blutigem Maul und verliert dabei ihren Schleier. Als P. diesen findet, hält er T. für tot und erdolcht sich. Sein Blut färbt die bis dahin weißen Maulbeeren rot. T. kommt wenig später zurück, findet ihren Geliebten tot vor und ersticht sich ebenfalls (Ovid, *Metamorphosen* 4, 55 ff.). Eine groteske dramat. Nachahmung findet sich in Shakespeares *Sommernachtstraum.*

Pyrenäen (gr. Pyrene, Pyrenaia ore), Grenzgebirge zwischen Spanien und Gallien. Die Herkunft des Namens ist unsicher; vielleicht von griech. »pyr« (Feuer); nach Herodot stammte er von der sagenhaften Stadt Pyrene an der Mittelmeerküste, die regen Handel mit der griech. Kolonie Massilia unterhalten haben soll. In röm. Zeit waren drei Pässe über die P. nachweislich bekannt. **Lit.:** A. Schulten, Iber. Landeskunde (1955).

Pyreneus (gr. Pyreneus), myth. König von Daulis, der die ↗ Musen auf ihrem Weg zum Parnass bei einem Unwetter in seinem Palast aufnimmt und vergewaltigen will. Die Musen verwandeln sich in Vögel. Bei dem Versuch, sie zu verfolgen, stürzt P. in den Tod.

Pyrrha, Tochter des Epimetheus und der Pandora, Gattin des ↗ Deukalion.

Pyrrhiche ↗ Tanz

Pyrrhon von Elis, griech. Philosoph, ca. 367–275 v.Chr, gilt als Gründer des ↗ Skeptizismus. Mit dem Demokritschüler ↗ Anaxarch soll er im Gefolge von Alexander d.Gr. bis nach Indien gelangt sein. Wie Sokrates hinterließ auch P. keine Schriften. Das Wissen über ihn fußt auf ↗ Timon von Phleius. Nach Timon soll P. die Möglichkeit bestritten haben, dass wir auf Basis unserer Sinne zu sicheren Aussagen gelangen können, d. h. da man über nichts etwas Sicheres aussagen kann, solle man sich jegl. Urteils enthalten, was wiederum zur seel. Ausgeglichenheit (*ataraxia*) führe. **Lit.:** G. Nenci, Pirro (1953).

Pyrrhos (1), 319–272 v. Chr., seit 306 König der Molosser in Epirus, musste 302 vor Kassander aus seiner Heimat weichen und beteiligte sich auf der Seite des Antigonos Monophthalmos an der Schlacht bei Ipsos (301). Nach dem Tode Kassanders (297) gewann er Epirus zurück und versuchte, sein Land zur Großmacht zu erheben. 288 verdrängte er gemeinsam mit Lysimachos Demetrios Poliorketes aus Makedonien, musste die Herrschaft 284 aber seinem Verbündeten überlassen. 280 folgte er einem Hilferuf der von den Römern bedrängten Stadt Tarent nach Unteritalien und besiegte die Römer in zwei Schlachten, die ihn große Opfer kosteten (»Pyrrhossiege«), Rom aber nicht friedensbereit machten. Nach einer militär. Expedition gegen die Karthager auf Sizilien (278–276) kehrte er nach Italien zurück und unterlag den Römern in der Schlacht bei Benevent (275). Wieder in Griechenland, unternahm er einen Angriff auf die Peloponnes und fiel im Straßenkampf in Argos (272). P. gilt als einer der bedeutendsten Feldherrn der Antike und wurde zum Inbegriff des hellenist.»Condottiere«. **Lit.:** R. Schubert, Geschichte des Pyrrhus (1894). – P. Léveque, P. (1957). – H. Bengtson, Herrschergestalten des Hellenismus (1975) 91–110.

Pyrrhos (2) ↗ Neoptolemos

Pythagoras (gr. Pythagoras) aus Samos, griech. Philosoph und Mathematiker des 6. Jh. v. Chr., dessen nähere Lebensumstände ebensowenig bekannt sind wie seine Lehre. Er gründete in Kroton (Unteritalien) eine sittlich-religiöse und philosoph.-polit. Schule, die wegen ihres großen Einflusses starke Reaktionen hervorrief, die schließlich zur Schließung der Schule führten. Die Seelenwanderungslehre, die ↗ Mathematik, insbes. die Zahlentheorie, und die Musik bilden die wichtigsten Themen der Philosophie des P. Nach seiner Lehre ist die menschl. Seele unsterblich und wandert zu ihrer Läuterung von Körper zu Körper. Zentral für sein Denken ist der Begriff der ›Harmonie‹, der sich sowohl auf die menschl. Seele als auch auf die ganze Welt bezieht und auf die Zahlen zurückgeht, die für P. nicht bloß mathemat. Begriffe, sondern kosmolog. Prinzipien sind. **Lit.:** W. Burkert, Weisheit und Wissenschaft (1962). – GGGA (1999).

Pythagoreer, Schüler bzw. Anhänger des ↗ Pythagoras. Zu den bekanntesten P.n gehören ↗ Philolaos

Pythagoras

und ↗ Archytas. Für die P. sind die Zahlen die Prinzipien des Seienden, die Komponenten der Zahlen sind auch die Komponenten der Dinge selbst. Die Zahlenverhältnisse sind Abbilder der Harmonie der Welt, und die ganze Welt ist Harmonie und Zahl (↗ Sphärenharmonie). Im Anschluss an die Orphiker (↗ Orphik) lehrten sie die Seelenwanderung und die Wiederkehr des Gleichen. **Lit.:** H. Thesleff, The Pythagorian Texts of the Hellenistic Period (1965). – D. J. O'Meara, Pythagoras Revived (1989).

Pythẹas aus Massilia (Marseille), griech. Geograph und Seefahrer, 4. Jh. v. Chr. Um ca. 325 unternahm er eine Entdeckungsreise der Küste Spaniens entlang bis zur Nordsee. Er beschrieb als erster den N Europas. In seinem nicht erhaltenen Buch *Über den Ozean* behauptet er, er habe Europa umsegelt, und schließt daraus, dass der Ozean die »Fessel« der Welt sei. ↗ Geographie

Pytheos, griech. Architekt, der im mittleren 4. Jh. v. Chr. tätig war und zusammen mit Satyros die Pläne für das Mausoleum von Halikarnassos entwarf. Ferner baute er den Athena-Tempel in Priene. Die sog. dor. Ordnung für den Tempelbau lehnte er ab und rühmte die Vollkommenheit der jon. Ordnung. P. verfasste eine Schrift (nicht erhalten) über den Bau des Mausoleums und stellte hohe Bildungsansprüche an Architekten. **Lit.:** K. Stemmer, Standorte. Kontext und Funktion antiker Skulptur (1995).

Pythia, Priesterin des ↗ Apollon in Delphi; ↗ Python

Pythien ↗ Pythische Spiele

Pythische Spiele, gemeingriech. (»panhellen.«) Wettkämpfe beim Heiligtum des Apollon zu ↗ Delphi um einen Lorbeerkranz. Die P. S. wurden 582 v. Chr. eingerichtet und – wie die ↗ Olymp. Spiele – alle vier Jahre durchgeführt, und zwar jeweils im 3. Jahr einer

Pythia, die Priesterin des Orakels von Delphi (Schale um 440 v. Chr.)

Olympiade. Zum mus. ↗ Agon traten bald athlet. Wettkämpfe und Pferderennen. ↗ Feste

Python, ein riesiger Drache mit hellseher. Fähigkeiten, der in Delphi über das Orakel der Gaia wacht, bis er von ↗ Apollon getötet wird. Um Gaia zu besänftigen, ernennt Apollon stets nur eine Frau zu seiner Priesterin beim delph. Orakel, die den Namen Pythia trägt.

Quaden, Stamm der german. ↗ Sueben. Die im 1. Jh. v. Chr. zwischen oberer Donau und Main siedelnden Q. wurden von Caesar erstmals erwähnt. 9 v. Chr. besiegte Drusus die Markomannen und Q., die nach O auswichen und sich nördl. der Donau im heutigen Mähren festsetzten. Hier errichteten sie unter Vannius ein von Rom abhängiges Klientelreich, das 89–97 n. Chr. allerdings in einen militär. Konflikt mit Rom geriet. Nach dem röm. Sieg wurde der *status quo* wiederhergestellt; die Könige der Q. mussten vom Kaiser bestätigt werden. Seit 169 kämpften sie erneut an der Seite der Markomannen gegen die Römer, der Tod des Kaisers Mark Aurel verhinderte einen entscheidenden röm. Sieg. Commodus erneuerte das Klientelverhältnis, während Caracalla den König der Q. hinrichten ließ. Ab der Mitte des 3. Jh. n. Chr. lösten die Q. diese Abhängigkeit von Rom und kämpften bis ins 5. Jh. immer wieder gegen Rom. Im 5. Jh. schloß sich der Großteil der Q. den ↗ Vandalen an, mit denen er nach ↗ Hispanien zog.

Quadrịga (lat., »Viergespann«), vierspänniger Renn- und Kampfwagen. Neben der ↗ Biga (Zweigespann) diente die zweirädrige, aus einem Wagenkorb bestehende Q. bereits in der griech. Frühzeit als Kampfwagen (Homer). Als Sportart wurde das Wagenrennen mit der Q. 680 v. Chr. olymp. Disziplin. Die röm. Circusrennen bedienten sich der Q. ebenso wie die Triumphatoren und Kaiser. In der antiken Mythologie und Ikonographie wurde die Q. als Wagen des Sonnengottes verwendet und war (wie die Biga) ein beliebtes Motiv antiker Münzprägung.

Quadrịvium ↗ Enzyklopädie

Quaestio (lat., pl. quaestiọnes, »Befragung/en«), röm. Strafverfahren vor einem Geschworenengericht unter Vorsitz eines ↗ Magistrats. Während in der röm. Republik die Volksversammlung als Organ der ↗ Rechtsprechung bes. in öffentl.-polit. Prozessen diente, wurden die meisten Verbrechen von Geschworenengerichten entschieden, die unter magistrat. Vorsitz zusammentraten; die Anklageerhebung erfolgte meist durch Privatpersonen. Es entwickelten sich verschiedene Sonderformen: *qu.nes extraordinariae,* rein senator. Geschworenengerichte, und *qu.nes perpetuae,* spezialisierte Dauergerichtshöfe etwa für ↗ Repetun-

Wagenlenker mit Quadriga (griechisches Relief)

denprozesse. In der späten Republik entwickelten sich langsam Strafverfolgungsbehörden (*tresviri capitales,* im Prinzipat der *praefectus urbi*), um die Möglichkeit der Privatklage zu ergänzen. Die Q. diente in der Kaiserzeit neben dem Kaisergericht als Ort der alltägl. Rechtsprechung.

Quaestor (lat. quaerere, »untersuchen«) war in Rom eines von vier ordentl. Jahresämtern und bildete die unterste Stufe des *↗ cursus honorum.* Gab es ursprünglich nur zwei Q.en, die zunächst von den *↗* Konsuln ernannt und seit 447 v. Chr. von der Volksversammlung gewählt wurden, vergrößerte sich ihre Zahl im Laufe der Republik ständig und erreichte über vier (421) und acht (267) unter *↗* Sulla (81) schließlich die Anzahl von zwanzig Mandatsträgern, die ungeachtet einer weiteren zeitweiligen Verdoppelung unter Caesar seit Augustus auch in der Kaiserzeit konstant blieb. Als Mindestalter für die Ausübung des Amtes setzte Sulla 30 Lebensjahre fest, Augustus reduzierte diese Bedingung auf 25 Jahre. Seit Sulla berechtigte die Quästur auch zur Aufnahme in den *↗* Senat. – Die Aufgaben der Q.en waren vielfältig und erstreckten sich meist auf finanzielle Angelegenheiten. Die *quaestores aerarii* (*urbani*) führten die Aufsicht über die Staatskasse (*↗ Aerarium*), während zwei Q.en die Konsuln ins Feld begleiteten und bei ihrer Amtsführung unterstützten. Im Zuge der röm. Expansion war auch jedem Provinzstatthalter ein Q. zugeordnet, der sich um die örtl. Finanzverwaltung kümmerte. Eine besondere Einrichtung waren die *quaestores parricidi,* denen die Strafgerichtsbarkeit bei Kapitalverbrechen oblag. Seit der Kaiserzeit nahm die Bedeutung der Q.en spürbar ab, da den Kaisern ein eigener Verwaltungsapparat zur Verfügung stand. In der Spätantike schließlich reduzierten sich die Funktionen eines Q. auf rein repräsentative Handlungen wie das Ausrichten von Spielen.

Lit.: J. Bleicken, Die Verfassung der röm. Republik (⁷1995).

Quecksilber (gr. argyros chytos, lat. argentum vivum). Erstmals bei Aristoteles erwähnt, fand Q. bes. in der Trennung von Gold und Silber Verwendung und war damit für die frühe *↗* Alchemie von Bedeutung. Die Giftigkeit des Q.s, bes. seiner Dämpfe, war bekannt; antike Ärzte warnten daher vor dem Einsatz von Q.

Querolus (*Querolus sive Aulularia*). Der *Q.* (*Griesgram*) ist eine spätantike lat. Komödie wohl des 4. oder 5. Jh. n. Chr. in jambisch gefärbter Prosa. Das deutlich moralist. Stück ist nicht für die Bühne geschrieben, sondern *fabellis atque mensis,* zur Lesung oder Aufführung bei Banketten. Es ist thematisch entfernt mit Plautus' *Goldtopf-Komödie* (*Aulularia*) verwandt. **Lit.:** G. Ranstrand, Q.studien (1951).

Quindecimviri sacris faciundis (lat., »Fünfzehnmänner«), ein 15-köpfiges Priesterkollegium, das die neuen, d. h. zwar nichtröm., aber offiziell eingeführten Kulte (z. B. den Kult der Isis oder der Kybele) in Rom überwachte. Es waren ursprünglich zwei Männer (*duoviri*), die die Aufsicht über die Sibyllin. Bücher innehatten. Ihre Anzahl wurde 367 v. Chr. mit dem Erlass, dass die Hälfte der Priester Plebeier sein müssen, auf zehn (*decemviri*), unter Sulla auf 15 erhöht. Caesar erhöhte die Zahl auf 16, Augustus reduzierte sie wieder auf 15. *↗* Priester

Quintilian, Marcus Fabius Q., aus Calagurris (Spanien), röm. Redner und Rhetoriklehrer, ca. 35–95 n. Chr. In Rom erzogen, später Lehrer in seiner Heimat, kam Q. unter Galba 68 nach Rom zurück. Vespasian ernannte ihn 78 zum ersten staatlich besoldeten Rhetoriklehrer, Domitian machte ihn zum Erzieher am Hof. In seinem Alterswerk, der *Institutio oratoria* (*Unterweisung in Rhetorik,* zwölf Bücher), stellte er das gesamte Gebiet der Redekunst in den Rahmen eines umfassenden Erziehungs- und Bildungskonzeptes. Vom Redner verlangt er – wie sein Vorbild Cicero in *De oratore* – profunde Bildung. Mit dem aphorist. Redestil Senecas geht er in Buch 8 hart ins Gericht. Buch 10 enthält einen Abriss der griech.-röm. Literaturgeschichte. In einer verlorenen Schrift *De causis corruptae eloquentiae* (*Über die Gründe des Niedergangs der Beredsamkeit*) wird er vermutlich den generellen moral. Verfall für den Bedeutungsverlust der Redekunst verantwortlich gemacht haben. Das konservative pädagog. Programm des ›Klassizisten‹ Q. entspringt nicht zuletzt dem (auch von Zeitgenossen oft bezeugten) Unbehagen an der eigenen Gegenwart. **Lit.:** J. Adamietz, in: ANRW II 32, 4 (1986) 2226–2271.

Quintus von Smyrna, griech. Epiker, 3./4. Jh. n. Chr., Verf. eines 14 Bücher umfassenden Werks *Posthomerica* (*Nachhomer. Geschichten*), das wie der ↗ Ep. Kyklos die Lücke zwischen Homers *Ilias* und *Odyssee* ausfüllen sollte. Q. knüpft inhaltlich wie stilistisch an Homer an. Anspielungen auf bzw. Einflüsse von Vergil, Hesiod und Kallimachos sind bisweilen nachweisbar. Q. setzt nahtlos an das Ende der *Ilias*, den Tod des Hektor, an. Die Bücher 1 und 2 schildern das Eingreifen der Amazonen unter Penthesilea und der Äthioper unter Memnon zu Gunsten der Trojaner, Bücher 3 und 4 enthalten den Tod Achills und seine Bestattung, Buch 5 den Streit um Achills Waffen und Aias' Selbstmord, Buch 6 und 8 sind der erfolglosen Unterstützung der Trojaner durch Eurypylos gewidmet, Bücher 7 und 9 dem erfolgreichen Eingreifen des Neoptolemos und Philoktet auf griech. Seite, Buch 10 behandelt den Tod des Paris, Bücher 11–13 die Einnahme Trojas mit Hilfe des Hölzernen Pferds und die Plünderung der Stadt, Buch 14 die Abfahrt der siegreichen Griechen. **Lit.:** F. Vian, Recherches sur les Posthomerica de Q. de Smyrne (1959).

Quirinal (lat. collis Quirinalis), einer der sieben Hügel Roms. Der im N der Stadt liegende und schon früh besiedelte Q. (Nekropole am Südhang) beherbergte seit 293 v. Chr. den Tempel des altital. Gottes Quirinus, der dem Hügel den Namen gab. ↗ Jupiter, ↗ Juno und ↗ Minerva wurde im Heiligtum *Capitolinum vetus* verehrt. Zahlreiche weitere Heiligtümer sind literarisch belegt. Reste der Tempel für Serapis und ↗ Mithras blieben erhalten. Neben Wohnhäusern, die angeblich bis in die Königszeit zurückreichten, befand sich hier auch das Wohnhaus des Vespasian, das unter Domitian zu einem Tempel des Flav. Geschlechts umgebaut wurde. Seit Tiberius befanden sich schon die *horti Sallustiani* (Gärten des ↗ Sallust) im Besitz des Kaiserhauses. Die von Sallust errichtete Villen- und Parkanlage wurde in der Kaiserzeit weiter ausgebaut, Reste eines Kuppelsaals und einer Kryptoporticus sind erhalten. Konstantin d.Gr. errichtete auf dem Q. eine Thermenanlage, die erst in der Barockzeit abgetragen wurde. **Lit.:** F. Coarelli, Rom. Ein archäolog. Führer (1976). – F.A. Stützer, Rom (1979) 258–263.

Quirinus, frühröm. Kriegsgott, neben Jupiter und Mars einer der drei Hauptgötter der frühen Königszeit. 293 v. Chr. wurde ihm ein Heiligtum auf dem nach ihm benannten ↗ Quirinal errichtet. Sein ↗ Flamen ist der *Flamen quirinalis,* sein Fest sind die *Quirinalia* am 17. Februar.

Quiriten (lat. quirites), Bezeichnung für die röm. Bürger, ursprünglich für die Bewohner des Quirinals, eines der sieben Hügel Roms. In histor. Zeiten ist der Begriff weitgehend mit *cives Romani* identisch.

Rad (gr. trochos, kyklos; lat. rota). Darstellungen von Rädern aus zusammengesetzten Holzscheiben finden sich schon 2600 v. Chr. in Sumer und Ur, als Tonmodell in der Induskultur des 3. Jt. v. Chr. Als Ornament auf Geräten und Gefäßen taucht das R. seit dem Neolithikum auf. Die Reiche des Orients und der griech.-röm. Antike kannten den pferdebespannten ↗ Streit- oder Reisewagen mit Speichen-Rädern. Während der Bronzezeit war in ganz Europa das 4–8speichige R. verbreitet, das mit einem eisernen Radreifen bespannt war. In der Mythologie galt das Rad als Zeichen der Bewegung oder als Sonnenzeichen (Sonnenrad).

Rätien (lat. Raetia), röm. Provinz in den Alpen und südl. der Donau. Die Räter waren eine aus zahlreichen Teilstämmen bestehende Volksgruppe, deren ursprüngl. Siedlungsgebiet in den südl. Alpentälern lag, sich aber nach N in den Bodenseeraum ausdehnte. Die sprachl. Herkunft der Räter ist unklar. 16/15 unterwarfen Drusus und Tiberius R., das zusammen mit dem ebenfalls unterworfenen Vindelicien (im heutigen Schwaben und Oberbayern bis zum Inn) verwaltet wurde. Claudius errichtete die Provinz Raetia et Vindelicia, die sich nun bis zur Donau als Nordgrenze ausdehnte. Städt. Zentren der Provinz waren Augsburg (lat. Augusta Vindelicum), Kempten (lat. Cambodunum), Bregenz (lat. ↗ Brigantium) und Chur (lat. Curia) sowie ab dem 2. Jh. ↗ Regensburg (lat. Regina castra). Im 2. Jh. litt die Provinz unter den Markomannenkriegen, im 3. Jh. geriet R. durch andauernde Germaneneinfälle unter Druck, Diokletian teilte R. in zwei Provinzen, im 5. Jh. wurde R. gänzlich von den ↗ Alemannen eingenommen.

Rätsel (gr. ainigma) erfreuten sich schon in frühester Zeit großer Beliebtheit. Als literar. Form wurzelt das R. im Mythos und ist der Fabel und dem Märchen verwandt. Zweck und Absicht des R.s war die Verhüllung eines Sachverhalts (so bei Orakeln), der geistige Wettkampf oder die nur einer bestimmten Gruppe zugängl. ›Geheimsprache‹. Berühmt ist das R. der Sphinx, die jeden tötete, der ihr R. nicht löste, es aber nicht ertrug, als Ödipus dies schließlich gelang. Das

R. entwickelte sich in verschiedenen Spielarten (Zahlen-, Buchstaben-, Bilder-R.). In hellenist. Zeit entstanden zahlreiche R.-Sammlungen (Pythagoras; Klearchos von Soloi) und R.-Dichtungen (Sibyllinen; Lykophron). Die Römer entwickelten weniger Begeisterung für R. (↗ Symphosius). **Lit.:** K. Ohlert, R. und Gesellschaftsspiele der alten Griechen (1912).

Raphia, Stadt im S Palästinas. 217 v. Chr. schlug hier Ptolemaios IV. die seleukid. Truppen Antiochos' III. und gewann so Syrien zurück, das 221 an den Seleukiden gefallen war. An der Schlacht nahmen auf ptolemäischer Seite erstmals einheim. Ägypter in großer Zahl teil. Nach dem Tode Ptolemaios IV. fielen die syr. Gebiete wieder an Antiochos. 194/93 verheiratete hier Antiochos III. seine Tochter Kleopatra mit Ptolemaios V. **Lit.:** H. H. Schmitt, Untersuchungen zur Geschichte Antiochos' d.Gr. und seiner Zeit (1964).

Rat ↗ Boule

Ratiaria (heute Arcsar, Bulgarien), Stadt in ↗ Dakien. Die am Ende der von ↗ Dalmatien nach ↗ Dakien führenden Straße gelegene Stadt war ein wichtiges Handelszentrum der Region, Hauptstadt der Provinz Dacia ripensis sowie Legions- und Flottenstandort.

Ratisbona ↗ Regensburg

Ratte. Das heute in verschiedenen Arten (Haus- oder Wander-R.) weitverbreitete Nagetier war als Schädling in der Antike weitgehend unbekannt. **Lit.:** O. Keller, Antike Tierwelt I (1909) 203 ff.

Rauriker (lat. Raurici, Rauraci), kelt. Volksstamm im Gebiet des heutigen Basel. Der wohl zuerst rechtsrhein. Stamm wurde nach 58 v. Chr. durch Caesar umgesiedelt; 44 wurde die Kolonie Augusta Raurica (heute ↗ Kaiseraugst bei Basel) gegründet. Das Siedlungsgebiet der R. reichte vom nördl. Juragebirge wahrscheinlich bis ins heutige Elsass. **Lit.:** W. Drack/ R. Fellmann, Die Römer in der Schweiz (1988).

Ravenna, Stadt in Oberitalien im Delta des Po (↗ Padus). Die etrusk. Gründung (ca. 5. Jh. v. Chr.) lag in der Antike im sumpfigen Marschland, war von Kanälen durchzogen und hatte einen Seehafen. Durch Verlandung liegt R. heute ca. 11 km vom Meer entfernt. Im 1. Jh. v. Chr. war R. die größte Stadt im Padusdelta und verbündete sich mit Rom. 49 erhielt die Stadt den Status eines Municipium. Augustus stationierte hier die Adriaflotte und errichtete einen neuen Hafen, der durch einen Kanal mit dem südl. Arm des Padus verbunden war. Die wohlhabende Stadt gewann in der Spätantike verstärkt an Bedeutung, als 402 Mailand (lat. Mediolanum) durch den Einfall der Goten unsicher wurde und Kaiser Honorius den Hof nach R. verlegte. Die Stadt wurde ausgebaut, mit Verteidigungsanlagen und Palästen versehen. Auch nach dem Zusammenbruch des weström. Reiches diente R. dem ↗ Odoaker und den ↗ Ostgoten 493–540 als Hauptstadt, bis byzantin. Truppen die Stadt eroberten und ↗ Justinian R. zum Zentrum des byzantin. Exarchats machte. Jedoch erreichte die Stadt nicht mehr den Wohlstand, den sie zwischen 402 und 540 hatte. Sichtbare Zeugen dieser Blüte sind die hervorragend erhaltenen spätantiken Kirchenbauten mit ihren einzigarti-

Ravenna, Grabmal des Theoderich

gen Mosaiken (S. Apollinare in Classe, S. Apollinare Nuovo, S. Vitale) sowie die Grabbauten für ↗ Galla Placidia, die Schwester des Honorius, und für den Ostgotenkönig ↗ Theoderich d.Gr. 761 eroberten die Langobarden R. **Lit.:** F. W. Deichmann, R. I–V (1969–89). – ASM (1999).

Recensio (lat., »Musterung«), Begriff der ↗ Textkritik zur Bezeichnung des Arbeitsgangs der Sammlung aller erhaltenen Handschriften eines antiken Autors.

Recht. Im Gegensatz zu Rom kann in Griechenland von keinem einheitl. R. gesprochen werden, sondern die Rechtsauffassungen können von Polis zu Polis stark differieren. Die in den Texten immer wieder beschriebenen gemeinsamen Gesetze der Griechen (*Nomima*) betreffen eher allg. moral. oder religiöse Vorstellungen. Während sich in manchen Bereichen erhebl. Unterschiede zwischen den einzelnen griech. Staaten auftun (z. B. die Stellung der Frau), gibt es in anderen Punkten wie dem Bürgerschaftsrecht Übereinstimmungen. – Im Unterschied zum griech. R. wird schon in der Antike das röm. R. als exemplarisch angesehen. Das röm. Rechtssystem war im Grunde induktiv angelegt. Die Ausbildung eines jurist. Systems bleibt hinter der Formulierung konkreter Lösungen zunächst sekundär. Unter dem Einfluss hellenist. Wissenschaft setzt schon früh eine Systematisierung ein, die mit dem Werk des ↗ Gaius abgeschlossen ist. Nach Gaius setzt sich das röm. R. aus den Gesetzen (*leges*), den Plebisziten, Senatsbeschlüssen, den Kaisererlassen, Edikten und Rechtsbescheiden der Juristen (*responsa*) zusammen. Unterschieden wird zwischen öffentl. R. und Privatrecht (*ius publicum – ius privatum*). Das röm. R. hatte Geltung für röm. Bürger; für Nicht-Römer bestand ein Fremdenrecht (*ius gentium*), für das der *praetor peregrinus* zuständig war. Der früheste röm. Rechtstext ist das ↗ *Zwölftafelgesetz* (um 450 v. Chr.). In der Entwicklung des röm. R.s wurden die Priester (*pontifices*) allmählich von Rechtskundigen (*iuris periti*) abgelöst. Umfangreiche Kommentarwerke entstanden in der Kaiserzeit (1./2. Jh. n. Chr.) von ↗ Julian und Publius Juventius Celsus. Die Tradition des röm. R.s wurde nach dem Niedergang Westroms im Osten in klassizist. Tendenz aufrechterhalten (↗ Codex Iustinianus). **Lit.:** M. Kaser, Das röm. Zivilprozessrecht (1946). – J. A. Crook, Law and Life of Rome (1967). – D. Liebs, in: ANRW II 15 (1976) 197–362. – M. Gagarin, Early Greek Law (1986).

Rechtsanwalt ↗ Advocatus

Rechtsprechung (gr. dikaiodosia, lat. iurisdictio). *I. Griechenland:* ↗ Schiedsgerichtsbarkeit; Heliaia. – *II. Rom:* Zivil- und Strafrecht waren in Rom nicht klar voneinander getrennt; leichtere Vergehen (Diebstahl, Betrug, Körperverletzung) musste der Geschädigte selbst oder mit Hilfe eines Rechtsbeistandes (↗ Advocatus) in einem Zivilprozess durchfechten. Die Rechtspflege im Zivilrecht oblag den ↗ Prätoren, Beamten mit hoheitl. Gewalt (*imperium*), die ihr Amt durch Festlegung des Streitwertes und -programmes ausübten. Kapitalverbrechen (Mord, Hochverrat, Umsturz) wurden in langwierigen Verfahren staatlich geahndet. Die späte Republik setzte Geschworenengerichte ein (↗ quaestiones perpetuae). Die Auswahl der Richter erfolgte nach Standeskriterien; ihre Zahl, Zusammensetzung und die Kompetenzverteilung zwischen Rittern und Senatoren änderten sich seit der Gracchenzeit mehrmals. Gaius Gracchus schloss die Senatoren 122 v. Chr. vom Richteramt aus und rekrutierte diese nur aus dem Ritterstand. Die Neuordnung Sullas (80/81 v. Chr.) machte die gracch. Reformen rückgängig und verlieh der R. die Form, die aus Ciceros überlieferten Reden erkennbar wird. Seither bestanden sieben verschiedene *quaestiones,* die auf je bestimmte Kapitalverbrechen spezialisiert waren (Mord, Hochverrat, ↗ Repetundenprozess usw.). Jeder freie unbescholtene röm. Bürger hatte das Recht, als Ankläger aufzutreten (Popularklage). Den Vorsitz führte ein Prätor oder ein eigens berufener Richter (*iudex quaestionis*). **Lit.:** G. Dulckeit u. a., Röm. Rechtsgeschichte (⁹1995).

Recto (lat.), Begriff der Papyrologie zur Bezeichnung der Seite des Papyrus, auf der die Fasern horizontal (*recto*) verlaufen.

Rede ↗ Rhetorik

Regensburg (lat. Regina castra, im MA Ratisbona), röm. Legionslager an der Donau. Nach der augusteischen Eroberung ↗ Rätiens wurde unter Vespasian 74 n. Chr. beim heutigen Kumpfmühl ein Lager errichtet, das unter Hadrian zum Steinkastell ausgebaut wurde. Im Rahmen der Markomanneneinfälle (166–180) wurde das Lager zerstört, 179 aber gegenüber der Regenmündung als Steinkastell wieder auf-

gebaut und blieb bis zum Ende der Römerherrschaft in Rätien bestehen. Die zugehörige Zivilsiedlung lag an der Straße nach Kumpfmühl. Die Lage als Brückenkopf über die Donau führte zur Siedlungskontinuität während der Umbruchszeit der Völkerwanderung und des Frühmittelalters. Teile der *porta praetoria*, der Lagerbefestigung und weitere Reste sind erhalten. Funde im Museum der Stadt R. **Lit.:** K. Dietz u. a., R. zur Römerzeit (1979).

Regiones, Verwaltungseinheiten in Rom und Italien. Rom wurde in republikan. Zeit in vier R. gegliedert (Suburana, Esquilina, Collina, Palatina), eine Einteilung, die König ↗ Servius Tullius zugeschrieben wurde. Augustus erweiterte diese auf 14 R. und übertrug das Schema auf ganz Italien, das in 11 R. eingeteilt wurde: 1. Campania et Latium, 2. Apulia et Calabria, 3. Lucania et Bruttii, 4. Samnium, 5. Picenum, 6. Umbria, 7. Etruria, 8. Aemilia, 9. Liguria, 10. Venetia et Istria, 11. Gallia Transpadana. Bis zur Einteilung des Reiches in ↗ Diözesen wurde dieses Schema beibehalten. **Lit.:** R. Thomson, The Italic Regions (1947). – O. Robinson, Ancient Rome. City Planning and Administration (1992).

Regulus, Marcus Atilius R., Konsul 267 und 256 v. Chr., eroberte in seiner ersten Amtszeit Brundisium von den Sallentinern und unternahm im 2. Pun. Krieg 256/55 einen Invasionsversuch in Nordafrika. Nach Anfangserfolgen (Seesieg bei Eknomos, Vormarsch auf Karthago) verspielte er seine Vorteile durch für die Karthager unannehmbare Forderungen und unterlag in der Entscheidungsschlacht gegen Xanthippos, in der er in Gefangenschaft geriet. Nachdem er 250 von den Karthagern zu Friedenssondierungen nach Rom entsandt wurde, dort aber zur Fortsetzung des Krieges riet, soll er nach seiner Rückkehr nach Karthago hingerichtet worden sein.

Reims (lat. Durocortum), in spätantiker Zeit auch Remis genannt. Der Verkehrsknotenpunkt und Hauptort der Remer wurde Hauptstadt der Provinz Gallia Belgica (später der Provinz Belgica II). Unterird. Gänge unter dem antiken Forum sind erhalten (Porte de Mars).

Reisehandbücher ↗ Perihegese, Periplus, Pausanias

Reisen. Mobilität zu Land und zu Wasser war zu allen Zeiten eine Grundvoraussetzung für kulturellen Austausch und gesellschaftl. Weiterentwicklung. Forschungs-R., meist im Auftrag eines Herrschers, dienten schon früh der Erschließung sicherer Routen in unbekannten Landstrichen. Die Erkundung des Mittelmeers und seiner Küsten geschah evtl. bereits in vorgeschichtl. Zeit und ist vielfach in Form von Mythen (↗ Odysseus, ↗ Argonauten) überliefert. Schon während der griech. ↗ Kolonisation des 8./7. Jh. v. Chr. legten Siedler per Schiff große Entfernungen bis nach Spanien und Nordafrika zurück. Herodot berichtet von einer Erkundungsfahrt der Phönizier um den afrikan. Kontinent im Auftrag des Pharaos Necho II. (610–595 v. Chr.). Im staatl. Auftrag erforschten ↗ Skylax den Ind. Ozean für Dareios I. und Sataspes die Umfahrung

Römischer Reisewagen

Afrikas für den Perserkönig Xerxes; der karthag. Seefahrer ⁊ Hanno befuhr die Westküste. Als Pioniere des Reisens müssen jedoch die Kaufleute und Händler gelten, von deren Kenntnissen Siedler, Soldaten, reisende Handwerker und in christl. Zeit die Pilger profitierten. Ungewollt soll etwa der griech. Händler Kolaios im frühen 5. Jh. v. Chr. den Seeweg nach ⁊ Tartessos (Spanien) gefunden haben; genaue Beobachtungen des Monsuns halfen dem griech. Händler Hippalos im 2./1. Jh. v. Chr., einen Seeweg nach Indien zu finden. Zu Land reiste man zu Fuß, seltener zu Pferd, auf Eseln, Maultieren und Kamelen oder in Wagen; in der röm. Kaiserzeit konnten Beamte mit einer kaiserl. Erlaubnis (*diploma*) die ⁊ Staatspost (*cursus publicus*) benutzen. Ein Grunderfordernis der R. zu Land waren gute, untereinander vernetzte ⁊ Straßen, an denen Rast- und Pferdewechselstationen (⁊ *mansiones* und *mutationes*; ⁊ Wirtshäuser) in regelmäßigen Abständen Versorgung gewährleisteten. Der Planung und Vorbereitung dienten ⁊ Reisehandbücher und Wegbeschreibungen für Land- und See-R. (⁊ Itinerarium, ⁊ Peutingertafel, ⁊ Periplus). R. war gefährlich (Straßenraub, ⁊ Piraterie), Vergnügungs-R. nicht üblich, bis das ausgedehnte röm. Straßennetz und die lange Friedensperiode ab dem 1. Jh. n. Chr. bequemes und sicheres R. ermöglichten und Bildungs-R. in die Ägäiswelt und nach Ägypten mit ihren kulturellen Zentren und Sehenswürdigkeiten führten. Ab Mitte des 4. Jh. n. Chr. reisten Pilger zu den heiligen Stätten der Christenheit (⁊ Egeria). ⁊ Tourismus **Lit.:** L. Casson, R. in der Alten Welt (1976). – J.M. André/M.F. Baslez, Voyage dans l'antiquité (1993). – M. Giebel, R. in der Antike (1999).

Relief (französ.), in der Bildhauerkunst eine figurale oder ornamentalplast. Darstellung, die sich aus einer Fläche (aus Stein, Ton, Metall, Holz, Elfenbein o. ä.) erhebt, an die sie gebunden bleibt. Je nach dem Grad der Erhöhung unterscheidet man: Flach-R.s (die Figuren oder Gegenstände treten mit weniger als der Hälfte der Körperstärke hervor); Halb-R.s (sie treten bis zur Hälfte hervor) oder Hoch-R. (sie treten mit mehr als der Hälfte der Körperstärke hervor), selten das versenkte R. (sie werden in die Fläche vertieft eingearbeitet). Die unterschiedl. R.s lassen sich je nach Funktion und Bedeutung in verschiedene Gruppen einteilen, wie z. B. die Architektur-R.s an Giebeln, Friesen und ⁊ Metopen, die Sakral-R.s: Grab-, Weih-, Urkunden-, Heroen-, Totenmahl-R.s. Eine Sonderform in der röm. ⁊ Plastik nimmt das sog. Histor. R., ein neu entwickeltes Genre (Wahrung des Andenkens an bedeutende histor. Ereignisse), ein. Eine besondere Stellung nimmt das R. auch in der Keramik ein, wo die Technik, R.s auf Gefäße zu applizieren, auf unterschiedlichste Weise verarbeitet wurde. Es gibt die reliefverzierten ⁊ Pithoi mit meist aus Matrizen gewonnenen Appliken, beliebt waren auch sog. Megar. Becher, die pergam. Applikenkeramik oder die bleiglasierte R.-Keramik (wobei die R.s z. T. aus Formschüsseln gewonnen oder mit dickflüssigem Tonschlicker aufgetragen wurden). Sie bildeten schließlich die Grundlage für die mit R.s versehenen Gefäße aus ⁊ Terra Sigillata. **Lit.:** M. Meyer, Die griech. Urkundenreliefs (1969). – J. Boardman (Hg.), Reclams Geschichte der antiken Kunst (1997).

Religion. Schon in der Antike ist die Etymologie des Wortes R. umstritten: Cicero (*Natur der Götter*

2,72) leitet das Wort *religio* von *religere* im Sinne von »streng beachten« ab (als Gegenteil von *neglegere*, »vernachlässigen«) und charakterisiert damit einen Wesenszug der nichtchristl. antiken R. mit ihrer Verehrung einer Vielzahl von ↗ Göttern (Polytheismus). Der christl. Autor Laktanz hingegen leitet R. von *religare*, »binden«, ab; im christl. Sinne ist *religio* also nicht die strikte Observanz von Regeln und Riten, sondern eine innerl. Bindung des Menschen an den einen Gott. – *I. Griechenland:* ↗ Homer und ↗ Hesiod haben den Griechen bereits nach antiker Auffassung ihre Götterwelt gegeben, v. a. die der zwölf olymp. Götter (↗ Olympier) mit ihren vielen menschl. Eigenschaften, aber ihrer göttl. Unsterblichkeit; neben diesen gab es eine Vielzahl weiterer Gottheiten (etwa Demeter, Dionysos), nicht zuletzt galt jede Quelle, jeder Fluss als göttl. beseelt (↗ Personifizierung). Hinzu traten die Verehrung von Heroen und Toten allgemein sowie die Kulte in den polit. Gemeinden und ihren Teilen (etwa Phratrien oder Demen). Für die Kulthandlungen unter freiem Himmel, Prozessionen, Opfer und Feste waren keine »berufsmäßigen« Priester notwendig; entsprechend gering war (im Unterschied zur »Buchreligion« des Christentums) der Organisationsgrad in Institutionen und »Glaubensregeln«; größere Bedeutung kam der Durchführung traditioneller (und bei den ↗ Mysterien geheimer) Rituale und der Beachtung überlieferter Verhaltens- und Denkformen zu. Da die R. in der Öffentlichkeit stattfand, sind Zeugnisse »privater« R. und Frömmigkeit selten (auf mag. Praktiken weisen etwa die ↗ Fluchtafeln). Die Traditionen unterschieden sich im Übrigen zwischen den einzelnen Gemeinwesen teils erheblich, wie auch viele Poleis ihnen eigene Schutzgottheiten verehrten. Die hellenist. Epoche erlebt eine gewisse »Verweltlichung« der R. und insbes. einen Synkretismus, eine Vermischung unterschiedl. religiöser Traditionen. – *II. Rom:* In der streng formalisierten R. Roms, deren Anlässe im offiziellen Festkalender Roms (↗ *Fasti*) festgehalten waren, konnten sich die Menschen den Göttern im Gebet, durch Opfer oder durch Weissagung (↗ *augurium*, *omina*) nähern; Letztere war für jede staatl. Unternehmung von Bedeutung, wie auch Gelübde (*vota*) öffentl. wie private Pläne begleiteten – ein Indiz für das »geschäftsmäßige« Verhalten der Menschen in der röm. R. (*do ut des*, »ich [Mensch] gebe, auf dass Du [Gottheit] gibst«). Einflüsse sowohl der griech. als auch vielfältiger oriental. Religionen erweiterten die Formen religiöser Entfaltung. Mit der Vergöttlichung Caesars nach seinem Tod begann der die R. der röm. Kaiserzeit prägende Kaiserkult, der im polytheist. System antiker R. neben traditionelle Formen trat und zwangsläufig zum Konflikt mit dem monotheist. Christentum führte. **Lit.:** W. Burkert, Griech. R. (1977). – J. Bremmer, Götter, Mythen und Heiligtümer im antiken Griechenland (1996). – K. Latte, Röm. R.sgeschichte (1960). – M. Beard u. a., Religions of Rome I-II (1998).

Remus ↗ Romulus.

Rennen ↗ Dromos, Hippodrom

Repetundenprozess (lat. repeto, »ich fordere zu-rück«), strafrechtl. Verfahren gegen röm. Beamte, die beschuldigt wurden, sich während einer Statthalterschaft in der Provinz persönlich bereichert zu haben. Der röm. Fachausdruck »Beschuldigung wegen wiederzuerstattender Gelder« (*crimen pecuniarum repetundarum*) verharmlost den Tatbestand etwas; in der Regel handelte es sich um erpresste Gelder. Den Anstrich des ›Kavaliersdelikts‹ nahm dem R. die *lex Acilia* (122 v. Chr.), die nicht nur die Rückgabe erpressten Geldes, sondern zusätzlich eine Entschädigung in gleicher Höhe forderte. Verhandelt wurde zunächst vor den ständigen Geschworenengerichten (↗ *quaestiones perpetuae*); seit 171 v. Chr. verfolgte der Senat bes. eklatante Einzelfälle; ab 149 wurde vor einer speziellen Kommission verhandelt. Als Richter fungierte ein Gremium aus ↗ Rittern oder Senatoren in unterschiedl. Zusammensetzung und Kompetenzverteilung. Berühmt sind die vollständig erhaltenen Reden Ciceros im R. gegen ↗ Verres. Den Angeklagten drohten Ehrverlust, Konfiskation des Besitzes u. a. Die R.e kämpften dennoch meist vergeblich gegen einen der schlimmsten Auswüchse der spätrepublikan. Verwaltungspraxis; gelegentlich dienten R.e auch dazu, den Ruf eines polit. Konkurrenten zu beschädigen.

Reskript (lat. rescriptum, »Antwortschreiben«), in der röm. Kaiserzeit Rechtsbescheid oder Erlass des Statthalters oder des Kaisers selbst.

Res publica (lat., »öffentl. Sache«), Bezeichnung für den röm. Staat. Die R. p. ist keine jurist. Persönlichkeit, auch nicht Trägerin des staatl. Handelns, sondern eher ein abstrakter Wertebegriff, der die Gesamtheit und das Wesen der polit. Beziehungen und Handlungen innerhalb der Gesellschaft umfasst. Während staatsrechtl. Funktionen immer durch den *senatus populusque Romanus* (↗ SPQR) bzw. seine Vertreter wahrgenommen wurden, galt die R.p. als Ausdruck des kollektiven Gesamtwillens der röm. Gemeinschaft. Im Zeitalter der Bürgerkriege wurde der Begriff immer mehr zu einem polit. Schlagwort und gegen die Machtansprüche von Einzelpersönlichkeiten instrumentalisiert. Wenn die R.p. in die Gewalt einer bestimmten Person oder Clique gerät, kann sie kaum noch als solche bezeichnet werden. Maßnahmen gegen innenpolit. Gegner wurden häufig mit dem Argument gerechtfertigt, es müsse Schaden von der R.p. abgewendet werden, und folgerichtig trat die in Bürgerkriegen siegreiche Partei meist mit dem Anspruch auf, die R.p. wiederaufzubauen. Selbst Augustus stellte seine fakt. Alleinherrschaft durch die Etablierung des ↗ Prinzipats propagandistisch als Wiederherstellung der R.p. dar. Dennoch wurde die Kaiserzeit mit fortschreitender Dauer immer weniger als R.p. empfunden, und mit dem Begriff verband sich immer mehr die Erinnerung an die frühere »Republik«. **Lit.:** W. Suerbaum, Vom antiken zum frühmittelalterl. Staatsbegriff (1961).

Rex ↗ König

Rex sacrorum (lat., »Opferkönig«), in Rom der offizielle Nachfolger der Könige, der deren religiöse Hoheit übernahm, ohne polit. Einfluss nehmen zu dürfen.

Er war nach dem ↗ Pontifex Maximus der ranghöchste Priester, der sein Amt auf Lebenszeit zusammen mit seiner Frau, der *Regina sacrorum,* ausübte.

Rhadamanthys, myth. König von Kreta, Sohn des Zeus und der Europa, Bruder des ↗ Minos. Rh., schon zu Lebzeiten ein Mann mit ausgeprägtem Gerechtigkeitssinn, wird nach seinem Tod neben Minos und Aiakos Richter in der Unterwelt.

Rhapsode (gr. rhapsodos, »einer, der Gesänge zusammennäht«), fahrender ep. Sänger. Rh.n waren bis in die klass. Zeit hinein die Hauptüberlieferungsträger der Epen, die sie bei offiziellen Anlässen wie den ↗ Panathenäen in Athen vortrugen. Sie schlossen sich in Rh.n-Schulen wie z.B. den Homeriden von Chios zusammen. Der platon. Dialog *Ion* vermittelt einen Eindruck vom Rh.n-Wesen im 5. Jh. v. Chr.

Rhea, Titanin, Tochter des Uranus und der Gaia, Gattin des Kronos, Mutter des Zeus. Als Muttergottheit (Magna Mater) wird sie kultisch verehrt und mit ↗ Kybele gleichgesetzt.

Rhea Silvia, Tochter des myth. Königs Numitor, der durch seinen Bruder Amulius der Herrschaft beraubt wird. Dieser zwingt sie, eine vestal. Jungfrau zu werden. Sie wird durch Mars trotzdem schwanger und bringt die Zwillinge ↗ Romulus und Remus zur Welt. Diese lässt sie in den Tiber aussetzen, doch werden sie gerettet und von einer Wölfin gesäugt, bis sie von Hirten gefunden werden, bei denen sie aufwachsen. Rh. wird nach der Geburt ihrer Kinder ins Gefängnis geworfen, aber von den Zwillingen später gefunden und befreit.

Rhegium (gr. Rhegion; heute Reggio di Calabria), Stadt im äußersten SW Italiens an der Straße von Messina. Rh. wurde um 720 v. Chr. von ↗ Chalkis gegründet; um 600 Zuzug von Messeniern, 540 Aufnahme von Flüchtlingen aus ↗ Phokaia. 494 errichtete Anaxilaos eine Tyrannis und eroberte auch das gegenüberliegende Zankle (↗ Messana). 461 wurde die Tyrannis durch eine oligarch. Ordnung abgelöst. Die guten Beziehungen zu Messana und Leontinoi und Feindschaft mit Lokroi bestimmten die Außenbeziehungen der Stadt. 404–387 kämpfte Rh. gegen die Lokrer und das übermächtige ↗ Syrakus unter Dionysios I.; der Krieg endete mit der Zerstörung der Stadt. 350 baute Dionysios II. Rh. wieder auf, die Stadt blieb aber in Abhängigkeit von Syrakus. 280 eroberte eine kampan. Besatzung die Stadt und ermordete die Führungsschicht. Im Pyrrhos-Krieg stand es auf Seiten Roms, 275 wurden die Kampanier von Rom vertrieben, die alte Ordnung wiederhergestellt. In den ↗ Pun. Kriegen blieb Rh. ein treuer Verbündeter Roms und erhielt unter Augustus den Status eines Municipium. Durch seine Lage an der Straße von Messina war Rh. auch in der Kaiserzeit als Fährhafen nach ↗ Sizilien von großer Bedeutung. **Lit.:** G. Vallet, Rhégion et Zankle (1958). – ASM (1999).

Rhein (kelt./lat. Rhenus), Hauptfluss ↗ Germaniens und Grenze des röm. Reiches. Mit der Eroberung ↗ Galliens und dem Sieg Caesars über Ariovist wurde der Rh. zur Grenze des röm. Reiches gegen das freie Germanien, das Augustus vergeblich zu unterwerfen suchte; geplant war die Elbe als neue Reichsgrenze. Lediglich die ↗ Decumates agri im SW und die Gebiete südl. der Donau konnten erobert werden. Der Rh., der seit ↗ Drusus durch eine Flotte gesichert wurde, war nach der Anlage des ↗ Limes nur noch im Unterlauf Grenze, im Oberlauf jedoch beidseitig römisch. Um 260 n. Chr. mussten diese rechtsrhein. Gebiete aufgegeben werden, um 400 brach die gesamte Grenze zusammen. Antike Rh.-Brücken befanden sich u.a. bei Köln, Koblenz und Mainz. Für den Handel waren diese Flussübergänge von großer Bedeutung, der Handelsverkehr entlang des Rh.s blieb dagegen gering. **Lit.:** T. Bechert/W.J. Willems, Die röm. Reichsgrenze zwischen Mosel und Nordseeküste (1995).

Rhesis (gr. »Rede«), Begriff der Dramenanalyse, bereits im 5. Jh. v. Chr. t.t. für eine Rede im Drama, bes. in der Tragödie. Der Umfang einer Rh. reicht von ca. 7 bis über 100 Verse. Die wichtigste Funktion von Rheseis im Handlungszusammenhang besteht in der Informationsvergabe. Die häufigste Form der informierenden Rh. ist der ↗ Botenbericht. **Lit.:** B. Mannsperger, Die Rh., in: W. Jens (Hg.), Die Bauformen der griech. Tragödie (1971) 143–181.

Rhesos, thrak. König, im ↗ Trojan. Krieg Verbündeter des ↗ Priamos. Er wird in seinem Lager vor Troja getötet. Der Stoff wird in einer aus dem 4. Jh. v. Chr. stammenden, Euripides zugeschriebenen Tragödie behandelt.

Rhetorica ad Herennium ↗ Auctor ad Herennium

Rhetorik (gr. rhetorike techne, lat. ars oratoria, »Redekunst«; dem entspricht die geläufigste antike Definition als »Kunst, gut zu sprechen«), umfasst sowohl die Theorie als auch die aus dieser hervorgehende Praxis der kunstgerechten und wirkungsvollen Rede. Die ein Publikum im Sinne des Sprechenden beeinflussende Rede an sich ist Grundbestandteil menschl. Kommunikation und findet sich schon seit den homer. Epen in literar. Form. Die theoret. Beschäftigung mit ihr und damit die Rh. im eigentl. Sinn setzt dagegen erst seit der Mitte des 5. Jh. v. Chr. ein. In der antiken Literaturgeschichtsschreibung gelten die aus Sizilien stammenden Korax und Teisias als »Erfinder« der Rh. (↗ Archeget). Auf sie soll die Gliederung der Rede in drei Hauptteile (Einleitung, Argumentation, Schlusswort) und vor allem der Wahrscheinlichkeitsbeweis (gr. *eikos*) zurückgehen. Die Rh. wird in Athen heimisch durch den Sophisten Gorgias, der sich 427 v. Chr. als Gesandter seiner Heimatstadt Leontinoi (Sizilien) dort aufhält. Gorgias, von dem zwei Musterreden (*Enkomion der Helena, Verteidigung des Palamedes*) sowie Bruchstücke eines ↗ Epitaphios erhalten sind, betont vor allem die psycholog. Wirkungen der Rh., die in der Erregung verschiedener Affekte bestehen. Dem entspricht ein ausgefeilter, mit Klangelementen arbeitender Stil. Die ↗ Sophistik überhaupt kann als eine Hauptursache für die rasche Entwicklung der Rh. angesehen werden, da die Sophisten mit dem Anspruch auftreten, angehende

Politiker als Basis des Erfolgs die Kunst der Rede zu lehren. Diese Lehren fallen im seit 511/10 v. Chr. demokratisch regierten Athen auf fruchtbaren Boden, da es in den Volksgerichtshöfen (Heliaia) ebenso wie in der Volksversammlung gilt, große Massen durch eine Rede zu überzeugen. Die daraus resultierende Blüte der Rh. im 5./4. Jh. v. Chr. bringt zahlreiche rhetorisch versierte Politiker sowie Verf. von Gerichtsreden (↗ Logograph) hervor, die sog. att. Redner, deren berühmteste ↗ Lysias und ↗ Demosthenes sind. Rh. wird zum wichtigsten Massenmedium Athens (später dann der gesamten griech.-röm. Welt). – Die Gegenbewegung setzt mit ↗ Sokrates ein und wird von ↗ Platon weitergeführt, der die Rh. als Scheinwissen ablehnt, da es ihr nicht um die Wahrheit, sondern um Überredung und Trug gehe. Die Gegenposition hierzu, Rh. als Erziehungs- und Bildungsideal (gr. *paideia*), wird von ↗ Isokrates vertreten. Dieser tut auch bereits einen wichtigen Schritt zur Literarisierung der Rh., indem er seine Reden nicht selbst vorträgt, sondern sie vielmehr zum Lesen und Vorlesen bestimmt. Die umfassende Systematisierung der Rh. wird von ↗ Aristoteles in seiner *Rhetorik* vorgenommen, der die kanon. Einteilung der Rede in die vier Hauptgattungen, ihre Argumentationsebenen, die verschiedenen Arbeitsgänge beim Abfassen einer Rede, deren Teile sowie die mögl. Stilebenen darstellt: Seine Ergebnisse bleiben für die Folgezeit, vor allem für ↗ Cicero, verbindlich. – Man unterscheidet drei Arten der Rede: polit. bzw. beratende Rede (gr. *genos symbouleutikon*, lat. *genus deliberativum*), Gerichtsrede (gr. *genos dikanikon*, lat. *genus iudiciale*), Gelegenheits- bzw. Festrede (gr. *genos epideiktikon*, lat. *genus demonstrativum*); drei Mittel der Überzeugung: Argumentation (gr. *logos*), Emotionalität der Hörer (gr. *pathos*), Charakter des Redners (gr. *ethos*); fünf Arbeitsschritte (gr. *erga*, lat. *officia*) des Redners: Auffinden der wesentl. Gesichtspunkte (gr. *heuresis*, lat. *inventio*), Gliederung (gr. *taxis*, lat. *dispositio*), Formulierung (gr. *lexis*, lat. *elocutio*), Auswendiglernen (gr. *mneme*, lat. *memoria*), Vortrag (gr. *hypokrisis*, lat. *pronuntiatio/actio*); eine Vielzahl verschiedener Redeteile, insbes.: Einleitung (gr. *prooimion*, lat. *exordium/prooemium*), Erzählung (gr. *dihegesis*, lat. *narratio*), Präzisierung des Beweiszieles (gr. *prothesis*, lat. *propositio*), positive und negative Beweisführung (gr. *bebaiosis/lysis*, lat. *confirmatio/refutatio*), Schlusswort (gr. *epilogos*, lat. *peroratio*); drei Stilarten (gr. *charakteres tes lexeos*, lat. *genera elocutionis*): den schlichten (gr. *genos ischnon*, lat. *genus subtile*), den mittleren (gr. *genos antheron*, lat. *genus medium, floridum*) und den erhabenen Stil (gr. *genos hadron*, lat. *genus grande*). – Über die hellenist. Rh. sind wir schlecht informiert, da viele bedeutende Autoren (z. B. Theophrast, Hermagoras) verloren und ihre Ansichten allenfalls in späteren Reflexen greifbar sind. Doch haben in dieser Epoche wichtige Entwicklungen wie die rhetor. Prägung des Bildungswesens, die Eingliederung der Rh. in einen Kanon anerkannter Wissenschaften, ihr Einfluss auf die Literatur und das neue Berufsbild des So-

phisten, die wir erst später richtig fassen können, ihren Ursprung. Mit dem Ende bzw. der Einschränkung der polit. Autonomie Griechenlands und der griechischsprachigen Welt gehen der Rh. aber zugleich Teile ihres ursprüngl. Bctätigungsfeldes verloren. – Polit. Bedeutung im großen Stil erlangt sie erst wieder in Rom, wo sie wie in Griechenland schon früh bes. bei öffentl. Anlässen gepflegt wird; allerdings besteht immer ein Misstrauen gegen die institutionalisierte Rh. (161 und 92 v. Chr.: Vertreibung der Rhetoren aus Rom). Erst im 1. Jh. v. Chr. wird die Rh. in Rom heimisch. Durch flexible, den jeweiligen Gegebenheiten angepasste Umsetzung des von den Griechen vermittelten theoret. Rüstzeugs erreicht die röm. Beredsamkeit ihre Spitzenleistungen, die für uns – auch aufgrund der Überlieferungslage – mit dem Namen ↗ Cicero (1) identisch sind. Er nimmt in der zeitgenöss. Kontroverse zwischen den Anhängern des sog. asian. Stils (kurze, stark rhythmisierte Satzglieder, gesuchtes Vokabular, sentenzenartige Zuspitzung der Gedanken) und den »Attizisten« (äußerste Schlichtheit und Klarheit in jeder Hinsicht) eine mittlere Position ein. Wie Isokrates publiziert auch Cicero Reden, die zu keinem Zeitpunkt wirklich gehalten worden sind (*Reden gegen Verres,* mit Ausnahme der ersten) und die man folglich als polit. Flugschriften bezeichnen könnte. Seine redner. ↗ Kunstprosa wird in Vokabular, Periodenbildung und Prosarhythmus zum klass. Vorbild der folgenden Jahrhunderte, das nur für relativ kurze Perioden von anderen Stilmoden in den Hintergrund gedrängt wird. Der im 1. Jh. v. Chr. erreichten Blüte der Beredsamkeit vor allem im Bereich der polit. und gerichtl. Rede wird dann allerdings, ähnlich wie das zuvor schon im griech. Bereich geschehen ist, mit dem Wandel des röm. Staates zu einer Monarchie der Boden entzogen: Am Ende des 1. Jh. n. Chr. ist das Gefühl weit verbreitet, dass die röm. Redekunst ihre besten Tage seit langem hinter sich habe (vgl. ↗ Tacitus, *Dialogus de oratoribus/Dialog über die Redner*). – Doch die Beredsamkeit blüht im griech.- wie im lateinischsprachigen Bereich in den Rhetorenschulen weiter und tritt uns als zentrales Element des Bildungssystems entgegen (vgl. ↗ Quintilian, *Institutio oratoria/Lehrbuch der Rh.*). Grob gesagt bildet sie nach Elementar- und Grammatikunterricht die dritte Stufe dieses Systems. Eine Reihe von Vorübungen (gr. *progymnasmata*) führen den Schüler schrittweise zur Beherrschung komplexer Redeformen, die dann durch Probevorträge vor Lehrer und Mitschülern eingeübt werden. Die daraus resultierende aktive Sprachkompetenz kennzeichnet schließlich den gebildeten Angehörigen der Oberschicht im Unterschied zur Masse des Volkes. Der Erwerb dieser Sprachkompetenz beruht auf dem Prinzip der *mimesis* bzw. *imitatio*, der stilist. Aneignung und Reproduktion der Klassiker. Auf diese Weise wird der Rh.-Unterricht zu einem wichtigen Träger des Klassizismus, insbes. seiner sprachl. Ausprägung, und prägt die gesamte kaiserzeitl. (später auch die byzantin.) Literatur entscheidend mit. Der antike literar. Prosastil ist ohne den Einfluss der Rh. in dieser Form nicht denkbar, eine Tatsache, zu der auch der Umstand beiträgt, dass Literatur in der Antike fast immer laut gelesen wird, die Grenze zwischen Mündlichkeit und Schriftlichkeit sich also nicht so scharf ziehen lässt wie heute. Außerhalb des Unterrichts dominiert nun, im Zeitalter der sog. Zweiten Sophistik (der Begriff wird von Philostrat in seinen *Sophistenviten* geprägt), die epideikt. Rh. (↗ Epideixis). Sie erscheint einerseits in Form von Gelegenheitsreden bei polit. und privaten Anlässen (z. B. Herrscherpanegyrik, Städtereden; Hochzeits-, Geburtstags-, Grabreden: ↗ Menander aus Laodikeia), andererseits in sog. Konzertreden (gr. *epideixeis*) der Sophisten. Diese Rh.-Lehrer und Virtuosoredner, die nicht mit ihren gleichnamigen Vorgängern im klass. Athen zu verwechseln sind, behandeln in ihren ↗ Deklamationen (gr. *meletai*) aus dem Stegreif fiktive oder histor. Themen gerichtl. bzw. polit. Natur, die ihnen jeweils von ihren Hörern vorgegeben werden. Dieser Rh.-Betrieb wird allg. von seinem sachkundigen und krit. Publikum mitgeprägt, das sich während der Rede erstaunlich aktiv verhalten kann (ein Umstand, der *mutatis mutandis* auch für andere Teilbereiche antiker Rh. gilt). Als wichtige neue Betätigungsfelder erschließen sich der Rh. mit dem Aufkommen des Christentums die Predigt und die Verteidigung der eigenen Lehre (↗ Apologetik). Der von Platon heraufbeschworene Gegensatz von Rh. und Philosophie, der sich durch die ganze Antike zieht, wird in der Kaiserzeit nicht mehr als so problematisch empfunden wie früher: Viele Philosophen popularisieren ihre Lehren mit Hilfe öffentl., stilistisch ausgefeilter Vorträge, und die Neuplatoniker gliedern sie in ihr Bildungssystem ein. Gegen Ende der Antike ist ihre Stellung innerhalb der Allgemeinbildung (gr. *enkyklios paideia* bzw. der ↗ *artes liberales*, ↗ Enzyklopädie) allg. anerkannt. So bleibt Rh. auch im MA und in der Neuzeit ein wichtiger Faktor der westl. Kulturgeschichte. Heute erlebt sie nach einer Periode der Rh.-Verachtung im 19. und frühen 20. Jh. sowohl in prakt. als auch in theoret. Hinsicht eine Renaissance. **Lit.:** R. Volkmann, Die Rh. der Griechen und Römer (²1885). – G. A. Kennedy, The Art of Persuasion in Greece (1963). – Ders., The Art of Rh. in the Roman World (1972). – Ders., Greek Rh. under Christian Emperors (1983). – H. Lausberg, Handbuch der literar. Rh. (³1990). – G. Ueding (Hg.), Histor. Wörterbuch der Rh. (1992 ff.). – M. Fuhrmann, Antike Rh. (⁴1995). – M. Korenjak, Publikum und Redner (2000).

Rhetorische Figuren, Begriff der ↗ Rhetorik. Man unterscheidet Stilfiguren, die eingesetzt werden, um einen Gedanken, eine Aussage durch sprachl. oder syntakt. Besonderheiten hervorzuheben, von Tropen (↗ Tropos), die oft Zeichen einer poet. Sprache sind.

Rhetra bezeichnet ein Gesetz, das durch einen Orakelspruch zustandekam und als Ausdruck des göttl. Willens galt. Im übertragenen Sinne wurden auch private und völkerrechtl. Verträge als Rh. bezeichnet.

Rhinton aus Syrakus, griech. Dichter, 3. Jh. v. Chr., Hauptvertreter der sog. ↗ Phlyakenposse in Unterita-

Kopf des Helios auf einer rhodischen Münze des 4. Jh.

lien. Nur wenige Fragmente sind erhalten. **Lit.:** M. Gigante, Rintone e il teatro in Magna Grecia (1971).

Rhodope (1), schöne Jungfrau und Jägerin, die, von ↗ Artemis zur Jagdgenossin erwählt, dieser den Eid ablegt, sich niemals mit einem Mann einzulassen. ↗ Aphrodite, durch diesen Eid beleidigt, bewirkt, dass Rh. sich in einen schönen Jüngling namens Euthynikos verliebt und ihrem Eid untreu wird. Zur Strafe wird sie von Artemis in eine Quelle, Styx, verwandelt, die zum Beweis der Jungfräulichkeit eines Mädchens benutzt wird.

Rhodope (2), Rh. und Haimos, zwei Geschwister, die, in Leidenschaft füreinander erglüht, sich im Übermut ↗ Zeus und ↗ Hera nennen. Sie werden von den erzürnten Göttern in die gleichnamigen Gebirge verwandelt.

Rhodos, bedeutende griech. Insel im SW der kleinasiat. Küste. Die 1.400 km² große Insel wurde in myken. Zeit bereits von Griechen besiedelt. Bestimmt wurde die Geschichte der Insel von den drei dor. Städten Ialysos, Kamiros und ↗ Lindos. Die geographisch günstige Lage an einer Haupthandelslinie entlang der kleinasiat. Küste nach Asien und ↗ Ägypten förderte früh den Wohlstand der Insel. Aber auch nach W orientierten sich die Städte der Insel und beteiligten sich an Stadtgründungen (↗ Gela, ↗ Rhegium). Rhod. Vasen wurden in großer Zahl exportiert. Nach kurzer pers. Herrschaft traten die Städte der Insel dem 1. ↗ Att. Seebund bei. 411 fielen die Städte von Athen ab, 408/07 gründeten sie durch Zusammenlegung (↗ Synoikismos) an der Nordspitze der Insel die neue Stadt Rh., bis heute Hauptort der Insel. Zwar blieben die Städte Ialysos und Kamiros bis in die Kaiserzeit bestehen, Lindos blieb mit Naturhafen und seinen Heiligtümern ein wichtiges Zentrum, doch die Stadt Rh. expandierte schnell, wurde zur polit. und wirtschaftl. Drehscheibe der Insel und stieg zu einer der reichsten Städte der griech. Welt auf. Im 4. Jh. trat Rh. dem 2. Att. Seebund bei und geriet dann wieder für kurze Zeit unter pers. Oberhoheit (↗ Mausolos). In den Diadochenkämpfen suchte Rh. seine Unabhängigkeit zu wahren und widerstand der Belagerung 307/06 durch Demetrios Poliorketes. Der »Koloss von Rhodos«, eine monumentale Heliosstatue, wurde zur Erinnerung an diesen Sieg errichtet. Sie gehörte zu den antiken ↗ Weltwundern, wurde aber schon 227/26 durch ein Erdbeben zerstört. Rh. pflegte enge Verbindungen zu ↗ Alexandria, seine Flotte machte es zu einer militär. Größe. Die Expansionspolitik Philipps V. von Makedonien drängte Rh. auf die Seite Roms. 188 wurde es im Frieden von Apameia für seine Unterstützung gegen Antiochos III. mit großem Festlandsbesitz belohnt: ↗ Lykien und ↗ Karien erweiterten die alte Peraia in Kleinasien, doch mussten diese Landgewinne wegen promakedon. Haltung schon 167 wieder aufgegeben werden. Die Einrichtung des Freihafens von ↗ Delos 166 ließ zudem den Hafen unattrakiv werden, die Zolleinnahmen im Hafen sanken dramatisch. Rh. blieb aber in der Folgezeit ein treuer Verbündeter Roms, widerstand 88 der Belagerung durch Mithradates VI. 42 v. Chr. konnte aber Cassius im Bürgerkrieg die Stadt plündern, zahlreiche Kunstwerke (darunter auch die Laokoongruppe) wurden nach Rom verschleppt. Rh. bewahrte auch in der Kaiserzeit seine Selbständigkeit, blieb eine wohlhabende Stadt, konnte aber an die Blüte des Hellenismus nicht anknüpfen. 155 und 355 n. Chr. wurde Rh. von einem Erdbeben heimgesucht, in byzantin. Zeit mehrfach von Eindringlingen erobert, 1309 eroberten die Johanniter die Insel. – Bedeutende Künstler und Kunstwerke stammten aus Rh.: Chares von Lindos, der Schöpfer des Koloss; die Laokoongruppe, kunstgeschichtlich eine der bedeutendsten Plastiken der Antike (heute Vatikan. Museen), auch die Nike von Samothrake, heute im Louvre, stammt von einem rhod. Künstler. Berühmte Literaten und Philosophen lebten und wirkten hier: ↗ Apollonius von Rh., ↗ Panaitios, ↗ Poseidonios von Apameia. Die Philosophen- und Rednerschulen waren Anziehungspunkt für die spätrepublikan. Oberschicht Roms; 73 v. Chr. endete die Bildungsreise Caesars nach Rh. mit der Gefangennahme durch Seeräuber. Zusammen mit Alexandria und ↗ Pergamon gehörte Rh. zu den kulturellen Zentren des späten ↗ Hellenismus. Neben den umfangreichen Ausgrabungen in ↗ Lindos verdienen auch Ialysos (heute Filerimos) und Kamiros (Reste der hellenist. Stadtanlage) Beachtung. Von der antiken Stadt Rh. sind durch Überbauung nur Bruchteile der einstigen Anlage erhalten. Sichtbare Reste finden sich auf der Akropolis: Nymphaeum, Apollontempel (3. Jh. v. Chr.); Stadion und Theater in gewagter Rekonstruktion. In einem südl. Vorort befinden sich die Ruinen einer hellenist. Grabanlage, das sog. »Ptolemäer-Grab«. Die überaus reichhaltigen Funde werden im Archäolog. Museum von Rh. sowie im Großmeisterpalast der Insel präsentiert. **Lit.:** P. M. Fraser/G.E. Bean, The Rhodian Peraea and Islands (1954). – H.H. Schmitt, Rom und Rh. (1957). – R. Speich, Rh. (1987). – ASM (1999).

Rhoikos, griech. Architekt und Bronzegießer, der im 6. Jh. v. Chr. arbeitete und fast immer gemeinsam mit Theodoros genannt wird. Sie erbauten den dritten Hera-Tempel auf der griech. Insel Samos zusammen mit einem mächtigen Altar. Gemeinsam erfanden sie das Verfahren des Bronzehohlgusses und entwickelten das Drechseln profilierter Säulenbasen auf der Drehscheibe (solche Basen sind auf Samos erhalten). **Lit.:** H. Walter, Das griechiche Heiligtum (1990).

Rhône (lat. Rhodanus), einer der Hauptflüsse Galliens. Der im heutigen Wallis (Schweiz) entspringende Fluss durchquerte den Genfer See (lat. Lacus Lemanus); an der Einmündung der Saône in die Rh. lag Lugdunum (↗ Lyon), im Delta Arelate (heute Arles). Die Rh. war in der Antike eine wichtige Handelsstraße zur Erschließung des gall. Binnenlandes. Von der griech. Kolonie ↗ Massilia östl. der Rh.-Mündung ins Mittelmeer ergaben sich durch Flussschifffahrt und gute Handelsstraßen im Tal der Rh. und ihrer Nebenflüsse gute Verbindungen bis ins Rheintal, aber auch über die nahe Loire bis in den NW Galliens. Das heutige Lyon profitierte als Zollstation und Handelszentrum vom regen Verkehr auf dem Rh. **Lit.:** A. L. F. Rivet, Gallia Narbonensis (1988).

Rhythmus (gr. rhythmos, »Gestaltung«, »Anordnung«). Rh. ist als musikal. Fachbegriff seit dem 4. Jh. v. Chr. eingebürgert, um die zeitl. Ordnung in der ↗ Musik zu beschreiben. Rh.-Studien werden schon im 5. Jh. v. Chr. von Sophisten vorgenommen, ein rhythm. Lehrwerk stammt von dem Peripatetiker ↗ Aristoxe-

Stierkopf-Rhyton aus Knossos

Ringkampf
(Vase um 525 v. Chr.)

nos, der zwischen dem allg. abstrakten Rh. und seinen konkreten Erscheinungsformen in Sprache (*lexis*), Musik (*melos*) und Tanz (*orchesis*) unterscheidet. Der Rh. wird zurückgeführt auf kleinste, nicht mehr teilbare Einheiten, die insgesamt in ihrer Kombination und Addition den Rh. ergeben. **Lit.:** T. Georgiades, Musik und R. bei den Griechen (1958).

Rhyton (gr., »Trinkhorn«), in der kret.-myken. Vasenkunst ein Opfer- und Spendegefäß (für kostbare Flüssigkeiten) aus Stein, Metall oder Ton. Es konnte von unterschiedl. Form sein (bauchig, trichterförmig, auch figürlich als Tier oder Tierkopf). Die zu opfernde Flüssigkeit wurde bei den Rhyta nicht durch die obere Einfüllöffnung, sondern durch eine zweite Öffnung am spitzen unteren Ende (die mit dem Finger zugehalten werden konnte) ausgegossen. Als Trinkgefäß wurde das Rh. im 5. Jh. v. Chr. wiederentdeckt und von oriental. Vorbildern in Form eines an der Spitze durchbohrten Rinderhorns übernommen. **Lit.:** W. Schiering, Minoische Töpferkunst (1998).

Richter ↗ Rechtsprechung

Rind (gr. bous; lat. bos), vor dem 4. Jt. v. Chr. domestiziertes Haustier. Die Haltung als Milch- und Fleischlieferant war ein wesentl. Schritt auf dem Weg zur sesshaften Gesellschaft. Mesopotam. Rollsiegel zeigen Szenen aus der R.er-Zucht; in Ägypten existierten bereits vier verschiedene R.er-Rassen. Vielfach wurde dem R., bes. aber dem ↗ Stier als Inbegriff von Macht und Stärke, göttl. Verehrung zuteil. Ochsen wurden zudem als Zugtiere in der Landwirtschaft verwendet.

Ringe aus Ton, Knochen, Holz, Bernstein, Metall und anderen Materialien wurden schon in myken. Zeit von Männern und Frauen an Finger, Arm oder Hals getragen. Sie dienten entweder als Schmuck, Zeichen der Macht und Amtsgewalt, Siegel oder als apotropäisches (abwehrendes) Symbol. Ihre auf unterschiedlichste Weise geformte Oberfläche konnte mit Edelsteinen besetzt, graviert, ziseliert oder reliefiert sein. Zahlreiche Ringe wurden als Beigaben in Gräbern gefunden. **Lit.:** J. Boardman, Greek Gems and Finger Rings (1970). – B. Deppert-Lippitz, Griech. Goldschmuck (1985).

Ringkampf, eine der ältesten antiken Kampfsportarten, bei der zwei Kämpfer versuchen, sich nach vorgegebenen Regeln zu Boden zu ringen. Zum antiken olymp. Programm gehörte der R. seit 708 v. Chr. als Einzeldisziplin oder Teil des olymp. Fünfkampfes. Es gab keine Gewichts-, sondern nur Altersklassen, keine Zeitbegrenzung und keine Rundenzählung; beendet wurde der Kampf nach dreimaligem Bodenkontakt eines Kämpfers. Es galt als Vorteil, für den R. ein hohes Körpergewicht zu haben; als Bestandteil des Fünfkampfes hatte der R. hingegen eher leichtathlet. Charakter. Antike Vasenbilder zeigen Technik und Ablauf eines solchen Kampfes: Erlaubt waren schmerzfreie Griffe in allen Körperbereichen. Eine Mischform aus Faust- und R.-Kampf war der ↗ Pankration. **Lit.:** G. Doblhofer, Pankration (1996).

Ritter (gr. hippeis; lat. equites), allg. die zum Heeresdienst zu Pferde verpflichteten Bürger. *I. Griechenland:* Der griech. R.-Stand (*hippeis*) war nach Solons Verfassungsreform des 6. Jh. v. Chr. die zweite Zensusgruppe Athens mit einem Einkommen im Wert von 300 Medimnen (Scheffeln) Getreide. Im Kriegsfall dienten R. im Heer als Reiterei und hatten Pferd und Ausrüstung selbst zu stellen. – *II. Rom:* Die Ursprünge der R. sind überlagert von Sagen und Legenden; Bürger leisteten ihren Kriegsdienst als Reiter entweder mit einem vom Staat gestellten (*equus publicus*) oder einem privaten Pferd (*equus privatus*). Die Verfassungsreform des ↗ Servius Tullius formte die Heeresversammlung (*comitia centuriata*), die das bewaffnete Volk nach Hundertschaften (↗ *centuriae*) und ↗ Tribus (Ramnes, Tities, Luceres) einteilte, davon 18 bei der Abstimmung privilegierte R.-Zenturien (↗ Volksversammlung). Mit dem Ausschluss der Senatorenschicht von den Handelsgeschäften durch die *lex Claudia* (218 v. Chr.) begann der Aufstieg der R. als eigene, wohlhabende Gesellschaftsschicht (*ordo equester*), eine Art »Geldadel«, in den man durch

Reichtum aufstieg. Privilegien und Kompetenzen änderten sich von der klass. Republik in die Kaiserzeit laufend: Die Zugehörigkeit zum R.-Stand bestimmte ab der klass. Republik der ↗ Zensor durch die Vermögensschätzung (mindestens 400.000 Sesterzen); stieg ein R. in den Senatorenstand auf, war er seit 129 v. Chr. verpflichtet, sein Pferd abzugeben. Die gracch. Reformen brachten den R.n richterl. Funktionen und Steuerpacht; Vorrechte, die Sulla wieder beschnitt. Die Proskriptionen dieser Zeit kosteten etwa 2.600 R. das Leben, die unter den Triumvirn weiteren 2.000. Als Standeszeichen trugen R. an der Toga einen schmalen Purpurstreifen (*latus angustus*) und einen Ring. In der Kaiserzeit erfolgte Verleihung von Pferd und Titel (auch an ↗ Freigelassene und ↗ Fremde) durch den Kaiser. Als Statthalter, Kommandeure von Flotten und der Prätorianer, Vorsteher des *cursus publicus* (↗ Staatspost) und der kaiserl. Kanzleien versahen R. hohe Staatsämter. **Lit.:** G. R. Bugh, The Horsemen of Athens (1988). – M. Junkelmann, Die Reiter Roms I-III (1990–92). – S. Demougin, Prosopographie des chevaliers romains (1992).

Ritus (lat., pl. Riten), ein in der ↗ Religion und im ↗ Kult durch die Tradition festgelegter zeremonieller Brauch. In der griech.-röm. Kultur treten als bes. wichtig die Übergangsriten, also die R. bei einer Geburt, beim Erwachsenwerden (↗ Initiationsriten) und beim Tod, hervor.

Römische Geschichte. Die R. G. umfasst die Entwicklung der Stadt ↗ Rom bzw. des röm. Staates von der myth. Gründung über den Aufstieg zur beherrschenden Macht in Italien bis zur Errichtung eines das gesamte Mittelmeergebiet sowie weite Teile Europas, des Vorderen Orients und Nordafrikas umspannenden Weltreichs und wird in der Regel nach ihren verfassungsmäßigen Entwicklungsstufen Königszeit, Republik und Kaiserzeit unterteilt. – *I. Königszeit (bis ca. 510 v. Chr.):* Die älteste Besiedlung des röm. Stadtgebiets lässt sich für das 10. Jh. v. Chr. nachweisen, während es zur Bildung einer einheitl. Gemeinde wohl erst im 7. Jh. kam. Die Berichte über die Landnahme des ↗ Äneas und die Gründung der Stadt durch ↗ Romulus und Remus, aufgrund einer späteren Berechnung 753 v. Chr., sind Legenden. Die Stadt, deren Bewohner ↗ Latiner waren, stand anfangs stark unter etrusk. Einfluss und wurde von ↗ Königen geleitet, die teils selbst etrusk. Abstammung waren. Die polit. Macht Roms reichte während dieser gesamten Phase kaum über das engere Stadtgebiet hinaus. Nach dem Sturz des letzten Königs, ↗ Tarquinius Superbus (510), der eine Willkürherrschaft errichtet hatte, wurde die Monarchie durch eine republikan. Ordnung ersetzt. – *II. Republik (510–31 v. Chr.):* Die frühe Republik war durch ein Ringen um die innere Ordnung gekennzeichnet. Führend waren der ↗ Senat, in dem der patriz. Adel vertreten war, und die jährlich wechselnden Konsuln, die zeitweilig durch Konsulartribunen ersetzt wurden. Polit. Ansprüche der nichtadligen Bevölkerung, der ↗ Plebeier, führten zu den ↗ Ständekämpfen, die endgültig erst 287 beigelegt wurden und den Plebeiern

Zugang zur polit. Macht gewährten. Die führenden patriz. und plebeischen Geschlechter verschmolzen allmählich und bildeten eine neue Oberschicht, die Nobilität (↗ Adel). Der polit. Aufstieg Roms begann im 4. Jh., in dessen Verlauf die Stadt die Kontrolle über ↗ Latium und weite Teile Mittelitaliens erringen konnte. Nachdem in drei Kriegen bis 282 die ↗ Samniten unterworfen waren, führte das Vorrücken in die griech. Gebiete Unteritaliens zum Krieg gegen ↗ Pyrrhos (280–275), nach dessen siegreichem Ausgang ganz Italien südl. der Poebene unter röm. Herrschaft stand. Die röm. Macht stützte sich bes. auf die abgestufte Gewährung von ↗ Bürgerrechten an unterworfene Bevölkerungsgruppen und die Einbindung der übrigen Gebiete in ein ↗ Bundesgenossensystem, das durch die Gründung über ganz Italien verstreuter röm. Bürgerkolonien abgesichert wurde. Das röm. Ausgreifen nach Sizilien (265) führte zum Konflikt mit Karthago, das nur unter Anspannung aller Kräfte in zwei schweren Kriegen (264–241, 218–201, ↗ Pun. Kriege) niedergerungen werden konnte. Bis 168 wurden auch die hellenist. Monarchien des Ostens besiegt (Makedonien, Seleukiden), so dass Rom die unbestrittene Hegemoniestellung im Mittelmeerraum erlangte. Durch diese Entwicklung fanden einerseits Elemente der griech. Kultur Eingang in Rom, andererseits wurde in den eroberten Gebieten des westl. Mittelmeerraumes (bes. Spanien, seit dem 1. Jh. auch Gallien) durch ihn Kolonien für eine allmähl. Romanisierung bereitet, ein Prozess, der freilich Jahrhunderte dauern sollte. Die militär. Expansion und die nahezu ständig geführten Kriege führten indessen in Italien durch die Verarmung großer Teile der bäuerl. Schichten zu schweren Erschütterungen des gesellschaftl. Gefüges und des innenpolit. Gleichgewichts. Polit. Reformversuche der ↗ Gracchen, die auf den Widerstand der führenden Schichten trafen, führten seit 133 zu gewalttätigen Auseinandersetzungen, die in regelrechte Bürgerkriege mündeten. Hauptkontrahenten waren die »Parteien« der ↗ Optimaten und ↗ Popularen. Die Konflikte eskalierten im ↗ Bundesgenossenkrieg (91–88), in dem die *socii* das Bürgerrecht erkämpften, sowie in den Bürgerkriegen zwischen ↗ Sulla und ↗ Marius (88–81) sowie zwischen Caesar und ↗ Pompeius (49–45). Weder Sulla noch Caesar gelang es nach ihren Siegen, eine dauerhafte Stabilisierung zu erreichen. Die Institutionen der Republik zeigten sich immer weniger in der Lage, der vielfältigen Probleme Herr zu werden. Nach der Ermordung Caesars (44) und der Niederlage seiner Mörder (42) kam es zu einer fakt. Zweiteilung des röm. Machtbereichs zwischen Octavian (↗ Augustus) und ↗ Antonius. Mit der Niederlage des Antonius und der Alleinherrschaft Octavians (31/30) fand das Zeitalter der Bürgerkriege, aber auch die Republik, ein Ende. Ungeachtet der inneren Krise der späten Republik schritt die äußere Expansion der röm. Macht weiter voran. Nach und nach kam die gesamte östl. Mittelmeerwelt unter unmittelbare röm. Herrschaft (zuletzt 31 Ägypten), während im Westen durch Caesar bes.

Gallien erobert wurde. – *III. Kaiserzeit (31 v. Chr. – 5. Jh. n. Chr.):* Durch eine umfassende Neuordnung des Staates erreichte Augustus eine Lösung der permanenten Krise. Während formal betrachtet die republikan. Institutionen fortbestanden, lag die eigentl. Macht künftig beim Princeps (↗ Kaiser, ↗ Prinzipat), der das Reich gestützt auf die Armee und die kaiserl. Statthalter (↗ Legatus, ↗ Präfekt) beherrschte. Mit der Festlegung der Grenzen durch die Flusssysteme Rhein, Donau und Euphrat kam die Expansion allmählich zum Abschluss und zeigte in den folgenden Jahrhunderten nur noch geringfügige Veränderungen (u. a. Eroberung Britanniens und Dakiens). Das 1. und 2. Jh. n. Chr. waren eine Phase der röm. Stärke nach außen und einer abgesehen von vereinzelten Eruptionen friedl. Entwicklung im Inneren mit einer prosperierenden Wirtschaft und z. T. beträchtl. Wohlstand auch in den Provinzen (rege Bautätigkeit). Ende des 2./Anfang des 3. Jh. trat durch größere Völkerbewegungen eine spürbare Änderung der außenpolit. Situation ein. Germanen und iran. Völkerschaften bedrängten die Grenzen an Rhein und Donau, während dem Reich in den ↗ Sasaniden auch am Euphrat ein mächtiger Gegner entstand. Eine zudem ausbrechende wirtschaftl. Krise, die durch äußere Einfälle verstärkt wurde, erschütterte auch die innenpolit. Stabilität und führte zu einem Bevölkerungsrückgang. Häufig wechselnde Kaiser, die von verschiedenen Truppenteilen erhoben wurden (Soldatenkaiser), bekämpften sich gegenseitig und vernachlässigten z. T. den Schutz der Grenzen. In Teilen des Reiches (Gallien, Syrien) zeigten sich separatist. Tendenzen (↗ Postumus, ↗ Zenobia). Eine Stabilisierung gelang erst unter ↗ Diokletian (284–305), der die Verwaltung des Reiches neu organisierte und die spätantike Ordnung (Dominat) begründete, die die Verfassungskonstruktion des Augustus endgültig ablöste. Der Kaiser war nun absoluter Herrscher, während der Senat die letzten Reste polit. Macht verlor. ↗ Konstantin I. (306–337) gründete an Stelle des alten ↗ Byzanz Konstantinopel als zweite Reichshauptstadt und erkannte das ↗ Christentum als gleichberechtigte Religion an. In der zweiten Hälfte des 4. Jh. nahm die äußere Bedrohung wieder zu, zeitweise konnte die Situation nur dadurch kontrolliert werden, dass ganze Volksstämme als Föderaten (↗ Foedus) ins Reich aufgenommen wurden und dort einen Staat im Staate bildeten. 395 kam es nach dem Tod des ↗ Theodosius, der das Christentum zur alleinigen Staatsreligion erklärt hatte, unter seinen Söhnen ↗ Honorius und ↗ Arcadius zur endgültigen Reichsteilung in eine West- und Osthälfte. Während die röm. Geschichte im engeren Sinne mit dem Westreich, das im 5. Jh. der german. Völkerwanderung erlag (Absetzung des letzten Kaisers 476), endete, bestand die Osthälfte als ↗ Byzantinisches Reich noch bis 1453 fort. **Lit.:** H. Bengtson, R. G. (1973). – K. Bringmann, R. G. (³1997).

Römische Kunst. Die R. K. hat sich nicht wie die griech. Kunst aus einer eigenen Tradition heraus entwickelt, sondern stellt vielmehr eine Verschmelzung verschiedener äußerer Einflüsse (Italiker, Etrusker,

Diana (frühkaiserzeitliche Plastik)

Griechen) dar. Formen einer eigenständigen R. n K. lassen sich erstmals in der frühen Kaiserzeit (1. Jh. v. Chr.) zeigen; die R. K. gelangt dann während des Prinzipats des Augustus zu einer ersten Blüte. Das Kunstprogramm des Augustus spiegelt sich u. a. im Bildschmuck öffentl. Gebäude wider und äußert sich in klassizist. Eleganz. Die R. K. war fortan stark von der Ideologie und Propaganda der Kaiserhäuser bestimmt, die folglich Geschmack und Moden der R. K. prägten. Vom 3. Jh. n. Chr. an wird es zunehmend schwieriger, R. K. eindeutig zu definieren, nicht zuletzt deshalb, weil sich die polit. Verhältnisse häufig veränderten. Die ständige Vergrößerung des röm. Machtbereichs und die Tatsache, dass viele Kaiser nicht aus Rom kamen und auch die Soldaten verstärkt aus fremden Kulturbereichen rekrutiert wurden, führte schließlich dazu, dass Neuerungen auf dem Gebiet der Kunst auf Initiativen von Künstlern in den Provinzen zurückgingen. Zu den einzelnen Kunstgat-

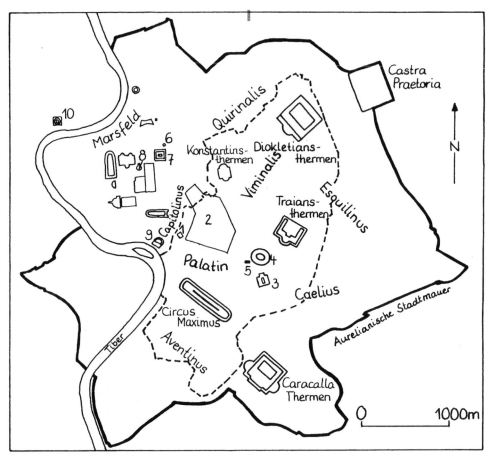

1 Kapitol
2 Kaiserforen
3 Templum Claudii

4 Kolosseum
5 Konstantinsbogen
6 Marc-Aurel-Säule

7 Hadrianstempel
8 Pantheon
9 Marcellustheater

10 Mausoleum Hadriani

Lageplan von Rom

tungen u. a. ↗ Plastik, ↗ Malerei, ↗ Vasen, ↗ Porträt.
Lit.: J. Boardman (Hg.), Reclams Geschichte der antiken Kunst (1997).

Römische Literatur ↗ Lateinische Literatur

Rom (lat. Roma) liegt auf dem linken Tiberufer in einer fruchtbaren annähernd kreisrunden Ebene etwa 22 km vom Meer entfernt und gehört zu dem Gebiet von Latium. Die erste Ansiedlung befand sich auf dem Palatin, dehnte sich dann aber rasch über die umliegenden Hügel aus. Das Gebiet des Palatin entwickelte sich seit der späten Republik zum Standort luxuriöser Villen, seit der Kaiserzeit wohnten hier die verschiedenen Herrscher, und schließlich war der Palatin Symbol für den Sitz der Macht. Hier finden sich heute die Überreste verschiedener Tempel und Kaiserpaläste, so der Tempel der Kybele, der Palast des Tiberius, das Haus der Livia, der Domitians-Palast (bestehend aus

Domus Flavia, Domus Augustana und Stadion) und der Palast des Septimius Severus. Von Letzterem aus bietet sich ein guter Blick auf den Aventin und den Circus Maximus. Polit. und religiöses Zentrum ist seit je her der Kapitolshügel mit dem Tempel der kapitolin. Trias, dem Tempel der Juno Moneta und der eigentl. Burg. Das zwischen ↗ Kapitol und Palatin gelegene Tal diente in frühgeschichtl. Zeit als Begräbnisstätte, wurde aber schließlich zum Marktplatz umfunktioniert. Daraus entwickelte sich in republikan. Zeit das repräsentative Zentrum der röm. Hauptstadt, das Forum Romanum. Hier befanden sich Bauten unterschiedlichster Funktion, so Gebäude für Gerichtsverhandlungen, Handelsgeschäfte (Basilika Aemilia, Basilika Julia) und Versammlungen (Curia, Comitium), ferner Hallen, Ehrenbögen (Bogen des Kaisers Septimius Severus) und zahlreiche Tempel. Weil der Platz für Verwaltungs- und Repräsentationszwecke auf dem Forum Romanum bald nicht mehr ausreichte, begann Caesar damit, auf dem nördl. anschließenden Gebiet ein neues Forum zu bauen. Dies bildete die Grundlage der Kaiserforen: Das Caesar-Forum, das Augustus-Forum, das Vespasian-Forum (Forum Pacis), das Nerva-Forum und das Trajans-Forum. Folgt man von hier aus der Via dei Fori Imperiali, so stößt man auf das Kolosseum und den Konstantinsbogen. Die gesamte Ebene zwischen Kapitol, Tiber und den Ausläufern von Quirinal und Pincio nimmt das sog. Marsfeld (*campus Martius*) ein. In diesem Gebiet sind auch heute noch zahlreiche Denkmäler zu besichtigen, darunter das Mausoleum des Augustus, die Ara Pacis Augustae und die Sonnenuhr des Augustus. Die Tiberbrücke Pons Aelius (Engelsbrücke) verbindet das Marsfeld mit dem Mausoleum des Hadrian (Engelsburg), dieses zählt ebenso wie das ↗ Pantheon, der »allen Göttern geweihte Tempel«, heute zu den Wahrzeichen R.s. Ein wichtiges Handelszentrum der Stadt entstand an einem großen Verkehrsknotenpunkt am Tiber zwischen Marcellustheater und Circus Maximus; das Forum Holitorium, der antike Gemüsemarkt, und das Forum Boarium, der antike Viehmarkt. Auch hier befanden sich mehrere Tempelanlagen. **Lit.:** F. Coarelli, R. Ein archäolog. Führer (1975). – A. Claridge, Rome. An Archaeological Guide (1998). – ASM (1999).

Roman, literar. Gattung, längere Prosaerzählung fiktionalen Inhalts. Ein antiker Gattungsbegriff existiert nicht, man findet *historia, mythos, fabula* (»Geschichte«) oder *dramatika* (»dramat. Ereignisse«). Als Vorläufer des griech. R.s kann Xenophons *Kyrupädie* (*Erziehung des Kyros*), ein Erziehungsroman mit histor. Anstrich, gelten, der seine literar. Wurzeln im ↗ Enkomion hat. Die Blüte der Gattung setzt in hellenist. Zeit ein. Der R. entlehnt seine literar. Mittel etablierten Gattungen (Epos, bes. *Odyssee:* Technik der Rahmenerzählung und das Motiv der Irrfahrt; Neue Komödie: Motiv der Kindesaussetzung und Wiedererkennung, ↗ Anagnorisis; Geschichtsschreibung: pseudohistor. Einbettung der Handlung; Geographie: Vorliebe für alles Exotische, bes. Orientalisches; hellenist. Liebeselegie: erot. Thematik; Rhetorik: ausgefeilte Beschreibungen von Örtlichkeiten oder Gegenständen, ↗ Ekphrasis). Typisch ist die Häufung an sich nicht unmögl., aber durchaus unwahrscheinl. Begebenheiten (bes. des Scheintods). Die griech. Literatur kennt den mythograph., histor. und utop. Reiseroman und bes. den Liebesroman. Erhalten sind die Werke von Chariton, Longos, Achilleus Tatios und Heliodor. – Seinen Einzug in die lat. Literatur hält der R. durch die Übersetzung eines griech. Werkes: Cornelius ↗ Sisenna (Prätor 78 v. Chr.) übertrug die *Milesiaka* des Aristeides von Milet (wohl 2. Jh. v. Chr.; entweder ein zusammenhängender R. oder eine Sammlung von Novellen) ins Lateinische. Die beiden Repräsentanten des lat. R.s sind Petrons *Satyrica* und die *Metamorphosen* des Apuleius. Beide Werke weisen eine deutlich kom.-parodist. Tendenz auf, die Deutung ist jedoch in vielen Einzelheiten äußerst umstritten. An

lat. R.en der Spätantike sind außerdem erhalten: eine Version des Alexanderromans von Julius Valerius, 4. Jh.; zwei Übersetzungen griech. mythograph. R.e aus dem 4. und 6. Jh. und die *Historia Apollonii regis Tyrii,* um 500. Romanhafte Züge finden sich auch in Erzeugnissen der christl. Literatur wie den apokryphen Apostelgeschichten (↗ Clemens). **Lit.:** N. Holzberg, Der antike R. (1986). – G. Schmeling (Hg.), The Novel in the Ancient World (1996). – M. Picone/B. Zimmermann, Der antike R. und seine mittelalterl. Rezeption (1997).

Romulus. Unter dem Pseudonym R. ist eine lat. Sammlung von 98 Fabeln in Prosa erhalten, die auf Phaedrus basieren. R. markiert das Ende der lat. Fabeldichtung, christl. Einfluss ist nicht nachweisbar. **Lit.:** G. Thiele, Der lat. Äsop des R. (1910).

Romulus und Remus, in der röm. Mythologie Zwillingsbrüder, Gründer der Stadt Rom 753 v. Chr., Söhne des Kriegsgottes Mars und der Vestalin Rhea Silvia, die die beiden auf Befehl des Usurpators Amulius im Tiber aussetzen musste. Die beiden Brüder werden jedoch an Land gespült, wo sie eine Wölfin findet und ernährt, bis sie der Hirte Faustulus findet und sie zusammen mit seiner Frau, Acca Larentia, aufzieht. Als junge Männer finden sie ihre Mutter wieder und rächen ihren Großvater Numitor, den Amulius der Herrschaft beraubt hatte: Sie töten Amulius und setzen Numitor wieder als König von Alba Longa ein; sie selbst wollen eine eigene Stadt gründen. Sie geraten jedoch bald in einen Streit um die Alleinherrschaft über die neue Stadt, und als Remus verächtlich über die von Romulus festgesetzte Stadtgrenze springt, wird er von seinem Bruder erschlagen. Romulus allein wird erster König der nach ihm benannten Stadt Rom.

Romulus Augustulus, Sohn des Heermeisters Orest, letzter Kaiser des weström. Reiches 475/76 n. Chr. Im Oktober 475 wurde R. als Kind von seinem Vater zum Kaiser ausgerufen, von der Regierung des Ostreiches aber nicht anerkannt. Durch die Erhebung des Odoaker bereits nach knapp einem Jahr gestürzt, verbrachte er sein restl. Leben auf einem Landgut bei Neapel. Um 480 gründete er ein Kloster, blieb auch unter Theoderich unbehelligt und starb gegen 530. Seine Person steht im Mittelpunkt des Dramas *Romulus der Große* von F. Dürrenmatt (1956). **Lit.:** M.A. Wes, Das Ende des Kaisertums im Westen (1967). – G. Nathan, The Last Emperor: The Fate of R.A., in: Classica et Mediaevalia 43 (1992) 261–71.

Rosalia, ein zur Blütezeit der Rosen im Mai/Juni gefeiertes nachrepublikan. Totenfest, an dem man in Gedenken an die Verstorbenen die Gräber mit Rosen schmückte.

Roscius, Sextus R., Gutsbesitzer aus Ameria, wurde 80 v. Chr. von einem Freigelassenen Sullas zum Zwecke der Bereicherung fälschlicherweise des Vatermords angeklagt, aber vor Gericht freigesprochen. Sein Fall ist bes. durch die Prozessrede seines Verteidigers Cicero bekannt.

Rostra (lat. pl., »Schiffsschnäbel«), von Gaius ↗ Maenius (Konsul 338 v. Chr.) mit den Schnäbeln er-

*Die »Lupa Capitolina«
säugt Romulus und
Remus
(Plastik des 5. Jh. v. Chr.;
die Zwillinge sind eine
Ergänzung der Renais-
sance)*

beuteter Schiffe geschmückte Rednerbühne am Comitium auf dem ↗ Forum Romanum. Caesar verlegte sie
an die nordwestl. Schmalseite des Forums; nach der
Schlacht von ↗ Aktion ließ Augustus die R. mit Beute-
stücken aus der Flotte der Kleopatra erneuern.

Rotes Meer (gr. Erythra Thalassa, lat. Arabicus sinus). In den antiken geograph. Vorstellungen gehörte
zum R. M. nicht nur das heute so bezeichnete zwischen Arabien und Afrika liegende Meer, vielmehr
verstand man darunter die heute als Arab. Meer bezeichneten Gewässer bis zum ind. Subkontinent; das
R. M. sowie der Pers. Golf galten als *kolpoi,* als dazu-
gehörige Meerbusen. Der Name ist ursprünglich von
den roten Korallenbänken des Pers. Golfes abgeleitet,
doch im Alten Testament wurde der Begriff R. M.
auch schon für das Meer nahe der Halbinsel Sinai verwendet (»Schilfmeer«). Eine wichtige Quelle zum antiken Wissen um das R. M. ist der sog. *Periplus Maris
Erythrae,* eine Küstenbeschreibung vom Inneren des
heutigen R. M.s bis in den Ind. Ozean. **Lit.:** D. Potts,
The Arabian Gulf in Antiquity (1990). – M. Rice, The
Archaeology of the Arabian Gulf (1994).

Roxane, baktr. Fürstentochter, heiratete 327 v. Chr.
Alexander d. Gr. und brachte 323 seinen postum geborenen Sohn Alexander IV. zur Welt. 321 begab sie sich
mit ihrem Sohn nach Makedonien, wo sie 316 nach
der Niederlage ihrer Schwiegermutter Olympias bei
der Einnahme von Pydna in die Hände Kassanders
fiel. Zunächst in Amphipolis unter Hausarrest gestellt,
wurde sie 310/09 gemeinsam mit ihrem Sohn im Auftrag Kassanders ermordet. Politisch gelangte sie als
Iranerin in den Machtkämpfen der Diadochen nie über
eine bloße Statistenrolle hinaus. **Lit.:** H. Berve, Alexanderreich II (1926) Nr. 688.

Roxolanen, ein iran.-sarmat. Stammesverband, der
im 1. Jh. v. Chr. aus der südruss. Ebene ins Donaube-
cken vorstieß und eine ständige Bedrohung für die
röm. Provinz ↗ Dacia bildete. Unter dem Druck der
↗ Ostgoten verließen die R. im 4. Jh. ihre Wohnsitze
und wanderten größtenteils ins heutige Ungarn ab, wo
sie mit den ↗ Jazygen verschmolzen. **Lit.:** A. Alföldi,
Die R. in der Walachei (1940).

Rubikon (lat. Rubico), Grenzfluss zwischen Italien
und ↗ Gallia Cisalpina. 49 v. Chr. verließ Caesar seine
Provinz Gallien, überquerte den Grenzfluss R. und
löste damit den Bürgerkrieg gegen ↗ Pompeius aus
(Ausspruch Caesars: »Die Würfel sind gefallen«, nach
einem Menanderzitat). Wegen der Änderungen der
Flussläufe seit der Antike ist die Identifizierung des R.
unklar; zwar gibt es einen Fluss Rubicone, doch trägt
dieser den Namen erst seit 1932 (zuvor Fiumicino),
aber auch Uso und Pisciatello werden mit dem antiken
R. in Verbindung gebracht. Klar ist lediglich, dass der
R. in den Apenninen entsprang und nördl. von Armi-
num (heute Rimini) in die Adria mündete.

Rüstung (gr. hopla; lat. arma). Die Ausstattung mit
Waffen und Rüstung als Schutz während eines Kampfes war bei allen Völkern seit frühester Zeit für jeden
waffenfähigen Bürger notwendig. Kopf und Gesicht
bedeckten unterschiedlich geformte Helme aus Leder
(gr. *korys,* lat. *galea*) oder Metall (gr. *kranos,* lat. *cas-
sis*) mit oder ohne Schmuck. Damit metallene Helme
nicht vom Kopf rutschten, zog man eine Kappe aus
Stoff oder Filz (*pilos*) darunter. Den Körper schützte
ein Panzer (gr. *thorax,* lat. *lorica*) aus Leder, Leinen
oder Metall in Form eines Ketten- oder Vollmetallpan-
zers. Bei höheren Rängen war dieser reich geschmückt; Beinschienen reichten meist bis übers

Knie. Je nach Waffengattung und takt. Aufgabe trugen röm. Soldaten Lanze (*hasta*), Speer (*pilum*), ovalen (*scutum*) oder runden (*clipeus*) Schild sowie Schwert (*gladius*). – R. und Waffen wurden teilweise vom Staat gestellt; in der Regel mussten solche Kosten aber privat bestritten werden. So waren die meisten Heeresordnungen auch Abbild gesellschaftl. Rangordnungen. Adel und Nobilität leisteten sich teurere R., den Besitzlosen und Unfreien waren R. und Tragen von Waffen verboten. In der röm. Republik ändert die Heeresreform des Marius im 1. Jh. v. Chr. diesen Grundsatz: R. und Waffen wurden den Besitzlosen vom Staat zur Verfügung gestellt. Zahlreiche Bestandteile von R.en, bes. Kettenpanzer oder Leder sowie teils reichdekorierte Waffen, sind aus der Antike erhalten. ⁊ Clibanarii **Lit.:** A. M. Snodgrass, Wehr und Waffen im antiken Griechenland (1984). – M. Junkelmann, Die Legionen des Augustus (1986). – H. Born/M. Junkelmann, Röm. Kampf- und Turnierwaffen (1997).

Rufinus, Tyrannius R., aus Aquileia, christl. lat. Schriftsteller, ca. 345–410 n. Chr. R. übersetzte zahlreiche theolog. und hagiograph. Werke aus dem Griechischen ins Lateinische, u. a. von Origenes, Eusebios (*Kirchengeschichte, Chronik*), Basilius (*Mönchsregel, Homilien*), Gregor von Nazianz, die *Pseudo-Klementinen;* teils sind die Originale verloren. Bei der Übertragung der Origenes-Schrift *De principiis* (*Über Grundaussagen,* eine Art theol. Summe) ›reinigte‹ er sehr. und seiner Ansicht nach interpolierte Stellen. In seiner Parteinahme für den umstrittenen ⁊ Origenes überwarf er sich mit ⁊ Hieronymus. Der Streit eskalierte und wurde in gegenseitigen Invektiven und jeweiligen Rechtfertigungen vor Papst Anastasios getragen (*Apologia ad Anastasium; Apologia contra Hieronymum* des R.; *Apologia adversus libros Rufini* des Hieronymus). **Lit.:** L. J. Engels/H. Hofmann, Übersetzungen als Kennzeichen des Verlustes an Zweisprachigkeit, in: Dies. (Hg.), Neues Handbuch der Literaturwissenschaft IV: Spätantike (1997) 54–57. – LACL (³2003).

Rufus aus Ephesos, griech. Mediziner, 1./2. Jh. n. Chr. Erhalten sind ein anatom. Lehrwerk über Körperteile und ihre Benennung, außerdem kleinere Schriften über bestimmte Krankheiten sowie über medizin. Anamnese. **Lit.:** H. Thomssen, Die Medizin des R. von Ephesos (1989).

Rugier (lat. Rugii), ostgerman. Stamm. Die ursprünglich an der Ostsee ansässigen R. siedelten im 5. Jh. v. Chr. an der Donau und beteiligten sich am Zug Attilas und der ⁊ Hunnen. Nach dem Tode Attilas teilte sich der Stamm, ein Teil siedelte in Thrakien, andere an der mittleren Donau traten als Soldaten in röm. Dienste und waren an der Herrschaftsübernahme durch ⁊ Odoaker beteiligt. 488 zog der Ostgotenkönig Theoderich mit den R. nach Italien, wo sie sich bis zum Zusammenbruch der Ostgotenherrschaft halten konnten.

Rundtempel ⁊ Tholos

Rutuler, Volk in Latium mit der Hauptstadt Ardea, von ⁊ Turnus beherrscht (Vergil, *Äneis*).

Saalburg, röm. Kastell bei Bad Homburg vor der Höhe. Die am Taunuslimes liegende Anlage wurde im Rahmen des Chattenfeldzuges um 83 n. Chr. als Erdschanzenanlage errichtet, ein weiteres Erdkastell wurde um 90 errichtet. Um 125 wurde mit dem Ausbau des Kastells begonnen, um 185 wurde diese Anlage von ⁊ Alemannen zerstört. Der Taunuslimes wurde daraufhin mit Holzpalisaden, Gräben und Wall verstärkt, das Lager S. zwischen 209 und 213 mit massiven Mauern und Steinbauten im Innern ausgebaut. Außerhalb der Anlage befand sich das zugehörige zivile Lagerdorf. Nach Zerstörungen wurde das Lager um 260 aufgegeben. Die heute zu besichtigende Rekonstruktion des röm. Lagers geht auf eine Initiative Kaiser Wilhelms II. zurück. Die Anlage wurde 1897 eröffnet. ⁊ Abb. S. 524 **Lit.:** E. Schallmayer (Hg.), Hundert Jahre S. (1997).

Saale, Nebenfluss der Elbe. ⁊ Drusus verunglückte 9 v. Chr. auf seinem Rückzug zwischen S. und Rhein bei einem Sturz vom Pferd tödlich. Röm. Truppen drangen nie wieder so tief ins freie Germanien vor.

Sabazios, thrak. Gottheit, dem Dionysos ähnlich, in orgiast. ⁊ Mysterien verehrt, wobei die Schlange eine zentrale Rolle spielte.

Sabeller, mittelital. Stammesgruppe. Die Römer bezeichneten als S. alle Stämme der ⁊ osk.-umbr. Sprachengruppe.

Sabiner, Volk in Mittelitalien. Die im NW Roms zwischen Tiber und Apennin siedelnden S. galten als Vorfahren zahlreicher ital. Stämme (⁊ Samniten, Pictener, Äquer usw.). Auch in der legendären Frühgeschichte Roms spielten die S. eine zentrale Rolle. So soll ⁊ Romulus, der Stadtgründer Roms, den Mangel an Frauen in der jungen Stadt durch den »Raub der Sabinerinnen«, unter dem König ⁊ Titus Tatius, ausgeglichen haben. Daraufhin entstand das Doppelkönigtum des Romulus und Titus Tatius; die S. sollen sich auf dem Quirinal angesiedelt haben, zwei weitere Könige Roms waren S. Die Legende diente auch der Erklärung des Begriffes sabin. Bevölkerungsanteils in Rom seit der Frühzeit der Stadt. **Lit.:** A. Alföldi, Das frühe Rom und die Latiner (1977). – T. J. Cornell, The Beginnings of Rome (1995).

Sabinerinnen. Im röm. Mythos lädt Romulus die benachbarten Sabiner zu einem großen Fest nach Rom ein, da in der neuen Stadt ein Mangel an Frauen herrscht. Die Römer rauben die unverheirateten S., die sich nur anfangs zur Wehr setzen: Bei dem Versuch der Sabiner, sie gewaltsam zurückzuholen, werfen sie sich zwischen die Kampffreihen und machen dem Krieg ein Ende.

Sabratha, phöniz.-röm. Stadt an der Nordküste Afrikas im heutigen Libyen, eine der Städte der afrikan. Tripolis. Die Phönizier gründeten S. im 5. Jh. v. Chr., in röm. Zeit behielt die wichtige Hafenstadt ihren betont phöniz. Charakter und prägte noch unter Au-

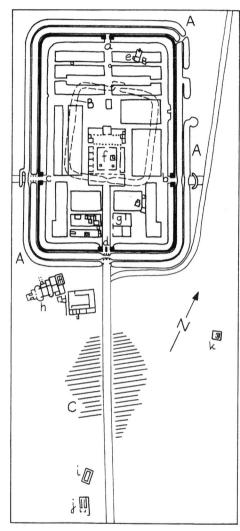

A Schanzanlage des
　Kohortenkastells im 2.
　und 3. Jh. n. Chr.
B Älteste Anlage im 1. und
　2. Jh. n. Chr.
C Vicus (Lagerdorf)
a Porta decumana
b Porta principalis
　sinistra
c Porta principalis dextra

d Porta praetoria
e Bad
f Principia
　(Stabsgebäude)
g Horreum
　(Getreidespeicher)
h Thermen
i Metroon
j Mithräum
k gallisches Heiligtum

Lageplan der Saalburg

gustus Münzen mit phöniz. Legende. In Ostia fanden
sich die Ruinen eines Handelsbüros der Stadt S.; ein
dort gefundenes Mosaik deutet sogar auf den Export
von Elefanten nach Italien. Im 2. Jh. n. Chr. wurde S.

röm. Colonia, ein erster Bischof ist 252 nachweisbar;
unter Diokletian gelangte S. zur Provinz Tripolitana.
Unter Justinian wurden die Mauern der Stadt erneuert.
Große Teile der Stadt wurden ausgegraben: Forum,
Curia, Theater, Amphitheater, Tempelanlagen, meh-
rere Kirchen; Museum. **Lit.:** P. Ward, S. (1970). –
PECS (1976). – ASM (1999).

Sacerdos ↗ Priester

Sacramentum (lat., »Widmung«), **1.** im röm.
Recht gerichtl. Strafsumme oder Haftgeld, das im Zivilprozess (*legis actio*) von den beteiligten Parteien
bes. bei vermögensrechtl. Streitigkeiten oder Prozess-
wetten zu gleichen Teilen als Kaution hinterlegt werden musste. Der Gewinner erhielt den »Einsatz«
zurück, der vom Verlierer gestellte Betrag verfiel als
sog. *multa* der Staatskasse; **2.** röm. militär. Dienstaid,
der dem Feldherrn (im Prinzipat dem Princeps) für die
Dauer eines Feldzuges geleistet wurde.

Sacrosanctitas (lat., »kult. Unverletzlichkeit«)
↗ Volkstribun

Sadduzäer, eine neben den Pharisäern aus dem
Neuen Testament bekannte, zur Zeit ↗ Jesu mächtige
polit.-religiöse Bewegung. Obwohl politisch weltoffen
– ein Großteil ihrer Anhänger zählte zu einflussreichen
Politikern und Diplomaten –, waren die der Priesterschaft und der Aristokratie angehörenden S. im religiösen Bereich extrem konservativ und verschlossen sich
konsequent jegl. theolog. Neuerung wie z. B. der Lehre
von der Auferstehung von den Toten. **Lit.:** G. Iber
(Hg.), Das Buch der Bücher, Neues Testament (1972)
48. – J. Le Moyne, Les Sadducéens (1972).

Saeculum (lat., »Menschenalter«), durchschnittl.
Zeitdauer einer Generation zu gut 30 Jahren, auch Regierungszeit eines Fürsten oder Lebensdauer eines
Menschengeschlechts. Der Vorstellung vom S. als
Dauer eines Geschlechts liegt das Bild von der »Men-
schensaat« zugrunde, die alle 100 Jahre gemäß dem
Lauf der Natur verdorrt und neu angelegt werden
muss. Aus dem röm. Kulturkreis sind die S.-Festspiele
bekannt (*ludi Terentini* oder *ludi saeculares*), die als
ursprüngl. Privatsühnekulte in den staatl. Festkreis integriert wurden. Solche Feste wurden in den Jahren
249 v. Chr., 146 v. Chr. und 17 v. Chr. veranstaltet. Neben den Gedanken von Reinigung und Sühne mit
nächtl. Opfern für die Götter der Unterwelt trat in augusteischer Zeit die Bitte um eine glückl. Zukunft mit
Opfern an Schicksals- und Fruchtbarkeitsgötter (Moiren, Parzen, Eileithyien) sowie an die Schutzgottheiten
des röm. Reiches. Horaz komponierte für das Sühne-
fest 17 v. Chr. das *carmen saeculare*. Die Berechnung
des S. schwankte in der Kaiserzeit (Claudius 44; Domitian 88; Septimius Severus 204).

Sänfte ↗ Lectica

Saepinum, Stadt der ↗ Samniten. 293 v. Chr. eroberte Rom die Stadt, 89 wurde S. Municipium. Die
röm. Stadt lag beim heutigen Altilia, während das
samnit. S. bei Terravecchia nahe Sepino zu lokalisieren ist. **Lit.:** M. Matteini Chiari, S. (1982).

Säulen, architekton. Elemente aus Holz, Stein o. ä.
Material, die als freistehende Stützen entweder eine

Sabratha, Theater

Last emporheben (z. B. eine Statue) oder tragen konnten (z. B. das Gebälk, ⁊ Gebälkordnung). S. gliederten sich in der Regel in Fuß (Basis), Schaft und Kopfstück (⁊ Kapitell), wobei der Schaft aus einem Stück (monolith) gefertigt oder aus mehreren Trommeln zusammengefügt und auf unterschiedlichste Weise verziert sein konnte. Er konnte glatt, mit Kanneluren (senkrechten konkaven Furchen) versehen, reliefiert (spiralförmig oder nur auf einer Trommel) oder mit pflanzl. Ornamenten (z. B. Blütenkelchen oder Schuppenmustern) versehen sein. Bereits in ägypt. Zeit benutzte man kräftigere Pflanzenstengel oder Stämme, die als Stützen für Zelte dienten und die zum Schmücken mit Palmblättern, Bündeln von Papyrus- oder Lotosblüten umwickelt wurden (hierdurch bildeten sich Fugen, aus denen sich die späteren Kanneluren erklären). Schon in kret.-myken. Zeit wurden die S. aus bemalten Baumstämmen mit Basisplatte und Kapitell gebildet, woraus sich dann in Griechenland die verschiedenen Säulenordnungen entwickelten. Die *S. dor. Ordnung* (etwa seit dem 7. Jh. v. Chr.) setzten direkt – ohne Basis – auf einer Standfläche (Stylobat) auf, ihr Schaft wies eine leichte, konkave Schwellung (Entasis) und durch spitze Grate getrennte Kanneluren auf. Der Schaft ging fast unmittelbar, nur durch mehrere flache Ringe am oberen Ende (Anuli) gegliedert, in das wulstförmige Kapitell (Echinus) über. Eine quadrat. Deckplatte (Abakus) diente als Abschluss zum Gebälk. Die *S. jon. Ordnung* (seit dem 6. Jh. v. Chr.; hauptsächlich im Bereich der kleinasiat. Küste) standen auf einer rechteckigen Standplatte (Plinthe) mit einer Basis, die verschieden ausgestaltet sein konnte: abwechslungsweise bzw. in Variationen von Wulst (Torus) und Kehle (Trochilus). Die Säule, die sich darüber erhob, verjüngte sich nach oben hin leicht und wirkte dadurch schlanker und nicht so gedrungen wie die dor. S. Sie war ebenfalls mit Kanneluren versehen, die allerdings durch kleine Stege voneinander getrennt waren. Als Abschluss zum Kapitell befand sich am S.-Hals ein umlaufendes Eierstab-Ornament (auch Kymation, ein gewölbtes Profil mit plastisch ausgearbeiteten, eiförmigen, von einem erhabenen Rand gesäumten Blättern und spitzen Gebilden). Das Kapitell selbst war durch Voluten (ein Gebilde, das sich seitlich in zwei Schnecken zusammenrollt) gebildet. Als Abschluss diente ein schmaler verzierter Abakus. Die *S. korinth. Ordnung* (5. Jh. v. Chr.) entwickelten sich in starker Anlehnung an die jon. S., mit ähnlich gestalteter Basis und einem S.-Schaft, der noch etwas schlanker und gestreckter wirkte. Sie unterschieden sich hauptsächlich in der Gestaltung des Kapitells voneinander. Dieses hatte eine kelchförmige Grundform und war von zwei Reihen ⁊ Akanthusblättern umschlossen, aus welchen volutenartige Ranken hervorwuchsen. An röm. und etrusk. Tempeln begegnen ferner *S. tuskan. Ordnung,* die an die dor. Ordnung anlehnt, jedoch mit schlankerem, meist unkanneliertem Schaft, sowie die röm. Komposit-S., eine Mischform aus jon. und korinth. Elementen mit dekorativer Wirkung. **Lit.:** G. Gruben, Die Tempel der Griechen (⁴1986).

a dorisches　　　　b ionisches　　　　c korinthisches　　　　d römisches Kapitell
　　　　　　　　　　　　　　　　　　　　　　　　　　　　　　　　　(Mischform)

Kapitellformen griech.-röm. Säulen

Säulen des Herakles, Bezeichnung für die der griech. Sage nach von ↗ Herakles errichteten Felsen beiderseits der Straße von Gibraltar.

Säulenhalle ↗ Peristyl, Porticus, Stoa

Sagunt (iber. Arse, lat. Saguntum, heute Sagunto), Stadt im O Hispaniens. Die iber. Stadt spielte in der Vorgeschichte des 2. ↗ Pun. Krieges eine wichtige Rolle. Trotz des sog. Ebrovertrags von 226 zwischen Rom und Karthago, das die Interessensgebiete der Mächte auf der iber. Halbinsel abgrenzen sollte, verbaten sich die Römer jede karthag. Einmischung in die inneren Angelegenheiten der Stadt S., die in einem Freundschaftsverhältnis zu Rom stand. 219 eroberte ↗ Hannibal S., Rom stellte ein Ultimatum, aber erst nach Überschreitung des nördl. gelegenen Ebro durch die karthag. Truppen kam es zum Krieg. 212 eroberten die Römer die Stadt, die nach ihrem Wiederaufbau ein Zentrum des Töpferhandwerks wurde, in der Kaiserzeit einen wirtschaftl. Aufschwung erlebte und erst im MA verödete. **Lit.:** J. Richardson, Hispaniae (1986). – J. Seibert, Hannibal (1993) 63 ff. – ASM (1999).

Salamis (1), Insel im Saron. Golf. Die Insel war in der Frühzeit zwischen den gegenüberliegenden Städten Athen und ↗ Megara umstritten; im 6. Jh. v. Chr. kam S. zu Athen und wurde neu besiedelt. In den Perserkriegen kam es hier 480 v. Chr. zum berühmten Seesieg der griech. Flotte unter ↗ Themistokles über die Perser. **Lit.:** J. F. Lazenby, The Defence of Greece (1993). – M. C. Taylor, S. and the Salaminioi (1997).

Salamis (2), bedeutende griech. Stadt auf ↗ Zypern. Die an der Ostküste Zyperns gelegene Hafenstadt wurde wohl im 11. Jh. von Griechen besiedelt; aus dem 8./7. Jh. stammen fürstl. Dromosgräber. S. beteiligte sich am ↗ Jon. Aufstand (500–494) gegen die Perserhoheit, 450 siegten bei S. Flotte und Heer der Athener über die Perser. Unter König Euagoras I. (410–373) war S. die bedeutendste Stadt der Insel. Artaxerxes III. (359–338) unterwarf es erneut. Zu Beginn des Hellenismus wurde S. zum Schauplatz mehrerer Auseinandersetzungen zwischen Diadochen.

311/10 wurde der letzte König von S. zum Selbstmord gezwungen, die Ptolemäer verleibten Stadt und Insel ihrem Reich ein. In röm. Zeit blieb S. zwar eine bedeutende Hafenstadt, doch wurde ↗ Paphos Provinzhauptstadt. 116/17 kam es im Rahmen des jüd. Aufstandes zu Verwüstungen auf der Insel, im 4. Jh. zerstörten Erdbeben mehrfach die Stadt, die unter dem Namen Constantia wiederaufgebaut wurde und eine späte Blüte erlebte. **Lit.:** V. Karageorghis, S. in Cyprus (1969). – ASM (1999).

Salarium (lat., »Salzgeld«) bezeichnete die Zahlungen, die vom Staat oder den Gemeinden an höhere Beamte und sonstige öffentl. Personen geleistet wurden. Augustus führte für die Verwaltungsbeamten senator. und ritterl. Standes außerhalb Roms ein festes S. ein. Die Zahlung eines S. war bei den zuständigen Oberbeamten einklagbar.

Salben (gr. elaion, lat. unguentum) spielten in der antiken ↗ Körperpflege eine große Rolle als Reinigungs-, Pflege- oder Konservierungsmittel, da die Seife in Tensidform noch unbekannt war. Grundlage der S. waren verschiedene pflanzl. (Oliven-, Nuss- oder Mandelöl) oder tier. Fette (Lanolin). Hunderte von Rezepturen waren verbreitet, die sich nach Herstellungsart, Konsistenz und Ingredienzien unterschieden. S. wurden im heißen Wasserbad mit Harzen und Aromen versetzt. Man salbte sich zur Reinigung und Pflege der Haut im oder nach dem Bad oder um in sportl. Wettkämpfen geschmeidig zu sein, zum ↗ Symposion an Brust und Füßen. Tote wurden gewaschen und gesalbt, der Grabstein mit Öl begossen. Die röm. Komödie und zahlreiche Grabfunde zeigen die exzessive Anwendung von S. **Lit.:** E. Paszthory, S., Schminken und Parfüme (1992).

Salier (1) (lat. salii, »Springer«), 24 röm. Priester des Mars und des Quirinus, die ihren Göttern bewaffnet und mit dem roten Kriegsmantel bekleidet durch rituelle Waffentänze im März und Oktober huldigten.

Salier (2) (lat. Salii), Stamm der Niederfranken. Die ursprünglich nördl. der Rheinmündung siedelnden S. sind erstmals 358 n. Chr. bezeugt, als sie von Kaiser

Reliefierte Säulen
des Hathortempels
in Dendera, Ägypten

Julian besiegt wurden. Zu Beginn des 5. Jh. n. Chr. zogen die S. unter dem ersten Merowinger Chlodio nach S, gelangten bis zur Somme, wurden aber 445 von Aetius geschlagen. Unter ↗ Chlodwig gewannen die S. eine Vormachtstellung im Stammesverband der Franken; das Siedlungsgebiet zu den anderen fränk. Stämmen ist nicht klar abzugrenzen.

Sallust, Gaius Sallustius Crispus, aus Amiternum, röm. Historiker, 86–35 v. Chr. S. schlug als *homo novus* die öffentl. Laufbahn ein. 54 wurde er Quästor, 52 Volkstribun. Aus dem Jahr 54 stammt eine (in ihrer Echtheit angezweifelte) gehässige Invektive gegen Cicero, zu der die Antwort mitüberliefert ist. Als Gegner der Nobilitätsherrschaft und Anhänger der Popularen und Caesars wurde S. 50, angeblich wegen privater Verfehlungen, in Wahrheit aber aus polit. Gründen, aus dem Senat ausgestoßen. Caesar rehabilitierte ihn 47. Aus der Bürgerkriegszeit stammen zwei *Briefe an Caesar über den Staat,* deren Authentizität ebenfalls heftig umstritten ist. 46 wurde S. Prätor, anschließend Prokonsul von Afrika. Er bereicherte sich so scham-

los, dass er nach seiner Rückkehr die berühmten ›Sallust. Gärten‹ auf dem Pincio anlegen lassen konnte. Der Freispruch in einem Repetundenprozess beweist, dass er einflussreiche Freunde besaß. Nach der Ermordung Caesars (44) zog sich S. desillusioniert aus der Politik zurück und widmete sich der Schriftstellerei. – Das *Bellum Catilinae* stellte die Verschwörung der Catilinarier (63 v. Chr.) dar, das *Bellum Iugurthinum* den Krieg gegen den numid. König Jugurtha (111–105 v. Chr.), die fragmentar. *Historiae* die Geschichte von 78 bis 67. S. steht in der Tradition der polit. Historiographie des ↗ Thukydides, die Geschichte zu ›erklären‹ versucht. Histor. Details sind ihm unwichtiger als tiefere Wahrheiten, Fakten unwichtiger als Motive; für diese Tendenz dürfte er in ↗ Sempronius Asellio einen röm. Vorläufer gehabt haben (Gellius 5, 18, 8). Wohl ↗ Poseidonios folgt er in der Datierung des röm. Niedergangs in das Jahr 146 v. Chr. (Zerstörung Karthagos und damit Wegfall der gefährlichsten äußeren Bedrohung), seit dem die *virtus* (»Tugend«), die Rom groß gemacht habe, durch *lu-*

bido dominandi (»Machtgier«) verdrängt worden sei. S. sieht nicht strukturelle, sondern moral. Ursachen am Werk. Daher arbeitet er mit Charakterisierungen und psycholog. Deutungen; berühmt ist der Vergleich (Synkrisis) zwischen Caesar und Cato in *Catilina* 51–54. Reflektierende Exkurse im Stil des Thukydides untermauern die Darstellung. Der Stil ist archaisierend und von schwerer Würde. **Lit.:** R. Syme, S. (1964). – C. Becker, in: ANRW I 3 (1973) 720–754.

Salmoneus, Sohn des Äolus (2) und der Enarete, Gründer der Stadt Salmonia in Elis. Dort entfacht er den Zorn des Zeus, indem er auf seinem Wagen in wilder Fahrt mit Kupfergeschirr das Donnern, durch Werfen von brennenden Fackeln die Blitze des Zeus nachzuahmen versucht. Zeus vernichtet ihn und mit ihm seine ganze Stadt durch einen Blitzschlag.

Salome, Stieftochter des ↗ Herodes Antipas; im Neuen Testament nicht namentlich, sondern nur als »Tochter der Herodias« genannt; verlangte die Tötung ↗ Johannes des Täufers (Markus 6, 21–29).

Salona (heute Solin, nördl. von Split, Kroatien), Hauptstadt der röm. Provinz ↗ Dalmatien. Die antike Hafenstadt wurde im 4. Jh. v. Chr. als griech. Kolonie gegründet, im 2. Jh. v. Chr. von den einheim. Delmaten erobert und erhielt 78/77 von den Römern die Freiheit zurück. Unter Caesar erhielt S. den Status einer Colonia, Augustus errichtete außerhalb der griech. Stadt eine neue Stadtanlage, die ebenfalls den Colonia-Status erhielt. In der Spätantike florierte S. erneut, als Diokletian im nahegelegenen Spalatum (heute Split) seinen Kaiserpalast errichten ließ. Seit dem 2./3. Jh. war S. Bischofssitz. **Lit.:** J. J. Wilkes, Dalmatia (1969). – ASM (1999).

Salpinx (gr.; lat. *tuba*), langes, trompetenartiges Blasinstrument aus Metall mit einem Mundstück aus Horn. Da es nur wenige klare Töne produzieren konnte, blieb seine musikal. Bedeutung marginal; es kam eher als Signalgeber im Krieg, bei kult. Handlungen oder bei Spielen zum Einsatz. ↗ Musikinstrumente **Lit.:** M. Wegner, Das Musikleben der Griechen (1949).

Saltus (lat., »Springen«), bezeichnet eine waldige Stelle, auch einen Pass oder ein Gebirge, im weiteren Sinne ausgedehnte Ländereien oder Weideplätze, in der röm. Kaiserzeit Domänen. Varro benutzt S. als Fachbegriff für ein quadrat. Flächenmaß: 1 S. = 4 Zenturien = 800 *iugera.*

Salus, röm. Göttin, Personifikation des Heils, mit Tempel auf dem Quirinal (302 v. Chr.).

Salutatio (lat., »Begrüßung«), morgendl. Visite der röm. ↗ Klienten bei ihrem ↗ Patron, um diesem ihre Aufwartung zu machen, Ratschläge einzuholen oder Unterstützung zu erbitten. Als Kontaktpflege zwischen Klient und Patron gehörte dieser tägl. Empfang zu den wichtigsten gesellschaftl. Handlungen im Klient-Patron-Verhältnis.

Salvianus von Marseille, lat. Theologe, ca. 400–480 n. Chr. In seinem Hauptwerk *De gubernatione Dei* (*Über die Regierung Gottes*) in acht Büchern werden die german. Einwanderer als Instrument des Gotteszorns betrachtet, wobei die Lässigkeit der Christen der hohen eth. Gesinnung der Barbaren gegenübergestellt wird. Des Weiteren sind neun Briefe und ein Werk *Ad ecclesiam* (An die Kirche) in vier Büchern erhalten, in der S. die Habgier als das Grundübel seiner Zeit stilisiert. **Lit.:** J. Badewien, Geschichtstheologie und Sozialkritik im Werk S.s (1980).

Salz (gr. hals; lat. sal), im weiteren Sinn chem. Verbindung aus diskreten Kationen und Anionen; am bekanntesten das Natriumchlorid (Koch-S.). Zwar kannte die Antike diese chem. Zusammensetzung nicht, doch wusste sie um den Wert und die vielfache Anwendung von S., bes. als notwendigem Bestandteil der menschl. Nahrung. Der Besitz von Solequellen und -feldern sowie die Kontrolle des Salzhandels waren frühzeitig ein Machtfaktor und Quell des Reichtums antiker Völker. In Ägypten wurde S. besteuert und der Export des »weißen Goldes« im staatl. Monopol betrieben. Man gewann S. in der Wüste (Ammonoase) oder aus dem Meer (Totes Meer; Küste bei Megara und Ostia; das lat. Wort *insula*, Insel, bedeutet eigentlich »in der Salzsole«), im Tagebau, durch Verdampfen auf Solefeldern oder in Meeressalinen. Vom Hafen Ostia führte die ↗ Via Salaria (S.-Straße) bis ins Sabinerland; in Rom passierte sie dabei die Porta Salaria. Röm. Soldaten und Beamte erhielten als Aufwandsentschädigung oder Gratifikation ein *salarium* (S.-Geld) als Teil oder anstelle ihres Soldes (aus dem lat. Begriff bildeten die meisten Sprachen das Wort für Gehalt (salaire, salary, Salär). Die antike Medizin verwendete S. zur Desinfektion und Reinigung; Natron diente zur Mumifizierung. **Lit.:** J.-F. Berger, Die Geschichte vom S. (1989). – M. Treml (Hg.), S. macht Geschichte (1995).

Samaria, israelit. Königreich mit gleichnamiger Hauptstadt. Die im 9. Jh. v. Chr. gegründete Stadt S. wurde nach der israelit. Niederlage gegen die Assyrer Hauptstadt des Landes S.; hier siedelten die Assyrer im 8. Jh. aus Mesopotamien vertriebene Siedler an und zwangsvereinigten diese mit den einheim. altisraelit. Bewohnern. Mit der Rückkehr der jüd. Gemeinde von ↗ Jerusalem aus der »Babylon. Gefangenschaft« im 5. Jh. entstand ein neues Zentrum des Judentums, da die Samariter an ihrer eigenen Kultgemeinschaft festhielten. So waren den Samaritern nur die fünf Bücher Mose heilig, nicht aber die weiteren Bücher des Alten Testaments. Im frühen Hellenismus wurde die Stadt S. von Griechen besiedelt, Herodes d.Gr. begründete die Stadt zu Ehren des Augustus unter dem Namen Sebaste neu und weihte sie aus. 6 n. Chr. wurden die Provinzen S. und ↗ Judäa der Verwaltung eines einzigen Prokurators unterstellt. Der »barmherzige Samariter« des Lukas-Evangeliums (10, 33) reflektiert die Trennung der beiden jüd. Glaubenstraditionen. **Lit.:** ASM (1999).

Samarkand, moderner Name für ↗ Marakanda.

Samniten, Stammesgruppe im Bergland des Apennin. Die von den ↗ Sabellern abstammenden S. erhielten ihren Namen von der Landschaft Samnium, die sie bewohnten. Die der osk.-umbr. Sprachgruppe angehörenden Teilstämme ordneten sich in vier Stammesstaaten: Caracener, Caudiner, Hirpiner, Pentrer. Die S. eroberten im 5. Jh. v. Chr. nach dem Rückzug der Etrusker große Teile Kampaniens, wurden aber von Rom in drei verlustreichen Kriegen (343–341; 327–321 und 316–304; 298–290) unterworfen, schlossen sich später der Seite des Königs ↗ Pyrrhos an und beteiligten sich ebenso am ↗ Bundesgenossenkrieg. Rom versuchte Samnium durch die Anlage von Militärkolonien unter Kontrolle zu bringen. Große Teile des fruchtbaren Ackerlandes der S. wurde röm. Staatsland. 88 erhielten die S. das volle röm. Bürgerrecht. Ein Großteil von Samnium wurde unter Augustus in die 4. Region Italiens eingegliedert. **Lit.:** E. T. Salomon, Samnium and the Samnites (1967).

Samos, jon. Insel in der Ägäis vor der kleinasiat. Küste; Heimat des ↗ Pythagoras. Die fruchtbare, von Joniern besiedelte Insel mit der gleichnamigen Stadt entwickelte schon im 8. Jh. v. Chr. ein umfassendes Netz an Handelsbeziehungen von Hispanien über Nordafrika, Ägypten (Naukratis), Kleinasien, Thrakien (Samothrake) und das griech. Mutterland. Im 7./6. Jh. beherrschten Tyrannen S.; eine Blütezeit erlebte die Insel im 6. Jh. unter ↗ Polykrates. Handel, Schiffsbau, Landwirtschaft und Wollproduktion steigerten den Reichtum von S., das mit einer eigenen Münzprägung begann. Polykrates begann auch den Neubau des großen (nie vollendeten) Heratempels von S. Nach seiner Herrschaft geriet die Insel in Abhängigkeit zum expandierenden Perserreich. S. beteiligte sich am ↗ Jon. Aufstand, stellte Schiffe bei der Seeschlacht von Lade und wurde Mitglied des 1. Att. Seebundes; 441–439 kam es zu Streitigkeiten mit Athen, die in einem Aufstand endeten, der von Perikles niedergeschlagen wurde. Auch nach dem Ende des Seebundes blieb S. Verbündete Athens; die gesamte Bürgerschaft erhielt dafür das athen. Bürgerrecht. Die Weigerung, dem 2. Att. Seebund beizutreten, führte 365 zur Ansiedlung athen. ↗ Kleruchen. Im Hellenismus wechselte S. als wichtiger Flottenstützpunkt vor der jon. Küste mehrfach zwischen Seleukiden, Ptolemäern und Rhodiern. 188 erhielt S. von Rom die Unabhängigkeit, die Augustus bestätigte und die erst von Vespasian eingezogen wurde. Bis unter ↗ Gallienus prägte S. eigene Münzen, Diokletian fügte S. der Provincia insularum ein. – Die antike Stadt S. (heute Tigani) lag an der Südküste, die heutige Inselhauptstadt S. (bzw. Vathy) liegt hingegen an der Nordküste. Von der Stadt haben sich beachtl. Reste erhalten: Teile der Stadtmauer, Hafenanlage, Wasserleitung und des Theaters. 8 km westl. der Stadt befand sich das große ↗ Heraion von S.; Hera soll hier geboren worden sein. Schon im 8. Jh. v. Chr. wurde ein großer Heratempel errichtet, der Mitte des 6. Jh. begonnene Monumentalbau (108 : 52 m) des Polykrates war schon der 3. Tempelbau (↗ Rhoikos). Der große Altar mit dem heiligen Lygosbaum und weitere Gebäude ergänzten den Komplex. Um 260 n. Chr. zerstörten die Heruler den Tempel, der zu den Weltwundern der Antike gerechnet wurde. Zahlreiche Funde

aus S. finden sich auf der Berliner Museumsinsel. **Lit.:** R. Tölle, Das antike S. (1969). – G. Shipley, A History of S. (1987). – GLHS (1989) 599–605. – ASM (1999).

Samosata (heute Samsat, Türkei), Residenz der Könige von ↗ Kommagene; Geburtsort Lukians. S. lag am rechten Ufer des ↗ Euphrat an einem zentralen Übergang einer Karawanenstraße, wurde in späthellenist. Zeit zur Residenzstadt des Königreiches Kommagene ausgebaut und 72 v. Chr. von den Römern erobert. **Lit.:** PECS (1976).

Samothrake, Insel vor der thrak. Küste. Das seit dem 2. Jt. von Thrakern besiedelte S. wurde im 8. Jh. v. Chr. von Samos kolonisiert, die antike Stadt S. befand sich im NW der Insel. Schon früh eroberte S. Gebiete auf dem thrak. Festland. Es war Mitglied im 1. ↗ Att. Seebund, wurde zeitweise von Sparta besetzt und um 340 von Philipp II. für Makedonien in Besitz genommen, 168 wurde die Insel römisch. In hellenist. und röm. Zeit erlebte der Mysterienkult der »Großen Götter« eine Blüte. Zentrum des außerhalb der Stadt befindl. Kultbezirks war das Anaktoron, in dem die erste Einweihungszeremonie in die Mysterien stattfand. Der Bau geht auf das 6. Jh. v. Chr. zurück, während das sog. Arsinoeion, mit 20 m Durchmesser der größte griech. Rundbau, um 280 v. Chr. von der Königin ↗ Arsinoe errichtet wurde. Theater, Stoa und weitere Gebäude fanden sich hier ebenso wie ein Brunnenhaus, das einst von der Nike (Siegesgöttin) von S. gekrönt war. Heute befindet sich die um 190 v. Chr. geschaffene Statue an exponierter Stelle im Treppenhaus des Louvre (Paris). Erst in der Spätantike verödeten Heiligtum und Stadt. Funde im Museum von S. **Lit.:** H. Ehrhard, Samothrake (1985). – GLHS (1989) 605–609. – ASM (1999).

Sandale ↗ Schuhe

Sandrakottos (ind. Candragupta), Begründer der ind. Maurya-Dynastie, regierte ca. 320–297 v. Chr. 304 schloss er einen Vertrag mit Seleukos I., durch den er gegen die Lieferung von 500 Kriegselefanten die Indusgebiete des ehemaligen Alexanderreiches erwarb. **Lit.:** F. F. Schwarz, Mauryas und Seleukiden (1968).

Sanduhr ↗ Uhr

Sannyrion aus Athen, griech. Komödiendichter, 2. Hälfte 5. Jh. v. Chr. Er scheint, wie die wenigen erhaltenen Titel und Fragmente bezeugen, Tragödienparodie bevorzugt zu haben.

Sapor I. (Schapur), pers. König aus der Dynastie der Sasaniden, regierte 241–272 n. Chr., ergriff im Konflikt mit Rom die Offensive und konnte sich erfolgreich gegen die Kaiser Gordian III. und Philippus Arabs behaupten. 260 besiegte er den Kaiser Valerian, der in pers. Gefangenschaft geriet. Religionspolitisch förderte er den mazdaist. Kult, war aber auch gegenüber Christen und Juden tolerant. **Lit.:** E. Kettenhofen, Die röm.-pers. Kriege des 3. Jh. n. Chr. (1982).

Sapor II. (Schapur), pers. König aus der Dynastie der Sasaniden, regierte 309–379 n. Chr., erlangte während seiner langen Regierungszeit im Kampf gegen Rom einige Vorteile, ohne jedoch den militär. Durchbruch zu erzielen. Dem Christentum stand er bes. nach der offiziellen Anerkennung in Rom feindlich gegenüber.

Sapphische Strophe, Begriff der Metrik, auf die Lyrikerin Sappho zurückgehende Strophe der Form $-\cup-\times-\cup\cup-\cup-\times$ (dreimal) mit abschließendem ↗ Adoneus ($-\cup\cup--$). Die S. S. wird bes. von Horaz in den *Oden* verwendet.

Sappho, griech. Lyrikerin von Eressos bzw. Mytilene (Lesbos), geb. ca. 625 v. Chr. Sie gehörte der Oberschicht an. S. wirkte in einem Kreis von Mädchen oder jungen Frauen, die sich diesem Zirkel eine begrenzte Zeit vor der Hochzeit anschlossen. Diesen Frauenkreis muss man im Zusammenhang mit der in der griech. Kultur der archaischen und auch noch klass. Zeit übl. Initiationsriten verstehen. Jugendliche werden für eine bestimmte Zeit von ihren Familien getrennt, um in einer Gruppe von Gleichaltrigen durch eine erfahrene Person auf ihr zukünftiges Leben als Bürger oder (Ehe-)Frau vorbereitet zu werden. In den Fragmenten wird denn auch die Situation der Mädchen im S.-Kreis und insbes. die Trennung thematisiert, die die Verheiratung der Mädchen mit sich brachte. Vollständig ist nur ein Aphroditehymnus, ein längeres Stück aus einer Beschreibung der Hochzeit von Hektor und Andromache, auf einem Papyrus erhalten, das große Nähe zur ep. Erzähltechnik und Sprache aufweist. Die Gedichte sind in äol. Dialekt und in verschiedenen Metren (↗ Sapph. Strophe) verfasst. **Lit.:** D. L. Page, S. and Alcaeus (1971). – J. Bremmer (Hg.), From S. to De Sade (1989). – GGGA (1999).

Sarapis ↗ Serapis

Sarazenen (gr. Sarakenoi), arab. Beduinenstamm. Der in NW-Arabien und auf dem Sinai ansässige Stamm hatte in röm. Zeit Kontakte zum röm. Statthalter. In byzantin. Zeit und bei westl. Autoren des MA, geprägt durch die Zeit der Kreuzzüge, bezeichnet der Begriff alle Araber bzw. alle Mohammedaner.

Sardinien (gr. Sardō, lat. Sardinia), zweitgrößte Insel im Mittelmeer, heute italienisch. Die nicht zu den Indoeuropäern gehörende Urbevölkerung dürfte mit den Iberern verwandt gewesen sein. Die noch heute in großer Zahl erhaltenen sog. Nuragen, steinerne Rundbauten, sind sichtbarstes Relikt dieser einheim. Kultur. Seit dem späten 6. Jh. v. Chr. kolonisierten neben Etruskern und Griechen bes. die ↗ Karthager die Insel. Erst nach der karthag. Niederlage im 1. ↗ Pun. Krieg (264–241 v. Chr.) und weiteren Unruhen in der Folgezeit konnte Rom 238 die Insel den Karthagern nehmen und der Verwaltung eines Prätors unterstellen, doch wurde die Eroberung S.s erst 177 abgeschlossen. 227 wurde S. mit ↗ Korsika vereinigt, das Tyrrhen. Meer war nun römisch. Die Provinz wurde bis 19 n. Chr. durch Truppen gesichert, Hauptort der Insel war Calares (heute Cagliari). Um 450 besetzten Vandalen die Insel. **Lit.:** P. Meloni, La Sardegna romana (1975).

Sardis (gr. Sardeis), Hauptstadt Lydiens. Die reichen Metallvorkommen im Umland sowie die günstige Lage im fruchtbaren Tal des ↗ Hermos, der bis S. schiffbar war, begünstigte den Aufstieg von S. zur bedeutendsten Stadt Lydiens. Die Stadt war seit der Bronzezeit besiedelt, die halbmyth. Könige Lydiens (↗ Gyges, ↗ Kroisos) residierten in S., und auch die pers. Satrapen hatten nach der Eroberung Lydiens 547 bis zur Eroberung durch Alexander d.Gr. 334 hier ihren Sitz. Konsequent wählten auch die Statthalter der Seleukiden für die Westprovinzen S. als Verwaltungssitz, 188 mit dem Frieden von Apameia fiel S. an Pergamon und 133 mit dem pergamen. Erbe an Rom, das es 129 röm. Verwaltung unterstellte. Die Stadt blieb bis in spätbyzantin. Zeit eine wohlhabende Metropole. **Lit.:** G. M. A. Hanfman, S. from Prehistoric to Roman Times (1983). – ASM (1999).

Sardur ↗ Urartu

Sarg. Die ↗ Bestattung von Toten in Behältnissen aller Art ist seit urgeschichtl. Zeit üblich. Holz-S. oder Totenbettlade sind in myken. Zeit in Griechenland nachweisbar. In der homer. Zeit des 8. – 7. Jh. v. Chr. war die Feuerbestattung in ↗ Urnen üblich. Als S. dienten längl. Kisten, wannen- oder amphorenförmige Behälter aus Ton (Pithosbestattungen), Stein oder Holz; in Ägypten ↗ Kanopen aus Ton, die einzelne Organe des Toten enthielten. Je nach Kulturkreis, Wohlstand und Zivilisationsgrad der Völker differieren die Särge in Ausstattung und Erscheinungsform.

Sarkophag (gr. sarkophagos, »Fleischfresser«; nach einer kleinasiat., leichenauflösenden Kalksteinart), ursprünglich aus Ägypten stammendes Behältnis aus Stein zur ↗ Bestattung der Toten, das bemalt oder reliefiert sein konnte. In Anlehnung daran wurden S.e auch von anderen Kulturkreisen nachgeahmt (Kreta, Mykene, Griechenland, Etrurien), und sie kamen in all jenen Kulturen vor, die eine Leichenbestattung der Brandbestattung vorzogen. Auf Kreta finden sich vom Ende des 3. Jt. v. Chr. bis ins 17. Jh. v. Chr. hinein S.e aus Ton mit gerundeter Form (Wannen-S.e). Diese wurden zunächst von hölzernen S.en und später (etwa im 14. Jh.) von truhenförmigen Ton-S.en, z.T. mit Giebeldach, abgelöst. Der berühmteste dieser S.e ist der kunstvoll bemalte Kalkstein-S. aus ↗ Hagia Triada. Die Griechen des 6. bis 4. Jh. v. Chr. verwendeten entweder prächtig bemalte Ton-S.e (die bekanntesten sind diejenigen aus der Gegend von Klazomenai an der kleinasiat. Küste) oder architektonisch gestaltete, reliefierte Stein-S.e (↗ Alexander-S.). – In Etrurien kommen in archaischer Zeit zunächst nur schlichte Ton-S.e vor, ab dem 5. Jh. setzen sich die charakterist. Ton- und Stein-S.e mit Deckelfiguren (die Toten rundplastisch ausgeführt und gelagert) und Reliefverzierung durch. Beliebte Themen waren griech. Mythen, Schlachtdarstellungen und etrusk. Jenseits- und Leichenzugbilder. – Die Römer bevorzugten grundsätzlich die Brandbestattung und fanden erst spät zur Leichenbestattung. Daher sind für die Zeit der röm. Republik nur wenige S.e überliefert; etwa ab dem 1. Jh. n. Chr. wie häufiger verwendet und sind im 2. und 3. Jh. bes. bei den wohlhabenderen Römern beliebt. Aus dieser Zeit gibt es sowohl zahlreiche re-

Sappho und Alkaios auf einem attischen Krater um 470 v. Chr.

liefverzierte Stein-S.e mit Szenen aus Mythologie, Krieg, Jagd und dem dionys. Bereich, als auch viele rein ornamental verzierte S.e (z.B. Riefel- oder Girlanden-S. e). Etwa seit der Zeit König Konstantins d.Gr. wurde die S.-Bestattung auch von den Christen übernommen und die S.e wurden mit entsprechenden Themen verziert. **Lit.:** G. Koch/H. Sichtermann, Röm. S.e (1982).

Sarmatien, röm. Name für große Teile Osteuropas. Das iran. Reitervolk der Sarmaten, die dem Gebiet den Namen gaben, siedelte zur Zeit des Herodot noch östl. des Tanaïs (heute Don), der als Grenze zwischen Europa und Asien galt. Um 130 v. Chr. wichen die Stämme der Sarmaten nach W und erreichten um 50 n. Chr. die ungar. Tiefebene. Das weit verstreute Siedlungsgebiet führte zur röm. Bezeichnung S., die ganz Osteuropa östl. der Weichsel bis hin zum Don meinte, obwohl nur ein Bruchteil dieses Areals von den Sarmaten bevölkert wurde. **Lit.:** T. Sulimirski, The Sarmatians (1970).

Sarmizegetusa (heute Várhely, Rumänien), Hauptstadt ↗Dakiens. Die Residenzstadt der dak. Könige erhielt 102 n. Chr. eine röm. Besatzung, nach dem 2. Dakerkrieg wurde S. röm. Colonia und war durch den Markomannenkrieg (167–175) bedroht. Im 3. Jh. wurde S. Provinzhauptstadt und Zentrum des provinzialen Kaiserkultes. Überreste des Legionslagers sind erhalten.

Sarpedon (1) (gr. Sarpedon), Sohn der Europa. Er streitet mit seinen Brüdern ↗ Minos und ↗ Rhadamanthys um die Gunst des jungen Miletos; als sich Miletos für ihn entscheidet, wird er von dem verärgerten Minos vertrieben. Er lässt sich in Kilikien nieder und nimmt dort den flüchtigen Lykos auf.

Sarpedon (2) (gr. Sarpedon), Sohn des Zeus und der Laodameia, kämpft im ↗Trojan. Krieg gegen die Griechen und wird von ↗Patroklos getötet.

Sas(s)aniden, iran. Dynastie, benannt nach ihrem Ahnherrn Sasan, regierte in Persien 224–651 n. Chr. Der erste S.-Herrscher, Ardaschir (224–241) der die parth. ↗ Arsakiden stürzte, nahm die Offensive gegen Rom wieder auf und erhob Anspruch auf alle früheren Besitzungen der ↗ Achämeniden. Die S. errichteten einen starken zentralist. Staat, in dem die Lehre ↗ Zarathustras Staatsreligion wurde, übten in der Regel aber religiöse Toleranz. Der militär. Konflikt mit Rom bzw. Byzanz prägte die gesamte Herrschaftsdauer der S., doch konnten sie trotz zeitweiliger Erfolge keine dauerhaften Grenzkorrekturen erreichen. Das durch diesen Konflikt geschwächte Reich erlag im 7. Jh. dem Ansturm der Araber. **Lit.:** K. Schippmann, Grundzüge der Geschichte des sasanid. Reiches (1990).

Satire ↗ Satura

Satorquadrat, lat. Graffito aus fünf Zeilen zu je fünf Buchstaben, das als Palindrom von allen vier Seiten und in alle vier Richtungen gelesen werden kann:

S A T O R
A R E P O
T E N E T
O P E R A
R O T A S

Die bekannten Beispiele lassen sich vom 1. Jh. n. Chr. (Pompeji) bis in die byzantin. Zeit datieren. Ob »Arepo« als Eigennamen zu erklären ist bzw. einer anderen Sprache entstammt, ist nicht geklärt. Die Lesung zeilenweise ist unbefriedigend (»Der Sämann Arepo hält die Werke, die Räder« bzw. »Der Sämann hält den Pflug, die Räder«), während die Zickzack-Lesung »Der Schöpfer erhält seine Werke – seine Werke erhält der Schöpfer« eine für die stoische Theologie zentrale Aussage enthält. Eine christl. Deutung des Quadrats kann inzwischen als widerlegt gelten. **Lit.:** H. Hofmann, Das Satorquadrat (1977).

Satrap (pers., »Landesbeschützer«) hieß im ↗ Achämenidenreich seit ↗ Dareios I. der Statthalter einer Provinz (Satrapie). Die S.en waren in den ihnen unterstellten Gebieten für die Steuereintreibung und Rechtsprechung zuständig und verfügten über die lokale Militärhoheit. Diese Machtkonzentration ermöglichte es ihnen, in Zeiten schwacher Zentralgewalt ein nahezu unabhängiges Dasein als halbselbständige Potentaten zu führen. Die Einrichtung des S.en wurde von Alexander d. Gr. nach der Eroberung des Perserreiches übernommen und auch von den ↗ Diadochen weitergeführt. **Lit.:** T. Petit, Satrapes et Satrapies dans l'empire achéménide (1990).

Satura (lat., »Satire«). Die S. galt nach Quintilian (10, 1, 93) als röm. Schöpfung. Der Begriff bedeutete ursprünglich Mischung, Pêle-mêle, Potpourri. Verschiedene Formen der S. sind zu unterscheiden: 1. die sog. ›dramat. S.‹, das vorliterar. Stegreifspiel, vermutlich in der Art von improvisierten Sketchen ohne ausgearbeitete Handlungsstruktur, wie es bei Livius 7, 2 geschildert ist; 2. die literar. Vers-S. (Ennius, Pacuvius), die einen moral. Unterton hatte, aber nicht ›satirisch‹ war; 3. die aggressive, zeit- und gesellschaftskrit. S. (Lucilius, Horaz, Persius, Juvenal), für die seit dem späten Lucilius der daktyl. Hexameter kanonisch wurde. 4. Varro hat den Begriff auf eine von ↗ Menippos von Gadara (3. Jh. v. Chr.) zur Verbreitung kyn. Popularphilosophie eingeführte Gattung, die *Menippeische Satire,* übertragen. Diese zeichnet sich durch Mischung von Prosa und Vers (Prosimetrum) aus (Varro, *Menippeische Satiren,* Seneca, *Apocolocyntosis,* Petron, *Satyrica*). Neben der eigentl. Gattung S. gibt es in Rom eine lange Tradition des satir. Sprechens, z.B. in der Feszennine sowie bei der Verspottung von Feldherrn durch ihre Soldaten bei Triumphzügen, oft im sog. *versus quadratus.* Satir. Passagen finden sich schließlich in der frühen Komödie, bes. bei Plautus. **Lit.:** J. Adamietz (Hg.), Die röm. S. (1986).

Saturn, röm. Erntegott, häufig mit ↗ Kronos identifiziert. Auf der Flucht vor Zeus/Jupiter gelangt er nach Latium, wo er der Bevölkerung die Kunst der Bodenbestellung lehrt. Seine Kultfeier, die *Saturnalia,* wurde über mehrere Tage ab dem 17. Dezember (nach der letzten Aussaat) begangen. Die S. waren ein ausgelassenes Fest, bei dem Herren und Sklaven symbolisch ihre Rollen vertauschten, Geschenke wie Kerzen und Tonpuppen ausgetauscht und Gladiatorenspiele veranstaltet wurden. Ursprünglich ein altes Bauernfest zur Beendigung der Feldarbeit, wurde vor dem S.-Tempel auf dem Forum (Aerarium populi Romani) dem Gott ein Opfer dargebracht und das Volk in einem öffentl. Festmahl gespeist. **Lit.:** K. Latte, Röm. Religionsgeschichte (1960) 254.

Saturnalien ↗ Saturn

Saturnier. Der S. ist das älteste röm.-ital. Versmaß. Er begegnet bei den frühen Dichtern Livius Andronicus (*virum mihi/Camena//insece/versutum*) und Naevius sowie in Inschriften (z. B. *Arvallied*, archaisch, in einem Protokoll aus dem Jahr 218 n. Chr. erhalten). Unklar ist, ob es sich um einen quantitierenden oder einen akzentuierenden Vers (↗ Akzent) handelte. Seit Ennius wurde der S. als ep. Versmaß durch den daktyl. Hexameter verdrängt. Seine Herkunft ist umstritten. **Lit.:** G. Pasquali, Preistoria della Poesia Romana, hg. von S. Timpanaro (1981).

Saturninus, Lucius Appuleius S., Volkstribun 103 und 100 v. Chr., ein Anhänger des Marius, versuchte in seiner zweiten Amtszeit ein Reformgesetz durchzubringen, mit dem er die Veteranen des Marius versorgt, aber auch in der Tradition der Gracchen Landzuweisungen in der Gallia Cisalpina an röm. Bürger und Bundesgenossen erfolgen und die Getreidepreise gesenkt werden sollten. Das Vorhaben stieß auf den massiven Widerstand senator. Kreise und es kam zu gewalttätigen Auseinandersetzungen, in deren Verlauf der Senat den Notstand (*senatus consultum ultimum*) erklärte. Der Konsul Marius musste gegen S. vorgehen, er wurde verhaftet und von aufgehetzten Senatsanhängern in der Kurie ermordet.

Satyrn, in der Mythologie im Wald lebende, ausgelassene Begleiter des Dionysos in Menschengestalt, aber mit Hufen, Hörnern, Pferdeschwanz und spitzen Ohren, die häufig von einem älteren ↗ Silen angeführt werden. Stets der rauschhafter Jagd nach schönen jungen Frauen, symbolisieren sie ungebändigte Lust und Fruchtbarkeit. Sie sind die Hauptfiguren des ↗ Satyrspiels. Darstellungen in der griech. Kunst sind sehr häufig, vor allem auf Vasen, aber auch in der Plastik (z. B. der sog. Barberin. Faun des aus hellenist. Zeit). **Lit.:** F. Buschor, Satyroi (1937).

Satyros, griech. Autor, Biograph, 3. Jh. v. Chr. Erhalten ist auf Papyrus ein größeres Stück einer Euripides-Vita. Die Informationen sind anekdotisch und stammen häufig aus der Komödie (z. B. Aristophanes, *Thesmophoriazusen*). **Lit.:** M. Lefkowitz, The Lives of the Greek Poets (1981).

Satyrspiel. Im 5. Jh. v. Chr. bildet das S. den heiteren Abschluss nach den zuvor aufgeführten drei Tragödien (Trilogie). Der Chor des S.s besteht immer aus Satyrn, die von ↗ Silen angeführt werden. Im Gegensatz zur Tragödie ist im S. der dionys. Hintergrund der Aufführung stets präsent. Die Satyrn gehören zum Gefolge des ↗ Dionysos; sie zeichnen sich durch Geilheit und Trunksucht aus. Häufig wird auch auf Elemente des Dionysoskults in versteckter Form angespielt. So hat die These einiges für sich, dass das S. von ↗ Pratinas an den ↗ Dionysien eingeführt wurde, um das dionys. Element wiederzubeleben. Die Komik des S.s

Der Satyr Nikoleos tanzt vor dem Dichter Demetrios (Vasendarstellung aus Neapel)

rührt einerseits vom Charakter des Chors her, andererseits aus dem Zusammenprallen von zwei konträren Welten: der heroischen Welt der Tragödie und des Epos, die mit der animal. Welt der Satyrn zusammenstößt. Das einzige vollständig erhaltene S. ist der *Kyklops* des Euripides, umfangreiche Teile sind von den *Ichneutai (Die Satyrn als Spürhunde)* des Sophokles auf einem Papyrus erhalten. Euripides scheint keine Vorliebe für das S. gehabt zu haben, da er häufig als viertes Stück ein Drama mytholog. Inhalts aufführte wie die *Alkestis,* die allerdings ein gutes Ende und einige kom. Szenen aufweist. **Lit.:** B. Seidensticker, S. (1989).

Saumakos, ein skyth. Sklave, führte 108/07 v. Chr. einen erfolgreichen Aufstand im Bosporan. Reich an. Nach schweren Kämpfen erlag er Mithradates VI. von Pontos.

Savaria (heute Szombathely, Ungarn), Stadt in Pannonien. S. lag am Schnittpunkt wichtiger röm. Fernstraßen und war so u. a. mit Aquileia, ↗ Aquincum und ↗ Carnuntum verbunden. Claudius verlieh S. den Status einer Colonia, bis 106 n. Chr. war S. Provinzhauptstadt, unter Diokletian wurde S. wieder Zentrum von Pannonia I, Kaiser Konstantin d. Gr. errichtete hier dem Märtyrer Quirinus eine Basilika; die Stadt entwickelte sich zu einem religiösen Zentrum im spätantiken Pannonien. Ein rekonstruierter Isistempel sowie ein sehenswertes Lapidarium zeugen heute von der röm. Vergangenheit der Stadt. **Lit.:** T. Buócz, Lapidarium Savaria Museum (1994). – T. Szentléleky, Iseum (o. J.).

Savus (heute Save), Fluss in Pannonien. S. und viele seiner Nebenflüsse wurden von der antiken Flussschifffahrt genutzt und waren daher für die Erschließung und Wirtschaft Pannoniens von großer Bedeutung.

Scaenae frons (lat.), Rückwand der ↗ Bühne.

Schaf (gr. probaton; lat. ovis). Neben der Domestikation von ↗ Ziege, ↗ Rind und ↗ Pferd gelang auch die Züchtung des S.s aus verschiedenen Wildrassen sehr früh; sicherlich gehörten S.e und Lämmer zu den ältesten Wirtschafts- und Nutztieren. Um 2000 v. Chr. gab es in Mesopotamien bereits mindestens fünf S.-Rassen. Wildschafe bezeugen Varro, Plinius d. Ä. und Columella in histor. Zeit noch für Phrygien, Nordafrika und die mediterranen Inseln. Die S.-Zucht war im 1. Jh. v. Chr. in der gesamten bekannten Welt verbreitet. Reiche biolog. Mitteilungen mit Ratschlägen zu Aufzucht und Haltung bieten Aristoteles, Theophrast und Plinius d. Ä. Das S. galt als wehrloses, sanftmütiges und geduldiges Herdentier von hohem wirtschaftl. Nutzen als Fleisch- und Milchlieferant sowie zur Wollproduktion für Teppich- und Tuchindustrie mit Färbereien. Als Opfertier spielte es bei den Griechen eine Rolle im Kult von Aphrodite, Zeus und Hermes, Pan u. a., bei den Römern im Kult von Mars (↗ Suovetaurilia), Faunus sowie von Wald- und Quellgottheiten. Schwarze S.e wurden als Totenopfer völlig verbrannt. In die christl. Ikonographie ging das S. als Sinnbild für die Gemeinde mit Gott als »Hüter« und das Lamm als Symbol für geduldig ertragenes Leiden, bes. das Leiden Christi, ein. **Lit.:** O. Keller, Antike Tierwelt I (1909) 309–329. – K. D. White, Roman Farming (1970).

Schapur ↗ Sapor

Schatzhaus (gr. thesauros), kleines Gebäude zur Aufbewahrung wertvoller Weihgeschenke, welche einzelne Städte an ein griech. Heiligtum stifteten, z. B. in Delphi und Olympia. Meist hatte das S. die Form eines Antentempels (↗ Tempel) oder ↗ Prostylos. **Lit.:** H. Büsing, Das Athener S. (1994).

Schauspiel ↗ Drama, Tragödie, Komödie, Satyrspiel, Praetexta, Togata, Mimus, Pantomimus

Schauspieler (gr. hypokrites, lat. histrio). Nach der antiken Literaturgeschichtsschreibung entwickelte sich das ↗ Drama daraus, dass ↗ Thespis als erster einen Solisten aus dem ↗ Chor ausgliederte und ihn in einen Dialog mit dem Chor eintreten ließ (daher auch die griech. Bezeichnung *hypokrites*, »Antworter«). ↗ Aischylos soll den zweiten und ↗ Sophokles den dritten S. eingeführt haben. Sophokles scheint somit die Regel etabliert zu haben, dass höchstens drei sprechende S. sich an einem Dialog zugleich beteiligen konnten. Stumme Personen als Zusatz (sog. Parachoregema) waren durchaus möglich. Die Bezeichnungen Protagonist, Deuteragonist und Tritagonist für ersten, zweiten und dritten S. sind erst in späterer Zeit belegt. Im griech. Drama gab es nur männl. S., die auch die Frauenrollen übernahmen. Als bes. Manierismus, wie sich der Kritik des Aristophanes entnehmen lässt, scheint das Singen im Falsett, um Frauenrollen möglichst wirklichkeitsgetreu zu mimen, gegolten zu haben. Seit der Mitte des 5. Jh. v. Chr. gab es einen ↗ Agon der S. (an den Großen ↗ Dionysien seit 449, an den ↗ Lenäen seit 432 für die Tragödie und seit ca. 440 für die Komödie). Dies führte in der Folgezeit dazu,

Schauspieler in der Rolle des Herakles betrachtet seine Maske (Vasendarstellung um 410 v. Chr.)

dass die S. sich zu Virtuosen entwickelten und die Dichter ihnen Glanzpartien auf den Leib schrieben, bes. Soloarien (↗ Monodie, ↗ Gesang), und dass nach der offiziellen Genehmigung von Wiederaufführungen von klass. Dramen (386 v. Chr.) die S. die Texte nicht unangetastet ließen, sondern sie nach ihren Bedürfnissen bearbeiteten (sog. S.-Interpolationen; ↗ Interpolation). In hellenist. Zeit schlossen sich die professionellen S. zu S.-Verbänden, den sog. Dionysostechniten zusammen, die auf Tournee gingen. Diese fahrenden Truppen haben sicherlich einen enormen Einfluss auf die Entwicklung des röm. Dramas ausgeübt. So soll z. B. ↗ Plautus einer Schauspielgruppe angehört haben. In Rom genossen die S. kein bes. Ansehen, vor allem wohl deshalb, weil in der populären Gattung des ↗ Mimus, die sich durch derbe Erotik auszeichnete, auch Frauen auftraten. Die Kirchenväter, allen voran Tertullian in *De spectaculis* (*Über die Schauspiele*), verurteilten das Schauspielwesen mit heftigen Worten. **Lit.:** A. W. Pickard-Cambridge, The Dramatic Festivals of Athens (1988) 126–176.

Scheidung ↗ Ehescheidung

Scherbengericht ↗ Ostrakismos

Scherie, myth. Insel, Heimat der ↗ Phäaken in Homers *Odyssee*.

Schiedsgerichtsbarkeit. Das griech. Rechtswesen kannte die S. in verschiedener Ausprägung. Die

Richter konnten den Streit entweder durch Vergleich gütlich beilegen oder bei Uneinigkeit durch Spruch entscheiden; eine Berufungsinstanz war nach der Schlichtung des Streits nicht vorgesehen. Auch in Rom konnte im Falle eines privaten Rechtsstreits ein Schiedsrichter gewählt und ein Vertrag abgeschlossen werden, der das Ergebnis der Schlichtung schriftlich festhielt. Der Spruch des Richters war verbindlich. ↗ Rechtsprechung.

Schifffahrt ↗ Seewesen

Schild ↗ Rüstung

Schildkröte (gr. chelys; lat. testudo). Aus dem Panzer einer S. fertigte ↗ Hermes die erste ↗ Lyra bzw. ↗ Kithara, die er seinem Bruder ↗ Apollon als Versöhnungsgeschenk für die von ihm geraubten Rinder gab (Homer. Hermes-Hymnos; Sophokles, *Ichneutai*).

Schirm (gr. skiadeion; lat. umbella/umbraculum). Feste und zusammenklappbare S. kannte die Antike als Zeichen von Amt und Würde (Assur, Babylon, Ur) und als Schutz gegen Sonne, nicht aber als Regen-S. Beim Panathenäenfest trugen Dienerinnen den Kanephoren S. nach; vornehmen Römerinnen diente ein S. bes. in der Kaiserzeit als Sonnenschutz.

Schlachtordnung. In der frühgriech. Zeit kämpfte ein militär. Aufgebot getrennt nach Stämmen bzw. Geschlechtern in rechteckiger Aufstellung ohne verbindl. Oberkommando. Hieraus entwickelte sich die ↗ Phalanx, in der Schwerbewaffnete unter einheitl. Oberbefehl vorgingen und durch gezielten Drill je nach Schlachtlage manövrierfähig waren. Bei dieser für die griech. Welt typ. S. waren die einzelnen Abteilungen der Phalanx aus takt. Gründen nach gleichmäßigen Intervallen getrennt und meist acht Mann tief gestaffelt. Die Leichtbewaffneten und die Reiterei waren entweder vor der Front oder an den Flügeln aufgestellt. Sie eröffneten den Kampf und hatten bes. die Aufgabe, die gegner. S. in Unordnung zu bringen, ehe die Phalanx eingriff. Dieses idealisierte Modell war für die meisten griech. Schlachten maßgeblich, bis der theban. Feldherr ↗ Epaminondas seine S. bei Leuktra (371 v. Chr.) dahingehend modifizierte, dass er den linken Flügel zu Lasten des rechten massiv verstärkte, und durch diese *Schiefe S.* einen entscheidenden Sieg über die Spartaner errang. – Demgegenüber war die röm. S. durch die Gliederung der Armee nach ↗ Legionen geprägt. Im Rahmen der sog. *Manipulartaktik* (seit dem 3. Jh. v. Chr.) wurden diese, schachbrettartig gegliedert und in drei Treffen unterteilt, in die Schlacht geführt. Das erste Treffen bildeten die ↗ *Hastati*, die jüngsten Soldaten der Legion, das zweite die *Principes*, und das dritte die ↗ *Triarii*, die erfahrensten Kämpfer, die häufig als Notreserve zum Einsatz kamen. Je zwei ↗ Centurien (von insgesamt 60 einer Legion) wurden dabei zu einem ↗ Manipel zusammengefasst, innerhalb dessen die Centurien sechs Mann tief gestaffelt waren. Vor den Legionen waren die Leichtbewaffneten aufgestellt, die den Kampf eröffnen mussten, an den Flügeln befand sich die Reiterei. Dieses Grundmuster konnte je nach takt. Erfordernissen variiert werden, insbes. was die Staffelung der Einheiten betraf. Bei der *Ko-* hortentaktik wurden drei Manipel zu einer ↗ Kohorte zusammengezogen, die nun als kompakte Einheit kämpfte. Die grundsätzl. S. und die Aufteilung der Legion in drei Treffen blieb aber erhalten. Zu wesentl. Änderungen dieser Schlachtentaktik kam es erst im Zuge der Umwälzungen der Spätantike. ↗ Keil **Lit.:** A. K. Goldsworthy, The Roman Army at War 100 BC – AD 200 (1996).

Schlange (gr. ophis; lat. serpens). Mythen, Legenden und bildl. Darstellungen spiegeln die große Bedeutung der S. in Mythos und Kult (↗ Apollon, ↗ Ophiten, ↗ Sabazios) der alten Völker wieder. Den Ägyptern galt die S. als Sinnbild der Klugheit; Griechen und Römer verehrten sie als Symbol von Fruchtbarkeit und Heilung und als Wächter von Tempeln und Heiligtümern. Lag auf dem Weg eines Kranken zufällig eine S., sah man die sofortige Heilung mit Hilfe des Heilgottes Asklepios/Äskulap gesichert; als dessen Attribut windet sich eine S. um den Äskulapstab, der bis heute Symbol aller heilenden Berufe blieb. Kultisch verehrt wurde die S. auch als Trägerin chthon. Kräfte, als Hüterin der Unterwelt, als Sinnbild des Lebens, aber auch des Bösen, als Orakeltier oder glückbringender Schutzgeist des Hauses. Zoolog. Einzelheiten über Gift-S.n führt Plinius d.Ä. an. Man kannte wohl keine Angst vor S.n; als Haustier, mit dem sogar Kinder spielten, sorgte sie für die Reduzierung der Mäuse. In Palästina galt die Schlange als unrein; in der christl. Literatur wird sie zum Inbegriff der Verführung zum Bösen.

Schleuderer bildeten zu allen Zeiten der Antike ein wichtiges Element der Kriegsführung und waren meist als Spezialeinheit der Leichtbewaffneten organisiert. In einer Schlacht waren es oft die S., die den Kampf eröffneten. Neben Handschleudern fanden auch Stabschleudern Verwendung, und als Wurfgeschosse dienten neben Steinen auch Geschütze aus Blei. Als bes. gute S. galten Kreter und Balearen, die häufig als Söldner zum Einsatz kamen.

Schlüssel. Zunächst gab es in Griechenland lediglich Türen, die von innen mit Balken verschlossen waren. Erst Homer (7. Jh. v. Chr.) erwähnt ein einfaches System aus einem mit Höckern versehenen Riegel, der durch ein Loch an der Tür mit einem verknoteten Strick in Verschlussstellung gebracht wurde und mit Hilfe eines kurbelförmigen Stabes, der an den Höckern ansetzte und somit wie ein S. funktionierte, geöffnet wurde. Diese S. waren riesig und nicht bes. handlich (der heute noch erhaltene S. des Artemis-Tempels von Lusoi/Arkadien misst 50 cm). Eine Weiterentwicklung stellte das etwa um 500 v. Chr. erfundene sog. Balanos-Schloss dar, bei dem im S. mit Zinken kleine Klötzchen (*balanoi*) hob, die in einen Riegel eingelassen waren und so die Verriegelung löste, welche daraufhin beiseite geschoben werden konnte. Diese Technik wurde weiterentwickelt und in dieser Art auch bei den Römern benutzt. Die Römer kannten allerdings auch ein Schloss, das unserem heutigen Dreh- und Federschloss ähnelte und so klein war, dass es sogar als mobiles Vorhängeschloss benutzt

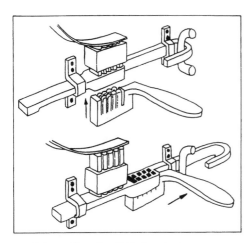

Bolzenschloss. Der Schließmechanismus war vermutlich noch durch ein Kästchen geschützt, das eine waagerechte Öffnung für den Schlüssel freiließ

Schmied (attische Schale um 500 v. Chr.)

werden konnte. Da die Gewänder der Römer keine Taschen besaßen, gingen S. häufig verloren. Vielleicht wurde deshalb zuweilen der S. mit einem Ring verbunden und am Finger getragen.

Schmetterling (gr. psyche, »Seele«; lat. papilio), Sammelname für die bunte Familie der Schuppenflügler (Lepidoptera), die im Altertum im Mittelmeerraum ebenso verbreitet war wie heute. S. werden von Aristoteles erwähnt, der den Entwicklungsprozess vom Ei über die Puppe (*chrysallis*) zum S. beschrieb. Der merkwürdige griech. Name rührt von Vorstellungen her, die die geheimnisvolle Verwandlung des S.s in die Nähe von Seelenwanderung und Unsterblichkeit rücken. Als Sinnbild des Lebens erscheint der S. lebendig und als Abbild in vielen Nekropolen und in der Kleinkunst. Fachschriftsteller wie Plinius d.Ä. oder Columella beschäftigen sich mit der Raupen als Schädling.

Schmied (gr. chalkeus; lat. faber ferrarius). Im Mythos war der Beruf des S. mit ↗ Hephaistos verbunden, dem Gott des Feuers und Herdes. Werkzeuge und Gerät aus Metall (Kupfer, Bronze, Eisen) waren vorwiegend Messer, Beile, Hacken und alle Arten von Waffen. Att. Vasen vermitteln einen Eindruck von der Ausstattung einer Schmiede im 5. Jh. v. Chr. (↗ Bronze). Die Kontrolle der verschiedenen Werkstatteinrichtungen (Schmiedefeuer, Blasebalg, Amboss) erforderte Helfer und Lehrlinge. Über die Grobschmiedearbeiten hinaus erstellten die S.e in der röm. Kaiserzeit auch Silberschmuck und kunstvolle Waffen.

Schmuck, meist aus Edelmetallen, aber auch aus Blei, Eisen, Knochen, Elfenbein, Holz, Glas, Bernstein, Perlen oder ↗ Edelsteinen, der auf der Kleidung (Gewandnadeln, Gürtelschnallen), der Haut (z. B.

↗ Ringe, Halsketten, Armspangen) oder im Haar (Reif, ↗ Diadem, ↗ Kranz) getragen wurde, gab es schon seit vorgeschichtl. Zeit in allen Kulturkreisen. Es entwickelten sich unterschiedl. Herstellungstechniken, die z. T. ein hohes Maß an Kunstfertigkeit erkennen lassen. Beliebt war S. aus Gold, dessen Gewinnung und Bearbeitung schon seit dem mittleren 3. Jt. v. Chr. bekannt gewesen ist. Zahlreiche solcher goldenen S.-Stücke wurden in Gräbern kret.-myken. Zeit und dann kontinuierlich seit geometr. Zeit gefunden. Die Goldschmiedekunst erreichte v. a. bei den Griechen und Etruskern ein hohes Niveau. In Rom erscheint Gold-S. erst ab der späten Republik und häufiger in der Kaiserzeit, bis seine Beliebtheit in der Spätantike noch einmal größer wurde. Insbes. in der Goldschmiedekunst zeigte sich eine Vielfalt an Gestaltungsmöglichkeiten und Herstellungstechniken. Goldbleche wurden gehämmert und getrieben, verziert durch Gravieren, Punzieren und Ziselieren. Bekannt waren ferner die Feuervergoldung und der Goldguss. Die Filigran-Technik bezeichnet eine Technik mit glatten, gedrehten oder gekörnten Drähten. Bekannt war schließlich auch die sog. Niello-Technik, bei der ein pulverisiertes Schwefelsilber verflüssigt und in metallene Vertiefungen der Werkstückes gefüllt wurde (so z. B. Schwertscheiden von Mykene oder Platten des Kaiseraugster Silberschatzes). **Lit.:** J. Boardman, Greek Gems and Finger Rings (1970). – B. Deppert-Lippitz, Griech. Gold-S. (1985).

Schöpfungsmythen, Verbindung von ↗ Theogonie und ↗ Kosmogonie.

Schola. 1. Im Halbrund gebaute oder angeordnete Sitzbänke auf öffentl. Plätzen, in Thermen (in den Apsiden um die Wasserbecken) oder in Grabanlagen. **2.** Versammlungs- oder Büroräume von Vereinen oder von Institutionen wie dem Senat in der röm. Kaiserzeit. **3.** Gelehrter Vortrag oder Vorlesung; auch höhere Lehranstalt, später allg. ↗ Schule.

Scholion, Anmerkungen zu einem antiken Text, die auf Papyri oder in Handschriften überliefert ist, heißen Scholien. Man unterscheidet zwischen interlinearen (zwischen die Zeilen gesetzte Erklärungen) und marginalen Scholien (meist ausführlichere Erklärungen am Rand).

Schotten (lat. Scoti), kelt. Volksstamm. Der ursprünglich in Nordirland siedelnde kelt. Stamm war seit dem 4. Jh. n. Chr. auch im heutigen Schottland (Bezeichnung ab 11. Jh.) auf der brit. Hauptinsel ansässig und bedrohte mehrfach zusammen mit den Pikten den N der röm. Provinz ↗ Britannien. Die frühchristl. Kultur der S. schlug sich im Frühmittelalter in der Iroschott. Missionsbewegung in Mitteleuropa nieder, an die heute noch die sog. »Schottenklöster« bzw. »-kirchen« erinnern, die auf irisch-schott. Missionsgründungen zurückgehen.

Schreibgeräte. Zum Schreiben wurden je nach Unterlage (Papyrus, Pergament, Leder, Stein, Verputz, Tonscherben, Wachs) verschiedene Gerätschaften benötigt. Um mit dem Schreiben beginnen zu können, musste man die Unterlage bisweilen vorbereiten, z. B. mit einem Falzbein, mit dessen Hilfe der Papyrus oder das in Holztafeln eingelassene Wachs geglättet wurde. Als Schreibstift konnte ein Pinsel dienen, an dessen Ende Gräser oder Tierhaare zusammengebunden waren und der in ↗ Tinte eingetaucht wurde (der Gänsekiel wurde erst seit der Spätantike benutzt), aber auch

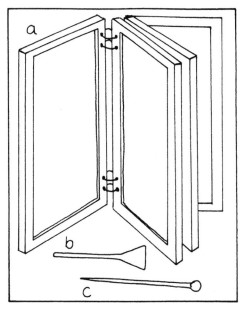

a Wachstafel   b Spatel   c Griffel

ein angespitzter Holzstengel bzw. ein hölzerner, beinerner oder metallener Griffel (↗ Stilus), mit dessen Hilfe die Buchstaben in das entsprechende Material eingeritzt wurden (↗ Diptychon). Mit einer Art Stempel konnten ferner auch Buchstaben in metallene oder steinerne Platten eingeschlagen werden. Daneben kannte man Lineale zum Linienziehen oder Schwämme zum Wegwischen der Schrift.

Schrift (gr. graphe; lat. scriptum, »das Geschriebene«). Man unterscheidet verschiedene Formen von S.: die reine Bilder-S., die Wort-S. (↗ Hieroglyphen), die Silben-S. und die Laut-S. Die meisten S.en entwickelten sich aus einem vorausgegangenen Bildsystem über Mischformen linearer Zeichen; z. T. existierten beide Formen nebeneinander. Bei der Gegenstands- oder Bilder-S. wurde ein Sachverhalt ohne Bindung an eine bestimmte sprachl. Form dargestellt; die Wort-S. verband den Sinn eines Zeichens nicht mehr mit einer Sache, sondern mit dem Wort für eine Sache; die Silben-S. basierte bereits auf mehrsilbigen Begriffen; Endpunkt bildete die Laut-S., wo ein, selten zwei oder drei Zeichen einen Lautwert darstellen. Die kret. Bilder-S. des 2. Jt. v. Chr. wurden zu ↗ Linear-S.en weiterentwickelt, dem minoischen Linear A und ab 1500 v. Chr. zum myken. Linear B. Aus dem Altphönizischen entstand wohl um das 9./8. Jh. v. Chr. die griech. S.; die Ausbreitung der griech. Kultur brachte sie auch in den Westen zu Etruskern und Römern. Die etrusk. S. wurde wiederum Vorbild des lat. Alphabets und damit prägend für alle modernen roman. oder angelsächs. Sprachen. **Lit.:** H. Haarmann, Universalgeschichte der S. (1990).

Schuhe waren in der Antike stets handgearbeitetes Maßwerk und sehr teuer. Nach Xenophon konnte ein Schuster gute Produkte nur durch Arbeitsteilung schaffen; der Meister beschäftigte Helfer und Gesellen. Der Schuster nahm Maß, um die S. anzupassen, dann schnitt er mit dem Rundmesser das Leder zurecht, stach Löcher hinein und nähte den Schuh schließlich mit Tiersehnen über den Leisten zusammen. Ein Helfer besohlte die S. mit Leder, Holz oder Kork. Geschlossene S. und Schnabel-S. gelangten aus dem Orient zu Griechen, Etruskern und Römern; das Tragen von S.n diente der kulturellen Abgrenzung gegen barfüßige Barbaren. Die Varianten in der röm. Fußbekleidung reichten von der einfachen Sandale aus Lederriemen über den Halbschuh (*soccus*) zu den Stiefeln (*caliga, caligula,* »Stiefel/chen«); auch Schnabel- und ›Plateau‹-S. mit hohen Korksohlen sind bezeugt. Vornehme Römer trugen Sandalen nur zu Hause, zum Standeskleid (*vestis forensis*) aber einen meist einfarbigen Schaft-Schuh aus Leder (*calceus*); der *calceus senatorius* war ein Standeszeichen. Frauen trugen auch farbige S.; unpassende Fußbekleidung fiel unangenehm auf. Abnehmer guter S. waren die antiken Oberschichten und bestimmte Berufsgruppen, bes. Soldaten, Bauern, Fuhrleute, die in der schlechten Jahreszeit auf strapazierfähige S. angewiesen waren.

Schulwesen. Die Antike verfügte über ein stark differenziertes und ausgebautes S. – *I. Griechenland:*

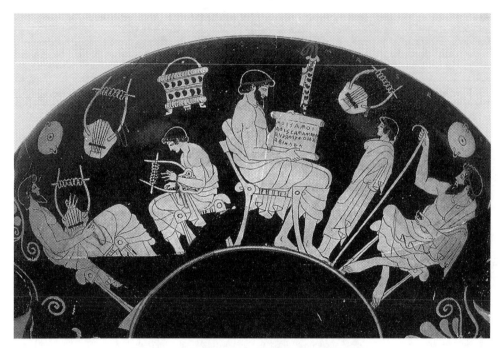

Schulunterricht. Griechische Trinkschale um 480 v. Chr.

Seit klass. Zeit sind private, aber auch staatl. Elementarschulen nachweisbar. Sie wurden von Kindern vom 7. bis zum 14. Lebensjahr besucht und erteilten eine Ausbildung in Lesen und Schreiben, Rechnen, Musik und Sport. Der Unterricht erfolgte in speziellen Räumen, die mit Sitzbänken und einem Lehrerpult (*thronos*) ausgestattet waren. Als Schreibmaterial dienten Wachs- oder Holztäfelchen, auf die mit Griffeln oder ↗ Tinte geschrieben wurde (↗ Schreibgeräte). Der Besuch von Elementarschulen war für alle freigeborenen Kinder (Jungen und Mädchen) üblich, aber nicht obligatorisch. Ferien im modernen Sinne gab es nicht, aber in jedem Monat eine Reihe von Festen und Feiertagen, an denen kein Unterricht stattfand. Nach dem Besuch der Elementarschule erfolgte gegebenenfalls (etwa vom 15. bis 18. Lebensjahr) eine höhere Ausbildung in den sog. Grammatikerschulen. Hier wurden die (männl.) Jugendlichen (Epheben) in der Regel von besoldeten Lehrern unter staatl. Aufsicht in den Feinheiten der Grammatik, der Sprache und Literatur unterwiesen, darüber hinaus aber auch in Arithmetik, Musik und Astronomie. Besonderer Wert wurde auf die sportl. Ausbildung gelegt, die Hand in Hand mit militär. Unterweisungen erfolgte und die Jungen auf den späteren Kriegsdienst vorbereiten sollte. Die Rolle von ›Universitäten‹ spielten die Rhetoren- und Philosophenschulen, die bes. seit dem 4. Jh. v. Chr. einen starken Aufschwung nahmen. Sie waren privat organisiert und wurden von einzelnen Gelehrten geleitet, die

Schüler um sich sammelten, um ihnen Kenntnisse der Philosophie und Rhetorik zu vermitteln. Diese Rhetorenschulen standen vielfach in Konkurrenz zueinander und begünstigten die Entwicklung verschiedener philosoph. und rhetor. Denkrichtungen. Neben diesen organisierten Schulen spielten aber auch Privatlehrer eine große Rolle, die bes. Kindern aus vornehmen Familien Hausunterricht erteilten. Die spezielle Ausgestaltung des Schulwesens konnte von Polis zu Polis unterschiedlich sein, doch bewegte sich alles im Rahmen des bisher Gesagten. – *II. Rom:* In Rom entwickelte sich ein differenziertes S. erst seit dem 3. Jh. v. Chr. durch die Übernahme des griech. Bildungssystems, das den röm. Bedürfnissen angepasst wurde. Auch hier entstanden Elementar-, Grammatiker- und Rhetorenschulen, die den Jugendlichen eine gediegene Bildung vermitteln sollten. Im Gegensatz zu Griechenland trat aber die Philosophie gegenüber der Rhetorik zurück, die als wichtigstes Bildungsgut im polit. Leben der Republik erachtet wurde. Auch die Musik spielte nur eine untergeordnete Rolle. Die Schulen waren in der Regel privat organisiert und standen nur ganz allg. unter der Aufsicht des Staates. Eine spezielle Schulbehörde gab es nicht. Die techn. Formen des Unterrichts orientierten sich streng an den griech. Vorbildern. Der höhere Unterricht erfolgte in der Regel zweisprachig (Latein und Griechisch). Als Fachkräfte dienten oft griech. Gelehrte, die auch den Großteil der Privatlehrer in den vornehmen Familien stellten. Erst in der Kaiserzeit rückte das S. verstärkt ins Blickfeld des Staates. Seit dem 1. Jh. n. Chr. gab es zunehmend auch staatlich besoldete Lehrer, was mit einer gewissen Schulaufsicht verbunden war. In der Spätantike war diese Entwicklung abgeschlossen, was sich bes. an den ›Universitäten‹ der Rhetorenschulen manifestierte. Diese standen nun vollends unter staatl. Kontrolle, die ›Professoren‹ wurden vom Staat berufen und besoldet. Eine Sonderrolle spielten die Rechtsschulen, die seit Beginn der Kaiserzeit entstanden und eine fundierte jurist. Ausbildung vermittelten. In der Spätantike gelangten neben der Bildungsstätte in Rom bes. die Rechtsschulen in Berytos (Beirut), Alexandria und Caesarea zu großer Bedeutung. **Lit.:** M. P. Nilsson, Die hellenist. Schule (1955). – F. A. G. Beck, Greek Education, 450–350 B. C. (1964). – A. Gwynn, Roman Education from Cicero to Quintilian (1966).

Schwarzes Meer (gr. Pontos Euxeinos, »gastl. Meer«), zwischen dem Skythenland im N und Kleinasien im S gelegenes östl. Seitenbecken des Mittelmeeres, mit diesem durch Bosporus und Hellespont verbunden, ebenso mit der Maiotis (↗ Asowsches Meer). Zunächst hieß das S. M. nach Ovid Pontos Axeinos (ungastl. Meer), denn es galt bei den Griechen als kaltes, tiefes, von eisigen Stürmen geschüttel- tes Gewässer ohne Inseln, an dessen östl. Küste die Navigation schwierig war. Sagenumwoben war die Landschaft ↗ Kolchis im O an den Ausläufern des ↗ Kaukasus. Der altgriech. Name des S. M.es könnte durch eine volksetymolog. Umdeutung des altiran. Wortes für »dunkel, schwarz« entstanden sein. Große Flüsse mündeten an allen Seiten: Ister (Donau), Hypa- nis (Bug), Borysthenes (Dnjepr), Tyras (Dnjestr), Ta- naïs (Don) und Halys. Die ersten Siedler waren Karer und Phönizier; rund um das S. M. gründeten die Grie- chen, bes. Milet und Megara, ab dem 8./7. Jh. v. Chr. zahlreiche Handelskolonien, die Fische, Getreide und Sklaven exportierten; doch war das S. M. ihnen sicher schon vorher bekannt. Die miles. Kolonie ↗ Tomi wurde Verbannungsort des Dichters Ovid, wo seine *Tristia* entstanden.

Schwefel (gr. theion, lat. sulfur), in verschiedenen Aggregatszuständen erscheinendes, nichtmetall. Ele- ment. Ursprünglich zur mag.-religiösen Reinigung ge- nutzt, wurde S. in der antiken Medizin bald wegen seiner heilenden und desinfizierenden Wirkung in Form von Salben, Umschlägen oder Bädern einge- setzt. Viele antike Badeanlagen entstanden über S.- Quellen, so die Thermen der Stadt Gadera (heute Hammat Gader/Israel) oder Aidespos auf der Insel Eu- böa. Columella und Plinius d. Ä. empfahlen S. zur wirksamen Schädlingsbekämpfung; Winzer nutzten S. zum Panschen und Haltbarmachen von Wein. Wertvoll war bes. der gediegene reine S., der als Ergebnis vul- kan. Aktivität aber nur in geringen Mengen vorkam. Abgebaut wurde S. vorwiegend auf Sizilien, Lipari und Euböa im Tagebau; gehandelt wurde neben gedie- genem S. auch verunreinigter Stangen-S.

Schwein (gr. hys; lat. porcus), bereits zu Zeiten der homer. Epen gab es das Wild-S., ein beliebtes Jagd-

wild, und das Haus-S., das seit dem Neolithikum (um 6500 v. Chr.) zum Grundbestand an Haustieren rund um das Mittelmeer gehörte, im Besitz des Adels ebenso wie im Stall des »kleinen Mannes«. Homer er- wähnt in der *Odyssee* vielfach S.e als Herden- oder einzeln gehaltene Tiere; Herodot berichtet, dass S.e auch zum Eintreten von Saaten sind gehalten wurde. Aristoteles und röm. Fachschrift- steller (Varro, Columella, Plinius d. Ä.) bieten Details zu Zoologie und Zucht. Die Römer genossen S.e-Fleisch in verschiedener Form; als kulinar. Delika- tesse galten Ferkel. Im Kult erscheinen S.e als Opfer- tiere (↗ Suovetaurilia, ↗ Thesmophorien).

Schwert, Hieb- und Stichwaffe für den Nahkampf. Die Griechen benutzten zunächst (etwa seit dem 7. Jh. v. Chr.) das etwas längere Bronze-S., später dann ein kürzeres, breites Eisen-S. Die Römer dagegen bevor- zugten erst das kurze einschneidige S. (lat. *ensis*), dann – noch vor 218 v. Chr., also vor dem Beginn des 2. ↗ Pun. Krieges – den *gladius*, der etwa 60 cm lang, spitz zulaufend und zweischneidig war. ↗ Rüstung **Lit.:** A. M. Snodgrass, Wehr und Waffen im antiken Griechenland (1984).

Schwimmen. Mit dem Wagnis des Menschen, sich zu Schiff auf dem Wasser zu bewegen, wurde S. zum notwendigen Lebensretter in Seenot. Älteste Darstel- lungen vom S. finden sich auf Felszeichnungen in der Sahara (Ende 3. Jt. v. Chr.); Assyrer und Babylonier benutzten Fellsäcke als Hilfsmittel. Für den griech.- röm. Kulturkreis ist die Kenntnis vom S. seit mi- noischer Zeit (2. Jt. v. Chr.) belegt. Platon zählte das S. wie das Lesen zu den elementaren Fertigkeiten. Das berufsmäßige Fischen von Schwämmen und Purpur- schnecken erforderte auch die Fähigkeit des Tauchens. S. wurde in der Antike nie als ↗ Sport, sondern als Ver- gnügen bes. junger Leute oder als Heilmittel gegen bestimmte Leiden empfohlen. Seit dem 5. Jh. v. Chr. entstanden auch künstl. Schwimmbecken in röm. Zeit regulär zu jeder öffentl. Thermenanlage ge- hörten und als Luxusbäder auch im privaten Bereich entstanden. **Lit.:** E. Mehl, Antike Schwimmkunst (1927).

Scipio (1), Lucius Cornelius S. Asiaticus, Bruder des Scipio Africanus, erhielt als Konsul (190 v. Chr.) den Oberbefehl gegen Antiochos III. und besiegte ihn im selben Jahr in der Schlacht bei Magnesia.

Scipio (2), Publius Cornelius S. Africanus (ge- nannt Africanus maior), ca. 235–183 v. Chr., röm. Feldherr, nahm bereits als junger Mann an der Schlacht am Ticinus (218) teil. 211 erhielt er, ohne bis dahin in die Ämterlaufbahn eingestiegen zu sein, als Prokonsul den Oberbefehl in Spanien, das er bis 206 von den Karthagern erobern konnte. 205 Konsul, lei- tete er 204 die röm. Invasion in Nordafrika und be- siegte Hannibal in der Entscheidungsschlacht bei Zama (202). Nach diesem Sieg erhielt er den Ehrenna- men Africanus. 199 Zensor, begleitete er nach seinem zweiten Konsulat (194) seinen Bruder Scipio Asiati- cus als Legat bei dessen Feldzug gegen Antiochos III. und fungierte als Militärberater in der Schlacht bei

Magnesia (190). Von 199 bis 184 amtierte er als *princeps senatus.* Seine letzten Lebensjahre waren durch persönl. Angriffe seiner polit. Gegner (u. a. Cato) geprägt, die ihm vorwarfen, die Republik gefährdet und Angehörige seines Hauses begünstigt zu haben. S. zog sich aus dem öffentl. Leben zurück und starb 183 auf seinem Landgut in Liternum. Er gilt als einer der bedeutendsten röm. Feldherrn. **Lit.:** H. H. Scullard, S. Africanus: Soldier and Politician (1970).

Scipio (3), Publius Cornelius S. Aemilianus (genannt Africanus minor), ca. 185–129 v. Chr., Sohn des L. Aemilius Paullus und Adoptivenkel des Scipio Africanus, zeichnete sich bereits in der Schlacht bei Pydna (167) und als Militärtribun in Spanien (151) aus. Als Konsul (147) erhielt er den Oberbefehl im 3. Pun. Krieg und beendete diesen 146 mit der Zerstörung Karthagos. Nach seiner Zensur (142) wurde er 134 erneut Konsul und leitete die Eroberung der keltiber. Stadt Numantia (133). Politisch stand er der Senatorenpartei nahe und war ein erbitterter Gegner des Tiberius Gracchus. Sein plötzl. Tod (129) gab Anlass zu verschiedenen Gerüchten, er sei ermordet worden. S. war umfassend griechisch gebildet und versammelte einen Kreis bedeutender Gelehrter um sich (Scipionenkreis). Zu seinen Freunden gehörten u. a. Polybios, Lucilius und Terentius. **Lit.:** A. E. Astin, S. Aemilianus (1967).

Scipio (4), Quintus Caecilius Metellus Pius S., Konsul 52 und Schwiegervater des Pompeius, setzte nach dessen Niederlage bei Pharsalos (48) den Widerstand gegen Caesar von Afrika aus fort und unterlag diesem in der Schlacht bei Thapsos (46).

Scoti ↗ Schotten

Scribonius, Gaius S. Curio, schloss sich 88 v. Chr. Sulla an und bekämpfte als Konsul (76) Bestrebungen, die ursprüngliche Macht der Volkstribunen wiederherzustellen. Als Prokonsul (75–73) stieß er bis zur Donau vor und unterwarf die spätere Provinz Moesia.

Scribonius Largus, röm. Arzt, ca. 1–50 n. Chr. S. L. studierte in Rom zur Zeit des Tiberius. 43 begleitete er Claudius auf seinem brit. Feldzug. Aus dem einzigen erhaltenen Werk, einer Rezeptsammlung mit dem Titel *Compositiones (Zusammenstellungen),* das S. L. seinem Gönner Julius Callistus, dem Sekretär des Claudius, widmete, kann man ersehen, dass er ähnlich wie Celsus ein Anhänger der empir. Methode war. Um 400 n. Chr. wurde die Schrift von Marcellus Empiricus in seiner Schrift *De medicamentis (Über Medikamente)* abgeschrieben, einige Exzerpte sind aus dem frühen MA erhalten. **Lit.:** K. Deichgräber, Professio Medici. Zum Vorwort des S. L. (1950).

Sebaste ↗ Samaria

Securitas, röm. Gottheit, Personifikation der Sicherheit des Volkes, in der Kaiserzeit häufig auf Münzen dargestellt.

Seekrieg. Die Kriegsführung zur See spielte in der griech. Welt mit ihren vielfältigen maritimen Komponenten schon früh eine bedeutende Rolle. Bereits im 6. Jh. v. Chr. entstanden die ersten größeren ↗ Flotten (↗ Polykrates von Samos) und spätestens seit den ↗ Perserkriegen bzw. der Gründung des ↗ Att. Seebunds wurde der S. zu einem entscheidenden Faktor in den militär. Auseinandersetzungen. Vorherrschender Schiffstypus war die rund 40 Meter lange und sehr bewegl. ↗ Triere, die die Schlachten der Folgezeit dominierte. Die klass. Taktik des S.s war der sog. *Diekplous.* Er bestand darin, zunächst die Linien des Gegners zu durchstoßen und dabei nach Möglichkeit die feindl. Schiffe durch Abbrechen der Ruderreihen manövrierunfähig zu machen. Anschließend wendete man das Schiff und versuchte, den Gegner durch einen gezielten Stoß mit einem fast drei Meter langen eisenbeschlagenen Rammsporn, der unterhalb der Kiellinie am Bug befestigt war, zu rammen und zu versenken. Dieses Manöver erforderte eine gründl. Gefechtsausbildung der Seesoldaten, die die Ruder bedienten, und war nur nach längerem Drill erfolgreich durchzuführen. Eine grundsätzl. Neuerung führten erst die Römer ein, als sie im 1. ↗ Pun. Krieg ihre Flotte mit Enterbrücken (*corvi*) versahen, das gegner. Schiff in der

Ein Handelsschiff (links) wird von einem Piratenschiff mit Rammsporn angegriffen (Attische Vase des 6. Jh. v. Chr.)

Schlacht stürmten und im direkten Kampf zu erobern versuchten. An den größeren Seeschlachten (↗ Salamis 480, Eknomos 256, ↗ Aktion 31) waren oft mehr als 600 Kriegsschiffe beteiligt. Neben dem unmittelbaren Kampf in einer Seeschlacht kamen die Flotten auch bei Blockaden feindl. Städte und Gebiete zum Einsatz und wurden häufig verwendet, um Landtruppen in ein Kriegsgebiet zu transportieren. Die bedeutendsten antiken Seemächte neben den Griechen waren die Phönizier, die auch den Großteil der pers. Flotte stellten, die Karthager, die bis zur Mitte des 3. Jh. v. Chr. das westl. Mittelmeer beherrschten, und die Etrusker. **Lit.:** J. H. Thiel, A History of Roman Seapower (1954). – H. D. L. Viereck, Die röm. Flotte (1996).

Seeraub ↗ Piraterie

Seevölker, mehrere Völkerschaften, die während der 19. und 18. Dynastie (um 1200 v. Chr.) vom Schwarzmeerraum kommend durch Asien zogen, das Reich der Hethiter zerstörten, sich an der Levante festsetzten und Ägypten bedrohten. Die seit dem 14. Jh. bekannten, zeitweise in ägypt. Diensten stehenden Söldner wurden unter Ramses III. (ca. 1197–1165) besiegt und gestoppt. Das Volk der Philister, das Palästina den Namen gab, ist wohl der bekannteste Stamm der S. Neben der Stoßrichtung durch Kleinasien über Land zogen die S. aber auch auf Schiffen durch die Ägäis nach S und verursachten wohl den Zusammenbruch der myken. Welt Griechenlands. Hier konnten sie sich aber nur bis zur ↗ Dor. Wanderung halten. **Lit.:** N. K. Sandars, The Sea Peoples (1987).

Seewesen. Schifffahrten im Mittelmeer sind archäologisch bereits in vorgeschichtl. Zeit nachweisbar (10. Jt. v. Chr.), beschränkten sich aber auf eng überschaubare Distanzen. Zu einer ersten Blüte des S.s kam es im pharaon. Ägypten, wo Ende des 4. Jt. v. Chr. die ersten Segelschiffe erscheinen. Die Routen beschränkten sich zunächst auf Flüsse, Seen und geschützte Küstengewässer. Im 3. Jt. begannen erstmals Fahrten auf offener See, während die Küstenschifffahrt nun systematisch betrieben wurde (↗ Navigation). Im 2. Jt. stützte die ↗ Minoische Kultur auf Kreta ihren Reichtum u. a. auf einen ausgedehnten Seehandel, der bereits rein hochseetaugl. Schiffen erfolgte. Die ersten historisch nachweisbaren Schlachten fanden Anfang des 12. Jh. v. Chr. in Ägypten im Zusammenhang mit der Invasion der sog. ↗ Seevölker statt. Dem S. endgültig zum Durchbruch verhalfen seit Beginn des 1. Jt. die phöniz. Stadtstaaten, die den maritimen ↗ Handel zur wirtschaftl. Grundlage ihrer Gesellschaft nahmen. Bereits um 800 v. Chr. stießen sie ins westl. Mittelmeer vor, gründeten ↗ Karthago und ↗ Gades und fuhren mit ihren hochseetaugl. Schiffen sogar über die Straße von Gibraltar hinaus. – Zur gleichen Zeit nahm das S. auch in Griechenland einen beträchtl. Aufschwung, der u. a. in einer verstärkten Kolonisationstätigkeit seinen Niederschlag fand. Da die Griechen dabei in Konkurrenz zu den Phöniziern traten, kam es zu ersten größeren Gefechten, die durch das erstmalige Auftreten reiner Kriegsschiffe belegt werden. Die Schiffstypen wurden nun deutlich verbessert, bis sie in der Entwicklung der ↗ Triere, die den Erfordernissen des Mittelmeeres optimal angepasst war, ihren Höhepunkt fand. Der Handel blühte auf und trug maßgeblich zur rasanten Entwicklung bei, die die griech. Welt erfasste. Bereits im 6. Jh. v. Chr. sollen phöniz. Seefahrer von Ägypten aus Afrika umrundet haben, während – besser bezeugt – der Karthager ↗ Hanno (5. Jh.) bis zum Golf von Guinea vorstieß. Im Zuge der ↗ Perserkriege rüsteten die Griechen große Kriegsflotten aus, die bes. Athen im 5. Jh. v. Chr. zur beherrschenden Seemacht werden ließen. Der ↗ Seekrieg wurde nun zu einem wichtigen, in manchen Fällen sogar entscheidenden Element militär. Auseinandersetzungen. Auf der anderen Seite führte der florierende Seehandel bes. seit hellenist. Zeit zu einem ständig größer werdenden Seeräuberproblem. Hauptstützpunkte der ↗ Piraten waren Kreta und Kilikien. Die Schwierigkeiten nahmen im 1. Jh. v. Chr. derart gravierende Ausmaße an, dass Rom einen regelrechten Krieg zur Beseitigung der Gefahr führen musste. Die Römer stiegen erst spät in größerem Umfang ins S. ein und bauten erst Mitte des 3. Jh. v. Chr. in den ↗ Pun. Kriegen ihre ersten größeren Flotten. Durch takt. Neuerungen errangen sie aber die Überlegenheit über ihre Gegner und beherrschten seither das Mittelmeer uneingeschränkt. In der Kaiserzeit, als das röm. Reich den gesamten Mittelmeerraum umfasste, lag die Bedeutung des S.s darin, dass die schnellste und effektivste Verbindung zwischen den Reichsteilen über Wasserflächen führte. Dies begünstigte einerseits den Binnenhandel, bot andererseits aber auch strateg. (Truppentransporte) und prakt. Vorteile (weniger langwierige Landreisen). In der Antike galt allg. die Regel, dass Hochseefahrten in den Wintermonaten (Mitte November bis Mitte März) nicht unternommen werden sollten. In dieser Zeit war die Seefahrt klimabedingt deutlich eingeschränkt, es bedeutet aber nicht, dass generell keine Schiffe unterwegs waren. Bei Bedarf wurden zu allen Jahreszeiten Seefahrten unternommen. – Die Einheit des S.s im Mittelmeerraum, die von den Römern geschaffen wurde, zerbrach in der Spätantike im Zuge der Völkerwanderung, wodurch auch die Bindungen zwischen den früheren Reichsgebieten beeinträchtigt wurden. Das frühe MA sollte völlig neue Strukturen entstehen lassen. **Lit.:** G. A. Rost, Vom S. und Seehandel in der Antike (1968).

Segel (gr. hịstion, lat. vẹlum), Plane aus Tuch, die zur Fortbewegung eines Schiffes durch die Nutzung der Windkraft diente. S. wurden aus ↗ Leinen, seltener aus Papyrus oder Schilf gefertigt. Phönizier und Griechen befestigten ihre S. am Mast und unten mit Tauen. Segel wurden auch als Schattenspender im röm. Theater verwendet. **Lit.:** L. Casson, Ships and Seafaring in Ancient Times (1994).

Segẹsta, Stadt im W ↗ Siziliens. Die von einheim. Elymern gegründete Stadt stand in ständiger Konkurrenz zur griech. Gründung Selinus und war lange mit ↗ Karthago verbündet. Während der 1. Sizil. Expedition verbündete sich S. mit den Athenern, bat 416 um athen. Waffenhilfe und löste damit die 2. Sizil. Expedition aus. 410 siegte S. mit karthag. Unterstützung über ↗ Selinus, wurde aber 397 von Dionysios I. von Syrakus belagert. Im 4. Jh. war S. meist von Karthago abhängig. Im 1. ↗ Pun. Krieg stand S. auf röm. Seite und bildete den wichtigsten militär. Stützpunkt Roms im W Siziliens. Danach trat S. kaum noch in Erscheinung, bestand aber bis in die Spätantike fort und wurde von Vandalen endgültig zerstört. Bedeutende Überreste der Stadt sind das hellenist. Theater sowie der unvollendete Tempel aus der 2. Hälfte des 5. Jh. v. Chr. (Abb. ↗ S. 551). **Lit.:** D. Mertens, Der Tempel von S. (1984). – V. Tusa, S. (1991). – ASM (1999).

Segestes, german. Fürst der Cherusker, warnte vergeblich Varus vor den Plänen des Arminius. Nach der röm. Niederlage im Teutoburger Wald (9 n. Chr.) und Auseinandersetzungen mit Arminius wegen der Entführung seiner Tochter Thusnelda ging er nach Rom ins Exil.

Seher (gr. mantis, lat. vates), betreiben ihr Gewerbe teils professionell, jedoch können auch Laien genügend Kenntnis besitzen, um Vorzeichen richtig zu deuten. Sie verkünden nicht unmittelbar die Zukunft, sondern geben ihr Urteil zu den Fragen der Ratsuchenden. Frühe Seher waren oft Adlige oder gar Könige. Myth. Seher sind ↗ Amphiaraos, ↗ Kalchas und ↗ Mopsos. Der bedeutendste Gott der ↗ Wahrsagekunst ist ↗ Apollon, in dessen Heiligtum in Delphi die ↗ Pythia in Trance und Ekstase versetzt wurde; ihre Äußerungen wurden von den Priestern interpretiert. Myth. Vorbild der ekstat. Seherin ist ↗ Kassandra. **Lit.:** R. Bloch, Les prodiges dans l'antiquité (1963).

Seianus, Lucius Aelius S., ca. 20/16 v. Chr.–31 n. Chr., Sohn eines Ritters, wurde 14 n. Chr. nach dem Regierungsantritt des Tiberius Prätorianerpräfekt und gelangte schon bald als alleiniger Befehlshaber der kaiserl. Leibgarde, die er in einer Kaserne auf dem Viminal konzentrierte, zu großem polit. Einfluss. 23 war er vermutlich in den Tod des Drusus, des einzigen Sohnes des Tiberius, verwickelt. Seit 26, als sich der Kaiser nach Capri zurückzog, war S. der fakt. Machthaber in Rom. Ein Komplott mit dem Ziel, selbst Kaiser zu werden, wurde jedoch an Tiberius verraten, der ihn zunächst in Sicherheit wog, ihn dann aber durch Macro überrumpeln, verhaften und hinrichten ließ.

Seide (gr. serikon; lat. serica), Drüsenprodukt der Raupe des domestizierten Maulbeerspinners, dessen Kokon aufgefädelt und zu einem glänzendem Stoff verarbeitet wird. Als Heimat der S.-Gewinnung gilt China, wo Seide schon im 3. Jt. v. Chr. nach geheimer Rezeptur produziert und über See- und Landwege, bes. auf der berühmten »Seidenstraße«, nach Westen transportiert wurde (daher der antike Name ↗ »Serer« für die Chinesen). S. und deren Herstellung lernten die Griechen vielleicht in der Zeit Alexanders d.Gr. kennen. In hellenist. und röm. Zeit als Luxusartikel berühmt waren die koischen S.n-Gewänder. 16 n. Chr. verbot Kaiser Tiberius Männern das Tragen von S.n-Kleidern. Das Preisedikt Diokletians (301) legte

Höchstpreise für Roh-S. und verschiedene Kleidungsstücke fest; die Monopolisierung zur Zeit Justinians trieb die Preise wieder hoch.

Seife ↗ Körperpflege

Seilenos von Sizilien, griech. Historiker, 3./2. Jh. v. Chr., Verf. einer Geschichte Siziliens und von Hannibals Feldzug. Nur wenige Fragmente sind erhalten.

Seisachtheia (gr., »Schuldenabschüttelung«) bezeichnet die von ↗ Solon 594 v. Chr. in Athen verfügte Aufhebung der Schulden der att. Bauern und die Beseitigung der Schuldknechtschaft, die wichtige Voraussetzungen für sein Reformwerk waren.

Selbstmord (gr. autocheiria, autothanasia; lat. suicidium). Die antike Dichtung und Philosophie sah S. in der Regel nicht als moralisch verwerflich an, empfahl ihn aber nur bei unheilbarer Krankheit, Alter oder zur Ehrenrettung. Der klass. Fall, an dem sich die philosoph. Debatten entzündeten, war der Tod des ↗ Sokrates (Platon, *Phaidon*). Die kargen Quellenangaben erlauben keine Aussage über die Häufigkeit von S. Platon, Aischylos und Euripides lehnten S. ab; die Stoa kannte eine Verpflichtung zum S. unter bestimmten Voraussetzungen; Epikureer sahen ihn als letzte Möglichkeit, den Lebenssinn zu erfüllen; Kyniker betonten die absolute Freiheit der Entscheidung über den Zeitpunkt des eigenen Todes; Neuplatoniker und Christen verurteilten den S. Dabei war der Freitod kein Delikt im Sinne des Strafrechts, eher eine Pflichtverletzung gegen die Gemeinschaft und eine unbefugte Entfernung aus der Obhut der Götter; dem Selbstmörder drohte ein unehrenhaftes Begräbnis. **Lit.:** Y. Grisé, Le suicide dans la Rome antique (1982). – A. J. L. van Hooff, From Autothanasia to Suicide (1990).

Selene, griech. Mondgöttin, in Rom Luna genannt, Schwester und Gattin des Helios und der Eos. Sie liebt Endymion, den sie in einen ewigen Schlaf fallen lässt und 50 Kinder mit ihm zeugt.

Seleukeia, Name mehrerer nach ↗ Seleukos I. Nikator benannter Städte.

Seleukeia (1) am ↗ Tigris (heute Tell Umar, Irak), ursprünglich Hauptstadt des Seleukidenreiches. Die an der Engstelle zwischen Euphrat und Tigris gelegene Stadt wurde um 300 v. Chr. von Seleukos I. als Reichshauptstadt gegründet, doch schon 293 übernahm ↗ Antiochia am Orontes diese Funktion. Als Handelszentrum löste S. das nahe Babylon ab, erlangte rasch große Bedeutung und gehörte nach Plinius mit etwa 600.000 Einwohnern zu den größten Städten der griech. Welt. 141 eroberten die ↗ Parther S., das seinen griech. Charakter aber behielt. Gegenüber von S. legten die Parther in der 1. Hälfte des 2. Jh. v. Chr. ihre Hauptstadt ↗ Ktesiphon an, das nach der Brandschatzung von S. 165 n. Chr. durch die Römer dessen Stelle als Handelsmetropole übernahm. Bis in sasanid. Zeit bestand S. nur noch als eine unbedeutende Siedlung fort. **Lit.:** S. Sherwin-White/A. Kurth, From Samarkhand to Sardis (1993).

Seleukeia (2) Pieria, Hafenstadt von ↗ Antiochia am Orontes. S. wurde um 300 von Seleukos I. zur Sicherung Nordsyriens gegründet. Das am Orontes gelegene S. diente als Handelshafen und Flottenstützpunkt und war mit dem 293 zur Hauptstadt des Seleukidenreiches aufgestiegenen Antiochia durch den Orontes verbunden. Seleukos I. wurde in S. beigesetzt und kultisch verehrt. Die Stadt war durch eine 12,5 km lange Mauer geschützt. 108 wurde die S. unabhängig, 64 bestätigte Pompeius die Freiheit der Stadt als Dank für den Widerstand gegen ↗ Tigranes I. In der röm. Kaiserzeit blieb S. ein wichtiger Flottenstützpunkt; Verlandung des Hafens, Plünderungen und ein Erdbeben 526 bedingten den Niedergang in der Spätantike. **Lit.:** J. D. Grainger, The Cities of Seleukid Syria (1990). – S. Sherwin-White/A. Kurth, From Samarkhand to Sardis (1993).

Seleukiden, hellenist. Dynastie, begründet von Seleukos I., die von 312/11–64 v. Chr. zunächst weite Teile des Vorderen Orients, zum Schluss aber nur noch bestimmte Gebiete in Syrien beherrschte. Seleukos I. (312/11–281) hinterließ seinem Sohn Antiochos I. (281–261) ein Gebiet, das den weitaus größten Teil des ehemaligen Alexanderreiches umfasste und vom Hellespont bis nach Indien reichte. Die Uneinheitlichkeit des Reiches, ständige Konflikte mit den Ptolemäern und dynast. Streitigkeiten führten unter Antiochos II. (261–246) und Seleukos II. (246–226) zu einem stetigen Machtrückgang und dem Verlust kleinasiat. und iran. Gebiete an Attaliden und Parther. Zwar konnte Antiochos III. (223–187) durch einen Feldzug bis nach Indien und Siegen über die Ptolemäer die alte Machtstellung äußerlich wiederherstellen, doch setzte mit seiner Niederlage gegen Rom (190) der endgültige Niedergang des Reiches ein. Seit der Eroberung Mesopotamiens durch die Parther (129) war der Machtbereich der S. im Wesentl. auf Syrien und Kilikien beschränkt. Die folgenden Herrscher führten nur noch ein Schattendasein ohne wirkl. Macht und wurden zum Spielball der Nachbarstaaten. Der letzte Seleukide, Antiochos XIII., wurde 64 von Pompeius abgesetzt, sein Restreich in eine röm. Provinz verwandelt. – Das Seleukidenreich war ein in sich heterogenes Gebilde, das nur durch die Person des Herrschers und den Herrscherkult zusammengehalten wurde und in Zeiten schwacher Zentralgewalt auseinanderzufallen drohte. Seine innere Struktur war durch die Verschmelzung griech. und oriental. Elemente gekennzeichnet, wenn auch die griech.-makedon. Oberschicht bestimmend blieb. **Lit.:** E. R. Bevan, The House of Seleucus I-II (1902).

Seleukos I. Nikator, 358–281 v. Chr., einer der bedeutendsten Diadochen und Gründer des Seleukidenreiches, nahm als Offizier am Alexanderfeldzug teil und heiratete 324 Apame, die Tochter des baktr. Fürsten Spitamenes. 321 war er an der Ermordung des Reichsverwesers Perdikkas beteiligt und erhielt Babylonien als Satrapie, aus der er 316 unter dem Druck des Antigonos Monophthalmos weichen musste. Er floh nach Ägypten zu Ptolemaios I., von wo aus er nach dem Sieg über Demetrios Poliorketes, den Sohn des Antigonos, in der Schlacht bei Gaza (312) Babylo-

nien wieder in Besitz nehmen konnte. Nach Konsolidierung seiner Macht gelang es ihm 311–305 in einem Feldzug, der ihn bis nach Indien führte, den östl. Teil des Alexanderreiches in Besitz zu nehmen. Nachdem er 305 den Königstitel angenommen hatte, trug er maßgeblich zum Sieg seiner Verbündeten Lysimachos und Kassander über Antigonos Monophthalmos in der Schlacht bei Ipsos (301) bei, dessen östl. Machtbereich (u. a. Syrien und Kilikien) er annektierte. Als neue Hauptstadt seines Reiches gründete er Antiochia am Orontes. Durch seinen Sieg über Lysimachos bei Kurupedion (281) erwarb er weite Teile Kleinasiens und beherrschte damit den größten Teil des ehemaligen Alexanderreiches. Als er sich anschickte, auch Makedonien in Besitz zu nehmen, wurde er von seinem Schützling Ptolemaios Keraunos, einem Sohn des Ptolemaios, ermordet (281). Die Nachfolge trat sein Sohn und Mitregent Antiochos I. an. **Lit.:** H. Bengtson, Herrschergestalten des Hellenismus (1975) 37–62. – A. Mehl, S. N. (1986). – GGGA (1999).

Seleukos IV. Philopator, Sohn Antiochos III., regierte 187–175 v. Chr., versuchte nach der Niederlage seines Vaters gegen die Römer das Seleukidenreich zusammenzuhalten und jeden weiteren Konflikt mit Rom zu vermeiden, u. a. indem er seinen Sohn Demetrios als Geisel stellte. 175 wurde er von seinem Kanzler Heliodoros ermordet.

Seleukos (1) aus Seleukeia, griech. Astronom, 2. Hälfte 2. Jh. v. Chr. S. soll nach Strabon die heliozentr. Theorie verfochten haben.

Seleukos (2) aus Alexandria, griech. Philologe, 1. Jh. n. Chr., der sich mit Sprache und Stil befasste, Biographien literar. Persönlichkeiten verfasste und über Sprichwörter arbeitete.

Selinus (lat. Selinuntum, heute Selinunte), griech. Stadt im SW Siziliens, im 7. Jh. v. Chr. gegründet als Kolonie von Megara Hyblaea. 480 kämpfte S. in der Schlacht von Himera auf karthag. Seite, 466 unterstützte es Syrakus bei der Vertreibung des Thrasybulos. Ein Streit mit dem Dauerrivalen Segesta (416) führte zur sog. Sizil. Expedition der Athener, die 413 scheiterte; S. verwüstete daraufhin Segesta, wurde in einer karthag. Strafaktion aber 410/09 selbst zerstört. Seit 405 stand das wiedererrichtete S. unter karthag. Kontrolle, die einst reiche Handels- und Agrarstadt verlor jedoch immer mehr an Einfluss. 250 siedelten die Karthager die verbliebenen Bewohner nach ↗ Lilybaion um und zerstörten die Stadtbefestigung. Die aus Akropolis und Neustadt bestehende Stadtanlage gehört zu den wichtigsten Ausgrabungen in ↗ Magna Graecia. Der teils monumentalen dor. Tempel, zwischen 550 und 460 errichtet, gehören die beeindruckendsten, erhaltenen griech. Tempelbauten, die hoch- bis spätarchaischen Metopen zu den schönsten ihrer Art. Die Nekropolen von S. sind die größten Siziliens. Die frühe Aufgabe der Stadt führte zum Erhalt dieser einzigartigen Stadtanlage bis in unsere Tage. **Lit.:** PECS (1976). – ASM (1999).

Sella curulis, eine Art Klappstuhl ohne Lehne, war der Amtssitz aller höheren Beamten (Konsuln, Präto-

Selinus, sog. Tempel E

ren usw.), die nach ihm kurul. Magistrate genannt wurden (Abb. ⟋ Möbel).

Semele, Tochter des myth. Königs Kadmos und der Harmonia, schwangere Geliebte des Zeus. Hera stachelt sie aus Eifersucht dazu an, Zeus um die Offenbarung seiner wahren Gestalt zu bitten. Er erscheint ihr als gewaltiger Blitz, der sie erschlägt. Ihren gemeinsamen ungeborenen Sohn Dionysos trägt Zeus in seinem Oberschenkel aus.

Semiramis, griech. Name der assyr. Königin Schammuramat, die zeitweise für ihren minderjährigen Sohn Adadnirari III. (810–782 v. Chr.) die Regentschaft führte. Die ihr fälschlicherweise zugeschriebene Anlage der Hängenden Gärten in Babylon, die als eines der Sieben Weltwunder galten, erfolgte erst im 6. Jh. v. Chr. durch Nebukadnezar.

Semnonen, zwischen Elbe und Oder ansässiger Stamm der ⟋ Sueben. Die S. galten als Mutterstamm der Sueben, auf ihrem Gebiet lag auch der heilige Hain, das zentrale Heiligtum der Sueben. 5 n. Chr. begegneten die S. erstmals den Römern unter Tiberius. Gegen Ende des 2. Jh. zogen die S. nach SW und bildeten den Kern des 213 erstmals erwähnten Stammes der ⟋ Alemannen.

Semo Sancus, röm. Hirtengottheit, seit 466 v. Chr. mit Tempel auf dem Quirinal.

Semonides (gr. Semonides) von Amorgos, griech. Dichter; 1. Hälfte 7. Jh. v. Chr., Verf. von Jamben und Elegien. Erhalten sind ca. 200 Verse. Seine Gedichte kreisen um die Themen Essen, Trinken, Sexualität und Beschimpfung. Berühmt geworden ist der sog. *Weiberjambus,* in dem er die These verficht, dass verschiedene Typen von Frauen von verschiedenen Tieren abstammten. **Lit.:** H. Lloyd-Jones, Females of the Species (1975).

Semos von Delos, griech. Autor, um 200 v. Chr., Verf. geograph. Studien mit antiquar. Interesse und einer Studie über Paiane. Er wird häufig von Athenaios zitiert.

Sempronius, Tiberius S. Longus, Konsul 218 v. Chr., unterlag gegen Hannibal in der Schlacht an der Trebia (218).

Sempronius Asellio, röm. Politiker und Historiker, 2. Hälfte 2. Jh. v. Chr. Mit seinem 14 Bücher umfassenden Geschichtswerk *Historiae* begründete S. die Zeitgeschichte in Rom. Ziel seiner ⟋ Geschichtsschreibung sind Belehrung und der Aufruf, sich für den Staat einzusetzen. Bei Gellius sind längere Fragmente erhalten, die einen schlichten Stil aufweisen.

Senar, Begriff der Metrik, ein aus sechs Füßen bestehender Vers. Der jamb. Senar ist anstelle des jamb. Trimeters der griech. Dramen Sprechvers des röm. republikan. Dramas. Im Gegensatz zum Trimeter kann im S. die 3. und 7. Position von einer Länge eingenommen werden. Der S. wird von Horaz als plump und bäurisch abgelehnt.

Senat (lat. senex, »Ältester«), ursprünglich eine Versammlung patriz. Adelsgeschlechter, wurde neben der ⁊ Volksversammlung und den ⁊ Magistraten zum maßgebl. und in mancher Hinsicht entscheidenden Organ der röm. Republik. – *I. Zusammensetzung:* Seit Beginn der Republik bestand der S. aus 300 Männern, die anfangs von den Magistraten und seit 312 v. Chr. von den ⁊ Zensoren ausgewählt wurden. Voraussetzung für die Mitgliedschaft war die vorangegangene Bekleidung eines kurul. Amtes, in der späteren Republik berechtigten dann auch mindere Ämter bis hinab zum ⁊ Quästor und ⁊ Volkstribunen zur Aufnahme. Die Amtskleidung eines Senators war eine weiße Toga mit breitem Purpurstreifen. Die Berufung erfolgte grundsätzlich auf Lebenszeit, doch konnten die Zensoren ein Mitglied bei persönl. Verfehlungen wieder aus dem S. entfernen. An der Spitze des Gremiums stand ein *princeps senatus,* der von den Zensoren aus der Gruppe der patriz. Konsulare ernannt wurde. Unter ⁊ Sulla wurde die Zahl der Senatoren aus polit. Gründen auf 600 verdoppelt, unter Caesar nochmals auf 900 erweitert. Augustus reduzierte das Gremium wieder auf 600 Personen, eine Zahl, die fortan konstant blieb. – *II. Funktionen und Bedeutung:* Entsprechend der Struktur der röm. Verfassung wurden die Rechte und Kompetenzen des S.s nie genau definiert. Seine Hauptaufgabe bestand darin, die Magistrate bei ihrer Amtstätigkeit zu beraten. In der polit. Praxis galten Beschlüsse des S.s aber als verbindlich, und weder Magistrate noch Volksversammlung konnten sich ohne weiteres darüber hinwegsetzen. Taten sie es doch, entstanden stets schwere innenpolit. Krisen. Der S. lenkte die wichtigsten Zweige der Staatsverwaltung und führte die Oberaufsicht über die Außenpolitik, indem er Gesandte empfing und Verträge ratifizierte. Er kontrollierte ferner die Einnahmen des Staates und wies den Magistraten die Aufgabenbereiche zu. Geriet die innenpolit. Lage außer Kontrolle, konnte er den Notstand (⁊ *senatus consultum ultimum*) verkünden und die Konsuln zu außerordentl. Maßnahmen ermächtigen. Dadurch dass sich der S. aus ehemaligen Magistraten zusammensetzte, die alle über polit. Erfahrungen verfügten, und darauf achteten, dass ein einzelner nicht zu mächtig werden konnte, stellte er bis zum Beginn der Bürgerkriege das Kernstück der polit. Stabilität und Kontinuität dar und bildete das entscheidende Machtzentrum der Republik. Als 133 v. Chr. die Zeit der inneren Kämpfe begann, ging diese integrative Funktion des S.s nach und nach verloren. – *III. Arbeitsweise:* Die Einberufung des S.s erfolgte durch die Konsuln oder Prätoren, später auch durch die Volkstribunen, mit der genauen Angabe der Uhrzeit, des Ortes und der Tagesordnung. Die Sitzungen fanden gewöhnlich in der ⁊ Kurie, in Ausnahmefällen auch in einem Tempel statt und mussten bei Sonnenuntergang beendet sein. Den Vorsitz führte der Magistrat, der den S. einberufen hatte. Die Reihenfolge der Redebeiträge war nach Rangstufen untergliedert, als erster sprach der *princeps senatus,* es folgten die ehemaligen Zensoren, Konsuln, Prätoren usw. Bei Ab-

stimmungen über einen Antrag versammelten sich Befürworter und Gegner an verschiedenen Stellen des Tagungsgebäudes (*discessio*). Zur Gültigkeit eines Beschlusses musste in der Regel eine Mindestzahl von Senatoren (je nach Materie die Hälfte oder ein Drittel) anwesend sein. Innerhalb des S.s bildeten sich um einflussreiche Persönlichkeiten immer wieder lockere Gruppen und Verbindungen, die gemeinsame polit. Ziele verfolgten. – *IV. Kaiserzeit:* In der Kaiserzeit blieb der S. ein Gremium mit hoher moral. Autorität, büßte aber den tatsächl. polit. Einfluss fast vollständig ein. Da sowohl Volksversammlung als auch Zensoren ihre ursprüngl. Bedeutung verloren hatten, wurde die Mitgliedschaft nun faktisch innerhalb der Senatorenfamilien erblich und nur bisweilen durch Neuaufnahmen aus dem Ritterstand (*adlectio*) ergänzt. Als wichtige Funktionen behielt der S. Teile der Rechtspflege und Kompetenzen in der Verwaltung, an der seine Mitglieder führend beteiligt waren. Den Vorsitz als *princeps senatus* führte nun der Kaiser, und Abstimmungen wurden immer häufiger durch Akklamationen ersetzt. In der Spätantike reduzierte sich die Bedeutung des S.s vollends auf die Bewahrung von Tradition und Bildung, eine auch noch so geringe polit. Relevanz besaß er nicht mehr. 580 wird er im Zusammenhang mit einem Hilferuf an Byzanz wegen des Einfalls der Langobarden zum letzten Mal erwähnt. **Lit.:** P. Willems, Le Sénat de la République Romaine I-II (1883–85, Nd. 1968). – R. J. A. Talbert, The Senate of Imperial Rome (1984). – J. Bleicken, Die Verfassung der röm. Republik (⁷1995).

Senatus consultum (lat.; pl. senatus consulta), eigentlich die Antwort des ⁊ Senats auf eine Anfrage der Magistrate, bezeichnete de facto einen Senatsbeschluss, der im Rahmen der röm. Verfassungsordnung verbindl. Charakter hatte. Jedes S. c. wurde protokolliert, in systemat. Ordnung im Staatsarchiv hinterlegt und bildete so eine wichtige Quelle des röm. Rechts. Einen Sonderfall stellte das *senatus consultum ultimum* (s.c.u.) dar, mit dem der Senat das Notstandsrecht verhängen und die Konsuln ermächtigen konnte, alle zur Rettung des Staates nötigen Maßnahmen zu treffen (erstmals angewendet 133 v. Chr. gegen Ti. ⁊ Gracchus). In der Kaiserzeit erfolgten S. c. meist nur noch zu privatrechtl. Themen. **Lit.:** J. v. Ungern-Sternberg, Untersuchungen zum spätrepublikan. Notstandsrecht (1970).

Seneca d.Ä., Lucius Annaeus S., aus Corduba (Spanien), 55 v. Chr.–39 n. Chr. S., dem Ritterstand zugehörig, erhielt ab 42 v. Chr. Rhetorikunterricht in Rom. Er verkehrte in den führenden intellektuellen und gesellschaftl. Kreisen. Aus seiner Ehe mit Helvia gingen drei Söhne hervor: L. Annaeus Novatus, der unter dem von seinem Adoptivvater angenommenen Namen Gallio in der Apostelgeschichte (18, 12–17) als Prokonsul von Achäa ⁊ Paulus gegenübersteht, L. Annaeus ⁊ S. d.J. und L. Annaeus Mela, der Vater ⁊ Lukans. Welche Ämter S. wahrgenommen hat, ist nicht bekannt. Ein beträchtl. Vermögen gestattete es ihm, sich in Unabhängigkeit der Erziehung der Söhne zu widmen, die in altröm. Strenge erfolgte. In hohem Alter wandte er sich der rhetor. Schriftstellerei zu, weshalb er zur Unterscheidung von seinem Sohn bisweilen S. Rhetor genannt wird. Erhalten sind die Bücher 1, 2, 7, 9, 10 sowie Exzerpte von ursprünglich zehn Büchern *Controversiae* (fiktive Rechtsfälle) und ein Buch *Suasoriae* (Ratschläge für histor. oder myth. Personen). Beide Gattungen wurden im Rhetorikunterricht gepflegt. Der Verfall der Beredsamkeit, den S. realistisch einschätzte und dem er moral. und polit. Ursachen zuschrieb, führte zu einem Ausweichen auf Schaudeklamationen und Prunkreden. S.s Maßstab war Cicero. Ihm folgte er auch in der Forderung nach umfassender Bildung des Redners. So enthalten seine Schriften Literaturkritik sowie Zitate aus verschiedenen Gattungen. Den jungen Ovid hatte S. bei seinem eigenen einstigen Lehrer Arellius Fuscus deklamieren hören und ihn in den *Controversien* knapp, aber treffend charakterisiert. Ein Geschichtswerk des S. ist verloren. **Lit.:** L. A. Sussmann, in: ANRW II 32, 1 (1984) 557–577.

Seneca d.J., Lucius Annaeus S., aus Corduba (Spanien), röm. Philosoph (Stoiker), Dichter und Politiker, geb. um Christi Geburt, gest. 65 n. Chr. Der Sohn ↗ S.s d.Ä., entstammte einer bildungsbeflissenen, wohlhabenden Ritterfamilie. In Rom durchlief er den von ihm ungeliebten (Epistulae 58, 5) Unterricht beim *grammaticus,* studierte aber mit Begeisterung ↗ Rhetorik und Philosophie. Seine Lehrer waren der Neupythagoreer Sotion, der Stoiker Attalos sowie Papirius Fabianus, der ihn mit der Lehre der Sextier bekannt machte und sein Interesse für Naturwissenschaften weckte. Eine Erkrankung der Atemwege, die ihn fast in den Selbstmord getrieben hätte (Epistulae 78, 1), zwang ihn zu einem Kuraufenthalt bei seiner Tante in Ägypten (31/30), wo erste (verlorene) geo- und ethnograph. Schriften entstanden. Nach seiner Rückkehr wurde er Quästor. Durch rhetor. Brillanz erregte er den Neid des Kaisers Caligula. Unter Claudius wurde er Opfer von Hofintrigen und musste wegen angebl. Ehebruchs mit Julia Livilla von 41–49 in die Verbannung (*relegatio*) nach Korsika. Agrippina, die Mutter Ne-

ros, erwirkte seine Rückberufung und bestellte ihn zum Erzieher ihres Sohnes. An Claudius rächte er sich nach dessen Tod (54) mit der menippeischen Satire *Apocolocyntosis* (*Verkürbissung,* statt *Apotheosis,* »Vergöttlichung«) (↗ Satura). Nach Neros Thronbesteigung (54) lenkte er für gut fünf Jahre zusammen mit dem Stadtpräfekten Burrus im Hintergrund die Geschicke des Reichs. Die Schrift *De clementia* (um 56) zeugt von seinem Versuch, Nero auf Milde festzulegen. Die Begründung der *clementia* (»Milde«) als überpersönl. Prinzip ist jedoch theoretisch ebenso gescheitert – die Schrift blieb unvollendet – wie praktisch: Nero entzog sich dem Rat seines Mentors immer mehr. Schon 55 hatte er seinen Stiefbruder Britannicus (Sohn des Claudius und der Messalina) ermorden lassen, 59 seine eigene Mutter. S. wurde durch seinen Schützling vor der Öffentlichkeit kompromittiert. 62 zog er sich aus der Politik zurück und widmete sich der Schriftstellerei. 65 wurde er der Mitwisserschaft an der Pison. Verschwörung gezogen und von Nero zum Selbstmord gezwungen. Den Tod nahm er gelassen und in theatral. Pose hin. Von S. sind philosoph. Schriften (*Dialogi*), Tragödien, Briefe und naturwissenschaftl. Schriften erhalten. Das Oeuvre ist auf dem Hintergrund der Zeit zu sehen, einige Schriften sind als Reaktion auf äußere Anlässe entstanden. Die *Trostschrift an Marcia* (*Consolatio ad Marciam*) steht in der Tradition der antiken Consolationsliteratur und sollte die Adressatin über den Tod des Sohnes hinweghelfen; die *Trostschrift an die Mutter Helvia* (*Consolatio ad Helviam matrem*) ist zugleich Selbsttröstung über das Verbannungsschicksal, die *Trostschrift an Polybius* (*Consolatio ad Polybium*), einen Hofbeamten, ein verhülltes Plädoyer in eigener Sache, um die Rückberufung aus dem Exil zu erreichen. In *De vita beata* (*Über das glückl. Leben*) reagierte S. auf den sog. Suillius-Prozess: Sein Reichtum, der einem Philosophen nicht zieme, hatte Neider und Denunzianten wie Suillius auf den Plan gerufen. S. legt dar, dass man Reichtum besitzen, sich aber nicht innerlich davon abhängig machen dürfe. *Über die Kürze des Lebens* (*De brevitate vitae*) ist neben einer glänzenden Analyse über den Umgang mit der Zeit wahrscheinlich die Empfehlung an den Adressaten Paulinus, einen vielleicht erzwungenen Rückzug aus seinem Amt als persönl. Vorteil zu erkennen. Die Abhandlung *Über den Zorn* (*De ira,* drei Bücher) gleitet über Passagen hinweg in eine eifernde Invektive gegen Caligula ab. *Über die Standhaftigkeit des Weisen* (*De constantia sapientis*) sowie die wahrscheinlich am Ende von S.s polit. Karriere entstandenen Schriften *Von der Seelenruhe* (*De tranquillitate animi*) und *Von der Zurückgezogenheit* (*De otio*) scheinen jeweils, ohne das allg. Thema aus dem Blick zu verlieren, eigenes Handeln zu reflektieren und zu rechtfertigen. *Von der Vorsehung* (*De providentia*) behandelt das stoische Welt- und Gottesbild und zieht daraus eth. Konsequenzen. Eine umfangreiche Abhandlung *Über Wohltaten* (*De beneficiis*) betrachtet die Angemessenheit von Gaben, die Gesinnung des Gebers, Dank oder Undank des Be-

Seneca
der Jüngere

schenkten. Die 124 essayist. *Briefe an Lucilius* (*Epistulae morales ad Lucilium*) sind zur Veröffentlichung bestimmte Kunstbriefe über richtige Lebensführung (↗ Epistolographie). Die ersten Briefe enden häufig mit einem Bonmot ↗ Epikurs. S. erweist sich nicht als sto Dogmatiker, sondern als kluger Ratgeber. Die Mahnung zur Selbsterziehung und zu tägl. ›Training‹ ist durchgängig. Die neun erhaltenen Tragödien gehen größtenteils auf Euripides zurück. Sie sind stoische Lehrstücke, indem sie affektgeleitete Helden als Gegenbilder des stoischen Weisen zeigen (z. B. Atreus im *Thyestes*), und haben wohl nicht selten einen aktuellen Bezug (die *Phaedra* scheint den Inzest zu thematisieren, den man Nero mit Agrippina unterstellte, im *Oedipus* wird der Titelheld auch als Mutter(!)-Mörder hingestellt, was auf die Ereignisse von 59 zurückweisen dürfte). Die *Naturales Quaestiones* (*Physikal. Probleme*), am Ende von S.s Leben entstanden, tragen seinen naturwissenschaftl. Interessen Rechnung und sind vielleicht, angesichts der heillosen Verfassung des Staates unter Nero, ein Ausweichen auf ein neutrales Thema. S. selbst rechtfertigt die Schrift auch mit dem Hinweis, Kenntnis der Natur befreie von unbegründeter Furcht. **Lit.:** M. Griffin, S. A Philosopher in Politics (1976). – G. Maurach (Hg.), S. als Philosoph (²1987). – M. Fuhrmann, S. und Kaiser Nero (1997).

Senonen, kelt. Volksstamm im N Italiens und Mittelgallien. Im 4. Jh. v. Chr. wanderte ein Teil der S. von Gallien nach Norditalien und wurde an der Adriaküste im Gebiet um Ariminum (heute Rimini) sesshaft. Die S. in Mittelgallien siedelten zwischen mittlerer Loire und Sequana (heute Seine), Hauptort war Agendincum (heute Sens); erste Nachrichten über die S. gibt Caesar, mit dem sie sich 57 v. Chr. gegen die benachbarten ↗ Belger verbündeten, ab 54 jedoch gegen die Römer kämpften. So unterstützten sie den Aufstand unter ↗ Vercingetorix; 52 zog Caesar durch das Gebiet der S., auch an der Schlacht bei ↗ Alesia im selben Jahr beteiligten sich die S. In röm. Zeit bestand eine *civitas* der S., die zur Provinz Gallia Lugdunensis gehörte. Bei weiteren Provinzteilungen des 4. Jh. n. Chr. wurde eine Provinz Senonia eingerichtet.

Sentenz (lat. sententia, »Meinung«) ↗ Gnome

Septemviri Epulones ↗ Priester

Septenar, Begriff der Metrik, um einen aus sieben Füßen bestehenden Vers zu bezeichnen. Jamb. und trochäische S.e finden sich in den Komödien des Plautus und Terenz.

Septimius Severus, Lucius S. S. Pertinax Augustus, röm. Kaiser 9. April 193–4. Febr. 211 n. Chr.; geb. am 11. April 146 in Leptis Magna als Sohn des P. Septimius Geta und der Fulvia Pia; 170 Quästor, 178 Prätor, ca. 185 Hochzeit mit Julia Domna, einer Syrerin aus Emesa (gest. 217); 190 Suffektkonsul, 191–193 Statthalter der Provinz Pannonia Superior. Am 9. April 193 wurde S. in Carnuntum zum Augustus erhoben; als »Rächer« des Pertinax zog er gegen Rom; der Senat setzte Didius Iulianus ab und erkannte S. als Kaiser an (1. Juni 193). Am 9. Juli 193 brach S. in den O auf und besiegte am 31. März 194 den in Syrien zum

Septimius Severus

Gegenkaiser ernannten Pescennius Niger. Ende 195/96 ließ sich Clodius Albinus, der Statthalter der Provinz Britannien zum Augustus ausrufen, S. besiegte ihn am 19. Februar 197 bei Lugdunum. Einem Angriff der Parther auf Nisibis begegnete er mit einem Gegenstoß bis Babylon und Ktesiphon (197) Mesopotamien wurde röm. Provinz (199). 203 kehrte S. nach Rom zurück, wo er im Juni 204 eine Saecularfeier veranstaltete. Im Frühjahr 208 begab sich S. mit seinen Söhnen Caracalla und Geta nach Britannien, wo er den Hadrianswall wiederherstellen ließ. Inmitten der Vorbereitungen für einen Feldzug gegen die Kaledonier starb S. am 4. Februar 211 in Eburacum (heute York) und wurde im Mausoleum Hadriani beigesetzt. – Unter S. wurde der Prinzipat zur Militärmonarchie. Die Soldaten wurden vielfach gefördert, die Legionen vermehrt und auch Nichtrömern geöffnet. Darüber hinaus sorgte S. für eine grundlegende Neuordnung des Finanzwesens. **Lit.:** A. R. Birley, S. S., The African Emperor (1988). – DRK (1997).

Septimontium (lat., »Sieben Hügel«), ursprünglich wohl eine Bezeichnung für ein frühes Stadium der Stadtgeschichte Roms, fand später als Name eines Feiertages (11. Dezember) in den röm. Bauernkalender Eingang.

Septuaginta (lat., »Siebzig«), die angeblich von 70 Übersetzern für die Judengemeinde in Alexandria angefertigte griech. Übersetzung des ursprünglich hebr. Textes des Alten Testaments aus dem 3 Jh. v. Chr. Die Übersetzung bot die Voraussetzung, dass die frühen Christen diesen Text übernehmen konnten.

Sequana (heute Seine), einer der Hauptflüsse Galliens. Der Fluss diente in Abschnitten, zusammen mit dem Nebenfluss Matrona (heute Marne), als Grenze zwischen Gallia Celtica und Gallia Belgica. Auf einer Insel der S. lag die Siedlung Lutetia, das heutige ↗ Paris. Der schiffbare Fluss diente als Transport- und Handelsader. Im Quellgebiet wurde auch die Flussgöttin dea S. verehrt.

Sequaner, Stamm in Gallia Celtica. Die S. siedelten östl. der ↗ Häduer, mit denen sie verfeindet waren. Hauptort des Stammesgebietes war Vesontio (heute Besançon). 60 v. Chr. besiegten sie zusammen mit ↗ Ariovist die Häduer und galten als Freunde der Römer. So beteiligten sie sich auch an Caesars Gallienfeldzügen. Augustus schlug das Stammesgebiet zur Provinz Gallia Belgica; 21 und 68 n. Chr. kam es zu Unruhen. Unter Diokletian entstand eine eigene Provinz Sequania.

Serapeion, Heiligtum des Gottes ↗ Serapis, in Alexandria zweite Bibliothek neben dem ↗ Museion.

Serapis (auch Sarapis: Zusammensetzung aus ↗ Osiris und ↗ Apis), ägypt.-griech. Gott, dessen Kult von Ptolemaios I. eingeführt und zu einer Verbindung der ägypt. Pharaonenreligion mit den griech. Mysterien ausgebaut wurde (↗ Synkretismus). Sein Hauptheiligtum, das berühmte Serapeion, war in der Hafenstadt Alexandria, von wo aus sich der S.-Kult mit den Seefahrern über den ganzen Mittelmeerraum verbreitete. Als Heilsgott erlangte er zunehmend die Funktion des dem Zeus gleichenden Universalgottes und wurde neben Isis noch bis in die späte Kaiserzeit kultisch verehrt.

Serdica (heute Sofia, Bulgarien), röm. Stadt in Thrakien. Im 1. Jh. n. Chr. wurde hier ein Kastell errichtet; Trajan erhob S. zum Municipium, unter Mark Aurel und Commodus wurde S. stark befestigt, eine wichtige Heerstraße verband S. mit Adrianopel und Byzanz. ↗ Aurelian trennte die Stadt von Thrakien ab und erhob S. zur Hauptstadt der neu geschaffenen Provinz Dacia Ripensis; im 5. Jh. wurde S. von Hunnen zerstört.

Serer (gr. Seres, lat. Serae, »Seidenleute«), antiker Name der Chinesen, der sich von ihrer Seidenproduktion ableitete. Eisen, Waffen, bes. Seidengarn und fertige Seidenstoffe wurden etwa seit dem 1. Jh. v. Chr. auf Karawanenstraßen von China in die griech./röm. Welt exportiert. Die geograph. Vorstellungen von China waren uneinheitlich; die S. wurden im O der Skythen vermutet, Ammianus Marcellinus berichtete bereits von der Großen Mauer. Auch auf dem Seeweg über Indien bestanden in der Antike Kontakte mit China. Südchina wurde als Sinai bzw. Thinai bezeichnet, mit den S. Nordchinas aber nicht gleichgesetzt. Man vermutete zwei getrennte Völkerschaften. **Lit.:** R. Hennig, Terrae incognitae (1936/37).

Sergius Catilina ↗ Catilina

Seriphos, an Eisenvorkommen reiche Insel der ↗ Kykladen. Die nur ca. 75 km² große Insel war jonisch besiedelt und Mitglied des Att. Seebundes. S. war in der Antike für ihre Kargheit bekannt und diente in der

Kaiserzeit als Verbannungsort. Die Verehrung des Perseus ist belegt.

Sertorius, Quintus S., röm. Feldherr und Staatsmann, 123–72 v. Chr., stammte aus dem Ritterstand und zeichnete sich bereits im Krieg gegen Kimbern und Teutonen aus. Nach seiner Teilnahme am Bundesgenossenkrieg (91–88) schloss er sich 87 Marius an, nachdem er bei der Wahl zum Volkstribunen auf Betreiben Sullas durchgefallen war. 83 übernahm er als Prätor die Provinz Hispania citerior, aus der er zwei Jahre später von den Anhängern Sullas vertrieben wurde. 80 v. Chr. kehrte er aus seinem mauretan. Exil zurück und stellte sich an die Spitze eines lusitan. Aufstandes gegen die Regierung in Rom. In den folgenden Jahren konnte er bedeutende militär. Erfolge erzielen und beherrschte weite Teile der iber. Halbinsel, kam seinem eigentl. Ziel, dem Sturz der sullan. Machthaber in Rom, zu dessen Zweck er einen Gegensenat gebildet hatte, aber nicht näher. Seit 75 durch Pompeius zunehmend in die Defensive gedrängt, wurde er 72 von einem Untergebenen ermordet, der letzte Widerstand wurde im Jahr darauf gebrochen (Biographie durch Plutarch). **Lit.:** A. Schulten, S. (1926). – O. O. Spann, Q. S. and the Legacy of Sulla (1987). – G. Rijkhoek, Studien zu S. (1989).

Servius, Marius (?) S. Honoratus (?), lat. Grammatiker, ca. 370–400 n. Chr. Über das Leben des angesehenen Grammatikers S. ist nichts bekannt. ↗ Macrobius lässt ihn als Dialogpartner in den *Saturnalia* auftreten. Er wird zu den konservativen gebildeten Heiden gehört haben, die den Verfall der klass. Bildung aufzuhalten versuchten. In dieser Gesinnung dürfte sein Kommentar zu den Werken Vergils verfasst sein. Neben sprachl. und sachl. Erläuterungen geht S. auch auf Vergils dichter. Absicht ein. Mit Macrobius verbindet ihn die Vorstellung von Vergil als universaler Autorität in Religion, Philosophie und röm. Altertümern. Von S.' Werk existiert eine erweiterte, wohl auf Donat zurückgehende Fassung, die sog. *Scholia Danielis* (nach dem Entdecker P. Daniel, um 1600). S. verfasste weiterhin einen Kommentar zu den *Artes* des Donat, der vielleicht sein Lehrer war, und kleinere grammat. und metr. Schriften. **Lit.:** G. Thilo/H. Hagen I-III (1881–1902) [Ausg.].

Servius Tullius, der legendäre sechste König Roms, regierte ca. 578–534 v. Chr., erweiterte die Stadtgrenzen und teilte die Bürgerschaft in die auch später noch maßgebl. Tribus ein. Der Überlieferung zufolge wurde er durch ein Komplott seiner Tochter Tullia und des Tarquinius Superbus gestürzt und ermordet. **Lit.:** R. Thomsen, King S. T. (1980).

Sesostris, Name von drei ägypt. Pharaonen der 12. Dynastie. Am bedeutendsten ist S. III. (ca. 1877–1839 v. Chr.), unter dem das Mittlere Reich seine größte Ausdehnung erreichte. Durch legendenhafte Erzählungen, die bei Herodot (2, 102 ff.) überliefert sind, fand er Eingang in die griech. Literatur.

Sesterz (lat. von semitertius, »halb der Dritte«), kleinste röm. Silbermünze im Wert von zweieinhalb As, mit dem charakterist. Zeichen HS des röm. ↗ Denarsystems für zweieinhalb; der S. war also ein Viertel des Denars. Als Rechnungseinheit wurde der S. häufig Nummus genannt. In der späten Republik in Bronze geprägt, wurde der S. von Augustus in Messing mit dem Gewicht einer Unze (27,3 g) aufgelegt.

Sestos, griech. Hafenstadt auf der thrak. Halbinsel ↗ Chersonesos am Hellespont. S. lag dem kleinasiat. Abydos gegenüber und wurde um 600 v. Chr. von äol. Siedlern kolonisiert. 480 überquerten hier die pers. Truppen unter Xerxes die Meerenge, 478 besetzte Athen S. und gliederte es dem 1. ↗ Att. Seebund an. 404 besetzte Sparta die strategisch wichtige Stadt, im 4. Jh. kämpften Thraker und Perser um den Besitz der Stadt, 353 besetzte erneut Athen S., 334 überquerte Alexander d.Gr. hier den Hellespont. 190 v. Chr. eroberten die Römer die Stadt, die in der Kaiserzeit an Bedeutung verlor und verfiel. **Lit.:** B. Isaac, The Greek Settlements in Thrace until the Macedonian Conquest (1986).

Seth, ägypt. Wüstengott in Tiergestalt oder ein Mischwesen aus Menschenkörper und dem Kopf eines Fabeltiers, bei den Griechen mit ↗ Typhon identifiziert.

Severos, griech. Philosoph, 2. Jh. n. Chr., nur in Zitaten erhalten. S. versuchte, die stoische und die platon. Lehre einander anzunähern.

Severus Alexander, Bassianus Alexianus; M. Aurelius S. A. Augustus, röm. Kaiser 13. März 222–Feb./März 235 n. Chr.; geb. am 1. Oktober 208 (?) in Arca Caesarea (Phönizien) als Sohn des Gessius Marcianus und der Julia Avita Mamaea. Nach der Ermordung seines Vetters Elagabal am 11. März 222 wurde S. A. zum Kaiser erhoben. Zeit seiner Regierung stand S. A. unter dem Einfluss seiner ehrgeizigen Mutter Julia Mamaea. Die Religionspolitik Elagabals wurde aufgegeben, das Ansehen der Senatoren gehoben. Stets unsicher blieb das Verhältnis zu den Soldaten. 231 musste S. A. zu einem Abwehrkrieg gegen das 224 neugegründete Perserreich entschließen, 234 zu einem Feldzug gegen die Alemannen. Unzufriedenheit unter seinen Soldaten führten schließlich zur Erhebung. Im März 235 wurde Maximinus Thrax zum Kaiser erhoben, S. A. zusammen mit seiner Mutter in Mainz ermordet. Mit S. A., dem letzten Vertreter der sever. Dynastie, endete zunächst der dynastisch geprägte Prinzipat; erst Diokletian und Konstantin I. gründeten wieder eine Dynastie. **Lit.:** DRK (1997).

Severus II., Flavius Valerius S. Augustus, röm. Kaiser 1. Mai 305–März/April 307 n. Chr.; Geburtsdatum unbekannt; S. wurde von Constantius I. Chlorus adoptiert und am 1. Mai 305 zum Caesar für Italien und Afrika ernannt; Galerius verlieh ihm im August 306 die Augustuswürde. Im Oktober 306 ließ sich Maxentius in Rom zum Kaiser ausrufen. S. marschierte gegen Rom, musste sich jedoch Anfang 307 nach Ravenna zurückziehen, wo er März/April abdankte. Am 16. September 307 wurde S. in der Nähe von Rom ermordet oder beging Selbstmord. **Lit.:** D. Kienast, Röm. Kaisertabelle (²1996) 290.

Sevilla (lat. Hispalis), iber.-röm. Stadt in Hispanien. Die am schiffbaren Unterlauf des Baetis (heute Guadalquivir) gelegene Handelsstadt war schon in vorröm. Zeit ein Handelszentrum. 45 v. Chr. erhob Caesar die Stadt, die ihm als militär. Operationsbasis diente, zur Colonia, später gehörte sie zur Provinz Baetica und wurde 428 von Vandalen zerstört. In westgot. Zeit spielte S. als Bischofssitz eine wichtige Rolle. 712 eroberten die Araber die Stadt.

Sextius, Titus S., Gefolgsmann Caesars, seit 53 v. Chr. dessen Legat in Gallien. Nach der Ermordung seines Dienstherrn (44) ein Anhänger des Antonius, eroberte er für diesen 42 die Provinz Africa, übergab sie aber nach der Schlacht bei Philippi an Octavian. 40 eroberte er die Provinz zurück und unterstellte sie Lepidus.

Sextus Empiricus, griech. Philosoph und Mediziner, ca. 2. Jh. n. Chr., Anhänger des ↗ Pyrrhon von Elis. S. überträgt die pyrrhon. Skepsis (↗ Skeptizismus) enzyklopädisch auf alle Wissensbereiche. Erhalten sind eine Darlegung der Lehren Pyrrhons, in der er die Unterschiede zwischen der pyrrhon. Skepsis und anderen Philosophenschulen herausarbeitet, und eine *Adversus mathematicos* (*Gegen die Dogmatiker*) betitelte Schrift, in der er sich kritisch mit dogmat. Schulrichtungen auseinandersetzt. **Lit.:** J. Annas/J. Barnes, The Modes of Scepticism (1985).

Sexualität. Die griech.-röm. Antike war im Umgang mit S. und Erotik vergleichsweise frei. ↗ Homosexualität, ↗ Päderastie und ↗ Prostitution waren in Griechenland und Rom nicht nur geduldet, sondern teilweise auch gesellschaftlich anerkannt. Abgesehen von Formen kult. Enthaltsamkeit galt sexuelles Verlangen (lat. *libido sexualis*) nicht als verwerflich; körperl. Lust hielt man nur im Übermaß für schädlich, ansonsten galt sie eher als Garant für Gesundheit und Lebensfreude. In zahlreichen Schriften setzten sich Mediziner und Philosophen wie Hippokrates, Herophilos, in der röm. Kaiserzeit Soran oder Galen mit sexuellen Fehlfunktionen, Geschlechtskrankheiten und Frauenheilkunde auseinander und verfassten Theorien zu Zeugung, Schwangerschaft, Geburt und Vererbung. Eros und Amor waren allgegenwärtig im reichhaltigen erot. Vokabular der Liebes- und Komödiendichter (z. B. Catull, Ovid, Petron, Martial) und in der bildenden Kunst. Was die sexuelle Freizügigkeit angeht, waren Männern erheblich mehr Freiheiten eingeräumt als Frauen. Außerehel. Beziehungen galten bei Frauen als gesetzwidriger Ehebruch (↗ adulterium), der nach Gellius mit der Todesstrafe bedroht war, bei Männern als juristisch nicht strafbare Handlung. Augustus verabschiedete eine *lex Iulia de adulteriis coercendis,* die außerehel. Beziehungen z. T. unter Strafe stellte. Erst der christl. Sexualmoral zeichnete ein völlig negatives Bild von der S. und bewertete reine »Fleischeslust« als religiöses Vergehen, das nach christl. Lehre zur Vertreibung aus dem Paradies führte. **Lit.:** A. Dierichs, Erotik in der Kunst Griechenlands (1993). – A. K. Siems, S. und Erotik in der Antike (1994). – A. Dierichs, Erotik in der Röm. Kunst (1997).

Sezession (secessio plebis) ↗ Ständekämpfe

Sibylle, griech. Priesterin, die im Zustand der Ekstase künftige Ereignisse, meist Unheil, weissagt (↗ Mantik). Die berühmtesten Orte mit einer S. waren Marpessos, Erythrai und Delphi, von Erythrai sollen ihre Orakel nach Cumae in Kampanien gekommen sein. Daneben gab es eine libysche (ägypt.), pers. und babylon. S. Nach Ovid (*Metamorphosen* 14, 104–155) erfüllt ihr der verliebte Apollon den Wunsch, so viele Jahre zu leben, wie eine Hand Staubkörner umfasst. Da sie aber nicht um ewige Jugend gebeten hat, altert sie etwa tausend Jahre lang dahin, schrumpft völlig ein und wünscht sich nur noch den Tod. Nach Vergil (*Äneis,* Buch 6) begleitet die S. von Cumae Äneas in die Unterwelt. Dem letzten röm. König, Tarquinius Superbus, bietet die S. neun Bücher an. Dieser weist sie jedoch zweimal zurück, und die S. verbrennt jeweils drei. Die übrigen drei Bücher, zu deren Kauf die Auguren raten, identifiziert man mit den ↗ Sibyllin. Orakeln, einer Sammlung von Orakelsprüchen, die im Tempel auf dem Kapitol aufbewahrt und in Notzeiten konsultiert wurden. **Lit.:** W. L. Kinter/J. R. Keller, The Sibyl (1967).

Sibyllinische Orakel (lat. *oracula Sibyllina*), eine in daktyl. Hexametern abgefasste Orakelsammlung in 4.230 Versen. Sie sind seit dem 1. Jh. v. Chr. im jüd. Milieu entstanden und später von christl. Seite ergänzt worden. Die S. O. sind durch einen starken Synkretismus, apokalypt. und eschatolog. Gedanken und eine heftige Polemik auf heidn. Sitten gekennzeichnet. **Lit.:** J.-D. Gauger (Hg.), Sibyllin. Weissagungen (1998).

Siculi (gr. Sikeloi), indogerman. Volksstamm ↗ Siziliens. In vorhistor. Zeit scheinen die S. im 2. Jt. aus Italien zugewandert zu sein, die wenigen bekannten sikel. Sprachreste deuten auf eine Verwandtschaft zum Lateinischen. Mit der griech. Kolonisation wurden die S. an die Nordküste und ins östl. Landesinnere verdrängt, wo sie sich in Bergstädten gegen die Griechen zu behaupten suchten. 450 v. Chr. kam es zu einem antigriech. Aufstand der S. unter Duketios, der aber scheiterte. In der Folgezeit wurden die S. assimiliert und waren von der griech. Bevölkerung Siziliens kaum noch zu trennen. **Lit.:** M. I. Finley, Das antike Sizilien (1979). – R. Ross Holloway, The Archaeology of Ancient Sicily (1991).

Side, Stadt in ↗ Pamphylien

Sidon (heute Saida), phöniz. Hafenstadt im heutigen Libanon. Die neben Tyros bedeutendste Stadt der Phönizier wurde im 2. Jt. gegründet. Die Stadt wechselte in ihrer Abhängigkeit immer wieder (Ägypter, Assyrer usw.). Die Stadt begründete ihren Reichtum durch seine Glas- und Purpurindustrie sowie durch einen Fernhandelshafen. Unter pers. Oberhoheit konnte sich im 5. Jh. eine einheim. Dynastie durchsetzen, die sowohl nach Athen wie zum Großkönig enge und freundschaftl. Beziehungen unterhielt. Ein Großbrand zerstörte um 350 die Stadt. Alexander d.Gr. bestätigte die Dynastie, doch wurde sie bald abgelöst. Im Hellenismus gehörte S. meist zum Seleukidenreich; 111 erhielt die Stadt die Freiheit, die von Pompeius bestätigt

wurde. Obwohl Augustus S. große Gebiete im Hinterland zusprach, wurde die Stadt bald unbedeutend. 501 zerstörte ein Erdbeben die Stadt, die 637 von den Arabern erobert wurde. **Lit.:** J. Elayi, S. (1989). – ASM (1999).

Sidonius Apollinaris, C. Sollius Modestus A. S., aus Lugdunum (Lyon), Diplomat und lat. Schriftsteller, seit 470 Bischof von Clermont, ca. 430–486 n. Chr. S. entstammte dem galloröm. Adel. Er war der Schwiegersohn des Kaisers Avitus, dem er einen ↗ Panegyrikus widmete. Dieser ist mit weiteren Preisliedern und sonstigen Gelegenheitsgedichten verschiedener Art in einer Sammlung erhalten. Literar. Vorbilder sind Statius, Claudian und Merobaudes. Neun Bücher Kunstbriefe knüpfen an den jüngeren Plinius an. Ihr Stil ist jedoch manieristisch, die Wortwahl gesucht. Sie lassen einen Einblick in die gebildete Oberschicht des spätantiken Gallien zu. **Lit.:** LACL (³2003).

Sieben gegen Theben. Die Geschichte der sieben Helden aus Argos wird von Aischylos in seinem gleichnamigen Drama behandelt: Der Ödipussohn Eteokles weigert sich, den theban. Thron nach einem Jahr, wie vereinbart, seinem Bruder Polyneikes zu übergeben. Dieser geht nach Argos zu König Adrastos, der in ihm seinen geweissagten Schwiegersohn erkennt und den Zug gegen Eteokles organisiert, für den er noch Tydeus, ↗ Amphiaraos und drei weitere Krieger gewinnt. Die theban. Königsfamilie wird vorausgesagt, sie werde den Krieg gewinnen, wenn sich eines ihrer Mitglieder opfere, worauf sich Menoikeus selbst tötet (Euripides, *Phönissen*). Alle Argiver bis auf Amphiaraos fallen, der in der Erde versinkt und unter den Toten weiterlebt; einzig Adrastos kehrt unversehrt auf seinem Pferd Areion nach Argos zurück. Zehn Jahre später ziehen die Söhne der Sieben, die ↗ Epigonen, erneut gegen Theben, unter ↗ Alkmeon.

Sieben Weise. Die S. W. sind eine sich im 5. Jh. v. Chr. in Griechenland herausbildende Gruppe von Männern, die sich aufgrund ihres Verstandes, ihrer Schlagfertigkeit und Weisheit auszeichnen. Sie gruppieren sich um König Krösus von Lydien, den Tyrannen Periander (und dessen Vater Kypselos) von Korinth, um das jon. Heiligtum in Milet, das Apollonheiligtum in Delphi und am argiv. Festspiele. In den verschiedenen Listen tauchen vier Namen immer wieder auf: ↗ Thales, Bias, Pittakos und ↗ Solon, dazu kamen Kleobulos von Lindos (Rhodos), Cheilon aus Sparta und der Bauer Myson. Die Weisheit ist entweder prakt. Lebensklugheit (common sense) oder polit. Weitsicht. Den S. W.n werden kurze Merksprüche (↗ Gnomen) in den Mund gelegt wie: »Nichts im Übermaß«. **Lit.:** B. Snell, Leben und Meinungen der S. W.n (1952).

Sieben Weltwunder ↗ Weltwunder

Siegel (gr. sphragis; lat. signum/sigillum), kunstvoll gestaltete Stempel aus Metall, Knochen, Elfenbein oder Stein zur offiziellen Beglaubigung von Dokumenten. Der S.-Abdruck in einer weichen Masse sollte die Echtheit von Briefen und Urkunden garantieren (↗ Diplom). Aus Mesopotamien, Ägypten, Palästina und dem minoischen Kreta sind Bes. zylindr. Roll-S. erhalten, in der griech.-röm. Antike wurde der S.-Ring üblich, in die vielfältige Kleindarstellungen graviert waren (Pflanzen, Tiere, Gegenstände, Fabelwesen, myth. Szenen, Schriftzeichen). Als Abdruckmasse verwendete man Lehm oder Ton, Wachs oder Blei. **Lit.:** P. Zazoff, Die antiken Gemmen (1983). – E. Klengel-Brandt (Hg.), Mit sieben Siegeln versehen (1997).

Sikaner ⁊ Sizilien

Sikarier (lat. sicarii, nach sica, »Dolch«) wurden in Rom seit der späten Republik bewaffnete Aufrührer, Banditen und Mörder genannt. Bes. im 1. Jh. v. Chr. stellten sie eine starke Bedrohung der öffentl. Ordnung dar.

Sikinnis ⁊ Tanz

Sikyon, Hafenstadt auf der Peloponnes am Golf von Korinth. S., die westl. Nachbarstadt von Korinth, war schon in vorgeschichtl. Zeit besiedelt. Im 6. Jh. v. Chr. beherrschten Tyrannen aus dem Hause der Orthagoriden die Stadt, in Delphi und Olympia errichte S. zu dieser Zeit eigene Schatzhäuser. Um 510 v. Chr. wurde die Tyrannis beseitigt, S. lehnte sich eng an das verbündete Sparta an. Nach der Schlacht bei Leuktra (371) wurde S. auf theban. Seite gezwungen, 303 zerstörte Demetrios Poliorketes S. und verlegte die unter dem Namen Demetrias neugegründete Stadt auf die benachbarte Anhöhe. Ab 250 nahm S. im ⁊ Achäischen Bund eine führende Rolle ein, nach der Zerstörung von Korinth 146 v. Chr. erhielt es große Teile des korinth. Gebiets sowie die Leitung der Isthmien. Die Nachrichten aus röm. Zeit sind dürftig; um 140 n. Chr. wurde die Stadt durch ein Erdbeben zerstört, blieb aber bis in byzantin. Zeit besiedelt. Reste der hellenist. Stadtanlage sind erhalten. **Lit.:** A. Griffin, S. (1982). – GLHS (1989) 615–618. – ASM (1999).

Silber (gr. argyros, lat. argentum). Im Alten Orient und in der griech. Frühzeit wurde das hochwertigere Gold bevorzugt, mit der in Kleinasien im 6. Jh. v. Chr. einsetzenden Münzprägung stieg die Bedeutung des S.s, das etwa im Verhältnis 1:10 zu Gold gewertet wurde. Wichtige S.-Vorkommen gab es außer in Kleinasien auch in ⁊ Laureion (Attika) und Spanien (⁊ Tartessos). Die Eroberung Spaniens durch die Römer diente nicht zuletzt der Erschließung dieser bes. ergiebigen, nun meist als staatl. Betrieb geführten oder verpachteten Minen für die Staatskasse. Die hellenist. und röm. S.-Münzprägung war weit über den griech.-röm. Kulturkreis hinaus verbreitet. Für Schmuck- und Haushaltsgegenstände in gehobener Ausführung war S. in griech.-röm. Zeit bevorzugter Werkstoff, bes. die Werke röm. S.-Schmiede (oft von hoher Qualität) sind in großer Zahl erhalten.

Silberne Latinität ⁊ Latein. Literatur

Silene, satyrähnl. Fabelwesen, Anhänger des ⁊ Silenos.

Silenos (gr. S(e)ilenos), Figur der griech. Mythologie; zusammen mit seinen Anhängern, den Silenen, den ⁊ Satyrn und den ⁊ Mänaden, treuer Begleiter des ⁊ Dionysos, eine dicke, betrunkene Gottheit mit Pferdeohren und Schweif.

Silius, Publius S. Nerva, kaiserl. Statthalter in Spanien, unterwarf 19 v. Chr. im Auftrag des Augustus die Kantabrer und vollendete damit die militär. Okkupation Spaniens. 15 v. Chr. war er an der Niederwerfung des Königreichs Noricum beteiligt.

Silius Italicus, Tiberius Catius Asconius S. I., röm. Epiker, 23/35–101 n. Chr. Am Ende einer polit. Laufbahn, die ihn zum Konsulat (68) und Prokonsulat in Asia (wohl 77) geführt hatte, zog S. sich auf seine Güter zurück und widmete sich literar. und philosoph. Neigungen. Er hatte Ciceros Tusculanum erworben und besaß ein Gut bei Neapel, auf dem sich Vergils Grab befand, welches er wie ein Heiligtum verehrte. Unheilbar erkrankt, setzte er seinem Leben in stoischer Haltung durch Nahrungsentzug selbst ein Ende. Überliefert ist ein Epos über den 2. Pun. Krieg in 17 Büchern. Der Preis der flav. Dynastie im 3. Buch deutet auf die Ära Domitians als Abfassungszeit. Als histor. Quelle stützt sich S. hauptsächlich auf die 3. Dekade des Livius, sprachlich-stilistisch gebärdet sich S. als Klassizist und versucht auch in der Erzählweise Vergil nachzueifern, wenngleich er, bes. in der bisweilen manierist. Schilderung grausiger Szenen, erkennbar unter dem Einfluss von Seneca und Lukan steht. Wie Livius betrachtet S. den Krieg gegen Hannibal als das entscheidende Ringen in der Geschichte des röm. Volkes. Auf göttl. Ebene sieht er, gleichsam in Fortsetzung der *Aeneis* Vergils, das Wirken Junos als Ursache der Feindschaft zwischen Karthago und Rom. Durch die Überhöhung des Geschehens in einer Götterhandlung bezieht S. gegen die von Lukan gewählte Form des histor. Epos Stellung und reiht sich in die Tradition Vergils ein. Über die Gründe der Themenwahl lässt sich nur spekulieren: Es spricht manches dafür, dass er die eigene Gegenwart (wie die Zeitgenossen Juvenal und Tacitus) skeptisch betrachtete und in der Darstellung der größten Bewährungsprobe Roms die moralisch unverdorbene Vergangenheit als Vorbild ausgeben wollte – ähnlich wie Quintilian eine Erneuerung der Beredsamkeit aus konservativer Gesinnung heraus erstrebte. **Lit.:** E. Burck, in: Ders. (Hg.), Das röm. Epos (1979) 254–299.

Sillybos (gr.; lat. titulus, index), aus Pergament gefertigter Streifen mit dem Titel einer fest verpackten Schriftrolle, der außen deutlich sichtbar befestigt wurde.

Sillyon, Stadt in ⁊ Pamphylien.

Silvanus, ländl. Gottheit, auch Gott des Waldes, der Felder, des Ackerbaus und der Grenze, wie ⁊ Pan auch als Gott der Hirten verehrt.

Silvius, Sohn des ⁊ Äneas und der ⁊ Lavinia, myth. Stammvater der Könige von Alba Longa.

Sima (gr.), ein bes. an griech. Tempeln oder öffentl. Gebäuden vorkommendes architekton. Element, das zur Ableitung des Regenwassers diente. Die S. verlief am oberen Dachrand über dem Geison (dem vorragenden Gesims), hatte einen aufgebogenen Rand, war entweder aus Ton oder Marmor und in der Regel bemalt oder kunstvoll verziert mit Blütenfriesen aus wechselnden Lotos- und Palmettenblüten (Anthemion) oder

Akanthusornamenten. Die Traufleisten der Langseite besaßen Öffnungen, an denen sog. Wasserspeier (meist in Form von Löwenköpfen) angebracht waren, die das Wasser in großem Bogen ableiteten. ↗ Gebälkrodnung **Lit.:** G. Gruben, Die Tempel der Griechen (⁴1986).

Simeon Stylites, gr. Mönch und Gelehrter, zog sich seit 412 bis zu seinem Tod 459 auf die Plattform einer wiederholt erhöhten Säule zurück und wirkte durch seine Korrespondenz als geistl. Berater. **Lit.:** LACL (³2002), 642.

Simmias oder **Simias** (gr. Simias) von Rhodos, griech. Dichter und Philologe, frühes 3. Jh. v. Chr. Zitate aus seinen *Glossai* (*Wörter*) und aus dem hexametr., lyr. und epigrammat. Werk sind bei Athenaios überliefert. Bekannt geworden ist S. durch die drei Gedichte *Flügel des Eros, Axt* und *Ei,* die man als Figurengedichte interpretiert hat. Manche halten sie aber auch für echte Aufschriften. **Lit.:** A. Cameron, Callimachus and his Critics (1995).

Simonides (gr. Simonides) von Keos, griech. Lyriker, ca. 557/56–468/67 v. Chr., Onkel des ↗ Bakchylides. S. gilt als Erfinder des ↗ Epinikions. Er war ein typ. Auftragsdichter, der sich in zahlreichen chorlyr. und lyr. Gattungen betätigte. Erhalten sind neben einer Reihe ihm zugeschriebener Epigramme (bes. das auf die bei den Thermopylen gefallenen Spartaner) ca. 30 Verse einer Klage der Danaë und seit 1992 Bruchstücke einer Elegie über die Schlacht von Plataiä. Er soll in Athen 57mal im Dithyrambenagon erfolgreich gewesen sein. **Lit.:** J. H. Molyneux, S. (1992).

Simplikios aus Kilikien, griech. neuplaton. Philosoph, 6. Jh. n. Chr. S. wanderte mit sechs anderen Philosophen aus Athen nach der Schließung der platon. Akademie durch Justinian (529) nach Ktesiphon aus. Er soll sich später in Carrhae niedergelassen haben. Erhalten sind umfangreiche Kommentare zu aristotel. Schriften und zu Epiktet. S. prägte – bes. in lat. Übersetzungen – das Aristoteles-Bild der Scholastik bis in die Renaissance. **Lit.:** I. Hadot (Hg.), Simplicius (1987).

Singidunum (heute Belgrad, Serbien), röm. Militärlager in ↗ Mösien. Seit 91 n. Chr. war S. Legionslager, 169 erhielt die Siedlung den Status eines Municipium, 238 den einer Colonia. Reste von Militärlager und Zivilsiedlung sind erhalten.

Sinis, eine bösartige mit dem Beinamen Pityokamptes (»Fichtenbieger«); ein Straßenräuber, der alle Reisenden mit den Armen und Beinen an Fichten fesselt, die er zuvor heruntergebeugt hat und dann hochschnellen lässt. Beim Loslassen werden die angebundenen Menschen auseinandergerissen. S. wird von Theseus auf dieselbe Weise getötet.

Sinon, Grieche, der sich von den Trojanern absichtlich gefangennehmen lässt und diese dazu bringt, das hölzerne Pferd in die Stadt zu ziehen; ↗ Trojan. Krieg

Sinope, Tochter des ↗ Asopos, die von Apollon entführt wird und ihm Syros gebiert. Ihr Name wird auch mit der Stadt S. am Schwarzen Meer in Verbindung gebracht. Zeus soll sie aus Liebe dorthin gebracht ha-

ben, doch will sie Jungfrau bleiben, auch wenn er ihr die Erfüllung jedes Wunsches verspricht.

Sintflut, eine von einem Gott zur Bestrafung menschl. Ungehorsams gesandte verheerende, nahezu alles Leben vernichtende Überschwemmung der Erde. S.-Sagen waren bes. in Überschwemmungsgebieten beliebt. Zu den bekanntesten S.-Sagen zählen die bibl. (I Mos.) und die griech. (Hesiod), ↗ Deukalion.

Sinus Arabicus ↗ Rotes Meer

Siphnos, Insel der ↗ Kykladen. Das 89 km² große S. war jonisch besiedelt, galt als reichste der Inseln (Edelmetall- und Schiefervorkommen) und errichtete in Delphi vor 525 v. Chr. ein eigenes Schatzhaus, bevor es 525 von sam. Flüchtlingen erobert und geplündert wurde. S. beteiligte sich auf griech. Seite an den ↗ Perserkriegen und war Mitglied des 1. und des 2. Att. Seebundes. In späterer Zeit verlor die Insel an Bedeutung. **Lit.:** G. A. Wagner/G. Weisgerber, Silber, Blei und Gold auf S. (1985). – GLHS (1989) 619 f.

Sipylos, kleinasiat. Gebirgszug. Vom Golf von ↗ Smyrna aus zog sich das Massiv 30 km landeinwärts nach NO, südl. von ↗ Magnesia am S. und des ↗ Hermos. ↗ Kybele wurde hier kultisch verehrt.

Sirenen (gr. Seirenes), Töchter des ↗ Acheloos, Fabelwesen mit Vogelkörpern und Frauenköpfen. Sie bringen durch ihren bezaubernden Gesang vorbeifahrende Seeleute dazu, ihre Schiffe zu ihrer Insel zu lenken, wo diese an den Felsen zerschellen. Es gelingt nur den ↗ Argonauten, auf deren Schiff ↗ Orpheus mit seinem Gesang die S. übertönt, und ↗ Odysseus, der seinen Gefährten auf ↗ Kirkes Rat hin die Ohren zustopft und sich selbst an einen Mast fesseln lässt, unbeschadet an den S. vorbeizusegeln.

Siris (heute Nova Siri), griech. Stadt im Golf von Tarent, die für ihren Reichtum bekannt war. S. wurde um 700 v. Chr. als jon. Kolonie gegründet, wurde um 550 v. Chr. von den Nachbarstädten Sybaris, Kroton und Metapont zerstört. Nach der Gründung des benachbarten Herakleia durch Tarent (433) wurde der alte Hafen von S. von der Neugründung Herakleia genutzt.

Sirmium (heute Mitrovica), Residenzstadt in ↗ Illyrien. Die an der Save gelegene Stadt war Hauptort der kelt. Taurisker und diente in röm. Zeit als Basis für die Eroberung ↗ Pannoniens. Unter Galerius wurde S. Ende des 3. Jh. n. Chr. kaiserl. Residenzstadt und Hauptstadt Illyriens. S. besaß eine Flottenstation, Waffenfabriken sowie eine Münzstätte. An diesem Knotenpunkt von Land- und Seewegen siedelten bes. Veteranen. Im 4./5. Jh. wurde S. durch Einfälle von Goten, Hunnen und Avaren zerstört. Teile der Stadt- und Palastanlage sind freigelegt. **Lit.:** V. Popovič (Hg.), S. 1 (1971).

Sisenna, Lucius Cornelius S., 118–67 v. Chr., röm. Politiker (Prätor 78) und Geschichtsschreiber, war zunächst ein Parteigänger des Marius, schloss sich aber später dessen Gegner Sulla an. Politisch nicht sonderlich erfolgreich, erwarb er sich literar. Ruhm durch seine *Historiae,* eine Zeitgeschichte, die als Fortsetzung des Geschichtswerkes von ↗ Sempronius Asellio

Odysseus und die Sirenen

in mindestens 13 Büchern den Bundesgenossenkrieg und die Bürgerkriege von 91–79 v. Chr. behandelte. Die offenbar objektive Darstellung, an die später ↗ Sallust anschloss, ist nur in Fragmenten erhalten. S. scheint im asian. Stil, durchsetzt mit Archaismen, geschrieben zu haben. Für die Entwicklung des röm. Romans ist seine Übersetzung der *Miles. Geschichten* des Aristeides von Milet bedeutsam. S. starb 67 v. Chr. als Legat des Pompeius auf Kreta.

Sisyphos, myth. König von Ephyra (Korinth), Sohn des Äolus (2), wie sein Bruder Salmoneus ein gerissener Verbrecher und Gottesfrevler. Er überlistet den Viehdieb Autolykos und verführt – nach einer nachhomer. Version – dessen Tochter Antikleia, mit der er Odysseus zeugt. S. verrät dem Vater der geraubten Ägina, Asopos, dass Zeus der Entführer ist, worauf ihn Thanatos (der Tod) holen soll. S. jedoch überlistet ihn und hält ihn gefesselt, bis ihn Ares befreit. Der zweite Versuch des Todes hingegen hat Erfolg. Im Tartaros (↗ Unterwelt) muss S. zur Strafe einen Felsen zwischen zwei Bergen hinaufwälzen, der immer wieder hinunterrollt. In der Rezeption wird er zum Symbol der Vergeblichkeit menschl. Handelns (A. Camus).

Sitalkes, König des thrak. Stammes der Odrysen, war im Peloponnes. Krieg mit Athen verbündet und verwüstete 429 v. Chr. Makedonien und die Chalkidike. Er fiel 424 im Kampf gegen die Triballer.

Sitophylakes (gr., »Getreidewächter«), sind als Magistrate für mehrere griech. Städte, insbes. Athen, bezeugt. Hier amtierten zunächst je fünf Amtsträger in der Stadt und im Piräus, später vergrößerte sich das Gremium auf bis zu 35 Männer. Die Aufgabe der S. bestand bes. darin, den Verkauf und die Qualität des importierten Getreides zu überwachen. ↗ Polizei

Sizilien (gr. Sikelia bzw. Trinakria, »die Dreieckige«, lat. Sicilia), größte Insel im Mittelmeer. Als älteste Bewohner S.s galten im Altertum die Sikaner, die im 2. Jt. von den aus Italien zuwandernden ↗ Siculi zurückgedrängt wurden. Im NW der Insel hatten sich die Elymer um das Zentrum ↗ Segesta angesiedelt. Die griech. Kolonisation S.s führte diesen Verdrängungsprozess fort; die Griechen siedelten bes. entlang der Küste mit Schwerpunkt im O (↗ Syrakus, Megara Hyblaia, ↗ Katane, ↗ Tauromenion, ↗ Messana). An der flachen Südküste entstanden ↗ Gela, ↗ Akragas, ↗ Selinus und ↗ Lilybaion, während an der steil abfallenden

Nordküste ↗ Himera, ↗ Kale Akte und Mylai gegründet wurden. Die von Nordafrika nach S. übergreifenden Karthager wurden früh zu einem weiteren wichtigen Machtfaktor auf der Insel. Aus der Frühzeit nach der Gründung der griech. Kolonien besitzen wir nur wenige Nachrichten, doch waren die ersten Jahrhunderte wohl eine Epoche großen Wohlstands. Im 6. Jh. kam es in vielen Städten zu Unruhen, da sich zahlreiche Tyrannen in den Poleis durchsetzen konnten. ↗ Gelon von Syrakus errichtete im SO der Insel ein erstes Großreich, im Bündnis mit Akragas besiegte er 480 in der Schlacht bei Himera die Karthager. Gelons Bruder Hieron I. dehnte das syrakusan. Reich nach Süditalien aus, Syrakus wurde polit. und kulturelles Zentrum der Westgriechen (↗ Aischylos, ↗ Pindar). Der Sturz der syrakusan. Tyrannis 465 sowie die Sizil. Expedition der Athener (415–413) führte zum Vordringen Karthagos, das erst 405 vor Syrakus gestoppt werden konnte. ↗ Dionysios I. (405–367) konnte sich in dieser Situation als Tyrann von Syrakus etablieren und ein Territorialreich in S. und Süditalien errichten. Syrakus wurde zur größten griech. Stadt dieser Zeit ausgebaut und bestimmte weitgehend die Geschicke der Insel. Nach dem endgültigen Zusammenbruch der Tyrannis Dionysios' II. 344 suchten erneut die Karthager das Machtvakuum zu füllen, doch stoppte der Tyrann ↗ Agathokles von Syrakus dies. 277 drängte ↗ Pyrrhos von Epirus erneut die Karthager in den äußersten W S.s zurück, die Vorgeschichte des 1. ↗ Pun. zeigt die unterschiedl. Interessenlage der Karthager, Griechen und Römer, die als weitere Größe in die Geschichte S.s eingriffen. Mit dem röm. Sieg 241 verließen die Karthager S., das mit Ausnahme des syrakusan. Reiches zur ersten röm. Provinz wurde. Im 2. Pun. Krieg trat Hieronymos von Syrakus 215 auf karthag. Seite, 212 eroberten die Römer Syrakus, 210 Akragas und reorganisierten ganz S. als einheitl. Provinz, mit Syrakus als Sitz des Prätors und Gliederung der Gemeinwesen in vier Gruppen mit unterschiedl. Rechtsstatus. Im letzten Pun. Krieg war S. Ausgangspunkt der röm. Militäroperationen; Ende des 2. Jh. erschütterten mehrere Sklavenaufstände die Insel. 73–71 beutete der Proprätor ↗ Verres die Provinz S. zügellos aus; Cicero vertrat in Rom vor Gericht die Anklage (↗ Repetundenprozess). Augustus reorganisierte die Provinzialordnung. Wohl im 2. Jh. n. Chr. erhielten die Einwohner das röm. Bürgerrecht, seit Diokletian verwaltete ein Konsular die Provinz. Das Christentum fasste erst spät Fuß, unter ↗ Gallienus kam es zu einem letzten Sklavenaufstand. In der Spätantike wurde S. 440 von Vandalen, 453 von Ostgoten überrannt, von 535–827 beherrschte Byzanz die Insel, bis die Araber sich auch hier festsetzten. **Lit.:** A. v. Stauffenberg, Trinakria (1963). – M. I. Finley, Das antike S. (1979). – R. Ross Holloway, The Archaeology of Ancient Sicily (1991).

Sizilische Expedition ↗ Peloponnesischer Krieg, Athen, Thukydides

Skamander (gr. Skamandros, heute Menderes Su), Fluss in der ↗ Troas. Im Idagebirge entsprang der in der Regenzeit reißende Fluss, der sein Flussbett häufig wechselte. Der S. wurde auch als Flussgott verehrt. **Lit.:** J. M. Cook, The Troad (1973).

Skarabäus, der den Ägyptern heilige Mistkäfer, der häufig als steinernes Amulett oder auf Ringen nachgebildet wurde.

Skazon ↗ Hinkjambus

Skene ↗ Bühne

Skenographie, Bühnenmalerei. Als Erfinder der S. gilt Sophokles.

Skeptizismus, philosoph. Richtung, die sich an keine Lehrmeinungen hält und sich jegl. Urteils enthält (*epoche*). Der S. wurde von ↗ Pyrrhon von Elis begründet und bes. in der ↗ Akademie durch Arkesilaos (3. Jh. v. Chr.) und ↗ Philon von Larissa (1. Jh. v. Chr.) weiterentwickelt. Die Skeptiker der Akademie stellten sich bewusst in die Tradition des ↗ Sokrates, indem sie durch das Argumentieren für oder gegen eine Sache die Dogmen anderer Philosophenschulen in Frage stellten. Eine Renaissance des S. setzt im 1. Jh. n. Chr. in der pyrrhon. Ausprägung ein. ↗ Ainesidemos sieht im S. einen Weg, um zur Ruhe des Gemüts (*ataraxia*) und damit zur Glückseligkeit zu gelangen. **Lit.:** R. J. Hankinson, The Sceptics (1995).

Skiathos, westlichste Insel der nördl. ↗ Sporaden. S. nahe der thessal. Küste wurde von ↗ Chalkis besiedelt, das hier eine Kolonie gründete. Die zentrale Lage der Insel sowie der gut ausgebaute Hafen der Stadt waren von strateg. Bedeutung. S. war Mitglied des 1. und 2. Att. Seebundes und gehörte in der röm. Kaiserzeit zu Athen.

Skione, griech. Stadt auf der Halbinsel ↗ Chalkidike in Makedonien. Die im SW der Pallene liegende Stadt war Mitglied des Att. Seebundes, Im Peloponnes. Krieg fiel die Stadt 423 ab, wurde 421 aber von Athen zurückerobert, das die Bewohner in einer Strafaktion ermordete. Athen siedelte hier vertriebene Bürger aus Plataä an. **Lit.:** GLHS (1989) 623 f.

Skiron, Sohn des Poseidon oder des Pelops, nach dem die Straße zwischen Megara und Eleusis Skiron. Weg genannt wird, wo er die Vorbeireisenden von einem Felsen in den Tod stürzt. S. wird von ↗ Theseus auf dieselbe Art getötet.

Sklaverei (gr. douleia; lat. servitudo), rechtl. Abhängigkeitsverhältnis, das in der Regel die Unfreiheit und völlige Rechtlosigkeit von natürl. Personen bedeutete. Grob unterscheiden lässt sich zwischen Schuld- und Kauf-S. und den anderen Unfreiheitsformen der Antike (↗ Heloten). Sklave war man von Geburt, durch Kriegsgefangenschaft oder sonstige Gefangennahme; Piraten und Menschenhändler verkauften ihre Opfer in die S. Arme konnten die eigene Freiheit als Sicherheit für eine Schuld einsetzen; diese Art von S. wurde 594/93 v. Chr. in Athen von Solon verboten (sog. ↗ *seisachtheia*), in Rom durch die *lex Poetelia* (326 v. Chr.) abgeschafft. Aristoteles hielt bestimmte Personengruppen oder Völker (↗ Barbaren) für geborene Sklaven. – *I. Griechenland:* Sklaven waren rechtlos und gehörten nicht zum ↗ Demos. Die meisten Sklaven waren in Privatbesitz; »Staatsskla-

Römische Sklavenkette, gefunden am Hals eines Skeletts, mit der Botschaft: »Wer mich fängt, soll mich zurückgeben an meinen Besitzer Apronianus, Beamter im kaiserlichen Palast, beim Goldenen Tuch auf dem Aventin (»ad mappa aurea in Abentin«), denn ich bin ein entlaufener Sklave.«

ven« (*demosioi*) übten offizielle Funktionen aus (Tempeldienst, Polizei, Münzprüfer), arbeiteten als Handwerker, Lehrer, Ärzte, in Marmorsteinbrüchen oder in den Bergwerken. – *II. Rom:* Die röm. Eroberungen im 2./1. Jh. v. Chr. brachten eine Vielzahl von neuer Sklaven aus den eroberten Ländern nach Rom. Die zunehmende Differenzierung der antiken Gesellschaft erforderte preiswerte Arbeitskräfte auf den Latifundien, in den Bergwerken sowie bei öffentl. Anlagen. Rechtlich galten Sklaven im Sinne des Sachenrechts als Mobilien, die verkauft, beschädigt oder zerstört werden konnten. Als Erkennungszeichen und Eigentumsnachweis trugen sie Halsbänder mit Adressangabe ihres Besitzers (Sklavenmarken). In Rom bildeten Sklaven bis weit in die Kaiserzeit eine breite Schicht, die der Gesellschaft unentbehrl. Dienste leistete. Der Zustand der S. konnte durch Aufgabe des Eigentumsrechts (↗ *emancipatio*) beendet werden; der so ↗ Freigelassene (*libertus*) erlangte zunächst ein eingeschränktes, erst in zweiter Generation das volle ↗ Bürgerrecht. Die S. wurde in der Spätantike nie formell verboten, aber die Veränderung der Gesellschaft und das Aufkommen des Christentums ließen sie langsam zurückgehen. **Lit.:** M. I. Finley, Die S. in der Antike (1981). – N. R. Fisher, Slavery in Classical Greece (1993). – W. Eck/J. Heinrichs, Sklaven und Freigelassene in der Gesellschaft der röm. Kaiserzeit (1993). – L. Schumacher, S. in der Antike (2001).

Skolion (gr., »Trinklied«). Antike Quellen schildern den Vortrag von Skolien beim Trinkgelage (↗ Symposion) folgendermaßen: Die Teilnehmer reichten einen Zweig herum und sangen der Reihe nach vor. Athenaios benutzt eine Sammlung von att. Skolien des späten 6. und frühen 5. Jh. v. Chr., aus der er zitiert. In spätklass. und hellenist. Zeit können Rezitationen von trag. Reden und Epigrammen das S. beim Gelage ersetzen. **Lit.:** R. Reitzenstein, Epigramm und S. (1893). – A. Cameron, Callimachus and his Critics (1995).

Skopas, griech. Bildhauer und Architekt des 4. Jh. v. Chr. aus Paros. Er leitete den Wiederaufbau des 395 v. Chr. abgebrannten Athena-Tempels in Tegea und arbeitete auch am Mausoleum von Halikarnassos mit. S. hat der antiken Überlieferung zufolge zahlreiche rundplast. Werke von Göttern und Heroen gefertigt und

war bekannt dafür, seine Figuren in heftiger Bewegung und großer Leidenschaft darzustellen; eines seiner Werke ist in einer römerzeitl. Kopie erhalten (heute im Albertinum, Dresden): die Statuette einer Mänade (»die Rasende«) in typ. Bewegung. **Lit.:** G. M. A. Richter, The Sculpture and Sculptors of the Greeks (1970). – K. Stemmer, Standorte. Kontext und Funktion antiker Skulptur (1995).

Skulptur ↗ Plastik

Skylax von Karyanda, griech. Geograph und Seefahrer. Im Auftrag des Perserkönigs Dareios I. umsegelte (zw. 519–512) S. die arab. Halbinsel. Ausgangspunkt war der Kabulfluss bzw. der Indus; nach 30-monatiger Reise erreichte er Ägypten (Suez). S. wurde von ↗ Hekataios und ↗ Herodot als Quelle verwendet, seine eigenen Schriften sind nur fragmentarisch überliefert. Der unter seinem Namen überlieferte ↗ Periplus Europas, Asiens und Libyens stammt wohl erst aus dem 4. Jh., benutzte aber auch ältere Periploi (sog. Pseudo-Skylax).

Skylla (1), ein ursprünglich schönes Mädchen, von der eifersüchtigen ↗ Kirke in sechsköpfiges und zwölfarmiges Meeresungeheuer verwandelt. Sie wohnt gegenüber der Charybdis in der Meerenge von Messina und lauert auf die vorbeisegelnden Seefahrer, um sie zu verschlingen (*Odyssee*, Buch 11).

Skylla (2), Tochter des ↗ Nisos, des Königs von Megara.

Skymnos von Chios, griech. Geograph (um 200 v. Chr.). Verf. einer verlorenen ↗ Periphegesis Europas und Asiens (mit Libyen) nach dem Vorbild des ↗ Hekataios. Neun Fragmente sind erhalten. Angaben zur Geschichte und Mythologie bestimmten den Charakter des Werkes. Unvollständig erhalten ist eine hellenistische Weltbeschreibung in jamb. Trimetern, die unter S.' Namen überliefert ist. **Lit.:** M. Korenjak (Hg.), Die Welt-Rundreise eines anonymen griech. Autors (2003).

Skyphos (gr.), ursprünglich ein Becher aus Ton mit Henkeln für den alltägl. Gebrauch; in der Archäologie die Bezeichnung für ein unterschiedlich großes, napfförmiges Trinkgefäß mit zwei horizontalen (mitunter einem horizontalen und einem vertikalen) Henkeln am Rand. **Lit.:** K. Vierneisel/B. Kaeser (Hg.), Kunst der Schale – Kultur des Trinkens (1990).

Skyros, Insel in der Ägäis. Zwischen Euböa und Lesbos lag S., das zuerst von Karern, Kretern und Dolopern bewohnt und 476/75 von Kimon für Athen erobert wurde. Kimon soll hier auch die Gebeine des Theseus gefunden haben. Bis in die röm. Kaiserzeit blieb S. athenisch, die Reste der antiken Stadt S. liegen an der Ostküste, die Stadtmauer ist noch gut erhalten. **Lit.:** GLHS (1989) 626 f.

Skythen, antike Stammesgruppe, bes. an der Nordküste des ↗ Schwarzen Meeres (heute Ukraine) ansässig. Seit dem 9. Jh. v. Chr. wanderten skyth. Stämme aus der Steppe ins Schwarzmeergebiet zu und verdrängten die ↗ Kimmerier; einige Verbände zogen auch durch ↗ Kleinasien, doch bildete das Gebiet zwischen Donau und Don (Tanaïs) mit der Krim (↗ Chersonesos) das Hauptsiedlungsgebiet. Im 7. und 6. Jh. unterhielten die S. bereits intensive Handelsbeziehungen zu den griech. Städten des Schwarzmeerraumes. 514/13 kämpften die S. gegen die Perser unter Dareios I.; der Sieg trug zur Einigung der skyth. Stämme bei. Ateas schuf im 4. Jh. ein Großkönigreich, das vom ↗ Asowschen Meer bis zur Donaumündung reichte. Die makedon. Expansionsversuche nach O ins Gebiet der S. hatten nur kurzzeitigen Erfolg. Im 3. Jh. standen die S. in Konflikt mit den Sarmaten (↗ Sarmatien), doch erst im 3. Jh. n. Chr. brach ihr Reich im Kampf gegen die Goten zusammen. Die S. galten zwar als Reitervolk, doch pflegten die meisten Stämme auch Landwirtschaft und Viehzucht. Die prächtigen Grabbeigaben (bes. Goldschmuck) veranschaulichen die hohe Handwerkskunst der S. und deren Kontakte zur griech. Kultur im Schwarzmeergebiet. Die Griechen verwendeten den Begriff S. oft undifferenziert für alle Stämme im nördl. Pontosgebiet. **Lit.:** B. N. Grakov, Die S. (1978). – R. Rolle, Die Welt der S. (1980). – Gold der S. Ausstellungskatalog (1984).

Smyrna ↗ Myrrha

Socii (lat.) ↗ Bundesgenossen

Sodales Augustales nannte man die Mitglieder des ↗ Collegiums, die nach der Vergöttlichung des Augustus für die Pflege des Kaiserkults zuständig waren und zu denen auch führende Mitglieder des Kaiserhauses (u. a. Tiberius, Drusus, Germanicus) gehörten. Nach dem Tode des Claudius wurden die *S. Augustales Claudiales,* nach dem des Vespasian *S. Augustales Flaviales* eingerichtet. Diese Praxis wurde auch auf die späteren Kaiser ausgedehnt, bis die *S. Antoniniani,* die nach dem Tod des Antoninus Pius (161) ihre Arbeit aufnahmen, auch für dessen Nachfolger zuständig blieben. ↗ Herrscherkult, ↗ Priester

Söldner kamen in fast allen Zeiten der Antike zum Einsatz. *I. Griechenland:* Schwerpunkt war die griech. Welt. Die permanenten Unruhen und inneren Auseinandersetzungen in den meisten griech. Poleis führten bereits seit dem 6. Jh. v. Chr. zu einem immer größer werdenden Heer von Flüchtlingen und Entwurzelten. Diese traten – bes. häufig seit dem 4. Jh. v. Chr. – als S. in die Dienste anderer griech. Staaten (↗ Hopliten) oder auch auswärtiger Mächte, bes. des Perserreichs. In hellenist. Zeit war es dann allg. üblich, dass die Armeen hauptsächlich aus S.n bestanden. Hauptrekrutierungsgebiet waren neben der griech. Welt auch alle angrenzenden Gebiete wie Thrakien, Illyrien oder kleinasiat. Volksstämme. Auch ↗ Karthago operierte hauptsächlich mit S.-Heeren, die bes. in Nordafrika, später auch in Spanien und – in geringerem Ausmaß – im hellenist. Bereich angeworben wurden. – *II. Rom:* Die röm. Armee war ein Bürgerheer, das in der Regel durch ein Kontingent der ↗ Bundesgenossen aufgestockt wurde. Daran änderte sich nach der Einführung des Berufsheeres unter ↗ Marius nur wenig, und auch in der früheren und mittleren Kaiserzeit dienten fast ausschließlich Reichsbewohner in den Streitkräften. Durch die röm. Eroberung des gesamten Mittelmeerraumes war dem S.-Wesen mehr und mehr der Boden

Sokrates

entzogen worden. Erst in der Spätantike finden sich wieder auswärtige Soldaten in der röm. Armee, die aber keine S. im engeren Sinne mehr waren.

Sogdiane, Landschaft im NO des Perserreiches zwischen ↗ Oxos und ↗ Jaxartes gelegen (heute etwa Republik Usbekistan). S. gehörte zur 16. Satrapie des Perserreiches. 329–327 v. Chr. erreichte Alexander d. Gr. auf seinem Zug auch die S., eroberte und zerstörte die Hauptstadt ↗ Marakanda (heute Samarkand) und gründete am Jaxartes die Stadt Alexandria Eschate, »das äußerste Alexandrien«. S. war Durchgangsland der Karawanenwege nach China.

Sokrates (1) (gr. Sokrates), griech. Philosoph, ca. 470–399 v. Chr. (hingerichtet), Athener aus dem Demos Alopeke, Sohn des Bildhauers Sophroniskos und der Hebamme Phainarete, seit 408 Lehrer Platons, späte Heirat mit Xanthippe (möglicherweise S.' zweite Frau), Vater von drei Söhnen. S. hat keine Schriften verfasst. Fast alles, was wir über S. wissen, verdanken wir der Tatsache, dass Schüler des S., die sog. Sokratiker, Werke geschrieben haben, in denen S. im philosoph. Gespräch (↗ Dialog) oder als Redner in eigener Sache vor Gericht dargestellt wird. Doch diese Zeugnisse sind keineswegs unproblematisch: Die Werke der Sokratiker, die zuerst über S. geschrieben haben und wohl noch am ehesten ein Porträt des histor. S. liefern wollten (Eukleides von Megara, Antisthenes von Athen, Aischines von Sphettos, Phaidon von Elis), sind nicht oder nur in kleinen Bruchstücken erhalten. Nahezu vollständig überliefert sind nur die Schriften Platons und Xenophons. Beide Autoren können aber sicherlich nicht als Biographen des S. gelten. Bei ↗ Platon, der in der Mehrzahl seiner Dialoge S. als Gesprächsführer auftreten lässt, wird S. zu einer literar. Figur, die nicht an die Auffassungen des histor. S. gebunden bleibt, sondern das behauptet, was Platon sie behaupten lässt. Dass sich Platon auch selbst – trotz der realistisch wirkenden Inszenierung der Gesprächshandlungen – keineswegs als Biograph des S. verstanden hat, verdeutlichen die in den Dialogen zahlreich zu findenden Anachronismen. Selbst bei den platon. Frühdialogen, die nicht selten als direkte Quellen für den histor. S. betrachtet werden, ist kaum zu entscheiden, was S. »wirklich« gesagt und was ihm Platon in den Mund gelegt hat. Die inhaltl. Differenzen zwischen dem histor. und platon. S. hat bereits Aristoteles betont. Auch ↗ Xenophon (1), der neben Platon bedeutendste Sokratiker, hat kein authent. S.-Porträt, sondern eine weitere literar. Gestaltung der S.-Figur geliefert, die gegenüber der platon. allerdings weniger von einer philosoph., als vielmehr von einer apologet. Autorintention geprägt wurde. In den *Memorabilien* und im *Symposion* stellte Xenophon S. als braven Bürger dar, der zu Unrecht angeklagt und hingerichtet wurde. Ein ganz anderes S.-Bild als die Sokratiker zeichnete ↗ Aristophanes (1), der in seiner Komödie *Die Wolken* (423 v. Chr.) S. als Sophisten und Naturphilosophen auf die Bühne gebracht und aus konservativer Perspektive heraus attackiert hat. Damit stand Aristophanes nicht alleine: Es ist davon auszugehen, dass S. in weiten Kreisen der zeitgenöss. Athener Öffentlichkeit als Sophist oder als Naturphilosoph angesehen wurde. Dem Hinweis zufolge, den Platon S. in der *Apologie* (18d) geben lässt, muss Aristophanes, dessen Komödien einen großen Einfluss auf die öffentl. Meinung besaßen, sogar eine Mitschuld an der Verurteilung des S. zugesprochen werden. Die Schriften der Sokratiker können als Versuch gedeutet werden, das von Aristophanes propagierte S.-Bild auf jeweils unterschiedl. Weise zu korrigieren und S. als Anti-Sophisten zu präsentieren. Die folgenden Ausführungen beziehen sich auf den S. der platon. Frühdialoge und der *Apologie* und erlauben nur sehr vorsichtige Rückschlüsse auf den histor. S.

Die geistesgeschichtl. Bedeutung des S., die ihn zum Inbegriff des Philosophen hat werden lassen, ist sicher nicht durch die wenigen von S. vertretenen inhaltl. Thesen, sondern nur durch die von ihm praktizierte »philosoph.« Lebensform zu erklären. Statt den gelernten Bildhauerberuf auszuüben, zog es S. vor, mit den Söhnen angesehener Athener Familien, auf die er anscheinend eine große Anziehung ausübte, in der Öffentlichkeit von Palaistren und Gymnasien, auf Plätzen und Straßen Gespräche über Fragen der Ethik zu führen. Aber auch Menschen, die mit ihren Überzeugungen lieber in Ruhe gelassen werden wollten, verwickelte S. – mitunter gegen ihren Willen und auf die Gefahr hin, sich Feinde zu schaffen – ins Gespräch und forderte sie zur krit. Überprüfung ihrer vermeintl. Gewissheiten auf. Philosophie verstand S. offenbar nicht als systemat. Lehrgebäude, sondern als konkreten Lebensvollzug und Tätigkeit, als Philosophieren im dialekt. (von gr. *dialegesthai,* »sich unterreden«; ↗ Dialektik) Gespräch. Während die zeitgenöss. ↗ Sophistik das Gespräch bes. als eine Form des Streits und des ↗ Agons betrachtete, entdeckte S. im dialekt. Gespräch die Chance einer gemeinsamen Wahrheitssuche. Allerdings trug auch S.' eigenes Gesprächsverhalten – insbes. wegen seiner scharfen Ironie – nicht selten polem. und verletzende Züge. Im Gespräch

übernahm S. ganz die Rolle des Fragenden. Programmatisch verzichtete er auf eigene Wissensansprüche und untersuchte kritisch diejenigen Wissensansprüche, die von seinen weniger vorsichtigen Gesprächspartnern erhoben wurden. Dabei galt als Regel, dass nur ein Wissensanspruch, der im Prüfgespräch (gr. *elenchos,* »Prüfung«, »Widerlegung«) argumentativ ausgewiesen werden kann (gr. *logon didonai,* »Rechenschaft geben«), auch zu Recht besteht. Im konkreten Verlauf des *elenchos* schlug die Prüfung der vom Gesprächspartner vertretenen Thesen häufig um in die Prüfung des Gesprächspartners, der diese Thesen vertrat. Mit den eigenen Überzeugungen befand sich zugleich die gesamte eigene Lebensführung auf dem Prüfstand. Durch geschickte und mitunter nicht ganz faire Fragen gelang es Sokrates immer wieder neu, seine Gesprächspartner in Widersprüche zu verstricken, so dass am Ende eines Gesprächs gewöhnlich die Aporie (von gr. *aporia,* »Ausweglosigkeit«) stand und alle Mitunterredner ihr eigenes Nicht-Wissen eingestehen mussten. Doch war die Aporie in den Augen des S. weniger ein End- denn ein Anfangspunkt: Erst durch die Destruktion von Scheinwissen nämlich werde der Weg frei für die Entstehung eines wirkl. Wissens. In Übereinstimmung mit seinem berühmten Diktum »Ich weiß, dass ich nichts weiß« sah es S. als seine Aufgabe an, die Mitunterredner im Gespräch nicht zu belehren, sondern das in jedem Menschen bereits latent vorhandene Wissen ans Licht zu holen; eine Leistung, die S. selbst als Werk der Maieutik (von gr. *maieutike techne,* »Hebammenkunst«) bezeichnet hat. Im Hintergrund dieses Selbstverständnisses steht die These, dass Erkenntnis nichts anderes ist als Wiedererinnerung (gr. *anamnesis*) an etwas, das vormals gewusst war, dann aber in Vergessenheit geraten ist. Thematisch dominierten in S.' Gesprächen eth. Fragestellungen, die – im Gegensatz zur zeitgenöss. Naturphilosophie – den Menschen ins Zentrum der Überlegungen rückten. Diskutiert wurde die sittl. Tüchtigkeit (gr. *arete*), ihre Lehr- und Lernbarkeit, das Verhältnis einzelner Teiltugenden – wie Tapferkeit und Frömmigkeit – zueinander und zum Ganzen der *arete*. Die einzelnen Gespräche wurden in der Regel zentriert durch eine sog. »Was-ist-X?«-Frage, z.B.: »Was ist Tapferkeit?« oder »Was ist Besonnenheit?« S.' Gesprächspartner beantworteten die »Was-ist-X?«-Fragen zunächst mit der Aufzählung von Beispielen, um sogleich lernen zu müssen, dass S.' Fragen gerade nicht auf einzelne Fälle von X, sondern auf das zielten, was all diesen Fällen gemeinsam ist. Nicht Beispiele für X waren gewünscht, sondern die begriffl. Klärung, aufgrund welcher Eigenschaft(en) diese Beispiele gerade als Beispiele für X anzusehen sind. Im Laufe dieser Denk- und Argumentationsarbeit, die uns Platons Dialoge *in praxi* vorführen, gewinnt – trotz des von S. proklamierten Verzichts auf Wissensansprüche – eine spezifisch sokrat. ↗ Ethik Kontur, die als »Wissensethik« benannt und charakterisiert werden kann: Nach S. sind moral. Aussagen über Handlungen prinzipiell wahrheitsfähig und in ihrer Wahrheit menschl. Erkenntnisvermögen zugänglich. Ob eine bestimmte Handlung richtig, d.h. praktisch wahr ist, kann gewusst werden. Das Wissen von der richtigen Handlung ist dabei zugleich notwendige wie hinreichende Bedingung richtigen Handelns. Wer das Wissen um die richtige Handlung besitzt, handelt auch notwendigerweise richtig. Der Wissende hat gar nicht mehr die Möglichkeit, sich gegen sein Wissen und damit für eine schlechte Handlung zu entscheiden. Er muss gut handeln. Schlechte Handlungen sind nach S. stets Folge von Unwissen, sie können – als schlechte Handlungen – unmöglich gewollt werden. Der Grundsatz der Wissensethik lautet entsprechend: »Niemand tut freiwillig Unrecht.« Aristoteles kritisierte (bes. in der *Nikomach. Ethik*, 7, 3, 1145b) an S.' Wissensethik, dass sie dem Phänomen der Willensschwäche (gr. *akrasia*), dem Handeln wider besseres Wissen, nicht gerecht werde. Nicht nur wegen seines dezidierten Verzichts auf Wissensanspruch und Lehrtätigkeit stand S. in direkter Opposition zur Sophistik: (1) S. beschränkte sich bewusst auf das mündl. Philosophieren. Möglicherweise gehen die schriftkrit. Argumentationen in Platons *Phaidros* (274b–278b) noch auf den histor. S. zurück. Viele Schüler des S. haben zwar Schriften verfasst, dabei aber das literar. Genre des Dialogs bevorzugt, um S.' mündl. Philosophieren im Medium der Schriftlichkeit inszenieren zu können. (2) S. verstand sich nicht als Kosmopolit, sondern als Bürger seiner Polis. Von weiten Reisen nahm S. Abstand. Seine Heimatstadt Athen hat er nur verlassen, um als Hoplit an der Belagerung von Potidäa (432–429) und den Schlachten beim Delion (424) und von Amphipolis (422) teilzunehmen, wobei er sich durch Tapferkeit auszeichnete. (3) Reichtum und Luxus achtete S. gering. Der Frage nach der *arete* ging er im Rahmen eines einfachen, recht genügsamen, aber an Trinkgelagen nicht eben armen Lebens nach, das von außerordentl. Zivilcourage geprägt war. So verteidigte S. als vorsitzender Prytane im Rat der 500 (Boule) die nach der Seeschlacht bei den Arginusen (406) zu Unrecht angeklagten Strategen, und während der Herrschaft der Dreißig Tyrannen (404/03) weigerte er sich trotz der Gefahr für das eigene Leben, einen gewissen Leon von Salamis zu verhaften. 399 wurde S. vom Rat wegen »Einführung neuer Götter« und »Verführung der Jugend« zum Tode verurteilt und durch den Schierlingsbecher hingerichtet. Während der zweite Anklagepunkt durch S.' auf viele Zeitgenossen provozierend wirkende philosoph. Gesprächs- und Lebensführung erklärt werden kann, bezog sich auf die folgende als Privatkult auslegbare Eigenart des S.: Zur Rechtfertigung des eigenen Verhaltens pflegte sich S. auf sein *daimonion* zu berufen, eine als Warninstanz fungierende und mit dem Bereich des Göttlichen konnotierte innere Stimme, die – anders als das Gewissen, mit dem sie häufig verglichen wurde – von bestimmten Handlungen immer nur abrät. Die Verteidigungsrede des S. vor dem Rat hat Platon in seiner *Apologie* literarisch gestaltet. Bis heute umstritten ist die Frage, warum S. das

Angebot seiner Freunde, ihm zur Flucht aus dem Gefängnis zu verhelfen, ausgeschlagen und sich dem Gerichtsentscheid unterworfen hat. Im Gefängnis spielen Platons Dialoge *Kriton* und *Phaidon*, der Letztere endet mit S.' Tod. Die Anhänger des S. begannen schon kurze Zeit nach seinem Tod mit der Publikation von Schriften und mit öffentl. Lehrtätigkeit. Fast alle Sokratiker – Ausnahmen sind nur Xenophon und Aischines von Sphettos – gelten als die Begründer bedeutender philosoph. Schulen. Neben Platons ⁊ Akademie sind hier die ⁊ megar. Schule des Eukleides von Megara, die kyn. Schule des ⁊ Antisthenes, die kyrenäischen Schule des ⁊ Aristipp und die el. Schule des ⁊ Phaidon von Elis zu nennen. Es ist wohl auf S.' Verzicht auf eigene Lehrtätigkeit zurückzuführen, dass die Interessen und die themat. Ausrichtungen seiner Anhänger und ihrer Schulen erheblich voneinander abwichen, obgleich sie sich allesamt in der Nachfolge des S. sahen. Wurden in der megar. Schule vorrangig log. Forschungen betrieben, so sind die kyn. und die kyrenäische Schule durch diametral entgegengesetzte eth. Positionen bestimmt: Antisthenes propagierte eine rigoristisch anmutende Ethik, die nicht nur die Sitten der zeitgenöss. Gesellschaft, sondern auch die Philosophie Platons – wegen der metaphys. Überhöhung sokrat. Gedanken – einer scharfen Kritik unterzog. Dagegen entwickelte der von Aristoteles als »Sophist« bezeichnete Aristipp eine mit erkenntnistheoret. Skepsis verknüpfte Theorie des Hedonismus. Über die el. Schule, in der wohl ebenfalls eth. Themen vorherrschten, wissen wir nur wenig. **Lit.:** A. Patzer, Bibliographia Socratica: die wissenschaftl. Literatur über S. von den Anfängen bis auf die neueste Zeit in systemat.-chronolog. Anordnung (1985). – Ders. (Hg.): Der histor. S. (1987). – G. Vlastos, Socrates. Ironist and Moral Philosopher (1991). – K. Döring, in: GGP II 1 (1998) 139–364. – GGGA (1999).

Sokrates (2) (gr. Sokrates), genannt Scholastikos (»Gelehrter«), aus Konstantinopel, griech. Historiker, ca. 380/90–439 n. Chr. S. setzte Eusebios' *Kirchengeschichte* von 305 bis 439 n. Chr. fort. Seine Quellen für die östl. Kirche bestanden u.a. aus Urkunden wie den von Bischof Sabinus von Herakleia zusammengestellten Konzilsakten. Sein Vorhaben war es, die Gattung der Kirchengeschichte anhand der Beziehungen zur Säkulargeschichte neu zu definieren. **Lit.:** LACL (1998).

Sokratiker ⁊ Sokrates

Sol, röm. Sonnengott. Als *S. Indiges* (lat., »einheim. Sol«) besaß er einen Tempel auf dem Quirinal. Als *S. Invictus* (lat., »unbesiegbare Sonne«) sollte auf Veranlassung Elagabals ein schwarzer Stein angebetet werden; der Kult verschwand jedoch nach der Ermordung des Kaisers wieder. Einen ähnl. Kult führte Aurelian später wieder ein.

Soldat ⁊ Hoplit, Peltasten, Legion

Soldatenkaiser, allgemeine Bezeichnung für die meist kurz regierenden röm. Kaiser in der Zeit der Reichskrise des 3. Jh. n. Chr., insbes. von ⁊ Maximinus Thrax bis ⁊ Carinus (235–284). Die S. stammten fast ausschließlich aus Militärkreisen und wurden von verschiedenen, teils rivalisierenden Truppenteilen ausgerufen. Sie mussten nicht nur gegen äußere Feinde (u. a. Perser, Germanen) kämpfen, die verstärkte Einfälle ins röm. Reich unternahmen, sondern sahen sich auch ständigen Usurpationsversuchen im Inneren ausgesetzt, denen sie häufig zum Opfer fielen. Die polit., gesellschaftl. und wirtschaftl. Krise des röm. Reiches erreichte unter den S.n einen ersten Höhepunkt. Erst ↗ Diokletian (284–305) gelang durch umfangreiche Reformen wieder eine Stabilisierung der Lage.

Solidus (lat., »der Gediegene«), spätantike röm. Goldmünze (Gewicht: 4,55 g), von Konstantin d.Gr. 309 n. Chr. anstelle des ↗ Aureus eingeführt, seit 324 im ganzen Röm. Reich verbreitet, später byzantin. Goldmünze. Der Begriff wird im französ. »sou«, im italien. »soldo« und im deutschen »Sold« aufgenommen.

Solinus, Gaius Iulius S., lat. Schriftsteller, 3. Jh. n. Chr., Verf. der *Collectanea rerum memorabilium* (*Sammlung von Merkwürdigkeiten*), eines geographisch geordneten Kompendiums von Wissenswertem und Kuriosem aus der damals bekannten Welt. Hauptquelle ist die *Naturgeschichte* des älteren Plinius. **Lit.:** H. Walter, Die Collectanea rerum memorabilium des C. Iulius S. (1969).

Soloi, Stadt an der NW-Küste ↗ Zyperns. S. beteiligte sich am ↗ Jon. Aufstand und wurde Ende des 4. Jh. v. Chr. von Euagoras I. von Salamis unterworfen. Die Stadt schloss sich Alexander d.Gr. an und wurde in hellenist. Zeit ptolemäisch. Unter den geringe archäolog. Reste ist ein etwas außerhalb gelegener Tempelbezirk. **Lit.:** ASM (1999).

Solon aus Athen, griech. Dichter und Politiker, ca. 640–560 v. Chr. S. stammte aus einem altadligen Geschlecht, 594/93 war er Archon und fungierte als »Versöhner« im Streit zwischen Adel und Volk. Mit großem Erfolg führte er eine Gesetzes-, Verfassungs-, Wirtschafts- und Sozialreform durch, die bis Kleisthenes (511/10) weiterbestand. Insbes. setzte er den Erlass von Hypothekarschulden durch (sog. *seisachtheia*). S. dichtete in eleg. Distichen, Jamben und Trochäen. Erhalten sind rund 270 Verse. Im Zentrum seiner Dichtung steht die Auffassung einer festen Rechts- und Weltordnung, die an Hesiod erinnert. Berühmt ist die sog. Staats- oder Eunomia-Elegie, in der S. die Bürger aufruft, den inneren Auseinandersetzungen ein Ende zu setzen und ihr Handeln künftig an Recht und Gesetz zu orientieren. In der volkstüml. und literar. Tradition wurde er bald zu den Sieben Weisen gerechnet. **Lit.:** E. Ruschenbuch, Solonos Nomoi (1966). – P. Oliva, S. – Legende und Wirklichkeit (1988). – GGGA (1999).

Sonnenfinsternis ↗ Finsternisse

Sonnenuhr. In der Antike berechneten die Menschen die Tageszeit im Allg. von Sonnenaufgang bis Sonnenuntergang einzelne Abschnitte mit Begriffen wie »Dämmerung« oder »Mittag«. Die Länge eines Tages wurde in zwölf Abschnitte unter-

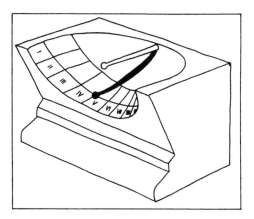

Römische Sonnenuhr

teilt (Temporalstunde), wobei die Stunden je nach geograph. Breite und Jahreszeit unterschiedlich lang sein konnten. Die einfachste Variante der S. bestand aus einem senkrechten Pflock (↗ Gnomon), der unter freiem Himmel aufgestellt wurde und als Zeiger diente, indem er einen Schatten warf. Dieser Schatten fiel auf eine mit Linien versehene (horizontale oder vertikale) Fläche, die entsprechend der geograph. Lage gestaltet und berechnet sein musste. Daraus entwickelte sich das spinnennetzförmige Liniensystem, mit dem Länge und Richtung des Schattens abgelesen werden konnte, und das schwalbenschwanzförmige Liniensystem (mit zusätzl. Monatslinien). Mitunter verlegte man dieses Netz samt Gnomon in ein konkaves Becken. Die bekannteste S. ist das sog. *horologium solarium Augusti,* die S. des Augustus: ein einzigartiges Monument mit einem Obelisken als Gnomon, das nicht nur als Uhr, sondern auch als Kalender und als Dokument für das polit. Programm und die Ideologie der augusteischen Zeit diente. ↗ Uhr **Lit.:** E. Buchner, Die Sonnenuhr des Augustus (1982). – Ders., Horologium solarium Augusti, in: W.-D. Heilmeyer u. a., Kaiser Augustus und die verlorene Republik (1988).

Sopatros (1) aus Paphos, griech. Autor, 4./3. Jh. v. Chr., Verf. von ↗ Phlyakenpossen und Mythentravestien bzw. Tragödienparodien. 14 Titel sind bezeugt, wenige Fragmente erhalten.

Sopatros (2) aus Athen, griech. Rhetoriker, 4. Jh. n. Chr. Erhalten ist eine Sammlung von 81 Deklamationsthemen mit Hinweisen zu ihrer Behandlung, die einen hervorragenden Einblick in den Schulbetrieb der Spätantike geben. **Lit.:** G. A. Kennedy, Greek Rhetoric under Christian Emperors (1983) 104–108.

Sophistik, aufklärer. Strömung des griech. Denkens in der 2. Hälfte des 5. Jh. v. Chr. Sophisten der ersten Generation werden nicht durch gemeinsames Auftreten, sondern teilweise durch äußere (gut bezahlte Wanderlehrer, insbes. Rhetoriklehrer), teilweise durch inhaltl. Kriterien (Rationalismus, Bruch mit der Tradition, Werterelativismus, Rhetoriktheorie) bestimmt. Als erster nahm ⟋ Protagoras die Bezeichnung Sophist (von gr. *sophos,* »weise«) für sich in Anspruch. Wegen seiner empir. Erkenntnistheorie wurde er als Atheist und Vorläufer des ⟋ Skeptizismus angesehen. Die Bewertung der S. war schon im 5. Jh. umstritten; entsprechend tendenziös sind die zeitgenöss. Quellen über Wirken und Lehre der Sophisten (Spott des ⟋ Aristophanes, Ablehnung durch ⟋ Platon). Mit ihrem Hauptgegner ⟋ Sokrates teilten die Sophisten das Interesse für Fragen über den Menschen und die Gesellschaft. Ihre verschiedenen Forschungsgebiete umfassten Linguistik (Protagoras, ⟋ Prodikos), poet. und rhetor. Theorie bzw. Kritik (Protagoras, ⟋ Gorgias), antiquar. und enzyklopäd. Studien (⟋ Hippias); naturwissenschaftl. Interessen werden bes. für ⟋ Antiphon bezeugt, der neben Protagoras auch Fragen der gesellschaftl. Organisation besprach. Eine wichtige Rolle spielt im sophist. Denken die Gegenüberstellung von *physis* und *nomos* (Natur und Konvention), die bei der Diskussion um die Grundlagen kultureller Phänomene reichlich Anwendung findet. Der Einfluss der S. manifestiert sich im Werk vieler Intellektueller der Zeit. Euripides und Thukydides sind darunter die prominentesten. Bereits im 4. Jh. hat der Begriff S. eine eindeutig abwertende Bedeutung und deutet auf log. und rhetor. Trugschlüsse hin. Eine Aufwertung der S. in der Antike erfolgte im Rahmen der kaiserzeitl. sog. Zweiten S., die bes. rhetor. Interessen verfolgte. Erst seit Grote wird in der Neuzeit der Versuch unternommen, die S. vorurteilslos zu bewerten. ⟋ Dialektik, Rhetorik **Lit.:** M. Untersteiner, Sofisti: testimonianze e frammenti, I-IV (1949 ff.). [Testimonien, Text, Kommentar]. – C. J. Classen (Hg.): S. (1976). – G. B. Kerferd, The Sophistic Movement (1981). – G. B. Kerferd/H. Flashar, in: GGP II 1 (1998) 1–137.

Sophokles (gr. Sophoklẹs), athen. Tragiker, 497/96–406/05 v. Chr. Auf sein Debüt bei den ⟋ Dionysien 471/70 folgte 468 bereits der erste Sieg. In der Folge war er weiterhin äußerst erfolgreich: Insgesamt errang er mit 30 Inszenierungen 18 Siege, Dritter wurde er nie. S. bekleidete zahlreiche polit. Ämter:

Sophokles

443/42 war er Hellenotamias, Schatzmeister des Att. Seebundes, Stratege war er 441–439, 428 und evtl. 423/22, 413/12 gehörte er den Probulen an, die die radikale Demokratie einschränken sollten. Außerdem war er Priester des Heros Halon. Von den erhaltenen sieben Tragödien sind nur *Philoktet* (409) und *Ödipus auf Kolonos* (postum 401) datiert. Die anderen Stücke lassen sich in eine relative Chronologie bringen, die nicht unumstritten ist: *Aias, Trachinierinnen* (50er/40er Jahre), *Antigone* (ca. 443/42), *König Ödipus* (436–433), *Elektra* (414–411). Im Zentrum der Tragödien des S. stehen Menschen in Extremsituationen, die unter dem Druck äußerer Umstände dazu getrieben werden, ihrer Überzeugung gemäß das Richtige zu tun. Ihnen sind Kontrastfiguren entgegengestellt, die ein ›normales‹ Leben führen wollen (Ismene, Chrysothemis). Bes. deutlich wird die Fixierung auf den einsamen Helden durch die Bauform der frühen Stücke (*Aias, Trachinierinnen, Antigone*), die sog. Diptychonform, durch die in einem Teil der Blick auf den Helden gelenkt und in einem zweiten Teil die Reaktion der Umwelt auf den Helden dargestellt wird. Zentral für S. ist das Verhältnis von Gott und Mensch. Die Götter offenbaren sich den Menschen in Orakeln und Sehersprüchen, in denen wie im *König Ödipus* die ganze Wahrheit mitgeteilt wird. In der Natur der Menschen liegt es, dass er den göttl. Willen nach menschl. Vorgaben interpretieren und zurechtbiegen will und erst zu spät zur Erkenntnis kommt. Diese Distanz zwischen Mensch und Gott wird von S. erst in seinem Alterswerk, dem *Ödipus auf Kolonos,* versöhnlich ausgeglichen. Die das Normalmaß übersteigende Größe der sophokleischen Personen und die Vielschichtigkeit der Charaktere, bes. die Elektra-Gestalt, regten im 20. Jh. zu produktiven Auseinandersetzungen an (Hofmannsthal, Giraudoux, Sartre, O'Neill). **Lit.:** A. Lesky, Die trag. Dichtung der Hellenen (^{3}1972) 169–274. – K. Reinhardt, S. (^{4}1976). – B. Zimmermann, Die griech. Tragödie (^{2}1992) 63–93. – GGGA (1999). – B. Zimmermann, Europa und die griech. Tragödie (2000) 77–98. – H. Flashar, S. (2000). – E. Lefèvre, Die Unfähigkeit, sich zu erkennen: S.' Tragödien (2001). – J. Latacz, Einführung in die griech. Tragödie (^{2}2003) 161–249.

Sophron aus Syrakus, griech. Mimendichter, Mitte 5. Jh. v. Chr. Seine Mimen (⟋ Mimus), die dramat. Szenen aus dem Alltagsleben darstellen, sind in Prosa im dor. Dialekt verfasst. Erhalten sind auf einem Papyrus ca. 170 kürzere Zitate. Platon schätzte ihn hoch; ⟋ Theokrit und ⟋ Herodas standen unter seiner Wirkung.

Sophrosyne (gr.), »Besonnenheit«, eine der vier ⟋ Kardinaltugenden (Platon, *Charmides*). Im 5. Jh. v. Chr. auch Begriff in der polit. Auseinandersetzung, mit dem die Aristokraten ihre vornehme Zurückhaltung von der Geschäftigkeit der Demokraten absetzten.

Sorakte (heute Monte Soratte, Italien), Berg am rechten Tiberufer nördl. von Rom. Auf dem Gipfel befand sich ein Apollontempel, in dem jährlich Opfer dargebracht wurden. Horaz beschreibt in seinen *Oden* (1, 9) den winterl. Berg.

Soran(os) aus Ephesos, griech. Mediziner der method. Schule, 1./2. Jh. n. Chr. Die wichtigsten erhaltenen Werke sind ein Lehrbuch der Gynäkologie und eine Anweisung für Hebammen. Nur in lat. Übersetzung ist eine internist. Abhandlung, in Auszügen Teil einer Schrift über Chirurgie und einer Hippokrates-Biographie erhalten. Von seinen philolog. und literar. Arbeiten, u. a. einer etymolog. Schrift, sind nur Fragmente erhalten. **Lit.:** H. Lüneburg/J. Ch. Huber, Die Gynäkologie des S. (1894) [Übers. und Kommentar].

Sosikrates (gr. Sosikrates) aus Rhodos, griech. Historiker, nur in Fragmenten erhalten, Mitte 2. Jh. v. Chr., Verf. einer kret. Geschichte und von Philosophenbiographien, die er nach der Lehrer-Schüler-Abfolge anlegte.

Sositheos aus Alexandria, griech. Tragiker, 3. Jh. v. Chr. Erhalten sind 21 Verse eines Satyrspiels *Daphnis*.

Sosius, Gaius S., brachte als Feldherr des Antonius 37 v. Chr. nach dem Panthereinfall Judäa wieder unter röm. Kontrolle und operierte gegen S. Pompeius. Als Konsul (32) verließ er Italien nach dem Bruch zwischen Octavian und Antonius. Nach der Schlacht bei Aktium geriet er in Gefangenschaft, wurde aber später amnestiert.

Sotades aus Maroneia, griech. Dichter, 3. Jh. v. Chr., Verf. von Spottgedichten, u. a. auf Ptolemaios II. wegen dessen Ehe mit seiner Schwester Arsinoe. **Lit.:** R. Pretagostini, Ricerche sulla poesia alessandrina (1984) 139–147.

Sotadeus, Begriff der Metrik, ein von ↗ Sotades erfundenes Versmaß der Form $--\cup\cup--\cup\cup-\cup\cup$ $--$.

Soter (gr. »Retter«, fem. Soteira), Beiname von Gottheiten, die in Notzeiten helfen oder aus Gefahren retten, bes. Asklepios, Artemis und Zeus.

Sozomenos, griech. Historiker aus Gaza, ca. 370/380–nach 445 n. Chr., lebte in Konstantinopel. Verf. einer an Eusebios anschließenden Kirchengeschichte in neun Büchern (erhalten für 324–439 n. Chr.). **Lit.:** H. Leppin, Von Constantin dem Großen zu Theodosius II. (1996).

Spalatum, Stadt in Dalmatien (heute Split), Ort der um 293–305 n. Chr. für Kaiser Diokletian errichteten gewaltigen Residenz, die – dem Plan eines röm. Lagers mit zwei sich kreuzenden Hauptstraßen nachempfunden – große Mauern und Tore, Tempel, Wandelhallen, Wohn- und Wirtschaftsgebäude sowie das Mausoleum umfasste, in dem Diokletian 316 bestattet wurde. **Lit.:** ASM (1999).

Spanien ↗ Hispanien

Sparagmos ↗ Oreibasia

Sparta (oder Lakedaimon, heute Sparti), Hauptort Lakoniens, in klass. Zeit neben Athen bedeutendste polit. Kraft Griechenlands. Das in der fruchtbaren Ebene des ↗ Eurotas zwischen ↗ Taygetos und Parnon gelegene S. war schon in myken. Zeit besiedelt. Im Rahmen der ↗ Dor. Wanderung siedelten sich hier in

mehreren Dörfern Dorer an, aus dem Zusammenschluss (↗ Synoikismos) dieser dor. Dörfer Limnai, Mesoa, Kynosura und Pitane um 900 v. Chr. entstand die Stadt S., um 800 wurde auch das achäische Amyklai eingemeindet. Nach der Eroberung Lakoniens erfolgte aus Landnot ca. 740–720 der 1. Messen. Krieg, der mit der Einnahme der Bergfestung Ithome und der Unterwerfung ↗ Messeniens endete. Die Messenier erhielten der Status rechtloser ↗ Heloten. Um Bevölkerungsüberschüsse abzubauen, erfolgte um 700 die Gründung von ↗ Tarent, das aber die einzige Kolonie Spartas blieb. Um 700 entstand auch die Große ↗ Rhetra, die dem legendären Verfassungsgeber ↗ Lykurg zugeschrieben wird. Diese Ordnung trennte klar die Rechte der Spartaner, die als einzige volles Bürgerrecht genossen, von den Rechten der ↗ Perioken und den Heloten. Die Undurchlässigkeit in Fragen des Bürgerrechts sollte im 5. Jh. v. Chr. zum Problem werden, da die endem. Gesellschaft der ↗ Spartiaten, also der Vollbürger, infolge der häufigen Kriege Bevölkerungsverluste hinnehmen musste, während offenere Poleis eine Zunahme erlebten. Die in drei Phylen organisierten Spartiaten lebten in Männergemeinschaften; die Erziehung der Jünglinge erfolgte durch den Staat, die jungen Männer bildeten Kriegergemeinschaften, während die älteren Vollbürger der Speisegemeinschaft der ↗ Syssitien angehörten. Das Treiben von Handel war den Spartiaten (auch Homoioi genannt) untersagt; lediglich Ackerbau auf den ursprünglich gleichmäßig an alle Bürger verteilten Landlosen (↗ Kleroi) galt als standesgemäße Tätigkeit; meist wurden Heloten zur Durchführung der Feldarbeit eingesetzt. – Zwischen 660–640 erschütterte der 2. Messen. Krieg die spartan. Herrschaft. Der von Achäa, Argos, der zweiten Großmacht auf der Peloponnes, und Elis unterstützte Aufstand der Messenier konnte erst nach 20 Jahren niedergeschlagen werden; die neue Kampftaktik in einer ↗ Phalanx war dabei mitentscheidend. Die Gesänge des ↗ Tyrtaios spiegeln die bedrohl. Lage im 2. Messen. Krieg wider. Strikte Unterwerfung und Überwachung der Heloten, Abschottung der spartan. Gesellschaft und Wirtschaft nach außen sowie die Bildung einer militärstaatl. »Hoplitenpoliteia« mit nur ca. 9.000 Vollbürgern waren die Folge des Krieges. – Dennoch gelang es S., mit der Schaffung des ↗ Peloponnes. Bundes um 550 die Hegemonialmacht der Peloponnes und darüber hinaus die bedeutendste Militärmacht Griechenlands zu werden. S. unterstützte den Sturz der Tyrannis in Sikyon, Athen und Samos; 494 wurde Argos militärisch geschlagen. S. beteiligte sich auch in den ↗ Perserkriegen kam 490 das spartan. Aufgebot zu spät zur Unterstützung der Athener vor ↗ Marathon. 480 hingegen opferten sich die Spartaner mit ihrem König Leonidas bei den ↗ Thermopylen auf, Pausanias siegte 479 bei ↗ Platää, Leotychidas bei ↗ Mykale. Mit der Bildung des 1. ↗ Att. Seebundes 477 entstand ein polit.-militär. Gegengewicht zum Peloponnes. Bund. Das Erdbeben des Jahres 464 zerstörte S.

weitgehend, zahlreiche junge Spartaner starben. Dies war der Auslöser des 3. Messen. Krieges (464–460/59). Das Bündnis zwischen Athen und S. zerbrach, 461 verbündete sich Athen mit Argos, S. suchte die Nähe zu Theben. 457 siegte diese Koalition bei ⁊ Tanagra über die Athener. 445 wurde der Konflikt durch den 30-jährigen Frieden mit Sparta vorerst beigelegt, 431 brach jedoch der ⁊ Peloponnes. Krieg aus, den S. 404 erfolgreich beenden konnte. Zwar war vorerst der Gegner Athen beseitigt, S. Hegemonialmacht Griechenlands, doch die Kriegsopfer hatten S. ausbluten lassen. – So waren die Perser die eigentl. Gewinner des innergriech. Konflikts; 399–394 führte ⁊ Agesilaos erfolglos Krieg gegen Persien, 387 kamen im ⁊ »Königsfrieden« die griech. Städte Kleinasiens unter pers. Hoheit. Die Wiederbegründung des Att. Seebundes 377 richtete sich gegen S. 371 unterlagen die Spartaner erstmals in einer offenen Feldschlacht, der Sieg des ⁊ Epaminondas läutete die Theban. Hegemonie ein. 369 verbündeten sich Athen und S., unterlagen aber 362 bei ⁊ Mantineia, ⁊ Makedonien übernahm Thebens hegemoniale Stellung, S.s Territorium beschränkte sich auf das Eurotastal. Mitte des 3. Jh. gab es nur noch etwa 300 Vollbürger; ein Versuch unter ⁊ Agis IV. und Kleomenes III., die soziale Ordnung zu reformieren und den Grundbesitz gerecht zu verteilen, scheiterte. – S. wurde in der Folgezeit von Tyrannen regiert und ⁊ Nabis 195 v. Chr. von den Römern unter Flamininus besiegt. S. erhielt den Status einer *civitas libera,* die Sozialstruktur hatte sich grundlegend verändert. Bis in die Spätantike behielt S. formell Teile der alten Verfassung, war aber politisch ohne jede Bedeutung. 267 n. Chr. plünderten ⁊ Heruler, 395 zerstörten Goten S. In byzantin. Zeit war das im W gelegene Mistra Residenzstadt. Von den antiken Bauten sind nur geringe Reste erhalten (Artemis-Tempel, Apollon-Tempel von Amyklai). Funde im Museum von Sparti. **Lit.:** P. Cartledge, S. and Laconia (1979). – J. T. Hooker, S. (1982). – M. Clauss, S. (1983). – ASM (1999).

Spartacus, ein Sklave thrak. Herkunft, floh 73 v. Chr. mit 70 Gesinnungsgenossen aus der Gladiatorenschule in Capua. Verstärkt durch den Zulauf zahlreicher flüchtiger Sklaven, besiegte er gemeinsam mit dem Kelten Krixos ein prätor. Heer am Vesuv. In der Folge weitete sich die Erhebung zu einem allg. Sklavenaufstand aus und erfasste weite Teile Unteritaliens. Im Gegensatz zu Krixos verfolgte S. den Plan, Italien zu verlassen und seine Anhänger über die Alpen in die Freiheit zu führen. Mit seiner inzwischen auf 40.000 Mann angewachsenen Streitmacht besiegte er nacheinander die Konsuln Lentulus und Gellius (72), wandte sich nach N und besiegte bei Mutina den Prokonsul Cassius. Daraufhin von seinen Anhängern genötigt, in Italien zu bleiben, marschierte er wieder nach S, besiegte die Konsuln erneut in Picenum und machte Thurioi zu seinem Hauptstützpunkt. Dem neuen röm. Oberbefehlshaber, M. Licinius Crassus, gelang es jedoch in der Folgezeit, S. zurückzudrängen und in

Bruttium zu blockieren. Pläne, mit Hilfe kilik. Seeräuber nach Sizilien überzusetzen, scheiterten. Nach längerem Stellungskrieg konnte S. zwar die röm. Blockade durchbrechen, wurde aber von Crassus in Lukanien gestellt und fiel im Kampf; sein Heer wurde aufgerieben (71). Die Person des S. wurde schon bald legendär und fand bes. in der Neuzeit Eingang in die polit. Propaganda. Ob er neben der persönl. Freiheit seiner Anhänger auch soziale Reformen anstrebte, ist zweifelhaft. **Lit.:** J. Vogt, Struktur der antiken Sklavenkriege (1957). – J. P. Brisson, S. (1959).

Sparten (gr. spartoi, »Gesäte«), die ersten, aus ausgesäten Drachenzähnen entstandenen Bürger der von ⁊ Kadmos gegründeten Stadt Kadmeia (Theben), Ahnherren des theban. Adels.

Spartiaten, die Vollbürger des spartan. Staates, wohnten im Gegensatz zu den ⁊ Perioken in der Stadt Sparta selbst. Sie allein hatten polit. Rechte, mussten ein Landlos (⁊ Kleros) besitzen und durchliefen eine strenge, von anderen Bevölkerungsgruppen abgesonderte Erziehung außerhalb ihrer angestammten Familien.

Speer (lat. pilum), Wurfspieß. Hölzerner, ursprünglich zugespitzter Stab, der später mit einer eisernen Spitze versehen wurde und in der Antike zunächst zum Werfen oder Stoßen benutzt wurde. Später diente der S. nur noch als Wurfwaffe und war von der Lanze als Stoßwaffe zu unterscheiden. ⁊ Rüstung **Lit.:** A. M. Snodgrass, Wehr und Waffen im antiken Griechenland (1984). – M. Junkelmann, Die Reiter Roms. III. Zubehör, Reitweise, Bewaffnung (³1996).

Spende(n) ⁊ Largitio(nes)

Spercheios, Fluss in Mittelgriechenland. Der S. entsprang am Tymphrestosgebirge und mündete nach etwa 82 km südl. von Lamia in den Golf von Malia, einer Fortsetzung des Meerbusens von Euböa.

Spermo ⁊ Oinotrophoi

Speusipp (gr. Speusippos), athen. Philosoph, ca. 407–339 v. Chr. S. war Neffe Platons und dessen Nachfolger als Haupt der ⁊ Akademie. Von seinen umfangreichen Schriften sind nur Fragmente erhalten. Er verfasste ein Werk über Bestimmungen und Definitionen und über pythagoreische ⁊ Mathematik, wobei er die platon. Gleichsetzung von Zahl und Idee zurückwies. **Lit.:** P. Merlan, From Platonism to Neoplatonism (²1961).

Sphärenharmonie. Von den ⁊ Pythagoreern wurden die von ihnen entdeckten Gesetze der Intervallund Toneinteilung auf die Bewegung der Planeten übertragen, die harmonisch klingende Töne erzeugen, die von den Menschen nicht wahrgenommen werden, da sich das menschl. Ohr an den ständigen Klang gewöhnt hat. Wichtigste erhaltene literar. Gestaltung ist der *Traum Scipios* (*Somnium Scipionis*) in Ciceros *Staat* (*De re publica*).

Sphakteria, lange und schmale Insel an der SW-Küste Messeniens (Peloponnes), vor der Buch von Navarino (Pylos). Thukydides berichtet von der Blockade einer spartan. Einheit durch att. Hopliten wäh-

rend des ↗ Peloponnes. Krieges 425 v. Chr., die mit der
Vernichtung bzw. Kapitulation der Spartiaten endete.

Sphinx, ursprünglich ägypt. Gottheit, ein Wesen
mit Löwenkörper und Menschenkopf. Sie ist die Tochter des ↗ Typhon und der ↗ Echidna, die im Auftrag von
Hera in Theben die Entführung des ↗ Chrysippos rächen soll. Sie verschlingt jeden Thebaner, der ihr Rätsel nicht lösen kann: »Was läuft erst auf vier, dann auf
zwei, schließlich auf drei Beinen? – Der Mensch.«
↗ Ödipus weiß die Lösung, worauf die S. sich selbst in
den Tod stürzt.

Sphragis (gr., »Siegel«), ursprünglich Begriff der
Musik für den abschließenden Teil des kitharod. ↗ Nomos, der den Namen des Dichters enthielt. Darüber hinaus wird jede Passage in einem Werk, in der der
Autor seinen Namen nennt, um (in Ermangelung eines
antiken Urheberrechtes) sein Werk zu schützen, oder –
ohne Namensnennung – über seine Person, Verhältnisse oder Ansichten Auskunft gibt, S. genannt.

Spiegel (gr. kạtoptron; lat. spẹculum). Die antiken
S. bestanden in der Regel aus einer polierten Metall-
fläche (Kupfer, Bronze, Silber) auf einem Ständer oder
an einem Griff aus Holz, Elfenbein oder Knochen
(Wand- und Hängespiegel waren selten). Kunstvoll
dekorierte S. mit eingeritzten oder reliefartig erhöhten
Ornamenten gab es seit myken. Zeit (1200–1100 v.
Chr.). Bes. kunstvoll waren die Karyatiden-S. des 6.–
4. Jh. v. Chr., deren Griff die Form einer Frauenfigur
hatte. Im 5. Jh. v. Chr. kamen in Griechenland auch
Klapp-S. mit geschmücktem Deckel in Mode; aus dem
4.–3. Jh. v. Chr. sind auch vereinzelt kleine Glasspie-
gel erhalten. Dargestellt waren Szenen aus der Mythologie, Frauenköpfe oder Tiere. **Lit.:** W. Züchner,
Griech. Klappsp. (1942). – G. Zahlhaas, Röm. Re-
liefsp. (1975). – L. O. Keene-Congdon, Caryatid Mir-
rors of Ancient Greece (1981).

Spiele ↗ Ludi

Spielzeug (gr. ạthyrma, paignia; lat. lụsus, deli-
ciae) sowie Spiele für Kinder und Erwachsene waren
in allen antiken Kulturen verbreitet. Grabbeigaben,
Darstellungen der bildenden Kunst (Vasen, Reliefs,
Statuen) und archäolog. Kleinfunde prägen unser Bild
vom antiken S. Viele Spiele unterscheiden sich nur
wenig von heutigen. Es gab Abzählreime, »Mutter und
Kind«-, aber auch »Priesterin und Göttin«-Spiele, in
denen Kinder Szenen aus der Welt der Erwachsenen
nachbildeten. Für Kleinstkinder gab es Klappern (pla-
tage, crepitaculum) und Rasseln sowie Kreisel aus
Holz oder Metall; kleine Glöckchen (kodon, tintinna-
bulum) sollten die Kleinen ablenken oder Gefahr abhalten. Bereits aus dem Orient waren Puppen aus
Flechtwerk, Holz, Knochen oder Ton bekannt. Kleine
Mädchen besaßen auch Miniaturmöbel oder -geschirr,
aber vermutlich keine Puppenstuben, ebenso hölzerne
oder tönerne Tierfiguren; größere Kinder spielten mit
echten Tieren. Zu Beginn des Erwachsenenalters war
es üblich, die Spielsachen den Göttern zu weihen und
so das symbol. Ende der Kindheit zu markieren. Verschiedene Bewegungs- und Gesellschaftsspiele mit
Bällen (gr. sphaira, lat. pila) und Reifen (gr. trochos,

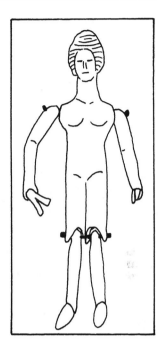

*Bewegliches
Spielzeug-
püppchen aus
Ton, Athen,
5. Jh. v. Chr.*

lat. trochus) waren bekannt, Militär-S. aller Art hinge-
gen unüblich. **Lit.:** R. Schmidt, Die Darstellung von
Kinder-S. und Kinderspiel i. d. griech. Kunst (1977). –
H. Rühfel, Kinderleben im klass. Athen (1984). – M.
Fittà, Spiele und S. in der Antike (1998).

Spinnen. Das S. von ↗ Wolle oder Flachs (↗ Leinen)
gehörte zu den typisch ländl. Arbeiten von Frauen in
der Antike. Plinius informiert über Arbeitsschritte und
Behandlung des Rohmaterials. Die Materialien mussten nach gründl. Waschen geklopft, gekämmt und ge-
krempelt werden. An dem entstehenden Faden wurde
die Spindel (gr. atraktos, lat. fusus) befestigt und an einem Stab aufgewickelt. Die Dicke des Fadens wurde
je nach Verwendungszweck (Textilien, Teppiche) verändert, auch im Hinblick darauf, ob er beim Weben für
Kette (filum crassum) oder Schuss (filum subtile) benötigt wurde. Das S. blieb während der gesamten Antike in den privaten Haushalt eingebunden, doch
berichtet Vergil am Beginn der Kaiserzeit von staatl.
Spinnereien. Spinnrocken, Spindel und Wollkörbe gehören zu den häufigsten Abbildungen auf Grabsteinen
von Frauen.

Spionage wurde in allen Epochen der Antike betrieben, auch wenn detaillierte Einzelheiten nur selten
überliefert sind. Als Spione kamen zunächst diplomat.
Gesandte sowie Handlungsreisende und Kaufleute in
Betracht, die ihre Beobachtungen weiterleiteten. Oft
wurden aber auch gezielte Kundschafter ausgesandt,
die Informationen über einen Gegner oder die polit.
Verhältnisse in einer anderen Polis einholen sollten.
Wurde ein Spion bei seiner Tätigkeit gefasst, drohte

ihm meistens die Todesstrafe. Die röm. Armee unterhielt eigene Nachrichteneinheiten (*exploratores*), die bei militär. Auseinandersetzungen die Bewegungen und Truppenstärke des Gegners sowie seine Bewaffnung und Disziplin auskundschaften sollten. Nachgewiesen ist z. B., dass Caesar seine Expeditionen nach Britannien gründlich durch S. vorbereiten ließ.

Spiritus (lat., »Hauch«), Begriff der griech. Grammatik. Jeder im Anlaut eines Wortes stehende Vokal oder Diphthong erhält ein »Hauchzeichen«. Man unterscheidet den *s. asper* (»rauher« Hauch), der dem deutschen h entspricht, von dem *s. lenis* (»leichter« Hauch), der nicht ausgesprochen wird. Außerdem erhält jedes anlautende R (gr. *rho*) einen *s. asper* (deshalb auch die deutsche Schreibung griech. Wörter mit rh-).

Spitamenes, Fürst in Baktrien, war zunächst ein Bundesgenosse des Bessos, den er jedoch 330 v. Chr. an Alexander d. Gr. auslieferte. In seiner Hoffnung getäuscht, dadurch die Eigenständigkeit Baktriens bewahren zu können, lieferte er Alexander einen erbitterten Guerillakrieg, doch wurde er 228 von seinen massakrel. Verbündeten ermordet. Seine Tochter Apame heirate 324 Seleukos und wurde dadurch zur Mitbegründerin der Seleukidendynastie.

Spitznamen ↗ Personennamen

Spolia (lat., »Raub«, »Beute«), in seiner ursprüngl. Bedeutung die dem feindl., im Nahkampf getöteten

Spolia in der Stadtmauer von Dion (Makedonien)

Anführer abgenommene und dem Jupiter Feretrius geweihte Rüstung (*s. opima*; ferner *s. prima, secunda, tertia* usw. als dem Mars oder einem anderen Gott geweihte Rüstung). Die moderne Archäologie verwendet »Spolien« als Fachbegriff für die aus einem anderen Bau stammenden, wiederverwendeten antiken Bauteile (z. B. Säulenelemente, Architrave, Grabsteine).

Spoudaiogeloion (gr., »ernst-heiter«). Das ↗ Oxymoron S. bezeichnet in der Literatur die Mischung von ernsten und heiteren Inhalten und gilt als Charakteristikum der ↗ Satire (↗ Horaz).

Spondeus, Begriff der Metrik, um einen aus zwei Längen bestehenden Versfuß zu bezeichnen (– –).

Sporaden (gr. »Verstreute«), Inselgruppe in der Ägäis. Seit dem Hellenismus gebräuchl. Name für annähernd alle Inseln der Ägäis, die nicht zu den ↗ Kykladen gerechnet wurden; die Zuordnung zwischen S. und Kykladen ist bei den antiken Geographen jedoch uneinheitlich. Der Ausdruck Nördl. S. für die Inselgruppe im N von Euböa ist ebenso modern wie die sog. Südl. S. vor der Küste Kariens, die auch als Dodekanes bezeichnet werden.

Sport (gr. gymnastike). Archäolog. Funde belegen für die Antike ein reiches sportl. Leben. Sportl. Wettkämpfe wurden zu Ehren der Götter oder bei kult. Veranstaltungen ausgetragen, so im minoischen Kreta Stierspringen und ↗ Faustkampf, in Ägypten Ballspielen, Gymnastik, Tanzen und ↗ Ringen, bei Hethitern, Sumerern, Etruskern Lauf-, Reit- und Ringerwettbewerbe. Der sportl. Aspekt stand dabei im Vordergrund, doch winkten dem Sieger attraktive Preise und Privilegien, in Griechenland bes. für die Sieger der ↗ Olymp. Spiele und der ↗ Isthmien. – S. trainierte Ausdauer und Kraft und so die ständige Bereitschaft der Wehrfähigen. Die demokrat. Polisstaaten übernahmen sportl. Training in die Erziehung. Sportl. Betätigung für Frauen diente der Erhaltung der weibl. Gesundheit und Förderung der Anmut. Vasenbilder zeigen gemeinsame Übungen von Männern und Frauen. Sklaven, Unfreie und Fremde waren vom S. ausgeschlossen, der als Vorrecht des freien Bürgers galt (Sparta, Athen). Die zunehmende Bedeutung der ↗ Agone führte ab dem 5. Jh. v. Chr. zu einer Art Berufsathletentum. – S. wurde in der ↗ Palästra, dem ↗ Stadion oder ↗ Gymnasium ausgeübt. Auch wenn die uns bekannte Palette der S.-arten klein zu sein scheint, beschränkte sie sich nicht auf die Disziplinen des olymp. Programms (↗ Fünfkampf). Verschiedene Übungen wurden nicht für den Wettkampf trainiert, sondern nur zum Vergnügen (Fackellauf, Rudern, Gewichtheben, Ballspiele, Schwimmen), wobei die Grenzen zwischen S. und Artistik fließend sind. Grundlage der röm. Gesellschaft war das »Volk in Waffen«, weshalb S. als Kampfesübung und Vorbereitung auf den Ernstfall im Rahmen der ↗ *disciplina militaris* gesehen wurde. Seit dem 3. Jh. v. Chr. waren röm. Athleten auch bei den panhellen. Spielen zugelassen; Marcus ↗ Fulvius Nobilior holte 186 v. Chr. erstmals griech. ↗ Athleten nach Rom. Die Kaiserzeit brachte den Spielen eine neue Blütezeit; viele Kaiser beteiligten sich daran als

*Startender Läufer, zwei ringende Athleten, Speerwerfer mit gesenktem Sportgerät
(Ringer-Relief von der Themistokleischen Mauer, Athen)*

aktive Teilnehmer. **Lit.:** I. Weiler, Der S. bei den Völkern der Alten Welt (1981). – W. Decker, S. in der griech. Antike (1995).

SPQR, Abkürzung für *Senatus populusque Romanus* (»Der Senat und das röm. Volk«), ist ein auf Feldzeichen, Amtsgebäuden, Münzen und Inschriften häufig zu findendes Kürzel, das die Einheit von Volk und Senat und damit der Regierungsgewalt in der röm. Republik symbolisieren sollte. Der Begriff wird stets im Zusammenhang mit staatsrechtl. Funktionen und Handlungen verwendet. ↗ Res publica

Sprachphilosophie. S. als Untersuchung der Sprache nach Ursprung und Funktion in der Gesellschaft setzt mit der ↗ Sophistik ein und wird in ↗ Platon (bes. im *Kratylos*) fortgesetzt. Grundfrage ist, ob die Sprachen von Natur aus gegeben (*physei*) oder von den Menschen festgesetzt worden sei (*thesei*). S. hängt von Anfang an mit Etymologie zusammen und der Frage, ob eine Beziehung zwischen Namen/Worten und Dingen bestehe. In der ↗ Stoa wird der Akzent auf den natürl. Umgang mit Sprache gesetzt, und Etymologie wird als probates Mittel angesehen, um zur verlorenen Natur der Dinge vorzudringen. Die stoische S. beeinflusste die röm. Philosophie (Cicero, bes. Varro, *De lingua Latina*).

Sprichwort ↗ Parömiographen

Staat. Der Staatsbegriff in der Antike entwickelte sich im griech. Raum anhand lokaler Einheiten und war meist auf das enge Umfeld der ↗ Polis bezogen, in der sich das gesamte polit. und staatl. Leben abspielte. Daneben bestanden in einigen Gegenden stammesbezogene Bünde fort, die über gemeinsame Organe und Institutionen verfügten (↗ Staatsformen). Der S. wurde als die Einheit und Gesamtheit der Bürgerschaft empfunden, die über das ↗ Bürgerrecht, z. T. nach Vermögensverhältnissen abgestuft, am polit. Handeln beteiligt waren. Daran änderte auch die in der griech. Welt immer wieder auftretende ↗ Tyrannis im Grundsatz nur wenig. Zu neuen Formen kam es erst im Zuge der hel-

lenist. Monarchien, als der Bürger mit dem Niedergang der Polis an Bedeutung verlor und immer mehr zu einem Untertan des hellenist. Herrschers wurde. Zum röm. Staat, der z. T. andere Grundlagen entwickelte, ↗ Res publica.

Staatsformen. In der griech. Welt gab es grundsätzlich zwei S., *ethnos* (gr. »Volk«) und *polis* (gr. »Stadt«). Während im Ethnos, der historisch ursprüngl. Form, Gaustrukturen existierten und die Bevölkerung in Dörfern oder Einzelgehöften lebte, war die Polis auf ein städt. Zentrum ausgerichtet, in dem sich das polit. und staatl. Leben konzentrierte. Übergangsstrukturen konnten entstehen, wenn sich die Bewohner mehrerer Dörfer im Rahmen eines Synoikismos zu einer Polis zusammenschlossen. Während in histor. Zeiten die Polis als entwickeltere S. in der südl. und östl. Peloponnes, in weiten Teilen Mittelgriechenlands, im Ägäischen Raum sowie im Gebiet der Kolonien dominierte, blieb das Ethnos in der nördl. und westl. Peloponnes sowie in NW-Griechenland vorherrschend. – Im Rahmen dieser beiden Formen unterschied die antike ↗ Staatstheorie mehrere Verfassungen. Die Debatte darüber begann mit Herodot und erreichte ihren Höhepunkt im polit. Werk des ↗ Aristoteles. Dieser klassifiziert drei gute S., die Monarchie, die Aristokratie und die Demokratie (von ihm als Politie bezeichnet), denen er die jeweiligen Entartungen gegenüberstellt, Tyrannis, Oligarchie und Ochlokratie (Herrschaft des Pöbels, die er unter dem Begriff Demokratie laufen lässt). Grundlage der Beurteilung ist das Kriterium, ob eine S. dem Wohle des gesamten Bevölkerung zugute kommt oder nur den Interessen eines einzelnen oder einer bestimmten Gruppe dient. Bereits vor Aristoteles entstand die Theorie des Verfassungskreislaufs, die bei ↗ Polybios ihre abschließende Form erreicht. Danach sind die oben genannten S. instabil und zwangsläufig einem immer wiederkehrenden Zyklus unterworfen. Aus der Monarchie wird durch zunehmende Willkürherrschaft die Tyrannis, bis

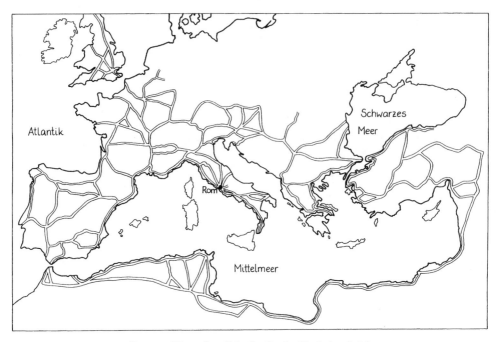

Cursus publicus: Staatliche Straßen im Römischen Reich

diese durch eine Gruppe besonnener Adliger gestürzt wird, die eine Aristokratie errichten. Diese entartet mit der Zeit zur Oligarchie (Herrschaft von wenigen), an deren Stelle schließlich durch eine Volkserhebung die Demokratie tritt. Diese wiederum gleitet in die Ochlokratie ab, bis erneut ein einzelner die Macht an sich reißt. Den Ausweg, diesen Kreislauf zu durchbrechen, sah bereits ↗ Platon (später auch Aristoteles und Polybios) in der Einrichtung einer Mischverfassung, die Elemente aller drei guten S. in sich vereinte. Als Musterbeispiele solcher Mischverfassungen wurden die polit. Systeme in Sparta, Karthago und Rom zitiert, die sich durch ihre Stabilität auszeichneten. Vor allem die röm. Republik galt Polybios als ideale Staatsform, die die permanente Krise, die er für die griech. Welt symptomatisch hielt, überwand. – Die staatstheoret. Ansätze der Antike sind stark idealisiert, die tatsächl. Verhältnisse waren weitaus komplizierter. So fanden weder soziale noch gesellschaftl. Probleme, deren mangelhafte Lösung für viele Verwerfungen verantwortlich war, eine hinreichende Berücksichtigung in der Diskussion. Die polit. Stabilität lag weniger in den S. begründet als vielmehr in den intakten oder gestörten Grundlagen der Gesellschaft. **Lit.:** H. Ryffel, Metabole politeion. Der Wandel der Staatsverfassungen (1949). – E. Meyer, Einführung in die antike Staatskunde (1968). – W. Nippel, Mischverfassungstheorie und Verfassungsrealität in Antike und früher Neuzeit (1980).

Staatsmonopol ↗ Monopol

Staatspost (lat. cursus publicus), die staatl. Zwecken dienende Brief- und Personenbeförderung. Vorbild des griech.-röm. Postwesens war das perfekt organisierte Postnetz mit gleichmäßig verteilten Knotenpunkten der Assyrer und der pers. Großkönige. Im archaischen und klass. Griechenland wurden eilige Nachrichten durch Schnelläufer (*hemerodromoi*) befördert; erst die Diadochenreiche, bes. das ptolemäische Ägypten, entwickelten die Eilpost mit mehreren fahrplanmäßigen Kursen pro Tag; die Boten (*bibliophoroi*) waren mit Nilschiffen oder aber mit Wagen, zu Pferd oder zu Fuß unterwegs. Ob der Botendienst einzeln bezahlt wurde oder als ↗ Liturgie finanziert war, ist umstritten. Röm. Privatleute und Magistrate mussten ihre Post durch eigene Diener (↗ *tabellarii*) befördern lassen; die Beförderung war unsicher und unregelmäßig. Für eilige amtl. Depeschen richtete Augustus im 1. Jh. n. Chr. eine S. ein (*cursus velox*), die auch Beamte mit vom Kaiser ausgestellten Erlaubnisscheinen (*diplomata, evectiones*) kostenlos beförderte, später auch getrennt Güter (*cursus clabularis*); die Nutzung durch Privatpersonen war selten. Vielfach wurden Anwohner zum Unterhalt der S. mit ihren Wechselstationen (*mutationes*) und Unterkünften (*mansiones*) herangezogen (Liturgie, ↗ *Munera*); Nerva (96–98 n. Chr.) befreite zumindest die Bürger Italiens von der Zwangsrequirierung. Obwohl die S. seit dem 1. Jh. n. Chr. für Rom bezeugt ist, stammen Quellen mit Vorschriften zur Benutzung erst aus dem 4. Jh. n. Chr. (↗ *Codex Theodosianus*). Gemessen an den techn. Möglichkeiten leistete die S. oft Erstaunliches: Boten konnten eine durchschnittl. Geschwindigkeit von über 150 km am Tag erreichen. **Lit.:** J. Holmberg, Zur Geschichte des cursus publicus (1933). – E. Hudemann, Geschichte des röm. Postwesens während der Kaiserzeit (Nd. 1966). – J. Stoffel, Über die S. (1994).

Staatstheorie. S. findet ihre erste Ausprägung im 5. Jh. v. Chr. im Zusammenhang mit der von der ↗ Sophistik entfachten Diskussion, die durch die Suche nach der besten Staatsordnung bestimmt ist. Den drei Grundformen Demokratie, Aristokratie, Monarchie werden als ›entartetete‹ Formen die Ochlokratie (»Pöbelherrschaft«), Oligarchie und Tyrannis entgegengestellt (vgl. bes. die Verfassungsdiskussion bei Herodot 3, 80–82). Einflussreich ist das von ↗ Platon in der *Politeia* entwickelte Modell: Platon entwirft in Parallelisierung der Seelenteile des Menschen mit den einzelnen Ständen einer Gesellschaft (Handwerker, Wächter, Regenten/Philosophenkönige) einen utop. Staat (↗ Utopie), in dem völlige Gleichheit zwischen Mann und Frau und die Beseitigung von Familie und Privatbesitz die Eckpfeiler sind. In seinem Spätwerk, den *Gesetzen (Nomoi),* entwickelt Platon sein Modell aus der bestehenden Familienordnung heraus, ein umfassender Behörden- und Verwaltungsapparat wird entworfen, bes. Gewicht wird auf ein funktionierendes Rechtssystem gelegt. Für ↗ Aristoteles besteht in der *Politik* die ideale Staatsform in einer Mischung von Demokratie und Aristokratie, in der Freiheit und Wohlstand entscheidend sind und die mittlere Schicht, dem aristotel. eth. Ideal der ›Mitte‹ entsprechend, staatstragend ist. Cicero rezipiert formal in *De republica (Staat)* und *De legibus (Gesetze)* die platon. Dialoge, inhaltlich schließt er sich jedoch mit dem Modell der ›Mischverfassung‹ (↗ Polybios) als Ideal, das er in der röm. Verfassung verwirklicht sieht, an Aristoteles an. Die antike S. wird von ↗ Augustinus im christl. Sinne weitergeführt: Im *Gottesstaat (De civitate Dei)* sieht er den Ablauf der Geschichte als Kampf zwischen zwei Reichen, dem Gottes- und Erdenstaat, die in der Realität ineinander übergehen. Erst am Ende der Zeiten werden sie getrennt, und der Gottesstaat geht als Sieger hervor. **Lit.:** P. Weber-Schäfer, Das polit. Denken der Griechen (1969). – A. B. Hentschke, Politik und Philosophie bei Plato und Aristoteles (1971).

Stabiae, Stadt in Kampanien. S. wurde 89 v. Chr. von Sulla erobert und war wegen des gesunden Klimas ein bevorzugter Kurort mit reichen Villen. 79 n. Chr. wurde S. beim großen Vesuvausbruch, der auch ↗ Pompeji und ↗ Herculaneum zerstörte, verschüttet. ↗ Plinius d. Ä. fand hier bei Rettungsversuchen den Tod. In der Folgezeit wurde S. in einiger Entfernung neu begründet. Die umfangreichen Ausgrabungen beim heutigen Castellammare di Stabia brachten prachtvolle Villen mit bedeutenden Wandmalereien zum Vorschein.

Stabreim ↗ Alliteration

Stadion (gr., lat. stadium), allgemeines Wege- und Längenmaß von 600 Fuß. Es war nach Ort und Zeit verschieden, je nach dem Fuß, den man zugrunde legte, und der Anzahl der Füße, die man auf das S. rechnete: so betrug etwa das olymp. S. 192 m, das att. 164 m, das griech.-röm. 178 m oder das röm. 185 m. S. bezeichnete aber auch den Kurzstreckenlauf über die Distanz eines S.s (↗ Dromos) und schließlich die Laufbahn selbst, die die Länge der bedeutendsten Rennbahn in Olympia ein (olymp.) S. betrug. Für die Anlage eines S.s benötigte man ein längsrechteckiges, ebenes Gelände von ca. 200 m Länge, an dessen beiden Enden eine Startlinie (zugleich Ziellinie) markiert war. Betrug die zu absolvierende Distanz das Mehrfache eines S.s, so dienten Pfosten oder Säulen o. ä. als Wendemarken für die Läufer, die diese zu umrunden hatten. Für die Kampfrichter und Zuschauer waren Erdwälle aufgeschüttet, die teilweise mit steinernen Sitzreihen versehen und deren Enden abgerundet waren. Von dort

Aphrodisias, Stadion

aus konnten die Wettkämpfe gut beobachtet werden. Während im S. zunächst nur Laufwettbewerbe stattfanden, war es in späterer Zeit ein Ort allgemeiner sportl. Wettkämpfe.

Stadt. Als Lebensraum einer größeren Anzahl von Menschen hat die S. der Antike in den verschiedenen Kulturkreisen unterschiedl. Phasen der Entwicklung durchlaufen. Während im ↗ minoischen Kreta bereits im 2. Jt. v. Chr. eine offene, ausgeprägte städt. Kultur mit Herrscherpalast als Zentrum, großen Plätzen und Straßen sowie den sich unregelmäßig anschließenden Häusern vorhanden war, bevorzugte man in der östl. Ägäis die burgähnl., mit mächtigen Mauern umgebene S. (↗ Myken. Kultur). Für die Griechen spielte etwa seit dem 6./5. Jh. v. Chr. jedoch weniger der herrschaftl. Gedanke als vielmehr das prakt. Bedürfnis eines Gemeinwesens mit Versammlungsplätzen und öffentl. Gebäuden eine zentrale Rolle. Da die ersten ↗ Poleis nicht planmäßig angelegt, sondern allmählich gewachsen waren, erscheint ihre Struktur noch recht unregelmäßig. Mit der beginnenden Kolonisation und ihren städt. Neugründungen jedoch entstand aus dem Prinzip der gerechten Verteilung der einzelnen Grundstücke die klar strukturierte S.-Anlage, in der jeder ein gleich großes Stück einer Parzelle erhalten sollte. Der Architekt und Städteplaner ↗ Hippodamos von Milet gilt als Erfinder des rechtwinklig angelegten Straßennetzes mit gleichförmigen Häuservierteln (*insulae*), zentralen Plätzen und öffentl. Gebäuden. Dieses System fand allerdings schon lange zuvor Anwendung (z. B. im 7. Jh. v. Chr. in Alt- ↗ Smyrna) und wurde wohl lediglich durch Hippodamos in Athen bekannt gemacht, wo er für den planmäßigen Bau der Hafenstadt ↗ Piräus zuständig war. Dieses städtebaul. System wurde auch in den folgenden Jahrhunderten häufig bei der Planung von Städten angewandt und weiterentwickelt (z. B. mit einem ausgeklügelten Wasserversorgungssystem o. ä.). – Wohl unter dem Einfluss der Griechen gelangte diese Idee der S.-Anlage auch nach Italien. Hier kamen beide Typen (gewachsener und geplanter) Städte gleichzeitig vor. In den planmäßig angelegten ital. Städten ist die Hervorhebung der beiden sich kreuzenden Hauptstraßen auffällig (↗ cardo und ↗ decumanus). Dies lässt sich auch durch die Anlage militär. ↗ Lager erklären. Sie waren oftmals nach den Himmelsrichtungen ausgerichtet oder nach dem Verlauf der Hauptverkehrsstraßen. Wichtige Bestandteile der kaiserzeitl. S. waren u. a. Forum, Thermen, Theater, Tempel, Märkte. Die Ausstattung öffentl. Bauten wurde immer prunkvoller. Die Städte wuchsen vehement und unkontrolliert, was zur Folge hatte, dass die großen Städte mit baulich mangelhaften Hochhäusern (in Rom bis zu sechs Stockwerke), ungenügender Wasserversorgung oder nicht ausreichend organisierter Müllentsorgung zu kämpfen hatten. **Lit.:** E. J. Owens, The City in the Greek and Roman World (1991). – F. Kolb, Die S. im Altertum (2005).

Stadtpräfekt ↗ Präfekt

Ständekämpfe. Moderne Bezeichnung für den nach der Vertreibung der röm. Könige um 500 v. Chr. einsetzenden Prozess der Integration der Plebeier in den polit. Entscheidungsprozess. In einem mehrere Jahrhunderte andauernden Kampf erstritten sich nach antiker Überlieferung die Plebeier mehr polit. Rechte und vor allem den allmähl. Zugang zu den Staatsämtern. 494 v. Chr. zog die Plebs gemäß der Überlieferung (Cicero, Livius) erstmals auf den Heiligen Berg (*mons sacer*) und den Aventin aus (*secessio plebis*), wo die plebeische Sondergemeinde zunächst 493 der göttl. Dreiheit Ceres, Liber, Libera einen Tempel weihte, der als sakraler Mittelpunkt von einem plebeischen ↗ Ädilen verwaltet wurde. Als polit. Organisation wurde eine ↗ Volksversammlung (*concilium plebis*) geschaffen, in der die Plebs nach territorialen Verwaltungsbezirken (*tribus*) organisiert war. Die Leitung der Versammlung hatten die ↗ Volkstribune, zunächst zwei und seit 471 v. Chr. vier bzw. fünf, später zehn, deren Amt als Gegenpol zu den patriz. Oberbeamten geschaffen wurde. Da das Amt des Volkstribunen nach geltendem Staatsrecht nicht anerkannt und im ↗ cursus honorum integriert war, basierte dessen Autorität auf einer *lex sacrata* (↗ Lex), die ihm auch Unverletzlichkeit (*sacrosanctitas*) gewährte. Er besaß erweiterte Rechte gegenüber anderen Magistraten, die Mitglieder der Plebs gegen Willkürakte und Verhaftungen schützen sollten (*ius auxilii, ius intercedendi*, Vetorecht). – Die Reaktion der Patrizier waren die Abschließung der Geschlechter (485) und das Eheverbot zwischen Plebeiern und Patriziern, das um 450 im ↗ Zwölftafelgesetz festgeschrieben wurde. Die schriftl. Aufzeichnung von Gesetzen war jedoch ein Novum und gegenüber dem bis dahin geltenden priesterl. Spruchrecht ein Fortschritt. Die Beschlüsse der Plebs (*plebiscita*) waren zunächst nicht für das ganze Volk verbindlich und mussten, um Gesetzeskraft zu erlangen, vom Senat bestätigt werden. Um eine Änderung zu erreichen, zog die Plebs wieder den Ianiculum aus; dieses Manko wurde erst durch die *lex Hortensia* aus dem Jahre 287 v. Chr. beseitigt. Mit den *leges Liciniae Sextiae* 367/66 begann ein neues Zeitalter der Freiheit für die nicht patriz. Bevölkerungsschichten durch Schuldenermäßigung (*de aere alieno*), Beschränkung des Grundbesitzes (*de modo agri*), Zulassung der Plebeier zum höchsten Staatsamt (*de consule plebeio*) mit der Folge der Entstehung eines Amtsadels (↗ Nobilität, ↗ Adel). Ein erneutes Schuldengesetz, die *lex Plautia Papiria* aus dem Jahre 339, das einem Schuldner untersagte, sich auf Leib und Leben zu verschulden, bedeutete einen weiteren Schritt auf dem Weg zur polit. und gesellschaftl. Gleichberechtigung. Die Öffnung aller Ämter für die plebeische Oberschicht wurde kontinuierlich fortgeführt (Diktator 356, Zensor 351, Prätor 337) und im Jahre 300 v. Chr. mit der Zulassung zu den Priesterämtern (*pontifices, augures*) durch die *lex Ogulnia* abgeschlossen. Damit war ein Ausgleich zwischen den polit. Interessengruppen geschaffen, der Ständekampf somit beendet. – Zu den wichtigsten antiken Quellen zur Geschichte der S. gehören vor allem Livius und Dionysios von Halikarnassos, daneben vereinzelt Cicero und einige spätere, kaiserzeitl. Autoren (Orosius, Valerius Maximus, Zonaras), deren Quellenwert jedoch sehr unterschiedlich einzuschätzen ist. **Lit.:** H. Siber, Die plebeischen Magistraturen bis zur Lex Hortensia (1936). – F. Altheim, Lex sacrata. Die Anfänge der plebeischen Organisation (1940). – J. Bleicken, Die Verfassung der röm. Republik (1995).

Stageira, Geburtsort des Aristoteles. Die Stadt im O der Halbinsel ↗ Chalkidike in Makedonien lebte bes. vom Bergbau, war Mitglied des ↗ Att. Seebundes und wurde 349 im ↗ olynth. Krieg von Philipp II. von Makedonien zerstört, auf Intervention des Aristoteles aber wieder aufgebaut. **Lit.:** GLHS (1989) 636.

Stahl. Durch die Anreicherung von Roheisen mit Kohlenstoff (in Form von von Horn, tier. Eiweiß o. ä.) konnte Eisen beim Schmiedeprozess zu Stahl veredelt werden. Der weiteren Härtung diente das ›Ablöschen‹ des glühenden Metalls in Wasser oder Öl. Das Prinzip der S.-Herstellung war zwar seit dem 2. Jt. v. Chr. bekannt, doch blieb hochwertiger S. ein Luxusprodukt und wurde trotz zahlreicher ↗ Eisenvorkommen im Mittelmeerraum von weither (bis aus Indien) in die griech.-röm. Welt importiert.

Stasimon (gr., »Stehen«, »Aufstellung«). Aristoteles bezeichnet in der *Poetik* alle Chorlieder der Tragödie nach dem Einzugslied (Parodos) als Stasima, als die Lieder, die der Chor vorträgt, nachdem er in der Orchestra, dem Tanzplatz des griech. Theaters, seine Aufstellung eingenommen hat. **Lit.:** J. Rode, in: W. Jens (Hg.), Die Bauformen der griech. Tragödie (1971) 85–115.

Stasislehre (gr. stasis, lat. status, constitutio, »Feststellung«), Begriff der ↗ Rhetorik, Systematisierung von in Prozessreden mögl. Fragestellungen, von ↗ Hermagoras und ↗ Hermogenes in Lehrbuchform entwickelt.

Stater (gr., »der Wieger«), Gewichtseinheit und Standardmünze im antiken Münzwesen. Als Gewichtseinheit hielt der S. die Waage auf beiden Seiten im Gleichgewicht, meist das Doppelte einer Normaleinheit (Mine, ↗ Drachme). Der S. hatte kein bestimmtes Gewicht und konnte für alle Arten von Metallen (Gold, Silber, Elektron, verschiedene Legierungen) zum Wiegen verwendet werden. Als Münze bedeutet S. das Normal- oder Einheitsstück eines Münzfußes, in der Regel das Didrachmon oder die höchstwertige Münze eines Satzes. Vor allem wurde der Begriff S. für Goldmünzen verwendet, die das Gewicht einer doppelten Drachme hatten (Kroiseios, Dareikos, Philippeios, Ptolemaikos), ebenso für Silbermünzen (Ägina, Korkyra, Korinth). In der att. Silberprägung bildeten seit 530 v. Chr. die Tetradrachmen das Normalstück, also den S. Auch Elektronmünzen wurden mit S. bezeichnet, wie etwa in Kyzikos, Lampsakos oder Phokaia (Kyzikener, Lampsakener, Phokäer). Doppelte Silber-S. sind aus Athen, vielfache (Penta-, Tetra-S.) aus dem ptolemäischen Ägypten und dem Seleukidenreich und halbe Gold-S. (Hemistater) aus Kyrene, Athen oder Tarent bekannt, die meisten auch durch Münzfunde bestätigt.

Statilius Flaccus, griech. Dichter, 1. Jh. v. Chr. Erhalten sind 14 Epigramme.

Statilius, Titus S. Taurus, Feldherr des Octavian, sicherte für diesen nach dem Sturz des Lepidus (36 v. Chr.) als Statthalter (36–34) die Provinz Africa. Bei Aktion (31) kommandierte er das Landheer, kämpfte später (29) in Spanien gegen Kantabrer und Asturer und war noch in hohem Alter (16–10) Stadtpräfekt in Rom.

Statist (gr. kophon prosopon, »stumme Person«), stumme Figur im Drama, auf die die anderen ↗ Schauspieler mit Anreden Bezug nehmen können; S.en sind z. B. Iole in Sophokles' *Trachinierinnen* oder Pylades in der *Elektra* des Sophokles und Euripides. S.en sind Zusatzleistungen (↗ Parachoregema) des ↗ Choregen.

Statius, Publius Papinius S., aus Neapel, röm. Epiker, 40/50–ca. 95 n. Chr. S.' Vater, aus dem Ritterstand stammend, genoss als Rhetoriklehrer und Dichter Ansehen. Er förderte das Talent des Sohnes nach Kräften. 78 errang S. in Neapel einen ersten literar. Preis, dem weitere Erfolge bei panegyr. Agonen folgten. In Rom nahm er wie Martial am poet. Klientelwesen teil. Um 80 wird er mit seinem Hauptwerk, der *Thebais,* begonnen haben, an deren zwölf Büchern er nach eigenem Zeugnis zwölf Jahre arbeitete. Das Werk behandelt den Bruderkampf zwischen ↗ Eteokles und ↗ Polyneikes um den theban. Königsthron und führt über den tödl. Zweikampf der Geschwister bis zur Befreiung Thebens von seinem tyrann. Königshaus durch Theseus. Die *Thebais* ist eine Anti-*Äneis:* Dem teleolog. Epos Vergils, das den Aufstieg Roms zur Weltherrschaft feiert, wird der Untergang eines Königshauses gegenübergestellt, jeweils mit Billigung und Zutun der Götter. Die gerechte Weltordnung der *Äneis* ist ins Dämonische und Zerstörerische umgebogen, S. folgt dem pessimist. Ton von Lukans *Bellum civile.* Mit diesem verbindet ihn auch das Motiv des Bruderzwists, den er der Entzweiung des röm. Volkes im Bürgerkrieg zwischen Pompeius und Caesar nachbildet. Hinter der Wahl eines Stoffes aus dem griech. Mythos kann eine literar. *aemulatio* mit Valerius Flaccus stehen. Gleichwohl besitzt die Darstellung tyrann. Herrschergestalten, die die Literatur seit Nero bewegt, einen deutl. Gegenwartsbezug. Indem er ein mytholog. Epos mit vergil. Götterapparat und lukan. Tendenz verfasste, hat S. die ep. Tradition seiner Vorgänger insgesamt aufgenommen. Literar. Ehrgeiz spricht auch aus dem unvollendeten Projekt der *Achilleis,* in der S. durch den an *Äneis* anklingenden Titel den ›göttl.‹ (Theb. 12, 816) Vergil herausforderte und thematisch mit Homer in die Schranken treten müssen. Die *Silvae (Wälder)* sind Gelegenheitsgedichte zu verschiedenen öffentl. und privaten Anlässen. Sechs Gedichte panegyr. Charakters richten sich an Domitian. **Lit.:** E. Burck, in: Ders. (Hg.), Das röm. Epos (1979) 300–358 [zu Theb. und Ach.].

Statthalter ↗ Präfekt, Prokurator

Statue (lat. statua, »Standbild«), aus unterschiedl. Materialien wie Stein, Marmor, Holz, Ton, Metall o. ä. rundplastisch kunstvoll ausgebildetes und freistehendes Bildwerk eines Gottes, Menschen oder Tieres. Eine S. konnte lebensgroß, überlebensgroß (kolossal, monumental) oder in Verkleinerung (Statuette) dargestellt werden und diente verschiedenen Zwecken (Kultbild, Weihgeschenk, Bauschmuck, Denkmal). ↗ Plastik.

Steinbruch. Die wichtigsten Gesteinsarten, die in der Antike gebrochen wurden, waren ↗ Marmor, Alabaster, Kalkstein, Tuff, Sandstein, Granit, Porphyr, Trachit und Lava. Spätestens durch die Entwicklung der ↗ Plastik und bes. der monumentalen Bauweise (↗ Griech. Kunst) wurde das entsprechende Steinmaterial in größeren Mengen benötigt. Die verschiedenen Vorgehensweisen zum Abbruch haben sich über Jahrhunderte hinweg kaum verändert: Eine Methode bestand darin, Keillöcher in den Stein zu schlagen und in sie Holzkeile hineinzutreiben; diese Keile wurden mit Wasser befeuchtet, so dass sie aufquollen und den Steinblock absprengten. Ferner gab es bereits seit archaischer Zeit die Steinsäge; diese wurde bis in röm. Zeit zu einer bis zu 6 m langen, teils mit Wasser auf Quarzsand laufenden Pendelsäge entwickelt. Funde, die in erhaltenen antiken S.en gemacht wurden, zeigen, dass die Steinblöcke zumeist an Ort und Stelle vorbereitet und als Halbfertigprodukte weiter transportiert wurden.

Steinigung. Bei den Juden war die S. die am weitesten verbreitete Art der Todesstrafe, die Griechen kannten sie als Strafe für sakrale Vergehen oder Delikte gegen die Polisgemeinschaft; bei den Römern war die S. nicht üblich. Ursprünglich diente die S. als spontane Bestrafung für ein Vergehen durch Ausstoßung aus der Gemeinschaft; erst daraus entwickelte sich die S. als Vollzug der Todesstrafe im Anschluss an einen Prozess. ↗ Hinrichtung

Steinschneidekunst, Glyptik (gr. glyphein, »einschneiden«), das kunstvolle Bearbeiten bes. kleiner ↗ Edelsteine oder Halbedelsteine (z. B. Serpentin, Karneol, Chalzedon oder Sardonyx). Zu den Werkstücken zählen in erster Linie die ↗ Gemmen und Kameen, aber auch ↗ Siegel und ↗ Ringe aus anderen Materialien, z. B. Gold, Elfenbein, Ton. Die verschiedenen bei der S. angewandten Techniken hingen von Herstellungsort und Material ab. Weiche Steine konnten mit einem einfachen Stichel bearbeitet werden, wohingegen harte Steine mit Diamantpulver geschliffen oder mit unterschiedlich geformten, sog. rotierenden Zeigern, behandelt werden mussten. **Lit.:** J. Boardman, Greek Gems and Finger Rings (1970). – M.-L. Vollenweider, Die Porträtgemmen der röm. Republik (1974).

Stele (gr., »Säule«), aufgerichtete flache Steinplatte oder runde Steinsäule unterschiedl. Funktion, z. B. Ehren-, Weih- und Urkundenrelief oder Grenzstein. S.n konnten glatt, bemalt, mit Ornamenten und Reliefs verziert oder mit eingeritzten Inschriften versehen gewesen sein und hatten zuweilen einen architekton. Aufbau (z. B. Giebel).

Stemma (gr., »Kopfbinde«, bei den Römern die bekränzten Ahnenbilder, daher »Stammbaum«), Begriff der Textkritik: die graph. Darstellung des Verhältnisses der verschiedenen Handschriften eines Werkes untereinander.

Stempel. Namens-S. dienten bes. in röm. Zeit dazu, den Hersteller (Lampen, Terra Sigillata, Brot) oder Besitzer eines Produkts zu kennzeichnen (staatseigene Ziegel beim Bau von Militärlagern unter Verwendung eines Legions-S.s); auch als Werbung fanden S. Einsatz. Im antiken Münzwesen fanden sog. Münz-S. Verwendung, die von hoch spezialisierten S.-Schneidern angefertigt wurden; mit Vorder- und Rückseiten-S. wurden dann die Rohlinge zu Münzen geschlagen.

Stenographie ↗ Tachygraphie

Stentor (gr., »Brüller«), Herold, dessen Stimme so gewaltig wie die von 50 Männern zusammen ist. Er stirbt nach der Niederlage gegen Hermes in einem Wettstreit.

Stephanos (gr., »Kranz«), Name bedeutender Epigramm-Sammlungen, ↗ Anthologia Graeca, ↗ Meleager.

Stephanos von Byzanz, griech. Philologe, 6. Jh. n. Chr., Verf. eines geograph. Lexikons (*Ethnika*), wobei es ihm weniger auf geograph. Information als auf die sprachl. Richtigkeit der Ortsnamen ankommt.

Sternbilder ↗ Zodiakos

Sterne (gr. asteres; lat. stellae), nach antiker Vorstellung göttl. Wesen, die auf einer achten Sphäre an der Außenschale des Kosmos angeheftet sind. Viele myth., aber auch histor. Gestalten werden als verstirnt gedacht (↗ Orion; ↗ Berenike).

Sterope (1) (gr. Sterope), eine der ↗ Plejaden, durch Ares Mutter des Oinomaos.

Sterope (2) (gr. Sterope), Tochter des ↗ Kepheus, des Königs von Tegea. Sie erhält von ↗ Herakles eine goldene Locke der Gorgo, um damit die Stadt gegen feindl. Angriff zu schützen.

Sterope (3) (gr. Sterope), Tochter des Pleuron und der Xanthippe, Schwester des Agenor, der Stratonike und Laophonte.

Stesichoros aus Matauros (Unteritalien) oder Himera (Sizilien), griech. Chorlyriker, ca. 630–555 v. Chr. Seine Gedichte waren längere myth. Erzählungen (*Geryoneis, Thebais*), angereichert mit erot. Motiven (Helena-Mythos). Nach Themen, Form und Inhalt kann man sie als lyr. Umsetzung ep. Stoffe bezeichnen. Die Sprache ist episch mit dor. Lautfärbung. Von dem 26 Bücher umfassenden Gesamtwerk sind nur einige Zitate und Papyrusfragmente erhalten. S.' Einfluss auf die Bildende Kunst scheint beträchtlich gewesen zu sein. **Lit.:** W. Burkert, in: C. M. Robertson (Hg.), Papers on the Amasis Painter and his World (1987) 43 ff.

Stesimbrotos von Thasos, 2. Hälfte 5. Jh. v. Chr., Homerinterpret und Verf. einer Schrift *Über Riten,* in der orph. Gedankengut erkennbar ist. In einer Prosaschrift über athen. Staatsmänner (vermutlich neben ↗ Ions *Epidemien* eines der frühesten Werke griech. Memoirenliteratur) kam Anekdotenhaftes aus dem Privatleben dieser Politiker reichlich vor. **Lit.:** N. J. Richardson, in: Proceedings of the Cambridge Philological Society (1974) 65–81. – A. Tsakmakis, in: Historia (1995) 129–152.

Steuern (gr. phoroi; lat. vectigalia), regelmäßige Abgaben in Geld oder Naturalien an staatl. Stellen ohne direkte Gegenleistung zur Finanzierung der Staatsausgaben, für den Aufwand des Herrscherhauses und des Heeres. Schon die altoriental. Reiche, ebenso Ägypten erhoben S. von ihrer Bevölkerung. – *I. Griechenland:* Die Griechen entrichteten im 8./7. Jh. v. Chr. S. an die Könige; die athen. Tyrannis forderte den Zehnten (*dekate*). Die griech. Poleis kannten sowohl direkte als auch indirekte S., doch lassen die erhaltenen Quellen die Bemessungsgrundlage nicht erkennen. Rechtlich schlechter gestellt und hoch besteuert waren Sondergruppen und bestimmte Berufe, z. B. Fremde, Artisten oder Hetären. Die Einteilung der Vollbürger Athens erfolgte ab Ende des 6. Jh. v. Chr. nach Vermögensklassen, die sich nach Ernteertrag in Scheffeln (Medimnen) Getreide bemaßen (↗ *pentakosiomedimnoi*); diese wiederum bestimmte die Höhe der S. Darüber hinaus war der Bürger noch zu Hand- und Spanndiensten und ggf. finanziellen Sonderbeiträgen für die Gemeinschaft verpflichtet (↗ Liturgie, ↗ *epidosis*). Die griech. Staaten deckten ihre Ausgaben fast ausschließlich über indirekte Abgaben, z. B. Gerichtsgebühren (*prytaneia*), ↗ Zölle und Tribute (der Wehrbeitrag für die Bundeskasse des Att.-Del. Seebundes wurde nach Größe und Finanzkraft der Städte in Geld oder Schiffen bemessen). Die hohen Ausgaben der hellenist. Königreiche des 4./3. Jh. v. Chr. für Söldner erforderte die Einführung neuer S. Einen Eindruck von der Vielzahl der S. vermitteln Papyri aus dem ptolemäischen Ägypten. Eroberte Völker zahlten Pachtzins (*eisphorion*) für eigenes Land, daneben Grund-, Gewerbe- und Vermögenssteuer sowie eine Art Kopfsteuer. Zusätzlich musste eine große Zahl von Zwangsbeiträgen für öffentl. Einrichtungen und ↗ Monopole entrichtet werden. – *II. Rom:* Steuerbeamte Roms waren die ↗ Quästoren, deren Zahl mit dem Wachsen des röm. Reiches erhöht wurde. Die Frühzeit kannte zweckgebundene Abgaben (*aes equestre, stipendium,* ↗ *tributum civium Romanorum*). Die Zugehörigkeit zu den Vermögensklassen bestimmte in Rom der Zensor, der alle fünf Jahre eine Vermögensschätzung nach Bürgerlisten vornahm (↗ Zensus). Die Erweiterung des röm. Reiches im 2./1. Jh. v. Chr. brachte den eroberten Völkern eine zunehmende Steuerlast, mit der die gewaltigen Ausgaben für Armeen und Besatzungstruppen bestritten wurden. Das Eintreiben der S. wurde an Steuerpächter (↗ *publicani*) verpachtet, die zu erwartende Summe für einen festgelegten Zeitraum in der Staatskasse (↗ *aerarium*) hinterlegt und damit das Risiko auf die Steuerpächter abgewälzt; diese schlossen sich zur gegenseitigen Absicherung in Gesellschaften zusammen. Die Statthalter der Provinzen hielten sich an der Bevölkerung schadlos; 149 v. Chr. musste ein eigener Gerichtshof eingesetzt werden, der sich mit Anklagen *de repetundis* (↗ Repetundenprozess) beschäftigte. Zu Beginn der

Griechische Stierbronze aus Süditalien (6. Jh. v. Chr.)

Kaiserzeit hießen alle Steuern *tributa*. Daneben nahm der röm. Staat (↗ *fiscus*) Naturalien aus eigenem Vermögen und Ländereien (↗ *vectigalia*) ein, die bald den Chrakter von S. erhielten.

Stheneboia (auch Anteia genannt), Figur der Mythologie, Gattin des Proitos, die sich in ↗ Bellerophon verliebt. Da er ihre Liebe nicht erwidert, verleumdet sie ihn erfolglos. Zur Strafe stürzt er sie vom fliegenden ↗ Pegasos ins Meer.

Sthen(n)o, eine der ↗ Gorgonen.

Stichisch (gr. stichos, »Reihe, Zeile«), Begriff der Metrik zur Bezeichnung einer Kompositionsform, in der derselbe Vers Zeile für Zeile wiederholt wird (z. B. kataklkt. daktyl. Hexameter im ↗ Epos oder jamb. Trimeter im ↗ Drama).

Stichomythie, Begriff der Dramenanalyse, Form des dramat. Dialogs, in dem die Sprecher sich versweise abwechseln. Sonderformen sind die Distichomythie (jeder Sprecher hat zwei Verse) und die Antilabai (Wechsel nach Halbversen). **Lit.:** B. Seidensticker, in: W. Jens (Hg.), Die Bauformen der griech. Tragödie (1971) 183–220.

Stier (gr. tauros – lat. taurus). Der S. spielt in den meisten agrar. Gesellschaften eine doppelte Rolle, zum einen als wichtiges Nutz- bzw. Zuchttier, zum anderen als Symbol von Kraft und Fruchtbarkeit, das in den Mythologien und Religionen der Antike immer wieder aufgegriffen wurde: So wurden in Ägypten heilige Stiere verehrt (Apis, Mnevis, Buchis), die Minoische Kultur pflegte ebenso den S.-Kult (Stiersprung, Kulthörner). Im religiösen Alltag (als Opfertier bei religiösen Festen, ↗ Suovetaurilia, ↗ Taurobolium) und in der griech. Mythologie hatte der S. seinen festen Platz: Zeus erschien der Europa als Stier (während die Göttermutter Hera dem Rind gleichgesetzt wurde), aber auch Poseidon und Dionysos wurden in Stiergestalt verehrt. In Rom bestand ursprünglich ein Opferverbot für Ackerstiere, große kult. Bedeutung erlangte der Stier in röm. Zeit mit dem Aufkommen des ↗ Mithras-Kultes.

Stilicho, um 365–408 n. Chr., Sohn eines in röm. Diensten stehenden Vandalen, stieg in der militär. Hierarchie rasch auf und wurde 391 *magister militum.* Maßgeblich am Sieg über den Usurpator Eugenius beteiligt (394), ernannte ihn Theodosius zum Oberbefehlshaber im Westen und Vormund seines minderjährigen Sohnes Honorius. Als fakt. Machthaber des Westreiches (seit 395) gelang es ihm, eine Usurpation in Afrika niederzuwerfen (398) und die in Italien eingefallenen Westgoten unter Alarich in den Schlachten bei Pollentia (402) und Verona (403) aufzuhalten und zum Abzug zu bewegen. 406 brachte er den in Italien eingedrungenen ostgot. Scharen unter Radagais eine vernichtende Niederlage bei. Er konnte jedoch nicht verhindern, dass 406/07 die von Truppen entblößte Rheingrenze von Vandalen, Alanen und Sueben überrannt wurde. Als S. dazu riet, Alarich, der neue Ansprüche stellte, entgegenzukommen, erreichten seine Gegner bei Honorius seine Absetzung (408). Obwohl er in einer Kirche Zuflucht suchte, wurde er in Ravenna aufgegriffen und ermordet. S., einer der bedeutendsten Germanen in röm. Diensten, verstand es, das Westreich intakt zu halten und bes. Italien vor Invasionen wirksam zu schützen.

Stilo, Lucius Aelius S. Praeconinus, aus Lanuvinum, lat. Grammatiker, ca. 150–80 v. Chr. S., dem Ritterstand entstammend, ist einer der ersten großen röm. Grammatiker und war für seine Forschungen über die Sprache des Salierliedes und der *Zwölftafelgesetze* sowie zu Plautus bekannt. Seine bedeutendsten Schüler waren Varro und Cicero. Die wichtigsten Gebiete röm. Gelehrsamkeit, Antiquitäten (Institutionen und Glaubensvorstellungen Roms und seiner Nachbarn), Literaturgeschichte (Datierung, Fragen der Authentizität), Sprachforschung (bes. Etymologie) waren in seinem (heute verlorenen) Werk bereits angelegt. **Lit.:** R. A. Kastner, Geschichte der Philologie in Rom, in: F. Graf (Hg.), Einleitung in die lat. Philologie (1997) 3–16.

Stilus (lat.), der antike Schreibstift (Griffel) aus Holz, Bein oder Metall. Dieser hatte auf der einen Seite eine Spitze, mit der die Buchstaben in das weiche Wachs der Schreibtafel (oder zuweilen Blei) eingeritzt werden konnten. Die andere Seite war abgeflacht, damit Schreibfehler oder vollgeschriebene Tafeln bereinigt und geglättet werden konnten. Aufgrund seines spitzen Endes wurde die S. nicht selten auch als Waffe benutzt (Stilett). ↗ Schreibgeräte

Stimmstein ↗ Ostrakismos, Volksversammlung

Stipendium bezeichnete ursprünglich nur den Sold eines röm. Legionärs, der Begriff wurde aber seit der späten Republik auch für Kriegskontributionen und Kriegssteuern verwendet.

Stoa (gr. stoa, »Säulenhalle«), griech. Philosophenschule, begründet um 300 v. Chr. von Zenon von Kition, benannt nach der *Stoa poikile* (gr., »bunte Säulenhalle«) in Athen, dem Ort von Zenons Lehrtätigkeit. Die stoische Philosophie gliedert sich nach der von dem Akademiker ↗ Xenokrates entwickelten Ein-

teilung in Logik, Physik und Ethik. Zur ↗ Logik gehören Rhetorik, Erkenntnistheorie und Dialektik. Die stoische Physik nimmt zwei kosmolog. Prinzipien an, das Tätige und das Leidende. Die tätige Weltvernunft (*logos*) wirkt als Feuer (*pyr*) oder Hauch (*pneuma*) in der leidenden Materie und formt sie zu Körpern aus. Der Kosmos muss wie ein Organismus nach dem Plan des göttl. Logos entstehen und vergehen. Zentral für die weite Verbreitung der S. im Hellenismus und bes. der röm. Kaiserzeit, in der sie zusammen mit dem ↗ Epikureismus gleichsam den Status einer Ersatzreligion einnahm, ist ihre Ethik. Höchstes Ziel (gr. *telos,* lat. *summum bonum*) ist die Affektlosigkeit (*apatheia*). Weise (gr. *sophos,* lat. *sapiens*) ist nur der, der sich von allen äußeren Gütern frei macht, die in ihrer Gesamtheit nichts zum höchsten Glück (gr. *eudaimonia,* lat. *vita beata*) beitragen (sog. *adiaphora,* lat. *indifferentia,* »Unerhebliches«). Da diese radikale Bedürfnislosigkeit in der Realität kaum erlangt werden kann, akzeptiert die stoische Lehre den Typus des sich um die Weisheit Bemühenden als Kompromiss (gr. *prokopton,* lat. *proficiscens*). In der Geschichte der S. unterscheidet man drei Phasen: 1. die ältere S., vertreten durch Zenon, Kleanthes, Chrysipp, der die Lehre der Schule systematisch fundierte; 2. die mittlere S., bes. Panaitios, Poseidonios, modifiziert die Lehre und öffnet sie peripat. und platon. Gedanken; dadurch wird die Schule bes. in Rom akzeptabel; 3. die späte S. kann als typisch röm. Ausprägung mit starker eklekt. Tendenz angesehen werden (Seneca, Epiktet, Mark Aurel). **Lit.:** J. M. Rist, Stoic Philosophy (²1980). – M. Forschner, Die stoische Ethik (1981). – F. H. Sandbach, The Stoics (²1989). – M. Pohlenz, Die Stoa I-II (⁷1992). – P. Steinmetz in: GGP IV, 1 (1994) 495–716.

Stobaios, Johannes S., so genannt nach seiner Heimat Stoboi (Makedonien), griech. Schriftsteller und Philosoph, 1. Hälfte 5. Jh. n. Chr. S. verfasste eine für die Unterweisung seines Sohnes Septimius bestimmte Anthologie in vier Büchern, die Auszüge aus etwa 500 Dichtern von Homer bis zum 4. Jh. n. Chr. enthält. Sie bietet zahlreiche Fragmente verlorener Werke oder wichtige Textvarianten. **Lit.:** K. Wachsmuth, Studien zu den griech. Florilegien (1882).

Stoboi (heute Stobi) Handelszentrum in Nordmakedonien. Die am Mittellauf des Axios gelegene Stadt wurde in röm. Zeit ein Verkehrs- und Handelszentrum, später sogar Hauptstadt der Provinz Macedonia salutaris. Münzprägung von den Flaviern bis Elagabal ist nachgewiesen; seit dem 4. Jh. n. Chr. Bischofssitz. 479 n. Chr. belagerte Theoderich d.Gr. S. **Lit.:** J. Wiseman, Stoboi (1973). – PECS (1976). – ASM (1999).

Stoiker ↗ Stoa

Strabon aus Amaseia (Pontos), griech. Historiker, Geograph und Stoiker, ca. 64/63 v. Chr. – 23/26 n. Chr., Verf. eines Geschichtswerks in 47 Büchern, das als Fortsetzung des ↗ Polybios gedacht war; erhalten sind wenige Fragmente. S. bereiste die ganze damals bekannte Mittelmeerwelt; seine *Geographie* in 17 Büchern ist zum größten Teil erhalten; teils berichtet er als Augenzeuge, teils zitiert er die ihm vorliegende Literatur, z. B. Poseidonios. Eindrucksvoll in seinem Werk ist die Fülle von histor., mytholog., literar. und naturkundl. Details. **Lit.:** St. Radt (Hg.), S.s Geographica (2002 ff.) [Text, Übers.].

Strafe ↗ Rechtsprechung, Todesstrafe

Straßen. Schon seit vorgeschichtl. Zeit sind Wege und Straßen zur Verbindung und innerhalb von Siedlungsplätzen nachgewiesen. Hethiter, Assyrer, Ägypter und Perser besaßen schon vor Römern und Griechen ein gut ausgebautes Netzwerk von S. (vgl. ↗ Königsstraße). Auf Kreta sind bereits aus minoischer Zeit (2. Jt. v. Chr.) gepflasterte S. und Plätze nachweisbar. Die griech. Welt ab der myken. Zeit kannte nur wenige ausgebaute S., da für den Gütertransport der Seeweg bevorzugt wurde; eine Ausnahme bildeten Prozessions-S. zu Heiligtümern (Epidauros, Delphi) oder zu den Häfen (Athen – Piräus). S.n dienten dem offiziellen Reiseverkehr (↗ Staatspost). Vielerorts waren Bau und Wartung von S. streng geregelt. Die Aufsicht über die Straßen führten innerstädtisch die Marktaufseher (↗ Astynomen, ↗ Ädile) in hellenist. und röm. Zeit ein spezieller Aufseher (*curator viarum*). 312 v. Chr. entstand die ↗ Via Appia als erste Fernstraße nach Formiae, Capua und Brundisium; Baukosten und Unterhalt wurden aus privaten Spenden, als ↗ *munera* der angrenzenden Grundbesitzer oder aus Steuern getragen; gebaut wurden die S. von Sklaven und oft von Soldaten. Wichtige Fern-S. hatten eigene Namen (↗ Via Salaria, Via ↗ Flaminia). Mit Beginn des MA verfiel das röm. S.-System. **Lit.:** G. Radke, Viae publicae Romanae (1971). – H. Ch. Schneider, Altstraßenforschung (1982). – H. Schreiber, Auf Römerstraßen durch Europa (1985).

Straßenbeleuchtung gab es in antiken Städten kaum; die Passanten mussten selbst für Beleuchtung sorgen und führten dazu Öllampen oder Fackeln mit; wohlhabende Bürger ließen sich von Dienern Leuchter vorantragen. Eine nächtl. Beleuchtung gab es nur bei festl. Anlässen auf Plätzen und Straßen der Innenstädte. Inschriftlich bezeugt ist die S. an der Arkadiané in ↗ Ephesos. In Pompeji waren die Hauptstraße und zur Verhinderung von Unfällen auch wichtige Kreuzungen durch Lampen illuminiert. Berühmt war die spätantike S. der Stadt Antiochia am Orontes (Syrien), von der Ammianus Marcellinus berichtet.

Straßenschilder. Eine Markierung von Straßen mittels Namen und Hausnummern war in der Antike weder in den Innenstädten noch auf den Fernstraßen üblich. Da auch keine Stadtpläne existierten, gestaltete sich die Suche nach bestimmten Häusern oft schwierig. Man orientierte sich an markanten Punkten im Stadtbild (Tempel, Brunnen, Läden, Gasthäuser, Graffiti) und beschrieb so den Weg. Wichtige Hilfen bei der Auffindung einer Adresse waren außer dem Namen des Hausbesitzers die Angabe des Stadtviertels. An den öffentl. Straßen (*viae publicae*) standen ↗Meilensteine (*miliaria*), die Entfernungen zu einigen Zielen angaben.

Stratege, im allg. Sinne jeder Befehlshaber eines Heeres oder einer Flotte, im engeren Sinne ein zeitlich befristetes polit. Staatsamt, dessen Einzelheiten bes. aus Athen bekannt sind. Seit dem Ende des 6. Jh. wurden dort jährlich zehn S. gewählt, zunächst je einer pro Phyle, später dann unabhängig von der jeweiligen Phylenzugehörigkeit. Sie übten einen täglich wechselnden Oberbefehl über Heer und Flotte aus und waren mit der Durchführung anfallender Militäroperationen betraut. Im Kriegsfalle konnte der Oberbefehl auf nur einen einzigen oder einige wenige S. übertragen werden. Durch die Möglichkeit der Wiederwahl konnte ein S. unter Umständen zu großem allgemeinpolit. Einfluss gelangen, wie dies bes. bei ↗ Perikles zu beobachten war, der das Amt 15mal in Folge bekleidete. Neben Athen gab es auch in den meisten anderen griech. Stadtstaaten S.n-Ämter, die ähnl. Aufgaben erfüllten, bei denen die verfassungsrechtl. Bestimmungen aber weniger gut zu erkennen sind. Eine bedeutende polit. Rolle kam den S. auch in den Bundesstaaten zu (↗ Achäischer Bund, ↗ Ätolischer Bund), wo sie z. T. auch offiziell die Außenpolitik leiteten. In hellenist. Zeit waren S. königl. Beamte, die neben militär. Pflichten bes. Verwaltungsaufgaben erfüllten. Im ptolemäischen Ägypten vereinigten sie zunächst Militär- und Zivilgewalt eines Gaues, wurden aber im 2. Jh. v. Chr. auf zivile Bereiche beschränkt.

Strategie ↗ Kriegskunst

Straton aus Lampsakos, griech. Philosoph, Schulhaupt des ↗ Peripatos (278–269 v. Chr.); zuvor Erzieher des Ptolemaios II. in Alexandria. Im Gegensatz zu Aristoteles nahm er die Existenz eines Vakuums im Kosmos an. **Lit.:** F. Wehrli, Die Schule des Aristoteles 5 (²1969).

Streitwagen, schneller, leicht bewegl. pferdebespannter Kampf- und Jagdwagen in den antiken Heeren. Von den Völkern des Orients (Assyrer, Sumerer, Perser, Ägypter) gelangte der S. in myken. Zeit auch zu den Griechen. Deren S. war mit zwei Pferden bespannt; auf dem Wagen befand sich neben dem Lenker immer ein Kämpfer mit Lanze. Darstellungen des 9.– 7. Jh. v. Chr. zeigen den Kämpfer mit Speer, Schild und Schwert (↗ Rüstung). Mit Aufkommen der ↗ Phalanx-Technik und der berittenen Kämpfer verlor der S. an Bedeutung. Auch die ↗ Kelten kannten den S. ↗ Quadriga (Abb.), ↗ Wagen **Lit.:** G. Brunnhuber, Der vierrädrige Wagen in Vorzeit und Antike (1951).

Strigen (gr. striges), Eulen, die sich kaum in ein zoolog. System einordnen lassen. Sie sind vielmehr Gestalten des Volksglaubens. Bald tritt die Vogelnatur, bald die Verwandlung eines Menschen in Vogelgestalt, bald das rein Dämonenhafte in den Vordergrund. Ihre Bedeutung ist vielseitig, sie gelten als Wetterpropheten, als Glücks-, vor allem aber als Unglücksboten.

Strigilis (gr., lat., »Schabeisen«), ein sichelförmig gebogenes und konkav gewölbtes Gerät aus Metall mit Griff, das dazu diente, die Schicht aus Öl, Staub und Schweiß, die sich während eines sportl. Wettkampfes gebildet hatte, von der Haut des Athleten zu schaben. ↗ Körperpflege

Strophe (gr. strophe, »Wendung, Drehung«), Begriff der Metrik. Ursprünglich stammt der Begriff S. aus der Tanzkunst und bezeichnet einen bestimmten

Bewegungsablauf des Chores in eine Richtung, bevor er sich in der Gegenstrophe (Antistrophos) in entgegengesetzter Richtung bewegte. In der Metrik bezeichnet man mit strophisch (im Gegensatz zu ↗ stichisch) eine Kompositionsform, in der verschiedene Verse zu einer größeren Einheit zusammengesetzt werden. Die Gegenstrophe entspricht der S. bis auf kleinere Unregelmäßigkeiten metrisch exakt. Stroph. Konstruktion ist ein Merkmal der Lyrik (↗ Sapph., Alkäische S.). In der Chorlyrik findet sich die sog. triad. Komposition, in der auf eine sich metrisch entsprechende S. und Gegenstrophe eine sich metrisch davon unterscheidende ↗ Epode folgt (Pindar, Bakchylides).

Strophios, myth. König von Phokis. Er zieht ↗ Orest zusammen mit seinem Sohn Pylades auf.

Strymon (heute Struma), Grenzfluss zwischen Makedonien und Thrakien. Der im heutigen Bulgarien entspringende Fluss mündete bei ↗ Amphipolis in die Ägäis. Im 5. Jh. v. Chr. wurde der S. die Ostgrenze des expandierenden Makedonien, bis Philipp II. die Grenze nach O bis zum Nestos vorschob.

Stuck, formbares Gemisch aus Wasser, Gips, Kalk und Sand oder Marmorstaub, das nach dem Trocknen seine Form behielt und bemalt werden konnte. Neben S.-Reliefs war der S. in der Antike bes. beliebt, um Innen- und Außenräume (schnell und preiswert) dekorativ zu gestalten, aber z.B. auch, um Wandgemälde durch aus der Fläche herausragende Elemente noch plastischer wirken zu lassen.

Studium ↗ Schulwesen

Stuhl ↗ Möbel

Stymphalische Vögel ↗ Herakles

Styx (gr., »Grausen«), Tochter des ↗Okeanos und der ↗Tethys, Gottheit des Totenflusses S., der vom Okeanos abzweigt und in die ↗Unterwelt fließt. Da sie Zeus in seinem Kampf gegen die Titanen erfolgreich unterstützt, verfügt dieser, dass ein beim Wasser der S. geschworener Eid als der heiligste gelten solle; ein Meineid werde mit einer neunjährigen Todesstarre bestraft.

Subaeratus, antike Falschmünzen aus Edelmetall mit unedlem oder weniger edlem Kern; in der Münzkunde (↗ Numismatik) als »gefüttert« oder »plattiert« bezeichnet. Der Kern (lat. *anima,* »Seele«) bestand meist aus Kupfer, Blei, Eisen oder Erz, der Überzug aus Gold, Silber oder Elektron; auch Goldmünzen mit Silberkern kommen vor, so archaische griech. ↗ Statere mit Blei- oder röm. Golddenare (↗ Denar) mit Silberkern aus der späten Republik und frühen Kaiserzeit. S.-Prägungen wurden von staatl. Seite oder auch privat in betrüger. Absicht veranlasst; es war Aufgabe des Münzprüfers (↗ *nummularius*), sie durch visuelle Kontrolle oder Nachwiegen zu erkennen und die »guten« Münzen zu kennzeichnen (Punzen, Randzählung, Kontermarken).

Suda (gr., Bedeutung umstritten, wohl am ehesten lat. Lehnwort mit der Bedeutung »Festung«, »Stärke«, Titel des um 1000 n. Chr. entstandenen umfangreichsten griech. Lexikons, das etwa 30.000 Artikel unterschiedl. Länge umfasst, die Wort- und Sacherklärungen sowie Biographisches und Exzerpte aus antiken Autoren enthalten. Das Werk ist durch Kompilation entstanden, der Verf. ist unbekannt. Häufig ist die S. die einzige Quelle sonst verlorener Autoren, bes. der Alten ↗ Komödie. Der in älterer Literatur benutzte Begriff »Suidas« als Werk- und Verfassername beruht auf einem Missverständnis. **Lit.:** N. G. Wilson, Scholars of Byzantium (1983) 145–147.

Sueben, westgerman. Volksstamm. Etwa im 2. Jh. v. Chr. zogen die S. vom heutigen Holstein ins Gebiet zwischen Main und Mittelrhein, später siedelten sie auch in dem um 60 v. Chr. von den Bojern weitgehend aufgegebenen Böhmen. Der hier siedelnde Teilstamm der ↗ Markomannen stellte im 2. Jh. n. Chr. eine ernsthafte Bedrohung des röm. Reiches dar (Markomannenkriege). Caesar erwähnte die S. erstmals als im Dienste Ariovists stehend. Die Züge der S. im süddeutschen Raum lösten 38 die Umsiedlung der Ubier auf linksrhein. Gebiet aus. Unter S. fassten die meisten antiken Autoren mehrere Stämme zusammen: ↗ Semnonen, Nemeter, Triboker, ↗ Quaden, ↗ Alemannen. 406 schloß sich ein Teil der S. den Vandalen an. **Lit.:** L. Rübekeil, Suebica (1992).

Süßstoffe. Wichtigste antike S. bei der Zubereitung von Speisen und z.T. gleichzeitig Konservierungsmittel waren Honig, Süßmost oder stark süßes Obst (Datteln, ↗ Feigen, Weintrauben). Das Zuckerrohr war nur als arab. und ind. Heilmittel (Plinius, Naturkunde 12, 32), die Zuckerrübe gar nicht bekannt. ↗ Honig diente zum Süßen von Speisen und Getränken, bes. des Weins, war jedoch teuer. Der preiswertere Süßmost entstand aus gekochtem Apfelmost; verwendet wurde er in verschiedenen Konzentrationen (Rezepte bei Plinius d.Ä., Columella und Palladius).

Sueton, Gaius Suetonius Tranquillus, röm. Biograph, ca. 70–140 n. Chr. S. entstammte dem Ritterstand. Er war Prinzenerzieher und Bibliothekar am Hofe Trajans, Hadrian machte ihn zu seinem Privatsekretär (*ab epistulis*). Aus seinem Werk sind die Biographien der ersten zwölf Kaiser erhalten (*De vita Caesarum*). Diese haben jeweils einen chronolog. Rahmen, in dem das Leben bis zum Herrschaftsantritt (Familie, Geburtsort, Jugend) bzw. das Lebensende (meist mit Erwähnung der ›letzten Worte‹) erzählt werden. Der Mittelteil stellt Einzelereignisse sowie Charakterzüge und Gewohnheiten der Personen dar. S.s Vorliebe für Anekdotisches und Skandalöses tritt stets hervor. Eine Geschichtsdeutung fehlt. S. versteht es, zahlreiche Fakten mit hohem Unterhaltungswert zu verbinden. Aus einer Sammlung *De viris illustribus* (*Von berühmten Männern),* die Biographien von Grammatikern, Rhetoren, Dichtern und Historikern enthielt, sind ca. die Hälfte der Grammatiker/Rhetoren-Abteilung sowie die Lebensbeschreibungen von Terenz, Vergil, Horaz, Juvenal, Persius, Lukan und Plinius d.Ä. überliefert. Diese wurden von spätantiken Philologen bisweilen Textausgaben vorangestellt. **Lit.:** K. Sallmann/P.L. Schmidt, in: HLL IV (1997) 14–53.

Sufetula (heute Sbeitla, Tunesien), röm. Stadt im Inneren der Provinz Africa proconsularis. S. wurde ge-

Sufetula,
Spätantike Ölmühle

gen Ende des 2. Jh. n. Chr. als Zentrum des Olivenhandels gegründet. Das Municipium S. wurde später zur Colonia erhoben. Monumentale Reste der Stadt: Forum mit Tempelanlagen, Ehrenbogen für Antoninus Pius, Amphitheater, Thermen, Theater und andere Bauten. **Lit.:** PECS (1976). – ASM (1999).

Suffrạgium, etymologisch ungeklärt, benennt einerseits einen Abstimmungsvorgang bzw. die Abstimmung selbst (in der ↗ Volksversammlung, bei Gericht usw.), bezeichnet andererseits aber auch das Stimmrecht, das einzelnen Personen oder Gruppen in bestimmten Gremien zukam. In der Kaiserzeit wurde auch die mit Geld erkaufte Fürsprache beim Kaiser oder hohen Beamten mit dem Begriff S. belegt.

Sugạmber, Völkerschaft am rechten Rheinufer, nahmen 55 v. Chr. die von Caesar besiegten ↗ Usipeter und Tencterer auf und boten ihnen Asyl. Nach der Beteiligung an Erhebungen gegen die Römer wurden die S. unter Tiberius zwangsweise in linksrhein. Gebiet angesiedelt (als Cugerni im Bereich des späteren ↗ Xanten).

Suịdas ↗ Suda

Sụlla, Lụcius Cornẹlius S., 138–78 v. Chr., röm. Feldherr und Staatsmann, aus patriz. Geschlecht, wurde 107 unter Marius Quästor im Jugurthin. Krieg und war maßgeblich an der Gefangennahme Jugurthas beteiligt. Nach Teilnahme am Krieg gegen Kimbern und Teutonen (104–101) intervenierte er 96 im Auftrag des Senats bei Thronwirren in Kappadokien und verhandelte als erster Römer mit den Parthern. Nach dem Bundesgenossenkrieg (91–88), an dem er als Legat teilnahm, wandte er sich 88 gegen die Reformpläne des Volkstribunen P. ↗ Sulpicius Rufus und besetzte, nachdem sein Rivale ↗ Marius mit dem Oberbefehl gegen ↗ Mithradates VI. von Pontos betraut worden war, als erster röm. Feldherr mit militär. Mitteln die Hauptstadt. Bei den anschließenden ↗ Pro-

skriptionen sollen bis zu 10.000 Menschen ums Leben gekommen sein. Nachdem er selbst den Oberbefehl gegen Mithradates übernommen hatte, begab er sich nach Griechenland, wo er den pont. König in zwei Schlachten besiegte und anschließend nach Kleinasien verfolgte. Nach weiteren Siegen schloss er mit Mithradates den Frieden von Dardanos (84), der im Osten den Status quo wiederherstellte. 83 kehrte er nach Italien zurück, wo inzwischen wieder die Anhänger des Marius, der mittlerweile gestorben war, die Macht ergriffen hatten, und besiegte seine Gegner in einem Bürgerkrieg, der bis 81 andauerte. S. ließ sich zum Diktator (*d. rei publicae constituendae*) ernennen und führte eine Neuordnung des Staates durch, die die alte Republik stärken und die Vormachtstellung seiner Anhänger und des alten ↗ Patriziats sichern sollte. Zu diesem Zwecke wurden die Rechte der ↗ Volkstribunen eingeschränkt, die künftig von der Ämterlaufbahn ausgeschlossen waren, der ↗ Senat von 300 auf 600 Mitglieder erweitert und die Gerichtshöfe neu besetzt (künftig nur noch Senatoren). Darüber hinaus wurde die Anzahl der Magistrate erhöht und die Mehrzahl seiner potentiellen Gegner durch Proskriptionen ausgeschaltet. 79 legte er sämtl. Ämter nieder und zog sich auf sein Landgut zurück, wo er 78 starb. – S. wurde bereits in der Antike kontrovers beurteilt. Sein Hauptziel, die Stabilisierung der Republik, erreichte er nur für kurze Zeit. Durch den erstmaligen Einsatz der Armee bei inneren Konflikten förderte er vielmehr, ohne dies beabsichtigt zu haben, den weiteren Verfall der traditionellen Strukturen. Er hinterließ (nicht erhalten gebliebene) unvollendete Memoiren in 22 Büchern. Privat galt er als Lebemann und Frauenliebling und soll oft an Zechgelagen teilgenommen haben. **Lit.:** W. Schur, das Zeitalter des Marius und S. (1942). – B. Wosnik, Untersuchungen zur Gesch. S.s (1962). – A. Keaveney, S. The Last Republican

Sulla

(1982). – Th. Hantos, Res publica constituta. Die Verfassung des Dictators S. (1987).

Sulmo (heute Sulmona, Italien), kleine Stadt in den Abruzzen nahe Corfinum, Geburtsort des Dichters ↗ Ovid.

Sulpicia, 1. Jh. v. Chr., Nichte des M. Valerius Messalla Corvinus. Ihre sechs in der Gedichtsammlung des ↗ Tibull überlieferten Liebeselegien sind die einzigen Gedichte einer Römerin, die aus klass. Zeit erhalten sind.

Sulpicius, Publius S. Rufus, Volkstribun 88 v. Chr., initiierte ein Reformwerk, mit dem die *socii* nach dem Bundesgenossenkrieg als Neubürger auf alle 35 Tribus verteilt werden sollten, um so einseitige Manipulationen bei der Gewährung des Bürgerrechts auszuschließen. Um seine Ziele durchzusetzen, verbündete er sich mit Marius, dem er den Oberbefehl im Krieg gegen Mithradates VI. von Pontos verschaffte. Durch diese Maßnahme brachte er Sulla gegen sich auf, der Rom militärisch besetzte. S. konnte zunächst fliehen, wurde aber schon bald von einem Sklaven verraten und ermordet.

Sulpicius Severus aus Aquitanien, lat. Historiker, ca. 360–420 n. Chr. Erhaltene Werke sind eine Biographie des Hl. Martin von Tours, die als eine Apologie einer asket. Lebensführung anzusehen ist; dazu kommen drei Briefe über Martins Wundertaten und Tod, ein Dialog, in dem Martins Taten mit dem Wirken der ägypt. Eremiten verglichen werden, und eine Universalchronik in zwei Büchern bis 400 n. Chr., die eine wichtige Quelle für die Ereignisse des 4. Jh. (und insbes. für die priscillian. Ketzerei, ↗ Priscillian) darstellt. Vorbilder für seinen Stil sind Sallust und Tacitus. **Lit.:** C. Stancliffe, St. Martin and His Hagiographer. History and Miracle in S. S. (1983).

Sunion, SO-Kap Attikas mit bedeutendem Poseidontempel. Das 60 m über dem Meer liegende Kap wird überragt von den Säulen des dor. ↗ Peripteros aus der Mitte des 5. Jh. v. Chr. Dieser Nachfolger des von den Persern zerstörten Tempels war von einem ummauerten ↗ Temenos mit Propylon und Stoa umgeben; die Mauern eines umgebenden Kastells sind Zeuge des hier befindl. Demos von S. **Lit.:** GLHS (1989) 642 f. – J. Travlos, Bildlexikon zur Topographie Attikas (1988) 404–429. – ASM (1999).

Suovetaurilia, röm. Marsopfer bestehend aus einer Sau (*sus*), einem Schaf (*ovis*) und einem Stier (*taurus*).

Supplikation (lat. supplicare, »die Götter anflehen«), Bittfest in Rom, an dem man bekränzt von Tempel zu Tempel zog, Bittgebete sprach und Weihrauch opferte.

Surrentum (heute Sorrento, Italien), Stadt am Golf von Neapel. Die osk. Gründung wurde von Griechen ausgebaut. In augusteischer Zeit wurde S., das landschaftlich reizvoll lag, ein bevorzugter Sommersitz der röm. Oberschicht; zahlreiche Villen entstanden hier im 1. Jh. n. Chr. In den Bergen der Umgebung wurde Weinbau betrieben.

Susa, Hauptstadt des Reiches von Elam, später pers. Residenzstadt. Die Geschichte von S. geht bis ins 4. Jt. zurück und war bis zur Zerstörung um 640 v. Chr. durch Assurbanipal Hauptstadt des Elamiterreiches (↗ Elymais). Der Perserkönig ↗ Dareios d.Gr. baute S. zur Winterresidenz im Herzen des Achämenidenreiches aus, der Staatsschatz wurde hier aufbewahrt. Mit der Schlacht von ↗ Gaugamela fiel S. in die Hand Alexanders d.Gr.; 187 scheint sich Elymais mit dem Zentrum Susa vom Seleukidenreich abgespalten zu haben, geriet aber bald in Abhängigkeit von den ↗ Parthern, S. blieb aber eine griech. Stadt mit weitgehender Selbstverwaltung. Unter den ersten ↗ Sasaniden erlebte S. als Metropole eine letzte Blüte. Unter den umfangreiche Ausgrabungen von mesopotam. Zeit bis zur Spätantike ist bes. der Palast Dareios I. zu nennen. **Lit.:** P. Harper u. a. (Hg.), The Royal City of S. (1992).

Susarion (gr. Susarion), nach einer Notiz des ↗ Marmor Parium ›Erfinder‹ der Gattung ↗ Komödie zwischen 582/81 und 561/60.

Syagrius, Sohn des Aegidius, letzter röm. Statthalter in Gallien, herrschte von 464–486 n. Chr. als faktisch unabhängiger Herrscher über das Gebiet von Soissons. Er unterlag dem Frankenkönig ↗ Chlodwig und wurde 487 hingerichtet.

Sybaris, bedeutende griech. Stadt in Süditalien. Um 720 v. Chr. im Golf von Tarent von ↗ Achäern gegründet, besaß S. zwar keinen Hafen, lag aber für den Handel zwischen Süditalien und dem griech. Osten verkehrstechnisch günstig und stieg schnell zur reichen Handelsstadt auf (Kontakte von Etrurien bis Milet). S. errichtete in Olympia ein Schatzhaus; die Sybariten galten als sprichwörtl. Schlemmer. Territoriale Expansionsbestrebungen und die Poltik der Tyrannen von S. führten zu militär. Konflikten mit ↗ Kroton, das 510 S. zerstören konnte. Ein Neugründungsversuch 453 scheiterte, 443 wurde in der Nachbarschaft ↗ Thurioi gegründet, das S. den Rang ablief. **Lit.:** ASM (1999).

Syene (heute Assuan, Ägypten), Marktort im S Ägyptens. S., das ↗ Elephantine gegenüber am Nil lag, diente als Markt und Handelsstation im Nubienhandel, erreichte aber nicht die Bedeutung der Nachbarstadt. In röm. Zeit waren hier drei Kohorten stationiert.

Sykophanten (gr., »Feigenanzeiger«; die Deutung ist umstritten) waren in Athen und anderen griech. Städten private Ankläger in öffentl. Prozessen. Da dem vor Gericht siegreichen Kläger die Hälfte der Strafsumme bzw. des eingezogenen Vermögens zufiel, griff das Sykophantentum immer mehr um sich und wurde zu einem lukrativen Geschäft. Der Begriff entwickelte sich bes. im 4. Jh. zunehmend zu einem Schimpfwort für Leute, die Klagen zum Zwecke der persönl. Bereicherung erhoben oder im Dienste polit. Intrigen vor Gericht zogen.

Syllogismus ↗ Aristoteles, Logik

Symaithis, Tochter des Flussgottes Symaithos, des wasserreichsten Flusses Siziliens, und Mutter des ↗ Acis.

Symbolon, ursprünglich die Bezeichnung für zerbrochene Kennzeichen, die zwischen Gastfreunden ausgetauscht und bei der nächsten Begegnung als »Erkennungmerkmal« wieder zusammengefügt wurden (↗ Gastrecht). Im übertragenen Sinn wurde der Begriff für eckige oder münzähnl. Eintritts- und Berechtigungsmarken aller Art verwendet, die den Zutritt zu Festen, Gerichtssitzungen, Theateraufführungen usw. ermöglichten oder zum Bezug von Lebensmittelspenden berechtigten. Im ptolemäischen Ägypten wurden auch Steuerbelege, Quittungen und sonstige Obligationen als S. bezeichnet.

Symmachie bezeichnet in der griech. Welt ein Bündnis zweier oder mehrerer Staaten, das in der Regel zu Kriegszwecken geschlossen wurde. Die Ziele einer S. waren vielfältig und reichten von der gegenseitigen Beistandspflicht bis zu einem gemeinsamen Angriff gegen einen äußeren Feind. In der Praxis stand eine S. häufig unter der Hegemonie eines bestimmten Staates, der eine führende Rolle einnahm. Die bekanntesten histor. Beispiele für S. sind das griech. Abwehrbündnis gegen die Perser (480/79; ↗ Perserkriege) sowie der ↗ Att. Seebund und der ↗ Peloponnes. Bund, die unter der Führung Athens bzw. Spartas standen.

Symmachos, griech. Grammatiker, 1./2. Jh. n. Chr.; Verf. von Kommentaren zu Aristophanes, von denen nur Fragmente erhalten sind.

Symmachus (1), Quintus Aurelius S., röm. Redner und Politiker, ca. 340–402 n. Chr., 384 Präfekt der Stadt Rom, Konsul 391, Mittelpunkt eines Kreises heidn. Senatoren und Literaten, die sich für den Erhalt der klass. röm. Traditionen, speziell der Literatur, stark machten (↗ Macrobius). S. war 384 durch den Streit mit dem Mailänder Bischof ↗ Ambrosius hervorgetreten, in dem er erfolglos um die Wiederaufstellung des aus dem Senat entfernten Altars der altröm. Göttin Victoria gekämpft hatte. Der Briefwechsel des S. in 10 Büchern (ca. 900 Briefe) ist ein wertvolles Dokument für die soziale und polit. Rolle des Senatorenstandes in der Spätzeit Westroms.

Symmachus (2), Quintus Aurelius Memmius S., Konsul 485 n. Chr., unterhielt als Haupt des Senats gute Beziehungen zum Ostgotenkönig Theoderich. Nach dem Tod seines Schwiegersohnes ↗ Boethius (524) wurde er des Hochverrats bezichtigt und 525 hingerichtet. Er war um den Erhalt der antiken Bildung bemüht; seine Röm. Geschichte in sieben Büchern ist nicht erhalten.

Symmoria, Bezeichnung einer Personengruppe. In Athen waren die Symmorien Vereine von Steuerzahlern, die für die Aufbringung der *eisphora*, der in Notzeiten erhobenen außerordentl. Vermögenssteuer, zuständig waren, im 4. Jh. wurden Symmorien zum Unterhalt der Flotte gebildet. Demgegenüber wurden in ↗ Teos gentiliz. Verbände mit eigenem Kultstatut mit dem Begriff S. belegt.

Symphosius, lat. Autor, 4./5. Jh. n. Chr., Verf. einer Sammlung von ca. 100 hexametr. Rätseln (jedes Rätsel besteht aus drei daktyl. Hexametern), die im MA große Wirkung hatte.

Symplegaden, zwei ständig aufeinanderprallende Felsen im Meer, die zum Stillstand kommen, als den ↗ Argonauten mit Athenas Hilfe die Durchfahrt gelingt.

Sympolitie (gr. sympoliteia), der Zusammenschluss zweier oder mehrerer ↗ Poleis zu einer neuen polit. Einheit, wobei die einzelnen Städte im Gegensatz zum ↗ Synoikismos zumindest vorerst bestehen blieben und ein Mindestmaß an innerer Autonomie behielten. In der Praxis dominierten zwei Formen. Bei der bundesstaatl. S. schlossen sich mehrere Städte zu einem übergeordneten Bund zusammen, der über eigene Organe und Behörden verfügte (z. B. ↗ Achäerbund, ↗ Ätolischer Bund). Seine Mitglieder übten dabei neben dem ↗ Bürgerrecht ihrer Heimatstadt auch dasjenige des Bundes aus. Diese Form der S. setzte in der Regel ein inneres Zusammengehörigkeitsgefühl der teilnehmenden Städte, oft auf stammesmäßiger Basis, und eine gewisse polit. Homogenität voraus. Daneben gab es S. auch zwischen einzelnen Poleis, die formal fast immer auf Gleichberechtigung beruhten, auch wenn de facto oft ein bestimmter Partner führend war. Bei einem eklatanten Ungleichgewicht zwischen den beteiligten Parteien geriet die S. häufig in die Nähe des Synoikismos. **Lit.:** A. Giovannini, Untersuchungen über die Natur und die Anfänge der bundesstaatl. S.n in Griechenland (1971).

Symposion (gr., »Trinkgelage«), Form der Geselligkeit der Männer im antiken Griechenland, dem in Rom das ↗ *convivium* entspricht. Das Gelage, zu dem man sich salbte und bekränzte, begann meist mit einem Opfer an Hermes. Nach dem Mahl (*deipnon*) unterhielt

Symposion (Vasendarstellung um 480 v. Chr.)

man sich durch Erzählungen und geistreiche Reden, Witze, Lieder (↗Skolion), Musik und Verse, Rätsel oder Spiele bei einem fröhl. Umtrunk, bisweilen mit Hetären, aber immer ohne Gattinnen und Kinder. Mit dem idealen literar. Abbild eines S.s durch Platon und Xenophon, das später häufig aufgegriffen wurde (Epikur, Menippos, Plutarch, Athenaios, Lukian), hatten die oft in Streit und Übermut ausartenden realen Symposien nichts zu tun. Vom griech. S. vermitteln neben den Schriftquellen bes. Vasenbilder detaillierte Vorstellungen. **Lit.:** O. Murray, Sympotica (1990). – W. J. Slater (Hg.), Dining in a Classical Context (1991).

Synaphie (gr. synaphía, »Zusammenhang«), Begriff der Metrik zur Bezeichnung des »Zusammenhangs« sich fortsetzender metr. Glieder ohne Pause (modern: Enjambement).

Synekdoche (gr., »zusammen mit herausnehmen«, »Mitverstehen«), Begriff der Rhetorik, Sonderfall der ↗Metonymie, Ersetzen des eigentl. Begriffs durch einen zu seinem Bedeutungsfeld gehörenden engeren oder weiteren Begriff. Häufige Form ist die Stilfigur Pars pro toto, die Ersetzung des Ganzen durch einen Teil, wie z. B. Dach für Haus.

Synesios von Kyrene, christl. griech. Neuplatoniker und Bischof von Ptolemais 410–13 n. Chr., ca. 370–413 n. Chr. Von S. sind neun Hymnen, 156 Briefe und eine Reihe von Reden erhalten. Die Rede *Dion* – gemeint ist der kyn. Popularphilosoph Dion von Prusa – ist ein harter Angriff gegen den zeitgenöss. Niedergang der menschl. Kultur. Einblick in den Rhetorik-Betrieb des 4./5. Jh. gibt die Rede *Lob der Kahlköpfigkeit*. S. befasste sich ebenso, der neuplaton. Tradition entsprechend, mit Wahrsagekunst und ↗Traumdeutung. Seine polit. Tätigkeit als Botschafter in Konstantinopel ist durch die Schriften *Über die Kö-*

nigsherrschaft, einen Fürstenspiegel mit krit. Unterton, und *Über die Vorsehung* gut bezeugt. **Lit.:** J. Bregman, Synesius of Cyrene (1983). – B.-A. Roos, Synesius of Cyrene (1991).

Synizese, Begriff der Metrik, ↗Hiat.

Synkretismus (gr., »Vermischung«), religionsgeschichtlich allg. Phänomen, dass sich verschiedene Religionen miteinander vermischen, wenn ihre Anhänger aufeinandertreffen. Typ. Elemente des S. sind z. B. die Gleichsetzung von Göttern und die Übernahme fremder Mythen und Kulte, wie dem ↗Serapiskult in Griechenland oder die Identifikation der röm. Götter mit den griech. (*interpretatio Romana*). In der Kaiserzeit fließen Elemente u. a. der ↗Mandäer, der Sethianer und ↗Manichäer zur religiösen Bewegung der ↗Gnosis zusammen.

Synoikismos (gr., »Zusammensiedlung«) bedeutet die sowohl räuml. als auch polit. Zusammenfassung zweier oder mehrerer Orte zu einer neuen Einheit. Ein S. konnte eine bereits bestehende ↗Polis erweitern und verstärken, aber auch zu einer völlig neuen Stadtgründung führen. In diesem Falle büßten die am S. beteiligten Poleis und Siedlungen ihr staatl. Eigendasein zugunsten der Neugründung ein. Die Ursachen für einen S. waren vielfältiger Natur und reichten vom Bestreben, eine Landschaft (z. B. Attika/Athen; Arkadien/Megalopolis, 371 v. Chr.) oder Insel (z. B. Rhodos, 408/07 v. Chr.) zu einen, bis zur Erfüllung rein militär. Zwecke (z. B. Gründung von Demetrias, 294 v. Chr.). Die Praxis, durch einen S. zu neuen Formen des Zusammenlebens zu finden, reicht bis weit in die röm. Kaiserzeit, wo dann aber verwaltungstechn. Gründe in den Vordergrund traten.

Synkope (gr. synkopê, »Zusammenhauen«), Begriff der Metrik, Unterdrückung eines metr. Elements;

Kürzung eines Wortes um eine Silbe durch Aussto-ßung eines Vokals im Wortinnern.

Synkrisis (gr. »Zusammenbeurteilung«, lat. comparatio), vergleichende Würdigung von zwei Personen in der Biographie oder Geschichtsschreibung (vgl. z. B. Plutarch, *Parallelbiographien* oder Sallust, *Verschwörung des Catilina*).

Synopse (gr. synopsis, »Zusammenschau«), in der Literatur Zusammenstellung von sachlich Zusammengehörigem oder parallelen, verwandten Berichten.

Syphax, numid. König vom Stamme der Masaisylier in West-Numidien, schloss im 2. Pun. Krieg zunächst ein Bündnis mit Rom, unterlag jedoch gegen die Truppen der Karthager und seines numid. Erzfeindes Massinissa (214/13 v. Chr.). 206 wechselte er die Fronten und kämpfte ab 204 an der Seite Karthagos gegen die röm. Invasionstruppen unter P. Cornelius Scipio. Nach der Niederlage der Verbündeten auf den Großen Feldern konnte er zunächst fliehen, wurde aber bei Cirta von Scipio gefangengenommen (203) und starb 201 in röm. Gefangenschaft.

Syrakus (gr. Syrakusai, heute Siracusa), griech. Kolonie im SO Siziliens. Gegründet um 734 v. Chr. von ↗ Korinth, kontrollierte S. schon früh den SO Siziliens und gründete Ende des 7. Jh. v. Chr. bereits eigene Kolonien. Die Gamoren (grundbesitzender Adel) beherrschten S. bis 492, 485 gewann der Tyrann ↗ Gelon die Kontrolle über S., in das er seine Residenz verlegte. Umsiedlungen aus den Nachbarstädten ließen die Stadt nach ↗ Karthago zur zweitgrößten Stadt im westl. Mittelmeer anwachsen. 480 siegte Gelon in der Schlacht bei ↗ Himera auch über die Karthager und wurde so Herr der gesamten Insel. Unter ↗ Hieron I (478–466) erlebte S. seine kulturelle wie machtpolit. Blüte: Der Hof von S. zog Größen wie Aischylos, Pindar, Simonides oder Bakchylides an; mit dem Seesieg über die Etrusker 474 bei ↗ Cumae war nach Karthago auch der nördl. Konkurrent geschlagen. Mit ↗ Thrasybulos endete die Zeit der erste Tyrannis in S., eine demokrat. Verfassung wurde eingeführt; Kämpfe gegen die einheim. Sikuler (↗ Siculi), innere Unruhen in der Stadt wurden durch die Einmischung fremder Poleis wie Athen geschürt. Im ↗ Peloponnes. Krieg belagerte schließlich ein athen. Expeditionskorps 425–413 S., die Belagerung scheiterte und endete in einer Katastrophe für Athen. Nutzen daraus zogen die Karthager, die 409–405 v. Chr. den Großteil der Insel unterwarfen und erst vor S. gestoppt wurden. ↗ Dionysios I. (405–367) konnte sich in dieser Situation als Tyrann von S. etablieren und ein Großreich in ↗ Sizilien und Süditalien errichten. S. wurde ausgebaut, unter seinem Nachfolger Dionysios II. wirkte ↗ Platon in S., der Sturz der Tyrannis 344 führte zur Wiedereinführung der Demokratie auch in anderen Poleis. Die Karthager wurden zur Bedrohung für die Stadt. ↗ Agathokles (317–289) erneuerte die Tyrannis, Hieron II. (268–214) nahm gar den Königstitel an, baute die Stadt weiter aus, seine Auseinandersetzung mit den Mamertinern führte zum 1. ↗ Pun. Krieg. Im 2. Pun. Krieg verbündete sich S. mit Karthago und wurde 212

von den Römern eingenommen; dabei fand ↗ Archimedes den Tod. In röm. Zeit wurde S. Hauptstadt der Provinz Sizilien und konnte sich zumindest als Provinzmetropole behaupten. Wie der Rest der Insel litt S. unter der Verwaltung des Statthalters ↗ Verres; 21 v. Chr. erhielt S. den Status einer Colonia. Der Dom von S. ist in den Athenatempel des 5. Jh. v. Chr. eingebaut; Theater, Amphitheater und Festungsanlagen sind erhalten, ebenso die Steinbrüche, in denen die athen. Gefangenen nach der sog. ↗ Sizil. Expedition 413 arbeiten mussten. **Lit.:** H. P. Drögemüller, S. (1969). – B. D. Wescoat (Hg.), Syracuse (1989). – ASM (1999).

Syrian (gr. Syrianos), griech. neuplaton. Philosoph aus Alexandria; 1. Hälfte 5. Jh. n. Chr., Lehrer des Proklos, Verf. von Kommentaren zu Homer, Platons *Staat* und Büchern der *Metaphysik* des Aristoteles. **Lit.:** R. T. Wallis, Neoplatonism (1972) 138 ff.

Syrien (gr. Syria, vgl. Assyria), Landschaft des Vorderen Orients zwischen dem Küstenstreifen des Libanon im W und Mesopotamien im O, der Syr. Wüste im S und Anatolien im N. Der heutige Staat S. deckt sich nur teilweise mit dem sowohl in der Antike geographisch wie politisch ungenauen Begriff S. Als geograph. Bindeglied zwischen den Kulturlandschaften der Frühzeit (Mesopotamien, Ägypten, Anatolien) gestaltete sich die Geschichte S.s stets sehr wechselhaft. Im 9./8. Jh. v. Chr. gehörte S. als Provinz zum Neuassyr. Reich, im 7./6. Jh. zum Neubabylon Reich; 539–332 war S. Satrapie des Perserreiches, bis diese durch Alexander d. Gr. erobert wurde. Im Hellenismus war S. immer wieder Streitpunkt (Syr. Kriege) der rivalisierenden Ptolemäer in Ägypten und Seleukiden in Kleinasien und Mesopotamien; gerade die Seleukiden sahen in S. mit seinen reichen hellenist. Städten (z. B. Antiochia am Orontes) das wirtschaftl. und militär. Kerngebiet ihres Reiches (Bezeichnung Seleukis). 64 v. Chr. errichtete Pompeius die röm. Provinz Syria mit Antiochia als Hauptstadt; ↗ Kilikien, das im NW angrenzte, wurde als eigene Provinz abgespalten, ebenso die Vasallenkönigreiche im S des Landes (z. B. ↗ Nabatäer, ↗ Judäa). 44 n. Chr. wurde Judäa erneut zu S. geschlagen. Von militär. Bedeutung war S. als Operationsbasis gegen die Parther bzw. Sasaniden. Im 4. Jh. wurde die Großprovinz S. in kleinere Einheiten unterteilt. 637 ging die Provinz S. dem Byzantin. Reich verloren und fiel an die Araber. – Die kulturelle Entwicklung S.s spiegelt die wechselhafte polit. Geschichte der Region wider; wechselnde Einflüsse und das Verschmelzen verschiedener kultureller Elemente bestimmten Geschichte und Gesellschaft in S. über die gesamte Antike. **Lit.:** F. Millar, The Roman Near East (1993). – A. Kurth, The Ancient Near East I-II (1995).

Syrinx, arkad. Nymphe, die, von Pan verfolgt, am Fluss Ladon durch ihre Schwestern (oder ↗ Gaia) in Schilf verwandelt wird. Pan seufzt hinein, und es tönt ihm klagend entgegen. Er schneidet daraufhin einige Rohre verschieden zu, fügt sie mit Wachs zusammen und erfindet so die Hirtenflöte (↗ Aitiologie).

Syrtis, zwei Buchten an der nordafrikan. Küste. Bei den beiden schon von ↗ Herodot als S. bezeichneten

*Tempel des Baal
in Palmyra, Syrien*

Buchten handelt es sich um die sog. Große und Kleine Syrte an der Küste des heutigen ↗ Libyen. Sie galten in der Antike als für die Seefahrt gefährl. Gewässer.

Syssitia (gr., »Zusammenspeisen«), in der griech. Welt übl. Speisegemeinschaften der Männer. Bekannt waren die Syssitien Kretas (*hetairia, andreia*) und Spartas (*andreia, phiditia*). Auf Kreta trafen sich die männl. Vollbürger zu regelmäßigen gemeinsamen Mahlzeiten auf Staatskosten. In Sparta war die Teilnahme verpflichtend, ein fester Kostenbeitrag musste in Naturalien oder Geld geleistet werden; eine solche Tischgemeinschaft bildete jeweils auch eine Zeltgenossenschaft, womit gleicher Lebensstandard, starkes Gemeinschaftsgefühl und permanente Verteidigungsbereitschaft gesichert wurden. Später übertrug sich der Begriff S. auf ähnl. Einrichtungen in Karthago und Alexandria.

T

Tabellarius (lat.). Die Beförderung privater Post (im Gegensatz zur ↗ Staatspost) war in Rom grundsätzlich Sache des Einzelnen. Privatleute vertrauten ihre Post einem T. an, meist einem Sklaven oder Freigelassenen, der aus Kostengründen in der Regel die Post mehrerer Absender beförderte und am Bestimmungsort auf die Antworten wartete, die er zurückbrachte.

Tablinum (lat.; auch tabulinum), Raum des röm. ↗ Hauses, der in der Regel zwischen Atrium und Peristyl lag und meist repräsentativen Zwecken, z. B. als Empfangsraum, diente, aber auch als Bildergalerie, Familienarchiv und Wohnraum.

Tabula (lat.) bezeichnete allg. jede Art von »Brett«; speziell verstand man unter T. eine beschreibbare oder beschriebene »Tafel« aus beliebigem Material, meist Holz mit Weißung (↗ Album) oder Wachsschicht (*t. cerata*) und daher auch das »(Tafel) bild«.

Tabula Peutingeriana ↗ Peutingertafel

Tabularium (lat., »Archiv«), Gebäude, in dem die Römer wichtige öffentl. und private Urkunden aufbewahrten. So auch die Bezeichnung des Staatsarchivs in Rom an der Südseite des Kapitols. **Lit.:** H.-J. Müller, Rom. Kunst- und Reiseführer (1991).

Tacfarinas, ein ursprünglich in röm. Diensten stehender Numider, organisierte 17–24 n. Chr. in Nordafrika einen Guerillakrieg gegen die röm. Herrschaft. 24 fiel er gegen die Truppen des Statthalters P. Cornelius Dolabella.

Tachygraphie (gr., »Schnellschrift«). Eine T. hat erstmals Ciceros Freigelassener und Sekretär ↗ Tiro entworfen, die sog. Tiron. Noten. Tiro leitete seine Kurzschrift von Buchstaben und Buchstabenteilen ab und erweiterte sie durch Punkte und Striche. Später kamen Zeichen für die Endungen hinzu. Wie bei der modernen Stenographie mussten die Zeichen anhand von Listen gelernt werden, waren für Unkundige also nicht zu entziffern. Die T. ermöglichte das »Mittachygraphieren« einer in normalem Tempo gehaltenen Rede. Einige Zeichen wie z. B. spiegelverkehrtes *c* für *con* (meist als Winkel, ähnlich »7«) sind in den frühen Buchdruck eingegangen. **Lit.:** M. Steinmann, Röm. Schriftwesen, in: F. Graf (Hg.), Einleitung in die lat. Philologie (1997) 84.

Tacitus (1), Publius Cornelius T., röm. Historiker, ca. 55–120 n. Chr. Über T.' Leben ist wenig Gesichertes bekannt. Er war 81/82 Quästor, 88 Prätor, 97 Konsul und unter Trajan, wohl 112/13, Prokonsul von Asien. Schriftstellerisch wurde er erst nach dem Ende der von ihm als bedrückend empfundenen Herrschaft Domitians tätig. 98 veröffentlichte er die Biographie seines 93 verstorbenen Schwiegervaters Agricola (*De vita et moribus Iulii Agricolae/Leben und Charakter des Julius Agricola*); die Schrift ist Lebensbeschreibung, Nachruf und Monographie über die Eroberung Britanniens zugleich. Agricola erscheint als ein vorbildl. Römer in einer geistig-moralisch heruntergekommenen Zeit. Die wenig später veröffentlichte *Germania* ist die ›Biographie‹ eines zwar unzivilisierten und von Lastern nicht freien, aber auch unverdorbenen Barbarenvolkes, das sich Tugenden, die einst Rom groß gemacht haben, wie Schlichtheit, Tapferkeit und bes. freiheitl. Gesinnung, bewahrt hat und darum zu einem gefährl. Gegner heranwächst. German. Götter und Institutionen werden durch die ›Brille‹ des Römers beschrieben (*interpretatio Romana*, ↗ imitatio). Die Schrift wurde in der Neuzeit zu nationalen Auseinandersetzungen missbraucht: Papst Pius II. (15. Jh.) zog aus ihr Argumente in der Auseinandersetzung gegen deutsche Bischöfe, seit Wimpfeling und Hutten (16. Jh.) berief man sich auf deutscher Seite positiv auf sie. Der an Ciceros *De oratore* erinnernde *Dialogus de oratoribus* (*Dialog über die Redner*, wohl um 102 entstanden) gibt ein fiktives Gespräch aus der Jugendzeit des T. im Haus des Redners und Tragödiendichters Curiatius Maternus wieder. Der Niedergang der Beredsamkeit wird als Folge des Verlustes republikan. Freiheit gedeutet. Diese habe man dem Frieden opfern müssen. Maternus sei deshalb vom Redner zum Dichter geworden. Aus ihm dürfte T. sprechen, der ebenfalls zum Literaten wurde. T.' lückenhaft erhaltene Hauptwerke, die *Annalen* (16 Bücher) und die früher entstandenen *Historiae* (14 Bücher), stellen die röm. Geschichte vom Tode des Augustus (14 n. Chr.) bis zur Ermordung Domitians (96 n. Chr.) dar. Das beherrschende Thema ist die Beurteilung des Prinzipats, den T., weil er der Freiheit zuwiderlaufe, ablehnen muss. Als Vertreter polit. ↗ Geschichtsschreibung steht T. in der Tradition des Sallust. Wie dieser arbeitet er mit psycholog. Charakterisierungen. Die Vorliebe für *sententiae* haben beide ebenso gemein wie den Hang zu Archaismen. Gleichwohl gelingt es T., über eine moral. Beurteilung hinaus auch strukturelle Ursachen zu erkennen. Scharfsichtige Analyse verbindet er mit pathet. Ausdrucksform und hohem künstler. Anspruch. Die *Annalen* beginnen, für ein Prosawerk höchst auffällig, mit einem daktyl. Hexameter. T. schlägt eine Brücke zwischen der Methode der polit. Geschichtsschreibung und der mimet.-dramat. Form, die die Annalisten der Republik gepflegt hatten (↗ Annalen). *Sine ira et studio* (»ohne persönl. Hass und Parteilichkeit«, Ann. 1, 1) schreibt T. tatsächlich, unvoreingenommen ist er indes nicht. Er sah, wie Lichtenberg (18. Jh.) bemerkte, »in jeder Handlung bis zum Teufel hinunter«. Ammianus Marcellinus nahm sich T. zum Vorbild und setzte die *Historiae* bis zum Jahre 378 fort. **Lit.:** R. Syme, T. I-II (²1979). – V.

Pöschl (Hg.), T. (²1986). – M. M. Sage, in: ANRW II 33, 2 (1990) 851–1030.

Tacitus (2), Marcus Claudius T. Augustus, röm. Kaiser Ende 275–Mitte 276 n. Chr.; geb. ca. 200, vornehmer Herkunft; 273 Konsul; nach dem Tod des Aurelian wurde T. Ende 275 im Alter von 75 Jahren zum Kaiser gewählt; 276 zog er nach Kleinasien, wo er einen Sieg über die Goten errang; ca. Juli 276 wurde er in Tyana ermordet. **Lit.:** D. Kienast, Röm. Kaisertabelle (²1996) 250 f.

Taenia (gr.), Band oder Binde unterschiedl. Funktion (kult. Kopfbinden, Fest- und Ehrenschmuck, Siegerbinden); auch vorspringender Streifen über dem dor. Architrav.

Tages, in der Mythologie ein etrusk. Gotteskind, ein Kleinkind mit Altersweisheit, das ein Bauer aus seinem Acker ausgräbt. Das Kind unterweist die etrusk. Fürsten in seiner Lehre, der Eingeweidebeschau (*Haruspicium*, ↗ Haruspex), die man in den sog. *Taget. Büchern* (*Libri Tagetici*) festhält.

Tageszeiten. Griechen und Römer teilten den Tag in zwölf gleiche Einheiten, die geschätzt oder mit Hilfe von ↗ Sonnen- oder Wasseruhren (↗ Uhr) gemessen wurden. Der Morgen (lat. *mane*) reichte bis zum Ende der 3. Stunde, der Vormittag (lat. *ad meridiem*) bis zum Ende der 6. Stunde, der Nachmittag (lat. *de meridie*) bis zum Ende der 9. Stunde und der Abend (lat. *suprema*) bis zum Sonnenuntergang. Die Nacht wurde – entsprechend den Wachablösungen (↗ *vigiliae*) – in vier Abschnitte zu je drei Stunden eingeteilt.

Tagos, Bezeichnung für den obersten Führer des thessal. Bundes (↗ Thessalien), der im Bedarfsfall auf Lebenszeit gewählt wurde. Seit der Einverleibung Thessaliens durch ↗ Philipp II. von Makedonien (352 v. Chr.) wurde der Begriff nur noch für mindere Beamte verwendet.

Tainaron (heute Kap Matapan), südlichstes Kap der Peloponnes. Das 5 km lange Kap war der letzte Ausläufer des ↗ Taygetosgebirges. In einer Schlucht fanden sich Reste eines Poseidontempels, eine benachbarte Höhle galt als Eingang zur Unterwelt.

Taktik ↗ Kriegskunst

Talent ↗ Gewichte

Talos (1), riesenhafter Wächter über die Insel Kreta. Durch seinen ehernen Körper fließt nur eine einzige Vene, die unten durch einen Nagel verschlossen ist. Er wird von den ↗ Argonauten getötet: Medea lässt ihn in einen Schlaf fallen und entfernt den Nagel, so dass sein Blut aus ihm hinausfließt.

Talos (2), Neffe und Schüler des ↗ Dädalus, Erfinder der Säge, der Töpferscheibe und des Kompasses. Aus Neid auf dieses handwerkl. Geschick stürzt ihn sein Onkel in den Tod.

Talthybios, Herold des ↗ Agamemnon. In Argos und Sparta werden ihm jährlich Totenopfer dargebracht.

Tamias (gr., »Vorschneider«, »Verteiler«), in archaischer Zeit Verwalter der königl. Vorräte und Schatzkammer, in klass. Zeit Bezeichnung für hohe Finanzbeamte in zahlreichen griech. Staaten. In Athen wurden zehn *tamiai* für die Tempelverwaltung, je einer pro ↗ Phyle, durch das Los bestimmt. Sie mussten zu den ↗ Pentakosiomedimnoi gehören und amtierten seit dem 4. Jh. v. Chr. vier Jahre. Ihre Hauptaufgabe war es, Tempelschätze zu betreuen und Gelder zu verwalten, die ihnen von der ↗ Boule anvertraut worden waren; nach Ablauf ihrer Amtszeit waren sie rechenschaftspflichtig. Daneben gab es auch *tamiai* für andere Bereiche der Staatskasse, die u. a. für die Verpflegung der Soldaten, die öffentl. Getreideversorgung und die Besoldung der Staatsbeamten zuständig waren. Auch im übrigen griech. Bereich begegnet der T. häufig als Finanzverwalter, so u. a. in Delphi, auf Rhodos, sowie in Thessalien, im Achäer- und Ätolerbund. **Lit.:** W. S. Ferguson, The Treasurers of Athena (1932).

Tanagra, Stadt im O ↗ Böotiens; Geburtsort der Dichterin ↗ Korinna. 457 wurden die Athener hier von den Spartanern im ↗ Peloponnesichen Krieg besiegt. T. war Mitglied des Böot. Bundes; die Stadt konnte sich bis in röm. Zeit als regionale Größe halten. Gut erhaltene Reste der Stadtmauer und des Theaters. Von besonderer Bedeutung sind die hier in großer Zahl gefundenen archaischer bis hellenist. Figuren aus Terrakotta. **Lit.:** GLHS (1989) 649 f.

Tanaïs (heute Don), größter Fluss Skythiens. In der Antike waren nur Unterlauf und Mündung des T. in das ↗ Asowsche Meer bekannt. An der Mündung gründete ↗ Milet eine Kolonie mit dem Namen T., die später in Abhängigkeit zum ↗ Bosporan. Reich geriet und in augusteischer Zeit zerstört wurde. Die wiederaufgebaute Stadt war Hauptumschlagplatz des Pelz- und Sklavenhandels.

Tanaquil, Gattin des fünften röm. Königs, ↗ Tarquinius Priscus, den sie dazu bringt, von Tarquinii nach Rom überzusiedeln, wo er den Thron einnimmt. Später verschafft T. ihrem Schwiegersohn Servius Tullius die Nachfolge.

Tantalos (1), reicher König am Berg Sipylos, Sohn des Zeus und der Pluto, Vater des Pelops und der Niobe. T. will die Allwissenheit der Götter auf die Probe stellen und setzt ihnen das gekochte Fleisch seines eigenen Sohnes zum Mahle vor. Alle Götter durchschauen die Tat bis auf Demeter, die im Kummer über ihre Tochter Persephone geistesabwesend ein Stück aus der Schulter isst. Die Götter erwecken Pelops wieder zum Leben und ersetzen das fehlende Schulterstück durch Elfenbein. Auch stiehlt T. den Göttern ihre Speise, Nektar und Ambrosia, und verrät den Menschen manches am Tisch der Götter erfahrene Geheimnis. Zur Strafe für seine Freveltaten muss T. im ↗ Tartaros an ewigem Hunger und Durst leiden: Schwere, reife Früchte hängen unerreichbar über seinem Kopf, und das Wasser, in dem er steht, reicht nicht hoch genug zu ihm herauf. Darüber hinaus schwebt ein schwerer Felsbrocken an nur einem Faden über ihm, der ständig auf ihn herabzustürzen und ihn zu zerschmettern droht.

Tantalos (2), Sohn des ↗ Thyest. Sein Onkel ↗ Atreus lässt ihn schlachten und dem Vater als Mahl vorsetzen (Seneca, *Thyest*). Daneben wird er auch als Gemahl der ↗ Klytämnestra genannt, den Agamemnon tötet, um sie zu heiraten.

Tanz (gr. choros, orchesis, lat. saltatio). T. gehört in archaischer Zeit untrennbar zu kult. Aufführungen, tänzer. Darbietungen sind seit den homer. Epen bezeugt (z. B. *Ilias* 18, 590). Häufig enthält der T. mimet. Aspekte wie im Geranos-T. (Kranich-T.), in dem der verschlungene Weg des Theseus durch das Labyrinth des Minotauros nachgeahmt wird, der Waffentanz (Pyrriche) evoziert krieger. Handlungen. T. ist wesentl. Bestandteil chorlyr. und dramat. Aufführungen. So bezeichnet man den ↗ Dithyrambos in Athen nach der Form des T. als *kyklios choros* (»Reigentanz«). Eine wichtige Form des T. in der Tragödie war die Emmeleia, obszön war der Kordax der Komödie, lebhaft die Sikinnis im Satyrspiels. Mit dem Aufkommen des Solistenwesens im Verlauf der 5. Jh. v. Chr. verlor der Chor-T. allmählich seine Bedeutung und wurde durch Darbietungen von Solisten verdrängt. Tänze panto-

Kultischer Reigentanz (Vasendarstellung)

mim. Art sind in privatem Rahmen (beim Symposion) bezeugt (Xenophon, *Symposion* 2, 11). Mit dem Rückgang dramat. Aufführungen in der Kaiserzeit dringt immer mehr der Pantomimus in den Spielplan der Theater ein. Über die verschiedenen Arten der Darbietungen, Stoffe usw. informiert Lukian, *Über den Pantomimus (De saltatione)*. – Wie in Griechenland stand auch in Rom der T. zunächst in einer engen Verbindung zum Kult, bes. zu den Ritualen der Salier und der Fratres Arvales. Im röm. Drama konnte T. wegen der reduzierten Rolle bzw. des Fehlens des Chores keine Bedeutung erlangen, es sind jedoch schon in den Komödien des Plautus pantomim. Einlagen nachweisbar. **Lit.:** F. Weege, Der T. in der Antike (1926).– L. Lawler, The Dance in Ancient Greece (1964).– G. Prudhommeau, La danse grecque antique (1965).

Taormina ↗ Tauromenion

Taphos, Sohn des Poseidon, Eponym der Insel T., die er von Mykene aus besiedelt. Er kämpft gegen Elektryon und tötet dessen Söhne.

Taphos, Hauptinsel einer Inselgruppe zwischen Leukas und Akarnanien, genannt Taph. Inseln.

Taprobane (heute Ceylon/Sri Lanka), die ältesten antiken Nachrichten über T. lieferte Megasthenes, auch Erathostenes erwähnte T.; beide zitierte Plinius d. Ä. in seiner Beschreibung der Insel in seiner *Naturkunde*. Der Sommermonsun erlaubte griech. und röm. Händlern Fahrten bis nach Südindien und T.; Edelmetalle, Gewürze, Reis, Perlen und Edelsteine wurde von hier aus in den Westen gebracht. **Lit.:** D. P. M. Weerakkody, Taprobane. Ancient Sri Lanka as known to the Greeks and Romans (1997).

Tarent (gr. Taras, lat. Tarentum, heute Taranto), bedeutende Hafenstadt in Süditalien am gleichnamigen Golf. Der schon in myken. Zeit besiedelte Ort wurde nach der antiken Überlieferung um 700 v. Chr. von Sparta gegründet und blieb dessen einziger Beitrag zur griech. Kolonisation. Ende des 6. Jh. war T. die wohlhabendste Handelsmetropole Süditaliens und pflegte enge Handelskontakte zum Mutterland (Export von Keramik, Tuch und Purpurstoffen). Konflikte mit den einheim. Messapiern und Iapyen (473 Niederlage von T.) führten zur Ablösung der aristokrat. Ordnung durch die Demokratie. Nach der Neugründung von ↗ Thurioi 443 stärkte T. seine Position, gründete Herakleia am Siris und erlebte seine Blütezeit. Ab 350 erneute Kämpfe mit südital. Stämmen, 282 Konflikt mit den Römern, in dem T. ↗ Pyrrhos um Hilfe bat, wenig später kam T. unter röm. Kontrolle, 212 stellte es sich im 2. ↗ Pun. Krieg auf Seiten ↗ Hannibals und verlor zur Strafe 209 die Unabhängigkeit. 123 wurde T. Colonia; 60 n. Chr. Ansiedlung weiterer Veteranen, im 2. Jh. v. Chr. war T. bereits bedeutungslos; das östl. gelegene Brundisium wurde Hauptumschlagplatz des Griechenlandhandels. Im 6. Jh. nutzte das Byzantin. Reich. T. als Stützpunkt. Es finden sich gut erhaltene Reste von Theater, Forum, Wasserleitungssystem. **Lit.:** ASM (1999).

Tarpeia, Figur der röm. Mythologie, Tochter des Tarpeius, des Befehlshabers auf der kapitolin. Festung während des Angriffs des Sabinerkönigs ↗ Titus Tatius gegen Rom. Nach dem Versprechen der Sabiner, ihr das zu geben, was ihre Soldaten am Arm tragen, öffnet sie ihnen den Zugang zum Kapitol. Statt der erwarteten Armspangen jedoch werfen die Soldaten ihre Schilde auf sie und töten sie damit. Nach T. trug das Kapitol, von dem man später Verräter in den Tod stürzte, den Namen »Tarpeischer Felsen«.

Tarquinia, etrusk. Siedlung in Italien. Die Geschichte der nach antiker Tradition bedeutendsten der zwölf Städte Etruriens liegt weitgehend im Dunkeln, die reichen archäolog. Funde dienen als Grundlage für alle Forschungen. Die älteste Nekropole geht bis ins 9. Jh. v. Chr. zurück. Die Nekropolen und über 50 Kammergräber mit reichen Funden und Grabbeigaben sowie den einzigartigen Grabmalereien liefern wertvolle Funde zur Geschichte der ↗ Etrusker und ihrer Kultur vom 9. bis zum 1. Jh. v. Chr.; auch die Reste eines Tempels des 4. Jh. (Ara della Regina) wurden ausgegraben. Nach Streitigkeiten mit Rom schloss T. 308 v. Chr. einen 40-jährigen Frieden, um 281 wurde T. endgültig von Rom unterworfen, erhielt den Status einer *civitas foederata* und später den eines Municipium, blieb aber nur von geringer Bedeutung. Im 8. Jh. n. Chr. wurde T. von Sarazenen zerstört. **Lit.:** M. Pallottino, T. (1937). – Ders., Italien vor der Römerzeit (1987). – Ders. (Hg.), Die Etrusker und Europa (1993). – ASM (1999).

Tarquinius Priscus, der legendäre fünfte König Roms, regierte nach der traditionellen Überlieferung 616–578 v. Chr. und stammte aus Etrurien. Er begann den Bau des kapitolin. Tempels und öffnete die Stadt, bes. hinsichtlich Kultformen und des öffentl. Lebens, etrusk. Einfluss.

Tarquinius Superbus, der siebente und letzte König Roms, wohl eher ein Enkel als Sohn des T. Priscus, regierte nach Livius 534–509 v. Chr. und kam durch die Ermordung des Servius Tullius an die Macht. Durch sein zunehmend tyrann. Regiment brachte er die Patrizier und das Volk gegen sich auf und wurde nach der Schändung der Lucretia im Zuge einer Verschwörung gestürzt und vertrieben. Spätere Versuche, nach Rom zurückzukehren, blieben erfolglos. Die traditionelle Überlieferung zu T. ist durch die spätere republikan. Geschichtsschreibung entstellt. Die meisten negativen Berichte dürften erfunden sein, um den Sturz der Monarchie im Nachhinein zu rechtfertigen. In Wahrheit hängt das Ende der Königszeit wohl mit der Vertreibung der Etrusker zusammen, die bis dahin die Herrschaft in Rom ausgeübt hatten.

Tarquitius Priscus, röm. Lehrbuchautor. T. ist bei verschiedenen Schriftstellern (Plinius, Servius, Macrobius u. a.) als Übersetzer von Schriften aus dem Etruskischen und Verf. einer Abhandlungen zur *Disciplina Etrusca* genannt. Über Leben und Datierung ist nichts bekannt. Die »etrusk. Disziplin« ist die in heiligen Büchern niedergelegte Lehre der *haruspices* (»Wahrsager, Eingeweideschauer«). Sie betrifft Opferschau, Deutung von Blitzen und anderen göttl. Zeichen, gibt Anweisung zur rituellen Weihung von Städten und Heiligtümern.

Tarraco (heute Tarragona, Spanien), röm. Provinzstadt im NO Hispaniens. Die Siedlung ist erstmals für die Zeit um 530 v. Chr. belegt, im 2. ↗ Pun. Krieg war T. Militärstützpunkt Roms bis zur Eroberung von Carthago Nova 209 und erhielt eine Stadtmauer. Beide Orte dienten in republikan. Zeit als Sitz des Prätors der Provinz Hispania citerior. 155–133 diente T. als Basis für die Kriege gegen die Keltiberer. Caesar erhob T. zur Colonia, Augustus führte von hier aus 26–24 Krieg gegen die Kantabrer, T. wurde alleinige Provinzhauptstadt und bildete zwar nicht das wirtschaftl., so doch das polit.-religiöse Zentrum des röm. Hispanien (Augustustempel, Kaiserkult). 257 n. Chr. wurde T. bei einem Einfall der ↗ Franken verwüstet. In spätantiker Zeit verlor T. seine Bedeutung, blieb jedoch über röm. Zeit (476) hinaus ein religiöses (Bischofssitz) und wirtschaftl. Zentrum des Westgotenreiches. Neben der röm. Stadtmauer ist auch das Amphitheater mit frühchristl. Basilika im Inneren erhalten, ebenso Reste des Augustustempels und eine frühchristl. Nekropole. In der Umgebung findet sich ein vollständig erhaltener, begehbarer Aquädukt sowie ein imposanter antiker Steinbruch. **Lit.:** ASM (1999).

Tarsos (heute Tarsus Cayi), Zentrum Kilikiens am Unterlauf des Kydnos; hier kreuzten sich mehrere Fernhandelsrouten. Im 8./7. Jh. siedelten sich hier Griechen an. T. diente als Residenz lokaler kilik. Dynasten, die aber vom pers. Großreich abhängig waren, seit ca. 400 Sitz der pers. Satrapen. In hellenist. Zeit beherrschten, mit kurzer Unterbrechung durch die Ptolemäer, die Seleukiden die Stadt. Pompeius errichtete die Provinz Kilikien, T. wurde Sitz des Statthalters. In der Kaiserzeit prosperierte die Stadt als polit. und wirtschaftl. Zentrum Kilikiens. Der Apostel ↗ Paulus wurde in T. geboren. Die antike Stadt ist modern überbaut, es existieren kaum archäolog. Reste.

Tartaros, nach griech. Vorstellung der tiefste Raum in der ↗ Unterwelt, in dem die ↗ Titanen für ihren Frevel bestraft werden, später mit ↗ Hades gleichgesetzt.

Tartessos, reiche iber. Handelsstadt an der Mündung des ↗ Baetis (heute Guadalquivir). T., das schon vor der Gründung von ↗ Gades bestand, kontrollierte früh den Silber- und Zinnhandel der Mittelmeerwelt mit der Bretagne und England. Um 800 v. Chr. gewannen ↗ Phönizier aus Tyros die Kontrolle über T., das sich um 700 wieder selbständig machen konnte. Ab dem 7. Jh. hatten auch die Griechen Kontakte zu T., das aber um 500 vermutlich durch die auf die iber. Halbinsel ausgreifenden Karthager zerstört wurde. Gades übernahm in der Folgezeit die wirtschaftl. Schlüsselfunktion im Atlantikhandel. Bis ins 3. Jh. v. Chr. trug auch der Baetis den Namen T. Die Stadt, die auch weite Gebiete der andalus. Tiefebene kontrollierte, repräsentierte eine frühe iber. Hochkultur, deren kulturelle Vielfalt sich auch im Bericht Herodots widerspiegelt. **Lit.:** A. Schulten, T. (1950).

Tatianus, Flavius Eutolmius T., *praefectus praetorio* 388–392 n. Chr., ein Heide, wurde 392 in seinem Amt gestürzt, aber später rehabilitiert. Er dichtete eine Fortsetzung der *Ilias* und war mit Libanios befreundet.

Tatius ↗ Titus Tatius

Taube. Die T. war Griechen und Römern wohlbekannt; man unterschied Haus- (lat. *columbae*), Ringel- (lat. *palumbes*) und Turtel-T.n (lat. *turtures*). Varro und Columella überliefern detaillierte Anweisungen über Haltung und Aufzucht von T.n. Auch Brieftauben wurden eingesetzt. Als vornehml. Charaktereigenschaften der T. galten Furchtsamkeit, Zärtlichkeit und Treue. Besondere Bedeutung kam der T. im Kult der Aphrodite/Venus zu. **Lit.:** J. M. C. Toynbee, Tierwelt der Antike (1983) 251–253.

Tauris, kleine Adriainsel an der Südküste ↗ Dalmatiens. Im röm. Bürgerkrieg besiegte hier die Flotte Caesars unter ↗ Vatinius die Pompejaner. Goethes *Iphigenie auf Tauris* ist nicht hier angesiedelt, sondern im ↗ Schwarzen Meer auf der Krim (↗ Chersonesos), die nach dem Stamm der Taurer auch Chersonesus Taurica genannt wurde.

Taurobolium, bei den ↗ Mysterien die Taufe des Mysten mit dem Blut eines geopferten Stieres.

Tauromenion (heute Taormina), Stadt im O Siziliens. 396 siedelten die Karthager hier einheim. ↗ Siculi aus dem 403 zerstörten nahegelegenen ↗ Naxos an, die T. zur Stadt ausbauten. Aber schon 392 fiel T. an Dionysios I. von Syrakus, der die meisten Einwohner vertrieb und Söldner ansiedelte. 358 fanden Überlebende von Naxos Aufnahme in T., das einen Aufschwung erlebte, meist aber in Abhängigkeit zum übermächtigen Syrakus stand. Nach 214 schloss T. ein Bündnis mit Rom und war Schauplatz des Sklavenkrieges 132. Um 21 v. Chr. wurde T. zur Colonia. Odeion, Gymnasium, Thermen, bes. das hellenist. und in röm. Zeit umgebaute Theater zeugen vom Wohlstand der Stadt bis in die Kaiserzeit. **Lit.:** ASM (1999).

Taurus (gr. Tauros), ein von den Griechen nach den Alexanderzügen T. benanntes, etwa 1500 km langes Kettengebirge am Südrand Anatoliens, mit Steilküste zum Mittelmeer; es verläuft zwischen der SW-Küste der Türkei und Kurdistan.

Tautologie (gr. tautologia, »Wiederholung dessen, was schon gesagt war«), Begriff der Rhetorik, Wiedergabe eines Begriffs durch zwei (↗ Hendiadyoin) oder mehrere Wörter gleicher Bedeutung (z. B. »ganz und gar«).

Taxiles, ind. Kleinkönig zwischen Indus und Hydaspes, schloss mit Alexander d. Gr. bei dessen Einmarsch in Indien ein Bündnis. In der Schlacht am Hydaspes kämpfte er mit den Makedonen gegen seinen Erzfeind Poros. 324 übertrug ihm Alexander die Satrapie über das Indus-Gebiet. **Lit.:** H. Berve, Alexanderreich II (1926) Nr. 739.

Taygete, eine der ↗ Plejaden, von Zeus Mutter des Lakedaimon, des Ahnherren der Spartaner.

Taygetos, höchstes Gebirge der Peloponnes. Das in NS-Richtung verlaufende Bergmassiv trennte ↗ Lakonien von ↗ Messenien. Der Profitis Elias stellte mit 2407 m den höchsten Berg der Peloponnes dar, die an-

*Taurome-
nion,
Theater mit
dem Ätna im
Hintergrund*

tike Bewaldung ist weitgehend verschwunden. In der antiken Literatur wird der steile und imposante Abfall des Gebirges nach Lakonien hin betont. ⊅ Tainaron

Technik. Moderne Definitionen der Technik sind nur bedingt auf antike Verhältnisse anwendbar, da weder Griechen noch Römer zielgerichtet auf einen permanenten technolog. Fortschritt und dessen prakt. Umsetzung in Wirtschaft und Gesellschaft ausgerichtet waren. Dies führte z.T. dazu, dass bestimmte Entwicklungsmöglichkeiten, die theoretisch vorhanden gewesen wären, nicht weiterverfolgt wurden. Dennoch waren die techn. Leistungen der Antike, deren Höchststand im Hellenismus und der frühen röm. Kaiserzeit erreicht war, beträchtlich. Grundlage für alle Errungenschaften war eine entwickelte Metallurgie, in Verbindung mit zunehmenden Kenntnissen in den Bereichen der Naturwissenschaft (⊅ Mathematik, ⊅ Physik, Statik usw.). Primäre Energiequellen waren in erster Reihe die Körperkräfte von Mensch und Tier, in zunehmendem Maße aber auch die Kraft fließenden oder fallenden Wassers. Das Bestreben, diese Energie möglichst wirkungsvoll umzusetzen, führte zur Entwicklung und Konstruktion komplizierter Maschinen und Geräte. So wurden komplexe ⊅ Kräne und Hebevorrichtungen entwickelt, die nach Art eines Flaschenzuges funktionierten und die Errichtung von Bauten aller Art wesentlich erleichterten, aber auch in der Seefahrt und im Bergbau zum Einsatz kamen. Wasserräder,

-mühlen und -pumpen kamen v.a. in der Landwirtschaft zur Anwendung. Im militär. Bereich wurde die Spannungs- und Torsionsenergie ausgenutzt, um leistungsfähige Fernwaffen (Bauchgewehre, Flammenwerfer und ⊅ Geschütze aller Art) zu konstruieren. Techn. Entwicklungen wurden auch im Straßen- und Brückenbau sowie allg. bei der Planung und Gründung neuer Städte genutzt. In der Anlage von ⊅ Wasserleitungen und ⊅ Kanälen sowie von Heizungssystemen (⊅ Hypokausten) vollbrachten die antiken Ingenieure Meisterleistungen. Demgegenüber spielten in der Antike Windkraft (abgesehen von der Seefahrt) und Dampfkraft nur eine untergeordnete Rolle, obwohl ⊅ Heron von Alexandria die Vorläufer von Wind- und Dampfmaschinen (⊅ Dampfkraft) konstruierte. Weshalb diese Ansätze und Leistungen nicht zu einer regelrechten Industrialisierung geführt haben, ist in der Forschung umstritten. – Das technolog. Wissen der Antike wurde von zahlreichen Fachschriftstellern behandelt, unter denen die vollständig erhaltenen Werke des ⊅ Vitruv über Architektur und des ⊅ Frontin über Wasserbau herausragen. **Lit.:** J.G. Landels, Die Technik in der antiken Welt (1979). – K.D. White, Greek and Roman Technology (1984).

Techniten ⊅ Vereinswesen, Dionysos-T.

Tegea, alte griech. Stadt in ⊅ Arkadien. T., auf einer fruchtbaren Hochebene gelegen, war schon in myken. Zeit besiedelt und wird bei Homer erwähnt. Wohl im

6. Jh. v. Chr. schlossen sich neun Dörfer zur Stadt zusammen. Bis 560 konnte sich T. auch den Übergriffen Spartas erwehren, wurde dann Mitglied des Peloponnes. Bundes und stellte 480/79 in den Perserkriegen Kontingente. Mit Hilfe der Argiver suchte T. seine Selbständigkeit zurückzugewinnen, unterlag aber 470 den Spartanern bei Dipaia und blieb bis ins 4. Jh. ein treuer Verbündeter Spartas. Nach der spartan. Niederlage bei Leuktra (371) schloss sich T. dem Arkad. Bund an, beteiligte sich an theban. Seite an der Schlacht bei Mantineia. 222 trat T. dem ↗ Achäischen Bund bei und entwickelte sich in röm. Zeit zu einer blühenden Stadt, bis 395 n. Chr. die Goten unter ↗ Alarich T. zerstörten. In byzantin. Zeit wurde T. unter dem Namen Nikli weiter östl. wiederbegründet. Fundamente des Tempels der Athena Alea sowie Reste des hellenist. Theaters sind erhalten. **Lit.:** GLHS (1989) 651 f. – ASM (1999).

Teichoskopie (gr., »Mauerschau«), nennt man eine Passage in Homers *Ilias* (3, 121–244), in der Helena den trojan. Ältesten die griech. Helden (Agamemnon, Odysseus, Menelaos, Aias und Idomeneus) beschreibend charakterisiert. Das homer. Modell wird immer wieder variierend aufgegriffen (z. B. Aischylos, *Sieben gegen Theben*, 365 ff., Euripides, *Phönissen*, 103 ff.). Die literar. Technik der T. dient dazu, verschiedene Schauplätze zu verknüpfen und die Personen perspektivisch zu charakterisieren.

Teiresias (gr. Teiresias, lat. Tiresias), der berühmteste Seher in der griech. Mythologie. Er wird mit Blindheit bestraft, weil er Athene versehentlich nackt beim Baden erblickt hat. Um den Schmerz seiner Mutter darüber zu lindern, schenkt ihm Athene die Kraft der Weissagung. Nach einer anderen Version wird T. in eine Frau verwandelt, als er während der Paarung zweier Schlangen die weibl. erschlägt. Sieben Jahre später trifft er erneut auf ein Schlangenpaar, erschlägt das Männchen und wird wieder zum Mann. Als ein Mensch mit der Erfahrung beiderlei Geschlechter soll T. im Streit zwischen Zeus und Hera entscheiden, ob beim Liebesakt der Mann oder der Frau den größeren Genuss habe. Er entscheidet sich für die Frau und wird von der zornigen Hera geblendet, die zuvor das Gegenteil behauptet hatte; Zeus aber verleiht ihm dafür die Gabe der Weissagung (u. a. sieht er ↗ Pentheus' Untergang voraus und berät ↗ Odysseus in der Unterwelt). T. nimmt als Repräsentant des göttl. Wissens eine zentrale Rolle in Sophokles' *Antigone* und bes. im *König Ödipus* ein. **Lit.:** L. Brisson, Le mythe de Tirésias (1976). – G. Ugolini, Untersuchungen zur Figur des Sehers T. (1995).

Teisias (gr. Teisias) ↗ Korax, Rhetorik

Tekmessa (gr. Tekmessa), Tochter des myth. Königs Teleutas von Phrygien, Geliebte des ↗ Aias (1), von dem sie Mutter des Eurysakes ist.

Telamon, Sohn des Aiakos. Er heiratet die Tochter des Königs von Salamis, Glauke, und erbt nach dessen Tod die Herrschaft. Durch seine zweite Frau Eriboia oder Periboia wird er zum Vater des ↗ Aias (1), durch Hesione zu dem des ↗ Teukros (2). Er

Teiresias berät Odysseus im Hades
(Vase des 5. Jh. v. Chr.)

nimmt am Zug der ↗ Argonauten und an der ↗ Kalydon. Jagd teil.

Telchinen, in der Mythologie die Ureinwohner von Rhodos, koboldartige Fabelwesen mit Fertigkeiten in der Schmiedekunst, aber auch in der Zauberei; meist als unheilbringend und mit bösem Blick vorgestellt.

Teledike, Tochter des ↗ Xuthos, Gattin des ↗ Phoroneus, Mutter der ↗ Niobe und des ↗ Apis.

Telegonos, Sohn des Odysseus und der Kirke. Auf der Suche nach seinem Vater tötet er diesen unwissentlich mit einem Speer, dessen Spitze aus einem Rochen gefertigt war; damit erfüllt er die Prophezeiung des Sehers Teiresias, dass sein Tod aus dem Meer kommen werde.

Telekleides aus Athen, griech. Komödiendichter, 2. Hälfte 5. Jh. v. Chr., mit fünf Dionysien- und drei Lenäensiegen äußerst erfolgreich. Aus den *Amphiktyones* ist ein 15 Verse umfassendes Fragment mit den für die Alte ↗ Komödie typ. Schlaraffenlandvorstellungen erhalten. **Lit.:** B. Zimmermann, Die griech. Komödie (2006) 164.

Telemach (gr. Telemachos), in den homer. Epen Sohn des Odysseus und der Penelope. Während des ↗ Trojan. Krieges wächst er in Abwesenheit seines Vaters bei seiner Mutter, die er gegen ihre dreisten Freier verteidigt, zu einem jungen Mann heran. Auf die Kunde von Menelaos' Rückkehr macht er sich auf die Suche nach seinem Vater und bricht unter Athenas Schutz nach Sparta auf, die ihn auf seiner Heimfahrt

sicher um einen von den Freiern gelegten Hinterhalt herumlenkt. Wieder daheim auf Ithaka begegnet er in der Hütte des Eumaios seinem als Bettler verkleideten Vater. Nach dem Wiedererkennen hilft er ihm bei der Ermordung der Freier. Später heiratet T. Polykaste oder die phäak. Prinzessin Nausikaa, nach einer anderen Version die Zauberin ↗ Kirke, die ihn unsterblich macht und mit der er Latinus zeugt.

Telemos, Sohn des Eurymos, Seher bei den Kyklopen, der ↗ Polyphem die Blendung durch ↗ Odysseus voraussagt. Erst als Odysseus Polyphem seinen wahren Namen preisgibt, erinnert sich dieser an die Weissagung des T.

Teleologie ↗ Anaxagoras, Aristoteles

Telephassa (gr. Telephassa), Gemahlin des ↗ Agenor, Mutter der ↗ Europa. Nach deren Raub durch Zeus schickt ↗ Agenor außer seinen Kindern auch seine Gattin aus, Europa zu suchen, mit dem Befehl, nicht wiederzukehren, bevor sie gefunden ist.

Telephos (1), Sohn des ↗ Herakles und der Auge. Im ↗ Trojan. Krieg wird T. von Achill am Oberschenkel verwundet. Gemäß einem Orakelspruch, nach dem die Verletzung nur durch die Waffe geheilt werden könne, die sie erzeugt hat, schwärt die Wunde. Erst nach acht Jahren heilt ihn Achill mit dem Rost seines Speeres, nachdem T. auf Anraten der Klytämnestra den kleinen ↗ Orest entführt hat. Der Stoff wurde in einer (nur fragmentarisch erhaltenen) Tragödie des Euripides behandelt.

Telephos (2) aus Pergamon, vielseitiger griech. Grammatiker und Stoiker, 2. Jh. n. Chr. Er verfasste Einführungsschriften in die Philologie, ein Synonymen-Lexikon, Biographien der Tragiker und Komiker und mehrere Abhandlungen zu Homer.

Telesilla (gr. Telesilla) aus Argos, griech. Lyrikerin, 5. Jh. v. Chr. Nach einer Niederlage ihrer Landsleute soll sie die Heimatstadt gerettet haben. Insgesamt sind nur neun Fragmente erhalten, vermutlich aus Hymnen, die für Mädchenchöre geschrieben waren. **Lit.:** J. M. Snyder, The Women and the Lyre (1989) 59 ff.

Tellus (lat., »Erdboden«), altröm. Erd- und damit Fruchtbarkeitsgöttin, zusammen mit ↗ Ceres an den *Fordicidia* am 15. April, an denen man eine trächtige Kuh opferte, kultisch verehrt.

Temenos (1), einer der Nachkommen des Herakles (Herakliden), Sohn des Aristomachos. Er erobert mit den ↗ Herakliden die Peloponnes, die sie in die drei großen Teile Argos, Lakedaimon und Messene aufteilen; T. wird Herrscher von Argos. Er wird von seinen Söhnen ermordet, weil er einen Schwiegersohn Deïphontes ihnen gegenüber bevorzugt.

Temenos (2), Bezirk um ein Heiligtum, einer Gottheit geweihtes, heiliges Land.

Tempel (lat. templum), Heiligtum und Kultstätte. Ursprünglich genügte ein geheiligter Platz (Hain, Quelle, Höhle, Feld), der zum Zwecke kult. Verehrung räumlich abgegrenzt wurde (Temenos), später wurde dieser Bezirk mit einem Haus für die Gottheit (Naos) versehen. Der T. diente zur Aufnahme des Kultbildes

und z. T. als Schatzkammer, war aber kein Versammlungsort der Gläubigen. Der ↗ Altar oder das Herdfeuer für gemeinsame kult. Verrichtungen befand sich in der Regel außerhalb vor dem T. Die ersten T. lehnten sich in Form und Aussehen an die Wohnhäuser der Menschen an, waren rechteckig (z. T. mit halbrunder Rückseite) und aus Holz und Lehmziegelmauerwerk errichtet (Megaron-Typ). Um 700 v. Chr. entstanden die ersten monumentalen Stein-T. mit ebensolchen monumentalen und steinernen Kultbildern. Eine den T. umgebende Mauer begrenzte nun den sakralen Temenos-Bezirk. Der T. in seiner Grundform erhob sich über einer meist mehrstufigen Standplatte (Krepis) und bestand aus dem eigentl. Hauptraum (Naos), der den Innenraum mit dem Kultbild (Cella) umschloss. An der rückwärtigen Schmalseite der Cella stand auf einem Podest die Statue der Gottheit; Fenster gab es nicht, und so fiel lediglich ein wenig Licht durch die Tür. Die meisten Tempel waren überdacht und mit Ton-, Stein- oder Marmorziegeln gedeckt, selten war der T. oben offen (hypäthral). Indem die beiden seitl. Langmauern an der Vorderseite des T.s zu einem pfeilerartigen Stirnende (Anten) verlängert und mit einer doppelten Säulenstellung zum Stützen des Vordaches versehen wurden, bildeten sie einen Vorraum (Pronaos), somit war der Anten-T. geschaffen. T., die an ihrer Rückseite eine entsprechende Halle (Opisthodom) erhielten, werden als Doppelanten-T. bezeichnet. Durch Vorstellen einer Säulenreihe vor die Frontseite wurde der T. zum Prostylos und durch eine entsprechende Säulenstellung an der Rückseite zum Amphiprostylos. Indem der T. mit einem umlaufenden Säulenkranz (Peristasis) umgeben wurde, wurde er zum Ringhallen-T. (↗ Peripteros), durch Zufügen eines weiteren Säulenkranzes wurde dieser zum Dipteros. Ließ man wiederum den inneren Säulenkranz weg, so erhielt man den Pseudodipteros. Den eigentl. Baustil des T.s bildeten die Säulen dor., jon. und korinth. Ordnung. Den etrusk. T. kennzeichnete ein hohes Podium mit großer Freitreppe, eine tiefe Vorhalle mit z. T. dreiteiliger Cella und bes. der bemalte oder reliefierte Terrakottaschmuck. Die Entwicklung röm. T. basiert auf der Kombination etrusk. und griech. Elemente. Die Römer entwickelten den T. mit einer nur durch Halbsäulen oder Pilastern angedeuteten Ringhalle, den Pseudoperipteros, sowie den Typus des Rund-T.s (↗ Tholos). ↗ Abb. S. 588 **Lit.:** G. Gruben, Die T. der Griechen (⁴1986).

Tencterer, german. Stamm. Der Sieg Caesars über ↗ Ariovist und die damit verbundene Wanderung der ↗ Sueben drängte die T. zusammen mit den ↗ Usipetern über den Rhein; sie wurden bei Confluentes (Koblenz) 55 v. Chr. von Caesar vernichtend geschlagen. Reste flüchteten zu den ↗ Sugambrern, leisteten weiter Widerstand gegen Rom, wurden aber 12/11 v. Chr. von Drusus unterworfen. An der großen Schlacht 9 n. Chr. und am ↗ Bataveraufstand 68/69 beteiligten sich die T. auf german. Seite. Im 3. Jh. gingen sie in den ↗ Franken auf.

Tenedos (heute Bozca Ada, Türkei), Insel vor der

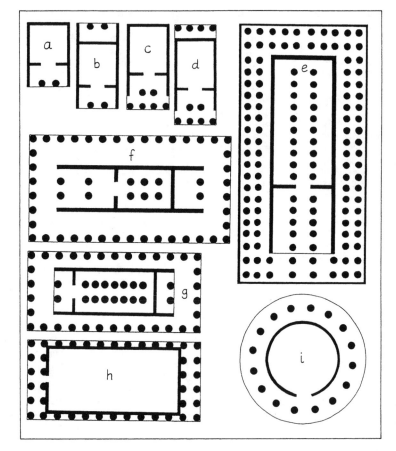

a Antentempel
b Doppelantentempel
c Prostylos
d Amphiprostylos
e Dipteros
f Pseudodipteros
g Peripteros
h Pseudoperipteros
i Tholos

Tempelformen

Küste der ↗ Troas (Kleinasien). Die nur 41 km² große Insel war wegen ihrer Lage nahe dem Hellespontos von strateg. Bedeutung. Die von Äolern besiedelte Insel trat nach den Perserkriegen dem Att. Seebund bei, fiel mit dem ↗ Königsfrieden an Persien und wurde durch Alexander d.Gr. wieder frei.

Ten(n)es, Sohn des ↗ Kyknos (2) und der Prokleia. Die zweite Gattin des Kyknos, Philonome, verliebt sich in den schönen Stiefsohn und verleumdet ihn, von ihm zurückgewiesen, bei seinem Vater, der ihn in einem Kasten zusammen mit seinem Schwester Hemithea auf dem Meer aussetzen lässt. T. gelangt zu der Insel Leukophrys, die er kolonisiert und die nach ihm den Namen Tenedos erhält.

Teos, griech. Hafenstadt an der jon. Küste Kleinasiens, südl. des heutigen Sigacik. Im Rahmen der ↗ Jon. Wanderung gegründet, gehörte T. zu den ältesten griech. Städten Joniens, war Mitglied des Zwölfstädtebundes und entwickelte sich rasch zu einem bedeutenden Handelszentrum. Ca. 543 v. Chr. wanderte ein Teil der Bürger, dem immer stärker werdenden Druck der Perser weichend, nach Thrakien aus

und gründete Abdera. T. beteiligte sich am Jon. Aufstand und stellte 496 Schiffe für die Seeschlacht von Lade. Nach den Perserkriegen wurde T. frei, trat dem 1. ↗ Att. Seebund bei und war im Peloponnes. Krieg hart umkämpft. Mit dem ↗ Königsfrieden fiel T. wieder an das Perserreich, erst Alexander d.Gr. gab 334 der Stadt die Freiheit wieder. 304 zerstörte ein Erdbeben große Teile Joniens, Antigonos I. Monophthalmos plante wohl deswegen die Vereinigung von T. mit dem benachbarten Lebedos durch einen ↗ Synoikismos, was aber nicht durchgeführt wurde. Im Hellenismus wechselte T. mehrfach in seiner Abhängigkeit zwischen Seleukiden und Attaliden. Hauptgott der Stadt war Dionysos; ↗ Hermogenes aus Alabanda hatte den berühmten Dionysostempel der Stadt errichtet; T. war auch Sitz des regionalen Verbandes der Techniten. Um 200 versuchte T. sich gegen die Bedrohung der Piraterie zu schützen und bat zahlreiche kret. Gemeinden, die Ätoler und andere Staaten um Zusicherung der Asylie von Stadt und Tempel. Mit dem Frieden von ↗ Apameia kam T. wieder in pergamen. Besitz, gelangte mit dem pergamen. Erbe in röm. Hand und wurde 129 Teil der Provinz Asia. In röm. Zeit erlebte die Stadt offensichtlich einen wirtschaftl. Niedergang; das nahe Ephesos dominierte in der Region. Ruinen des Dionysostempels, eines Theaters und anderer öffentl. Baute, sind erhalten. **Lit.:** G. E. Bean, Kleinasien I (1987) 135 ff. – P. Herrmann, Antiochos d. Gr. und T., in: Anadolu 9 (1965) 29–161.

Tepidarium ↗ Thermen

Teppich. T. e als Wandbehang, Vorhänge oder Decken waren der Antike seit Homer bekannt; als Fußbodenbelag sind T. e erst seit Alexander d. Gr. belegt.

Terentianus Maurus aus Afrika, lat. Grammatiker, 2./3. Jh. n. Chr. T. verfasste drei metr. Lehrgedichte, *De litteris* (über die Artikulation der Buchstaben), *De Syllabis* (über die metr. Qualität von Silben), *De metris* (über Versmaße). Bekannt ist aus seinem Werk der Vers *Pro captu lectoris habent sua fata libelli* (»Nach Auffassungsgabe des Lesers haben Bücher ihre Schicksale«), dessen zweite Hälfte meist allein (und sinnentstellend) als geflügeltes Wort zitiert wird. **Lit.:** K. Sallmann, in: HLL IV (1997) 618–622.

Terentius Scaurus, Quintus T. S., röm. Grammatiker, 1. Hälfte 2. Jh. n. Chr., Verf. einer Schrift *De orthographia* (*Über Rechtschreibung*). **Lit.:** P. L. Schmidt, in: HLL IV (1997) 222–226.

Terenz, Publius Terentius Afer, röm. Komödiendichter, ca. 195 (oder 185) – 159 v. Chr. T. stammte, wie sein Beiname besagt, aus Afrika. Er kam als Freigelassener des Terentius Lucanus, dessen Gentilnamen er führte, nach Rom. Seine Bekanntschaft mit dem jüngeren Scipio und mit Laelius (Scipionenkreis) ist bezeugt; dass beide ihm bei der Abfassung seiner Komödien geholfen haben sollen, ein unbestätigtes Gerücht. Vielleicht hatte T. durch seine Kontakte aber leichteren Zugang zu griech. Bibliotheken, in denen er die Originale für seine lat. Bearbeitungen fand. Eigenständige Komödien ohne griech. Vorlage sind von T. nicht bekannt. Bei den Leichenspielen für L. Aemilius Paullus 160 v. Chr. wurde die *Hecyra* (*Schwiegermutter,* erste Aufführung 165) zum zweiten Mal aufgeführt. Das Stück konnte indes erst bei seiner dritten Inszenierung, an den ↗ *Ludi Romani* desselben Jahres, zu Ende gespielt werden. Der erste Aufführungsversuch scheiterte, wie aus dem zweiten Prolog hervorgeht, an der Konkurrenz von Seiltänzern und Boxkämpfern. Die T.-Prologe insgesamt sind – wenn auch subjektiv gefärbte – Quellen zur Theaterpraxis. Wir erfahren von Querelen mit einem älteren Dichter namens Luscius Lanuvinus, der T. in der *Andria* (*Mädchen aus Andros*) der ↗ Kontamination bezichtigte; im *Eunuchus* (161 v. Chr.) habe er mit der Übernahme einer bereits von Plautus geformten Gestalt ein *furtum* (↗ Plagiat) begangen. Derselbe Vorwurf treffe auf die *Adelphoi* (*Brüder,* 160 v. Chr.) zu; dort sei eine ganze Szene aus einer bereits von Plautus übersetzten griech. Komödie »gestohlen«. T. verteidigt sich teils mit Unkenntnis, teils weist er die Vorwürfe zurück. Im Prolog des *Phormio* (161 v. Chr.) rechnet T. grundsätzlich mit seinem Widersacher ab. *Hecyra* und *Phormio* sind nach Apollodor von Karystos gearbeitet, die anderen

Stücke nach Menander. T. hielt sich enger an seine Vorlagen als Plautus, die *dramatis personae* entsprechen dem stereotypen Personal der Neuen ↗ Komödie. T. ändert weniger die Struktur als das Ethos der hellenist. Originale. Offensichtlich ist es ein Merkmal seiner Kunst, dass er edle Charaktere bisweilen in Karikaturen umbiegt. So erweist sich Chremes im *Heautontimorumenos* (*Selbstquäler,* 163 v. Chr.), der als *homo humanus* mit hehren Maximen (»Ich bin ein Mensch, nichts Menschliches ist mir fremd«, Vers 77) eingeführt wird, am Schluss als Schwätzer und Intrigant. Caesar nannte T. *dimidiatus Menander* (»halben Menander«), wobei er offenbar die bessere Hälfte an ihm vermisste. Im Vergleich zu Plautus verzichtete T. auf derbe und oberfläch. Komik und verlegte stattdessen die Verwicklungen eher ins Innere der Personen. Früh avancierte T. zum Schulautor und wurde bereits in der Spätantike kommentiert (Donat, Eugraphius). Hrotsvith von Gandersheim (10. Jh.) verfasste an T. angelehnte Dramen, in der französ. Klassik stand er über Plautus, noch Goethe lernte an ihm Latein. **Lit.:** H. Juhnke, in: E. Lefèvre (Hg.), Das röm. Drama (1978) 224–308 – E. Lefèvre, T.' und Menanders *Heautontimorumenos* (München) 1994.

Tereus (gr. Tereus), myth. König, Sohn des Ares, Gatte der Prokne, mit der er Itys zeugt. Er vergewaltigt seine Schwägerin Philomele und schneidet ihr die Zunge heraus. Philomele jedoch stellt die Geschichte auf einem Teppich dar. Die Schwestern setzen aus Rache T. seinen Sohn Itys zum Mahle vor. Als T. die Wahrheit erfährt, will er beide umbringen. Auf der Flucht vor ihm werden die Schwestern in Vögel verwandelt: Prokne in eine Nachtigall, Philomele in eine Schwalbe; in manchen lat. Versionen ist es umgekehrt.

Terminalia ↗ Terminus

Terminus, röm. Gott der Grenzen, zum einen der zwischen den Bauernhöfen, zum anderen des Jahreswechsels. Sein Fest, die *Terminalia,* wurde am 23. Februar, dem letzten Tag des röm. Jahres, begangen. Man bekränzte die Grenzsteine (*termini*) mit Blumen und brachte T. ein Opfer dar.

Terpander (gr. Terpandros) von Lesbos, griech. Musiker und Dichter, frühes 7. Jh. v. Chr. Als musikal. Neuerer begründete er den ↗ Nomos und soll die siebensaitige ↗ Lyra eingeführt haben. Die unter seinem Namen überlieferten Fragmente sind wahrscheinlich unecht. **Lit.:** A. Gostoli, Terpandro (1990).

Terpsichore (gr. Terpsichora), eine der ↗ Musen.

Terrakotta (ital., »gebrannte Erde«), jede ↗ Töpferarbeit aus gebranntem ↗ Ton, einem Rohstoff, der bereits seit prähistor. Zeit bekannt war und entsprechend in allen Kulturkreisen verarbeitet wurde. Hergestellt wurden Geräte unterschiedlichster Art und Funktion, von einfachen ↗ Lampen über kunstvoll gestaltete ↗ Vasen und ↗ Sarkophage bis hin zu Architekturteilen (z. B. Wandverkleidungen), ↗ Reliefs, aber auch ↗ Statuen und Statuetten, sei es als Weihgeschenke, Grabbeigaben oder als Spielzeug. Die Wirkung der Terrakotten wurde zusätzlich durch bunte Bemalung gesteigert. Ihrer enormen Haltbarkeit verdanken wir heute

Terrakottawidder, 2. Jh. n. Chr.

eine große Anzahl erhaltener T.-Arbeiten. **Lit.**: S. Pfis-
terer-Haas, Antike Terrakotten (1996).

Terra Sigillata (lat., »figürlich verzierte Erde«),
der moderne Sammelbegriff für rotglänzendes Geschirr. Früher wurde es auch »Sam. Ware« genannt,
wohl weil die Römer selbst ihr tägl. Geschirr häufig
als »samisch« bezeichneten (die griech. Insel ⁊ Samos
war berühmt für ihre gute Erde und das daraus hergestellte Geschirr). Eine Vorstufe der T. S. kam bereits in
hellenist. Zeit in Griechenland und Kleinasien vor
(sog. Megar. Becher, pergamen. Applikenkeramik
oder bleiglasierte Reliefkeramik). Etwa seit 30 v. Chr.
verbreitete sich die T. S. in Italien, wobei die Städte
⁊ Arretium und Puteoli (heute Arezzo und Pozzuoli)
eine herausragende Rolle in der Produktion einnahmen. Von hier aus verbreitete sich die T. S. seit spätau-
gusteischer Zeit in fast alle röm. Provinzen. T. S. gab
es in den verschiedensten Ausformungen (Teller, Becher, Schüsseln usw.) und unterschiedlichsten Dekora-
tionsweisen (mit eingeritzten, -schnittenen, -punzten,
-geprägten oder aufgelegten Ornamenten und Figuren). T. S. war überwiegend mit Werkstattstempeln
versehen und kann somit gut zurückverfolgt und datiert werden. **Lit.**: J. Garbsch, T. S. Ein Weltreich im
Spiegel seines Luxusgeschirrs (1982).

Tertullian, Quintus Septimius Florens Tertullianus,
aus Karthago, lat. Apologet, 160–nach 220 n. Chr. Als
Sohn heidn. Eltern bekehrte sich T. erst in fortge-
schrittenem Alter zum Christentum. Er war Anwalt in
Afrika und zeitweilig auch in Rom. Nach 200 wandte
er sich den Montanisten zu. Aus seinem Werk sind 31
Schriften, teils aus der kathol., teils aus der montanist.
Phase, erhalten, die T. als streitbar und unbeugsam
ausweisen. Sein Ton ist von beißender Schärfe und
lässt die forens. Praxis noch durchscheinen. Er verfasste apologet. Abhandlungen, in denen er das Christentum gegen die Heiden verteidigt, Schriften gegen
die Juden, gegen Ketzer, prakt.-asket. Traktate zu Fragen christl. Lebensführung und Moral sowie theolog.-
dogmat. und philosoph. Arbeiten. Besondere Bedeutung hat T. als einer der frühesten lat. ⁊ Apologeten

(neben ⁊ Minucius Felix) erlangt. Er bringt stoische
Ethik und Beispiele röm. Lebens in Bezug zu christl.
Denken und erweist die Überlegenheit des Letzteren.
Im *Apologeticum* fingiert er eine öffentl. Rede vor dem
Statthalter und verbindet Verteidigungs- und Werbe-
rede. In *De anima (Über die Seele)* setzt er sich mit der
heidn. Philosophie auseinander. *De spectaculis (Über
die Schauspiele)* ist eine wichtige Quelle für das röm.
Theaterwesen. **Lit.**: H. Tränkle, in: HLL IV (1997)
438–511.

Testament ⁊ Erbrecht
Testimonium (lat., »Zeugnis«), im röm. Recht jede
Art von Beweismittel, bes. aber die Aussage eines
Zeugen vor Gericht. – In der Klass. Philologie versteht
man unter T. ein Zeugnis zur Person eines Autors.

Tethys (gr. Tethys), jüngste Titanin, Gattin des
Okeanos, mit dem sie die Flüsse und 3.000 Töchter,
die Okeaniden, zeugt.

Tetralogie, Begriff der Dramenanalyse. Unter T.
versteht man eine Folge von vier Dramen, drei ⁊ Tragödien und einem ⁊ Satyrspiel, die anlässlich des trag.
⁊ Agons der Großen ⁊ Dionysien aufgeführt wurden.
Während ⁊ Aischylos häufig in einem inhaltl. Zusammenhang stehende Stücke auf die Bühne brachte
(*Orestie*), bevorzugte ⁊ Sophokles in sich geschlossene Einzeldramen. Bei ⁊ Euripides gehören die vier
Stücke bisweilen demselben mytholog. Zusammenhang an oder behandeln ähnl. Themen.

Tetrarchie (gr., »Viererherrschaft«) ⁊ Diokletian
Teukros (1), erster König von ⁊ Troja.
Teukros (2), Sohn des Königs Telamon von Salamis, in Homers *Ilias* ein treuer Waffengefährte des
⁊ Aias (1). Nach dem Ende der Belagerung Trojas wegen eines angebl. Frevels an Aias von seinem Vater
nicht wieder aufgenommen, soll er nach Zypern gefahren und die dortige Stadt Salamis gegründet haben.
Die späteren Herrscher von Salamis nannten sich nach
ihm »Teukriden«.

Teurnia, röm. Siedlung in ⁊ Noricum, bis in die
Spätantike (Bischofssitz) bedeutend, im 5. Jh. befesti-
ter Sitz des Statthalters; heute St. Peter in Holz (Kärnten) bei Spittal an der Drau. **Lit.**: F. Glaser, Teurnia:
Römerstadt und Bischofssitz (1992).

Teutoburger Wald (lat. Teutoburgiensis saltus),
Schauplatz des german. Sieges 9 n. Chr. unter der Füh-
rung des Cheruskers ⁊ Arminius über die röm. Trup-
pen unter Quinctilius ⁊ Varus. Die Lokalisierung des
Schlachtfeldes nach dieser nur bei Tacitus (Annalen 1,
60) überlieferten Ortsangabe war lange umstritten.
Der heutige T. W. erhielt seinen Namen erst im 17. Jh.
Die Forschungen und Funde der letzten Jahre machten
Kalkriese (Kreis Osnabrück) zum wahrscheinlichsten
Ort der Schlacht. **Lit.**: W. Schlüter (Hg.), Kalkriese
(1993).

Teutonen (lat. Teutones), german. Stamm. Die T.
siedelten ursprünglich im W Jütlands und im heutigen
Schleswig-Holstein und verließen nach schweren
Sturmfluten zusammen mit den ⁊ Kimbern ihre Hei-
mat. 110 v. Chr. erreichten sie den Rhein, weitere
Stämme schlossen sich an. 105 kam es im röm. besetz-

ten Südgallien bei Arausio (heute Orange) zur Schlacht; die Römer erlitten eine vernichtende Niederlage. Nach einer Niederlage der Kimbern gegen die Keltiberer versuchten T. und Kimbern in zwei getrennten Aktionen in Italien einzufallen. Letztere zogen über Noricum nach S, während die T. und verbündete Amboronen 102 über die Seealpen nach Italien vorstießen. Bei Aquae Sextiae (heute Aix-en-Provence) schlug ↗ Marius beide Stämme vernichtend, der Großteil der T. fiel. 101 wurden auch die Kimbern bei ↗ Vercellae geschlagen.

Textilien ↗ Baumwolle, Leinen, Seide, Wolle

Textkritik, wissenschaftl. Methode, um den ursprüngl. Wortlaut eines Textes wiederherzustellen: Die T. umfasst drei Arbeitsschritte: (1) *recensio:* Sammlung und Sichtung aller dem Herausgeber zugängl. Textzeugnisse, Prüfung ihres Verhältnisses untereinander und Erstellung eines ↗ Stemmas. (2) *examinatio:* Auswahl der besten Lesarten. (3) *emendatio:* Um den besten Text herzustellen, versucht der Herausgeber, die verderbten Stellen (↗ Korruptel) durch Änderung (↗ Konjektur), Tilgung (↗ Athetese), Ergänzung oder Umstellung zu heilen. Die Ergebnisse werden in einem »krit. Apparat« zusammengefasst, der die Varianten der Handschrift und die wichtigsten Konjekturen enthält und meistens unter dem Text abgedruckt ist. **Lit.:** P. Maas, T. (1927). – M. L. West, Textual Criticism and Editorial Technique (1973).

Thales (gr. Thalēs) aus Milet, griech. Philosoph, 1. Hälfte 6. Jh. v. Chr., Begründer der jon. Naturphilosophie, einer der ↗ Sieben Weisen. Von Th. gab es keine Schriften. Er soll eine astronom. Theorie entwickelt haben und sagte die Sonnenfinsternis vom 28.5.585 voraus. Im Wasser sah er den Ursprung der Erde und des Kosmos. Seit dem 5. Jh. v. Chr. war Th. Gegenstand von anekdotenhaften Geschichten, die ihn als weltfremden Theoretiker darstellen (↗ Mathematik). **Lit.:** W. K. C. Guthrie, A History of Greek Philosophy I (1965) 45 ff. – GGGA (1999).

Thalia, eine der ↗ Musen.

Thallo, eine der ↗ Horen.

Thamugadi (heute Timgad, Libyen), röm. Stadt in ↗ Numidien. 100 n. Chr. wurde Th. als röm. Colonia gegründet und erlebte in der hohen Kaiserzeit seine Blüte, was die monumentalen Ruinen von Theater, Forum, Thermen und Tempeln belegen. Im 3. Jh. war Th. Zentrum der christl. Sekte der ↗ Donatisten. Im 6. Jh. n. Chr. zerstörten Berber die Stadt. **Lit.:** ASM (1999).

Thamyris (auch Thamyras), myth. Sänger aus Thrakien. Er fordert die Musen zu einem Wettstreit heraus, in dem er verliert. Die Musen strafen ihn mit Blindheit und berauben ihn der Gabe des Gesangs.

Thanatos, griech. Gott, Personifikation des Todes; Sohn der Nyx (Nacht), Bruder des Hypnos (Schlaf). Das Märchenmotiv des übertölpelten Todes findet sich zu Beginn der *Alkestis* des Euripides.

Thapsakos, Stadt am Euphrat in Syrien (nicht sicher lokalisiert). Vor der Gründung von ↗ Zeugma war Th. ein wichtiger Übergang über den Euphrat. 333 v.

Chr. floh Dareios hier nach Persien, Alexander d.Gr. überquerte 331 auf Schiffsbrücken den Strom. Eratosthenes verwendete Th. als Ausgangsort mehrerer Routen.

Thapsos (lat. Thapsus), karthag./röm. Hafenstadt im heutigen Tunesien. Im 3. ↗ Pun. Krieg stellte sich Th. auf Seiten Roms. 46 v. Chr. belagerte Caesar im Bürgerkrieg die in der Stadt befindl. Anhänger der Pompejaner und besiegte diese entscheidend.

Thasos, ↗ griech. Insel vor der thrak. Ägäisküste. Die nur 6 km vor dem griech. Festland liegende Insel wurde im 7. Jh. v. Chr. von ↗ Paros kolonisiert, die gleichnamige Stadt wurde im N gegenüber der Nestosmündung angelegt. Der in der Antike schon legendäre Reichtum der Insel basierte bes. auf den reichen Goldminen in der Peraia, die Th. kontrollierte, sowie auf den Marmorsteinbrüchen der Insel. Auch Landwirtschaft und Weinexport förderten den Wohlstand der Insel. Beim Griechenlandzug des Perserkönigs ↗ Dareios I. musste sich Th. ergeben, die Stadtmauer wurde zerstört. Th. war Gründungsmitglied des 1. ↗ Att. Seebundes, doch kam es mit Athen zu Steitigkeiten um die thrak. Peraia. Einen Aufstand schlug Athen nach langer Belagerung 462 nieder. Der Besitz auf dem Festland, die Flotte sowie Tributzahlungen wurden Th. auferlegt. Im Peloponnes. Krieg wechselte es immer wieder die Seiten. 398/388 wurde die Stadt Mitglied des 2. Att. Seebundes, 340/39 eroberte Philipp II. die Insel, die bis 196 bei Makedonien blieb und dann unabhängig wurde. Th. unterhielt in der späten Republik ein freundschaftl. Verhältnis zu Rom. Die später zur Provinz Macedonia gehörende Insel prosperierte auch in der Kaiserzeit. Die antike Stadtbefestigung sowie die Agora mit ihren Bauten, Theater und Odeion sind ausgegraben worden. **Lit.:** GLHS (1989) 657–662. – ASM (1999).

Thaumas, Sohn des Pontos und der Gaia, von der Okeanide Elektra Vater der Iris und der Harpyien.

Theaitetos aus Athen, griech. Mathematiker, ca. 415–369 v. Chr. Auf Th., Gesprächspartner des ↗ Sokrates in dem nach ihm benannten platon. Dialog, geht der mathemat. Satz von der Irrationalität der Quadratwurzeln aller nichtquadrat. natürl. Zahlen zurück sowie das Analogon für Kubikwurzeln, eine Klassifikation auch im Quadrat irrationaler Zahlen und die Konstruktion der fünf regelmäßigen Polyeder (der sog. Platon. Körper). Euklids 10. Buch der *Elemente* verdankt ihm viel (↗ Mathematik). **Lit.:** W. R. Knorr, Evolution of the Euclidean Elements (1975).

Theano, Gattin des ikar. Königs Metapontos, der sie wegen ihrer Kinderlosigkeit zu verstoßen droht. Von einem Schäfer übernimmt sie zwei Findlingskinder, Zwillingssöhne des Poseidon und der Melanippe, und gibt sie als ihre eigenen aus. Später wird Th. Mutter eines weiteren Zwillingspaares, das von Metapontos gegenüber den älteren Söhnen benachteiligt wird. Th. stiftet ihre eigenen Kinder zur Ermordung der beiden, die angeblich Findlinge seien, an. Poseidon greift ein, tötet die Söhne der Th. und gibt die Söhne der Melanippe ihrer Mutter zurück.

Theater (gr. theatron, »Schaustätte«). Seine Ursprünge gehen auf Darbietungen zu Ehren des Gottes Dionysos zurück. Hierfür wurde ein runder Tanzplatz (Orchestra) benötigt, auf dem der ↗ Chor tanzte und sang (↗ Tanz) und um den sich die Zuschauer gruppieren konnten, sowie ein in der Mitte aufgestellter Altar (*thymele*). Mit der Weiterentwicklung dieser Aufführungen hin zum dramat. Spiel entstand das Bedürfnis nach einer Ausstattung, sowohl in Bezug auf einen Hintergrund als auch auf einen Raum für die Zuschauer (↗ Drama, ↗ Komödie, ↗ Tragödie). Zunächst noch provisorisch aus hölzernen Gerüsten zusammengezimmert, bildeten diese Elemente dann die Grundlage eines jeden Th.s. Das erste vollständig aus Stein errichtete Th. war wohl das aus dem 4. Jh. v. Chr. stammende Dionysos-Th. in Athen. Der Zuschauerraum eines Th.s (*cavea*) war im Allg. in einem Halbrund in den Hang hineingebaut. Einzelne Sitzstufen führten den Hang hinauf, wobei die Ränge durch radial angeordnete Treppen in tortenstückähnl. Sektoren (*kerkis/ kerkides*) unterteilt wurden. Seitl. Durchgänge oben (*parodos*), ein breiter bogenförmiger Umgang oben sowie ein weiterer in der Mitte (*diazoma*) ermöglichten einen bequemen Zu- und Abgang des Publikums (und teilweise auch der Schauspieler). Auf der gegenüberliegenden Seite des Zuschauerraumes befand sich hinter der Orchestra das z. T. mehrstöckige Bühnengebäude (*skene*), das als Hintergrund für die eigentl. Bühne (*proskenion*) diente, die zwischen den beiden Seitenflügeln (*paraskenion*) lag. Das Bühnenbild wurde aufgemalt, einen Vorhang gab es nicht, dafür aber verschiedene Maschinerien, mit denen diverse Effekte erzielt werden sollten, z. B. eine Blitzmaschine, eine Rollmaschine (*ekkyklema*) oder eine Art Kran, mit dem Menschen (bes. wenn sie Götter darstellten) herabschweben konnten (↗ *deus ex machina*). In Rom wurde der erste steinerne Th.-Bau von Pompeius gestiftet (55 v. Chr.). In ihrem Aufbau sind röm. Theater den griech. Th.n sehr ähnlich, allerdings zumeist nicht in einen Hang eingebaut, sondern freistehend. Die unteren seitl. Zugänge waren mit Bögen überdacht, die Skene prächtiger, häufig mit Statuen, ausgestattet, die Zuschauerräume konnten mit Sonnensegeln (*vela*) überspannt werden, ferner gab es einen Vorhang. **Lit.:** E. Simon, Das antike Th. (²1981). – W. Müller-Wiener, Griech. Bauwesen in der Antike (1988). – H. D. Blume, Einführung in das antike Th.wesen (³1991).

Thebaïs, lat. Epos des Publius Papinius ↗ Statius (40/50–95 n. Chr.). Das 12 Bücher umfassende Werk behandelt den Bruderkampf von ↗ Eteokles und ↗ Polyneikes um die Herrschaft in Theben, den tödl. Zweikampf der Brüder und die Befreiung Thebens durch ↗ Theseus. Das Epos wird neben der ↗ *Äneis* Vergils und den ↗ *Metamorphosen* Ovids zu einer der wichtigsten Quellen für ant. Mythologie im MA.

Theben (1) (gr. Thebai), das »Siebentorige« Th., Hauptstadt ↗ Böotiens. Die Besiedlung Th. geht bis ins 3. Jh. zurück. in myken. Zeit befand sich auf dem Burgberg Kadmeia eine Palastanlage, die in spätmyken Zeit zerstört wurde; Nekropolen aus dieser Zeit sind erhalten. Nach der Sage wurde Th. von Kadmos begründet, zahlreiche Sagenstoffe sind hier angesiedelt (↗ Ödipus, ↗ Antigone, ↗ Sieben gegen Theben). Erst im 6. Jh. errang Th. nach mehreren Kriegen seine Vormachtstellung in Böotien. In den ↗ Perserkriegen trat 480 Th. auf pers. Seite und kämpfte mit ihnen 479 bei ↗ Platää gegen den Griechenbund. Nach der pers.

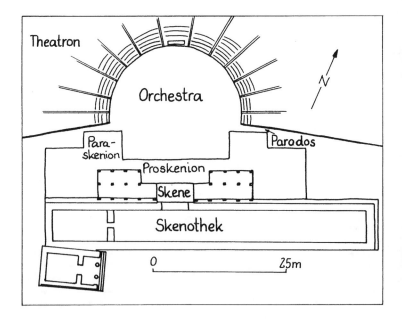

Bühnenaufbau des Dionysostheaters in Athen

*Tragödienszene auf
einem Vasenfragment
aus Tarent
(Mitte 4. Jh. v. Chr.)*

Niederlage wurde Th. belagert, aber lediglich die perserfreundl. Führung der Stadt musste ausgeliefert werden, die Vormachtstellung in Böotien ging aber verloren. Erst im ↗ Peloponnes. Krieg auf spartan. Seite konnte diese z. T. wieder erreicht werden, als 427 Platää erobert und zerstört werden konnte. Spannungen traten nach der athen. Niederlage auf, als Th. den Sturz der Dreißig Tyrannen durch ↗ Thrasybulos unterstützte. Es kam im Anschluss zum sog. ↗ Korinth. Krieg (395–387), den Th., Athen und Argos gegen Sparta führten; 394 siegte Sparta bei Koroneia, 387 mussten die Verbündeten den ↗ Königsfrieden anerkennen. Der Böot. Bund wurde nicht aufgelöst, doch konnte sich Orchomenos gegen Th. als regionale Größe behaupten. Innere Spannungen führten 382 zur Besetzung der Stadt durch die Spartaner; in den folgenden Jahren widersetzte sich Th. aber erfolgreich den Spartanern, gewann große Teile Böotiens für sich und reorganisierte den Böot. Bund; Friedensverhandlungen mit Sparta scheiterten. 371 kam es bei ↗ Leuktra zur Entscheidungsschlacht, in der die Spartaner erstmals in einer offenen Landschlacht dem böot. Heer unter ↗ Epaminondas unterlagen. Es folgte die zehnjährige »Theban. Hegemonie« unter Führung des Epaminondas und des ↗ Pelopidas, 369 verbündeten sich Sparta und Athen gegen die Thebaner; 364 fiel Pelopidas 362, in der Schlacht bei ↗ Mantinea auch Epaminondas. Trotz des theban. Sieges kam die Hegemonialpolitik zum Erliegen. Im sog. »3. Heiligen Krieg«

gegen ↗ Phokis büßte Th. die Hoheit über weite Teile Mittelgriechenlands ein, Philipp II. erhob 338 mit dem Sieg über die verbündeten Griechen bei ↗ Chaironeia Makedonien zur Hegemonialmacht Griechenlands. Ein Aufstand der Stadt gegen Alexander d. Gr. führte 335 zur Vernichtung Th.s; nur die Tempel und das Haus des Dichters Pindar, des größten Sohnes der Stadt, verschonte das makedon. Heer. 316 ließ Kassander Th. wieder aufbauen, doch erreichte die Stadt nur noch regionale Bedeutung. Nach dem Aufstand des Achäischen Bundes 146 v. Chr. wurde Th. römisch, stand auf Seiten Mithradates VI. von Pontos und wurde von Sulla dafür hart bestraft. Lediglich die alte Akropolis, die Kadmeia, war in der Kaiserzeit noch besiedelt. Erst in byzantin. Zeit gewann Th. wieder an Bedeutung als Zentrum Mittelgriechenlands.
Lit.: GLHS (1989) 662–667.

Theben (2) (gr. Thēbai), das »Hunderttorige« Th., griech. Name der bedeutenden Stadt in Oberägypten. Die seit der 11. Dynastie bestehende Gauhauptstadt wurde unter Ramses III. vom rechten an das linke Nilufer gegenüber den Tempeln von Karnak und Luxor verlegt. In verschiedenen Epochen diente Th. als Hauptstadt, religiöses Zentrum blieb es als Hauptort des Ammon-Kults und als Grablege der Pharaonen (Totentempel, Königsgräber im benachbarten Tal der Könige). Homer beschrieb den Ort als das »hunderttorige« Th. und besuchte es sogar. Seit der Perserherrschaft über Ägypten hatte Th. keine polit. Bedeutung

Theben, Ägypten, Terrassen-Tempel der Hatschepsut

mehr und war lediglich bis in röm. Zeit Verwaltungssitz der Region Thebais. Monumentale Bauwerke der Pharaonenzeit sind erhalten: Ruinen der Tempelanlagen von Karnak und Luxor am Ostufer des Nils, am Westufer zahlreiche Totentempel (u. a. Ramses II., III. und der Hatschepsut), Memnonskolosse, Totenstadt, Tal der Könige, Tal der Königinnen. **Lit.:** ASM (1999).

Theia, ↗ Titanin, Tochter des Uranos und der Gaia, von Hyperion Mutter des Helios (Sonne), der Eos (Morgenröte) und der Selene (Mond), von Okeanos Mutter der Kerkopen.

Theias, Sohn des ↗ Belos und der Nymphe ↗ Oreithyia. Unwissentlich zeugt er mit seiner Tochter ↗ Myrrha ↗ Adonis und begeht Selbstmord, als er davon erfährt. In der berühmtesten Gestaltung der Myrrha-Geschichte (Ovid, *Metamorphosen* 10, 298 ff.) wird ihr Vater ↗ Kinyras genannt.

Thelxiepeia, eine der ↗ Sirenen.

Themis, ↗ Titanin, zweite Gattin des Zeus, mit dem sie die ↗ Horen und die ↗ Moiren zeugt, Personifikation des Rechts und der Satzung. Nach Gaia ist Th. zweite Inhaberin des Delph. Orakels.

Themistios aus Paphlagonien, griech. Philosoph und Redner, ca. 317–388 n. Chr. Unter seiner Leitung wurde die von Kaiser Konstantin gegründete Schule in Konstantinopel zu einem angesehenen Studienort. Unter Konstantin fungierte er als Senator, unter Theodo-

sius als Stadtpräfekt. Erhalten sind 34 Reden und Erläuterungen zu Werken des Aristoteles. Th. war der Organisator der Umschrift der Papyrusrollen der Bibliothek von Konstantinopel in Pergamentcodices. **Lit.:** G. A. Kennedy, Greek Rhetoric under Christian Emperors (1983) 32–35.

Themisto (1), in der Mythologie dritte Gattin des ↗ Athamas nach ↗ Ino. In der Absicht, ihre Stiefkinder umzubringen, tötet sie ihr eigenes Kind und erhängt sich aus Verzweiflung.

Themisto (2), in der Mythologie Tochter des ↗ Nereus und der ↗ Doris.

Themisto (3), Name der ↗ Kallisto.

Themistokles (gr. Themistoklęs), bedeutender athen. Staatsmann, um 524–459 v. Chr., aus dem Geschlecht der Lykomiden, erkannte frühzeitig die Gefahr, die den Griechen von den Persern drohte, und forderte unter dem Eindruck des Jon. Aufstands eine konsequente Politik des Aufbaus einer athen. Kriegsflotte. Als Archon (493/92) leitete er den Ausbau der Hafenanlagen des Piräus und nahm als Stratege an der Schlacht bei Marathon (490) teil. Nach dem Tod des Miltiades (489) stieg er zum führenden athen. Politiker auf und festigte seine Machtposition durch demokrat. Reformen und die Ausschaltung seiner polit. Gegner mittels Ostrakismos. Sein Flottenprogramm verwirklichte er ab 483/82 unter Rückgriff auf die Einnahmen der Silberminen von Laureion. Während des großen

Perserkrieges (480/79) wurde Th. zur Leitfigur des griech. Widerstands. Er veranlasste die Rückkehr der athen. Verbannten, hatte maßgebl. Anteil am Zustandekommen eines griech. Abwehrbündnisses und befehligte die athen. Flotte in der Seeschlacht bei Artemision. Nach dem Fall der Thermopylen leitete er den Rückzug der Flotte und veranlasste die Evakuierung Athens. Durch eine List brachte er die Perser dazu, die griech. Flotte im engen Sund von Salamis anzugreifen, wo es gelang, die pers. Flotte fast vollständig zu vernichten. Nach Kriegsende war er maßgeblich an der Gründung des Att. Seebunds beteiligt und versuchte, die athen. Macht gegenüber Sparta zu festigen. In den Auseinandersetzungen Ende der 70er Jahre unterlag Th. seinen innenpolit. Gegnern und wurde ostrakisiert. Nachdem er zudem des Hochverrats angeklagt wurde, flüchtete er aus seinem Exil in Argos nach Kleinasien, wo er als Lehnsmann des Perserkönigs starb. **Lit.:** A. J. Podlecki, The Life of Themistocles (1975). – H. Bengtson, Griech. Staatsmänner (1983) 46–76. – GGGA (1999).

Theodektes aus Phaselis (Lykien), griech. Tragiker und Redner, 4. Jh. v. Chr. Er bildete sich in Athen aus, war Schüler von Platon und Isokrates und war als ⁊ Logograph tätig. Er soll 50 Dramen aufgeführt und acht Siege errungen haben. Die Fragmente sind im Stil von Euripides verfasst. **Lit.:** B. Gauly u. a. (Hg.), Musa tragica (1991) 168–179.

Theoderich, um 453–526 n. Chr., König der ⁊ Ostgoten aus dem Geschlecht der Amaler, wuchs als Geisel in Konstantinopel auf und gelangte 474 zur Herrschaft über sein Volk. Nachdem es im unteren Donaugebiet, wo die Ostgoten als Föderaten (⁊ Foedus) des (ost-) röm. Reiches siedelten, immer wieder zu Auseinandersetzungen mit Byzanz gekommen war, veranlasste ihn Kaiser ⁊ Zenon 488, mit seinem Volk nach Italien abzuwandern, um den dortigen Machthaber ⁊ Odoaker zu stürzen. Nachdem er diesen endgültig besiegt hatte (493), errichtete er in Italien ein ostgot. Reich, das bis ins Alpenvorland und nach Dalmatien reichte, und zu den bedeutendsten german. Nachfolgestaaten des röm. Reiches zählte. Nominell nur im Auftrag des oström. Kaisers regierend, war er faktisch unabhängig. Er heiratete eine Schwester des Frankenkönigs ⁊ Chlodwig und bewahrte 507 die ⁊ Westgoten vor der völligen Niederlage gegen die Franken. Im Inneren respektierte er die spätantik-röm. Gesellschaftsordnung und war um einen Ausgleich zwischen den Goten, die für militär. Belange zuständig waren, und der einheim. Oberschicht, die wirtschaftlich führend blieb, bemüht. Auch an der Verwaltung des Reiches waren namhafte Römer (u. a. ⁊ Cassiodor) an höchster Stelle beteiligt. Th. förderte das geistige Leben und gilt als einer der bedeutendsten german. Herrscher der Spätantike, wenn auch das von ihm geschaffene Reich seinen Schöpfer nur um knapp 30 Jahre überlebte. Sein gut erhaltenes Grabmal befindet sich noch heute in seiner Hauptstadt ⁊ Ravenna. **Lit.:** W. Enßlin, Th. d.Gr. (²1959).

Theodora, um 497–548 n. Chr., Gemahlin des oström. Kaisers Justinian, stammte als Tochter eines Circuswärters aus einfachsten Verhältnissen und war bereits mit Justinian verheiratet, als dieser 527 zur Regierung gelangte. Während des Nika-Aufstands (532) bewies sie großes polit. Geschick und rettete durch ihr persönl. Eingreifen ihrem Mann die Krone. Sie hatte als engste Beraterin beträchtl. Einfluss auf die Amtsführung Justinians und trat als Schirmherrin kirchl. und sozialer Stiftungen hervor. Das negative Bild, das Prokopios von Caesarea in seiner Geheimgeschichte von ihr zeichnet, ist maßlos übertrieben und einseitig verfälscht. **Lit.:** W. Schubart, Justinian und Th. (1943).

Theodoret (gr. Theodoretos) aus Antiochia, Bischof und griech. Theologe, 390–466 n. Chr. Th., ab 423 Bischof von Kyrrhos, ist einer der fruchtbarsten Autoren der alten Kirche. Zu seinen wirkungsvollsten Schriften gehören die *Hellenikon pathematon therapeutike (Heilung von griech. Krankheiten),* eine ⁊ Apologie, in der christl. und heidn.-philosoph. Positionen gegenübergestellt werden, und die *Philotheos historia,* eine Sammlung von 30 Mönchsviten. **Lit.:** J. Schulte, Th. von Cyrus als Apologet (1904).

Theodoros (1) aus Kyrene, griech. Geometer und Mathematiker, Schüler des Protagoras, 5. Jh. v. Chr. Gesprächsteilnehmer in Platons *Theaitetos.*

Theodoros (2) aus Gadara, griech. Redner; 1. Jh. n. Chr., Lehrer des jungen Tiberius, häufig von Quintilian zitiert.

Theodoros (3) aus Asine, griech. Philosoph, Neuplatoniker; ca. 275–360 n. Chr.; Schüler des Porphyrios. Die Titel zweier Schriften des Th. sind bekannt: eine über die Terminologie der Metaphysik, die andere über Seelenwanderung und das Wesen der Seele. Th. schrieb auch Kommentare zu Dialogen Platons.

Theodoros (4) aus Mopsuestia, griech. Theologe, ca. 350–428 n. Chr. Die zahlreichen Schriften (zu-

Goldmedaillon des Gotenkönigs Theoderich um 500 n. Chr.

meist Kommentare zu den bibl. Büchern) sind nur fragmentarisch oder in syr. Übersetzung erhalten.

Theodorus Priscianus, griech. medizin. Schriftsteller, wahrscheinlich aus Nordafrika stammend, 4./5. Jh. n. Chr. Leben und Wirksamkeit sind nur durch seine erhaltenen Schriften bekannt: die *Euporista* (*Leicht zu beschaffende Medikamente*), eine Zusammenstellung längst bekannter Rezepte von Heilmitteln, wobei die Heilkraft der Natur eine bedeutende Rolle spielt, und ein Fragment der *Physika* (*Sammlung von Wundermitteln*).

Theodosia (heute Feodosija, Ukraine), griech. Hafenstadt im ↗ Schwarzen Meer. Die miles. Gründung (um 600 v. Chr.) wurde 335 Teil des ↗ Bosporan. Reiches; 107 besetzten ↗ Skythen die Stadt, kurz darauf Mithradates VI. Die Stadt, die bes. vom Getreidehandel lebte, wurde im 2. Jh. n. Chr. zerstört und nicht mehr aufgebaut.

Theodosius I., 347–395 n. Chr., röm. Kaiser 379–395, stammte aus Spanien und wurde 379, nach dem Tod des Valens von Gratianus zum Augustus des Ostens erhoben. Er versuchte, das Reich gegen weitere Einfälle german. Völkerschaften zu schützen, und schloss 382 einen Vertrag mit den Westgoten, der sie gegen Gewährung einer Autonomie innerhalb des Reiches zur Waffenhilfe verpflichtete. 388 unterwarf er den Usurpator Maximus, der sich im Westreich durchgesetzt hatte, und stellte 394, mit seinem Sieg über Eugenius, ein letztes Mal die Einheit des Reiches her. Nachdem er bereits 380 zum christl. Glauben übergetreten war, verbot er 392 jegl. Götterkult und erhob das Christentum zur Staatsreligion. Für seine Untertanen schrieb er ein verbindl. Glaubensbekenntnis vor, was später zu Verfolgungen vermeintl. Häretiker führen sollte. Bei seinem Tod (395) kam es zur erneuten Reichsteilung zwischen seinen Söhnen Arcadius (Osten) und Honorius (Westen), die diesmal endgültigen Charakter hatte. Das Bild des Th. in der Geschichte ist bes. mit dem Sieg des Christentums verbunden. **Lit.:** A. Lippold, Th. d.Gr. und seine Zeit (1980).

Theodosius II., 401–450 n. Chr., oström. Kaiser 408–450, Sohn des Arcadius, war zeitlebens von seinen Beratern abhängig und erhalte sich, trotz innerer Schwäche die Stabilität des Reiches zu bewahren. Er initiierte die Veröffentlichung einer Sammlung kaiserl. Gesetze (*Codex Theodosianus*) und verstärkte die Verteidigung Konstantinopels durch die nach ihm benannten Theodosian. Mauern.

Theogamia (»Götterhochzeit«) ↗ Heilige Hochzeit

Theognis aus Megara, griech. Elegiker, Datierung unsicher (7./6. Jh. v. Chr.). Erhalten sind 1389 Verse in didakt. Stil. Die Verse speisen sich aus der Welt der adligen Hetairien (Adelskreise), dürften an Symposien vorgetragen worden sein und dienen der Vermittlung der Werte der Adelsgesellschaft. Wie es scheint, ist das erhaltene Werk eine Zusammenstellung aus hellenist. Zeit und geht auf mehrere Autoren zurück. **Lit.:** M. L. West, Studies in Greek Elegy and Iambus (1974) 401–425. – GGGA (1999). – D. U. Hansen, Th. (2005) [Ed., Übers.].

Theogonie (»Entstehung der Götter«), Epos von ↗ Hesiod, in dem er die Götter und Heroen in ein genealog. Schema bringt.

Theokrit (gr. Theokritos) von Syrakus, griech. Dichter, 1. Hälfte 3. Jh. v. Chr. Th. lebte am Hof von Alexandria. In der antiken Literaturgeschichte galt er als Begründer der ↗ Bukolik. Wie sein innovativer Zeitgenosse ↗ Kallimachos ließ sich auch Th. für seine vielfältige Neuschöpfung von der altgriech. Dichtung inspirieren. Das von antiken Gelehrten komponierte *Corpus Theocriteum* enthält unter den ca. 30 längeren und 24 epigrammat. Gedichten viel Unechtes, das oft nicht eindeutig zu bestimmen ist. In der Kaiserzeit nannte man die größeren Gedichte *eidyllia* (»Bildchen«), woraus sich der Begriff der Idylle im heutigen Sinne entwickelt hat. Das nicht-epigrammat. Werk des Th. umfasste neben den bekannten *Bukolika* Gedichte im städt. Milieu, Mythologisches, Erotisches und Gedichte an Herrscher. Die ersten beiden Gruppen hat man aufgrund ihrer dramatisierten Form auch als ländl. bzw. städt. Mimen (↗ Mimus) bezeichnet. Die meisten Gedichte sind in Hexametern oder Distichen abgefasst. Der Dialekt ist ein literarisch abgemildertes Dorisch mit ep. Bestandteilen. Th. verbindet die typisch alexandrin. Demonstration literar. Bildung und poet. Vielseitigkeit mit einem Thema, das auf den ersten Blick unangemessen erscheint: der Welt der kleinen Leute (vgl. Leonidas, Herodas). So kreist die Diskussion der Th.-Forschung um das Problem der eigenen Position des Th. gegenüber den von ihm geschilderten Gegenständen. **Lit.:** K.-H. Stanzel, Liebende Hirten (1995). – R. L. Hunter, Th. and the Archeology of Greek Poetry (1996). – GGGA (1999).

Theon (1) aus Alexandria, griech. Philologe, 1. Jh. v. Chr., Verf. eines (nicht erhaltenen) Lexikons zu Wörtern in der klass. Tragödie und Komödie. Er arbeitete außerdem über Homer und die klass. Autoren.

Theon (2) aus Alexandria, griech. Rhetor, 1. Jh. n. Chr., Verf. von (nicht erhaltenen) Abhandlungen zu griech. Rednern und einem Lehrbuch der Rhetorik.

Theon (3) aus Smyrna, griech. Philosoph, 2. Jh. n. Chr., Verf. einer (erhaltenen) Schrift über mathemat. Aspekte, die für die Interpretation Platons nützlich sind.

Theon (4) aus Alexandria, griech. Mathematiker, 4. Jh. n. Chr., Verf. eines Kommentars zu Ptolemaios (teilweise erhalten) und Herausgeber der *Elemente* Euklids.

Theonoë (gr. Theonoë), Tochter des ↗ Thestor, Schwester des Leukippe und des Sehers ↗ Kalchas. Sie wird von Seeräubern nach Karien entführt.

Theophane (gr. Theophane), schöne Tochter des thrak. Königs Bisaltes, vom verliebten Poseidon angesichts der Vielzahl ihrer Freier entführt und in ein Schaf verwandelt, dem sich der Gott in Gestalt eines Widders nähert. Sie zeugen das Lamm mit dem ↗ Goldenen Vlies.

Theophanes (gr. Theophanes) aus Mytilene, ein polit. Ratgeber des Pompeius, begleitete diesen bei seinem Feldzug gegen Mithradates VI. von Pontos und verfasste ein nicht erhaltenes Geschichtswerk, in dem er die Taten des Pompeius beschrieb. Sein Werk wurde u. a. von Strabon und Plutarch benutzt.

Theophrast (gr. Theophrastos) aus Eresos, griech. Philosoph, 372/70–288/86 v. Chr. Von den mehr als 100 philosoph. Schriften des Schülers und Nachfolgers des Aristoteles sind nur einige naturwissenschaftl., bes. zwei umfangreiche botan. Werke, und die *Charaktere* erhalten. Er legte dieselbe enzyklopäd. Gelehrsamkeit wie Aristoteles an den Tag; seine (nicht erhaltenen) *Lehrmeinungen der Naturphilosophen* hatten großen Einfluss auf die antike Philosophiegeschichte. In den botan. Schriften (*Historia plantarum*; *De causis plantarum*) klassifiziert er zunächst das Material, bevor er auf die Erscheinungsformen und Funktionen eingeht, ohne einen Vollständigkeitsanspruch zu erheben. Die *Charaktere* sind eigentlich eine Stoffsammlung, eine Zusammenstellung von Skizzen über verschiedene, sozial deformierte Typen. Seine Ethik, die eher deskriptiv als normativ angelegt war, erfuhr heftige Angriffe seitens der Stoiker. **Lit.:** K. Gaiser, Th. in Assos (1985). – GGGA (1999).

Theopomp (gr. Theopompos) von Chios, griech. Historiker, ca. 378/77–320 v. Chr. Nachdem seine Familie wegen spartafreundl. Gesinnung verbannt worden war, wurde Th. von Alexander d.Gr. die Rückkehr 333/32 erlaubt. Nach Alexanders Tod ein zweites Mal verbannt, lebte er am Hof von Ptolemaios I. Unter seinen in Fragmenten erhaltenen Schriften findet sich die erste ↗ Epitome der antiken Literatur, eine Zusammenfassung von Herodots *Historien*. Als Fortsetzung des Thukydides behandelte er in seinen *Hellenika* die Zeit von 411–394 und trat damit in bewusste Konkurrenz zu Xenophons *Hellenika*. Sein Hauptwerk war die *Geschichte Philipps* (von Makedonien) in 58 Büchern, in der er jedoch nicht nur Leben und Taten Philipps II. beschrieb, sondern sie in den größeren Rahmen einer Darstellung der griech. und barbar. Geschichte stellte. Th. ist einer der herausragenden Vertreter der rhetor. ↗ Geschichtsschreibung. Als Universalhistoriker konzentrierte er sich nicht nur auf die histor. und militär. Ereignisse, sondern bezog ethnograph., geograph. und kulturgeschichtl. Betrachtungen mit ein, bes. befasste er sich in Exkursen mit Erstaunlichem und Wunderbaren (*thaumasia*, ↗ Paradoxographie). Th. scheint ein sorgfältiges Quellenstudium betrieben zu haben, teils schreibt er auf der Basis von Autopsie. **Lit.:** O. Lendle, Einführung in die griech. Geschichtsschreibung (1992) 129–136. – M. A. Flower, Th. of Chios (1994).

Theorikon (gr., »Schaugeld«), in Athen eine Zahlung aus öffentl. Mitteln an arme Bürger in Höhe von zwei Obolen, die jenen zu bestimmten Festen den Besuch des Theaters ermöglichte. Die Einführung des Th. geht vielleicht bereits auf Perikles zurück; als Athen Ende des 4. Jh. v. Chr. unter makedon. Herrschaft geriet, wurde das Th. abgeschafft.

Thera (gr. Strongyle, heute Santorin), Kykladeninsel vulkan. Ursprungs in der Ägäis. In prähistor. Zeit explodierte nach mehreren Erdbeben, die den Bewoh-

nern offensichtlich Zeit zur Evakuierung gaben, der ↗ Vulkan der Insel; der Mittelteil der Insel wurde völlig zerstört, versank und hinterließ die Insel in ihrer heutigen sichelartigen Gestalt mit steil abfallenden Wänden zur Innenseite des Kraters (Chaldera) und flachem Küstenverlauf zur Außenseite. Die Nachbarinseln Aspronisi und Theirasia lassen zusammen mit Th. die ursprünglich Form und Größe der Insel erkennen. Bei der großen Vulkanexplosion wurden Teile der Insel mit einer bis zu 60 m dicken Bimssteinschicht überzogen; die Ausgrabungen von Akrotiri im S der Insel legten unter dieser Schicht eine einzigartig erhaltene minoische Stadt frei, deren Häuser z. T. bis in die oberen Stockwerke aufrecht stehen. Durch Keramikfunde lässt sich ihre Zerstörung in das Spätminoikum (I A) datieren, also ca. 1500 v. Chr. Der Versuch, die Zerstörung von Th. mit dem Untergang der minoischen Palastkultur auf ↗ Kreta in einen direkten Kausalzusammenhang (Flutwelle) zu bringen, gilt inzwischen als unwahrscheinlich. Die einzigartigen minoischen Wandmalereien befinden sich heute im Archäolog. Nationalmuseum in Athen. Th. wurde erst von den Dorern wieder besiedelt, die auf einem ca. 370 m hohen Berg an der Ostküste die antike Stadt Th. anlegten. Um 630 v. Chr. wurde von Th. aus ↗ Kyrene an der nordafrikan. Küste gegründet, Th. war Mitglied des ↗ Att. Seebundes; in frühhellenist. Zeit war Th., das sich in ägypt. Besitz befand, Hauptstützpunkt der ptolemäischen Flotte in der Ägäis und von zentraler Bedeutung für die Expansionspolitik der Ägypter in diesem Raum. Die heute noch sichtbaren Reste der Stadt stammen bes. aus hellenist. und röm. Zeit (Theater, Gymnasium, Agora, Stoa, Privathäuser und Amtsgebäude). **Lit.:** Chr. G. Doumas, Th./Santorin. Das Pompeji der alten Ägäis (1991). – ASM (1999).

Theramenes (gr. Theramenes), um 455–404 v. Chr., athen. Politiker, stammte aus einer reichen Grundbesitzerfamilie und war als gemäßigter Oligarch bereits am Umsturz des Jahres 411/10 beteiligt. Nach der Kapitulation Athens im Peloponnes. Krieg (404) war er einer der Dreißig Tyrannen, geriet aber wegen seiner gemäßigten Positionen in Konflikt mit Kritias, der ihn noch im gleichen Jahr unter Anklage stellte und hinrichten ließ.

Thermen (gr., »warme Bäder«). Schon in prähistor. Zeit benutzten die Menschen zum Baden Wannen, in denen sie sich sitzend mit kaltem und warmem Wasser übergossen. Etwa seit dem 5. Jh. v. Chr. gab es in Griechenland öffentl. Bäder, die aber nur aus Baderäumen mit kleinen runden Becken und einigen Nebenräumen bestanden. Die Griechen entwickelten keine ausgeprägte Badekultur, wohingegen die Römer, die das Bad zunächst auch nur zur Körperreinigung benutzt hatten, dem Bad eine immer größere Bedeutung zukommen ließen und es zu einem zentralen Ort des öffentl. Lebens machten. Spätestens mit der Entwicklung eines Systems, mit dessen Hilfe erwärmte Luft durch Fußböden und Wände geleitet werden konnte (↗ Heizung), war der Durchbruch erreicht. Seit dem 1. Jh. v. Chr. wurden die Th. öffentl. (wie auch priva-

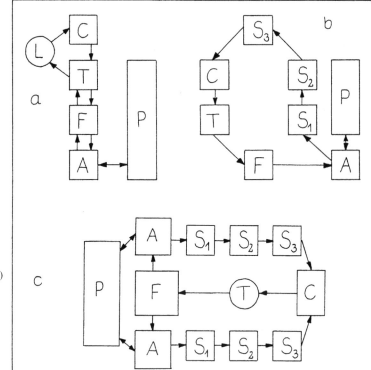

a Reihen-Typ
b Ring-Typ
c kleiner Kaiser-Typ
A Apodyterium
  (Umkleideraum)
S Sudationes (geheizte
  Räume)
L Laconium (Schwitzbad)
C Caldarium (Warmbad)
T Tepidarium
  (lauwarmes Bad)
F Frigidarium (Kaltbad)
P Palaestra (Platz für die
  körperliche Ertüchti-
  gung)

Thermentypen

ten) Charakters zu regelmäßig benutzten Einrichtungen. Sie bestanden aus folgenden Räumen: Umkleideraum (*apodyterium*), Kaltbaderaum (*frigidarium*), lauwarmem Durchgangsraum (*tepidarium*), Warmluftraum (*sudatio*) und Warmwasserbad (*caldarium*). Ferner befanden sich in den Th. zusätzl. Räume: Geschäfte, Bibliothek, Räume für Massagen oder zur Unterhaltung sowie anschließende Bereiche unter freiem Himmel, wie ein Freibad (*natatio*), Wandelhallen, Ballspielplätze und die ⁊ Palästra. Je nach der Anordnung der verschiedenen Räume (hintereinander, kreisförmig, symmetrisch) werden einzelne Th.-Typen unterschieden (z. B. Reihenbad, Ringanlage, Th. mit Verdoppelung einzelner Abschnitte, symmetrisch vergabelter Ringtyp, kleiner und großer Kaisertyp). **Lit.:** E. Brödner, Die röm. Th. und das antike Badewesen (1983). – W. Heinz. Röm. Th.: Badewesen und Badeluxus im Röm. Reich (1983).

Thermopylen (gr., »warme Tore«), Pass zwischen Mittel- und Nordgriechenland im S von ⁊ Lamia. Der zwischen Kallidromosgebirge und Meer gelegene Pass war der einzige für Truppenbewegungen nutzbare Zugang von Thessalien nach Mittelgriechenland und daher stets von höchster strateg. Bedeutung. Der etwa 4 km lange und nur 50 m breite Pass konnte an mehreren befestigten Endstellen (sog. Tore) gesperrt werden. Die bekannteste militär. Auseinandersetzung fand 480 v. Chr. statt, als ⁊ Leonidas und seine Spartiaten in den ⁊ Perserkriegen versuchten, nach Abzug der restl. griech. Truppen den Pass mehrere Tage gegen die vorrückenden Perser zu halten. Gleichzeitig bekämpften sich die pers. und griech. Flotten am Kap ⁊ Artemision. Durch Verrat und ein Umgehungsmanöver wurden die Spartaner völlig aufgerieben; die Perser rückten durch das inzwischen weitgehend geräumte Attika nach Athen vor. Das berühmte Th.-Epigramm »Wanderer, kommst Du nach Sparta, verkünde dort, Du habest uns hier liegen gesehen, wie das Gesetz es befahl« erinnert an diese Ereignisse; die Schlacht bei den Th. galt schon in der Antike als Musterbeispiel von Pflichterfüllung und Selbstaufopferung. Der Pass ist heute durch die Anschwemmungen des Spercheios nicht mehr vorhanden, ein Denkmal erinnert an die Toten von 480. **Lit.:** ASM (1999).

Theron, um 540/30–472 v. Chr., Tyrann von Akragas aus dem Geschlecht der Emmeniden, besiegte 480 gemeinsam mit Gelon die Karthager in der Schlacht bei Himera. Unter seiner Herrschaft wurde Akragas durch einen blühenden Handel zu einem der bedeutendsten Orte Siziliens. An seinem Hofe wirkten u. a. Pindar und Simonides.

Thersandros, myth. König von Theben, Sohn des Polyneikes und der Argeia, besticht – wie zuvor sein Vater – Eriphyle mit dem Hochzeitsgewand der Harmonia, ihren Sohn Alkmeon zu einem erneuten Zug gegen Theben zu überreden (Zug der ↗ Epigonen). Dieser verläuft erfolgreich, und Th. übernimmt den theban. Thron. Im ↗ Trojan. Krieg führt Th. seine Truppe irrtümlich nach Mysien, wo sie unter Telephos zurückgeschlagen wird; Th. wird von Telephos getötet.

Thersites, in Homers *Ilias* ein hässl. Grieche mit losem Mundwerk, der nach dem Tod der Penthesilea über den aus Liebe trauernden Achill spottet. Er wird von Achill erschlagen.

Theseia, Kultfest für ↗ Theseus in Athen.

Theseus (gr. Theseús), der größte att. Held, Sohn des myth. Königs Aigeus oder des Poseidon und der Aithra. Er beweist seine Stärke, indem er die von Aigeus gestellte Aufgabe löst, einen Felsen beiseite zu rollen; unter diesem liegen ein Schwert und Sandalen. Auf seiner Reise nach Athen, für die er wie Herakles den schwereren Weg über den Isthmos wählt, bestraft er Räuber und Ungeheuer mit eben dem Schicksal, das diese ihm zugedacht hatten: Periphetes erschlägt er mit dessen Keule, Sinis Pityokamptes lässt er durch herabgezogene und dann losgelassene Fichten zerreißen, in Krommyon tötet er das das Land heimsuchende Wildschwein, den Skiron stürzt er ins Meer, schlägt Kerkyon im Ringkampf und verfährt mit Prokrustes, der alle Vorbeikommenden durch Strecken oder Amputation der Länge seines Gästebettes anpasst, auf dieselbe Weise. Th. fängt und opfert den kret. Stier des ↗ Herakles, zieht nach Kreta und tötet den ↗ Minotauros im Labyrinth, aus dem er dank ↗ Ariadnes Garnknäuel wieder herausfindet. Ariadne nimmt er als seine erste Frau mit, lässt sie jedoch auf Naxos zurück. Vor seiner Ankunft in Athen vergisst Th., weiße Segel als Signal für seinen Erfolg zu hissen, worauf Aigeus sich im Glauben, Th. wäre tot, in das nach ihm benannte Ägäische Meer in den Tod stürzt. Als König von Athen wehrt Th. nach dem ersten, mit Herakles geführten Kampf gegen die ↗ Amazonen, aus dem er Antiope mit Hippolyte mitgebracht hat, einen erneuten Angriff der Kriegerinnen ab. Mit Hippolyte zeugt er ↗ Hippolytos. Später verstößt er Antiope, um ↗ Phädra zu heiraten. Sein Freund ↗ Peirithoos, den er im Kampf gegen die ↗ Zentauren unterstützt hat, hilft ihm dabei, die schöne Helena zu rauben; im Gegenzug begleitet Th. seinen Freund in die Unterwelt, um Persephone zu entführen. Zur Strafe will der Unterweltsgott Hades beide auf ewig auf einem Stuhl festsitzen lassen, jedoch wird Th. später von Herakles befreit. Derweil haben die Dioskuren Helena zurückgeholt und Menestheus auf den Thron von Athen gesetzt. Th. flieht nach Skyros zu Lykomedes, der ihn später in einem Streit tötet. Th. ist der Schutzpatron Athens, insbes. der athen. Epheben. Wie Poseidon wurde Th. am 8. jedes Monats, bes. aber an seinem Fest, den Theseia am 8. Pyanopsion (Oktober/November), mit Tieropfern, ↗ Pompa und Wettkämp-

Theseus tötet den Minotaurus unter dem Blick Athenas (Schale des Aison)

fen (↗ Agon) staatskultisch verehrt. In der Tragödie ist Th. das Ideal des att. Königs (z. B. bei Sophokles, *Ödipus auf Kolonos*). **Lit.:** F. Brommer, Th. (1982). – J. Neils, The Youthful Deads of Th. (1987).

Thesmophorien, dreitägiges Fest der Demeter und der Persephone im Herbst mit Ferkelopfer. Das Fest bildet den Hintergrund von Aristophanes' *Thesmophoriazusen.*

Thesmotheten (gr., »Rechtssetzer«) nannte man in Athen die sechs Rechtspfleger unter den neun ↗ Archonten, die im Thesmotheion tagten. Sie waren keine Gesetzgeber, hatten aber als eine Art Verwaltungsrichter der Oberaufsicht über die Anwendung der Gesetze und weitere Verwaltungsakte. Hinsichtlich ihrer Amtsführung waren sie der ↗ Boule gegenüber rechenschaftspflichtig.

Thespios, Eponym des böot. Thespiai; ↗ Herakles.

Thespis, griech. Tragiker aus Ikaria (Attika), 2. Hälfte 6. Jh. v. Chr. Er gilt als ›Erfinder‹ der Tragödie (zwischen 538/28) da er nach Aristoteles (*Poetik*) als erster dem reinen Chorgesang einen Prolog und Rede hinzugefügt und dadurch ein ↗ Drama, »Handlung«, im eigentl. Sinn erst möglich gemacht habe. **Lit.:** B. Gauly u.a. (Hg.), Musa tragica (1991) 32–36.

Thessalien, Landschaft in NO-Griechenland. Die fruchtbare thessal. Ebene war ringsum von Gebirgszügen umrahmt und bildete einen abgeschlossenen geograph. Raum. Die seit frühester Zeit besiedelte Landschaft war in histor. Zeit Durchgangsland zahlreicher Völker auf deren Weg nach S (z. B. Dor. Wanderung). Der Stamm der Thessaler wanderte im 7. Jh. ein, Großgrundbesitz, den die Landesnatur nahelegte, wurde die dominierende Wirtschaftsform, die Aristokratie dominierte in der Gesellschaft. Th. beherrschte die delph. ↗ Amphiktyonie und war bis ca. 600 die Vormacht Mittelgriechenlands. Gegen Ende des 6. Jh.

geriet es, wie auch ↗ Makedonien, unter den Druck der nach Griechenland vordringenden Perser. In den ↗ Perserkriegen diente Th. als Basis für die militär. Operationen des pers. Landheeres. Im 5. Jh. wuchsen die Städte Th.s durch Zuzug vom Lande (z. B. ↗ Larissa, ↗ Pharsalos, Pherai), der Thessal. Bund als polit. Organisation der Landschaft wurde gestärkt. Im 4. Jh. kam es zu Spannungen innerhalb des Bundes, Jason von Pherai suchte die Alleinherrschaft zu gewinnen, doch geriet Th. ab 352 in Abhängigkeit zu Philipp II. von Makedonien. Diese Anbindung blieb auch bis 192 bestehen. 192–148 wurde Th. von Makedonien abgespalten und erhielt wieder eine eigene Bundesordnung. 148 wurde auch Th. von den Römern unterworfen und der Provinz ↗ Achäa eingegliedert, später der Provinz Macedonia angeschlossen. **Lit.:** F. Stählin, Das hellenist. Th. (1924). – B. Helly, L'état Th. (1995).

Thessalonike (heute Thessaloniki, Griechenland), wichtigste Hafenstadt Makedoniens. ↗ Kassander begründete Th. 316/15 v. Chr. durch den Zusammenschluss (↗ Synoikismos) von über 20 kleineren Orten. Bei der Aufteilung Makedoniens in vier autonome Regionen wurde Th. Vorort der zweiten Region, 146 mit der Errichtung der röm. Provinz Macedonia Hauptstadt. In der röm. Kaiserzeit entwickelte sich die an der verkehrsreichen ↗ Via Egnatia gelegene Stadt zu einem bedeutenden Wirtschaftszentrum und wurde stark befestigt, Konstantin d.Gr. baute einen künstl. Hafen und ersetzte damit die alte Reede. In der Frühgeschichte des Christentums und bei der Missionierung des Balkans spielte Th. eine zentrale Rolle, vgl. die Briefe des Paulus an die Thessaloniker. Später wurde Th. Sitz eines Metropoliten. Galerius wählte Th. zur Residenzstadt, der erhaltene Galerius-Bogen erinnert an seinen Sieg 297 n. Chr. über die Perser. 390 erhob sich die Stadt gegen Kaiser Theodosius I., der in der Stadt ein Massaker anrichtete. In byzantin. Zeit wurde Th. die zweite Hauptstadt des oström. Reiches, die Überreste der Befestigungsanlagen sowie die Sophienkirche und die Demetriusbasilika aus dieser Epoche dokumentieren die herausragende Stellung und den Reichtum der Stadt. 904 wurde Th. von den Arabern erobert. **Lit.:** GLHS (1989) 676–682. – ASM (1999).

Thessalos ↗ Pheres (2)

Thestor, Seher, Sohn des ↗ Apollon und der Laothoë, Vater von ↗ Kalchas, Alkmaon, Leukippe, ↗ Theonoë. Auf der Suche nach seiner geraubten Tochter Theonoë gerät er in die Sklaverei, gewinnt aber Tochter und Freiheit zurück.

Theten, bei der Reform des ↗ Solon die unterste Zensusklasse der att. Bürgerschaft (weniger als 200 Scheffel Ertrag), zu der bes. Handwerker und Tagelöhner gehörten. Im System des Solon hatten sie Stimmrecht in der ↗ Volksversammlung und Zutritt zu den Volksgerichten, die Ausübung von Ämtern war ihnen aber zunächst untersagt. Mit dem Aufbau der athen. Flotte und dem Aufstieg Athens zur beherrschenden Seemacht stieg ihre polit. Bedeutung, da sie ihren Militärdienst bes. auf den Schiffen verrichteten. Seit

Mitte des 5. Jh. v. Chr. waren sie deshalb auch zu allen Ämtern zugelassen. Die Zahlung von ↗ Diäten unter Perikles sollte ihre tatsächl. polit. Partizipationsmöglichkeiten verbessern.

Thetis, eine ↗ Nereïde. Sie wird von ihren Geliebten Poseidon und Zeus dem Sterblichen Peleus übergeben, als diesen bekannt geworden war, dass ihr Kind seinen Vater übertreffen werde. Peleus und Th. zeugen Achill, den Th. bis auf die kleine Stelle an seiner Ferse unverwundbar macht. Die Hochzeit von Peleus und Th. bildet die Rahmenhandlung von Catulls Epyllion (Gedicht 64).

Theurgie, bes. im ↗ Neuplatonismus praktizierte Kontaktaufnahme mit den Göttern durch mag. Handlungen (↗ Magie).

Theveste (heute Tebessa, Algerien), röm. Legions- und Verwaltungssitz in der Provinz Africa proconsularis. Die alte Berberstadt wurde 247 v. Chr. von Karthago erobert. Im 1. Jh. n. Chr. war hier die 3. Legion stationiert; die als Colonia neu begründete Stadt expandierte schnell und wurde schon im 3. Jh. Bischofsitz. Die mit Karthago durch eine Straße verbundene Stadt diente als regionales Verwaltungszentrum. Bedeutende Reste der Stadt aus der hohen und späten Kaiserzeit sind erhalten: Amphitheater, Tempelanlage, frühchristl. Bauten, byzantin. Befestigungsanlage.

Thiasos, Zusammenschluss von Personen zur Verehrung einer Gottheit (↗ Mänaden).

Thibron, spartan. Söldnerführer in den Diensten des Harpalos, ermordete 324 v. Chr. seinen Auftraggeber und begab sich mit dessen Schätzen nach Kyrene, das er für sich zu gewinnen suchte. Nach Anfangserfolgen unterlag er dem von Ptolemaios ausgesandten Feldherrn Ophellas.

Thisbe ↗ Pyramos

Thoas (1), myth. König von Lemnos, Sohn des Dionysos und der Ariadne. Die Frauen von Lemnos vernachlässigen den Kult der Göttin Aphrodite und werden von der beleidigten Göttin mit einem widerl. Geruch bestraft. Als sich die Männer Thrakierinnen zu Geliebten nehmen, werden sie von ihren Frauen getötet; nur Th. wird von seiner Tochter Hypsipyle gerettet, die ihn in einer Kiste ins Meer wirft. Th. treibt nach Oinoë, wo er die gleichnamige Nymphe heiratet und mit ihr Sikinos zeugt, nach dem die Insel benannt wird.

Thoas (2), Thronfolger und Enkel des obigen, Sohn der Hypsipyle, die er mit seinem Bruder Euneus aus der Sklaverei am Hofe des nemeischen Königs Lykurgos befreit.

Thoas (3), König der Taurer in Euripides *Iphigenie bei den Taurern*.

Thoas (4), zwischen 203 und 172 v. Chr. viermal Stratege des Ätol. Bundes, ein führender Vertreter der antiröm. Partei, ermunterte 193 Antiochos III. zum Krieg gegen Rom. Nach dessen Niederlage von den Römern begnadigt, unterstützte er sie im Krieg gegen Perseus (171–168).

Tholos (gr., »Rundbau«), zunächst ein Rundbau sakralen Charakters mit oder ohne umlaufende Säulenhalle, später allgemeine Bezeichnung für Rundbauten unterschiedl. Bedeutung. So z. B. die auf der Agora von Athen (um 465 v. Chr.) mit sechs Säulen und kon. Dach, die Amtssitz der Prytanen war. Wohl in Anlehnung an die griech. Rundbauten entstanden die römerzeitl. Rundtempel, unter denen der bekannteste der Rundtempel am Tiber in Rom sein dürfte. **Lit.:** F. Rakob/W.-D. Heilmeyer, Der Rundtempel am Tiber in Rom (1973).

Thot(h), ägypt. Mondgott mit Ibiskopf oder in Paviangestalt, Gott des Kalenders und des Wissens, bes. des Schrifttums (Platon, *Menon*) und der Magie, von den Griechen mit Hermes Trismegistos gleichgesetzt (↗ Hermetische Schriften).

Thrakien (gr. Thrake, lat. Thracia), antike Landschaft auf dem Balkan östl. von Makedonien und Epirus bis hin zum Schwarzen Meer, Heimat der Stammesgruppe der indoeuropäischen Thraker, die sich in viele Einzelstämme aufgliederten; der krieger. Stamm der ↗ Odrysen spielte jedoch eine führende Rolle innerhalb der Stammesgruppe. In Konflikt mit den Griechen kamen die Thraker bes. in den Küstenregionen (westl. Schwarzmeerküste und thrak. Meer/Ägäis), dem bevorzugten Siedlungsraum griech. Kolonisten. Im 5. Jh. v. Chr. errichteten die Könige der Odrysen einen thrak. Einheitsstaat, der unter Philipp II. in makedon. Abhängigkeit geriet und erst nach dem Tode Alexanders d.Gr. (323) unter ↗ Lysimachos von Th. wieder ein selbständiges Königreich und 15 v. Chr. zum röm. Klientelstaat wurde. 46 n. Chr. errichtete Rom die Provinz Thracia mit der Hauptstadt Perinth; weitere städt. Zentren fehlten weitgehend. Wie die Landesnatur Th.s, so galten auch die Thraker als rauh. Ackerbau und Viehzucht (bes. Pferde) bestimmten das Leben. Die reichen Edelmetallvorkommen des Landes machten Th. wirtschaftlich interessant, seine Bewohner wurden zudem gerne als ↗ Söldner angeworben. Auch die ↗ Geten und ↗ Daker gehörten zur thrak. Stammesfamilie, ebenso die kleinasiat. Stämme der ↗ Bithyner, ↗ Myser und ↗ Phryger, die schon im 2. Jt. v. Chr. vom Balkan nach Kleinasien übergesetzt hatten. Die thrak. Sprache ist nur in einigen Inschriften sowie in Ortsnamen erhalten. Ihre Blüte erlebte die thrak. Kunst zwischen 525 und 280, Höhepunkte sind die einzigartigen Werke thrak. Gold- und Silberschmiede dieser Zeit. **Lit.:** Chr. M. Danov, Altthrakien (1976). – Gold der Thraker. Ausstellungskatalog (1979). – R. F. Hoddinott, The Thracians (1987).

Thrasybulos, athen. Politiker, widersetzte sich 411 dem oligarch. Umsturzversuch in seiner Heimatstadt und veranlasste die Flottensoldaten auf Samos zu ihrem Schwur auf die Demokratie. Nach der Einsetzung der Dreißig Tyrannen am Ende des Peloponnes. Krieges (404) musste er fliehen, setzte sich aber bereits 403 wieder im Piräus fest und leitete von dort die demokrat. Restauration. 390/89 erneut Stratege (Erfolge in Nordgriechenland), fiel er bei einem Plünderungszug in der Nähe von Aspendos.

Thrasyllos, athen. Feldherr im Peloponnes. Krieg, war 411 nach dem oligarch. Umsturzversuch einer der Hauptinitiatoren des Demokratieschwurs der Flottensoldaten auf Samos. Danach mehrfach Stratege, wurde er 406 als einer der Hauptverantwortlichen für die athen. Verluste in der Seeschlacht bei den Arginusen hingerichtet.

Thrasymachos aus Chalkedon, griech. Sophist, 5./4. Jh. v. Chr., bekannt aus Platons *Staat* (Buch 1). Er scheint das Recht des Stärkeren vertreten zu haben. In der Rhetorik war er wie ↗ Gorgias bestrebt, durch Stil und Vortrag die Emotionen des Publikums zu wecken. **Lit.:** G. A. Kennedy, The Art of Persuasion in Greece (1963).

Threnos (gr., »Klage«). Th. bedeutet allg. Totenklage. Im 6./5. Jh. entwickelt sich der Th. zu einer literar. Form und findet bes. in der Tragödie Verwendung.

Thukydides (1) (gr. Thukydides) aus Athen, griech. Historiker, ca. 460–395 v. Chr., Verf. einer Monographie des Peloponnes. Krieges (431–404). Er war Stratege 424/23, wurde aber wegen eines verzögerten Einsatzes bei Amphipolis verbannt; während seines ca. 20-jährigen Exils hielt er sich in Thrakien auf, wo er Großgrundbesitz besaß, besuchte ferner die Kriegsschauplätze (Autopsie) und nahm Kontakt zu den Hauptakteuren auf beiden Seiten auf; er nennt jedoch nie seine Informanten. Das Werk bricht abrupt ab. Innere Indizien deuten auf eine lange Abfassungszeit und progressive Planentwicklung; Datierung und entstehungsgeschichtl. Einordnung einzelner Partien (sog. ›thukydideische Frage‹) bleiben bis auf einzelne, spät abgefasste oder revidierte Abschnitte kontrovers. Buch 5 und 8 weisen Merkmale von Unvollständigkeit auf (Berichtstil, Fehlen von Reden, unverarbeitete Urkunden). Nach eigener Angabe (1, 22, 4) hatte Th. ein Lesepublikum im Sinne. Der oft komplexe Gedankengang, die weitschweifigen Satzkonstruktionen, die Neigung zu abstraktem Sprachausdruck und Neologismen eignen sich nicht für Rezitation. Th. bildet zusammen mit ↗ Antiphons Reden und dem *Staat der Athener* des ↗ Pseudo-Xenophon unsere Hauptquelle für die sich noch ausformende att. Prosasprache des 5. Jh.; mit Antiphon (und der ↗ Sophistik) teilt er noch

Thukydides

die auf Wahrscheinlichkeit (*eikos*) und Indizien (*tekmeria*) gestützte log. Argumentation, mit Pseudo-Xenophon den tiefen Einblick in die Funktionsweise der athen. Demokratie und die Geringschätzung der Volksmasse. Buch 1 ist die Einleitung zur Kriegsdarstellung. In der sog. Archäologie (Überblick über die Vorgeschichte, 1, 2–19) lassen entwicklungsgeschichtl. Überlegungen den Peloponnes. Krieg als einen absoluten Höhepunkt der damaligen Weltgeschichte erscheinen. Im Anschluss an die unmittelbaren Kriegsursachen (Konflikte um Kerkyra und Potidäa, jedoch nicht die sonst gut bezeugten Handelssanktionen Athens gegen Megara, das sog. Megar. Psephisma) schildert Th. in der sog. Pentekontaëtie (›Geschichte der 50 Jahre‹) den Zuwachs der Macht Athens und die daraus resultierende Alarmierung Spartas als die wahre Kriegsursache. Buch 2 enthält den Konflikt um Plataä, die peloponnes. Invasion in Attika (Archidam. Krieg), die Darstellung der Pest und ihrer moral. Auswirkung in Athen (oft als Nachweis einer Beziehung zur hippokrat. Medizin gedeutet), welche mit dem idealisierten Bild Athens kontrastiert, das Th. Perikles im unmittelbar vorangehenden ↗Epitaphios (›Rede auf die Gefallenen‹) zeichnen ließ. Die Ereignisse vom Tod des Perikles bis zum sog. Nikiasfrieden (421) nehmen die Bücher 2, 66–5, 24 ein (Schwerpunkte: 2, 66-Ende: Krieg im N; 3: Abfall Mytilenes von Att. Seebund und seine Unterwerfung nach heftiger Debatte in Athen; Bürgerkrieg in Kerkyra; Athens Erfolge bei Pylos; Niederlage bei Delion; Spartas Erfolge im N; 5, 1–24: Schlacht bei Amphipolis, Tod von Kleon und Brasidas). Die Schilderung der Ereignisse der Friedenszeit 421–415 (5, 25–116) haben ihren Höhepunkt im sog. Melierdialog, in dem die Athener unter Einfluss des sophist. Werterelativismus das Recht des Mächtigeren zynisch vertreten und ihren Imperialismus utilitaristisch rechtfertigen. Die Bücher 6/7 schildern die Sizil. Expedition der Athener (415–413) die infolge schwerer Fehler (Abberufung des Alkibiades; Nominierung des unentschlossenen Strategen Nikias) mit einer Katastrophe bei Syrakus endet. Buch 8 enthält die Ereignisse von 412/11 (Anfang des Dekeleischen Krieges), darunter die von Th. gepriesene gemäßigte oligarch. Verfassung der 5.000. Im Gegensatz zu Herodot gilt Th.' Interesse allein der polit.-militär. Zeitgeschichte; themat. Abschweifungen werden in der Regel vermieden. Die Kriegsdarstellung wird nach Jahreszeiten (Sommer/Winter) gegliedert. Der Bericht strebt keine absolute Vollständigkeit, sondern Vermittlung breiter Zusammenhänge an. Th.' Ideal der Genauigkeit (*akribeia*) schließt Selektion nicht aus. Sein Ziel ist die gleichzeitige Vermittlung der Fakten und deren geschichtstheoret. Verarbeitung. Die Interpretation des Geschehens wird auch durch die zahlreichen, unter Einfluss sophist. Rhetorik meist als antithet. Paare angeordneten Reden im Werk erzielt. In ihnen werden die unterschiedl. Motive, Perspektiven und Einschätzungen der Politiker und Feldherren miteinander konfrontiert. Auch häufige Hinweise auf Ab-

sichten, Gedanken und emotionale Reaktionen der Handelnden dienen einer psycholog. und rationalist. Erklärung des Geschehens auf der gemeinsamen Grundlage der menschl. Natur (*anthropinon*). Die dadurch suggerierte Idee einer Gesetzmäßigkeit histor. Abläufe wird immerhin durch die Einwirkung des Zufalls (*tyche*) in Frage gestellt; göttl. Einwirkung in die Geschichte bleibt konsequent aus. Die breite Nachwirkung des Th. wird in der Fortsetzung seines Werkes durch mehrere Historiker deutlich (↗ Xenophon, ↗ Hellenika von Oxyrhynchos, ↗ Kratippos, ↗ Theopompos), ferner in seinem maßgebenden Einfluss auf die Orientierung der historiograph. Gattung an polit.-militär. Ereignissen sowie in der Ausprägung einer Tradition literar. Historiographie, in der rhetorisch ausgefeilte Reden einen festen Platz haben. Sein Werk oder einzelne Partien seines Werks werden von röm. (Sallust) und byzantin. Historikern (Anna Komnene, Kritoboulos) als Vorbild genommen. **Lit.:** H. Herter (Hg.), Th. (1968). – W. R. Connor, Th. (1981). – G. Cawkwell, Th. and the Peloponnesian War (1997). – GGGA (1999).

Thukydides (2) (gr. Thukydides), Sohn des Melesias, athen. Politiker, Schwiegersohn des Kimon und Hauptgegner des Perikles. Nachdem er dessen Bauprogramm und Finanzgebaren heftig angegriffen hatte, wurde er 443 v. Chr. ostrakisiert, kehrte aber 433 wieder zurück und ging gerichtlich gegen Freunde des Perikles vor.

Thule, Insel im Nordmeer, nördlichster Punkt im antiken Weltbild. ↗ Pytheas von Massilia brachte um 320 v. Chr. von einer Nordeuropareise die Kunde von der Insel Th., die jenseits des Polarkreises läge. Er selbst hat Th. freilich nie erreicht. Die eindeutige Lokalisierung der Insel aus den Angaben bei Pytheas ist nicht möglich, doch verwendeten die Römer ab 83 n. Chr. den Namen für die Shetlandinseln, während Prokop mit Th. ganz Skandinavien bezeichnete. Die Unerreichbarkeit des nördlichsten Punktes der Welt förderte den Mythos von der glückl. Insel, von *ultima Th.*

Thunfisch (gr. thynnos, lat. thynnus). Der im Mittelmeer und im Schwarzen Meer heim. Th. kam in großen Mengen vor und war recht leicht zu fangen und zu konservieren, weshalb Th. einer der wichtigsten Speisefische der antiken Welt war. **Lit.:** A. Dalby, Essen und Trinken im alten Griechenland (1998).

Thurioi (lat. Thurii bzw. Copia, heute Sibari), Stadt in Süditalien. Nach der mehrmaligen Zerstörung von ↗ Sybaris durch ↗ Kroton (zuletzt 443 v. Chr.) wurde unter der Führung Athens an annähernd gleicher Stelle Th. gegründet, aus dem die überlebenden Altsybariten jedoch bald vertrieben wurden. Herodot und Lysias sollen unter den Kolonisten gewesen sein, ↗ Hippodamos von Milet soll die Stadtanlage geplant, Protagoras die Verfassung erstellt haben. Die Stadt florierte, unterlag jedoch 390 v. Chr. den im N lebenden Lukanern; im 4. Jh. bedrohten die Bruttii immer wieder Th., Tarent gehörte ebenfalls zu den Gegnern. 282 bat Th. Rom um Hilfe, das Truppen stationierte;

dies war einer der Auslöser des Pyrrhoskrieges. 204 wurde die Stadt von Hannibal geplündert, 194 wurde Th. eine Colonia latin. Bürgerrechts und bekam den Namen Copia, 90 erhielten die Bewohner das Vollbürgerrecht. 72 besetzte Spartacus die Stadt; im 1. Jh. v. Chr. verlor Th. an Bedeutung.

Thyest (gr. Thyestes), Sohn des Pelops und der Hippodameia, Bruder des ↗ Atreus, nach dessen Tod er die Herrschaft über Mykene übernimmt. Er wird von seinen Neffen Agamemnon und Menelaos verjagt. Von den antiken Th.-Tragödien ist nur Senecas *Thyestes* erhalten, in dem die Demütigung des Th. durch Atreus dargestellt wird, der ihm unter der Vorspiegelung eines Versöhnungsmahls die eigenen Söhne vorsetzt.

Thymiatherion (gr.), Räuchergerät aus Metall (meist Bronze), Stein oder Terrakotta zum Erzeugen wohlriechender Düfte. Das Th. wurde bei Kulthandlungen, feierl. Umzügen und ↗ Symposien benutzt. Es konnte unterschiedlich ausgestaltet sein; zumeist bestand es aus einer oben mit Löchern versehenen Kapsel, die auf einem hohen Stab oder einem hohen Fuß in Form eines Kandelabers (Leuchter) befestigt war.

Thyone, anderer Name von ↗ Semele.

Thyrsos (gr.), langer Stab, der häufig mit Bändern (Tänien) oder Weinlaub umwunden war und an dessen Spitze ein Efeubündel oder ein Pinienzapfen befestigt war. Der Th. wurde von den Teilnehmern des Dionysos-Kultes, z. B. Ariadne, Mänaden, Priestern und von Dionysos selbst getragen.

Tiber (lat. Tiberis), zweitgrößter Fluss Italiens, Hauptfluss Roms. Der T. entsprang in den Apenninen nahe Arretium (heutigen Arezzo), floss Richtung S und bildete dabei die Grenze zwischen Etrurien im W und Umbrien, Samnium und Latium im O, durchquerte Rom und mündete bei ↗ Ostia ins Mittelmeer. Der T. war für seine gefährl. Hochwasser und Überschwemmungen bekannt, wurde aber von der Flussschifffahrt trotz seiner Gefahren bis zum Oberlauf als Transportweg genutzt. Der Hafen von Ostia sowie der Flusshafen von Rom (Treidelverkehr) im S der Stadt dienten bes. der Versorgung der Metropole Rom. Als Fluss der Stadt Rom fand der T. Eingang in die röm. Dichtung und Kunst, z. B. der Flussgottheiten.

Tiberias, Stadt am See Genezareth, heute Israel. Um 26 n. Chr. legte Herodes Antipas die Stadt zu Ehren des Kaisers Tiberius an und verlegte die Hauptstadt ↗ Galiläas von Sepphoris hierher. Da die Stadt auf den Ruinen und Gräbern der alten Stadt Raqqate errichtet wurde und als unrein galt, musste Herodes Zwangsansiedlungen durchführen. Erst später wurde der Ort für rein erklärt. 66 beteiligte sich T. am Aufstand gegen Agrippa II. und Rom, ergab sich jedoch später widerstandslos den Truppen Vespasians. Im 3. und 4. Jh. war T. Sitz des rabbin. Patriarchats.

Tiberinus, göttl. Personifikation des Flusses Tiber.

Tiberius, T. Claudius Nero Augustus, röm. Kaiser 19. August 14–16. März 37 n. Chr.; geb. 42 v. Chr. in Rom als Sohn des Ti. Claudius Nero und der Livia Drusilla; seit 38 Stiefsohn des Augustus; 33/32 Verlobung mit Agrippina; 26/25 Militärtribun im Kantabrerkrieg; 24 Quästor, 16 Prätor, im selben Jahr Hochzeit mit Agrippina; 15 brach T. zusammen mit seinem Bruder Drusus zum Alpenfeldzug auf, 12–10 kämpfte er erfolgreich gegen Pannonier und Dalmater und 9–7 gegen die Germanen; 12 musste sich T. auf Geheiß des Augustus von Agrippina scheiden lassen und im folgenden Jahr Julia, die Tochter des Augustus, heiraten. Als Augustus deren Söhne aus ihrer Ehe mit Agrippa als Thronerben einsetzte, trat eine Entfremdung zwischen T. und Augustus ein, T. zog sich 6 v. Chr. nach Rhodos zurück und kehrte erst 2 n. Chr. nach Rom zurück. Als die beiden Thronerben C. und L. Caesar kurz hintereinander starben, wurde T. am 26. Juni 4 von Augustus adoptiert; in den folgenden Jahren führte T. schwere Kämpfe gegen Pannonier und Dalmater. Nach der verheerenden Niederlage des Varus im Teutoburger Wald (9) sicherte T. 10–12 die Rheingrenze und feierte 12 einen Triumph in Rom. Nach dem Tod des Augustus am 19. August 14 übernahm T. erst nach längerem Zögern die Regierung. Seine Versuche, den Senat stärker zur Mitarbeit heranzuziehen, scheiterten. Enttäuscht über die Opposition der Senatoren zog sich T. – misstrauisch und menschenscheu geworden – 27 nach Capri zurück. Die Regierungsgeschäfte überließ er weitgehend seinem Prätorianerpräfekt Seianus, dessen Ehrgeiz u. a. Drusus, der Sohn des Tiberius zum Opfer fiel. 31 ließ T. den Seianus hinrichten. Am 16. März 37 starb T. bei Misenum. – Die antike Historiographie, insbes. Tacitus, zeichnet ein äußerst negatives und verzerrtes Bild des T. Erst die moderne Geschichtsschreibung hat die Leistungen des zweiten röm. Kaisers gewürdigt. **Lit.:** P. Schrömbges, T. und die res publica Romana (1986). – D. Kienast, Röm. Kaisertabelle (²1996) 76–79. – DRK (1997).

Tibia. Die T., das gebräuchlichste röm. Blasinstrument, entsprach dem griech. ↗ Aulos. Die T. ist keine Flöte, sondern am ehesten unserer Oboe vergleichbar; sie bestand aus einem langen, zylindr. Rohr mit vier Löchern auf der Vorder- und einem auf der Rückseite. In das Rohr wurde ein kunstvoll gedrechseltes Ansatzstück gesteckt. Wie der Aulos wurde die T. in der Regel paarweise gebraucht (Doppelaulos, *tibiae*). Verwendet wurde die T. hauptsächlich im Kult und im Theater.

Tibull, Albius Tibullus, röm. Elegiker, ca. 50–19 v. Chr. T. war mit Horaz befreundet und gehörte zum Kreis des M. Valerius Messalla Corvinus. Diesem diente er im Aquitanerfeldzug (28/27 v. Chr., vgl. 1, 7) und begleitete ihn nach Asien, blieb jedoch krank auf Korfu zurück (1, 3). Unter seinem Namen sind drei Elegienbücher überliefert (sog. *Corpus Tibullianum*), deren drittes jedoch Gedichte von ↗ Lygdamus und Sulpicia enthält; ein Preislied auf Messalla kann nicht zugewiesen werden. Das 1. Buch (zehn Elegien) besingt ›Delia‹ (der Name leitet sich von der Insel Delos, der Geburtsstätte Apolls, her), das 2. (sechs Elegien) ›Nemesis‹ (gr. »Vergeltung«), ohne dass beide Frauen die Bücher vollständig beherrschen. T. steht unter dem

Einfluss des Gallus und des Catull. Wie dieser verbindet er die Liebesthematik mit dem Topos der andauernden Muße, der *inertia* (»Untätigkeit«); wie bei diesem besteht ein Gegensatz zum philosoph.-polit. *otium* (»Freizeit«) eines Cicero. Abwendung vom öffentl. Leben ist ihm Programm: *servitium amoris* (»Sklavendienst der Liebe«) statt Staatsdienst, *militia* (»Kriegsdienst«) als Liebender statt als Soldat. Darüber hinaus zeugen seine Gedichte von der Sehnsucht nach dem einfachen Leben, dem Land, einem ›Goldenen Zeitalter‹. Zeitkritik spricht aus der Ablehnung von Reichtum und Habgier und der Verherrlichung des Friedens (1, 1; 1, 10). Augusteisch klingt die Bauernromantik, die Schilderung ländl. Feste (1, 7; 2, 1; 2, 5), wenngleich der Princeps nie erwähnt wird, sondern T. stets in Ichbezogenheit verharrt. Übergänge in den Gedichten sind subjektiv, künstlich und assoziativ. Die Sprache ist elegant und schnörkellos. **Lit.:** F.-H. Mutschler, Die poet. Kunst T.s (1985).

Tibur (heute Tivoli), antiker und moderner Villenvorort östl. von Rom. Die am ↗ Anio gelegene wohlhabende Stadt erhielt 90 den Status eines Municipium. Nahe dem Wasserfall des Anio finden sich die Reste zweier spätrepublikan. Tempel. 118–138 errichtete Hadrian einen großzügig angelegten Villenkomplex, heute Villa Adriana genannt. Inspiriert von seinen

Tibur, Rundtempel

Reisen durch alle Teile des röm. Weltreiches errichtete der Kaiser hier Gebäude, die sich an Vorbildern im Reich orientierten: die Poikile, die an die Stoa Poikile in Athen erinnern sollte; der Canopus-Kanal mit dem Serapistempel (bzw. Nymphäum) symbolisierte die Stadt Kanopus bei Alexandria mit dem berühmten Serapisheiligtum. Herz der Anlage ist der sog. Palazzo, eine großräumige Peristylanlage. Hier findet sich auch eine Cryptoporticus, ein unterird. Gang; Bibliotheken, Thermen und zahlreiche andere Gebäude ergänzen diese einzigartige und größte röm. Palastruine. **Lit.:** ASM (1999)

Ticinus (heute Ticino), bedeutendster nördl. Zufluss des Po. Der T. entspringt im Tessin (Schweiz), dem er auch den Namen gab. An seinem Unterlauf lag Ticinum (heute Pavia). 218 siegte am T. Hannibal über die Römer.

Tierkult. Kult.-religiöse Verehrung von Göttern in Tiergestalt war vor allem in Ägypten, wo man nahezu jedes Tier als Inkarnation einer Gottheit ansah, ausgeprägt. Daneben wurde Orte nach den dort bes. verehrten Tieren benannt (Krokodilopolis) oder anthropomorphe Götter mit tier. Elementen ausgestattet. Der Ibis galt als Gestalt eines der Hauptgötter, des ↗ Thot, und die Tötung eines solchen Tieres konnte die Todesstrafe nach sich ziehen. In der griech. Mythologie nehmen die Götter, insbes. der Hauptgott ↗ Zeus, vielfach Tiergestalt an; ↗ Dionysos und ↗ Pan erscheinen in Bocksgestalt, das Pferd ist dem ↗ Poseidon, den man mit Wagenrennen und Pferdeopfern ehrte, heilig. In Rom tritt das Tier kultisch nicht als Gestalt eines Gottes, sondern – bes. der ↗ Adler – als dessen Symbol, als Talisman (*amuletum*) oder als Legionsadler in Erscheinung. **Lit.:** H. Sonnabend (Hg.), Mensch und Landschaft in der Antike (1999) 554–557.

Tigellinus, Ofonius T., von niederer Herkunft, wurde 62 von Nero, dessen Jugendfreund er war, zum Prätorianerpräfekten ernannt und übte in der Folgezeit großen polit. Einfluss aus. Er stand hinter den Säuberungen im Zusammenhang mit der Pison. Verschwörung (65) und war u.a. für den Tod Senecas mitverantwortlich. Beim Sturz Neros (68) wechselte er sofort die Seiten und wurde von Galba geschont, von Otho aber zum Tode verurteilt und so zum Selbstmord gezwungen.

Tiger (lat. tigris). Als Herkunftsland der T. nennt Plinius (Naturkunde 8, 66) Indien oder Hyrkanien; den Griechen wurde das Tier erst durch den Zug Alexanders d.Gr. bekannt. Der erste T., den Griechenland sah, war ein Geschenk Seleukos' I. (305/04–281 v. Chr.) an Athen. In Rom wurde der erste T. 11 v. Chr. anlässlich der Einweihung des Marcellustheaters vorgeführt. Später traten T. öfter bei Tierhetzen und Spielen auf, allerdings nie in großer Zahl; lediglich Kaiser Elagabal soll ein größeres Kontingent von 51 T.n zur Schau gestellt haben (Cassius Dio 79, 9, 2). **Lit.:** J.M.C. Toynbee, Tierwelt der Antike (1983) 64–69.

Tigranes, König von Armenien 95–55 v. Chr., löste sich zunächst aus der Abhängigkeit der Parther und erweiterte seinen Machtbereich bis nach Kleinasien, Mesopotamien und Syrien, wo er 86 v. Chr. die Reste des Seleukidenreiches eroberte. Er nahm den Titel »König der Könige« an und gründete als neue Residenzstadt Tigranokerta. Im Gefolge des 3. Mithradat. Krieges geriet er in Konflikt mit Rom, als er sich weigerte, seinen flüchtigen Schwiegervater Mithradates VI. von Pontos auszuliefern (71 v. Chr.). Von Lucullus 69 besiegt, musste er sich 66 endgültig Pompeius unterwerfen und verlor all seine Eroberungen.

Tigranokerta, 77 v. Chr. gegründete Hauptstadt Armeniens (neben ⟋ Artaxata). Die in altbabylon. Zeit zurückgehende Siedlung war Krönungsstätte ⟋ Tigranes' I. (95–55 v. Chr.) und wurde zur südl. Hauptstadt Armeniens erhoben. 69 v. Chr. eroberte Lucullus die Stadt. T. war noch bis in die Spätantike von Bedeutung.

Tigris (pers. tigri, »Pfeil«), zusammen mit dem ⟋ Euphrat Hauptstrom ⟋ Mesopotamiens. Der T. entsprang in Südarmenien, floss mit starker Strömung in südöstl. Richtung und näherte sich beim heutigen Baghdad bis auf 30 km an den Euphrat an. In diesem Abschnitt verband ein Kanalsystem beide Flüsse und bewässerte das Zweistromland. In der Antike mündete der T. in ein Delta, während er sich heute bei Basra mit dem Euphrat vereint. Der reißende Strom konnte in der Antike nur mit Flößen flussabwärts befahren werden.

Timachidas (gr. Timachidas) aus Lindos (Rhodos), griech. Historiker, 2./1. Jh. v. Chr., Verf. der sog. *Anagraphe von Lindos,* einer lokalhistor. Chronik, die 1904 bei Ausgrabungen entdeckt wurde. **Lit.:** O. Lendle, Einführung in die griech. Geschichtsschreibung (1992) 276.

Timagenes (1) (gr. Timagenes), Feldherr der Zenobia, eroberte 269/70 n. Chr. in deren Auftrag Ägypten und behauptete das Land gegen reguläre röm. Truppen. Nach dem Zusammenbruch Palmyras geriet er in die Gefangenschaft Aurelians.

Timagenes (2) (gr. Timagenes) aus Alexandria, griech. Historiker in Rom, 1. Jh. v. Chr. Bezeugt ist als Titel *Über Könige,* die Fragmente haben geograph.-kulturhistor. Inhalt. **Lit.:** O. Lendle, Einführung in die griech. Geschichtsschreibung (1992) 171.

Timaios (gr. Timaios) aus Tauromenion (Taormina), griech. Historiker, ca. 350–250 v. Chr. Wegen seiner krit. Haltung gegen den Tyrannen Dionysios II. musste er im Exil in Athen leben. Sein Hauptwerk war eine Geschichte Siziliens in mindestens 38 Büchern (bis zum Pun. Krieg; nur fragmentarisch erhalten). Außerdem erstellte er ein Verzeichnis der Olympiasieger und etablierte damit endgültig die Datierung nach Olympiaden. **Lit.:** O. Lendle, Einführung in die griech. Geschichtsschreibung (1992) 211–218.

Timandra (1), Tochter des ⟋ Tyndareos, Gattin des Echemos, mit dem sie ⟋ Euander zeugt. Auf Betreiben der erzürnten ⟋ Aphrodite, die beim Opfern vernachlässigt worden war, verlässt sie Echemos und folgt ⟋ Phyleus nach Dulichion.

Timandra (2) ⟋ Aigypios

Timgad ⟋ Thamugadi

Timokrates (gr. Timokrates), aus Rhodos stammender Politiker, brachte 396/95 im Auftrag des Perserkönigs unter Einsatz beträchtl. Geldmittel Athen, Theben, Argos und Korinth dazu, sich gegen Sparta zu erheben und damit die spartan. Kriegsführung in Kleinasien unter Agesilaos zu unterlaufen.

Timokreon (gr. Timokreon) aus Rhodos, griech. Lyriker, 6./5. Jh. v. Chr. Bekannt war er in der Antike bes. wegen seines Streits mit Themistokles, den er in seinen Gedichten verspottete (wenige Fragmente erhalten).

Timoleon (gr. Timoleon), korinth.-syrakusan. Staatsmann, wurde 345/44 v. Chr. auf Ersuchen der Gegner des Tyrannen Dionysios II. von seiner Heimatstadt Korinth an der Spitze eines Interventionsheeres nach Sizilien entsandt, um die polit. Ordnung in Syrakus wiederherzustellen. In den folgenden Jahren gelang es ihm, sowohl Dionysios und seine Parteigänger zu überwinden, als auch die Karthager zurückzuschlagen, die sich in die syrakusan. Wirren eingemischt hatten. Im Frieden von 338 musste Karthago die Unabhängigkeit der sizil. Griechenstädte anerkennen und sich auf den Westteil der Insel beschränken. In Syrakus selbst begründete T. eine gemäßigte polit. Ordnung und erweiterte die Bürgerschaft, die sich infolge der Auseinandersetzungen erheblich verringert hatte, durch die Neuaufnahme von 60.000 Siedlern aus verschiedenen Teilen der griech. Welt. Durch die Neugründung einer Symmachie unter der Führung von Syrakus stellte er die frühere Hegemoniestellung der Stadt unter den sizil. Griechen wieder her. 337 legte er nach Abschluss seiner Reformen die Macht nieder und erhielt nach seinem Tod in Syrakus ein Staatsbegräbnis auf der Agora. **Lit.:** R. J. A. Talbert, T. and the Revival of Greek Sicily (1974). – H. Bengtson, Griech. Staatsmänner (1983) 260–271. – GGGA (1999).

Timon von Phleius, griech. Philosoph, Skeptiker, ca. 320–230 v. Chr., Schüler ⟋ Pyrrhons von Elis, dessen Lehre er aufzeichnete. Er betätigte sich in verschiedenen Gattungen, zahlreiche Fragmente sind aus den *Silloi* genannten Spottgedichten erhalten. **Lit.:** M. Di Marco, Timone de Filunte Silli (1989).

Timosthenes (gr. Timosthenes) von Rhodos, Flottenbefehlshaber des Ptolemaios II. Philadelphos, Verf. eines fragmentarisch überlieferten zehnbändigen Werks *Über Häfen,* das die Form des ⟋ Periplus mit ethnograph. und mytholog. Gelehrsamkeit, in erster Linie aber mit der Tradition der wissenschaftl. ⟋ Geographie verband. Ca. 40 Fragmente sind überliefert. Berichte der Alexanderbegleiter und Feldzüge des Ptolemaios nach Arabien und Äthiopien prägten das *Häfen* vermutlich ebenso wie die Spekulationen der altjon. Geographen (Schema der Himmelsrichtungen). Die Entfernungsangaben des T. waren grundlegend für ⟋ Eratosthenes. **Lit.:** D. Meyer, Hellenist. Geographie zwischen Wissenschaft und Literatur, in: W. Kullmann (Hg.), Gattungen wissenschaftl. Literatur in der Antike (1998).

Timotheos (1), athen. Feldherr und Staatsmann, gest. 354 v. Chr. Sohn des Konon und Freund des Isokrates, machte sich um den Aufbau des 2. Att. Seebunds verdient und war bestrebt, die frühere athen. Machtstellung wiederherzustellen. Nach der Auflösung des Seebunds im Bundesgenossenkrieg (355) musste er sämtl. Ämter niederlegen und wurde zu einer hohen Geldstrafe verurteilt. **Lit.:** D. A. March, The Family of Konon and Timotheos (1994).

Timotheos (2) aus Milet, griech. Lyriker, ca. 450–360 v. Chr., Hauptvertreter der sog. Neuen ↗ Musik und Dichtung, deren erklärtes Ziel es war, die etablierten Gattungs- und Kompositionsnormen aufzubrechen und zu mischen. Erhalten auf einem Papyrus sind seine *Perser,* ein Sologesang zur Kithara (↗ Nomos) in exaltierter Sprache und polymetr. Form. **Lit.:** T. H. Janssen, T. Persae (1984). – J. H. Hordern, The Fragments of T. of Miletus (2002).

Tingis (heute Tanger, Marokko), pun. Hafensiedlung und Hauptstadt ↗ Mauretaniens. T. diente im 5. Jh. v. Chr. den Karthagern als Hafen, war später Hauptstadt des Mauretan. Reiches und wurde 38 v. Chr. römisch. 40 n. Chr. wurde T. Hauptstadt der Provinz Mauretania Tingitana. **Lit.:** ASM (1999).

Tinte (gr. melan; lat. atramentum) bestand aus Ruß und Gummiharz (Plinius, Naturkunde 35, 41 f.). Das trockene Tintenpulver musste zum Gebrauch mit Wasser verdünnt werden. Es gab schwarze und rote T.; Letztere wurde aus Zinnober und Mennig hergestellt.

Tintenfisch. Die bes. als Nahrungsmittel geschätzten T.e gehören zu den am besten erforschten Seetieren der Antike. Aristoteles unterscheidet sechs verschiedene Arten, den Seepolyp (*polypous*), die Moschuskrake (*heledone*), das Papierboot (*nautilos*), den Gemeinen T. (*sepia*), den kleineren und den größeren Kalmar (*teuthis* bzw. *teuthos*). Die späteren Autoren, bes. Plinius, schöpfen aus dem reichen Material des Aristoteles; selbst die moderne Forschung ist kaum über die Kenntnisse des Aristoteles hinausgekommen.

Tiphys, Sohn des Hagnios, Steuermann der ↗ Argo, stirbt während des Aufenthalts der Argonauten bei den Mariandynern.

Tiresias ↗ Teiresias

Tiribazos, pers. Satrap in Kleinasien, verkündete 386 v. Chr. nach Verhandlungen mit dem Spartaner Antalkidas den Königsfrieden. Im Zusammenhang einer Verschwörung gegen den Großkönig wurde er hingerichtet.

Tiridates, Bruder des parth. Königs Vologaeses I., von diesem 52 n. Chr. als König von Armenien eingesetzt. Die dadurch bedingte Auseinandersetzung mit Rom, das keinen parth. Prinzen auf dem Thron akzeptieren wollte, endete 63 mit einem Kompromiss. T. behielt die Königswürde, nahm die Krone aber aus den Händen Kaiser Neros entgegen.

Tiro, Marcus Tullius T., geb. um 103 v. Chr., Freigelassener ↗ Ciceros (1), fungierte als dessen Vertrauter und Privatsekretär. Er begleitete Cicero während seiner gesamten polit. Karriere und verfasste eine nicht erhaltene Biographie seines Dienstherren. Nach der Ermordung Ciceros (43) ordnete er dessen Nachlass, aus dem er die Reden herausgab und die Briefe für eine spätere Edition vorbereitete. Er war der Erfinder der sog. *Tiron. Noten,* einer Art Kurzschrift, die bis ins MA gebräuchlich war (↗ Tachygraphie), und starb hochbetagt auf seinem Landgut bei Puteoli.

Tiryns, Stadt- und Burganlage in der griech. Landschaft Argolis auf der Peloponnes. Etwa 19 km südl. von ↗ Mykene auf einem flachen Felsplateau gelegen. Erste Besiedlungsspuren stammen aus der frühen Bronzezeit (etwa 2200 v. Chr.). Um 1400 v. Chr. wurde damit begonnen, die Akropolis zu befestigen, indem diese in mehreren Bauphasen mit einer mächtigen Kyklopenmauer (einer Mauer aus riesigen, fast unbearbeiteten Steinblöcken) eingefasst wurde. Die Innenbebauung gliederte sich in Unterburg (Fluchtburg) im N

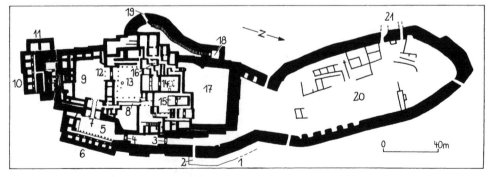

1 Rampe	7 Propylon	13 Innerer Palasthof und	17 Mittelburg
2 Haupttor	8 Korridor zum Ostflügel	Altar	18 Turm
3 Unteres Burgtor	9 Äußerer Palasthof	14 Megaron	19 Ausfallpforte
4 Oberes Burgtor (?)	10 Süd-Galerie	15 »Megaron der	20 Unterburg
5 Vorhof	11 Turm	Königin«	21 Zisterne
6 Ost-Galerie	12 Torbau	16 Bad	

Lageplan von Tiryns

und Ober- und Mittelburg (Königspalast mit zentralem Megaron, dem repräsentativen Thronsaal mit Herdstelle) im S. Der Haupteingang befand sich auf der Ostseite, wo eine breite befahrbare Rampe den Zugang ermöglichte. Große Teile der Burganlage fielen gegen Ende des 13. Jh. einer Brandkatastrophe – wohl ausgelöst durch ein Erdbeben – zum Opfer. T. blieb dennoch weiterhin besiedelt. Für die erfolgreiche Schlacht gegen die Perser bei Platäa (479 v. Chr.) stellte die Stadt einen Teil der Truppen. Im mittleren 5. Jh. v. Chr. wurde T. jedoch von Argos erobert und zerstört, hatte aber weiterhin Bestand. **Lit.:** U. Jantzen (Hg.), Führer durch T. (1975). – S. Lauffer (Hg.), Griechenland. Lexikon der histor. Stätten (1989) 686 ff. – ASM (1999).

Tisch ↗ Möbel

Tischler ↗ Handwerk

Tischsitten ↗ Mahlzeiten

Tisiphone (gr. Teisiphone), eine der Erinyen.

Tissaphernes, pers. Satrap in Kleinasien, unterstützte seit 413 v. Chr. die Spartaner im Peloponnes. Krieg und betrieb eine gegenüber dem Großkönig weitgehend eigenständige Politik. Er warnte die Zentralregierung vor den Ambitionen Kyros d. J. und stellte sich diesem bei seinem Vormarsch entgegen. Nach der Schlacht bei Kunaxa (401) beraubte er die griech. Söldner durch List ihrer Führung und verfolgte sie auf ihrem Rückmarsch nach Kleinasien. Seit 396 kämpfte er mit wechselndem Erfolg gegen die spartan. Invasionstruppen unter Agesilaos. 395 wurde er das Opfer einer Palastintrige, in einen Hinterhalt gelockt und hingerichtet.

Titanen, ein riesenhaftes Göttergeschlecht, die sechs Töchter und sechs Söhne des Uranos (Himmel) und der Gaia (Erde). Nach ihrer Niederlage im Kampf gegen Zeus (Titanomachie) werden sie im Tartaros eingesperrt, wo sie von den ↗ Hekatoncheiren bewacht werden.

Titania, Beiname der ↗ Diana.

Titaniden, von den ↗ Titanen abstammende göttl. Wesen, mitunter auch selbst Titanen genannt. Zu ihnen zählen u. a. ↗ Hekate, ↗ Helios, ↗ Leto, ↗ Prometheus, ↗ Pyrrha und ↗ Selene.

Titanomachie, in Hesiods *Theogonie* Kampf der ↗ Titanen gegen die von den ↗ Hekatoncheiren unterstützten olymp. Götter.

Tithonos (gr. Tithonos), Sohn des myth. Laomedon, schöner Gatte der Eos, die für ihn die Unsterblichkeit erwirkt, ohne an die ewige Jugend zu denken. T. altert und schrumpft. Eos verwandelt ihn schließlich in eine Zikade, die alljährlich die alte und vertrocknete Haut ablegen kann.

Titus, T. Flavius Vespasianus Augustus, röm. Kaiser 24. Juni 79–13. September 81 n. Chr.; geb. am 30. Dezember 39 (?) in Rom als Sohn des Kaisers Vespasian und der Flavia Domitilla; ca. 65 Quästor; 69 Erhebung zum Caesar, Übertragung des Oberbefehls im jüd. Krieg; Aug./Sept. 70 Einnahme von Jerusalem; Juni 71 Triumph über die Juden zusammen mit seinem Vater Vespasian; 73/74 Zensor zusammen mit seinem Vater. Nach dem Tod Vespasians am 24. Juni 79 wurde T. zum Augustus erhoben. Seine kurze Regierungszeit wurde überschattet von dem Ausbruch des Vesuv am 24. August 79, bei dem die Städte Pompeji und Herculaneum zerstört wurden, sowie einem Brand in Rom 80; trotzdem ließ T. im selben Jahr das Amphitheater fertigstellen und einweihen. T. starb in seiner Villa bei Aquae Cutiliae. **Lit.:** H. Bengtson, Die Flavier. Vespasian, T., Domitian (1979). – B. W. Jones, The Emperor T. (1984). – DRK (1997).

Titus Tatius, nach Livius (1, 10–14) König der Sabiner, zog nach dem Raub der Sabinerinnen gegen Romulus und eroberte – was ihm der Verrat der ↗ Tarpeia ermöglichte – das Kapitol. Die Frauen führten eine Versöhnung der Gegner herbei; T. wurde Mitregent des Romulus.

Tityos (gr. Tityos), ein Riese auf Euböa. Er versucht, Leto zu vergewaltigen, was jedoch ihre Kinder Artemis und Apollon verhindern können. Zur Strafe wird er im Tartaros gefesselt, wo ihm die Geier unaufhörlich seine Leber abfressen.

Tlepolemos, Sohn des Herakles und der Astyoche. Er wird im ↗ Trojan. Krieg von Sarpedon getötet.

Tmolos, Schiedsrichter im musikal. Wettstreit zwischen Pan und Apollon.

Tmolos, Gebirge in Lydien. Das bis zu 2.157 m hohe Bergmassiv südl. von ↗ Sardes war in der Antike berühmt für seine Metallvorkommen. Das ↗ Elektron für die frühesten lyd. Münzen wurde hier gewonnen. – Die gleichnamige, westl. von Sardes gelegene Stadt wurde 17 n. Chr. durch ein Erdbeben zerstört und u. a. mit Mitteln des Kaisers Tiberius wiederaufgebaut.

Todesstrafe. In den älteren griech. Gesetzen war die T. noch weit verbreitet. In Athen konnten z. B. ↗ Mord, Tempelraub oder Hochverrat mit dem Tod durch ↗ Hinrichtung bestraft werden. Im röm. ↗ Zwölftafelgesetz spielte bes. die erlaubte Tötung durch Privatpersonen eine erhebl. Rolle; so war es z. B. jedem erlaubt, einen Dieb zu töten, den er auf frischer Tat ertappt hatte. Die Tötung von staatl. Seite nach Verurteilung des Täters (lat. *supplicium ultimum*) ist erst seit dem 1. Jh. v. Chr. häufiger bezeugt.

Töpfer (gr. kerameus). Der Beruf des T.s entwickelte sich in Griechenland wohl in archaischer Zeit (7./6. Jh. v. Chr.), als durch eine Zunahme der Produktion die Teilung in einzelne Arbeitsschritte sinnvoll erschien. Zuvor lag vom Stechen des ↗ Tones bis hin zur Verzierung und zum Brennen alles in der Hand desselben Handwerkers. Die einfachste Methode, ein Gefäß zu formen, bestand darin, es entweder »freihändig« mit den Händen zu modellieren oder es durch übereinandergelegte und miteinander verschmierte Tonringe zu formen. Die T.-Scheibe war wohl bereits im 4. Jt. im Orient erfunden worden, aber erst im 2. Jt. nach Griechenland gelangt. Eine Vorstufe der T.-Scheibe bildete die langsam rotierende Scheibe, die im Grunde nur ein Nacharbeiten bereits fertiger Gefäße erlaubte. Die Entwicklung hin zur schnell rotierenden Scheibe stellte einen beachtl. Fortschritt dar, denn Gefäße konnten so wesentlich schneller und präziser geformt

Töpfer (attischer Krater um 430 v. Chr.)

werden; zudem wurde die Scheibe bisweilen von einem Gehilfen bedient, so dass sich der T. ganz auf seine Arbeit konzentrieren konnte. Nach dem Formen wurden die Gefäße getrocknet, bis sie »lederhart« waren; dann wurden sie »abgedreht«, d. h. sie wurden noch einmal überarbeitet und dabei von überflüssigem Ton befreit. Dann konnte der T. weitere Details, etwa Henkel und Füße, anbringen; als »Leim« diente dabei ein feuchter Tonschlicker. Nach einer weiteren Trockenphase konnte das Gefäß dann im ↗ Ofen gebrannt werden. ↗ Terra Sigillata **Lit.:** G. Zimmer, Antike Werkstattbilder (1982). – I. Scheibler, Griech. T.kunst (²1995).

Toga, das röm. Gewand schlechthin (Vergil, Aeneis 1, 282, bezeichnet die Römer als *gens togata,* »Volk in der Toga«). Die T. war ein Stück Wollstoff von etwa zwei- oder dreifacher Körperlänge, das nach bestimmten Regeln um den Körper drapiert wurde; sie ist dem griech. ↗ Himation vergleichbar. Man unterschied verschiedene Merkmale dieses Gewands: Ritter trugen die T. mit einem schmalen, Senatoren mit einem breitem Purpurstreifen (*angustus* bzw. *latus clavus*). Wer sich um ein Amt bewarb, trug eine weiße T. (*candida;* ↗ Candidatus). Knaben trugen die *t. praetexta,* die sie zwischen dem 15. und 18. Lebensjahr gegen die *t. virilis* (»Männer-T.«) tauschten. Trauernde trugen eine dunkle T. (*pulla*), ein Triumphator die bunt bestickte *t. picta* oder *palmata.* ↗ Kleidung.

Togata. Als *fabula togata* wird die nationalröm. ↗ Komödie bezeichnet (Begriff in der *Ars grammatica*

des Diomedes). Die Toga als röm. Kleidungsstück leiht der Gattung den Namen und setzt sie von der nach dem griech. Mantel (*pallium*) benannten *fabula palliata* ab. Diese präsentiert griech. Komödien in lat. Bearbeitung, jene bringt röm. Stoffe auf die Bühne. Während die Palliaten-Dichter durch das Transponieren der Handlung nach Griechenland einen Verfremdungseffekt erzielen und unter dem Schutz des *graecissare* (»griechisch tun«) dem Publikum ein Zerrbild der Gesellschaft vorführen, in dem die Sklaven ihren Herren überlegen sind (↗ Plautus, ↗ Terenz), bietet die T. der röm. Spottlust ein Ventil durch das Ausweichen auf die unteren Schichten und die ital. Landbevölkerung, die man ungestraft lächerlich machen konnte. In ihrer Sentenzenhaftigkeit sowie in der durchaus antigriech. Ablehnung philosoph. Spitzfindigkeit kommt die T. röm. Sittenstrenge entgegen. Ihre Stoffe entstammen zunächst vorliterar., mündl. Tradition, sind aber zu einer *fabula,* einem Stück mit durchlaufender Handlungsstruktur, weiterentwickelt. Die T. steht den Gattungen des ↗ Mimus und der ↗ Atellane nahe. Vertreter sind Titinius (Zeitgenosse des Plautus), ↗ Afranius (Gracchenzeit) und Atta (gest. 77 v. Chr.). Nur wenige Fragmente sind erhalten. **Lit.:** R. Tabacco, in: Boll. Stud. Lat. 5 (1975) 33–57.

Tolosa (heute Toulouse, Frankreich), Stadt in Gallia Narbonensis. 6 km südl. vom heutigen Toulouse befand sich auf einer Anhöhe (beim heutigen Vieille-Toulouse) über dem rechten Ufer der ↗ Garonne die wohlhabende kelt. Siedlung T. An der Straße zwischen ↗ Narbo (heute Narbonne) und Burdigala (heute ↗ Bordeaux) gelegen, diente T. als zentraler Handelsplatz im SW Galliens, an dem auch Güter aus Griechenland und Italien umgeschlagen wurden. 105 v. Chr. plünderte C. Servilius Caepio die Stadt; wegen Unterschlagung dieses *aurum Tolosanum* wurde der Prokonsul angeklagt. Die röm. Stadt T. blieb bis in die Spätantike eine reiche und belebte Provinzstadt. Die antike Stadtmauer, das Amphitheater und Wasserleitungen sind in Resten vorhanden.

Tomi (heute Constanza, Rumänien), griech. Stadt am ↗ Schwarzen Meer, Verbannungsort des röm. Dichters ↗ Ovid ab 8 n. Chr. Die miles. Gründung lag auf einer Halbinsel, der antike Hafen diente dem Export von Getreide, das im fruchtbaren Hinterland von T. angebaut wurde.

Ton (gr. *keramos,* »Töpfererde«) ist eine Ablagerung verwitterten Gesteins, die nahezu überall vorkommt und den Grundstoff für die Keramik bildet. Die Farbe der T.-Erde und des gebrannten Endproduktes hängt in vielen Fällen von den verschiedenen eingeschwämmten Elementen ab; daher lassen sich verschiedene T.-Sorten unterscheiden: So fühlt sich der korinth. T. »seifig« an und hat eine helle, gelb-grünl. Farbe, der att. T. dagegen fällt durch seine rote Farbe auf, und der T. im Bereich der kleinasiat. Küste ist eher bräunlich mit zahlreiche »Glimmer« (metallisch glänzende Einschlüsse) auf. Der Abbau oder das Stechen des T.es erfolgte in offenen Gruben oder unterird. Stollen. Der frisch gewonnene T. wurde in die Werkstätten transportiert und dort weiter verarbeitet. Er enthielt häufig noch zahlreiche Fremdkörper; diese mussten zunächst herausgelöst werden, wobei große Stücke einfach herausgezogen, kleinere Partikel durch das sog. Schlämmen beseitigt wurden. Dazu wurde der T. in großen Becken mit Wasser vermengt und so geklärt; die schweren Fremdkörper sanken ab, die leichten schwammen an der Oberfläche und konnten abgeschöpft werden; der übrig gebliebene T.-Schlamm wurde in ein tiefer gelegenes Becken geleitet und ruhte dort so lange, bis das Wasser verdunstet war. Der noch halbfeuchte T. wurde daraufhin zum »Altern« gelagert und später zum einfacheren Weiterverarbeiten geknetet oder »gemagert«, d. h. mit Sand oder T.-Mehl vermengt. ↗ Terra Sigillata, Töpfer **Lit.:** G. Zimmer, Antike Werkstattbilder (1982). – I. Scheibler, Griech. Töpferkunst (²1995).

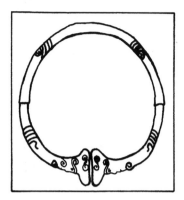

Keltischer Torques

Topik ↗ Topos

Topos (pl. tópoi, gr., »Ort«, »Platz«), Begriff der Rhetorik. Die Topik gehört zum ersten Arbeitsgang des Redners, der *inventio* (»Auffindung«), wo es gilt, Gesichtspunkte für die Argumentation zu gewinnen. Aristoteles listet in seiner *Rhetorik* (2, 23 f.) 28 Möglichkeiten von Topoi auf. Als moderner literaturwissenschaftl. Fachbegriff bezeichnet T. einen Gemeinplatz, eine typ. Redewendung oder ein gebräuchl. Bild, das sich immer wieder in der Literatur findet wie z. B. die Vorstellung vom Goldenen Zeitalter.

Topothesie ↗ Ekphrasis

Torone, griech. Stadt auf der ↗ Chalkidike in Makedonien. Die an der Westküste von Sithonie, der mittleren der drei chalkid. Halbinseln, gelegene Stadt war bes. wegen ihres guten Hafens von Bedeutung. Nach den ↗ Perserkriegen war T. Mitglied des 1. ↗ Att. Seebundes, im Peloponnes. Krieg war T. mehrfach umkämpft. T. war Mitglied des Chalkid. Bundes, der von ↗ Olynth dominiert wurde. Philipp II. gliederte T., wie die gesamte Chalkidike, in Makedonien ein. Die wirtschaftl. Bedeutung von T. als Exporthafen hielt sich bis in die späten Hellenismus. **Lit.:** GLHS (1989) 689.

Torques (lat.), Halsschmuck aus Metall, der wie ein Strick gedreht erscheint und dessen fast zusammenstoßende Enden entweder kleine Kugeln bildeten oder figürlich ausgestaltet waren. Der T. ist seit der Bronzezeit in verschiedenen Kulturkreisen bekannt gewesen und konnte von Männern und Frauen gleichermaßen getragen werden.

Totenkult. T. in der Antike beruht auf der Überzeugung, dass der Tote noch – zumeist in Gestalt einer Schlange – gegenwärtig ist und jederzeit in das Leben der Sterblichen eingreifen kann, weshalb man die Seelen der Toten aus Furcht vor ihrem Zorn durch demonstrative Trauer (Totenklage durch Klageweiber, Haareraufen, Zerkratzen der Wangen usw.), Totenmahl, Opfer und Grabpflege ständig in gnädiger Stimmung zu halten versuchte. ↗ Bestattung **Lit.:** K. Latte, Röm. Religionsgeschichte (1960) 155. – W. Burkert, Griech. Religion (1977) 293–300.

Totes Meer (gr. Asphaltîtis límne, »Asphaltsee«), Salzsee im heutigen Israel, Mündungsgebiet des Jordan. Der heute ca. 1.000 km² große, ca. 400 m unter dem Meeresspiegel liegende See mit extrem hohem Salzgehalt hat seinen Namen von dem vom Seeboden aufsteigenden reinen Asphalt (oxydiertem Erdöl), das hier gesammelt wurde und mit dem etwa die ↗ Nabatäer Handel trieben. In der jüd. Tradition wird der See als »Meer der Steppe«, »Salzmeer«, aber auch als »Meer von Sodom« bezeichnet. Pompeius Trogus führte den Namen T. M. ein und beschrieb damit das Fehlen allen Lebens im Salzwasser des Sees.

Totila, König der Ostgoten 541–552 n. Chr., eroberte im Kampf gegen die Generäle des oström. Kaisers Justinian nahezu ganz Italien zurück, unterlag aber 552 Narses in der Schlacht bei Tadinae.

Tourismus. Die Antike kannte keinen Massen-T. in heutigen Ausmaßen, bei dem sich jedes Jahr Millionen Menschen zu Freizeit- und Erholungszwecken von Ort zu Ort bewegen. ↗ Reisen und T. war Individuen vorbehalten, die sich längere Aufenthalte im Ausland finanziell und zeitlich leisten konnten oder geschah aus berufl. Gründen. Gerade die große griech. Kolonisation des 8./7. Jh. v. Chr. erschloss erst die Gebiete, die später bereist wurden. Der Geschichtsschreiber Herodot bereiste im 5. Jh. v. Chr. große Teile der damals bekannten Welt zu Forschungszwecken (*historie*), doch war bereits der Politiker Solon im 7. Jh. in Ägypten und Lydien unterwegs. Herakleides Kritikos legte die Ergebnisse einer Reise (↗ Periegese) durch griech. Städte im 3. Jh. v. Chr. in einem Bericht nieder, der zum Grundtypus einer ganzen Literaturgattung wurde, doch entspricht dieser Bericht keinem modernen Reiseführer und ist leider nur in Fragmenten erhalten. Insgesamt gesehen waren die Menschen der Antike jedoch meist dienstlich unterwegs: Beamte und Gesandte versahen ihren Dienst im staatl. Auftrag, Statthalter waren auf dem Weg in ihre Provinzen, Kaufleute und Händler erschlossen neue Märkte, Kranke begaben sich in Kurorte und Heiligtümer. Mit der Ausbreitung des röm. Reiches begann eine Ära des unbeschwerten T.; nun reiste man auch, um die Schönheiten und Sehenswürdigkeiten der Welt zu sehen. Wegen der vielfältigen Gefahren und der schlech-

Graffito von Touristen in Ägypten:
»NUMONIUS VALA war hier (HIC FUI)«

ten Herbergen (↗ *mansiones,* ↗ Wirtshäuser) unterwegs blieb Reisen immer noch ein Abenteuer. Ein Papyrus aus Alexandria kündigt 112 v. Chr. die Reise des Lucius Memmius in die Arsinoitis/Fayum an, wobei der Reisende wohl schon genaue Vorstellungen davon hatte, welche Plätze und Bauwerke ihn interessierten. Diese Art des Reisens entsprach wohl ganz und gar nicht dem röm. Ideal von *virtus* und *otium;* der Feldherr Lucullus schenkt bei einem Besuch in Ägypten der Stadt Memphis keine Beachtung. Mit dem Imperium Romanum und der Einrichtung der ↗ Staatspost unter Augustus für den Beamten- und Depeschendienst entwickelte sich eine gewisse Form von regelmäßigem T. Ob es eine Art Reisebüros gab, ist nicht gesichert, doch schlossen sich Reisende aus Sicherheitsgründen immer zu größeren Gruppen zusammen. Beliebtes Reiseziel zu Beginn der Kaiserzeit war Ägypten. ↗ Graffiti auf den Memnon-Kolossen zeugen von zahlreichen Touristen. Das weitverzweigte ↗ Straßensystem ermöglichte problemloses Fortkommen vom Nil bis an den Rhein, vom Euphrat bis an die Donau, im N bis zum Hadrianswall ohne Geldumtausch und Grenzformalitäten. Das vollständig erhaltene Werk des Periegeten ↗ Pausanias zeichnet ein gutes und zuverlässiges Bild der Reisebedingungen im 2./3. Jh. n. Chr. Es birgt wertvolle Hinweise auf Historie, Geographie und Sehenswürdigkeiten in Griechenland. Ab dem 4. Jh. n. Chr. wurde die Freizügigkeit des Reisens wieder eingeschränkt durch zunehmende Gefahren; der Dichter Rutilius ↗ Namatianus beschrieb in einem Reisegedicht *Über seine Heimkehr (De reditu suo)* seine gefährl. Reise im Herbst 416 von Rom auf seine von Goten zerstörten Güter. **Lit.:** M. Giebel, T. in der Antike, in: Die alten Sprachen im

Unterricht 40 (1993) 22–30. – Dies., Reisen in der Antike (1999).

Tracht ↗ Kleidung

Tragik. Abgeleitet von dem griech. Adj. *tragikọs,* bezeichnet ›tragisch‹ ursprünglich nichts anderes als die Zugehörigkeit zur trag. Kunst oder drückt aus, dass etwas nach Art der Tragödie ist. Nach Aristoteles, *Poetik* (13, 1453a30) ist Euripides der »tragischste« Dichter, da seine Stücke am meisten dem Endziel der Tragödie entsprechen, Furcht und Mitleid zu erwecken und zur Reinigung (Katharsis) dieser Affekte oder von diesen Affekten zu führen. In der Moderne können mehrere Konzeptionen der T. unterschieden werden: Im Zentrum der moralistisch-theolog. Theorie steht der Mechanismus von trag. Schuld und der daraus resultierenden Vergeltung. Die Tragödien des Aischylos mit der Verkettung von menschl. Emotionen, Verblendung, Grenzüberschreitung (Hybris) und Strafe entsprechen am ehesten diesem Ansatz. Die fatalist. Theorie sieht die T. im Walten eines unentrinnbaren Schicksals oder Geschlechterfluchs, dem der Mensch ausgeliefert ist (Schicksalsdrama). Die von Hegel begründete idealist. Theorie definiert T. als den Konflikt von Individuum und Gesellschaft, Freiheit und Notwendigkeit usw. In der Nachfolge der idealist. Theorie steht P. Szondis Versuch über das Tragische, der T. als Einheit der Gegensätze, als durch den Umschlag einer Intention in ihr völliges Gegenteil versteht. All diese ahistor. Theorien können jedoch nur partiell zum Verständnis der griech. Tragödie beitragen, da sie die histor. Dimension der Tragödien und ihre Einbettung in die Polis Athen im 5. Jh. v. Chr. nicht berücksichtigen. **Lit.:** V. Sander (Hg.), T. u. Tragödie (1971). – P. Szondi, Versuch über das Tragische, in: Schriften 1 (1978) 151–260. – M. Silk, Tragedy and the Tragic (1996). – B. Zimmermann, Europa und die griech. Tragödie (2000) 170–178.

Tragödie (gr. tragodịa). Der Begriff T. bedeutet eher ›Gesang anlässlich eines Bockopfers‹ als ›Gesang der Böcke‹. Der Begriff verweist auf den vorliterar. Ursprung der T. im Zusammenhang mit Opfern im Rahmen des Dionysoskults. Vorformen sind bezeugt für Sikyon, wo nach Herodot (5, 67) der Tyrann Kleisthenes ›trag. Chöre‹ zu Ehren des Dionysos eingeführt haben soll. In der griech. Literaturgeschichtsschreibung wird die Einführung der T. in Athen mit Thespis in Verbindung gebracht, der unter dem Tyrannen Peisistratos als erster an den Großen ↗ Dionysien eine T. aufgeführt haben soll. In klass. Zeit waren der 3.–5. Tag der Dionysien den T.n vorbehalten. Drei Dichter traten mit je vier Stücken (Tetralogie), drei Tragödien (Trilogie) und einem ↗ Satyrspiel zum Wettkampf (↗ Agon) an. Am zweiten Dionysosfest in Athen, den ↗ Lenäen, hatte die T. eine unbedeutende Stellung. T.n durften im 5. Jh. nur einmal aufgeführt werden. Erst 386 v. Chr. wurde durch Volksbeschluss die Wiederaufführung gestattet. Die Entwicklung der Gattung im 5. Jh. wurde durch ↗ Aischylos, der den zweiten Schauspieler, und ↗ Sophokles, der den dritten einführte, vorangetrieben. Der Stoff der T. entstammt

Trajan

dem ↗Mythos. Histor. Themen wurden Anfang des 5. Jh. (Phrynichos; Aischylos, *Perser*) und im 3. Jh. v. Chr. (Moschion) gepflegt. Als erster soll Agathon Ende des 5. Jh. versucht haben, Stoffe und Personen frei zu erfinden. Erhalten sind jeweils sieben T.n des Aischylos und Sophokles und 19 des ↗Euripides, wobei der *Rhesos* als Pseudepigraphon des 4. Jh. v. Chr. anzusehen ist. Aus hellenist. Zeit sind Teile des Moses-Dramas des Ezechiel erhalten. In Rom wurde die T. 240 v. Chr. heimisch, als Livius Andronicus als erster in lat. Übersetzung eine T. aufführte. Die röm. T.n der republikan. Zeit, die nur in Fragmenten erhalten sind (Ennius, Pacuvius, Accius), sind Übersetzungen bzw. Adaptionen griech. Originale (bes. des Euripides). Erhalten sind nur die T.n des Seneca, der einen freien Umgang mit den griech. Originalen an den Tag legt und sie gleichsam einer *interpretatio Romana* unterzieht. **Lit.:** A. Lesky, Die trag. Dichtung der Hellenen (³1972). – E. Lefèvre (Hg.), Das röm. Drama (1978). – B. Zimmermann, Die griech. T. (²1992). – B. Zimmermann, Europa und die griech. T. (2000). – J. Latacz, Einführung in die griech. T. (²2003).

Trajan, Marcus Ulpius Traianus; später Nerva Traianus Augustus, röm. Kaiser 28. Januar 98–7. August 117 n. Chr.; geb. um 53 in Italica (Spanien) als Sohn des M. Ulpius Traianus; 78 Quästor; 84 Prätor; 91 Konsul; vor 98 Hochzeit mit Pompeia Plotina (gest. nach 1. Januar 123); Ende Oktober 97 wurde T. von Nerva adoptiert und zum Caesar erhoben, am 28. Januar 98 übernahm er die Regierung. 101/02 und

105–107 führte T. Krieg gegen die Daker unter Decebalus; das Dakerreich wurde röm. Provinz, das röm. Reich erreichte seine größte Ausdehnung; aus der Kriegsbeute ließ T. das Trajansforum und die Trajanssäule errichten (eingeweiht 112 bzw. 113); 113 brach er in einen Krieg gegen die Parther auf, erreichte im Januar 114 Antiochia und nahm im August 114 den Titel Optimus, »der Beste« an. T. kehrte nicht mehr lebend nach Rom zurück; er starb am in Selinus in Kilikien. Sein Nachfolger Hadrian ließ den Leichnam nach Rom überführen und in der Trajanssäule beisetzen. **Lit.:** K. Strobel, Untersuchungen zu den Dakerkriegen T.s (1984). – M. Fell, Optimus Princeps? (1992). – DRK (1997).

Tralleis (heute nahe Aydin, Türkei), Stadt in Kleinasien. Die an der Nahtstelle zwischen Jonien, Karien und Lydien liegende Stadt im Tal des ↗Mäander gehörte zu den einheim., vorgriech. Städten der Region. Als stark befestigte Stadt am Schnittpunkt zweier wichtiger Handelsstraßen war T. in der Antike immer wieder Ziel militär. Operationen. 400 v. Chr. belagerten die Spartaner vergeblich die Stadt, Mitte des 4. Jh. gehörte T. zum Reich des ↗Mausolos, 313 eroberte ↗Antigonos I. Monophthalmos in den Diadochenkämpfen die Stadt. In der Folgezeit beherrschten die Seleukiden die Stadt, die auch den Namen Seleukeia führte. Im Hellenismus erlebte T. seine Blüte. Als 27 v. Chr. die Stadt durch ein Erdbeben zerstört wurde, förderte Augustus den Wiederaufbau finanziell; ihm zu Ehren trug die Stadt auch den Namen Kaisareia. Von den antiken Bauten haben sich Reste bes. des röm. Gymnasiums nördl. des heutigen Aydin erhalten.

Trankopfer ↗Opfer

Transhumanz, in der Antike verbreitete Form der Weidewirtschaft, bei der die Herde auf einer Tage oder Wochen dauernden Wanderung zu mindestens zwei jahreszeitlich wechselnden Weidegebieten getrieben wird. **Lit.:** C. R. Whittaker (Hg.), Pastoral Economies in Classical Antiquity (1988).

Trapezunt (gr. Trapezus, heute Trabzon, Türkei), kleine griech. Kolonie an der SO-Küste des ↗Schwarzen Meeres in der Landschaft ↗Kolchis. Das vom miles. ↗Sinope Ende des 7. Jh. v. Chr. gegründete T. lag am Ausgang einer belebten Handelsstraße nach O und hatte einen guten Hafen; das Stadtbild wurde von einer Akropolis beherrscht. Die Stämme im Hinterland bedrohten die Stadt immer wieder. Unter ↗Mithradates VI. wurde T. Teil des Königreiches ↗Pontos. 64 n. Chr. wurde T. zusammen mit Ost-Pontos römisch, erhielt aber den Status einer freien Stadt und gewann als Hafenstadt nahe der Grenze zu Armenien zunehmend an Bedeutung. 259 zerstörten die Goten die Stadt, die als Garnisonsstadt aber wieder aufgebaut wurde. Eine späte Blüte erlebte T. im byzantin. Kaiserreich von 1204 bis zur türk. Eroberung 1461.

Trasimenischer See (lat. Trasumenus lacus), See im östl. Etrurien. Der heute noch 120 km² große, aber nur 7 m tiefe See war 217 v. Chr. im 2. ↗Pun. Krieg Schauplatz der vernichtenden Niederlage der röm. Truppen unter C. ↗Flaminius gegen die Karthager unter ihrem Feldherrn ↗ Hannibal. Etwa 15.000 Gefallene und 10.000 Gefangene sowie der Tod des kommandierenden Feldherrn waren die fatale Bilanz für die Römer. Die röm. Oberschicht litt noch Jahrzehnte an der Ausdünnung durch die Verluste dieses Massakers. **Lit.:** J. Seibert, Hannibal (1993) 152 ff.

Traumdeutung (gr. oneirokrisia). T. ist vom Beginn der griech. Literatur, seit Homers *Ilias,* belegt. T. ist Teil der ↗ Mantik, da Träume als direkte Mitteilungen von Göttern und Dämonen an die Menschen verstanden werden. Spezialisten (Traumdeuter) müssen zwischen wahren und falschen Träumen unterscheiden. Träume können allegorisch sein (z. B. *Odyssee,* 535 ff.: So wie 20 Gänse von einem Adler getötet werden, wird Odysseus die Freier töten) oder direkt und unverschleiert. Die Bedeutung, die der T. in der Antike beigemessen wurde, belegen zahlreiche Handbücher, bes. das des Artemidor und des Synesios. **Lit.:** K. Brackertz, Artemidor von Daldis. Das Traumbuch (1979). – P. C. Miller, Dreams in Late Antiquity (1994). – Chr. Walde, Antike Traumdeutung und moderne Traumforschung (2001).

Trebia (heute Trebbia), rechter Nebenfluss des ↗ Padus. Am Ufer der T. besiegte Hannibal 218 v. Chr. im 2. ↗ Pun. Krieg die röm. Truppen. Teile der röm. Verbände konnten aber entkommen. **Lit.:** J. Seibert, Hannibal (1993) 126 ff.

Trebonianus Gallus, Gaius Vibius T. G. Augustus, röm. Kaiser Juni (?) 251–August (?) 253 n. Chr.; geb. um 206 in Perusia (?); 250/51 Statthalter der Provinz Moesia Superior. Nach dem Tod des Decius in der Schlacht bei Abrittus wurde T. etwa Mitte Juni 251 zum Kaiser erhoben; T. hielt sich meist in Rom auf und verlor dadurch den Kontakt zu Provinzen und Soldaten, die im Juli/Aug. 253 Aemilianus zum Kaiser ausriefen. T. wurde auf dem Marsch gegen Aemilianus von den Soldaten erschlagen. **Lit.:** D. Kienast, Röm. Kaisertabelle (²1996) 209 f.

Treverer, kelt.-german. Mischstamm am Unterlauf der ↗ Mosella (heute Mosel). Hauptort der T., deren bekannte Reiterei auch in Diensten Caesars stand, war Augusta Treverorum (heute ↗ Trier).

Triarii. In der röm. ↗ Legion bildeten T. das dritte Treffen, das aus den erfahrensten Soldaten bestand. Zahlenmäßig etwa halb so stark wie ↗ Hastati und Principes, fungierten sie meist als mobile Einsatzreserve und kamen in den entscheidenden Phasen einer Schlacht zum Einsatz. ↗ Schlachtordnung

Triballer (gr. Triballoi), thrak. Stammesverband entlang des Margos (heute Morawa) südl. der Donau. Die T. versuchten im 5. Jh. sich gegen den Machtanspruch der ↗ Odrysen zu wehren, im 4. Jh. drangen sie bis zur thrak. Küste der Ägäis vor. Erst Philipp II. von Makedonien und Alexander d. Gr. konnten die T. unterwerfen; später wurden sie von den ↗ Illyrern beherrscht.

Tribonianus, gest. um 543 n. Chr., bedeutender Jurist und Staatsbeamter unter Justinian, war federführend an der Rechtskodifikation des *Corpus iuris civilis* beteiligt. ↗ Codex (2), Digesten

Tribun (lat. tribunus), mehrfach verwendeter Titel für röm. Beamte und Offiziere. Am bedeutendsten waren die *tribuni aerarii,* die für die Auszahlung des Soldes (↗ Stipendium) zuständig waren, und die *tribuni militum* (Militärtribunen), die sechs höchsten Offiziere einer ↗ Legion. Sie führten abwechselnd das Kommando und übernahmen im Kampf unterschiedl. takt. Aufgaben. Militärtribunen waren meist jüngere Angehörige der ↗ Nobilität, die das Amt als Einstieg in die klass. Ämterlaufbahn, den ↗ *cursus honorum,* bekleideten. Zur Institution der *tribuni plebis,* der höchsten plebeischen Beamten in Rom, ↗ Volkstribun.

Tribunal, der erhöhte Amtssitz eines röm. ↗ Magistrats unter freiem Himmel, auf dem er zur Abwicklung seiner Amtsgeschäfte Platz nahm. Ein T. stand sowohl den kurul. Beamten (↗ Sella curulis), als auch den Provinzstatthaltern und Feldherrn zu.

Tribus (lat. tres, »drei«) bezeichnet eine Unterabteilung der röm. Bürgerschaft. Ursprünglich gab es drei gentiliz. T., die in je zehn ↗ Kurien unterteilt waren, aber schon bald ihre Bedeutung verloren. Spätestens im 5. Jh. v. Chr. wurden nach regionalen Gesichtspunkten 21 T. geschaffen (4 städt. und 17 ländl.), wobei jeder röm. Bürger in eine T. eingeschrieben war. Die Zugehörigkeit zu einer T. war erblich und verpflichtete ihre Mitglieder zur gegenseitigen Unterstützung. Bis 241 v. Chr. erhöhte sich ihre Zahl auf 35 (4 städt., 31 ländl.) und blieb bis zum Ende der Republik konstant. Die T. bildeten neben den ↗ Centurien die wichtigste Organisationsform der ↗ Volksversammlung (Tributscomitien) und waren bei Abstimmungen unabhängig von der Anzahl der jeweils eingeschriebenen Bürger gleichberechtigt. Dies ermöglichte es, die polit. Entwicklung durch die gezielte Aufnahme von Neubürgern in nur bestimmte T. zu steuern (z. B. 90/89 während des ↗ Bundesgenossenkrieges). Neben dieser polit. Funktion erfüllten die T. bes. Verwaltungsaufgaben und dienten der Steuererhebung (↗ Steuern), der Aushebung von Truppen und der Führung der Personenstandsregister. Sie bestanden auch in der Kaiserzeit fort, hatten aber keine polit. Bedeutung mehr. Nach dem Vorbild Roms finden sich T. auch in einigen anderen Städten des röm. Machtbereichs. **Lit.:** C. Nicolet, Voting Districts of the Roman Republic (1960).

Tribut (lat. tributum) nannte man die bis 168 v. Chr. von röm. Bürgern erhobene Vermögenssteuer, die bes. der Truppenbesoldung diente. Sie belief sich auf ein Prozent des von den ↗ Zensoren geschätzten Vermögens und wurde jährlich entrichtet. Mit dem Ende des 3. ↗ Makedon. Krieges (167) wurde die Tributpflicht aufgehoben und nur 43/42 vorübergehend wieder eingeführt. In der Kaiserzeit wurden auch die direkten ↗ Steuern in den Provinzen, im Gegensatz zu den indirekten (↗ Vectigal), als T. bezeichnet und wurden bes. als Kopfsteuer (*t. capitis*) oder Grundabgabe (*t. soli*) entrichtet.

Triclinium (gr., lat.), ursprünglich drei hufeisenförmig um einen Tisch angeordnete Klinen (Lectus; Sofa) mit je drei Plätzen, an denen liegend gespeist

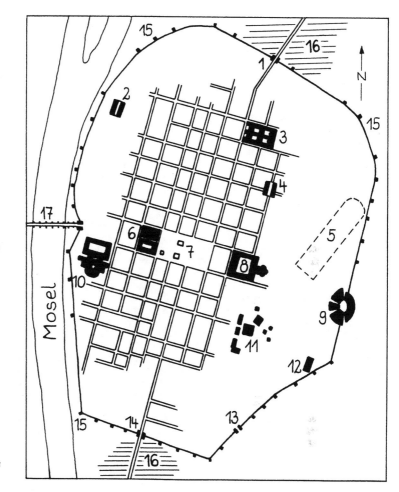

1 Porta nigra
2 Horrea
  (Getreidespeicher)
3 Konstantinische
  Doppelkathedrale
4 Palastaula
5 Circus Maximus
6 Palast
7 Forum
8 Kaiserthermen
9 Amphitheater
10 Barbarathermen
11 Tempelbezirk
12 Tempel
13 Porta alba
14 Porta media
15 Stadtmauer
16 Römische Gräber-
   felder
17 Römische Brücke

*Lageplan des antiken
Trier*

wurde. Dabei zeigte der Kopf des Speisenden zum Tisch hin, und der linke Ellenbogen war aufgestützt. Später bezeichnete man das Speisezimmer im röm. Wohnhaus als T.

Trier (lat. Colonia Augusta Treverorum), Hauptort der ↗ Treverer und röm. Residenzstadt in Germanien an der Mosella. Das am Schnittpunkt mehrerer Fernstraßen gelegene T. war Hauptort und kult. Zentrum der namensgebenden Treverer. Keimzelle der röm. Stadt war ein unter Augustus eingerichteter Militärposten zur Sicherung des Moselübergangs. Bald entwickelte sich eine nicht befestigte Zivilstadt, die Sitz der Finanzverwaltung der Provinzen Belgica, Germania Superior und Germania Inferior wurde, unter Claudius erhielt T. den Status einer Colonia. Einen Aufschwung erlebte T. im 2. Jh. n. Chr. als Handels- und Umschlagszentrum zur Versorgung der röm. Truppen in Germanien. ↗ Postumus wählte T. als Residenz; 275/76 wurde T. von ↗ Alemannen verwüstet,

unter Constantinus Chlorus jedoch als kaiserl. Residenz und Hauptstadt der Diözese Gallien mit eigener Münze prachtvoll wiederaufgebaut. Unter Konstantin d.Gr. erlebte T. seine Blüte als kulturelles Zentrum Galliens, wurde jedoch erst nach Aufgabe des ↗ Limes befestigt. Die Residenz des Kaisers wurde um 395 wegen der Gotengefahr nach Mailand, die Präfektur für Gallien nach Arelate verlegt. Anfang des 4. Jh. n. Chr. eroberten schließlich die ↗ Franken T., das langsam verfiel. – Die röm. Bauten in T. sind die umfangreichsten in Deutschland: Zu den ältesten Gebäuden gehört das Amphitheater (um 100 n. Chr.); die Barbara-Thermen aus dem 2. Jh. wurden bis in fränk. Zeit benutzt. Von der großen konstantin. Palastanlage ist die sog. Basilika oder Palastaula erhalten, einst der kaiserl. Repräsentation zugedacht und heute evangel. Kirche, sowie die Kaiserthermen, die größte Badeanlage außerhalb Roms. Konstantin d.Gr. errichtete in der Bischofsstadt T. eine Doppelkathedrale, an deren Stelle heute Dom und Liebfrauenkirche stehen. Das bekannteste Bauwerk ist die Porta Nigra, das um 300 n. Chr. errichtete röm. Stadttor, das beeindruckendste Monument der einst 6,5 km langen spätantiken Stadtbefestigung, die die etwa 285 ha große Stadt umgab. Zahlreiche weitere röm. Bauten sind in T. und Umgebung erhalten. **Lit.:** H. Heinen, T. und das Trevererland in röm. Zeit (1985). – H. Cüppers (Hg.), Die Römer in Rheinland-Pfalz (1990) 577–653.

Triẹre (gr., »Dreiruderer«), häufigster Schiffstyp im klass. Griechenland mit drei übereinander angeordneten Reihen von Rudern. Eine T. war ca. 40–50 m lang und 5 m breit. Die Besatzung bestand aus ca. 200 Mann. ↗Seekrieg **Lit.:** J. S. Morrison/J.F. Coates, Die athen. T. (1990).

Triglyphen ↗Metope

Trilogie, Begriff der Dramenanalyse, Bezeichnung der drei Tragödien, die in Athen anlässlich des trag. ↗Agons der Großen ↗Dionysien aufgeführt wurden. Eine T. wurde jeweils durch ein ↗Satyrspiel abgeschlossen (↗Tetralogie). Die einzige erhaltene T. ist die *Orestie* des ↗Aischylos.

Trimeter, Begriff der Metrik, ein aus drei Metren bestehender Vers. Am wichtigsten ist der jamb. T. (↗Jambus) als Sprechvers im Drama.

Trinkgelage ↗Symposion

Triphiodọr (gr. Triphiọdoros), griech. Epiker, 4. Jh. n. Chr., Verf. einer ↗lipogrammat. *Odyssee* und einer Paraphrase von Homers Gleichnissen. Erhalten sind lediglich 691 Verse seiner *Einnahme Trojas,* verfasst in hellenist. Manier eines ↗*poeta doctus.* **Lit.:** U. Dubielzig, T.: Die Einnahme Ilions (1996).

Tripolis, phöniz. Hafenstadt im heutigen Libanon. Die von ↗Tyros, ↗Sidon und Arados gegründete Stadt war 351 Ausgangspunkt eines Aufstandes gegen den Perserkönig Artaxerxes III. Nach dem Sieg Alexanders d.Gr. bei Issos flohen 5.000 Griechen in pers. Diensten nach T. Unter dem Seleukiden Antiochos IX. erhielt die Stadt ihre Freiheit und konnte diese bis zur röm. Okkupation wahren, blieb aber eine Kleinstadt im Vergleich zu den übrigen griech.-röm. Hafenstädten der Region. **Lit.:** ASM (1999).

Triptọlemos, ein von Demeter ausgesandter junger Mann, der den Menschen das Saatgut und die Kunst des Ackerbaus überbringen soll.

Trithemịmeres, Begriff der Metrik, ↗Zäsur nach der zweiten Länge bzw. dem dritten Element im katalekt. daktyl. Hexameter (–∪∪–).

Triton, Sohn des Poseidon und der Amphitrite, ein Mischwesen aus Mensch und Fisch. Er weist den Argonauten an ↗Triton. See« (Tunesien) den Weg zurück zum Meer. **Lit.:** G. Benuell/A. Waugh, Töchter des Meeres (1962).

Trittyen (gr., »Drittel«), Unterabteilungen einer ↗Phyle, sind bes. durch die Verfassung Athens bekannt. Bereits die vier altatt. gentiliz. Phylen gliederten sich in zwölf T., die der polit. und militär. Organisation dienten. Durch die Reformen des ↗Kleisthenes wurde Attika in 30 T. eingeteilt, je 10 für die Stadt, das Küstengebiet und das Binnenland, wobei je drei T. aus jeder Gruppe eine Phyle bildeten. Durch diese Maßnahme sollte die Bevölkerung hinsichtlich ihrer Organisation optimal »gemischt« und partikuläre Interessen in den Hintergrund gedrängt werden. Darüber hinaus hatten die T., deren Namen z. T. inschriftlich belegt sind, eine gewisse finanzpolit. Bedeutung, während sie bei der konkreten Verwaltung nur selten auftauchen. **Lit.:** P. Siewert, Die T. Attikas und die Heeresreform des Kleisthenes (1982). – J. S. Traill, Demos and Trittys (1986).

Triumph, Siegesfeier eines röm. Feldherrn, die vom ↗Senat nach dem erfolgreichen Abschluss eines *bellum iustum* (↗Kriegsrecht) genehmigt werden konnte. Voraussetzung war in späterer Zeit der Schlachtentod von mindestens 5.000 Feinden. Der T. entstammte etrusk. Traditionen und konnte nur von Imperiumsträgern (Konsul, Prätor, Diktator) vorgenommen werden. Der T.-Zug fand in Rom statt und führte vom Marsfeld über das Forum Romanum zum Jupitertempel auf dem Kapitol. Im ersten Teil des Zuges wurde zunächst der Sieg bildlich dargestellt, es folgten Kriegsbeute und Gefangene. Dahinter fuhr der Feldherr auf einem von einer Quadriga gezogenen Prunkwagen; sein Gesicht war rotgefärbt, er trug ein Purpurgewand und als Zeichen seines Sieges einen Lorbeerkranz und ein Adlerszepter. Den Schluss des Zuges bildeten die Soldaten des siegreichen Heeres. Das Volk von Rom versammelte sich entlang der Route und jubelte dem Triumphator zu. Den Abschluss der Feier bildete eine religiöse Zeremonie mit einem Opfer auf dem Kapitol. Die genauen Daten, die jeweiligen Anlässe der Siegesfeiern und die Namen der triumphierenden Personen wurden in den ↗*fasti triumphales* verzeichnet, die teilweise erhalten sind. T.-Züge waren das Ziel eines jeden Feldherrn, ihre Genehmigung wurde aber häufig zu einer polit. Angelegenheit. Bei Verweigerung eines T.es hatte der Feldherr die Möglichkeit, seinen Sieg in Form einer ↗Ovatio zu feiern oder auf eigene Kosten auf dem Albaner Berg zu triumphieren. Seit Ende der Republik waren nur noch der Kaiser selbst oder enge Familienangehörige zu T.-Zügen berechtigt. **Lit.:** H. S. Versnel, T.us (1970). – E. Künzl, Der röm. T. (1988).

Triumphbogen. Als *fornix* seit republikan. Zeit, *arcus* seit der frühen Kaiserzeit und *arcus triumphalis* bezeichneter Ehrenbogen, der anlässlich eines besonderen polit. Ereignisses, einer Amtsübernahme o. ä. errichtet wurde. Die Erbauer bzw. die Geehrten waren Feldherren, Statthalter, hohe Beamte oder der Kaiser selbst. Aufgestellt wurde ein T. an Hauptstraßen sowie markanten Plätzen und Straßen, an denen ein Triumphzug entlanglief. Zahlreiche Triumphbögen waren zunächst eintorig, manche – bes. im Bereich von Stadttoren – zweitorig und in den östl. Provinzen dreitorig, jeweils mit abschließender Attika (niedrigem, wandartigem Aufbau über dem Hauptgesims, z. T. mit Inschrift und plast. Schmuck), einer Basis mit Ehreninschrift und sich darüber erhebender Statue (z. B. des Geehrten). Die einzelnen Bauelemente konnten

Rom, Konstantinsbogen (315 n. Chr. geweiht)

ferner architektonisch gegliedert und mit Reliefs o. ä. geschmückt sein. **Lit.:** E. Künzl, Der röm. Triumph (1988). – A. Küpper-Böhm, Die röm. Bogenmonumente der Gallia Narbonensis in ihrem urbanen Kontext (1996).

Triumvirat (lat., »Dreimännerkollegium«). Historisch bedeutsam sind bes. zwei Zusammenschlüsse des 1. Jh. v. Chr., die aus polit. Opportunitätsgründen geschlossen wurden. Im sog. *Ersten Triumvirat* (60 v. Chr.) bildeten ↗ Pompeius, ↗ Caesar und ↗ Crassus eine Allianz, um ihre gegenseitigen polit. Ambitionen zu unterstützen und – nachdem sie 56 erneuert wurde – sich die wichtigsten Provinzen und Truppenteile zu sichern. Es handelte sich um eine rein private Übereinkunft, die zwar politisch relevant, staatsrechtlich aber ohne Bedeutung war. Auch das *Zweite Triumvirat* (43 v. Chr.) zwischen Octavian (↗ Augustus), ↗ Antonius und ↗ Lepidus entsprach machtpolit. Kalkül, wurde jedoch im Gegensatz zum ersten auch staatsrechtlich abgesichert. Durch die *lex Titia* (43) wurden die Triumvirn als *tresviri rei publicae constituendae* offiziell beauftragt, den Staat neu zu ordnen, und mit einer fünfjährigen Amtszeit versehen. Auch die Verlängerung ihrer Vollmachten (37) wurde durch ein Gesetz beschlossen. **Lit.:** P. Wallmann, Triumviri Rei Publicae Constituendae (1989).

Trivia (gr. Trioditis), Beiname der als Unterweltsgottheit verehrten ↗ Diana, identifiziert mit ↗ Hekate. Sie wurde bes. an Dreiwegen (lat. *trivium*) verehrt.

Troas, Landschaft im NW Kleinasiens. Troja, das in der T. lag, gab ihr den Namen. Die Landschaft wird beherrscht vom Idagebirge und von den Flüssen ↗ Skamandros und ↗ Granikos. Zu den wichtigsten Städten gehörten Parion, ↗ Lampsakos, ↗ Abydos, Sigeion, Ilion (↗ Troja), Alexandros Troas, Assos, Antandros und Skepsis. Durch die zentrale Lage am ↗ Hellespontos war die T. in der Antike als Bindeglied zwischen Europa, Kleinasien und ↗ Schwarzem Meer von großer Bedeutung. Athen bemühte sich im 6. und 5. Jh. v. Chr. um Kontrolle der Meerengen, doch konnte Persien nach dem Peloponnes. Krieg die Kontrolle über die T. zurückgewinnen. Alexanders d. Gr. erste militär. Konfrontation auf seinem Perserfeldzug war 334 die Schlacht am Granikos in der T. In hellenist. Zeit beherrschten die Seleukiden, gefolgt von den Attaliden und Römern, den Großteil der Troas. Lediglich Ilion und Alexandria Troas konnten in hellenist. Zeit längere Zeit ihre Unabhängigkeit bewahren. Im 1. Jh. v. Chr. litt die T. unter der röm. Herrschaft und Provinzverwaltung und erholte sich wirtschaftlich erst in der Kaiserzeit. **Lit.:** J. M. Cook, The Troad (1973).

Trochäus, Begriff der Metrik, Versfuß der Form Länge, Kürze (– ∪). Im Drama finden Trochäen bes. als katalekt. Tetrameter Verwendung, um Aggressivität und Schnelligkeit auszudrücken.

Troilos, Sohn des legendären trojan. Königs Priamos und der Hekabe. Im ↗ Trojan. Krieg wird er von

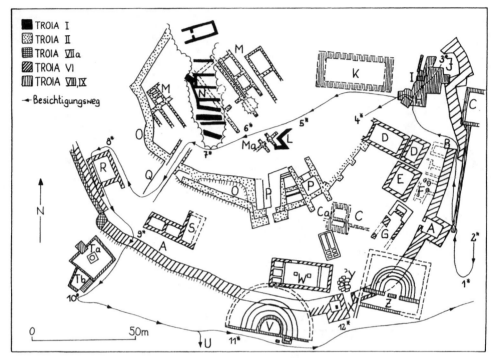

A	Ostmauer (Troia VI)	H	Vorplatz des
B	Osttor		Athenatempels
C	Quaderfundamente		(Troia VIII-IX)
	(Troia IX)	I	Brunnenschächte
a)	Propylon		(Troia VII-XI)
D	Rechteckräume	J	Nordöstlicher Eckturm
	(Troia VI C und E)		(Troia VI)
E	Größerer Raum	K	Athenatempel
	(Troia VI F)		(Troia VIII-IX)
F	Häuser (Troia VIIa)	L	Festungsmauer mit
G	Megaronhaus		Torturm (Troia I)
	(Troia VI G)		

M	Megaronhäuser (Troia II)
a)	Ummauerung und Tor (Troia II)
N	Häuser (Troia I)
O	Ummauerung (Troia II)
P	Toranlagen (Troia II)
Q	Rampe
R	Megaronhaus (Troia VI A)
S	Haus (Troia VI)

Ta-b)	Heiligtümer (Troia VIII)
U	Römisches Gymnasion (Troia IX)
V	Römisches Odeion
W	Pfeilerhaus (Troia VI)
X	Südtor der Befestigung (Troia VI)
Y	Gepflasterte Straße (Troia VI-VIIa)
Z	Bouleuterion (Troia IX)

Troja

Achill aus dem Hinterhalt getötet. **Lit.:** P. Boitani (Hg.), The European Tragedy of T. (1989).

Troizen, Stadt auf der Peloponnes in der Landschaft Argolis. Zum Gebiet der Stadt gehörten in der Antike die Ostspitze der Halbinsel sowie die Inseln Hydra und ↗ Kalaureia. Beim Einfall der Perser 480 v. Chr. in Attika fanden die Athener in T. Zuflucht. Das mit Sparta verbündete T. wurde im ↗ Peloponnes. Krieg mehrfach von Athen besetzt. 323/22 nahm es am ↗ Lam. Krieg teil und trat 243 dem ↗ Achäischen Bund bei. In der röm. Kaiserzeit gelangte die Stadt zu Wohlstand. Ausgrabungen wurden bes. außerhalb der antiken Stadt veranstaltet; Reste eines Asklepieions, eines Ringhallentempels und röm. Thermen sind erhalten. **Lit.:** G. Welter, T. und Kalaureia (1941). – GLHS (1989) 693 f.

Troja (Ilion), Stadt an der kleinasiat. Küste in der antiken Landschaft Troas. H. Schliemann, der glaubte, in dieser Stadt den Schauplatz des von Homer beschriebenen ↗ Trojan. Krieges entdeckt zu haben, war der erste Archäologe in T. W. Dörpfeld setzte die Ausgrabungen nach Schliemanns Tod fort und unterteilte die verschiedenen Siedlungsschichten (46 Schichten) in neun Hauptperioden Troja I-IX (ca. 3000 v. Chr. bis 5. Jh. n. Chr.). Bemerkenswert ist die große Palastanlage von T. II (2500–2300) mit mächtiger Befestigungsmauer. In diesen Schichten wurden neben zahlreichen Gefäßen und Siegeln auch unzählige Spinnwirtel gefunden, die auf eine rege Handelstätigkeit schließen lassen. Ferner entdeckte Schliemann hier den sog. Schatz des ↗ Priamos (Gold- und Silbergeschirr, kostbarer Schmuck). Der Palast fiel offenbar einem Brand zum Opfer. Die gesamte Ansiedlung wurde aber wieder aufgebaut. T. VI ist gekennzeichnet durch eine völlig neu errichtete, stark befestigte Burganlage. Um 1300 v. Chr. wurde die Stadt durch ein Erdbeben zerstört und sogleich wieder aufgebaut (T. VIIa), aber nur etwa 50 Jahre später noch einmal durch einen Brand zerstört. Seit etwa 700 v. Chr. bewohnten Äoler T., und es setzte eine rege Bautätigkeit ein (T. VIII). 85 v. Chr. wurde die Stadt von den Römern zerstört, aber spätestens unter Kaiser Augustus wieder aufgebaut und seither (aufgrund der ↗ Äneas-Sage) als Urheimat betrachtet und gefördert (T. IX). **Lit.:** I. Gamer-Wallert (Hg.), T. Brücke zwischen Orient und Okzident (1992). – ASM (1999).

Trojanischer Krieg, bedeutendster Sagenkreis der griech. Mythologie. Ausgelöst wird der T. K. durch den Raub der ↗ Helena durch den trojan. Prinzen Paris. Aufgrund eines geleisteten Eides sind die griech. Führer dazu verpflichtet, dem spartan. König Menelaos, Helenas Mann, beizustehen. Da die Flotte, deren Oberbefehl ↗ Agamemnon, Menelaos' Bruder, innehat, durch von Artemis gesandte widrige Winde in Aulis zurückgehalten wird, opfert Agamemnon als Sühneopfer auf Anraten des Sehers Kalchas seine Tochter ↗ Iphigenie. Ein Vorzeichen bei der Abfahrt der Flotte – eine Schlange verschlingt acht Jungvögel und dann die Mutter – deutet auf eine neunjährige Belagerung mit Einnahme der Stadt im zehnten Jahr hin. Diese erfolgt als Resultat einer List des ↗ Odysseus: Die Griechen bauen ein riesiges hölzernes Pferd, in dem sich Soldaten verstecken. Die Trojaner fassen dieses sog. Trojan. Pferd als ein göttl. Zeichen auf und ziehen es in ihre Stadt. Die Griechen haben es dann leicht, Troja einzunehmen. – Der T. K. bildet in nahezu allen literar. Gattungen den mytholog. Hintergrund. Homers *Ilias* setzt im zehnten Kriegsjahr ein, hat Achills Zorn, sein Rückzug aus dem Kampfgeschehen, Patroklos' und schließlich Hektors Tod zum Inhalt. Der nur in wenigen Fragmenten erhaltene sog. ↗ Ep. Kyklos erzählt weitere, nicht bei Homer berichtete Ereignisse (z. B. Achills Tod, Waffenstreit zwischen Aias und Odysseus, Trojan. Pferd). In den sog. *Nostoi* (*Heimfahrten*) wurde das Schicksal der griech. Helden nach der Eroberung Trojas berichtet; erhalten ist Homers *Odyssee*. Neben den Epen (*Ilias, Odyssee*) findet der T. K. Bedeutung in der Lyrik (Sappho, Stesichoros) und bes. in der Tragödie (Aischylos, *Orestie*; Sophokles, *Philoktet*; Euripides, *Troerinnen, Hekabe*). Für die griech. Geschichtsschreibung des 5. Jh. v. Chr. galt der T. K. als historisch (Thukydides).

Trojanisches Pferd ↗ Odysseus, Trojan. Krieg

Trojaroman. Die Werkbezeichnung T. bezieht sich auf die Werke des ↗ Dictys von Kreta (2. Jh. n. Chr.) und des ↗ Dares aus Phrygien (3. Jh. n. Chr.). T.e sind pseudohistor., fiktionale Augenzeugenberichte von angebl. Teilnehmern des Trojan. Krieges. Der früheste mit dem Titel noch bekannte T. ist der *Troika* des ↗ Hegesianax aus Alexandria (frühes 2. Jh. v. Chr.). **Lit.:** S. Merkle, Die Ephemeris belli Trojani des Diktys von Kreta (1989). – A. Beschorner, Untersuchungen zu Dares Phrygius (1992).

Trokmer (gr. Trokmoi), Stamm der Galater (↗ Galatien). 278/77 v. Chr. zogen die in Thrakien ansässigen T. zusammen mit den Tolistobogiern im Auftrag ↗ Nikomedes I. von Bithynien gegen dessen Bruder Zipoites; dabei plünderten die T. im Anschluss daran die ↗ Troas und siedelten mit anderen verwandten Stämmen in Galatien. 189 wurden sie von den Römern endgültig geschlagen.

Tropaion (gr.; lat. *tropaeum*), Siegeszeichen, das die Stelle markierte, an der sich der Feind zur Flucht gewandt hatte. In seiner ursprüngl. Form bestand das T. aus einem einfachen Pfahl oder Stamm, manchmal mit einem Querholz versehen, an dem die erbeuteten Waffen (Helm, Schild, Panzer usw.) aufgehängt wurden. Später wurde das T. als Siegesmal in Form eines Denkmals aus Stein oder Metall ausgestaltet. Die Etrusker und Römer übernahmen diese Form des Siegeszeichens. Es wurde häufig auf Münzen oder Reliefs dargestellt.

Trophonios, Sohn des Apollon oder des böot. Königs Erginos, Bruder des Agamedes. Als berühmte Architekten bauen sie u. a. den Poseidontempel im arkad. Mantinea und das delph. Apollonheiligtum. T. und Agamedes bauen für König Hireus oder für König Augias eine Schatzkammer mit einem nur für sie erkennbaren Zugang. Nach einer Reihe von Diebstählen, die T. allein begangen hat, stellt der König eine Falle, die Agamedes bei seinem ersten Raubzug zum Verhängnis wird. Da eine Flucht nicht möglich ist, hackt T., um unerkannt zu bleiben, Agamedes den Kopf ab und flieht. Er stirbt wenig später in einer Höhle in Lebadeia. An dieser Stelle errichtet Saon, ein Abgesandter der Böoter, auf der Suche nach Hilfe für das von einer Dürre heimgesuchte Land das Orakel des T. Das Orakel wurde seit dem 6. Jh. v. Chr. von zahlreichen berühmten Männern, die zuerst eine komplizierte Reinigungszeremonie und Opfer erbringen mussten, befragt.

Tropos (gr., »Wendung«), Begriff der Rhetorik. Wort oder Wendung, die nicht im eigentl., sondern in einem übertragenen, häufig bildl. Sinn verwendet wird. Man unterscheidet Grenzverschiebungs-Tropen, bei denen wie bei der ↗ Periphrase oder ↗ Synekdoche eine Beziehung zwischen dem Gesagten und Gemeinten besteht, von Sprung-Tropen, bei denen wie bes. bei der ↗ Metapher und ↗ Allegorie das Gemeinte in einen anderen Vorstellungsbereich »hinüberspringt«.

Tros, trojan. König, Sohn des Erichthonios, Vater des Ganymed.

Tryphon (1), seleukid. Feldherr, erhob 145 v. Chr. Antiochos VI. auf den Thron, usurpierte aber nach dessen Beseitigung (142) selbst die Königswürde. 138 erlag er Antiochos VII.

Tryphon (2), griech. Philologe, 1. Jh. v. Chr. T. arbeitete über rhetor. und sprachl. Fragen und Aussprache der Dialekte.

Tuba (lat., »Trompete«). Die T. entsprach der griech. ↗ Salpinx. Sie bestand aus einem langen

Bronze- oder Eisenrohr mit Hornmundstück. Die Etrusker entwickelten aus der T. den gebogenen Lituus und das Cornu. ↗ Musikinstrumente

Tür. Griechen und Römer unterschieden zwischen der T. in Einfriedungen oder Mauern (gr. *pyle*, lat. *porta*) und der T. in Häusern (gr. *thyra*, lat. *fores*); die Eingangs-T. eines Hauses hieß griech. *auleios thyra*, lat. *ianua*. Zur T. zählte neben der bewegl. T. auch der Rahmen, bestehend aus Schwelle, Pfosten und T.-Sturz. ↗ Vitruv gibt detaillierte Anweisungen über Aussehen und Proportionen der T. in dor., jon. und korinth. Ordnung. ↗ Schlüssel

Tullius, Marcus T. ↗ Cicero, Quintus T. ↗ Cicero

Tullus Hostilius, der legendäre dritte König Roms, regierte nach Livius 672–640 v. Chr. und soll die röm. Macht durch die Eroberung von Alba Longa erweitert haben. Die histor. Person des T. ist durch die sagengeschmückte Überlieferung aber nur schwer fassbar.

Tunika, ärmelloses Untergewand röm. Männer und Frauen aus Wolle oder Leinen, dem griech. Chiton (↗ Kleidung) vergleichbar. Die T. der Männer reichte gegürtet etwa bis zum Knie, die T. der Frauen war etwas länger. Über der T. trugen die Männer die ↗ Toga, die Frauen Stola und Palla. ↗ Kleidung

Tunnel. Die Leistungen antiker Ingenieurskunst spiegeln sich in zahlreichen gut erhaltenen T.-Anlagen wider. T. dienten dem Bau von Straßen, Wasserleitungen und Kanalisationen. Beeindruckend sind der Straßentunnel zwischen ↗ Kyme (Cumae) und dem Averner See mit ca. 900 m Länge, der T. durch Termes/Termantia (heute Tiermes, Spanien), Endstück eines antiken Aquädukts zur ↗ Wasserversorgung der Stadt, und der Tunnel des Eupalinos auf Samos, der ebenfalls Bestandteil eines Aquaeduktes war. **Lit.:** K. Grewe, Licht am Ende des T.s (1998).

Turicum, röm. Lager und ↗ Vicus am Westrand der Zürichsees am Limmat-Ufer, an einer Straße vom Rhein nach Rätien, mit Hafen und Lagerstätten, seit dem 1. Jh. n. Chr. befestigte Zollstation, heute Zürich.

Turm. Türme gehören zu den ältesten Formen menschl. Architektur. Sowohl bei Befestigungsanlagen als auch im Sakralbau (Tempeltürme) sind sie seit dem 3. Jt. v. Chr. nachweisbar (Mesopotamien, Ägypten). In Griechenland und Rom gehörten Türme zu jeder Stadtbefestigung, aber auch zu festen Kastellen und ↗ Lagern. Darüber hinaus hatten sie eine wichtige Funktion als Beobachtungsposten. Je nach Bedarf waren sie teils aus Stein, aus Ziegelwerk oder aus Holz errichtet. Für die Seefahrt bedeutsam waren Leuchttürme, die der besseren Orientierung dienten und das Ansteuern eines Hafens erleichtern sollten. Berühmtestes Beispiel ist der Leuchtturm auf der Insel Pharos im Hafen von ↗ Alexandria. Eine besondere Rolle in der ↗ Kriegskunst spielten Belagerungstürme, die von den Angreifern eigens errichtet wurden und die feindl. Stadtmauern überragen sollten (↗ Poliorketik).

Turma (lat., »Haufen«), röm. Reitereinheit. In republikan. Zeit bestand eine T. aus 30 Reitern, jede ↗ Legion verfügte über deren zehn. In der Kaiserzeit bestanden die als ↗ Alae bezeichneten Reitertruppen des röm. Heeres aus 16 oder 24 Turmae mit je 30 oder 40 Reitern. An der Spitze der T. stand ein Decurio.

Turnus, in Vergils *Äneis* König der Rutuler, bekämpft die in Italien angekommenen Trojaner. Er wird von ↗ Äneas in einem Einzelkampf getötet.

Turpilius, röm. Komödiendichter, gest. 104 v. Chr. T. schrieb *Palliaten,* lat. Komödien ›in griech. Gewand‹. Fragmente aus 13 Stücken mit durchweg griech. Titeln sind bekannt. T. scheint seiner Hauptquelle Menander sehr eng gefolgt zu sein. Der fragmentar. Zustand der Überlieferung lässt allerdings keine verlässl. Aussagen zur Struktur der Komödien zu. In Metrik und Sprache steht er eher Plautus als Terenz nahe. Noch zu Ciceros Zeit wurde er aufgeführt. **Lit.:** L. Rychlewska (1962) [Ausg.].

Tusculum, röm. Stadt in Latium. Die in den *montes Tusculani,* den westl. Ausläufern der Albanerberge, gelegene Stadt war bes. in der Frühgeschichte Roms als Ursprungsort zahlreicher aristokrat. Familien Roms von Bedeutung. In der späten Republik und in der Kaiserzeit war T. wegen des gesunden Reizklimas ein bevorzugter Aufenthaltsort reicher Römer, die hier ihre Landhäuser errichteten, z. B. ↗ Sulla oder ↗ Cicero, der hier auch seine *Tusculanae disputationes* (*Gespräche in T.*) stattfinden lässt.

Tyche (gr., »Schicksal«), gr. Göttin des Schicksals, also des Glücks (bzw. Unglücks) und des Zufalls, in Rom Fortuna genannt. Sie wird, um die Launenhaftigkeit des Schicksals zu repräsentieren, mit Füllhorn, Steuerruder, Flügeln und mit einem Rad oder einer Kugel unter ihren Füßen dargestellt. Ihre bedeutendsten Tempel hatte sie in Megara, in Theben und in Argos, daneben in Korinth, Sikyon, Megalopolis, Elis sowie in Smyrna und in Syrakus.

Tydeus (gr. Tydeus), Sohn des myth. Königs Oineus von Kalydon, findet nach Mord aus Kalydon verbannt, Zuflucht am Hofe des argiv. Königs Adrastos. Er hilft seinem Schwager Polyneikes, den theban. Thron zurückzuerobern; in einem Zweikampf mit Melanippos töten sich beide gegenseitig. Athena will ihm Unsterblichkeit verleihen, was der Seher ↗ Amphiaraos, der T. hasst, verhindert, indem er ihm Melanippos' Kopf zuwirft. Als T. das Gehirn ausschlürft, wendet sich Athena angewidert ab.

Tympanon (gr., »Handpauke«), Handtrommel aus einem beidseitig mit Haut überzogenen Reif, die hauptsächlich bei kult. Veranstaltungen benutzt wurde. T. bezeichnete in der Architektur aber auch das dreieckige, oft mit Skulpturen oder Ornamenten ausgefüllte Giebelfeld griech. und röm. Tempel und auch das halbkugelige, mosaikgeschmückte Eingangsportal an Kirchen.

Tyndareos, myth. König von Sparta, von Leda Vater der Klytämnestra, Timandra, Philonoë und Phoibe. Er verheiratet Klytämnestra mit ↗ Agamemnon und seine von Zeus gezeugte Tochter Helena mit ↗ Menelaos und hilft Agamemnon, Mykene zurückzuerobern. T. gibt Odysseus für seinen Rat, alle Freier Helenas sollten ein eidl. Bündnis für die Braut und ihren Auserwählten eingehen, seine Nichte Penelope zur Frau.

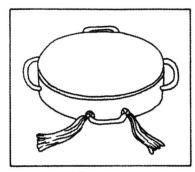

Tympanon

Tynnichos von Chalkis, griech. Lyriker, 6. Jh. v. Chr., Verf. eines berühmten Paians auf Apollon.

Tyndariden, Kinder des ↗ Tyndareos, Beiname der ↗ Dioskuren.

Typhon (oder Typhoeus), ein Kind der Gaia und des Tartaros, Schlange mit 100 Köpfen und einer furchterregenden Stimme. Mit Echidna zeugt T. ↗ Kerberos, ↗ Orth(r)os und die ↗ Hydra. Er bekämpft Zeus, der ihn mit seinen Blitzen überwältigt und unter dem Ätna begräbt. T. wird bisweilen mit dem Ungeheuer Seth in der ägypt. Religion identifiziert.

Tyrannis, Staatsform der Griechen, die durch die unumschränkte Herrschaft eines einzelnen gekennzeichnet ist. Die T. kommt in allen Epochen der griech. Geschichte vor und reicht von der archaischen Zeit bis zum Hellenismus. Im Zuge der gesellschaftl. Umwälzungen im 7. und 6. Jh. v. Chr. gelang es immer wieder einzelnen, meist adligen und bes. tatkräftigen Personen, die alleinige Herrschaft über ihre Heimatstadt zu erringen und über einen längeren Zeitraum hinweg zu behaupten. Bekannte Beispiele sind ↗ Peisistratos von Athen, ↗ Kypselos und ↗ Periander von ↗ Korinth sowie ↗ Polykrates von Samos. Einige von ihnen, wie Peisistratos oder Kypselos, konnten sogar eine Dynastie gründen und die Macht an ihre Nachkommen weiterleiten. Die konkrete Ausübung der Herrschaft konnte sehr unterschiedlich sein und reichte von despot. Willkür bis zu einer vorausschauenden Regierung, die um das Wohl des Staates besorgt war. Die Stadtverfassung blieb zumindest formal unter einer T. meist unangetastet, auch wenn sich der jeweilige Machthaber das Recht nahm, letztendlich die Entscheidungen zu treffen. Historisch unterscheidet man zwischen der sog. Älteren T. (bis zum Beginn des 5. Jh.) und der Jüngeren T. (4./3. Jh.), zwischen denen eine Phase deutl. Rückgangs liegt. Auch Fremdherrscher (Perser, hellenist. Könige) bedienten sich häufig des Mittels der T., um die Kontrolle über einzelne Städte aufrechtzuerhalten. – In der griech. Staatsrechtslehre (Aristoteles, Polybios) galt die T. als entartete Form der Alleinherrschaft und wurde als polit. Fehlentwicklung abgelehnt. Die Einordnung als Übergangsform von der Aristokratie zur Demokratie (↗ Staatsformen) ist unter modernen Gesichtspunkten

nicht haltbar. **Lit.:** H. Berve, Die T. bei den Griechen (1967). – L. de Libero, Die archaische T. (1996).

Tyrannos, griech. Rhetor, 4./5. Jh. n. Chr., Verf. eines Lehrwerks über Deklamationsthemen mit prakt. Beispielen. Erhalten sind wenige Fragmente.

Tyro, Tochter des myth. Königs Salmoneus von Elis und der Alkidike, nach deren Tod sie von ihrer Stiefmutter Sidero grausam misshandelt wird. T., die ihren Onkel, König Kretheus, heiraten muss, setzt ihre von Poseidon gezeugten Zwillinge ↗ Pelias und ↗ Neleus aus. Von Kretheus ist sie Mutter des ↗ Aison, Pheres und Amythaon. Später verdrängt Pelias Aison vom Thron und tötet Sidero wegen ihrer Grausamkeit.

Tyros (heute Sur, Libanon), phöniz. Stadt und ↗ Emporion südwestl. von Beirut. Die phöniz. Gründung stieg um 1200 v. Chr. zu einem führenden Handelszentrum Phöniziens auf und gründete selbst zahlreiche blühende Kolonien im Mittelmeerraum (↗ Karthago, ↗ Leptis Magna, ↗ Utica, ↗ Hadrumetum, ↗ Gades u. a.). Im 9. Jh. kontrollierte T. auch die Rivalin ↗ Sidon, gegen die Assyrer konnte T. weitgehend seine Selbständigkeit bewahren, geriet aber später unter neubabylon. und pers. Oberhoheit. 332 belagerte Alexander d.Gr. sieben Monate lang die Stadt und errichtete dazu einen Damm zwischen Festland und der auf zwei Felseninseln errichteten Stadt. T. behielt nach der Eroberung seine Autonomie. 315 (nach 15-monatiger Belagerung) eroberte Antigonos I. die Stadt, die auch nach der Angliederung an Rom 64 v. Chr. eine bedeutende Handelsmetropole blieb (Purpurstoffe, Glasherstellung). 198 n. Chr. wurde T. Hauptstadt der Provinz Syria Phoenice, zur Colonia erhoben und erhielt latin. Bürgerrecht. Im 7. Jh. n. Chr. eroberten Araber die Stadt. **Lit.:** H. J. Katzenstein, History of Tyre (1973). – ASM (1999).

Tyrrhenisches Meer (gr. pelagos tyrrhenikon, lat. mare Tyrrhenum bzw. mare inferum), Bezeichnung für den zwischen der italien. Westküste, Korsika, Sardinien und Sizilien liegenden Teil des Mittelmeeres. Der Name ist abzuleiten von der griech. Bezeichnung Tyrrhenoi für die in diesem Raum siedelnden Etrusker. Je nach Kontext können antike Quellen auch angrenzende Teile des Mittelmeeres zum T. M. rechnen. Die lat. Bezeichnung *mare inferum* steht analog zum *mare superum* (lat. »oberes Meer«), dem Adriat. Meer.

Tyrtaios aus Sparta, griech. Elegiker, Mitte 7. Jh. v. Chr. Ca. 250 Verse mit polit. Inhalt, bes. Kampfparänesen (›Anfeuerungen‹) sind erhalten. Seine Sprache ist mit homer. Wörtern und Wendungen durchsetzt. **Lit.:** T. Hudson-Williams, Early Greek Elegists (1926). – C. Prato, T. (1968).

U

Ubier (lat. Ubii), german. Stamm zwischen Lahn und Taunus. Die U. schlossen 55 v. Chr. einen Freundschaftsvertrag mit Caesar. Unter Agrippa erfolgte 38 v. Chr. die Umsiedlung auf linksrhein. Gebiet sowie die Errichtung der *civitas Ubiorum* mit dem *oppidum Ubiorum* (spätere *Colonia Agrippinensis*, das heutige ↗ Köln) als Zentrum. **Lit.:** M. Gechter, in: Th. Blagg, M. Millett (Hg.), The Early Empire in the West (1990) 97–102.

Übersetzung. In der griech. Lit. hat das Übersetzen fremdsprachl. Texte eine auffallend geringe Bedeutung. Ausnahmen sind der Stein von Rosette, der eine griech. Ü. aus dem Ägypt. enthält, und die ↗ *Septuaginta*. In röm. Zeit wurden Erlasse und Gesetzestexte ins Griech. übersetzt. Wenige Ü.en literar. Texte sind bezeugt (Vergil-Ü. auf einem Papyrus, Sallusts *Historien*, die von einem gewissen Zenobios übersetzt wurden). – Im Gegensatz zur griech. Welt ist die röm. Lit. von Anfang an, von Livius Andronicus' Ü. der homer. *Odyssee*, durch Ü.en aus dem Griech. geprägt; die Grenzen zum freien Nachdichten bzw. Paraphrasieren sind fließend. Maxime röm. Übersetzens ist *non verba, sed vim convertere* (Cicero, *De optimo genere oratorum* 14: »nicht wörtlich zu übersetzen, sondern den Sinn zu übertragen«). Dem Fehlen eines adäquaten lat. Fachvokabulars (bes. in der Philosophie) wurde durch Neologismen, Paraphrasen der Begriffe oder die Übernahme griech. Lehnworte entgegengewirkt. **Lit.:** A. Seele, Röm. Übersetzer (1995). – C. Wiotte-Franz, Hermeneus und Interpres (2001).

Uhr (gr. horologion, lat. horologium). Die häufigsten für die Zeitmessung in der Antike verwendeten Instrumente waren die ↗ Sonnenuhr für den Tag, die Wasser- oder Sanduhr für die Nachtstunden (↗ Vigiliae). Der volle Tag wurde in zwölf Stunden eingeteilt (↗ Tageszeiten). Die Griechen führten im 6. Jh. v. Chr. Sonnenuhren nach babylon. Vorbild ein, ebenso die Tageseinteilung in zwölf Stunden (Herodot 2, 109); die heutige Form der Sonnenuhr wird ↗ Anaximander zugeschrieben. Die Konstruktion von U.en litt anfangs unter der nach geograph. Lage und Jahreszeit unterschiedl. Stundenlänge (Temporalstunden). Stunden mit konstanter Länge verwendete nur die ↗ Astronomie. – Bei der Sonnenuhr fiel der nach einem bestimmten Ort (Breitengrad) berechnete Schatten eines feststehenden Zeigers (↗ Gnomon) auf eine flache, kugelförmige oder kon. Oberfläche, die mit einer Skala versehen war. Auch für die Reise standen tragbare U.en mit veränderl. Schattenstab und vielfachen Ortsskalen zur Verfügung (*viatorium pensile*); zur Benutzung musste die U. an einem Faden lotrecht gehalten werden. – Die Wasseruhr (gr. *klepshydra*, »Wasserdiebin«) maß wie die Sanduhr die Zeit nach der ein- oder ausgelaufenen Menge, selten mit einer Stundenskala im Einlaufbecken; sie zeigte vor Gericht die verbrauchte Redezeit an, die gesetzlich begrenzt war.

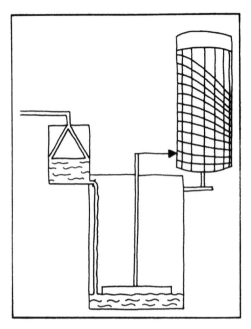

Wasseruhr des Ktesibios

Eine von Vitruv (9, 8) beschriebene Wasseruhr drückte eine an einem Schwimmer im Einlaufbecken angebrachte Zahnstange nach oben, die wiederum ein Rad mit einem Zeiger vor einem Zifferblatt in Bewegung setzte. Das Problem der verschiedenen Tageslängen wurde durch ein täglich wechselndes Zifferblatt gelöst, das auf einer Drehvorrichtung montiert und so auf das aktuelle Tagesdatum einzustellen war. Änderungen der Skala oder eine Regelung des Zuflusses erlaubten die Anpassung an verschiedene Orte. – Für die Römer blieben U.en bis zur Mitte des 2. Jh. v. Chr. relativ unbekannt. Die erste allg. zugängl. Sonnenuhr (*horologium solarium*) wurde 263 v. Chr. in Rom aufgestellt. Da diese U. als Kriegsbeute aus der Stadt Catania kam, zeigte sie aufgrund des anderen Breitengrades die Zeit falsch an. Sicher nahm die Anzahl der U.en stetig zu; Funde aus Pompeji und Herculaneum zeigen dies ebenso wie die Inschriften, die Stifter öffentl. U.en hinterlassen haben. Die größte Sonnenuhr ließ Augustus auf dem Marsfeld in Rom bauen; sie war Kalender und Uhr zugleich und konnte sowohl Tages- und Jahreszeiten als auch Daten anzeigen. Als »Zeiger« diente ein etwa 30 m hoher Obelisk (heute auf der Piazza Montecitorio). – Trotz verbesserter Technik im Laufe der Jahrhunderte boten die antiken U.en nur eine grobe zeitl. Orientierungshilfe, und man konnte wohl nie »auf die Minute« pünktlich kommen: »Es wird leichter sein, zwischen Philosophen als zwischen U.en übereinzustimmen, aber es war zwischen der sechsten und siebten Stunde«, schreibt Seneca (Apokolocyntosis 2). **Lit.:** E. Buchner, Antike Reiseuhren. Chiron 1 (1971) 457–482. – A. E. Samuel, Greek and Roman Chronology (1972). – E. Buchner, Die Sonnenuhr des Augustus (1982).

Ukalegon (gr. *ouk alegon,* »unbekümmert«), Trojaner, Freund und Berater des Königs ↗ Priamos.

Ulfila ↗ Wulfila

Ulixes, lat. Name des ↗ Odysseus.

Ulpian, Domitius Ulpianus, aus Tyros, röm. Jurist, ca. 170–223 n. Chr. U. hatte verschiedene Ämter am Kaiserhof inne und brachte es, nach einer Unterbrechung seiner Laufbahn durch Verbannung unter Elagabal, bis zum *praefectus praetorio* und *consiliarius* unter Severus Alexander. Bei einem Prätorianeraufstand wurde er ermordet. U. gehört zu den großen Gestalten aus der Blütezeit der klass. Jurisprudenz. Von ihm ist mehr als von jedem anderen röm. Juristen erhalten, darunter Großkommentare, Elementarschriften und Monographien. **Lit.:** D. Liebs, in: HLL IV (1997) 175–187.

Ulpius (1), Marcus U. Traianus, Vater des Kaisers Trajan, stammte aus der südspan. Kolonie Italica und gehörte zum Ritterstand. Von Vespasian ins Patriziat erhoben, war er Statthalter mehrerer Provinzen und verhinderte u. a. in Syrien einen drohenden Einfall der Parther. Er starb noch vor dem Jahre 100 n. Chr. und erhielt unter der Regierung seines Sohnes göttl. Ehren.

Ulpius (2), röm. Jurist des 2. Jh. n. Chr., stand in den Diensten des Antoninus Pius und des Mark Aurel. Er hinterließ eine umfangreiche jurist. Fachliteratur.

Ultor (lat., »Rächer«), Beiname des röm. Kriegsgottes ↗ Mars.

Ulyxes, lat. Name des ↗ Odysseus.

Umbrien, mittelital. Landschaft (Hauptstadt heute Perugia, das antike ↗ Perusia). In der Antike Heimat mehrerer ethn. Gruppen, die unter dem Begriff Umbrer zusammengefasst werden. Das ↗ Umbrische ist ein Dialekt des Italischen. Um 310 v. Chr. erfolgte das erstes Zusammentreffen mit den Römern, im 2. ↗ Pun. Krieg Bündnis mit Rom, für Treue im ↗ Bundesgenossenkrieg erhalten die Umbrer das ↗ Bürgerrecht, unter Augustus wird U. zur 6. Region ↗ Italiens. **Lit.:** M. Pallottino, Italien vor der Römerzeit (1987).

Umbrisch, sehr eng mit dem Lateinischen verwandte Sprache der u.-osk. Sprachgruppe im vorröm. Italien, die bereits im Altertum ausstarb. Infolge der späten flächendeckenden Ausbreitung des Lateinischen als Umgangs- und Amtssprache ist eine Vielzahl von Inschriften (Grab-, Besitz- und Weihinschriften) in vorröm. Sprachen erhalten, die gut lesbar, aber sprachlich wenig informativ sind, da sie überwiegend Personennamen enthalten. Hauptzeugnis für das U.e sind die Kultvorschriften der sieben Iguvin. Tafeln (*Tabulae Iguvinae*) aus Iguvium (heute Gubbio) mit einem Ritualtext des 3./2. Jh. v. Chr. Dem U.en nahe stehen die wenigen Sprachdenkmäler der Volsci, Marsi, Aequiculi östl. von Rom. **Lit.:** A. von Blumenthal, Die Iguvin. Tafeln (1931). – J. W. Poultney, The Bronze Tables of Iguvium (1959).

Ummidius, C. U. Durmius Quadratus, diente seit Tiberius in verschiedenen höheren Positionen und war u. a. Statthalter von Zypern, Lusitanien und Dalmatien. Als Statthalter von Syrien (51–60 n. Chr.) geriet er in Streit mit Cn. Domitius Corbulo und starb in seiner Provinz.

Unterhaltungsmusik. Wie in jedem Kulturkreis gab es auch in der griech.-röm. Antike einen Bereich der ↗ Musik, den man mit dem heutigen Begriff der U. bezeichnen könnte. Es ist dies der Bereich, der nicht dem offiziellen, kult. und staatl. Musikdarbietungen angehörte, also Musik anlässlich von privaten Gastmählern (↗ Symposion), oft mit Tanz dargeboten von Hetären, oder bei dem auch am Symposion häufig stattfindenden Komos (»Umzug«). Reiche Römer leisteten sich ganze Orchester zur dauernden Unterhaltung. Eine extreme Form dieser Art von Musik wird von ↗ Petron in seinem Roman geschildert: der reiche Emporkömmling Trimalchio lässt jeden Gang des Menüs von musikal., künstlerisch nicht gerade hochstehenden Einlagen verzieren. Auch die Orgel kam in der U. zum Einsatz: In den Arenen diente sie der Anfeuerung der Besucher bei Gladiatorenkämpfen. Mit der wachsenden Popularität der subliterar. Gattungen des ↗ Mimus und ↗ Pantomimus hält U. auch in den röm. Theatern Einzug; die von Kaiser Nero mit Hingabe gepflegte ↗ Kitharodie und die Praxis, aus den Bühnenklassikern nur noch die Highlights von den Stars des Theaters (oder vom Kaiser) vortragen zu lassen, fallen wohl auch unter die Rubrik der U. **Lit.:** G. Wille, Musica Romana (1967).

Unterwelt, nach antiker Vorstellung ein unterird. Ort, in den die Seelen der Verstorbenen als Schatten hinabsteigen. Sein Herrscher ist der finstere Hades, in Rom mit Orcus identifiziert, Sohn des Kronos und der Rhea, Bruder des Zeus, Gatte der geraubten Persephone. Hades überwacht grimmig und gnadenlos die Einhaltung der Gesetze der U. Keinen, der die U., auch selbst Hades genannt, betreten hat, lässt der furchtbare Hund Kerberos mehr hinaus. Die Schatten der Toten müssen dem Fährmann Charon eine Münze (Obolos) zahlen, um über den Totenfluss Styx gesetzt zu werden. Am anderen Ufer empfangen die Toten das Urteil der U.s-Richter Minos, Aiakos und Rhadamanthys. Nur einer kleinen Schar Auserwählter ist es vergönnt, in das ↗ Elysion, zur Insel der Seligen, zu kommen. Der tiefste Teil der U. ist der Tartaros, der Ort der ewigen Finsternis, in dem nur die schlimmsten Übeltäter und Frevler gequält werden, darunter Sisyphos, Tantalos, Ixion und die Titanen. Wenigen Sterblichen gelingt ein Besuch der U.: Herakles, Orpheus, Odysseus und Äneas; auch Theseus gelangt wieder hinaus. Den finsteren Tiefen der U. gibt auch Erebos (Finsternis) seinen Namen, Sohn des Chaos, Gatte seiner Schwester Nyx, Vater des Charon.

Unze (lat. uncia). In duodezimalen Rechensystemen bezeichnet eine U. den zwölften Teil einer höheren Maßeinheit, etwa des röm. Pfundes (↗ Libra).

Urania, eine der ↗ Musen.

Uranius, Lucius Iulius Aurelius Sulpicius Severus U. Antoninus, Hohepriester des Baal in Emesa, wehrte 253/54 n. Chr. mit Hilfe einer von ihm aufgestellten

Milizarmee einen pers. Angriff ab und verteidigte erfolgreich seine Heimatstadt. Er prägte eigene Münzen, übergab seine Macht nach dem Sieg aber wieder an Kaiser Valerianus.

Uranos (gr., »Himmel«), Sohn nur der ⚹ Gaia, ohne Vater. Zusammen mit seiner Mutter ist er der Ahnherr der ⚹ Titanen. Voller Hass auf seine Kinder, zwingt er sie nach ihrer Geburt zurück in den Leib ihrer Mutter. Gaia bittet ihre Kinder um Rache, die ⚹ Kronos als einziger durchzuführen wagt: Er entmannt U. mit einer Sichel und wirft sein Glied ins Meer. Aus den Blutstropfen entstehen die Erinyen, und aus dem Schaum des Geschlechtsteils entsteigt aus dem Meer die Göttin der Liebe, Aphrodite.

Urartu, altoriental. Reich am Berg Ararat im Gebiet des heutigen Van-Sees (Türkei) im Grenzgebiet zu ⚹ Armenien und zum Irak, Heimat der Urartäer. Im 9. Jh. v. Chr. einheitl. Staat durch Sardur I. Das U.-Reich war Gegner der Assyrer und war mit diesen in lange Konflikte verwickelt, wurde aber erst um 600 v. Chr. von den ⚹ Skythen unterworfen. Die in Keilschrift verfassten Inschriften in urartäischer Sprache konnten nur teilweise gedeutet werden. **Lit.:** R. B. Wartke, U. Das Reich am Ararat (1993).

Urbs (lat., Stadt). Im weiteren Sinne bezeichnete U. geographisch wie politisch eine große Stadt bzw. Hauptstadt, im engeren Sinne (seit Sallust und Cicero) die Stadt Rom, Symbol röm. »Urbanität« (vgl. Quintilian, Institutiones 8, 2, 8). Auch noch im christl. Sprachgebrauch wird U. mit Rom gleichgesetzt, vgl. etwa den päpstl. Segen *urbi et orbi* (Segen *für Stadt und Erdkreis*).

Urkunde. Privatrechtl. Verträge (⚹ Kredit-, ⚹ Pacht- oder Kaufverträge) wurden wohl seit dem 4. Jh. beurkundet, d. h. von Zeugen unterschrieben und in Notariaten hinterlegt. Besondere Bedeutung erlangte das U.n-Wesen im ptolemäischen Ägypten, wo staatl. Notare privatrechtl. U.n in offiziellen Registern verwahrten. Auch in röm. Zeit waren amtl. Bestätigungen von rechtl. und geschäftl. Vereinbarungen als Mittel der Rechtssicherung üblich.

Urne (lat., »Topf«, »Krug«), in seiner ursprüngl. Bedeutung ein schlichtes tönernes Gefäß, mit dem Wasser aus einem Brunnen oder einer Zisterne geschöpft wurde. Später wurde jedes runde, bauchige Gefäß als U. bezeichnet, so auch die Wahl- und Abstimmungs-U.n, die sog. Schicksals-U.n, in die Lose hineingeworfen wurden, die über ein Todesurteil zu entscheiden hatten sowie die größte Gruppe der U.n, die der Aschen-U.n, die dazu dienten, die verbrannten Überreste eines Toten aufzunehmen. Brandbestattung gab es bereits in prähistor. Zeit; sie verbreitete sich wohl von Osten her über Griechenland in den gesamten Mittelmeerbereich. Die Formen der U.n und ihre Dekorationsweise durchliefen dabei sowohl in den verschiedenen zeitl. Epochen wie auch in den verschiedenen Kulturkreisen die unterschiedlichsten Entwicklungen. Während die Griechen offenbar schlichte Gebrauchsgefäße als U.n bevorzugten, findet sich bei den Etruskern und Römern ein abwechslungsreiches

Typenrepertoire. Dies ist auch auf die Dominanz der Brandbestattung in diesem Bereich zurückzuführen. So gab es U.n-Typen, die eigens zu diesem Zwecke hergestellt wurden, wie z. B. die Gesichts-U., die ⚹ Kanope, die Haus- oder Hütten-U., die U. mit Helm als Deckel oder die Aschenkiste. Letztere konnte aus Ton oder Stein (oftmals Alabaster) sein und war entweder mit Reliefs verziert, bemalt oder auch – wie die ⚹ Sarkophage – mit gelagerten Figuren bekrönt. Die U.n wurden entweder in einzelnen Gräbern oder auch in den ⚹ Columbarien beigesetzt. **Lit.:** Die Etrusker und Europa (1993).

Usipeter, german. Stamm (Name kelt. Ursprungs). Um 56/55 v. Chr. wichen die U. dem Druck der ⚹ Sueben, verließen ihr Siedlungsgebiet in Oberhessen und wurden von Caesar bei Koblenz besiegt. Sie fanden Aufnahme bei den Sugambrern und kämpften mit diesen weiter gegen die Römer. Die U. gingen im 3. Jh. in den ⚹ Franken auf.

Utica (heute Utique, Tunesien), Hafenstadt an der Mündung des Bagradas in Nordafrika. U. wurde spätestens im 8. Jh. v. Chr. als phöniz. Kolonie gegründet und nahm im karthag. Reich eine führende Stellung ein. 149 v. Chr. fiel U. von Karthago ab und verbündete sich mit ⚹ Massinissa. 146 wurde U. Hauptstadt der neu errichteten Provinz ⚹ Africa proconsularis und blieb dies bis zur Neugründung Karthagos. In U. beging ⚹ Cato Uticensis im Bürgerkrieg Selbstmord. In der Kaiserzeit wechselt der Name der wohlhabenden Bürgerstadt mehrfach; U. war Hauptort eines *conventus* (Verwaltungsbezirk). Die antike Hafenstadt ist heute 11 km vom Meer entfernt. Die Versandung des Hafens und die Neugründung Karthagos führten zum Niedergang der Stadt. Geringe Reste eines Amphitheaters. **Lit.:** A. Lézine, Utique (1970). – PECS (1976). – ASM (1999).

Utopie. Der Begriff U. (»Nirgendwo«) ist modern (T. Morus, *Utopia*). Trotzdem existieren U.n im eigentl. Sinn als staatstheoret. Gegenentwurf zum Bestehenden seit dem 4. Jh. v. Chr. (Aristophanes, *Ekklesiazusen*; Platon, *Staat*). Davon unterscheiden muss man phantast. Elemente in der griech. Literatur wie Schlaraffenlandschilderungen, die oft kult. Ursprünge haben, ohne einen polit. Gegenentwurf zu enthalten. **Lit.:** W. Rösler/B. Zimmermann, Carnevale e utopia nella Grecia antica (1991).

Vaballathus, Lucius Iulius Aurelius Septimius V. Athenodorus, folgte 266/67 n. Chr. seinem Vater Odaenathus in der Herrschaft über Palmyra; da er noch sehr jung war, regierte für ihn seine Mutter Zenobia; mit dieser zusammen wurde er 272 gefangengenommen und nach Rom gebracht.

Valens, Flavius V. Augustus, röm. Kaiser 28. März 364–August 378 n. Chr.; geb. ca. 328 als Sohn des Gratianus Maior, Bruder des Valentinian I.; am 28. März 364 wurde V. von Valentinian I. zum Augustus für den Osten einschließlich Ägyptens ernannt; 369 führte er Krieg gegen die Goten, 373 gegen die Perser; nach dem Tod Valentinians I. am 17. November 375 wurde V. Maximus Augustus; am 8. August 378 fiel er im Kampf gegen die Goten. **Lit.:** D. Kienast, Röm. Kaisertabelle (²1996) 325 f. – DRK (1997).

Valentia (span. Valencia), röm. Stadt in Hispanien. 138 v. Chr. wurde V. am Turia als röm. Veteranensiedlung gegründet und erhielt im 1. Jh. v. Chr. den Status einer Colonia. Neben ↗ Sagunt gehörte V. zu den wichtigsten röm. Küstenstädten, die als militär. Basis zur Eroberung Hispaniens dienten. Ab dem 3. Jh. n. Chr. gewann V. zunehmend an Bedeutung. Die röm. Stadtanlage befand sich etwa am Ort der heutigen Kathedrale.

Valentinian I., 321–375 n. Chr., röm. Kaiser, entstammte einer einfachen Familie aus Cibalae in Pannonien und stieg rasch in der Hierarchie der röm. Armee empor. Beim Tode des Iovianus (364) wurde er von den Truppen zum Kaiser ausgerufen und ernannte bereits 365 seinen Bruder Valens zum Mitregenten. V. kümmerte sich vorwiegend um die Verteidigung der Grenzen an Rhein und Donau und erzielte beachtl. Erfolge. Er vertrieb die Alemannen aus Gallien und stieß 368 nochmals offensiv auf rechtsrhein. Gebiet vor. Durch seinen Feldherrn Theodosius (den Vater des späteren Kaisers) festigte er die röm. Herrschaft in Britannien und ließ eine Erhebung in Nordafrika (372–75) niederschlagen. Nach einem erfolgreichen Feldzug gegen die Quaden (375) erlag er einem Schlaganfall. Nachfolger wurde sein Sohn Gratianus. V. war ein fähiger Herrscher, der sich auch durch Reformen in Verwaltung und Rechtsprechung verdient machte. Als gemäßigter Christ übte er den Heiden gegenüber Toleranz.

Valentinian II., 371–392 n. Chr., röm. Kaiser, jüngerer Sohn Valentinians I., wurde beim Tode seines Vaters (375) zum Augustus ausgerufen und stand zunächst unter der Vormundschaft seines Bruders Gratianus. Er residierte in Mailand und regierte nominell Italien, Illyrien und Nordafrika. In den religionspolit. Auseinandersetzungen versuchte, er einen Mittelweg zwischen den verschiedenen Strömungen des Christentums und den Heiden zu verfolgen, der ihn in Gegensatz zum einflussreichen Bischof Ambrosius von Mailand brachte. 387 musste er vor dem Usurpator Maximus in die östl. Reichshälfte zu Theodosius fliehen, der ihn nach seinem Sieg 388 wieder einsetzte. V. geriet nun unter den Einfluss des fränk. Heermeisters Arbogast und beging 392 unter nie geklärten Umständen Selbstmord.

Valentinian III., 419–455 n. Chr., weström. Kaiser, Sohn der Galla Placidia und Constantius III., Enkel Theodosius' I., wurde 425 nach dem Tode seines Onkels Honorius (423) von Theodosius II. als Kaiser des Westens eingesetzt. Bis 437 stand er unter der Vor-

mundschaft seiner Mutter Galla Placidia, die auch nach diesem Zeitpunkt bestimmend blieb. Der Zerfall des weström. Reiches schritt unter seiner Regierung weiter voran, er konnte weder die Eroberung Nordafrikas durch die Vandalen, noch die Ausbreitung der Westgoten in Gallien verhindern. 454 ermordete er eigenhändig den Reichsfeldherrn Aetius, in dessen wachsender Macht er eine persönl. Bedrohung sah, und wurde 455 aus Rache von dessen Anhängern erschlagen. Mit seinem Tod endet die Dynastie Theodosius I.

Valentinus, Gnostiker in Rom im 2. Jh. n. Chr., entwickelte ein myst.-spekulatives System, das zahlreiche Anhänger fand (Valentinianer).

Valerian, Publius Licinius Valerianus Augustus, röm. Kaiser Juni/August 253–Juni 260 n. Chr.; geb. um 200; 238 Gesandter des Gordianus I. und II.; 251–253 Kommandant der in Rätien stationierten Truppen. Nach dem Tod des Trebonianus Gallus wurde V. spätestens im August 253 in Rätien zum Kaiser ausgerufen. Nach dem Sieg über Aemilianus zog er Sept./Okt. 252 in Rom ein und ernannte seinen Sohn Gallienus zum Mitregenten. Als die Perser 253 Antiochia in Syrien eroberten, brach V. in den Osten auf; es gelang ihm, Antiochia zurückzuerobern; ca. Juni 260 wurde V. jedoch von dem Perserkönig Schapur I. gefangengenommen; Gallienus gelang es nicht, seinen Vater zu befreien, V. starb in Gefangenschaft. **Lit.:** D. Kienast, Röm. Kaisertabelle (²1996) 214–216. – DRK (1997).

Valerius Flaccus, Gaius V. F. Setinus Balbus, röm. Epiker, gest. zwischen 79–95 n. Chr. Über das Leben des V. ist nichts Gesichertes bekannt. Es wird vermutet, dass er Mitglied eines Priesterkollegiums (*Quindecimviri sacris faciundis*) war. Aus dem Beinamen Setinus Rückschlüsse auf seinen Geburtsort zu ziehen, wäre voreilig. Das Proömium der *Argonautica* spielt auf die Eroberung Jerusalems durch Titus (70 n. Chr.) an und ist an Vespasian gerichtet, also vor dessen Tod (79) abgefasst. Passagen aus dem 3. und 4. Buch setzen den Vesuvausbruch des Jahres 79 voraus. Das Werk, das in der Nachfolge des gleichnamigen griech. Epos des Apollonios von Rhodos (3. Jh. v. Chr.) den myth. Zug der griech. Helden um Jason, der Argonauten, nach Kolchis und die Eroberung des Goldenen Vlieses schildert, bricht im achten und sehr wahrscheinlich letzten Buch aufgrund eines vermutlich überlieferungsbedingten Textverlustes ab. Wie Vergils *Aeneis* gliedert sich das Epos in zwei Hälften. Im ›Odyssee-Teil‹ (Bücher 1–4) sind die Stationen auf der Fahrt nach Kolchis geschildert, in dem mit einem eigenen Proömium beginnenden ›Ilias-Teil‹ (Bücher 5–8) der Raub des Vlieses und die Flucht Jasons mit Medea. Die formale und stilist. Rückwendung zu Vergil bedeutet eine gewollte Abkehr von der Sentenzenhaftigkeit und dem rhetor. Pathos der Literatur der Neron. Epoche. Die Wahl eines politisch unverdächtigen Stoffs aus der griech. Mythologie stellt einen Gegenentwurf zum zeithistor. Epos ↗ Lukans dar. So wird V. bes. die künstler. Auseinandersetzung mit Vorgängern (vielleicht auch mit den verlorenen *Argonau-*

tica des Varro Atacinus) angespornt haben. Sieht man vom Proömium ab, lassen sich keine unmittelbaren Anspielungen auf die Gegenwart feststellen. Wohl darf aber aus der Darstellung von Göttern und Menschen auf des Dichters Weltbild geschlossen werden. V.' Helden fehlt der Glaube an ein Telos, Jason versteht sich, im Gegensatz zu Äneas, nicht als Träger einer geschichtl. Mission. Die Götter sind ethisch indifferent. Vielleicht ist diese desillusionierte Haltung der auffälligste Zeitbezug. **Lit.:** M. Korn/H.J. Tschiedel (Hg.), Ratis omnia vincet. Untersuchungen zu den Argonautica des V. (1991). – U. Eigler/E. Lefèvre (Hg.), Ratis omnia vincet. Neue Untersuchungen zu den Argonautica des V. (1998).

Valęrius Mạximus, röm. Schriftsteller, 2. Hälfte 1. Jh. v. Chr. – vor 37 n. Chr. V. war als Literat auf die Unterstützung seines Gönners Sex. Pompeius (Konsul 14 n. Chr.) angewiesen. Um 27 befand er sich in dessen Gefolge in Kleinasien. Er verfasste *Facta et dicta memorabilia* (*Denkwürdige Taten und Worte*) in neun Büchern, die einzige fast vollständig erhaltene *Exempla*-Sammlung. Die Veröffentlichung fällt in die Zeit nach dem Sturz Seians (31 n. Chr.) und noch unter Tiberius' Regierung, dem das Werk gewidmet ist. V. gliedert den Stoff nach Sachgruppen (Religion, Institutionen, Lebensweisen, charakterl. Eigenschaften und Verhaltensweisen) und trennt nach *Romana* (»röm. Beispielen«) und *extera* (»auswärtigen Beispielen«). Der Stil ist rhetorisch und auf Pointen berechnet; anekdot. Darstellung weiß der Autor zu schätzen. V. gibt sich als Römer alten Schlages. Die Absicht seines Kompendiums ist die Verherrlichung des *mos maiorum* (»Vätersitte«) und wohl auch der Reformbestrebungen des traditionalistisch gesinnten Adressaten Tiberius, dem im Proömium die Förderung der zur Rede stehenden Tugenden unterstellt wird. **Lit.:** C. Skidmore, Practical Ethics for Roman Gentlemen. The Work of V. (1996).

Valęrius Poplącola, nach der Vertreibung des letzten röm. Königs, Tarquinius Superbus, zusammen mit Lucius Junius Brutus erster Konsul der neuen Republik. Vermutlich Erfindungen sind seine militär. Erfolge gegen die Etrusker und Sabiner. V. P. gilt als einer der Begründer republikan. Freiheit.

Vạlgius, Gaius V. Rufus, röm. Dichter, geb. um 65 v. Chr. V., Suffektkonsul des Jahres 12 v. Chr., ist als Dichter kaum noch fassbar. Erhaltene Fragmente deuten auf die neoter. Richtung. Sein Augustus gewidmetes *Kräuterbuch* wird sich in demselben Genre bewegt haben wie etwa die *Gift-* und die *Vogelkunde* eines Aemilius Macer. Aus einer ihm gewidmeten Horaz-Ode (2, 9) geht hervor, dass er Elegien schrieb. Quintilian (3, 1, 18) lobt seine Übersetzung der Rhetorik des Apollodor von Pergamon. Gellius (12, 3, 1) erwähnt ein grammat. Werk. Beziehungen des V. zum Messalla- und Maecenas-Kreis sind wahrscheinlich. **Lit.:** E. Courtney, The Fragmentary Latin Poets (1993) 287–290 [Ausg., Komm.].

Vạllum (lat., »Verpfählung«), der auf dem Schanzdamm (lat. *agger*) aus Holzpalisaden oder Flechtwerk

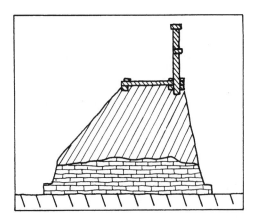

Querschnitt durch ein Vallum

zusammengesetzte Zaun röm. Militärlager. V. bedeutete gleichzeitig auch den einfachen Erdwall. Der röm. Fachschriftsteller ↗ Frontinus verwendete V. als Ausdruck für jede Art von Belagerungsanlagen, die aus Erde oder Stein angelegt waren.

Vandạlen, ostgerman. Volksstamm, möglicherweise skandinav. Ursprungs, ist im 1. Jh. n. Chr. im Oder-Weichsel-Gebiet nachweisbar und war Ende des 2. Jh. an den Markomannenkriegen beteiligt. Seit dem 4. Jh. z. T. in ↗ Pannonien ansässig, verließ der Großteil des Volkes um 400 seine Siedlungsgebiete und übertrat 406 im Verbund mit anderen Gruppen die röm. Grenzen am Rhein. Die V. durchzogen Gallien und fielen 409 in Spanien ein, wo es zu ersten Versuchen einer Reichsbildung kam. Während der Teilstamm der Silingen 418 in Südspanien von den inzwischen nachgerückten ↗ Westgoten fast vollständig vernichtet wurde, setzte die andere Gruppe (Hasdingen), die inzwischen das (arian.) Christentum angenommen hatte, 429 unter ↗ Geiserich nach Nordafrika über und eroberte die dortige röm. Provinz (439 abgeschlossen). Gestützt auf eine starke Flotte, unternahmen die V. ausgedehnte Raubzüge im Mittelmeer und plünderten u. a. Rom (455). Seit 476 (Absetzung des letzten weström. Kaisers) gehörte ihr Reich zu den wichtigsten german. Nachfolgestaaten und spielte eine bedeutende Rolle in der Politik des 5. und frühen 6. Jh. Nach dem Tode Geiserichs (477) setzte aber ein allmähl. Prozess des Niedergangs ein, der sich im 6. Jh. verstärkte. Als sich der oström. Kaiser ↗ Justinian 533 anschickte, das Vandalenreich zu unterwerfen, errang er einen leichten Sieg und nahm den letzten König Gelimer gefangen (534). Die V., deren Reste bis 550 größtenteils deportiert wurden, haben trotz ihrer hundertjährigen Herrschaft in Nordafrika nur geringe Spuren hinterlassen. Die von christl. Autoren überzeichnet dargestellte Grausamkeit und Gewalttätigkeit der V. wurde geradezu sprichwörtlich. **Lit.:** C. Courtois, Les Vandals et l'Afrique (1955). – H. J. Diesner, Das V.reich (1966).

Varius Rufus, Lucius V. R., röm. Dichter, 2. Hälfte 1. Jh. v. Chr. Mit Horaz und Vergil befreundet, gehörte V. R. zum Maecenaskreis und gab zusammen mit L. Plotius Tucca nach Vergils Tod dessen *Aeneis* heraus. Von seinen Werken, einem epikureischen Lehrgedicht *De morte* (*Über den Tod*), das die Todesfurcht bekämpfte (↗ Lukrez) und einem *Panegyricus* auf Augustus ist fast nichts erhalten. Großen Erfolg hatte seine Tragödie *Thyestes,* die an den Spielen nach dem Sieg von Actium (29 v. Chr.) aufgeführt wurde. Sie war in der Spätantike noch erhalten. Da sie für eine dem Princeps so wichtige Feier geschrieben wurde, kann man vermuten, dass sie, der Tradition der republikan. röm. Tragödie gemäß, im weitesten Sinne polit. Charakter hatte. **Lit.:** E. Lefèvre, Der Thyestes des L. V. R. Zehn Überlegungen zu seiner Rekonstruktion (1976). – E. Courtney, The Fragmentary Latin Poets (1993) 271–275.

Varro (1), Marcus Terentius V. Reatinus, aus Reate (Sabinerland), röm. Autor und Universalgelehrter, 116–27 v. Chr. Der dem Ritterstand entstammende V. war nicht, wie sein einstmals rund 600 Bücher umfassendes Werk vermuten lassen könnte, ein weltabgewandter Stubengelehrter. Die Ämterlaufbahn führte ihn bis zur Prätur. Er begleitete Pompeius auf dessen Feldzügen gegen Sertorius, im Piratenkrieg und gegen Mithradates. Im Bürgerkrieg kämpfte er auf dessen Seite gegen Caesar in Spanien, jedoch ohne Glück. Nach der Schlacht von Pharsalos (48) wurde er von Caesar begnadigt und mit dem Aufbau einer ↗ Bibliothek nach alexandrin. Muster beauftragt. Dem Pontifex Maximus Caesar widmete er eine systemat. Abhandlung über die röm. Religion (*Antiquitates rerum divinarum,* 16 Bücher). Ihr stellte er 25 Bücher *Antiquitates rerum humanarum* voran. Nach röm. Auffassung war der Staat die Voraussetzung der Religion. Augustinus wird im *Gottesstaat* seine Kritik der heidn. Religion auf Varro gründen und dadurch wichtige Fragmente überliefern. Röm. Privatleben und Kulturgeschichte behandelte die Schrift *De vita populi Romani* (*Über das Leben des röm. Volkes*)*,* die Abhandlungen *De gente populi Romani* (*Über die Abstammung des röm. Volkes*) und *De familiis Troianis* (*Über trojan. Familien*) ordneten das röm. Volk in die Weltgeschichte ein, *Imagines* (*Bildnisse*) waren literar. Portraits von Griechen und Römern. Auch der Philosophie wandte V. sich zu und listete im *Liber de philosophia* 288 teils existierende, teils denkbare Philosophenschulen auf. Auf philolog. Gebiet handelte Varro über röm. Literaturgeschichte (*De poetis, De poematis*) und über die Gattung der Satire (*De satura*). Er dichtete selbst 15 Bücher *Menippeische Satiren* (↗ Satura), in denen sich – soweit der fragmentar. Zustand eine Beurteilung erlaubt – meist derber Witz mit moral. Strenge verband. *De comoediis Latinis* (*Über lat. Komödien*) bestimmte in der wuchernden Plautus-Überlieferung die heute bekannten 21 Komödien als echt. Vollständig erhalten sind nur die Bücher 5–10 eines ursprünglich 25-bändigen Werks *De lingua Latina* (*Über die lat. Sprache*) sowie das drei Bücher umfassende Alterswerk *De re rustica* (*Über den Landbau*). Darin wird in der gefälligen Form des platon. Dialogs Lehrbuchwissen literarisch aufbereitet. V.s Vorliebe für Systematisierungen ist auch hier erkennbar. Bauernromantik und Verklärung der Vergangenheit machen V. zu einem Wegbereiter der augusteischen Epoche. **Lit.:** Th. Baier, Werk und Wirkung V.s im Spiegel seiner Zeitgenossen (1997).

Varro (2) Atacinus, Publius Terentius V., röm. Dichter, 82–36 v. Chr. V., nach dem Fluss Atax (Aude) seiner südfranzös. Heimat Atacinus benannt, übertrug die *Argonautika* des ↗ Apollonios von Rhodos ins Lateinische (vier Bücher), verfasste *Saturae,* ein panegyr. Epos *Bellum Sequanicum* über Caesars Kampf gegen Ariovist, ein den Wetterzeichen gewidmetes Gedicht *Ephemeris* (*Epimenis?*), das Vergil in den *Georgica* rezipierte, sowie eine vom älteren Plinius benutzte *Chorographia* (*Erdbeschreibung*). Literar. Vorbilder sind einerseits ↗ Ennius und ↗ Lucilius, andererseits die hellenist. Dichter. V. wirkte nachhaltig auf das literar. Schaffen seiner Zeit. Trotzdem sind nur Titel und wenige Fragmente erhalten. **Lit.:** E. Courtney, The Fragmentary Latin Poets (1993) [Ausg., Komm.].

Varus, Publius Quinctilius V., ca. 46 v. Chr.–9 n. Chr., röm. Feldherr, war 13 v. Chr. Konsul und 6–4 v. Chr. Statthalter von Syrien. Als Oberbefehlshaber in Germanien (7–9 n. Chr.) versuchte er die neueroberten Gebiete zwischen Rhein und Elbe als röm. Provinz einzurichten. Nach dem Aufstand des Arminius unterlag er diesem mit seinen drei Legionen in der Schlacht im Teutoburger Wald. Sein Heer wurde vollständig vernichtet, V. selbst beging Selbstmord. Durch diese Niederlage brach die röm. Herrschaft in Germanien zusammen.

Vasen, Vasenmalerei (lat. *vasa,* »Gefäß«). Unter diesem von der archäolog. Terminologie geprägten Begriff werden nicht die V., so wie wir sie für Blumen o. ä. kennen, verstanden, sondern vielmehr die im Altertum aus gebranntem ↗ Ton hergestellten und bemalten Gefäße. Diese waren von einer enormen Formen- und Größenvielfalt und konnten für unterschiedlichste Zwecke verwendet werden: als Vorrats-, Misch-, Trink-, Ess-, Kult-, Salb-, Schöpf- und Gießgefäße. Viele ihrer antiken Namen sind uns schriftlich überliefert, allerdings ohne dass es bis heute gelungen wäre, einzelne dieser Namen einem entsprechenden Gefäß zuzuordnen. Die V. wurden zunächst noch »freihändig« oder aus einzelnen aufeinandergelegten Tonringen oder -wülsten gefertigt, in der Folgezeit wurde diese Arbeit dann durch die Erfindung der langsam, später durch die schnell rotierenden Drehscheibe erleichtert, die auch präzisere und feinere Methoden der Herstellung ermöglichte (↗ Töpfer). Die V. wurden getrocknet, bemalt und im ↗ Ofen gebrannt (manchmal waren mehrere Brennvorgänge nötig). Die enorme Haltbarkeit dieses Materials ermöglichte es den Archäologen, anhand der zahlreichen gefundenen V. und Scherben diese nach verschiedenen Gesichtspunkten (Tonqualität, Form oder Bemalung) zu unterscheiden, einzuordnen und zu datieren. – Bereits auf einem technisch wie künstlerisch sehr hohen Niveau bewegte sich die *V.m. Kretas* im 2. Jt. v. Chr., die sich durch ihre dekorativen Blumen- und Meeresmotive (Tintenfische) auszeichnete. In Anlehnung daran erschien im mittleren 2. Jt. eine ähnlich hochwertige Keramik im myken. Kulturbereich, bes. mit schönen stilisierten Blumen. Diese Keramik verlor jedoch bald an Qualität und verschwand mit dem Untergang der Myken. Kultur. Im *geometr. Griechenland* beherrschten zunächst (10.– 8. Jh. v. Chr.) horizontale und vertikale Linienmuster sowie z. T. mit dem Zirkel gezogene Kreismotive die Dekoration der V., die dann durch kompliziertere Muster (↗ Mäander) sowie – ebenfalls in geometr. Formen wiedergegebene – Menschen und Tiere ergänzt wurde. Daraus entstanden schließlich ganze Friese von Tieren (Wild, Ziegen o. ä.). Die Malfarben, die mit einem Pinsel aufgetragen wurden, waren hauptsächlich Schwarz und Braun. Vom 7. bis 6. Jh. v. Chr. wurden dann verstärkt Einflüsse aus dem Orient (Phönizien, Syrien) aufgenommen und weiterverarbeitet, woraus der sog. *orientalisierende Stil* hervorging, der sich durch gerundetere Formen auszeichnete: Rosetten, Pflanzen, Lotos- oder Palmettenblüten, aber auch durch Tiere wie Löwe und Stier oder Fabelwesen wie Greif und Sphinx. Hinzu kam eine neue Maltechnik, bei der nicht mit Umrisslinien, sondern mit ausgemalten schwarzen Silhouetten, in die man Details einritzte, gearbeitet wurde. Ferner benutzte man zusätzlich die Farben Rot oder Weiß. In Korinth, einem der Zentren der Keramikproduktion, hatte sich zu dieser Zeit ein eigener, der sog. *korinth. Stil* entwickelt, ebenfalls eine schwarzfigurige Technik, die sich durch eine herausragende Qualität, einen bestimmten hellen, leicht grünl. Ton sowie feine Ritzungen auszeichnete. Korinth wurde aber im mittleren 6. Jh. allmählich in seiner Vormachtstellung von Athen verdrängt, das von seinem bes. Ton att. Ton profitierte. Auch die att. Werkstätten arbeiteten noch in der schwarzfigurigen Technik, die aber aufgrund des roten Untergrundes eine völlig andere Wirkung erzielen konnte. Zu berühmten V.-Malern dieser Zeit zählen u. a. ↗ Klitias und ↗ Exekias (manche Malernamen sind bekannt, da sie auf den Gefäßen geschrieben stehen; andere Malernamen sind moderne Erfindungen, z. B. nach Fundorten oder Bildthemen benannt). – Um 530 v. Chr. wurde in Athen die sog. rotfigurige Maltechnik erfunden, eine Umkehrung der schwarzfigurigen Technik. Nun wurden die V. schwarz bemalt, die Figuren dabei auf dem roten Untergrund der V. ausgespart und die Details mit feinen schwarzen und braunen Linien eingetragen. Eine Sonderform stellten die weißgrundigen Gefäße dar (↗ Lekythos), bei denen auf weißem Malgrund die Figuren mit feinen schwarzen Linien aufgetragen wurden. Die bedeutendsten Maler dieser Zeit waren u. a. ↗ Kleophrades, ↗ Euphronios, ↗ Euthymides und der ↗ Brygos-Maler. Diese V. fanden im gesamten Mittelmeerbereich weite Verbreitung und gelangten bis nach Süditalien. Der Höhepunkt der rotfigurigen Malerei war etwa im mittleren 4. Jh. v. Chr. erreicht;

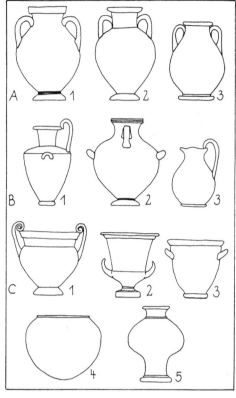

A Vorratsgefäße:
  1 Bauchamphora
  2 Halsamphora
  3 Pelike
B Schöpf- und
  Gießgefäße:
  1 Hydria
  2 Kalpis
  3 Oinochoë

C Mischgefäße:
  1 Volutenkrater
  2 Kelchkrater
  3 Glockenkrater
  4 Dinos/Lebos
  5 Psykter

Vasenformen 1

die Produktion flachte dann zunehmend ab, bis sie schließlich im beginnenden 1. Jh. v. Chr. nahezu eingestellt wurde. ↗ Terra Sigillata. **Lit.:** W. Schiering, Die griech. Tongefäße (²1983). – I. Scheibler, Griech. Töpferkunst (²1995).

Vates (lat., »Seher«), in Rom Wahrsager, dem griech. Mantis entsprechend (↗ Mantik); von besonderer Bedeutung seit augusteischer Zeit, als Vergil den V. als göttl. Dichter und Besitzer der Wahrheit vom ›normalen‹ Dichter (*poeta*) unterschied und mit ihm eine Verbindung zwischen göttl. Prophezeiung und ird. Dichtung schuf. Schon in der griech. Literatur (z. B. ↗ Pindar) bezeichnen Dichter sich als Seher. **Lit.:** J. K. Newman, The Concept of V. in Augustan Poetry (1967).

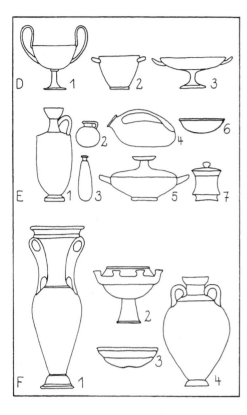

D Trinkgefäße:
  1 Kantharos
  2 Skyphnos
  3 Kylix
E Salbgefäße:
  1 Lekythos
  2 Aryballos
  3 Alabastron
  4 Askos

  5 Lekanis
  6 Phiale
  7 Pyxis
F Kultgefäße:
  1 Lutrophoros
  2 Kernos
  3 Omphalosschale
  4 Panathenäische
    Preisamphora

Vasenformen 2

Vatinius, Publius V., ca. 95–40 v. Chr., begründete seine polit. Karriere als treuer Weggefährte Caesars. Er war für diesen häufig als Verbindungsmann tätig und wurde 47 für seine Dienste mit dem Konsulat belohnt.

Vectigal bezeichnet in Rom ursprünglich nur eine Naturalabgabe, die aus öffentl. Liegenschaften oder aus den Provinzen der Staatskasse zufloss. Später wurden im übertragenen Sinne alle Arten von ↗ Steuern als V. bezeichnet. In der Kaiserzeit schließlich umfasste der Begriff bes. indirekte Steuern, wie ↗ Zölle oder Abgaben, die bei Rechtsgeschäften anfielen.

Vedius, Publius V. Pollio, Freund des Augustus, bereicherte sich in der Provinz Asia maßlos und war für seinen Luxus berüchtigt.

Vegetius, Publius Flavius V. Renatus, röm. Fachschriftsteller, um 400 n. Chr., Verf. einer *Epitoma rei militaris,* eines vierbändigen Handbuchs über das Kriegswesen, das im Wesentl. aus Auszügen älterer einschlägiger Werke besteht (↗ Epitome). In patriot. Gesinnung scheint der Autor dem Verfall der röm. Militärmacht entgegenwirken zu wollen. Ein veterinärmedizin. Werk (*mulomedicina*) ist wohl von demselben Autor. Beide Schriften hatten ein langes Nachleben bis in die Neuzeit. **Lit.:** F. L. Müller (1997) [Ausg., Übers. *Epit.*]. – E. Lommatzsch (1903) [Ausg. *mulomedicina*].

Veii, bedeutende etrusk. Stadt nördl. von Rom. Nach röm. Tradition lag. V. seit ↗ Romulus mit Rom im Krieg. Um 396 v. Chr. eroberte Rom V. und zerstörte die Stadt, die nur noch als Landgemeinde weiterbestand. Von bes. Bedeutung sind die im oriental. Stil gefertigten Grabmalereien des 6. Jh. in der ›Grotta Campana‹ sowie die Statuen des Minervatempels von Portonaccio; von der antiken Stadt hat sich kaum etwas erhalten. **Lit.:** R. Hess/E. Paschinger, Das etrusk. Italien (1990). – ASM (1999).

Veiovis, röm. Gott mit einem Tempel auf dem Kapitol und einem auf der Insula Tiberina, mit Apollon gleichgesetzt.

Velleius Paterculus aus Capua, röm. Historiker, 20/19 v. Chr. – nach 31 n. Chr. V., von Geburt Ritter, leistete Militärdienst in verschiedenen Provinzen. Er verfasste einen kompakten Abriss der röm. Geschichte in zwei Büchern. Aus der literaturarmen Zeit des Tiberius ist er der einzige auf uns gekommene Historiker. Anfang und Titel seines Werks sind verschollen. Der Stil ist rhetorisch. Stets schlägt die Bewunderung des ehemaligen Offiziers für Tiberius durch. **Lit.:** M. Giebel (1988) [Ausg., Übers.].

Venantius Fortunatus, V. Honorius Clementianus F., Bischof, lat. Dichter, ca. 530–600 n. Chr. V., aus wohlhabender Familie aus der Gegend von Treviso stammend, erhielt in Ravenna die standesübl. Ausbildung in Grammatik, Rhetorik und Jurisprudenz. Ein Augenleiden ließ ihn eine Pilgerfahrt zum Grab des hl. Martin von Tours unternehmen. Er fand (ca. seit 566) Kontakte zum merowing. Herrscherhaus und hatte (ca. seit 573) ein freundschaftl. Verhältnis zu ↗ Gregor von Tours. Auf dessen Anregung hin entstand das hexametr. Epos *De vita S. Martini* (*Über das Leben des hl. Martin*) in vier Büchern. Die Gelegenheitsgedichte des V. folgen der spätantiken Gattungstradition (↗ Claudian) und umfassen Preislieder, Elegien, epigrammat. Gedichte und Hymnen, von denen zwei (2, 2 und 2, 6) in den liturg. Gebrauch übernommen wurden. Zu den Prosaschriften des V. gehören Heiligenviten und zwei theolog. Traktate. **Lit.:** J. W. George, V. A Latin Poet in Merovingian Gaul (1992).

Venedae (Venedi, Venethi), Volksstamm östl. der Weichsel, Nachbarvolk der Germanen. Nach Plinius d.Ä. reichte ihr Siedlungsgebiet bis zum heutigen Finnland. Auch Ptolemaios und Tacitus berichten von den V.; Jordanes verwendet die Bezeichnung V. für alle slaw. Völker.

Venedi (Venẹthi), Volksstamm in Oberitalien. Die V. wanderten schon vor Etruskern und Kelten in die heutige Region Venetien zu, erreichten eine hohe Zivilisationsstufe (Este-Kultur) mit eigener Sprache (Inschriften und Ortsnamen als Quelle), Schrift, Religion (fast ausschließlich weibl. Gottheiten wurden verehrt) und Wirtschaft (Handel, Viehzucht, Ackerbau). Nach Livius und Vergil wanderten die V. nach dem Fall Trojas aus Kleinasien nach Oberitalien. Im 2. ↗ Pun. Krieg standen die V. auf röm. Seite, die Gründung der röm. Kolonie Aquileia (181 v. Chr.) leitete die Romanisierung der V. ein. **Lit.:** H. Krahe, Das Venetische (1950).

Ventịdius, Pụblius V. Bạssus, zunächst Parteigänger Caesars, dann des Antonius, hob als Prätor (43 v. Chr.) drei Legionen aus und führte sie Antonius zu. Er war an den Verhandlungen zum Abschluss des 2. Triumvirats beteiligt und besiegte 38 im Auftrag des Antonius die Parther und aufständ. Truppen unter Labienus. **Lit.:** J. G. Wylie, P. V., in: Archeologia Classica 36 (1993) 129–41.

Vẹnus, ital. Göttin; früh mit der griech. Liebesgöttin ↗ Aphrodite gleichgesetzt, erhält sie deren Mythologie. Als Mutter des ↗ Äneas ist V. für das Geschlecht der Julier von bes. Bedeutung, die beanspruchen, von Äneas' Sohn Julus und damit von V. selbst abzustammen (V. Genetrix). Der Göttin wurden zahlreiche Tempel errichtet, z. B. 295 v. Chr. beim Circus Maximus, 215 v. Chr. auf dem Kapitol und 181 v. Chr. bei der Porta Collina. Berühmtheit erlangte die 1820 auf der griech. Insel Melos gefundene Marmorstatuette der sog. »Venus von Milo«, heute im Louvre, Paris. **Lit.:** K. Latte, Röm. Religionsgeschichte (1960) 183.

Ver sạcrum, in Gefahrenzeiten in Rom Frühlingsopfer von Tieren, die man schlachtete, und – in sublimierter Form – von jungen Kriegern, die man als Sühneopfer des Landes verwies. ↗ Opfer

Verbannung (gr. phygẹ; lat. exịlium), zeitlich beschränktes oder dauerhaftes Verbot des Aufenthalts in einem bestimmten Ort oder Land. Die V. konnte freiwillig gewählt oder staatlich angeordnet sein (Landesverweis); sie galt als ehrenhafte Möglichkeit, sich einer gerichtl. Verurteilung oder Vollstreckung, insbes. der ↗ Todesstrafe, zu entziehen. Als weitere Strafe war meist die Konfiskation des Vermögens und die Zerstörung des Hauses mit der V. verbunden. Schon die drakon. Gesetzgebung Athens im 7. Jh. v. Chr. bot dem zum Tode Verurteilten die Möglichkeit, sich nach der ersten Verteidigungsrede einer Strafe durch Flucht zu entziehen. Große Bedeutung erlangte die V. als Strafe in Rom, wo sie im 1. Jh. v. Chr. den Vollzug der Todesstrafe verdrängte. Viele Senatoren begaben sich in sullan. Zeit ins freiwillige Exil, um den ↗ Proskriptionen zu entgehen. Die V. verkam in der späten Republik zu einem polit. Kampfmittel, das man beliebig gegen den polit. Gegner einsetzte. Ein berühmter Exulant war der röm. Dichter Ovid, dessen *Briefe aus der V.* von seinem einsamen Leben fern von Rom zeugen. **Lit.:** J. Seibert, Flüchtlinge und Verbannte in der griech. Geschichte (1979).

Venus Medici, Kopie

Vercellae (heute Vercelli), röm. Municipium in Oberitalien. Die ursprünglich kelt. Siedlung wurde in der Kaiserzeit Sitz einer Garnison; im 4. und 5. Jh. war V. ein bedeutendes Zentrum des frühen Christentums. Nach Plutarch siegte hier 101 v. Chr. Marius über die Kimbern.

Vercingetorix, ca. 82–46 v. Chr., Fürst des kelt. Stammes der Arverner und Führer des großen Gallieraufstandes gegen Caesar 52 v. Chr. Als leidenschaftl. Römerfeind übernahm er 52 die Macht in seiner Heimat und rief zum Widerstand gegen die röm. Besetzung auf. Innerhalb kürzester Zeit schlossen sich ihm fast alle Stämme Galliens an. V., der alsbald den Königstitel annahm, schuf ein schlagkräftiges Heer, verfolgte jedoch eine Strategie der verbrannten Erde und versuchte, eine direkte Feldschlacht gegen Caesar zu vermeiden. Nachdem er Avaricum nach hartnäckiger Verteidigung aufgeben musste, zog er sich nach Gergovia zurück, wo er den nachrückenden Römern eine schwere Niederlage beibrachte. Nach einem missglückten Versuch, die röm. Legionen bei Dijon einzukesseln, verschanzte er sich in Alesia, wo er von Caesar eingeschlossen und nach schweren Kämpfen zur Kapitulation gezwungen wurde. V. wurde gefangengenommen, in Rom inhaftiert und nach dem Triumphzug Caesars 46 hingerichtet. **Lit.:** J. Harmand, V. (1984).

Vereinswesen. Vereine im Sinne von Berufsgenossenschaften, die die gemeinsamen Interessen bestimmter Berufsgruppen wahrten, sind aus zahlreichen griech. Städten bekannt. Nachgewiesen sind Organisationen für Kaufleute, Handwerker, Bauern, Ärzte, Soldaten und eine Vielzahl anderer Sparten. Sie waren keine Zünfte wie im MA, sondern versuchten pragmatisch, die geschäftl. und nichtgeschäftl. Interessen und Privilegien ihrer Mitglieder zu verteidigen. Vereinzelt lassen sich in diesem Zusammenhang auch Versuche von Kartellbildungen zur Gewinnoptimierung nachweisen (Getreideimporteure in Athen, 4. Jh. v. Chr.). Neben diesen Berufsgenossenschaften waren bereits seit klass. Zeit private Vereine, meist in Form von Kultgemeinschaften, verbreitet. Sie waren in der Regel lokal organisiert und verfügten über eigene Statuten und eigenes Vermögen, das zentral im Auftrag der Mitglieder verwaltet wurde. Neben den gemeinsamen Götterkult und gemeinsame Feste traten im Laufe der Zeit immer mehr auch wirtschaftl. und materielle Interessen, bisweilen hatten Vereine auch den Charakter gesellschaftl. Clubs. Dennoch blieb – zumindest formal – ein kult. Bezug immer bestehen. Eine besondere Bedeutung hatten die Vereine der Dionysos-Techniten, in denen bes. Künstler (Schauspieler, Tänzer, Sänger, Dichter usw.) organisiert waren. Sie wurden von Dionysospriestern geleitet, waren an einzelne Städte oder Landschaften gebunden und genossen zahlreiche Privilegien (Steuerfreiheit, Asylie, Freiheit von Kriegsdienst). Darüber hinaus organisierten sie künstler. ↗ Agone und bestritten Fest- und Theateraufführungen aller Art. In Griechenland waren ursprünglich nur männl. Bürger zu Vereinen zugelassen, doch kam es bes. in hellenist. Zeit zu einer gewissen Aufweichung, so dass immer häufiger auch Fremde, vereinzelt auch Frauen und Sklaven aufgenommen wurden. Die größte Blüte erreichte das griech. V. im Hellenismus und der frühen und mittleren Kaiserzeit. Für Rom gelten prinzipiell ähnl. Verhältnisse. Auch hier hatten die privaten Vereine vorwiegend kult. Charakter, und auch die Berufsgenossenschaften (↗ collegia) waren ähnlich wie in Griechenland strukturiert. Zu einem deutl. Wandel im V. kam es erst in der Spätantike, als die staatl. Reglementierung immer mehr zunahm. Zunächst wurden Berufsvereine verstärkt zu festgelegten Abgaben und Lieferungen verpflichtet, unter Diokletian und Konstantin schließlich in Zwangszünfte zusammengefasst, die über regionale Monopole verfügten. Für ihre Mitglieder herrschten nun strenge Niederlassungsbeschränkungen. Erst diese neuen Entwicklungen der Spätantike ebneten den Weg zu den mittelalterl. Zünften. **Lit.:** F. Poland, Geschichte des griech. V.s (1909).

Verfassung ↗ Staatsformen, Staatstheorie

Vergil, Publius Vergilius Maro, aus Andes bei Mantua, röm. Dichter, 15. 10. 70–21. 9. 19 v. Chr. *I. Leben:* Über V.s Leben unterrichtet zuverlässig die auf Sueton zurückgehende *Vita* des Aelius Donatus (4. Jh. n. Chr.). Davon unabhängig existieren eine unter Servius' Namen überlieferte und eine auf Probus zurückgehende Lebensbeschreibung. V. begann seine Ausbildung mit grammat. Unterricht und der Lektüre griech. und lat. Autoren in Cremona und Mailand und ging nach dem Anlegen der Männertoga mit 15 Jahren zum Rhetorikstudium nach Rom. Eine wohl geplante polit. Laufbahn brach er ab, da er sich dafür nicht geeignet fühlte. Der einzige von ihm geführte Prozess wurde zum Misserfolg. Er zog weiter nach Neapel, wo er im Kreis des Epikureers Siro Philosophie studierte. Seine Familie verlor nach den Wirren der Bürgerkriege im Zuge der Landanweisungen ihr Gut, wurde aber entschädigt. Einflussreiche Freunde waren Cornelius Gallus und Asinius Pollio. Letzterer machte ihn wohl mit Octavian (↗ Augustus) bekannt und führte ihn in den Kreis des ↗ Maecenas ein. Der Princeps schätzte V. außerordentlich und verfolgte seine Arbeit mit Anteilnahme. V.s Ruf wurde mit der *Bucolica* begründet, die zwischen 42 und 39 entstanden. Von 37/36 bis 30/29 arbeitete er an den *Georgica,* die er Octavian 29 in Atella vorlas. Von 29 bis 19 dichtete V. an der *Aeneis.* Schon das begonnene Werk versprach, die *Ilias* an Bedeutung zu übertreffen (Properz 2, 34, 65 f.). Augustus erbat immer wieder Teilstücke, der Vortrag der Bücher 2, 4 und 6 im Jahr 23 am Kaiserhof hinterließ einen tiefen Eindruck. 19 v. Chr. wollte V. das Werk in Griechenland überarbeiten, erkrankte jedoch und wurde von dem aus dem Orient heimkehrenden Augustus mit nach Italien zurückgenommen. Er starb in Brindisi, seine Gebeine wurden nach Neapel überführt. Dem letzten Wunsch des Dichters, die unfertige *Aeneis* (äußeres Zeichen der fehlenden ›letzten Hand‹ sind einige Halbverse) zu vernichten, widersetzte sich Augustus. ↗ Varius Rufus und Plotius Tucca gaben das Werk, wohl ohne (einschneidende) Änderungen, heraus. Von der *Aeneis* machte V. zunächst ein Prosaschema und führte es später in Versen aus. Donat berichtet, er habe die Angewohnheit besessen, seine Verse »nach Art der Bärin zu gebären und durch Lecken zu formen«. V. konnte mühelos Hexameter extemporieren, feilte aber, alexandrin. Kunstideal gehorchend (↗ *poeta doctus*), anschließend lange daran. Dem großgewachsenen Mann mit bäur. Aussehen und dunklem Teint brachte sein schüchternes Betragen den Beinamen *Parthenias* (»der Jungfräuliche«) ein. – *II. Werke:* Die sog. *Appendix Vergiliana* (*Vergil-Anhang,* von Scaliger, 16. Jh., so benannt) vereinigt V.s Jugendgedichte, enthält aber auch Nach-Vergilisches. Das *Catalepton* – der Titel (gr. *kata lepton,* »nach der schlanken, feinen Art«) ist an Arat angelehnt und bezeichnet ein alexandrin. Kunstprinzip; gemeint sind kleine, ausgefeilte Gedichte – ist eine Sammlung aus drei Priapeen und 14 Epigrammen, von denen Nr. 5 und Nr. 8 (mit autobiograph. Hinweisen) sicher echt sind, Nr. 9 sicher unecht ist. Der Rest ist ebenso wie zahlreiche weitere kleinere Gedichte in der Autorschaft umstritten. Zu Letzteren gehört etwa das neoter. Epyllion *Culex* (*Mücke*). Es erzählt, wie ein schlafender Hirt durch einen Mückenstich geweckt und so vor einem tödl. Schlangenbiss bewahrt wird. Bevor er die Gefahr erkennt, erschlägt er die Mücke. Diese erscheint ihm darauf im Traum und beklagt ihr Schicksal. Der Hirt errichtet ihr ein Grabmal mit Inschrift. Typisch neoterisch ist der Kontrast zwischen hohem Stil und geringem Gegenstand. Die *Bucolica* (gr. *boukolos,* »Rinderhirt«) bestehen aus zehn hexametr. Hirtengedichten, die in den Handschriften auch als *Eclogae* (»auserlesene Gedichte«) bezeichnet werden. Vorbilder sind die *Eidyllia* (»kleine Skizzen«) des aus Sizilien stammenden griech. Dichters ↗ Theokrit. Die Gedichte sind ebenso Ausdruck der Heimatverbundenheit V.s wie der Sublimierung der Natur zur geistigen Landschaft (Arkadien als Symbol); sie haben Petrarca zu seinem allegor. *Bucolicum Carmen* angeregt. Am wirkmächtigsten war die 4. Ekloge, die, 40 verfasst, die Geburt eines Knaben und den Anbruch eines goldenen Zeitalters verkündet. Sie wurde im MA als Präfiguration der Geburt Christi gedeutet (daher »marian. Ekloge«) und trug zu V.s Hochschätzung bei. Die *Georgica* (gr., »Landarbeit«) sind formal ein Lehrgedicht in Hexametern über den Landbau in der Nachfolge von ↗ Hesiods *Werken und Tagen* und, was die Himmelskunde betrifft, von ↗ Arats *Phainomena* (*Himmelserscheinungen*). Den vier Hauptthemen Ackerbau, Baum- und Weinkultur, Viehzucht, Bienenhaltung ist jeweils ein Buch gewidmet. Die letzten beiden Bücher sind durch ein zweites Proömium abgesetzt. Exkurse greifen über den Gegenstand hinaus. Berühmt sind der Preis Italiens und das Lob des Landlebens (2. Buch). Die Arbeit des Bauern, der *labor improbus,* d. h. die niemals endende, in ihrem Erfolg stets bedrohte, aber trotzdem immer wieder in Angriff genommene Arbeit, ist Sinnbild des Menschenlebens überhaupt. Das Werk endet mit dem sog. Aristaeus-Fi-

nale, einem kunstvollen Epyllion, das von der Urzeugung der Bienen aus dem Blut geschlachteter Rinder erzählt. Künstlerisch und an geistiger Tiefe übertreffen die *G.* andere Lehrgedichte der antiken Tradition. Die *Aeneis,* ein zwölf Bücher umfassendes Epos in Hexametern, schildert die Geschichte des Äneas von der Zerstörung Trojas bis zur Landung in Italien und dem Sieg über den einheim. Rutulerfürsten Turnus, kurz: die Gründungssage Roms. Sie ersetzte ältere Darstellungen des Naevius und des Ennius. Die Bücher 1–6, der sog. »*Odyssee*-Teil«, handeln von den Irrfahrten des Äneas, seinem Aufenthalt bei Dido und im Rückblick der Zerstörung Trojas, die Bücher 7–12, der »*Ilias*-Teil«, von den Kämpfen in Latium. Die Tötung des um Gnade flehenden Turnus ließ manchen Forschern Äneas' Heldentum ambivalent und als versteckte Kritik an Augustus erscheinen (›Two-Voices-Theory‹). Histor. Durchblicke wie die Heldenschau (6. Buch) und die Schildbeschreibung (8. Buch) weisen auf die augusteische Zeit als Telos der röm. Geschichte voraus. Äneas ist ein nach stoischen Idealen geformter Held, der sich im Leid (*labor*) bewährt und Anfechtungen der Leidenschaft widersteht. Er erkennt seine *fata,* die schicksalsgegebene Aufgabe, und gestaltet sie aktiv mit. Dido, die sich in Äneas verliebt und ihn in Karthago zurückhalten will, gibt ihrer Leidenschaft nach und will aus Verblendung ihre *fata* nicht wahrhaben; Turnus versucht, sich durch Krieg und Gewalt über seine *fata* hinwegzusetzen; beide gehen unter. Das Geschehen ist durch eine begleitende Götterhandlung überhöht. Die Verantwortung für ihr Tun liegt jedoch bei den Menschen, was Jupiter im 10. Buch (104 ff.) selbst verkündet. – *III. Nachwirkung:* V. wurde früh kommentiert und noch in der Antike zum Schulautor. Sämtl. Epiker nach V. mussten sich an der »göttl. *Aeneis*« (Statius) messen. Das MA verehrte V. als Propheten und Zauberer. Dantes Werk ist ohne V. nicht denkbar, die ital. Renaissance stellte V. über Homer. Die Griechensehnsucht der deutschen Klassik sah in V. nur einen Nachahmer. Die Philologie des 20. Jh. hat V. in seiner besonderen Bedeutung wieder gewürdigt. **Lit.:** K. Büchner, V. (1958). – F. Klingner, V. (1967). – N. Holzberg, V. (2006).

Verginia, in der röm. Mythologie vom Decemvirn Appius Claudius begehrte Tochter des Centurios Verginius. Als Verginius außerhalb der Stadt in einem Heerlager weilt, lässt Appius Claudius, um V. in seinen Besitz zu bringen, in einem von ihm als Vorsitzenden geleiteten Gerichtsverfahren seinen Anhänger Marcus Claudius behaupten, V. sei die Tochter einer seiner Sklavinnen und somit sein Eigentum. Als V. nach dem Urteil als rechtmäßiger Besitz des Marcus Claudius weggeführt wird, wird sie von ihrem eilends herbeigeholten Vater auf dem Forum erstochen, um sie der Gewalt des Appius zu entziehen.

Verginius, Lucius V. Rufus, ca. 14–97 n. Chr., aus einer Ritterfamilie stammend, war 63 Konsul und besiegte 68 als Statthalter von Obergermanien den aufständ. C. Iulius Vindex in der Schlacht bei Vesontio. In den Wirren des Vierkaiserjahres 69 lehnte er es wiederholt ab, sich selbst zum Princeps ausrufen zu lassen, und zog sich ins Privatleben zurück, wo er in der Folgezeit bes. literarisch tätig war. In hohem Alter zum dritten Mal Konsul (97), starb er, noch bevor er sein Amt beenden konnte. Seine Leichenrede hielt Tacitus.

Vergnügen ↗ Spiele

Vergöttlichung ↗ Apotheose

Verhütung ↗ Empfängnisverhütung

Verkehr ↗ Reisen, Straßen, Tourismus

Verọna, Stadt in Venetien (10. Region Italiens); Geburtsort ↗ Catulls. Die reiche, an der Etsch gelegene Stadt (angeblich eine kelt. Gründung) erhielt 86 v. Chr. durch Pompeius den Status einer Colonia latin. Bürgerrechts, 49 den Status eines Municipium. V., an wichtigen Handelsstraßen gelegen, wurde in der Kaiserzeit befestigt und ausgebaut; das berühmte Amphitheater, röm. Stadttore, Reste von Theater, Stadtmauern und Brückenpfeilern zeugen von dem monumentalen Ausbau der Stadt in der Kaiserzeit. Eine späte Blüte erlebte V. unter dem Ostgotenkönig ↗ Theoderich, der die Stadtbefestigung erneuern ließ. **Lit.:** ASM (1999).

Vẹrres, Gạius V., ca. 115–43 v. Chr., Sohn eines Senators, gilt als Inbegriff des raffsüchtigen und korrupten röm. Mandatsträgers. Politisch schloss er sich der Partei Sullas an und konnte als Proquästor in Kilikien (79) durch die Beraubung von Tempeln unzählige Kunstschätze erwerben. Er bereicherte sich an öffentl. Bauaufträgen und plünderte als Statthalter von Sizilien (73–71) die Inselbevölkerung derart schamlos aus, dass er in einem Repetundenprozess zur Rechenschaft gezogen wurde (70), bei dem Cicero die Anklage vertrat. Noch vor Verkündung des Urteils ging V. freiwillig in die Verbannung nach Massilia, wo er 43 den Proskriptionen durch Antonius zum Opfer fiel.

Vẹrrius Flạccus, Mạrcus V. F., röm. Grammatiker, ca. 55 v. Chr.–20 n. Chr. V., Freigelassener und Lehrer der Enkel des Augustus, ist nach ↗ Varro (1) einer der berühmtesten röm. Philologen. Kleinere Schriften (über Orthographie, die Sprache Catos, die Etrusker, den Kalender) sind verloren. Aus seinem Hauptwerk *De verborum significatu* (*Über die Bedeutung von Wörtern*) das in alphabet. Reihenfolge obsolete und seltene Wörter mit Belegen aus der Literatur anführt, sind Auszüge bei Sex. Pompeius Festus (3. Jh.), und davon nochmals ein Auszug bei Paulus Diaconus (8. Jh.) erhalten. **Lit.:** R. A. Kastner, Geschichte der Philologie in Rom, in: F. Graf (Hg.), Einleitung in die lat. Philologie (1997) 3–16.

Versfuß, die kleinste durch Hebung und Senkung unterschiedene Gruppe von Zeiteinheiten im Vers.

Verskunst ↗ Metrik

Vẹrso (lat.), Begriff der Papyrologie zur Bezeichnung der Seite des Papyrus, auf der die Fasern vertikal (*verso*) verlaufen.

Vertrag ↗ Contractus, Foedus, Locatio conductio, Mandatum, Lex, Miete, Pacht, Kaution

Vertụmnus (lat. vẹrtere, »wenden«), röm. Vegetationsgott etrusk. Herkunft, leidenschaftlich verliebt in Pomona, die Göttin der Früchte und Obstbäume, die er durch immer neue Veränderung seiner Gestalt vergeblich zu gewinnen sucht. Er verwandelt sich schließlich in ein Mütterchen, das von V. und seiner Liebe so warm schwärmt, dass ihm Pomona bei ihrem nächsten »echten« Wiedersehen doch noch erliegt.

Vesọntio (heute Besançon, Frankreich), Stadt in Gallia Celtica. Der Hauptort der gall. ↗ Sequaner wurde erstmals von Caesar erwähnt, für die Zeit nach der röm. Eroberung liegen kaum Quellen vor. In den Wirren des Jahres 68 n. Chr. kam es bei V. zur Schlacht gegen den Aufstand des Iulius ↗ Vindex; bis zum Ende des 2. Jh. erlebte V. eine Blüte. Kaiser Julian besuchte die Stadt 360 n. Chr., die lediglich die Größe eines Dorfes hatte. Bedeutendstes Bauwerk aus röm. Zeit ist die Porte Noire, ein Triumphbogen, wohl Ende des 2. Jh. errichtet.

Vespasịan, Tịtus Flạvius Vespasịanus Augụstus, röm. Kaiser 1. Juli 69–23. Juni 79 n. Chr.; geb. am 17. November 9 in Falacrinae als Sohn des Flavius Sabinus und der Vespasia Polla; 38 Ädil; um 39 Hochzeit mit Flavia Domitilla (gest. vor 1. Juli 69); 39/40 Prätor; 51 Suffektkonsul; 63/64 Prokonsul der Provinz Africa, 67–69 Legat des Iudäischen Heeres; am 1. Juli 69 wurde V. in Alexandria zum Kaiser erhoben, im Oktober 69 errangen seine Truppen einen Sieg über die Truppen des Vitellius bei Cremona; im Dezember 69 wurde V. vom Senat als Kaiser bestätigt; im Oktober 70 traf er in Rom ein und feierte im Juni 71 zusammen mit seinem Sohn Titus einen Triumph über die Juden; 73/74 waren V. und Titus als Zensoren tätig; am 23. Juni 79 starb V. in seiner Villa bei Aquae Cutiliae und wurde zunächst im Mausoleum Augusti, später im *templum gentis Flaviae* beigesetzt; nach dem Ende der jul.-claud. Dynastie (68) und den Wirren des sog. Vierkaiserjahres (68/69) begründete V. wieder eine Dynastie, die flav. Dynastie. **Lit.:** H. Bengtson, Die Flavier. V., Titus, Domitian (1979). – DRK (1997).

Vẹsta, röm. Göttin des Herdfeuers, der griech. ↗ Hestia gleichgesetzt. Das ihr geweihte Feuer in ihrem Rundtempel auf dem Forum galt als Symbol für die Ewigkeit Roms und durfte nie ausgehen. Ihre Priesterinnen, die ↗ Vestalinnen, hatten die Aufgabe, dieses Feuer zu bewachen.

Vestạlinnen, Priesterinnen der Vesta, sechs Jungfrauen patriz. Herkunft, die sich für 30 Jahre lang dem Dienst, das Herdfeuer der Vesta zu bewachen, verpflichten mussten. Für diese Aufgabe wurden sie bereits in jungen Jahren ausgesucht; danach gehörten sie nicht mehr zu ihrer Familie mit dem Vater als Oberhaupt und seinen Rechten, sondern ausschließlich dem Staat. Absolute Bedingung für ein solches Amt war die Keuschheit; wer dieses Gebot übertrat, wurde lebendig eingemauert.

Vestịni, ital. Bergvolk in den Abruzzen. Die östl. der ↗ Sabiner siedelnden V. verbündeten sich 326 v. Chr. mit den ↗ Samniten gegen Rom, wechselten danach aber mehrfach die Seite. Landwirtschaft und Jagd waren die Erwerbsgrundlagen des Stammes; seit der frühen Kaiserzeit erschlossen die Via Claudia Va-

Pompeji, Jupitertempel, im Hintergrund der Vesuv

leria und die Via Claudia nova die Region. Pinna und Peltuinum gehörten zu den wenigen städt. Siedlungen der V. **Lit.:** PECS (1976).

Vesuv, Vulkan am Golf von Surrentum (heute Sorrent). Dieser größte ↗ Vulkan des europäischen Festlands hat heute eine Höhe von etwa 1.216 m. Seine Hänge des wurden in röm. Zeit intensiv landwirtschaftlich kultiviert. Man hielt den Vulkan nach seinem letzten Ausbruch im 8. Jh. v. Chr. für erloschen. Am 5.2.63 n. Chr. kam es zu einem schweren Erdbeben, dem am 24.8.79 der Ausbruch des V. folgte. Ihm fielen die Städte ↗ Pompeji, ↗ Herculaneum und ↗ Stabiae zum Opfer; die Ortschaften wurden von einer meterhohen Schicht von Lava, Gesteinsregen oder Asche verschüttet und mussten aufgegeben werden. Für die Nachwelt ergab sich daraus die einmalige Möglichkeit, röm. Städte in einem Augenblick des Alltagslebens nahezu vollständig konserviert vorzufinden. Der Augenzeugenbericht Plinius d.J. (Briefe 6, 16, 20) stellte eine einzigartige literar. Quelle für dieses Naturereignis dar. Weitere Ausbrüche des V. in der Antike fanden 202, 472, 512 n. Chr. statt. **Lit.:** H. Sonnabend, Naturkatastrophen in der Antike (1999).

Vetera Castra ↗ Xanten

Veteranen, die altgedienten Soldaten der röm. Armee, die nach Ende ihrer Dienstzeit ehrenvoll entlassen wurden. Sie genossen zahlreiche Privilegien und wurden nach ihrem Ausscheiden mit Ländereien abgefunden. Die Versorgung der V. wurde bes. in der späten Republik häufig zum Politikum, da einflussreiche Senatskreise immer wieder versuchten, einen siegreichen Feldherrn, der zu mächtig zu werden drohte, dadurch zu desavouieren, dass sie die Zuteilung angemessener Ländereien verweigerten. In den Bürgerkriegen bildeten die Veteranenkolonien oftmals die natürl. Machtbasis für Politiker und Feldherrn, die besondere Bindungen zu ihren früheren Soldaten und deren Familien unterhielten (↗ Klientelwesen).

Veto (lat. »ich verbiete«). Einspruchsformel des röm. ↗ Volkstribunen gegen jede Entscheidung eines anderen röm. ↗ Magistrats oder gar des Senats, abgeleitet aus seinem Interzessionsrecht (lat. intercedere, »dazwischentreten«). Dieses ursprünglich zum Schutze der Plebeier gedachte Instrument wurde insbes. im innenpolit. Kampf der Späten Republik zum rein polit. Kampfinstrument röm. Politiker, die damit Entscheidungen ihre polit. Gegner zu unterminieren suchten. ↗ Sulla beschnitt das Interzessionsrecht (↗ Intercessio) der Volkstribunen stark, zudem machten sich oft die beiden Volkstribunen durch das auch untereinander einsetzbare V. handlungsunfähig. Auch in zahlreichen modernen Verfassungen wurde V-Rechte einzelner Verfassungsorgane eingebaut. **Lit.:** W. Kunkel, Staatsordnung und Staatspraxis der röm. Republik (1995).

Vetus Latina, Bezeichnung für die ab dem 2. Jh. angefertigten verschiedenen lat. Bibelübersetzungen vor der ↗ Vulgata. Man unterscheidet hauptsächlich zwischen der in Afrika verbreiteten Afra und der in Italien aufkommenden Itala.

Vexillatio (lat., »Fähnlein, Mannschaft«), bei den Römern seit dem 1. Jh. v. Chr. Sonderabteilungen unterschiedl. Stärke und Ausrüstung, die eine Kommandostandarte oder Fahne (*vexillum*) mit sich führten. Solche Detachements wurden meist zur Durchführung einer bestimmten Aufgabe aus Soldaten regulärer Truppen (↗ Legion) gebildet und nach Erfüllung ihrer Aufgaben wieder aufgelöst. In der späten Kaiserzeit bildeten *vexillationes* Truppenteile, in denen die Reiterei des Heeres und der ↗ Prätorianer zusammengefasst waren.

Via Aemilia, von M. Aemilius Lepidus im 2. Jh. v. Chr. als Fortsetzung der ↗ Via Flaminia errichtete Handelsstraße von Ariminum (heute Rimini) über Bononia (heute Bologna) nach Placentia (heute Piacenza).

Via Appia, verkehrsreiche, von dem Zensor des Jahres 312 v. Chr. ↗ Appius Claudius Caecus erbaute Straße von Rom nach ↗ Capua, die südl. an den Albaner Bergen durch die ↗ Pontin. Sümpfe führte. Mit der wachsenden Bedeutung ↗ Brundisiums (heute Brindisi) als Drehscheibe des Griechenlandhandels erwies sich eine Verlängerung der V. A. über Beneventum und Tarent bis zum Meer als notwendig. Im 19. Jh. wurde ein Teilstück der Straße von Rom bis zum 11. Meilenstein ausgegraben, da sich an ihr die Grabdenkmäler vieler röm. Familien befanden.

Via Egnatia, kurz nach 146 v. Chr. erbaute röm. Straße von ↗ Dyrrhachium (heute Durres, Albanien) und Apollonia nach ↗ Thessalonike, später bis Byzanz verlängert. Die V. E. war ein wichtiges Bindeglied im Verkehr zwischen Rom und dem griech. O, da die Seeroute Dyrrhachium mit Brundisium, das wiederum Endstation der ↗ Via Appia war, verband.

Via Flaminia, 220 v. Chr. vom Zensor C. Flaminius erbaute wichtige Handelsstraße, die durch Umbrien führte und Rom mit dem N Italiens verband. Endpunkt der V. F. war Ariminum (heute Rimini).

Via Salaria (lat., »Salzweg«), ursprünglich alte Handelsstraße von Rom nach Reate im Sabinerland, von Augustus bis an die Adria bei ↗ Picenum verlängert.

Vibenna, Caelius (oder Caeles) V., nach röm. Tradition ein Etrusker, der sich unter ↗ Tarquinius Priscus auf dem ↗ Caelius niederließ; auch auf etrusk. Zeugnissen belegt. **Lit.:** A. Momigliano/A. Schiavone (Hgg.), Storia di Roma I (1988) 205 ff.

Vibius, Gaius V. Pansa, enger Vertrauter und Weggefährte Caesars, wurde noch von diesem gemeinsam mit Hirtius für das Jahr 43 zum Konsul designiert. Nach der Ermordung Caesars (44) verhielt er sich dem Senat gegenüber loyal und nahm den Kampf gegen Antonius auf. In der Schlacht bei Forum Gallorum wurde er schwer verwundet und starb am Tag danach. Durch seinen Tod, der fast gleichzeitig mit dem seines Kollegen Hirtius erfolgte, hatten Antonius und Octavian freie Bahn, um in Rom die Macht zu ergreifen.

Vibius Sequester, 4./5. Jh., Verf. eines alphabet. lat. Lexikons zur Geographie.

Vicarius, ein bes. durch die Reformen des Diokletian ausgebautes und aufgewertetes Staatsamt. Die Aufgabe der *vicarii* bestand bes. darin, als Stellvertreter und Gehilfen des ↗ *praefectus praetorio* (Präfekt) die Verwaltung der neu eingerichteten Diözesen zu überwachen und als fakt. Vorgesetzte der Provinzstatthalter die Appelationsgerichtsbarkeit auszuüben. Sie beaufsichtigten ferner die ↗ Staatspost und waren an der ↗ Steuererhebung beteiligt.

Victimarius, in Rom der Amtsdiener, der das Opfertier rituell schlachtete.

Victor (1) (fem. Victrix; lat., »Sieger«, »Siegerin«), häufiger Beiname von Göttern.

Victor (2) Sextus Aurelius V., heidn. röm. Historiograph, ca. 320–389 n. Chr. V. hat als *homo novus* den Aufstieg zu Ämtern und Ansehen geschafft. Unter seinem Namen sind vier Schriften überliefert, von denen ihm jedoch nur eine, die *Caesares* (*Kaiserbiographien*), zugeschrieben werden kann. V. ist hochgebildet und belesen, seine Ausdrucksweise gesucht. Er ist bemüht, die Knappheit seiner Stilmuster Sallust und Tacitus noch zu steigern. Sittl. Integrität und geistige Bildung geben das Maß, nach dem V. als Historiker urteilt. **Lit.:** P. L. Schmidt, in: HLL V (1989) 198–201. – M. Fuhrmann/K. Groß-Albenhausen (1997) [Ausg., Übers., Komm.].

Victoria, alte röm. Göttin, Personifikation des Sieges, der griech. ↗ Nike entsprechend, mit Tempel auf dem Palatin. Nach der Schlacht bei Aktium wurde ihr 29 v. Chr. ein Altar geweiht.

Vicus, der röm. Begriff für Dorf oder Weiler, konnte auch eine größere Siedlung bis hin zum Marktflecken bezeichnen. Ein V., der natürlich gewachsen, aber auch planmäßig angelegt sein konnte, sorgte für eine gemeinsame Götterverehrung und verfügte über eine begrenzte Jurisdiktion. In der Kaiserzeit entstanden *vici* häufig als Zivilsiedlungen (*canabae*) im Umfeld militär. Standorte und unterstützten die Truppenversorgung. Im Zuge der Reformen des Augustus wurde auch Rom in 265 Stadtbezirke eingeteilt, die den Namen V. führten.

Viehzucht ↗ Esel, Huhn, Pferd, Rind, Schaf, Schwein, Stier, Ziege

Vienna (heute Vienne, Frankreich), Hauptort der kelt. ↗ Allobroger in Gallia Narbonensis. Die an der Rhône gelegene gall. Doppelsiedlung wurde 121 v. Chr. von den Römern unterworfen, Caesar erhob sie zur Colonia latin. Rechts. Das Territorium der röm. Colonia reichte von der Rhône bis zum Genfer See, seine Blütezeit erlebte V. im 2. Jh. n. Chr., in der 2. Hälfte des 3. Jh. setzten die Alemanneneinfälle ein, die auch V. betrafen. Die Reorganisation des Reiches unter ↗ Diokletian machte V. zur Hauptstadt der Diözese Viennensis, seit Konstantin d. Gr. war es Metropole der Provinz und nach dem heutigen ↗ Trier die bedeutendste Stadt der gall. Provinzen, bis zur Eroberung durch die ↗ Burgunder 468. Zwei Stadtmauern des 1. bzw. 3. Jh. umgaben die Stadt; zu den bedeutenden röm. Bauzeugnissen gehören der Tempel des Augustus und der Livia, das große Theater (130 m Durchmesser) sowie die Reste des Circus mit einem 24 m hohen Obelisk.

Viergöttersteine, Gattung provinzialröm. Steindenkmäler, die vornehmlich vom 1. bis 3. Jh. n. Chr. in Gallien und Germanien verbreitet waren. Diese hatten an allen vier Seiten Reliefs mit der Darstellung je einer Gottheit, meistens die Gruppe Juno, Merkur, Herkules und Minerva. Nur selten erscheinen andere Gottheiten oder Konstellationen von Göttern (z. B. Jupiter, Fortuna, Mars, Victoria, Diana und Apollo, Vulcanus). Die V. sind in der Regel Bestandteil (Sockel) der ⁊ Jupiter(giganten)säulen. **Lit.:** G. Bauchhenß, Die Jupitergigantensäulen in der röm. Provinz Germania Superior, Beih. Bonner Jahrbuch 41 (1981).

Viermännerkommentar. Moderne Bezeichnung eines byzantin. *Ilias*-Kommentars, der auf antiken Philologen beruht (⁊ Didymos, Aristonikos, ⁊ Herodian, ⁊ Nikanor).

Vigiliae (pl.; lat., »Wachen, Nachtwachen«). Die Römer teilten die Nacht in vier Zeitabschnitte, die mit Ordinalzahlen bezeichnet wurden (*prima, secunda, tertia, quarta*) und deren Länge je nach Jahreszeit verschieden war. Als militär. Fachbegriff standen die V. im Gegensatz zu den Tagwachen (*excubiae; vigilae diurnae*). Hauptquelle für die V. ist Polybios (VI 35–37) der wohl eine gute Kenntnis der militär. Dienstvorschriften im 2. Jh. v. Chr. hatte. Es ist anzunehmen, dass diese Regeln bis zur Heeresreform des ⁊ Marius im 1. Jh. v. Chr. in Kraft waren; in der Kaiserzeit wurden Änderungen vorgenommen. Ab dem 4. Jh. n. Chr. wurden mit V. Wachen aller Art bezeichnet.

Vilicus (lat., »Verwalter, Hofmeister«), Verwalter eines ländl. Anwesens (*villa rustica*), meist ein Sklave, der vom Grundherr (*possessor*) mit der Wirtschaftsführung des Gutes betraut war. Columella und Plinius informieren über die Aufgabenbereiche und notwendige Fähigkeiten des V. Seine wesentl. Zuständigkeiten waren die Aufsicht über Arbeiter und Geräte und die Arbeitseinteilung. Obwohl es keine reguläre Ausbildung zum V. gab, musste er in der Landwirtschaft sachkundig und erfahren sein und immer die Interessen seines Herrn vertreten. Mit der Aufgabe der reinen Selbstbewirtschaftung der Güter durch den Grundherrn aufgrund von Verlagerung der Geschäftsinteressen in die Städte gewann der V. an Bedeutung: Aufgaben und Verantwortung des V. nahmen im 1. Jh. v. Chr. stetig zu; er erhielt umfassende Befugnisse für die Leitung des Anwesens und den Vertrieb der Güter. Die Funktionen des V. wurden in der Kaiserzeit aufgespalten in die eines Verwalters von Betrieb und Finanzen (⁊ *procurator*), die die prakt. Bewirtschaftung (*vilicus*) und – auf großen Gütern – die eines Aufsehers für den Viehbestand (*magister pecoris*). Das weibl. Gegenstück zum V. war die Hauswirtschafterin (*vilica*), deren Funktionen im Laufe der Jahrhunderte in etwa gleich blieben. Rechtlich konnten der V. ebenso wie der *procurator* als Vertreter des Grundherrn bei Geschäftsabschlüssen fungieren. **Lit.:** K. D. White, Roman Farming (1970) 350 ff.

Villa (lat.), das zu einem landwirtschaftlich genutzten Gut mit Wirtschaftsgebäuden gehörende röm. Landhaus. Bereits Columella unterschied verschiedene V.-Typen, wie die *v. rustica,* mit zwanglos um dem Peristylhof (⁊ Peristyl) angeordneten Räumen und separaten Wirtschaftsräumen, die *v. urbana,* die städt. V. mit großzügiger Erweiterung des Gartenbereiches, oder die *v. suburbana,* die Vorstadt-V. oder Land-V., die oft, an einen Hang gebaut, die sie umgebende Landschaft miteinbezog. **Lit.:** H. Mielsch, Die röm. V. (²1997).

Villius, Lucius V. Annalis, setzte als Volkstribun 180 v. Chr. die *lex Villia Annalis* durch, die den Zugang zu den höchsten Staatsämtern regelte. Neben der Festsetzung eines Mindestalters für die kurul. Ämter wurde bestimmt, dass mindestens zwei Jahre zwischen ihrer Abfolge liegen mussten. **Lit.:** A. Astin, The lex Annalis before Sulla (1958).

Vindelici, kelt. Stamm in oberschwäb.-oberbayer. Raum. Durch die Feldzüge des Tiberius und Drusus 15 v. Chr. wurde der Raum römisch, der militär. Verwaltungsbezirk wurde unter Claudius in die Provinz Raetia et Vindelica umgewandelt, Hauptstadt war Augusta

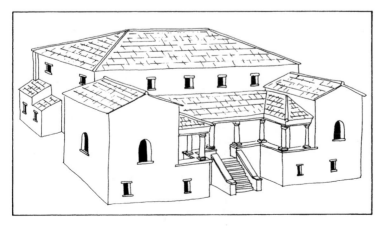

Villa Rustica

Vindelicum (heute Augsburg). V. sind auch in der röm. Armee der Kaiserzeit anzutreffen, mehrere *cohortes Vindelicorum* sind belegt.

Vindex, Gaius Iulius V., Statthalter von Gallia Lugdunensis, erhob sich im Frühjahr 68 gegen Nero und bot S. Sulpicius Galba die Kaiserwürde an. In der Schlacht bei Vesontio wurde er von loyalen Truppen unter L. Verginius Rufus besiegt und beging Selbstmord.

Vindobona ↗ Wien

Vindonissa (heute Windisch, Aargau), Dorf der ↗ Helvetier an der Aare. Seit 16/17 n. Chr. Lager der 13. Legion, 45/46 durch die 21. bzw. 70 durch die 11. Legion abgelöst, bis diese 101 nach Straßburg abgezogen wurde. V. prosperierte im 2./3. Jh. als Zivilsiedlung, bis die Alemanneneinfälle erneute Truppenstationierungen und aufwendige Befestigungen nötig machten, deren Reste erhalten sind (z. B. Fundamente des Nord- bzw. Westtores sowie der ›Bühlturm‹ im NO, Thermen, Amphitheater u. a.). **Lit.:** W. Drack/R. Fellmann, Die Römer in der Schweiz (1988) 537–550.

Vinicius, Marcus V., Konsul 19 v. Chr., ein persönl. Freund des Augustus, schlug 14/13 v. Chr. einen Aufstand in Pannonien nieder und besiegte als Statthalter von Illyrien (11–8) die Daker. Er starb um 20 n. Chr.

Vinius, Titius V. Rufinus, ca. 21–69 n. Chr., begann seine Karriere unter Claudius und wurde von Nero zum Statthalter von Gallia Narbonensis ernannt. Als Legionskommandant in Spanien riet er 68 Galba, dessen engster Berater er wurde, zum Aufstand gegen den Kaiser, zog mit diesem nach Rom und wurde bei der Erhebung des Otho gemeinsam mit Galba ermordet.

Vipitenum, nicht genau lokalisierte antike Siedlung nahe dem heutigen Sterzing (Südtirol), ursprünglich Ausgangspunkt des ↗ Alpenweges über den Jaufenpass, später röm. Straßenstation am Brennerüberweg.

Vipstanus, V. Messalla, beteiligte sich 69 n. Chr. als Militärtribun an den Kämpfen des Vespasian gegen Vitellius. Er verfasste ein nicht erhaltenes Geschichtswerk über den Bürgerkrieg des Vierkaiserjahres, das Tacitus ausgiebig in seinen *Historien* benutzte.

Virbius (lat. vir bis, »Mann zum zweiten Mal«). V. wird mit dem von Pferden getöteten und von Äskulap von den Toten wieder auferweckten ↗ Hippolytos gleichgesetzt. Sein Kult, der eng mit dem der Diana verbunden war, wurde in den heiligen Wäldern um Aricia begangen, einer Gegend, in der keine Pferde zugelassen waren.

Viriathus, ca. 180–139 v. Chr., Führer des Freiheitskampfes der Lusitanier gegen die röm. Herrschaft. Aufgewachsen als Hirte, entkam er 150 dem Gemetzel, das der Prätor S. Sulpicius Galba in vertragswidriger Weise unter der lusitan. Bevölkerung angerichtet hatte. Seit 147 oberster Führer der Lusitanier, eroberte er noch im selben Jahr das Baetistal und brachte 146 weite Teile der Provinz Hispania ulterior unter seine Kontrolle. Nachdem er 144 das Baetistal wieder aufgeben musste, errang er nach wechselvollen Kämpfen 140 seinen größten Sieg über den Prokonsul Q. Fabius Maximus Aemilianus, der ihn als unabhängigen Herrscher in den von ihm kontrollierten Gebieten anerkennen musste. Da der Senat seine Zustimmung zu dieser Regelung verweigerte, kam es zu neuen Kämpfen, in deren Verlauf V. von eigenen Landsleuten auf Veranlassung Roms ermordet wurde (139). V., nach dessen Tod die Römer ganz Lusitanien unter ihre Kontrolle brachten, galt als Meister des Guerillakampfes und wurde später zum Symbol für den Freiheitswillen eines unterdrückten Volkes. **Lit.:** H. Simon, Roms Kriege in Spanien 154–133 (1962).

Virtus (lat. vir, »Mann«), lat. Begriff für krieger. »Mannhaftigkeit«, später als Inbegriff der Tugend göttlich verehrt. Nach dem Sieg über die Kimbern und Teutonen 101 v. Chr. wurde ihr von Marius ein Tempel geweiht.

Virunum, Hauptort der Provinz ↗ Noricum auf dem heutigen Zollfeld nahe Klagenfurt. Zentrum der kelt. Siedlung war der Magdalensberg, der nach der röm. Landnahme unter Augustus zum Verwaltungssitz ausgebaut wurde. Unter Claudius wurde V. in der Ebene des Zollfelds planmäßig als Provinzhauptstadt angelegt, verlor diesen Status unter Mark Aurel (nach Verlegung der Legio II an die Donau) und wurde unter Diokletian Hauptstadt der neuen Provinz Noricum mediterraneum. Zum Territorium der Stadt gehörten große Teile Mittel- und Unterkärntens. Teile der Stadtanlage wurden ausgegraben, der bekannteste Fund, die Bronzestatue des »Jünglings vom Magdalensberg« (Kunsthistor. Museum, Wien) ist jedoch lediglich eine Kopie eines verlorenen Originals. **Lit.:** R. Egger, Die Stadt auf dem Magdalensberg (1961). – G. Piccottini, Die Römer in Kärnten (1989). – Ders., Führer durch die Ausgrabungen auf dem Magdalensberg (1990). – G. Piccottini/H. Vetters, Führer durch die Ausgrabungen auf dem Magdalensberg (1999).

Vis (lat., »Gewalt, Stärke«), erlaubte oder unerlaubte phys. wie psych. Gewalt oder Zwangsausübung im öffentl. und privaten Bereich; auch Rechtsmacht schlechthin (*vis ac potestas*). Die früheste Rechtskodifikation, das ↗ Zwölftafelgesetz aus dem 5. Jh. v. Chr., kannte bereits die erlaubte offensive Selbsthilfe, etwa zur Festsetzung eines säumigen Schuldners. Gewaltsame Handlungen im Rahmen von Notwehr (*vim vi repellere licet*) oder Notstand (↗ *senatus consultum ultimum*) galten im richtigen Maß als legitim; bestraft wurde nur *vis publica* (Gewaltanwendung in der Öffentlichkeit). In der späten Republik sind verstärkt Maßnahmen zur Einschränkung privater Selbsthilfe zugunsten prätor. Maßnahmen (*interdicta*) in Eigentumsangelegenheiten zu beobachten: auch die separate Ahndung der V. als eigenem Delikt (*crimen*) geht auf das 1. Jh. v. Chr. zurück (*lex Plautia de vi*). In nachsullan. Zeit entstand unter dem Eindruck zunehmender polit. Gewalt ein Gesetz gegen bewaffnete Schlägertruppen (*edictum de hominibus armatis coactisve*). Maßgebend für die Bestrafung war ab 17 v. Chr. die *lex Iulia de vi publica et privata*; ein generelles Selbsthilfeverbot ist erst aus dem ↗ *Codex Theodosianus* des 5. Jh. n. Chr. überliefert. Als Quelle für die Inhalt und

Entwicklung des Begriffes V. stehen überwiegend nur die spätantiken ↗ Digesten. ↗ Rechtsprechung **Lit.:** A. W. Lintott, Violence in Republican Rome (1968).

Vitellius, Aulus V. Germanicus Augustus, röm. Kaiser 2. Jan. – 20. Dezember 69 n. Chr.; geb. im September 12 oder 15 als Sohn des L. Vitellius und der Sextilia; 48 Konsul, seit 1. Dezember 68 Statthalter der Provinz Germania Inferior; am 2. Januar 69 wurde V. in Köln zum Imperator ausgerufen und nahm den Beinamen Germanicus an; am 14. April besiegte V. Otho in der Schlacht von Bedriacum (bei Cremona), Otho beging Selbstmord, V. wurde am 19. April vom Senat anerkannt und am 18. Juli zum Augustus erhoben; bereits am 1. Juli 69 war Vespasian von den Legionen in den Ostprovinzen zum Kaiser erhoben worden; dessen Truppen besiegten die des V. im Oktober 69 bei Bedriacum; V. wurde am 20. oder 21. Dezember in Rom ermordet, sein Leichnam in den Tiber geworfen. **Lit.:** E. P. Nicolas, De Néron à Vespasien (1979). – B. Richter, V. (1992). – Ch. L. Murison, Galba, Otho und V. (1993).

Vitigis ↗ Witigis

Vitruv, Gaius (?) Vitruvius Pollio (?), röm. Architekturschriftsteller, 1. Jh. v. Chr. V., Militäringenieur unter Caesar und Augustus, widmete Letzterem sein zehnbändiges Alterswerk *De architectura* (*Über Architektur*). V. hat damit als erster eine umfassende, systematisch gegliederte Architekturschrift in lat. Sprache vorgelegt. Er begann seine Arbeit wohl um die Mitte der 30er Jahre. Er war, ebenso wie die großen Polyhistoren Varro und Verrius Flaccus, der Repräsentant einer bildungshungrigen Zeit, die Bibliotheken baute und Wissen kompilierte und ordnete. Seine wissenschaftl. und techn. Interessen stehen, auch darin

gleicht er zeitgenöss. Intellektuellen, im Einklang mit den polit. Bestrebungen, in diesem Fall der Bautätigkeit, des nachmaligen Kaisers Augustus. Über sein Leben ist nichts Gesichertes bekannt. Nach eigener Angabe baute er eine Basilika in Fanum, vielleicht seiner Heimatstadt. V. war weniger Architekturhistoriker als Architekturtheoretiker; er beschrieb nicht Gebäude, wie sie waren, sondern legte dar, wie sie sein sollten, wobei er ästhet. und prakt.-techn. Fragen behandelte. Er konnte sich sowohl auf eigene Erfahrung als auch auf gründl. Kenntnis der einschlägigen griech. Fachschriftsteller stützen. Selbst mit den Anforderungen der Rhetorik vertraut, fordert er vom Architekten umfassende Bildung. In der Renaissance wurde V. zum unangefochtenen Referenzautor. Leon Battista Alberti (15. Jh.) berief sich auf ihn, wenngleich er V.s Stil tadelte, Palladio (16. Jh.) nannte ihn seinen Meister und Führer. Es beeindruckte die Humanisten besonders, dass V. die Proportionen am Bau von denjenigen des menschl. Körpers ableitete. Die bekannteste Nachempfindung von Vitruvs Proportionsfigur stammt von Leonardo da Vinci. **Lit.:** H. Knell, V.s Architekturtheorie. Versuch einer Interpretation (²1991).

Vocontii, Volksstamm im SO Galliens. Die V. bewohnten als nördl. Nachbarn der Allobroger das bergige Gebiet bis zur Isara (heute Isére) und kontrollierten einige Handelswege. 125/24 unterwarfen die Römer die V., im 1. Jh. wurden sie *foederati* (Verbündete) Roms.

Vogelschau ↗ Auspicium

Volaterrae (heute Volterra), etrusk. Bergstadt im Herzen der heutigen Toskana. Die bedeutende Stadt war etwa seit 281/80 v. Chr. mit Rom verbündet, wurde 82–80 von Sulla belagert und nach der Einnahme in eine Veteranenkolonie umgewandelt. Die Stadt prosperierte in der späten Republik und frühen Kaiserzeit; der Dichter ↗ Persius wurde hier geboren. Die gut erhaltenen Reste der etrusk. Stadtmauer stammen aus dem 6. bis 4. Jh., die mit steinernen Köpfen geschmückte ›Porta all' Arco‹ jedoch erst aus dem 1. Jh. v. Chr. In V. wurden archaische und hellenist. Bronzen sowie archaische Grabstelen gefunden. **Lit.:** E. Fiumi, Volterra etrusca e romana (1976). – ASM (1999).

Volcacius Sedigitus, röm. Autor, 1. Jh. v. Chr., Verf. einer Schrift *De poetis* (*Über Dichter*). Ein Fragment enthält eine Hierarchie der Komödiendichter nach ihren literar. Qualitäten.

Volcae, kelt. Stamm in Gallia Narbonensis. Die aus dem SO Germaniens stammenden V. wanderten zwischen 250 und 200 v. Chr. in die heutige Languedoc zu und siedelten bis zur Rhône. Die V. gliederten sich in mehrere Teilstämme, 219/18 durchquerte Hannibal ihr Territorium, 121–118 wurden sie schließlich von den Römern unterworfen, leisteten aber noch 77 v. Chr. Pompeius Widerstand.

Volcanus ↗ Vulcanus

Volkstribun (lat. tribunus plebis), plebeisches Amt in der röm. Ämterstruktur. Der Ursprung des Amts

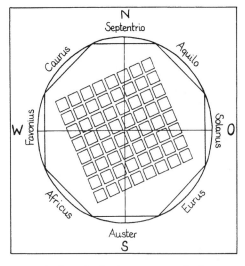

Ideallage des Straßennetzes einer Stadt, ausgerichtet an den Himmels- und Windrichtungen, nach Vitruv 1,6,7

liegt im dunkeln: Nach Livius soll die Plebs bei der ersten Sezession auf den ↗ Mons sacer 494 v. Chr. zwei V.en gewählt haben, die wiederum drei Kollegen wählten; in der Tradition ist die Schaffung des Tribunats fest mit diesem Ereignis verknüpft (Cicero, Über den Staat II 59). Sicher bezeugt ist das Amt des V. seit 287 v. Chr., als die *lex Hortensia* Plebiszite für das gesamte Volk (↗ Plebeier und ↗ Patrizier) verbindlich machte. Diodor belegt die Wahl von vier V.en bereits für das Jahr 471 v. Chr.; gewählt wurden die Tribune in den *concilia plebis* (↗ Volksversammlung). Der V. war unverletzlich (*sacrosanctitas*) und musste Plebeier sein. Seine ursprüngl. Aufgabe lag in der Hilfeleistung (*auxilium ferre*) gegen Entscheidungen aller anderen ↗ Magistrate (*ius prohibendi, ius intercedendi*; ↗ Intercessio, ↗ Veto) mit Ausnahme des ↗ Diktators, um diese einer nochmaligen Überprüfung zu unterwerfen. Seit 287 v. Chr. besaß der V. auch Gesetzesinitiativrecht und das Recht, den Senat einzuberufen (*ius senatus habendi*), die Gesetze mussten jedoch vom Senat zunächst bestätigt werden; später gab es das *ius plebe agendi* ohne Senatszustimmung. **Lit.:** J. Bleicken, Das Volkstribunat der Klass. Republik (1955). – L. Thommen, Das Volkstribunat der späten Republik (1989).

Volksversammlung (gr. ekklesia, lat. comitia), das polit. Vertretungsorgan der gesamten Bürgerschaft in der griech. und röm. Welt, z. T. aber auch darüber hinaus. Voraussetzung für die Existenz einer V. war ein polit. System, das auf ein ursprünglich eng umgrenztes Gebiet, eine ↗ Polis oder eine Stadt, ausgerichtet war. Sie findet sich daher in fast allen Stadtstaaten, die über ein einheitl. ↗ Bürgerrecht verfügten und die polit. Landschaft im klass. Griechenland, aber auch in Italien kontrollierten. Organisationsform, Kompetenzen und polit. Bedeutung der V. konnten hingegen je nach den gesellschaftl. Rahmenbedingungen stark variieren. – *I. Griechenland:* Eine V. (*ekklesia*) gab es in jeder griech. Polis, wo sie den polit. Willen der Bürger artikulierte und als Hauptinstrument der Demokratie galt. Ihre Kompetenzen und ihre Organisation sind bes. aus Athen bekannt, wo sie im 5. und 4. Jh. v. Chr. das zentrale Machtzentrum war. Die att. Bürgerschaft war in zehn ↗ Phylen unterteilt, die eine gleichmäßige Mischung der Bevölkerung darstellten und die Organisationsform der V. bildeten. Die Ekklesia wurde durch die ↗ Prytanen einberufen und tagte 30–40mal im Jahr. Als Verkörperung der Bürgerschaft besaß sie die gesamte Staatshoheit. Sie erließ Gesetze, traf die wesentl. Entscheidungen in der Innen- und Außenpolitik und entschied über die Verwendung öffentl. Gelder. Darüber hinaus wählte sie die ↗ Strategen und konnte einzelne Bürger mittels des ↗ Ostrakismos in die Verbannung schicken. Die V. verfügte über eine feste Tagesordnung, die im Vorfeld ihrer Zusammenkunft in der ↗ Boule festgelegt worden war. Die Abstimmung erfolgte durch Zurufen, Handaufheben oder gegebenenfalls durch Stimmtäfelchen. Seit Mitte des 5. Jh. wurde die Teilnahme an der V. durch die Zahlung von ↗ Diäten honoriert; dadurch wurde auch den Angehöri-

gen der Unterschicht die Partizipation erleichtert. Mit dem Niedergang der Poliswelt in hellenist. Zeit verlor die Ekklesia als polit. Institution an Bedeutung und wurde schließlich auf lokale Funktionen reduziert. – *II. Rom:* Die röm. Volksversammlung der klass. Republik (*comitia*) begegnet in drei Organisationsformen mit unterschiedl. Kompetenzen. Die *Centuriatscomitien* (*c. centuriata*) waren in 193 ↗ Centurien organisiert, in die jeder Bürger nach seinem Vermögen eingeschrieben war. Den 18 Rittercenturien der wohlhabendsten Bevölkerungsgruppe folgten fünf Vermögensklassen mit 80 (später 70) Centurien für die erste und je 20–30 Centurien für die nachfolgenden Klassen. Die völlig Besitzlosen waren in fünf Spezialeinheiten erfasst. Durch die Koppelung an das Vermögen war die Zahl der in den einzelnen Centurien eingeschriebenen Bürger stark unterschiedlich. Die Versammlung wurde durch einen der obersten Beamten, in der Regel den ↗ Konsul, einberufen und fand auf dem Marsfeld vor den Toren Roms statt. Ihre Hauptaufgabe bestand in der Wahl der ↗ Magistrate, aber auch im Beschluss von Gesetzen und der Entscheidung über Kriegserklärungen. Bei Abstimmungen erfolgte das Votum der Bürger getrennt nach Centurien, wobei eine durch Los bestimmte Centurie der 1. Klasse als *centuria praerogativa* die Leitlinie für das Votum gab. Es folgten die Ritter, danach die übrigen Klassen. Der Wahlvorgang wurde beendet, sobald die absolute Mehrheit von 97 Centurien für eine bestimmten Antrag erreicht war. Durch die Organisation der Centuriatscomitien hatten die wohlhabenden und gesellschaftlich führenden Schichten ein deutl. Übergewicht und konnten Entscheidungen meist in ihrem Sinne lenken. Die *Tributscomitien* (*c. tributa*), die seit dem 3. Jh. v. Chr. an Bedeutung gewannen, waren regional nach 35 ↗ Tribus (4 für die Stadt Rom, 31 für das übrige Land) organisiert und wurden durch die ↗ Volkstribunen einberufen. Auch sie stimmten getrennt nach Tribus ab und fassten Beschlüsse mit der absoluten Mehrheit von 18 Bezirken. Die Tributscomitien wählten die Volkstribunen und die plebeischen ↗ Ädile und verfügten seit 287 auch über Gesetzgebungskompetenzen. Da die Versammlung nicht im gleichen Maße wie die Centuriatscomitien der Kontrolle durch die Nobilität unterstand, wurde sie seit dem Ende des 2. Jh. v. Chr. zum Hauptforum für polit. Reformversuche (Ti. und C. ↗ Gracchus). Als dritte Organisationsform bestanden die *Curiatscomitien* (*c. curiata*), in denen die Bürgerschaft in 30 ursprünglich gentilizische ↗ Kurien unterteilt war. In klass. Zeit hatten sie nur noch familienrechtl. und sakrale Bedeutung und standen weit hinter den beiden anderen Formen der V. zurück. **Lit.:** L. R. Taylor, Roman Voting Assemblies (1966). – R. K. Sinclair, Democracy and Participation in Athens (1988). – J. Bleicken, Die Verfassung der röm. Republik (⁷1995). – Ders., Die athen. Demokratie (⁴1995) 161–83.

Volkszählung ↗ Bevölkerungsgeschichte

Vologaeses I., Partherkönig 51–80 n. Chr., aus dem Geschlecht der Arsakiden, legte den langjährigen

Konflikt mit Rom um die Herrschaft in Armenien mit einem Kompromiss bei, demzufolge sein Bruder Tiridates die armen. Königskrone aus den Händen des röm. Kaisers Nero erhielt (66).

Vo̱lsi̱nii, reiche etrusk. Stadt im S des Volsiner Sees (heute Bolsener See). 264 v. Chr. zerstörten, nach Steitigkeiten innerhalb der Bevölkerung der Stadt, die Römer V., das daraufhin am Nordufer des Sees wiederaufgebaut wurde. Die Identifikation von V. Veteres mit dem heutigen Orvieto ist unsicher.

Vo̱lsker (lat. Vo̱lsci), mittelital. Volksstamm im südl. ⁊ Latium, der seit dem späten 6. Jh. v. Chr. auch ins nördl. Latium zu expandieren suchte, dabei nach röm. Tradition mit dem aufstrebendem Rom in Konflikt geriet und sich mehrfach gegen Rom und seine Partner mit den Äquern verbündete. Ende des 5. Jh. ging Rom in die Offensive, schlug die V. mehrfach und errichtete mehrere latin. Kolonien auf volsk. Gebiet, bevor sich die V. 338 endgültig unterwerfen mussten. Letzter Widerstand wurde in den Samnitenkriegen gebrochen, und die V. wurden rasch romanisiert. **Lit.:** A. Alföldi, Das frühe Rom und die Latiner (1977). – T. J. Cornell, The Beginnings of Rome (1995).

Voltu̱rnus (heute Volturno), drittgrößer Fluss im Apennin-Gebirge, entsprang nahe Isernia, durchquerte wie heute die kampan. Ebene und mündete bei der gleichnamigen Ortschaft V. ins Tyrrhen. Meer.

Volu̱bilis (heute Ksar Pharaoun, Marokko), Stadt in der Mauretania Tingitana. Die vorröm. Siedlung geht bis ins 3. Jh. v. Chr. zurück, V. gehörte zu den wichtigsten Städten im S des Königreiches ⁊ Mauretanien. Unter Claudius wurde V. röm. Municipium. Die Stadt, die sich im äußersten SW des röm. Reiches befand, wurde durch einen *limes* geschützt und erhielt im 2. Jh. n. Chr. eine neue Stadtmauer. Unter den Severern wurde V. großzügig ausgebaut und erreichte eine Bevölkerungszahl von etwa 10.000, doch behielt es seinen ländl. Charakter. Ende des 3. Jh. eroberten mauretan. Stämme die Stadt, von den Römern schließlich aufgegeben wurde. Mosaike und Bronzen aus V. befinden sich im örtl. Museum bzw. im Antikenmuseum in Rabat. **Lit.:** R. Thouvenot, V. (1949). – PECS (1976). – A. Jodin, V. Regia iubae (1987). – ASM (1999).

Volu̱sius Maecia̱nus, röm. Jurist des 2. Jh. n. Chr. Nach Bekleidung verschiedener Hofämter unter Antoninus Pius leitete V. M. die jurist. Ausbildung des Mark Aurel und trat als Autor verschiedener Fachwerke in Erscheinung.

Vormundschaft (gr. epitrope̱; lat. tute̱la), gesetzl. Fürsorge für eine Person, der die volle Rechts- oder Geschäftsfähigkeit fehlt. – *I. Griechenland:* Das griech. Recht kannte die V. für Frauen und unmündige Kinder bei Tod der natürl. Erziehungsberechtigten (Eltern). Der Vormund für Kinder (*epitropos*) war in der Regel der nächste männl. Verwandte; er konnte durch väterl. Testament oder von Amts wegen durch den eponymen ⁊ Archonten bestellt werden (so in Athen). Der Vormund besaß umfassende Vollmachten: Neben Erziehung und Ernährung des Mündels oblag ihm bes. als ursprünglich Aufgabe die Vermögensverwaltung

und rechtl. Vertretung des Minderjährigen. Nach Platon (Gesetze XI 928) sollte er für sein Mündel mit derselben Sorgfalt handeln wie für ein eigenes Kind. Die V. endete automatisch mit der Volljährigkeit (18 Jahre für Knaben) und der Eintragung des Mündels in die Bürgerlisten. Klagen gegen den Vormund, etwa wegen Veruntreuung von Vermögen, konnten nur vom Mündel selbst bis zu fünf Jahre nach Beendigung der V. eingereicht werden. Die V. für Mädchen und Frauen durch den »Herrn« (*kyrios*) war von anderer Art und oblag auf Lebenszeit dem Vater; bei Verheiratung ging die V. auf den Ehemann über. Die Aufgaben waren denen des Kindesvormunds ähnlich; Frauen waren jedoch beschränkt geschäftsfähig und besaßen Verfügungsrecht über bestimmte Vermögensgegenstände. – *II. Rom:* Bei den Römern gab es bezüglich Regelung und Aufgaben der V. ähnl. Bestimmungen. Als gesetzl. Vormund (*tutor legitimus*) wurde für Minderjährige (*impuberes*) bei Tod des Vaters (⁊ *pater familias*) in der Regel der nächste männl. Verwandte der väterl. Linie bestimmt; bei freigelassenen Sklaven trat der ehemalige Besitzer ein. Bereits die ⁊ Zwölftafelgesetze des 5. Jh. v. Chr. sahen eine Abwandlung dieser Bestimmungen durch Verfügung des Vaters vor. Bei Fehlen einer solchen Regelung und eines männl. Verwandten trat ein ⁊ Magistrat die V. an. Die Fürsorge des Vormunds dauerte bis zur Pubertät (14 Jahre für Knaben) an; für Mädchen und Frauen dauerte sie ein Leben lang in unterschiedl. Form an (*manus, patria potestas*). Gemäß der Regeln der *bona fides* konnte der Vormund für Fehler herangezogen werden. Aufgrund veränderter Einstellungen gegenüber der ⁊ Familie und zunehmender Selbständigkeit von Frauen wurden die traditionellen Regeln abgeschwächt und die Genehmigung des Vormunds (*auctoritas tutoris*) eine freilich notwendige Formalität. Augustus schuf ein Kindschaftsrecht (*ius liberorum*), das auch der Mutter Rechte beim Tode des Ehemannes einräumte; Claudius beseitigte die väterl. V. (*tutela*). Daneben kannte das röm. Recht seit Beginn des 2. Jh. v. Chr. bereits die V. wegen geistiger Unzurechnungsfähigkeit und Verschwendungssucht. **Lit.:** O. Schulthess, Vormundschaft nach griech. Recht (1886). – S. C. Todd, The Shape of Athenian Law (1993)..

Vorsokra̱tiker, Bezeichnung der Philosophen, die vor und zeitgleich mit Sokrates lebten. Man unterscheidet die jon. Naturphilosophen (Thales, Anaximander, Anaximenes), die Eleaten (Zenon, Melissos, Parmenides), die Atomisten (Demokrit, Leukipp), Pythagoreer und die Sophisten (Protagoras, Gorgias, Hippias, Prodikos, Antiphon). **Lit.:** W. K. C. Guthrie, A History of Greek Philosophy I (1965). – U. Hölscher, Anfängl. Fragen (1968).

Vulca̱nus (auch Volca̱nus), alter röm. Gott des Feuers, mit dem griech. Gott der Schmiedekunst, ⁊ Hephaistos, gleichgesetzt. Sein Fest, die *volcanalia,* sollte dem Schutz der Ernte vor dem in Rom häufig ausbrechenden Feuer dienen.

Vu̱lci, etrusk. Stadt oberhalb des Fiora. Bereits Ende des 7. Jh. v. Chr. war V. ein bedeutendes Zentrum des etrusk. Kunsthandwerks, exportierte Vasen und Bronzegegenstände und importierte dafür att. Keramik. Die mehr als 15.000 Gräber fassenden ↗ Nekropolen von V. gehören zu den wichtigsten Etruriens. 280 v. Chr. wurde die Stadt röm., Reste der Stadtanlage sind ausgegraben. **Lit.:** F. Messerschmidt, Nekropolen von V. (1930). – PECS (1976). – R. Hess/E. Paschinger, Das etrusk. Italien (1990).

Vulgarrecht. Mit V. bezeichnet man das röm. Recht ab ca. 250 n. Chr., da es sich bes. durch seine unpräzisere Terminologie vom klass. röm. Recht unterschied, aber oft deutlich wirklichkeitsnäher war als die sehr abstrakten Rechtsvorstellungen des klass. Rechts. Verbreitungsgebiet des V.s war bevorzugt der Westen des Reiches; es wirkte prägend auf die Rechtsvorstellungen der frühen Germanenstaaten in diesem Raum.

Vulgata, im 4. Jh. entstandene lat. Bibelübersetzung von Hieronymus. Das Alte Testament ist aus dem hebräischen Urtext völlig neu übersetzt. Der Text wurde 1546 durch das Tridentinum kanonisiert. ↗ Vetus latina, Septuaginta

Vulkan. Die Zahl der in geschichtl. Zeit tätigen oder vorübergehend untätigen V.e ist nicht bekannt, doch wurden griech. und kleinasiat. Städte immer wieder durch V.-Ausbrüche und ihre Begleiterscheinungen wie ↗ Erdbeben, Flutwellen, tekton. Verschiebungen zerstört. Der Mythos um den Untergang der ↗ Minoischen Kultur rankt sich um einen V. der Insel Strongyle (gr. »die Runde«, heute Santorin) und seinen Ausbruch um 1450 v. Chr., in dessen Folge große Teile der Insel versanken und evtl. ein Seebeben benachbarte Inseln zerstörte. Beeindruckend ist noch heute die Schilderung des ↗ Vesuvausbruchs des Jahres 79 n. Chr. im Werk Plinius d.J., der zum Untergang der am Golf von Neapel gelegenen Städte (Pompeji, Herculaneum, Stabiae) führte, auch der Ätna war ein tätiger V. Überreste antiker Städte enthalten oft Hinweise auf Erdbeben (gebrochene Türschwellen, in der Mitte gebrochene Treppen usw.). Griechen und Römer brachten V.e mit ↗ Hephaistos bzw. Volcanus, dem Gott des Feuers und der Schmiedekunst, in Verbindung. Zu Ehren des Gottes wurden in Rom am 23. 8. jeden Jahres die sog. *Volcanalia* gefeiert. **Lit.:** H. Rast, V.e und Vulkanismus (1980). – H. Sonnabend, Naturkatastrophen in der Antike (1999).

Waage ↗ Libra

Wachs. Mit der in der Antike weit verbreiteten Bienenzucht fiel auch Bienenwachs an, das aber erst in röm. Zeit für Kerzen (anstelle der übl. Öllampen) verwendet wurde. Vor allem in der antiken Plastik fand W. Verwendung als Material zur Herstellung von Figuren, Kinderspielzeug usw., bes. aber als Hilfsmittel beim Metallguß in der »verlorenen Form«: Über einen

Durch Lava aufgeworfenes Mosaik in Herculaneum

Gipskern wurde die zu gießende Plastik in einem W.-Überzug modelliert, von einer äußeren Form (Sand o. ä.) umgeben und mit flüssigem Metall (meist Bronze) ausgegossen. Das W. schmolz und wurde vom flüssigen Metall ersetzt. Lebensgroße Darstellungen konnten so in einem Stück gegossen werden. Auch im Alltag fand W. Verwendung, z. B. als Bezug von Schreibtafeln.

Waffen ↗ Rüstung

Wagen. Die Entwicklung des Rades fiel in vorgeschichtl. Zeit; man kannte das Scheiben- oder das Speichenrad. Die Grundvoraussetzung für den Transport mit W. waren außerdem gut befahrbare ↗ Straßen. Allg. wurde im Griechenland der Frühzeit der Schiffsverkehr dem Transport zu Land vorgezogen; er war schneller und leichter. Lasten wurden über Land mit Tragtieren (Esel, Maultiere, Pferde) befördert; Packsättel waren seit dem 14. Jh. v. Chr. üblich. Kenntnis vom vierrädrigen Kasten-W. hatten bereits die Minoer, wie ein in Palaikastro an der Ostspitze Kretas gefundenes W.-Modell aus dem 20. Jh. v. Chr. beweist. Ob es einen realen W.-Typ oder nur die theoret. Möglichkeit seiner Herstellung widerspiegelt, bleibt jedoch fraglich. Vom Ende des 15. Jh. v. Chr. stammen die Malereien des Sarkophages von ↗ Hagia Triada, die von Greifen oder Pferden gezogene leichte Zweirad-W. zeigen. Zwischen 1450 und 1150 v. Chr. finden sich häufig Abbildungen von W. auf Siegeln, Wandmalereien und Fresken; in myken. Zeit auf Vasen und Grabreliefs. Wo die Griechen die Kunst des W.-Baus erlernten, ist nicht gesichert. Ein in Hattusa gefundener Keilschrifttext berichtet um 1130 v. Chr. von griech. Adligen, die von Hethitern im Umgang mit ↗ Streitwagen und Zugtieren unterrichtet wurden. – Verschiedene W.-Typen und ihre Verwendung sind genauer erst aus röm. Zeit ab dem 3. Jh. v. Chr. bekannt: Neben leichten, schnellen Zwei- oder Vierrad-W., die über Deichseln mit den Zugtieren verbunden waren, gab es schwere Last-W. und bequeme, überdachte Fahrzeuge für lange Fahrten. Beim W.-Bau ist kelt. Einfluss zu beobachten. Ein robustes Lastfahrzeug war das von Ochsen gezogene *plaustrum*, das zur Verstärkung auf eisenbewehrten Scheibenrädern fuhr. Man transportierte damit Baumaterialien, Müll oder Ernteerträge. Schwerlasten und Sperrgut, z. B. Baumstämme, wurden mit dem *sarracum* bewegt. Beim Militär kam ein mit Speichenrädern versehener Tross-W. (*carrus*) mit offener Ladefläche und klappbaren Seitenwänden zum Einsatz. Zum Krankentransport diente die *arcera*, ein kastenartiger W. mit Verdeck. Daneben gab es eine Vielzahl von Reise-W. (↗ Reisen): Die *reda* (*raeda, rheda*) war ein nach gall. Vorbild konstruierter, geräumiger Vierrad-W., in dem bequem vier bis sechs Personen mit Gepäck Platz finden konnten; sie fand auch Verwendung bei der ↗ Staatspost und als Mietkutsche. Eilige Reisende bevorzugten für kurze Fahrten das zweirädrige, offene *cisium* oder das *essedum*, das sich für Spazierfahrten und Landpartien eignete; beide W. konnte der Reisende selbst lenken. Als Luxuskarosse galt das überdachte *pilentum,* das auch bei offiziellen Anlässen (Opfer, Spiele, Triumphzüge) als Transportmittel diente. W.-Verkehr in Innenstädten war spätestens seit Caesar tagsüber untersagt; ausnahmsweise durften Frauen im *carpentum,* einer kleinen, leichten Zweiradkutsche, auch am Tag fahren. Andere Personen mussten zu Fuß gehen oder sich in der Sänfte (↗ Lectica) befördern lassen. Nachts produzierten die Räder der W. einen unerträgl. Lärm. Ein bes. komfortabler Reise-W. war die geräumige *carruca dormitoria,* in der man auch übernachten konnte, z. T. mit reichem Gold-, Silber- und Elfenbeinschmuck versehen. Bestimmungen im *Codex Theodosianus* schrieben ab der Kaiserzeit ein Höchstgewicht für jeden W.-Typ vor. Während Gestell, Radreifen und Schmuck meist aus Metall gearbeitet waren, bestanden Corpus und Verdeck aus Holz oder Textilien. **Lit.:** Ch. W. Röhring, Untersuchungen zu röm. Reisew. (1983). – W. Treue, Achse, Rad und W. (1986).

Wahlen und Abstimmungen kannte die griech. Welt in Versammlungen, Gerichten und Räten. Der Beschluss der ↗ Volksversammlung (*ekklesia*) oder des Rates (↗ *boule*) der Polisgemeinde – genannt *psephisma* – erfolgte durch Wahl bzw. Abstimmung per Handzeichen oder Stimmstein; Athen praktizierte auch die Verlosung von polit. Ämtern unter Verwendung mechan. Losmaschinen. – Röm. Bürger hatten das Recht zur Wahl der ↗ Magistrate. Grundlage röm. Wahlrechts war die Organisation der wahlberechtigten Bürger in drei Wahlgremien, die jeweils selbständige Versammlungen mit Wahlen abhielten und unterschiedl. Zuständigkeiten hatten: *comitia curiata, comitia tributa* und *comitia centuriata* (↗ Volksversammlung). Innerhalb dieser Versammlungen wurden nicht die Einzelstimmen gezählt, vielmehr waren die Organe in Untereinheiten aufgeteilt, die jeweils als Einheit nur eine Stimme abgeben konnten. Die Stimmabgabe erfolgte beim Überschreiten einer Wahlbrücke; Wahlwerbung und Beeinflussung im Vorfeld und auch bei der Abstimmung selbst waren üblich. Die Kontrolle der amtierenden Magistrate versuchte die röm. Verfassung durch die Prinzipien Annuität und Kollegialität zu garantieren: Die Amtsgewalt musste nach ei-

nem Jahr wieder abgegeben werden, die Doppel- oder Mehrfachbesetzung der Magistrate diente der Kontrolle aller Entscheidungen durch die Amtskollegen. Das komplizierte Wahlsystem Roms spiegelt einerseits die komplexe Struktur der röm. Gesellschaft wider, andererseits prägte die große Zahl von Volksversammlungen, Abstimmungen und Wahlen das polit. Leben der *res publica* ganz entscheidend und veränderte auch schrittweise die Verfassung des Staates. **Lit.:** E. S. Staveley, Greek and Roman Voting and Elections (1972).

Wahrsagekunst ↗ Mantik

Wald ↗ Holz

Waldgirmes, Ort im Lahntal zwischen Wetzlar und Gießen, nach dem archäolog. Befund unter ↗ Augustus zum Ausbau zur röm. Stadt in der »Beinahe-Provinz« (*paene provincia*: Velleius Paterculus 2,97) Germanien bestimmt, wohl nach der Schlacht im ↗ Teutoburger Wald aufgegeben. **Lit.:** A. Becker, Lahnau-W.: Eine augusteische Stadtgründung in Hessen, in: Historia 52 (2003) 337 ff.

Wandalen ↗ Vandalen

Wandmalerei. In architekton. Zusammenhang angewandte Malweise, bei der die Malerei in unterschiedl. Techniken auf einen Wandverputz aufgetragen werden konnte, z. B. auf frischem (Fresko) oder trockenem (Secco) Untergrund, oder die in der Enkaustik, einem Wachsschmelzverfahren verwendet wurde. W.en waren ein beliebtes Dekorationsmittel in der Antike, sowohl in Griechenland wie auch in Italien (z. B. Pompeji). ↗ Malerei **Lit.:** S. Steingräber (Hg.), Etrusk. W. (1985). – R. Thomas, Die Dekorationssysteme der röm. W. von augusteischer bis in trajan. Zeit (1995).

Wasserleitungen. Bereits im 6. Jh. v. Chr. wurden in den griech. Städten Athen, Korinth, Megara oder auch Samos aufwendige Rohrwasserleitungen gebaut (Tonröhren). Zunächst waren es noch drucklose Gefälleleitungen, aber etwa seit hellenist. Zeit existierten auch Druckleitungen. Auch scheute man sich nicht davor, ↗ Tunnel durch einen Berg zu treiben (Tunnel des Eupalinos auf Samos; 535 v. Chr.). Seit dem 2. Jh. v. Chr. wurden, bes. im röm. Reich, die ersten groß angelegten, meist überirdisch verlaufenden Aquädukte errichtet, die das Wasser über beträchtl. Entfernungen transportierten. Mittels Laufbrunnen konnte das Wasser dann in den Städten verteilt werden (damit wurden aber auch ↗ Thermen und Privathäuser versorgt). Noch heute sind zahlreiche dieser charakterist., z. T. über Täler und Bodensenken hinwegführenden Bogenkonstruktionen zu sehen (z. B. in Rom, Karthago, Nîmes oder Köln). ↗ Abb. S. 641 **Lit.:** Frontinus-Gesellschaft e. V. (Hg.), Die Wasserversorgung antiker Städte (1987). – R. Tölle-Kastenbein, Das archaische Wasserleitungsnetz für Athen (1994).

Wasseruhr ↗ Uhr

Wasserversorgung. *I. Griechenland:* Bereits die myken. Burgen bezogen am Burgberg liegende Quellen zur W. in ihre Befestigungsringe ein. Für die freien griech. Städte war die eigene W. Teil ihrer Autarkie.

Die bevorzugte W. war eine natürl. Quelle, die das ganze Jahr Wasser führte; sonst musste Wasser aus ↗ Brunnen gefördert oder Regenwasser in ↗ Zisternen gesammelt werden. Die oft Nymphen oder Gottheiten geweihten Quellen wurden seit dem 6. Jh. v. Chr. in reich geschmückten Quellhäusern gefasst oder als Laufbrunnen hinter Hausfassaden angebracht, überdacht und mit kunstvollen Wasserspeiern versehen. Aus hygien. Gründen waren Auffang- und Schöpfbecken der öffentl. Quellen meist getrennt; geschöpft wurde mit Kannen aus Ton (Hydrien). Fehlte eine Quelle im Bereich der Siedlung, entstanden komplizierte Leitungssysteme (↗ Wasserleitungen). In wasserarmen Gegenden wurde Regenwasser, das von Dächern lief oder durch Rinnen im Fels konzentriert wurde, in Zisternen gesammelt; Setzbecken dienten der Reinigung des Wassers. Die Wasserleitungen bestanden aus Terrakotta oder Ton; mancherorts wurden sie aus dem Felsen geschlagen. Private Brunnen und Zisternen ergänzten die öffentl. W. – *II. Rom:* Die älteste städt. W. erfolgte aus offenen Rundzisternen des 7./6. Jh. v. Chr. (Palatin) oder aus Brunnenhäusern. Mit wachsender Bevölkerung entwickelte Rom ein ausgedehntes Fernleitungsnetz, das Wasser aus entlegenen Flusstälern über Aquädukte heranbrachte. Oft trafen sich mehrere Fernwasserleitungen an einem Knotenpunkt. Mit der Erweiterung des röm. Reiches erhielten auch die Provinzen solche Versorgungssysteme und die Annehmlichkeiten des röm. Lebens. Die Kosten für Errichtung und Erhalt der W. wurden von Privatpersonen getragen, später übernahm das Kaiserhaus die Kosten und bestellte einen *curator aquarum* als Aufsichtsbeamten. Gesetze regelten die Verteilung des Wassers und die Reparatur der Leitungen; ungenehmigte Ableitung von Wasser wurde bestraft. Das Wasser wurde in Verteilertürmen (*castella*) zunächst durch Filter gereinigt und danach drei verschiedenen Abteilungen zugeleitet, die hierarchisch geordnet waren: Zunächst wurden die öffentl. Trinkwasserbrunnen (*munera publica*) gespeist, dann die öffentl. Anlagen (Thermen, Theater, Circus), an dritter Stelle die Privat-

Bleirohre zur innerstädtischen Wasserverteilung (Pompeji)

häuser, deren Anschlüsse also bei Wasserknappheit zuerst trocken lagen. Die W. war in der röm. Kaiserzeit nicht kostenlos; Privatleute schlossen sich ihr einzeln oder in Konsortien an (in Pompeji finden sich allein 16 Wasseranschlüsse im Haus der Vettier). Die Unterverteiler wurden kontrolliert, das Entgeld nach dem Rohrdurchmesser berechnet. Die röm. W. ist am besten in Rom selbst und Pompeji durch archäolog. Überreste

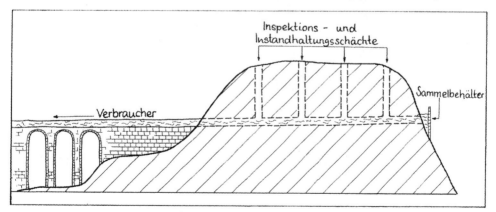

Wasserleitung von außerhalb der Stadtmauern

dokumentiert und in der Schrift *De aquis urbis Romae* (*Über die W. der Stadt Rom*) des ⟋ Frontinus beschrieben, der selbst das Amt eines *curator aquarum* bekleidet hat. **Lit.:** F. Glaser, Antike Brunnenbauten in Griechenland (1983). – Frontinus-Gesellschaft (Hg.), Die W. im antiken Rom (1989). – R. Tölle-Kastenbein, Das archaische Wasserleitungsnetz für Athen (1994).

Weihrauch (gr. líbanos, lat. tus), wohlriechendes Harz der Boswelliasträucher. Das aus Südarabien (Jemen) und Indien stammende Harz wurde schon in Babylonien und Ägypten zu sakralen Zwecken verwendet; diese Praxis griffen auch die Griechen auf, in Rom wurden die W.-Dämpfe bes. im Toten- und Kaiserkult eingesetzt, aber auch zu profanen Anlässen. Der W.-Handel mit dem südl. Arabien war von wirtschaftl. Bedeutung und der wichtigste Kontakt der griech.-röm. Welt zu dieser Region. Der noch heute gebräuchl. W.-Brenner ist eine altchristl. Entwicklung des 4. Jh.

Weihwasserautomat ⟋ Automat

Wein (gr. oĩnos; lat. vīnum). W. war neben Wasser eines der wichtigsten und bekömmlichsten Getränke der antiken Welt, das von allen Bevölkerungsschichten konsumiert wurde. Die Veredelung der wilden Rebe (*vitis silvestris*) fand wahrscheinlich schon Ende des 4. Jt. v. Chr. in Kleinasien, Vorderasien und Ägypten

Der römische Weingott Bacchus. Detail auf einem pompejanischen Wandgemälde

statt. Von Kleinasien gelangte die Kulturrebe spätestens in myken. Zeit (12./11. Jh.) nach Griechenland; griech. Siedler brachten sie zu den Etruskern und weiter in den Westen bis nach Massilia. Den Griechen galt der W. als Erfindung des Gottes ⟋ Dionysos, in dessen Kult er – ebenso wie in dem des röm. Gottes Bacchus – eine große Rolle spielte, auch wenn er nicht als Getränk der olymp. Götter galt (⟋ Ikarios, ⟋ Oinopion). – W.-Stöcke wurden in Gräben gesetzt, an Spalieren oder Bäumen hochgezogen; auch kriechende Arten waren bekannt. Produziert wurden verschiedene Rebsorten je nach Beschaffenheit des Bodens und den klimat. Verhältnissen; junge W.e für die Massenproduktion, ältere, feinere für die Eliten; ferner wurde W. auch als Heilmittel verwendet. Obwohl nicht maturierter W. allg. verbreitet war, waren Zusätze aller Art an der Tagesordnung, um schlechten Geschmack zu kaschieren. Reichlich wurde verdünnter W. bei den griech. ⟋ Symposien und den röm. Gastmälern (⟋ convivia) getrunken, bevorzugt zum Abendessen mit Honig und Pfeffer gewürzt. – W.-Listen finden sich bei Athenaios (3. Jh. n. Chr.) für griech., bei Plinius (1. Jh. n. Chr.) für röm. W.e. Beliebt waren die griech. W.e von den Kykladen und der Dodekanes (Rhodos, Chios, Kos, Thasos, Lesbos); in Italien schätzte man W. von den Albanerbergen, aus dem südl. Latium, Kampanien (von wo der berühmte Falerner stammte) sowie dem Golf von Neapel. Vom 2. Jh. v. Chr. bis weit ins 1. Jh. n. Chr. kam Italien eine marktführende Rolle im W.-Handel zu, bis die Erträge in flav. Zeit sanken.; Plinius d.J. klagt bereits über die geringe Rentabilität seiner Güter (Briefe 9, 37). Gall. und span. W.e, aber auch W.e aus Griechenland und Kleinasien wurden nach Italien importiert. Auf See wurde W. in Amphoren, über Land und auf Flüssen in Fässern transportiert. Rom besaß einen eigenen Umschlagplatz für Wein (*forum vinarium*) und nach Ausweis einer Inschrift (CIL VI 9189) auch einen eigenen W.-Hafen (*portus vinarius*). **Lit.:** G. Hagenow, Aus dem W.garten der Antike (1982). – Rhein. Landesmuseum Trier (Hg.), 2000 Jahre W.kultur an Mosel, Saar, Ruwer (1987). – A. Dalby, Essen und Trinken im alten Griechenland (1998).

Weizen (gr. pyrós, lat. trīticum, far). Man unterscheidet beim landwirtschaftl. genutzten Weizen Spelz-W. (*far*) und Nackt-W. Der bei den Griechen und im frühen Rom dominierende Spelz-W. wurde immer mehr vom Nackt-, später auch vom Hart-W. abgelöst, da diese zur Herstellung von gesäuertem ⟋ Brot weit besser geeignet waren. Der in der Kaiserzeit aufkommende Hart-W. war wie heutige Sorten hexapoid gezüchtet (also mit sechs Körnerreihen je Ähre versehen) und damit weit ergiebiger als die bis dahin übl. tetrapoiden Nacktweizensorten. **Lit.:** N. Jasny, Wheats of Classical Antiquity (1944).

Weltalter. Nach griech. Glauben verläuft die Zeit in einer Abfolge wesentlich verschiedener Stadien. Hesiod nennt in den *Erga* (106–201) das paradies. Goldene Zeitalter unter der Herrschaft des Königs Kronos, auf das das Silberne und zuletzt das Eherne folgt. Dabei findet ein kontinuierl. Verfall der Sitten,

der Religion und der Kultur statt. Das Silberne Zeitalter entspricht der Zeit der Heroen, das Eherne der Jetztzeit, das zur Strafe für den endgültigen Verfall untergehen muss. In der röm. Literatur werden die W. von Ovid (*Metamorphosen, Buch 1*) gestaltet.

Weltwunder. Die Sieben W., techn. und künstler. Meisterleistungen der Menschheit, waren bereits in der Antike legendär. So existierten seit dem 3. Jh. v. Chr. verschiedene Listen mit W.n, die sich allerdings voneinander unterscheiden. Die Siebenzahl bleibt in der Regel beibehalten, es ändert sich jedoch die Reihenfolge und Zusammensetzung. Den Kern der Sieben W. bilden: die ↗ Pyramiden von Ägypten, die Mauern von ↗ Babylon, die Hängenden Gärten der ↗ Semiramis, die Statue der Zeus von Olympia (↗ Phidias), der Tempel der Artemis von ↗ Ephesos, das ↗ Mausoleum von Halikarnassos und der ↗ Koloss von Rhodos. **Lit.:** K. Brodersen, Die Sieben W. (⁶2004).

Werkzeuge (gr. skeue, lat. instrumenta). W. gehören neben Waffen zu den wichtigsten materiellen Überresten der Antike, da sie meist aus harten, widerstandsfähigen Materialien (Hartholz, Eisen, Stahl) hergestellt waren. Die Grundausstattung an W.n entsprach etwa der heute übl. Palette, daneben existierten jedoch viele Spezialgeräte für einzelne Berufsgruppen bei der Werkstoffverarbeitung (↗ Töpfer, Gerber, Schuhmacher, Glasmacher), in der Landwirtschaft (Winzer) und für Ärzte (↗ Chirurgie). Mit zunehmender Arbeitsteilung und Spezialisierung beim Handwerk wurden neue W. entwickelt und geformt. **Lit.:** W. Gaitzsch, Röm. W. (1978).

Westgoten, ostgerman. Volksstamm, seit dem 3. Jh. n. Chr. von den ↗ Ostgoten getrennt. Die W. siedelten nach dem Zusammenbruch der röm. Provinz ↗ Dacia (260) im Gebiet nördl. der unteren Donau. Unter dem Druck nachdrängender Völkerschaften trat das Gros des Stammesverbandes 376 unter Fritigern auf röm. Reichsgebiet über, wo es einen ständigen Unruhefaktor bildete (378 Niederlage des ↗ Valens bei Adrianopel). Unter ↗ Alarich wanderten die W. 401 nach Italien ab, wo sie nach dem Tode ↗ Stilichos Rom eroberten und plünderten (410). Nachdem ein Versuch, nach Nordafrika überzusetzen, gescheitert war, zogen sie nach Gallien, wo sie seit 418 ein faktisch unabhängiges Reich mit der Hauptstadt ↗ Tolosa (Toulouse) gründeten, das sich zunehmend auch nach Spanien ausdehnte. 451 beteiligten sie sich an der Abwehr der Hunnen in der Schlacht auf den ↗ Katalaun. Feldern und erreichten 475 unter Eurich (466–484) die formelle Anerkennung der Unabhängigkeit durch Rom. 507 unterlag Alarich II. dem Frankenkönig ↗ Chlodwig, was zum Verlust der meisten westgot. Besitzungen in Gallien und zur Verlagerung des Reichsmittelpunktes nach Spanien führte. Die nach dem Übertritt zum Katholizismus (587) rasch romanisierten W. behaupteten ihr span. Reich bis zum Arabereinfall 711. **Lit.:** D. Claude, Geschichte der W. (1970). – P. Scardigli, Die Goten (1972). – H. Wolfram, Die Goten (³1990).

Wette (gr. peridosis; lat. sponsio). Die Spekulation und das Setzen von Geld auf Sieg oder Niederlage bei Pferderennen oder Gladiatorenspielen gehörte zum antiken Alltag und machte den Besuch solcher Festivitäten erst spannend. Dem fachmänn. Blick ins Programmheft folgte der Wetteinsatz (lat. *pignus*), wie Ovid berichtet. Die W.n waren oft abenteuerlich und brachten so manchen anständigen Römer wohl an den Rand des Ruins, wovon die zahlreichen Erwähnungen in den Stücken der röm. Komödiendichter zeugen. Auch außerhalb des Circus und vor den Spielen konnte gewettet werden. Wetteinsätze wurden auch beim Glücksspiel oder bei Tierkämpfen getätigt. Eine andere Form war die gerichtl. Wette, bei der vor Beginn eines Prozesses die Beteiligten eine bestimmte Geldsumme auf Sieg oder Niederlage setzten. Obwohl das Setzen von Geld weit verbreitet war, dürfte es sich in der Regel um W.n zwischen Privatleuten ohne festgelegte Quoten und Buchmacher gehandelt haben. Unter bestimmten Voraussetzungen bildeten Wettschulden sogar einen einklagbaren Anspruch. Der geprellte Spieler konnte sein Anliegen jedoch auch dem »Spielerrat« vortragen.

Widmung. Die W. von literar. Werken ist mit Ausnahme von Epos und Historiographie seit dem 5./4. Jh. v. Chr. üblich. Seit dem Hellenismus wird in der ↗ Fachliteratur der vorangestellte W.s-Brief gebräuchlich. In der röm. Literatur wird die W. bes. gepflegt, wobei sich bestimmte Topoi herausbilden, bes. die Fiktion, der Autor sei von dem Adressaten zur Abfassung aufgefordert worden.

Wien (lat. Vindobona), röm. Militärlager und Zivilstadt an der Donau. Vindobona, ein Name kelt. Ursprungs, wurde vor 50 n. Chr. als Militärlager errichtete. Das an der Provinzgrenze zwischen ↗ Noricum und ↗ Pannonien zentral gelegene Lager wurde wohl auch zum Schutz des nahegelegenen ↗ Carnuntum angelegt. Nach 100 entstand ein neues Legionslager, seit 115 Sitz der Legio X Gemina. Um 170 gingen Lager und Zivilstadt (ca. 20.000 Einwohner) bei einem Markomanneneinfall in Flammen auf, beide wurden aber wieder aufgebaut. 180 starb vermutlich hier Kaiser ↗ Mark Aurel. Ende des 4. Jh. wurde die Donau-Flotte von Carnuntum nach Vindobona verlegt, doch mit dem Zusammenbruch der röm. Herrschaft in Pannonien (um 400) endete auch die Geschichte der Stadt Vindobona, die nur als kleine Siedlung weiterbestand. Die Stadt des MA entstand auf dem Boden des aufgegebenen Militärlagers. Wegen der Überbauung der Stadt sind nur geringe röm. Reste (z. B. am Hohen Markt) zu besichtigen. **Lit.:** A. Neumann, Vindobona (1980).

Wiesbaden (lat. Aquae Mattiacae), röm. Militärlager und Zivilstadt. Als rechtsrhein. Brückenkopf im Rhein-Main-Dreieck wurde Aquae Mattiacae in augusteischer Zeit als Militärlager angelegt und gehörte zur Limesbefestigung. Das Lager wurde mehrfach erneuert, zuletzt unter ↗ Domitian als Steinkastell, 122 aufgelöst. Die gleichnamige Zivilsiedlung war wegen ihrer heißen Quellen und dem damit verbundenen Badebetrieb von großer Bedeutung. Mehrere Thermenanlagen sind nachgewiesen. Die 69/70 zerstörte Zivilsiedlung wurde immer weiter ausgebaut, gerade nach Aufgabe des benachbarten Kastells, und zum Verwaltungszentrum der *civitas Mattiacorum* bestimmt. Das prosperierende, nicht von Mauern geschützte Heilbad wurde 259 zerstört, im 4. Jh. wiederbelebt und gesichert, aber Mitte des 4. Jh. endgültig aufgegeben. Die spätantike sog. »Heidenmauer« ist das einzige sichtbare Relikt der Römerstadt. **Lit.:** H. Schoppa, Aquae Mattiacae (1974). – D. Baatz/F.R. Herrmann (Hg.), Die Römer in Hessen (1982) 485–495 – W. Czysz, W. in der Römerzeit (1994).

Winde. Die jahreszeitlich bedingten, oft sehr heftigen W. Griechenlands, bes. in der Ägäis, fanden bereits in der Dichtung Homers ihren Niederschlag: Boreas (N-Wind), Notos (S-Wind), Zephyros (W-Wind) und Euros (O-Wind) stellen die Haupt-W. dar, zahlreiche andere W. sind überliefert, nicht zuletzt wegen regional oft unterschiedl. Bedingungen. Die bes. in der Seefahrt so wichtigen W. wurden oft personifiziert und kultisch verehrt (z. B. Turm der Winde in Athen). Seit den Vorsokratikern wurden verschiedene Windtheorien aufgestellt, um Auftreten und Charakter der einzelnen W. rational zu erklären. ↗ Himmelsrichtungen

Winkel ↗ Mathematik

Wirtshäuser. W. und Hotels waren in der griech.-röm. Antike nicht so selbstverständlich wie heute. Es war allg. üblich, reisende ↗ Fremde gastfreundlich aufzunehmen, denn der griech. Reisende hatte außerhalb seiner Heimatstadt eine eingeschränkte rechtl. Stellung gegenüber den Einheimischen, die in fremder Umgebung einen Fürsprecher (↗ Proxenos) erforderte. Wohlhabende Personen nutzten ein weitverzweigtes Netz von persönl. Gastfreunden an ihren Reiserouten, die ihnen Unterkunft und Verpflegung gewähren konnten. Neben diesem System »privater« Unterkünfte sind ab dem 5. Jh. v. Chr. im griech. Raum auch W. und Hotels nachweisbar, die als Raststätten (*katalysis*) die Straßen säumten. Die Qualität der Herbergen war sehr unterschiedlich: Während der Reisende in einfachen, billigen W.n Bettzeug und Essen selber mitbringen und manchmal um sein Hab und Gut fürchten musste, boten bessere Hotels höhere Standards. Insgesamt hatten Mietunterkünfte aber einen schlechten Ruf. Mit weiterer Zunahme der Reisetätigkeit in röm. Zeit entwickelten sich in Italien und den Provinzen ähnl. Strukturen (↗ Mansio). Römer von Stand vermieden W. und Tavernen und übernachteten an eigenen Raststationen (*deversoria*), die sie auf dem Weg zum Landsitz (↗ villa) regelmäßig kreuzten, oder bei Freunden. Bei weiteren Reisen konnten auch sie Gastfreundlichkeit erwarten oder ab der Kaiserzeit die Dienste der ↗ Staatspost (*cursus publicus*) in Anspruch nehmen. Einen Eindruck von W.n und anderen Etablissements im 1. Jh. n. Chr. vermitteln die Überreste der Städte Pompeji und Ostia mit ihrer reichen Auswahl an Schenken (*cauponae*), Kneipen und Garküchen (*tabernae, popinae*) und Speiselokalen. Sie konzentrierten sich im Stadtzentrum oder an den Stadttoren, wo sich eher arme Leute trafen (Tagelöhner, Sklaven, Matrosen). Die W. und Weinstuben waren Orte der Geselligkeit und willkommener Ausgleich für enge Wohnquartiere. Man(n) widmete sich den ↗ Würfel- oder ↗ Brettspielen und lauschte Gesang und Tanz. Auffällige Schilder der W. sollten zusätzl. Kunden anlocken und von manchem ablenken; über Preise und Angebot informierte die Wein- und Speisekarte. Die Speisen waren einfach, die Möblierung der Lokale spärlich; oft wurden auch Dienste des horizontalen Gewerbes angeboten. Die Oberschicht zechte bevorzugt luxuriös in privater Runde; man denke nur an die berühmte Cena Trimalchionis des ↗ Petron. Unter den röm. Gewerben galt die Leitung eines Wirtshauses oder Hotels als nicht gerade ehrenhafter Broterwerb. Obwohl es sicher luxuriöse Häuser gab, stand der Kneipenwirt auf einer Stufe mit Bordellbesitzern und Kupplern (*lentones*). Der Besuch von Weinschenken und »Spelunken« galt als soziales Fehlverhalten und wurde politisch ausgeschlachtet. **Lit.:** W.C. Firebaugh, The Inns of Greece and Rome (1928). – T. Kleberg, In den W.n und Weinstuben des antiken Rom (1963).

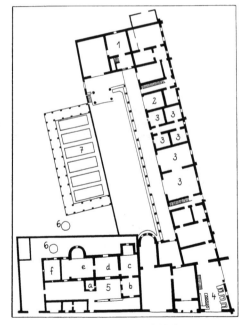

1 Küche	c) Frigidarium
2 Speisezimmer	d) Tepidarium
3 Gästezimmer	e) Caldarium
4 Garküche	f) Praefurnium
5 Bad	6 Brunnen
a) Latrine	7 Garten
b) Umkleideraum	

Grundriss eines Wirtshauses in Xanten

Wịtigis (auch Wịtiges, Vịtigis, Vịtiges), König der ⁊ Ostgoten, führte 535–540 den Krieg gegen Kaiser ⁊ Justinian. Bei der kampflosen Einnahme von Ravenna durch ⁊ Belisar gefangengenommen, wurde W. nach Konstantinopel gebracht, bis zu seinem Tod ehrenvoll behandelt. **Lit.:** H. Wolfram, Die Goten (⁴2001).

Witwen. Es war in der gesamten Antike gängige Praxis, dass die Ehefrau deutlich jünger als ihr Ehemann war; aus der annähernd gleichen Lebenserwartung ergab sich ein beachtl. Anteil an W. in den antiken Gesellschaften. In Griechenland lebte die Witwe nach dem Tode ihres Ehemannes unter dem Schutze eines männl. Verwandten, oder aber sie heiratete erneut. Die Freiheiten bes. junger W. waren stark eingeschränkt, so fiel die Kontrolle über das Erbe an den neuen »Vormund« (⁊ Vormundschaft). Testamentar. Sonderregelungen konnten die Stellung der W. jedoch verbessern. – Röm. Ideal war die nur einmal verheiratete Frau, in einigen patriz. Familien war die Wiederverheiratung einer Witwe auch unüblich. Die Wiederheirat war aber gängige Praxis in der röm. Gesellschaft. Armut, Kinder und fortgeschrittenes Alter behinderten jedoch, je nach sozialer Stellung, eine Wiederverheiratung. Eine erhöhte Mitgift (falls diese aufgebracht werden konnte) oder aber die Wiederverheiratung »unter Stand«, also mit einem ärmeren bzw. nicht gleichrangigen Ehepartner, waren Wege, um Ehehindernisse zu überwinden. Oft war auch nur so die wirtschaftl. Stellung und finanzielle Versorgung zu sichern. Nach frühchristl. Sittenlehre galt nur die Wiederverheiratung junger Frauen als angebracht, ältere W. sollten sich hingegen dem Gebet widmen. **Lit.:** S. B. Pomeroy, Frauenleben im klass. Altertum (1985). – J.-U. Krause, W. und Waisen im röm. Reich I-III (1994–95). – J. F. Gardner, Frauen im antiken Rom (1995).

Witz. Quellen für den antiken W. sind naturgemäß die reichlich überlieferte Literatur (bes. Komödien, Satiren, Lyrik), aber auch Grafitti-Inschriften. Von besonderem Wert ist der ⁊ *Philogelos,* eine Sammlung griech. W.e, wohl in der Kaiserzeit gesammelt und im 4./5. Jh. in der vorliegenden Form zusammengestellt. Sprach-W., falsche Analogien usw. waren wie heute Grundlage antiken W.es; die Bewohner einiger Städte (z. B. Abdera) galten als bes. einfältig und wurden Gegenstand des Spotts. Neben dem oft derben Volks-W. pflegte man auch den pointierten, gebildeten W., der auch als rhetor. Mittel gezielt geübt und eingesetzt wurde. **Lit.:** A. Thierfelder, Philogelos (1968). – J. Bremmer/H. Roodenburg (Hg.), Kulturgeschichte des Humors (1998).

Wochentage. Die Benennung der sieben Tage einer astronom. Woche nach den Göttern Sol, Luna, Mars, Merkur, Jupiter, Venus, Saturn, noch heute Grundlage etwa der Wochentagsnamen in den roman./german. Sprachen, stammt aus der frühen röm. Kaiserzeit. Die Einteilung in sieben Tage umfassende Wochenzyklen wurde dem jüd. Kalender entlehnt, 321 n. Chr. wurde von Konstantin d.Gr. die Woche, bestehend aus sechs Arbeitstagen und einem Feiertag, Gesetz (⁊ Arbeitszeit). Die heidn. Bezeichnungen nach Göttern für die W. konnte auch die christl. Kirche nicht eindämmen, in german. Sprachen (wie im Deutschen) wurden oft die röm. Gottheiten durch ihre german. Entsprechungen ersetzt (z. B. lat. *dies Jovis*, nach Jupiter = deutsch Donnerstag, nach Donar). – In der griech.-röm. Welt gab es bis zu dieser Regelung keine regelmäßige Gliederung der Tage innerhalb eines Monats. Zwar kannten die Römer die alle neun Tage wiederkehrenden Markttage (lat. *nundinae*), doch blieben die durchaus zahlreichen Feiertage unregelmäßig verteilt.

Wolf (lat. lupus), größtes Landraubtier der alten Welt, Staatssymbol Roms. Der W. stellte eine dauernde Bedrohung für die antike Weidewirtschaft dar; in der Literatur wird der W. daher zum Sinnbild der Gewalt (etwa als Räuber in der Fabel). In der antiken Mythologie nimmt der W. eine vielschichtige Rolle ein; so galt eine Wölfin als Nährmutter der Zwillinge ⁊ Romulus und Remus und wurde zum Sinnbild Roms.

Wolle vom ⁊ Schaf, seltener von ⁊ Ziege oder Kamel, war Hauptgrundstoff zur Herstellung von ⁊ Textilien.

Würfelspiel ⁊ Astragalos

Wüste. Der Vordere Orient mit seinen Wüstenregionen in Syrien, Judäa und Arabien stand während der gesamten Antike in intensivem Kontakt zur griech.-röm. Mittelmeerwelt. Die durch die arab. Wüste führenden Fernhandelsrouten waren die wirtschaftl. Lebensader der hier ansässigen Völker, die als Vermittler zwischen unterschiedlichsten Kulturkreisen fungierten. Glanzpunkt der daraus resultierenden kulturellen und wirtschaftl. Blüte sind die Reiche von ⁊ Palmyra und ⁊ Petra. – Die Küstenlandschaft Nordafrikas (⁊ Numidien) war v. a. in röm. Zeit intensiv landwirtschaftlich genutzt, v.a. zum Getreideanbau. Durch Waldraubbau, Brandrodung und Weidewirtschaft wurde das empfindl. ökolog. System geschädigt und ein Vordringen der Wüsten nach N ermöglicht. Die großen Wüstenregionen lagen in der Antike stets an der Peripherie des griech.-röm. Kulturkreises und dienten als »natürl. Grenze«. Eine Eroberung dieser Gebiete schien auch den röm. Strategen selten sinnvoll. So behielten die in diesen Räumen lebenden Völker ihre Identität und gerieten nur bedingt in Abhängigkeit zu Rom (z. B. als Klientelkönigtum).

Wụlfila, auch Ulfila genannt, Kopf einer got. Christengemeinde, seit 341 Bischof, Verf. einer Bibelübersetzung ins Gotische.

Wunder, unerklärl. Zeichen göttl. Macht, die man in der Antike bes. an Kultstätten (Epidauros, Delphi) zu empfangen erhoffte.

Xanten (lat. Vetera castra), röm. Legionslager und Zivilsiedlung. 12 v. Chr. wurde das Legionslager Vetera I auf dem Fürstenberg bei X. errichtet, später zum Doppellegionslager erweitert, beim ⁊ Bataveraufstand 70 n. Chr. jedoch zerstört. Vetera II wurde 70/71 weiter östl. als Einlegionslager wiederaufgebaut und bis 276 genutzt. An der Stelle der zugehörigen Zivilsiedlung wurde um 100 die *Colonia Ulpia Traiana* gegründet. Das heutige X. liegt südöstl. der röm. Siedlung. Zu besichtigen sind ein archäolog. Park mit Ausgrabung und Rekonstruktionen; Funde im Regionalmuseum X. **Lit.:** H. Hinz, X. der Römerzeit (1976). – H. G. Horn (Hg.), Die Römer in Nordrhein-Westfalen (1987) 619–650.

Xanthippe, die als zänkisch geltende Frau des Sokrates, später Begriff für jede zänk. Frau.

Xanthippos, spartan. Söldnerführer, wurde im 1. Pun. Krieg 256 v. Chr. von den Karthagern für den Kampf gegen Rom angeworben. Er reorganisierte die karthag. Armee und machte sie mit dem Einsatz von Kriegselefanten vertraut. 255 vernichtete er die röm. Invasionsstreitkräfte in Afrika unter M. Atilius Regulus und kehrte nach seinem Sieg nach Sparta zurück.

Xanthos (1), bedeutendste Stadt in ⁊ Lykien (heute Türkei). X., am gleichnamigen Fluss gelegen, verfügte über ein fruchtbares Hinterland. X. wird schon bei Homer erwähnt, Herodot beschreibt ihre Belagerung durch die Perser. Erst 334/33 v. Chr. unter Alexander d. Gr. wurde X. griechisch, und wechselte in hellenist. Zeit mehrfach seine territoriale Zugehörigkeit. Unter der Schutzmacht Rom erlebte die Stadt eine Blüte und gehörte zu den wichtigsten Städten des Lyk. Bundes. X. wurde nach einer Niederlage des Bundes gegen ⁊ Brutus (43 v. Chr.) vollständig zerstört, aber bald wieder aufgebaut. Claudius richtete 43 n. Chr. die Provinz Lykien ein. Unter Vespasian verlor X. 73/74 endgültig seine Unabhängigkeit. In der Kaiserzeit erlebte die Stadt eine erneute Blüte. Umfangreiche Ausgrabungen haben die Akropolis, das Letoheiligtum und das Theater freigelegt, in der Umgebung gibt es lyk. Grabmonumente. Im Brit. Museum (London) findet sich das monumentale Nereidenmonument von X. **Lit.:** PECS (1976). – F. Kolb/B. Kupke, Lykien (1992). – ASM (1999).

Xanthos (2), unsterbl. Pferd Achills.

Xenagoras (gr. Xenagoras), griech. Historiker und Geograph des 3. Jh. v. Chr., verfasste eine Geschichte in mindestens vier Büchern, die bes. die ältere Zeit behandelte, aber nur in spärl. Fragmenten erhalten geblieben ist.

Xenarch (gr. Xenarchos), griech. Philosoph, Peripatetiker, ca. 75 v. Chr.–18 n. Chr., Lehrer von Strabon. X. schrieb eine Abhandlung, in der er die Theorie des Aristoteles vom Fünften Element zu widerlegen suchte. Er tendierte dazu, natürl. Phänomene eher mechanistisch als transzendent zu deuten. Wie bedeutend

X.s Aristoteles-Kritik war, zeigt sich daran, dass Plotin, Proklos und Johannes Philoponos in ihren Abhandlungen auf ihn eingingen.

Xenia (gr., »Gastgeschenke«), Titel des 13. Buchs der Epigramme ⁊ Martials, das in freundschaftl. Ton gehaltene Begleitverse zu Geschenken enthält. Im Rückgriff auf Martial bezeichnen Goethe und Schiller in iron. Weise ihre polem. Epigramme gegen Zeitgenossen als *Xenien.*

Xenokrates (1) (gr. Xenokrates) aus Kalchedon, griech. Philosoph, zweites Schulhaupt der ⁊ Akademie nach Platon (339–314 v. Chr.). Er versuchte, die Lehrmeinungen Platons zu systematisieren; die Dreiteilung der Philosophie in Physik, Logik und Ethik geht auf ihn zurück. Von seinen Schriften ist nichts erhalten. **Lit.:** R. Heinze, X. (1892).

Xenokrates (2) (gr. Xenokrates) von Aphrodisias, Arzt und Pharmakologe im 1. Jh. n. Chr.; Verf. einer Schrift *Über den Nutzen der Lebewesen,* in der er einzelne tier. und menschl. Organe als Medikamente empfahl. Von einer Schrift über Heilpflanzen sind nur Fragmente erhalten, bes. bei ⁊ Galen und ⁊ Oreibasios, die ihn heftig kritisierten.

Xenophanes (gr. Xenophanes) aus Kolophon, griech. Philosoph. Er dichtete in Hexametern, eleg. Distichen und Jamben. In seinen Gedichten bekämpfte er die traditionelle religiöse Vorstellung von menschengestaltigen Göttern (Anthropomorphismus). Ähnlich wie ⁊ Parmenides definiert X. Gott als einheitlich und ewig. **Lit.:** J. H. Lesher, X. of Colophon (1992).

Xenophon (1) (gr. Xenophon) aus Athen, griech. Autor zahlreicher Prosaschriften histor., philosoph., wirtschaftl. und prakt. Inhalts, ca. 430–350 v. Chr. 401 verließ X. Athen, wo er Kontakt zu Sokrates gehabt hatte, und nahm als Söldner am Feldzug des pers. Prinzen ⁊ Kyros gegen seinen Bruder ⁊ Artaxerxes teil; nach der Schlacht bei ⁊ Kunaxa und dem Tod des Kyros und der griech. Offiziere führte X. das griech. Söldnerkontingent durch Anatolien zum Schwarzen Meer. Diese Erfahrungen berichtete er in der *Anabasis,* einer autobiograph., apologet. Schrift. Zwischen 399–394 schloss sich X. den Spartanern unter ⁊ Agesilaos in Kleinasien an, was wohl zu seiner Verbannung aus Athen beitrug. Er ließ sich in Skillous (Westpeloponnes) nieder, wo er bis zu seiner Rückberufung nach Athen (nach 371) große Teile seines Werkes schrieb. Sein histor. Hauptwerk ist die *Griech. Geschichte* (*Hellenika*)*:* sie setzt am Ende von Thukydides' Werk an (411) und endet mit der Schlacht bei ⁊ Mantineia (362). Die *Erziehung des Kyros* (*Kyrupädie*) ist eine romanhafte Biographie des pers. Monarchen. X.s Glaube an die Rolle moralisch integrer, pflichtbewusster Staatsmänner schlägt sich auch im *Enkomion auf König Agesilaos* nieder. Seine verfassungstheoret. Interessen und seine konservative, spartafreundl. Einstellung werden auch in der Schrift *Über den Staat der Lakedaimonier,* einer Geschichte der Verfassung Spartas, deutlich. X.s Hochachtung vor der prakt. Moral prägt sein Sokrates-Bild, das damit interessante Abweichungen vom platon. aufweist; die relative Datierung von X.s und Platons Schriften ist umstritten. X.s sokrat. Werke dienen der Rechtfertigung und dem Andenken des Sokrates als moralisch integrer Persönlichkeit (*Apologie; Memorabilien/ Denkwürdigkeiten: Auszüge aus Gesprächen des Sokrates mit verschiedenen Partnern); Symposion* und *Oikonomikos/Über den Haushalt*) haben die Form des sokrat. Dialogs. X.s Sinn für wirtschaftl. und finanzielle Fragen zeigt sich auch im Traktat *Über die Einkünfte* (*Poroi*), in dem X. Vorschläge für den athen. Staatshaushalt vorlegt. *Hieron* ist ein Dialog des Tyrannen mit dem Dichter ↗ Simonides über die Tyrannis. Die Traktate *Über die Reitkunst* (*Hippikos*), *Über die Jagd* (*Kynegetikos*) und *Über den Reitmeister* (*Hipparchikos*) ergänzen das Bild seiner Interessen und Kompetenzen. Sie gehören zu der damals populären Gattung der Lehrbücher über eine bestimmte Kunst (*techne*). Unter den Werken X.s wird auch die unechte Schrift eines Oligarchen *Über den Staat der Athener* überliefert (↗ Pseudo-Xenophon, auch der ›Alte Oligarch‹ genannt). Als Historiker strebt X. keine geschichtsphilosoph. Interpretation des Geschehens an; prakt. Vernunft, Pietät und Moralität sind die Fundamente seiner Weltanschauung. Anders als Thukydides unterdrückt er sein persönl. Urteil nicht und zeigt eine didakt. Tendenz. Sein ausgeprägtes Interesse am staatsmänn. Können und seine Reflexionen über die Person des idealen Herrschers haben ihren Ursprung in der Krise der demokrat. Polis im 4. Jh. Die Förderung der Handlungsfähigkeit des Individuums durch moralisch wie praktisch orientierte Erziehung steht im Mittelpunkt von X.s Schrifttum. Sein Stil ist kunstvoll, ohne rhetor. Extravaganzen; seine Sprache kündigt die Entwicklung zur hellenist. ↗ Koine an, wurde aber schon seit der Kaiserzeit als Hauptquelle für das klass. Attisch benutzt. In der Neuzeit wurde X.s Schriften wegen ihrer stilist. Klarheit und ihrem moralisierenden Ton ein hoher erzieher. Wert beigemessen. Darüber hinaus findet X. heute verstärkte Aufmerksamkeit sowohl als Literat als auch als Quelle für die polit., wirtschaftl., soziale und mentale Geschichte des 4. Jh. v. Chr. **Lit.:** R. Breitenbach, Historiograph. Anschauungsformen X.s (1954). – J. K. Anderson, X. (1974). – R. Nickel, X. (1979). – GGGA (1999).

Xenophon (2) (gr. Xenophon) von Lampsakos, geograph. Fachautor, ca. 146–50 v. Chr. Sein ↗ *Periplus* (Fahrtenbuch mit Küsten- und Landesbeschreibung) ist nur in Fragmenten erhalten.

Xenophon (3) (gr. Xenophon) von Ephesos, Verf. des griech. Liebesromans *Ephesiaka* (2. Jh. n. Chr.?). Über den Autor ist nichts bekannt. Der Name könnte ein Pseudonym sein in Anlehnung an X. von Athen. Erzählt werden in sehr stereotyper Manier die Abenteuer des jungen Ehepaars Anthia und Abrokomes. Starke Schwankungen im Umfang der fünf Bücher, Motivationsmängel, abrupte Übergänge sowie die Angabe von zehn Büchern für die *Ephesiaka* im byzantin. *Suda*-Lexikon sprechen dafür, dass der überlieferte

Xerxes als Kronprinz

Text eine gekürzte Fassung (Epitome) darstellt. **Lit.:** C. Ruiz-Montero, in: ANRW II 34, 2 (1994) 1088–1138.

Xerxes I., pers. Großkönig (486–465 v. Chr.) aus dem Geschlecht der ↗ Achämeniden, Sohn ↗ Dareios' I., nahm die Angriffspolitik seines Vaters gegenüber Griechenland wieder auf. 480 unternahm er gemeinsam mit seinem Feldherrn ↗ Mardonios einen großangelegten Eroberungszug, der nach anfängl. Erfolgen (↗ Thermopylen, kampflose Einnahme Athens) von den Griechen in den Schlachten bei ↗ Salamis und ↗ Platää abgewehrt werden konnte. 465 wurde er im Zuge einer Adelsverschwörung ermordet.

Xoanon (gr. »Schnitzwerk«, »hölzernes Götterbild«), meist menschengestaltige, rundplastisch ausgeführte Figur, oftmals ein Götterbild. Bevorzugt aus Holz geschnitzt, aber auch aus anderen Materialien hergestellt.

Xuthos, myth. König von Jolkos, Sohn des Hellen und der Orseïs, Vater des Ion und des Achaion und damit Stammvater der Jonier und Achäer. Er wird von seinen Brüdern Doros und Äolus vertrieben und gelangt nach Athen zu Erechtheus, den er im Krieg gegen Chalkedon unterstützt, wofür er Kreusa zur Frau erhält. Als er sich nach dem Tod des Erechtheus für Kekrops als Nachfolger entscheidet, wird er von dessen Brüdern aus Athen gejagt. Er stirbt auf der nördl. Peloponnes, nach Achaios Achaia genannt. Nach Euripides ist Ion der Sohn des Apollon und der Krëusa, den X. adoptiert, und Doros ist nicht sein Bruder, sondern sein Sohn.

Y

York ↗ Eboracum

Z

Zäsur (lat. caedere, »hauen«, »schneiden«), Begriff der Metrik: ein durch Wortende gekennzeichneter Einschnitt im Vers, durch den ein ↗ Versfuß geteilt wird. ↗ Trithemimeres, Penthemimeres, Hephthemimeres.

Zagreus, kret. Gott, meist mit Dionysos identifiziert. Nach einer orph. Version wird der Zeussohn als Kind von den ↗ Titanen in Stücke gerissen und verschlungen. Athena kann jedoch sein Herz retten, aus dem Zeus in Semeles Leib Z. neu erschafft und ihn Dionysos nennt.

Zahlensystem. In der Antike waren verschiedene Z.e verbreitet. In Griechenland waren die wichtigsten Formen zum einen das herodian. (att.) System, zum anderen ein System, das ursprünglich in Milet entwickelt wurde. Im herodian. System, das bes. dem kaufmänn. Rechnen und dem Auszeichnen von Waren diente, wurden die Zehnerstufen mit den jeweiligen Anfangsbuchstaben des Zahlwortes bezeichnet [Δ (*deka*) = 10, H (*hekaton*) = 100, X (*chilioi*) = 1000, M (*myrioi*) = 10.000], die Einer durch einzelne Striche. Dabei wurden fünf Einer zu einem Γ, der alten Schreibweise für Π (*pente*) zusammengefasst (z. B. 500 = ΓH). Im wissenschaftl. Gebrauch und seit hellenist. Zeit auch im tägl. Leben setzte sich jedoch mehr und mehr das miles. System durch, das sich zum Rechnen weitaus besser eignete. Hierbei wurden die 27 Zahlen 1, 2, …, 9 (Einer), 10, 20, …, 90 (Zehner) und 100, 200, …, 900 (Hunderter) mit je einem Buchstaben des griech. Alphabets bezeichnet, zuzüglich der drei altsemit. Zeichen Vau (ϝ), Koppa (ϙ) und Sampi (ϡ), da es im Griechischen nur 24 Buchstaben gab:

	1	2	3	4	5	6	7	8	9
Einer	A	B	Γ	Δ	E	ϝ	Z	H	Θ
	α	β	γ	δ	ε	ς	ζ	η	ϑ
Zehner	I	K	Λ	M	N	Ξ	O	Π	ϙ
	ι	κ	λ	μ	μ	ν	ο	π	ϙ
Hunderter	P	Σ	T	Y	Φ	X	Ψ	Ω	ϡ
	ρ	σ	τ	υ	φ	χ	ψ	ω	ϡ
Tausender	͵α	͵β	͵γ	͵δ	͵ε	͵ς	͵ζ	͵η	͵ϑ

Für die Tausender wurden wieder die Buchstaben der Einer verwendet, die zur Unterscheidung mit einem Strich links unten versehen wurden. Dadurch ließen sich alle Zahlen bis 10.000 darstellen (z. B. κα = 21, ρλϑ = 139 usw.). Für noch höhere Zahlen bediente man sich des Buchstabens M (*myrioi* = 10.000) den man unter die Zahl setzte, die mit 10.000 multipliziert werden sollte (z. B. 24.000 = $\overset{κδ}{M}$). Dieses M wurde bisweilen auch durch zwei Punkte ersetzt, die über das Zahlzeichen geschrieben wurden (z. B. 24.000 = $\overset{..}{κδ}$). – Das röm. Z. war dezimal in die Stufen 1 (I), 10 (X), 100 (C) und 1000 (M) untergliedert, die durch Zahlzeichen für 5 (V), 50 (L) und 500 (D) ergänzt wurden. Die Zahlen bis 1000 wurden durch Kombinationen dieser Zeichen dargestellt, wobei kleinere Zeichen rechts eines größeren Zeichens addiert und links eines größeren Zeichens von diesem subtrahiert wurden (z. B. LVIII = 58, LIX = 59, IC = 99). Höhere Zahlen wurden durch einen Querbalken dargestellt, der das 1000-fache der geschriebenen Zahl bezeichnete (z. B. $\overline{XXII}$ = 22.000, $\overline{XXII}$CLIII = 22.153). Obwohl das röm. Zahlensystem zum effektiven Rechnen wenig geeignet war, hat es sich bis ins MA gehalten, ehe es durch die heute gebräuchl. arab. Ziffern verdrängt wurde.

Zahnpflege. Aufwendige Rezepte zur Herstellung von Zahnpulvern finden sich in medizin. Handbüchern und Rezeptsammlungen; diese Pulver dienten der Säuberung der Zähne, linderten Zahnschmerzen und hal-

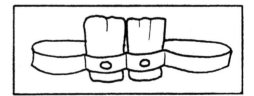

Zahnprothese für die beiden unteren Schneidezähne; der Zahnersatz ist aus Elfenbein, die Klammer aus Gold

fen bei Erkrankungen des Zahnfleischs (außerdem ↗ Mastix). Zahnbehandlungen wurden schon im frühen Griechenland von Ärzten durchgeführt; seit dem Hellenismus übernahmen spezialisierte Zahnärzte die Behandlung. Wichtigstes therapeut. Mittel war die Zahnextraktion, aber auch Plombierungen oder medikamentöse Behandlungen wurden vorgenommen. Zahnersatz wurde aus Elfenbein oder aus anderen Tierzähnen gefertigt. Die ersten zahnchirurg. Eingriffe (Kiefer, Zähne) sind im *Corpus Hippocraticum* beschrieben.

Zakynthos, Insel südl. der Jon. Inseln (mit gleichnamiger Hauptstadt), vor der NW-Küste des Peloponnes gelegen. Ca. 456 v. Chr. schloss sich Z. Athen an und war wichtiger Flottenstützpunkt im ↗ Peloponnes. Krieg. 430 belagerten die Spartaner erfolglos die Stadt. Erst 404 übernahm eine spartafreundl. Oligarchie die Stadt, 375 besetzten verbannte Demokraten einen Teil der Insel und machten Z. zum Mitglied des 2. ↗ Att. Seebundes. 338 trat Z. dem Korinth. Bund bei, 217–211 wechselte es mehrfach den Besitzer, 189 v. Chr. erhielt Z. von Rom den Status einer *civitas libera*. Die wohlhabende Stadt wurde 467 n. Chr. von den Vandalen unter ↗ Geiserich verwüstet. Heute ist sie modern überbaut, weshalb sich kaum archäolog. Reste finden. **Lit.:** B. Schmitt, Die Insel Z. (1899). – GLHS (1989) 716–718.

Zalmoxis (auch Salmoxis), Gottheit der Geten, der alle vier Jahre ein Menschenopfer dargebracht wurde. Nach Herodot war er ein Schüler des Pythagoras und Anhänger der pythagoreischen Lehre von der Seelenwanderung. Z. hielt sich drei Jahre lang versteckt, um danach wieder aufzuerstehen.

Zama, Name mehrerer antiker Städte der Provinz Africa proconsularis. Bekannt ist bes. Z. Regia (vielleicht beim heutigen Sebaa Biar in Tunesien), das 202 v. Chr. Schauplatz der Schlacht zwischen ↗ Hannibal und den Römern unter ↗ Scipio Africanus im 2. ↗ Pun. Krieg war. In der Schlacht standen sich ca. 36.000 karthag. Infanterie und 4.000 Reiter 29.000 röm. Infanteristen und 6.000 Reitern gegenüber; nach schwerem Kampf siegte Scipio. Die Schlacht führte das Ende des 2. Pun. Krieges herbei. Die Lokalisierung der Stadt Z. Regia ist unsicher. **Lit.:** PECS (1976). – H. H. Scullard. Scipio Africanus (1970). – J. Seibert, Hannibal (1993). – ASM (1999).

Zankle (auch Salmoxis) ↗ Messana

Zarathustra (gr. Zoroastres), iran. Priester des 1. Jt. v. Chr., Reformator der altiran. Religion und Stifter einer monotheist. Religion (Parsismus) mit der »weisen Herrn« Ahura Mazda im Mittelpunkt, der gegen seinen scheinbar überlegenen Feind, dem Herrn der Finsternis kämpft und schließlich siegt. Seine Verkündung hat einen stark eschatolog. Charakter. Er verspricht den Gläubigen ein Reich des Guten; die Falschgläubigen erwartet die Verdammnis. **Lit.:** J. Kellens, Qui était z.? (1993).

Zauberei ↗ Magie

Zauberpapyri. Sammlung mag. Texte des 2.–4. Jh. n. Chr. In den Z. finden sich verschiedene Traditionen vermengt: ägypt. Religionsvorstellungen, durchsetzt mit Elementen östl. (babylon.-chaldäischer, pers., jüd.) Kulturen, popularphilosoph. kosmolog. Spekulationen, wobei bes. das kosm. Kräftespiel von »Sympathie« und »Antipathie« wichtig ist und das Wirken der Dämonen in diesem dualist. System eine Rolle spielt.

Die Z. bieten den Menschen Hilfe in allen mögl. Lebenssituationen; so finden sich Liebeszauber, Kopfwehmittel und Schutz vor den Gefahren des Alltags (↗ Fluch, ↗ Magie). **Lit.:** F. Graf, Gottesnähe und Schadenszauber. Die Magie in der griech.-röm. Antike (1996).

Zeder. Das Holz der seltenen, bes. im Libanon und im Taurus-Gebirge Kleinasiens heim. Z. gehörte in der Antike zu den wertvollsten Hölzern; ihr Öl wurde auch zur Herstellung von Duftstoffen verwendet.

Zeitrechnung ↗ Chronologie

Zeitung ↗ Acta

Zela, Tempelstadt im Königreich ↗ Pontos, heute Zile. Z. wurde vom Priester der Göttin Anahita regiert und war Schauplatz mehrerer Schlachten: 67 v. Chr. siegte hier ↗ Mithradates VI. über C. Valerius Triarius, 47 v. Chr. besiegte Caesar hier ↗ Pharnakes II., den König des Bosporan. Reiches, und meldete in Rom: *veni, vidi, vici* (»Ich kam, sah und siegte«). **Lit.:** PECS (1976).

Zeloten (gr., »Eiferer«), Gruppe im ↗ Judentum des 1. Jh. n. Chr. Die Z. lehnten die röm. Herrschaft ab und warteten auf einen kämpfer. Messias, der dem Land die von ihnen ersehnte Freiheit bringen würde. Viele Z. schlossen sich zu bewaffneten Gruppen zusammen, um für diese Ziele zu kämpfen. Angehörige dieser Richtung waren maßgeblich am Jüd. Aufstand (66–70 n. Chr.) beteiligt. **Lit.:** M. Hengel, Die Z. (²1976).

Zenobia, aramäisch Bath Zabbai, Herrscherin von Palmyra, 267–272 n. Chr. Nach dem Tod ihres zweiten Gatten Odaenathus (267) übernahm sie die Macht für ihren unmündigen Sohn Vaballathus und regierte Palmyra als faktisch unabhängige Herrscherin. Von Rom in dieser Stellung zunächst geduldet, dehnte sie ihre Macht nach dem Tod des Kaisers Claudius II. Gothicus (270) bis nach Ägypten und Kleinasien aus und nahm für sich und ihren Sohn kaiserl. Titel in Anspruch. Von Aurelian daraufhin bekämpft, wurde bei Antiochia und Emesa besiegt (272) und bei der anschließenden Belagerung von Palmyra gefangengenommen. Den Rest ihres Lebens verbrachte sie als Gefangene in Italien. **Lit.:** E. Schneider, Septimia Z. Sebaste (1993).

Zenodot (gr. Zenodotos) aus Ephesus, griech. Philologe; geb. ca. 325 v. Chr. Z. war erster Vorsteher der Bibliothek von Alexandria (285–260). Von ihm stammt die erste krit. Homerausgabe, daneben edierte er Hesiods *Theogonie*, Anakreon und Pindar. Mit der homer. Sprache befasste er sich in den *Glossai*, einem alphabet. Homer-Lexikon. **Lit.:** K. Nickau, Untersuchungen zur textkrit. Methode des Z. von Ephesos (1977).

Zenon (1), oström. Kaiser 474/75 und 476–491 n. Chr., wurde durch Heirat mit Ariadne, der Tochter ↗ Leos I., zu dessen Nachfolger. Kurzzeitig vom Thron vertrieben, konnte er sich erneut durchsetzen und mit diplomat. Geschick seine Macht konsolidieren. Kirchenpolitisch versuchte er die Vormachtstellung Konstantinopels auszubauen, war aber dennoch um einen Ausgleich mit den Monophysiten bemüht (↗ Konzil).

491 veranlasste er den Ostgoten ↗ Theoderich zum Einfall in Italien, um die Herrschaft des ↗ Odoakar zu beenden.

Zenon (2) von Kaunos, 3. Jh. v. Chr., Hauptverwalter der Liegenschaften des Apollonios, eines hohen Staatsbeamten ↗ Ptolemaios' II. In seinem Privatwesen in Philadelphia konnte eine umfangreiche private und amtl. Papyruskorrespondenz sichergestellt werden, die eine wichtige Quelle für das ptolemäische Ägypten darstellt.

Zenon (3) von Elea, griech. Philosoph, ca. 490–430 v. Chr., Schüler des ↗ Parmenides. Z. verteidigte die parmenideische Lehre von der Existenz des Seins in seiner Einheit und Unbeweglichkeit und leugnete die Vielheit und die Bewegung, die für ihn mit dem Nichtsein gekoppelt sind. Insbes. richtete er gegen die Realität der Bewegung vier Argumente, ›Z.s Paradoxien‹ genannt (von Aristoteles, Physik 6, 9, referiert): 1. Das Argument von der Dichotomie, 2. von Achilleus und der Schildkröte, 3. vom fliegendem Pfeil, der ruht, und 4. von der Relativität des Bewegungsbegriffs. Mit diesen Argumenten förderte Z. die ↗ Logik maßgeblich, mit den Begriffen der Kontinuität, des unendlich Kleinen bzw. Großen und der unendl. Teilbarkeit die ↗ Mathematik. Mit seinen Paradoxien wollte Z. zeigen, dass nicht nur die parmenideische Logik, sondern auch der ›gesunde Menschenverstand‹ anfechtbar ist. **Lit.:** H. D. P. Lee, Z. of Elea (1936). – W. C. Salmon (Hg.), Zeno's Paradoxes (1970). – GGGA (1999).

Zenon (4) aus Kition (Zypern), griech. Philosoph, 336–264/63 v. Chr., Schüler des Kynikers ↗ Krates, des ↗ Antisthenes und der Akademiker ↗ Xenokrates und Polemon. Er lehrte in der athen. *Stoa poikile*; die von ihm begründete philosoph. Schule wird deshalb ↗ Stoa genannt. Von seinen zahlreichen Schriften sind nur Bruchstücke erhalten. **Lit.:** M. Pohlenz, Die Stoa I (⁷1992) 22–25.

Zensor (lat. censor), Beamter der röm. Republik, der die Musterung der Bürgerschaft, den ↗ Zensus, vornahm. Das Amt der Zensur wurde jeweils doppelt und fast nur vormaligen Konsuln (Konsularen) verliehen. Die Z.en konnten unwürdige Senatoren aus dem Senat ausstoßen und neue aufnehmen und überwachten den Staatshaushalt (bes. die Vergabe öffentl. Mittel für Bauten). Die Zensur war ein sehr ehrenvolles Amt, das meistens von ehrwürdigen röm. Bürgern ausgeübt wurde (↗ Cato d. Ä.). Durch das Recht, über die Sitten zu wachen und ggf. eine Rüge (*nota*) zu erteilen, griffen sie tief in das Privatleben des einzelnen Bürgers ein.

Zensur. Eine Z. im modernen Sinne, die konsequente staatl. Überwachung literar. Erzeugnisse und die Unterdrückung missliebiger Äußerungen, gab es in der Antike nicht. Einzelfälle sind aber bereits in früher Zeit belegt, wie in Athen das Aufführungsverbot für die Trägödie *Der Fall Milets* des ↗ Phrynichos (492 v. Chr.). In der röm. Republik waren es bes. Schriften, deren Inhalt als moralzersetzend oder gegen die Grundlagen des Staates gerichtet galten, deren Verbreitung verhindert wurde. Eine spürbare Verschärfung erfolgte dann in der Kaiserzeit, wo jede Kritik am Herrscher oder seiner Familie nicht nur unterdrückt wurde, sondern auch schwerwiegende persönl. Konsequenzen für den Autor haben konnte.

Zensus (lat. census, »Schätzung«). Die Schätzung der röm. Bürger zur Erstellung eines Bürgerverzeichnisses (Abgabenerhebung, Rekrutierung von Truppen) war eine wohl in die röm. Frühzeit zurückreichende Einrichtung. Sie wurde seit der Einführung des röm. Zensorenamtes 443 v. Chr. in unregelmäßigen Abständen, seit Ende des 3. Jh. alle fünf Jahre (*lustrum*) in Rom durchgeführt und erstreckte sich wie eine Volkszählung auf den gesamten *populus Romanus* während einer feierl. Versammlung (*contio*) auf dem Marsfeld. Die Zensoren hatten die Aufgabe, alle Bürger den Ständen zuzuordnen, die Steuerschätzung vorzunehmen (nach der sich die Einteilung im Heeresdienst richtete) und auf die Einhaltung der guten Sitten zu achten; bei Missverhalten konnte der Zensor bürgerl. Ehrenrechte absprechen und Privilegien entziehen. Es folgte ein Vermerk im Bürgerverzeichnis (*nota*). Mit der Vorherrschaft Roms in Italien wurde in vielen Stadtgemeinden ein örtl. Z. eingeführt, da längst nicht mehr alle Bürger in Rom zusammengerufen werden konnten. Die späte Republik sah einen Z. nur selten; der Z. hatte durch die Heeresreform des Marius und die Abschaffung der direkten Steuern seit 167 v. Chr. an Bedeutung verloren. In der Kaiserzeit wurde bes. bei Einrichtung neuer Provinzen ein Z. an Ort und Stelle einmalig durchgeführt, sonst nach Bedarf (mit Ausnahme Ägyptens, wo ein Z. alle 14 Jahre stattfand).

Zentauren, myth. Geschlecht am Peliongebirge, Mischwesen mit menschl. Oberkörpern und Pferdeleibern, Nachfahren des ↗ Ixion und der Nephele, nach einer späteren Version des Kentauros. Bis auf ↗ Chiron und ↗ Pholos sind sie brutale, wilde Trunkenbolde. *Kentauromachie:* Die Z. führen einen Krieg gegen ein Nachbarvolk, die Lapithen, ebenfalls Nachkommen des Ixion, deren Land sie für sich als die wahren Erben

Zenon von Kition

Kampf der Zentauren und Lapithen (Tempelfries in Bassai)

Ixions beanspruchen. Als sich einer der betrunkenen Z. bei der Hochzeit des Lapithenkönigs Peirithoos an der Braut Hippodameia vergreift, entsteht ein blutiger Kampf, die sog. Kentauromachie, in dem die Z. unterliegen und viele erschlagen werden. Sie werden aus Thessalien vertrieben. Die Kentauromachie, ein beliebtes Motiv in der archaischen Kunst (Friese und Metopen aus der Zeit nach den Perserkriegen (490–480 v. Chr.), u. a. vom Zeustempel in Olympia und vom Parthenon in Athen), steht als myth. Widerspiegelung des Kriegs zwischen den Griechen und den Persern. *Weitere Mythen:* Auf seinen Reisen macht ↗ Herakles mit mehreren Z. Bekanntschaft: Der Zentaur Nessos vergreift sich an Herakles' Frau Deïaneira und wird von Herakles mit einem Giftpfeil getötet. Auf der Suche nach dem Erymanth. Eber wird Herakles von Pholos bewirtet, der auf Herakles' Drängen einen Weinkrug öffnet, den Dionysos allen Z. zum gemeinsamen Geschenk gemacht hat. Vom Duft des Weines werden die anderen Z. angezogen. Es kommt zu einem handgreifl. Streit unter den Z., die Herakles nur durch seine Giftpfeile auseinandertreiben kann; dabei wird Pholos versehentlich getötet, als er einen der Giftpfeile auf seinen Fuß fallen lässt. Herakles tötet einen weiteren Z., Eurytion, der eine Tochter des Königs Dexamenos schänden will. Der weise und gutartige Zentaur Chiron ist Lehrer und Erzieher zahlreicher ↗ Heroen, darunter des Achill, Äskulap und Jason. Als er sich an einem Giftpfeil des Herakles verletzt und ihm die nicht heilende Wunde unerträgl. Schmerzen zufügt, tritt er seine Unsterblichkeit an ↗ Prometheus ab, um sterben zu können.

Zenturie, Zenturio ↗ Centuria, centurio

Zephyros, Gott des willkommenen und milden Westwindes, Sohn der Eos und des Astraios, Bruder des Boreas, Vater von Achills unsterbl. Pferden Balios und Xanthos. Verliebt in Hyakinthos, lenkt er aus Eifersucht den Wind um, so dass sein Rivale Apollon den schönen jungen Mann mit seinem Diskus tödlich verletzt.

Zetes ↗ Kalaïs

Zethos ↗ Amphion

Zeugiten, in Athen die Angehörigen der dritten Zensusklasse mit einem Mindesteinkommen von jährlich 200 Scheffeln Getreide, Wein oder Öl. Seit den Reformen ↗ Solons besaßen sie das volle Bürgerrecht und konnten in alle Ämter (seit 458/57 auch ins ↗ Archontat) gewählt werden. In Kriegszeiten dienten sie als ↗ Hopliten.

Zeugma (gr., »Joch«), Begriff der Rhetorik, Verbindung mehrerer Substantive mit einem Verb, das allerdings nur zu einem der Substantive passt.

Zeugma, hellenist. Stadt am rechten Ufer des Euphrat. Z., das heutige Balkis nahe Birecik (Syrien) wurde von ↗ Seleukos I. Nikator um 300 v. Chr. gegenüber von ↗ Apameia gegründet (späterer Name daher Seleukeia am Euphrat). Dieser Euphrat-Übergang zwischen Mesopotamien und ↗ Kommagene war von strateg. Bedeutung. 221 v. Chr. feierte hier ↗ Antiochos III. Hochzeit mit Laodike, der Tochter des Königs von Pontos. **Lit.:** J. Wagner, Seleukeia am Euphrat/ Zeugma (1976). – J. D. Graigner, The Cities of Seleukid Syria (1989).

Zeus, Hauptgott der Griechen, von Homer »Vater der Götter und Menschen« genannt, in Rom mit Jupiter identifiziert. Sein Name geht auf indogerman. *dyaus* (»Himmel«) zurück; als Himmelsgott herrscht er über die Himmelserscheinungen wie Wolken, Blitz und Donner und hat seinen Sitz vorzugsweise in den Bergen, bes. auf dem Olymp und auf dem kret. Ida. *I. Mythos:* Gaia kann ihren neugeborenen Sohn Z. vor ihrem Mann ↗ Kronos retten, der aus Angst vor dem Verlust seiner Macht durch eines seiner Kinder diese gleich nach ihrer Geburt verschlingt. Z. wächst

Zeus, Bronze-Statuette (Peloponnes, um 530 v. Chr.)

des Dionysos, Danaë in Gestalt eines Goldregens, Alkmene, die Mutter des Herakles, in Gestalt ihres Gatten Amphitryon, und Leda, die Mutter der Helena und der Dioskuren, in Gestalt eines Schwans. – *II. Kult:* Zeus wurde als unparteiischer und gerechter Herrscher in zahlreichen Gestalten verehrt. Er galt als Schutzgott der Städte (mit dem Beinamen Polieus) und ihrer Freiheit (Eleutherios), der Schutzsuchenden (Hikesios), der Verträge (Horkios), der Gastfreundschaft (Xenios) und als Retter (Soter). Mit einem Fruchtbarkeitsritus gedachte man seiner »heiligen Hochzeit« mit Hera auf Kreta. Z. besaß ein bedeutendes Orakel in Dodona, nach Herodot das älteste Orakel Griechenlands, wo der Gott in einer heiligen Eiche gesessen haben soll. Die Priester von Dodona durften nie ihre Füße waschen und mussten auf dem nackten Boden schlafen. **Lit.:** W. Burkert, Griech. Religion (1977) 200–207. – H. Schwabl, Z. (1978). – K. W. Arafat, Classical Z. (1990).

Zeuxippe, eine der ↗ Najaden, Gattin des myth. athen. Königs Pandion, Mutter der Zwillinge Erechtheus und Butes sowie der Prokne und der Philomele.

Zeuxis aus Herakleia (Großgriechenland), einer der bedeutendsten griech. Maler im späten 5. Jh. v. Chr. galt als Schüler des Apollodoros von Athen und war bekannt für seine kunstvolle Schattengebung und seine perspektiv. und illusionist. Darstellungen. Sein Werk ist in Legenden überliefert, wobei bes. eines seiner Bilder gerühmt wurde, das so realistisch gemalt war, dass vorbeifliegende Vögel versucht haben sollen, an den aufgemalten Trauben zu picken. Berühmt war ferner ein Bild von Helena für den Hera-Tempel bei Kroton (Unteritalien) und die Darstellung einer Kentaurenfamilie. **Lit.:** H, Körner, Die Trauben des Z.: Formen künstler. Wirklichkeitsaneignung (1990).

Ziege (gr. aix; lat. capra), älteste (nämlich seit dem 7./6. Jt. v. Chr.) bezeugte Haustierart. In Trocken- oder Wüstenrandgebieten bot die genügsame Z. Milch, Fleisch und Häute. Funde in Griechenland weisen darauf hin, dass unterschiedl. Rassen mit verschiedenen Hörnerformen gezüchtet wurden; bildl. Darstellungen vieler Kulturen zeigen sie als Zug- oder Opfertiere; auf einer delph. Münze wird Poseidon von einer Ziege begleitet. Die Häute der Z. dienten der Produktion von Schläuchen, die bei langen Reisen durch Trockengebiete lebensnotwendig waren, Haare und Fell der Herstellung von Kleidung und Wolle. ↗ Amalthea

Ziegel, aus Lehm, Z.-Ton, gemahlenem Ton oder Z.-Split geformte und gebrannte künstl. Steine (Backsteine), die zur Dachabdeckung oder zum Mauern (↗ Mauertechnik) verwendet wurden. Die luftgetrockneten Lehm-Z. waren in Griechenland schon im 2. Jh. v. Chr. bekannt, wurden in größerem Ausmaß aber erst etwa seit dem 4. Jh. v. Chr. von gebrannten, einheitlich geformten Mauer-Z.n aus Ton abgelöst. Diese waren wesentlich größer und flacher als heutige Z. und konnten auch als Fußbodenplatten verwendet werden (z. B. bei ↗ Heizungen). Es gab für einzelne Bauelemente verschiedene Z.-Typen (z. B. Hohl-Z.). Die Mauer-Z. wurden zumeist mit einem Wandverputz verkleidet,

auf dem Idagebirge bei Nymphen und Kureten auf und wird von der Ziege Amaltheia ernährt. Mit einem Zaubermittel von Metis bringt Z. später seinen Vater dazu, seine Geschwister Hestia, Demeter, Hera, Hades und Poseidon wieder auszuspeien. Mit ihnen und der Unterstützung der Kyklopen und Hekatoncheiren führt Z. einen zehnjährigen Krieg um die Weltherrschaft gegen Kronos und dessen Brüder, die ↗ Titanen, die sie nach dem Sieg in den Tartaros einsperren, wo sie von den Hekatoncheiren bewacht werden. Bei der Aufteilung der Welt erhält Z. den Himmel, Poseidon das Meer und Hades die Unterwelt. Mit zahllosen Geliebten zeugt Z. eine Vielzahl von Kindern. Er verschlingt die mit Athene schwangere Metis, als er erfährt, dass diese bei ihrer nächsten Geburt einen größeren Gott hervorbringen werde, als er selbst sei. Darauf bekommt er furchtbare Kopfschmerzen und ruft Hephaistos zu Hilfe. Dieser spaltet ihm den Schädel, dem die Göttin Athene, erwachsen und in voller Kriegsmontur, entspringt. Mit seiner Frau Hera zeugt er Ares, Hebe, Eileithyia und Hephaistos, mit Thetis die Horen und die Moiren, mit Leto die Zwillinge Apollon und Artemis, mit Demeter Persephone, mit Dione Aphrodite (bei Homer), mit Eurynome die Chariten und mit Mnemosyne die Musen. Z. schwängert auch Sterbliche, darunter Io, Kallisto, Semele, die Mutter

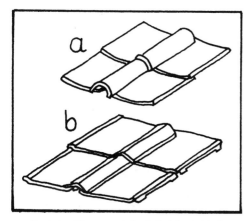

Dachziegelformen: a lakonisch, b korinthisch

manchmal aber auch als schmückendes Element eingesetzt und waren bes. charakterist. Baumaterial römerzeitl. Gebäude. Z. wurden aber auch zum Dachdecken verwendet; die Hauptformen waren die lakon., die korinth. und die sizil. Z. Die einzelnen Sorten wurden unterschieden in Flach-Z. (Strotere), die nebeneinander auf dem Dach liegenden Z. (sie waren beim lakon. Dach konvex und beim korinth. Dach flach), Deck-Z. (Kalyptere), die die Fugen überdeckten und entweder konvex (lakon. Dach) oder dachförmig (korinth. Dach) sein konnten und auch die abschließenden First-Z. bildeten (Akrotere; zuweilen ornamental oder figürlich ausgebildet) sowie Rand-Z. bzw. Stirn-Z. (Antefix; z.T. mit Bemalung), die an der Traufe endeten. **Lit.:** G. Gruben, Die Tempel der Griechen (⁴1986). – W. Müller-Wiener, Griech. Bauwesen in der Antike (1988).

Zikạde (gr. tẹttix, lat. cicạda). Mehrere Arten dieses Insekts waren im Mittelmeerraum und Vorderasien bekannt. Die Z. galt als Vorbote des Sommers, aber auch als Symbol feiner Dichtkunst, und wurde dem Bereich des Apollon und der Musen zugeordnet. Die jon. Bewohner Attikas sahen sie als Symbol ihrer eigenen autochthonen Herkunft im Unterschied zu den dor. Einwanderern, da sich die Z. ebenfalls »aus der Erde« zu entwickeln schien.

Zimt (gr. kinnamon, lat. cịnnamum), aus ⁊ Indien stammendes ⁊ Gewürz, das als Rinde oder Pulver gehandelt wurde.

Zinn ⁊ Bergbau

Zinnọber. Der aus Quecksilber hergestellte Grundstoff für leuchtendes Rot war in der Antike weit verbreitet. Ephesos beherbergte eine Reihe von Z.-Werkstätten, Athen hatte um 400 v. Chr. ein Spezialverfahren zur Herstellung des Z. entwickelt. Die Römer schlossen im 2. Jh. v. Chr. die ephes. Werkstätten und verlegten die als Monopol verpachtete Fabrikation nach Rom. Medizin. Publikationen wiesen auf die tox. Wirkung und die damit verbundene Gesundheitsgefährdung durch Quecksilber hin.

Zinsen. Versuche der staatl. Festlegung des Zinsfußes oder der Abschaffung der Z. blieben erfolglos. Der in hellenist. und röm. Zeit festgelegte, doch oft überschrittene Zinssatz betrug 2 %, bei den ⁊ Seedarlehen aufgrund des höheren Risikos jedoch deutlich mehr.

Zirkumflex ⁊ Akzent

Zirkus ⁊ Circus

Zisterne, unterirdisch angelegte Vorrichtung (Behälter, Kammer) zum Sammeln und Speichern von Niederschlagswasser. Z.n spielten bes. in Orten ohne eigene Quelle oder eigenen Brunnen eine große Rolle, damit eine ausreichende Versorgung mit Trinkwasser gewährleistet war. Neben bescheidenen Z.n in Privathäusern (oft unter dem Impluvium, ⁊ Haus), wurden auch solche mit mehreren Speichern, die aufwendig miteinander verbunden sein konnten und z.T. monumentale Ausmaße annehmen konnten (z.B. die spätantike Z. von Konstantinopel), gebaut. **Lit.:** R. Tölle-Kastenbein, Antike Wasserkultur (1990).

Zodiakọs (gr. »Tierkreis«), Zone am Himmel, die von den zwölf in der Ekliptikebene liegenden Sternbildern der Tierkreises besetzt ist. Die Sonne wandert scheinbar durch diesen Gürtel als Spiegelbild des jährl. Erdumlaufs um die Sonne (Ekliptik). Nach antiker Auffassung erstreckte sich der Z. in einer Breite von 12 Grad beiderseits der Sonnenbahn. Der Z. entsteht bes. durch Streuung des Sonnenlichts an interstellaren Materialteilchen; eine pyramidenförmige Lichterscheinung ist das ganze Jahr zu verschiedenen Zeiten am Himmel zu sehen (Zodiakallicht). Die Sternbilder des Z. sind: Widder, Stier, Zwillinge, Krebs, Löwe, Jungfrau, Waage, Skorpion, Schütze, Steinbock, Wassermann und Fische. Wegen des Vorlaufs der Erdachse steht die Sonne zu Beginn des Frühjahrs (21. 3.) heute am Aufgang des Sternbildes Fische (gr. ichthyes, lat. pisces), nicht wie in antiker Zeit zu Beginn des Widders (gr. krios, lat. aries). Obwohl die wissenschaftl. Betrachtung des Z. als Ganzes erst relativ spät erfolgte, fällt die Zusammenfassung einzelner Sterne zu Bildern in die Frühzeit. Vorstellungen vom Z. finden sich in der ägypt., babylon. und der griech.-röm. Kultur. Die Sternbilder des Z. dienten in der Antike Seefahrern und Reisenden als Orientierungshilfe. In der ⁊ Astrologie erscheinen die Zeichen des Z. als Verkörperung menschl. Gestalttypen. Sonne, Mond und Planeten sind dem Z. zugeordnet und beeinflussen diese durch ihren Lauf, sog. »Tag- und Nachthäuser« der Zeichen. **Lit.:** H. G. Gundel, Z. (1992).

Zoịlos aus Amphipolis, griech. Redner und kyn. Philosoph, 4. Jh. v. Chr.; er polemisierte gegen Platon und Isokrates; seine Homer-Kritik brachte ihm den Namen Homeromastix (»Homergeißel«) ein.

Zoll. Ein- und Ausfuhrzölle bes. im Seehandel für Waren aller Art sind schon aus der Zeit Homers bekannt. Athen erhob verstärkt seit dem Ende des 5. Jh. v. Chr. Z., ebenso das ptolemäische Ägypten; bes. bei Luxusgütern konnte Z. (in einer Höhe von bis zu 50 % des Handelswertes) zu einer bedeutenden Einnahmequelle für den Staat werden. Im röm. Reich wurden an den Grenzen Gebühren (*portoria*) verlangt, die von privaten Steuerpächtern (*publicani*) erhoben wurden; einige Provinzen waren durch Zollgrenzen geschieden; auch viele freie Städte besaßen das Recht, Z. zu erheben. Die Höhe der Zölle betrug in der frühen Kaiserzeit in der Regel 2,0–2,5 %, in Syrien und Ägypten 25 % des Warenwertes, bis ein oström. Reich ein einheitl. Satz von 12,5 % festgesetzt wurde. Gerade in der röm. Kaiserzeit stellten die Z. neben direkten ⁊ Steuern einen erhebl. Anteil der Staatseinahmen.

Zoologie (gr., »Lehre von den Lebewesen«). Die Naturphilosophie ordnete die Tiere in das Weltganze ein, die Sophisten beobachteten das Verhalten der Tiere und zogen Rückschlüsse auf den Menschen. Aristoteles beeinflusste als Vater der wissenschaftlich betriebenen Z. mit seinen Hauptschriften (*Tiergeschichte, Teile der Tiere, Über die Seele*) das zoolog. Denken bis ins 18. Jh. Seine Einteilung der Tiere und seine Methode der vergleichenden Anatomie (Analogie und Korrelation) sind teilweise noch heute maßgebende Kriterien. Die Stoiker (Zenon, Seneca) beschäftigten sich bes. mit Tierpsychologie und Fragen zu den Instinkten der Tiere. In hellenist. Zeit entstand der sog. ⁊ *Physiologus,* ein Tierbuch, dessen Ergebnisse bis ins späte MA bekannt waren.

zoon politikon (gr., »polit., d. h. in einer Polis lebendes Wesen«), berühmte Definition des ⁊ Aristoteles, dass der Mensch ein in einer polit. Gemeinschaft lebendes Wesen sei.

Zoroaster ⁊ Zarathustra

Zosimos, spätantiker griech. Historiker, schrieb um 500 eine röm. Geschichte in sechs Büchern, die von Augustus bis zur Einnahme Roms durch Alarich (410) reichte. Durch seine christenfeindl. Tendenz wurde er nur wenig benutzt, stellt aber bes. für die Spätantike eine wichtige Quelle dar.

Zucker ⁊ Süßstoffe

Zweite Sophistik ⁊ Rhetorik, Sophistik

Zwölfgötter, die in Rom 217 v. Chr. aufgrund eines Orakels der Sibylle eingeführten und mit röm. Namen versehenen sechs griech. Götterpaare Jupiter/Juno, Neptun/Minerva, Mars/Venus, Apollo/Diana, Vulcanus/Vesta, Mercurius/Ceres.

Zwölftafelgesetze, die älteste Kodifikation des röm. Rechts, der Überlieferung nach 451/50 v. Chr. durch die ⁊ *decemviri legibus scribundis* auf zwölf Tafeln vorgenommen, die auf dem Forum Romanum aufgestellt waren. In ihnen waren nacheinander die wichtigsten Bestimmungen des Zivilprozessrechts (I-III), des Familien- und Erbrechts (IV-V), des Sachenrechts (VI-VII) sowie des Strafrechts (VIII-IX) und Sakralrechts (X) geregelt. Die Tafeln XI und XII enthielten verschiedene Ergänzungen. Obwohl die ursprünglichen Tafeln beim Galliersturm (387 v. Chr.) zerstört wurden, bildeten sie die unverzichtbare Grundlage für die röm. Rechtsentwicklung, die bes. durch ergänzende Interpretationen zu den Z. erfolgte. Selbst die Rechtskodifikation des Kaisers Justinianus war noch stark von den Z.n beeinflusst. Durch Zitate bei späteren Schriftstellern konnten Teile der ur-

sprüngl. Texte rekonstruiert werden. **Lit.:** L. Wenger, Die Quellen des röm. Rechts (1953). – R. Düll, Das Zwölftafelgesetz (⁶1989).

Zyklopen ⁊ Kyklopen

Zyniker ⁊ Kyniker

Zypern (gr. Kypros, lat. Cyprus), drittgrößte Insel des Mittelmeeres. Die Inselnatur wird geprägt von einem schmalen Küstenstreifen, zwei großen Gebirgsketten und einer zentralen Tiefebene. In der jüngeren Bronzezeit (1600–1050) etablierte sich Z. wegen seiner wertvollen Kupfervorkommen und zentralen Lage als wichtigster Handelsplatz im östl. Mittelmeerraum. Im 14. Jh. v. Chr. näherte sich Z. durch Zuwanderung von Achäern ⁊ Myken. Kultur an. Neben der griech. Sprache führten die Kolonisten auch das Stadtkönigtum als polit. Organisationsform ein. Ab dem 10. Jh. ging die Bedeutung des Griechenlandhandels in Z. zurück, die phöniz. Städte wie Sidon und Tyros wurden die wichtigsten Umschlagplätze für Waren aus Z.; so gründete Tyros auf Z. die Kolonie Kition. Im 7. Jh. gehörte Z. wie auch die phöniz. Städte zum Assyr. Reich, wurde ca. 669 unabhängig und erlebte eine kulturelle Blüte. ⁊ Ägypten unter König Amasis unterwarf in der 2. Hälfte des 6. Jh. die Insel, doch schon vor der Eroberung Ägyptens durch die Perser unterwarf sich Z. dem pers. Großkönig ⁊ Kyros und wurde Teil der 5. ⁊ Satrapie. Die traditionellen Stadtkönigtümer blieben weiter bestehen. Mehrere Städte (z. B. ⁊ Paphos, ⁊ Salamis, ⁊ Soloi) beteiligten sich am ⁊ Jon.

Zwei Mutter-Figuren aus Terrakotta; die linke aus dem 19. oder 18. Jh. v. Chr., die rechte (gefunden bei Enkomi) zwischen 1450 und 1200 v. Chr.

Aufstand (500–494), wurden aber von den Persern wieder unterworfen. Euagoras I., König von Salamis, begann 392 ganz Z. zu erobern, gründete den ›Salam. Bund‹ und kämpfte zehn Jahre lang gegen die Perser. Im ↗ Königsfrieden 386 wurde Z. wieder den Persern unterstellt, Euagoras zog sich aber erst 380 nach Salamis zurück. Während der Belagerung von Tyros schloß sich Z. Alexander d.Gr. an. Die Ptolemäer sicherten sich in den Diadochenkämpfen Z., das somit wieder zu Ägypten kam; ein Vizekönig verwaltete die Insel. König Ptolemaios Auletes verpfändete die Insel 58 als Sicherheit für ein großes Darlehen an Rom, das Z. der Provinz Cilicia (↗ Kilikien) unterstellte. 30 wurde Z. zu einer eigenen Provinz, Salamis wurde Provinzhauptstadt, die 15 Städte der Insel schlossen sich in einem Koinon zusammen. Früh gehörte Z. zum christl. Missionsgebiet (↗ Paulus), die große jüd. Gemeinde wurde nach Aufständen 115/16 n. Chr. von Kaiser Hadrian vertrieben. – Die kulturelle Entwicklung Z.s ist geprägt von der über die Jahrhunderte vermittelnden Position der Insel zwischen griech. Kulturkreis und dem Vorderen Orient. Die auf der Insel entwickelte Silbenschrift wurde bis ins 3. Jh. v. Chr. verwendet, wenn auch nur noch zum Abfassen griech.

Texte. Die in Inschriften fassbare eteocypr. und damit vorgriech. Sprache, die noch bis ins 4. Jh. v. Chr. nachgewiesen ist, konnte zwar durch eine Bilingue entziffert werden, doch blieben die Texte bisher unverständlich. bes. die Architekturfragmente aus der Zeit der Unabhängigkeit belegen den betont eigenständigen Stil (Königsgräber dieser Zeit). Ab der Mitte des 5. Jh. erstarrte jedoch das Eingenleben der zypriot. Kunst, bes. ›att.‹ Keramik wurde nun auf Z. hergestellt. In röm. Zeit wurde die Eigenart in der Kunst Z.s vollends aufgegeben. **Lit.:** G. Hill, A History of Cyprus (1972). – V. Karageorghis, Cyprus (1981).- F. G. Maier, Cypern. Insel am Kreuzweg der Geschichte (1982). – ASM (1999).

Zypresse (gr. kyparissos, lat. cupressus). Der für mediterrane Landschaften charakterist., dunkle Baum ist im Mythos mit einem schönen Jüngling verbunden, der die Liebe Apollons verschmähte und in eine Z. verwandelt wurde. Als Schattenspender, der einen wohltuenden Harzduft ausströmte, war die Z. in antiken Gärten und Hainen beliebt. Das starke, witterungsfeste Holz eignete sich bes. zur Herstellung von Kästen und Truhen. **Lit.:** M. Caroll-Spilleke, Der Garten von der Antike bis zum MA (1992).

Anhang

Zeittafel

Nicht mehr als Näherungswerte können viele der hier in Auswahl präsentierten Daten der historisch-politischen wie der *kulturell-literarischen* Geschichte sein (auf den Zusatz *ca.* wurde verzichtet). Dies gilt insbesondere für die Angaben zur Wirkungszeit von Literaten und Künstlern und für fast alle Angaben bis ins 6. Jh. v. Chr.

1600–1125	Mykenische Epoche	540	*Wirken des Hipponax, des Ibykos und*
1300–1200	*Linear-B-Täfelchen*		*des Theognis*
1200–1125	Zerstörung der myken. Städte	533	*Athen: Thespis soll den ersten Tragö-*
1184	Trad. Datum für den Fall Trojas		*dienwettbewerb bei den Dionysien*
1150	Beginn der Dunklen Jahrhunderte		*gewonnen haben*
	Dorische Wanderung	530	*Beginn der rotfigurigen Keramik*
1050	Griechenland: Beginn der Eisenzeit		*Wirken des Anakreon und des Pytha-*
1050–900	Jonische Wanderung		*goras*
	Protogeometrische Keramik	525	*Aischylos geb. (gest. 456)*
1000	Italien: Beginn der Eisenzeit	518	*Pindar geb. (gest. nach 446)*
875–750	*Geometrische Keramik*	510	Athen: Sturz der Peisistratiden
814	Karthago: Gründung durch Phönizier		(»Tyrannenmord«)
776	Olympia: Erste Olympische Spiele	509	Rom: Vertreibung der Könige; Beginn
753	Gründung Roms		der röm. Republik
750–600	Griech. Kolonisation im Mittelmeer-		*Rom: Weihung des Jupiter-Tempels auf*
	raum		*dem Kapitol*
	Spätgeometrische Keramik (bis 720)	508	Athen: Beginn der demokrat. Refor-
	Erste schriftl. griech. Zeugnisse		men des Kleisthenes
735–715	Sparta: 1. Messen. Krieg	500	*Wirken des Hekataios, des Heraklit*
733	Syrakus: Gründung als griech. Kolonie		*und des Phrynichos*
720–620	*Orientalisierende Epoche*	499	Beginn des Jon. Aufstands gegen die
700	*Wirken von Homer und Hesiod*		Perser
660	Byzanz: Gründung	496	Regillus-See: Schlacht zwischen
	Wirken des Kallinos und des		Römern und Latinern
	Terpandros	494	Milet: Zerstörung durch die Perser
650–620	Sparta: 2. Messen. Krieg	490	Einfall der Perser in Griechenland;
	Wirken des Archilochos und des		griech. Sieg bei Marathon
	Semonides		*Herodot geb. (gest. 425)*
640–630	*Wirken des Alkman, des Mimnermos*	486	*Athen: Erste Komödienaufführung bei*
	und des Tyrtaios		*den Dionysien;*
625–600	Milet: Thrasybulos Tyrann		*Aischylos siegt erstmals bei einem*
625–585	Korinth: Periander Tyrann		*Tragödienwettbewerb*
621	Athen: Gesetzgebung Drakons	480	Erneuter Einfall der Perser in
620–480	*Archaische Epoche in der Kunst*		Griechenland
610	*Beginn der schwarzfigurigen Keramik*		Schlachten bei Artemision, den
600	Massalia (Marseille): Gründung		Thermopylen und Salamis
	Wirken des Alkaios, der Sappho und		Athen: Zerstörung der Akropolis
	des Thales		*Wirken des Parmenides*
594	Athen: Solons Reformen *(und*		Einfall der Karthager in Sizilien;
	Gedichte)		Abwehr bei Himera
590	Italien: Gründung des Zwölf-Städte-	479	Schlachten bei Plataiai und
	Bundes durch Etrusker		Mykale
	Delphi: Statuen von Kleobis und Biton	478	Gründung des 1. Delisch-Attischen
582	Delphi: Die ersten Pythischen Spiele		Seebundes
581	Korinth: Die ersten Isthmischen	474	Sieg Hierons I. über die Etrusker bei
	Spiele		Cumae
573	Nemea: Die ersten Nemeischen Spiele	470	*Wirken des Bakchylides. Sokrates geb.*
560–556	Athen: Peisistratos erstmals Tyrann		*Olympia: Bau des Zeus-Tempels*
	Ephesos: Bau des Artemis-Tempels	468	*Athen: Sophokles siegt erstmals in*
560–546	Lydien: Kroisos König		*einem Tragödienwettbewerb*
550	*Wirken des Anaximenes und des*	467	Griech. Sieg über die Perser am
	Phokylides		Eurymedon
546–527	Athen: Peisistratos wieder Tyrann	464	Sparta: Helotenaufstand

462	Athen: Demokrat. Reformen des Ephialtes	400	Sparta: Krieg gegen Persien (bis 386)

462 | Athen: Demokrat. Reformen des Ephialtes
Athen: Wirken des Anaxagoras
461 | Aufstieg des Perikles
Athen: Beginn des Baus der Langen Mauern
460 | *Demokrit, Hippokrates, Thukydides geb.*
457 | *Lysias geb. (gest. 380)*
455 | *Athen: Euripides nimmt erstmals am Tragödienwettbewerb teil*
450 | Rom: Zwölf-Tafel-Gesetz
Kallias-Friede
Wirken des Empedokles und des Zenon von Elea
447 | Athen: Niederlage bei Koroneia
Athen: Baubeginn des Parthenon
446 | Athen: Dreißigjähriger Friede mit Sparta
445 | *Aristophanes geb. (gest. 385)*
440 | *Andokides geb. (gest. 390)*
438 | *Athen: Statue der Athena Parthenos von Phidias*
436 | *Isokrates geb. (gest. 338)*
431 | Beginn des Peloponnesischen Kriegs (bis 404)
Gefallenenrede des Perikles
430 | Athen: Pest
*Wirken des Demokrit, des Hippokrates, des Meton und des Protagoras
Plastiken des Polyklet; Zeus-Statue des Phidias in Olympia*
429 | Tod des Perikles
428 | *Xenophon geb. (gest. 354)*
427 | *Platon geb. (gest. 347). Gorgias in Athen*
425 | Athen: Einnahme von Sphakteria
424 | Athen: Niederlage bei Delion
422 | Tod des Brasidas und des Kleon
421 | Nikias-Friede
420 | *Wirken des Hippias und des Prodikos*
415–413 | Athen: Sizilische Expedition
411 | Athen: Oligarchischer Umsturz
407 | Athen: Niederlage gegen die Spartaner bei Notion
406 | Athen: Seeschlacht bei den Arginusen
Tod des Sophokles und des Euripides
405 | Athen: Vernichtung der Flotte bei Aigospotamoi
Syrakus: Dionysios I. wird Tyrann
404 | Athen: Kapitulation; Herrschaft der Dreißig Tyrannen
Beginn der spartanischen Vorherrschaft in Griechenland (bis 371)
403 | Athen: Wiederherstellung der Demokratie
401 | Zug der Zehntausend unter Kyros d.J. (*Xenophon, Anabasis*)
Schlacht bei Kunaxa. Tod des Kyros

400 | Sparta: Krieg gegen Persien (bis 386)
*Wirken des Antisthenes
Diogenes geb. (gest. 325)*
399 | Athen: Prozess und Tod des Sokrates
396 | Rom: Eroberung von Veji
395–386 | Korinthischer Krieg
390 | *Praxiteles geb. (gest. 330/320);
Aischines geb. (gest. 322)
Megara: Gründung der Philosophenschule des Euklid*
390/386 | Rom: Eroberung durch die Gallier
385 | *Athen: Gründung der Akademie durch Platon*
384 | *Aristoteles geb. (gest. 322);
Demosthenes geb. (gest. 322)*
377 | 2. Attischer Seebund gegründet
371 | Schlacht bei Leuktra begründet die Hegemonie Thebens
370 | *Theophrast geb. (gest. 287)*
365 | *Krates geb. (gest. 285); Pyrrhon geb. (gest. 270)*
362 | Schlacht bei Mantineia beendigt die Hegemonie Thebens; Tod des Epameinondas
Allgemeiner Friede (Koine Eirene) in Griechenland (ohne Sparta)
359–336 | Philipp II. König von Makedonien
357–355 | Aufstand von Seebundmitgliedern gegen Athen (Bundesgenossenkrieg)
356 | Geburt Alexanders d.Gr.
355 | *Isokrates' Rede Über den Frieden*
355–352 | Heiliger Krieg der Delphischen Amphiktyonie
352/51 | *Demosthenes' 1. Rede gegen Philipp*
350 | *Bau des Mausoleums in Halikarnassos*
348 | Philipp II. erobert die Chalkidike; Zerstörung von Olynth
Platon gest.
346 | Philokrates-Frieden
343–341 | Rom: 1. Krieg gegen die Samniten
342 | *Menander geb. (gest. 292)*
341 | Timoleon besiegt die Karthager am Krimisos
Epikur geb. (gest. 271)
340 | Byzanz: Belagerung durch Philipp II.
Wirken des Ephoros und des Theopomp
338 | Niederlage der Griechen gegen die Makedonen bei Chaironeia
Rom: Sieg über die Latiner
336 | Ermordung Philipps II.; Alexander wird König Makedoniens
335 | *Athen: Aristoteles gründet das Lykeion*
334 | Schacht am Granikos
333 | Schlacht bei Issos
331 | Alexandria: Gründung durch Alexander d.Gr.
Schlacht bei Gaugamela
330 | Zerstörung von Persepolis
Wirken des Lysipp

327	Rom: 2. Krieg gegen die Samniten (bis 304)	196	Röm. Freiheitserklärung für Griechenland
326	Schlacht am Hydaspes; Alexander besiegt Poros	192–188	Syrischer Krieg (Rom gegen Antiochos d.Gr.)
323	Babylon: Tod Alexanders d.Gr.	185	*Panaitios geb. (gest. 109)*
323–322	Lamischer Krieg	184	Cato Zensor in Rom
321	Antipater übernimmt die Regentschaft im Alexanderreich	183	Tod Scipios d.Ä.
	Rom: Niederlage gegen die Samniten bei den Caudinischen Pässen	182	Tod Hannibals in Bithynien
		180	*Alexandria: Aristarch von Samothrake Leiter der Bibliothek*
317–307	Athen: Regierung des Demetrios von Phaleron		*Wirken des Pacuvius (220–130)*
312	Rom: Zensur des Appius Claudius Caecus	172–168	3. Makedonischer Krieg
		168	Röm. Sieg bei Pydna
311–306	Syrakus: Krieg des Agathokles gegen die Karthager	167	*Rom: Ankunft des Polybios als Geisel*
307	Athen: Eroberung durch Demetrios Poliorketes		*Rom: Eintreffen der Bibliothek des Makedonenkönigs Perseus*
	Athen: Epikur gründet seine Schule (»Kepos«)	166–159	*Wirken des Terenz*
306	»Jahr der Könige«	155	*Rom: Eintreffen der griech. »Philosophengesandtschaft«*
301/00	*Athen: Zenon von Kition gründet die Stoa*	149–146	3. Punischer Krieg
298–290	Rom: 3. Krieg gegen die Samniten		*Catos Origines*
297–272	Feldzüge des Pyrrhos	146	Karthago: Plünderung und Zerstörung; Errichtung der Provinz Africa
295	*Alexandria: Zenodot Leiter der neugegründeten Bibliothek*		Korinth: Plünderung und Zerstörung; Auflösung des Achäischen Bundes
	Wirken des Euklid	145	*Wirken des Lucilius*
284	*Livius Andronicus geb. (gest. 204)*	143–133	Rom: Krieg gegen Numantia; Unterwerfung Spaniens
283	Ptolemaios I. gest.; Ptolemaios II. Alleinherrscher		*Wirken des Accius*
279	Makedonien: Einfall der Gallier	133	Zerstörung von Numantia
270	*Wirken des Aratos, des Aristarchos von Samos, des Herondas, des Kallimachos und des Theokrit*		Rom erbt das Reich Attalos' III. von Pergamon
			Volkstribunat des Tiberius Sempronius Gracchus (ermordet)
	Naevius geb. (gest. 190)	129	Tod des Scipio Aemilianus
266–262	Chremonideischer Krieg; Einnahme Athens durch den Makedonenkönig	123	Volkstribunat des Gaius Sempronius Gracchus (Tod 121)
264	*Erste Gladiatorenspiele in Rom*	116	*Varro geb. (gest. 27)*
264–241	1. Punischer Krieg	111–105	Rom: Krieg gegen Jugurtha
250	*Wirken des Apollonios Rhodios*	107–100	Reformen des Marius
240	*Wirken des Archimedes und des Eratosthenes*	106	*Cicero geb.*
		105	Rom: Niederlage gegen die Kimbern und Teutonen
	Erste Aufführungen des Livius Andronicus	102	Marius siegt über die Teutonen bei Aquae Sextiae
221–179	Philipp V. König von Makedonien	101	Marius siegt über die Kimbern bei Vercellae
219	Hannibal erobert Sagunt	100	Caesar geb.; *Cornelius Nepos geb.*
218–202/201	II. Punischer Krieg		*(gest. 25)*
217	Rom: Niederlage am Trasimenischen See	98	*Lukrez geb.*
216	Rom: Niederlage bei Cannae	91–89	Rom: Bundesgenossenkrieg
214–205	1. Makedonischer Krieg		*Wirken des Poseidonios*
202	Rom: Sieg bei Zama; Unterwerfung Karthagos	89–85	1. Mithradatischer Krieg
		86	Athen: Eroberung durch Sulla
200–197	2. Makedonischer Krieg		*Sallust geb. (gest. 35)*
	Alexandria: Aristophanes von Byzanz Leiter der Bibliothek	84	*Rom: Sulla bringt die Bibliothek von Aristoteles und Theophrast nach Rom*
	Wirken des Ennius und des Plautus		*Catull geb.*
197	Schlacht bei Kynoskephalai	83–82	2. Mithradatischer Krieg

82–80	Rom: Reformen Sullas	28	*Rom: Weihung des Apollo-Tempels auf*
	Bürgerkrieg in Italien		*dem Palatin*
	Sertorius geht nach Spanien		*Vitruvs De architectura*
74–63	3. Mithradatischer Krieg	27	Beginn des Prinzipats des Augustus
73–71	Sklavenaufstand unter Spartacus		*Rom: Agrippa erbaut das (erste)*
70	Crassus und Pompeius Konsuln		*Pantheon.*
	Verres-Prozess	25	*Laokoon-Gruppe*
	Vergil geb.	23	Augustus erhält *tribunicia potestas* auf
69	*Gallus geb. (gest. 26)*		Lebenszeit.
66–62	Pompeius im Osten		*Horaz publiziert die ersten 3 Oden-*
65	*Horaz geb.*		*Bücher.*
63	Cicero Konsul, Verschwörung	20	Agrippa in Gallien und am Rhein,
	Catilinas		Tiberius in Armenien
	Augustus geb.		*Ovid publiziert die erste Ausgabe der*
	Fall Jerusalems		*Amores.*
60	Erstes Triumvirat (Caesar, Crassus,		Rom: Errichtung des Mars-
	Pompeius)		Ultor-Tempels (Einweihung 2 v. Chr.)
59	Caesar erstmals Konsul	19	*Tibull und Vergil gest.*
	Livius geb.	17	Rom: Säkularfeier;
58–57	Cicero in der Verbannung		*Horaz' Carmen Saeculare*
58–49	Caesars Gallischer Krieg. *Caesars*	12	Tod Agrippas. Beginn der Germanien-
	Commentarii		feldzüge des Drusus
55	*Lukrez gest. Tibull geb.*	9	Tod des Drusus an der Elbe
	Rom: Erstes steinernes Theater		*Rom: Weihung der Ara Pacis*
54	*Catull gest.*	8	Tiberius in Germanien
53	Carrhae: Niederlage und Tod des		*Horaz und Maecenas gest.*
	Crassus	6 (?)	Jesus Christus geb. (gest. 30?)
50	*Properz geb. (gest. nach 16)*	4	Herodes d.Gr. gest.
49	Caesar überschreitet den Rubicon;		*Seneca d.J. geb.*
	Röm. Bürgerkrieg		
48	Pharsalos: Caesar besiegt Pompeius.	**n. Chr.**	
	Caesar in Ägypten	4	Augustus adoptiert Tiberius.
47	*Alexandria: Brand der Bibliothek*		Tiberius und Germanicus in Germa-
47–44	Diktatur Caesars		nien
46	Schlacht bei Thapsus	8	*Ovid an das Schwarze Meer verbannt*
45	Schlacht bei Munda	9	Niederlage des Varus im Teutoburger
	Einführung des Julian. Kalenders		Wald
44	Ermordung Caesars	14	Tod des Augustus; Tiberius wird Kai-
43	2. Triumvirat (Antonius, Lepidus,		ser. Beginn der Julisch-Claudischen
	Octavian)		Dynastie (14–68)
	Ermordung Ciceros	17	*Livius und Ovid gest.*
	Ovid geb.	30	*Wirken des Manilius, des Valerius*
42	Philippi: Octavian kämpft gegen Anto-		*Maximus und des Velleius Paterculus*
	nius	31	Hinrichtung des Prätorianerpräfekten
	Vergils Eklogen		Sejan
40	Vertrag von Brundisium: Octavian und	34	*Persius geb. (gest. 62)*
	Antonius teilen sich die röm. Welt	37	Caligula wird Kaiser.
31	Actium: Octavian besiegt Antonius		*Flavius Josephus geb. (gest. nach 93)*
	und Kleopatra		*Rom: Weihung des Tempels des Divus*
30	Tod des Antonius und der Kleopatra;		*Augustus*
	Ägypten wird röm. Provinz	39–40	Germanienfeldzug des Caligula
	Dionysios von Halikarnassos in Rom		*Lukan geb.*
	(bis 7)	41–54	Caligula wird ermordet, Claudius
29	Dreifacher Triumph für Octavian;		Kaiser
	Schließung der Türen des Janus-Tem-		*Exil Senecas auf Korsika (41–49)*
	pels	44	Claudius' Triumph über Britannien
	Vergils Georgica; Vergil beginnt die		*Pomponius Mela publiziert sein geo-*
	Arbeit an der Aeneis.		*graph. Werk.*
	Properz' Elegien	46	*Plutarch geb. (gest. 120)*
		49	Claudius ehelicht Agrippina.

54	Claudius wird von Agrippina vergiftet, Nero Kaiser	135	Niederwerfung des Bar-Kochba-Aufstandes, Zerstreuung der Juden in alle Welt
55	Vergiftung des Britannicus		
56/57	*Tacitus geb.*	138–161	Antoninus Pius Kaiser
62	Tod des Prätorianerpräfekten Burrus Nero ehelicht Poppaea.	140	1. Konsulat des Mark Aurel (geb. 121) *Wirken des Claudius Ptolemaios*
64	Brand Roms. *Neros Domus Aurea* Erste Christenverfolgungen	143	Fronto Konsul; *Aelius Aristides publiziert seine Romrede.*
65	Pison. Verschwörung *Selbstmorde des Lukan und des Seneca*	150–160	Germanien: Erweiterung des Limes *Wirken des Lukian (115–180)*
66	*Selbstmord des Petron*	155	*Wirken des Apuleius (Metamorphosen)*
66–70	Jüdischer Aufstand		
67	Vespasian als Legat in Judäa	160	*Wirken des Appian, des Gellius und des Pausanias*
68	Neros Tod, Galba wird von Senat und Prätorianern als Kaiser bestätigt.	161–180	Mark Aurel Kaiser
69	Vier-Kaiser-Jahr: Galba, Otho, Vitellius, Vespasian. Beginn der Flavischen Dynastie (69–96)	162–166	*Wirken Galens in Rom*
		167	Rom: Pestepidemie
70	Zerstörung des Tempels in Jerusalem *Valerius Flaccus beginnt die Argonautica.*		Beginn der Markomannenkriege
		174–180	*Mark Aurels Selbstbetrachtungen*
		180–192	Commodus Kaiser
79	Tod Vespasians Ausbruch des Vesuvs, Zerstörung von Pompeji und Herculaneum, *Tod Plinius' d.Ä.*	185	*Wirken des Clemens von Alexandria*
		193–211	Pertinax und Didius Julianus ermordet; Septimius Severus wird Kaiser.
79–81	Titus Kaiser	200	*Wirken des Alexander von Aphrodisias, des Athenaios, des Papinian, des Sextus Empiricus und des Tertullian*
80	*Rom: Ein Brand zerstört u.a. den Jupiter-Tempel auf dem Kapitol. Einweihung des Kolosseums*		*Trier: Porta Nigra*
81–96	Domitian Kaiser	211–217	Septimius Severus stirbt in York; Caracalla wird Kaiser.
84	Baubeginn des Limes in Germanien	212–216	*Rom: Bau der Caracalla-Thermen*
89	Triumph Domitians über die Daker *Rom: Ausweisung von Philosophen (Epiktet) und Astrologen durch Domitian*	218	Caracalla wird ermordet, Macrinus stirbt; Elagabal wird Kaiser. *Rom: Tempel des Sol Invictus auf dem Palatin*
90	*Arrian geb.*		*Schaffenszeit des Diogenes Laertios*
92–93	*Plutarch in Rom*	222	Elagabal und seine Mutter werden ermordet; Severus Alexander wird Kaiser.
95	*Quintilians Institutio oratoria*		
96–98	Domitian wird ermordet, Nerva Kaiser		
97	Nerva adoptiert Trajan. Tacitus Konsul	223	*Ermordung Ulpians*
		229	Konsulat des Severus Alexander und des *Cassius Dio*
98–117	Trajan Kaiser		
100	Plinius d.J. Konsul, *verfasst den Panegyrikus.* *Juvenals Satiren (bis 127)*	230	*Wirken des Herodian und des Origines*
		235–285	Severus Alexander wird ermordet; Beginn der Epoche der Soldatenkaiser: Maximinus Thrax (235–238), Gordian III. (238–244), Philippus Arabs (244–249), Decius (249–251), Trebonianus Gallus (251–253), Valerian und Gallienus (253–260), Gallienus als Alleinherrscher (260–268), Claudius II. Gothicus (268–270), Aurelian (270–275), Tacitus (275–276), Probus (276–282), Carus (282–283), Carinus (283–285)
107	Größte Ausdehnung des Röm. Reiches Rom: Beginn der Errichtung der Trajans-Säule (vollendet 112)		
110	Plinius d.J. Statthalter in Bithynien; *Briefwechsel mit Kaiser Trajan*		
117	*Tacitus gest.*		
117–138	Hadrian Kaiser *Aelius Aristides geb. (gest. 189)*		
122	Britannien: Baubeginn am »Hadrianswall« *Sueton, Kaiserbiographien*	240	*Wirken des Plotin*
		247	Rom: Jahrtausendfeier
125	*Tivoli: Fertigstellung der Hadrians-Villa*	248	*Karthago: Cyprian wird Bischof (hingerichtet 258).*

Die römischen Kaiser

(In Klammern sind Usurpatoren oder Mitregenten aufgeführt.)

Augustus	27. v. Chr./14. n. Chr.
Tiberius	14–37
Caligula	37–41
Claudius	41–54
Nero	54–68
Galba	68–69
Otho	69
Vitellius	69
Vespasian	69–79
Titus	79–81
Domitian	81–96
Nerva	96–98
Trajan	98–117
Hadrian	117–138
Antoninus Pius	138–161
Mark Aurel	161–180
(L. Verus	161–169)
Commodus	177–192
Pertinax	193
Didius Julianus	193
Septimius Severus	193–211
(Pescennius Niger	193–194)
(Clodius Albinus	195–197)
Caracalla	198–217
Geta	209–212
Macrinus	217–218
Elagabal	218–222
Severus Alexander	222–235
Maximinus Thrax	235–238
Gordian I.	238
Gordian II.	238
Balbinus	238
Pupienus	238
Gordian III.	238–244
Philippus Arabs	244–249
Philippus II.	247–249
Decius	249–251
Trebonianus Gallus	251–253
Volusian	251–253
Aemilian	253
Valerian	253–260
Gallienus	253–268
(Postumus	259–268)
Claudius II. Gothicus	268–270
(Victorinus	268–270)
Quintillus	270
Aurelian	270–275
(Tetricus	270–273)
(Vaballath	271–274)
Tacitus	275–276
Florian	276
Probus	276–282
Carus	282–283
Carinus	283–285
Numerian	283–284
Diokletian	284–305
Maximianus Herculius	286–305
(Carausius	286–293)
(Allectus	293–296)
Galerius	305–311
Constantius Chlorus	305–306
Flavius Severus	305–307
Maximinus Daia	307–308
Licinius	307–324
Maxentius	307–312
(Domitius Alexander	308–311)
Konstantin I.	306–337
Konstantin II.	337–340
Constans	337–350
(Magnentius	350–353)
(Nepotianus	350)
(Vetranio	350)
(Silvanus	355)
Constantius II.	337–361
Julian	360–363
Jovian	363–364
Valentinian I.	364–375
(Firmus	372–374)
Valens	364–378
(Procop	365–366)
Gratian	367–383
Valentinian II.	375–392
Theodosius I.	379–395
(Magnus Maximus	383–388)
(Flavius Victor	384–388)
(Eugenius	392–394)

Weströmisches Reich

Honorius	393–423
(Konstantin III.	407–411)
(Priscus Attalus	409–410)
	414–415)
(Maximus	409–411)
	418–421)
(Jovinus	411–413)
Constantius III.	421
(Johannes	423–425)
Valentinian III.	425–455
Petronius Maximus	455
Avitus	455–456
Majorian	457–461
Libius Severus	461–465
Anthemius	467–472
Olybrius	472
Glycerius	473–474
Nepos	474–475
Romulus Augustulus	475–476

Oströmisches Reich

Arcadius	383–408	(Basiliskos	475–476)
Theodosius II.	408–450	(Leontios	484)
Marcian	450–457	Anastasius	491–518
Leo I.	457–474	Justin I.	518–527
Leo II.	474	Justinian I.	527–565
Zeno	474–491		

Stammbäume zur Mythologie

Stammbaum der Atriden

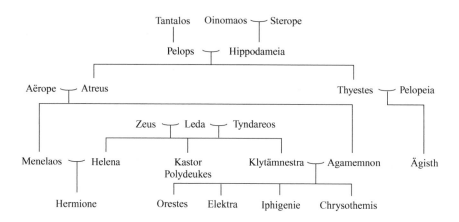

Stammbaum des Aias und Achilleus

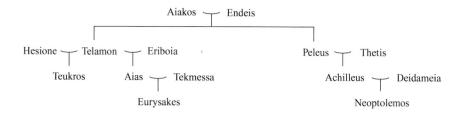

Stammbaum des Ödipus

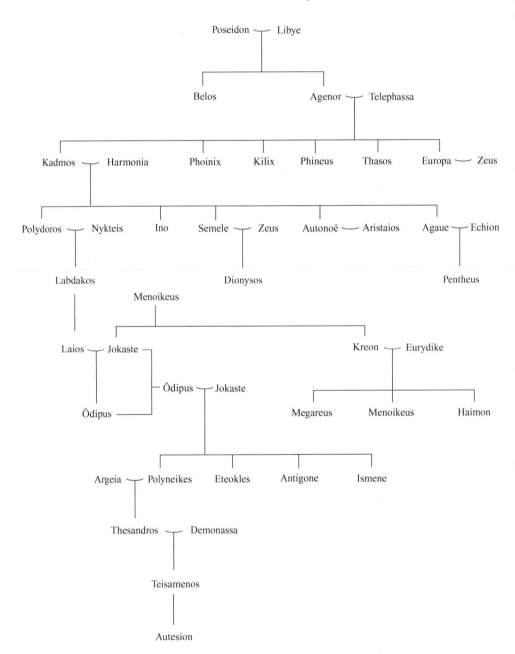

Stammbäume zur Mythologie

Stammbaum der Atriden

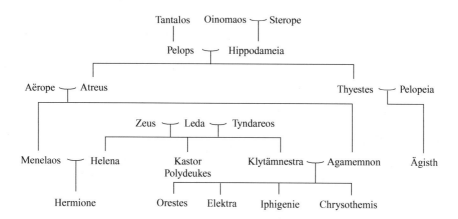

Stammbaum des Aias und Achilleus

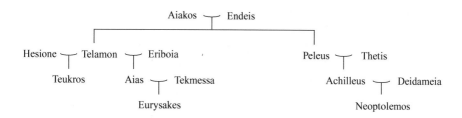

Stammbaum des Ödipus

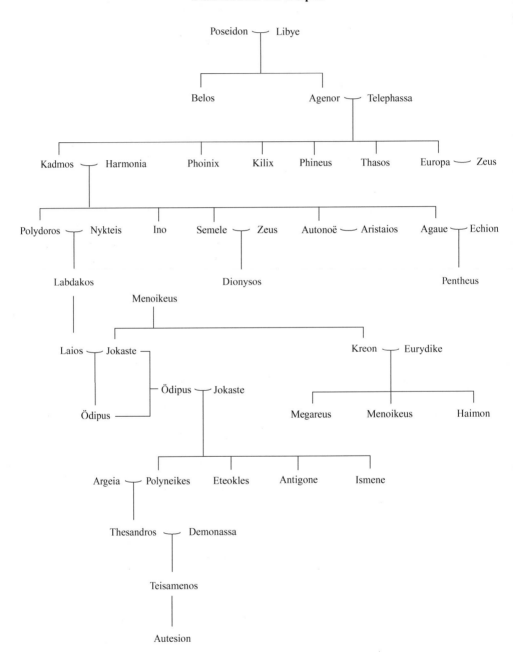

**Götter
und Giganten**

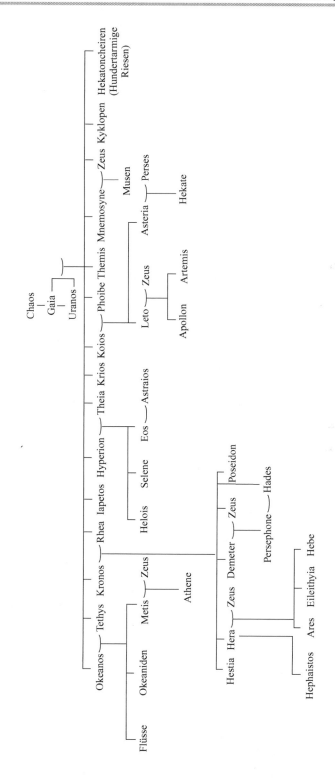

Stammbaum des Herakles

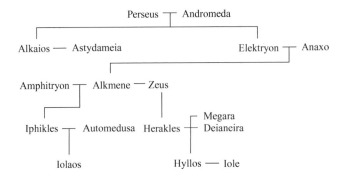

Das trojanische Herrscherhaus

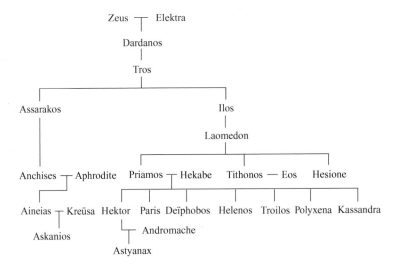

Maße und Gewichte

Die Antike kannte keine allgemeingültigen Maß- und Gewichtsnormen; im folgenden können daher nur Näherungswerte angegeben werden.

Längenmaße

griech.	röm.	Bedeutung	Wert
daktylos	digitus	Finger	0,185 cm
palaiste	palmus	Handbreit	7,4 cm
pus	pes	Fuß	29,6 cm
pechys	cubitus	Elle	44,4 cm
	passus	Doppel-schritt	1,48 m
orgyia		Klafter	1,78 m
plethron		100 Fuß	29,5 m
stadion (att.)			1480 m
parasanges (pers.)			6000 m

Flächenmaße

att.	röm.	Bedeutung	Wert
plethron			876 m²
	iugerum (240×120 Fuß)	Morgen	2523 m²

Hohlmaße für Flüssigkeiten

att.	röm.	Bedeutung	Wert
kyathos	cyathus	Schöpf-becher	0,045 l
kotyle	hemina	Napf	0,27 l
	sextarius	Sechstel (eines congius)	0,55 l
chus	congius	Guss	3,27 l
	urna	Krug	13,1 l
	amphora	Amphore	26,2 l
metretes		Maß	39,4 l

Hohlmaße für feste Stoffe (Getreide)

att.	röm.	Bedeutung	Wert
choinix		Tagesration	1,3 l
	modius	Scheffel	8,7 l
medimnos		Scheffel	52,5 l

Gewichte

att.	röm.	Bedeutung	Wert
chalkus		Kupferstück	0,09 g
obolos		Spießchen	0,73 g
	scripulum	Steinchen	1,14 g
drachme		Handvoll (von Obolen)	4,36 g
stater			8,73 g
	uncia	Zwölftel (eines Pfundes)	27,3 g
	libra	Pfund	327 g
mna	mina	Mine	326 g
talanton	talentum	Talent	2620 g

1 Obole	= 8 Kupferstücke
1 Drachme	= 6 Obolen
1 Stater	= 2 Drachmen
1 Mine	= 100 Drachmen
1 Talent	= 6000 Drachmen

Römische Vornamen

Die 18 röm. Vornamen wurden in der Regel abgekürzt geschrieben (↗ Personennamen).

A.	Aulus	Mam.	Mamercus
App.	Appius	N.	Numerius
C.	Gaius	P.	Publius
Cn.	Gnaeus	Q.	Quintus
D.	Decimus	Ser.	Servius
K.	Kaeso	Sex.	Sextus
L.	Lucius	Sp.	Spurius
M.	Marcus	T.	Titus
M.'	Manius	Ti(b).	Tiberius

Allgemeine Bibliographie

Literatur zur Einführung
Studienbücher
Nachschlagewerke
Handbücher
Zeitschriften und Bibliographien

Literatur zur Einführung

S. Lauffer, Daten der griechischen und römischen Geschichte. (dtv 3275) München 1987
P. Bahn, M. Beard, J. Henderson, Wege in die Antike. Stuttgart (Metzler) 1999
H.-J. Gehrke, H. Schneider, Geschichte der Antike. Ein Studienbuch. Stuttgart (Metzler) ²2006.
H.-J. Gehrke, Kleine Geschichte der Antike. München (Beck) 1999, (dtv) 2003
K.-W. Welwei, Die griechische Polis. Stuttgart (Steiner) ²1998
E. Meyer, Römischer Staat und Staatsgedanke. Zürich, München (Artemis) ⁴1975
A. Lesky, Geschichte der griechischen Literatur. Bern (Francke) ³1971 (Neuausg. 1999)
M. Hose, Kleine Griechische Literaturgeschichte. München (Beck) 1999
M. v. Albrecht, Geschichte der röm. Literatur. 2 Bde. München (Saur) ²1992; (dtv) 1994
M. Fuhrmann, Geschichte der römischen Literatur. Stuttgart (Reclam) 1999

Studienbücher (Reihen in alphabetischer Folge)

Beck Studium (München)
K. Christ, Die Römer. ³1994
M. Dreher, Athen und Sparta. 2001
H. Leppin, Einführung in die Alte Geschichte. 2005
P. Riemer/M. Weißenberger/B. Zimmermann, Einführung in das Studium der Latinistik. 1998
Dies., Einführung in das Studium der Gräzistik. 2000
U. Sinn, Einführung in die Klassische Archäologie. 2000
H.U. Wiemer, Alexander der Grosse. 2005

dtv-Geschichte der Antike (München). Neubearbeitung seit 1994, Sonderausg. Düsseldorf 2006
O. Murray, Das frühe Griechenland. 1982, ⁶1998
J. Davies, Das klassische Griechenland und die Demokratie. 1983, ⁵1996
F. Walbank, Die hellenistische Welt. 1983, ⁴1994
R. Ogilvie, Das frühe Rom und die Etrusker. 1983, ³1988
M. Crawford, Die römische Republik. 1984, ⁴1994
C. Wells, Das Römische Reich. 1985, ⁴1994
Av. Cameron, Das späte Rom. 1994

Einleitung in die Altertumswissenschaft (Stuttgart, Leipzig)
H.-G. Nesselrath (Hg.), Einleitung in die griechische Philologie. 1997
F. Graf (Hg.), Einleitung die lateinische Philologie. 1997

Fischer Weltgeschichte (Frankfurt/Main)
H. Bengtson (Hg.), Griechen und Perser. (Die Mittelmeerwelt im Altertum I) 1965
P. Grimal (Hg.), Der Hellenismus und der Aufstieg Roms. (Die Mittelmeerwelt im Altertum II) 1965
P. Grimal (Hg.), Der Aufbau des römischen Reiches. (Die Mittelmeerwelt im Altertum III) 1966
F. Millar (Hg.), Das Römische Reich und seine Nachbarn. (Die Mittelmeerwelt im Altertum IV) 1966
F.G. Maier (Hg.), Die Verwandlung der Mittelmeerwelt. 1968

Geschichte kompakt – Antike (Darmstadt)
L. Aigner-Foresti, Die Etrusker und das frühe Rom. 2003
E. Baltrusch, Caesar und Pompeius. 2004
B. Dreyer, Die Innenpolitik der Römischen Republik 264–133 v.Chr. 2006
J. Engels, Philipp II. und Alexander der Große. 2006
B. Linke, Die Römische Republik von den Gracchen bis Sulla. 2005
K. Piepenbrink, Konstantin d.Gr. und seine Zeit. 2002
H. Schlange-Schöningen, Augustus. 2005
R. Schulz, Athen und Sparta. ²2005
M. Sommer, Die Soldatenkaiser. 2004
K. Zimmermann, Rom und Karthago. 2005

Grundzüge (Darmstadt)
E. Bayer, Griechische Geschichte in Grundzügen. ⁶1988
H. Bellen, Grundzüge der römischen Geschichte. 3 Bde. ²1995–2003

Neues Handbuch der Literaturwissenschaft (Wiesbaden)
Bd. 2: E Vogt (Hg.), Die griechische Literatur. 1981
Bd. 3: M. Fuhrmann (Hg.), Die römische Literatur. 1974
Bd. 4: L.J. Engels, H. Hofmann (Hgg.), Spätantike. 1997

Oldenbourg Grundriß der Geschichte (München)
W. Schuller, Griechische Geschichte. ⁵2002
H.-J. Gehrke, Geschichte des Hellenismus. ³2003
J. Bleicken, Geschichte der Römischen Republik. ⁶2004
W. Dahlheim, Geschichte der Römischen Kaiserzeit. ³2003
J. Martin, Spätantike und Völkerwanderung. ⁴2000

Studienbuch Geschichte, hg. v. R. Elze und K. Repgen (Stuttgart)
Bd. 1, [3]1994, S. 13–311: H. G. Gundel/H.Callies, Altertum

Uni-Taschenbücher (Paderborn u. a.)
J. Bleicken, Die athenische Demokratie. [4]1995
J. Bleicken, Die Verfassung der römischen Republik. 1975, [7]1995
J. Bleicken, Verfassungs- und Sozialgeschichte des Römischen Kaiserreichs. 2 Bde. 1978, [4]1995 bzw. [3]1994
H.Blum/R.Wolters, Alte Geschichte studieren. 2006
W. Dahlheim, Die griechisch-römische Antike. [3]1997
M. Eggert, Archäologie, Grundzüge einer Historischen Kulturwissenschaft. 2006
R. Günther, Einführung in das Studium der Alten Geschichte. [2]2004
J. Latacz, Einführung in die griechische Tragödie. [2]2003
W. Schuller, Einführung in die Geschichte des Altertums. 1994

Nachschlagewerke

Realencyclopädie

Paulys Realencyclopädie der classischen Altertumswissenschaft. Neue Bearbeitung begonnen von G. Wissowa, fortgeführt von W. Kroll und K. Mittelhaus, zuletzt hg. v. K. Ziegler. Stuttgart bzw. München (Alfred Druckenmüller Verlag bei Artemis, jetzt J. B. Metzler) 1893–1999
Das aus 68 in zwei Reihen erschienenen alphabetischen Halbbänden, 15 Supplementbänden und drei Registerbänden bestehende Werk wird allgemein **RE** (in englischer Literatur oft – nach den ersten Herausgebern – **PW**) genannt. Bei der Benutzung der **RE** sind folgende (im Werk selbst nicht genannte!) Regeln zu beachten:
– I und J sowie U, V und W gelten jeweils als *ein* Buchstabe.
– Römische Namen sind wie folgt geordnet: Träger 1. des bloßen Nomen, 2. des Nomen mit Praenomen, 3. des dreiteiligen Namens in der Suchhierarchie (a) *nomen gentile* (also Cicero unter Tullius, Caesar unter Iulius), (b) *cognomen* (also Cornelius Scipio vor Cornelius Sulla), ggf. mit weiteren Beinamen, (c) *praenomen*, (d) Chronologie (also Iulius 129 = Caesars Großvater, Iulius 130 = Caesars Vater, Iulius 131 = Gaius Iulius Caesar), 4. Frauen (also Iulia *nach* Iulius!).
– Die Artikelverfasser stehen in der RE jeweils am Ende des ganzen von ihnen verfassten Teils (oft mehrere Artikel, manchmal nur ein Artikelteil) in eckigen Klammern. In den älteren Bänden ist dabei oft nur der Nachname angegeben; das »Register der Nachträge und Supplemente« (1980) bietet aber ein Verzeichnis der über 1000 Mitarbeiter der RE, das auch die Vornamen enthält.

Die Bandzählung der RE in zwei Reihen ist verwirrend und auf den Titelblättern uneinheitlich; die folgende Liste gibt einen Überblick:

I	1	Aal – Alexandros	1893
I	2	Alexandros – Apollokrates	1894
II	1	Apollon – Artemis	1895
II	2	Artemisia – Barbaroi	1896
III	1	Barbarus – Campanus	1897
III	2	Campanus Ager – Claudius	1899
IV	1	Claudius – Cornificius	1900
IV	2	Corniscae – Demodoros	1901
V	1	Demogenes – Donatianus	1903
V	2	Donatio – Ephoroi	1905
VI	1	Ephoros – Eutychos	1907
VI	2	Euxantios – Fornaces	1909
VII	1	Fornax – Glykon	1910
VII	2	Glykyrrhiza – Helikeia	1912
VIII	1	Helikon – Hestia	1912
VIII	2	Hestiaia – Hyagnis	1913
IX	1	Hyaia – Imperator	1914
IX	2	Imperium – Iugum	1916
X	1	Iugurtha – Ius Latii	1918
X	2	Ius liberorum – Katochos	1919
XI	1	Katoikoi – Komödie	1921
XI	2	Komogramm. – Kynegoi	1922
XII	1	Kynesioi – Legio	1924
XII	2	Legio – Libanon	1925
XIII	1	Libanos – Lokris	1926
XIII	2	Lokroi – Lysimachides	1927
XIV	1	Lysimachos – Mantike	1928
XIV	2	Mantikles – Mazaion	1930
XV	1	Mazaios – Mesyros	1931
XV	2	Met – Molaris lapis	1932
XVI	1	Molatzes – Myssi	1933
XVI	2	Mystagogos – Nereae	1935
XVII	1	Nereiden – Numantia	1936
XVII	2	Numen – Olympia	1937
XVIII	1	Olympia – Orpheus	1939
XVIII	2	Orph. Dichtung – Palatini	1942
XVIII	3	Palatinus – Paranetellonta	1949
XVIII	4	Paranomon – Pax	1949
XIX	1	Pech – Petronius	1937
XIX	2	Petros – Philon	1938
XX	1	Philon – Pignus	1941
XX	2	Pigranes – Plautius	1950
XXI	1	Plautius – Polemokrates	1951
XXI	2	Polemon – Pontanene	1952
XXII	1	Pontarches – Praefectianus	1953
XXII	2	Praefectura – Priscianus	1954
XXIII	1	Priscilla – Psalychiadai	1957
XXIII	2	Psamathe – Pyramiden	1959
XXIV		Pyramos – Quosenus	1963
I	A1	Ra – Ryton	1914
I	A2	Saale – Sarmathon	1920
II	A1	Sarmatia – Selinos	1921
II	A2	Selinuntia – Sila	1923
III	A1	Silacenis – Sparsus	1927
III	A2	Sparta – Stluppi	1929

IV	A1	Stoa – Symposion	1931
IV	A2	Symposion – Tauris	1932
V	A1	Taurisci – Thapsis	1934
V	A2	Thapsos – Thesara	1934
VI	A1	Thesauros – Timomachos	1936
VI	A2	Timon – Tribus	1937
VII	A1	Tributum – Tullius	1939
VII	A2	Tullius – Valerius	1948
VIII	A1	Valerius Fabr. – Vergilius	1955
VIII	A2	Vergilius – Vindeleia	1958
IX	A1	Vindelici – Vulca	1961
IX	A2	Vulcanius – Zenius	1967
X	A	Zenobia – Zythos	1972

Suppl.	I	1903
Suppl.	II	1913
Suppl.	III	1918
Suppl.	IV	1924
Suppl.	V	1931
Suppl.	VI	1935
Suppl.	VII	1940
Suppl.	VIII	1956
Suppl.	IX	1962
Suppl.	X	1965
Suppl.	XI	1968
Suppl.	XII	1970
Suppl.	XIII	1973
Suppl.	XIV	1974
Suppl.	XV	1978

Register der Nachträge und Supplemente 1980
Gesamtregister, Bd. I Alphabetisch 1997
Gesamtregister, Bd. II Systematisch 2000

Weitere Nachschlagewerke

Reallexikon für Antike und Christentum. Hg. v. Th. Klauser. Stuttgart, seit 1950
Lexikon der Alten Welt. Hg. v. C. Andresen, H. Erbse, O. Gigon, K. Schefold, K. F. Stroheker, E. Zinn. Zürich, Stuttgart 1965 (und Nachdrucke)
Der Kleine Pauly. Hg. v. K. Ziegler, W. Sontheimer, H. Gärtner. 5 Bde. Stuttgart, München I 1964, II 1967, III 1969, IV 1972, V 1975. Nachdr. München 1979 u.ö.
H. Hunger, Lexikon der griechischen und römischen Mythologie. Wien [8]1988
Der Neue Pauly. Enzyklopädie der Antike, Band 1–16, hg. v. H. Cancik, H. Schneider und M. Landfester, Stuttgart 1996–2003. (Register zu den Bänden 13–15/3, hg. v. M. Landfester/B. Egger, Stuttgart 2005 (Der Neue Pauly, Suppl. 4)).
The Oxford Classical Dictionary. 3. Aufl. Hg. v. S. Hornblower, A. Spawforth. Oxford 1996
P. Preston, Metzler Lexikon antiker Bildmotive. Übers. v. St. Bogutovac, K. Brodersen. Stuttgart 1997
Metzler Lexikon antiker Autoren. Hg. v. O. Schütze. Stuttgart 1997

Lexikon der antiken christlichen Literatur. Hg. v. S. Döpp, W. Geerlings. Freiburg, Basel, Wien [3]2002
Lexikon des Hellenismus. Hg. v. H. H. Schmitt, E. Vogt. Wiesbaden [3]2005
Reclams Lexikon der Antike. Hg. v. M. C. Howatson. Stuttgart [2]2006 (v. a. zur antiken Literatur)
The Cambridge Dictionary of Classical Civilization. Hg. v. G. Shipley u. a. Cambridge 2006
Metzler Lexikon Antike. Hg. v. K. Brodersen, B. Zimmermann. Stuttgart [2]2006 (das vorliegende Werk).

Handbücher

Handbuch der Altertumswissenschaft

Die wichtigste deutschsprachige Handbuchreihe zur Antike ist das bei C. H. Beck in München verlegte Handbuch der Altertumswissenschaft, aus dem im Folgenden einige ausgewählte Bände genannt sein sollen:

Abteilung I: Einleitende und Hilfsdisziplinen
2	W. Speyer, Die literarische Fälschung im heidnischen und christlichen Altertum. 1971
7	A.E. Samuel, Greek and Roman Chronology. 1972

Abteilung II: Griechische Grammatik – Lateinische Grammatik – Rhetorik

Abteilung III: Alter Orient – Griechische Geschichte – Römische Geschichte
4	H. Bengtson, Griechische Geschichte. [5]1977
5	H. Bengtson, Grundriß der römischen Geschichte. [3]1982
6	A. Demandt, Die Spätantike. 1989
7	R.N. Frye, The History of Ancient Iran. 1984
8	W. Huß, Geschichte der Karthager. 1985
9	D. Flach, Römische Agrargeschichte. 1990

Abteilung IV: Griechische Staatskunde – Heerwesen und Kriegsführung der Griechen und Römer.
1,1	G. Busolt, Griechische Staatskunde. 2 Bde. (II hg. v. H. Swoboda) 1920–1926 (Nachdr. 1979/1972)
3,2	J. Kromayer, G. Veith, Heerwesen und Kriegsführung der Griechen und Römer. München 1928

Abteilung V: Geschichte der Philosophie – Geschichte der Mathematik und Naturwissenschaften – Religionsgeschichte
1,2	J.L. Heiberg, Geschichte der Mathematik und Naturwissenschaften im Altertum. 1925 (Nachdr.1961)
2	M.P. Nilsson, Geschichte der griechischen Religion. 2 Bde. [3]1967–1974
4 alt	G. Wissowa, Religion und Kultus der Römer. [2]1912 (Nachdr.1971)

4   K. Latte, Römische Religionsgeschichte.
     1960 (= ²1967)
Abteilung VII: Geschichte der griechischen Literatur
1   W. Schmid, Geschichte der griechischen Lite-
     ratur. Die klassische Periode der griechischen
     Literatur. 5 Bde. 1929–1948 (Nachdr.1964–
     1974)
2   W. Schmid, O. Stählin, Geschichte der grie-
     chischen Literatur. Die nachklassische Peri-
     ode der griechischen Literatur. 2 Bde. 1920–
     1924 (Nachdr.1961–1974)

Abteilung VIII: Geschichte der römischen Literatur
     M. Schanz, C. Hosius, Geschichte der römi-
     schen Literatur. 4 Bde. in 5. 1914–1927
     (Nachdr.1969–1979)
     R. Herzog, P. L. Schmidt (Hgg.), Handbuch
     der lateinischen Literatur der Antike [HLL]. 8
     Bände, München seit 1989 bisher erschienen:
1   W. Suerbaum (Hg.), Die archaische Literatur.
     2002
4   K. Sallmann (Hg.), Die Literatur des Um-
     bruchs 117–284 n. Chr. 1997
5   R. Herzog (Hg.), Restauration und Erneue-
     rung 284–374 n. Chr. 1989

Abteilung IX: Geschichte der lateinischen Literatur
des Mittelalters
2   M. Manitius, Geschichte der lateinischen Li-
     teratur des Mittelalters. 3 Bde. 1911–1931
     (Nachdr.1973–1976)

Abteilung X: Rechtsgeschichte des Altertums
3,1 F. Wieacker, Römische Rechtsgeschichte.
     2 Bde. 1988–2006
3,2 W. Kunkel u. a., Staatsordnung und Staatspra-
     xis der römischen Republik. Bd. II 1995 [Bd.
     I in Vorb.]
3,3 M. Kaser, Das römische Privatrecht. 2 Bde.
     ²1971–1975
3,4 M. Kaser, Das römische Zivilprozeßrecht.
     1966
5,1 H.J. Wolff, Das Recht der griechischen Papyri
     Ägyptens. II 1978 (I in Vorb.)

Abteilung XII: Byzantinisches Handbuch
1,2 G. Ostrogorsky, Geschichte des byzantini-
     schen Staates. ³1963
2,1 H.G. Beck, Kirche und theologische Literatur
     im byzantinischen Reich. 1959 (= ²1977)
2,3 H.G. Beck, Geschichte der byzantinischen
     Volksliteratur. 1971
5   H. Hunger, Die hochsprachliche profane Lite-
     ratur der Byzantiner. 2 Bde. 1978

Weitere Handbücher

Zur Geschichte

The Cambridge Ancient History. Hg. v. J.B. Bury,
S. A. Book u. a. 12 Bde. Cambridge 1923–1939
Völlige Neubearbeitung (I und II in 3. Ausgabe, Rest
in 2.) ebd. 1970–2005; darin z. B.
II 1   The Middle East and the Aegean Region,
        c.1800–1380 B. C. 1973
II 2   The Middle East and the Aegean Region,
        c.1380–1000 B. C. 1975
III 1   The Prehistory of the Balkans; the Middle
        East and the Aegean World, 10th to 8th centu-
        ries B. C. 1982
III 2   The Assyrian and Babylonian Empires and
        other States of the Near East, from the 8th to
        the 6th centuries B. C. 1992
III 3   The Expansion of the Greek World, 8th to 6th
        centuries B. C. 1982 [dazu Plates to Volume
        III 1984]
IV   Persia, Greece and the Western Mediterra-
        nean c.525 to 479 B. C. 1988 [dazu Plates to
        Volume IV 1988]
V   The Fifth Century B. C. 1992
VI   The Fourth Century B. C. 1994
VII 1   The Hellenistic World. 1984 [dazu Plates to
        Volume VII 1 1984]
VII 2   The Rise of Rome to 220 B. C. 1989
VIII   Rome and the Mediterranean to 133 B. C.
        1989
IX   The Last Age of the Roman Republic, 146–43
        B. C. 1994
X   The Augustan Empire, 43 B.C.–A.D. 69.
        1996
XI   The High Empire, AD 70–192. 2000
XII   The Crisis of Empire A. D. 193–337. 2005
XIII   The Late Empire A. D. 337–425. 1998
XIV   Late Antiquity: Empire and Successors, A. D.
        425–600. 2001

Zur Geschichte, Kultur und Literatur

Aufstieg und Niedergang der Römischen Welt. Hg. v.
Hildegard Temporini, W. Haase. [3 Reihen mit jeweils
mehreren Bänden] Berlin, New York seit 1972
I   Von den Anfängen bis zum Ausgang der Re-
        publik. 4 Bde. in 5 (I, II, III, IV 1, IV 2),
        1972–1973
II   Principat (zahlreiche Bände in zumeist meh-
        reren Halbbänden), seit 1974
III   Spätantike (Bände in Vorbereitung)

Zur Chronologie

E.J. Bickerman, Chronology of the Ancient World.
     London ²1980.
M. Deißmann, Daten zur antiken Chronologie und Ge-
     schichte. Stuttgart 1990
D. Kienast, Römische Kaisertertabelle. ³2004

W. Eder/J. Renger (Hg.), Herrscherchronologien der antiken Welt. Namen, Daten, Dynastien, Stuttgart 2004 (Der Neue Pauly, Suppl, 1).

Zur Geographie (Atlanten)

Westermann Großer Atlas zur Weltgeschichte. Hg. v. H.-E. Stier, E. Kirsten u.a. Braunschweig 1956, Neuausg. 1997
Großer historischer Weltatlas. Hg. vom Bayerischen Schulbuch-Verlag. I: Vorgeschichte und Altertum, bearb. v. H. Bengtson und V. Milojcic. München [5]1972 (= [6]1978) [dazu: Erläuterungen, bearb. v. dens. München [4]1976]
R.J.A. Talbert (Hg.), Atlas of Classical History. Bekkenham, Sydney 1985
Ders. (Hg.), Barrington Atlas of the Greek and Roman World. Princeton N.J. 2000

Zur Prosopographie (Personenkunde)

J. Kirchner, Prosopographia Attica. 2 Bde. Berlin [2]1901–1903; Ndr. (Addenda v. S. Lauffer) Berlin, New York 1966
J.K. Davies, Athenian Propertied Families 600–300 B.C. Oxford 1971 (dieselben Nummern wie die Prosopographia Attica)
P. Poralla, Prosopographie der Lakedaimonier [bis 323 v. Chr.]. Breslau 1913; Ndr. (Addenda v. A.S. Bradford) Chicago 1985.
A.S. Bradford, A Prosopography of Lacedaemonians [323 v. Chr. bis 396 n. Chr.]. (Vestigia 27) München 1977
H. Berve, Das Alexanderreich auf prosopographischer Grundlage. 2 Bde. [II = Prosopographie] München 1926
W. Peremans, E. van t'Dack, Prosopographia Ptolemaica. (Studia Hellenistica 6 ff.) Löwen seit 1950
T.R.S. Broughton, The Magistrates of the Roman Republic. I [509 B.C. – 100 B.C., 1951], II [99 B.C. – 31 B.C., 1952], III [Supplement, 1986] (Philological Monographs XV 1–3) New York 1951–1952; Ndr. mit Suppl. Atlanta Ga. 1986 [Abk. MRR]
E. Klebs, H. Dessau, P. v. Rohden, Prosopographia Imperii Romani Saec. I II III. 3 Bde. Berlin 1897–1898 [Abk. PIR].
E. Groag, A. Stein, Leiva Petersen, Prosopographia Imperii Romani Saec. I II III. Berlin[2] seit 1933 [Abk. PIR[2]].
Prosopography of the Later Roman Empire. Cambridge seit 1971 [Abk. PLRE].
I   A.H.M. Jones, J.R. Martindale, J. Morris: A.D.260–395. 1971.
II   J. R. Martindale, A.D.395–527. 1980.
III J. R. Martindale, A.D.527–641. 1992.

Zur Sprache (Wörterbücher)

A Greek-English Lexicon. Hg. v. H.G. Liddell, R. Scott; rev. v. H.S. Jones, R. McKenzie [1940]; Suppl. v. P.G.W. Glare u.a. Oxford 1996 [Abk. LSJ]
W. Bauer, Griechisch-deutsches Wörterbuch zu den Schriften des Neuen Testaments. Neubearb. v. K. u. B. Aland. Berlin/New York [6]1988
A Patristic Greek Lexicon. Hg. v. G.W.H. Lampe. Oxford 1961
W. Gemoll, K. Vretska, Griechisch-deutsches Schul- und Handwörterbuch, München, Wien [9]1965
H. Menge, K.-H. Schäfer, B. Zimmermann, Langenscheidts Taschenwörterbuch Altgriechisch-Deutsch (Neuausg.). Berlin, München 1986

Thesaurus Linguae Latinae. Leipzig, seit 1900 [Abk. ThLL]
Ausführliches lateinisch-deutsches Handwörterbuch. Hg. v. K.E. Georges, rev. H. Georges. 2 Bde. Hannover [8]1912–1918 [= Nachdr. Darmstadt 1988]
Oxford Latin Dictionary. Hg. v. P.G.W. Glare. Oxford 1982 [Abk. OLD]
E. Pertsch, Langenscheidts Großes Schulwörterbuch Lateinisch-Deutsch (Neuausg.) Berlin, München, Wien, Zürich 1983

Zur Philosophie

W.K.C. Guthrie, A History of Greek Philosophy. 6 Bde. Cambridge 1962–1981
J. Mittelstraß (Hg.), Enzyklopädie Philosophie und Wissenschaftstheorie. 4 Bde. 1980–1996 (Sonderausgabe 2004, 2. Aufl. in 8 Bdn. seit 2005)
Grundriß der Geschichte der Philosophie. Begründet von F. Überweg. Völlig neu bearb. Ausgabe. Die Philosophie der Antike. Hg. v. H. Flashar. Basel, Stuttgart seit 1983

Zeitschriften und Bibliographien

Zu den wichtigsten altertumswissenschaftlichen Zeitschriften gehören die nachstehenden Publikationen:

AAWW	Anzeiger der Österreichischen Akademie der Wissenschaften in Wien
Aegyptus	Aegyptus. Rivista italiana di egittologia e di papirologia
AHB	The Ancient History Bulletin, elektronisch verfügbar
AJA	American Journal of Archaeology, auch elektronisch verfügbar
AJPh	American Journal of Philology
AncSoc	Ancient Society
Annales (ESC)	Annales. Economies, Sociétés, Civilisations
AntTard	Antiquité tardive: Revue internationale d'histoire et d'archéologie
APF	Archiv für Papyrusforschung und verwandte Gebiete

Athenaeum	Athenaeum: Studi periodici di letteratura e storia dell'antichità	Plekos	Plekos (Internet-Zeitschrift)
AU	Der altsprachliche Unterricht	RFIC	Rivista di filologia e di istruzione classica
BCH	Bulletin de Correspondance Hellénique	RhM	Rheinisches Museum für Philologie
BICS	Bulletin of the Institute of Classical Studies of the University of London	Saeculum	Saeculum. Jahrbuch für Universalgeschichte
BJ	Bonner Jahrbücher des Rheinischen Landesmuseums in Bonn	SIFC	Studi italiani di filologia classica
		TAPhA	Transactions and Proceedings of the American Philological Association
BMCR	Bryn Mawr Classical Review (Internet-Zeitschrift)	Tyche	Tyche. Beiträge zur Alten Geschichte, Papyrologie und Epigraphik
CE	Chronique d'Egypte	WJA	Würzburger Jahrbücher für die Altertumswissenschaft
Chiron	Chiron. Mitteilungen der Kommission für Alte Geschichte und Epigraphik	WS	Wiener Studien
CJ	The Classical Journal	ZPE	Zeitschrift für Papyrologie und Epigraphik
C & M	Classica et mediaevalia		
CPh	Classical Philology	ZRGG	Zeitschrift für Religions- und Geistesgeschichte
CQ	Classical Quarterly		
CR	Classical Review		
EA	Epigraphica Anatolica		
Eranos	Eranos. Acta philologica Suecana		
Gnomon	Gnomon. Kritische Zeitschrift für die gesamte klassische Altertumswissenschaft		
GRBS	Greek, Roman, and Byzantine Studies		
Gymnasium	Gymnasium. Zeitschrift für Kultur der Antike und humanistische Bildung		
Helios	Helios. Journal of the Classical Association of the South-western United States		
Hermes	Hermes. Zeitschrift für klassische Philologie		
Hesperia	Journal of the American School of Classical Studies at Athens		
Historia	Historia. Zeitschrift für Alte Geschichte		
HSCPh	Harvard Studies in Classical Philology		
HZ	Historische Zeitschrift		
Index	Index. Quaderni camerti di studi romanistici		
JHS	Journal of Hellenistic Studies		
JRA	Journal of Roman Archaeology		
JRS	Journal of Roman Studies		
Kernos	Kernos. Revue internationale et pluridisciplinaire de religion grecque antique		
Klio	Klio. Beiträge zur Alten Geschichte		
MBAH	Münstersche Beiträge zur antiken Handelsgeschichte		
MEFRA	Mélanges d'Archéologie et d'Histoire de l'Ecole Française de Rome, Antiquité		
MH	Museum Helveticum.		
Mnemosyne	Mnemosyne. Bibliotheca classica Batava		
PCPhS	Proceedings of the Cambridge Philological Society		
Phoenix	Phoenix. The Journal of the Classical Association of Canada		

Bibliographien

Bibliographische Hilfsmittel stehen zunehmend im Internet zur Verfügung, etwa im Karlsruher Virtuellen Katalog (http://kvk.uni-karlsruhe.de). Nachstehend findet sich eine Zusammenstellung gedruckter Bibliographien

L'Année Philologique. Bibliographie critique et analytique de l'antiquité gréco-latine. Paris (Les Belles Lettres), seit 1928 [für Literatur seit 1924] Der erste Teil dieses Jahrbuchs, »Auteurs et Textes«, bietet in alphabetischer Folge Editionen, Kommentare und Sekundärliteratur zu einzelnen antiken Autoren. Der zweite Teil umfasst folgende Abteilungen: Histoire littéraire. Linguistique et Philologie. Histoire des Textes (incl. Papyrologie). Antiquités (Archäologie, Epigraphik, Numismatik usw.). Histoire (nationale, régionale, sociale, religieuse usw.). Droit. Philosophie et histoire des idées. Sciences, techniques et métiers. Les études classiques. Mélanges et Recueils (Festschriften, Kleine Schriften usw.). Indices zu Namen antiker Personen und Orte, zu Humanisten und zu den Verfassern der aufgenommenen Werke beschließen jeden Band. Jedes Werk wird nur einmal vollständig aufgeführt. In den älteren Bänden wird ggf. auf die Abteilung verwiesen, in der das Werk erfasst ist; der Index hingegen verweist auf Seitenzahlen. In den neueren Bänden (seit Bd. 47 [1976]) sind die Werke durchnumeriert; Verweise und Index beziehen sich auf diese Nummern. Zumeist ist eine sehr knappe Zusammenfassung der Thesen eines angezeigten Aufsatzes beigefügt. Größere Rezensionen werden jeweils nach dem rezensierten Werk angezeigt. – Der Datenbestand wird nach und nach auch im Internet zugänglich gemacht.

W. Engelmann/E. Preuß, Bibliotheca Scriptorum classicorum. Leipzig I⁸ 1880 [griech.], II⁸ 1882 [lat.]
(Forschungsliteratur bis 1878 zu antiken Autoren)

R. Klussmann, Bibliotheca scriptorum classicorum et
Graecorum et Latinorum. Leipzig I 1909
[griech.], II 1–2 1912–1913 [lat.] (Forschungsliteratur 1878–1896 zu antiken Autoren)

S. Lambrino, Bibliographie Classique. Paris 1951
(Forschungsliteratur 1896–1914 zu antiken Autoren)

J. Marouzeau, Dix Années de Bibliographie Classique.
Paris I 1927 [Autoren] II 1928 [Sachen] (Forschungsliteratur 1914–1924 zu antiken Autoren
und Sachen)

Archäologische Bibliographie. [1913–1973: Beilage
zum Jahrbuch des (kaiserlichen) Deutschen Archäologischen Instituts]. Berlin, seit 1914; wird
abgelöst durch Dyabola: Elektronische Sachkata-
loge zu den Altertums- und Kunstwissenschaften.
Ennepetal/München seit 1992, im Internet

M.-L. Lindenlaub, Deutschsprachige Dissertationen
zur Archäologie des Mittelmeerraums 1945–
1977. Berlin 1979

H.-J. Drexhage, Deutschsprachige Dissertationen zur
Alten Geschichte 1844–1978. Wiesbaden 1980

D. Rounds, Articles on Antiquity in Festschriften.
Cambridge Ma. 1962

J.S. Wellington, Dictionary of Bibliographic Abbre-
viations Found in the Scholarship of Classical
Studies and Related Disciplines. Westport Ct.,
London (Greenwood) 1983.

Gnomon. Kritische Zeitschrift für die gesamte Altertumswissenschaft. München (Beck), seit 1925
(Bibliographische Beilage)

Gnomon-Informations-System, bearb. v. J. Malitz.
München seit 1994

Forschungsberichte finden sich in den Zeitschriften
Lustrum (Göttingen, 1956 ff.) und Anzeiger für
die Altertumswissenschaft (Innsbruck, 1948 ff.)
sowie in Aufstieg und Niedergang der römischen
Welt (Berlin, New York 1972 ff.).

KB

Quellenkunde – Woher wissen wir etwas über die Antike?

All unser Wissen über die Antike beruht auf archäologischen, numismatischen, epigraphischen, papyrologischen und literarischen Quellen; ihre Eigenarten bedingen Quantität und Qualität unseres Wissens. Der Umfang des Quellenmaterials ist im Vergleich zu jüngeren Epochen der Geschichte gering; der Zuwachs durch Neufunde ist allerdings in allen Bereichen außer dem der literarischen Quellen beachtlich. Allen Quellengattungen gemeinsam ist der mehr oder weniger große *Zufall der Überlieferung*: Nur ein kleiner Bruchteil des antiken Materials ist erhalten, jede Epoche hat von jeder Gattung teils nach bewussten Kriterien, teils zufällig »Erhaltenswertes« ausgewählt. Mit dem Fehlen von Quellen gleich welcher Art zu argumentieren (*argumentum ex silentio*) ist daher in der Altertumswissenschaft besonders wenig sinnvoll.

Im Folgenden sollen jeweils
(a) die Eigenarten der Quellen kurz umrissen und dabei
(b) Fachausdrücke erklärt und
(c) Fragen ihrer Datierung angesprochen sowie
(d) technische Hilfsmittel zur Erforschung vorgestellt werden.
Sofern möglich, werden auch Publikationen angegeben, die
(e) ein Corpus der Quellengattung versuchen,
(f) als Auswahl-Sammlungen gebräuchlich sind,
(g) Neufunde und neue Ergebnisse verzeichnen;
schließlich sind verzeichnet
(h) die wichtigsten Handbücher (s. auch oben) und
(i) leicht zugängliche Werke zur Veranschaulichung.
Im Internet finden sich in zunehmender Quantität und Qualität Hilfsmittel und Volltexte; einen Überblick bieten u. a. http://www.perseus.tufts.edu und http://www.kirke.hu-berlin.de.

Nichtschriftliche Quellen

Archäologie

(a) »Archaeological material and historical events are hard to bring together, because they represent different facets of human existence« (A. Snodgrass in M. Crawford [Hg.], Sources for Ancient History. Cambridge 1983, 150). Die Archäologie erforscht schriftlose Zeugnisse vor allem der materiellen Kultur und erfasst daher, besonders wo sie nicht allein »kunsthistorisch« arbeitet, z. T. andere Bereiche der Antike als die erhaltenen schriftlichen Zeugnisse.

(b) Die drei wichtigsten Methoden des Vorgehens sind folgende:
Die *Prospektion* erfasst antike Reste einer Region durch »Survey« (bei Feldbegehung werden Bodenveränderungen, Baureste, Streufunde usw. registriert) oder Luftbild.

Die *Ausgrabung* untersucht die materiellen Reste einer antiken Stätte.
Die *Fundauswertung* bemüht sich um die Datierung und Einordnung des bei Survey oder v. a. Grabung Gefundenen oder sonst Erhaltenen; hierzu gehört auch die kunsthistorische Interpretation antiker Objekte.

(c) Die Datierung einer Stätte kann *relativ* durch Parallelen oder durch das Verhältnis der untersuchten Schicht zu einer bereits datierten (z. B. einem Zerstörungshorizont) möglich sein, *absolut* durch mit technischen Hilfsmitteln datierbare oder durch ihren Gehalt datierte Funde (Münzen, Inschriften).

(d) Über naturwissenschaftliche Methoden informieren:
F. G. Maier, Neue Wege in die Alte Welt. Hamburg 1977
B. Hrouda (Hg.), Methoden der Archäologie. München 1978
H. Mommsen, Archäometrie. Stuttgart 1986

(e/f) Die Veröffentlichung archäologischer Befunde erfolgt als »Vorläufiger Bericht« bzw. »Endgültige Publikation«, aber auch in Zeitschriftenartikeln und Monographien.

(g) Neufunde erfassen die Hinweise in: AA (Beilage zum JDAI), AR (Beilage zum JHS), *Chronique des fouilles* im BCH, *Chronika* im AD, neue Publikationen die Archäologische Bibliographie (s. o.).

(h) Zum ersten Nachschlagen eignen sich etwa:
Enciclopedia dell‹ Arte Antica Classica e Orientale. 9 Bde. Rom 1958–1984 [EAA]
The Princeton Encyclopedia of Classical Sites. Hg. v. R. Stillwell, W. L. MacDonald, M. H. McAllister. Princeton N. J. 1976 [PECS]
Lexicon Iconographicum Mythologiae Classicae. Zürich, München seit 1988 [LIMC]
S. Lauffer (Hg.), Griechenland. Lexikon der historischen Stätten. München 1989 [GLHS]
K. Brodersen (Hg.), Antike Stätten am Mittelmeer – Metzler Lexikon. Stuttgart 1999 [ASM]

(i) Kurzfassungen von Grabungsergebnissen und Einführungen in die in Museen ausgestellten Funde bieten u. a. Reiseführer. Auch wissenschaftlichem Anspruch genügen etwa:
E. Kirsten, W. Kraiker, Griechenlandkunde. Ein Führer zu den klassischen Stätten. 2 Bde. Heidelberg [5]1967
E. Kirsten, Süditalienkunde. I [Campanien] Heidelberg 1975 [II in Vorb.]

Numismatik

(a/b) Eine Münze entsteht, wenn ein abgewogenes (Münzfuß = Gewichtssystem) Metallstück (Schrötling aus EL = Elektron [Gold-Silber-Legierung], AU = Gold, AR = Silber, AE = Kupferlegierungen, zumeist Bronze) mit Stempeln (griech. »charaktér«) geprägt (Unterstempel auf dem Amboss ergibt Obvers = Vorderseite [VS], Oberstempel Revers = Rückseite [RS]) oder gegossen (*aes grave, As*) wird; die prägende Institution garantiert dabei Gewicht und Feingehalt (Nominal = Nennwert: z. B. Drachme, Obole; Denar, Sesterz, As). Ob Münzen auch bewusst zu Propagandazwecken eingesetzt wurden, ist umstritten. Die Numismatik behandelt auch Medaillen und *tesserae* (Marken, Plomben aus Blei).

(c) *Einzelstücke* ermöglichen teils eine *absolute* Datierung (Legende, naturwissenschaftliche Analyse), teils eine *relative* (Überprägungen, Gegenstempel; der Datierungswert des künstlerischen Stils der Münze ist umstritten), *Münzreihen* (Stempelkoppelung, Fundzusammenhang und Zusammensetzung von Hortfunden) eine *relative* Datierung.

(d) Technische Hilfsmittel: Photo, Gipsabdruck.

(e) Ein Corpus existiert nicht, wohl aber Publikationen von Einzelstücken der großen öffentlichen und privaten Sammlungen, etwa:

BMC Catalogue of Greek Coins in the British Museum. London
SNG Sylloge Nummorum Graecorum (nach Ländern und Sammlungen gegliedert, verschiedene Verlage)

(f) Einzelne Epochen sind eigens bearbeitet:

RRC M. Crawford, Roman Republican Coinage. 2 Bde. Cambridge 1974
RIC H. Mattingly, E. A. Sydenham u. a. (Hgg.), The Roman Imperial Coinage. London seit 1923.

(g) Noch unbekannte Einzelstücke findet man kaum mehr, die Hortfunde werden erfasst in:

IGCH Margaret Thompson, O. Mørkholm, C. M. Kraay, An Inventory of Greek Coin Hoards. New York 1973
RRCH M. Crawford, Roman Republican Coin Hoards. (Royal Numism. Soc. Special Publ.4) London 1969

Die Zeitschrift *Coin Hoards* (London) berichtet über Neufunde; über neuere Literatur berichten JNG und NL.

(h) In antike *Münzen* führen ein:

K. Christ, Antike Numismatik. Darmstadt 1967 (= ²1972)
R. Göbl, Antike Numismatik. 2 Bde. München 1978

Maria R.-Alföldi, Antike Numismatik. (Kulturgeschichte der antiken Welt 2–3) 2 Bde. Mainz I 1978, II ²1982
Ch. Howgego, Geld in der antiken Welt. Darmstadt/Stuttgart 2000

In der *Library of Numismatics* ist zur Antike bisher u. a. erschienen:

C. M. Kraay, Archaic and Classical Greek Coins. London 1976
M. H. Crawford, Coinage and Money under the Republic. London 1985
R. G. A. Carson, Coins of the Roman Empire. London 1990

Noch nicht ersetzt ist deshalb das veraltete Werk:

B. V. Head, Historia Numorum. A Manual of Greek Numismatics. Oxford ²1911 (Abk. HN²)

(i) Anschauungsmaterial bieten:

P. R. Franke, M. Hirmer, Die griechische Münze. München ²1972
J. Kent, B. Overbeck, A. Stylow, M. Hirmer, Die römische Münze. München 1973

Schriftliche Quellen

Traditionell (und noch heute in der Wissenschaftsorganisation) unterscheidet man von der eigentlichen Alten Geschichte die Vorgeschichte (Ur- und Frühgeschichte, Prähistorie), die sich »mit den Lebensäußerungen des Menschen von den frühesten Anfängen bis zur Zeit der schriftlichen Überlieferung befaßt« (K. Fuchs, H. Raab, dtv-Wörterbuch zur Geschichte. II München ⁶1987, S. 856 s. v. Vorgeschichte). Insofern sind die im Folgenden vorzustellenden Quellengattungen von besonderer Bedeutung für die Beschäftigung mit der Antike.

Das Leidener Klammersystem

Die im Folgenden vorzustellenden Quellengattungen bewahren in größerem Umfang Texte: Inschriften, Papyri und Handschriften. Für deren Edition hat sich gegen die uneinheitlichen älteren Systeme das auf dem Orientalistenkongress in Leiden 1931 vereinbarte und von der Union Académique Internationale sanktionierte sog. Leidener Klammersystem weitgehend durchgesetzt (Union Académique Internationale: Emploi des signes critiques. Disposition de l'apparat. Nach J. Bidez, A. B. Drachmann neu hg. v. A. Delatte, A. Severyns. Brüssel, Paris 1938). In ihm umfassen:

( ) runde Klammern die Expansion von Abkürzungen des Textzeugen durch den Editor,
[ ] eckige Klammern eine vom Editor vorgeschlagene Ergänzung einer Lücke im Textzeugen,

< > spitze Klammern eine vom Editor vorgeschlagene Veränderung oder ein Zusatz (ohne Lücke im Textzeugen),

[[ ]] doppelte eckige Klammern bereits vom Schreiber des Textzeugen Getilgtes,

{ } geschweifte Klammern erst vom Editor aus dem Textzeugen Getilgtes,

+ Kreuze einen locus desperatus (*crux*), bei dem der Editor den offenbar verderbten Wortlaut des Textzeugen nicht verständlich machen konnte;

. Punkte unter Buchstaben markieren die Unsicherheit der Lesung des Textzeugen durch den Editor;

… Punkte auf der Zeile geben die vermutete Zahl fehlender Buchstaben an;

– – Striche über der Zeile weisen auf eine unbestimmbare Zahl fehlender Buchstaben;

v, vv bzw. *vacat* weisen auf eine bzw. mehrere freie Stellen im Textzeugen;

| || senkrechte Striche markieren Zeilenwechsel im Textzeugen (doppelte jede fünfte bzw. vierte Zeile).

Epigraphik

(a) Die Antike war eine »Inschriftenkultur« (Louis Robert). Wichtiges, aber auch Alltägliches wurde auf Stein (Stele = Steinplatte), Ton, Scherben (Ostraka) u. Ä. eingeschrieben (griechisch: epi-gráphein), nämlich gemeißelt bzw. geritzt (Graffiti) oder gemalt (Dipinti). Auch manche literarische Texte (wie z. B. Res Gestae Divi Augusti, Laudatio Turiae, Rede des Kaisers Claudius, Diogenes von Oinoanda) sind nur auf diese Weise überliefert.
Ein Sonderbereich der Epigraphik ist die Erforschung der mykenischen Linear-B-Schrift.

(b) Griechische und lateinische Inschriften (»tituli«) verlaufen gewöhnlich von links nach rechts, selten (v. a. bei frühen Inschriften) läuft die Schrift jede zweite Teile in die Gegenrichtung (»Schlangenschrift«, boustrophedon = »wie der Ochse pflügt«). Manchmal stehen die Buchstaben auch senkrecht untereinander ausgerichtet (»Rottenschrift«, stoichedon; in einer Publikation gibt die auf *stoich.* folgende Zahl die Anzahl solcher Kolumnen an). Sehr häufig werden Worte und Sätze nicht getrennt (*scriptio continua*) und Abkürzungen verwendet (Auflösungen in den o. g. Handbüchern und Lexika).

(c) Inschriften lassen sich datieren nach Inhalt, Schrift (Richtung, Form des Sigma, *annus Euclidis* 403/2 v. Chr. = Einführung des ionischen Alphabets in Attika) bzw. Träger (Verzierung u. Ä.).

(d) Technisches Hilfsmittel: Abklatsch mit ungeleimtem Spezialpapier oder Latex, Photo.
Untersuchungen zum Formelschatz durch EDV.

Griechische Inschriften

(e) IG
Im Corpus *Inscriptiones Graecae* (Berlin, seit 1873) sind bisher folgende Bände erschienen und maßgeblich:
I² (1924) Attika vor 403/2 v. Chr.
I³ (1–3: 1981–1998) ersetzt IG I²
II/III² (1–4: 1913–20) Attika nach Eukleides
IV (1902) Argolis
IV² 1 (1929) Epidauros (ersetzt IG IV 872–1549)
V (1–2: 1913) 1: Lakonien, Messenien; 2: Arkadien
VI (nicht erschienen: Elis, Achaia) [W. Dittenberger, K. Purgold: Die Inschriften von Olympia. Berlin 1896]
VII (1892) Megaris, Boiotien
VIII (nicht erschienen: Delphi) [Fouilles de Delphes III. Paris seit 1910]
IX 1 (1897) Phokis, Lokris, Aitolien, Akarnanien, ion. Inseln; teilweise ersetzt durch
IX² (1–3:1932,57,68) 1: Aitolien, 2: Akarnanien, 3: Westlokris (ozol.)
IX 2 (1908) Thessalien
X 2,1 (1972) Thessaloniki; X 2, 2,1 (1999) Nord-Makedonien
XI (2:1912, 4:1914) Delos [Inscriptions des Délos. Paris seit 1926]
XII (Ägäis außer Delos):
XII 1 (1895) Rhodos und umliegende Inseln
XII 2 (1899) Lesbos, Nesos, Tenedos
XII 3 (1898–1904) Südl. Kykladen
XII 4 (nicht erschienen: Kos, Kalymna)
XII 5 (1903–1909) Tenos und umliegende Kykladen
XII 6, 2 (2003) Samos u. a.
XII 7 (1908) Amorgos und umliegende Inseln
XII 8 (1909) Inseln des thrakischen Meeres
XII 9 (1915) Euboia
XIII (nicht erschienen: Kreta) [M. Guarducci: Inscriptiones Creticae. 4 Bde. Rom 1935–1950]
XIV (1890) Sizilien, Italien, Gallien; Spanien, Britannien, Germanien
XV (nicht erschienen: Zypern)

Für Kleinasien liegen Einzelcorpora vor für Didyma, Magnesia, Milet, Pergamon, Priene; s. auch die Sammlung
IK Inschriften griechischer Städte aus Kleinasien. Bonn seit 1972.
Daneben gibt es Gattungscorpora, z. B.
RC C. B. Welles, Royal Correspondence in the Hellenistic Period. London, New Haven Ct. 1934
StV Die Staatsverträge des Altertums. München seit 1962
II H. Bengtson, R. Werner, Die Verträge der griechisch-römischen Welt von 700 bis 338 v. Chr. ²1975
III H. H. Schmitt, Die Verträge der griechisch-römischen Welt von 338 bis 200 v. Chr. 1969

(f) Historische Inschriften sind gesammelt in:
Syll.³ W. Dittenberger (Hg.), Sylloge Inscriptionum
Graecarum. 4 Bde. Leipzig ³1915–1924
OGIS W. Dittenberger, Orientis Graeci Inscriptiones
Selectae. 2 Bde. Leipzig 1903–1905. Dazu:
– W. Gawantka, Aktualisierende Konkordanzen
zu OGIS und Syll.³. (Subsidia Epigraphica 8)
Hildesheim 1977. Dort auch Angaben zu wei-
teren Sammlungen historischer (etwa Cagnat
[IGRR], Meiggs/Lewis, Moretti, Pouilloux,
Sherk, Tod) und Dialektinschriften (Collitz/
Bechtel [SGDI], Schwyzer [DGE]).

(g) Jährlich werden sicher über tausend griechische
Inschriften erstmals publiziert; einen Überblick dazu
bietet:
SEG Supplementum Epigraphicum Graecum. Lei-
den, später Amsterdam seit 1923
Vgl. auch das *Bulletin épigraphique* von J. und L. Ro-
bert und deren Nachfolgern in der Revue des Étude
Grecques

(h) Als Handbücher sind nützlich:
G. Klaffenbach, Griechische Epigraphik. (Studien-
hefte zur Altertumswissenschaft 6) Göttingen
²1966
Margherita Guarducci, Epigrafia greca. 4 Bde. Rom
1967–1979
A.G. Woodhead, The Study of Greek Inscriptions.
Cambridge ²1981

(i) Eine Sammlung von deutschen Übersetzungen:
HGIÜ K. Brodersen, W. Günther, H.H. Schmitt, Hi-
storische griechische Inschriften in Übersetzung.
(Texte zur Forschung) Darmstadt I-III, 1992–
1999.
Vgl. auch die englischen Übersetzungen:
M.M. Austin, The Hellenistic World. Cambridge
²2006
R.S. Bagnall, P. Derow, Greek Historical Documents:
The Hellenistic Period. (SBL 16) Chico Ca. 1981;
Neuausg. als The Hellenistic Period: Historical
Sources in Translation. Oxford 2004

Translated Documents of Greece and Rome. Cam-
bridge seit 1983
I Ch.W. Fornara, Archaic Times to the End of the
Peloponnesian War. ²1983
II Ph. Harding, From the End of the Peloponnesian
War to the Battle of Ipsus. 1985
III S.M. Burstein, The Hellenistic Age. 1985
IV R.K. Sherk, Rome and the Greek East to the De-
ath of Augustus. 1984
V (in Vorb.)
VI R.K. Sherk, The Roman Empire: Augustus to
Hadrian. 1988

Lateinische Inschriften

(e) CIL
Im *Corpus Inscriptionum Latinarum* (Berlin, seit
1862) sind bisher folgende Bände (und Supplemente)
erschienen und maßgeblich:
I² (1893–1943) Älteste Inschriften (Fasti, Elogia)
II (1869–1892) Spanien
III (1873–1902) 1: Ägypten, Kleinasien, Griechen-
land, Illyrien; 2: Illyrien, RGDA, Diokletians
Preisedikt etc.
IV (1871–1970) Pompeji
V (1872–1877) Gallia Cisalpina
VI (1876 ff.) Rom
VII (1873) Britannien [R.G. Bollingwood, R.P.
Wright: The Roman Inscriptions of Britain. I Ox-
ford 1965]
VIII (1881–1942) Afrika
IX (1883) Kalabrien, Apulien, Samnium, Sabini, Pi-
ceni
X (1883) 1: Bruttium, Lucania, Campania; 2: Sicilia,
· Sardinia
XI (1888–1926) 1: Aemilia, Etruria, 2: Umbria
XII (1888) Gallia Narbonnenis
XIII (1899–1943) Gallia, Germania
XIV (1887–1933) 1: Latium Vetus, 2: Ostia
XV (1891–1899) Rom: instrumentum domesticum
XVI (1936–1955) Militärdiplome
XVII (2: 1986; 4,1: 2005) Meilensteine

(f) Eine umfangreiche Sammlung bietet:
ILS H. Dessau, Inscriptiones Latinae Selectae.
3 Bde. in 5, Berlin 1892–1916

(g) Neufunde erfasst:
AE L'Année épigraphique. Paris seit 1888 (zunächst
in RA)

(h) Als Handbücher sind nützlich:
Ernst Meyer, Einführung in die lateinische Epigraphik. Darmstadt 1973 (= ²1983)
A.E. Gordon, Illustrated Introduction to Latin Epigra-
phy. Berkeley, Los Angeles, London 1983

(i) Eine Reihe wichtiger Inschriften liegt in deutscher
Übersetzung vor:
H. Freis, Historische Inschriften zur römischen Kai-
serzeit. Darmstadt ²1994
L. Schumacher, Römische Inschriften, Lat./Dt. (RUB
8512[4]) Stuttgart 1988

Papyrologie

(a) Dank der besonderen klimatischen Bedingungen
Ägyptens haben sich dort Papyri (u.a. in der Amtssprache Griechisch/Koiné) erhalten, die neben offiziellen auch private Texte und Werke der antiken
Literatur (z.B. Aristoteles‹ Athenaion Politeia) erhalten.

Die Papyrologie behandelt auch in Ägypten gefundene Ostraka (Ton- oder auch Kalksteinscherben).

(b) Mit *recto* bezeichnet man die Papyrusvorderseite mit waagerechter Faserrichtung, mit *verso* die Rückseite. Meist ist in Kursive (Schreibschrift, besondere Abkürzungen) in *scriptio continua* (s. S.) geschrieben.

(c) Aus Inhalt, Schrift und Fundumständen kann man Papyri datieren.

(d) Technische Hilfsmittel: Photo, Mikrofilm. Besondere Methoden erfordern Mumienkartonagen und die karbonisierten Papyri von Herculaneum.
Untersuchungen zum Formelschatz durch EDV.

(e) Ein Corpus der griechischen Papyri existiert nicht, wohl aber selbständige Veröffentlichungen der Papyri eines Fund- oder Bewahrortes (z. B. P. Oxy.; P. Monac.). Den relativ geringen Bestand an lateinischen Papyri erfasst bis in die Mitte des 20. Jh.
CPL R. Cavenaile, Corpus Papyrorum Latinarum. Wiesbaden 1958.

(f) Wichtige Sammlungen griechischer Papyri haben vorgelegt:
Chr. L. Mitteis, U. Wilcken, Grundzüge und Chresto-mathie der Papyruskunde. Leipzig, Berlin 1912
I   U. Wilcken, Historischer Teil. 1 (Grundzüge), 2 (Chrestomathie [W. Chr.])
II L. Mitteis, Juristischer Teil. 1 (Grundzüge), 2 (Chrestomathie [M. Chr.])
Sel. Pap. A. S. Hunt, C. C. Edgar, Select Papyri. Non-Literary Papyri. (Loeb Classical Library 266, 282) London, Cambridge Ma.
I   Private Affairs [Nr. 1–200]. 1932
II Public Documents [Nr. 201–434]. 1934

(g) Neufunde erfassen:
SB F. Preisigke u. a., Sammelbuch griechischer Urkunden aus Ägypten. Straßburg u. a. seit 1915
BL F. Preisigke u. a., Berichtigungsliste der griechischen Papyrusurkunden aus Ägypten. Berlin u. a. seit 1922
Zu neuer Sekundärliteratur führt die *Bibliografia metodica* in der Zeitschrift *Aegyptus* – s. die Beschreibung der Systematik in Aegyptus 59 (1979) 299–302.

(h) Die wohl beste Einführung ist
E. G. Turner, Greek Papyri. An Introduction. Oxford ²1980

(i) Eine gute zweisprachige Einführung bietet:
J. Hengstl (Hg.), Griechische Papyri aus Ägypten als Zeugnisse des öffentlichen und privaten Lebens. (Sammlung Tusculum) München 1978

Antike Literatur
Zur Überlieferung

(a) Der allergrößte Teil der antiken Literatur, von der praktisch keine Autographen erhalten sind, ist nicht durch antike Papyri überliefert, sondern durch mittelalterliche Handschriften. Die meisten Texte sind seit der Renaissance bekannt, seither sind nur noch wenige Texte durch erneute Durchsicht der Handschriften (Teile von Theophrasts Charakteren, Babrios‹ Fabeln, Teile von Juvenals sechster Satire) und Palimpsest-Untersuchungen (Gaius‹ Institutionen, Frontos Briefe, Ciceros De re publica), ferner auch durch Inschriften und Papyrusfunde hinzugekommen.
Darin sind begründet zum einen die *Selektion* des Überlieferten durch die bewusste oder zufällige Auswahl des im Mittelalter Abgeschriebenen und des aus jener Zeit Erhaltenen und Publizierten, zum anderen die (u. a. durch die zwischen dem antiken Original und den mittelalterlichen Abschriften liegende lange Zeitspanne bedingte) *Textverderbnis*. Ziel der modernen Editoren antiker Literatur ist es daher, den vermuteten Text des antiken Originals aus den mittelalterlichen Textzeugen zu rekonstruieren.

(b) Während die Antike die Papyrus-Buchrolle von begrenztem Umfang kannte, sind mittelalterliche Handschriften auf Pergament oder (später) Papier meist zu Codices gebunden. Die Vorderseite eines Blattes (*folium*) – rechts im Codex – nennt man *recto*, die Rückseite *verso*; es folgen also aufeinander fol. 1ʳ, 1ᵛ, 2ʳ, 2ᵛ usf.

(c) Handschriften werden nach Inhalt (z. B. *subscriptio* des Schreibers), Schrift (eine Aufgabe der Paläographie) und Beschreibstoff (z. B. Wasserzeichen auf dem Papier) datiert. Nicht notwendig steht eine ältere Handschrift dem Original näher, da eine jüngere die Kopie einer verlorenen, dem Archetypos (älteste zu rekonstruierende Textgestalt) noch näheren Vorlage sein kann (*recentiores non deteriores*).

(d) Technische Hilfsmittel: Chemische oder optische Methoden zur Lesung von Palimpsesten; Photo, Mikrofilm.
Untersuchungen des Sprachgebrauchs eines Autors werden durch (teils mit EDV erstellte) Konkordanzen vereinfacht.

Editionen

(e/f/g) Für eine Edition werden zunächst die Textzeugen gesammelt und gelesen, sodann werden ihre Abhängigkeitsverhältnisse und – sofern möglich – der Archetypos festgestellt (*recensio*). Die verschiedenen Lesarten (Varianten) der Textzeugen werden auf ihre Textgemäßheit untersucht (*examinatio*), offenbar bereits im Archetypos verderbte (»korrupte«) Stellen ggf. durch Konjekturen (Vermutungen) verbessert (*emendatio*), vor allem dann, wenn sich die Lesart der

Textzeugen aus einem Missverständnis der vermuteten Vorlage erklären lässt: So können z. B. die Erläuterung eines Abschreibers (Glosse) in späteren Abschriften in den Text aufgenommen, eine sprachlich schwierige, aber sachlich richtige Lesart (*lectio difficilior*) gegen eine leichte ausgetauscht, eine Doppel- bzw. Einfachschreibung (Ditto- bzw. Haplographie) tradiert worden sein. Solche Fehler also stellt ein Editor richtig; sein Vorgehen ist freilich nicht immer unstreitig: stets ist zu fragen, ob nicht der überlieferte Text *ohne* Eingriff zu verstehen ist.

Über das Verhältnis der Textzeugen zueinander informiert die meist lateinisch geschriebene *praefatio* einer kritischen Ausgabe mit einem *Stemma* (Stammbaum) der Textzeugen, wobei auf die mittelalterlichen Handschriften in der Regel mit lateinischen Großbuchstaben, auf rekonstruierte Vorlagen (Hyparchetypoi) mit lateinischen oder griechischen Kleinbuchstaben verwiesen wird. Zusammenstellungen enthalten:

Geschichte der Textüberlieferung der antiken und mittelalterlichen Literatur. I Zürich (Atlantis) 1961, Nachdr. u. d.T. Die Textüberlieferung der antiken Literatur und der Bibel. (dtv 4485) München 1988
L.D. Reynolds, N. G. Wilson, Scribes and Scholars. A Guide to the Transmission of Greek and Latin Literature. Oxford ²1974
B. Bischoff, Paläographie des römischen Altertums und des abendländischen Mittelalters. (Grundlagen der Germanistik 24) Berlin 1979
L.D. Reynolds (Hg.), Texts and Transmission. A Survey of the Latin Classics [Festschrift R. Mynors]. Oxford 1983

Über die Lesarten der Textzeugen und die Urheber der Konjekturen gibt der *kritische Apparat* einer Edition Auskunft. Er verweist in der Regel auf die Zeile (nicht den Paragraphen) der jeweiligen Seite, wiederholt ggf. die kritisch zu behandelnde Lesart und gibt die Textzeugen bzw. Urheber der Konjektur an; sodann werden, durch: oder] getrennt, weitere Varianten genannt.

Zwischen Text und kritischem Apparat steht bei manchen Editionen ein Testimonien-Apparat, der weitere Textzeugen anführt, mitunter auch noch ein Parallelen-Verzeichnis, das auf die Parallelüberlieferung verweist.

Zusammenstellung der wichtigsten in textkritischen Apparaten verwendeten Abkürzungen:

a.:	annus,-i,-o,-um	Jahr, im J., des J.
acc.:	accedente, accedit	wobei hinzukommt, kommt h.
add.:	addidit	hat hinzugefügt
ad l. / ad loc.:	ad locum	zur Stelle
adn. crit.:	adnotatio critica	kritischer Apparat
adscr.:	adscripsit	hat dazugeschrieben
al.:	alii / aliis locis/alias	andere / an anderen Stellen / anderswo
al. al.:	alii aliter	andere haben andere und unterschiedliche Versionen/Vorschläge / Meinungen
ap.:	apud	bei
a. r.:	ante rasuram	vor Stelle, an der radiert wurde
cet. / cett.:	ceteri	alle übrigen
cf.:	confer	vergleiche
cl. / coll.:	collato,-is	nachdem zum Vergleich herangezogen wurde(n)
cod., codd.:	codex, codices	Handschrift(en)
coni.:	coniecit	hat vermutet
cont.:	contulit	hat zum Vergleich herangezogen
corr.:	correxit	hat berichtigt
def. / defend.:	defendit	hat verteidigt
del.:	delevit	hat getilgt
dist.:	distinxit	hat durch Interpunktion getrennt
ed. / edd.:	editor/editores	Herausgeber
e. g.:	exempli gratia	zum Beispiel
em.:	emendavit	hat berichtigt
eras.:	erasit	hat ausradiert
evan.:	evanuit	ist verschwunden
excid.:	excidit	ist ausgefallen
exp.:	expunxit	hat getilgt
fort. / ft.:	fortasse	vielleicht
ibid.:	ibidem	am selben Ort
i. e.:	id est	das heißt
init.:	initium,-o	(am) Anfang
i. m.:	in margine	am Rand
i. r.:	in rasura	an einer Stelle, an der radiert wurde
ins.:	inseruit	hat eingefügt
it.:	iteravit	hat wiederholt
i. t.:	in textu	im Text
lac. ind. / - stat.:		eine Lücke hat festgestellt
	lacunam statuit / indicavit	
l. c. / loc. cit.:		der (am) angeführte(n) Ort
	locus,-o citatus,-o	
lect.:	lectio(nem / -es)	Lesart(en)
litt.:	littera,-ae,-am	Buchstabe(n)
loc.:	locavit	hat plaziert
m.:	manus	Hand/Hände
mg.:	margo,-ine	(am) Rand
m. r.:	manus recentior	jüngere (d. h. zeitlich spätere) Hand
mut.:	mutavit	hat verändert / vertauscht
n.:	nota	Anmerkung
n. l.:	non liquet	bleibt unklar
om.:	omisit	hat ausgelassen
p. / pag.:	pagina	Seite
plur.:	plurimi	die meisten
prob.:	probavit / -nte,-ntibus	hat gebilligt / wobei billigt,-en

q. d.: qui / quae /   der / die / das soge-
                          nannten
quod dicitur
quae dicuntur
ra. / ras.: rasura   Stelle mit Radierung
rec., recc.: recentior, -es   jüngere(r)
rell.: reliqui   die übrigen
rest.: restituit   hat wiederhergestellt
s.: sive   oder auch
saec.: saeculum,-i,-o   (im / des) Jahrhun-
                          dert(s)
sc. / scil.: scilicet   das heißt also
Schol. / S/sx: Scholion   antiker / mittelalterl.
                          Kommentar
sec.: secundum   gemäß
secl. / scl.: seclusit   hat ausgesondert, d. h.
                          getilgt
sim.: simile,-ia,-iter   ähnlich(es)
sp. / spat.: spatium,-o   (im) Zwischenraum
sq., sqq.: sequens,-tem,-tes   folgend(e)(n)
sup. / ss.: superscripsit   hat darübergeschrieben
suppl.: supplevit   hat ergänzt
transpos.: transposuit   hat umgestellt
tuent.: tuentur   verteidigen
ut vid.: ut videtur   wie es scheint
v., vv.: versus   Vers, Verse
v(ar). l(ect).: varia(e) verschiedene Lesart(en)
lectio(nes)
v. / vd.: vide   siehe

Kritische Ausgaben erscheinen u. a. in folgenden Reihen:

BT   *Bibliotheca Teubneriana*. Leipzig, Stuttgart, München
OCT   *Oxford Classical Texts*. Oxford;
dazu die zweisprachigen Reihen:
CB   *Collection Budé*. Paris (zweispr.)
Ed.Ant. *Edition Antike*. Darmstadt
LCL   *Loeb Classical Library*. London, Cambridge Ma.
Tusc.   *Tusculum-Bücherei* bzw. *Sammlung Tusculum*. München, Zürich
TzF   *Texte zur Forschung*. Darmstadt

R. Pfeiffer, Geschichte der Klassischen Philologie. Von den Anfängen bis zum Ende des Hellenismus. München ²1978
M. West: Textual Criticism and Editorial Technique. Stuttgart 1973
G. Jäger: Einführung in die Klassische Philologie. München ³1990

Fragmentsammlungen

Viele literarische Quellen sind nicht direkt überliefert, sondern nur fragmentarisch (meist durch Sekundärzitate) erhalten.

Griechische Literatur:
FGrHist F. Jacoby: Die Fragmente der griechischen Historiker. Berlin, später Leiden seit 1923

I   *Genealogie und Mythographie*
I   A   Text zu 1–63. ²1957
I   a   Kommentar zu 1–63. ²1957

II   *Zeitgeschichte*
A/C   *Universalgeschichte und Hellenika*
II   A   Text zu 64–105. 1926
II   C   Kommentar zu 64–105. 1926

B/BD Spezialgeschichten, Autobiographien und Memoiren, Zeittafeln (Theopompos und die Alexanderhistoriker; Historiker des Hellenismus und der Kaiserzeit. Chronographen)
II   B   Text zu 106–261. 1929
II   BD   Kommentar zu 106–261. 1930

III   *Geschichte von Städten und Völkern (Horographie u. Ethnographie)*
A/a   *Autoren über verschiedene Städte und Länder*
III A   Text zu 262–296. 1940
III a   Kommentar zu 262–296. 1943

B/b   *Autoren über einzelne Städte (Länder)*
III B   Text zu 297–607. 1950
III b   Text des Kommentars zu 297–607 [außer 323a–333]. 1955
III b   Noten zum Kommentar zu 297–607 [außer 323a–333]. 1955
III b   Suppl. Text des Commentary on the ancient historians of Athens (323a–333). 1954
III b   Suppl. Notes zum Commentary on the ancient historians of Athens (323a–333). 1954

C   *Autoren über einzelne Länder*
III C1   Text zu 608a–708. 1958; dazu: Commentary (bisher nur zu 608a–608) von C. W. Fornara. 1994
III C2   Text zu 709–856. 1958
Kommentare in Vorb.

IV   *Biography and Antiquarian Literature*, hg. v. G. Schepens.
IV   A1   Biography: The Pre-Hellenistic Period. Nr. 1000–1013. 1998
IV   A3   Hermippos of Smyrna. 1999
IV   A7   Imperial and Undated Authors. 1999

H. von Arnim, Stoicorum veterum fragmenta. 4 Bde. Leipzig 1903–1924 (SVF)
A. Bernabé, Poetarum epicorum Graecorum testimonia et fragmenta, 2 Bde. ²1996–2006
W. Bühler, Zenobii Athoi proverbia, bisher 3 Bde. Göttingen 1982 ff.

M. Davies, Epicorum Graecorum Fragmenta, Göttingen 1988

H. Diels, W. Kranz, Die Fragmente der Vorsokratiker. 3 Bde. Berlin, Zürich 61951/52 (DK)

B. Gentili, C. Prato, Poetae elegiaci. 2 Bde. Leipzig 21988, 1985

A. Hilgard, A. Lentz, R. Schneider, G. Uhlig, Grammatici Graeci. 4 Bde. Leipzig 1867–1910 (GG)

R. Kassel, C. Austin, Poetae Comici Graeci, bisher 8 Bde. Berlin, New York 1983 ff. (PCG)

G.S. Kirk, J.E. Raven, M. Schofield, Die vorsokratischen Philosophen. Übers.v. K. Hülser. Stuttgart 1994 (Sonderausgabe 2001)

E.L. Leutsch, F.G. Schneidewin, Corpus Paroemiographorum Graecorum. 2 Bde.. Göttingen 1839–1851 (Hildesheim 1958) (CPG), dazu: L. Cohn, Supplementum. Breslau 1887 (Hildesheim 1961)

H. Lloyd-Jones, P. Parsons, Supplementum Hellenisticum. Berlin, New York 1983 (SH); dazu H. Lloyd-Jones, Supplementum Supplementi Hellenistici. Berlin, New York 2005

A.A. Long, D. Sedley, Die hellenistischen Philosophen. Übers. v. K. Hülser. Stuttgart 2000 (Sonderausgabe 2006)

C. Müller, Geographi Graeci minores. Paris 1855–1861

D.L. Page, Poetae Melici Graeci. Oxford 1962 (PMG); dazu: D.L. Page, Supplementum Lyricis Graecis, Oxford 1974 (SLG); teils ersetzt durch M. Davies, Poetarum Melicorum Graecorum Fragmenta I, Oxford 1991

I.U. Powell, Collectanea Alexandrina. Oxford 1915 (Chicago 1981)

B. Snell, R. Kannicht, St. Radt, Tragicorum Graecorum Fragmenta, 5 Bde. 1981–2004 (TrGF)

M.L. West, Iambi et elegi Graeci ante Alexandrum cantati. 2 Bde. Oxford 21989, 21992

Lateinische Literatur:

E. Courtney, The fragmentary Latin poets. Oxford 1993 (mit Kommentar)

H. Funaioli, Grammaticae Romanae fragmenta I. Leipzig 1907

H. Keil, Grammatici Latini. 7 Bde. Leipzig 1857–1880

W. Morel, K. Büchner, J. Blänsdorf, Fragmenta poetarum Latinorum. Stuttgart, Leipzig 31995

E. Malcovati, Oratorum Romanorum fragmenta. 3 Bde. Torino 1930–1933

A. Mazzarino, Grammaticae Romanae fragmenta aetatis Caesarum. Torino 1955

H. Peter, Historicorum Romanorum Reliquiae. Leipzig I21914, II 1906. Nachdr. Stuttgart 1967; vgl. H. Beck, U. Walter, Die Frühen Römischen Historiker, 2 Bde. Darmstadt 2001–2004

O. Ribbeck, Scaenicae Romanorum poesis fragmenta. 2 Bde. Leipzig 1871/1873 (Hildesheim 1962)

(h) Über antike *Literatur* informieren außer den teils veralteten Werken im HdAW und den oben genannten Studienbüchern und Nachschlagewerken folgende Bücher:

B. Effe, G. Binder, Die antike Bukolik. München 1989

M. Fuhrmann, Die antike Rhetorik. Düsseldorf 41995

F. Graf, Griechische Mythologie. Neuausg. 22005

N. Holzberg, Der antike Roman. Darmstadt 32006

J. Latacz, Homer. Neuausg. Düsseldorf 2003

Ph. Vielhauer, Geschichte der urchristlichen Literatur. Berlin, New York 1975

B. Zimmermann, Die griechische Tragödie. Neuausg. Düsseldorf 2005

B. Zimmermann, Die griechische Komödie. Neuausg. Frankfurt 2006

Übersetzungen

In der Regel zuverlässige deutsche Übersetzungen bieten die Reihen *Bibliothek der Alten Welt [BAW]*, Zürich, Stuttgart bzw. München (Artemis), *Edition Antike*, Darmstadt (Wiss. Buchgesellschaft), *Reclams Universal-Bibliothek* (Stuttgart), *Sammlung Tusculum*. Zürich, Stuttgart, München bzw. Düsseldorf (Heimeran bzw. Artemis/Patmos), *Texte zur Forschung*, Darmstadt (Wiss. Buchgesellschaft); Übersetzungen finden sich außerdem u.a. in der *Bibliothek der Antike*. Weimar, Berlin (Aufbau), *Bibliothek der griechischen Literatur [BGL]* Stuttgart (Hiersemann).

Griechenland

Koroneia

Ambrakia

Amphilochia

Nikopolis
Anaktorion
Aktion/Actium   ●Argos

Acheloos

Spercheios

Trachis
Herakleia Tracheia ●
Thermopylai   Nikaia

D o r i s   *L o k r i s*

Kephisos   Elateia

Leukas

A k a r n a n i a

Trichonis-See   Thermos

Astakos

A i t o l i a   Amphissa ● *Parnassos*
Delphi   Chaironeia
Krisa ●   Lebadeia

I o n i s c h e

Oiniadai   Pleuron   Naupaktos
Kalydon   *L o k r i s*   *P h o k i s*

Ithaka   Chalkis   *Helikon*

E c h i n a d e n

Patrai *Patras*   Aigion   *Korinthischer Golf*

Kephallenia

A   *c*   *h*   *a*   *i*   *a*

Dyme
Pharai   *Erymanthos*   *Kyllene*   Pellene

Sikyon

Zakynthos   *E*   *l*   *i*   *s*   *Peneios*   Stymphalos-See   Phleius   *Korinth*

Elis   *A r k a d i e n*   Orchomenos   Nemea

Mykene   *A r g o l i s*

Olympia   Mantineia   Argos   Tiryns
Lerna   Nauplia

Alpheios

Lepreon   *Lykaion*   Megalopolis   Tegea
Bassai   Lykosura
Phigalia   *P e l o p o n n e s*

I o n i s c h e s   M e e r

Strophaden ◦

Ithome   *M e s s e n i e n*   *T a y*
Messene   *Eurotas*

Sparta/Lakedaimon

Pylos   Amyklai

Sphakteria   *Koronis*   *Lakonia/Lakedaimonia*

Methone   Asine
Leuktra   *g e t o s*

Oinussai
Inseln   *Messenischer Golf*   Gytheion

Lakonischer
Golf

Kap Tainaron

0   20   40   60   80   100 km

Kap Artemision

Oreós/Histiaia

Skyros

Opus
Larymna
Orchomenos
Anthedon
Kopaissee
B o i
Haliartos
Askra
Thespiai
Plataia
Theben
Asopos
Tanagra
Oropos
Rhamnus
Parnes
Dekeleia
Acharnai
Marathon
Pentelikon
Styra
Karystos
Eleusis
Megara
Athen
Salamis
Piraus
Phaleron
Brauron
Hymettos
Thorikos
Laureion
Kap Sunion

E u b o i a

Euripos
Chalkis
Aulis
Delion
Eretria

Isthmios

Saronischer Golf

Ägina

Argolis

Epidauros

Troizen
Kalaureia

Hermione
Aperopia
Hydra
Pityussa

Argolischer Golf

Myrtoisches Meer

Epidauros Limera

Kap Malia

Kythera

Ägäisches Meer

Andros

Tenos

Keos

Mykonos

Syros

Delos

Kythnos

Seriphos

Paros

Naxos

Siphnos

Ios

Melos

Thera
Santorin

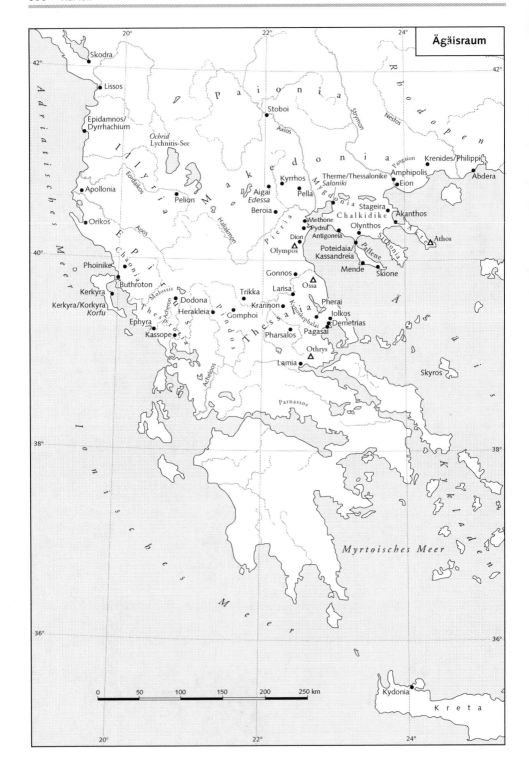

Ägäisraum

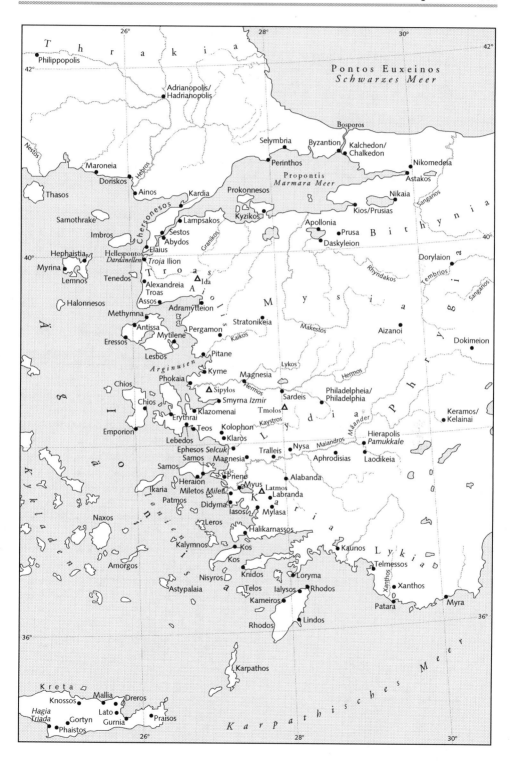

Östlicher Mittelmeerraum

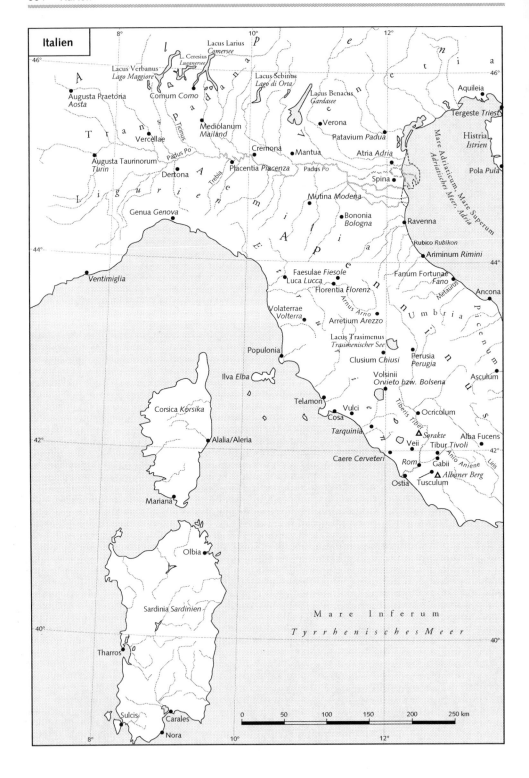

Italien

46°
8°
Lacus Larius
Comersee
L. Ceresius
Luganersee
Lacus Verbanus
Lago Maggiore
Comum *Como*
Lacus Sebinus
Lago di Orta
Lacus Benacus
Gardasee
Aquileia
46°
A
Augusta Praetoria
Aosta
Verona
Tergeste *Triest*
T
Vercellae
Mediolanum
Mailand
Patavium *Padua*
Histria
Istrien
Cremona
Mantua
Atria *Adria*
Augusta Taurinorum
Turin
Dertona
Placentia *Piacenza*
Padus *Po*
Spina
Pola *Pula*
Mare Adriaticum
Adriatisches Meer, Adria
Mare Superum
Genua *Genova*
Mutina *Modena*
Bononia
Bologna
Ravenna
44°
Rubico *Rubikon*
Ariminum *Rimini*
44°
Ventimiglia
Faesulae *Fiesole*
Luca *Lucca*
Florentia *Florenz*
Fanum Fortunae
Fano
Metaurus
Ancona
Volaterrae
Volterra
Arnus *Arno*
Arretium *Arezzo*
Umbria
Picenum
Lacus Trasimenus
Trasimenischer See
Populonia
Clusium *Chiusi*
Perusia
Perugia
Asculum
Ilva *Elba*
Volsinii
Orvieto bzw. Bolsena
Tiberis *Tiber*
Telamon
Vulci
Ocriculum
Corsica *Korsika*
Cosa
42°
Alalia/Aleria
Tarquinia
Serakte
Alba Fucens
Veii
Tibur *Tivoli*
42°
Caere *Cerveteri*
Rom
Gabii
Anio *Aniene*
Liris
Mariana
Ostia
Tusculum
Albaner Berg
Olbia
Sardinia *Sardinien*
Mare   Inferum
40°
Tyrrhenisches Meer
40°
Tharros
Sulcis
Carales
Nora
0   50   100   150   200   250 km
8°
10°
12°

44°   14°   16°   18°

A

P

Mare Adriaticum, Mare Superum
Adriatisches Meer, Adria

n

n

Corfinium

42°   Sulmo   42°

Rom   • Praeneste *Palestrina*

L   Aesernia

a   Luceria

t   *D*

i   Cannae

u   Beneventum   Barium *Bari*

m   Caudium *Montesarchio*

Volturnus   Capua •   *C*

Puteoli *Pozzuoli*   Nola •   Venusia •

Kyme/Cumae   △Vesuvius   *a*   *l*

Baiae *Comune*   Herculaneum   Taras/Tarentum/Tarent   Brundisium

Pithekussai *Ischia*   Nuceria   *Taranto*   *Brindisi*

Neapolis *Neapel*   Stabiae   *M*   Lupiae

Surrentum   *Pompeji*   Metapontion   *Lecce*

1. Misenum   *Sorrent*   Poseidonia/*Paestum*   *L u c a n i a*   Metapontum   40°

2. Caprea *Capri*   Grumentum   *Siris*   Siris

Elea/*Velia*

40°

Mare Inferum
Tyrrhenisches Meer

Sybaris   Thurioi

Kroton

Lipara

Äolische Inseln
Liparische Inseln   Naulochos   *B*

Rhegion/   Lokroi Epizephyrioi

Panormos   Zankle/Messana   *Rhegium*

Palermo   *Messina*

38°   △ Eryx   38°

Motya   • Segesta   Naxos   Taormenion/

Lilybaion   Himera   Aitne *Ätna* △   *Taormina*

Sicilia Sizilien   *symaethus*

Selinus/   Katane/Catania

Selinuntum   Enna   Leontinoi

Akragas/   Morgantina   Megara Hyblaia

Agrigentum   *Anapus*   Syrakusai/*Syrakus*

Gela

Kamarina   Mare Nostrum
Mittelmeer

14°   16°   18°

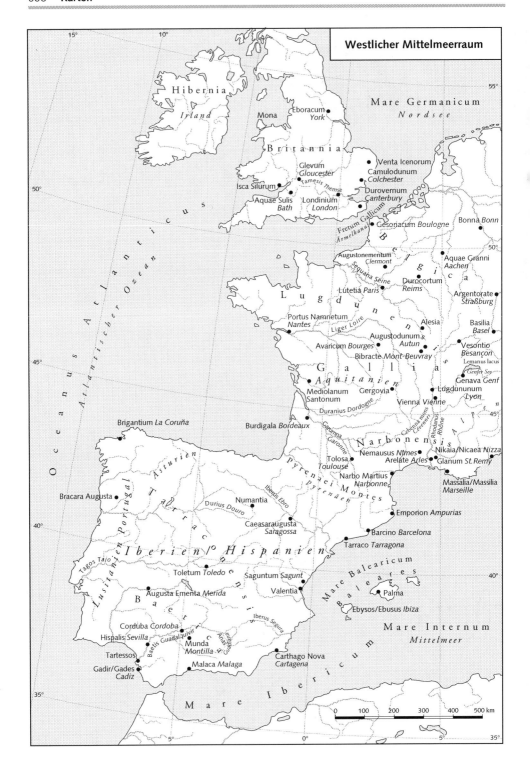

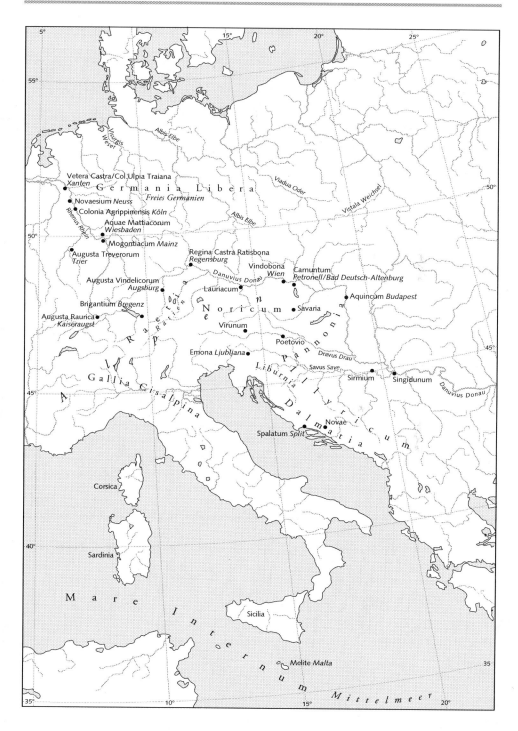

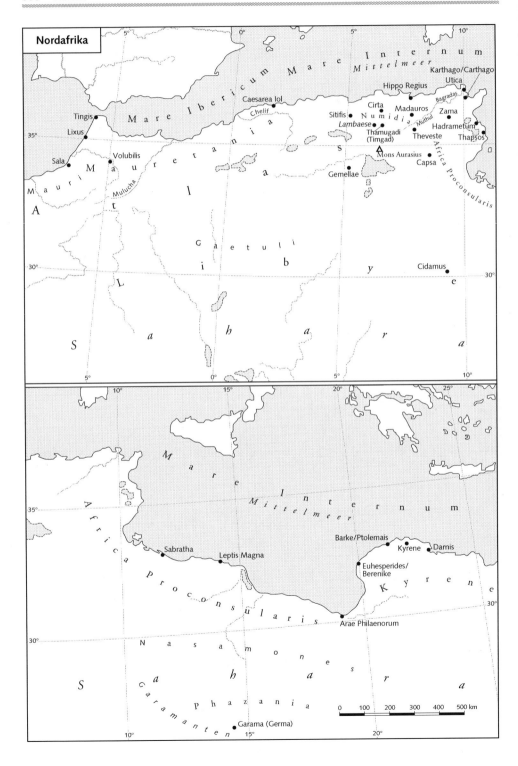

Nordafrika

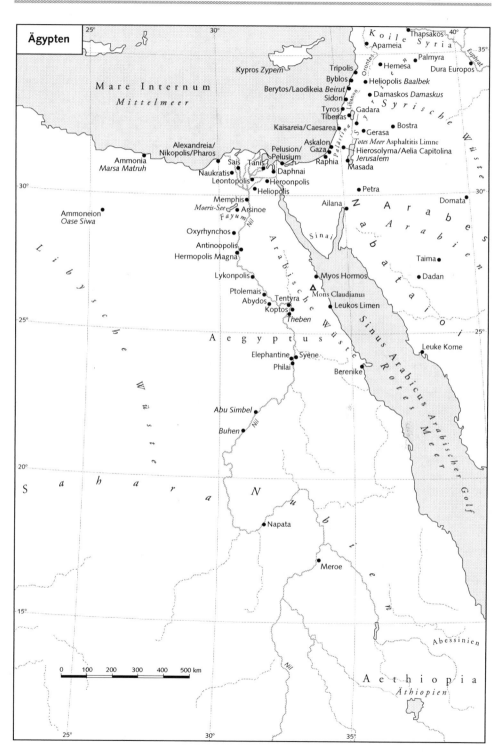

Ägypten

Koile Syria
Thapsakos
Apameia
Kypros Zypern
Tripolis
Hemesa
Palmyra
Byblos
Heliopolis Baalbek
Dura Europos
Berytos/Laodikeia Beirut
Sidon
Damaskos Damaskus
Syrische Wüste
Tyros
Gadara
Tiberias
Kaisareia/Caesarea
Bostra
Gerasa
Totes Meer Asphaltitis Limne
Askalon
Hierosolyma/Aelia Capitolina
Alexandreia/
Pelusion/
Gaza
Jerusalem
Nikopolis/Pharos
Pelusium
Raphia
Masada
Ammonia
Sais
Tanis
Marsa Matruh
Naukratis
Daphnai
Petra
Leontopolis
Heroonpolis
Heliopolis
Memphis
Ailana
Zarabes
Domata
Moeris-See
Arsinoe
Ammoneion
Fayum
Arabien
Oase Siwa
Sinai
Oxyrhynchos
Taima
Antinoopolis
Nabataioi
Hermopolis Magna
Dadan
Lykonpolis
Myos Hormos
Mons Claudianus
Ptolemais
Tentyra
Abydos
Leukos Limen
Koptos
Theben
Arabische Wüste
Aegyptus
Leuke Kome
Elephantine
Syene
Philai
Berenike
Sinus Arabicus Arabischer Golf
Rotes
Meer
Libysche Wüste
Abu Simbel
Nil
Buhen
Sahara
Nubien
Napata
Meroe
Abessinien
Aethiopia
Äthiopien

Mare Internum
Mittelmeer

0   100   200   300   400   500 km

Das Römische Reich unter Trajan

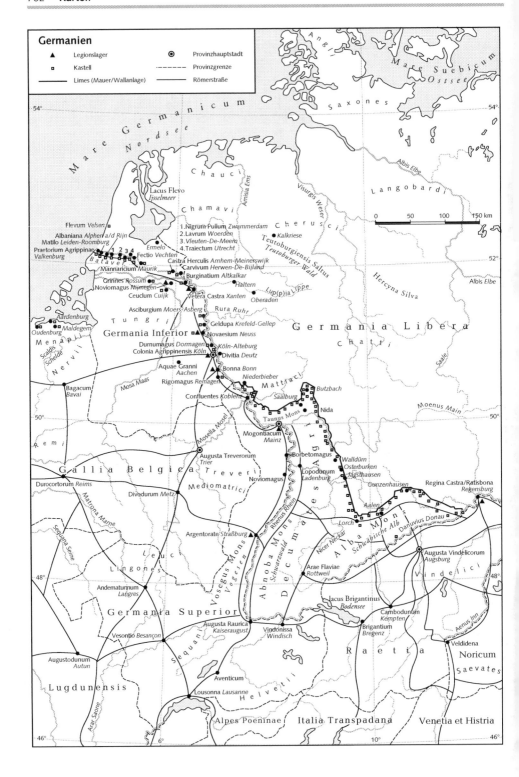

Germanien

▲	Legionslager	◉	Provinzhauptstadt
▫	Kastell	----------	Provinzgrenze
———	Limes (Mauer/Wallanlage)	———	Römerstraße

Mare Germanicum

Mare Suebicum
Ostsee

Angli

Saxones

Nordsee

Chauci

Lacus Flevo
Ijsselmeer

Chamavi

Langobardi

Albis Elbe

Amisia Ems

Visurgis Weser

Cherusci

Flevum Velsen

1.Nigrum Pulium Zwammerdam
2.Lavrum Woerden
3.Vleuten-De-Meern
4.Traiectum Utrecht

• Kalkriese

Albaniana Alphen a/d Rijn
Matilo Leiden-Roomburg
Praetorium Agrippinae
Valkenburg

Ermelo

Teutoburgiensis Saltus
Teutoburger Wald

Hercyna Silva

Fectio Vechten
Batave

Castra Herculis Arnhem-Meinerswijk
Carvium Herwen-De-Bijland

Albis Elbe

Mannaricium Maurik

Grinnes Rossum
Noviomagus Nijmegen

Burginatium Altkalkar

Haltern

Lup(p)ia Lippe

Ceuclum Cuijk

Vetera Castra Xanten

Oberaden

Asciburgium Moers-Asberg

Rura Ruhr

Germania Libera

Kardenburg
Oudenburg   Maldegem

Geldupa Krefeld-Gellep

Chatti

Tungri

Germania Inferior

Novaesium Neuss

Menapii

Scaldis Schelde

Durnumagus Dormagen
Colonia Agrippinensis Köln

Köln-Alteburg

Divitia Deutz

Saale

Nervii

Aquae Granni
Aachen

Bonna Bonn

Bagacum
Bavai

Rigomagus Remagen

Niederbieber

Mattiaci

Moenus Main

Mosa Maas

Confluentes Koblenz

Butzbach

Saalburg

Nida

Remi

Taunus Mons

Mosella Mosel

Mogontiacum
Mainz

Gallia Belgica

Treveri

Augusta Treverorum
Trier

Borbetomagus

Walldürn
Osterburken
Jagsthausen

Regina Castra/Ratisbona
Regensburg

Durocortorum Reims

Lopodunum
Ladenburg

Mediomatrici

Noviomagus

Gunzenhausen

Divodurum Metz

Rhenus Rhein

Aalen

Matrona Marne

Leuci

Lingones

Argentorate Straßburg

Nicer Neckar

Lorch

Alba Mons
Schwäbische Alb

Danuvius Donau

Augusta Vindelicorum
Augsburg

Sequana Seine

Abnoba Mons
Schwarzwald

Decumates

Arae Flaviae
Rottweil

Vindelici

Andematunnum
Langres

Vosgus Mons
Vogesen

lacus Brigantinus
Bodensee

Cambodunum
Kempten

Germania Superior

Brigantium
Bregenz

Aenus Inn

Veldidena

Augustodunum
Autun

Augusta Raurica
Kaiseraugst

Vindonissa
Windisch

Raetia

Noricum

Vesontio Besançon

Sequani

Saevates

Arar Saône

Aventicum

Helvetii

Lugdunensis

Lousonna Lausanne

Alpes Poeninae

Italia Transpadana

Venetia et Histria

Bildquellenverzeichnis

C. Achenbach, Mannheim 273
AKG/Werner Forman Archive, Berlin 487
N. Albrecht, Mannheim 564
Antikenmuseum Basel 29
Antikensaalgalerie, Mannheim 44, 146, 239, 248, 327, 403, 507, 565, 628
Antikensammlung, Berlin 538
Ashmolean Museum, Oxford 608
Badisches Landesmuseum, Karlsruhe 391
Katja Bär, Mannheim 363
Bibliothèque Nationale, Paris 586
Bildarchiv Preußischer Kulturbesitz, Berlin 23, 97, 149, 237, 242, 433, 442, 455, 497, 517, 536, 546
B. Bollmann, Mannheim 441, 580
Claudia Braun 544
Stefan Brenne, Tübingen 67, 86, 133, 165, 401, 409, 421, 448
British Museum, London 294, 425, 540, 560, 655
DAI Athen 476
DAI Rom 79, 119, 148, 154, 280, 306, 368, 611
Stefi Eichler, Mannheim 8, 48, 305, 419, 466, 527, 594, 615, 631, 640
Fitzwilliam Museum, Cambridge 478
Fratelli Alinari, Florenz 109, 221, 235, 641
Klaus Gallas, München 585
George Ortiz Collection 178, 471, 571
Franz Glaser, Klagenfurt 511
R. Günther, Mannheim 638
German Hafner, Mainz 95, 411
G. Herbert, Mannheim 460
F. Hewicker 516
Hirmer Verlag Bildarchiv, München 41, 222, 299
Dietrich Klose, München 140, 246, 567
Konservatorenpalast, Rom 225
Kunsthistorisches Museum, Wien 57, 431
Liebighaus, Museum alter Plastik, Frankfurt/M. 397
Lotos Film, G. Thiem, Kaufbeuren 15, 522
Martin-von-Wagner-Museum, Würzburg 593

Musée du Louvre, Paris 53, 414 (M. und P. Chuzeville)
Musei Vaticani, Rom 104, 312, 480
Museo Capitolino, Rom 167, 505
Museo Nazionale, Neapel 17, 181, 243, 649
Museo Nazionale, Rom 595
Nationalmuseum Kopenhagen 468
Annette Nünnerich-Asmus, Mainz 124
Ny Carlsberg Glyptotek, Kopenhagen 14, 125, 137, 142, 344, 486, 503
Österr. Nationalbibliothek, Wien 461
Umberto Pappalardo, Neapel 172
Rheinisches Bildarchiv, Köln 590
Wolfgang Rössig, München 99
Scala, Florenz 127, 192, 415
Rudolf Schmidt 279, 416
Jakob Seibert, München 336, 525
Selçuk, Ephesos-Museum 61
Holger Sonnabend, Stuttgart 610
Staatliche Antikensammlung und Glyptothek, München 4, 7, 73, 145, 215, 233, 253, 255, 318, 367, 422, 519, 531, 547, 576, 650
Staatliche Landesbildstelle Saarland, Saarbrücken 211, 432
Nicole Stein, Mannheim 1, 25, 51, 66, 68, 74, 76, 77, 82, 83, 92, 97, 118, 129, 134, 159, 164, 187, 194, 201, 209, 223, 224, 230, 231, 232, 264, 265, 270, 288, 291, 295, 297, 301, 309, 315, 323, 325, 333, 338, 340, 341, 347, 354, 369, 373, 376, 392, 396, 400, 427, 430, 439, 443, 454, 462, 469, 483, 488, 489, 499, 520, 524, 526, 536, 537, 555, 559, 563, 566, 588, 592, 598, 606, 609, 613, 616, 619, 620, 624, 626, 627, 633, 635, 639, 643, 647, 652
Barbara Tolle, Tübingen 575
Uffizien, Florenz 116
Villa Albani, Rom 556
Jörg Wagner, Tübingen 32
Württembergisches Landesmuseum Stuttgart 378 (Foto: Walser), 424